漢語歷代隱語匯釋

曲彦斌 编著

中国出版集团有限公司
研究出版社

图书在版编目（CIP）数据

汉语历代隐语汇释 / 曲彦斌编著 . -- 北京：研究出版社，2020.7

ISBN 978-7-5199-0912-3

Ⅰ . ①汉… Ⅱ . ①曲… Ⅲ . ①汉语—社会习惯语—汇编 Ⅳ . ① H13

中国版本图书馆 CIP 数据核字（2020）第 130612 号

出 品 人：陈建军
出版统筹：丁　波
责任编辑：寇颖丹

汉语历代隐语汇释

HANYU LIDAI YINYU HUISHI

曲彦斌　编著

研究出版社 出版发行

（100006　北京市东城区灯市口大街100号华腾商务楼）
北京虎彩文化传播有限公司印刷　新华书店经销
2020年7月第1版　2024年8月北京第2次印刷
开本：710毫米×1000毫米　1/16　印张：59.5
字数：1653千字
ISBN 978-7-5199-0912-3　定价：258.00元
电话（010）64217619　64217652（发行部）

版权所有·侵权必究
凡购买本社图书，如有印制质量问题，我社负责调换。

汉语历代隐语汇释

总 目 录

代序　现实社会生活视野下的隐语行话 …………………………………… 1
部分汉语隐语文献图版 ……………………………………………………… 8
例言与说明 …………………………………………………………………… 45

| 正编 |
汉语历代隐语汇释条目

条目正文 ……………………………………………………………………… 1

| 续编 |
其他形态的隐语行话

一、汉语民间秘密语及其语源 ……………………………………………… 614
　　1. 民间秘密语语词"字无意义"辨正 ………………………………… 614
　　2. 考释民间秘密语语源的意义及其类型 …………………………… 615
　　3. 汉语民间秘密语语源类型略析 …………………………………… 616
二、汉语民间秘密语（隐语行话）语法概要 ……………………………… 619
　　1. 汉语民间秘密语总说 ……………………………………………… 619
　　2. 汉语民间秘密语研究综述 ………………………………………… 620
　　3. 语词形态的汉语民间秘密语造词法分析 ………………………… 625
　　4. 语词形态的汉语民间秘密语词类分析 …………………………… 631
三、其他形态的隐语行话 …………………………………………………… 634
　　1. 中国民间秘密语的类型 …………………………………………… 634
　　2. 话语形态的隐语行话 ……………………………………………… 636
　　3. 谣诀形态的隐语行话 ……………………………………………… 639
　　4. 反切秘密语及其他语音学构造的秘密语 ………………………… 642
　　5. 副语言习俗形态的秘密语 ………………………………………… 654
茶碗阵图例 …………………………………………………………………… 668

1

附编
历代汉语隐语要籍研究与选辑

一、本书著者有关汉语历代隐语行话珍稀文献研究文选 ·············· 684
  1. 应予关注的"另类濒危语言"：民间隐语行话 ·············· 684
  2. 中国民间秘密语辞书概说 ·············· 689
  3. 皇家百科全书里的理发行业秘籍《净发须知》·············· 692
  4.《猥谈》：一代才子祝允明的市井采风札记 ·············· 704
  5.《梨园话》及其作者方问溪 ·············· 707
  6.《俚语隐语行话词典》前言与凡例 ·············· 715
  7.《中国隐语行话大辞典》前言、例言及序跋 ·············· 719
二、雅俗轩校注汉语历代隐语行话珍稀文献选辑 ·············· 723
  1. 宋汪云程《圆社锦语》·············· 723
  2. 宋陈元靓《绮谈市语》·············· 723
  3.《永乐大典》本《净发须知》·············· 725
  4. 明佚名《六院汇选江湖方语》·············· 737
  5. 明风月友《金陵六院市语》·············· 738
  6. 明祝允明《猥谈》·············· 740
  7. 清卓亭子删订本《新刻江湖切要》·············· 746
  8. 清佚名《江湖通用切口摘要》·············· 774
  9. 清佚名《江湖行话谱》·············· 776
  10. 方问溪《梨园话》·············· 779

小跋兼封面故事 ·············· 812

《汉语历代隐语汇释》主要征引文献 ·············· 814

条目音序索引 ·············· 816

条目笔画索引 ·············· 819

代序 现实社会生活视野下的隐语行话

曲彦斌

隐语行话，又称"秘密语""隐语""行话""市语""切口""春点""锦语""市语""杂话""黑话"等，是某些社会集团或群体出于维护内部利益、协调内部人际关系的需要而创制、使用的一种用于内部言语或非言语交际的，以遁辞隐义或谲譬指事为特征的封闭性、半封闭性符号体系，是一种特定的民俗语言现象。世界上各种语言几乎都无一例外地存在使用民间秘密语的历史或现实。不同时代、不同群体的民间秘密语，都有时代和群体的文化痕迹乃至政治、经济的烙印。

针对一向对隐语行话的误读与偏见，这里主要探讨作为一种语言文化现象的隐语行话、使用隐语行话的必要性，以及关于隐语行话的语言问题。

一、作为一种语言文化现象的隐语行话

汉语隐语行话的源流，主要为三个方面：由禁忌、避讳而形成的市井隐语，由回避人知而形成的秘密性隐语和语言游戏类隐语。依形态可分为五种类型：语词形态、话语形态、谣诀形态、副语言习俗形态和以反切为主体的利用语音变化创制的隐语行话。隐语行话不是独立的语言，而是语言的一种社会变体，几乎是世界上各种语言大都存在的一种特殊的民俗语言文化现象和言语习俗。

每当涉及隐语行话时，人们往往首先把它同匪盗、娼、赌、贩毒、走私等反社会的犯罪活动联系起来，未免失之武断、以偏概全。事实上，许多社会群体都存在使用隐语行话的习俗惯制。由于宗教、禁忌乃至游艺的需要而使用隐语行话，自古就是许多民族所共有的民俗，只不过其语言及表现的形式各有不同罢了。单纯从语言学和犯罪学的观点来认识民间隐语行话现象，未免过于狭隘，难以全面而准确地把握其本质以及生成、流变机制，尤其是忽略了这种语言现象与社会生活的关系。同时，把这种民俗语言现象通称为"黑话"，既不科学也不符合语言事实。① 就此，也有学者指出："根据现有资料记载，人类语言中的主要大语种，都明显地存在着他们自己的隐语。如果从人类社会实际的言语交际着眼，可以这样说，任何民族语言中都或多或少地存在具有本民族历史文化特色的隐语，任何社会、任何时代都或多或少地存在着传承、创造、使用隐语的文化现象。"[1]

古往今来，许多传统行业的技艺大都是口耳相传。由于这些技艺关系着世代的生计利害，甚至立下了"传男不传女"等不成文规矩，并且其"口耳相传"，大都是用当行隐语行话进行传承的，如粤剧、昆曲和相声等众多的传统戏曲、曲艺艺术群体的隐语行话，吉林的采参业的隐语行话，湖北木瓦工的隐语行话，浙江龙泉、庆元等地的"菇民"中流行的"菇山话"，福建永安豆腐行业的

---

① 在《中国语文》关于"社会方言"的讨论 50 年之后，《文化学刊》2007 年第 1 期的"文化视点"栏目，以"多元文化视野中的隐语行话——接续半个世纪前的一场学术论争"为题，集中刊发了《应予关注的"另类濒危语言"：民间隐语行话》《杂技行话与吴桥社会生活》和《论犯罪隐语常识在警务工作中的特殊作用》三篇专题论文。同时，作为背景资料，还同时编发了三篇参考文献即 1957 年《中国语文》关于"社会方言"的讨论的有关论点，高名凯《语言论》关于"社会方言"的性质、种类及前途的论述和曲彦斌《中国民间隐语行话》关于隐语行话的"性质与正名"的论述。笔者曾在多篇文章中有所论述，如在《应予关注的"另类濒危语言"：民间隐语行话》（《文化学刊》2007 年第 1 期）中谈道，民间隐语行话几乎是各种语言大都存在的一种特殊的民俗语言文化现象。对隐语行话的种种误解，是其濒危的首要因素。隐语行话属于社会文化深层结构之中的一种更为特别的民俗语言文化现象，是考察研究中国社会文化、语言文化别具一格的独特视角。

隐语行话，山西理发行业的隐语行话，河北乐亭皮影艺人的隐语行话，澳门博彩业的隐语行话，乃至当今各地古董古玩业的隐语行话，可谓各有各的当行隐语行话，而又各自具有不同行业的特点。隐语行话是这些行业技艺乃至绝技传承的最重要的工具、最基本的信息载体。再如，宋代蹴鞠兴盛，至今留有一部辑录了130多条当时蹴鞠行当隐语行话的《蹴鞠谱·圆社锦语》。至当代，宋代的这些蹴鞠隐语虽然已不在足球运动员和球迷中继续流行使用，但它业已成为中国是世界上足球运动发源地的一项重要"语言化石"佐证。

各种地域性的隐语行话更具乡土文化特征，载负着丰富的乡土文化内涵。例如，山西夏县东浒的"延话"（隐语行话）、潮汕的反切语、东莞的"三字顶"、福建建瓯的"鸟语"、福州的"切脚语"、广西灌阳的"二字语"、藤县的三种倒语、广东揭西棉湖的三种秘密语、广宁的山语与"黑话"、贵州榕江的反语、陕西西安的反语、湖北襄阳的捻语，以及安徽淮河流域的民间反切语，等等，无不载负着丰富的乡土文化内涵和许多历史文献所忽略了的重要的、其他载体也难以载负的文化信息。

以"行话""黑话""隐语""秘密语"为关键词，通过对"中国知网"的中国期刊全文数据库、中国博士学位论文全文数据库、中国优秀硕士学位论文全文数据库、中国重要报纸全文数据库和中国重要会议论文全文数据库2007至2008两年文献标题的检索得见，总计有符合本篇视点范围的专题研究文章33篇。这个数字，比1987年至1992年6月间发表的同类专题论文20余篇[2] 多出十余篇。这些专题研究，既反映了隐语行话在现实社会生活中的持续作用，也展现了学界对这种语言现象的关注。

二、使用隐语行话是现实社会语言生活的需要

隐语行话在现实众多社会群体的语言生活中仍然十分活跃，而且是其生存或谋求生存所必需，是构成其日常生活的一种言语习俗。

（一）一些隐语行话进入了社会流行语

近年来，"大腕（蔓）儿""走穴（楔）""托儿""腥"之类旧时的隐语行话陆续进入社会流行语。《北京现代流行语》[3]《上海话流行语辞典》[4]两部篇幅并不大的当代流行语专书和《北京土语词典》[5]，分别都选录了几十条这类语汇。《上海话流行语辞典》的前言指出，"80年代，流行语出现很多，原先的隐语、俚语，在各个社会阶层都使用得很普遍"，如旧时的乞丐切口"孵豆芽"（取暖）等。《北京现代流行语》前言指出，"黑话、行话"之类，"局外人不懂，乍一听到会有陌生感、新鲜感，求知欲促使人们去究其所以然，因此，黑话和行话使用一段时间后会逐渐为外部了解，进而流行开来，成为流行语"。例如，把人民币单位称作"分""张儿""棵""吨""方"等。徐世荣也谈道，《北京土语词典》之所以收录"黑话"，是因为社会土语"主要为行业语，其次是'黑话'——江湖隐秘语"，所以"编入少量，聊备一格"。事实上，现代汉语中的"踩点儿""挂彩""挂花""反水""绑票""出血""撕票""上手""顶风上""跳槽""眼线儿""扯淡""失风""避风头"等等，无不出自隐语行话。

有研究谈道，黑社会的成员之间说话常用黑话，开始是保密的，后来流传到社会上，成为风行一时的新鲜语汇，后来大多沉淀为一般的俗语。当这些暗语泄露到圈子以外，因有其神秘感而为好奇、喜欢刺激的人们所乐用，就成为流行语。20世纪80年代，北京青少年使用的一些流里流气的词语，如"放血""废了""做了""灭了"等，最初就出自黑社会里的流氓团伙[6]。可以说，这种现象至今依然存在，而且还将继续下去。

（二）新闻媒体对隐语行话现象的关注

就一般意义而言，媒体的关注，反映着社会的关注。时下，社会生活中的隐语行话现象，也进入了新闻媒体关注的视野，有些隐语行话业已"堂而皇之"地进入了主流媒体，甚至出现于主流

媒体的一级标题之中。

2007年以来，一些地方媒体都相继发表或转载了有关发现民间存在"切口"（徽宗语）类型的隐语行话的社会新闻，甚至进行一系列的跟踪报道，对这种隐语行话现象给予了特别的关注。如林州新闻网2007年3月6日转载了县报登载的《马军池流传神秘语言》，《大河报》2007年4月10日发表的《林州紧急抢救神秘"襟语"》，《青岛晚报》2007年9月1日的《老翁会说怪语言，70年无人能懂》以及随后再次发表的《八旬老翁会讲"怪语"专家称是稀有保护语言》，《北京晨报》2008年5月21日报道密云古北口镇流传着一种古老的语言形式——"露八分"，有十几位老人还在使用，《北京晚报》2008年5月26日刊载的《密云古镇发现独特语言"露八分"》说是堪与女书（湖南江永县方言表音文字——编者注）相媲美，全国独一无二。《北京晨报》2008年8月21日报道说，8月20日该报刊登《老汉说"天语"70年没人懂》后，引起了热烈反响。有40多位全国各地的读者致电或致信，甚至有读者打来越洋电话，为"天语"的来源作出种种解释。

（三）活跃于民间多种群体的隐语行话

在古代，不仅战争中使用隐语行话，就连唐代皇帝身边的优伶、宋代颇盛的蹴鞠（踢球）行当的艺人，亦大量使用这种秘密语性质的"语言"。至今，在中国的许多地区、许多职业群体，仍然流行着使用隐语行话的言语习俗。浙江龙泉、庆元等地的"菇民"中流行使用着特有的"菇山话"，其目的一方面是保守谋生技艺秘密，另一方面，也在于山魈迷信中的言语禁忌。至于各地山民、渔民因行业信仰、行业禁忌所产生的一系列隐语行话，仍在世代传承着，尤其是一些关系着世代的生计利害的传统行业的技艺，大都是用当行隐语行话通过"口耳相传"的方式传承的。隐语行话是这些行业技艺乃至绝技传承的最重要的工具、最基本的信息载体。

已经有大约300年历史的东北二人转，至今仍有数百个当行隐语行话语汇，活跃在这个艺人群体之中，这些隐语行话词汇是其相互交流、传授技艺的习用言语形式和行业言语习俗。[①] 同行谓之"老合"，艺人相互间的尊称为"相府"，到各地演唱谓之"走穴（穷）"，挣钱多的地方谓之"火穴"，挣钱少的地方谓之"水穴"，观众多收入高的场子谓之"地皮暄"，反之则谓之"地皮硬"，曲目统称为"条"，节目叫"活儿"，一个节目叫"一块戏"，除正词之外，后加的大量唱词谓之"海篇"，二人转一问一答的唱词谓之"对篇"，异地艺人碰到一起，不用对词就能上台合演谓之"归道"，等等。

吴桥杂技业内的隐语行话跟吴桥杂技艺术一样，很早就形成了一套完整、丰富的系统，并有很大一部分进入了当地百姓的日常语言生活。同时还随社会的发展"与时俱进"而不断补充。比如"转心子"（手表）、"夯子"（公章）、"叶子"（证明信）、"土冷子"（民兵）、"把杂"（开证明信外出演出）、"圈上把杂"（县里开证明信）、"瓣铃子"（打电话）、"驾灵子"（开车）等等。[②]

（四）网络语言生活中的隐语行话

从21世纪初至今，"网络语言现象"一直是学界和公众共同的关注热点。甚至，有人不切实际地频频疾呼"网络黑话何其多"，但并非语言事实。

[①] 戏曲曲艺专家耿瑛撰写的《正说东北二人转》，辑录了300多个历年流行于东北二人转艺人群体的隐语行话语汇，春风文艺出版社2008年9月版，第155—170页。亦可参见孙红侠《剧种变迁中的二人转研究》附录二《二人转行话汇编》，河南人民出版社2009年6月版，第453—472页。

[②] 王海峰《杂技行话与吴桥社会生活》，《文化学刊》2007年第1期。这是其关于杂技行话的一份实地调研报告。作者王海峰出身于吴桥杂技世家，在家传、握有业内流传的隐语行话手抄本以及实地调研的基础上，分门别类辑释了吴桥杂技隐语行话数百条，堪谓一部别有洞天的吴桥杂技辞典。

笔者曾在多篇有关网络语言的文章中提出,[①]就性质而言,网络语言并非独立的语言系统,而是基于现代汉语的词汇、语音、语法和修辞规则在网络交流环境下的社会变体。这一点,与隐语行话具有共性。人类自然语言与计算机的"数字化语言"是互为表里的、相互切换的"互动"关系。现实语言生活活跃着隐语行话,网络语言生活亦不例外。两者之间的互动,也是语言发展、社会语言生活不能拒绝网络的一个根本要素。现实语言生活存在隐语行话现象,网络语言自不例外。在现实生活中,一如"踩点儿""挂彩""反水""跳槽"等原本"出身"于"江湖黑话"者,早已堂而皇之地登入"大雅之堂",被吸纳为现代汉语语汇的正式成员,诸如"伊妹儿""MM""美眉""菜鸟""飞鸟""大侠""灌水""网虫""黑客"之类充满活力的网络行话,业已在多种体裁的文学艺术作品中运用自如,无须大惊小怪。

(五)经济生活中使用的隐语行话

市场经济生活涉及具体领域繁多,使用各类隐语行话也是不争的事实。中国许多传统行业都有使用隐语行话的传统。在此,且以中国传统行业之外、改革开放之后重新活跃于中国经济舞台的保险、股市和彩票行当流行的隐语行话为例加以说明。

保险业是改革开放后复苏且发展迅速的行业。当前业界流通着一些"圈内"人"常用"的具有特定含义而非"术语"性质的词语,即保险业"行话"。当代保险业行话汇释,词条涉及营销、管理、经营理念等方面,折射出行业发展的时代性和民族性,反映出我国保险业复兴时期既活跃而又在某些方面规范不足的状况。例如[7]:事前不预约而直接上门推销保险谓之"陌拜"(专业名称为"直冲式拜访"),打电话向陌生客户推销保险谓之"陌拨",使用富有创意的公关、营销卡片与客户沟通谓之"卡拜",推销员到居民楼或街道挨家挨户推销保险产品谓之"扫楼"或"扫街",保险公司给保险代理人的提成或回扣谓之"返点",没有业务员跟踪服务的保单谓之"孤儿单",业务员与保户串通虚报损失费而从中吃取超出实际的赔付额谓之"放鸽子",等等。

股市行话随着股市行业的繁荣发展,电视、报刊等大众传媒的推动,已经日益为社会其他领域的人们所接受,有部分股市行话已经超出了专业领域,而用于日常交际中或为社会其他行业转用,逐渐成为一种社会用语,如"套牢""反弹""低吸""高抛""收购""个股""追涨""年线""短多""骗钱""滞胀""摘牌""基金""竞价""打底"等。股市行话繁多而活跃,人们甚至利用已有的语素和构词法进行类推,创造大量股市新词以满足需要。如以"股"为中心的股本、股票、股份、股评、股金、强势股、亏损股、潜力股、绩优股等;以"盘"为中心的开盘、收盘、整盘、停盘、崩盘、抛盘、盘挡、盘坚、盘跌、盘整等。其中使用频率较高、表示动作性的词语如炒、抬、冲、追、杀、抛、崩、斩等,形象生动,短促有力,出口短暂、快速、有力,显现着股市交易的快、猛、狠,透视着股市的起落悲喜变化。[8]

自1987年开始先后发行福利彩票和体育彩票已有30多年,在"彩民"之中已经形成并流传使用着一个直接与两种彩票博彩相关的隐语行话系统,例如有媒体所辑录的[9]:与上期开出的中奖号码相同的号码谓之"重叠码";与上期开出的中奖号码加减余1的号谓之"边码"或"邻号";与历期中奖号码构成斜连形状的号码谓之"斜连码";上下数期直观上呈现一定的规律(等量、递减、递增、倍增、倍减)出现的号码谓之"对望码";3个号码呈三角形的号码谓之"三角码";呈现有序的几何图形出现的号码谓之"弧形码";与历期,尤其近5期中奖号码没有任何联系的号

---

① 例如:《网络语言现象评论》,刊台湾《国文天地》2005年9月号。《网络语言的使用与规范》,刊《中国社会科学院院报》2005年第1期。《略论"数字文明"与网络语言现象》,第四届全国社会语言学学术研讨会(2004年8月杭州)交流论文,收入会议论文集,语文出版社2005出版。《民俗语言学》(增订版)增加有网络语言内容,辽宁教育出版社2004出版。《网络民俗语言探析》,《人民日报》2000年6月20日第10版。《计算机网络言语交流中的身势情态语符号探析》,刊《语言教学与研究》2000年第4期。《数字化信息时代的语言时尚——有关计算机的社会流行语略议》,刊《中国文化报》2000年4月11日等。

码谓之"空门码";与历期,尤其是最近5期的中奖号码有联系的号码谓之"关系码";一组中奖号码中尾数相同的号码谓之"同位码",隔期出现的号码谓之"跳号";近期里,尤其是在近10期内频繁出现表现活跃的号码谓之"热号",反之则谓之"冷号";基本中奖号码中最大的号码和最小的号码之间的差谓之"极差"或"全距";等等。

(六)涉嫌犯罪及其他群体使用的隐语行话

事实证明,流行隐语行话的群体,大多不属于涉嫌犯罪的群体,隐语行话也就大都不属于"黑话"。但是,毋庸讳言,涉嫌犯罪群体往往用一些隐语行话作为犯罪的工具。时任中国刑事警察学院副院长的金玉学教授等撰写的《论犯罪隐语常识在警务工作中的特殊作用》[10]认为,所谓犯罪隐语,是隐语行话重要的组成部分,是指犯罪分子以隐蔽为目的,在犯罪群体领域内成员之间相互交流过程中所使用的特殊的具有隐讳性的语言,是违法犯罪人员预谋犯罪、实施犯罪的重要工具,其中蕴含着犯罪的性质、内容、罪犯身份等诸方面的信息。破译识别隐语的内容,对于打击犯罪、迅速破案无疑具有重要意义。王卉在《广州地区犯罪隐语现状浅析》[11],及其与冯冠强合撰的《广州地区犯罪隐语特点分析》[12]中,通过对以个别访谈法、问卷法在广州市公安局十多个相关部门和番禺监狱等单位收集的738例广州地区犯罪隐语的分析,发现广州地区犯罪隐语伴随治安形势的变化,有些案件的隐语已有大幅萎缩的现象,现有隐语则存在一词多义、异名同指现象较多、方言色彩浓郁、量词表达不一和隐语指代划分细致等特点。

使用隐语行话是许多宗教的传统语言习俗,例如传统道教即如此。不过,各种邪教使用隐语行话则多与涉嫌犯罪活动有关。吴东升《当代中国邪教秘密语探析》[13]提出,邪教秘密语是邪教活动中值得密切关注的现象,也是解读邪教内幕的一个非常重要的视角。该文依据丰富的第一手资料,对当代中国邪教秘密语的生成、类型、特征和功能进行了探索性的分析和研究。

时下娱乐业十分活跃,娱乐场所(包括娱乐城、酒店、酒吧、歌舞厅、夜总会等)成为各色人等聚集的地方,也成为违法犯罪分子聚集活动的重要场合,隐语行话在这里也相应活跃,语汇更新也相对较快。违法犯罪分子在诸如卖淫嫖娼、赌博、毒品交易、走私、黑社会性质的组织犯罪等活动中均具其独特的交流方式,他们往往选择在娱乐场所公开活动,但又要用独特的隐语来隐藏身份、识别同类,进行秘密交易。消费者通过隐语对话判断某一娱乐场所提供哪些项目、其价格和安全性如何,等等,提供服务方则据此判断对方的身份、真实意图以及是否是常客等信息,从而作出不同的反应。叶建明《当前娱乐场所隐语的特点》[14]提出,娱乐场所已成为当代各种隐语滋生、蔓延和使用最为充分广泛的重要场合。当代中国社会的隐语在娱乐场所表现得更具复杂化、多样化,呈现出与传统隐语、更为严密封闭的黑社会隐语、其他行业领域隐语不同的特点。其相对特殊性,主要表现为语源综合化、形态复杂化、功能上的戏谑游戏性、传播上的半封闭性。

凡此种种均说明,使用隐语行话是现实社会语言生活的需要和语言事实。也可以说,古今中外皆无例外。

三、关于隐语行话的语言问题

尽管"使用隐语行话是现实社会语言生活的需要和语言事实",可它也实实在在是社会语言生活中的一个语言问题。之所以说隐语行话是"一个语言问题",一方面在于它包含着对这种语言现象的误读;另一方面,更在于它是一种需要抢救和保护的语言文化遗产,需要给予科学的认识。

(一)隐语行话是一种应予积极抢救和保护的语言文化遗产

汉语民间秘密语非但历史悠久,也是世界上诸同类语言现象中最大的一系。对于已经处于"高濒危状态"的各类民间隐语行话,亟待采取有效措施进行抢救性发掘、整理和研究。古今中外使用隐语行话的社会群体,主要是生存条件比较恶劣或说是社会非主流层面的"草根"群体、"弱势群体"或"边缘群体"。正因如此,这种语言现象也是一种"弱势语言现象"。弱势群体的弱势语言，一旦处于濒危的临界点，如"菇民"群体的"山寮白"等，就非常容易消亡，亟待抢救和保护。在辽宁社会科学院、中国刑事警察学院、中国民俗语言学会等单位联合主办的第三届"语言与民俗"国际学术研讨会上，与会学者在呼吁全社会注意保护、抢救濒危语言的同时，亦当不要忽略关注另一种十分细微的、一向为世人所误解、难以正视的"另类濒危语言"品类——民间隐语行话。学者们指出，作为一种特殊的民俗语言文化现象，对于隐语行话的种种误解，是其濒危的首要因素；其次，则是随着一些使用隐语行话群体的消失，其所使用的隐语行话也随之消亡；最后，隐语行话也会随着某些赖以依附的"濒危语言"的消亡而消亡。而且，少数民族濒危语言的抢救，同样存在对其隐语行话的抢救问题。因此，应将抢救和保护民间隐语行话纳入濒危语言抢救和非物质文化遗产保护工程，制定切实可行的相应措施加以抢救和保护。[15]

（二）科学地认识隐语行话

区别良莠，辨风正俗，首先从学术视野和知识层面，破除主流文化层面对民间隐语行话的误解，科学认识隐语行话的性质和文化价值。这是抢救、保护民间隐语行话，以至规范使用的基本前提。

多学科视点的研究，显示了学术界和社会有关方面对这一微观科学领域的关注与需要。即如有的专家所言，隐语行话既很有专门性，又颇有外部联系的广泛性，是历史学、语言学、社会学、文学、民间文艺学、民俗学、考据学、文化学，以及公安司法的预审学、语言识别、言语鉴定科学乃至自然科学等多种学科科研教学和实际应用部门所共同关注的领域，同时也是一项海外中国学（汉学）研究关注而不易解决的课题。应认识到，民间秘密语是相对地域方言而言的又一语言社会变体，一种亚文化群体的语言代码，一种非主流文化现象，一种属于非主流语言文化的特定民俗语言现象，一个非常值得探讨而又十分有趣的重要分支领域。

少数民族语言的隐语行话更体现民族文化特征。例如，据近年来已经开始初步进入学者们视野的蒙古族传统医学典籍《甘露八支秘诀窍》的隐语，布依的反语，倮人使用的隐语，佤语的反语，湘西苗语中的隐婉话，以及燕子口苗语中的反切语，等等。可以说，隐语行话是考察、保存和利用这些少数民族文化的重要文本，也是透视其民族思想意识的重要窗口。少数民族语言的民俗语汇和隐语行话，由于其"母语"本身就往往是使用人口比较少的"弱势语言"，一向很少受到关注，因而，更是其中的"重中之重"，处于"高濒危"的状态。少数民族语言，由于其使用人口相对较少，有的已经处于濒危态势，更何况其中的一向不为人所关注的隐语行话呢！所以，在关注、抢救作为"另类濒危语言"民俗语汇和隐语行话的过程中，尤其不要忽略了各民族语言中的这类特别濒危语言现象。

另外，包括一些往往涉嫌社会犯罪群体在内的亚文化边缘性群体，大都使用着隐语行话。对他们而言，隐语行话往往是一种涉嫌犯罪行为或自我保护的内部言语交际工具。据了解，在全国二百多所大中专公安司法院校中，迄今只有为数甚少的隐语行话专家。至于为刑事侦查、言语识别和鉴定所需的隐语行话专业人才则寥寥无几。在澳门，博彩业隐语行话，不仅是其行业技艺传承的主要载体，同时也是揭示、印证业内犯罪乃至当地黑社会犯罪的重要手段。

因而，隐语行话亟待被赋予科学地认识和解读，使之走出"黑话"的误区。

（三）正确引导与规范，维护祖国的语言健康发展

有媒体报道，在"炒股热潮"中，许多不谙世事的未成年人因受到炒股的父母、老师的耳濡目染，不经意间在校园里掀起一股热学"股言股语"的热潮。比如，索要零花钱叫"补仓"，成绩差称"探底"，买东西是"投资"，家长控制零花钱叫"割肉"，等等，"股言股语"出口成章。[16]与此同时，学界也注意到，股市行话的发展与流行是社会物质、文化生产的多样性与人们生活丰富性的一种折射。股市行话的迅速流行对社会文化产生了深远的影响。股市词语意义的泛化和扩大，在整个社会语言中得到反映，不仅是经济领域，还逐渐渗透到其他语言现象中。体育报道套用股市

行话，楼盘分析使用了股市行话，婚姻恋爱、日常生活也与股市行话扯上了关系。比如年轻人择偶要有个"心理价位"，刚谈朋友叫作"探行情"，订婚叫"入市"，结婚叫"成交"，两人世界由热转冷叫"盘整"，结婚后双方感情不好叫"踏空"，有了孩子叫"扩容"，婚后感情平淡、无可奈何地凑合叫"套牢"，终于离了叫"解套"，两口子婚姻彻底散伙不可挽回叫"崩盘"，如此等等，诙谐幽默且生动形象。[17]

作为流行于特定群体的隐语行话，主要用于非公众性、非正式交际场合。隐语行话的"泛化"有碍语言生活的文明、健康。有文章不无忧虑地指出，近几年暗语（按：亦即隐语行话）有日趋复活的迹象，每个圈子都有这种暗语，甚至在新的圈子中被重新创造和推广。暗语在多种因素的促成下，很有可能会变成一种流行语言。[18] 文章发表后，得到迅速泛泛流传。《经济晚报》、香港《文汇报》、中国国学网、凤凰网等众多媒体作了转载。有些关于干部语言规范的著作也指出，语言应力求文明。用语文明，是每一个有修养的人所应该具备的基本素质。首先要求各级领导干部在日常交谈中注意交谈内容的文雅，避免格调不高的话题，例如小道消息、同事的是非等，也不能说脏话、粗话，更不能讲黑话、黄话和怪话等。[19] 事实上，这也应当是全民共同遵守的语言文明守则。至于某些必要使用隐语行话的群体或场合，应当有所限定，原则上不应进入公众性场合或正式交际话语中。应注意正确引导，以语言文字法为依据，规范隐语行话的使用。尽量减少一些隐语行话进入公众交际活动，尤其需要注意一些与社会犯罪相关的具有"黑话"色彩的隐语行话的"泛化"，这是维护祖国语言的纯洁和健康需要注意的一个语言问题。

参考文献

[1] 郝志伦. 汉语隐语论纲 [M]. 四川：巴蜀书社，2001.

[2] 曲彦斌. 中国民间秘密语（隐语行话）研究概说 [J]. 社会科学辑刊，1997（1）.

[3] 周一民. 北京现代流行语 [M]. 北京：燕山出版社，1992.

[4] 阮恒辉，吴继平. 上海话流行语辞典 [M]. 上海：汉语大词典出版社，1997.

[5] 徐世荣. 北京土语词典 [M]. 北京：北京出版社，1990.

[6] 黄涛. 流行语与社会时尚文化 [M]. 上海：上海辞书出版社，2004：13—15.

[7] 曾毅平. 当代保险业行话汇释 [J]. 江汉大学学报（人文科学版），2007（4）.

[8] 王月会，王建华. 股市行话的构成及语用分析 [J]. 修辞学习，2005（2）.

[9] 半岛都市报 [N]. 2004-6-12.

[10] 金玉学. 论犯罪隐语常识在警务工作中的特殊作用 [J]. 文化学刊 [J]. 2007（1）.

[11] 王卉. 广州地区犯罪隐语现状浅析 [J]. 边缘法学论坛，2007（2）.

[12] 王卉，冯冠强. 广州地区犯罪隐语特点分析 [J]. 中国人民公安大学学报（社会科学版），2008（2）.

[13] 吴东升. 当代中国邪教秘密语探析 [J]. 江苏社会科学，2007（2）.

[14] 叶建明. 当前娱乐场所隐语的特点 [J]. 北京人民警察学院学报，2005（6）.

[15] 李阳. 民俗语言学：在发展与探索中前进——第三届"语言与民俗"国际学术研讨会综述 [N]. 中国社会科学院院报，2007-11-28.

[16] 王月会，王建华. 股市行话的构成及语用分析 [J]. 修辞学习，2005（2）.

[17] 孟隋. 暗语的复活 [N] 成都晚报，2008-7-27.

[18] 唐晋. 领导干部大讲堂·礼仪卷 [M]. 北京：国家行政学院出版社，2008.

[19] 本文原分别刊于《江西社会科学》2009年第11期和《学术交流》2010年第1期.

部分汉语隐语文献图版

图版目录

图〇〇一　唐崔令钦《教坊记》："诸家散乐，呼天子为崖公，以欢喜为蚬斗，以每日长在至尊左右为长入。" / 10

图〇〇二　孙棨《北里志》记述当时京中妓谓鸨母为"爆炭"，又注云："不知其因，或以难姑息之意也。" / 10

图〇〇三　南宋曾慥编《类说》摘录《教坊记》片段 / 11

图〇〇四　《事林广记·蹴鞠图谱》书影 / 12

图〇〇五　《武经总要》"隐语"（《中国兵书集成》第四册，据金陵书林唐富春刻本影印）/ 12

图〇〇六　《武经总要后集》卷四"隐语"（《四库全书》本）书影 / 13

图〇〇七　宋陈元靓《新编群书类要·事林广记续集》戊集卷二《圆社市语》书影 / 13

图〇〇八　《古今图书集成·蹴鞠部汇考》中的圆社锦语书影 / 14

图〇〇九　坊刻本《江湖博览按摩修养净发须知》正文书影 / 15

图〇一〇　明《永乐大典》卷一四一二五"剃"字头下的《净发须知》书影 / 16

图〇一一　明田汝成《西湖游览志馀》卷二十五辑录"梨园市语""四平市语"书影 / 17

图〇一二　明佚名《墨娥小录》中国书店版封面、内封及引言 / 18

图〇一三　明佚名《墨娥小录》卷一四附刻《行院声嗽》书影 / 19

图〇一四　日本旧写本的明代《金陵六院市语》书影 / 19

图〇一五　明李贽（卓吾）编《开卷一笑》卷二辑《金陵六院市语》书影 / 20

图〇一六　清翟灏无不宜斋雕本《通俗编》封面书影 / 20

图〇一七　清翟灏无不宜斋雕本《通俗编》周天度序书影 / 21

图〇一八　《串雅》书影 / 22

图〇一九　《新刻江湖切要》目录（国家图书馆藏《新刻江湖切要》抄本书影）/ 23

图〇二〇　清刻本《新刻江湖切要》内封（村雅堂藏清光绪刻本《新刻江湖切要》书影）/ 24

图〇二一　清刻本《新刻江湖切要》卓亭子序文之一（村雅堂藏清光绪刻本《新刻江湖切要》书影）/ 24

图〇二二　清唐再丰《鹅幻汇编》内封书影（提示附印有《江湖诀二十七则》）/ 25

图〇二三　清唐再丰《鹅幻汇编》卷一二所载《江湖通用切口摘要》书影 / 25

图〇二四　吴晓铃藏清末民初抄本《江湖黑话谱》书影（据中国社会科学院文学研究所编印《双楉书屋考藏珍本丛书》初集影印本）/ 26

图〇二五　清末民初北京打磨厂学古堂排印本《江湖行话谱》（正文题作《江湖行话大观》）封面书影 / 26

图〇二六　清末民初北京打磨厂学古堂排印本《江湖行话谱》书影 / 26

图〇二七	清枝巢老人《旧京琐记》内封书影 / 27
图〇二八	清枝巢老人《旧京琐记》书影 / 27
图〇二九	清末傅崇矩编《成都通览》第一卷（册）封面书影 / 28
图〇三〇	清末傅崇矩编《成都通览》书影 / 28
图〇三一	清末佚名传抄本《镖行江湖隐语行话秘典》正文书影 / 29
图〇三二	《兽医串雅杂钞》正文书影 / 30
图〇三三	上洋海左书局1913年出版的《音义注解商务普通白话尺牍》内封书影 / 31
图〇三四	1924年上海东陆图书公司出版的汉语近代隐语行话重要典籍、吴汉痴主编的《全国各界切口大词典》内封书影 / 31
图〇三五	吴汉痴主编《全国各界切口大词典》书序书影 / 32
图〇三六	吴汉痴主编《全国各界切口大词典》上海文艺出版社影印版封面书影 / 32
图〇三七	吴汉痴主编《全国各界切口大词典》上海文艺出版社影印版内封书影 / 32
图〇三八	时慧宝题签的首部戏曲行业隐语行话辞典《梨园话》的初版封面 / 33
图〇三九	《梨园话》初版版权页 / 33
图〇四〇	《梨园话》初版程艳秋题签 / 33
图〇四一	《梨园话》齐如山题签《皮黄班语》 / 34
图〇四二	《梨园话》台湾传记文学出版社版封面 / 34
图〇四三	陈国屏《清门考源》（1946年）两页图片 / 34
图〇四四	《出门切口江湖秘诀》（又题作《江湖经验秘诀》）封面 / 35
图〇四五	《江湖经验秘诀》首页 / 35
图〇四六	北平时言报社1936年10月出版的云游客《江湖丛谈》第一集正文首页书影 / 36
图〇四七	北平时言报社1936年10月出版的云游客《江湖丛谈》第一集正文中的《江湖之春点》书影 / 36
图〇四八	上海文艺出版社据北平时言报社1936年版影印云游客《江湖丛谈》封面 / 37
图〇四九	启功题签的新版《江湖丛谈》封面（当代中国出版社1988年2月出版） / 37
图〇五〇	中华书局2012年出版的贾建国、连丽如整理本《江湖丛谈》封面 / 37
图〇五一	《江湖丛谈》作者云游客（连阔如）先生肖像（中华书局2012年出版的贾建国、连丽如整理本《江湖丛谈》卷首） / 37
图〇五二	1936年10月出版的陈培德主编之《江湖海底》书影一组 / 38
图〇五三	1937年上海大通图书社出版的金老佛《九流三教江湖秘密规矩》封面 / 39
图〇五四	河北人民出版社1990年影印本孙悦民编《家理宝鉴》一书封面 / 39
图〇五五	河北人民出版社据刘联珂《中国帮会三百年革命史》1940年版的影印本封面 / 39
图〇五六	1948年说文社（重庆）出版卫大法师（卫聚贤）《江湖话》封面 / 39
图〇五七	吴晓铃藏清末民初抄本《当字谱》（据中国社会科学院文学研究所编印《双楣书屋考藏珍本丛书》初集影印本）书影 / 40
图〇五八	吴晓铃藏清末民初抄本《当字谱》（据中国社会科学院文学研究所编印《双楣书屋考藏珍本丛书》初集影印本）书影 / 41
图〇五九	清末民初北京典当业的《当字谱》书影 / 41
图〇六〇	清末民初广东典当业的《当字谱》书影 / 42
图〇六一	曲彦斌著《中国民间秘密语》封面，上海三联书店1990年出版 / 43
图〇六二	曲彦斌主编《中国隐语行话大辞典》封面，辽宁教育出版社1991年出版 / 43
图〇六三	曲彦斌主编《俚语隐语行话词典》封面，上海辞书出版社1996年出版 / 43
图〇六四	郝志伦《汉语隐语论纲》封面，巴蜀书社2001年出版 / 43

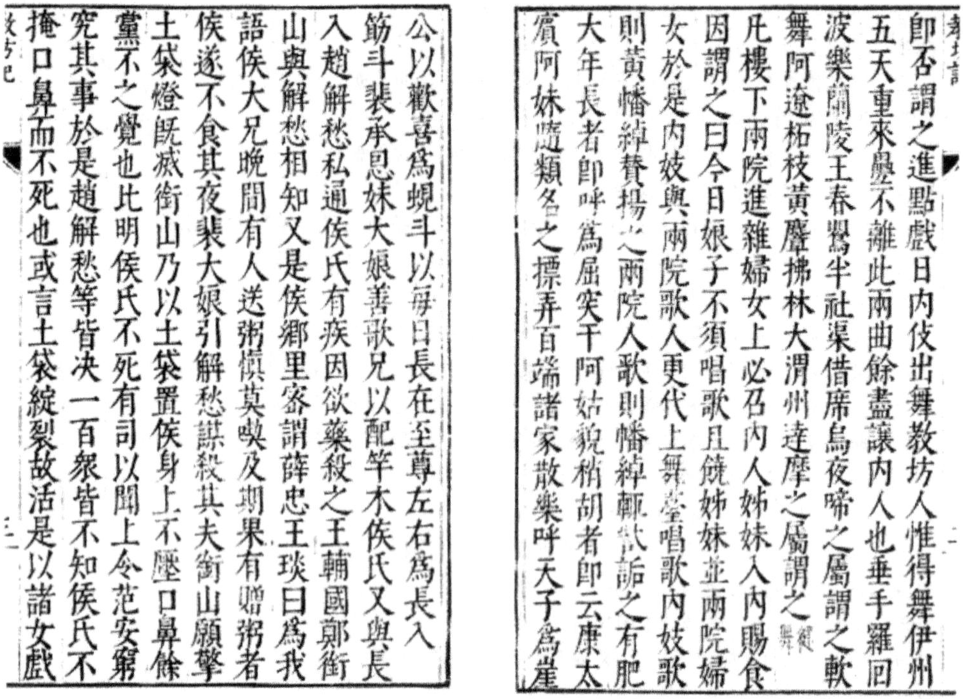
教坊記

即否謂之進點戲日內伎出舞教坊人惟得舞伊州五天重來疊不離此兩曲餘盡讓內人也垂手羅回波樂蘭陵王春鶯囀半社渠借席烏夜啼之屬謂之軟舞阿遼柘枝黃麞拂林大渭州達摩之屬謂之健舞凡樓下兩院進雜婦女上必召內人姊妹入內賜食因謂之曰今日娘子不須唱歌且饒姊妹並兩院婦女於是內妓與兩院歌人更代上舞臺唱歌內妓歌則黃幡綽贊揚之兩院人歌則幡綽輒訾詬之有肥大年長者即呼為屈突干阿姑貌稍胡者即云康太賓阿妹隨類名之摽弄百端諸家散樂呼天子為崖

教坊記

公以歡喜為蜆斗以每日長在至尊左右為長入筋斗裴承恩妹大娘善歌兄以配竿木侯氏又與長入趙解愁私通侯氏有疾因欲藥殺之王輔國鄭銜山與解愁相知又是侯鄉里密謂薛忠王琰曰為我語侯大兄晚間有人送粥慎莫喫及期果有贈粥者侯遂不食其夜裴大娘引解愁謀殺其夫銜山頗擘土袋燈既滅銜山乃以土袋置侯身上不壓口鼻餘黨不之覺也比明侯氏不死有司以聞上令范安窮究其事於是趙解愁等皆決一百眾皆不知侯氏不掩口鼻而不死也或言土袋綻裂故活是以諸女戲

图〇〇一　唐崔令钦《教坊记》：“诸家散乐，呼天子为崖公，以欢喜为蚬斗，以每日长在至尊左右为长入。”

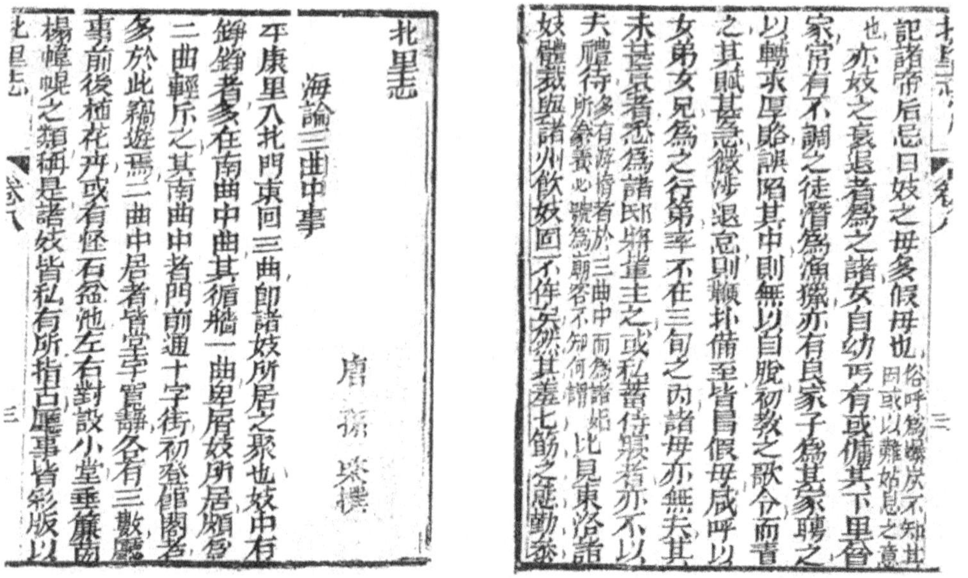
北里志

記諸帝后曰妓之母多假母也（俗呼為爆炭不知其因或以難姑息之意也）亦妓之衰退者為之諸女自幼丐有或傭其下里貧家常有不調之徒潛為漁獵亦有良家子為其家聘之以轉求厚賂誤陷其中則無以自脫初教之歌令而責之其賦甚急微涉退怠則鞭扑備至皆冒假母姓呼以女弟女兄為之行第率不在三旬之內諸母亦無夫其未甚衰者悉為諸邸將輩主之或私蓄侍寢者亦不以夫禮待（多有游惰者於三曲中而為諸娼所豢養必號為廟客不知何謂）比見東洛諸妓體裁與諸州飲妓固不侔矣然其羞匕筯之態勤參

北里志

海論三曲中事

唐　孫棨　撰

平康里入北門東回三曲即諸妓所居之聚也妓中有錚錚者多在南曲中曲其循牆一曲卑屑妓所居頗為二曲輕斥之其南曲中曲門前通十字街初登館閣者多於此竊遊焉二曲中居者皆堂宇寬靜各有三數廳事前後植花卉或有怪石盆池左右對設小堂垂簾茵榻幃幌之類稱是諸妓皆私有所指占廳事皆彩版以

图〇〇二　孙棨《北里志》记述当时京中妓谓鸨母为“爆炭”，又注云：“不知其因，或以难姑息之意也。”

好作莫厚三郎舞至曲終謂之合殺允矣快
健所以更須能也

軟舞健舞

團波樂春鶯囀烏夜啼之屬謂之軟舞
大渭州達摩支之屬謂之健舞

打鼓

呂元真打鼓頭上置水椀曲終而水不傾動
衆推其能定頭項上在潘邸召之元真恃其
能多不持至乃云須得黃紙黃紙謂勅也上
銜之故流輩皆有爵命惟元眞素身

打毬墮馬

上嘗三殿打毬榮王墮馬閃絶桫時不爲小
幡綽奏曰大家如今年紀不爲小聖體又重
不宜自勞何不著女婿等與樂人爲之如臣
坐對食盤口眼俱飽此爲樂斗旁觀大家馳
逐怏遠何暇云樂上日間言大有理不復自
爲也

崖公蜆斗長入

散樂呼天爲崖公蜆斗以歡喜爲蜆斗以每日常
在天子左右爲長入

筋斗

上於天津橋南設帳殿酺三日教坊一小兒
筋斗絶倫乃衣以綵繒梳洗雜於內妓中上
頭緣長竿而下樂人等皆拾所擲宛轉於地大呼
萬歲百官拜慶中使宣吉云此技尤難近教
坊教成其實乃小兒也

聲伎兒

坊中謂太常樂人爲聲伎兒

四女善歌

任智方四女善歌其中二姑子吐納悽惋收
歛渾淪二姑子容止閑和意不在歌四兒髮

貪毀金賊

龐三娘善歌舞其舞顏娜重然特工裝束又
有年面多皺帖以輕紗雜用雲母和粉蜜塗

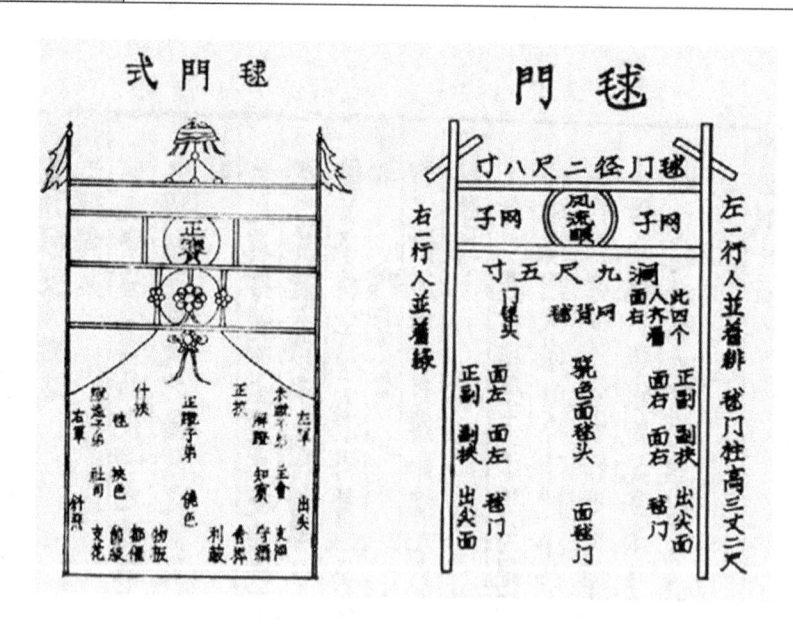

图〇〇四　《事林广记·蹴鞠图谱》书影

图〇〇五　《武经总要》"隐语"（《中国兵书集成》第四册，据金陵书林唐富春刻本影印）

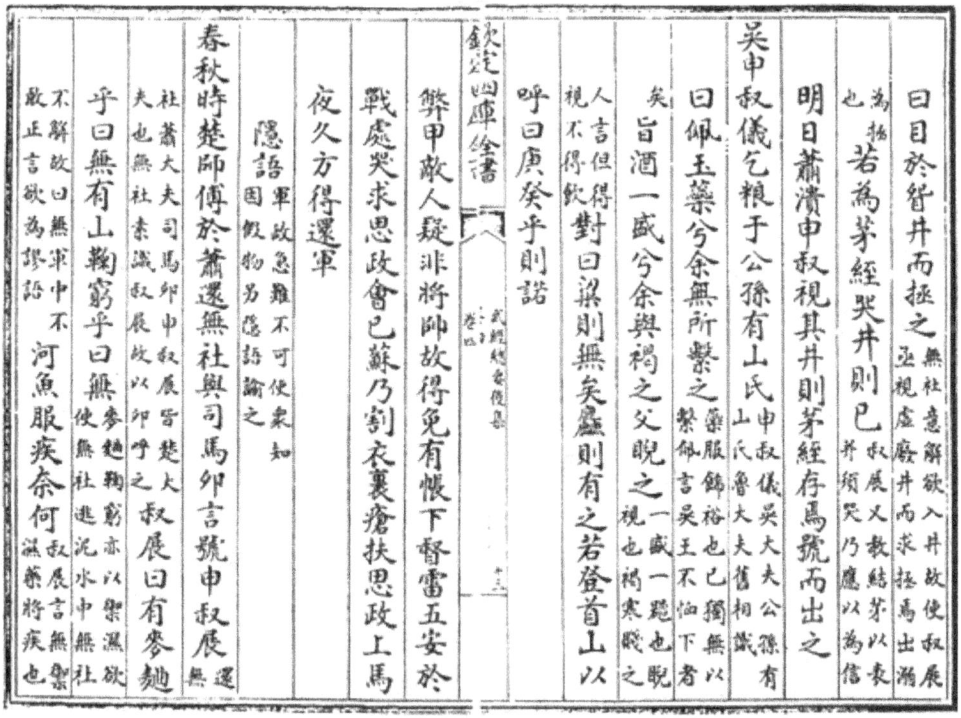

曰目於眢井而拯之無社意解欲入井故使叔展亟視虛廢井而求拯焉出溺為拯也若為茅絰哭井則已叔展又教結茅以表井須哭乃應以為信
明日蕭潰申叔視其井則茅絰存焉號而出之
吳申叔儀乞糧于公孫有山氏申叔儀吳大夫公孫有山氏魯大夫舊相識
曰佩玉蘂兮余無所繫之蘂服飾裕也已獨無以繫佩言吳王不恤下者矣
旨酒一盛兮余與褐之父睨之一盛一瓶也睨視也褐寒賤之人言但得視不得飲
對曰粱則無矣麤則有之若登首山以
呼曰庚癸乎則諾

欽定四庫全書　武經總要後集　卷四　十三

弊甲敵人疑非將帥故得免有帳下督雷五安於
戰處哭求思政會已蘇乃割衣裹瘡扶思政上馬
夜久方得還軍
隱語軍政急難不可使衆知因假物為隱語諭之
春秋時楚師傅於蕭還無社與司馬卯言號申叔展還無社蕭大夫司馬卯申叔展皆楚大夫也無社素識叔展故以卯呼之
叔展曰有麥麴乎曰無有山鞠窮乎曰無麥麴鞠窮亦以禦濕欲使無社逃泥水中無社不解故曰無軍中不敢正言欲為謬語
河魚腹疾奈何叔展言無禦濕藥將疾也

图〇〇六　《武经总要后集》卷四“隐语”（《四库全书》本）书影

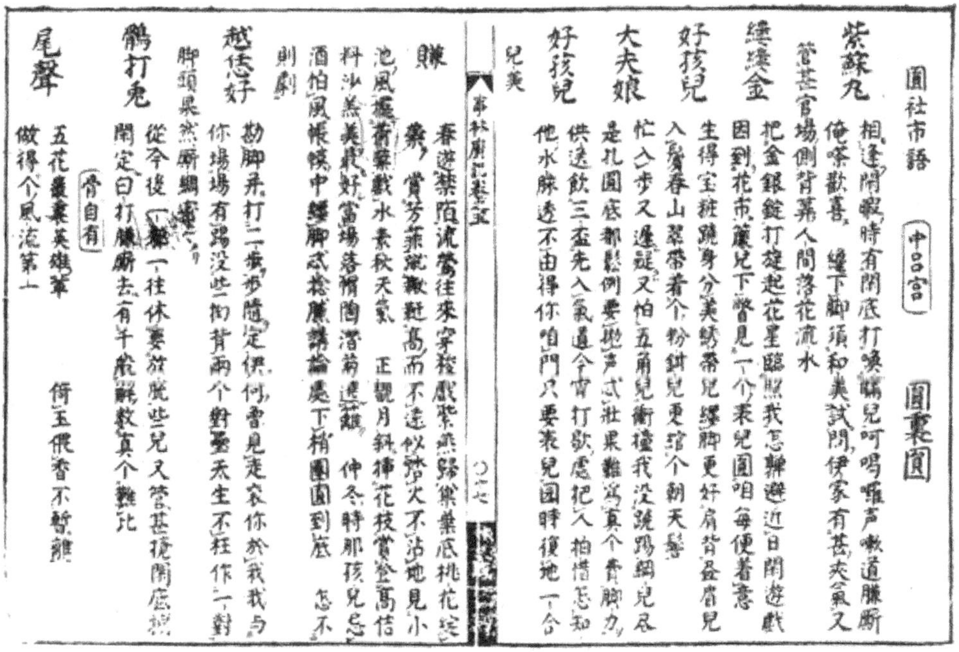

圓社市語　中呂宮　圓裏圓
紫蘇丸　相逢閑暇時有閑底打喚瞞兒呵喝囉声嗽道賺廝俺嗏歡喜。縷下脚頭和共試問，伊家有甚夾氣又管甚官場側背幕入間落花流水
纏纏金　把金銀錠打旋起花星臨照我怎辦避近日閑遊戲因到花市簾兒下瞥見一个表兒圓咱每便着意
好孩兒　生得宝妝跷身分美蟒帶兒縷脚更好肩背叠着兒入鬢春山翠帶着个粉鉗兒更綰个朝天髻
大夫娘　忙入步又遷延又怕五角兒衝撞我没跷踢鋼兒尽是孔圓底都鬆側要拋声式壯果難窮真个費脚力
好孩兒　供送飲三盃先入氣道令甯打歇處把人拍惜怎知他水脉透不由得你咱門只要表兒圓時復地一合兒美

事林廣記卷五　〇一七

賺　春遊禁陌流鶯往來穿梭戲紫燕歸巢葉底桃花綻蕊，賞芳菲蹴鞠高而不遠似箭火不沾地見小池風擺荷葉戲水素秋天氣　正覩月斜捧花枝賞登高佳料沙葳美景好富場落帽陶潜菊邊離　仲冬時那孩兒忌酒怕風帳幙中缕脚式檢膁舞論處下稍圍圓到底　怎不則劇
越恁好　勘脚并打二庳步隨定伊何曾見走衮你於我我与你場場有踢没些拗背兩个對壘天生不枉作一對脚頭果然廝稠密
鶻打兔　從今後一來一往休要放脫些兒又管甚攙閑底拽閑定白打膁廝去有千般解數真个難比　骨自有
尾聲　五花氣囊英雄輩　倚玉偎香不暫離　做得个風流第一

图〇〇七　宋陈元靓《新编群书类要·事林广记续集》戊集卷二《圆社市语》书影

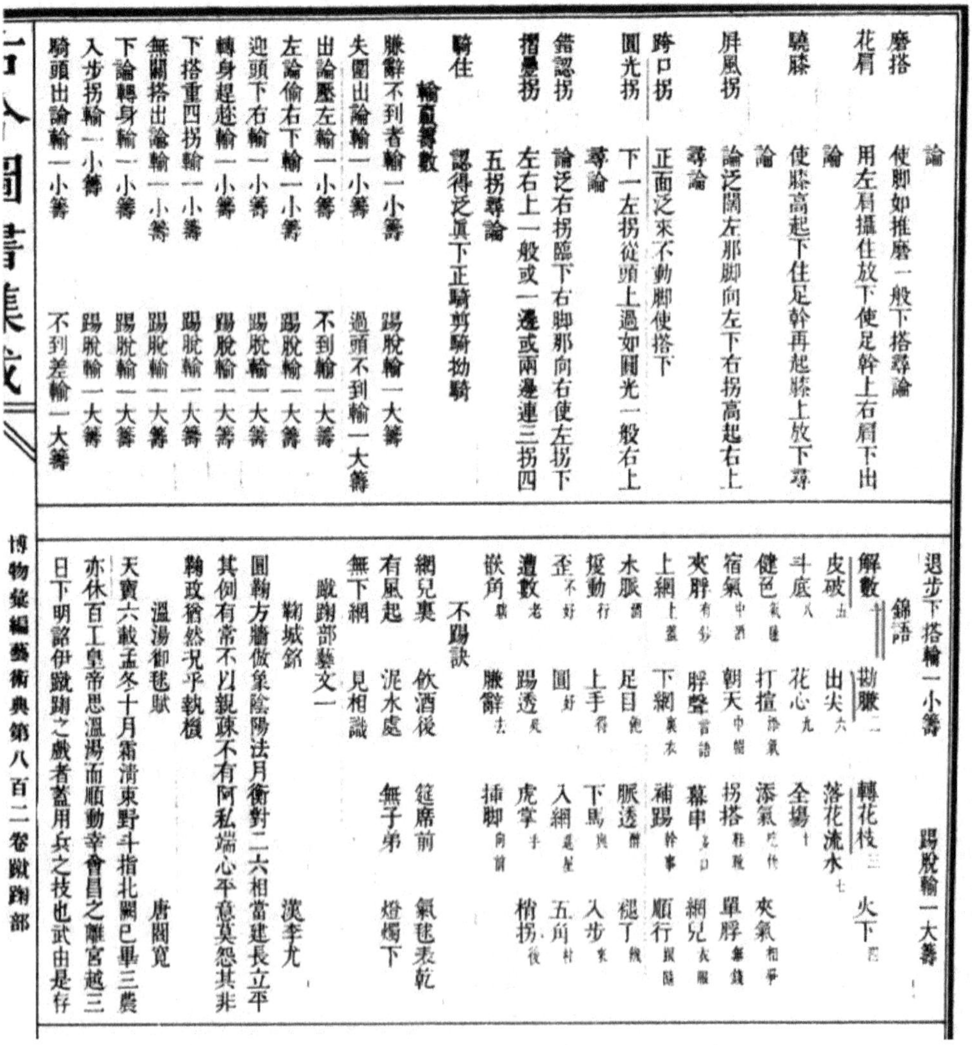

图〇〇八　《古今图书集成·蹴鞠部汇考》中的圆社锦语书影

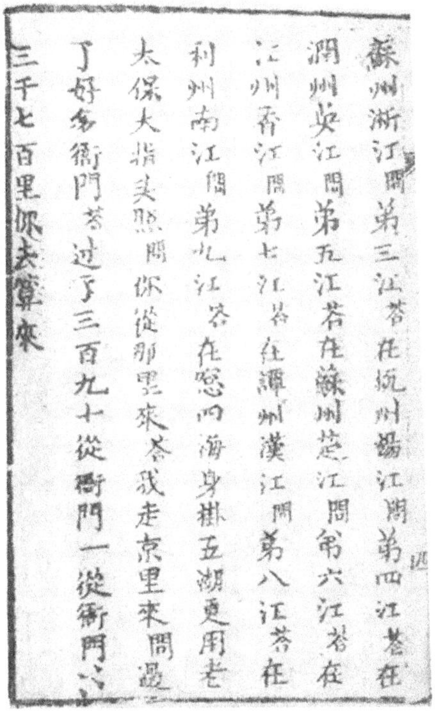

图〇〇九　坊刻本《江湖博览按摩修养净发须知》正文书影

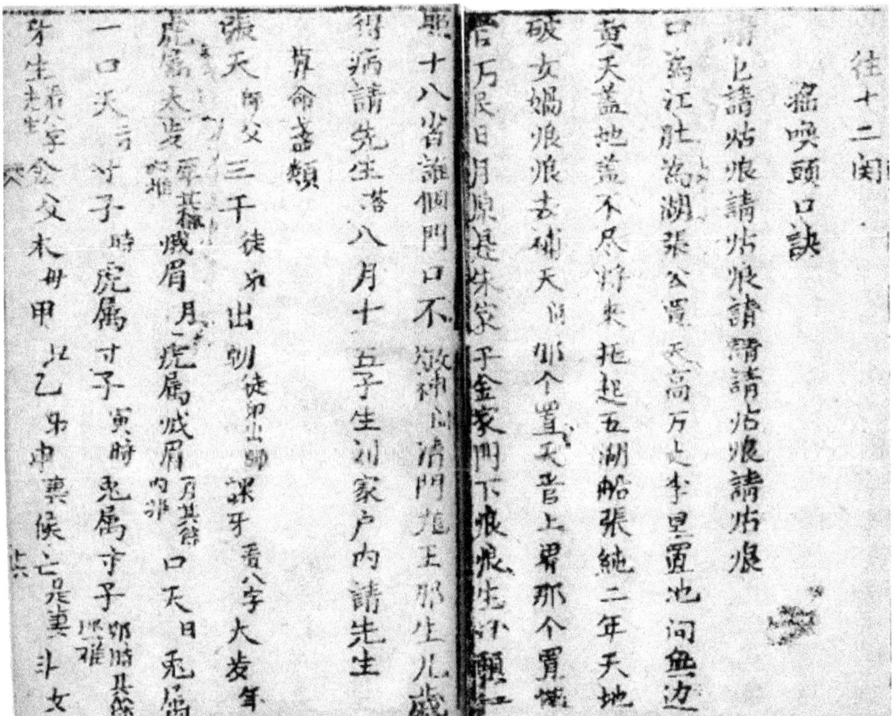

图○一○　明《永乐大典》卷一四一二五"剃"字头下的《净发须知》书影

輟耕錄言杭州人好為隱語以欺外方如物不堅緻曰
憨大暗換易物曰搠包兒麄蠢人曰杓子朴實曰艮
頭白獺髓言杭俗澆薄語年甲則曰年末語居止則
曰只在前面語家口則曰一差牙齒語仕祿則曰小
差遣此皆宋時事耳乃今三百六十行各有市語不
相通用倉猝聆之竟不知為何等語也有曰四平市
語者以一為憶多嬌二為耳邊風三為散秋香四為
思鄉馬五為誤佳期六為柳搖金七為砌花臺八為

西湖遊覽志餘　十六

欽定四庫全書　卷二十五

霸陵橋九為救情郎十為舍利子小為消黎花大為
朵朵雲老為落梅風諱低物為皺以其足下物也復
諱皺為撒金錢則又義意全無徒以惑亂觀聽耳
宋時臨安四方輻輳浩穰之區游手游食姦黠繁盛有
所謂美人局以倡優姬妾引誘少年有櫃坊局以博
戲關撲騙賺財物有水功德局以打點求覓脫賺財
貨有以偽易真者至以紙為衣以銅鉛為銀以土木
為香藥變換如神謂之白日鬼有剪脫衣服環佩荷

欽定四庫全書　卷二十五

老以没有為埋夢以莫言為稀調又有諱本語而巧
為俏語者如詬人嘲我曰淄牙有謀未成曰掃興冷
淡曰秋意無言默坐曰出神言涉敗興曰殺風景言
胡說曰扯淡或轉曰牽冷則出自宋時梨園市語之
遺未之改也
元時駕橋側首有高樓八間皆殷富回回所居其娶婦
婚禮絕與中國不同雖婦女伯叔姊妹有所不顧一
日回回娶婦街巷之人肩摩踵接咸來窺視或攀緣

图〇一一　明田汝成《西湖游览志馀》卷二十五辑录“梨园市语”“四平市语”书影

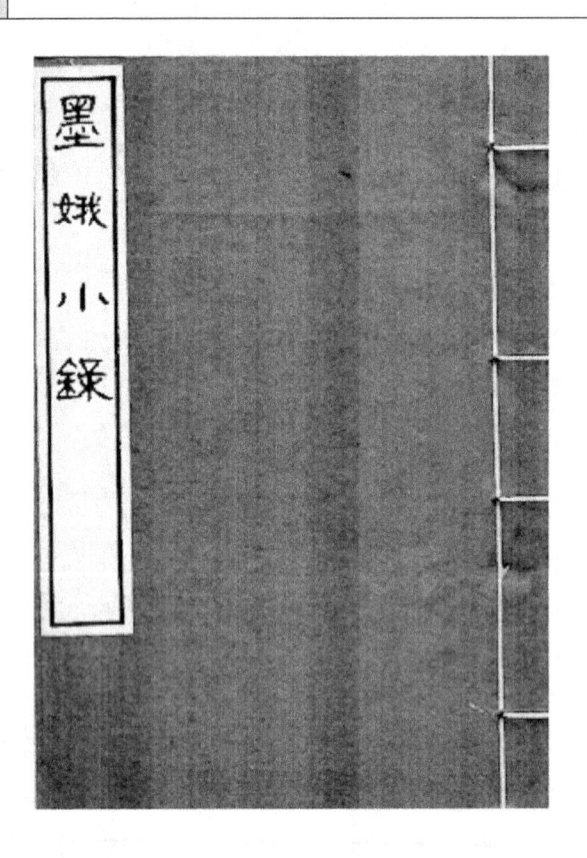

图〇一二　明佚名《墨娥小录》中国书店版封面、内封及引言

图〇一三　明佚名《墨娥小录》卷一四附刻《行院声嗽》书影

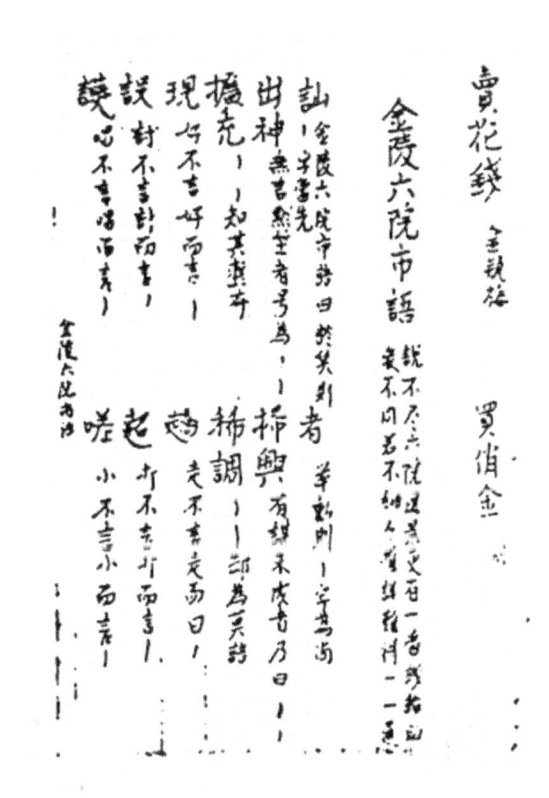

图〇一四　日本旧写本的明代《金陵六院市语》书影

图〇一五　明李贽（卓吾）编《开卷一笑》卷二辑《金陵六院市语》书影

图〇一六　清翟灏无不宜斋雕本《通俗编》封面书影

序

語有見于經傳學士大夫所不習而甕牖竈妾口常及之
若中古以還載籍極博抑又繁不勝舉矣蓋方言流注或
每變而移其初而人情尤忽于所近也余友晴江瞿氏山
舟梁氏咸博學而精心山舟在南中常出所著直語類錄
示余歎以為善比來都門復見晴江手輯通俗編則勾
稽證釋視山舟鍵戶端居為二君種業樹文兼綜細大故米
易伯仲然山舟詳數倍焉二君之外孕與人事接其所錄
在約舉義例而不求其多晴江則往來南北十許年五方
風土靡所不涉車塵閒未嘗一日廢善墜文軼事殫見洽
聞不漏也世人務為夸毗過所不知輒曰吾何為而屑此
固亦二君之稽古多獲而猶不恁秉庸近用知善學者誠
以泙少二君之稽古多獲而猶不恁秉庸近用知善學者誠
有恥于一物必無使蔑德竊義之得柱其類而後可在學
士大夫披覽及之亦可以省其宿讀而恍然矣晴江善于
余而近與山舟為婿余故序其書并為兩家置騎者如此
乾隆十有六年歲在辛未仲秋西陳弟周天度

圖○一七　清瞿灝無不宜齋雕本《通俗編》周天度序書影

串雅 緒論

醫者意也用藥不如用意治有未效必以意求苟意
入元微自理有洞解然後用藥無不立驗今則每
持祖方為長技用而不驗則留根不除侯再發而
再獲也用而不驗則辜用猛毒之藥以攻之所謂
下殼手也在賣症成聞有轉機而虛人不旦立斃
受彼不知用意在平日之講求也几平日輩居科
課入市招搖會饗沉酣不知潛心理道者勿讀吾
書

讀吾書

經不必醫盡知之而走方不知用奇藥間一
時之捷徑也得心應手平日之熟練也古人出則
行道入則請書蓋醫學通乎性命如醫則知立命
而一切沙疢不能中之可以却疾延年否則已身
難免於危又烏能救人之危耶

醫本期於濟世疾能治之不必存貧富之見近
率以醫為行業謂求富者莫如行醫於是朋黨角
立趨利如鶩入主出奴各成門戶在延醫者每以
病試醫在醫病者又以藥試病兩相范然迄無成

名雅 緒論 三

效幸而偶中則儕儔標榜走方之術類聚既非鄉
里論道罕見精微性各挾一長以遨遊逐食忌則
相賊合則相呼如雀隼之交讙詎莫定有似此者
勿讀吾書

藥有最驗者曰丹頭即剋剝是也病除後必不可再
用走方多挾此以博效人每詫奇絕此後再求餘
藥則授以丸日除餘疾也輒索高價不知此即市
于藥肆中所棄根渣不論寒熱溫和稟取而劉製
為丸以賤售而貴取所謂撈爪是也有似此者勿

出雅 緒論 四

戲法中有熟金藥攔江網八面鋒如鄉魚霜中分散
截骨移毒皆熟金藥也黃雀丹青囊九皆攔江網
也兌金鯉鯪皆八面鋒也供不可不知
走方於內科有發病法如釣脾中之用木瀝露以
聞涸窸掩月散中之用鯉脊鱗以過臟神取貝母
中之丹龍睛以弛髓脈副刺蝟中之連環骨以縮
骨節外科則用自硃砂以樿毒蛇草灰以種瘩即
九種十三根之類更有合扁豆膏以留癰蔓陀酒
以留癲甚則醉獄散之可以病馬牛金鍼九之可

一八五

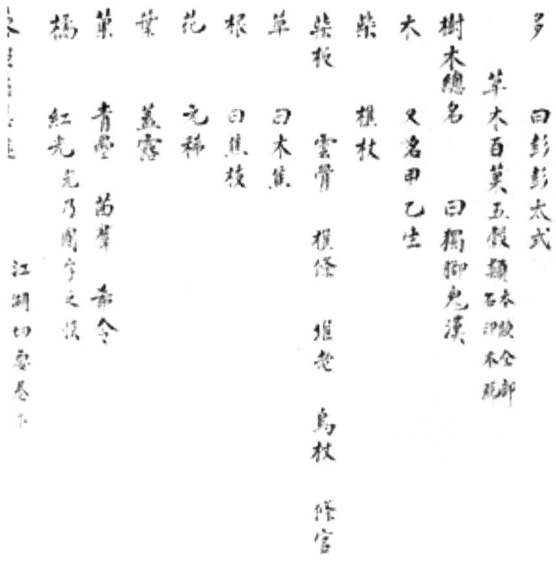

多曰影影太式
草木百艹，五假顋石水金部
樹木總名　曰獨卿鬼漢
大　又名甲乙生
柴　棋枕
柴枝　雲骨　棋條　堆老　烏枚　修官
根　曰俱枝
花　元稱
葉　蓋露
巢　青登　斋令
橋　紅光兄乃聞宇之說
　　　　　　　　江湖切要卷下

偷雞　桃葉　又曰殘黃欠傳卯本
剪綹　戴衣　抓怕菽卯木瓜卯木絲
白闊　撞鞍門
毛賊　小老鼠
僧道類
和尚　廿三　失一
道人　廿一
道士　廿四　得一
師姑　水廿三
尼姑　水廿四
仙人　斗廿三
稱為書香令鳩為雲遊子
　　　　　　　　江湖切要卷上

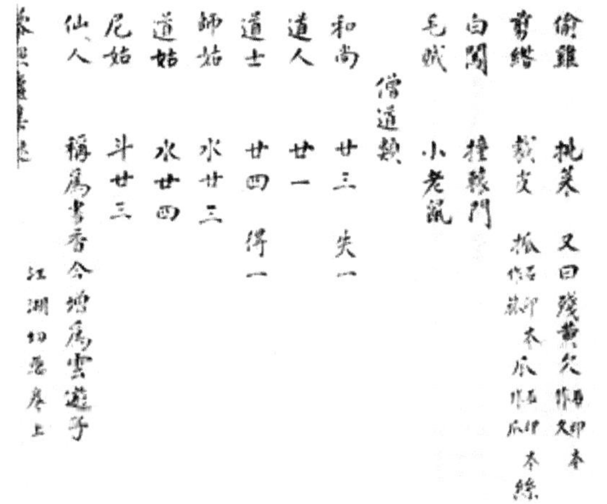

图〇一九　《新刻江湖切要》目录（国家图书馆藏《新刻江湖切要》抄本书影）

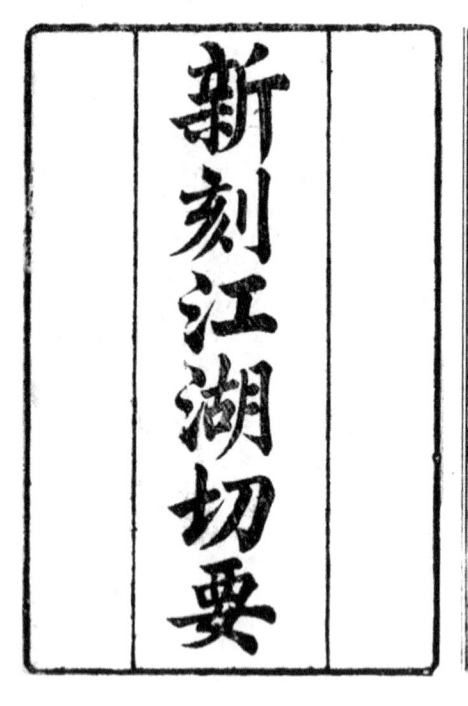

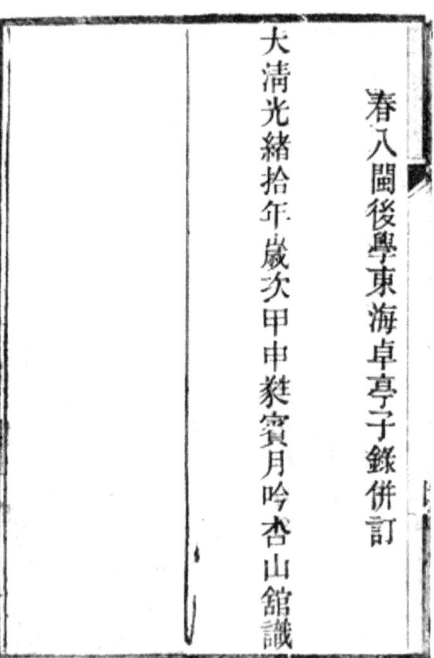

图〇二〇　清刻本《新刻江湖切要》内封（村雅堂藏清光绪刻本《新刻江湖切要》书影）

图〇二一　清刻本《新刻江湖切要》卓亭子序文之一（村雅堂藏清光绪刻本《新刻江湖切要》书影）

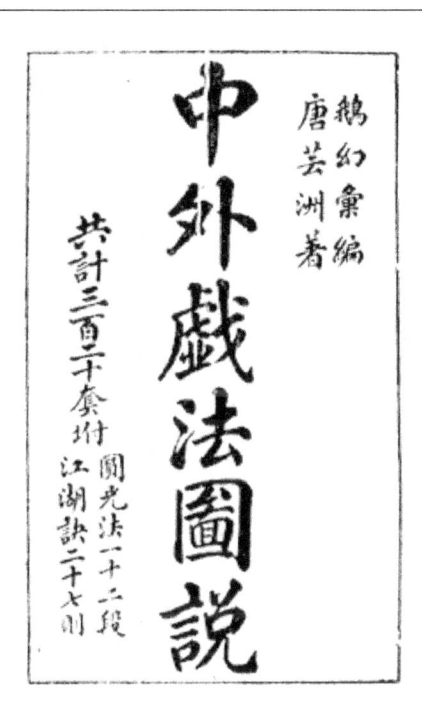

图〇二二　清唐再丰《鹅幻汇编》内封书影（提示附印有《江湖诀二十七则》）

图〇二三　清唐再丰《鹅幻汇编》卷一二所载《江湖通用切口摘要》书影

图〇二四　吴晓铃藏清末民初抄本《江湖黑话谱》书影（据中国社会科学院文学研究所编印《双楷书屋考藏珍本丛书》初集影印本）

图〇二五　清末民初北京打磨厂学古堂排印本《江湖行话谱》（正文题作《江湖行话大观》）封面书影

图〇二六　清末民初北京打磨厂学古堂排印本《江湖行话谱》书影

图○二七 清枝巢老人《旧京琐记》内封书影

旧京琐记

者趣為此中養女必教以貴家伺應之節豪門姿態
多取材於此向無留髠之例屋中多有密室鏡檻述
春劉阮不易入也光緒辛卯間瀾公管步軍奏令盡
除多輟業者庚子後多移而樹幟城外曰一善堂令
雲香班皆其變象其中名花皆受另一種之調教固
別有風範也

外城曲院多集於石頭胡同王廣福斜街小裘紗帽
胡同分大中小三級其上者月有大鼓書影戲二次
客倒須設宴曰擺酒實則僅果四盤瓜子二碟酒一
壺而價僅二金犒十千飛箋召妓曰叫條子妓應招
曰應條子來但默坐取盤中瓜子剖之擲於桌上而
已少頃卽去日告假客有所歡雖日數往不予以貲
惟至有大鼓或影戲時須舉行擺酒之典耳
曲中呼夜度貲曰坑錢實則關錢之誤也宋元人謂
子昔在秋曹辦案時會檢妓家賬冊詢之謂現現用隱語相談有所謂留客月大日
冶游狎妓曰關客其謠甚古妓家又謂留客月大日
妓女相晤其密者輒用隱語相談有所謂調口語者
聞出於回教有所謂剛口語者卽出於反切格礫釣

图○二八 清枝巢老人《旧京琐记》书影

图〇二九　清末傅崇矩编《成都通览》第一卷（册）封面书影

图〇三〇　清末傅崇矩编《成都通览》书影

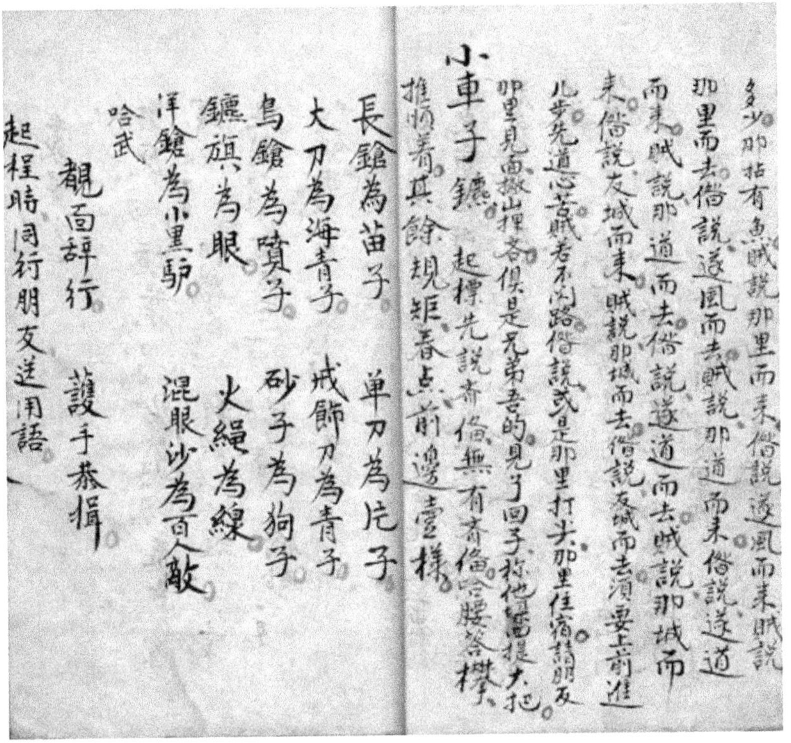

多少那拈有急賊說那里而来備說逆風而来賊說
那里而去備說逆風而去賊說那道而来備說逆道
而来賊說那道而去備說逆道而去賊說那城而
来備說友城而来賊說那城而去備說友城而去須要上前進
兒步先道心蒼賊者不問路備說武是那里打头那里住宿請朋友
那里見面撒山粮吝倶是兄弟香的見了回子称他馮提大把

小車子鏢

起標先說斉備無有斉備喧腥答樸
推順着其餘規矩春点前邊壹樣

長鎗為苗子 单刀為片子
大刀為海青子 戒飾刀為青子
鳥鎗為噴子 砂子為狗子
鏢旗為眼 火繩為線
洋鎗為小黑驢 混眼沙為百人敵
哈武

覩面辞行 護手恭揖

起程時同行朋友送用語

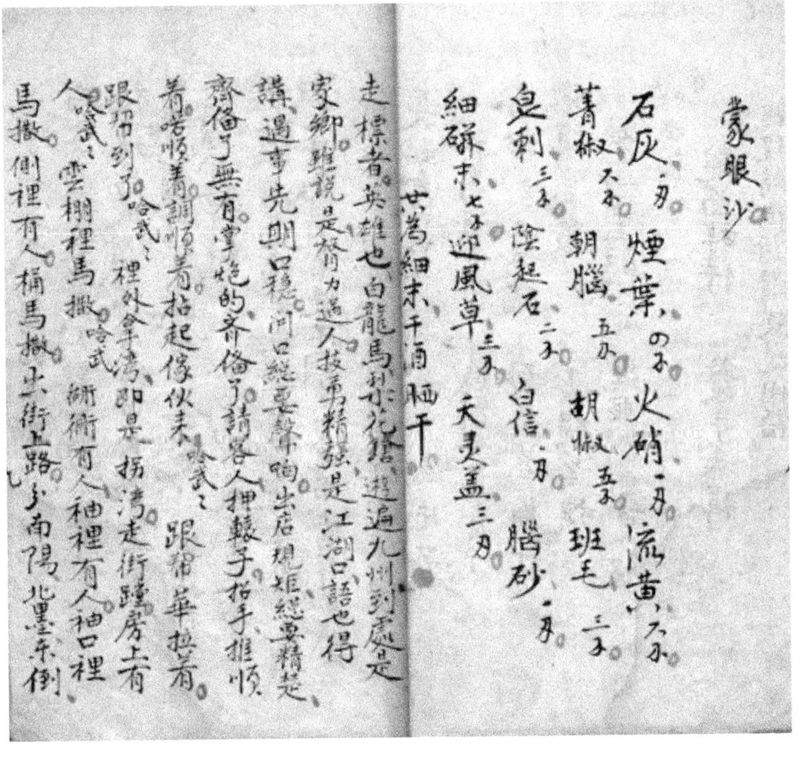

蒙眼沙

石灰一刄 煙葉四不 火硝一刄 流黄六不
菁椒六不 朝腦五不 胡椒三不 班毛三不
皂刺三不 陰起石二不 白信一刄 腦砂一刄
細磷末七不 迎風草三不 天更蓋三刄
共為細末千酒梱干

走標者英雄也白龍馬那花鎗逛遍九州到處是
家鄉雖說是膂力過人技弟精強是江湖口語也得
講過事先明口穩閒口総要聲响出店規矩總要精楚
齊備了無有掌炮的斉備了請客人押鞍子拈手推順
着喈順着調順着拈起傢伙来哈武之 跟留華擋着
跟留到了哈武 裡外拿濤即是拐濤走街踵房上有
人哈武之 雲棚裡馬撒哈武 衚衕有人袖裡有人袖口裡
馬撒 側裡有人 楠馬撒出街上路子南陽北墨东倒

图〇三一　清末佚名传抄本《镖行江湖隐语行话秘典》正文书影

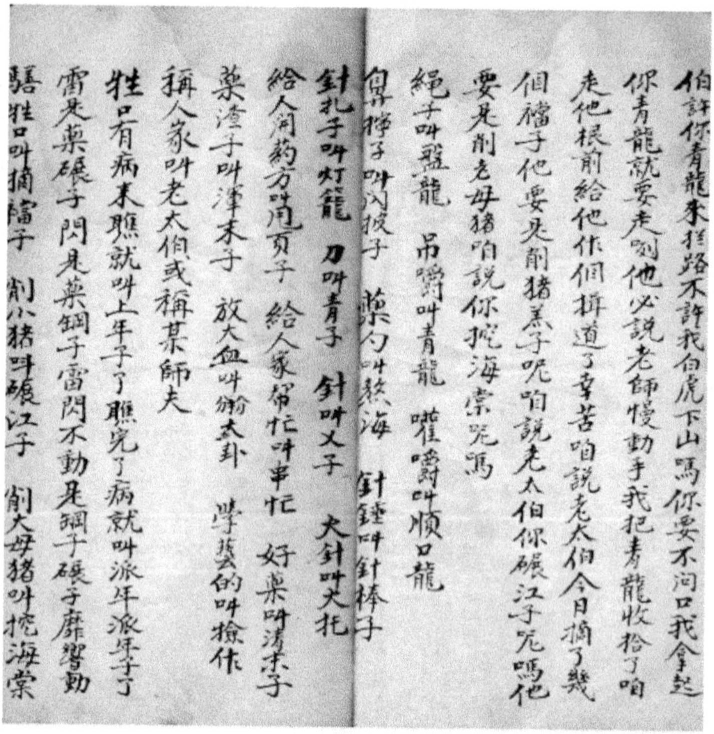

伯許你青龍來挂路不許我伯虎下山嗎你要不問口我拿起
你青龍就要走到他必說老師慢勤手我把青龍收拾了咱
走他跟前給他作個揖道了辛苦咱說老太伯你今日摘了幾
個檔子他要是削猪羔呢咱說老太伯你碾江子完嗎
要是削老母猪咱說你挖海棠呢嗎
臬撑子叫闩拨子　吊嚼叫青龍　嚼嚛叫順口龍
絕子叫鞁龍
針扎子叫灯籠　刀叫青子　針鍾叫針棒子
樂勺叫熬海
給人闹药方叫角贝子　針叫叉子　犬針叫犬托
樂渣子叫津末子　給人家常忙叫串忙
牲口有病末照就叫上年了　瞧完了病就叫派年派年了
雷夾樂碾子闷見菜鋼子雷闪不動是鋼子碾子廢響勤
驢牲口叫摘檔子　削小猪叫碾江子　削大母猪叫挖海棠

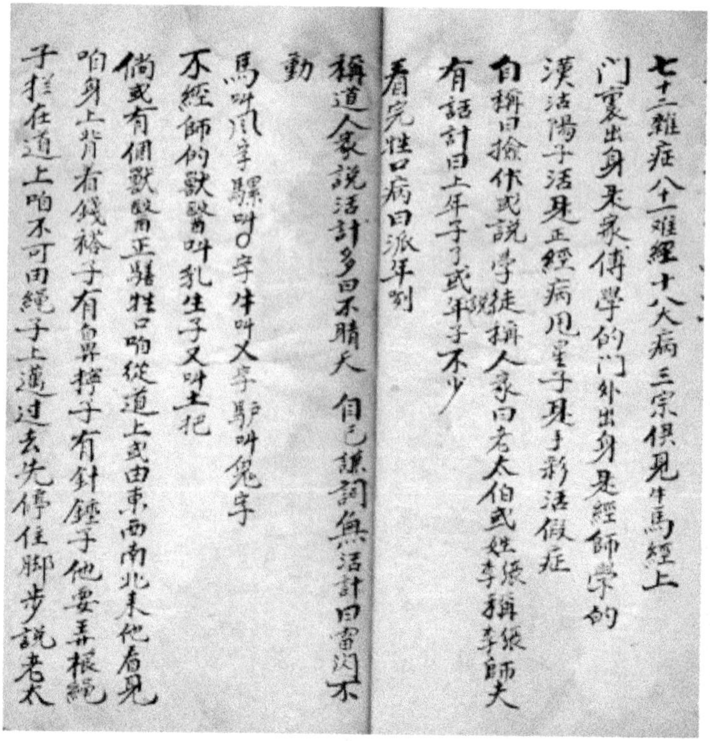

七十二雜症八十一難經十八大病三宗俱見牛馬經上
门裏出身來眾傳學的门外出身是經師掌的
漢活陽子活是正經病思量子珠手彩活假症
自稱曰掄伏武說學徒稱人家曰老太伯武姓張稱張師夫
有話討曰上年子了武年子不少
看完牲口病曰派年剁
稱道人象說活計多曰不膳天　自己謙詞無活計曰雷闪不動
馬叫風字騾叫孚生叫又字驢叫鬼字
不經師的獸醫叫乳生子又叫土把
倘或有個獸醫問正驢牲口咱從道上或由東西南北來他看見
咱身上背有钱袋子有鲁界撑子有針鍾子他要弄根绳
子拴在道上咱不可回绳子上迈过去先停住腳步說老太

图〇三二　《兽医串雅杂钞》正文书影

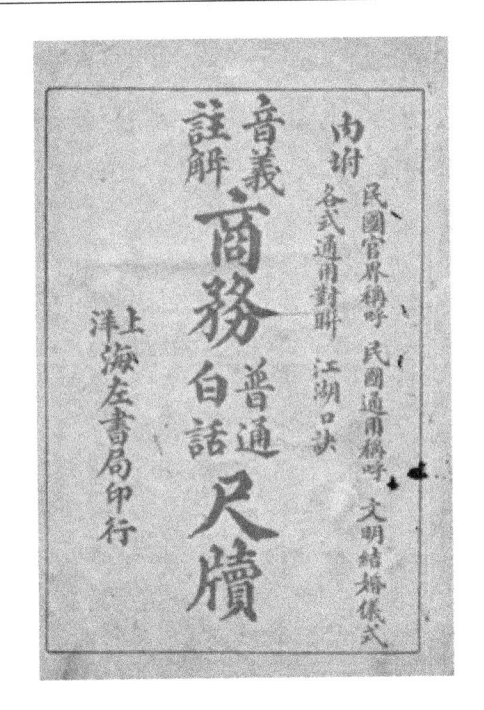

图○三三　上洋海左书局1913年出版的《音义注解商务普通白话尺牍》内封书影

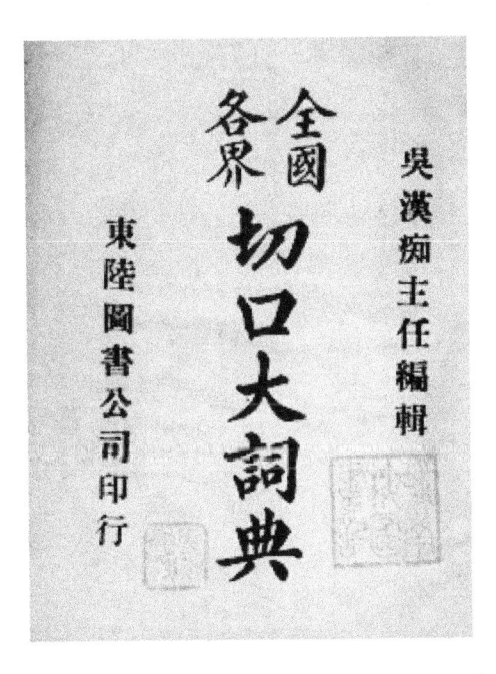

图○三四　1924年上海东陆图书公司出版的汉语近代隐语行话重要典籍、吴汉痴主编的《全国各界切口大词典》内封书影

图〇三五　吴汉痴主编《全国各界切口大词典》书序书影

图〇三六　吴汉痴主编《全国各界切口大词典》上海文艺出版社影印版封面书影

图〇三七　吴汉痴主编《全国各界切口大词典》上海文艺出版社影印版内封书影

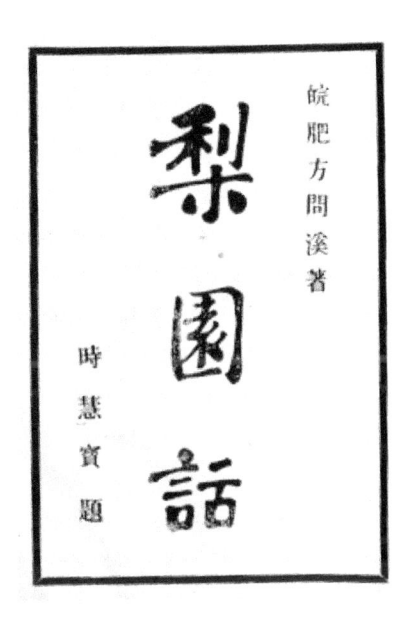

图〇三八　时慧宝题签的首部戏曲行业隐语行话辞典《梨园话》的初版封面

北平中华印书局 1931 年出版的方问溪著《梨园话》，辑释京剧行话用语 300 余条，按笔画为序编排，约 4 万字，被视为"有词典之实，却无词典之名"的"京剧小词典"。

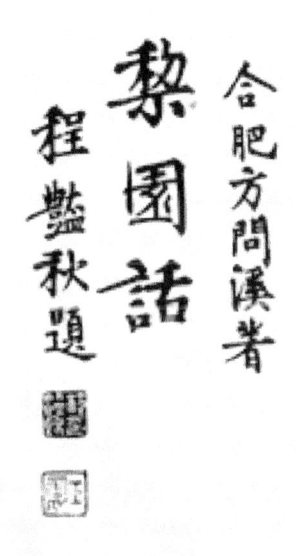

图〇三九　《梨园话》初版版权页　　　图〇四〇　《梨园话》初版程艳秋题签

图〇四一 《梨园话》齐如山题签《皮黄班语》

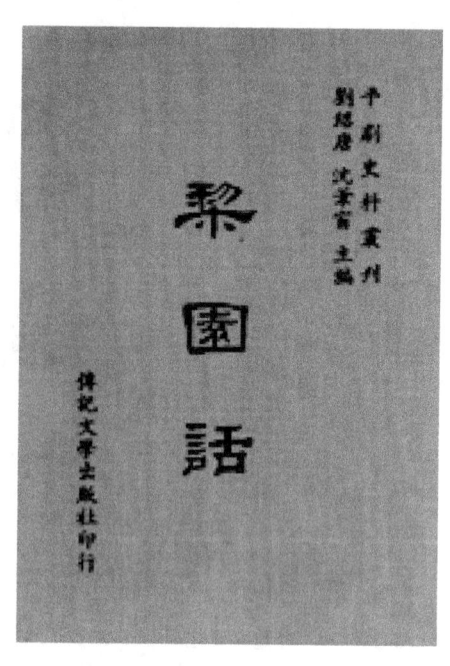

图〇四二 《梨园话》台湾传记文学出版社版封面

图〇四三 陈国屏《清门考源》（1946年）两页图片

图〇四四 《出门切口江湖秘诀》（又题作《江湖经验秘诀》）封面

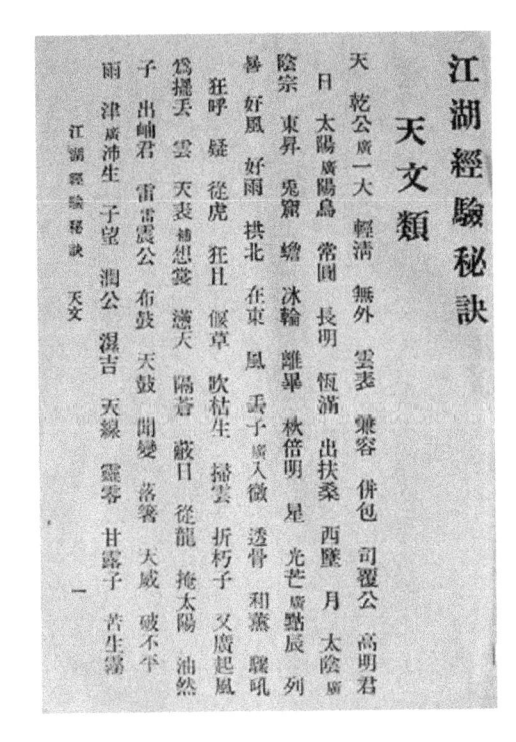

江湖經驗秘訣

天文類

天 乾公廣一大 輕清 無外 雲表 兼容 併包 司覆公 高明君
日 太陽廣陽鳥 常圓 長明 恆滿 出扶桑 西墜 月 太陰廣
陰宗 東昇 兔窟 蟾 冰輪 離畢 秋倍明 星 光芒廣點辰 列
曙 好風 好雨 拱北 在東 風 孟子廣入微 透骨 和薰 騣吼
狂呼 疑 從虎 狂旦 偃草 欧枯生 掃雲 折朽子 又廣起風
鴛搖丢 雲 天表 補想篷 遮天 隔菅 蔽日 從龍 掩太陽 油然
子 出岫君 雷雷震公 布鼓 天鼓 聞變 落箸 天威 破不平
雨 津歲沛生 子望 潤公 濕吉 天綫 靈零 甘露子 苦生霧

江湖經驗秘訣 天文　一

图〇四五 《江湖经验秘诀》首页

江湖叢談　第一集

雲遊客著

著者自幼在外奔走。自謀衣食。對於江湖中的事兒。有個一知半解。所以著述這部江湖叢談。內有「風」「馬」「燕」「雀」四大門。「金」「皮」「彩」「挂」「平」「團」「調」「柳」八小門。內有包括的是。賣「梳篦」的。賣「刀剪」的。賣「香面」的。賣「膏藥」的。賣「刀傷藥」的。賣「眼藥」的。賣「虫子藥」的。賣「牙疼藥」的。擺「汗册子」的。賣「戲法」的。變「戲法」的。打「把式賣藝」的。跑「馬戲」。「偸腳」的。算「周易」卦的。算「奇門」卦的。算「鳥兒」卦的。「相面」的。「啞相」的。「撥下街」的。說「相聲」的。唱「大鼓書」的。唱「竹板書」的。說「評書」的。賣「膜子」的。賣「逍遙散」的。拉「洋片」的。等等行當不下百數十種。此外尚有兩門。一爲騙術門。一爲蔣家門。並有江湖黑幕。江湖人規律。藝術變遷。藝人小傳。藝人傳流支派。藝人道義。各省藝人團體的組織。藝人的沿革。僅將內容用概括方式。先向閱者報告明了。由江湖人之春點。作爲首談。什麼叫作「春點」呢。懂書的人離不開字典。字彙。辭源。等等書籍。江湖藝人不論是那行兒。先得學會了春點。然後才能夠吃生意飯兒。普通名稱是「生意人」。又叫吃「張口飯」的。江湖藝人對於江湖藝人。稱爲「老合」。敝人曾聽藝人老前輩說過。能給十吊錢。不把藝來傳。寧給一錠金。不給一句春。由這兩句話來作証。江湖的老合們。把他們各行生意的藝術。看得有泰山之重。江湖人常說藝業不可輕傳。交給人學的容易。他一文不

江湖叢談　第一集　一

图〇四六　北平时言报社 1936 年 10 月出版的云游客《江湖丛谈》第一集正文首页书影

江湖叢談　第一集　二

值半文。丟的更易。江湖藝術。是不能輕傳於人的。更不能濫授的江湖人。不惜一錠金。都捨不得一句春。據他們江湖人說。這「春點」只許江湖人知道。若叫外行人知道了。能把他們的各行買賣毀嘍。治不了杵兒（江湖藝人管掙不了錢。謂侃兒說。治不了杵兒啦）果子行。柴行。油行。肉行。估衣行。糖行。以及拉房縴的。暨馬市裡拼手。各行都有各行的術語。俗說叫調侃兒。到了江湖人管他們所謂的侃兒。總稱叫「春點」今例舉一事。閱者諸君便知。那春點的用處。譬如。鄉村裏有個搖鈴兒賣藥的先生。正然搖鈴兒。被一家請至院內看病。這賣藥的先生。原不知病人所患的是何病症。該病人院鄰某姓。是個江湖人。他要叫賣藥的先生。掙的下錢來。先向賣藥的先生說。「果食點」是「攢兒吊的黏啃」賣藥的先生。不用給病人診脈。便能知道。這家是有個婦人。得的是心疼之病。原來。這果食點。按着春點中的侃語。便是婦人的攢兒吊的黏啃。便是心口疼的病症。然後賣藥的先生給病人一診脈。把病原說出來。說的很對。病人那能知道。他們院鄰暗含着。春給那賣藥的先生啊。花多少錢。亦得買他的藥啊。這賣藥的先生。得了病人鄰居。用「春點」把病人所得的病。春給他。能夠不費事兒。掙的下錢來。簡捷的說明。這就是江湖人。用春點的意義。往淺處說。是那個意思。往深處說。如同長江大海。用莫大焉。可是這春點。用在一處。成爲三種名詞。前說江湖人調侃的軟語爲春。至於點之用處合意義。容我到藝人的藝術類。再爲詳談。合將江湖中的春點。先行錄出。然後再分門別類的述談。

江湖之春點（一）

图〇四七　北平时言报社 1936 年 10 月出版的云游客《江湖丛谈》第一集正文中的《江湖之春点》书影

部分汉语隐语文献图版

图〇四八　上海文艺出版社据北平时言报社1936年版影印云游客《江湖丛谈》封面

图〇四九　启功题签的新版《江湖丛谈》封面（当代中国出版社1988年2月出版）

图〇五〇　中华书局2012年出版的贾建国、连丽如整理本《江湖丛谈》封面

图〇五一　《江湖丛谈》作者云游客（连阔如）先生作者肖像（中华书局2012年出版的贾建国、连丽如整理本《江湖丛谈》卷首）

37

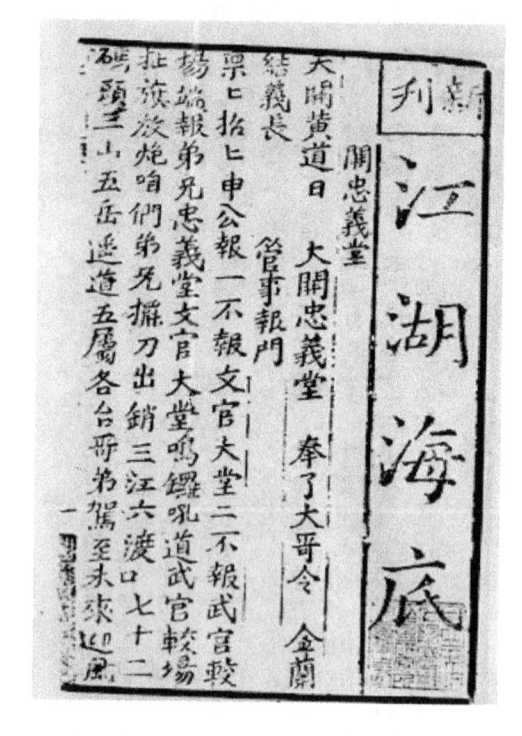

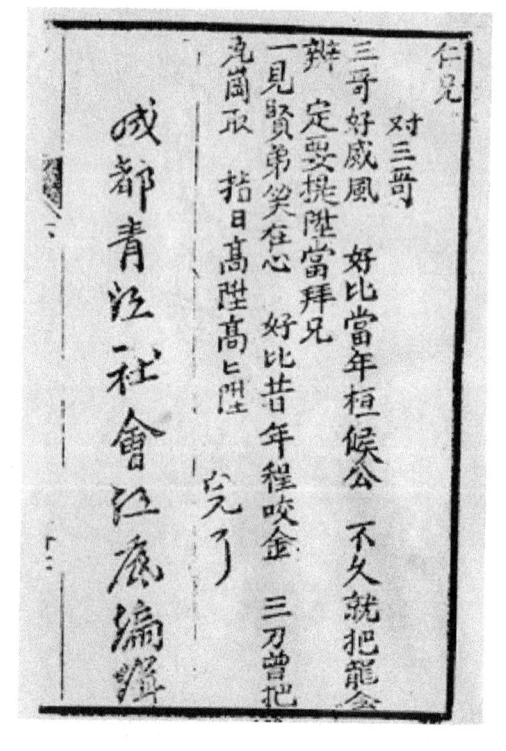

图〇五二　1936年10月出版的陈培德主编之《江湖海底》书影一组

图〇五三　1937年上海大通图书社出版的金老佛《九流三教江湖秘密规矩》封面

图〇五四　河北人民出版社1990年影印本孙悦民编《家理宝鉴》一书封面

图〇五五　河北人民出版社据刘联珂《中国帮会三百年革命史》1940年版的影印本封面
本书第二十章辑录《洪门切口》，第二十八章辑录《清门切口》

图〇五六　1948年说文社（重庆）出版卫大法师（卫聚贤）《江湖话》封面

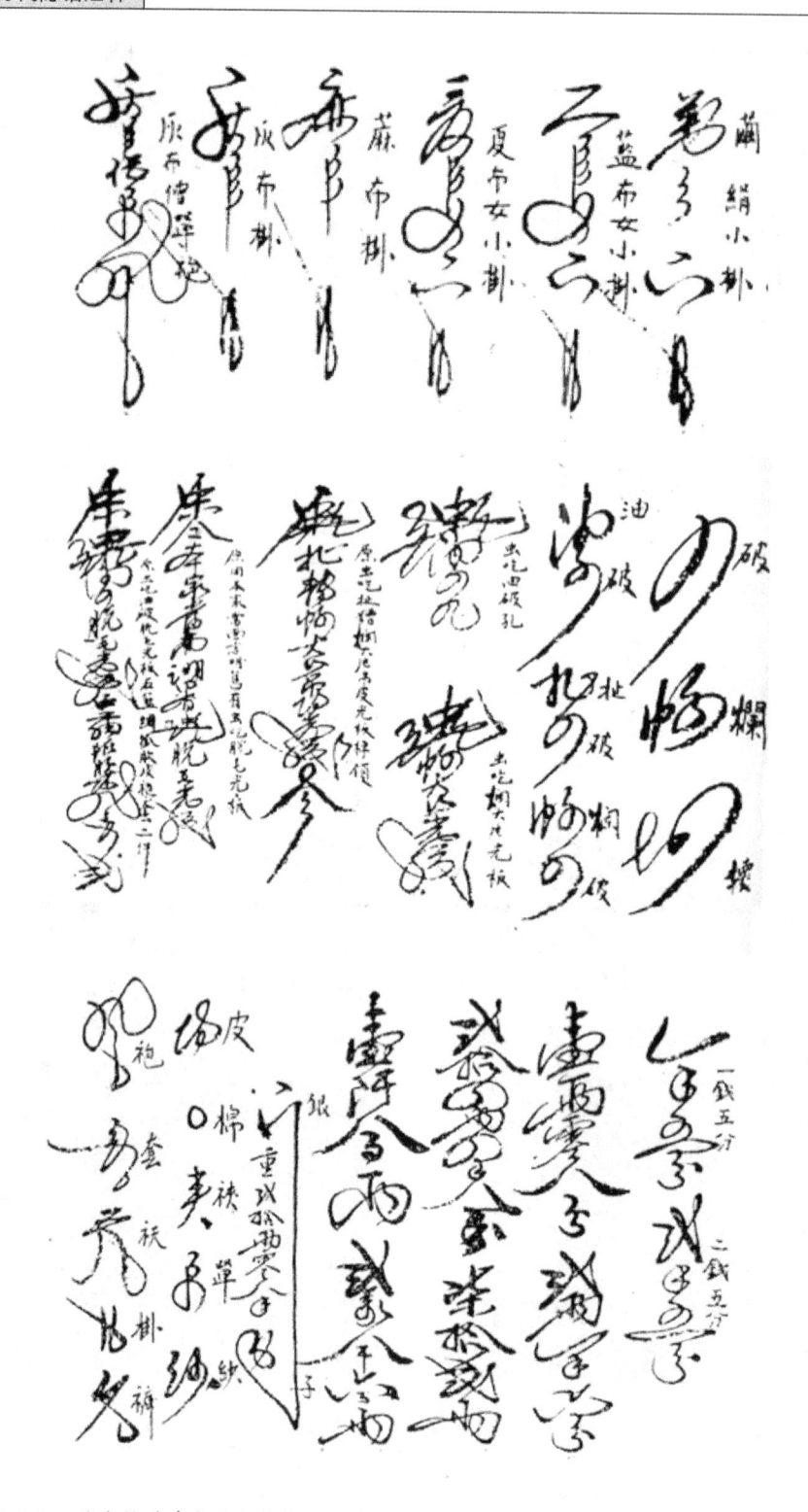

图〇五七　吴晓铃藏清末民初抄本《当字谱》（据中国社会科学院文学研究所编印《双楷书屋考藏珍本丛书》初集影印本）书影

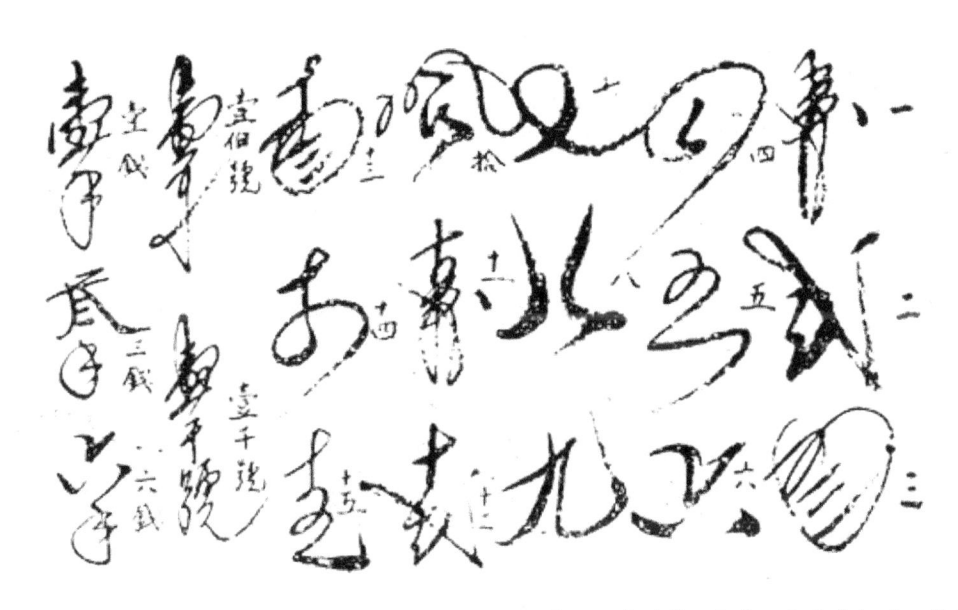

图〇五八　吴晓铃藏清末民初抄本《当字谱》（据中国社会科学院文学研究所编印《双楯书屋考藏珍本丛书》初集影印本）书影

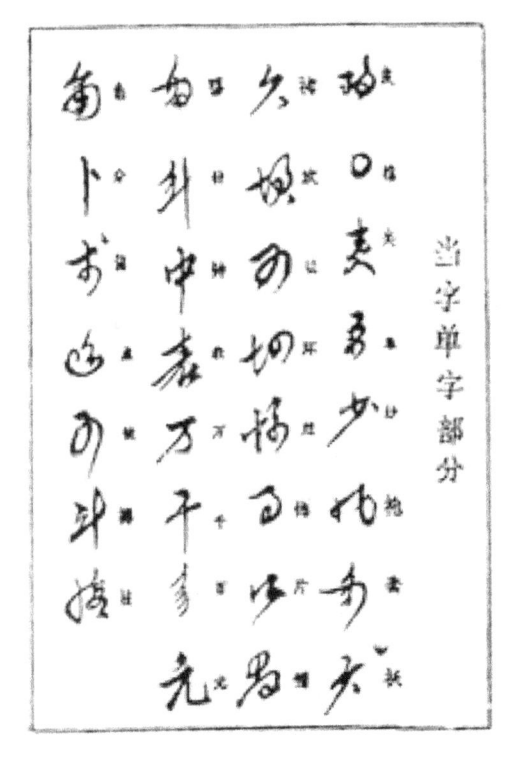

图〇五九　清末民初北京典当业的《当字谱》书影

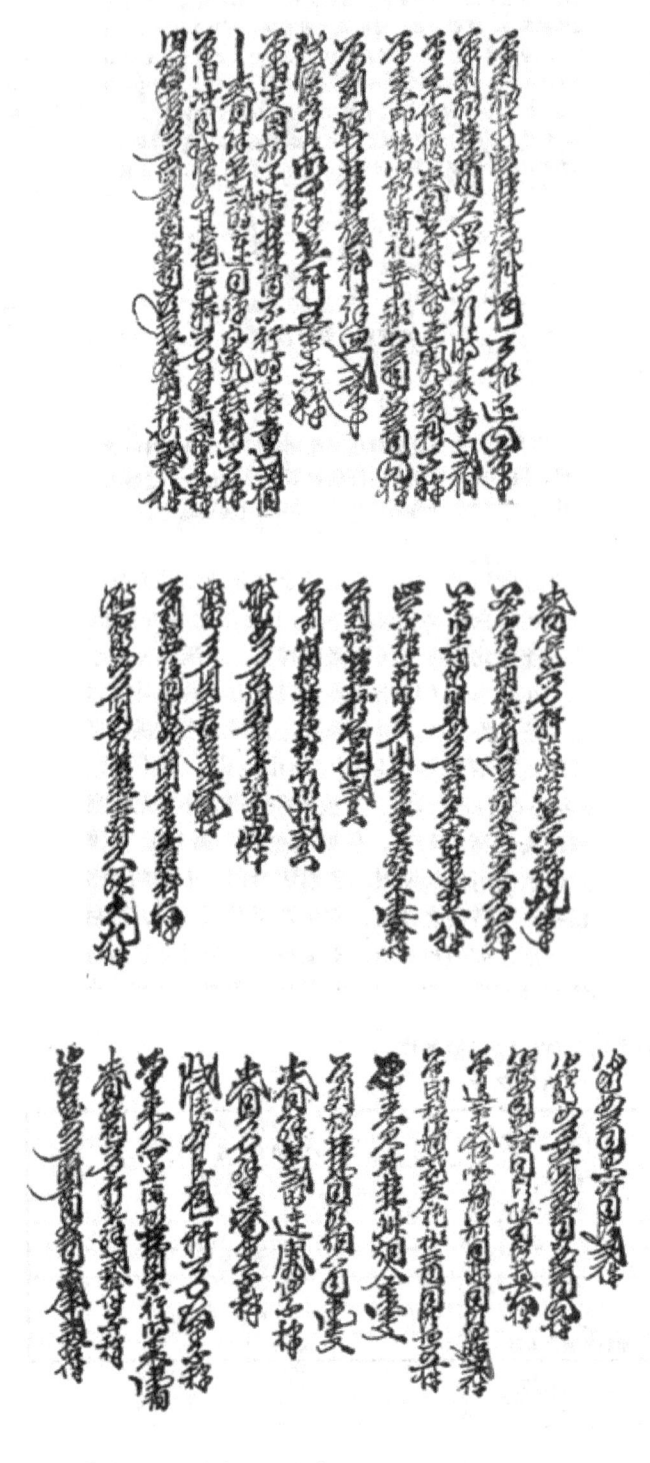

图〇六〇　清末民初广东典当业的《当字谱》书影

部分汉语隐语文献图版

图〇六一　曲彦斌著《中国民间秘密语》封面，上海三联书店1990年出版

图〇六二　曲彦斌主编《中国隐语行话大辞典》封面，辽宁教育出版社1991年出版

图〇六三　曲彦斌主编《俚语隐语行话词典》封面，上海辞书出版社1996年出版

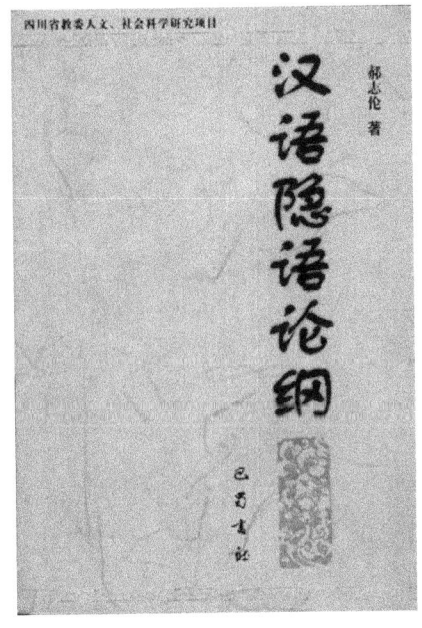

图〇六四　郝志伦《汉语隐语论纲》封面，巴蜀书社2001年出版

例言与说明

壹　本书所谓汇释，系按条目汇辑中国汉语古代和近现代隐语行话（民间秘密语）文献记述的文献类编，同时兼具类义性专门学术研究工具书功能，纯为一部供作汉语隐语行话学术研究参考的文献资料专题选集，一部仅供学术研究参考的比较冷僻的专题学术文献类编，一次对历史上有关文献的初步集中梳理与保存，一个特别言语形态的语料数据库。同时，就一定意义而言，也兼具以语料为实证著录的专题史料文献史的功能。

贰　限于篇幅等缘故，本书从已知见的历代百余种汉语隐语行话文献中选辑约近三十种，分列约两万多个条目，将所选文献的相关内容归集于各个条目之后，作为不同时代、不同社会群体的多元的原生态性质的基本信息，以期提供一些学术参考。有鉴于此，各个条目大都不另做通常语文辞书性的释义。

叁　本书正编条目部分的基本内容，由条目和选辑的有关文献或疏证的书证等构成。条目的释文，以文献文本，一般不标注条目的读音、词性或用法之类。

肆　鉴于本书的性质和预期功能，尽可能地保持所选辑文献的信息不失其真，为规避因可能产生的异读而影响其使用价值，在标点符号和因版本漫漶不清，或原即存在缺失，皆以"□"标示，宁可局部之间不尽统一，但通常照录，不做推断之类。甚至，少量条目需要反复引证同一小段落的相关文献，以期保持作为参考资料信息的完整性、准确性。错讹、衍误者，于选辑的文献引文中随释文说明。

伍　本汇释所辑释的条目，以语词形态为主，兼收经约定俗成而比较稳定的短语，以及少量业已语词化了的反切秘密语语汇。同时，酌收部分虽非秘密性或难以直观界定，但具有一定参考价值的"行话"条目。对于业已为方言、通话吸收的隐语行话，或某些一时难以辨识孰源孰流者，则视其参考价值适当选收。

陆　本书所汇辑于各个条目的文献书（篇）名称，出于简明及节省篇幅的考虑，皆使用本书约定的简称（详见《采用文献目录》）。为使用方便，采用的文献篇幅较大者，汇辑文献的简称以其三级标题为限。例如：

[琴家] 明程万里《鼎锲徽池雅调南北官腔乐府点板曲响大明春·六院汇选江湖方语》："但凡在于方情，而在江湖上走动者，称：琴家。"

[赤标]《切口大词典·商铺类·金银业之切口》："赤标：赤金也。"

柒　汇释正文条目，悉依现代汉语拼音音节为序编次。需特别说明的是，条目及索引的排序，因统用软件既往设定的程序，未严格依多音字字音区别分列，烦予谅解。除音序索引外，另设笔画索引以便查检。

捌　为方便读者，本书编辑了《续编　其他形态的隐语行话》和《附编　汉语历代隐语研究与要籍选辑》，供参考。

正编

汉语历代隐语汇释条目

A

a

【阿】《切口大词典·杂业类·米店之切口》："阿：十也。"

【阿八】 卫大法师《江湖话·红帮各地通行隐语·动物类》："鸭：琵琶子，扁嘴；阿八，棉花包。"小李子峰《海底·各地通行隐语》："鸭：扁嘴；阿八；棉花包。"

【阿大】《切口大词典·杂业类·商人共众切口》："阿大：经理也，能代表店务全权者。"

【阿二】《切口大词典·杂业类·商人共众切口》："阿二：协理也，辅助经理之不及。然仔肩御事，实较经理犹麻烦，外行可以做经理，外行不可以做协理。"

【阿肥】《切口大词典·娼妓类·粤妓之切口》："阿肥：大块头也。"

【阿嘎】 学古堂《江湖行话谱·瞽者行话》："阿嘎，下。"

【阿艮】 学古堂《江湖行话谱·瞽者行话》："阿艮，二。"

【阿官仔】《切口大词典·娼妓类·粤妓之切口》："阿官仔：阔侠客也。"

【阿和酿】《切口大词典·役夫类·茶担夫之切口》："阿和酿：小菜也。"

【阿瘠】《切口大词典·娼妓类·粤妓之切口》："阿瘠：瘦小之人也。"

【阿快】《切口大词典·衙卒类·厘卡之切口》："阿快：收押商舶之偷漏闯越者。"

【阿朗】《切口大词典·党会类·流氓之切口》："阿朗：银洋也。"

【阿六】 卫大法师《江湖话·红帮各地通行隐语·动物类》："鹅：绒球子，寿头子，阿六。"李子峰《海底·各地通行隐语》："鹅：寿头子，阿六。"

【阿龙】《切口大词典·乞丐类·妇人求乞之切口》："阿龙：残汁冷羹也。"

【阿木林】《切口大词典·娼妓类·台基之切口》："阿木林：呆人也。"

ai

【哀公子】 卫大法师《江湖话·红帮各地通行隐语·人身各物类》："鬼：无影子，哀公子。"

【哀怜口儿】 云游客《江湖丛谈·江湖之金点·小绺门》："那个男子所说的教人听着可怜，好有人抛给他们'杵头儿'（钱）。他们所说的那遍话，江湖调侃儿叫作'哀怜口儿'。"

【哀六子】 清唐再丰《鹅幻汇编·江湖通用切口摘要》："鬼曰哀六子。"卫大法师《江湖话·江湖上的隐语·普通隐语》："鬼：哀六子。"《切口大词典·医药类·祝由科之切口》："哀六子：鬼也。"《清门考原·各项切口》："哀六子，鬼也。"金老佛《三教九流江湖秘密规矩·日常用语》："鬼曰哀六子。"李子峰《海底·各地通行隐语》："鬼：无影子；哀六子。"

【哀六子念课】 卫大法师《江湖话·红帮各地通行隐语·疫病类》："疟疾：哀六子念课。"李子峰《海底·各地通行隐语》："疟疾：哀六子念课。"

【哀条】《镖行江湖隐语行话秘典》："我说，歹人为雁子，好人为乌鸦，羊为走兽，猪为圈，狗为拌，出恭为白摁，小便为哀条。"

【挨霸】《切口大词典·党会类·流氓之切口》："挨霸：向人取银钱也。"

【挨才】《新刻江湖切要·人物类》："使女：挨才；[改]挨斗；[补]仆妇为挨才。"《江湖切口要诀》（尺牍增附本）："使女：挨才，改挨斗。"《切口大词典·杂流类·卖婆之切口》："挨才：仆妇也。"清傅崇矩《成都通览·成都之江湖言词·人物类》："使女：挨才。"

【挨朝阳】《切口大词典·乞丐类·弄蛇求乞之切口》："挨朝阳：向店铺求乞也。"

【挨城门】《切口大词典·娼妓类·八大胡同

妓院之切口》）："挨城门：继头客之后，尽先享留髡之权利之谓也，此项权利，非于该妓在桌面时代曾下资本者，不得享受。"

【挨斗】①《新刻江湖切要·人事类》："卖女为挨斗。"《切口大词典·武术类·行程保镖者之切口》："挨斗：卖女也。"清傅崇矩《成都通览·成都之江湖言词·人事类》："卖女：挨斗。"②《新刻江湖切要·人物类》："使女：挨才；［改］挨斗；［补］仆妇为挨才。"《江湖切口要诀》（尺牍增附本）："使女：挨才，改挨斗。"《切口大词典·杂流类·卖婆之切口》："挨斗：使女也。"清傅崇矩《成都通览·成都之江湖言词·人物类》："使女：挨才。"

【挨鸡】 学古堂《江湖行话谱·瞽者行话》："挨鸡，一。"

【挨老】①《切口大词典·工匠类·打锡箔匠之切口》："挨老：打锡也。"②《切口大词典·杂流类·卖馄饨者之切口》："挨老：买客也。"

【挨门槛】《切口大词典·乞丐类·弄蛇求乞之切口》："挨门槛：向落家求乞也。"

【挨摸老】《切口大词典·党会类·青帮之切口》："挨摸老：铳手之谓也。"

【挨亲家】《切口大词典·娼妓类·茶室之切口》："挨亲家：轧姘头也。"

【挨身】《新刻江湖切要·人事类》："自卖为挨身。"《切口大词典·武术类·行程保镖者之切口》："挨身：自卖自也。"清傅崇矩《成都通览·成都之江湖言词·人事类》："自卖：挨身。"

【挨手】《新刻江湖切要·人事类》："讨丫头曰挨手。"《切口大词典·星相类·鸟衔算命之切口》："挨手：买丫头也。"清傅崇矩《成都通览·成都之江湖言词·人事类》："讨丫头：挨手。"

【挨通】①《新刻江湖切要·人事类》："靠人家曰挨通。"《切口大词典·星相类·鸟衔算命之切口》："挨通：靠人家也，或为人佣也。"清傅崇矩《成都通览·成都之江湖言词·人事类》："靠人家：挨通。"②《新刻江湖切要·人物类》："家人：挨通；［改］且称，谓奴家也，又曰令公儿，以子仪骂子奴才也。"《江湖切口要诀》（尺牍增附本）：

"家人：挨通。"《切口大词典·杂流类·卖婆之切口》："挨通：家人也。"清傅崇矩《成都通览·成都之江湖言词·人物类》："家人：挨通；（且称为奴家也）；又曰令公儿（以［郭］子仪骂子奴才也）。"

【挨瓦檐】《切口大词典·乞丐类·唱春求乞之切口》："挨瓦檐：行乞也。"

【挨月】《切口大词典·杂业类·麻油店之切口》："挨月：牵石磨也。"

【挨诸葛】《切口大词典·役夫类·人力车夫之切口》："挨诸葛：接班拉车也。"

【挨子】《新刻江湖切要·人事类》："讨小使曰挨子。"《切口大词典·星相类·鸟衔算命之切口》："挨子：买小厮也。"清傅崇矩《成都通览·成都之江湖言词·人事类》："讨小使：挨子。"

【矮婆子】 明程万里《鼎锲徽池雅调南北官腔乐府点板曲响大明春·六院汇选江湖方语》："矮婆子，是生鸡也。"

【矮人】《切口大词典·役夫类·门夫之切口》："矮人：仆人也。"

【矮瓦檐】《切口大词典·杂流类·卖婆之切口》："矮瓦檐：贫寒人家也。"

【矮下去】 清傅崇矩《成都通览·成都之袍哥话即江湖话也》："矮下去，言罚跪也。"

【矮株】《切口大词典·杂流类·卖蔬菜之切口》："矮株：小白菜也。"

【矮尊】《切口大词典·医药类·摆摊郎中之切口》："矮尊：药瓶也。"

【艾】 卫大法师《江湖话·各行业商帮所用数目字隐语·成都通行言词·江湖通用》："艾，九。"清傅崇矩《成都通览·成都之各行人买卖通用言词·江湖八大帮言词》："艾，九。"

【爱】《新刻江湖切要·数目类》："九为爱；又受戍。"清唐再丰《鹅幻汇编·江湖通用切口摘要》："九曰爱。"清佚名《郎中医话》："爱：九。"卫大法师《江湖话·红帮各地通行隐语·数目类》："九：爱，钩子。"卫大法师《江湖话·江湖上的隐语·普通隐语》："九：爱。"《切口大词典·星相类·星家之切口》："爱：九也。"《清门考原·各项切口》："爱，九个。"金老佛《三教九流江湖秘密规矩·日常用语》：

"九曰爱。"清末民初佚名《镖行江湖隐语行话秘典》："春点：刘、月、王、在、中、神、星、张、爱、足。（按：分别为1至10个数字。）李子峰《海底·各地通行隐语》："九：爱；钩子。"清傅崇矩《成都通览·成都之江湖言词·数目类》："九：爱；受戍。"清翟灏《通俗编·识余·市语·江湖杂流》："江湖杂流：一留，二月，三汪，四则，五中，六人，七心，八张，九爱，十足。"朱琳《洪门志·春典子琐记·暗数》："一，称流。二，称月。三，称汪。四，称则。五，称中。六，称神。七，称星。八，称张。九，称爱。十，称足。"

【爱司靠背】《切口大词典·工匠类·藤器匠之切口》："爱司靠背：藤成之S椅子也。"

【爱字】《切口大词典·杂业类·猪肉业之切口》："爱字：猪头也。"

【爱遵】《新刻江湖切要·地理类》："大路：洒苏；[广]爱遵；九达，同行。"清傅崇矩《成都通览·成都之江湖言词·地理类》："大路：洒苏；爱遵；九达；周好；羊肠；不由径捷；微行。"

an

【安】卫大法师《江湖话·各行业商帮所用数目字隐语·成都通行言词·帽行》："兵：一。文：二。善：三。作：四。成：五。安：六。免：七。可：八。庆：九。"清傅崇矩《成都通览·成都之各行人买卖通用言词·草帽麻行通用言词》："六，安。"

【安安】明程万里《鼎锲徽池雅调南北官腔乐府点板曲响大明春·六院汇选江湖方语》。"安安，是老妈子。"

【安床】《切口大词典·杂流类·喜婆之切口》："安床：为新嫁娘料理寝室也。"

【安丁香座子】云游客《江湖丛谈·江湖之春点·汉门的丁香座子》："安丁香座子，即痔漏科临时诊疗所。"

【安根】学古堂《江湖行话谱·行意行话》："吃饭为安根。"云游客《江湖丛谈·江湖之春点》："管吃饭叫'安根'。"

【安瓜瓦点】云游客《江湖丛谈·江湖之春点·江湖艺人孙宝善》："安瓜瓦点，即是敲诈秘诀。"

【安徽】《切口大词典·党会类·小瘪三之切口》："安徽：冬日严寒乃伏于灰堆以取暖，盖安神于灰堆也。"

【安清】《切口大词典·役夫类·航船夫之切口》："安清：帮规也。"

【安身】①《切口大词典·商铺类·押当业之切口》："安身：椅子也。"《切口大词典·星相类·隔夜算命之切口》："安身：椅子也。"②《切口大词典·杂流类·说大书之切口》："安身：说书人之坐位也。"

【安石】《切口大词典·杂业类·花业之切口》："安石：石榴花也，以石榴出安石国，故名。"

【安跳子】《切口大词典·医药类·卖药糖丸者之切口》："安跳子：盛药丸之瓶也。"

【安腿子】《切口大词典·医药类·骑驴卖药之切口》："安腿子：暂住也。"

【安檐】《切口大词典·党会类·小瘪三之切口》："安檐：寄身于人家廊庑之下也。"

【安坐子】云游客《江湖丛谈·江湖之春点·三不管的戗巾生意》："江湖人管设立临时命馆，调侃叫'安坐子'。"

【安座子】①云游客《江湖丛谈·江湖之春点·天桥内的把式场》："管开药铺，说行话叫安座子。"②云游客《江湖丛谈·江湖之金点》："凡是算卦相面的先生，不论在何处开设了'命馆'，即是安座子。"

【庵老】明佚名《行院声嗽·身体》："肚：庵老。"

【谙了】《梨园话》："谙了：过失被揭穿也。[附记]有违反规则者，被老板闻知，谓之'谙了'。又，恐为老板闻知，小曰'谙了'，乃自警之意也。"

【岸】卫大法师《江湖话·各行业商帮所用数目字隐语·成都通行言词·药材行》："音：一。色：二。春：三。水：四。岸：五。芸：六。里：七。池：八。千：九。"清傅崇矩《成都通览·成都之各行人买卖通用言词·药材行通用言词》："五，岸。"

【按】卫大法师《江湖话·各行业商帮所用数目字隐语·成都通行言词·收荒》："邀：一。按：二。苏：三。扫：四。躯：五。料：

六。桥：七。奔：八。搅：九。"清傅崇矩《成都通览·成都之各行人买卖通用言词·收荒小生意通用言词》："二，按。"

【按奔】 清傅崇矩《成都通览·成都之各行人买卖通用言词·收荒小生意通用言词》："按奔，二百八。"

【按搅】 清傅崇矩《成都通览·成都之各行人买卖通用言词·收荒小生意通用言词》："按搅，二百九。"

【按料】 清傅崇矩《成都通览·成都之各行人买卖通用言词·收荒小生意通用言词》："按料，二百六。"

【按摩】 《新刻江湖切要·人事类》："做痒曰按摩。"《切口大词典·武术类·住宅保镖者之切口》："按摩：做痒也。"清傅崇矩《成都通览·成都之江湖言词·人事类》："剃头人：飘生；做痒：按摩。"

【按桥】 清傅崇矩《成都通览·成都之各行人买卖通用言词·收荒小生意通用言词》："按桥，二百七。"

【按扫】 清傅崇矩《成都通览·成都之各行人买卖通用言词·收荒小生意通用言词》："按扫，二百四。"

【按歪】 清傅崇矩《成都通览·成都之各行人买卖通用言词·收荒小生意通用言词》："按歪，二百五。"

【案伴】 《切口大词典·商铺类·瓷器业之切口》："案伴：花瓶也。"

【案目】 《切口大词典·优伶类·戏园之切口》："案目：招待顾客以售戏券者。"

【暗】 ①《新刻江湖切要·地理类》："远：暗。"《江湖切口要诀》（尺牍增附本）："远：暗。"《切口大词典·星相类·铁板算命之切口》："暗：路之远也。"清傅崇矩《成都通览·成都之江湖言词·地理类》："远：暗。" ②明佚名《行院声嗽·声色》："黑：暗。" ③《切口大词典·商铺类·刷染业之切口》："暗：色深也。" ④《切口大词典·巫卜类·茶馆测字者之切口》："暗：午也。"

【暗场】 《梨园话》："暗场：暗而不明者，谓之'暗场'。"

【暗费】 《切口大词典·衙卒类·厘卡之切口》："暗费：船户以金钱，私与把手也。"

【暗挂子】 云游客《江湖丛谈·江湖之春点·挂子行中的支杆挂子》："凡是偷盗窃取的朋友练的功夫，调侃说叫'暗挂子'，称他们为'黑门坎'的人。"

【暗爆】 《新刻江湖切要·医药类》："末药：暗老，改为暗爆。"《切口大词典·医药类·医生之切口》："暗爆：末药也。"清傅崇矩《成都通览·成都之江湖言词·医药类》："末药：暗老；暗爆。"

【暗号】 徐珂《清稗类钞·会党类·三合会隐语》："隐语：三合会员与盗贼往来，有怪文以之为暗号，今略揭大要如下。公所曰红花亭，曰松柏林。新入会曰入圈，曰拜正，曰出世。集会曰开台，曰放马。会员曰香，曰洪英，曰豪杰。外人曰风，曰疯子，曰鹧鸪。新会员曰新丁。到会曰去睇戏。会中之秘书曰衫仔。会员之凭票曰腰平，曰八角招牌，曰八卦。"平山周《中国秘密社会史·三合会隐语》："隐语：三合会员与盗贼往来，有怪文以之为暗号，今略揭大要如下。公所曰红花亭，曰松柏林。新入会曰入圈，曰拜正，曰出世。集会曰开台，曰放马。会员曰香，曰洪英，曰豪杰。外人曰风，曰疯子，曰鹧鸪。新会员曰新丁。到会曰去睇戏。会中之秘书曰衫仔。会员之凭票曰腰平，曰八角招牌，曰八卦。"

【暗哭】 《郎中医话》："暗哭，是半演门。"

【暗老】 《新刻江湖切要·医药类》："末药：暗老，改为暗爆。"《切口大词典·医药类·自称戏子治病者之切口》："暗老：末药也。"清傅崇矩《成都通览·成都之江湖言词·医药类》："末药：暗老；暗爆。"

【暗量】 《新刻江湖切要·人事类》："逃走曰暗量；兆量；又曰滚线。"清傅崇矩《成都通览·成都之江湖言词·人事类》："逃走：暗量；兆量；滚线。"

【暗流】 《切口大词典·工匠类·砌街匠之切口》："暗流：沟渎也。"

【暗年】 《新刻江湖切要·疾病类》："病通称曰延年；眠眠；无念；暗年。"清傅崇矩《成都通览·成都之江湖言词·疾病类》："病：延年；眠眠；无念；暗年。"

【暗人】 《新刻江湖切要·人事类》："不知事曰暗人；又不端亮。"《切口大词典·武术类·打连箱者之切口》："暗人：不识事务之人也。"清傅崇矩《成都通览·成都之江湖言词·人事类》："不知事：暗人；不端亮。"

【暗上暗下】《梨园话》："暗上暗下：非正式之上下。[附记]剧中各角上下场，皆有一定之姿势，一定之音乐。而'暗上暗下'，则皆不必有姿势，更无音乐，以其非正式之舞式上下也，故名'暗上暗下'。如员外在场上说白时，家院与【校案：原作'于'，疑为'与'字之误】其正说话之时，随便上下等情形皆是。(见《中国剧之组织》)"

【暗玄】《郎中医话》："暗玄，是暗忘八。"

【暗由】《切口大词典·武术类·住宅保镖者之切口》："暗由：更也。一更为一暗，由余推此。"

---

ang

【昂勾】《切口大词典·娼妓类·粤妓之切口》："昂勾：阳物也。"

---

ao

【葵贺】宋陈元靓辑《事林广记·续集·绮谈市语·走兽门》："猪：葵贺；豕物。"

【熬海】《兽医串雅杂钞》："鼻拧子，叫闪披子。药勺，叫熬海。针锤，叫针棒子。"

【熬盘】《切口大词典·工匠类·烧盐匠之切口》："熬盘：烧盐之镬也。"

【鳌头】清傅崇矩《成都通览·成都之呼物混名》："鳌头：帽子也。"

【傲】卫大法师《江湖话·各行业商帮所用数目字隐语·成都通行言词·唱剧道士端公乐户等通用》："姑：一。仪：二。膈：三。符：四。蹶：五。傲：六。黑：七。耙：八。拘：九。按十以上则加'丁'字，如'姑丁仪'为'一百二十元'，'拘丁蹶'为'九千八百元整'。"清傅崇矩《成都通览·成都之各行人买卖通用言词·戏班子道士端公吹手纸火通用言词》："六，傲。"

【傲客】《切口大词典·商铺类·古董业之切口》："傲客：水晶也。"

【傲霜】宋陈元靓辑《事林广记·续集·绮谈市语·花木门》："菊花：傲霜，寿客。"

【奥羹】《切口大词典·行号类·猪行之切口》："奥羹：猪食也。"

【懊票】《切口大词典·行号类·粮食行之切口》："懊票：议定之价，欲毁约取消也。"

B

ba

【八百亩】《切口大词典·衙卒类·写状人之切口》："八百亩：砚于也。"

【八宝】《切口大词典·工匠类·皮匠之切口》："八宝：皮匠担也。"

【八叉】《切口大词典·优伶类·锣鼓之切口》："八叉：如打棍出箱，二丑白摸呀调边摸时用之。"

【八岔】《清门考原·各项切口》："八岔，奇门也。"云游客《江湖丛谈·江湖之春点·天桥市场摆地的人物》："江湖人管算奇门的，调侃叫八岔。"

【八岔子】云游客《江湖丛谈·江湖之春点·三不管的八岔子生意》："管摆奇门卦的生意，调侃叫八岔子。"

【八岔子的金点】云游客《江湖丛谈·江湖之春点·天桥的评书场子》："江湖人管算卦的，调侃叫八岔子。算卦的总称曰金点。"

【八寸】《切口大词典·手艺类·灯笼业之切口》："八寸：较小光略小，亦有市行之别。"

【八大快】清唐再丰《鹅幻汇编·江湖通用切口摘要》："凡当相者，忌字甚多，不能尽载。其中有八款最忌者，名曰八大快，今录于左(快者，即忌也)。"《切口大词典·星相类·星家之切口》："八大快：八种大忌，须用代名词，直呼恐不吉，然禁之于晨餐之前或未曾营业之先也。"金老佛《三教九流江湖秘密规矩·青帮与红帮·大快与巧快》："帮上早起忌八大快,即龙虎乌蛇鬼梦却拿八字是也,切不可犯。"

【八大拿】《梨园话》："八大拿:武剧也。[附记]昔春和部以演'八大拿'见称于世。所谓'八大拿'者,乃《施公案》中,黄天霸拿恶霸之事也。据东亚戏迷云:《招贤镇》拿费德公、《河间府》拿一撮毛侯七、《东昌府》拿郝文僧、《淮安府》拿蔡天化、《茂州庙》拿谢虎、《落马湖》拿猴儿李佩、《霸王庄》拿黄龙基、《恶虎村》拿濮天棚,为剧中'八大拿'。清逸居士云,昔闻梨园老名宿红眼王四及李连仲所谈之《施公案》'八大拿',因八出戏皆现《黄天霸》拿恶霸事迹,各有小'切末'及起打场子,与他各戏不同。缘此八出,所拿皆独贼恶霸,起打时情形特别,故称为'八大拿'。《拿谢虎》原系昆腔,与今《茂州庙》不同。现演之《日遭三险》系秦腔所翻者,故不例于'八大拿'之内。观二君所云,皆有至理。"

【八方】《江湖走镖隐语行话谱》："四面:八方。"

【八幅】《新刻江湖切要·衣饰类》："裙:栏杆;八幅。"《切口大词典·盗贼类·铳手之切口》："八幅:裙子也。"清傅崇矩《成都通览·成都之江湖言词·衣饰类》："裙:阑干;八幅。"

【八狗子】《切口大词典·党会类·红帮之切口》："八狗子:棉袄也。"《清门考原·各项切口》："八狗子,棉袄。"金老佛《三教九流江湖秘密规矩·青帮与红帮·红帮之问答》："此外还有蝴蝶(马褂),大蓬(长衫),蓑衣长蓬(皮袍子),蓑衣蝴蝶(皮马褂),穿心子(马甲),霍血(短衫),叉儿(裤子),土筒(套裤),八狗子(棉袄),拖风(棉被),踢头子(鞋子),顶贡(帽子)等许多物什,弟兄们大家带着罢。"金老佛《三教九流江湖秘密规矩·青帮与红帮·江湖之春典》："棉袄称八狗子。"

【八卦】①平山周《中国秘密社会史·三合会隐语》："会员之凭票曰腰平,曰八角招牌,曰八卦。"卫大法师《江湖话·红帮闽粤及南洋各地通行隐语》："会员凭票(会证):腰平,八角招牌,八卦。"徐珂《清稗类钞·会党类·三合会隐语》："隐语:三合会员与盗贼往来,有怪文以之为暗号,今略揭大要如下。公所曰红花亭,曰松柏林。新入会曰入圈,曰拜正,曰出世。集会曰开台,曰放马。会员曰香,曰洪英,曰豪杰。外人曰风,曰疯子,曰鹧鸪。新会员曰新丁。到会曰去睇戏。会中之秘书曰衫仔。会员之凭票曰腰平,曰八角招牌,曰八卦。"《家里宝鉴·隐语》："会员证曰'腰平,八角招牌,八卦'。"金老佛《三教九流江湖秘密规矩·三合会之隐语》："会中秘书曰衫仔,会员之凭票曰腰平,曰八角招牌,曰八卦。"李子峰《海底·闽粤及南洋各地通行之隐语》："会员凭票(会证):腰平;八角招牌;八卦。"②《切口大词典·巫卜类·席地测字者之切口》："八卦:亦测字法也。以八卦和年月日五行生克卡卦爻而定吉凶也。"

【八黑】清唐再丰《鹅幻汇编·江湖通用切口摘要》："披张算命曰八黑。"卫大法师《江湖话·红帮各地通行隐语·各种行业类》："批命:八黑。"卫大法师《江湖话·江湖上的隐语·巾行隐语》："批张算命:八黑。"《切口大词典·星相类·星家之切口》："八黑:批张算命也。"《清门考原·各项切口》："八黑,披张算命也。"金老佛《三教九流江湖秘密规矩·江湖通用切口》："批张算命曰八黑。"李子峰《海底·各地通行隐语》："批命:八黑。"学古堂《江湖行话谱·江湖行话》："批张算命曰八黑。"

【八吉才】《新刻江湖切要·亲戚类》："赘婿:合才;八吉才;今改为独占鳌头。"

【八角招牌】平山周《中国秘密社会史·三合会隐语》："隐语:三合会员与盗贼往来,有怪文以之为暗号,今略揭大要如下。公所曰红花亭,曰松柏林。新入会曰入圈,曰拜正,曰出世。集会曰开台,曰放马。会员曰香,曰洪英,曰豪杰。外人曰风,曰疯子,曰鹧鸪。新会员曰新丁。到会曰去睇戏。会中之秘书曰衫仔。会员之凭票曰腰平,曰八角招牌,曰八卦。"卫大法师《江湖话·红帮闽粤及南洋各地通行隐语》："会员凭票(会证):腰平,八角招牌,八卦。"徐珂《清稗类钞·会党类·三合会隐语》："隐语:三合会员与盗贼往来,有怪文以之为暗号,今略揭大要如下。公所曰红花亭，曰松柏林。新入会曰入圈，曰拜正，曰出世。集会曰开台，曰放马。会员曰香，曰洪英，曰豪杰。外人曰风，曰疯子，曰鹞鸪。新会员曰新丁。到会曰去睇戏。会中之秘书曰衫仔。会员之凭票曰腰平，曰八角招牌，曰八卦。"金老佛《三教九流江湖秘密规矩·三合会之隐语》："会中秘书曰衫仔，会员之凭票曰腰平，曰八角招牌，曰八卦。"李子峰《海底·闽粤及南洋各地通行之隐语》："会员凭票（会证）：腰平；八角招牌；八卦。"《家里宝鉴·隐语》："会员证曰'腰平，八角招牌，八卦'。"

【八开】《切口大词典·杂业类·钱庄之切口》："八开：小角子也。"

【八开门】 云游客《江湖丛谈·江湖之春点·江湖中的光子生意》："天桥儿大金牙、小金牙，使用的洋片箱子底下有八个玻璃镜，要兜揽生意，能每回让八个座儿，挣八个人的钱。说行话管他这八个镜的洋片箱子叫作八开门。"

【八廓】《兽医串雅·天官》："八廓：天廓，地廓，风廓，雷廓，山廓，火廓，水廓，泽廓。"

【八米柴】《新刻江湖切要·人事类》："合伙曰八米柴。"《切口大词典·巫卜类·六壬课之切口》："八米柴：合股或合伙也。"清傅崇矩《成都通览·成都之江湖言词·人事类》："合伙：八米柴。"

【八面子】《清门考原·各项切口》："八面子，风也。"

【八木】《切口大词典·商铺类·陆陈业之切口》："八木：籼米也。"《切口大词典·杂流类·卖白糖粥者之切口》："八木：米也。"

【八丘】《切口大词典·行号类·鲜鱼行之切口》："八丘：似鱿而非鱿。"

【八山子】 卫大法师《江湖话·红帮各地通行隐语·动物类》："虎：跳涧子，八山子。"

【八水排】《切口大词典·商铺类·板木业之切口》："八水排：足七尺二寸长之松板也。"

【八小门】 云游客《江湖丛谈·江湖之春点》："著者自幼在外奔走，自谋衣食，对于江湖中的事儿有个一知半解，所以著述这部《江湖丛谈》。内有'风''马''燕''雀'四大门；'金''皮''彩''挂''平''团''调''柳'八小门。内容包括的是：卖'梳篦'的、卖'刀剪'的、卖'香面'的、卖'膏药'的、卖'刀伤药'的、卖'眼药'的、卖'虫子药'的、卖'牙疼药'的、卖'戏法'的、挑'汗册子'的、变'戏法'的、'打把式卖艺'的、'跑马戏'的、'修脚'的、算'周易卦'的、算'奇门卦'的、算'鸟儿卦'的、'相面'的、'哑相'的、'灯下术'的、说'相声'的、唱'大鼓书'的、唱'竹板书'的、说'评书'的、卖'胰子'的、卖'避瘟散'的、拉'洋片'的等等行当，不下百数十种。此外，尚有两门，一为'骗术门'，一为'穷家门'。并有江湖黑幕、江湖人规矩、艺术变迁、艺人小传、艺人传流支派、艺人道义、各省艺人团体的组织、艺人的沿革。"

【八音】《切口大词典·娼妓类·粤妓之切口》："八音：堂名也，以弹唱为业之一种。"

【八字】《切口大词典·优伶类·髯口之切口》："八字：菱角之小髯也，演《鸿鸾禧》之丑角用之。"

【巴地虎】 清傅崇矩《成都通览·成都之袍哥话即江湖话也》："巴地虎：八也。"

【巴萎子】 卫大法师《江湖话·红帮各地通行隐语·人身各物类》："屁股：巴萎子。"

【巴欠】《新刻江湖切要·生死类》："生孙：巴欠。"《切口大词典·星相类·拉和琴算命之切口》："巴欠：生孙也。"

【巴腮子】 卫大法师《江湖话·红帮各地通行隐语·人身各物类》："胡须：巴腮子，五柳子，雁尾子。"

【巴山】 朱琳《洪门志·春典子琐记·店铺》："老虎灶，称巴山。"

【巴山朝阳】《切口大词典·盗贼类·对买贼之切口》："巴山朝阳：老虎灶也。"

【巴山子】 清唐再丰《鹅幻汇编·江湖通用切口摘要》："虎曰巴山子（原注：火字同音，亦忌火，曰三光）。"《切口大词典·星相类·星家之切口》："巴山子：虎也，八快之二。"金老佛《三教九流江湖秘密规矩·青帮与红帮·江湖之春典》："虎称巴山子。"金老佛《三教九流江湖秘密规矩·日常用语》："虎曰巴山子（火字同音亦忌火曰三光)。"

【巴西侯】 宋陈元靓辑《事林广记·续集·绮谈市语·走兽门》："猿：巴西侯。"

【巴子】《切口大词典·衙卒类·作作之切口》："巴子：腮也。"

【扒】《切口大词典·优伶类·伶人之切口》："扒：八也。"

【扒包的】 云游客《江湖丛谈·江湖之金点·小绺门》："那个识货的行家，调侃儿叫扒包的。"

【扒地瓜】《切口大词典·衙卒类·侦探之切口》："扒地瓜：掘坟贼也。"

【扒虎】 卫大法师《江湖话·红帮各地通行隐语·一般人事类》："看：扒虎。"李子峰《海底·各地通行隐语》："看：扒虎。"

【扒灰】《切口大词典·衙卒类·侦探之切口》："扒灰：办案人与官家送信协同缉拿也。"

【扒拉苗绪子】 学古堂《江湖行话谱·行话管见》："白菜叫扒拉苗绪子。"

【扒老】《切口大词典·工匠类·砌街匠之切口》："扒老：土箕也。"

【扒楼子】《清门考原·各项切口》："扒楼子，以小称大也。"刘联珂《中国帮会三百年革命史·清门切口》："扒楼子，以小称大也。"

【扒坭】《切口大词典·商铺类·押当业之切口》："扒坭：耳挖也。"

【扒披子】 清傅崇矩《成都通览·成都之呼物混名》："扒披子：窃贼也。"

【扒山】《切口大词典·工匠类·竹匠之切口》："扒山：吃饭也。"

【扒山子】《梨园话》："扒山子：谓虎也。"《切口大词典·优伶类·伶人之切口》："扒山子：老虎也。后台不准说老虎，须说扒山子。"李子峰《海底·各地通行隐语》："虎：跳涧子，扒山子。"

【扒水】《切口大词典·役夫类·渔夫之切口》："扒水：划楫也。"

【扒土】《切口大词典·商铺类·竹器业之切口》："扒土：竹畚也。"

【叭哒】《切口大词典·医药类·药行业之切口》："叭哒：杏仁也。"

【叭子】《切口大词典·武术类·耍猴戏之切口》："叭子：狗也。"

【芭掌】《切口大词典·衙卒类·作作之切口》："芭掌：手也。"

【吧嗒棍儿】 云游客《江湖丛谈·江湖之春点·江湖艺人老云里飞》："管说零段书，使人爱听，浅而易懂的段子，调侃叫吧嗒棍儿。"

【吧老】《切口大词典·乞丐类·作揖求乞之切口》："吧老：老人也。"

【捌黑】《新刻江湖切要·人事类》："八字曰捌黑。"《切口大词典·星相类·弹弦子算命之切口》："捌黑：八字也。"清傅崇矩《成都通览·成都之江湖言词·人事类》："八字：捌黑。"

【钯子】《行院声嗽·身体》："呆：钯子。"

【拔】①《切口大词典·巫卜类·文王课之切口》："拔：租也。"②《切口大词典·衙卒类·缉私盐之切口》："拔：提筋也。"

【拔白】 明佚名《行院声嗽·时令》："早：拔白。"

【拔本】《新刻江湖切要·时令类》："朝晨：拔本。"《切口大词典·星相类·弹弦子算命之切口》："拔本：早晨也。"清傅崇矩《成都通览·成都之江湖言词·时令类》："朝晨：拔本。"

【拔出来】《切口大词典·衙卒类·侦探之切口》："拔出来：拖拿出来也。"

【拔地】《切口大词典·星相类·隔夜算命之切口》："拔地：开店之处也。隔夜算命者，多拔阳地，盖拔阴不能弄弊也。"

【拔短梯】《切口大词典·党会类·小瘪三之切口》："拔短梯：言而无信，事至中途改变其前言者。"《切口大词典·衙卒类·侦探之切口》："拔短梯：暗害人也。"

【拔龙筋】《切口大词典·工匠类·理发匠之切口》："拔龙筋：提瘀筋也。"

【拔苗头】《切口大词典·党会类·流氓之切口》："拔苗头：看风色也。"《切口大词典·衙卒类·侦探之切口》："拔苗头：观事之有无，或成败也。"

【拔盘】《切口大词典·武术类·住宅保镖者之切口》："拔盘：隐伏也。"

【拔青码子】《切口大词典·党会类·青帮之切口》："拔青码子：警士兵丁也。"

【拔人】《切口大词典·党会类·流氓之切

口》："拔人：专骗男女之有钱者，至其机关硬逼索诈也。"

【拔条】《切口大词典·手艺类·织补业之切口》："拔条：抽丝也。"

【拔掩】《新刻江湖切要·宫室类》："开门曰挂扇；又曰拔掩。"

【拔眼】云游客《江湖丛谈·江湖之春点·燕班子之内幕》："江湖人，管各种口传心授的秘诀，调侃儿叫'拔眼'。"

【拔阳地】清唐再丰《鹅幻汇编·江湖通用切口摘要》："租房子曰拔阳地。"《切口大词典·巫卜类·文王课之切口》："拔阳地：租房子也。"《切口大词典·星相类·星家之切口》："拔阳地：租房子也。"金老佛《三教九流江湖秘密规矩·日常用语》："租房子曰拔阳地。"

【把】《切口大词典·党会类·流氓之切口》："把：钱也。"

【把柄】《切口大词典·乞丐类·乞丐之切口》："把柄：罪状之证据也。"

【把不出腥来】云游客《江湖丛谈·江湖之金点·穷家门》："把不出腥来，即是看不出假来。"

【把朝阳】①《新刻江湖切要·店铺类》："秤店：[增]把朝阳。"清傅崇矩《成都通览·成都之江湖言词·店铺类》："秤店：把朝阳。"②《切口大词典·盗贼类·对买贼之切口》："把朝阳：钱庄也。"

【把杵头儿挂起来】云游客《江湖丛谈·江湖之春点·团柴的规律》："说书这行，如若替谁说几天，挣了钱不能拿走。按着规矩，存在柜上，这钱还是人家本人的。说行话叫把杵头儿挂起来。"

【把船上硬着点】《切口大词典·党会类·红帮之切口》："把船上硬着点：吃饱是也。"

【把点】云游客《江湖丛谈·江湖之春点·江湖中之大粒生意》："管能瞧出不认识的人，是老实人，是忠厚人，是奸诈人，是狡猾人，是有阅历的人，是没有阅历的人，江湖人管能有这种以貌识人的本领，调侃叫'把点'。"

【把电儿】《切口大词典·杂流类·贩烟土者之切口》："把电儿：指警察士兵之类。"

【把儿】①《切口大词典·赌博类·麻雀赌之切口》："把儿：他人之钱也。"清翟灏《通俗编·识余·市语》："江湖人市语尤多，坊间有《江湖切要》一刻，事事物物，悉有隐称。诚所谓惑乱听闻，无足采也。其间有通行市井者，如官曰孤司，店曰朝阳，夫曰盖老，妻曰底老，家人曰吊脚，僧曰廿三，道士曰廿四，成衣曰戳短枪，抬轿曰扳楼儿，剃头曰削青，船曰瓢儿，屋顶公，银曰琴公，钱曰把儿，米月……"②《切口大词典·商铺类·绸缎业之切口》："把儿：男人也。"

【把二门子的】云游客《江湖丛谈·江湖之金点·做小帖的生意》："在店里指路的人叫作把二门子的。"

【把风】①《切口大词典·盗贼类·杆匪之切口》："把风：在门口看望，备拒捕之意，如有追缉或事主惊觉则放空枪，告知同伙潜逃也。"②《切口大词典·盗贼类·越墙贼之切口》："把风：在宅外接赃之人也。"③贝思飞《民国时期的土匪隐语》："把风：侦查、刺探。"

【把钢】云游客《江湖丛谈·江湖之金点·评门》："管有拿手的能为，调侃儿叫把钢。"

【把沟】《切口大词典·盗贼类·越墙贼之切口》："把沟：贼伴在河边望风也。"

【把贺口】《江湖走镖隐语行话谱》："晴天：把贺口。"

【把老】《切口大词典·盗贼类·铳手之切口》："把老：大梳也。"金老佛《三教九流江湖秘密规矩·青帮与红帮·江湖之春典》："梳称把老。"

【把柳】《镖行江湖隐语行话秘典》："看戏，为把柳。"

【把手】①《切口大词典·行号类·驾船行之切口》："把手：柁也。"②贝思飞《民国时期的土匪隐语》："把手：受训的土匪。"

【把套】《切口大词典·盗贼类·剪绺贼之切口》："把套：钱囊也。"

【把头】《新刻江湖切要·器用类》："箸：条篙；木棒；迁杖；条达。梳子：把头；杷老。"清傅崇矩《成都通览·成都之江湖言词·器用类》："梳子：把头。"

【把匣子】《梨园话》："把匣子：盛兵器之木箱，谓之'把匣子'。"

【把现簧】 云游客《江湖丛谈·江湖之春点·三不管的戗巾生意》："管瞧当时的心事，调侃叫把现簧。"

【把现簧儿】 云游客《江湖丛谈·江湖之金点》："敝人曾见他们在一块板上，写'奉送手相'四字，写完了抬起头来，冲着观众'把点儿'（瞧着哪位像花钱的，调侃儿叫'把点儿'）。譬如看出这人面貌便能知道这人的事情如何，调侃儿叫'把现簧儿'。把现簧儿不外乎由人的脸上查看'喜怒忧思悲恐惊'七个字的秘诀。例如，某甲在商家做事，与同事的伙伴不和，有心辞事不干。还没辞哪，跟柜上告一天假，到各市场游逛散闷。他要站在哑相摊前，面上必有忧容。相面的先生，把出他的簧头来，冲他写'白送手相'。"

【把线】 《切口大词典·盗贼类·越墙贼之切口》："把线：已经逃脱而仍捕获也。"

【把直头】 《切口大词典·赌博类·做三四之切口》："把直头：在外望风者。"

【把子】 《切口大词典·盗贼类·短截贼之切口》："把子：钥也。"

【把子朝阳】 《切口大词典·盗贼类·对买贼之切口》："把子朝阳：秤店也。"

【把子头】 《梨园话》："把子头：魁星笔，谓之'把子头'。"

【靶儿】 《切口大词典·赌博类·做三四之切口》："靶儿：赢得之钱也。"

【坝的】 《切口大词典·盗贼类·拐匪之切口》："坝的：面孔之有麻点也。"

【坝手】 贝思飞《民国时期的土匪隐语》："坝手：专事抵挡、防范偷袭的土匪。"

【爸爸】 《清门考原·各项切口》："爸爸，祖父。"

【罢】 《切口大词典·杂流类·卖玉器之切口》："罢：四也。"

【罢势】 《切口大词典·杂业类·老虎灶之切口》："罢势：水不沸也。"

【耙】 卫大法师《江湖话·各行业商帮所用数目字隐语·成都通行言词·唱剧道士端公乐户等通用》："姑：一。仪：二。朥：三。符：四。蹶：五。傲：六。黑：七。耙：八。拘：九。按十以上则加'丁'字，如'姑丁仪'为'一百二十元'，'拘丁蹶'为'九千八百元正'。"

【霸陵桥】 明田汝成《西湖游览志馀·委巷丛谈》："有曰四平市语者，以一为忆多娇，二为耳边风，三为散秋香，四为思乡马，五为误佳期，六为柳摇金，七为砌花台，八为霸陵桥，九为救情郎，十为舍利子，小为消梨花，大为朵朵云，老为落梅风，讳低物为鞔，以其足下物也。"

【霸王】 《切口大词典·巫卜类·道士之切口》："霸王：大洋钿也。"

bai

【掰大卦】 《兽医串雅杂钞》："药渣子，叫浑末子。放大血，叫掰大卦。学艺的，叫捡作。"

【白】 ①《新刻江湖切要·地理类》："右：白。"《江湖切口要诀》（尺牍增附本）："右：白。"清傅崇矩《成都通览·成都之江湖言词·地理类》："右：白。" ②《切口大词典·商铺类·衣庄业之切口》："白：五也。" ③《切口大词典·武术类·卖拳头者之切口》："白：无也。" ④《切口大词典·优伶类·腔调上之切口》："白：台上所说之话也。" ⑤清傅崇矩《成都通览·成都之各行人买卖通用言词·六成行通用言词》："七，白。" ⑥施列格《天地会研究·洪家口白要诀》："白，银。"

【白摆伦】 《切口大词典·杂流类·吹打者之切口》："白摆伦：丧事也。"

【白鼻哥】 《切口大词典·娼妓类·粤妓之切口》："白鼻哥：行为之滑头也。"

【白菜错】 学古堂《江湖行话谱·行话管见》："鸡肉叫白菜错。"

【白草】 ①《切口大词典·手艺类·席子业之切口》："白草：最粗之席也。" ②《切口大词典·医药类·参燕业之切口》："白草：冲吉林参也。"

【白尘】 《切口大词典·杂流类·卖烧饼油条者之切口》："白尘：面粉也。"

【白虫】 ①《切口大词典·行号类·棉花行之切口》："白虫：棉花也。" ②《切口大词典·行号类·咸货行之切口》："白虫：烤虾也。"

【白打】《蹴鞠图谱·圆社锦语》:"白打:远去。"

【白得公子】《切口大词典·医药类·摆草药摊之切口》:"白得公子:白鸡冠花及子也。治粪后下血,妇人淋症。"

【白帝城】《切口大词典·衙卒类·牢监之切口》:"白帝城:监狱也。"

【白渡】《切口大词典·工匠类·造酱匠之切口》:"白渡:麦饼也。"

【白额菟】宋陈元靓辑《事林广记·续集·绮谈市语·走兽门》:"虎:白额菟。"

【白萼】《切口大词典·杂业类·花业之切口》:"白萼:玉簪花也。"

【白矾】《切口大词典·商铺类·纸业之切口》:"白矾:洋连史纸也。"

【白饭】《切口大词典·行号类·鲜鱼行之切口》:"白饭:小虾也。"

【白方】《切口大词典·杂业类·酱园之切口》:"白方:糟腐乳也。"

【白膏】《切口大词典·杂业类·油坊之切口》:"白膏:柏油也。"

【白公】《切口大词典·赌博类·牌九赌之切口》:"白公:鹅牌也。"

【白宫】《切口大词典·巫卜类·道士之切口》:"白宫:孝堂也。"

【白孤】《新刻江湖切要·官职类》:"百户:白孤。"

【白骨】《切口大词典·手艺类·白藤业之切口》:"白骨:藤肉也。"

【白瓜】①平山周《中国秘密社会史·三合会隐语》:"发曰青丝。豚曰毛瓜,豚肉曰白瓜,已燔之豚肉曰金瓜,曰红瓜。徐珂《清稗类钞·会党类·三合会隐语》:"发曰青丝。豚曰毛瓜,豚肉曰白瓜已燔之豚肉曰金瓜,曰红瓜。《切口大词典·党会类·三点会之切口》:"白瓜:豚肉也。"金老佛《三教九流江湖秘密规矩·三合会之隐语》:"发曰青丝,豚曰毛瓜,豚肉曰白瓜,已燔之豚肉曰金瓜、曰红瓜。"②卫大法师《江湖话·红帮各地通行隐语·饮食用品类》:"生肉:白瓜。"李子峰《海底·各地通行隐语》:"生肉:白瓜。"③卫大法师《江湖话·红帮闽粤及南洋各地通行隐语》:"猪肉:白瓜。"《家里宝鉴·隐语》:"猪肉曰'白瓜'。"李子峰《海底·闽粤及南洋各地通行之隐语》:"猪肉:白瓜。"④施列格《天地会研究·洪家口白要诀》:"白瓜:豕肉。"

【白瓜窑子】卫大法师《江湖话·红帮各地通行隐语·各种行业类》:"肉店:白瓜窑子。"李子峰《海底·各地通行隐语》:"肉店:白瓜窑子。"

【白关】《切口大词典·商铺类·纸业之切口》:"白关:毛六纸也。"

【白果】《切口大词典·医药类·医眼病卖药者之切口》:"白果:白眼也。"

【白虎门】《切口大词典·赌博类·摇宝赌之切口》:"白虎门:向东立者。"

【白花】《切口大词典·行号类·桂圆行之切口》:"白花:白开桂也。"

【白灰】《切口大词典·商铺类·花粉业之切口》:"白灰:各香粉之原料也。"

【白货】卫大法师《江湖话·红帮各地通行隐语·其他用具对象类》:"珠宝:白货,海亮子。"李子峰《海底·各地通行隐语》:"珠宝:白货;海亮子。"

【白货老】《切口大词典·杂流类·收卖锭灰者之切口》:"白货老:灰之有纸钱者。"

【白及东】《切口大词典·杂流类·贩烟土者之切口》:"白及东:逃逸也。"

【白巾党】《切口大词典·杂流类·放白鸽者之切口》:"白巾党:假言女子之丧父母或丈夫者。"

【白津】《镖行江湖隐语行话秘典》:"下雪,为白津。"

【白筋】《切口大词典·手艺类·席子业之切口》:"白筋:以白麻丝为纬所织之席也。"

【白经】《切口大词典·工匠类·打线匠之切口》:"白经:白麻也。"

【白卷】《切口大词典·衙卒类·厘卡之切口》:"白卷:不填关单也。"

【白壳】《切口大词典·行号类·海鱼行之切口》:"白壳:蛤蜊也。"

【白悬子】清唐再丰《鹅幻汇编·江湖通用切口摘要》:"银曰白悬子。"卫大法师《江湖话·红帮各地通行隐语·其他用具对象类》:"银:白悬子,槽子。"卫大法师《江湖话·江湖上的隐语·普通隐语》："银：白恳子。"《切口大词典·星相类·星家之切口》："白恳子：银子也。"《清门考原·各项切口》："白恳子，银也。"金老佛《三教九流江湖秘密规矩·日常用语》："银曰白恳子。"李子峰《海底·各地通行隐语》："银：白恳子，槽子。"

【白口】《梨园话》："白：戏中人所言者，谓之'白口'。"

【白拉】《切口大词典·杂业类·商人共众切口》："白拉：代人家买卖之商家，无牙帖者也。"

【白篮】《切口大词典·商铺类·竹器业之切口》："白篮：最大之筐也。"

【白老】《切口大词典·杂业类·酒店之切口》："白老：白玫瑰也。"

【白老腻口】《切口大词典·杂流类·卖白糖粥者之切口》："白老腻口：白粥也。"

【白里】《切口大词典·党会类·红帮之切口》："白里：晨间也。"

【白菱】①《切口大词典·医药类·摆草药摊之切口》："白菱：与紫藤共煎。治瘰痔。"②《切口大词典·杂业类·花业之切口》："白菱：花如千瓣十花，叶如栀子，一枝一花，花色如玉。"

【白柳】《切口大词典·商铺类·板木业之切口》："白柳：亦一寸厚之柳板也。"

【白蚂蚁】《切口大词典·杂流类·贩人口者之切口》："白蚂蚁：操人贩业之雅号也。由外埠被拐来沪者，彼为之出脱或本埠运往外埠。"《清门考原·各项切口》："白蚂蚁，专门贩卖人口之经纪人也。"

【白满】《切口大词典·优伶类·髯口之切口》："白满：满口之白髯也。演教子之末角用之。"

【白蔓君】《切口大词典·杂业类·花业之切口》："白蔓君：荼蘼花也。"

【白茫】《新刻江湖切要·饮馔类》："干面：白茫；飞尘。"清傅崇矩《成都通览·成都之江湖言词·饮馔类》："干面：白茫，飞尘。"

【白梅】《切口大词典·杂业类·油坊之切口》："白梅：柏子也。"

【白米】《切口大词典·党会类·红帮之切口》："白米：枪弹也。"贝思飞《民国时期的土匪隐语》："白米：枪弹。"金老佛《三教九流江湖秘密规矩·青帮与红帮·红帮之问答》："一声令下，居然白米乱发（彼等号枪弹曰白米），拼命拒捕。"金老佛《三教九流江湖秘密规矩·青帮与红帮·江湖之春典》："枪弹称白米。"

【白描钱】《新刻江湖切要·珍宝类》："锡曰白描钱；圆把；响青把儿；穿风青儿。"

【白朋】卫大法师《江湖话·红帮各地通行隐语·各种行业类》："未入洪门懂洪家规矩者：白朋，狡猾码子，玲珑码子。"李子峰《海底·各地通行隐语》："未入洪门懂洪家规矩者：白朋，狡猾码子，玲珑码子。"

【白披】《切口大词典·手艺类·贳彩业之切口》："白披：孝衣也。"

【白皮】《切口大词典·杂业类·酒店之切口》："白皮：烧酒之次者。"

【白皮子】《切口大词典·商铺类·金线业之切口》："白皮子：银叶条也。"

【白匹子】李子峰《海底·各地通行隐语》："布：板头子；白匹子。"

【白飘雪】《新刻江湖切要·鸟兽虫鱼类》："鹰：赏物；白飘雪；[增]子扬。"

【白票】《切口大词典·巫卜类·道士之切口》："白票：挽对也。"

【白票子】《切口大词典·星相类·不开口相面之切口》："白票子：台布也。"

【白七通】《新刻江湖切要·人物类》："皂快：白七通；贴孤通。"《切口大词典·衙卒类·衙役之切口》："白七通：皂快也。"清傅崇矩《成都通览·成都之江湖言词·人物类》："皂快：白七通；贴孤通。"

【白奇】《切口大词典·杂业类·菸烟店之切口》："白奇：淡味之旱烟也。"

【白旗老三】金老佛《三教九流江湖秘密规矩·青帮与红帮·执事之旗号》："红帮除誓约以外，人的支配有五执事。即老大专司军机要事，统领全帮，旗号为杏黄色，故称黄旗老大；老二专司仓库钱粮，掌管全山财务，旗号为蓝色，故称蓝旗老二；老三专司出马开差等事，旗用白色，故称白旗老三；老四掌管票布符号，总督上下勤惰，兼管防山放哨事，旗用黑色，故称黑旗老四；老五专管全帮功过，杀戮行赏，其权皆操于一人，旗用红色，故称红旗老五。五执事中之权力最大者，厥惟黄旗老大与红旗老五二人，盖一则执掌全帮，一则操有生杀之权也。"

【白钱】 云游客《江湖丛谈·江湖之金点·小绺门》："白钱，是专在白昼偷的，夜内不做活儿。"

【白切】《切口大词典·杂业类·饭店业之切口》："白切：淡肉切块装盆也。"

【白秋】《切口大词典·医药类·卖药糖者之切口》："白秋：酱油也。"

【白球】《切口大词典·杂业类·猪肉业之切口》："白球：猪脑也。"

【白瘫】《切口大词典·娼妓类·粤妓之切口》："白瘫：骂人不知好歹也。"

【白髯】《切口大词典·优伶类·髯口之切口》："白髯：白色之假须也。"

【白染】《切口大词典·手艺类·髹漆业之切口》："白染：白漆也。"

【白瓢尖】《切口大词典·商铺类·蜜饯业之切口》："白瓢尖：瓜仁也。"

【白刃】《切口大词典·行号类·鲜鱼行之切口》："白刃：鲭鱼也。"

【白日闯】《切口大词典·盗贼类·铰手之切口》："白日闯：青天白日入室窃物也。"

【白日鼠】 卫大法师《江湖话·安庆隐语》："白日：白日鼠。"

【白瑞】《切口大词典·医药类·摆草药摊之切口》："白瑞：白瑞香花也。治喉风。"

【白三】《切口大词典·优伶类·髯口之切口》："白三：白须分三股者。演《凤鸣关》之武生角用之。"

【白沙】 朱琳《洪门志·春典子琐记·店铺》："石灰店，称白沙。"

【白沙子】 卫大法师《江湖话·红帮各地通行隐语·姓氏类》："阎：白沙子，海水子。"李子峰《海底·各地通行隐语》："阎：白沙子；海水子。"《切口大词典·工匠类·造酱匠之切口》："白沙子：盐也。"

【白砂】《切口大词典·商铺类·食盐业之切口》："白砂：盐也。"

【白砂朝阳】《切口大词典·盗贼类·对买贼之切口》："白砂朝阳：盐公堂也。"

【白扇】 贝思飞《民国时期的土匪隐语》："白扇：匪帮的文书。"

【白蛇】《切口大词典·手艺类·秤戥业之切口》："白蛇：戥之总称也。"

【白虱】《切口大词典·巫卜类·道士之切口》："白虱：琵琶也。"

【白石】 ①《切口大词典·工匠类·泥水匠之切口》："白石：石灰也。" ②《切口大词典·商铺类·杂货业之切口》："白石：石膏也。"

【白事】《切口大词典·杂流类·红白帖之切口》："白事：凡丧祭之事也。"

【白水】《切口大词典·娼妓类·粤妓之切口》："白水：妓女所得之缠头巾也。"

【白丝鱼】《切口大词典·役夫类·航船夫之切口》："白丝鱼：小刀也。"

【白索】《切口大词典·杂流类·卖馄饨者之切口》："白索：线粉也。"《切口大词典·杂业类·点心铺之切口》："白索：米面也。"

【白条】 ①《切口大词典·商铺类·地货业之切口》："白条：罗卜也。" ②《切口大词典·手艺类·卖扯铃之切口》："白条：弓子上之线也。" ③《切口大词典·手艺类·席子业之切口》："白条：最狭长之席也。" ④《切口大词典·医药类·药行业之切口》："白条：鲜生地也。"

【白条子】 ①《切口大词典·商铺类·金线业之切口》："白条子：银线也。" ②《切口大词典·医药类·捉牙虫妇人之切口》："白条子：牙虫也。"

【白头】《切口大词典·工匠类·打面匠之切口》："白头：面粉也。"

【白头姑】《新刻江湖切要·官职类》："阁老：天孤，孤子；［广］白头姑。"

【白土扛】《切口大词典·盗贼类·掘壁贼之切口》："白土扛：行窃遇风大，得意之谓也。"

【白物】 宋陈元靓辑《事林广记·续集·绮谈市语·玉帛门》："银：白物，艮物。"

【白香】《切口大词典·杂流类·卖花者之切口》："白香：梨花也。"

【白屑】 ①《切口大词典·行号类·饴糖行之切口》："白屑：冰屑糖也。" ②《切口大词典·医药类·药行业之切口》："白屑：元明粉也。" ③《切口大词典·杂业类·豆腐店之切口》：“白屑：豆渣也。”

【白疋子】卫大法师《江湖话·红帮各地通行隐语·衣服类》：“布：板头子，白疋子。"

【白盐】《切口大词典·工匠类·染布匠之切口》：“白盐：石灰也。"

【白厌】《切口大词典·娼妓类·粤妓之切口》：“白厌：骂人讨厌之语也。"

【白野】《切口大词典·行号类·粮食行之切口》：“白野：晚稻米也。"

【白衣】①《新刻江湖切要·鸟兽虫鱼类》："羊：未流；白衣；圈判；膻老；解草；山官。"②《切口大词典·商铺类·南货业之切口》：“白衣：豆腐皮也。"③《切口大词典·医药类·药行业之切口》："白衣：扁豆壳也。"

【白衣部】《切口大词典·党会类·女拆白党之切口》："白衣部：专以假丧遇人也。"

【白玉杯】《切口大词典·杂流类·卖花者之切口》："白玉杯：白菱花也。"

【白斩】《切口大词典·杂业类·饭店业之切口》："白斩：鸡肉切块装盆也。"

【白字田】《切口大词典·杂业类·豆腐店之切口》："白字田：豆腐也。"

【百】①《江湖走镖隐语行话谱》："其为个，牌为百，节为千。"②《切口大词典·商铺类·顾绣业之切口》："百：五也。"

【百口桥】宋陈元靓辑《事林广记·续集·绮谈市语·服饰门》："围肚：百口桥。"

【百瓣生】《新刻江湖切要·经纪类》："做花人：百瓣生。"《切口大词典·工匠类·扎花匠之切口》："百瓣生：扎仿真供花之人也。"清傅崇矩《成都通览·成都之江湖言词·经纪类》："做花人：百瓣生。"

【百宝】《切口大词典·杂流类·小热昏之切口》："百宝：箱子也。"

【百宝斤头】《切口大词典·工匠类·木匠之切口》："百宝斤头：斧也。"

【百倍】《切口大词典·杂流类·卖花者之切口》："百倍：牛膝花也。"

【百辰】《新刻江湖切要·经纪类》："卖糕人：百辰。余更之为蹊跷。"清傅崇矩《成都通览·成都之江湖言词·经纪类》："卖糕人：百辰；蹊跷。"

【百根】清傅崇矩《成都通览·成都之袍哥话即江湖话也》："百根即一百。"

【百花酿】宋陈元靓辑《事林广记·续集·绮谈市语·饮食门》："蜜：百花酿。"

【百脚】①《切口大词典·工匠类·竹匠之切口》："百脚：锯子也。"②《切口大词典·医药类·药行业之切口》："百脚：蜈蚣也。"

【百结】《切口大词典·党会类·红帮之切口》："百结：铺盖也。"《清门考原·各项切口》："百结，铺盖也。"金老佛《三教九流江湖秘密规矩·青帮与红帮·红帮之问答》："于是两匪又到轮船寻觅（偷）生意，其本领能将底子上客人之匣子（箱子）百结（铺盖）篷锁（衣饰）等，如大魔术家之演戏法，一转瞬间，即入二人掌握。"金老佛《三教九流江湖秘密规矩·青帮与红帮·江湖之春典》："铺盖称百结。"

【百口】《切口大词典·工匠类·箍桶匠之切口》："百口：锯子也。"

【百里】宋陈元靓辑《事林广记·续集·绮谈市语·君臣门》："县尹：百里；令尹。"

【百曼】《切口大词典·杂流类·贩人口者之切口》："百曼：卖与人家做子女者。"

【百人敌】《镖行江湖隐语行话秘典》："混眼沙，为百人敌。"

【百日红】《切口大词典·行号类·粮食行之切口》："百日红：百日而稔之红皮米也。"

【百味通】《新刻江湖切要·经纪类》："厨人：百味通；充火通。"清傅崇矩《成都通览·成都之江湖言词·经纪类》："厨人：百味通；充火通。"

【百仙】《切口大词典·行号类·菜蔬行之切口》："百仙：雪里蕻菜也。"

【百子】①《切口大词典·商铺类·爆竹业之切口》："百子：寻常之小爆竹也。"②《切口大词典·商铺类·封套业之切口》："百子：最小之信封也。"

【摆】①卫大法师《江湖话·红帮各地通行隐语·天文地理类》："下雨：摆，天摆，摆丁。"李子峰《海底·各地通行隐语》："下雨：摆；天摆。"②《切口大词典·衙卒类·侦探之切口》："摆：上当也，即以物质钱也。"

【摆泊】《切口大词典·盗贼类·剪绺贼之切口》："摆泊：在船中乘船拥挤时而行窃者。"

【摆不平】《切口大词典·党会类·小瘪三之切口》："摆不平：赤脚无鞋也。"

【摆剉】明程万里《鼎锲徽池雅调南北官腔乐府点板曲响大明春·六院汇选江湖方语》："摆剉，乃鱼脊也。"

【摆丹老】①《切口大词典·党会类·流氓之切口》："摆丹老：硬借也。"②《清门考原·各项切口》："摆丹老，商人言摆丹老，即拆烂污也。"

【摆底】《切口大词典·巫卜类·道士之切口》："摆底：薄墩也。"

【摆地坝】清傅崇矩《成都通览·成都之袍哥话即江湖话也》："摆地坝，分货也。"

【摆丁】卫大法师《江湖话·红帮各地通行隐语·天文地理类》："下雨：摆，天摆，摆丁。"

【摆丢】《新刻江湖切要·天文类》："风：丢子，[入微]透骨，和薰，骤吼，狂呼，疑虎；从虎，狂且，偃草，吹枯生，扫云，折朽子，[又广]起风为摆丢。"《江湖切口要诀》(尺牍增附本)："风：丢(去)子。[广]入微；透骨；和薰；骤吼；狂呼；疑虎；从虎；狂且；偃草；吹枯生；扫云；折朽子。[又广]起风为摆丢。"

【摆丢子】云游客《江湖丛谈·江湖之春点》："刮风叫'摆丢子'。"

【摆渡】《切口大词典·杂流类·贩烟土者之切口》："摆渡：乘舟车见有可欺者。将藏土之物托其携带，遇险逸去，罪归携者，不遇则取去。"

【摆对老】《切口大词典·衙卒类·侦探之切口》："摆对老：拿自己人之物也。"

【摆饭局】《切口大词典·娼妓类·八大胡同妓院之切口》："摆饭局，犹上海之摆花酒也。"

【摆飞】《新刻江湖切要·天文类》："雪：飞六；[广]出六；疑絮；天盐。雪珠为集先，落雪为摆飞，又为排六。"清唐再丰《鹅幻汇编·江湖通用切口摘要》："雪落曰摆飞。"卫大法师《江湖话·红帮各地通行隐语·天文地理类》："下雪：摆飞，六花子摆。"《江湖切口要诀》(尺牍增附本)："雪：飞六。[广]出六，疑絮；天盐，雪珠为集先，落雪为摆飞，又为排六。"《切口大词典·盗贼类·水面贼之切口》："摆飞：落雪也。"《切口大词典·杂流类·卖西洋镜之切口》："摆飞：落雪也。"金老佛《三教九流江湖秘密规矩·日常用语》："落雪曰摆飞。"李子峰《海底·各地通行隐语》："下雪：摆飞；六花子摆。"

【摆风】①《切口大词典·工匠类·烧窑匠之切口》："摆风：盘也。"②《切口大词典·巫卜类·道士之切口》："摆风：扇子也。"

【摆干】①卫大法师《江湖话·红帮各地通行隐语·天文地理类》："天晴：摆干，天开，大扇放光。"李子峰《海底·各地通行隐语》："天晴：摆干；天开；大扇放光。"②卫大法师《江湖话·江湖上的隐语·普通隐语》："落雨：摆干。"《切口大词典·盗贼类·水面贼之切口》："摆干：落雨也。"清唐再丰《鹅幻汇编·江湖通用切口摘要》："落雨曰摆干。"《清门考原·各项切口》："摆干，落雨也。"金老佛《三教九流江湖秘密规矩·日常用语》："落雨曰摆干。"

【摆河子】卫大法师《江湖话·红帮各地通行隐语·饮食用品类》："鱼：活子，顶浪子，摆河子，疋水子，穿浪摆尾。"李子峰《海底·各地通行隐语》："鱼：顶浪子；摆河子；匹水子；穿浪；摆尾。"

【摆花酒】《切口大词典·娼妓类·长三书寓之切口》："摆花酒：客在妓院中宴客也。北京谓之摆饭局，此事妓家无大利可图，不过是热闹而已。"

【摆华容道】《切口大词典·党会类·流氓之切口》："摆华容道：两边纠合无数乱人，至广场立阵械斗也。"

【摆伙已】《清门考原·各项切口》："摆伙已，帅命也。"

【摆金】①《江湖走镖隐语行话谱》："下雨：摆金。"云游客《江湖丛谈·江湖之春点》："下雨叫'摆金'。"②《切口大词典·衙卒类·侦探之切口》："摆金：小便也。"

【摆津】《新刻江湖切要·天文类》："雨：津；[广]沛生；子望；润公；湿杏；天线；灵零；甘露子；苦霆生；落雨为摆津，[广]洒润。"《江湖切口要诀》(尺牍增附本)："雨：津。[广]沛生；子望；润公；湿杏；天线；灵零；甘露子；苦苦生落。[广]雨为摆津；洒润。"《切口大词典·杂流类·卖西洋镜之切口》："摆津：落雨也。"清傅崇矩《成都通览·成都之江湖言词·天文类》："落雨为摆津；洒润。"

【摆开】①《新刻江湖切要·乐器类》："叭喇：摆开。"②《切口大词典·商铺类·刷染业之切口》："摆开：裤子也。"

【摆老】《切口大词典·杂业类·油坊之切口》："摆老：黄牛也。"

【摆了】《切口大词典·盗贼类·杆匪之切口》："摆了：实行抢，遇雨不得手，谓雨曰摆了以示速散之意也。"

【摆浏子】《切口大词典·盗贼类·偷鸡贼之切口》："摆浏子：贼要小便喊斯语，请同行者稍候再行窃之语也。"

【摆柳】①卫大法师《江湖话·红帮各地通行隐语·一般人事类》："女人小便：摆柳。"李子峰《海底·各地通行隐语》："女人小便：摆柳。"②《江湖走镖隐语行话谱》："小解：摆柳。"

【摆龙】《清门考原·各项切口》："摆龙，落雪也。"

【摆路头】《切口大词典·党会类·流氓之切口》："摆路头：包探巡查之谓也。"

【摆轮】《切口大词典·医药类·撑大伞卖药者之切口》："摆轮：停车也。"

【摆门子】《梨园话》："摆门子：以各种模型，陈列于戏园门前，谓之'摆门子'。[附记]旧式戏园，多于门前陈列本日所演剧中各种'切末'模型（如楼台、山石、树木、酒瓮形儿等），藉此以资号召。如是日所演无用'切末'之剧，则多设龙虎形及云牌（即《风云会》剧中所用者），以为壮瞻焉。"

【摆瓢】《新刻江湖切要·经纪类》："摇船：摆瓢。撑舡曰搠水。"清傅崇矩《成都通览·成都之江湖言词·经纪类》："摇船：摆瓢（撑舡曰搠水）。"

【摆清】《切口大词典·党会类·流氓之切口》："摆清：天下雨也。"《清门考原·各项切口》："摆清，雨也。又曰挂丁。"

【摆身子】《切口大词典·工匠类·理发匠之切口》："摆身子：凳子也。"

【摆式】①《切口大词典·乞丐类·耍猴求乞之切口》："摆式：店铺也。"②《切口大词典·杂流类·荐头婆之切口》："摆式：使女也。"

【摆台】《梨园话》："摆台：未开戏前，台上所设之旗伞台帐，谓之'摆台'。"

【摆抬子】卫大法师《江湖话·安庆隐语》："吃讲茶：摆抬子。"

【摆头庄】《切口大词典·党会类·小瘪三之切口》："摆头庄：里门口安身，是非与管门人要好则不可得。"

【摆头子】《切口大词典·杂业类·磨坊之切口》："摆头子：牛也。"

【摆尾】①平山周《中国秘密社会史·三合会隐语》："鱼曰穿浪，曰摆尾；盐鱼曰咸筝，曰丫鬟。"《家里宝鉴·隐语》："鱼曰'穿浪，摆尾'。"金老佛《三教九流江湖秘密规矩·三合会之隐语》："狗曰蚁；鱼曰穿浪，曰摆尾。"李子峰《海底·各地通行隐语》："鱼：顶浪子；摆河子；匹水子；穿浪；摆尾。"②朱琳《洪门志·春典子琐记·店铺》："鱼店，称摆尾。"

【摆尾子】《清门考原·各项切口》："摆尾子，鱼也。"

【摆香】《切口大词典·党会类·拆白党之切口》："摆香：以微词探女子之口气也。"

【摆叶子】卫大法师《江湖话·红帮各地通行隐语·偷盗类》："绑票：摆叶子。"

【摆银】《江湖走镖隐语行话谱》："下雪：摆银。"云游客《江湖丛谈·江湖之春点》："下雪叫'摆银'。"

【摆在娘舅家】卫大法师《江湖话·安庆隐语》："典衣服：摆在娘舅家小门口。"

【摆阵头】卫大法师《江湖话·红帮各地通行隐语·一般人事类》："评理：摆阵头。"李子峰《海底·各地通行隐语》："评理：摆阵头。"

【摆子】①《切口大词典·衙卒类·侦探之切口》："摆子：牛也。"②《切口大词典·杂业类·茶楼之切口》："摆子：茶壶也。"③《切口大词典·杂业类·纸扎店之切口》："摆子：纸成之时计也。"④云游客《江湖丛谈·江湖之春点·江湖中之戳黑的》："他使用的布画幌子叫作摆子。"

【摆子通】《切口大词典·星相类·弹弦子算命之切口》："摆子通：属牛也。"

【败】①《切口大词典·行号类·棉花行之切口》："败：二也。"②宋陈元靓辑《事林广记·续集·绮谈市语·拾遗门》："输：败；□。"

【拜椿】《切口大词典·杂流类·放白鸽者之切口》："拜椿：抢劫也。"

【拜单】《切口大词典·娼妓类·长三书寓之切口》："拜单：寿头也。"

【拜观音】 金老佛《三教九流江湖秘密规矩·青帮与红帮·江湖之春典》："偷雌鸡称拜观音。"

【拜客】《切口大词典·乞丐类·手本讨钱之切口》："拜客：上门乞钱也。"

【拜老】《切口大词典·役夫类·人力车夫之切口》："拜老：随老拉车者，认识路径也。"

【拜码头】 卫大法师《江湖话·红帮各地通行隐语·店钱及其他》："拜客：拜码头。"卫大法师《江湖话·红帮各地通行隐语·一般人事类》："拜客：拜码头。"《切口大词典·党会类·哥老会之切口》："拜码头：拜客也。"李子峰《海底·各地通行隐语》："拜客：拜码头。"平山周《中国秘密社会史·哥老会隐语》："到处曰开码头，谒容曰拜码头，见时行礼曰丢湾子。"徐珂《清稗类钞·会党类·哥老会隐语》："到处曰开码头，谒容曰拜码头，见时行礼曰丢湾子。"

【拜山】 卫大法师《江湖话·红帮各地通行隐语·一般人事类》："见山主：拜山。"李子峰《海底·各地通行隐语》："见山主：拜山。"

【拜师之礼节】 金老佛《三教九流江湖秘密规矩·青帮与红帮·拜师之礼节》："由引见师父引领拜师者，向罗祖及翁潘钱三主爷之神座前行叩首，然后向老头子亦行三拜礼，以后向六部师父，以及站堂之众前人，亦须一一行礼，参见已毕。投师者排列檐下，司香执事，即将包头香划开，分与众人执之，更以清水一盏，使众各呷一口，名为净口。此时收徒者即询问数语，大概总询自愿入帮，抑他人使尔入帮，入帮之后，并无好处，如犯帮规，须受家法严处等语。投师者必答以自愿入帮，甘受帮规约束等语。至此即由传道师傅，各予一小折，上书三帮九代姓名，及海底之问答。所谓三帮九代者，即自己老头子之三代，与引见传道二师父之三代也。"

【拜正】 平山周《中国秘密社会史·三合会隐语》："新入会曰入圈，曰拜正，曰出世。"卫大法师《江湖话·红帮闽粤及南洋各地通行隐语》："入会：入围，拜正，出世。"徐珂《清稗类钞·会党类·三合会隐语》："新入会曰入圈，曰拜正，曰出世。"《家里宝鉴·隐语》："入会曰'入圈，左立，拜正，出世'。"金老佛《三教九流江湖秘密规矩·三合会之隐语》："入会曰入圈，或曰拜正，亦曰出世。"李子峰《海底·闽粤及南洋各地通行之隐语》："入会：入圈；拜正；出世。"

ban

【扳】①《新刻江湖切要·人事类》："买曰扳；扳耀；蒲扳。"清傅崇矩《成都通览·成都之江湖言词·人事类》："买：扳；扳耀；蒲扳。"②《新刻江湖切要·人事类》："套曰扳。"清傅崇矩《成都通览·成都之江湖言词·人事类》："套：扳。"③《切口大词典·巫卜类·六壬课之切口》："扳：套人之口气也。"④《切口大词典·武术类·住宅保镖者之切口》："扳：挖耳垢也。"

【扳扳】《切口大词典·武术类·男女共同变戏法者之切口》："扳扳：看也。"

【扳柴】《新刻江湖切要·医药类》："妇人卖药：拖青；扳柴。"

【扳弓子】 卫大法师《江湖话·红帮各地通行隐语·姓氏类》："张：扳弓子。"

【扳脚】《切口大词典·巫卜类·席地测字者之切口》："扳脚：套人之口气以定字之吉凶。"

【扳井】《新刻江湖切要·人事类》："取耳为扳井。"清傅崇矩《成都通览·成都之江湖言词·人事类》："取耳：扳井。"

【扳面孔】《切口大词典·党会类·小瘪三之切口》："扳面孔：忽然不悦也。"

【扳盘】 清傅崇矩《成都通览·成都之江湖言词·人事类》："买田：扳盘。"

【扳识】《新刻江湖切要·人事类》："看曰扳识；斜手；班色。"清傅崇览·成都之江湖言词·人事类》："看：扳识；斜手；班色。"

【扳手】《切口大词典·工匠类·挽花匠之切口》："扳手：挽花之绳也。"

【扳套子】《切口大词典·衙卒类·幕宾之切口》："扳套子：驳回文件也。"

【扳位】《切口大词典·赌博类·麻雀赌之切口》："扳位：定所坐之位置也。"

【扳细公】《新刻江湖切要·衣饰类》："绸绢：扳细公。"清傅崇矩《成都通览·成都之江湖言词·衣饰类》："绸绢：扳细公。"

【扳线丘】《新刻江湖切要·工匠类》："挽花匠：连环通，〔增〕扳线丘。"清傅崇矩《成都通览·成都之江湖言词·工匠类》："挽花匠：连环通；扳线丘。"

【扳牙】《新刻江湖切要·僧道类》："僧道拜门：扳牙。"清傅崇矩《成都通览·成都之江湖言词·僧道类》："僧道拜门：扳牙。"

【扳耀】①《新刻江湖切要·人事类》："买曰扳；耀；蒲扳。"清傅崇矩《成都通览·成都之江湖言词·人事类》："买：扳；扳耀；蒲扳。"②《切口大词典·武术类·挂布招牌教戏法者之切口》："扳耀：戏法具也。"

【班】①《新刻江湖切要·人事类》："吃曰班；又曰赏。"清傅崇矩《成都通览·成都之江湖言词·人事类》："吃：班；赏。"②清唐再丰《鹅幻汇编·江湖通用切口摘要》："看亦曰班。"卫大法师《江湖话·江湖上的隐语·普通隐语》："看：班。"《切口大词典·医药类·祝由科之切口》："班：看也。"《清门考原·各项切口》："班，看也。"金老佛《三教九流江湖秘密规矩·日常用语》："看亦曰班。"③清唐再丰《鹅幻汇编·江湖通用切口摘要》："买曰班。"卫大法师《江湖话·江湖上的隐语·普通隐语》："买：班。"金老佛《三教九流江湖秘密规矩·日常用语》："买曰班。"明徐万里《鼎锲徽池雅调南北官腔乐府点板曲响大明春·六院汇选江湖方语》："班，乃买物件。"④卫大法师《江湖话·红帮各地通行隐语·各种行业类》："看戏：班。"李子峰《海底·各地通行隐语》："看戏：班。"⑤《切口大词典·武术类·地吼戏之切口》："班：做戏也。"

【班长】《切口大词典·衙卒类·地保之切口》："班长：尊衙役之称呼也。"

【班虫】《新刻江湖切要·鸟兽虫鱼类》："虎：喊老；猛子；寅老；班虫。"

【班底】《梨园话》："班底：除主角与旁角外，其余之角色统名之曰'班底'。盖以班中若无配角，则班无以立，故曰'班底'。"

【班费】《切口大词典·衙卒类·厘卡之切口》："班费：科收也。"

【班汉】清唐再丰《鹅幻汇编·江湖通用切口摘要》："买饭曰班汉。"卫大法师《江湖话·江湖上的隐语·普通隐语》："买饭：班汉。"《切口大词典·医药类·祝由科之切口》："班汉：买饭碗也。"《清门考原·各项切口》："班汉，卖饭也。"金老佛《三教九流江湖秘密规矩·日常用语》："买饭曰班汉。"

【班火三子】①卫大法师《江湖话·红帮各地通行隐语·饮食用品类》："酒：班火三子。"②李子峰《海底·各地通行隐语》："饮酒：班火三子。"

【班色】《新刻江湖切要·人事类》："看曰扳识；斜手；班色。"《切口大词典·巫卜类·席地测字者之切口》："班色：观人之神色，以定字之臧否也。"清傅崇矩《成都通览·成都之江湖言词·人事类》："看：扳识；斜手；班色。"

【班山】《新刻江湖切要·人事类》："吃酒曰扰山；领山；班山。"清傅崇矩《成都通览·成都之江湖言词·人事类》："吃酒：扰山；领山；班山。"

【班史】《切口大词典·星相类·龟算命之切口》："班史：闲汉也。"

【班天王】清唐再丰《鹅幻汇编·江湖通用切口摘要》："看戏曰班天王。"卫大法师《江湖话·江湖上的隐语·普通隐语》："看戏：班天王。"《清门考原·各项切口》："班天王，看戏也。"金老佛《三教九流江湖秘密规矩·日常用语》："看戏曰班天王。"

【班纂了】卫大法师《江湖话·红帮各地通行隐语·饮食用品类》："酒醉：火山子高，班纂了。"李子峰《海底·各地通行隐语》："酒醉：火山子高，班纂了。"

【搬】《切口大词典·盗贼类·对买贼之切

口》:"搬:彼辈之自美窃之名也。"

【搬柴】 云游客《江湖丛谈·江湖之春点·三不管的八岔子生意》:"管带拔牙,调侃叫搬柴。"

【搬海子】 清末民初佚名《镖行江湖隐语行话秘典》:"要菜,为搬海子。"

【搬黑】 云游客《江湖丛谈·江湖之金点·磨杵的生意》:"江湖人管请大夫治病叫搬黑。"

【搬黑老】 贝思飞《民国时期的土匪隐语》:"搬黑老:做鸦片生意。"

【搬了】 云游客《江湖丛谈·江湖之金点·江湖的海青腿儿》:"管说完了挣不下钱来调侃儿叫'搬了'。"

【搬乱说】 《切口大词典·乞丐类·乞丐之切口》:"搬乱说:进谗言也。"

【搬皮儿】 《切口大词典·役夫类·驴夫之切口》:"搬皮儿:载客人也。"

【搬腮醉】 《家里宝鉴·隐语》:"饮酒曰'搬腮醉,腮串子'。"

【搬色儿】 《切口大词典·役夫类·驴夫之切口》:"搬色儿:装行李也。"

【搬山】 《镖行江湖隐语行话秘典》:"喝(哈)酒为搬山。"《镖行江湖隐语行话秘典》:"店,为窑;店里喝酒,为窑里搬山。"学古堂《江湖行话谱·保镖护院行话概略》:"喝酒为搬山。"学古堂《江湖行话谱·行意行话》:"喝酒为搬山。"

【搬山驾岭】 《切口大词典·盗贼类·杆匪之切口》:"搬山驾岭:吃饭也。"

【搬山押嵩】 清末民初佚名《镖行江湖隐语行话秘典》:"要是朋友,请下他来,搬山押嵩。"

【搬石头】 卫大法师《江湖话·红帮各地通行隐语·各种行业类》:"贩卖小孩:搬石头。"《清门考原·各项切口》:"搬石头,贩卖小孩也。"贝思飞《民国时期的土匪隐语》:"搬石头:买卖小孩(上海)。"金老佛《三教九流江湖秘密规矩·青帮与红帮·红帮之问答》:"贩小孩谓'搬石头'。"李子峰《海底·各地通行隐语》:"贩卖小孩:搬石头。"

【搬石子】 金老佛《三教九流江湖秘密规矩·青帮与红帮·江湖之春典》:"贩小孩称搬石子。"

【搬乌金】 《切口大词典·役夫类·驴夫之切口》:"搬乌金:装煤也。"

【搬渣】 卫大法师《江湖话·红帮各地通行隐语·饮食用品类》:"大饼:翻张,搬渣。"李子峰《海底·各地通行隐语》:"大饼:翻张,搬渣。"

【坂里】 《切口大词典·役夫类·农夫之切口》:"坂里:田也。"

【板答】 《新刻江湖切要·乐器类》:"筝:板答。"《行院声嗽·器用》:"筝:板答。"

【板定】 《切口大词典·衙卒类·缉私盐之切口》:"板定:陋规也。"

【板弓子】 李子峰《海底·各地通行隐语》:"张:板弓子。"

【板客】 《切口大词典·星相类·量手算命之切口》:"板客:抛风也。"

【板识】 《切口大词典·巫卜类·茶馆测字者之切口》:"板识:看也。"《切口大词典·武术类·卖拳头者之切口》:"板识:看也。"《切口大词典·武术类·傀儡戏之切口》:"板识:看客也。"

【板台子】 卫大法师《江湖话·红帮各地通行隐语·居住用品类》:"床:板台子。"李子峰《海底·各地通行隐语》:"床:板台子。"

【板头行】 《清门考原·各项切口》:"板头行,板头子。切口绸布也。凡私贩绸布者,统名曰板头行。"

【板头子】 清唐再丰《鹅幻汇编·江湖通用切口摘要》:"布曰板头子。"卫大法师《江湖话·红帮各地通行隐语·衣服类》:"布:板头子,白定子。"卫大法师《江湖话·江湖上的隐语·普通隐语》:"布:板头子。"《清门考原·各项切口》:"板头子,布也。"金老佛《三教九流江湖秘密规矩·日常用语》:"布曰板头子。"李子峰《海底·各地通行隐语》:"布:板头子;白匹子。"

【板细公】 《切口大词典·盗贼类·收晒朗贼之切口》:"板细公:绸绢也。"

【板眼】 《切口大词典·优伶类·腔调上之切口》:"板眼:音之节也。如快板、慢板、摇板、一眼、三眼也。"

【板占】 《新刻江湖切要·官职类》:"买者曰板占。"

【板子】 《行院声嗽·人物》:"老唱:板子。"

【办地界】 《切口大词典·党会类·青帮之切

【办黑】 清傅崇矩《成都通览·成都之江湖言词·人事类》："离祖：办黑。"

【办交卸】 李子峰《海底·各地通行隐语》："刑满：办交卸。"

【办明】《切口大词典·星相类·铁板算命之切口》："办明：天晓也。"

【办指职】《清门考原·各项切口》："办指职，当面介绍也。"

【办租界】《切口大词典·党会类·流氓之切口》："办租界：逐去租界之过犯也。"

【半臂】 宋陈元靓辑《事林广记·续集·绮谈市语·服饰门》："背心：半臂。"

【半才】《新刻江湖切要·亲戚类》："通房：半才。"

【半苍】《切口大词典·星相类·立墙壁相面之切口》："半苍：相之不寿者。大约在三十上下。"

【半苍生】《切口大词典·医药类·卖春药治毒疮者之切口》："半苍生：年在四十内外也。"

【半春半柳】 云游客《江湖丛谈·江湖之春点·江湖中之光子生意》："江湖人管随随抓哏逗笑儿，调侃儿叫半春半柳。"

【半大】《切口大词典·手艺类·灯笼业之切口》："半大：比高灯略小，此种现已绝样子也。"

【半吊子】 卫大法师《江湖话·安庆隐语》："不守信义：半吊子，带耳坠子的朋友。"

【半儿】《新刻江湖切要·亲戚类》："未嫁女：半儿，今改挑蔬。"

【半风君】《新刻江湖切要·鸟兽虫鱼类》："虱：受子；[增] 扪谈；又游裈；又半风君。"

【半壶水】《清门考原·各项切口》："半壶水，又曰半吊子，即不讲情义人也。"

【半截登空】 卫大法师《江湖话·红帮各地通行隐语·其他用具对象类》："登裤：菱角，半截登空。"李子峰《海底·各地通行隐语》："套裤：菱角；半截登空。"

【半开眼】 云游客《江湖丛谈·江湖之春点》："从前江湖的人，将一句春点，看的比一锭金子还重，外行人是一句亦不知道的。到了如今，因为流行日久，外行人亦能耳濡目染的熏上几句。敝人在北平的天桥、东安市场、西单商场，以及各庙会常听见有些个半开眼的人（对于江湖事有一知半解的人，称为半开眼）在各生意场儿，调几句江湖侃儿，所调的侃儿，尽是普通流行的。至于江湖各行隐语，与他们生意有关，外行还是不知道的。"

【半空子】 云游客《江湖丛谈·江湖之春点·天桥的金点》："不懂江湖事的人，调侃叫'半空子'。"

【半控不撮】 云游客《江湖丛谈·江湖之春点·江湖中之戳黑的》："江湖人管点痣的人，虽知道江湖的内幕，没受过江湖传授，对于挣钱多少，是没有拿手，没把握，将就凑合混饭吃，调侃儿说他们半控不撮。"

【半亮】《新刻江湖切要·人事类》："晓不全曰半亮。"《切口大词典·武术类·行程保镖者之切口》："半亮：晓得不全也。"清傅崇矩《成都通览·成都之江湖言词·人事类》："晓不全：半亮。"

【半塘皇帝】《切口大词典·娼妓类·粤妓之切口》："半塘皇帝：乌龟也。"

【半天冠】《切口大词典·优伶类·戏盔之切口》："半天冠：盔顶平方垂冕流五，帝王冠之。"

【半通】 清唐再丰《鹅幻汇编·江湖通用切口摘要》："除此三府地界，其余皆给半价，比常人少一半，名曰半通。"《切口大词典·星相类·星家之切口》："半通：杭加湖用全通。他处用半通。半通者，给常人之半价，饭钱酒钱则如常人一例。"金老佛《三教九流江湖秘密规矩·日常用语》："除此三府地界，其余皆给半价（比常人少一半），名曰半通。"

【半小】《切口大词典·杂业类·剪刀店之切口》："半小：比平布略小之剪刀也。"

【半腥半尖】 云游客《江湖丛谈·江湖之春点·江湖中挑粘汉的》："江湖人管半真半假，调侃儿叫'半腥半尖'。"

【半月】 ①《切口大词典·工匠类·琢玉匠之切口》："半月：玉耳环也。" ②《切口大词典·行号类·海鱼行之切口》："半月：青蟹也。" ③《切口大词典·医药类·卖膏药者之切口》："半月：弹弓也。"

【半月朝阳】《新刻江湖切要·店铺类》："扇店：半月朝阳，改为清来朝阳。"《切口大词典·盗贼类·对买贼之切口》："半月朝阳：扇子店也。"清傅崇矩《成都通览·成都之江湖言词·店铺类》："扇店：半月朝阳（今改为清来朝阳）。"

【半枝莲】《切口大词典·医药类·摆草药摊之切口》："半枝莲：小草也。能治蛇咬伤。"

【半蹢躅】《切口大词典·医药类·摆草药摊之切口》："半蹢躅：食之即泻。"

【半周】《切口大词典·商铺类·火腿业之切口》："半周：脚爪带有五六寸长者。"

【半仔】明程万里《鼎锲徽池雅调南北官腔乐府点板曲响大明春·六院汇选江湖方语》："半仔，是后生家。"

【半子】《新刻江湖切要·人物类》："后生人：半子，［广］曰俊俏儿郎；岁月方长；子见犹惊。"清傅崇矩《成都通览·成都之江湖言词·人物类》："后生人：半子（曰俊俏儿郎）；岁月方长；子见犹惊。"《江湖切口要诀》（尺牍增附本）："后生子：半子，广曰：俊俏儿郎；岁月方长；子见犹惊。"《切口大词典·杂流类·媒婆之切口》："半子：青年子也。"

【扮戏】《梨园话》："扮戏：伶工化妆谓之扮戏。［附记］谚云："装狼像狼，装虎像虎。"戏剧中角色，以今人而乔饰古人，唱念做打，皆艺术中之最要者，而装扮尤为之先也。故脚色之扮戏，有关天然者，有关人工者。天然者，如生脚须有工架，气魄大方，态度自然，身材合适。如小生，须面貌平正，精神有翩翩资格，身材利落，不肥不肿。如旦角，须姿首艳丽，最低程度，亦须平正，身材适中，玲珑窈窕。如净脚，须体极魁梧，方面大耳，身材要高。如丑脚，须身体灵活，眉目生动。此为天然者。又有谓人工者，即扮饰悉按规矩，不添不减，不苟且，不敷衍，是为人力所能者。按：扮戏，生脚须勒水纱（旦、净均同），吊起眉目，以显精神；面上涂彩，以显荣光。（中略—原注）束腰时，宜紧。扎靠时，勿松。旦脚须敷粉、贴片子，花旦尚须踩跷。勿论冬夏，不准多衬衣服。因女子以瘦弱窈窕为美观，肿臃无度为丑也。净脚则不然，勿论寒暑，内中必衬胖袄，以示魁梧。"

【伴客】《切口大词典·杂业类·酒店之切口》："伴客：过酒菜也。"

【伴王母】《切口大词典·乞丐类·妇人求乞之切口》："伴王母：带有老妇人者。"

【拌井】《切口大词典·工匠类·理发匠之切口》："拌井：扒耳朵也。"

【拌色】《切口大词典·杂业类·米店之切口》："拌色：米碾熟后，用砖粉拌入，色必加亮，米粒亦增大也。"

【拌山头】《切口大词典·役夫类·庖夫之切口》："拌山头：饭菜也。"

【拌樱桃】《切口大词典·娼妓类·相公堂子之切口》："拌樱桃：教以应对之言语也。"

bang

【邦】宋陈元靓辑《事林广记·续集·绮谈市语·天地门》："州：郡；邦。"

【邦老】明佚名《行院声嗽·人物》："贼：邦老。"

【帮挨】《新刻江湖切要·人物类》："雇工：廿一矢；力八；帮挨，［广］贾勇。"《江湖切口要诀》（尺牍增附本）："雇工：廿一矢；力八；帮挨。［广］贾勇。"

【帮床】《切口大词典·工匠类·弹棉匠之切口》："帮床：棉被胎也。"

【帮寸】《切口大词典·商铺类·另剪业之切口》："帮寸：鞋面料也。"

【帮规】《清门考原·各项切口》："帮规，帮中纪律。"刘联珂《中国帮会三百年革命史·清门切口》："帮规，纪律。"

【帮讳】《清门考原·各项切口》。"帮讳，名号也。"

【帮脚】《切口大词典·杂流类·唱滩簧之切口》："帮脚：敲云锣之人也。"

【帮亮子】《切口大词典·手艺类·兜带业之切口》："帮亮子：灯带也。"

【帮橹】《切口大词典·役夫类·舟夫之切口》："帮橹：橹索子也。"

【帮忙人】《切口大词典·盗贼类·拐匪之切口》："帮忙人：拐匪之小者。"

【帮闹】《切口大词典·党会类·女拆白党之

切口》："帮闹：男共事也。"

【帮腔】 ①《切口大词典·党会类·流氓之切口》："帮腔：说好话也。"②《切口大词典·杂流类·唱滩簧之切口》："帮腔：扯和琴之人也。"

【帮头】 ①《切口大词典·杂流类·收卖锭灰者之切口》："帮头：收锭灰之有资本者。"②《清门考原·各项切口》："帮头，所占之帮。帮的名称。"

【帮土】《切口大词典·杂流类·卖京货之切口》："帮土：鞋面布也。"

【帮闻】《江湖切口要诀》（尺牍增附本）："闲汉：甲七通。［广］高搁班史；帮闻；丘八。［广］携手观天；偕消白昼。"

【帮兄】《切口大词典·手艺类·兜带业之切口》："帮兄：绑腿布也。"

【帮庄】《切口大词典·赌博类·抽签赌之切口》："帮庄：因下注重，庄家力不能配，付由局外人附股，然此注必输。"

【浜洒】《切口大词典·商铺类·丝线业之切口》："浜洒：绣粗花用之线也。"

【榜】 清佚名《郎中医话》："榜，是真。"

【榜文之格式】 金老佛《三教九流江湖秘密规矩·青帮与红帮·榜文之格式》："香堂之前，悬挂榜文一道。其文之上段，略叙开山之意思，要不外假仁义二字为标榜。至后段则有一定之程式，亦有几句可解不可解之词句，并录之于此：'某年某月某日，在某省某县，某山某某堂，坐北朝南，齐集关帝五祖神前，各踊跃进山，英雄聚会，豪杰同心，义声振河岳，仁德扇夏区。此处有古七十二庵，一百八殿，前有张玄庙，后有松竹林，左有朱夫子，右有放生池。寺内一佛两菩萨，某日某时进香，某日某时圆香。'此几句东扯西拉之语句，为榜文结底所必用，综观红帮之组织及规条等，虽口口声声仁义，究其实，则完全为盗匪之行为而已。故红帮之在江湖，恒为人所轻视，不及青帮之纯正矣。而青帮中人，亦限制红帮中人，不能跨进帮内，故既入青帮，可入红帮，既入红帮，不准再入青帮，界限亦至清楚。两帮之势力，则无甚相差，惟青帮中颇有上等人加入，而红帮中则惟游手好闲之中下级社会为多，上流之人，则远而避之，不愿担不清不白之恶

名也。除青红两帮之外，犹有所谓哥弟会、三点会等帮口，然大都为青红帮之变相，今亦硕果仅存矣。"

【膀】《切口大词典·手艺类·卖纸鸢之切口》："膀：风筝之翅也。"

【蚌胎】《新刻江湖切要·人物类》："小娃：剪角；［改］蚬子；蚌胎。"《江湖切口要诀》（尺牍增附本）："小娃：剪角，改蚬子，蚌胎。"《切口大词典·医药类·着地摊药治病者之切口》："蚌胎：小娃也。"清傅崇矩《成都通览·成都之江湖言词·人物类》："小娃：剪角；蚬子；蚌胎。"宋陈元靓辑《事林广记·续集·绮谈市语·玉帛门》："珠：蚌胎；珠子。"

【棒锤】《切口大词典·医药类·参燕业之切口》："棒锤：吉林人参也。人参前清列入贡品，常人不得享用，土人私运，故设是名以讳之。"

【棒儿香】《清门考原·各项切口》："棒儿香，敬圣人用的。"

【棒客】 清傅崇矩《成都通览·成都之袍哥话即江湖话也》："抢劫人者，南路谓之棒客，北路谓之刀客，东路谓之嘓匪，省垣亦谓之棒客。"

【傍儿】《切口大词典·星相类·铁板算命之切口》："傍儿：卯时也。"

【傍角儿】《梨园话》："傍角儿：与名角配演者，谓之'傍角儿'。"

【镑】《切口大词典·商铺类·金银业之切口》："镑：英国金洋细也，重计二钱二分五厘，一镑计二十先令，一先令计八衣去。"

---

bao

【包封】《切口大词典·杂业类·信局业之切口》："包封：所带之货色也。"

【包袱】 云游客《江湖丛谈·江湖之春点·江湖艺人万人迷》："管将人逗笑了，调侃叫包袱，有荤素之别。"

【包袱抖喽闷了】 云游客《江湖丛谈·江湖之金点·团门》："说完了笑话，该着使人发笑，听的主儿没被他逗乐了，调侃儿是包袱抖喽闷了。"

【包节头】《切口大词典·娼妓类·长三书寓之切口》:"包节头:客在妓院无吃酒碰和之报效,但折钱若干,按节计算者也。"

【包局】《切口大词典·娼妓类·长三书寓之切口》:"包局:不论堂唱之多寡,而以每日若干次或每月若干次计算也。"

【包开销】《切口大词典·党会类·流氓之切口》:"包开销:凡遇新开店肆,索取银洋,以包其不为乱人所扰者。"

【包口】云游客《江湖丛谈·江湖之春点·挑汉册子的生意》:"亦以圆年子,说包口,说完了一段故事,再售其货,调侃叫说包口。"

【包米包】贝思飞《民国时期的土匪隐语》:"包米包:地方民团。"

【包皮】《切口大词典·工匠类·打金箔匠之切口》:"包皮:外包纸也。"

【包身】《切口大词典·工匠类·成衣匠之切口》:"包身:袍子也。"

【包身体】《切口大词典·娼妓类·长三书寓之切口》:"包身体:做包账也。妓身非鸨母所有,自生有之母、或假母与鸨母订立一节一年之合同,其价在百元左右,妓女或无姿色,与歌喉不佳妙者,数十元亦有之。"

【包生意】《切口大词典·党会类·青帮之切口》:"包生意:代人讲事打架等。言定事之代价,而取钱也。"

【包银】①《梨园话》:"包银:定期之戏份也。[附记]北京戏班,从前也讲包银,个脚包银说定以后,一年不许更改,班主赔赚与脚色无干。这个情形传了多少年,没有更动。到光绪初年,杨月楼由上海回京,搭入三庆班,非常的红,极能叫座。他自己以拿包银不合算,所以与班主商妥,改分成。就是每日卖多少钱,他要几成。从此以后,北京包银的成规,算是给破坏了。上海现时还都是包银班,北京算是没有了。"②切口大词典·优伶类·伶人之切口》:"包银:伶人之工金也。"

【包砟】贝思飞《民国时期的土匪隐语》:"包砟:消灭一个敌对的匪帮。"

【包账】《清门考原·各项切口》:"包账,承包几年,期满方能解约。"

【包子】《切口大词典·杂业类·纸扎店之切口》:"包子:手革箧也。"

【包字头】《切口大词典·商铺类·绸缎业之切口》:"包字头:颜色欠一点也。"

【包做】《切口大词典·党会类·小瘪三之切口》:"包做:代人包讨价也。"

【包做人】金老佛《三教九流江湖秘密规矩·青帮与红帮·红帮之生财》:"包做人者,即包办杀人,若辈所谓不杀不要钱是也。"

【胞了活儿】云游客《江湖丛谈·江湖之金点·彩门》:"胞了活儿,变戏法儿变露了像儿。"

【胞头】《蹴鞠图谱·圆社锦语》:"胞头:卯。"

【宝】①卫大法师《江湖话·红帮各地通行隐语·店钱及其他》:"凭证:宝,票布,顺风子。"《切口大词典·党会类·哥老会之切口》:"宝:票布也。"②平山周《中国秘密社会史·哥老会隐语》:"会员证曰宝,曰帖子。"徐珂《清稗类钞·会党类·哥老会隐语》:"会员证曰宝,曰帖子。"

【宝仓子】学古堂《江湖行话谱·走江湖行话》:"裤子:宝仓子。"

【宝儿】《切口大词典·商铺类·丝经业之切口》:"宝儿:二也。"

【宝光】朱琳《洪门志·春典子琐记·物品》:"电灯,称宝光。"

【宝莲】朱琳《洪门志·春典子琐记·物品》:"灯,称宝莲。"

【宝莲子】《清门考原·各项切口》:"宝莲子,灯也。"

【宝笼】《切口大词典·巫卜类·席地测字者之切口》:"宝笼:字卷纸盒也。"

【宝女】《切口大词典·商铺类·陆陈业之切口》:"宝女:安豆也。"

【宝书】末陈元靓辑《事林广记·续集·绮谈市语·文房门》:"诏制:宝书,丝纶。"

【宝塔】《切口大词典·商铺类·地货业之切口》:"宝塔:玉蜀黍也。"

【宝相】《切口大词典·杂流类·卖花者之切口》:"宝相:花较蔷薇朵大而于瓣塞心有大红彩二色。"

【宝香】《家里宝鉴·隐语》:"会员曰'宝香,洪英,豪杰'。"

【宝鸭】《切口大词典·商铺类·古董业之切口》:"宝鸭:香炉子。"

【宝扎】《切口大词典·杂流类·荐头婆之切

口》:"宝扎:小孩也。"

【保不住唒了】 云游客《江湖丛谈·江湖之春点·江湖中的光子生意》:"使用八开门的洋片箱子,还能够挣钱,其余的干这行儿,连唒都保不住了(江湖人管不能糊口,调侃儿叫保不住唒了)。"

【保赤】《新刻江湖切要·人物类》:"乳母:显山通;[改]保赤。"《江湖切口要诀》(尺牍增附本):"乳母:显山通,改保赤。"《切口大词典·杂流类·媒婆之切口》:"保赤:乳母也。"清傅崇矩《成都通览·成都之江湖言词·人物类》:"乳母:显山通;保赤。"

【保椿】《切口大词典·杂流类·放白鸽者之切口》:"保椿:同党化妆至该处探查通关节也。"

【保儿】《行院声嗽·人物》:"母:保儿。"

【保光子】 学古堂《江湖行话谱·行意行话》:"保光子:怀胎。"

【保恳】《镖行江湖隐语行话秘典》:"吃饭,为恳,候着为保恳,开饭。"

【保牛子】《清门考原·各项切口》:"保牛子,保护未在帮之人。"

【保牛子过关】《切口大词典·党会类·青帮之切口》:"保牛子过关:凡亲友与同参弟兄启衅,不能卫护亲友,如卫护则名谓保牛子过关,犯家法。"

【保肉】《切口大词典·商铺类·火腿业之切口》:"保肉:火腿皮也。"

【保外水】《切口大词典·盗贼类·杆匪之切口》:"保外水:贼匪入宅抢劫赃物,先期派伙在门看守也。"

【保险】 ①《切口大词典·杂流类·贩烟土者之切口》:"保险:请托无赖为之保运者。"②贝思飞《民国时期的土匪隐语》:"保险:一个俘虏。"

【保险费】《切口大词典·杂流类·贩烟土者之切口》:"保险费:无赖保运之值也。"

【保险行】《切口大词典·党会类·青帮之切口》:"保险行:包贩小孩妇女也。"

【保兄】《切口大词典·党会类·哥老会之切口》:"保兄:保证人也。"

【保重】《新刻江湖切要·经纪类》:"扛材人:保重。做酒人:山通。"清傅崇矩《成都通览·成都之江湖言词·经纪类》:"扛材人:保重。"

【鸨儿】《行院声嗽·人物》:"北妓母:鸨儿。"

【报赤壁】《清门考原·各项切口》:"报赤壁,复仇也。"

【报春】《切口大词典·行号类·海鱼行之切口》:"报春:正月中之小黄鱼也。"

【报君知】 ①《新刻江湖切要·鸟兽虫鱼类》:"鹊:报君知;[增]灵儿。"②《新刻江湖切要·文具类》:"书信:喜子;改曰报君知。"

【报喜】《切口大词典·杂流类·收生婆之切口》:"报喜:胞浆也。"

【报子】《梨园话》:"报子:剧中探报军情者,谓之'报子'。"

【抱】《切口大词典·星相类·隔夜算命之切口》:"抱:年轻者。"

【抱餐服】 学古堂《江湖行话谱·估衣行话》:"未吃饱曰抱餐服。"

【抱罕牵】 学古堂《江湖行话谱·估衣行话》:"不好看曰抱罕牵。"

【抱火】 贝思飞《民国时期的土匪隐语》:"抱火:那些自愿领头,擎着火把进行夜间袭击的土匪。"

【抱讲】 学古堂《江湖行话谱·估衣行话》:"不走曰抱讲。"

【抱老】 明风月友辑《金陵六院市语》:"保儿为抱老。"

【抱批子】《切口大词典·工匠类·剔脚匠之切口》:"抱批子:磨刀皮也。"

【抱拳鞠躬】 贝思飞《民国时期的土匪隐语》:"抱拳鞠躬:土匪间的行礼。"

【抱券】 学古堂《江湖行话谱·估衣行话》:"不去曰抱券。"

【抱如意】 清傅崇矩《成都通览·成都之呼物混名》:"抱如意:装水烟之人也。"

【抱水】《切口大词典·衙卒类·粮柜之切口》:"抱水:贴水多算几文也。"

【抱童子】 贝思飞《民国时期的土匪隐语》:"抱童子:劫持小孩(上海)。"清傅崇矩《成都通览·成都之袍哥话即江湖话也》:"抱童子,抢人小儿图财也。"

【抱头】《新刻江湖切要·鸟兽虫鱼类》:"田鸡:抱头;水斗;奇鸣。"

【抱牙笏】《梨园话》："抱牙笏：堂会点戏，管事者照例将戏名写于牙笏上，令人持之上台，俾告观众，谓之'抱牙笏'。"

【抱盐】《切口大词典·行号类·咸货行之切口》："抱盐：新盐之小黄鱼也。"

【抱腰】《切口大词典·党会类·拆白党之切口》："抱腰：相助也。"《清门考原·各项切口》："抱腰，抱腰拆白党。互相援助，曰抱腰。"

【鲍老】①《行院声嗽·人事》："焦燥：鲍老。"②《行院声嗽·饮食》："面：鲍老。"

【鲍翁】《行院声嗽·身体》："口：鲍翁。"

【暴花】学古堂《江湖行话谱·行意行话》："暴花是闺女。"

【暴花果】学古堂《江湖行话谱·行意行话》："暴花果是少年妇人。"

【爆工】《新刻江湖切要·医药类》："牛黄：爆工。"《切口大词典·医药类·卖药糖丸者之切口》："爆工：牛黄也。"清傅崇矩《成都通览·成都之江湖言词·医药类》："粒粒牛黄：爆工。"

bei

【杯】卫大法师《江湖话·各行业商帮所用数目字隐语·成都通行言词·娼妓》："腰：一。坐：二。立：三。杯：四。甩：五。捞：六。桥：七。拉：八。按'甩'读'ㄌㄧㄚ'(lia)，以斧砍木，未砍中面所飘了为甩。"

【悲栗】《切口大词典·商铺类·乐器业之切口》："悲栗：筚篥也。"

【悲绿朝阳】清傅崇矩《成都通览·成都之江湖言词·店铺类》："染坊店：浸润朝阳（又为悲绿朝阳）。"

【悲墨】《切口大词典·商铺类·绸缎业之切口》："悲墨：黑色也。"

【悲丝朝阳】《新刻江湖切要·店铺类》："染坊店：[增]今为浸润朝阳；又为悲丝朝阳。"《江湖切要诀》（尺牍增附本）："染坊店[增]今为浸润朝阳，又为悲丝朝阳。"《切口大词典·盗贼类·对买贼之切口》："悲丝朝阳：染坊店也。"

【碑记】《行院声嗽·通用》："假：兴和；碑记。"

【北班】《切口大词典·娼妓类·八大胡同妓院之切口》："北班：北妓所组合之清吟小班也，有燕晋之分。"

【北风】①《新刻江湖切要·身体类》："阴：盼公；北风。"②《切口大词典·星相类·不开口相面之切口》："北风：阴物也。"③清傅崇矩《成都通览·成都之江湖言词·身体类》："骨：枯枝；阳春金星；缩头生；阴盼公；北风。"

【北干】学古堂《江湖行话谱·瞽者行话》："北干，八。"

【北谷】宋陈元靓辑《事林广记·续集·绮谈市语·饮食门》："熟食：北谷；细食。"

【北占】《新刻江湖切要·官职类》："打落秀：狼占；今改狼占，又北占。"

【贝】《切口大词典·杂业类·老虎灶之切口》："贝：二也。"清翟灏《通俗编·识余·市语·铜行》："铜行：一豆，二贝，三某，四长，五人，六土，七木，八令，九王，十合。"

【贝叶】宋陈元靓辑《事林广记·续集·绮谈市语·文房门》："佛书：贝叶；秘典。"

【背】卫大法师《江湖话·各行业商帮所用数目字隐语·重庆通行言词·买猪》："豆：一。背：二。泰：三。长：四。仁：五。条：六。栲：七。黄：八。豆：九。按：此为重庆场买卖猪时使用。"

【背阿大】①《切口大词典·党会类·拆白党之切口》："背阿大：诱人也。"②《清门考原·各项切口》："背阿大，女拆白党，谓男子之多财，而易于勾诱者曰阿大。该党实施诱人，谓之核背阿大。"

【背方向】《切口大词典·杂流类·外执事之切口》："背方向：捐旗者。"

【背公事】《清门考原·各项切口》："背公事，秘密收人也，洪门中之字号大爷也。"

【背公事下山】《切口大词典·党会类·红帮之切口》："背公事下山：组织分党招人入帮也。"

【背井】《切口大词典·手艺类·捏粉人之切口》："背井：背箱也。"

【背门风】《切口大词典·赌博类·抽夜糖之切口》："背门风：娼卖糖调也。"

【背娘舅】《清门考原·各项切口》:"背娘舅,骗人入投资也。"

【背皮榔头】《切口大词典·党会类·青帮之切口》:"背皮榔头:以拳殴人也。"

【背身】《切口大词典·役夫类·门夫之切口》:"背身:主人也。"

【背神咒】《切口大词典·乞丐类·书情节求乞之切口》:"背神咒:高谈书情纸上之苦请而向人行乞者。"

【背听】《行院声嗽·人事》:"错听:背听。"

【背叶子】《切口大词典·杂流类·说大书之切口》:"背叶子:说书人也。"金老佛《三教九流江湖秘密规矩·青帮与红帮·江湖之春典》:"评话者称背叶子。"

【倍枕】《切口大词典·杂流类·虔婆之切口》:"倍枕:有夫之妾也。"

【被短】《切口大词典·盗贼类·杆匪之切口》:"被短:见事主之财也。"

【被告】《切口大词典·衙卒类·写状人之切口》:"被告:被告发人也。"

【被家伙】《切口大词典·娼妓类·粤妓之切口》:"被家伙:事情闹得不可收拾之语也。"

【被携】云游客《江湖丛谈·江湖之金点·柳海轰的生意》:"被有门户人将他家伙拿走,调侃儿叫被携。"

【被摘】《家里宝鉴·隐语》:"被捉曰'被摘'。"平山周《中国秘密社会史·哥老会隐语》:"被捕曰被摘,斩曰劈,牢狱曰书房,庙曰哑吧窑子,衙门曰威武窑子。"徐珂《清稗类钞·会党类·哥老会隐语》:"被捕曰被摘,斩曰劈,牢狱曰书房,庙曰哑吧窑子,衙门曰威武窑子。"

ben

【奔】清傅崇矩《成都通览·成都之各行人买卖通用言词·收荒小生意通用言词》:"八,奔。"卫大法师《江湖话·各行业商帮所用数目字隐语·成都通行言词·收荒》:"邀:一。按:二。苏:三。扫:四。毽:五。料:六。桥:七。奔:八。搅:九。"

【奔凑子】①卫大法师《江湖话·红帮各地通行隐语·一般人事类》:"赶:奔凑子。"②李子峰《海底·各地通行隐语》:"赶集镇:奔凑子。"

【奔倒山】学古堂《江湖行话谱·行话管见》:"吃酒醉叫奔倒山。"

【奔火山子】卫大法师《江湖话·红帮各地通行隐语·饮食用品类》:"沽酒:沽火山子,烤火山子,奔火山子。"李子峰《海底·各地通行隐语》:"沽酒:沽火山子;烤火山子;奔火山子。"

【奔犬】《切口大词典·衙卒类·侦探之切口》:"奔犬:警士也。"

【奔丧】《切口大词典·杂流类·贩烟土者之切口》:"奔丧:以烟土匿于棺木装成扶柩还乡者。"

【奔山】《郎中医话》:"奔山,是喝酒。"学古堂《江湖行话谱·行话管见》:"吃酒叫奔山。"

【奔又】学古堂《江湖行话谱·走江湖行话》:"剃头:奔又。"

【贲瓢】《切口大词典·商铺类·食盐业之切口》:"贲瓢:盐抄也。"

【本】①《切口大词典·杂流类·收旧货之切口》:"本:八也。"清翟灏《通俗编·识余·市语·典当》:"典当:一口,二仁,三工,四比,五才,六回,七寸,八本,九巾。"②《清门考原·各项切口》:"旧货生意切口数目(一、二、三、四、五、口、人、工、比、才;六、七、八、九、十、伟、寸、根、本、金)。"

【本衬】《切口大词典·手艺类·裱画业之切口》:"本衬:纸边裱者。"

【本当货】《切口大词典·乞丐类·弄蛇求乞之切口》:"本当货:自己捕来者。"

【本府】《切口大词典·衙卒类·牢监之切口》:"本府:内监也。"

【本工】《梨园话》:"本工:戏中所应饰者,谓之'本工'。"

【本家】《切口大词典·娼妓类·长三书寓之切口》:"本家:鸨母也。"《切口大词典·娼妓类·雉妓之切口》:"本家:老鸨也。"

【本间】《切口大词典·商铺类·南货业之切口》:"本间:白糖之最上品,色黄质纯,甜无与伦。"《切口大词典·行号类·饴糖行之切口》:"本间:色黄味甜之糖也。"

【本连】《切口大词典·手艺类·做袜子之切口》："本连：本色洋布制成之袜也。"

【本六】《新刻江湖切要·人事类》："极好曰本六。"清傅崇矩《成都通览·成都之江湖言词·人事类》："极好：本六。"

【本票】贝思飞《民国时期的土匪隐语》："本票：中国人质。"

【本钱】《梨园话》："本钱：嗓子谓之'本钱'，又谓之'夺儿'。"[附记]唱戏向以嗓子为资本，嗓音哑，则歌之必不动听，故伶人对于嗓子，视为重要之事。

【本钱足】《梨园话》："本钱足：嗓音好谓之'本钱足'。"

【本犬】《清门考原·各项切口》："本犬，称巡捕也。"

【本色】①《切口大词典·杂业类·酒店之切口》："本色：亦酒之中者。"②《切口大词典·杂业类·面馆之切口》："本色：炮鱼面也。"

【本色菜】《切口大词典·巫卜类·和尚之切口》："本色菜：念经也。"

【本山】《切口大词典·巫卜类·席地测字者之切口》："本山：所坐之处也。"

【本身】《切口大词典·役夫类·人力车夫之切口》："本身：车主人也。"

【本事】《江湖走镖隐语行话谱》："金生意为生意。彩为生意。挂子生意。有要钱的为本事〔是〕，点念楚即走。"

【本太岁】《新刻江湖切要·时令类》："今年，本太岁，正太岁。"《江湖切口要诀》（尺牍增附本）："今年：本太岁；正太岁。"《切口大词典·星相类·弹弦子算命之切口》："本太岁：今年也。"清傅崇矩《成都通览·成都之江湖言词·时令类》："今年：本太岁，正太岁。"

【本屋子】《切口大词典·娼妓类·八大胡同妓院之切口》："本屋子：人已□好，则当然请客入所挑妓女之室，所谓本屋子是也。若本屋子中有他客先在，则只好请新来客在堂屋，或他妓之室暂坐，俟前客已去，然后递补，此小班之通例也。"

【本戏】《梨园话》："本戏：首尾毕具之戏，谓之'本戏'。"[附记]从首至尾将一段事迹，编成连本戏剧，一日或分数日，始能演完，即谓之'本戏'。非但事实易于明瞭，且能引起观者兴趣。"

【本杖】卫大法师《江湖话·红帮闽粤及南洋各地通行隐语》："茶壶：本杖。"李子峰《海底·各地通行隐语》："茶壶：清炊子；动青子（海外则称"本杖"）。"李子峰《海底·闽粤及南洋各地通行之隐语》："茶壶：本杖。"

【本子】《梨园话》："本子：抄本之戏词也。"

【畚】《切口大词典·医药类·施药郎中之切口》："畚：水泻也。"

【笨】学古堂《江湖行话谱·鲜货行话》："笨，八。"

【笨斥】《切口大词典·娼妓类·粤妓之切口》："笨斥：同上（昂勾：阳物也）。"

【笨瓜】《梨园话》："笨瓜：念错剧词谓之'笨瓜'。"

【笨头】《江湖丛谈·江湖之金点·挂》："合计起二十张膏药卖了一块大洋，论笨头亦不过一毛多钱。他们管本钱调侃儿叫笨头。"云游客《江湖丛谈·江湖之金点·挑青子生意之内幕》：江湖人管做买卖的资本，调侃儿叫'笨头'。"云游客《江湖丛谈·江湖之金点·挑土宝、海宝的生意》："本钱儿叫笨头。"

beng

【崩头】贝思飞《民国时期的土匪隐语》："崩头：小头目。"

【崩星子】①《江湖走镖隐语行话谱》："火镰：崩星子。"②学古堂《江湖行话谱·走江湖行话》："洋火：崩星子。"

【崩嘴儿】卫大法师《江湖话·红帮各地通行隐语·一般人事类》："死：崩嘴儿，土垫子，返圣，过坊。"李子峰《海底·各地通行隐语》："死：崩嘴儿；土垫子；返圣；过坊。"

【绷圈】《切口大词典·手艺类·织补业之切口》："绷圈：织补所用框子也。"

【绷星子】卫大法师《江湖话·红帮各地通行隐语·其他用具对象类》："洋火：绷星子，散花子。"李子峰《海底·各地通行隐语》：

"洋火：绷星子；散花子。"

【绷嘴子】 卫大法师《江湖话·红帮各地通行隐语·人类一般》："死人：绷嘴子，歪鼻子。"李子峰《海底·各地通行隐语》："死人：绷嘴子；歪鼻子。"

【嘣】 贝思飞《民国时期的土匪隐语》："嘣：枪毙（河南）。"

【进子】《行院声嗽·饮食》："姜：进子。"

bi

【逼杆】 云游客《江湖丛谈·江湖之金点·江湖之点挂子》："江湖人管他们不住的要钱，调侃儿叫逼杆。"

【逼杆儿】 云游客《江湖丛谈·江湖之春点·天桥的戏法场》："没结没完的要钱，调侃叫逼杆儿。"

【逼柳齐的】 云游客《江湖丛谈·江湖之金点·穷家门》："江湖中的生意人，管穷家门的乞丐，调侃儿叫逼柳齐的。"

【逼柳琴】 云游客《江湖丛谈·江湖之春点·天桥数来宝的场子》："见人要一文钱，与要一大枚，调侃儿叫逼柳琴，又叫化锅的。"

【逼水】《新刻江湖切要·鸟兽虫鱼类》："鲤鱼：逼水。"

【逼头】《切口大词典·杂流类·卖京货之切口》："逼头：骨簪也。"

【逼皂】《新刻江湖切要·工匠类》："倾银匠：七九通；火琴丘；逼皂。"清傅崇矩《成都通览·成都之江湖言词·工匠类》："倾银匠：七九通；火琴丘；逼皂。"

【逼照】《切口大词典·杂业类·油坊之切口》："逼照：榨油床也。"

【鼻】《郎中医话》："鼻，是想福。"

【鼻尖】《切口大词典·杂业类·剪刀店之切口》："鼻尖：剪鼻孔毛所用之剪刀也。"

【比】 ①《新刻江湖切要·亲戚类》："又，姊妹通称比官。比，水方也。"②《切口大词典·商铺类·金银业之切口》："比：四也。"《切口大词典·杂流类·收旧货之切口》："比：四也。"《清门考原·各项切口》："旧货生意切口数目（一、二、三、四、五、口、人、工、比、才；六、七、八、九、十、伟、寸、根、本、金）。"清翟灏《通俗编·识余·市语·典当》："典当：一口，二仁，三工，四比，五才，六回，七寸，八本，九巾。"

【比八】《新刻江湖切要·人物类》："百姓：比八。"

【比儿】《江湖切口要诀》（尺牍增附本）："百姓：比儿。"《切口大词典·衙卒类·兵士之切口》："比儿：百姓也。"清傅崇矩《成都通览·成都之江湖言词·人物类》："百姓：比儿。"

【比官】《新刻江湖切要·亲戚类》："又，姊妹通称比官。比，水方也。"

【比基】《江湖走镖隐语行话谱》："面板：比基。"

【比目】《切口大词典·行号类·海鱼行之切口》："比目：鲂鱼也。"

【比目鱼】《切口大词典·赌博类·摇宝赌之切口》："比目鱼：义同嵌螺。"

【比栀】《新刻江湖切要·器用类》："筐：[增]比栀。"清傅崇矩《成都通览·成都之江湖言词·器用类》："筐：比栀。"

【笔管】 ①《新刻江湖切要·衣饰类》："袜：登桶；笔管；踢管；签筒。"清傅崇矩《成都通览·成都之江湖言词·衣饰类》："袜：登桶；笔管；踢管；签筒。"②《切口大词典·行号类·铜锡行之切口》："笔管：质次于点桐。"

【笔管生】 清唐再丰《鹅幻汇编·江湖通用切口摘要》："读书人曰笔管生。"卫大法师《江湖话·江湖上的隐语·普通隐语》："读书人：笔管生。"《切口大词典·医药类·卖药人之切口》："笔管生：读书人也。"《清门考原·各项切口》："笔管生，读书人也。"金老佛《三教九流江湖秘密规矩·日常用语》："读书人曰笔管生。"

【笔管踢】《切口大词典·盗贼类·收晒朗贼之切口》："笔管踢：袜子也。"

【笔管子】 ①卫大法师《江湖话·红帮各地通行隐语·人类一般》："寄生：孔孙子，笔管子。"②李子峰《海底·各地通行隐语》："书生：孔孙子；笔管子。"

【笔尖上的朋友】《镖行江湖隐语行话秘典》："见了念书人，为笔尖上的朋友。"

【鄙貊】《新刻江湖切要·人事类》:"刁而蛮者曰鄙貊。"《切口大词典·巫卜类·六壬课之切口》:"鄙貊:刁而蛮者。"清傅崇矩《成都通览·成都之江湖言词·人事类》:"刁而蛮者:鄙貊。"

【必大】《切口大词典·星相类·立墙壁相面之切口》:"必大:相之大富者。"

【必正】①《切口大词典·工匠类·木匠之切口》:"必正:墨线也。"②《切口大词典·杂业类·猪肉业之切口》:"必正:心也。"

【毕薄眼】清佚名《郎中医话》:"毕薄眼,是关门。"

【毕方】《切口大词典·杂业类·禽鸟业之切口》:"毕方:灰鹤也。"

【闭】①清唐再丰《鹅幻汇编·江湖通用切口摘要》:"关曰闭。"卫大法师《江湖话·江湖上的隐语·普通隐语》:"关:闭。"②《清门考原·各项切口》:"闭,开也。"金老佛《三教九流江湖秘密规矩·日常用语》:"开曰闭。"

【闭扁】学古堂《江湖行话谱·行意行话》:"关门,为闭扁。"

【闭青】金老佛《三教九流江湖秘密规矩·日常用语》:"吃茶曰闭青。"

【闭塞延年】《新刻江湖切要·疾病类》:"隔症:闭塞延年。"清傅崇矩《成都通览·成都之江湖言词·疾病类》:"隔症:闭塞延年。"

【闭山门】《清门考原·各项切口》:"闭山门,最后收人。自此不再收也。"刘联珂《中国帮会三百年革命史·清门切口》:"闭山门,最后一次收人。"

【闭扇】清唐再丰《鹅幻汇编·江湖通用切口摘要》:"关门曰闭扇。"卫大法师《江湖话·江湖上的隐语·普通隐语》:"关门:闭扇。"《江湖走镖隐语行话谱》:"关门:闭扇。"金老佛《三教九流江湖秘密规矩·日常用语》:"关门曰闭扇。"

【闭翼】《切口大词典·商铺类·地货业之切口》:"闭翼:卷芯菜也。"

【煏热】《切口大词典·杂流类·卖烧饼油条者之切口》:"煏热:油锅也。"

【辟水朝阳】《新刻江湖切要·店铺类》:"木履店:[增]衬足朝阳,又为辟水朝阳。"清傅崇矩《成都通览·成都之江湖言词·店铺类》:"木履店:衬足朝阳,辟水朝阳。"

【辟邪】《切口大词典·商铺类·香烛业之切口》:"辟邪:安息香也。"

【碧波】《切口大词典·杂流类·小热昏之切口》:"碧波:人少也。"

【碧螺】《切口大词典·行号类·茶叶行之切口》:"碧螺:茶叶如青螺之旋转也。"

【碧水】《新刻江湖切要·饮馔类》:"茶:青老;清喉;水鬼;碧水;牙净;枝叶;木癸;扰楗子。"清傅崇矩《成都通览·成都之江湖言词·饮馔类》:"茶:青老;清喉;木鬼;碧水;牙净;枝叶;木癸;扰楗子。"

【蔽尘】《切口大词典·工匠类·皮匠之切口》:"蔽尘:鞋面也。"

【蔽风】《切口大词典·商铺类·古董业之切口》:"蔽风:围屏也。"

【蔽人眼】《切口大词典·武术类·搭台变戏法之切口》:"蔽人眼:布袱也。"

【蔽日】《新刻江湖切要·天文类》:"云:天表;[广]想裳;瞒天;隔苍;蔽日;从龙;掩太阳;油然子;出岫君。"《江湖切口要诀》(尺牍增附本):"云:天表。[广]想裳;瞒天;隔仓;蔽日;从龙;掩太阳;油然子;出岫君。"《切口大词典·星相类·鸟衔算命之切口》:"蔽日:云也。"清傅崇矩《成都通览·成都之江湖言词·天文类》:"云:天表;想裳;瞒天;隔苍;蔽日;从龙;掩太阳;油然子;出岫君。"

【蔽影】《切口大词典·手艺类·洋机缝衣业之切口》:"蔽影:窗帘也。"

【篦子】《切口大词典·行号类·鲜鱼行之切口》:"篦子:鲫鱼也。"

【壁立】《切口大词典·商铺类·嫁妆业之切口》:"壁立:衣架也。"

【壁山高台亮走】清末民初佚名《镖行江湖隐语行话秘典》:"贼若出水,俗喊,壁山高台亮走。"

【避风】卫大法师《江湖话·安庆隐语》:"逃:避风。"卫大法师《江湖话·红帮各地通行隐语·一般人事类》:"躲避:避风,躲雨。"李子峰《海底·各地通行隐语》:"躲避:避风;躲雨。"

【避风火】《清门考原·各项切口》:"避风火,

避开之谓。"

【避风头】①《切口大词典·党会类·流氓之切口》:"避风头:犯事避匿不出也。"《切口大词典·党会类·青帮之切口》:"避风头:逃官司也。"《切口大词典·衙卒类·侦探之切口》:"避风头:隐居也。"《清门考原·各项切口》:"避风头,受人告发而逃也。"《清门考原·各项切口》:"避风头,逃走也。"②刘联珂《中国帮会三百年革命史·清门切口》:"避风头,衙门公事人出票捉人。"

【避豪】清傅崇矩《成都通览·成都之袍哥话即江湖话也》:"避豪,避祸事也。"

【避火】《新刻江湖切要·宫室类》:"墙垣:避火,又遮风,又埠窬。"

【避津子】《切口大词典·杂业类·纸扎店之切口》:"避津子:雨具也。"

【避雷】《新刻江湖切要·时令类》:"小暑:避雷。"《江湖切口要诀》(尺牍增附本):"小暑:避雷。"《切口大词典·星相类·弹弦子算命之切口》:"避雷:小暑也。"清傅崇矩《成都通览·成都之江湖言词·时令类》:"小暑:避雷。"

【避株】《切口大词典·杂业类·禽鸟业之切口》:"避株:吐绶鸟。"

【臂使】《新刻江湖切要·官职类》:"指挥:金孤,今改臂使。"

bian

【边】①清唐再丰《鹅幻汇编·江湖通用切口摘要》:"打曰边。"卫大法师《江湖话·红帮各地通行隐语·一般人事类》:"打:边,开边。"卫大法师《江湖话·江湖上的隐语·普通隐语》:"打:边。"《清门考原·各项切口》:"边,打也。"金老佛《三教九流江湖秘密规矩·日常用语》:"打曰边。"李子峰《海底·各地通行隐语》:"打:边;开边。"②卫大法师《江湖话·各行业商帮所用数目字隐语·成都通行言词·鱼贩子》:"条:一。边:二。撑:三。梳:四。妥:五。高:六。黑:七。毛:八。湾:九。"清傅崇矩《成都通览·成都之各行人买卖通用言词·捕鱼及渔帆子言词》:"边,二。"③《切口大词典·行号类·茧行之切口》:"边:八也。"④《切口大词典·行号类·棉花行之切口》:"边:九也。"⑤《切口大词典·杂业类·米店之切口》:"边:四也。"

【边唱】《切口大词典·杂流类·掌礼者之切口》:"边唱:掌礼也。"金老佛《三教九流江湖秘密规矩·青帮与红帮·江湖之春典》:"掌礼称边唱。"

【边风头】《清门考原·各项切口》:"边风头,盗窃手下之使从。又名小象。又曰小偷漏。"

【边风子】《切口大词典·衙卒类·衙役之切口》:"边风子:盗犯手下之小盗也。"

【边个】《切口大词典·娼妓类·粤妓之切口》:"边个:沪语啥人也,京语是谁。"

【边瓜子】《清门考原·各项切口》:"边瓜子,卖拳者。"金老佛《三教九流江湖秘密规矩·江湖通用切口》:"卖拳者曰边瓜子。"

【边挂】《江湖走镖隐语行话谱》:"把式:边挂。"

【边挂子】《梨园话》:"边挂子:与'走边'同。"

【边汉】清唐再丰《鹅幻汇编·江湖通用切口摘要》:"卖膏药用铁锤自打者曰边汉。"《切口大词典·医药类·卖膏药者之切口》:"边汉:卖膏药时以铁锤自打身上者。"《清门考原·各项切口》:"边汉,卖膏药。用铁锤自打者。"金老佛《三教九流江湖秘密规矩·江湖通用切口》:"卖膏药用铁锤自打者曰边汉。"卫大法师《江湖话·红帮各地通行隐语·各种行业类》:"卖膏药:边汉。"李子峰《海底·各地通行隐语》:"卖膏药:边汉。"

【边花】《清门考原·各项切口》:"边花,竹牌边上做一记认也。"

【边江】《切口大词典·医药类·参燕业之切口》:"边江:头条江参也。"

【边江子】《新刻江湖切要·人事类》:"唱道情人曰边江子;又曰杠子身。"《切口大词典·武术类·住宅保镖者之切口》:"边江子:唱道情之人也。"清傅崇矩《成都通览·成都之江湖言词·人事类》:"唱道情人:边江子;杠子身。"

【边年子不动】 云游客《江湖丛谈·江湖之春点·天桥的杂技坊场》："要钱时候，场子外边站立的人不走，还要等着再听下回，调侃儿叫边年子不动。"

【边皮】《江湖走镖隐语行话谱》："打人：边皮。"

【边青】《切口大词典·工匠类·造船匠之切口》："边青：船傍身也。"

【边升】《切口大词典·商铺类·爆竹业之切口》："边升：三号爆竹也。"

【边条】 贝思飞《民国时期的土匪隐语》："边条：各匪帮领地之间的边界（满洲）。"

【边托】 清佚名《郎中医话》："边托，是打仗。"《江湖走镖隐语行话谱》："打架：边托。"

【边叶】《郎中医话》："边叶，是看牌的。"

【边杖】《新刻江湖切要·经纪类》："放马者：边杖。"《切口大词典·役夫类·马夫之切口》："边杖：马夫也。"清傅崇矩《成都通览·成都之江湖言词·经纪类》："放马者：边杖。"

【边爪子】 清唐再丰《鹅幻汇编·江湖通用切口摘要》："卖拳者曰边爪子。"卫大法师《江湖话·江湖上的隐语·其他隐语》："卖拳：边爪子。"《切口大词典·武术类·卖拳头者之切口》："边爪子：卖拳头者。"

【鞭】《切口大词典·杂业类·冶坊之切口》："鞭：二也。"

【鞭地】《切口大词典·商铺类·竹器业之切口》："鞭地：竹成之器，专击豆与麦者。"

【鞭轰儿】 云游客《江湖丛谈·江湖之春点》："管打雷叫'鞭轰儿'。"

【鞭托】 云游客《江湖丛谈·江湖之春点》："管打架叫'鞭托'。"云游客《江湖丛谈·江湖之金点·幌晃条的与扫条的》："管打架斗殴，调侃儿叫鞭托。"

【鞭子好】 卫大法师《江湖话·红帮各地通行隐语·各种行业类》："枪放得好：鞭子好。"李子峰《海底·各地通行隐语》："枪放得好：鞭子好。"

【扁】①《切口大词典·手艺类·髹漆业之切口》："扁：八也。"②清傅崇矩《成都通览·成都之江湖言词·人事类》："打：扁，郎扁；持叩。"

【扁川】 清傅崇矩《成都通览·成都之江湖言词·生死类》："打死：扁川。"

【扁豆】《切口大词典·商铺类·山货业之切口》："扁豆：刀也。"

【扁庚通】《新刻江湖切要·工匠类》："打金箔匠：[增] 为扁庚通。"《切口大词典·打金箔匠之切口》："扁庚通：打金箔之人也。"清傅崇矩《成都通览·成都之江湖言词·工匠类》："打金箔匠：扁庚通。"

【扁孤舟】 清傅崇矩《成都通览·成都之江湖言词·人事类》："打官司：扁孤舟。"

【扁据子酸】 李子峰《海底·各地通行隐语》："牙痛：柴条子吊；扁据子酸。"

【扁锯子】 卫大法师《江湖话·红帮各地通行隐语·人身各物类》："牙：柴吊子，扁锯子。"李子峰《海底·各地通行隐语》："牙：柴吊子；扁锯子。"

【扁锯子酸】 卫大法师《江湖话·红帮各地通行隐语·人类一般》："牙痛：柴条子，吊，扁锯子酸。"

【扁口】①《切口大词典·商铺类·菜饭业之切口》："扁口：全鸭也。"②《切口大词典·商铺类·南货业之切口》："扁口：胶丁也，俗呼瓜子，以胶州所产为最佳，色泽乌滑，他如天津所产者色带红杂，关东所产者色带白麻。"③《切口大词典·行号类·海鱼行之切口》："扁口：海瓜子也。"

【扁库子】《切口大词典·杂流类·卖玉器之切口》："扁库子：玉鼻烟壶也。"

【扁脸汉】《切口大词典·杂业类·纸扎店之切口》："扁脸汉：纸成之舆夫也。"

【扁面孔】《切口大词典·娼妓类·长三书寓之切口》："扁面孔：骂人之词也。因纸扎舆夫，面目手足，无一不扁也。"

【扁皮苗绪子】 学古堂《江湖行话谱·行话管见》："韭菜叫扁皮苗绪子。"

【扁人担】《切口大词典·巫卜类·巫婆之切口》："扁人担：纸舆也。"

【扁食】 清傅崇矩《成都通览·成都之江湖言词·饮馔类》："饼：稀片；扁食。"

【扁嘴】 卫大法师《江湖话·红帮各地通行隐语·动物类》："鸭：琵琶子，扁嘴，阿八，棉花包。"李子峰《海底·各地通行隐语》："鸭：扁嘴；阿八；棉花包。"学古堂《江湖行话谱·行意行话》:"扁嘴:鸭子。"

【扁嘴模蛇】 学古堂《江湖行话谱·保镖护院行话概略》:"鸭为扁嘴模蛇。"

【扁嘴子】《江湖走镖隐语行话谱》:"鸭:扁嘴子。"《清门考原·各项切口》:"扁嘴子,鸭也。"

【匾】《新刻江湖切要·人事类》:"打:匾;郎;匾持;叩。"

【匾持】《新刻江湖切要·人事类》:"打:匾;郎;匾持;叩。"

【匾川】《新刻江湖切要·生死类》:"打死:匾川。"

【匾儿】 明风月友辑《金陵六院市语》:"铜钱则为匾儿。"

【匾孤】《切口大词典·星相类·立墙壁相面之切口》:"匾孤:犯官司也。"

【匾孤舟】《新刻江湖切要·人事类》:"打官司曰匾孤舟。"

【匾官舟】《切口大词典·巫卜类·茶馆测字者之切口》:"匾官舟:打官司也。"

【匾郎】《切口大词典·武术类·打连箱者之切口》:"匾郎:敲竹板也。"

【匾鸟子】《新刻江湖切要·器用类》:"抢锅刀:匾鸟子。"《切口大词典·役夫类·庖夫之切口》:"匾鸟子:抢锅刀也。"清傅崇矩《成都通览·成都之江湖言词·器用类》:"抢锅刀:匾鸟子。"

【匾食】《新刻江湖切要·饮馔类》:"饼:稀片;匾食。"清翟灏《通俗编·识余·市语》:"江湖人市语尤多,坊间有《江湖切要》一刻,事事物物,悉有隐称。诚所谓惑乱听闻,无足采也。其间有通行市井者,如官曰孤司,店曰朝阳,夫曰盖老,妻曰底老,家人曰吊脚,僧曰廿三,道士曰廿四,成衣曰戳短枪,抬轿曰扱楼儿,剃头曰削青,船曰瓢儿,屋曰顶公,银曰琴曰,钱曰把儿,米曰软珠,饼曰匾食,盐曰瀵老,鱼曰豁水,鸭曰王八,鞋曰踢土,镜曰照儿,抹布曰踢郎,坐曰打墩,拜曰剪拂,揖曰丢圈子,叩头曰丢匾子,写字曰搠黑,说话曰吐刚,被欺曰上当,虚奉承曰王六,大曰太式,多曰满太式,无曰各念,俱由来于此语也。"

【匾弯子】《新刻江湖切要·兵备类》:"弓:弯老,先张;又匾弯子。"

【匾戏】《新刻江湖切要·鸟兽虫鱼类》:"鳖:匾戏;神守公;思交子。"

【匾子】《切口大词典·杂流类·收旧货之切口》:"匾子:锅刀也。"

【变绝点】 云游客《江湖丛谈·江湖之春点·江湖中之金、卖两门做变绝生意之内幕》:"江湖人管给人打胎,叫变绝点。这句侃儿是指着胎孩而言的。十月临盆小命一条,能够活的,他给胎死了,由活气变绝了。"

【变口】 云游客《江湖丛谈·江湖之春点·评书界之艺人哈辅元与《永庆升平》:"管北平人学说山东的话儿,学说南方人口音,学说山西人的口音,评书界的侃儿叫变口。"

【变令】《切口大词典·优伶类·场面上之切口》:"变令:琵琶也。"

【变妖】 清张德坚等《贼情汇纂》卷八《伪文告下·隐语·太平天国隐语》:"变妖、三更皆指人逃走而言。"

【便面】 ①《切口大词典·巫卜类·茶馆测字者之切口》:"便面:人将归也。"②宋陈元靓辑《事林广记·续集·绮谈市语·器用门》:"扇:轻镜;便面。"

【便作】 宋陈元靓辑《事林广记·续集·绮谈市语·举动门》:"病:违和;便作。"

【遍碾】《新刻江湖切要·宫室类》:"教场:遍碾。"

【遍天遮】《新刻江湖切要·器用类》:"雨伞:撑老;遍天遮,又隔津。"《切口大词典·杂流类·收旧货之切口》:"遍天遮:雨伞也。"清傅崇矩《成都通览·成都之江湖言词·器用类》:"雨伞:撑老;遍天遮。"

【辨黑】《新刻江湖切要·人事类》:"离祖曰辨黑。"

【辨交卸】 卫大法师《江湖话·红帮各地通行隐语·建筑物类》:"刑满:辨交卸。"

【辨慢】《行院声嗽·珍宝》:"使钞:辨慢。"

biao

【杓佼】《行院声嗽·人物》:"风子:杓佼。"

【杓头】《切口大词典·衙卒类·衙役之切口》:"杓头:手铐也。"金老佛《三教九流江湖秘密规矩·青帮与红帮·红帮之问答》："追二匪恶贯满盈，又去硬爬，忽被众多马子拿获，收入快窑之内（牢监曰快窑，铁链曰困仙绳，手铐曰杓头，脚镣曰步线，挺棍曰旱烟筒，枷曰豆腐干，牢内散步曰游花园，枷号示众曰猴戏，笞臀曰拍豆腐）。"金老佛《三教九流江湖秘密规矩·青帮与红帮·江湖之春典》："手铐称杓头。"

【杓子】 明田汝成《西湖游览志馀·委巷丛谈》："如物不坚致曰憨大，暗换易物曰捌包儿，粗蠢人曰杓子，朴实曰艮头。"

【标儿】 《行院声嗽·衣服》："帽：标儿。"

【标金】 《切口大词典·商铺类·金银业之切口》："标金：买空卖空也。"

【标正】 《行院声嗽·身体》："好打扮：标正。"

【膘杵儿海海的】 云游客《江湖丛谈·江湖之春点·挂子行中的支杆挂子》："得的钱多了，调侃叫膘杵儿海海的。"

【镖旗】 学古堂《江湖行话谱·行意行话》："镖旗，眼镜。"

【表】 《蹴鞠图谱·圆社锦语》："表：妇人。"

【表大夫】 清傅崇矩《成都通览·成都之江湖言词·身体类》："须：草绿；龙图子；表大夫。"

【表丈夫】 《新刻江湖切要·身体类》："须：草绿；龙图子；[增] 表丈夫。"

bie

【别鞭土喽】 《江湖丛谈·江湖之金点·挂》："别鞭土喽，即是别打死他们。"

【别河里】 《切口大词典·党会类·红帮之切口》："别河里：姓俞者。"金老佛《三教九流江湖秘密规矩·青帮与红帮·红帮之问答》："俞谓'别河里'。"

【别上断弦】 《切口大词典·娼妓类·茶室之切口》："别上断弦：妓女不满意于向之上劲狭客也。"

【别塾】 宋陈元靓辑《事林广记·续集·绮谈市语·宫殿门》："书院：家塾；别塾。"

【别头子】 卫大法师《江湖话·红帮各地通行隐语·人身各物类》："脚：别头子，立定子。"

【别温子】 卫大法师《江湖话·红帮各地通行隐语·衣服类》："鞋子：蹁壳，踢土，别温子。"

【别直】 《切口大词典·医药类·参燕业之切口》："别直：高丽参也。"

【瘪】 《切口大词典·党会类·红帮之切口》："瘪：穷之也。"

【瘪公子】 《切口大词典·杂流类·卖买古董者之切口》："瘪公子：专跑绅缙人家抖受古董者。"

【瘪三】 《切口大词典·党会类·小瘪三之切口》："瘪三：流氓中之穷极无聊者。"

bin

【宾鸿】 宋陈元靓辑《事林广记·续集·绮谈市语·飞禽门》："雁：宾鸿。"

bing

【冰端】 《新刻江湖切要·天文类》："霜：露销；[广] 葛履；冰端。"《江湖切口要诀》（尺牍增附本）："霜：露销。[广] 葛履；冰端。"清傅崇矩《成都通览·成都之江湖言词·天文类》："霜：露销；葛履；冰端。"

【冰勒】 《切口大词典·行号类·海鱼行之切口》："冰勒：鲜带鱼也。"

【冰轮】 清傅崇矩《成都通览·成都之江湖言词·天文类》："月：太阴；阴宗；东升；兔窟；蟾；冰轮；离毕；秋倍明。"《江湖切口要诀》（尺牍增附本）："月，太阴，[广] 阴宗，东升，兔窟，蟾，冰轮，离毕，秋倍明。"

【冰墨】 《切口大词典·行号类·海鱼行之切口》："冰墨：鲜乌贼也。"

【冰藕】 《切口大词典·医药类·卖膏药者之切口》："冰藕：臂把也。"

【冰清】 《切口大词典·杂流类·卖馄饨者之切口》："冰清：生意不好也。"

【冰瑞】 《切口大词典·巫卜类·六壬课之切口》："冰瑞：霜也。"

【冰哂】 《行院声嗽·人事》："冷笑：冰哂。"

【冰天子】卫大法师《江湖话·红帮各地通行隐语·姓氏类》："韩：喉巴，冰天子。"李子峰《海底·各地通行隐语》："韩：喉吧；冰天子。"

【冰桶】《切口大词典·娼妓类·八大胡同妓院之切口》："冰桶：妓女之常以冷脸向人者。"

【冰屑】《切口大词典·商铺类·豆麦业之切口》："冰屑：芝麻也。"

【兵】卫大法师《江湖话·各行业商帮所用数目字隐语·成都通行言词·帽行》："兵：一。文：二。善：三。作：四。成：五。安：六。免：七。可：八。庆：九。"清傅崇矩《成都通览·成都之各行人买卖通用言词·草帽麻行通用言词》："一，兵。"

【兵兰】卫大法师《江湖话·红帮闽粤及南洋各地通行隐语》："新鞋：兵兰。"李子峰《海底·闽粤及南洋各地通行之隐语》："新鞋：兵兰。"

【丙八】《新刻江湖切要·官职类》："书办：丙八。"

【丙刀】《切口大词典·杂业类·铁器店之切口》："丙刀：打火刀也。"

【丙丁】《新刻江湖切要·天文类》："火：丙丁；少阳；焰老；[广] 燎原；分炎。"《江湖切口要诀》(尺牍增附本)："火：丙丁；少阳；焰老。[广] 燎原；分炎。"《切口大词典·杂流类·卖西洋镜之切口》："丙丁：火也。"清傅崇矩《成都通览·成都之江湖言词·天文类》："火：丙丁；少阳；焰老；燎原；分炎。"

【丙丁川】《新刻江湖切要·生死类》："火热死：丙丁川。"《切口大词典·星相类·拉和琴算命之切口》："丙丁川：火炙死也。"清傅崇矩《成都通览·成都之江湖言词·生死类》："火爇死：丙丁川。"

【丙堆】《新刻江湖切要·宫室类》："灶：丙堆。"

【丙骨】《新刻江湖切要·器用类》："砖：丙骨；丁块。"清傅崇矩《成都通览·成都之江湖言词·器用类》："砖：丙骨；丁块。"

【丙浆】《新刻江湖切要·饮馔类》："油：丙浆；素滑哥；麻郎。"清傅崇矩《成都通览·成都之江湖言词·饮馔类》："油：丙浆；素滑哥；麻郎。"

【丙块】《新刻江湖切要·器用类》："火石：丙块。"《切口大词典·役夫类·庖夫之切口》："丙块：火石也。"清傅崇矩《成都通览·成都之江湖言词·器用类》："火石：丙批；丙块。"

【丙批】《新刻江湖切要·器用类》："火石：丙批。"《切口大词典·役夫类·庖夫之切口》："丙批：火刀也，古时开石引火之用。"清傅崇矩《成都通览·成都之江湖言词·器用类》："火石：丙批；丙块。"

【丙片】《新刻江湖切要·器用类》："瓦：丙片。"清傅崇矩《成都通览·成都之江湖言词·器用类》："瓦：丙片。"

【丙七】《新刻江湖切要·官职类》："吏员：丙七。"

【丙日子】《新刻江湖切要·经纪类》："修缸补锅：丙日子，[改] 五霸手，谓补塞其罅漏也。"《切口大词典·工匠类·修缸之切口》："丙日子：修缸补甏者。"清傅崇矩《成都通览·成都之江湖言词·经纪类》："修缸补锅：丙日子，五霸手（谓补塞其罅漏也）。"

【丙通】《新刻江湖切要·时令类》："夏：火季天，丙通。"《江湖切口要诀》(尺牍增附本)："夏：火季天，丙通。"《切口大词典·星相类·铁板算命之切口》："丙通：夏也。"清傅崇矩《成都通览·成都之江湖言词·时令类》："夏：火季天，丙通。"

【丙主】①《新刻江湖切要·工匠类》："烧盐军：丙主；[增] 煮海丘。"②清傅崇矩《成都通览·成都之江湖言词·工匠类》："烧盐军：丙主，煮海丘。"

【柄刀】《切口大词典·杂业类·菸烟店之切口》："柄刀：皮丝烟之头也。"

【饼子】卫大法师《江湖话·红帮各地通行隐语·其他用具对象类》："洋钱：饼子，老方，琴工，瓜子。"李子峰《海底·各地通行隐语》："洋钱：饼子；老方；琴工；瓜子。"平山周《中国秘密社会史·哥老会隐语》："银币曰饼子。"徐珂《清稗类钞·会党类·哥老会隐语》："银币曰饼子。"

【禀道】宋陈元靓辑《事林广记·续集·绮谈市语·拾遗门》："文书：禀道。"

【并包】《新刻江湖切要·天文类》:"天:乾公;[广]一大;轻清;无外;云表;兼容;并包;司覆公;高明君。"《江湖切口要诀》(尺牍增附本):"云表;兼容;并包;司覆公;高明君。"《切口大词典·巫卜类·蛤壳测字者之切口》:"并包:天也。"清傅崇矩《成都通览·成都之江湖言词·天文类》:"天:乾公;一大;轻清;无外;云表;兼容;并包;司覆公;高明君。"

【并肩子】《郎中医话》:"并肩子,是兄弟。"卫大法师《江湖话·红帮各地通行隐语·人类一般》:"弟兄们:并肩子。"卫大法师《江湖话·红帮各地通行隐语·人类一般》:"兄弟:并肩子。"李子峰《海底·各地通行隐语》:"弟兄们:并肩子。"李子峰《海底·各地通行隐语》:"兄弟:并肩子。"

【并手】《切口大词典·优伶类·场面上之切口》:"并手:梆子也。"

【并头】《切口大词典·杂业类·混堂之切口》:"并头:炕枕也。"

【并头夹】《切口大词典·杂业类·剪刀店之切口》:"并头夹:针夹剪也。"

【并足】《新刻江湖切要·身体类》:"困曰昏斗;并足。"《切口大词典·星相类·不开口相面之切口》:"并足:困觉也。"

【病】《切口大词典·商铺类·绸缎业之切口》:"病:七也。"

【病琴】明程万里《鼎锲徽池雅调南北官腔乐府点板曲响大明春·六院汇选江湖方语》:"病琴,是没银子。"

bo

【拨】《切口大词典·巫卜类·道士之切口》:"拨:大拜送也,即道场完之尾声。"

【拨本】《江湖切口要诀》(尺牍增附本):"朝晨:拨本。"

【拨波】《切口大词典·役夫类·舟夫之切口》:"拨波:踏桨也。以脚踏桨而行,为浙江间有之。"

【拨凳】《新刻江湖切要·乐器类》:"鼓板:拨凳。拍板:捺色。"

【拨锋】学古堂《江湖行话谱·保镖护院行话概略》:"贼拨门,为拨锋。"

【拨缝】清末民初佚名《镖行江湖隐语行话秘典》:"贼人拨门,为拨缝。"

【拨公】《新刻江湖切要·器用类》:"算盘:拨公。夹剪:分良,又夹青;今更名曰快儿。"《切口大词典·杂流类·收旧货之切口》:"拨公:算盘也。"金老佛《三教九流江湖秘密规矩·青帮与红帮·江湖之春典》:"算盘称拨公。"清傅崇矩《成都通览·成都之江湖言词·器用类》:"算盘:拨公。"

【拨盘】《新刻江湖切要·人事类》:"买田曰拨盘。"

【拨扇子】卫大法师《江湖话·江湖上的隐语·普通隐语》:"小刀撬门行窃:拨扇子。"

【拨焰】《切口大词典·工匠类·烧窑匠之切口》:"拨焰:烧火人也。"

【拨云见日】《蹴鞠图谱·圆社锦语》:"拨云见日:明人。"

【拨准】宋陈元靓辑《事林广记·续集·绮谈市语·人物门》:"阴阳:地仙;拨准。"

【波罗】《新刻江湖切要·鸟兽虫鱼类》:"螺狮:波罗;[增]曲房。"

【波罗奢】《切口大词典·杂流类·卖花者之切口》:"波罗奢:鸡冠花也。"

【波么】明风月友辑《金陵六院市语》:"自称呼言:老妈为波么。"

【波斯菊】《切口大词典·杂流类·卖花者之切口》:"波斯菊:番菊也。"

【玻璃皮子】《切口大词典·盗贼类·收晒朗贼之切口》:"玻璃皮子:绸缎衣服也。"

【玻璃延年】《新刻江湖切要·疾病类》:"痢疾:玻璃延年。"清傅崇矩《成都通览·成都之江湖言词·疾病类》:"痢疾:玻璃延年。"

【剥羊枣】《切口大词典·工匠类·缫丝匠之切口》:"剥羊枣:剥茧子也。"

【剥猪猡】卫大法师《江湖话·安庆隐语》:"剥衣服:剥猪猡。"

【孛老】《行院声嗽·人物》:"父:孛老。"

【孛雀】宋陈元靓辑《事林广记·续集·绮谈市语·身体门》:"乳:羲骏;孛雀。"

【伯】卫大法师《江湖话·各行业商帮所用数目字隐语·成都通行言词·银钱行》:"代:二。貌:三。长:四。仁:五。耳:六。伯:

七。令：八。王；九。"清傅崇矩《成都通览·成都之各行人买卖通用言词·银钱行言词》："伯，七。"

【伯牛有疾】《新刻江湖切要·人物类》："赖皮：毛油生；[广]伯牛有疾；出水虾蟆。"《江湖切口要诀》(尺牍增附本)："赖皮：毛油生。[广]伯牛有疾；出水虾蟆。"《切口大词典·星相类·立墙壁相面之切口》："伯牛有疾：赖皮也。"清傅崇矩《成都通览·成都之江湖言词·人物类》："赖皮：毛油生；伯牛有疾；出水虾蟆。"

【驳口】云游客《江湖丛谈·江湖之春点·江湖艺人传：田岚云》："说书艺人每逢说完了一段，一拍醒木，调侃儿叫驳口。"

【驳张子】《清门考原·各项切口》："驳张子，因被拐妇女幼童，恐被人盘问，露出真相，故驳张子，即教授说假话也。先以利诱之，不从即用恫吓手段，必使就范而后已。"

【帛子】《切口大词典·役夫类·茶担夫之切口》："帛子：洋细也。"

【勃来】《切口大词典·医药类·卖药人之切口》："勃来：生意佳也。"

【勃兰】明田汝成《西湖游览志馀·委巷丛谈》："杭人有以二字反切一字以成声者，如以秀为鲫溜，以团为突峦，以精为鲫令，以俏为鲫跳，以孔为窟窿，以盘为勃兰，以铎为突落，以窠为窟陀，以圈为窟栾，以蒲为鹘卢。"

【勃头】《切口大词典·党会类·流氓之切口》："勃头：出事人也。"

【博厚君】《新刻江湖切要·地理类》："地；坤老；[广]重浊；任重；配天；司载公；博厚君。"《江湖切口要诀》(尺牍增附本)："地：坤老。[广]重浊；任重；配天；司载公；博厚君。"《切口大词典·巫卜类·六壬课之切口》："博厚君：地也。"清傅崇矩《成都通览·成都之江湖言词·地理类》："地：坤老；重浊；任重；配天；司载公；博厚君。"

【博浪】《行院声嗽·身体》："脸：博浪。"

【博人怜】《切口大词典·杂流类·吹打者之切口》："博人怜：尸之年轻者。"

【博山】宋陈元靓辑《事林广记·续集·绮谈市语·器用门》："香炉：博山；金凤。"

【博氏】《切口大词典·工匠类·成衣匠之切口》："博氏：八也。"

【搏】卫大法师《江湖话·红帮各地通行隐语·一般人事类》："骗：搏，团。"李子峰《海底·各地通行隐语》："骗：搏；团。"

【搏头】《切口大词典·工匠类·造酒匠之切口》："搏头：酒药也。"

【薄板】《切口大词典·杂业类·油坊之切口》："薄板：豆饼也。"

【薄兜子】《切口大词典·杂业类·米店之切口》："薄兜子：米包也。"

【薄浆】《切口大词典·商铺类·火腿业之切口》："薄浆：火腿汤也。"

【薄罗】《切口大词典·行号类·砖灰行之切口》："薄罗：小而且薄之墙砖也。"

【薄片子】《切口大词典·杂业类·铁器店之切口》："薄片子：刀也。"

【薄眼】《郎中医话》："薄眼，是门。"

【簸角】明程万里《鼎锲徽池雅调南北官腔乐府点板曲响大明春·六院汇选江湖方语》："簸角，与人做朋友。"

bu

【卜儿】①《行院声嗽·人物》："南妓母：卜儿。"②《行院声嗽·人物》："婆婆：卜儿。"

【卜亮】《行院声嗽·时令》："暗：卜亮。"

【卜条】《切口大词典·行号类·咸货行之切口》："卜条：芦菔干也。"

【补踼】《蹴鞠谱·锦语》："干事：补踼。"《蹴鞠图谱·圆社锦语》："补踼：干事。"

【补条子】《切口大词典·娼妓类·八大胡同妓院之切口》："补条子：客本未召，不期而遇，客乃为补写一局票之谓也。"

【补照子】《切口大词典·衙卒类·厘卡之切口》："补照子：验票费也，即上卡之捐票，至下卡验时，所费之小钱也。"

【捕榚子】学古堂《江湖行话谱·行话管见》："面卷子，叫捕榚子。"

【捕谷】宋陈元靓辑《事林广记·续集·绮谈市语·飞禽门》："鸠：布谷；捕谷。"

【捕通】《切口大词典·医药类·卖药糖者之

切口》："捕通：扇子也。"

【捕子】 卫大法师《江湖话·红帮各地通行隐语·其他用具对象类》："线：捕子。"

【哺豆牙】《清门考原·各项切口》："哺豆牙，拆白党。如遇经济困难。只得将一人长衣当去化用。命其一人在栈内哺豆牙（哺豆牙者身无长衣，日卧被中之谓也）。"

【不眯】《切口大词典·商铺类·绸缎业之切口》："不眯：素色也。"

【不搭调】《梨园话》："不搭调：歌腔与调门不合，谓之'不搭调'。"

【不打不响】 卫大法师《江湖话·江湖上的隐语·普通隐语》："有话要说明：不打不响，不说不明。"

【不挡】《梨园话》："不挡：能戏极多，文武皆所擅长，谓之'不挡'。"

【不档】《切口大词典·优伶类·伶人之切口》："不档：文武生旦之戏，兼而能演也。"

【不点鼓点】 云游客《江湖丛谈·江湖之春点·三不管的戗巾生意》："江湖人，管没人和他们打架，没人和他们争吵，调侃儿叫不点鼓点。"

【不动】《切口大词典·杂业类·铁器店之切口》："不动：铁锁也。"

【不端】 ①《新刻江湖切要·人事类》："不着曰不响；不端。"清傅崇矩《成都通览·成都之江湖言词·人事类》："不着：不响；不端。"②《切口大词典·巫卜类·蛤壳测字者之切口》："不端：说不着也。"

【不端亮】《新刻江湖切要·人事类》："不知事曰暗人，又不端亮。"《切口大词典·星相类·量手算命之切口》："不端亮：端亮之反者。"清傅崇矩《成都通览·成都之江湖言词·人事类》："不知事：暗人；不端亮。"

【不断】 ①《切口大词典·商铺类·玉器业之切口》："不断：玉环也。"②《切口大词典·医药类·药行业之切口》："不断：钩藤也。"

【不对码】《江湖走镖隐语行话谱》："知道为对码，不知道为不对码。"

【不该】《行院声嗽·人事》："不当：不该。"

【不够味】 卫大法师《江湖话·安庆隐语》："不讲信义：不够味。"

【不过】 卫大法师《江湖话·红帮各地通行隐语·各种行业类》："不懂：还未省，不瞭，不过。"李子峰《海底·各地通行隐语》："不懂：还未省；不瞭；不过。"

【不回】 卫大法师《江湖话·各行业商帮所用数目字隐语·成都通行言词·道士端公》："旦底：一。挖工：二。横川：三。不回：四。假丑：五。断大：六。毛根：七。人开：八。像丸：九。"清傅崇矩《成都通览·成都之各行人买卖通用言词·道士端公言词》："不回（四）。"

【不将】 ①《切口大词典·巫卜类·蛤壳测字者之切口》："不将：多要也。"②《切口大词典·武术类·打连箱者之切口》："不将：歹人也。"③《切口大词典·星相类·铁板算命之切口》："不将：上午也。"

【不将叉】 清傅崇矩《成都通览·成都之江湖言词·人物类》："歹人：不将叉；汉忌韩彭（取似反也）。"

【不将好】《新刻江湖切要·人事类》："多要曰不将好。"清傅崇矩《成都通览·成都之江湖言词·人事类》："多要：不将好。"

【不将人】《新刻江湖切要·人物类》："贩子：不将人。"《江湖切口要诀》（尺牍增附本）："贩子：不将人。"《切口大词典·盗贼类·剪绺贼之切口》："不将人：小贩子也。"清傅崇矩《成都通览·成都之江湖言词·人物类》："贩子：不将人。"

【不将义】《江湖切口要诀》（尺牍增附本）："歹人：不将义。[广]汉忌韩彭，取似反也。"《新刻江湖切要·人物类》："歹人：不将义，[广]汉忌韩彭，取似反也。"

【不借】 宋陈元靓辑《事林广记·续集·绮谈市语·服饰门》："阜鞋：不借。"

【不客气】《清门考原·各项切口》："不客气，直接言行可也。"刘联珂《中国帮会三百年革命史·清门切口》："不客气，直接做事。"

【不拉稀】 清傅崇矩《成都通览·成都之袍哥话即江湖话也》："不拉稀，言有担负也。"

【不离】《切口大词典·商铺类·银楼业之切口》："不离：别针也。"

【不里腥】 云游客《江湖丛谈·江湖之春点·三不管中挑将汗的生意》："江湖人管不假，调侃叫不里腥。"

【不了】《切口大词典·杂业类·铁器店之切口》："不了：门铁环也。"

【不瞭】卫大法师《江湖话·红帮各地通行隐语·各种行业类》："不懂：还未省，不瞭，不过。"卫大法师《江湖话·红帮各地通行隐语·一般人事类》："不知道：不瞭。"李子峰《海底·各地通行隐语》："不懂：还未省；不瞭；不过。"李子峰《海底·各地通行隐语》："不知道：不瞭。"

【不露】《切口大词典·盗贼类·短截贼之切口》："不露：银子藏着也。"

【不卖账】卫大法师《江湖话·安庆隐语》："不理他：不卖账。"

【不爬萨】云游客《江湖丛谈·江湖之春点·团柴的规律》："管别磕头，调侃叫'不爬萨'。"

【不平】《切口大词典·医药类·卖疮药者之切口》："不平：疮口也。"

【不清头】《梨园话》："不清头：不明白也。"

【不晴天】《兽医串雅杂钞》："称道人家说话计多，曰'不晴天'。"

【不曲】《行院声嗽·人事》："不尊重：不曲。"

【不说不明】卫大法师《江湖话·江湖上的隐语·普通隐语》："有话要说明：不打不响，不说不明。"

【不苏气】清傅崇矩《成都通览·成都之袍哥话即江湖话也》："不苏气，言对不住朋友。"

【不素】《切口大词典·手艺类·贳彩业之切口》："不素：彩也。"

【不算数】《切口大词典·巫卜类·和尚之切口》："不算数：吃酒也。"

【不忘】《切口大词典·工匠类·石匠之切口》："不忘：墓碑也。"

【不稳】《切口大词典·手艺类·卖纸鸢之切口》："不稳：风筝摇摆不定也。"

【不相架】《清门考原·各项切口》："不相架，与相夫为难也。又曰嗽相。"

【不响】《新刻江湖切要·人事类》："不着曰不响；不端。"清傅崇矩《成都通览·成都之江湖言词·人事类》："不着；不响；不端。"

【不醒攒儿】云游客《江湖丛谈·江湖之金点·穷家门》："不醒攒儿，是心里不明白也。"

【不押着】《切口大词典·衙卒类·侦探之切口》："不押着：下乘骑也。"

【不夜】《切口大词典·手艺类·贳彩业之切口》："不夜：灯也。"

【不由】《新刻江湖切要·地理类》："小路：羊肠；[广] 不由；径捷；微行。"《江湖切口要诀》（尺牍附本）："小路：羊肠。[广] 不由；径捷；微行。"

【不由径】《切口大词典·星相类·铁板算命之切口》："不由径：小路也。"

【不由径捷】清傅崇矩《成都通览·成都之江湖言词·地理类》："大路：洒苏；爱遵；九达；周好。羊肠：不由径捷；微行。"

【不攒习】清末民初佚名《镖行江湖隐语行话秘典》："不知道，为不攒习。"

【不正】《蹴鞠图谱·圆社锦语》："不正：歪。"

【不攥尖儿】云游客《江湖丛谈·江湖之春点·三不管的八岔子生意》："江湖人管算卦的人，不懂书理，调侃叫不攥尖儿。"

【不作肯】《江湖走镖隐语行话谱》："好为不作肯。"

【布暗】《行院声嗽·时令》："阴：布暗。"

【布袋】《江湖走镖隐语行话谱》："官 [当] 街：布袋 [代]。官 [关] 街房上下有人为。"

【布谷】宋陈元靓辑《事林广记·续集·绮谈市语·飞禽门》："鸠：布谷；捕谷。"

【布鼓】《新刻江湖切要·天文类》："雷：[补] 震公；布鼓；天鼓；闻变；落箸；天威；破不平。"《江湖切口要诀》（尺牍增附本）："雷 [补]：震公；布鼓；天鼓；闻变；落著；天威；破不平。"《切口大词典·巫卜类·席地测字者之切口》："布鼓：雷也。"清傅崇矩《成都通览·成都之江湖言词·天文类》："雷：震公；布鼓；天鼓；闻变；落箸；天威；破不平。"

【布客】《切口大词典·娼妓类·八大胡同妓院之切口》："布客：第三者为妓女介绍一客，谓之布客。"

【布人儿】《切口大词典·娼妓类·八大胡同妓院之切口》："布人儿：游客不自选择，由第三者代为介绍，谓之布人儿。"

【步步高】《新刻江湖切要·宫室类》："梯：月儿；[增] 踏望儿；云老会；步步高。"

《切口大词典·工匠类·泥水匠之切口》："步步高：梯子也。"《切口大词典·杂业类·茶楼之切口》："步步高：楼梯也。"

【步步紧】《清门考原·各项切口》："步步紧，交易成就，不取现款，订明分期缴纳，曰步步紧。"

【步尘】《切口大词典·杂流类·收旧货之切口》："步尘：鞋子也。"

【步耽】明佚名《行院声嗽·器用》："板：步耽。"

【步捻】《切口大词典·盗贼类·偷鸡贼之切口》："步捻：个人行窃并无同伴也。"

【步线】《切口大词典·衙卒类·衙役之切口》："步线：脚镣也。"《清门考原·各项切口》："步线，脚镣也。"金老佛《三教九流江湖秘密规矩·青帮与红帮·红帮之问答》："迨二匪恶贯满盈，又去硬爬，忽被众多马子拿获，收入快窑之内（牢监曰快窑，铁链曰困仙绳，手铐曰杓头，脚镣曰步线，挺棍曰旱烟筒，枷曰豆腐干，牢内散步曰游花园，枷号示众曰猴戏，笞臀曰拍豆腐）。"金老佛《三教九流江湖秘密规矩·青帮与红帮·江湖之春典》："脚镣称步线。"

【步云】《切口大词典·巫卜类·茶馆测字者之切口》："步云：登楼也。"

C

ca

【擦白】《切口大词典·乞丐类·乞丐之切口》："擦白：貌美之人也。"

【擦老】《新刻江湖切要·草木百果五谷类》："米：希老；软珠；擦老；碾希。"《行院声嗽·饮食》："米：擦老。"

【擦撒】《行院声嗽·人事》："疾忙：擦撒。"

【擦注】《行院声嗽·人事》："哭：擦注。"

【擦子】《郎中医话》："擦子，是针。"

cai

【才】①卫大法师《江湖话·各行业商帮所用数目字隐语·成都通行言词·青果小菜行》："启：一。拖：二。心：三。叉：四。潘：五。梭：六。才：七。哩：八。卧：九。"②卫大法师《江湖话·各行业商帮所用数目字隐语·其他·安徽》："才：一。元：二。汉：三。江：四。水：五。仁：六。义：七。楚：八。云：九。山：十。"卫大法师《江湖话·各行业商帮所用数目字隐语·重庆通行言词·小菜》："田：一。衣：二。寸：三。水：四。丁：五。木：六。才：七。共：八。底：九。"《切口大词典·商铺类·银楼业之切口》："才：七也。"清傅崇矩《成都通览·成都之各行人买卖通用言词·青果小菜行一切零碎买卖通用言词》："七，才。"清傅崇矩《成都通览·成都之各行人买卖通用言词·烟行言词》："才（七）。"清翟灏《通俗编·识余·市语·米行》："今松木场香市中，犹习用此语。而其余诸行，正如《志余》所云，各有市语，不相通用。如：米行：则一子，二力，三削，四类，五香，六竹，七才，八发，九丁，十足。"清翟灏《通俗编·识余·市语·线行》："线行：一田，二伊，三寸，四水，五丁，六木，七才，八戈，九成。"清末民初佚名《镖行江湖隐语行话秘典》："至八十七吊，俱是才。"③《切口大词典·杂流类·收旧货之切口》："才：五也。"清翟灏《通俗编·识余·市语·典当》："典当：一口，二仁，三工，四比，五才，六回，七寸，八本，九巾。"④清末民初佚名《镖行江湖隐语行话秘典》："才，为八。"《清门考原·各项切口》："旧货生意切口数目（一、二、三、四、五，口、人、工、比、才；六、七、八、九、十，伟、寸、根、本、金）。"卫大法师《江湖话·各行业商帮所用数目字隐语·成都通行言词·烟行》："思：一。初：二。天：三。长：四。丑：五。夏：六。才：七。拍：八。捎：九。"

【才川】 《新刻江湖切要·生死类》："妻死：才川。"《切口大词典·星相类·拉和琴算命之切口》："才川：妻死也。"清傅崇矩《成都通览·成都之江湖言词·生死类》："妻死：才川。"

【才大兴】 清唐再丰《鹅幻汇编·江湖通用切口摘要》："妇人曰才大兴。"卫大法师《江湖话·红帮各地通行隐语·人类一般》："妇人：成果，才大兴。"卫大法师《江湖话·江湖上的隐语·普通隐语》："妇人：才大兴。"《切口大词典·星相类·星家之切口》："才大兴：妇人也。"《清门考原·各项切口》："才大兴，妇人也。"金老佛《三教九流江湖秘密规矩·日常用语》："妇人曰才大兴。"李子峰《海底·各地通行隐语》："妇人：成果；才大兴。"

【才儿】 《切口大词典·商铺类·丝经业之切口》："才儿：七也。"

【才老】 《新刻江湖切要·亲戚类》："妻：才老；乐老；底老。"

【才老举】 朱琳《洪门志·春典子琐记·人事》："大娘，称才老举。"

【才老茂】 卫大法师《江湖话·红帮各地通行隐语·人类一般》："女人：才老茂，阴码子。"

【才前】 《行院声嗽·身体》："阴物：才前。"

【才日】 《新刻江湖切要·亲戚类》："丈人：才日；外日；插老。"

【才上】 《新刻江湖切要·亲戚类》："大舅：才上。"

【才上才】 《新刻江湖切要·亲戚类》："大舅妻：月上，今改才上才。"

【才水上】 《新刻江湖切要·亲戚类》："大姨：才水上。大姨母缺，今可增为月水上。"

【才水下】 《新刻江湖切要·亲戚类》："小姨：才水下。小姨母缺，今可增为月水下。"

【才条子】 《清门考原·各项切口》："才条子，牙齿也。"

【才湾】 《镖行江湖隐语行话秘典》："才湾，八十九吊。"

【才喜】 《切口大词典·杂流类·收生婆之切口》："才喜：临盆也。"

【才下】 《新刻江湖切要·亲戚类》："小舅：才下。总称舅曰曹国。"

【才下才】 《新刻江湖切要·亲戚类》："小舅妻：月下，今改才下才。"

【才月】 《新刻江湖切要·亲戚类》："丈母：才月；外月；[补]插姥。"

【才字头】 清唐再丰《鹅幻汇编·江湖通用切口摘要》："妻曰才字头。"卫大法师《江湖话·红帮各地通行隐语·人类一般》："妻：底板子；才字头。"卫大法师《江湖话·江湖上的隐语·普通隐语》："妻：才字头。"《切口大词典·星相类·星家之切口》："才字头：妻也。"《清门考原·各项切口》："才字头，称人之妻也。"金老佛《三教九流江湖秘密规矩·日常用语》："妻曰才字头。"李子峰《海底·各地通行隐语》："妻：底板子；才字头。"

【材幔】 《切口大词典·手艺类·贳彩业之切口》："材幔：棺材罩也。"

【材头】 《切口大词典·赌博类·押六门之切口》："材头：六门头之赌具也，式如骰子，惟大如孩拳。"

【财帛】 《切口大词典·役夫类·茶担夫之切口》："财帛：三也。"

【财地】 《切口大词典·星相类·不开口相面之切口》："财地：水盂也。"

【财神】 ①《切口大词典·衙卒类·侦探之切口》："财神：出事主人也。"②《清门考原·各项切口》："财神，又曰娘舅。有钱人也。"

【财神座儿】 《梨园话》："财神座儿：元旦日，戏园中所卖之第一座位，谓之'财神座儿'。[附记]戏园旧例，每届元旦日，设有一'财神座儿'。'财神座儿'者，即所卖之首席。不拘同来多少人，坐于何处，不许索要戏价，仅收小费。若索戏资，恐其他去。今戏园虽仍旧其例，然卖座人则多暗中向顾客索价。故'财神座'之名虽存，而失其意矣。"

【财生】 《切口大词典·衙卒类·侦探之切口》："财生：党人也。"

【财头】 《清门考原·各项切口》："财头，空手。"

【财字】《切口大词典·商铺类·染色业之切口》:"财字:水也。"

【裁了】清傅崇矩《成都通览·成都之袍哥话即江湖话也》:"裁了,杀也。"

【裁皮】《新刻江湖切要·盗贼类》:"剪绺:裁皮;抓瓜丝。"《新刻江湖切要·人事类》:"剔脚为裁皮,又曰瓜皮;又为修踢土。"《切口大词典·盗贼类·剪绺贼之切口》:"裁皮:剪绺也。"《切口大词典·武术类·住宅保镖者之切口》:"裁皮:剔脚也。"《切口大词典·衙卒类·侦探之切口》:"裁皮:剪绺贼也。"清傅崇矩《成都通览·成都之江湖言词·盗贼类》:"剪绺:裁皮;抓瓜丝。"清傅崇矩《成都通览·成都之江湖言词·人事类》:"剔脚:裁皮;瓜皮;修踢土。"

【采灯花】金老佛《三教九流江湖秘密规矩·青帮与红帮·江湖之春典》:"黄昏行窃称采灯花。"

【采发系】明风月友辑《金陵六院市语》:"老者为采发系。"

【采官】《新刻江湖切要·身体类》:"耳:招风;采官。"清傅崇矩《成都通览·成都之江湖言词·身体类》:"耳:招风;采官。"《切口大词典·星相类·相家之切口》:"采官:耳朵也。"

【采荷】金老佛《三教九流江湖秘密规矩·青帮与红帮·红帮之问答》:"铳手谓采荷。"金老佛《三教九流江湖秘密规矩·青帮与红帮·江湖之春典》:"扒手称采荷。"《切口大词典·党会类·红帮之切口》:"采荷:铳手也。"《清门考原·各项切口》:"采荷,赴上水也。奉迎权贵之谓。"

【采花】贝思飞《民国时期的土匪隐语》:"采化:劫持绑架妇女或儿童。"

【采粒】《新刻江湖切要·医药类》:"空中取药:采粒。"《切口大词典·医药类·医生之切口》:"采粒:空中取药者。"清傅崇矩《成都通览·成都之江湖言词·医药类》:"空中取药:采粒。"

【采露水花】金老佛《三教九流江湖秘密规矩·青帮与红帮·江湖之春典》:"清晨行窃称采露水花。"

【采命】贝思飞《民国时期的土匪隐语》:"采命:在马背上独自打斗。"

【采盘子】《新刻江湖切要·店铺类》:"打劫店:采盘子。"清傅崇矩《成都通览·成都之江湖言词·店铺类》:"六头君(取谚语'走前头,立后头,坐横头,吃骨头,趁戥头,得零头'之说也);混堂:卷窑;裸阳朝阳,温泉朝阳;打劫店:采盘子。"明程万里《鼎锲徽池雅调南北官腔乐府点板曲响大明春·六院汇选江湖方语》:"采盘子,乃打劫者。"

【采求子】清唐再丰《鹅幻汇编·江湖通用切口摘要》:"摸乳曰采求子。"金老佛《三教九流江湖秘密规矩·日常用语》:"摸乳曰采求子。"《切口大词典·医药类·卖膏药者之切口》:"采求子:摸乳也。"

【采球子】卫大法师《江湖话·红帮各地通行隐语·人类一般》:"摸乳:采球子。"《清门考原·各项切口》:"采球子,摸妇乳也。"

【采石通】《新刻江湖切要·工匠类》:"琢玉匠:采石通;[增]雕璞丘。"清傅崇矩《成都通览·成都之江湖言词·工匠类》:"琢玉匠:采石通;雕璞丘。"《切口大词典·工匠类·琢玉匠之切口》:"採石通:琢玉匠也。"

【采线】①《新刻江湖切要·人事类》:"骂人尻曰溜海,又曰采线。"②清傅崇矩《成都通览·成都之江湖言词·人事类》:"养婆娘:养马□;□□;溜海;采线。"③朱琳《洪门志·春典子瑣记·人事》:"走路称采线。"

【采窑子】卫大法师《江湖话·红帮各地通行隐语·偷盗类》:"看屋摇路:采窑子。"

【采珠子】李子峰《海底·各地通行隐语》:"摸乳:采珠子。"《切口大词典·医药类·摇虎撑者之切口》:"采珠子:摸乳也。"

【彩拆】《切口大词典·杂流类·唱滩簧之切口》:"彩拆:化装演唱者。"

【彩缸】卫大法师《江湖话·红帮各地通行隐语·一般人事类》:"说人好处:彩缸。"李子峰《海底·各地通行隐语》:"说人好处:彩缸。"

【彩立子】云游客《江湖丛谈·江湖之春点·三不管的相声场儿》:"江湖人管变戏法的行当,调侃儿叫彩立子。"云游客《江湖丛谈·江湖之春点·天桥的戏法场》:"变戏法不练武术，说行话叫彩立子。"

【彩利】《郎中医话》："彩利，是变戏法。"

【彩林】《新刻江湖切要·衣饰类》："海青：长皮；彩林；皮林。"清傅崇矩《成都通览·成都之江湖言词·衣饰类》："衣服：皮子（好衣服曰皮子坚洁）；海青；长皮；彩林；皮林。"

【彩门】《切口大词典·杂流类·收卖锭灰者之切口》："彩门：器具用夹层便用铅饼放入巧取人家之灰也。"

【彩门子】云游客《江湖丛谈·江湖之春点·天桥的戏法场》："戏法闹鬼的机关，调侃叫彩门子。"

【彩描】《切口大词典·商铺类·古董业之切口》："彩描：花卉画也。"

【彩牌子】《切口大词典·商铺类·押当业之切口》："彩牌子：古画也。"

【彩盘】《切口大词典·杂流类·画家之切口》："彩盘：画色盆也。"

【彩票】贝思飞《民国时期的土匪隐语》："彩票：家境富裕的人质。"

【彩钱】《梨园话》："彩钱：扮演剧中不吉祥之角色，除戏份外，需另加钱，即谓之'彩钱'。[附记]戏班规则，无论大小角色，凡扮演犯忌讳之戏，如《虹霓关》东方氏著孝服，《斩窦娥·法场》背插招子、身服罪衣……，皆须另加彩钱。多者铜元六十枚，或八十枚，少者四吊两吊。名角则不要此钱，多归诸跟包人享受之。"

【彩头】《切口大词典·优伶类·伶人之切口》："彩头：看客之叫好也。"

【彩匣子】《梨园话》："彩匣子：后台盛笔墨颜料之箱子，谓之'彩匣子'。"

【彩行】卫大法师《江湖话·红帮各地通行隐语·各种行业类》："唱戏：吃天王饭的黎子，彩行。"李子峰《海底·各地通行隐语》："唱戏：吃天王饭的；梨园子；彩行。"

【踩希】《切口大词典·盗贼类·掘壁贼之切口》："踩希：走路也。"

【踩线】卫大法师《江湖话·红帮各地通行隐语·店钱及其他》："走路：踩线。"

【踩子】《切口大词典·盗贼类·短截贼之切口》："踩子：鞋也。"

【菜】明程万里《鼎锲徽池雅调南北官腔乐府点板曲响大明春·六院汇选江湖方语》："菜，是生鹅也。"

【菜单子】云游客《江湖丛谈·江湖之春点·瞳春瞳柴的艺人王德宝》："管他们说的净是菜名儿的段子，调侃儿叫菜单子。"

【蔡伦】《新刻江湖切要·文具类》："纸：蔡伦。"

【蔡生】卫大法师《江湖话·江湖上的隐语·普通隐语》："官吏：蔡生。"

【蔡梳】《新刻江湖切要·星相类》："龟算命：袱包子；改为蔡梳。"《切口大词典·星相类·龟算命之切口》："蔡梳：同上（袱包子）。"清傅崇矩《成都通览·成都之江湖言词·星相类》："龟算命：袱包子；蔡梳；灼龟；烧青烟。"

【蔡阳】《清门考原·各项切口》："蔡阳，彼云昔年关云长过五关斩六将。蔡阳为六将之一也。私贩，谓关卡人员为蔡阳。如言某处蔡阳去通关节，即言某卡人员已通关节也。"

can

【参】①《行院声嗽·伎艺》："算命：参。"②清唐再丰《鹅幻汇编·江湖通用切口摘要》："泻曰参。"卫大法师《江湖话·江湖上的隐语·普通隐语》："泻：参。"《清门考原·各项切口》："参，泻也。"金老佛《三教九流江湖秘密规矩·日常用语》："泻曰参。"③清翟灏《通俗编·识余·市语·药行》："药行：一羌，二独，三前，四柴，五梗，六参，七苓，八壳，九草，十芎。"

【参白髯】《切口大词典·优伶类·髯口之切口》："参白髯：花白之假须也。"

【参参木】《切口大词典·盗贼类·掘壁贼之切口》："参参木：贼行窃铁锹头刨门藉期迅速之意也。"

【参差籁】《切口大词典·商铺类·乐器业之切口》："参差籁：箫也。"

【参关帝】金老佛《三教九流江湖秘密规矩·青帮与红帮·江湖之春典》："偷雄鸡称参关帝。"

【参了】卫大法师《江湖话·红帮各地通行隐语·疫病类》："泻：参了。"李子峰《海底·

各地通行隐语》："泻：参了。"

【参三】《切口大词典·优伶类·髾口之切口》："参三：花白须分三股者。演《空城计》之生角用之。"

【参照】 宋陈元靓辑《事林广记·续集·绮谈市语·人物门》："算命：星翁；参照。"

【参祖】《切口大词典·党会类·青帮之切口》："参祖：开香堂之时，引见者，带领各空子，至罗祖及三主爷前叩三头也。"刘联珂《中国帮会三百年革命史·清门切口》："参祖，叩头也。"

【餐服】 学古堂《江湖行话谱·估衣行话》："吃饭，曰餐服。"

【残黄尺】 清傅崇矩《成都通览·成都之江湖言词·盗贼类》："偷鸡挑菜：残黄尺。"

【残黄欠】《新刻江湖切要·盗贼类》："偷鸡：挑菜，又曰残黄欠。"

【残叶】《切口大词典·巫卜类·席地测字者之切口》："残叶：纸卷子也。"

【蚕粪朝阳】《切口大词典·盗贼类·对买贼之切口》："蚕粪朝阳：丝茧子也。"

【惨】 宋陈元靓辑《事林广记·续集·绮谈市语·拾遗门》："赌：者作；惨。"

【粲了龙了】 清傅崇矩《成都通览·成都之袍哥话即江湖话也》："粲了龙了，被人猜破也。"

【粲头】 清傅崇矩《成都通览·成都之呼物混名》："粲头：虾也。"

cang

【仓】 ①卫大法师《江湖话·各行业商帮所用数目字隐语·成都通行言词·谷米杂粮行》："仓：三。"清傅崇矩《成都通览·成都之各行人买卖通用言词·谷米杂粮过斗六成行通用言词》："三，仓。"②学古堂《江湖行话谱·行意行话》："老者，为仓。"

【仓才】 卫大法师《江湖话·江湖上的隐语·普通隐语》："老妇：仓才。"

【仓斗钱】 清傅崇矩《成都通览·成都之各行人买卖通用言词·谷米杂粮过斗六成行通用言词》："仓斗钱是三十个。"

【仓果】 学古堂《江湖行话谱·行意行话》："仓果，是妇人。"

【仓同】 金老佛《三教九流江湖秘密规矩·青帮与红帮·江湖之春典》："老人称仓同。"

【苍】 ①清佚名《郎中医话》："苍，是老了。"②《江湖走镖隐语行话谱》："老人为苍。"③宋陈元靓辑《事林广记·续集·绮谈市语·举动门》："老：桑榆；耄；苍。"

【苍才】 清唐再丰《鹅幻汇编·江湖通用切口摘要》："老妇曰苍才。"《切口大词典·星相类·星家之切口》："苍才：老妇也。"《清门考原·各项切口》："苍才，老妇也。"金老佛《三教九流江湖秘密规矩·日常用语》："老妇曰苍才。"

【苍苍】 宋陈元靓辑《事林广记·续集·绮谈市语·天地门》："天：上苍；苍苍。"

【苍狗虱】《切口大词典·医药类·药行业之切口》："苍狗虱：芦菔子也。"

【苍果】 卫大法师《江湖话·红帮各地通行隐语·人类一般》："老妇人：苍果，苍利。"《江湖走镖隐语行话谱》："五十岁：苍果。"李子峰《海底·各地通行隐语》："老妇人：苍果；苍利。"云游客《江湖丛谈·江湖之春点》："老太太叫苍果。"

【苍老】 ①《蹴鞠图谱·圆社锦语》："苍老：老妇。"②《切口大词典·星相类·立墙壁相面之切口》："苍老：相之长寿者。"

【苍利】 卫大法师《江湖话·红帮各地通行隐语·人类一般》："老妇人：苍果，苍利。"李子峰《海底·各地通行隐语》："老妇人：苍果；苍利。"

【苍龙】 宋陈元靓辑《事林广记·续集·绮谈市语·花木门》："桧柏：庭玉；苍龙。"

【苍马】《新刻江湖切要·人物类》："半老妇：苍细，苍马。"《江湖切口要诀》（尺牍增附本）："半老妇：苍细；苍马。"《切口大词典·医药类·卖春药治毒疮者之切口》："苍马：半老妇人也。"清傅崇矩《成都通览·成都之江湖言词·人物类》："半老妇：苍细；苍马。"

【苍鸣】《新刻江湖切要·鸟兽虫鱼类》："鹳：苍鸣，［增］鸣垤。"

【苍生】《切口大词典·星相类·龟算命之切口》："苍生：主客也。"

【苍孙】 明程万里《鼎锲徽池雅调南北官腔乐

府点板曲响大明春·六院汇选江湖方语》："苍孙，老人家也。"

【苍通】《新刻江湖切要·人物类》："老汉：苍通。"《江湖切口要诀》（尺牍增附本）："老汉：苍通。"《切口大词典·盗贼类·剪绺贼之切口》："苍通：老人也。"《切口大词典·医药类·卖春药治毒疮者之切口》："苍通：年老也。"清傅崇矩《成都通览·成都之江湖言词·人物类》："老汉：苍通。"

【苍细】《新刻江湖切要·人物类》："半老妇：苍细；苍马。"《江湖切口要诀》（尺牍增附本）："半老妇：苍细；苍马。"清傅崇矩《成都通览·成都之江湖言词·人物类》："半老妇：苍细；苍马。"

【苍子】《行院声嗽·天文》："天：苍子。"

【藏子】《江湖走镖隐语行话谱》："金为藏子。"

cao

【操股子】《清门考原·各项切口》："操股子，打官司也。"

【糙米】《切口大词典·行号类·咸货行之切口》："糙米：鲦鱼鲞也。"

【糙皮子】《切口大词典·盗贼类·剪绺贼之切口》："糙皮子：布衣服也。凡衣布者以此名之。"

【曹国】《新刻江湖切要·亲戚类》："小舅：才下。总称舅曰曹国。"

【曹语】《切口大词典·党会类·拆白党之切口》："曹语：该党中之隐语也。"

【漕台】宋陈元靓辑《事林广记·续集·绮谈市语·君臣门》："运使：计台；漕台。"

【槽儿】贝思飞《民国时期的土匪隐语》："槽儿：收受者。"

【槽子】①卫大法师《江湖话·红帮各地通行隐语·居住用品类》："元宝：槽子，金锭子。"李子峰《海底·各地通行隐语》："元宝：槽子；金锭子。"②卫大法师《江湖话·红帮各地通行隐语·其他用具对象类》："银：白悬子，槽子。"李子峰《海底·各地通行隐语》："银：白悬子；槽子。"③《切口大词典·党会类·红帮之切口》："槽子：典当也。"金老佛《三教九流江湖秘密规矩·青帮与红帮·红帮之问答》："但亦未必尽困于槽子之内（典当曰槽子），因恐有马子辈（官差吏役，均为马子），蹑从而至，以是落底之后，亦有暂寓哑吧窑内者（庙宇）。"金老佛《三教九流江湖秘密规矩·青帮与红帮·江湖之春典》："典当称槽子。"④《切口大词典·衙卒类·缉私盐之切口》："槽子：私盐局也，或督销各局也。"

【槽子窑】《清门考原·各项切口》："槽子窑，当典也。"

【屮条】《切口大词典·工匠类·扎花匠之切口》："屮条：花干也。"

【草】①卫大法师《江湖话·各行业商帮所用数目字隐语·重庆通行言词·买猪》："豆：一。背：二。泰：三。长：四。仁：五。条：六。栲：七。黄：八。豆：九。按：此为重庆场买卖猪时使用。又名猪肉为'大'，即问'这大多少钱一斤'？则回答；若问'这猪肉多少钱一斤'？则不回答你。高：一。明：二。韩：三。苏：四。大：五。雍：六。草：七。梅：八。湾：九。高：十。许：一。欠：二。川：三。义：四。土：五。告：六。照：七。毛：八。求：九。许：十。此二十个字互用，如'许许'为'十一'，'欠欠'为'二十二'，'韩韩'为'三十三'，'苏苏'为'四十四'，'土土'为'五十五'，'雍雍'为'六十六'，'草草'为'七十七'，'毛毛'为'八十八'，'湾湾'为'九十九'。而'十一'不能称'高高'，'八十八'不能称'梅梅'。又如'高明'为'十二'，'高韩'为'十三'，'高苏'为'十四'，'高大'为'十五'，'高雍'为'十六'，'高草'为'十七'，而'高梅'不能为'十八'，要用'许毛'为'十八'，'高湾'为'十九'。又如'欠许'为'二十一'，'韩许'为'三十一'，'大许'为'五十一'，'雍许'为'六十一'，'毛许'为'八十一'，'湾许'为'九十一'。而'明韩'为'二十三'。'韩明'为'三十二'，'土明'为'五十二'，'雍明'为'六十二'等。整数语尾加'老'字，如'高老'为'一百'等。在鼎街古董铺，则用二个字，如'高少'为'一千五百元'，或'一万五千元',少有用三个字的,如遇三个数目,则尾数用普通数目,如'十五万五千元',而荒货担子可说到三个字,因此数目言词非精通常用不可。"《切口大词典·杂业类·冶坊之切口》:"草:七也。"②《切口大词典·星相类·星家之切口》:"草:万也。"③清翟灏《通俗编·识余·市语·药行》:"药行:一羌,二独,三前,四柴,五梗,六参,七苓,八壳,九草,十芎。"

【草鞍子】《切口大词典·盗贼类·掘壁贼之切口》:"草鞍子:草屋也。"

【草把】 明佚名《行院声嗽·人物》:"银匠:草把。"

【草儿】 ①明佚名《行院声嗽·人物》:"花娘:草儿。"②卫大法师《江湖话·红帮各地通行隐语·人类一般》:"女人:地牌,草儿,利市。"李子峰《海底·各地通行隐语》:"女人:地牌;草儿;利市。"

【草干】《切口大词典·商铺类·蜜饯业之切口》:"草干:白梅干也。"

【草古子】 卫大法师《江湖话·安庆隐语》:"吃官司:草古子。"

【草鬼】《新刻江湖切要·身体类》:"黑:草鬼。"清傅崇矩《成都通览·成都之江湖言词·身体类》:"黑:草鬼。"

【草汉】 清唐再丰《鹅幻汇编·江湖通用切口摘要》:"摆草药曰草汉。"卫大法师《江湖话·江湖上的隐语·皮行隐语》:"曰摆草药摊:草汉。"《切口大词典·医药类·摆草药摊之切口》:"草汉:专售新旧草药。满摊药笼者。"《清门考原·各项切口》:"草汉,有摆草药摊者。"金老佛《三教九流江湖秘密规矩·江湖通用切口》:"曰摆苧药摊曰草汉。"

【草花穿浪】 施列格《天地会研究·洪家口白要诀》:"草花穿浪:鱼。"

【草坯】《切口大词典·商铺类·玉器业之切口》:"草坯:未成器质玉也。"

【草魂】《切口大词典·手艺类·卖叫虫之切口》:"草魂:金铃子也。"

【草巾】 清唐再丰《鹅幻汇编·江湖通用切口摘要》:"量手算命用草量者曰草巾。"卫大法师《江湖话·江湖上的隐语·巾行隐语》:"量手算命,用草量的:草巾。"《切口大词典·星相类·量手算命之切口》:"草巾:量手算命,但以草量者。"《清门考原·各项切口》:"草巾,用草量手算命也。"金老佛《三教九流江湖秘密规矩·江湖通用切口》:"量手算命用草量者曰草巾。"

【草筋】《切口大词典·手艺类·席子业之切口》:"草筋:以苧麻丝为经织之席也。"

【草卷】 贝思飞《民国时期的土匪隐语》:"草卷:香烟。"学古堂《江湖行话谱·走江湖行话》:"烟卷:草卷。"

【草卷子】《切口大词典·商铺类·食盐业之切口》:"草卷子:包卷也。"

【草连】《切口大词典·手艺类·做袜子之切口》:"草连:单袜也。"

【草绿】《新刻江湖切要·身体类》:"须:草绿;龙图子;〔增〕表丈夫。"《切口大词典·星相类·相家之切口》:"草绿:胡须也。"清傅崇矩《成都通览·成都之江湖言词·身体类》:"须:草绿;龙图子;表大夫。"

【草飘】《新刻江湖切要·身体类》:"白:草飘。"《切口大词典·星相类·相家之切口》:"草飘:面之白者。"清傅崇矩《成都通览·成都之江湖言词·身体类》:"白:草飘。"

【草桥关】《切口大词典·手艺类·木屐业之切口》:"草桥关:以草为面之木屐也。"

【草山】《郎中医话》:"草山,是烟。"《江湖走镖隐语行话谱》:"烟为草山。"学古堂《江湖行话谱·行话管见》:"烟叫草山。"

【草山钩】《郎中医话》:"草山钩,是烟袋。"《江湖走镖隐语行话谱》:"烟袋:草山钩。"

【草山囊】《郎中医话》:"草山囊,是荷包。"

【草山囊子】 学古堂《江湖行话谱·行意行话》:"烟荷包,为草山囊子。"

【草山片】 清佚名《郎中医话》:"草山片,是烟叶。"

【草山窑】《江湖走镖隐语行话谱》:"烟馆:草山窑。"

【草山一候】 学古堂《江湖行话谱·行话管见》:"候人吃烟,叫草山一候。"

【草山中央】 清佚名《郎中医话》:"草山中央,是烟土。"

【草石】 《切口大词典·工匠类·成衣匠之切口》:"草石:尺也。"

【草条】 学古堂《江湖行话谱·行意行话》:"抽烟卷,为草条。"

【草头】 《切口大词典·巫卜类·道士之切口》:"草头:茶也。"

【草头子】 卫大法师《江湖话·红帮各地通行隐语·姓氏类》:"蒋:草头子。"李子峰《海底·各地通行隐语》:"蒋:草头子。"

【草王盔】 《切口大词典·优伶类·戏盔之切口》:"草王盔:贴全金,后形似大如意,两耳不挂须。"

【草鞋】 ①卫大法师《江湖话·红帮各地通行隐语·店钱及其他》:"会中下士:草鞋。"李子峰《海底·各地通行隐语》:"会中下士:草鞋。"②《切口大词典·党会类·三点会之切口》:"草鞋:专供奔走之人也。"

【草圆】 《切口大词典·商铺类·珠宝业之切口》:"草圆:珠之略次者。"

【草枕头】 《切口大词典·杂流类·收生婆之切口》:"草枕头:贫苦人家也。"

【草种】 《切口大词典·商铺类·陆陈业之切口》:"草种:籼稻也。"

【懆面】 《清门考原·各项切口》:"懆面,假骰子之一种。两湖人赌单双常用之,乃听声音,可知单双点子。"

ce

【册儿】 《新刻江湖切要·文具类》:"书:万卷册;册儿。"

【册头子】 卫大法师《江湖话·红帮各地通行隐语·其他用具对象类》:"书:册头子。"李子峰《海底·各地通行隐语》:"书:册头子。"

【册子】 清唐再丰《鹅幻汇编·江湖通用切口摘要》:"书曰册子。"卫大法师《江湖话·红帮各地通行隐语·店钱及其他》:"书店:册子。"卫大法师《江湖话·江湖上的隐语·普通隐语》:"书:册子。"《清门考原·各项切口》:"册子,讲书也。"金老佛《三教九流江湖秘密规矩·日常用语》:"书曰册子。"

【册子朝阳】 《新刻江湖切要·店铺类》:"书店:册子朝阳。"《切口大词典·盗贼类·对买贼之切口》:"册子朝阳:书籍店也。"清傅崇矩《成都通览·成都之江湖言词·店铺类》:"书店:册子朝阳。"

【侧】 云游客《江湖丛谈·江湖之春点》:"管东叫'侧'。"

【侧肩】 《镖行江湖隐语行话秘典》:"直腰招(动作),侧肩。"

【侧目】 《切口大词典·商铺类·金线业之切口》:"侧目:四也。"

【侧脑】 《新刻江湖切要·衣饰类》:"方巾:侧脑;又顶侧。"《切口大词典·盗贼类·收晒朗贼之切口》:"侧脑:方巾也。"清傅崇矩《成都通览·成都之江湖言词·衣饰类》:"方巾:侧脑;顶侧。"

【侧室】 宋陈元靓辑《事林广记·续集·绮谈市语·亲属门》:"宠人:侧室;专房。"

【测规】 《切口大词典·商铺类·丝经业之切口》:"测规:姓方者。"

【测生】 宋陈元靓辑《事林广记·续集·绮谈市语·果菜门》:"荔子:测生;福果。"

【策分一】 《清门考原·各项切口》:"策分一,用刀斫破头也。"

ceng

【蹭毛桃】 《切口大词典·娼妓类·茶室之切口》:"蹭毛桃:犹旧谚之揩油也。"

cha

【叉】 ①《行院声嗽·人事》:"怒:叉。"②卫大法师《江湖话·各行业商帮所用数目字隐语·成都通行言词·青果小菜行》:"启:一。拖:二。心:三。叉:四。潘:五。梭:六。才:七。嘤:八。卧:九。"清傅崇矩《成都通览·成都之各行人买卖通用言词·青果小菜行一切零碎买卖通用言词》:"四,叉。"③清翟灏《通俗编·识余·市语·绸绫行》:"绸绫行:则一叉,二计,三沙,四子,五固,六羽,七落,八末,九各,十汤。"

【叉边铛】《切口大词典·杂业类·钱庄之切口》："叉边铛：洋钿带哑，或色次，要人贴水也。"

【叉党】《新刻江湖切要·医药类》："下针：叉卖；叉党。"清傅崇矩《成都通览·成都之江湖言词·医药类》："下针：叉卖；叉党。"

【叉儿】①《新刻江湖切要·衣饰类》："裤：叉老；双井；叉儿。"清唐再丰《鹅幻汇编·江湖通用切口摘要》："裤子曰叉儿。"卫大法师《江湖话·江湖上的隐语·普通隐语》："裤：叉儿。"《清门考原·各项切口》："叉儿，裤子。"金老佛《三教九流江湖秘密规矩·青帮与红帮·红帮之问答》："此外还有蝴蝶（马褂），大蓬（长衫），蓑衣长蓬（皮袍子），蓑衣蝴蝶（皮马褂），穿心子（马甲），霍血（短衫），叉儿（裤子），土筒（套裤），八狗子（棉袄），拖风（棉被），踢头子（鞋子），顶贡（帽子）等许多什物，弟兄们大家带着罢。"金老佛《三教九流江湖秘密规矩·青帮与红帮·江湖之春典》："裤子称叉儿。"金老佛《三教九流江湖秘密规矩·日常用语》："裤子曰叉儿。"清傅崇矩《成都通览·成都之江湖言词·衣饰类》："裤：叉老；双井；叉儿。"《切口大词典·党会类·流氓之切口》："叉儿，裤子也。"②《切口大词典·工匠类·铜匠之切口》："叉儿：剪刀也。"③《切口大词典·武术类·教武艺者之切口》："叉儿，钢叉也。"④《切口大词典·医药类·针灸郎中之切口》："叉儿：针也。"⑤《切口大词典·杂业类·铁器店之切口》："叉儿，铁夹也。"

【叉进去】《切口大词典·党会类·流氓之切口》："叉进去：入内也。"

【叉开】①《切口大词典·商铺类·绸缎业之切口》："叉开：剪刀也。"②《切口大词典·商铺类·押当业之切口》："叉开：裤子也。"

【叉老】①《新刻江湖切要·经纪类》："做针者：叉老；扯牵；扯线；[改]横笏通。"清傅崇矩《成都通览·成都之江湖言词·经纪类》："做针者：叉老；扯牵；扯线；横笏通。"②《新刻江湖切要·衣饰类》："裤：叉老；双井；叉儿。"《切口大词典·盗贼类·收晒朗贼之切口》："叉老：裤子也。"清傅崇矩《成都通览·成都之江湖言词·衣饰类》："裤：叉老；双老；叉儿。"③《切口大词典·杂流类·卖糖芋艿者之切口》："叉老：叉芋艿之叉也。"

【叉李子】清唐再丰《鹅幻汇编·江湖通用切口摘要》："画符治病能知病缘者曰叉李子。"《切口大词典·医药类·祝由科之切口》："叉李子：画符治病能知病源者。"

【叉卖】《新刻江湖切要·医药类》："下针：叉卖；叉党。"《切口大词典·医药类·针灸郎中之切口》："叉卖：下针也。"清傅崇矩《成都通览·成都之江湖言词·医药类》："下针：叉卖；叉党。"

【叉起】《切口大词典·杂业类·茶楼之切口》："叉起：衣架也。"

【叉心】《切口大词典·星相类·立墙壁相面之切口》："叉心：相之凶残者。"

【叉烟鸾】《切口大词典·医药类·针灸郎中之切口》："叉烟鸾：针灸治病也。"

【叉子】①清唐再丰《鹅幻汇编·江湖通用切口摘要》："针曰叉子。"《江湖走镖隐语行话谱》："针为叉子。"《切口大词典·医药类·施药郎中之切口》："叉子：针也。"金老佛《三教九流江湖秘密规矩·日常用语》："针曰叉子。"李子峰《海底·各地通行隐语》："针：叉子。"卫大法师《江湖话·江湖上的隐语·普通隐语》："针：叉子。"②《江湖丛谈·江湖之金点·团门》："说相声唱小段的时候，左手拿着两块小竹板儿，长约五寸，宽约三寸，嘴里唱着，手中用板'拍拍拍'打着板眼，江湖人管他使的那竹板儿，调侃叫叉子。"③明程万里《鼎锲徽池雅调南北官腔乐府点板曲响大明春·六院汇选江湖方语》："叉子，乃裤也。"④学古堂《江湖行话谱·走江湖行话》："羊：叉子。"

【叉嘴】《切口大词典·工匠类·烧窑匠之切口》："叉嘴：茶壶也。"

【插】卫大法师《江湖话·各行业商帮所用数目字隐语·成都通行言词·牲畜行》："插：四。"清傅崇矩《成都通览·成都之各行人买卖通用言词·六畜行言词》："插，四。"

【插把】《新刻江湖切要·经纪类》："换碗：

插把。"《切口大词典·杂流类·换碗者之切口》："插把：换碗者。"清傅崇矩《成都通览·成都之江湖言词·经纪类》："换碗：插把。"

【插幅子】 云游客《江湖丛谈·江湖之金点·穷家门》："江湖人管他散纸条儿，调侃儿叫插幅子。"

【插花】《切口大词典·工匠类·印刷匠之切口》："插花：加花纹边也。"

【插角】《切口大词典·杂流类·卖玉器之切口》："插角：帽边玉也。"

【插脚】①《蹴鞠谱·锦语》："向前：插脚。"②《蹴鞠图谱·圆社锦语》："插脚：坐人。"

【插老】①《新刻江湖切要·亲戚类》："丈人：才日；外日；插老。"②明风月友辑《金陵六院市语》："簪子则曰插老。"

【插姥】《新刻江湖切要·亲戚类》："丈母：才月；外月；[补] 插姥。"

【插蜜圈】《切口大词典·工匠类·印刷匠之切口》："插蜜圈：铅字傍加紧密之圆圈也。"

【插抹】 云游客《江湖丛谈·江湖之春点·三不管的戗巾生意》："管扎吗啡，调侃叫插抹。"

【插末】 云游客《江湖丛谈·江湖之金点·皮门》："扎针，插末。"

【插末汉】①云游客《江湖丛谈·江湖之金点·调门》："管吗啡调侃儿叫插末汉。"②云游客《江湖丛谈·江湖之金点·皮门》："注射药品叫插末汉。"

【插牌】《切口大词典·巫卜类·道士之切口》："插牌：天将二位也。"

【插棚儿】 云游客《江湖丛谈·江湖之春点》："管阴天叫插棚儿。"

【插旗】卫大法师《江湖话·安庆隐语》："割耳：插旗。"

【插签】 贝思飞《民国时期的土匪隐语》："插签：专门负责侦察富人的屋子的土匪。"

【插手】《切口大词典·盗贼类·剪绺贼之切口》："插手：剪绺贼之总称也。"

【插香】《切口大词典·盗贼类·掘壁贼之切口》："插香：小便也。"金老佛《三教九流江湖秘密规矩·青帮与红帮·江湖之春典》："小便称插香。"

【插销】《切口大词典·杂流类·换碗者之切口》："插销：碗担也。"

【插子】《切口大词典·衙卒类·警士之切口》："插子：小窃也。"

【扱楼儿】 清翟灏《通俗编·识余·市语》："江湖人市语尤多，坊间有《江湖切要》一刻，事事物物，悉有隐称。诚所谓惑乱听闻，无足采也。其间有通行市井者，如官曰孤司，店曰朝阳，夫曰盖老，妻曰底老，家人曰吊脚，僧曰廿三，道士曰廿四，成衣曰戳短枪，抬轿曰扱楼儿。"

【茶共点】 学古堂《江湖行话谱·行话管见》："有事叫茶共点。"

【茶果】 清傅崇矩《成都通览·成都之江湖言词·饮馔类》："茶果：得占。"

【茶壶套】《切口大词典·娼妓类·茶室之切口》："茶壶套：妓女与相帮私通也。"

【茶靠把】《切口大词典·商铺类·嫁妆业之切口》："茶靠把：茶几也。"

【茶盘】《切口大词典·杂流类·私塾先生之切口》："茶盘：贽礼也。"

【茶棚】《江湖走镖隐语行话谱》："阴天：茶棚。"

【茶瓢】《切口大词典·商铺类·瓷器业之切口》："茶瓢：茶匙也。"

【茶室】《切口大词典·娼妓类·八大胡同妓院之切口》："茶室：二等三等窑子之总称也，其区别亦以冠二等三等字样。"

【查飞】 清唐再丰《鹅幻汇编·江湖通用切口摘要》："帐曰查飞。"卫大法师《江湖话·红帮各地通行隐语·居住用品类》："帐：照镜子，查飞，灯笼子。"卫大法师《江湖话·江湖上的隐语·普通隐语》："帐子：查飞。"《清门考原·各项切口》："查飞，帐子也。"金老佛《三教九流江湖秘密规矩·日常用语》："帐曰查飞。"李子峰《海底·各地通行隐语》："帐：照笼子：查飞；灯笼子。"

【查呼】《行院声嗽·人事》："虚谎：查呼。"

【查棚】《镖行江湖隐语行话秘典》："阴天，为查棚。"

【查青丘】①《新刻江湖切要·工匠类》："染匠：查青丘；赚趾。"清傅崇矩《成都通览·成都之江湖言词·工匠类》："染匠：查青丘；赚趾。"②《切口大词典·工匠类·

染布匠之切口》：" 查青丘：染工之总称也。"

【查头】①《新刻江湖切要·人事类》："放对曰查头；又曰犯查头。"清傅崇矩《成都通览·成都之江湖言词·人事类》："放对：查头；犯查头。"②《切口大词典·衙卒类·幕宾之切口》："查头：审问也。"

【查线通】《新刻江湖切要·工匠类》："机匠：查线通。"《切口大词典·工匠类·织机匠之切口》："查线通：织机匠也。"清傅崇矩《成都通览·成都之江湖言词·工匠类》："机匠：查线通。"

【搽才】《新刻江湖切要·人事类》："合做生意曰搽才。"《切口大词典·巫卜类·六壬课之切口》："搽才：合做生意也。"清傅崇矩《成都通览·成都之江湖言词·人事类》："合做生意：搽才。"

【搽相】《新刻江湖切要·乞丐类》："装斯文落难求乞：搽相；[改] 沐猴。"清傅崇矩《成都通览·成都之江湖言词·乞丐类》："装斯文落难求乞：搽相：沐猴。"

【汊儿】《清门考原·各项切口》："汊儿，裤子也。"

【汊子】《清门考原·各项切口》："汊子，针也。"

【岔枝】《切口大词典·盗贼类·铳手之切口》："岔枝：裤子也。"

【岔子】①清傅崇矩《成都通览·成都之呼物混名》："岔子：四也。"②云游客《江湖丛谈·江湖之春点》："管牛叫岔子。"

【差】 施列格《天地会研究·洪家口白要诀》："差，裤。"

【差把】《江湖走镖隐语行话谱》："衙役：差把。"

【差肩】《切口大词典·杂业类·信局业之切口》："差肩：七也。"

【差挪摸蛇】《镖行江湖隐语行话秘典》："牛肉，为差挪摸蛇。"

chai

【拆】《切口大词典·工匠类·成衣匠之切口》："拆：十也。"

【拆壁脚】《切口大词典·党会类·小瘪三之切口》："拆壁脚：进谗言也。"

【拆道】 宋陈元靓辑《事林广记·续集·绮谈市语·身体门》："脚：拆道。"

【拆炖】《切口大词典·杂业类·饭店业之切口》："拆炖：蹄胖也。"

【拆朵儿】 云游客《江湖丛谈·江湖之金点》："测字曰拆朵儿。"

【拆供寿星】《切口大词典·娼妓类·长三书寓之切口》："拆供寿星：事成画饼也。"

【拆管】《切口大词典·杂流类·红白帖之切口》："拆管：临时所雇之二爷也。"

【拆红】《切口大词典·杂流类·收生婆之切口》："拆红：收生钱也。"

【拆鞭】 云游客《江湖丛谈·江湖之金点·老月的骗局内幕》："拆鞭，即是挨打。"

【拆栏干】《切口大词典·党会类·女拆白党之切口》："拆栏干：向女友拆梢也。"

【拆浪】《切口大词典·商铺类·地货业之切口》："拆浪：五十也。"

【拆姘头】《切口大词典·党会类·拆白党之切口》："拆姘头：因故而离解者，谓之拆姘头。"

【拆梢】《切口大词典·乞丐类·乞丐之切口》："拆梢：以非法之举动，诈人财物也。"

【拆梢女友】 金老佛《三教九流江湖秘密规矩·青帮与红帮·青帮之女匪》："沪上绑匪之拆梢也，其手段之玄妙，几如水银泄地，无孔不入。每有毫无关节，面不相识者，彼能硬装榫头，饱其欲壑以去。故此等拆法，两方均属男与男为多。即或偶有女匪点缀其间。而其目的物，仍不外乎男子。今也绑匪之程度既日益高，拆梢之法亦日益进。于是乎以女拆女之法出焉，较诸旧时拆法，更觉险恶难防。殆亦所谓特别改良者非欤。"

【拆芽】《切口大词典·星相类·立墙壁相面之切口》："拆芽：相之夭殇者大约弱冠以内。"

【拆掌子】《梨园话》："拆掌子：约他班角色扮演，谓之'拆掌子'。"

【拆账】《清门考原·各项切口》："拆账，限期内，营业之收入账互相分拆也。"

【拆庄】《切口大词典·杂业类·酒店之切口》："拆庄：酒之次者。"

【钗烟弯】《新刻江湖切要·医药类》："针灸：

【柴】《新刻江湖切要·身体类》："瘦：柴；青条。"清翟灏《通俗编·识余·市语·药行》："药行：一羌，二独，三前，四柴，五梗，六参，七苓，八壳，九草，十芎。"宋陈元靓辑《事林广记·续集·绮谈市语·拾遗门》："遭杖：柴；批衮。"云游客《江湖丛谈·江湖之春点》："管牙叫柴。"云游客《江湖丛谈·江湖之金点·江湖人的规律》："八是柴，生意人管牙齿，调侃儿叫柴。"

【柴吊】云游客《江湖丛谈·江湖之金点·江湖人的规律》："柴是牙齿。牙疼就说柴吊。"

【柴吊子】卫大法师《江湖话·红帮各地通行隐语·人身各物类》："牙：柴吊子，扁锯子。"李子峰《海底·各地通行隐语》："牙：柴吊子；扁锯子。"

【柴河】《新刻江湖切要·鸟兽虫鱼类》："鱼：水先生；水梭；河公；河戏；水气；希班；柴河；德判；水飘；[增] 化龙子。"

【柴火】明程万里《鼎锲徽池雅调南北官腔乐府点板曲响大明春·六院汇选江湖方语》："柴火，会打内家。"

【柴老】《行院声嗽·身体》："牙：柴老。"

【柴受】《新刻江湖切要·医药类》："取牙虫：柴受。"《切口大词典·医药类·捉牙虫妇人之切口》："柴受：捉牙虫之妇人也。"金老佛《三教九流江湖秘密规矩·青帮与红帮·江湖之春典》："捉牙虫者称柴受。"清傅崇矩《成都通览·成都之江湖言词·医药类》："取牙虫：柴受。"

【柴条子吊】李子峰《海底·各地通行隐语》："牙痛：柴条子吊；扁据子酸。"卫大法师《江湖话·红帮各地通行隐语·一般人事类》："牙痛：柴条子，吊，扁锯子酸。"

【柴座子】云游客《江湖丛谈·江湖之春点·三不管的八盆子生意》："他一个人在南市场又安了柴座子（江湖人管开个镶牙馆，调侃叫柴座子）。"

chan

【觇佛骨】《切口大词典·医药类·僧人卖药之切口》："觇佛骨：看病也。"

【禅里】《行院声嗽·宫室》："寺：禅里。"

【缠老】《新刻江湖切要·鸟兽虫鱼类》："蛇：溜子；缠老；练子。"《行院声嗽·鸟兽》："蛇：缠老。"

【缠龙】《江湖走镖隐语行话谱》："腿带：缠龙。"

【缠手】《新刻江湖切要·身体类》："乳：缠手。妇乳曰尖山，吞子。"《行院声嗽·身体》："乳：缠手。"《切口大词典·星相类·相家之切口》："缠手：乳也。"清傅崇矩《成都通览·成都之江湖言词·身体类》："乳：缠手（妇乳曰尖山，吞子）。"

【缠丝】卫大法师《江湖话·红帮各地通行隐语·衣服类》："腿带：缠丝。"李子峰《海底·各地通行隐语》："腿带：缠丝。"

【缠午老】《新刻江湖切要·兵备类》："缰绳：缠午老。"

【蟾】《江湖切口要诀》（尺牍增附本）："月：太阴；[广] 阴宗；东升；兔窟；蟾；冰轮；离毕；秋倍明。"清傅崇矩《成都通览·成都之江湖言词·天文类》："月：太阴；阴宗；东升；兔窟；蟾；冰轮，离毕，秋倍明。"

【蟾冰轮】《新刻江湖切要·天文类》："月：太阴；[广] 阴宗；东升；兔窟；蟾冰轮；离毕；秋倍明。"

chang

【昌】①卫大法师《江湖话·各行业商帮所用数目字隐语·重庆通行言词·银楼》："祥：一。皮：二。昌：三。诗：四。对：五。劳：六。造：七。刀：八。云：九。喜：十。"《切口大词典·手艺类·裱画业之切口》："昌：三也。"②《切口大词典·商铺类·豆麦业之切口》："昌：千也。"③《切口大词典·巫卜类·茶馆测字者之切口》："昌：生意成也。"④《切口大词典·巫卜类·道士之切口》："昌：八也。"

【昌河里】①《切口大词典·党会类·红帮之切口》："昌河里：姓韩者。"②《切口大词典·党会类·红帮之切口》："昌河里：姓孙者。"

【昌皮】《新刻江湖切要·医药类》："撑伞卖药：昌皮。"《切口大词典·医药类·撑大伞卖药者之切口》："昌皮：撑伞推车之卖药者。"清傅崇矩《成都通览·成都之江湖言词·医药类》："撑伞卖药：昌皮。"

【鲳片子】《切口大词典·武术类·教武艺者之切口》："鲳片子：刺刀也。"

【长】①卫大法师《江湖话·各行业商帮所用数目字隐语·成都通行言词·烟行》："思：一。初：二。天：三。长：四。丑：五。夏：六。才：七。拍：八。捎：九。"卫大法师《江湖话·各行业商帮所用数目字隐语·成都通行言词·银钱行》："代：二。貌：三。长：四。仁：五。耳：六。伯：七。令：八。王：九。"卫大法师《江湖话·各行业商帮所用数目字隐语·重庆通行言词·买猪》："豆：一。背：二。泰：三。长：四。仁：五。条：六。栲：七。黄：八。豆：九。按此为重庆场买卖猪时使用。《切口大词典·杂业类·老虎灶之切口》："长：四也。"清傅崇矩《成都通览·成都之各行人买卖通用言词·六成行通用言词》："四，长。"清傅崇矩《成都通览·成都之各行人买卖通用言词·烟行言词》："长（四）。"清傅崇矩《成都通览·成都之各行人买卖通用言词·银钱行言词》："长（四）。"清翟灏《通俗编·识余·市语·丝行》："丝行：则一岳，二卓，三南，四长，五人，六龙，七青，八豁，九底。"清翟灏《通俗编·识余·市语·铜行》："铜行：一豆，二贝，三某，四长，五人，六土，七木，八令，九王，十合。"②《切口大词典·商铺类·银楼业之切口》："长：九也。"

【长白】《切口大词典·娼妓类·雏妓之切口》："长白：乱人之为雏妓护符，彼不名一钱，得住夜同眠，然须得闲时也。"

【长扁子】《切口大词典·行号类·菜蔬行之切口》："长扁子：刀豆也。"

【长脖】《切口大词典·盗贼类·短截贼之切口》："长脖：鹅也。"

【长草皮七】施列格《天地会研究·洪家口白要诀》："长草皮七，女人。"

【长衬】《切口大词典·手艺类·木屐业之切口》："长衬：木底靴也。"

【长锤】《切口大词典·优伶类·锣鼓之切口》："长锤：如黄鹤楼上，周瑜与赵子龙抢白时应打长锤。"

【长春】《切口大词典·杂业类·花业之切口》："长春：金盏花也。以其四时开花，相继不绝。"

【长大人】《切口大词典·手艺类·贳彩业之切口》："长大人：开神路也。"

【长短】《切口大词典·赌博类·麻雀赌之切口》："长短：问人家钱之若干也。"

【长耳公】《切口大词典·杂业类·猪肉业之切口》："长耳公：猪也。"

【长冠】清傅崇矩《成都通览·成都之呼物混名》："长冠：鸡公也，亦名话不头，又曰太子登。"

【长恒满】《切口大词典·盗贼类·水面贼之切口》："长恒满：太阳也。"

【长火】《新刻江湖切要·地理类》："江南：[补]长火。"《江湖切口要诀》（尺牍增附本）："江南：[补]长火。"《切口大词典·医药类·自称戏子治病者之切口》："长火：江南也。"清傅崇矩《成都通览·成都之江湖言词·地理类》："江南：长火。"

【长甲】《切口大词典·杂业类·纸扎店之切口》："长甲：纸长衣也。"

【长江弟兄】《切口大词典·衙卒类·侦探之切口》："长江弟兄：往来于长江轮船之强盗也。"《清门考原·各项切口》："长江弟兄，侦探，称轮船上之跑底子者，为长江弟兄。"

【长脚膀】《切口大词典·工匠类·弹棉匠之切口》："长脚膀：弹架也。"

【长颈】①《切口大词典·商铺类·古董业之切口》："长颈：花瓶也。"②《切口大词典·杂业类·茶楼之切口》："长颈：水烟袋也。"

【长口】《切口大词典·巫卜类·席地测字者之切口》："长口：巷口也。"

【长链条】《切口大词典·手艺类·木屐业之切口》："长链条：麻线也。"

【长鳞】《切口大词典·行号类·海鱼行之切口》："长鳞：雄鲳鳊鱼也。"

【长流】《新刻江湖切要·地理类》:"河:长流;[广]清平;黄九。"《切口大词典·医药类·自称戏子治病者之切口》:"长流:河也。"清傅崇矩《成都通览·成都之江湖言词·地理类》:"河:长流;清平;黄九。"

【长龙】①清张德坚等《贼情汇纂》卷八《伪文告下·隐语·太平天国隐语》:"长龙即烟筒。"②清张德坚等《贼情汇纂》卷五《伪军制下·隐语·太平天国隐语》:"抬炮改称长龙。"③《切口大词典·商铺类·南货业之切口》:"长龙:本长生果也,级长仁小,壳纹如龙鳞,以安徽龙游县所产为最佳,色白味香,浙江嵊县黄泽所产者次之。"

【长路】《切口大词典·杂业类·信局业之切口》:"长路:路远之信也。"

【长眉】《切口大词典·商铺类·花粉业之切口》:"长眉:画眉膏也。"

【长门】《切口大词典·杂业类·纸扎店之切口》:"长门:纸成之橱子也。"

【长门客】《新刻江湖切要·官职类》:"宫女:[补]长门客。"

【长明】①《新刻江湖切要·天文类》:"日:太阳,[广]旸乌;常圆;长明;恒满;出扶桑;西坠。"《江湖切口要诀》(尺牍增附本):"日:太阳。[广]阳乌;常圆;长明;出扶桑;西坠。"清傅崇矩《成都通览·成都之江湖言词·天文类》:"日:太阳,阳乌;常圆;长明;恒满;出扶桑;西坠。"②《切口大词典·杂业类·燕子窝之切口》:"长明:烟灯也。"

【长命】①《切口大词典·乞丐类·耍猴求乞之切口》:"长命:锁猴之铁链也。"②《切口大词典·杂流类·收生婆之切口》:"长命:脐带也。"

【长命索】《切口大词典·杂业类·铁器店之切口》:"长命索:铁索也。"

【长皮】《新刻江湖切要·衣饰类》:"海青:长皮;彩林;皮林。"《切口大词典·盗贼类·铳手之切口》:"长皮:海青也,即长衫也。"清傅崇矩《成都通览·成都之江湖言词·衣饰类》:"衣服:皮子(好衣服曰皮子坚洁);海青;长皮;彩林;皮林。"

【长飘】《切口大词典·商铺类·衣庄业之切口》:"长飘:汗巾也。"

【长枪手】《新刻江湖切要·鸟兽虫鱼类》:"虾:长枪手;弯虫。"

【长秋】宋陈元靓辑《事林广记·续集·绮谈市语·君臣门》:"皇后:长秋;女君。"

【长髯】《切口大词典·行号类·咸货行之切口》:"长髯:鱿鱼也。"

【长髯公】《切口大词典·役夫类·屠夫之切口》:"长髯公:羊也。"

【长髯通】《切口大词典·星相类·弹弦子算命之切口》:"长髯通:属羊也。"

【长如发】卫大法师《江湖话·安庆隐语》:"女人:长如发,蟹。"

【长三】《切口大词典·娼妓类·长三书寓之切口》:"长三:上等妓院也,犹北京之清吟小班。"

【长沙】《江湖切口要诀》(尺牍增附本):"河:长沙。[广]清平;黄九。"

【长生库】①卫大法师《江湖话·红帮各地通行隐语·各种行业类》:"当铺:高柜子,长生库。"②李子峰《海底·各地通行隐语》:"当典:高柜子;长生库。"

【长丝头】《切口大词典·优伶类·锣鼓之切口》:"长丝头:如《空城计》,孔明传马谡进帐时,应打长丝头。"

【长桃】卫大法师《江湖话·红帮各地通行隐语·武器类》:"矛:长桃。"

【长挑】李子峰《海底·各地通行隐语》:"矛:长挑。"

【长条】宋陈元靓辑《事林广记·续集·绮谈市语·玉帛门》:"丝:长条。"

【长条子】①《切口大词典·役夫类·更夫之切口》:"长条子:弄也。"②《切口大词典·杂业类·磨坊之切口》:"长条子:面也。"

【长头】①《切口大词典·商铺类·染色业之切口》:"长头:专染绸缎之染坊也。"②《切口大词典·杂业类·信局业之切口》:"长头:商号之庄信也。"

【长头发】清傅崇矩《成都通览·成都之呼物混名》:"长头发:道士也。"

【长狭通】《切口大词典·杂业类·燕子窝之切口》:"长狭通:烟钳也。"

【长箫】《切口大词典·工匠类·染布匠之切

口》：“长箫：绞布杆也。"

【长须藏】 宋陈元靓辑《事林广记·续集·绮谈市语·亲属门》：“奴：长须藏。"

【长须公】 宋陈元靓辑《事林广记·续集·绮谈市语·水族门（虫附）》：“虾：长须公。"

【长腰】 《切口大词典·役夫类·农夫之切口》："长腰：水车也。"

【长叶子】 卫大法师《江湖话·红帮各地通行隐语·衣服类》："长袍子：大蓬；长叶子。"李子峰《海底·各地通行隐语》："长袍子：大蓬；长叶子。"

【长荫】 《镖行江湖隐语行话秘典》："树为长荫。"

【尝孟婆】 《切口大词典·党会类·流氓之切口》："尝孟婆：吃茶也。"

【尝新】 宋陈元靓辑《事林广记·续集·绮谈市语·果菜门》："杏子：尝新；退花儿。"

【常】 ①《切口大词典·商铺类·陆陈业之切口》："常：一也。" ②《切口大词典·行号类·茧行之切口》："常：四也。"

【常湖春】 《切口大词典·行号类·鲜鱼行之切口》："常湖春：蚌之又一种也。"

【常年】 《新刻江湖切要·疾病类》："老病：常年。"清傅崇矩《成都通览·成都之江湖言词·疾病类》："老病：常[延]年。"

【常青】 《切口大词典·商铺类·地货业之切口》："常青：白菜也。"

【常榻】 《切口大词典·盗贼类·越墙贼之切口》："常榻：贼在下处潜藏常住不去也。"

【常圆】 《新刻江湖切要·天文类》："日：太阳；[广]旸乌；常圆；长明；恒满；出扶桑；西坠。"《江湖切口要诀》（尺牍增附本）："日：太阳。[广]阳乌；常圆；长明；出扶桑；西坠。"《切口大词典·巫卜类·蛤壳测字者之切口》："常圆：日也。"清傅崇矩《成都通览·成都之江湖言词·天文类》："日：太阳；阳乌；常圆；长明；恒满；出扶桑；西坠。"

【常圆明】 《切口大词典·杂流类·卖西洋镜之切口》："常圆明：太阳也。"

【厂斗】 《切口大词典·商铺类·纸业之切口》："厂斗：粗大草纸也。"

【厂下】 《切口大词典·巫卜类·席地测字者之切口》："厂下：阶石也。"

【场地】 《切口大词典·武术类·跑马卖解之切口》："场地：卖艺之所也。"

【场面】 ①《梨园话》："场面：为伶工司乐者，谓之'场面'。[附记]梨园固以伶工为重，而司乐者，亦于演戏有重大关系焉。盖伶工度曲时，须授乐师之指教，如腔调之高低刚柔，莫不由司乐者操纵焉，故伶工实与乐师相依为命者也。考乐师之初，多为伶工改习者。其原因，则一为音暗不能歌，而改习此也；或则年龄老大，气力日衰，改习此途以为生计问题也。今则有专习此门，而非改业者矣。然以艺术而论，其先为伶工而后改习者，及其司乐也，则与歌者有互相之精神，不致有腔调不合之处。所谓相得益彰者是。且渠前亦曾习歌，而歌中之韵调，已深得三昧，故一奏乐，其声必与歌者之音相吻合也。凡初习'场面'者，无论其学文场或武场，皆须有人为之介绍，双方各定合同，复以厚礼以代入学之资，献之乐师，乐师始诸艺焉。至于学习之法，文场须初读工谱，次学普通昆剧，再次即学撷笛，及唢呐吹法矣。如是者一年，乐师当为介绍于各戏园，以月琴弹开场戏，谓之效力。每日所得不过二十枚，此钱谓之点心钱。自此以后，学者渐谙诸乐奏法，或另搭班，或傍伶工，始开戏份。戏份多寡，需给乐师一半。俟出师后（即合同满后），此层供奉，方可取消。至于学武场者，亦然。初习用鼓箠（即击鼓之锤）。二，每日鸡鸣时，在毛竹底，或其他处划一极小之圆光击之，借此以练手腕之灵活也。其次则习罗经，学成后，亦到戏园中效力。初击小锣，继续大锣、单皮等乐器。凡园中'场面'老辈，若使役之，则惟命是从，甚至赴外购物，以及童仆之役，亦无不惟命是从也。早年之'场面'，无所谓傍角，仅分为前后工。工力精者作前工，次者作后工，再次者即作开场戏也。惟'场面'第一注重昆腔，其次则为胡琴。胡琴拉之优劣，并无关紧要。不工昆腔者，即不能充为'场面'也。清光季年，因能吹昆腔戏者甚多，唱者极少，置昆腔于度外，胡琴乃渐渐时兴，'场面'亦随改拉胡琴。自此以后，伶工演皮黄戏者，日见其多，'场面'乃将昆腔置之脑后，不甚注意。如昆腔中《回营》《姑苏》二折，今之'场面'多不能吹，其他昆戏，则更所不能矣。文场向以横竖为正工，胡琴则其余事。今虽有傍角一说，亦不能认为'场面'之正业。然官中'场面'，虽无傍角，然必认其为正业。何也？盖官中'场面'，文者能吹拉弹打，武者能锣鼓铙［校案：原作"饶"，显误，径改］钹，傍角'场面'则反乎此。司琴弦者，仅能司琴弦；击锣鼓者，只能击锣鼓。其余乐器，则非所能矣。按：此等'场面'，充任一生，亦是掣肘，故内行多呼其为"半边人"。或谓傍角进款多，能拉不会吹，并无关紧要。恰巧戏中有段小吹操琴者不会，另请吹者，未免不值。若约别位'场面'代吹，则要此傍角何用？即此一端，则知能拉不会吹者，或不为'场面'之正业也欤。武场最重者，为单皮，各种场子、曲牌、人头，皆须深知。但打鼓之好手日见零落，若已故之沈宝钧、侯双印、白如意、郝春年、刘家福、李玉衡等人，对于昆乱诸戏，皆有根底。且闭目击之，亦不能混乱应击何种点子。②《切口大词典·优伶类·场面上之切口》："场面：乐工总称也，无论琴师鼓吏咸在其内。"

【场扇不扇】《切口大词典·党会类·红帮之切口》："场扇不扇：问主事宅内有人无人也。"

【场头】《切口大词典·工匠类·染布匠之切口》："场头：专染绸绫之工人也。"《切口大词典·武术类·布围卖戏法者之切口》："场头：空地也。"

【场中】《梨园话》："场中：伶工倒仓以后，嗓音不能复振，谓之'场中'。"

【场子】《梨园话》："场子：排场之简称也。"

【倡夫子】《切口大词典·盗贼类·拐匪之切口》："倡夫子：侦探也。"

【唱侉调】清傅崇矩《成都通览·成都之江湖言词·娼优类》："响咏：唱侉调，马上诉。"

【唱难黄】《切口大词典·衙卒类·侦探之切口》："唱难黄：用光也。"

【唱篇子】《切口大词典·杂流类·唱弹词之切口》："唱篇子：唱开篇也。"

【唱响】《切口大词典·医药类·妇人卖药者之切口》："唱响：叫卖也。"

【唱响子】《切口大词典·乞丐类·唱春求乞之切口》："唱响子：唱春求乞也。"金老佛《三教九流江湖秘密规矩·青帮与红帮·江湖之春典》："唱春者称唱响子。"

【唱砸了】《切口大词典·优伶类·伶人之切口》："唱砸了：不能叫座失败也。"

【唱占】《新刻江湖切要·官职类》："赞礼生：唱占，今改相通。相，赞礼者。"

chao

【抄】清傅崇矩《成都通览·成都之各行人买卖通用言词·布匹棉花线子行言词》："抄（七）。"

【抄巴】卫大法师《江湖话·红帮各地通行隐语·姓氏类》："李：抄手子，抄巴。"李子峰《海底·各地通行隐语》："李：抄手子；抄巴。"

【抄把子】《切口大词典·党会类·小瘪三切口》："抄把子：搜身上之钱财也。"

【抄背】《切口大词典·商铺类·皮箱业之切口》："抄背：小革箱。"

【抄狗庄】《切口大词典·星相类·相家之切口》："抄狗庄：跑乡村也。"

【抄孤子】《新刻江湖切要·人物类》："写状人：梅花党；抄孤子。"《江湖切口要诀》（尺牍增附本）："写状人：梅花党；抄孤子。"《切口大词典·星相类·龟算命之切口》："抄孤子：写状人也。"清傅崇矩《成都通览·成都之江湖言词·人物类》："写状人：梅花党；抄孤子。"

【抄股子】《切口大词典·役夫类·航船夫之切口》："抄股子：吃官司也。"

【抄命】①《切口大词典·星相类·铁板算命之切口》："抄命：算命也。"②清傅崇矩《成都通览·成都之江湖言词·星相类》："抄命：剪牙。"

【抄棋盘】《切口大词典·星相类·龟算命之切口》："抄棋盘：跑乡村也。"

【抄山】《江湖走镖隐语行话谱》："骂人：抄山。"

【抄手】《切口大词典·党会类·红帮之切口》："抄手：指宅子里边也。"

【抄手子】卫大法师《江湖话·红帮各地通行

隐语·姓氏类》："李：抄手子，抄巴。"李子峰《海底·各地通行隐语》："李：抄手子；抄巴。"

【抄天】《切口大词典·巫卜类·道士之切口》："抄天：死人也。"

【抄条】《切口大词典·医药类·参燕业之切口》："抄条：石居参条也。"

【抄小货】《切口大词典·娼妓类·雏妓之切口》："抄小货：鸨母贪婪。凡套人包账之小货尽要搜去，且索讨小货，嫖客裹足，恐淫业影响，必禁止，包账自家身体，则不得顾问。"

【抄须】《切口大词典·医药类·参燕业之切口》："抄须：石居参须也。"

【钞粉子】清傅崇矩《成都通览·成都之呼物混名》："钞粉子：吃饭也。"

【超】①明风月友辑《金陵六院市语》："超者打之谓，嗟乃小之辞。"②金老佛《三教九流江湖秘密规矩·日常用语》："二曰超。"

【超棒】《行院声嗽·身体》："腿：超棒。"

【超包】清唐再丰《鹅幻汇编·江湖通用切口摘要》："敲戏锣卖糖曰超包。"卫大法师《江湖话·江湖上的隐语·皮行隐语》："敲（槁）锣卖糖：超包。"《清门考原·各项切口》："超包，敲锣卖糖也。"金老佛《三教九流江湖秘密规矩·江湖通用切口》："敲戏锣卖糖玉曰超包。"

【超垛】明佚名《行院声嗽·人事》："坐：超垛。"

【超棍】《切口大词典·优伶类·靶子之切口》："超棍：军棍也。"

【超偈】《行院声嗽·伎艺》："打诨：超偈。"

【超撒】《行院声嗽·人事》："打：超撒。"

【超色】《切口大词典·医药类·卖药糖者之切口》："超色：敲戏锣卖糖者。"

【巢儿】《行院声嗽·器用》："床：巢儿。"

【巢河里】《切口大词典·党会类·红帮之切口》："巢河里：姓杨者。"

【朝□】宋陈元靓辑《事林广记·续集·绮谈市语·服饰门》："靴：朝□；革华。"

【朝板】《切口大词典·巫卜类·道士之切口》："朝板：笏也。"

【朝表】清佚名《郎中医话》："朝表，是打官司。"

【朝翅子】云游客《江湖丛谈·江湖之春点·江湖艺人万人迷》："打官司调侃叫朝翅子。"云游客《江湖丛谈·江湖之春点·三不管的戗巾生意》："江湖人管打官司，调侃佩叫朝翅子。"云游客《江湖丛谈·江湖之金点·老月的骗局内幕》："管打官司，调侃儿叫朝翅子。"

【朝登】《切口大词典·商铺类·靴子业之切口》："朝登：黑缎之朝靴也。"

【朝东白龙】施列格《天地会研究·洪家口白要诀》："朝东白龙，灯心。"

【朝番子】《切口大词典·医药类·卖药糖者之切口》："朝番子：刬药料之刬刀也。"

【朝服】宋陈元靓辑《事林广记·续集·绮谈市语·服饰门》："公裳：朝服；紫绶。"

【朝古】《江湖走镖隐语行话谱》："告状：朝古。"

【朝了翅子】云游客《江湖丛谈·江湖之春点·挂子行中的支杆挂子》："管打官司，调侃叫朝了翅子。"云游客《江湖丛谈·江湖之金点·调门》："江湖人管打官司，调侃儿叫朝了翅子。翅子即官儿，朝是见了官，他们不打官司见官干嘛。"

【朝庙】《江湖走镖隐语行话谱》："烧香：朝庙。"

【朝盘】《江湖走镖隐语行话谱》："见面：朝盘。"

【朝天】《新刻江湖切要·宫室类》："戏台曰朝天；又高阳子。"《新刻江湖切要·器用类》："桌子：朝天；万面。"清傅崇矩《成都通览·成都之江湖言词·器用类》："桌子：朝天；万面。"《蹴鞠谱·锦语》："巾帽：朝天。"《蹴鞠图谱·圆社锦语》："朝天：巾帽。"《切口大词典·巫卜类·道士之切口》："朝天：烛台也。"《切口大词典·星相类·不开口相面之切口》："朝天：笔也。"《切口大词典·医药类·卖药糖者之切口》："朝天：街市也。"《切口大词典·杂流类·收旧货之切口》："朝天：枰子也。"《切口大词典·杂业类·旅馆之切口》："朝天：台子也。"

【朝天子】《切口大词典·工匠类·补镬匠之切口》："朝天子：镬子也。"

【朝阳】①《新刻江湖切要·地理类》："山东：木地；[广]朝阳。"《江湖切口要诀》

（尺牍增附本）："山东：木地。[广]朝阳。"清傅崇矩《成都通览·成都之江湖言词·地理类》："山东：木地；朝阳。"②《新刻江湖切要·店铺类》："凡店谓之朝阳。"《江湖切口要诀》（尺牍增附本）："凡店谓之朝阳。"《切口大词典·盗贼类·对买贼之切口》："朝阳：商店之代名词，如绸缎店则曰绸缎朝阳者是也。"清傅崇矩《成都通览·成都之江湖言词·店铺类》："凡店谓之朝阳。"清翟灏《通俗编·识余·市语》："江湖人市语尤多，坊间有《江湖切要》一刻，事事物物，悉有隐称。诚所谓惑乱听闻，无足采也。其间有通行市井者，如官曰孤司，店曰朝阳，夫曰盖老，妻曰底老，家人曰吊脚，僧曰廿三，道士曰廿四，成衣曰戳短枪，抬轿曰扱楼儿，剃头曰削青，船曰瓢儿，屋顶公，银曰琴公，钱曰把儿，米曰软珠，饼曰匾食，盐曰潰老，鱼曰豁水，鸭曰王八，鞋曰踢土，镜曰照儿，抹布曰蹋郎，坐曰打墩，拜曰剪拂，揖曰丢圈子，叩头曰丢匾子，写字曰搦黑，说话曰吐刚，被欺曰上当，虚奉承曰王六，大曰太式，多曰满太式，无曰各念，俱由来于此语也。"③卫大法师《江湖话·红帮各地通行隐语·各种行业类》："老板：掌柜的，朝阳。"李子峰《海底·各地通行隐语》："老板：掌柜的；朝阳。"

【朝阳码子】《切口大词典·衙卒类·侦探之切口》："朝阳码子：开店之商人也。"

【朝阳生】清唐再丰《鹅幻汇编·江湖通用切口摘要》："生意人曰朝阳生。"卫大法师《江湖话·江湖上的隐语·普通隐语》："生意人：朝阳生。"《切口大词典·党会类·青帮之切口》："朝阳生：开店之人也。"《切口大词典·医药类·卖药人之切口》："朝阳生：生意人也。"《清门考原·各项切口》："朝阳生，生意人也。"金老佛《三教九流江湖秘密规矩·日常用语》："生意人曰朝阳生。"

【朝阳通】《新刻江湖切要·人物类》："店官：朝阳通。《江湖切口要诀》（尺牍增附本）："店官：朝阳通。"《切口大词典·医药类·摇虎撑者之切口》："朝阳通：店官也。"清傅崇矩《成都通览·成都之江湖言词·人物类》："店官：朝阳通。"

【朝阳子】卫大法师《江湖话·红帮各地通行隐语·各种行业类》："生意人：哈郎子；朝阳子。"《切口大词典·星相类·立墙壁相面之切口》："朝阳子：开店者。"李子峰《海底·各地通行隐语》："生意人：哈郎子；朝阳子。"

【朝元】清翟灏《通俗编·识余·市语·优伶》："优伶：一江风，二郎神，三学士，四朝元，五供养，六幺令，七娘子，八甘州，九菊花，十段锦。"

【朝宗】《新刻江湖切要·地理类》："水：壬癸；龙转，[广]东归；朝宗。"《江湖切口要诀》（尺牍增附本）："水：壬癸；龙转归；朝宗。"清傅崇矩《成都通览·成都之江湖言词·地理类》："土：戊转；万生；水：壬癸；龙转，归；朝宗。石土骨；坚垒；分磊；伏虎；踞豹；子践。"

【朝奏】①《切口大词典·巫卜类·道士之切口》："朝奏：香炉也。"②《切口大词典·医药类·卖膏药者之切口》："朝奏：香也。"

【潮潮】《切口大词典·工匠类·竹匠之切口》："潮潮：看看也。"

【潮洞】《切口大词典·医药类·卖疮药者之切口》："潮洞：溃口也。"

【潮甘】《切口大词典·杂流类·卖水果者之切口》："潮甘：蜜橘也。"

【潮蓝】《切口大词典·商铺类·染色业之切口》："潮蓝：色之最深者。"

【潮龙】《新刻江湖切要·人事类》："洗浴为潮龙；又诳沦。"《切口大词典·武术类·住宅保镖者之切口》："潮龙：洗浴也。"清傅崇矩《成都通览·成都之江湖言词·人事类》："洗浴；潮龙；诳沦。"

【潮水】清张德坚等《贼情汇纂》卷八《伪文告下·隐语·太平天国隐语》："潮水即酒。自长龙至潮水，乃贼中偷吃者创为隐语，非贼教也。"

【吵呐】《切口大词典·商铺类·乐器业之切口》："吵呐：小喇叭也。"

【吵子】《江湖走镖隐语行话谱》："串铃：吵子。"

【炒螺蛳】《切口大词典·娼妓类·茶室之切口》："炒螺蛳：相哄也。"

【炒青苗的玄子】卫大法师《江湖话·红帮各地通行隐语·饮食用品类》："锅：大老黑，炒青苗的玄子。"李子峰《海底·各地通行隐语》："锅：大老黑；炒青苗的玄子。"

【炒湾老】《切口大词典·商铺类·菜饭业之切口》："炒湾老：炒虾仁也。"

che

【车把老】《切口大词典·杂业类·油坊之切口》："车把老：造油之工人也。"

【车白】《切口大词典·医药类·卖药糖者之切口》："车白：糖也。"

【车儿】①《切口大词典·杂业类·豆腐店之切口》："车儿：豆腐袋也。"②《切口大词典·杂业类·米店之切口》："车儿：米袋也。"

【车梨】清傅崇矩《成都通览·成都之呼物混名》："车梨：剃头也。"

【车轮】《切口大词典·赌博类·摇宝赌之切口》："车轮：骰子内有机，能旋转自如也。"

【车心子】《切口大词典·杂业类·豆腐店之切口》："车心子：石磨也。"

【车元】《切口大词典·手艺类·灯笼业之切口》："车元：人力车灯也。"

【车子】《切口大词典·工匠类·打线匠之切口》："车子：打索之架也。"

【扯】卫大法师《江湖话·红帮各地通行隐语·一般人事类》："走：扯，拉。"李子峰《海底·各地通行隐语》："走：踹；扯；拉。"

【扯丹】《切口大词典·医药类·施药郎中之切口》："扯丹：大便也。"

【扯淡】明风月友辑《金陵六院市语》："至若埋梦即没有之意，扯淡则胡说之辞。"明田汝成《西湖游览志馀·委巷丛谈》："又有讳本语而巧为俏语者，如诉人嘲我淄牙，有谋未成曰扫兴，冷淡曰秋意，无言默坐曰出神，言涉败兴曰杀风景，言说谎曰扯淡，或转曰牵冷，则出自宋时梨园市语之遗，未之改也。"

【扯丢】《江湖走镖隐语行话谱》："山房：扯丢。"

【扯断藕】《切口大词典·工匠类·理发匠之切口》："扯断藕：提膀子也。"

【扯红旗】卫大法师《江湖话·红帮各地通行隐语·其他用具对象类》："放火：扯红旗，挂上。"李子峰《海底·各地通行隐语》："放火：扯红旗；挂上。"

【扯华梁子】《江湖走镖隐语行话谱》："路曰扯华梁子。"

【扯滑】《江湖走镖隐语行话谱》："走去：扯滑。"

【扯活】云游客《江湖丛谈·江湖之春点》："管跑喽叫扯活啦。"

【扯活了吧】云游客《江湖丛谈·江湖之金点·江湖自嘲之暗语》："扯活了吧，是你们跑了吧。"

【扯老】《切口大词典·星相类·拉和琴算命之切口》："扯老：和琴也。"

【扯了】云游客《江湖丛谈·江湖之春点·三不管的戗巾生意》："江湖人管媳妇，调侃叫果食码子，管跑了，调侃叫扯了。"

【扯铃】《切口大词典·优伶类·场面上之切口》："扯铃：二胡也。"

【扯溜】《新刻江湖切要·乞丐类》："弄蛇：扯溜；[改]降龙。"《切口大词典·乞丐类·弄蛇求乞之切口》："扯溜：弄蛇乞儿也。"清傅崇矩《成都通览·成都之江湖言词·乞丐类》："弄蛇：扯溜；降龙。"

【扯溜子】明程万里《鼎锲徽池雅调南北官腔乐府点板曲响大明春·六院汇选江湖方语》："扯溜子，乃蛇的。调孔，叫人唱曲。"

【扯轮子】云游客《江湖丛谈·江湖之金点·挂》："扯轮子即是套车。"云游客《江湖丛谈·江湖之金点·评门》："扯轮子即是套车。"

【扯奴】《切口大词典·医药类·施药郎中之切口》："扯奴：小便也。"

【扯炮】《行院声嗽·人事》："说谎：扯炮。"

【扯蓬】卫大法师《江湖话·江湖上的隐语·普通隐语》："抢耳环：扯蓬。"

【扯皮】《切口大词典·医药类·摆摊郎中之切口》："扯皮：锉刀也。"

【扯平】《江湖走镖隐语行话谱》："挑山：扯平。"

【扯牵】《新刻江湖切要·经纪类》："做针者：叉老；扯牵；扯线；[改]横笂通。"清傅崇矩《成都通览·成都之江湖言词·经纪类》："做针者：叉老；扯牵；扯线；横笏通。"

【扯签经】《切口大词典·乞丐类·手本讨钱之切口》："扯签经：纸上书字谜数条而求乞者。"

【扯去子】《江湖走镖隐语行话谱》："刮风：扯去子。"

【扯软把】《切口大词典·役夫类·更夫之切口》："扯软把：贼也。"

【扯手】①《切口大词典·工匠类·打眼匠之切口》："扯手：打眼用之弯钩竹竿也。"②《切口大词典·优伶类·场面上之切口》："扯手：京胡也。"

【扯抬子】《切口大词典·衙卒类·侦探之切口》："扯抬子：拷竹杠也。"

【扯谈】卫大法师《江湖话·安庆隐语》："说闲话：扯谈。"

【扯线】①《新刻江湖切要·经纪类》："做针者：叉老；扯牵；扯线；[改]横笏通。"清傅崇矩《成都通览·成都之江湖言词·经纪类》："做针者：叉老；扯牵；扯线；横笏通。"②《新刻江湖切要·时令类》："晚上：兜昏；扯线。"《江湖切口要诀》(尺牍增附本)："晚上：兜昏；扯线。"《切口大词典·星相类·铁板算命之切口》："扯线：晚上也。"清傅崇矩《成都通览·成都之江湖言词·时令类》："晚上：兜昏；扯线。"

【扯一个混】清傅崇矩《成都通览·成都之袍哥话即江湖话也》："扯一个混：言梦也。"

【扯硬把】《切口大词典·役夫类·更夫之切口》："扯硬把：强盗也。"

【扯走】《切口大词典·党会类·流氓之切口》："扯走：隐逃也。"

【革对】《切口大词典·医药类·卖药糖者之切口》："革对：小云锣也。"

【彻骨】《切口大词典·杂流类·卖糖芋艿者之切口》："彻骨：熟也。"

【掣脖】《蹴鞠图谱·圆社锦语》："掣脖：坐。"

chen

【辰老】《新刻江湖切要·鸟兽虫鱼类》："龙：万丈；万花；辰老。"

【辰月】《新刻江湖切要·时令类》："三(月)：辰月。"

【沉迷为身】《江湖切口要诀》(尺牍增附本)："乡人：干长通。[广] 我犹未免；沉迷为身。"

【沉明】《切口大词典·商铺类·乐器业之切口》："沉明：磬也。"

【沉水】《切口大词典·商铺类·香烛业之切口》："沉水：沉香也。沉香为南越之蜜香树。土人断其积年老根，露置经年，皮干朽烂，而心节犹存，置水中则沉，故名。"

【沉速为身】《新刻江湖切要·人物类》："乡人：千长通；[广] 我犹未免；沉速为身。"《切口大词典·医药类·着地摊药治病者之切口》："沉速为身：乡下人也。"清傅崇矩《成都通览·成都之江湖言词·人物类》："乡人：千长通；我犹未免；沉速为身。"

【陈旧朝阳】《切口大词典·盗贼类·对买贼之切口》："陈旧朝阳：古董店也。"

【陈妈妈】明风月友辑《金陵六院市语》："方列行经号为红官人，用绢呼作陈妈妈。"

【陈皮】《切口大词典·杂流类·换碗者之切口》："陈皮：旧衣也。"

【陈奇】《切口大词典·杂业类·菸烟店之切口》："陈奇：旱烟之中者。"

【陈条儿】学古堂《江湖行话谱·走江湖行话》："睡觉：陈条儿。"

【衬池头】《切口大词典·商铺类·顾绣业之切口》："衬池头：床沿也。"

【衬底】《切口大词典·衙卒类·衙役之切口》："衬底：差役对于挂号帮匪供其膳宿，且告本地情形，谁富谁贫，谁强谁弱。"

【衬方】《切口大词典·工匠类·打金箔匠之切口》："衬方：铁礅头也。"

【衬骨朝阳】《切口大词典·盗贼类·对买贼之切口》："衬骨朝阳：裱画店也。"

【衬片】《切口大词典·役夫类·庖夫之切口》："衬片：砧板也。"

【衬手布】《切口大词典·衙卒类·讼棍之切口》："衬手布：银钱也。"

【衬头】《切口大词典·商铺类·顾绣业之切口》："衬头：枕头也。"

【衬住】清傅崇矩《成都通览·成都之袍哥话即江湖话也》："衬住，言力任其难也。"

【衬足朝阳】《新刻江湖切要·店铺类》:"木履店:[增]衬足朝阳,又为辟水朝阳。"《切口大词典·盗贼类·对买贼之切口》:"衬足朝阳:木履店也。"清傅崇矩《成都通览·成都之江湖言词·店铺类》:"木履店:衬足朝阳,辟水朝阳。"

【趁圆子】《切口大词典·医药类·自称戏子治病者之切口》:"趁圆子:乘车也。"

cheng

【撑】卫大法师《江湖话·各行业商帮所用数目字隐语·成都通行言词·鱼贩子》:"条:一。边:二。撑:三。梳:四。妥:五。高:六。黑:七。毛:八。湾:九。"《切口大词典·杂业类·米店之切口》:"撑:三也。"清傅崇矩《成都通览·成都之各行人买卖通用言词·捕鱼及渔帆子言词》:"撑(三)。"

【撑白满】《切口大词典·杂流类·外执事之切口》:"撑白满:撑孝帐者。"

【撑白云】金老佛《三教九流江湖秘密规矩·青帮与红帮·江湖之春典》:"偷羊称撑白云。"

【撑背】《切口大词典·工匠类·弹棉匠之切口》:"撑背:悬弹架之杆也。"

【撑得起】《切口大词典·盗贼类·拐匪之切口》:"撑得起:四肢整齐也。"

【撑肚子】卫大法师《江湖话·红帮各地通行隐语·姓氏类》:"魏:撑肚子。"李子峰《海底·各地通行隐语》:"魏:撑肚子。"

【撑骨】《切口大词典·杂业类·纸扎店之切口》:"撑骨:芦柴也。"

【撑鬼】《切口大词典·娼妓类·粤妓之切口》:"撑鬼:蹙眉头也。"

【撑红】《行院声嗽·人事》:"放火:撑红。"

【撑花】清傅崇矩《成都通览·成都之呼物混名》:"撑花:雨伞也。"

【撑江】《新刻江湖切要·地理类》:"桥:撑江;[广]水带;继断;接引生。"《江湖切口要诀》(尺牍增附本):"桥:撑江。[广]水带;续断;接引生。"《切口大词典·盗贼类·水面贼之切口》:"撑江:桥梁也。水贼隐身处之一。"清傅崇矩《成都通览·成都之江湖言词·地理类》:"桥:撑江;水带;继断;接引生。"

【撑口棒】《切口大词典·杂业类·酒店之切口》:"撑口棒:筷也。"

【撑老】①《新刻江湖切要·器用类》:"雨伞:撑老;遍天遮;又隔津。"清傅崇矩《成都通览·成都之江湖言词·器用类》:"雨伞:撑老;遍天遮。"②《新刻江湖切要·器用类》:"帐:亦名撑老,[改]撑幔。"《新刻江湖切要·衣饰类》:"帐:网儿;慢天;又撑老。"《切口大词典·盗贼类·铳手之切口》:"撑老:帐子也。"清傅崇矩《成都通览·成都之江湖言词·器用类》:"帐:撑老,撑幔。"清傅崇矩《成都通览·成都之江湖言词·衣饰类》:"帐:网儿;慢天;撑老。"

【撑亮】《切口大词典·役夫类·人力车夫之切口》:"撑亮:灯笼也。"

【撑亮子】《切口大词典·手艺类·灯笼业之切口》:"撑亮子:灯笼杆也。"

【撑轮子】《切口大词典·役夫类·人力车夫之切口》:"撑轮子:钢丝也。"

【撑幔】《新刻江湖切要·器用类》:"帐:亦名撑老,[改]撑幔。"清傅崇矩《成都通览·成都之江湖言词·器用类》:"帐:撑老,撑幔。"

【撑门口】《切口大词典·娼妓类·长三书寓之切口》:"撑门口:妓家必结识有势力之白相人或包探以为外援,犹北京谓之打叉的也。"

【撑圈】《切口大词典·役夫类·人力车夫之切口》:"撑圈:打气也。"

【撑四】《行院声嗽·通用》:"好:撑四。"

【撑天】《切口大词典·手艺类·雨伞业之切口》:"撑天:伞柄也。"《切口大词典·杂流类·外执事之切口》:"撑天:掮伞也。"《切口大词典·行号类·蛋船行之切口》:"撑天:桅杆也。"

【撑通】《新刻江湖切要·经纪类》:"做伞者:撑通。"清傅崇矩《成都通览·成都之江湖言词·经纪类》:"做伞者:撑通。"

【撑头】《切口大词典·娼妓类·花烟间之切口》:"撑头:开花烟间者。"

【撑腰】《切口大词典·杂流类·卖洋伞者之切口》："撑腰：小骨也。"

【撑子】《切口大词典·星相类·不开口相面之切口》："撑子：椅子也。"

【成】①卫大法师《江湖话·各行业商帮所用数目字隐语·成都通行言词·帽行》："兵：一。文：二。善：三。作：四。成：五。安：六。免：七。可：八。庆：九。"清傅崇矩《成都通览·成都之各行人买卖通用言词·草帽麻行通用言词》："五，成。"②《切口大词典·赌博类·摇宝赌之切口》："成：掌场中之用人。以上四人，为四大天王咸尊之先生也。"③《切口大词典·商铺类·金银业之切口》："成：十也。"④清翟灏《通俗编·识余·市语·线行》："线行：一田，二伊，三寸，四水，五丁，六木，七才，八戈，九成。"

【成地仙】《切口大词典·党会类·红帮之切口》："成地仙：用铲掘坎活埋也。"

【成儿】《切口大词典·商铺类·丝经业之切口》："成儿：九也。"

【成功】《切口大词典·赌博类·麻雀赌之切口》："成功：六也。"

【成果】卫大法师《江湖话·红帮各地通行隐语·人类一般》："妇人：成果，才大兴。"李子峰《海底·各地通行隐语》："妇人：成果，才大兴。"

【成色】《切口大词典·役夫类·茶担夫之切口》："成色：十也。"

【成他的仙】李子峰《海底·各地通行隐语》："送他的命：做了他；成他的仙。"

【成头】《切口大词典·衙卒类·缉私盐之切口》："成头：一分头也。盐商纳税银一两，加一分。"

【承丙】《切口大词典·杂业类·铁器店之切口》："承丙：炉栅也。"

【承黑】《切口大词典·商铺类·瓷器业之切口》："承黑：笔洗也。"

【承泪】《切口大词典·星相类·相家之切口》："承泪：男女宫，位在两眼下。"

【承盘】《切口大词典·杂业类·豆腐店之切口》："承盘：豆腐板也。"

【承前】《切口大词典·工匠类·皮匠之切口》："承前：包鞋头也。"

【承相】《切口大词典·役夫类·农夫之切口》："承相：耕牛也。"

【承香】《切口大词典·商铺类·瓷器业之切口》："承香：花盆也。"

【承兄】《切口大词典·党会类·哥老会之切口》："承兄：调查新会员之身家者。"

【承宣孤】《新刻江湖切要·官职类》："布政：左孤，阳孤；古三；[广]承宣孤。"

【城隍】①卫大法师《江湖话·安庆隐语》："测字的：城隍。"②《切口大词典·衙卒类·牢监之切口》："城隍：狱官也。"

【城隍老】卫大法师《江湖话·安庆隐语》："父亲：城隍老。"

【乘】卫大法师《江湖话·各行业商帮所用数目字隐语·成都通行言词·江湖通用》："乘：六。"清傅崇矩《成都通览·成都之各行人买卖通用言词·江湖八大帮言词》："乘（六）。"

【乘凤】《切口大词典·杂业类·禽鸟业之切口》："乘凤：铜花凤也。"

【乘阴】《新刻江湖切要·时令类》："大暑：乘阴。"《江湖切口要诀》（尺牍增附本）："大暑：乘阴。"《切口大词典·星相类·弹弦子算命之切口》："乘阴：大暑也。"清傅崇矩《成都通览·成都之江湖言词·时令类》："大暑：乘阴。"

【酲透】宋陈元靓辑《事林广记·续集·绮谈市语·举动门》："醉：酕醄；酲透。"

【闩头】《切口大词典·娼妓类·台基之切口》："闩头：保护台基之人也，资格大抵流氓探巡，且多与鸨母配偶者。"

chi

【吃】《切口大词典·工匠类·木匠之切口》："吃：敲钉也。"

【吃膘杵】①云游客《江湖丛谈·江湖之春点·挂子行中的支杆挂子》："瓢把子花他伙计的钱，调侃叫吃膘杵。"②云游客《江湖丛谈·江湖之春点·江湖中之大粒生意》："他是指着老道们而言，吃膘杵是吃老道们的钱。"

【吃膘杵儿】云游客《江湖丛谈·江湖之金

点·小绺门》："吃膘杵儿，即是分别人的钱花。"

【吃草疙瘩】《切口大词典·党会类·红帮之切口》："吃草疙瘩：架人杀害，畅快解恨之意也。"

【吃大杀蟹】《清门考原·各项切口》："吃大杀蟹，反拷。"

【吃斗】《切口大词典·党会类·青帮之切口》："吃斗：蛮横无惧也。"《清门考原·各项切口》："吃斗，横蛮无惧。"刘联珂《中国帮会三百年革命史·清门切口》："吃斗，横蛮无惧。"

【吃抖】《切口大词典·娼妓类·茶室之切口》："吃抖：时髦也。上海所谓出风头。"

【吃豆腐】《清门考原·各项切口》："吃豆腐，欺压无能人也。"

【吃二馍的】贝思飞《民国时期的土匪隐语》："吃二馍的：在军队中收拾匪帮留下的东西的土匪内线。"

【吃飞轮的】云游客《江湖丛谈·江湖之金点·小绺门》："窃术不精的，只可在人群里乱挤，偷那穷人。手活粗的，亦难偷阔人。在火车上绺窃的贼，叫轮子钱，又叫吃飞轮的。"

【吃风】《切口大词典·衙卒类·侦探之切口》："吃风：嘴巴也。"

【吃鸽屎】《切口大词典·党会类·小瘪三之切口》："吃鸽屎：春鸽子者。"

【吃搁念的】云游客《江湖丛谈·江湖之春点·江湖中之老合》："只要是江湖人，都叫'吃搁念的'。'搁念'两字，是江湖人群名词的侃儿，与那国家、团体、学校、社会的名词是一样。吃搁念的某甲，与吃搁念的某乙，原不相识。两个人在一处遇见，谈起话来，只要彼此说：'咱们都是老合，以后得多亲近。'甲乙二人，从此就能亲近。"

【吃官司】《切口大词典·党会类·流氓之切口》："吃官司：当衣服也。"

【吃果儿】《切口大词典·娼妓类·八大胡同妓院之切口》："吃果儿：扣口也。"

【吃河豚】《切口大词典·衙卡类·厘卡之切口》："吃河豚：大头小尾也。"

【吃黑】《切口大词典·杂流类·卖买古董者之切口》："吃黑：对客卖买而取利也。"

【吃黑的】卫大法师《江湖话·安庆隐语》："玩赌假的：吃圈子饭，吃黑的。"

【吃红线】贝思飞《民国时期的土匪隐语》："吃红线：勒索钱财。"

【吃黄连】《切口大词典·盗贼类·拐匪之切口》："吃黄连：被私刑也。"

【吃昏】《切口大词典·星相类·星家之切口》："吃昏：所吃之伙食。人家犯大快者，曰吃昏。"

【吃馄饨】《切口大词典·衙卒类·狱卒之切口》："吃馄饨：缚四肢在一处也。"

【吃火腿】《切口大词典·乞丐类·乞丐之切口》："吃火腿：被人足踢也。"

【吃夹档】《切口大词典·乞丐类·乞丐之切口》："吃夹档：受冤枉也。"

【吃跄党】《切口大词典·医药类·医生之切口》："吃跄党：摆摊卖药者。"

【吃价】卫大法师《江湖话·安庆隐语》："要得开：吃价。"

【吃讲茶】《切口大词典·党会类·小瘪三之切口》："吃讲茶：争执事理，双方至茶肆，将事理因由，宣之于众，孰是孰非，凭诸公论。"

【吃胶】《切口大词典·衙卒类·狱卒之切口》："吃胶：以皮条击身也。"

【吃惊草酒】李子峰《海底·各地通行隐语》："吃评理酒：吃惊草酒。"

【吃拦干饭的朋友】卫大法师《江湖话·安庆隐语》："讼棍：吃拦干饭的朋友。"

【吃老】《切口大词典·工匠类·皮匠之切口》："吃老：麻线也。"

【吃老西】卫大法师《江湖话·红帮各地通行隐语·各种行业类》："行窃：老合；跑青花；吃老西。"李子峰《海底·各地通行隐语》："行窃：老合；跑青花；吃老西。"

【吃栗子】《梨园话》："吃栗子：与'笨瓜'同。"

【吃鸢】李子峰《海底·各地通行隐语》："静赌为生：吃鸢；拦巴。"卫大法师《江湖话·红帮各地通行隐语·各种行业类》："静赌为生：吃鸢，拦巴。"

【吃螺蛳】《梨园话》："吃螺蛳：唱作重复，谓之'吃螺蛳'。[附记] 唱作重复，为诸伶所不能免。每因犯此疵，满堂倒彩。市肆所售之螺蛳，早年伶工多不敢食，恐食之于演剧时犯吃螺蛳之疵。伶工智识浅陋，多重迷信，往往如此。"《切口大词典·优伶类·腔调上之切口》："吃螺蛳：唱时突忘戏词，代以嗯哼等字也。"

【吃排头】《切口大词典·党会类·小瘪三之切口》："吃排头：受嗔怪也，讨没趣也。"

【吃皮子的】 卫大法师《江湖话·红帮各地通行隐语·各种行业类》："大鼓书：吃皮子的。"李子峰《海底·各地通行隐语》："大鼓书：吃皮子的。"

【吃齐草酒】 卫大法师《江湖话·红帮各地通行隐语·一般人事类》："吃评理酒：吃齐草酒。"

【吃恰子】《切口大词典·盗贼类·铳手之切口》："吃恰子：主人锁户外出裂锁而入内行窃也。"

【吃青锋】《切口大词典·武术类·吞剑吃蛋卖戏法者之切口》："吃青锋：吞剑也。"

【吃球子】《切口大词典·武术类·吞剑吃蛋卖戏法者之切口》："吃球子：吃蛋也。"

【吃圈子饭】 卫大法师《江湖话·安庆隐语》："玩赌假的：吃圈子饭；吃黑的。"

【吃热】《切口大词典·杂流类·蚁煤之切口》："吃热：吃官司也。"

【吃烧饼】《切口大词典·衙卒类·狱卒之切口》："吃烧饼：掌烦也。"

【吃生活】《切口大词典·乞丐类·乞丐之切口》："吃生活：受人责答也。"

【吃司菜】《切口大词典·娼妓类·长三书寓之切口》："吃司菜：每届节日，本来院中厨夫以菜四肴分饷各妓，以邀妓之犒赏，妓转以饷客，为取偿也，而今成为妓女打抽风之一种矣。"

【吃松毛】《切口大词典·役夫类·樵夫之切口》："吃松毛：柴贩子也。"

【吃天王饭的】 李子峰《海底·各地通行隐语》："唱戏：吃天王饭的；梨园子；彩行。"

【吃天王饭的黎子】 卫大法师《江湖话·红帮各地通行隐语·各种行业类》："唱戏：吃天王饭的黎子，彩行。"

【吃条子】《切口大词典·娼妓类·花烟间之切口》："吃条子：因淫业不佳，被鸨母责打也。"

【吃条子饭】 卫大法师《江湖话·安庆隐语》："拐子：吃条子饭；诈子。"

【吃西皮】《切口大词典·星相类·星家之切口》："吃西皮：吃牛屁也。"

【吃戏酸】《梨园话》："吃戏酸：与外行'吃醋'同。[附记]凡组一班，必须约请伶工担任生旦净丑诸角色。其后又在外约同样角色，来班搭演。其班中原有之角色，必互起猜忌，谓之'吃戏酸'。"

【吃仙丹】《切口大词典·役夫类·航船夫之切口》："吃仙丹：以药迷人也。"

【吃相】①《切口大词典·党会类·青帮之切口》："吃相：捞钱之语也。"②《清门考原·各项切口》："吃相，靠江湖人衣食也。"《清门考原·各项切口》："吃相，取相夫之财也。"刘联珂《中国帮会三百年革命史·清门切口》："吃相，吃江湖人。"

【吃小】《切口大词典·赌博类·麻雀赌之切口》："吃小：每日向赌中取钱用者，均称之为吃小。"

【吃小虫】《切口大词典·党会类·青帮之切口》："吃小虫：向做小贩者索钱拆梢也。"

【吃小鸟】《切口大词典·赌博类·做花会之切口》："吃小鸟：奔走花会做筒处而派得余利者。"

【吃星子】《切口大词典·杂业类·山果业之切口》："吃星子：暗加称也。"

【吃夜茶】《切口大词典·党会类·小瘪三之切口》："吃夜茶：留宿于老虎灶。灶非旅馆，不能容留外人，故不曰寄宿而曰吃夜茶。"

【吃引水】《切口大词典·党会类·流氓之切口》："吃引水：设赌局骗人钱财也。"

【吃印】《切口大词典·杂流类·收卖锭灰者之切口》："吃印：施用印子之手术也。"

【吃硬】《切口大词典·工匠类·铁匠之切口》："吃硬：火焰也。"

【吃渣子饭】 卫大法师《江湖话·红帮各地通行隐语·各种行业类》："贩卖人口业：吃渣子饭。"李子峰《海底·各地通行隐语》："贩卖人口业：吃渣子饭。"

【吃张】《切口大词典·赌博类·麻雀赌之切口》："吃张：三也。"

【吃蜇】 明佚名《行院声嗽·花木》："枝柯：

吃鼙。"

【痴子】《切口大词典·党会类·三点会之切口》："痴子：外人也。"

【绨居】《新刻江湖切要·时令类》："处暑：绨居。"《江湖切口要诀》（尺牍增附本）："处暑：绨居。"《切口大词典·星相类·弹弦子算命之切口》："绨居：处暑也。"清傅崇矩《成都通览·成都之江湖言词·时令类》："处暑：绨居。"

【池】①卫大法师《江湖话·各行业商帮所用数目字隐语·成都通行言词·药材行》："音：一。色：二。春：三。水：四。岸：五。芸：六。里：七。池：八。千：九。"清傅崇矩《成都通览·成都之各行人买卖通用言词·药材行通用言词》："八，池。"②《清门考原·各项切口》："池，人死用之装尸，如盒子，底活的，到致将底一抽，死人入土棺，此物名池。礼拜寺则有，为人死必用之物。"

【池里麻撒】 学古堂《江湖行话谱·保镖护院行话概略》："院里有人，池里麻撒。"

【池里马撒】《镖行江湖隐语行话秘典》："院里有人，池里马撒。"

【池数】 清傅崇矩《成都通览·成都之各行人买卖通用言词·药材行通用言词》："池数，八百。"

【池子】 ①《江湖走镖隐语行话谱》："院子：池。"②《江湖走镖隐语行话谱》："钥匙：池子；挑子。"③《切口大词典·优伶类·戏园之切口》："池子：顾客所坐之处也。"

【迟才】《新刻江湖切要·亲戚类》："后妻：迟才，今改接辫，取续发之意。"

【持叩】清傅崇矩《成都通览·成都之江湖言词·人事类》："打：扁，郎扁；持叩。"

【持危】《新刻江湖切要·文具类》："拐杖：引落；改曰持危。"

【尺】①卫大法师《江湖话·红帮各地通行隐语·数目类》："百：配，尺。"《切口大词典·党会类·红帮之切口》："尺：百也。"金老佛《三教九流江湖秘密规矩·青帮与红帮·红帮之问答》："顷据带线人（熟盗）报告，坟西园河里（金姓），家肥水极壮，活龙四丈有余（帮匪切口，书目咸以尺寸计之，譬如百谓尺，十谓寸，千谓丈之类。四

丈即四千，现银谓活龙），死货尚不在其内（不动产曰死货），此外尚有很漂亮的地牌二五（女子已嫁者谓之地牌，未嫁者谓之二五），作条子开出去，每牌至少值价四五尺水头。"李子峰《海底·各地通行隐语》："百：配；尺。"②《切口大词典·行号类·茧行之切口》："尺：七也。"

【尺八】①《切口大词典·杂流类·卖白糖粥者之切口》："尺八：孩童也。"②《切口大词典·杂业类·旅馆之切口》："尺八：床也。"

【尺鈸】《行院声嗽·宫室》："歹人家：外斗；尺鈸。"

【尺寸籀】《切口大词典·衙卒类·厘卡之切口》："尺寸籀：扦量货也。"

【尺郎】《切口大词典·医药类·参燕业之切口》："尺郎：五也。"

【齿】《切口大词典·杂业类·山果业之切口》："齿：行佣也。"

【齿老】 明风月友辑《金陵六院市语》："齿老者，牙也。"

【齿子】《行院声嗽·人物》："牙人：齿子。"

【赤壁】《清门考原·各项切口》："赤壁，受逼也靠。"

【赤根子】《切口大词典·行号类·菜蔬行之切口》："赤根子：红色胡萝卜也。"

【赤骨】《切口大词典·商铺类·香烛业之切口》："赤骨：速香也。"

【赤脚】《切口大词典·党会类·小瘪三之切口》："赤脚：赌博输完赌本也。"

【赤脚符】 宋陈元靓辑《事林广记·续集·绮谈市语·亲属门》："婢：赤脚符。"

【赤老】①《切口大词典·商铺类·杂货业之切口》："赤老：矾红也。"②《切口大词典·杂流类·卖糖芋艿者之切口》："赤老：红糖也。"

【赤老倈】《行院声嗽·人物》："达达：赤老倈。"

【赤老腻口】《切口大词典·杂流类·卖白糖粥者之切口》："赤老腻口：红粥也。"

【赤老稀】《切口大词典·杂业类·白粥业之切口》："赤老稀：赤豆粥也。"

【赤马洁】《切口大词典·行号类·粮食行之切口》："赤马洁：同上（羊脂）。芒如老马之鬃。"

【赤松游子】《切口大词典·杂流类·媒婆之切口》："赤松游子：山里人也。"

【赤太岁】《新刻江湖切要·疾病类》："痨病：火延年；赤太岁；焦根根。"清傅崇矩《成都通览·成都之江湖言词·疾病类》："痨病：火延年；赤太岁；焦根根。"

【赤土】《新刻江湖切要·文具类》："墨：赤土；青烟；又黑卿。"

【炽烘】卫大法师《江湖话·江湖上的隐语·普通隐语》："生意好：炽烘。"

【翅子】《江湖走镖隐语行话谱》："进士：翅子。"

【翅子逗得咧了瓢儿】云游客《江湖丛谈·江湖之春点·江湖艺人万人迷》："皆赖有口才，能将翅子逗得咧了瓢儿，能把官长逗笑了。"

【翅子窑】《江湖走镖隐语行话谱》："衙门：翅子窑。"学古堂《江湖行话谱·行话管见》："官家屋叫翅子窑。"

chong

【充幌】《切口大词典·衙卒类·侦探之切口》："充幌：吃点心也。"

【充幌朝阳】《新刻江湖切要·店铺类》："点心店；[增]为充幌朝阳。"《切口大词典·盗贼类·对买贼之切口》："充幌朝阳：点心店也。"清傅崇矩《成都通览·成都之江湖言词·店铺类》："点心店：充幌朝阳。"

【充火通】《新刻江湖切要·经纪类》："厨人：百味通；充火通。"清傅崇矩《成都通览·成都之江湖言词·经纪类》："厨人：百味通；充火通。"

【充末】《行院声嗽·通用》："上：充末。"

【充头子】《切口大词典·娼妓类·花烟间之切口》："充头子：接来之客系瘟生者。"

【冲八】《新刻江湖切要·鸟兽虫鱼类》："龟：冲八；清闲。"

【冲斗】卫大法师《江湖话·红帮各地通行隐语·一般人事类》："生气：冲斗。"李子峰《海底·各地通行隐语》："生气：冲斗。"

【冲风】《新刻江湖切要·饮馔类》："烟薰子：冲风；烧老。"

【冲天】①《切口大词典·娼妓类·江山船之切口》："冲天：妓女从良也。"②《切口大词典·杂业类·花业之切口》："冲天：凌霄花也。"

【冲头】《切口大词典·优伶类·锣鼓之切口》："冲头：探子报事，应打冲头。"

【冲撞】《蹴鞠图谱·圆社锦语》："冲撞：骂人。"

【虫门】《新刻江湖切要·地理类》："福建：闽七；[广]虫门。又曰鸟都。"清傅崇矩《成都通览·成都之江湖言词·地理类》："福建：闽七；虫门；鸟都。"《江湖切口要诀》（尺牍增附本）："福建：闽七；虫门；又曰鸟都。"

【虫囊子】①《切口大词典·党会类·青帮之切口》："虫囊子：鸭屎臭也。"②《清门考原·各项切口》："虫囊子，无用人也。"

【虫屑】《切口大词典·工匠类·造酒匠之切口》："虫屑：曲麦也。"

【铳铳】云游客《江湖丛谈·江湖之春点·江湖中铳铳幅子的》："管撒去，调侃儿叫铳铳。"

【重】《切口大词典·商铺类·陆陈业之切口》："重：六也。"

【重才】《切口大词典·商铺类·丝经业之切口》："重才：七十七也。"

【重成】《切口大词典·商铺类·丝经业之切口》："重成：九十九也。"

【重尺】《切口大词典·商铺类·丝经业之切口》："重尺：三十三也。"

【重丁】《切口大词典·商铺类·丝经业之切口》："重丁：五十五也。"

【重度】《切口大词典·医药类·参燕业之切口》："重度：二十二也。"

【重矾】《切口大词典·手艺类·扇子业之切口》："重矾：白纸扇面之佳者。"

【重古】《切口大词典·商铺类·丝经业之切口》："重古：八十八也。"

【重九】《新刻江湖切要·时令类》："中秋：赏中；[广]分金；重九；金末。又瓜期节，谓二九也。"

【重木】《切口大词典·商铺类·丝经业之切口》："重木：六十六也。"

【重求】《切口大词典·商铺类·丝经切

口》:"重求:二十二也。"

【重如】《切口大词典·商铺类·地货业之切口》:"重如:二十二也。"

【重苏】《切口大词典·商铺类·地货业之切口》:"重苏:四十四也。"

【重阳柳】《切口大词典·杂流类·卖花者之切口》:"重阳柳:金线草也,茎红叶圆重阳发枝生红花其上。"

【重圆】《切口大词典·工匠类·皮匠之切口》:"重圆:修旧鞋子也。"

chou

【抽】《江湖走镖隐语行话谱》:"买为抽。"学古堂《江湖行话谱·行意行话》:"买。"

【抽撒】云游客《江湖丛谈·江湖之春点·三不管的花柳座子》:"他们管包药使用的门票,调侃儿叫抽撒。"

【抽撒口】云游客《江湖丛谈·江湖之春点·江湖中的卖点之内幕》:"百日灾难,九十九天好不了,那叫抽撒口。"

【抽撒口儿】云游客《江湖丛谈·江湖之春点·三不管的花柳座子》:"抽撒口儿,即是退身步儿。"

【抽撒盘簧】云游客《江湖丛谈·江湖之金点·穷家门》:"什么叫抽撒盘簧呢?就是用一种圆滑的口吻,乍听很有理。"

【抽风】《切口大词典·工匠类·铁匠之切口》:"抽风:风箱也。"

【抽工】《切口大词典·商铺类·皮裘业之切口》:"抽工:二也。"

【抽签者】金老佛《三教九流江湖秘密规矩·青帮与红帮·青帮之副业》:"骗子又有一法,即合伴四五人,其一扮作卖酒酿者,又一二人,扮作抽签者,其余二三人,则在四周望风,盖恐巡捕西警等之干涉也。见有阿土生经过,则抽签者必大言曰:吾赢两元,或曰彼赢三元,一片喧嚷,以劝阿土生。阿土生苟稍止其步,两旁即有撬霸者诱其同赌,则必或吃或配,继又令其稍稍得利。赌稍久,阿土生不能耐,出多金作孤注,然后一再吃之,故不难权操必胜也。迨欲望既赢,则其党中人,必伪言巡捕来矣,快逃快逃。卖酒酿者,即乘机收置签筒,肩担而遁,其余亦皆一哄而逸,各回巢穴,互相均派。此亦骗之一类也。"

【抽时风】《切口大词典·杂流类·蔑骗之切口》:"抽时风:谄媚主人也。"

【抽手】《切口大词典·工匠类·铜匠之切口》:"抽手:风箱也。"

【抽条子】①《新刻江湖切要·僧道类》:"求签:抽条子。"清傅崇矩《成都通览·成都之江湖言词·僧道类》:"求签:抽条子。"②《切口大词典·工匠类·理发匠之切口》:"抽条子:打辫子。"

【抽跳师】《切口大词典·党会类·青帮之切口》:"抽跳师:即引见师也。因该帮起初开堂收徒在粮船举行,下船入帮,须抽跳板以渡之。"

【抽筒】《切口大词典·盗贼类·杆匪之切口》:"抽筒:大号也,俗名喇叭。"

【抽头】《切口大词典·优伶类·锣鼓之切口》:"抽头:有单双之分。如李陵碑反调,唱至我父王倒做了马前英豪时,应打抽头。"

【抽头子】《清门考原·各项切口》:"抽头子,猫也。"

【抽仗】《行院声嗽·衣服》:"被:抽仗。"

【仇香】宋陈元靓辑《事林广记·续集·绮谈市语·君臣门》:"主簿:仇香。"

【仇周】学古堂《江湖行话谱·瞽者行话》:"仇周,秋。"

【愁白眼】《切口大词典·盗贼类·杆匪之切口》:"愁白眼:盗匪终日筹划实施劫掠之谓也。"

【丑】卫大法师《江湖话·各行业商帮所用数目字隐语·成都通行言词·烟行》:"思:一。初:二。又:三。长:四。丑:五。夏:六。才:七。拍:八。捎:九。"《切口大词典·行号类·粮食行之切口》:"丑:十也。"清傅崇矩《成都通览·成都之各行人买卖通用言词·烟行言词》:"丑(五)。"

【丑丑】《切口大词典·娼妓类·茶室之切口》:"丑丑:看看也。"

【丑官】①《新刻江湖切要·鸟兽虫鱼类》:"牛:丑官;吞青;土官;春官。"②云游客《江湖丛谈·江湖之金点·评门》:"以施公是残废人的讹言调侃叫丑官。"

【丑抹】《行院声嗽·人事》:"羞:丑抹。"

【丑牛】《行院声嗽·鸟兽》:"牛:驮老;丑牛。"

【丑相】《切口大词典·行号类·烟土行之切口》:"丑相:以牛皮料漂去其渍使无败革味,如猪皮料之制法,而成料膏也。"

【丑相公】《切口大词典·赌博类·牌九赌之切口》:"丑相公:五六牌也。"

【丑月】《新刻江湖切要·时令类》:"十二(月):丑月。"

【臭】明程万里《鼎锲徽池雅调南北官腔乐府点板曲响大明春·六院汇选江湖方语》:"臭,是骂人也。"

【臭包袱】 云游客《江湖丛谈·江湖之春点·故都之八大怪》:"江湖人管说素笑话调侃叫素包袱,管说荤笑话调侃叫臭包袱。"

【臭春】 云游客《江湖丛谈·江湖之春点·天桥的臭春场子》:"据江湖人说,管儿张的玩艺,调侃叫臭春。"

【臭方】《切口大词典·杂业类·豆腐店之切口》:"臭方:臭豆腐干也。"

【臭盘】《切口大词典·党会类·流氓之切口》:"臭盘:过犯也。"

【臭筒】 卫大法师《江湖话·红帮各地通行隐语·衣服类》:"袜子:臭筒,签筒子。"《切口大词典·党会类·红帮之切口》:"臭筒:袜子也。"贝思飞《民国时期的土匪隐语》:"臭筒:短袜。"李子峰《海底·各地通行隐语》:"袜子:臭筒。"

【臭叶子】《切口大词典·盗贼类·短截贼之切口》:"臭叶子:衣服也。"

【臭子】《郎中医话》:"臭子,是麝。"

【臭子点】 云游客《江湖丛谈·江湖之春点》:"管好色的人叫臭子点。"

【臭子头】《清门考原·各项切口》:"臭子头,铅桶也。"

chu

【出白】《切口大词典·商铺类·竹器业之切口》:"出白:笾筛也。"

【出卑】《江湖走镖隐语行话谱》:"蓝为出卑。"

【出差】《切口大词典·衙卒类·警士之切口》:"出差:出去站岗或奉公事也。"

【出车】《切口大词典·娼妓类·粤妓之切口》:"出车:妇女上台基,与人野合也。"

【出刍】《切口大词典·巫卜类·道士之切口》:"出刍:起座头也,及上家堂。"

【出当子】《切口大词典·衙卒类·衙役之切口》:"出当子:衙役下乡,捕捉盗贼是也。"

【出店】《切口大词典·杂业类·商人共众切口》:"出店:供店中之杂役者,一名老司务。"

【出洞子】《镖行江湖隐语行话秘典》:"出村,为出洞子。"

【出恶】《蹴鞠图谱·圆社锦语》:"出恶:性起。"

【出风头】《切口大词典·娼妓类·台基之切口》:"出风头:出其所长,以炫耀于人,博美满之赞誉也。"

【出扶桑】《新刻江湖切要·天文类》:"日:太阳,[广]旸乌;常圆;长明;恒满;出扶桑;西坠。"《江湖切口要诀》(尺牍增附本):"日:太阳。[广]阳乌;常圆;长明;出扶桑;西坠。"《切口大词典·巫卜类·席地测字者之切口》:"出扶桑:太阳也。"清傅崇矩《成都通览·成都之江湖言词·天文类》:"日:太阳;阳乌;常圆;长明;恒满;出扶桑;西坠。"

【出公】《切口大词典·衙卒类·侦探之切口》:"出公:破获也。"

【出关】《切口大词典·盗贼类·杆匪之切口》:"出关:正法或枪毙也。"

【出过热】 清傅崇矩《成都通览·成都之袍哥话即江湖话也》:"出过热,帮过忙也。"

【出过血】 清傅崇矩《成都通览·成都之袍哥话即江湖话也》:"出过血,出过钱也。"

【出火头】 清傅崇矩《成都通览·成都之江湖言词·僧道类》:"送符:出火头。"《新刻江湖切要·僧道类》:"送符:出火头。"

【出货】《切口大词典·党会类·拆白党之切口》:"出货:以女子拐往外埠也,俗语开条子。"

【出尖】《蹴鞠谱·锦语》:"六:出尖。"

【出角】《切口大词典·手艺类·贳彩业之切口》:"出角:香亭也。"

【出壳】《切口大词典·工匠类·木匠之切口》："出壳：凿子也。"

【出客】《郎中医话》："出客，是上外边去。"

【出口】《切口大词典·盗贼类·拐匪之切口》："出口：将妇女小孩拐往外埠也。"

【出了鼓儿】云游客《江湖丛谈·江湖之春点·江湖艺人孙宝善》："江湖人管骗了人的钱，被骗的人觉悟了，找他们打官司动凶，调侃叫出了鼓儿。"

【出了鼓啦】云游客《江湖丛谈·江湖之金点·江湖人的规律》："出了鼓啦……即是生气的意思。"

【出六】《新刻江湖切要·天文类》："雪：飞六；[广] 出六；疑絮；天盐。雪珠为集先，落雪为摆飞，又为排六。"《江湖切口要诀》（尺牍增附本）："雪：飞六。[广] 出六；疑絮；天盐；雪珠为集先，落云为摆飞，又为排六。"《切口大词典·盗贼类·水面贼之切口》："出六：雪也。"清傅崇矩《成都通览·成都之江湖言词·天文类》："雪：飞六；出六；疑絮；天盐。"

【出马】卫大法师《江湖话·红帮各地通行隐语·一般人事类》："出手：出马。"李子峰《海底·各地通行隐语》："出手：出马。"

【出煤子】清傅崇矩《成都通览·成都之袍哥话即江湖话也》："出煤子，逢黑道出门也。"

【出门】《切口大词典·赌博类·押六门之切口》："出门：五点也。"

【出牌】《切口大词典·赌博类·麻雀赌之切口》："出牌：四也。"

【出簪头】《切口大词典·党会类·小瘟三之切口》："出簪头：飞奔疾走也。"

【出杀】明程万里《鼎鍥徽池雅调南北官腔乐府点板曲响大明春·六院汇选江湖方语》："出杀，是出场。"

【出山】《切口大词典·工匠类·泥水匠之切口》："出山：盖瓦屋也。"

【出神】明田汝成《西湖游览志馀·委巷丛谈》："又有讳本语而巧为俏语者，如诟人嘲我曰淄牙，有谋未成曰扫兴，冷淡曰秋意，无言默坐曰出神，言涉败兴曰杀风景，言胡说曰扯淡，或转曰牵冷，则出自宋时梨园市语之遗，未之改也。"

【出世】平山周《中国秘密社会史·三合会隐语》："隐语：三合会员与盗贼往来，有怪文以之为暗号，今略揭大要如下。公所曰红花亭，曰松柏林。新入会曰入圈，曰拜正，曰出世。集会曰开台，曰放马。会员曰香，曰洪英，曰豪杰。外人曰风，疯子，曰鹧鸪。新会员曰新丁。到会曰去睇戏。会中之秘书曰衫仔。会员之凭票曰腰平，曰八角招牌，曰八卦。"卫大法师《江湖话·红帮闽粤及南洋各地通行隐语》："入会：入围，拜正，出世。"徐珂《清稗类钞·会党类·三合会隐语》："隐语：三合会员与盗贼往来，有怪文以之为暗号，今略揭大要如下。公所曰红花亭，曰松柏林。新入会曰入圈，曰拜正，曰出世。集会曰开台，曰放马。会员曰香，曰洪英，曰豪杰。外人曰风，疯子，曰鹧鸪。新会员曰新丁。到会曰去睇戏。会中之秘书曰衫仔。会员之凭票曰腰平，曰八角招牌，曰八卦。"《家里宝鉴·隐语》："入会曰'入圈，左立，拜正，出世'。"《切口大词典·党会类·三点会之切口》："出世：入会也。"金老佛《三教九流江湖秘密规矩·三合会之隐语》："入会曰入圈，或曰拜正，亦曰出世。"李子峰《海底·闽粤及南洋各地通行之隐语》："入会：入圈；拜正；出世。"施列格《天地会研究·洪家口白要诀》："出世，入会。"

【出视】明风月友辑《金陵六院市语》："无言静坐，号为出视。"

【出手】《切口大词典·优伶类·锣鼓之切口》："出手：武戏打出时用之。"

【出水】①《新刻江湖切要·宫室类》："出路曰出水。"②《江湖走镖隐语行话谱》："白为出水。"③《江湖走镖隐语行话谱》："贼要说'出水'，（贼要说）'高台'，（答曰）'亮走'。贼从墙头来，答曰'马有鬃'。"

【出水虾蟆】《新刻江湖切要·人物类》："赖皮：毛油生；[广] 伯牛有疾；出水虾蟆。"《切口大词典·武术类·打连箱者之切口》："出水虾蟆：乡村中之无赖子也。"清傅崇矩《成都通览·成都之江湖言词·人物类》："赖皮：毛油生；伯牛有疾；出水虾蟆。"《江湖切口要诀》（尺牍增附本）："赖皮：毛油生。[广] 伯牛有疾；出水虾蟆。"

【出松】《切口大词典·党会类·流氓之切

口》："出松：走开也。"

【出堂差】《切口大词典·杂流类·唱滩簧之切口》："出堂差：人家请去唱者。"

【出桶子】学古堂《江湖行话谱·保镖护院行话概略》："出村为出桶子。"

【出头】《切口大词典·工匠类·琢玉匠之切口》："出头：凡妇人头装饰品，咸呼出头。"

【出托】云游客《江湖丛谈·江湖之春点·江湖之"撒年子"把戏》："最奇怪是好好儿的脚，他亦能修下许多鸡眼，说行话叫作'出托'"。

【出岫君】《新刻江湖切要·天文类》："云：天表；[广]想裳；瞒天；隔苍；蔽日；从龙；掩太阳；油然子；出岫君。"《江湖切口要诀》(尺牍增附本)："云：天表。[广]想裳；瞒天；隔仓；蔽日；从龙；掩太阳；油然子；出岫君。"清傅崇矩《成都通览·成都之江湖言词·天文类》："云：天表；想裳；瞒天；隔苍；蔽日；从龙；掩太阳；油然子；出岫君。"

【出牙笏】《梨园话》："出牙笏：遇有重要之事写于牙笏上，告知同人，谓之'出牙笏'。[附记]后台之出牙笏，与官厅之出布告同。凡遇重要之事，或排演新戏，或应某日之堂会，老板必写牙笏立于账桌，示诸同仁，俾众周知，届时赶往。"

【出芽】《切口大词典·医药类·卖春药治毒疮者之切口》："出芽：杨梅毒初成者。"

【出样色】云游客《江湖丛谈·江湖之春点·江湖之"撒年子"把戏》："其出托之法，是由脚皮粗厚之处，用手术能由该处修成鸡眼。江湖人管他们这种手术，调侃叫出样色。"

【出云】《江湖走镖隐语行话谱》："红为出云。"

【出折】《切口大词典·优伶类·腔调上之切口》："出折：即韵脚押错之谓也。"

【初】卫大法师《江湖话·各行业商帮所用数目字隐语·成都通行言词·烟行》："思。一。初：二。天：三。长：四。丑：五。夏：六。才：七。拍：八。捎：九。"清傅崇矩《成都通览·成都之各行人买卖通用言词·烟行言词》："初（二）。"

【初差】《清门考原·各项切口》："初差：初入狱也。"

【初火】《新刻江湖切要·珍宝类》："暴发曰初火。"

【初木】《新刻江湖切要·时令类》："元宵：初木。"

【初在园】《切口大词典·党会类·哥老会之切口》："初在园：新会员也。"

【刍】清傅崇矩《成都通览·成都之各行人买卖通用言词·戏班子道士端公吹手纸火通用言词》："三，刍。"

【除公】《新刻江湖切要·人事类》："奉承曰除公。"《切口大词典·武术类·搭台变戏法之切口》："除公：奉承也。"清傅崇矩《成都通览·成都之江湖言词·人事类》："奉承：除公。"

【除帽子】《切口大词典·杂业类·商人共众切口》："除帽子：凡交易进出，硬行除取回扣也。"

【除牌子】《切口大词典·娼妓类·长三书寓之切口》："除牌子：妓女嫁人也。"

【除圈】《切口大词典·商铺类·豆麦业之切口》："除圈：要除回佣也。"

【除泽焦】《切口大词典·杂业类·铁器店之切口》："除泽焦：铲锅刀也。"

【雏】《行院声嗽·人物》："少年：雏。"宋陈元靓辑《事林广记·续集·绮谈市语·举动门》："少：雏；笋；娃。"

【杵】《江湖走镖隐语行话谱》："钱为杵（处）。"《梨园话》："杵：钱之也称，谓之'杵'。"云游客《江湖丛谈·江湖之金点·穷家门》："杵，即是要钱。"

【杵儿】清末民初江湖社会谓钱。云游客《江湖丛谈·江湖之春点》："据他们江湖人说，这春点只许江湖人知道，若叫外行人知道了，能把他们的各行买卖毁喽，治不了杵儿（江湖艺人管挣不了钱，调侃儿说，治不了杵儿啦）。"云游客《江湖丛谈·江湖之春点·江湖中之大粒生意》："他的伙计亦分不了多少杵儿（即是他的伙计们亦分不着油水）。管打听打听谁怎么样，调侃叫耳目耳目。"

【杵门】云游客《江湖丛谈·江湖之春点·三不管的相声场儿》："江湖人管变完了戏法，向众人要钱，叫杵门。"云游客《江湖丛谈·江湖之春点·天桥的杂技坊场》："江湖人管说完一段相声，要钱了，调侃儿叫杵门。"云游客《江湖丛谈·江湖之金点·穷家门》："价目多寡，江湖人调侃儿叫杵门。"

【杵门硬】 云游客《江湖丛谈·江湖之春点·江湖中之挑青子汗》："得着挣钱的好诀窍，行话叫杵门硬，他们的本领高低，全由杵门子软硬而定。"

【杵门子】 云游客《江湖丛谈·江湖之春点·江湖中之卖点之内幕》："那卖钱的方法，那卖钱的诀窍，调侃叫杵门子。"云游客《江湖丛谈·江湖之春点·三不管中做大票的生意》："管挣钱人家的钱叫杵门子；管挣钱的方法，比别人能挣，调侃叫杵门子硬；管挣钱的方法不好，没有人家挣的多，调侃叫杵门子软；管挣人家第一次的钱，调侃叫头道杵或叫迎门杵；管挣二次钱，调侃叫二道杵，其余的三道、四道，亦是这样。生意人能有预知来人身上带着多少钱的手段，调侃叫把杵门子。如若没这种本领，调侃叫不会把杵门子。"云游客《江湖丛谈·江湖之金点·江湖之点挂子》："他们江湖人，管练玩艺的人练完了要钱，调侃儿叫杵门子。"

【杵门子清楚】 云游客《江湖丛谈·江湖之春点·江湖中之大粒生意》："如若掌穴的杵门子清楚，才和他联穴哪（管穴的善于敲诈，敲诈技能格外好，调侃叫他的杵门子清楚）。"

【杵门子软】 云游客《江湖丛谈·江湖之春点·江湖中之挑青子汗的》："那挣钱少的，是没得着挣钱的诀窍，行话叫杵门子软。"

【杵门子最硬】 云游客《江湖丛谈·江湖之春点·三不管的戗巾生意》："江湖人管能挣钱，敢向人要钱，有要钱的手段，调侃叫杵门子最硬。"

【杵头儿】 云游客《江湖丛谈·江湖之春点·三不管中做大票的生意》："生意人管钱叫杵头儿。"

【杵窑】 学古堂《江湖行话谱·行话管见》："钱铺叫杵窑。"

【楮先生】 宋陈元靓辑《事林广记·续集·绮谈市语·文房门》："纸：方絮；好时侯；剡藤；楮先生。"

【楮子】 清佚名《郎中医话》："楮子，是牛。"

【楚】 ①卫大法师《江湖话·各行业商帮所用数目字隐语·其他·安徽》："才：一。元：二。汉：三。江：四。水：五。仁：六。义：七。楚：八。云：九。山：十。"②《镖行江湖隐语行话秘典》："钱，为楚；无钱，为各念；小钱，为碱楚；大钱，为海楚。"

【楚柳】 宋陈元靓辑《事林广记·续集·绮谈市语·身体门》："腰：楚柳；束素。"

【楚头念】《江湖走镖隐语行话谱》："一个无有：楚头念。"

【处尖】《切口大词典·商铺类·南货业之切口》："处尖：同上（绣鞋尖），货较绣鞋尖为次。"

【触】《切口大词典·巫卜类·道士之切口》："触：写也。"

【触地】《江湖切口要诀》（尺牍增附本）："山：土高。[广] 地高，触地，地出头，巫峰，老峙，登东，艮公，如砺，禹随，一拳石。"

【触电】《切口大词典·杂流类·贩烟土者之切口》："触电：警士等检察也。"

【触簧】 云游客《江湖丛谈·江湖之春点·三不管的戗巾生意》："管冷话硬撞，调侃叫触簧，亦会往下叫点儿。"

【触机】《切口大词典·巫卜类·席地测字者之切口》："触机：测字法也。为拆字中之最难，须学问、阅历、口才三者兼全，始可。"

【触角】《切口大词典·商铺类·地货业之切口》："触角：沙壳菱也。"

【触头】《切口大词典·工匠类·扎花匠之切口》："触头：花芯也。"

【触土】《新刻江湖切要·地理类》："山：土高，地高；[广] 触土，地出头，巫峰；老峙，登东，艮公，如砺，禹随，一拳石。"清傅崇矩《成都通览·成都之江湖言词·地理类》："山：土高；地高，触土，地出头；巫峰；老峙；登东；艮公；如砺；禹随；一拳石。"

【触哇】《切口大词典·巫卜类·文王课之切口》："触哇：少也。"

【蠹风】《切口大词典·党会类·红帮之切口》："蠹风：强盗也。"

【蠹老】 ①《切口大词典·杂流类·外执事之切口》："蠹老：捐头灯也。"②《切口大词典·杂业类·纸扎店之切口》："蠹老：乌灵也。"

【曩天表】《切口大词典·党会类·青帮之切口》:"曩天表:专偷晒出之衣服窃贼也。"

chuai

【揣摩】《行院声嗽·人事》:"使木:揣摩。"

【啜】明风月友辑《金陵六院市语》:"啜者,嘴也。"

【踹】李子峰《海底·各地通行隐语》:"走:踹;扯;拉。"

【踹壳】李子峰《海底·各地通行隐语》:"鞋子:踹壳;踢土。"卫大法师《江湖话·红帮各地通行隐语·衣服类》:"鞋子:踹壳,踢土,别温子。"

【踹瓢】明程万里《鼎锲徽池雅调南北官腔乐府点板曲响大明春·六院汇选江湖方语》:"踹瓢,行船也。"

【踹线】卫大法师《江湖话·红帮各地通行隐语·建筑物类》:"走路:踹线。"《切口大词典·党会类·哥老会之切口》:"踹线:行路也。"李子峰《海底·各地通行隐语》:"走路:踹线。"明程万里《鼎锲徽池雅调南北官腔乐府点板曲响大明春·六院汇选江湖方语》:"踹线,乃走路也。"平山周《中国秘密社会史·哥老会隐语》:"道路曰线,走道路曰踹线。"徐珂《清稗类钞·会党类·哥老会隐语》:"道路曰线,走道路曰踹线。"

【踹一趟】卫大法师《江湖话·红帮各地通行隐语·各种行业类》:"走一趟:滑一趟,踹一趟。"李子峰《海底·各地通行隐语》:"走一趟:滑一趟;踹一趟。"

chuan

【川】①《新刻江湖切要·生死类》:"凡死皆称曰川。"《切口大词典·巫卜类·文王课之切口》:"川:死也。"《切口大词典·星相类·拉和琴算命之切口》:"川:死也。"《切口大词典·星相类·铁板算命之切口》:"川:死也。"清傅崇矩《成都通览·成都之江湖言词·生死类》:"死:川。"②卫大法师《江湖话·各行业商帮所用数目字隐语·重庆通行言词·买猪》:"豆:一。背:二。泰:三。长:四。仁:五。条:六。栲:七。黄:八。豆:九。按此为重庆场买卖猪时使用。又名猪肉为'大',即问'这大多少钱一斤'?则回答;若问'这猪肉多少钱一斤'?则不回答你。高:一。明:二。韩:三。苏:四。大:五。雍:六。草:七。梅:八。湾:九。高:十。许:一。欠:二。川:三。义:四。土:五。告:六。照:七。毛:八。求:九。许:十。此二十个字互用,如'许许'为'十一','欠欠'为'二十二','韩韩'为'三十三','苏苏'为'四十四','土土'为'五十五','雍雍'为'六十六','草草'为'七十七','毛毛'为'八十八','湾湾'为'九十九'。而'十一'不能称'高高','八十八'不能称'梅梅'。又如'高明'为'十二','高韩'为'十三','高苏'为'十四','高大'为'十五','高雍'为'十六','高草'为'十七',而'高梅'不能为'十八',要用'许毛'为'十八','高湾'为'十九'。又如'欠许'为'二十一','韩许'为'三十一','大许'为'五十一','雍许'为'六十一','毛许'为'八十一','湾许'为'九十一'。而'明韩'为'二十三'。'韩明'为'三十二','土明'为'五十二','雍明'为'六十二'等。整数语尾加'老'字,如'高老'为'一百'等。在鼎街古董铺,则用二个字,如'高少'为'一千五百元',或'一万五千元',少有用三个字的,如遇三个数目,则尾数用普通数目,如'十五万五千元',而荒货担子可说到三个字,因此数目言词非精通常用不可。"③卫大法师《江湖话·各行业商帮所用数目字隐语·重庆通行言词·古董,旧五金,估衣,改裁,荒担,经纪,过活,旧棉絮(重庆教场口,鼎新街,估衣街,关津巷通用)》:"高:一。明:二。韩:三。苏:四。大:五。雍:六。草:七。梅:八。湾:九。高:十。许:一。欠:二。川:三。义:四。土:五。告:六。照:七。毛:八。求:九。许:十。《切口大词典·商铺类·豆麦业之切口》:"川:三也。"《切口大词典·手艺类·髹漆业之切口》:"川:三也。"《切口大词典·行号类·棉花行之切口》："川：三也。"清傅崇矩《成都通览·成都之各行人买卖通用言词·丝锦绸缎布帛花行通用言词》："三，川。"

【川布】《清门考原·各项切口》："川布，缠死人之白布。"

【川红】《江湖走镖隐语行话谱》："烧火：川红。"

【川浪】 卫大法师《江湖话·红帮各地通行隐语·店钱及其他》："大鱼：川浪。"李子峰《海底·闽粤及南洋各地通行之隐语》："大鱼：川浪。"

【川披】《切口大词典·星相类·不开口相面之切口》："川披：批好命纸也。"

【川欠】《切口大词典·星相类·拉和琴算命之切口》："川欠：子殇也。"

【川条】 ①《切口大词典·巫卜类·道士之切口》："川条：弦子也。" ②《切口大词典·衙卒类·作作之切口》："川条：小腿也。"

【川占】《切口大词典·手艺类·髹漆业之切口》："川占：黄蜡也。"

【川庄】《切口大词典·行号类·烟土行之切口》："川庄：川土也。"

【穿】《切口大词典·工匠类·钉碗匠之切口》："穿：碎纹多也。"

【穿场】《蹴鞠图谱·圆社锦语》："穿场：失礼。"

【穿风青儿】《新刻江湖切要·珍宝类》："锡曰白描钱；圆把；响青把儿；穿风青儿。"

【穿火龙】《切口大词典·赌博类·掷骰子之切口》："穿火龙：骰子无弊病者。"

【穿浆子】《切口大词典·役夫类·庖夫之切口》："穿浆子：鱼也。"

【穿浪】 平山周《中国秘密社会史·三合会隐语》："发曰青丝。豚曰毛瓜，豚肉曰白瓜已燔之豚肉曰金瓜，曰红瓜。牛肉曰大菜，盐牛肉曰一把菜。狗曰蚊。鱼曰穿浪，曰摆尾，盐鱼曰咸笋，曰丫鬟。"《家里宝鉴·隐语》："鱼曰'穿浪，摆尾'。"《切口大词典·党会类·三点会之切口》："穿浪：鱼也。"金老佛《三教九流江湖秘密规矩·三合会隐语》："狗曰蚊，鱼曰穿浪，曰摆尾。"李子峰《海底·各地通行隐语》："鱼：顶浪子；摆河子；匹水子；穿浪；摆尾。"

【穿浪摆尾】 卫大法师《江湖话·红帮各地通行隐语·饮食用品类》："鱼：活子；顶浪子；摆河子；疋水子；穿浪摆尾。"

【穿浪朝阳】《切口大词典·盗贼类·对买贼之切口》："穿浪朝阳：河鱼店也。"

【穿浪子】《切口大词典·行号类·鲜鱼行之切口》："穿浪子：鱼之总称也。"

【穿篱菜】《切口大词典·巫卜类·和尚之切口》："穿篱菜：鸡也。"

【穿里子】 学古堂《江湖行话谱·行意行话》："饿了为穿里子。"

【穿梁】《新刻江湖切要·鸟兽虫鱼类》："猫：将寅；穿梁；夜明。"

【穿梁子】 清唐再丰《鹅幻汇编·江湖通用切口摘要》："鼠曰穿梁子。"卫大法师《江湖话·红帮各地通行隐语·动物类》："鼠：穿梁子，尖嘴子。"卫大法师《江湖话·江湖上的隐语·普通隐语》："鼠：穿梁子。"金老佛《三教九流江湖秘密规矩·日常用语》："鼠曰穿梁子。"李子峰《海底·各地通行隐语》："鼠：穿梁子；尖嘴子。"《清门考原·各项切口》："穿梁子，老鼠也。"

【穿猫】《切口大词典·优伶类·武行中之切口》："穿猫：以身穿桌而过。"

【穿墙】《切口大词典·工匠类·木匠之切口》："穿墙：做门户也。"

【穿山】《郎中医话》："穿山，是大醉。"

【穿山甲】《新刻江湖切要·星相类》："堪舆人：斩葫芦；[增]穿山甲。甲、脚同音。"清傅崇矩《成都通览·成都之江湖言词·星相类》："堪舆人：斩葫芦；穿山甲（甲、脚同音）。"

【穿太阳】《切口大词典·巫卜类·道士之切口》："穿太阳：做三日之功德也。"

【穿天】《切口大词典·杂流类·卖花者之切口》："穿天：凌霄花也。"

【穿通子】 金老佛《三教九流江湖秘密规矩·青帮与红帮·江湖之春典》："袜称穿通子。"

【穿头】 ①《切口大词典·工匠类·竹匠之切口》："穿头：工资也。" ②《切口大词典·杂流类·小热昏之切口》："穿头：生意好也。"

【穿问子】《切口大词典·工匠类·做帽匠之切口》："穿问子：针也。"

【穿响子】《切口大词典·工匠类·修缸之切口》："穿响子：凿洞也。"

【穿心】 ①《切口大词典·商铺类·押当业之切口》："穿心：马夹也。"②施列格《天地会研究·洪家口白要诀》："穿心，钱。"

【穿心子】 清唐再丰《鹅幻汇编·江湖通用切口摘要》："马夹曰穿心子。"卫大法师《江湖话·红帮各地通行隐语·衣服类》："领袡：穿心子。"卫大法师《江湖话·红帮各地通行隐语·衣服类》："嵌肩：穿心子。"卫大法师《江湖话·江湖上的隐语·普通隐语》："马夹：穿心子。"《切口大词典·盗贼类·收晒朗贼之切口》："穿心子：半臂也，俗谓马甲。"《清门考原·各项切口》："穿心子，马甲。"《清门考原·各项切口》："穿心子，马甲也。"金老佛《三教九流江湖秘密规矩·青帮与红帮·红帮之问答》："此外还有蝴蝶（马褂），大蓬（长衫），襄衣长蓬（皮袍子），襄衣蝴蝶（皮马褂），穿心子（马甲），霍血（短衫），叉儿（裤子），土筒（套裤），八狗子（棉袄），拖风（棉被），踢头子（鞋子），顶贡（帽子）等许多什物，弟兄们大家带着罢。"金老佛《三教九流江湖秘密规矩·青帮与红帮·江湖之春典》："马甲称穿心子。"金老佛《三教九流江湖秘密规矩·日常用语》："马甲曰穿心子。"李子峰《海底·各地通行隐语》："嵌肩：穿心子。"

【穿靴】 云游客《江湖丛谈·江湖之春点·三不管中做大票的生意》："男子得了膨症，从眼泡肿起，要是往下肿，肿到两只脚上，就治不好了。那叫穿靴。"

【穿腰】《切口大词典·商铺类·笔墨业之切口》："穿腰：排笔也。"

【穿窑】《新刻江湖切要·盗贼类》："挖洞：穿窑。"清傅崇矩《成都通览·成都之江湖言词·盗贼类》："挖洞：穿窑。"

【穿子马撒】 清末民初佚名《镖行江湖隐语行话秘典》："走十字，为穿子马撒。"

【传册】《新刻江湖切要·人物类》："教书生：巾老；子曰通；[广]传册；又传醯。"《江湖切口要诀》（尺牍增附本）："教书生：巾老；子曰通；[广]传册；又传醯。"金老佛《三教九流江湖秘密规矩·青帮与红帮·江湖之春典》："教书先生称传册。"清傅崇矩《成都通览·成都之江湖言词·人物类》："教书生：巾老；子曰通；传册；传醯。"

【传代子】 李子峰《海底·各地通行隐语》："好榜样：传代子。"

【传伐子】 卫大法师《江湖话·红帮各地通行隐语·一般人事类》："好榜样：传伐子。"

【传醯】《江湖切口要诀》（尺牍增附本）："教书生：巾老；子曰通；[广]传册。又传醯。"

【传吼生】《新刻江湖切要·娼优类》："戏师：司吴老；[增]传吼生。"清傅崇矩《成都通览·成都之江湖言词·娼优类》："戏师：司吴老；传吼生。"

【传后】《切口大词典·役夫类·人力车夫之切口》："传后：收学徒也。凡乡人新至上海，不识路径，乃随老拉车者，终日推车而行，俾明路径，谓之收学徒。"

【传醯】《切口大词典·星相类·龟卜算命之切口》："传醯：教书先生也。"

【传醯】《新刻江湖切要·人物类》："教书生：巾老；子曰通；[广]传册；又传醯。"清傅崇矩《成都通览·成都之江湖言词·人物类》："教书生：巾老；子曰通；传册；传醯。"

【传子孙】《清门考原·各项切口》："传子孙，扒手领徒弟也。"

【船】 卫大法师《江湖话·安庆隐语》："鞋：船。踢拾子。"

【串】《切口大词典·赌博类·押六门之切口》："串：以钱下注于或纵或横者之两门也。"

【串板】 清傅崇矩《成都通览·成都之呼物混名》："串板，铜钱也。"

【串非子】 学古堂《江湖行话谱·走江湖行话》："买子弹：串非子。"

【串红】 学古堂《江湖行话谱·行意行话》："火为串红。"

【串花】 云游客《江湖丛谈·江湖之春点·江湖艺人传：评书界之刘继业》："串花，是评书界的侃儿。"

【串老】《新刻江湖切要·文具类》："香袋：串老。"

【串蔓子】 学古堂《江湖行话谱·走江湖行话》："买枪：串蔓子。"

【串忙】《兽医串雅杂钞》："给人开药方，叫甩叶子。给人家帮忙，叫串忙。好药，叫清末子。"

【串山】 云游客《江湖丛谈·江湖之春点》："管喝醉了叫串山。"

【串头】 ①《切口大词典·星相类·立墙壁相

面之切口》：“串头：相之贵者。”②《切口大词典·杂业类·商人共众切口》：“串头：店主垂青伙计，而加增薪水也。”

【串戏】《梨园话》："串戏：串演也。"

【串心】《切口大词典·星相类·铁板算命之切口》："串心：申时也。"

【串圆头】《切口大词典·商铺类·珠宝业之切口》："串圆头：扎珠花之人也。"

【串仗】《行院声嗽·衣服》："衣：披公；串仗。"

【串子】云游客《江湖丛谈·江湖之金点·磨杵的生意》："他给下那包丸药，调侃儿叫串子。"

【串子药方】《兽医串雅杂钞》："用生姜子仁十七八个，头发穿上，缠在高粱穗尖上，用以先喂牲口，后用好高粱穗连喂二三个，其牲口大泻不止。绝不可行，绝不可为！切记，切记！若生此心，不吉。"

【串子症】《兽医串雅杂钞》："串子症。牲口泻肚不止。急用绿豆小米粥灌下去，即止。不止，再灌。然后，灌甘草面四两，凉水调药，即止。"

【床额】《切口大词典·手艺类·洋机缝衣业之切口》："床额：帐沿也。"

【床围】《切口大词典·手艺类·洋机缝衣业之切口》："床围：床沿也。"

【汌口】施列格《天地会研究·洪家口白要诀》："汌口：洪顺堂。"

chuang

【闯北】卫大法师《江湖话·红帮各地通行隐语·偷盗类》："行路窃物：闯北。"

【闯啃的】云游客《江湖丛谈·江湖之春点·江湖骗术之闯啃的》："'峇科了'（管小孩调侃叫'峇科子'）出来，做这骗人事，能教人不疑，故此他们都夹磨'峇科子'出来骗人。马君问道：'这行儿叫什么？'我说：'江湖人管这行调侃叫闯啃的'。"

【闯亮子】卫大法师《江湖话·红帮各地通行隐语·一般人事类》："梦：黄粱子；甜兆子；黄莺子；闯亮子。"李子峰《海底·各地通行隐语》："梦：黄粱子；甜兆子；黄莺子；闯亮子。"

【闯堂】《切口大词典·医药类·妇人卖药者之切口》："闯堂：人人宅地也。"

【闯窑堂】①清唐再丰《鹅幻汇编·江湖通用切口摘要》："白日隐身在人家窃物者曰闯窑堂。"《清门考原·各项切口》："闯窑堂，白日隐身在人家窃物也。"金老佛《三教九流江湖秘密规矩·江湖通用切口》："白日隐身在人家窃物者曰闯窑堂。"②卫大法师《江湖话·江湖上的隐语·普通隐语》："借问讯租房行窃：闯窑堂。"③《切口大词典·盗贼类·铳手之切口》："闯窑堂：铳手也。"

【闯友】《新刻江湖切要·星相类》："打君知曰闯友。"清傅崇矩《成都通览·成都之江湖言词·星相类》："打君知曰闯友；打笋；丢笋；抛孤；撒查；落跌。"

chui

【吹灯】卫大法师《江湖话·安庆隐语》："挖眼：吹灯。"

【吹风子】卫大法师《江湖话·红帮各地通行隐语·其他用具对象类》："信：朵子，吹风子。"李子峰《海底·各地通行隐语》："信：朵子；吹风子。"

【吹横箫】《切口大词典·党会类·小瘪三之切口》："吹横箫：吃鸦片烟者。"《切口大词典·衙卒类·侦探之切口》："吹横箫：吃鸦片烟也。"

【吹灰】金老佛《三教九流江湖秘密规矩·青帮与红帮·九流之区别》："下九流者，即一流忘八二流龟，三流戏子四流吹，五流大财六小财，七生八盗九吹灰。凡开设妓院，或在妓院为佣之男子，统称为忘八。言其忘却孝悌忠信，礼义廉耻八字也，或以忘八作乌龟解实误。凡妻不贞卖淫以渔利者为之龟，盖龟不能交，赖蛇交焉，因以为喻。所谓吹者，即吹鼓手之别名。大财即耍大把戏者，如卖解等是。小财即耍小把戏者，如变戏法等是也。生为剃头者之别名。凡贩卖烟土开设烟馆者皆称为吹灰也。"

【吹枯生】《新刻江湖切要·天文类》："风：丢子；〔入微〕透骨；和薰；骤吼；狂呼；疑虎；从虎；狂且；偃草；吹枯生；扫云；折朽子；〔又广〕起风为摆丢。"《江湖切口要诀》（尺牍增附本）："风：丢（去）子。[广]入微；透骨；和熏；骤吼；狂呼；疑从虎；狂且，偃草，吹枯生；扫云；折朽子。[又广]起风为摆丢。"清傅崇矩《成都通览·成都之江湖言词·天文类》："风：丢子；入微；透骨；和薰；骤吼；狂呼；疑口；从虎；狂且，偃草，吹枯生；扫云；折朽子（广起风为摆丢）。"

【吹喽】《切口大词典·娼妓类·茶室之切口》："吹喽：闹玩笑也。"

【吹螺】《切口大词典·娼妓类·粤妓之切口》："吹螺：善吹牛也。"

【吹毛】《新刻江湖切要·人事类》："贪吃曰吹毛。"《切口大词典·巫卜类·六壬课之切口》："吹毛：贪食也。"清傅崇矩《成都通览·成都之江湖言词·人事类》："贪吃：吹毛。"

【吹沙】《切口大词典·行号类·鲜鱼行之切口》："吹沙：鲅鱼，即小鱼也。"

【吹挑子】《梨园话》："吹挑子：散戏时，后台所吹之喇叭谓之'吹挑子'。[附记]戏园旧例，每于散席时，多以二童子至台前，行鞠躬礼，名之曰'送客'。而《天官赐福》之金榜，则为伶工代替二童子；而持《天官赐福》之金榜者，检场人任之。此早年之规矩也，今以生旦二人代替送客，又名"红人"。迩来此例虽破，散戏时，后台管后场桌人，仅持挑子立于上场门内，吹二三声，不复用红人送客矣。"

【吹响】《切口大词典·杂流类·掌礼者之切口》："吹响：奏乐也。"

【吹窑鸡】清傅崇矩《成都通览·成都之袍哥话即江湖话也》："吹窑鸡，抢人也。"

【吹者】金老佛《三教九流江湖秘密规矩·青帮与红帮·九流之区别》："下九流者，即一流忘八二流龟，三流戏子四流吹，五流大财六小财，七生八盗九饮灰。凡开设妓院，或在妓院为佣之男子，统称为忘八。言其忘却孝悌忠信，礼义廉耻八字也，或以忘八作乌龟解未实误。凡从妻不贞卖淫以渔利者为之龟，盖龟不能交，赖蛇交焉，因以为喻。所谓吹者，即吹鼓手之别名。大财即耍大把戏者，如卖解等是。小财即耍小把戏者，如变戏法等是也。生为剃头者之别名。凡贩卖烟土开设烟馆者皆称为吹灰也。"

【炊散头子】卫大法师《江湖话·红帮各地通行隐语·饮食用品类》："煮饭：炊散头子。"李子峰《海底·各地通行隐语》："煮饭：炊散头子。"

【炊涂儿】《新刻江湖切要·医药类》："荡膏药：炊涂儿。"《切口大词典·医药类·卖膏药者之切口》："炊涂儿：荡膏药也。"清傅崇矩《成都通览·成都之江湖言词·医药类》："荡膏药：炊涂儿。"

【垂耳】《切口大词典·商铺类·押当业之切口》："垂耳：耳环也。"

【垂耳通】《切口大词典·星相类·弹弦子算命之切口》："垂耳通：属猪也。"

【垂老】《新刻江湖切要·草木百果五谷类》："茄：垂老；垂子。"

【垂丝】《切口大词典·杂流类·卖花者之切口》："垂丝：西河柳也。"

【垂头】明风月友辑《金陵六院市语》："垂头，歇宿之意。"

【垂头苗绪子】学古堂《江湖行话谱·行话管见》："茄子叫垂头苗绪子。"

【垂子】《新刻江湖切要·草木百果五谷类》："茄：垂老；垂子。"

【捶案】卫大法师《江湖话·安庆隐语》："土匪：武差使，捶案。"

【捶皮的】《郎中医话》："捶皮的，是说书的。"

【槌着】《郎中医话》："槌着，是跟着。"

【棰】宋陈元靓辑《事林广记·续集·绮谈市语·拾遗门》："考讯：棰。"

chun

【春】①《行院声嗽·数目》："三：春；淀。"卫大法师《江湖话·各行业商帮所用数目字隐语·成都通行言词·药材行》："音：一。色：二。春：三。水：四。岸：五。芸：六。里：七。池：八。千：九。"《蹴鞠图谱·圆社锦语》："春：三。"《切口大词典·商铺类·金银业之切口》："春：三也。"《切口大词典·行号类·猪行之切口》："春：三也。"清傅崇矩《成都通览·成都之各行人买卖通用言词·成衣收荒通用言词》："三，春。"

清傅崇矩《成都通览·成都之各行人买卖通用言词·药材行通用言词》："三，春。"宋陈元靓辑《事林广记·续集·绮谈市语·数目门》："三：王不直；春。"②《切口大词典·商铺类·陆陈业之切口》："春：七也。"③清翟灏《通俗编·识余·市语·故衣铺》："故衣铺：一大，二土，三田，四东，五里，六春，七轩，八书，九籍。"

【春岸】 清傅崇矩《成都通览·成都之各行人买卖通用言词·药材行通用言词》："春岸，三十五。"

【春错】 学古堂《江湖行话谱·行话管见》："牛肉叫春错。"

【春典】 ①金老佛《三教九流江湖秘密规矩·江湖通用切口》："切口即隐语也，名曰春典，字无音义，姑从吴下俗音译之，阅者原谅焉。"②金老佛《三教九流江湖秘密规矩·青帮与红帮·江湖之春典》："江湖上人，对于一事一物之微，莫不各有隐语，此隐语在道中人则称之曰春典。"

【春点】 ①清唐再丰《鹅幻汇编·江湖通用切口摘要》："解曰：江湖各行各道，纷纷不一。切口即隐语也，名曰春点。"《清门考原·各项切口》："春点，又曰切口，即暗号也。江湖各门巾、皮、李、瓜等类均称之。"清末民初江湖社会谓江湖隐语行话。云游客《江湖丛谈·江湖之春点》："什么叫作春点呢？读书的人离不开字典、字汇、辞源等书籍；江湖艺人不论是哪行儿，先得学会了春点，然后才能够吃生意饭儿。普通名称是'生意人'，又叫吃'张口饭'的。江湖艺人对于江湖艺人，称为'老合'，敝人曾听艺人老前辈说过：'能给一吊钱，不把艺来传；宁给一锭金，不给一句春。'由这两句话来作证，江湖的老合们，把他们各行生意的艺术，看得有泰山之重。江湖人常说，艺业不可轻传，交给人学得容易，他一文不值半文，丢的更易。江湖艺术，是不能轻传于人的，更不能滥授别的江湖人，宁惜一锭金，都舍不得一句春。据他们江湖人说，这春点只许江湖人知道，若叫外行人知道了，能把他们的各行买卖毁喽，治不了'杵儿'（江湖艺人管挣不了钱，调侃儿说，治不了'杵儿'啦）。果子行、菜行、油行、肉行、估衣行、糖行，以及拉房纤的，骡马市里纤手，各行都有各行的术语，俗说叫'调侃儿'。到了江湖人，管他们所调的侃儿，总称叫'春点'。今例举一事，阅者诸君便知那春点的用处。譬如，乡村里有个摇铃儿卖药的先生，正当摇铃儿，被一家请至院内看病。这卖药的先生，原不知病人所患的是何病症。该病人院邻某姓，是个江湖人。他要教卖药的先生挣得下钱来，先向卖药的先生说：'果食点'是'攒儿吊的黏啃'。卖药的先生不用给病人诊脉，便能知道这家是有个妇人，得的是心疼之病。原来，这'果食点'，按着'春点'中的侃语，便是妇人的；'攒儿吊的黏啃'，便是心口疼的病症。然后卖药的先生给病人一诊脉，把病说出来，说的很对。病人哪能知道他们院邻暗念着春点，给那卖药的先生啊？花多少钱亦得买他的药啊。这卖药的先生，得了病人邻居用春点把病人所得的病'春'给他，能够不费事儿，挣得下钱来。简捷地说明，这就是江湖人用春点的意义。往浅处说，是那个意思；往深说，如同长江大海，用莫大焉。可是这春点，用在一处，成为三种名词，前说江湖人调侃的数语为'春'，至于'点'之用处和意义，容谈到艺人的艺术类，再为详谈。这江湖人调侃用的春点，总计不下四五万言。著者将这几十句写出来，贡献到社会里，论完全并不完全，因为书的篇幅有限，不能全部发表。容敝人写到各门各行的时候，将未曾发表的江湖春点，一一刊出。"云游客《江湖丛谈·江湖之春点·江湖中之挑青子汗的》："江湖人的行话，总名词叫春点。"云游客《江湖丛谈·江湖之金点·江湖自嘲之暗语》："江湖人管调侃用的行话叫作春点。"②《切口大词典·役夫类·航船夫之切口》："春点：扒手也。"

【春风】 卫大法师《江湖话·红帮各地通行隐语·一般人事类》："观形势：春风。"

【春峰】 宋陈元靓辑《事林广记·续集·绮谈市语·身体门》："眉：春山；春峰。"

【春官】 《新刻江湖切要·鸟兽虫鱼类》："牛：丑官；吞青；土官；春官。"

【春汉】 《切口大词典·医药类·祝由科之切口》："春汉：点心也。"《清门考原·各项切口》："春汉，点心也。"《清门考原·各项切口》："春汉，卖春药。"金老佛《三教九流江湖秘密规矩·日常用语》："点心曰春汉。"清唐再丰《鹅幻汇编·江湖通用切口摘要》："点心曰春汉。"

【春流】《新刻江湖切要·饮馔类》："牛肉：春流。"清傅崇矩《成都通览·成都之江湖言词·饮馔类》："牛肉：春流。"

【春牛】清傅崇矩《成都通览·成都之江湖言词·疾病类》："驼子：春牛。"

【春色】朱琳《洪门志·春典子琐记·店铺》："饼子店，称春色。"

【春山】宋陈元靓辑《事林广记·续集·绮谈市语·身体门》："眉：春山；春峰。"

【春笋】宋陈元靓辑《事林广记·续集·绮谈市语·身体门》："指：青葱；春笋。"

【春先】《切口大词典·赌博类·牌九赌之切口》："春先：梅花牌也。"

【春页子】云游客《江湖丛谈·江湖之春点·江湖中的光子生意》："江湖人管那春宫，调侃儿叫春页子。"

【春义子】《江湖走镖隐语行话谱》："牛：春义子。"

【春占】《切口大词典·商铺类·杂货业之切口》："春占：黄蜡在浙吴所产生者。"

【春子】《切口大词典·行号类·鲜鱼行之切口》："春子：极小之蛤蚌也。"

【椿】《切口大词典·杂流类·收卖锭灰者之切口》："椿：用假灰杂入真灰之中也。"

【椿头】①《切口大词典·乞丐类·托神求乞之切口》："椿头：施与之人也。"②《切口大词典·杂流类·放白鸽者之切口》："椿头：谓受买女子之家长。"

【椿子】《切口大词典·乞丐类·托神求乞之切口》："椿子：居户也。"

【纯阴】《新刻江湖切要·鸟兽虫鱼类》："蚌：水戏；[增] 纯阴。"

---

chuo

【戳】①云游客《江湖丛谈·江湖之金点·挂》："戳……管场子的。"②《切口大词典·商铺类·豆麦业之切口》："戳：七也。"

【戳长】《切口大词典·衙卒类·幕宾之切口》："戳长：杀头罪也。"

【戳短枪】清翟灏《通俗编·识余·市语》："江湖人市语尤多，坊间有《江湖切要》一刻，事事物物，悉有隐称。诚所谓惑乱听闻，无足采也。其间有通行市井者，如官曰孤司，店曰阴阳，夫曰盖老，妻曰底老，家人曰吊脚，僧曰廿三，道士曰廿四，成衣曰戳短枪。"

【戳黑带搬柴】云游客《江湖丛谈·江湖之春点·江湖中之戳黑的》："有带拔牙的，调侃叫戳黑带搬柴（江湖人管牙叫'柴'，管拿牙叫搬柴）。"

【戳黑的】云游客《江湖丛谈·江湖之春点·江湖中之戳黑的》："原来这点痣的行当，说行话叫戳黑的。"云游客《江湖丛谈·江湖之春点·三不管的八岔子生意》："江湖人管做点病痣戳的，调侃叫戳黑的。"

【戳棘】《切口大词典·衙卒类·忤作之切口》："戳棘：指也。"

【戳浪】《切口大词典·行号类·蛋船行之切口》："戳浪：船篙也。"

【戳血】《切口大词典·衙卒类·侦探之切口》："戳血：拆梢也。"

【戳皂】《切口大词典·杂业类·米店之切口》："戳皂：糙米也。"

【戳子】云游客《江湖丛谈·江湖之春点》："管笔叫戳子。"

---

ci

【词】《梨园话》："词：剧中所念者，皆谓之'词'。"

【词章】《切口大词典·优伶类·腔调上之切口》："词章：戏中所唱之词句也。"

【慈悲】《切口大词典·工匠类·成佛匠之切口》："慈悲：观音像也。"

【瓷盘儿】卫大法师《江湖话·红帮各地通行隐语·一般人事类》："笑：瓷盘儿，累盘儿。"李子峰《海底·各地通行隐语》："笑：瓷盘儿；累盘儿。"

【雌吧老】《切口大词典·乞丐类·作揖求乞之切口》："雌吧老：老妇也。"

【雌老举】朱琳《洪门志·春典子琐记·人事》："姑娘，称雌老举。"

【此君】 宋陈元靓辑《事林广记·续集·绮谈市语·花木门》:"竹:此君;清□。"

【此样如思】 卫大法师《江湖话·红帮闽粤及南洋各地通行隐语》:"打明火;食如生,此样如恩。"李子峰《海底·闽粤及南洋各地通行之隐语》:"打明火;食如生;此样如思。"

【刺虫】 ①《切口大词典·商铺类·菜饭业之切口》:"刺虫:海参也。"②《切口大词典·行号类·菜蔬行之切口》:"刺虫:黄瓜也。"

【刺坚叉】《新刻江湖切要·兵备类》:"枪:条子;[增] 刺坚叉;牛头。"

【赐粮】 卫大法师《江湖话·红帮各地通行隐语·各种行业类》:"向人讨饭吃:赐粮。"李子峰《海底·各地通行隐语》:"向人讨饭吃;赐粮。"

cong

【从才】 清末民初佚名《镖行江湖隐语行话秘典》:"从才,八十八吊。"

【从赤】《江湖切口要诀》(尺牍增附本):"山中人;真人。[广] 从赤;松游。"

【从赤松游】 清傅崇矩《成都通览·成都之江湖言词·人物类》:"山中人:真人;从赤松游。"

【从拐】《镖行江湖隐语行话秘典》:"从拐,五十五吊。"

【从虎】《新刻江湖切要·天文类》:"风:丢子;[入微] 透骨;和薰;骤吼;狂呼;疑虎;从虎;狂且;偃草;吹枯生;扫云;折朽子;[又广] 起风为摆丢。"《江湖切口要诀》(尺牍增附本):"风:丢(去)子。[广] 入微;透骨;和薰;骤吼;狂呼;疑;从虎;狂且;偃草;吹枯生;扫云;折朽子。[又广] 起风为摆丢。"清傅崇矩《成都通览·成都之江湖言词·天文类》:"风:丢子;入微;透骨;和薰;骤吼;狂呼;疑;从虎;狂且;偃草;吹枯生;扫云;折朽子(广起风为摆丢)。"

【从龙】《新刻江湖切要·天文类》:"云:天表;[广] 想裳;瞒天;隔苍;蔽日;从龙;掩太阳;油然子;出岫君。"《江湖切口要诀》(尺牍增附本):"云:天表。[广] 想裳;瞒天;隔仓;蔽日;从龙;掩太阳;油然子;出岫君。"清傅崇矩《成都通览·成都之江湖言词·天文类》:"云:天表;想裳;瞒天;隔苍;蔽日;从龙;掩太阳;油然子;出岫君。"

【从挠】《镖行江湖隐语行话秘典》:"从挠,六十六吊。"

【从品】《镖行江湖隐语行话秘典》:"从品,卅三吊。"

【从日】《新刻江湖切要·亲戚类》:"外公:从日,今改月日,又曰泰山。"

【从湾】《镖行江湖隐语行话秘典》:"从湾,九十九吊。"

【从协】《镖行江湖隐语行话秘典》:"从协,××十吊。"

【从月】《新刻江湖切要·亲戚类》:"外婆:从月,今改重月。月月,母之母也。又曰泰水。"

【葱管】《蹴鞠图谱·圆社锦语》:"葱管:阳物。"

【葱乳】 宋陈元靓辑《事林广记·续集·绮谈市语·果菜门》:"韭菜:丰禾;葱乳。"

cou

【凑才】《江湖走镖隐语行话谱》:"赶集:凑才;顶凑。"《江湖走镖隐语行话谱》:"赶集:凑才;顶凑。"

【凑巧】《切口大词典·盗贼类·爬儿手之切口》:"凑巧:恰好也。"

【凑子】 卫大法师《江湖话·红帮各地通行隐语·建筑物类》:"镇集:凑子,杆子。"李子峰《海底·各地通行隐语》:"镇集:凑子;杆子。"

cu

【粗】《切口大词典·盗贼类·短截贼之切口》:"粗:牛也。"

【粗摆】《切口大词典·杂流类·荐头婆之切口》:"粗摆:作粗重事之佣妇也。"

【粗草帽买成可成钱】 清傅崇矩《成都通览·成都之各行人买卖通用言词·草帽麻行通用言词》:"粗草帽买成可成钱,就是八十五。"

【粗杆子】《切口大词典·星相类·相家之切口》:"粗杆子:相之顽恶者。"

【粗瓜】 李子峰《海底·各地通行隐语》:"牛

肉；粗瓜；大菜。"

【粗瓜大菜】卫大法师《江湖话·红帮各地通行隐语·饮食用品类》："牛肉：×角片子，粗瓜大菜。"

【粗花】《新刻江湖切要·草木百果五谷类》："大麦：粗花。"

【粗壳子】《切口大词典·手艺类·织补业之切口》："粗壳子：布衣服也。"

【粗章】宋陈元靓辑《事林广记·续集·绮谈市语·服饰门》："裈子：粗章。"

【殂】《行院声嗽·数目》："四：宣；殂。"

【醋坛子】《切口大词典·娼妓类·茶室之切口》："醋坛子：惯于拈酸之妓女也。"

【簇】《切口大词典·巫卜类·道士之切口》："簇：好也。"

【蹴鞠梢】《蹴鞠图谱·圆社锦语》："蹴鞠梢：晚。"

cuan

【氽来板】《切口大词典·乞丐类·手本讨钱之切口》："氽来板：流犯也。"

【氽条】《清门考原·各项切口》："氽条，自己下水也。"

【蹿房子】卫大法师《江湖话·红帮各地通行隐语·动物类》："猫：蓑衣子，蹿房子。"

【窜】宋陈元靓辑《事林广记·续集·绮谈市语·拾遗门》："走：窜；飘；逃。"

【窜道】《行院声嗽·通用》："香：窜道。"

【窜房子】李子峰《海底·各地通行隐语》："猫：蓑衣子；窜房子。"

【窜轰子】云游客《江湖丛谈·江湖之金点·挂》："管有贼人放火，调侃儿叫窜轰子。"

【爨邪子】《切口大词典·杂业类·山果业之切口》："爨邪子：请客人吃酒饭也。"

cui

【崔峻】《新刻江湖切要·人事类》："高曰崔峻；又曰上。"《切口大词典·武术类·符箓变戏法者之切口》："崔峻：高也。"清傅崇矩《成都通览·成都之江湖言词·人事类》："高：崔峻；上。"

【催耕】《切口大词典·杂业类·禽鸟业之切口》："催耕：布谷鸟也。"

【催啃】云游客《江湖丛谈·江湖之春点·江湖中的卖点之内幕》："法教那买主多要几个，调侃叫'催啃'。"云游客《江湖丛谈·江湖之春点·江湖中之挑杯杯的》："管推销货物，往外多卖东西，调侃叫催啃。"

【催生符】《切口大词典·医药类·药行业之切口》："催生符：莲花瓣也。"

【催戏的】《梨园话》："催戏的：将本日应演之戏，预先使人通知伶工，此人名曰'催戏的'。[附记]演戏之先，管事人必令催戏者，于是日清晨持黄纸所写（元旦则多以红纸书写）之戏单，到名伶家中，预为报告本日所应演之戏目，并请早至。如是日催戏人不来，伶工即不赴戏园演唱。或双方发生意见，即催戏人至，亦不往也。"

【催响儿】云游客《江湖丛谈·江湖之春点·江湖中之大粒生意》："管传出名去，人人都知道那里有位活神仙，轰动了社会，调侃叫催响儿。"

【摧锋】《新刻江湖切要·兵备类》："甲：宿皮；[增]摧锋。"

【摧条】卫大法师《江湖话·红帮各地通行隐语·一般人事类》："男人小便：摧条。"李子峰《海底·各地通行隐语》："男人小便：摧条。"

【翠带】《切口大词典·行号类·菜蔬行之切口》："翠带：豇豆也。"

【翠石】《切口大词典·商铺类·颜料业之切口》："翠石：绿也。"

【翠云】《切口大词典·杂流类·卖花者之切口》："翠云：草名子，可供玩，无香，其根遇露则生，见日即消。"

cun

【村庄儿女】《新刻江湖切要·人物类》："种田人：棋盘身；[广]村庄儿女。"《切口大词典·杂流类·媒婆之切口》："村庄儿女：种田人也。"清傅崇矩《成都通览·成都之江湖言词·人物类》："种田人：棋盘身；村庄儿女。"《江湖切口要诀》（尺牍增附本）："种田人：棋盘生。[广]村庄儿女。"

【皴皮】《切口大词典·筲卒类·作作之切

口》：" 皴皮：阳囊也。"

【寸】①卫大法师《江湖话·各行业商帮所用数目字隐语·重庆通行言词·小菜》："田：一。衣：二。寸：三。水：四。丁：五。木：六。才：七。共：八。底：九。"《切口大词典·商铺类·银楼业之切口》："寸：三也。"《切口大词典·行号类·铜锡行之切口》："寸：三也。"清翟灏《通俗编·识余·市语·线行》："线行：一田，二伊，三寸，四水，五丁，六木，七才，八戈，九成"。②《切口大词典·党会类·红帮之切口》："寸：十也。"金老佛《三教九流江湖秘密规矩·青帮与红帮·红帮之问答》："顷据带线人（熟盗）报告，坟西园河里（金姓），家肥水极壮，活龙四丈有余（帮匪切口，书目咸以尺寸计之，譬如百谓尺，十谓寸，千谓丈之类。四丈即四千，现银谓活龙），死货尚不在其内（不动产曰死货），此外尚有很漂亮的地牌二五（女子已嫁者谓之地牌，未嫁者谓之二五），作条子开出去，每牌至少值价四五尺水头。"③《切口大词典·行号类·耕牛行之切口》："寸：八也。"④《切口大词典·杂流类·收旧货之切口》："寸：七也。"《清门考原·各项切口》："旧货生意切口数目（一、二、三、四、五、口、人、工、比、才；六、七、八、九、十、伟、寸、根、本、金）。"清翟灏《通俗编·识余·市语·典当》："典当：一口，二仁，三工，四比，五才，六回，七寸，八本，九巾。"⑤宋陈元靓辑《事林广记·续集·绮谈市语·天地门》："村：掩下；寸。"

【寸辫】《切口大词典·杂流类·卖花带者之切口》："寸辫：阔带也。"

【寸二】《新刻江湖切要·官职类》："同知：井二孤；混二，寸二；[广] 雷鸣。"

【寸姜】李子峰《海底·闽粤及南洋各地通行之隐语》："慈姑烟：姜；寸姜。"

【寸疆】卫大法师《江湖话·红帮闽粤及南洋各地通行隐语》："慈姑烟：疆，寸疆。"

【寸节】明程万里《鼎锲徽池雅调南北官腔乐府点板曲响大明春·六院汇选江湖方语》："寸节，乃讨银也。"

【寸金】《切口大词典·乞丐类·送字求乞之切口》："寸金：墨头也。"《切口大词典·商铺类·笔墨业之切口》："寸金：小墨也。"

【寸金地】《新刻江湖切要·地理类》："贵州[补] 寸金地。"《江湖切口要诀》（尺牍增附本）："贵州 [补] 寸金地。"《切口大词典·医药类·自称戏子治病者之切口》："寸金地：贵州也。"清傅崇矩《成都通览·成都之江湖言词·地理类》："贵州：寸金地。"

【寸块】《切口大词典·行号类·铜锡行之切口》"寸块：铜块也。"

【寸铃】《新刻江湖切要·医药类》："虎撑：寸铃。"清傅崇矩《成都通览·成都之江湖言词·医药类》："卖丸药：跳粒粒；虎撑，寸铃。"《切口大词典·医药类·医生之切口》："寸铃：摇虎撑治病者。"

【寸柳】《切口大词典·商铺类·板木业之切口》："寸柳：一寸厚之柳板也。"

【寸判通】《新刻江湖切要·官职类》："太监：寸判通；念二；廿奄；[广] 阴阳生；无聊。"

【寸三】《新刻江湖切要·官职类》："通判：井三孤；混三，寸三；[广] 谳才。"

【寸四】《新刻江湖切要·官职类》："推官：井四孤；混四，寸四；[广] 通试。"

【寸头】《新刻江湖切要·器用类》："尺：寸头。"《切口大词典·杂流类·收旧货之切口》："寸头：尺也。"清傅崇矩《成都通览·成都之江湖言词·器用类》："尺：寸头。"

【寸土】学古堂《江湖行话谱·江湖行话》："至于在本处作主理，曰寸土。"

【寸一】《新刻江湖切要·官职类》："太守：井一孤；混一，寸一；[广] 黄老。"

【寸子】《切口大词典·杂业类·豆腐店之切口》："寸子：油条也。"

cuo

【搓手】《切口大词典·商铺类·金线业之切口》："搓手：皮也。"

【磋头子】《清门考原·各项切口》："磋头子，狱中犯人。以纸取火之谓。"

【撮】明佚名《行院声嗽·通用》："粗：撮。"

【撮合山】《新刻江湖切要·人物类》："媒婆：潘细；[改] 撮合山。"《江湖切口要诀》（尺牍增附本）："媒婆：潘细，改撮合山。"《切口大词典·杂流类·媒婆之切口》："撮合山：做媒也。"清傅崇矩《成都通览·成都之江湖言词·人物类》："媒婆：潘细；撮合山。"

【撮活】《切口大词典·娼妓类·茶室之切口》："撮活：点满堂红也。"

【撮子】①《切口大词典·杂业类·冶坊之切口》："撮子：铁凿也。"②宋陈元靓辑《事林广记·续集·绮谈市语·君臣门》："士人：撮子。"

【醝物】宋陈元靓辑《事林广记·续集·绮谈市语·饮食门》："盐：醝物；滥老。"

【脞身】《新刻江湖切要·身体类》："矮：脞身；[增]如射。"《切口大词典·星相类·不开口相面之切口》："脞身：身矮者。"清傅崇矩《成都通览·成都之江湖言词·身体类》："矮：脞身；如射；折足；定半。"

【挫开】《切口大词典·衙卒类·缉私盐之切口》："挫开：卖私盐也。"

【挫子】《江湖走镖隐语行话谱》："肉为挫子。"

【措老】《切口大词典·工匠类·造酒匠之切口》："措老：煎酒也。"

【锉木甜头】卫大法师《江湖话·江湖上的隐语·皮行隐语》："倒药入糖当面煎熬：锉木甜头。"《清门考原·各项切口》："锉木甜头，锉药入糖，当面熬煎。"金老佛《三教九流江湖秘密规矩·江湖通用切口》："剉药入糖当面煎熬曰锉木甜头。"清唐再丰《鹅幻汇编·江湖通用切口摘要》："锉药入糖当面煎熬曰锉木甜头。"《切口大词典·医药类·卖药糖者之切口》："锉木甜头：锉药入糖，当面煎熬者。"

【错】学古堂《江湖行话谱·行意行话》："肉为错。"

【错八】《切口大词典·赌博类·牌九赌之切口》："错八：人牌也。"

【错齿子】云游客《江湖丛谈·江湖之春点》："管肉叫'错齿子'。"

【错大】《切口大词典·武术类·符箓变戏法者之切口》："错大：以符箓搬运物件。作戏法也。"

【错大字】《新刻江湖切要·人事类》："道士书符又名错大字；错虎头。"清傅崇矩《成都通览·成都之江湖言词·人事类》："道士书符：错大字；错虎头。"

【错虎头】《新刻江湖切要·人事类》："道士书符又名错大字；错虎头。"《切口大词典·武术类·符箓变戏法者之切口》："错虎头：画符也。"清傅崇矩《成都通览·成都之江湖言词·人事类》："道士书符：错大字；错虎头。"

【错落】①《切口大词典·商铺类·银楼业之切口》："错落：酒器也。"②《切口大词典·杂业类·禽鸟业之切口》："错落：鸽庚也。"

【错食】清佚名《郎中医话》："错食，是肉。"

【错食气罗】清佚名《郎中医话》："错食气罗，是肉包。"

D

da

【搭】卫大法师《江湖话·红帮各地通行隐语·一般人事类》："捉：搭。"李子峰《海底·各地通行隐语》："捉：搭。"《蹴鞠图谱·圆社锦语》："搭：上前。"《切口大词典·盗贼类·越墙贼之切口》："搭：追捉之人也。"

【搭白】清傅崇矩《成都通览·成都之袍哥话即江湖话也》："搭白，托人说法也。"

【搭班儿】《梨园话》："搭班儿：在戏园唱戏，谓之'搭班儿'。"

【搭场头】《切口大词典·武术类·布围卖戏法者之切口》："搭场头：择空地，四插竹竿，布篷环绕，以成围场也。"

【搭锤】《切口大词典·工匠类·银匠之切口》："搭锤：一边树头一边铁之榔头也。"

【搭架子】《梨园话》："搭架子：后台答白，谓之'搭架子'。[附记]后台人众，恐'搭架子'时，易于混乱，故派专人以司其事。

如樊城《金殿奏本》，应归伍尚答白；《打严嵩》，则以丑角严霞代之；《武家坡》之传话，则多归于旦行中人答白。因他行不能应工，与《钓金龟》之用伯，必须老生答白，同为一理。惟《女起解》之问路，则无专人答之，多由管事人代替。又据诸老伶工云，早年规矩，后台答白之人，不准素身，须著青衣，戴网巾，非如今日可以随便也。"

【搭肩】《切口大词典·役夫类·轿夫之切口》："搭肩：轿板也。"

【搭浆】《切口大词典·乞丐类·乞丐之切口》："搭浆：事不求实际上做也。"

【搭脚】《切口大词典·娼妓类·长三书寓之切口》："搭脚：嫖客与房侍或粗做娘姨等，燕好也。"

【搭连】①《切口大词典·工匠类·钉碗匠之切口》："搭连：铜丝攀也。"②《切口大词典·工匠类·做帽匠之切口》："搭连：浆糊也。"

【搭凉棚】《切口大词典·盗贼类·水面贼之切口》："搭凉棚：攀住船舷也。"

【搭摸】《切口大词典·党会类·小瘪三之切口》："搭摸：吃物也。"

【搭平】 平山周《中国秘密社会史·三合会隐语》："线香曰桂枝，蜡烛曰古树，蚊帐曰灯笼，明代服曰袈裟，套裤曰菱角，靴曰铁板，帽子曰云盖、曰万笠，洋伞曰洪头、曰独脚、曰乌云，道路曰线，旅行曰游线，家曰甲子，祖先公馆曰马桶，船曰平，乘船曰搭平。"《家里宝鉴·隐语》："乘船曰'搭平'。"金老佛《三教九流江湖秘密规矩·三合会之隐语》："船曰平，乘船曰搭平。"李子峰《海底·各地通行隐语》："坐船：跟底子；上飘子；搭平。"

【搭棋盘】《新刻江湖切要·宫室类》："造屋曰盖顶；又曰搭棋盘。"

【搭青】《切口大词典·商铺类·丝经业之切口》："搭青：姓吴者。"

【搭山头】《切口大词典·党会类·小瘪三之切口》："搭山头：随意兜搭使无关系成为有关系也。"《清门考原·各项切口》："搭山头，故意向人白话。"

【搭手】《切口大词典·工匠类·琢玉匠之切口》："搭手：石沙也。"

【搭台】《清门考原·各项切口》："搭台，串同设局骗财也。"

【搭条】 学古堂《江湖行话谱·行意行话》："搭条，是睡觉。"

【搭药】《切口大词典·工匠类·染布匠之切口》："搭药：印花布之工人也。"

【搭月官桥】 清傅崇矩《成都通览·成都之袍哥话即江湖话也》："搭月官桥，开科。"

【搭贼船】《切口大词典·盗贼类·拐匪之切口》："搭贼船：监禁也。"

【搭摘】 卫大法师《江湖话·红帮各地通行隐语·一般人事类》："被捉：搭摘，跌了。"李子峰《海底·各地通行隐语》："被捉：搭摘；跌了。"

【搭子】《切口大词典·商铺类·皮箱业之切口》："搭子：箱子钮扣也。"

【达地】《新刻江湖切要·地理类》："四川［广］达地。"《江湖切口要诀》（尺牍增附本）："四川［广］：达地。"《切口大词典·医药类·自称戏子治病者之切口》："达地：四川也。"清傅崇矩《成都通览·成都之江湖言词·地理类》："四川：达地。"

【达来】《切口大词典·医药类·卖药人之切口》："达来：送来也。"

【达鹈鹕】《切口大词典·盗贼类·越墙贼之切口》："达鹈鹕：黑夜行窃也。"

【达气】《蹴鞠图谱·圆社锦语》："达气：声气。"

【妲老】 宋陈元靓辑《事林广记·续集·绮谈市语·人物门》："娼妇：妓者；水表；妲老。"

【荅底】《切口大词典·巫卜类·文王课之切口》："荅底：动也。"

【答】 宋陈元靓辑《事林广记·续集·绮谈市语·拾遗门》："小杖：答。"

【答钢】 云游客《江湖丛谈·江湖之春点·挂子行中的支杆挂子》："江湖人管答言，调侃叫答钢。"

【答心】《新刻江湖切要·器用类》："银包：答心；今更名琴囊。"清傅崇矩《成都通览·成都之江湖言词·器用类》："银包：答心。"

【打】①清唐再丰《鹅幻汇编·江湖通用切口摘要》："付曰打。"卫大法师《江湖话·江湖上的隐语·普通隐语》："付：打。"《切口大词典·医药类·祝由科之切口》："打：付也。"金老佛《三教九流江湖秘密规矩·日常用语》："付曰打。"②清末民初佚名《镖行江湖隐语行话秘典》："打，是预备打仗。"

【打口】 宋陈元靓辑《事林广记·续集·绮谈市语·举动门》："睡：打口。"

【打哀声】 卫大法师《江湖话·红帮各地通行隐语·疫病类》："痛；吊；打哀声。"李子峰《海底·各地通行隐语》："痛；吊；打哀声。"

【打拗菱】 金老佛《三教九流江湖秘密规矩·青帮与红帮·江湖之春典》："挖洞称打拗菱。"

【打把】 《切口大词典·娼妓类·粤妓之切口》："打把：枪毙也。好合亦以此呼之。"

【打把子】 《梨园话》："打把子：以刀枪试验，谓之'打把子'。"

【打包底】 《切口大词典·娼妓类·相公堂子之切口》："打包底：如妓女之作包帐也。"

【打背供】 《梨园话》："打背供：背人之表示，谓之'打背供'。"［附记］凡剧中人以袖障面，或以手中所持之物，对台下观众作种种表示者，名曰'打背供'，盖剧中之重要关键也，兹将各书所见，关于'打背供'之文字，择要节录之于下：'背供'者，背人之言语也。戏剧中于二人对立或对坐时，欲避他人而表自己之意旨，或设法以行事时，辄用此法，名曰'打背供'。法以手举起用袖遮掩，以道自己之意思，如《阴阳河》之张茂森，于遇妻魂时以袖遮面，自言自语，'看她好像我妻李桂英模样，他怎样来到此地'，亦打背供之一也。盖张见桂英之魂，疑似其妻，而自思妻方安居家中，绝无独自来此挑水之理，将信将疑，不敢自决，故打背供以表其心事。又如《梅龙镇》之正德，于凤姐将要呼唤时，'打背供'云：阿呀且住，倘这丫头呼唤起来，惊动乡邻，将我拿送到官，君臣相见成何体统？也罢，不免看这丫头，若有福分便封他一宫；若无福分，孤打马就走。玩其语意，似被凤姐所逼，欲谋抵制之策，以相对待。然二人对立，近在咫尺，一人言语，岂有他人不闻之理？故必遮之以袖，以表所言，非有声之言语，乃其心中之意想。藉此补足剧情表演不到之处，倘不用此法表明，则对于剧情必难彻透。观者将处于闷葫芦中，减其观剧之兴趣矣。大抵以袖遮掩，亦有方法，站立或坐于上场门一方者，'打背供'时，宜遮左手。坐立于下场门一方者，反之。其手举起，与身体成直角，即遮于二人之间，上臂与肩同高，下臂略屈而肘平，面部则向台外云。（见《戏学汇考》）'背供'者，背人供招也，系背人自道心事之意。而一人或数人说话之时，其中一人心内偶有感触，便用神色表现，以便台下知晓。若感触之情节复杂，全靠神表现，不易充足，则用白或唱，暗行说出。故'打背供'时，须用袖遮隔，或往台旁走几步，都是表示，不便台上他人知道的意思。但有时一人，场上歌唱或说白，亦是自述心事之意，与'背供'意义大致相同。不得目为无故，自言自语也。（见《中国剧之组织》）《武家坡》《薛平贵堂前戏妻》，须'打背供'，而后念'且住，想我离家一十八载'。若不'打背供'，则此术语是觌面所讲之者，非自己思量之语也。王宝钏将回转寒窑之前，亦'打背供'，而思脱其身之计也。不然，则王宝钏之设计筹策，无处可以形容，不将与薛平贵谋耶。综之，戏中欲表暗笑其人之非，或设计害人之谋，必须'打背供'。要知戏剧为描写个人之赋性言语举止，今二者同立于台，不能描写其各人秘密之赋性言语举止，言之则彼方已知其谋，不言则观众未明其意，故作'打背供'介于其间。盖'打背供'乃表明戏中之所言非出声之言，乃其腹中之言也。戏中之所笑，非形色之笑，乃其心中之笑也。诸凡剧中人之所言杀害，剧中之所言调笑，莫不为其胸肌间之计划。否则，与他方离不逾咫，其言其语焉有不明之理？（下略——原注）（见《学戏百法》）'背供'为自述之词，即演来表示自己意思之语，为戏剧中之一重要关键。然演者对于'背供'时，无论说白或唱词，必以手腕高横其前。所以表示其唱白，为心中之意思也。设台上同时之第二者，或第三者，其对答言词，应无涉及'背供'时之说白或唱词，方对。盖以其'背供'时之语，对方实无闻听之可能也。但有时'背供'语后，转为对语，而此对语一折，尤为紧要，演者不可随意抹去，否则每至于两不逗笋耳。如《捉放曹》杀奢后，陈公唱（听他言）一大段，完全为'背供'语。系陈宫自怨自嗟，腹诽阿瞒。对立之曹操，并未闻及，仅对白有'明公我有一言商劝'；而曹操接白，乃有'你言多语诈'句。陈宫仅说一句，言不为多，何得谓诈。倘陈宫所说之话，为操所闻，则'义负冤家'四字，早已吃阿瞒宝剑一下；与吕奢同，岂待于'鼓打四更月正中'四句诗，而曹始怨哉！闻老伶工言，'明公我有一言相劝'下，原本有一段劝解之词，由'背供'而转对语，故曹有你'言多语诈'之语，则前后始能贯串。而近来之演者，随便抹删，遂至牛唇不对马嘴矣。（见《一得轩谈戏》）'打背供'之'背'字讲解，系对同场演者而言。因剧中情节有必须背彼后方述语，而又不能不述于观者。背彼方讲话，向台下道白，或背地自语，即谓之'打背供'。《红鸾禧》莫稽指仲后，（中略—原注）推金玉奴于江中，遣金松归里。当其于舟中设计时，对台下所述者，即'打背供'也。按，'打背供'即对台下讲话。虽切近台口，亦无妨。因观者不明戏中人之心理事，背彼方道明。虽说破其用计，亦绝无妨碍。

【打垄土】《行院声嗽·人物》："工作人：打垄土。"

【打边鼓】《切口大词典·乞丐类·戴孝求乞之切口》："打边鼓：同党之人也。"

【打补子】《梨园话》："打补子：主脚未到，临时以他脚代替，谓之'打补子'。"

【打草子】卫大法师《江湖话·红帮各地通行隐语·一般人事类》："吵嘴：打草子，抬杠子。"李子峰《海底·各地通行隐语》："吵嘴：打草子；抬杠子。"

【打茶围】《切口大词典·娼妓类·长三书寓之切口》："打茶围：熟客至妓院，与妓女茶叙小谈之谓也。妓家出香烟瓜子以饷客。"

【打朝】《梨园话》："打朝：饰朝官者，于参见帝王时，谓之'打朝'。"《切口大词典·优伶类·场子上之切口》："打朝：帝王登场，先上朝官，待帝就坐后上前参见也。"

【打衬子】《切口大词典·工匠类·画船匠之切口》："打衬子：画花之前，油以白油也。"

【打尺六】《切口大词典·工匠类·打锡箔匠之切口》："打尺六：打锡箔之工匠也。"

【打抽丰】《切口大词典·赌博类·麻雀赌之切口》："打抽丰：服侍赌客乘机讨小账也。"

【打出手儿】《梨园话》："打出手儿：凡剧中人彼此传递武器，并做出种种炫奇斗法姿势，谓之打出手儿。[附记]张镣子云，武戏中常有将各种武器，互相抛掷传递者，梨园中名之曰'打出手'，言其武器之脱手也。据老辈言，此系旧剧形容神仙妖魔，炫奇斗法之意思。盖根据《封神演义》，以故旧时舞台规则，仅能演之于神话剧，如《泗州城》《百草山》之类。其后演者，欲格外取悦观客，遂致演《取金陵》等剧，与神仙毫不相干者，亦大打出手，其实非老例所许也。又云，顾时至今日，交战时所用之利器，如枪炮以及手榴弹等，殆无不悬空射击，互相投掷，恰合'打出手'之原义。故《取金陵》等剧之'打出手'，虽云破例，亦可谓为有先见之明矣。"

【打椿】《行院声嗽·人事》："立：打椿。"

【打大车】《切口大词典·工匠类·琢玉匠之切口》："打大车：专做大件，如簠簋佩玦等类。"

【打大圈】施列格《天地会研究·洪家口白要诀》："打大圈，打省城。"

【打单】《切口大词典·衙卒类·侦探之切口》："打单：写信也。"贝思飞《民国时期的土匪隐语》："打单：恐吓信（上海）。"

【打单子】《切口大词典·乞丐类·哭诉求乞之切口》："打单子：假言夫死或妻丧也。"

【打灯花】《切口大词典·盗贼类·铳手之切口》："打灯花：黄昏入室窃物也。"

【打底】《切口大词典·娼妓类·长三书寓之切口》："打底：代小先生作神女生活者。因小先生未梳拢之前，例不留客，乃以打底应命也。"

【打奠】《蹴鞠图谱·圆社锦语》："打奠：吃茶。"

【打斗子】《切口大词典·杂业类·麻油店之切口》："打斗子：舂芝麻也。"

【打短壁】《切口大词典·盗贼类·剪绺贼之切口》："打短壁：使同党环立行客身边而便下手也。是种大都行客，徜徉人家门首。"

【打墩】《切口大词典·武术类·搭台变戏法之切口》："打墩：坐地。"清翟灏《通俗编·识余·市语》："江湖人市语尤多，坊间有《江湖切要》一刻，事事物物，悉有隐称。诚所谓惑乱听闻，无足采也。其间有通行市井者，如官曰孤司，店曰朝阳，夫曰盖老，妻曰底老，家人曰吊脚，僧曰廿三，道士曰廿四，成衣曰戳短枪，抬轿曰扱楼儿，剃头曰削青，船白瓢儿，屋曰顶公，银曰琴公，钱曰把儿，米曰软珠，饼曰匾食，盐曰潢老，鱼曰豁水，鸭曰王八，鞋曰踢土，镜曰照儿，抹布曰踢郎，坐曰打墩，拜曰剪拂，揖曰丢圈子，叩头曰丢匾子，写字曰搠黑，说话曰吐刚，被欺曰上当，虚奉承曰王六，大曰太式，多曰满太式，无曰各念，俱由来于此语也。"

【打墩子】《新刻江湖切要·人事类》："坐曰打墩子。"《切口大词典·武术类·卖拳头者之切口》："打墩子：坐也。"清傅崇矩《成都通览·成都之江湖言词·人事类》："坐：打墩子。"

【打二客】《切口大词典·娼妓类·八大胡同妓院之切口》："打二客：为已破瓜之妓破瓜也，此则冤桶为之。"

【打二梢】贝思飞《民国时期的土匪隐语》："打二梢：利用土匪打劫而趁机偷窃的农民。"

【打杆子】《切口大词典·衙卒类·缉私盐之切口》："打杆子：查舱费也。"

【打个全家福】卫大法师《江湖话·红帮各地通行隐语·各种行业类》："大家吃一杯：打个全家福。"李子峰《海底·各地通行隐语》："大家吃一杯：打个全家福。"

【打瓜筋】《切口大词典·优伶类·伶人之切口》："打瓜筋：骗取包银，杳如黄鹤也。"

【打卦】《梨园话》："打卦：偷学他人腔调，谨得其貌，而遗其神之谓也。"《切口大词典·优伶类·伶人之切口》："打卦：不善学人取貌遗神也。"

【打乖囮】《切口大词典·杂流类·放白鸽者之切口》："打乖囮：以貌美之女子贱价卖与人为妻妾亦即为饵人之物也。"

【打乖儿】①《切口大词典·党会类·女拆白党之切口》："打乖儿：选有姿色出众者为囮也。"②《切口大词典·杂流类·蚁煤之切口》："打乖儿：以妇女之娇丽者先以示人，后更以丑妇者，俗谓掉包。"

【打光子】《切口大词典·工匠类·打眼匠之切口》："打光子：用粉摩擦也。"

【打滚】《切口大词典·武术类·跑马卖解之切口》："打滚：抖钱也。"

【打滚龙】清傅崇矩《成都通览·成都之袍哥话即江湖话也》："打滚龙，流落也。"

【打黑骡子】清末民初佚名《镖行江湖隐语行话秘典》："抬枪，为打黑骡子。"

【打横】《切口大词典·工匠类·木匠之切口》："打横：墨绳也。"

【打横管】《切口大词典·杂流类·堂名之切口》："打横管：吹笛也。"

【打滑汰】《切口大词典·乞丐类·乞丐之切口》："打滑汰：受跌仆也。"

【打槐荫】《切口大词典·盗贼类·偷鸡贼之切口》："打槐荫：在午间行窃者。"

【打唤】《蹴鞠图谱·圆社锦语》："打唤：请人。"

【打黄梁子】《梨园话》："打黄梁子：谓做梦也。[附记] 杨掌生《梦华琐簿》云：'余尝见伶人家堂有书祖师九天翼宿星君神位者，问之不能言其故，小霞为余言，闻诸父老云，老郎神姓耿，名梦，昔诸童子从教师学歌舞，每见一小郎极秀慧，为诸郎导，固非同学中人也，每肄业时，必至，或集诸郎按名索之，则无其人，诸郎既与之习乐与之游，见之则智慧顿生，由是相惊以神，后乃肖像祀之，说颇不精，然无人晨起讳言梦，诸伶尤甚，不解其故，如小霞言是禁言梦者，讳其神明也。'无名氏云：'有位老郎神既唐明皇与楚王朗仲观者，亦可不办，考唐明皇设梨园以教演歌舞，与戏诚不无微功，然于艺术上殊无可称述，即偶有创作，亦李黄辈所为，且系贵族的而非民众的，其资格犹远逊于汉武，若郎中官确为中兴皮黄之元勋，并有所创作非汉武明皇可比，其名予知之，现亦不妨宣布，黄班今有前不言更，后不言梦之说，更梦即其名也，缘伶工有谓老郎神为耿梦者，即由此致误。盖谓前台作戏时，须忘其为更生，而在后台则还我本相，乃艺术上之原则，以此二字为名要不过藉以自励，今汉班，以此示儆，京伶则流于迷信，两俱失之也。'大同云：'史称孙叔敖卒，其子困贫负薪，楚国名优，有优孟者，假为叔敖，著其衣冠，做歌以感庄王，叔敖之子乃得封，后世称假装者，为优孟衣冠，即本乎是，今之梨园行人，前台不言更，后台不言梦，而曰打黄梁子，盖重优梦之为人，是同戏剧之鼻祖，请言其名，以尊之也。'按，无名氏所云，则与《梦华琐簿》载者，各持一说，而大同君之言，又与无名氏不同，虽内行有前不言更，后不言梦之说。据诸《芙蓉曲》《碍谱》则谓，'以更为黑夜定鼓之时，梨园之戏不应作长夜荒乐之举，故避之。以梦是出自幻想，人之娱乐自为赏心之事，非如梦中未醒也。'此又一说，然欲穷究其故，则皆愕然而莫能对矣。"《切口大词典·优伶类·伶人之切口》："打黄粱子：做梦也。后台不准说做梦，须说打黄粱子。"

【打黄莺】《切口大词典·盗贼类·偷鸡贼之切口》："打黄莺：偷小鸡也。"

【打黄子】《切口大词典·杂业类·混堂之切口》："打黄子：澡浴也。"

【打尖山】《切口大词典·杂业类·旅馆之切口》："打尖山：吃饭也。"

【打焦】《切口大词典·杂业类·麻油店之切口》："打焦：炒芝麻也。"

【打劫店】清傅崇矩《成都通览·成都之江湖言词·店铺类》："六头君（取谚语走前头，立后头，坐横头，吃骨头，趁戤头，得零头"之说也）；混堂；卷窑；裸阳朝阳；温泉朝阳；打劫店；采盘子。"

【打康灯】《切口大词典·娼妓类·茶室之切口》："打康灯：闹玩儿也。"

【打唷子】卫大法师《江湖话·红帮各地通行隐语·一般人事类》："打包袱：打唷子。"卫大法师《江湖话·红帮各地通行隐语·衣服类》："包袱：打唷子。"李子峰《海底·各地通行隐语》："包袱：打唷子。"李子峰《海底·各地通行隐语》："包袱：打唷子。"

【打孔】《切口大词典·商铺类·珠宝业之切口》："打孔：珠眼之人也。"

【打浪】卫大法师《江湖话·红帮闽粤及南洋各地通行隐语》："食粥：打浪。"李子峰《海底·闽粤及南洋各地通行之隐语》："食粥：打浪。"施列格《天地会研究·洪家口白要诀》："打浪，食粥。"

【打擂台】《切口大词典·娼妓类·台基之切口》："打擂台：拇战也。"

【打连环】《梨园话》："打连环：戏中交战，互相打上打下，谓之'打连环'。[附记]打仗时，此方之人将彼方之人打下，彼方一人又将此方之人打下，如此循环不已，名曰'打连环'。（见《中国剧之组织》）"

【打连片】《切口大词典·医药类·着地摊药治病者之切口》："打连片：口说卖法也。"

【打连台】《切口大词典·娼妓类·八大胡同妓院之切口》："打连台：谓留髡至二日以上者。"

【打粮】《切口大词典·杂流类·二爷之切口》："打粮：做临时之二爷者，俗呼拆管。"

【打流水】《切口大词典·优伶类·场子上之切口》："打流水：龙套前行，主将后随而行也。"

【打龙身】《切口大词典·杂业类·混堂之切口》："打龙身：擦背匠也。"

【打路头】《切口大词典·商铺类·丝经业之切口》："打路头：招主顾也。"

【打麻姑油】《切口大词典·盗贼类·爬儿手之切口》："打麻姑油：偷秋穗也。"

【打埋伏】①卫大法师《江湖话·安庆隐语》："守秘密：受风，打埋伏。"②《清门考原·各项切口》："打埋伏，隐藏而瞒人也。"

【打闷棍】《切口大词典·娼妓类·钉碰妓之切口》："打闷棍：向客索额外之资也。"

【打免带】《切口大词典·杂流类·吹打者之切口》："打免带：打钹也。"

【打弄】明佚名《行院声嗽·人事》："取笑：打弄。"

【打炮】《切口大词典·娼妓类·粤妓之切口》："打炮：与妓女作片刻之欢也。"《切口大词典·娼妓类·雏妓之切口》："打炮：白日行淫也。"《清门考原·各项切口》："打炮，白日行淫也。"金老佛《三教九流江湖秘密规矩·青帮与红帮·青帮之吃相》："彼等由他处贩买妇女至沪，逼令为娼，且薄长三么二而不为，其所为者，花烟间为多，野鸡次之。贩来一件货色，代价不过百数十元，且彼等又特别注意于童女。因每一女也，点一对大蜡烛，索价辄在五十元以上，则该女之身价，已得其半数矣。厥后复逐日令其接客，不管套人身体之强弱，可怜竟有一日御客十余辈者。彼等所开之花烟间，大者有烟妓十余人，小者亦三四人，主其事者谓之老鸨，戤牌头者，谓之门头。凡为老鸨门头者，非有面子之人，即不能竞存于烟妓界。盖以出入花烟间者，流氓乱人居多，稍不如意，即将寻衅生事。故花烟间虽为至下级之妓院，而为之老班者，亦大非易易，至于长三么二各等妓院，则与绑匪有关者殊鲜也。其日常对待套人，尤为不忍异述，如遇有客人入门，则必令套人劝其打炮（白日行淫谓之打炮），每日每妓，有打炮十余次者。但有客人未必尽打炮，凡入门而不打炮者谓之跳老虫，每次大洋二角，为时限十余分钟。打炮者，每次大洋一元十角不等，为时限一句钟。至入院过宿者，代价一二元不等。故凡开花烟间者，虽名为至下贱之业，而其入款，竟有每日数十元之多者。以是一班绑匪，趋之若惊，此为青帮绑匪吃相之一种也。"

【打泡】 ①《梨园话》："打泡：初演戏谓之'打泡'。"②《切口大词典·优伶类·戏园之切口》："打泡：凡名伶莅园先唱三天，而不送包银者。"

【打盆】 《切口大词典·工匠类·缫丝匠之切口》："打盆：缫丝端也。"

【打棚】 《切口大词典·乞丐类·乞丐之切口》："打棚：嬉弄人取乐之谓也。"

【打捧】 《清门考原·各项切口》："打捧，对于不相识者谈话，以便脱售旧货物。"

【打皮码子】 《切口大词典·杂业类·混堂之切口》："打皮码子：剔脚匠也。"

【打票】 《清门考原·各项切口》："打票，至钱庄，汇兑银票名，曰打票。"

【打起发】 卫大法师《江湖话·安庆隐语》："发财：打起发。"《清门考原·各项切口》："打起发忽然富贵也。"

【打巧】 《切口大词典·杂流类·说大书之切口》："打巧：说出漏洞也。"

【打清挂子】 云游客《江湖丛谈·江湖之春点·三不管中挑将汗的生意》："净练把式要钱，不把药，江湖人调侃叫打清挂子。"

【打圈子】 《切口大词典·武术类·卖拳头者之切口》："打圈子：使观客环立如堵也。"

【打沙】 ①平山周《中国秘密社会史·三合会隐语》："发曰青丝。豚日毛瓜，豚肉曰白瓜，已燔之豚肉曰金瓜，曰红瓜。牛肉曰大菜，盐牛肉曰一把菜。狗曰蚊。鱼曰穿浪，曰摆尾，盐鱼曰咸筝。曰丫鬟。米曰沙，煮饭曰打沙，吃饭曰耕沙。鸦片曰云游，吃鸦片曰咬云。茶曰青莲。水曰三河。油曰洪顺。茶碗曰莲蕊。酒杯曰莲米。"《家里宝鉴·隐语》："煮饭曰'打沙'。"金老佛《三教九流江湖秘密规矩·三合会之隐语》："米曰沙，煮饭曰打沙，吃饭曰耕沙。"②卫大法师《江湖话·红帮闽粤及南洋各地通行隐语》："食饭：打沙。"李子峰《海底·闽粤及南洋各地通行之隐语》："食饭：打沙。"

【打沙子】 卫大法师《江湖话·红帮各地通行隐语·饮食用品类》："买米：打沙子。"李子峰《海底·各地通行隐语》："买米：打沙子。"

【打砂】 施列格《天地会研究·洪家口白要诀》："打砂，食饭。"

【打上】 《梨园话》："打上：以锣鼓引角色出场，谓之'打上'。"

【打使丐】 《切口大词典·盗贼类·拐匪之切口》："打使丐：打屁股也。"

【打手巾】 《切口大词典·娼妓类·茶室之切口》："打手巾：妓院中之打杂者。"

【打水鸡】 《切口大词典·娼妓类·粤妓之切口》："打水鸡：蛋妇一名水鸡。狎游蛋妇，为之打水鸡。"

【打水围】 《切口大词典·娼妓类·粤妓之切口》："打水围：作狭邪游也。"

【打水战】 《清门考原·各项切口》："打水战，穷困也。"

【打水仗】 《切口大词典·役夫类·航船夫之切口》："打水仗：落魄之谓也。"

【打睃】 明佚名《行院声嗽·人事》："看：打睃。"

【打台帘的】 《梨园话》："打台帘的：司掀戏台门帘之人谓之'打台'。[附记]'打台帘的'，乃交做伙计之一，每日所得之资甚薄，惟掀上场门帘之人，较掀下场门帘之人，所为之事繁多，因须代理检场之一部分责任。如戏中需用大帐子时，渠必为支搭；需用伞时，渠预先撑起，在交与执伞人上场时执之，故所得报酬亦较重耳。"

【打贪子】 明程万里《鼎锲徽池雅调南北官腔乐府点板曲响大明春·六院汇选江湖方语》："打贪子，说因果的。"

【打筶】 清傅崇矩《成都通览·成都之江湖言词·星相类》："打君知曰闯友；打筶；丢筝；抛孤；撇查；落跌。"

【打通场】 卫大法师《江湖话·红帮各地通行

隐语·一般人事类》：“买通官场：打通场。”李子峰《海底·各地通行隐语》：“买通官司：打通场。”

【打通儿】《梨园话》：“打通儿：戏未开演，后台所喧聒之锣鼓声，谓之'打通儿'。[附记]凡戏在未开演以前，文武场先集于后台，须喧聒锣鼓三次，谓之'打通儿'。用此以为通知剧员，招揽观客之意。第一、二通，照例须打七棒四翻（高腔班之锣鼓点子）。打法，第一翻为，仓、冬秋、冬秋、仓、冬秋、冬秋、仓、冬秋、冬秋冬秋冬秋冬秋冬秋。第二翻为，仓、秋冬、秋冬、秋冬、秋冬、秋冬秋冬秋冬秋冬。第三翻为，仓、秋秋秋秋秋冬秋冬秋冬秋冬秋冬。第四翻为，仓、秋秋秋秋秋秋秋秋仓、冬秋。第三通加吹大唢呐，谓之'吹台'，俗曰'安哨子'。所吹者，大多为《柳摇金》《一枝花》。此外有名《哪吒》者，乃元旦日吹台时所用。至于《将军令》一节，因工谱多，且需翻转吹之，故能之者甚少。按：吹台本为徒弟所为之事，今初学者，即欲操琴，焉能学吹《将军令》？场面能吹者，多做后工不应开场，故《一枝花》亦不见有能吹者矣。先祖每于庭训之余，辄言其少时，常用唢呐吹《将军令》《哪吒令》《一枝花》等，以资练习手指，并翻转吹之。偶有小误，为师者辄加以夏楚。严冬大雪纷飞，则推跪雪地中，使彼自吹，亘吹三小时，使令之起。"

【打通关】卫大法师《江湖话·红帮各地通行隐语·一般人事类》：“通知：打通关。”李子峰《海底·各地通行隐语》：“通知：打通关。”

【打通堂】《梨园话》：“打通堂：科班全体学生，每受责罚谓之'打通堂'。”

【打头客】《切口大词典·娼妓类·八大胡同妓院之切口》：“打头客：为雏妓破瓜也。”

【打头盆】《切口大词典·役夫类·人力车夫之切口》：“打头盆：强索车价也。”

【打头校】《切口大词典·工匠类·印刷匠之切口》：“打头校：打第一样子也。”

【打退鼓】《切口大词典·乞丐类·送字求乞之切口》：“打退鼓：送字与人人不受也。”

【打脱梢】《切口大词典·衙卒类·缉私盐之切口》：“打脱梢：盐枭大批过境，必备破船数艘，满载盐量，一闻缉私船之枪声委之而

去，作敬礼也。"

【打歪了】李子峰《海底·各地通行隐语》：“打死：打歪了。”

【打歪子】卫大法师《江湖话·红帮各地通行隐语·一般人事类》：“打死：打歪子。”

【打腕儿】云游客《江湖丛谈·江湖之春点·天桥的大兵黄》：“管以当过大兵为名调侃叫打腕儿。”

【打下】《梨园话》：“打下：以锣鼓送角色下场，谓之'打下'。”

【打先锋】清张德坚等《贼情汇纂》卷八《伪文告下·隐语·太平天国隐语》：“打先锋即房掠别名。”

【打弦】明风月友辑《金陵六院市语》：“有客妨占，号曰顶上多粉头攒龟，名为打弦。”

【打线逛子】《切口大词典·手艺类·卖纸鸢之切口》：“打线逛子：以食指振之也。”

【打线升点】《镖行江湖隐语行话秘典》：“四位，打线升点。”

【打响】清傅崇矩《成都通览·成都之袍哥话即江湖话也》：“打响，介绍也。”

【打小车】《切口大词典·工匠类·琢玉匠之切口》：“打小车：专做小件，如帽块簪头等类。”

【打小样】《切口大词典·工匠类·画船匠之切口》：“打小样：画花鸟也。”

【打揎】《蹴鞠谱·锦语》：“添气：打揎。”

【打楦】《蹴鞠图谱·圆社锦语》：“打楦：添物。”

【打眼钱】卫大法师《江湖话·红帮各地通行隐语·偷盗类》：“摊上窃物：打眼钱。”

【打眼膛】《切口大词典·杂流类·堂名之切口》：“打眼膛：拍鼓也。”

【打样局】《切口大词典·娼妓类·长三书寓之切口》：“打样局：客与妓女未曾会面，贸然叫其来，谓之打样局，如购货物之看样者。”

【打腰子】《切口大词典·盗贼类·掘壁贼之切口》：“打腰子：动手掘挖壁之谓也。”

【打英雄】《切口大词典·优伶类·角行之切口》：“打英雄：武行中人也。”

【打英雄的】《梨园话》：“打英雄的：武戏中之零碎花脸，谓之打英雄的。[附记]武行中之花面，内行谓之打英雄的。其扮演角色，如《拿高登》之教师，《八蜡庙》之米龙豆虎。早年规矩，打英雄的，不能专去武戏，

尚须兼演文戏中脚色。其应演唱者，为《战樊城》之武成黑，《庆阳图》之李虎，《南阳关》之五保，《太平桥》之汴义道，《清河桥》之豆凤，《闹府》之煞神，《禅于寺》之汴。此规则久已废矣。"

【打油箭的】卫大法师《江湖话·安庆隐语》："牌九师：打油箭的。"

【打皂】《切口大词典·衙卒类·幕宾之切口》："打皂：行贿也。"

【打张】《切口大词典·赌博类·麻雀赌之切口》："打张：东风牌也。"

【打招呼】卫大法师《江湖话·安庆隐语》："下礼：打招呼。"《清门考原·各项切口》："打招呼，通知也，安慰也，赔礼之意。"金老佛《三教九流江湖秘密规矩·青帮与红帮·屈服之语调》："门槛中人，有时切身关系，亦不免互相寻衅。其寻衅又必借端于盘海底，而语调则迥不如前，顾亦有一定之问答法。如甲乙相遇于茶肆，甲欲与乙为难，则问曰，'敢问老大，贵帮有多少船。'乙明知其寻仇，如不欲与之较量而自甘屈服，则起身答曰：'不敢，兄弟初到贵地，一切全靠诸老大包容。兄弟或有脱节之处，请老大诉知敝家师，朝廷有法，江湖有礼。光棍不作亏心事，天下难藏十尺深。该责便责，该打便打，你我都是自己人，请老大息怒，直可以截，短可以接。兄弟初来慢到，老弟先买碗茶来奉敬老大。'说至此，即命茶肆中泡一盏镶红茶，双手奉敬曰'待兄弟去请敝前人来下老哥的气。'此种说法，在道中谓之'打招呼'，如此则甲虽有意为难，亦不能再苦相逼矣。"刘联珂《中国帮会三百年革命史·清门切口》："打招呼，安慰也。"

【打照呼】《切口大词典·党会类·青帮之切口》："打照呼：倍礼也。"

【打鹧鸪】卫大法师《江湖话·红帮各地通行隐语·各种行业类》："拦路抢劫：卡梁子，张梁子，打鹧鸪。"卫大法师《江湖话·红帮闽粤及南洋各地通行隐语》："截路：打鹧鸪。"李子峰《海底·各地通行隐语》："拦路抢劫：卡梁子；张梁子；打鹧鸪。"李子峰《海底·闽粤及南洋各地通行之隐语》："截路：打鹧鸪。"

【打鹧鸪子】施列格《天地会研究·洪家口白要诀》："打鹧鸪子，劫路。"

【打住啦】《梨园话》："打住啦：戏演毕，谓之'打住啦'。"

【打捉】明佚名《行院声嗽·人物》："伴当：打捉。"

【打走马穴】云游客《江湖丛谈·江湖之春点·江湖中之挑青子汗的》："江湖人管今天在东，明天在西，不靠长地方，随处乱跑的、流动性质的生意，调侃叫打走马穴。"

【大】①卫大法师《江湖话·各行业商帮所用数目字隐语·成都通行言词·古董玉器当铺》："大：五。"卫大法师《江湖话·各行业商帮所用数目字隐语·其他·北平》："由：一。申：二。人：三。工：四。大：五。天：六。夫：七。井：八。羊：九。非：十。按此数字头，如'由'有一个头为一，'申'为二个头为二，'大'为五等头，'非'为十个头。"卫大法师《江湖话·各行业商帮所用数目字隐语·重庆通行言词·买猪》："豆：一。背：二。泰：三。长：四。仁：五。条：六。栲：七。黄：八。豆：九。按此为重庆场买卖猪时使用。又名猪肉为'大'，即问'这大多少钱一斤'？则回答；若问'这猪肉多少钱一斤'？则不回答你。高：一。明：二。韩：三。苏：四。大：五。雍：六。草：七。梅：八。湾：九。高：十。许：一。欠：二。川：三。义：四。土：五。告：六。照：七。毛：八。求：九。许：十。此二十个字互用，如'许许'为'十一'，'欠欠'为'二十二'，'韩韩'为'三十三'，'苏苏'为'四十四'，'土土'为'五十五'，'雍雍'为'六十六'，'草草'为'七十七'，'毛毛'为'八十八'，'湾湾'为'九十九'。而'十一'不能称'高高'，'八十八'不能称'梅梅'。又如'高明'为'十二'，'高韩'为'十三'，'高苏'为'十四'，'高大'为'十五'，'高雍'为'十六'，'高草'为'十七'，而'高梅'不能为'十八'，要用'许毛'为'十八'，'高湾'为'十九'。又如'欠许'为'二十一'，'韩许'为'三十一'，'大许'为'五十一'，'雍许'为'六十一'，'毛许'为'八十一'，'湾许'为'九十一'。而'明韩'为'二十三'。'韩明'为'三十二'，'土明'为'五十二'，

'雍明'为'六十二'等。整数语尾加'老'字，如'高老'为'一百'等。在鼎街古董铺，则用二个字，如'高少'为'一千五百元'，或'一万五千元'，少有用三个字的，如遇三个数目，则尾数用普通数目，如'十五万五千元'，而荒货担子可说到三个字，因此数目言词非精通常用不可。"卫大法师《江湖话·各行业商帮所用数目字隐语·重庆通行言词·古董，旧五金，估衣，改裁，荒担，经纪，过活，旧棉絮（重庆教场口，鼎新街，估衣街，关津巷通用）》："高：一。明：二。韩：三。苏：四。大：五。雍：六。草：七。梅：八。湾：九。高：十。许：一。欠：二。川：三。义：四。土：五。告：六。照：七。毛：八。求：九。许：十。此二十个字互用，如'许许'为'十一'，'欠欠'为'二十二'，'韩韩'为'三十三'，'苏苏'为'四十四'，'土土'为'五十五'，'雍雍'为'六十六'，'草草'为'七十七'，'毛毛'为'八十八'，'湾湾'为'九十九'。而'十一'不能称'高高'，'八十八'不能称'梅梅'。又如'高明'为'十二'，'高韩'为'十三'，'高苏'为'十四'，'高大'为'十五'，'高雍'为'十六'，'高草'为'十七'，而'高梅'不能为'十八'，要用'许毛'为'十八'，'高湾'为'十九'。又如'欠许'为'二十一'，'韩许'为'三十一'，'大许'为'五十一'，'雍许'为'六十一'，'毛许'为'八十一'，'湾许'为'九十一'。而'明韩'为'二十三'。'韩明'为'三十二'，'土明'为'五十二'，'雍明'为'六十二'等。整数语尾加'老'字，如'高老'为'一百'等。在鼎街古董铺，则用二个字，如'高少'为'一千五百元'，或'一万五千元'，少有用三个字的，如遇三个数目，则尾数用普通数目，如'十五万五千元'，而荒货担子可说到三个字，因此数目言词非精通常用不可。"《切口大词典·商铺类·古董业之切口》："大：五也。"清傅崇矩《成都通览·成都之各行人买卖通用言词·当铺古董玉器行通用言词》："五，大。"学古堂《江湖行话谱·粮行之行话》："（大）五。"②清翟灏《通俗编·识余·市语·道家星卜》："道家星卜：一太，二大，三蒙，四全，五假，六真，七秀，八双全，九渊。"③清翟灏《通俗编·识余·市语·故衣铺》："故衣铺：一大，二土，三田，四东，五里，六春，七轩，八书，九籍。"④朱琳《洪门志·春典子琐记·店铺》："银行，称大。"

【大阿福】《切口大词典·娼妓类·长三书寓之切口》："大阿福：凡身体肥壮者，以此称之。"

【大八块】《切口大词典·商铺类·菜饭业之切口》："大八块：红烧肉也。"

【大把】①《江湖走镖隐语行话谱》："瞎子为大把。"②学古堂《江湖行话谱·粮行之行话》："大把，五百。"

【大摆】《切口大词典·行号类·缸坛行之切口》："大摆：大腐乳坛也。"

【大扳】《江湖切口要诀》（尺牍增附本）："城：大扳。[广]子金；列齿；筑土。"

【大班】①《切口大词典·手艺类·灯笼业之切口》："大班：班手所用之大号灯也。"②《切口大词典·杂业类·商人共众切口》："大班：洋行公司之经理也。"

【大办】《切口大词典·商铺类·丝经业之切口》："大办：放账也。"

【大背】《切口大词典·优伶类·靶子之切口》："大背：大刀也。"

【大边儿】《梨园话》："大边儿：即'下场门'也。"

【大卜】《切口大词典·工匠类·打锡箔匠之切口》："大卜：铁片也。"

【大才】学古堂《江湖行话谱·行意行话》："富者，为大才。"

【大财】金老佛《三教九流江湖秘密规矩·青帮与红帮·九流之区别》："下九流者，即一流忘八二流龟，三流戏子四流吹，五流大财六小财，七生八盗九吹灰。凡开设妓院，或在妓院为佣之男子，统称为忘八。言其忘却孝悌忠信，礼义廉耻八字也，或以忘八作乌龟解实误。凡从妻不贞卖淫以渔利者为之龟，盖龟不能交，赖蛇交焉，因以为喻。所谓吹者，即吹鼓手之别名。大财即耍大把戏者，如卖解等是。小财即耍小把戏者，如变戏法等是也。生为剃头者之别名。凡贩卖烟土开设烟馆者皆称为吹灰也。"

【大菜】平山周《中国秘密社会史·三合会隐

语》:"发曰青丝。豚曰毛瓜,豚肉曰白瓜,已燔之豚肉曰金瓜,曰红瓜。牛肉曰大菜,盐牛肉曰一把菜。狗曰蚊。鱼曰穿浪,曰摆尾,盐鱼曰咸笋,曰丫鬟。米曰沙,煮饭曰打沙,吃饭曰耕沙。鸦片曰云游,吃鸦片曰咬云。茶曰青莲。水曰三河。油曰洪顺。茶碗曰莲蕊。酒杯曰莲米。"卫大法师《江湖话·红帮闽粤及南洋各地通行隐语》:"牛肉:大菜。"《家里宝鉴·隐语》:"牛肉曰'大菜'。"《切口大词典·党会类·三点会之切口》:"大菜:牛肉也。"金老佛《三教九流江湖秘密规矩·三合会之隐语》:"牛肉曰大菜,盐牛肉曰一把菜。"李子峰《海底·各地通行隐语》:"牛肉:粗瓜;大菜。"李子峰《海底·闽粤及南洋各地通行之隐语》:"牛肉:大菜。"

【大菜红布】 施列格《天地会研究·洪家口白要诀》:"大菜红布,牛肉。"

【大参】 宋陈元靓辑《事林广记·续集·绮谈市语·君臣门》:"参政:大参。"

【大茶壶】 《切口大词典·娼妓类·茶室之切口》:"大茶壶:妓院中之相帮也。"

【大岔子】 《切口大词典·衙卒类·警士之切口》:"大岔子:抢案也。"

【大出尖】 《蹴鞠图谱·圆社锦语》:"大出尖:六。"

【大村】 《切口大词典·杂业类·冶坊之切口》:"大村:四号团底汤罐也。"

【大当铺】 贝思飞《民国时期的土匪隐语》:"大当铺:收受者。"

【大地白】 《切口大词典·杂流类·卖蔬菜之切口》:"大地白:白菜也。"

【大地方】 《切口大词典·娼妓类·八大胡同妓院之切口》:"大地方:从前上等窑子之称谓也。"

【大兜】 《切口大词典·商铺类·山货业之切口》:"大兜:大筲筐也。"

【大肚】 《切口大词典·工匠类·锡匠之切口》:"大肚:锡瓶也。"

【大肚子】 《切口大词典·杂业类·酒店之切口》:"大肚子:酒坛也。"

【大额子】 《切口大词典·优伶类·戏盔之切口》:"大额子:其式直面,半圆形,顶合脑门,包及两腮。"

【大耳朵】 李子峰《海底·各地通行隐语》:"兔:跑土子;袍子;大耳朵。"

【大耳头】 《切口大词典·盗贼类·短截贼之切口》:"大耳头:诸也。"

【大耳子】 卫大法师《江湖话·红帮各地通行隐语·动物类》:"兔:跑土子,袍子,大耳子。"

【大发家】 《切口大词典·盗贼类·剪绺贼之切口》:"大发家:贼之头目也。"

【大番饼】 《切口大词典·杂业类·磨坊之切口》:"大番饼:磨盘也。"

【大翻】 《切口大词典·优伶类·武行中之切口》:"大翻:翻筋斗之大者。"

【大蕃暮】 《切口大词典·娼妓类·粤妓之切口》:"大蕃暮:骂人无用,犹沪人之语饭桶也。"

【大方】 ①《切口大词典·医药类·卖药糖者之切口》:"大方:铜钱也。"②《切口大词典·杂业类·酱园之切口》:"大方:略小于三泰。"

【大风】 贝思飞《民国时期的土匪隐语》:"大风:士兵。"

【大佛】 《切口大词典·工匠类·成佛匠之切口》:"大佛:如来像也。"

【大夫】 《新刻江湖切要·官职类》:"上司:太识孤;大夫。"

【大哥】 ①《切口大词典·党会类·三点会之切口》:"大哥:会中头目也。"②贝思飞《民国时期的土匪隐语》:"大哥:年长的土匪。"

【大根子】 《切口大词典·行号类·菜蔬行之切口》:"大根子:萝卜也。"

【大共和】 《切口大词典·行号类·烟土行之切口》:"大共和:以陈庄掺入新庄之谓也,有以新庄而冲陈卖也。"

【大沟】 《切口大词典·乞丐类·捉蛇乞丐之切口》:"大沟:草泽也。"

【大沟子】 卫大法师《江湖话·红帮各地通行隐语·天文地理类》:"江:大沟子。"卫大法师《江湖话·红帮各地通行隐语·姓氏类》:"江:大沟子。"《切口大词典·医药类·卖吊虫丸者之切口》:"大沟子:女主人也。"李子峰《海底·各地通行隐语》:"江:大沟子。"

【大沟子朱】 李子峰《海底·各地通行隐语》:"江:大沟子朱;未撇子;巩咀子。"

【大孤子】 《切口大词典·衙卒类·幕宾之切

口》:"大孤子:原告也。"

【大谷果】 宋陈元靓辑《事林广记·续集·绮谈市语·果菜门》:"梨:大谷果;天浆。"

【大广】 《切口大词典·杂业类·冶坊之切口》:"大广:三尺七寸之锅也。"

【大锅饭】 ①《清门考原·各项切口》:"大锅饭,聚集同党也。"②刘联珂《中国帮会三百年革命史·清门切口》:"大锅饭,聚众打架。"

【大海】 《切口大词典·杂业类·冶坊之切口》:"大海:头号团底汤罐也。"

【大憨】 《切口大词典·盗贼类·杆匪之切口》:"大憨:二人所抬之土炮也。"

【大汉】 《切口大词典·工匠类·钉碗匠之切口》:"大汉:大碗也。"《切口大词典·衙卒类·侦探之切口》:"大汉:盗之总称也。"

【大好老】 ①《切口大词典·赌博类·摇宝赌之切口》:"大好老:流氓中之强有力者,或为包探之下手伙计。"②《切口大词典·工匠类·砌街匠之切口》:"大好老:石块也。"

【大黑】 《切口大词典·杂流类·写字人之切口》:"大黑:大字也。"

【大黑脸】 云游客《江湖丛谈·江湖之金点·评门》:"《隋唐传》是以秦叔宝作书胆,因秦琼长的是黄面皮,故称是书为黄脸;管《包公案》,调侃儿叫大黑脸。"

【大黑脸儿】 云游客《江湖丛谈·江湖之春点·天桥的评书场子》:"评书界的人们管《三侠五义》《包公案》那部书,调侃叫大黑脸儿。"

【大黑响】 《切口大词典·杂流类·卖西洋镜之切口》:"大黑响:大铜锣也。"

【大红】 明程万里《鼎锲徽池雅调南北官腔乐府点板曲响大明春·六院汇选江湖方语》:"大红,是日出了。"

【大瓠子】 《切口大词典·医药类·卖膏药者之切口》:"大瓠子:肚皮也。"

【大滑头】 《切口大词典·行号类·海鱼行之切口》:"大滑头:海鳗也。"

【大滑子】 卫大法师《江湖话·红帮各地通行隐语·姓氏类》:"尤:大滑子,浮水子。"李子峰《海底·各地通行隐语》:"尤:大滑子;浮水子。"

【大化】 《切口大词典·手艺类·织补业之切口》:"大化:洞之大者。"

【大阍】 宋陈元靓辑《事林广记·续集·绮谈市语·宫殿门》:"禁门:大阍。"

【大货】 《切口大词典·手艺类·骨牌业之切口》:"大货:挖花牌也。"

【大吉利市】 《切口大词典·娼妓类·粤妓之切口》:"大吉利市:遇不祥之事,以此呼之,避晦气之义也。"

【大加三】 《清门考原·各项切口》:"大加三,定制假赌具。"

【大夹】 《切口大词典·杂流类·卖馄饨者之切口》:"大夹:大街也。"

【大家胖】 《切口大词典·盗贼类·拐匪之切口》:"大家胖:将妇女押入妓院,日与鸨母分拆卖淫钱也。"《清门考原·各项切口》:"大家胖,将妇女售得之钱大家分用也。"

【大家子】 贝思飞《民国时期的土匪隐语》:"大家子:土匪首领(综合匪帮)。"

【大傢生】 《切口大词典·赌博类·摇宝赌之切口》:"大傢生:药骰也。中空内实铁屑以吸铁石为之运用。"

【大架子】 卫大法师《江湖话·红帮各地通行隐语·姓氏类》:"祁:大架子。"李子峰《海底·各地通行隐语》:"祁:大架子。"

【大尖】 ①《切口大词典·工匠类·做帽匠之切口》:"大尖:帽的珠也。"②《切口大词典·杂业类·冶坊之切口》:"大尖:四号空底汤罐也。"

【大件】 ①《切口大词典·工匠类·烧窑匠之切口》:"大件:景瓶也。"②《切口大词典·武术类·搭台变戏法之切口》:"大件:变重大之物件也。"

【大将】 云游客《江湖丛谈·江湖之春点·江湖艺人孙宝善》:"江湖人们,管最有能力的人,调侃叫大将。"云游客《江湖丛谈·江湖之春点·江湖中的卖点之内幕》:"江湖对于各行生意,最有本领的,最有名望的,调侃叫大将。"

【大脚】 《切口大词典·工匠类·刻字匠之切口》:"大脚:刻字刀之大者。"

【大姈】 《切口大词典·娼妓类·粤妓之切口》:"大姈:犹上海之喜娘也。"

【大开口】 《切口大词典·工匠类·石匠之切口》:"大开口:石狮子也。"

【大口】 ①《切口大词典·工匠类·修缸之切口》:"大口:缸也。"《切口大词典·杂业类·油坊之切口》："大口：油缸也。"②《切口大词典·商铺类·古董业之切口》："大口：笔洗也。"③《切口大词典·杂业类·酒店之切口》："大口：酒接也，即漏斗。"

【大匪】 贝思飞《民国时期的土匪隐语》："大匪：匪帮。"

【大览把】 贝思飞《民国时期的土匪隐语》："大览把：土匪首领（满洲）。"

【大牢】 宋陈元靓辑《事林广记·续集·绮谈市语·走兽门》："牛：大牢；大武。"

【大老黑】 卫大法师《江湖话·红帮各地通行隐语·饮食用品类》："锅：大老黑，炒青苗的玄子。"李子峰《海底·各地通行隐语》："锅：大老黑；炒青苗的玄子。"

【大老尖】 《切口大词典·盗贼类·短截贼之切口》："大老尖：老牛也。"

【大梨膏】 《梨园话》："大梨膏：凡伶工自夸其能，俯视一切，谓之'大梨膏'。"

【大笠帽】 《切口大词典·杂业类·油坊之切口》："大笠帽：釜也。"

【大莲】 《切口大词典·杂流类·卖花者之切口》："大莲：天菊也。叶似初生竹叶，梢间开有红白紫等花。"

【大莲花】 卫大法师《江湖话·红帮闽粤及南洋各地通行隐语》："大碗：大莲花。"李子峰《海底·闽粤及南洋各地通行之隐语》："大碗：大莲花。"

【大梁麻撒】 学古堂《江湖行话谱·保镖护院行话概略》："见横道有人，喊，大梁麻撒。"清末民初佚名《镖行江湖隐语行话秘典》："横道有人，大梁马撒。"

【大亮子】 卫大法师《江湖话·红帮各地通行隐语·各种行业类》："大西洋景：大亮子。"李子峰《海底·各地通行隐语》："大西洋景：大亮子。"

【大量】 《切口大词典·杂流类·收旧货之切口》："大量：茶壶也。"

【大了】 《切口大词典·娼妓类·八大胡同妓院之切口》："大了：开窑子者所雇佣之女佣也，其职在周旋各妓房中，遇客人发脾气，则出而调停，以其了事之能力颇大，故名。"

【大柳】 学古堂《江湖行话谱·走江湖行话》："大帮：大柳。"

【大六】 《切口大词典·巫卜类·六壬课之切口》："大六：壬课也。"

【大龙】 《切口大词典·杂业类·冶坊之切口》："大龙：二尺一寸之锅也。"

【大轮子】 《切口大词典·杂业类·油坊之切口》："大轮子：石磨也。"

【大满】 《切口大词典·党会类·哥老会之切口》："大满：九爷也。"

【大满口】 《切口大词典·杂流类·卖烧饼油条者之切口》："大满口：大烧饼也。"

【大毛】 《切口大词典·商铺类·押当业之切口》："大毛：狐皮或貂皮之属也。"

【大门】 《切口大词典·行号类·炒货行之切口》："大门：油氽豆板也。"

【大苗希】 《新刻江湖切要·草木百果五谷类》："萝卜：大苗希；埋头；假参。"

【大明】 ①《切口大词典·党会类·红帮之切口》："大明：午刻也。"②《切口大词典·盗贼类·杆匪之切口》："大明：火焚房屋也。"

【大明兆】 《切口大词典·商铺类·纸业之切口》："大明兆：略小于山顶。"

【大摸子】 卫大法师《江湖话·红帮各地通行隐语·姓氏类》："傅：大摸子。"李子峰《海底·各地通行隐语》："傅：大摸子。"

【大拿】 《梨园话》："大拿：后台老板名曰'大拿'。"

【大内】 宋陈元靓辑《事林广记·续集·绮谈市语·宫殿门》："宫苑：大内；禁内。"

【大哦】 金老佛《三教九流江湖秘密规矩·青帮与红帮·江湖之春典》："东方称大哦。"

【大盘头】 《切口大词典·工匠类·挽花匠之切口》："大盘头：大花纹也。"

【大炮】 ①《切口大词典·商铺类·南货业之切口》："大炮：洋长生果也。"②《切口大词典·行号类·炒货行之切口》："大炮：大长生果也。"

【大喷子】 卫大法师《江湖话·红帮各地通行隐语·武器类》："炮：大喷子，轰天。"李子峰《海底·各地通行隐语》："炮：大喷子；轰天。"

【大蓬】 卫大法师《江湖话·红帮各地通行隐语·衣服类》："长袍：大蓬，长叶子，撒把子。"《切口大词典·役夫类·樵夫之切口》："大蓬：叶柴也。"《切口大词典·杂流类·收旧货之切口》："大蓬：袍子也。"金老佛《三教九流江湖秘密规矩·青帮与红帮·红帮之问答》："此外还有蝴蝶（马褂），大蓬（长衫），裹衣长蓬（皮袍子），裹衣蝴蝶（皮马褂），穿心子（马甲），霍血（短衫），叉儿（裤子），土筒（套裤），八狗子（棉袄），拖风（棉被），踢头子（鞋子），顶贡（帽子）等许多什物，弟兄们大家带着罢。"李子峰《海底·各地通行隐语》："长袍子：大蓬；长叶子。"

【大蓬皮子】《切口大词典·衙卒类·侦探之切口》："大蓬皮子：长衫也。"

【大蓬子】 卫大法师《江湖话·江湖上的隐语·普通隐语》："长衫棉袍：大蓬子。"《切口大词典·衙卒类·侦探之切口》："大蓬子：袍子也。"

【大鹏子】 卫大法师《江湖话·红帮各地通行隐语·衣服类》："外套：大鹏子。"

【大篷】 卫大法师《江湖话·安庆隐语》："长衣：大篷。"《清门考原·各项切口》："大篷，长衫。"金老佛《三教九流江湖秘密规矩·青帮与红帮·江湖之春典》："长衫称大篷。"

【大篷子】 清唐再丰《鹅幻汇编·江湖通用切口摘要》："长衫棉袍曰大篷子。"《切口大词典·盗贼类·收晒朗贼之切口》："大篷子：袍子也。"《清门考原·各项切口》："大篷子，棉袄也。"金老佛《三教九流江湖秘密规矩·日常用语》："长衫棉袍曰大篷子。"

【大片子】《切口大词典·党会类·红帮之切口》："大片子：单刀也。"《清门考原·各项切口》："大片子，大刀也。"金老佛《三教九流江湖秘密规矩·青帮与红帮·红帮之领人》："老大奉令后，乃择定一庙宇，中供祖师牌位，堂中又另设大方台一只，右供大片子（大刀）一把，左置小喷筒（寸枪）一支，正中焚起一炉香，一对烛，台中又置有线香一束，然后令各候补匪，鱼贯入内，并请有山上资格较深之各大爷，同时参预盛会，谓之赴蟠桃。"金老佛《三教九流江湖秘密规矩·青帮与红帮·红帮之问答》："乙曰：然则待吾回摇子（家内）去，拿了大片子（单刀）再走。"金老佛《三教九流江湖秘密规矩·青帮与红帮·江湖之春典》："单刀称大片子。"

【大票】《切口大词典·医药类·医生之切口》："大票：大方子也。"

【大撇子】 卫大法师《江湖话·红帮各地通行隐语·饮食用品类》："大碗：大撇子。"李子峰《海底·各地通行隐语》："大碗：大撇子。"

【大敲棚】《切口大词典·工匠类·织机匠之切口》："大敲棚：织机也。"

【大青】《切口大词典·行号类·海鱼行之切口》："大青：鲜东鱼洋也。"

【大球子】 ①《切口大词典·行号类·烟土行之切口》："大球子：大土也。"②《切口大词典·杂流类·卖水果者之切口》："大球子：香橼也。"

【大人参】 施列格《天地会研究·洪家口白要诀》："大人参：有钱人。"

【大人掌买卖】 云游客《江湖丛谈·江湖之春点·天桥的戏法场》："变戏法的都是大人掌买卖。变戏法挣钱，全靠大人，不能靠小孩，调侃叫大人掌买卖。"

【大日本】《切口大词典·商铺类·纸业之切口》："大日本：东洋毛边纸也。"

【大如意】《切口大词典·杂流类·收卖锭灰者之切口》："大如意：具灰之大蔑篓也。"

【大沙子】 卫大法师《江湖话·红帮各地通行隐语·饮食用品类》："米：玉粒子，大沙子。"李子峰《海底·各地通行隐语》："米：玉粒子；大沙子。"

【大砂】《切口大词典·工匠类·琢玉匠之切口》："大砂：镶戒玉也。"

【大煞】 卫大法师《江湖话·红帮各地通行隐语·天文地理类》："日：球子，老爷，大煞。"李子峰《海底·各地通行隐语》："日：球子；老爷；大煞。"

【大煞落】 卫大法师《江湖话·红帮各地通行隐语·天文地理类》："日落：大煞落。"李子峰《海底·各地通行隐语》："日落：大煞落。"

【大煞冒出来了】 卫大法师《江湖话·红帮各地通行隐语·天文地理类》："日出：球子褂，大煞冒出来了。"李子峰《海底·各地通行隐语》："日出：球子挂；大煞冒出来了。"

【大扇】 卫大法师《江湖话·红帮各地通行隐语·居住用品类》："门：大扇。"李子峰《海底·各地通行隐语》："门：大扇。"

【大扇放光】 卫大法师《江湖话·红帮各地通行隐语·天文地理类》："天晴：摆干，天开，大扇放光。"李子峰《海底·各地通行隐语》："天晴：摆干；天开：大扇放光。"

【大身】《行院声嗽·身体》："痴：大身。"

【大生活】《切口大词典·衙卒类·侦探之切口》："大生活：指所捉之盗贼，身体高大也。"

【大生意】清傅崇矩《成都通览·成都之袍哥话即江湖话也》："大生意，好事也。"

【大师妹】《清门考原·各项切口》："大师妹，或曰师姐，乃师之女也。"

【大师兄】《清门考原·各项切口》："大师兄，师之子也。"

【大式】《新刻江湖切要·器用类》："大伞：大式。"《切口大词典·杂流类·收旧货之切口》："大式：大伞也。"清傅崇矩《成都通览·成都之江湖言词·器用类》："大伞：大式。"

【大守子】《切口大词典·杂流类·换碗者之切口》："大守子：仆人也。"

【大水】贝思飞《民国时期的土匪隐语》："大水：大富豪。"

【大水兜】《切口大词典·杂业类·老虎灶之切口》："大水兜：大锅子也。"

【大水贼】《切口大词典·娼妓类·茶室之切口》："大水贼：月经也。"

【大司】宋陈元靓辑《事林广记·续集·绮谈市语·君臣门》："提点：大司；臬司。"

【大四支】《切口大词典·商铺类·香烛业之切口》："大四支：四两重之烛也。"

【大胎子】《切口大词典·役夫类·农夫之切口》："大胎子：犁也。"

【大泰】《蹴鞠图谱·圆社锦语》："大泰：毒行。"

【大汤】《切口大词典·杂业类·混堂之切口》："大汤：澡浴之池也。"

【大套】《切口大词典·医药类·摆摊郎中之切口》："大套：药箱也。"

【大提子】《切口大词典·杂业类·老虎灶之切口》："大提子：担桶也。"

【大天】平山周《中国秘密社会史·三合会隐语》："剑曰橘板，曰绉纱。小刀曰狮子。大炮曰黑狗，火药曰狗粪，大炮声曰狗吠。银圆曰瓜子，铜钱曰芝麻。手曰五爪龙，耳曰顺风。斩首曰洗面。海曰大天。密会所曰三尺六，曰古松。扇曰弯月。木斗曰木杨城。"卫大法师《江湖话·红帮闽粤及南洋各地通行隐语》："海：大天。"《家里宝鉴·隐语》："海曰'大天'。"金老佛《三教九流江湖秘密规矩·三合会之隐语》："海曰大天。"李子峰《海底·闽粤及南洋各地通行之隐语》："海：大天。"

【大条】①《切口大词典·商铺类·金银业之切口》："大条：生银也。"②《切口大词典·商铺类·杂货业之切口》："大条：广胶也。③《切口大词典·手艺类·裱画业之切口》："大条：中堂也。"

【大头】《切口大词典·行号类·鲜鱼行之切口》："大头：鲢鱼也。"

【大头目】贝思飞《民国时期的土匪隐语》："大头目：土匪首领（综合匪帮）。"

【大土】《切口大词典·赌博类·做三四之切口》："大土：妇女也。"

【大兔羔子】贝思飞《民国时期的土匪隐语》："大兔羔子：士兵。"

【大柁子】云游客《江湖丛谈·江湖之金点·评门》："管《六次攻打瓦岗山》，十数天说不完的大扣子，又调侃儿叫大柁子。"

【大瓦刀】云游客《江湖丛谈·江湖之春点·评书艺人刘荣安》："因是书之第一人物马成龙当过瓦匠，会使大瓦刀，在康熙私访月明楼时救过驾。故此他们评书界说人管《永庆升千平》调侃儿叫大瓦刀。"

【大瓦特瓦】云游客《江湖丛谈·江湖之春点·江湖艺人孙宝善》："大瓦特瓦……即大敲特敲。"

【大王】《切口大词典·役夫类·樵夫之切口》："大王：老虎也。"

【大尾】《切口大词典·医药类·参燕业之切口》："大尾：较顶尾稍小而稍细者。"

【大尾鳌】《切口大词典·杂业类·白粥业之切口》："大尾鳌：盐白菜也。"

【大武】宋陈元靓辑《事林广记·续集·绮谈市语·走兽门》："牛：大牢；大武。"

【大洗】《清门考原·各项切口》："大洗，洗全身。"

【大先生】《切口大词典·娼妓类·长三书寓之切口》："大先生：已破瓜之妓也，北京谓之炕面儿。"

【大鲜】《切口大词典·行号类·海鱼行之切口》："大鲜：大黄鱼也。"

【大限川】《新刻江湖切要·生死类》："病死：

大限川；又年川。"《切口大词典·巫卜类·文王课之切口》："大限川：病死也。"清傅崇矩《成都通览·成都之江湖言词·生死类》："病死：大限川；年川。"

【大线】《切口大词典·武术类·妇女顶缸走索之切口》："大线：走绳索也。"

【大响】《新刻江湖切要·人事类》："盛曰大响。"《切口大词典·武术类·打连箱者之切口》："大响：听客大盛也。"清傅崇矩《成都通览·成都之江湖言词·人事类》："盛：大响。"

【大响子】《切口大词典·杂流类·西乐队之切口》："大响子：大号喇叭也。"

【大小月底】《切口大词典·杂业类·商人共众切口》："大小月底：商家结账期之一也。大月底盈日也，小月底望日也。"

【大兴】①清唐再丰《鹅幻汇编·江湖通用切口摘要》："歹曰大兴。"②《清门考原·各项切口》："大兴，假的。"③金老佛《三教九流江湖秘密规矩·日常用语》："多曰大兴。"

【大腥】云游客《江湖丛谈·江湖之金点·彩门》："大腥……变菜刀。"

【大行】《切口大词典·商铺类·染色业之切口》："大行：专染洋货店之哔布斜纹等布之染坊也。"

【大行丘】《切口大词典·工匠类·染布匠之切口》："大行丘：专染大布之工人也。"

【大行司】《切口大词典·行号类·缸坛行之切口》："大行司：略小于宁大。"

【大巡游】施列格《天地会研究·洪家口白要诀》："大巡游，劫乡。"

【大阳】《江湖切口要诀》（尺牍增附本）："日：大阳。[广] 阳鸟；常圆；长明；出扶桑；西坠。"

【大伴装】《切口大词典·盗贼类·杆匪之切口》："大伴装：洋枪也。"

【大洋】贝思飞《民国时期的土匪隐语》："大洋：子弹。"

【大腰】《切口大词典·工匠类·修缸之切口》："大腰：坛也。"

【大爷】贝思飞《民国时期的土匪隐语》："大爷：土匪首领（综合匪帮）。"

【大衣箱】《梨园话》："大衣箱：专置有水袖之戏衣箱也。"

【大翼】《切口大词典·手艺类·裱画业之切口》："大翼：大对也。"

【大银】《切口大词典·娼妓类·粤妓之切口》："大银：铜圆也。"

【大银方子】《切口大词典·医药类·卖药糖者之切口》："大银方子：洋钿也。"

【大元】①《切口大词典·杂业类·麻油店之切口》："大元：盛麻酱之大钵也。"②《切口大词典·杂业类·冶坊之切口》："大元：六号团底汤罐也。"

【大元子】卫大法师《江湖话·红帮各地通行隐语·姓氏类》："程：大元子。"李子峰《海底·各地通行隐语》："程：大元子。"

【大院子】《切口大词典·盗贼类·掘壁贼之切口》："大院子：监狱也。"

【大枣木】《切口大词典·盗贼类·掘壁贼之切口》："大枣木：贼之伙友也。"

【大掌柜】《切口大词典·盗贼类·越墙贼之切口》："大掌柜：贼之头儿也。"贝思飞《民国时期的土匪隐语》："大掌柜：土匪首领（豫南）。"

【大只华】《切口大词典·赌博类·摇宝赌之切口》："大只华：掌赌场监督，是为党魁之次者。"

【大轴子】《梨园话》："大轴子：戏园中最后所演之戏，谓之'大轴子'。[附记] 高阳齐如山先生曰，北京剧园中末一出戏，名曰'大轴子'。按：'轴子'二字，始于有清嘉、道时代，盖长本剧之谓也。《都门竹枝词》谓'轴'音'纣'。按：北方读'轴'为'纣'之处甚多，如从前束制钱为一束，以肩荷之名，曰'钱轴'。此'轴'字均读为'纣'，无读本音者。至布帛柴薪，等等，凡成一束者，皆可为'轴'。然则整本剧名曰'轴子'者，何也？盖北京历来演戏之情形、时代，各有不同。元、明两朝及清初演戏，多系整本。每日至少演一本戏，少则半本，无零出、正本之分。如《桃花扇》中《侦戏》一折，及'可怜一曲《长生殿》[校案：《长生殿》之'殿'，原作'庶'，显系'殿'字之误，径改]，断送功名到白头'一案，种种情形，难以尽述。要可断定曰，所演皆系整本，此《百种曲》《六十种曲》等书之所以纂辑也。至乾隆、嘉庆时代，则大半各脚自于各传奇中，择一二折演之，如

《燕蓝小谱》《品花宝鉴》所云,其脚长于某戏(如袁宝珠以《鹊桥》《密誓》《惊梦》《寻梦》擅长等),此《缀白裘》等书之所以纂辑也。道、咸之间,专演零出。台下渐渐生厌,于是又竞排整本之戏。盖整本之戏,多系群戏,而好角有时不与合演,仍单演零出。零出之本子,简单而短,所抄之纸均系单篇故事,名'单出'。整本之戏繁而长,所抄本子,卷为一轴,故班中呼为'轴子戏',是即'轴子'二字之所由来也。最末所演者,最长,故名曰'大轴子'。中间所演者,次之。又以其在中间所演,故名曰'中轴'。当每日初开演之第一出,因观客大半未到,亦先由次路角色演本戏,取其所长而能耽延时间也,故名曰'早轴'。大致"中轴""早轴",虽非尽属新戏,然皆系群众所演之长戏,其所抄本子皆卷轴而为者也。有人云,'轴子'乃武戏之意义,则误矣。按:轴子戏中虽不能说无武戏组,绝非武戏之谓也。如从前四大名班各有所长,三庆曰'轴子',系以整本戏叫座。四喜曰曲子,系以昆曲歌唱叫座;春台曰'孩子',系以演旦脚之小孩子,多能叫座;和春曰'把子',系以武戏叫座。当年以'把子'与'轴子'对列,是足证轴子非武戏也。又如杨掌生《梦华琐簿》云,今梨园登场日,例有'三轴子''早轴子'客皆未集,草草开场,继则三出散套,皆佳伶也。'中轴子'后一出,曰'压轴子',以最佳者一人当之,后此则'大轴子'矣。'大轴子'皆全本新戏,分日接演,每当'大轴子'将开,豪客多径去。故每至'大轴子'时,则车骑蹴踢,人语沸腾。所谓'轴子刚开便套车',车中载的几枝花者是也。常来游者,皆在'中轴'之前听。三出散套戏以'中轴'子片刻,为应酬之候。有相识者,彼此互入座周旋。至'压轴子'毕,鲜有留者。其徘徊不思去者,大半贩夫走卒耳。云云,是更可证'轴子',乃系与散套对列之名词。咸丰晚季及同治朝,因南方用兵,宫廷意兴萧索,绝少传差,故梨园无大变化。大致皆率由旧章,多演单出戏。其末尾一戏,虽一系单出,然旧习相沿,仍名曰'大轴子'。至此,则末一戏为'大轴子',便成为一定之名词矣。光绪初叶,南方战事终了,西后几每日传差,梨园又鼓舞精神,竞排新戏。斯时各园中末一出,又多半为长轴子之本戏。光绪甲午以后,西后意兴又不嘉,各园排戏之风,又归沈寂。所谓'大轴子'者,又一变而为单出戏。民国以来,排戏之风又盛,各园末一戏多半为真正之长轴戏。'轴子'之真义,又实现矣。"

【大字】 ①《梨园话》:"大字:曲词谓之'大字'。"②《切口大词典·巫卜类·道士之切口》:"大字:米也。"③《切口大词典·武术类·符箓变戏法者之切口》:"大字:符箓也。"④清傅崇矩《成都通览·成都之各行人买卖通用言词·古铺古董玉器行通用言词》:"大字,五百。"

dai

【呆】《切口大词典·医药类·卖药人之切口》:"呆:生意不佳也。"

【呆货】《切口大词典·商铺类·瓷器业之切口》:"呆货:碗之粗质者。"

【呆人】《切口大词典·衙卒类·厘卡之切口》:"呆人:地保也。"

【呆子】明风月友辑《金陵六院市语》:"歹该为呆子。"

【代】 ①卫大法师《江湖话·各行业商帮所用数目字隐语·成都通行言词·银钱行》:"代:二。貌:三。长:四。仁:五。耳:六。伯:七。令:八。王:九。"清傅崇矩《成都通览·成都之各行人买卖通用言词·六成行通用言词》:"二,代。"清傅崇矩《成都通览·成都之各行人买卖通用言词·银钱行言词》:"代(二)。"②《切口大词典·手艺类·髹漆业之切口》:"代:一也。"③《切口大词典·优伶类·伶人之切口》:"代:连也。如殊砂疵代认子,问即连唱至认子也。"

【代步】 ①《切口大词典·优伶类·靶子之切口》:"代步:马鞭也。"②宋陈元靓辑《事林广记·续集·绮谈市语·走兽门》:"马:骏足;代步。"

【代藏】《切口大词典·行号类·粮食行之切口》:"代藏:暗底回佣也,此为行中伙计,对于本行之舞弊也。"

【代策朝阳】《新刻江湖切要·店铺类》："纸店：方皮朝阳，改为代策朝阳。"清傅崇矩《成都通览·成都之江湖言词·店铺类》："纸店：方皮朝阳；代策朝阳。"

【代份儿】《梨园话》："代份儿：代他人领戏份，谓之'代份儿'。[附记]伶工演戏毕，如欲他往，不能候至拿份儿时，必须托友人于开份儿时代领，即所谓之'代份儿'也。"

【代轿】《切口大词典·娼妓类·长三书寓之切口》："代轿：客征妓。妓本不惬于此客，又不敢谢绝，则嘱同院姊妹代之，以伪为先出局，或生疾为辞也。"

【代口】《切口大词典·巫卜类·席地测字者之切口》："代口：价目纸也。"

【代日月】①《新刻江湖切要·器用类》："灯：天花，[增]代日月。"清傅崇矩《成都通览·成都之江湖言词·器用类》："灯：天花；代日月。"②《切口大词典·盗贼类·铳手之切口》："代日月：保险灯也。"

【代四脚】《切口大词典·役夫类·人力车夫之切口》："代四脚：人力车夫也。"

【代太阴】《新刻江湖切要·亲戚类》："做阿婆日奖挨出，疑为将挨出，今改为代太阴。"

【代条】《切口大词典·商铺类·丝线业之切口》："代条：即三扣也。"

【代巍巍】《新刻江湖切要·官职类》："察院：代巍巍；古四；女孤。"

【代言】《切口大词典·星相类·隔夜算命之切口》："代言：算命纸也。"

【代眼】《切口大词典·商铺类·火腿业之切口》："代眼：扦火腿之竹签子也。凡腿之好歹，但闻扦入拔出之香气如何耳。"

【代掖龙】《江湖走镖隐语行话谱》："义裤：代掖龙。"

【代一个】《梨园话》："代一个：名脚除应演之戏外，再演一出，谓之'代一个'。[附记]剧中需用重要脚色时，他伶多不能代替，欲以名角扮演，而名角已有本工戏演唱，不得已乃乞其再演一出，即谓之'代一个。'"

【代账】《清门考原·各项切口》："代账，妓女以身借贷。合作为娟也。何时还本。何时自由。"

【代重头】《清门考原·各项切口》："代重头，另济一张牌。作替换也。此谓武场先生。"

【代子巾】清唐再丰《鹅幻汇编·江湖通用切口摘要》："隔夜算命曰代子巾。"卫大法师《江湖话·江湖上的隐语·巾行隐语》："隔夜算命：代子巾。"《切口大词典·星相类·隔夜算命之切口》："代子巾：隔夜算命者。"金老佛《三教九流江湖秘密规矩·江湖通用切口》："隔夜算命曰代子巾。"李子峰《海底·各地通行隐语》："隔夜算命：代子巾。"

【代子金】清佚名《郎中医话》："代子金，是灯下术。"《江湖走镖隐语行话谱》："灯下数：代子金。"

【代子申】卫大法师《江湖话·红帮各地通行隐语·各种行业类》："隔夜算命：代子申。"

【带】①《清门考原·各项切口》："带，赌徒夹带赌具之谓也。"②宋陈元靓辑《事林广记·续集·绮谈市语·玉帛门》："段：带。"

【带彩】①卫大法师《江湖话·红帮各地通行隐语·一般人事类》："受伤：带彩。"《清门考原·各项切口》："带彩，受有刀枪伤也。"贝思飞《民国时期的土匪隐语》："带彩：受伤。"李子峰《海底·各地通行隐语》："受伤：带彩。"②《切口大词典·优伶类·角行之切口》："带彩：戏中扮神仙者，两鬓加装红布球也。"

【带钏边】《切口大词典·党会类·流氓之切口》："带钏边：带手梏也。"

【带挡娘姨】《切口大词典·娼妓类·长三书寓之切口》："带挡娘姨：为房侍中之有势力者，其权极伟，以其有金钱关系故也。"

【带档】《切口大词典·盗贼类·掘壁贼之切口》："带档：有伴同往也。"

【带肚子】云游客《江湖丛谈·江湖之春点·三个管的相声唱儿》："妇人受孕都是大肚子。俗话说带肚子。"

【带耳坠子的朋友】卫大法师《江湖话·安庆隐语》："不守信义：半吊子，带耳坠子的朋友。"

【带杆】贝思飞《民国时期的土匪隐语》："带杆：成为一名土匪。"

【带过】清傅崇矩《成都通览·成都之袍哥话即江湖话也》："带过，有罪也。"

【带过客】《切口大词典·衙卒类·衙役之切口》："带过客：窃贼也。"

【带花】《切口大词典·盗贼类·杆匪之切口》:"带花:受伤之谓也。"

【带角】《切口大词典·赌博类·押六门之切口》:"带角:法同上(见"挂角"条)。稍有上下之别耳。"

【带脚镯】《切口大词典·衙卒类·侦探之切口》:"带脚镯:上脚镣也。"

【带壳杨梅】《切口大词典·杂流类·卖水果者之切口》:"带壳杨梅:荔枝也。"

【带马】 卫大法师《江湖话·红帮各地通行隐语·各种行业类》:"拉皮条:带马,马贩子。"李子峰《海底·各地通行隐语》:"拉皮条:带马,马贩子。"

【带毛】《切口大词典·杂流类·卖糖芋艿者之切口》:"带毛:未熟也。"

【带髯口】《切口大词典·优伶类·髯口之切口》:"带髯口:挂假须也,不挂则曰不带髯口。"

【带手镯】《切口大词典·衙卒类·侦探之切口》:"带手镯:上手铐也。"

【带线】 ①《切口大词典·衙卒类·侦探之切口》:"带线:铁索羁住盗贼也。"②贝思飞《民国时期的土匪隐语》:"带线:经验丰富的土匪。"③金老佛《三教九流江湖秘密规矩·青帮与红帮·青帮之女匪》:"帮中女匪,更有一特别可恶之点,即带线行劫是也。凡盗匪欲行劫某处,其最初手续必先于数日前,侦察虚实,而当侦察之任者或为婢仆,或为三姑六婆,先将欲劫之家一切内在门户,家人多寡详告盗匪,以便行劫。彼等名之曰:献地理图。凡献地理图者,至得手之后,帮中亦有定例,提成酬谢。此等秘幕,确为帮中信而有征之事也。"

【带线人】《切口大词典·党会类·红帮之切口》:"带线人:熟盗也。"

【待帮】《切口大词典·杂业类·商人共众切口》:"待帮:店主不瞒伙计,而欲辞歇也。"

【怠意】《切口大词典·杂业类·禽鸟业之切口》:"怠意:斑鸠也。"

【埭一埭】《切口大词典·杂业类·混堂之切口》:"埭一埭:冲开水也。"

【袋鼠】《清门考原·各项切口》:"袋鼠,保镖人也。"

【袋子巾】《清门考原·各项切口》:"袋子巾,隔夜算命也。又曰灯下梅花数。"

【戴】《切口大词典·医药类·卖药糖者之切口》:"戴:方才出门也。"

【戴毛】《新刻江湖切要·宫室类》:"栅:戴毛。"

【戴帽】 云游客《江湖丛谈·江湖之春点·三不管中做大票的生意》:"女人得了膨症,要是脚上肿起,肿到眼泡上,就治不好了,那叫'戴帽'。"

dan

【丹桂】《切口大词典·杂业类·蒸烟店之切口》:"丹桂:皮丝烟也。"

【丹青】 ①《新刻江湖切要·医药类》:"时医:丹青;竹彩。"《切口大词典·医药类·医生之切口》:"丹青:行时医生也。"清傅崇矩《成都通览·成都之江湖言词·医药类》:"时医:丹青;竹彩。"②宋陈元靓辑《事林广记·续集·绮谈市语·文房门》:"画:无声诗;丹青。"

【丹若】《切口大词典·杂流类·卖花者之切口》:"丹若:榴花也。"

【丹砂】《切口大词典·商铺类·颜料业之切口》:"丹砂:砥砵也。"

【担针桥】《新刻江湖切要·器用类》:"天平:担针桥;今更名无偏子;又曰针挑担。"清傅崇矩《成都通览·成都之江湖言词·器用类》:"天平:担针桥;无偏子。"

【担子】《切口大词典·工匠类·烧盐匠之切口》:"担子:扫盐之帚也。"

【单叉】《切口大词典·手艺类·洋机缝衣业之切口》:"单叉:裤子也。"

【单扯旗】《切口大词典·优伶类·武行中之切口》:"单扯旗:以足横扯也。"

【单锤】《切口大词典·优伶类·锣鼓之切口》:"单锤:如天水关,孔明发令派将时应打单锤。"

【单飞】《切口大词典·巫卜类·道士之切口》:"单飞:催鼓也。"

【单孤客】《切口大词典·杂流类·虔婆之切口》:"单孤客:孀妇也。"

【单滚】《切口大词典·盗贼类·掘壁贼之切

口》:"单滚:无伴独窃也。"

【单家堡子】 贝思飞《民国时期的土匪隐语》:"单家堡子:敌人的实力(满洲)。"

【单老】《切口大词典·党会类·拆白党之切口》:"单老:屎也。"

【单面照会】《切口大词典·衙卒类·侦探之切口》:"单面照会:过犯也。"《清门考原·各项切口》:"单面照会,过犯也。"

【单念照】《新刻江湖切要·身体类》:"眇:单念照。"《切口大词典·星相类·相家之切口》:"单念照:眇一目者。"清傅崇矩《成都通览·成都之江湖言词·身体类》:"眇:单念照。"

【单脬】《蹴鞠谱·锦语》:"无钱:单脬。"《蹴鞠图谱·圆社锦语》:"单脬:无钱。"

【单提】《切口大词典·优伶类·武行中之切口》:"单提:以足竖直也。"

【单挑儿】《梨园话》:"单挑儿:一人率领众人演戏,谓之'单挑儿'。"[附记]凡一人组班,率领大众演戏,谓之"单挑"一个班子。如饰一剧中主角,众人相配,亦可谓"单挑"一出戏。

【单条】《切口大词典·巫卜类·和尚之切口》:"单条:处女也。"

【单头】《切口大词典·优伶类·靶子之切口》:"单头:有缨之枪也。"

【单线】清傅崇矩《成都通览·成都之袍哥话即江湖话也》:"单线,一人也。"

【单线通】①《新刻江湖切要·工匠类》:"成衣:单线通,甲札。"清傅崇矩《成都通览·成都之江湖言词·工匠类》:"成衣:单线通;甲札。"②《切口大词典·工匠类·成衣匠之切口》:"单线通:成衣匠也。"

【单照】《切口大词典·盗贼类·拐匪之切口》:"单照:眼睛只有一只者。"《切口大词典·乞丐类·乞丐之切口》:"单照:独眼也。"

【胆寒】 明佚名《行院声嗽·人事》:"怕:胆寒。"

【旦】①《切口大词典·商铺类·顾绣业之切口》:"旦:十也。"②《切口大词典·行号类·铜锡行之切口》:"旦:一也。"《切口大词典·杂流类·卖玉器之切口》:"旦:一也。"

【旦称】《新刻江湖切要·人物类》:"家人:挨通;[改]旦称,谓奴家也;又曰令公儿,以子仪骂子奴才也。"

【旦底】 卫大法师《江湖话·各行业商帮所用数目字隐语·成都通行言词·道士端公》:"旦底:一。挖工:二。横川:三。不回:四。假丑:五。断大:六。毛根:七。入开:八。像丸:九。"卫大法师《江湖话·红帮各地通行隐语·数目类》:"一,留,旦底。"李子峰《海底·各地通行隐语》:"一:留;旦底。"清傅崇矩《成都通览·成都之各行人买卖通用言词·道士端公言词》:"旦底(一)。"

【旦家妓】《切口大词典·娼妓类·粤妓之切口》:"旦家妓:以船为家与咸水妹相似,但不接待洋人。"

【但结】①《新刻江湖切要·身体类》:"驼:但结;[增]入公门。"清傅崇矩《成都通览·成都之江湖言词·身体类》:"驼:但结;入公门。"②《切口大词典·星相类·不开口相面之切口》:"但结:背驮者。"

【淡缸】《切口大词典·商铺类·染色业之切口》:"淡缸:因糟水太多,则缸盐染色不深刻,必以石灰和之使盐。"

【淡描】《切口大词典·商铺类·瓷器业之切口》:"淡描:大碗也。"

【淡尾】《切口大词典·商铺类·南货业之切口》:"淡尾:淡竹笋干也。"

【弹弓图】 清唐再丰《鹅幻汇编·江湖通用切口摘要》:"卖膏药打弹子者曰弹弓图。"卫大法师《江湖话·江湖上的隐语·皮行隐语》:"卖膏药打弹子:弹弓图。"《切口大词典·医药类·卖膏药者之切口》:"弹弓图:打弹子而兼卖膏药者。"《清门考原·各项切口》:"弹弓图,卖膏药打弹弓子者。"金老佛《三教九流江湖秘密规矩·江湖通用切口》:"卖膏药打弹子者曰弹弓图。"

【弹尽众散】 贝思飞《民国时期的土匪隐语》:"弹尽众散:打完子弹后各自逃散。"

【弹弦子】《新刻江湖切要·医药类》:"诊脉:弹弦子。"《切口大词典·医药类·医生之切口》:"弹弦子:诊脉也。"清傅崇矩《成都通览·成都之江湖言词·医药类》:"诊脉:弹弦子。"

【弹正方】《切口大词典·工匠类·石匠之切口》："弹正方：墨线也。"

【弹子】《切口大词典·行号类·炒货行之切口》："弹子：果肉也。"

【蛋】《切口大词典·优伶类·伶人之切口》："蛋：二也。"

【蛋赶】《新刻江湖切要·人事类》："复要走曰蛋赶。"《切口大词典·武术类·搭台变戏法之切口》："蛋赶：走也。"

【蛋赶】清傅崇矩《成都通览·成都之江湖言词·人事类》："复要走：蛋赶。"

【蛋泡】《切口大词典·盗贼类·杆匪之切口》："蛋泡：佣工之人也。"

【蛋皮】《切口大词典·盗贼类·杆匪之切口》："蛋皮：四十余岁之人也。"

dang

【当避年子的】云游客《江湖丛谈·江湖之春点·三不管的挑大堆的生意》："当避年子的，即是贴靴的，即是敲托的。"

【当坊古子】李子峰《海底·各地通行隐语》："土地庙：当坊古子。"卫大法师《江湖话·红帮各地通行隐语·建筑物类》："土地庙：当坊古子。"

【当家】①《新刻江湖切要·舟具类》："铁锚：当家。"《切口大词典·役夫类·舟夫之切口》："当家：铁锚也。"清傅崇矩《成都通览·成都之江湖言词·舟具类》："铁锚：当家。"②《切口大词典·党会类·哥老会之切口》："当家：三爷也。"

【当家的】贝思飞《民国时期的土匪隐语》："当家的：土匪首领。"

【当票】贝思飞《民国时期的土匪隐语》："当票：家境贫穷的人质。"

【当人子】《切口大词典·杂流类·贩人口者之切口》："当人子：罪也。"

【当手】《切口大词典·衙卒类·侦探之切口》："当手：侦探之副手也。"

【当堂】《切口大词典·役夫类·挑水夫之切口》："当堂：灶头也。"

【当头】《切口大词典·乞丐类·弄蛇求乞之切口》："当头：租得来之蛇也。有种乞儿已不能捕蛇，乃向捕蛇者租来，日出租费若干。"

【当乡约】清傅崇矩《成都通览·成都之呼物混名》："当乡约：害瘟疾也。"

【当相】《切口大词典·星相类·星家之切口》："当相：业巾皮李瓜之四业者。"

【当相夫】金老佛《三教九流江湖秘密规矩·江湖通用切口》："江湖诸计，分四行，曰巾皮李瓜。行此者名曰相夫，凡做相夫者，不曰做，而曰当，故自称当相夫。"

【当相者】清唐再丰《鹅幻汇编·江湖通用切口摘要》："凡作相夫者，不曰做而曰当，故自称当相者。"

【当阳】《切口大词典·医药类·摆摊郎中之切口》："当阳：篷帐也。"

【当子】《切口大词典·盗贼类·短截贼之切口》："当子：捕役衙差也。"

【当做】《镖行江湖隐语行话秘典》："凡做相夫者，不曰做，而曰当做，自称相者。"

【挡】①《切口大词典·杂流类·喜婆之切口》："挡：扶新嫁娘也。"②清末民初佚名《镖行江湖隐语行话秘典》："挡，是挡着里，走不了。"

【挡白板】《切口大词典·杂流类·外执事之切口》："挡白板：扶孝子者。"

【挡风】①《切口大词典·商铺类·押当业之切口》："挡风：袍子也。"②《切口大词典·役夫类·人力车夫之切口》："挡风：门帘也。"③《镖行江湖隐语行话秘典》："贼人不听，即叫诸位兄弟一齐挡风。"

【挡驾】①《切口大词典·役夫类·轿夫之切口》："挡驾：轿横搁手板也。"②《切口大词典·役夫类·门夫之切口》："挡驾：主人不见客也。"③《切口大词典·杂流类·收旧货之切口》："挡驾：另碎旧布也。"

【挡身】《切口大词典·杂流类·说大书之切口》："挡身：说书人面前之桌也。"

【挡拖】《清门考原·各项切口》："挡拖，以言语唐塞也。"

【挡直】《切口大词典·役夫类·农夫之切口》："挡直：插苗也。"

【挡直头】《切口大词典·杂流类·掌礼者之切口》："挡直头：喜娘也。"

【荡】明佚名《行院声嗽·通用》："卖：荡。"

【荡儿】①《新刻江湖切要·器用类》："锡注

子：荡儿。"清傅崇矩《成都通览·成都之江湖言词·器用类》："锡注子：荡儿。"②《切口大词典·役夫类·庖夫之切口》："荡儿：铜瓢也。"

【荡流星】《切口大词典·乞丐类·顶物求乞之切口》："荡流星：荡水碗之乞丐也。"

【荡食】《新刻江湖切要·饮馔类》："粉皮：荡食。"清傅崇矩《成都通览·成都之江湖言词·饮馔类》："粉皮：荡食。"

【档风】《切口大词典·杂流类·收旧货之切口》："档风：长衫也。"

dao

【刀】卫大法师《江湖话·各行业商帮所用数目字隐语·成都通行言词·谷米杂粮行》："刀：八。"卫大法师《江湖话·各行业商帮所用数目字隐语·重庆通行言词·银楼》："祥：一。皮：二。昌：三。诗：四。对：五。劳：六。造：七。刀：八。云：九。喜：十。"清傅崇矩《成都通览·成都之各行人买卖通用言词·谷米杂粮过斗六成行通用言词》："八，刀。"

【刀把朝后】①清末民初佚名《镖行江湖隐语行话秘典》："出街，刀把朝后。"②清末民初佚名《镖行江湖隐语行话秘典》："进店，刀把朝后。"

【刀把朝前】①清末民初佚名《镖行江湖隐语行话秘典》："出店，刀把朝前。"②清末民初佚名《镖行江湖隐语行话秘典》："若走早标进街，刀把朝前。"

【刀背片】《切口大词典·商铺类·杂货业之切口》："刀背片：小明胶也。"

【刀斗钱】清傅崇矩《成都通览·成都之各行人买卖通用言词·谷米杂粮过斗六成通用言词》："刀斗钱是八十个。"

【刀口】①《切口大词典·商铺类·火腿业之切口》："刀口：另头火腿也。"②《切口大词典·商铺类·篆笋业之切口》："刀口：截落之笋老头也。"

【刀乱烧哉】《切口大词典·工匠类·成衣匠之切口》："刀乱烧哉：短衫也。"

【刀马】《蹴鞠图谱·圆社锦语》："刀马：脚。"

【叨】《切口大词典·手艺类·卖纸鸢之切口》："叨：放风筝线也。"

【捯开莲蓬】《切口大词典·医药类·药行业之切口》："捯开莲蓬：蜂房也。"

【导子】《切口大词典·杂流类·红白帖之切口》："导子：无论婚丧等有敲锣唱道者。"

【岛】宋陈元靓辑《事林广记·续集·绮谈市语·天地门》："山：岛；屿。"

【岛八】宋陈元靓辑《事林广记·续集·绮谈市语·人物门》："师人：巫者，岛八。"

【岛干】《切口大词典·行号类·咸货行之切口》："岛干：淡鱼鲚也。"

【岛七】宋陈元靓辑《事林广记·续集·绮谈市语·人物门》："女师：尼者，岛七。"

【捣米子】卫大法师《江湖话·红帮各地通行隐语·姓氏类》："褚：捣米子。"李子峰《海底·各地通行隐语》："褚：捣米子。"

【捣痛疮】《切口大词典·党会类·小瘪三之切口》："捣痛疮：扬人之羞也。"

【倒】清佚名《郎中医话》："倒，是东。"《江湖走镖隐语行话谱》："东：倒。"学古堂《江湖行话谱·保镖护院行话概略》："东：倒。"学古堂《江湖行话谱·行意行话》："东，为倒。"

【倒柄铜锤】《切口大词典·杂业类·酒店之切口》："倒柄铜锤：酒吊也。"

【倒仓】《梨园话》："倒仓：嗓音哑谓之'倒仓'。"

【倒仓鬼】《梨园话》："倒仓鬼：指嗓音哑暗者而言也。"

【倒插幅子】《江湖丛谈·江湖之金点·挂》："先给一张门票后说卖，调侃儿叫作倒插幅子。"

【倒杵】云游客《江湖丛谈·江湖之春点·二不管中做大票的生意》："被骗人找他们往回要钱，调侃叫倒杵，又叫倒拦头子。"

【倒杵儿】云游客《江湖丛谈·江湖之春点·三不管的花柳座子》："江湖人管挣到手的钱，又教人家给要回去，行话叫倒杵儿。"

【倒垂莲蓬】《切口大词典·娼妓类·相公堂子之切口》："倒垂莲蓬：油臀也。"

【倒大】《切口大词典·商铺类·金线业之切口》："倒大：旋线之驼螺也。"

【倒粪】①《梨园话》："倒粪：戏中词句屡述

不已，令人生恹谓之'倒粪'。"②云游客《江湖丛谈·江湖之春点·江湖艺人传：田岚云》："说过去的段子又说，听书的人，最厌恶此事，不曰是'倒书'，讥消曰'倒粪'。"

【倒赶城】《切口大词典·娼妓类·八大胡同妓院之切口》："倒赶城：与赶早之义同。"

【倒杠子】《新刻江湖切要·僧道类》："唱道情：倒杠子。"

【倒回】 卫大法师《江湖话·红帮各地通行隐语·建筑物类》："回家：倒回，回窑堂，马里。"李子峰《海底·各地通行隐语》："回家：倒回；回窑堂；马里。"

【倒开牡丹】《切口大词典·行号类·菜蔬行之切口》："倒开牡丹：大蒜也。"

【倒扛子】 清傅崇矩《成都通览·成都之江湖言词·僧道类》："唱道情：倒扛子。"

【倒了杵】 云游客《江湖丛谈·江湖之金点·皮门》："江湖人管挣下来的钱，又被人索要回去，调侃儿叫倒了杵。"

【倒溜】《切口大词典·乞丐类·弄蛇求乞之切口》："倒溜：蛇被弄而死也。"

【倒毛水】 清唐再丰《鹅幻汇编·江湖通用切口摘要》："（卖）吊虫丸不挂虫，而于无人之时先将饭粒和虫或钱倒地上以作病人呕出，曰倒毛水。"卫大法师《江湖话·江湖上的隐语·皮行隐语》："以盅和饭作呕出：倒毛水。"《切口大词典·医药类·卖吊虫丸者之切口》："倒毛水：同上（狼色：卖吊虫丸也）。但不挂虫。诊视他人之时，先将饭粒和虫倾倒于地上以作病人呕出者。"《清门考原·各项切口》："倒毛水，吊虫丸。不挂虫，先行将饭粒和虫或铜钱和唾水倒在地上。以作呕吐状，扬言病者所吐。"金老佛《三教九流江湖秘密规矩·江湖通用切口》："吊虫丸不挂虫而于无人之时先时将饭粒和虫或钱倒地上以作病呕曰倒毛水。"

【倒年】 云游客《江湖丛谈·江湖之春点·挂子行中的支杆挂子》："管东方调侃叫'倒年'，管西方调侃叫'窈年'，管南方调侃叫'阳年'，管北方调侃叫'密年'。"

【倒钮头】《切口大词典·杂流类·蚁煤之切口》："倒钮头：价已议定，买主忽然拒绝也。"

【倒盘子】《切口大词典·党会类·拆白党之切口》："倒盘子：妇女之丑陋也。"

【倒嗓】《切口大词典·优伶类·伶人之切口》："倒嗓：喉咙咽暗，唱不成声也。"

【倒屎婆】《切口大词典·娼妓类·粤妓之切口》："倒屎婆：倒马桶之人也。"

【倒堂】《梨园话》："倒堂：《回朝》《长亭》等剧中，除正角外，全班脚色多扮为龙套，谓之'倒堂'。"

【倒藤瓜】《新刻江湖切要·亲戚类》："晚女：油斗。凡晚醮挈子女者，余名之倒藤瓜，谓连子去也。"

【倒筒】《切口大词典·赌博类·做花会之切口》："倒筒：事被警察发觉扰散，或做筒子被人家打中无力偿还，而中止者，咸谓倒筒。"

【倒脱靴】 ①《梨园话》："倒脱靴：剧中主帅引领众将卒而行，谓之'倒脱靴'。"《切口大词典·优伶类·场子上之切口》："倒脱靴：各将卒随主帅之后而行也，与打流水适反。"②《清门考原·各项切口》："倒脱靴，骰局诱赌，用赌术骗人财物也。"

【倒悬】《切口大词典·杂业类·禽鸟业之切口》："倒悬：猫头鹰也。"

【倒偃】 明佚名《行院声嗽·人事》："倒退：倒偃。"

【倒缨】《切口大词典·优伶类·戏盔之切口》："倒缨：盔顶圆形，后有披风，顶上有铜丝梗一，可装红缨毛一束。"

【倒影】《切口大词典·杂业类·花业之切口》："倒影：凤仙花也。"

【倒影枯杨】《新刻江湖切要·人物类》："光棍：油滑生；[广] 井梧摇落大光棍：顺子；柳生；[广] 杆面杖。下流光棍：谷山；[广] 倒影枯杨。"《江湖切口要诀》（尺牍增附本）："下流光棍：谷山。[广] 倒影枯杨。"《切口大词典·医药类·着地摊药治病者之切口》："倒影枯杨：下流光棍也。"清傅崇矩《成都通览·成都之江湖言词·人物类》："下流光棍：谷山；倒影枯杨。"

【倒油】 清傅崇矩《成都通览·成都之袍哥话即江湖话也》："倒油：与人赔礼也，带过也。"

【倒扎虎】《切口大词典·优伶类·武行中之

切口》："倒扎虎：向后作筋斗也。"

【倒执锤】《切口大词典·工匠类·打锡箔匠之切口》："倒执锤：大挨也。"

【倒字】《梨园话》："倒字：字音念错，谓之'倒字'。"《切口大词典·优伶类·腔调上之切口》："倒字：唱戏时，念错字音也。"

【倒作】①《切口大词典·娼妓类·钉碰妓之切口》："倒作：淫业不佳也。"②《切口大词典·工匠类·造酒匠之切口》："倒作：酒坏也。"

【到班儿】《切口大词典·娼妓类·八大胡同妓院之切口》："到班儿：谓已到留髡程度也。"

【到光】《新刻江湖切要·经纪类》："摩[磨]镜人：托亮；到光，照子。余更之为还光生，又曰明明。"清傅崇矩《成都通览·成都之江湖言词·经纪类》："摩镜人：托亮；到光；照子；还光生；明明。"

【到色唐穴眼里，立了万儿】云游客《江湖丛谈·江湖之春点·江湖艺人快手卢》："江湖人管中国人到了外国的地方享了大名，调侃儿叫'到色唐穴眼里，立了万儿'。"

【到手凶】《切口大词典·乞丐类·乞丐之切口》："到手凶：欠钱图赖也。"

【到香港】《切口大词典·党会类·流氓之切口》："到香港：坐西牢也。"

【盗令】《切口大词典·赌博类·掷骰子之切口》："盗令：以骰子挟于指缝而换以伪品也。"

【道】①《切口大词典·星相类·星家之切口》："道：行业也。称人行业曰贵道。"②《切口大词典·杂流类·卖花带者之切口》："道：生意也。"③《切口大词典·杂业类·山果业之切口》："道：二也。"学古堂《江湖行话谱·估衣行话》："（道）二。"④明程万里《鼎锲徽池雅调南北官腔乐府点板曲响大明春·六院汇选江湖方语》："道，乃生鸡也。"

【道长】①《切口大词典·工匠类·铜匠之切口》："道长：榔头也。"②《切口大词典·衙卒类·写状人之切口》："道长：衙役之称呼也。"③《切口大词典·衙卒类·作作之切口》："道长：耳也。"

【道登】《切口大词典·商铺类·靴子业之切口》："道登：道家所着之靴也。"

【道低】《切口大词典·杂流类·卖花带者之切口》："道低：生意清淡也。"

【道高】《切口大词典·杂流类·卖花带者之切口》："道高：生意好也。"

【道规】《切口大词典·盗贼类·剪绺贼之切口》："道规：辈中首领订有各种规则也。规则须遵守，违者轻罚重杀各中人呼曰道规。"《清门考原·各项切口》："道规，扒手首领。所订各种例规也。"

【道诨】明佚名《行院声嗽·伎艺》："商谜：道诨。"

【道九代】《切口大词典·党会类·青帮之切口》："道九代：九代谓引见师傅道师与老头子也。三人之三师，合计九代，最宜牢记。"

【道马撒着冷子】清末民初佚名《镖行江湖隐语行话秘典》："若车后一人走，哈武哈武，道马撒着冷子。"

【道衲】《切口大词典·巫卜类·道士之切口》："道衲：红道衣也。"

【道情】《切口大词典·党会类·青帮之切口》："道情：帮中历史也。"《清门考原·各项切口》："道情，帮中历史。及规模也。"刘联珂《中国帮会三百年革命史·清门切口》："道情，帮中历史也。"

【道十】《新刻江湖切要·鸟兽虫鱼类》："鹅：王九；雀官；判头；道十。"

【道远】《切口大词典·杂流类·卖水烟者之切口》："道远：吃烟客也。"

【道运低】《切口大词典·医药类·烧香朝山卖药者之切口》："道运低：生意不好也。"

【道运高】《切口大词典·医药类·烧香朝山卖药者之切口》："道运高：生意好也。"

【道子】①《切口大词典·工匠类·钉碗匠之切口》："道子：钉碗担子也。"②《切口大词典·杂流类·外执事之切口》："道子：行走之路也。"

de

【得】①《切口大词典·盗贼类·越墙贼之切口》："得：言所偷之赃未曾四散出销。"②《切口大词典·杂流类·二爷之切口》：

"得：场面阔绰者。"

【得措】《切口大词典·巫卜类·六壬课之切口》："得措：有生意也。"《切口大词典·武术类·卖拳头者之切口》："得措：有生意也。"清傅崇矩《成都通览·成都之江湖言词·人事类》："有生意：得措。"

【得丢】《切口大词典·党会类·红帮之切口》："得丢：乌龟也。"金老佛《三教九流江湖秘密规矩·青帮与红帮·红帮之问答》："乌龟谓'得丢'。"金老佛《三教九流江湖秘密规矩·青帮与红帮·江湖之春典》："龟奴称得丢。"

【得风】《切口大词典·党会类·红帮之切口》："得风：逃回来也。"金老佛《三教九流江湖秘密规矩·青帮与红帮·红帮之问答》："迨至拒捕逃回之后，彼等谓之'得风'，设或竟被官兵捕去，谓之'失风'。"金老佛《三教九流江湖秘密规矩·青帮与红帮·江湖之春典》："脱逃称得风。"

【得公子】清唐再丰《鹅幻汇编·江湖通用切口摘要》："鸡曰得公子。"卫大法师《江湖话·江湖上的隐语·普通隐语》："鸡：得公子。"《切口大词典·医药类·祝由科之切口》："得公子：鸡也，常为病人逐魔以活鸡裂头血洒室内者。"《清门考原·各项切口》："得公子，鸡也。"金老佛《三教九流江湖秘密规矩·日常用语》："鸡曰得公子。"

【得黄路】清傅崇矩《成都通览·成都之袍哥话即江湖话也》："得黄路：有门路也，又云得黄须进步。"

【得啦】《切口大词典·娼妓类·茶室之切口》："得啦：谓亲香泽也。"

【得来发票】《切口大词典·盗贼类·爬儿手之切口》："得来发票：偷高粱果也。"

【得理】宋陈元靓辑《事林广记·续集·绮谈市语·拾遗门》："讼胜：得理；凯还。"

【得力子】卫大法师《江湖话·红帮各地通行隐语·居住用品类》："电话：得力子。"李子峰《海底·各地通行隐语》："电话：得力子。"

【得了】《切口大词典·盗贼类·掘壁贼之切口》："得了：被捕到或落案也。"

【得胜哥】卫大法师《江湖话·红帮各地通行隐语·饮食用品类》："葡萄：一心苗子，地钉子，得胜哥。"李子峰《海底·各地通行隐语》："萝卜：地钉子；得胜哥。"

【得石头】《切口大词典·盗贼类·拐匪之切口》："得石头：将小孩出售也。"

【得水】《切口大词典·党会类·青帮之切口》："得水：进财也。"《清门考原·各项切口》："得水，得了财也。又曰打起发。"

【得晓】《新刻江湖切要·鸟兽虫鱼类》："鸡：王七；酉官；鸣老；得晓；斗子；响各。"

【得一】《新刻江湖切要·僧道类》："道士：廿四；得一。"清傅崇矩《成都通览·成都之江湖言词·僧道类》："道士：廿四；得一。"

【得占】《新刻江湖切要·饮馔类》："汤：滚沧。茶果：得占。"

【德锉】明程万里《鼎锲徽池雅调南北官腔乐府点板曲响大明春·六院汇选江湖方语》："德锉，乃鸡肉也。"

【德错】学古堂《江湖行话谱·行话管见》："猪肉叫德错。"

【德鸡】《新刻江湖切要·鸟兽虫鱼类》："小鸡：火鸣菜；[增]德鸡。"

【德判】《新刻江湖切要·鸟兽虫鱼类》："鱼：水先生；水梭；河公；河戏；水气；希班；柴河；德判；水飘；[增]化龙子。"

【的表老】《新刻江湖切要·文具类》："画：的表老；图良。"

【的的】《切口大词典·盗贼类·拐匪之切口》："的的：称小脚之妇女也。"

【的圆】《新刻江湖切要·文具类》："镜子：照儿；的圆；照子光。"

【的子】《切口大词典·手艺类·卖弹弓之切口》："的子：靶子也。"

deng

【灯不亮】卫大法师《江湖话·红帮各地通行隐语·各种行业类》："风险很大：溜子海，灯不亮。"李子峰《海底·各地通行隐语》："风险很大：溜子海；灯不亮。"

【灯草】清张德坚等《贼情汇纂》卷八《伪文告下·隐语·太平天国隐语》："灯草：贼称人心为灯草。"

【灯花】《清门考原·各项切口》："灯花，黄昏时行窃。"

【灯花拍遇】《切口大词典·盗贼类·铳手之切口》："灯花拍遇：薄暮时乘人不备攫物而逸也。"

【灯花正开】《切口大词典·盗贼类·铳手之切口》："灯花正开：即薄暮不能窃得也。"

【灯笼】 平山周《中国秘密社会史·三合会隐语》："线香曰桂枝，蜡烛曰古树。蚊帐曰灯笼。明代服曰袈裟，套裤曰菱角，靴曰铁板，帽子曰云盖，曰万笠。洋伞曰洪头，曰独脚，曰乌云。道路曰线，旅行曰游线。家曰甲子。祖先公馆曰马桶。船曰平，乘船曰搭平。"《家里宝鉴·隐语》："蚊帐曰'灯笼'。"《切口大词典·党会类·三点会之切口》："灯笼：帐子也。"《兽医串雅杂钞》："针扎子，叫灯笼。刀，叫青子。针，叫又子。火针，叫火托。"金老佛《三教九流江湖秘密规矩·三合会之隐语》："蚊帐曰灯笼。"李子峰《海底·闽粤及南洋各地通行之隐语》："蚊帐：炮台城；灯笼。"②卫大法师《江湖话·安庆隐语》："眼：罩子，灯笼。"施列格《天地会研究·洪家口白要诀》："灯笼，眼。"

【灯笼把】《切口大词典·党会类·红帮之切口》："灯笼把：贼抢东西，用火把照是也。"

【灯笼子】 ①卫大法师《江湖话·红帮各地通行隐语·居住用品类》："帐：照镜子，查飞，灯笼子。"李子峰《海底·各地通行隐语》："帐：照笼子；查飞；灯笼子。"②卫大法师《江湖话·红帮各地通行隐语·姓氏类》："赵：灯笼子。"李子峰《海底·各地通行隐语》："赵：灯笼子。"

【登壁】《新刻江湖切要·人事类》："请坐曰登壁；又盘侯。"《切口大词典·星相类·弹弦子算命之切口》："登壁：请坐也。"清傅崇矩《成都通览·成都之江湖言词·人事类》："请坐：登壁；盘侯。"

【登步】《切口大词典·工匠类·石匠之切口》："登步：河岸也。"

【登大】《切口大词典·商铺类·瓷器业之切口》："登大：缸也。"

【登东】《新刻江湖切要·地理类》："山：土高；地高；[广]触土；地出头；巫峰；老峙；登东；艮公；如砺；禹随；一拳石。"《江湖切口要诀》（尺牍增附本）："山：土高。[广]地高；触地；地出头；巫峰；老峙；登东；艮公；如砺；禹随；一拳石。"清傅崇矩《成都通览·成都之江湖言词·地理类》："山：土高；地高；触土；地出头；巫峰；老峙；登东；艮公；如砺；禹随；一拳石。"

【登高】《新刻江湖切要·宫室类》："楼：登高。"

【登溷】 宋陈元靓辑《事林广记·续集·绮谈市语·拾遗门》："上茅：登溷；如厕。"

【登空】 ①卫大法师《江湖话·红帮各地通行隐语·衣服类》："裤子：登空，叟风子。"李子峰《海底·各地通行隐语》："裤子：登空。"②《江湖走镖隐语行话谱》："过桥：登空。"

【登空子】《郎中医话》："登空子，是叉裤。"云游客《江湖丛谈·江湖之春点》："管裤子叫'登空子'。"

【登老】《新刻江湖切要·衣饰类》："靴：登老。"《切口大词典·盗贼类·收晒朗贼之切口》："登老：靴子也。"清傅崇矩《成都通览·成都之江湖言词·衣饰类》："靴：登老。"

【登了】《切口大词典·娼妓类·茶室之切口》："登了：妓女不愿之客，以闭门羹待之也。"

【登龙门】《切口大词典·工匠类·挽花匠之切口》："登龙门：挽花时所坐之处也。"

【登笼子】《郎中医话》："登笼子，是裤。"

【登瓢】《切口大词典·盗贼类·水面贼之切口》："登瓢：上船也。"《切口大词典·医药类·自称戏了治病者之切口》："登瓢：趁船也。"

【登山】《江湖走镖隐语行话谱》："扒墙：登山。"

【登天】 卫大法师《江湖话·红帮各地通行隐语·建筑物类》："上屋：登天。"李子峰《海底·各地通行隐语》："上屋：登天。"

【登桶】《新刻江湖切要·衣饰类》："袜：登桶；笔管；踢管；签筒。"清傅崇矩《成都通览·成都之江湖言词·衣饰类》："袜：登桶；笔管；踢管；签筒。"

【登云】①《江湖走镖隐语行话谱》："白□为登云。"②《切口大词典·盗贼类·越墙贼之切口》："登云：上屋也。"《清门考原·各项切口》："登云，上房行窃。"金老佛《三教九流江湖秘密规矩·青帮与红帮·江湖之春典》："上屋称登云。"

【登舟】《镖行江湖隐语行话秘典》："上舟，为登舟。"

【登桩】《切口大词典·工匠类·石匠之切口》："登桩：石基础也。"

【登子】清唐再丰《鹅幻汇编·江湖通用切口摘要》："肚皮曰登子。"卫大法师《江湖话·红帮各地通行隐语·人身各物类》："肚皮：登子。"卫大法师《江湖话·江湖上的隐语·普通隐语》："肚皮：登子。"《切口大词典·医药类·卖膏药者之切口》："登子：小肚皮也。"金老佛《三教九流江湖秘密规矩·日常用语》："肚皮曰登子。"李子峰《海底·各地通行隐语》："肚皮：登子。"

【噔合】学古堂《江湖行话谱·行话管见》："看叫噔合。"

【蹬大】《切口大词典·杂流类·写字人之切口》："蹬大：隶字也。"

【蹬空】①《江湖走镖隐语行话谱》："裤子：蹬空。"②《切口大词典·盗贼类·铳手之切口》："蹬空：套裤也。"《切口大词典·盗贼类·短截贼之切口》："蹬空：套裤也。"

【蹬罗】《镖行江湖隐语行话秘典》："袜子，为蹬罗。"

【蹬台子】金老佛《三教九流江湖秘密规矩·青帮与红帮·大快与巧快》："余如早晨起床时，不让蹬着，犯者名蹬台子。"

【蹬踢土】《江湖走镖隐语行话谱》："靴子：蹬踢土。"

【蹬土】《江湖走镖隐语行话谱》："袜子：薰桶；蹬土。"

【等包身】《切口大词典·乞丐类·戴孝求乞之切口》："等包身：假言殓殡无衣也。"

【等辰】《新刻江湖切要·身体类》："聋：老采；[增]目听；等辰。"清傅崇矩《成都通览·成都之江湖言词·身体类》："聋：老采；目听；等辰。"

【等水头】《切口大词典·乞丐类·戴孝求乞之切口》："等水头：假言无力搬丧也。"

【等外套】《切口大词典·乞丐类·戴孝求乞之切口》："等外套：假言棺木无者也。"

【等张】《切口大词典·赌博类·麻雀赌之切口》："等张：洞子也。"

【邓生】《切口大词典·星相类·相家之切口》："邓生：男风也。"

【凳子】《清门考原·各项切口》："凳子，肚皮也。"

---

di

【低锉】明程万里《鼎锲徽池雅调南北官腔乐府点板曲响大明春·六院汇选江湖方语》："低锉，谓鸭肉也。"

【低多万】卫大法师《江湖话·红帮各地通行隐语·人类一般》："子孙：晚辈子，低多万。"李子峰《海底·各地通行隐语》："子孙：晚辈子；低多万。"

【低身】《切口大词典·行号类·铜锡行之切口》："低身：最次之锡也。"《切口大词典·杂流类·收卖锭灰者之切口》："低身：锭灰物质之不佳者。"

【滴滴金】《切口大词典·医药类·摆草药摊之切口》："滴滴金：旋覆花也。治中风壅滞。"

【滴缸】学古堂《江湖行话谱·行话管见》："油叫滴缸。"

【滴落散】《切口大词典·杂业类·磨坊之切口》："滴落散：簸粉箱也。"

【籴米】明程万里《鼎锲徽池雅调南北官腔乐府点板曲响大明春·六院汇选江湖方语》："籴米，寻伙伴也。"

【敌科】《行院声嗽·伎艺》："散场：敌科。"

【敌人】贝思飞《民国时期的土匪隐语》："敌人：政府官员。"

【笛子】卫大法师《江湖话·红帮各地通行隐语·店钱及其他》："洋钱：笛子。"

【抵川】《新刻江湖切要·生死类》："勒死：抵川。"《切口大词典·星相类·拉和琴算命之切口》："抵川：勒死也。"清傅崇矩《成都通览·成都之江湖言词·生死类》："勒死；抵川。"

【抵件头】《新刻江湖切要·经纪类》："卖古

董：抵件头。"《切口大词典·杂流类·卖买古董者之切口》："抵件头：卖买古董也。"金老佛《三教九流江湖秘密规矩·青帮与红帮·江湖之春典》："卖古董者称抵件头。"清傅崇矩《成都通览·成都之江湖言词·经纪类》："卖古董：抵件头。"

【抵脚摸蛇】 清末民初佚名《镖行江湖隐语行话秘典》："羊肉，为抵脚摸蛇。"

【抵金】《新刻江湖切要·人事类》："欠债曰抵金。"《切口大词典·巫卜类·六壬课之切口》："抵金：欠债也。"清傅崇矩《成都通览·成都之江湖言词·人事类》："欠债：抵金。"

【抵抗】 学古堂《江湖行话谱·行意行话》："板子，为抵抗。"

【底】 ①《切口大词典·巫卜类·道士之切口》："底：四也。"②《切口大词典·行号类·鲜鱼行之切口》："底：九也。"清翟灏《通俗编·识余·市语·丝行》："丝行：则一岳，二卓，三南，四长，五人，六龙，七青，八豁，九底。"③朱琳《洪门志·春典子琐记·物品》："船，称底。"

【底板】 ①《新刻江湖切要·饮馔类》："鳖：底板。"清傅崇矩《成都通览·成都之江湖言词·饮馔类》："鳖：底板。"②《切口大词典·娼妓类·江山船之切口》："底板：鸨母也。"

【底板子】 卫大法师《江湖话·红帮各地通行隐语·人类一般》："妻：底板子，才字头。"李子峰《海底·各地通行隐语》："妻：底板子；才字头。"

【底包】《梨园话》："底包：与'班底'同。"

【底勒】《切口大词典·党会类·流氓之切口》："底勒：本钱也。"

【底过】《郎中医话》："底过，是油。"

【底哨】 云游客《江湖丛谈·江湖之金点·挑土宝、海宝的生意》："物质的原料，调侃儿叫底哨。"

【底老】 ①《新刻江湖切要·亲戚类》："妻：才老；乐老；底老。"清翟灏《通俗编·识余·市语》："江湖人市语尤多，坊间有《江湖切要》一刻，事事物物，悉有隐称。诚所谓惑乱听闻，无足采也。其间有通行市井者，如官曰孤司，店曰朝阳，夫曰盖老，妻曰底老，家人曰吊脚，僧曰廿三，道士曰廿四，成衣曰戳短枪，抬轿曰扳楼儿，剃头曰削青，船曰瓢儿，屋顶公，银曰琴公，钱曰把儿，米曰软珠，饼曰匾食，盐曰瀸老，鱼曰豁水，鸭曰王八，鞋曰踢土，镜曰照儿，抹布曰躢郎，坐曰打墩，拜曰剪拂，揖曰丢圈子，叩头曰丢匾子，写字曰搠黑，说话曰吐刚，被欺曰上当，虚奉承曰王六，大曰太式，多曰满太式，无曰各念，俱由来于此语也。"宋陈元靓辑《事林广记·续集·绮谈市语·亲属门》："妻：内政；底老。"②《切口大词典·党会类·流氓之切口》："底老：门生也。"

【底里】《新刻江湖切要·宫室类》："房：底里。"《行院声嗽·宫室》："卧房：底里。"

【底龙】《江湖走镖隐语行话谱》："问曰底龙。"

【底轮】《切口大词典·役夫类·门夫之切口》："底轮：车子也。"

【底落】《新刻江湖切要·亲戚类》："无妻曰念才；[广] 底落。"

【底门槛】《切口大词典·巫卜类·巫婆之切口》："底门槛：中饱人家也。"

【底片】《切口大词典·杂流类·西乐队之切口》："底片：乐谱也。"

【底哨】 云游客《江湖丛谈·江湖之春点·江湖中之挑柸柸的》："江湖人管做东西的原料，调侃儿叫底哨，譬如膏药是油熬的，那油便是底哨。"

【底线】 贝思飞《民国时期的土匪隐语》："底线：土匪的密探。"

【底枕头】《切口大词典·杂流类·收生婆之切口》："底枕头：温饱人家也。"

【底子】 ①清唐冉丰《鹓幻汇编·江湖通用切口摘要》："船口底了。"卫大法师《江湖话·红帮各地通行隐语·其他用具对象类》："船：底子，飘子，平。"卫大法师《江湖话·江湖上的隐语·普通隐语》："船：底子。"《切口大词典·盗贼类·越墙贼之切口》："底子：舟也。"《清门考原·各项切口》："底子，船也。"金老佛《三教九流江湖秘密规矩·青帮与红帮·红帮之问答》："乙曰：好。吾们坐勒子（车子）去，还是坐底子（船）去？"金老佛《三教九流江湖秘密规矩·青帮与红帮·江湖之春典》："船称底子。"金老佛《三教九流江湖秘密规矩·日常用语》:"船曰底子。"李子峰《海底·各地通行隐语》:"船;底子;飘子;平。"②学古堂《江湖行话谱·行意行话》:"油,为底子。"

【地蹦子】 贝思飞《民国时期的土匪隐语》:"地蹦子:无足轻重的或地方的土匪。"

【地壁虫】 《切口大词典·娼妓类·台基之切口》:"地壁虫:贩卖地皮者。"

【地不平】 《新刻江湖切要·身体类》:"跷:[补]地不平。"《切口大词典·星相类·相家之切口》:"地不平:跷子也。"清傅崇矩《成都通览·成都之江湖言词·身体类》:"跷:地不平。"

【地藏王菩萨】 清傅崇矩《成都通览·成都之呼物混名》:"地藏王菩萨:萝卜也。"

【地出头】 《新刻江湖切要·地理类》:"山:土高;地高;[广]触土;地出头;巫峰;老峙;登东;艮公;如砺;禹随;一拳石。"《江湖切口要诀》(尺牍增附本):"山:土高。[广]地高;触地;地出头;巫峰;老峙;登东;艮公;如砺;禹随;一拳石。"清傅崇矩《成都通览·成都之江湖言词·地理类》:"山:土高;地高;触土;地出头;巫峰;老峙;登东;艮公;如砺;禹随;一拳石。"

【地钉子】 卫大法师《江湖话·红帮各地通行隐语·饮食用品类》:"萝卜:一心苗子,地钉子,得胜哥。"李子峰《海底·各地通行隐语》:"萝卜:地钉子;得胜哥。"

【地高】 《新刻江湖切要·地理类》:"山:土高;地高;[广]触土;地出头;巫峰;老峙;登东;艮公;如砺;禹随;一拳石。"《江湖切口要诀》(尺牍增附本):"山:土高。[广]地高;触地;地出头;巫峰;老峙;登东;艮公;如砺;禹随;一拳石。"清傅崇矩《成都通览·成都之江湖言词·地理类》:"山:土高;地高;触土;地出头;巫峰;老峙;登东;艮公;如砺;禹随;一拳石。"

【地根】 《切口大词典·杂流类·卖蔬菜之切口》:"地根:芦葡也。"

【地吼子】 卫大法师《江湖话·红帮各地通行隐语·各种行业类》:"大木人戏:地吼子,银子蓬。"李子峰《海底·各地通行隐语》:"大木人戏:地吼子;银子蓬。"

【地花】 《新刻江湖切要·草木百果五谷类》:"小麦:细花;地花。"

【地黄牛】 ①《切口大词典·乞丐类·瘫叫化子之切口》:"地黄牛:滚行地上也。"②《切口大词典·手艺类·卖扯铃之切口》:"地黄牛:竹制之驼螺也。"

【地界拘得到】 《切口大词典·党会类·青帮之切口》:"地界拘得到:无论何处,均有人熟悉也。"

【地精】 《切口大词典·医药类·药行业之切口》:"地精:鲜首乌也。"

【地窟】 《新刻江湖切要·地理类》:"井:地窟;[广]水窖;中公;列九;凿饮;又曰区九。"《江湖切口要诀》(尺牍增附本):"井:地窟。[广]水窖;中公;列九;凿饮;又曰区九。"清傅崇矩《成都通览·成都之江湖言词·地理类》:"井:地窟;水窖;中公;列九;凿饮。人曰区九。"

【地牢】 卫大法师《江湖话·安庆隐语》:"电影院:地牢。"

【地栗】 宋陈元靓辑《事林广记·续集·绮谈市语·果菜门》:"荸荠:地栗。"

【地裂】 《切口大词典·杂流类·卖水果者之切口》:"地裂:荸荠也。"

【地铃】 《切口大词典·杂流类·卖糖果者之切口》:"地铃:薄荷糖也。"

【地龙】 ①《切口大词典·党会类·红帮之切口》:"地龙:银子也。"贝思飞《民国时期的土匪隐语》:"地龙:被掩埋的银子。"金老佛《三教九流江湖秘密规矩·青帮与红帮·红帮之问答》:"家中龙鼠极壮(金谓之地鼠,银谓之地龙,钱谓之地蛇,富有谓之壮)。"金老佛《三教九流江湖秘密规矩·青帮与红帮·江湖之春典》:"银子称地龙。"②《切口大词典·工匠类·染布匠之切口》:"地龙:染布地灶也。"《切口大词典·商铺类·染色业之切口》:"地龙:染缸之地灶也。"③《切口大词典·乞丐类·捉蛇乞丐之切口》:"地龙:蛇也。"④《切口大词典·商铺类·地货业之切口》:"地龙:藕也。"⑤《切口大词典·医药类·药行业之切口》:"地龙:山药也。"《切口大词典·杂流类·卖蔬菜之切口》："地龙：山药也。"

【地码子】贝思飞《民国时期的土匪隐语》："地码子：平原的匪帮（广东）。"

【地脉】宋陈元靓辑《事林广记·续集·绮谈市语·天地门》："泉：地脉；瀑布。"

【地毛篸】《切口大词典·医药类·药行业之切口》："地毛篸：茅根也。"

【地门】《切口大词典·赌博类·押六门之切口》："地门：一点也。"

【地牌】①卫大法师《江湖话·红帮各地通行隐语·人类一般》："女人：地牌，草儿，利市。"李子峰《海底·各地通行隐语》："女人：地牌；草儿；利市。"②《切口大词典·党会类·红帮之切口》："地牌：已嫁之女子也。"金老佛《三教九流江湖秘密规矩·青帮与红帮·红帮之问答》："顷据带线人（熟盗）报告，坟西园河里（金姓），家肥水极壮，活龙四丈有余（帮匪切口，书目咸以尺寸计之，譬如百谓尺，十谓寸，千谓丈之类。四丈即四千，现银谓活龙），死货尚不在其内（不动产曰死货），此外尚有狠漂亮的地牌二五（女子已嫁者谓之地牌，未嫁者谓之二五），作条子开出去，每牌至少值价四五尺水头。"金老佛《三教九流江湖密规矩·青帮与红帮·江湖之春典》："如未嫁女子之称二五，已嫁女子之称地牌，其意义殊难索解也。"金老佛《三教九流江湖密规矩·青帮与红帮·江湖之春典》："已嫁女子称地牌。"③《切口大词典·杂流类·唱滩簧之切口》："地牌：女演员也。"④《切口大词典·杂业类·旅馆之切口》："地牌：垫被也。"

【地牌票】贝思飞《民国时期的土匪隐语》："地牌票：女人质。"

【地皮衣】《切口大词典·干艺类·席于业之切口》："地皮衣：铺地席也。"

【地平】①《切口大词典·工匠类·打锡箔匠之切口》："地平：铁砧也。"②《切口大词典·工匠类·泥水匠之切口》："地平：方砖也。"③《切口大词典·行号类·砖灰行之切口》："地平：二号之斗方砖也。"

【地青】《新刻江湖切要·草木百果五谷类》："菜：苗稀；破屑；又曰地青；叶苗。"

【地拳】《新刻江湖切要·草木百果五谷类》："蒜：地拳；条苗。"

【地蛇】①《切口大词典·党会类·红帮之切口》："地蛇：铜钱也。"贝思飞《民国时期的土匪隐语》："地蛇：被掩埋的铜币。"金老佛《三教九流江湖秘密规矩·青帮与红帮·红帮之问答》："家中龙鼠极壮（金谓之地鼠，银谓之地龙，钱谓之地蛇，富有谓之壮）。"金老佛《三教九流江湖秘密规矩·青帮与红帮·江湖之春典》："钱称地蛇。"②《切口大词典·商铺类·山货业之切口》："地蛇：马鞭笋也。"

【地鼠】《切口大词典·党会类·红帮之切口》："地鼠：金子也。"贝思飞《民国时期的土匪隐语》："地鼠：被掩埋的金子。"金老佛《三教九流江湖秘密规矩·青帮与红帮·红帮之问答》："家中龙鼠极壮（金谓之地鼠，银谓之地龙，钱谓之地蛇，富有谓之壮）。"金老佛《三教九流江湖秘密规矩·青帮与红帮·江湖之春典》："金子称地鼠。"

【地图】金老佛《三教九流江湖秘密规矩·青帮与红帮·红帮之问答》："日来水蛤蟆（水警之类）狠多，不如到南坟（村）去盱阵（察看道路），看清地图（即出入门径），觅定壮猪（即事主），好在南坟离圈子（县城）恨远，并无风头之患。"金老佛《三教九流江湖秘密规矩·青帮与红帮·江湖之春典》："出入门径称地图。"

【地仙】宋陈元靓辑《事林广记·续集·绮谈市语·人物门》："阴阳：地仙；拨准。"

【弟老】卫大法师《江湖话·安庆隐语》："徒弟：弟老，下人。"《清门考原·各项切口》："弟老，是三房徒弟之称。二房则曰侍奉。大房则名每三。"《清门考原·各项切口》："弟老，徒弟也。"刘联珂《中国帮会三百年革命史·清门切口》："弟老，徒弟也。"

【弟兄】贝思飞《民国时期的土匪隐语》："弟兄：年轻的土匪。"

【弟兄家】《切口大词典·党会类·红帮之切口》："弟兄家：贼也。"金老佛《三教九流江湖秘密规矩·青帮与红帮·红帮之问答》："贼谓'弟兄家'。"金老佛《三教九流江湖秘密规矩·青帮与红帮·江湖之春典》："贼称弟兄家。"

【帝角】《新刻江湖切要·饮馔类》："索粉：

【帝居】宋陈元靓辑《事林广记·续集·绮谈市语·宫殿门》:"殿庭:龙墀;帝居。"

【帝女】《切口大词典·杂流类·卖花者之切口》:"帝女:菊花也。"

【帝奡】《新刻江湖切要·娼优类》:"小戏:跳身;帝奡。"清傅崇矩《成都通览·成都之江湖言词·娼优类》:"小戏:跳身;帝奡。"

【帝子相】《切口大词典·役夫类·屠夫之切口》:"帝子相:猪也。"

【递苦册】《切口大词典·乞丐类·哭诉求乞之切口》:"递苦册:在纸上书明己之历史苦情平铺地上而求乞者。"

【蒂固根深】《新刻江湖切要·人物类》:"本处人:原头生;[广]蒂固根深。"清傅崇矩《成都通览·成都之江湖言词·人物类》:"本处人:原头生;蒂固根深。"

【蒂固根生】《江湖切口要诀》(尺牍增附本):"本处人:原头人。[广]蒂固根生。"

【蒂固生】《切口大词典·医药类·摇虎撑者之切口》:"蒂固生:本地人也。"

【睇碟】《切口大词典·赌博类·摇宝赌之切口》:"睇碟:会计注客之胜注,应得若干脱口而出,离奇另繁数,一无错误,俗谓立戳角。"

【睇野】《切口大词典·娼妓类·粤妓之切口》:"睇野:看东西也。"

【掸把子】卫大法师《江湖话·红帮各地通行隐语·衣服类》:"长袍子:大蓬,长叶子,掸把子。"

dian

【滇离】《新刻江湖切要·地理类》:"云南:火七;[广]滇离。"《江湖切口要诀》(尺牍增附本):"云南:火七。[广]滇离。"清傅崇矩《成都通览·成都之江湖言词·地理类》:"云南:火七;滇离。"

【滇庄】《切口大词典·行号类·烟土行之切口》:"滇庄:云土也。"

【颠】《切口大词典·商铺类·豆麦业之切口》:"颠:八也。"

【颠了】《梨园话》:"颠了:'颠'音'忝',乃脱落盔帽之意。"

【典谟】《新刻江湖切要·官职类》:"尚书:太水通;[广]典谟;叠负。"

【点】①清佚名《郎中医话》:"点,是贫。"②卫大法师《江湖话·红帮各地通行隐语·人身各物类》:"人:孙,点,杠。"李子峰《海底·各地通行隐语》:"人:孙;点;杠。"③《江湖走镖隐语行话谱》:"天亮不明为点。"④《切口大词典·役夫类·航船夫之切口》:"点:乘客之无有阅历者也。"⑤云游客《江湖丛谈·江湖之春点·江湖之"撒年子"把戏》:"点即是能受敲诈的。"

【点辰】《新刻江湖切要·天文类》:"星:光芒;[广]点辰;列棋;好风;好雨;拱牝;在东。"《江湖切口要诀》(尺牍增附本):"星:光芒。[广]点辰;列棋;好风;好雨;拱北;在东。"《切口大词典·盗贼类·水面贼之切口》:"点辰:星也。"清傅崇矩《成都通览·成都之江湖言词·天文类》:"星:光芒;点辰;列棋;好风;好雨;拱北;在东。"

【点唇】①《切口大词典·商铺类·竹器业之切口》:"点唇:胭脂也。"②《切口大词典·杂流类·卖京货之切口》:"点唇:胭脂也。"

【点大】《切口大词典·杂流类·荠头婆之切口》:"点大:雇主也。"

【点大蜡烛】《切口大词典·娼妓类·长三书寓之切口》:"点大蜡烛:梳拢也,俗谓开包,北京谓之打头客。"《切口大词典·娼妓类·雉妓之切口》:"点大蜡烛:妓女初次之通人道也。"

【点灯笼】《切口大词典·娼妓类·八大胡同妓院之切口》:"点灯笼:客人临去时,院内招呼门房,为客人预备小灯笼也。游者至此,大半兴趣阑珊矣。"

【点儿】①《切口大词典·医药类·卖吊虫丸者之切口》:"点儿:男主人也。"②云游客《江湖丛谈·江湖之春点·江湖中的卖点之内幕》:"江湖中,如若看谁能够生财,就说谁是点儿。"

【点斤】《切口大词典·医药类·着地摊药治病者之切口》:"点斤:看病也。"

【点金】《镖行江湖隐语行话秘典》:"明亮下雨,为点金。"

【点睛】《切口大词典·赌博类·麻雀赌之切口》:"点睛:认牌非易事,乃用点睛法,以油膏暗藏指甲间,做记号于牌角。"

【点腊烛】卫大法师《江湖话·安庆隐语》:"敲诈:劈胡,刨黄瓜,点腊烛。"

【点巧】《切口大词典·手艺类·卖扯铃之切口》:"点巧:扯铃也。"

【点铜】《切口大词典·行号类·铜锡行之切口》:"点铜:质佳之锡也。"

【点王】《切口大词典·杂业类·商人共众切口》:"点王:主人也。以王字加一点,成主人之主字矣。"

【点王儿】《切口大词典·商铺类·丝经业之切口》:"点王儿:主人也。"

【点销】《切口大词典·役夫类·人力车夫之切口》:"点销:告班也。"

【点香】《切口大词典·巫卜类·和尚之切口》:"点香:受戒也。"

【点穴】《切口大词典·医药类·针灸郎中之切口》:"点穴:针插病人穴,艾灸针上也。"

【点爻】《行院声嗽·器用》:"打锣:点爻。"

【点元宝】《切口大词典·杂业类·商人共众切口》:"点元宝:计算店中之盈亏也,有春秋两点,俗谓盘账也。"

【点张子】云游客《江湖丛谈·江湖之春点·三不管的花柳座子》:"就是尺数来宽的白布,长了可有十数丈,做成布折子,每一折是两面,共有十二面。上边画成小人,或是画长杨梅,或是画长鱼口的,画成十二样花柳病图。这种东西,就叫点张子。"

【点子】①清唐再丰《鹅幻汇编·江湖通用切口摘要》:"疮曰点子。"卫大法师《江湖话·红帮各地通行隐语·疫病类》:"疮:点子。"卫大法师《江湖话·江湖上的隐语·普通隐语》:"疮:点子。"《清门考原·各项切口》:"点子,疮也。"金老佛《三教九流江湖秘密规矩·日常用语》:"疮曰点子。"李子峰《海底·各地通行隐语》:"疮:点子。"②《切口大词典·衙卒类·侦探之切口》:"点子:溪沟内之小石子也。"

【点子不正】朱琳《洪门志·春典子琐记·人事》:"坏运,称点子不正。"

【点字头】卫大法师《江湖话·红帮各地通行隐语·一般人事类》:"官:灰的瓢巴,点字头。"李子峰《海底·各地通行隐语》:"官:灰的瓢巴;点字头。"

【电杆子】《切口大词典·杂流类·贩烟土者之切口》:"电杆子:查烟禁土之人也。"

【电子】《切口大词典·衙卒类·仵作之切口》:"电子:目也。"

【店窑】《切口大词典·盗贼类·杆匪之切口》:"店窑:商店银行钱庄也。"

【垫】《梨园话》:"垫:临时加演,谓之'垫'。"

【垫板】①卫大法师《江湖话·红帮各地通行隐语·各种行业类》:"擦背:垫板。"②李子峰《海底·各地通行隐语》:"擦背:垫板。"

【垫踹】《切口大词典·娼妓类·茶室之切口》:"垫踹:当寿头也。"

【垫底】《清门考原·各项切口》:"垫底,垫资本之谓也。"

【垫漏】《切口大词典·衙卒类·缉私盐之切口》:"垫漏:以盐作枕垫也。"

【垫门槛】《切口大词典·杂流类·蒆骗之切口》:"垫门槛:巴结女主人之房侍仆妇也。"

【垫身】《切口大词典·工匠类·木匠之切口》:"垫身:凳子也。"

【垫台脚】《切口大词典·党会类·流氓之切口》:"垫台脚:有事求人而行贿也。"

【垫头】《切口大词典·杂流类·虔婆之切口》:"垫头:使女也。"

【垫子】《切口大词典·杂流类·收生婆之切口》:"垫子:草纸也。"

【垫字】《梨园话》:"垫字:戏词原无之字,而伶工任意增添,谓之'垫字'。"《切口大词典·优伶类·腔调上之切口》:"垫字:唱词原无之字,任意加入也。"

【唸旦】《切口大词典·武术类·行程保镖者之切口》:"唸旦:不言也。"

【淀】明佚名《行院声嗽·数目》:"三:春;淀。"

【奠闲】《蹴鞠图谱·圆社锦语》:"奠闲:茶钱。"

diao

【刁滑马子】《家里宝鉴·隐语》："外人曰'疯子,空子,马子,牛子,鹞鸪,贵四哥,刁滑马子'。"平山周《中国秘密社会史·哥老会隐语》："外人曰马子,曰贵四哥,曰刁滑马子,曰玲珑马子。"徐珂《清稗类钞·会党类·哥老会隐语》："外人曰马子,曰贵四哥,曰刁滑马子,曰玲珑马子。"

【刁枝子】学古堂《江湖行话谱·行话管见》："树叫刁枝子。"

【雕胡】《切口大词典·行号类·菜蔬行之切口》："雕胡:茭白也。"

【雕璞丘】《新刻江湖切要·工匠类》："琢玉匠:采石通;[增]雕璞丘。"清傅崇矩《成都通览·成都之江湖言词·工匠类》："琢玉匠:采石通;雕璞丘。"

【吊】①清唐再丰《鹅幻汇编·江湖通用切口摘要》："痛曰吊。"卫大法师《江湖话·红帮各地通行隐语·一般人事类》："牙痛:柴条子,吊,扁锯子酸。"卫大法师《江湖话·红帮各地通行隐语·疫病类》："痛:吊,打哀声。"卫大法师《江湖话·江湖上的隐语·普通隐语》："痛,吊。"《切口大词典·医药类·施药郎中之切口》："吊:痛也。"《清门考原·各项切口》："吊,痛也。"金老佛《三教九流江湖秘密规矩·日常用语》："痛曰吊。"李子峰《海底·各地通行隐语》："痛:吊;打哀声。"②《切口大词典·杂业类·冶坊之切口》："吊:四也。"

【吊白鱼】《切口大词典·盗贼类·爬儿手之切口》："吊白鱼:偷羊也。"

【吊膀】《切口大词典·娼妓类·八大胡同妓院之切口》："吊膀:眉目传情也。"

【吊膀子】《切口大词典·党会类·拆白党之切口》："吊膀子:眉目传情以挑逗妇女也。"

【吊不着】《切口大词典·党会类·拆白党之切口》："吊不着:此方挑逗,彼方不赞同也。"

【吊场】《梨园话》："吊场:主脚化妆未成,使配角先上场敷衍,谓之'吊场'。"《切口大词典·优伶类·场子上之切口》："吊场:正角化装未竣配角先上场,敷衍看客也。"

【吊搭】《切口大词典·优伶类·髯口之切口》："吊搭:中断之小髯也。演蒋干盗画之丑角用之。"

【吊得狠】《切口大词典·杂流类·贩人口者之切口》："吊得狠:标致也。"

【吊工】《新刻江湖切要·经纪类》："打线索人:吊工。"《切口大词典·工匠类·打线匠之切口》："吊工:打线索者。"清傅崇矩《成都通览·成都之江湖言词·经纪类》："打线索人:矛工;吊工。"

【吊脚】清翟灏《通俗编·识余·市语》："江湖人市语尤多,坊间有《江湖切要》一刻,事事物物,悉有隐称。诚所谓惑乱听闻,无足采也。其间有通行市井者,如官曰孤司,店曰朝阳,夫曰盖老,妻曰底老,家人曰吊脚。"

【吊浸水】《切口大词典·武术类·住宅保镖者之切口》："吊浸水:道士和尚化缘也。"

【吊漫水】《新刻江湖切要·人事类》："和尚道士化油曰吊漫水。"清傅崇矩《成都通览·成都之江湖言词·人事类》："和尚道士化油:吊漫水;分票儿;飘叶子;圆光;请空;请仙;空老儿,钻黑鬼。"

【吊毛】《切口大词典·优伶类·武行中之切口》："吊毛:似空心筋斗,仍落在原处也。"

【吊眉】卫大法师《江湖话·红帮各地通行隐语·各种行业类》："挖耳:吊眉。"李子峰《海底·各地通行隐语》："挖耳:吊眉。"

【吊撒】明佚名《行院声嗽·身体》："疼:吊撒。"

【吊嗓子】《梨园话》："吊嗓子:伶工温习唱词,而以胡琴和之,谓之'吊嗓子'。"《切口大词典·优伶类·伶人之切口》："吊嗓子:每日至旷野使劲大嚷或上琴高唱。"

【吊色】《切口大词典·商铺类·绸缎业之切口》："吊色:好也。"

【吊扇】《新刻江湖切要·宫室类》："关门曰吊扇。"明程万里《鼎锲徽池雅调南北官腔乐府点板曲响大明春·六院汇选江湖方语》："吊扇,是关门也。"

【吊上】《切口大词典·党会类·拆白党之切口》："吊上:妇女被其引诱而成好事也。"

【吊梭】云游客《江湖丛谈·江湖之春点·挂子行中的支杆挂子》："管疼痛调侃叫吊梭。"

【吊信子】《郎中医话》："吊信子,是果木

【吊羊】 贝思飞《民国时期的土匪隐语》："吊羊：抓一个中等级别的人质（湖南）。"

【钓金鳌】《清门考原·各项切口》："钓金鳌，用线吊一物于舌上，或头上臂上等类。"

【钓鱼】《清门考原·各项切口》："钓鱼，偷生牌也。"

【调】《切口大词典·优伶类·腔调上之切口》："调：某处人所创之戏，谓之某调。如徽调、京调、汉调、广调、昆调之类是。"

【调底】《梨园话》："调底：歌声音小且低，谓之'调底'。"

【调将】《清门考原·各项切口》："调将，请人相助也。"

【调角码子】 云游客《江湖丛谈·江湖之金点·做小帖的生意》："调角码子，即说是个难惹的人。"

【调孔】 明程万里《鼎锲徽池雅调南北官腔乐府点板曲响大明春·六院汇选江湖方语》："扯溜子，乃弄蛇的，调孔，叫人唱曲。"

【调门】《切口大词典·优伶类·腔调上之切口》："调门：调门之高低，即嗓音之高低也。"

【调门儿】《梨园话》："调门儿，管色之高低，谓之'调门儿'。[附记]调门约有七，如小工调、凡字调、六字调、正工调、乙字调、尺字调、上字调是也。"

【调脬】《蹴鞠图谱·圆社锦语》："调脬：尿。"

【调扰买卖】 云游客《江湖丛谈·江湖之金点·诸葛数灯下数即是带子金》："江湖管是非行当调侃叫调扰买卖。"

【调屋子】《切口大词典·娼妓类·茶室之切口》："调屋子：妓女别树艳帜也。"

【调巡】《切口大词典·党会类·流氓之切口》："调巡：巡警也。"

【掉包】《切口大词典·党会类·流氓之切口》："掉包：以假物或下品货，去更换真物及上品货者。"《切口大词典·盗贼类·水面贼之切口》："掉包：在船上混充搭客乘间而窃物者。"

【掉杵】 云游客《江湖丛谈·江湖之春点·天桥的杂技坊场》："给他们往场子里扔钱，调侃儿掉杵，又叫抛杵。"

【掉角】《切口大词典·工匠类·补镴匠之切口》："掉角：补缸也。"

【掉赚】《行院声嗽·人事》："行：掉赚。"

【掉枪花】《切口大词典·党会类·小瘪三之切口》："掉枪花：以空言搪塞人也。"

【掉闪】《行院声嗽·伎艺》："调影戏：掉闪。"

【掉元宝】《切口大词典·役夫类·人力车夫之切口》："掉元宝：顾客给以小洋，即以铜质者易之，要求更换也。"

die

【跌馋牢】 金老佛《三教九流江湖秘密规矩·青帮与红帮·红帮之问答》："设捕而入狱者，谓之'跌馋牢'；毙者谓之'劈堂，又曰升堂'；后出票逮捕同党，谓之'捉落帽风'；当场捕去谓之'阵上失风'。"金老佛《三教九流江湖秘密规矩·青帮与红帮·江湖之春典》："入狱称跌馋牢。"

【跌古】《切口大词典·医药类·卖吊虫丸者之切口》："跌古：无生意也。"

【跌了】 卫大法师《江湖话·红帮各地通行隐语·一般人事类》："被捉：搭摘，跌了。"李子峰《海底·各地通行隐语》："被捉：搭摘；跌了。"

【迭】 贝思飞《民国时期的土匪隐语》："迭：储存偷窃的货物（河南）。"

【垤居】《新刻江湖切要·鸟兽虫鱼类》："蚂蚁：昆虫，[增]垤居；知泉。"

【叠杵】 云游客《江湖丛谈·江湖之春点·江湖中挑遁子汗的》："如若'翻钢'成了功，就能'叠杵'。"

【叠负】《新刻江湖切要·官职类》："尚书：太水通，[广]典谟，叠负。"

【叠金砖】《清门考原·各项切口》："叠金砖，穷家行之一也。用砖搥胸击头。向人讨钱。"

【叠窑】 李子峰《海底·各地通行隐语》："房间：叠窑；绣子。"

【叠宅士绣子】 卫大法师《江湖话·红帮各地通行隐语·建筑物类》："房间：叠宅士绣子。"

【叠子】《江湖走镖隐语行话谱》："远去：

叠子。"

【叠子不正】 云游客《江湖丛谈·江湖之金点·评门》："如若艺人口白不清，调侃儿叫叠子不正。"

【叠子正】 云游客《江湖丛谈·江湖之金点·评门》："说书的艺人，如若口白好，调侃儿叫他叠子正。"

【碟】 卫大法师《江湖话·红帮各地通行隐语·饮食用品类》："筷：篙子，双铜，碟，莲叶。"

【碟子】《江湖走镖隐语行话谱》："嘴为碟子。"

【碟子不正】 云游客《江湖丛谈·江湖之春点·三不管的评书场儿》："江湖人管口齿不伶俐，调侃叫碟子不正。"

【碟子亦正】 云游客《江湖丛谈·江湖之春点·三不管中挑将汗的生意》："碟子亦正，即是口音清楚。"

【碟子正】 云游客《江湖丛谈·江湖之春点·江湖艺人传：去平留津的大金牙》：江湖人管口齿伶俐，口白清楚，调侃叫"碟子正。"

ding

【丁】 ①清唐再丰《鹅幻汇编·江湖通用切口摘要》："呕曰丁。卫大法师《江湖话·江湖上的隐语·普通隐语》："呕：丁。"《切口大词典·医药类·施药郎中之切口》："丁：呕也。"《清门考原·各项切口》："丁，呕也。"金老佛《三教九流江湖秘密规矩·日常用语》："呕曰丁。"②卫大法师《江湖话·各行业商帮所用数目字隐语·重庆通行言词·小菜》："田：一。衣：二。寸：三。水：四。丁：五。木：六。才：七。共：八。底：九。"《切口大词典·商铺类·银楼业之切口》："丁：五也。"《切口大词典·行号类·铜锡行之切口》："丁：五也。"清翟灏《通俗编·识余·市语·线行》："线行：一田，二伊，三寸，四水，五丁，六木，七才，八戈，九成。"③《切口大词典·商铺类·布疋业之切口》："丁：二也。"④《切口大词典·巫卜类·道士之切口》："丁：敲也。"⑤《切口大词典·行号类·海鱼行之切口》："丁：九也。" 清翟灏《通俗编·识余·市语·米行》："今松木场香市中，犹习用此语。而其余诸行，正如《志余》所云，各有市语，不相通用。如米行：则一子，二力，三削，四类，五香，六竹，七才，八发，九丁，十足。"⑥《切口大词典·杂业类·冶坊之切口》："丁：一也。"

【丁八】《新刻江湖切要·娼优类》："乐人：丁八。"《切口大词典·优伶类·角行之切口》："丁八：末角也。"清傅崇矩《成都通览·成都之江湖言词·娼优类》："乐人：丁八。"

【丁不勾】 宋陈元靓辑《事林广记·续集·绮谈市语·数目门》："一：丁不勾；孤。"

【丁叉党】《新刻江湖切要·医药类》："戏法卖药：丁叉党。"《切口大词典·医药类·做戏法卖药者之切口》："丁叉党：先变一二种小戏法。为聚人法。随后卖药者。"清傅崇矩《成都通览·成都之江湖言词·医药类》："戏法卖药：丁叉党。"

【丁的儿】《切口大词典·商铺类·丝经业之切口》："丁的儿：姓郑陈程三姓者。"

【丁丁】 卫大法师《江湖话·红帮各地通行隐语·一般人事类》："小美女：尖果，丁丁。"李子峰《海底·各地通行隐语》："小美女：尖果；丁丁。"

【丁回】《切口大词典·巫卜类·道士之切口》："丁回：面也。"

【丁火子】《切口大词典·巫卜类·道士之切口》："丁火子：敲木鱼也。"

【丁块】《新刻江湖切要·器用类》："砖：丙骨；丁块。"清傅崇矩《成都通览·成都之江湖言词·器用类》："砖：丙骨；丁块。"

【丁括】《切口大词典·商铺类·丝经业之切口》："丁括：好也。"

【丁狼】《江湖走镖隐语行话谱》："官人：丁狼。"

【丁老】《新刻江湖切要·人物类》："上江人：丁老；[广] 顺留入海。"《江湖切口要诀》(尺牍增附本)："上江人：丁老；[广] 顺流；人海。"《切口大词典·医药类·摇虎撑者之切口》："丁老：上江人也。"清傅崇矩《成都通览·成都之江湖言词·人物类》：

"上江人：丁老；顺留入海。"

【丁老骨儿】 云游客《江湖丛谈·江湖之金点·挂》："海螵蛸这种东西，要弄碎了，其质色白，真像破瓷一样。事先把它做好喽，放在一包破瓷之内，由包内取出来，谁也瞧不出破绽来，放在膏药内，用手指头微须一掐，便成末儿。这种样色，调侃儿叫丁老骨儿。"

【丁马】《镖行江湖隐语行话秘典》："人，为丁马。"

【丁娘子】《切口大词典·商铺类·布疋业之切口》："丁娘子：小布也。"

【丁七】《新刻江湖切要·人物类》："学生：剪披；丁七；[广]忧养子。"《江湖切口要诀》（尺牍增附本）："学生：剪披；丁七。[广]忧养子。"《切口大词典·星相类·龟算命之切口》："丁七：学生也。"《切口大词典·星相类·立墙壁相面之切口》："丁七：学生也。"清傅崇矩《成都通览·成都之江湖言词·人物类》："学生：剪披；丁七；忧养子。"

【丁香】①《切口大词典·商铺类·南货业之切口》："丁香：荔枝之佳品也。"②宋陈元靓辑《事林广记·续集·绮谈市语·身体门》："舌：丁香；三寸。"

【丁子】①卫大法师《江湖话·红帮各地通行隐语·建筑物类》："墓：乱点子，丁子。"李子峰《海底·各地通行隐语》："墓：乱点子；丁子。"②《江湖走镖隐语行话谱》："坟上有人：丁子。"③《切口大词典·衙卒类·缉私盐之切口》："丁子：煎丁也。煎丁之弊，偷卖私盐于枭贩以图厚利也。"

【叮当】朱琳《洪门志·春典子琐记·店铺》："砖瓦店，称叮当。"

【叮了】卫大法师《江湖话·红帮各地通行隐语·疫病类》："呕：叮了。"李子峰《海底·各地通行隐语》："呕：叮了。"

【钉把】《切口大词典·乞丐类·乞丐之切口》："钉把：讨钱也。"

【钉椗】《切口大词典·党会类·拆白党之切口》："钉椗：跟梢也。"

【钉孤】《切口大词典·衙卒类·地保之切口》："钉孤：看守罪犯也。"

【钉碰】《切口大词典·娼妓类·钉碰妓之切口》："钉碰：最下等之妓女也。位次于花烟间之下。"

【钉梢】《切口大词典·衙卒类·侦探之切口》："钉梢：跟人也。"

【钉星子】《切口大词典·手艺类·秤戥业之切口》："钉星子：以银丝或铜丝钉于秤杆上也。"

【钉子】①《切口大词典·娼妓类·钉碰妓之切口》："钉子：夜度资也。"②贝思飞《民国时期的土匪隐语》："钉子：子弹（河南）。"

【顶】云游客《江湖丛谈·江湖之春点》："管天叫顶。"

【顶板】《清门考原·各项切口》："顶板，赌博并无弊窦，名曰顶板。"

【顶草】贝思飞《民国时期的土匪隐语》："顶草：草帽。"

【顶侧】《新刻江湖切要·衣饰类》："方巾：侧脑；又顶侧。"《切口大词典·盗贼类·铳手之切口》："顶侧：方巾也。"清傅崇矩《成都通览·成都之江湖言词·衣饰类》："方巾：侧脑；顶侧。"

【顶场】《梨园话》："顶场：甫下场而又上之，谓之'顶场'。"

【顶戳头】《清门考原·各项切口》："顶戳头，各样器具顶鼻子上向人讨钱。又曰西行。"

【顶凑】《江湖走镖隐语行话谱》："赶集：凑才；顶凑。"

【顶凑子】清佚名《郎中医话》："顶凑子，是赶集。"云游客《江湖丛谈·江湖之春点·江湖之"撇年子"把戏》："顶凑子，即是赶集场。"云游客《江湖丛谈·江湖之春点·江湖中的卖点之内幕》："江湖人管赶集，调侃叫顶奉子。"云游客《江湖丛谈·江湖之金点·挑青子生意之内幕》："背着个包儿，有几把刀子，'打走马穴儿'，'顶'个'凑子'就能挣钱（江湖人管赶集上市调侃叫'顶凑子'，赶庙会调侃儿叫'顶神凑子'。"

【顶点数】云游客《江湖丛谈·江湖之春点·三不管的戗巾生意》："江湖人，管相面的主顾，一拨挨一拨，接连不断的谈相，调侃叫顶点数。"

【顶顶光】《切口大词典·医药类·参燕业之

切口》:"顶顶光:西洋参须也。"

【顶饭盘】《切口大词典·盗贼类·剪绺贼之切口》:"顶饭盘:攫得银钱物品忽为同党化用也,他日倍偿,例须加倍。"《清门考原·各项切口》:"顶饭盘,扒手借钱,给同党用也。俟扒后加倍要还。"

【顶工】清唐再丰《鹅幻汇编·江湖通用切口摘要》:"帽曰顶工。"卫大法师《江湖话·江湖上的隐语·普通隐语》:"帽:顶工。"金老佛《三教九流江湖秘密规矩·日常用语》:"帽曰顶工。"

【顶公】①《新刻江湖切要·衣饰类》:"巾帽:顶天;顶元;顶公。"清傅崇矩《成都通览·成都之江湖言词·衣饰类》:"巾帽:顶天;顶元;顶公。"②《新刻江湖切要·舟具类》:"芦席:顶公。"清傅崇矩《成都通览·成都之江湖言词·舟具类》:"芦席:顶公。"《切口大词典·役夫类·舟夫之切口》:"顶公:芦席也。"③卫大法师《江湖话·红帮闽粤及南洋各地通行隐语》:"雨帽:顶公。"李子峰《海底·闽粤及南洋各地通行之隐语》:"雨帽:顶公。"清翟灏《通俗编·识余·市语》:"江湖人市语尤多,坊间有《江湖切要》一刻,事事物物,悉有隐称。诚所谓惑乱听闻,无足采也。其间有通行市井者,如官曰孤司,店曰朝阳,夫曰盖老,妻曰底老,家人曰吊脚,僧曰廿三,道士曰廿四,成衣曰戳短枪,抬轿曰扱楼儿,剃头曰削青,船曰瓢儿,屋曰顶公,银曰琴公,钱曰把儿,米曰软珠,饼曰匾食,盐曰瀸老,鱼曰豁水,鸭曰王八,鞋曰踢土,镜曰照儿,抹布曰踢郎,坐曰打墩,拜曰剪拂,揖曰丢圈子,叩头曰丢匾子,写字曰搠黑,说话曰吐刚,被欺曰上当,虚奉承曰王六,大曰太式,多曰满太式,无曰各念,俱由来于此语也。"

【顶公朝阳】《新刻江湖切要·店铺类》:"帽店:顶公朝阳。"《切口大词典·盗贼类·对买贼之切口》:"顶公朝阳:帽子店也。"清傅崇矩《成都通览·成都之江湖言词·店铺类》:"帽店:顶公朝阳。"

【顶公圆头】《切口大词典·商铺类·珠宝业之切口》:"顶公圆头:帽珠也。"

【顶公子】卫大法师《江湖话·红帮各地通行隐语·其他用具对象类》:"帽:顶公子。"

【顶功】《切口大词典·党会类·流氓之切口》:"顶功:帽子也。"

【顶宫】朱琳《洪门志·春典子瑱记·店铺》:"帽店,称顶宫。"

【顶宫儿】①《切口大词典·商铺类·帽子业之切口》:"顶宫儿:男子帽也。"②《切口大词典·商铺类·丝经业之切口》:"顶宫儿:房屋也。"

【顶宫子】《清门考原·各项切口》:"顶宫子,帽子也。"

【顶贡】金老佛《三教九流江湖秘密规矩·青帮与红帮·红帮之问答》:"此外还有蝴蝶(马褂),大蓬(长衫),蓑衣长蓬(皮袍子),蓑衣蝴蝶(皮马褂),穿心子(马甲),霍血(短衫),叉儿(裤子),土筒(套裤),八狗子(棉袄),拖风(棉被),踢头子(鞋子),顶贡(帽子)等许多什物,弟兄们大家带着罢。"金老佛《三教九流江湖秘密规矩·青帮与红帮·江湖之春典》:"帽子称顶贡。"

【顶孤】《新刻江湖切要·人事类》:"告状曰控讼;耗孤;顶孤;滚内。"清傅崇矩《成都通览·成都之江湖言词·人事类》:"告状:控讼;耗孤;顶孤;滚内。"

【顶瓜】云游客《江湖丛谈·江湖之春点·丢包碰瓷》:"害怕,调侃儿叫顶瓜。"云游客《江湖丛谈·江湖之春点·江湖艺人传:评书界之刘继业》:"江湖人管可怕,调侃叫顶瓜。"

【顶呱呱】《切口大词典·娼妓类·粤妓之切口》:"顶呱呱:好也,美也。妓女之美,事物之妙莫不曰顶呱呱。"

【顶官】卫大法师《江湖话·安庆隐语》:"帽:顶官。"

【顶冠】《新刻江湖切要·鸟兽虫鱼类》:"鹤:顶冠。"

【顶尖】《切口大词典·杂业类·冶坊之切口》:"顶尖:三号空底汤罐也。"

【顶交】《切口大词典·杂业类·麻油店之切口》:"顶交:麻油也。"

【顶脚】《切口大词典·赌博类·摇宝赌之切口》:"顶脚:无有职掌终日如蚁之赴膻须快

手死亡或被逮捕，始得顶补中。"

【顶壳】 卫大法师《江湖话·红帮各地通行隐语·衣服类》："帽子：顶壳，万笠。"《切口大词典·衙卒类·侦探之切口》："顶壳：帽子也。"李子峰《海底·各地通行隐语》："帽子：顶壳；万笠。"

【顶客】《切口大词典·娼妓类·八大胡同妓院之切口》："顶客：藉乙客之来，对于甲客下逐客之令。"

【顶块】①《切口大词典·工匠类·车搦匠之切口》："顶块：帽子模型也。"②《切口大词典·杂流类·卖玉器之切口》："顶块：帽块玉也。"

【顶浪子】①卫大法师《江湖话·红帮各地通行隐语·姓氏类》："于：顶浪子。"李子峰《海底·各地通行隐语》："于：顶浪子。"②卫大法师《江湖话·红帮各地通行隐语·姓氏类》："余：顶浪子。"李子峰《海底·各地通行隐语》："余：顶浪子。"③卫大法师《江湖话·红帮各地通行隐语·饮食用品类》："鱼：活子，顶浪子，摆河子，疋水子，穿浪摆尾。"《切口大词典·盗贼类·短截贼之切口》："顶浪子：鱼也。"贝思飞《民国时期的土匪隐语》："顶浪子：鱼。"李子峰《海底·各地通行隐语》："鱼：顶浪子；摆河子；匹水子；穿浪；摆尾。"

【顶老】①明风月友辑《金陵六院市语》："小娃子为顶老。"②明徐渭《南词叙录》："曲中常用方言字义。诸事最为显证，兹摘录若干。如：勤儿言其勤于悦色，不惮烦也。亦曰刷子，言其乱也。入跋，入门也。倡家谓门曰跋限。顶老，伎之诨名。入马进步也。倡家语。"

【顶了瓜】 云游客《江湖丛谈·江湖之春点·江湖中之戳黑的》："江湖人管他们恫吓人，人要相信，害了怕，调侃儿叫顶了瓜。"

【顶龙】《切口大词典·杂业类·冶坊之切口》："顶龙：二尺四寸之锅也。"

【顶笼】 云游客《江湖丛谈·江湖之春点》："管帽子叫'顶笼'。"

【顶罗】 清佚名《郎中医话》："顶罗，是帽。"清末民初佚名《镖行江湖隐语行话秘典》："帽子，为顶罗。学古堂《江湖行话谱·行意行话》："帽子，为顶罗。"

【顶门挂】《清门考原·各项切口》："顶门挂，亦牌头作记认也。"

【顶青】《切口大词典·杂业类·酱园之切口》："顶青：臭腐乳也。"

【顶清窑子】 李子峰《海底·各地通行隐语》："官宦人家：顶清窑子。"

【顶穹子】 卫大法师《江湖话·安庆隐语》："屋：顶穹子。"

【顶上多粉头攒龟】 明风月友辑《金陵六院市语》："有客妨占，号曰顶上多粉头攒龟，名为打弦。"

【顶神凑】《郎中医话》："顶神凑，是赶会。"

【顶神凑子】 云游客《江湖丛谈·江湖之春点·江湖艺人汤瞎子、田癞子》："江湖人管庙会，调侃叫神凑子。管赶庙会去，调侃叫顶神凑子。"云游客《江湖丛谈·江湖之春点·江湖之"撒年子"把戏》："顶神凑子，到各名山之香火会也。"云游客《江湖丛谈·江湖之春点·江湖中的光子生意》："赶乡间的庙会，调侃叫顶神凑子去了。"

【顶苏气】 清傅崇矩《成都通览·成都之袍哥话即江湖话也》："某哥子顶苏气，言某大爷讲究对于朋友也。"

【顶天】①《新刻江湖切要·衣饰类》："巾帽：顶天；顶元；顶公。"《切口大词典·盗贼类·收晒朗贼之切口》："顶天：帽子也。"清傅崇矩《成都通览·成都之江湖言词·衣饰类》："巾帽：顶天；顶元；顶公。"②《切口大词典·工匠类·木匠之切口》："顶天：造屋宅也。"③《切口大词典·杂业类·纸扎店之切口》："顶天：纸屋也。"④贝思飞《民国时期的土匪隐语》："顶天：军帽。"

【顶天儿】 明程万里《鼎锲徽池雅调南北官腔乐府点板曲响大明春·六院汇选江湖方语》："顶天儿，乃帽子也。"

【顶天快】《新刻江湖切要·舟具类》："樯：顶天快。"《切口大词典·役夫类·舟夫之切口》："顶天快：樯也。"清傅崇矩《成都通览·成都之江湖言词·舟具类》："樯：顶天快。"

【顶头子】《清门考原·各项切口》："顶头子，替犯罪人吃官司。"

【顶尾】《切口大词典·医药类·参燕业之切

口》:"顶尾:高丽参之最粗最大者。"

【顶香炉】《清门考原·各项切口》:"顶香炉,反对前辈收人,在香堂中将香炉顶去。"刘联珂《中国帮会三百年革命史·清门切口》:"顶香炉,反对前辈收人。"

【顶雪】《新刻江湖切要·衣饰类》:"孝巾:顶雪。"《切口大词典·盗贼类·收晒朗贼之切口》:"顶雪:孝巾也。"清傅崇矩《成都通览·成都之江湖言词·衣饰类》:"孝巾:顶雪。"

【顶雪皮子】《切口大词典·盗贼类·收晒朗贼之切口》:"顶雪皮子:孝服也。"清傅崇矩《成都通览·成都之江湖言词·衣饰类》:"孝服:顶雪皮子;风雨飘;西方皮子。"

【顶油】《切口大词典·杂业类·酱园之切口》:"顶油:略次于泰油之酱油也。"

【顶元】①《新刻江湖切要·身体类》:"头:顶元;魁儿。"《切口大词典·星相类·相家之切口》:"顶元:头也。"清傅崇矩《成都通览·成都之江湖言词·身体类》:"头:顶元;魁儿。"②《新刻江湖切要·衣饰类》:"巾帽:顶天;顶元;顶公。"《切口大词典·盗贼类·铳手之切口》:"顶元:帽子也。"③《切口大词典·盗贼类·收晒朗贼之切口》:"顶元:僧帽也。"

【顶张】《切口大词典·赌博类·麻雀赌之切口》:"顶张:一也。"

【顶章子】学古堂《江湖行话谱·走江湖行话》:"帽:顶章子。"

【顶竹】《新刻江湖切要·鸟兽虫鱼类》:"鹿:顶竹。"

【鼎登】《切口大词典·优伶类·场面上之切口》:"鼎登:三弦也。"

【鼎老】《行院声嗽·人物》:"女:鼎老。"

【鼎足】《切口大词典·赌博类·牌九赌之切口》:"鼎足:三六牌也。"

【定】《江湖走镖隐语行话谱》:"二更为定。"

【定板】《梨园话》:"定板:开戏时所击之第一板,谓之'定板'。"

【定半】《新刻江湖切要·身体类》:"折足:定半。"《切口大词典·星相类·不开口相面之切口》:"定半:折一足者。"清傅崇矩《成都通览·成都之江湖言词·身体类》:"矮:脞身;如射;折足:定半。"

【定更】清末民初佚名《镖行江湖隐语行话秘典》:"一更为起更,二更为定更,三更为听更,四更为坐更,五更为收更。"学古堂《江湖行话谱·行意行话》:"二更为定更。"

【定货】《切口大词典·娼妓类·台基之切口》:"定货:客指明某家女,代为运动也。"

【定客】《切口大词典·娼妓类·八大胡同妓院之切口》:"定客:谓预约留髡之客也。"

【定盘】《切口大词典·工匠类·竹匠之切口》:"定盘:慢慢做也。"

【定盘子】卫大法师《江湖话·红帮各地通行隐语·人身各物类》:"心:定盘子。"《清门考原·各项切口》:"定盘子,心也。"

【定胜】①《切口大词典·优伶类·靶子之切口》:"定胜:龙套手执之四支枪,用时同上。"②《切口大词典·杂流类·卖糕者之切口》:"定胜:定胜糕也。"

【定水头】《切口大词典·衙卒类·厘卡之切口》:"定水头:船头钱也。"

【定心】卫大法师《江湖话·江湖上的隐语·普通隐语》:"手表:定心。"

【定支】《切口大词典·工匠类·打锡箔匠之切口》:"定支:锡也。"

【锭子】《切口大词典·工匠类·打金箔匠之切口》:"锭子:剪好之金子也。"

diu

【丢(去)子】《江湖切口要诀》(尺牍增附本):"风:丢(去)子。[广]入微;透骨;和熏;骤吼;狂呼;疑;从虎;狂且;偃草;吹枯生;扫云;折朽子。[又广]起风为摆丢。"

【丢板】《梨园话》:"丢板:与'走板'同。"

【丢匾子】清翟灏《通俗编·识余·市语》:"江湖人市语尤多,坊间有《江湖切要》一刻,事事物物,悉有隐称。诚所谓惑乱听闻,无足采也。其间有通行市井者,如官曰孤司,店曰朝阳,夫曰盖老,妻曰底老,家人曰吊脚,僧曰廿三,道士曰廿四,成衣曰戳短枪,抬轿曰扱楼儿,剃头曰削青,船曰瓢儿,屋曰顶公,银曰琴公,钱曰把儿,米曰软珠,饼曰匾食,盐曰潵老,鱼曰豁水,鸭曰王八，鞋曰踢土，镜曰照儿，抹布曰踢郎，坐曰打墩，拜曰剪拂，揖曰丢圈子，叩头曰丢匾子，写字曰搠黑，说话曰吐刚，被欺曰上当，虚奉承曰王六，大曰太式，多曰满太式，无曰各念，俱由来于此语也。"

【丢当头】《清门考原·各项切口》："丢当头，宜誓也。"

【丢堆】 卫大法师《江湖话·红帮各地通行隐语·一般人事类》："大便：丢堆，阳子，劈山。"朱琳《洪门志·春典子琐记·人事》："大便，称丢堆。"

【丢墩子】《新刻江湖切要·医药类》："打坐卖药：丢墩子。"《切口大词典·医药类·医生之切口》："丢墩子：打坐烧药者。"清傅崇矩《成都通览·成都之江湖言词·医药类》："打垒卖药：丢墩子。"

【丢飞包】《切口大词典·杂业类·商人共众切口》："丢飞包：伙友遇熟人，或家人，与货而不取钱也。"

【丢亥市】 清傅崇矩《成都通览·成都之袍哥话即江湖话也》："丢亥市，盟誓也。"

【丢驾】《切口大词典·娼妓类·粤妓之切口》："丢驾：坍台也。"

【丢窖尸】 卫大法师《江湖话·安庆隐语》："赌咒：丢窖尸。"

【丢千】《新刻江湖切要·人事类》："跪曰拂土；丢千。"

【丢千】①《切口大词典·武术类·地吼戏之切口》："丢千：讨钱时微屈腿也。"②《切口大词典·武术类·卖拳头者之切口》："丢千：跪也。"清傅崇矩《成都通览·成都之江湖言词·人事类》："跪：拂土；丢千。"

【丢圈】《切口大词典·衙卒类·地保之切口》："丢圈，拜也。"

【丢圈党】《新刻江湖切要·乞丐类》："作揖求乞：丢圈党。"《切口大词典·乞丐类·作揖求乞之切口》："丢圈党：向人作揖而行乞也。"清傅崇矩《成都通览·成都之江湖言词·乞丐类》："作揖求乞：丢圈党。"

【丢圈子】《新刻江湖切要·人事类》："拜揖曰丢圈子。"《切口大词典·乞丐类·作揖求乞之切口》："丢圈子：作揖也。"《切口大词典·武术类·卖拳头者之切口》："丢圈子：拜揖也。"清傅崇矩《成都通览·成都之江湖言词·人事类》："拜揖：丢圈子。"清翟灏《通俗编·识余·市语》："江湖人市语尤多，坊间有《江湖切要》一刻，事事物物，悉有隐称。诚所谓惑乱听闻，无足采也。其间有通行市井者，如官曰孤司，店曰朝阳，夫曰盖老，妻曰底老，家人曰吊脚，僧曰廿三，道士曰廿四，成衣曰戳短枪，抬轿曰扳楼儿，剃头曰削青，船曰瓢儿，屋曰顶公，银曰琴公，钱曰把儿，米曰软珠，饼曰匾食，盐曰瀵老，鱼曰豀水，鸭曰王八，鞋曰踢土，镜曰照儿，抹布曰踢郎，坐曰打墩，拜曰剪拂，揖曰丢圈子，叩头曰丢匾子，写字曰搠黑，说话曰吐刚，被欺曰上当，虚奉承曰王六，大曰太式，多曰满太式，无曰各念，俱由来于此语也。"

【丢笋】《新刻江湖切要·星相类》："打笤：丢笋；抛孤。"清傅崇矩《成都通览·成都之江湖言词·星相类》："打君知曰闯友；打笤；丢笋；抛孤；撇查，落跌。"

【丢通】《切口大词典·役夫类·人力车夫之切口》："丢通：违章被巡捕拦住，扣去照会也。"

【丢铜皮】 清傅崇矩《成都通览·成都之江湖言词·星相类》："起数：晕老；丢铜皮；元片。"

【丢拖】①《清门考原·各项切口》："丢拖，遗祸于人也。"②《清门考原·各项切口》："丢拖，又曰丢点子。暗示其意。"

【丢湾子】 平山周《中国秘密社会史·哥老会隐语》："到处曰开码头，谒容曰拜码头，见时行礼曰丢湾子。"徐珂《清稗类钞·会党类·哥老会隐语》："到处曰开码头，谒容曰拜码头，见时行礼曰丢湾子。"

【丢线】 卫大法师《江湖话·红帮各地通行隐语·一般人事类》："小便：甩条，丢线。"朱琳《洪门志·春典子琐记·人事》："小便，称丢线。"

【丢小包】《新刻江湖切要·医药类》："小卖药：丢小包。"《切口大词典·医药类·医生之切口》："丢小包：小卖药者。"清傅崇矩《成都通览·成都之江湖言词·医药类》："小卖药：丢小包。"

【丢招】 明程万里《鼎锲徽池雅调南北官腔乐府点板曲响大明春·六院汇选江湖方语》：

"丢招,乃看人而瞧视者。"

【丢子】①《新刻江湖切要·天文类》:"风:丢子;[入微]透骨;和薰;骤吼;狂呼;疑虎;从虎;狂且;偎草;吹枯生;扫云;折朽子;[又广]起风为摆丢。"清佚名《郎中医话》:"丢子,是风。"《切口大词典·杂流类·卖西洋镜之切口》:"丢子:风也。"清傅崇矩《成都通览·成都之江湖言词·天文类》:"风:丢子;入微;透骨;和薰;骤吼;狂呼;疑口;从虎;狂且;偎草;吹枯生;扫云;折朽子(广起风为摆丢)。"②云游客《江湖丛谈·江湖之春点·三不管的戗巾生意》:"江湖人管疯人,调侃叫丢子。"

【丢子点】云游客《江湖丛谈·江湖之春点》:"管疯人叫丢子点。"

【飑咭】明佚名《行院声嗽·身体》:"无打扮:飑咭。"

【飑子】明佚名《行院声嗽·天文》:"风:飑子。"

dong

【东】清翟灏《通俗编·识余·市语·故衣铺》:"故衣铺:一大,二土,三田,四东,五里,六春,七轩,八书,九籍。"

【东白】①《新刻江湖切要·亲戚类》:"总称外公婆曰东白,又称外太阳、外太阴。"②《切口大词典·行号类·饴糖行之切口》:"东白:东洋白糖也。"

【东边亮子】《切口大词典·盗贼类·掘壁贼之切口》:"东边亮子:东方明时观察同伙尚有葳事者,遂高声呼之以示天明速去之谓也。"

【东川】《新刻江湖切要·生死类》:"公死:东川。"《切口大词典·星相类·拉和琴算命之切口》:"东川:公死也。"清傅崇矩《成都通览·成都之江湖言词·生死类》:"公死:东川。"

【东床坐】宋陈元靓辑《事林广记·续集·绮谈市语·亲属门》:"女婿:东床坐。"

【东登】《新刻江湖切要·器用类》:"椅子:东登。"《切口大词典·杂流类·收旧货之切口》:"东登:椅子也。"清傅崇矩《成都通览·成都之江湖言词·器用类》:"椅子:东登。"

【东方路上】《切口大词典·巫卜类·和尚之切口》:"东方路上:去嫖也。"

【东坟】金老佛《三教九流江湖秘密规矩·青帮与红帮·红帮之问答》:"甲曰:此地东坟(东村)有一横河里(王姓)。"

【东风】《切口大词典·衙卒类·侦探之切口》:"东风:钱银也。"

【东皋】宋陈元靓辑《事林广记·续集·绮谈市语·天地门》:"田:东皋;膏腴。"

【东皋公】《切口大词典·行号类·烟土行之切口》:"东皋公:罐头清陈公膏,而以大小土,掺假红土煎熬而成者。"

【东宫】宋陈元靓辑《事林广记·续集·绮谈市语·君臣门》:"太子:储君;东宫。"

【东瓜】《切口大词典·乞丐类·瘫叫化子之切口》:"东瓜:手足俱无者。"

【东归】《新刻江湖切要·地理类》:"水:壬癸;龙转;[广]东归;朝宗。"

【东陵】宋陈元靓辑《事林广记·续集·绮谈市语·果菜门》:"甜瓜:东陵;召平。"

【东流水】《切口大词典·盗贼类·拐匪之切口》:"东流水:将妇女售卖也。"

【东日】《新刻江湖切要·亲戚类》:"祖父:重日;乾宫;东日。"

【东升】《新刻江湖切要·天文类》:"月:太阴;[广]阴宗;东升;兔窟;蟾;冰轮;离毕;秋倍明。"《江湖切口要诀》(尺牍增附本):"月,太阴。[广]阴宗;东升;兔窟;蟾;冰轮;离毕;秋倍明。"《切口大词典·巫卜类·蛤壳测字者之切口》:"东升:月也。"清傅崇矩《成都通览·成都之江湖言词·天文类》:"月:太阴;阴宗;东升;兔窟;蟾;冰轮,离毕,秋倍明。"

【东宛】《切口大词典·商铺类·乐器业之切口》:"东宛:筝也。"

【东西便门】清末民初佚名《镖行江湖隐语行话秘典》:"坎肩,为东西便门。"

【东洋】《切口大词典·商铺类·金银业之切口》:"东洋:日本金洋细也。重计二钱七分五。"

【东圆头】《切口大词典·商铺类·珠宝业之切口》:"东圆头:东三省所产之东珠也。"

【东月】《新刻江湖切要·亲戚类》："祖母：坤官；东月；重月，似母之母矣，今改老明。明者，日之月。"

【冬凌】 明佚名《行院声嗽·天文》："冰：冬凌。"

【懂得现簧】 云游客《江湖丛谈·江湖之金点·穷家门》："江湖之金点，管明白人现在心里有什么事，调侃儿叫懂得现簧。"

【动笼子】《郎中医话》："动笼子，是雌。"

【动青子】 卫大法师《江湖话·红帮各地通行隐语·饮食用品类》："茶壶：洞庭子，清炊子，动青子（海外则称"本杖"）。"李子峰《海底·各地通行隐语》："茶壶：清炊子；动青子（海外则称"本杖"）。"

【洞青子】《切口大词典·盗贼类·掘壁贼之切口》："洞青子：贼用之各种壶子均以此名。"

【洞庭】 朱琳《洪门志·春典子琐记·物品》："壶，称洞庭。"

【洞庭香】 宋陈元靓辑《事林广记·续集·绮谈市语·果菜门》："橘：洞庭香；木奴。"

【洞庭子】 ①《郎中医话》："洞庭子，是□。" ②卫大法师《江湖话·红帮各地通行隐语·饮食用品类》："茶壶：洞庭子，清炊子，动青子（海外则称"本杖"）。"

【洞凶】《切口大词典·星相类·拉和琴算命之切口》："洞凶：宅门不吉也。"

dou

【都侁】《行院声嗽·人物》："乞丐：都侁。"

【都抹盘】 云游客《江湖丛谈·江湖之春点·挂子行中的支杆挂子》："管都不好瞧，调侃叫都抹盘"。

【都胜】《切口大词典·杂业类·化业之切口》："都胜：深色之山茶也。"

【都盛】《切口大词典·医药类·摆摊郎中之切口》："都盛：药盘也。"

【都头】 清傅崇矩《成都通览·成都之袍哥话即江湖话也》："都头，管家。"

【都下】 宋陈元靓辑《事林广记·续集·绮谈市语·宫殿门》："行在：都下；日边。"

【兜】《切口大词典·行号类·茧行之切口》："兜：佣金也。"

【兜得转】《清门考原·各项切口》："兜得转，又曰跑得开。交游广阔。"

【兜风】《切口大词典·医药类·卖膏药者之切口》："兜风：耳朵也。"

【兜风风】《切口大词典·衙卒类·忤作之切口》："兜风风：耳也。"

【兜昏】《新刻江湖切要·时令类》："晚上：兜昏；扯线。"《江湖切口要诀》（尺牍增附本）："晚上：兜昏；扯线。"《切口大词典·星相类·弹弦子算命之切口》："兜昏：晚上也。"清傅崇矩《成都通览·成都之江湖言词·时令类》："晚上：兜昏；扯线。"

【兜力】《新刻江湖切要·经纪类》："抬轿：兜力；押生。"《切口大词典·役夫类·轿夫之切口》："兜力：轿夫也。"清傅崇矩《成都通览·成都之江湖言词·经纪类》："抬轿：兜力；押生。"

【兜率】《新刻江湖切要·宫室类》："寺院：兜子；又横高；井公邑。余又增寺院为兜率；梵王宫。"

【兜罗】《切口大词典·行号类·水果行之切口》："兜罗：佛手也。"

【兜帽】《切口大词典·杂业类·老虎灶之切口》："兜帽：锅盖也。"

【兜清早】《切口大词典·娼妓类·长三书寓之切口》："兜清早：天明局也。夜中出局至次日之晨，始行归院也。"

【兜圈子】《切口大词典·党会类·拆白党之切口》："兜圈子：四处邀游以引诱妇女者。"

【兜食子】《切口大词典·杂业类·猪肉业之切口》："兜食子：肚也。"

【兜水头】《切口大词典·乞丐类·戴孝求乞之切口》："兜水头：银钱乞得也。"

【兜薰风】《切口大词典·盗贼类·杆匪之切口》："兜薰风：向南方走也，取薰风南来之意。"

【兜汁】《切口大词典·杂流类·收旧货之切口》："兜汁：铜瓢也。"

【兜子】 ①《新刻江湖切要·宫室类》："寺院：兜子；又横高；井公邑。余又增寺院为兜率，梵王宫。" ②卫大法师《江湖话·红帮各地通行隐语·其他用具对象类》："船子：兜子。" ③《切口大词典·役夫类·轿夫之切口》："兜子：轿子也。"宋陈元靓辑

《事林广记·续集·绮谈市语·器用门》："轿：篮舆；兜子。"④《切口大词典·役夫类·庖夫之切口》："兜子：镬子也。"⑤《切口大词典·役夫类·人力车夫之切口》："兜子：车身子也。"⑥李子峰《海底·各地通行隐语》："轮子：兜子。"

【斗霸】《清门考原·各项切口》："斗霸，殴打也。"

【斗川】《切口大词典·星相类·拉和琴算命之切口》："斗川：女天也。"

【斗粗】《蹴鞠图谱·圆社锦语》："斗粗：牛肉。"

【斗底】《蹴鞠谱·锦语》："八：斗底。"《蹴鞠图谱·圆社锦语》："斗底：八。"

【斗儿】①《切口大词典·商铺类·绸缎业之切口》："斗儿：姑娘也。"②宋陈元靓辑《事林广记·续集·绮谈市语·服饰门》："帐：斗儿。"

【斗宫】《新刻江湖切要·亲戚类》："女：斗欠；斗宫。"

【斗孤】《新刻江湖切要·官职类》："进士：斗士；奎牙；斗孤；斗角；加孤；［广］散甲生。"

【斗官】《新刻江湖切要·亲戚类》："女婿曰斗官。"

【斗光】①《切口大词典·商铺类·刷染业之切口》："斗光：晒也。"②《切口大词典·商铺类·香烛业之切口》："斗光：最大之烛也。"

【斗好】明程万里《鼎锲徽池雅调南北官腔乐府点板曲响大明春·六院汇选江湖方语》："斗好，乃闺女也。"

【斗角】《新刻江湖切要·官职类》："进士：斗士；奎牙；斗孤；斗角；加孤；［广］散甲生。"

【斗精】《新刻江湖切要·文具类》："棋：斗精；手斗；争锋；短兵。余谓总不若名之曰谈兵。"

【斗落踢瓜】《切口大词典·工匠类·箍桶匠之切口》："斗落踢瓜：箍桶匠也。"

【斗廿三】《新刻江湖切要·僧道类》："尼姑：斗廿三。"清傅崇矩《成都通览·成都之江湖言词·僧道类》："尼姑：斗廿三。"

【斗女】《江湖走镖隐语行话谱》："庄家女：斗女。"

【斗篷】《切口大词典·商铺类·衣折业之切口》："斗篷：一口钟也。"

【斗欠】①《新刻江湖切要·亲戚类》："女：斗欠；斗宫。"②《新刻江湖切要·亲戚类》："外甥：斗欠。"

【斗色子】清唐再丰《鹅幻汇编·江湖通用切口摘要》："风曰斗色子。"卫大法师《江湖话·红帮各地通行隐语·天文地理类》："风：溜子，斗色子，扬沙子。"卫大法师《江湖话·江湖上的隐语·普通隐语》："风：斗色子。"《切口大词典·盗贼类·水面贼之切口》："斗色子：风也。"《清门考原·各项切口》："斗色子，风也。"金老佛《三教九流江湖秘密规矩·日常用语》："风曰斗色子。"李子峰《海底·各地通行隐语》："风：溜子；斗色子；扬沙子。"

【斗闪】《切口大词典·娼妓类·茶室之切口》："斗闪：说笑话斗趣也。"

【斗上】《新刻江湖切要·亲戚类》："姊：上水；水上部；斗上。"

【斗上官】《新刻江湖切要·亲戚类》："姊夫：斗上官。"

【斗舌】《切口大词典·盗贼类·水面贼之切口》："斗舌：浮出水面嘘气也。"

【斗身】《新刻江湖切要·官职类》："举人：斗身。"

【斗士】《新刻江湖切要·官职类》："进士：斗士；奎牙；斗孤；斗角；加孤；［广］散甲生。"

【斗下】《新刻江湖切要·亲戚类》："妹：下水；水下部；斗下。"

【斗下官】《新刻江湖切要·亲戚类》："妹丈：斗下官。"

【斗行】《切口大词典·役夫类·驴夫之切口》："斗行：驴车行也。"

【斗牙】明程万里《鼎锲徽池雅调南北官腔乐府点板曲响大明春·六院汇选江湖方语》："斗牙：两人说话。"

【斗樱桃】《切口大词典·党会类·流氓之切口》："斗樱桃：斗口也。"

【斗子】①《新刻江湖切要·鸟兽虫鱼类》："鸡：王七；酉官；鸣老；得晓；斗子；响各。"②《切口大词典·工匠类·翻砂匠之切口》："斗子：熔铜铁之锅也。"③《切口大词典·商铺类·竹器业之切口》："斗子：淘米之篮也。"④《切口大词典·杂业类·冶坊之切口》："斗子：铁汤锅也。"

【抖】《切口大词典·手艺类·卖纸鸢之切口》："抖：在院中以长竹竿迎风飐之也。"

【抖安式】《切口大词典·党会类·哥老会之切口》："抖安式：有类请安也。曲身随臂，而向右旋，足不移动。"

【抖包袱】 云游客《江湖丛谈·江湖之春点·江湖艺人传：评书界之刘继业》："江湖艺人，不论是哪行，在台上把人逗笑了，调侃叫抖包袱。"云游客《江湖丛谈·江湖之春点·三不管的相声场儿》："江湖人管教人乐了，调侃叫抖包袱。"云游客《江湖丛谈·江湖之春点·三不管中挑将汗的生意》："他随说随着抓哏，能把大家逗乐了。调侃儿叫抖包袱。"

【抖风路】《切口大词典·党会类·小瘪三之切口》："抖风路：傍晚时，蹲踞路隅，择有乘车而过者，突出而劫掠之，男人帽子，女人簪钗。"

【抖风篷】《切口大词典·衙卒类·缉私盐之切口》："抖风篷：藏盐于布篷也。"

【抖海式】《切口大词典·党会类·哥老会之切口》："抖海式：会中人至诚立誓之礼也。"

【抖花子】 云游客《江湖丛谈·江湖之春点》："小姑娘叫抖花子。"

【抖喽包袱】 云游客《江湖丛谈·江湖之金点·团门》："'穷不怕'，惊人的意思，是净抖喽碎包袱（用法子把人逗笑了），江湖人管那法子，调侃儿叫抖喽包袱。"

【抖漏包袱】 云游客《江湖丛谈·江湖之春点·天桥的大兵黄》："抓哏逗笑，调侃叫抖漏包袱。"云游客《江湖丛谈·江湖之春点·天桥的戏法场》："有小孩变戏法，不过是多抖漏包袱（管当场抓哏逗笑，调侃叫抖漏包袱）。"

【抖漏样骰】 云游客《江湖丛谈·江湖之春点·江湖中之挑青子汗的》："他们用刀往大腿上真割，教人看他那药有效力没有，行话叫抖漏样骰。"

【抖漏子】《梨园话》："抖漏子：揭穿隐情，谓之'抖漏子'。"

【抖毛】 卫大法师《江湖话·安庆隐语》："发怒：抖毛。"

【抖青龙】《切口大词典·杂流类·外执事之切口》："抖青龙：未引枢之先绕行一匝也。"

【抖水】《切口大词典·赌博类·抽签赌之切口》："抖水：在路上见有客欺之人，邀其入局之谓也。"

【抖擞样色】 云游客《江湖丛谈·江湖之春点·三不管中挑火粒的生意》："她摊子摆上，等到逛三不管的多了，她说说道道的圆年子，卖弄'前棚'的钢口，往锅底放粮豆儿，教人瞧着她那药，有化粮豆子、猪羊肉的力量。调侃儿叫'抖擞样色'（'色'读'骰'）。"

【豆】 卫大法师《江湖话·各行业商帮所用数目字隐语·重庆通行言词·买猪》："豆：一。背：二。秦：三。长：四。仁：五。条：六。栲：七。黄：八。豆：九。按此为重庆场买卖猪时使用。又名猪肉为'大'，即问'这大多少钱一斤'？则回答；若问'这猪肉多少钱一斤'？则不回答你。高：一。明：二。韩：三。苏：四。大：五。雍：六。草：七。梅：八。湾：九。高：十。许：一。欠：二。川：三。义：四。土：五。告：六。照：七。毛：八。求：九。许：十。此二十个字互用，如'许许'为'十一'，'欠欠'为'二十二'，'韩韩'为'三十三'，'苏苏'为'四十四'，'土土'为'五十五'，'雍雍'为'六十六'，'草草'为'七十七'，'毛毛'为'八十八'，'湾湾'为'九十九'。而'十一'不能称'高高'，'八十八'不能称'梅梅'。又如'高明'为'十二'，'高韩'为'十三'，'高苏'为'十四'，'高大'为'十五'，'高雍'为'十六'，'高草'为'十七'，而'高梅'不能为'十八'，要用'许毛'为'十八'，'高湾'为'十九'。又如'欠许'为'二十一'，'韩许'为'三十一'，'大许'为'五十一'，'雍许'为'六十一'，'毛许'为'八十一'，'湾许'为'九十一'。而'明韩'为'二十三'。'韩明'为'三十二'，'土明'为'五十二'，'雍明'为'六十二'等。整数语尾加'老'字，如'高老'为'一百'等。在鼎街古董铺，则用二个字,如'高少'为'一千五百元',或'一万五千元',少有用三个字的,如遇三个数目,则尾数用普通数目,如'十五万五千元',而荒货担子可说到三个字,因此数目言词非精通常用不可。"《切口大词典·杂业类·老虎灶之切口》:"豆:一也。"清翟灏《通俗编·识余·市语·铜行》:"铜行:一豆,二贝,三某,四长,五人,六土,七木,八令,九王,十合。"

【豆腐板子】《清门考原·各项切口》:"豆腐板子,前清有竹板打屁股之刑。"

【豆腐干】《切口大词典·衙卒类·衙役之切口》:"豆腐干:枷也。"《清门考原·各项切口》:"豆腐干,枷也。"贝思飞《民国时期的土匪隐语》:"豆腐干:戴枷。"金老佛《三教九流江湖秘密规矩·青帮与红帮·红帮之问答》:"追二匪恶贯满盈,又去硬爬,忽被众多马子拿获,收入快窑之内(牢监曰快窑,铁链曰困仙绳,手铐曰杓头,脚镣曰步线,挺棍曰旱烟筒,枷曰豆腐干,牢内散步曰游花园,枷号示众曰猴戏,笞臀曰拍豆腐)。"金老佛《三教九流江湖秘密规矩·青帮与红帮·江湖之春典》:"枷称豆腐干。"

【豆花】《郎中医话》:"豆花,是小闺女。"

【豆透】学古堂《江湖行话谱·瞽者行话》:"豆透,右。"

【豆液】宋陈元靓辑《事林广记·续集·绮谈市语·饮食门》:"豆心:玉乳;豆液。"

【豆子】《切口大词典·行号类·耕牛行之切口》:"豆子:小牛也。"《切口大词典·衙卒类·侦探之切口》:"豆子:牛也。"

du

【督洞】卫大法师《江湖话·安庆隐语》:"用枪杀人:督洞。"

【督院巡孤】《新刻江湖切要·官职类》:"督察院:者孤;督院巡孤;[广]叔孤。"

【独】清翟灏《通俗编·识余·市语·药行》:"药行:一羌,二独,三前,四柴,五梗,六参,七苓,八壳,九草,十芍。"

【独步春】《切口大词典·杂流类·卖花者之切口》:"独步春:荼蘼花也。"

【独春】《切口大词典·杂业类·禽鸟业之切口》:"独春:翡翠鸟也。"

【独断】《切口大词典·优伶类·戏园之切口》:"独断:帐房也。"

【独见】《切口大词典·杂业类·花业之切口》:"独见:瑞香花也。"

【独角】《切口大词典·手艺类·卖扯铃之切口》:"独角:半只头扯铃也。"

【独角棍】施列格《天地会研究·洪家口白要诀》:"鸟员红头棍、独角棍:雨伞。"

【独脚】平山周《中国秘密社会史·三合会隐语》:"线香曰桂枝,蜡烛曰古树。蚊帐曰灯笼。明代服曰袈裟,套裤曰菱角,靴曰铁板,帽子曰云盖,曰万笠。洋伞曰洪头,曰独脚,曰乌云。道路曰线,旅行曰游线。家曰甲子。祖先公馆曰马桶。船曰平,乘船曰搭平。"卫大法师《江湖话·红帮闽粤及南洋各地通行隐语》:"洋伞:洪头,独脚,乌云。"金老佛《三教九流江湖秘密规矩·三合会之隐语》:"洋伞曰洪头,曰独脚,曰乌云。"李子峰《海底·闽粤及南洋各地通行之隐语》:"洋伞:洪头;独脚;乌云。"

【独脚鬼汉】《新刻江湖切要·草木百果五谷类》:"树木总名曰独脚鬼汉。"

【独立】《切口大词典·杂业类·禽鸟业之切口》:"独立:鹭鸶鸟。"

【独立旗杆】《切口大词典·手艺类·吹糖人之切口》:"独立旗杆:插糖人之架也。"

【独龙】①《切口大词典·手艺类·贳彩业之切口》:"独龙:材杠也。"②《切口大词典·杂业类·米店之切口》:"独龙:秤也。"

【独门】《清门考原·各项切口》:"独门,伪假中之一种。与出一色,必须另有一真假作替身。"

【独木桥】卫大法师《江湖话·四川灌县轿夫隐语》:"独木桥:前:'丹田一根线';后:'跑得马来使得箭'。"

【独行虎】《切口大词典·杂流类·卖花者之切口》:"独行虎:紫花地丁也。"

【独夜】《切口大词典·杂业类·禽鸟业之切口》:"独夜:野鸡也。"

【独占鳌头】《新刻江湖切要·亲戚类》:"赘婿:合才;八吉才;今改为独占鳌头。"

【读书】《清门考原·各项切口》:"读书,在押吃官司也。"

【犊孙】 明程万里《鼎锲徽池雅调南北官腔乐府点板曲响大明春·六院汇选江湖方语》："犊孙，巧做吏者。"

【笃】 《切口大词典·巫卜类·文王课之切口》："笃：负也。"

【笃边】 《切口大词典·杂流类·西乐队之切口》："笃边：小鼓也。"

【笃膊】 《行院声嗽·身体》："臀：笃膊。"

【笃锤】 《切口大词典·工匠类·打眼匠之切口》："笃锤：小榔头也。"

【堵口】 《切口大词典·娼妓类·江山船之切口》："堵口：妓女不能唱曲者。"

【堵口子】 《切口大词典·盗贼类·越墙贼之切口》："堵口子：吃饭也。"

【赌软把】 《切口大词典·党会类·青帮之切口》："赌软把：以赌牌而欺人之钱财也。"《清门考原·各项切口》："赌软把，以赌博骗取钱财。"刘联珂《中国帮会三百年革命史·清门切口》："赌软把，赌假牌。"

【赌象】 《清门考原·各项切口》："赌象，久赌成癖，而又精赌术者。"

【睹儿】 《新刻江湖切要·文具类》："字：睹儿。"

【杜】 ①清唐再丰《鹅幻汇编·江湖通用切口摘要》："住曰杜。"卫大法师《江湖话·江湖上的隐语·普通隐语》："住：杜。"《切口大词典·医药类·祝由科之切口》："杜：住也。"金老佛《三教九流江湖秘密规矩·日常用语》："住曰杜。" ②《切口大词典·商铺类·另剪业之切口》："杜：大也。"

【杜薄】 《切口大词典·商铺类·板木业之切口》："杜薄：八分厚足九尺长之松板也。"

【杜虫】 《切口大词典·杂业类·磨坊之切口》："杜虫：小麦也。"

【杜道人】 《切口大词典·行号类·菜蔬行之切口》："杜道人：丝瓜也。"

【杜攻】 《切口大词典·手艺类·骨牌业之切口》："杜攻：大和牌也。"

【杜江州】 《切口大词典·医药类·摇虎撑者之切口》："杜江州：借客栈也。"《切口大词典·医药类·自称戏子治病者之切口》："杜江州：寓旅住宿也。"

【杜枪】 《切口大词典·工匠类·造酱匠之切口》："杜枪：麦也。"

【杜琴头】 清唐再丰《鹅幻汇编·江湖通用切口摘要》："凡杜琴头（原注：即住客寓也）。"清唐再丰《鹅幻汇编·江湖通用切口摘要》："住客寓曰杜琴头。"卫大法师《江湖话·江湖上的隐语·普通隐语》："住客寓：杜琴头。"《切口大词典·星相类·星家之切口》："杜琴头：住客寓也。"《清门考原·各项切口》："杜琴头，住客栈也。"金老佛《三教九流江湖秘密规矩·日常用语》："住客寓曰杜琴头。"

【杜松】 《切口大词典·商铺类·板木业之切口》："杜松：一寸厚九尺足长之松板也。"

【杜籼】 《切口大词典·杂业类·米店之切口》："杜籼：本地籼米也。"

【杜子】 《切口大词典·星相类·相家之切口》："杜子：招牌也。"

【肚梧】 《切口大词典·商铺类·杂货业之切口》："肚梧：梧子之佳者。"

【肚肠】 《切口大词典·杂业类·饭店业之切口》："肚肠：炒青鱼肚也。"

【肚子】 卫大法师《江湖话·红帮各地通行隐语·居住用品类》："箱：肚子，方盒子，铃铛子。"

【肚子大】 《切口大词典·手艺类·卖纸鸢之切口》："肚子大：线重而作下坠形者。"

【肚子宽】 《梨园话》："肚子宽：能戏多，谓之'肚子宽'。[附记]张谬子云：陆金桂睅目皤腹，无论昆乱文武，皆能对付，故有'陆大肚'之称。戏界人谓能戏多者为'肚子宽'，犹言腹笥翩翩耳。'大肚'，亦斯义也。"

【度堂】 《新刻江湖切要·人事类》："坐又曰度堂。"《切口大词典·武术类·行程保镖者之切口》："度堂：坐也。"清傅崇矩《成都通览·成都之江湖言词·人事类》："坐：度堂。"

---

duan

【端】 《新刻江湖切要·人事类》："着曰响；又端。"《切口大词典·巫卜类·蛤壳测字者之切口》："端：说中也。"清傅崇矩《成都通览·成都之江湖言词·人事类》："着：响；端。"

【端灯】《切口大词典·党会类·红帮之切口》："端灯：贼将事主架去，挖去眼睛也。"

【端瓜子】《切口大词典·娼妓类·茶室之切口》："端瓜子：打茶围也。"

【端锅】①云游客《江湖丛谈·江湖之春点·江湖艺人传：老云里飞》："端锅即是不夺人的地儿。"②云游客《江湖丛谈·江湖之春点·江湖艺人传：老云里飞》："端锅即是不要人家饭碗。"

【端毫】①《切口大词典·杂流类·写字人之切口》："端毫：正字也。"②《切口大词典·星相类·量手算命之切口》："端毫：知事能人也。"

【端严】《切口大词典·巫卜类·道士之切口》："端严：凡忏堂中所悬之物总称也。"

【短便子】卫大法师《江湖话·红帮各地通行隐语·其他用具对象类》："笔：短便子，毛扫子，毛锥子。"

【短兵】《新刻江湖切要·文具类》："棋：斗精；手斗；争锋；短兵。余谓总不若名之曰谈兵。"

【短参】《切口大词典·优伶类·髦口之切口》："短参：花白之短髯也。演彩楼配之末角用之。"

【短丛】《切口大词典·商铺类·皮袄业之切口》："短丛：獭皮也。"

【短撮】《切口大词典·工匠类·扎花匠之切口》："短撮：花须也。"

【短打】云游客《江湖丛谈·江湖之春点·江湖艺人传：老云里飞》："《济公传》《施公案》《包公案》等书，称为短打。"

【短甲】《切口大词典·杂业类·纸扎店之切口》："短甲：纸成之短衣也。"

【短可接】《清门考原·各项切口》："短可接，云可增加也。"

【短路】《切口大词典·杂业类·信局业之切口》："短路：路近之信也。"

【短路的】明程万里《鼎锲徽池雅调南北官腔乐府点板曲响大明春·六院汇选江湖方语》："短路的，乃剪径打劫。"

【短枪】《切口大词典·商铺类·帽子业之切口》："短枪：建绒也。"

【短榻】《切口大词典·盗贼类·越墙贼之切口》："短榻：贼稍憩即去并不逗留。"

【短轴头】《切口大词典·行号类·鲜鱼行之切口》："短轴头：鳝鱼也。"

【段】《切口大词典·医药类·施药郎中之切口》："段：脓也。"

【段锦】清翟灏《通俗编·识余·市语·优伶》："优伶：一江风，二郎神，三学士，四朝元，五供养，六幺令，七娘子，八甘州，九菊花，十段锦。"

【断】卫大法师《江湖话·各行业商帮所用数目字隐语·成都通行言词·小菜行》："断：二。"清傅崇矩《成都通览·成都之各行人买卖通用言词·小菜青果并小生意通用言词》："二，断。"

【断大】卫大法师《江湖话·各行业商帮所用数目字隐语·成都通行言词·道士端公》："旦底：一。挖工：二。横川：三。不回：四。假丑：五。断大：六。毛根：七。入开：八。像丸：九。"《切口大词典·商铺类·金线业之切口》："断大：六也。"清翟灏《通俗编·识余·市语·杂货铺》："杂货铺：一平头，二空工，三眠川，四睡目，五缺丑，六断大，七皂底，八分头，九未丸。"清傅崇矩《成都通览·成都之各行人买卖通用言词·道士端公言词》："断火，六。"

【断机子】《新刻江湖切要·器用类》："剪刀：绞儿；[增] 裂帛，又断机子。"《切口大词典·杂流类·收旧货之切口》："断机子：剪刀也。"清傅崇矩《成都通览·成都之江湖言词·器用类》："剪刀：绞儿；裂帛；断机子。"

【断轮】《新刻江湖切要·工匠类》："刻字匠：梓生；断轮。"清傅崇矩《成都通览·成都之江湖言词·工匠类》："刻字匠：梓生；断轮。"

【断麻绳】《切口大词典·盗贼类·拐匪之切口》："断麻绳：将得而复失也。"《清门考原·各项切口》："断麻绳，得而复失也。"

【断藕】《切口大词典·衙卒类·作作之切口》："断藕：臂也。"

【断条】《切口大词典·工匠类·车捆匠之切口》："断条：锯子也。"

【断香】《清门考原·各项切口》："断香，是师徒中途失散,不能完成师徒手续。又曰香断。"

【断账】《清门考原·各项切口》:"断账,卖断也,永为受者所有。"

【断子】《切口大词典·手艺类·卖花样之切口》:"断子:剪刀也。"

dui

【堆】《切口大词典·党会类·红帮之切口》:"堆:打也。"贝思飞《民国时期的土匪隐语》:"堆:射击,开枪。"金老佛《三教九流江湖秘密规矩·青帮与红帮·红帮之问答》:"打谓'堆'。"金老佛《三教九流江湖秘密规矩·青帮与红帮·江湖之春典》:"打称堆。"

【堆货】朱琳《洪门志·春典子琐记·店铺》:"南货店,称堆货。"

【堆老】《新刻江湖切要·草木百果五谷类》:"柴板;云骨;樵条;堆老;乌杖;条官。"

【堆燒】清张德坚等《贼情汇纂》卷八《伪文告下·隐语·太平天国隐语》:"堆燒,贼称点灯为堆燒。"

【堆头】《切口大词典·杂业类·信局业之切口》:"堆头:三也。"

【堆香】《切口大词典·衙卒类·侦探之切口》:"堆香:大便也。"

【对】①《行院声嗽·数目》:"二:对;利。"《蹴鞠图谱·圆社锦语》:"对:二。"②卫大法师《江湖话·各行业商帮所用数目字隐语·重庆通行言词·银楼》:"祥:一。皮:二。昌:二。诗:四。对:五。劳:六。造:七。刀:八。云:九。喜:十。"③《梨园话》:"对:伶工互相研究,剧学知识,谓之'对'。[附记]凡演一剧,如配角生疏,必须于未演之前,在后台与正角研究,或对词句,或对场子,故谓之'对'也。"④《切口大词典·手艺类·裱画业之切口》:"对:八也。"

【对包李子】清唐再丰《鹅幻汇编·江湖通用切口摘要》:"做戏法鸣锣聚众吞剑吃蛋曰对包李子。"《切口大词典·武术类·吞剑吃蛋卖戏法者之切口》:"对包李子:故戏法鸣锣聚众,而能吞剑吃蛋者。"《清门考原·各项切口》:"对包李子,作戏鸣锣聚众,吞剑吃蛋。"金老佛《三教九流江湖秘密规矩·江湖通用切口》:"做戏法鸣锣聚众吞剑吃蛋曰对包李子。"学古堂《江湖行话谱·江湖行话》:"李子行中行话,吞剑戏法,曰对包李子。"

【对对麦子】卫大法师《江湖话·红帮各地通行隐语·各种行业类》:"见一见面:对对麦子。"李子峰《海底·各地通行隐语》:"见一见面:对对麦子。"

【对付】卫大法师《江湖话·红帮各地通行隐语·各种行业类》:"相识:对麦子,对面,对付。"卫大法师《江湖话·红帮各地通行隐语·一般人事类》:"认识:对付,对织。"李子峰《海底·各地通行隐语》:"认识:对付;对识。"李子峰《海底·各地通行隐语》:"相识:对麦子;对认;对付。"

【对光】《清门考原·各项切口》:"对光,拆白党入手之时,即见功效,谓之对光。意谓两方目光相对也。"

【对光子】卫大法师《江湖话·红帮各地通行隐语·其他用具对象类》:"眼镜:对光子,照珠子。"李子峰《海底·各地通行隐语》:"眼镜:对光子。"

【对合】①《切口大词典·商铺类·鞋子业之切口》:"对合:鞋头上有双枝梁者。"②《切口大词典·商铺类·衣庄业之切口》:"对合:马褂也。"③《切口大词典·巫卜类·蛤壳测字者之切口》:"对合:蛤蜊壳也。"④《切口大词典·行号类·炒货行之切口》:"对合:西瓜子也。"⑤《切口大词典·行号类·海鱼之切口》:"对合:奉蚶也。"⑥《切口大词典·杂业类·点心铺之切口》:"对合:饺也。"

【对火】《切口大词典·工匠类·理发匠之切口》:"对火:吃酒筵也。"

【对交】①《切口大词典·商铺类·茶食业之切口》:"对交:巧果也。"②《切口大词典·商铺类·衣庄业之切口》:"对交:裤子也。"

【对节东】《切口大词典·医药类·摆草药摊之切口》:"对节东:牛膝也。专治劳疟不正去风湿。"

【对筋】 ①《切口大词典·赌博类·牌九赌之切口》:"对筋:对筋牌,须预定,默识全副十六对之竹筋是较乱筋为易。" ②《清门考原·各项切口》:"对筋,竹牌上箸纹相对。计三十二张。有十六个样同。"

【对筋子】《切口大词典·手艺类·骨牌业之切口》:"对筋子:骨牌记以竹纹便为赌棍之认识。"

【对襟】《切口大词典·盗贼类·杆匪之切口》:"对襟:架去有夫之妇也。"

【对口】《梨园话》:"对口:角色出入场时,所念之对联,名曰'对口'。[附记]戏中角色出场及入场之时,必念'对口'。'对口'者,对联也。五言、七言均可。惟入场时念者,则须于对联上加'正是'二字,否则稍欠圆满,即无精彩可言。如'为人不把良心丧,枉吃白菜豆腐汤'一联,其言若不加以'正是'二字,能振起精神乎?此其例也。又,'对口'非仅一人所念者,两人合念一联(甲念上联,乙念下联)或场上四人,以二联,每人各念一句。即最普通之《审刺客》一剧,亦有专论。如'如今的事儿颠倒颠,当朝宰相何道安,诸君不信抬头看,谁是忠来谁是奸'等是也。盖'对口'关于剧中最为重要。所念词句,须与当时情节相吻合。故此'对口'中,有何道安句也。又如《岳家庄》剧中,牛皋所念之'对口',各有不同。有念'柳营春试马,虎帐夜谈兵';亦有念'辕门鼓打三更尽,夜统貔貅百万兵'者,皆不切当时情景。应改念'踏破金邦地,昼夜奔汤阴'联,乃为合法也。"

【对口子】《切口大词典·盗贼类·收晒朗贼之切口》:"对口子:钱褡也。"金老佛《三教九流江湖秘密规矩·青帮与红帮·江湖之春典》:"褡裢称对口子。"

【对垒】《梨园话》:"对垒:器械相打,谓之'对垒'。"

【对马】《切口大词典·杂流类·外执事之切口》:"对马:马上之执事也。"

【对码】 ①《江湖走镖隐语行话谱》:"知道为对码,不知道为不对码。" ②《切口大词典·盗贼类·杆匪之切口》:"对码:匪纠众性劫,先期聚齐,约明会合时间也。"

【对买】 清唐再丰《鹅幻汇编·江湖通用切口摘要》:"以空手巾包而换人银钱包者曰对买。"《清门考原·各项切口》:"对买,以空手巾包。换人银钱也。"金老佛《三教九流江湖秘密规矩·江湖通用切口》:"以空手巾包而换人银钱包者曰对买。"

【对麦子】 ①卫大法师《江湖话·红帮各地通行隐语·各种行业类》:"相识:对麦子,对面,对付。"李子峰《海底·各地通行隐语》:"相识:对麦子;对认;对付。" ②卫大法师《江湖话·红帮各地通行隐语·一般人事类》:"见面:对麦子,照一下。"李子峰《海底·各地通行隐语》:"见面:对麦子;照一下。"

【对卖】 卫大法师《江湖话·江湖上的隐语·其他隐语》:"以空手内摸人钱包:对卖。"

【对面】 ①卫大法师《江湖话·红帮各地通行隐语·各种行业类》:"相识:对麦子,对面,对付。" ②清傅崇矩《成都通览·成都之江湖言词·人事类》:"对舍:对面。"

【对面子】 卫大法师《江湖话·红帮各地通行隐语·居住用品类》:"镜子:双脸子,菱花,对面子。"李子峰《海底·各地通行隐语》:"镜子:双脸子;菱花;对面子。"

【对耦】《切口大词典·商铺类·押当业之切口》:"对耦:马褂也。"

【对盘子】《江湖走镖隐语行话谱》:"看:对盘子。"

【对欠】《新刻江湖切要·生死类》:"双生:双欠。该名对欠。"清傅崇矩《成都通览·成都之江湖言词·生死类》:"双生:双欠;对欠。"

【对枪】 ①《新刻江湖切要·人事类》:"对门为对枪。"清傅崇矩《成都通览·成都之江湖言词·人事类》:"对门:对枪。" ②《切口大词典·武术类·符箓变戏法者之切口》:"对枪:对面也。"

【对球】《切口大词典·衙卒类·侦探之切口》:"对球:拷打也。"

【对认】 李子峰《海底·各地通行隐语》:"相识:对麦子;对认;对付。"

【对洒】《切口大词典·杂业类·纸扎店之切口》:"对洒:纸成之马褂也。"

【对煞】《切口大词典·赌博类·麻雀赌之切口》:"对煞:五也。"

【对石牛】《切口大词典·乞丐类·送字求乞之切口》："对石牛：送字与不识字人也。"

【对识】 李子峰《海底·各地通行隐语》："认识：对付；对识。"清傅崇矩《成都通览·成都之袍哥话即江湖话也》："对识，相见礼也。"

【对手】《切口大词典·盗贼类·拐匪之切口》："对手：同事拐骗，及相帮成事之人也。"

【对孙】 学古堂《江湖行话谱·行意行话》："兵：对孙。"

【对条子】《切口大词典·党会类·哥老会之切口》："对条子：彼此问答也。"

【对头】 施列格《天地会研究·洪家口白要诀》："对头，官府。"

【对颖】《切口大词典·商铺类·笔墨业之切口》："对颖：大笔也。"

【对织】 卫大法师《江湖话·红帮各地通行隐语·一般人事类》："认识：对付，对织。"

dun

【敦杀】《蹴鞠图谱·圆社锦语》："敦杀：坐地。"

【蹲鸱】《切口大词典·行号类·菜蔬行之切口》："蹲鸱：芋艿也。"

【钝牙】《新刻江湖切要·鸟兽虫鱼类》："驴：[增]蹇老；钝牙。"

【顿哈】《切口大词典·医药类·卖药糖者之切口》："顿哈：多也。"

【炖地鳗】《切口大词典·乞丐类·弄蛇求乞之切口》："炖地鳗：吃蛇肉也。"

duo

【多齿】 朱琳《洪门志·春典子琐记·店铺》："梳子店，称多齿。"

【多多】 清傅崇矩《成都通览·成都之呼物混名》："多多：耳也。"

【多花子】 清唐再丰《鹅幻汇编·江湖通用切口摘要》："少女曰多花子。"卫大法师《江湖话·江湖上的隐语·普通隐语》："少女：多花子。"《切口大词典·星相类·星家之切口》："多花子：少女也。"《清门考原·各项切口》："多花子，少女也。"金老佛《三教九流江湖秘密规矩·日常用语》："少女曰多花子。"

【多攀】《切口大词典·杂业类·纸扎店之切口》："多攀：茶壶也。"

【多司弟】《清门考原·各项切口》："多司弟，招呼也，表示是教门。"

【多头】《切口大词典·杂流类·收生婆之切口》："多头：男小孩也。"

【多柱】《切口大词典·役夫类·樵夫之切口》："多柱：杖也。"

【多子】《切口大词典·行号类·水果行之切口》："多子：石榴也。"

【多子头】《切口大词典·优伶类·戏盔之切口》："多子头：紫金冠之顶也。"

【多嘴】《切口大词典·杂流类·换碗者之切口》："多嘴：壶也。"

【夺炉子】《切口大词典·党会类·小瘪三之切口》："夺炉子：抢火也。"

【夺着】《切口大词典·衙卒类·兵士之切口》："夺着：打胜仗也。"

【掇赚】《行院声嗽·人事》："漏语：掇赚。"

【朵】 宋陈元靓辑《事林广记·续集·绮谈市语·身体门》："腮：朵。"

【朵朵云】 明田汝成《西湖游览志馀·委巷丛谈》："有曰四平市语者，一为忆多娇，二为耳边风，三为散秋香，四为思乌马，五为误佳期，六为柳摇金，七为砌花台，八为霸陵桥，九为救情郎，十为舍利子，小为消梨花，大为朵朵云，老为落梅风，讳低物为鞍，以其足下物也。"

【朵老篾】 卫大法师《江湖话·红帮各地通行隐语·人类一般》："姑娘：朵老篾。"

【朵呢】 云游客《江湖丛谈·江湖之春点》："管字叫'朵呢'。"

【朵子】 ①卫大法师《江湖话·红帮各地通行隐语·店钱及其他》："当票：朵子。"②卫大法师《江湖话·红帮各地通行隐语·其他用具对象类》："信：朵子，吹风子。"李子峰《海底·各地通行隐语》："信：朵子；吹风子。"③《江湖走镖隐语行话谱》："文生：朵子。"

【朵子金】《江湖走镖隐语行话谱》："拆[折]

字：朵子金。"

【垛】 李子峰《海底·各地通行隐语》："住家：垛。"

【垛鼎】《切口大词典·优伶类·武行中之切口》："垛鼎：手足齐下也。"

【垛儿】 金老佛《三教九流江湖秘密规矩·青帮与红帮·江湖之春典》："招牌称垛儿。"

【垛圯】《切口大词典·优伶类·武行中之切口》："垛圯：靠靶武生，卖弄腿劲，以一足挺立一足作金鸡独立之势也。"

【垛岳】 清佚名《郎中医话》："垛岳，是住店。"

【躲儿】《新刻江湖切要·器用类》："招牌：或〔疑式字之误〕头；躲儿。"《切口大词典·杂流类·收旧货之切口》："躲儿：招牌也。"清傅崇矩《成都通览·成都之江湖言词·器用类》："招牌：或头；躲儿。"

【躲雨】 卫大法师《江湖话·红帮各地通行隐语·一般人事类》："躲避：避风，躲雨。"李子峰《海底·各地通行隐语》："躲避：避风；躲雨。"

【躲子】《新刻江湖切要·器用类》："告示：躲子。今更名先声，又名招摇。"清傅崇矩《成都通览·成都之江湖言词·器用类》："告示：躲子；先声；招摇。"

【掸】 宋陈元靓辑《事林广记·续集·绮谈市语·拾遗门》："避：掸；闪。"

【掸髻】《切口大词典·商铺类·珠宝业之切口》："掸髻：珠钗也。"

【掸面】《切口大词典·衙卒类·炸作之切口》："掸面：鼻也。"

【掸嘴】《切口大词典·工匠类·锡匠之切口》："掸嘴：茶壶也。"

【採】 卫大法师《江湖话·红帮各地通行隐语·建筑物类》："住家：採。"

【舵把子】《清门考原·各项切口》："舵把子，盗贼之领袖也。"清傅崇矩《成都通览·成都之袍哥话即江湖话也》："舵把子，掌事头目也。"

【舵头】 清傅崇矩《成都通览·成都之袍哥话即江湖话也》："舵头，占处也。"

【堕落鸡】《切口大词典·娼妓类·粤妓之切口》："堕落鸡：蹩脚者之称也。"

【惰窑】《江湖走镖隐语行话谱》："住店：惰窑。"

【跺齿窑儿支】《江湖丛谈·江湖之金点·挂》："跺齿窑儿支，就是匪人潜伏的下处。"

【跺头】《切口大词典·优伶类·锣鼓之切口》："跺头：胡琴起二六板时，应打跺头。"

E

e

【囮囮】《切口大词典·杂流类·放白鸽者之切口》："囮囮：貌美之女子也。"

【俄】《切口大词典·商铺类·顾绣业之切口》："俄：六也。"

【俄饿盘】 云游客《江湖丛谈·江湖之春点·天桥的金点》："管相面调侃叫俄饿盘。"

【娥眉子】 卫大法师《江湖话·红帮各地通行隐语·天文地理类》："月：娥眉子，玉盘子，兔屋子。"

【鹅闭】《清门考原·各项切口》："鹅闭，绑票也。"

【鹅场】《清门考原·各项切口》："鹅场，携人收票之地。"

【鹅蛋】《切口大词典·商铺类·花粉业之切口》："鹅蛋：大号之扑粉也。"

【鹅黄】 卫大法师《江湖话·安庆隐语》："自己：鹅黄。"

【鹅黄箔】《切口大词典·商铺类·颜料业之切口》："鹅黄箔：瓦金也。"

【鹅黄屑】《切口大词典·商铺类·颜料业之切口》："鹅黄屑：瓦银也。"

【鹅毛】 卫大法师《江湖话·红帮各地通行隐语·天文地理类》："雪：花球子，鹅毛，棉花团。"李子峰《海底·各地通行隐语》："雪：鹅毛；棉花团。"

【鹅毛子】《清门考原·各项切口》："鹅毛子，

雪也。"

【鹅眉子】《清门考原·各项切口》："鹅眉子，月也。"

【鹅眼】《切口大词典·党会类·流氓之切口》："鹅眼：铜钱也。"

【蛾灯蛾】 卫大法师《江湖话·安庆隐语》："晚贼，蛾灯蛾，走鸟里。"

【额子】《切口大词典·杂流类·喜婆之切口》："额子：新嫁娘之帽也。"

【恶处】《江湖走镖隐语行话谱》："二人为恶处。"

【恶根】《切口大词典·役夫类·茶担夫之切口》："恶根：角子也。"

【恶虎拦路】 清末民初佚名《镖行江湖隐语行话秘典》："遇见大盗，说前边有恶虎拦路。"

【恶心】《切口大词典·杂流类·卖糖果者之切口》："恶心：糖藕也。"

【恶血】《切口大词典·衙卒类·侦探之切口》："恶血：所拆之人，非善类，防反攻也。"

【饿】 宋陈元靓辑《事林广记·续集·绮谈市语·举动门》："饥：饿。"

【遏云】 宋陈元靓辑《事林广记·续集·绮谈市语·举动门》："声：遏云；绕梁。"

en

【恩客】《切口大词典·娼妓类·长三书寓之切口》："恩客：妓女所钟情之客也。北京谓之熟客。"

【恩相好】《切口大词典·娼妓类·长三书寓之切口》："恩相好：客所钟情之妓女也。北京谓之熟人也。"

【恩兄】《切口大词典·党会类·哥老会之切口》："恩兄：拜兄也。"

【恩与】《新刻江湖切要·官职类》："斗元：[广]福星；恩与。"

er

【儿女花】《切口大词典·杂流类·卖花者之切口》："儿女花：萱草也。"

【儿转】《切口大词典·商铺类·金线业之切口》："儿转：络纱之架也。"

【而眉钱】 清傅崇矩《成都通览·成都之各行人买卖通用言词·谷米杂粮过斗六成行通用言词》："而眉钱就是二十个。"

【耳】 卫大法师《江湖话·各行业商帮所用数目字隐语·成都通行言词·银钱行》："代：二。貌：三。长：四。仁：五。耳：六。伯：七。令：八。王：九。"《切口大词典·杂业类·老虎灶之切口》："耳：六也。"清傅崇矩《成都通览·成都之各行人买卖通用言词·六成行通用言词》："六，耳。"清傅崇矩《成都通览·成都之各行人买卖通用言词·银钱行言词》："耳（六）。"

【耳崩】 学古堂《江湖行话谱·行话管见》："听叫耳崩。"

【耳边】 朱琳《洪门志·春典子项记·人事》："二人，称耳边。"

【耳边风】 明田汝成《西湖游览志馀·委巷丛谈》："有曰四平市语者，以一为忆多娇，二为耳边风，三为散秋香，四为思乡马，五为误佳期，六为柳摇金，七为砌花台，八为霸陵桥，九为救情郎，十为舍利子，小为消梨花，大为朵朵云，老为落梅风，讳低物为鞍，以其足下物也。"

【耳朵】《切口大词典·商铺类·皮箱业之切口》："耳朵：箱之环也。"

【耳毛子】《切口大词典·优伶类·髦口之切口》："耳毛子：有红黑两种。带红柞即用红耳毛，带黑柞者即用黑耳毛。"

【耳蒙】《江湖走镖隐语行话谱》："听为耳蒙。"

【耳目耳目】 云游客《江湖丛谈·江湖之春点·江湖中之大粒生意》："管打听打听谁怎么样，调侃叫耳目耳目。"

【耳目海轰儿】 云游客《江湖丛谈·江湖之春点·天桥茶馆各有不同》："管听大鼓，调侃叫耳目海轰儿。"

【耳子草】 清傅崇矩《成都通览·成都之袍哥话即江湖话也》："耳子草，二也。"

【二】 清傅崇矩《成都通览·成都之袍哥话即江湖话也》："独无老二、老四、老七等目，因忌四字音事字，忌二字为鬼老二，忌七字音同截也。"

【二把帐】《切口大词典·党会类·红帮之切口》："二把帐：贼后进行窃也。"

【二百五】 清傅崇矩《成都通览·成都之呼物

混名》:"二百五:太爷也。"

【二榜】《切口大词典·工匠类·成衣匠之切口》:"二榜:偷料二尺也,余可类推。"

【二成】《切口大词典·商铺类·绸缎业之切口》:"二成:言减也。"

【二当家】 贝思飞《民国时期的土匪隐语》:"二当家:匪帮的副首领(综合匪帮)。"

【二道杵】 云游客《江湖丛谈·江湖之金点·皮门》:"即是头一回钱也,你要再找他呀,可就馈你这二道杵了。"

【二点儿】《切口大词典·商铺类·丝经业之切口》:"二点儿:伙计也。"

【二点头】《切口大词典·工匠类·染布匠之切口》:"二点头:火也。"《切口大词典·杂业类·豆腐店之切口》:"二点头:火也。"

【二翻】《切口大词典·优伶类·武行中之切口》:"二翻:接头时连翻二筋斗也。"

【二杆旗】 朱琳《洪门志·春典子琐记·人事》:"盗贼,称二杆旗。"

【二杆旗子】 卫大法师《江湖话·红帮各地通行隐语·偷盗类》:"盗贼:二杆旗子。"

【二海】《切口大词典·杂业类·冶坊之切口》:"二海:二号团底汤罐也。"

【二婚头】《切口大词典·杂流类·虔婆之切口》:"二婚头:在醮妇也。"

【二家子】 贝思飞《民国时期的土匪隐语》:"二家子(二驾子)匪帮的副首领。"

【二尖】《切口大词典·杂业类·冶坊之切口》:"二尖:五好空底汤罐也。"

【二九】《新刻江湖切要·时令类》:"中秋赏中;[广]分金;重九;金末。又瓜期节,谓二九也。"

【二缆】《切口大词典·工匠类·打线匠之切口》:"二缆:略细之索也。"

【二毛子】《切口大词典·医药类·妇人卖药者之切口》:"二毛子:小孩也。"

【二气】《切口大词典·乞丐类·乞丐之切口》:"二气:人有令静态度,不好言笑者。"

【二起楼】《切口大词典·盗贼类·掘壁贼之切口》:"二起楼:人顶人上墙。俗谓接长人之谓也。"

【二千八】《切口大词典·商铺类·绸缎业之切口》:"二千八:言利钱也。"

【二洒】《切口大词典·杂业类·磨坊之切口》:"二洒:二号之白粉也。"

【二十四】《新刻江湖切要·亲戚类》:"孝子曰日略,今改为二十四,此孝顺之孝也。又曰允违,取'庶见素冠'章义,此带孝之孝也。"

【二条龙】《切口大词典·役夫类·轿夫之切口》:"二条龙:轿杠也。"

【二五】①《切口大词典·党会类·红帮之切口》:"二五:未嫁之女子也。"贝思飞《民国时期的土匪隐语》:"二五:未婚女子,处女。"金老佛《三教九流江湖秘密规矩·青帮与红帮·红帮之问答》:"顷据带线人(熟盗)报告,坟西园河里(金姓),家肥水极壮,活龙四丈有余(帮匪切口,书用咸以尺寸计之,譬如百谓尺,十谓寸,千谓丈之类。四丈即四千,现银谓活龙),死货尚不在其内(不动产曰死货),此外尚有狼漂亮的地牌二五(女子已嫁者谓之地牌,未嫁者谓之二五),作条子开出去,每牌至少值价四五尺水头。"金老佛《三教九流江湖秘密规矩·青帮与红帮·江湖之春典》:"如未嫁女子之称二五,已嫁女子之称地牌,其意义殊难索解也。"金老佛《三教九流江湖秘密规矩·青帮与红帮·江湖之春典》:"未嫁女子称二五。"②清傅崇矩《成都通览·成都之呼物混名》:"二五:鬼也。"

【二爷】 贝思飞《民国时期的土匪隐语》:"二爷:匪帮的副首领(综合匪帮)。"

【二衣箱】《梨园话》:"二衣箱:专置无水袖之戏衣箱也。[附记]凡剧中所需用之靠铠、箭衣、裤衣、裤袄、马卦、僧衣、茶衣、条带等,皆属于二衣箱者。"

【二元】《切口大词典·杂业类·冶坊之切口》:"二元:七号团底汤罐也。"

【二掌柜】 贝思飞《民国时期的土匪隐语》:"二掌柜:匪帮的副首领(冀南)。"

【二至花】《切口大词典·杂流类·卖花者之切口》:"二至花:枝柔叶细,花开耐久,开于夏至,敛于冬至,故名。"

【式扯】《切口大词典·巫卜类·道士之切口》:"式扯:胡琴也。"

F

fa

【发】 清翟灏《通俗编·识余·市语·米行》："今松木场香市中，犹习用此语。而其余诸行，正如《志余》所云，各有市语，不相通用。如：米行：则一子，二力，三削，四类，五香，六竹，七才，八发，九丁，十足。"

【发潮头】《切口大词典·役夫类·农夫之切口》："发潮头：车水也。"

【发地雷】《清门考原·各项切口》："发地雷，用脚传信要牌。"

【发癫】《切口大词典·娼妓类·粤妓之切口》："发癫：骂人狂妄也。"

【发点】《切口大词典·优伶类·锣鼓之切口》："发点：牌子名，《失街亭》上诸葛亮时用之。"

【发斗】《切口大词典·医药类·施药郎中之切口》："发斗：溃腐也。"

【发豪】《切口大词典·娼妓类·粤妓之切口》："发豪：色欲动也。"

【发滑】《切口大词典·工匠类·理发匠之切口》："发滑：肥皂也。"

【发利市】《切口大词典·盗贼类·爬儿手之切口》："发利市：窃着也。"

【发录】《切口大词典·商铺类·银楼业之切口》："发录：床饰也。"

【发蒙】《新刻江湖切要·时令类》："惊蛰：发蒙；惊愤。"《江湖切口要诀》（尺牍增附本）："惊蛰：发蒙；警愤。" 《切口大词典·星相类·弹弦子算命之切口》："发蒙：惊蛰也。"清傅崇矩《成都通览·成都之江湖言词·时令类》："惊蛰：发蒙；警愤。"

【发磨特】《切口大词典·杂业类·燕子窝之切口》："发磨特：未煎之烟土也。"

【发千】 清傅崇矩《成都通览·成都之江湖言词·人事类》："骂：郎千；发千；响柳；江浪。"

【发扇子】《清门考原·各项切口》："发扇子，拨门也。"

【发水】《切口大词典·巫卜类·道士之切口》："发水：大木鱼也。"

【发托卖像】①云游客《江湖丛谈·江湖之金点·小绺门》："又得练'发托卖像'，即是假装着急，假装怔头怔脑的，怯头怯脑的。"②云游客《江湖丛谈·江湖之春点·江湖艺人传：去平留津的大金牙》："江湖人管做艺的人们，到了表演的时候，脸上能够形容喜怒哀乐，龇牙咧嘴，叫发托卖像。"③云游客《江湖丛谈·江湖之春点·江湖中挑黄啃的骗术》："向人假装问路，面上露出急忙惊恐之状，那就是他的'发托卖像'。"

【发拖】《清门考原·各项切口》："发拖，暗示也。"

【发威】《切口大词典·役夫类·更夫之切口》："发威：发风也。"

【发性】《切口大词典·工匠类·打面匠之切口》："发性：以水和粉也。"

【发血】《切口大词典·乞丐类·乞丐之切口》："发血：有趣也。"

【伐者】 宋陈元靓辑《事林广记·续集·绮谈市语·人物门》："媒人：伐者；执柯。"

【法】①《江湖走镖隐语行话谱》："秤为法。"②《切口大词典·商铺类·南货业之切口》："法：八也。"《切口大词典·行号类·海鱼行之切口》："法：八也。"《切口大词典·行号类·鲜鱼行之切口》："法：八也。"

【法蠱】《切口大词典·巫卜类·道士之切口》："法蠱：法师也。"

【法关】《切口大词典·巫卜类·道士之切口》："法关：法师所穿之靴子也。"

【法冠】《切口大词典·巫卜类·道士之切口》："法冠：法师所戴之帽子也。"

【法兰绒】《切口大词典·商铺类·布疋业之切口》："法兰绒：法国所产之绒布也。"

【法水】《新刻江湖切要·僧道类》："禳星：法水。"清傅崇矩《成都通览·成都之江湖言词·僧道类》："禳星：法水。"

【法司】 宋陈元靓辑《事林广记·续集·绮谈

市语·君臣门》："推官：法司。"

【法台】《切口大词典·工匠类·成佛匠之切口》："法台：佛坐也。"

【法行】卫大法师《江湖话·江湖上的隐语》："此处所谓'江湖'，指：一、算命相面拆字等（总名为'巾行'）。二、医病卖膏药等（总名为'法行'）。三、戏法（彩法，手法，案法等，总名为'李子'）。四、打拳跑马者。另有其他普遍二类。"

【法助】卫大法师《江湖话·红帮闽粤及南洋各地通行隐语》："借银：法助，助力。"李子峰《海底·闽粤及南洋各地通行之隐语》："借银：法助；助力。"

fan

【番虫】《切口大词典·商铺类·海味业之切口》："番虫：刺参也，有一番二番之别，所以评货之高低大小也。"

【番鬼狗】《切口大词典·娼妓类·粤妓之切口》："番鬼狗：洋行小鬼也。"

【番莲】《切口大词典·杂流类·卖花者之切口》："番莲：铁线莲也。"

【番骈朝阳】《切口大词典·盗贼类·对买贼之切口》："番骈朝阳：磨坊也。"

【番梳】《新刻江湖切要·星相类》："看三世图：番梳。"清傅崇矩《成都通览·成都之江湖言词·星相类》："看三世图：番梳。"

【番头】《切口大词典·星相类·星家之切口》："番头：谈锋也。"

【番头婆】《切口大词典·娼妓类·粤妓之切口》："番头婆：再醮妇也。"

【翻边】《切口大词典·杂流类·换碗者之切口》："翻边：盘也。"

【翻饼】《行院声嗽·人事》："言语疾：翻饼。"

【翻场】《梨园话》："翻场：脚色笑柄百出，谓之'翻场'。[附记]梨园行的规矩，不许翻场。什么叫翻场呢？就是几个角同在场上，倘有一人说错或唱错，别的角不但不许笑场，并且还得替他遮盖。因为别的角不笑，台下或者可以不理会。若别的角一笑，则台下便知，该角或因此得倒好。所以各角以同行道德关系，不会给别人翻场。（节录《中国剧之变迁》）"

【翻钢】①云游客《江湖丛谈·江湖之春点·江湖中挑遁子汗的》："用几句话教人多花钱，这几句话的意义，调侃儿叫翻钢。"②云游客《江湖丛谈·江湖之金点·彩门》："生意管推翻了前言，另作商量，调侃儿叫翻钢。"

【翻钢叠杵】云游客《江湖丛谈·江湖之春点·江湖中的卖点之内幕》："圆年子、卖弄钢口、屡年唷子条子，那合在一处，都是前棚的能为。到了有人买药，设法多卖钱，那叫翻钢叠杵。"

【翻缸】《切口大词典·工匠类·打面匠之切口》："翻缸：面缸也。"

【翻高头】卫大法师《江湖话·江湖上的隐语·普通隐语》："翻墙窃物：翻高头。"《切口大词典·盗贼类·越墙贼之切口》："翻高头：专事越墙走壁而窃人财物者也。"

【翻宫】《切口大词典·商铺类·乐器业之切口》："翻宫：琵琶也。"

【翻江子】学古堂《江湖行话谱·走江湖行话》："猪：翻江子。"

【翻口】《切口大词典·商铺类·帽子业之切口》："翻口：红缎帽也。"

【翻门槛】《清门考原·各项切口》："翻门槛，悔约也，与前题不同，另作一说。"

【翻山】《切口大词典·杂流类·吹打者之切口》："翻山：吃饭也。"

【翻烧饼】《切口大词典·娼妓类·相公堂子之切口》："翻烧饼：互相鸡奸也。"

【翻身】《切口大词典·役夫类·农夫之切口》："翻身：耕田也。"

【翻堂的包袱】云游客《江湖丛谈·江湖之春点·江湖艺人传：评书界之刘继业》："若能把全场的书座全都逗笑了，那调侃叫翻堂的包袱。"

【翻天印】金老佛《三教九流江湖秘密规矩·青帮与红帮·青帮之副业》："翻天印一法，前时颇盛，今因知者较多，故已不复常用。其法以大牙骰一粒，上刊六色，诱人入赌。赌台摊布一方，标明六种骰色，以便赌客下注。得者一四两色，一赔三倍，其余四色，一赔二倍。赌时用竹筒一，上下无底，立于赌台之上，将大骰一粒，自竹筒上口投入，及开色时，即启其竹筒，以分输赢，然亦百无一得者也。盖彼等有大小不等之吸铁石四方，适合骰内四面铁屑之重量，如见一门有重注，欲开别门以避之。但择其吸铁石之适合别门者以吸之，开色时必悉如所欲。此骰因形如方印，故名之曰翻天印。"

【翻跳】《行院声嗽·伎艺》："筋斗：翻跳。"

【翻头】 ①《切口大词典·赌博类·掷骰子之切口》："翻头：骰子掷下滚旋不已也。"②《切口大词典·行号类·棉花行之切口》："翻头：去核之棉花也。"

【翻张】 卫大法师《江湖话·红帮各地通行隐语·饮食用品类》："大饼：翻张，搬渣。"李子峰《海底·各地通行隐语》："大饼：翻张；搬渣。"

【翻章子】 学古堂《江湖行话谱·走江湖行话》："看牌：翻章子。"

【樊素】 宋陈元靓辑《事林广记·续集·绮谈市语·身体门》："唇：朱楼；樊素。"

【繁蔌】《切口大词典·行号类·菜蔬行之切口》："繁蔌：窝苣菜，俗呼香胡参。"

【繁火】《切口大词典·商铺类·杂货业之切口》："繁火：红花也。"

【反笼】《江湖走镖隐语行话谱》："饼为皮、反[友?]笼。"

【反背】《切口大词典·工匠类·木匠之切口》："反背：椅子也。"

【反哺】《新刻江湖切要·鸟兽虫鱼类》："鸦：追思；追山；[增] 反哺。"

【反草】 清张德坚等《贼情汇纂》卷八《伪文告下·隐语·太平天国隐语》："反草即变心。"

【反串】《梨园话》："反申：反其常烈，谓之'反申'。[附记] 反申乃反其常态之意，如令生饰旦，净饰丑，而丑饰净，拿腔作势，实无甚意味，近来社会人心日奇每多以此为乐，而梨园中人又大张旗鼓，标新立异，演反串戏以资号召观众。若长此以往，决非吉兆，按反串之举，昔虽有之多因本工不敷用，或所能之戏太多，偶一为之，藉博观客欢心，非如今日随意反串也。"

【反功】《切口大词典·党会类·拆白党之切口》："反功：以拆白事而吃官司。"

【反罗】 学古堂《江湖行话谱·行意行话》："饼：反罗。"

【反牛口】《切口大词典·盗贼类·拐匪之切口》："反牛口：拐匪到法堂饰词狡供也。"《清门考原·各项切口》："反牛口，拐匪在法庭供词狡猾也。"

【反水】 贝思飞《民国时期的土匪隐语》："反水：(当兵的) 重又参加土匪活动。"

【反竹】《新刻江湖切要·人物类》："皂隶：友竹；反竹；结脚。"《江湖切口要诀》(尺牍增附本)："皂隶：友竹；反竹；结脚；贴孤通。"《切口大词典·星相类·龟算命之切口》："反竹：皂隶也。"清傅崇矩《成都通览·成都之江湖言词·人物类》："皂隶：友竹；反竹；结脚。"

【返圣】 卫大法师《江湖话·红帮各地通行隐语·一般人事类》："死：崩嘴儿，土垫子，返圣，过坊。"李子峰《海底·各地通行隐语》："死：崩嘴儿；土垫了；返圣；过坊。"

【犯】《切口大词典·党会类·流氓之切口》："犯：交量也。"

【犯查头】《新刻江湖切要·人事类》："放对曰查头，又曰犯查头。"《切口大词典·巫卜类·蛤壳测字者之切口》："犯查头：放对也。"清傅崇矩《成都通览·成都之江湖言词·人事类》："放对：查头；犯查头。"

【犯搽】《新刻江湖切要·人事类》："寻闹曰犯搽。"《切口大词典·巫卜类·六壬课之切口》："犯搽：吵闹也。"清傅崇矩《成都通览·成都之江湖言词·人事类》："寻问：犯搽。"

【犯僵】《切口大词典·娼妓类·茶室之切口》："犯僵：好事之中阻者。"

【犯快之语】 金老佛《三教九流江湖秘密规矩·青帮与红帮·大快与巧快》："故俗有犯快之语，谓犯之不祥。"

【犯迷瞪】《切口大词典·娼妓类·茶室之切口》："犯迷瞪：客为妓女迷住也。"

【汎地】 施列格《天地会研究·洪家口白要诀》："汎地，狗。"

【饭桶】《切口大词典·乞丐类·乞丐之切口》："饭桶：无用之谓也。"

【饭虾】《切口大词典·衙卒类·厘卡之切口》："饭虾：呼船户也。"

【饭窑炉】《切口大词典·役夫类·茶担夫之

切口》："饭窑炉：饭碗也。"

【贩货式】《切口大词典·衙卒类·侦探之切口》："贩货式：贩卖人口者。"

【贩条】 朱琳《洪门志·春典子琐记·人事》："拐匪，称贩条。"

【梵王宫】《新刻江湖切要·宫室类》："寺院：兜子；又横高；井公邑。余又增寺院为兜率，梵王宫。"

fang

【方】《切口大词典·商铺类·豆麦业之切口》："方：四也。"

【方城子】 卫大法师《江湖话·红帮各地通行隐语·其他用具对象类》："马将：竹林子，方城子。"李子峰《海底·各地通行隐语》："马将：竹林子；方城子。"

【方池】《切口大词典·星相类·不开口相面之切口》："方池：砚也。"《切口大词典·杂流类·写字人之切口》："方池：砚也。"

【方寸】 宋陈元靓辑《事林广记·续集·绮谈市语·身体门》："心：中君；方寸。"

【方耳朵】《切口大词典·役夫类·脚夫之切口》："方耳朵：留心防贼也。"

【方干】《切口大词典·手艺类·秤戥业之切口》："方干：秤杆之毛坯也。"

【方盒子】 李子峰《海底·各地通行隐语》："箱：方盒子；玲珰子。"卫大法师《江湖话·红帮各地通行隐语·居住用品类》："箱：肚子，方盒子，铃铛子。"

【方件】《切口大词典·商铺类·嫁妆业之切口》："方件：方登也。"

【方坑】《新刻江湖切要·人物类》："总甲：方坑。"《江湖切口要诀》（尺牍增附本）："总甲：方坑。"《切口大词典·医药类·摇虎撑者之切口》："方坑：总甲也。"清傅崇矩《成都通览·成都之江湖言词·人物类》："总甲：方坑。"

【方老】《新刻江湖切要·器用类》："斛：方老。"《切口大词典·杂流类·收旧货之切口》："方老：量米之斛也。"清傅崇矩《成都通览·成都之江湖言词·器用类》："斛：方老。"

【方笼】《切口大词典·役夫类·脚夫之切口》："方笼：箱子也。"

【方面】《切口大词典·星相类·不开口相面之切口》："方面：台子也。"

【方面大耳】《切口大词典·商铺类·绸缎业之切口》："方面大耳：言防备也。"

【方袍】 宋陈元靓辑《事林广记·续集·绮谈市语·服饰门》："僧衣：方袍。"

【方皮朝阳】《新刻江湖切要·店铺类》："纸店：方皮朝阳，改为代策朝阳。"《切口大词典·盗贼类·对买贼之切口》："方皮朝阳：纸头店也。"清傅崇矩《成都通览·成都之江湖言词·店铺类》："纸店：方皮朝阳；代策朝阳。"

【方起】 清傅崇矩《成都通览·成都之袍哥话即江湖话也》："方起，使他为难也。"

【方巧】《切口大词典·杂流类·卖饼者之切口》："方巧：瓦爿饼也。"

【方纱】《切口大词典·优伶类·戏盃之切口》："方纱：圆形之黑纱帽，后装腰圆之翅。"

【方胜】《切口大词典·商铺类·南货业之切口》："方胜：旗糖也。以白糖煎熬而成，形方圆颜色不一。"

【方士】 宋陈元靓辑《事林广记·续集·绮谈市语·人物门》："医人：方士；脉字。"

【方台子】 金老佛《三教九流江湖秘密规矩·青帮与红帮·红帮之问答》："某某又去方台子了（设台聚赌），所以这里弟兄狠少，差幸近处蛤蟆不多（官军谓之蛤蟆）。"

【方头】 朱琳《洪门志·春典子琐记·店铺》："木板店，称方头。"

【方下】《行院声嗽·宫室》："房屋：方下。"

【方心】《切口大词典·杂业类·米店之切口》："方心：铜钱也。"

【方行】《新刻江湖切要·文具类》："拜匣：方行。"

【方兄】 宋陈元靓辑《事林广记·续集·绮谈市语·玉帛门》："钱：方兄；青钱。"

【方绣】《切口大词典·商铺类·古董业之切口》："方绣：补缀也。"

【方絮】 宋陈元靓辑《事林广记·续集·绮谈市语·文房门》："纸：方絮；好时侯；剡藤；楮先生。"

【方印】《切口大词典·工匠类·铜匠之切口》："方印：铁登也。"

【方舆】宋陈元靓辑《事林广记·续集·绮谈市语·天地门》："地：方舆；所履。"

【方云】《切口大词典·巫卜类·道士之切口》："方云：云板也。"

【方章子】学古堂《江湖行话谱·走江湖行话》："桌子：方章子。"

【方砖儿】明程万里《鼎锲徽池雅调南北官腔乐府点板曲响大明春·六院汇选江湖方语》："方砖儿，是非僧也。"

【方砖子】《江湖走镖隐语行话谱》："墙为马、方砖子。"

【方子】《切口大词典·杂业类·纸扎店之切口》："方子：纸手巾也。"

【方字】《切口大词典·商铺类·地货业之切口》："方字：四也。"

【方字头】《切口大词典·医药类·摇虎撑者之切口》："方字头：妻也。"

【防风】贝思飞《民国时期的土匪隐语》："防风：警戒。"

【房顶】《江湖走镖隐语行话谱》："绿为房顶。"

【房条】《切口大词典·手艺类·裱画业之切口》："房条：小轴也。"

【房子角】卫大法师《江湖话·四川灌县轿夫隐语》："房子角——前：'右手屋篷过'；后：'买了子住涯'。"

【纺棉花】《清门考原·各项切口》："纺棉花，作的软事。伪赌骗财。"

【放】①《切口大词典·武术类·跑马卖解之切口》："放：骑马奔跑也。"②贝思飞《民国时期的土匪隐语》："放：杀。"

【放白鸽】《清门考原·各项切口》："与放条子意同。"

【放布】《切口大词典·党会类·青帮之切口》："放布：布上书明老头子之姓氏，年岁履历，及字辈，分授各徒珍藏，作永久之凭证。（今改为红帖子矣。）"

【放大】《切口大词典·杂业类·冶坊之切口》："放大：二尺二寸之锅也。"

【放大口】《切口大词典·行号类·粮食行之切口》："放大口：斛内印木，擅自移动，每石亦有一二升之弊也。"

【放倒】《切口大词典·役夫类·屠夫之切口》："放倒：杀也。"金老佛《三教九流江湖秘密规矩·青帮与红帮·江湖之春典》："处死称放倒。"

【放顶】《切口大词典·杂业类·冶坊之切口》："放顶：二尺六寸之锅也。"

【放翻】《切口大词典·工匠类·竹匠之切口》："放翻：晒谷垫也。"

【放风】《切口大词典·党会类·小瘪三之切口》："放风：暗中送信，露引风也。"《切口大词典·党会类·小瘪三之切口》："放风：暗中送信也。"

【放鸽子】卫大法师《江湖话·红帮各地通行隐语·一般人事类》："放空气：放鸽子。"

【放钩】《切口大词典·赌博类·做三四之切口》："放钩：做三四者。"

【放光】①《切口大词典·手艺类·灯笼业之切口》："放光：较放洋略小之灯也。"②《切口大词典·杂业类·铁器店之切口》："放光：窗栅也。"

【放红牛】《切口大词典·盗贼类·杆匪之切口》："放红牛：匪用火房焚毁房屋也。"

【放花】《清门考原·各项切口》："放花，私贩物件。被关卡扣住充公，名曰放花。"

【放鸡子】《切口大词典·赌博类·麻雀赌之切口》："放鸡子：先施人小胜而后便使其大败，务使其所负之数超过所胜十倍。"

【放笼】卫大法师《江湖话·红帮各地通行隐语·一般人事类》："报信：放笼。"《清门考原·各项切口》："放笼（泄露秘密。报告人也）。"李子峰《海底·各地通行隐语》："报信：放笼。"

【放马】平山周《中国秘密社会史·三合会隐语》："隐语：三合会员与盗贼往来，有恃文以之为暗号，今略揭大要如下。公所曰红花亭，曰松柏林。新入会曰入圈，曰拜正，曰出世。集会曰开台，曰放马。会员曰香，曰洪英，曰豪杰。外人曰风，曰疯子，曰鹧鸪。新会员曰新丁。到会曰去睇戏。会中之秘书曰衫仔。会员之凭票曰腰平，曰八角招牌，曰八卦。"卫大法师《江湖话·红帮各地通行隐语·店钱及其他》："集会：开抢，放马，开山。"卫大法师《江湖话·红帮闽粤及南洋各地通行隐语》："集会：开台，放马。"徐珂《清稗类钞·会党类·三合会隐语》:"隐语:三合会员与盗贼往来,有怪文以之为暗号,今略揭大要如下。公所曰红花亭,曰松柏林。新入会曰入圈,曰拜正,曰出世。集会曰开台,曰放马。会员曰香,曰洪英,曰豪杰。外人曰风,曰疯子,曰鹧鸪。新会员曰新丁。到会曰去睇戏。会中之秘书曰衫仔。会员之凭票曰腰平,曰八角招牌,曰八卦。"《切口大词典·党会类·三点会之切口》:"放马:集会也。"金老佛《三教九流江湖秘密规矩·三合会之隐语》:"集会曰开抬,亦曰放马。"李子峰《海底·各地通行隐语》:"集会:开抬;放马。"李子峰《海底·闽粤及南洋各地通行之隐语》:"集会:开台;放马。"

【放牛娃】 清傅崇矩《成都通览·成都之呼物混名》:"放牛娃:跟班也。"

【放炮】 ①《切口大词典·娼妓类·相公堂子之切口》:"放炮:泄气也。"②《切口大词典·党会类·流氓之切口》:"放炮:打架也。"

【放人】《清门考原·各项切口》:"放人,暗杀人也。"金老佛《三教九流江湖秘密规矩·青帮与红帮·红帮之问答》:"杀人谓'劈堂',又曰'放人'之类。"

【放三光】《切口大词典·党会类·红帮之切口》:"放三光:上月亮也。"

【放色】《切口大词典·娼妓类·八大胡同妓院之切口》:"放色:谓达色迷所欲达之目的也。"

【放扇子】《切口大词典·盗贼类·掘壁贼之切口》:"放扇子:开大门也。"

【放生意】 ①《切口大词典·党会类·流氓之切口》:"放生意:做套圈愚人也。"②《切口大词典·党会类·青帮之切口》:"放生意:一切江湖卖技者,如医卜星相,等等是也。"③《切口大词典·役夫类·航船夫之切口》:"放生意:即依航船为生之掉包偷窃局骗等,欲向客敛钱也。"④《清门考原·各项切口》:"放生意,不正当之营业也。"刘联珂《中国帮会三百年革命史·清门切口》:"放生意:不正当之生意。"

【放食】《切口大词典·役夫类·驴夫之切口》:"放食:吃草也。"

【放手段】《切口大词典·娼妓类·相公堂子之切口》:"放手段:行骗术也。"

【放水】 ①《梨园话》:"放水:忘却原词,以他戏之词句代之,谓之'放水'。"《切口大词典·优伶类·腔调上之切口》:"放水:唱时忽忘戏词,混用他戏词句也。"②《清门考原·各项切口》:"放水,送信于对方人也。"

【放水灯】《切口大词典·党会类·小瘪三之切口》:"放水灯:任事至中途废弃也。"

【放台子】《切口大词典·党会类·红帮之切口》:"放台子:设台聚赌也。"金老佛《三教九流江湖秘密规矩·青帮与红帮·江湖之春典》:"聚赌称放台子。"

【放汤】《切口大词典·优伶类·戏园之切口》:"放汤:戏完客散之谓也。"

【放甜头】《切口大词典·杂流类·小热昏之切口》:"放甜头:唱不取钱惟向人兜售糖块者。"

【放条子】 ①《切口大词典·医药类·卖药人之切口》:"放条子:卖假人参者。"②《清门考原·各项切口》:"放条子,专门放妇女,伪卖于人,或妓院,六个月,该妇即行逃之。"

【放头】 ①《切口大词典·工匠类·做帽匠之切口》:"放头:纸模也。"②《切口大词典·杂流类·放白鸽者之切口》:"放头:逃走也。"

【放脱】《切口大词典·党会类·红帮之切口》:"放脱:将人截去头颅四肢,以芦席包裹,掷注长江。"

【放小】 ①卫大法师《江湖话·江湖上的隐语·李子隐语》:"挂布招牌传授人戏法;放小。"②《切口大词典·杂业类·冶坊之切口》:"放小:二尺之锅也。"

【放小卖】 清唐再丰《鹅幻汇编·江湖通用切口摘要》:"挂布招牌专传授人戏法曰放小卖。"《切口大词典·武术类·挂布招牌教戏法者之切口》:"放小卖:挂布招牌,专传授人戏法者。"金老佛《三教九流江湖秘密规矩·江湖通用切口》:"挂布招牌专传授人戏法曰放小卖。"卫大法师《江湖话·红帮各地通行隐语·各种行业类》:"挂布招牌教戏法:放小卖的。"李子峰《海底·各地通行隐语》:"挂布招牌教戏法:放小卖的。"

【放衙】《切口大词典·杂流类·卖馄饨者之切口》："放衙：方出担之谓也。"

【放洋】《切口大词典·手艺类·灯笼业之切口》："放洋：大号灯也。"

【放样】《切口大词典·杂业类·冶坊之切口》："放样：三号团底汤罐也。"

【放鹞子】李子峰《海底·各地通行隐语》："放空气：放鹞子。"

【放闸】《切口大词典·赌博类·摇宝赌之切口》："放闸：以屡负故添本至再而三，这添本一次即曰放闸一次。"

【放中】《切口大词典·杂业类·冶坊之切口》："放中：一尺八寸之锅也。"

fei

【飞尘】①《新刻江湖切要·饮馔类》："干面：白茫；飞尘。"《切口大词典·工匠类·造酱匠之切口》："飞尘：麦粉也。"清傅崇矩《成都通览·成都之江湖言词·饮馔类》："干面：白茫；飞尘。"②《切口大词典·行号类·煤炭行之切口》："飞尘：炭末也。"

【飞杜子】《切口大词典·星相类·相家之切口》："飞杜子：贴招牌也。"

【飞个黄莺子】卫大法师《江湖话·江湖上的隐语·普通隐语》："贴标语传单：锣鼓打不响，飞个黄莺子。"

【飞过海】《切口大词典·杂业类·商人共众切口》："飞过海：在帐外作弊也。"

【飞花】《切口大词典·商铺类·布疋业之切口》："飞花：棱布也。"

【飞幌】《切口大词典·医药类·卖药糖丸者之切口》："飞幌：招纸也。"

【飞空】《切口大词典·盗贼类·铳手之切口》："飞空：鸟也。"

【飞空窨】《切口大词典·盗贼类·铳手之切口》："飞空窨：鸟笼也。"

【飞粮】《切口大词典·衙卒类·粮柜之切口》："飞粮：将甲姓之粮，加诸乙姓之田，田在此而粮在彼也。"

【飞六】《新刻江湖切要·天文类》："雪：飞六；[广] 出六；疑絮；天盐。雪珠为集先，落雪为摆飞，又为排六。"《江湖切口要诀》（尺牍增附本）："雪：飞六。[广] 出六；疑絮；天盐；雪珠为集先，落云为摆飞，又为排六。"《切口大词典·杂流类·卖西洋镜之切口》："飞六：雪也。"清傅崇矩《成都通览·成都之江湖言词·天文类》："雪：飞六；出六；疑絮；天盐。"

【飞轮】①《切口大词典·衙卒类·侦探之切口》："飞轮：火车也。"②《切口大词典·杂业类·纸扎店之切口》："飞轮：纸成之车子也。"

【飞奴】宋陈元靓辑《事林广记·续集·绮谈市语·飞禽门》："鸽：飞奴。"

【飞漂】《切口大词典·衙卒类·侦探之切口》："飞漂：轮船也。"

【飞禽】朱琳《洪门志·春典子琐记·店铺》："鸡鸭行，称飞禽。"

【飞肉】《新刻江湖切要·生死类》："遗腹子：飞肉。"《切口大词典·星相类·拉和琴算命之切口》："飞肉：遗腹子也。"清傅崇矩《成都通览·成都之江湖言词·生死类》："遗腹子：飞肉。"

【飞砂子】《切口大词典·役夫类·庖夫之切口》："飞砂子：白盐也。"

【飞鼠】宋陈元靓辑《事林广记·续集·绮谈市语·水族门（虫附）》："蝙蝠：飞鼠。"

【飞屑】《新刻江湖切要·医药类》："掺药：飞屑。"《切口大词典·医药类·医生之切口》："飞屑：掺药也。"清傅崇矩《成都通览·成都之江湖言词·医药类》："掺药：飞屑。"

【飞信通】《新刻江湖切要·人物类》："走报：飞信通；[广] 风行使者。"《江湖切口要诀》（尺牍增附本）："走报：飞信通。[广] 风行使者。"《切口大词典·衙卒类·谈棍之切口》："飞信通：走报也。"清傅崇矩《成都通览·成都之江湖言词·人物类》："走报：飞信通；风行使者。"

【飞窑子】卫大法师《江湖话·红帮各地通行隐语·建筑物类》："搬家：折叠窑子，飞窑子，营挪窑子。"李子峰《海底·各地通行隐语》："搬家：巩叠窑子；飞窑子；营挪窑子。"

【飞张】《清门考原·各项切口》："飞张，由彼方飞到此方之谓有台下迳递。又轮递之法。"

【飞子】①《切口大词典·赌博类·摇宝赌之切口》:"飞子:下风大注中,反败为胜之手术也。譬如在三,而番适为三,老迁于开宝盖拨子时,用器一拨,转晌一子,已不翼而乘入内盘所开之番变为二矣。"②《切口大词典·工匠类·理匠之切口》:"飞子:落彐担。"③《切口大词典·商铺类·皮箱业之切口》:"飞子:东洋皮纸也。"④《切口大词典·商铺类·染色业之切口》:"飞子:染票也。"⑤《切口大词典·手艺类·雨伞业之切口》:"飞子:糊伞皮纸也。"

【妃子】宋陈元靓辑《事林广记·续集·绮谈市语·花木门》:"海棠:妃子。"

【非】①卫大法师《江湖话·各行业商帮所用数目字隐语·成都通行言词·古董玉器当铺》:"非:十。"卫大法师《江湖话·各行业商帮所用数目字隐语·其他·北平》:"由:一。申:二。人:三。工:四。大:五。天:六。夫:七。井:八。羊:九。非:十。按此数字头,如'由'有一个头为一,'申'为二个头为二,'大'为五等头,'非'为十个头。"《切口大词典·商铺类·古董业之切口》:"非:十也。"清傅崇矩《成都通览·成都之各行人买卖通用言词·当铺古董玉器行通用言词》:"十,非。"②卫大法师《江湖话·各行业商帮所用数目字隐语·成都通行言词·糖行》:"兴:一。么:二。咎:三。非:四。银:五。天:六。线:七。来:八。足:九。"

【非非子】《切口大词典·行号类·菜蔬行之切口》:"非非子:韭菜也。"

【非由钱】清傅崇矩《成都通览·成都之各行人买卖通用言词·当铺古董玉器行通用言词》:"非由钱就是十一千文。"

【非子】学古堂《江湖行话谱·走江湖行话》:"子弹:非子。"

【肥花草】清傅崇矩《成都通览·成都之江湖言词·身体类》:"并足:瘦柴;青条;肥花草;濯濯。"

【肥母鸡】清傅崇矩《成都通览·成都之袍哥话即江湖话也》:"有几个肥母鸡,探人有几锭银也。"

【肥胖】贝思飞《民国时期的土匪隐语》:"肥胖:家境富裕的人质。"

【肥肉】《切口大词典·手艺类·卖纸鸢之切口》:"肥肉:白纸也。"

【肥山】《切口大词典·医药类·卖药糖者之切口》:"肥山:担子也。"

【肥田】《切口大词典·赌博类·摇宝赌之切口》:"肥田:每场毕所剩之奇另元角也。"

【肥条】《切口大词典·商铺类·丝线业之切口》:"肥条:即二扣线也。"

【肥鸭】贝思飞《民国时期的土匪隐语》:"肥鸭:家境富裕的人质。"

【肥妖】《新刻江湖切要·身体类》:"怯懦:肥妖。"《切口大词典·星相类·相家之切口》:"肥妖:怯懦也。"清傅崇矩《成都通览·成都之江湖言词·身体类》:"怯懦:肥妖。"

【肥羟】宋陈元靓辑《事林广记·续集·绮谈市语·走兽门》:"羊:柔毛;膻物;肥羟;羔儿。"

fen

【分】《切口大词典·手艺类·席子业之切口》:"分:八也。"《切口大词典·行号类·猪行之切口》:"分:八也。"《切口大词典·杂业类·山果业之切口》:"分:八也。"

【分八】《新刻江湖切要·身体类》:"眉:探老;[增]及第;分八。"《切口大词典·星相类·相家之切口》:"分八:兄弟宫也,双眉是也。"

【分包】①《梨园话》:"分包:一班分两处演唱之谓。(如应堂会等是)"②《切口大词典·优伶类·伶人之切口》:"分包:包戏分任配角之谓也。"

【分不刀】宋陈元靓辑《事林广记·续集·绮谈市语·数目门》:"八:分不刀,卦。"

【分艮】《新刻江湖切要·器用类》:"算盘:拨公。夹剪:分艮;又夹青;今更名曰快儿。"《切口大词典·杂流类·收旧货之切口》:"分艮:夹剪也。"清傅崇矩《成都通览·成都之江湖言词·器用类》:"夹剪:分艮;口快儿。"

【分金】《新刻江湖切要·时令类》:"中秋:赏中;[广]分金;重九;金末。又瓜期节,谓二九也。"

【分磊】《新刻江湖切要·地理类》："石：土骨；坚垒；[广] 分磊；伏虎；踞豹；子践。"《江湖切口要诀》（尺牍增附本）："石：土骨；坚垒。[广] 分磊；伏虎；踞豹；子践。"清傅崇矩《成都通览·成都之江湖言词·地理类》："土：戊转；万生；水壬癸；龙转；归；朝宗。石土骨；坚垒；分磊；伏虎；踞豹；子践。"

【分路】《切口大词典·工匠类·砌街匠之切口》："分路：界石也。"

【分明】《切口大词典·工匠类·淘砂匠之切口》："分明：淘箩也。"

【分票儿】清傅崇矩《成都通览·成都之江湖言词·人事类》："和尚道士：化油；吊漫水；分票儿；飘叶子；圆光；请空；请仙；空老儿；钻黑鬼。"

【分手】《切口大词典·杂业类·商人共众切口》："分手：店主与伙友，断绝关系之谓也。"

【分水】①《切口大词典·优伶类·武行中之切口》："分水：矮走也。花蝴蝶蒋平与尹亮水战时有之。"②学古堂《江湖行话谱·行意行话》："鱼为分水。"

【分水模蛇】学古堂《江湖行话谱·保镖护院行话概略》："鱼为分水模蛇。"

【分头】①《切口大词典·商铺类·金线业之切口》："分头：八也。"清翟灏《通俗编·识余·市语·杂货铺》："杂货铺：一平头，二空工，三眠川，四睡目，五缺丑，六断大，七皂底，八分头，九未丸。"②《切口大词典·商铺类·金线业之切口》："分头：纸拈条也。"③《切口大词典·杂业类·饭店业之切口》："分头：第三碗饭也。"

【分土】《切口大词典·盗贼类·短截贼之切口》："分土：犁也。"

【分炎】《新刻江湖切要·天文类》："火：丙丁；少阳；焰老；[广] 燎原；分炎。"《江湖切口要诀》（尺牍增附本）："火：丙丁；少阳；焰老。[广] 燎原；分炎。"《切口大词典·星相类·鸟衔算命之切口》："分炎：火也。"清傅崇矩《成都通览·成都之江湖言词·天文类》："火：丙丁；少阳；焰老；燎原；分炎。"

【坟】贝思飞《民国时期的土匪隐语》："坟：埋藏财宝的地方，袭击的目标。"

【坟子】《切口大词典·党会类·红帮之切口》："坟子：村庄也。"

【粉】①明佚名《行院声嗽·声色》："白：粉。"②《切口大词典·优伶类·伶人之切口》："粉：演戏亵媟也。"

【粉叉】朱琳《洪门志·春典子琐记·人事》："放鞭，称粉叉。"

【粉合儿】《蹴鞠图谱·圆社锦语》："粉合儿：口。"

【粉皮】《蹴鞠图谱·圆社锦语》："粉皮：白。"

【粉沙】朱琳《洪门志·春典子琐记·店铺》："灰面店，称粉沙。"

【粉条子】《江湖走镖隐语行话谱》："洋炮子为粉条子，又为杂星子。"

【粉希】《新刻江湖切要·草木百果五谷类》："糯米：粉希。"

【粉窑子】卫大法师《江湖话·红帮各地通行隐语·各种行业类》："浴堂：粉窑子，罗汉窑子，吗滑窑子，晕汤窑子。"

【粉子】卫大法师《江湖话·红帮各地通行隐语·饮食用品类》："饭：粉子，散头子，亮沙子。"《清门考原·各项切口》："粉子，饭也。"

【份儿】《梨园话》："份儿：伶人之工资也。[附记] 早年伶工演戏，其所得之资，皆按月计算，故有"包银"之名，无所谓"戏分"也。有之，即自慈安太后断国服始，故江都李毓如先生，有《原班废包银改戏份之原起》一文。其文曰，早年堂会最重昆曲，竟有终日不闻大锣之声者。大栅栏戏园，惟四大徽班轮演（四天一转，戏园予给班中转儿钱）。秦腔只演外城（芳草园等馆），徽班分外城，照戏馆车钱，另给半份。程长庚三庆，不演外城。其时，同人有包银无戏份，每日定有车钱。程长庚每日不过六吊。拿三吊者，即是好角。五百文居其多数。春秋两季说公话，增长车钱，每次亦只五百文，如此便不容易。自慈安太后国服演说白庆昌，乃二路以下角色，彼此凑合。自无包银之规矩，始定为戏份，至大者六吊、八吊。大头叫天，彼时乃二路之铮铮者，声名亦由此而起，遂成名角。国服既满，戏班亦废包银而改戏份。鑫培由八吊至十六吊，其后长至三十吊，则以为空前绝后。桂凤最盛时，戏份不过八吊，希翼长至十六吊，则心满意足。可见长日挣钱之难。"

feng

【丰禾】 宋陈元靓辑《事林广记·续集·绮谈市语·果菜门》："韭菜：丰禾；葱乳。"

【风】 ①平山周《中国秘密社会史·三合会隐语》："隐语：三合会会员与盗贼往来，有怪文以之为暗号，今略揭大要如下。公所曰红花亭，曰松柏林。新入会曰入圈，曰拜正，曰出世。集会曰开台，曰放马。会员曰香，曰洪英，曰豪杰。外人曰风，曰疯子，曰鹧鸪。新会员曰新丁。到会日去睇戏。会中之秘书曰衫仔。会员之凭票曰腰平，曰八角招牌，曰八卦。"卫大法师《江湖话·红帮闽粤及南洋各地通行隐语》："外人：风，疯子，鹧鸪。"徐珂《清稗类钞·会党类·三合会隐语》："隐语：三合会会员与盗贼往来，有怪文以之为暗号，今略揭大要如下。公所曰红花亭，曰松柏林。新入会曰入圈，曰拜正，曰出世。集会曰开台，曰放马。会员曰香，曰洪英，曰豪杰。外人曰风，曰疯子，曰鹧鸪。新会员曰新丁。到会日去睇戏。会中之秘书曰衫仔。会员之凭票曰腰平，曰八角招牌，曰八卦。"金老佛《三教九流江湖秘密规矩·三合会之隐语》："外人曰风，曰疯子，曰鹧鸪。"李子峰《海底·闽粤及南洋各地通行之隐语》："外人：风；疯子；鹧鸪。"②《切口大词典·手艺类·髹漆业之切口》："风：四也。"③《切口大词典·巫卜类·道士之切口》："风：快也。"④《切口大词典·武术类·行程保镖者之切口》："风：有盗也。"⑤贝思飞《民国时期的土匪隐语》："风：警察或士兵。"⑥清末民初佚名《镖行江湖隐语行话秘典》："风，是一财主，招风。"⑦金老佛《三教九流江湖秘密规矩·青帮与红帮·江湖与海湖》："此九流以外又有所谓四大江湖，四大海湖。四大江湖，即风火雀要。四大海湖，即金皮飘择是也。凡花言巧语，骗人做官，而从中攫钱者为风。凡骗人配药炼金，或烧铅炼汞而没其金珠者为火。凡化缘建庙，乘鹤来仪而有邪术者为雀。要挟硬诈者为要。金皮飘择，即算命测字之流。皆以术骗取他人之财物者，此虽同属与江湖，而出于九流之外者也。"

【风不顺】《切口大词典·盗贼类·短截贼之切口》："风不顺：快快跑恐有人追捕且无迟滞之意也。"

【风不正】《切口大词典·盗贼类·短截贼之切口》："风不正：官人多行劫不成之谓也。"

【风大】 施列格《天地会研究·洪家口白要诀》："风大：人多。"

【风大了】《切口大词典·衙卒类·侦探之切口》："风大了：盗不能抵敌也。"

【风化】《切口大词典·商铺类·茶食业之切口》："风化：酥饼也。"

【风火雀要】 金老佛《三教九流江湖秘密规矩·青帮与红帮·江湖与海湖》："此九流以外又有所谓四大江湖，四大海湖。四大江湖，即风火雀要。四大海湖，即金皮飘择是也。凡花言巧语，骗人做官，而从中攫钱者为风。凡骗人配药炼金，或烧铅炼汞而没其金珠者为火。凡化缘建庙，乘鹤来仪而有邪术者为雀。要挟硬诈者为要。金皮飘择，即算命测字之流。皆以术骗取他人之财物者，此虽同属与江湖，而出于九流之外者也。"

【风节】《江湖切口要诀》（尺牍增附本）："立秋：迎金肃；风节。"

【风紧】 ①卫大法师《江湖话·红帮各地通行隐语·一般人事类》："事急：风紧。"李子峰《海底·各地通行隐语》："事急：风紧。"②《切口大词典·盗贼类·杆匪之切口》："风紧：把风见有人缉捕无枪可放则高喊风紧犹言不可为，速逃也。"③贝思飞《民国时期的土匪隐语》："风紧：攻击就要开始。"

【风紧拉花】 卫大法师《江湖话·红帮各地通行隐语·一般人事类》："事急速逃：风紧拉花，海蹿。"李子峰《海底·各地通行隐语》："事急速逃：风紧拉花；海蹿。"

【风凉】《切口大词典·杂流类·卖草鞋者之切口》："风凉：凉鞋也。"

【风凉窑子】《切口大词典·乞丐类·乞丐之切口》："风凉窑子：凉亭也。"

【风流】《切口大词典·役夫类·茶担夫之切口》："风流：五也。"

【风门】《新刻江湖切要·身体类》："口：风门；水星；海门。"《切口大词典·星相类·不开口相面之切口》："风门：口也。"清傅崇矩《成都通览·成都之江湖言词·身体类》："口：风门；水星海门。"

【风盘】《切口大词典·手艺类·卖扯铃之切口》："风盘：营业处也。"

【风胖】《切口大词典·杂业类·饭店业之切口》："风胖：小蹄子也。"

【风齐】《切口大词典·巫卜类·道士之切口》："风齐：快吃也。"

【风琴】《切口大词典·手艺类·卖纸鸢之切口》："风琴：如弓状，横系极薄之藤皮，随纸鸢飘摇空中，遇风鸣然响，风筝之名。"

【风头】①卫大法师《江湖话·安庆隐语》："逃官司：风头。"②《切口大词典·党会类·红帮之切口》："风头：捕盗也。"金老佛《三教九流江湖秘密规矩·青帮与红帮·红帮之问答》："于是大众一哄而出，至某地点，先令个人洗去云头，然后安然回窟，设半路遇有风头（即捕盗者），彼等必大声曰：勿逃。"金老佛《三教九流江湖秘密规矩·青帮与红帮·江湖之春典》："捕役称风头。"③《切口大词典·星相类·星家之切口》："风头：所说之抛风语也。"④贝思飞《民国时期的土匪隐语》："风头：被追赶。"

【风头紧】①《切口大词典·党会类·流氓之切口》："风头紧：巡查利害也。"②《切口大词典·党会类·青帮之切口》："风头紧：堂上有拘捕之风声也。"

【风团】 施列格《天地会研究·洪家口白要诀》："风团，多人。"

【风行使者】《新刻江湖切要·人物类》："走报：飞信通；[广]风行使者。"《江湖切口要诀》（尺牍增附本）："走报：飞信通。[广]风行使者。"《切口大词典·衙卒类·厘卡之切口》："风行使者：走报也。"清傅崇矩《成都通览·成都之江湖言词·人物类》："走报：飞信通；风行使者。"

【风艺】《江湖走镖隐语行话谱》："马獬：风艺。"

【风雨飘】《切口大词典·盗贼类·铳手之切口》："风雨飘：孝服也。"清傅崇矩《成都通览·成都之江湖言词·衣饰类》："孝服：顶雪皮子；风雨飘；西方皮子。"

【风征】《镖行江湖隐语行话秘典》："马，为风征。"

【风爪】《切口大词典·商铺类·火腿业之切口》："风爪：家乡肉之脚爪也。"

【风仔】 施列格《天地会研究·洪家口白要诀》："风仔，官。"

【风子】 清佚名《郎中医话》："风子，是马。"卫大法师《江湖话·红帮各地通行隐语·动物类》："马：跑蹄子，高腿子，风子。"李子峰《海底·各地通行隐语》："马：高腿子；风子。"《镖行江湖隐语行话秘典》："骑马，为风子。"学古堂《江湖行话谱·行意行话》："马，为风子。"云游客《江湖丛谈·江湖之春点》："管马叫'风子'。"

【风子错】 学古堂《江湖行话谱·行话管见》："马肉叫风子错。"

【风子上的朋友】 清末民初佚名《镖行江湖隐语行话秘典》："见了习武的，为风子上的朋友。"

【风字】《兽医串雅杂钞》："马叫'风字[子]'。"

【枫江】《切口大词典·行号类·咸货行之切口》："枫江：盐小蟹，七月中有之。"

【枫蟹】《切口大词典·党会类·拆白党之切口》："枫蟹：成年之女郎也。"

【封】①《行院声嗽·数目》："八：封；敲。"②宋陈元靓辑《事林广记·续集·绮谈市语·数目门》："二：示不小，封。"

【封包李子】 卫大法师《江湖话·江湖上的隐语·李子隐语》："鸣锣聚众吞剑吃蛋：封包李子。"

【封封子】 清傅崇矩《成都通览·成都之袍哥话即江湖话也》："封封子：马也。"

【封缸】 清唐再丰《鹅幻汇编·江湖通用切口摘要》："使人不泻语曰封缸。"卫大法师《江湖话·红帮各地通行隐语·一般人事类》："守秘密：封缸。"卫大法师《江湖话·江湖上的隐语·普通隐语》："使人不洩语：封缸。"金老佛《三教九流江湖秘密规矩·日常用语》："使人不泄语曰封缸。"李子峰《海底·各地通行隐语》："守秘密：

封缸。"

【封江】《切口大词典·娼妓类·长三书寓之切口》:"封江:经期也。妓女以封江为辞拒绝馋涎欲滴之极客也。"

【封扛】《清门考原·各项切口》:"封扛,应人意。进言相攻也。"

【封口】①《切口大词典·医药类·卖疮药者之切口》:"封口:膏药也。"②《切口大词典·杂业类·点心铺之切口》:"封口:糖粥也。"

【封扇子】《切口大词典·盗贼类·杆匪之切口》:"封扇子:闭上门扉也。"

【封台】《梨园话》:"封台:年终戏园停演,谓之'封台',又曰'封箱'。[附记]年终封台时多演本戏,或新排之戏以号召观众。当年四喜班则演八本《铡判官》,即此例也。按:封台剧终,必跳灵官,及燃放鞭炮。俾使观众知已封台,在除夕前不能再演之意。"封箱"系指戏班而言,与戏园无关。如戏班"封箱"后,其所演之戏园尚未封台,他班仍可接续演唱也。"

【疯子】①平山周《中国秘密社会史·三合会隐语》:"隐语:三合会员与盗贼往来,有怪文以之为暗号,今略揭大要如下。公所曰红花亭,曰松柏林。新入会曰入圈,曰拜正,曰出世。集会曰开台,曰放马。会员曰香,曰洪英,曰豪杰。外人曰风,曰疯子,曰鹧鸪。新会员曰新丁。到会曰去睇戏。会中之秘书曰衫仔。会员之凭票曰腰平,曰八角招牌,曰八卦。"卫大法师《江湖话·红帮闽粤及南洋各地通行隐语》:"外人:风,疯子,鹧鸪。"徐珂《清稗类钞·会党类·三合会隐语》:"隐语:三合会员与盗贼往来,有怪文以之为暗号,今略揭大要如下。公所曰红花亭,曰松柏林。新入会曰入圈,曰拜正,曰出世。集会曰开台,曰放马。会员曰香,曰洪英,曰豪杰。外人曰风,曰疯子,曰鹧鸪。新会员曰新丁。到会曰去睇戏。会中之秘书曰衫仔。会员之凭票曰腰平,曰八角招牌,曰八卦。"《家里宝鉴·隐语》:"外人曰'疯子,空子,马子,牛子,鹧鸪,贵四哥,刁滑马子'。"金老佛《三教九流江湖秘密规矩·三合会之隐语》:"外人曰风,曰疯子,曰鹧鸪。"李子峰《海底·闽粤及南洋各地通行之隐语》:"外人:风;疯子;鹧鸪。"②清傅崇矩《成都通览·成都之袍哥话即江湖话也》:"那里有个疯子,口衔一枝花,言行人带有财物也。"③《切口大词典·盗贼类·短截贼之切口》:"疯子:马也。"

【峰底】《切口大词典·星相类·相家之切口》:"峰底:财帛宫也。鼻头是也。"

【峰腰】《切口大词典·星相类·相家之切口》:"峰腰:疾厄宫,位居山根。"

【蜂蝶友】《新刻江湖切要·官职类》:"探花:蜂蝶友;寻春使者。"

【蜂仔】施列格《天地会研究·洪家口白要诀》:"蜂仔:好人。"

【逢孤】《新刻江湖切要·官职类》:"千户:逢孤。"

【缝朝阳】《新刻江湖切要·店铺类》:"线店:[增]缝朝阳;引针朝阳。"《切口大词典·盗贼类·对买贼之切口》:"缝朝阳:线店也。"清傅崇矩《成都通览·成都之江湖言词·店铺类》:"线店:缝朝阳;引针朝阳。"

【缝裳】清傅崇矩《成都通览·成都之江湖言词·人物类》:"好人:将叉;念将通;使女;缝裳;燕人;拐七;蹩足陈平;闻雷坠筋。"

【凤】《切口大词典·工匠类·磨镜匠之切口》:"凤:女主人也。"

【凤翅】学古堂《江湖行话谱·行意行话》:"胳膊,为凤翅。"

【凤雏】宋陈元靓辑《事林广记·续集·绮谈市语·亲属门》:"小儿:凤雏;千里驹。"

【凤点头】《切口大词典·优伶类·锣鼓之切口》:"凤点头:如《天水关》姜维与赵云在战场唱摇板时,应打凤点头。"

【凤凰】《郎中医话》:"凤凰,是嘴醒攒。"

【凤凰蛋】《切口大词典·盗贼类·铳手之切口》:"凤凰蛋:有小孩子也。"

【凤凰衣】《切口大词典·医药类·药行业之切口》:"凤凰衣:孵鸡壳也。"

【凤凰子】卫大法师《江湖话·红帮各地通行隐语·动物类》:"鸡:凤凰子,尖咀子,亚七。"《清门考原·各项切口》:"凤凰子,鸡也。"

【凤尾】《切口大词典·商铺类·南货业之切口》:"凤尾:同上货较羊角为佳。"

【凤尾尖】《切口大词典·商铺类·箓笋业之切口》:"凤尾尖:嫩尾之箓笋也。"

fo

【佛面】《切口大词典·手艺类·髹漆业之切口》:"佛面:黄扇也。"

【佛桑】①《切口大词典·医药类·摆草药摊之切口》:"佛桑:治腮肿及痈疽。"②《切口大词典·杂流类·卖花者之切口》:"佛桑:木槿花之别种。"

【佛寿】《清门考原·各项切口》:"佛寿,以钱财赠送差役之谓。"

【佛头金】《切口大词典·杂流类·卖花者之切口》:"佛头金:金铃菊也。"

【佛头青】《切口大词典·医药类·摆草药摊之切口》:"佛头青:三醉也,治气虚。"

【佛窑】《切口大词典·盗贼类·偷鸡贼之切口》:"佛窑:事主宅地也。"

fu

【夫】卫大法师《江湖话·各行业商帮所用数目字隐语·其他·北平》:"由:一。申:二。人:三。工:四。大:五。天:六。夫:七。井:八。羊:九。非:十。按此数字头,如'由'有一个头为一,'申'为二个头为二,'大'为五等头,'非'为十个头。"

【夫为妻纲】金老佛《三教九流江湖秘密规矩·青帮与红帮·山岗令语句》:"东吴贤德女裙钗,配合刘备帝王家,孙权空用美人计,夫妻和合一同归,这是夫为妻纲。"

【夫子盔】《切口大词典·优伶类·戏盔之切口》:"夫子盔:后部腰圆式,上小下大,顶上面部装绒球。"

【孵豆芽】《切口大词典·党会类·小痞三之切口》:"孵豆芽:冬日严寒在暖堂内取暖也。"

【孵鸡】《切口大词典·商铺类·山货业之切口》:"孵鸡:笋箨起黑点者,为笋之一种。"

【弗识头】《切口大词典·乞丐类·乞丐之切口》:"弗识头:所遇不遂所事不吉也。"

【伏】《切口大词典·商铺类·陆陈业之切口》:"伏:八也。"

【伏笆】《切口大词典·盗贼类·越墙贼之切口》:"伏笆:以食物内实毒物遥掷以饲之也。"

【伏虎】①《新刻江湖切要·地理类》:"石:土骨;坚垒;[广]分磊;伏虎;踞豹;子践。"《江湖切口要诀》(尺牍增附本):"石:土骨;坚垒;[广]分磊;伏虎;踞豹;子践。"清傅崇矩《成都通览·成都之江湖言词·地理类》:"土:戊转;万生;水壬癸;龙转;归;朝宗。石土骨;坚垒;分磊;伏虎;踞豹;子践。"②清傅崇矩《成都通览·成都之江湖言词·乞丐类》:"弄猴:耍老子;伏虎。"《新刻江湖切要·乞丐类》:"弄猴:耍老子;[改]伏虎。"

【伏软】《切口大词典·商铺类·丝经业之切口》:"伏软:缚丝绳也。"

【芙蕖】宋陈元靓辑《事林广记·续集·绮谈市语·花木门》:"莲花:芙蕖;菡萏。"

【芙蓉根】《切口大词典·医药类·摆草药摊之切口》:"芙蓉根:治痈疽发背乳痈恶疮。"

【芙同】《切口大词典·杂业类·燕子窝之切口》:"芙同:称呼同志也。如烟鬼呼烟鬼。曰芙同。谓阿芙蓉之同志也。"

【扶本】《新刻江湖切要·医药类》:"医生:济崩公;扶本;[增]苦劝人。"清傅崇矩《成都通览·成都之江湖言词·医药类》:"医生:济崩公;扶本;苦劝人。"

【扶老】①《切口大词典·杂业类·禽鸟业之切口》:"扶老:鹭鸶鸟也。"②宋陈元靓辑《事林广记·续集·绮谈市语·器用门》:"竹杖:扶老。"

【扶琴】《清门考原·各项切口》:"扶琴,扶琴两人结合。用密语。或各种手法要牌也。"

【扶头】《新刻江湖切要·器用类》:"枕:刻天;土量;今更名扶头。"

【拂】《江湖切口要诀》(尺牍增附本):"高:上天。[广]干霄;拂;仰攀。"

【拂土】《新刻江湖切要·人事类》:"跪曰拂土;丢千。"《切口大词典·衙卒类·地保之切口》:"拂土:跪也。"清傅崇矩《成都通览·成都之江湖言词·人事类》:"跪:拂土;丢千。"

【拂云】《新刻江湖切要·地理类》:"高:上

天；[广]干霄；拂云；仰攀。"

【哄布】《切口大词典·商铺类·布疋业之切口》："哄布：洋布也。"

【服】①学古堂《江湖行话谱·估衣行话》："服，四。"②朱琳《洪门志·春典子琐记·店铺》："衣庄，称服。"

【服制】宋陈元靓辑《事林广记·续集·绮谈市语·举动门》："服：忧服；服制。"

【服诣】①《梨园话》："服诣：服人劝解，谓之'服诣'。"②《切口大词典·优伶类·伶人之切口》："服诣：佩服之谓也。"

【枹罕窑】学古堂《江湖行话谱·估衣行话》："不好人曰枹罕窑。"

【浮丙】《新刻江湖切要·器用类》："灶：离宫；行灶曰浮丙。"《切口大词典·役夫类·庖夫之切口》："浮丙：行灶也。"清傅崇矩《成都通览·成都之江湖言词·器用类》："灶：离宫，行灶曰浮丙。"

【浮粗】《蹴鞠图谱·圆社锦语》："浮粗：鹅鸭。"

【浮水子】①卫大法师《江湖话·红帮各地通行隐语·姓氏类》："允：大滑子，浮水子。"②卫大法师《江湖话·红帮各地通行隐语·饮食用品类》："油：滑水子，浮水子，滑子，洪顺。"李子峰《海底·各地通行隐语》："油：浮水子；滑子；洪顺。"

【浮图】《切口大词典·商铺类·押当业之切口》："浮图：烛台也。"

【浮圆】《切口大词典·赌博类·牌九赌之切口》："浮圆：么二牌也。"

【符】卫大法师《江湖话·各行业商帮所用数目字隐语·成都通行言词·唱剧、道士、端公、乐户等通用》："姑：一。仪：二。腔：三。符：四。蹶：五。傲：六。黑：七。靶：八。拘：九。按十以上则加'丁'字，如'姑丁仪'为'一百二十元'。'拘丁蹶'为'九千八百元正'。"

【符儿】宋陈元靓辑《事林广记·续集·绮谈市语·玉帛门》："钞：券物；符儿。"

【符号及茶碗阵】平山周《中国秘密社会史·三合会隐语》："符号及茶碗阵：三合会员猝遇素不相识之人，欲探其是否为同党兄弟，辄用许多言语以为符号。此外尚有以茶碗、烟管、鸦片管及种种器物授之，观其接受之状态，以试其确实与否。又有将辫发或手做记号者。临战时，有召集援兵之符号，有讽示盗贼之符号。"徐珂《清稗类钞·会党类·三合会隐语》："符号及茶碗阵：三合会员猝遇素不相识之人，欲探其是否为同党兄弟，辄用许多言语以为符号。此外尚有以茶碗、烟管、鸦片管及种种器物授之，观其接受之状态，以试其确实与否。又有将辫发或手作记号者。临战时，有召集援兵之符号，有讽示盗贼之符号。"

【袱包子】《新刻江湖切要·星相类》："龟算命：袱包子，今改为蔡梳。"《切口大词典·星相类·龟算命之切口》："袱包子：以龟算命者。"清傅崇矩《成都通览·成都之江湖言词·星相类》："龟算命：袱包子；蔡梳；灼龟；烧青烟。"

【幅子】云游客《江湖丛谈·江湖之春点·江湖中铳铳幅子的》："管那传单，调侃儿叫幅子。"

【福】卫大法师《江湖话·红帮各地通行隐语·一般人事类》："磕头：摊，福，马楼子。"李子峰《海底·各地通行隐语》："磕头：摊；福；马楼子。"

【福八字】《切口大词典·杂流类·卖水果者之切口》："福八字：福橘也。"

【福洞】《切口大词典·巫卜类·尼姑之切口》："福洞：后门也。"

【福根道来】《切口大词典·工匠类·成衣匠之切口》："福根道来：粉袋也。"

【福果】宋陈元靓辑《事林广记·续集·绮谈市语·果菜门》："荔子：测生；福果。"

【福禄】《切口大词典·党会类·哥老会之切口》："福禄：六爷也。"

【福三全】《切口大词典·商铺类·南货业之切口》："福三全：桂圆之下品者。"

【福星】《新刻江湖切要·官职类》："斗元：[广]福星；恩与。"

【吥该】《切口大词典·娼妓类·粤妓之切口》："吥该：沪语之对弗住也。"

【斧头】《切口大词典·杂业类·白粥业之切口》："斧头：黄豆芽也。"

【府第】宋陈元靓辑《事林广记·续集·绮谈市语·宫殿门》："相府：府第。"

【府门头】云游客《江湖丛谈·江湖之金点·

骗术门》：“开老妈作坊亦不容易，吃这碗饭必须能走动才成。至少亦得有几个府门头（北平人管官宦人家叫府门头）。”

【府丈】 宋陈元靓辑《事林广记·续集·绮谈市语·亲属门》：“父：乃尊；府丈。”

【俯就】《新刻江湖切要·地理类》：“低：入地；[广] 俯就。”《江湖切口要诀》（尺牍增附本）：“低：入地。[广] 俯就。”《切口大词典·星相类·铁板算命之切口》：“俯就：低也。”清傅崇矩《成都通览·成都之江湖言词·地理类》：“低：入地；俯就。”

【辅货捻地】 金老佛《三教九流江湖秘密规矩·江湖通用切口》：“空松之药糖曰辅货捻地。”

【父为子纲】 金老佛《三教九流江湖秘密规矩·青帮与红帮·山岗令语句》：“临潼斗宝是伍员，平王倒杀他满门，吴国借兵把仇报，后来幼主坐龙庭，这是父为子纲。”

【付】《切口大词典·巫卜类·茶馆测字者之切口》：“付：生意不成也。”

【负赖】 卫大法师《江湖话·红帮各地通行隐语·一般人事类》：“拜托：负赖。”李子峰《海底·各地通行隐语》：“拜托：负赖。”

【负累万年青】 卫大法师《江湖话·红帮各地通行隐语·各种行业类》：“托身后事：负累万年青。”李子峰《海底·各地通行隐语》：“托身后事：负累万年青。”

【负龙】《新刻江湖切要·器用类》：“匾担：负龙；量肩。”《切口大词典·杂流类·收旧货之切口》：“负龙：匾担也。”清傅崇矩《成都通览·成都之江湖言词·器用类》：“匾担：负龙；量肩。”

【负酉】《切口大词典·商铺类·地货业之切口》：“负酉：二十一也。”

【妇原】《切口大词典·杂流类·收生婆之切口》：“妇原：死也。”

【附水龙】 清傅崇矩《成都通览·成都之袍哥话即江湖话也》：“附水龙：干缠也。”

【驸马套】《切口大词典·优伶类·戏盔之切口》：“驸马套：用在纱帽上，《探母》之四郎，《铡美案》之陈世美等用之。”

【赴蟠桃】 ①《切口大词典·乞丐类·妇人求乞之切口》：“赴蟠桃：出门行乞也。” ②《清门考原·各项切口》：“赴蟠桃，赴会也。”金老佛《三教九流江湖秘密规矩·青帮与红帮·红帮之领人》：“老大奉令后，乃择定一庙宇，中供祖师牌位，堂中又另设大方台一只，右供大片子（大刀）一把，左置小喷筒（手枪）一枝，正中焚起一炉香，一对烛，台口又置有线香一束，然后令各候补匪，鱼贯入内，并请有山上资格较深之各大爷，同时参预盛会，谓之赴蟠桃。”金老佛《三教九流江湖秘密规矩·青帮与红帮·江湖之春典》：“宴会称赴蟠桃。”刘联珂《中国帮会三百年革命史·清门切口》：“赴蟠桃：宴会也。”

【赴台堂】 朱琳《洪门志·春典子琐记·人事》：“赴宴：称赴台堂。”

【副客】《切口大词典·杂业类·燕子窝之切口》：“副客：土皮也。”

【副糟】《切口大词典·杂业类·燕子窝之切口》：“副糟：龙头灰也。”

【傅册】《切口大词典·杂流类·私塾先生之切口》：“傅册：教书先生也。”

【傅朝阳】《切口大词典·盗贼类·对买贼之切口》：“傅朝阳：花粉店也。”清傅崇矩《成都通览·成都之江湖言词·店铺类》：“粉店：傅朝阳。”

【傅子孙】《切口大词典·盗贼类·剪绺贼之切口》：“傅子孙：彼皆招领徒弟传授各种手法扒术，彼以徒弟传故名。”

【富贵窑子】 卫大法师《江湖话·红帮各地通行隐语·店钱及其他》：“当铺：富贵窑子。”

【富贵衣】《切口大词典·商铺类·衣折业之切口》：“富贵衣：破海主也。俗呼乞丐衣。”

【缚带】《切口大词典·乞丐类·捉蛇乞丐之切口》：“缚带：捉蛇也。”

【缚柳枝】《切口大词典·娼妓类·相公堂子之切口》：“缚柳枝：以布缚束腰际也。恐身体发肥减损风姿，乃以寻丈小布，紧缠腰际，使其纤削轻盈，如灵和殿前之弱柳也。”

【覆口】《切口大词典·医药类·做戏法卖药者之切口》：“覆口：茶杯也。”

G

gai

【改火】《新刻江湖切要·时令类》："夏至：改火。"《江湖切口要诀》(尺牍增附本)："夏至：改火。"《切口大词典·星相类·弹弦子算命之切口》："改火：夏至也。"清傅崇矩《成都通览·成都之江湖言词·时令类》："夏至：改火。"

【改江山】《切口大词典·娼妓类·相公堂子之切口》："改江山：人秉天地之造化，男女有别，而老相能使雄性者，教化成雌性。"

【改门子】《切口大词典·盗贼类·杆匪之切口》："改门子：匪在墙上挖洞，由此入内，行劫也。"

【改透了】《切口大词典·娼妓类·八大胡同妓院之切口》："改透了：轻薄过甚也。"

【改羊哥】《切口大词典·娼妓类·长三书寓之切口》："改羊哥：客之阔而不中礼，应受妓鸨之愚者。"

【盖】《切口大词典·武术类·卖拳头者之切口》："盖：以柔软术相搏者。"

【盖穿】《新刻江湖切要·亲戚类》："无夫曰念官；[广] 盖穿。"

【盖顶】①《新刻江湖切要·宫室类》："造屋曰盖顶；又曰搭棋盘。"②《切口大词典·杂业类·纸扎店之切口》："盖顶：纸帽子也。"

【盖对】《切口大词典·医药类·卖药人之切口》："盖对：说价钱也。"

【盖各】《新刻江湖切要·人物类》："客人：盖各；客同；[广] 鸡黍相延；无涯逆旅。"《江湖切口要诀》(尺牍增附本)："客人：盖各；客同。[广] 鸡黍相延；天涯逆旅。"《切口大词典·医药类·摇虎撑者之切口》："盖各：客人也。"清傅崇矩《成都通览·成都之江湖言词·人物类》："客人：盖各；客同；鸡黍相延；无涯逆旅。"

【盖各儿】《切口大词典·商铺类·丝经业之切口》："盖各儿：客人也。"

【盖各子】《切口大词典·役夫类·脚夫之切口》："盖各子：客人也。"

【盖口】《梨园话》："盖口：剧中问答之词句，谓之'盖口'。"

【盖老】《新刻江湖切要·亲戚类》："夫：官星；官通；盖老。"清翟灏《通俗编·识余·市语》："江湖人市语尤多，坊间有《江湖切要》一刻，事事物物，悉有隐称。诚所谓惑乱听闻，无足采也。其间有通行市井者，如官曰孤司，店曰朝阳，夫曰盖老，妻曰底老，家人曰吊脚，僧曰廿三，道士曰廿四，成衣曰戳短枪，抬轿曰扳楼儿，剃头曰削青，船曰白瓢儿，屋顶公，银曰琴公，钱曰把儿，米曰软珠，饼曰匾食，盐曰瀽老，鱼曰豁水，鸭曰王八，鞋曰踢土，镜曰照儿，抹布曰蹋郎，坐曰打墩，拜曰剪拂，揖曰丢圈子，叩头曰丢匾子，写字曰搠黑，说话曰吐刚，被欺曰上当，虚奉承曰王六，大曰太式，多曰满太式，无曰各念，俱由来于此语也。"宋陈元靓辑《事林广记·续集·绮谈市语·亲属门》："夫：厥良；盖老。"

【盖露】《新刻江湖切要·草木百果五谷类》："叶：盖露。"

【盖青天】《切口大词典·盗贼类·拐匪之切口》："盖青天：发不秃也。"

【盖人】《切口大词典·商铺类·绸缎业之切口》："盖人：言赊欠也。"

【盖日】《切口大词典·手艺类·贳彩业之切口》："盖日：扇也。"

【盖身】《切口大词典·娼妓类·江山船之切口》："盖身：嫖客也。"

【盖挑】《切口大词典·盗贼类·铣手之切口》："盖挑：棉被也。"

【盖头】《梨园话》："盖头：遮头之布，谓之'盖头'。"《切口大词典·星相类·铁板算命之切口》："盖头：寅时也。"

【盖子】《切口大词典·商铺类·南货业之切口》："盖子：香芹也。"明程万里《鼎锲徽池雅调南北官腔乐府点板曲响大明春·六院汇选江湖方语》："盖子，是丈夫也。"

【盖子板】 清末民初佚名《镖行江湖隐语行话秘典》："桌子，为盖子板。"

【戤吃讲茶】《切口大词典·乞丐类·乞丐之切口》："戤吃讲茶：因事争论，双方至茶肆，将事之是非，凭诸公论，曲者将满堂茶钱会钞，彼乃白吃一碗茶也。"

【戤牌头】《切口大词典·娼妓类·雉妓之切口》："戤牌头：雉妓院之本家，必有持护符之人，否则必受乱人流氓之扰，牌头愈硬，面子愈足。"《清门考原·各项切口》："戤牌头，以别人之势。以壮己威。又曰撑头。"金老佛《三教九流江湖秘密规矩·青帮与红帮·红帮之生财》："凡此生意为帮匪所做者，无论矣，其他若为本地无赖所经营者，则必借重若辈中之有面子者一人，为之庇护，名之曰：戤牌头。"

【戤身】 ①《切口大词典·商铺类·竹器业之切口》："戤身：竹椅子也。"《切口大词典·杂业类·旅馆之切口》："戤身：椅子也。" ②《切口大词典·杂流类·蒙骗之切口》："戤身：主人也。"

gan

【干】 ①卫大法师《江湖话·红帮各地通行隐语·数目类》："千：梗；干。"李子峰《海底·各地通行隐语》："千：梗；干。" ②《切口大词典·杂业类·猪肉业之切口》："干：瘦也。"

【干扒虎】《切口大词典·盗贼类·掘壁贼之切口》："干扒虎，一贼独扒墙也。"

【干把】《切口大词典·衙卒类·侦探之切口》："干把：所获之盗，系望风者。"

【干长通】《江湖切口要诀》（尺牍增附本）："乡人：干长通。[广]我犹未免；沉迷为身。"

【干吃】 清傅崇矩《成都通览·成都之江湖言词·身体类》："壮大：干吃。"

【干叱】《新刻江湖切要·身体类》："壮大：干叱。"

【干电】《切口大词典·杂业类·燕子窝之切口》："干电：烟泡也。"

【干跺脚】 云游客《江湖丛谈·江湖之春点·江湖中巾点中之自来簧》："像张半仙那个相面的，亦不支棚，亦不设帐，连张桌儿都不用，只用几张纸条儿，一管毛笔。要调侃儿，管他那种生意，得叫'干跺脚'。"

【干宫】 卫大法师《江湖话·红帮各地通行隐语·天文地理类》："天：干宫；上空子。" 卫大法师《江湖话·江湖上的隐语·普通隐语》："天：干宫。"

【干荷盖】《切口大词典·医药类·摆草药摊之切口》："干荷盖：荷叶也。煎汤洗涮能止痒疮。"

【干黄鳝】 清傅崇矩《成都通览·成都之呼物混名》："干黄鳝：蛇也。"

【干济口】《行院声嗽·人事》："了得：干济口。"

【干将】 宋陈元靓辑《事林广记·续集·绮谈市语·文房门》："剑：干将；莫邪。"

【干浆】《切口大词典·杂业类·油坊之切口》："干浆：油渣也。"

【干角】《切口大词典·星相类·铁板算命之切口》："干角：午时也。"

【干切】《切口大词典·杂业类·饭店业之切口》："干切：咸肉切块装盆也。"

【干树在头上】 卫大法师《江湖话·四川灌县轿夫隐语》："干树在头上：前：'右（左）手一个霸王'；后：'打得下来作柴烧'。"

【干希】 明程万里《鼎锲徽池雅调南北官腔乐府点板曲响大明春·六院汇选江湖方语》："干希：乃饭也。"

【干宵】《江湖切口要诀》（尺牍增附本）："高：上天。[广] 干宵；拂；仰攀。"

【干霄】《新刻江湖切要·地理类》："高：上天，[广] 干霄；拂云；仰攀。"清傅崇矩《成都通览·成都之江湖言词·地理类》："高：上天；干霄；仰攀。"

【干血】《切口大词典·衙卒类·侦探之切口》："干血：无钱也。"

【干藨】《切口大词典·行号类·水果行之切口》："干藨：梅干也。"

【甘】《切口大词典·商铺类·南货业之切口》："甘：三也。"

【甘霖】《新刻江湖切要·天文类》："露：[补] 甘霖；秋白；未晞；为霜；湛斯；在丰。"《江湖切口要诀》（尺牍增附本）："露：

[补]：甘霖；秋白；未晞；为霜；湛斯；在丰。"《切口大词典·杂流类·卖西洋镜之切口》："甘霖：露也。"清傅崇矩《成都通览·成都之江湖言词·天文类》："露：甘霖；秋白；未晞；为霜；湛斯；在丰。"

【甘露】①《切口大词典·巫卜类·六壬课之切口》："甘露：露也。"②《切口大词典·杂业类·花业之切口》："甘露：芭蕉也。"

【甘露子】《新刻江湖切要·天文类》："雨：津；[广] 沛生；子望；润公；湿杏；天线；灵零；甘露子；苦霆生；落雨为摆津；[广] 洒润。"《江湖切口要诀》（尺牍增附本）："雨：津。[广] 沛生；子望；润公；湿杏；天线；灵零；甘露；苦苦生落。[广] 雨为摆津，洒润。"清傅崇矩《成都通览·成都之江湖言词·天文类》："雨：津，沛生，子望，润公，湿杏，天线，灵零，甘露子，苦霆生；落雨为摆津，洒润。"

【甘州】清翟灏《通俗编·识余·市语·优伶》："优伶：一江风，二郎神，三学士，四朝元，五供养，六幺令，七娘子，八甘州，九菊花，十段锦。"

【甘州杞】《切口大词典·医药类·摆草药摊之切口》："甘州杞：治妇人阴肿，或生疮。"

【杆】①《郎中医话》："杆，是一千。"②清末民初佚名《镖行江湖隐语行话秘典》："杆，为十二吊。"③清末民初佚名《镖行江湖隐语行话秘典》："一吊，为杆。"

【杆进院】《切口大词典·盗贼类·杆匪之切口》："杆进院：杆首持枪，结纠同伙，首先进事主门开枪，余则鱼贯而入也。"

【杆面杖】《新刻江湖切要·人物类》："光棍：油滑生；[广] 井梧摇落大光棍；顺子；柳生；[广] 杆面杖。下流光棍：谷山；[广] 倒影枯杨。"《切口大词典·星相类·龟算命之切口》："杆面杖：大光棍也。"清傅崇矩《成都通览·成都之江湖言词·人物类》："大光棍：顺子；柳生；杆面杖。"

【杆子】①卫大法师《江湖话·安庆隐语》："男人：杆子。"②卫大法师《江湖话·红帮各地通行隐语·建筑物类》："镇集：凑子，杆子。"李子峰《海底·各地通行隐语》："镇集：凑子；杆子。"③《切口大词典·盗贼类·短截贼之切口》："杆子：贼之首领也。"④《清门考原·各项切口》："杆子，街头也。"⑤金老佛《三教九流江湖秘密规矩·青帮与红帮·江湖之春典》："烟枪称杆子。"

【尴尬】《切口大词典·党会类·小瘪三之切口》："尴尬：无钱也。事之艰难，亦曰尴尬。"

【赶】①《切口大词典·医药类·撑大伞卖药者之切口》："赶：车子推快也。"②《镖行江湖隐语行话秘典》："赶：是赶着里，未放行。"

【赶白集】《切口大词典·盗贼类·爬儿手之切口》："赶白集：爬儿手也专窃至贱至微之物也。"

【赶包】《梨园话》："赶包：于此处演完，即往他处演唱，谓之'赶包'。"

【赶场】《梨园话》："赶场：急急上场，谓之'赶场'。"

【赶陈】《切口大词典·行号类·粮食行之切口》："赶陈：糯米名，粒最长，白稃而有芒，四月种七月熟。"

【赶城门】《切口大词典·娼妓类·长三书寓之切口》："赶城门：继梳拢之后第一人也。"

【赶狗阵】《切口大词典·乞丐类·作揖求乞之切口》："赶狗阵：追随人后求乞也。"

【赶狗走】《切口大词典·娼妓类·长三书寓之切口》："赶狗走：客相识未久，惠顾未曾，咸为打茶围交易，院中必薄视其来也。以出局代逐客令也。"

【赶黄昏】《切口大词典·党会类·青帮之切口》："赶黄昏：专于傍晚偷物之窃贼也。"

【赶热被池】《切口大词典·娼妓类·八大胡同妓院之切口》："赶热被池：亦与赶早同。"

【赶水鸭】金老佛《三教九流江湖秘密规矩·青帮与红帮·青帮之副业》："赶水鸭之与赶猪仔，同是诱人赌博，其所异者，一则将人赶入摇堂，一则将人诱至船中，要皆旅客之大害也。其赶水鸭一法，大约在往来内地之航船中为多，尚有一法，则先期预备一船，停泊各码头，如在苏州码头，见有人在，即上前问曰：汝是否往苏州去？其人设应曰：是。则必曰：航船开矣。我船亦开向苏州者，将启椗矣。汝盍搭船同去，船资固极廉者也，行人见此机会，复何暇寻根究底，必应之曰：诺。如是东兜西揽，但能凑足七八人，居然举橹开船，迨至半路，遂得施展其惑人之手段矣。不佞曾于壬子春间，与同里数人，乘嘉定航船返嘤。启椗时，适值午夜，盖候潮汛焉，余等上船即睡，破晓将近江湾，同船诸人俱醒。迨抵江湾，见有五六人在此登岸，船再开行，忽太息之声四起，异而询诸个中之一。乃告语曰：昨晚有顷间登岸之某甲。问诸人曰：汝等有携牙牌来者否，倘能借此以消永夜，至佳。诸人皆曰无。又问诸舟子，则曰惟有一不完全之纸麻雀牌耳。甲曰佳甚，可将来，我有法在。即从纸牌中拣出万子二十五张，索子二十五张，合成五十张。乃语诸人曰：作上风者，可于诸牌中任抽其一，非万即索。以巾覆之，以待众人下注，中者一倍得二。中有某乙曰妙，妙，余做上风。当即顺手取过纸牌，如法炮制，团坐而赌。开阖约数十度，上下风均无甚出入。斯时同船诸人，均被惊醒，赌者有之，看者亦有之。正热闹间，乙忽起身曰：暂停片刻。遂出舱至船头，抠衣而大解，时有某丙低声语诸人曰：此人癫也。色共二门，何以一倍二，岂非坐蚀其一。今可在此牌中拣出万子十五张，而以十五张索子补之，则五十张中索子已居五份之四，吾侪获胜，可操胜券也。速拣速拣，毋自误。不逾时，事毕。乃谓诸赌友曰：谁敢多言。请向河底寻生活去。语次，乙已掀帘而入，绝无猜嫌意见，相邀诸人更入局。诸人喜甚，赌与益豪，更有多人，力劝吾等尽力下注。故十元八元者有之，一元两元者亦有之，总计每次不下四五十元。而孰知每启必万，杳无一索，三五次之所入，已达百余元之巨，甚至彼老婆婆指间之金戒，亦已与金钱以俱去。迨吾等阮囊将罄之际，乙忽将牌一一点看，不幸被其察破索子多于万子。遂脱帽大怒曰：好好。汝侪欺侮我一人，幸而皇天不佑，我尚有胜无败。好好，待到镇上，再与汝等理诉可也。言次，遂将纸牌包起，藏诸囊中，声言作为凭证。今竟相率而去，始知受骗也。"

【赶四脚】《切口大词典·乞丐类·作揖求乞之切口》："赶四脚：追随车后求乞也。"

【赶孙】 卫大法师《江湖话·红帮各地通行隐语·人类一般》："乞丐：赶孙，流巴生。"李子峰《海底·各地通行隐语》："乞丐：赶孙；流巴生。"

【赶条子】《切口大词典·娼妓类·茶室之切口》："赶条子：狭客于叫条子之后，即至妓家宿也。"

【赶头钱】 卫大法师《江湖话·红帮各地通行隐语·偷盗类》："挑担窃物：赶头钱。"

【赶香堂】《切口大词典·党会类·青帮之切口》："赶香堂：开山门收徒者，以大红帖，分请有连带关系之各帮匪，前来参观也。"《清门考原·各项切口》："赶香堂，参加观礼。"刘联珂《中国帮会三百年革命史·清门切口》："赶香堂，参加别人收人。"

【赶月】《切口大词典·商铺类·爆竹业之切口》："赶月：燃后出发，亮如皓月。"

【赶早儿】《切口大词典·娼妓类·八大胡同妓院之切口》："赶早儿：因或种种原因，不能卜之以夜，而于绝早之时，来赴阳台之会之谓也。"

【赶猪仔】 金老佛《三教九流江湖秘密规矩·青帮与红帮·青帮之副业》："赶猪仔一法，最足骇人听闻，其魔力能使旅客行商，于无意中自随骗子而至赌窟，一任若辈所鱼肉也。乡人某甲方至上海，销去花米，肩负囊金，觅途以归。忽有某乙上前问曰：'老爷叔，你将往南翔乎？'农人答曰：然。乙又曰：'敝友某君有一紧要信函，因恐邮局需时，自愿出费两元，托我送去。今日我适有别事，不克分身。若君则便路也，君能代任其劳乎？'农人以为送一信函，可得专差费两元，况又便路，又何乐而不为哉。遂应声曰：可。乙喜，即出大洋两元与之，并言信在家中，请随我往取。农人唯唯，随之至一处，见门庭高大宛若世家。二人先后入一书室，室中有卧者，横卧湘妃榻上，正与芙蓉城主结不解缘。乙命农人稍坐，回身自出。而卧者一若未见，并不与甲通一语，其吸烟自若也。移时不见乙出，农人正筹思间，忽某丙掀帘而入，躬身与卧者为礼。口呼少大人，卧者曰：昨日方荐汝去当差，何故复来，丙曰：小的该死，小的蒙少大人栽培，荐往某公馆伺候大人，颇蒙青睐，小的不该与同伴赌钱，非但少大人所赏五元，均入若辈囊中。反亏空十余元，约定今日归还。小的无法可思，只得仍求少大人开恩，借给小的十元。因彼等此时，均在门外立等也。显者闻之，大怒曰：混账东西，谁叫汝去赌钱，你可知外面赌钱，都是亡货，无一或崭者乎。丙曰：大人在上，小的不敢说谎。小的所赌者，乃摇宝，且我做上风，可以保其崭也。显者冷笑不应，即在抽屉内取出摇缸并骰子全付，命丙自摇曰：汝试为之，予能欲单即单，欲双即双。丙试之果然，大骇曰：少大人何神于摇宝若是乎。显者曰：何神之有，不过恃此赌具之佳妙耳。今汝可将索欠者并邀之入，令其再赌，但观其来与否，即可决其或崭或亡也。丙喜诺。即返身外出，不片刻，则见有衣服华丽者三四人，随丙俱入。寒暄既毕，即请同赌。而来者诸人，状颇老实，欣然入局，且做上风，显者注单得单，押双得双。农人在旁见之，垂涎实甚，然因素不相识，犹不敢贸然就赌。丙阴语之曰：噫！此发财机会也，汝岂熟视无睹耶。但从少大人后，即可分沾余润。农人深然之，乃出其专差费两元授诸丙，使之代为下注。果得彩，继又多注，则失矣。丙附耳曰：此器为少大人所自制，本属百无一失，此次之失，亦事之偶然者也。少顷，汝若与少大人合做上风，则三千五千，不难立致也。农人颔之。有间，丙即为二人从中作合，农人遂与显者同做上风，听显者命，自持摇缸，显者则作戳角，复邀合外来之三四人做下风，开至四五次，已盈余数百金。迨后一次，忽一举而罄其资，农人应出半数，已达二千余金，而包裹中所带花米货洋，仅数百元，两相计算，相差尚巨。显者气度至从容，曰：不妨不妨，即予一人独任，亦是小事，居然如数代赔。正热闹间，乙忽推门而入，手持书函一封，授之农人曰：费心费心。劳君久待矣。农人目瞪口呆，不作一语。乙遂邀之俱出，并为之代雇车辆，亲送出二里以外，且询之曰：顷间室中大赌，汝亦与其列乎。农人曰：赌乎？余资罄矣。乙曰：然则尚有车资乎？曰：无。乙乃出钞值五元双手奉送，云作车资，然后分手而别。可怜此土地麻子，虽已身经大骗，犹是莫明其妙也。其无颜回家，半途觅死者，且不知凡几。呜呼骗子，予真搜遍大字典终不获切当之一语，足以骂汝也。"

【杆上的】云游客《江湖丛谈·江湖之金点·穷家门》："杆上的，即乞丐头儿。"

【擀面杖】《江湖切口要诀》（尺牍增附本）："大光棍：顺子。[广] 柳生；擀面杖。"

gang

【冈亮】《切口大词典·星相类·隔夜算命之切口》："冈亮：做生意会说，而能使主客信者。"

【冈砂】《切口大词典·星相类·隔夜算命之切口》："冈砂：与冈亮成反比例。"

【刚】《切口大词典·手艺类·髹漆业之切口》："刚：二也。"

【刚骨】《切口大词典·工匠类·修缸之切口》："刚骨：铁攀也。"

【刚子】《切口大词典·医药类·祝由科之切口》："刚子：宝剑也。"

【岗位】《切口大词典·衙卒类·警士之切口》："岗位：警士站立之所也。"

【岗窑子】《切口大词典·盗贼类·掘壁贼之切口》："岗窑子：瓦屋也。"

【纲儿】《切口大词典·盗贼类·收晒朗贼之切口》："纲儿：帽子也。"

【钢大】《切口大词典·杂业类·剪刀店之切口》："钢大：最大之剪刀也，剪铁用。"

【钢口】云游客《江湖丛谈·江湖之春点·汉门的丁香座子》："钢口，即是生意口。"云游客《江湖丛谈·江湖之金点·江湖之点挂子》："他们的嘴把式，调侃儿叫钢口。"

【港师】卫大法师《江湖话·红帮各地通行隐语·各种行业类》："设计陷人者：胡捣子，港师。"李子峰《海底·各地通行隐语》："设计陷人者：胡捣子；港师。"

【港下】《切口大词典·医药类·卖药糖者之切口》："港下：那边也。"

【杠】卫大法师《江湖话·红帮各地通行隐语·人身各物类》："人：孙，点，杠。"李子峰《海底·各地通行隐语》："人：孙；点；杠。"

【杠柴头】《切口大词典·役夫类·轿夫之切口》："杠柴头：谓轿中人之消瘦者。"

【杠风】《切口大词典·衙卒类·衙役之切口》："杠风：凡盗匪通差役者。"《清门考原·各项切口》："杠风，差役与匪通也。"

【杠子身】《新刻江湖切要·人事类》："唱道情人曰边江子；又曰杠子身。"清傅崇矩《成都通览·成都之江湖言词·人事类》："唱道情人：边江子；杠子身。"

【戆皮】《切口大词典·党会类·小瘪三之切口》："戆皮：无钱之谓也。"《切口大词典·乞丐类·乞丐之切口》："戆皮：无钱之谓也。"

gao

【高】①卫大法师《江湖话·各行业商帮所用数目字隐语·成都通行言词·布行》："则：一。乃：二。心：三。梳：四。抹：五。高：六。纱：七。孬：八。坅：九。"卫大法师《江湖话·各行业商帮所用数目字隐语·成都通行言词·鱼贩子》："条：一。边：二。撑：三。梳：四。妥：五。高：六。黑：七。毛：八。湾：九。"清傅崇矩《成都通览·成都之各行人买卖通用言词·捕鱼及渔帆子言词》："髙（六）。"清傅崇矩《成都通览·成都之各行人买卖通用言词·布匹棉花线子行言词》："髙（六）。"清傅崇矩《成都通览·成都之各行人买卖通用言词·丝锦绸缎布帛花行通用言词》："六：高。"②卫大法师《江湖话·各行业商帮所用数目字隐语·重庆通行言词·买猪》："豆：一。背：二。泰：三。长：四。仁：五。条：六。栲：七。黄：八。豆：九。按此为重庆场买卖猪时使用。又名猪肉为'大'，即问'这大多少钱一斤'？则回答；若问'这猪肉多少钱一斤'？则不回答你。高：一。明：二。韩：三。苏：四。大：五。雍：六。草：七。梅：八。湾：九。高：十。许：一。欠：二。川：三。义：四。土：五。告：六。照：七。毛：八。求：九。许：十。此二十个字互用，如'许许'为'十一'，'欠欠'为'二十二'，'韩韩'为'三十三'，'苏苏'为'四十四'，'土土'为'五十五'，'雍雍'为'六十六'，'草草'为'七十七'，'毛毛'为'八十八'，'湾湾'为'九十九'。而'十一'不能称'高高'，'八十八'不能称'梅梅'。又如'高明'为'十二'，'高韩'为'十三'，'高苏'为'十四'，'高大'为'十五'，'高雍'为'十六'，'高草'为'十七'，而'高梅'不能为'十八'，要用'许毛'为'十八'，'高湾'为'十九'。又如'欠许'为'二十一'，'韩许'为'三十一'，'入许'为'五十一'，'雍许'为'六十一'，'毛许'为'八十一'，'湾许'为'九十一'。而'明韩'为'二十三'，'韩明'为'三十二'，'土明'为'五十二'，'雍明'为'六十二'等。整数语尾加'老'字，如'高老'为'一百'等。在鼎街古董铺，则用二个字，如'高少'为'一千五百元'，或'一万五千元'，少有用三个字的，如遇三个数目，则尾数用普通数目，如'十五万五千元'，而荒货担子可说到三个字，因此数目言词非精通常用不可。"卫大法师《江湖话·各行业商帮所用数目字隐语·重庆通行言词·古董，旧五金，估衣，改裁，荒担，经纪，过活，旧棉絮（重庆教场口，鼎新街，估衣街，关津巷通用）》："高：一。明：二。韩：三。苏：四。大：五。雍：六。草：七。梅：八。湾：九。高：十。许：一。欠：二。川：三。义：四。土：五。告：六。照：七。毛：八。求：九。许：十。此二十个字互用，如'许许'为'十一'，'欠欠'为'二十二'，'韩韩'为'三十三'，'苏苏'为'四十四'，'土土'为'五十五'，'雍雍'为'六十六'，'草草'为'七十七'，'毛毛'为'八十八'，'湾湾'为'九十九'。而'十一'不能称'高高'，'八十八'不能称'梅梅'。又如'高明'为'十二'，'高韩'为'十三'，'高苏'为'十四'，'高大'为'十五'，'高雍'为'十六'，'高草'为'十七'，而'高梅'不能为'十八'，要用'许毛'为'十八'，'高湾'为'十九'。又如'欠许'为'二十一'，'韩许'为'三十一'，'入许'为'五十一'，'雍许'为'六十一'，'毛许'为'八十一'，'湾许'为'九十一'。而'明韩'为'二十三'。'韩明'为'三十二'，'土明'为'五十二'，'雍明'为'六十二'等。整数语尾加'老'字，如'高老'为'一百'等。在鼎街古董铺,则用二个字,如'高少'为'一千五百元',或'一万五千元',少有用三个字的,如遇三个数目,则尾数用普通数目,如'十五万五千元',而荒货担子可说到三个字,因此数目言词非精通常用不可。"

【高二】 明风月友辑《金陵六院市语》:"滥嫖呼为高二,烘人比之刘洪。"

【高飞】 ①《切口大词典·娼妓类·八大胡同妓院之切口》:"高飞:妓女从良也。"②《切口大词典·手艺类·卖纸鸢之切口》:"高飞:纸鸢也。一名风筝。"③《切口大词典·衙卒类·牢监之切口》:"高飞:囚罪满将开释也。"

【高风子】《切口大词典·党会类·流氓之切口》:"高风子:典当也。"

【高搁】《切口大词典·工匠类·藤器匠之切口》:"高搁:藤几也。"《切口大词典·武术类·搭台变戏法之切口》:"高搁:台也。"《切口大词典·医药类·医眼病卖药者之切口》:"高搁:闲汉也。"

【高搁班史】《新刻江湖切要·人物类》:"闲汉:甲七通,[广]高搁班史。"《江湖切口要诀》(尺牍增附本):"闲汉:甲七通。[广]高搁班史,帮闻,丘八。[广]携手观天;借消白昼。"清傅崇矩《成都通览·成都之江湖言词·人物类》:"闲汉:甲七通;高搁班史。"

【高狗窑】《切口大词典·乞丐类·唱春求乞之切口》:"高狗窑:富豪地宅也。"

【高广】 明风月友辑《金陵六院市语》:"高广者,肉香也。"

【高柜子】 卫大法师《江湖话·红帮各地通行隐语·各种行业类》:"当典:高柜子,长生库。"李子峰《海底·各地通行隐语》:"当典:高柜子;长生库。"

【高架手】《切口大词典·武术类·傀儡戏之切口》:"高架手:为弄傀儡之人也。"清唐再丰《鹅幻汇编·江湖通用切口摘要》:"傀儡用小台高挂,人居台下,在布帐内者曰高架子。"

【高架子】 卫大法师《江湖话·红帮各地通行隐语·各种行业类》:"小木人戏:高架子。"《切口大词典·武术类·傀儡戏之切口》:"高架子:傀儡戏也,俗名牵线木人戏,今呼提线戏。"《清门考原·各项切口》:"高架子,傀儡,用小台高挂,人居台下。在布帐内者。"金老佛《三教九流江湖秘密规矩·江湖通用切口》:"傀儡用小台高挂,人居台下在布帐内者曰高架子。"李子峰《海底·各地通行隐语》:"小木人戏:高架子。"

【高脚架】《切口大词典·杂流类·画家之切口》:"高脚架:画桌也。"

【高脚踏科】 卫大法师《江湖话·红帮各地通行隐语·其他用具对象类》:"靴:铁板,高脚踏科。"李子峰《海底·各地通行隐语》:"靴:铁板;高脚踏科。"

【高脚腿】 云游客《江湖丛谈·江湖之金点·幌晃条的与扫条的》:"护托,即是用左手遮挡那晃条的眼睛,签子抽出来的时候,护住了签子根底下的草节儿,这种草节儿叫作高脚腿。"

【高脚照】《切口大词典·商铺类·竹器业之切口》:"高脚照:洋灯也。"

【高叫】《切口大词典·杂业类·面馆之切口》:"高叫:鸡肉面也。"

【高客】 清傅崇矩《成都通览·成都之呼物混名》:"高客:鼠也,又名穿梁子。"

【高老】 清张德坚等《贼情汇纂》卷八《伪文告下·隐语·太平天国隐语》:"高老即父老。"

【高丽】《切口大词典·星相类·相家之切口》:"高丽:相之清秀者。"

【高良姜】《切口大词典·杂流类·卖花者之切口》:"高良姜:紫罗兰也。俗呼墙头草花作紫色。"

【高梁子】《切口大词典·工匠类·理发匠之切口》:"高梁子:靠登也。"

【高码子】 贝思飞《民国时期的土匪隐语》:"高码子:骑马的土匪(满洲)。"

【高买】 卫大法师《江湖话·红帮各地通行隐语·各种行业类》:"专窃绸缎布疋:高买。"李子峰《海底·各地通行隐语》:"专窃绸缎布匹:高买。"云游客《江湖丛谈·江湖之春点·老荣中之高买》:"其多看货之法,是看一样绸子,嫌不好,教伙计再将好点的看看,表示他要买高货,不怕多花钱。事后商家觉悟了,是那买高货的客人,将东西偷了去的，就管他们叫高买。"云游客《江湖丛谈·江湖之金点·小绺门》："高买，是专吃金珠店、绸缎店、银行、银号的。"

【高门槛】《切口大词典·巫卜类·巫婆之切口》："高门槛：富室也。"《切口大词典·杂流类·蔑骗之切口》："高门槛：富贵人家也。"

【高明】《切口大词典·杂业类·茶楼之切口》："高明：灯也。"

【高明君】《新刻江湖切要·天文类》："天：乾公；[广] 一大；轻清；无外；云表；兼容；并包；司覆公；高明君。"《江湖切口要诀》（尺牍增附本）："云表；兼容；并包；司覆公；高明君。"《切口大词典·巫卜类·六壬课之切口》："高明君：天也。"清傅崇矩《成都通览·成都之江湖言词·天文类》："天：乾公；一天；轻清；无外；云表；兼容；并包；司覆公；高明君。"

【高木裙】《切口大词典·衙卒类·粮柜之切口》："高木裙：粮柜也。"

【高坯墩】《切口大词典·乞丐类·捉蛇乞丐之切口》："高坯墩：坟也。"

【高铺子】《切口大词典·乞丐类·唱春求乞之切口》："高铺子：店家也。"

【高跷】《切口大词典·工匠类·藤器匠之切口》："高跷：藤衣架也。"

【高圈】《切口大词典·行号类·茧行之切口》："高圈：上等蚕子也。"

【高山】卫大法师《江湖话·红帮各地通行隐语·人身各物类》："乳：球子，高山。"李子峰《海底·各地通行隐语》："乳：球子；高山。"

【高身】《切口大词典·杂流类·收卖锭灰者之切口》："高身：锭灰之佳者。"

【高升】①《切口大词典·盗贼类·越墙贼之切口》："高升：绳梯也。"金老佛《三教九流江湖秘密规矩·青帮与红帮·江湖之春典》："梯称高升。" ②《切口大词典·商铺类·爆竹业之切口》："高升：二号爆竹也。"

【高升令】金老佛《三教九流江湖秘密规矩·青帮与红帮·高升令语句》："唱过酒赞之后，始可饮食，此后欢呼畅饮，各听自由，并无拘束。直至酒阑席散之时，龙头必曰：如今一众仁义弟兄，可以高升了。接唱高升令云：喜高升，贺高升，恭喜众位大哥，步步高升，纱帽加元，八景靴子踏金，金字单，银字单。日后龙山开大会，又将哥子加高升，三级连升，连升三级。至此则龙山大会之典礼，完全告成，而群众亦醉饱而散矣。"

【高台】《切口大词典·党会类·流氓之切口》："高台：茶楼也。"

【高头】《切口大词典·杂流类·收旧货之切口》："高头：马褂也。"

【高头剉】明程万里《鼎锲徽池雅调南北官腔乐府点板曲响大明春·六院汇选江湖方语》："高头剉，乃鹅肉也。"

【高头大】《切口大词典·衙卒类·侦探之切口》："高头大：马也。"

【高头子】《切口大词典·武术类·跑马卖解之切口》："高头子：马也。"卫大法师《江湖话·红帮各地通行隐语·动物类》："马：跑蹄子，高头子，风子。"

【高腿子】李子峰《海底·各地通行隐语》："马：高腿子；风子。"

【高瓦檐】《切口大词典·杂流类·卖婆之切口》："高瓦檐：富贵地宅也。"

【高兄】清张德坚等《贼情汇纂》卷八《伪文告下·隐语·太平天国隐语》："高兄即天兄。"

【高阳子】《新刻江湖切要·宫室类》："戏台曰朝天；又高阳子。"

【高影架】《切口大词典·工匠类·缫丝匠之切口》："高影架：缫丝车也。"

【高于岑楼】《新刻江湖切要·人物类》："村人：木寸通，[广] 高于岑楼。"《江湖切口要诀》（尺牍增附本）："村人：木寸通。[广] 高于岑楼。"清傅崇矩《成都通览·成都之江湖言词·人物类》："村人：木寸通；高于岑楼。"《切口大词典·衙卒类·兵士之切口》："高于岑楼：蠢人也。"

【高照】《切口大词典·商铺类·押当业之切口》："高照：灯也。"《切口大词典·手艺类·贳彩业之切口》："高照：灯架也。"

【高枕头】《切口大词典·杂流类·收生婆之切口》："高枕头：有钱人家也。"

【高资谷】《切口大词典·衙卒类·粮柜之切口》："高资谷：其田无主，系充公，或官产，县署底案，为其藏匿，每年私收租粮也。"

【羔□】 宋陈元靓辑《事林广记·续集·绮谈市语·举动门》:"耍:羔□。"

【羔儿】 宋陈元靓辑《事林广记·续集·绮谈市语·走兽门》:"羊:柔毛;膻物;肥狞;羔儿。"

【膏筋】 《切口大词典·杂业类·麻油店之切口》:"膏筋:麻酱也。"

【膏老】 《切口大词典·杂业类·磨坊之切口》:"膏老:面筋也。"

【膏腴】 宋陈元靓辑《事林广记·续集·绮谈市语·天地门》:"田:东皋;膏腴。"

【篙竿】 清傅崇矩《成都通览·成都之呼物混名》:"篙竿:筷子也。"

【篙子】 卫大法师《江湖话·红帮各地通行隐语·饮食用品类》:"筷:篙子,双铜,碟,莲叶。"《切口大词典·杂业类·饭店业之切口》:"篙子:筷也。"李子峰《海底·各地通行隐语》:"筷:篙子;双铜。"

【搞】 清傅崇矩《成都通览·成都之各行人买卖通用言词·六畜行言词》:"搞,八。"

【稿子】 《切口大词典·衙卒类·讼棍之切口》:"稿子:写状子之代价也。"

【告】 卫大法师《江湖话·各行业商帮所用数目字隐语·重庆通行言词·买猪》:"豆:一。背:二。泰:三。长:四。仁:五。条:六。栲:七。黄:八。豆:九。按此为重庆场买卖猪时使用。又名猪肉为'大',即问'这大多少钱一斤'?则回答;若问'这猪肉多少钱一斤'?则不回答你。高:一。明:二。韩:三。苏:四。大:五。雍:六。草:七。梅:八。湾:九。高:十。许:一。欠:二。川:三。义:四。土:五。告:六。照:七。毛:八。求:九。许:十。此二十个字互用,如'许许'为'十一','欠欠'为'二十二','韩韩'为'三十三','苏苏'为'四十四','土土'为'五十五','雍雍'为'六十六','草草'为'七十七','毛毛'为'八十八','湾湾'为'九十九'。而'十一'不能称'高高','八十八'不能称'梅梅'。又如'高明'为'十二','高韩'为'十三','高苏'为'十四','高大'为'十五','高雍'为'十六','高草'为'十七',而'高梅'不能为'十八',要用'许毛'为'十八','高湾'为'十九'。又如'欠许'为'二十一','韩许'为'三十一','入许'为'五十一','雍许'为'六十一','毛许'为'八十一','湾许'为'九十一'。而'明韩'为'二十三','韩明'为'三十二','土明'为'五十二','雍明'为'六十二'等。整数语尾加'老'字,如'高老'为'一百'等。在鼎街古董铺,则用两个字,如'高少'为'一千五百元',或'一万五千元',少有用三个字的,如遇三个数目,则尾数用普通数目,如'十五万五千元',而荒货担子可说到三个字,因此数目言词非精通常用不可。"卫大法师《江湖话·各行业商帮所用数目字隐语·重庆通行言词·古董,旧五金,估衣,改裁,荒担,经纪,过活,旧棉絮(重庆教场口,鼎新街,估衣街,关津巷通用)》:"高:一。明:二。韩:三。苏:四。大:五。雍:六。草:七。梅:八。湾:九。高:十。许:一。欠:二。川:三。义:四。土:五。告:六。照:七。毛:八。求:九。许:十。

【告潮】 《切口大词典·医药类·卖吊虫丸者之切口》:"告潮:去也。"

【告地藏】 《切口大词典·乞丐类·哭诉求乞之切口》:"告地藏:在地上书名己之历史情哀而求乞者。"

【告示】 清佚名《郎中医话》:"告示,是当票。"《切口大词典·杂业类·山果业之切口》:"告示:钱票也。"

【告一状】 ①《切口大词典·盗贼类·剪绺贼之切口》:"告一状:使同党行至行客身边,猛力一撞,乘其惊恐之时而下手也。"金老佛《三教九流江湖秘密规矩·青帮与红帮·江湖之春典》:"撞人称告一状。" ②《清门考原·各项切口》:"告一状,扒手也。"

ge

【戈】 《切口大词典·行号类·铜锡行之切口》:"戈:八也。"清翟灏《通俗编·识余·市语·线行》:"线行:一田,二伊,三寸,四水,五丁,六木,七才,八戈,九成。"

【疙瘩年子】 云游客《江湖丛谈·江湖之春点·江湖中的巾点黑幕》:"小玩艺场,围的人多,调侃儿叫疙瘩年子。"

【疙瘩所年子】 云游客《江湖丛谈·江湖之春点·江湖艺人汤瞎子、田瘸子》:"江湖人管他们这个生意,所圆的年子,调侃叫'疙瘩所年子'。"

【疙疸杵】 云游客《江湖丛谈·江湖之春点·江湖艺人传:田岚云》:"格外多给钱,调侃叫疙疸杵。"

【疙疸杵儿】《江湖丛谈·江湖之金点·评门》:"听书的人们,格外多给钱,调侃儿叫疙疸杵儿。"

【哥】《郎中医话》:"哥,是媳妇。"

【哥弟】《切口大词典·党会类·哥老会之切口》:"哥弟:下于我者。"

【哥老】《切口大词典·党会类·哥老会之切口》:"哥老:为该会广义之名称,或谓洪帮,大约成于清初。所谓洪者,指明太祖洪武年号也,今则以洪帮为红帮矣。"

【哥太岁】《新刻江湖切要·疾病类》:"生疮:闹杨杨;哥太岁。"清傅崇矩《成都通览·成都之江湖言词·疾病类》:"生疮:闹杨杨;哥太岁。"

【哥兄】《切口大词典·党会类·哥老会之切口》:"哥兄:上于我者。"

【哥子】《切口大词典·党会类·红帮之切口》:"哥子:兄也。青帮有师父、师公、师太等称呼。红帮咸以兄弟称呼,抱平等主义者。"

【哥嘴】《切口大词典·党会类·红帮之切口》:"哥嘴:凡帮中弟兄,有信回教者,以此呼之。"

【胳膊】 贝思飞《民国时期的土匪隐语》:"胳膊:来福枪。"

【搁顶公】《切口大词典·盗贼类·铳手之切口》:"搁顶公:帽架也。"

【搁杠】 学古堂《江湖行话谱·瞽者行话》:"搁杠,上。"

【搁机】《切口大词典·武术类·搭台变戏法之切口》:"搁机:台子也。"

【搁老】《切口大词典·手艺类·雨伞业之切口》:"搁老:撑伞之横闩也。"

【搁明地】 云游客《江湖丛谈·江湖之春点搁明地,即是在各市场摆设浮摊。"

【搁念】 云游客《江湖丛谈·江湖之金点·江湖艺人的规律》:"吃张口饭的,他们自称叫搁念。"

【搁念的】 云游客《江湖丛谈·江湖之金点·小绺门》:"生意人,江湖人调侃儿管他们自己叫'搁念的',又叫'老合'。"

【搁浅】《切口大词典·巫卜类·茶馆测字者之切口》:"搁浅:人不归也。"

【搁身】《切口大词典·工匠类·车辋匠之切口》:"搁身:栏杆也。"

【搁身子】《切口大词典·手艺类·捏粉人之切口》:"搁身子:坐架也。"

【搁谚】 明程万里《鼎锲徽池雅调南北官腔乐府点板曲响大明春·六院汇选江湖方语》:"结坐,叫人起身,搁谚,谓物没有了。"

【割创子】 金老佛《三教九流江湖秘密规矩·江湖通用切口》:"卖小西洋镜曰割创子。"

【割顶生死】 清唐再丰《鹅幻汇编·江湖通用切口摘要》:"这个人曰割顶生死。"《切口大词典·医药类·卖药人之切口》:"割顶生死:这个人也。"金老佛《三教九流江湖秘密规矩·日常用语》:"这个人曰割顶生死。"

【割靴子】《切口大词典·娼妓类·八大胡同妓院之切口》:"割靴子:谓挑友人所识之妓也,此事北班向来严禁,视为一种不成文法。"

【割腰】《清门考原·各项切口》:"割腰,窃贼也。"

【割札子】 清唐再丰《鹅幻汇编·江湖通用切口摘要》:"卖小西洋镜曰割札子。"《切口大词典·杂流类·卖西洋镜之切口》:"割札子:卖小西洋镜者。"《清门考原·各项切口》:"割札子,卖小西洋镜者。"

【革单】《切口大词典·医药类·祝由科之切口》:"革单:所画之符箓也。"

【革华】 宋陈元靓辑《事林广记·续集·绮谈市语·服饰门》:"靴:朝口;革华。"

【革抹住】《行院声嗽·人事》:"令人勿动:革抹住。"

【革囊朝阳】《新刻江湖切要·店铺类》:"皮箱店:[增]革囊朝阳。"《切口大词典·盗贼类·对买贼之切口》:"革囊朝阳:皮箱店也。"清傅崇矩《成都通览·成都之江湖言词·店铺类》："皮箱店：革囊朝阳。"

【阁康】《切口大词典·医药类·参燕业之切口》："阁康：阁岩。"

【阁岩】《切口大词典·医药类·参燕业之切口》："阁岩：燕窝名也。"

【阁庄】《切口大词典·医药类·参燕业之切口》："阁庄：阁岩。"

【格】卫大法师《江湖话·红帮闽粤及南洋各地通行隐语》："屋：格。"李子峰《海底·闽粤及南洋各地通行之隐语》："屋：格。"

【格鞑子】卫大法师《江湖话·红帮各地通行隐语·天文地理类》："山：格鞑子。"李子峰《海底·各地通行隐语》："山：格鞑子。"

【格档码子】《切口大词典·乞丐类·乞丐之切口》："格档码子：此人也。"

【葛保】《切口大词典·杂流类·蚁煤之切口》："葛保：被买主窥破隐情也。"

【葛达】《切口大词典·盗贼类·杆匪之切口》："葛达：山也。"

【葛巾】《切口大词典·医药类·药行业之切口》："葛巾：丝瓜络也。"

【葛笼】《切口大词典·手艺类·贳彩业之切口》："葛笼：红纱灯也。"

【葛履】《新刻江湖切要·天文类》："霜：露销。[广]葛履；冰端。"《江湖切口要诀》（尺牍增附本）："霜：露销。[广]葛履；冰端。"《切口大词典·巫卜类·席地测字者之切口》："葛履：霜也。"清傅崇矩《成都通览·成都之江湖言词·天文类》："霜：露销；葛履；冰端。"

【葛子】《切口大词典·盗贼类·短截贼之切口》："葛子：锁也。"

【蛤蟆来】《清门考原·各项切口》："蛤蟆来，匪徒知照同党曰蛤蟆来矣。蛤蟆者，指捉捕人也。"

【蛤蜢】《切口大词典·党会类·红帮之切口》："蛤蜢：官军也。"金老佛《三教九流江湖秘密规矩·青帮与红帮·红帮之问答》："某某又去方台子了（设台聚赌），所以这里弟兄狠少，差幸近处蛤蜢不多（官军谓之蛤蜢）。"

【蛤子】《切口大词典·党会类·红帮之切口》："蛤子：珍珠也。"金老佛《三教九流江湖秘密规矩·青帮与红帮·红帮之问答》："甲曰：匣内（箱曰匣）还有鼠拷多双（镯头谓之拷子），蛤子（珍珠）无数，玲珑子（表曰玲珑子）若干，只吾们两人，且收起来。"金老佛《三教九流江湖秘密规矩·青帮与红帮·江湖之春典》："珠称蛤子。"

【隔帮不叙】《清门考原·各项切口》："隔帮不叙，比如大房中人不与二三两房谈道情也。"

【隔仓】《江湖切口要诀》（尺牍增附本）："云：天表。[广]想裳；瞒天；隔仓；蔽日；从龙；掩太阳；油然子；出岫君。"

【隔苍】《新刻江湖切要·天文类》："云：天表；[广]想裳；瞒天；隔苍；蔽日；从龙；掩太阳；油然子；出岫君。"清傅崇矩《成都通览·成都之江湖言词·天文类》："云：天表；想裳；瞒天；隔苍；蔽日；从龙；掩太阳；油然子；出岫君。"

【隔窗】《切口大词典·巫卜类·六壬课之切口》："隔窗：云也。"

【隔春】《切口大词典·商铺类·顾绣业之切口》："隔春：门帘也。"

【隔汗】宋陈元靓辑《事林广记·续集·绮谈市语·服饰门》："袄：隔汗；暖子。"

【隔江明】《切口大词典·杂流类·卖花者之切口》："隔江明：李花也。"

【隔津】《新刻江湖切要·器用类》："雨伞：撑老；遍天遮；又隔津。"

【隔津朝阳】《新刻江湖切要·店铺类》："伞店：隔津朝阳。"《切口大词典·盗贼类·对买贼之切口》："隔津朝阳：伞店也。"清傅崇矩《成都通览·成都之江湖言词·店铺类》："伞店：隔津朝阳。"

【隔开】《切口大词典·杂业类·磨坊之切口》："隔开：簸也。"

【隔里】《切口大词典·医药类·卖药糖者之切口》："隔里：街巷也。"

【隔面】《新刻江湖切要·天文类》："雾：迷津；[广]天；隔面；杏花雨；如烟；疑霖；迷离；[广]起雾为披迷；又曰排烟帐。"《江湖切口要诀》（尺牍增附本）："雾：迷津。[广]天；隔面；杏花雨；如烟；疑霖。[广]迷离。起雾为披迷，又曰排烟帐。"《切口大词典·巫卜类·蛤壳测字者之切口》："隔面：雾也。"清傅崇矩《成都通览·成都之江湖言词·天文类》："雾：迷津；隔面；杏花雨；如烟；疑霖；迷离；起雾为披迷。又曰排烟帐。"

【隔枪】《新刻江湖切要·人事类》："隔壁为隔枪。"《切口大词典·武术类·符箓变戏法者之切口》："隔枪：隔壁也。"清傅崇矩《成都通览·成都之江湖言词·人事类》："隔壁：隔枪。"

【隔青】《切口大词典·商铺类·竹器业之切口》："隔青：竹笠也。"

【隔水】 卫大法师《江湖话·安庆隐语》："逃不脱：有风，隔水。"

【隔戏篷】 金老佛《三教九流江湖秘密规矩·江湖通用切口》："做戏法用长布围地中间另有小布篷者曰隔戏篷。"

【隔阳】《切口大词典·商铺类·竹器业之切口》："隔阳：竹帘也。"《切口大词典·杂业类·茶楼之切口》："隔阳：帘篷也。"

【隔帐】《切口大词典·星相类·隔夜算命之切口》："隔帐：墙壁也。"

【鞯响子】《切口大词典·杂流类·卖西洋镜之切口》："鞯响子：铜钹也。"

【鞯牙】《切口大词典·工匠类·造酱匠之切口》："鞯牙：磨麦也。"

【个】《江湖走镖隐语行话谱》："其为个，牌为百，节为千。"

【个钱】 卫大法师《江湖话·红帮各地通行隐语·偷盗类》："荷包窃物：个钱。"

【各】 ①《切口大词典·行号类·粮食行之切口》："各：三也。"②清翟灏《通俗编·识余·市语·绸绫行》："绸绫行：则一叉，二计，三沙，四子，五固，六羽，七落，八末，九各，十汤。"

【各崩】《镖行汀湖隐语行话秘典》："用饭，说各崩。"

【各豆】《镖行江湖隐语行话秘典》："金子，为各豆。"学古堂《江湖行话谱·保镖护院行话概略》："金子，为各豆。"

【各念】 清翟灏《通俗编·识余·市语》："江湖人市语尤多，坊间有《江湖切要》一刻，事事物物，悉有隐称。诚所谓惑乱听闻，无足采也。其间有通行市井者，如官曰孤司，店曰朝阳，夫曰盖老，妻曰底老，家人曰吊脚，僧曰廿三，道士曰廿四，成衣曰戳短枪，抬轿曰扳楼儿，剃头曰削青，船曰白瓢儿，屋曰顶公，银曰琴公，钱曰把儿，米曰软珠，饼曰區食，盐曰濑老，鱼曰豁水，鸭曰王八，鞋曰踢土，镜曰照儿，抹布曰蹋郎，坐曰打墩，拜曰剪拂，揖曰丢圈子，叩头曰丢區子，写字曰捌黑，说话曰吐刚，被欺曰上当，虚奉承曰王六，大曰太式，多曰满太式，无钱曰各念，俱由来于此语也。"清末民初佚名《镖行江湖隐语行话秘典》："各念，无钱。清末民初佚名《镖行江湖隐语行话秘典》："钱，为楚；无钱，为各念；小钱，为碱楚；大钱，为海楚。"

【给了杵】 云游客《江湖丛谈·江湖之春点·三不管的相声场儿》："江湖人管没有钱了，调侃叫给了杵。"

gen

【根】 ①《江湖走镖隐语行话谱》："火石为根。"②《清门考原·各项切口》："旧货生意切口数目（一、二、三、四、五、口、人、工、比、才；六、七、八、九、十、伟、寸、根、本、金）。"

【根斗通】《切口大词典·星相类·弹弦子算命之切口》："根斗通：属猴也。"

【根斗子】 ①清唐再丰《鹅幻汇编·江湖通用切口摘要》："猢狲曰根斗子。"《清门考原·各项切口》："根斗子，猴子也。"金老佛《三教九流江湖秘密规矩·日常用语》："猢狲曰根斗子。"②卫大法师《江湖话·红帮各地通行隐语·姓氏类》："孙：晚辈了，根斗子。"李子峰《海底·各地通行隐语》："孙：晚辈子；根斗子。"

【根根子】 清唐再丰《鹅幻汇编·江湖通用切口摘要》："卖参三七曰根根子。"卫大法师《江湖话·江湖上的隐语·皮行隐语》："卖参三七：根根子。"《切口大词典·医药类·卖药人之切口》："根根子：卖参三七者。"《清门考原·各项切口》："根根子，卖参三七也。"金老佛《三教九流江湖秘密规矩·江湖通用切口》："卖参三七曰根根子。"

【根青】《切口大词典·医药类·卖春药治毒疮者之切口》："根青：杨梅毒大发者。"

【根深通】《切口大词典·杂流类·媒婆之切口》:"根深通:本处人也。"

【根子】《切口大词典·赌博类·牌九赌之切口》:"根子:药骰子也。与普通无异,活手功夫尽注于根子,以操务权也。"

【跟】 卫大法师《江湖话·红帮闽粤及南洋各地通行隐语》:"食:跟。"李子峰《海底·闽粤及南洋各地通行之隐语》:"食:跟。"

【跟包】《切口大词典·娼妓类·茶室之切口》:"跟包:追随妓女之人也。"

【跟包的】《梨园话》:"跟包的:为伶工服役之人,谓之'跟包的'。"

【跟底子】 卫大法师《江湖话·红帮各地通行隐语·其他用具对象类》:"坐船:跟底子,上飘子,塔平。"李子峰《海底·各地通行隐语》:"坐船:跟底子;上飘子;搭平。"

【跟斗子】 ①卫大法师《江湖话·红帮各地通行隐语·动物类》:"猴:爬竿子,跟斗子。"李子峰《海底·各地通行隐语》:"猴:爬竿子;跟斗子。"②卫大法师《江湖话·红帮各地通行隐语·其他用具对象类》:"骰子:将军,叫子,跟斗子。"

【跟活】 云游客《江湖丛谈·江湖之春点·团柴的规律》:"我们要听师父的书,行话叫跟活。"

【跟局】《切口大词典·娼妓类·长三书寓之切口》:"跟局:随先生之应征者,是辈大都久厌风尘之妓,包一雏妓应征,已做跟局。"

【跟捻】《切口大词典·盗贼类·杆匪之切口》:"跟捻:事主在途中,黄白物被匪照眼,遂暗中跟来也。"

【跟嫖】《切口大词典·娼妓类·茶室之切口》:"跟嫖:不名一钱之嫖客也。"

【跟头幅子】 云游客《江湖丛谈·江湖之金点》:"把手中的一束纸,按层翻着使用故此,调侃儿管他叫'跟头幅子'。"

【亘把】《江湖走镖隐语行话谱》:"道士:直把;亘把。"

【艮】《镖行江湖隐语行话秘典》:"吃饭,为艮。"

【艮公】《新刻江湖切要·地理类》:"山:土高;地高,[广]触土,地出头,巫峰,老峙,登东,艮公,如砺,禹随,一拳石。"《江湖切口要诀》(尺牍增附本):"山:土高;[广]地高;触地;地出头;巫峰;老峙;登东;艮公;如砺;禹随;一拳石。"清傅崇矩《成都通览·成都之江湖言词·地理类》:"山:土高;地高;触土;地出头;巫峰;老峙;登东;艮公;如砺;禹随;一拳石。"

【艮河里】《切口大词典·党会类·红帮之切口》:"艮河里:姓吴者。"

【艮丘通】《新刻江湖切要·工匠类》:"打银匠:刊琴丘;流琴丘;艮丘通;火身。"清傅崇矩《成都通览·成都之江湖言词·工匠类》:"打银匠:刊琴丘;流琴丘;艮丘通;火身。"

【艮头】 明田汝成《西湖游览志馀·委巷丛谈》:"如物不坚致曰憨大,暗换物曰㨃包儿,粗蠢人曰杓子,朴实曰艮头。"

【艮物】 宋陈元靓辑《事林广记·续集·绮谈市语·玉帛门》:"银:白物,艮物。"

geng

【更番】《切口大词典·星相类·星家之切口》:"更番:两人所谈之言论也。"

【更头子】《清门考原·各项切口》:"更头子,猴也。"

【更王】《切口大词典·巫卜类·文王课之切口》:"更王:卦也。"

【庚通】《新刻江湖切要·时令类》:"秋:金季天;庚通。"《江湖切口要诀》(尺牍增附本):"秋:金季天;庚通。"《切口大词典·星相类·铁板算命之切口》:"庚通:秋也。"清傅崇矩《成都通览·成都之江湖言词·时令类》:"秋:金季天;庚通。"

【耕沙】 平山周《中国秘密社会史·三合会隐语》:"发曰青丝。豚曰毛瓜,豚肉曰白瓜,已燔之豚肉曰金瓜,曰红瓜。牛肉曰大菜,盐牛肉曰一把菜。狗曰蚊。鱼曰穿浪,曰摆尾,盐鱼曰咸筝,曰丫鬟。米曰沙,煮饭曰打沙,吃饭曰耕沙。鸦片曰云游,吃鸦片曰咬云。茶曰青莲。水曰三河。油曰洪顺。茶碗曰莲蕊。酒杯曰莲米。"卫大法师《江湖话·红帮各地通行隐语·饮食用品类》:"吃饭:收粉子,上啃,耕沙。"《家里宝鉴·隐语》:"吃饭曰'耕沙'。"金老佛《三教九江湖秘密规矩·三合会之隐语》："米曰沙，煮饭曰打沙，吃饭曰耕沙。"李子峰《海底·各地通行隐语》："吃饭：收粉子；上哨；耕沙。"

【梗】①卫大法师《江湖话·红帮各地通行隐语·数目类》："千：梗，干。"《清门考原·各项切口》："梗，千个。余皆仿此类推。"李子峰《海底·各地通行隐语》："千：梗；干。"②清翟灏《通俗编·识余·市语·药行》："药行：一芪，二独，三前，四柴，五梗，六参，七苓，八壳，九草，十芎。"

gong

【工】①清唐再丰《鹅幻汇编·江湖通用切口摘要》："走路曰工。"卫大法师《江湖话·江湖上的隐语·普通隐语》："走路：工。"《清门考原·各项切口》："工，走路也。"金老佛《三教九流江湖秘密规矩·日常用语》："走路曰工。"②卫大法师《江湖话·各行业商帮所用数目字隐语·成都通行言词·古董玉器当铺》："工：四。"《清门考原·各项切口》："旧货生意切口数目（一、二、三、四、五、口、人、工、比、才；六、七、八、九、十、伟、寸、根、本、金）。"清傅崇矩《成都通览·成都之各行人买卖通用言词·当铺古董玉器行通用言词》："四：工。"学古堂《江湖行话谱·粮行之行话》："工，四。"卫大法师《江湖话·各行业商帮所用数目字隐语·其他·北平》："由：一。申：二。人：三。工：四。大：五。天：六。夫：七。井：八。羊：九。非：十。按此数字头，如'由'有一个头为一，'申'为二个头为二，'人'为五等头，'非'为十个头。"《切口大词典·商铺类·古董业之切口》："工：四也。"③《切口大词典·杂流类·收旧货之切口》："工：三也。"④清翟灏《通俗编·识余·市语·典当》："典当：一口，二仁，三工，四比，五才，六回，七寸，八本，九巾。"

【工白】《切口大词典·星相类·铁板算命之切口》："工白：向右边走也。"

【工笔】《切口大词典·杂流类·画家之切口》："工笔：专画仕女工细之笔也。"

【工口】《切口大词典·党会类·哥老会之切口》："工口：云南贵州四川等省之称会也。"

【工青】《切口大词典·星相类·铁板算命之切口》："工青：向左边走也。"

【工上缺】《切口大词典·星相类·铁板算命之切口》："工上缺：向西走也。"

【工玄】《切口大词典·星相类·铁板算命之切口》："工玄：向后边走也。"

【工仰盂】《切口大词典·星相类·铁板算命之切口》："工仰盂：向东走也。"

【工中满】《切口大词典·星相类·铁板算命之切口》："工中满：向北边走也。"

【工中虚】《切口大词典·星相类·铁板算命之切口》："工中虚：向南走也。"

【工朱】《切口大词典·星相类·铁板算命之切口》："工朱：向前边走也。"

【工字】清傅崇矩《成都通览·成都之各行人买卖通用言词·当铺古董玉器行通用言词》："工字，四百。"

【弓】《切口大词典·星相类·拉和琴算命之切口》："弓：琴之拉弓也。"

【弓儿】宋陈元靓辑《事林广记·续集·绮谈市语·饮食门》："馄饨：温包；弓儿。"

【弓龙】朱琳《洪门志·春典子琐记·店铺》："烟袋店，称弓龙。"

【弓皮】《新刻江湖切要·人事类》："急曰弓皮。"《切口大词典·武术类·行程保镖者之切口》："弓皮：急也。"清傅崇矩《成都通览·成都之江湖言词·人事类》："急：弓皮。"

【弓子】《切口大词典·手艺类·卖扯铃之切口》："弓子：扯铃之两梗杆子也。"

【公】清傅崇矩《成都通览·成都之各行人买卖通用言词·成衣收荒通用言词》："八，公。"

【公大】《切口大词典·商铺类·账簿业之切口》："公大：略小于关大条目书。"

【公德】《切口大词典·杂流类·收卖锭灰者之切口》："公德：打醮或追荐等所烧之灰也。"

【公干】宋陈元靓辑《事林广记·续集·绮谈市语·拾遗门》："公事：讼事；公干。"

【公钱】卫大法师《江湖话·红帮各地通行隐语·偷盗类》："扭锁窃物：公钱。"

【公拭】《新刻江湖切要·文具类》："手巾：松鬼；改曰公拭。"

【公窑】学古堂《江湖行话谱·行话管见》："当铺叫公窑。"

【公爷】清傅崇矩《成都通览·成都之呼物混名》："公爷：驼子也。"

【公主】卫大法师《江湖话·红帮闽粤及南洋各地通行隐语》："槟榔：公主。"李子峰《海底·闽粤及南洋各地通行之隐语》："槟榔：公主。"

【公仔】《切口大词典·娼妓类·粤妓之切口》："公仔：洋媛媛也。"

【供香】《切口大词典·盗贼类·铳手之切口》："供香：花瓶也。"

【供养】清翟灏《通俗编·识余·市语·优伶》："优伶：一江风，二郎神，三学士，四朝元，五供养，六幺令，七娘子，八甘州，九菊花，十段锦。"

【宫穰子】《郎中医话》："宫穰子，是当铺。"

【宫厦丈】《郎中医话》："宫厦丈，是当衣服。"

【巩叠窑子】李子峰《海底·各地通行隐语》："搬家：巩叠窑子；飞窑子；营挪窑子。"

【巩咀子】李子峰《海底·各地通行隐语》："江：大沟子朱；未撇子；巩咀子。"

【汞末】《切口大词典·医药类·道人卖药之切口》："汞末：药也。"

【拱北】《江湖切口要诀》（尺牍增附本）："星：光芒。[广]点辰，列碁；好风；好雨；拱北；在东。"《切口大词典·巫卜类·席地测字者之切口》："拱北：星也。"清傅崇矩《成都通览·成都之江湖言词·天文类》："星：光芒；点辰；列棋；好风；好雨；拱北；在东。"

【拱表】《切口大词典·医药类·烧香朝山卖药者之切口》："拱表：布袋也，上有朝山进香四字。"

【拱党】《新刻江湖切要·医药类》："烧香朝山卖药：拱党；观音党。"《切口大词典·医药类·烧香朝山卖药者之切口》："拱党：朝山烧香之卖药者。"清傅崇矩《成都通览·成都之江湖言词·医药类》："卖药：跳十字煤（烧香朝山卖药）；拱党；观音党。"

【拱工】清傅崇矩《成都通览·成都之呼物混名》："拱工：公鸡也。"

【拱河里】《切口大词典·党会类·红帮之切口》："拱河里：姓姚者。"金老佛《三教九流江湖秘密规矩·青帮与红帮·红帮之问答》："姚谓'拱河里'。"

【拱伙己】《清门考原·各项切口》："拱伙己，姚姓也。"

【拱牝】《新刻江湖切要·天文类》："星：光芒；[广]点辰；列棋；好风；好雨；拱牝；在东。"

【拱头子】《切口大词典·商铺类·丝经业之切口》："拱头子：姓朱者。"

【拱页酿子】云游客《江湖丛谈·江湖之春点》："管当铺叫'拱页酿子'。"

【拱页子】①云游客《江湖丛谈·江湖之春点》："管卖当票的叫'拱页子'的。"②云游客《江湖丛谈·江湖之金点·穷家门》："拱页子，即是当票。"

【共】卫大法师《江湖话·各行业商帮所用数目字隐语·重庆通行言词·小菜》："田：一。衣：二。寸：三。水：四。丁：五。木：六。才：七。共：八。底：九。"卫大法师《江湖话·各行业商帮所用数目字隐语·重庆通行言词·小菜》："田：一。衣：二。寸：三。水：四。丁：五。木：六。才：七。共：八。底：九。"

【共甩星子药方】《兽医串雅杂钞》："共甩星子药方，子子，串子，水龙标，糊窗户，前颡后作，五样，要命的。你要亲身去做此事，轻则被人家知道，打你个肢体伤残；重则天诛地灭、断子绝孙，后辈孙儿亦难高寿矣。且咱们当兽医，不过想几个钱。现放着宣子、䰅子两样，足以能生财，何必无缘无故丧牲口一命呢？切记，切记！不可动心用前五样。今将形象并治法列后。"

【贡八】①《蹴鞠图谱·圆社锦语》："贡八：使人。"②宋陈元靓辑《事林广记·续集·绮谈市语·人物门》："公人：胥徒；贡八。"

【贡赍头儿大海】云游客《江湖丛谈·江湖之春点·江湖中之戳黑的》："江湖人管本钱太多，调侃了叫贡赍头儿大海。"

【贡卜】《切口大词典·杂业类·酱园之切口》："贡卜：酱萝卜也。"

【贡川】《切口大词典·商铺类·纸业之切

口》:"贡川:上等毛六纸也。"

【贡汤窑子】 卫大法师《江湖话·红帮各地通行隐语·各种行业类》:"茶馆:青水窑子,青莲窑子,贡汤窑子。"

gou

【勾】《切口大词典·巫卜类·道士之切口》:"勾:小也。"

【勾公】 朱琳《洪门志·春典子琐记·物品》:"汤匙,称勾公。"

【勾花】《江湖走镖隐语行话谱》:"儿子:勾花。"

【勾火子】《切口大词典·巫卜类·道士之切口》:"勾火子:小木鱼也。"

【勾甲】《新刻江湖切要·时令类》:"芒种:勾甲,力田。"《江湖切口要诀》(尺牍增附本):"芒种:勾甲,力田。"《切口大词典·星相类·弹弦子算命之切口》:"勾甲:芒种也。"清傅崇矩《成都通览·成都之江湖言词·时令类》:"芒种:勾甲;力田。"

【勾老】 ①《切口大词典·娼妓类·粤妓之切口》:"勾老:妇女施吊膀子之手段,欲奸一人也。"②《切口大词典·杂业类·信局业之切口》:"勾老:九也。"

【勾脸】《梨园话》:"勾脸:以粉墨涂面谓之'勾脸'。[附记]净脚勾脸,须从头顶勾起,用鼻尖抵住手腕,手指上扬以中指间所到之处为度,否则脸形扁小,故俗称净角为大花脸,至于小丑勾脸,只用粉墨在眼鼻之间,分类勾抹,故俗称为小花脸,其勾法亦有准绳,如张别古为老,张文远为少,汤表背为奸,朱光祖为智,于眉头眼角,略施粉墨,则老少奸智,判然分明义花脸上总不能脱去蝙蝠之形,无论净脚之大花脸,或丑脚之小花脸,其于眉头鼻角及颊间,或红或黑,或大或小,多来一蝠形观者或不注意之,此不过取其多福之兆,别无用意。又净脚之脸谱,虽有成例,各人勾法不同,脸小者多剃一月亮门,以显面大,或与头顶上加白布一方,连同勾之,早年以钱宝丰,黄润甫脸谱最善,今诸伶均已物故而钱金福独成名宿矣。"

【勾四维】《切口大词典·巫卜类·道士之切口》:"勾四维:小锣也。"

【勾翁钹】《切口大词典·巫卜类·道士之切口》:"勾翁钹:小钹也。"

【勾响火】《切口大词典·巫卜类·道士之切口》:"勾响火:小灵牌也。"

【勾脂粉】《切口大词典·娼妓类·粤妓之切口》:"勾脂粉:偷看妇女也。"

【沟册】 卫大法师《江湖话·江湖上的隐语·普通隐语》:"说大书:沟册。"

【沟儿】《切口大词典·医药类·卖吊虫丸者之切口》:"沟儿:女小孩也。"

【沟马撒】《镖行江湖隐语行话秘典》:"路沟有人,沟马撒。"

【沟下】《切口大词典·医药类·卖药糖者之切口》:"沟下:这边也。"

【沟子】 卫大法师《江湖话·红帮各地通行隐语·姓氏类》:"何:沟子。"李子峰《海底·各地通行隐语》:"何:沟子。"

【钩锋】《切口大词典·役夫类·樵夫之切口》:"钩锋:斫柴刀也。"

【钩盘儿】 卫大法师《江湖话·红帮各地通行隐语·各种行业类》:"括面:钩盘儿。"李子峰《海底·各地通行隐语》:"括面:钩盘儿。"

【钩吻】《切口大词典·医药类·摆草药摊之切口》:"钩吻:野葛也。相似实牙,能杀人。"

【钩子】 ①卫大法师《江湖话·红帮各地通行隐语·数目类》:"九:爱,钩子。"李子峰《海底·各地通行隐语》:"九:爱;钩子。"②《切口大词典·衙卒类·衙役之切口》:"钩子:捕快也。"《切口大词典·医药类·摇虎撑者之切口》:"钩子:捕快也。"

【钩子身】《新刻江湖切要·人物类》:"捕快:钩子手、身。"

【钩子手】《新刻江湖切要·人物类》:"捕快:钩子手、身。"清傅崇矩《成都通览·成都之江湖言词·人物类》:"捕快:钩子手、身。"

【钩子手身】《江湖切口要诀》(尺牍增附本):"捕快:钩子手身。"

【苟西】《切口大词典·巫卜类·道士之切口》:"苟西:小孩也。"

【狗】 ①卫大法师《江湖话·红帮各地通行隐

语·其他用具对象类》："火药：狗 。"②学古堂《江湖行话谱·行意行话》："狗：砂子。"

【狗当道】 卫大法师《江湖话·四川灌县轿夫隐语》："狗当道：前：'有啼有咬'；后：'唤掌柜娘娘拿个绳子栓好'。"

【狗吠】 平山周《中国秘密社会史·三合会隐语》："剑曰橘板，曰绐纱。小刀曰狮子。大炮曰黑狗，火药曰狗粪，大炮声曰狗吠。银圆曰瓜子，铜钱曰芝麻。手曰五爪龙，耳曰顺风。斩首曰洗面。海曰大天。密会所曰三尺六，曰古松。扇曰弯月。木斗曰木杨城。"卫大法师《江湖话·红帮各地通行隐语·武器类》："大炮声：狗吠；牛吼。"卫大法师《江湖话·红帮闽粤及南洋各地通行隐语》："大炮声；狗吠。"金老佛《三教九流江湖秘密规矩·三合会之隐语》："剑曰橘板、曰绐纱，小刀曰狮子，大炮曰黑狗，药曰狗粪，大炮声曰狗吠。"李子峰《海底·各地通行隐语》："大炮声：狗吠；牛吼。"李子峰《海底·闽粤及南洋各地通行之隐语》："大炮声：狗吠。"

【狗粪】 卫大法师《江湖话·红帮闽粤及南洋各地通行隐语》："火药：狗粪。"《家里宝鉴·隐语》："火药曰'狗粪'。"《切口大词典·党会类·三点之切口》："狗粪：火药也。"金老佛《三教九流江湖秘密规矩·三合会之隐语》："剑曰橘板、曰绐纱，小刀曰狮子，大炮曰黑狗，火药曰狗粪，大炮声曰狗吠。"李子峰《海底·各地通行隐语》："火药：狗粪。"李子峰《海底·闽粤及南洋各地通行之隐语》："火药：狗粪。"平山周《中国秘密社会史·三合会隐语》："剑曰橘板，曰绐纱，小刀曰狮子。大炮曰黑狗，火药曰狗粪，大炮声曰狗吠。银圆曰瓜子，铜钱曰芝麻。手曰五爪龙，耳曰顺风。斩首曰洗面。海曰大天。密会所曰三尺六，曰古松。扇曰弯月。木斗曰木杨城。"

【狗叫漂子】 《切口大词典·衙卒类·厘卡之切口》："狗叫漂子：炮船也。炮船为保证税船，大都串通。"

【狗叫青】 《切口大词典·商铺类·丝经业之切口》："狗叫青：姓汪者。"

【狗棚头】 卫大法师《江湖话·红帮各地通行隐语·建筑物类》："榕树：四子，狗棚头。"

【狗硼头】 李子峰《海底·各地通行隐语》："棺材：四块子；狗硼头。"

【狗色】 《切口大词典·商铺类·火腿业之切口》："狗色：香肚也。"

【狗肾】 《切口大词典·商铺类·火腿业之切口》："狗肾：香肠也。"

【狗窝子】 《切口大词典·乞丐类·唱春求乞之切口》："狗窝子：乡村也。"

【狗牙齿】 《切口大词典·工匠类·锡匠之切口》："狗牙齿：含铁具也。"

【狗咬】 《家里宝鉴·隐语》："大炮声曰'狗咬'。"

【狗庄】 《切口大词典·星相类·铁板算命之切口》："狗庄：村落也。"《切口大词典·星相类·相家之切口》："狗庄：主客之乡村也。"

【狗子】 ①《切口大词典·乞丐类·作揖求乞之切口》："狗子：小孩也。"②《切口大词典·星相类·隔夜算命之切口》："狗子：问命客也。"③贝思飞《民国时期的土匪隐语》："狗子：士兵（河南）。"④《镖行江湖隐语行话秘典》："砂子，为狗子。"⑤明程万里《鼎锲徽池雅调南北官腔乐府点板曲响大明春·六院汇选江湖方语》："狗子，是差人也。"

【狗卒】 《新刻江湖切要·人物类》："坐坊：狗卒。"《江湖切口要诀》（尺牍增附本）："坐坊：狗卒；齐天；齐天大圣。"清傅崇矩《成都通览·成都之江湖言词·人物类》："坐坊：狗卒。"

【枸橼】 《切口大词典·行号类·水果行之切口》："枸橼：香柑也。"

【构】 清傅崇矩《成都通览·成都之各行人买卖通用言词·戏班子道士端公吹手纸火通用言词》："九：构。"

【构丁傲】 清傅崇矩《成都通览·成都之各行人买卖通用言词·戏班子道士端公吹手纸火通用言词》："构丁傲：九千六百。"

【构丁黑】 清傅崇矩《成都通览·成都之各行人买卖通用言词·戏班子道士端公吹手纸火通用言词》："构丁黑：九千七百。"

【构丁蹶】 清傅崇矩《成都通览·成都之各行人买卖通用言词·戏班子道士端公吹手纸火

通用言词》:"构丁蹶:九千五百。"

【够味】 卫大法师《江湖话·安庆隐语》:"守信义:够味。"

gu

【沽辫】 《切口大词典·杂流类·卖花带者之切口》:"沽辫:细带也。"

【沽火山子】 卫大法师《江湖话·红帮各地通行隐语·饮食用品类》:"沽酒:沽火山子,烤火山子,奔火山子。"李子峰《海底·各地通行隐语》:"沽酒:沽火山子;烤火山子;奔火山子。"

【沠话响】 《切口大词典·优伶类·戏园之切口》:"沠话响:赚钱也。"

【姑】 卫大法师《江湖话·各行业商帮所用数目字隐语·成都通行言词·唱剧道士端公乐户等通用》:"姑:一。仪:二。朥:三。符:四。蹶:五。傲:六。黑:七。爬:八。拘:九。按十以上则加'丁'字,加'姑丁仪'为'一百二十元','拘丁蹶'为'九千八百元正'。"清傅崇矩《成都通览·成都之各行人买卖通用言词·戏班子道士端公吹手纸火通用言词》:"一,姑。"

【姑丁傲】 清傅崇矩《成都通览·成都之各行人买卖通用言词·戏班子道士端公吹手纸火通用言词》:"姑丁傲:十六千。"

【姑丁㐄】 清傅崇矩《成都通览·成都之各行人买卖通用言词·戏班子道士端公吹手纸火通用言词》:"姑丁㐄:一千三百。"

【姑丁黑】 清傅崇矩《成都通览·成都之各行人买卖通用言词·戏班子道士端公吹手纸火通用言词》:"姑丁黑:十七千。"

【姑丁爬】 清傅崇矩《成都通览·成都之各行人买卖通用言词·戏班子道士端公吹手纸火通用言词》:"姑丁爬:十八千。"

【姑丁仪】 清傅崇矩《成都通览·成都之各行人买卖通用言词·戏班子道士端公吹手纸火通用言词》:"姑丁仪:一千二百。"

【姑丁仔】 清傅崇矩《成都通览·成都之各行人买卖通用言词·戏班子道士端公吹手纸火通用言词》:"姑丁仔:一千四百。"

【姑儿子】 明程万里《鼎锲徽池雅调南北官腔乐府点板曲响大明春·六院汇选江湖方语》:"姑儿子,亦官宦也。"

【姑娘】 《切口大词典·娼妓类·江山船之切口》:"姑娘:妓女也。"

【孤】 明佚名《行院声嗽·数目》:"一:孤寒。"《蹴鞠图谱·圆社锦语》:"孤:一。"宋陈元靓辑《事林广记·续集·绮谈市语·数目门》:"一:丁不勾;孤。"

【孤担】 《新刻江湖切要·人事类》:"挑:孤担;天平。"《切口大词典·武术类·跑马卖解之切口》:"孤担:挑也。"清傅崇矩《成都通览·成都之江湖言词·人事类》:"挑:孤担;天平。"

【孤堆麻撒】 学古堂《江湖行话谱·保镖护院行话概略》:"见坟:孤堆麻撒。"

【孤非】 《新刻江湖切要·人事类》:"官事曰孤非。"《切口大词典·衙卒类·地保之切口》:"孤非:吃官司也。"清傅崇矩《成都通览·成都之江湖言词·人事类》:"日事:孤非。"

【孤老】 明佚名《行院声嗽·人物》:"官人:孤老。"《蹴鞠图谱·圆社锦语》:"孤老:老官人。"明程万里《鼎锲徽池雅调南北官腔乐府点板曲响大明春·六院汇选江湖方语》:"孤老,是官人也。"宋陈元靓辑《事林广记·续集·绮谈市语·君臣门》:"官人:孤老。"

【孤蒲团】 《切口大词典·巫卜类·尼姑之切口》:"孤蒲团:守清规之尼僧也。"

【孤冉模蛇】 学古堂《江湖行话谱·保镖护院行话概略》:"羊肉:孤冉模蛇。"

【孤司】 清翟灏《通俗编·识余·市语》:"江湖人市语尤多,坊间有《江湖切要》一刻,事事物物,悉有隐称。诚所谓惑乱听闻,不足米也。其间有通行市井者,如官曰孤司,店曰朝阳,夫曰盖老,妻曰底老,家人曰吊脚,僧曰廿三,道士曰廿四,成衣曰戳短枪,抬轿曰扱楼儿,剃头曰削青,船曰白瓢儿,屋曰顶公,银曰琴公,钱曰把儿,米曰软珠,饼曰匾食,盐曰瀸老,鱼曰豁水,鸭曰王八,鞋曰踢土,镜曰照儿,抹布曰躏郎,坐曰打墩,拜曰剪拂,揖曰丢圈子,叩头曰丢匾子,写字曰搠黑,说话曰吐刚,被欺曰上当,虚奉承曰王六,大曰太式,多曰满太式,无曰各念，俱由来于此语也。"

【孤通】《新刻江湖切要·官职类》："凡文官曰士孤，乡官曰孤通，武官曰马孤；将官曰寒孤，今改戎孤。"

【孤员】《新刻江湖切要·官职类》："官员：孤员。"

【孤子】①《新刻江湖切要·官职类》："阁老：天孤；孤子；[广] 白头姑。"②《切口大词典·衙卒类·地保之切口》："孤子：罪犯也。"

【古】①《新刻江湖切要·人事类》："不好曰古，古坚；念坚；又神古。"《郎中医话》："古，是坏了。"《切口大词典·武术类·卖拳头者之切口》："古：不好也。"清傅崇矩《成都通览·成都之江湖言词·人事类》："不好：古，古坚；念坚；神古。"②《切口大词典·商铺类·南货业之切口》："古：五也。"

【古董】《切口大词典·医药类·卖药人之切口》："古董：买客之不爽直者。"

【古儿】《切口大词典·商铺类·丝经业之切口》："古儿：八也。"

【古二】《新刻江湖切要·官职类》："抚院：巡孤；[广] 临孤；古二。"

【古根】《江湖走镖隐语行话谱》："树：古根，林子。"

【古谷】卫大法师《江湖话·江湖上的隐语·皮行隐语》："地上设药瓶：古谷。"

【古贵】《新刻江湖切要·人事类》："恼曰古贵。"《切口大词典·武术类·行程保镖者之切口》："古贵：恼也。"清傅崇矩《成都通览·成都之江湖言词·人事类》："恼：古贵。"

【古寒】《新刻江湖切要·身体类》："丑：古寒；[增] 配酉。"《切口大词典·星相类·不开口相面之切口》："古寒：丑也。"清傅崇矩《成都通览·成都之江湖言词·身体类》："丑：古寒；配酉。"

【古烘当】《切口大词典·武术类·男女共同变戏法者之切口》："古烘当：女子之无貌者。"

【古坚】《新刻江湖切要·人事类》："不好曰古；古坚；念坚；又神古。"《切口大词典·巫卜类·茶馆测字者之切口》："古坚：不好也。"清傅崇矩《成都通览·成都之江

湖言词·人事类》："不好：古；古坚；念坚；神古。"

【古九】《新刻江湖切要·官职类》："巡检：古九。"

【古苦冈】《切口大词典·人事类》："说歹曰签；又古苦冈；又曰针冈。"

【古老】①《新刻江湖切要·鸟兽虫鱼类》："骡：古老。"②明程万里《鼎锲徽池雅调南北官腔乐府点板曲响大明春·六院汇选江湖方语》："古老，谓丑而不美、苦而不好。"

【古莫】《新刻江湖切要·人事类》："少曰希；古莫，又宛宛。"

【古琴】①《新刻江湖切要·珍宝类》："低银曰古琴。"②明程万里《鼎锲徽池雅调南北官腔乐府点板曲响大明春·六院汇选江湖方语》："古琴，是不好。"

【古三】《新刻江湖切要·官职类》："布政：左孤；阳孤；古三；[广] 承宣孤。"

【古上】《郎中医话》："古上，是庙。"

【古生】《江湖切口要诀》（尺牍增附本）："蠢人：古生。[广] 闻雷启蛰，取春蠢也。"《切口大词典·医药类·摇虎撑者之切口》："古生：蠢人也。"

【古树】平山周《中国秘密社会史·三合会隐语》："线香曰桂枝，蜡烛曰古树。蚊帐曰灯笼。明代服曰袈裟，套裤曰菱角，靴曰铁板，帽子曰云盖、曰万笠。洋伞曰洪头、曰独脚、曰乌云。道路曰线，旅行曰游线。家曰甲子。祖先公馆曰马桶。船曰平，乘船曰搭平。"卫大法师《江湖话·红帮各地通行隐语·居住用品类》："烛：亮光子，玉美人，古树。"卫大法师《江湖话·红帮闽粤及南洋各地通行隐语》："蜡烛：古树。"《家里宝鉴·隐语》："蜡烛曰'古树'。"《切口大词典·党会类·三点会之切口》："古树：蜡烛也。"金老佛《三教九流江湖秘密规矩·三合会之隐语》："蜡烛曰古树。"李子峰《海底·各地通行隐语》："烛：亮光子；玉美人；古树。"李子峰《海底·闽粤及南洋各地通行之隐语》："蜡烛：古树。"

【古树叶】卫大法师《江湖话·红帮闽粤及南洋各地通行隐语》："元宝：古树叶。"李子峰《海底·闽粤及南洋各地通行之隐语》："元宝：古树叶。"

【古四】《新刻江湖切要·官职类》:"察院:代巍巍;古四;女孤。"

【古松】 平山周《中国秘密社会史·三合会隐语》:"剑曰橘板,曰绉纱。小刀曰狮子。大炮曰黑狗,火药曰狗粪,大炮声曰狗吠。银圆曰瓜子,铜钱曰芝麻。手曰五爪龙,耳曰顺风。斩首曰洗面。海曰大天。密会所曰三尺六;曰古松。扇曰弯月。木斗曰木杨城。"卫大法师《江湖话·红帮各地通行隐语·建筑物类》:"会所:三尺六;古松。"卫大法师《江湖话·红帮闽粤及南洋各地通行隐语》:"密会所:三尺六;古松。"《家里宝鉴·隐语》:"秘密书曰'三尺六;古松'。"金老佛《三教九流江湖秘密规矩·三合会之隐语》:"密会所曰三尺六;曰古松。"李子峰《海底·各地通行隐语》:"会所:三尺六;古松。"李子峰《海底·闽粤及南洋各地通行之隐语》:"密会所:三尺六;古松。"

【古孙】 明程万里《鼎锲徽池雅调南北官腔乐府点板曲响大明春·六院汇选江湖方语》:"古孙,是贫穷的。"明程万里《鼎锲徽池雅调南北官腔乐府点板曲响大明春·六院汇选江湖方语》:"古孙;谓蠢人也。"

【古相】《新刻江湖切要·乞丐类》:"手本讨钱:古相。"《切口大词典·乞丐类·手本讨钱之切口》:"古相:提手本之乞儿也。"清傅崇矩《成都通览·成都之江湖言词·乞丐类》:"手本讨钱:古相。"

【古月通】《新刻江湖切要·人物类》:"鞑子:柳叶儿;柳州通;[增]古月通;犬羊生。"清傅崇矩《成都通览·成都之江湖言词·人物类》:"鞑子:柳叶儿;柳州通;古月通;犬羊生。"

【古月子】 卫大法师《江湖话·红帮各地通行隐语·妙民类》:"胡:古月了。"李子峰《海底·各地通行隐语》:"胡:古月子。"

【古子】 ①卫大法师《江湖话·红帮各地通行隐语·建筑物类》:"庙:古子,哑巴。"《切口大词典·盗贼类·短截贼之切口》:"古子:庙寺之类也。"李子峰《海底·各地通行隐语》:"庙:古子。"②《江湖走镖隐语行话谱》:"官为古子。"《切口大词典·党会类·红帮之切口》:"古子:官也。"《清门考原·各项切口》:"古子,官也。"贝思飞《民国时期的土匪隐语》:"古子:政府官员。"金老佛《三教九流江湖秘密规矩·青帮与红帮·红帮之问答》:"据言长江一路之荒寂庙宇,私通帮匪者居多,是以威武窑(筲门)中之古子(官),对于各哑吧窑,皆非常注意,独惜一般马子,类皆壅于上闻,不令古子得悉,以是破案者鲜耳。"金老佛《三教九流江湖秘密规矩·青帮与红帮·江湖之春典》:"官称古子。"

【扢倒】《行院声嗽·伎艺》:"妆鬼:扢倒。"

【谷念】 清唐再丰《鹅幻汇编·江湖通用切口摘要》:"无曰谷念。"卫大法师《江湖话·江湖上的隐语·普通隐语》:"无:谷念。"《切口大词典·星相类·星家之切口》:"谷念:无也。"《清门考原·各项切口》:"谷念,无也。"金老佛《三教九流江湖秘密规矩·日常用语》:"无曰谷念。"

【谷山】《新刻江湖切要·人物类》:"光棍:油滑生;[广]井梧摇落大光棍;顺子;柳生;[广]杆面杖。下流光棍:谷山;[广]倒影枯杨。"《江湖切口要诀》(尺牍增附本):"下流光棍:谷山。[广]倒影枯杨。"《切口大词典·医药类·摇虎撑者之切口》:"谷山:下流光棍也。"清傅崇矩《成都通览·成都之江湖言词·人物类》:"下流光棍:谷山;倒影枯杨。"

【股东】《切口大词典·杂业类·商人共众切口》:"股东:纠合股份,创设之店主东也。"

【骨皮】《切口大词典·杂业类·纸扎店之切口》:"骨皮:马粪纸也。"

【骨沙】《切口大词典·役夫类·茶担夫之切口》:"骨沙:骨头筷也。"

【骨氏】《江湖走镖隐语行话谱》:"丫头:骨氏。"

【骨梳】《新刻江湖切要·星相类》:"量手指:骨梳。"清傅崇矩《成都通览·成都之江湖言词·星相类》:"量手指:骨梳。"

【骨外】《切口大词典·役夫类·庖夫之切口》:"骨外:肉也。"

【鹄穀】《切口大词典·行号类·水果行之切口》:"鹄穀:橙子也。"

【鼓点】《江湖丛谈·江湖之金点·柳门》:"受骗的人明白了,和他们翻了脸,调侃儿叫鼓点。"

【鼓动】《切口大词典·杂业类·冶坊之切口》："鼓动：风箱也。"

【鼓儿】云游客《江湖丛谈·江湖之春点·汉门的丁香座子》："管要出吵子，调侃叫鼓儿，金点儿之竹金。"

【鼓釜工】《新刻江湖切要·医药类》："换药珠：鼓釜工。"《切口大词典·医药类·医生之切口》："鼓釜工：换药珠者。"清傅崇矩《成都通览·成都之江湖言词·医药类》："换药珠：鼓釜工；吐虫；泼卵水。"

【鼓了夯啦】云游客《江湖丛谈·江湖之春点·江湖艺人大本玉子与连宝立、连宝志》："江湖人管嗓子坏了，调侃叫鼓了夯啦。"云游客《江湖丛谈·江湖之春点·三不管的相声场儿》："江湖人管嗓子坏了，调侃叫鼓了夯啦。"

【鼓了盘儿】云游客《江湖丛谈·江湖之春点·挂子行中的支杆挂子》："管翻了脸，调侃叫鼓了盘儿。"

【鼓盘】云游客《江湖丛谈·江湖之金点·幌晃条的与扫条的》："鼓盘，即是翻脸。"

【鼓子】施列格《天地会研究·洪家口白要诀》："鼓子，酒盅。"

【鼓子花】《切口大词典·医药类·摆草药摊之切口》："鼓子花：挂金灯，以花放如鼓故名，效用同竹叶兰。"

【榾柮】《行院声嗽·花木》："蕊：榾柮。"

【鹘卢】明田汝成《西湖游览志馀·委巷丛谈》："杭人有以二字反切一字以成声者，如以秀为鲫溜，以团为突栾，以精为鲫令，以俏为鲫跳，以孔为窟窿，以盘为勃兰，以铎为突落，以窠为窟陀，以圈为窟栾，以蒲为鹘卢。有以双声而包一字，易方隐语以欺人者，如以好为现萨，以丑为怀五，以马为杂嗽，以笑为喜黎，以肉为直线，以鱼为河戏，以茶为油老，以酒为海老，以没有为埋梦，以莫言为稀调。"

【固】清翟灏《通俗编·识余·市语·绸绫行》："绸绫行：则一叉，二计，三沙，四子，五固，六羽，七落，八末，九各，十汤。"

【固嵌角】《切口大词典·武术类·行程保镖者之切口》："固嵌角：结交朋友也。"清傅崇矩《成都通览·成都之江湖言词·人事类》："结交朋友：固嵌角。"

【顾风】《切口大词典·手艺类·卖扯铃之切口》："顾风：卖主也。"

【顾那海】《清门考原·各项切口》："顾那海，罪过也代死人赎罪曰向圣人顾那海。"

【梏子】《切口大词典·党会类·流氓之切口》："梏子：金钏也。"

gua

【瓜】①清唐再丰《鹅幻汇编·江湖通用切口摘要》："江湖诸技，总分四行，曰：巾、皮、李、瓜。"②《清门考原·各项切口》："瓜，拳也。"

【瓜老】明程万里《鼎锲徽池雅调南北官腔乐府点板曲响大明春·六院汇选江湖方语》："瓜老，是妇人也。"

【瓜皮】《新刻江湖切要·人事类》："剔脚为裁皮；又曰瓜皮；又为修踢土。"清傅崇矩《成都通览·成都之江湖言词·人事类》："剔脚：裁皮；瓜皮；修踢土。"

【瓜期节】《新刻江湖切要·时令类》："中秋：赏中；［广］分金；重九；金末。又瓜期节，谓二九也。"

【瓜头啦】云游客《江湖丛谈·江湖之金点·穷家门》："瓜头啦，即有七八个人害了怕啦。"

【瓜行】《切口大词典·武术类·行程保镖者之切口》："瓜行：镖局也。"

【瓜子】①平山周《中国秘密社会史·三合会隐语》："剑曰橘板，曰绉纱。小刀曰狮子。大炮曰黑狗，火药曰狗粪，大炮声曰狗吠。银圆曰瓜子，铜钱曰芝麻。手曰五爪龙，耳曰顺风。斩首曰洗面。海曰大天。密会所曰三尺六，曰古松。扇曰弯月。木斗曰木杨城。"卫大法师《江湖话·红帮各地通行隐语·其他用具对象类》："洋钱：饼子，老方，琴工，瓜子。"卫大法师《江湖话·红帮闽粤及南洋各地通行隐语》："花银：瓜子。"《家里宝鉴·隐语》："银元'区饼子，瓜子'。"《切口大词典·党会类·三点会之切口》："瓜子：银元也。"金老佛《三教九流江湖秘密规矩·三合会之隐语》："银圆曰瓜子，铜钱曰芝麻。"李子峰《海底·各地通行隐语》："洋钱：饼子；老方；琴工；瓜子。"李子峰《海底·闽粤及南洋各地通行之隐语》："老银：瓜子。"施列格《天地会研究·洪家口白要诀》："瓜子：钱银。"②清唐再丰《鹅幻汇编·江湖通用切口摘要》："打拳头、跑解马，总称曰瓜子。"清唐再丰《鹅幻汇编·江湖通用切口摘要》："拳曰瓜子。"卫大法师《江湖话·红帮各地通行隐语·人身各物类》："拳头：瓜子。"卫大法师《江湖话·江湖上的隐语·普通隐语》："拳：瓜子。"《切口大词典·医药类·卖膏药者之切口》："瓜子：拳头也。"《清门考原·各项切口》："瓜子，打拳头、跑马卖解，总称曰瓜子生意。又曰挂子行。"金老佛《三教九流江湖秘密规矩·江湖通用切口》："打拳头、跑解马总称曰瓜子。"金老佛《三教九流江湖秘密规矩·日常用语》："拳曰瓜子。"李子峰《海底·各地通行隐语》："拳头：瓜子。"李子峰《海底·各地通行隐语》："肉：瓜子；留干子。"③卫大法师《江湖话·红帮各地通行隐语·饮食用品类》："肉：江片子，瓜子，留千子。"④《切口大词典·巫卜类·道士之切口》："瓜子：印馨也。"

【瓜子行】 学古堂《江湖行话谱·江湖行话》："打拳头、跑马戏等，总称瓜子行。"

【刮碑】《切口大词典·行号类·烟土行之切口》："刮碑：以料子如量数，用汽蒸融之，下原庄土，如量数，融如前在光碑石上，以大刀来去刮拨，直至色质和同为止。"

【刮丢】《新刻江湖切要·娼优类》："龟子：中八生；刮丢；[增]六缩。忘八，客盖；[改]青盖。"清傅崇矩《成都通览·成都之江湖言词·娼优类》。"龟子：中八生，刮丢；六缩。忘八，客盖；青盖。"

【刮精码子】《切口大词典·党会类·小瘪三之切口》："刮精码子：专贪小利之人也。"

【刮皮】《切口大词典·党会类·小瘪三之切口》："刮皮：刻刮他人之利也。"

【寡老】《切口大词典·乞丐类·乞丐之切口》："寡老：妇人也。"

【寡马】《新刻江湖切要·人物类》："寡妇：官川；寡马。"《江湖切口要诀》(尺牍增附本)："寡妇：官川；寡马。"《切口大词典·医药类·卖春药治毒疮者之切口》："寡马：孀妇也。"清傅崇矩《成都通览·成都之江湖言词·人物类》："寡妇：官川；寡马。"

【卦】《蹴鞠图谱·圆社锦语》："卦：八。"宋陈元靓辑《事林广记·续集·绮谈市语·数目门》："八：分不刀；卦。"

【卦子行】 李子峰《海底·各地通行隐语》："卖艺：卦子行。"

【挂】①《镖行江湖隐语行话秘典》："湾，为九，挂，为十。"②学古堂《江湖行话谱·行意行话》："穿，为挂。"③清末民初佚名《镖行江湖隐语行话秘典》："至一百九十吊，俱是挂。"

【挂白】《切口大词典·杂流类·堂名之切口》："挂白：送迎丧事也。"

【挂不住】《切口大词典·娼妓类·八大胡同妓院之切口》："挂不住：过不看，而强施焉，必被拒绝。被拒绝则挂不住矣，挂不住犹言面子上不去也。"

【挂才】《新刻江湖切要·人事类》："讨妻曰挂才。"《切口大词典·星相类·鸟衔算命之切口》："挂才：娶妻也。"清傅崇矩《成都通览·成都之江湖言词·人事类》："讨妻：挂才。"

【挂彩】 贝思飞《民国时期的土匪隐语》："挂彩：受伤。"金老佛《三教九流江湖秘密规矩·青帮与红帮·言语之忌讳》："于大快巧快之外，普通忌讳之语亦多，非此中人实未能尽纪，且有随时变更者。如见塔不呼为塔而名为笋子；饭碗不准提饭字而名为莲花子；受伤出血，不作提血字，而成为挂彩；等等不一。其规律之严，较国法为尤甚。若此中人有故犯之者，轻则二刀六洞，即用攮了在大腿或臂膊上连戳三刀，使成三个对穿洞也。重则刖足或处死，俱极残酷。而在门槛中人，则身受之而无怨言。此可见信仰心之坚强，有信仰乃发生力量。宜此辈徒众遍各地，不可以轻侮也。"

【挂川】①《新刻江湖切要·生死类》："吊死：线川；挂川。"②《切口大词典·衙卒类·地保之切口》："挂川：催租也。"

【挂刀】《切口大词典·优伶类·伶人之切口》："挂刀：外行入班拜师也。"

【挂额】《切口大词典·工匠类·印刷匠之切口》："挂额：上印机也。"

【挂工火衫】云游客《江湖丛谈·江湖之金点·穷家门》："挂工火衫，即是穿着阔绰。"

【挂汉】金老佛《三教九流江湖秘密规矩·青帮与红帮·江湖之春典》："乞丐称挂汉。"

【挂㸑】《新刻江湖切要·乞丐类》："讨饭：挂㸑；碎山。"《切口大词典·乞丐类·乞丐之切口》："挂㸑：乞丐之总称也。"清傅崇矩《成都通览·成都之江湖言词·乞丐类》："讨饭：挂㸑；碎山。"

【挂号】①《切口大词典·工匠类·成衣匠之切口》："挂号：马褂也。"②《切口大词典·衙卒类·衙役之切口》："挂号：凡外埠盗贼，到码头时，投帖拜见本地差役头目，陈明来意，谓之挂号。"《清门考原·各项切口》："挂号，新到之匪必先到差役处报道。"

【挂狼】《切口大词典·医药类·医生之切口》："挂狼：病小儿之腹鳖虫也。"

【挂红】①《切口大词典·娼妓类·花烟间之切口》："挂红：点蜡烛也。俗语开包。"②《切口大词典·杂流类·堂名之切口》："挂红：送迎喜事也。"

【挂画】《江湖走镖隐语行话谱》："挂画：不好；不作肯。"

【挂皇榜】《切口大词典·乞丐类·书情求乞之切口》："挂皇榜：将情节书成掮于背间步街头行乞也。"

【挂活】云游客《江湖丛谈·江湖之春点·江湖艺人快手卢》："变戏法的人，往身上藏东西，行话叫挂活。"

【挂甲】《镖行江湖隐语行话秘典》："挂甲，一百二十吊。"

【挂脚】《切口大词典·赌博类·押六门之切口》："挂脚：譬如打天门，而挂脚于地门，则开时如中天门可得重大之利，中地亦可得少许之贴补。"

【挂金灯】《切口大词典·杂流类·卖花者之切口》："挂金灯：鼓子花也。其花如拳不放形如缸鼓色作微蓝。"

【挂客】《切口大词典·娼妓类·八大胡同妓院之切口》："挂客：妓女已为客挑，则谓之挂上客。挂者犹言勾搭上也。"

【挂狼】《新刻江湖切要·医药类》："卖春方：派煤；取鳖；挂狼。"清傅崇矩《成都通览·成都之江湖言词·医药类》："卖春方：派煤；取鳖；挂狼。"

【挂了彩】云游客《江湖丛谈·江湖之金点·挂》："'挂了彩'即是受了伤。或是'土了点儿'算完（即是弄死喽）。"

【挂刘】《镖行江湖隐语行话秘典》："挂刘，一百一十吊。"

【挂龙】《切口大词典·杂业类·商人共众切口》："挂龙：帐房作弊，写灵账也。"

【挂牌儿】《切口大词典·商铺类·丝经业之切口》："挂牌儿：姓沈者。"

【挂判】《新刻江湖切要·饮馔类》："火腿：挂判。"清傅崇矩《成都通览·成都之江湖言词·饮馔类》："火腿：挂判。"

【挂琴】《新刻江湖切要·人事类》："讨钱曰挂琴。又讨银钱曰呕风。"《切口大词典·武术类·地吼戏之切口》："挂琴：讨铜钱也。"清傅崇矩《成都通览·成都之江湖言词·人事类》："讨钱：挂琴。"

【挂洒】云游客《江湖丛谈·江湖之春点》："管衣裳叫'挂洒'。"

【挂洒火】云游客《江湖丛谈·江湖之春点》："管穿的阔绰叫挂洒火。"

【挂洒水】云游客《江湖丛谈·江湖之春点》："管穿破衣裳的叫挂洒水。"

【挂扇】《新刻江湖切要·宫室类》："开门曰挂扇；又曰拔掩。"

【挂上】李子峰《海底·各地通行隐语》："放火；扯红旗；挂上。"

【挂托】云游客《江湖丛谈·江湖之春点·江湖人的旧组织（各处长春会）的领袖》："江湖人管他们变戏法，往家俱上弄鬼儿，调侃叫挂托。"

【挂喜】《切口大词典·杂流类·收生婆之切口》："挂喜：腹痛也。"

【挂张】清唐再丰《鹅幻汇编·江湖通用切口摘要》："在庙内或租屋居住者皆曰挂张。"卫大法师《江湖话·江湖上的隐语·巾行隐语》："在庙内住：挂张。"《切口大词典·巫卜类·文王课之切口》："挂张：在庙内或租屋住下营生者。"《清门考原·各项切口》："挂张，在庙内或租屋。出生意也。"金老佛《三教九流江湖秘密规矩·江湖通用切口》："在庙内或租屋住者皆曰挂张。"学古堂《江湖行话谱·江湖行话》:"在庙内或租屋住者,曰挂张。"

【挂帐子】 李子峰《海底·各地通行隐语》:"雾:挂帐子;山巾子。"

【挂招牌】 《切口大词典·党会类·青帮之切口》:"挂招牌:凡帮中人,出码头,只须招牌挂起,帮匪自来招待,所为招牌者,吃茶者以碗朝里,戤于左侧,吃酒者将箸于酒杯之外,等等。"

【挂注】 贝思飞《民国时期的土匪隐语》:"挂注:加入匪帮。"

【挂桩】 云游客《江湖丛谈·江湖之春点·老荣中之高买》:"管官人在门前等候窃贼,调侃叫挂桩。"

【挂子生意】 《江湖走镖隐语行话谱》:"金生意为生意,彩为生意,挂子生意,有要钱的为本事。"

【挂子它】 清佚名《郎中医话》:"挂子它,是把式卖膏药的。"

【挂子行】 云游客《江湖丛谈·江湖之春点·三不管中挑将汗的生意》:"凡是练武的人,都是挂子行。"

【挂座】 《切口大词典·优伶类·伶人之切口》:"挂座:能叫座也。"

【挂座儿】 《梨园话》:"挂座儿:观客众多,谓之'挂座儿'。"

【褂朵子】 《清门考原·各项切口》:"褂朵子,干有差事也。"

【褂上】 卫大法师《江湖话·红帮各地通行隐语·其他用具对象类》:"放火:扯红旗,褂上。"

【褂帐子】 卫大法师《江湖话·红帮各地通行隐语·天文地理类》:"雾:褂帐了,山巾子。"

【褂子行】 卫大法师《江湖话·红帮各地通行隐语·各种行业类》:"卖艺:褂子行。"

guai

【拐】 卫大法师《江湖话·各行业商帮所用数目字隐语·成都通行言词·牲畜行》:"拐,五。"清傅崇矩《成都通览·成都之各行人买卖通用言词·六畜行言词》:"拐(五)。"清末民初佚名《镖行江湖隐语行话秘典》:"至五十九吊,俱是拐。"

【拐搭】 《蹴鞠谱·锦语》:"鞋靴:拐搭。"《蹴鞠图谱·圆社锦语》:"拐搭:靴鞋。"

【拐答】 《行院声嗽·身体》:"泻肚:拐答。"

【拐甲】 清末民初佚名《镖行江湖隐语行话秘典》:"拐甲,五十二吊。"

【拐刘】 清末民初佚名《镖行江湖隐语行话秘典》:"拐刘,五十一吊。"

【拐慢】 清末民初佚名《镖行江湖隐语行话秘典》:"拐慢,为五。"

【拐品】 清末民初佚名《镖行江湖隐语行话秘典》:"拐品,五十三吊。"

【拐七】 ①《新刻江湖切要·人物类》:"乖人:拐七;[广]蹑足陈平;闻雷坠筋。" ②《江湖切口要诀》(尺牍增附本):"燕人:拐七。[广]蹑足陈平;闻雷堕筋。" ③清傅崇矩《成都通览·成都之江湖言词·人物类》:"好人:将叉;念将通;使女:缝裳;燕人;拐七;蹑足陈平;闻雷坠筋。"

【拐仙】 《切口大词典·乞丐类·瘫叫化子之切口》:"拐仙:以杖携之而行者。"

【拐协】 清末民初佚名《镖行江湖隐语行话秘典》:"拐协,五十四吊。"

【拐子】 卫大法师《江湖话·红帮各地通行隐语·数目类》:"老大:拐子。"李子峰《海底·各地通行隐语》:"老大:拐子。"

guan

【关川生】 《新刻江湖切要·星相类》:"惯走江湖曰相府。[增]周流(游)列国;关肚仙,亦称剪牙;[增]鬼凭儿。原名又曰关川生;献师;烧黄十。"清傅崇矩《成都通览·成都之江湖言词·星相类》:"惯走江湖:相府;周游列国;关肚仙;剪牙;鬼凭儿;关川生;献师;烧黄七。"

【关大】 《切口大词典·商铺类·账簿业之切口》:"关大:蓝布面之清账簿也。"

【关斗】 《切口大词典·商铺类·账簿业之切口》:"关斗:蓝布面之方清账簿也。"

【关肚仙】 《新刻江湖切要·星相类》:"惯走江湖曰相府。[增]周流(游)列国;关肚仙,亦称剪牙;[增]鬼凭儿。原名又曰关川生；献师；烧黄七。"清傅崇矩《成都通览·成都之江湖言词·星相类》："惯走江湖：相府；周游列国；关肚仙，剪牙；鬼凭儿；关川生；献师；烧黄七。"

【关房门】《切口大词典·娼妓类·花烟间之切口》："关房门：燕好也，俗呼跳老虫。"

【关公挑】《切口大词典·盗贼类·短截贼之切口》："关公挑：棉被也。"

【关门】《切口大词典·娼妓类·茶室之切口》："关门：妓女撤榜也。"

【关岭】金老佛《三教九流江湖秘密规矩·青帮与红帮·关山令语句》："行过大礼之后，如无意外来贵客（即别山别香堂之名人），即可传令关山。关山令云：'某某堂上把令传，位台兄弟听我言，龙头大爷把令下，要我兄弟把令传，山前山后紧紧闭，莫等马子进山来，若还不听我的令，山门之外问斩刑。盟证香长请进帐，快把将令望下传。'唱此令者，应属于坐堂陪堂二人。"

【关山门徒弟】《切口大词典·党会类·青帮之切口》："关山门徒弟：收徒肯之最后一人也。其人其事，一如开山门，惟居开山门之后。"

【关中】《切口大词典·商铺类·账簿业之切口》："关中：略小于关斗也。"

【观册】朱琳《洪门志·春典子琐记·人事》："看书，称观册。"

【观顶生死】《清门考原·各项切口》："观顶生死，这个人也。"

【观亮】《新刻江湖切要·人事类》："识得曰观亮。"《切口大词典·武术类·卖拳头者之切口》："观亮：识得也。"《切口大词典·星相类·隔夜算命之切口》："观亮：识得也。"清傅崇矩《成都通览·成都之江湖言词·人事类》："识得：观亮。"

【观枚】《切口大词典·巫卜类·席地测字者之切口》："观枚：测字法也取其象形而断吉凶也。"

【观音】《切口大词典·盗贼类·铳手之切口》："观音：妇女坐着是也。"《切口大词典·乞丐类·妇人求乞之切口》："观音：乞儿妇也。"

【观音党】①《新刻江湖切要·乞丐类》："带妇人求乞，亦称观音党。"《切口大词典·乞丐类·妇人求乞之切口》："观音党：带妇人之乞儿也。"清傅崇矩《成都通览·成都之江湖言词·乞丐类》："带妇人求乞：观音党。"②《新刻江湖切要·医药类》："烧香朝山卖药；拱党；观音党。"《切口大词典·医药类·医生之切口》："观音党：朝山卖香者。"清傅崇矩《成都通览·成都之江湖言词·医药类》："卖药：跳十字煤（烧香朝山卖药）；拱党；观音党。"

【观音莲】《切口大词典·杂流类·卖花者之切口》："观音莲：旱金莲也。叶大如萍，秋间开白花，止一大瓣，叶中花蕊颇类佛像。"

【观音柳】《切口大词典·杂业类·花业之切口》："观音柳：西河柳也。"

【观音落坐】《切口大词典·盗贼类·偷鸡贼之切口》："观音落坐：意同上（弥勒看门）。大抵指妇人也。"

【观音枝】《切口大词典·医药类·药行业之切口》："观音枝：西河柳也。"

【官包】《切口大词典·商铺类·封套业之切口》："官包：最大之信封也。"

【官扁】《切口大词典·商铺类·皮箱业之切口》："官扁：最大之牛革扁箱也。"

【官草子】学古堂《江湖行话谱·走江湖行话》："被，官草子。"

【官川】《新刻江湖切要·人物类》："寡妇：官川；寡马。"《新刻江湖切要·生死类》："夫死：官川。"《江湖切口要诀》（尺牍增附本）："寡妇：官川；寡马。"《切口大词典·星相类·拉和琴算命之切口》："官川：夫死也。"《切口大词典·杂流类·媒婆之切口》："官川：寡妇也。"清傅崇矩《成都通览·成都之江湖言词·人物类》："寡妇：官川；寡马。"清傅崇矩《成都通览·成都之江湖言词·生死类》："夫死：官川。"

【官方】《切口大词典·商铺类·皮箱业之切口》："官方：最大之牛革箱也。"

【官工】《梨园话》："官工：即放假也。[附记]戏界以三月十八为祭神日，这一天无论何班，都不演戏。民国后虽废除迷信，可是仍不演戏。所以，又叫'官工'，言其是放官假的意思。在从前各戏班的组织，都是以每年三月十八日为期，个班中添约新角，或旧有角色包银加减以及个班规定戏园子的轮转，都是这天以前说妥。既说妥之后，就是一年。各角如欲另搭别班，非等到下年三月十八日不可。现在各戏班到这天也还有点变动，但是不像从前那样重要了。（节录《中国剧之变迁》）"

【官码子】①卫大法师《江湖话·安庆隐语》："巡捕：林码子，官码子，黄皮条子。"②《切口大词典·盗贼类·杆匪之切口》："官码子：官人也。"

【官鸟儿】《切口大词典·娼妓类·茶室之切语》："官鸟儿：隐语也。"

【官日】《新刻江湖切要·亲戚类》："阿公：太阳，今改官日。"

【官生】清唐再丰《鹅幻汇编·江湖通用切口摘要》："夫曰官生。"卫大法师《江湖话·江湖上的隐语·普通隐语》："夫：官生。"《切口大词典·星相类·星家之切口》："官生：夫也。"《清门考原·各项切口》："官生：夫也。"金老佛《三教九流江湖秘密规矩·日常用语》："夫曰官生。"

【官条子】贝思飞《民国时期的土匪隐语》："官条子：道路。"

【官通】《新刻江湖切要·亲戚类》："夫：官星；官通；盖老。"

【官星】《新刻江湖切要·亲戚类》："夫：官星；官通；盖老。"

【官衣】《切口大词典·商铺类·衣折业之切口》："官衣：式与蟒同，惟不绣花，前后加补服，文官用之。"

【官月】《新刻江湖切要·亲戚类》："阿婆：太阴，改官月。"

【官丈子】清佚名《郎中医话》："官丈子，是被。"

【官帐】《江湖走镖隐语行话谱》："被为官帐。"

【官中】《梨园话》："官中：公共所用之物谓之'官中'。"

【冠木】《切口大词典·商铺类·丝经业之切口》："冠木：姓宋者。"

【棺材钉】①《切口大词典·盗贼类·拐匪之切口》："棺材钉：定案也。"②《清门考原·各项切口》："棺材钉，吃官司办定日期也。"

【馆地】①《切口大词典·衙卒类·幕宾之切口》："馆地：游幕也。"②《切口大词典·杂流类·私塾先生之切口》："馆地：教书之处也。"

【管蔡】宋陈元靓辑《事林广记·续集·绮谈市语·亲属门》："叔：管蔡。"

【管城子】宋陈元靓辑《事林广记·续集·绮谈市语·文房门》："笔：中书君；毛锥子；管城子；毛颖氏。"

【管缸】《切口大词典·商铺类·染色业之切口》："管缸：染司务之首领也。"

【管公事】《切口大词典·医药类·摇虎撑者之切口》："管公事：画吏也。"

【管公事人】《新刻江湖切要·人物类》："幕宾：立门头；[广]生晞；密骗；忽扳；趋笑；管公事人；牵生。"清傅崇矩《成都通览·成都之江湖言词·人物类》："幕宾：立门头；生晞；密骗；忽扳；趋笑；管公事人；牵生。"

【管苗】《新刻江湖切要·草木百果五谷类》："葱：管希；管苗。"

【管木人】《切口大词典·衙卒类·厘卡之切口》："管木人：守挡也。"

【管事】《切口大词典·党会类·哥老会之切口》："管事：五爷也。"

【管事的】《梨园话》："管事的：后台执事人，名曰'管事的'。[附记]语云：'一只大船必有个掌舵的，一家度日必有个当家人。'戏班亦何尝不然！惟后台执事人，谓之'管事的'，凡对于后台一切事项，均负完全责任，且须有戏剧的经验。故除原有戏份以外，另加一项管事钱，多不过数十枚。盖管事者虽不必上场出演，惟遇角色缺乏时，亦得装扮。俗说'卖艺的应行'，何况'救场如救火'。至于派戏，支配角色，某戏演唱之时间长短，某戏出于何朝何代，均须了然于胸。譬如演唱时间不均，散戏时过晚，则必受警区罚办。朝代分别不清，观众必报以倒彩。故早年规矩，开场时所演之戏，其朝代多在唐宋以上，其余诸戏，或在唐宋之间，或在唐宋之下，则无妨矣。支配角色，须知演角性格，应如何对待。是谁'活头'，须交谁扮。遇有"临场推诿"者，无论多狡猾，设法使其心服口服。某戏须某人、某脚与某脚配演，方能相称；某脚戏码在前或在后，方为适宜。且与分配时，尤须公道，否则势难终场。是以膺此选者，不但要有经验，且须有人缘。平时对于班中演角，更须联络，临事时不能撑起架子，必宜面兼冷暖，语杂诙谐。甚至出一办法，即能令人钦佩。所谓'不干也得干'，始可称起支配角色之能手。又如开销戏份，班底应发多少，各脚应开多少，均须与老板商量。未开锣以前，管事人须先至后台，发令开戏演方能开演。命催某角，催戏人既往催某脚，此其权柄也。[校案：此乃'导演'是也]。

【管希】《新刻江湖切要·草木百果五谷类》："葱：管希；管苗。"

【管箱的】《梨园话》："管箱的：管理剧装之人，谓之'管箱的'。[附记]剧中应用物品，如衣饰旗把等件，种类至夥。而某戏应着何衣、应用何物，均有定则，不能错误。故必分门别类，分派多人执管，俾演者所用何物，即向何处携取。否则人多物众，不特一时找寻不易，管理者一人亦难料理也。至责任分担之后，执管衣服者，即按本日戏码，须将预用物品，安次取齐，以免临时慌忙，而有疏失。大抵衣服分大衣箱、二衣箱两种。蟒袍、官衣、裙子、披等，归大衣箱。靠、龙套、青袍等，归二衣箱。余如盔帽巾冠、须髯、角带等，则归盔头箱。刀枪旗伞，归旗把箱。零用物件（如令箭等），归奇宝箱。大衣、二衣、盔头、旗把等箱，均置于后台。奇宝箱则在台上，由检场者管之。（见《戏学汇考》）"《切口大词典·优伶类·角行之切口》："管箱的：箱分大衣箱，二衣箱，盔箱，把箱，董其事者谓之管箱的。"

【贯串】《切口大词典·优伶类·伶人之切口》："贯串：无戏不能演之谓也。"

【贯块头】《切口大词典·工匠类·打眼匠之切口》："贯块头：玉器上打眼也。"

【贯通】《新刻江湖切要·经纪类》："穿珠者：贯通。"清傅崇矩《成都通览·成都之江湖言词·经纪类》："穿珠者：贯通。"《切口大词典·工匠类·打眼匠也》："贯通：打眼匠也。"

【贯圆头】《切口大词典·工匠类·打眼匠之切口》："贯圆头：珠上打眼也。"

【掼杀】《切口大词典·赌博类·牌九赌之切口》："掼杀：根子中空，内实水银象牙粉。用时认明点数，在台上一拍，水银下沉，掷出仍是认明之点。"

guang

【光表】《蹴鞠图谱·圆社锦语》："光表：和尚。"

【光飞子】《切口大词典·衙卒类·厘卡之切口》："光飞子：查轮船也。"

【光杆】卫大法师《江湖话·安庆隐语》："单身男人：光杆。"

【光棍】①《切口大词典·乞丐类·乞丐之切口》："光棍：不喜诬陷他人也。"②清傅崇矩《成都通览·成都之袍哥话即江湖话也》："光棍：不怕事也。"

【光花溲】《行院声嗽·天文》："雪：光花溲。"

【光滑】《切口大词典·手艺类·髹漆业之切口》："光滑：亮油也。"

【光节】《切口大词典·星相类·弹弦子算命之切口》："光节：元宵也。"

【光壳朝阳】《切口大词典·盗贼类·对买贼之切口》："光壳朝阳：绸缎店也。"

【光榔】《切口大词典·手艺类·雨伞业之切口》："光榔：伞头也。"

【光老】宋陈元靓辑《事林广记·续集·绮谈市语·人物门》："和尚：缁流；光老。"

【光脸子】《切口大词典·工匠类·漆匠之切口》："光脸子：油漆门面也。"

【光亮】朱琳《洪门志·春典子琐记·店铺》："锡铺，称光亮。"

【光亮朝阳】《新刻江湖切要·店铺类》："绸缎店：[增]光亮朝阳。"清傅崇矩《成都通览·成都之江湖言词·店铺类》："绸缎店：光亮朝阳。"

【光六】《切口大词典·杂流类·卖京货之切口》："光六：卖京货之担也。"

【光伦子】《切口大词典·医药类·骑驴卖药之切口》："光伦子：无生意也。"

【光芒】《新刻江湖切要·天文类》："星：光芒；[广]点辰；列棋；好风；好雨；拱牝；在东。"《江湖切口要诀》（尺牍增附本）："星：光芒。[广]点辰；列碁；好风；

好雨；拱北；在东。"《切口大词典·杂流类·卖西洋镜之切口》："光芒：星也。"清傅崇矩《成都通览·成都之江湖言词·天文类》："星：光芒；点辰；列棋；好风；好雨；拱北；在东。"

【光面】《切口大词典·商铺类·布疋业之切口》："光面：洋缎子也。"

【光盘汤】《切口大词典·杂业类·旅馆之切口》："光盘汤：面水也。"

【光盘子】《切口大词典·工匠类·理发匠之切口》："光盘子：修面孔也。"

【光身】《切口大词典·商铺类·衣庄业之切口》："光身：长衫也。"《切口大词典·杂流类·喜婆之切口》："光身：新嫁娘之绣衣也。"

【光身子】《切口大词典·役夫类·马夫之切口》："光身子：洗马也。"

【光丝】《切口大词典·工匠类·理发匠之切口》："光丝：掠子也。"

【光堂】《切口大词典·工匠类·竹匠之切口》："光堂：扫帚也。"

【光条】 金老佛《三教九流江湖秘密规矩·青帮与红帮·红帮之问答》："至晚，甲乙二匪打了亮壳子（灯笼），点了三光条（火把），备齐家伙，带领众堂（人曰堂，故杀人曰劈堂，几个人谓之几杆堂）。"

【光条子】《切口大词典·手艺类·秤戥业之切口》："光条子：方杆成称戥之笋形也。"

【光铜】 清傅崇矩《成都通览·成都之呼物混名》："光铜：好钱也。"

【光头】 ①《切口大词典·杂流类·卖洋伞者之切口》："光头：洋伞柄也。" ②《清门考原·各项切口》："光头，自来火头也。"

【光子】 ①明佚名《行院声嗽·鸟兽》："血：光了。"明佚名《行院声嗽·身体》："血：光子。"清佚名《郎中医话》："光子，是血。"《江湖走镖隐语行话谱》："流血：光子。" ②《切口大词典·工匠类·木匠之切口》："光子：刨也。" ③《切口大词典·衙卒类·侦探之切口》："光子：放火也。"云游客《江湖丛谈·江湖之春点·汉门的丁香座子》："管见点血，调侃叫见点光子。" ④云游客《江湖丛谈·江湖之春点·江湖艺人传·去平留津的大金牙》："江湖人管洋片，调侃叫光子。"云游客《江湖丛谈·江湖之春点·江湖艺人马万宝》："管拉洋片的，调侃叫光子。"云游客《江湖丛谈·江湖之春点·江湖中的光子生意》："江湖人管玻璃镜调侃叫光子。"云游客《江湖丛谈·江湖之春点·江湖中的光子生意》："拉洋片的，玩西湖景的，江湖人调侃儿，管他们叫'光子'。"云游客《江湖丛谈·江湖之春点·三不管的八岔子生意》："拉洋片的，调侃叫光子。"

【光嘴】《切口大词典·工匠类·石匠之切口》："光嘴：铁凿也。"

【光嘴通】《切口大词典·星相类·弹弦子算命之切口》："光嘴通：属鼠也。"

【广薄】《切口大词典·手艺类·白藤业之切口》："广薄：半开之藤丝也。"

【广潮】《切口大词典·杂业类·菸烟店之切口》："广潮：潮烟也。"

【广禝】《切口大词典·手艺类·席子业之切口》："广禝：最阔之席也。"

【广宫】《新刻江湖切要·人物类》："良妇：广宫。"《江湖切口要诀》（尺牍增附本）："良妇：广宫。"清傅崇矩《成都通览·成都之江湖言词·人物类》："良妇：广宫。"

【广块】《切口大词典·行号类·饴糖行之切口》："广块：冰糖也。"

【广连】《切口大词典·手艺类·做袜子之切口》："广连：漂白汗布制成之袜也。"

【广片】《切口大词典·手艺类·白藤业之切口》："广片：四开之藤丝也。"

【广文】 宋陈元靓辑《事林广记·续集·绮谈市语·君臣门》："教授：广文。"

【逛窑子】《切口大词典·娼妓类·八大胡同妓院之切口》："逛窑子：作北里之游也。"

---

gui

【归】 清傅崇矩《成都通览·成都之江湖言词·地理类》："土：戊转；万生；水壬癸；龙转；归；朝宗。石土骨；坚垒；分磊；伏虎；踞豹；子践。"

【归标】《切口大词典·党会类·哥老会之切口》："归标：犹言入会也。"

【归槽】 卫大法师《江湖话·红帮各地通行隐

语·一般人事类》：“将劫物还人：还槽，归槽。”李子峰《海底·各地通行隐语》：“将劫物还人：还槽；归槽。”

【归帐】 清唐再丰《鹅幻汇编·江湖通用切口摘要》：“被曰归帐。"卫大法师《江湖话·江湖上的隐语·普通隐语》：“被子：归帐。”《清门考原·各项切口》：“归帐，被也。”金老佛《三教九流江湖秘密规矩·日常用语》：“被曰归帐。"

【归帐子】 卫大法师《江湖话·红帮各地通行隐语·居住用品类》：“被：拖棚子，夜衣，归帐子，扑风子。”李子峰《海底·各地通行隐语》：“被；夜衣；归帐子；扑风子。”

【圭空】《切口大词典·巫卜类·文王课之切口》：“圭空：不动也。”

【规矩春点】 金老佛《三教九流江湖秘密规矩·三教九流·规矩春点》：“江湖统称三教九流，三教为儒释道，而九流则分为上中下三类。各流有各流之规矩，绝不相浑，其小节之烦琐，实非笔墨所能形容，亦且记不胜记。故有十年能中一秀才，十年难学一江湖之语也。行旅者对于各流之规矩春点（即各流所用之隐语），虽不可不知，然亦不必细大不捐，一律知晓而谨记。但能于交接时通行者知其十之三四，亦即够用，不致岔事矣。除此之外，对于客店等之秘密，舟车上之防娴，亦当加以注意。总之出门之人，如能谨言慎行，虚心下已，则虽遇江湖道上之人，亦不至多生枝节，自寻烦恼也。”

【闺琴】《新刻江湖切要·人物类》：“小姐：闺琴；[改] 双五百，谓千金也。”《切口大词典·杂流类·卖婆之切口》：“闺琴：小姐也。"清傅崇矩《成都通览·成都之江湖言词·人物类》：“小姐：闺琴；双五百（谓千金也）。”

【佹石狮子】《切口大词典·党会类·小痞三之切口》：“佹石狮子：衙役之小伙计也。”

【鬼插腿儿】《江湖丛谈·江湖之金点·柳门》：“江湖人管先说白舍，后要钱的手段叫鬼插腿儿。"云游客《江湖丛谈·江湖之春点·江湖中挑逗子汗的》：“这个鬼插腿儿，是江湖中的妙法，在做生意的时候，如若见围着的人，听他卖药的人所说的话，全都不入神儿。"云游客《江湖丛谈·江湖之金

点·挂》：“他们江湖人先说白舍，后要钱的手段，调侃儿叫鬼插腿儿。”

【鬼打棚】《切口大词典·巫卜类·和尚之切口》：“鬼打棚：放焰口也。”

【鬼斗儿】《切口大词典·役夫类·驴夫之切口》：“鬼斗儿：驴子车也。”

【鬼儿】《切口大词典·医药类·骑驴卖药之切口》：“鬼儿：驴子也。”

【鬼叫儿】《切口大词典·役夫类·驴夫之切口》：“鬼叫儿：驴子也。”

【鬼叫子】《切口大词典·武术类·地吼戏之切口》：“鬼叫子：假音也。”

【鬼门关】 卫大法师《江湖话·安庆隐语》：“官署：鬼门关。”

【鬼凭儿】《新刻江湖切要·星相类》：“惯走江湖曰相府。[增] 周流（游）列国；关肚仙，亦称剪牙；[增] 鬼凭儿。原名又曰关川生；献师；烧黄七。"清傅崇矩《成都通览·成都之江湖言词·星相类》：“惯走江湖；相府；周游列国；关肚仙；剪牙；鬼凭儿；关川生；献师；烧黄七。”

【鬼头念课】 清唐再丰《鹅幻汇编·江湖通用切口摘要》：“三日疟曰鬼头念课。”《清门考原·各项切口》：“鬼头念课，疟子也。"金老佛《三教九流江湖秘密规矩·日常用语》：“三日疟曰鬼头念课。”

【鬼王】《切口大词典·衙卒类·厘卡之切口》：“鬼王：总巡也。”

【鬼摇头】《切口大词典·杂流类·卖婆之切口》：“鬼摇头：貌之丑陋者。”

【鬼子】《江湖走镖隐语行话谱》：“驴为鬼子。”《切口大词典·盗贼类·短截贼之切口》：“鬼子：驴也。”《切口大词典·役夫类·驴夫之切口》：“鬼子：驴夫也。"学古堂《江湖行话谱·行意行话》：“驴，为鬼子。"学古堂《江湖行话谱·走江湖行话》：“驴，鬼子。”

【鬼子错】 学古堂《江湖行话谱·行话管见》：“驴肉叫鬼子错。”

【鬼字】《兽医串雅杂钞》：“骡叫'囗字（子)?'。牛叫'乂字（子)?'，驴叫'鬼字（子)?'。”

【柜上人】《切口大词典·娼妓类·茶室之切口》：“柜上人：妓女与领班或院主有暧昧者。”

【柜头狮子】《切口大词典·衙卒类·侦探之切口》:"柜头狮子:商店之伙计也。"

【贵】《切口大词典·医药类·施药郎中之切口》:"贵:急也。"

【贵道】 清唐再丰《鹅幻汇编·江湖通用切口摘要》:"称人行业曰贵道。"金老佛《三教九流江湖秘密规矩·日常用语》:"称人行业曰贵道,尊人之称曰老元良,亦曰老夫子。"

【贵介】 宋陈元靓辑《事林广记·续集·绮谈市语·君臣门》:"国戚:贵介;姻臣。"

【贵客】 宋陈元靓辑《事林广记·续集·绮谈市语·花木门》:"牡丹:花王;贵客。"宋陈元靓辑《事林广记·续集·绮谈市语·花木门》:"牡丹:花王;贵客。"

【贵人】《切口大词典·手艺类·吹糖人之切口》:"贵人:小孩子也。"

【贵四哥】《家里宝鉴·隐语》:"外人曰'疯子,空子,马子,牛子,鹧鸪,贵四哥,刁滑马子'。"《切口大词典·党会类·哥老会之切口》:"贵四哥:会外人也。"平山周《中国秘密社会史·哥老会隐语》:"外人曰马子,曰贵四哥,曰刁滑马子,曰玲珑马子。"徐珂《清稗类钞·会党类·哥老会隐语》:"外人曰马子,曰贵四哥,曰刁滑马子,曰玲珑马子。"

【桂儿】《切口大词典·医药类·卖吊虫丸者之切口》:"桂儿:生意不佳也。"

【桂花】 ①卫大法师《江湖话·安庆隐语》:"下账:桂花。" ②《切口大词典·商铺类·海味业之切口》:"桂花:海沿也。" ③《切口大词典·行号类·海鱼行之切口》:"桂花:八月中之小黄鱼也。"

【桂魄】 宋陈元靓辑《事林广记·续集·绮谈市语·天地门》:"月:玉兔;桂魄。"

【桂枝】 卫大法师《江湖话·红帮闽粤及南洋各地通行隐语》:"脚香:桂枝。"徐珂《清稗类钞·会党类·三合会隐语》:"线香曰桂枝,蜡烛曰古树。蚊帐曰灯笼。明代服曰袈裟,套裤曰菱角,靴曰铁板,帽曰云盖、曰万笠。洋伞曰洪头,曰独脚,曰乌云。道路曰线,旅行曰游线。家曰甲子。祖先公馆曰马桶。船曰平,乘船曰搭平。"《家里宝鉴·隐语》:"线香曰桂枝。"《切口大词典·党会类·三点会之切口》:"桂枝:香也。"金老佛《三教九流江湖秘密规矩·三合会之隐语》:"线香曰桂枝。"李子峰《海底·闽粤及南洋各地通行之隐语》:"脚香:桂枝。"平山周《中国秘密社会史·三合会隐语》:"线香曰桂枝,蜡烛曰古树。蚊帐曰灯笼。明代服曰袈裟,套裤曰菱角,靴曰铁板,帽子曰云盖、曰万笠。洋伞曰洪头,曰独脚,曰乌云。道路曰线,旅行曰游线。家曰甲子。祖先公馆曰马桶。船曰平,乘船曰搭平。"

【跪倒爬起】 卫大法师《江湖话·红帮各地通行隐语·一般人事类》:"金兰结义:遥叩洪义堂,跪倒爬起。"李子峰《海底·各地通行隐语》:"金兰结义:遥叩洪义堂;跪倒爬起。"

【鳜鱼】《切口大词典·衙卒类·厘卡之切口》:"鳜鱼:巡划也。"

gun

【滚】 ①《蹴鞠图谱·圆社锦语》:"滚:浴。" ②《切口大词典·杂业类·山果业之切口》:"滚:六也。"

【滚吧】《切口大词典·娼妓类·茶室之切口》:"滚吧:骂人走也。"

【滚白苗绪子】 学古堂《江湖行话谱·行话管见》:"南瓜叫滚白苗绪子。"

【滚菜】《切口大词典·商铺类·豆麦业之切口》:"滚菜:黄豆也。"

【滚钉板】《切口大词典·赌博类·摇宝赌之切口》:"滚钉板:一无弊也。"

【滚服】《新刻江湖切要·衣饰类》:"被:滚服;暮林;文滚;又曰战干。"清傅崇矩《成都通览·成都之江湖言词·衣饰类》:"被:滚服;暮林;文滚;战十。"

【滚钢儿】 云游客《江湖丛谈·江湖之金点·评门》:"说书的人,说书的时候,常把书中的人名说错,调侃儿叫他爱滚钢儿。"

【滚口】《梨园话》:"滚口:念白颠倒,谓之'滚口'。"

【滚老】 朱琳《洪门志·春典子琐记·店铺》:"蛋行,称滚老。"

【滚沧】《新刻江湖切要·饮馔类》:"汤:滚沧。茶果:得占。"清傅崇矩《成都通览·成都之江湖言词·饮馔类》："汤：滚沧。"

【滚内】 ①《新刻江湖切要·人事类》："告状曰控讼；耗孤；顶孤；滚内。"清傅崇矩《成都通览·成都之江湖言词·人事类》："告状：控讼；耗孤；顶孤；滚内。" ②《切口大词典·衙卒类·幕宾之切口》："滚内：差人也。"

【滚盘】 朱琳《洪门志·春典子琐记·物品》："车，称滚盘。"

【滚盘子】《清门考原·各项切口》："滚盘子，车子也。"

【滚浅】《切口大词典·武术类·男女共同变戏法者之切口》："滚浅：逃走也。"

【滚水】 清傅崇矩《成都通览·成都之袍哥话即江湖话也》："滚水：纠人两下投水也。"

【滚台】《切口大词典·优伶类·武行中之切口》："滚台：身卧滚滚台中。"

【滚汤】 朱琳《洪门志·春典子琐记·人事》："开水，称滚汤。"

【滚汤圆】《切口大词典·行号类·烟土行之切口》："滚汤圆：以小土屑下窖汁搓成八两上下之团子，冒充小土者。"

【滚堂子】 清傅崇矩《成都通览·成都之袍哥话即江湖话也》："滚堂子：烘窑子。"

【滚条】《切口大词典·医药类·捉牙虫妇人之切口》："滚条：竹筷也。"

【滚头】《切口大词典·赌博类·麻雀赌之切口》："滚头：以头钱作资本而赌也。"

【滚线】 ①《新刻江湖切要·人事类》："逃走曰暗量；兆量；又曰滚线。"清傅崇矩《成都通览·成都之江湖言词·人事类》："逃走：暗量；兆量；滚线。" ②明程万里《鼎锲徽池雅调南北官腔乐府点板曲响大明春·六院汇选江湖方语》："滚线：起身行路也。"

【滚仗口】《切口大词典·武术类·妇女顶缸走索之切口》："滚仗口：戏缸也。"

【滚子】 ①卫大法师《江湖话·红帮各地通行隐语·其他用具对象类》："车：轮盘子，轮子，滚子。"李子峰《海底·各地通行隐语》："车：轮子；滚子。" ②学古堂《江湖行话谱·行话管见》："鸡蛋叫滚子。" ③学古堂《江湖行话谱·行意行话》："豆，为滚子。" ④云游客《江湖丛谈·江湖之金点·彩门》："吞铁珠，为滚子。"

【滚子生意】《清门考原·各项切口》："滚子生意，取卖红丸金丹者。制造者亦同此名。"

【棍蓝板】 金老佛《三教九流江湖秘密规矩·江湖通用切口》："板上墨蓝书测字曰棍蓝板。"

【棍头】《切口大词典·商铺类·刷染业之切口》："棍头：过印之杆也。"

guo

【郭】 宋陈元靓辑《事林广记·续集·绮谈市语·天地门》："县：邑；郭。"

【郭索】 宋陈元靓辑《事林广记·续集·绮谈市语·水族门（虫附）》："蟹：郭索。"

【郭子】《切口大词典·医药类·卖药糖者之切口》："郭子：煎糖之釜也。"

【锅金叶】 朱琳《洪门志·春典子琐记·物品》："饼，称锅金叶。"

【锅子】 卫大法师《江湖话·红帮各地通行隐语·建筑物类》："桥：锅子，空心子，张心子。"李子峰《海底·各地通行隐语》："桥：锅子；空心子；张心子。"

【国香】 宋陈元靓辑《事林广记·续集·绮谈市语·花木门》："兰：国香；秋佩。"

【国子摸蛇】《镖行江湖隐语行话秘典》："驴肉，为国子摸蛇。"

【果】《江湖行话谱·行意行话》："女，为果。"

【果老】 明佚名《行院声嗽·鸟兽》："驴：果老。"

【果食】 云游客《江湖丛谈·江湖之春点·江湖艺人孙宝善》："果食是他媳妇。"

【果食点】 云游客《江湖丛谈·江湖之春点》："今例举一事，阅者诸君便知那春点的用处。譬如，乡村里有个摇铃儿卖药的先生，正当摇铃儿，被一家请至院内看病。这卖药的先生，原不知病人所患的是何病症。该病人院邻某姓，是个江湖人。他要教卖药的先生挣的下钱来，先向卖药的先生说：'果食点'是'攒儿吊的黏唒'。卖药的先生不用给病人诊脉，便能知道这家是有个妇人，得的是心疼之病。原来，这'果食点'，按着春点中的侃语，便是妇人的；'攒儿吊的黏唒'，便是心口疼的病症。"

【果食码子】 云游客《江湖丛谈·江湖之金

点·小缁门》："果食码子，即是妇人。"

【果氏】①《江湖走镖隐语行话谱》："女子：果氏。"②云游客《江湖丛谈·江湖之春点》："媳妇叫果氏。"

【果子延年】《新刻江湖切要·疾病类》："杨梅疮：因哥延年。该名果子延年。"清傅崇矩《成都通览·成都之江湖言词·疾病类》："杨梅疮：因哥延年；果子延年。"

【椁】《清门考原·各项切口》："椁，棺梢也。惟三面。如一长方罩子。五块板。无有底。回教本土葬，因防地下水，而用之。"

【裹莲瓣】《切口大词典·娼妓类·相公堂子之切口》："裹莲瓣：以布缠足也。因足趾一有约束，不致痴肥呆大，然亦不如妇女之尖尖玉班，其在长短度量，适合时宜耳。"

【裹亮子】学古堂《江湖行话谱·行话管见》："大道叫裹亮子。"

【裹心】《切口大词典·商铺类·地货业之切口》："裹心：崇明胶菜也。"

【裹芯子】《切口大词典·手艺类·兜带业之切口》："裹芯子：袜带也。"

【裹子】《切口大词典·商铺类·帽子业之切口》："裹子：大红布也。"

【过班】《切口大词典·娼妓类·茶室之切口》："过班：甲班之妓应客召至乙班。"

【过班儿】《切口大词典·娼妓类·八大胡同妓院之切口》："过班儿：甲班之妓，应客之召，至乙班，谓之过班儿。"

【过比】《清门考原·各项切口》："过比，官司勒限破案，差役至期不获而责之谓。"

【过场】《梨园话》："过场：在场上一现昙花者，谓之'过场'。"

【过宠】《切口大词典·杂业类·豆腐店之切口》："过宠：浸豆也。"

【过搭】《切口大词典·赌博类·麻雀赌之切口》："过搭：吃牌之时，将以吃出之牌掉换也。"

【过道】①《梨园话》："过道：于剧中饰家院者，谓之'过道'。"②《切口大词典·优伶类·角行之切口》："过道：戏中扮院公者。"

【过得着】《切口大词典·娼妓类·八大胡同妓院之切口》："过得着：耍骨头咬乖乖之类，必视程度之深浅而施之。程度到者，则过得着，程度不到，则不过着矣。"

【过方】卫大法师《江湖话·安庆隐语》："死：过方，升天。"《清门考原·各项切口》："过方，帮中人死之谓。"贝思飞《民国时期的土匪隐语》："过方：死。"

【过坊】卫大法师《江湖话·红帮各地通行语·一般人事类》："死：崩嘴儿，土垫子，返圣，过坊。"李子峰《海底·各地通行隐语》："死：崩嘴儿；土垫了；返圣；过坊。"

【过锋】《切口大词典·行号类·煤炭行之切口》："过锋：热煤也。"

【过锋照子】《切口大词典·乞丐类·改相求乞之切口》："过锋照子：眼目装成不明者。"

【过沟】李子峰《海底·各地通行隐语》："过江过河：过沟。"

【过过手】《切口大词典·衙卒类·厘卡之切口》："过过手：转运公司也。"

【过海】①《切口大词典·娼妓类·粤妓之切口》："过海：若人已岸上，旦家妹呼为过海。"②《切口大词典·杂流类·吹打者之切口》："过海：吃酒也。"

【过合】《梨园话》："过合：角色彼此往返，谓之'过合'。"

【过河】《切口大词典·优伶类·场子上之切口》："过河：武剧双方，互易地位也。"

【过黄】①清末民初佚名《镖行江湖隐语行话秘典》："说话，为过黄。②学古堂《江湖行话谱·行意行话》："学舌，为过黄。"

【过酱】《切口大词典·工匠类·造酱匠之切口》："过酱：酱袋也。"

【过口】《切口大词典·杂流类·卖白糖粥者之切口》："过口：匙也。"

【过里】《切口大词典·医药类·卖药糖者之切口》："过里：城门以内也。"

【过令太阳】《新刻江湖切要·时令类》："前年：前太岁；过令太阳。"《江湖切口要诀》(尺牍增附本)："前年：前太[岁]；过令太阳。"《切口大词典·星相类·铁板算命之切口》："过令太阳：去年也。"清傅崇矩《成都通览·成都之江湖言词·时令类》："前年：前太[岁]；过令太阳。"

【过门】《切口大词典·优伶类·腔调上之切口》："过门：唱词中断时，必以胡琴为间隔，间隔时所拉音点，谓之过门。时间大者，谓大过门，少者谓小过门。"

【过门儿】《梨园话》:"过门儿:唱词间断时,以胡琴做间隔,谓之'过门儿'。[附记]徐凌霄云,在许多戏的唱词里,可以看出'过门'之需要来。例如《卖马》八句,每句中间,夹入店主东之白口,而胡琴勿需间断,实有不板不乱之佳处。其《玉堂春》,一大半是问答体。问的是'白',答的是'唱'。在这些地方,如无'过门',则必句句停弦,亦且至于重复沉滞矣。故因为要留出对手方插话的时间,不能因为独唱的时候过门太长,就说'过门'可废。昆曲之不用'过门',固然也有组织上之要素。惟遇有插问的白话,容易和答的唱混在一处,为弹词,则'过门'也是皮黄的一种特色。不过每一转慢板之前,几个'过门',每觉费时太久。若为独唱则唱者,亦有不便耳。"

【过念】《郎中医话》:"过念,是不言。"

【过念作】清佚名《郎中医话》:"过念作,是弱。"

【过枪】《切口大词典·衙卒类·缉私盐之切口》:"过枪:用印费也。"

【过腔照子】《切口大词典·盗贼类·拐匪之切口》:"过腔照子:眼睛之不明者。"

【过桥】①《切口大词典·优伶类·戏盔之切口》:"过桥:点翠金色,略似驸马套,宫女所用。"②《切口大词典·杂业类·面馆之切口》:"过桥:加头不在面上,另用盘盛也。"

【过清】卫大法师《江湖话·红帮各地通行隐语·一般人事类》:"过江过河:过清。"

【过山礼】《切口大词典·盗贼类·短截贼之切口》:"过山礼:遇客商在途,持械先殴,聊示威吓肆意抢劫之谓也。"

【过山笼】《切口大词典·娼妓类·长三书寓之切口》:"过山笼:妓女之贾祸他人以雪其私愤也。"

【过桃】朱琳《洪门志·春典子琐记·人事》:"说话,称过桃。"

【过托】云游客《江湖丛谈·江湖之金点·小绺门》:"是甲偷到手内的时候,又转给乙的手内,调侃儿叫过托。"

【过托儿】云游客《江湖丛谈·江湖之春点·汉门的丁香座子》:"他用纸给病人擦血的时候,暗中将嘴里含的管子藏在纸内,调侃叫过托儿。"

【过仙】明佚名《行院声嗽·人事》:"佐光:过仙。"

【过相】《切口大词典·工匠类·理发匠之切口》:"过相:镜子也。"

【过眼】卫大法师《江湖话·红帮各地通行隐语·一般人事类》:"出码头:过眼。"

【过账】清唐再丰《鹅幻汇编·江湖通用切口摘要》:"出码头曰过账。"清唐再丰《鹅幻汇编·江湖通用切口摘要》:"既至一处,而又更别处。曰过账。"《切口大词典·医药类·祝由科之切口》:"过账:出码头也。"金老佛《三教九流江湖秘密规矩·日常用语》:"出码头曰过账。"金老佛《三教九流江湖秘密规矩·日常用语》:"既至一处而又更别处,曰过账。"卫大法师《江湖话·江湖上的隐语·普通隐语》:"出码头:过账。"《清门考原·各项切口》:"过账,开码头也。"李子峰《海底·各地通行隐语》:"出码头:过账。"学古堂《江湖行话谱·江湖行话》:"既至一处,又更别处,曰过账。"

【过昭关】《切口大词典·盗贼类·拐匪之切口》:"过昭关:拐匪挟被拐之妇女,出境陆地行也。"《清门考原·各项切口》:"过昭关,挟拐之妇女送出口也。"

H

ha

【哈】①卫大法师《江湖话·红帮闽粤及南洋各地通行隐语》:"饮酒:哈。"李子峰《海底·闽粤及南洋各地通行之隐语》:"饮酒:哈。"②《切口大词典·商铺类·另剪业之切口》:"哈:七也。"

【哈搭】《切口大词典·医药类·祝由科之切口》："哈搭：讲生意作价也。"

【哈打苗绪子】 学古堂《江湖行话谱·行话管见》："蒜叫哈打苗绪子。"

【哈风】《切口大词典·盗贼类·剪绺贼之切口》："哈风：准备下手行窃也。"

【哈嘎】 学古堂《江湖行话谱·瞽者行话》："哈嘎，夏。"

【哈号】《江湖走镖隐语行话谱》："卖估衣为哈号。"

【哈昏】《梨园话》："哈昏：即昏场也。"

【哈郎子】 卫大法师《江湖话·红帮各地通行隐语·各种行业类》："生意人：哈郎子，朝阳子。"李子峰《海底·各地通行隐语》："生意人：哈郎子；朝阳子。"

【哈青莲】 卫大法师《江湖话·红帮闽粤及南洋各地通行隐语》："茶饮：哈青莲。"李子峰《海底·闽粤及南洋各地通行之隐语》："饮茶：哈青莲。"

【哈武】《江湖走镖隐语行话谱》："走镖者遇事先要开口，先喊小号'哈武'二字。在店内，收更时叫起，喊'哈武'二字，一齐都起来了。喊'哈武我'，全起来了。拾东西装车，喊'哈武，各管其手了，哈武我'。车不动，回头看，别丢下东西。'扫堂了，哈武哈武我'上车喊'哈武，请客上车押辕子，哈武我'。要走了，各喊'哈武，众家各着手，哈武我'。要走，喊小号，'哈武，着手条顺了，哈武哈武我'。出店走了，喊'哈武，跟帮一溜溜了，哈哈武我'。"

【哈武！桶子里麻撒】 学古堂《江湖行话谱·保镖护院行话概略》："哈武！桶子里麻撒：见街上有人。"

【哈子】 卫大法师《江湖话·红帮各地通行隐语·数目类》："八：张，哈子。"李子峰《海底·各地通行隐语》："八：张；哈子。"

hai

【嗨玩】 清傅崇矩《成都通览·成都之袍哥话即江湖话也》："嗨玩几天，即玩耍也。"

【孩兜】 明佚名《行院声嗽·人事》："饿：孩兜。"

【孩交】《新刻江湖切要·时令类》："半夜：太和；[广]孩交。"《切口大词典·星相类·弹弦子算命之切口》："孩交：半夜也。"清傅崇矩《成都通览·成都之江湖言词·时令类》："半夜：太和；孩交。"

【海】①明风月友辑《金陵六院市语》："称海知其用酒。"②清唐再丰《鹅幻汇编·江湖通用切口摘要》："大曰海。"清佚名《郎中医话》："海，是大。"卫大法师《江湖话·江湖上的隐语·普通隐语》："大：海。"《切口大词典·医药类·卖药糖者之切口》："海：大也。"《清门考原·各项切口》："海，大也多也。"金老佛《三教九流江湖秘密规矩·日常用语》："大曰海。"云游客《江湖丛谈·江湖之春点·天桥市场摆地的人物》："江湖人管大调侃叫海。"③清唐再丰《鹅幻汇编·江湖通用切口摘要》："多亦曰海。"卫大法师《江湖话·江湖上的隐语·普通隐语》："多：海。"《江湖走镖隐语行话谱》："多为海。"清末民初佚名《镖行江湖隐语行话秘典》："多，为海。"金老佛《三教九流江湖秘密规矩·日常用语》："多亦曰海。"学古堂《江湖行话谱·行意行话》："多，为海。"④清唐再丰《鹅幻汇编·江湖通用切口摘要》："有曰海。"卫大法师《江湖话·江湖上的隐语·普通隐语》："有：海。"《切口大词典·星相类·星家之切口》："海：有也。"《清门考原·各项切口》："海，有也。"金老佛《三教九流江湖秘密规矩·日常用语》："有曰海。"⑤清傅崇矩《成都通览·成都之各行人买卖通用言词·六畜行言词》："海（一）。"

【海巴生】《切口大词典·医药类·卖药人之切口》："海巴生：讨饭人也。"

【海宝】 云游客《江湖丛谈·江湖之春点·江湖中的卖点之内幕》："像那说是由土里得了宝贝卖眼药的，那叫海宝。"

【海报】《切口大词典·优伶类·戏园之切口》："海报：戏码之招贴也。"

【海报子】《梨园话》："海报子：通衢张贴之戏报子，谓之'海报子'。"

【海波罗】《新刻江湖切要·鸟兽虫鱼类》："田螺：海波罗。"

【海才字】《切口大词典·星相类·星家之切口》："海才字：有妻也。"

【海草】《江湖走镖隐语行话谱》："大烟：海草。"学古堂《江湖行话谱·走江湖行话》："鸦片：海草。"云游客《江湖丛谈·江湖之春点·江湖中挑逗子汗的》："管大烟，调侃儿叫海草。"

【海草山】清佚名《郎中医话》："海草山，是大烟。"学古堂《江湖行话谱·行话管见》："海草山：大烟。"

【海翅子】云游客《江湖丛谈·江湖之春点》："管大官儿叫海翅子。"

【海楚】清末民初佚名《镖行江湖隐语行话秘典》："钱，为楚；无钱，为各念；小钱，为碱楚；大钱，为海楚。"

【海踹】卫大法师《江湖话·红帮各地通行隐语·一般人事类》："事急速逃：风紧拉花，海踹。"李子峰《海底·各地通行隐语》："事急速逃：风紧拉花；海踹。"

【海锉】《江湖走镖隐语行话谱》："文举：海锉。"

【海底】①卫大法师《江湖话·红帮各地通行隐语·店钱及其他》："秘密书：海底，金不换。"《家里宝鉴·隐语》："秘密书曰'金不换，海底'。"《切口大词典·党会类·哥老会之切口》："海底：会中密籍也。"《清门考原·各项切口》："海底：帮中一切规则，切口历史，典故等类之秘密抄本也。又曰金不换，亦名通抄。"金老佛《三教九流江湖秘密规矩·青帮与红帮·隐语之种种》："江湖上互相交谈皆各有其隐语，此种隐语，俗称为切口，而此中人则称之曰海底。如在同帮不相识之人相遇时，即用隐语相问，以测彼究竟系空子抑门槛中人。如为门槛中人，必亦能用隐语相答，此种问答，则称为盘海底。行旅之人，不一定尽入门槛，而对于此等规矩及海底，却不容不知。盖知晓时，不至误犯而引起纠纷，且可以隐语与门槛中人交谈。非但如此，且遇门槛中人在旁对语时，我亦可以测知其所谈何事，或可得有利之消息。若不知其诀门，门槛中人，虽在彼此互相议论，以图伤害自己，我亦无从知晓，终必受其大害矣。"李子峰《海底·闽粤及南洋各地通行之隐语》："会中秘密书：衫仔；海底；金不换。"平山周《中国秘密社会史·哥老会隐语》："秘密书曰不换，曰海底。"徐珂《清稗类钞·会党类·哥老会隐语》："秘密书曰金不换，曰海底。"②《切口大词典·星相类·隔夜算命之切口》："海底：抽屉也。"

【海底金不换】卫大法师《江湖话·红帮闽粤及南洋各地通行隐语》："会中秘密书：衫仔，海底金不换。"

【海底书】清傅崇矩《成都通览·成都之袍哥话即江湖话也》："成都只有两堂人名目，其结盟章程之书名曰海底书，总以孝义仁敬四字为大纲。"

【海斗】①《郎中医话》："海斗，是大闺女。"云游客《江湖丛谈·江湖之金点·小绺门》："海斗：即是大姑娘。"②《切口大词典·役夫类·渔夫之切口》："海斗：取鱼之网兜也。"

【海蠢】《切口大词典·医药类·药行业之切口》："海蠢：牡蛎粉也。"

【海儿】学古堂《江湖行话谱·走江湖行话》："茶水：海儿。"

【海官生】《切口大词典·星相类·星家之切口》："海官生：有夫也。"

【海鹤】《行院声嗽·人物》："好孩儿：海鹤。"

【海轰儿】《江湖丛谈·江湖之金点·评门》："唱大鼓书的，又叫海轰儿，又叫使长家伙的（指指长长的弦子而言）；唱竹板书的，又叫使短家伙的；说评书的，又叫使短家伙的，皆是指其所用的竹板、醒木而言。"

【海红】《切口大词典·杂流类·卖花者之切口》："海红：山茶也。"

【海花】①《行院声嗽·饮食》："酒：海花。"②朱琳《洪门志·春典子琐记·物品》："汤碗，称海花。"

【海浑】《江湖走镖隐语行话谱》："北京：海浑。"

【海姜】《郎中医话》："海姜，是大闺女。"

【海卷子】《郎中医话》："海卷子，是大城、京城。"

【海开减价】云游客《江湖丛谈·江湖之春点·三不管中挑火粒的生意》："她先说，卖一毛钱一粒药，又改卖一毛钱四粒，那叫'海开减价'，又叫'催唶'。"

【海开减买】云游客《江湖丛谈·江湖之春点·江湖中之挑青子汗的》："他们卖药的时

候，为什么都使用限制的办法？说他多了不卖，就卖五十份，买一份送一份，过了五十份之外，再买就不送。一毛钱就买一包。那个用意是怎么回事？某江湖人说：那种方法，是海开减卖。"

【海开减卖】 云游客《江湖丛谈·江湖之金点·挑青子生意之内幕》："他们把托门练好了，先说个大价钱，后来往下落价儿，由两毛一直落到了一毛钱。调侃儿叫海开减卖。"

【海老】 明田汝成《西湖游览志馀·委巷丛谈》："杭人有以二字反切一字以成声者，如以秀为鲫溜，以团为突栾，以精为鲫令，以俏为鲫跳，以孔为窟窿，以盘为勃兰，以铎为突落，以窠为窟陀，以圈为窟栾，以蒲为鹁卢。有以双声而包一字，易方隐语以欺人者，如以好为现萨，以丑为怀五，以马为杂噢，以笑为喜黎，以肉为直线，以鱼为河戏，以茶为油老，以酒为海老，以没有为埋梦，以莫言为稀调。"宋陈元靓辑《事林广记·续集·绮谈市语·饮食门》："酒：欢伯；酝物；酽酴；绿蚁；海老；新蒭。"

【海老子】 卫大法师《江湖话·红帮各地通行隐语·店钱及其他》："汤：海老子。"

【海冷】 云游客《江湖丛谈·江湖之春点》："管当兵的叫海冷。"云游客《江湖丛谈·江湖之春点·天桥的大兵黄》："管当大兵的调侃儿叫海冷。"云游客《江湖丛谈·江湖之金点·幌晃条的与扫条的》："海冷即是丘八。"云游客《江湖丛谈·江湖之金点·小绺门》："江湖人管当大兵的丘八爷，调侃儿叫海冷。"

【海李子】 清唐再丰《鹅幻汇编·江湖通用切口摘要》："做戏法在茶馆内搭台曰海李子。"卫大法师《江湖话·江湖上的隐语·李子隐语》："在茶馆内搭台做戏法：海李子。"《切口大词典·武术类·搭台变戏法之切口》："海李子：在茶馆内，搭台变戏法者。"《清门考原·各项切口》："海李子，作戏在茶馆内台上。"金老佛《三教九流江湖秘密规矩·江湖通用切口》："做戏法在茶馆内搭台曰海李子。"

【海梁子】《郎中医话》："海梁子，是大道。"

【海亮子】 卫大法师《江湖话·红帮各地通行隐语·其他用具对象类》："珠宝：白货，海亮子。"李子峰《海底·各地通行隐语》："珠宝：白货；海亮子。"

【海鳞】 宋陈元靓辑《事林广记·续集·绮谈市语·饮食门》："海味：海鳞；海鲜。"

【海柳子】 清唐再丰《鹅幻汇编·江湖通用切口摘要》："龙曰海柳子。"《切口大词典·星相类·星家之切口》："海柳子：龙也，八快之三。"《清门考原·各项切口》："海柳子，龙也。"金老佛《三教九流江湖秘密规矩·青帮与红帮·江湖之春典》："龙称海柳子。"金老佛《三教九流江湖秘密规矩·日常用语》："龙曰海柳子。"

【海螺】《行院声嗽·人物》："痴哥：海螺。"

【海门】《新刻江湖切要·身体类》："口：风门；水星；海门。"《切口大词典·星相类·相家之切口》："海门：口也。"

【海年子】 云游客《江湖丛谈·江湖之春点·江湖中的巾点黑幕》："据他们江湖人说，大玩艺场，围的人多，调侃儿叫海年子。"

【海喷子】《江湖走镖隐语行话谱》："抬枪：海喷子。"

【海漂蛸】《切口大词典·医药类·药行业之切口》："海漂蛸：乌贼鱼骨也。"

【海瓢】《切口大词典·行号类·蛋船行之切口》："海瓢：船身也。"

【海千丈】《江湖走镖隐语行话谱》："大村：海千丈。"

【海欠】 清唐再丰《鹅幻汇编·江湖通用切口摘要》："有子曰海欠（余仿此）"卫大法师《江湖话·江湖上的隐语·普通隐语》："有子：海欠。"《切口大词典·星相类·星家之切口》："海欠：有子也。"《清门考原·各项切口》："海欠，有子也。"金老佛《三教九流江湖秘密规矩·日常用语》："有了口海欠（余仿此）。"

【海青】 ①《切口大词典·商铺类·顾绣业之切口》："海青：孩衣也。"②明程万里《鼎锲徽池雅调南北官腔乐府点板曲响大明春·六院汇选江湖方语》："海青，乃长衫也。"清傅崇矩《成都通览·成都之江湖言词·衣饰类》："衣服：皮子（好衣服曰皮子坚洁）；海青；长皮；彩林；皮林。"

【海青子】《镖行江湖隐语行话秘典》："大刀，为海青子。"学古堂《江湖行话谱·行意行话》："大刀，为海青子。"

【海蛆】《切口大词典·杂业类·白粥业之切口》："海蛆：海蜇也。"

【海缺】①《郎中医话》："海缺，是大官。"②《切口大词典·星相类·星家之切口》："海缺：有女也。"

【海日】《切口大词典·星相类·星家之切口》："海日：有父也。"

【海沙】 学古堂《江湖行话谱·行意行话》："盐，为海沙。"

【海沙子】《郎中医话》："海沙子，是盐。"

【海上】《切口大词典·星相类·星家之切口》："海上：有兄也。"

【海水子】①卫大法师《江湖话·红帮各地通行隐语·姓氏类》："阎：白沙子，海水子。"李子峰《海底·各地通行隐语》："阎：白沙子；海水子。"②卫大法师《江湖话·红帮各地通行隐语·饮食用品类》："盐：哑口子，海水子，吼子，沙子。"李子峰《海底·各地通行隐语》："盐：海水子；吼子；沙子。"

【海条通】《切口大词典·星相类·弹弦子算命之切口》："海条通：属龙也。"

【海条子】 卫大法师《江湖话·红帮各地通行隐语·动物类》："龙：溜子，海条子，戏珠子。"《切口大词典·盗贼类·短截贼之切口》："海条子：龙也。"李子峰《海底·各地通行隐语》："龙：海条子；戏珠子。"云游客《江湖丛谈·江湖之春点》："管龙叫'海条子'。"

【海透】《行院声嗽·人事》："醉：海透。"

【海挖瓦】 云游客《江湖丛谈·江湖之春点·江湖中之大粒生意》："海挖瓦，是得大敲。"

【海瓦】 云游客《江湖丛谈·江湖之春点·江湖中之大粒生意》："管能多多敲诈人的钱财，调侃叫海瓦。"

【海外】《切口大词典·医药类·卖药人之切口》："海外：虚价也。"

【海下】《切口大词典·星相类·星家之切口》："海下：有弟也。"

【海仙】《切口大词典·杂流类·卖花者之切口》："海仙：锦带花也。昔王禹偁云，海棠为花中仙，此花在海棠上，故名海仙。"

【海鲜】 宋陈元靓辑《事林广记·续集·绮谈市语·饮食门》："海味：海鳞；海鲜。"

【海叶子】《郎中医话》："海叶子，是嫖子。"

【海月】《切口大词典·星相类·星家之切口》："海月：有母也。"

【海子】《江湖走镖隐语行话谱》："城为海子，又为混子。"

【海嘴子】①《郎中医话》："海嘴子，是骆驼。"②卫大法师《江湖话·红帮各地通行隐语·动物类》："狼：黑心的皮子，海嘴子。"李子峰《海底·各地通行隐语》："狼：黑心的皮子；海嘴子。"③《切口大词典·盗贼类·短截贼之切口》："海嘴子：虎也。"贝思飞《民国时期的土匪隐语》："海嘴子：老虎。"云游客《江湖丛谈·江湖之春点》："管老虎叫'海嘴子'。"云游客《江湖丛谈·江湖之金点·江湖人的规律》："生意人管老虎，调侃儿叫海嘴子。"

【亥儿】《行院声嗽·鸟兽》："猪：亥儿。"

【亥官】《新刻江湖切要·鸟兽虫鱼类》："猪：亥官；黑官；线留官。"

【亥市】 宋陈元靓辑《事林广记·续集·绮谈市语·宫殿门》："墟市：亥市；闹市。"

【亥相】《切口大词典·行号类·烟土行之切口》："亥相：以鲜猪皮提去浮油以罐熬化，格清取膏也。"

【亥月】《新刻江湖切要·时令类》："十（月）：亥月。"

【害莽】《行院声嗽·人事》："性起：害莽。"

han

【憨波】 卫大法师《江湖话·安庆隐语》："穷乏无聊：憨波。"

【憨大】 明田汝成《西湖游览志馀·委巷丛谈》："如物不坚致曰憨大，暗换易物曰掤包儿，粗蠢人曰㪣子，朴实曰头头。"

【憨东】《切口大词典·杂流类·卖西洋镜之切口》："憨东：小孩之看客也。"

【憨皮】《清门考原·各项切口》："憨皮，穷乏无聊之辈。"

【憨皮垫子】《切口大词典·衙卒类·衙役之切口》："憨皮垫子：因失主有力，非破案不可，捕役乃与贼商，令其贿出边风子，到堂了案也。"

【含口】《切口大词典·工匠类·烧窑匠之切口》："含口：杯子也。"《切口大词典·商铺类·瓷器业之切口》："含口：酒杯也。"《切口大词典·商铺类·玉器业之切口》："含口：玉杯也。"

【含欠】《新刻江湖切要·生死类》："坐喜：含欠。"《切口大词典·星相类·拉和琴算命之切口》："含欠：坐喜也。"清傅崇矩《成都通览·成都之江湖言词·生死类》："坐喜：含欠。"

【含清】 施列格《天地会研究·洪家口白要诀》："含清，饮茶。"

【含桃】 宋陈元靓辑《事林广记·续集·绮谈市语·果菜门》："樱桃：崖蜜；含桃。"

【含笑】《切口大词典·杂流类·卖花者之切口》："含笑：出粤中，花似兰而开不满足，含笑欲语之状，故名。"

【韩】 卫大法师《江湖话·各行业商帮所用数目字隐语·重庆通行言词·买猪》："豆：一。背：二。泰：三。长：四。仁：五。条：六。栲：七。黄：八。豆：九。按此为重庆场买卖猪时使用。又名猪肉为'大'，即问'这大多少钱一斤'？则回答；若问'这猪肉多少钱一斤'？则不回答你。高：一。明：二。韩：三。苏：四。大：五。雍：六。草：七。梅：八。湾：九。高：十。许：一。欠：二。川：三。义：四。土：五。告：六。照：七。毛：八。求：九。许：十。此二十个字互用，如'许许'为'十一'，'欠欠'为'二十二'，'韩韩'为'三十三'，'苏苏'为'四十四'，'土土'为'五十五'，'雍雍'为'六十六'，'草草'为'七十七'，'毛毛'为'八十八'，'湾湾'为'九十九'。而'十一'不能称'高高'，'八十八'不能称'梅梅'。又如'高明'为'十二'，'高韩'为'十三'，'高苏'为'十四'，'高大'为'十五'，'高雍'为'十六'，'高草'为'十七'，而'高梅'不能为'十八'，要用'许毛'为'十八'，'高湾'为'十九'。又如'欠许'为'二十一'，'韩许'为'三十一'，'入许'为'五十一'，'雍许'为'六十一'，'毛许'为'八十一'，'湾许'为'九十一'。而'明韩'为'二十三'，'韩明'为'三十二'，'土明'为'五十二'，'雍明'为'六十二'等。整数语尾加'老'字，如

'高老'为'一百'等。在鼎街古董铺，则用二个字，如'高少'为'一千五百元'，或'一万五千元'，少有用三个字的，如遇三个数目，则尾数用普通数目，如'十五万五千元'，而荒货担子可说到三个字，因此数目言词非精通常用不可。"卫大法师《江湖话·各行业商帮所用数目字隐语·重庆通行言词·古董，旧五金，估衣，改裁，荒担，经纪，过活，旧棉絮（重庆教场口，鼎新街，估衣街，关津巷通用）》："高：一。明：二。韩：三。苏：四。大：五。雍：六。草：七。梅：八。湾：九。高：十。许：一。欠：二。川：三。义：四。土：五。告：六。照：七。毛：八。求：九。许：十。

【韩偷朝阳】《新刻江湖切要·店铺类》："香店：纂朝阳；[增]清远朝阳；闻朝阳；韩偷朝阳。"清傅崇矩《成都通览·成都之江湖言词·店铺类》："香店：纂朝阳；清远朝阳；闻朝阳；韩偷朝阳。"

【韩终】《切口大词典·杂业类·花业之切口》："韩终：李花也。"

【寒】《行院声嗽·数目》："一：孤；寒。"

【寒斗】《新刻江湖切要·官职类》："武举人：寒斗。"

【寒端】《切口大词典·娼妓类·茶室之切口》："寒端：醉也。"

【寒孤】《新刻江湖切要·官职类》："凡文官曰士孤，乡官曰孤通，武官曰马孤；将官曰寒孤，今改戎孤。"《新刻江湖切要·官职类》："武进士：寒孤，又寒士。"

【寒士】《新刻江湖切要·官职类》："武进士：寒孤，又寒士。"

【寒通】《新刻江湖切要·官职类》："武秀才：寒通，又冷占。"

【罕牵】 学古堂《江湖行话谱·估衣行话》："好看曰罕牵。"

【喊老】《新刻江湖切要·鸟兽虫鱼类》："虎：喊老；猛子；寅老；班虫。"

【喊钱眼】 贝思飞《民国时期的土匪隐语》："喊钱眼：勒索的信件。"

【喊嗓子】《梨园话》："喊嗓子：喊开喉膜，谓之'喊嗓子'。"[附记]嗓子既为唱戏之本钱，则其重要可知。除加以保护外，每日清晨须诣旷野之地，张口高呼，或对城墙林

木，放声大喊，吐纳唇咙，收发清浊，以
[校案：原文至此，疑此后缺字]

【汉】 ①清唐再丰《鹅幻汇编·江湖通用切口摘要》："饭曰汉。"《切口大词典·医药类·祝由科之切口》："汉：饭也。"《清门考原·各项切口》："汉，饭也。"金老佛《三教九流江湖秘密规矩·日常用语》："饭曰汉。"②卫大法师《江湖话·各行业商帮所用数目字隐语·其他·安徽》："才：一。元：二。汉：三。江：四。水：五。仁：六。义：七。楚：八。云：九。山：十。"

【汉帝】 《切口大词典·杂流类·卖花者之切口》："汉帝：杏花也。"

【汉儿】 云游客《江湖丛谈·江湖之春点·江湖中之戳黑的》："江湖人管药品，调侃叫汉儿。"

【汉宫秋】 《切口大词典·杂流类·卖花者之切口》："汉宫秋：剪秋纱也。"

【汉沽阳子活】 《兽医串雅杂钞》："汉沽阳子活，是正经病。"《兽医串雅杂钞》："汉沽阳子活，是正经病。"

【汉韩忌彭】 《切口大词典·医药类·摇虎撑者之切口》："汉韩忌彭：歹人也。"

【汉壶瓢子】 云游客《江湖丛谈·江湖之金点·皮门》："汉壶瓢子……生熟药铺。"

【汉壶座子】 云游客《江湖丛谈·江湖之金点·皮门》："汉壶座子……卖丸散膏丹成药的铺子。"

【汉葫】 云游客《江湖丛谈·江湖之春点》："管药叫'汉葫'。"

【汉火】 清唐再丰《鹅幻汇编·江湖通用切口摘要》："药曰汉火。"卫大法师《江湖话·江湖上的隐语·普通隐语》："药：汉火。"《切口大词典·医药类·卖膏药者之切口》："汉火：药也。"金老佛《三教九流江湖秘密规矩·日常用语》："药曰汉火。"

【汉忌韩彭】 清傅崇矩《成都通览·成都之江湖言词·人物类》："歹人：不将叉；汉忌韩彭（取似反也）。"《新刻江湖切要·人物类》："歹人：不将义；[广]汉忌韩彭，取似反也。"《江湖切口要诀》(尺牍增补本)："歹人：不将义。[广]汉忌韩彭，取似反也。"

【汉门】 云游客《江湖丛谈·江湖之春点·三不管的八岔子生意》："凡是卖药的，调侃都叫汉门。"

【汉苗】 《切口大词典·医药类·施药郎中之切口》："汉苗：药线也。"

【汉三分】 《切口大词典·杂流类·卖花者之切口》："汉三分：金钱花也。"

【汉生意】 卫大法师《江湖话·红帮各地通行隐语·各种行业类》："药业：汉生意。"李子峰《海底·各地通行隐语》："药业：汉生意。"

【汉屑】 《切口大词典·医药类·摆摊郎中之切口》："汉屑：各种药粉药末也。"

【汉窑子】 金老佛《三教九流江湖秘密规矩·青帮与红帮·江湖之春典》："浴堂称汉窑子。"

【汉子】 《清门考原·各项切口》："汉子，药也。"

【扦】 《切口大词典·巫卜类·道士之切口》："扦：拜忏也。"

【扦皮】 卫大法师《江湖话·红帮各地通行隐语·各种行业类》："修脚：扦皮，掌活。"

【汗八】 《切口大词典·蒭卒类·兵士之切口》："汗八：兵目也。"

【汗鳖】 《切口大词典·盗贼类·短截贼之切口》："汗鳖：锲子也。"

【汗儿】 云游客《江湖丛谈·江湖之春点·江湖中之挑青子汗的》："管药叫汗儿。"

【汗胡】 云游客《江湖丛谈·江湖之春点·江湖艺人汤瞎子、田瘸子》："江湖人管药，调侃叫汗胡。"

【汗胡酿子】 云游客《江湖丛谈·江湖之春点·江湖中挑遁子汗的》："江湖人管卖生、熟药的大药铺，调侃儿叫汗胡酿子。"

【汗火】 ①《新刻江湖切要·医药类》："名医：燠火通。富医：汗火。"《切口大词典·医药类·医生之切口》："汗火：有钱之医生也。"清傅崇矩《成都通览·成都之江湖言词·医药类》："富医：汗火。"②宋陈元靓辑《事林广记·续集·绮谈市语·饮食门》："药：妙研；汗火。"

【汗货】 《郎中医话》："汗货，是药。"

【汗货穰】 《郎中医话》："汗货穰，是药铺。"

【汗瘤子】 金老佛《三教九流江湖秘密规矩·青帮与红帮·江湖之春典》："关卡称汗瘤子。"

【汗水】 《切口大词典·优伶类·武行中之切口》：

"汗水：如分水稍别。"（另见"分水"条）

【汗子】 学古堂《江湖行话谱·行话管见》："糖叫汗子。"

【旱莲】《切口大词典·杂流类·卖花者之切口》："旱莲：木芙蓉也。"

【旱瘤子】《切口大词典·衙卒类·厘卡之切口》："旱瘤子：关卡也。"

【旱桥】《切口大词典·杂流类·卖馄饨者之切口》："旱桥：馄饨担也。"

【旱烟袋】《清门考原·各项切口》："旱烟袋，挺棍也。"

【旱烟管】 贝思飞《民国时期的土匪隐语》："旱烟管：棍棒。"

【旱烟筒】 ①金老佛《三教九流江湖秘密规矩·青帮与红帮·红帮之问答》："迨二匪恶贯满盈，又去硬爬，忽被众多马子拿获，收入快窑之内。（牢监曰快窑，铁链曰困仙绳，手铐曰杓头，脚镣曰步线，挺棍曰旱烟筒，枷曰豆腐干，牢内散步曰游花园，枷号示众曰猴戏，笞臀曰拍豆腐）。"②金老佛《三教九流江湖秘密规矩·青帮与红帮·江湖之春典》："杵嘴棒称旱烟筒。"

【捍饼】《切口大词典·优伶类·武行中之切口》："捍饼：横滚地面也。"

【熯包子】《切口大词典·医药类·烧香朝山卖药者之切口》："熯包子：药包或药袋也。"

【熯朝阳】《新刻江湖切要·店铺类》："饭店：熯章朝阳，又熯朝阳。"清傅崇矩《成都通览·成都之江湖言词·店铺类》："饭店：熯章朝阳（又熯朝阳）。"

【熯工】《切口大词典·医药类·烧香朝山卖药者之切口》："熯工：药。"

【熯火】《新刻江湖切要·医药类》："锭子药：熯火；［改］熯琴。"清傅崇矩《成都通览·成都之江湖言词·医药类》："锭子药：熯火；熯琴。"

【熯火朝阳】《新刻江湖切要·店铺类》："药店：熯火朝阳。"《江湖切口要诀》（尺牍增附本）："药店：熯火朝阳。"《切口大词典·盗贼类·对买贼之切口》："熯火朝阳：药店也。"清傅崇矩《成都通览·成都之江湖言词·店铺类》："生药店：熯火朝阳。"

【熯火通】《新刻江湖切要·医药类》："名医：熯火通。富医：汗火。"《切口大词典·医药类·医生之切口》："熯火通：名医也。"清傅崇矩《成都通览·成都之江湖言词·医药类》："名医：熯火通。"

【熯琴】《新刻江湖切要·医药类》："锭子药：熯火，［改］熯琴。"清傅崇矩《成都通览·成都之江湖言词·医药类》："锭子药：熯火；熯琴。"

【熯章】《新刻江湖切要·饮馔类》："饭：熯章，食老。"清傅崇矩《成都通览·成都之江湖言词·饮馔类》："饭：熯章；食老。"

【熯章朝阳】《新刻江湖切要·店铺类》："饭店：熯章朝阳；又熯朝阳。"《切口大词典·盗贼类·对买贼之切口》："熯章朝阳：饭店也。"清傅崇矩《成都通览·成都之江湖言词·店铺类》："饭店：熯章朝阳又熯朝阳。"

hang

【夯头】 云游客《江湖丛谈·江湖之春点·江湖艺人传·评书界之刘继业》："江湖人管嗓音，调侃叫夯头。"

【夯头亦好】 云游客《江湖丛谈·江湖之春点·三不管中挑将汗的生意》："夯头亦好，即是嗓音好。"

【夯头子正】 云游客《江湖丛谈·江湖之金点·评门》："说书的艺人，如若有条好嗓子，调侃儿说他夯头子正。"

【行话】 ①金老佛《三教九流江湖秘密规矩·青帮与红帮·三家之门户》："相传昔有三人同投于一师门下学习武艺。此三人者，性情各不相同，而艺则相若。待艺成之后，其一人则欲为盗，其二人则不以为然。且告之曰：'汝为盗，必为行旅商贾之患。我等则一为镖师，以卫行旅。一为护院，以保居家。但以有同门之宜，不向残害，以后各传徒弟，彼此不相识，恐出手有伤和气。乃相约作一口语，如有能如此讲朋友者，即系一家人，不可冲突。以后此三人所传弟子，皆奉为法。故如能讲行话者，虽独在异地，遇绿林中人，彼此都认为自家人，非但不相侵犯，且可得其帮助也。"②学古堂《江湖行话谱·江湖行话》："士、农、工、商，谓之四民。四民外，又有一百两行之说。行行皆有行话，若

采集而无遗，颇不容易。今将南北行话通行者，引数类以供参考。"［案：此"行话"皆当读 hánghuà］

【杭大】《切口大词典·杂业类·酱园之切口》："杭大：略小于大方。"（另见"大方"条）

【杭连】《切口大词典·商铺类·纸业之切口》："杭连：本连史纸也。"

【杭青】《切口大词典·杂业类·酱园之切口》："杭青：略小于顶青。"（另见"顶青"条）

【航船】《切口大词典·赌博类·做花会之切口》："航船：专兜揽打花会者。"

hao

【蒿子】《切口大词典·盗贼类·剪绺贼之切口》："蒿子：钞票也。"金老佛《三教九流江湖秘密规矩·青帮与红帮·江湖之春典》："钱票称蒿子。"

【毫品】《切口大词典·武术类·卖拳头者之切口》："毫品：一人敌二人之拳术也。"

【毫子】《切口大词典·娼妓类·粤妓之切口》："毫子：小银圆也。"

【豪杰】平山周《中国秘密社会史·三合会隐语》："隐语：三合会员与盗贼往来，有怪文以之为暗号，今略揭大要如下。公所曰红花亭，曰松柏林。新入会曰入圈，曰拜正，曰出世。集会曰开台，曰放马。会员曰香，曰洪英，曰豪杰。外人曰风，曰疯子，曰鹧鸪。新会员曰新丁。到会曰去睇戏。会中之秘书曰衫仔。会员之凭票曰腰平，曰八角招牌，曰八卦。"卫大法师《江湖话·红帮闽粤及南洋各地通行隐语》："会中兄弟：香，洪英，豪杰。"徐珂《清稗类钞·会党类·三合会隐语》："隐语：三合会员与盗贼往来，有怪文以之为暗号，今略揭大要如下。公所曰红花亭，曰松柏林。新入会曰入圈，曰拜正，曰出世。集会曰开台，曰放马。会员曰香，曰洪英，曰豪杰。外人曰风，曰疯子，曰鹧鸪。新会员曰新丁。到会曰去睇戏。会中之秘书曰衫仔。会员之凭票曰腰平，曰八角招牌，曰八卦。"《家里宝鉴·隐语》："会员曰'宝香，洪英，豪杰'。"金老佛《三教九流江湖秘密规矩·三合之隐语》："会员曰香，曰洪英，曰豪杰。"李子峰《海底·闽粤及南洋各地通行之隐语》："会中兄弟：香；洪英；豪杰。"

【嚎天子】李子峰《海底·各地通行隐语》："狗：皮条子；嚎天子。"

【嚎天子炸】李子峰《海底·各地通行隐语》："狗叫：皮条子炸；嚎天子炸。"

【好彩】《切口大词典·娼妓类·粤妓之切口》："好彩：好运气也。"

【好村方】清傅崇矩《成都通览·成都之江湖言词·人事类》："谈往事：目料；好村方；良棋盘。"

【好儿青】《切口大词典·商铺类·丝经业之切口》："好儿青：姓施者。"

【好风】《新刻江湖切要·天文类》："星：光芒；［广］点辰，列棋；好风，好雨；拱牝，在东。"《江湖切口要诀》（尺牍增附本）："星：光芒。［广］点辰；列碁；好风；好雨；拱北；在东。"《切口大词典·巫卜类·六壬课之切口》："好风：星也。"清傅崇矩《成都通览·成都之江湖言词·天文类》："星：光芒，点辰，列棋；好风，好雨；拱北，在东。"

【好好】《切口大词典·盗贼类·杆匪之切口》："好好：向西方走也，取古诗'夕阳无限好'之意。"

【好户头】《切口大词典·娼妓类·雏妓之切口》："好户头：好客人也。"

【好看钱】《切口大词典·杂流类·喜婆之切口》："好看钱：喜事钱也。"

【好亢】《切口大词典·武术类·卖拳头者之切口》："好亢：以刀枪相对者。"

【好脸子】《切口大词典·娼妓类·茶室之切口》："好脸子：骂人之不要脸也。"

【好人】《切口大词典·巫卜类·尼姑之切口》："好人：情人也。"

【好深的水】清傅崇矩《成都通览·成都之袍哥话即江湖话也》："好深的水，元泛的。"

【好心老太】《切口大词典·盗贼类·拐匪之切口》："好心老太：女匪也。"

【好心老爷】《切口大词典·盗贼类·拐匪之切口》："好心老爷：男匪也。"

【好雨】《新刻江湖切要·天文类》："星：光芒；［广］点辰；列棋；好风，好雨；拱牝；

在东。"《江湖切口要诀》(尺牍增附本):"星:光芒。[广]点辰;列碁;好风;好雨;拱北;在东。"清傅崇矩《成都通览·成都之江湖言词·天文类》:"星:光芒;点辰;列棋;好风;好雨;拱北;在东。"

【好時侯】 宋陈元靓辑《事林广记·续集·绮谈市语·文房门》:"纸:方絮;好時侯;剡藤;楮先生。"

【好字旗号】 金老佛《三教九流江湖秘密规矩·青帮与红帮·投帖之套话》:"凡到外码头卖解显技者,必先至当地五大爷处投帖,待彼允准后始可开场,否则必生纠纷。小则不得人资助,若不巧且竟会演出铲场之事,此为江湖上之奇耻大辱,故必先尽礼也。投帖时亦有一套成语,谓'我愚下从某处来,到某处干何事。走这里路过贵金龙码头,备张草纸,亲候贵金龙码头上下几堂,回汉两教,僧道两门,水旱两党,南北英雄。沾实五大爷,替我亲亲安冲虎,望祈打个好字旗号(言至此交片行礼续说下文)。上头走起浪滔滔,萍水相逢称故交,念我弟才学浅未把书抱,未知道周公礼兄要量高。少时刻进茶馆才把茶泡,少时刻进烟馆才把烟烧。诸凡世事,仰沾五大爷,总总打个好字旗号。'如其答语为'好说了'或'不敢当'者,则已允我帮忙,开场献技,决不至发生意外事故矣。否则彼不应允,必要盘海底。一盘海底,则事体极麻烦,或竟演出流血之惨剧矣。"

【号令】 《切口大词典·赌博类·掷骰子之切口》:"号令:骰子也。"

【号盆】 《切口大词典·赌博类·掷骰子之切口》:"号盆:骰盆也。"

【号上】 《切口大词典·盗贼类·掘壁贼之切口》:"号上:窃来之物不便携带用绳捆也。"

【号水】 卫聚贤《江湖话·红帮各地通行隐语·店钱及其他》:"盘钱:号水。"

【号啕】 《切口大词典·巫卜类·道士之切口》:"号啕:哭也。"

【号湾】 《切口大词典·杂业类·蒸烟店之切口》:"号湾:旱烟之佳者。"

【耗孤】 《新刻江湖切要·人事类》:"告状曰控讼;耗孤;顶孤;滚内。"清傅崇矩《成都通览·成都之江湖言词·人事类》:"告状:控讼;耗孤;顶孤;滚内。"

【耗老】 《切口大词典·杂业类·油坊之切口》:"耗老:花油也。"

【耗子】 《切口大词典·杂流类·卖买古董者之切口》:"耗子:专跑外国人家兜售古董者。"

he

【抲地龙】 《切口大词典·乞丐类·捉蛇乞丐之切口》:"抲地龙:捉蛇乞丐也。"

【抲黄鱼】 《切口大词典·杂流类·贩烟土者之切口》:"抲黄鱼:以烟土藏于船底也。"

【呵坡儿】 《行院声嗽·鸟兽》:"壳:呵坡儿。"

【呵子】 《切口大词典·手艺类·卖花样之切口》:"呵子:走街卖花样也。"

【喝边】 《切口大词典·娼妓类·茶室之切口》:"喝边:逛茶室不出钱之人也。上海谓之镶边。"

【喝边儿】 《切口大词典·娼妓类·八大胡同妓院之切口》:"喝边儿:随人逛窑子之谓也。"

【喝患子】 《清门考原·各项切口》:"喝患子,吐血也。"

【喝了】 《梨园话》:"喝了:甲角胜于乙角也。[附记]文马评《樊城长亭》有言曰:'伍尚虽为伍员之配,然系硬里角色。倘伍员无惊人之处,即为伍尚所喝矣。'"

【喝啰】 《蹴鞠图谱·圆社锦语》:"喝啰:叫唤。"

【喝皮】 《梨园话》:"喝皮:敞笑也。"

【喝西皮】 《切口大词典·医药类·施药郎中之切口》:"喝西皮:吹牛皮也。"

【喝血】 《清门考原·各项切口》:",喝血,短衫也。"

【喝油儿】 《梨园话》:"喝油儿:教戏时,学者不刻意研究,随教者之声,而附和之,谓之'喝油儿'。"

【禾】 《切口大词典·商铺类·布疋业之切口》:"禾:五也。"

【禾王】 清张德坚等《贼情汇纂》卷八《伪文告下·隐语·太平天国隐语》:"禾王即洪逆。"

【合】 ①《切口大词典·巫卜类·茶馆测字者之切口》:"合:事成也。"②《切口大词典·武术类·卖拳头者之切口》:"合:对手拳也,即二人对打也。"③《切口大词典·杂业类·老虎灶之切口》："合：十也。"
④清翟灏《通俗编·识余·市语·铜行》："铜行：一豆，二贝，三某，四长，五人，六土，七木，八令，九王，十合。"

【合白鸽】《切口大词典·党会类·女拆白党之切口》："合白鸽：自备现本而骗人钱财也。"

【合才】《新刻江湖切要·亲戚类》："赘婿：合才；八吉才；今改为独占鳌头。"

【合串戏】《清门考原·各项切口》："合串戏，女男拆白党共同诱骗人财。谓之合串戏。"

【合寸】①《新刻江湖切要·人事类》："合婚曰合寸。"《切口大词典·星相类·弹弦子算命之切口》："合寸：合婚也。"清傅崇矩《成都通览·成都之江湖言词·人事类》："合婚：合寸。"②《切口大词典·商铺类·竹器业之切口》："合寸：捕鱼之罩也。"

【合点】 学古堂《江湖行话谱·行意行话》："合点是带着钱。"

【合瓜瓣】《切口大词典·工匠类·箍桶匠之切口》："合瓜瓣：箍桶担也。"

【合局】 贝思飞《民国时期的土匪隐语》："合局：匪帮之间的合并（满洲）。"

【合码】 贝思飞《民国时期的土匪隐语》："合码：匪帮之间的合并（山东）。"

【合码子】《切口大词典·盗贼类·剪绺贼之切口》："合码子：出发时纠集同党也。"

【合念】《江湖走镖隐语行话谱》："说好话为合念。"

【合生】《行院声嗽·文史》："捻词：合生。"

【合弦】《梨园话》："合弦：歌声与琴音相合，谓之'合弦'。"

【合掌】《切口大词典·杂流类·卖水果者之切口》："合掌：佛手也。"

【合子】①《切口大词典·商铺类·竹器业之切口》："合子：竹箱子也。"②《切口大词典·杂流类·收旧货之切口》："合子：钵也。"

【合子皮】 卫大法师《江湖话·红帮各地通行隐语·人身各物类》："女生殖器：合子皮，攀子。"李子峰《海底·各地通行隐语》："女阴：合子皮；攀子。"

【何时漏】《切口大词典·优伶类·伶人之切口》："何时漏：何时上台唱戏也。"

【和羹】 宋陈元靓辑《事林广记·续集·绮谈市语·果菜门》："梅子：止渴；和羹。"

【和花】《新刻江湖切要·草木百果五谷类》："荞麦：和花。"

【和老】 宋陈元靓辑《事林广记·续集·绮谈市语·人物门》："村人：和老；牛子。"

【和垒】《新刻江湖切要·草木百果五谷类》："绿豆：和垒。"

【和侳】 清张德坚等《贼情汇纂》卷八《伪文告下·隐语·太平天国隐语》："和侳二字贼中作和睦解。"

【和薰】《江湖切口要诀》（尺牍增附本）："风：丢（去）子。[广]入微；透骨；和薰；骤吼；狂呼；疑；从虎；狂且；偃草；吹枯生；扫云；折朽子。[又广]起风为摆丢。"

【和薰】《新刻江湖切要·天文类》："风：丢子；[入微]透骨；和薰；骤吼；狂呼；疑虎；从虎；狂且；偃草；吹枯生；扫云；折朽子；[又广]起风为摆丢。"《切口大词典·巫卜类·六壬课之切口》："和薰：风也。"清傅崇矩《成都通览·成都之江湖言词·天文类》："风：丢子；入微；透骨；和薰；骤吼；狂呼；疑□；从虎；狂且；偃草；吹枯生；扫云；折朽子（广起风为摆丢）。"

【和张】《切口大词典·赌博类·麻雀赌之切口》："和张：索子也。"

【河公】《新刻江湖切要·鸟兽虫鱼类》："鱼：水先生；水梭；河公；河戏；水气；希班；柴河；德判；水飘；[增]化龙子。"

【河里不遭沟里遭】 卫大法师《江湖话·江湖上的隐语·普通隐语》："恩仇将来要分明，山不转路转，河里不遭沟里遭。"

【河坯】《切口大词典·巫卜类·道士之切口》："河坯：香也。"

【河塘】《切口大词典·医药类·卖药糖者之切口》："河塘：卖糖之场子也。"

【河戏】《新刻江湖切要·鸟兽虫鱼类》："鱼：水先生；水梭；河公；河戏；水气；希班；柴河；德判；水飘；[增]化龙子。"明风月友辑《金陵六院市语》："称河戏知其用鱼。"明田汝成《西湖游览志馀·委巷丛谈》："杭人有以二字反切一字以成声者，如以秀为鲫溜，以团为突栾，以精为鲫令，以俏为鲫跳，以孔为窟窿，以盘为勃兰，以铎为突落，以槀为窟陀，以圈为窟栾，以蒲为鹳卢。有以双声而包一字，易方隐语以欺人者，如以好为现萨，以丑为怀五，以马为杂嗽，以笑为喜黎，以肉为直线，以鱼为河戏，以茶为油老，以酒为海老，以没有为埋梦，以莫言为稀调。"明佚名《行院声嗽·鸟兽》："鱼：河戏。"

【河鱼】 宋陈元靓辑《事林广记·续集·绮谈市语·举动门》："泻：河鱼；破腹。"

【曷矿子】 清唐再丰《鹅幻汇编·江湖通用切口摘要》："吐血曰曷矿子。"《切口大词典·医药类·卖膏药者之切口》："曷矿子：吐血也。"金老佛《三教九流江湖秘密规矩·日常用语》："吐血曰曷矿子。"

【荷包】 ①《切口大词典·商铺类·菜饭业之切口》："荷包：粉蒸肉也。"②《切口大词典·役夫类·脚夫之切口》："荷包：铺盖也。"

【荷苞】《切口大词典·商铺类·玉器业之切口》："荷苞：玉搔首也。"

【荷药】《切口大词典·行号类·水果行之切口》："荷药：莲蓬也。"

【荷荷子】《切口大词典·医药类·医生之切口》："荷荷子：孩子也。"

【荷花】 ①《新刻江湖切要·器用类》："碗：罄子；荷花。"清傅崇矩《成都通览·成都之江湖言词·器用类》："碗：罄子；荷花。"②《切口大词典·商铺类·火腿业之切口》："荷花：脚爪也。"

【荷花苞】《切口大词典·杂业类·猪肉业之切口》："荷花苞：猪爪也。"

【荷花大少】《切口大词典·娼妓类·台基之切口》："荷花大少：性喜邪游，阮囊羞涩，冀时衣帽漂亮，冬服无力置办者。"

【荷花儿】 明程万里《鼎锲徽池雅调南北官腔乐府点板曲响大明春·六院汇选江湖方语》："荷花儿，是碗也。"

【荷叶】《新刻江湖切要·器用类》："茶盘：荷叶。"《江湖走镖隐语行话谱》："盘子：荷叶。"《切口大词典·盗贼类·铳手之切口》："荷叶：茶盘也。"金老佛《三教九流江湖秘密规矩·青帮与红帮·江湖之春典》："茶盘称荷叶。"明程万里《鼎锲徽池雅调南北官腔乐府点板曲响大明春·六院汇选江湖方语》："荷叶，是盘子。"清傅崇矩《成都通览·成都之江湖言词·器用类》："茶盘：荷叶。"学古堂《江湖行话谱·行意行话》："盘子，为荷叶。"

【荷叶盔】《切口大词典·优伶类·戏盔之切口》："荷叶盔：后部略圆如何花瓣，有朝天小如意翅。"

【龁】《切口大词典·盗贼类·短截贼之切口》："龁：撩人之谓也。"

【盒子】《切口大词典·工匠类·藤器匠之切口》："盒子：藤箱也。"

【贺路】《切口大词典·行号类·粮食行之切口》："贺路：九也。"

【贺路仙子】《切口大词典·行号类·粮食行之切口》："贺路仙子：客盘九分也。"

【褐酸】《切口大词典·商铺类·蜜饯业之切口》："褐酸：青梅也。"

【鹤氅】 宋陈元靓辑《事林广记·续集·绮谈市语·服饰门》："道衣：鹤氅。"

【鹤顶】《切口大词典·医药类·卖膏药者之切口》："鹤顶：脚膝也。"

【鹤根】《切口大词典·工匠类·成衣匠之切口》："鹤根：五也。"

【鹤翼】《切口大词典·商铺类·火腿业之切口》："鹤翼：砍火腿之斧也。"

---

hei

【黑】 ①卫大法师《江湖话·各行业商帮所用数目字隐语·成都通行言词·唱剧道士端公乐户等通用》："姑：一。仪：二。腸：三。符：四。蹶：五。傲：六。黑：七。耙：八。拘：九。按十以上则加'丁'字，加'姑丁仪'为'一百二十元'。'拘丁蹶'为'九千八百元正'。"卫大法师《江湖话·各行业商帮所用数目字隐语·成都通行言词·鱼贩子》："条：一。边：二。撑：三。梳：四。妥：五。高：六。黑：七。毛：八。湾：九。"清傅崇矩《成都通览·成都之各行人买卖通用言词·捕鱼及渔帆子言词》："黑，七。"清傅崇矩《成都通览·成都之各行人买卖通用言词·戏班子道士端公吹手纸火通用言词》："七，黑。"②贝思飞《民国时期的土匪隐语》：" 黑：袭击一个朋友。"

【黑案】 卫大法师《江湖话·红帮各地通行隐语·各种行业类》："被窃：黑案。"李子峰《海底·各地通行隐语》："被窃：黑案。"

【黑板】 清傅崇矩《成都通览·成都之呼物混名》："黑板：棺材也。"

【黑鞭】 《切口大词典·医药类·祝由科之切口》："黑鞭：铁鞭熨火中为治病之物也。"

【黑茶】 《切口大词典·杂流类·写字人之切口》："黑茶：墨也。"

【黑场子】 《梨园话》："黑场子：不明戏中场子之真象，谓之'黑场子'。"

【黑皱皮】 《切口大词典·商铺类·南货业之切口》："黑皱皮：黑枣也。"

【黑的】 《清门考原·各项切口》："黑的，又曰灯后暗也。善诱骗拐带之妇女幼童也。"

【黑底子】 《切口大词典·役夫类·航船夫之切口》："黑底子：黑夜开驶之船，船呼夜航船也。"

【黑儿】 《切口大词典·役夫类·庖夫之切口》："黑儿：酱油也。"

【黑粉】 《切口大词典·工匠类·修缸之切口》："黑粉：铁沙也。"

【黑狗】 平山周《中国秘密社会史·三合会隐语》："剑曰橘板，曰绉纱。小刀曰狮子。大炮曰黑狗，火药曰狗粪，大炮声曰狗吠。银圆曰瓜子，铜钱曰芝麻。手曰五爪龙，耳曰顺风。斩首曰洗面。海曰大天。密会所曰三尺六，曰古松。扇曰弯月，木斗曰木杨城。"卫大法师《江湖话·红帮闽粤及南洋各地通行隐语》："大炮：黑狗。"《家里宝鉴·隐语》："大炮曰'黑狗'。"《切口大词典·党会类·三点会之切口》："黑狗：炮也。"金老佛《三教九流江湖秘密规矩·三合会之隐语》："剑曰橘板，曰绉纱，小刀曰狮子，大炮曰黑狗，火柴曰狗粪，大炮声曰狗吠。"李子峰《海底·闽粤及南洋各地通行之隐语》："大炮：黑狗。"

【黑官】 《新刻江湖切要·鸟兽虫鱼类》："猪：亥官；黑官；线留官。"

【黑虎遁】 《切口大词典·星相类·弹弦子算命之切口》："黑虎遁：排算生辰也。"

【黑花子】 《切口大词典·行号类·菜蔬行之切口》："黑花子：蚕豆也。"

【黑脊梁沟子】 贝思飞《民国时期的土匪隐语》："黑脊梁沟子：未婚女子（河南）。"

【黑金子】 卫大法师《江湖话·红帮各地通行隐语·建筑物类》："黄沙：黑金子。"李子峰《海底·各地通行隐语》："黄沙：黑金子。"《切口大词典·衙卒类·写状人之切口》："黑金子：墨也。"

【黑尻】 《切口大词典·杂业类·禽鸟业之切口》："黑尻：鹳雀也。"

【黑快】 《切口大词典·商铺类·靴子业之切口》："黑快：黑布皮底武士用之。"

【黑老】 《切口大词典·衙卒类·侦探之切口》："黑老：贩土也。"《切口大词典·衙卒类·侦探之切口》："黑老：鸦片烟也。"金老佛《三教九流江湖秘密规矩·青帮与红帮·江湖之春典》："烟土称黑老。"《切口大词典·杂业类·冶坊之切口》："黑老：煤也。"

【黑流老】 《切口大词典·杂流类·贩烟土者之切口》："黑流老：烟膏也。"

【黑驴】 《切口大词典·杂流类·贩人口者之切口》："黑驴：面盘及身体之黧黑者。"

【黑满】 《切口大词典·优伶类·髯口之切口》："黑满：满口之黑髯也。演阳平关之生角用之。"

【黑末】 卫大法师《江湖话·红帮各地通行隐语·饮食用品类》："鸦片：黑末，老乌。"李子峰《海底·各地通行隐语》："鸦片：黑末；老乌。"

【黑泥块子】 卫大法师《江湖话·红帮各地通行隐语·饮食用品类》："烟土：熏老子，生姜子，黑泥块子。"李子峰《海底·各地通行隐语》："烟土：生姜子；黑泥块子。"

【黑旗老四】 金老佛《三教九流江湖秘密规矩·青帮与红帮·执事之旗号》："红帮除誓约以外，人的支配有五执事。即老大专司军机要事，统领全帮，旗号为杏黄色，故称黄旗老大；老二专司仓库钱粮，掌管全山财务，旗号为蓝色，故称蓝旗老二；老三专司出马开差等事，旗用白色，故称白旗老三；老四掌管票布符号，总督上下勤惰，兼管防山放哨等事，旗用黑色，故称黑旗老四；老五专管全帮功过，杀戮行赏，其权皆操于一人，旗用红色，故称红旗老五。五执事中之权力最大者，厥惟黄旗老大与红旗老五二人，盖一则执掌全帮，一则操有生杀之权也。"

【黑钱】 云游客《江湖丛谈·江湖之金点·小绺门》："黑钱是专在夜内偷的，白天不作活。"

【黑卿】《新刻江湖切要·文具类》："墨：赤土；青烟；又黑卿。"

【黑髯】《切口大词典·优伶类·髯口之切口》："黑髯：黑色之假须也。"

【黑三】《切口大词典·优伶类·髯口之切口》："黑三：黑须分三股者。演《文昭关》之生角用之。"

【黑沙】 朱琳《洪门志·春典子项记·店铺》："炭店，称黑沙。"

【黑砂子】《切口大词典·杂业类·老虎灶之切口》："黑砂子：煤屑也。"

【黑升天子】 卫大法师《江湖话·红帮各地通行隐语·居住用品类》："黄表：黑升天子。"李子峰《海底·各地通行隐语》："黄表：黑升天子。"

【黑省器】《切口大词典·役夫类·庖夫之切口》："黑省器：酱油瓶也。"

【黑水】《切口大词典·杂业类·饭店业之切口》："黑水：酱油也。"

【黑水朝阳】《切口大词典·盗贼类·对买贼之切口》："黑水朝阳：酱园也。"

【黑鬆】《切口大词典·杂流类·贩烟土者之切口》："黑鬆：烟灰也。"

【黑炭】《切口大词典·乞丐类·乞丐之切口》："黑炭：印度巡捕也。"

【黑条】《郎中医话》："黑条，是烟袋杆。"

【黑筒】《切口大词典·党会类·红帮之切口》："黑筒：靴子也。"

【黑头】 ①卫大法师《江湖话·江湖上的隐语·普通隐语》："字：黑头。"《清门考原·各项切口》："黑头，字也，即卖字。"金老佛《三教九流江湖秘密规矩·日常用语》："字曰黑头。" ②《切口大词典·盗贼类·杆匪之切口》："黑头：杆匪之头也。"金老佛《三教九流江湖秘密规矩·青帮与红帮·江湖之春典》："悍匪称黑头。"

【黑头子】 卫大法师《江湖话·红帮各地通行隐语·店钱及其他》："字：黑头子。"李子峰《海底·各地通行隐语》："字：黑头子。"

【黑团老】《切口大词典·杂流类·贩烟土者之切口》："黑团老：土也。"

【黑袜子】 清傅崇矩《成都通览·成都之呼物混名》："黑袜子：靴子。"

【黑响子】《切口大词典·杂流类·卖西洋镜之切口》："黑响子：小云锣也。"

【黑屑子】《切口大词典·手艺类·卖叫虫之切口》："黑屑子：墨铃之也，形如蚁，鸣声幽清。"

【黑心的皮子】 卫大法师《江湖话·红帮各地通行隐语·动物类》："狼：黑心的皮子，海嘴子。"李子峰《海底·各地通行隐语》："狼：黑心的皮子；海嘴子。"

【黑云蔽日】《切口大词典·盗贼类·铳手之切口》："黑云蔽日：即日间为其窃遇而逸也。"

【黑子】 李子峰《海底·各地通行隐语》："测字总名：十黑；黑子。"

【黑字】 卫大法师《江湖话·红帮各地通行隐语·各种行业类》："测字总名：十黑，黑字。"

【黑钻头】《切口大词典·商铺类·蜜饯业之切口》："黑钻头：药橄榄也。"

【黑柞】《切口大词典·优伶类·髯口之切口》："黑柞：黑色之短髯也。演夺小沛之副净用之。"

【嘿斩】 ①《新刻江湖切要·星相类》："不语相：嘿斩；又哑党。"清傅崇矩《成都通览·成都之江湖言词·星相类》："不语相：嘿斩；哑党。" ②《切口大词典·星相类·不开口相面之切口》："嘿斩：相面也。"

hen

【很子】 ①卫大法师《江湖话·红帮各地通行隐语·动物类》："猪：哼子，很子，毛瓜。"李子峰《海底·各地通行隐语》："猪：哼子；很子；毛瓜。" ②卫大法师《江湖话·红帮各地通行隐语·饮食用品类》："猪肉：哼瓜，很子。"李子峰《海底·各地通行隐语》："猪肉：哼瓜；很子。"

【狠占】《新刻江湖切要·官职类》："打落秀：狠占；今改狠占，又北占。"

【恨斑】《清门考原·各项切口》："恨斑，用颜色之斑在牌上作一记认也。"

【恨脏】 李子峰《海底·各地通行隐语》："肥皂（石碱）：恨脏；羊油块子。"卫大法师《江湖话·红帮各地通行隐语·居住用品类》："肥皂（石碱）：恨脏，羊油块子。"

heng

【恒满】《新刻江湖切要·天文类》："日：太阳；[广]旸乌，常圆；长明，恒满；出扶桑，西坠。"清傅崇矩《成都通览·成都之江湖言词·天文类》："日：太阳，阳乌；常圆；长明，恒满；出扶桑，西坠。"

【恒子】《江湖走镖隐语行话谱》："秤为恒子。"

【哼敦】 学古堂《江湖行话谱·瞽者行话》："哼敦，冬。"

【哼瓜】 卫大法师《江湖话·红帮各地通行隐语·饮食用品类》："猪肉：哼瓜，很子。"

【哼子】 卫大法师《江湖话·红帮各地通行隐语·动物类》："猪：哼子，很子，毛瓜。"李子峰《海底·各地通行隐语》："猪：哼子；很子；毛瓜。"

【横川】 卫大法师《江湖话·各行业商帮所用数目字隐语·成都通行言词·道士端公》："旦底：一。挖工：二。横川：三。不回：四。假丑：五。断大：六。毛根：七。人开：八。像丸：九。"《切口大词典·商铺类·金线业之切口》："横川：三也。"清傅崇矩《成都通览·成都之各行人买卖通用言词·道士端公言词》："横川，三。"

【横川子】 卫大法师《江湖话·红帮各地通行隐语·数目类》："三：汪，横川子。"李子峰《海底·各地通行隐语》："三：汪；横川子。"

【横儿】《切口大词典·商铺类·丝经业之切口》："横儿：称（秤）也。"

【横杠】《切口大词典·杂业类·信局业之切口》："横杠：一也。"

【横高】《新刻江湖切要·宫室类》："寺院：兜子，又横高，井公邑。余又增寺院为兜率，梵王宫。"

【横篙】《切口大词典·杂业类·白粥业之切口》："横篙：筷也。"

【横搁】《切口大词典·工匠类·漆匠之切口》："横搁：横市招也。"

【横河里】《切口大词典·党会类·红帮之切口》："横河里：姓王者。"金老佛《三教九流江湖秘密规矩·青帮与红帮·红帮之问答》："甲曰：此地东坎（东村）有一横河里（王姓）。"金老佛《三教九流江湖秘密规矩·青帮与红帮·红帮之问答》："如王谓'横河里'。"

【横笏通】《新刻江湖切要·经纪类》："做针者：叉老；扯牵；扯线；[改]横笏通。"清傅崇矩《成都通览·成都之江湖言词·经纪类》："做针者：叉老；扯牵；扯线；横笏通。"

【横伙己】《清门考原·各项切口》："横伙己，姓王也。"

【横交】《切口大词典·工匠类·琢玉匠之切口》："横交：玉簪也。"

【横叫子】《切口大词典·杂流类·西乐队之切口》："横叫子：军笛也。"

【横靠】《切口大词典·商铺类·嫁妆业之切口》："横靠：长台也。"

【横困】 ①《切口大词典·商铺类·嫁妆业之切口》："横困：床也。"②《切口大词典·商铺类·帽子业之切口》："横困：女帽子也。"

【横籁】《切口大词典·商铺类·乐器业之切口》："横籁：笛也。"

【横连】《切口大词典·手艺类·雨伞业之切口》："横连：棕线也。"

【横梁】《切口大词典·杂流类·卖玉器之切口》："横梁：玉簪也。"

【横梁子】 贝思飞《民国时期的土匪隐语》："横梁子：杀一个人。"

【横量子】《切口大词典·行号类·棉花行之切口》："横量子：称（秤）也。"

【横闷】《新刻江湖切要·乐器类》："笛：横闷；叫龙。"

【横鸟】 宋陈元靓辑《事林广记·续集·绮谈市语·服饰门》："幞头：横鸟。"

【横坡】《切口大词典·商铺类·顾绣业之切口》："横坡：桌帏也。"

【横腔】《切口大词典·杂流类·吹打者之切口》："横腔：吹笛也。"

【横塞子】《切口大词典·医药类·骑驴卖药之切口》:"横塞子:病人也。"

【横山】①《切口大词典·商铺类·珠宝业之切口》:"横山:珠簪也。"②《切口大词典·役夫类·马夫之切口》:"横山：马鞍也。"

【横身】①《切口大词典·商铺类·竹器业之切口》:"横身:竹榻也。"②《切口大词典·杂业类·混堂之切口》:"横身:炕床也。"

【横身架】《切口大词典·杂业类·纸扎店之切口》:"横身架:纸成之床也。"

【横塘】《切口大词典·杂业类·混堂之切口》:"横塘:池岸也。"

【横挑】①《新刻江湖切要·器用类》:"秤:横挑;平老。"《切口大词典·杂流类·收旧货之切口》:"横挑:秤也。"清傅崇矩《成都通览·成都之江湖言词·器用类》:"秤:横挑;平老。"②《切口大词典·工匠类·打金箔匠之切口》:"横挑:挑金箔之竹签也。"③《切口大词典·商铺类·乐器业之切口》:"横挑:胡琴也。"

【横头】《切口大词典·手艺类·席子业之切口》:"横头:阔也。"

【横头钱】《清门考原·各项切口》:"横头钱,贩卖妇女之中用钱也。其他事项之中用。亦曰横头钱。"

【横箫】《切口大词典·商铺类·染色业之切口》:"横箫:较棍也。"

【横小】《切口大词典·杂流类·卖糖果者之切口》:"横小:香蕉糖也。"

【横行通】《切口大词典·星相类·弹弦子算命之切口》:"横行通:属马也。"

【横行子】①卫大法师《江湖话·红帮各地通行隐语·姓氏类》:"谢:横行子。"李子峰《海底·各地通行隐语》:"谢:横行子。"②卫大法师《江湖话·红帮各地通行隐语·饮食用品类》:"蟹:横行子,无肠子。"李子峰《海底·各地通行隐语》:"蟹:横行子;无肠子。"

【横胸】《切口大词典·役夫类·舟夫之切口》:"横胸:牵板也。"

【横一横】《切口大词典·行号类·棉花行之切口》:"横一横:称一称也。"

【横云】《切口大词典·商铺类·银楼业之切口》:"横云:簪也。"

【横子】①《切口大词典·盗贼类·杆匪之切口》:"横子:湖河沟溪也。"②《切口大词典·盗贼类·剪绺贼之切口》:"横子:富人也。"金老佛《三教九流江湖秘密规矩·青帮与红帮·江湖之春典》:"富人称横子。"③《切口大词典·商铺类·绸缎业之切口》:"横子:尺也。"《切口大词典·杂流类·卖花带者之切口》:"横子:尺也。"④《切口大词典·衙卒类·警士之切口》:"横子:警棍也。"

【横嘴】《切口大词典·役夫类·马夫之切口》:"横嘴:马勒也。"

【衡子】《新刻江湖切要·器用类》:"戥子:星琴;衡子。"清傅崇矩《成都通览·成都之江湖言词·器用类》:"戥子:星琴;衡子。"

hong

【轰隆】《切口大词典·衙卒类·兵士之切口》:"轰隆:大炮也。"

【轰天】卫大法师《江湖话·红帮各地通行隐语·武器类》:"炮:大喷子,轰天。"李子峰《海底·各地通行隐语》:"炮:大喷子;轰天。"

【轰天子】卫大法师《江湖话·红帮各地通行隐语·天文地理类》:"雷:轰天子。"

【哄子】《江湖走镖隐语行话谱》:"锣鼓为哄子。"

【烘】《切口大词典·杂业类·米店之切口》:"烘:八也。"

【烘当】《切口大词典·武术类·男女共同变戏法者之切口》:"烘当:做戏法之女子也。"

【烘当李子】清唐再丰《鹅幻汇编·江湖通用切口摘要》:"做戏法有妇女顶缸走索者曰烘当李子。"卫大法师《江湖话·江湖上的隐语·李子隐语》:"妇女顶缸走绳索:烘当李子。"《切口大词典·武术类·男女共同变戏法者之切口》:"烘当李子:做戏法有妇女做种种技术者。"《清门考原·各项切口》:"烘当李子,作戏法有妇女顶缸。走绳索也。"金老佛《三教九流江湖秘密规矩·江湖通用切口》:"做戏法有妇女顶缸走索者曰烘当

【烘档码子】学古堂《江湖行话谱·江湖行话》："妇女顶缸走索戏法，曰烘档码子。"《切口大词典·武术类·妇女顶缸走索之切口》："烘档码子：妇女也。"

【烘锋】《切口大词典·工匠类·剪刀匠之切口》："烘锋：剪刀未联合之先，须在炭火上烘蒸，则刚锋易利。"

【烘火底子】《清门考原·各项切口》："烘火底子，炮船也。"金老佛《三教九流江湖秘密规矩·日常用语》："炮船曰烘火底子。"

【烘隆】《切口大词典·巫卜类·茶馆测字者之切口》："烘隆：财气旺也。"《清门考原·各项切口》："烘隆，生意好也。"

【烘爝】①清唐再丰《鹅幻汇编·江湖通用切口摘要》："生意好曰烘爝。"《切口大词典·星相类·星家之切口》："烘爝：生意好也。"金老佛《三教九流江湖秘密规矩·日常用语》："生意好曰烘爝。"②《切口大词典·杂流类·小热昏之切口》："烘爝：人多也。"

【烘拢】《切口大词典·武术类·妇女顶缸走索之切口》："烘拢：观者众多也。"

【烘天】清唐再丰《鹅幻汇编·江湖通用切口摘要》："炮曰烘天。"《清门考原·各项切口》："烘天，炮也。"金老佛《三教九流江湖秘密规矩·日常用语》："炮曰烘天。"

【烘天底子】清唐再丰《鹅幻汇编·江湖通用切口摘要》："炮船曰烘天底子。"

【烘头】《切口大词典·杂流类·二爷之切口》："烘头：喜封众多者。"

【烘赞曲】《切口大词典·武术类·男女共同变戏法者之切口》："烘赞曲：生意好也。"

【烘子】清佚名《郎中医话》："烘子，是锣。"

【红】卫大法师《江湖话·安庆隐语》："火：红。"

【红白】《切口大词典·党会类·小瘪三之切口》："红白：瘪三之正式营业也。凡人家婚丧之事代为捐旗打伞者。"

【红摆】《切口大词典·工匠类·铁匠之切口》："红摆：熔铁之炉也。"

【红摆伦】《切口大词典·杂流类·吹打者之切口》："红摆伦：喜事也。"

【红帮】①《切口大词典·党会类·红帮之切口》："红帮：假名于鸿钧老祖曰鸿帮，今易为红字。其中分子，咸为强盗、盐枭等业硬爬者。"②《切口大词典·工匠类·外国成衣匠之切口》："红帮：外国成衣匠也。"

【红帮之票布】金老佛《三教九流江湖秘密规矩·青帮与红帮·红帮之票布》："红帮中对于入帮之人，例给一票布以当符号，其票布之式样语句，皆极滑稽。票布为黄色，长四寸阔二寸半，上横写忠义堂三字，两旁作双龙戏珠式样，龙头向上，其珠适当义字之下，龙之外方，则书五湖四海水，龙凤如意香，下而则为内外口号，内为安邦，外为定国，正中则为双龙山忠义堂之方印。此系初发之票布，若非双龙山帮，则可将山名堂名更易，即水与香上面之字句，及内外口号，亦可自定，但终不出忠公达义等字而已。"

【红帮之问答】金老佛《三教九流江湖秘密规矩·青帮与红帮·红帮之问答》："红帮又有特严之例，为青帮所无者，即不准外帮人冒充红帮是也。彼等有口头禅云：'冒充进红，一刀两洞。'其意即谓如有冒充红帮者，即须立置死地。是以红帮人，凡遇外来帮匪，双方素不相识者，例须盘问其所谓之山堂香水四大点。譬如甲匪为外来者，乙匪见其挂牌于某处，而不之识。于是乙必上前招呼，执行问答，其问答法，乙先问之曰：'老哥贵姓？'甲答曰：'不敢。敝姓某。'乙又曰：'老哥由那一条那头开来？'甲曰：'不敢。由某某处码头开来。'乙见其答法不错乱，乃开始问其帮中规矩曰：'敢问老哥统率那一座山头？'甲曰：'不敢。兄弟虚占春保山。'乙又问：'敢问某老大，叙坐在那一堂？'甲曰：'不敢。兄弟虚坐在聚贤堂。'乙又问：'敢问老大呷那一路水。'甲曰：'不敢。兄弟呷的五湖四海三江水。'乙又问：'敢问老大烧那一炉香？'甲曰：'不敢。兄弟敬烧的万年千载长寿香。'以上问答既毕，乙知甲为帮匪无疑，乃为之代价烟酒茶资，带领还山，或见山主，或见大爷，尽助程仪，令之自回原埠。此为同帮不相识者，互相问答之内容也。"

【红宝珠】《切口大词典·行号类·水果行之切口》："红宝珠：山楂也。"

【红衬】《切口大词典·工匠类·做帽匠之切

口》：" 红衬：帽子里布也。"

【红川】《新刻江湖切要·生死类》："产死：红川。"《切口大词典·星相类·拉和琴算命之切口》："红川：产亡也。"清傅崇矩《成都通览·成都之江湖言词·生死类》："产死：红川。"

【红皱皮】《切口大词典·商铺类·南货业之切口》："红皱皮：红枣也。"

【红底子】《切口大词典·役夫类·航船夫之切口》："红底子：白昼开驶之船，俗呼埠船也。"

【红方】《切口大词典·商铺类·蜜饯业之切口》："红方：查糕也。"

【红粉】①清张德坚等《贼情汇纂》卷五《伪军制下·隐语·太平天国隐语》："火药改称红粉。"②清张德坚等《贼情汇纂》卷八《伪文告下·隐语·太平天国隐语》："红粉即旱烟。"③《江湖走镖隐语行话谱》："药为红粉。"

【红粉包】清张德坚等《贼情汇纂》卷五《伪军制下·隐语·太平天国隐语》："火弹改称先锋包，又名红粉包。"

【红根子】《切口大词典·行号类·菜蔬行之切口》："红根子：菠菜也。"

【红股】《切口大词典·赌博类·摇宝赌之切口》："红股：此股须以资格势力，方能得手，于快手银主皆不得染指。"

【红瓜】平山周《中国秘密社会史·三合会隐语》："发曰青丝。豚曰毛瓜，豚肉曰白瓜，已燔之豚肉曰金瓜、曰红瓜。牛肉曰大菜，盐牛肉曰一把菜。狗曰蚁。鱼曰穿浪，曰摆尾，盐鱼曰咸等，曰丫鬟。米曰沙，煮饭曰打沙。吃饭曰耕沙。鸦片曰云游，吃鸦片曰咬云。茶曰青莲。水曰三河。油曰洪顺。茶碗曰莲塘。酒杯曰莲米。"《家里宝鉴·隐语》："熟肉曰'红瓜'。"金老佛《三教九流江湖秘密规矩·三合会之隐语》："发曰青丝，豚曰毛瓜，豚肉曰白瓜，已燔之豚肉曰金瓜、曰红瓜。"施列格《天地会研究·洪家口白要诀》："红瓜：烧肉。"

【红官人】明风月友辑《金陵六院市语》："方列行经号为红官人，用绢呼作陈妈妈。"

【红倌人】《切口大词典·娼妓类·长三书寓之切口》："红倌人：时髦之妓女也。"

【红光】①《新刻江湖切要·草木百果五谷类》："果：青垒；苗群；希令橘；红光[光乃圆字之误]。"②朱琳《洪门志·春典子琐记·人事》："日，称红光。"

【红棍】卫大法师《江湖话·红帮各地通行隐语·店钱及其他》："会中干事：红棍。"《切口大词典·党会类·三点会之切口》："红棍：其职务执行会员之刑罚。"李子峰《海底·各地通行隐语》："会中干事：红棍。"

【红红面孔】《切口大词典·党会类·流氓之切口》："红红面孔：吃酒也。"

【红花底子】卫大法师《江湖话·江湖上的隐语·普通隐语》："虽不在帮但是内行：红花底子，玲珑心子。"

【红花亭】平山周《中国秘密社会史·三合会隐语》："隐语：三合会员与盗贼往来，有怪文以之为暗号，今略揭大要如下。公所曰红花亭，曰松柏林。新入会曰入圈，曰拜正，曰出世。集会曰开台，曰放马。会员曰香，曰洪英，曰豪杰。外人曰风，曰疯子，曰鹧鸪。新会员曰新丁。到会曰去睇戏。会中之秘书曰衫仔。会员之凭票曰腰平，曰八角招牌，曰八卦。"卫大法师《江湖话·红帮闽粤及南洋各地通行隐语》："公所：红花亭，松柏林。"徐珂《清稗类钞·会党类·三合会隐语》："隐语：三合会员与盗贼往来，有怪文以之为暗号，今略揭大要如下。公所曰红花亭，曰松柏林。新入会曰入圈，曰拜正，曰出世。集会曰开台，曰放马。会员曰香，曰洪英，曰豪杰。外人曰风，曰疯子，曰鹧鸪。新会员曰新丁。到会曰去睇戏。会中之秘书曰衫仔。会员之凭票曰腰平，曰八角招牌，曰八卦。"《切口大词典·党会类·三点会之切口》："红花亭：会所也。"金老佛《三教九流江湖秘密规矩·三合会之隐语》："公所曰红花亭，或曰松柏林。"李子峰《海底·各地通行隐语》："洪帮公所：红花亭。"李子峰《海底·闽粤及南洋各地通行之隐语》："公所：红花亭；松柏林。"

【红花衣子】卫大法师《江湖话·安庆隐语》："内行兄弟：红花衣子。"

【红花雨】①《家里宝鉴·隐语》："酒杯曰'莲米，红花雨'。"②《切口大词典·党会类·哥老会之切口》："红花雨：酒也。"平山周《中国秘密社会史·哥老会隐语》："茶曰青，茶馆曰混堂子。酒曰红花雨。"徐珂《清稗类钞·会党类·哥老会隐语》："茶曰青，茶馆曰混堂子。酒曰红花雨。"

【红火球】《切口大词典·杂流类·卖水果者之切口》："红火球：山楂也。"

【红焦兰】《切口大词典·医药类·药行业之切口》："红焦兰：天癸草也。"

【红蕉】《切口大词典·杂业类·花业之切口》："红蕉：美人蕉也。"

【红老】①《切口大词典·衙卒类·侦探之切口》："红老：老酒也。"②《切口大词典·杂业类·酒店之切口》："红老：红玫瑰也。"

【红粒】《切口大词典·杂流类·卖馄饨者之切口》："红粒：虾子也。"

【红脸】《切口大词典·衙卒类·兵士之切口》："红脸：饮酒也。"《切口大词典·衙卒类·侦探之切口》："红脸：吃酒也。"

【红脸老】《切口大词典·杂流类·收卖锭灰者之切口》："红脸老：香灰也。"

【红流】《切口大词典·医药类·卖疮药者之切口》："红流：血也。"

【红坭】《切口大词典·工匠类·造酱匠之切口》："红坭：酱滓也。"

【红娘】《切口大词典·医药类·药行业之切口》："红娘：桑葚子也。"

【红坯】《切口大词典·工匠类·漆匠之切口》："红坯：猪血也。"

【红披】《切口大词典·商铺类·古董业之切口》："红披：红缨也。"

【红片】《切口大词典·行号类·茶叶行之切口》："红片：红粗茶叶也。"

【红旗老五】金老佛《三教九流江湖秘密规矩·青帮与红帮·执事之旗号》："红帮除誓约以外，人的支配有五执事。即老大专司军机要事，统领全帮，旗号为杏黄色，故称黄旗老大；老二专司仓库钱粮，掌管全山财务，旗号为蓝色，故称蓝旗老二；老三专司出马开差等事，旗用白色，故称白旗老三；老四掌管票布符号，总督上下勤惰，兼管防山哨等事，旗用黑色，故称黑旗老四；老五专管全帮功过，杀戮行赏，其权皆操于一人，旗用红色，故称红旗老五。五执事中之权力最大者，厥惟黄旗老大与红旗老五二人，盖一则执掌全帮，一则操有生杀之权也。"

【红旗令】金老佛《三教九流江湖秘密规矩·青帮与红帮·红旗令语句》："祭旗令之后，又有红旗令云：'红旗招展进香堂，众家弟兄听端详，今日龙山开大会，手拈金旗进香堂，龙头大爷要我把旗祭，我将此旗说根苗，若问此旗何人造，轩辕传造此红旗，大哥传令香堂坐，惊动四海众豪强，人人都把香堂进，跪在圣前把香焚。今日结拜如手足，赛过同胞一目生。'此令为陪堂者所唱，唱毕之后，由龙头率众向旗礼拜，然后入堂。"

【红茄】《切口大词典·杂流类·卖蔬菜之切口》："红茄：辣椒也。"

【红曲】《新刻江湖切要·珍宝类》："铜曰红曲：角红。"

【红烧】贝思飞《民国时期的土匪隐语》："红烧：夷为平地。"

【红事】《切口大词典·杂流类·红白帖之切口》："红事：凡喜庆之事也。"

【红水】《切口大词典·赌博类·摇宝赌之切口》："红水：所赢之余利也。"

【红笋】《切口大词典·盗贼类·铳手之切口》："红笋：锁也。"

【红汤】《切口大词典·杂业类·饭店业之切口》："红汤：豆腐汤也。"

【红滕焰】《切口大词典·役夫类·茶担夫之切口》："红滕焰：铜钱也。"

【红头独】《家里宝鉴·隐语》："洋伞曰'红头独，鸟只，开花'。"

【红尾】①《切口大词典·商铺类·南货业之切口》："红尾：红色淡笋干也。"②《切口大词典·行号类·鲜鱼行之切口》："红尾：鳅鱼也。"

【红仙】《切口大词典·商铺类·豆麦业之切口》："红仙：小麦也。"

【红心】朱琳《洪门志·春典子琐记·店铺》："烛店，称红心。"

【红信石】《切口大词典·医药类·药行业之切口》："红信石：砒礵也。"

【红牙】《切口大词典·商铺类·乐器业之切口》："红牙：梆子也。"

【红耀朝阳】《新刻江湖切要·店铺类》："烛店：红耀朝阳。"《江湖切口要诀》（尺牍增附本）：" 烛店：红耀朝阳。"《切口大词典·盗贼类·对买贼之切口》："红耀朝阳：蜡烛店也。"清傅崇矩《成都通览·成都之江湖言词·店铺类》："烛店：红耀朝阳。"

【红衣】《切口大词典·医药类·药行业之切口》："红衣：广皮也。"

【红尹】《新刻江湖切要·器用类》："锁：将军；红尹。"清傅崇矩《成都通览·成都之江湖言词·器用类》："锁：将军；红尹。"

【红蝇子】《切口大词典·杂流类·吹打者之切口》："红蝇子：贺客也。"

【红油】《切口大词典·杂业类·面馆之切口》："红油：辣油也。"

【红鱼】《切口大词典·行号类·砖灰行之切口》："红鱼：红墙砖也。"

【红云】《切口大词典·商铺类·玉器业之切口》："红云：翡玉也。"

【红枣朱】《切口大词典·杂流类·卖花者之切口》："红枣朱：蓼花也。"

【红掌】宋陈元靓辑《事林广记·续集·绮谈市语·飞禽门》："鹅：□物；红掌；羲禽；舒雁；家雁；换□。"

【红踯躅】《切口大词典·杂业类·花业之切口》："红踯躅：杜鹃花也。"

【红珠】《切口大词典·商铺类·豆麦业之切口》："红珠：赤豆也。"

【红柞】《切口大词典·优伶类·髯口之切口》："红柞：红白之短髯也。演白水滩之副净用之。"

【红八哥】《切口大词典·衙卒类·侦探之切口》："红八哥：当兵之人也。"

【宏福】《切口大词典·役夫类·轿夫之切口》："宏福：轿后窗也。"

【洪帮】《切口大词典·党会类·哥老会之切口》："洪帮：江浙两省之称会也。"

【洪柴】卫大法师《江湖话·红帮闽粤及南洋各地通行隐语》："松柴：洪柴，砍浪。"李子峰《海底·闽粤及南洋各地通行之隐语》："松柴：洪柴，砍浪。"

【洪家弟兄】《切口大词典·党会类·哥老会之切口》："洪家弟兄：自称同党之人也。"

【洪江】《切口大词典·党会类·哥老会之切口》："洪江：安徽江西之称会也。"

【洪量】《切口大词典·杂流类·收旧货之切口》："洪量：酒壶也。"

【洪炉朝阳】《切口大词典·盗贼类·对买贼之切口》："洪炉朝阳：冶坊冶。"

【洪欠】①《新刻江湖切要·饮馔类》："鸭蛋：洪欠。"②清傅崇矩《成都通览·成都之江湖言词·饮馔类》："鸡蛋：洪欠。"

【洪强云游】施列格《天地会研究·洪家口白要诀》："洪强云游：熟烟。"

【洪青】《切口大词典·商铺类·染色业之切口》："洪青：与潮蓝彷佛。"

【洪沙】卫大法师《江湖话·红帮闽粤及南洋各地通行隐语》："谷米：洪沙。"李子峰《海底·闽粤及南洋各地通行之隐语》："谷米：洪沙。"

【洪顺】平山周《中国秘密社会史·三合会隐语》："发曰青丝。豚曰毛瓜，豚肉曰白瓜，已燔之豚肉曰金瓜、曰红瓜。牛肉曰大菜，盐牛肉曰一把菜。狗曰蚁。鱼曰穿浪、曰摆尾，盐鱼曰咸筝、曰丫鬓。米曰沙，煮饭曰打沙，吃饭曰耕沙。鸦片曰云游，吃鸦片曰咬云。茶曰青莲。水曰三河。油曰洪顺。茶碗曰莲蕊。酒杯曰莲米。"卫大法师《江湖话·红帮各地通行隐语·饮食用品类》："油：滑水子，浮水子，滑子，洪顺。"《家里宝鉴·隐语》："油曰'洪顺'。"《切口大词典·党会类·三点会之切口》："洪顺：油也。"金老佛《三教九流江湖秘密规矩·三合会之隐语》："油曰洪顺。"李子峰《海底·各地通行隐语》："油：浮水子；滑子；洪顺。"

【洪顺天】卫大法师《江湖话·红帮闽粤及南洋各地通行隐语》："白醋：洪顺天。"李子峰《海底·闽粤及南洋各地通行之隐语》："白醋：洪顺天。"施列格《天地会研究·洪家口白要诀》："洪顺天：醋。"

【洪头】平山周《中国秘密社会史·三合会隐语》："线香曰桂枝，蜡烛曰古树。蚊帐曰灯笼。明代服曰袈裟，套裤曰菱角，靴曰铁板，帽子曰云盖、曰万笠。洋伞曰洪头、曰独脚、曰乌云。道路曰线，旅行曰游线。家曰甲子。祖先公馆曰马桶。船曰平，乘船曰搭平。"卫大法师《江湖话·红帮闽粤及南洋各地通行隐语》："洋伞：洪头，独脚，乌云。"《切口大词典·党会类·三点会之切口》："洪头：伞也。"金老佛《三教九流江湖秘密规矩·三合会之隐语》：" 洋伞曰洪头、曰独脚、曰乌云。"李子峰《海底·闽粤及南洋各地通行之隐语》："洋伞：洪头；独脚；乌云。"

【洪英】 平山周《中国秘密社会史·三合会隐语》："隐语：三合会员与盗贼往来，有怪文以之为暗号，今略揭大要如下。公所曰红花亭、曰松柏林。新入会曰入圈、曰拜正、曰出世。集会曰开台、曰放马。会员曰香、曰洪英、曰豪杰。外人曰风、曰疯子、曰鹧鸪。新会员曰新丁。到会曰去睇戏。会中之秘书曰衫仔。会员之凭票曰腰平、曰八角招牌、曰八卦。"卫大法师《江湖话·红帮各地通行隐语·店钱及其他》："帮中人：圈子，洪英。"卫大法师《江湖话·红帮闽粤及南洋各地通行隐语》："会中兄弟：香，洪英，豪杰。"徐珂《清稗类钞·会党类·三合会隐语》："隐语：三合会员与盗贼往来，有怪文以之为暗号，今略揭大要如下。公所曰红花亭、曰松柏林。新入会曰入圈、曰拜正、曰出世。集会曰开台、曰放马。会员曰香、曰洪英、曰豪杰。外人曰风、曰疯子、曰鹧鸪。新会员曰新丁。到会曰去睇戏。会中之秘书曰衫仔。会员之凭票曰腰平、曰八角招牌、曰八卦。"《家里宝鉴·隐语》："会员曰'宝香，洪英，豪杰'。"《切口大词典·党会类·三点会之切口》："洪英：会员也。"金老佛《三教九流江湖秘密规矩·三合会之隐语》："会员曰香、曰洪英、曰豪杰。"李子峰《海底·闽粤及南洋各地通行之隐语》："会中兄弟：香；洪英；豪杰。"

hou

【侯潮】《切口大词典·役夫类·门夫之切口》："侯潮：拜访也。"

【侯帽】《切口大词典·优伶类·戏盔之切口》："侯帽：形如方香炉又如倒置之酒卮，二进宫之徐千岁，捉潘洪之呼必显等用之。"

【侯桃】《切口大词典·杂流类·卖花者之切口》："侯桃：木笔花也。"

【喉巴】 卫大法师《江湖话·红帮各地通行隐语·姓氏类》："韩：喉巴，冰天子。"

【喉吧】 李子峰《海底·各地通行隐语》："韩：喉吧；冰天子。"

【猴头】《切口大词典·工匠类·造船匠之切口》："猴头：帆绳套子也。"

【猴戏】 金老佛《三教九流江湖秘密规矩·青帮与红帮·红帮之问答》："迨二匪恶贯满盈，又去硬爬，忽被众多马子拿获，收入快窑之内。（牢监曰快窑，铁链曰困仙绳，手铐曰杓头，脚镣曰步绳，挺棍曰旱烟筒，枷曰豆腐干，牢内散步曰游花园，枷号示众曰猴戏，笞臀曰拍豆腐）。"

【猴爷】《切口大词典·赌博类·做三四之切口》："猴爷：老年人也。"

【猴子】 ①《江湖走镖隐语行话谱》："山羊：猴子。" ②学古堂《江湖行话谱·行意行话》："猪，为猴子。"

【猴子戏】《切口大词典·衙卒类·衙役之切口》："猴子戏：枷号示众也。"

【吼马子】 卫大法师《江湖话·红帮各地通行隐语·偷盗类》："抬犯：云马子，吼马子。"

【吼生】《新刻江湖切要·娼优类》："戏子：吼生。"《切口大词典·杂业类·旅馆之切口》："吼生：唱戏之住客也。"清傅崇矩《成都通览·成都之江湖言词·娼优类》："戏子：吼生。"

【吼孙】 明程万里《鼎锲徽池雅调南北官腔乐府点板曲响大明春·六院汇选江湖方语》："吼孙，子弟们也。"

【吼子】 卫大法师《江湖话·红帮各地通行隐语·饮食用品类》："盐：哑口子，海水子，吼子，沙子。"李子峰《海底·各地通行隐语》："盐：海水子；吼子；沙子。"

【后场桌】《梨园话》："后场桌：管理小把子、小彩切等物之桌子，谓之'后场桌'。[附记]后场桌向归于旗包箱掌管，凡旗蠹伞扇，以及小把子等，无一不备。如令旗、令箭、印匣、元宝、魁星斗、雷公锤、马鞭子、红门旗、灯笼、木枷、手镯、锁链、灵幡儿、哭丧棒、大小板子等，亦归后场桌经营。在未开戏时，须将各物一一陈列之。陈列次序：左为元宝，右为印匣，中设魁星斗及令旗、令箭。其余如手镯、锁链、木枷、灵幡儿、哭丧棒等，一切刑具、丧具均挂于两旁，或分藏桌下。惟剧中所用之彩头（即斩人之头），多以太监帽或无翅纱帽，用红旗包好，

【后门头】《切口大词典·杂流类·收卖锭灰者之切口》："后门头：人家私下窃来之灰也。"

【后棚】 云游客《江湖丛谈·江湖之春点·三不管的戗巾生意》："一见面的前枪儿，调侃叫前棚；多挣钱，使人佩服，调侃叫后棚。"

【后棚的能为】 云游客《江湖丛谈·江湖之春点·江湖中的卖点之内幕》："翻钢叠杵，使神仙口儿，使抽撒口儿，拉后门，催啃，杵门子，都合在一处，叫作'后棚的能为'。"

【后翘】《切口大词典·优伶类·武行中之切口》："后翘：向后以手代足而立也。"

【后忝子】 贝思飞《民国时期的土匪隐语》："后忝子：后卫。"

【后台】《梨园话》："后台：伶工化妆处，谓之'后台'。〔附记〕后台饰置虽甚繁杂，因有一定规则，故不觉混乱。即以脚色而论，各有各之座位，其他可知矣。"

【后台老班】《清门考原·各项切口》："后台老班，拆白党中之有势力者。其他党员多听其指挥。谓之后台老班。"

【后庭】《切口大词典·杂业类·花业之切口》："后庭：鸡冠花也。"

【后庭窑】《切口大词典·娼妓类·相公堂子之切口》："后庭窑：相公堂子也。"

【后头】《切口大词典·巫卜类·和尚之切口》："后头：徒弟也。"

【候】《切口大词典·医药类·卖药糖者之切口》："候：归来也。"

【候指】《新刻江湖切要·僧道类》："徒弟：候指。"清傅崇矩《成都通览·成都之江湖言词·僧道类》："徒弟：候指。"

hu

【呼孩童】《切口大词典·赌博类·抽夜糖之切口》："呼孩童：云锣也。"

【呼灵子】《切口大词典·医药类·道人卖药之切口》："呼灵子：旗子也。"

【呼芦窑子】 卫大法师《江湖话·红帮各地通行隐语·各种行业类》："赌场：呼芦窑子，（拦）弯窑。"李子峰《海底·各地通行隐语》："赌场：呼芦窑子；弯窑。"

【呼撒】《行院声嗽·人事》："叫：呼撒。"

【忽扳】《新刻江湖切要·人物类》："幕宾：立门头，〔广〕生晞；密骗；忽扳；趋笑；管公事人；牵生。"《江湖切口要诀》（尺牍增附本）："蜜骗：忽扳，趋笑。"清傅崇矩《成都通览·成都之江湖言词·人物类》："幕宾：立门头；生晞；密骗；忽扳；趋笑；管公事人；牵生。"《切口大词典·星相类·龟算命之切口》："忽板：蜜骗也。"

【忽地笑】《切口大词典·医药类·摆草药摊之切口》："忽地笑：金灯草也。花开一簇五朵，独茎上开花，灿若丹霞奇草也医寒疾。"

【忽客】《郎中医话》："忽客，是小孩。"

【忽雷】《行院声嗽·器用》："鼓：忽雷。"

【氿浴】《切口大词典·娼妓类·长三书寓之切口》："氿浴：妓女因欠债太巨，乃嫁人，所有债款，由娶彼者偿还，迨事了，再做冯妇也。"

【囫囵】 学古堂《江湖行话谱·瞽者行话》："囫囵，春。"

【狐堆里马撒】《镖行江湖隐语行话秘典》："坟（遇见坟），为狐堆里马撒。"

【狐堆马撒】 清末民初佚名《镖行江湖隐语行话秘典》："玫为狐堆马撒。"〔校案：此处之"玫"，疑为"坟"之误植。〕

【胡捣子】 卫大法师《江湖话·红帮各地通行隐语·各种行业类》："设计陷人者：胡捣子，港师。"李子峰《海底·各地通行隐语》："设计陷人者：胡捣子；港师。"

【胡胡】《切口大词典·优伶类·场面上之切口》："胡胡：梆子胡琴也。"

【胡老】《切口大词典·杂流类·虐婴之切口》："胡老：好色之男子也。"

【胡芦语】 清翟灏《通俗编·识余·市语》："《西京杂记》云，长安市人语，各有不同，有胡芦语、锁子语、钮语、练语、三折语，通谓市语。宋汪云程《蹴鞠谱》有所谓锦语者，亦与市语不殊，盖此风之兴已久，或云卢敖作市语，其信然乎？"

【胡麻】 宋陈元靓辑《事林广记·续集·绮谈市语·饮食门》："饭：云子；胡麻。"

【胡床】 宋陈元靓辑《事林广记·续集·绮谈

市语·器用门》：“交椅：胡床；交床。”

【葫椒】《切口大词典·商铺类·陆陈业之切口》："葫椒：红粮也。"

【葫芦】《江湖走镖隐语行话谱》："头为葫芦。"

【猢狲】《切口大词典·杂业类·商人共众切口》："猢狲：伙友也。"

【湖码子】 贝思飞《民国时期的土匪隐语》："湖码子：主要在水上活动的匪帮。"

【湖水】①《切口大词典·盗贼类·拐匪之切口》："湖水：面目之白皙者。"②《切口大词典·星相类·星家之切口》："湖水：生意清淡也。"

【湖细奎】《切口大词典·手艺类·白藤业之切口》："湖细奎：细匀之广藤也。"

【蝴蝶】①《切口大词典·党会类·红帮之切口》："蝴蝶：马褂也。"《清门考原·各项切口》："蝴蝶，马褂。"金老佛《三教九流江湖秘密规矩·青帮与红帮·红帮之问答》："此外还有蝴蝶（马褂），大蓬（长衫），裹衣长蓬（皮袍子），裹衣蝴蝶（皮马褂），穿心子（马甲），霍血（短衫），叉儿（裤子），土筒（套裤），八狗子（棉袄），拖风（棉被），踢头子（鞋子），顶贡（帽子）等许多什物，弟兄们大家带着罢。"金老佛《三教九流江湖秘密规矩·青帮与红帮·江湖之春典》："马褂称蝴蝶。"②《切口大词典·工匠类·竹匠之切口》："蝴蝶：勻篾刀也。"

【蝴蝶板】《切口大词典·工匠类·锡匠之切口》："蝴蝶板：地平板也。"

【蝴蝶头】《切口大词典·手艺类·做袜子之切口》："蝴蝶头：袜跟布也。"

【蝴蝶子】 卫大法师《江湖话·红帮各地通行隐语·衣服类》："马褂子：四脚子，四不相，蝴蝶子。"

【糊窗户药方】《兽医串雅杂钞》："糊窗户药方，即是宣子药抹在眼眶上下，离眼睛珠子远点的，恐怕烂掉［原作'吊'］了眼珠子。此法亦不可行，绝不可用！牲口要把眼睛瞎了，你从旁观看，心中能不悔乎？阴功德性要紧。切记，切记！"

【糊老】①《切口大词典·医药类·做戏法卖药者之切口》："糊老：变戏法之具也。"

②《切口大词典·杂流类·红白帖之切口》："糊老：棺材也。"

【糊面子】《切口大词典·商铺类·山货业之切口》："糊面子：竹箬也。"

【糊头】《切口大词典·巫卜类·巫婆之切口》："糊头：生意也。"

【虎撑】①清傅崇矩《成都通览·成都之江湖言词·医药类》："卖丸药：跳粒粒；虎撑；寸铃。"②云游客《江湖丛谈·江湖之金点·磨杵的生意》："他们管摇的那串铃，调侃儿叫虎撑。"

【虎瓜】《切口大词典·役夫类·庖夫之切口》："虎瓜：生姜也。"

【虎口】《切口大词典·工匠类·皮匠之切口》："虎口：钳子也。"

【虎皮】①《切口大词典·手艺类·装潢业之切口》："虎皮：瑸瑯笺对也。"②《切口大词典·行号类·粮食行之切口》："虎皮：同上（羊脂）。厚桰红黑斑者。"③《切口大词典·杂流类·卖花者之切口》："虎皮：百合花之小者。"

【虎头】①《切口大词典·工匠类·锡匠之切口》："虎头：榔头也。"②《切口大词典·商铺类·靴子业之切口》："虎头：靴头绣虎形。凡戏中演大将者用之。"③《切口大词典·优伶类·戏盔之切口》："虎头：盔顶似虎头，后又披风。"

【虎头勾】《切口大词典·优伶类·靶子之切口》："虎头勾：《盗御马》窦尔顿所执者。"

【虎头牌】《切口大词典·杂业类·豆腐店之切口》："虎头牌：切豆腐之刀也。"

【虎头子】 卫大法师《江湖话·红帮各地通行隐语·姓氏类》："王：虎头子，平巴。"李子峰《海底·各地通行隐语》："王：虎头子；平巴。"

【虎啸】《切口大词典·商铺类·山货业之切口》："虎啸：竹梢也。"

【虎协】《镖行江湖隐语行话秘典》："虎协，为四。"

【虎须】《切口大词典·杂业类·花业之切口》："虎须：石菖蒲也。"

【虎占】《新刻江湖切要·官职类》："优秀：虎占。"

【虎掌】《蹴鞠谱·锦语》："手：虎掌。"《蹴鞠图谱·圆社锦语》："虎掌：手。"

【虎爪】①《切口大词典·商铺类·靴子业之切口》："虎爪：形似虎爪之鞋也。"②《切口大词典·医药类·卖膏药者之切口》："虎爪：脚趾也。"

【琥珀】《切口大词典·商铺类·南货业之切口》："琥珀：蜜枣也。"

【户头】《切口大词典·杂业类·商人共众切口》："户头：往来非店，则曰户头。大概称赊账卖主也。"

【护背胸】《切口大词典·杂流类·收旧货之切口》："护背胸：马甲也。"

【护法韦】《切口大词典·商铺类·丝经业之切口》："护法韦：学生也。"

【护身】《切口大词典·武术类·教武艺者之切口》："护身：剑也。"《切口大词典·优伶类·靶子之切口》："护身：宝剑也。"

【护水】《切口大词典·工匠类·造船匠之切口》："护水：船头也。"

【护托】云游客《江湖丛谈·江湖之金点》："护托，不教人瞧见的意思。"云游客《江湖丛谈·江湖之金点·小绺门》："护托，即是不教外人瞧见怎么偷的，往自己身上怎么藏的。"

【护心】《切口大词典·商铺类·衣庄业之切口》："护心：马甲也。"

【瓠犀】宋陈元靓辑《事林广记·续集·绮谈市语·身体门》："齿：瓠犀。"

hua

【花】①卫大法师《江湖话·各行业商帮所用数目字隐语·成都通行言词·小菜行》："化：八。"《切口大词典·商铺类·绸缎业之切口》："花：八也。"清傅崇矩《成都通览·成都之各行人买卖通用言词·小菜青果并小生意通用言词》："八，花。"②卫大法师《江湖话·红帮各地通行隐语·一般人事类》："分散：开花，花。"李子峰《海底·各地通行隐语》："分散：开花；花。"③清傅崇矩《成都通览·成都之各行人买卖通用言词·小菜青果并小生意通用言词》："花是八百。"

【花班子】李子峰《海底·各地通行隐语》："和尚：行者；花班子；念三。"

【花斑子】卫大法师《江湖话·红帮各地通行隐语·人类一般》："和尚：行者，花斑子，念三。"

【花宝窑子】卫大法师《江湖话·红帮各地通行隐语·各种行业类》："妓院：花果窑子，花宝窑子。"

【花边】①《切口大词典·商铺类·地货业之切口》："花边：芥菜也。"②《切口大词典·杂业类·米店之切口》："花边：洋钿也。"《切口大词典·杂业类·钱庄之切口》："花边：洋钿也。"

【花辫】《切口大词典·杂流类·卖花带者之切口》："花辫：花带之总称也。"

【花箔】《切口大词典·商铺类·颜料业之切口》："花箔：花金也。"

【花草】《新刻江湖切要·身体类》："肥：花草，〔增〕濯濯。"《切口大词典·星相类·相家之切口》："花草：肥也。"

【花虫】《切口大词典·娼妓类·台基之切口》："花虫：棉业商客也。"

【花方正】《切口大词典·杂流类·喜婆之切口》："花方正：花轿也。"

【花房子】《切口大词典·党会类·红帮之切口》："花房子：格子门也。如窗棂有格亦以此称之。"

【花粉窑子】卫大法师《江湖话·安庆隐语》："姑院：花粉窑子。"

【花果窑子】卫大法师《江湖话·红帮各地通行隐语·各种行业类》："妓院：花果窑子，花宝窑子。"李子峰《海底·各地通行隐语》："妓院：化果窑子。"

【花花窑】学古堂《江湖行话谱·行话管见》："纸铺：花花窑。"

【花红】学古堂《江湖行话谱·行话管见》："绸缎叫花红。"

【花花】朱琳《洪门志·春典子琐记·店铺》："妓院，称花花。"

【花花子】卫大法师《江湖话·红帮各地通行隐语·店钱及其他》："票钞：花花子。"《清门考原·各项切口》："花花子，纸币钞票也。"

【花尖】《切口大词典·杂业类·剪刀店之切口》："花尖：绣花所用，比平小还小，刀作瘦长衫。"

【花箭】《切口大词典·商铺类·衣折业之切口》："花箭：绣花之箭衣也。"

【花魁】宋陈元靓辑《事林广记·续集·绮谈市语·花木门》："梅花：花魁；清客。"

【花篮】《江湖走镖隐语行话谱》："马褂［挂］：花篮［蓝］。"

【花垒】①《新刻江湖切要·草木百果五谷类》："赤豆：花垒；轮黄；回花；梭立。"②《新刻江湖切要·饮馔类》："馒头：气楼；花垒。"清傅崇矩《成都通览·成都之江湖言词·饮馔类》："馒头：气楼；花垒。"

【花脸子】卫大法师《江湖话·红帮各地通行隐语·动物类》："公鸡：花脸子。"

【花流星】《切口大词典·手艺类·贳彩业之切口》："花流星：花轿也。"

【花路】《清门考原·各项切口》："花路，娼门也。"

【花露】《切口大词典·商铺类·竹器业之切口》："花露：香水也。"

【花马】卫大法师《江湖话·各行业商帮所用数目字隐语·成都通行言词·六成行（油，盐，柴，米，豆子，菜子）》："花马：八。"

【花码】《切口大词典·行号类·缸坛行之切口》："花码：盛花雕酒之酒坛也。"

【花满】《切口大词典·优伶类·髥口之切口》："花满：满口之花白髥口。演打严嵩之净角用之。"

【花命妇】《切口大词典·杂业类·花业之切口》："花命妇：重叶海棠也。"

【花票】贝思飞《民国时期的土匪隐语》："花票：女人质。"

【花旗】《切口大词典·医药类·参燕业之切口》："花旗：西洋参也。"

【花起来】《清门考原·各项切口》："花起来，捆缚也。"

【花青帽】《切口大词典·优伶类·戏盔之切口》："花青帽：长顶高帽，上缀绒球珠花。"

【花球子】①卫大法师《江湖话·红帮各地通行隐语·天文地理类》："雪：花球子，鹅毛，棉花团。"②《切口大词典·优伶类·靶子之切口》："花球子：八角式之铜锤也。"

【花身】《切口大词典·商铺类·刷染业之切口》："花身：印花之样板也。"

【花市】《蹴鞠图谱·圆社锦语》："花市：早。"

【花刷子】《行院声嗽·人事》："庄家学俏：花刷子。"

【花条】学古堂《江湖行话谱·行意行话》："花枪，为花条。"

【花条儿】《切口大词典·武术类·教武艺者之切口》："花条儿：枪也。"

【花筒】清张德坚等《贼情汇纂》卷五《伪军制下·隐语·太平天国隐语》："喷筒改称花筒。"

【花头】《新刻江湖切要·饮馔类》："素果［疑菜字之误］：花头。"

【花王】宋陈元靓辑《事林广记·续集·绮谈市语·花木门》："牡丹：花王；贵客。"

【花希】《新刻江湖切要·草木百果五谷类》："船米：花希。"

【花细】《新刻江湖切要·人物类》："老妇：花细。"

【花相】《切口大词典·医药类·摆草药摊之切口》："花相：芍药也。治妇人赤白带。"

【花心】《蹴鞠谱·锦语》："九：花心。"《蹴鞠图谱·圆社锦语》："花心：九。"

【花腰子】《切口大词典·盗贼类·杆匪之切口》："花腰子：官兵或民团也。"

【花肴】朱琳《洪门志·春典子瑣记·物品》："菜盘，称花肴。"

【花鹞子】卫大法师《江湖话·红帮各地通行隐语·人类一般》："兵：棋盘子；花鹞子；灰狗子。"李子峰《海底·各地通行隐语》："兵：花鹞子；灰狗子。"

【花叶子】《切口大词典·盗贼类·短截贼之切口》："花叶子：钱票钞票也。"

【花阴】《蹴鞠图谱·圆社锦语》："花阴：午。"

【花皂】《新刻江湖切要·人事类》："好嫖曰花皂。"《切口大词典·星相类·立墙壁相面之切口》："花皂：好嫖也。"清傅崇矩《成都通览·成都之江湖言词·人事类》："好嫖：花皂。"

【花招】《切口大词典·杂流类·卖眼镜之切口》："花招：老花眼镜也。"

【花折子】《切口大词典·商铺类·衣折业之切口》："花折子：绣花之海青也。"

【华道子】《郎中医话》："华道子，是走道。"

【华堂】《切口大词典·杂流类·掌礼者之切

口》："华堂：行礼堂也。"

【华佗】 明程万里《鼎锲徽池雅调南北官腔乐府点板曲响大明春·六院汇选江湖方语》："华佗，乃行医的。"

【华着】 学古堂《江湖行话谱·走江湖行话》："走着：华着。"

【铧锹】《切口大词典·工匠类·补镬匠之切口》："铧锹：熔铜器也。"

【滑】《切口大词典·巫卜类·道士之切口》："滑：大也。"

【滑板】《清门考原·各项切口》："滑板，洋火砂皮也。"

【滑肠】《切口大词典·杂流类·卖水果者之切口》："滑肠：柿子也。"

【滑倒了】《切口大词典·盗贼类·杆匪之切口》："滑倒了：被获也。"

【滑底】《新刻江湖切要·经纪类》："卖油人：滑底。余更之为润生。"清傅崇矩《成都通览·成都之江湖言词·经纪类》："卖油人：滑底；润生。"

【滑钉】《切口大词典·役夫类·舟夫之切口》："滑钉：橹子也。"

【滑儿】《切口大词典·役夫类·庖夫之切口》："滑儿：油也。"

【滑儿朝阳】《切口大词典·盗贼类·对买贼之切口》："滑儿朝阳：油坊也。"

【滑竿子】 金老佛《三教九流江湖秘密规矩·青帮与红帮·江湖之春典》："翻高贼称滑竿子。"

【滑来】《江湖走镖隐语行话谱》："来马：滑来。"

【滑老】《切口大词典·役夫类·茶担夫之切口》："滑老：麻油也。"《切口大词典·杂业类·油坊之切口》："滑老：麻油也。"宋陈元靓辑《事林广记·续集·绮谈市语·饮食门》："油：滑老。"

【滑梁子】 云游客《江湖丛谈·江湖之春点·瞳春瞳柴的艺人王德宝》："江湖人管说相声净是地名的段子，调侃儿叫滑梁子。"

【滑溜匹子】 李子峰《海底·各地通行隐语》："绸缎：软片子；滑溜匹子。"

【滑溜疋子】 卫大法师《江湖话·红帮各地通行隐语·其他用具对象类》："绸缎：片子，滑溜疋子，衣服总称叶子。"

【滑麻】《新刻江湖切要·草木百果五谷类》："芋艿：滑麻。"

【滑皮子】 卫大法师《江湖话·红帮各地通行隐语·动物类》："骡：滑皮子。"李子峰《海底·各地通行隐语》："骡：滑皮子。"

【滑舌子】 学古堂《江湖行话谱·走江湖行话》："绑票人：滑舌子。"

【滑生】《切口大词典·盗贼类·剪绺贼之切口》："滑生：光棍也。"《切口大词典·星相类·龟算命之切口》："滑生：光棍也。"清傅崇矩《成都通览·成都之江湖言词·人物类》："光棍称：油生；滑生；井梧摇落。"

【滑省器】《切口大词典·役夫类·庖夫之切口》："滑省器：油瓶也。"

【滑石】 朱琳《洪门志·春典子琐记·物品》："筷，称滑石。"

【滑水】 ①《切口大词典·工匠类·漆匠之切口》："滑水：油也。"朱琳《洪门志·春典子琐记·店铺》："油行，称滑水。"②《切口大词典·优伶类·场面上之切口》："滑水：大锣也。"

【滑水子】 卫大法师《江湖话·红帮各地通行隐语·饮食用品类》："油：滑水子，浮水子，滑子，洪顺。"

【滑条】 ①《切口大词典·盗贼类·越墙贼之切口》："滑条：竹竿也。"②《切口大词典·杂流类·卖糕者之切口》："滑条：猪油糕也。"

【滑条子】《切口大词典·手艺类·秤戥业之切口》："滑条子：以石舆水磨之使圆滑也。"

【滑头】 ①《切口大词典·行号类·鲜鱼行之切口》："滑头：鳗鱼也。"②《切口大词典·杂流类·卖糕者之切口》："滑头：油也。"《切口大词典·杂流类·卖烧饼油条者之切口》："滑头：油也。"③《切口大词典·杂流类·卖水果者之切口》："滑头：李子也。"

【滑头水】《切口大词典·商铺类·花粉业之切口》："滑头水：生发油也。"

【滑下去】《切口大词典·盗贼类·杆匪之切口》："滑下去：劫掠已蒇走了是也。"《清门考原·各项切口》："滑下去，又曰滑倒。被捕也。"

【滑线】《切口大词典·行号类·鲜鱼行之切

口》："滑线：鲋鱼也，小鱼似鳝。"

【滑香朝阳】《切口大词典·盗贼类·对买贼之切口》："滑香朝阳：麻油作也。"

【滑一趟】卫大法师《江湖话·红帮各地通行隐语·各种行业类》："走一趟：滑一趟，踹一趟。"李子峰《海底·各地通行隐语》："走一趟；滑一趟；踹一趟。"

【滑油生】《江湖切口要诀》（尺牍增附本）："光棍：滑油生。[广]井梧摇落。"

【滑着】学古堂《江湖行话谱·行意行话》："看着，为滑着。"

【滑子】①卫大法师《江湖话·红帮各地通行隐语·饮食用品类》："油：滑水子，浮水子，滑子，洪顺。"卫大法师《江湖话·红帮闽粤及南洋各地通行隐语》："生油：滑子。"李子峰《海底·各地通行隐语》："油：浮水子；滑子；洪顺。"李子峰《海底·闽粤及南洋各地通行之隐语》："生油：滑子。"②学古堂《江湖行话谱·行意行话》："走为滑子。"③《切口大词典·杂流类·卖糖芋艿者之切口》："滑子：芋艿也。"

【化】①《切口大词典·商铺类·金银业之切口》："化：七也。"清傅崇矩《成都通览·成都之各行人买卖通用言词·成衣收荒通用言词》："七，化。"②贝思飞《民国时期的土匪隐语》："化：危险的警告。"③金老佛《三教九流江湖秘密规矩·青帮与红帮·红帮之生财》："即如正丐头一，又必有副丐头数人辅之，以外复雇有伙计多人，专司管辖叫化，此辈终日吃食鸦片，狂嫖大赌之资，亦无不取给于是，且四郊近城处所，皆筑有叫化棚若干处，专供本地有病或无能叫化之栖止。"

【化巴】云游客《江湖丛谈·江湖之春点·江湖艺人汤瞎子、田瘸子》："江湖人管和尚调侃叫'化巴'。管真和尚，调侃叫'尖化巴'。管假和尚，调侃叫'里腥化巴'。"

【化把】①清佚名《郎中医话》："化把，是和尚。"《江湖走镖隐语行话谱》："和尚：化把。"云游客《江湖丛谈·江湖之春点·江湖艺人马万宝》："江湖人管和尚调侃叫'化把'，假和尚叫'里腥化把'，真和尚叫'尖局化把'。"②云游客《江湖丛谈·江湖之春点》："管者道叫化把。"

【化班】学古堂《江湖行话谱·行意行话》："和尚[原作'尚和']，为化班。"

【化锅】云游客《江湖丛谈·江湖之金点·穷家门》："穷家门管沿门乞讨，调侃叫化锅。"

【化龙】《切口大词典·行号类·鲜鱼行之切口》："化龙：鲤鱼也。"

【化龙子】《新刻江湖切要·鸟兽虫鱼类》："鱼：水先生；水梭；河公；河戏；水气；希班；柴星；德判；水飘；[增]化龙子。"

【化油】清傅崇矩《成都通览·成都之江湖言词·人事类》："和尚道士：化油，吊漫水；分票儿；飘叶子；圆光；请空；请仙；空老儿；钻黑鬼。"

【划】《切口大词典·党会类·流氓之切口》："划：食也。"

【划车】《切口大词典·优伶类·武行中之切口》："划车：翻连环之筋斗也。"

【划汉】《切口大词典·医药类·祝由科之切口》："划汉：小菜也。"

【划龙船】《切口大词典·乞丐类·乞丐之切口》："划龙船：赤脚无鞋也。"

【划圈子】《切口大词典·盗贼类·掘壁贼之切口》："划圈子：墙上挖洞也。"

【划十子】金老佛《三教九流江湖秘密规矩·青帮与红帮·江湖之春典》："箸称划十子。"

【划水】①《切口大词典·商铺类·菜饭业之切口》："划水：鱼翅也。"②《切口大词典·行号类·蛋船行之切口》："划水：橹也。"

【划四维】《切口大词典·巫卜类·道士之切口》："划四维：大锣也。"

【划消青】《切口大词典·商铺类·丝经业之切口》："划消青：姓蒋者。"

【画把】学古堂《江湖行话谱·行话管见》："和尚叫画把。"

【画工】宋陈元靓辑《事林广记·续集·绮谈市语·人物门》："画者：画工；影客。"

【画骨】《切口大词典·工匠类·成佛匠之切口》："画骨：刻木刀也。"

【画花】《切口大词典·党会类·流氓之切口》："画花：讲斤头，所讲之价也。"

【画卯】①《切口大词典·盗贼类·剪绺贼之切口》："画卯：剪绺有一定时刻，一定地方，分班出发之时均应报知首领也。"②《清门考原·各项切口》:"画卯,扒手窃物有一定时刻也。"

【画皮】《切口大词典·工匠类·剔脚匠之切口》:"画皮:剔脚事务业。"

【画圈】《镖行江湖隐语行话秘典》:"剜窟窿,为画圈。"

【画山水】《切口大词典·工匠类·剔脚匠之切口》:"画山水:剔脚掌皮也。"

【画五圣】《切口大词典·工匠类·剔脚匠之切口》:"画五圣:剔脚趾也。"

【画指】《切口大词典·乞丐类·改相求乞之切口》:"画指:装哑巴也。"

【话】 清傅崇矩《成都通览·成都之各行人买卖通用言词·成衣收荒通用言词》:"五,话。"

huai

【怀儿怎啦】 云游客《江湖丛谈·江湖之春点》:"管妇人怀孕叫'怀儿怎啦'。"

【怀怪】《行院声嗽·人事》:"不作成:怀怪。"

【怀里代着】 清末民初佚名《镖行江湖隐语行话秘典》:"走里股,为怀里代着。"

【怀五】 明风月友辑《金陵六院市语》:"怀五者,丑也。"明田汝成《西湖游览志馀·委巷丛谈》:"杭人有以二字反切一字以成声者,如以秀为鲫溜,以团为突栾,以精为鲫令,以俏为鲫跳,以孔为窟窿,以盘为勃兰,以铎为突落,以窠为窟陀,以圈为窟栾,以蒲为鹁卢。有以双声而包一字,易为隐语以欺人者,如以好为现萨,以丑为怀五,以马为杂嗽,以笑为喜黎,以肉为直线,以鱼为河戏,以茶为油老,以酒为海老,以没有为埋梦,以莫言为稀调。"

【坏】《切口大词典·杂流类·收卖锭灰者之切口》:"坏:假锭灰也。"

【坏了】《切口大词典·盗贼类·杆匪之切口》:"坏了:被风雨阻碍其行劫之语也。"

huan

【欢伯】 宋陈元靓辑《事林广记·续集·绮谈市语·饮食门》:"酒:欢伯;酝物;酽酝;绿蚁;海老;新蒭。"

【欢欢】《切口大词典·巫卜类·道士之切口》:"欢欢:喜神也。"

【欢门】《切口大词典·巫卜类·道士之切口》:"欢门:捯垂之账目也。"

【欢喜】①《切口大词典·工匠类·成佛匠之切口》:"欢喜:布袋僧像也。"②朱琳《洪门志·春典子琐记·店铺》:"要货店,称欢喜。"

【欢仙客】《切口大词典·医药类·撑大伞卖药者之切口》:"欢仙客:犬也。"

【还槽】 卫大法师《江湖话·红帮各地通行隐语·一般人事类》:"将劫物还人:还槽,归槽。"李子峰《海底·各地通行隐语》:"将劫物还人:还槽;归槽。"

【还洞府】《切口大词典·乞丐类·妇人求乞之切口》:"还洞府:归家也。"

【还光生】《新刻江湖切要·经纪类》:"摩[磨]镜人:托亮;到光;照子。余更之为还光生,又曰明明。"清傅崇矩《成都通览·成都之江湖言词·经纪类》:"摩镜人:托亮;到光;照子;还光生;明明。"

【还规矩】 贝思飞《民国时期的土匪隐语》:"还规矩:遵循土匪的规矩。"

【还魂】《切口大词典·商铺类·香烛业之切口》:"还魂:烛质之不佳者。"

【还汤】《切口大词典·杂业类·商人共众切口》:"还汤:学徒被斥退后,复由介绍人调停而来者,一名还汤豆腐干,取即出复入之意。"

【还桶子】 学古堂《江湖行话谱·保镖护院行话概略》:"进街,为还桶子。"

【还头】《江湖走镖隐语行话谱》:"小子为还头。"

【还未省】 卫大法师《江湖话·红帮各地通行隐语·各种行业类》:"不懂:还未省,不瞭,不过。"李子峰《海底·各地通行隐语》:"不懂:还未省;不瞭;不过。"

【还席】《切口大词典·娼妓类·台基之切口》:"还席:饮酒过多,当场呕吐也。"

【还小帖】《清门考原·各项切口》:"还小帖,是前人开除徒弟帮籍。"

【还找钱】 云游客《江湖丛谈·江湖之春点·江湖中的卖点之内幕》:"倒帖拦是'还

找钱'。"

【阛阓】 宋陈元靓辑《事林广记·续集·绮谈市语·天地门》："市：阛阓；井中。"

【缓把】 施列格《天地会研究·洪家口白要诀》："缓把，有钱。"

【缓托】 云游客《江湖丛谈·江湖之春点·江湖中挑粘汉的》："江湖人管粘住了瓷器又开了，调侃叫'缓托'。"

【换】《江湖走镖隐语行话谱》："九，换。"

【换□】 宋陈元靓辑《事林广记·续集·绮谈市语·飞禽门》："鹅：□物，红掌；羲禽；舒雁；家雁；换□。"

【换财神】《切口大词典·役夫类·人力车夫之切口》："换财神：半路转售生意也。"

【换季】《清门考原·各项切口》："换季，换摸新衣。"

【换袍】 清傅崇矩《成都通览·成都之袍哥话即江湖话也》："换袍：奔滩，逃走也。"

【换水】《清门考原·各项切口》："换水，未结婚前沐浴。"

【换托】 云游客《江湖丛谈·江湖之春点·江湖中挑黄啃的骗术》："被骗之人，愿意要了，他将真的留下，换上自然铜，给了人家。在这一倒换之间，可以闹鬼，行话叫作'换托'。"

【换子孙】 卫大法师《江湖话·红帮各地通行隐语·各种行业类》："贩卖人口：换子孙，开条子。"李子峰《海底·各地通行隐语》："贩卖人口：换子孙；开条子。"

【唤娇娘】《切口大词典·杂流类·卖京货之切口》："唤娇娘：鼗鼓也。"

【唤客】《切口大词典·杂流类·卖馄饨者之切口》："唤客：竹梆也。"

【唤薛荔】《切口大词典·杂流类·卖白糖粥者之切口》："唤薛荔：所击之梆子也。"

【患子】《清门考原·各项切口》："患子，血也。"

huang

【荒】 ①《行院声嗽·器用》："纸：荒。" ②《切口大词典·巫卜类·道士之切口》："荒：祭座头也。" ③《切口大词典·巫卜类·道士之切口》："荒：念经也。"

【荒花】《郎中医话》："荒花，是纸。"

【荒荒】《江湖走镖隐语行话谱》："平祇为荒荒。"

【荒货】 朱琳《洪门志·春典子琐记·店铺》："破布店，称荒货。"

【荒腔】《梨园话》："荒腔：歌腔与调门不合，谓之'荒腔'。"

【荒荣】《切口大词典·杂业类·面馆之切口》："荒荣：蛋炒饭也。"

【荒资】 明朱有燉《诚斋乐府·乔断寇》："[小鬼云]：他说'旗儿'是绢子，'荒资'是纸。"

【荒冢】《切口大词典·商铺类·火腿业之切口》："荒冢：下半只也。"

【皇帝脑壳】 清傅崇矩《成都通览·成都之呼物混名》："皇帝脑壳：芋头也。"

【皇窑】《切口大词典·盗贼类·越墙贼之切口》："皇窑：廨仆所居之所也。"

【黄】 ①清唐再丰《鹅幻汇编·江湖通用切口摘要》："虚而假者曰黄。" ②卫大法师《江湖话·各行业商帮所用数目字隐语·重庆通行言词·买猪》："豆：一。背：二。泰：三。长：四。仁：五。条：六。栳：七。黄：八。豆：九。按此为重庆场买卖猪时使用。又名猪肉为'大'，即问'这大多少钱一斤'？则回答；若问'这猪肉多少钱一斤'？则不回答你。高：一。明：二。韩：三。苏：四。大：五。雍：六。草：七。梅：八。湾：九。高：十。许：一。欠：二。川：三。义：四。土：五。告：六。照：七。毛：八。求：九。许：十。此二十个字互用，如'许许'为'十一'，'欠欠'为'二十二'，'韩韩'为'三十三'，'苏苏'为'四十四'，'土土'为'五十五'，'雍雍'为'六十六'，'草草'为'七十七'，'毛毛'为'八十八'，'湾湾'为'九十九'。而'十一'不能称'高高'，'八十八'不能称'梅梅'。又如'高明'为'十二'，'高韩'为'十三'，'高苏'为'十四'，'高大'为'十五'，'高雍'为'十六'，'高草'为'十七'，而'高梅'不能为'十八'，要用'许毛'为'十八'，'高湾'为'十九'。又如'欠许'为'二十一'，'韩许'为'三十一'，'入许'为'五十一'，'雍许'为'六十一'，'毛许'为'八十一'，'湾许'为'九十一'。而'明韩'为'二十三'。'韩明'为'三十二'，'土明'为'五十二'，'雍明'为'六十二'，等等。整数语尾加'老'字，如'高老'为'一百'，等等。在鼎街古董铺，则用二个字，如'高少'为'一千五百元'，或'一万五千元'，少有用三个字的，如遇三个数目，则尾数用普通数目，如'十五万五千元'，而荒货担子可说到三个字，因此数目言词非精通常用不可。"③《切口大词典·赌博类·掷骰子之切口》："黄：骰子内注水银也。"④《切口大词典·工匠类·磨镜匠之切口》："黄：男主人也。"⑤施列格《天地会研究·洪家口白要诀》："黄，金。"

【黄骠】《切口大词典·工匠类·打面匠之切口》："黄骠：压面之竹杠也。"

【黄表】《切口大词典·杂流类·卖眼镜之切口》："黄表：铜边也。"

【黄草】《切口大词典·商铺类·账簿业之切口》："黄草：最大之账簿也。"

【黄陈蜜】《切口大词典·医药类·参燕业之切口》："黄陈蜜：冲石居子参也。"

【黄的】卫大法师《江湖话·红帮各地通行隐语·一般人事类》："虚假：黄的，熏的。"李子峰《海底·各地通行隐语》："虚假：黄的；熏的。"

【黄渡】《切口大词典·工匠类·造酱匠之切口》："黄渡：豆饼也。"

【黄根子】《切口大词典·行号类·菜蔬行之切口》："黄根子：黄色胡萝卜也。"

【黄狗子】卫大法师《江湖话·安庆隐语》："兵：灰皮条子，黄狗子。"

【黄古】《切口大词典·行号类·耕牛行之切口》："黄古：雄黄牛也。"

【黄骨】《切口大词典·商铺类·菜饭业之切口》："黄骨：鲟鱼骨也。"

【黄冠】宋陈元靓辑《事林广记·续集·绮谈市语·人物门》："道士：黄冠；羽士。"

【黄和】《切口大词典·赌博类·麻雀赌之切口》："黄和：不能和之牌而曰黄和，即冒和也。"

【黄花】①《切口大词典·行号类·桂圆行之切口》："黄花：黄开桂也。"②《切口大词典·役夫类·门夫之切口》："黄花：小主人也。"③《切口大词典·杂流类·卖花带者之切口》："黄花：小姑娘也。"

【黄花子】《切口大词典·医药类·摆草药摊之切口》："黄花子：吴茱萸，也治吐血上攻。"

【黄货】①卫大法师《江湖话·红帮各地通行隐语·其他用具对象类》："金：老瓜子，黄恳子，黄货，金戒子，金咒子。"李子峰《海底·各地通行隐语》："金：黄恳子；黄货。"②《切口大词典·商铺类·珠宝业之切口》："黄货：珠之假者。"③《切口大词典·杂流类·卖买古董者之切口》："黄货：真物也。"④清傅崇矩《成都通览·成都之呼物混名》："黄货：大粪也。"

【黄尖】《切口大词典·商铺类·笔墨业之切口》："黄尖：狼毫水笔也。"

【黄铜】《切口大词典·优伶类·靶子之切口》："黄铜：卖马金铜戏中秦琼所舞者。"

【黄浆】①《切口大词典·行号类·咸货行之切口》："黄浆：虾油也。"②《切口大词典·杂业类·饭店业之切口》："黄浆：腐皮包肉也。"

【黄九】《新刻江湖切要·地理类》："河：长流；[广]清平；黄九。"《江湖切口要诀》（尺牍增附本）："河：长流。[广]清平；黄九。"清傅崇矩《成都通览·成都之江湖言词·地理类》："河：长流；清平；黄九。"

【黄恳】《郎中医话》："黄恳，是盐。"

【黄恳子】清唐再丰《鹅幻汇编·江湖通用切口摘要》："金曰黄恳子。"卫大法师《江湖话·红帮各地通行隐语·其他用具对象类》："金：老瓜子，黄恳子，黄货，金戒子，金咒子。"卫大法师《江湖话·江湖上的隐语·普通隐语》："金：黄恳子。《切口大词典·星相类·星家之切口》："黄恳子：金子也。"《清门考原·各项切口》："黄恳子，金也。"金老佛《三教九流江湖秘密规矩·日常用语》："金曰黄恳子。"李子峰《海底·各地通行隐语》："金：黄恳子；黄货。"

【黄孔】《切口大词典·杂流类·放白鸽者之切口》："黄孔：己之行为被人看破也。"

【黄口】《切口大词典·杂流类·私塾先生之切口》："黄口：僮儿也。"

【黄老】①《新刻江湖切要·官职类》："太守：井一孤；混一；寸一；[广]黄老。"②朱琳《洪门志·春典子琐记·店铺》："金铺，称黄老。"

【黄连】《切口大词典·商铺类·丝经业之切口》："黄连：穷也。"

【黄连汤】《切口大词典·杂业类·茶楼之切口》："黄连汤：茶也。"

【黄连子】卫大法师《江湖话·红帮各地通行隐语·饮食用品类》："茶：黄连子，青连子，青子。"《清门考原·各项切口》："黄莲子，茶也。"李子峰《海底·各地通行隐语》："茶：黄莲子；青莲子；青子。"

【黄脸儿】①云游客《江湖丛谈·江湖之春点·三不管的杂技场》："管说《隋唐》调侃叫黄脸儿。"乃指书中黄脸膛的秦琼而言。②云游客《江湖丛谈·江湖之金点·评门》："管《隋唐传》调侃叫黄脸儿。"

【黄凉】《切口大词典·医药类·道人卖药之切口》："黄凉：病人也。"

【黄梁子】①卫大法师《江湖话·红帮各地通行隐语·一般人事类》："梦：黄梁子，甜兆子，黄莺子，闯亮子。"②《切口大词典·党会类·流氓之切口》："黄梁子：铜元也。"

【黄梁】贝思飞《民国时期的土匪隐语》："黄梁：梦。"

【黄粱子】李子峰《海底·各地通行隐语》："梦：黄粱子；甜兆子；黄莺子；闯亮子。"

【黄亮】施列格《天地会研究·洪家口白要诀》："黄亮，谷。"

【黄毛】《切口大词典·杂流类·私塾先生之切口》："黄毛：使女也。"

【黄毛丫头】卫大法师《江湖话·红帮各地通行隐语·人类一般》："无知识者：黄毛丫头。"李子峰《海底·各地通行隐语》："无知识者：黄毛丫头。"

【黄卯生】《切口大词典·行号类·菜蔬行之切口》："黄卯生：南瓜也。"

【黄妳】宋陈元靓辑《事林广记·续集·绮谈市语·文房门》："书籍：青编；黄妳。"

【黄袍加身】《切口大词典·商铺类·山货业之切口》："黄袍加身：枇杷也。"

【黄皮】①《切口大词典·工匠类·打线匠之切口》："黄皮：黄麻也。"②《切口大词典·工匠类·弹棉匠之切口》："黄皮：棉花色之黄者。"

【黄皮条子】卫大法师《江湖话·安庆隐语》："巡捕：林码子，官码子，黄皮条子。"

【黄皮子】《切口大词典·商铺类·金线业之切口》："黄皮子：金叶条也。"

【黄片子】《切口大词典·星相类·星家之切口》："黄片子：铜元也。"

【黄旗老大】金老佛《三教九流江湖秘密规矩·青帮与红帮·执事之旗号》："红帮除誓约以外，人的支配有五执事。即老大专司军机要事，统领全帮，旗号为杏黄色，故称黄旗老大；老二专司仓库钱粮，掌管全山财务，旗号为蓝色，故称蓝旗老二；老三专司出马开差等事，旗用白色，故称白旗老三；老四掌管票布符号，总督上下勤惰，兼管防山放哨等事，旗用黑色，故称黑旗老四；老五专管全帮功过，杀戮行赏，其权皆操于一人，旗用红色，故称红旗老五。五执事中之权力最大者，厥惟黄旗老大与红旗老五二人，盖一则执掌全帮，一则操有生杀之权也。"

【黄腔】《切口大词典·优伶类·腔调上之切口》："黄腔：音出弦外也。"

【黄琴】《新刻江湖切要·珍宝类》："金：黄琴。"

【黄球】《切口大词典·杂流类·卖水果者之切口》："黄球：杏子也。"

【黄仕】《切口大词典·行号类·耕牛行之切口》："黄仕：雌黄牛也。"

【黄松】《切口大词典·商铺类·茶食业之切口》："黄松：糙米糕也。"

【黄条子】《切口大词典·商铺类·金线业之切口》："黄条子：金线也。"

【黄庭】《新刻江湖切要·僧道类》："经事：黄庭。"清傅崇矩《成都通览·成都之江湖言词·僧道类》："经事：黄庭。"

【黄头钱】《切口大词典·杂流类·贩人口者之切口》："黄头钱：人贩业所得之佣金也。"

【黄涂】《切口大词典·医药类·卖疮药者之切口》："黄涂：脓也，腐肉也。"

【黄亡】《清门考原·各项切口》："黄亡，虚而假也。"

【黄忘】 卫大法师《江湖话·江湖上的隐语·普通隐语》："虚而假：黄忘。"金老佛《三教九流江湖秘密规矩·日常用语》："虚而假曰黄忘。"

【黄物】 宋陈元靓辑《事林广记·续集·绮谈市语·玉帛门》："金：黄物；马蹄。"

【黄香】《切口大词典·杂流类·卖花者之切口》："黄香：黄梅花也。俗呼腊梅。"

【黄馨】《切口大词典·杂流类·卖花者之切口》："黄馨：黄茉莉花也。"

【黄烟】 清张德坚等《贼情汇纂》卷八《伪文告下·隐语·太平天国隐语》："黄烟，贼称水旱烟为黄烟。"

【黄引子】《切口大词典·商铺类·南货业之切口》："黄引子：金针菜也。"

【黄莺子】 卫大法师《江湖话·红帮各地通行隐语·一般人事类》："梦：黄梁子，甜兆子，黄莺子，闯亮子。"李子峰《海底·各地通行隐语》："梦：黄梁子；甜兆子；黄莺子；闯亮子。"

【黄玉】《切口大词典·商铺类·篾箅业之切口》："黄玉：中等之笋也。"

【黄占】《切口大词典·商铺类·杂货业之切口》："黄占：黄蜡也。"

【簧点不清】 云游客《江湖丛谈·江湖之春点·丢包碰瓷》："见事则迷，调侃儿叫簧点不清。"

【簧点清】 云游客《江湖丛谈·江湖之金点·挂》："见事则明与达时务的人，调侃儿叫簧点清。"

【簧鼓生】《新刻江湖切要·鸟兽虫鱼类》："蚊：[增] 虻老；簧鼓生。本名碎老。"

【晃条的】 ①云游客《江湖丛谈·江湖之春点·北平平民化市场、天桥之沿革与变迁》："江湖人管蹲签赌钱的，调侃儿叫晃条的。"②云游客《江湖丛谈·江湖之金点·幌晃条的与扫条的》："卖吃食带签子，调侃叫晃条的。"

【幌幌】 ①云游客《江湖丛谈·江湖之春点·江湖艺人传：评书界之刘继业》："江湖人管海报儿，叫幌幌。"②云游客《江湖丛谈·江湖之春点·三不管的花柳座子》："江湖人管往墙上贴的广告，调侃叫幌幌。"

【幌幌山】 云游客《江湖丛谈·江湖之春点》："管黄酒叫'幌幌山'。"

【幌天子】 卫大法师《江湖话·红帮各地通行隐语·天文地理类》："闪电：幌天子。"

【幌着】《切口大词典·盗贼类·短截贼之切口》："幌着：同伙缓走等候续来之贼。"

【幌子】 ①卫大法师《江湖话·红帮各地通行隐语·人身各物类》："血：旺子，幌子。"李子峰《海底·各地通行隐语》："血：旺子；幌子。"②《切口大词典·盗贼类·短截贼之切口》："幌子：铃也。"③《切口大词典·商铺类·押当业之切口》："幌子：长衫也。"

【恍恍】 云游客《江湖丛谈·江湖之春点·三不管的戗巾生意》："管贴的报子，调侃叫恍恍。"

hui

【灰】《切口大词典·盗贼类·短截贼之切口》："灰：官人也。"

【灰锉】《江湖走镖隐语行话谱》："武举：灰锉。"

【灰的瓢巴】 卫大法师《江湖话·红帮各地通行隐语·人类一般》："官：灰的瓢巴，点字头。"李子峰《海底·各地通行隐语》："官：灰的瓢巴；点字头。"

【灰点马子】 卫大法师《江湖话·红帮各地通行隐语·店钱及其他》："公事人：灰点马子。"

【灰狗子】 卫大法师《江湖话·红帮各地通行隐语·人类一般》："兵：棋盘子，花鹞子，灰狗子。"李子峰《海底·各地通行隐语》："兵：花鹞子；灰狗子。"

【灰家】《切口大词典·盗贼类·掘壁贼之切口》："灰家：捕役也。"

【灰倰雏】《行院声嗽·人事》："村汉：灰倰雏。"

【灰搂儿】 学古堂《江湖行话谱·走江湖行话》："烟袋：灰搂儿。"

【灰马】 朱琳《洪门志·春典子琐记·人事》："公事人，称灰马。"

【灰妹】 清傅崇矩《成都通览·成都之呼物混名》："灰妹，豆腐也。"

【灰皮条子】卫大法师《江湖话·安庆隐语》："兵：灰皮条子，黄狗子。"

【灰窝子】《切口大词典·盗贼类·杆匪之切口》："灰窝子：村庄也。"

【灰绪】《切口大词典·手艺类·卖艺虫之切口》："灰绪：灰钟也，色灰黑，形如金钟同。"

【灰穴】《切口大词典·党会类·红帮之切口》："灰穴：所睡之处或藏物之所也。"

【灰叶子】学古堂《江湖行话谱·走江湖行话》："灰褂子：灰叶子。"

【灰锥子】卫大法师《江湖话·红帮各地通行隐语·建筑物类》："执行死刑：灰锥子。"卫大法师《江湖话·红帮各地通行隐语·建筑物类》："执行死刑：灰锥子。"李子峰《海底·各地通行隐语》："执行死刑：灰锥子。"

【灰作】宋陈元靓辑《事林广记·续集·绮谈市语·拾遗门》："大：雄哉；灰作。"

【挥卷】《江湖走镖隐语行话谱》："秀才：挥卷。"

【徽尖】《切口大词典·商铺类·杂货业之切口》："徽尖：徽州所产之竹箸也。"

【回】清翟灏《通俗编·识余·市语·典当》："典当：一口，二仁，三工，四比，五才，六回，七寸，八本，九巾。"

【回巢堂】卫大法师《江湖话·江湖上的隐语·普通隐语》："归家：回巢堂。"

【回花】《新刻江湖切要·草木百果五谷类》："赤豆：花垒；轮黄；回花；梭立。"

【回回眼】明程万里《鼎锲徽池雅调南北官腔乐府点板曲响大明春·六院汇选江湖方语》："回回眼，能识好歹。"

【回厥】《江湖走镖隐语行话谱》："武生：回厥。"

【回客】《郎中医话》："回客，是回家。"

【回老家】贝思飞《民国时期的土匪隐语》："回老家：被杀死。"

【回了】《梨园话》："回了：停演，谓之'回了'。[附记]戏园中每遇大风大雨时，不能演唱，即演唱，亦无人往观，故必须停演。停演时，须派催戏人，往诸伶工家中报告，'……老板……回了'。此语即谓某园已停演，无须再去之意也。"

【回炉】《清门考原·各项切口》："回炉，妓女从良，复为娼也。"

【回生朝阳】《新刻江湖切要·店铺类》："南货店：回生朝阳。"《江湖切口要诀》（尺牍增附本）："南货店：回生朝阳。"《切口大词典·盗贼类·对买贼之切口》："回生朝阳：南货店也。"清傅崇矩《成都通览·成都之江湖言词·店铺类》："南货店：回生朝阳。"

【回条】《切口大词典·党会类·哥老会之切口》："回条：人家回答之言也。"

【回头点】云游客《江湖丛谈·江湖之春点·三不管的戗巾生意》："江湖人管有人花了钱相面，应验了之后，还不断的找他们相面，调侃叫'回头点'，还以有回头点为最大的光荣。"

【回头客】《切口大词典·娼妓类·八大胡同妓院之切口》："回头客：谓一度留髡之后，去而复反之客也。"

【回头穴】云游客《江湖丛谈·江湖之春点·江湖的骗术·倒页子》："江湖人管去过的地方再去一趟，调侃叫'回头穴'。"

【回雪】宋陈元靓辑《事林广记·续集·绮谈市语·举动门》："舞：回雪；柘枝。"

【回衜】《切口大词典·杂流类·卖馄饨者之切口》："回衜：回担之谓也。"

【回阳】《新刻江湖切要·时令类》："立春：[补]回阳，木头。"《江湖切口要诀》（尺牍增附本）："立春：[补]回阳。"《切口大词典·星相类·弹弦子算命之切口》："回阳：立春也。"清傅崇矩《成都通览·成都之江湖言词·时令类》："立春：回阳；木头。"

【回窑堂】清唐再丰《鹅幻汇编·江湖通用切口摘要》："归家曰回窑堂。"卫大法师《江湖话·红帮各地通行隐语·建筑物类》："回家：倒回，回窑堂，马里。"《清门考原·各项切口》："回窑堂，回家也。"金老佛《三教九流江湖秘密规矩·日常用语》："归家曰回窑堂。"李子峰《海底·各地通行隐语》："回家：倒回；回窑堂；马里。"

【会】《家里宝鉴·隐语》："天为'三六'，地为'七二'，合数一百八代'会'字，一百八为'大总理'。"

【会朝】《新刻江湖切要·时令类》："清明：雨朝；良牧；会朝。"《江湖切口要诀》（尺牍增附本）：" 清明：雨朝；良牧；会朝。"
清傅崇矩《成都通览·成都之江湖言词·时令类》："清明：雨朝；良牧；会朝。"

【会馆】《切口大词典·手艺类·秤戥业之切口》："会馆：十四两四钱秤也。"

【会会】《切口大词典·工匠类·缫丝匠之切口》："会会：茧也。"

【会胜】《行院声嗽·人事》："不道德：会胜。"

【会首】《新刻江湖切要·官职类》："会元：会首，[广] 天下才；甲乙君。"

【会下】《清门考原·各项切口》："会下，就是名下。"

【会靴子】《切口大词典·娼妓类·八大胡同妓院之切口》："会靴子：谓靴子互相会面也。"

【会阵】《梨园话》："会阵：两国或两派相争，彼此初见面时，谓之'会阵'。"

【会攥弄活儿】 云游客《江湖丛谈·江湖之春点·江湖艺人传：去平留津的大金牙》："江湖人管会编各种小曲，调侃叫会攥弄活儿。"

【会做的】《新刻江湖切要·人物类》："成家子：会做的；[广] 肯构肯堂；克荷析薪。"《江湖切口要诀》（尺牍增附本）："承蒙子：会做的。[广] 肯构肯堂；克荷析薪。"《切口大词典·杂流类·媒婆之切口》："会做的：成家子也。"清傅崇矩《成都通览·成都之江湖言词·人物类》："成家子：会做的；肯构肯堂；克荷析薪。"

【讳法】《切口大词典·工匠类·成佛匠之切口》："讳法：韦驮佛像也。"

【惠安】《切口大词典·行号类·咸货行之切口》："惠安：顶卜品之勒鲞也。"

【惠尾】《切口大词典·商铺类·海味业之切口》："惠尾：大如金钩，色红，味较金钩为淡，产地同上。"

【毁老】 ①《行院声嗽·宫室》："庙：毁老。" ②《行院声嗽·人物》："鬼：毁老。"

【慧老】《新刻江湖切要·人事类》："聪明曰慧老。"《切口大词典·星相类·隔夜算命之切口》："慧老：聪明人也。"清傅崇矩《成都通览·成都之江湖言词·人事类》："聪明：慧老。巧人占生。"

hun

【昏兜】《行院声嗽·时令》："晚：昏兜。"

【昏斗】《新刻江湖切要·身体类》："困曰昏斗；并足。"《切口大词典·星相类·相家之切口》："昏斗：困觉也。"清傅崇矩《成都通览·成都之江湖言词·身体类》："困：昏斗。"

【昏老】《新刻江湖切要·器用类》："床：卧尺；昏老；昏乔。"清傅崇矩《成都通览·成都之江湖言词·器用类》："床：卧尺；昏老；昏乔。"

【昏乔】《新刻江湖切要·器用类》："床：卧尺；昏老；昏乔。"清傅崇矩《成都通览·成都之江湖言词·器用类》："床：卧尺；昏老；昏乔。"

【昏撒】《行院声嗽·人事》："失忘：昏撒。"

【昏台】《郎中医话》："昏台，是晚上。"

【昏太阳】 清唐再丰《鹅幻汇编·江湖通用切口摘要》："夜曰昏太阳。"卫大法师《江湖话·江湖上的隐语·普通隐语》："夜：昏太阳。"《切口大词典·星相类·星家之切口》："昏太阳：夜间也。"《清门考原·各项切口》："昏太阳，夜也。"金老佛《三教九流江湖秘密规矩·日常用语》："夜曰昏太阳。"

【昏头】《切口大词典·星相类·相家之切口》："昏头：相之俗浊者。"

【昏子】《行院声嗽·伎艺》："继：昏子。"

【浑】 ①《切口大词典·星相类·立墙壁相面之切口》："浑：相之不贞者。" ②《切口大词典·星相类·相家之切口》："浑：无论是星卜相测，全能不当也。"

【浑叠于】 云游客《江湖丛谈·江湖之金点·评门》："说书的艺人，如是北平人，口白清楚，外省人说书怯口，调侃儿说他'浑叠子'。"

【浑碟子】 云游客《江湖丛谈·江湖之金点·小绱门》："他未曾做这买卖之先，得先练'浑碟子'（江湖人管他们学说南方的话语，调侃儿叫'浑碟子'）。"

【浑倌】《切口大词典·娼妓类·八大胡同妓院之切口》："浑倌：已破瓜之妓也。"

【浑老】《切口大词典·杂业类·油坊之切

口》："浑老：豆油也。"

【浑末子】《兽医串雅杂钞》："药渣子，叫浑末子。放大血，叫掰大卦。学艺的，叫捡作。"

【浑是胆】《新刻江湖切要·人物类》："赌客：跳生，[广] 浑是胆；珠履三千。"《江湖切口要诀》（尺牍增附本）："赌客：跳生。[广] 浑是胆；珠履三千。"《切口大词典·星相类·龟算命之切口》："浑是胆：赌客也。"清傅崇矩《成都通览·成都之江湖言词·人物类》："赌客：跳生；浑是胆；珠履三千。"

【浑手】《切口大词典·盗贼类·剪绺贼之切口》："浑手：用银皮纸者。"

【浑水】①《切口大词典·工匠类·车捌匠之切口》："浑水：杆子也。"②《切口大词典·杂流类·虔婆之切口》："浑水：有夫之妇也。"

【浑天】《江湖走镖隐语行话谱》："黑天：浑天。"

【浑条】《切口大词典·工匠类·翻砂匠之切口》："浑条：铁杆也。"《切口大词典·工匠类·石匠之切口》："浑条：铁杆也。"

【浑削子】《切口大词典·工匠类·箍桶匠之切口》："浑削子：棍刨也。"

【魂子】《梨园话》："魂子：于剧中饰鬼者，谓之'魂子'。"

【混】朱琳《洪门志·春典子琐记·人事》："大市镇，称混。"

【混板】清唐再丰《鹅幻汇编·江湖通用切口摘要》："板上墨画测字曰混板。"卫大法师《江湖话·江湖上的隐语·巾行隐语》："板上墨画测字：混板。"《清门考原·各项切口》："混板，板上用墨画测字者。"

【混二】《新刻江湖切要·官职类》："同知：井二孤；混二，寸二；[广] 雷鸣。"

【混混】《切口大词典·党会类·哥老会之切口》："混混：直隶、热河、东三省之称会也。"

【混老】清唐再丰《鹅幻汇编·江湖通用切口摘要》："梦曰混老。"《切口大词典·星相类·星家之切口》："混老：梦也，八快之一。"《清门考原·各项切口》："混老，梦也。"金老佛《三教九流江湖秘密规矩·日常用语》："梦曰混老。"

【混老脱】①清唐再丰《鹅幻汇编·江湖通用切口摘要》："忘记曰混老脱。"②《清门考原·各项切口》："混老脱，记也。"金老佛《三教九流江湖秘密规矩·日常用语》："记曰混老脱。"

【混六】《新刻江湖切要·官职类》："照磨：井六孤；混六；[广] 夜捱。"

【混码头】《切口大词典·衙卒类·衙役之切口》："混码头：凡至码头挂号报到者。"

【混三】《新刻江湖切要·官职类》："通判：井三孤，混三，寸三；[广] 谳才。"

【混水错】学古堂《江湖行话谱·行话管见》："鱼肉叫混水错。"

【混水去】《郎中医话》："混水去，是鱼分。"

【混水子】①《郎中医话》："混水子，是鱼。"②《江湖丛谈·江湖之金点·评门》："管《于公案》，调侃儿叫混水子。"

【混四】《新刻江湖切要·官职类》："推官：井四孤；混四，寸四；[广] 通试。"

【混堂】清傅崇矩《成都通览·成都之江湖言词·店铺类》："六头君（取谚语走前头，立后头，坐横头，吃骨头，趁戲头，得零头之说也）；混堂：卷窑；裸阳朝阳；温泉朝阳；打劫店；采盘子。"

【混堂子】《切口大词典·党会类·哥老会之切口》："混堂子：茶饭也。"平山周《中国秘密社会史·哥老会隐语》："茶曰青，茶馆曰混堂子。酒曰红花雨。"徐珂《清稗类钞·会党类·哥老会隐语》："茶曰青，茶馆曰混堂子。酒曰红花雨。"

【混五】《新刻江湖切要·官职类》："经历：井五孤，混五；[广] 墊地。"

【混一】《新刻江湖切要·官职类》："太守：井一孤；混一，寸一；[广] 黄老。"

【混子】①卫大法师《江湖话·红帮各地通行隐语·店钱及其他》："大市镇：混子。"《江湖走镖隐语行话谱》："城为海子，又为混子。"②卫大法师《江湖话·红帮各地通行隐语·人类一般》："土匪：混子，码子。"李子峰《海底·各地通行隐语》："土匪：混子；码子。"

---

huo

【豁】清翟灏《通俗编·识余·市语·丝行》：

"丝行：则一岳，二卓，三南，四长，五人，六龙，七青，八豁，九底。"

【豁鼻】《新刻江湖切要·饮馔类》："面：千条；豁鼻。"清傅崇矩《成都通览·成都之江湖言词·饮馔类》："面：千条；豁鼻。"

【豁水】①《切口大词典·杂业类·饭店业之切口》："豁水：炒青鱼翅也，徽馆最佳。"②清翟灏《通俗编·识余·市语》："江湖人市语尤多，坊间有《江湖切要》一刻，事事物物，悉有隐称。诚所谓惑乱听闻，无足采也。其间有通行市井者，如官曰孤司，店曰朝阳，夫曰盖老，妻曰底老，家人曰吊脚，僧曰廿三，道士廿四，成衣曰戳短枪，抬轿曰扳楼儿，剃头曰削青，船白瓢儿，屋曰顶公，银曰琴公，钱曰把儿，米曰软珠，饼曰匾食，盐曰溃老，鱼曰豁水，鸭曰王八，鞋曰踢土，镜曰照儿，抹布曰蹋郎，坐曰打墩，拜曰剪拂，揖曰丢圈子，叩头曰丢匾子，写字曰搠黑，说话曰吐刚，被欺曰上当，虚奉承曰王六，大曰太式，多曰满太式，无曰各念，俱由来于此语也。"

【攉跳】《切口大词典·赌博类·牌九赌之切口》："攉跳：于靠身一幢之牌尾脱下两只而以无用之两只补之。"

【活库房】《切口大词典·赌博类·摇宝赌之切口》："活库房：司现金者。此辈为党中坚分子，曾被三次以上刑罚，不改初志兼有力者。"

【活龙】《切口大词典·党会类·红帮之切口》："活龙：现银也。"贝思飞《民国时期的土匪隐语》："活龙：准备的现金或银子。"金老佛《三教九流江湖秘密规矩·青帮与红帮·红帮之问答》："顷闻带线人（熟盗）报告，攻西间河里（金牌），家肥水极壮，活龙四丈有余（帮匪切口，书目咸以尺寸计之，譬如百谓尺，十谓寸，千谓丈之类。四丈即四千，现银谓活龙），死货尚不在其内（不动产曰死货），此外尚有狠漂亮的地牌二五（女子已嫁者谓之地牌，未嫁者谓之二五），作条子开出去，每牌至少值价四五尺水头。"

【活路】《切口大词典·盗贼类·拐匪之切口》："活路：头发之秃者。"

【活门】云游客《江湖丛谈·江湖之金点·骗术门》："活门，是准孩子的亲爹妈看看，亦分多少日子看一回，大多数是四季三节瞧看。"

【活手】《切口大词典·赌博类·牌九赌之切口》："活手：推牌九之司务也，手段活落几如魔术家，有旋天转地之绝技，大抵用于庄家。"

【活提】《切口大词典·赌博类·牌九赌之切口》："活提：活手牌。既推出，一看牌背即知色点大小，算定掷骰色几点可以得胜，彼以手术而提之。"

【活头儿宽】云游客《江湖丛谈·江湖之春点·江湖艺人传：去平留津的大金牙》："湖人管会的曲儿多，调侃叫'活头儿宽'。"

【活无常】《切口大词典·巫卜类·和尚之切口》："活无常：指외方人之吃僧人饭者。"

【活穴大转】《江湖丛谈·江湖之金点·彩门》："江湖的艺人，要有能为，至某处挣了大钱，调侃叫活穴大转。"云游客《江湖丛谈·江湖之春点·三不管中挑将汗的生意》："江湖人管发达了，调侃叫活穴大转。"云游客《江湖丛谈·江湖之春点·天桥的坠子场子》："管能伙挣钱，调侃叫活穴大转。"云游客《江湖丛谈·江湖之春点·天桥内的把式场》："活穴大转，买卖茂盛。"

【活血】《切口大词典·衙卒类·侦探之切口》："活血：有钱也。"

【活种】《切口大词典·党会类·红帮之切口》："活种：活埋诸坎中也。"

【活子】卫大法师《江湖话·红帮各地通行隐语·饮食用品类》："鱼：活子，顶浪子，摆河子，疋水子，穿浪摆尾。"

【火】①《行院声嗽·声色》："绿：火。"②卫大法师《江湖话·安庆隐语》："枪：火。"贝思飞《民国时期的土匪隐语》："火：子弹。"金老佛《三教九流江湖秘密规矩·青帮与红帮·江湖与海湖》："此九流以外又有所谓四大江湖，四大海湖。四大江湖，即风火雀要。四大海湖，即金皮飘择是也。凡花言巧语，骗人做官，而从中攫钱者为风。凡骗人配药炼金，或烧铅炼汞而没其金珠者为火。凡化缘建庙，乘鹤来仪而有邪术者为雀。要挟硬诈者为要。金皮飘择，即算命测字之流。皆以术骗取他人之财物者，此虽同属与江湖，而出于九流之外者也。"

【火柴】《江湖走镖隐语行话谱》："火戎子：火柴。"

【火车】《切口大词典·行号类·饴糖行之切口》："火车：太古糖也。"

【火川】《新刻江湖切要·生死类》："痨病死：火川。"《切口大词典·星相类·拉和琴算命之切口》："火川：痨瘵病而死也。"清傅崇矩《成都通览·成都之江湖言词·生死类》："痨病死：火川。"

【火点】《郎中医话》："火点，是财主。"云游客《江湖丛谈·江湖之春点》："管有钱的财主叫火点。"云游客《江湖丛谈·江湖之春点·江湖中的卖点之内幕》："管有钱的人，叫火点。"云游客《江湖丛谈·江湖之春点·江湖中做老烤的生意》："江湖人管有钱的人，调侃儿叫'火点'。"云游客《江湖丛谈·江湖之春点·三不管中做大票的生意》："病人要有钱，能够骗得出钱财来，叫作火点。"

【火骨】《切口大词典·役夫类·茶担夫之切口》："火骨：炭也。"

【火季天】《新刻江湖切要·时令类》："夏：火季天；丙通。"《江湖切口要诀》（尺牍增附本）："夏：火季天；丙通。"《切口大词典·星相类·弹弦子算命之切口》："火季天：夏天也。"清傅崇矩《成都通览·成都之江湖言词·时令类》："夏：火季天；丙通。"

【火家】《江湖走镖隐语行话谱》："富人：火家。"

【火瘤】《切口大词典·工匠类·铜匠之切口》："火瘤：风炉也。"

【火龙】《切口大词典·杂业类·燕子窝之切口》："火龙：烟枪也。"

【火笼子】《郎中医话》："火笼子，是烟袋锅。"

【火码子】云游客《江湖丛谈·江湖之春点·江湖之'撒年子'把戏》："管有钱的人，调侃儿叫火码子。"云游客《江湖丛谈·江湖之春点·江湖中之大粒生意》："火码子，是有钱的人。"云游客《江湖丛谈·江湖之金点·小绺门》："江湖人管有产业的阔人，调侃儿叫火码子。"云游客《江湖丛谈·江湖之金点·小绺门》："阔人，调侃儿叫火码子。"

【火七】《新刻江湖切要·地理类》："云南：火七；[广] 滇离。"《江湖切口要诀》（尺牍增附本）："云南：火七。[广] 滇离。"《切口大词典·医药类·自称戏子治病者之切口》："火七：云南也。"清傅崇矩《成都通览·成都之江湖言词·地理类》："云南：火七；滇离。"

【火鸣菜】《新刻江湖切要·鸟兽虫鱼类》："小鸡：火鸣菜；[增] [火七]。"

【火琴丘】《新刻江湖切要·工匠类》："倾银匠：七九通，火琴丘；逼皂。"清傅崇矩《成都通览·成都之江湖言词·工匠类》："倾银匠：七九通；火琴丘；逼皂。"

【火球】《切口大词典·杂流类·卖糖果者之切口》："火球：糖山楂也。"

【火人】《江湖走镖隐语行话谱》："缨帽：火人。"

【火散】《江湖走镖隐语行话谱》："新衣服：火散。"

【火山】《新刻江湖切要·饮馔类》："烧酒曰火山。"清傅崇矩《成都通览·成都之江湖言词·饮馔类》："烧酒：火山。"云游客《江湖丛谈·江湖之春点》："管烧酒叫'火山'。"

【火山炊子】卫大法师《江湖话·红帮各地通行隐语·饮食用品类》："酒壶：火山炊子，玉宝（海外则称'载'）。"李子峰《海底·各地通行隐语》："酒壶：火山炊子；玉宝（海外则称'载'）。"

【火山窑子】卫大法师《江湖话·红帮各地通行隐语·各种行业类》："酒店：玉窑子，火山窑子。"李子峰《海底·各地通行隐语》："酒店：玉窑子；火山窑子。"

【火山子】卫大法师《江湖话·红帮各地通行隐语·饮食用品类》："酒：火山子，玉立子。"卫大法师《江湖话·红帮闽粤及南洋各地通行隐语》："烧酒：火山子。"李子峰《海底·各地通行隐语》："酒：火山子；玉子。"李子峰《海底·闽粤及南洋各地通行之隐语》："烧酒：火山子；家和兴。"

【火山子高】卫大法师《江湖话·红帮各地通行隐语·饮食用品类》："酒醉：火山子高，班篆了。"李子峰《海底·各地通行隐语》：

"酒醉：火山子高；班篡了。"

【火烧】《行院声嗽·饮食》："饼：火烧。"

【火烧宝塔】《切口大词典·盗贼类·铳手之切口》："火烧宝塔：蜡烛台也。"

【火烧中堂】《切口大词典·武术类·吞剑吃蛋卖戏法者之切口》："火烧中堂：鼻孔出火也。"

【火身】《新刻江湖切要·工匠类》："打银匠：刊琴丘；流琴丘；艮丘通；火身。"清傅崇矩《成都通览·成都之江湖言词·工匠类》："打银匠：刊琴丘；流琴丘；艮丘通；火身。"

【火生】清唐再丰《鹅幻汇编·江湖通用切口摘要》："富人曰火生。"卫大法师《江湖话·江湖上的隐语·普通隐语》："富人：火生。"《切口大词典·医药类·卖药人之切口》："火生：富人也。"《清门考原·各项切口》："火生，富人也。"金老佛《三教九流江湖秘密规矩·日常用语》："富人曰火生。"

【火食】《切口大词典·工匠类·烧盐匠之切口》："火食：柴也。"

【火食瘤】《切口大词典·乞丐类·乞丐之切口》："火食瘤：风炉也。"

【火食堂子】清傅崇矩《成都通览·成都之袍哥话即江湖话也》："火食堂子，灶房也。"

【火食天】《江湖走镖隐语行话谱》："天热：火食天。"

【火通】①《新刻江湖切要·乐器类》："箫：坚龙；火通；增曰引风。"②《新刻江湖切要·人物类》："富户：火通；[广] 润屋生。"《江湖切口要诀》（尺牍增附本）："富户：火通。[广] 润厚生。"清傅崇矩《成都通览·成都之江湖言词·人物类》："富户：火涌，润屋生。"

【火头】①《新刻江湖切要·时令类》："立夏：火头。"《江湖切口要诀》（尺牍增附本）："立夏：火头。"《切口大词典·星相类·弹弦子算命之切口》："火头：立夏也。"清傅崇矩《成都通览·成都之江湖言词·时令类》："立夏：火头。"②《切口大词典·巫卜类·巫婆之切口》："火头：香也。"

【火头军】《切口大词典·杂业类·商人共众切口》："火头军：烧饭司务也。"

【火头纱】《江湖走镖隐语行话谱》："棉[绵]袄：火头纱。"

【火头生】《新刻江湖切要·医药类》："道人卖药：火头生、全真党。"《切口大词典·医药类·道人卖药之切口》："火头生：道人卖药者。"清傅崇矩《成都通览·成都之江湖言词·医药类》："道人卖药：火头生；全真党。"

【火头云】《江湖走镖隐语行话谱》："皮帽：火头云。"

【火土朝阳】《新刻江湖切要·店铺类》："砖瓦店：[增] 火土朝阳。"《切口大词典·盗贼类·对买贼之切口》："火土朝阳：砖瓦店也。"清傅崇矩《成都通览·成都之江湖言词·店铺类》："砖瓦店：火土朝阳。"

【火腿绳】《清门考原·各项切口》："火腿绳，专好奉迎之人也。"

【火托】《兽医串雅杂钞》："针扎子，叫灯笼刀，叫青子。针，叫又子。火针，叫火托。"

【火下】《蹴鞠谱·锦语》："四：火下。"《蹴鞠图谱·圆社锦语》："火下：四。"

【火穴大转】①云游客《江湖丛谈·江湖之春点·江湖艺人传：去平留津的大金牙》："管没大红大紫过，调侃儿叫火穴大转。"②云游客《江湖丛谈·江湖之春点·江湖艺人传：去平留津的大金牙》："他们挣了大钱，都叫坐儿，调侃叫火穴大转。"③云游客《江湖丛谈·江湖之春点·江湖艺人万人迷》："火穴大转的时候，即是大红大紫的时候。"

【火炎】《切口大词典·优伶类·戏盗之切口》："火炎：正中绸制，硬带四根，两边各装斜角，均装绒球。"

【火延年】①《江湖走镖隐语行话谱》："套裤带[代]，火延年。"②《新刻江湖切要·疾病类》："痨病：火延年；赤太岁；焦根根。"清傅崇矩《成都通览·成都之江湖言词·疾病类》："痨病：火延年；赤太岁；焦根根。"

【火窑】①学古堂《江湖行话谱·行话管见》："富家屋叫火窑。"②学古堂《江湖行话谱·行话管见》："药铺叫火窑。"

【火占】《新刻江湖切要·官职类》："富秀：火占。"

【火中】《郎中医话》："火中，是先富后贫。"

【火奏】《切口大词典·武术类·符箓变戏法者之切口》："火奏：烧符也。"

【火做】云游客《江湖丛谈·江湖之春点·三

不管中做大票的生意》："管做阔的生意,调侃叫'火做'。"

【伙计】《切口大词典·娼妓类·雏妓之切口》："伙计:因负债本家,有贷假银洋关系者,本家之待遇,是较套人包账为优。"

【或头】《新刻江湖切要·器用类》："招牌:或头;躲儿[或字疑式字之误]。"清傅崇矩《成都通览·成都之江湖言词·器用类》："招牌:或头;躲儿。"

【货】卫大法师《江湖话·安庆隐语》："娼:货,六八子。"

【霍血】清唐再丰《鹅幻汇编·江湖通用切口摘要》："短衫曰霍血。"金老佛《三教九流江湖秘密规矩·青帮与红帮·红帮之问答》："此外还有蝴蝶(马褂),大蓬(长衫),襄衣长蓬(皮袍子),襄衣蝴蝶(皮马褂),穿心子(马甲),霍血(短衫),叉儿(裤子),土筒(套裤),八狗子(棉袄),拖风(棉被),踢头子(鞋子),顶贡(帽子)等许多什物,弟兄们大家带着罢。"金老佛《三教九流江湖秘密规矩·青帮与红帮·江湖之春典》："短衫称霍血。"金老佛《三教九流江湖秘密规矩·日常用语》："短衫曰霍血。"

【臛血】《切口大词典·衙卒类·侦探之切口》："臛血:短衫也。"

J

ji

【几根塘】清傅崇矩《成都通览·成都之袍哥话即江湖话也》："起几根塘,几根塘即几个人也。"

【击棋盘】《切口大词典·工匠类·打金箔匠之切口》："击棋盘:切金箔之人也。"

【饥】学古堂《江湖行话谱·保镖护院行话概略》："吃饭为饥。"

【机香】《切口大词典·商铺类·香烛业之切口》："机香:沉香之干也。"

【鸡骨】《切口大词典·商铺类·香烛业之切口》："鸡骨:沉香置水中半浮半沉者。"

【鸡冠】《切口大词典·行号类·鲜鱼行之切口》："鸡冠:蚌之一种也。"

【鸡毛子】卫大法师《江湖话·红帮各地通行隐语·人类一般》："道士:念四,鸡毛子。"

【鸡木】《郎中医话》："鸡木,是字。"

【鸡舌】①《切口大词典·商铺类·香烛业之切口》："鸡舌:沉香之花成实者。"②《切口大词典·手艺类·兜带业之切口》："鸡舌:兜腹尖儿小者。"

【鸡黍相延】《新刻江湖切要·人物类》："客人:盖各;客同,[广]鸡黍相延;无涯逆旅。"《江湖切口要诀》(尺牍增附本)："客人:盖各;容同。[广]鸡黍相延;天涯逆旅。"清傅崇矩《成都通览·成都之江湖言词·人物类》："客人:盖各;客同;鸡黍相延;无涯逆旅。"

【鸡胎】《切口大词典·工匠类·造船匠之切口》："鸡胎:船柁也。"

【鸡啼】《切口大词典·党会类·红帮之切口》："鸡啼:吹号也。"金老佛《三教九流江湖秘密规矩·青帮与红帮·红帮之问答》："然后鸡啼三声(按强盗抢劫竣事后,例吹号叫三声,其第一声为抢毕令,第二声为召集令,第三声为开步令,此等号叫,彼等谓之鸡啼)。"

【鸡头】宋陈元靓辑《事林广记·续集·绮谈市语·果菜门》："芡:鸡头。"

【鸡头子】《切口大词典·医药类·药行业之切口》："鸡头子:芡实也。"

【鸡腿】《切口大词典·杂流类·卖水烟者之切口》："鸡腿:烟袋也。"

【鸡翼子】《切口大词典·商铺类·玉器业之切口》："鸡翼子:帽傍玉也。"

【鸡爪黄连】《切口大词典·优伶类·靶子之切口》："鸡爪黄连:《飞虎山》李存孝所执之笔眼抓也。"

【鸡子】清傅崇矩《成都通览·成都之呼物混名》："鸡子:顽童也。"

【稽查】贝思飞《民国时期的土匪隐语》："稽

查：直接向首领汇报的内部侦探。"

【及第】《新刻江湖切要·身体类》："眉：探老；[增]及第；分八。"《切口大词典·星相类·相家之切口》："及第：眉也。"

【及第分八】 清傅崇矩《成都通览·成都之江湖言词·身体类》："眉：探老；及第分八。"

【及子】《行院声嗽·人事》："笑：及子。"

【吉】《切口大词典·商铺类·南货业之切口》："吉：一也。"

【吉个】《切口大词典·星相类·星家之切口》："吉个：清晨不得向人家乞火。如犯之，罚同开大快，名曰犯吉个。"

【吉买】《切口大词典·盗贼类·对买贼之切口》："吉买：以同形或同量之物易人财物，如假作买主，混入商店以窃货物者是也。"

【吉如】《切口大词典·商铺类·地货业之切口》："吉如：十二也。"

【吉水】 学古堂《江湖行话谱·行话管见》："醋叫吉水。"

【吉祥草】《切口大词典·杂流类·卖花者之切口》："吉祥草：叶如漳兰，四时不凋，夏开紫花成穗。"

【吉玉】《切口大词典·商铺类·篆笋业之切口》："吉玉：较黄玉稍高之笋也。"

【汲香】 清傅崇矩《成都通览·成都之江湖言词·身体类》："鼻：土星；闻官；汲香。"

【极生】《切口大词典·娼妓类·长三书寓之切口》："极生：客囊未富喜作狎游者。"

【即】《切口大词典·商铺类·另剪业之切口》："即八也。"

【急解索】《切口大词典·杂流类·卖花者之切口》："急解索：半枝莲也。生阴湿地，就地蔓生，细叶，秋开小花，淡红紫色，半边如莲花状。"

【急啦】《切口大词典·娼妓类·茶室之切口》："急啦：谓急色儿也。"

【急侵】《行院声嗽·人事》："特故：急侵。"

【急性子】《切口大词典·医药类·摆草药摊之切口》："急性子：凤仙也。妇人难产，催生用之。"

【急延年】《新刻江湖切要·疾病类》："暴疾：急延年。"清傅崇矩《成都通览·成都之江湖言词·疾病类》："暴疾：急延年。"

【急眼神】《切口大词典·赌博类·摇宝赌之切口》："急眼神：老迁以最精锐之眼光，极准绳之记数术，以鉴定宝缸内之数（又名瞥内盘）。"

【棘木子】 卫大法帅《江湖话·红帮各地通行隐语·人身各物类》："头：脏点子，棘木子。"

【集】《切口大词典·杂业类·山果业之切口》："集：一也。"

【集桑黄鸟】《新刻江湖切要·人物类》："别处人：强头生；[广]介葛来朝；集桑黄鸟。"《江湖切口要诀》(尺牍增附本)："别处人：强头生。[广]介葛来朝；集桑黄鸟。"《切口大词典·杂流类·媒婆之切口》："集桑黄鸟：别处人也。"清傅崇矩《成都通览·成都之江湖言词·人物类》："别处人：强头生；介葛来朝；集桑黄鸟。"

【集先】《新刻江湖切要·天文类》："雪：飞六；[广]出六；疑絮；天盐。雪珠为集先，落雪为摆飞，又为排六。"《江湖切口要诀》(尺牍增附本)："雪：飞六。[广]出六；疑絮；天盐；雪珠为集先，落云为摆飞，又为排六。"《切口大词典·巫卜类·六壬课之切口》："集先：雪球也。"

【集贤】 宋陈元靓辑《事林广记·续集·绮谈市语·君臣门》："宰相：集贤；相室；左摇。"

【籍】 清翟灏《通俗编·识余·市语·故衣铺》："故衣铺：一大，二土，三田，四东，五里，六春，七轩，八书，九籍。"

【几】①《切口大词典·商铺类·陆陈业之切口》："几：三也。"②《切口大词典·商铺类·丝经业之切口》："几：丝中扎暗绳也。"

【几杆堂】 金老佛《三教九流江湖秘密规矩·青帮与红帮·红帮之问答》："至晚，甲乙二匪打了亮壳子（灯笼），点了三光条（火把），备齐家伙，带领众堂（人曰堂，故杀人曰劈堂，几个人谓之几杆堂）。"

【几个太岁】 卫大法帅《江湖话·红帮各地通行隐语·数目类》："几年：几个太岁。"李子峰《海底·各地通行隐语》："几年：几个太岁。"

【几扦堂】《切口大词典·党会类·红帮之切口》："几扦堂：几个人也。"

【几钱的码】《切口大词典·党会类·红帮之切口》："几钱的码：贼值合伙，先问线上的几钱的码，即是问去几人劻勷也。"

【几条】 清张德坚等《贼情汇纂》卷八《伪文

告下·隐语·太平天国隐语》:"条凡称船几只,旗几面,概称几条。"

【几丈】 卫大法师《江湖话·红帮各地通行隐语·数目类》:"几岁:几丈。"李子峰《海底·各地通行隐语》:"几岁:几丈。"

【几丈几尺】《新刻江湖切要·时令类》:"寅月等称太显,今改太阴。如正月,秋寅太阴,余仿此。一岁曰一尺,十岁曰丈,十几岁曰丈几尺,几十岁曰几丈几尺。"

【几足详】 金老佛《三教九流江湖秘密规矩·日常用语》:"几千曰几足详。"

【几足详子】《清门考原·各项切口》:"几足详子,几千文钱也。"

【几足许】 清唐再丰《鹅幻汇编·江湖通用切口摘要》:"几千曰几足许。"卫大法师《江湖话·江湖上的隐语·普通隐语》:"几千:几足许。"《切口大词典·星相类·星家之切口》:"几足许:几千也。"

【己才】《切口大词典·星相类·鸟衔算命之切口》:"己才:配妻也。"

【挤】《郎中医话》:"挤,是日。"

【挤丙子】《新刻江湖切要·星相类》:"推流年:挤丙子。"《切口大词典·星相类·弹弦子算命之切口》:"挤丙子:排流年也。"清傅崇矩《成都通览·成都之江湖言词·星相类》:"推流年:挤丙子。"

【脊牛】《新刻江湖切要·疾病类》:"驼子:脊牛。"

【计】 清翟灏《通俗编·识余·市语·绸绫行》:"绸绫行:则一叉,二计,三沙,四子,五固,六羽,七落,八末,九各,十汤。"

【计钹】《新刻江湖切要·店铺类》:"医店:计钹。"《江湖切口要诀》(尺牍增附本):"医店:计钹。改苦口朝阳。"清傅崇矩《成都通览·成都之江湖言词·店铺类》:"医店:计钹;苦口朝阳。"

【计钹朝阳】《切口大词典·盗贼类·对买贼之切口》:"计钹朝阳:郎中店也。"

【计台】 宋陈元靓辑《事林广记·续集·绮谈市语·君臣门》:"运使:计台;漕台。"

【计星】《新刻江湖切要·亲戚类》:"亲母:姻才,又计星。"

【记扮】《行院声嗽·伎艺》:"杂班:记扮。"

【记名香】《清门考原·各项切口》:"记名香,上小钱粮之谓,又曰上小香,即记名也。"

【伎儿】《行院声嗽·身体》:"身体:伎儿。"

【纪熯】《切口大词典·医药类·医生之切口》:"纪熯,撮药也。"

【忌】 金老佛《三教九流江湖秘密规矩·日常用语》:"快者即忌也。"

【妓者】 宋陈元靓辑《事林广记·续集·绮谈市语·人物门》:"娼妇:妓者;水表;姐老。"

【季女】《切口大词典·杂流类·卖花者之切口》:"季女:玉簪花也。"

【济崩公】《新刻江湖切要·医药类》:"医生:济崩公;扶本。[增]苦劝人。"《切口大词典·医药类·医生之切口》:"济崩公:医生之总称也。"清傅崇矩《成都通览·成都之江湖言词·医药类》:"医生:济崩公;扶本;苦劝人。"

【济贫】《新刻江湖切要·时令类》:"谷雨:济贫。"《江湖切口要诀》(尺牍增附本):"谷雨:济贫。"《切口大词典·星相类·弹弦子算命之切口》:"济贫:谷雨也。"清傅崇矩《成都通览·成都之江湖言词·时令类》:"谷雨:济贫。"

【既】《切口大词典·杂业类·米店之切口》:"既:六也。"

【继断】《新刻江湖切要·地理类》:"桥:撑江;[广]水带;继断;接引生。"清傅崇矩《成都通览·成都之江湖言词·地理类》:"桥:撑江;水带;继断;接引生。"

【继后】《切口大词典·工匠类·皮匠之切口》:"继后:补鞋跟也。"

【祭孔子】《切口大词典·杂流类·贩烟土者之切口》:"祭孔子:以书籍一部,腹中使空中实烟土交邮局寄递者。"

【祭旗之令语】 金老佛《三教九流江湖秘密规矩·青帮与红帮·祭旗之令语》:"其祭旗令为:一祭东方甲乙木,好比桃源弟兄们,三人同心来结义,犹如同心一母生。二祭南方丙丁火,三十九人同一伙,结拜兄弟上瓦岗,后来三八保唐王,急得雄信舍身亡。三祭西方庚辛金,胜如梁山弟兄们,一百单八结仁义,万古千秋远传名。四祭北方壬癸水,昔日匡胤未得志,酒后有德结弟兄,同心协力定邦家,地久与天长。"

【寄春】《切口大词典·杂流类·卖花者之切口》："寄春：梅花也。"

【寄库】卫大法师《江湖话·红帮各地通行隐语·各种行业类》："当物：困槽子，寄库，兴兴子。"李子峰《海底·各地通行隐语》："当物：困槽子，寄库；兴兴子。"

【寄申报】《切口大词典·杂流类·贩烟土者之切口》："寄申报：旧报打成扎头，中挖去纸头成窟，实土其中。"

【鲫令】明田汝成《西湖游览志馀·委巷丛谈》："杭人有以二字反切一字以成声者，如以秀为鲫溜，以团为突栾，以精为鲫令，以俏为鲫跳。"

【鲫溜】明田汝成《西湖游览志馀·委巷丛谈》："杭人有以二字反切一字以成声者，如以秀为鲫溜，以团为突栾，以精为鲫令，以俏为鲫跳，以孔为窟笼，以盘为勃兰，以铎为突落，以棄为窟陀，以圈为窟栾，以蒲为鹁卢。有以双声而包一字，易为隐语以欺人者，如以好为现萨，以丑为怀五，以骂为杂噉，以笑为喜黎，以肉为直线，以鱼为河戏，以茶为汕老，以酒为海老，以没有为埋梦，以莫言为稀调。"

【鲫跳】明田汝成《西湖游览志馀·委巷丛谈》："杭人有以二字反切一字以成声者，如以秀为鲫溜，以团为突栾，以精为鲫令，以俏为鲫跳，以孔为窟窿，以盘为勃兰，以铎为突落，以棄为窟陀，以圈为窟栾，以蒲为鹁卢。有以双声而包一字，易方隐语以欺人者，如以好为现萨，以丑为怀五，以马为杂噉，以笑为喜黎，以肉为直线，以鱼为河戏，以茶为油老，以酒为海老，以没有为埋梦，以莫言为稀调。"

jia

【加】①《切口大词典·手艺类·髹漆业之切口》："加：十也。"②《切口大词典·行号类·耕牛行之切口》："加：一也。"

【加白】《切口大词典·商铺类·染色业之切口》："加白：印白色花样也。"

【加大】《切口大词典·行号类·缸坛行之切口》："加大：略小于宁码。"（另见"宁码"条）

【加顶】《切口大词典·衙卒类·粮柜之切口》："加顶：多加尾找也。"

【加孤】《新刻江湖切要·官职类》："进士：斗士；奎牙；斗孤；斗角；加孤；[广] 散甲生。"

【加酒花】卫大法师《江湖话·江湖上的隐语·普通隐语》："镶钻：加酒花。"

【加料】《切口大词典·赌博类·摇宝赌之切口》："加料：义同添丁。"

【加民】《新刻江湖切要·亲戚类》："官人：通节，今改加民，谓官乎人也。"

【夹胞】《蹴鞠图谱·圆社锦语》："夹胞：有钱。"

【夹当子】云游客《江湖丛谈·江湖之金点·彩门》："夹当子，作堂会。"

【夹口子】卫大法师《江湖话·红帮各地通行隐语·店钱及其他》："瓜子：夹口子。"

【夹磨】云游客《江湖丛谈·江湖之春点·江湖人的旧组织（各处长春会）的领袖》："江湖人管教徒弟的本领，调侃叫'夹磨'，管打徒弟，叫'鞭'。"云游客《江湖丛谈·江湖之春点·江湖中闯啃的骗财法》："江湖人管教给徒弟什么本领，调侃叫'夹磨'。"云游客《江湖丛谈·江湖之春点·三不管的相声场儿》："传授叫'夹磨'。"

【夹磨子】云游客《江湖丛谈·江湖之春点·江湖艺人传：去平留津的大金牙》："传受他们会唱大鼓，调侃儿叫夹磨子。"

【夹脖】《蹴鞠谱·锦语》："有钱：夹脖。"《蹴鞠图谱·圆社锦语》："夹脖：有钱。"

【夹气】《蹴鞠谱·锦语》："相争：夹气。"《蹴鞠图谱·圆社锦语》："夹气：相争。"

【夹青】《新刻江湖切要·器用类》："算盘：拨公。夹剪，分员，又夹青，今更名口快儿。"

【夹丝巾】卫大法师《江湖话·江湖上的隐语·巾行隐语》："拉和琴算命：夹丝巾。"《切口大词典·星相类·拉和琴算命之切口》："夹丝巾：拉和琴之算命者。"《清门考原·各项切口》："夹丝巾，拉和琴算命也。"金老佛《三教九流江湖秘密规矩·江湖通用切口》："拉和琴算命曰夹丝巾。"

【夹条】《切口大词典·杂流类·卖花带者之切口》："夹条：长弄也。"

【夹尾】《切口大词典·医药类·参燕业之切口》:"夹尾:较众尾稍小而稍细者。"

【夹杂】《切口大词典·杂流类·收卖锭灰者之切口》:"夹杂:灰之有垃圾者。"

【夹竹桃】《切口大词典·杂业类·花业之切口》:"夹竹桃:夏间开淡红花,花如桃,而叶似竹,故名。"

【佳城】宋陈元靓辑《事林广记·续集·绮谈市语·举动门》:"墓:佳城。"

【佳人】《切口大词典·商铺类·陆陈业之切口》:"佳人:糯米也。"

【家场】清傅崇矩《成都通览·成都之袍哥话即江湖话也》:"某家场赶得,地方官姓张则曰张家场,姓李则曰李家场。"

【家乘】《切口大词典·乞丐类·书情节求乞之切口》:"家乘:情节也。"

【家法】《切口大词典·党会类·青帮之切口》:"家法:犯十大帮规,责以家法,前者家法,是为舵棍,今则异是矣。"《清门考原·各项切口》:"家法,帮中刑杖。"刘联珂《中国帮会三百年革命史·清门切口》:"家法,帮中刑杖。"

【家和兴】李子峰《海底·闽粤及南洋各地通行之隐语》:"烧酒:火山子;家和兴。"施列格《天地会研究·洪家口白要诀》:"家和兴,酒。"

【家伙】①金老佛《三教九流江湖秘密规矩·青帮与红帮·红帮之问答》:"乙曰:你家伙(军器)带了没有。"金老佛《三教九流江湖秘密规矩·青帮与红帮·江湖之春典》:"军器称家伙。"《切口大词典·党会类·红帮之切口》:"家伙:军器也。"②《切口大词典·杂流类·说大书之切口》:"家伙:扇子也。"

【家鸡】宋陈元靓辑《事林广记·续集·绮谈市语·飞禽门》:"鸡:司晨;五德;家鸡;巽羽。"

【家里】《清门考原·各项切口》:"家里,是同帮的人称呼自己。"

【家里爷们】《清门考原·各项切口》:"家里爷们,帮的人又曰自己人的总称。"刘联珂《中国帮会三百年革命史·清门切口》:"家里爷们,是大小辈之称。"

【家码】贝思飞《民国时期的土匪隐语》:"家码:普通土匪。"

【家门】《切口大词典·党会类·流氓之切口》:"家门:入帮也。"

【家磨】《清门考原·各项切口》:"家磨,训诫也。"

【家塾】宋陈元靓辑《事林广记·续集·绮谈市语·宫殿门》:"书院:家塾;别塾。"

【家兔】宋陈元靓辑《事林广记·续集·绮谈市语·走兽门》:"鼠:家兔。"

【家外】《清门考原·各项切口》:"家外,是不在帮的人统称。"

【家鹜】宋陈元靓辑《事林广记·续集·绮谈市语·飞禽门》:"鸭:绿头;家鹜。"

【家雁】宋陈元靓辑《事林广记·续集·绮谈市语·飞禽门》:"鹅:□物;红掌;羲禽;舒雁;家雁;换□。"

【笷浪】《切口大词典·商铺类·地货业之切口》:"笷浪:六也。"

【袈裟】平山周《中国秘密社会史·三合会隐语》:"线香曰桂枝,蜡烛曰古树。蚊帐曰灯笼。明代服曰袈裟,套裤曰菱角,靴曰铁板,帽子曰云盖,曰万笠。洋伞曰洪头,曰独脚,曰乌云。道路曰线,旅行曰游线。家曰甲子。祖先公馆曰马桶。船曰平,乘船曰搭平。"卫大法师《江湖话·红帮各地通行隐语·其他用具对象类》:"明朝服:袈裟。"卫大法师《江湖话·红帮闽粤及南洋各地通行隐语·衣服:袈裟。"金老佛《三教九流江湖秘密规矩·三合会之隐语》:"明朝服曰袈裟,套裤曰菱角。"李子峰《海底·各地通行隐语》:"明朝服:袈裟。"李子峰《海底·闽粤及南洋各地通行之隐语》:"衣服:袈裟。"

【袈裟皮子】《切口大词典·盗贼类·收晒朗贼之切口》:"袈裟皮子:衣服之有补缀者。"

【蛱蝶】《切口大词典·杂流类·卖花者之切口》:"蛱蝶:射干旗也。花六出,色黄,上有细红点,中抽一心,心外黄须三茎,绕之结荚,花似蝶故名。"

【甲】①《切口大词典·行号类·粮食行之切口》:"甲:四也。"②清末民初佚名《镖行江湖隐语行话秘典》:"甲,为二。③清末民初佚名《镖行江湖隐语行话秘典》:"至廿九吊，俱是甲。"

【甲才】《新刻江湖切要·亲戚类》："伯母：左月；月上部；该称日上才；甲才。"

【甲底】《切口大词典·巫卜类·文王课之切口》："甲底：爻也。"

【甲虎】清末民初佚名《镖行江湖隐语行话秘典》："甲虎，为廿四吊。"

【甲老】①《新刻江湖切要·草木百果五谷类》："姜：甲老。"②《新刻江湖切要·亲戚类》："伯父：左日；日上部；甲老。"

【甲品】清末民初佚名《镖行江湖隐语行话秘典》："甲品，廿三吊。"

【甲七通】《新刻江湖切要·人物类》："闲汉：甲七通；[广]高搁班史。"《江湖切口要诀》(尺牍增附本)："闲汉：甲七通。[广]高搁班史，帮闻；丘八。[广]携手观天，偕消白昼。"《切口大词典·医药类·摇虎撑者之切口》："甲七通：闲汉也。"清傅崇矩《成都通览·成都之江湖言词·人物类》："闲汉：甲七通；高搁班史。"

【甲通】《新刻江湖切要·时令类》："春：木季天；甲通。"《江湖切口要诀》(尺牍增附本)："春：木季天；甲通。"《切口大词典·星相类·铁板算命之切口》："甲通：春也。"清傅崇矩《成都通览·成都之江湖言词·时令类》："春：木季天；甲通。"

【甲乙君】《新刻江湖切要·官职类》："会元：会首，[广]天下才；甲乙君。"

【甲乙生】《新刻江湖切要·草木百果五谷类》："木匠又名甲乙生。"《新刻江湖切要·工匠类》："木匠：甲乙生；森丘。"《切口大词典·工匠类·木匠之切口》："甲乙生：木匠也。"清傅崇矩《成都通览·成都之江湖言词·工匠类》："木匠：甲乙生；森丘鲜所，分水遇、羊角通、分森丘。"

【甲乙子】卫大法师《江湖话·红帮各地通行隐语·建筑物类》："木：甲乙子。"

【甲鱼】《切口大词典·杂业类·面馆之切口》："甲鱼：头片脚爪合成之面也。"

【甲札】《新刻江湖切要·工匠类》："成衣：单线通；甲札。"清傅崇矩《成都通览·成都之江湖言词·工匠类》："成衣：单线通；甲札。"

【甲子】平山周《中国秘密社会史·三合会隐语》："线香曰桂枝，蜡烛曰古树。蚊帐曰灯笼。明代服曰袈裟，套裤曰菱角，靴曰铁板，帽子曰云盖，曰万笠。洋伞曰洪头，曰独脚，曰乌云。道路曰线，旅行曰游线。家曰甲子。祖先公馆曰马桶。船曰平，乘船曰搭平。"卫大法师《江湖话·红帮各地通行隐语·建筑物类》："家：子堂，甲子。"卫大法师《江湖话·红帮闽粤及南洋各地通行隐语》："家：甲子。"《家里宝鉴·隐语》："家曰'甲子'。"金老佛《三教九流江湖秘密规矩·三合会之隐语》："家曰甲子。"李子峰《海底·各地通行隐语》："家：子堂；甲子。"李子峰《海底·闽粤及南洋各地通行之隐语》："家：甲子。"

【贾勇】《新刻江湖切要·人物类》："雇工：廿一；矢力八；帮挨；[广]贾勇。"《江湖切口要诀》(尺牍增附本)："雇工：廿一；矢力八；帮挨。[广]贾勇。"清傅崇矩《成都通览·成都之江湖言词·人物类》："帮挨：贾勇。"

【价值】卫大法师《江湖话·安庆隐语》："不懒皮：价值。"

【驾木划子】卫大法师《江湖话·红帮各地通行隐语·店钱及其他》："模式：驾木划子。"

【驾梢叶】卫大法师《江湖话·红帮各地通行隐语·偷盗类》："盗：驾梢叶。"

【驾势】《切口大词典·娼妓类·粤妓之切口》："驾势：华丽之谓也。"

【架】①《切口大词典·手艺类·席子业之切口》："架：十也。"②《切口大词典·医药类·卖药糖者之切口》："架：少也。"③《切口大词典·杂流类·卖西洋镜之切口》："架：看客所坐之凳也。"

【架柳条】《切口大词典·星相类·拉和琴算命之切口》："架柳条：琴上之马也。"

【架票】贝思飞《民国时期的土匪隐语》："架票：为了勒索赎金的绑架。"

【架枪】贝思飞《民国时期的土匪隐语》："架枪：投奔敌人。"

【架青】《切口大词典·杂流类·贩烟土者之切口》："架青：快速也。"

【架上摘】《切口大词典·盗贼类·杆匪之切口》："架上摘：匪与兵拒敌之际被檎之谓也。"

【架相】①《切口大词典·党会类·青帮之切口》："架相：专引羊盘小开，老实空子，使之入帮，且领至各处大摆架子，故名。到则欢迎，出则保护，行则送赆，止则招招。"②《清门考原·各项切口》："架相，架棒人也。"③《清门考原·各项切口》："架相，替相夫鼓吹而又拥护。"刘联珂《中国帮会三百年革命史·清门切口》："架相，替相夫鼓吹也。"

【架子】 卫大法师《江湖话·红帮各地通行隐语·偷盗类》："收买黑货：架子、纹花钱。"

【架子楼】《清门考原·各项切口》："架子楼，又曰高梦行。收贼赃贩卖。"贝思飞《民国时期的土匪隐语》："架子楼：收受者。"

【假】 清翟灏《通俗编·识余·市语·道家星卜》："道家星卜：一太，二大，三蒙，四全，五假，六真，七秀，八双全，九渊。"

【假豹子】《行院声嗽·人物》："军：假豹子。"

【假参】《新刻江湖切要·草木百果五谷类》："萝卜：大苗希；埋头；假参。"

【假丑】 卫大法师《江湖话·各行业商帮所用数目字隐语·成都通行言词·道士端公》："旦底：一。挖工：二。横川：三。不回：四。假丑：五。断大：六。毛根：七。入开：八。像丸：九。"清傅崇矩《成都通览·成都之各行人买卖通用言词·道士端公言词》："假丑（五）。"

【假哥】①清傅崇矩《成都通览·成都之呼物混名》："假哥：苤蓝菜也。"②清傅崇矩《成都通览·成都之呼物混名》："假哥：嫖客也。"

【假王龙】《切口大词典·武术类·妇女顶缸走索之切口》："假王龙：一色引人也。"

【假招子】 卫大法师《江湖话·红帮各地通行隐语·各种行业类》："走茶馆卖眼镜：假招子。"李子峰《海底·各地通行隐语》："走茶馆卖眼镜：假招子。"

【假子伊】《切口大词典·杂流类·蚁煤之切口》："假子伊：佯为老实人也。"

【嫁】《新刻江湖切要·人事类》："卖曰嫁；耀货；倘削。"

【嫁耀货】①《切口大词典·武术类·挂布招牌教戏法者之切口》："嫁耀货：戏法具卖于人也。"②清傅崇矩《成都通览·成都之江湖言词·人事类》："卖：嫁耀货；倘削。"

jian

【尖】①《新刻江湖切要·人事类》："小曰尖。"清唐再丰《鹅幻汇编·江湖通用切口摘要》："小曰尖。"《郎中医话》："尖，是真。"卫大法师《江湖话·江湖上的隐语·普通隐语》："小：尖。"《切口大词典·武术类·符箓变戏法者之切口》："尖：小也。"《切口大词典·医药类·卖药糖者之切口》："尖：小也。"金老佛《三教九流江湖秘密规矩·日常用语》："小曰尖。"清傅崇矩《成都通览·成都之江湖言词·人事类》："少：尖；由莫。"清傅崇矩《成都通览·成都之江湖言词·人事类》："小：尖。"②《切口大词典·商铺类·丝经业之切口》："尖：好也。"

【尖册】 云游客《江湖丛谈·江湖之春点·江湖中的巾点黑幕》："江湖人管《麻衣相》《三世相》《柳庄相》《铁关刀》《相理衡真》《大清相》等书，调侃儿叫'尖册'，即是所谓真正相学书也。"

【尖椿子】 卫大法师《江湖话·红帮各地通行隐语·人类一般》："小孩：尖椿子。"李子峰《海底·各地通行隐语》："小孩：尖椿子。"

【尖寸】《切口大词典·手艺类·扇子业之切口》："尖寸：扇名，行销于日本者。"

【尖的】 云游客《江湖丛谈·江湖之金点·江湖彩门之腥棚》："江湖人的侃儿，不拘对什么事儿，凡是真的，调侃儿叫尖的。"

【尖锋】①《切口大词典·役夫类·屠夫之切口》："尖锋：杀猪刀也。"②《切口大词典·杂流类·写字人之切口》："尖锋：笔也。"

【尖锋子】 金老佛《三教九流江湖秘密规矩·青帮与红帮·江湖之春典》："笔称尖锋子。"

【尖篙子】《切口大词典·杂业类·燕子窝之切口》："尖篙子：烟签也。"

【尖挂子】《江湖丛谈·江湖之金点·挂》："据江湖艺人谈，真下过些年的工夫，与得着名人真传的把式，调侃儿叫尖挂子（'尖'，即是真正的意思）。"云游客《江湖丛谈·江湖之春点·挂子行中的支杆挂子》："管真功夫，真能为，好武艺，调侃叫尖挂子。"云游客《江湖丛谈·江湖之春点·三不管中挑将汗的生意》："江湖人管有真功夫的把式，调侃叫尖挂子。"云游客《江湖丛谈·江湖之金点·江湖之点挂子》："管真把式叫尖挂子。"

【尖果】卫大法师《江湖话·红帮各地通行隐语·人类一般》："小美女：尖果，丁丁。"李子峰《海底·各地通行隐语》："小美女：尖果；丁丁。"

【尖局的】云游客《江湖丛谈·江湖之金点·诸葛数灯下数即是带子金》："江湖人管真正的好东西，调侃儿叫尖局的。"

【尖咀子】卫大法师《江湖话·红帮各地通行隐语·动物类》："鸡：凤凰子，尖咀子，亚七。"

【尖绝】学古堂《江湖行话谱·行话管见》："针叫尖绝。"

【尖口】①《切口大词典·商铺类·菜饭业之切口》："尖口：全鸡也。"②《切口大词典·杂业类·油坊之切口》："尖口：芝麻也。"

【尖奎】《切口大词典·优伶类·场面上之切口》："尖奎：唢呐也。"

【尖亮子】学古堂《江湖行话谱·行话管见》："小道叫尖亮子。"

【尖溜子】《切口大词典·衙卒类·侦探之切口》："尖溜子：成年二八之处女也。"

【尖欠】《新刻江湖切要·亲戚类》："幼子曰尖欠，幼女曰笋牙。"

【尖纱】《切口大词典·优伶类·戏盔之切口》："尖纱：式同方纱，惟翅形如梭，《四进士》之顾道,《独木关》之张士贵等用之。"

【尖山】《新刻江湖切要·身体类》："乳：缠手。妇乳曰尖山，吞子。"《切口大词典·星相类·相家之切口》："尖山：妇人之乳也。"清傅崇矩《成都通览·成都之江湖言词·身体类》："乳：缠手（妇乳曰尖山，吞子）。"

【尖生】《新刻江湖切要·人物类》："小子：尖通；尖生。"《江湖切口要诀》（尺牍增附本）："小子：尖通；尖生。"《切口大词典·杂流类·卖婆之切口》："尖生：小厮也。"清傅崇矩《成都通览·成都之江湖言词·人物类》："小子：尖通；尖生。"

【尖条】《切口大词典·商铺类·丝线业之切口》："尖条：即成衣线也。统称扣线。"

【尖条子】卫大法师《江湖话·红帮各地通行隐语·动物类》："蛇：尖条子，柳子。"李子峰《海底·各地通行隐语》："蛇：尖条子；柳子。"

【尖通】《新刻江湖切要·人物类》："小子：尖通；尖生。"《江湖切口要诀》（尺牍增附本）："小子：尖通；尖生。"《切口大词典·盗贼类·剪绺贼之切口》："尖通：小人也。"清傅崇矩《成都通览·成都之江湖言词·人物类》："小子：尖通；尖生。"

【尖头】①《新刻江湖切要·文具类》："笔：判头；尖头；提老。"②《切口大词典·商铺类·鞋业之切口》："尖头：女鞋也。"

【尖吞】《切口大词典·商铺类·鞋子业之切口》："尖吞：尖口鞋也。"

【尖先生】《切口大词典·娼妓类·长三书寓之切口》："尖先生：妓女年龄尚稚，已经破瓜仍冒以处子者。"

【尖音】《切口大词典·优伶类·腔调上之切口》："尖音：声之尖者。例如箭字是尖音也。"

【尖帐子】学古堂《江湖行话谱·行意行话》："被子，为尖帐子。"

【尖子】《切口大词典·武术类·教武艺者之切口》："尖子：镖也。"

【尖钻】《切口大词典·工匠类·皮匠之切口》："尖钻：钉子也。"

【尖嘴】①《切口大词典·工匠类·打眼匠之切口》："尖嘴：打眼用之钻也。"②学古堂《江湖行话谱·行意行话》："鸡，为尖嘴。"

【尖嘴模蛇】学古堂《江湖行话谱·保镖护院行话概略》："鸡为尖嘴模蛇。"

【尖嘴子】①卫大法师《江湖话·红帮各地通行隐语·动物类》："鼠：穿梁子，尖嘴子。"李子峰《海底·各地通行隐语》："鼠：穿梁子；尖嘴子。"②《江湖走镖隐语行话谱》："鸡：尖嘴子。"李子峰《海底·各地通行隐语》："鸡：尖嘴子；亚七。"

【坚】《新刻江湖切要·人事类》："好：坚；响坚；坚通。"《切口大词典·武术类·卖拳头者之切口》："坚：好也。"《切口大词典·星相类·量手算命之切口》："坚：好也。"清傅崇矩《成都通览·成都之江湖言词·人事类》："好：坚；响坚；坚通。"宋陈元靓辑《事林广记·续集·绮谈市语·拾遗门》："真：坚；囗。"

【坚烘当】《切口大词典·武术类·男女共同变戏法者之切口》："坚烘当：女子之有貌者。"

【坚居】 明程万里《鼎锲徽池雅调南北官腔乐府点板曲响大明春·六院汇选江湖方语》："坚居，谓好与标致也。"

【坚科】《行院声嗽·通用》："真：坚科。"

【坚老】《切口大词典·行号类·砖灰行之切口》："坚老：石子也。"

【坚垒】《新刻江湖切要·地理类》："石：土骨；坚垒；[广]分磊；伏虎；踞豹；子践。"《江湖切口要诀》(尺牍增附本)："石：土骨；坚垒；[广]分磊；伏虎；踞豹；子践。"清傅崇矩《成都通览·成都之江湖言词·地理类》："土：戊转，万生。水：壬癸，龙转，归，朝宗。石：土骨，坚垒；分磊；伏虎；踞豹；子践。"

【坚立】《新刻江湖切要·身体类》："标致：坚立。"《切口大词典·星相类·相家之切口》："坚立：标致也。"清傅崇矩《成都通览·成都之江湖言词·身体类》："标致：坚立。"

【坚龙】《新刻江湖切要·乐器类》："箫：坚龙；火通；增曰引风。"

【坚琴】《新刻江湖切要·珍宝类》："好银曰坚琴。"

【坚通】《新刻江湖切要·人事类》："好：坚；响坚；坚通。"《切口大词典·巫卜类·六壬课之切口》："坚通：好也。"清傅崇矩《成都通览·成都之江湖言词·人事类》："好：坚；响坚；坚通。"

【坚窨】《新刻江湖切要·宫室类》："厅：巨方；坚窨。"

【肩上】 明程万里《鼎锲徽池雅调南北官腔乐府点板曲响大明春·六院汇选江湖方语》："肩上，是哥哥也。"

【肩下】 明程万里《鼎锲徽池雅调南北官腔乐府点板曲响大明春·六院汇选江湖方语》："肩下，是兄弟也。"

【肩壮】《新刻江湖切要·器用类》："盒子：肩壮。"清傅崇矩《成都通览·成都之江湖言词·器用类》："盒子：肩壮。"

【监儿】《行院声嗽·鸟兽》："皮：监儿。"

【兼欠】《新刻江湖切要·生死类》："子多：兼欠。"《切口大词典·星相类·拉和琴算命之切口》："兼欠：子多也。"清傅崇矩《成都通览·成都之江湖言词·生死类》："子多：兼欠。"

【兼容】《新刻江湖切要·天文类》："天：乾公；[广]一大；轻清；无外；云表；兼容；并包；司覆公；高明君。"清傅崇矩《成都通览·成都之江湖言词·天文类》："天：乾公；一天；轻清；无外；云表；兼容；并包；司覆公；高明君。"《江湖切口要诀》(尺牍增附本)："云表；兼容；并包；司覆公；高明君。"《切口大词典·医药类·自称戏子治病者之切口》："兼容：同上（无外；天也）。"

【煎熳】《切口大词典·医药类·医生之切口》："煎熳：煮药也。"

【煎熳者】《新刻江湖切要·医药类》："膏药：圆纸，又改涂圆。煎熳者，煎药之称。"清傅崇矩《成都通览·成都之江湖言词·医药类》："膏药：圆纸；涂圆。煎熳者，煎药之称。"

【煎糟】《切口大词典·杂业类·饭店业之切口》："煎糟：糟青鱼用油煎烧也。"

【缣物】 宋陈元靓辑《事林广记·续集·绮谈市语·玉帛门》："帛：缣物。"

【拣尸】 ①《新刻江湖切要·人事类》："敲背为拣尸[此语可恶]。"《切口大词典·武术类·住宅保镖者之切口》："拣尸：敲背也。"清傅崇矩《成都通览·成都之江湖言词·人事类》："敲背：拣尸。"②贝思飞《民国时期的土匪隐语》："拣尸：地方民团。"

【俭】 清佚名《郎中医话》："俭，是小、少。"《江湖走镖隐语行话谱》："少的为俭。"学古堂《江湖行话谱·行意行话》："少，为俭。"

【俭地来】《江湖走镖隐语行话谱》："不发财：俭地来。"

【俭梁子】《郎中医话》："俭梁子，是小道。"

【捡作】《兽医串雅杂钞》："药渣子，叫浑末子。放大血，叫掰大卦。学艺的，叫捡作。"《兽医串雅杂钞》："自称，曰'捡作'；或说'学徒'。"《兽医串雅杂钞》："自称，曰'捡作'；或说'学徒'。"

【检场的】《梨园话》："检场的：管理戏台上一切杂物者，谓之检场的。"[附记]检场之难甚于演戏，非断轮老手，不能担任。第一须知剧中之场面及节调；第二须手急眼快，临事周章，不至混乱。否则，必要受角色呵叱。其最难者即为散火彩。以局外人观之，似属易事，然实难于他技也。其法以火纸叠成折形，夹于中指食指之间，复加一小碗，内盛松香末，冲火而出，能随角色前后上下左右绕场连炽。最难莫属于过梁。过梁乃隔城而撒之者。若用力过大，其燃成之松香末，必落于台下。用力太小，则焰火落于演员身上，皆甚危险。又如松香末撒时过多，其火落而不息。过少，则火小而成烟。其难可想见矣。辛未三月初九日，余与老友谢素生、张次溪二君，往访阎君寿春。寿春，内廷老供奉，现为杨伶小楼检场。见吾辈来谈，极所欢迎，乃将撒火彩之法，及经历各事，详为口述。谢君曾濡笔记之，文曰，火彩为检场人职务上之一，"检场"本名"走场"；系清代升平署所定之名称，外间不敢沿用，改曰"检场"，居场上最重要之部分。凡场面之种种，无一不当明瞭熟悉于胸中，不致临场无所措其手足。梨园公益曾是以列之剧通科，火彩所必要，全凭手术。非练习于平素，得心应手，断不能雷雨烈风之历试不迷。脱腕如天花之雨，遍地氤氲，为剧目增加精彩。原其所以发明，盖用以表现各种幻象，作实地之描写，使剧中情况一一明显于当场，又借以助威。又，今演者于光明放出之际，施其逐样身段，不啻有所凭仗，得尽力于欧阳描画，加倍生色。其间亦自具有理由，等于绘水绘声，无处不令人注意，无处不示人用意。可从迹象之中，想象以得其真相。有如神仙鬼怪剧，或变化于顷刻，苍狗白云之幻；或声散步虚，天风吹下；或列御寇之御行，隐现于愁云惨雾中，怳首尾神龙，获从而一见；或雾作蚩尤，迷方待指；或垢吹风伯，朕兆预形；或南山之豹，可窥于一斑［校案：原作"班"，显误，径改。］"

【检臭鱼】 贝思飞《民国时期的土匪隐语》："检臭鱼：被捕。"

【检到花脸】 卫大法师《江湖话·红帮各地通行隐语·偷盗类》："偷公鸡：检到花脸。"

【检到小旦】 卫大法师《江湖话·红帮各地通行隐语·偷盗类》："偷母鸡：检到小旦。"

【检荣钱】 卫大法师《江湖话·红帮各地通行隐语·偷盗类》："偷鸡：检荣钱。"

【剪边】 《切口大词典·党会类·小瘪三之切口》："剪边：揩油也。"《切口大词典·党会类·小瘪三之切口》："剪边：揩油之别名也。"

【剪春罗】 《切口大词典·医药类·摆草药摊之切口》："剪春罗：俗呼碎剪罗。能治火带疮。"

【剪拂】 《新刻江湖切要·人事类》："拜曰剪拂。"明佚名《行院声嗽·人事》："拜：剪拂。"《切口大词典·武术类·卖拳头者之切口》："剪拂：拜也。"清傅崇矩《成都通览·成都之江湖言词·人事类》："拜：剪拂。"清翟灏《通俗编·识余·市语》："江湖人市语尤多，坊间有《江湖切要》一刻，事事物物，悉有隐称。诚所谓惑乱听闻，无足采也。其间有通行市井者，如官曰孤司，店曰朝阳，夫曰盖老，妻曰底老，家人曰吊脚，僧曰廿三，道士曰廿四，成衣曰戳短枪，抬轿曰扳楼儿，剃头曰削青，船白瓢儿，屋曰顶公，银曰琴公，钱曰把儿，米曰软珠，饼曰匾食，盐曰瀽老，鱼曰豁水，鸭曰王八，鞋曰踢土，镜曰照儿，抹布曰踢郎，坐曰打墩，拜曰剪拂，揖曰丢圈子，叩头曰丢匾子，写字曰捌黑，说话曰吐刚，被欺曰上当，虚奉承曰王六，大曰太式，多曰满太式，无曰各念，俱由来于此语也。"

【剪红罗】 《切口大词典·杂流类·卖花者之切口》："剪红罗：剪青罗也。"

【剪角】 ①《新刻江湖切要·人物类》："小娃：剪角；[改]蚬子；蚌胎。"《江湖切口要诀》(尺牍增附本)："小娃：剪角，改蚬子，蚌胎。"清傅崇矩《成都通览·成都之江湖言词·人物类》："小娃：剪角；蚬子；蚌胎。"②《切口大词典·杂流类·剃头婆之切口》："剪角：小丫头也。"

【剪口】 《切口大词典·党会类·红帮之切口》："剪口：出阵冲锋，胡作胡为也。"

【剪列血】 明风月友辑《金陵六院市语》："少者为剪列血。"

【剪披】 《新刻江湖切要·人物类》："学生：剪披；丁七；[广]忧养子。"《江湖切口要诀》(尺牍增附本)："学生：剪披；丁七。[广]忧养子。"《切口大词典·医药类·摇虎撑者之切口》："剪披：学生也。"清傅崇矩《成都通览·成都之江湖言词·人物类》："学生：剪披；丁七；忧养子。"

【剪骗】清傅崇矩《成都通览·成都之袍哥话即江湖话也》："剪骗，代结账也。"

【剪票】贝思飞《民国时期的土匪隐语》："剪票：割下人质的耳朵或手指。"

【剪牙】①《新刻江湖切要·星相类》："抄命：剪牙。"②《新刻江湖切要·星相类》："惯走江湖曰相府。[增]周流（游）列国；关肚仙，亦称剪牙，[增]鬼凭儿。原名又曰关川生；献师；烧黄七。"清傅崇矩《成都通览·成都之江湖言词·星相类》："惯走江湖：相府；周游列国；关肚仙；剪牙；鬼凭儿；关川生；献师；烧黄七。"③《切口大词典·星相类·鸟衔算命之切口》："剪牙：算命也。"

【减】《镖行江湖隐语行话秘典》："少，为减。"

【减额子】《切口大词典·商铺类·食盐业之切口》："减额子：以多报少也。"

【简料】《切口大词典·杂流类·贩人口者之切口》："简料：寡妇也。"

【碱楚】清末民初佚名《镖行江湖隐语行话秘典》："钱，为楚；无钱，为各念；小钱，为碱楚；大钱，为海楚。"

【蒟拂】贝思飞《民国时期的土匪隐语》："蒟拂：跪下。"

【蹇老】《新刻江湖切要·鸟兽虫鱼类》："驴：蹇老[增]。"

【见】①《切口大词典·商铺类·布疋业之切口》："见：七也。"②《切口大词典·巫卜类·茶馆测字者之切口》："见：有也。"

【见红】《切口大词典·衙卒类·侦探之切口》："见红：击伤也。"

【见母舅】卫大法师《江湖话·安庆隐语》："进当铺：见母舅。"

【见山】《切口大词典·工匠类·理发匠之切口》："见山：吃饭。"

【见世面】《切口大词典·盗贼类·拐匪之切口》："见世面：拐匪送被拐之幼女入妓院也。"《清门考原·各项切口》："见世面，拐匪将妇女送入妓院也。"

【见掀】《行院声嗽·伎艺》："踢球：见掀。"

【见玉】《切口大词典·武术类·卖拳头者之切口》："见玉：以尖刀戳入腹中，求怜顾客者。"

【见藻】《切口大词典·商铺类·古董业之切口》："见藻：足炉也。"

【见尊亲】《切口大词典·杂流类·喜婆之切口》："见尊亲：拜见翁姑也。"

【见作】《镖行江湖隐语行话秘典》："好，为见作。"

【件半】《切口大词典·手艺类·织补业之切口》："件半：羊裘袍子也。"

【件头】《切口大词典·商铺类·嫁妆业之切口》："件头：凳子也。"

【建绒】《切口大词典·工匠类·扎花匠之切口》："建绒：丝也。"

【建小水】《切口大词典·行号类·咸货行之切口》："建小水：小黄鱼鲞也。"

【建庄】《切口大词典·行号类·缸坛行之切口》："建庄：略大于京庄。"

【贱戏】《家里宝鉴·隐语》："到会曰'贱戏'。"

【贱狭】《切口大词典·娼妓类·粤妓之切口》："贱狭：轻佻之人也。"

【健色】《蹴鞠谱·锦语》："气球：健色。"

【涧演麻撒】学古堂《江湖行话谱·保镖护院行话概略》："路沟有人，涧演麻撒，哈武。"

【鉴容】《切口大词典·商铺类·竹器业之切口》："鉴容：镜子也。"

【键老】《切口大词典·杂流类·吹打者之切口》："键老：敲鼓也。"

【踺子】《切口大词典·优伶类·武行中之切口》："踺子：两腿落地也。"

【箭杆苗文】《江湖走镖隐语行话谱》："韭菜为箭杆苗文。"

【箭头草】《切口大词典·医药类·摆草药摊之切口》："箭头草：紫花地丁也，可以治一切痈疽、发背、丁疮等。叶似柳而细，夏开紫花结角，平地生者起茎，沟边生起蔓。"

【箭子】《切口大词典·行号类·粮食行之切口》："箭子：米粒细长而白者。"

【眮泉】宋陈元靓辑《事林广记·续集·绮谈市语·举动门》："泪：眮泉；眼汪。"

jiang

【江】卫大法师《江湖话·各行业商帮所用数

目字隐语·其他·安徽》："才：一。元：二。汉：三。江：四。水：五。仁：六。义：七。楚：八。云：九。山：十。"

【江风】 清翟灏《通俗编·识余·市语·优伶》："优伶：一江风，二郎神，三学士，四朝元，五供养，六幺令，七娘子，八甘州，九菊花，十段锦。"

【江湖】 ①卫大法师《江湖话·江湖上的隐语》："此处所谓'江湖'，指：一、算命相面拆字等（总名为'巾行'）。二、医病卖膏药等（总名为'法行'）。三、戏法（彩法，手法，案法等，总名为'李子'）。四、打拳跑马者。另有其他普遍二类。" ②《切口大词典·党会类·哥老会之切口》："江湖：湖南湖北河南等省之称会也。" ③《切口大词典·杂业类·旅馆之切口》："江湖：三教九流之客人也。"金老佛《三教九流江湖秘密规矩·青帮与红帮·九流之区别》："三教九流，统称为江湖。三教为儒释道，九流分上中下三等。上九流为官府，即一流宰相二尚书，三流督抚四藩臬，五流提台六镇台，七道八府九知州。此九流皆系官职，不知如何亦以江湖目之，实为奇异。中九流即一流医生二流金，三流漂行四流推，五流琴棋六书画，七僧八道九麻衣。其中所谓金者，即算命先生；漂行者即写字之人；推者即测字先生；麻衣即相士。皆江湖隐语也，惟书画琴棋，本清高之品，奈何亦视为江湖，未免不类。而今世固有所谓戳黑者，写几个涂鸦之字，画几笔红绿之画，沿途求卖者，而挟一胡琴，到处拉扯以索钱，设一小摊，摆设棋势以求值者，亦时有所见。所谓书画琴棋者，盖即指此辈而言也。下九流者，即一流忘八二流龟，三流戏子四流吹，五流大财六小财，七牛八窑九叫化。凡开设妓院，或在妓院为佣之男子，统称为忘八。言其忘却孝悌忠信，礼义廉耻八字也，或以忘八作乌龟解实误。凡从妻不贞卖淫以渔利者为之龟，盖龟不能交，赖蛇交焉，因以为喻。所谓吹者，即吹鼓手之别名。大财即耍大把戏者，如卖解等是。小财即耍小把戏者，如变戏法等是也。生为剃头者之别名。凡贩卖烟土开设烟馆者皆称为吹灰也。"《清门考原·各项切口》："江湖，空手求财之人。"刘联珂《中国帮会三百年革命史·清门切口》："江湖，空手求财之人。"

【江湖话】 清傅崇矩《成都通览·成都之袍哥话即江湖话也》："成都之袍哥话即江湖话也。"

【江湖友】 《新刻江湖切要·星相类》："九流三教通称江湖友。"清傅崇矩《成都通览·成都之江湖言词·星相类》："九流三教：通称江湖友，初出江湖曰卯喜；隆中。应聘，谓才出茅庐也。"

【江浪】 清傅崇矩《成都通览·成都之江湖言词·人事类》："骂：郎千；发千；响柳；江浪。"

【江吏】 宋陈元靓辑《事林广记·续集·绮谈市语·水族门（虫附）》："龟：先知君；江吏。"

【江南花】《切口大词典·医药类·摆草药摊之切口》："江南花：黑牵牛花也。小儿夜啼，用黑牵牛一钱，以水调敷脐上即止。"

【江片】 朱琳《洪门志·春典子琐记·店铺》："肉店，称江片。"

【江片子】 卫大法师《江湖话·红帮各地通行隐语·饮食用品类》："肉：江片子，瓜子，留千子。"《清门考原·各项切口》："江片子，肉也。"清傅崇矩《成都通览·成都之呼物混名》："江片子：肉也。"

【江扇子】《切口大词典·盗贼类·越墙贼之切口》："江扇子：已开之门也。"

【江司】《切口大词典·行号类·蛋船行之切口》："江司：船夫也。"

【江西】 朱琳《洪门志·春典子琐记·店铺》："瓷店，称江西。"

【江西老】《切口大词典·工匠类·淘砂匠之切口》："江西老：碎碗片也。"

【江戏】《蹴鞠图谱·圆社锦语》："江戏：鱼。"

【江州】《切口大词典·医药类·摇虎撑者之切口》："江州：旅馆也。"

【姜】 李子峰《海底·闽粤及南洋各地通行之隐语》："慈姑烟：姜；寸姜。"

【姜过】《郎中医话》："姜过，是珠子。"

【姜客】《江湖走镖隐语行话谱》："猪为姜客。"

【姜片】 金老佛《三教九流江湖秘密规矩·青帮与红帮·江湖之春典》："肉称姜片。"

【将叉】 清傅崇矩《成都通览·成都之江湖言词·人物类》："好人：将叉；念将通。使女：缝裳；燕人；拐七；蹑足陈平；闻雷坠筋。"

【将插】《切口大词典·工匠类·石匠之切口》："将插：石级也。"

【将代巍】《新刻江湖切要·官职类》："太子：[补]巍欠；将代巍。"

【将抖】 云游客《江湖丛谈·江湖之春点》："大姑娘叫将抖。"

【将军】 ①《新刻江湖切要·器用类》："锁；将军；红尹。"《切口大词典·杂流类·收旧货之切口》："将军：锁也。"清傅崇矩《成都通览·成都之江湖言词·器用类》："锁；将军；红尹。" ②卫大法师《江湖话·红帮各地通行隐语·其他用具对象类》："骰子：将军，叫子，跟斗子。"《切口大词典·赌博类·牌九赌之切口》："将军：骰子也。"《清门考原·各项切口》："将军，骰子也。"李子峰《海底·各地通行隐语》："骰子：将军；叫子；跟斗子。"

【将军令】 ①《切口大词典·工匠类·补镬匠之切口》："将军令：罐头也。" ②《切口大词典·手艺类·骨牌业之切口》："将军令：骰子也。"

【将康】《新刻江湖切要·人事类》："骗人曰将康。"《切口大词典·巫卜类·席地测字者之切口》："将康：骗人也。"《切口大词典·星相类·量手算命之切口》："将康：骗人也。"清傅崇矩《成都通览·成都之江湖言词·人事类》："骗人：将康。"

【将肯】《新刻江湖切要·人事类》："假钞曰将肯。"清傅崇矩《成都通览·成都之江湖言词·人事类》："假钞：将肯。"

【将离】《切口大词典·医药类·药行业之切口》："将离：芍药也。"《切口大词典·杂业类·花业之切口》："将离：芍药花也。"

【将了】《切口大词典·星相类·铁板算命之切口》："将了：午后也。"

【将气签】《新刻江湖切要·人事类》："说本事：将气签。"《切口大词典·巫卜类·蛤壳测字者之切口》："将气签：说本事也。"清傅崇矩《成都通览·成都之江湖言词·人事类》："说本事：将气签。"

【将琴】《新刻江湖切要·珍宝类》："铜银曰将琴。"

【将入】《切口大词典·武术类·打连箱者之切口》："将入：好人也。"

【将上坡】 将上坡。卫大法师《江湖话·四川灌县轿夫隐语》："将上坡——前：'山神土地'；后：'各打主意'。"

【将手环】 卫大法师《江湖话·江湖上的隐语·普通隐语》："抢金戒子：将手环。"

【将义】《新刻江湖切要·人物类》："好人：将义；念将通，[广]使女缝裳。"《江湖切口要诀》（尺牍增附本）："好人：将义；念将通，[广]使女缝裳。"

【将寅】《新刻江湖切要·鸟兽虫鱼类》："猫：将寅；穿梁；夜明。"

【将昃】《新刻江湖切要·时令类》："端午正中；[广]日中；将昃。"

【将子】《切口大词典·武术类·挂布招牌教戏法者之切口》："将子：骗人也。"

【浆】《切口大词典·医药类·点痣者之切口》："浆：药也。"

【浆斗】《切口大词典·役夫类·茶担夫之切口》："浆斗：酒杯也。"

【浆壶】《切口大词典·役夫类·茶担夫之切口》："浆壶：酒壶也。"

【浆巾】《切口大词典·医药类·点痣者之切口》："浆巾：点痣药。"

【浆水】 朱琳《洪门志·春典子琐记·店铺》："豆腐店，称浆水。"

【浆挑】《切口大词典·医药类·点痣者之切口》："浆挑：竹签也。"

【浆头】《切口大词典·役夫类·茶担夫之切口》："浆头：酒也。"

【浆子】《切口大词典·衙卒类·侦探之切口》："浆子：水也。"

【僵尸倒】《切口大词典·优伶类·武行中之切口》："僵尸倒：直立挺身，向后倒地也。"

【疆】 卫大法师《江湖话·红帮闽粤及南洋各地通行隐语》："慈姑烟：疆，寸疆。"

【讲】 学古堂《江湖行话谱·估衣行话》："走曰讲。"

【讲鬼】《切口大词典·娼妓类·粤妓之切口》："讲鬼：说谎话也。"

【讲斤头】 ①《切口大词典·党会类·流氓之

切口》:"讲斤头：拆梢也。"②《切口大词典·衙卒类·侦探之切口》:"讲斤头：拷竹杠而论值也。"

【奖挨出】《新刻江湖切要·亲戚类》:"做阿婆曰奖挨出，疑为将挨出，今改为代太阴。"

【奖欠】《新刻江湖切要·亲戚类》:"继子：奖欠；失欠。今改赢负，谓螟蛉子也。"

【奖欠才】《新刻江湖切要·亲戚类》:"义媳曰了角，今姑改奖欠才。"

【奖日】《新刻江湖切要·亲戚类》:"继父：奖日；今改莫顾，取《诗》，谓他人父之意。"

【奖上】《新刻江湖切要·亲戚类》:"继兄：奖上，今改上莫闻。"

【奖下】《新刻江湖切要·亲戚类》:"继弟：奖下，今改下莫闻。总取谓他人昆也。"

【奖月】《新刻江湖切要·亲戚类》:"继母：奖月；今改莫有，谓他人母也。"

【奖重欠】《新刻江湖切要·亲戚类》:"义孙曰食木欠，今姑改为奖重欠。"

【降龙】《新刻江湖切要·乞丐类》:"弄蛇：扯溜；[改]降龙。"清傅崇矩《成都通览·成都之江湖言词·乞丐类》:"弄蛇：扯溜；降龙。"

【降神】《切口大词典·商铺类·香烛业之切口》:"降神：降香也。"

【绛纱丸】《切口大词典·商铺类·南货业之切口》:"绛纱丸：荔枝之总称也。"

【绛丝】《切口大词典·医药类·摆草药摊之切口》:"绛丝：紫草也。专治小儿疮毒。"

【绛珠】《切口大词典·医药类·药行业之切口》:"绛珠：花椒也。"

【酱瓣草】《切口大词典·行号类·菜蔬行之切口》:"酱瓣草：野苋菜也。"

【酱滑老】《切口大词典·役夫类·茶担夫之切口》:"酱滑老：酱油也。"

【酱老】朱琳《洪门志·春典子琐记·店铺》:"酱园，称酱老。"

【酱水】《切口大词典·手艺类·髹漆业之切口》:"酱水：柿漆也。"

jiao

【交】①《江湖切口要诀》（尺牍增附本）:

"半夜：太和。[广]交。"②《切口大词典·行号类·猪行之切口》:"交：六也。"《切口大词典·杂流类·卖玉器之切口》:"交：六也。"清傅崇矩《成都通览·成都之各行人买卖通用言词·成衣收荒通用言词》:"六，交。"

【交白船】《切口大词典·娼妓类·江山船之切口》:"交白船：江山船也，徽江一带，及兰溪、金华、富阳等处，妓女多在船中营业如无锡之灯船，广州之珠娘也。"

【交背衣】《切口大词典·手艺类·洋机缝衣业之切口》:"交背衣：椅套也。"

【交不又】宋陈元靓辑《事林广记·续集·绮谈市语·数目门》:"六：交不又；□。"

【交叉】《切口大词典·杂流类·收旧货之切口》:"交叉：裤子也。"

【交床】宋陈元靓辑《事林广记·续集·绮谈市语·器用门》:"交椅：胡床；交床。"

【交代】①《梨园话》:"交代：身段之暗示，谓之'交代'。"②《切口大词典·杂业类·商人共众切口》:"交代：彼此相替也。"

【交儿】《切口大词典·工匠类·剔脚匠之切口》:"交儿：手巾也。"

【交欢】《清门考原·各项切口》:"交欢，男女结婚由老师传证明。"

【交口利】《切口大词典·盗贼类·拐匪之切口》:"交口利：齿不缺也。"

【交亮】《切口大词典·盗贼类·杆匪之切口》:"交亮：盗与兵对击之谓也。"

【交木】《切口大词典·杂业类·铁器店之切口》:"交木：钉也。"

【交脐】《切口大词典·杂流类·收生婆之切口》:"交脐：剪刀也。"

【交壬】《切口大词典·赌博类·牌九赌之切口》:"交壬：三二牌也。"

【交条子】《切口大词典·医药类·卖膏药者之切口》:"交条子：辫子也。"

【交子】《切口大词典·杂流类·卖花带者之切口》:"交子：剪刀也。"

【娇桃】《切口大词典·商铺类·颜料业之切口》:"娇桃：胭脂也。"

【椒才】《新刻江湖切要·亲戚类》:"婶母：右月；月下部，称月下才；椒才。"

【椒老】《新刻江湖切要·亲戚类》:"叔父：

右日，日下部；椒老。"

【椒盐含口】《切口大词典·商铺类·茶食业之切口》："椒盐含口：烧饼也。"

【蛟帐】李子峰《海底·闽粤及南洋各地通行之隐语》："灯笼：鱼虾；蛟帐。"

【焦斗】《新刻江湖切要·器用类》："棺材：焦斗。"清傅崇矩《成都通览·成都之江湖言词·器用类》："棺材：焦斗。"

【焦根根】《新刻江湖切要·疾病类》："痨病：火延年；赤太岁；焦根根。"清傅崇矩《成都通览·成都之江湖言词·疾病类》："痨病：火延年；赤太岁；焦根根。"

【焦青】《切口大词典·商铺类·丝经业之切口》："焦青：姓王者。"

【焦桃】《切口大词典·商铺类·茶食业之切口》："焦桃：桃肉糕也。"

【焦行】《新刻江湖切要·僧道类》："化缘：焦行。"清傅崇矩《成都通览·成都之江湖言词·僧道类》："化缘：焦行。"

【焦枝】《新刻江湖切要·草木百果五谷类》："根曰焦枝。"

【角】《切口大词典·优伶类·角行之切口》："角：伶人统称也，如唱生曰生角，唱旦曰旦角者是。"

【角棓】《切口大词典·商铺类·杂货业之切口》："角棓：棓子之次者。"

【角兜】《新刻江湖切要·器用类》："铜杓：角兜。"《切口大词典·役夫类·庖夫之切口》："角兜：铜杓也。"清傅崇矩《成都通览·成都之江湖言词·器用类》："铜杓：角兜。"

【角儿】①《新刻江湖切要·草木百果五谷类》："菱：角儿。"②《梨园话》："角儿：角色之简称，乃串演剧中人之人也。"[附记]《梨园原》一书，为梨园前辈黄幡绰先生所撰，成书于乾隆嘉庆年间，其中所述以王大梁《详论角色》一文为最佳，兹录之于下，文曰："角色者，言其本角之物色也。生者主也。凡一剧由主而起，一峡之事，在其主终始，故曰'生'。'旦'者，乃与寅刻之先，以男扮女，是男非男，似女非女。见时不能分，因其扮妆时，在天甫黎明，故曰'旦'。'丑'者，即'醜'字，言其丑陋，匪人所及，撮科打诨，丑态百出，故曰'丑'。'净'者，静也，言其闹中取静，静中取闹，故曰'净'。'外'者，以外姓人，有尊崇之色也，故曰'外'。'老旦'，其所司母姑乳婆，亦应于黎明扮装，老少虽不同，其以男扮女，则一也，故曰'老'。'旦末'者，道始末也，先出场，述其家门，言其始末，故曰'末'。小生，或作主之子侄，或作良朋故旧，或作少年英雄，或作浪荡子弟，故曰'小生'。小旦 或侍妾，或养女，成娼妓或不贞之妇，故曰'小旦'。贴旦，即付旦也。凡男女角色，既妆何等人，即当作何等人自居，喜怒哀乐，离合悲欢，皆须出于己衷，则能使看者触目动情，始为现身说法。可以善惩恶，非取其虚戈，作戏为嬉戏也。"《切口大词典·优伶类·戏园之切口》："角儿：唱戏之人也。"

【角盒】《切口大词典·工匠类·成衣匠之切口》："角盒：背心也。"

【角红】《新刻江湖切要·珍宝类》："铜曰红曲，角红。"

【角老】《切口大词典·衙卒类·侦探之切口》："角老：妇人也。"

【角马】《切口大词典·商铺类·丝经业之切口》："角马：姓冯者。"

【角黍】宋陈元靓辑《事林广记·续集·绮谈市语·饮食门》："粽：角黍。"

【角要】明程万里《鼎锲徽池雅调南北官腔乐府点板曲响大明春·六院汇选江湖方语》："角要，乃是屁眼也。"

【角子】学古堂《江湖行话谱·走江湖行话》："洋元：角子。"

【狡猾码子】卫大法师《江湖话·红帮各地通行隐语·各种行业类》："未入洪门懂洪家规矩者：白朋，狡猾码子，玲珑码子。"李子峰《海底·各地通行隐语》："未入洪门懂洪家规矩者：白朋；狡猾码子；玲珑码子。"

【绞儿】《新刻江湖切要·器用类》："剪刀：绞儿；[增] 裂帛；又断机子。"明佚名《行院声嗽·器用》："剪刀：绞儿。"《切口大词典·盗贼类·铳手之切口》："绞儿：剪刀也。"金老佛《三教九流江湖秘密规矩·青帮与红帮·江湖之春典》："剪称绞儿。"清傅崇矩《成都通览·成都之江湖言词·器用类》："剪刀：绞儿；裂帛；断机子。"

【绞儿朝阳】《切口大词典·盗贼类·对买贼之切口》："绞儿朝阳：剪刀店也。"

【脚】《切口大词典·行号类·茧行之切口》："脚：九也。"

【脚包】《切口大词典·杂流类·收旧货之切口》："脚包：袜子也。"

【脚儿】《切口大词典·手艺类·卖叫虫之切口》："脚儿：小青虫之能鸣者。"

【脚高】《切口大词典·商铺类·丝经业之切口》："脚高：善也。"

【脚下】①《切口大词典·医药类·着地摊药治病者之切口》："脚下：所站之地也。"②《切口大词典·杂流类·收卖锭灰者之切口》："脚下：卖灰之主人也。"

【脚须】朱琳《洪门志·春典子项记·物品》："毛巾，称脚须。"

【脚子】①《切口大词典·手艺类·吹糖人之切口》："脚子：竹签也。"②《切口大词典·杂流类·收旧货之切口》："脚子：凳子也。"

【搅】卫大法师《江湖话·各行业商帮所用数目字隐语·成都通行言词·收荒》："邀：一。按：二。苏：三。扫：四。疰：五。料：六。桥：七。犇：八。搅：九。"清傅崇矩《成都通览·成都之各行人买卖通用言词·收荒小生意通用言词》："九，搅。"

【搅扫】清傅崇矩《成都通览·成都之各行人买卖通用言词·收荒小生意通用言词》："搅扫，九百四。"

【筊客】《切口大词典·商铺类·乐器业之切口》："筊客：管也。"

【叫】《清门考原·各项切口》："叫，向同台赌者以密法要之也。"

【叫板】《梨园话》："叫板：未唱之先，凡以喜怒哀乐，或惊忧之声，而引起锣鼓点者，皆谓之'叫板'。[附记]叫板者，即伶工在未唱之先，或哭或笑，或喜怒忧思悲惊等声，而能引起锣鼓者。例如《女起解》苏三在台内之'苦啊'声，即所谓之'叫板'是也。按：此剧本为青衣正工，又因其身在缧绁中，受不白之冤，其苦可知。故'苦啊'之声，当哝哝如游丝断雨，徐徐发出，其锣鼓自随'叫板'之高低，而引申之。俾听者将苏三之苦，一一化于脑中。（下略——原注）（节录《顾曲金针》）中国剧于说白完后，未唱之前，须有'叫板'。其"叫板"之法不同，有时将道白之末一字声音拉长有时用一字（如呀、哎等字），有时一折袖，或一笑，或一种特别举动。音乐组一见一听，便预备奏乐随唱。将唱完时，歌者将末一字音亦拉长。音乐组一听，亦即知将完，便预备停止。按：元朝迄今日，无论何剧，每逢起唱，都有'叫板'。皮黄尤无一定腔谱，故可随时伸缩、更动。所以于歌唱起落之时，更须有一定之表示，然有时此人'叫板'，彼人唱，乃系特别的办法（见《中国剧之组织》）。"

【叫点】①云游客《江湖丛谈·江湖之春点·江湖艺人汤瞎子、田瘸子》："他说什么病能治，教有病的人讨药，行话叫作'叫点'，亦是叫人上当也。"云游客《江湖丛谈·江湖之春点·三不管中做大票的生意》："他们舍药的时候，瞧那个病人能够生财，设法教病人到栈房去找他们。在屋中受他们的敲许。管这往栈房内诱病人，说行话，叫叫点。"②云游客《江湖丛谈·江湖之春点·江湖之"撒年子"把戏》："叫点，即是硬往下拉拢买卖。"

【叫粉子】《清门考原·各项切口》："叫粉子，解释误会也。"

【叫哥哥】《切口大词典·手艺类·卖叫虫之切口》："叫哥哥：青虫之能鸣者。"

【叫红】《切口大词典·杂流类·卖糕者之切口》："叫红：玫瑰糕也。"

【叫局】《切口大词典·娼妓类·长三书寓之切口》："叫局：叫妓女也。"

【叫开】①《切口大词典·党会类·流氓之切口》："叫开：讲开仇事也。"②金老佛《三教九流江湖秘密规矩·青帮与红帮·江湖之春典》："将和称叫开。"

【叫苦子】《切口大词典·杂流类·小热昏之切口》："叫苦子：专唱不卖糖而向人乞钱者。"

【叫梁子】清傅崇矩《成都通览·成都之袍哥话即江湖话也》："叫梁子，言报仇也。"

【叫樑子】《清门考原·各项切口》："叫樑子，调和息争也。"

【叫亮子】贝思飞《民国时期的土匪隐语》："叫亮子：小鸣。"

【叫龙】《新刻江湖切要·乐器类》:"笛:横闷;叫龙。"明佚名《行院声嗽·器用》:"笛:叫龙。"

【叫驴】李子峰《海底·各地通行隐语》:"枪:手铳子;牲口;叫驴;喷筒。"

【叫盘子】《切口大词典·杂流类·卖买古董者之切口》:"叫盘子:开价也。"

【叫票】贝思飞《民国时期的土匪隐语》:"叫票:对赎金金额讨价还价。"

【叫堂子】《切口大词典·党会类·红帮之切口》:"叫堂子:抢劫以石问路也。"

【叫头】《切口大词典·优伶类·腔调上之切口》:"叫头:胡琴鼓板不能随意乱奏,必得演者之暗示,然后举叶也。"

【叫严口】清傅崇矩《成都通览·成都之袍哥话即江湖话也》:"叫严口,分货也。"

【叫犹子】卫大法师《江湖话·安庆隐语》:"钟表:叫犹子。"

【叫张】《清门考原·各项切口》:"叫张,二人要牌也。"

【叫中点】《郎中医话》:"叫中点,是先贫后富。"

【叫子】卫大法师《江湖话·红帮各地通行隐语·其他用具对象类》:"骰子:将军,叫子,跟斗子。"李子峰《海底·各地通行隐语》:"骰子:将军;叫子;跟斗子。"

【叫座】《切口大词典·优伶类·伶人之切口》:"叫座:顾客长满也。"

【轿饭票】《切口大词典·娼妓类·长三书寓之切口》:"轿饭票:昔年街车未盛,而作狎游者,大都坐轿,轿夫在外专候妓院中,折钱以为饭资,故有轿饭票三字,而今名目仍在,实质已非矣。"

【较】学古堂《江湖行话谱·鲜货行话》:"较,九。"

【较量】《切口大词典·工匠类·木匠之切口》:"较量:鲁班尺也。"《切口大词典·商铺类·染色业之切口》:"较量:尺也。"《切口大词典·手艺类·席子业之切口》:"较量:尺也。"

【较龙头】《切口大词典·手艺类·秤戥业之切口》:"较龙头:校准称戥之轻重也。"

【教眉言】《切口大词典·娼妓类·相公堂子之切口》:"教眉言:美人之媚在眉端居半,如矉也,颦也,皆足增其风姿,且有用以代口,老相教目语即教眉言也。"

【醮】宋陈元靓辑《事林广记·续集·绮谈市语·拾遗门》:"写字:染;醮。"

jie

【阶前草】《切口大词典·杂流类·卖花者之切口》:"阶前草:麦门冬花也。四时不萎,根黄,白色,似麦而有须,花如红萝,实碧如珠。"

【接】《行院声嗽·数目》:"十:收;接。"

【接辫】《新刻江湖切要·亲戚类》:"后妻:迟才,今改接辫,取续发之意。"

【接财神】①《切口大词典·娼妓类·花烟间之切口》:"接财神:立在门前兜客也。"②《切口大词典·党会类·三点会之切口》:"接财神:掠乡间之富翁,密藏他处,致书家属,持银取赎也。"贝思飞《民国时期的土匪隐语》:"接财神:抓到一个家境富裕的人质。"

【接灯】卫大法师《江湖话·红帮各地通行隐语·一般人事类》:"接风:接灯。"李子峰《海底·各地通行隐语》:"接风:接灯。"

【接观音】贝思飞《民国时期的土匪隐语》:"接观音:抓到一个女人质。"清傅崇矩《成都通览·成都之袍哥话即江湖话也》:"接观音,劫人妇女图财也。"

【接客令语句】金老佛《三教九流江湖秘密规矩·青帮与红帮·接客令语句》:"如有外帮贵客在堂,则关山之前,须先唱接客令,以招呼贵客,其令云:'山东才子山西来,鸟为食来人为财,蝴蝶只为采花死,赵老只为灯光来,管你登台不登台,位台仁兄且落台。山东山西,河南陕西,广东广西,福建江西云贵两省,四川五濊五湖四海三码头,四镇五岳水关,二口上河下河,金厂银厂,四十八厂,儒释道九流三教,回汉两教,僧道两教。金皮吏册,四大江湖火雀跃门,才马利骑,四大豪杰,文官有法堂,武官有教场,咱们兄弟有公忠达义堂。达义堂上有三十把金交椅,七十二条银板凳,龙归龙位,虎归虎位,有位归位,无位分排,么满两排,看茶伺候.'此令宣毕之后,外帮贵客,即与众人为礼,略致谦逊之辞,兼以道贺也."

【接口】《切口大词典·工匠类·翻砂匠之切口》:"接口:浇铜铁时所用之杓也."

【接岭子马撒】 清末民初佚名《镖行江湖隐语行话秘典》:"土岗,为接岭子马撒."

【接笋】《梨园话》:"接笋:衔接不使间断之谓也."

【接头】①《切口大词典·党会类·流氓之切口》:"接头:打照(招)呼也."②《切口大词典·衙卒类·侦探之切口》:"接头:敲人竹杠之说客也."③《切口大词典·优伶类·武行中之切口》:"接头:武戏正角战后,两打英雄接上作战也."

【接引】 明程万里《鼎锲徽池雅调南北官腔乐府点板曲响大明春·六院汇选江湖方语》:"接引,是拐杖儿."

【接引生】《新刻江湖切要·地理类》:"桥:撑江,[广]水带,继断;接引生."《江湖切口要诀》(尺牍增附本):"桥:撑江,[广]水带,续断;接引生."清傅崇矩《成都通览·成都之江湖言词·地理类》:"桥:撑江,水带,继断,接引生."

【接引子】《切口大词典·商铺类·玉器业之切口》:"接引子:玉壶也."

【揭白留真】《江湖切口要诀》(尺牍增附本):"死胚:终八生.[广]未知生;揭白留真."《切口大词典·衙卒类·衙役之切口》:"揭白留真:死胚也."清傅崇矩《成都通览·成都之江湖言词·人物类》:"死胚:终八生;未知生;揭白留真."

【揭地】《切口大词典·衙卒类·作作之切口》:"揭地:脚也."

【揭自留真】《新刻江湖切要·人物类》:"死胚:终八生;[广]未知生;揭自留真."

【嗟】 明风月友辑《金陵六院市语》:"超者打之谓,嗟乃小之辞."

【嗟表】《蹴鞠图谱·圆社锦语》:"嗟表:少女."

【嗟答俫】 明佚名《行院声嗽·通用》:"小:嗟答俫."

【嗟姑】 明佚名《行院声嗽·人物》:"小妮子:嗟姑."

【嗟末】①《行院声嗽·伎艺》:"院本:嗟末."②《行院声嗽·人物》:"净:嗟末."

【街狗】《切口大词典·役夫类·人力车夫之切口》:"街狗:巡士也."

【街上小孩当路】 卫大法师《江湖话·四川灌县轿夫隐语》:"街上小孩当路:前:'天上一朵云';后:'地下有个人'."

【节节】 卫大法师《江湖话·红帮各地通行隐语·店钱及其他》:"发散一下:节节."

【节节高】①《切口大词典·医药类·药行业之切口》:"节节高:金石斛也."②清傅崇矩《成都通览·成都之呼物混名》:"节节高:甘蔗也."

【节筒】《清门考原·各项切口》:"节筒,伪骰子中之贯金者.可运用人功遂意而出点子."

【洁钩】《切口大词典·杂业类·禽鸟业之切口》:"洁钩:啄木鸟也."

【洁口】《新刻江湖切要·文具类》:"刷牙、括舌通名洁口."

【结弟】 施列格《天地会研究·洪家口白要诀》:"契弟或结弟,少者."

【结脚】《新刻江湖切要·人物类》:"皂隶:友竹,反竹;结脚."《江湖切口要诀》(尺牍增附本):"皂隶:友竹,反竹;结脚;贴孤通."《切口大词典·医药类·医眼病卖药者之切口》:"结脚:皂隶也."清傅崇矩《成都通览·成都之江湖言词·人物类》:"皂隶:友竹,反竹;结脚."

【结脚孙】 明程万里《鼎锲徽池雅调南北官腔乐府点板曲响大明春·六院汇选江湖方语》:"结脚孙,皂隶民快也."

【结戒】《切口大词典·手艺类·卖叫虫之切口》:"结戒:纺织娘也."

【结者】《新刻江湖切要·草木百果五谷类》:"晚豆曰结者."

【结龙】《切口大词典·巫卜类·道士之切口》:"结龙:结篆也."

【结统】《切口大词典·赌博类·牌九赌之切口》:"结统:活手算定,应用之假色,掷时便根子横转不翻身,欲五欲六无不应手."

【结缘】①《切口大词典·巫卜类·尼姑之切口》:"结缘:募化也."②《切口大词典·医药类·烧香朝山卖药者之切口》:"结缘:以药赠人也."

【结攒】《梨园话》:"结攒:戏中交战,一人抵挡数人，谓之'结攒'。"

【结珠延年】《新刻江湖切要·疾病类》："臌胀：胖延年；山风延年；结珠延年。"清傅崇矩《成都通览·成都之江湖言词·疾病类》："臌胀：胖延年；山风延年；结珠延年。"

【结坐】《新刻江湖切要·人事类》："起身曰结坐。"《切口大词典·星相类·鸟衔算命之切口》："结坐：起身欲行也。"明程万里《鼎锲徽池雅调南北官腔乐府点板曲响大明春·六院汇选江湖方语》："结坐，叫人起身。搁谚，谓物没有了。"

【桀郎】《行院声嗽·人物》："和尚：桀郎。"

【截牙】《切口大词典·医药类·祝由科之切口》："截牙：斩妖也。"

【竭老】《新刻江湖切要·娼优类》："鼓手：竭老［疑羯老之误］。"清傅崇矩《成都通览·成都之江湖言词·娼优类》："鼓手：竭老。"

【解宝】《切口大词典·党会类·哥老会之切口》："解宝：以票布传与新在园者。"

【解草】《新刻江湖切要·鸟兽虫鱼类》："羊：未流；白衣；圈判；膻老；解草；山官。"

【解木】《新刻江湖切要·时令类》："春分：解木。"《江湖切口要诀》（尺牍增附本）："春分：解木。"《切口大词典·星相类·弹弦子算命之切口》："解木：春分也。"清傅崇矩《成都通览·成都之江湖言词·时令类》："春分：解木。"

【解尸】《切口大词典·武术类·吞剑吃蛋卖戏法者之切口》："解尸：生剖人肢也。"

【解数】《蹴鞠谱·锦语》："一：解数。"《蹴鞠图谱·圆社锦语》："解数：一。"

【解缘】《切口大词典·巫卜类·道士之切口》："解缘：施食也。"

【介】《切口大词典·商铺类·金银业之切口》："介：二也。"

【介葛来朝】《新刻江湖切要·人物类》："别处人：强头生；［广］介葛来朝；集桑黄鸟。"《江湖切口要诀》（尺牍增附本）："别处人：强头生。［广］介葛来朝；集桑黄鸟。"《切口大词典·医药类·摇虎撑者之切口》："介葛来朝：别处人也。"清傅崇矩《成都通览·成都之江湖言词·人物类》："别处人：强头生；介葛来朝；集桑黄鸟。"

【介扇子】《切口大词典·盗贼类·越墙贼之切口》："介扇子：已闭之门也。"

【戒摩】《切口大词典·党会类·哥老会之切口》："戒摩：指教也。"

【借道走】贝思飞《民国时期的土匪隐语》："借道走：要求士兵不加干扰地放行。"

【借干铺】《切口大词典·娼妓类·八大胡同妓院之切口》："借干铺：无留髡之实，不过借妓院住一宿而已。"

【借光】①清末民初佚名《镖行江湖隐语行话秘典》："囗腰（动作），借光。"②《切口大词典·工匠类·剔脚匠之切口》："借光：灯也。"《切口大词典·巫卜类·席地测字者之切口》："借光：灯也。"《切口大词典·杂业类·纸扎店之切口》："借光：纸灯也。"③《切口大词典·优伶类·戏园之切口》："借光：不名钱而顾戏者，此辈内地为多。"

【借粮】《切口大词典·衙卒类·粮柜之切口》："借粮：将粮银先挪用也。"

【借小房子】《切口大词典·娼妓类·长三书寓之切口》："借小房子：妓与恩客之幽欢场所也，或个人住宅。"

【借照子】《切口大词典·乞丐类·乞丐之切口》："借照子：挖眼睛也。"

jin

【巾】①清唐再丰《鹅幻汇编·江湖通用切口摘要》："江湖诸技，总分四行，曰：巾、皮、李、瓜。"②清翟灏《通俗编·识余·市语·典当》："典当：一口，二仁，三工，四比，五才，六回，七寸，八本，九巾。"

【巾点】云游客《江湖丛谈·江湖之春点·江湖中巾点中之自来簧》："相面的这行儿，调侃叫'巾点'，又叫'饿巾'，又叫'饿盘的'。"

【巾老】《新刻江湖切要·人物类》："教书生：巾老；子曰通；［广］传册；又传醯。"《江湖切口要诀》（尺牍增附本）："教书生：巾老；子曰通。［广］传册。又传醯。"《切口大词典·医药类·摇虎撑者之切口》："巾老：教书先生也。"清傅崇矩《成都通览·成都之江湖言词·人物类》："教书生：巾老；子曰通；传册；传醯。"

【巾帽】 清傅崇矩《成都通览·成都之江湖言词·衣饰类》:"巾帽:顶天;顶元。"

【巾皮李瓜】 金老佛《三教九流江湖秘密规矩·江湖通用切口》:"江湖诸计,分四行,曰巾皮李瓜。行此者名曰相夫,凡做相夫者,不曰做,而曰当,故自称当相夫。"

【巾行】 清唐再丰《鹅幻汇编·江湖通用切口摘要》:"算命、相面、拆字等类,总称曰巾行。"卫大法师《江湖话·江湖上的隐语》:"此处所谓'江湖',指:一、算命相面拆字等(总名为'巾行')。二、医病卖膏药等(总名为'法行')。三、戏法(彩法,手法,案法等,总名为'李子')。四、打拳跑马者。另有其他普遍二类。"《清门考原·各项切口》:"巾行,凡算命、相面、拆字等类,总称曰巾行。"金老佛《三教九流江湖秘密规矩·江湖通用切口》:"算命相面拆字等类总称曰巾行。"清末民初佚名《镖行江湖隐语行话秘典》:"算命、相面、拆字等类,总称曰巾行。"学古堂《江湖行话谱·江湖行话》:"巾,皮,李,瓜。算命相面测字等,总称巾行。"

【巾子】 金老佛《三教九流江湖秘密规矩·青帮与红帮·江湖之春典》:"算命者称巾子。"

【巾子行】 卫大法师《江湖话·红帮各地通行隐语·各种行业类》:"相面等:巾子行。"李子峰《海底·各地通行隐语》:"相面等:巾子行。"

【斤丘】 ①《新刻江湖切要·人物类》:"匠工:衍身[等];斤丘。"清傅崇矩《成都通览·成都之江湖言词·人物类》:"匠工:衍身;斤丘。"②《江湖切口要诀》(尺牍增附本):"匠工:衍身。[广]斤丘。"《切口大词典·星相类·立墙壁相面之切口》:"斤丘:上匠也。"

【斤通】《切口大词典·商铺类·香烛业之切口》:"斤通:一斤重之烛也。"

【斤头】《切口大词典·党会类·青帮之切口》:"斤头:拆梢也。"

【今处】 学古堂《江湖行话谱·行意行话》:"无钱,为今处。"

【今交子】《新刻江湖切要·人事类》:"笑:巧倩;完凯;今交子。"《切口大词典·武术类·打连箱者之切口》:"今交子:笑也。"

清傅崇矩《成都通览·成都之江湖言词·人事类》:"笑:巧倩;完凯;今交子。"

【今太岁】《切口大词典·星相类·铁板算命之切口》:"今太岁:今年也。"

【金】 ①《切口大词典·商铺类·布疋业之切口》:"金:八也。"②《切口大词典·杂流类·收旧货之切口》:"金:九也。"③《清门考原·各项切口》:"旧货生意切口数目(一、二、三、四、五、口、人、工、比、才;六、七、八、九、十、伟、寸、根、本、金)。"云游客《江湖丛谈·江湖之金点·江湖自嘲之暗语》:"金,指算卦的金点而言。"

【金八】 卫大法师《江湖话·红帮闽粤及南洋各地通行隐语》:"烧鸭:金八。"李子峰《海底·闽粤及南洋各地通行之隐语》:"烧鸭:金八。"

【金饼】《切口大词典·商铺类·蜜饯业之切口》:"金饼:桔子饼也。"

【金不换】 卫大法师《江湖话·红帮各地通行隐语·店钱及其他》:"秘密书:海底,金不换。"《家里宝鉴·隐语》:"秘密书曰'金不换,海底'。"李子峰《海底·闽粤及南洋各地通行之隐语》:"会中秘密书:衫仔;海底;金不换。"平山周《中国秘密社会史·哥老会隐语》:"秘密书曰金不换,曰海底。"徐珂《清稗类钞·会党类·哥老会隐语》:"秘密书曰金不换,曰海底。"

【金草】《新刻江湖切要·身体类》:"黄:金草。"《切口大词典·星相类·相家之切口》:"金草:面之黄者。"清傅崇矩《成都通览·成都之江湖言词·身体类》:"黄:金草。"

【金钗】《切口大词典·行号类·粮食行之切口》:"金钗:糯米名。粒长而酿酒倍多。"

【金钗十二】《新刻江湖切要·文具类》:"双陆:抛;[增]金钗十二。"

【金城】《切口大词典·行号类·粮食行之切口》:"金城:粒尖色红,米性梗硬。"

【金川】《新刻江湖切要·生死类》:"杀死:侵川;增曰金川。"《切口大词典·衙卒类·作之切口》:"金川:斫毙也。"清傅崇矩《成都通览·成都之江湖言词·生死类》:"杀死:侵川;金川。"

【金钏】《切口大词典·党会类·流氓之切

口》："金钏：手梏也。"

【金刀】《新刻江湖切要·器用类》："挕子：金刀。"《切口大词典·杂流类·收旧货之切口》："金刀：大梳篦也。"清傅崇榘《成都通览·成都之江湖言词·器用类》："挕子：金刀。"

【金地】《新刻江湖切要·地理类》："山西：金地，[广] 夕阳。"《江湖切口要诀》（尺牍增附本）："山西：金地。[广] 夕阳。"《切口大词典·医药类·自称戏子治病者之切口》："金地：山西也。"清傅崇榘《成都通览·成都之江湖言词·地理类》："山西：金地；夕阳。"

【金点】云游客《江湖丛谈·江湖之春点·江湖中之戳黑的》："据江湖人说，算卦相面的，统称金点。"云游客《江湖丛谈·江湖之金点》："金点是江湖艺人管算卦相面的总称，如同一种群名词似的。譬如甲乙两个江湖人，在路相遇，甲问乙：'你做什么买卖呢？'乙答：'我做金点。'甲便知道是以'算卦相面'为生哪。故江湖人管算卦相面的行当儿，调侃儿叫'金点'，在这金点里尚有'哑金''嘴子金''戗金''带子金''老周儿'"等的分别。"

【金点坐子】云游客《江湖丛谈·江湖之春点·江湖中之金、卖两门做变绝生意之内幕》："社会的黑幕、江湖骗术，才知道那卦馆，江湖人调侃叫金点坐子。"

【金锭子】卫大法师《江湖话·红帮各地通行隐语·居住用品类》："元宝：槽子，金锭子。"李子峰《海底·各地通行隐语》："元宝：槽子；金锭子。"

【金斗】《切口大词典·乞丐类·作揖求乞之切口》："金斗：以硬纸卷成纸斗为盛钱之器也。"

【金风柳】《郎中医话》："金风柳，是驴，又名快。"

【金凤】宋陈元靓辑《事林广记·续集·绮谈市语·器用门》："香炉：博山，金凤。"

【金佛条】《切口大词典·商铺类·蜜饯业之切口》："金佛条：糖芦菔也。"

【金扶柳】云游客《江湖丛谈·江湖之春点》："管驴叫'金扶柳'。"

【金刚】《郎中医话》："金刚，是腿。"

【金刚吊】《郎中医话》："金刚吊，是腿疼。"

【金刚子】清唐再丰《鹅幻汇编·江湖通用切口摘要》："脚曰金刚子。"卫大法师《江湖话·江湖上的隐语·普通隐语》："脚：金刚子。"《切口大词典·医药类·卖膏药者之切口》："金刚子：脚也。"《清门考原·各项切口》："金刚子，脚也。"金老佛《三教九流江湖秘密规矩·日常用语》："脚曰金刚子。"李子峰《海底·各地通行隐语》："脚：金刚子；立定子。"

【金钢】学古堂《江湖行话谱·行意行话》："腿，为金钢。"

【金钢箍】《切口大词典·商铺类·押当业之切口》："金钢箍：手镯也。"

【金钢子】①卫大法师《江湖话·红帮各地通行隐语·人身各物类》："手：爪子，五龙，托罩子，金钢子。"②《清门考原·各项切口》："金钢子，脚也。"

【金钩】①《切口大词典·商铺类·菜饭业之切口》："金钩：大干虾仁也。"《切口大词典·商铺类·海味业之切口》："金钩：最大之虾肉干也，色黄味略咸，产于日本。"②《切口大词典·行号类·猪行之切口》："金钩：雌猪也。"

【金钩毛儿细】《切口大词典·盗贼类·爬儿手之切口》："金钩毛儿细：黄豆芽也。"

【金孤】《新刻江湖切要·官职类》："指挥：金孤，今改臂使。"

【金瓜】平山周《中国秘密社会史·三合会隐语》："发曰青丝。豚曰毛瓜，豚肉曰白瓜已燔之豚肉曰金瓜，曰红瓜。牛肉曰大菜，盐牛肉曰一把菜。狗曰蚊。鱼曰穿浪，曰摆尾，盐鱼曰咸等，曰丫鬟。米曰沙，煮饭曰打沙，吃饭曰耕沙。鸦片曰云游，吃鸦片曰咬云。茶曰青莲。水曰三河。油曰洪顺。茶碗曰莲蕊。酒杯曰莲米。"卫大法师《江湖话·红帮各地通行隐语·饮食用品类》："熟肉：金瓜。"卫大法师《江湖话·红帮闽粤及南洋各地通行隐语》："烧肉：金瓜。"金老佛《三教九流江湖秘密规矩·三合会之隐语》："发曰青丝，豚曰毛瓜，豚肉曰白瓜，已燔之豚肉曰金瓜，曰红瓜。"李子峰《海底·各地通行隐语》："熟肉：金瓜。"李子峰《海底·闽粤及南洋各地通行之隐语》："烧肉：金瓜。"

【金光】《切口大词典·优伶类·靶子之切口》："金光：帝王侍卫手执之四锤，为帝王升座时用之。"

【金喝】《新刻江湖切要·乐器类》："锣：筛子；金喝。"

【金季天】《新刻江湖切要·时令类》："秋：金季天；庚通。"《江湖切口要诀》（尺牍增附本）："秋：金季天；庚通。"《切口大词典·星相类·弹弦子算命之切口》："金季天：秋天也。"清傅崇矩《成都通览·成都之江湖言词·时令类》："秋：金季天；庚通。"

【金驾】清傅崇矩《成都通览·成都之袍哥话即江湖话也》："金驾，言大驾也。"

【金剪痕】《切口大词典·杂业类·花业之切口》："金剪痕：剪春罗也。"

【金交椅】《切口大词典·党会类·红帮之切口》："金交椅：帮中第一把交把（椅）也。总理全山内外事物者，亦呼为大爷。"

【金戒子】卫大法师《江湖话·红帮各地通行隐语·其他用具对象类》："金：老瓜子，黄恳子，黄货，金戒子，金咒子。"

【金橘脯】《切口大词典·商铺类·蜜饯业之切口》："金橘脯：金橘干也。"

【金莲】宋陈元靓辑《事林广记·续集·绮谈市语·举动门》："步：金莲。"

【金六】卫大法师《江湖话·红帮各地通行隐语·店钱及其他》："烧鹅：金六。"李子峰《海底·闽粤及南洋各地通行之隐语》："烧鹅：金六。"

【金龙】《切口大词典·优伶类·靶子之切口》："金龙：侍卫手执之锤四棍。"

【金梅】《切口大词典·杂业类·花业之切口》："金梅：卅金丝桃略小，瓣如梅花，小或过之。"

【金门】云游客《江湖丛谈·江湖之春点·三不管的八岔子生意》："凡是算卦相面的，调侃儿都叫金门。"

【金门子】清唐再丰《鹅幻汇编·江湖通用切口摘要》："卖大洋画者曰金门子。"《切口大词典·杂流类·卖西洋镜之切口》："金门子：卖大洋画者。"金老佛《三教九流江湖秘密规矩·江湖通用切口》："卖大洋画者曰金门子。"

【金鸣】《新刻江湖切要·乐器类》："钟：金鸣；[增]子声。"

【金末】《新刻江湖切要·时令类》："中秋：赏中；[广]分金；重九；金末。又瓜期节，谓二九也。"

【金盘取月】《切口大词典·商铺类·爆竹业之切口》："金盘取月：花爆竹也，放时盛以木盆。"

【金盘子】卫大法师《江湖话·红帮各地通行隐语·居住用品类》："面盆：金盘子。"李子峰《海底·各地通行隐语》："面盆：金盘子。"

【金皮飘择】金老佛《三教九流江湖秘密规矩·青帮与红帮·江湖与海湖》："此九流以外又有所谓四大江湖，四大海湖。四大江湖，即风火雀要。四大海湖，即金皮飘择是也。凡花言巧语，骗人做官，而从中攫钱者为风。凡骗人配药炼金，或烧铅炼汞而没其金珠者为火。凡化缘建庙，乘鹤来仪而有邪术者为雀。要挟硬诈者为要。金皮飘择，即算命测字之流。皆以术骗取他人之财物者，此虽同属与江湖，而出于九流之外者也。"

【金气草】《切口大词典·医药类·药行业之切口》："金气草：白菊花也。"

【金起】清傅崇矩《成都通览·成都之袍哥话即江湖话也》："金起，犯事被押不自由也。"

【金钱】《切口大词典·商铺类·爆竹业之切口》："金钱：甩炮也。"

【金钱豹】①《切口大词典·乞丐类·瘫叫化子之切口》："金钱豹：满身疮痍者。"②《切口大词典·商铺类·绸缎业之切口》："金钱豹：有斑点也。"

【金钱通】《新刻江湖切要·工匠类》："打铜匠：响黄丘；金钱通。"清傅崇矩《成都通览·成都之江湖言词·工匠类》："打铜匠：响黄丘；金钱通。"

【金球】《切口大词典·杂流类·卖水果者之切口》："金球：橙子也。"

【金人】《切口大词典·工匠类·藤器匠之切口》："金人：藤□之灯架也。"

【金山】《新刻江湖切要·饮馔类》："好酒曰金山。"清傅崇矩《成都通览·成都之江湖言词·饮馔类》："好酒：金山。"

【金生】《切口大词典·役夫类·挑水夫之切口》："金生：挑水夫也。"

【金生意】清末民初佚名《镖行江湖隐语行话秘典》："见了扎针，为金生意。"

【金丝】《切口大词典·杂业类·面馆之切口》："金丝：鳝鱼面也。"

【金丝荷叶】《切口大词典·医药类·摆草药摊之切口》："金丝荷叶：叶类荷叶，而金丝缭绕，治痔疮肿瘤，尤治小儿耳疾。"

【金丝桃】《切口大词典·杂业类·花业之切口》："金丝桃：正月开六出之花，状如桃花，但色黄耳。"

【金丝托黑】《切口大词典·杂业类·面馆之切口》："金丝托黑：鳝丝背面也。"

【金兜子】卫大法师《江湖话·红帮各地通行隐语·其他用具对象类》："金：老瓜子，黄悬子，黄货，金戒子，金兜子。"

【金粟】《切口大词典·杂流类·卖花者之切口》："金粟：木樨花也。俗呼桂花。"

【金踏蹬】《切口大词典·优伶类·戏盔之切口》："金踏蹬：金色底后部方形上网花前装绒球。"

【金条】①《切口大词典·商铺类·菜饭业之切口》："金条：炒蹄筋也。"②宋陈元靓辑《事林广记·续集·绮谈市语·文房门》："刑法：金条，玉科。"

【金头箱】《镖行江湖隐语行话秘典》："洋火盒，为金头箱。"

【金镶玉】《切口大词典·医药类·药行业之切口》："金镶玉：佛手片也。"

【金心子】《切口大词典·行号类·菜蔬行之切口》："金心子：黄芽菜也。"

【金星】①《新刻江湖切要·亲戚类》："子：欠官；金星。"②《新刻江湖切要·身体类》："阳：金星；〔增〕缩头生。"《切口大词典·星相类·不开口相面之切口》："金星：阳物也。"

【金星子】清唐再丰《鹅幻汇编·江湖通用切口摘要》："男阴曰金星子。"《郎中医话》："金星子，是雄。"卫大法师《江湖话·红帮各地通行隐语·人身各物类》："男生殖器：软硬棒子，金星子，攀条子。"卫大法师《江湖话·江湖上的隐语·普通隐语》："男生殖器：金星子。"《切口大词典·医药类·卖膏药者之切口》："金星子：阳物也。"《清门考原·各项切口》："金星子，男阴叶。"金老佛《三教九流江湖秘密规矩·日常用语》："男阴曰金星子。"李子峰《海底·各地通行隐语》："男阳：软硬棒子；金星子；攀条子。"

【金银蹄】《切口大词典·商铺类·菜饭业之切口》："金银蹄：火腿蹄煮羊蹄子也。"

【金罂】宋陈元靓辑《事林广记·续集·绮谈市语·果菜门》："石榴：天浆；金罂。"

【金樱子】《切口大词典·行号类·棉花行之切口》："金樱子：黄棉花也。"

【金盏】《切口大词典·杂流类·卖花者之切口》："金盏：花如小盏，与单叶水仙同。叶浅绿，花金红，八月下种，腊月开花，春月花盛。"

【金盏银台】《切口大词典·医药类·摆草药摊之切口》："金盏银台：水仙也。治痈肿鱼骨鲠及妇人五心发热。"

【金盏子】《切口大词典·医药类·摆草药摊之切口》："金盏子：单叶水仙也。能医疡痔下血不止。"

【金者】金老佛《三教九流江湖秘密规矩·青帮与红帮·九流之区别》："三教九流，统称为江湖。三教为儒释道，九流分上中下三等。上九流为官府，即一流宰相二尚书，三流督抚四藩臬，五流提台六镇台，七道八府九知州。此九流皆系官职，不知如何亦以江湖目之，实为奇异。中九流即一流医生二流金，三流漂行四流推，五流琴棋六书画，七僧八道九麻衣。其中所谓金者，即算命先生；漂行者即写字之人；推者即测字先生；麻衣即相士。皆江湖隐语也，惟书画琴棋，本清高之品，奈何亦视为江湖，未免不类。而今世固有所谓戳黑者，写几个涂鸦之字，画几笔红绿之画，沿途卖者，而挟一胡琴，到处拉扯以索钱，设一小摊，摆设棋势以求值者，亦时有所见。所谓书画琴棋者，盖即指此辈而言也。下九流者，即一流忘八二流龟，三流戏子四流吹，五流大财六小财，七生八盗九吹灰。凡开设妓院，或在妓院为佣之男子，统称为忘八。言其忘却孝悌忠信，礼义廉耻八字也，或以忘八作乌龟解实误。凡从妻不贞卖淫以渔利者为之龟，盖龟不能交，赖蛇交焉，因以为喻。所谓吹者，即吹鼓手之别名。大财即要大把戏者，如卖解等是。小财即要小把戏者，如变戏法等是也。生为剃头者之别名。凡贩卖烟土开设烟馆者皆称为吹灰也。"

【金针】《切口大词典·行号类·烟土行之切口》："金针：以金针菜煎收成膏也。"

【金钟】《切口大词典·医药类·摆草药摊之切口》："金钟：治湿火各疮。"

【金子马撒】 清末民初佚名《镖行江湖隐语行话秘典》："见扳榕，为金子马撒。"

【金钻子】《切口大词典·行号类·鲜鱼行之切口》："金钻子：黄鳝也。"

【津】《新刻江湖切要·天文类》："雨：津；[广] 沛生；子望；润公；湿杏；天线；灵零；甘露子；苦霏生；落雨为摆津；[广] 洒润。"《江湖切口要诀》(尺牍增附本)："雨：津。[广] 沛生；子望；润公；湿杏；天线；灵零；甘露子；苦苦生落。[广] 雨为摆津；洒润。"《切口大词典·杂流类·卖西洋镜之切口》："津，雨也。"《切口大词典·杂业类·茶楼之切口》："津：水也。"清傅崇矩《成都通览·成都之江湖言词·天文类》："雨：津；沛生；子望；润公；湿杏；天线；灵零；甘露子；苦霏生；落雨为摆津；洒润。"

【津吊】《切口大词典·工匠类·理发匠之切口》："津吊：水瓢也。"

【津兜子】《切口大词典·杂业类·茶楼之切口》："津兜子：水杓也。"

【津元】《切口大词典·行号类·咸货行之切口》："津元：天津所产之盐蟹也。"

【津子】《切口大词典·工匠类·理发匠之切口》："津了：水也。"

【衿老】明程万里《鼎镌徽池雅调南北官腔乐府点板曲响大明春·六院汇选江湖方语》："衿老，是读书的。"

【筋皮酒】《切口大词典·娼妓类·相公堂子之切口》："筋皮酒：以嘴含酒，哺于客嘴也。"

【襟三】《新刻江湖切要·地理类》："江：[补] 襟三；子长；橐水；无底公。"《江湖切口要诀》(尺牍增附本)："江 [补] 襟三。"《切口大词典·盗贼类·水面贼之切口》："襟三：江也。"清傅崇矩《成都通览·成都之江湖言词·地理类》："江：襟三；子长；橐水；无底公。"

【紧滑】《切口大词典·盗贼类·杆匪之切口》："紧滑：言快逃走恐后有追缉也。"

【紧急风】《切口大词典·优伶类·锣鼓之切口》："紧急风：如空城计司马懿过场时，应打紧急风。"

【紧脚】 清傅崇矩《成都通览·成都之江湖言词·人物类》："公差：紧脚（谓健步也）。"《新刻江湖切要·人物类》："公差：紧脚，谓健步也。"《江湖切口要诀》(尺牍增附本)："公差：紧脚（谓健步也）。"《切口大词典·医药类·摇虎撑者之切口》："紧脚：公差也。"

【紧口】①《切口大词典·杂业类·点心铺之切口》："紧口：烧卖也。"②学古堂《江湖行话谱·走江湖行话》："茶盅：紧口。"

【紧腰儿】《切口大词典·手艺类·兜带业之切口》："紧腰儿：阔厚之马带也。"

【锦带】《切口大词典·杂业类·花业之切口》："锦带：三月开花，形如铜铃。"

【锦窠】《切口大词典·杂业类·花业之切口》："锦窠：剪秋纱也。"

【锦荔枝】《切口大词典·杂流类·卖花者之切口》："锦荔枝：蔓生，红黄色，状如荔枝，□如血块，虽甜不可食用。"

【锦鳞】 宋陈元靓辑《事林广记·续集·绮谈市语·水族门（虫附）》："鲤：锦鳞。"

【锦马褂子】 清傅崇矩《成都通览·成都之各行人买卖通用言词·当铺古董玉器行通用言词》："锦马褂子一件当'大字钱，就是五百文'。"

【锦枰】 宋陈元靓辑《事林广记·续集·绮谈市语·文房门》："棋盘：□相；锦枰。"

【锦条】《江湖走镖隐语行话谱》："板门为锦条。"

【锦语】 清翟灏《通俗编·识余·市语》："《西京杂记》云，长安市人语，各有不同，有胡芦语、锁子语、钮语、练语、三折语，通谓市语。宋汪云程《蹴鞠谱》有所谓锦语者，亦与市语不殊，盖此风之兴已久，或云卢作乍市语，其信然乎？"

【进宝】《切口大词典·工匠类·淘砂匠之切口》："进宝：竹斗也。"

【进城】《切口大词典·衙卒类·牢监之切

口》:"进城:入狱也。"

【进洞子】 清末民初佚名《镖行江湖隐语行话秘典》:"进店,为进洞子。你赶我喝着。左边有石头,右边有侧注,掌檀的拉顺着。"

【进高门】 《切口大词典·衙卒类·侦探之切口》:"进高门:至衙门也。"

【进介门】 《切口大词典·衙卒类·侦探之切口》:"进介门:入帮之人也。"

【进里门】 《切口大词典·巫卜类·和尚之切口》:"进里门:坐关和尚也。"

【进利】 《切口大词典·杂流类·收卖锭灰者之切口》:"进利:兜灰脂蜊壳也。"

【进门】 《切口大词典·赌博类·押六门之切口》:"进门:二点也。"

【进门槛】 《切口大词典·党会类·青帮之切口》:"进门槛:入帮之谓也。"《清门考原·各项切口》:"进门槛,进帮也。"

【进门坎】 卫大法师《江湖话·安庆隐语》:"入帮:进门坎。"

【进书房】 卫大法师《江湖话·红帮各地通行隐语·建筑物类》:"坐牢:进书房,造。"李子峰《海底·各地通行隐语》:"坐牢:进书房。"

【进水旺】 《切口大词典·赌博类·摇宝赌之切口》:"进水旺:得财多也。"

【进香】 《切口大词典·乞丐类·妇人求乞之切口》:"进香:行乞也。"

【进兴】 卫大法师《江湖话·红帮各地通行隐语·店钱及其他》:"生盐:进兴。"李子峰《海底·闽粤及南洋各地通行之隐语》:"生盐:进兴。"施列格《天地会研究·洪家口白要诀》:"进兴,盐。"

【近孤通】 《新刻江湖切要·人物类》:"衙役:近孤通。"《江湖切口要诀》(尺牍增附本):"衙役:近孤通。"《切口大词典·衙卒类·衙役之切口》:"近孤通:衙役也。"清傅崇矩《成都通览·成都之江湖言词·人物类》:"衙役:近孤通。"

【近阔】 《新刻江湖切要·地理类》:"宁波:近阔。"《江湖切口要诀》(尺牍增附本):"宁波:近阔。"《切口大词典·医药类·自称戏子治病者之切口》:"近阔:宁波也。"清傅崇矩《成都通览·成都之江湖言词·地理类》:"宁波:近阔。"

【近却】 《切口大词典·商铺类·丝经业之切口》:"近却:无也。"

【近侍】 宋陈元靓辑《事林广记·续集·绮谈市语·花木门》:"芍药:近侍。"

【劲儿】 《切口大词典·杂流类·说大书之切口》:"劲儿:说书卖力也。"

【劲河子】 卫大法师《江湖话·红帮各地通行隐语·一般人事类》:"仁义行为:劲河子。"李子峰《海底·各地通行隐语》:"仁义行为:劲河子。"

【浸润】 《切口大词典·商铺类·染色业之切口》:"浸润:酸缸也。"

【浸润朝阳】 《新刻江湖切要·店铺类》:"染坊店。[增]今为浸润朝阳;又为悲丝阳。"清傅崇矩《成都通览·成都之江湖言词·店铺类》:"染坊店:浸润朝阳(又为悲朝阳)。"

【禁川】 《新刻江湖切要·生死类》:"牢死:闷川;增曰禁川。"清傅崇矩《成都通览·成都之江湖言词·生死类》:"牢死:闷川;禁川。"

【禁脚生】 《新刻江湖切要·人物类》:"禁子:禁脚生。"《江湖切口要诀》(尺牍增附本):"禁子:禁脚生。"《切口大词典·医药类·摇虎撑者之切口》:"禁脚生:禁子也。"清傅崇矩《成都通览·成都之江湖言词·人物类》:"禁子:禁脚生。"

【禁内】 宋陈元靓辑《事林广记·续集·绮谈市语·宫殿门》:"宫苑:大内;禁内。"

【禁圈】 《新刻江湖切要·宫室类》:"监牢:禁圈;士砖城;改曰人世阿鼻。"

jing

【京蓼】 《切口大词典·杂流类·卖花者之切口》:"京蓼:白苹花也。"

【京三】 明佚名《行院声嗽·身体》:"瘦小:京三。"

【京庄】 《切口大词典·行号类·缸坛行之切口》:"京庄:小坛也。"

【经盖】 《切口大词典·巫卜类·道士之切口》:"经盖:帕子也,专盖经签也。"

【经手人】 《切口大词典·衙卒类·讼棍之切

口》："经手人：吏役之称讼棍者。"

【经头】①《切口大词典·工匠类·织机匠之切口》："经头：直丝也。"②《切口大词典·衙卒类·讼棍之切口》："经头：案之事实也。"

【荆荆】《切口大词典·盗贼类·短截贼之切口》："荆荆：分赃后未远去在邻近睡觉之谓也。"

【惊愦】《新刻江湖切要·时令类》："惊蛰：发蒙；惊愦。"

【惊睡客】《切口大词典·杂流类·卖花者之切口》："惊睡客：瑞香花也。"

【惊醒木】《切口大词典·杂流类·说大书之切口》："惊醒木：拍木也。"

【晶薄】《切口大词典·行号类·砖灰行之切口》："晶薄：三号之墙砖也。"

【晶石】《切口大词典·商铺类·杂货业之切口》："晶石：明矾也。"

【晶丸】《切口大词典·商铺类·南货业之切口》："晶丸：白扁豆也。"

【粳】清唐再丰《鹅幻汇编·江湖通用切口摘要》："千曰粳。"卫大法师《江湖话·江湖上的隐语·普通隐语》："千：粳。"《切口大词典·星相类·星家之切口》："粳：千也。"金老佛《三教九流江湖秘密规矩·日常用语》："千曰粳。"

【精盘】《行院声嗽·伎艺》："覆射：精盘。"

【精舍】宋陈元靓辑《事林广记·续集·绮谈市语·宫殿门》："道观：上方；精舍。"

【井】①卫大法师《江湖话·各行业商帮所用数目字隐语·成都通行言词·古董玉器当铺》："井：八。"卫大法师《江湖话·各行业商帮所用数目字隐语·其他·北平》："由：一。申：二。人：三。工：四。大：五。又：六。太：七。井：八。羊：九。非：十。按此数字头，如'由'有一个头为一，'申'为二个头为二，'大'为五等头，'非'为十个头。"《切口大词典·商铺类·古董业之切口》："井：八也。"清傅崇矩《成都通览·成都之各行人买卖通用言词·当铺古董玉器行通用言词》："八，井。"学古堂《江湖行话谱·粮行之行话》："井，八。"②《切口大词典·工匠类·理发匠之切口》："井：耳朵也。"

【井二孤】《新刻江湖切要·官职类》："同知：井二孤；混二；寸二；[广]雷鸣。"

【井公邑】《新刻江湖切要·宫室类》："寺院：兜子；又横高；井公邑。余又增寺院为兜率，梵王宫。"

【井六孤】《新刻江湖切要·官职类》："照磨：井六孤；混六；[广]夜捱。"

【井牛】《新刻江湖切要·疾病类》："耳疾：井牛。"清傅崇矩《成都通览·成都之江湖言词·疾病类》："耳疾：井牛。"

【井圈】《切口大词典·杂流类·卖馄饨者之切口》："井圈：锅子也。"

【井三孤】《新刻江湖切要·官职类》："通判：井三孤；混三；寸三；[广]谦才。"

【井四孤】《新刻江湖切要·官职类》："推官：井四孤；混四；寸四；[广]通试。"

【井通】《新刻江湖切要·人物类》："市人：井通。"《江湖切口要诀》（尺牍增附本）："市人：井通。"《切口大词典·医药类·着地摊药治病者之切口》："井通：市上人也。"清傅崇矩《成都通览·成都之江湖言词·人物类》："市人：井通。"

【井头孤】《新刻江湖切要·官职类》："军门：井头孤。"

【井梧摇落】《新刻江湖切要·人物类》："光棍：油滑生；[广]井梧摇落，大光棍；顺子；柳生；[广]杆面杖。下流光棍：谷山。"《江湖切口要诀》（尺牍增附本）："光棍：滑油生。[广]井梧摇落。"《切口大词典·医药类·医眼病卖药者之切口》："井梧摇落：光棍也。"清傅崇矩《成都通览·成都之江湖言词·人物类》："光棍：油生；滑生；井梧摇落。"

【井五孤】《新刻江湖切要·官职类》："经历：井五孤；混五；[广]塾地。"

【井延年】《新刻江湖切要·疾病类》："烂耳曰井延年。"清傅崇矩《成都通览·成都之江湖言词·疾病类》："烂耳：井延年。"

【井一孤】《新刻江湖切要·官职类》："太守：井一孤；混一；寸一；[广]黄老。"

【井中】宋陈元靓辑《事林广记·续集·绮谈市语·天地门》："市：阛阓；井中。"

【井字】清傅崇矩《成都通览·成都之各行人买卖通用言词·当铺古董玉器行通用言词》：

"井字，八百。"

【警愦】《江湖切口要诀》(尺牍增附本)："惊蛰：发蒙；警愦。"

【警杆】《切口大词典·杂流类·卖烧饼油条者之切口》："警杆：做油炸烩之木杆也。"

【警愦】《切口大词典·星相类·铁板算命之切口》："警愦：惊蛰也。"清傅崇矩《成都通览·成都之江湖言词·时令类》："惊蛰：发蒙；警愦。"

【径捷】《新刻江湖切要·地理类》："小路：羊肠；[广]不由；径捷；微行。"《江湖切口要诀》(尺牍增附本)："小路：羊肠；[广]不由；径捷；微行。"

【径通】《新刻江湖切要·官职类》："异路：乙通，[广]径通。"

【净】《切口大词典·工匠类·理发匠之切口》："净：生活清爽也。"

【净白条】《切口大词典·杂流类·卖糕者之切口》："净白条：白糖糕也。"

【净白衣】《切口大词典·杂业类·豆腐店之切口》："净白衣：豆腐皮也。"

【净肚】《切口大词典·衙卒类·狱卒之切口》："净肚：绝其饮食也。"

【净街奎】云游客《江湖丛谈·江湖之春点·江湖艺人传：田岚云》："以该街有他说书，本街别有书馆，能够没有听主，该处书座，都听奎胜城，本街的书座，俱为他一人叫去。因他有这等特殊的力量，都称为净街奎。"

【净口】《切口大词典·党会类·青帮之切口》："净口：凡开香堂时，各空子跪伏檐下，各人呷清水一口嗽之也。"金老佛《三教九流江湖秘密规矩·青帮与红帮·拜师之礼节》："由引见师父引领拜师者，向罗祖及翁潘钱三主爷之神座前行叩首，然后向老头子亦行三拜礼，以后向六部师父，以及站堂之众前人，亦须一一行礼。参见已毕，投师者排列檐下，司香执事，即将包头香划开，分与众人执之，更以清水一盏，使众各呷一口，名为净口。此时收徒者即询问数语，大概总询自愿入帮，抑他人使尔入帮，入帮之后，并无好处，如犯帮规，须受家法严处等语。投师者必答以自愿入帮，甘受帮规约束等语。至此即由传道师傅，各予一小折，上

书三帮九代姓名，及海底之问答。所谓三帮九代者，即自己老头子之三代，与引见传道二师父之三代也。"

【净面】《切口大词典·杂业类·面馆之切口》："净面：手巾也。"

【净身】《切口大词典·役夫类·屠夫之切口》："净身：剖腹也。"

【净堂子】《切口大词典·盗贼类·杆匪之切口》："净堂子：抢劫完竣，约同伙一齐快走，寻找良好处，所以期从速分赃逃逸也。"

【靓仔】《切口大词典·娼妓类·粤妓之切口》："靓仔：美少年也。"

【敬馆】《切口大词典·杂流类·私塾先生之切口》："敬馆：受聘于人而教读也。"

【静声】《行院声嗽·伎艺》："清乐：静声。"

【静堂瑶】《切口大词典·党会类·青帮之切口》："静堂瑶：开香堂，宴赶香堂各帮匪之酒菜也。"

【镜碎】施列格《天地会研究·洪家口白要诀》："镜碎，饭。"

【镜心】施列格《天地会研究·洪家口白要诀》："镜心，米。"

jiu

【起儿】《行院声嗽·人事》："去：起儿。"

【揪子】云游客《江湖丛谈·江湖之春点·天桥的戏法场》："管变大海碗，碗内有金鱼的戏法，调侃儿叫揪子。"云游客《江湖丛谈·江湖之金点·彩门》："揪子，变大海碗。"

【九锤半】《切口大词典·优伶类·锣鼓之切口》："九锤半：如三岔口，暗中摸索时用之。"

【九达】《新刻江湖切要·地理类》："大路：洒苏；[广]爱遵；九达，同行。"《江湖切口要诀》(尺牍增附本)："大路：洒酥。[广]爱遵；九达；周行。"清傅崇矩《成都通览·成都之江湖言词·地理类》："大路：洒苏；爱遵；九达；周好。羊肠；不由径捷；微行。"

【九丁十三参】清唐再丰《鹅幻汇编·江湖通用切口摘要》："江湖霸道治病秘方曰九丁十

三参。"《清门考原·各项切口》："九丁十三参，江湖霸道治病。秘方也。"金老佛《三教九流江湖秘密规矩·日常用语》："江湖霸道治病秘方曰九丁十三参。"

【九二马子】 清傅崇矩《成都通览·成都之呼物混名》："九二马子：姓刘者。"

【九宫】《切口大词典·巫卜类·席地测字者之切口》："九宫：测字法也。以一字作三种拆讲。"

【九宫格】《切口大词典·赌博类·麻雀赌之切口》："九宫格：一定所坐之坐位也。"

【九熯】《新刻江湖切要·医药类》："丸药：九熯；粒粒。"清傅崇矩《成都通览·成都之江湖言词·医药类》："丸药：九熯。"

【九皇斋】《梨园话》："九皇斋：每届九月一日至九日，伶工皆素食，谓之'九皇斋'，又谓之'九皇素'。[附记] 每年古历九月初一日至初九日，伶界举行九皇圣会于梨园新馆中，朝夕焚香唪经，伶工多素食。"

【九炼头】《切口大词典·工匠类·铁匠之切口》："九炼头：网也。"

【九另】《切口大词典·巫卜类·道士之切口》："九另：铜钱也。"

【九流】 金老佛《三教九流江湖秘密规矩·青帮与红帮·九流之区别》："三教九流，统称为江湖。三教为儒释道，九流分上中下三等。上九流为官府，即一流宰相二尚书，三流督抚四藩臬，五流提台六镇台，七道八府九知州。此九流皆系官职，不知如何亦以江湖目之，实为奇异。中九流即一流医生二流金，三流漂行四流推，五流琴棋六书画，七僧八道九麻衣。其中所谓金者，即算命先生；漂行者即写字之人；推者即测字先生；麻衣即相士。皆江湖隐语也，惟书画琴棋，本清高之品，奈何亦视为江湖，未免不类。而今出固有所谓戳黑者，写几个涂鸦之字，画几笔红绿之画，沿途求卖者，而挟一胡琴，到处拉扯以索钱，设一小摊，摆设棋势以求值者，亦时有所见。所谓书画琴棋者，盖即指此辈而言也。下九流者，即一流忘八二流龟，三流戏子四流吹，五流大财六小财，七生八盗九吹灰。凡开设妓院，或在妓院为佣之男子，统称为忘八。言其忘却孝悌忠信，礼义廉耻八字也，或以忘八作乌龟解实误。凡从妻不

贞卖淫以渔利者为之龟，盖龟不能交，赖蛇交焉，因以为喻。所谓吹者，即吹鼓手之别名。大财即要大把戏者，如卖解等是。小财即要小把戏者，如变戏法等是也。生为剃头者之别名。凡贩卖烟土开设烟馆者皆称为吹灰也。"

【九龙】《切口大词典·医药类·摆草药摊之切口》："九龙：治火伤等疾。"

【九龙冠】《切口大词典·优伶类·戏盔之切口》："九龙冠：前有金色云龙物花等，后有金色朝天翅二。"

【九龙口】《梨园话》："九龙口：戏台上打鼓的座位，谓之'九龙口'。[附记] 相传唐明皇善击鼓，用此名称以表示尊重之意。"《切口大词典·优伶类·伶人之切口》："九龙口：鼓吏所坐之处也。"

【九龙治水】《切口大词典·商铺类·爆竹业之切口》："九龙治水：放出之后药火四散，长似□蛇。"

【九起】《切口大词典·巫卜类·道士之切口》："九起：东方也。"

【九水寸】《切口大词典·商铺类·板木业之切口》："九水寸：足八尺长之松板也。"

【九子】①《切口大词典·工匠类·烧窑匠之切口》："九子：小杯子也。"②《切口大词典·商铺类·蜜饯业之切口》："九子：橄榄干也。"

【久慕】 清傅崇矩《成都通览·成都之袍哥话即江湖话也》："久慕，客气话也。"

【韭菜】《梨园话》："韭菜：演戏时错乱谓之'韭菜'。"

【韭菜圆】 清傅崇矩《成都通览·成都之袍哥话》："韭菜圆，舅子也。"

【酒开】《切口大词典·衙卒类·缉私盐之切口》："酒开：散舱也，将盐散放于盐包之上。"

【酒码】《切口大词典·娼妓类·相公堂子之切口》："酒码：嫖账也。不名嫖账而酒码者，欲掩其羞也。"

【酒赞之语句】 金老佛《三教九流江湖秘密规矩·青帮与红帮·酒赞之语句》："接客令之后，即行关山。由入帮者一声宣读，其誓词则不外乎有福同享、有难同当等语。誓毕即共饮滴血酒，此亦歃血要盟之意也。饮过滴

血酒之后，始由龙头让外帮贵客，以及五执事内外八堂师兄弟入席，新人帮者则居侧席相陪。龙头举杯诵酒赞云：'此酒非凡酒，玉皇赐我寿仙酒。一杯酒，敬上天，天长地久；二杯酒，敬下地，地久天长；三杯酒，敬圣贤，心同日月。后来各霸一方，开山立堂，招集天下英雄豪杰，劫富济贫。''此酒非凡酒，玉皇赐我寿仙酒。一杯酒，敬上天，天长地久；二杯酒，敬下地，地久天长；三杯酒，敬圣贤，心同日月；四杯酒，敬拜兄，仁同义，义同仁，仁心同和，会称英雄；五杯酒，敬当家，大叫一声断灞桥，官封镇威五虎将，保定大哥坐西川；六杯酒，敬管事，调度定胜伯约姜将军，忠孝在身；七八九杯酒，敬家兄，满堂和气，结义同心，么满敬双杯，为有劳功苦功，除酒与客来敬奉。'"

【旧锄头】 清傅崇矩《成都通览·成都之各行人买卖通用言词·收荒小生意通用言词》："旧锄头买成'奔按钱'，就是八十二。"

【旧滚身】 清傅崇矩《成都通览·成都之各行人买卖通用言词·成衣收荒通用言词》："旧滚身一件买'化春钱，即是七百三国'。"

【旧汗衫子】 清傅崇矩《成都通览·成都之各行人买卖通用言词·当铺古董玉器行通用言词》："旧汗衫子一件当'申大钱'，就是二百五。"

【旧货生意切口数目】《清门考原·各项切口》："旧货生意切口数目（一、二、三、四、五、口、人、工、比、才；六、七、八、九、十、伟、寸、根、本、金）。"

【旧太岁】《切口大词典·星相类·弹弦子算命之切口》："旧太岁：去年也。"

【旧太阳】《新刻江湖切要·时令类》："去年：旧太阳。"《江湖切口要诀》（尺牍增附本）："去年：旧太阳。"清傅崇矩《成都通览·成都之江湖言词·时令类》："去年：旧太阳。"

【臼子】《切口大词典·医药类·捉牙虫妇人之切口》："臼子：大牙也。"

【咎】 卫大法师《江湖话·各行业商帮所用数目字隐语·成都通行言词·糖行》："兴：一。么：二。咎：三。非：四。银：五。天：六。线：七。来：八。足：九。"

【枢凶】《切口大词典·星相类·拉和琴算命之切口》："枢凶：祖茔不安也。"

【柏枝】《切口大词典·行号类·煤炭行之切口》："柏枝：细炭也。"

【救命圈】《清门考原·各项切口》："私运物件，若被关卡查获，即行贿赂，名曰救命圈。"

【救情郎】 明田汝成《西湖游览志馀·委巷丛谈》："有曰四平市语者，以一为忆多娇，二为耳边风，三为散秋香，四为思乡马，五为误佳期，六为柳摇金，七为砌花台，八为霸陵桥，九为救情郎，十为舍利子，小为消梨花，大为朵朵云，老为落梅风，讳低物为靸，以其足下物也。"

【就地拿】《清门考原·各项切口》："就地拿，以现款交易，然毫不得拖欠。曰就地拿。"

【舅普子】 清傅崇矩《成都通览·成都之袍哥话即江湖话也》："舅普子，九也。"

ju

【拘】 卫大法师《江湖话·各行业商帮所用数目字隐语·成都通行言词·唱剧道士端公乐户等通用》："姑：一。仪：二。䏲：三。符：四。蹶：五。傲：六。黑：七。跁：八。拘：九。按十以上则加'丁'字，加'姑丁仪'为'一百二十元'。'拘丁蹶'为'九千八百元正'。"

【拘迷杵】 云游客《江湖丛谈·江湖之春点·三不管中做大票的生意》："管银子叫'拘迷杵'。"

【居米】《江湖走镖隐语行话谱》："银子：居米（按：或为'皮笼'，'反穿衣为挂'）。"

【居米唶】《江湖走镖隐语行话谱》："无银子：居米唶。"

【居米窑】 学古堂《江湖行话谱·行话管见》："银店叫居米窑。"

【局锅】《切口大词典·娼妓类·八大胡同妓院之切口》："局锅：已经裂锅，第三者而调停，便复和好如初也。"

【局郎】《切口大词典·医药类·参燕业之切口》："局郎：六也。"

【局票】《切口大词典·娼妓类·长三书寓之切口》："局票：叫出局之条子也。"

【局子】 贝思飞《民国时期的土匪隐语》："局子：匪帮（满洲）。"

【菊花】 ①《切口大词典·行号类·咸货行之切口》："菊花：鲫鱼干也。"②清翟灏《通俗编·识余·市语·优伶》："优伶：一江风，二郎神，三学士，四朝元，五供养，六幺令，七娘子，八甘州，九菊花，十段锦。"

【菊花草】《切口大词典·杂流类·卖蔬菜之切口》："菊花草：蒿菜也。"

【菊花盘儿】 卫大法师《江湖话·红帮各地通行隐语·人身各物类》："麻脸：菊花盘儿。"李子峰《海底·各地通行隐语》："麻脸：菊花盘儿。"

【菊轮】《切口大词典·医药类·药业之切口》："菊轮：化州橘红也。"

【橘板】 平山周《中国秘密社会史·三合会隐语》："剑曰橘板，曰绉纱。小刀曰狮子。大炮曰黑狗，火药曰狗粪，大炮声曰狗吠。银圆曰瓜子，铜钱曰芝麻。手曰五爪龙，耳曰顺风。斩首曰洗面。海曰大天。密会所曰三尺六，曰古松。扇曰弯月。木斗曰木杨城。"卫大法师《江湖话·红帮各地通行隐语·武器类》："剑：橘板，绉纱。"卫大法师《江湖话·红帮闽粤及南洋各地通行隐语》："剑：橘板，绉纱。"徐珂《清稗类钞·会党类·三合会隐语》："剑曰橘板，曰绉纱。小刀曰狮子。大炮曰黑狗，火药曰狗粪，大炮声曰狗吠。银圆曰瓜子，铜钱曰芝麻。手曰五爪龙，耳曰顺风。斩首曰洗面。海曰大天。密会所曰三尺六，曰古松。扇曰弯月。木斗曰木杨城。"《家里宝鉴·隐语》："宝剑曰'橘板，绉沙'。"金老佛《三教九流江湖秘密规矩·三合会之隐语》："剑曰橘板、曰绉纱，小刀曰狮子，大炮曰黑狗，火柴曰狗粪，大炮声曰狗吠。"李子峰《海底·闽粤及南洋各地通行之隐语》："剑：橘板；绉纱。"

【橘柑一斤买成心拖钱】 清傅崇矩《成都通览·成都之各行人买卖通用言词·青果小菜行一切零碎买卖通用言词》："橘柑一斤买成心拖钱，即是三十二。"

【咀】《新刻江湖切要·人事类》："不言语为念咀。"

【巨口】 宋陈元靓辑《事林广记·续集·绮谈市语·器用门》："大船：巨口。"

【巨方】《新刻江湖切要·宫室类》："厅：巨方；坚窑。"

【巨肱】 明程万里《鼎锲徽池雅调南北官腔乐府点板曲响大明春·六院汇选江湖方语》："巨肱，是大酒盂。"

【巨统】 宋陈元靓辑《事林广记·续集·绮谈市语·器用门》："大杯：巨统；太白。"

【拒捕】 贝思飞《民国时期的土匪隐语》："拒捕：负责防范偷袭的土匪。"

【拒霜】《切口大词典·杂业类·花业之切口》："拒霜：木芙蓉也。"

【锯板】《切口大词典·赌博类·麻雀赌之切口》："锯板：二人作弊欺人也。"

【锯子】《切口大词典·盗贼类·短截贼之切口》："锯子：木把也。"

【聚】 清末民初佚名《镖行江湖隐语行话秘典》："聚，是沙了驼刁开了，流了，聚（巨）成一块。"

【聚宝】《切口大词典·乞丐类·瘫叫化子之切口》："聚宝：乞钱筐也。"

【聚宝盆】 ①《切口大词典·工匠类·泥水匠之切口》："聚宝盆：盛石灰之桶也。"②《切口大词典·医药类·卖药糖者之切口》："聚宝盆：卖糖之承盘也。"

【聚金尖】《切口大词典·衙卒类·写状人之切口》："聚金尖：笔也。"

【聚麻】 清唐再丰《鹅幻汇编·江湖通用切口摘要》："先做戏法而后卖药曰聚麻。"卫大法师《江湖话·江湖上的隐语·皮行隐语》："先做戏法而后卖药：聚麻。"《切口大词典·医药类·卖药人之切口》："聚麻：先做戏法，而后卖药者。"《清门考原·各项切口》："聚麻，先作戏法。后卖药。"金老佛《三教九流江湖秘密规矩·江湖通用切口》："先做戏法而后卖药曰聚麻。"

【聚米厂】《江湖走镖隐语行话谱》："监生：聚米厂；米取孙。"

【聚人法】《切口大词典·杂流类·卖西洋镜之切口》："聚人法：扯动云锣铜鼓铮综作响也。"

【聚头】《切口大词典·手艺类·扇子业之切口》："聚头：折扇之总称也。"

【聚网】《蹴鞠图谱·圆社锦语》："聚网：伞。"

【聚仙】《切口大词典·杂流类·小热昏之切口》："聚仙：所耍之木偶也。"

【聚蚖膏】《切口大词典·商铺类·古董业之切口》："聚蚖膏：灯也。"

【聚众】《新刻江湖切要·时令类》:"岁旦:聚众;[广]无晨。"《江湖切口要诀》(尺牍增附本):"岁旦:聚众。[广]元晨。"《切口大词典·星相类·弹弦子算命之切口》:"聚众:元旦也。"清傅崇矩《成都通览·成都之江湖言词·时令类》:"岁旦:聚众;元晨。"

【踞豹】《新刻江湖切要·地理类》:"石:土骨;坚垒;[广]分磊;伏虎;踞豹;子践。"《江湖切口要诀》(尺牍增附本):"石:土骨;坚垒。[广]分磊;伏虎;踞豹;子践。"清傅崇矩《成都通览·成都之江湖言词·地理类》:"土:戊转;万生;水壬癸;龙转;归;朝宗。石:土骨;坚垒;分磊;伏虎;踞豹;子践。"

【瞿麦】《切口大词典·医药类·摆草药摊之切口》:"瞿麦:大兰也。子死腹中,数日产不下,以麦煮浓汁,服之即下。"

juan

【蠲忿】《切口大词典·杂流类·卖花者之切口》:"蠲忿:合欢花也。"

【卷场】《切口大词典·武术类·妇女顶缸走索之切口》:"卷场:收场子也。"

【卷耳】《切口大词典·商铺类·皮裘业之切口》:"卷耳:紫羔皮也。"

【卷风】《新刻江湖切要·舟具类》:"篷:卷风。"清傅崇矩《成都通览·成都之江湖言词·舟具类》:"篷:卷风。"《切口大词典·役夫类·舟夫之切口》:"卷风:帆也。"

【卷荒】《新刻江湖切要·人事类》:"酧献曰摊红;又卷荒。"清傅崇矩《成都通览·成都之江湖言词·人事类》:"酧献:摊红;卷荒。"《切口大词典·武术类·跑马卖解之切口》:"卷荒:人倒挂马腹也。"

【卷帘】《新刻江湖切要·人事类》:"收摊子曰卷帘。"清傅崇矩《成都通览·成都之江湖言词·人事类》:"收摊子:卷帘。"《切口大词典·星相类·量手算命之切口》:"卷帘:收摊也。"

【卷血铺】《新刻江湖切要·器用类》:"席:卷友;卷血铺。"清傅崇矩《成都通览·成都之江湖言词·器用类》:"席:卷友;卷血铺;纸马;效劳。"《切口大词典·盗贼类·铳手之切口》:"卷血铺:席子也。"

【卷窑】《新刻江湖切要·店铺类》:"混堂:卷窑;[增]裸阳朝阳;又为温宗朝阳。"清傅崇矩《成都通览·成都之江湖言词·店铺类》:"六头君(取谚语走前头,立后头,坐横头,吃骨头,趁戏头,得零头之说也);混堂:卷窑;裸阳朝阳;温泉朝阳;打劫店;采盘子。"

【卷友】《新刻江湖切要·器用类》:"席:卷友;卷血铺。"清傅崇矩《成都通览·成都之江湖言词·器用类》:"席:卷友;卷血铺;纸马;效劳。"《切口大词典·杂流类·收旧货之切口》:"卷友:席子也。"

【卷子】①《郎中医话》:"卷子,是城。"②《江湖走镖隐语行话谱》:"州县为卷子。"

【卷旗】《清门考原·各项切口》:"卷旗,即是撤销也。"

【卷心】《切口大词典·杂流类·卖蔬菜之切口》:"卷心:胶菜也。"

【卷血朝阳】《切口大词典·盗贼类·对买贼之切口》:"卷血朝阳:席子店也。"

【倦千】《新刻江湖切要·人事类》:"缓曰倦千。"《切口大词典·武术类·行程保镖者之切口》:"倦千:缓也。"清傅崇矩《成都通览·成都之江湖言词·人事类》:"缓:倦千。"

jue

【决林】《新刻江湖切要·衣饰类》:"布衫:决林。"《切口大词典·盗贼类·收晒朗贼之切口》:"决林:布衫也。"清傅崇碧《成都通鉴·成都之江湖言词·衣饰类》:"决林:布衫。"

【决窝】①《郎中医话》:"决窝,是口。"②《郎中医话》:"决窝,是嘴子。"

【觉尤】《切口大词典·工匠类·成衣匠之切口》:"觉尤:九也。"

【绝好】《切口大词典·商铺类·绸缎业之切口》:"绝好:黄色也。"

【绝后杵】《江湖丛谈·江湖之金点·彩门》:"管'点'花最末一次钱,调侃儿叫绝后杵。"

【绝户杵】云游客《江湖丛谈·江湖之金

点·江湖之点挂子》：":阅者常见他们把式场内有个小孩子，卖艺的人，用一根木棍儿，往小孩的脖子后边一横，把小孩的胳膊腿儿往棍上一别，别好了之后，卖艺的人用脚踏着小孩，那种状态，使人看了怪可怜的。卖艺的踏着小孩，乘着人可怜小孩的时候要钱。这回的要钱，调侃儿叫绝户杵。"

【绝色】《切口大词典·星相类·立墙壁相面之切口》："绝色：相之贫者。"

【绝症】 云游客《江湖丛谈·江湖之春点·三不管中做大票的生意》："若是周身全肿，肚脐眼亦肿起来，亦治不好了。那叫'绝症'。"

【绝子】 卫大法师《江湖话·红帮各地通行隐语·建筑物类》："塔：锥子，绝子，钻天子。"李子峰《海底·各地通行隐语》："塔：锥子，绝子；钻天子。"

【㧟】 明佚名《行院声嗽·数目》："五：马；㧟。"

【厥□】 宋陈元靓辑《事林广记·续集·绮谈市语·亲属门》："兄：厥□。"

【厥良】 宋陈元靓辑《事林广记·续集·绮谈市语·亲属门》："夫：厥良；盖老。"

【厥象】 宋陈元靓辑《事林广记·续集·绮谈市语·亲属门》："弟：厥象。"

【橛子】《切口大词典·党会类·红帮之切口》："橛子：炮楼或更楼也。"

【蹶】 卫大法师《江湖话·各行业商帮所用数目字隐语·成都通行言词·唱剧道士端公乐户等通用》："姑：一。仪：二。腸：三。符：四。蹶：五。傲：六。黑：七。㐰：八。拘：九。按十以上则加'丁'字，加'姑丁仪'为'一百二十元'。'拘丁蹶'为'九千八百元正'。"清傅崇矩《成都通览·成都之各行人买卖通用言词·戏班子道士端公吹手纸火通用言词》："五，蹶。"

【嚼果】《新刻江湖切要·僧类类》："说因果：嚼果。"清傅崇矩《成都通览·成都之江湖言词·僧道类》："说因果：嚼果。"

【嚼黄】《行院声嗽·伎艺》："诨经：嚼黄。"

【嚼叶子】 卫大法师《江湖话·红帮各地通行隐语·偷盗类》："扯票：嚼叶子。"

【嚼字】《梨园话》："嚼字：念白时字音不清，谓之'嚼字'。"

jun

【军器】①卫大法师《江湖话·红帮闽粤及南洋各地通行隐语》："药梗：军器。"李子峰《海底·闽粤及南洋各地通行之隐语》："蒟梗：军器。"②施列格《天地会研究·洪家口白要诀》："军器，灰挑。"

【军师】 贝思飞《民国时期的土匪隐语》："军师：通常利用占卜书籍决定行动的匪帮中的谋士。"施列格《天地会研究·洪家口白要诀》："军师，灰。"

【军需】 贝思飞《民国时期的土匪隐语》："军需：负责匪帮日常生活需要的首领。"

【均薄】《切口大词典·商铺类·银楼业之切口》："均薄：瓶也。"

【均杵】 云游客《江湖丛谈·江湖之春点·挂子行中的支杆挂子》："大家分钱，调侃叫均杵。"云游客《江湖丛谈·江湖之春点·江湖中之大粒生意》："大家亦能均杵，即是他的伙计亦能多分钱。"云游客《江湖丛谈·江湖之金点·江湖的海青腿儿》："管二八下账分钱，调侃儿叫均杵。"

【均处】《江湖走镖隐语行话谱》："分钱：均处。"

【君达】《新刻江湖切要·地理类》："上：溜；[广] 逆流；君达。"《江湖切口要诀》（尺牍增附本）："上：溜。[广] 逆流；君达。"清傅崇矩《成都通览·成都之江湖言词·地理类》："上：溜；逆流；君达。"

【君为臣纲】 金老佛《三教九流江湖秘密规矩·青帮与红帮·山岗令语句》："西岐出了一贤臣，保定纣王锦乾坤，纣王不识贤臣体，保定周朝掌座八百春。这是君为臣纲。"

【君子】①《切口大词典·赌博类·抽夜糖之切口》："君子：牌铁也。"②《切口大词典·商铺类·皮箱业之切口》："君子：箱之锁也。"

【君子套】《切口大词典·赌博类·抽夜糖之切口》："君子套：签筒也。"

【俊俏儿郎】①《新刻江湖切要·人物类》："后生人：半子；[广] 曰俊俏儿郎；岁月方长；子见犹惊。"《江湖切口要诀》（尺牍增附本）："后生子：半子，广曰：俊俏儿郎；

【岁月方长；子见犹惊。"②《切口大词典·医药类·卖春药治毒疮者之切口》："俊俏儿郎：年轻子弟也。"

【郡】 宋陈元靓辑《事林广记·续集·绮谈市语·天地门》："州：郡；邦。"

【郡副】 宋陈元靓辑《事林广记·续集·绮谈市语·君臣门》："同知：郡副。"

【郡庠】 宋陈元靓辑《事林广记·续集·绮谈市语·宫殿门》："州学：郡庠；芹宫。"

【郡佐】 宋陈元靓辑《事林广记·续集·绮谈市语·君臣门》："府判：郡佐。"

【骏足】 宋陈元靓辑《事林广记·续集·绮谈市语·走兽门》："马：骏足；代步。"

K

ka

【卡】《切口大词典·商铺类·丝经业之切口》："卡：吃也。"

【卡梁子】 卫大法师《江湖话·红帮各地通行隐语·各种行业类》："拦路抢劫：卡梁子，张梁子，打鹧鸪。"李子峰《海底·各地通行隐语》："拦路抢劫：卡梁子；张梁子；打鹧鸪。"

【卡那里】《切口大词典·衙卒类·侦探之切口》："卡那里：往哪里去也。"

【卡所】 朱琳《洪门志·春典子项记·店铺》："米店，称卡所。"

kai

【开】①卫大法师《江湖话·安庆隐语》："走：开。"《镖行江湖隐语行话秘典》："开，是开了走。"②《切口大词典·衙卒类·侦探之切口》："开：打也。"③《切口大词典·医药类·施药郎中之切口》："开：我去责人也。"④《切口大词典·杂流类·蚁煤之切口》："开：卖也。"⑤清傅崇矩《成都通览·成都之袍哥话即江湖话也》："开，挨打也。"

【开边】 清唐再丰《鹅幻汇编·江湖通用切口摘要》："打他曰开边。"卫大法师《江湖话·红帮各地通行隐语·一般人事类》："打：边，开边。"卫大法师《江湖话·江湖上的隐语·普通隐语》："打他：开边。"《清门考原·各项切口》："开边，开打也。"金老佛《三教九流江湖秘密规矩·日常用语》："打他曰开边。"李子峰《海底·各地通行隐语》："打：边；开边。"

【开鞭】①《切口大词典·盗贼类·越墙贼之切口》："开鞭：捉获而为失主吊打者。"②云游客《江湖丛谈·江湖之金点·挂》："开鞭，即是下来打吧。"

【开差】《切口大词典·盗贼类·对买贼之切口》："开差：出门行术也。"贝思飞《民国时期的土匪隐语》："开差：开始一次远征。"金老佛《三教九流江湖秘密规矩·青帮与红帮·江湖之春典》："出门行事称开差。"

【开场戏】《梨园话》："开场戏：简曰'开场'，即所演之前三出戏也。"

【开畅】①《切口大词典·娼妓类·江山船之切口》："开畅：摆花酒也。"②《切口大词典·商铺类·衣折业之切口》："开畅：形与蟒袍略同，着时可畅胸，故名。"

【开撑】《切口大词典·手艺类·扇子业之切口》："开撑：扇骨也。"

【开大快】 清唐再丰《鹅幻汇编·江湖通用切口摘要》："同寓诸人，清晨各不搭话，盖恐开大快（原注：开大快者，即犯大忌也）。"《切口大词典·星相类·星家之切口》："开大快：即犯大忌也。"金老佛《三教九流江湖秘密规矩·日常用语》："同寓诸人，清晨各不答话，盖恐开大快（开大快者，即犯大忌也），如犯之，此人是日之用费皆要赔偿，名曰开堂食（即伙

【开挡】《切口大词典·优伶类·武行中之切口》："开挡：拍一字步也。"

【开导子】《切口大词典·盗贼类·水面贼之切口》："开导子：船头也。"

【开饭】《镖行江湖隐语行话秘典》："吃饭，为恳，候着为保恳、开饭。"

【开方子】《切口大词典·娼妓类·八大胡同妓院之切口》："开方子：谓妓女于正项之外，尚客人有额外之需索也。"

【开风洞】《切口大词典·工匠类·木匠之切口》："开风洞：做窗牖也。"

【开肤】《切口大词典·杂流类·放白鸽者之切口》："开肤：被打也。"

【开关】《新刻江湖切要·器用类》："锁匙：镕木；[增]开关。"《切口大词典·盗贼类·铳手之切口》："开关：钥匙也。"清傅崇矩《成都通览·成都之江湖言词·器用类》："锁匙：熔木；开关；枕刻天（土量今更名扶头）。"

【开光】①《切口大词典·工匠类·成佛匠之切口》："开光：刻眼睛也。"②《切口大词典·工匠类·理发匠之切口》："开光：修额角也。"③《清门考原·各项切口》："开光，洗面之谓也。"

【开果盘】《切口大词典·娼妓类·长三书寓之切口》："开果盘：新年元宵节前。客至妓院，妓家备有食物，龟奴偻伛入，行礼极恭，客乃犒赏十外元。今此举已成告朔饩羊典型仅存而已。"

【开汉葫酿子】云游客《江湖丛谈·江湖之春点·三不管的饿巾生意》："管开草药铺，调侃叫开汉葫酿子。"

【开呵】《清门考原·各项切口》："开呵，吃食物也。"

【开花】①卫大法师《江湖话·红帮各地通行隐语·一般人事类》："分散：开花，花。"李子峰《海底·各地通行隐语》："分散：开花；花。"②《家里宝鉴·隐语》："洋伞曰'红头独，鸟只，开花'。"③《切口大词典·党会类·红帮之切口》："开花：分赃也。"《清门考原·各项切口》："开花，分赃也。"贝思飞《民国时期的土匪隐语》："开花：分战利品。"金老佛《三教九流江湖秘密规矩·青帮与红帮·红帮之问答》："令更设此甲乙两匪，得风回窟之后，将所得蓬子索子（衣服首饰谓之蓬索），尽行困槽子变钱（典当衣服什什物，谓之困槽子），开花（分赃）。"金老佛《三教九流江湖秘密规矩·青帮与红帮·红帮之问答》："吾们四无人，尽够赶了，快去快回，预备开花（分赃谓之开花）。"金老佛《三教九流江湖秘密规矩·青帮与红帮·江湖之春典》："分赃称开花。"④《切口大词典·商铺类·香烛业之切口》："开花：二两重之烛也。"⑤《清门考原·各项切口》："开花，骂人也。"

【开花子】清唐再丰《鹅幻汇编·江湖通用切口摘要》："伞曰开花子。"卫大法师《江湖话·红帮各地通行隐语·其他用具对象类》："雨伞：开花子，遮漏子，雨淋子。"《切口大词典·星相类·星家之切口》："开花子：伞也，八快之七也。"《切口大词典·优伶类·伶人之切口》："开花子：伞也。后台不准撑开各伞，以及直呼为伞，当已开花子及雨盖等代之，此与江湖上之犯大快相同。因伞与散同音，伶人最忌散班。"《清门考原·各项切口》："开花子，伞也。"金老佛《三教九流江湖秘密规矩·青帮与红帮·红帮之问答》："甲匪曰天要洒清（下雨）了，开花子（雨伞）带么。"金老佛《三教九流江湖秘密规矩·青帮与红帮·江湖之春典》："伞称开花子。"金老佛《三教九流江湖秘密规矩·日常用语》："伞曰开花子。"李子峰《海底·各地通行隐语》："雨伞：开花子；遮漏子；雨淋子。"平山周《中国秘密社会史·哥老会隐语》："鞋曰踢土，伞曰开化子。"徐珂《清稗类钞·会党类·哥老会隐语》："鞋曰踢土，伞曰开花子。"

【开荒人】云游客《江湖丛谈·江湖之春点·江湖艺人孙宝善》："江湖人管首创之人，调侃叫开荒人。"

【开黄毛】《切口大词典·杂流类·蚁煤之切口》："开黄毛：贩卖小丫头也。代人转辗卖买。"

【开火】《切口大词典·衙卒类·兵士之切口》："开火：打仗也。"

【开霁】 宋陈元靓辑《事林广记·续集·绮谈市语·天地门》:"晴:开霁;崖缩。"

【开讲】《切口大词典·医药类·摇虎撑者之切口》:"开讲:论值也。"

【开绞】《切口大词典·优伶类·场子上之切口》:"开绞:在台上斗趣也。"

【开搅】《梨园话》:"开搅:演剧时起哄,谓之'开搅'。"

【开金口】《切口大词典·杂流类·喜婆之切口》:"开金口:为新嫁娘分别亲长也。"

【开金声】《切口大词典·工匠类·成佛匠之切口》:"开金声:刻石也。"

【开克】 学古堂《江湖行话谱·走江湖行话》:"打仗:开克。"

【开口】 朱琳《洪门志·春典子琐记·人事》:"戏子,称开口。"

【开口白】《切口大词典·娼妓类·相公堂子之切口》:"开口白:歌唱者。"

【开了顶了】 卫大法师《江湖话·红帮各地通行隐语·一般人事类》:"做得很精:开了顶了。"李子峰《海底·各地通行隐语》:"做得很精了:开了顶了。"

【开了花】《镖行江湖隐语行话秘典》:"迷了路,为开了花。"

【开了花了】《镖行江湖隐语行话秘典》:"走路不知路,为开了花了。"

【开了闸】 云游客《江湖丛谈·江湖之金点·评门》:"说书的艺人,不会说扣子,拢不住座儿,把扣子说散了,调侃儿叫开了闸啦。"

【开龙会】《切口大词典·党会类·哥老会之切口》:"开龙会:亦名开香堂,其热闹亚于开山。"

【开锣】《梨园话》:"开锣:开始演戏,谓之'开锣'。"

【开码城】《切口大词典·党会类·三点会之切口》:"开码城:会员之有势力者,纠众赴乡,设立赌台,诱人入赌,抽头渔利也。"

【开码头】 ①金老佛《三教九流江湖秘密规矩·青帮与红帮·青帮开码头》:"绑匪每至穷极无聊之际,但须至长江码头,游历一周,除却盘费日用外,尚可净余百十元,多则千元,带之回家。盖因每到一码头各该码头之同帮者,除供给日用外,临行时皆须奉送程仪,其数则各视其本人面子之大小而定,少则三五元,多则百十元。有面子之绑匪,每开码头一次,所得殊不勘少。"清唐再丰《鹅幻汇编·江湖通用切口摘要》:"若出门遍游码头,名曰开码头。"《切口大词典·党会类·青帮之切口》:"开码头:帮匪至穷极无聊之际,至各码头游历一周,可得极大之注入,因各码头之同帮者,除供给日用外,临行皆须送程钱,是亦为帮匪做生意敛钱法也。"《清门考原·各项切口》:"开码头,出门求财之说。"金老佛《三教九流江湖秘密规矩·日常用语》:"若出门遍游码头,名曰开码头。"刘联珂《中国帮会三百年革命史·清门切口》:"开码头,出门求财。"学古堂《江湖行话谱·江湖行话》:"出门遍游码头,曰开码头。"②卫大法师《江湖话·安庆隐语》:"往别处:开码头。"卫大法师《江湖话·红帮各地通行隐语·一般人事类》:"离此他去:开码头。"《切口大词典·党会类·流氓之切口》:"开码头:出门也。"《切口大词典·星相类·星家之切口》:"开码头:出游别地做生理也。"《清门考原·各项切口》:"开码头,是出门去。"李子峰《海底·各地通行隐语》:"离此他去:开码头。"③卫大法师《江湖话·红帮各地通行隐语·店钱及其他》:"到会:开码头,去睇戏,看戏。"④平山周《中国秘密社会史·哥老会隐语》:"到处曰开码头,谒容曰拜码头,见时行礼曰丢湾子。"徐珂《清稗类钞·会党类·哥老会隐语》:"到处曰开码头,谒容曰拜码头,见时行礼曰丢湾子。"《家里宝鉴·隐语》:"到处曰'开码头'。"⑤《切口大词典·党会类·哥老会之切口》:"开码头:设立机关也。"⑥金老佛《三教九流江湖秘密规矩·青帮与红帮·红帮之生财》:"开码头,又可分为数项,即演戏法卖拳头,与夫一切三教九流等类,综其名曰走江湖。"

【开门】《切口大词典·优伶类·靶子之切口》:"开门:龙套手执四把大刀,为大将升堂时用之。"

【开门见山】 云游客《江湖丛谈·江湖之春点·天桥的大鼓书场》:"他们江湖人,管唱出来的书词,唱出来的书中人物,听主立刻就懂,立刻就明白,调侃叫'皮薄',调侃儿叫'开门见山'。"云游客《江湖丛谈·江湖之金点·评门》:"说书的艺人,在场上能将书中事儿,说得意义最浅,使听的人们,容易懂得,听的明白,调侃儿叫'开门见山',又叫'皮薄'。说书的使人不懂,听着发闷,调侃儿叫'皮厚'啦。"

【开门口】《切口大词典·党会类·青帮之切口》:"开门口:帮匪由他处贩来之妇女,逼令为娼,大抵花烟间为多,野鸡次之,以肉体所得之资,供彼挥霍也。"《清门考原·各项切口》:"开门口,役妓院也。"

【开门山】《切口大词典·盗贼类·拐匪之切口》:"开门山:眼无疾病也。"

【开明】《切口大词典·优伶类·戏园之切口》:"开明:写戏码之人也。"

【开耙】《切口大词典·工匠类·造酒匠之切口》:"开耙:当酒未熟之时,酒匠须用耙捣和造酒料,任此者为优等造酒匠也。"

【开盘子】《切口大词典·工匠类·画船匠之切口》:"开盘子:画人物也。"

【开票】《切口大词典·医药类·医生之切口》:"开票:写方子也。"

【开铺】《切口大词典·娼妓类·茶室之切口》:"开铺:住夜也。"

【开腔】《切口大词典·杂流类·堂名之切口》:"开腔:唱戏也。"

【开抢】卫大法师《江湖话·红帮各地通行隐语·店钱及其他》:"集会:开抢,放马,开山。"

【开曲本】《切口大词典·星相类·星家之切口》:"开曲本:互相问答之切口也,如帮中之抄海底。"

【开色糖轮子的】云游客《江湖丛谈·江湖之春点·天桥的空竹场子》:"管汽车夫,调侃叫开色糖轮子的。"

【开山】①卫大法师《江湖话·红帮各地通行隐语·店钱及其他》:"集会:开抢,放马,开山。"《家里宝鉴·隐语》:"集会曰'开始,开山'。"《切口大词典·党会类·哥老会之切口》:"开山:大集会也。"平山周《中国秘密社会史·哥老会隐语》:"集会曰开山,按秘密仪式互相问答曰请包袱。"徐珂《清稗类钞·会党类·哥老会隐语》:"集会曰开山,按秘密仪式互相问答曰请包袱。"

②朱琳《洪门志·春典子琐记·物品》:"斧,称开山。"《切口大词典·工匠类·车搬匠之切口》:"开山:斧头也。"

【开山令】金老佛《三教九流江湖秘密规矩·青帮与红帮·开山令语句》:"待镇山令下,砲声三响之后,龙头即续唱开山令云:'开山今日午时开,众家兄弟听开怀,旗到月宫齐挑起,正义堂前把话谈,九道安了生死路,那个敢进咱香门,不是能人他莫进,不是知他他莫来,身家不清早早走,底子不足早回头。冒充光抢人人有,查了出来要人头。不是愚兄言语抖,今日传令不容情,上四排哥子犯了令,自己挖坑自己埋,下四排哥子犯了令,四十红棍定不饶。五堂大爷论升帐,我今把令望下传。'宣此令毕,龙头即就神案上取起一束线香燃着,向众语曰:此三把半香,都有来历,请听我宣誓令。"

【开山门】《清门考原·各项切口》:"开山门,第一次收人也。"刘联珂《中国帮会三百年革命史·清门切口》:"开山门,第一次收人。"

【开山门徒弟】《切口大词典·党会类·青帮之切口》:"开山门徒弟:初收徒肯之第一人也。师父有事外出,得执行职权。他年收徒肯,同参中须让其先收,而后敢收,此人要非常能干敏捷者。"

【开生】《切口大词典·医药类·医生之切口》:"开生:妇人也。"

【开始】《家里宝鉴·隐语》:"集会曰'开始,开山'。"

【开市】《切口大词典·娼妓类·八大胡同妓院之切口》:"开市:犹上海之烧路头也,每节中必有一次,无非借此使客人作摆饭局,打牌及听打鼓等花样耳。"

【开台】平山周《中国秘密社会史·三合会隐语》:"隐语:三合会员与盗贼往来,有怪文以之为暗号,今略揭大要如下。公所曰红花亭,曰松柏林。新入会曰入圈,曰拜正,曰出世。集会曰开台,曰放马。会员曰香,曰洪英,曰豪杰。外人曰风,曰疯子,曰鹧鸪。新会员曰新丁。到会曰去睇戏。会中之秘书曰衫仔。会员之凭票曰腰平,曰八角招牌,曰八卦。"卫大法师《江湖话·红帮闽粤及南洋各地通行隐语》:"集会:开台,放马。"

徐珂《清稗类钞·会党类·三合会隐语》："隐语：三合会员与盗贼往来，有怪文以之为暗号，今略揭大要如下。公所曰红花亭，曰松柏林。新人会曰入圈，曰拜正，曰出世。集会曰开台，曰放马。会员曰香，曰洪英，曰豪杰。外人曰风，曰疯子，曰鹧鸪。新会员曰新丁。到会曰去睇戏。会中之秘书曰衫仔。会员之凭票曰腰平，曰八角招牌，曰八卦。"李子峰《海底·闽粤及南洋各地通行之隐语》："集会：开台；放马。"

【开台酒】《切口大词典·娼妓类·长三书寓之切口》："开台酒：新岁第一次宴客也。酒例如常，而下脚则须加倍。"

【开抬】 金老佛《三教九流江湖秘密规矩·三合会之隐语》："集会曰开抬，亦曰放马。"李子峰《海底·各地通行隐语》："集会：开抬；放马。"

【开汤】《切口大词典·杂业类·冶坊之切口》："开汤：二号空底汤罐也。"

【开堂】《切口大词典·党会类·青帮之切口》："开堂：开堂收徒为帮匪敛财吃相之一法也，因为徒弟须纳赟礼堂费也。"

【开堂食】 清唐再丰《鹅幻汇编·江湖通用切口摘要》："如犯之，此人是日之用费，皆要赔偿，名曰开堂食（原注：即伙食也）。"《切口大词典·星相类·星家之切口》："开堂食：如犯大快。此人是日之用费，皆要赔偿，名曰开堂食。"金老佛《三教九流江湖秘密规矩·日常用语》："同寓诸人，清晨各不答话，盖恐开大快（开大快者，即犯大忌也），如犯之，此人是日之用费皆要赔偿，名曰开堂食（即伙食也）。"

【开桃源】 ①卫大法师《江湖话·安庆隐语》："衣破洞：开桃源。"②卫大法师《江湖话·江湖上的隐语·普通隐语》："破壁掘洞入窃：开桃源。"《切口大词典·盗贼类·掘壁贼之切口》："开桃源：掘壁洞也。"

【开天窗】 ①《切口大词典·党会类·小瘪三之切口》："开天窗：患杨梅毒透顶之语也。"②《切口大词典·盗贼类·剪绺贼之切口》："开天窗：将人衣服挖破攫取囊中物也。"《清门考原·各项切口》："开天窗，将人衣服挖破取钱物也。"③《切口大词典·盗贼类·越墙贼之切口》："开天窗：在屋上掀去瓦爿，拍去椽子而入屋者。"

【开天聪】《切口大词典·工匠类·成佛匠之切口》："开天聪：刻耳也。"

【开天门】 卫大法师《江湖话·安庆隐语》："斧砍脑壳：开天门。"

【开天庭】《切口大词典·医药类·卖春药治毒疮者之切口》："开天庭：杨梅毒透顶者。"

【开天眼】《切口大词典·衙卒类·侦探之切口》："开天眼：吊打也。"

【开条斧】 卫大法师《江湖话·安庆隐语》："设法敲诈：开条斧。"

【开条赋】《清门考原·各项切口》："开条赋，向人借贷。"

【开条子】 ①卫大法师《江湖话·安庆隐语》："敲诈旁人的钱：开条子。"②卫大法师《江湖话·红帮各地通行隐语·各种行业类》："贩卖人口：换子孙，开条子。"李子峰《海底·各地通行隐语》："贩卖人口：换子孙，开条子。"③《切口大词典·盗贼类·拐匪之切口》："开条子：同上（东流水：将妇女售卖也）。"《清门考原·各项切口》："开条子，贩卖妇女。"贝思飞《民国时期的土匪隐语》："开条子：买卖妇女。"金老佛《三教九流江湖秘密规矩·青帮与红帮·红帮之问答》："贩女人谓'开条子'。"金老佛《三教九流江湖秘密规矩·青帮与红帮·江湖之春典》："贩女子称开条子。"

【开厅】《切口大词典·娼妓类·粤妓之切口》："开厅：在北里中摆酒也。"

【开同眼】《切口大词典·杂业类·燕子窝之切口》："开同眼：购买也。"

【开瓦】 云游客《江湖丛谈·江湖之春点·江湖中之大粒生意》："管要敲诈人的钱财，调侃叫'开瓦'。"

【开味】 贝思飞《民国时期的土匪隐语》："开味：使队伍参加战斗。"

【开文差使】《切口大词典·党会类·三点会之切口》："开文差使：诱拐妇女，贩诸远方也。"

【开文相】《切口大词典·党会类·青帮之切口》："开文相：做窃骗赌拐之事也。"

【开乌贼行】《切口大词典·行号类·烟土行之切口》："开乌贼行：贩土商也。"

【开武差使】《切口大词典·党会类·三点会

之切口》："开武差使：纠合羽翼预备军械，雇船数十艘，择地贩售私盐也。"

【开武差事】 ①卫大法师《江湖话·红帮各地通行隐语·一般人事类》："抢：开武差事。"②李子峰《海底·各地通行隐语》："枪：开武差事。"

【开武相】 《切口大词典·党会类·青帮之切口》："开武相：执械抢劫恃众拒捕也。"

【开相堂】 《切口大词典·党会类·三点会之切口》："开相堂：收新会员也。"

【开香堂】 《切口大词典·党会类·青帮之切口》："开香堂：收徒弟也。"《清门考原·各项切口》："开香堂，又曰拢香堂收弟子也。"金老佛《三教九流江湖秘密规矩·青帮与红帮·青帮之吃相》："是即开堂收徒之谓，凡有面子而又字辈较大之绑匪，每次开堂收徒，少亦一二百人，各该徒弟，例须纳拜师金十元，开堂费六元。如有小开入帮，则师金堂费，尤必格外礼重，且另有酒席费用无定数，收徒者乃置小开之名于首。故一般为徒者，大都因竞争前列，各纳重金以攫取匪册之首名。而为老头子者，每开香堂一次，其入款至少在千元以上。此亦为吃相之一也。"刘联珂《中国帮会三百年革命史·清门切口》："开香堂，收徒弟也。"

【开销】 《清门考原·各项切口》："开销，分发贿赂及酬劳同类。"刘联珂《中国帮会三百年革命史·清门切口》："开销，分发运动酬劳金。"

【开穴】 云游客《江湖丛谈·江湖之春点·江湖艺人孙宝善》："江湖人管出外，调侃说叫开穴。"云游客《江湖丛谈·江湖之春点·江湖中闯啃的骗财法》："开穴即是另往他方。"云游客《江湖丛谈·江湖之春点·天桥的旧人物常傻子》："尝去外远行，调侃叫开穴。"云游客《江湖丛谈·江湖之金点·调门》："分为两班儿开穴（江湖人管旅行的话，调侃儿叫开穴）。"

【开眼界】 《切口大词典·巫卜类·和尚之切口》："开眼界：出门也。"

【开洋】 《切口大词典·商铺类·海味业之切口》："开洋：小虾肉干也。"

【开窑口】 《切口大词典·盗贼类·掘壁贼之切口》："开窑口：掘壁贼也。"金老佛《三教九流江湖秘密规矩·青帮与红帮·江湖之春典》："掘壁贼称开窑口。"

【开闸】 《梨园话》："开闸：剧未终场，而坐客分散，谓之'开闸'。'闸'，亦作'栅'。"

【揩白】 《切口大词典·杂流类·卖京货之切口》："揩白：水粉也。"

【揩油】 《切口大词典·乞丐类·乞丐之切口》："揩油：讨来之钱，不归公共私自吞没也。"

【凯还】 宋陈元靓辑《事林广记·续集·绮谈市语·拾遗门》："讼胜：得理；凯还。"

【凯曲】 《新刻江湖切要·乐器类》："满洲鼓曰凯曲。"

kan

【刊琴丘】 《新刻江湖切要·工匠类》："打银匠：刊琴丘；流琴丘；艮丘通；火身。"清傅崇矩《成都通览·成都之江湖言词·工匠类》："打银匠：刊琴丘；流琴丘；艮丘通；火身。"

【刊通】 《新刻江湖切要·身体类》："脉：刊通；[增]雨沙，又曰礼冠。"《切口大词典·星相类·不开口相面之切口》："刊通：面麻也。"清傅崇矩《成都通览·成都之江湖言词·身体类》："麻：刊通；雨沙；礼冠。"

【勘赚】 《蹴鞠谱·锦语》："二：勘赚。"《蹴鞠图谱·圆社锦语》："勘赚：二。"

【龛公】 《新刻江湖切要·宫室类》："屋：窑子；龛公。"

【坎肩】 《切口大词典·商铺类·衣折业之切口》："坎肩：马夹也。"

【坎气子】 《切口大词典·医药类·药行业之切口》："坎气子：地必虫也。"

【坎子】 云游客《江湖丛谈·江湖之金点·江湖的海青腿儿》："各戏园子都有些个把守戏馆子门的人，江湖人管他们调侃叫坎子。"

【侃儿】 云游客《江湖丛谈·江湖之春点》："果子行、菜行、油行、肉行、估衣行、糖行，以及拉房纤的，骡马市里纤手，各行都有各行的术语，俗说叫'调侃儿'。到了江湖人，管他们所调的侃儿，总称叫'春点'。"

【砍斧头】《切口大词典·娼妓类·粤妓之切口》:"砍斧头:妓女于正项之外,向客需索也。"

【砍黑草的】 卫大法师《江湖话·红帮各地通行隐语·各种行业类》:"剃头匠:砍黑草的,推青的。"李子峰《海底·各地通行隐语》:"剃头匠:砍黑草的;推青的。"

【砍浪】 卫大法师《江湖话·红帮闽粤及南洋各地通行隐语》:"松柴:洪柴,砍浪。"李子峰《海底·闽粤及南洋各地通行之隐语》:"松柴:洪柴,砍浪。"

【看操】《切口大词典·盗贼类·剪绺贼之切口》:"看操:小剪绺得有物件咸呈首领检阅然后分派。"《清门考原·各项切口》:"看操:小扒手偷得钱物,迎送首领分派也。"

【看场子】《梨园话》:"看场子:台上演戏,管事者在后台指挥之,谓之'看场子'。[附记]凡伶工于初演戏时,恐所习场子不甚纯熟,教师必在场上监视,随时暗中指导,或排演新戏,恐词句排场,亦有不甚熟悉之处,管事人需在后台指挥之,皆谓之'看场子'也。"

【看风】 李子峰《海底·各地通行隐语》:"观形势:看风。"

【看街】《切口大词典·衙卒类·警士之切口》:"看街:警士也。"

【看金鲫鱼】《切口大词典·衙卒类·狱卒之切口》:"看金鲫鱼:日间锁之于尿坑处也。"

【看金鱼】《清门考原·各项切口》:"看金鱼,凡不通监之犯,置于狱中之鸟坑处。"

【看清】《切口大词典·杂业类·商人共众切口》:"看清:营业发达之商家,或新开张者,彼恒袖手旁观,默察伙友之量货核账,有无错误,有无蔽窦,任是职者非老板知心腹,即阿大之爪牙。"

【看清地图】《切口大词典·党会类·红帮之切口》:"看清地图:熟谙出入门径也。"

【看生配】《清门考原·各项切口》:"看生配,任何牌可识也。此非一日之功。"

【看手】 清傅崇矩《成都通览·成都之呼物混名》:"看手:打牌赌钱也。"

【看书】 卫大法师《江湖话·红帮各地通行隐语·建筑物类》:"吃官司:看书。"李子峰《海底·各地通行隐语》:"吃官司:看书。"朱琳《洪门志·春典子琐记·人事》:"坐牢,称看书。"

【看厅】《切口大词典·娼妓类·八大胡同妓院之切口》:"看厅:此游客进门之第一声也,其职由门房司之,其意使院内跑厅、大了、王八、爪子之类,知有客来,速出欢迎也,彼辈知有客来,乃出引客至堂屋地下坐,或引至无客妓女室中之炕上坐,迩来南班装有电铃,游客入门,但闻琳琳铃声,不复有看厅之龟叫声。"

【看屋子】《切口大词典·娼妓类·茶室之切口》:"看屋子:淫业衰飒也。"

【看戏】 卫大法师《江湖话·红帮各地通行隐语·店钱及其他》:"到会:开码头,去睇戏,看戏。"《切口大词典·党会类·三点会之切口》:"看戏:赴会也。"李子峰《海底·各地通行隐语》:"到会:去睇戏;看戏。"

【看相】《切口大词典·役夫类·人力车夫之切口》:"看相:巡士拦住,细观车之新旧也。"

【看野景】《清门考原·各项切口》:"看野景,又名望城圈。即匪被杀,悬头示众。"

kang

【康】《行院声嗽·人事》:"谝:康。"

【康白大】《切口大词典·杂业类·商人共众切口》:"康白大:洋行买办也。"

【康边】《切口大词典·商铺类·纸业之切口》:"康边:细草纸也。"

【康衢】《切口大词典·星相类·铁板算命之切口》:"康衢:大街也。"

【康熙皇】《切口大词典·盗贼类·剪绺贼之切口》:"康熙皇:以康熙钱磨薄一边利逾锋刃用开天窗者。"《清门考原·各项切口》:"康熙皇,用钱磨得如刀。破人衣服之利器也。"

【扛叉的】《切口大词典·娼妓类·八大胡同妓院之切口》:"扛叉的:妓女无领家之庇荫,不能独立营业,必结识一有势利之混混,以为外援,而此混混,谓之扛叉的。"

【扛二炮的】 贝思飞《民国时期的土匪隐语》:"扛二炮的:从其他土匪那里借来的武器。"

【扛散枪的】贝思飞《民国时期的土匪隐语》："扛散枪的：照看武器的土匪；普通土匪（豫南）。"

【扛扇】贝思飞《民国时期的土匪隐语》："扛扇：袭击时负责攻打乡村大门和泥墙的土匪。"

【亢子】《切口大词典·盗贼类·杆匪之切口》："亢子：三弯刀或大刀也。"

【抗风】《清门考原·各项切口》："抗风，抵抗官兵拒捕。"

【炕料】《切口大词典·工匠类·染布匠之切口》："炕料：熨染缸之榾柮也。"

【炕面儿】《切口大词典·娼妓类·八大胡同妓院之切口》："炕面儿：犹浑倌也。"

kao

【考考】《切口大词典·巫卜类·道士之切口》："考考：老人也。"

【考相公】《切口大词典·衙卒类·侦探之切口》："考相公：所获之盗，系嫌疑者。"

【拷下风】《切口大词典·赌博类·牌九赌之切口》："拷下风：郎中搂上风之霸也。"

【拷子】金老佛《三教九流江湖秘密规矩·青帮与红帮·红帮之问答》："甲曰：匪内（箱曰匪）还有鼠拷多双（镯头谓之拷子），蛤子（珍珠）无数，玲珑子（表曰玲珑子）若干，只吾们两人，且收起来。"金老佛《三教九流江湖秘密规矩·青帮与红帮·江湖之春典》："镯头称拷子。"

【栲】卫大法师《江湖话·各行业商帮所用数目字隐语·重庆通行言词·买猪》："豆：一。背：二。泰：三。长：四。仁：五。条：六。栲：七。黄：八。豆：九。按此为重庆场买卖猪时使用。"

【烤火山子】卫大法师《江湖话·红帮各地通行隐语·饮食用品类》："沽酒：沽火山子，烤火山子，奔火山子。"李子峰《海底·各地通行隐语》："沽酒：沽火山子；烤火山子；奔火山子。"

【烤龙头】《切口大词典·杂业类·饭店业之切口》："烤龙头：炒青鱼头尾也。"

【烤笼】《江湖走镖隐语行话谱》："火灼：烤笼。"

【烤沙子】卫大法师《江湖话·红帮各地通行隐语·饮食用品类》："锅巴：烤沙子，靠山子。"李子峰《海底·各地通行隐语》："锅巴：烤沙子；靠山子。"

【铐子】卫大法师《江湖话·江湖上的隐语·普通隐语》："金镯：铐子。"

【靠窑子】卫大法师《江湖话·红帮各地通行隐语·各种行业类》："烟馆：靠窑子。"

【靠】①卫大法师《江湖话·红帮各地通行隐语·一般人事类》："睡：拖条，靠，摊条。"李子峰《海底·各地通行隐语》："睡：拖条；靠。"②卫大法师《江湖话·红帮各地通行隐语·一般人事类》："坐：靠。"李子峰《海底·各地通行隐语》："坐：靠。"

【靠把】《切口大词典·商铺类·嫁妆业之切口》："靠把：坑桌也。"

【靠背】《切口大词典·工匠类·藤器匠之切口》："靠背：椅子也。"

【靠背子】卫大法师《江湖话·红帮各地通行隐语·居住用品类》："椅子：靠背子，靠托子。"李子峰《海底·各地通行隐语》："椅子：靠背子；靠托子。"

【靠大】《切口大词典·役夫类·茶担夫之切口》："靠大：椅衣也。"

【靠后】宋陈元靓辑《事林广记·续集·绮谈市语·拾遗门》："退：靠后。"

【靠牌头】《清门考原·各项切口》："靠牌头，借人之力量。"

【靠山子】卫大法师《江湖话·红帮各地通行隐语·饮食用品类》："锅巴：烤沙子，靠山子。"李子峰《海底·各地通行隐语》："锅巴：烤沙子；靠山子。"

【靠衫】《切口大词典·盗贼类·铳手之切口》："靠衫：背心也。"

【靠衫儿】卫大法师《江湖话·红帮各地通行隐语·衣服类》："短衫：靠身子，靠衫儿。"李子峰《海底·各地通行隐语》："短衫：靠身子；靠衫儿。"

【靠扇】①《江湖走镖隐语行话谱》："门右：靠扇。"②清末民初佚名《镖行江湖隐语行话秘典》："宅子以前为山前，宅子以后为山后。宅子以东为夜扇。宅子以西为靠扇。"

【靠扇的】云游客《江湖丛谈·江湖之金点·

穷家门》："生意人又管他们要饭的叫靠扇的；随便入城，'杆上的'亦天然淘汰了。"

【靠身】《切口大词典·医药类·做戏法卖药者之切口》："靠身：药包也。"

【靠身子】 卫大法师《江湖话·红帮各地通行隐语·衣服类》："短衫：靠身子，靠衫儿。"李子峰《海底·各地通行隐语》："短衫：靠身子；靠衫儿。"

【靠手】《切口大词典·工匠类·藤器匠之切口》："靠手：藤桌也。"

【靠托子】 卫大法师《江湖话·红帮各地通行隐语·居住用品类》："椅子：靠背子，靠托子。"李子峰《海底·各地通行隐语》："椅子：靠背子；靠托子。"

【靠熏】 卫大法师《江湖话·红帮各地通行隐语·饮食用品类》："吸鸦片：靠熏，熏，香云。"平山周《中国秘密社会史·哥老会隐语》："鸦片曰熏老，吃鸦片曰靠熏，鸦片管曰熏管子。"徐珂《清稗类钞·会党类·哥老会隐语》："鸦片曰熏老，吃鸦片曰靠熏，鸦片管曰熏管子。"李子峰《海底·各地通行隐语》："吸鸦片：靠熏；熏；吞云。"

【靠熏窑子】 李子峰《海底·各地通行隐语》："烟馆：靠熏窑子。"

【靠雅子】《切口大词典·杂业类·燕子窝之切口》："靠雅子：烟具也。"

【靠子】《切口大词典·商铺类·衣折业之切口》："靠子：甲也。"

【靠祖宗】《切口大词典·杂流类·蔑骗之切口》："靠祖宗：说先人交情以固地位也。"

ke

【柯】 学古堂《江湖行话谱·估衣行话》："柯，十。"

【柯地龙】 金老佛《三教九流江湖秘密规矩·青帮与红帮·江湖之春典》："捉蛇称柯地龙。"

【柯枝】《行院声嗽·鸟兽》："骨：柯枝。"

【柯枝子】《行院声嗽·身体》："骨：柯枝子。"

【科班】《梨园话》："科班：童伶习艺所，谓之'科班'。[附记] 梨园之设科班，专为教练戏剧人才，故童伶之入科班，亦如学生之入学校也。惟科班中之规矩，则较学校为繁。此又不能相提并论。余喜与伶界往还，故于此中事情，略知一二，今请为我同志陈之。夫科班在清代极多，今则寥如晨星。即以北平一隅而言，如庆升平、庆和成等班，成立最早，皆以昆剧为主。继之者，为双庆、双奎、全福、小福胜、小嵩祝、三庆、四喜等班，约在同光之间。他如小荣椿、福寿、玉成、小和春、得胜奎等班，则较迟矣。小洪奎、长春等班，又其次也。清季则组有喜连成科班，鼎革后，改为富连成。此外，又有正乐社、福清社、斌庆社，多如春笋。至今日，则仅存富连成为硕果矣。按：科班之组织，多由伶工自动发起，招外界股东供给资财。然亦有独自经营，不招外股者，惟甚少耳。在组织之先，须购妥房屋，及一切杂具，再聘请教师，置备戏装。然后，招集幼童而教导之。此不过述其大略。至于幼童入社，谓之'入科'。初时须有人为之介绍，暂留社中数日，审查其才干。如有可学戏之才者，再与其家长订立契约，谓之'写字'。'写字'时须有相当保人，签名画押。所定年限，约七年，其一切衣食，由社中供给。《切口大词典·优伶类·伶人之切口》："科班：专收幼伶教授艺术也，伶人以科班出身为荣。"

【科靠着】《镖行江湖隐语行话秘典》："走外股，为科靠着。"

【科郎点】 云游客《江湖丛谈·江湖之春点·江湖中的光子生意》："江湖人管农民叫科郎点。"云游客《江湖丛谈·江湖之春点·江湖中之戳黑的》："管种地的人，调侃叫科郎点。"

【科郎码】 云游客《江湖丛谈·江湖之春点》："管乡下人叫科郎码。"

【科老】 ①《新刻江湖切要·器用类》："斗：圆老；应名科老。" ②《新刻江湖切要·器用类》："升：科老。"《切口大词典·杂流类·收旧货之切口》："科老：量米之升也。"清傅崇矩《成都通览·成都之江湖言词·器用类》："升：科老。"

【科起】《行院声嗽·人事》："作科：科起。"

【科炭】 清张德坚等《贼情汇纂》卷八《伪文告下·隐语·太平天国隐语》："科炭：凡贼有急，群下敛钱粮救之谓之科炭。"

【科怔】 云游客《江湖丛谈·江湖之金点·挑

青子生意之内幕》："江湖人管农人、老乡们调侃叫科征。"

【跁瘩党】 清傅崇矩《成都通览·成都之江湖言词·医药类》："排摊卖药：跁瘩党。"

【跁党】《新刻江湖切要·医药类》："排摊卖药：跁党。"

【棵子】 云游客《江湖丛谈·江湖之金点·海轰之十三道大辙》："江湖人管秘本的笔记书里中的单构穿插，调侃叫棵子。"

【窠子】《行院声嗽·人物》："妇：窠子。"

【磕头】《切口大词典·党会类·青帮之切口》："磕头：拜师也。问汝老头子为谁，则言汝向谁磕头。"

【壳】 清翟灏《通俗编·识余·市语·药行》："药行：一羌，二独，三前，四柴，五梗，六参，七苓，八壳，九草，十芎。"

【壳子】《切口大词典·医药类·祝由科之切口》："壳子：碗也。"《切口大词典·优伶类·武行中之切口》："壳子：高跌以背落地之筋斗也。"

【可】 卫大法师《江湖话·各行业商帮所用数目字隐语·成都通行言词·帽行》："兵：一。文：二。善：三。作：四。成：五。安：六。兔：七。可：八。庆：九。"清傅崇矩《成都通览·成都之各行人买卖通用言词·草帽麻行通用言词》："八，可。"

【可靠着】《镖行江湖隐语行话秘典》："街上有人过多，为可靠着。"

【可捏】《行院声嗽·人事》："将就：可捏。"

【克荷析薪】 ①《新刻江湖切要·人物类》："成家子：会做的；[广] 肯构肯堂，克荷析薪。"《江湖切口要诀》(尺牍增附本)："承蒙了：会做的。[广] 肯构肯堂，克荷析薪。"清傅崇矩《成都通览·成都之江湖言词·人物类》："成家子：会做的；肯构肯堂，克荷析薪。" ②《切口大词典·杂流类·媒婆之切口》："克荷析薪：好男子也。"

【克笙】《切口大词典·役夫类·渔夫之切口》："克笙：鱼筌也。"

【克明】《新刻江湖切要·乐器类》："磬：克明；[增] 子振。"

【克蛇】《切口大词典·星相类·龟算命之切口》："克蛇：龟也。"

【刻尺】《行院声嗽·器用》："枕：刻尺。"

【刻孔】《切口大词典·工匠类·竹匠之切口》："刻孔：钻子也。"

【刻天】《新刻江湖切要·器用类》："枕：刻天，士量；今更名扶头。"

【刻照】《郎中医话》："刻照，是瞎眼。"

【客串】《梨园话》："客串：局外人进戏班演戏谓之'客串'。"

【客盖】《新刻江湖切要·娼优类》："龟子：中八生；刮丢；[增] 六缩。忘八，客盖 [改] 青盖。"《切口大词典·娼妓类·粤妓之切口》："客盖：忘八也。"清傅崇矩《成都通览·成都之江湖言词·娼优类》："龟子：中八生；刮丢；六缩。忘八，客盖；青盖。"

【客货】 学古堂《江湖行话谱·瞽者行话》："客货，行。"

【客老】《新刻江湖切要·身体类》："肚：西方；[增] 客老。"

【客同】《新刻江湖切要·人物类》："客人：盖各；客同；[广] 鸡黍相延；无涯逆旅。"清傅崇矩《成都通览·成都之江湖言词·人物类》："客人：盖各；客同；鸡黍相延；无涯逆旅。"

【客细】《新刻江湖切要·娼优类》："妓女：青马；青细；客细；众才。私窠子亦称客细。"《新刻江湖切要·娼优类》："妓女：青马；青细；客细；众才。私窠子亦称客细。"清傅崇矩《成都通览·成都之江湖言词·娼优类》："妓女：青马；青细；客细；众才。"清傅崇矩《成都通览·成都之江湖言词·娼优类》："私窠子：客细。"

【客窑】《切口大词典·党会类·红帮之切口》："客窑：客栈也。"《切口大词典·党会类·流氓之切口》："客窑：旅馆也。"金老佛《三教九流江湖秘密规矩·青帮与红帮·红帮之问答》："得手后，不论何处码头，皆可沿途落底，暂寓客窑之内（客栈），将赃物囤槽分用。"

【客窑子】 金老佛《三教九流江湖秘密规矩·青帮与红帮·江湖之春典》："旅馆称客窑子。"

【课头】 明风月友辑《金陵六院市语》："粉头为课头。"

ken

【肯卜】 学古堂《江湖行话谱·估衣行话》："吃饱曰肯卜。"

【肯斗口】 明程万里《鼎鍥徽池雅调南北官腔乐府点板曲响大明春·六院汇选江湖方语》："肯斗口,是每喜交朋、喜与人偷情者。"

【肯构肯堂】 《新刻江湖切要·人物类》："成家子:会做的,[广]肯构肯堂,克荷析薪。"清傅崇矩《成都通览·成都之江湖言词·人物类》："成家子:会做的;肯构肯堂,克荷析薪。"《江湖切口要诀》(尺牍增附本):"承蒙子:会做的。[广]肯构肯堂,克荷析薪。"

【肯海江子】 贝思飞《民国时期的土匪隐语》："肯海江子:吸鸦片。"

【肯盘子】 《切口大词典·工匠类·烧盐匠之切口》："肯盘子:铲盐之刀也。"

【垦草子】 李子峰《海底·各地通行隐语》："杨:垦草子。"

【恳】 《镖行江湖隐语行话秘典》："吃饭,为恳,候着为保恳、开饭。"

【恳草子】 卫大法师《江湖话·红帮各地通行隐语·姓氏类》："杨:恳草子。"

【恳子】 ①清唐再丰《鹅幻汇编·江湖通用切口摘要》："本钱曰恳子。"卫大法师《江湖话·江湖上的隐语·普通隐语》："本钱:恳子。"《切口大词典·医药类·卖药糖者之切口》："恳子:本钱也。"金老佛《三教九流江湖秘密规矩·日常用语》："本钱曰恳子。"②李子峰《海底·各地通行隐语》："钱:现水子、缆头子、恳子、详子。"卫大法师《江湖话·红帮各地通行隐语·其他用具对象类》："钱:现水子、缆头子、恳子、详子。"

【啃包】 云游客《江湖丛谈·江湖之春点·江湖中的卖点之内幕》："江湖人管他做生意用的全份家俱,行话叫啃包。"

【啃草】 学古堂《江湖行话谱·行意行话》："抽烟,为啃草。"

【啃草子】 卫大法师《江湖话·红帮各地通行隐语·动物类》："羊:孝角子、爬山子、啃草子。"李子峰《海底·各地通行隐语》："羊:爬山子、啃草子。"

【啃吃饭啃富儿】 学古堂《江湖行话谱·走江湖行话》："吃喝,啃吃饭啃富儿。"

【啃个牙淋呢】 云游客《江湖丛谈·江湖之金点·挂》："啃个牙淋呢,即是叫他喝碗茶呀。"

【啃海草】 《江湖走镖隐语行话谱》："抽[吃]大烟为啃海草。"学古堂《江湖行话谱·行意行话》："啃海草,抽大烟。"云游客《江湖丛谈·江湖之春点·天桥的旧人物常傻子》："管抽鸦片烟,调侃叫啃海草。"

【啃海草儿】 云游客《江湖丛谈·江湖之春点·江湖艺人万人迷》："管抽大烟调侃儿叫啃海草儿。"

【啃龙宫】 《郎中医话》："啃龙宫,是喝水。"

【啃散】 《江湖走镖隐语行话谱》："吃饭,啃散。"

【啃山】 《郎中医话》："啃山,是吃饭。"

【啃台栏杆】 《梨园话》："啃台栏杆,极力要好,与正角相抗,谓之'啃台栏杆'。"

【啃熏】 卫大法师《江湖话·安庆隐语》："抽烟:啃熏。"

【啃牙净】 《郎中医话》："啃牙净,是喝茶。"

【啃洋边】 《切口大词典·衙卒类·厘卡之切口》："啃洋边:挖洋价也。"

【啃子】 卫大法师《江湖话·红帮各地通行隐语·饮食用品类》："馒头:啃子。"李子峰《海底·各地通行隐语》："馒头:啃子。"

keng

【坑风】 《切口大词典·衙卒类·衙役之切口》："坑风:混码头犯案,而能不破者。"

【坑海】 学古堂《江湖行话谱·行意行话》："酒盅,为坑海。"

【坑子】 《江湖走镖隐语行话谱》："盅子:坑子。"

【坑嘴】 《切口大词典·杂流类·蚁煤之切口》："坑嘴:恐人家不信,预教被拐之妇女孩子既为夫妻子女,易于出卖也。"

kong

【空工】 清翟灏《通俗编·识余·市语·杂货铺》："杂货铺:一平头,二空工,三眠川,四睡目，五缺丑，六断大，七皂底，八分头，九未丸。"

【空金点】 云游客《江湖丛谈·江湖之金点·穷家门》："有些个老学究们，在少年的时候，正赶清末之际，读过《易经》。常说读过《易经》会算卦。他们到了无事可做的时候，就弄个签筒子，六爻卦盒。再有《渊海子评》《×筮缸正宗》《万年历》《麻衣相》。《玉匣记》，往卦摊上一摆，坐在卦摊的后边，死鱼不张嘴，等主道候客。又下会原黏子，又不懂得'要簧''把簧'，又不会要钱，成天价在卦摊后边坐着发怔。要想挣钱哪，简直的说吧，是办不到的。江湖人管这种人，调侃儿叫'空金点'，又叫'死空子'。"

【空空苗绪子】 学古堂《江湖行话谱·行话管见》："葱叫空空苗绪子。"

【空老儿】 ①《新刻江湖切要·人事类》："请仙曰空老儿，又曰钻黑鬼。"②清傅崇矩《成都通览·成都之江湖言词·人事类》："和尚道士：化油；吊漫水；分票儿；飘叶子；圆光；请空；请仙；空老儿；钻黑鬼。"

【空青】 《新刻江湖切要·天文类》："晴：爽气；[广] 空青。"《江湖切口要诀》（尺牍增附本）："晴：爽气。[广] 空青。"《切口大词典·巫卜类·蛤壳测字者之切口》："空青：天晴也。"《切口大词典·杂流类·卖西洋镜之切口》："空青：天晴也。"清傅崇矩《成都通览·成都之江湖言词·天文类》："晴：爽气；空青。"

【空孙】 明程万里《鼎镌徽池雅调南北官腔乐府点板曲响大明春·六院汇选江湖方语》："空孙，是有家私。"

【空头】 明风月友辑《金陵六院市语》："以冷淡为秋意，言说谎作空头。"

【空心】 ①《新刻江湖切要·乐器类》："鼓：空心；思雷。"②《切口大词典·杂业类·酒店之切口》："空心：酒壶也。"③朱琳《洪门志·春典子琐记·店铺》："竹篙店，称空心。"

【空心果】 ①学古堂《江湖行话谱·行意行话》："空心果是闺女。"②云游客《江湖丛谈·江湖之春点》："管寡妇叫'空心果'。"

【空心合】 学古堂《江湖行话谱·行意行话》："空心合是光棍汉。"

【空心汤团】 《切口大词典·娼妓类·长三书寓之切口》："空心汤团：爽约也。常有滑头嫖客至妓院，张虚场面吃双抬，翌日菜备客齐，主人杳然也。"

【空心子】 卫大法师《江湖话·红帮各地通行隐语·建筑物类》："桥：锅子，空心子，张心子。"李子峰《海底·各地通行隐语》："桥：锅子；空心子；张心子。"

【空窑】 学古堂《江湖行话谱·行话管见》："庄家屋叫空窑。"

【空装】 《切口大词典·工匠类·外国成衣匠之切口》："空装：衣架也。"

【空子】 ①清唐再丰《鹅幻汇编·江湖通用切口摘要》："无知人曰空子。"金老佛《三教九流江湖秘密规矩·日常用语》："无知人曰空子。"②卫大法师《江湖话·安庆隐语》："未入帮：空子，洋盘。"《家里宝鉴·隐语》："外人曰'疯子，空子，马子，牛子，鹧鸪，贵四哥，刁滑马子'。"《切口大词典·党会类·青帮之切口》："空子：帮外人也。"《清门考原·各项切口》："空子，不在帮人也。"云游客《江湖丛谈·江湖之春点》："管社会里的人，不明白江湖事的叫'空子'。"③《切口大词典·手艺类·卖花样之切口》："空子：花样也。"④清傅崇矩《成都通览·成都之袍哥话即江湖话也》："空子，长年也。"⑤云游客《江湖丛谈·江湖之金点·彩门》："江湖艺人，管受他们冤的人，调侃儿叫空子。"

【孔杯】 宋陈元靓辑《事林广记·续集·绮谈市语·器用门》："劝杯：外杯；孔杯。"

【孔孙子】 卫大法师《江湖话·红帮各地通行隐语·人类一般》："书生，孔孙子，笔管子。"李子峰《海底·各地通行隐语》："书生：孔孙子；笔管子。"

【孔子】 《切口大词典·党会类·流氓之切口》："孔子：外帮人也。"

【抠鼻挖相】 云游客《江湖丛谈·江湖之金点·评门》："说书的艺人，尽诓骗同业人的金钱，调侃儿说他抠鼻挖相。"

【控点】 云游客《江湖丛谈·江湖之金点·评门》："说书的艺人，设法骗听书的座儿金钱，使人能够忍受，调侃儿说他控点。"

【控儿】 明程万里《鼎锲徽池雅调南北官腔乐府点板曲响大明春·六院汇选江湖方语》："控儿，乃鼓也。"

【控海】 云游客《江湖丛谈·江湖之春点·三不管的相声场儿》："管好赌钱，调侃叫控銮；管好抽鸦片，调侃叫控海。"

【控角】《切口大词典·杂业类·米店之切口》："控角：购去之米，店司送往，倾入储米器时，将二手紧握米袋之二角也。"

【控买卖】 云游客《江湖丛谈·江湖之春点·天桥的旧人物常傻子》："江湖人管不会使生意门手段的人，调侃叫控买卖。"

【控门】 云游客《江湖丛谈·江湖之春点·三不管的相声场儿》："江湖人管为人有钱，若有好养鸟、抽大烟、嫖娼、赌钱等嗜好，调侃叫控门。谁人只要好一样，江湖人就讥诮谁有一控。"

【控讼】《新刻江湖切要·人事类》："告状曰控讼；耗孤；顶孤；滚内。"《切口大词典·衙卒类·地保之切口》："控讼：告状也。"清傅崇榘《成都通览·成都之江湖言词·人事类》："告状：控讼；耗孤；顶孤；滚内。"

【控子】 云游客《江湖丛谈·江湖之春点·江湖中的卖点之内幕》："江湖人管外行人，调侃叫控子。"云游客《江湖丛谈·江湖之春点·天桥的卦摊》："江湖人管不懂江湖事的人，调侃叫控子。"云游客《江湖丛谈·江湖之春点·天桥的金点》："不懂江湖内幕的人，江湖人皆指称'控子'。"

kou

【口】①《切口大词典·商铺类·金银业之切口》："口：一也。"《切口大词典·商铺类·衣庄业之切口》："口：一也。"《切口大词典·杂流类·收旧货之切口》："口：一也。"《清门考原·各项切口》："旧货生意切口数目（一、二、三、四、五、口、人、工、比、才；六、七、八、九、十、伟、寸、根、本、金）。"清翟灏《通俗编·识余·市语·典当》："典当：一口，二仁，三工，四比，五才，六回，七寸，八本，九巾。"②《切口大词典·行号类·铜锡行之切口》："口：

四也。"

【口动】《蹴鞠谱·锦语》："行：口动。"

【口锋子】 贝思飞《民国时期的土匪隐语》："口锋子：刀剑。"

【口唤】《清门考原·各项切口》："口唤，圣人教之也。凡无口唤之物不食。云无口唤之物污秽或为偷窃。"

【口快儿】 清傅崇榘《成都通览·成都之江湖言词·器用类》："夹剪：分艮；口快儿。"

【口面】《梨园话》："口面：角色所戴之髯口，又名'口面'。"《切口大词典·优伶类·髯口之切口》："口面：或曰髯口，即演戏时所用之假须也。"

【口默】《新刻江湖切要·身体类》："哑：念呐，[增] 口默；忘言。"

【口盘】《切口大词典·役夫类·马夫之切口》："口盘：马槽也。"

【口穷】《行院声嗽·人事》："无得说：口穷。"

【口天】 清傅崇榘《成都通览·成都之呼物混名》："口天：吴也。"

【口天子】 卫大法师《江湖话·红帮各地通行隐语·姓氏类》："吴：口天子，张口巴。"李子峰《海底·各地通行隐语》："吴：口天子；张口巴。"

【口条子】《清门考原·各项切口》："口条子，舌也。"

【口息】①《江湖走镖隐语行话谱》："掌柜：门息；亦为口息。"②学古堂《江湖行话谱·行意行话》："手艺，为口息。"

【口珠】《切口大词典·商铺类·帽子业之切口》："口珠：帽子也。"

【口子】《切口大词典·优伶类·场面上之切口》："口子：金樽也。"

【叩】《新刻江湖切要·人事类》："打：匾；郎；匾持；叩。"

【叩瓜】 云游客《江湖丛谈·江湖之春点·江湖中之戳黑的》："管吓唬人，教人害怕，调侃儿叫叩瓜。"

【叩了瓢儿】 云游客《江湖丛谈·江湖之金点·评门》："据江湖艺人管磕头叫叩了瓢儿。"

【叩瓢】 云游客《江湖丛谈·江湖之春点·三不管的钱巾生意》："江湖人管叩头，调侃叫叩瓢。"

【叩瓢儿】 ①学古堂《江湖行话谱·走江湖行话》："磕头：叩瓢儿。"②云游客《江湖丛谈·江湖之春点·江湖艺人孙宝善》："认师父调侃叫叩瓢儿。"

【扣点】《郎中医话》："扣点，是将钱兑出来。"

【扣瓜】 云游客《江湖丛谈·江湖之春点·丢包碰瓷》："威吓他，调侃儿叫扣瓜。"云游客《江湖丛谈·江湖之金点·穷家门》："他们金点管用话吓唬人，教人害怕，调侃儿叫扣瓜。"

【扣老】《行院声嗽·身体》："拳：扣老。"

【扣腿】《切口大词典·商铺类·菜饭业之切口》："扣腿：以火腿作块也。"

【扣线】《切口大词典·商铺类·丝线业之切口》："尖条：即成衣线也。统称扣线。"

【扣响】《切口大词典·医药类·妇人卖药者之切口》："扣响：抖问也。"

【扣腥儿】 云游客《江湖丛谈·江湖之春点·江湖艺人快手卢》："'扣腥儿，……就是他们变戏法的，在场内，用个卫帽，扣上个鸡毛，说能变只鹰。在毡子盖上个兔尾巴，说能变个活兔。把看热闹的人引住了，不变这两样，变个海碗来条金鱼，就要钱。直到把钱要完了，亦不变那黄鹰和兔儿。"

【扣子】《切口大词典·工匠类·织机匠之切口》："扣子：机也。"

ku

【枯兜】《切口大词典·盗贼类·拐匪之切口》："枯兜：老也。"

【枯骨】《切口大词典·手艺类·卖纸鸢之切口》："枯骨：竹头也。"

【枯罗】《切口大词典·商铺类·丝经业之切口》："枯罗：丝上无绳也。"

【枯洒】《切口大词典·商铺类·丝线业之切口》："枯洒：打鞋上结子用之线也。"

【枯枝】《新刻江湖切要·身体类》："骨：枯枝。"《切口大词典·星相类·相家之切口》："枯枝：骨也。"清傅崇矩《成都通览·成都之江湖言词·身体类》："骨：枯枝。阳春金星；缩头生；阴眒你公；北风。"

【哭】《郎中医话》："哭，是娼妓。"

【哭大哥】《郎中医话》："哭大哥，是娼。"

【窟川】《新刻江湖切要·生死类》："井死：穴川；窟川。"清傅崇矩《成都通览·成都之江湖言词·生死类》："井死：穴川；窟川。"

【窟窿】 明田汝成《西湖游览志馀·委巷丛谈》："杭人有以二字反切一字以成声者，如以秀为鲫溜，以团为突栾，以精为鲫令，以俏为鲫跳，以孔为窟窿，以盘为勃兰，以铎为突落，以窠为窟陀，以圈为窟栾，以蒲为鹁卢。"

【窟栾】 明田汝成《西湖游览志馀·委巷丛谈》："杭人有以二字反切一字以成声者，如以秀为鲫溜，以团为突栾，以精为鲫令，以俏为鲫跳，以孔为窟窿，以盘为勃兰，以铎为突落，以窠为窟陀，以圈为窟栾，以蒲为鹁卢。"

【窟陀】 明田汝成《西湖游览志馀·委巷丛谈》："杭人有以二字反切一字以成声者，如以秀为鲫溜，以团为突栾，以精为鲫令，以俏为鲫跳，以孔为窟窿，以盘为勃兰，以铎为突落，以窠为窟陀，以圈为窟栾，以蒲为鹁卢。有以双声而包一字，易方隐语以欺人者，如以好为现萨，以丑为怀五，以马为杂嗽，以笑为喜黎，以肉为直线，以鱼为河戏，以茶为油老，以酒为海老，以没有为埋梦，以莫言为稀调。"

【苦】 ①卫大法师《江湖话·红帮各地通行隐语·一般人事类》："偷物：苦。"李子峰《海底·各地通行隐语》："偷物：苦。"②《切口大词典·商铺类·另剪业之切口》："苦：五也。"③《切口大词典·手艺类·席子业之切口》："苦：四也。"

【苦□】 宋陈元靓辑《事林广记·续集·绮谈市语·饮食门》："醋：醶物；苦□。"

【苦册】《切口大词典·乞丐类·哭诉求乞之切口》："苦册，书明历中苦情之纸头也。"

【苦兜子】《切口大词典·杂业类·混堂之切口》："苦兜子：茶壶也。"

【苦佛公】《切口大词典·杂流类·贩烟土者之切口》："苦佛公：官长也。"

【苦冈】《切口大词典·巫卜类·蛤壳测字者之切口》："苦冈：说歹话也。"

【苦姑】《切口大词典·杂业类·禽鸟业之切口》："苦姑：鹧鸪也。"

【苦果】《江湖走镖隐语行话谱》："娼妇女：苦果。"

【苦口】《切口大词典·杂业类·酒店之切口》："苦口：愈疯烧也。"

【苦口朝阳】《新刻江湖切要·店铺类》："医店：计钕；[改]苦口朝阳。"《江湖切口要诀》（尺牍增附本）："医店：计钕。改苦口朝阳。"《切口大词典·医药类·医生之切口》："苦口朝阳：医店也。如门县京都某某堂者是同为江湖医生，因有资本，故得成此局，此与巾行之拔阳地者同。"清傅崇矩《成都通览·成都之江湖言词·店铺类》："医店：计钕；苦口朝阳。"

【苦口子】《切口大词典·杂业类·茶楼之切口》："苦口子：茶叶也。"

【苦苦生落】《江湖切口要诀》（尺牍增附本）："雨：津。[广]沛生；子望；润公；湿杏；天线；灵零；甘露子；苦苦生落。[广]雨为摆津；洒润。"

【苦来的】卫大法师《江湖话·红帮各地通行隐语·一般人事类》："偷来的：苦来的。"李子峰《海底·各地通行隐语》："偷来的：苦来的。"

【苦俫】《行院声嗽·人物》："淫妇：苦俫。"

【苦馨子】《切口大词典·杂业类·混堂之切口》："苦馨子：茶杯也。"

【苦劝人】《新刻江湖切要·医药类》："医生：济崩公；扶本；[增]苦劝人。"《切口大词典·医药类·自称戏子治病者之切口》："苦劝人：医者自谓也。"清傅崇矩《成都通览·成都之江湖言词·医药类》："医生：济崩公；扶本；苦劝人。"

【苦身】《切口大词典·役夫类·人力车夫之切口》："苦身：雇车人也。"

【苦身子】①《切口大词典·医药类·针灸郎中之切口》："苦身子：木偶遍体插针，以示人病穴者。"②《切口大词典·役夫类·门夫之切口》："苦身子：乞丐也。"

【苦生】《切口大词典·杂流类·卖糖果者之切口》："苦生：杏仁糖也。"

【苦水】①《切口大词典·杂业类·混堂之切口》："苦水：茶也。"②学古堂《江湖行话谱·行话管见》："香油叫苦水。"③朱琳《洪门志·春典子琐记·店铺》："药店，称苦水。"

【苦水窑子】卫大法师《江湖话·红帮各地通行隐语·各种行业类》："药铺：苦水窑子。"李子峰《海底·各地通行隐语》："药铺：苦水窑子。"

【苦水子】①卫大法师《江湖话·红帮各地通行隐语·店钱及其他》："药店：苦水子。"②卫大法师《江湖话·红帮各地通行隐语·人身各物类》："胆：苦水子。"

【苦修】《切口大词典·巫卜类·和尚之切口》："苦修：募化和尚也。"

【苦苡】《切口大词典·医药类·摆草药摊之切口》："苦苡：甘菊也。治诸风头眩肿痛除胸中烦热。"

【苦霆生】《新刻江湖切要·天文类》："雨：津；[广]沛生；子望；润公；湿杏；天线；灵零；甘露子；苦霆生；落雨为摆津；[广]洒润。"清傅崇矩《成都通览·成都之江湖言词·天文类》："雨：津；沛生；子望；润公；湿杏；天线；灵零；甘露子；苦霆生；落雨为摆津；洒润。"

【苦主】《切口大词典·衙卒类·写状人之切口》："苦主：死人之家属也。"

【苦子】《切口大词典·武术类·吞剑吃蛋卖戏法者之切口》："苦子：以人团作一团也。"

【库果】云游客《江湖丛谈·江湖之春点》："管妓女叫库果。"

【库果窑儿】云游客《江湖丛谈·江湖之春点》："管娼窑叫'库果窑儿'。"云游客《江湖丛谈·江湖之春点·三不管的戗巾生意》："江湖人管娼家下处，调侃叫'库果窑儿'；管妓女，调侃叫'库果'。"

kua

【挎海儿】学古堂《江湖行话谱·走江湖行话》："皮包：挎海儿。"

【跨点】云游客《江湖丛谈·江湖之春点·江湖人的旧组织（各处长春会）的领袖》："什么叫跨点呢？他们江湖人，在会上支棚帐，摆摊子，如若来了人，要照顾他们。"

【跨工子】卫大法师《江湖话·红帮各地通行隐语·其他用具对象类》："草鞋：铁板，跨工子。"

【跨合子】卫大法师《江湖话·红帮各地通行隐语·人身各物类》："交媾：压到子，跨合子，拿攀。"李子峰《海底·各地通行隐语》：" 交媾：压到子；跨合子；拿攀。"

【跨着风子】《江湖丛谈·江湖之金点·挂》："跨着风子，即是骑马。"

kuai

【块方】《切口大词典·杂业类·豆腐店之切口》："块方：大油豆腐也。"

【快】《切口大词典·星相类·星家之切口》："快：忌也。"金老佛《三教九流江湖秘密规矩·青帮与红帮·大快与巧快》："江湖之上，避忌极多，乃不曰忌而曰快。"

【快踩希】《切口大词典·盗贼类·杆匪之切口》："快踩希：拒捕不利，要逃必以斯语为号，以免同伙落后被捕。"

【快车子】《切口大词典·盗贼类·杆匪之切口》："快车子：快枪也。"

【快儿】《新刻江湖切要·器用类》："算盘：拨公。夹剪：分艮；又夹青；今更名曰快儿。"

【快飞漂】《切口大词典·杂业类·信局业之切口》："快飞漂：信班船也。"

【快口】《切口大词典·工匠类·皮匠之切口》："快口：切皮刀也。"

【快快】《新刻江湖切要·兵备类》："箭：快快；茅针。"

【快溜】《切口大词典·乞丐类·乞丐之切口》："快溜：飞奔疾走也。"

【快龙】《切口大词典·工匠类·织机匠之切口》："快龙：梭也。"

【快嫖】《切口大词典·盗贼类·杆匪之切口》："快嫖：闺中处女，或架去之幼女拟奸淫之谓也。"

【快票】贝思飞《民国时期的土匪隐语》："快票：女人质。"

【快上快】卫大法师《江湖话·红帮各地通行隐语·武器类》："手提机关枪：快上快，麻蜂窝。"李子峰《海底·各地通行隐语》："手提机关枪：快上快；麻蜂窝。"

【快手】《切口大词典·赌博类·摇宝赌之切口》："快手：司弹压赌场听差遣望风报急者。"

【快镶】《切口大词典·商铺类·靴子业之切口》："快镶：为戏中短打武生所着之靴也。"

【快窑】《清门考原·各项切口》："快窑，牢狱也。"贝思飞《民国时期的土匪隐语》："快窑：监狱。"金老佛《三教九流江湖秘密规矩·青帮与红帮·红帮之问答》："追二匪恶贯满盈，又去硬爬，忽被众多马子拿获，收入快窑之内（牢监曰快窑，铁链曰困仙绳，手铐曰杓头，脚镣曰步线，挺棍曰旱烟筒，枷曰豆腐干，牢内散步曰游花园，枷号示众曰猴戏，笞臀曰拍豆腐）。"

【快窑子】金老佛《三教九流江湖秘密规矩·青帮与红帮·江湖之春典》："监牢称快窑子。"

【侩者】宋陈元靓辑《事林广记·续集·绮谈市语·人物门》："牙人：侩者；牙郎。"

kuan

【宽】《切口大词典·行号类·海鱼行之切口》："宽：四也。"《切口大词典·行号类·鲜鱼行之切口》："宽：四也。"

kuang

【匡巴】卫大法师《江湖话·红帮各地通行隐语·姓氏类》："周：匡巴，匡吉子。"李子峰《海底·各地通行隐语》："周：匡巴；匡吉子。"

【匡吉子】卫大法师《江湖话·红帮各地通行隐语·姓氏类》："周：匡巴，匡吉子。"李子峰《海底·各地通行隐语》："周：匡巴；匡吉子。"

【狂呼】《新刻江湖切要·天文类》："风：丢子；[入微] 透骨；和薰；骤吼；狂呼；疑虎；从虎；狂且；偃草；吹枯生；扫云；折朽子，[又广] 起风为摆丢。"《江湖切口要诀》（尺牍增附本）："风：丢（去）子。[广] 入微；透骨；和薰；骤吼；狂呼；疑从虎；狂且；偃草；吹枯生；扫云；折朽子。[又广] 起风为摆丢。"清傅崇矩《成都通览·成都之江湖言词·天文类》："风：丢子；入微；透骨；和薰；骤吼；狂呼；疑□；从虎；狂且；偃草；吹枯生；扫云；折朽子（[广] 起风为摆丢）。"

【狂且】《新刻江湖切要·天文类》："风：丢子；[入微] 透骨；和薰；骤吼；狂呼；疑

虎；从虎；狂且，偃草；吹枯生；扫云；折朽子；[又广]起风为摆丢。"《江湖切口要诀》(尺牍增附本)："风：丢(去)子。[广]入微；透骨；和熏；骤吼；狂呼；疑□；从虎；狂且；偃草；吹枯生；扫云；折朽子；[又广]起风为摆丢。"清傅崇矩《成都通览·成都之江湖言词·天文类》："风：丢子；入微；透骨；和薰；骤吼；狂呼；疑□；从虎；狂且；偃草；吹枯生；扫云；折朽子([广]起风为摆丢)。"

【诳沦】《新刻江湖切要·人事类》："洗浴为潮龙；又诳沦。"清傅崇矩《成都通览·成都之江湖言词·人事类》："洗浴：潮龙；诳沦。"

【诳盘】《新刻江湖切要·人事类》："洗面曰诳盘。"《切口大词典·武术类·住宅保镖者之切口》："诳盘：洗面也。"清傅崇矩《成都通览·成都之江湖言词·人事类》："洗面：诳盘。"

【矿子】 清唐再丰《鹅幻汇编·江湖通用切口摘要》："血曰矿子。"卫大法师《江湖话·江湖上的隐语·普通隐语》："血：矿子。"《切口大词典·医药类·卖膏药者之切口》："矿子：血也。"金老佛《三教九流江湖秘密规矩·日常用语》："血曰矿子。"

【框框】《切口大词典·商铺类·皮箱业之切口》："框框：箱之木坯也。"

【框榔】《切口大词典·工匠类·烧窑匠之切口》："框榔：模型也。"

【框子】《切口大词典·商铺类·珠宝业之切口》："框子：珠环也。"

kui

【盔处】《江湖走镖隐语行话谱》："要钱：盔处。"

【盔头箱】《梨园话》："盔头箱：盛盔帽之木箱也。[附记]凡剧中所需用之盔巾冠帽、玉带、翎尾、羽扇、蓬头、鬓发、髯口、增容网子、水纱、牛角钻、懒梳妆等，皆属于盔头箱者。"

【奎把】《新刻江湖切要·人事类》："取钱曰奎把。"《切口大词典·巫卜类·蛤壳测字者之切口》："奎把：取钱也。"清傅崇矩《成都通览·成都之江湖言词·人事类》："取钱：奎把。"

【奎粗】《切口大词典·手艺类·白藤业之切口》："奎粗：粗奎藤，绞绳索以备海渔船捕鱼之用。"

【奎湖面】《切口大词典·手艺类·白藤业之切口》："奎湖面：较湖细奎略粗之广藤也。"

【奎老】《切口大词典·衙卒类·幕宾之切口》："奎老：罪犯也。"

【奎六】《新刻江湖切要·人事类》："犯充军曰奎六。"《切口大词典·衙卒类·幕宾之切口》："奎六：充军也。"清傅崇矩《成都通览·成都之江湖言词·人事类》："犯充军：奎六。"

【奎五】《新刻江湖切要·人事类》："犯徒罪曰奎五。"清傅崇矩《成都通览·成都之江湖言词·人事类》："犯徒罪：奎五。"

【奎牙】《新刻江湖切要·官职类》："进士斗士；奎牙；斗孤；斗角；加孤；[广]散甲生。"

【奎中面】《切口大词典·手艺类·白藤业之切口》："奎中面：较湖奎面略粗广藤也。"

【馗不首】 宋陈元靓辑《事林广记·续集·绮谈市语·数目门》："九：馗不首；远。"

【葵生】 清唐再丰《鹅幻汇编·江湖通用切口摘要》："秀才至官员皆曰葵生。"《切口大词典·医药类·卖药人之切口》："葵生：官员也。"《清门考原·各项切口》："葵生，秀生以至官长之统称也。"金老佛《三教九流江湖秘密规矩·日常用语》："秀生至官员皆曰葵生。"

【魁儿】《新刻江湖切要·身体类》："头：顶元；魁儿。"《切口大词典·星相类·不开口相面之切口》："魁儿：头也。"清傅崇矩《成都通览·成都之江湖言词·身体类》："头：顶元；魁儿。"

【箕】《镖行江湖隐语行话秘典》："箕：是箕住了。"

kun

【坤宫】《切口大词典·星相类·星家之切

口》：“坤宫：地也。”《清门考原·各项切口》：“坤宫，地也。”《新刻江湖切要·亲戚类》："祖母：坤官；东月；重月，似母之母矣，今改老明。明者，日之月。"

【坤老】①《新刻江湖切要·地理类》："地：坤老；[广] 重浊；任重；配天；司载公；博厚君。"《江湖切口要诀》（尺牍增附本）："地：坤老。[广] 重浊；任重；配天；司载公；博厚君。"清傅崇矩《成都通览·成都之江湖言词·地理类》："地：坤老；重浊；任重；配天；司载公；博厚君。"②《切口大词典·杂流类·收卖锭灰者之切口》："坤老：女主人也。"

【昆】《新刻江湖切要·亲戚类》："继弟：奖下，今改下莫闻。总取谓他人昆也。"

【昆虫】《新刻江湖切要·鸟兽虫鱼类》："蚂蚁：昆虫；[增] 垤居；知泉。"

【昆仑】卫大法师《江湖话·红帮闽粤及南洋各地通行隐语》："鸭蛋：昆仑。"李子峰《海底·闽粤及南洋各地通行之隐语》："鸭蛋：昆仑。"

【昆仑子】①《新刻江湖切要·饮馔类》："凡蛋总名又曰圆光。又蛋称曰昆仑子。"清傅崇矩《成都通览·成都之江湖言词·饮馔类》："蛋：圆光；昆仑子。"②卫大法师《江湖话·红帮各地通行隐语·饮食用品类》："鸭蛋：昆仑子。"李子峰《海底·各地通行隐语》："鸭蛋：昆仑子。"

【昆山】宋陈元靓辑《事林广记·续集·绮谈市语·玉帛门》："玉：昆山。"

【昆仲】《切口大词典·工匠类·箍桶匠之切口》："昆仲：粪桶也。"

【捆翻】《切口大词典·役夫类·农夫之切口》："捆翻，刈稻也。"

【捆局】贝思飞《民国时期的土匪隐语》："捆局：停止活动。"

【捆牢】朱琳《洪门志·春典子琐记·店铺》："麻绳店，称捆牢。"

【捆龙】贝思飞《民国时期的土匪隐语》："捆龙：绳子。"

【捆仙绳】《切口大词典·衙卒类·衙役之切口》："捆仙绳：铁链也。"

【捆仙条子】《江湖走镖隐语行话谱》："大袄：条架子；叶子条；条子；捆仙条子。"

【捆账】《清门考原·各项切口》："捆账，活期押与妓院。限期满后自由。"

【困曹子】卫大法师《江湖话·红帮各地通行隐语·店钱及其他》："当衣：困曹子。"

【困槽】金老佛《三教九流江湖秘密规矩·青帮与红帮·江湖之春典》："宝物称困槽。"

【困槽子】卫大法师《江湖话·红帮各地通行隐语·各种行业类》："当物：困槽子，寄库，兴兴子。"《切口大词典·党会类·红帮之切口》："困槽子：典当衣服什物也。"《清门考原·各项切口》："困槽子，将衣服什物去当质。"金老佛《三教九流江湖秘密规矩·青帮与红帮·红帮之问答》："令更设此甲乙两匪，得风回窟之后，将所得蓬子索子（衣服首饰谓之蓬索），尽行困槽子变钱（典当衣服什物，谓之困槽子），开花（分赃）。"李子峰《海底·各地通行隐语》："当物：困槽子；寄库；兴兴子。"

【困风】《切口大词典·盗贼类·剪绺贼之切口》："困风：正在行窃也。"

【困老】朱琳《洪门志·春典子琐记·店铺》："棕棚店，称困老。"

【困盘】《切口大词典·杂流类·贩人口者之切口》："困盘：貌之丑者。"

【困青】《切口大词典·商铺类·丝经业之切口》："困青：姓孟者。"

【困水】明风月友辑《金陵六院市语》："长大者为困水。"

【困条子】《切口大词典·医药类·捉牙虫妇人之切口》："困条子：主顾也。"

【困仙绳】金老佛《三教九流江湖秘密规矩·青帮与红帮·红帮之问答》："追二匪恶贯满盈，又去硬爬，忽被众多马子拿获，收入快窟之内（牢监曰快窟，铁链曰困仙绳，手铐曰杓头，脚镣曰步线，挺棍曰旱烟筒，枷曰豆腐干，牢内散步曰游花园，枷号示众曰猴戏，答臀曰拍豆腐）。"金老佛《三教九流江湖秘密规矩·青帮与红帮·江湖之春典》："铁练称困仙绳。"

【困腰】《切口大词典·手艺类·兜带业之切口》："困腰：普通之马带也。"

【困着】《切口大词典·盗贼类·剪绺贼之切口》："困着：窃得也。"

kuo

【括刀】《切口大词典·工匠类·做帽匠之切口》:"括刀:搭浆之刀也。"

【括光】《切口大词典·工匠类·漆匠之切口》:"括光:漆骨也。"

【括精码子】《切口大词典·娼妓类·长三书寓之切口》:"括精码子:客之用钱,俭而中礼者。"

【括劳】《清门考原·各项切口》:"括劳,剃头也。"

【括洋水】《切口大词典·杂业类·钱庄之切口》:"括洋水:挖贴水也。"

【阔大少】《切口大词典·娼妓类·长三书寓之切口》:"阔大少:客之用钱豪爽不吝者。"

【阔大爷】《切口大词典·娼妓类·茶室之切口》:"阔大爷:谀狭客之富有而豪爽者。"

【阔惰】 学古堂《江湖行话谱·瞽者行话》:"阔惰,左。"

【阔棺】《切口大词典·优伶类·靶子之切口》:"阔棺:斧头也。"

【阔海】《新刻江湖切要·地理类》:"阔海:辽东;[广]阔海。"《江湖切口要诀》(尺牍增附本):"阔海:辽东[广]。"《切口大词典·医药类·自称戏子治病者之切口》:"阔海:辽东也。"清傅崇矩《成都通览·成都之江湖言词·地理类》:"辽东:阔海。"

【阔克雷】《清门考原·各项切口》:"阔克雷,命其同党迅速办事,曰阔克雷。"

【阔口】《切口大词典·杂业类·豆腐店之切口》:"阔口:缸也。"

【阔老】《新刻江湖切要·地理类》:"阔佬:海;[补]纳细;阔老;圣出;扬波;无边子;鱼乐图。"清傅崇矩《成都通览·成都之江湖言词·地理类》:"海:纳细;阔老;圣出;扬波;无边子;鱼乐国。"

【阔佬】《江湖切口要诀》(尺牍增附本):"海[补]阔佬。"

【阔片子】《切口大词典·工匠类·车揃匠之切口》:"阔片子:阔凿刀也。"

L

la

【垃圾马车】《切口大词典·乞丐类·乞丐之切口》:"垃圾马车:冷饭残汁,不计好歹,俱收蓄腹中也。"

【拉】①卫大法师《江湖话·各行业商帮所用数目字隐语·成都通行言词·娼妓》:"腰:一。坐:二。立:三。杯:四。甩:五。捞:六。桥:七。拉:八。按'甩'读'ㄌ丫',以斧砍木,未砍中面所飘了为甩。"李子峰《海底·各地通行隐语》:"走:踹;扯;拉。"②卫大法师《江湖话·红帮各地通行隐语·一般人事类》:"走:扯,拉。"③《江湖丛谈·江湖之金点·挂》:"拉:保镖的。"④《切口大词典·杂流类·收卖锭灰者之切口》:"拉:以假灰用手术,易换人家之真者。"清傅崇矩《成都通览·成都之各行人买卖通用言词·院房娼妓言词》:"八,拉。"

【拉不伸】 清傅崇矩《成都通览·成都之呼物混名》:"拉不伸:鼻子也,又名老弯。"

【拉肥猪】 贝思飞《民国时期的土匪隐语》:"拉肥猪:抓一个富人做人质。"清傅崇矩《成都通览·成都之袍哥话即江湖话也》:"拉肥猪,劫人为质说钱也。"

【拉杆子】 贝思飞《民国时期的土匪隐语》:"拉杆子:成为一个土匪。"

【拉纲】 刘联珂《中国帮会三百年革命史·清门切口》:"拉纲,假做喜寿事要人送礼。"

【拉钩】 贝思飞《民国时期的土匪隐语》:"拉钩:分配匪帮的收入。"

【拉拐子】①《切口大词典·党会类·红帮之切口》:"拉拐子:斩香设誓也。"金老佛《三教九流江湖秘密规矩·青帮与红帮·红帮之领人》:"斩香既毕(斩香曰拉拐子),即将所有断香,分授各新匪,每人身藏一支,以为纪念，而资警惕。"②《清门考原·各项切口》："拉拐子，行礼也。"

【拉过几回司儿】 学古堂《江湖行话谱·走江湖行话》："拉过几回司儿：绑过几回票。"

【拉拉山】 云游客《江湖丛谈·江湖之金点·彩门》："管变壶中有酒叫拉拉山。"

【拉轮子】《切口大词典·党会类·小瘪三之切口》："拉轮子：人力车上桥时，有小瘪三为之挽车而乞钱也。"

【拉门面】《切口大词典·杂流类·蔑骗之切口》："拉门面：吹牛也。"

【拉年子】 云游客《江湖丛谈·江湖之春点·江湖中的卖点之内幕》："管他吵嚷姓杨的围着的人，都跑到他姓李的那里去了，调侃儿叫拉年子。"

【拉排头】《切口大词典·党会类·流氓之切口》："拉排头：寻主顾也。"

【拉牌头】①《切口大词典·娼妓类·长三书寓之切口》："拉牌头：妓女嘱客代邀做花头也。"②《切口大词典·赌博类·麻雀赌之切口》："拉牌头：招徕赌客也。"

【拉皮条】《切口大词典·娼妓类·台基之切口》："拉皮条：介绍双方不相识之男女，而成为相识者。"

【拉票】 贝思飞《民国时期的土匪隐语》："拉票：为了勒索赎金的绑架。"

【拉铺】《切口大词典·娼妓类·茶室之切口》："拉铺：白日燕好也。"

【拉生】《切口大词典·衙卒类·侦探之切口》："拉生：谓盗之携人勒赎者。"

【拉矢】①《梨园话》："拉矢：筋疲力尽，势难终场，谓之'拉矢'。"②《切口大词典·优伶类·腔调上之切口》："拉矢：唱之力竭声嘶也。"

【拉手】《切口大词典·役夫类·人力车夫之切口》："拉手：车杠子也。"

【拉甩】 清傅崇矩《成都通览·成都之各行人买卖通用言词·院房娼妓言词》："拉甩，八十五。"

【拉顺】 云游客《江湖丛谈·江湖之春点·三不管的评书场儿》："江湖人管拉个场子调侃叫拉顺。"

【拉顺儿】 云游客《江湖丛谈·江湖之金点·评门》："管拉场子摆地儿，调侃叫拉顺儿。"云游客《江湖丛谈·江湖之金点·艺人传：评书门之群福庆》："他从先生在天桥各场拉顺儿（即是摆地拉顺儿）。"

【拉顺着】《镖行江湖隐语行话秘典》："走中股，拉顺着。"

【拉台子】《清门考原·各项切口》："拉台子，请客宴会也。"

【拉腿】《切口大词典·医药类·卖药人之切口》："拉腿：快跑也。凡假药一出售，必潜逃，免买主还货索直也。"

【拉网】《清门考原·各项切口》："拉网，伪以喜丧庆吊之请书宴客。欲人送礼金财物之谓。"

【拉稀】 清傅崇矩《成都通览·成都之袍哥话即江湖话也》："拉稀，言不能担当也。"

【拉线】 贝思飞《民国时期的土匪隐语》："拉线：土匪向导（满洲）。"

【拉心】 贝思飞《民国时期的土匪隐语》："拉心：为了勒索赎金的绑架（广东）。"

【拉洋片】《江湖走镖隐语行话谱》："西湖景为拉洋片的。"

【拉账】《切口大词典·盗贼类·越墙贼之切口》："拉账：分赃也。"

【喇叭】《切口大词典·医药类·摆草药摊之切口》："喇叭：凌霄花也。妇人血崩。"

【腊狗利】《切口大词典·娼妓类·粤妓之切口》："腊狗利：同上（勾脂粉：偷看妇女也）。"

【腊条】《切口大词典·役夫类·人力车夫之切口》："腊条：烛也。"

【腊烛】 卫大法师《江湖话·安庆隐语》："不知趣的：腊烛，瘟生。"

【蜡炬】 宋陈元靓辑《事林广记·续集·绮谈市语·器用门》："烛：蜡炬。"

【蜡丘】《新刻江湖切要·工匠类》："锡匠：蜡丘；易丘。"清傅崇矩《成都通览·成都之江湖言词·工匠类》："锅（锡）匠：蜡丘、易丘。"

【蜡楬】《切口大词典·盗贼类·拐匪之切口》："蜡楬：面目之黧黑也。"

【蜡条】《切口大词典·工匠类·剔脚匠之切口》："蜡条：烛也。"

【蜡兄】《切口大词典·行号类·水果行之切口》："蜡兄：枇杷也。"

【辣粉】《切口大词典·杂流类·卖馄饨者之切口》："辣粉：胡椒也。"

【辣灰】《切口大词典·杂业类·面馆之切口》："辣灰：胡椒末也。"

【辣货】《切口大词典·乞丐类·捉蛇乞丐之切口》："辣货：毒蛇也。"

【辣头】《切口大词典·役夫类·庖夫之切口》："辣头：胡椒也。"

【腾表】《蹴鞠图谱·圆社锦语》："腾表：耐。"

lai

【来】①卫大法师《江湖话·各行业商帮所用数目字隐语·成都通行言词·糖行》："兴：一。么：二。咎：三。非：四。银：五。天：六。线：七。来：八。足：九。"②《切口大词典·杂业类·山果业之切口》："来：五也。"

【来垫子】《切口大词典·娼妓类·八大胡同妓院之切口》："来垫子：谓当月信期间也。"

【来归洪】《切口大词典·党会类·哥老会之切口》："来归洪：入会来也。"

【来滚】《切口大词典·乞丐类·改相求乞之切口》："来滚：脚不能行动者。"

【来果】明风月友辑《金陵六院市语》："乐人为来果。"

【来河子】卫大法师《江湖话·红帮各地通行隐语·一般人事类》："自己兄弟们：来河子。"李子峰《海底·各地通行隐语》："自己弟兄们：来河子。"

【来家】金老佛《三教九流江湖秘密规矩·青帮与红帮·青帮之副业》："卖猪仔云者，粤语也。此类拐匪，分两派，曰去家，曰来家。去家毒焰极炽，资本尤丰，每个团体，一次之潮满，虽十万八万之巨，亦周转无难色。来家者，经手拐骗人口，或价买而转售于去家者也，凡驻埠或土著之执拐业者属之，而去家则多由南洋群岛、澳大利亚、新大陆等处来。沿彼所由海线诸适要地点，皆有机关暗通消息。"

【来牟】宋陈元靓辑《事林广记·续集·绮谈市语·饮食门》："麦：芒□；来牟。"

【来人】《切口大词典·娼妓类·茶室之切口》："来人：新落海之妓女也。"

【来手人】《清门考原·各项切口》："来手人，说合之人。即贩卖人口之经纪人也。"

【来往窑子】卫大法师《江湖话·红帮各地通行隐语·各种行业类》："旅馆：来往窑子，寝头行，拖条窑子。"李子峰《海底·各地通行隐语》："旅馆：来往窑子；寝头行。"

【来子】①卫大法师《江湖话·红帮各地通行隐语·数目类》："老二：来子。"李子峰《海底·各地通行隐语》："老二：来子。"②《切口大词典·工匠类·理发匠之切口》："来子：手巾也。"

【俫贺】《行院声嗽·人事》："生日：俫贺。"

【赖八】《切口大词典·行号类·鲜鱼行之切口》："赖八：小鱼也。"

【赖办】《切口大词典·医药类·参燕业之切口》："赖办：二十五也，于可类推。"

【赖拆】《切口大词典·商铺类·地货业之切口》："赖拆：二十五也。"

【赖笴】《切口大词典·商铺类·地货业之切口》："赖笴：二十六也。"

【赖考】《切口大词典·商铺类·地货业之切口》："赖考：二十八也。"

【赖南】《切口大词典·商铺类·地货业之切口》："赖南：二十三也。"

【赖迁】《切口大词典·商铺类·地货业之切口》："赖迁：二十九也。"

【赖苏】《切口大词典·商铺类·地货业之切口》："赖苏：二十四也。"

【赖线】《切口大词典·商铺类·地货业之切口》："赖线：二十七也。"

【赖项】《切口大词典·医药类·参燕业之切口》："赖项：二十三也。"

【赖孝】《切口大词典·医药类·参燕业之切口》："赖孝：二十四也。"

【赖札】《切口大词典·医药类·参燕业之切口》："赖札：二十一也。"

【赖子】《行院声嗽·人事》："不烧：赖子。"

【癞】《切口大词典·星相类·隔夜算命之切口》："癞：年老者。"

lan

【兰把点】《郎中医话》："兰把点，是赌

【兰风】《切口大词典·商铺类·火腿业之切口》："兰风：兰溪所产之家乡肉也。"

【兰花】①《切口大词典·行号类·炒货行之切口》："兰花：糖酱豆也。"②《切口大词典·杂流类·卖蔬菜之切口》："兰花：韭菜也。"

【拦】《镖行江湖隐语行话秘典》："过小关口，打拦开关，称顺着。"

【拦巴】卫大法师《江湖话·红帮各地通行隐语·各种行业类》："静赌为生：吃鸢，拦巴。"李子峰《海底·各地通行隐语》："静赌为生：吃鸢；拦巴。"

【拦草】卫大法师《江湖话·红帮各地通行隐语·店钱及其他》："理发店：飘行，拦草。"

【拦路虎】卫大法师《江湖话·安庆隐语》："马路边挑赌：拦路虎。"

【拦面行】卫大法师《江湖话·安庆隐语》："包子店：拦面行。"

【栏干】①《切口大词典·盗贼类·收晒朗贼之切口》："栏干：裙子也。"②《切口大词典·杂流类·卖草鞋者之切口》："栏干：草鞋耙也。"

【栏干生】《切口大词典·杂流类·卖草鞋者之切口》："栏干生：打草鞋者。"

【栏杆】①《新刻江湖切要·衣饰类》："裙：栏杆，八幅。"②《切口大词典·星相类·相家之切口》："栏杆：面部之十二宫也。"

【栏杆生】《新刻江湖切要·经纪类》："打草鞋：栏杆生。"清傅崇矩《成都通览·成都之江湖言词·经纪类》："打草鞋：栏杆生。"

【婪尾春】《切口大词典·杂流类·卖花者之切口》："婪尾春：芍药花也。"

【阑干】清傅崇矩《成都通览·成都之江湖言词·衣饰类》："裙：阑干，八幅。"

【蓝】《蹴鞠图谱·圆社锦语》："蓝：六。"

【蓝板】清唐再丰《鹅幻汇编·江湖通用切口摘要》："板上蓝画测字曰蓝板。"卫大法师《江湖话·江湖上的隐语·巾行隐语》："板上蓝画测字：蓝板。"《清门考原·各项切口》："蓝板，板上用蓝黑画测字者。"

【蓝杜子】《切口大词典·商铺类·皮箱业之切口》："蓝杜子：蓝色布作箱里布也。"

【蓝旗老二】金老佛《三教九流江湖秘密规矩·青帮与红帮·执事之旗号》："红帮除誓约以外，人的支配有五执事。即老大专司军机要事，统领全帮，旗号为杏黄色，故称黄旗老大；老二专司仓库钱粮，掌管全山财务，旗号为蓝色，故称蓝旗老二；老三专司出马开差等事，旗用白色，故称白旗老三；老四掌管票布符号，总督上下勤惰，兼管防山放哨等事，旗用黑色，故称黑旗老四；老五专管全帮功过，杀戮行赏，其权皆操于一人，旗用红色，故称红旗老五。五执事中之权力最大者，厥惟黄旗老大与红旗老五二人，盖一则执掌全帮，一则操有生杀之权也。"

【蓝元】《切口大词典·商铺类·染色业之切口》："蓝元：黑色也。"

【澜尸】《切口大词典·娼妓类·粤妓之切口》："澜尸：骂人滚蛋也。"

【篮】《行院声嗽·数目》："六：篮；猱。"

【篮舆】宋陈元靓辑《事林广记·续集·绮谈市语·器用门》："轿：篮舆；兜子。"

【揽把】贝思飞《民国时期的土匪隐语》："揽把：土匪首领。"

【缆头子】卫大法师《江湖话·红帮各地通行隐语·其他用具对象类》："钱：现水子，缆头子，恳子，详子。"李子峰《海底·各地通行隐语》："钱：现水子；缆头子；恳子；详子。"

【缆子】①《切口大词典·赌博类·摇宝赌之切口》："缆子：与小傢生相似。"②《切口大词典·工匠类·打线匠之切口》："缆子：普通绳索也。"③《切口大词典·杂业类·茶楼之切口》："缆子：手巾也。"《切口大词典·杂业类·混堂之切口》："缆子：手巾也。"

【缆足】卫大法师《江湖话·红帮各地通行隐语·其他用具对象类》："有钱：缆足。"李子峰《海底·各地通行隐语》："有钱：缆足。"

【懒梳妆】《切口大词典·优伶类·戏盏之切口》："懒梳妆：硬壳之女头套也。"

【烂】《切口大词典·巫卜类·道士之切口》："烂：不好也。"

【烂饭】《切口大词典·党会类·小瘪三之切口》："烂饭：熟手也，在行也。"

【烂汉】卫大法师《江湖话·江湖上的隐语·普通隐语》："煮饭：烂汉。"

【烂糊】《切口大词典·杂业类·饭店业之切口》："烂糊：肉丝与胶菜同炒，和以豆粉。"

【烂绵胎换烂布】《切口大词典·娼妓类·粤妓之切口》："烂绵胎换烂布：男子互相鸡奸也。"

【烂牌】《切口大词典·赌博类·抽签赌之切口》："烂牌：不识此弊之人也。"

【烂色】《切口大词典·商铺类·染色业之切口》："烂色：染布不用染缸，而以颜料在釜中烂煮而染色也。"

【烂污】《切口大词典·商铺类·染色业之切口》："烂污：靛青也。"

【烂仔】《切口大词典·娼妓类·粤妓之切口》："烂仔：流氓也。"

【滥老】宋陈元靓辑《事林广记·续集·绮谈市语·饮食门》："盐：醝物；滥老。"

lang

【郎】①《新刻江湖切要·人事类》："打：圇；郎；圇持；叩。"②《新刻江湖切要·人事类》："骂：郎；千发；千冈。"

【郎扁】清傅崇矩《成都通览·成都之江湖言词·人事类》："打：扁；郎扁；持叩。"

【郎德山】《切口大词典·党会类·流氓之切口》："郎德山：诸事不管也。"

【郎兜】明风月友辑《金陵六院市语》："弄把戏以喻乎偷，郎兜以明乎大。"

【郎郎】《切口大词典·优伶类·场面上之切口》："郎郎：檀板也。"

【郎毛的】《江湖走镖隐语行话谱》："修脚：扫根子；郎毛的。"

【郎千】清傅崇矩《成都通览·成都之江湖言词·人事类》："骂：郎千；发千；响柳；江浪。"

【郎千发】《切口大词典·武术类·打连箱者之切口》："郎千发：骂也。"

【郎神】清翟灏《通俗编·识余·市语·优伶》："优伶：一江风，二郎神，三学士，四朝元，五供养，六幺令，七娘子，八甘州，九菊花，十段锦。"

【郎头】《切口大词典·商铺类·丝经业之切口》："郎头：扎丝绳也。"

【郎中】卫大法师《江湖话·红帮各地通行隐语·各种行业类》："精于赌者：郎中。"《切口大词典·赌博类·牌九赌之切口》："郎中：义同上（活手：推牌九之司务也）。不过活手用手术，郎中用眼力，牌经其眼，即能认别以下注。"《清门考原·各项切口》："郎中，赌徒中之有法术者。能运用眼力手法。赌必赢之。名曰郎中。"李子峰《海底·各地通行隐语》："精于赌者：郎中。"

【郎子】《切口大词典·手艺类·捏粉人之切口》："郎子：抹手布也。"

【狼包】清唐再丰《鹅幻汇编·江湖通用切口摘要》："卖吊虫丸，挂虫无数于竿曰狼包。"卫大法师《江湖话·江湖上的隐语·皮行隐语》："卖膏蛊丸而于杆上悬挂蛊：狼包。"《清门考原·各项切口》："狼包，卖吊虫丸，挂虫于竹竿上。"金老佛《三教九流江湖秘密规矩·江湖通用切口》："卖吊虫丸，挂虫无数于杆曰狼包。"

【狼家】《清门考原·各项切口》："狼家，贩卖妇女幼童之称。"

【狼色】《切口大词典·医药类·卖吊虫丸者之切口》："狼色：卖吊虫丸也。挂虫无数于竿。以示期术之高明者。"

【狼牙铜】《切口大词典·优伶类·靶子之切口》："狼牙铜：《恶虎村》戏中武天虬所执者。"

【狼占】《新刻江湖切要·官职类》："打落秀：狼占；今改狼占，又北占。"

【琅函】宋陈元靓辑《事林广记·续集·绮谈市语·文房门》："经函：琅函。"

【琅琅调】《切口大词典·乞丐类·乞丐之切口》："琅琅调：受人训责也。"

【廊檐五圣】《切口大词典·杂业类·商人共众切口》："廊檐五圣：托人檐下做买卖者。"

【榔扁】明程万里《鼎锲徽池雅调南北官腔乐府点板曲响大明春·六院汇选江湖方语》："榔扁，是被人打。"

【朗不正】云游客《江湖丛谈·江湖之春点》："管嘎人叫朗不正。"云游客《江湖丛谈·江湖之金点·诸葛数灯下数即是带子金》："江湖人管社会里讨人嫌，又嘎又劣的人，调侃儿叫朗不正。"

【朗超】《行院声嗽·伎艺》："使棒：朗超。"

【朗兜朗】明佚名《行院声嗽·通用》："大：朗兜朗。"

【朗筋骨】《切口大词典·衙卒类·狱卒之切

口》："朗筋骨：晚间不发被褥也。"

【朗末】 明佚名《行院声嗽·伎艺》："杂：朗末。"

【浪声】 《切口大词典·党会类·流氓之切口》："浪声：不入耳之言也。"

【浪同】 明程万里《鼎锲徽池雅调南北官腔乐府点板曲响大明春·六院汇选江湖方语》："浪同，乃酒也。"

【浪肘】 《新刻江湖切要·人事类》："趁钱曰浪肘。"《切口大词典·星相类·量手算命之切口》："浪肘：趁钱也。"清傅崇矩《成都通览·成都之江湖言词·人事类》："趁钱：浪肘。"

【浪作】 清佚名《郎中医话》："浪作，是好极。"

【浪作盘】 清佚名《郎中医话》："浪作盘，是其俊无比。"

lao

【捞】 ①卫大法师《江湖话·各行业商帮所用数目字隐语·成都通行言词·娼妓》："腰：一。坐：二。立：三。杯：四。甩：五。捞：六。桥：七。拉：八。按'甩'读'ㄌㄚ'，以斧砍木，未砍中面所飘了为甩。"卫大法师《江湖话·各行业商帮所用数目字隐语·成都通行言词·牲畜行》："捞：六。"清傅崇矩《成都通览·成都之各行人买卖通用言词·六畜行言词》："捞（六）。"清傅崇矩《成都通览·成都之各行人买卖通用言词·院房娼妓言词》："六，捞。"②贝思飞《民国时期的土匪隐语》："捞：行进。"

【捞浮尸】 《切口大词典·赌博类·麻雀赌之切口》："捞浮尸：将打出之牌收为己用。"

【捞根】 卫大法师《江湖话·安庆隐语》："盘问折底：摸海底，捞根。"

【捞海底】 《切口大词典·星相类·隔夜算命之切口》："捞海底：向抽屉取命纸也。"

【捞横塘】 《切口大词典·党会类·拆白党之切口》："捞横塘：卷用女子之金钱也。"

【捞毛的】 《切口大词典·娼妓类·八大胡同妓院之切口》："捞毛的：凡恃卖淫业以生活者之总称也。"

【捞甩】 清傅崇矩《成都通览·成都之各行人买卖通用言词·院房娼妓言词》："捞甩，六十五。"

【捞死尸】 《切口大词典·娼妓类·钉碰妓之切口》："捞死尸：拉客也。"

【劳】 卫大法师《江湖话·各行业商帮所用数目字隐语·重庆通行言词·银楼》："祥：一。皮：二。昌：三。诗：四。对：五。劳：六。造：七。刀：八。云：九。喜：十。"《切口大词典·手艺类·髹漆业之切口》："劳：六也。"

【牢结】 《切口大词典·商铺类·竹器业之切口》："牢结：钮头也。"

【牢实】 《行院声嗽·人事》："至诚：牢实。"

【痨】 《切口大词典·商铺类·绸缎业之切口》："痨：十也。"

【老百脚】 《切口大词典·娼妓类·长三书寓之切口》："老百脚：老日之妓女，阴险之鸨母，百脚为毒豸，冠以老字，其毒更可知。"

【老摆】 清傅崇矩《成都通览·成都之呼物混名》："老摆：鱼也。"

【老班】 《切口大词典·优伶类·伶人之切口》："老班：伶人中寻常之称呼。外人名之曰唱戏，不得曰戏子，戏子轻之也。"

【老班头】 《切口大词典·衙卒类·侦探之切口》："老班头：所获之盗，系积案之要犯也。"

【老搬】 清傅崇矩《成都通览·成都之呼物混名》："老搬：姓曾也。"

【老板】 《切口大词典·杂业类·商人共众切口》："老板：店主东也。"

【老帮】 《清门考原·各项切口》："老帮，资格老者。"

【老帮四卫】 《清门考原·各项切口》："老帮四卫，是恭慰在帮年多资深之称。"

【老鸨】 金老佛《三教九流江湖秘密规矩·青帮与红帮·青帮之吃相》："彼等由他处贩买妇女至沪，逼令为娼，且薄长三么二而不为，其所为者，花烟间为多，野鸡次之。贩来一件货色，代价不过百数十元，且彼等又特别注意于童女。因每一女也，点一对大蜡烛，索价辄在五十元以上，则该女之身价，已得其半数矣。厥后复逐日令其接客，不管套人，身体之强弱，可怜竟有一日御客十余辈者。彼等所开之花烟间，大者有烟妓十余人，小者亦三四人，主其事者谓之老鸨，戥牌头者，谓之门头。凡为老鸨门头者，非有面子之人，即不能竞存于烟妓界。盖以出入花烟间者，流氓乱人居多，稍不如意，即将寻衅生事。故花烟间虽为至下级之妓院，而为之老班者，亦大非易易，至于长三么二各等妓院，则与绑匪有关者殊鲜也。其日常对待套人，尤为不忍异述，如遇有客人入门，则必令套人劝其打炮（白日行淫谓之打炮），每日每妓，有打炮十余次者。但有客人未必尽打炮，凡入门而不打炮者，谓之跳老虫，每次大洋二角，为时限十余分钟。打炮者，每次大洋一元十角不等，为时限一句钟，至入院过宿者，代价一二元不等。故凡开花烟间者，虽名为至下贱之业，而其入款，竟有每日数十元之多者。以是一班绑匪，趋之若骛，此为青帮绑匪吃相之一种也。"

【老鸨子】《切口大词典·娼妓类·茶室之切口》："老鸨子：鸨母也，即开妓院者。"

【老鲍】《切口大词典·娼妓类·钉碰妓之切口》："老鲍：客人也。"

【老表】①《蹴鞠图谱·圆社锦语》："老表：道士。"②《切口大词典·杂业类·纸扎店之切口》："老表：纸扎替身也。"

【老勃】《切口大词典·党会类·流氓之切口》："老勃：熟悉帮匪之内容者。"

【老采】《新刻江湖切要·身体类》："聋：老采；[增] 目听；等辰。"清傅崇矩《成都通览·成都之江湖言词·身体类》："聋：老采；目听；等辰。"

【老採】《切口大词典·星相类·相家之切口》："老採：聋子也。"

【老苍】《切口大词典·衙卒类·侦探之切口》："老苍：指所捉之盗系老者。"

【老差】《清门考原·各项切口》："老差，常到狱中之老犯人也。"

【老柴】云游客《江湖丛谈·江湖之春点·老荣中之高买》："'老柴'指侦缉人们、官人。"云游客《江湖丛谈·江湖之金点·彩门》："江湖艺人，管侦缉人员，调侃儿叫'老柴'，又叫'柴把点'，管害怕叫'顶瓜'。"

【老传】清傅崇矩《成都通览·成都之呼物混名》："老传：姓傅者也。"

【老串】学古堂《江湖行话谱·走江湖行话》："老串：一万块钱。"

【老锤】《清门考原·各项切口》："老锤，又曰锤巴生。久作抢劫。"

【老粗】卫大法师《江湖话·红帮各地通行隐语·动物类》："牛：×角子，老粗，兹鸟骡子。"李子峰《海底·各地通行隐语》："牛：老粗；□□□子。"

【老大】①《切口大词典·党会类·青帮之切口》："老大：帮中人尊称也。凡除已知为前人辈外概呼之曰老大。"②《切口大词典·盗贼类·短截贼之切口》："老大：石头也。"《切口大词典·衙卒类·侦探之切口》："老大：石头也。"③《切口大词典·衙卒类·兵士之切口》："老大：兵官也。"④《切口大词典·役夫类·舟夫之切口》："老大：舟子也。"⑤《清门考原·各项切口》："老大，平辈之称。"刘联珂《中国帮会三百年革命史·清门切口》："老大，平辈之尊称（余案：河海船上水手或船主俗谓'老大'。或即由此起源，然无显证，待考）。"

【老旦折子】《切口大词典·商铺类·衣折业之切口》："老旦折子：府绸制成之衣也。"

【老的】《清门考原·各项切口》："老的，指师而言。"

【老底子】卫大法师《江湖话·红帮各地通行隐语·人类一般》："母：月宫，老底子。"李子峰《海底·各地通行隐语》："母：月宫；老底子。"

【老典】清傅崇矩《成都通览·成都之呼物混名》："老典：摆子也。"

【老儿】《切口大词典·武术类·耍猴戏之切口》："老儿：猴也。"

【老二】《切口大词典·衙卒类·侦探之切口》："老二：砖头也。"

【老方】卫大法师《江湖话·红帮各地通行隐语·其他用具对象类》："洋钱：饼子，老方，琴工，瓜子。"李子峰《海底·各地通行隐语》："洋钱：饼子；老方；琴工；瓜子。"

【老飞】清傅崇矩《成都通览·成都之呼物混名》："老飞：毛姓也。"

【老粉】清傅崇矩《成都通览·成都之呼物混名》："老粉：白姓也。"

【老夫子】清唐再丰《鹅幻汇编·江湖通用切口摘要》："尊人之称曰老元良（先生也），亦曰老夫子。"金老佛《三教九流江湖秘密规矩·日常用语》："称人行业曰贵道，尊人之称曰老元良，亦曰老夫子。"

【老杆子】《切口大词典·杂业类·燕子窝之切口》："老杆子：年老之吸烟者。"

【老赶】云游客《江湖丛谈·江湖之春点·天津南市三不管露天市场》："北平管那乡下人叫'怯杓'，又叫'白帽子'，天津叫'老赶'。"

【老疙疸】贝思飞《民国时期的土匪隐语》："老疙疸：匪帮中最年轻的土匪。"

【老根子】卫大法师《江湖话·红帮各地通行隐语·人类一般》："父：日宫，老根子。"李子峰《海底·各地通行隐语》："父：日宫；老根子。"

【老拱】清傅崇矩《成都通览·成都之呼物混名》："老拱：猪也。"

【老瓜】朱琳《洪门志·春典子琐记·人事》："金，称老瓜。"

【老瓜子】卫大法师《江湖话·红帮各地通行隐语·其他用具对象类》："金：老瓜子，黄恳子，黄货，金戒子，金兕子。"

【老官】《清门考原·各项切口》："老官，是二房师傅之称。"

【老光】①卫大法师《江湖话·红帮各地通行隐语·其他用具对象类》："火：老光，仁光子。"李子峰《海底·各地通行隐语》："火：老光。"②《切口大词典·商铺类·珠宝业之切口》："老光：年久之珠子也。"

【老逛客】《切口大词典·娼妓类·茶室之切口》："老逛客：长嫖客也。"

【老鬼】《切口大词典·乞丐类·乞丐之切口》："老鬼：凡精熟事物之人也。"

【老合】①卫大法师《江湖话·红帮各地通行隐语·各种行业类》："行窃：老合，跑青花，吃老西。"李子峰《海底·各地通行隐语》："行窃：老合；跑青花；吃老西。"②云游客《江湖丛谈·江湖之春点·江湖中之老合》："'老合'两个字是搁念行里公名词的侃儿。"云游客《江湖丛谈·江湖之金点·江湖艺人的规律》："社会里半开眼的人，管他叫生意也，又叫老合。"云游客《江湖丛谈·江湖之金点·柳门》："老合……挨帮挤靠的生意。"

【老和尚敲】《切口大词典·盗贼类·铳手之切口》："老和尚敲：自鸣钟也。"

【老和尚撞】《切口大词典·盗贼类·短截贼之切口》："老和尚撞：酒杯茶杯也。"

【老虎】《切口大词典·杂业类·麻油店之切口》："老虎：炒芝麻之灶也。"

【老虎垛】《郎中医话》："老虎垛，是呈子。"

【老虎架】《切口大词典·衙卒类·狱卒之切口》："老虎架：最酷烈之私刑也。"

【老虎皮】《清门考原·各项切口》："老虎皮，军服号衣也。"

【老虎汤】《切口大词典·党会类·流氓之切口》："老虎汤：吃老虎灶茶也。"

【老虎头】①《切口大词典·商铺类·篆笋业之切口》："老虎头：锄笋之刀也。"②《切口大词典·杂业类·老虎灶之切口》："老虎头：烧水之灶也。"

【老虎掌】《切口大词典·杂流类·卖花者之切口》："老虎掌：虎刺也。四月间开细白花，花落结子，色如丹砂，经冬不萎。"

【老虎爪】《切口大词典·杂流类·卖饼者之切口》："老虎爪：饼面开花如虎爪也。"

【老桓】清傅崇矩《成都通览·成都之呼物混名》："老桓：姓王者。"

【老加】《切口大词典·行号类·耕牛行之切口》："老加：十也。"

【老傢】李子峰《海底·各地通行隐语》："手杖（小铁棍等）：老傢。"

【老嫁】卫大法师《江湖话·红帮各地通行隐语·其他用具对象类》："手杖（小铁棍等）：老嫁。"

【老江湖】《清门考原·各项切口》："老江湖，久在外奔走之人也。"刘联珂《中国帮会三百年革命史·清门切口》："老江湖，老在外奔走之人。"

【老交】《切口大词典·工匠类·理发匠之切口》："老交：主客也。"

【老焦】清傅崇矩《成都通览·成都之呼物混名》："老焦：姓胡也。"

【老教子】卫大法师《江湖话·红帮各地通行隐语·人类一般》："师父：老教子，老元良。"李子峰《海底·各地通行隐语》："师傅：老教子；老元良。"

【老金】朱琳《洪门志·春典子琐记·店铺》："铁店，称老金。"

【老举】《切口大词典·娼妓类·粤妓之切口》："老举：妓女也。"

【老举三】《切口大词典·党会类·小瘪三之切口》："老举三：无定之代名词，不明言，而听者自能会意。"《切口大词典·乞丐类·乞丐之切口》："老举三：心有所指之人物代名词。"

【老举寨】《切口大词典·娼妓类·粤妓之切口》："老举寨：妓寮也。"

【老抗】清傅崇矩《成都通览·成都之呼物混名》："老抗：姓赵也。"

【老烤】云游客《江湖丛谈·江湖之春点·江湖中做老烤的生意》："卖虎骨的这行儿，调侃儿就叫'老烤'。"

【老肯】《切口大词典·娼妓类·相公堂子之切口》："老肯：开相公堂子者。如妓院中之鸨儿也。"

【老宽】金老佛《三教九流江湖秘密规矩·青帮与红帮·江湖之春典》："外行称老宽。"

【老郎】《切口大词典·杂流类·卖西洋镜之切口》："老郎：男子之看客也。"

【老里】《清门考原·各项切口》："老里，言其假的又曰里大兴。"

【老良】《切口大词典·杂流类·卖西洋镜之切口》："老良：妇女之看客也。"

【老妈】云游客《江湖丛谈·江湖之金点·骗术门》："还得知道各府里主事的人是谁。本着主事人的所好，给他找人。乡下妇女进京，与本地寒家妇女要当老妈（北平人管女仆叫老妈）。"

【老毛】《切口大词典·党会类·流氓之切口》："老毛：西捕也。"

【老门槛】《切口大词典·党会类·小瘪三之切口》："老门槛：精熟各项事业者。"

【老门坎】卫大法师《江湖话·红帮各地通行隐语·人类一般》："行家：老门坎，相夫。"李子峰《海底·各地通行隐语》："行家：老门坎；相夫。"

【老明】《新刻江湖切要·亲戚类》："祖母：坤官；东月；重月，似母之母矣，今改老明。明者，日之月。"

【老磨苦】《切口大词典·乞丐类·哭诉求乞之切口》："老磨苦：老者假作病容。横卧地上者。"

【老乃】《切口大词典·医药类·卖吊虫丸者之切口》："老乃：妻子也。"

【老念牙】《新刻江湖切要·鸟兽虫鱼类》："鼠：夜游子；老念牙。"

【老娘】①《切口大词典·盗贼类·掘壁贼之切口》："老娘：包裹也。"金老佛《三教九流江湖秘密规矩·青帮与红帮·江湖之春典》："包裹称老娘。"②《清门考原·各项切口》："老娘，大二房老官之妻。"

【老牌眺子】学古堂《江湖行话谱·走江湖话》："兵：老牌眺子。"

【老牌跳子】贝思飞《民国时期的土匪隐语》："老牌跳子：军队。"

【老跑】清傅崇矩《成都通览·成都之呼物混名》："老跑：马也。"

【老平】《切口大词典·行号类·猪行之切口》："老平：十也。"

【老七】《切口大词典·工匠类·皮匠之切口》："老七：皮也。"

【老契】《切口大词典·娼妓类·粤妓之切口》："老契：姘头也。"

【老迁】《切口大词典·赌博类·摇宝赌之切口》："老迁：工于伪赌以欺人者。"

【老枪】《切口大词典·党会类·小瘪三之切口》："老枪：老于吃鸦片烟者，凡人憔悴而带烟容亦以此呼之。"

【老戗儿】云游客《江湖丛谈·江湖之春点》："管父亲叫老戗儿。"云游客《江湖丛谈·江湖之春点·江湖艺人孙宝善》："江湖人管父亲调侃叫老戗儿。"

【老人】卫大法师《江湖话·各行业商帮所用数目字隐语·成都通行言词·六成行（油，盐，柴，米，豆，菜子）》："老人：五。"

【老荣】云游客《江湖丛谈·江湖之春点》："管小绺叫老荣。"云游客《江湖丛谈·江湖之金点·柳门》："老荣，当小绺的。"云游客《江湖丛谈·江湖之金点·小绺门》："江湖人管他们'小绺'这行人，调侃儿叫'老荣'，又叫'摄子把'，'老荣'是他们总名儿。"

【老三老四】《切口大词典·工匠类·箍桶匠之切口》："老三老四：马子也。"

【老沙】清傅崇矩《成都通览·成都之呼物混名》："老沙：周姓也。"

【老山】《切口大词典·商铺类·玉器业之切口》："老山：玉之佳者。"

【老山货】《切口大词典·杂流类·荐头婆之切口》："老山货：老于为佣者。"

【老少年】《切口大词典·杂流类·卖花者之切口》："老少年：雁来红也。"

【老师太】《清门考原·各项切口》："老师太，尊敬长辈之词。"刘联珂《中国帮会三百年革命史·清门切口》："老师太，尊敬长辈之词。"

【老鼠尾】《切口大词典·工匠类·锡匠之切口》："老鼠尾：叉刀也。"

【老帅】云游客《江湖丛谈·江湖之春点·江湖中挑遛子汗的》："我们江湖人管师父，调侃叫'老帅'。"云游客《江湖丛谈·江湖之春点·三不管的戗巾生意》："江湖人管师父调侃叫'老帅'与'师'只欠一笔。请阅者注意，别以为我的'帅'字是'师'字，少一横儿。"

【老四】《清门考原·各项切口》："老四，老吃官司人也。"

【老苏菜】《切口大词典·娼妓类·台基之切口》："老苏菜：有须而讨人厌之谓也。"

【老酸】清傅崇矩《成都通览·成都之呼物混名》："老酸：秀才也。"

【老梭】清傅崇矩《成都通览·成都之呼物混名》："老梭：余姓也。"

【老太伯】《兽医串雅杂钞》："称人家，叫老太伯，或称某师傅（原写作'夫'）。"《兽医串雅杂钞》："称人家，曰'老太伯'。或姓张、李，称'张师夫'。"

【老汤】①《切口大词典·工匠类·缫丝匠之切口》："老汤：水沸过度也。"②贝思飞《民国时期的土匪隐语》："老汤：土匪（河南）。"

【老天】《切口大词典·工匠类·理发匠之切口》："老天：吃肉也。"

【老跳】清傅崇矩《成都通览·成都之呼物混名》："老跳：姓张者。"

【老头子】卫大法师《江湖话·安庆隐语》："师傅：老头子，前人。"《切口大词典·党会类·青帮之切口》："老头子：师父也。"平山周《中国秘密社会史·天地会（三合会）隐语·天文》："前人，又曰老头子，师父也。"

【老图】《新刻江湖切要·身体类》："折足：

定半。胡子：老图。"《切口大词典·星相类·相家之切口》："老图：胡子也。"清傅崇矩《成都通览·成都之江湖言词·身体类》："胡子：老图。"

【老弯】清傅崇矩《成都通览·成都之呼物混名》："老弯：姓龚者也。"

【老汪家】云游客《江湖丛谈·江湖之春点·三不管中挑将汗的生意》："江湖人管老大们，调侃叫老汪家。"

【老乌】①卫大法师《江湖话·红帮各地通行隐语·饮食用品类》："鸦片：黑末，老乌。"李子峰《海底·各地通行隐语》："鸦片：黑末；老乌。"②朱琳《洪门志·春典子琐记·物品》："墨，称老乌。"

【老希儿】《切口大词典·商铺类·绸缎业之切口》："老希儿：年老人也。"

【老戏头】《切口大词典·党会类·流氓之切口》："老戏头：包戏营业，然非场面阔，人头熟不可。"

【老相】①《切口大词典·娼妓类·相公堂子之切口》："老相：相公之老者。如僧人中之退院僧，尊则似之闻则未能似也。"②《切口大词典·赌博类·做花会之切口》："老相：做筒子之人也。"③《切口大词典·医药类·卖药人之切口》："老相：老买主也。"④《切口大词典·杂业类·茶楼之切口》："老相：炉子也。"⑤《切口大词典·杂业类·旅馆之切口》："老相：惯走江湖之客人也。"

【老相公】《切口大词典·杂流类·卖馄饨者之切口》："老相公：风炉也。"

【老相好】《切口大词典·娼妓类·长三书寓之切口》："老相好：稔客也。"

【老响】清傅崇矩《成都通览·成都之呼物混名》："老响：姓罗者。"

【老蟹】卫大法师《江湖话·安庆隐语》："老妇人：老蟹。"《切口大词典·党会类·拆白党之切口》："老蟹：妇女之老者。"

【老楦】《切口大词典·衙卒类·侦探之切口》："老楦：老人也。"

【老爷】卫大法师《江湖话·红帮各地通行隐语·天文地理类》："日：球子，老爷，大煞。"李子峰《海底·各地通行隐语》："日：球子；老爷；大煞。"

【老一】《切口大词典·商铺类·地货业之切

口》:"老一:一也。"

【老鹰】《切口大词典·盗贼类·短截贼之切口》:"老鹰:铁角也。"

【老元良】 李子峰《海底·各地通行隐语》:"师傅:老教子;老元良。"清唐再丰《鹅幻汇编·江湖通用切口摘要》:"尊人之称曰老元良(先生也),亦曰老夫子。"卫大法师《江湖话·红帮各地通行隐语·人类一般》:"师父:老教子,老元良。"金老佛《三教九流江湖秘密规矩·日常用语》:"称人行业曰贵道,尊人之称曰老元良,亦曰老夫子。"

【老月】 ①云游客《江湖丛谈·江湖之金点·柳门》:"老月……当鹰爪的。"②云游客《江湖丛谈·江湖之金点·柳门》:"老月……耍腥赌的。"

【老渣】 云游客《江湖丛谈·江湖之金点·柳门》:"老渣……贩卖人口的。"

【老蘸】 清傅崇矩《成都通览·成都之呼物混名》:"老蘸:疯子也。"

【老掌局】 卫大法师《江湖话·红帮各地通行隐语·人类一般》:"爷:老掌局。"李子峰《海底·各地通行隐语》:"爷:老掌局。"

【老镇】《郎中医话》:"老镇,是拉船卖膏药的。"

【老峙】《新刻江湖切要·地理类》:"山:土高;地高;[广]触土;地出头;巫峰;老峙;登东;艮公;如砺;禹随;一拳石。"《江湖切口要诀》(尺牍增附本):"山:土高。[广]地高;触地;地出头;巫峰;老峙;登东;艮公;如砺;禹随;一拳石。"清傅崇矩《成都通览·成都之江湖言词·地理类》:"山:土高;地高;触土;地出头;巫峰;老峙;登东;艮公;如砺;禹随;一拳石。"

【老子】《切口大词典·乞丐类·耍猴求乞之切口》:"老子:猢狲也。"

【烙铁】《切口大词典·工匠类·做帽匠之切口》:"烙铁:熨斗也。"

---

le

【乐】《切口大词典·娼妓类·八大胡同妓院之切口》:"乐:笑也。"

【乐府】 宋陈元靓辑《事林广记·续集·绮谈市语·宫殿门》:"教坊:乐局,乐府。"

【乐交】 卫大法师《江湖话·安庆隐语》:"按谈:乐交。"

【乐局】 宋陈元靓辑《事林广记·续集·绮谈市语·宫殿门》:"教坊:乐局,乐府。"

【乐老】《新刻江湖切要·亲戚类》:"妻:才老;乐老;底老。"

【乐林】《新刻江湖切要·宫室类》:"所在:碾地;乐林;落地。歇家;[增]埋轮;停骖;投辖。"

【乐水】《切口大词典·工匠类·造酒匠之切口》:"乐水:酒也。"

【勒子】《切口大词典·党会类·红帮之切口》:"勒子:车子也。"《清门考原·各项切口》:"勒子:轿子也。"金老佛《三教九流江湖秘密规矩·青帮与红帮·红帮之问答》:"乙曰:好。吾们坐勒子(车子)去,还是坐底子(船)去?"金老佛《三教九流江湖秘密规矩·青帮与红帮·江湖之春典》:"车称勒子。"

---

lei

【雷】《兽医串雅杂钞》:"雷,是药碾子。闪,是药缸子。雷闪不动,是缸子、碾子靡响动。"

【雷堆】《切口大词典·盗贼类·拐匪之切口》:"雷堆:拐匪称被拐之小孩子也。"

【雷鸣】《新刻江湖切要·官职类》:"同知:井二孤;混二,寸二;[广]雷鸣。"

【雷闪不动】《兽医串雅杂钞》:"雷,是药碾子。闪,是药缸子。雷闪不动,是缸子、碾子靡响动。"

【畾珠】《切口大词典·手艺类·做袜子之切口》:"畾珠:密缝袜底也。"

【类】 清翟灏《通俗编·识余·市语·米行》:"今松木场香市中,犹习用此语。而其余诸行,正如《志余》所云,各有市语,不相通用。如:米行:则一子,二力,三削,四类,五香,六竹,七才,八发,九丁,十足。"

【累盘儿】 卫大法师《江湖话·红帮各地通行

隐语·一般人事类》："笑：瓷盘儿，累盘儿。"李子峰《海底·各地通行隐语》："笑：瓷盘儿；累盘儿。"

【累圆】《切口大词典·工匠类·车捌匠之切口》："累圆：机车也。"

leng

【楞楞】 学古堂《江湖行话谱·估衣行话》："来了曰楞楞。"

【楞扇】《新刻江湖切要·宫室类》："窗：楞扇。"

【冷把】 学古堂《江湖行话谱·行意行话》："冷把是半相人。"

【冷川】《新刻江湖切要·生死类》："水死：龙川；冷川；玄武川。"清傅崇矩《成都通览·成都之江湖言词·生死类》："水死：龙川；冷川；玄武川。"《切口大词典·星相类·拉和琴算命之切口》："冷川：溺死也。"《切口大词典·衙卒类·忤作之切口》："冷川：溺毙也。"

【冷锤】《切口大词典·优伶类·锣鼓之切口》："冷锤：又名洒头，唱哭腔时用之。"

【冷堆】《切口大词典·党会类·小瘪三之切口》："冷堆：余饭也。"

【冷灰窑】《切口大词典·医药类·骑驴卖药之切口》："冷灰窑：庙宇也。"

【冷脚客人】《切口大词典·娼妓类·雉妓之切口》："冷脚客人：久不至院之嫖客也。"

【冷露】《切口大词典·盗贼类·铳手之切口》："冷露：晨间不能窃得也。"

【冷水结】《切口大词典·行号类·粮食行之切口》："冷水结：色黑而耐寒者。"

【冷水摸蛇】《镖行江湖隐语行话秘典》："鱼，为冷水摸蛇。"

【冷顺】《江湖走镖隐语行话谱》："兵为冷顺。"

【冷送】《切口大词典·乞丐类·托神求乞之切口》："冷送：只有乞儿一人单独行乞也。"

【冷汤】《切口大词典·优伶类·戏园之切口》："冷汤：顾客少也。"

【冷头】《切口大词典·杂流类·二爷之切口》："冷头：喜封稀少者。"

【冷窑】《切口大词典·党会类·小瘪三之切口》："冷窑：庙宇也。然有头领霸住，后来者，非入掏不得容足。"

【冷赞曲】《切口大词典·武术类·男女共同变戏法者之切口》："冷赞曲：生意不好也。"

【冷灶】《切口大词典·娼妓类·长三书寓之切口》："冷灶：不著名之妓女也。"

【冷占】《新刻江湖切要·官职类》："武秀才：寒通，又冷占。"

【冷子】 ①贝思飞《民国时期的土匪隐语》："冷子：士兵。"②云游客《江湖丛谈·江湖之春点·江湖中之戳黑的》："做官的人调侃叫冷子。"

【冷子点】 云游客《江湖丛谈·江湖之春点》："管作官的叫冷子点。"

【冷子马撒】《镖行江湖隐语行话秘典》："车后有人跟着走，为冷子马撒。"

【冷子攥儿亮】 云游客《江湖丛谈·江湖之金点·江湖自嘲之暗语》："管他自己县官叫'冷子'，'攥儿亮'即是明白江湖事儿。"

li

【离毕】《新刻江湖切要·天文类》："月：太阴；[广] 阴宗；东升；兔窟；蟾冰轮；离毕；秋倍明。"《江湖切口要诀》（尺牍增附本）："月：太阴。[广] 阴宗；东升；兔窟；蟾；冰轮；离毕；秋倍明。"《切口大词典·巫卜类·席地测字者之切口》："离毕：月也。"清傅崇矩《成都通览·成都之江湖言词·天文类》："月：太阴；阴宗；东升；兔窟；蟾；冰轮；离毕；秋倍明。"

【离宫】《新刻江湖切要·器用类》："灶：离宫，行灶口浮丙。"《切口大词典·役夫类·庖夫之切口》："离宫：灶也。"清傅崇矩《成都通览·成都之江湖言词·器用类》："灶：离宫，行灶曰浮丙。"

【离娘草】《切口大词典·杂流类·卖花者之切口》："离娘草：玫瑰花也。"

【离娘焦】《切口大词典·医药类·药行业之切口》："离娘焦：玫瑰花也。"

【离丘生】《新刻江湖切要·工匠类》："打铁匠：离丘生；[增] 乌金生。"清傅崇矩《成都通览·成都之江湖言词·工匠类》:"打铁匠:离丘生;乌金生。"

【离窑】《新刻江湖切要·宫室类》:"出门谓之离窑。"

【梨】《切口大词典·优伶类·伶人之切口》:"梨:四也。"

【梨园】 清唐再丰《鹅幻汇编·江湖通用切口摘要》:"戏馆曰梨园。"卫大法师《江湖话·江湖上的隐语·普通隐语》:"戏院:梨园。"《清门考原·各项切口》:"梨园,戏馆也。"金老佛《三教九流江湖秘密规矩·日常用语》:"戏馆曰梨园。"

【梨园窑子】 卫大法师《江湖话·红帮各地通行隐语·各种行业类》:"戏馆:梨园窑子,演古窑子。"李子峰《海底·各地通行隐语》:"戏馆:梨园窑子。"

【梨园子】 李子峰《海底·各地通行隐语》:"唱戏:吃天王饭的;梨园子;彩行。"

【蜊黑】 清唐再丰《鹅幻汇编·江湖通用切口摘要》:"写蛤蜊测字曰蜊黑。"卫大法师《江湖话·江湖上的隐语·巾行隐语》:"写蛤蜊测字:蜊黑。"《清门考原·各项切口》:"蜊黑,写蛤蜊测字也。"金老佛《三教九流江湖秘密规矩·江湖通用切口》:"写蛤蜊测字曰蜊黑。"学古堂《江湖行话谱·江湖行话》:"写蛤蜊测字者,曰蜊黑。"

【蜊星】《切口大词典·巫卜类·蛤壳测字者之切口》:"蜊星:写字于蛤蜊壳中测以言休咎者。"

【礼】《切口大词典·商铺类·绸缎业之切口》:"礼:九也。"

【礼冠】《新刻江湖切要·身体类》:"麻:刊通;[增]雨沙;又曰礼冠。"清傅崇矩《成都通览·成都之江湖言词·身体类》:"麻:刊通;雨沙;礼冠。"

【李】 清唐再丰《鹅幻汇编·江湖通用切口摘要》:"江湖诸技,总分四行,曰:巾、皮、李、瓜。"

【李大兴】《清门考原·各项切口》:"李大兴,假也。"

【李行】 清末民初佚名《镖行江湖隐语行话秘典》:"戏法四类,总称曰李行。"

【李子】 清唐再丰《鹅幻汇编·江湖通用切口摘要》:"戏法四类,总称曰李子。"卫大法师《江湖话·江湖上的隐语》:"此处所谓'江湖',指:一、算命相面拆字等(总名为'巾行')。二、医病卖膏药等(总名为'法行')。三、戏法(彩法,手法,案法等,总名为'李子')。四、打拳跑马者。另有其他普遍二类。"《清门考原·各项切口》:"李子,撮戏法者,总称曰李子,生意。"金老佛《三教九流江湖秘密规矩·江湖通用切口》:"戏法四类总称曰李子。"

【李子行】 学古堂《江湖行话谱·江湖行话》:"李子行:治病、卖药、膏药等,总称皮行。戏法,总称李子行等。"

【里】 ①卫大法师《江湖话·各行业商帮所用数目字隐语·成都通行言词·药材行》:"音:一。色:二。春:三。水:四。岸:五。芸:六。里:七。池:八。千:九。"清傅崇矩《成都通览·成都之各行人买卖通用言词·药材行通用言词》:"七,里。"②清翟灏《通俗编·识余·市语·故衣铺》:"故衣铺:一大,二土,三田,四东,五里,六春,七轩,八书,九籍。"

【里虫】《切口大词典·工匠类·缫丝匠之切口》:"里虫:茧肉也。"

【里党】《切口大词典·医药类·卖药人之切口》:"里党:同伴之人也。"

【里入落】《切口大词典·党会类·流氓之切口》:"里入落:坐牢内也。"

【里入落调巡】《切口大词典·党会类·流氓之切口》:"里入落调巡:管牢之巡警也。"

【里数】 清傅崇矩《成都通览·成都之各行人买卖通用言词·药材行通用言词》:"里数,七百。"

【里头】 清唐再丰《鹅幻汇编·江湖通用切口摘要》:"字曰里头。"

【里相孙】 学古堂《江湖行话谱·行意行话》:"外行,为里相孙。"

【里心圈】《切口大词典·役夫类·人力车夫之切口》:"里心圈:里象皮胎也。"

【里兴啃儿】 云游客《江湖丛谈·江湖之金点·挑青子生意之内幕》:"江湖人管假东西叫里兴啃儿。"

【里腥的】 云游客《江湖丛谈·江湖之春点·江湖中的卖点之内幕》:"凡是假东西,调侃就叫'里腥的';说假话,叫'里腥钢'；冤人撒谎，叫'里腥人'；弄假东西，叫'里腥哨'；假洋钱票，叫'里腥页子'；假洋钱叫'里腥拘迷'；不说真名实姓，叫'里腥万儿'。"

【里腥挂子】 云游客《江湖丛谈·江湖之金点·挂》："像那打几趟热闹拳的把式，刀枪对战叮当乱响，熟套子的把式，只能蒙外行的把式，调侃叫作里腥挂子（里腥，即是假的意思）。"

【里腥海冷翅子】 云游客《江湖丛谈·江湖之春点·燕班子之内幕》："江湖人管假军官，调侃儿叫'里腥海冷翅子'。"

【里腥化把】《江湖丛谈·江湖之金点·挂》："里腥化把，假和尚。"

【里腥哨】 ①云游客《江湖丛谈·江湖之春点·江湖中之戳黑的》："江湖人管假东西，调侃叫里腥哨。"②云游客《江湖丛谈·江湖之春点·天桥挑水滚子的》："管卖假东西，调侃叫里腥哨。"

【里腥托】 云游客《江湖丛谈·江湖之春点·天桥内的把式场》："瞎捏不见效叫'里腥托'。"

【里腥治巴】 云游客《江湖丛谈·江湖之春点·江湖中之大粒生意》："里腥治巴（即是假老道）。"

【里子】《梨园话》："里子：配角之优秀者，谓之'里子'。"

【哩塞】《切口大词典·盗贼类·拐匪之切口》："哩塞：聋子也。"

【理堂】《切口大词典·党会类·哥老会之切口》："理堂：会员中之第四首领也，称为理堂东阁大爷。"

【理瓦头】《切口大词典·工匠类·泥水匠之切口》："理瓦头：做檐溜也。"

【理腥海冷】 云游客《江湖丛谈·江湖之春点·丢包碰瓷》："假军人，调侃儿叫理腥海冷。"

【鲤鱼埂】《切口大词典·医药类·卖春药治毒疮者之切口》："鲤鱼埂：横弦也。"

【力】 清翟灏《通俗编·识余·市语·米行》："今松木场香市中，犹习用此语。而其余诸行，正如《志余》所云，各有市语，不相通用。如：米行：则一子，二力，三削，四类，五香，六竹，七才，八发，九丁，十足。"

【力八】《切口大词典·杂流类·卖婆之切口》："力八：雇工也。"清傅崇矩《成都通览·成都之江湖言词·人物类》："雇工：廿一矢；力八。"

【力才】《新刻江湖切要·人物类》："卖婆：力才。"《江湖切口要诀》（尺牍增附本）："卖婆：力才。"《切口大词典·医药类·卖春药治毒疮者之切口》："力才：卖婆也。"《切口大词典·杂流类·卖婆之切口》："力才：卖婆也。"金老佛《三教九流江湖秘密规矩·青帮与红帮·江湖之春典》："卖婆称力才。"清傅崇矩《成都通览·成都之江湖言词·人物类》："卖婆：力才。"

【力田】《新刻江湖切要·时令类》："芒种：勾甲；力田。"《江湖切口要诀》（尺牍增附本）："芒种：勾甲，力田。"《切口大词典·星相类·铁板算命之切口》："力田：芒种也。"清傅崇矩《成都通览·成都之江湖言词·时令类》："芒种：勾甲；力田。"

【立】 卫大法师《江湖话·各行业商帮所用数目字隐语·成都通行言词·娼妓》："腰：一。坐：二。立：三。杯：四。甩：五。捞：六。桥：七。拉：八。按'甩'读'ㄉㄚ'，以斧砍木，未砍中面所剩了为甩。"清傅崇矩《成都通览·成都之各行人买卖通用言词·院房娼妓言词》："三，立。"

【立打靶】《切口大词典·杂流类·卖西洋镜之切口》："立打靶：窥西洋镜也。"

【立地】 ①《新刻江湖切要·人物类》："民快：立地。"《江湖切口要诀》（尺牍增附本）："民快：立地。"清傅崇矩《成都通览·成都之江湖言词·人物类》："民快：立地。"②《新刻江湖切要·衣饰类》："鞋：立地；踢尖；踢土。"《切口大词典·盗贼类·收晒朗贼之切口》："立地：鞋子也。"《切口大词典·杂业类·纸扎店之切口》："立地：鞋子也。"③清傅崇矩《成都通览·成都之江湖言词·衣饰类》："鞋：立地；踢尖；踢土。"《切口大词典·医药类·着地摊药治病者之切口》："立地：即皂快也。"

【立地子】 明程万里《鼎锲徽池雅调南北官腔乐府点板曲响大明春·六院汇选江湖方语》："立地子，乃门子也。"

【立定子】卫大法师《江湖话·红帮各地通行隐语·人身各物类》："脚：别头子，立定子。"李子峰《海底·各地通行隐语》："脚：金刚子；立定子。"

【立汉】《切口大词典·医药类·施药郎中之切口》："立汉：药瓶也。"

【立马】《切口大词典·商铺类·染色业之切口》："立马：扯布凳也。"

【立门头】《新刻江湖切要·人物类》："幕宾：立门头；[广]生晞；密骗；忽扳；趋笑；管公事人；牵生。"《江湖切口要诀》(尺牍增附本)："幕宾：立门头。[广]生晞。"《切口大词典·医药类·摇虎撑者之切口》："立门头：幕宾也。"清傅崇矩《成都通览·成都之江湖言词·人物类》："幕宾：立门头；生晞；密骗；忽扳；趋笑；管公事人；牵生。"

【立山】《新刻江湖切要·店铺类》："开行：立山。今改六头君，取谚语'走前头，立后头，坐横头，吃骨头，趁戏头，得零头'之说也。"清傅崇矩《成都通览·成都之江湖言词·店铺类》："开行：立山。"

【立轴】《切口大词典·手艺类·装潢业之切口》："立轴：小幅堂画也。"

【立坐】清傅崇矩《成都通览·成都之各行人买卖通用言词·院房娼妓言词》："立坐：三十二。"

【丽春】《切口大词典·杂流类·卖花者之切口》："丽春：虞美人花也。"

【利】①《行院声嗽·数目》："二：对；利。"《切口大词典·巫卜类·道士之切口》："利：二也。"②《切口大词典·商铺类·金银业之切口》："利：八也。"③《切口大词典·商铺类·南货业之切口》："利：四也。"

【利大兴】《郎中医话》："利大兴，是弱。"

【利丁】《切口大词典·役夫类·茶担夫之切口》："利丁：二也。"

【利股】《切口大词典·赌博类·摇宝赌之切口》："利股：每一股五十元，取五路财神之意。"

【利口生】《新刻江湖切要·兵备类》："刀苗叶；千金；[增]利口生。"

【利琴丘】《切口大词典·工匠类·银匠之切口》："利琴丘：银匠也。"

【利庆过宪】《切口大词典·杂流类·红白帖之切口》："利庆过宪：二爷也，即男仆。"

【利散】学古堂《江湖行话谱·行话管见》："凉水叫利散。"

【利市】①卫大法师《江湖话·红帮各地通行隐语·人类一般》："女人：地牌，草儿，利市。"李子峰《海底·各地通行隐语》："女人：地牌；草儿；利市。"②《切口大词典·役夫类·屠夫之切口》："利市：血也。"

【利手】《切口大词典·工匠类·挽花匠之切口》："利手：开织也。"

【利子】《镖行江湖隐语行话秘典》："见装(庄)神的，为利子。"

【沥金水】《切口大词典·盗贼类·杆匪之切口》："沥金水：小便也。"

【笠帽】《切口大词典·工匠类·锡匠之切口》："笠帽：镬子也。"

【笠蓬】《切口大词典·行号类·海鱼行之切口》："笠蓬：鲥鱼也。"

【粒儿】《新刻江湖切要·草木百果五谷类》："豆：粒儿；圆；沙子；为兵。"

【粒粒】《新刻江湖切要·医药类》："丸药：九燠；粒粒。"《切口大词典·医药类·卖药糖丸者之切口》："粒粒：药丸也。"

【粒珠】《切口大词典·手艺类·卖弹弓之切口》："粒珠：弹子也。"

【粒子】①《郎中医话》："粒子，是丸药。"②《切口大词典·工匠类·造酱匠之切口》："粒子：黄豆也。"③《切口大词典·行号类·砖灰行之切口》："粒子：黄沙也。"④《切口大词典·衙卒类·侦探之切口》："粒子：饭也。"⑤《切口大词典·杂业类·点心铺之切口》："粒子：小团子也。"

lian

【连】①学古堂《江湖行话谱·行意行话》："少者，为连。"②《镖行江湖隐语行话秘典》："连：是周围连着。"

【连把行】《江湖走镖隐语行话谱》："走署院钱的为连把行。"

【连半】《切口大词典·商铺类·板木业之切口》："连半：一丈五尺之木也。"

【连毫】《切口大词典·杂流类·写字人之切口》:"连毫:草字也。"

【连红毛】《切口大词典·商铺类·海味业之切口》:"连红毛:串红旗参也。"

【连环】《切口大词典·优伶类·武行中之切口》:"连环:身作连连不绝之空心筋斗也。"

【连环通】《新刻江湖切要·工匠类》:"挽花匠:连环通;[增]扳线丘。"《切口大词典·工匠类·挽花匠之切口》:"连环通:在织机上挽花之匠也。"清傅崇矩《成都通览·成都之江湖言词·工匠类》:"挽花匠:连环通;扳线丘。"

【连壳希】《新刻江湖切要·草木百果五谷类》:"谷:连壳希。"

【连抠带挖】云游客《江湖丛谈·江湖之春点·汉门的丁香座子》:"管敲诈调侃叫连抠带挖。"

【连理】《切口大词典·商铺类·银楼业之切口》:"连理:耳环也。"

【连连】《切口大词典·役夫类·舟夫之切口》:"连连:牵绳也。"

【连毛僧】《清门考原·各项切口》:"连毛僧,未上钱粮之称。"

【连袂】宋陈元靓辑《事林广记·续集·绮谈市语·亲属门》:"连襟:同袂;连袂。"

【连米】卫大法师《江湖话·红帮闽粤及南洋各地通行隐语》:"酒杯:连米。"李子峰《海底·闽粤及南洋各地通行之隐语》:"酒杯:连米。"

【连翘】《切口大词典·役夫类·舟夫之切口》:"连翘:牵杠也。"

【连市】《切口大词典·娼妓类·八大胡同妓院之切口》:"连市:节边不上车,连续营业之谓也。"

【连手】《切口大词典·党会类·女拆白党之切口》:"连手:女共事也。"

【连杖】明程万里《鼎锲徽池雅调南北官腔乐府点板曲响大明春·六院汇选江湖方语》:"连杖,是筷子。"

【怜旧通】《切口大词典·杂流类·收旧货之切口》:"怜旧通:收旧货也。"金老佛《三教九流江湖秘密规矩·青帮与红帮·江湖之春典》:"收旧货者称怜旧通。"

【帘子】贝思飞《民国时期的土匪隐语》:"帘子;马。"

【莲瓣】《切口大词典·医药类·摆草药摊之切口》:"莲瓣:莲花一瓣,写人字吞之,产儿即下。"

【莲棒】卫大法师《江湖话·红帮闽粤及南洋各地通行隐语》:"茶杯:莲棒。"李子峰《海底·闽粤及南洋各地通行之隐语》:"茶杯:莲棒。"

【莲花】①卫大法师《江湖话·红帮各地通行隐语·饮食用品类》:"碗:撇捺子,莲花。"卫大法师《江湖话·红帮闽粤及南洋各地通行隐语》:"饭碗:莲花。"李子峰《海底·各地通行隐语》:"碗:撇捺子;莲花。"子峰《海底·闽粤及南洋各地通行之隐语》:"饭碗:莲花。"学古堂《江湖行话谱·行意行话》:"碗,为莲花。"②《切口大词典·党会类·哥老会之切口》:"莲花:茶杯也。"

【莲花册子】《切口大词典·杂流类·唱弹词之切口》:"莲花册子:唱因果俗呼莲花文书也。"

【莲花叉】《切口大词典·优伶类·戏盔之切口》:"莲花叉:形似金锏圈,正面有莲花式,装饰品。"

【莲花斗】施列格《天地会研究·洪家口白要诀》:"莲花斗,碗。"

【莲花缸】《切口大词典·党会类·三点会之切口》:"莲花缸:茶碗也。"

【莲花义子】《江湖走镖隐语行话谱》:"碗:莲花义子。"

【莲花子】金老佛《三教九流江湖秘密规矩·青帮与红帮·江湖之春典》:"碗称莲花子。"金老佛《三教九流江湖秘密规矩·青帮与红帮·言语之忌讳》:"于大快巧快之外,普通忌讳之语亦多,非此中人实未能尽纪,且有随时变更者。如见塔不呼为塔而名为笋子;饭碗不准提饭字而名为莲花子;受伤出血,不作提血字,而成为挂彩;等等不一。其规律之严,较国法为尤甚。若此中人有故犯之者,轻则三刀六洞,即用攮子在大腿或臂膊上连戳三刀,使成三个对穿洞也。重则刖足或处死,俱极残酷。而在门槛中人,则身受之而无怨言。此可见信仰心之坚强,有信仰乃发生力量。宜此辈徒众遍各地,不可以轻侮也。"

【莲米】 平山周《中国秘密社会史·三合会隐语》："发曰青丝。豚曰毛瓜，豚肉曰白瓜已燔之豚肉曰金瓜，曰红瓜。牛肉曰大菜，盐牛肉曰一把菜。狗曰蚁。鱼曰穿浪，曰摆尾，盐鱼曰咸筝，曰丫鬟。米曰沙，煮饭曰打沙，吃饭曰耕沙。鸦片曰云游，吃鸦片曰咬云。茶曰青莲。水曰三河。油曰洪顺。茶碗曰莲蕊。酒杯曰莲米。"卫大法师《江湖话·红帮各地通行隐语·饮食用品类》："酒杯：莲米，玉海。"《家里宝鉴·隐语》："酒杯曰'莲米，红花雨'。"《切口大词典·党会类·三点会之切口》："莲米：酒杯也。"金老佛《三教九流江湖秘密规矩·三合会之隐语》："茶碗曰莲蓬，酒杯曰莲米。"李子峰《海底·各地通行隐语》："酒杯：莲米；玉海。"

【莲蓬】 ①卫大法师《江湖话·红帮闽粤及南洋各地通行隐语》："大碗：莲蓬。"李子峰《海底·闽粤及南洋各地通行之隐语》："大碗：莲蓬。"②《切口大词典·盗贼类·铳手之切口》："莲蓬：茶杯也。"金老佛《三教九流江湖秘密规矩·青帮与红帮·江湖之春典》："茶杯称莲蓬。"③金老佛《三教九流江湖秘密规矩·三合会之隐语》："茶碗曰莲蓬，酒杯曰莲米。"《切口大词典·杂流类·卖京货之切口》："莲蓬：钮扣也。"

【莲蕊】 平山周《中国秘密社会史·三合会隐语》："发曰青丝。豚曰毛瓜，豚肉曰白瓜已燔之豚肉曰金瓜，曰红瓜。牛肉曰大菜，盐牛肉曰一把菜。狗曰蚁。鱼曰穿浪，曰摆尾，盐鱼曰咸筝，曰丫鬟。米曰沙，煮饭曰打沙，吃饭曰耕沙。鸦片曰云游，吃鸦片曰咬云。茶曰青莲。水曰三河。油曰洪顺。茶碗曰莲蕊。酒杯曰莲米。"卫大法师《江湖话·红帮各地通行隐语·饮食用品类》："茶杯：青炊撇子，莲蕊，灭清子。"《切口大词典·党会类·三点会之切口》："莲蕊：茶杯也。"李子峰《海底·各地通行隐语》："茶杯：青炊撇子；莲蕊。"

【莲蔬】 《家里宝鉴·隐语》："茶碗曰'莲蔬'。"

【莲叶】 卫大法师《江湖话·红帮各地通行隐语·饮食用品类》："筷：篙子，双铜，碟，莲叶。"李子峰《海底·各地通行隐语》："碟：莲叶。"

【联当】 《清门考原·各项切口》："联当，又曰联党。串同骗财。"

【联络】 《切口大词典·手艺类·卖纸鸢之切口》："联络：联络主脑系，硬膀纸鸢，纹似长绳，略其小体，如牟尼一串也。"

【联穴】 云游客《江湖丛谈·江湖之春点·三不管的相声场儿》："江湖人管合伙搭班，调侃儿叫联穴。"云游客《江湖丛谈·江湖之春点·天桥的空竹场子》："管合伙组班，调侃叫联穴。"云游客《江湖丛谈·江湖之金点·团门》："张麻子、周蛤蟆两个人的玩艺儿，虽然不错，和万人迷联了好多年的穴儿（管搭伙的，调侃儿叫联穴）。"

【廉子】 明佚名《行院声嗽·衣服》："手帕：廉子。"

【脸幌】 《切口大词典·武术类·耍猴戏之切口》："脸幌：糊脸子也。"

【脸子】 《梨园话》："脸子：剧中所戴之假面具，统谓之'脸子'。"

【练功夫】 《切口大词典·娼妓类·相公堂子之切口》："练功夫：习媚术也。"

【练语】 清翟灏《通俗编·识余·市语》："《西京杂记》云，长安市人语，各有不同，有胡芦语、锁子语、钮语、练语、三折语，通谓市语。宋汪云程《蹴鞠谱》有所谓锦语者，亦与市语不殊，盖此风之兴已久，或云卢敖作市语，其信然乎？"

【练子】 《新刻江湖切要·鸟兽虫鱼类》："蛇：溜子；缠老；练子。"

【变场】 清傅崇矩《成都通览·成都之呼物混名》："变场：赌场也。"

【炼筋】 《切口大词典·武术类·妇女顶缸走索之切口》："炼筋：手脚上做种种武艺也。"

【炼手劲】 《切口大词典·衙卒类·狱卒之切口》："炼手劲：吃饭不开手铐也。"

liang

【良厚】 《切口大词典·星相类·立墙壁相面之切口》："良厚：相之慈善者。"

【良牧】 《新刻江湖切要·时令类》："清明：雨朝；良牧；会朝。"《江湖切口要诀》（尺牍增附本）："清明：两朝；良牧；会朝。"

《切口大词典·星相类·铁板算命之切口》："良牧：清明也。"清傅崇矩《成都通览·成都之江湖言词·时令类》："清明：雨朝；良牧；会朝。"

【良棋局】《切口大词典·星相类·鸟衔算命之切口》："良棋局：好村庄也。"

【良棋盘】《新刻江湖切要·人事类》："好村方曰良棋盘。"《切口大词典·星相类·龟算命之切口》："良棋盘：好村庄也。"清傅崇矩《成都通览·成都之江湖言词·人事类》："谈往事：目料；好村方；良棋盘。"

【凉】《新刻江湖切要·人事类》："去曰凉。"《切口大词典·武术类·卖拳头者之切口》："凉：去也。"清傅崇矩《成都通览·成都之江湖言词·人事类》："去：凉。"

【凉兜】《切口大词典·商铺类·帽子业之切口》："凉兜：纱帽，也俗呼纱秋。"

【凉风】朱琳《洪门志·春典子琐记·店铺》："扇子店，称凉风。"

【凉工】施列格《天地会研究·洪家口白要诀》："凉工，行。"

【凉架】《切口大词典·杂流类·卖洋伞者之切口》："凉架：洋伞担也。"

【凉帽】《切口大词典·商铺类·海味业之切口》："凉帽：鳖裙也。"

【凉索】《切口大词典·医药类·道人卖药之切口》："凉索：病人之家属也。"

【梁山】宋陈元靓辑《事林广记·续集·绮谈市语·亲属门》："伯：梁山；兔毛。"

【梁上去找金福柳】云游客《江湖丛谈·江湖之金点·江湖自嘲之暗语》："'梁上去找金福柳'，是往大道上去找驴。"

【梁条】《切口大词典·商铺类·靴子业之切口》："梁条：皮梁也。"

【梁头】《切口大词典·工匠类·造船匠之切口》："梁头：折舱板也。"

【梁子】①清末民初佚名《镖行江湖隐语行话秘典》："死人，为梁子。"②卫大法师《江湖话·红帮各地通行隐语·建筑物类》："路：线，梁子。"李子峰《海底·各地通行隐语》："路：线；梁子。"③《江湖走镖隐语行话谱》："大街；梁子。"④《切口大词典·杂流类·卖洋伞者之切口》："梁子：捎钉也。"

【梁子马撒】清末民初佚名《镖行江湖隐语行话秘典》："在路上，道傍有死人，梁子马撒。"

【粮草】①卫大法师《江湖话·红帮闽粤及南洋各地通行隐语》："春药：粮草。"李子峰《海底·闽粤及南洋各地通行之隐语》："春药：粮草。"②施列格《天地会研究·洪家口白要诀》："粮草，椰叶。"

【粮台】贝思飞《民国时期的土匪隐语》："粮台：负责土匪日常生活需要的军需首领。"

【两按】清傅崇矩《成都通览·成都之各行人买卖通用言词·收荒小生意通用言词》："两按，二百二。"

【两边快】《切口大词典·杂流类·贩人口者之切口》："两边快：操是业之小者。"

【两便】贝思飞《民国时期的土匪隐语》："两便：当局与土匪之间的和睦关系。"

【两朝】《江湖切口要诀》（尺牍增附本）："清明：两朝；良牧；会朝。"

【两道子】卫大法师《江湖话·红帮各地通行隐语·数目类》："二：月，两道子。"

【两截子】卫大法师《江湖话·红帮各地通行隐语·姓氏类》："段：两截子。"

【两开】《切口大词典·乞丐类·乞丐之切口》："两开：吃耳光也。"

【两开交】《切口大词典·工匠类·铁匠之切口》："两开交：剪刀也。"

【两面有石挡路】卫大法师《江湖话·四川灌县轿夫隐语》："两面有石挡路：前：'两靠'；后：'逢中对照'。"

【两唐】《镖行江湖隐语行话秘典》："两唐，廿二吊。"

【两条子】《切口大词典·役夫类·庖夫之切口》："两条子：纸吹也。"

【两头大】《切口大词典·杂流类·虔婆之切口》："两头大：非妻非妾而似妻似妾者。"

【两头光】《切口大词典·杂业类·白粥业之切口》："两头光：蛋也。"

【两头甩】《切口大词典·役夫类·挑水夫之切口》："两头甩：扁担也。"

【两屋坐】《切口大词典·娼妓类·茶室之切口》："两屋坐：淫业茂盛也。"

【两由钱】清傅崇矩《成都通览·成都之各行人买卖通用言词·当铺古董玉器行通用言

词》:"两由钱就是一千一百。"

【亮】①《郎中医话》:"亮,是好。"②卫大法师《江湖话·江湖上的隐语·普通隐语》:"逃走:亮。"③《切口大词典·商铺类·刷染业之切口》:"亮:色浅也。"④《切口大词典·役夫类·更夫之切口》:"亮:火也。"

【亮的】《清门考原·各项切口》:"亮的,又曰灯前明也。来去清白。有亲族主持。"

【亮方】《切口大词典·盗贼类·铳手之切口》:"亮方:着衣镜也。"

【亮工】清唐再丰《鹅幻汇编·江湖通用切口摘要》:"逃走曰亮工。"《清门考原·各项切口》:"亮工,逃走也。"金老佛《三教九流江湖秘密规矩·日常用语》:"逃走曰亮工。"

【亮公】《清门考原·各项切口》:"亮公,使人不疑。伪示正大。"

【亮光】①《行院声嗽·器用》:"火:亮光。"②《切口大词典·杂流类·红白帖之切口》:"亮光:灯彩也。"

【亮光子】①卫大法师《江湖话·红帮各地通行隐语·居住用品类》:"烛:亮光子,玉美人,古树。"李子峰《海底·各地通行隐语》:"烛:亮光子;玉美人;古树。"②卫大法师《江湖话·红帮各地通行隐语·天文地理类》:"星:亮子,亮光子。"

【亮果】卫大法师《江湖话·红帮各地通行隐语·人类一般》:"美女:亮果。"李子峰《海底·各地通行隐语》:"美女:亮果。"

【亮架子】《切口大词典·优伶类·场子上之切口》:"亮架子:演至中间而有一全神贯注之表情也。"

【亮壳】①《切口大词典·商铺类·顾绣业之切口》:"亮壳:眼镜套也。"②朱琳《洪门志·春典子琐记·店铺》:"灯笼店,称亮壳。"

【亮壳子】①《切口大词典·手艺类·织补业之切口》:"亮壳子:缎子衣服也。"②《清门考原·各项切口》:"亮壳子,灯也。"金老佛《三教九流江湖秘密规矩·青帮与红帮·红帮之问答》:"至晚,甲乙二匪打了亮壳子(灯笼),点了三光条(火把),备齐家伙,带领众堂(人曰堂,故杀人曰劈堂,几个人谓之几杆堂)。"金老佛《三教九流江湖秘密规矩·青帮与红帮·红帮之春典》:"灯笼称亮壳子。"

【亮哭】《郎中医话》:"亮哭,是明娼。"

【亮脸】《切口大词典·巫卜类·巫婆之切口》:"亮脸:锡箔也。"

【亮亮子】《切口大词典·党会类·红帮之切口》:"亮亮子:灯笼也。"

【亮盘】《郎中医话》:"亮盘,是俊模样。"《郎中医话》:"亮盘,是俊人。"

【亮皮子】《切口大词典·役夫类·更夫之切口》:"亮皮子:灯笼也。"

【亮片】朱琳《洪门志·春典子琐记·店铺》:"玻璃店,称亮片。"

【亮片子】《切口大词典·工匠类·铜匠之切口》:"亮片子:刮刀也。"

【亮嗓】《切口大词典·优伶类·伶人之切口》:"亮嗓:喉咙响亮也。"

【亮沙子】卫大法师《江湖话·红帮各地通行隐语·饮食用品类》:"饭:粉子,散头子,亮沙子。"李子峰《海底·各地通行隐语》:"饭:散头子;亮沙子。"

【亮扇子】卫大法师《江湖话·红帮各地通行隐语·居住用品类》:"开门:亮扇子。"李子峰《海底·各地通行隐语》:"开门:亮扇子。"

【亮台】《梨园话》:"亮台:此戏演完彼戏尚未上场,谓之'亮台'。"

【亮堂子】《切口大词典·役夫类·更夫之切口》:"亮堂子:火烧也。"

【亮条】《切口大词典·巫卜类·巫婆之切口》:"亮条:蜡烛也。"《切口大词典·役夫类·更夫之切口》:"亮条:烛也。"

【亮托】①《江湖丛谈·江湖之金点·彩门》:"江湖艺人,在场内施展他的技能,使人瞧着羡慕,调侃儿叫亮托。"②云游客《江湖丛谈·江湖之春点·江湖中挑黄哨的骗术》:"那被骗之人,要看金子真假,他从怀中出一包儿真的,教人看,那叫亮托。"

【亮相】《切口大词典·优伶类·场子上之切口》:"亮相:出场至台口,作一全神贯注之表情也。"

【亮像】《梨园话》:"亮像:剧中人交战,忽然停住各向台口作一全神贯注之表情,谓之'亮像'。"

【亮子】①《新刻江湖切要·器用类》:"烛:摇红子;亮子;笑橡。"清唐再丰《鹅幻汇编·江湖通用切口摘要》:"灯总称曰亮子。"

卫大法师《江湖话·红帮各地通行隐语·其他用具对象类》："灯：亮子。"卫大法师《江湖话·江湖上的隐语·普通隐语》："灯：亮子。"《切口大词典·盗贼类·杆匪之切口》："亮子，灯也，所用之火把亦曰亮子。"金老佛《三教九流江湖秘密规矩·日常用语》："灯总称曰亮子。"李子峰《海底·各地通行隐语》："灯：亮子。"清傅崇矩《成都通览·成都之江湖言词·器用类》："烛：摇红子；亮子。"②卫大法师《江湖话·红帮各地通行隐语·天文地理类》："星：亮子，亮光子。"③《切口大词典·星相类·相家之切口》："亮子：田宅宫。两眼是也。"

【亮子朝阳】《切口大词典·盗贼类·对买贼之切口》："亮子朝阳，灯笼店也。"

【亮子高】《切口大词典·盗贼类·掘壁贼之切口》："亮子高：有月在天不能出手恐被人瞥见也。"

【量】《新刻江湖切要·人事类》："走：游墩；又量。"《切口大词典·武术类·打连箱者之切口》："量：走也。"清傅崇矩《成都通览·成都之江湖言词·人事类》："走：游墩；量。"

【量肩】《新刻江湖切要·器用类》："扁担：负龙；量肩。"清傅崇矩《成都通览·成都之江湖言词·器用类》："扁担：负龙；量肩。"

【量巾】清唐再丰《鹅幻汇编·江湖通用切口摘要》："用绳量者曰量巾。"卫大法师《江湖话·江湖上的隐语·巾行隐语》："量手算命，用绳量的：量巾。"《切口大词典·星相类·量手算命之切口》："量巾：量手算命。以绳量者。"《清门考原·各项切口》："量巾，用绳两手算命也。"金老佛《三教九流江湖秘密规矩·江湖通用切口》："量手算命用绳量者曰量ㄐ。"学占堂《江湖行话谱·江湖行话》："用绳量手算命。"

【量天尺】《切口大词典·赌博类·摇宝赌之切口》："量天尺：即省急眼神劳之仪器，隐藏赌台，能知番数（又名知道了）。"

【唡喉】《切口大词典·武术类·打连箱者之切口》："唡喉：唱也。"

【唡子】《切口大词典·武术类·地吼戏之切口》："唡子：小锣也。"

liao

【撩西子】卫大法师《江湖话·红帮各地通行隐语·店钱及其他》："刀：撩西子。"

【燎原】《新刻江湖切要·天文类》："火：丙丁；少阳；焰老，[广] 燎原；分炎。"《江湖切口要诀》（尺牍增附本）："火：丙丁；少阳；焰老，[广] 燎原；分炎。"《切口大词典·巫卜类·六壬课之切口》："燎原：火也。"清傅崇矩《成都通览·成都之江湖言词·天文类》："火：丙丁；少阳；焰老；燎原；分炎。"

【疗愁】《切口大词典·杂业类·花业之切口》："疗愁：萱草也。"

【了】《切口大词典·行号类·海鱼行之切口》："了：一也。"《切口大词典·行号类·棉花行之切口》："了：一也。"《切口大词典·行号类·鲜鱼行之切口》："了：一也。"

【了场头】《切口大词典·武术类·男女共同变戏法者之切口》："了场头：停做戏法也。"

【了机】《切口大词典·工匠类·织机匠之切口》："了机：织完也。"

【了角】《新刻江湖切要·亲戚类》："义媳曰了角，今姑改奖欠才。"

【了结】《切口大词典·巫卜类·道士之切口》："了结：保太平也。"

【了鸟】《切口大词典·杂业类·铁器店之切口》："了鸟：窗扣也。"

【了事】宋陈元靓辑《事林广记·续集·绮谈市语·器用门》："减装：了事；拾袭。"

【了一】《切口大词典·星相类·铁板算命之切口》："了一：子时也。"

【了意】《清门考原·各项切口》："了意，许愿了愿也。"

【了冤】《切口大词典·巫卜类·道士之切口》："了冤：散花解结也。"

【了账】《切口大词典·杂流类·吹打者之切口》："了账：尸之年老者。"

【料】①卫大法师《江湖话·各行业商帮所用数目字隐语·成都通行言词·收荒》："邀：一。按：二。苏：三。扫：四。躯：五。料：六。桥：七。犇：八。搅：九。"清傅崇矩《成都通览·成都之各行人买卖通用言词·

收荒小生意通用言词》："六，料。"学古堂《江湖行话谱·鲜货行话》："（料）六。"②《切口大词典·商铺类·绸缎业之切口》："料：二也。"③《切口大词典·行号类·海鱼行之切口》："料：十也。"

【料奔】 清傅崇矩《成都通览·成都之各行人买卖通用言词·收荒小生意通用言词》："料奔，六百八。"

【料丁】《切口大词典·役夫类·茶担夫之切口》："料丁：一也。"

【料高】《清门考原·各项切口》："料高，自夸自大之谓。"

【料抢】《切口大词典·行号类·海鱼行之切口》："料抢：十一也。"

【料扫】 清傅崇矩《成都通览·成都之各行人买卖通用言词·收荒小生意通用言词》："料扫，六百四。"

【料水】《切口大词典·工匠类·漆匠之切口》："料水：白铅粉胶水也。"

【料子】《切口大词典·医药类·妇人卖药者之切口》："料子：药也。"

【料足】《切口大词典·行号类·海鱼行之切口》："料足：十二也。"

【瞭】 卫大法师《江湖话·红帮各地通行隐语·一般人事类》："懂：瞭，鸟，瞭兮。"李子峰《海底·各地通行隐语》："懂：瞭；鸟；瞭兮。"

【瞭兮】 卫大法师《江湖话·红帮各地通行隐语·一般人事类》："懂：瞭，鸟，瞭兮。"李子峰《海底·各地通行隐语》："懂：瞭；鸟；瞭兮。"

lie

【列】 ①金老佛《三教九流江湖秘密规矩·青帮与红帮·江湖之春典》："西方称列。"②学古堂《江湖行话谱·行意行话》："东南为列。"

【列齿】《新刻江湖切要·地理类》："城：太援；[广]子金；列齿；筑土。"《江湖切口要诀》(尺牍增附本)："城：大扳。[广]子金；列齿；筑土。"清傅崇矩《成都通览·成都之江湖言词·地理类》："城：太拔；子金；列齿；筑土。"

【列曷】《切口大词典·巫卜类·蛤壳测字者之切口》："列曷：星也。"

【列九】 ①《新刻江湖切要·地理类》："井：地窟；[广]水窖，中公；列九，凿饮；又曰区九。"②《江湖切口要诀》(尺牍增附本)："井：地窟。[广]水窖，中公；列九，凿饮；又曰区九。"③清傅崇矩《成都通览·成都之江湖言词·地理类》："井：地窟；水窖，中公；列九，凿饮。人曰区九。"

【列舅】 学古堂《江湖行话谱·瞽者行话》："列舅，六。"

【列飘】《郎中医话》："列飘，是笑。"

【列棋】《新刻江湖切要·天文类》："星：光芒；[广]点辰；列棋，好风；好雨；拱牝，在东。"清傅崇矩《成都通览·成都之江湖言词·天文类》："星：光芒；点辰；列棋，好风；好雨；拱北，在东。"《江湖切口要诀》(尺牍增附本)："星：光芒。[广]点辰；列棋，好风；好雨；拱北，在东。"

【列宿】 宋陈元靓辑《事林广记·续集·绮谈市语·天地门》："星：列宿。"

【列台子】 卫大法师《江湖话·红帮各地通行隐语·店钱及其他》："上席：列台子。"

【列丈】 明风月友辑《金陵六院市语》："酒客为列丈。"

【咧了飘】《江湖丛谈·江湖之金点·团门》："最奇是写完了一个字，能把人逗的咧了飘儿（管笑了，调侃儿叫咧了飘）。"

【咧了飘儿】 云游客《江湖丛谈·江湖之春点·江湖艺人快手卢》："把外国人逗乐，调侃叫咧了飘儿。"

【咧飘】 云游客《江湖丛谈·江湖之春点·江湖中的卖点之内幕》："江湖人管乐了，笑了，调侃叫咧飘。"云游客《江湖丛谈·江湖之金点·柳海轰的生意》："咧飘是笑。"

【裂帛】《新刻江湖切要·器用类》："剪刀：绞儿；[增]裂帛；又断机子。"《切口大词典·工匠类·做帽匠之切口》："裂帛：剪刀也。"《切口大词典·商铺类·染色业之切口》："裂帛：剪刀也。"清傅崇矩《成都通览·成都之江湖言词·器用类》："剪刀：绞儿；裂帛，断机子。"

【裂锅】《切口大词典·娼妓类·八大胡同妓

院之切口》："裂锅：客与妓女，因伤感情而绝交之谓也。"

【裂票】《切口大词典·盗贼类·杆匪之切口》："裂票：架人勒赎约期事主，未曾备价来赎，将架去之人遇害也。"

【裂嘴子】贝思飞《民国时期的土匪隐语》："裂嘴子：狼。"

lin

【邻通】《新刻江湖切要·人事类》："邻舍为邻通。"清傅崇矩《成都通览·成都之江湖言词·人事类》："邻舍：邻通。"

【林】《切口大词典·医药类·祝由科之切口》："林：病也。"

【林码子】卫大法师《江湖话·安庆隐语》："巡捕：林码子，官码子，黄皮条子。"

【林木】①《切口大词典·行号类·粮食行之切口》："林木：二也。"②《切口大词典·医药类·祝由科之切口》："林木：病人也。"

【林擒】《切口大词典·行号类·水果行之切口》："林擒：苹果也。"

【林窑】《切口大词典·医药类·祝由科之切口》："林窑：病人所居之室也。"

【林子】《江湖走镖隐语行话谱》："树：古根；林子。"

【临孤】《新刻江湖切要·官职类》："抚院：巡孤；[广]临孤；古二。"

【虏子马撒】《镖行江湖隐语行话秘典》："见土岗，虏子马撒。"

ling

【灵】卫大法师《江湖话·红帮各地通行隐语·一般人事类》："醒：灵。"李子峰《海底·各地通行隐语》："醒：灵。"

【灵成儿】《切口大词典·商铺类·绸缎业之切口》："灵成儿：女人也。"

【灵儿】①《新刻江湖切要·鸟兽虫鱼类》："鹊：报君知；[增]灵儿。"②《新刻江湖切要·人物类》："读书人：灵儿；[广]酿醯。"《江湖切口要诀》（尺牍增附本）："读书人：灵儿。[广]酝醯。"《切口大词典·星相类·龟算命之切口》："灵儿：读书人也。"清傅崇矩《成都通览·成都之江湖言词·人物类》："读书人：灵儿；酿醯。"

【灵风】《切口大词典·手艺类·织补业之切口》："灵风：纱衣也。"

【灵盖】《行院声嗽·人物》："夫：灵盖。"

【灵零】《新刻江湖切要·天文类》："雨：津；[广]沛生；子望；润公；湿杏；天线；灵零；甘露子；苦霖生；落雨为摆津；[广]洒润。"《江湖切口要诀》（尺牍增附本）："雨：津。[广]沛生；子望；润公；湿杏；天线；灵零；甘露子；苦苦生落。[广]雨为摆津；洒润。"清傅崇矩《成都通览·成都之江湖言词·天文类》："雨：津；沛生；子望；润公；湿杏；天线；灵零；甘露子；苦霖生；落雨为摆津；洒润。"

【灵鼍】宋陈元靓辑《事林广记·续集·绮谈市语·天地门》："雷：天鼓；灵鼍。"

【灵芝】《江湖走镖隐语行话谱》："柴火：灵芝。"学古堂《江湖行话谱·行意行话》："柴为灵芝。"

【灵子】《切口大词典·工匠类·成佛匠之切口》："灵子：佛头也。"

【苓】清翟灏《通俗编·识余·市语·药行》："药行：一羌，二独，三前，四柴，五梗，六参，七苓，八壳，九草，十芎。"

【玲珰子】李子峰《海底·各地通行隐语》："箱：方盒子；玲珰子。"

【玲珑马子】平山周《中国秘密社会史·哥老会隐语》："外人曰马子，曰贵四哥，曰刁滑马子，曰玲珑马子。"徐珂《清稗类钞·会党类·哥老会隐语》："外人曰马子，曰贵四哥，曰刁滑马子，曰玲珑马子。"

【玲珑码子】卫大法师《江湖话·红帮各地通行隐语·各种行业类》："未入洪门懂洪家规矩者：白朋，狡猾码子，玲珑码子。"李子峰《海底·各地通行隐语》："未入洪门懂洪家规矩者：白朋，狡猾码子；玲珑码子。"

【玲珑心子】卫大法师《江湖话·江湖上的隐语·普通隐语》："虽不在帮但是内行：红花底子，玲珑心子。"

【玲珑子】《切口大词典·党会类·红帮之切口》："玲珑子：表也。"金老佛《三教九流江湖秘密规矩·青帮与红帮·红帮之问答》：

"甲曰：匣内（箱曰匣）还有鼠拷多双（镯头谓之拷子），蛤子（珍珠）无数，玲珑子（表曰玲珑子）若干，只吾们两人，且收起来。"金老佛《三教九流江湖秘密规矩·青帮与红帮·江湖之春典》："表称玲珑子。"

【铃铛】 ①《江湖走镖隐语行话谱》："儿女：铃铛。"②《江湖走镖隐语行话谱》："锁为铃铛。"

【铃铛子】 卫大法师《江湖话·红帮各地通行隐语·居住用品类》："箱：肚子，方盒子，铃铛子。"

【铃儿草】 《切口大词典·杂流类·卖花者之切口》："铃儿草：竹叶兰也。草花如铜铃，随地有之。"

【凌波】 宋陈元靓辑《事林广记·续集·绮谈市语·服饰门》："袜：凌波；足衣。"

【菱花】 卫大法师《江湖话·红帮各地通行隐语·居住用品类》："镜子：双脸子，菱花，对面子。"李子峰《海底·各地通行隐语》："镜子：双脸子，菱花，对面子。"宋陈元靓辑《事林广记·续集·绮谈市语·器用门》："镜：菱花，寿光。"

【菱角】 ①平山周《中国秘密社会史·三合会隐语》："线香曰桂枝。蜡烛曰古树。蚊帐曰灯笼。明代服曰袈裟，套裤曰菱角，靴曰铁板，帽子曰云盖，曰万笠。洋伞曰洪头，曰独脚，曰乌云。道路曰线，旅行曰游线。家曰甲子。祖先公馆曰马桶。船曰平，乘船曰搭平。"卫大法师《江湖话·红帮各地通行隐语·其他用具对象类》："套裤：菱角，半截登空。"金老佛《三教九流江湖秘密规矩·三合会之隐语》："明朝服曰袈裟，套裤曰菱角。"李子峰《海底·各地通行隐语》："套裤：菱角；半截登空。"②《切口大词典·工匠类·车捌匠之切口》："菱角：驼螺也。"

【蛉蜢】 贝思飞《民国时期的土匪隐语》："蛉蜢：士兵。"

【翎子】 《切口大词典·优伶类·戏盔之切口》："翎子：长雉尾也。"

【零件】 《切口大词典·工匠类·砌街匠之切口》："零件：细石也。"

【零露】 《切口大词典·党会类·小瘪三之切口》："零露：残羹也。"

【零毛碎琴】 云游客《江湖丛谈·江湖之春点·三不管的戗巾生意》："江湖人管不能挣成元洋钱，挣角儿八仙，几十个铜子，调侃叫零毛碎琴。"

【零售】 《切口大词典·娼妓类·长三书寓之切口》："零售：上台基也。"

【零玉】 《切口大词典·商铺类·篆笋业之切口》："零玉：碎嫩笋也。"

【领杆的】 《切口大词典·盗贼类·短截贼之切口》："领杆的：同上也（杆子）。"

【领公事】 卫大法师《江湖话·红帮各地通行隐语·一般人事类》："奉派：领公事。"李子峰《海底·各地通行隐语》："奉派：领公事。"

【领家的】 ①《切口大词典·娼妓类·八大胡同妓院之切口》："领家的：以金钱收买幼女，教以卖淫诸术，毕业后，送入窑子，恃其肉体换得之钱，供彼衣食，谓之领家的。往往领家的与掌班的，合而为一。"②《切口大词典·行号类·海鱼行之切口》："领家的：元鱼也，俗呼为鳖。"

【领毛】 《新刻江湖切要·衣饰类》："丝绵：领毛。"《切口大词典·盗贼类·收晒朗贼之切口》："领毛：丝绵也。"清傅崇矩《成都通览·成都之江湖言词·衣饰类》："丝绵：领毛。"

【领人】 《清门考原·各项切口》："领人，是收徒也。"《清门考原·各项切口》："领人，收徒也。"

【领山】 《新刻江湖切要·人事类》："吃酒曰扰山；领山；班山。"《切口大词典·武术类·跑马卖解之切口》："领山：吃酒也。"清傅崇矩《成都通览·成都之江湖言词·人事类》："吃酒：扰山；领山；班山。"

【领扇】 《江湖走镖隐语行话谱》："坎肩：领扇。"

【领招儿】 云游客《江湖丛谈·江湖之春点·三不管的挑大堆的生意》："江湖人管领人的眼神，见他们的东西，调侃叫领招儿。"

【另】 《切口大词典·杂业类·老虎灶之切口》："另：八也。"

【另件】 《切口大词典·工匠类·漆匠之切口》："另件：油漆杂物也。"

【另就】 《切口大词典·杂业类·商人共众切口》："另就：店主辞歇伙友也。"

【令】①卫大法师《江湖话·各行业商帮所用数目字隐语·成都通行言词·银钱行》："代：二。貌：三。长：四。仁：五。耳：六。伯：七。令：八。王：九。"清傅崇矩《成都通览·成都之各行人买卖通用言词·六成行通用言词》："八，令。"清傅崇矩《成都通览·成都之各行人买卖通用言词·银钱行言词》："令，八。"清翟灏《通俗编·识余·市语·铜行》："铜行：一豆，二贝，三某，四长，五人，六土，七木，八令，九王，十合。"②金老佛《三教九流江湖秘密规矩·青帮与红帮·红帮之立功》："其情形与青帮不同，设立各主爷香案，旁及内外八堂之坐位，张挂榜文，须烧香祭旗受戒等等。且烧香行酒时，皆以不伦不类，似诗非诗之词句，由各主事者朗声高唱，而名之曰令，实堪发噱也。"

【令儿悉】《新刻江湖切要·人事类》："我曰令儿悉。"清傅崇矩《成都通览·成都之江湖言词·人事类》："我：令儿悉。"

【令公儿】《新刻江湖切要·人物类》："家人：挨通，[改]且称，谓奴家也，又曰令公儿，以子仪骂子奴才也。"《切口大词典·杂流类·卖婆之切口》："令公儿：奴仆也。"《江湖切口要诀》（尺牍增附本）："改：且称谓奴家也。又曰令公儿，以子仪骂子奴才也。"

【令尹】宋陈元靓辑《事林广记·续集·绮谈市语·君臣门》："县尹：百里；令尹。"

【令子】①《切口大词典·赌博类·麻雀赌之切口》："令子：赌时通风之法也。"②《切口大词典·箭卒类·警士之切口》："令子：口号也。"

liu

【溜】①《新刻江湖切要·地理类》："上：溜；[广]逆流；君达。"《江湖切口要诀》（尺牍增附本）："上：溜。[广]逆流；君达。"《切口大词典·医药类·自称戏子治病者之切口》："溜：上边也。"清傅崇矩《成都通览·成都之江湖言词·地理类》："上：溜；逆流；君达。"②《切口大词典·役夫类·马夫之切口》："溜：马跑快后，须缓步养气，曰溜。"

【溜奔】《切口大词典·党会类·流氓之切口》："溜奔：逃走也。"

【溜唱】《切口大词典·娼妓类·茶室之切口》："溜唱：教曲也。"

【溜达】《切口大词典·娼妓类·茶室之切口》："溜达：走走也。"

【溜答孙】明程万里《鼎锲徽池雅调南北官腔乐府点板曲响大明春·六院汇选江湖方语》："溜答孙，是说谎的。"

【溜海】①《新刻江湖切要·人事类》："骂人屄曰溜海；又曰采线。"《切口大词典·武术类·行程保镖者之切口》："溜海：燕好也。"②清傅崇矩《成都通览·成都之江湖言词·人事类》："养婆娘：溜海；采线。"

【溜浪】《切口大词典·行号类·蛋船行之切口》："溜浪：船篷也。"

【溜了缰】①李子峰《海底·各地通行隐语》："拉马不成：溜了缰。"②卫大法师《江湖话·红帮各地通行隐语·各种行业类》："拉马不成：溜了缰。"

【溜溜去】《切口大词典·娼妓类·茶室之切口》："溜溜去：逛窑子也。"

【溜球】《切口大词典·箭卒类·侦探之切口》："溜球：摇滩也。"

【溜嗓子】《梨园话》："溜嗓子：未唱以前，喊'咿''哑''呜'等声，谓之'溜嗓子'。"

【溜水】《切口大词典·手艺类·雨伞业之切口》："溜水：柿漆也。"

【溜条】《切口大词典·工匠类·缫丝匠之切口》："溜条：缫好之丝也。"

【溜头】《切口大词典·乞丐类·弄蛇求乞之切口》："溜头：蛇也。"

【溜子】①《新刻江湖切要·鸟兽虫鱼类》："蛇：溜子；缠老；练子。"②卫大法师《江湖话·红帮各地通行隐语·动物类》："龙：溜子，海条子，戏珠子。"《清门考原·各项切口》："溜子，龙也。"③卫大法师《江湖话·红帮各地通行隐语·天文地理类》："风：溜子，斗色子，扬沙子。"李子峰《海底·各地通行隐语》："风：溜子，斗色子，扬沙子。"

【溜子海】卫大法师《江湖话·红帮各地通行隐语·各种行业类》："风险很大：溜子海，

灯不亮。"李子峰《海底·各地通行隐语》："风险很大：溜子海；灯不亮。"

【溜走】《切口大词典·乞丐类·弄蛇求乞之切口》："溜走：蛇被逃走也。"

【刘】《新刻江湖切要·数目类》："一为刘；又流寅。"清傅崇矩《成都通览·成都之江湖言词·数目类》："一：刘；流寅。"《镖行江湖隐语行话秘典》："春点：刘、月、王、在、中、神、星、张、爱、足（按：分别为1至10个数字）。"

【刘当】清末民初佚名《镖行江湖隐语行话秘典》："刘当为一。"

【刘杆】《镖行江湖隐语行话秘典》："够一吊，为刘杆。"

【刘杆杆】《镖行江湖隐语行话秘典》："够一杆吊，为刘杆杆。"

【刘拐】《镖行江湖隐语行话秘典》："刘拐，十五吊。"

【刘官】明程万里《鼎锲徽池雅调南北官腔乐府点板曲响大明春·六院汇选江湖方语》："刘官，是猪也。"

【刘官纱帽】明程万里《鼎锲徽池雅调南北官腔乐府点板曲响大明春·六院汇选江湖方语》："刘官纱帽，乃猪头也。"

【刘洪】明风月友辑《金陵六院市语》："滥嫖呼为高二，烘人比之刘洪。"

【刘虎】《镖行江湖隐语行话秘典》："刘虎，为十四吊。"

【刘挠】《镖行江湖隐语行话秘典》："刘挠，为十六吊。"

【刘排】《镖行江湖隐语行话秘典》："够一百，为刘排。"

【刘排杆】《镖行江湖隐语行话秘典》："够百吊，为刘排杆。"

【刘品】《镖行江湖隐语行话秘典》："刘品，为十三吊。"

【刘奇】《镖行江湖隐语行话秘典》："一个，为刘奇，至九个，俱是刘。"

【刘巧】清末民初佚名《镖行江湖隐语行话秘典》："刘巧，十七吊。"

【刘天子】《切口大词典·工匠类·石匠之切口》："刘天子：铁锤也。"

【刘湾】《镖行江湖隐语行话秘典》："刘湾，十九吊。"

【刘足】清末民初佚名《镖行江湖隐语行话秘典》："够十个，为刘足。"

【浏】《切口大词典·盗贼类·掘壁贼之切口》："浏：行窃遇雨也。"

【留】①清唐再丰《鹅幻汇编·江湖通用切口摘要》："一曰留。"卫大法师《江湖话·红帮各地通行隐语·数目类》："一：留，旦底。"卫大法师《江湖话·江湖上的隐语·普通隐语》："一：留。"《切口大词典·星相类·星家之切口》："留：一也。"《清门考原·各项切口》："留，一个。"金老佛《三教九流江湖秘密规矩·日常用语》："一曰留。"李子峰《海底·各地通行隐语》："一：留；旦底。"清翟灏《通俗编·识余·市语·江湖杂流》："江湖杂流：一留，二月，三汪，四则，五中，六人，七心，八张，九爱，十足。"②《切口大词典·杂业类·冶坊之切口》："留：十也。"

【留干儿】清唐再丰《鹅幻汇编·江湖通用切口摘要》："肉曰留干儿。"卫大法师《江湖话·江湖上的隐语·普通隐语》："肉：留干儿。"《清门考原·各项切口》："留干儿，猪肉也。"

【留干子】李子峰《海底·各地通行隐语》："肉：瓜子；留干子。"

【留梗鼠】①清唐再丰《鹅幻汇编·江湖通用切口摘要》："一千曰留梗鼠。"②《清门考原·各项切口》："留梗鼠，一千钱也。"

【留粳鼠】卫大法师《江湖话·江湖上的隐语·普通隐语》："一千：留粳鼠。"《切口大词典·星相类·星家之切口》："留粳鼠：一千也。"金老佛《三教九流江湖秘密规矩·日常用语》："一千曰留粳鼠。"

【留官】《新刻江湖切要·饮馔类》："猪肉留官。"

【留客住】《新刻江湖切要·盗贼类》："断路：勇打；［增］留客住。"清傅崇矩《成都通览·成都之江湖言词·盗贼类》："断路：勇打；留客住。"

【留配琴】《切口大词典·星相类·星家之切口》："留配琴：百元也（余仿此）。"

【留配鼠】清唐再丰《鹅幻汇编·江湖通用切口摘要》："一百曰留配鼠。"卫大法师《江湖话·江湖上的隐语·普通隐语》："一百：

留配鼠。"《切口大词典·星相类·星家之切口》："留配鼠：一百也。"《清门考原·各项切口》："留配鼠，一百文钱。"金老佛《三教九流江湖秘密规矩·日常用语》："一百曰留配鼠。"

【留配详】《切口大词典·星相类·星家之切口》："留配详：一百文也（余仿此）。"

【留片琴】 清唐再丰《鹅幻汇编·江湖通用切口摘要》："一洋钱曰留片琴。"卫大法师《江湖话·江湖上的隐语·普通隐语》："一元：留片琴。"《切口大词典·星相类·星家之切口》："留片琴：一元也。"金老佛《三教九流江湖秘密规矩·日常用语》："一洋钱曰留片琴。"

【留片琴工】《清门考原·各项切口》："留片琴工，一洋钱也。"

【留片详】 卫大法师《江湖话·江湖上的隐语·普通隐语》："一文：留片详。"《切口大词典·星相类·星家之切口》："留片详：一文也。"《清门考原·各项切口》："留片详，一文钱也。"金老佛《三教九流江湖秘密规矩·日常用语》："一文曰留片详。"

【留片许】 清唐再丰《鹅幻汇编·江湖通用切口摘要》："一文曰留片许。"

【留千儿】 金老佛《三教九流江湖秘密规矩·日常用语》："肉曰留千儿。"

【留千子】 卫大法师《江湖话·红帮各地通行隐语·饮食用品类》："肉：江片子，瓜子，留千子。"

【留通】《新刻江湖切要·经纪类》："屠户：留通。"清傅崇矩《成都通览·成都之江湖言词·经纪类》："屠户：留通。"

【留栅栏】 云游客《江湖丛谈·江湖之春点·三不管的相声场儿》："江湖人，管留胡须，调侃儿叫留栅栏。"

【留支皮】 清傅崇矩《成都通览·成都之袍哥话即江湖话也》："留支皮，六也。"

【留足琴】《切口大词典·星相类·星家之切口》："留足琴：十元也。"

【留足详】 卫大法师《江湖话·江湖上的隐语·普通隐语》："十文：留足详。"《切口大词典·星相类·星家之切口》："留足详：十文也。"金老佛《三教九流江湖秘密规矩·日常用语》："十文曰留足详。"

【留足详子】《清门考原·各项切口》："留足详子，十文钱。"

【流】 ①《新刻江湖切要·饮馔类》："凡肉皆称流。"②卫大法师《江湖话·各行业商帮所用数目字隐语·成都通行言词·江湖通用》："流：一。"卫大法师《江湖话·各行业商帮所用数目字隐语·成都通行言词·小菜行》："流：一。"《江湖走镖隐语行话谱》："一：流；其牌干。"清傅崇矩《成都通览·成都之各行人买卖通用言词·江湖八大帮言词》："流（一）。"清傅崇矩《成都通览·成都之各行人买卖通用言词·小菜青果并小生意通用言词》："一，流。"朱琳《洪门志·春典子琐记·暗数》："一，称流。二，称月。三，称汪。四，称则。五，称中。六，称神。七，称星。八，称张。九，称爱。十，称足。"③《切口大词典·赌博类·抽签赌之切口》："流：生意不好也。"④《切口大词典·工匠类·淘砂匠之切口》："流：无所得也。"⑤《切口大词典·巫卜类·道士之切口》："流：烟也。"⑥《切口大词典·星相类·立墙壁相面之切口》："流：相之清逸者。"⑦清末民初佚名《镖行江湖隐语行话秘典》："流，是流走了。"⑧清傅崇矩《成都通览·成都之各行人买卖通用言词·小菜青果并小生意通用言词》："流是十个。"⑨清傅崇矩《成都通览·成都之江湖言词·饮馔类》："羊肉：细毛流；臊老；山流官（凡肉皆称流）。"⑩清傅崇矩《成都通览·成都之袍哥话即江湖话也》："流为匪类者多，假托袍哥之名，因入会之流品太杂太滥，故多流为抢劫之匪类。"

【流巴生】 清唐再丰《鹅幻汇编·江湖通用切口摘要》："讨饭人曰流巴生。"卫大法师《江湖话·红帮各地通行隐语·人类一般》："乞丐：赶孙，流巴生。"卫大法师《江湖话·江湖上的隐语·普通隐语》："讨饭人：流巴生。"《清门考原·各项切口》："流巴生，讨饭之乞丐也。"金老佛《三教九流江湖秘密规矩·日常用语》："讨饭人曰流巴生。"李子峰《海底·各地通行隐语》："乞丐：赶孙；流巴生。"

【流宝】《新刻江湖切要·数目类》："一钱：流宝。"《切口大词典·巫卜类·文王课之切口》："流宝：一钱也。"清傅崇矩《成都通览·成都之江湖言词·数目类》："一钱：流宝。"

【流钹】《行院声嗽·宫室》："混堂：流钹。"

【流胆】《切口大词典·医药类·医小孩痨症者之切口》："流胆：黄病也。"

【流丁】 朱琳《洪门志·春典子琐记·人事》："一人，称流丁，又称一根堂。"

【流宫】《切口大词典·巫卜类·道士之切口》："流宫：妇人也。"

【流宫帽】《新刻江湖切要·饮馔类》："猪头：纱帽；人面；流宫帽。"

【流官】 清傅崇矩《成都通览·成都之江湖言词·饮馔类》："猪肉：流官。"

【流官朝阳】《新刻江湖切要·店铺类》："肉店：流官朝阳，又曰鲜账；线钹。"《切口大词典·盗贼类·对买贼之切口》："流官朝阳：肉店也。"清傅崇矩《成都通览·成都之江湖言词·店铺类》："肉店：流官朝阳（又曰鲜账；线钹）。"

【流官帽】 清傅崇矩《成都通览·成都之江湖言词·饮馔类》："猪头：纱帽；人面；流官帽。"

【流花】 朱琳《洪门志·春典子琐记·店铺》："茅屋，称流花。"

【流晃子】 卫大法师《江湖话·红帮各地通行隐语·一般人事类》："出血：流旺子；流晃子。"

【流牌】《切口大词典·赌博类·抽签赌之切口》："流牌：局外人之洞晓此弊者。"

【流千】《新刻江湖切要·数目类》："十两流千。"《切口大词典·巫卜类·文王课之切口》："流千：十两也。"清傅崇矩《成都通览·成都之江湖言词·数目类》："十两：流千。"

【流千宝】《新刻江湖切要·数目类》："百两：流千宝。"《切口大词典·巫卜类·文王课之切口》："流千宝：百两也。"清傅崇矩《成都通览·成都之江湖言词·数目类》："百两：流千宝。"

【流琴丘】《新刻江湖切要·工匠类》："打银匠：刊琴丘；流琴丘；艮丘通；火身。"清傅崇矩《成都通览·成都之江湖言词·工匠类》："打银匠：刊琴丘；流琴丘；艮丘通；火身。"

【流青】《切口大词典·杂流类·外执事之切口》："流青：道士也。"

【流去】《新刻江湖切要·数目类》："一分：流去。"《切口大词典·巫卜类·文王课之切口》："流去：一分也。"清傅崇矩《成都通览·成都之江湖言词·数目类》："一分：流去。"

【流是】 卫大法师《江湖话·各行业商帮所用数目字隐语·成都通行言词·小菜行》："满十满百整数，语尾加'是'字，如'流是'为'十个'，'言是'为'三百元'。"

【流水】 卫大法师《江湖话·各行业商帮所用数目字隐语·成都通行言词·六成行（油、盐、柴、米、豆子、菜子）》："流水：七。"

【流通】《新刻江湖切要·人事类》："无产曰流通。"《切口大词典·巫卜类·六壬课之切口》："流通：无财产也。"《切口大词典·武术类·地吼戏之切口》："流通：无钱也。"清傅崇矩《成都通览·成都之江湖言词·人事类》："无产：流通。"

【流通生】《切口大词典·役夫类·屠夫之切口》："流通生：屠户也。"

【流旺子】 卫大法师《江湖话·红帮各地通行隐语·一般人事类》："出血：流旺子，流晃子。"李子峰《海底·各地通行隐语》："出血：流旺子；淌晃子。"

【流文】《切口大词典·巫卜类·文王课之切口》："流文：千两也。"

【流西】《新刻江湖切要·数目类》："一两流西。"《切口大词典·巫卜类·文王课之切口》："流西：一两也。"清傅崇矩《成都通览·成都之江湖言词·数目类》："一两：流西。"

【流稀】《新刻江湖切要·饮馔类》："粥曰稀汉；平头熯；流稀。"清傅崇矩《成都通览·成都之江湖言词·饮馔类》："粥：稀汉；平头熯；流稀。"

【流星】 ①《切口大词典·武术类·教武艺者之切口》："流星：小锤也。" ②《切口大词典·医药类·卖药糖者之切口》："流星：煎糖所用之铲也。"

【流星入户】《切口大词典·杂流类·贩人口者之切口》："流星入户：卖与人作簉室也。"

【流寅】《新刻江湖切要·数目类》："一为刘；又流寅。"《切口大词典·巫卜类·文王课之切口》："流寅：一也。"清傅崇矩《成都通览·成都之江湖言词·数目类》："一：刘；流寅。"

【流寓】《切口大词典·党会类·小痞三之切口》："流寓：凉亭驿站，或路侧之画壁神宇也。"

【流丈】《新刻江湖切要·数目类》："千两；流丈。"清傅崇矩《成都通览·成都之江湖言词·数目类》："千两；流丈。"

【流执】《新刻江湖切要·数目类》："十为足，又流执。"《切口大词典·巫卜类·文王课之切口》："流执：十也。"清傅崇矩《成都通览·成都之江湖言词·数目类》："十：足，流执。"

【流珠】《新刻江湖切要·人事类》："哭：拭照；流珠；撒娇；撒汗。"《切口大词典·武术类·男女共同变戏法者之切口》："流珠：哭也。"清傅崇矩《成都通览·成都之江湖言词·人事类》："哭：拭照；流珠；撒娇；撒汗。"

【流子】贝思飞《民国时期的土匪隐语》："流子：匪帮（满洲）。"

【流走】《切口大词典·工匠类·淘砂匠之切口》："流走：砂石也。"

【琉璃】卫大法师《江湖话·红帮各地通行隐语·建筑物类》："瓦尘：琉璃。"朱琳《洪门志·春典子琐记·物品》："瓦，称琉璃。"

【琉璃皮子】《新刻江湖切要·衣饰类》："绸缎衣曰软皮；又曰琉璃皮子。"清傅崇矩《成都通览·成都之江湖言词·衣饰类》："绸缎衣：软皮；琉璃皮子。"

【琉璃生】《切口大词典·医药类·摇虎撑者之切口》："琉璃生：贫户也。"

【硫磺】《切口大词典·行号类·咸货行之切口》："硫磺：白鲞之上品。大抵从七水鲞中拣出。"

【遛卷子】《江湖走镖隐语行话谱》："下街：遛卷子。"

【瘤头】《切口大词典·衙卒类·厘卡之切口》："瘤头：税所长也。"

【懰得】《切口大词典·党会类·小痞三之切口》："懰得：谓人好克尽规矩也。"

【柳】①清佚名《郎中医话》："柳一。"②学古堂《江湖行话谱·鲜货行话》："柳二。"

【柳册】清唐再丰《鹅幻汇编·江湖通用切口摘要》："说小书曰柳册。"卫大法师《江湖话·江湖上的隐语·普通隐语》："说小书：柳册。"《清门考原·各项切口》："柳册，说小书人也。"金老佛《三教九流江湖秘密规矩·日常用语》："说小书曰柳册。"

【柳册子】卫大法师《江湖话·红帮各地通行隐语·各种行业类》："说小书：柳册子。"李子峰《海底·各地通行隐语》："说小书：柳册子。"

【柳穿鱼】《切口大词典·杂业类·花业之切口》："柳穿鱼：花甚细，瓣微红，以其枝如柳条，而花如鱼甚也。"

【柳党】《新刻江湖切要·人事类》："能生意曰柳党。"《切口大词典·星相类·鸟衔算命之切口》："柳党：能人也，有才干也。"清傅崇矩《成都通览·成都之江湖言词·人事类》："能生意：柳党。"

【柳的念作】云游客《江湖丛谈·江湖之春点·天桥的坠子场子》："管唱得不好，调侃叫柳的念作。"

【柳点】清佚名《郎中医话》："柳点，是戏子。"学古堂《江湖行话谱·行话管见》："唱戏叫柳点。"

【柳丁中拘迷把】云游客《江湖丛谈·江湖之金点·磨杵的生意》："柳丁中拘迷把，是块半钱。"

【柳海轰】《江湖丛谈·江湖之金点·评门》："柳海轰，即唱大鼓书为业。"云游客《江湖丛谈·江湖之春点·天桥的大鼓书场》："唱大鼓的这行儿，江湖人调侃叫柳海轰。"

【柳海轰的】云游客《江湖丛谈·江湖之春点·江湖艺人传：去平留津的大金牙》："管唱大鼓书的行当，调侃儿叫柳海轰的。"云游客《江湖丛谈·江湖之金点·柳海轰的生意》："江湖人管唱大鼓的行儿，调侃儿叫柳海轰的。"

【柳海轰儿】云游客《江湖丛谈·江湖之春点·天桥的大兵黄》："柳海轰儿（即是唱大鼓书）。"

【柳海拘迷杵儿】云游客《江湖丛谈·江湖之春点·挂子行中的支杆挂子》："柳海拘迷杵

儿即是借一千银子。"

【柳江浪】《切口大词典·武术类·男女共同变戏法者之切口》："柳江浪：骂人也。"

【柳敬】《江湖走镖隐语行话谱》："听唱为柳敬［竟］。"

【柳块】学古堂《江湖行话谱·鲜货行话》："柳块：两块钱。"

【柳老】《新刻江湖切要·乐器类》："琵琶：柳老。"

【柳里加春】云游客《江湖丛谈·江湖之春点·故都之八大怪》："江湖人管唱曲的带相声，调侃叫柳里加春。"

【柳女】《新刻江湖切要·人物类》："鞑女：柳女；稍昌。"《切口大词典·杂流类·媒婆之切口》："柳女：鞑女也。"

【柳生】《新刻江湖切要·人物类》："光棍：油滑生；［广］井梧摇落大光棍；顺子；柳生；［广］擀面杖。下流光棍：谷山。"《江湖切口要诀》（尺牍增附本）："大光棍：顺子。［广］柳生；擀面杖。"清傅崇矩《成都通览·成都之江湖言词·人物类》："大光棍：顺子；柳生；擀面杖。"

【柳它】《郎中医话》："柳它，是戏班卖膏药的。"

【柳条】①《切口大词典·星相类·弹弦子算命之切口》："柳条：弦线也。"②《切口大词典·杂流类·唱弹词之切口》："柳条：三弦也。"金老佛《三教九流江湖秘密规矩·青帮与红帮·江湖之春典》："三弦称柳条。"③金老佛《三教九流江湖秘密规矩·江湖通用切口》："弹弦子算命曰柳条。"

【柳条儿】《切口大词典·手艺类·兜带业之切口》："柳条儿：细带也。"

【柳条巾】清唐再丰《鹅幻汇编·江湖通用切口摘要》："弹弦子算命曰柳条巾。"卫大法师《江湖话·江湖上的隐语·巾行隐语》："弹弦子算命：柳条巾。"《切口大词典·星相类·弹弦子算命之切口》："柳条巾：弹弦子之算命者。"《清门考原·各项切口》："柳条巾，弹弦子算命也。"学古堂《江湖行话谱·江湖行话》："柳条巾：弹弦子算命。"

【柳香】《切口大词典·杂流类·卖花者之切口》："柳香：百合花也。"

【柳牙】《新刻江湖切要·星相类》："弹琴算命：柳牙。"清傅崇矩《成都通览·成都之江湖言词·星相类》："弹琴算命：柳牙。"

【柳摇金】明田汝成《西湖游览志馀·委巷丛谈》："有曰四平市语者，以一为忆多娇，二为耳边风，三为散秋香，四为思乡马，五为误佳期，六为柳摇金，七为砌花台，八为霸陵桥，九为救情郎，十为舍利子，小为消梨花，大为朵朵云，老为落梅风，讳低物为鞔，以其足下物也。"

【柳叶儿】《新刻江湖切要·人物类》："鞑子：柳叶儿；柳州通；［增］古月通；犬羊生。"《切口大词典·杂流类·媒婆之切口》："柳叶儿：鞑子也。"清傅崇矩《成都通览·成都之江湖言词·人物类》："鞑子：柳叶儿；柳州通；古月通；犬羊生。"《江湖切口要诀》（尺牍增附本）："鞑子：柳叶儿；柳州通。"

【柳叶生】①清唐再丰《鹅幻汇编·江湖通用切口摘要》："兵勇曰柳叶生。"卫大法师《江湖话·江湖上的隐语·普通隐语》："军队：柳叶生。"《切口大词典·医药类·卖药人之切口》："柳叶生：兵勇也。"《清门考原·各项切口》："柳叶生，兵叶。"金老佛《三教九流江湖秘密规矩·日常用语》："兵勇曰柳叶生。"②《切口大词典·杂流类·唱弹词之切口》："柳叶生：唱弹词之人也。"金老佛《三教九流江湖秘密规矩·青帮与红帮·江湖之春典》："弹词者称柳叶生。"

【柳照】《郎中医话》："柳照，是一个眼。"

【柳州通】《新刻江湖切要·人物类》："鞑子：柳叶儿；柳州通；［增］古月通；犬羊生。"《江湖切口要诀》（尺牍增附本）："鞑子：柳叶儿；柳州通。"《切口大词典·医药类·着地摊药治病者之切口》："柳州通：鞑子也。"清傅崇矩《成都通览·成都之江湖言词·人物类》："鞑子：柳叶儿；柳州通；古月通；犬羊生。"

【柳子】①清唐再丰《鹅幻汇编·江湖通用切口摘要》："蛇曰柳子（原注：茶字同音，亦忌茶，曰青）。"卫大法师《江湖话·红帮各地通行隐语·动物类》："蛇：尖条子，柳子。"《切口大词典·星相类·星家之切口》："柳子：蛇也，八快之四。"《清门考原·各项切口》："柳子，蛇也。"金老佛《三教九流江湖秘密规矩·青帮与红帮·江湖之春典》："蛇称柳子。"金老佛《三教九流江湖秘密规矩·日常用语》："蛇曰柳子（蛇字同音亦忌茶曰青）。"李子峰《海底·各地通行隐语》："蛇：尖条子；柳子。"②《切口大词典·星相类·弹弦子算命之切口》："柳子：三弦也。"

【柳子通】《切口大词典·星相类·弹弦子算命之切口》："柳子通：属蛇也。"

【六八子】卫大法师《江湖话·安庆隐语》："娼：货，六八子。"

【六部】《切口大词典·党会类·青帮之切口》："六部：谓引见部，传道部，掌布部，用印部，司礼部，监查部也。"

【六场通透】《梨园话》："六场通透：各种乐器，无所不能，谓之'六场通透'。[附记]'六场通透'，系指场面而言。所谓'六场'者，乃胡琴、南弦、月琴、单皮、大锣、小锣等乐器是也。'通透'者，即无所不能之意。"

【六朝阳】《切口大词典·盗贼类·对买贼之切口》："六朝阳：地货行也。"

【六出】《切口大词典·杂业类·花业之切口》："六出：苍卜花也，俗呼栀子花也。"

【六幅】宋陈元靓辑《事林广记·续集·绮谈市语·服饰门》："裙：六幅；三幅。"

【六黑】清唐再丰《鹅幻汇编·江湖通用切口摘要》："六壬课曰六黑。"卫大法师《江湖话·红帮各地通行隐语·各种行业类》："六壬课：六黑。"卫大法师《江湖话·江湖上的隐语·巾行隐语》："六壬课：六黑。"《切口大词典·巫卜类·六壬课之切口》："六黑：卜六壬课也。"《清门考原·各项切口》："六黑，六壬课也。"金老佛《三教九流江湖秘密规矩·江湖通用切口》："六壬课曰六黑。"李子峰《海底·各地通行隐语》："六壬课：六黑。"学古堂《江湖行话谱·江湖行话》："六壬课曰六黑。"

【六花】宋陈元靓辑《事林广记·续集·绮谈市语·天地门》："雪：六花；天瑞。"

【六花子摆】卫大法师《江湖话·红帮各地通行隐语·天文地理类》："下雪：摆飞，六花子摆。"李子峰《海底·各地通行隐语》："下雪：摆飞；六花子摆。"

【六老】《行院声嗽·身体》："眼：六老；六子。"宋陈元靓辑《事林广记·续集·绮谈市语·身体门》："眼：秋波；六老。"

【六棱】《切口大词典·医药类·摆草药摊之切口》："六棱：葵花之一种。有毛子如芥子，为难产催生之圣品。"

【六六】清傅崇矩《成都通览·成都之呼物混名》："六六：猪也。"

【六脉】《兽医串雅·天官》："六脉：一耳根不动，二耳脉不散，三口色不恶，四舌色不弱，五膈前有七道命脉不绝，六隔后有七根命毛不侧。"

【六气】《兽医串雅·天官》："六气：子午少阴之气（心肾），丑未太阴之气（肺脾），寅申少阳之气（三焦胆），卯酉阳明之气（大肠胃），辰戌太阳之气（小肠膀胱）。马之父母：马禀阴阳而生，生于灰台之下，能饮天地之水，遂得生马。马祖亦有父母，父名屈强，母名屈女，生女子，女子生飞兔，飞兔生麒麟。生马，马生骡。椿子是师皇、岐伯、曲川三位祖师所留的。春点上叫作朝阳子，又叫朝阳。双旗杆，准一丈三尺以下，不准一丈四尺以上。祖师共是七位：师皇、岐伯、东溪、曲川、王良、伯乐、造父。"

【六千】《切口大词典·商铺类·纸业之切口》："六千：北都纸也。"

【六曲】《切口大词典·商铺类·嫁妆业之切口》："六曲：屏风也。"

【六缩】《新刻江湖切要·娼优类》："龟子：中八生；刮丢，[增]六缩。忘八，客盖；[改]青盖。"清傅崇矩《成都通览·成都之江湖言词·娼优类》："龟子：中八生；刮丢；六缩。忘八，客盖；青盖。"

【六头君】《新刻江湖切要·店铺类》："开行，立山。今改六头君，取谚语'走前头，立后头，坐横头，吃骨头，趁戤头，得零头之说也。"清傅崇矩《成都通览·成都之江湖言词·店铺类》："六头君（取谚语"走前头，立后头，坐横头，吃骨头，趁戤头，得零头"之说也）；混堂：卷窑；裸阳朝阳；温泉朝阳；打劫店；采盘子。"

【六头子】《切口大词典·商铺类·山货业之切口》："六头子：山货行之执事或行主也。"

【六旬天】《切口大词典·行号类·粮食行之

切口》："六旬天：密粒大而芒红皮赤者。"

【六印】《切口大词典·商铺类·纸业之切口》："六印：参皮纸也。"

【六月雪】《切口大词典·杂流类·卖花者之切口》："六月雪：白馨花也。"

【六子】《行院声嗽·身体》："眼：六老；六子。"

long

【龙】①卫大法师《江湖话·各行业商帮所用数目字隐语·成都通行言词·谷米杂粮行》："龙：九。"②《切口大词典·手艺类·裱画业之切口》："龙：六也。"《切口大词典·行号类·棉花行之切口》："龙：六也。"《切口大词典·行号类·铜锡行之切口》："龙：六也。"《切口大词典·行号类·鲜鱼行之切口》："龙：六也。"《切口大词典·优伶类·伶人之切口》："龙：六也。"清翟灏《通俗编·识余·市语·丝行》："丝行：则一岳，二卓，三南，四长，五人，六龙，七青，八豁，九底。"③贝思飞《民国时期的土匪隐语》："龙：珠宝等贵重物品。"④明程万里《鼎锲徽池雅调南北官腔乐府点板曲响大明春·六院汇选江湖方语》："龙，是褒奖也。"

【龙背】《江湖走镖隐语行话谱》："河堤：龙背。"

【龙墀】宋陈元靓辑《事林广记·续集·绮谈市语·宫殿门》："殿庭：龙墀；帝居。"

【龙川】《新刻江湖切要·生死类》："水死：龙川；冷川；玄武川。"《切口大词典·巫卜类·文王课之切口》："龙川：溺死也。"清傅崇矩《成都通览·成都之江湖言词·生死类》："水死：龙川；冷川；玄武川。"

【龙凤】《切口大词典·商铺类·香烛业之切口》："龙凤：花烛也。"

【龙宫】清唐再丰《鹅幻汇编·江湖通用切口摘要》："水曰龙宫。"《郎中医话》："龙宫，是水。"卫大法师《江湖话·江湖上的隐语·普通隐语》："水：龙宫。"《江湖走镖隐语行话谱》："水为龙宫。"《清门考原·各项切口》："龙宫，水也。"金老佛《三教九流江湖秘密规矩·日常用语》："水曰龙宫。"学古堂《江湖行话谱·行意行话》："水，为龙宫。"云游客《江湖丛谈·江湖之春点》："管水叫龙宫。"

【龙宫草】《江湖走镖隐语行话谱》："水烟：龙宫草。"

【龙宫图】清唐再丰《鹅幻汇编·江湖通用切口摘要》："卖像皮夹纸膏曰龙宫图。"卫大法师《江湖话·江湖上的隐语·皮行隐语》："卖像皮夹纸膏：龙宫图。"《清门考原·各项切口》："龙宫图，卖橡皮夹纸膏。"金老佛《三教九流江湖秘密规矩·江湖通用切口》："卖像皮夹纸膏曰龙宫图。"学古堂《江湖行话谱·江湖行话》："卖像皮夹纸膏者，曰龙宫图。"

【龙宫宣子】《江湖走镖隐语行话谱》："井：龙宫宣子。"

【龙宫窑】《江湖走镖隐语行话谱》："当铺：龙宫窑。"

【龙宫子】《镖行江湖隐语行话秘典》："水，为龙宫子。"

【龙宫足斗】《郎中医话》："龙宫足斗，是水银。"

【龙骨】《切口大词典·手艺类·做袜子之切口》："龙骨：袜梁也。"

【龙箭】《切口大词典·商铺类·衣折业之切口》："龙箭：绣龙纹之箭衣也。"

【龙睛】《切口大词典·商铺类·南货业之切口》："龙睛：桂圆之总称也。"

【龙精】宋陈元靓辑《事林广记·续集·绮谈市语·水族门（虫附）》："蚕：龙精。"

【龙门】①《切口大词典·商铺类·竹器业之切口》："龙门：士人之考篮也。"②《切口大词典·役夫类·舟夫之切口》："龙门，后舱门也。"③金老佛《三教九流江湖秘密规矩·青帮与红帮·江湖之春典》："送对联索钱称龙门。"

【龙门子】清傅崇矩《成都通览·成都之呼物混名》："龙门子：马褂也。"

【龙脑】《切口大词典·商铺类·香烛业之切口》："龙脑：香似松脂，焚之能明目镇心。"

【龙盘子】卫大法师《江湖话·红帮各地通行隐语·其他用具对象类》："围巾：龙盘子。"

【龙洒】《切口大词典·商铺类·丝业之切口》："龙洒：绣花绒线也，俗称绣线。"

【龙山大会】 金老佛《三教九流江湖秘密规矩·青帮与红帮·红帮之立功》："红帮之开堂收徒，称之曰龙山大会。"

【龙身】《切口大词典·手艺类·做袜子之切口》："龙身：袜船也。"

【龙生】《新刻江湖切要·人物类》："画家：搠管生；搠彩；能事人；龙生。"《江湖切口要诀》(尺牍增附本)："能事人：龙生。"清傅崇矩《成都通览·成都之江湖言词·人物类》："画家：搠管生；搠彩；能事人；龙生。"

【龙台】 清傅崇矩《成都通览·成都之各行人买卖通用言词·谷米杂粮过斗六成行通用言词》："九，龙台。"

【龙台钱】 清傅崇矩《成都通览·成都之各行人买卖通用言词·谷米杂粮过斗六成行通用言词》："龙台钱是九十个。"

【龙台子】 清傅崇矩《成都通览·成都之袍哥话即江湖话也》："龙台子；水线子；抿火山；安贵子；口张子；明直子；纠头子；高抬龙袖。"

【龙套】《切口大词典·商铺类·衣折业之切口》："龙套：跑龙套所服者。"

【龙头】 ①《切口大词典·党会类·哥老会之切口》："龙头：会员首领也。然有正副之别，冠于龙头大爷之上。"②《切口大词典·工匠类·车搠匠之切口》："龙头：粘树之车头也。"③《切口大词典·工匠类·外国成衣匠之切口》："龙头：缝纫机也。"④《切口大词典·工匠类·竹匠之切口》："龙头：畚都也。"⑤《切口大词典·行号类·蛋船行之切口》："龙头：船头也。"⑥《切口大词典·行号类·咸货行之切口》："龙头：鱼鲊也。"⑦《切口大词典·衙卒类·狱卒之切口》："龙头：多年囚犯，不愿出外，熟悉各种黑幕者。"⑧《切口大词典·杂业类·商人共众切口》："龙头：店堂之账房也，专记门市之账。"⑨《切口大词典·杂业类·燕子窝之切口》："龙头：烟兜也。"

【龙头撑身】《切口大词典·优伶类·靶子之切口》："龙头撑身：龙头拐杖也。"

【龙图子】《新刻江湖切要·身体类》："须：草绿；龙图子；[增] 表丈夫。"《切口大词典·星相类·不开口相面之切口》："龙图子；须也。"清傅崇矩《成都通览·成都之江湖言词·身体类》："须：草绿；龙图子；表大夫。"

【龙团】《切口大词典·行号类·茶叶行之切口》："龙团：茶品之最贵者。"

【龙尾】《切口大词典·役夫类·舟夫之切口》："龙尾：船尾也。"

【龙须】 ①《切口大词典·商铺类·山货业之切口》："龙须：极细之笋也。"②宋陈元靓辑《事林广记·续集·绮谈市语·玉帛门》："布：龙须；希子。"

【龙须凳儿】 云游客《江湖丛谈·江湖之金点·评门》："放铁板一块，小钱笸箩一个（最先是用量粮的升儿），每逢说完了书打钱使用。说书的艺人，到了上场的时候，得注意桌子后头板凳上坐着的人。按他们的规律，生意人听书是白听不用花钱的，可不能坐他的龙须凳儿（桌前两条大板凳，叫作龙须凳儿）。"

【龙牙】 ①《切口大词典·医药类·参燕业之切口》："龙牙：燕窝名也。"②《切口大词典·医药类·药行业之切口》："龙牙：贝母也。"

【龙眼】《切口大词典·行号类·水果行之切口》："龙眼：桂圆也。"

【龙眼珠】《切口大词典·行号类·炒货行之切口》："龙眼珠：油氽黄豆也。"

【龙衣】《切口大词典·医药类·药行业之切口》："龙衣：蛇壳也。"

【龙爪】 ①《切口大词典·行号类·菜蔬行之切口》："龙爪：生姜也。"②《切口大词典·医药类·卖膏药者之切口》："龙爪：手指也。"

【龙转】《新刻江湖切要·地理类》："水，壬癸；龙转，[广] 东归；朝宗。"《切口大词典·盗贼类·水面贼之切口》："龙转：水也。"清傅崇矩《成都通览·成都之江湖言词·地理类》："土：戊转；万生；水壬癸；龙转；归；朝宗。石：土骨；坚垒；分磊；伏虎；踞豹；子践。"

【龙转归】《江湖切口要诀》(尺牍增附本)："水：壬癸；龙转归；朝宗。"

【龙庄】《切口大词典·乞丐类·捉蛇乞丐之切口》："龙庄：蛇窠也。"

【珑璁】《切口大词典·工匠类·银匠之切口》："珑璁：榔头也。"

【聋子玩鸟】《切口大词典·娼妓类·茶室之切口》："聋子玩鸟：不知好歹也。"

【笼饱】宋陈元靓辑《事林广记·续集·绮谈市语·饮食门》："馒头：笼饱。"

【笼口】《切口大词典·杂业类·油坊之切口》："笼口：黄豆也。"

【笼尘】宋陈元靓辑《事林广记·续集·绮谈市语·服饰门》："凉衫：笼尘。"

【笼子】《切口大词典·杂业类·油坊之切口》："笼子：油篓也。"

【笼子深】《切口大词典·党会类·红帮之切口》："笼子深：指广宅深院，或高楼大房子而言也。"

【隆】①《新刻江湖切要·人事类》："说好曰隆。"②《切口大词典·巫卜类·道士之切口》："隆：六也。"

【隆冈】《切口大词典·巫卜类·蛤壳测字者之切口》："隆冈：说好话也。"

【隆中】清傅崇矩《成都通览·成都之江湖言词·星相类》："九流三教：通称江湖友，初出江湖曰卯喜，隆中。应聘，谓才出茅庐也。"

【陇客】宋陈元靓辑《事林广记·续集·绮谈市语·飞禽门》："鹦鹉：陇客。"

【垄断朝阳】《新刻江湖切要·店铺类》："杂货店：推恳朝阳，今改为垄断朝阳，又为乱朝阳。"《江湖切口要诀》（尺牍增附本）："杂货店：推恳朝阳，今改为垄断朝阳，又为乱朝阳。"清傅崇矩《成都通览·成都之江湖言词·店铺类》："杂货店：推恳朝阳（今改为垄断朝阳，又为乱朝阳）。"

---

lou

【娄罗】《行院声嗽·人事》："精细：娄罗。"

【娄州】《切口大词典·医药类·参燕业之切口》："娄州：同上（阁岩）。"

【楼子上】卫大法师《江湖话·红帮各地通行隐语·天文地理类》："晚：楼子上，球子啃土。"李子峰《海底·各地通行隐语》："晚：楼子上；球子啃土。"

【搂霸】《切口大词典·赌博类·牌九赌之切口》："搂霸：活手郎中骗钱之谓也。"

【搂儿】《行院声嗽·人物》："小女儿：搂儿。"

【搂了】清傅崇矩《成都通览·成都之袍哥话即江湖话也》："搂了，估抢人物也。"

【搂软把】《切口大词典·党会类·女拆白党之切口》："搂软把：每于正二三月间，赌风炽时，托人引线，与大家眷属，接近诱赌也。"

【搂子】学古堂《江湖行话谱·走江湖行话》："装十枪：搂子。"

【漏】①《切口大词典·衙卒类·缉私盐之切口》："漏：栈丁之窃盐也。"②《切口大词典·优伶类·伶人之切口》："漏：演者精采夺目，屡得台下顾客之彩声也。"

【漏盖】《切口大词典·杂业类·纸扎店之切口》："漏盖：手炉也。"

【漏瓢底】《切口大词典·衙卒类·缉私盐之切口》："漏瓢底：夹底也。将盐铺于船底，上平以板。"

【漏瓢子】《切口大词典·衙卒类·缉私盐之切口》："漏瓢子：私运之船户也。"

【漏水】贝思飞《民国时期的土匪隐语》："漏水：泄露秘密。"

【漏子】《切口大词典·乞丐类·捉蛇乞丐之切口》："漏子：蛇洞也。"

---

lu

【卢橘】宋陈元靓辑《事林广记·续集·绮谈市语·果菜门》："枇杷：卢橘。"

【舻艋】宋陈元靓辑《事林广记·续集·绮谈市语·器用门》："小舟：舻艋；一苇。"

【芦花白】《切口大词典·行号类·粮食行之切口》："芦花白：九月熟者。"

【芦黄】《切口大词典·行号类·粮食行之切口》："芦黄：同上（羊脂）。粒大而色白，芒长而熟最早，酿酒极美。"

【庐服】宋陈元靓辑《事林广记·续集·绮谈市语·果菜门》："萝卜：庐服。"

【炉】《郎中医话》："炉，是市。"

【炉老好】《新刻江湖切要·人事类》："说人成亲为炉老好。"《切口大词典·星相类·鸟衔算命之切口》："炉老好：说亲做媒也。"

清傅崇矩《成都通览·成都之江湖言词·人事类》》:"说人成亲:炉老好。"

【炉食】《切口大词典·商铺类·花粉业之切口》:"炉食:备熏笼所用之芸香也。"

【炉饷】《切口大词典·行号类·铜锡行之切口》:"炉饷:质次于露屑也。"

【炉印】《切口大词典·行号类·煤炭行之切口》:"炉印:炭结也。"

【炉灶上】《切口大词典·工匠类·剪刀匠之切口》:"炉灶上:打剪刀之工匠也。"

【眹老】明风月友辑《金陵六院市语》:"眹老者,眼也。"

【卤瓢】《切口大词典·杂流类·卖馄饨者之切口》:"卤瓢:匙也。"《切口大词典·杂业类·饭店业之切口》:"卤瓢:匙也。"

【掳票】贝思飞《民国时期的土匪隐语》:"掳票:专门负责侦察富人的屋子的土匪。"

【掳子】卫大法师《江湖话·红帮各地通行隐语·居住用品类》:"抹布:抹托子,丝罗,掳子。"李子峰《海底·各地通行隐语》:"抹布:抹托子;丝罗;掳子。"

【鲁孙】学古堂《江湖行话谱·行话管见》:"兵叫鲁孙。"

【橹罗】《郎中医话》:"橹罗,是果子。"

【橹柠头】《切口大词典·商铺类·帽子业之切口》:"橹柠头:前清红缨帽上之顶子也。"

【陆五边】《切口大词典·商铺类·纸业之切口》:"陆五边:毛边纸也。"

【录珠】《切口大词典·商铺类·南货业之切口》:"录珠:青豆也。"

【录嘴】《切口大词典·衙卒类·幕宾之切口》:"录嘴:口供也。"

【鹿儿】《新刻江湖切要·店铺类》:"行商:乍山。今增水客为萍儿,山客为鹿儿。"《切口大词典·商铺类·山货业之切口》:"鹿儿:山里客人也。专贩山中畜品至山货行出售者。"清傅崇矩《成都通览·成都之江湖言词·店铺类》:"山客:鹿儿。"

【鹿耳】《切口大词典·杂流类·卖花者之切口》:"鹿耳:金丝荷叶也。其叶类而金丝缭绕。"

【鹿节】《切口大词典·工匠类·造船匠之切口》:"鹿节:帮桅杆也。"

【路滑】卫大法师《江湖话·四川灌县轿夫隐语》:"遇见路滑:前:'把';后:'站稳'。"

【路江相】《切口大词典·杂流类·贩烟土者之切口》:"路江相:衣袋也。"

【路路通】《切口大词典·医药类·药行业之切口》:"路路通:臭婆娘也。"

【路旁有一大石】卫大法师《江湖话·四川灌县轿夫隐语》:"路旁有一大石:前:'左(右)一个大石包';后:'不请石匠不能搞'。"

【路上有茨】卫大法师《江湖话·四川灌县轿夫隐语》:"路上有茨:前:'青蓬绕顶';后:'官过省'。"

【路上有横水流】卫大法师《江湖话·四川灌县轿夫隐语》:"路上有横水流:前:'当中一道河';后:'过时好洗'。"

【路上有树枝】卫大法师《江湖话·四川灌县轿夫隐语》:"路上有树枝:前:'天上一根虹';后:'地下一条棒'。前:'高';后:'拘腰'。或'四川英雄豪杰数马超'。前:'左(右)手立木';后:'后来对出'。"

【路上有水】卫大法师《江湖话·四川灌县轿夫隐语》:"路上有水:前:'天上亮光光';后:'地上水荡荡'。或'玻璃放在大路上'。"

【路头】《切口大词典·杂流类·收卖锭灰者之切口》:"路头:乞丐扫来之街灰也。"

【路销】《切口大词典·党会类·红帮之切口》:"路销:言有官兵在前途截拿,或已在要隘设防,或有捕役追缉贼遇此必高呼路销,同伙闻知俾避匿也。"

【路有沟缺】卫大法师《江湖话·四川灌县轿夫隐语》:"路有沟缺:前:'右(左)手一个缺';后:'新官把印接'。"

【路照】《切口大词典·巫卜类·道士之切口》:"路照:灯也。"

【漉齿】《切口大词典·商铺类·竹器业之切口》:"漉齿:牙刷也。"

【漉浆】《切口大词典·工匠类·造酒匠之切口》:"漉浆:绸袋也。"

【醁酼】宋陈元靓辑《事林广记·续集·绮谈市语·饮食门》:"酒:欢伯;酼物;醁酼;绿蚁;海老;新蒭。"

【戮的朵儿真撮】云游客《江湖丛谈·江湖之春点·三不管的戗市生意》:"管人写的字好,调侃叫戮的朵儿真撮。"

【戮朵儿】云游客《江湖丛谈·江湖之金点》:

"作这种生意的人（哑金），必须能'戮朵儿'（管写字，调侃儿叫'戮朵儿'），才能使的上'拴马桩儿'。还是倒'戮朵儿'，写挺好的一笔倒字，教人看着懒的走啦，即是拴马桩儿，将人拴住了。"

【戮天表】《切口大词典·盗贼类·收晒朗贼之切口》："戮天表：以竿撩拨悬挂之衣服也。"

【戮子汉儿】云游客《江湖丛谈·江湖之金点·皮门》："管当时见效力的药，调侃儿叫戮子汉儿。"

【露】卫大法师《江湖话·红帮各地通行隐语·一般人事类》："告诉：露。"②李子峰《海底·各地通行隐语》："告诉：露。"

【露白】①《新刻江湖切要·时令类》："小雪：露白。"《切口大词典·星相类·弹弦子算命之切口》："露白：小雪也。"清傅崇矩《成都通览·成都之江湖言词·时令类》："小雪：露白。"②《切口大词典·盗贼类·短截贼之切口》："露白：有银子也。"

【露顶】《切口大词典·衙卒类·仵作之切口》："露顶：头也。"

【露风】卫大法师《江湖话·安庆隐语》："漏秘密：露风。"

【露筋子】《切口大词典·盗贼类·铳手之切口》："露筋子：狗也。"《切口大词典·衙卒类·侦探之切口》："露筋子：狗也。"

【露马脚】《切口大词典·党会类·小瘪三之切口》："露马脚：于无意中暴露秘密计划与行为也。"

【露水】①卫大法师《江湖话·安庆隐语》："早贼：露水，踏青草。"②《切口大词典·杂流类·放白鸽者之切口》："露水：卷来之银钱也。"③《清门考原·各项切口》："露水，天明时行窃。"

【露水闯】《切口大词典·盗贼类·铳手之切口》："露水闯：清晨入室窃物也。"

【露水揩干】《切口大词典·盗贼类·铳手之切口》："露水揩干：即晨间以窃得也。"

【露天】《切口大词典·行号类·砖灰行之切口》："露天：瓦片也。"

【露天牌九】《切口大词典·娼妓类·台基之切口》："露天牌九：作野合之代名词也。"

【露天通事】《切口大词典·党会类·小瘪三之切口》："露天通事：蹩脚翻译，凡西人向内地商店购物，彼居间译言，而得佣金也。"

【露销】《新刻江湖切要·天文类》："霜：露销；[广]葛履；冰端。"《江湖切口要诀》（尺牍增附本）："霜：露销。[广]葛履；冰端。"《切口大词典·巫卜类·蛤壳测字者之切口》："露销：霜也。"《切口大词典·杂流类·卖西洋镜之切口》："露销：霜也。"清傅崇矩《成都通览·成都之江湖言词·天文类》："霜：露销；葛履；冰端。"

【露屑】《切口大词典·行号类·铜锡行之切口》："露屑：质次于笔管。"

lü

【驴唇】明程万里《鼎锲徽池雅调南北官腔乐府点板曲响大明春·六院汇选江湖方语》："驴唇，善骂人者。"

【驴子】《切口大词典·盗贼类·杆匪之切口》："驴子：官兵也。"

【吕儿】《行院声嗽·身体》："做口：吕儿。"

【吕公缘】明程万里《鼎锲徽池雅调南北官腔乐府点板曲响大明春·六院汇选江湖方语》："吕公缘，乃猪肠也。"

【吕公条】《新刻江湖切要·饮馔类》："杂肠：吕公条。"清傅崇矩《成都通览·成都之江湖言词·饮馔类》："杂肠：吕公条。"

【吕青】《切口大词典·商铺类·南货业之切口》："吕青：亦赤糖也，以产自吕宋，故名吕青，质地逊于台湾所产者。"

【旅邸】宋陈元靓辑《事林广记·续集·绮谈市语·宫殿门》："客店：旅邸。"

【屡年啃条子】云游客《江湖丛谈·江湖之春点·江湖中挑逗子汗的》："管说病原，调侃叫'屡年啃条子'。"云游客《江湖丛谈·江湖之春点·江湖中之挑杯杯的》："说病原，说病，调侃叫屡年啃条子。"云游客《江湖丛谈·江湖之春点·三不管的花柳座子》："他们做前棚生意的时候，就用手指着点张子上的图儿，招引人，把人引得围满啦，算是圆好年子，再向观众讲说各样花柳病是怎么得的，应当怎样治，调侃儿叫屡年啃条子。"云游客《江湖丛谈·江湖之春点·三不管中挑将汗的生意》："江湖人管他们向场外的观众,讲说病原,调侃叫屡年啃条子。"

【屡年啃条子】 云游客《江湖丛谈·江湖之春点·江湖中的卖点之内幕》:"向围着的人说病源,那叫屡年啃条子。"

【履舄】 宋陈元靓辑《事林广记·续集·绮谈市语·服饰门》:"鞋:履舄。"

【率罗】 《郎中医话》:"率罗:是师傅。"

【绿刀】 《切口大词典·行号类·咸货行之切口》:"绿刀:青川鲞也。"

【绿老稀】 《切口大词典·杂业类·白粥业之切口》:"绿老稀:绿豆粥也。"

【绿片】 《切口大词典·行号类·茶叶行之切口》:"绿片:绿粗茶叶也。"

【绿绮】 宋陈元靓辑《事林广记·续集·绮谈市语·文房门》:"琴:绿绮;丝桐。"

【绿丝】 《切口大词典·工匠类·打线匠之切口》:"绿丝:棕榈也。"

【绿条】 《切口大词典·商铺类·杂货业之切口》:"绿条:绿胶也。"

【绿头】 宋陈元靓辑《事林广记·续集·绮谈市语·飞禽门》:"鸭:绿头;家凫。"

【绿衣郎】 《切口大词典·杂业类·禽鸟业之切口》:"绿衣郎:鹦鹉也。"

【绿蚁】 宋陈元靓辑《事林广记·续集·绮谈市语·饮食门》:"酒:欢伯;酝物;醹酝;绿蚁;海老;新蒭。"

【绿颖】 《切口大词典·商铺类·笔墨业之切口》:"绿颖:毛绿之水笔也。"

【绿云】 ①《切口大词典·商铺类·玉器业之切口》:"绿云:翠玉也。"②宋陈元靓辑《事林广记·续集·绮谈市语·身体门》:"发:绿云;乌云。"

【绿珠】 ①《切口大词典·商铺类·豆麦业之切口》:"绿珠:绿豆也。"《切口大词典·行号类·炒货行之切口》:"绿珠:青豆也。"②《切口大词典·杂流类·卖花者之切口》:"绿珠:郁李花也。"

luan

【挛把】 《新刻江湖切要·人事类》:"好赌曰者皂;又曰挛把。"清傅崇矩《成都通览·成都之江湖言词·人事类》:"好赌:者皂;挛把。"

【鸾街头】 ①李子峰《海底·各地通行隐语》:"赌头:鸾(拦)街头。"②卫大法师《江湖话·红帮各地通行隐语·各种行业类》:"赌头:鸾(拦)街头。"

【鸾方子】 学古堂《江湖行话谱·行意行话》:"鸾方子是押宝。"

【鸾散条子】 学古堂《江湖行话谱·行意行话》:"鸾散条子是抽签子。"

【鸾散张】 学古堂《江湖行话谱·行意行话》:"鸾散张是打天九。"

【鸾窑】 李子峰《海底·各地通行隐语》:"赌场:呼芦窑子;鸾窑。"

【鸾字】 《蹴鞠图谱·圆社锦语》:"鸾字:书信。"

【銮把】 云游客《江湖丛谈·江湖之春点·江湖艺人万人迷》:"管赌钱调侃叫銮把。"

【銮把点】 云游客《江湖丛谈·江湖之春点》:"管好赌钱的人叫銮把点。"

【卵上部】 《新刻江湖切要·人物类》:"大阿哥:卵上部。"清傅崇矩《成都通览·成都之江湖言词·人物类》:"大阿哥:卵上部。"

【卵生】 清傅崇矩《成都通览·成都之江湖言词·身体类》:"男风:卵生。"

【卵下部】 《新刻江湖切要·人物类》:"小兄弟:卵下部。"清傅崇矩《成都通览·成都之江湖言词·人物类》:"小兄弟:卵下部。"

【乱团春】 云游客《江湖丛谈·江湖之金点·江湖自嘲之暗语》:"'从此可别乱团春',是教他们不可在各处乱调侃儿,防备有人拿你们当贼办了。"

【乱巴生】 清唐再丰《鹅幻汇编·江湖通用切口摘要》:"赌钱人曰乱巴生。"卫大法师《江湖话·江湖上的隐语·普迪隐语》:"赌钱人:乱巴生。"《切口大词典·医药类·卖药人之切口》:"乱巴生:赌钱人也。"《清门考原·各项切口》:"乱巴生,赌徒也。"金老佛《三教九流江湖秘密规矩·日常用语》:"赌钱人曰乱巴生。"

【乱把】 《切口大词典·赌博类·牌九赌之切口》:"乱把:骰子掷四可胜,药骰不灵,适掷得五也。"

【乱把行】 《江湖走镖隐语行话谱》:"要邪钱

为乱把行。"

【乱朝阳】《新刻江湖切要·店铺类》："杂货店：推恳朝阳；今改为垄断朝阳，又为乱朝阳。"《江湖切口要诀》（尺牍增附本）："杂货店：推恳朝阳，今改为垄断朝阳，又为乱朝阳。"清傅崇矩《成都通览·成都之江湖言词·店铺类》："杂货店：推恳朝阳（今改为垄断朝阳，又为乱朝阳）。"

【乱锤】《切口大词典·优伶类·锣鼓之切口》："乱锤：相计策时用之。如失街亭王平白，有了不免画一图形，速报丞相。"

【乱戳】《切口大词典·行号类·鲜鱼行之切口》："乱戳：鲍鱼也。常游水面，游泳甚捷，但票六无章。"

【乱道江湖】《切口大词典·党会类·青帮之切口》："乱道江湖：泄漏帮规也。"

【乱点子】卫大法师《江湖话·红帮各地通行隐语·建筑物类》："墓：乱点子，丁子。"李子峰《海底·各地通行隐语》："墓：乱点子；丁子。"

【乱筋】《切口大词典·赌博类·牌九赌之切口》："乱筋：郎中具最上乘之本领，始能任之，盖牌面上之竹筋，丝丝不同彼过目即知牌色。"

【乱人】《切口大词典·党会类·流氓之切口》："乱人：流氓也。无职业之人专以淫浪为事，日本谓浪人，北京谓土混混也。"

【乱头】《切口大词典·杂流类·卖草鞋者之切口》："乱头：稻草也。"

【乱箸】《清门考原·各项切口》："乱箸，三十二之箸纹不同也。"

lüe

【掠波】《切口大词典·役夫类·舟夫之切口》："掠波：手扳桨也。"

lun

【抡绞】《切口大词典·商铺类·茶食业之切口》："抡绞：茯苓糕也。"

【轮黄】《新刻江湖切要·草木百果五谷类》："赤豆：花垒；轮黄；回花；梭立。"

【轮盘子】卫大法师《江湖话·红帮各地通行隐语·其他用具对象类》："车：轮盘子，轮子，滚子。"

【轮皮】《切口大词典·工匠类·车捌匠之切口》："轮皮：皮带也。"

【轮子】清唐再丰《鹅幻汇编·江湖通用切口摘要》："车曰轮子。"卫大法师《江湖话·红帮各地通行隐语·其他用具对象类》："车：轮盘子，轮子，滚子。"卫大法师《江湖话·江湖上的隐语·普通隐语》："车：轮子。"《切口大词典·衙卒类·侦探之切口》："轮子：车也。"贝思飞《民国时期的土匪隐语》："轮子：二轮马车。"金老佛《三教九流江湖秘密规矩·日常用语》："车曰轮子。"李子峰《海底·各地通行隐语》："车：轮子；滚子。"云游客《江湖丛谈·江湖之春点》："管车叫'轮子'。"

【捋火杆】《切口大词典·杂业类·铁器店之切口》："捋火杆：烧火叉也。"

【捋苗】卫大法师《江湖话·江湖上的隐语·普通隐语》："抢手镯：捋苗。"

luo

【罗】①清唐再丰《鹅幻汇编·江湖通用切口摘要》："膏药曰罗。"卫大法师《江湖话·江湖上的隐语·普通隐语》："膏药：罗。"《切口大词典·医药类·卖膏药者之切口》："罗：膏药也。"金老佛《三教九流江湖秘密规矩·日常用语》："膏药曰罗。"②清傅崇矩《成都通览·成都之各行人买卖通用言词·成衣收荒通用言词》："四，罗。"《切口大词典·行号类·猪行之切口》："罗：四也。"③学古堂《江湖行话谱·估衣行话》："罗，五。"

【罗把】《切口大词典·盗贼类·拐匪之切口》："罗把：上行分得之钱也。"

【罗车】《切口大词典·巫卜类·道士之切口》："罗车：女主人也。"

【罗斗】《郎中医话》："罗斗，是尼僧。"

【罗郭】《切口大词典·盗贼类·短截贼之切口》："罗郭：鸭也。"

【罗锅腰子】《切口大词典·盗贼类·短截贼

之切口》：" 罗锅腰子：桥梁也。"

【罗汉】 ①《切口大词典·医药类·卖膏药者之切口》："罗汉：末药膏药也。" ②《清门考原·各项切口》："罗汉，卖饭也。"

【罗汉窑】《切口大词典·党会类·红帮之切口》："罗汉窑：浴堂也。"《清门考原·各项切口》："罗汉窑，浴堂也。"《清门考原·各项切口》："罗汉窑，浴堂也。又曰闹海窑。" 金老佛《三教九流江湖秘密规矩·青帮与红帮·红帮之问答》："翌日，甲曰：'吾们先到伞窑里去（饭店）受了伞，再到罗汉窑（浴堂）内洗了澡，然后大家到洋底子（轮船）上去，开一次文差如何？'"

【罗汉窑子】 卫大法师《江湖话·红帮各地通行隐语·各种行业类》："浴堂：粉窑子，罗汉窑子，呜滑窑子，晕汤窑子。" 李子峰《海底·各地通行隐语》："浴堂：罗汉窑子；呜滑窑子。"

【罗汉子】《清门考原·各项切口》："罗汉子，肚腹也。"

【罗候】《清门考原·各项切口》："罗候，鬼也。"

【罗扣冒津】《镖行江湖隐语行话秘典》："下雨，为罗扣冒津。"

【罗囊】《切口大词典·商铺类·香烛业之切口》："罗囊：神龛前之大盘香也。"

【罗腔】《切口大词典·医药类·施药郎中之切口》："罗腔：谎言也。"

【罗梭】《郎中医话》："罗梭，是零分。"

【罗相员津】 学古堂《江湖行话谱·保镖护院行话概略》："下雨，为罗相员津。"

【罗星】《新刻江湖切要·亲戚类》："亲翁：姻官，又罗星。"

【萝蓖丝】《切口大词典·商铺类·皮裘业之切口》："萝蓖丝：羊皮之长毛者。"

【骡】《切口大词典·盗贼类·杆匪之切口》："骡：童子也。"

【螺尖】《切口大词典·商铺类·篾笋业之切口》："螺尖：细长之笋质品最上。"

【螺筒】《切口大词典·商铺类·竹器业之切口》："螺筒：洋袜也。"

【裸阳朝阳】《新刻江湖切要·店铺类》："混

堂：卷窑；[增] 裸阳朝阳；又为温宗朝阳。" 清傅崇矩《成都通览·成都之江湖言词·店铺类》："六头君（取谚语走前头，立后头，坐横头，吃骨头，趁戏头，得零头之说也）；混堂：卷窑；裸阳朝阳；温泉朝阳；打劫店；采盘子。"

【搿把】《切口大词典·商铺类·南货业之切口》："搿把：黄元粉也，俗呼线粉，以山东黄县所产为最佳，故曰黄元粉。"

【骆侯】 清傅崇矩《成都通览·成都之呼物混名》："骆侯：鬼也。"

【络底】《切口大词典·役夫类·脚夫之切口》："络底：麻绳也。"

【落】 ①《新刻江湖切要·地理类》："下：落；[广] 顺流。"《江湖切口要诀》（尺牍增附本）："下：落。[广] 顺流。"《切口大词典·医药类·自称戏子治病者之切口》："落：下边也。" 清傅崇矩《成都通览·成都之江湖言词·地理类》："下：落；顺流。" ②清翟灏《通俗编·识余·市语·绸绫行》："绸绫行：则一叉，二计，三沙，四子，五固，六羽，七落，八末，九各，十汤。"《切口大词典·商铺类·陆陈业之切口》："落：二也。"

【落草】 贝思飞《民国时期的土匪隐语》："落草：成为一个土匪。"

【落底】 贝思飞《民国时期的土匪隐语》："落底：处理偷窃的东西。"

【落地】《新刻江湖切要·宫室类》："所在：碾地；乐林；落地；歇家；[增] 埋轮；停骖；投辖。"

【落地十三响】《切口大词典·优伶类·武行中之切口》："落地十三响：靠靶武生有之，以掌击四肢成十三响。"

【落点】《江湖走镖隐语行话谱》："给钱：落点。"

【落跌】《新刻江湖切要·星相类》："撒查：落跌。" 清傅崇矩《成都通览·成都之江湖言词·星相类》："打君知曰闯友；打笋；丢笋；抛孤；撒查；落跌。"

【落笃】《切口大词典·工匠类·成衣匠之切口》："落笃：六也。"

【落方】《新刻江湖切要·兵备类》："流星：落方。"

【落风蓬】《切口大词典·党会类·红帮之切口》："落风蓬：割耳朵也。"

【落钩】《切口大词典·盗贼类·越墙贼之切口》："落钩：被获也。"

【落红】《切口大词典·工匠类·铁匠之切口》："落红：煤屑也。"

【落花】《切口大词典·杂业类·酒店之切口》："落花：茄皮酒也。"

【落花流水】《蹴鞠谱·锦语》："七：落花流水。"《蹴鞠图谱·圆社锦语》："落花流水：七。"

【落活】 云游客《江湖丛谈·江湖之春点·江湖艺人快手卢》："'落'应读'潦'。他们变戏法的人，管由身上往下变东西，行话叫'落活'。"

【落牢】《切口大词典·杂流类·放白鸽者之切口》："落牢：受人监视也。"

【落礼】《切口大词典·杂流类·卖水果者之切口》："落礼：桃子也。"

【落里】《切口大词典·医药类·施药郎中之切口》："落里：腹泻也。"

【落龙口】《切口大词典·优伶类·伶人之切口》："落龙口：未开锣前。九龙口他人不许落座，犯之者落龙口。"

【落马】①卫大法师《江湖话·红帮各地通行隐语·建筑物类》："犯案：落马，遭事。"李子峰《海底·各地通行隐语》："犯案：落马；遭事。"②清傅崇矩《成都通览·成都之袍哥话即江湖话也》："落马，言党羽死也。"

【落梅风】 明田汝成《西湖游览志馀·委巷丛谈》："有曰四平市语者，以一为忆多娇，二为耳边风，三为散秋香，四为思乡马，五为误佳期，六为柳摇金，七为砌花台，八为霸陵桥，九为救情郎，十为舍利子，小为消梨花，大为朵朵云，老为落梅风，讳低物为靸，以其足下物也。"

【落盘】《江湖走镖隐语行话谱》："坐下：落盘。"

【落圈】《切口大词典·杂流类·放白鸽者之切口》："落圈：被获也。"

【落山】《切口大词典·娼妓类·花烟间之切口》："落山：新做淫妓者。"

【落扇】《切口大词典·武术类·住宅保镖者之切口》："落扇：坚闭门也。"

【落水】 贝思飞《民国时期的土匪隐语》："落水：被军队杀害或捕获。"

【落苏】《切口大词典·行号类·菜蔬行之切口》："落苏：茄子也。"

【落雪】 清傅崇矩《成都通览·成都之江湖言词·天文类》："雪珠为集先，落雪为摆飞。又为排六。"

【落账房】《切口大词典·娼妓类·长三书寓之切口》："落账房：房侍带来之稔客忽作漂匪则所欠和酒等款，由彼认赔，设所漂之款过巨，则将其所捐之带挡扣去外，其人由账房看管，俟款清后始复自由。"

【落珠】《切口大词典·商铺类·银楼业之切口》："落珠：盘也。"

【落著】《江湖切口要诀》（尺牍增附本）："雷［补］落著。"

【落箸】《新刻江湖切要·天文类》："雷［补］震公；布鼓；天鼓；闻变；落箸；天威；破不平。"清傅崇矩《成都通览·成都之江湖言词·天文类》："雷：震公；布鼓；天鼓；闻变；落箸；天威；破不平。"

M

ma

【妈】《切口大词典·娼妓类·茶室之切口》："妈：亲密之呼声也。"

【妈妳】 清傅崇矩《成都通览·成都之呼物混名》："妈妳：瞎子也。"

【麻】①《郎中医话》："麻，是抉窝子，抉着银子。"②《切口大词典·武术类·行程保镖者之切口》："麻：有家人也。"③《镖行江湖隐语行话秘典》："麻，从宅子周围一望。"

【麻苍蝇】 明风月友辑《金陵六院市语》："麻苍蝇，可憎模样。"

【麻绸子】 李子峰《海底·各地通行隐语》：

"剃头：麻绸子；推青子。"

【麻蜂窝】 卫大法师《江湖话·红帮各地通行隐语·武器类》："手提机枪：快上快，麻蜂窝。"李子峰《海底·各地通行隐语》："手提机关枪：快上快；麻蜂窝。"

【麻纲子】 卫大法师《江湖话·红帮各地通行隐语·各种行业类》："剃头：麻纲子，推青子，扫青。"

【麻果子】 卫大法师《江湖话·红帮各地通行隐语·店钱及其他》："花生：麻果子。"

【麻花盘】 云游客《江湖丛谈·江湖之春点·江湖艺人传：评书界之刘继业》："视其人身躯瘦小，面有微麻，调侃说亦麻花盘也。"

【麻花子】《江湖走镖隐语行话谱》："麻绳：麻花子。"

【麻划子】 卫大法师《江湖话·红帮各地通行隐语·各种行业类》："洗澡：麻划子，闹海。"李子峰《海底·各地通行隐语》："洗澡：麻划子，闹海。"

【麻壳】《切口大词典·杂流类·卖糖果者之切口》："麻壳：糖长生果也。"

【麻郎】《新刻江湖切要·饮馔类》："油：丙浆；素滑哥；麻郎。"清傅崇矩《成都通览·成都之江湖言词·饮馔类》："油：丙浆；素滑哥；麻郎。"

【麻面】 明风月友辑《金陵六院市语》："骂玉郎为麻面。"

【麻念课】 清唐再丰《鹅幻汇编·江湖通用切口摘要》："治病曰麻念课。"卫大法师《江湖话·红帮各地通行隐语·疫病类》："治病：麻念课。"卫大法师《江湖话·江湖上的隐语·普通隐语》："治病：麻念课。"《切口大词典·医药类·施药郎中之切口》："麻念课：治病也。"《清门考原·各项切口》："麻念课，治病也。"金老佛《三教九流江湖秘密规矩·日常用语》："治病曰麻念课。"李子峰《海底·各地通行隐语》："治病：麻念课。"

【麻牵】《切口大词典·武术类·行程保镖者之切口》："麻牵：偷看也。"

【麻雀脚】《切口大词典·商铺类·南货业之切口》："麻雀脚：极细嫩之干笋也。"

【麻水】 施列格《天地会研究·洪家口白要诀》："麻水，油。"

【麻条】《切口大词典·巫卜类·道士之切口》："麻条：鞭也。"

【麻图】《切口大词典·杂流类·贩人口者之切口》："麻图：押入妓寮收拆账也。"

【麻衣】 金老佛《三教九流江湖秘密规矩·青帮与红帮·九流之区别》："三教九流，统称为江湖。三教为儒释道，九流分上中下三等。上九流为官府，即一流宰相二尚书，三流督抚四藩臬，五流提台六镇台，七道八府九知州。此九流皆系官职，不知如何亦以江湖目之，实为奇异。中九流即一流医生二流金，三流漂行四流推，五流琴棋六书画，七僧八道九麻衣。其中所谓金者，即算命先生；漂行者即写字之人；推者即测字先生；麻衣即相士。皆江湖隐语也，惟书画琴棋，本清高之品，奈何亦视为江湖，未免不类。而今世固有所谓戳黑者，写几个涂鸦之字，画几笔红绿之画，沿途求卖者，而挟一胡琴，到处拉扯以索钱，设一小摊，摆设棋势以求值者，亦时有所见。所谓书画琴棋者，盖即指此辈而言也。下九流者，即一流忘八二流龟，三流戏子四流吹，五流大财六小财，七生八盗九吹灰。凡开设妓院，或在妓院为佣之男子，统称为忘八。言其忘却孝悌忠信，礼义廉耻八字也，或以忘八作乌龟解实误。凡从妻不贞卖淫以渔利者为之龟，盖龟不能交，赖蛇交焉，因以为喻。所谓吹者，即吹鼓手之别名。大财即耍大把戏者，如卖解等是。小财即耍小把戏者，如变戏法等是也。生为剃头者之别名。凡贩卖烟土开设烟馆者皆称为吹灰也。"

【麻罩】《行院声嗽·衣服》："衫：麻罩。"

【马】 ①《行院声嗽·数目》："五：马；掘。"《蹴鞠图谱·圆社锦语》："马：五。"《切口大词典·行号类·虫竹之切口》："马：五也。"宋陈元靓辑《事林广记·续集·绮谈市语·数目门》："五：吾不口；马。" ②《江湖走镖隐语行话谱》："墙为马、方砖子。"《切口大词典·盗贼类·越墙贼之切口》："马：高墙也。" ③《切口大词典·工匠类·钉碗匠之切口》："马：钻洞之扯弓也。" ④《切口大词典·商铺类·布疋业之切口》："马：十也。" ⑤施列格《天地会研究·洪家口白要诀》："马，人。"

【马扁】《新刻江湖切要·人事类》："拐子称为马扁。"清傅崇矩《成都通览·成都之江湖言词·人事类》："拐子：马扁。"

【马场】《梨园话》："马场：场子多，而剪断之，谓之'马场'。"

【马齿】《切口大词典·行号类·菜蔬行之切口》："马齿：苋菜之一种。"

【马词】《梨园话》："马词：原词多，而剪断唱之，谓之'马词'。"

【马搭】《切口大词典·手艺类·兜带业之切口》："马搭：北方之棉被套也。"

【马达子】学古堂《江湖行话谱·走江湖话》："土匪：马达子。"

【马带铃】清傅崇矩《成都通览·成都之呼物混名》："马带铃：姓冯者。"

【马当道】卫大法师《江湖话·四川灌县轿夫隐语》："马当道：前：'右手力大'；后：'皮子不值价'。"

【马儿】《切口大词典·商铺类·丝经业之切口》："马儿：五也。"

【马贩子】卫大法师《江湖话·红帮各地通行隐语·各种行业类》："拉皮条：带马，马贩子。"李子峰《海底·各地通行隐语》："拉皮条：带马；马贩子。"

【马粪】卫大法师《江湖话·四川灌县轿夫隐语》："马粪：前：'前有子花'；后：'拾得吃了不发瘀'。"

【马刚】《切口大词典·赌博类·牌九赌之切口》："马刚：牌之假有弊也。"

【马孤】《新刻江湖切要·官职类》："凡文官曰士孤，乡官曰孤通，武官曰马孤；将官曰寒孤，今改戎孤。"

【马后】《新刻江湖切要·人事类》："漫[慢]曰马后。"《梨园话》："马后：时间太早，而将剧目延长，谓之'马后'。[附记]与'马前'适成一反比例，即延长与不忙之意。如应上场之角，尚未扮好，授意场上之角，使之延长。即可告其'马后'。又，某角正扮戏，而场上所演之戏时间尚长，告其无须赶扮，亦可告其曰'马后'。"《切口大词典·武术类·布围卖戏法者之切口》："马后：慢也。"《切口大词典·优伶类·腔调上之切口》："马后：时间尚早，或上场者，化妆未竣，授意场上角色，延长时刻也。"明程万里《鼎锲徽池雅调南北官腔乐府点板曲响大明春·六院汇选江湖方语》："马后，是叫缓些。"清傅崇矩《成都通览·成都之江湖言词·人事类》："慢：马后。"

【马回】卫大法师《江湖话·红帮各地通行隐语·一般人事类》："回去：马回。"李子峰《海底·各地通行隐语》："回去：马回。"

【马军】明佚名《行院声嗽·人事》："厥撒：马军。"

【马克】《切口大词典·商铺类·金银业之切口》："马克：德国金洋钿也。重计一钱六分五。"

【马客】《新刻江湖切要·人物类》："妇人：马客；细公。"《江湖切口要诀》（尺牍增附本）："妇人：马客；细工。"《切口大词典·医药类·卖春药治毒疮者之切口》："马客：妇人也。"清傅崇矩《成都通览·成都之江湖言词·人物类》："妇人：马客；细公。"

【马口】《新刻江湖切要·身体类》："龟头眼曰马口。"《切口大词典·星相类·相家之切口》："马口：眼也。"清傅崇矩《成都通览·成都之江湖言词·身体类》："龟头眼：马口。"

【马辣】《切口大词典·杂流类·贩人口者之切口》："马辣：凶恶也。"

【马来】卫大法师《江湖话·红帮各地通行隐语·一般人事类》："来了：马来。"李子峰《海底·各地通行隐语》："来了：马来。"

【马里】卫大法师《江湖话·红帮各地通行隐语·建筑物类》："回家：倒回，回窑堂，马里。"李子峰《海底·各地通行隐语》："回家：倒回，回窑堂；马里。"

【马留】宋陈元靓辑《事林广记·续集·绮谈市语·走兽门》："猴：马留。"

【马隆】《郎中医话》："马隆，是人多。"

【马楼子】卫大法师《江湖话·红帮各地通行隐语·一般人事类》："磕头：摊，福，马楼子。"李子峰《海底·各地通行隐语》："磕头：摊；福；马楼子。"

【马马】卫大法师《江湖话·各行业商帮所用数目字隐语·成都通行言词·六成行（油，盐，柴，米，豆子，菜）》："马马：三。"

【马马太数花马】卫大法师《江湖话·各行业

商帮所用数目字隐语·成都通行言词·六成行（油、盐、柴、米、豆子、菜子）》："例如，'太数排子'为'二元六角'，如'马马太数花马'为'三百二十五元'。"

【马面】《切口大词典·工匠类·造船匠之切口》："马面：桅杆镇也。"

【马妳子】明佚名《行院声嗽·通用》："下：马妳子。"

【马牵】《新刻江湖切要·人事类》："马牵：阒。"清傅崇矩《成都通览·成都之江湖言词·人事类》："阒：马牵。"

【马前】①《新刻江湖切要·人事类》："快曰马前。"《切口大词典·武术类·布围卖戏法者之切口》："马前：快也。"明程万里《鼎锲徽池雅调南北官腔乐府点板曲响大明春·六院汇选江湖方语》："马前，是叫快些。"清傅崇矩《成都通览·成都之江湖言词·人事类》："快：马前。"②《梨园话》："马前：时间局促，而将剧目剪短，谓之'马前'。[附记]'马前'，即提前之意也。如一戏尚有数场未演，因时匆促，或减词，或减场，均谓之'马前'。又，场上所演之脚已将下场，而应上场之角，尚未扮齐，催其快扮，亦可告其曰'马前'。"《切口大词典·优伶类·腔调上之切口》："马前：时间伧促将戏词减短也。"

【马去了】《梨园话》："马去了：取消当场所唱之词、所做之事，谓之'马去了'。"

【马乳】宋陈元靓辑《事林广记·续集·绮谈市语·果菜门》："蒲萄：马乳。"

【马撒】《镖行江湖隐语行话秘典》："朋交若走，送钱不过拾吊。若是不退，（就说）朋友别落线，落线招挂。着喷子喷，片子交着，海条子扎着。他走了，两滑着。高台亮走，过桥有人，里外马撒。"

【马撒梁子】《镖行江湖隐语行话秘典》："哈武哈武，道旁一死人，马撒梁子。"

【马上】学古堂《江湖行话谱·走江湖行话》："捆上：马上。"

【马上诉】①《新刻江湖切要·娼优类》："唱倖调：马上诉。"清傅崇矩《成都通览·成都之江湖言词·娼优类》："响咏：唱倖调；马上诉。"②《切口大词典·杂业类·旅馆之切口》："马上诉：妓女也。"

【马生】《切口大词典·盗贼类·剪绺贼之切口》："马生：妇人也。"

【马趟子】《梨园话》："马趟子：骑马时做出各种身段，统名之曰'马趟子'。"

【马蹄】①《切口大词典·商铺类·香烛业之切口》："马蹄：沉香之根节轻而大者。"②宋陈元靓辑《事林广记·续集·绮谈市语·玉帛门》："金：黄物；马蹄。"

【马桶】平山周《中国秘密社会史·三合会隐语》："线香曰桂枝。蜡烛曰古树。蚊帐曰灯笼。明代服曰袈裟，套裤曰菱角，靴曰铁板，帽子曰云盖，曰万笠。洋伞曰洪头，曰独脚，曰乌云。道路曰线，旅行曰游线。家曰甲子。祖先公馆曰马桶。船曰平，乘船曰搭平。"卫大法师《江湖话·红帮闽粤及南洋各地通行隐语》："祖先公馆：马桶。"金老佛《三教九流江湖秘密规矩·三合会之隐语》："祖先公馆曰马桶。"李子峰《海底·闽粤及南洋各地通行之隐语》："祖先公馆：马桶。"

【马途】《切口大词典·商铺类·丝经业之切口》："马途：骂也。"

【马星子】《江湖走镖隐语行话谱》："火镰：马星子。"

【马子】①《家里宝鉴·隐语》："外人曰'疯子，空子，马子，牛子，鹞鸰，贵四哥，刁滑马子'。"《切口大词典·党会类·哥老会之切口》："马子：会外人也。"平山周《中国秘密社会史·哥老会隐语》："外人曰马子，曰贵四哥，曰刁滑马子，曰玲珑马子。"徐珂《清稗类钞·会党类·哥老会隐语》："外人曰马子，曰贵四哥，曰刁滑马子，曰玲珑马子。"②《切口大词典·衙卒类·缉私盐之切口》："马子：白盐也。"③《清门考原·各项切口》："马子，官吏差役也。哑吧窑：庙宇也。"金老佛《三教九流江湖秘密规矩·青帮与红帮·红帮之问答》："但亦未必尽困于槽子之内（典当曰槽子），因恐有马子辈（官差吏役，均为马子），蹑从而至，以是落底之后，亦有暂寓哑吧窑内者（庙宇）。"金老佛《三教九流江湖秘密规矩·青帮与红帮·江湖之春典》："差役称马子。"

【伪䴗】施列格《天地会研究·洪家口白要诀》："伪䴗，官兵。"

【码楼子】《清门考原·各项切口》："码楼子，

叩头也。"

【码头】 ①《切口大词典·党会类·哥老会之切口》："码头：机关部也。"②贝思飞《民国时期的土匪隐语》："码头：匪帮的势力范围。"③清傅崇矩《成都通览·成都之袍哥话即江湖话也》："码头，各方之会盟地也。"

【码子】 ①卫大法师《江湖话·红帮各地通行隐语·人类一般》："土匪：混子，码子。"贝思飞《民国时期的土匪隐语》："码子：匪帮，主要在华北。"李子峰《海底·各地通行隐语》："土匪：混子；码子。"②《切口大词典·盗贼类·杆匪之切口》："码子：匪之同伙也。"③《切口大词典·衙卒类·侦探之切口》："码子：小贼也。"④《切口大词典·役夫类·挑水夫之切口》："码子：水筹也。"

【蚂蚁王】 《切口大词典·盗贼类·拐匪之切口》："蚂蚁王：拐匪之总称也。"《清门考原·各项切口》："蚂蚁王，男女拐匪之领袖也。"金老佛《三教九流江湖秘密规矩·青帮与红帮·江湖之春典》："拐匪称蚂蚁王。"

【祃】 《切口大词典·赌博类·摇宝赌之切口》："祃：十日也。场中赢拙，十日一计，布告银主。"

【吗儿】 《切口大词典·优伶类·伶人之切口》："吗儿：恶其语多，止其勿谈也。"

【吗滑窑子】 卫大法师《江湖话·红帮各地通行隐语·各种行业类》："浴堂：粉窑子，罗汉窑子，吗滑窑子，晕汤窑子。"李子峰《海底·各地通行隐语》："浴堂：罗汉窑子；吗滑窑子。"

mai

【埋伏】 《切口大词典·党会类·哥老会之切口》："埋伏：与在园相遇不肯道破也。"

【埋街】 《切口大词典·娼妓类·粤妓之切口》："埋街：轮船至粤埠，无码头可泊，需用小艇，旦家妹就之，呼曰埋街。"

【埋轮】 《新刻江湖切要·宫室类》："所在：碾地；乐林；落地。歇家；［增］埋轮；停骖；投辖。"

【埋梦】 明风月友辑《金陵六院市语》："至若埋梦即没有之意，扯淡则胡说之辞。"明田汝成《西湖游览志馀·委巷丛谈》："杭人有以二字反切一字以成声者，如以秀为鲫溜，以团为突栾，以精为鲫令，以俏为鲫跳，以孔为窟窿，以盘为勃兰，以铎为突落，以窠为窟陀，以圈为窟奕，以蒲为鹁卢。有以双声而包一字，易方隐语以欺人者，如以好为现萨，以丑为怀五，以马为杂嗽，以笑为喜黎，以肉为直线，以鱼为河戏，以茶为油老，以酒为海老，以没有为埋梦，以莫言为稀调。"

【埋头】 《新刻江湖切要·草木百果五谷类》："萝卜：大苗希；埋头；假参。"

【埋贼】 清张德坚等《贼情汇纂》卷八《伪文告下·隐语·太平天国隐语》："乃埋贼用二字作救世解。"

【买火种】 明程万里《鼎锲徽池雅调南北官腔乐府点板曲响大明春·六院汇选江湖方语》："买火种，喜人奉承。"《新刻江湖切要·人事类》："善逢迎曰买火种。"《切口大词典·武术类·搭台变戏法之切口》："买火种：善逢迎也。"清傅崇矩《成都通览·成都之江湖言词·人事类》："善逢迎：买火种。"

【买路】 ①《切口大词典·盗贼类·掘壁贼之切口》："买路：未窃之前探看路径也。"②《切口大词典·工匠类·箍桶匠之切口》："买路：凿子也。"

【买卖成快】 云游客《江湖丛谈·江湖之春点·江湖中挑逗子汗的》："管谁的生意最能够挣钱，谁的本领地道，调侃儿叫'买卖成快'。"

【买票子】 《切口大词典·娼妓类·长三书寓之切口》："买票子：客并不入局，仅各出三圆，换一张轿饭票也。"

【买下来了】 《切口大词典·盗贼类·短截贼之切口》："买下来了：抢得东西之谓也。"

【麦】 《切口大词典·商铺类·陆陈业之切口》："麦：五也。"

【麦边】 《切口大词典·商铺类·丝经业之切口》："麦边：富也。"

【麦尘】 宋陈元靓辑《事林广记·续集·绮谈市语·饮食门》："面：玉屑；麦尘。"

【麦争场】 《切口大词典·行号类·粮食行之切口》："麦争场：三月下种，六月熟者。"

【卖】《清门考原·各项切口》："卖，赌徒结为死党。凡非党人与之赌者，必用法术，罄其囊橐，名曰卖。"

【卖春】《切口大词典·党会类·小瘪三之切口》："卖春：售秘戏图也。"

【卖法】《切口大词典·巫卜类·席地测字者之切口》："卖法：抛风之词，脱口而出，务使行客云集，围观成赌，招致生意也。"

【卖风】《切口大词典·手艺类·卖扯铃之切口》："卖风：未卖先扯，江湖所谓聚人法也。"

【卖疯女】《切口大词典·娼妓类·粤妓之切口》："卖疯女：粤省多麻疯，若女出阁，须先引诱男子过疯，犯之者有终身之害。"

【卖冈】①《切口大词典·巫卜类·蛤壳测字者之切口》："卖冈：抛风也。"《切口大词典·星相类·隔夜算命之切口》："卖冈：抛风也。"②《切口大词典·武术类·卖拳头者之切口》："卖冈：拢场所说之话也。"

【卖勾魂】《切口大词典·衙卒类·厘卡之切口》："卖勾魂：票费也。"

【卖挂虫】《切口大词典·杂流类·卖草鞋者之切口》："卖挂虫：卖草鞋者。"

【卖关节】《切口大词典·杂流类·贩烟土者之切口》："卖关节：向各机关之费用也。"

【卖汉火】《清门考原·各项切口》："卖汉火，汉火毒药也。私贩毒药统名曰汉火。"

【卖鸡肫肝】《切口大词典·党会类·小瘪三之切口》："卖鸡肫肝：看三官经也。"

【卖脚】《切口大词典·杂流类·荐头婆之切口》："卖脚：荐头钱也。"

【卖路】《切口大词典·杂业类·混堂之切口》："卖路：筹子也。"

【卖木人】《切口大词典·衙卒类·厘卡之切口》："卖木人：挡子钱也。"

【卖弄】清傅崇矩《成都通览·成都之呼物混名》："卖弄：妓女也。"

【卖弄钢口】云游客《江湖丛谈·江湖之春点·江湖中的卖点之内幕》："向围着的说话，那叫'卖弄钢口'。"云游客《江湖丛谈·江湖之春点·江湖中的挑青子汗的》："围多了人时，嘴里所说的话，一件件，一桩桩，按行话那叫卖弄钢口。"

【卖屁股】云游客《江湖丛谈·江湖之春点·江湖中的卖点之内幕》："挑山招，是卖屁股。"

【卖漂子】《切口大词典·武术类·挂布招牌教戏法者之切口》："卖漂子：布招牌也。"

【卖茄南肉】《切口大词典·役夫类·驴夫之切口》："卖茄南肉：卖驴肉也。"

【卖炭】明程万里《鼎锲徽池雅调南北官腔乐府点板曲响大明春·六院汇选江湖方语》："卖炭，是看人颜色不好。"

【卖万子】卫大法师《江湖话·红帮各地通行隐语·一般人事类》："卖关子：卖万子。"李子峰《海底·各地通行隐语》："卖关子：卖万子。"

【卖小蛇】《切口大词典·杂业类·商人共众切口》："卖小蛇：伙友或遇认识者，购物格外廉价也。"

【卖玄观】卫大法师《江湖话·红帮各地通行隐语·一般人事类》："说术：卖玄观，吐春撩典。"李子峰《海底·各地通行隐语》："说术语：卖玄观；吐春撩典。"

【卖羊】《切口大词典·乞丐类·乞丐之切口》："卖羊：装腔作势也。"

【卖野人头】《切口大词典·乞丐类·乞丐之切口》："卖野人头：以恶劣之物品，向人求善价也。"

【卖野药的】云游客《江湖丛谈·江湖之春点·挑汉册子的生意》："在早年有些个串巷卖药治病的，都是提着药包，摇着铁串铃，往各街各巷兜揽生意，以摇串铃叫主顾，俗称'卖野药的'。"

【卖照】《切口大词典·衙卒类·缉私盐之切口》："卖照：验费也。"

【卖猪仔】金老佛《三教九流江湖秘密规矩·青帮与红帮·青帮之副业》："卖猪仔云者，粤语也。此类拐匪，分两派，曰去家，曰来家。去家毒焰极炽，资本尤丰，每个团体，一次之潮满，虽十万八万之巨，亦周转无难色。来家者，经手拐骗人口，或价买而转售于去家者也。凡驻埠或土著之执拐业者属之，而去家则多由南洋群岛、澳大利亚、新大陆等处来。沿彼所由海线诸适要地点，皆有机关暗通消息。兹将该拐匪黑幕之要点，一一揭之。幸世之有子女者留意焉，该帮大都为侨民中之恶劣分子所组织，由来数十年，多闽浙两粤间人，素与国外各该所驻地之下流土著相联络，谙经过之关津隘口规章，及绕越蒙混之法。其资本，系由猪仔馆领来，故去客不必尽属银主。彼辈有口诀曰：'不怕无钱买猪仔，只怕猪仔买不来'，财力之宏，概可见矣。其出入之诡混，凡购得拐来人口时，即以一种假亲爱面具对之。嗟彼离母之雏，得此蜜制鸩汤，聊慰渴想。不及兼旬之久，已俨然父子母子矣。潮满后，即由上海放洋出口，界彼所欲达之目的地。至其入口无阻之法，尤为出人意表。盖每次之行，勿论所带猪仔若干，出入口纸之数，皆充分无缺。以故关隘舍照验放行，外无他求。考彼辈取得此种口纸之法，极波谲云变之妙。虽临以最严密之推求，亦无从得其真相。缘该匪藉法律之正的，行非法之毒谋。已预余居留外国时，每人每年，必各报生子或女一次，而报时以轮环之法行之。譬如甲产一婴，今日报注产生册，明日即以此婴移诸乙家，重报之。嗣出口时，则将当地男女童及照诣关报验。迨下船起椗后，再由贿备之渔渡等舟，将各该孩遮掩渡归原址。故其买得猪仔入口也，即利用此种真照，以填其缺耳。猪仔之卖法，欧美文明人口，贩卖早已禁绝。彼等适用契约履行之法，是为不卖之卖，酷矣哉。所谓契约者如下：余家贫，得雇主，预付资助金若干，自愿订立条约，执行佣工义务十五年二十年云云。于是由不幸之猪仔，加指摹，签十字押其上，卖猪仔之能事既毕。而被卖之猪仔，遂沦入不能解脱之苦境矣。泡制猪仔之成法，以一种绝灭人道之秘密发明毒剂，力能制裁人类脑觉之新知发生，旧知泪没者。投之猪仔之灵机，无复有课望进步之发生矣。伤哉。以故该匪有'猪仔一个聪且明，去家受苦难逃生'之口号。猪仔之用途，各视其所陷之阱而定之。总不外垦荒、开矿、种植及入水搜括珍珠、海参、介类等人所不堪之苦力而已。女猪仔之用途，各视其姿首而定之：（甲）伪为养女，而嫁于富厚子弟，以吸取其资财；（乙）卖于鸨母为娼；（丙）永远女佣；（丁）遣之充女苦工而收其工值。"

【卖字】《切口大词典·衙卒类·厘卡之切口》："卖字：印子费也。"

【脉透】《蹴鞠谱·锦语》："醉：脉透。"《蹴鞠图谱·圆社锦语》："脉透：醉。"

【脉字】宋陈元靓辑《事林广记·续集·绮谈市语·人物门》："医人：方士；脉字。"

man

【蛮牛】《切口大词典·乞丐类·乞丐之切口》："蛮牛：讥人不识礼义也。"

【蛮子】明风月友辑《金陵六院市语》："绳儿为蛮子。"

【馒头】《切口大词典·商铺类·火腿业之切口》："馒头：腿之尖也。"

【瞒儿】《行院声嗽·人物》："我：瞒儿。"

【瞒宫】《切口大词典·行号类·粮食行之切口》："瞒宫：羊脂，可以代粳输租。"

【瞒老】《行院声嗽·饮食》："油：瞒老。"

【瞒天】《新刻江湖切要·天文类》："云：天表；[广] 想裳；瞒天；隔苍；蔽日；从龙；掩太阳；油然子；出岫君。"《江湖切口要诀》（尺牍增附本）："云：天表；[广] 想裳；瞒天；隔仓；蔽日；从龙；掩太阳；油然子；出岫君。"《切口大词典·巫卜类·蛤壳测字者之切口》："瞒天：云也。"清傅崇矩《成都通览·成都之江湖言词·天文类》："云：天表；想裳；瞒天；隔苍；蔽日；从龙；掩太阳；油然子；出岫君。"《切口大词典·商铺类·刷染业之切口》："瞒天：帽子也。"

【满】《切口大词典·行号类·海鱼行之切口》："满：六也。"

【满把子】卫大法师《江湖话·红帮各地通行隐语·数目类》："五：中，满把子。"李子峰《海底·各地通行隐语》："五：中；满把子。"

【满底】《切口大词典·衙卒类·厘卡之切口》："满底：夹舱偷税也。"

【满地】①《切口大词典·商铺类·竹器业之切口》："满地：晒谷帘也。"②《切口大词典·杂业类·花业之切口》："满地：玉蕊花也。"

【满地白】《切口大词典·行号类·砖灰行之切口》："满地白：石灰也。"

【满地红】《切口大词典·商铺类·爆竹业之切口》："满地红：极细小之爆竹也。品小声响，以万载县所产为最著。"

【满汉】《切口大词典·工匠类·钉碗匠之切口》："满汉：有盖之碗也。"

【满口】①《切口大词典·商铺类·南货业之切口》："满口：白糖也。"②《切口大词典·杂业类·点心铺之切口》："满口：汤团也。"

【满块】《切口大词典·商铺类·南货业之切口》："满块：冰糖也。"

【满脸】《切口大词典·衙卒类·地保之切口》："满脸：打屁臀也。"

【满山红】《切口大词典·商铺类·蜜饯业之切口》："满山红：红丝也。"

【满太式】《新刻江湖切要·人事类》："多又曰满太式。"《切口大词典·武术类·卖拳头者之切口》："满太式：多也。"清傅崇矩《成都通览·成都之江湖言词·人事类》："多：满太式。"清翟灏《通俗编·识余·市语》："江湖人市语尤多，坊间有《江湖切要》一刻，事事物物，悉有隐称。诚所谓惑乱听闻，无足采也。其间有通行市井者，如官曰孤司，店曰朝阳，夫曰盖老，妻曰底老，家人曰吊脚，僧曰廿三，道士曰廿四，成衣曰戳短枪，抬轿曰扳楼儿，剃头曰削青，船曰瓢儿，屋曰顶公，银曰琴公，钱曰把儿，米曰软珠，饼曰匾食，盐曰瀴老，鱼曰豁水，鸭曰王八，鞋曰踢土，镜曰照儿，抹布曰蹋郎，坐曰打墩，拜曰剪拂，揖曰丢圈子，叩头曰丢匾子，写字曰搠黑，说话曰吐刚，被欺曰上当，虚奉承曰王六，大曰太式，多曰满太式，无曰各念，俱由来于此语也。"

【满摊】《切口大词典·星相类·星家之切口》："满摊：不搭话也。凡相当者，忌讳甚多。故同寓中人，各不搭话，恐不慎犯大忌也。"

【满堂】《梨园话》："满堂：戏园座位卖满，谓之'满堂'。"

【满堂红】《切口大词典·杂业类·花业之切口》："满堂红：紫薇花也。"

【满天】①《切口大词典·工匠类·竹匠之切口》："满天：饭罩也。"②《切口大词典·役夫类·轿夫之切口》："满天：轿顶也。"

【满天星】①《切口大词典·医药类·药行业之切口》："满天星：芥菜花也。"②《切口大词典·杂流类·卖饼者之切口》："满天星：芝麻饼也。"

【满天星斗】《切口大词典·杂流类·卖婆之切口》："满天星斗：貌之麻斑者。"

【满天子】清唐再丰《鹅幻汇编·江湖通用切口摘要》："雾曰满天子。"卫大法师《江湖话·江湖上的隐语·普通隐语》："雾：满天子。"《切口大词典·盗贼类·水面贼之切口》："满天子：雾也。"《清门考原·各项切口》："满天子，雾也。"金老佛《三教九流江湖秘密规矩·日常用语》："雾曰满天子。"

【满头】①《切口大词典·赌博类·摇宝赌之切口》："满头：有限制之局。"②《切口大词典·商铺类·玉器业之切口》："满头：玉花也。"③《切口大词典·手艺业·贯彩业之切口》："满头：新嫁娘所戴之花也。"④《切口大词典·杂业类·信局业之切口》："满头：十也。"

【满屑】《切口大词典·商铺类·南货业之切口》："满屑：碎冰糖也。"

【满窑】《切口大词典·盗贼类·越墙贼之切口》："满窑：空屋也。"金老佛《三教九流江湖秘密规矩·青帮与红帮·江湖之春典》："空屋称满窑。"

【满园春】《切口大词典·医药类·摆草药摊之切口》："满园春：丽春也。治黄疸等疾。"

【满院春】《切口大词典·杂业类·花业之切口》："满院春：虞美人花也。"

【满月】《切口大词典·杂业类·混堂之切口》："满月：面盆也。"

【曼灰子】清傅崇矩《成都通览·成都之袍哥话即江湖话也》："曼灰子，油也。"

【蔓灰子】清傅崇矩《成都通览·成都之呼物混名》："蔓灰子：清油也。"

【蔓子】学古堂《江湖行话谱·走江湖行话》："枪：蔓子。"

【幔上来】《切口大词典·盗贼类·杆匪之切口》："幔上来：盗遇官兵来缉，渐被围困，欲与同伙共同拘捕，特告斯语，以期合力抵抗也。"

【幔天】《切口大词典·优伶类·靶子之切口》："幔天：绣花伞也。"

【幔头】《切口大词典·杂流类·收旧货之切

口》:"幔头:帐子也。"

【慢地】《行院声嗽·珍宝》:"钞:慢地。"

【慢坡】《行院声嗽·地理》:"白地:慢坡。"

【慢坡遇凹】《镖行江湖隐语行话秘典》:"沙何,为慢坡遇凹。"

【慢山】《切口大词典·工匠类·竹匠之切口》:"慢山:吃茶也。"

【慢天】《新刻江湖切要·衣饰类》:"帐:网儿,慢天,又撑老。"清傅崇矩《成都通览·成都之江湖言词·衣饰类》:"帐:网儿;慢天;撑老。"

【慢天子】卫大法师《江湖话·红帮闽粤及南洋各地通行隐语》:"灯笼:慢天子。"

【漫】《切口大词典·商铺类·绸缎业之切口》:"漫:无也。"

【漫荒】《切口大词典·盗贼类·短截贼之切口》:"漫荒:郊外野地无人之处也。"

【漫失】《切口大词典·商铺类·丝经业之切口》:"漫失:无也。"

【漫头】《梨园话》:"漫头:打两个回合也。"《切口大词典·优伶类·场子上之切口》:"漫头:打两个回合也。"

【缦华】《切口大词典·杂业类·花业之切口》:"缦华:茉莉花也。"

mang

【芒囗】宋陈元靓辑《事林广记·续集·绮谈市语·饮食门》:"麦:芒囗;来牟。"

【盲妹】《切口大词典·娼妓类·粤妓之切口》:"盲妹:瞎眼女子专门卖唱,人亦有嫖之者。"

【莽草】①《切口大词典·商铺类·南货业之切口》:"莽草:茴香也。"《切口大词典·医药类·摆草药摊之切口》:"莽草:茴香也。专治小儿气胀霍乱吐呕乃腹次不下食。"②《切口大词典·医药类·药行业之切口》:"莽草:八角兰香也。"

【蟒】《切口大词典·商铺类·衣折业之切口》:"蟒:帝皇将相,极品朝臣所服者,长身大袖,满绣龙纹。"

【蟒子】《郎中医话》:"蟒子,是玄子。"

mao

【毛】①卫大法师《江湖话·各行业商帮所用数目字隐语·成都通行言词·鱼贩子》:"条:一。边:二。撑:三。梳:四。妥:五。高:六。黑:七。毛:八。湾:九。"②卫大法师《江湖话·各行业商帮所用数目字隐语·重庆通行言词·买猪》:"豆:一。背:二。泰:三。长:四。仁:五。条:六。栲:七。黄:八。豆:九。按此为重庆场买卖猪时使用。又名猪肉为'大',即问'这大多少钱一斤'?则回答;若问'这猪肉多少钱一斤'?则不回答你。高:一。明:二。韩:三。苏:四。大:五。雍:六。草:七。梅:八。湾:九。高:十。许:一。欠:二。川:三。义:四。土:五。告:六。照:七。毛:八。求:九。许:十。此二十个字互用,如'许许'为'十一','欠欠'为'二十二','韩韩'为'三十三','苏苏'为'四十四','土土'为'五十五','雍雍'为'六十六','草草'为'七十七','毛毛'为'八十八','湾湾'为'九十九'。而'十一'不能称'高高','八十八'不能称'梅梅'。又如'高明'为'十二','高韩'为'十三','高苏'为'十四','高大'为'十五','高雍'为'十六','高草'为'十七',而'高梅'不能为'十八',要用'许毛'为'十八','高湾'为'十九'。又如'欠许'为'二十一','韩许'为'三十一','入许'为'五十一','雍许'为'六十一','毛许'为'八十一','湾许'为'九十一'。而'明韩'为'二十三'。'韩明'为'三十二','土明'为'五十二','雍明'为'六十二'等。整数语尾加'老'字,如'高老'为'一百'等。在鼎街古董铺,则用二个字,如'高少'为'一千五百元',或'一万五千元',少有用三个字的,如遇三个数目,则尾数用普通数目,如'十五万五千元',而荒货担子可说到三个字,因此数目言词非精通常用不可。"③卫大法师《江湖话·各行业商帮所用数目字隐语·重庆通行言词·古董,旧五金,估衣,改裁,荒担,经纪,过活,旧棉絮（重庆教场口，鼎新街，估衣街，关津巷通用）》：" 高：一。明：二。韩：三。苏：四。大：五。雍：六。草：七。梅：八。湾：九。高：十。许：一。欠：二。川：三。乂：四。土：五。告：六。照：七。毛：八。求：九。许：十。此二十个字互用，如'许许'为'十一'，'欠欠'为'二十二'，'韩韩'为'三十三'，'苏苏'为'四十四'，'土土'为'五十五'，'雍雍'为'六十六'，'草草'为'七十七'，'毛毛'为'八十八'，'湾湾'为'九十九'。而'十一'不能称'高高'，'八十八'不能称'梅梅'。又如'高明'为'十二'，'高韩'为'十三'，'高苏'为'十四'，'高大'为'十五'，'高雍'为'十六'，'高草'为'十七'，而'高梅'不能为'十八'，要用'许毛'为'十八'，'高湾'为'十九'。又如'欠许'为'二十一'，'韩许'为'三十一'，'入许'为'五十一'，'雍许'为'六十一'，'毛许'为'八十一'，'湾许'为'九十一'。而'明韩'为'二十三'。'韩明'为'三十二'，'土明'为'五十二'，'雍明'为'六十二'等。整数语尾加'老'字，如'高老'为'一百'等。在鼎街古董铺，则用二个字，如'高少'为'一千五百元'，或'一万五千元'，少有用三个字的，如遇三个数目，则尾数用普通数目，如'十五万五千元'，而荒货担子可说到三个字，因此数目言词非精通常用不可。" 清傅崇矩《成都通览·成都之各行人买卖通用言词·捕鱼及渔帆子言词》："毛，八。"清傅崇矩《成都通览·成都之各行人买卖通用言词·丝锦绸缎布帛花行通用言词》："八，毛。"

【毛捕头】《切口大词典·衙卒类·狱卒之切口》："毛捕头：狱卒之总称也。"

【毛布头】《清门考原·各项切口》："毛布头，狱中犯人之领袖。"

【毛虫】①《切口大词典·盗贼类·爬儿手之切口》："毛虫：谷穗也。"②《切口大词典·商铺类·海味业之切口》："毛虫：刺参之总称也。"

【毛刺】《切口大词典·工匠类·石匠之切口》："毛刺：石块也。"

【毛根】卫大法师《江湖话·各行业商帮所用数目字隐语·成都通行言词·道士端公》："旦底：一。挖工：二。横川：三。不回：四。假丑：五。断大：六。毛根：七。入开：八。像丸：九。"《切口大词典·商铺类·皮裘业之切口》："毛根：七也。"清傅崇矩《成都通览·成都之各行人买卖通用言词·道士端公言词》："毛根，七。"

【毛瓜】平山周《中国秘密社会史·三合会隐语》："发曰青丝。豚曰毛瓜，豚肉曰白瓜已燔之豚肉曰金瓜、曰红瓜。牛肉曰大菜，盐牛肉曰一把菜。狗曰蚊。鱼曰穿浪，曰摆尾，盐鱼曰咸笁，曰丫鬟。米曰沙，煮饭曰打沙，吃饭曰耕沙。鸦片曰云游，吃鸦片曰咬云。茶曰青莲。水曰三河。油曰洪顺。茶碗曰莲蕊。酒杯曰莲米。"卫大法师《江湖话·红帮各地通行隐语·动物类》："猪：哼子，很子，毛瓜。"徐珂《清稗类钞·会党类·三合会隐语》："发曰青丝。豚曰毛瓜，豚肉曰白瓜，已燔之豚肉曰金瓜、曰红瓜。牛肉曰大菜，盐牛肉曰一把菜。狗曰蚊。鱼曰穿浪，曰摆尾，盐鱼曰咸笁，曰丫鬟。米曰沙，煮饭曰打沙，吃饭曰耕沙。鸦片曰云游，吃鸦片曰咬云。茶曰青莲。水曰三河。油曰洪顺。茶碗曰莲蕊。酒杯曰莲米。"《家里宝鉴·隐语》："豚曰'毛瓜'。"《切口大词典·党会类·三点会之切口》："毛瓜：豚也。"金老佛《三教九流江湖秘密规矩·三合会之隐语》："发曰青丝，豚曰毛瓜，豚肉曰白瓜，已燔之豚肉曰金瓜、曰红瓜。"李子峰《海底·各地通行隐语》："猪：哼子；很子；毛瓜。"

【毛蓝】《切口大词典·商铺类·染色业之切口》："毛蓝：色较深蓝稍淡者。"

【毛冷】《切口大词典·杂流类·卖京货之切口》："毛冷：绒头绳也。"

【毛了】清傅崇矩《成都通览·成都之袍哥话即江湖话也》："把他毛了，言杀他也。"

【毛伦子】《切口大词典·医药类·骑驴卖药之切口》："毛伦子：有生意也。"

【毛坯】《切口大词典·衙卒类·侦探之切口》："毛坯：指所捉之盗，系幼者。"

【毛扫子】卫大法师《江湖话·红帮各地通行隐语·其他用具对象类》："笔：短便子，毛扫子，毛锥子。"李子峰《海底·各地通行隐语》："笔：毛扫子；毛锥子。"

【毛色】《切口大词典·杂业类·燕子窝之切口》:"毛色:年轻之吸烟者。"

【毛石子】《切口大词典·商铺类·海味业之切口》:"毛石子:淡菜也。"

【毛树】《切口大词典·役夫类·茶担夫之切口》:"毛树:竹筷也。"

【毛桃】《切口大词典·盗贼类·偷鸡贼之切口》:"毛桃:鸡也。"

【毛头青】《新刻江湖切要·草木百果五谷类》:"韭:毛头青;月割。"

【毛尾】《切口大词典·商铺类·南货业之切口》:"毛尾:毛竹笋干也。"

【毛席毯】 宋陈元靓辑《事林广记·续集·绮谈市语·服饰门》:"毡:毛席毯。"

【毛颖氏】 宋陈元靓辑《事林广记·续集·绮谈市语·文房门》:"笔:中书君;毛锥子;管城子;毛颖氏。"

【毛油生】《新刻江湖切要·人物类》:"赖皮:毛油生;[广]伯牛有疾;出水虾蟆。"《江湖切口要诀》(尺牍增附本):"赖皮:毛油生。[广]伯牛有疾;出水虾蟆。"《切口大词典·医药类·着地摊药治病者之切口》:"毛油生:乡村中之无赖子也。"清傅崇矩《成都通览·成都之江湖言词·人物类》:"赖皮:毛油生;伯牛有疾;出水虾蟆。"

【毛锥朝阳】《新刻江湖切要·店铺类》:"笔店:[增]为毛锥朝阳;又颖朝阳;中书阳。"《切口大词典·盗贼类·对买贼之切口》:"毛锥朝阳:笔店也。"清傅崇矩《成都通览·成都之江湖言词·店铺类》:"笔店:毛锥朝阳;颖朝阳;中书朝阳。"

【毛锥子】 卫大法师《江湖话·红帮各地通行隐语·其他用具对象类》:"笔:短便子,毛扫子,毛锥子。"李子峰《海底·各地通行隐语》:"笔:毛扫子;毛锥子。"宋陈元靓辑《事林广记·续集·绮谈市语·文房门》:"笔:中书君;毛锥子;管城子;毛颖氏。"

【矛工】 清傅崇矩《成都通览·成都之江湖言词·经纪类》:"打线索人:矛工;吊工。"

【茅蓬】《切口大词典·行号·海鱼行之切口》:"茅蓬:龙虾也。"

【茅针】《新刻江湖切要·兵备类》:"箭:快快;茅针。"

【酕醄】 宋陈元靓辑《事林广记·续集·绮谈市语·举动门》:"醉:酕醄;醒透。"

【朳支】《切口大词典·商铺类·南货业之切口》:"朳支:荔枝之下品者。"

【朳子】《切口大词典·商铺类·丝经业之切口》:"朳子:空虚也。(朳音益)"

【卯喽】《江湖丛谈·江湖之金点·彩门》:"江湖人管军警机关取缔他们,调侃儿叫卯喽,把他们轰了,调侃儿叫淤喽。"

【卯官】《新刻江湖切要·鸟兽虫鱼类》:"兔:卯官。"

【卯光】《行院声嗽·天文》:"月:卯光。"

【卯啦】 云游客《江湖丛谈·江湖之春点·江湖中的光子生意》:"江湖人管官家取缔,调侃叫卯啦。"

【卯抛】 清傅崇矩《成都通览·成都之袍哥话即江湖话也》:"卯抛:看到拉倒也。"

【卯上】《切口大词典·优伶类·伶人之切口》:"卯上:出场使劲卖力也。"

【卯上部】《江湖切口要诀》(尺牍增附本):"大阿哥:卯上部。"《切口大词典·医药类·着地摊药治病者之切口》:"卯上部:大阿哥也。"

【卯生】 ①《新刻江湖切要·身体类》:"男风:卯生。" ②《切口大词典·杂业类·旅馆之切口》:"卯生:初出江湖也。"

【卯孙】 明程万里《鼎锲徽池雅调南北官腔乐府点板曲响大明春·六院汇选江湖方语》:"卯孙,乃小官也。"

【卯喜】《新刻江湖切要·星相类》:"初出江湖曰卯喜;[增]隆中。应聘谓才出茅庐也。"《切口大词典·医药类·自称戏子治病者之切口》:"卯喜:初出江湖也。"

【卯下部】《江湖切口要诀》(尺牍增附本):"小兄弟:卯下部。"《切口大词典·医药类·着地摊药治病者之切口》:"卯下部:小兄弟也。"

【卯月】《新刻江湖切要·时令类》:"二(月):卯月。"

【卯子】《郎中医话》:"卯子,是人参。"

【冒】 清傅崇矩《成都通览·成都之各行人买卖通用言词·六成行通用言词》:"三:冒。"

【冒场】《梨园话》:"冒场:不应上场时,而误上之,谓之'冒场'。"《切口大词典·优伶类·场子上之切口》:"冒场:不应上而误上也。"

【冒电】《切口大词典·杂流类·贩烟土者之切口》："冒电：无赖流氓也。"

【冒调】《梨园话》："冒调：歌声逾原定调门，谓之'冒调'。"《切口大词典·优伶类·腔调上之切口》："冒调：所唱调门，突过原定调门之上也。"

【冒公司】《切口大词典·赌博类·做三四之切口》："冒公司：在旁假做赌客者。"

【冒亲】《切口大词典·杂流类·放白鸽者之切口》："冒亲：假言女子之亲长以贫故鬻女子者。"

【冒上】《梨园话》："冒上：'冒'音'卯'，即角色演戏时格外用力之谓。"

【冒头丝】《切口大词典·工匠类·理发匠之切口》："冒头丝：假发也。"

【冒仙鹤】《梨园话》："冒仙鹤：嗓音突高，谓之'冒仙鹤'。"

【贸儿】《切口大词典·医药类·卖吊虫丸者之切口》："贸儿：男小孩也。"

【贸易孙】《江湖走镖隐语行话谱》："买卖人：贸易孙。"

【耄】宋陈元靓辑《事林广记·续集·绮谈市语·举动门》："老：桑榆；耄：苍。"

【帽顶】清傅崇矩《成都通览·成都之袍哥话即江湖话也》："普通之名词皆称袍哥，或曰袍几哥，又曰帽顶，又大爷、二爷、三爷、老五、老六、老八、老九、老幺等名目。"

【帽儿头】《切口大词典·优伶类·锣鼓之切口》："帽儿头：如《黄金台》，田单帘内倒板，玉兔东上唱毕，应打帽儿头。"

【帽子头】《切口大词典·衙卒类·地保之切口》："帽子头：官也。"

【貌】卫大法师《江湖话·各行业商帮所用数目字隐语·成都通行言词·银钱行》："代：二。貌：三。长：四。仁：五。耳：六。伯：七。令：八。王：九。"清傅崇矩《成都通览·成都之各行人买卖通用言词·银钱行言词》："貌，三。"

me

【幺】卫大法师《江湖话·各行业商帮所用数目字隐语·成都通行言词·糖行》："兴：一。幺：二。咎：三。非：四。银：五。天：六。线：七。来：八。足：九。"

【幺儿】《切口大词典·商铺类·南货业之切口》："幺儿：桐子也。"

【幺二三】《切口大词典·役夫类·马夫之切口》："幺二三：马鞭也。"

【幺满】《切口大词典·党会类·哥老会之切口》："幺满：十爷也。以上称为外八堂。"

【幺末】《行院声嗽·伎艺》："佐偈：幺末。"

mei

【没过票子】《切口大词典·杂业类·信局业之切口》："没过票子：信不投递者。"

【没开赚】云游客《江湖丛谈·江湖之春点·江湖艺人孙宝善》："没赚过万儿八千的，调侃叫没开赚。"

【没水头】贝思飞《民国时期的土匪隐语》："没水头：贪污匪帮中的财富。"

【枚提子】《江湖走镖隐语行话谱》："下门：枚提子。"

【眉】卫大法师《江湖话·各行业商帮所用数目字隐语·成都通行言词·谷米杂粮行》："眉：二。"清傅崇矩《成都通览·成都之各行人买卖通用言词·谷米杂粮过斗六成行通用言词》："二，眉。"

【梅】卫大法师《江湖话·各行业商帮所用数目字隐语·重庆通行言词·买猪》："豆：一。背：二。泰：三。长：四。仁：五。条：六。栲：七。黄：八。豆：九。按此为重庆场买卖猪时使用。又名猪肉为'大'，即问'这大多少钱一斤'？则回答；若问'这猪肉多少钱一斤'？则不回答你。高：一。明：二。韩：三。苏：四。大：五。雍：六。草：七。梅：八。湾：九。高：十。许：一。欠：二。川：三。义：四。土：五。告：六。照：七。毛：八。求：九。许：十。此二十个字互用，如'许许'为'十一'，'欠欠'为'二十二'，'韩韩'为'三十三'，'苏苏'为'四十四'，'土土'为'五十五'，'雍雍'为'六十六'，'草草'为'七十七'，'毛毛'为'八十八'，'湾湾'为'九十九'。而'十一'不能称'高高'，'八十八'不能称'梅梅'。又如'高明'为'十二'，'高韩'为'十三'，'高苏'为'十四'，'高大'为'十五'，'高雍'为'十六'，'高草'为'十七'，而'高梅'不能为'十八'，要用'许毛'为'十八'，'高湾'为'十九'。又如'欠许'为'二十一'，'韩许'为'三十一'，'入许'为'五十一'，'雍许'为'六十一'，'毛许'为'八十一'，'湾许'为'九十一'。而'明韩'为'二十三'。'韩明'为'三十二'，'土明'为'五十二'，'雍明'为'六十二'等。整数语尾加'老'字，如'高老'为'一百'等。在鼎街古董铺，则用二个字，如'高少'为'一千五百元'，或'一万五千元'，少有用三个字的，如遇三个数目，则尾数用普通数目，如'十五万五千元'，而荒货担子可说到三个字，因此数目言词非精通常用不可。"卫大法师《江湖话·各行业商帮所用数目字隐语·重庆通行言词·古董，旧五金，估衣，改裁，荒担，经纪，过活，旧棉絮（重庆教场口，鼎新街，估衣街，关津巷通用）》："高：一。明：二。韩：三。苏：四。大：五。雍：六。草：七。梅：八。湾：九。高：十。许：一。欠：二。川：三。义：四。土：五。告：六。照：七。毛：八。求：九。许：十。

【梅百】《切口大词典·商铺类·封套业之切口》："梅百：略小于梅官。"

【梅百全】《切口大词典·商铺类·封套业之切口》："梅百全：略小于梅官全。"

【梅椿】《切口大词典·衙卒类·写状人之切口》："梅椿：挑拨人与讼者。"

【梅弟】《切口大词典·杂业类·花业之切口》："梅弟：山矾也。"

【梅官】《切口大词典·商铺类·封套业之切口》："梅官：梅红纸之大号封套也。"

【梅官全】《切口大词典·商铺类·封套业之切口》："梅官全：梅红之纸全帖也。"

【梅花】①《郎中医话》："梅花，是麻子盘。"②《切口大词典·商铺类·乐器业之切口》："梅花：喇叭也。"③《切口大词典·杂流类·虔婆之切口》："梅花：贫家女也。"

【梅花党】《新刻江湖切要·人物类》："写状人：梅花党；抄孤子。"《江湖切口要诀》（尺牍增附本）："写状人：梅花党；抄孤子。"《切口大词典·衙卒类·写状人之切口》："梅花党：写状人也。"《切口大词典·医药类·摇虎撑者之切口》："梅花党：写状人也。"清傅崇矩《成都通览·成都之江湖言词·人物类》："写状人：梅花党；抄孤子。"

【梅花盘】云游客《江湖丛谈·江湖之春点》："管麻子脸叫'梅花盘'。"云游客《江湖丛谈·江湖之春点·三不管的评书场儿》："顾桐俊体胖面黑，有点麻子，调侃叫梅花盘。"云游客《江湖丛谈·江湖之春点·天桥的坠子场子》："管麻脸蛋的人，调侃叫梅花盘。"

【梅花盘的】《镖行江湖隐语行话秘典》："脸上有麻子，为梅花盘的。"

【梅仙】宋陈元靓辑《事林广记·续集·绮谈市语·君臣门》："县尉：梅仙。"

【梅中】《切口大词典·商铺类·封套业之切口》："梅中：略小于梅百。"

【媒子】《清门考原·各项切口》："媒子，为赌徒帮忙诱人至赌也。"

【煤条】①《切口大词典·商铺类·笔墨业之切口》："煤条：质次之墨也。"②《切口大词典·医药类·针灸郎中之切口》："煤条：火纸卷也。"

【霉方】《切口大词典·杂业类·白粥业之切口》："霉方：腐乳也。"

【霉血】卫大法师《江湖话·江湖上的隐语·普通隐语》："短衫：霉血。"

【美脸】朱琳《洪门志·春典子琐记·店铺》："粉店，称美脸。"

【美颜】朱琳《洪门志·春典子琐记·店铺》："照相馆，称美颜。"

【妹仔】《切口大词典·娼妓类·粤妓之切口》："妹仔：神女也。"

men

【门顶】《切口大词典·杂业类·酱园之切口》："门顶：略小于太方。"

【门墩】明风月友辑《金陵六院市语》："矮而壮者为门墩。"

【门槛】《切口大词典·巫卜类·巫婆之切

口》："门槛：贫苦人家也。"

【门里大】《切口大词典·工匠类·造酒匠之切口》："门里大：造酒缸也。"

【门落踢瓜】 清傅崇矩《成都通览·成都之江湖言词·工匠类》："箍桶匠：门落踢瓜。"

【门签儿】《梨园话》："门签儿：戏园门前所贴之戏报子，谓之'门签儿'。"

【门枪】《切口大词典·杂业类·猪肉业之切口》："门枪：猪舌也。"

【门神】 ①《新刻江湖切要·鸟兽虫鱼类》："狮：门神。"②贝思飞《民国时期的土匪隐语》："门神：土匪中的军师。"

【门头】 金老佛《三教九流江湖秘密规矩·青帮与红帮·青帮之吃相》："彼等由他处贩买妇女至沪，逼令为娼，且薄长三、么二而不为，其所为者，花烟间为多，野鸡次之。贩来一件货色，代价不过百数十元，且彼等又特别注意于童女。因每一女也，点一对大蜡烛，索价辄在五十元以上，则该女之身价，已得其半数矣。厥后复逐日令其接客，不管套人身体之强弱，可怜竟有一日御客十余辈者。彼等所开之花烟间，大者有烟妓十余人，小者亦三四人，主其事者谓之老鸨，蹾牌头者，谓之门头。凡为老鸨、门头者，非有面子之人，即不能竞存于烟妓界。盖以出入花烟间者，流氓乱人居多，稍不如意，即将寻衅生事。故花烟间虽为至下级之妓院，而为之老班者，亦大非易易，至于长三、么二各等妓院，则与绑匪有关者殊鲜也。其日常对待套人，尤为不忍异述，如遇有客人入门，则必令套人劝其打炮（白日行淫谓之打炮），每日每妓，有打炮十余次者。但有客人未必尽打炮，凡入门而不打炮者。谓之跳老虫，每次大洋二角，为时限十余分钟。打炮者，每次大洋一元十角不等，为时限一句钟，至入院过宿者，代价一二元不等。故凡开花烟间者，虽名为至下贱之业，而其入款，竟有每日数十元之多者。以是一班绑匪，趋之若惊，此为青帮绑匪吃相之一种也。"

【门息】《江湖走镖隐语行话谱》："掌柜：门息；亦为口息。"学古堂《江湖行话谱·行意行话》："掌柜为门息。"

【门星】《切口大词典·商铺类·玉器业之切口》："门星：帽块玉也。"

【门招】 学古堂《江湖行话谱·行意行话》："门：门招。"

【门子】 云游客《江湖丛谈·江湖之金点·彩门》："门子：变戏法的管使用家伙上有鬼的法子。"云游客《江湖丛谈·江湖之金点·诸葛数灯下数即为带子金》："管闹鬼使障眼法叫'门子'。"

【扪谈】《新刻江湖切要·鸟兽虫鱼类》："虱：受子；[增]扪谈，又游裈；又半风君。"

【闷头】《切口大词典·商铺类·火腿业之切口》："闷头：火腿骨也。"

【闷不闷】 学古堂《江湖行话谱·估衣行话》："卖不卖曰闷不闷。"

【闷川】《新刻江湖切要·生死类》："牢死：闷川；增曰禁川。"《切口大词典·星相类·拉和琴算命之切口》："闷川：死于牢中。"清傅崇矩《成都通览·成都之江湖言词·生死类》："牢死：闷川；禁川。"

【闷东】《新刻江湖切要·人事类》："气曰闷东。"《切口大词典·武术类·行程保镖者之切口》："闷东：气也。"清傅崇矩《成都通览·成都之江湖言词·人事类》："气：闷东。"

【闷干】《新刻江湖切要·身体类》："小便曰撒柳；闷干。"

【闷了】 云游客《江湖丛谈·江湖之春点·江湖艺人传·评书界之刘继业》："多好的书料，亦不如好包袱有价值。若是抓哏、抖包袱没有人笑，调侃叫'闷了'。"

【闷密】《江湖走镖隐语行话谱》："睡觉：闷密。"

【闷然】《镖行江湖隐语行话秘典》："走错了路，为闷然。"

【闷肉】《切口大词典·杂流类·虔婆之切口》："闷肉：娼妇也。"

【闷线】《镖行江湖隐语行话秘典》："搂火绳，为闷线。"

【闷子】《江湖走镖隐语行话谱》："间壶：闷子。"学古堂《江湖行话谱·行意行话》："茶壶，为闷子。"

meng

【虻老】《新刻江湖切要·鸟兽虫鱼类》："蚊：

［增］虻老；簧鼓生。本名碎老。"

【盟证】《切口大词典·党会类·哥老会之切口》："盟证：系开堂时临时添设者，称为盟证中堂大爷。"

【猛风】施列格《天地会研究·洪家口白要诀》："猛风，官兵。"

【猛子】《新刻江湖切要·鸟兽虫鱼类》："虎：喊老；猛子；寅老；斑虫。"《行院声嗽·鸟兽》："虎：猛子。"

【猛作】《行院声嗽·通用》："多：猛作。"

【蒙】①《切口大词典·武术类·跑马卖解之切口》："蒙：无也。"②清翟灏《通俗编·识余·市语·道家星卜》："道家星卜：一太，二大，三蒙，四全，五假，六真，七秀，八双全，九渊。"

【蒙古】学古堂《江湖行话谱·保镖护院行话概略》："银子为蒙古。"《镖行江湖隐语行话秘典》："银子，为蒙古。"

【蒙馆】《切口大词典·杂流类·私塾先生之切口》："蒙馆：在家设帐就读也。"

【蒙贵】宋陈元靓辑《事林广记·续集·绮谈市语·走兽门》："猫：蒙贵；乌猿。"

【蒙花】《切口大词典·工匠类·磨镜匠之切口》："蒙花：未出阁之闺女也。"

【蒙花子】《切口大词典·医药类·妇人卖药者之切口》："蒙花子：姑娘也。"

【蒙灰】《镖行江湖隐语行话秘典》："进店洗脸为蒙灰，面要朝外。"

【蒙头】《行院声嗽·身体》："花绵身体：蒙头。"

【蒙牙】宋陈元靓辑《事林广记·续集·绮谈市语·果菜门》："藕：召伯；蒙牙。"

【蒙枝】《新刻江湖切要·草木百果五谷类》："山药：蒙枝。"

【孟婆】①《切口大词典·巫卜类·和尚之切口》："孟婆：女老施主也。"②《切口大词典·衙卒类·侦探之切口》："孟婆：茶也。"

【孟婆汤】《切口大词典·党会类·小瘪三之切口》："孟婆汤：茶也。"

【梦】《新刻江湖切要·人事类》："没有曰梦。"清傅崇矩《成都通览·成都之江湖言词·人事类》："没有：梦。"

【梦撒】《行院声嗽·通用》："无：梦撒。"

【梦周】明程万里《鼎锲徽池雅调南北官腔乐府点板曲响大明春·六院汇选江湖方语》："梦周，是没有了。"

mi

【咪咪万】云游客《江湖丛谈·江湖之春点·江湖中的卖点之内幕》："江湖人，管姓杨的调侃叫咪咪万。"

【弥勒看门】《切口大词典·盗贼类·偷鸡贼之切口》："弥勒看门：门前有人，不能下手也，大抵指男人。"

【弥仲】《新刻江湖切要·亲戚类》："连襟：称曰亚；今称弥仲，又曰其服。"

【迷】①《郎中医话》："迷，是板。"②《切口大词典·商铺类·丝经业之切口》："迷：多也。"

【迷花】《切口大词典·商铺类·丝经业之切口》："迷花：笑也。"

【迷津】《新刻江湖切要·天文类》："雾：迷津；［广］天；隔面；杏花雨；如烟；疑霖；迷离；［广］起雾为披迷；又曰排烟帐。"《江湖切口要诀》（尺牍增附本）："雾：迷津。［广］天；隔面；杏花雨；如烟；疑霖。［广］迷离。起雾为披迷，又曰排烟帐。"清傅崇矩《成都通览·成都之江湖言词·天文类》："雾：迷津；隔面；杏花雨；如烟；疑霖；迷离；起雾为披迷。又曰排烟帐。"

【迷离】《新刻江湖切要·天文类》："雾：迷津；［广］天；隔面；杏花雨；如烟；疑霖；迷离；［广］起雾为披迷；又曰排烟帐。"《江湖切口要诀》（尺牍增附本）："雾：迷津。［广］天；隔面；杏花雨；如烟；疑霖。［广］迷离。起雾为披迷，又曰排烟帐。"清傅崇矩《成都通览·成都之江湖言词·天文类》："雾：迷津；隔面；杏花雨；如烟；疑霖；迷离；起雾为披迷。又曰排烟帐。"

【迷麻】《切口大词典·赌博类·牌九赌之切口》："迷麻：五四牌也。"

【米方】《切口大词典·杂业类·酱园之切口》："米方：醉腐乳也。"

【米囊花】《切口大词典·杂流类·卖花者之切口》："米囊花：罂粟花也。"

【米取孙】《江湖走镖隐语行话谱》："监生：

聚米厂；米取孙。"

【米生意】《江湖走镖隐语行话谱》："卖银子为米生意。"

【米食】 宋陈元靓辑《事林广记·续集·绮谈市语·饮食门》："粿：米食。"

【米汤】《切口大词典·娼妓类·茶室之切口》："米汤：妓女献媚之言词也。"

【米通】《新刻江湖切要·官职类》："廪生：饩占；米通。"

【米器】《新刻江湖切要·官职类》："纳贡：米器。"

【米占】《新刻江湖切要·官职类》："纳粟秀：米占。"

【米炡虫】《切口大词典·娼妓类·台基之切口》："米炡虫：米商也。"

【米子】 卫大法师《江湖话·红帮各地通行隐语·武器类》："枪弹：种子，米子。"李子峰《海底·各地通行隐语》："枪弹：种子；米子。"《江湖走镖隐语行话谱》："秀才：米子。"

【觅起棚儿】 云游客《江湖丛谈·江湖之金点·评门》："说得拢得住座儿。每逢要钱的时候，竟走座儿，调侃叫觅起棚儿。"

【秘典】 宋陈元靓辑《事林广记·续集·绮谈市语·文房门》："佛书：贝叶；秘典。"

【密里】《江湖走镖隐语行话谱》："苇子有人：密里。"

【密骗】《新刻江湖切要·人物类》："幕宾：立门头；[广] 生晞；密骗；忽扳；趋笑；管公事人；牵生。"清傅崇矩《成都通览·成都之江湖言词·人物类》："幕宾：立门头；生晞；密骗；忽扳；趋笑；管公事人；牵生。"

【蜜】 云游客《江湖丛谈·江湖之春点》："北叫'蜜'。"

【蜜浮儿】《切口大词典·商铺类·绸缎业之切口》："蜜浮儿：钞票也。"

【蜜鸡心】《切口大词典·手艺类·扇子业之切口》："蜜鸡心：小号之葵扇也。"

【蜜金丸】《切口大词典·商铺类·蜜饯业之切口》："蜜金丸：蜜渍枇杷也。"

【蜜口】《切口大词典·杂业类·酱园之切口》："蜜口：甜酱也。"

【蜜牛心】《切口大词典·手艺类·扇子业之切口》："蜜牛心：大号之葵扇也。"

mian

【眠川】《切口大词典·商铺类·皮裘业之切口》："眠川：三也。"清翟灏《通俗编·识余·市语·杂货铺》："杂货铺：一平头，二空工，三眠川，四睡目，五缺丑，六断大，七皂底，八分头，九未丸。"

【眠眠】《新刻江湖切要·疾病类》："病通称曰延年；眠眠；无念；暗年。"清傅崇矩《成都通览·成都之江湖言词·疾病类》："病：延年；眠眠；无念；暗年。"

【绵川】《切口大词典·星相类·拉和琴算命之切口》："绵川：吊死也。"

【绵脚】《蹴鞠图谱·圆社锦语》："绵脚：牙齿。"

【绵盘】《新刻江湖切要·饮馔类》："挂面：绵盘；线老。"清傅崇矩《成都通览·成都之江湖言词·饮馔类》："挂面：绵盘；线老。"

【棉花包】 卫大法师《江湖话·红帮各地通行隐语·动物类》："鸭：琵琶子，扁嘴，阿八，棉花包。"李子峰《海底·各地通行隐语》："鸭：扁嘴；阿八；棉花包。"

【棉花团】 卫大法师《江湖话·红帮各地通行隐语·天文地理类》："雪：花球子，鹅毛，棉花团。"李子峰《海底·各地通行隐语》："雪：鹅毛；棉花团。"

【免】 卫大法师《江湖话·各行业商帮所用数目字隐语·成都通行言词·帽行》："兵：一。文：二。善：三。作：四。成：五。安：六。免：七。可：八。庆：九。"清傅崇矩《成都通览·成都之各行人买卖通用言词·草帽麻行通用言词》："七，免。"

【免摊】《切口大词典·党会类·流氓之切口》："免摊：不必说也。"

【面布】《切口大词典·商铺类·竹器业之切口》："面布：手巾也。"

【面带】《切口大词典·巫卜类·道士之切口》："面带：飞钹也。"

【面梁】《切口大词典·工匠类·造船匠之切口》："面梁：插桅杆之板也。"

【面牌】《切口大词典·优伶类·戏盔之切口》:"面牌:额上所装之大绒球,下装明珠,或小镜,四围缀小绒球。"

【面熟蟹】《切口大词典·党会类·小瘪三之切口》:"面熟蟹:卧败絮中也。"

【面天】《切口大词典·星相类·隔夜算命之切口》:"面天:台子也。"

【面衣】《切口大词典·杂流类·卖饼者之切口》:"面衣:油煎饼也。"

【面子】①《切口大词典·赌博类·抽签赌之切口》:"面子:担子也。担子内放食物少许,便见信于人之小本经纪者。"②金老佛《三教九流江湖秘密规矩·青帮与红帮·江湖之春典》:"迷药称面子。"

miao

【苗】①清唐再丰《鹅幻汇编·江湖通用切口摘要》:"线曰苗。"卫大法师《江湖话·江湖上的隐语·普通隐语》:"线:苗。"《清门考原·各项切口》:"苗,线也。"金老佛《三教九流秘密规矩·日常用语》:"线曰苗。"②学古堂《江湖行话谱·行话管见》:"头发:苗。"

【苗群】《新刻江湖切要·草木百果五谷类》:"果:青垒;苗群;希令橘;红光[光乃圆字之误]。"

【苗头】《切口大词典·行号类·猪行之切口》:"苗头:小猪也。"

【苗文】《江湖走镖隐语行话谱》:"葱:通子、苗文。"

【苗西子】云游客《江湖丛谈·江湖之金点·挑青子生意之内幕》:"到了集上,找个过路口儿,将包儿一放,左手拿着一缕儿'苗西子'(江湖人管头脑袋上的头发,调侃儿叫'苗西子')。"

【苗稀】《新刻江湖切要·草木百果五谷类》:"菜:苗稀;破屑;又曰地青;叶苗。"

【苗戏】《新刻江湖切要·草木百果五谷类》:"小菜曰苗戏。"

【苗心】学古堂《江湖行话谱·行意行话》:"菜,为苗心。"

【苗须】《郎中医话》:"苗须,是头发。"

【苗叶】《新刻江湖切要·兵备类》:"刀:苗叶;千金;[增]利口生。"

【苗子】①《镖行江湖隐语行话秘典》:"长枪,为苗子。"②卫大法师《江湖话·红帮各地通行隐语·武器类》:"花枪:苗子。"李子峰《海底·各地通行隐语》:"花枪:苗子。"③《江湖走镖隐语行话谱》:"菜为苗子。"④云游客《江湖丛谈·江湖之春点·江湖艺人孙宝善》:"江湖人管变仙人摘豆的豆儿,调侃叫苗子。"⑤云游客《江湖丛谈·江湖之春点·三不管的相声场儿》:"管变仙人摘豆,叫苗子。"⑥云游客《江湖丛谈·江湖之金点·彩门》:"管变仙人摘豆叫苗子。"

【描】①清唐再丰《鹅幻汇编·江湖通用切口摘要》:"写曰描。"卫大法师《江湖话·红帮各地通行隐语·店钱及其他》:"写:描。"卫大法师《江湖话·江湖上的隐语·普通隐语》:"写:描。"《切口大词典·星相类·不开口相面之切口》:"描:写也。"《清门考原·各项切口》:"描,写也。"金老佛《三教九流江湖秘密规矩·日常用语》:"写为描。"李子峰《海底·各地通行隐语》:"写:描。"②《切口大词典·工匠类·烧窑匠之切口》:"描:画花草景物也。"

【描钿庄】《切口大词典·工匠类·画船匠之切口》:"描钿庄:画大号之船也。"

【描朵子】卫大法师《江湖话·红帮各地通行隐语·其他用具对象类》:"写信:描朵子。"李子峰《海底·各地通行隐语》:"写信:描朵子。"

【描黄】①《新刻江湖切要·僧道类》:"画符:描黄。"清傅崇矩《成都通览·成都之江湖言词·僧道类》:"书符:描黄。"②《切口大词典·乞丐类·改相求乞之切口》:"描黄:装成病容者。"

【描锦手】《切口大词典·工匠类·画船匠之切口》:"描锦手:画船匠也。"

【描景】①《切口大词典·医药类·施药郎中之切口》:"描景:身体图及各种标本画。"②《切口大词典·杂流类·卖西洋镜之切口》:"描景:画片也。"

【描欧景】《切口大词典·杂流类·卖西洋镜之切口》:"描欧景:外国画片也。"

【描漂子】《切口大词典·武术类·挂布招牌

教戏法者之切口》:"描漂子:布上满绘戏法之成绩也。"

【描平头】《切口大词典·商铺类·嫁妆业之切口》:"描平头:写字台也。"

【描容】《切口大词典·乞丐类·改相求乞之切口》:"描容:改装也。"

【描砂飞】《切口大词典·工匠类·画船匠之切口》:"描砂飞:画中号之船也。"

【描踏脚】《切口大词典·工匠类·画船匠之切口》:"描踏脚:花小号船也。"

【描子】 ①《切口大词典·商铺类·竹器业之切口》:"描子:以薄竹制成之小篮也。"②《镖行江湖隐语行话秘典》:"长枪,为描子。"③李子峰《海底·各地通行隐语》:"线:描子。"

【眇哉】 宋陈元靓辑《事林广记·续集·绮谈市语·拾遗门》:"小:眇哉。"

【妙货】《切口大词典·杂流类·卖买古董者之切口》:"妙货:假物也。"

【妙研】 宋陈元靓辑《事林广记·续集·绮谈市语·饮食门》:"药:妙研;汗火。"

【妙宜贬】 学古堂《江湖行话谱·估衣行话》:"未有钱:妙宜贬。"

【妙札】 宋陈元靓辑《事林广记·续集·绮谈市语·文房门》:"书:银钩;妙札。"

【庙头】《切口大词典·杂流类·收卖锭灰者之切口》:"庙头:寺院中之灰也。"

---

mie

【灭清】 朱琳《洪门志·春典子琐记·物品》:"茶杯,称灭清。"

【灭清子】 卫大法师《江湖话·红帮各地通行隐语·饮食用品类》:"茶杯:青炊撇子,莲蕊,灭清子。"

---

min

【民快】《切口大词典·星相类·龟算命之切口》:"民快:捕捉民事之人也。"

【民山】《江湖走镖隐语行话谱》:"喝酒:民山。"

【民战】《切口大词典·商铺类·南货业之切口》:"民战:栗子也。"

【皿入通】《新刻江湖切要·官职类》:"监生:皿占;皿入通。"

【皿占】《新刻江湖切要·官职类》:"监生:皿占;皿入通。"

【闵】《清门考原·各项切口》:"闵,吃也。"

【闵汉】 清唐再丰《鹅幻汇编·江湖通用切口摘要》:"吃饭曰闵汉。"《切口大词典·医药类·祝由科之切口》:"闵汉:吃饭也。"金老佛《三教九流江湖秘密规矩·日常用语》:"吃饭曰闵汉。"

【闵几】 朱琳《洪门志·春典子琐记·物品》:"酒杯,称闵几。"

【闵青】 卫大法师《江湖话·江湖上的隐语·普通隐语》:"吃茶:闵青。"《切口大词典·医药类·祝由科之切口》:"闵青:吃茶也。"

【闵青茶】 清唐再丰《鹅幻汇编·江湖通用切口摘要》:"吃茶曰闵青茶。"

【闵青朝阳】《切口大词典·盗贼类·对买贼之切口》:"闵青朝阳:茶楼也。"

【闵散头】《清门考原·各项切口》:"闵散头,吃饭也。"

【闵牙淋】 学古堂《江湖行话谱·行意行话》:"喝茶,为闵牙淋。"

【抿草山钩】 云游客《江湖丛谈·江湖之金点·评门》:"抽旱烟,调侃儿叫抿草山钩。"

【抿青子】 云游客《江湖丛谈·江湖之春点·天桥的戏法场》:"吞宝剑调侃叫抿青子。"云游客《江湖丛谈·江湖之金点·彩门》:"抿青子,吞剑。"

【抿秋波】《切口大词典·娼妓类·相公堂子之切口》:"抿秋波:人之传情,端在目间,秋波一邪,最足销魂,老相教美童以目语,为第一步。"

【抿子】《切口大词典·盗贼类·铳手之切口》:"抿子:篦子也。"

【闽七】《新刻江湖切要·地理类》:"福建:闽七;[广]虫门;又曰鸟都。"《江湖切口要诀》(尺牍增附本):"福建:闽七;虫门;又曰鸟都。"《切口大词典·医药类·自称戏子治病者之切口》:"闽七:福建也。"清傅崇矩《成都通览·成都之江湖言词·地理类》:"福建:闽七;虫门;鸟都。"

【闽琴】《江湖切口要诀》(尺牍增附本)："小姐：闽琴；改双五才，谓千金也。"

【敏黄莲子】 卫大法师《江湖话·红帮各地通行隐语·饮食用品类》："吃茶：押淋子，敏黄莲子。"李子峰《海底·各地通行隐语》："吃茶：押淋子；敏黄莲子。"

【敏山】 云游客《江湖丛谈·江湖之春点》："管喝酒的叫'敏山'。"

【敏指子】《切口大词典·盗贼类·爬儿手之切口》："敏指子：得钱吃东西也。"

ming

【名件】《切口大词典·杂业类·面馆之切口》："名件：头尾面也。"

【明】 ①《新刻江湖切要·地理类》："近：明。"《江湖切口要诀》(尺牍增附本)："近：明。"《切口大词典·星相类·铁板算命之切口》："明：路之近也。"清傅崇矩《成都通览·成都之江湖言词·地理类》："近：明。" ②《新刻江湖切要·亲戚类》："祖母：坤官；东月；重月，似母之母矣，今改老明。明者，日之月。" ③卫大法师《江湖话·各行业商帮所用数目字隐语·重庆通行言词·买猪》："豆：一。背：二。泰：三。长：四。仁：五。条：六。栲：七。黄：八。豆：九。按此为重庆场买卖猪时使用。又名猪肉为'大'，即问'这大多少钱一斤'？则回答；若问'这猪肉多少钱一斤'？则不回答你。高：一。明：二。韩：三。苏：四。大：五。雍：六。草：七。梅：八。湾：九。高：十。许：一。欠：二。川：三。义：四。土：五。告：六。照：七。毛：八。求：九。许：十。此二十个字互用，如'许许'为'十一'，'欠欠'为'二十二'，'韩韩'为'三十三'，'苏苏'为'四十四'，'土土'为'五十五'，'雍雍'为'六十六'，'草草'为'七十七'，'毛毛'为'八十八'，'湾湾'为'九十九'。而'十一'不能称'高高'，'八十八'不能称'梅梅'。又如'高明'为'十二'，'高韩'为'十三'，'高苏'为'十四'，'高大'为'十五'，'高雍'为'十六'，'高草'为'十七'，而'高梅'不能为'十八'，要用'许毛'为'十八'，'高湾'为'十九'。又如'欠许'为'二十一'，'韩许'为'三十一'，'入许'为'五十一'，'雍许'为'六十一'，'毛许'为'八十一'，'湾许'为'九十一'。而'明韩'为'二十三'。'韩明'为'三十二'，'土明'为'五十二'，'雍明'为'六十二'等。整数语尾加'老'字，如'高老'为'一百'等。在鼎街古董铺，则用二个字，如'高少'为'一千五百元'，或'一万五千元'，少有用三个字的，如遇三个数目，则尾数用普通数目，如'十五万五千元'，而荒货担子可说到三个字，因此数目言词非精通常用不可。"卫大法师《江湖话·各行业商帮所用数目字隐语·重庆通行言词·古董，旧五金，估衣，改裁，荒担，经纪，过活，旧棉絮（重庆教场口，鼎新街，估衣街，关津巷通用）》："高一。明：二。韩：三。苏：四。大：五。雍：六。草。七。梅：八。湾：九。高：十。许：一。欠：二。川：三。义：四。土：五。告：六。照：七。毛：八。求：九。许：十。④《江湖走镖隐语行话谱》："五更为明。" ⑤清末民初佚名《镖行江湖隐语行话秘典》："明：是明白了。"

【明查】《郎中医话》："明查，是阴天。"

【明场】 ①《梨园话》："明场：表演于外者，谓之'明场'。" ②《切口大词典·盗贼类·杆匪之切口》："明场：指明去劫掠也。"

【明巢】《清门考原·各项切口》："明巢，大胆入宅窃物也。"

【明地】 云游客《江湖丛谈·江湖之春点·评书界"请支"之源流》："明地……即是街头、庙会拉场子露天讲演。"

【明蜅】《切口大词典·行号类·咸货行之切口》："明蜅：小乌贼也。"

【明挂子】 云游客《江湖丛谈·江湖之春点·挂子行中的支杆挂子》："凡是练把式不偷窃的，当公当差应役，或是入伍，或当捕快为私的，或是保镖护院，或是立场子教徒弟，走闯江湖打把式卖艺，都叫明挂子。"

【明金】《江湖走镖隐语行话谱》："算卦：明金。"

【明麻】《切口大词典·杂业类·麻油店之切

口》："明麻：芝麻也。"

【明门】《切口大词典·赌博类·牌九赌之切口》："明门：四六牌也。"

【明明】《新刻江湖切要·经纪类》："摩［磨］镜人；托亮；到光，照子。余更之为还光生；又曰明明。"清傅崇矩《成都通览·成都之江湖言词·经纪类》："摩镜人：托亮；到光；照子；还光生；明明。"

【明清】①《切口大词典·党会类·流氓之切口》："明清：吃讲茶也。"②《切口大词典·工匠类·石匠之切口》："明清：路界石也。"

【明石】《切口大词典·医药类·药行业之切口》："明石：皮硝也。"

【明视】宋陈元靓辑《事林广记·续集·绮谈市语·走兽门》："兔：明视。"

【明线】《镖行江湖隐语行话秘典》："点火绳，为明线。"

【明星】《江湖走镖隐语行话谱》："点灯：明星。"

【明月】《切口大词典·党会类·小瘪三之切口》："明月：烧饼也。"

【鸣雏】《切口大词典·杂流类·堂名之切口》："鸣雏：小堂名也。"

【鸣大】《切口大词典·杂流类·外执事之切口》："鸣大：吹打也。"

【鸣垤】《新刻江湖切要·鸟兽虫鱼类》："鹳：苍鸣；［增］鸣垤。"

【鸣凤】《切口大词典·商铺类·乐器业之切口》："鸣凤：笙也。"

【鸣皋】《新刻江湖切要·鸟兽虫鱼类》："鹤：［增］天闻；鸣皋；在阴。"

【鸣老】①《新刻江湖切要·鸟兽虫鱼类》："鸡：工匕；酉官；鸣老；得晓；斗子；响各。"明佚名《行院声嗽·鸟兽》："鸡：鸣老。"②《切口大词典·杂流类·吹打者之切口》："鸣老：吹喇叭也。"

【鸣亮】《切口大词典·杂流类·掌礼者之切口》："鸣亮：吹打也。"

【鸣佗】《切口大词典·杂流类·红白帖之切口》："鸣佗：吹鼓手也。"

【鸣湾】《切口大词典·星相类·铁板算命之切口》："鸣湾：敲铁板也。"

【鸣王】《新刻江湖切要·鸟兽虫鱼类》："凤：鸣王。"

【鸣小】《切口大词典·杂流类·外执事之切口》："鸣小：小堂名也。"

【暝子】《行院声嗽·人事》："暗地：暝子。"

【螟蛉子】《新刻江湖切要·亲戚类》："继子：奖欠；失欠。今改赢负，谓螟蛉子也。"

mo

【摸】《郎中医话》："摸，是母。"

【摸地王】清傅崇矩《成都通览·成都之袍哥话即江湖话也》："摸地王：有几成水；黑墨老拐；傲脑壳；傲林公；吊三红。"

【摸洞】《切口大词典·巫卜类·道士之切口》："摸洞：箫也。"

【摸尔把】《切口大词典·衙卒类·侦探之切口》："摸尔把：寺院主持之和尚也。"

【摸海底】卫大法师《江湖话·安庆隐语》："盘问折înt：摸海底，捞根。"

【摸摸看】《切口大词典·党会类·流氓之切口》："摸摸看：牵牵看。"

【摸弄汗胡】云游客《江湖丛谈·江湖之春点·江湖中的卖点之内幕》："那杨某给你配药，调侃叫'摸弄汗胡'，可是他给你'攥弄的汗胡'都是'里腥'的。"

【摸枪】明风月友辑《金陵六院市语》："摸枪者，搽粉也。"

【摸张】《切口大词典·赌博类·麻雀赌之切口》："摸张：北风牌也。"

【摸庄】清傅崇矩《成都通览·成都之袍哥话即江湖话也》："摸庄，谋杀人也。"

【模】《切口大词典·优伶类·伶人之切口》："模：五也。"

【模攘】明风月友辑《金陵六院市语》："汗巾则曰模攘。"

【膜串】《蹴鞠图谱·圆社锦语》："膜串：不中。"

【摩刀石】《切口大词典·衙卒类·兵士之切口》："摩刀石：和尚也。"

【摩杆】《江湖走镖隐语行话谱》："下乡：摩杆。"

【摩肩】《新刻江湖切要·经纪类》："脚夫：摩肩。"《切口大词典·役夫类·脚夫之切口》："摩肩：脚夫也。"清傅崇矩《成都通览·成都之江湖言词·经纪类》："脚夫：摩肩。"

【磨】《切口大词典·杂业类·冶坊之切口》："磨：五也。"

【磨杵】云游客《江湖丛谈·江湖之春点·江湖之"撇年子"把戏》："管串街巷儿揽生意，调侃儿叫磨杵。"云游客《江湖丛谈·江湖之金点·磨杵的生意》："江湖人管到乡下串村庄镇去做生意，调侃儿叫磨杵。"

【磨街党】《新刻江湖切要·乞丐类》："书情节求乞：磨街党。"《切口大词典·乞丐类·书情求乞之切口》："磨街党：书情节，而求乞也。"清傅崇矩《成都通览·成都之江湖言词·乞丐类》："书情节求乞：磨街党。"

【磨街石】《切口大词典·乞丐类·书情求乞之切口》："磨街石：伏于地上也。"

【磨口】《切口大词典·商铺类·丝经业之切口》："磨口：银洋也。"

【磨石】明佚名《行院声嗽·人事》："迟慢：磨石。"

【磨头】云游客《江湖丛谈·江湖之春点》："管母亲叫磨头。"云游客《江湖丛谈·江湖之春点·江湖艺人孙宝善》："江湖人管母亲调侃儿叫磨头。"

【磨芯】《切口大词典·商铺类·丝经业之切口》："磨芯：小银元也。"

【磨子】《新刻江湖切要·身体类》："齿：磨子。"《切口大词典·星相类·相家之切口》："磨子：牙齿也。"清傅崇矩《成都通览·成都之江湖言词·身体类》："齿：磨子。"

【磨足】《切口大词典·杂业类·燕子窝之切口》："磨足：瘾已足也。"

【抹】卫大法师《江湖话·各行业商帮所用数目字隐语·成都通行言词·布行》："则：一。乃：二。心：三。梳：四。抹：五。高：六。纱：七。孬：八。垃：九。"清傅崇矩《成都通览·成都之各行人买卖通用言词·布匹棉花线子行言词》："抹，五。"

【抹彩】《梨园话》："抹彩：以脂粉涂面，谓之'抹彩'。"

【抹充】《切口大词典·盗贼类·拐匪之切口》："抹充：拐匪称被拐之幼女也。"

【抹海】《江湖丛谈·江湖之金点·调门》："江湖人管抽大烟，调侃儿叫'抹海'，人声字，又叫'肯海草儿'。"

【抹咳】云游客《江湖丛谈·江湖之春点·三不管的戗巾生意》："管吸鸦片烟，调侃叫抹咳。"

【抹铁】《新刻江湖切要·人事类》："说合曰抹铁。"清傅崇矩《成都通览·成都之江湖言词·人事类》："说合：抹铁。"《行院声嗽·人事》："说合：抹铁。"

【抹托子】卫大法师《江湖话·红帮各地通行隐语·居住用品类》："抹布：抹托子，丝罗，掳子。"李子峰《海底·各地通行隐语》："抹布：抹托子；丝罗；掳子。"

【抹月】《切口大词典·商铺类·竹器业之切口》："抹月：瓷面盆也。"

【抹子活】云游客《江湖丛谈·江湖之金点·彩门》："管变小戏法儿叫抹子活。"

【抹嘴】《切口大词典·商铺类·竹器业之切口》："抹嘴：手帕也。"

【末】清翟灏《通俗编·识余·市语·绸绫行》："绸绫行：则一叉，二计，三沙，四子，五固，六羽，七落，八末，九各，十汤。"

【末弟老】《清门考原·各项切口》："末弟老，是重孙之称。"

【末汉】清唐再丰《鹅幻汇编·江湖通用切口摘要》："末药曰末汉。"卫大法师《江湖话·江湖上的隐语·普通隐语》："末药：末汉。"《切口大词典·医药类·卖膏药者之切口》："末汉：末药也。"《清门考原·各项切口》："末汉，末药也。"金老佛《三教九流江湖秘密规矩·日常用语》："末药曰末汉。"

【末老】①《切口大词典·衙卒类·侦探之切口》："末老：人也，无论何人，咸可称之。"②《切口大词典·杂业类·油坊之切口》："末老：菜子也。"

【末时】《切口大词典·星相类·铁板算命之切口》："末时：亥时也。"

【莫顾】《新刻江湖切要·亲戚类》："继父：奖日；今改莫顾，取《诗》，谓他人父之意。"

【莫邪】宋陈元靓辑《事林广记·续集·绮谈市语·文房门》："剑：干将；莫邪。"

【莫有】《新刻江湖切要·亲戚类》："继母：奖月；今改莫有，谓他人母也。"

【墨】①《郎中医话》："墨，是北。"《江湖走镖隐语行话谱》："北：墨。"学古堂《江湖行话谱·保镖护院行话概略》："北：墨。"学古堂《江湖行话谱·行意行话》："北，为墨。"②卫大法师《江湖话·红帮各地通行隐语·数目类》："七：墨，捏子。"

【墨板】《切口大词典·巫卜类·测字者之切口》："墨板：测字所书之板也。"

【墨悲】《切口大词典·商铺类·染色业之切口》："墨悲：染缸也。"

【墨兵】宋陈元靓辑《事林广记·续集·绮谈市语·文房门》："史书：墨兵。"

【墨狗子】卫大法师《江湖话·安庆隐语》："警察：皮条子，条儿码子，墨狗子。"

【墨刻儿】云游客《江湖丛谈·江湖之春点·天桥的评书场子》："书局里所售的书，都是笔墨写出原稿，刻板印行的，故叫那些书为墨刻儿。"

【墨牌子】《切口大词典·商铺类·押当业之切口》："墨牌子：古画也。"

【墨使】宋陈元靓辑《事林广记·续集·绮谈市语·文房门》："砚：陶□；即墨使。"

【墨水】《切口大词典·杂流类·卖馄饨者之切口》："墨水：酱油也。"

【墨鱼蛋】《切口大词典·行号类·咸货行之切口》："墨鱼蛋：乌贼卵子也。"

【默】清傅崇矩《成都通览·成都之江湖言词·身体类》："哑：念呐；默：忘言。"

mou

【某】清翟灏《通俗编·识余·市语·铜行》："铜行：一豆，二贝，三某，四长，五人，六土，七木，八令，九王，十合。"

mu

【母】《切口大词典·杂业类·米店之切口》："母：五也。"

【母舅板脸】《切口大词典·盗贼类·拐匪之切口》："母舅板脸：拐匪案件败露，被人捉将官里去也。"

【母舅反脸】《清门考原·各项切口》："母舅反脸，拐案败露。人被捉去吃官司也。"

【牡丹点】学古堂《江湖行话谱·行话管见》："画画的叫牡丹点。"

【牡丹卷子】卫大法师《江湖话·红帮各地通行隐语·衣服类》："花包袱：牡丹卷子。"

【木】①卫大法师《江湖话·各行业商帮所用数目字隐语·重庆通行言词·小菜》："田：一。衣：二。寸：三。水：四。丁：五。木：六。才：七。共：八。底：九。"清翟灏《通俗编·识余·市语·线行》："线行：一田，二伊，三寸，四水，五丁，六木，七才，八戈，九成。"《切口大词典·商铺类·银楼业之切口》："木：六也。"②《切口大词典·杂业类·老虎灶之切口》："木：七也。"清翟灏《通俗编·识余·市语·铜行》："铜行：一豆，二贝，三某，四长，五人，六土，七木，八令，九王，十合。"

【木棒】《新刻江湖切要·器用类》："箸：条篙；木棒；迁杖；条达。梳子：把头；杷老。"《切口大词典·役夫类·庖夫之切口》："木棒：筷子也。"清傅崇矩《成都通览·成都之江湖言词·器用类》："箸：一条篙；木棒；迁杖；条达。"

【木笔】《切口大词典·医药类·摆草药摊之切口》："木笔：玉兰也。治寒热。"

【木粗】《切口大词典·手艺类·白藤业之切口》："木粗：较木中面尤粗，亦作海渔船缆用。"

【木寸通】①《新刻江湖切要·人物类》："村人：木寸通。[广] 高于岑楼。"《江湖切口要诀》（尺牍增附本）："村人：木寸通。[广] 高于岑楼。"清傅崇矩《成都通览·成都之江湖言词·人物类》："村人：木寸通；高于岑楼。"②《切口大词典·盗贼类·剪绺贼之切口》："木寸通：蠢人也，沪谚阿木林。"

【木地】《新刻江湖切要·地理类》："山东：木地；[广] 朝阳。"《江湖切口要诀》（尺牍增附本）："山东：木地。[广] 朝阳。"《切口大词典·医药类·自称戏子治病者之切口》："木地：山东也。"清傅崇矩《成都通览·成都之江湖言词·地理类》："山东：木地；朝阳。"

【木儿】①《切口大词典·商铺类·丝经业之切口》："木儿：六也。"②《切口大词典·商铺类·丝经业之切口》："木儿：姓李者。"

【木根朝阳】《切口大词典·盗贼类·对买贼之切口》："木根朝阳：参燕号也。"

【木公帐】《新刻江湖切要·店铺类》："米店：

碾朝阳；木公帐；[改] 生爨朝阳。"清傅崇矩《成都通览·成都之江湖言词·店铺类》："米店：碾朝阳；木公帐；生爨朝阳。"

【木鬼】 清傅崇矩《成都通览·成都之江湖言词·饮馔类》："茶：青老；清喉；木鬼；碧水；牙净；枝叶；木癸；扰梗子。"

【木癸】《新刻江湖切要·饮馔类》："茶：青老；清喉；水鬼；碧水；牙净；枝叶；木癸；扰梗子。"清傅崇矩《成都通览·成都之江湖言词·饮馔类》："茶：青老；清喉；木鬼；碧水；牙净；枝叶；木癸；扰梗子。"

【木棍桥】 卫大法师《江湖话·四川灌县轿夫隐语》："木棍桥：前'朽木烂桥'；后'鲁班功劳'。"

【木壶】《切口大词典·盗贼类·铳手之切口》："木壶：砂壶也。"

【木湖面】《切口大词典·手艺类·白藤业之切口》："木湖面：较木细面略粗者。"

【木花子】《郎中医话》："木花子，是打棋式。"

【木季天】《新刻江湖切要·时令类》："春：木季天；甲通。"《江湖切口要诀》（尺牍增附本）："春：木季天；甲通。"《切口大词典·星相类·弹弦子算命之切口》："木季天：春天也。"清傅崇矩《成都通览·成都之江湖言词·时令类》："春：木季天；甲通。"

【木焦】《新刻江湖切要·草木百果五谷类》："草曰木焦。"

【木老】《行院声嗽·饮食》："果：木老。"

【木落】《新刻江湖切要·时令类》："霜降：木落。"《江湖切口要诀》（尺牍增附本）："霜降：木落。"《切口大词典·星相类·弹弦子算命之切口》："木落：霜降也。"清傅崇矩《成都通览·成都之江湖言词·时令类》："霜降：木落。"

【木奴】 宋陈元靓辑《事林广记·续集·绮谈市语·果菜门》："橘：洞庭香；木奴。"

【木裙】《切口大词典·商铺类·丝经业之切口》："木裙：店之柜身也。"

【木人头】《切口大词典·衙卒类·牢监之切口》："木人头：狱兵或警士也。"

【木史】 宋陈元靓辑《事林广记·续集·绮谈市语·文房门》："简板；木史。"

【木头】《新刻江湖切要·时令类》："立春：[补] 回阳；木头。"《江湖切口要诀》（尺牍增附本）："立春 [补]：木头。"《切口大词典·星相类·铁板算命之切口》："木头：立春也。"清傅崇矩《成都通览·成都之江湖言词·时令类》："立春：回阳；木头。"

【木倭】《切口大词典·商铺类·板木业之切口》："木倭：杂木也。"

【木细面】《切口大词典·手艺类·白藤业之切口》："木细面：木藤之细匀者。"

【木阳城】《切口大词典·党会类·三点会之切口》："木阳城：木斗也。"金老佛《三教九流江湖秘密规矩·三合会之隐语》："扇曰弯月，木斗曰木阳城。"

【木杨城】 ①平山周《中国秘密社会史·三合会隐语》："剑曰橘板，曰绉纱。小刀曰狮子。大炮曰黑狗，火药曰狗粪，大炮声曰狗吠。银圆曰瓜子，铜钱曰芝麻。手曰五爪龙，耳曰顺风。斩首曰洗面。海曰大天。密会所曰三尺六，曰古松。扇曰弯月。木斗曰木杨城。"《家里宝鉴·隐语》："木斗曰'木杨城'。" ②施列格《天地会研究·洪家口白要诀》："木杨城：开会的地点。"

【木易儿】《切口大词典·商铺类·丝经业之切口》："木易儿：姓杨者。"

【木偶】《切口大词典·医药类·着地摊药治病者之切口》："木偶：呆人也。"

【木中面】《切口大词典·手艺类·白藤业之切口》："木中面：较木湖面略粗者。"

【目料】 清傅崇矩《成都通览·成都之江湖言词·人事类》："谈往事：目料；好村方；良棋盘。"

【目听】《新刻江湖切要·身体类》："聋：老采；[增] 目听；等辰。"《切口大词典·星相类·不开口相面之切口》："目听：耳聋者。"清傅崇矩《成都通览·成都之江湖言词·身体类》："聋：老采；目听；等辰。"

【目西】《新刻江湖切要·人事类》："相骂曰目西。"《切口大词典·巫卜类·六壬课之切口》："目西：相骂也。"清傅崇矩《成都通览·成都之江湖言词·人事类》："相骂：目西。"

【沐猴】《新刻江湖切要·乞丐类》："装斯文落难求乞：搽相；[改] 沐猴。"《切口大词典·乞丐类·改相求乞之切口》："沐猴：装成斯文落难而求乞者。"清傅崇矩《成都通览·成都之江湖言词·乞丐类》："装斯文落难求乞：搽相；沐猴。"

【沐浴】《清门考原·各项切口》："沐浴，先伪从良得钱子解债务，后借故离开，复又嫁人，或自主。近世纪女，都如此，惜色迷者不知其伪。"

【牧】《郎中医话》："牧，是花。"

【墓】①卫大法师《江湖话·各行业商帮所用数目字隐语·成都通行言词·小菜行》："墓：五。"清傅崇矩《成都通览·成都之各行人买卖通用言词·小菜青果并小生意通用言词》："五：墓。"②清傅崇矩《成都通览·成都之各行人买卖通用言词·小菜青果并小生意通用言词》："墓是五百。"

【幕串】《蹴鞠谱·锦语》："多口：幕串。"

【幕光】《切口大词典·商铺类·竹器业之切口》："幕光：灯罩也。"

【暮登】《切口大词典·商铺类·古董业之切口》："暮登：床也。"

【暮林】《新刻江湖切要·衣饰类》："被：滚服；暮林；文滚；又曰战干。"清傅崇矩《成都通览·成都之江湖言词·衣饰类》："被：滚服；暮林；文滚；战干。"《切口大词典·盗贼类·收晒朗贼之切口》："暮林：被头也。"

【慕容】《新刻江湖切要·身体类》："慕容：阒。"清傅崇矩《成都通览·成都之江湖言词·身体类》："阒：吐青；慕容。"

N

na

【拿把子】卫大法师《江湖话·红帮各地通行隐语·偷盗类》："掌杆：拿把子。"

【拿蚌】《新刻江湖切要·身体类》："淫阴曰拿蚌。"《切口大词典·星相类·相家之切口》："拿蚌：交媾也。"

【拿开销】《切口大词典·党会类·红帮之切口》："拿开销：人主聚赌，前去索陋规也。"

【拿落帽风】贝思飞《民国时期的土匪隐语》："拿落帽风：急需的通知。"

【拿卯】《新刻江湖切要·人事类》："拐龙阳为拿卯。"《切口大词典·武术类·行程保镖者之切口》："拿卯：拐龙阳也。"清傅崇矩《成都通览·成都之江湖言词·人事类》："拐龙阳：拿卯。"

【拿攀】①清唐再丰《鹅幻汇编·江湖通用切口摘要》："交媾曰拿攀。"卫大法师《江湖话·红帮各地通行隐语·人身各物类》："交媾：压到子，跨合子，拿攀。"《切口大词典·医药类·卖膏药者之切口》："拿攀：交媾也。"卫大法师《江湖话·江湖上的隐语·普通隐语》："交媾：拿攀。"金老佛《三教九流江湖秘密规矩·日常用语》："交媾曰拿攀。"李子峰《海底·各地通行隐语》："交媾：压列子；跨合子；拿攀。"②《切口大词典·行号类·鲜鱼行之切口》："拿攀：鲐鱼也，俗名蚌。"③《切口大词典·医药类·摇虎撑者之切口》："拿攀：相思也。"

【拿攀法】《清门考原·各项切口》："拿攀法，女阴，切口为攀，交媾切口，为拿攀。卖春宫者，统名曰拿攀法，又名软账。"

【拿桥】《梨园话》："拿桥：自高身价，临时与人为难，谓之'拿桥'。"

【拿翘】《切口大词典·优伶类·伶人之切口》："拿翘：自高身价，临时与人为难也。"

【拿糖】《切口大词典·娼妓类·茶室之切口》："拿糖：犹言易也。"

【拿张】《清门考原·各项切口》："拿张，主使用伪局骗财者。"

【拿纸片】《切口大词典·娼妓类·八大胡同妓院之切口》："拿纸片：客人索请客之红笺也。"

【那拈】《镖行江湖隐语行话秘典》："是朋友，早早闪路。若不是闪，上前答话。朋友听真，披鞍认镫，从念荣华，高才亮走。俗再进几步。你在林根我在林外，俱是一家。走镖走高，俱是一家。僧道两门，回汉两教，绿

（路）林在线上，俗们俱不能分家。若是分家，万万不能。朋友吃遍天下。留下线牵之地，让与弟吃。朋友若答是，回答：保不住恳泉里空楚短，若是打照，在那拈。与朋友见面，就说那拈。"

【那悉茗】《切口大词典·杂业类·花业之切口》："那悉茗：素馨花也。"

【纳保】《切口大词典·杂流类·贩人口者之切口》："纳保：卖入妓寮也。"

【纳儿】《切口大词典·商铺类·丝经业之切口》："纳儿：三也。"

【纳细】①《新刻江湖切要·地理类》："海：[补] 纳细；阔老；圣出；扬波；无边子；鱼乐图。"《江湖切口要诀》（尺牍增附本）："海：[补] 纳细。"《切口大词典·医药类·自称戏子治病者之切口》："纳细：海也。"清傅崇矩《成都通览·成都之江湖言词·地理类》："海：纳细，阔老，圣出，扬波，无边子，鱼乐国。"②《切口大词典·盗贼类·水面贼之切口》："纳细：池也。"

【捺色】《新刻江湖切要·乐器类》："鼓板：拨凳。拍板：捺色。"《行院声嗽·器用》："柏板：捺色。"

【捺瑟】《切口大词典·商铺类·乐器业之切口》："捺瑟：台板也。"

nai

【乃】卫大法师《江湖话·各行业商帮所用数目字隐语·成都通行言词·布行》："则：一。乃：二。心：三。梳：四。抹：五。高：六。纱：七。孬：八。圿：九。"清傅崇矩《成都通览·成都之各行人买卖通用言词·布匹棉花线子行言词》："乃，二。"

【乃合】《切口大词典·医药类·卖药糖者之切口》："乃合：香料也。"

【乃胡】《切口大词典·医药类·卖药人之切口》："乃胡：向买客强卖硬销也。"

【乃能】《切口大词典·医药类·祝由科之切口》："乃能：短杆有铁圈摇之作响以招顾客者。"

【乃通】《新刻江湖切要·官职类》："秀才：占通；乃通。"

【乃尊】宋陈元靓辑《事林广记·续集·绮谈市语·亲属门》："父：乃尊；府丈。"

【妳梢】《行院声嗽·人物》："孩儿：妳梢。"

【奈奈花】《切口大词典·杂流类·卖花者之切口》："奈奈花：茉莉花也。"

【奈享】《切口大词典·巫卜类·文王课之切口》："奈享：命运之通者。"

nan

【男拆】《切口大词典·杂流类·二爷之切口》："男拆：跟随新郎或乾宅之亲属者。"

【男红手】《切口大词典·工匠类·外国成衣匠之切口》："男红手：专做男人衣服者。"

【男老举】《切口大词典·娼妓类·粤妓之切口》："男老举：犹上海之男堂子也。专供妇女冶游也。"

【男女锁】《切口大词典·商铺类·丝线业之切口》："男女锁：较条洒略细之线也。亦呼头扣也。"

【男人】卫大法师《江湖话·红帮各地通行隐语·人类一般》："男人：天牌。"

【南】《切口大词典·行号类·耕牛行之切口》："南：三也。"《切口大词典·行号类·海鱼行之切口》："南：三也。"《切口大词典·行号类·茧行之切口》："南：三也。"《切口大词典·行号类·鲜鱼行之切口》："南：三也。"清翟灏《通俗编·识余·市语·丝行》："丝行：则一岳，二卓，三南，四长，五人，六龙，七青，八豁，九底。"

【南班】《切口大词典·娼妓类·八大胡同妓院之切口》："南班：南妓所组合之清吟小班也，有苏扬之别。"

【南北开巴】卫大法师《江湖话·红帮各地通行隐语·其他用具对象类》："对分钱：南北开巴。"李子峰《海底·各地通行隐语》："对分钱：南北开巴。"

【南底】《江湖丛谈·江湖之金点·挂》："一天卖这们几回，吃喝不用愁了。敝人曾经调查过，他们这膏药，不是香油熬的，是桐油熬的。他们管使桐油熬的膏药，调侃儿叫南底。"

【南坟】金老佛《三教九流江湖秘密规矩·青

帮与红帮·红帮之问答》："日来水蛤蜢（水警之类）很多，不如到南坟（村）去盱阵（察看道路），看清地图（即出入门径），觅定壮猪（即事主），好在南坟离圈子（县城）恨远，并无风头之患。"金老佛《三教九流江湖秘密规矩·青帮与红帮·江湖之春典》："村庄称南坟。"

【南盖】《家里宝鉴·隐语》："帖子曰'南盖，万笠'。"

【南海】《切口大词典·乞丐类·妇人求乞之切口》："南海：施主人家也。"

【南客】 宋陈元靓辑《事林广记·续集·绮谈市语·飞禽门》："孔雀：南客。"

【南无】《切口大词典·巫卜类·道士之切口》："南无：高佛也。"

【难吃】《切口大词典·杂流类·二爷之切口》："难吃：行酒席礼也。"

【难过】《切口大词典·党会类·青帮之切口》："难过：同帮中不睦，或有仇恨者。"《清门考原·各项切口》："难过，不和睦也。"

nao

【孬】 卫大法师《江湖话·各行业商帮所用数目字隐语·成都通行言词·布行》："则：一。乃：二。心：三。梳：四。抹：五。高：六。纱：七。孬：八。圠：九。"清傅崇矩《成都通览·成都之各行人买卖通用言词·布匹棉花线子行言词》："孬，八。"

【挠】 ①《镖行江湖隐语行话秘典》："挠，为六。"②《镖行江湖隐语行话秘典》："至六十九吊俱是挠。"③《镖行江湖隐语行话秘典》："至六十五吊，俱是挠。"

【挠巧】《镖行江湖隐语行话秘典》："挠巧，六十七吊。"

【挠山】 清末民初佚名《镖行江湖隐语行话秘典》："大便，为挠山。"

【猱】 明《行院声嗽·数目》："六：篮；猱。"

【恼客草】《切口大词典·医药类·药行业之切口》："恼客草：臭梧桐也。"

【脑后音】《梨园话》："脑后音：丹田音兼鼻音，谓之'脑后音'。"

【脑门儿钱】《梨园话》："脑门儿钱：傍角人所得工资，名曰'脑门儿钱'。[附记]'脑门钱'者，即名角之管事、场面、跟包、梳头等人之工资也。故名角在未演戏之先，须与彼等预备，且不许欠。亦不可打厘。按：'脑门儿'者，早年无此名称，缘名角多不带管事场面人等，大都用官中者。而跟包一项，为例已久。故于开份之时，另出一项跟包钱，多不过四百文。"

【闹】 ①卫大法师《江湖话·各行业商帮所用数目字隐语·成都通行言词·小菜行》："闹：六。"清傅崇矩《成都通览·成都之各行人买卖通用言词·小菜青果并小生意通用言词》："六，闹。"②清傅崇矩《成都通览·成都之各行人买卖通用言词·小菜青果并小生意通用言词》："闹是六百。"

【闹扁】 清傅崇矩《成都通览·成都之江湖言词·人事类》："相打：闹扁。"

【闹匾】《新刻江湖切要·人事类》："相打曰闹匾。"《切口大词典·武术类·打连箱者之切口》："闹匾：相打也。"

【闹标劲】《切口大词典·娼妓类·茶室之切口》："闹标劲：吃醋也。"

【闹醋】《切口大词典·娼妓类·茶室之切口》："闹醋：因吃醋而起哄也。"

【闹海】 卫大法师《江湖话·红帮各地通行隐语·店钱及其他》："洗澡：闹海。"卫大法师《江湖话·红帮各地通行隐语·各种行业类》："洗澡：麻划子，闹海。"李子峰《海底·各地通行隐语》："洗澡：麻划子；闹海。"

【闹禁肚】《切口大词典·衙卒类·牢监之切口》："闹禁肚：闹饭也。"

【闹市】 宋陈元靓辑《事林广记·续集·绮谈市语·宫殿门》："墟市：亥市；闹市。"

【闹响】《切口大词典·武术类·布围卖戏法者之切口》："闹响：敲锣鼓以烘人也。"

【闹响子】《切口大词典·杂流类·唱滩簧之切口》："闹响子：未唱之前先以丝竹调弄也。"

【闹阳花】《切口大词典·杂流类·卖花者之切口》："闹阳花：枸杞花也。二月移栽即活，嫩苗可食，开紫花，秋结红实。"

【闹杨杨】《新刻江湖切要·疾病类》："生疮：

闹杨杨；哥太岁。"清傅崇矩《成都通览·成都之江湖言词·疾病类》："生疮：闹杨杨；哥太岁。"

【闹正】 贝思飞《民国时期的土匪隐语》："闹正：改编为军队。"

nei

【馁】 《新刻江湖切要·人事类》："腹饿曰馁；又西方亮。"清傅崇矩《成都通览·成都之江湖言词·人事类》："腹饿：馁；西方亮。"

【内】 宋陈元靓辑《事林广记·续集·绮谈市语·饮食门》："肉：线道；内。"

【内差使】 卫大法师《江湖话·安庆隐语》："贼：跑底子，文差使，内差使。"

【内场】 《梨园话》："内场：戏场以桌为界限，桌内谓之'内场'。"

【内点】 《切口大词典·杂流类·私塾先生之切口》："内点：主妇也。"

【内方】 《切口大词典·杂业类·钱庄之切口》："内方：铜钱也。"

【内挂】 《镖行江湖隐语行话秘典》："保镖为响挂，护院为内挂，教场子为外挂。"

【内哄】 《梨园话》："内哄：谓后台呼喊之声也。"

【内家】 《切口大词典·工匠类·竹匠之切口》："内家：男主人也。"

【内空】 《切口大词典·商铺类·丝经业之切口》："内空：铜钱也。"

【内盘】 卫大法师《江湖话·安庆隐语》："同帮：自己人，自家人，圈内人，内盘。"

【内政】 宋陈元靓辑《事林广记·续集·绮谈市语·亲属门》："妻：内政；底老。"

nen

【嫩尖】 《切口大词典·行号类·茶叶行之切口》："嫩尖：茶叶之嫩者。"

【嫩面】 ①《切口大词典·商铺类·花粉业之切口》："嫩面：胰皂也。"②《切口大词典·杂流类·卖水果者之切口》："嫩面：苹果也。"

【嫩汤】 《切口大词典·工匠类·缫丝匠之切口》："嫩汤：水温沸也。"

【嫩珠】 《切口大词典·商铺类·皮裘业之切口》："嫩珠：珠皮也。"

neng

【能催啃】 云游客《江湖丛谈·江湖之春点·三不管中挑将汗的生意》："江湖人管当场售货，能够多卖，推销的力量好，调侃叫能催啃。"

【能事人】 《新刻江湖切要·人物类》："画家：搠管生；搠彩；能事人；龙生。"清傅崇矩《成都通览·成都之江湖言词·人物类》："画家：搠管生；搠彩；能事人；龙生。"

ni

【妮子坠】 宋陈元靓辑《事林广记·续集·绮谈市语·亲属门》："妾：妮子坠。"

【尼者】 宋陈元靓辑《事林广记·续集·绮谈市语·人物门》："女师：尼者，岛七。"

【坭椿】 《切口大词典·医药类·卖膏药者之切口》："坭椿：脚腕也。"

【坭尖】 《切口大词典·商铺类·山货业之切口》："坭尖：冬笋也。"

【坭晶】 《切口大词典·行号类·砖灰行之切口》："坭晶：二号之墙砖也。"

【坭块】 《切口大词典·商铺类·地货业之切口》："坭块：山芋也。"

【坭绿】 《切口大词典·商铺类·瓷器业之切口》："坭绿：菜碗也。"

【坭卵子】 《切口大词典·行号类·鲜鱼行之切口》："坭卵子：田螺也。"

【坭丸】 《切口大词典·杂流类·卖花者之切口》："坭丸：桃花也。"

【坭涎】 《切口大词典·行号类·咸货行之切口》："坭涎：黄坭螺也。"

【坭蟹】 《切口大词典·娼妓类·粤妓之切口》："坭蟹：顺德陈村之呼蛋家妇也。香港呼为咸水妹。"

【坭障子】 《切口大词典·党会类·红帮之切口》："坭障子：土墙也。"

【泥】《切口大词典·巫卜类·文王课之切口》："泥：胜也。"

【泥巴子】卫大法师《江湖话·红帮各地通行隐语·建筑物类》："土：泥巴子。"

【泥蓝】《切口大词典·医药类·施药郎中之切口》："泥蓝：痈疽也。"

【泥垅】清张德坚等《贼情汇纂》卷八《伪文告下·隐语·太平天国隐语》："称我营盘为泥垅。"

【你难了】清张德坚等《贼情汇纂》卷八《伪文告下·隐语·太平天国隐语》："难凡欲责人杀人，必曰你难了。"

【你要不扯】云游客《江湖丛谈·江湖之春点·挂子行中的支杆挂子》："江湖人管你要不走，调侃叫'你要不扯'。"

【逆了】《蹴鞠图谱·圆社锦语》："逆了：颠倒。"

【逆流】《新刻江湖切要·地理类》："上：溜；［广］逆流；君达。"《江湖切口要诀》（尺牍增附本）："上：溜。［广］逆流；君达。"清傅崇矩《成都通览·成都之江湖言词·地理类》："上：溜；逆流；君达。"

【腻口】《切口大词典·杂流类·卖白糖粥者之切口》："腻口：糖粥也。"

nian

【年薄】云游客《江湖丛谈·江湖之金点·江湖的海青腿儿》："管开书茶馆的人，调侃儿叫年薄。"

【年伯】云游客《江湖丛谈·江湖之春点·三不管的评书场儿》："江湖人管开书馆的主人，调侃叫年伯。"

【年川】《新刻江湖切要·生死类》："病死：大限川；又年川。"《切口大词典·星相类·拉和琴算命之切口》："年川：病死也。"清傅崇矩《成都通览·成都之江湖言词·生死类》："病死：大限川；年川。"

【年啃】云游客《江湖丛谈·江湖之春点·江湖中挑遁子汗的》："管人有病，调侃儿叫年啃。"

【年啃押头】云游客《江湖丛谈·江湖之春点·三不管的戗巾生意》："管得了重病，调侃叫年啃押头。"

【年末】明田汝成《西湖游览志馀·委巷丛谈》："《白獭髓》言，杭俗浇薄，语年甲则曰年末，语居止则曰只在前面，语家口则曰一差牙齿，语仕禄则曰小差遭。"

【年子】云游客《江湖丛谈·江湖之春点·三不管的相声场儿》："江湖人管场的四面观众，调侃叫'年子'。如若围着的人不走，调侃叫'年子不酥'。"

【年子不少】《兽医串雅杂钞》："有活计，曰'上年子了'。或说'年子不少'。"

【年子火炽】云游客《江湖丛谈·江湖之春点·江湖中之挑青子汗的》："及至人多了，调侃儿叫年子火炽。"

【拈线】《切口大词典·杂流类·卖京货之切口》："拈线：引针也。"

【拈心】《江湖走镖隐语行话谱》："米为拈心。"学古堂《江湖行话谱·行意行话》："米，为拈心。"

【黏拨】《江湖丛谈·江湖之金点·评门》："管开书馆的主人，调侃儿叫黏拨。"

【捻儿】宋陈元靓辑《事林广记·续集·绮谈市语·饮食门》："包子：捻儿。"

【捻上】《郎中医话》："捻上，是地处。"

【捻撕】《切口大词典·巫卜类·六壬课之切口》："捻撕：无生意也。"

【捻心子】《郎中医话》："捻心子，是米。"学古堂《江湖行话谱·行话管见》："米叫捻心子。"

【捻子】清唐再丰《鹅幻汇编·江湖通用切口摘要》："台上设药瓶而并有锉锉药者曰捻子。"卫大法师《江湖话·江湖上的隐语·皮行隐语》："同上（同'囚平'）并有锉锉药：捻子。"《切口大词典·医药类·摆摊郎中之切口》："捻子：台上满列药瓶。及树皮草根之药料。并有锉之药者。"《清门考原·各项切口》："捻子，台上设药瓶而并有锉锉药者。"金老佛《三教九流江湖秘密规矩·江湖通用切口》："台上设药瓶而并有锉锉药者曰捻子。"学古堂《江湖行话谱·江湖行话》："台上设药有锉锉药者，曰捻子。"

【辇】《切口大词典·手艺类·髹漆业之切口》："辇：五也。"

【碾】明风月友辑《金陵六院市语》："称碾知

其吃食。"

【碾朝阳】《新刻江湖切要·店铺类》："米店：碾朝阳；木公帐；[改]生煤朝阳。"《切口大词典·盗贼类·对买贼之切口》："碾朝阳：米店也。"清傅崇矩《成都通览·成都之江湖言词·店铺类》："米店：碾朝阳；木公帐；生煤朝阳。"

【碾地】①《新刻江湖切要·宫室类》："所在：碾地；乐林；落地。歇家；[增]埋轮；停骖；投辖。"②《新刻江湖切要·人事类》："好场子亦为碾地。"《切口大词典·巫卜类·六壬课之切口》："碾地：做生意处也，或好场子也。"《切口大词典·武术类·卖拳头者之切口》："碾地：好场子也。"

【碾地所】《新刻江湖切要·人事类》："做生意处为碾地所。"《切口大词典·武术类·卖拳头者之切口》："碾地所：做生意之处也。"清傅崇矩《成都通览·成都之江湖言词·人事类》："做生意处：碾地所。"

【碾江子】《兽医串雅杂钞》："骟牲口，叫摘档子。劁[原写作"削"，显误，径改]小猪，叫碾江子。"

【碾希】《新刻江湖切要·草木百果五谷类》："米：希老；软珠；擦老；碾希。"

【碾心子】学古堂《江湖行话谱·行话管见》："杂货店，叫碾心子。"

【碾子】明程万里《鼎锲徽池雅调南北官腔乐府点板曲响大明春·六院汇选江湖方语》："碾子，是半也。"

【撵作】《行院声嗽·饮食》："吃：撵作。"

【廿三】《新刻江湖切要·僧道类》："和尚：廿三；先一。"《切口大词典·杂业类·旅馆之切口》："廿三：和尚也。"清傅崇矩《成都通览·成都之江湖言词·僧道类》："和尚：廿三；失一。"清翟灏《通俗编·识余·市语》："江湖人市语尤多，坊间有《江湖切要》一刻，事事物物，悉有隐称。诚所谓惑乱听闻，无足采也。其间有通行市井者，如官曰孤司，店曰朝阳，夫曰盖老，妻曰底老，家人曰吊脚，僧曰廿三，道士曰廿四，成衣曰戳短枪，抬轿曰扳楼儿，剃头曰削青，船曰瓢儿，屋曰顶公，银曰琴公，钱曰把儿，米曰软珠，饼曰匾食，盐曰渍老，鱼曰豁水，鸭曰王八，鞋曰踢土，镜曰照儿，抹布曰蹋郎，坐曰打墩，拜曰剪拂，揖曰丢圈子，叩头曰丢匾子，写字曰搠黑，说话曰吐刚，被欺曰上当，虚奉承曰王六，大曰太式，多曰满太式，无曰各念，俱由来于此语也。"

【廿四】①《新刻江湖切要·僧道类》："道士：廿四；得一。"清傅崇矩《成都通览·成都之江湖言词·僧道类》："道士：廿四；得一。"清翟灏《通俗编·识余·市语》："江湖人市语尤多，坊间有《江湖切要》一刻，事事物物，悉有隐称。诚所谓惑乱听闻，无足采也。其间有通行市井者，如官曰孤司，店曰朝阳，夫曰盖老，妻曰底老，家人曰吊脚，僧曰廿三，道士曰廿四，成衣曰戳短枪，抬轿曰扳楼儿，剃头曰削青，船曰瓢儿，屋曰顶公，银曰琴公，钱曰把儿，米曰软珠，饼曰匾食，盐曰渍老，鱼曰豁水，鸭曰王八，鞋曰踢土，镜曰照儿，抹布曰蹋郎，坐曰打墩，拜曰剪拂，揖曰丢圈子，叩头曰丢匾子，写字曰搠黑，说话曰吐刚，被欺曰上当，虚奉承曰王六，大曰太式，多曰满太式，无曰各念，俱由来于此语也。"②《切口大词典·杂业类·旅馆之切口》："廿四：师姑也。"

【廿奄】《新刻江湖切要·官职类》："太监：寸判通；念二；廿奄；[广] 阴阳生；无聊。"

【廿一】《新刻江湖切要·僧道类》："道人：廿一。"《切口大词典·杂业类·旅馆之切口》："廿一：道士也。"清傅崇矩《成都通览·成都之江湖言词·僧道类》："道人：廿一。"

【廿一矢】《切口大词典·杂流类·荐头婆之切口》："廿一矢：雇佣之短工也。"清傅崇矩《成都通览·成都之江湖言词·人物类》："雇工：廿一矢；力八。"

【念】①《新刻江湖切要·人事类》："无：念。"《江湖走镖隐语行话谱》："无有为念。"《清门考原·各项切口》："念，无也。"清傅崇矩《成都通览·成都之江湖言词·人事类》："无：念。"云游客《江湖丛谈·江湖之金点·江湖艺人的规律》："念是'不成'的侃儿，没吃叫'念啃'，没钱叫'念杵头儿'，没有心眼的人叫'念攒子'，没有眼的瞎子叫'念招儿'。"②清佚名《郎中医话》："念，是不。"③《切口大词典·星相类·量手算命之切口》："念：不好也。"

【念把】 云游客《江湖丛谈·江湖之春点》："管尼姑叫念把。"

【念白】 《梨园话》："念白：述戏中之语。谓之'念白'。"《切口大词典·优伶类·腔调上之切口》："念白：伶人述戏中之语也。"

【念才】 《新刻江湖切要·亲戚类》："无妻曰念才；[广] 底落。"

【念才字】 《切口大词典·星相类·星家之切口》："念才字：无妻也。"

【念仓码】 学古堂《江湖行话谱·行意行话》："念仓码是没有父母。"

【念杆】 《江湖走镖隐语行话谱》："无钱：念杆 [楚]。"

【念杆头儿】 云游客《江湖丛谈·江湖之春点·挂子行中的支杆挂子》："江湖人管没有钱花，调侃儿叫念杆头儿。"

【念单招】 云游客《江湖丛谈·江湖之春点·评书界艺人曹卓如》："江湖人管一只眼的人，调侃叫念单招。"

【念旦】 清傅崇矩《成都通览·成都之江湖言词·人事类》："不言语：念旦。"

【念斗】 《切口大词典·星相类·拉和琴算命之切口》："念斗：无女也。"

【念儿悉】 《切口大词典·星相类·量手算命之切口》："念儿悉：我也。"

【念二】 《新刻江湖切要·官职类》："太监：寸判通，念二；廿奄；[广] 阴阳生；无聊。"

【念勾】 学古堂《江湖行话谱·行意行话》："念勾是绝户人。"

【念官】 《新刻江湖切要·亲戚类》："无夫曰念官；[广] 盖穿。"

【念官生】 《切口大词典·星相类·星家之切口》："念官生：无夫也。"

【念果】 卫大法师《江湖话·红帮各地通行隐语·人类一般》："丑女：念果。"李子峰《海底·各地通行隐语》："丑女：念果。"

【念合】 《行院声嗽·人事》："说作：念合。"

【念火山】 《江湖走镖隐语行话谱》："无酒喝：念火山。"

【念坚】 《新刻江湖切要·人事类》："不好曰古；古坚；念坚；又神古。"清傅崇矩《成都通览·成都之江湖言词·人事类》："不好：古；古坚；念坚；神古。"

【念将通】 《新刻江湖切要·人物类》："好人：将义；念将通；[广] 使女缝裳。"《江湖切口要诀》（尺牍增附本）："好人；将义；念将通；[广] 使女缝裳。"《切口大词典·医药类·摇虎撑者之切口》："念将通：好人也。"清傅崇矩《成都通览·成都之江湖言词·人物类》："好人；将叉；念将通；使女；缝裳；燕人；拐七；跷足陈平；闻雷坠筋。"

【念诀】 《切口大词典·星相类·相家之切口》："念诀：哑子也。"

【念刻病砘子】 《郎中医话》："念刻病砘子，是咳嗽。"

【念课】 清唐再丰《鹅幻汇编·江湖通用切口摘要》："病曰念课。"卫大法师《江湖话·红帮各地通行隐语·疫病类》："病：拖罗子，念课，吐陆陈。"卫大法师《江湖话·江湖上的隐语·普通隐语》："病：念课。"《切口大词典·医药类·施药郎中之切口》："念课：疾病也。"《清门考原·各项切口》："念课，病也。"金老佛《三教九流江湖秘密规矩·日常用语》："病曰念课。"李子峰《海底·各地通行隐语》："病：念课；吐陆陈。"

【念课乡】 卫大法师《江湖话·红帮各地通行隐语·疫病类》："病好：念课乡。"

【念课响】 清唐再丰《鹅幻汇编·江湖通用切口摘要》："病好曰念课响。"卫大法师《江湖话·江湖上的隐语·普通隐语》："病好：念课响。"《切口大词典·医药类·施药郎中之切口》："念课响：病好也。"《清门考原·各项切口》："念课响，病好了。"金老佛《三教九流江湖秘密规矩·日常用语》："病好曰念课响。"

【念课向】 李子峰《海底·各地通行隐语》："病好：念课向。"

【念课子】 《切口大词典·医药类·施药郎中之切口》："念课子：患病疾之人也。"

【念肯】 《江湖走镖隐语行话谱》："无饭吃：念肯。"

【念啃】 学古堂《江湖行话谱·行意行话》："未吃饭，为念啃。"云游客《江湖丛谈·江湖之春点》："管挨饿叫'念啃'。"

【念缆】 卫大法师《江湖话·红帮各地通行隐语·其他用具对象类》："没钱：念缆，水浅。"李子峰《海底·各地通行隐语》："没钱：念缆；水浅。"

【念了啃了】 云游客《江湖丛谈·江湖之春点·天桥的旧人物常傻子》："管挨饿，调侃叫念了啃了。"

【念码】 学古堂《江湖行话谱·行意行话》："念码是无有兄弟。"

【念苗文】《江湖走镖隐语行话谱》："无菜吃：念苗文。"

【念呐】《新刻江湖切要·身体类》："哑：念呐；[增] 口默；忘言。"清傅崇矩《成都通览·成都之江湖言词·身体类》："哑：念呐；默；忘言。"

【念排琴】 云游客《江湖丛谈·江湖之春点·江湖艺人孙宝善》："江湖人管昆仲一人，无兄弟姐妹，调侃叫念排琴。"

【念七】 卫大法师《江湖话·红帮闽粤及南洋各地通行隐语》："师姑：念七。"李子峰《海底·各地通行隐语》："尼姑：女行者；念七；水念三。"李子峰《海底·闽粤及南洋各地通行之隐语》："师姑：念七。"

【念七皮通】《新刻江湖切要·医药类》："京人卖药：念七皮通。"清傅崇矩《成都通览·成都之江湖言词·医药类》："京人卖药：念七皮通。"

【念欠】《新刻江湖切要·生死类》："无子：念欠。"《切口大词典·星相类·拉和琴算命之切口》："念欠：无子也。"《切口大词典·星相类·星家之切口》："念欠：无子也。"清傅崇矩《成都通览·成都之江湖言词·生死类》："无子：念欠。"

【念缺】《切口大词典·星相类·星家之切口》："念缺：无女也。"

【念日】《切口大词典·星相类·星家之切口》："念日：无父也。"《清门考原·各项切口》："念日，无父也。"

【念三】 清唐再丰《鹅幻汇编·江湖通用切口摘要》："和尚曰念三。"卫大法师《江湖话·红帮各地通行隐语·人类一般》："和尚：行者，花斑子，念三。"卫大法师《江湖话·红帮闽粤及南洋各地通行隐语》："和尚：念三。"卫大法师《江湖话·江湖上的隐语·普通隐语》："和尚：念三。"《切口大词典·医药类·卖药人之切口》："念三：和尚也。"《清门考原·各项切口》："念三，和尚也。"金老佛《三教九流江湖秘密规矩·日常用语》："和尚曰念三。"李子峰《海底·各地通行隐语》："和尚：行者；花班子；念三。"李子峰《海底·闽粤及南洋各地通行之隐语》："和尚：念三。"

【念沙子】 卫大法师《江湖话·红帮各地通行隐语·饮食用品类》："粥：念沙子，念稀子。"李子峰《海底·各地通行隐语》："粥：念沙子；念稀子。"

【念上】 清唐再丰《鹅幻汇编·江湖通用切口摘要》："无兄曰念上。"卫大法师《江湖话·江湖上的隐语·普通隐语》："无兄：念上。"《切口大词典·星相类·星家之切口》："念上：无兄也。"《清门考原·各项切口》："念上，无兄也。"金老佛《三教九流江湖秘密规矩·日常用语》："无兄曰念上。"

【念梳】《新刻江湖切要·星相类》："瞎算命：念梳。"《切口大词典·星相类·弹弦子算命之切口》："念梳：瞎算命也。"清傅崇矩《成都通览·成都之江湖言词·星相类》："瞎算命：念梳。"

【念水孙】 卫大法师《江湖话·红帮各地通行隐语·人类一般》："穷人：念水孙。"李子峰《海底·各地通行隐语》："穷人：念水孙。"

【念朔】 清傅崇矩《成都通览·成都之江湖言词·人事类》："没生意：念朔。"

【念㨃】 ①《新刻江湖切要·人事类》："学生意曰念㨃。" ②《切口大词典·武术类·卖拳头者之切口》："念㨃：无生意也。"

【念四】 清唐再丰《鹅幻汇编·江湖通用切口摘要》："道士曰念四。"卫大法师《江湖话·红帮各地通行隐语·人类一般》："道士：念四，鸡毛子。"卫大法师《江湖话·江湖上的隐语·普通隐语》："道士：念四。"《切口大词典·医药类·卖药人之切口》："念四：道士也。"《清门考原·各项切口》："念四，道士。"金老佛《三教九流江湖秘密规矩·日常用语》："道士曰念四。"李子峰《海底·各地通行隐语》："道士：念四；维毛子。"

【念听】 学古堂《江湖行话谱·行意行话》："念听是聋子。"

【念团】《郎中医话》："念团，是不说。"

【念团过黄】《镖行江湖隐语行话秘典》："不教说话，为念团过黄。"

【念湾】 云游客《江湖丛谈·江湖之春点·江湖艺人传：田岚云》："江湖人管太监调侃叫念湾。"

【念五两】《切口大词典·娼妓类·粤妓之切口》："念五两：此妓女戏谑客人，一种从良之名词也。'念五两'谓之'斤九'（谐同'跟狗'）。"

【念西孙】《江湖走镖隐语行话谱》："西方人为念西孙。"

【念希子】①卫大法师《江湖话·江湖上的隐语·普通隐语》："米：念希子。"《清门考原·各项切口》："念希子，米也。"金老佛《三教九流江湖秘密规矩·日常用语》："米曰念希子。"清唐再丰《鹅幻汇编·江湖通用切口摘要》："米曰念稀子。"②卫大法师《江湖话·红帮各地通行隐语·饮食用品类》："粥：念沙子，念稀子。"李子峰《海底·各地通行隐语》："粥：念沙子；念稀子。"

【念下】 卫大法师《江湖话·江湖上的隐语·普通隐语》："无弟：念下。"《切口大词典·星相类·星家之切口》："念下：无弟也。"《清门考原·各项切口》："念下，无弟也。"

【念斜】 学古堂《江湖行话谱·行意行话》："念斜是有病。"

【念音】 学古堂《江湖行话谱·行意行话》："念音是哑巴。"

【念月】 清唐再丰《鹅幻汇编·江湖通用切口摘要》："无母曰念月。"《切口大词典·星相类·星家之切口》："念月：无母也。"《清门考原·各项切口》："念月，无母也。"金老佛《三教九流江湖秘密规矩·日常用语》："无母曰念月。"

【念攒】《郎中医话》："念攒，是人少。"

【念攒子】 云游客《江湖丛谈·江湖之春点》："管傻人叫'念攒子'。"

【念招】 学古堂《江湖行话谱·行意行话》："念招是瞎子。"

【念招点】 云游客《江湖丛谈·江湖之春点》："管瞎子叫'念招点'。"

【念照】《新刻江湖切要·疾病类》："瞎子：念照。"《新刻江湖切要·身体类》："盲：念照；又双念照。"《郎中医话》："念照，是双失目。"《切口大词典·星相类·相家之切口》："念照：瞎子也。"清傅崇矩《成都通览·成都之江湖言词·疾病类》："瞎子：念照。"清傅崇矩《成都通览·成都之江湖言词·身体类》："盲：念照；双念照。"

【念子】《切口大词典·星相类·弹弦子算命之切口》："念子：瞎子也。"

niang

【娘家】 卫大法师《江湖话·安庆隐语》："衙门：娘家。"

【娘娘】《清门考原·各项切口》："娘娘，师之妾也。"

【娘子】 清翟灏《通俗编·识余·市语·优伶》："优伶：一江风，二郎神，三学士，四朝元，五供养，六幺令，七娘子，八甘州，九菊花，十段锦。"

【酿醢】《切口大词典·杂流类·私塾先生之切口》："酿醢：读书学生也。"

【酿醢】《新刻江湖切要·人物类》："读书人：灵儿，［广］酿醢。"清傅崇矩《成都通览·成都之江湖言词·人物类》："读书人：灵儿；酿醢。"

niao

【鸟】①卫大法师《江湖话·红帮各地通行隐语·一般人事类》："懂：瞭，鸟，瞭分。"李子峰《海底·各地通行隐语》："懂：瞭；鸟；瞭分。"②《镖行江湖隐语行话秘典》："鸟，为十一吊。"

【鸟都】《新刻江湖切要·地理类》："福建：闽七，［广］虬门，又曰鸟都。"《江湖切口要诀》（尺牍增附本）："福建：闽七；虬门；又曰鸟都。"清傅崇矩《成都通览·成都之江湖言词·地理类》："福建：闽七；虬门；鸟都。"

【鸟宿】《切口大词典·医药类·药行业之切口》："鸟宿：桑枝也。"

【鸟头喷】《切口大词典·手艺类·卖弹弓之切口》："鸟头喷：大竹筒弹弓也。"

【鸟衔残】《切口大词典·行号类·水果行之切口》："鸟衔残：樱桃也。"

【鸟只】《家里宝鉴·隐语》："洋伞曰'红头独；鸟只；开花'。"

nie

【捏班】 学古堂《江湖行话谱·行意行话》："尼姑为捏班。"

【捏黄口】 卫大法师《江湖话·红帮各地通行隐语·一般人事类》："板错处：捏黄口。"李子峰《海底·各地通行隐语》："扳错处：捏黄口。"

【捏面包】《切口大词典·行业类·烟土行之切口》："捏面包：以原庄大土，就其不规则迹象，用刀委曲破之，去壳取瓤，收干做圆也。"

【捏眼】《新刻江湖切要·人事类》："吹打曰捏眼。"《切口大词典·武术类·傀儡戏之切口》："捏眼：吹丝竹乐器之人也。"清傅崇矩《成都通览·成都之江湖言词·人事类》："吹打：捏眼。"

【捏子】 卫大法师《江湖话·红帮各地通行隐语·数目类》："七：星，捏子。"李子峰《海底·各地通行隐语》："七：星；捏子。"

【枭司】 宋陈元靓辑《事林广记·续集·绮谈市语·君臣门》："提点：大司，枭司。"

【镊子】 清傅崇矩《成都通览·成都之呼物混名》："镊子：锁也。"

【镊子对到】 清傅崇矩《成都通览·成都之袍哥话即江湖话也》："镊子对到，锁起也。"

【蹑足陈平】 ①《新刻江湖切要·人物类》："乖人：拐七；[广] 蹑足陈平；闻雷坠筋。"②清傅崇矩《成都通览·成都之江湖言词·人物类》："好人：将叉；念将通；使女；缝裳；燕人；拐七；蹑足陈平；闻雷坠筋。"③《江湖切口要诀》（尺牍增附本）："燕人：拐七。[广] 蹑足陈平；闻雷堕筋。"

ning

【宁大】《切口大词典·行号类·缸坛行之切口》："宁大：略小于加大。"

【宁襮】《切口大词典·手艺类·席子业之切口》："宁襮：宁波所产之席也。"

【宁了】《行院声嗽·伎艺》："无人喝采：宁了。"

【宁码】《切口大词典·行号类·缸坛行之切口》："宁码：大坛也。"

【宁升】《切口大词典·商铺类·爆竹业之切口》："宁升：大号爆竹也。"

【拧了湾】 云游客《江湖丛谈·江湖之春点·天桥的坠子场子》："江湖人管更名改姓，调侃叫拧了湾啦。"

【拧万】 云游客《江湖丛谈·江湖之春点·江湖艺人传：评书界之刘继业》："江湖人管改了名儿，调侃叫拧万。"

【凝脂】《切口大词典·商铺类·花粉业之切口》："凝脂：蜜糖也。"

【佞作】《行院声嗽·人事》："睡：佞作。"

【宬条】《切口大词典·工匠类·打线匠之切口》："宬条：南货店所用之绳也。"

niu

【牛】 清傅崇矩《成都通览·成都之呼物混名》："牛：叶烟袋也。"

【牛鼻子】《切口大词典·衙卒类·侦探之切口》："牛鼻子：出家道士也。"

【牛当道】 卫大法师《江湖话·四川灌县轿夫隐语》："牛当道——前：'右手力大'；'剥皮好上架'。"

【牛顶】《切口大词典·杂流类·卖花者之切口》："牛顶：石菖蒲也。"

【牛肚】《切口大词典·手艺类·兜带业之切口》："牛肚：大兜也。"

【牛囮】《切口大词典·工匠类·磨镜匠之切口》："牛囮：小厮也。"

【牛粪】 卫大法师《江湖话·四川灌县轿夫隐语》："牛粪：前：'天上飞'；后：'地上牛粪一大堆'。"

【牛吼】 卫大法师《江湖话·红帮各地通行隐语·武器类》："大炮声：狗吠，牛吼。"李子峰《海底·各地通行隐语》："大炮声：狗吠；牛吼。"

【牛棘】《切口大词典·杂业类·花业之切口》："牛棘：蔷薇花也。"

【牛金星】 ①《新刻江湖切要·人物类》："闯将：献生；[广] 牛金星，谓闯之将也；匹马横行。"《江湖切口要诀》（尺牍增附本）："闯将：献生；[广] 牛金星（谓之将闯也）；匹马横行。"清傅崇矩《成都通览·成都之江湖言词·人物类》："闯将：献生；牛金星（谓闯之将也）；匹马横行。"②《切口大词典·盗贼类·剪绺贼之切口》："牛金星：不怕水火能冒险行窃者。"

【牛亮】卫大法师《江湖话·红帮各地通行隐语·店钱及其他》："牛烛：牛亮。"李子峰《海底·闽粤及南洋各地通行之隐语》："牛烛：牛亮。"

【牛毛】《切口大词典·商铺类·海味业之切口》："牛毛：石花草也。"

【牛蒙】《切口大词典·工匠类·磨镜匠之切口》："牛蒙：丫鬟也。"

【牛头】①《新刻江湖切要·兵备类》："枪：条子；[增]刺坚叉；牛头。"②《切口大词典·工匠类·织机匠之切口》："牛头：坐身之处也。"③《切口大词典·商铺类·香烛业之切口》："牛头：檀香也。"④《切口大词典·手艺类·洋机缝衣业之切口》："牛头：短裤子也。"

【牛腿子】卫大法师《江湖话·红帮各地通行隐语·武器类》："盒子：牛腿子，蹄子。"李子峰《海底·各地通行隐语》："盒子：牛腿子；蹄子。"

【牛一】①《新刻江湖切要·娼优类》："生：牛一。"清傅崇矩《成都通览·成都之江湖言词·娼优类》："生：牛一。"②贝思飞《民国时期的土匪隐语》："牛一：匪帮的文书。"

【牛子】①《家里宝鉴·隐语》："外人曰'疯子，空子，马子，牛子，鹧鸪，贵四哥，刁滑马子'。"②《切口大词典·党会类·青帮之切口》："牛子：供匪敲诈之人也。"③宋陈元靓辑《事林广记·续集·绮谈市语·人物门》："村人：和老；牛子。"

【扭】清末民初佚名《镖行江湖隐语行话秘典》："买，为扭。"

【扭丝】《切口大词典·优伶类·锣鼓之切口》："扭丝：如《琼林宴·问樵》，范仲禹上唱山前山后时应打扭丝。"

【扭条于】《切口大词典·医药类·卖膏药者之切口》："扭条子：项颈也。"

【扭胸】《切口大词典·手艺类·洋机缝衣业之切口》："扭胸：短衫也。"

【纽头】《切口大词典·衙卒类·作作之切口》："纽头：颈也。"

【钮语】清翟灏《通俗编·识余·市语》："《西京杂记》云，长安市人语，各有不同，有胡芦语、锁子语、钮语、练语、三折语，通谓市语。宋汪云程《蹴鞠谱》有所谓锦语者，亦与市语不殊，盖此风之兴已久，或云卢敖作市语，其信然乎？"

nong

【弄把戏】明风月友辑《金陵六院市语》："弄把戏以喻乎偷，郎兜以明乎大。"

【弄风】《切口大词典·杂流类·贩人口者之切口》："弄风：为甩货之对待词，脸盘较好为人所喜者。"

【弄缸】清唐再丰《鹅幻汇编·江湖通用切口摘要》："说人好处曰弄缸。"《切口大词典·医药类·施药郎中之切口》："弄缸：说人好处也。"

【弄甲】《切口大词典·杂流类·收旧货之切口》："弄甲：橱也。"

【弄申】《新刻江湖切要·器用类》："厨：弄申。"清傅崇矩《成都通览·成都之江湖言词·器用类》："厨：弄申。"

【弄塘】《切口大词典·商铺类·火腿业之切口》："弄塘：适中一方也。"

nu

【奴才】《江湖切口要诀》（尺牍增附本）："仆妇[补]：为奴才。"

【奴家】《江湖切口要诀》（尺牍增附本）："改：且称谓奴家也。又曰令公儿，以子仪骂子奴才也。"

nü

【女拆】《切口大词典·杂流类·二爷之切口》："女拆：跟坤宅而至乾宅者。"

【女点大】《切口大词典·杂流类·荐头婆之切口》："女点大：女主人也。"

【女孤】《新刻江湖切要·官职类》："察院：代巍巍；古四；女孤。"

【女红手】《切口大词典·工匠类·外国成衣匠之切口》："女红手：专做女人衣服者。"

【女君】宋陈元靓辑《事林广记·续集·绮谈市语·君臣门》："皇后：长秋；女君。"

【女郎】《切口大词典·杂业类·花业之切

口》:"女郎:木兰花也。"

【女郎中】 金老佛《三教九流江湖秘密规矩·青帮与红帮·青帮之女匪》:"沪上青帮女匪,每于旧历正二三月中,托人引线,与大家宅眷中相接近,借以勾诱赌博,而以牌九为尤多,以其不论老幼男女,知之者最伙也。女郎中迎合沪人心理,每以滑头牌九,拐骗妇女,其法先托熟悉公馆大家之三姑六婆。侦察有赌之处,即由此辈带领女匪,先去游玩,女匪一切外表,必甚华丽,而又落落大方。赌局之中见有牛人,必邀之同赌,女郎中趁此机会必先于最初两三目内稍稍输出其资本。此为入局之不二法门,实含有两种理由,两种作用,一在坚之信义,又其一亦非常紧要。即趁此两日内,熟认其牌□是也。精于斯术者,无论何种竹牌,只须上手一二次,即能一一默认其牌背,而况宽以时期至二三日乎,追牌背认熟以后,乃先从拷下风入手,看定何处活门,即竭力拷之。此等舞弊最为个中上乘。盖虽他人知之,亦无法以窘之也,及下风拷饱后。倘遇良机,上风亦偶一为之,如见四周书是不知世俗之老实妇女。彼即诡言骰子不佳,幸而我带有将军一对在此,居然羊方乐觳,大用特用,如见某条注钱无多,则赔之,某条注钱数大,则吃之。而为下风者,一若身入鼓中,且必群相谓曰:噫!此桃花牌九也。女郎中亦必顺口曰:真是桃花牌九,不知此桃花牌九,不啻大盗,不移时而下风囊中之金钱,均已不翼而飞入郎中无底之壑矣。女匪得手以后,出然携款与三姑六婆同出。诸妇女犹必声声阿姨阿姐而呼之曰明日早来。迨至明日复然,各妇女一若梦中做梦,不知其所以然之故,虽日后经人道破,悔恨交加,然郎中已深叨厚惠,劈把公开矣。"

【女史】 《切口大词典·杂业类·花业之切口》:"女史:水仙花也。"

【女行者】 李子峰《海底·各地通行隐语》:"尼姑:女行者;念七;水念三。"卫大法师《江湖话·红帮各地通行隐语·人类一般》:"尼姑:女行者,念七,水念三。"

【女妆】 朱琳《洪门志·春典子琐记·店铺》:"嫁妆店,称女妆。"

nuan

【暖底】 《郎中医话》:"暖底,是桐油。"

【暖罐】 《切口大词典·盗贼类·铣手之切口》:"暖罐:棉袍也。"

【暖身】 《切口大词典·商铺类·布疋业之切口》:"暖身:绒布也。"

【暖手】 《切口大词典·商铺类·顾绣业之切口》:"暖手:茶壶套也。"

【暖子】 宋陈元靓辑《事林广记·续集·绮谈市语·服饰门》:"袄:隔汗;暖子。"

【煖房间】 《切口大词典·娼妓类·雉妓之切口》:"煖房间:接得劣客,或胡调客,只得房间钱,或一文不给者,迨客出以纸钱焚化也。"

nuo

【挪地方】 《切口大词典·娼妓类·茶室之切口》:"挪地方:迁徙妓寮也。"

【挪拿弦】 卫大法师《江湖话·安庆隐语》:"说是非:挪拿弦。"

【糯米】 《切口大词典·商铺类·珠宝业之切口》:"糯米:小珠子也。"

【糯米户头】 《切口大词典·杂业类·商人共众切口》:"糯米户头:好买主也。"

o

o

【哦松】 宋陈元靓辑《事林广记·续集·绮谈市语·君臣门》:"县丞:县佐;哦松。"

【瓯襱】 《切口大词典·手艺类·席子业之切口》:"瓯襱:温州所产之席也。"

【瓯开】 《切口大词典·商铺类·海味业之切

口》："瓯开：温州所产之开洋也，味咸美，为虾干之上品。"

【呕把】《切口大词典·党会类·流氓之切口》："呕把：所得之钱而仍还人也。"

【呕风】《新刻江湖切要·人事类》："讨钱曰挂琴。又讨银钱曰呕风。"《切口大词典·巫卜类·蛤壳测字者之切口》："呕风：讨钱也。"《切口大词典·武术类·打连箱者之切口》："呕风：讨铜钱也。"清傅崇矩《成都通览·成都之江湖言词·人事类》："讨银钱曰呕风。"

【呕露水】《切口大词典·杂流类·放白鸽者之切口》："呕露水：卷来之银钱仍被失主拿去也。"

【呕血】《切口大词典·衙卒类·侦探之切口》："呕血：所拆梢而得之钱，仍被人折去也。"

P

pa

【杷老】《新刻江湖切要·器用类》："筈：条篙；木棒，迁杖；条达梳子；把头；杷老。"

【爬】①《切口大词典·党会类·红帮之切口》："爬：抢劫也。"贝思飞《民国时期的土匪隐语》："爬：抢劫或盗窃。"金老佛《三教九流江湖秘密规矩·青帮与红帮·红帮之问答》："抢谓'爬'。"金老佛《三教九流江湖秘密规矩·青帮与红帮·江湖之春典》："抢物称爬。"②清傅崇矩《成都通览·成都之各行人买卖通用言词·戏班子道士端公吹手纸火通用言词》："八，爬。"

【爬风】贝思飞《民国时期的土匪隐语》："爬风：为了冬季的潜伏（满洲）。"

【爬竿子】卫大法师《江湖话·红帮各地通行隐语·动物类》："猴：爬竿子，跟斗子。"李子峰《海底·各地通行隐语》："猴：爬竿子；跟斗子。"

【爬萨】云游客《江湖丛谈·江湖之金点·艺人传：评书门之群福庆》："爬萨是磕头认师父，又叫叩瓢儿。"

【爬山通】《切口大词典·星相类·弹弦子算命之切口》："爬山通：属虎也。"

【爬山子】①卫大法师《江湖话·红帮各地通行隐语·动物类》："羊：孝角子，爬山子，啃草子。"李子峰《海底·各地通行隐语》："羊：爬山子；啃草子。"②《清门考原·各项切口》："爬山子：虎也。"

【爬字调】《梨园话》："爬字调：歌腔最低，谓之'爬字调'。"

【耙】《切口大词典·赌博类·摇宝赌之切口》："耙：拨子时用形如小匙而积与子相仿佛。"

【耙秕稻】《切口大词典·行号类·粮食行之切口》："耙秕稻：性硬而茎皮俱白者。"

【怕风火】《切口大词典·工匠类·铁匠之切口》："怕风火：铁也。"

【怕痒】《切口大词典·杂流类·卖花者之切口》："怕痒：紫薇花也。"

pai

【拍】卫大法师《江湖话·各行业商帮所用数目字隐语·成都通行言词·烟行》："思：一。初：二。天：三。长：四。丑：五。夏：六。才：七。拍：八。捎：九。"清傅崇矩《成都通览·成都之各行人买卖通用言词·烟行言词》："拍（八）。"

【拍把】《行院声嗽·身体》："人脚：拍把。"

【拍豆腐】①贝思飞《民国时期的土匪隐语》："拍豆腐：打屁股。"金老佛《三教九流江湖秘密规矩·青帮与红帮·红帮之问答》："追二匪恶贯满盈，又去硬爬，忽被众多马子拿获，收入快窑之内（牢监曰快窑，铁链曰困仙绳，手铐曰杓头，脚镣曰步线，挺棍曰旱烟筒，枷曰豆腐干，牢内散步曰游花园，枷号示众曰猴戏，笞臀曰拍豆腐）。"金老佛《三教九流江湖秘密规矩·青帮与红帮·江湖之春典》:"打屁股称拍豆腐。"②《切口大词典·衙卒类·衙役之切口》:"拍豆腐:戤石狮子之瘪三辈,专代人受责者。"

【拍灰尘】《切口大词典·盗贼类·拐匪之切口》:"拍灰尘:被责打也。"《清门考原·各项切口》:"拍灰尘,拐匪被责打。被私诈刑拷打曰吃黄连。官方受略,责后释放,即曰拍灰尘。"

【拍手掌】《切口大词典·党会类·流氓之切口》:"拍手掌:事既允诺决不翻悔也。"

【拍首】①《新刻江湖切要·衣饰类》:"网巾曰拍首。"《切口大词典·盗贼类·收晒朗贼之切口》:"拍首:网巾也。"②清傅崇矩《成都通览·成都之江湖言词·衣饰类》:"绸巾:拍首。"

【拍胸膛】①《切口大词典·党会类·流氓之切口》:"拍胸膛:承认负责各事也。"②《切口大词典·衙卒类·狱卒之切口》:"拍胸膛:胸前加锁挺棍也。"

【拍张】《切口大词典·赌博类·麻雀赌之切口》:"拍张:南风牌也。"

【拍掌】明程万里《鼎锲徽池雅调南北官腔乐府点板曲响大明春·六院汇选江湖方语》:"拍掌,染网巾者。"

【拍准】《切口大词典·赌博类·牌九赌之切口》:"拍准:此法最惊人。其术能于稠人广众硬用手法将牌拍下一只,追后又能以法收取。"

【排】①《郎中医话》:"排,是一百。"清末民初佚名《镖行江湖隐语行话秘典》:"一百,为排。"②《切口大词典·工匠类·打金箔匠之切口》:"排:打金箔也。"③《切口大词典·商铺类·豆麦业之切口》:"排:二也。"《切口大词典·手艺类·裱画业之切口》:"排:二也。"④《镖行江湖隐语行话秘典》:"至九百,皆为排。"

【排八字】《切口大词典·工匠类·理发匠之切口》:"排八字:修眉也。"

【排杆】《镖行江湖隐语行话秘典》:"至九百吊,即为排杆。"

【排局】贝思飞《民国时期的土匪隐语》:"排局:带着他的部下离开匪帮的小头目。"

【排六】《新刻江湖切要·天文类》:"雪:飞六;[广]出六;疑絮;天盐。雪珠为集先,落雪为摆飞,又为排六。"《江湖切口要诀》(尺牍增附本):"雪:飞六。[广]出六;疑絮;天盐;雪珠为集先,落云为摆飞,又为排六。"《切口大词典·巫卜类·蛤壳测字者之切口》:"排六:落雪也。"清傅崇矩《成都通览·成都之江湖言词·天文类》:"雪珠为集先,落雪为摆飞。又为排六。"

【排炮】《切口大词典·党会类·红帮之切口》:"排炮:以正颜吓人也,或与有势力者同至。"

【排片子】贝思飞《民国时期的土匪隐语》:"排片子:分配收入。"

【排亲】《郎中医话》:"排亲,亦是兄弟。"

【排琴】云游客《江湖丛谈·江湖之金点·柳海轰的生意》:"师兄弟调侃叫排琴。"

【排塞板】《切口大词典·盗贼类·掘壁贼之切口》:"排塞板:撬门而入也。"

【排扇子】①《切口大词典·党会类·青帮之切口》:"排扇子:撬门贼也。"金老佛《三教九流江湖秘密规矩·青帮与红帮·江湖之春典》:"撬门贼称排扇子。"②清傅崇矩《成都通览·成都之呼物混名》:"排扇子:闭门也。"

【排戏】《梨园话》:"排戏:试演新排之戏,谓之'排戏'。[附记]《齐东野语》:一时伶官乐师,皆梨园国工也。吹弹舞拍,各有纵之者,号为'部头'。每与节序生辰,则旬日外依月律按试,名曰'小排当'。观此,乃之戏剧中之'排'字,由来久矣。"《切口大词典·优伶类·角行之切口》:"排戏:向未演过之戏,由一人教授诸人,使习演之也。"

【排烟帐】《新刻江湖切要·天文类》:"雾:迷津;[广]天;隔面;杏花雨;如烟;疑霖;迷离;[广]起雾为披迷;又曰排烟帐。"《江湖切口要诀》(尺牍增附本):"雾:迷津。[广]天;隔面;杏花雨;如烟;疑霖。[广]迷离。起雾为披迷,又曰排烟帐。"《切口大词典·巫卜类·席地测字者之切口》:"排烟帐:起雾也。"清傅崇矩《成都通览·成都之江湖言词·天文类》:"雾:迷津;隔面;杏花雨;如烟;疑霖;迷离;起雾为披迷。又曰排烟帐。"

【排子】①卫大法师《江湖话·各行业商帮所

用数目字隐语·成都通行言词·六成行（油，盐，柴，米，豆子，菜子）》："排子：六。"②《切口大词典·手艺类·卖纸鸢之切口》："排子：纯系竹苇编成，无纸糊者，此种风筝，须择空场，乘劲风，疾驰而引之，则凌空腾起，翩翩天半也。"

【排子金】《江湖走镖隐语行话谱》："卦［挂］帖为排子金。"

【牌池】《切口大词典·赌博类·麻雀赌之切口》："牌池：放置出牌之处曰牌池。"

【牌太阳】《切口大词典·巫卜类·道士之切口》："牌太阳：做二日之功德也。"

【牌头】《切口大词典·赌博类·抽签赌之切口》："牌头：局外人也。"

【派煤】《新刻江湖切要·医药类》："卖春方：派煤；取鳖；挂狼。"《切口大词典·医药类·医生之切口》："派煤：卖春方者。"清傅崇矩《成都通览·成都之江湖言词·医药类》："卖春方：派煤；取鳖；挂狼。"

【派年】《兽医串雅杂钞》："看完牲口病，曰'派年咧'。"《兽医串雅杂钞》："牲口有病未瞧，就叫上年子了；瞧完了病，就叫派年，派年子了。"

pan

【潘】卫大法师《江湖话·各行业商帮所用数目字隐语·成都通行言词·青果小菜行》："启：一。拖：二。心：三。叉：四。潘：五。梭：六。才：七。哩：八。卧：九。"清傅崇矩《成都通览·成都之各行人买卖通用言词·青果小菜行一切零碎买卖通用言词》："五，潘。"

【潘儿树】《新刻江湖切要·人事类》："立：侍平；潘儿树。"清傅崇矩《成都通览·成都之江湖言词·人事类》："立：侍平；潘儿树。"

【潘细】《新刻江湖切要·人物类》："媒婆：潘细；［改］撮合山。"《江湖切口要诀》（尺牍增附本）："媒婆：潘细，改撮合山。"《切口大词典·医药类·卖春药治毒疮者之切口》："潘细：媒婆也。"《切口大词典·杂流类·媒婆之切口》："潘细：媒婆也。"金老佛《三教九流江湖秘密规矩·青帮与红帮·江湖之春典》："媒婆称潘细。"清傅崇矩《成都通览·成都之江湖言词·人物类》："媒婆：潘细；撮合山。"

【攀】①清唐再丰《鹅幻汇编·江湖通用切口摘要》："女阴曰攀。"卫大法师《江湖话·江湖上的隐语·普通隐语》："女生殖器：攀。"《切口大词典·医药类·卖膏药者之切口》："攀：阴物也。"《清门考原·各项切口》："攀，女阴也。"金老佛《三教九流江湖秘密规矩·日常用语》："女阴曰攀。"②《切口大词典·星相类·铁板算命之切口》："攀：此术行于中年之客。如今年流年不佳，明年则大佳。如明年再不佳，则再攀以明年。年年无尽期，则客望将来之幸运，亦无尽也，是曰攀。"

【攀客】《切口大词典·杂业类·纸扎店之切口》："攀客：纸茶杯也。"

【攀冷头】《切口大词典·娼妓类·雉妓之切口》："攀冷头：好客人久不至院，妓伺客酣睡，暗以纸钱焚化，并将客之鞋子熏暖，冀客常至。"

【攀龙驹】《新刻江湖切要·官职类》："驸马：［补］攀龙驹。"

【攀条子】卫大法师《江湖话·红帮各地通行隐语·人身各物类》："男生殖器：软硬棒子，金星子，攀条子。"李子峰《海底·各地通行隐语》："男阳：软硬棒子；金星子；攀条子。"

【攀相好】《切口大词典·娼妓类·长三书寓之切口》："攀相好：在酝酿稔客期间之生客也。"

【攀子】卫大法师《江湖话·红帮各地通行隐语·人身各物类》："女生殖器：合子皮，攀子。"李子峰《海底·各地通行隐语》："女阴：合子皮；攀子。"

【艽芙子】《切口大词典·杂业类·燕子窝之切口》："艽芙子：女烟鬼也。"

【艽毛色】《切口大词典·杂业类·燕子窝之切口》："艽毛色：女青年之吸烟者。"

【盘】《郎中医话》："盘，是脸。"

【盘藏客窑】《切口大词典·党会类·流氓之切口》："盘藏客窑：住旅馆也。"

【盘肠】《郎中医话》："盘肠，是带子。"

【盘带】《切口大词典·杂业类·猪肉业之切口》："盘带：肠也。"

【盘道】 金老佛《三教九流江湖秘密规矩·青帮与红帮·盘道之对答》："盘道亦称盘海底。盖用隐语相诘难也，但被盘者如能耐气忍性，一味低头伏小，则盘者亦自无可如何，至多不令留居其码头上已耳。凡此道中人，走到外码头，如缺少用度，该处又绝无相识之人，即可用挂招牌之法以求之，必有人加以招待。其法如在茶馆之中，则将茶壶之盖揭下，倚于茶碗之外侧。如在酒肆之中，则将箸横置于酒杯之前面。道中人见之，即来问话矣。其问答亦有一定之次序。如见人挂招牌者，则问曰'老大可有门槛？'挂招牌者见有人问话，宜谨敬起立，躬身答曰'不敢，是占祖爷的灵光。'再问'贵前人是那一位？贵帮是那一帮？'答称'在家子不敢言父，出外徒不敢言师。敝家师姓某上某下某，是江淮四帮。'再问'老大顶那个字？'答语应言头顶何世，身背何世，足踏何世。如系大字辈者，则曰'头顶二十世，身背二十一世，脚踏二十二世。'至此则知系道中人。然后一同入座，有时须将己之前人及引见师傅传道师傅之三代，此所谓三帮九代也。道中人接待，止限三日，三日之内，凡一切饮食起居之费，皆由其人负担，临行更可得若干路费。若居留过三日后，仍不他去，即不复再受招接矣。如挂招牌者欲反诘其人之姓氏履历，则所用之语，又须更换。如问其行辈，则曰'老大烧那路香'，而不可言'老大顶那个字'。答语亦不用世字，而须言'头顶几路香，手烧几路香，脚踏几路香。'此盖因宾主地位不同，故出言吐语，亦须随在变易，不可任意乱道。否则必背视为空子盗门槛者，不旋踵而祸患集其身矣。是不可以不慎。"

【盘道之一班】 金老佛《三教九流江湖秘密规矩·青帮与红帮·盘道之一班》："该帮切口，红帮自号曰元门。春保山重振红帮以后，不数年，元门弟兄（该帮切口，红帮自号曰元门。）已遍布于大江南北，其潜势力之雄厚，殆有未可以言语形容者。惟保三思虑，颇为周密，因恐帮中有事，出言不慎，或被帮外人所侦悉，加以该帮所作所为，大干法纪者，十居其九，若不严守秘密，将无以守隐密而保安全。爱特与顾蒋王等诸人，制造帮中紧要秘语一册，分授弟兄，咸令熟习，以是该帮中人，虽在烟茶酒肆之中，高谈阔论，旁若无人，帮外人殊无能得其详也。其法与清末革命伟人所用之函电隐语略同。"

【盘儿】 卫大法师《江湖话·红帮各地通行隐语·人身各物类》："脸：盘儿，扇面子。"李子峰《海底·各地通行隐语》："脸：盘儿。"

【盘儿嘬】 云游客《江湖丛谈·江湖之春点》："管俊品人物叫'盘儿嘬'。"

【盘儿尖】 卫大法师《江湖话·红帮各地通行隐语·人身各物类》："脸美：盘儿尖，盘儿足。"李子峰《海底·各地通行隐语》："脸美：盘儿尖；盘儿足。"

【盘儿念】 卫大法师《江湖话·红帮各地通行隐语·人身各物类》："脸丑：盘儿念。"李子峰《海底·各地通行隐语》："脸丑：盘儿念。"

【盘儿念嘬】 云游客《江湖丛谈·江湖之春点》："管人长的丑陋叫'盘儿念嘬'。"

【盘儿念作】 云游客《江湖丛谈·江湖之春点·天桥的坠子场子》："管长的面貌不好，调侃叫盘儿念作。"

【盘儿足】 卫大法师《江湖话·红帮各地通行隐语·人身各物类》："脸美：盘儿尖，盘儿足。"李子峰《海底·各地通行隐语》："脸美：盘儿尖；盘儿足。"

【盘海底】 金老佛《三教九流江湖秘密规矩·青帮与红帮·盘道之对答》："盘道亦称盘海底。盖用隐语相诘难也，但被盘者如能耐气忍性，一味低头伏小，则盘者亦自无可如何，至多不令留居其码头上已耳。凡此道中人，走到外码头，如缺少用度，该处又绝无相识之人，即可用挂招牌之法以求之，必有人加以招待。其法如在茶馆之中，则将茶壶之盖揭下，倚于茶碗之外侧。如在酒肆之中，则将箸横置于酒杯之前面。道中人见之，即来问话矣。其问答亦有一定之次序。如见人挂招牌者，则问曰'老大可有门槛？'挂招牌者见有人问话，宜谨敬起立，躬身答曰'不敢，是占祖爷的灵光'再问'贵前人是那一位？贵帮是那一帮？'答称'在家子不敢言父，出外徒不敢言师。敝家师姓某上某下某，是江淮四帮。'再问'老大顶那个字？'答语应言头顶何世，身背何世，足踏何世。如系大字辈者，则曰'头顶二十世，身背二十一世，脚踏二十二世。'至此则知系道中人。然后一同入座，有时须将己之前人及引见师傅传道师傅之三代，此所谓三帮九代也。道中人接待，止限三日，三日之内，凡一切饮食起居之费，皆由其人负担，临行更可得若干路费。若居留过三日后，仍不他去，即不复再受招接矣。如挂招牌者欲反诘其人之姓氏履历，则所用之语，又须更换。如问其行辈，则曰'老大烧那路香。'而不可言'老大顶那个字。'答语亦不用世字，而须言'头顶几路香，手烧几路香，脚踏几路香。'此盖因宾主地位不同，故出言吐语，亦须随在变易，不可任意乱道。否则必背视为空子盗门槛者。不旋踵而祸患集其身矣。是不可以不慎。"金老佛《三教九流江湖秘密规矩·青帮与红帮·隐语之种种》："江湖上互相交谈皆各有其隐语，此种隐语，俗称为切口，而此中人则称之曰海底。如在同帮不相识之人相遇时，即用隐语相问，以测彼究竟系空子抑门槛中人。如为门槛中人，必亦能用隐语相答，此种问答，则称为盘海底。行旅之人，不一定尽入门槛，而对于此等规矩及海底，却不容不知。盖知晓时，不至误犯而引起纠纷，且可以隐语与门槛中人交谈。非但如此，且遇门槛中人在旁对语时，我亦可以测知其所谈何事，或可得有利之消息。若不知其诀门，门槛中人，虽在彼互相议论，以图伤害自己，我亦无从知晓，终必受其大害矣。"

【盘海子】 学古堂《江湖行话谱·保镖护院行话概略》："要菜为盘海子。"

【盘花杆了】 《清门考原·各项切口》："盘花杆子，舞蛇头。"

【盘货】 卫大法师《江湖话·安庆隐语》："检查：盘货。"

【盘角】 《清门考原·各项切口》："盘角，桌角坐二人，秘密传递二家之牌。"

【盘颈】 《切口大词典·杂流类·西乐队之切口》："盘颈：最大之喇叭也。"

【盘老】 《新刻江湖切要·身体类》："面：元老；盘老。"《切口大词典·星相类·相家之切口》："盘老：面孔也。"清傅崇矩《成都通览·成都之江湖言词·身体类》："面：元老；盘老。"

【盘里亮】 《镖行江湖隐语行话秘典》："白脸人，为盘里亮；黑脸人，为盘里乌。"

【盘里乌】 《镖行江湖隐语行话秘典》："白脸人，为盘里亮；黑脸人，为盘里乌。"

【盘亮】 学古堂《江湖行话谱·行意行话》："盘亮为白。"

【盘龙】 《兽医串雅杂钞》："绳子，叫盘龙。吊嚼，叫青龙。灌嚼，叫顺口龙。"

【盘麻子】 《江湖走镖隐语行话谱》："下地：盘麻子。"

【盘梅】 学古堂《江湖行话谱·行意行话》："盘梅是麻。"

【盘山】 《切口大词典·工匠类·竹匠之切口》："盘山：吃酒也。"

【盘上走】 明程万里《鼎锲徽池雅调南北官腔乐府点板曲响大明春·六院汇选江湖方语》："盘上走，乃强盗也。"

【盘侯】 《新刻江湖切要·人事类》："请坐曰登壁；又盘侯。"清傅崇矩《成都通览·成都之江湖言词·人事类》："请坐：登壁；盘侯。"

【盘桃子】 《清门考原·各项切口》："盘桃子，请人来会，即众人扶持一人也。"

【盘头】 ①《切口大词典·商铺类·珠宝业之切口》："盘头：珠花也。"②《切口大词典·星相类·铁板算命之切口》："盘头：晨时也。"③《切口大词典·杂流类·喜婆之切口》："盘头：为新嫁梳头也。"

【盘乌】 学古堂《江湖行话谱·行意行话》："盘乌为黑。"

【盘香】 ①《切口大词典·杂流类·卖饼者之切口》："盘香：油酥饼也。"②《清门考原·各项切口》："盘香，亦是敬亡人按例点四十天。"

【盘屿】 《切口大词典·商铺类·火腿业之切口》："盘屿：砧板也。"

【盘子】 ①《蹴鞠图谱·圆社锦语》："盘子：场儿。"②《切口大词典·武术类·耍猴戏之切口》："盘子：打围之所也。"③《切口大词典·役夫类·马夫之切口》："盘子：马车也。"④《切口大词典·杂流类·卖洋伞者之切口》："盘子：骨套也。"

【蟠龙】 卫大法师《江湖话·红帮各地通行隐语·武器类》："棍棒：蟠龙。"李子峰《海底·各地通行隐语》："棍棒：蟠龙。"

【蟠桃】 《切口大词典·党会类·流氓之切口》："蟠桃：茶会也。"

【判簧】 云游客《江湖丛谈·江湖之春点·江湖中的光子生意》："管那男女的私事，调侃叫'判簧'，又叫'判托'。"

【判簧果】 云游客《江湖丛谈·江湖之春点·老荣中之高买》："管有搭姘头的妇女，调侃儿叫判簧果。"

【判头】 ①《新刻江湖切要·鸟兽虫鱼类》："鹅：王九；雀官；判头；道十。"②《新刻江湖切要·文具类》："笔：判头；尖头；提老。"

【泮色】 《切口大词典·商铺类·染色业之切口》："泮色：专染大布，不用染缸，惟以煎染而成者。"

【泮水】 宋陈元靓辑《事林广记·续集·绮谈市语·宫殿门》："太学：上庠，泮水。"

【泮头】 《切口大词典·行号类·鲜鱼行之切口》："泮头：鲢鱼也。"

【盼公】 《新刻江湖切要·身体类》："阴：盼公；北风。"《切口大词典·星相类·相家之切口》："盼公：阴物也。"

【盼青】 《新刻江湖切要·娼优类》："不正女：盼青；[改]歪细。"清傅崇矩《成都通览·成都之江湖言词·娼优类》："不正女：盼青；歪细。"

pang

【庞獒】 宋陈元靓辑《事林广记·续集·绮谈市语·走兽门》："犬：宋鹊；庞獒。"

【胖延年】 《新刻江湖切要·疾病类》："臌胀：胖延年；山风延年；结珠延年。"清傅崇矩《成都通览·成都之江湖言词·疾病类》："臌胀：胖延年；山风延年；结珠延年。"

pao

【抛】 《新刻江湖切要·文具类》："双陆：抛；[增]金钗十二。"

【抛臭子】 《清门考原·各项切口》："抛臭子，出赃也。"

【抛处】 ①《江湖走镖隐语行话谱》："绝人为抛处。"②学古堂《江湖行话谱·行意行话》："花钱：为抛处。"

【抛顶】 卫大法师《江湖话·江湖上的隐语·普通隐语》："抢帽：捉乌龟，抛顶。"

【抛顶宫】 卫大法师《江湖话·安庆隐语》："抢帽：抛顶宫。"

【抛风】 《切口大词典·星相类·星家之切口》："抛风：以言语勾拢主顾也。"

【抛钩】 《切口大词典·杂流类·写字人之切口》："抛钩：送字也。"

【抛孤】 《新刻江湖切要·星相类》："打笞；丢笋；抛孤。"清傅崇矩《成都通览·成都之江湖言词·星相类》："打君知曰闯友；打笞；丢笋；抛孤；撇查；落跌。"

【抛果】 学古堂《江湖行话谱·行意行话》："抛果是生女。"

【抛合】 学古堂《江湖行话谱·行意行话》："抛合的生男。"

【抛灰】 清傅崇矩《成都通览·成都之袍哥话即江湖话也》："抛灰，抛下河也。"

【抛空杵儿】 云游客《江湖丛谈·江湖之春点·天桥的戏法场》："管花冤钱，调侃叫抛空杵儿。"

【抛了】 云游客《江湖丛谈·江湖之春点·江湖中闯啃的骗财法》："江湖人管抛了什么东西不要啦，调侃儿叫抛了。"

【抛锚】 《清门考原·各项切口》："抛锚，下卡。预作主脚也。"

【抛盘】 《清门考原·各项切口》："抛盘，伪称何物利何，愿贱价让之。"

【抛盘数】 《切口大词典·娼妓类·雉妓之切口》："抛盘数：起码价钱也。"

【抛山】 《江湖走镖隐语行话谱》："拦路有人拉屎为抛山。"云游客《江湖丛谈·江湖之春点》："管拉屎叫'抛山'。"

【抛山儿】 云游客《江湖丛谈·江湖之金点·挂》："他们江湖人管拉屎，调侃儿叫抛山儿。"

【抛苏】 《郎中医话》："抛苏，是哭。"云游客《江湖丛谈·江湖之金点·小绺门》："抛苏……即是哭。"

【抛苏儿】 云游客《江湖丛谈·江湖之春点·江湖中挑黄唷的骗术》："抛苏儿（哭）……做生意骗人，亦要和逢场作戏一样，面貌上能够形容喜乐悲欢。"云游客《江湖丛谈·江湖之金点·小绺门》："江湖人管哭哭啼啼，调侃儿叫抛苏儿。"

【抛下青龙子】《清门考原·各项切口》："抛下青龙子，丢下江也。凡下水均是。"

【抛须】 学古堂《江湖行话谱·行意行话》："哭为抛须。"

【抛粘子】 学古堂《江湖行话谱·行话管见》："修脚叫抛粘子。"

【脬儿】《蹴鞠图谱·圆社锦语》："脬儿：女。"

【脬声】《蹴鞠谱·锦语》："言语：脬声。"《蹴鞠图谱·圆社锦语》："脬声：言语。"

【刨黄瓜】 卫大法师《江湖话·安庆隐语》："敲诈：劈鬏，刨黄瓜，点蜡烛。"

【刨活】 云游客《江湖丛谈·江湖之金点·评门》："说书的人，在场上批评同业的书说不好，调侃儿叫刨活。"

【刨了】《梨园话》："刨了：甲伶打诨，乙伶先为道破者，谓之'刨了'。"

【炮儿】《行院声嗽·衣服》："巾：炮儿。"

【炮台城】 卫大法师《江湖话·红帮闽粤及南洋各地通行隐语》："蚊帐：炮台城。"李子峰《海底·闽粤及南洋各地通行之隐语》："蚊帐：炮台城；灯笼。"

【炮头】①贝思飞《民国时期的土匪隐语》："炮头：匪帮中的军师。"②学古堂《江湖行话谱·走江湖行话》："先峰：炮头。"

【袍哥】 清傅崇矩《成都通览·成都之袍哥话即江湖话也》："袍哥即烧香结盟之会党也。"

【袍下来】 清傅崇矩《成都通览·成都之袍哥话即江湖话也》："袍下来，解围也。"

【袍杖】 明风月友辑《金陵六院市语》："自用物而言：衣服则曰袍杖。"

【袍帐】 明程万里《鼎锲徽池雅调南北官腔乐府点板曲响大明春·六院汇选江湖方语》："袍帐，乃衣服也。"

【袍子】 卫大法师《江湖话·红帮各地通行隐语·动物类》："兔：跑土子，袍子，大耳子。"李子峰《海底·各地通行隐语》："兔：跑土子；袍子；大耳朵。"

【鲍老】《切口大词典·役夫类·脚夫之切口》："鲍老：新走江湖者。"

【鲍子】《切口大词典·商铺类·银楼业之切口》："鲍子：酒杯也。"

【跑差使】《切口大词典·杂流类·唱滩簧之切口》："跑差使：至人家上门抖唱者。"

【跑车板】 贝思飞《民国时期的土匪隐语》："跑车板：在火车上'活动'的匪帮。"

【跑船舷】《切口大词典·衙卒类·厘卡之切口》："跑船舷：司巡也。"

【跑大割】《清门考原·各项切口》："跑大割，即人送信也。"

【跑灯花】《切口大词典·盗贼类·偷鸡贼之切口》："跑灯花：在傍晚行窃者。"

【跑底子】①卫大法师《江湖话·安庆隐语》："贼：跑底子，文差使，内差使。"②《切口大词典·盗贼类·拐匪之切口》："跑底子：过昭关：拐匪挟被拐之妇女，但以舟行者。"贝思飞《民国时期的土匪隐语》："跑底子：在轮船上'活动'的匪帮。"金老佛《三教九流江湖秘密规矩·青帮与红帮·江湖之春典》："船上盗窃称跑底子。"金老佛《三教九流江湖秘密规矩·青帮与红帮·红帮之问答》："某某适走沙子去了（贩私盐谓之走沙子），某某又去跑底子了（追踪轮船之盗贼）。"

【跑风】《切口大词典·娼妓类·台基之切口》："跑风：良家女子与人作须臾之燕好也。"

【跑滚子】《清门考原·各项切口》："跑滚子，乘车行窃。"

【跑河里】《切口大词典·党会类·红帮之切口》："跑河里：姓马者。"金老佛《三教九流江湖秘密规矩·青帮与红帮·红帮之问答》："马谓'跑河里'。"

【跑横汤】《切口大词典·杂业类·混堂之切口》："跑横汤：执役人也。"

【跑红光】 朱琳《洪门志·春典子琐记·人事》："走运，称跑红光。"

【跑荒车】 贝思飞《民国时期的土匪隐语》："跑荒车：在火车上'活动'的匪帮。"

【跑灰堆】《切口大词典·乞丐类·要猴求乞之切口》："跑灰堆：乡村也。"

【跑混子】《清门考原·各项切口》："跑混子，在街上行窃也。"

【跑伙己】《清门考原·各项切口》："跑伙己，

姓马。"

【跑街】《切口大词典·杂业类·商人共众切口》:"跑街:跑街有两种。一为探听市价者,一为兜销货物者。"

【跑老虎】《切口大词典·党会类·小瘪三之切口》:"跑老虎:收旧伙也。"

【跑马】《切口大词典·娼妓类·钉碰妓之切口》:"跑马:即刻燕好也。"

【跑马招汉】 云游客《江湖丛谈·江湖之春点·江湖中的卖点之内幕》:"有一种卖眼药的,在场内放个茶杯,杯内满满的凉水,水皮上放些锅烟子,把一点眼药放在水中。那点眼药,有黄豆大小,浮于水面,能够自动的追那锅烟子。凡逛市场的人,看着奇怪,就能立着观瞧。他们亦仗着这宗东西圆年子。江湖人管这种卖眼药的,调侃叫跑马招汉。"

【跑马招汗】 云游客《江湖丛谈·江湖之春点·江湖中的卖点之内幕》:"咱们这眼药放在水皮上,追着锅烟子乱转悠卖眼药,叫跑马招汗。"

【跑青花】 卫大法师《江湖话·红帮各地通行隐语·各种行业类》:"行窃:老合;跑青花;吃老西。"李子峰《海底·各地通行隐语》:"行窃:老合;跑青花;吃老西。"

【跑日光】 卫大法师《江湖话·红帮各地通行隐语·各种行业类》:"白天行窃:跑日光。"李子峰《海底·各地通行隐语》:"白天行窃:跑日光。"

【跑手下的】《梨园话》:"跑手下的:即龙套也。[附记]龙套即剧中之兵卒侍卫,因手执镖旗,又谓之'打旗儿的'。向无专工,多为诸伶工轮流扮演。如甲伶演正工剧时,乙伶等则饰其中龙套,以为之配。乙伶演唱时,亦然,且头家(即龙套居首者)多为老旦脚扮演。因关于老旦之戏甚少,休息时多,遂令彼居首位,导领大众。其意谓无戏可唱,扮龙套须重要也。规矩之严,可想见矣。今则反乎此。设令叔岩将演毕《定军山》之黄忠,即命渠饰其他剧中之龙套,叔岩必不愿为。他人亦莫不如是也。因种种碍难关系,遂设龙套一行。一戏班中约用八人(外江则有用十六人者),名之曰"流行",盖本诸当年轮流扮演之遗意也。"

【跑滩】 清傅崇矩《成都通览·成都之袍哥话即江湖话也》:"跑滩,流荡糊口也。"

【跑蹄子】 卫大法师《江湖话·红帮各地通行隐语·动物类》:"马:跑蹄子,高腿子,风子。"

【跑厅的】《切口大词典·娼妓类·八大胡同妓院之切口》:"跑厅的:开窑子者所雇用之男佣也,其职在引客入室,唤妓出见及泡茶请客,一切杂物。"

【跑土子】 卫大法师《江湖话·红帮各地通行隐语·动物类》:"兔:跑土子,袍子,大耳子。"李子峰《海底·各地通行隐语》:"兔:跑土子;袍子;大耳朵。"

【跑腿的】 卫大法师《江湖话·安庆隐语》:"走江湖:跑腿的。"

【跑外的】 卫大法师《江湖话·红帮各地通行隐语·人类一般》:"夫:跑外的,天牌,上壳子。"李子峰《海底·各地通行隐语》:"夫:跑外的;天牌;上壳子。"

【跑乡】 卫大法师《江湖话·红帮各地通行隐语·各种行业类》:"扠鸡:跑乡,摄尖咀子的。"李子峰《海底·各地通行隐语》:"扠鸡:跑乡;摄尖嘴子的。"

【跑衣子的】 卫大法师《江湖话·安庆隐语》:"船上贼:跑衣子的。"

【跑早花】 卫大法师《江湖话·红帮各地通行隐语·各种行业类》:"清晨行窃:跑早花。"李子峰《海底·各地通行隐语》:"清晨行窃:跑早花。"

【跑庄】《切口大词典·娼妓类·台基之切口》:"跑庄:住家野鸡,假作自家女子者。"

【泡老】 宋陈元靓辑《事林广记·续集·绮谈市语·服饰门》:"头巾:乌纱;泡老。"

【泡了活儿】 云游客《江湖丛谈·江湖之春点·江湖艺人快手卢》:"江湖人管变戏法变露了,调侃儿叫泡了活儿。"

【泡锚】《切口大词典·巫卜类·茶馆测字者之切口》:"泡锚:抖生意也。"

【泡球子】 卫大法师《江湖话·红帮各地通行隐语·店钱及其他》:"汤圆:泡球子。"

【泡元】《切口大词典·行号类·桂圆行之切口》:"泡元:粒大质次之桂圆也。"

【泡珠】 朱琳《洪门志·春典子琐记·店铺》:"汤团店,称泡珠。"

pei

【陪柜】《切口大词典·娼妓类·八大胡同妓院之切口》:"陪柜:妓女对于男掌班,或男领家,有侍夜之事,实谓之陪柜;陪柜非妓女之过,且其所甚耻者也。"

【陪堂】《切口大词典·党会类·哥老会之切口》:"陪堂:会员中之第三首领也,称为陪堂右相大爷。"

【陪夜】《切口大词典·杂业类·旅馆之切口》:"陪夜:溺器也。"

【培】《切口大词典·赌博类·摇宝赌之切口》:"培:执掌金库是为党魁。"

【赔输】《切口大词典·衙卒类·粮柜之切口》:"赔输:过户而不过粮也。"

【裴身】清张德坚等《贼情汇纂》卷八《伪文告下·隐语·太平天国隐语》:"裴身,作收拾起程解。"

【沛生】《新刻江湖切要·天文类》:"雨:津;[广]沛生;子望;润公;湿杏;天线;灵零;甘露子;苦霪生;落雨为摆津;[广]洒润。"《江湖切口要诀》(尺牍增附本):"雨:津。[广]沛生;子望;润公;湿杏;天线;灵零;甘露子;苦苦生落。[广]雨为摆津;洒润。"《切口大词典·巫卜类·席地测字者之切口》:"沛生:雨也。"清傅崇矩《成都通览·成都之江湖言词·天文类》:"雨:津;沛生;子望;润公;湿杏;天线;灵零;甘露子;苦霪生;落雨为摆津;洒润。"

【配】清唐再丰《鹅幻汇编·江湖通用切口摘要》:"百曰配。"卫大法师《江湖话·红帮各地通行隐语·数目类》:"百:配,尺。"卫大法师《江湖话·江湖上的隐语·普通隐语》:"百:配。"《切口大词典·星相类·星家之切口》:"配:百也。"《清门考原·各项切口》:"配,百个。"金老佛《三教九流江湖秘密规矩·日常用语》:"百曰配。"李子峰《海底·各地通行隐语》:"百:配;尺。"

【配燥】《新刻江湖切要·医药类》:"撮药:配燥。"清傅崇矩《成都通览·成都之江湖言词·医药类》:"撮药:配燥。"

【配亲】《清门考原·各项切口》:"配亲,卖与为妻妾仆役也。"

【配天】①《新刻江湖切要·地理类》:"地:坤老;[广]重浊;任重;配天;司载公;博厚君。"《江湖切口要诀》(尺牍增附本):"地:坤老;[广]重浊;任重;配天;司载公;博厚君。"清傅崇矩《成都通览·成都之江湖言词·地理类》:"地:坤老;重浊;任重;配天;司载公;博厚君。"②《新刻江湖切要·官职类》:"皇帝:巍巍太岁;[广]则天;配天。"

【配汪】卫大法师《江湖话·红帮各地通行隐语·数目类》:"三百:配汪。"

【配酉】①《新刻江湖切要·身体类》:"丑:古寒;[增]配酉。"清傅崇矩《成都通览·成都之江湖言词·身体类》:"丑:古寒;配酉。"②《切口大词典·星相类·相家之切口》:"配酉:丑也。"

pen

【喷白】《梨园话》:"喷白:念白时用力所发出之字音,不飘不倒,谓之'喷白'。"

【喷钩】《切口大词典·工匠类·银匠之切口》:"喷钩:喷银时所用具也。"

【喷管】①《切口大词典·手艺类·卖弹弓之切口》:"喷管:小竹筒弹弓也。"②《切口大词典·衙卒类·兵士之切口》:"喷管:手枪也。"

【喷痕】学古堂《江湖行话谱·瞽者行话》:"喷痕,人。"

【喷罗】学古堂《江湖行话谱·行意行话》:"咀:为喷罗。"清末民初佚名《镖行江湖隐语行话秘典》:"嘴,为喷罗。"

【喷气洞】《切口大词典·医药类·卖膏药者之切口》:"喷气洞:鼻孔也。"

【喷筒】卫大法师《江湖话·红帮各地通行隐语·武器类》:"枪:手铳子;牲口;叫驴;喷筒。"《切口大词典·盗贼类·越墙贼之切口》:"喷筒:手枪也。"贝思飞《民国时期的土匪隐语》:"喷筒:枪支武器。"金老佛《三教九流江湖秘密规矩·青帮与红帮·红帮之问答》:"乙曰:最好多约几个弟兄,多带几根喷筒(洋枪)。"金老佛《三教九流江

【喷筒子】 卫大法师《江湖话·红帮各地通行隐语·店钱及其他》："手枪：喷筒子。"

【喷嘤】 《蹴鞠图谱·圆社锦语》："喷嘤：下雨。"

【喷焰】 《切口大词典·武术类·吞剑吃蛋卖戏法者之切口》："喷焰：吐火也。"

【喷子】 《江湖走镖隐语行话谱》："火枪：喷子。"《镖行江湖隐语行话秘典》："鸟枪，为喷子。"学古堂《江湖行话谱·行意行话》："鸟枪：为喷子。"

【盆礼马撒】 《镖行江湖隐语行话秘典》："凹为盆礼马撒。"

【盆里麻撒】 学古堂《江湖行话谱·保镖护院行话概略》："盆里麻撒：见窑。"

【盆山】 《新刻江湖切要·饮馔类》："酱：沙油；中军；汁老；研哥。醋：盆山；醯老。"清傅崇矩《成都通览·成都之江湖言词·饮馔类》："醋：盆山；醯老。"

peng

【烹玄】 《新刻江湖切要·星相类》："起课：烹玄。"清傅崇矩《成都通览·成都之江湖言词·星相类》："起课：烹玄。"

【朋友钱】 云游客《江湖丛谈·江湖之金点·小绺门》："朋友钱，是专吃半熟脸人的。"

【彭更】 学古堂《江湖行话谱·瞽者行话》："彭更，走。"

【彭彭太式】 《新刻江湖切要·数目类》："多曰彭彭太式。"《切口大词典·巫卜类·文王课之切口》："彭彭太式：多也。"清傅崇矩《成都通览·成都之江湖言词·数目类》："多：彭彭太式。"

【棚】 贝思飞《民国时期的土匪隐语》："棚：匪帮（四川）。"

【棚里马撒】 《镖行江湖隐语行话秘典》："房上有人，哈武哈武，云棚里马撒。"《镖行江湖隐语行话秘典》："要椅子一把，向贼道而坐。掌柜的安排已毕。坐更，诸位兄弟各带（代）持械，总要随身。若房上有人，云棚里马撒。"

【棚纱】 《切口大词典·手艺类·灯笼业之切口》："棚纱：棚灯也。"

【棚天子】 《江湖走镖隐语行话谱》："窑为棚天子。"

【蓬】 卫大法师《江湖话·江湖上的隐语·普通隐语》："耳环：蓬。"

【蓬大海】 《切口大词典·医药类·药行业之切口》："蓬大海：胖大海也。"

【蓬棵】 《江湖走镖隐语行话谱》："孤树：蓬棵。"

【蓬空子】 《切口大词典·手艺类·卖花样之切口》："蓬空子：拖鞋花也。"

【蓬蓬】 《江湖走镖隐语行话谱》："茶碗：蓬蓬。"

【蓬山】 《切口大词典·役夫类·樵夫之切口》："蓬山：柴也。"

【蓬索】 《切口大词典·党会类·红帮之切口》："蓬索：衣服首饰之简称也。"金老佛《三教九流江湖秘密规矩·青帮与红帮·红帮之问答》："令更设此甲乙两匪，得风回窟之后，将所得蓬子索衣（衣服首饰谓之蓬索），尽行困槽子变钱（典当衣服什物，谓之困槽子），开花（分赃）。"

【蓬头】 ①《切口大词典·工匠类·缫丝匠之切口》："蓬头：乱丝也。" ②《切口大词典·优伶类·髯口之切口》："蓬头：状如刘海而较长，发尾分披肩上，演《泗州城》《盗仙草》之仙童天将用之。"

【蓬仙】 《切口大词典·医药类·药行业之切口》："蓬仙：石菖蒲也。"

【篷索】 贝思飞《民国时期的土匪隐语》："篷索：服装及其饰物。"

【篷锁】 金老佛《三教九流江湖秘密规矩·青帮与红帮·红帮之问答》："于是两匪又到轮船寻觅（偷）生意，其本领能将底子上客人之匣子（箱子）百结（铺盖）篷锁（衣饰）等，如大魔术家之演戏法，一转瞬间，即入二人掌握。"金老佛《三教九流江湖秘密规矩·青帮与红帮·江湖之春典》："衣饰称篷锁。"

【篷头】 《切口大词典·工匠类·烧盐匠之切口》："篷头：烧盐之灶也。"

【蓬子】 《切口大词典·武术类·地吼戏之切

口》："篷子：布制之帐也。"

【捧人】《切口大词典·娼妓类·茶室之切口》："捧人：妓女于开市或下车前，去碰和吃酒也。"

【捧下车】《切口大词典·娼妓类·八大胡同妓院之切口》："捧下车：妓女下车伊始，客人为之开节赏，及作他项花样，谓之捧下车。"

【碰】①《切口大词典·优伶类·伶人之切口》："碰：戏中偶冲突抵触处也。"②贝思飞《民国时期的土匪隐语》："碰：遇到某人。"③学古堂《江湖行话谱·走江湖行话》："认识：碰。"

【碰衬】《切口大词典·工匠类·打金箔匠之切口》："碰衬：榔头也。"

【碰到丁子】《清门考原·各项切口》："碰到丁子，遇见对头也。"

【碰和】《切口大词典·娼妓类·长三书寓之切口》："碰和：客在妓家作雀战，每局有抽头钱十二圆，此举为妓家最欢迎。"

【碰和台子】《切口大词典·娼妓类·台基之切口》："碰和台子：台基中人自文之言也。因卖淫究不若抽头之有光彩也。"

【碰花子】云游客《江湖丛谈·江湖之金点·彩门》："管变杯中生莲叫碰花子。"

【碰了】《梨园话》："碰了：唱念做打，偶有冲突处，皆谓之'碰了'。"《切口大词典·优伶类·腔调上之切口》："碰了：无论唱做念白，有冲突处，均谓之碰。如碰锣鼓，碰场子，碰板之类。"

【碰头报】《梨园话》："碰头报：预告戏目之报单，谓之'碰头报'。"

【碰头好】《梨园话》："碰头好：伶工于初上台时，所得之欢迎声，谓之'碰头好'。"

【碰响子】《切口大词典·优伶类·伶人之切口》："碰响子：未开锣之前，台上一切响器，不准敲碰。犯之者，曰碰响子。"

pi

【批】《郎中医话》："批，是打。"

【批衮】宋陈元靓辑《事林广记·续集·绮谈市语·拾遗门》："遭杖：柴；批衮。"

【批芘】《切口大词典·杂流类·西乐队之切口》："批芘：衣服也。"

【批子】《切口大词典·工匠类·剔脚匠之切口》："批子：剔脚刀也。"

【坯子】①《切口大词典·工匠类·漆匠之切口》："坯子：瓦灰也。"②《切口大词典·手艺类·骨牌业之切口》："坯子：未曾刻雕之骨牌也。"

【披】①《新刻江湖切要·人事类》："做曰钻。分曰披。"清傅崇矩《成都通览·成都之江湖言词·人事类》："分：披。"②《切口大词典·商铺类·衣折业之切口》："披：披风也。"③《切口大词典·武术类·傀儡戏之切口》："披：分拆也。"

【披氅】《切口大词典·商铺类·衣庄业之切口》："披氅：斗篷也。"

【披公】《行院声嗽·衣服》："衣：披公；串仗。"

【披红】《新刻江湖切要·人事类》："做亲曰披红。"清傅崇矩《成都通览·成都之江湖言词·人事类》："做亲：披红。"《切口大词典·星相类·鸟衔算命之切口》："披红：成婚也。"

【披架】《切口大词典·盗贼类·铳手之切口》："披架：衣架也。"

【披街】《新刻江湖切要·乞丐类》："瘫叫化：披街。"《切口大词典·乞丐类·瘫叫化子之切口》："披街：瘫叫化子也。"清傅崇矩《成都通览·成都之江湖言词·乞丐类》："瘫叫化：披街。"

【披匪】《切口大词典·商铺类·嫁妆业之切口》："披匪：衣橱也。"

【披老】《切口大词典·巫卜类·道士之切口》："披老：笙也。"

【披雷子】《郎中医话》："披雷子，是说誓。"

【披罗】①《镖行江湖隐语行话秘典》："马褂，为披罗。"②学古堂《江湖行话谱·行意行话》："马裤为披罗。"

【披迷】《新刻江湖切要·天文类》："雾：迷津；[广] 天；隔面；杏花雨；如烟；疑霖；迷离；[广] 起雾为披迷，又曰排烟帐。"《江湖切口要诀》（尺牍增附本）："雾：迷津。[广] 天；隔面；杏花雨；如烟；疑霖；[广] 迷离。起雾为披迷，又曰排烟帐。"《切口大词典·杂流类·卖西洋镜之切口》：

"披迷：起雾也。"

【披司】《切口大词典·杂流类·收旧货之切口》："披司：衣服也。"

【披蓑衣】《切口大词典·娼妓类·雏妓之切口》："披蓑衣：妻有外遇之谓。然所包之妓，仍然接客，亦以此呼之。"

【披香】学古堂《江湖行话谱·行意行话》："穿衣，为披香。"

【披招汉的】云游客《江湖丛谈·江湖之金点·皮门》："披招汉的，卖眼药的。"

【披纸捐】《切口大词典·杂流类·卖婆之切口》："披纸捐：卖买衣服也。"

【披子】①《新刻江湖切要·兵备类》："挂刀：披子。"②《切口大词典·星相类·不开口相面之切口》："披子：纸也。"③《切口大词典·医药类·卖膏药者之切口》："披子：面孔也。"

【劈】①卫大法师《江湖话·红帮各地通行隐语·一般人事类》："分：劈。"李子峰《海底·各地通行隐语》："分：劈。"②《切口大词典·党会类·哥老会之切口》："劈：在园者。犯会中重规，海底应斩者，呼曰劈立斩不赦。"平山周《中国秘密社会史·哥老会隐语》："被捕曰被摘，斩曰劈，牢狱曰书房，庙曰哑吧窑子，衙门曰威武窑子。"徐珂《清稗类钞·会党类·哥老会隐语》："被捕曰被摘，斩曰劈，牢狱曰书房，庙曰哑吧窑子，衙门曰威武窑子。"

【劈巴】卫大法师《江湖话·红帮各地通行隐语·其他用具对象类》："分钱：劈巴。"李子峰《海底·各地通行隐语》："分钱：劈巴。"

【劈靶】《切口大词典·赌博类·做三四之切口》："劈靶：分赢钱也。"

【劈霸】《切口大词典·党会类·流氓之切口》："劈霸：分藏也。"贝思飞《民国时期的土匪隐语》："劈霸：分配匪帮的收入。"

【劈大】①《切口大词典·商铺类·皮袭业之切口》："劈大：六也。"②《切口大词典·巫卜类·道士之切口》："劈大：接青也。"

【劈地龙】《切口大词典·工匠类·箍桶匠之切口》："劈地龙：剖竹也。"

【劈斧头】清唐再丰《鹅幻汇编·江湖通用切口摘要》："走乡送符取义曰劈斧头。"《切口大词典·医药类·祝由科之切口》："劈斧头：走乡间送符而硬取钱者。"《清门考原·各项切口》："劈斧头，走乡间。先送符取义。后向病者诈财。"金老佛《三教九流江湖秘密规矩·江湖通用切口》："走乡送符取义曰劈斧头。"

【劈髯】卫大法师《江湖话·安庆隐语》："敲诈：劈髯，刨黄瓜，点蜡烛。"

【劈开】①《切口大词典·工匠类·箍桶匠之切口》："劈开：斧头也。"②《切口大词典·工匠类·磨镜匠之切口》："劈开：仆人也。"③《切口大词典·杂流类·卖花带者之切口》："劈开：女买客也。"

【劈雷子】云游客《江湖丛谈·江湖之春点·江湖中挑逗子汗的》："如若蒙哄人，男盗女娼。这样起誓发愿的话，调侃儿叫劈雷子。"云游客《江湖丛谈·江湖之金点·挂》："他们管起誓调侃儿叫劈雷子。"

【劈了穴】云游客《江湖丛谈·江湖之春点·三不管的八岔子生意》："江湖人管分了伙，调侃叫劈了穴。"云游客《江湖丛谈·江湖之春点·天桥的空竹场子》："管散了伙调侃叫劈了穴。"

【劈面见】《切口大词典·杂业类·茶楼之切口》："劈面见：着衣镜也。"

【劈排叉】《切口大词典·优伶类·武行中之切口》："劈排叉：以右足勾左足，直挺其躯，侧向而扑也。"

【劈琴】《新刻江湖切要·人事类》："分银曰劈琴。"清傅崇矩《成都通览·成都之江湖言词·人事类》："分银曰劈琴。"

【劈琴片】《切口大词典·巫卜类·蛤壳测字者之切口》："劈琴片：分银钱也。"

【劈青】《切口大词典·杂流类·画家之切口》："劈青：专画人像也。"

【劈山】卫大法师《江湖话·红帮各地通行隐语·一般人事类》："大便：丢堆，阳子，劈山。"李子峰《海底·各地通行隐语》："大便：甩阳子；劈山。"

【劈扇子】《切口大词典·盗贼类·杆匪之切口》："劈扇子：用刀劈门也。"《清门考原·各项切口》："劈扇子，劈门也。"

【劈水】《切口大词典·杂流类·卖糖芋艿者之切口》："劈水：戬芋艿大杓也。"《切口大词典·杂业类·铁器店之切口)》："劈水：杓也。"

【劈水朝阳】《切口大词典·盗贼类·对买贼之切口》："劈水朝阳：海鱼行也。"

【劈水子】《切口大词典·杂业类·冶坊之切口》："劈水子：铁杓也。"

【劈苏】卫大法师《江湖话·红帮各地通行隐语·一般人事类》："哭：劈苏。"李子峰《海底·各地通行隐语》："哭：劈苏。"

【劈堂】《切口大词典·党会类·红帮之切口》："劈堂；杀也。"《清门考原·各项切口》："劈堂，杀人也。"贝思飞《民国时期的土匪隐语》："劈堂：枪毙某人；执行死刑。"金老佛《三教九流江湖秘密规矩·青帮与红帮·红帮之问答》："杀人谓'劈堂'，又曰'放人'之类。"金老佛《三教九流江湖秘密规矩·青帮与红帮·红帮之问答》："设捕而入狱者，谓之'跌俭牢'；毙者谓之'劈堂，又曰升堂'；后出票逮捕同党，谓之'捉落帽风'；当场捕去谓之'阵上失风'。"金老佛《三教九流江湖秘密规矩·青帮与红帮·红帮之问答》："至晚，甲乙二匪打了亮壳子（灯笼），点了三光条（火把），备齐家伙，带领众堂（人曰堂，故杀人曰劈堂，几个人谓之几杆堂）。"金老佛《三教九流江湖秘密规矩·青帮与红帮·江湖之春典》："杀人称劈堂。"

【劈头】《切口大词典·杂业类·米店之切口》："劈头：白米也。"

【劈邪子】《切口大词典·行号类·水果行之切口》："劈邪子：桃子也。"

【劈血】《切口大词典·衙卒类·侦探之切口》："劈血：分拆稍得来之钱也。"

【皮】①清唐再丰《鹅幻汇编·江湖通用切口摘要》："江湖诸技，总分四行，曰：巾、皮、李、瓜。"②卫大法师《江湖话·各行业商帮所用数目字隐语·重庆通行言词·银楼》："祥：一。皮：二。昌：三。诗：四。对：五。劳：六。造：七。刀：八。云：九。喜：十。"③《江湖走镖隐语行话谱》："饼为皮、反［友？］笼。"

【皮厚】云游客《江湖丛谈·江湖之春点·天桥的大鼓书场》："我们管唱出来的书词，听主不懂，调侃儿叫做皮厚。"

【皮家】明程万里《鼎锲徽池雅调南北官腔乐府点板曲响大明春·六院汇选江湖方语》："皮家，谓人唱曲者。"

【皮抗】《新刻江湖切要·器用类》："箱：皮抗。"清傅崇矩《成都通览·成都之江湖言词·器用类》："箱：皮抗。"

【皮抗盒子】《切口大词典·杂流类·收旧货之切口》："皮抗盒子：箱子也。"

【皮悬】《新刻江湖切要·医药类》："眼科：皮悬。"《切口大词典·医药类·医生之切口》："皮悬：眼科也。"清傅崇矩《成都通览·成都之江湖言词·医药类》："眼科：皮悬。"

【皮榔头】《切口大词典·党会类·流氓之切口》："皮榔头：拳头也。以拳殴人，曰吃（皮）榔头也。"

【皮里】《镖行江湖隐语行话秘典》："毛子，为皮里。"

【皮料敲背】《切口大词典·商铺类·纸业之切口》："皮料敲背：太古笺也。"

【皮林】《新刻江湖切要·衣饰类》："海青：长皮；彩林；皮林。"清傅崇矩《成都通览·成都之江湖言词·衣饰类》："衣服：皮子（好衣服曰皮子坚洁）；海青；长皮；彩林；皮林。"

【皮破】《蹴鞠谱·锦语》："五：皮破。"

【皮生意】《镖行江湖隐语行话秘典》："见了卖茶的，为皮生意。"

【皮条炸了】《切口大词典·衙卒类·侦探之切口》："皮条炸了：狗吠也。"

【皮条子】①清唐再丰《鹅幻汇编·江湖通用切口摘要》："狗曰皮条子。"卫大法师《江湖话·安庆隐语》："犬：皮条子。"卫大法师《江湖话·红帮各地通行隐语·动物类》："狗：皮条子，啸天子。"卫大法师《江湖话·江湖上的隐语·普通隐语》："狗：皮条子。"《切口大词典·盗贼类·越墙贼之切口》："皮条子：守户犬也。"金老佛《三教九流江湖秘密规矩·青帮与红帮·江湖之春典》："狗称皮条子。"金老佛《三教九流江湖秘密规矩·日常用语》："狗曰皮条子。"李子峰《海底·各地通行隐语》："狗：皮条子；嚎天子。"②卫大法师《江湖话·安庆隐语》："警察：皮条子，条儿码子，墨狗子。"③《清门考原·各项切口》："皮条子，中国巡捕也。"

【皮条子炸】 卫大法师《江湖话·红帮各地通行隐语·一般人事类》："狗叫：皮条子炸，天子炸。"李子峰《海底·各地通行隐语》："狗叫：皮条子炸；嚎天子炸。"

【皮腿子】《切口大词典·盗贼类·杆匪之切口》："皮腿子：马队也。"

【皮娃子】 清傅崇矩《成都通览·成都之呼物混名》："皮娃子：狗也，一名嚎天。"

【皮娃子爆豆子】 金老佛《三教九流江湖秘密规矩·青帮与红帮·江湖之春典》："狗咬称皮娃子爆豆子。"

【皮行】 清唐再丰《鹅幻汇编·江湖通用切口摘要》："医病、卖药、膏药等类，总称曰皮行。"《清门考原·各项切口》："皮行，江湖、生医、卖伤膏药等类，总称曰皮行。"金老佛《三教九流江湖秘密规矩·江湖通用切口》："医病卖药膏药等类总称曰皮行。"《镖行江湖隐语行话秘典》："医病，卖膏药等类，总称曰皮行。"云游客《江湖丛谈·江湖之金点·皮门》："'挑汉'的侃儿，已经通行了皮行，江湖人多有不知的。"

【皮行小包】 清唐再丰《鹅幻汇编·江湖通用切口摘要》："一应卖药总称曰皮行小包。"《切口大词典·医药类·卖药人之切口》："皮行小包：卖药者之总称。"《清门考原·各项切口》："皮行小包，一应卖药总称。"金老佛《三教九流江湖秘密规矩·江湖通用切口》："一应卖药总称皮行小包。"

【皮子】 ①《新刻江湖切要·衣饰类》："衣服：皮子。"清唐再丰《鹅幻汇编·江湖通用切口摘要》："衣服总称曰皮子。"《切口大词典·党会类·流氓之切口》："皮子：衣裳也。"《切口大词典·盗贼类·掘壁贼之切口》："皮子：衣服也。"《清门考原·各项切口》："皮子，衣履总称也。"金老佛《三教九流江湖秘密规矩·日常用语》："衣总称曰皮子。"清傅崇矩《成都通览·成都之江湖言词·衣饰类》："衣服：皮子（好衣服曰皮子坚洁）；海青；长皮；彩林；皮林。"②清佚名《郎中医话》："皮子，是墙。"③卫大法师《江湖话·江湖上的隐语·普通隐语》："钱袋：皮子。"④《江湖走镖隐语行话谱》："狗为皮子、咬串子。"⑤《切口大词典·工匠类·打面匠之切口》："皮子：馄饨也。"⑥《切口大词典·盗贼类·偷鸡贼之切口》："皮子：狗也。"清傅崇矩《成都通览·成都之袍哥话即江湖话也》："皮子，呼狗也。"学古堂《江湖行话谱·行意行话》："狗为皮子。"

【皮子朝阳】《新刻江湖切要·店铺类》："衣店：皮子朝阳。"《江湖切口要诀》（尺牍增附本）："衣店：皮子朝阳。"《切口大词典·盗贼类·对买贼之切口》："皮子朝阳：衣服店也。"清傅崇矩《成都通览·成都之江湖言词·店铺类》："衣店：皮子朝阳。"

【皮子坚洁】《新刻江湖切要·衣饰类》："好衣服曰皮子坚洁。"《切口大词典·盗贼类·收晒朗贼之切口》："皮子坚洁：好衣服也。"清傅崇矩《成都通览·成都之江湖言词·衣饰类》："衣服：皮子（好衣服曰皮子坚洁）；海青；长皮；彩林；皮林。"

【皮子污糟】《切口大词典·盗贼类·收晒朗贼之切口》："皮子污糟：不好之衣服也。"

【皮子炸了】《切口大词典·盗贼类·偷鸡贼之切口》："皮子炸了：狗咬也。"

【芘茮】《切口大词典·杂流类·卖花者之切口》："芘茮：葵花也。"

【疲羊】 贝思飞《民国时期的土匪隐语》："疲羊：家境贫穷的人质。"

【琵琶】 ①《切口大词典·衙卒类·忤作之切口》："琵琶：腿也。"②《切口大词典·杂流类·卖糖果者之切口》："琵琶：糖茨菇片也。"

【琵琶朝阳】《切口大词典·盗贼类·对买贼之切口》："琵琶朝阳：火腿店也。"

【琵琶错】 学古堂《江湖行话谱·行话管见》："鸭子肉叫琵琶错。"

【琵琶套】《切口大词典·商铺类·火腿业之切口》："琵琶套：火腿箱也。"

【琵琶仔】《切口大词典·娼妓类·粤妓之切口》："琵琶仔：清官人也。"

【琵琶子】 卫大法师《江湖话·红帮各地通行隐语·动物类》："鸭：琵琶子，扁嘴，阿八，棉花包。"

【匹】 清唐再丰《鹅幻汇编·江湖通用切口摘要》："分曰匹。"卫大法师《江湖话·江湖上的隐语·普通隐语》："分：匹。"《切口大词典·医药类·祝由科之切口》："匹：分也。"《清门考原·各项切口》："匹，分也。"金老佛《三教九流江湖秘密规矩·日常用语》："分曰匹。"

【匹大割】《清门考原·各项切口》："匹大割，写信开条赋也。"

【匹马横行】《新刻江湖切要·人物类》："闯将：献生；［广］牛金星，谓闯之将也；匹马横行。"《江湖切口要诀》（尺牍增附本）："闯将：献生。［广］牛金星（谓之将闯也）；匹马横行。"《切口大词典·衙卒类·兵士之切口》："匹马横行：闯将也。"

【匹琴】清唐再丰《鹅幻汇编·江湖通用切口摘要》："分银洋曰匹琴。"卫大法师《江湖话·江湖上的隐语·普通隐语》："分银元：匹琴。"《切口大词典·医药类·祝由科之切口》："匹琴：分银子也。"《清门考原·各项切口》："匹琴，分银钱也。"金老佛《三教九流江湖秘密规矩·日常用语》："分银洋曰匹琴。"

【匹水子】清唐再丰《鹅幻汇编·江湖通用切口摘要》："鱼曰匹水子。"《清门考原·各项切口》："匹水子，鱼也。"李子峰《海底·各地通行隐语》："鱼：顶浪子；摆河子；匹水子；穿浪；摆尾。"

【匹苏】清傅崇矩《成都通览·成都之呼物混名》："匹苏：哭也。"

【搦板缝】《切口大词典·工匠类·剔脚匠之切口》："搦板缝：擦趾缝也。"

【鼙细】《江湖切口要诀》（尺牍增附本）："鼗婆：鼙细。"

pian

【片帆】《切口大词典·商铺类·海味业之切口》："片帆：鳡唇肚也。"

【片芙子】《切口大词典·杂业类·燕子窝之切口》："片芙子：男烟鬼也。"

【片花】朱琳《洪门志·春典子琐记·店铺》："纸店，称片花。"

【片麻撒】《江湖走镖隐语行话谱》："上去：片麻撒。"

【片马】《江湖走镖隐语行话谱》："贼人从上走为片马。"

【片毛色】《切口大词典·杂业类·燕子窝之切口》："片毛色：男青年之吸烟者。"

【片票子】《切口大词典·盗贼类·铳手之切口》："片票子：画画也。"

【片上】卫大法师《江湖话·红帮各地通行隐语·建筑物类》："无土围之集镇：片上。"李子峰《海底·各地通行隐语》："无土围之集镇：片上。"

【片子】①《镖行江湖隐语行话秘典》："单刀，为片子。"卫大法师《江湖话·安庆隐语》："刀：片子。"卫大法师《江湖话·红帮各地通行隐语·武器类》："大刀：片子。"《江湖走镖隐语行话谱》："刀为青子、片子。"《切口大词典·手艺类·捏粉人之切口》："片子：铁刀也。"《切口大词典·衙卒类·侦探之切口》："片子：刀也。"《切口大词典·役夫类·庖夫之切口》："片子：刀也。"李子峰《海底·各地通行隐语》："大刀：片子。"学古堂《江湖行话谱·行意行话》："单刀：为片子。"②卫大法师《江湖话·红帮各地通行隐语·其他用具对象类》："绸缎：片子，滑溜疋子，衣服总称叶子。"③《江湖走镖隐语行话谱》："瓦为片子。"④《切口大词典·乞丐类·唱春求乞之切口》："片子：所唱之曲也。"⑤《切口大词典·商铺类·染色业之切口》："片子：待染之衣裳也。"⑥《切口大词典·杂流类·卖馄饨者之切口》："片子：馄饨皮也。"⑦朱琳《洪门志·春典子琐记·店铺》："刀店，称片子。"

【片子儿】《切口大词典·武术类·教武艺者之切口》："片子儿：刀也。"

【片子房】贝思飞《民国时期的土匪隐语》："片子房：匪帮的财政总监。"

【偏】《切口大词典·商铺类·顾绣业之切口》："偏：一也。"

【偏才】《新刻江湖切要·亲戚类》："妾：偏才。"

【偏马】《切口大词典·盗贼类·掘壁贼之切口》："偏马：在墙上也。"

【偏提】《切口大词典·商铺类·银楼业之切口》："偏提：茶壶或酒壶也。"

【翩天印】云游客《江湖丛谈·江湖之金点·

挂》："一翻个儿，把那有铜子膏药掩藏起来，把有自然铜的膏药打开了，教人瞧着铜末子。江湖人管这抵梁换柱的法儿，调侃儿叫翻天印。"

【骗弗醒】《切口大词典·杂业类·纸扎店之切口》："骗弗醒：冥镪也。"

【骗马】 明程万里《鼎锲徽池雅调南北官腔乐府点板曲响大明春·六院汇选江湖方语》："骗马，是打拐也。"

【骗子】《江湖走镖隐语行话谱》："背风：骗子。"

piao

【漂】①《切口大词典·工匠类·挽花匠之切口》："漂：挽线不固也。"②《切口大词典·商铺类·另剪业之切口》："漂：不好也。蚀本亦曰漂。"③《切口大词典·星相类·立墙壁相面之切口》："漂：相之孤寒者。"④《切口大词典·医药类·医眼病卖药者之切口》："漂：流眼泪也。"⑤《切口大词典·杂流类·二爷之切口》："漂：场面不佳者。"

【漂匪】《切口大词典·娼妓类·长三书寓之切口》："漂匪：嫖客所有和酒账，至节边溜走，不名一钱也。"

【漂火头】《新刻江湖切要·人事类》："宋殿道士送符曰漂火头。"《切口大词典·武术类·住宅保镖者之切口》："漂火头：道士送符也。"清傅崇矩《成都通览·成都之江湖言词·人事类》："道士送符：漂火头。"

【漂货】①《切口大词典·商铺类·布疋业之切口》："漂货：羽纱也。"②《切口大词典·商铺类·瓷器业之切口》："漂货：碗之细质者。"

【漂记认】《切口大词典·工匠类·画船匠之切口》："漂记认：船上画字也。"

【漂老】 宋陈元靓辑《事林广记·续集·绮谈市语·饮食门》："米：下妆；漂老。"

【漂梁】《切口大词典·星相类·隔夜算命之切口》："漂梁：己之秘密，恐元梁说出，乃以言语告元梁，俗谓打招呼也。"

【漂流】《切口大词典·武术类·行程保镖者之切口》："漂流：不在也。"

【漂汤】《切口大词典·杂业类·混堂之切口》："漂汤：沸水也。"

【漂条】《切口大词典·杂业类·纸扎店之切口》："漂条：纸绳也。"

【漂头】《切口大词典·工匠类·打金箔匠之切口》："漂头：破碎也。"

【漂尾子】《切口大词典·盗贼类·拐匪之切口》："漂尾子：跷脚也。"

【漂些】《切口大词典·工匠类·理发匠之切口》："漂些：慢也。"

【漂行者】 金老佛《三教九流江湖秘密规矩·青帮与红帮·九流之区别》："中九流即一流医生二流金，三流漂行四流推，五流琴棋六书画，七僧八道九麻衣。其中所谓金者，即算命先生；漂行者即写字之人；推者即测字先生；麻衣即相士。皆江湖隐语也，惟书画琴棋，本清高之品，奈何亦视为江湖，未免不类。而今世固有所谓戳黑者，写几个涂鸦之字，画几笔红绿之画，沿途求卖者，而挟一胡琴，到处拉扯以索钱，设一小摊，摆设棋势以求值者，亦时有所见。所谓书画琴棋者，盖即指此辈而言也。"

【漂占】《切口大词典·手艺类·髹漆业之切口》："漂占：白蜡也。"

【漂账】《切口大词典·娼妓类·茶室之切口》："漂账：嫖客欠账逃走也。"

【漂子】①《切口大词典·手艺类·卖花样之切口》："漂子：白纸也。"《切口大词典·杂业类·纸扎店之切口》："漂子：各种纸头也。"②《切口大词典·衙卒类·侦探之切口》："漂子：船也。"

【飘】①《切口大词典·娼妓类·八大胡同妓院之切口》："飘：人之性情伶俐，举止活络，衣服入时之谓也。"②《切口大词典·工匠类·木匠之切口》："飘：斜也，不正也。"③《切口大词典·星相类·相家之切口》："飘：相之薄弱者。"④李子峰《海底·闽粤及南洋各地通行之隐语》："船：飘。"⑤宋陈元靓辑《事林广记·续集·绮谈市语·拾遗门》："走：窜；飘；逃。"

【飘把】《郎中医话》："飘把，是头。"

【飘把子】《郎中医话》："飘把子，是头。"

【飘儿】 金老佛《三教九流江湖秘密规矩·青

帮与红帮·江湖之春典》："送信称飘儿。"

【飘风】《切口大词典·杂业类·信局业之切口》："飘风：鹅毛信也，用途同上。"

【飘风子】《江湖走镖隐语行话谱》："船为飘风子。"

【飘光】《新刻江湖切要·身体类》："发：皂线；飘光；云线。"明佚名《行院声嗽·身体》："发：飘光。"清傅崇矩《成都通览·成都之江湖言词·身体类》："发：皂线；飘光；云线。"

【飘后灵】《新刻江湖切要·舟具类》："柁：飘后灵。"清傅崇矩《成都通览·成都之江湖言词·舟具类》："柁：飘后灵。"

【飘花】《切口大词典·盗贼类·掘壁贼之切口》："飘花：落雪也。"金老佛《三教九流江湖秘密规矩·青帮与红帮·江湖之春典》："下雪称飘花。"

【飘龙门】《切口大词典·乞丐类·送字求乞之切口》："飘龙门：送对联字也。"

【飘飘子】《切口大词典·医药类·药行业之切口》："飘飘子：竹叶也。"

【飘生】《新刻江湖切要·人事类》："剃头人曰飘生。"《切口大词典·武术类·住宅保镖者之切口》："飘生：剃头也。"清傅崇矩《成都通览·成都之江湖言词·人事类》："剃头人：飘生；做庠；按摩。"

【飘仙芝】《切口大词典·杂业类·燕子窝之切口》："飘仙芝：虽吸而无瘾者。"

【飘行】①卫大法师《江湖话·红帮各地通行隐语·店钱及其他》："理发店：飘行，拦草。"卫大法师《江湖话·红帮各地通行隐语·各种行业类》："剃头业：飘行。"《江湖走镖隐语行话谱》："剃头：飘行，又为扫苗子。"李子峰《海底·各地通行隐语》："剃头业：飘行。"②明程万里《鼎锲徽池雅调南北官腔乐府点板曲响大明春·六院汇选江湖方语》："飘行，乃篦头者。"

【飘叶】《新刻江湖切要·衣饰类》："带：飘叶；条子。"《切口大词典·盗贼类·收晒朗贼之切口》："飘叶：带子也。"清傅崇矩《成都通览·成都之江湖言词·衣饰类》："带：飘叶；条子。"

【飘叶子】①《新刻江湖切要·人事类》："分票儿曰飘叶子。"②《新刻江湖切要·人物类》："送字人：飘叶子。"《江湖切口要诀》（尺牍增附本）："送字人：飘叶子。"《切口大词典·乞丐类·送字求乞之切口》："飘叶子：送字求乞之人也。"《切口大词典·医药类·摇虎撑者之切口》："飘叶子：送写大字也。"金老佛《三教九流江湖秘密规矩·青帮与红帮·江湖之春典》："写字索钱者称飘叶子。"清傅崇矩《成都通览·成都之江湖言词·人物类》："送字人：飘叶子。"③清傅崇矩《成都通览·成都之江湖言词·人事类》："和尚道士：化油；吊漫水；分票儿；飘叶子；圆光；请空；请仙；空老儿；钻黑鬼。"

【飘宜青】《切口大词典·乞丐类·送字求乞之切口》："飘宜青：送春联字也。"

【飘子】《新刻江湖切要·舟具类》："舟：瓢儿；飘子。"卫大法师《江湖话·红帮各地通行隐语·其他用具对象类》："船：底子，飘子，平。"李子峰《海底·各地通行隐语》："船：底子；飘子；平。"清傅崇矩《成都通览·成都之江湖言词·舟具类》："舟：瓢儿；飘子。"

【飘字】《梨园话》："飘字：咬字不准，谓之'飘（辟雅切）字'。"《切口大词典·优伶类·腔调上之切口》："飘字：咬字不准也。"

【嫖舍】《切口大词典·娼妓类·粤妓之切口》："嫖舍：在妓寮中住夜也。"

【瓢巴子】《切口大词典·盗贼类·水面贼之切口》："瓢巴子：船柁也。"

【瓢把子】①贝思飞《民国时期的土匪隐语》："瓢把子：后卫战士。"②云游客《江湖丛谈·江湖之金点·小绺门》："敝人曾云游过几省，耳濡目睹，他们这行儿，不拘在什么省市码头地方，都有头儿，调侃儿叫瓢把子。"

【瓢撑】《切口大词典·盗贼类·水面贼之切口》："瓢撑：船篙也。"

【瓢点】《江湖走镖隐语行话谱》："不给钱：瓢点。"

【瓢儿】《新刻江湖切要·舟具类》："舟：瓢儿；飘子。"《切口大词典·役夫类·舟夫之切口》："瓢儿：舟也。"清傅崇矩《成都通览·成都之江湖言词·舟具类》："舟：瓢儿；飘子。"清翟灏《通俗编·识余·市语》："江湖人市语尤多，坊间有《江湖切要》一刻，事事物物，悉有隐称。诚所谓惑乱听闻，无足采也。其间有通行市井者，如官曰孤司，店曰朝阳，夫曰盖老，妻曰底老，家人曰吊脚，僧曰廿三，道士曰廿四，成衣曰戳短枪，抬轿曰扳楼儿，剃头曰削青，船白瓢儿，屋曰顶公，银曰琴公，钱曰把儿，米曰软珠，饼曰匾食，盐曰瀵老，鱼曰豁水，鸭曰王八，鞋曰踢土，镜曰照儿，抹布曰蹋郎，坐曰打墩，拜曰剪拂，揖曰丢圈子，叩头曰丢匾子，写字曰搠黑，说话曰吐刚，被欺曰上当，虚奉承曰王六，大曰太式，多曰满太式，无曰各念，俱由来于此语也。"

【瓢羹】《切口大词典·商铺类·瓷器业之切口》："瓢羹：羹匙也。"

【瓢后灵】《切口大词典·役夫类·舟夫之切口》："瓢后灵：柁也。"

【瓢楞】《切口大词典·盗贼类·水面贼之切口》："瓢楞：船尾也。"

【瓢笼】《江湖走镖隐语行话谱》："扁食：瓢笼。"

【瓢平子】《切口大词典·盗贼类·水面贼之切口》："瓢平子：船橹也。"

【瓢瓢子】 学古堂《江湖行话谱·走江湖行话》："札子：瓢瓢子。"

【瓢头】《切口大词典·行号类·茧行之切口》："瓢头：船钱也。"

【瓢游生】《新刻江湖切要·经纪类》："船户：瓢游生。"《切口大词典·医药类·医眼病卖药者之切口》："瓢游生：船户也。"清傅崇矩《成都通览·成都之江湖言词·经纪类》："船户：瓢游生。"

【瓢子】 ①《切口大词典·盗贼类·水面贼之切口》："瓢子：船也。" ②《切口大词典·商铺类·菜饭业之切口》："瓢子：鱼肚也。" ③《切口大词典·杂业类·麻油店之切口》："瓢子：油杓也。"

【瞟啦】 云游客《江湖丛谈·江湖之春点·江湖中的卖点之内幕》："管两个人熬了，调侃叫瞟啦。"

【瞟上首】 清傅崇矩《成都通览·成都之袍哥话即江湖话也》："瞟上首，天明也。"

【票】 贝思飞《民国时期的土匪隐语》："票：人质。"

【票布】 卫大法师《江湖话·红帮各地通行隐语·店钱及其他》："凭证：宝，票布，顺风子。"

【票丁香】 云游客《江湖丛谈·江湖之春点·汉门的丁香座子》："管临时设场，自治漏疮，调侃叫票丁香。"

【票房】 ①《切口大词典·优伶类·伶人之切口》："票房：外行人习戏之所也。" ②贝思飞《民国时期的土匪隐语》："票房：关押人质的地方。"

【票房子头】 贝思飞《民国时期的土匪隐语》："票房子头：看管人质的人。"

【票了式】《切口大词典·巫卜类·道士之切口》："票了式：钞票也。"

【票友】《切口大词典·优伶类·伶人之切口》："票友：外行之唱戏者。"

【票子】《江湖走镖隐语行话谱》："银为票子。"

pie

【撇查】 清傅崇矩《成都通览·成都之江湖言词·星相类》："打君知曰闯友；打筶；丢笋；抛孤；撇查，落跌。"

【撇道】 明风月友辑《金陵六院市语》："撇道者，脚也。"《行院声嗽·身体》："足，撇道。"

【撇点】《切口大词典·商铺类·丝经业之切口》："撇点：不好也。"

【撇狗子】《镖行江湖隐语行话秘典》："将一路翻语尽都说完，贼人只是不听，再说众兄弟如何让他，说该撇狗子。"

【撇过】 明程万里《鼎锲徽池雅调南北官腔乐府点板曲响大明春·六院汇选江湖方语》："撇过，乃打卦的。"

【撇柳】《新刻江湖切要·身体类》："小便曰撇柳；闷干。"

【撇闷】《新刻江湖切要·身体类》："大便曰撇闷；脱急。"

【撇捺子】 卫大法师《江湖话·红帮各地通行隐语·饮食用品类》："碗：撇捺子，莲花。"李子峰《海底·各地通行隐语》："碗：撇捺子；莲花。"

【撇年子】 云游客《江湖丛谈·江湖之春点·江湖之撇年子把戏》："修脚的人，是一种手艺行当，亦属江湖也。生意人调侃，管他们这种行当，叫撇年子。"

【撇条】 ①《新刻江湖切要·身体类》："撇屁曰撇条。"②《切口大词典·星相类·相家之切口》："撇条：大便也。"

【撇条子】《切口大词典·盗贼类·掘壁贼之切口》："撇条子：大便也。"金老佛《三教九流江湖秘密规矩·青帮与红帮·江湖之春典》："大便称撇条子。"

【撇叶子】《切口大词典·衙卒类·讼棍之切口》："撇叶子：起诉状也。"

【撇子】 卫大法师《江湖话·红帮各地通行隐语·数目类》："六：神，撇子。"李子峰《海底·各地通行隐语》："六：神；撇子。"

【撇嘴】《切口大词典·优伶类·场面上之切口》："撇嘴：笙也。"

【苤蓝一个买成启潘钱】 清傅崇矩《成都通览·成都之各行人买卖通用言词·青果小菜行一切零碎买卖通用言词》："苤蓝一个买成启潘钱，即是十五个。"

pin

【贫】《切口大词典·娼妓类·八大胡同妓院之切口》："贫：小气也。"

【贫腔】《梨园话》："贫腔：任意使腔，不守成规，谓之'贫腔'。"《切口大词典·优伶类·腔调上之切口》："贫腔：行腔使调，任意延长，发音奇异，令聆者刺耳难听也。"

【品】《镖行江湖隐语行话秘典》："品，为三。"

【品虎】《镖行江湖隐语行话秘典》："品虎，卅四吊。"

【品甲】《镖行江湖隐语行话秘典》："品甲，卅二吊。"

【品刘】《镖行江湖隐语行话秘典》："品刘，卅一吊。"

【品玉】《切口大词典·商铺类·笔墨业之切口》："品玉：羊毫笔也。"

ping

【平】 ①平山周《中国秘密社会史·三合会隐语》："线香曰桂枝，蜡烛曰古树。蚊帐曰灯笼。明代服曰袈裟，套裤曰菱角，靴曰铁板，帽子曰云盖，曰万笠。洋伞曰洪头，曰独脚，曰乌云。道路曰线，旅行曰游线。家曰甲子。祖先公馆曰马桶。船曰平，乘船曰搭平。"卫大法师《江湖话·红帮各地通行隐语·其他用具对象类》："船：底子；飘子；平。"《家里宝鉴·隐语》："船曰'平'。"《切口大词典·党会类·三点会之切口》："平：船也。"金老佛《三教九流江湖秘密规矩·三合会之隐语》："船曰平，乘船曰搭平。"李子峰《海底·各地通行隐语》："船：底子；飘子；平。"②《切口大词典·商铺类·金银业之切口》："平：计金子之数也。一平是金子七条。一条计十两。如做标金。必以一平为单位。"③《切口大词典·手艺类·裱画业之切口》："平：十也。"④《切口大词典·行号类·猪之切口》："平：一也。"

【平案】 学古堂《江湖行话谱·行意行话》："桌子：为平案。"

【平巴】 卫大法师《江湖话·红帮各地通行隐语·姓氏类》："王：虎头子，平巴。"李子峰《海底·各地通行隐语》："王：虎头子；平巴。"

【平半】《切口大词典·商铺类·板木业之切口》："平半：对开木也。"

【平布】《切口大词典·杂业类·剪刀店之切口》："平布：与'平中'仿佛。"

【平大】《切口大词典·杂业类·剪刀店之切口》："平大：比'强大'略小。"

【平点儿】《江湖丛谈·江湖之金点·彩门》："遇见了忠厚人，用交朋友同吃同嫖的手段，交了朋友，教点心里虽是觉悟了，冲着交朋友的情面，不好意思和他们翻脸，自认倒霉。管施用这种手腕，调侃儿叫作平点儿。"

【平方】 ①《切口大词典·工匠类·石匠之切口》："平方：石板也。"②《切口大词典·手艺类·裱画业之切口》："平方：册页也。"

【平公】 明程万里《鼎锲徽池雅调南北官腔乐府点板曲响大明春·六院汇选江湖方语》："平公，是厘等。"

【平锅】《切口大词典·工匠类·箍桶匠之切口》："平锅：镬盖也。"

【平基】 清傅崇矩《成都通览·成都之江湖言

词·舟具类》："篙；挺；平基；平飘；替舱；同六。"

【平肩】《切口大词典·杂业类·信局业之切口》："平肩：六也。"

【平接】《江湖走镖隐语行话谱》："桌子：平接。"

【平金】①清佚名《郎中医话》："平金，是刻八字。"②《江湖走镖隐语行话谱》："相面：平金。"

【平老】《新刻江湖切要·器用类》："秤：横挑；平老。"清傅崇矩《成都通览·成都之江湖言词·器用类》："秤：横挑；平老。"

【平亮】《切口大词典·杂流类·卖眼镜之切口》："平亮：平光眼镜也。"

【平了】云游客《江湖丛谈·江湖之春点·江湖中的卖点之内幕》："江湖人管有人和他们打吵子，叫出了鼓儿，管有人把他们的事非调停了结了，调侃叫平了。"

【平六】《新刻江湖切要·舟具类》："橹：平六。"《切口大词典·役夫类·舟夫之切口》："平六：橹也。"清傅崇矩《成都通览·成都之江湖言词·舟具类》："橹：平六。"

【平明】①《新刻江湖切要·娼优类》："旦：正母；［增］平明。"清傅崇矩《成都通览·成都之江湖言词·娼优类》："旦：正母；平明。"②《切口大词典·优伶类·角行之切口》："平明：青衣旦也。"

【平飘】①《新刻江湖切要·舟具类》："平舟基；平飘。"②清傅崇矩《成都通览·成都之江湖言词·舟具类》："篙；挺；平基；平飘；替舱；同六。"

【平瓢】《切口大词典·役夫类·舟夫之切口》："平瓢：平艋也。"

【平铺】《切口大词典·杂流类·卖烧饼油条者之切口》："平铺：做饼之板也。"

【平桥】《切口大词典·巫卜类·席地测字者之切口》："平桥：书字之板也。"

【平汤】《切口大词典·杂业类·混堂之切口》："平汤：温水也。"

【平天】①《切口大词典·工匠类·翻砂匠之切口》："平天：盖板也。"②《切口大词典·商铺类·染色业之切口》："平天：晾布之高架也。"

【平天架】《切口大词典·武术类·耍猴戏之切口》："平天架：猴做戏之架也。"

【平天孙】明程万里《鼎锲徽池雅调南北官腔乐府点板曲响大明春·六院汇选江湖方语》："平天孙，乃官员也。"

【平头】①《切口大词典·工匠类·烧盐匠之切口》："平头：盐箩也。"②《切口大词典·商铺类·绸缎业之切口》："平头：罗纺也。"③《切口大词典·商铺类·竹器业之切口》："平头：箩也。"④《切口大词典·杂业类·米店之切口》："平头：罗籼也。"⑤清翟灏《通俗编·识余·市语·杂货铺》："杂货铺：一平头，二空工，三眠川，四睡目，五缺丑，六断大，七皂底，八分头，九未丸。"

【平头熯】《新刻江湖切要·饮馔类》："粥曰稀汉；平头熯；流稀。"清傅崇矩《成都通览·成都之江湖言词·饮馔类》："粥：稀汉；平头熯；流稀。"

【平托子】卫大法师《江湖话·红帮各地通行隐语·居住用品类》："桌子：平托子。"李子峰《海底·各地通行隐语》："桌：平托子。"

【平小】《切口大词典·杂业类·剪刀店之切口》："平小：比平布还小，俗呼小剪刀。"

【平中】《切口大词典·杂业类·剪刀店之切口》："平中：比平大略小。"

【平子】①《江湖走镖隐语行话谱》："斗为平子。"②《切口大词典·工匠类·理发匠之切口》："平子：剃头担也。"

【评台】《切口大词典·杂流类·说大书之切口》："评台：说书台也。"

【瓶欠】《新刻江湖切要·亲戚类》："晚子：油欠；瓶欠。"

【萍儿】《新刻江湖切要·店铺类》："行商：乍山。今增水客为萍儿，山客为鹿儿。"清傅崇矩《成都通览·成都之江湖言词·店铺类》："水客：萍儿。"

po

【泼卵水】《新刻江湖切要·医药类》："吐虫：泼卵水。"《切口大词典·医药类·医小孩痨症者之切口》："泼卵水：吐虫也。"清傅崇

矩《成都通览·成都之江湖言词·医药类》：'换药珠；鼓釜工；吐虫；泼卵水。'

【泼水】①《新刻江湖切要·人事类》：'献菩萨曰泼水。'清傅崇矩《成都通览·成都之江湖言词·人事类》：'献菩萨：泼水。'②《切口大词典·优伶类·锣鼓之切口》：'泼水：九槌半中用之。'

【婆妈】《切口大词典·娼妓类·粤妓之切口》：'婆妈：女仆也。'

【婆子】《切口大词典·行号类·海鱼行之切口》：'婆子：雌鲳鳊鱼也。'

【迫轮子】云游客《江湖丛谈·江湖之金点·挂》：'管请客人坐车，叫迫轮子。'

【迫下】云游客《江湖丛谈·江湖之金点·穷家门》：'江湖人管花钱相面的人叫点头，管坐在板凳上，调侃叫迫下。'

【破】《切口大词典·行号类·耕牛行之切口》：'破：五也。'

【破饼】《行院声嗽·人事》：'教人：破饼。'

【破不平】《新刻江湖切要·天文类》：'雷：[补] 震公；布鼓；天鼓；闻变；落箸；天威；破不平。'《江湖切口要诀》（尺牍增附本）：'雷：[补] 破不平。'清傅崇矩《成都通览·成都之江湖言词·天文类》：'雷：震公；布鼓；天鼓；闻变；落箸；天威；破不平。'

【破赌】《新刻江湖切要·人事类》：'不识取笑曰破赌。'《切口大词典·武术类·行程保镖者之切口》：'破赌：不识取笑也。'清傅崇矩《成都通览·成都之江湖言词·人事类》：'不识取笑：破赌。'

【破腹】宋陈元靓辑《事林广记·续集·绮谈市语·举动门》：'泻：河鱼；破腹。'

【破狗阵】《切口大词典·赌博类·押六门之切口》：'破狗阵：押六门头也。'

【破律箱】《切口大词典·衙卒类·讼棍之切口》：'破律箱：讼棍也。'

【破盘】云游客《江湖丛谈·江湖之金点·挂》：'破盘吗？（即是非要抓破脸吗？）'

【破皮箱】金老佛《三教九流江湖秘密规矩·青帮与红帮·江湖之春典》：'讼棍称破皮箱。'

【破棋盘】《切口大词典·星相类·龟算命之切口》：'破棋盘：村庄之不佳者。'

【破碎】《切口大词典·巫卜类·茶馆测字者之切口》：'破碎：事败也。'

【破蓑衣】《切口大词典·工匠类·竹匠之切口》：'破蓑衣：老女主人也。'

【破台】《梨园话》：'破台：戏台初建设时，于开锣之第一日，须跳神跳鬼，谓之"破台"。[附记] 梨园旧例，凡新建设之戏台，于初次演戏时，须请高腔班伶工"破台"，然后始能演戏，否则日后必出凶险之事。据家父云，前清时有名伶胜三者，乃高腔班之多才多艺人。凡内廷有"破台"事，辄以白银六十两，招揆承应，其名益大著。梨园中人，多尊称"胜三爷"。按："破台"时，多在夜午，女加官先上台跳舞，状极凄惨。令人观之，毛发竦立。女加官跳毕，上跳五鬼，衣黑衣，戴黑帽，须发双垂，面涂黑黄色，右手持权，加以唐鼓微击，小锣数点。较女加官跳时，愈为凄惨，观者无不凛然。五鬼跳完，口念破台咒，杀雄鸡数头，使鲜血滴 [校案："滴"原作"摘"，显误，径改]。'

【破田】《新刻江湖切要·娼优类》：'丑：破田。'《切口大词典·优伶类·角行之切口》：'破田：丑角也。'清傅崇矩《成都通览·成都之江湖言词·娼优类》：'丑：破田；外；未昊老。'

【破相】《清门考原·各项切口》：'破相，破相人事也。'

【破屑】《新刻江湖切要·草木百果五谷类》：'菜：苗稀；破屑；又曰地青；叶苗。'

【破雁肚】《切口大词典·衙卒类·厘卡之切口》：'破雁肚：查信班船也。'

【破缨帽】《切口大词典·衙卒类·厘卡之切口》：'破缨帽：劣（古）董也。'

【破荧】《切口大词典·巫卜类·道士之切口》：'破荧：铺灯也，地上以米成人形。'

【破郁】《切口大词典·医药类·摆草药摊之切口》：'破郁：枳壳也。花细而香，闻之破郁结，茎多刺。'

pou

【剖肚】《切口大词典·商铺类·陆陈业之切

口》:"剖肚:小麦也。"

【剖金】《新刻江湖切要·时令类》:"秋分:剖金。"《江湖切口要诀》(尺牍增附本):"秋分:剖金。"《切口大词典·星相类·弹弦子算命之切口》:"剖金:秋分也。"清傅崇矩《成都通览·成都之江湖言词·时令类》:"秋分:剖金。"

pu

【扑板】清唐再丰《鹅幻汇编·江湖通用切口摘要》:"用活络句、借用字名十八条捆仙绳、曰扑板。"

【扑灯蛾】《清门考原·各项切口》:"扑灯蛾,初晚时人人宅行窃。"

【扑背】《切口大词典·优伶类·靶子之切口》:"扑背:背厚面阔之刀也。"

【扑粉盎】《切口大词典·工匠类·锡匠之切口》:"扑粉盎:粉盏也。"

【扑风】①金老佛《三教九流江湖秘密规矩·青帮与红帮·红帮之问答》:"家扑蛤蟆(又号扑风,即迎抗官兵之意)。"②金老佛《三教九流江湖秘密规矩·青帮与红帮之问答》:"如强盗谓'扑风'。"金老佛《三教九流江湖秘密规矩·青帮与红帮·江湖之春典》:"强盗称扑风。"③《切口大词典·党会类·红帮之切口》:"扑风:迎拒官兵也。"《清门考原·各项切口》:"扑风,盗匪拒捕也。"贝思飞《民国时期的土匪隐语》:"扑风:抵御士兵的进攻。"

【扑风子】卫大法师《江湖话·红帮各地通行隐语·居住用品类》:"被:拖棚子,夜衣,归帐子,扑风子。"李子峰《海底·各地通行隐语》:"被:夜衣;归帐子;扑风子。"

【扑蛤蟆】金老佛《三教九流江湖秘密规矩·青帮与红帮·红帮之问答》:"扑蛤蟆(又号扑风,即迎抗官兵之意)。"《切口大词典·党会类·红帮之切口》:"扑蛤蟆:义同上(扑风:迎拒官兵也)。"

【扑虎】《切口大词典·优伶类·武行中之切口》:"扑虎:数人互相跌扑也。"

【扑扇】《江湖走镖隐语行话谱》:"推门:扑扇。"

【扑哉】卫大法师《江湖话·江湖上的隐语·巾行隐语》:"用活络句借用字:十八条捆仙绳;扑哉。"《清门考原·各项切口》:"扑哉,用活络句借用字又名十八条捆仙绳。"金老佛《三教九流江湖秘密规矩·江湖通用切口》:"用活络句借用字又名十八条捆仙绳曰扑哉。"

【扑子】卫大法师《江湖话·红帮各地通行隐语·居住用品类》:"扇:湾月,扑子,清风子。"李子峰《海底·各地通行隐语》:"扇:湾月;扑子;清风子。"

【扑钻】宋陈元靓辑《事林广记·续集·绮谈市语·亲属门》:"仆:扑钻。"

【铺陈子】学古堂《江湖行话谱·行意行话》:"面,为铺陈子。"

【铺衬汗子】学古堂《江湖行话谱·行话管见》:"点心叫铺衬汗子。"

【铺贷捻地】《清门考原·各项切口》:"铺贷捻地,空松之药糖也。"

【铺地汉】卫大法师《江湖话·红帮各地通行隐语·各种行业类》:"药摊子:铺地汉。"李子峰《海底·各地通行隐语》:"药摊子:铺地汉。"

【铺房间】《切口大词典·娼妓类·长三书寓之切口》:"铺房间:妓女之新做官人者,而树艳帜也。"

【铺货捻地】清唐再丰《鹅幻汇编·江湖通用切口摘要》:"空松之药糖曰铺货捻地。"卫大法师《江湖话·江湖上的隐语·皮行隐语》:"空松药糖:铺货捻地。"《切口大词典·医药类·卖药糖者之切口》:"铺货捻地:空松之药糖也。"

【铺监】《切口大词典·衙卒类·狱卒之切口》:"铺监:新入狱者,以番佛与龙头,分派各先在之囚犯也。"

【铺局】贝思飞《民国时期的土匪隐语》:"铺局:侦察活动(满洲)。"

【铺堂】《切口大词典·衙卒类·讼棍之切口》:"铺堂:其用途在内署跟役也。"

【铺塘】《切口大词典·工匠类·砌街匠之切口》:"铺塘:砌街也。"

【铺头子】《切口大词典·乞丐类·唱春求乞之切口》:"铺头子:掌柜也。"

【菩】清傅崇矩《成都通览·成都之各行人买卖

【菩提子】《切口大词典·医药类·摆草药摊之切口》："菩提子：薏苡也。为补品之健将。"

【蒲扳】《新刻江湖切要·人事类》："买曰扳；扳耀；蒲扳。"《切口大词典·武术类·挂布招牌教戏法者之切口》："蒲扳：买进也。"清傅崇矩《成都通览·成都之江湖言词·人事类》："买：扳；扳耀；蒲扳。"

【蒲错】《切口大词典·手艺类·卖叫虫之切口》："蒲错：蟋蟀也。"

【蒲蓝】宋陈元靓辑《事林广记·续集·绮谈市语·宫殿门》："寺院：招提；蒲蓝。"

【蒲牢】《切口大词典·商铺类·乐器业之切口》："蒲牢：钟也。"

【蒲卢】《切口大词典·手艺类·卖叫虫之切口》："蒲卢：螺蛉也。"

【蒲头扛】《切口大词典·盗贼类·短截贼之切口》："蒲头扛：香烟也。"

【瀑布】宋陈元靓辑《事林广记·续集·绮谈市语·天地门》："泉：地脉；瀑布。"

Q

qi

【七二】《家里宝鉴·隐语》："天为'三六'，地为'七二'，合数'一百八'代'会'字，'一百八'为大总理。"

【七姑娘】金老佛《三教九流江湖秘密规矩·青帮与红帮·女匪之职位》："保三遂决计准如所请，特许女子入帮，惟若任令男女同差，非特紊乱职守，抑亦有伤风化，遂公义于老六之下，添辟老七一缺，专纳女匪（至今彼等犹号女匪曰七姑娘）。"

【七节吊】《新刻江湖切要·医药类》："追虫去积；七节通，又曰七节吊。"

【七节通】①清傅崇矩《成都通览·成都之江湖言词·医药类》："追虫去积；七节通（又曰七节吊）。"《新刻江湖切要·医药类》："追虫去积；七节通，又曰七节吊。"②《切口大词典·医药类·医小孩痨症者之切口》："七节通：医小孩各症者。"

【七九通】《新刻江湖切要·工匠类》："倾银匠：七九通；火琴丘；逼皂。"清傅崇矩《成都通览·成都之江湖言词·工匠类》："倾银匠：七九通；火琴丘；逼皂。"

【七绝】《切口大词典·行号类·水果行之切口》："七绝：柿子也。"

【七里香】《切口大词典·杂流类·卖花者之切口》："七里香：山矾也。"

【七七】明程万里《鼎锲徽池雅调南北官腔乐府点板曲响大明春·六院汇选江湖方语》："七七，乃小贼也。"

【七起】《切口大词典·巫卜类·道士之切口》："七起：西方也。"

【七伤】《兽医串雅·天官》："七伤：寒伤；热伤；水伤；饥伤；饱伤；肥伤；走伤。"

【七星额子】《切口大词典·优伶类·戏盔之切口》："七星额子：女额子，女将扎靠所必需。"

【七姊妹】《切口大词典·杂业类·花业之切口》："七姊妹：花如蔷薇而小，七朵一蓓故名。"

【凄凉冈】清傅崇矩《成都通览·成都之袍哥话即江湖话也》："凄凉冈，七也。"

【凄凉子】卫大法师《江湖话·江湖上的隐语·皮行隐语》："卖假龙骨（古生物化石）：凄凉子。"《切口大词典·医药类·卖药人之切口》："凄凉子：卖假龙骨者。"《清门考原·各项切口》："凄凉子，卖假龙骨也。"金老佛《三教九流江湖秘密规矩·江湖通用切口》："卖假龙骨曰凄凉子。"

【戚六】《新刻江湖切要·亲戚类》："亲眷曰戚六。"

【齐】《切口大词典·巫卜类·道士之切口》："齐：吃也。"

【齐昌】《切口大词典·巫卜类·道士之切

口》："齐昌：吃肉也。"

【齐笃落】《切口大词典·巫卜类·道士之切口》："齐笃落：吃饭也。"

【齐根起】《切口大词典·盗贼类·拐匪之切口》："齐根起：拐匪妇女业已得手者。"《清门考原·各项切口》："齐根起，妇女已拐到也。"

【齐酱】《切口大词典·巫卜类·道士之切口》："齐酱：吃酒也。"

【齐眉】《切口大词典·武术类·教武艺者之切口》："齐眉：棍子也。"

【齐摩】清佚名《郎中医话》："齐摩，是先招看着，是点再要钱。"

【齐苊】《切口大词典·医药类·摆草药摊之切口》："齐苊：桔梗也。治牙疳臭烂。"

【齐女】宋陈元靓辑《事林广记·续集·绮谈市语·水族门（虫附）》："蝉：齐女。"

【齐索】《切口大词典·巫卜类·道士之切口》："齐索：吃蔬菜之总称也。"

【齐天】《江湖切口要诀》（尺牍增附本）："坐坊：狗卒；齐天；齐天大圣。"

【齐天大圣】①《新刻江湖切要·人物类》："斋夫：齐天大圣。"清傅崇矩《成都通览·成都之江湖言词·人物类》："斋夫：齐天大圣。"《切口大词典·衙卒类·厘卡之切口》："齐天大圣：斋夫也。"②《江湖切口要诀》（尺牍增附本）："坐坊：狗卒；齐天；齐天大圣。"

【齐头】《切口大词典·工匠类·泥水匠之切口》："齐头：切砖刀也。"

【齐这把草】卫大法师《江湖话·红帮各地通行隐语·一般人事类》："弄个明白：齐这把草。"李子峰《海底·各地通行隐语》："弄个明白：齐这把草。"

【齐主】《切口大词典·衙卒类·幕宾之切口》："齐主：主人也。"

【齐嘴摸蛇】《镖行江湖隐语行话秘典》："猪肉，为齐嘴摸蛇。"

【其服】《新刻江湖切要·亲戚类》："连襟：称曰亚，今称弥仲，又曰其服。"

【其牌干】《江湖走镖隐语行话谱》："一：流；其牌干。"

【奇】①《切口大词典·商铺类·银楼业之切口》："奇：八也。"②《镖行江湖隐语行话秘典》："一个，为奇。"

【奇点年】《江湖走镖隐语行话谱》："说话：奇点年。"

【奇河里】《切口大词典·党会类·红帮之切口》："奇河里：姓钱者。"

【奇鸣】《新刻江湖切要·鸟兽虫鱼类》："田鸡：抱头；水斗；奇鸣。"

【骑凤凰】清傅崇矩《成都通览·成都之呼物混名》："骑凤凰：坐鸡公车也。"

【骑黄骠】《切口大词典·工匠类·打面匠之切口》："骑黄骠：打面者。"

【骑黄骠马】《新刻江湖切要·经纪类》："切面人：骑黄骠马。"清傅崇矩《成都通览·成都之江湖言词·经纪类》："切面人：骑黄骠马。"

【骑口】《切口大词典·赌博类·摇宝赌之切口》："骑口：向东坐者。"

【骑轮】贝思飞《民国时期的土匪隐语》："骑轮：接管一艘船（福建和广东）。"

【骑马】卫大法师《江湖话·红帮各地通行隐语·店钱及其他》："侧（厕）所：骑马。"《切口大词典·党会类·哥老会之切口》："骑马：西号也。"朱琳《洪门志·春典子琐记·店铺》："厕所，称骑马。"②《切口大词典·盗贼类·越墙贼之切口》："骑马：贼在墙上也。"

【骑门】《切口大词典·巫卜类·巫婆之切口》："骑门：谓以菜蔬麦饭，祭于门前也。"

【骑青牛】《清门考原·各项切口》："骑青牛，私贩运物安然渡过关卡名曰骑青牛。"

【骑四脚子】《切口大词典·党会类·红帮之切口》："骑四脚子：骑马也。"

【棋】《郎中医话》："棋，是一十分。"

【棋盘】①《切口大词典·杂流类·卖饼者之切口》："棋盘：卖饼篮也。"②朱琳《洪门志·春典子琐记·人事》："兵，称棋盘。"

【棋盘身】《新刻江湖切要·人物类》："种田人：棋盘身；[广] 村庄儿女。"清傅崇矩《成都通览·成都之江湖言词·人物类》："种田人：棋盘身；村庄儿女。"

【棋盘生】《江湖切口要诀》（尺牍增附本）："种田人：棋盘生。[广] 村庄儿女。"《切口大词典·盗贼类·剪绺贼之切口》："棋盘生：乡下种田人也。"金老佛《三教九流江湖秘密规矩·青帮与红帮·江湖之春典》：
"乡人称棋盘生。"

【棋盘子】卫大法师《江湖话·红帮各地通行隐语·人类一般》："兵：棋盘子，花鹞子，灰狗子。"

【蜞蚂】清傅崇矩《成都通览·成都之呼物混名》："蜞蚂：银锭也。"

【旗方】《切口大词典·杂业类·酱园之切口》："旗方：最小之腐乳也。"

【旗杆头】《郎中医话》："旗杆头，是马褂。"

【旗块】①《切口大词典·赌博类·抽夜糖之切口》："旗块：小糖也。"②《切口大词典·商铺类·板木业之切口》："旗块：方条木也。"

【旗枪】《切口大词典·行号类·茶叶行之切口》："旗枪：茶叶仅一杆一叶也。"

【旗青】《切口大词典·行号类·咸货行之切口》："旗青：青鱼干也。"

【旗胜】《切口大词典·商铺类·玉器业之切口》："旗胜：方玉也。"

【旗子】贝思飞《民国时期的土匪隐语》："旗子：枪支武器。"

【气】《切口大词典·手艺类·席子业之切口》："气：一也。"

【气袋宝】《切口大词典·杂业类·猪肉业之切口》："气袋宝：肺也。"

【气孔子】卫大法师《江湖话·红帮各地通行隐语·人身各物类》："鼻：闻落，气孔子。"

【气老】《行院声嗽·饮食》："饭：气老。"

【气楼】《新刻江湖切要·饮馔类》："馒头：气楼；花垒。"清傅崇矩《成都通览·成都之江湖言词·饮馔类》："馒头：气楼；花垒。"

【气罗】①《郎中医话》："气罗，是馍馍。"学古堂《江湖行话谱·保镖护院行话概略》："馒头为气罗。"②学古堂《江湖行话谱·行意行话》："包[饱]子，为气罗。"

【气锣】《镖行江湖隐语行话秘典》："馍馍，为气锣。"

【气去】学古堂《江湖行话谱·瞽者行话》："气去，地。"

【气筒子】《清门考原·各项切口》："气筒子，鼻也。"

【气眼钱】卫大法师《江湖话·红帮各地通行隐语·偷盗类》："挖洞窃物：气眼钱。"

【岂】《切口大词典·商铺类·丝经业之切口》："岂：少也。"

【企】《切口大词典·商铺类·另剪业之切口》："企：一也。"

【杞机子】卫大法师《江湖话·红帮各地通行隐语·店钱及其他》："油碟：杞机子。"

【弃票】贝思飞《民国时期的土匪隐语》："弃票：未被赎回去的人质。"

【汽大】《切口大词典·工匠类·造酒匠之切口》："汽大：蒸饭也。"

【汽块】《切口大词典·杂业类·点心铺之切口》："汽块：馒头也。"

【汽眼儿】《切口大词典·优伶类·场子上之切口》："汽眼儿：闷绝复苏，起唱倒板也。"

【启】卫大法师《江湖话·各行业商帮所用数目字隐语·成都通行言词·青果小菜行》："启：一。拖：二。心：三。叉：四。潘：五。梭：六。才：七。喓：八。卧：九。"

【契弟】《切口大词典·娼妓类·粤妓之切口》："契弟：相公也。"

【契家老】《切口大词典·娼妓类·粤妓之切口》："契家老：女子有姘夫者。"《切口大词典·娼妓类·粤妓之切口》："契家老：姘夫也。妓女之恩客也。"

【契家婆】《切口大词典·娼妓类·粤妓之切口》："契家婆：所眷之妓女也。"

【砌花台】明田汝成《西湖游览志馀·委巷丛谈》："有曰四平市语者，以一为忆多娇，二为耳边风，三为散秋香，四为思乡马，五为误佳期，六为柳摇金，七为砌花台，八为霸陵桥，九为救情郎，十为舍利子，小为消梨花，大为朵朵云，老为落梅风，讳低物为鞁，以其足下物也。"

【砌阶沿】《切口大词典·赌博类·麻雀赌之切口》："砌阶沿：堆牌也。"

【砌末】《行院声嗽·器用》："什物：砌末。"

【砌牌】《切口大词典·赌博类·麻雀赌之切口》："砌牌：八也。"

【起】《江湖走镖隐语行话谱》："一更为起。"

【起坝】《切口大词典·优伶类·场子上之切口》："起坝：主将将登场之先，有四将先上，其式两臂左右开弓，两足左右踢踩，盖即束装待命之意也，然有单双之别。"

【起霸】《梨园话》:"起霸:剧中主帅未上,而众将陆续上场,并做各种姿势,谓之'起霸'。又曰'起梗'。"

【起步】《切口大词典·商铺类·竹器业之切口》:"起步:鞋钳也。"

【起臭子】《清门考原·各项切口》:"起臭子,偷熟牌也。"

【起打】《梨园话》:"起打:戏中初交战时,谓之'起打'。"

【起发】《清门考原·各项切口》:"起发,由贫而富。"

【起翻儿】《梨园话》:"起翻儿:未起抢背或吊毛……以前,作脚跟着劲,纵身曲项之姿势,谓之'起翻儿'('翻'字读去声)。"

【起锋】《切口大词典·工匠类·理发匠之切口》:"起锋:剔刀布也。"

【起更】学古堂《江湖行话谱·行意行话》:"一更,为起更。"《镖行江湖隐语行话秘典》:"一更为起更,二更为定更,三更为听更,四更为坐更,五更为收更。"

【起骨】《切口大词典·盗贼类·爬儿手之切口》:"起骨:偷地瓜也。"

【起机】《切口大词典·工匠类·织机匠之切口》:"起机:开始织也。"

【起讲】清傅崇矩《成都通览·成都之呼物混名》:"起讲:背心也,亦曰架架。"

【起巾】学古堂《江湖行话谱·江湖行话》:"用草量手算命曰起巾。"

【起课脑】《切口大词典·商铺类·丝经业之切口》:"起课脑:烧饭匀物也。"

【起快】《切口大词典·工匠类·理发匠之切口》:"起快:磨刀石也。"

【起龙位】清傅崇矩《成都通览·成都之袍哥话即江湖话也》:"起龙位,言请起来也。"

【起锣鼓】《梨园话》:"起锣鼓:剧中锣鼓齐鸣,谓之'起锣鼓'。"

【起霉张】《清门考原·各项切口》:"起霉张,麻将中常用在自己打出之牌内,偷换一张也。"

【起腻】《切口大词典·娼妓类·茶室之切口》:"起腻:妓与客相恋爱也。"

【起泡】《切口大词典·杂业类·混堂之切口》:"起泡:肥皂也。"

【起墙子】《清门考原·各项切口》:"起墙子,将牌密置如墙,用骰子开门,本人可起大牌。"

【起势】《切口大词典·杂业类·老虎灶之切口》:"起势:水沸也。"

【起手】《切口大词典·商铺类·竹器业之切口》:"起手:簸箕也。"

【起水】《切口大词典·盗贼类·杆匪之切口》:"起水:外边有人来快逃为是。"

【起堂】《梨园话》:"起堂:大轴尚未演完,而观剧者相继散去,谓之'起堂'。"

【起头】《切口大词典·杂流类·卖烧饼油条者之切口》:"起头:碱也。"

【起纹】《切口大词典·工匠类·铜匠之切口》:"起纹:划方圆之尺也。"

【起心】《切口大词典·工匠类·木匠之切口》:"起心:起纹线之刨也。"

【起焰头】《切口大词典·杂流类·卖馄饨者之切口》:"起焰头:吹火筒也。"

qia

【掐灯花】卫大法师《江湖话·红帮各地通行隐语·各种行业类》:"傍晚行窃:掐灯花。"

【恰光子】云游客《江湖丛谈·江湖之春点·三不管的戗巾生意》:"管吐血,调侃叫恰光子。"

【恰线】《切口大词典·盗贼类·短截贼之切口》:"恰线:在途断路也。"

【恰子】①《切口大词典·行号类·海鱼行之切口》:"恰子:蛏子也。"②《切口大词典·行号类·海鱼行之切口》:"恰子:蚶蛤也。"

【洽旺子】卫大法师《江湖话·红帮各地通行隐语·人类一般》:"吐血:洽旺子,吐汪子。"李子峰《海底·各地通行隐语》:"吐血:洽旺子;吐汪子。"

qian

【千】①卫大法师《江湖话·各行业商帮所用数目字隐语·成都通行言词·药材行》:"音:一。色:二。春:三。水:四。岸:五。芸:六。里:七。池:八。千:九。"《切口大词典·行号类·棉花行之切口》:

"千：九也。"清傅崇矩《成都通览·成都之各行人买卖通用言词·药材行通用言词》："九：千。"②《江湖走镖隐语行话谱》："其为个，牌为百，节为千。"

【千层】《切口大词典·商铺类·茶食业之切口》："千层：云片糕也。"

【千长通】《新刻江湖切要·人物类》："乡人：千长通，[广]我犹未免；沉速为身。"清傅崇矩《成都通览·成都之江湖言词·人物类》："乡人：千长通，我犹未免；沉速为身。"

【千叱】《切口大词典·星相类·相家之切口》："千叱：肚大也。"

【千发】《新刻江湖切要·人事类》："骂：郎；千发；千冈。"

【千缸】①清唐再丰《鹅幻汇编·江湖通用切口摘要》："说人歹处曰千缸。"卫大法师《江湖话·红帮各地通行隐语·一般人事类》："说人歹处：千缸。"《切口大词典·医药类·施药郎中之切口》："千缸：说人歹处也。"金老佛《三教九流江湖秘密规矩·日常用语》："说人歹处曰千缸。"李子峰《海底·各地通行隐语》："说人歹处：千缸。"②《清门考原·各项切口》："千缸，用话打动人。使人就其犯也。"

【千根】清傅崇矩《成都通览·成都之袍哥话即江湖话也》："千根即一千。"

【千河里】《切口大词典·党会类·红帮之切口》："千河里：姓万者。"金老佛《三教九流江湖秘密规矩·青帮与红帮·红帮之问答》："万谓'千河里'。"

【千斤】①《切口大词典·工匠类·造酒匠之切口》："千斤：榨石也。"②《切口大词典·衙卒类·作作之切口》："千斤：肩也。"③《切口大词典·役夫类·樵夫之切口》："千斤：柴担也。"

【千金】①《新刻江湖切要·兵备类》："刀：苗叶；千金；[增]利口生。"②《江湖切口要诀》(尺牍增附本)："小姐：闽琴；改双五才，谓千金也。"

【千金子】卫大法师《江湖话·红帮各地通行隐语·姓氏类》："陈：千金子。"李子峰《海底·各地通行隐语》："陈：千金子。"

【千扛】卫大法师《江湖话·江湖上的隐语·普通隐语》："说人歹处：千扛。"

【千老】朱琳《洪门志·春典子琐记·店铺》："筷店，称千老。"

【千里灯】《切口大词典·杂业类·猪肉业之切口》："千里灯：猪眼也。"

【千里驹】宋陈元靓辑《事林广记·续集·绮谈市语·亲属门》："小儿：凤雏；千里驹。"

【千年蒀】《切口大词典·杂流类·卖花者之切口》："千年蒀：万年青也。为常绿丛生之阔叶草，人家之植，以卜盛衰休咎。"

【千七】《新刻江湖切要·盗贼类》："大盗：千七。"《切口大词典·衙卒类·侦探之切口》："千七：大盗也。"清傅崇矩《成都通览·成都之江湖言词·盗贼类》："大盗：千七。"

【千人眼】《切口大词典·工匠类·竹匠之切口》："千人眼：笼箍也。"

【千绳】朱琳《洪门志·春典子琐记·店铺》："钉鞋店，称千绳。"

【千数】清傅崇矩《成都通览·成都之各行人买卖通用言词·药材行通用言词》："千数，九百。"

【千条】①《新刻江湖切要·饮馔类》："面：千条；豁鼻。"《郎中医话》："千条，是面汤。"《江湖走镖隐语行话谱》："吃面：千条。"《切口大词典·杂业类·点心铺之切口》："千条：面也。"清傅崇矩《成都通览·成都之江湖言词·饮馔类》："面：千条；豁鼻。"②《切口大词典·商铺类·竹器业之切口》："千条：线寻也。"

【千条朝阳】《新刻江湖切要·店铺类》："面店：千条朝阳。"《切口大词典·盗贼类·对买贼之切口》："千条朝阳：面店也。"清傅崇矩《成都通览·成都之江湖言词·店铺类》："面店：千条朝阳。"

【千条窑子】卫大法师《江湖话·红帮各地通行隐语·各种行业类》："面馆：千条窑子。"

【千条子】清唐再丰《鹅幻汇编·江湖通用切口摘要》："面曰千条子。"卫大法师《江湖话·红帮各地通行隐语·饮食用品类》："面：千条子。"卫大法师《江湖话·江湖上的隐语·普通隐语》："面：千条子。"《清门考原·各项切口》："千条子，面也。"金老佛《三教九流江湖秘密规矩·日常用语》：

"面曰千条子。"李子峰《海底·各地通行隐语》:"面:千条子。"

【千统子】 清唐再丰《鹅幻汇编·江湖通用切口摘要》:"袜曰千统子。"金老佛《三教九流江湖秘密规矩·日常用语》:"袜曰千统子。"

【千筒子】《清门考原·各项切口》:"千筒子,袜子也。"

【千挝】《切口大词典·工匠类·铁匠之切口》:"千挝:敲铁之锤也。"

【千响】《切口大词典·武术类·搭台变戏法之切口》:"千响:彩声也。"

【千些】《切口大词典·工匠类·理发匠之切口》:"千些:快也。"

【千绪】《切口大词典·商铺类·染色业之切口》:"千绪:待染之棉纱也。"

【千叶】 朱琳《洪门志·春典子琐记·店铺》:"烟丝店,称千叶。"

【千张】 ①《切口大词典·手艺类·做袜子之切口》:"千张,包脚布也。"②《切口大词典·杂业类·豆腐店之切口》:"千张,百叶也。"

【千张生】 清唐再丰《鹅幻汇编·江湖通用切口摘要》:"乡人曰千张生。"卫大法师《江湖话·江湖上的隐语·普通隐语》:"乡人:千张生。"《切口大词典·星相类·立墙壁相面之切口》:"千张生:乡下人也。"《切口大词典·医药类·卖药人之切口》:"千张生:乡人也。"《清门考原·各项切口》:"千张生,乡间人也。"金老佛《三教九流江湖秘密规矩·日常用语》:"乡人曰千张生。"

【千张子】 卫大法师《江湖话·红帮各地通行隐语·人类一般》:"乡下人:土地孙,千张子。"李子峰《海底·各地通行隐语》:"乡下人:土地孙;千张子。"

【千丈】《江湖走镖隐语行话谱》:"村为千丈。"

【千子】《切口大词典·杂业类·面馆之切口》:"千子:筷也。"

【阡子】 云游客《江湖丛谈·江湖之金点·彩门》:"阡子,变戏儿呀,彩立子变戏儿带赞武。"

【扦】《切口大词典·党会类·流氓之切口》:"扦:看也。"

【扦皮】 李子峰《海底·各地通行隐语》:"修脚:扦皮;掌活。"

【扦子】《切口大词典·手艺类·捏粉人之切口》:"扦子:竹篾也。"

【迁煤朝阳】《切口大词典·盗贼类·对买贼之切口》:"迁煤朝阳:菜饭也。"

【迁浪】《切口大词典·商铺类·地货业之切口》:"迁浪:九也。"

【迁窑】 学古堂《江湖行话谱·估衣行话》:"看人曰迁窑。"

【迁杖】《新刻江湖切要·器用类》:"箸:条篙;木棒;迁杖,条达。梳子:把头;杷老。"清傅崇矩《成都通览·成都之江湖言词·器用类》:"箸:一条篙;木棒;迁杖,条达。"

【牵绊】 明程万里《鼎锲徽池雅调南北官腔乐府点板曲响大明春·六院汇选江湖方语》:"牵绊,与女人交媾。"

【牵肠挂肚】《切口大词典·娼妓类·台基之切口》:"牵肠挂肚:不放心也。"

【牵猢狲】《切口大词典·党会类·流氓之切口》:"牵猢狲:吊赃也。"金老佛《三教九流江湖秘密规矩·青帮与红帮·江湖之春典》:"吊贼称牵猢狲。"

【牵黄狗】《切口大词典·盗贼类·爬儿手之切口》:"牵黄狗:偷南瓜也。"

【牵瓢】《江湖走镖隐语行话谱》:"叩头:牵瓢。"

【牵牵看】《切口大词典·党会类·流氓之切口》:"牵牵看:探听也。"

【牵肉】 朱琳《洪门志·春典子琐记·店铺》:"膏药店,称牵肉。"

【牵生】《新刻江湖切要·人物类》:"幕宾:立门头;[广]生晞,密骗,忽扳,趋笑,管公事人;牵生。"《江湖切口要诀》(尺牍增附本):"管公事人:牵生。"《切口大词典·星相类·龟算命之切口》:"牵生:管公事人也。"清傅崇矩《成都通览·成都之江湖言词·人物类》:"幕宾:立门头;生晞,密骗,忽扳,趋笑,管公事人;牵生。"

【牵丝】 ①《新刻江湖切要·星相类》:"各色起数:牵丝。"清傅崇矩《成都通览·成都之江湖言词·星相类》:"各色起数:牵丝。"②《切口大词典·娼妓类·长三书寓之切口》:"牵丝:纠缠不休之谓也。若客之不豪爽者以此呼之。"

【牵孙】①明程万里《鼎锲徽池雅调南北官腔乐府点板曲响大明春·六院汇选江湖方语》:"牵孙,说人要理闲争。"②明程万里《鼎锲徽池雅调南北官腔乐府点板曲响大明春·六院汇选江湖方语》:"牵孙,谓小官交朋友也。"

【牵头】《切口大词典·武术类·跑马卖解之切口》:"牵头:缰绳也。"

【铅码】清张德坚等《贼情汇纂》卷五《伪军制下·隐语·太平天国隐语》:"枪炮子改称铅码。"

【谦】《切口大词典·医药类·参燕业之切口》:"谦:一也。"

【签】《新刻江湖切要·人事类》:"说歹曰签;又古苦冈。"清傅崇矩《成都通览·成都之江湖言词·人事类》:"说歹:签;占占冈;针冈。"

【签筒】《新刻江湖切要·衣饰类》:"袜:登桶;笔管;踢管;签筒。"清傅崇矩《成都通览·成都之江湖言词·衣饰类》:"袜:登桶;笔管;踢管;签筒。"

【签筒朝阳】《新刻江湖切要·店铺类》:"袜店:签筒朝阳。"《江湖切口要诀》(尺牍增附本):"袜店:签筒朝阳。"《切口大词典·盗贼类·对买贼之切口》:"签筒朝阳:袜子店也。"清傅崇矩《成都通览·成都之江湖言词·店铺类》:"袜店:签筒朝阳。"

【签子】《切口大词典·工匠类·翻砂匠之切口》:"签子:模型也。"

【前】清翟灏《通俗编·识余·市语·药行》:"药行:一芜,二独,三前,四柴,五梗,六参,七苓,八亮,九皁,十芎。"

【前辈】《切口大词典·盗贼类·越墙贼之切口》:"前辈:师父也。"

【前程】《切口大词典·役夫类·屠夫之切口》:"前程:宰架也。"

【前刀落】《切口大词典·工匠类·成衣匠之切口》:"前刀落:剪刀也。"

【前顾眼】《梨园话》:"前顾眼:出言不逊,谓之'前顾眼'。"《切口大词典·优伶类·伶人之切口》:"前顾眼:出言不逊,谓只顾前不顾后也。"

【前啦】《梨园话》:"前啦:戏谑谓之前啦。[附记]后台伶人多好诙谐,因诙谐能联合同人感情。如不愿诙谐者,而与之诙谐,即谓之'前啦。'"

【前翘】《切口大词典·优伶类·武行中之切口》:"前翘:向前以手代足而立也。"

【前饶】《切口大词典·工匠类·成衣匠之切口》:"前饶:结头也。"

【前人】卫大法师《江湖话·安庆隐语》:"师傅:老头子,前人。"《切口大词典·党会类·青帮之切口》:"前人:师父师叔也。"《清门考原·各项切口》:"前人,师傅也。又曰老头子。"平山周《中国秘密社会史·天地会(三合会)隐语·天文》:"前人,又曰老头子,师父也。"

【前人班子】《切口大词典·党会类·青帮之切口》:"前人班子:与老头子同参,或老头子之前人也。"

【前颡方】《兽医串雅杂钞》:"前颡方,即是须子药面用白面和[原作'活']。"

【前卡子】贝思飞《民国时期的土匪隐语》:"前卡子:先锋部队(满洲)。"

【前台】①《梨园话》:"前台:戏台之前谓之'前台'。[附记]戏台之前,名曰'前台',戏台之后名曰'后台'。后台为伶人化妆处,事极烦琐,当别述之。前台系属于营业方面,设有楼台,故地积较后台宽大。凡对戏台正中接近者,谓之'池子',稍远者谓之'正厅',两旁者谓之'廊子';与上下场门相近者,谓之'小池子'。楼上约分楼座、官座、包厢、倒观等名称,皆为观戏座位。不过,有优劣之分。"②《切口大词典·优伶类·戏园之切口》:"前台:执掌戏园进出各事之人也。"

【前太岁】《新刻江湖切要·时令类》:"前年:前太岁;过令太阳。"《江湖切口要诀》(尺牍增附本):"前年:前太(岁);过令太阳。"

【前头】《切口大词典·巫卜类·和尚之切口》:"前头:师傅也。"

【虔撒】《行院声嗽·人事》:"拿住:虔撒。"

【钱】①《切口大词典·商铺类·绸缎业之切口》:"钱:四也。"②《切口大词典·商铺类·银楼业之切口》:"钱:一也。"

【钱掩】《行院声嗽·宫室》:"门:钱掩。"

【钱子】卫大法师《江湖话·红帮各地通行隐语·建筑物类》:"搭:钱子;绝子;钻天子。"

【钳】卫大法师《江湖话·安庆隐语》:"口:钳。"

【钳工】《新刻江湖切要·鸟兽虫鱼类》:"蟹:钳工;羊虫。"

【钳公】明佚名《行院声嗽·鸟兽》:"蟹:钳公。"

【钳红】《切口大词典·工匠类·铁匠之切口》:"钳红:铁夹也。"

【钳老】①《切口大词典·党会类·流氓之切口》:"钳老:轧人之谓也。"②《切口大词典·工匠类·打眼匠之切口》:"钳老:打眼时撑住用之木条也。"③《切口大词典·优伶类·场面上之切口》:"钳老:板鼓也。"

【钳老朝阳】《切口大词典·盗贼类·对买贼之切口》:"钳老朝阳:班鼓店也。"

【钳条子老】《切口大词典·杂流类·卖洋伞者之切口》:"钳条子老:钳子也。"

【钳子】①卫大法师《江湖话·红帮各地通行隐语·人身各物类》:"口:樱桃,是非子,钳子。"②《切口大词典·商铺类·乐器业之切口》:"钳子:京鼓也。"

【乾】清傅崇矩《成都通览·成都之各行人买卖通用言词·成衣收荒通用言词》:"一,乾。"

【乾川】《新刻江湖切要·生死类》:"雷击死:乾川;[增]震川。"《切口大词典·星相类·拉和琴算命之切口》:"乾川:雷轰而死也。"清傅崇矩《成都通览·成都之江湖言词·生死类》:"雷击死:乾川;震川。"

【乾公】《新刻江湖切要·天文类》:"天:乾公;[广]一大;轻清;无外;云表;兼容;并包;司覆公;高明君。"《江湖切口要诀》(尺牍增附本):"天:乾公。[广]一大;轻清;无外。"《江湖切口要诀》(尺牍增附本):"天:乾公。[广]一大;轻清;无外。"清傅崇矩《成都通览·成都之江湖言词·天文类》:"天:乾公;一天;轻清;无外;云表;兼容;并包;司覆公;高明君。"

【乾宫】①《新刻江湖切要·亲戚类》:"祖父:重日;乾宫;东日。"②清唐再丰《鹅幻汇编·江湖通用切口摘要》:"天曰乾宫。"《切口大词典·星相类·星家之切口》:"乾宫:天也。"《清门考原·各项切口》:"乾宫,天也。"金老佛《三教九流江湖秘密规矩·日常用语》:"天曰乾宫。"李子峰《海底·各地通行隐语》:"天:乾宫;上空子。"

【乾坎儿】《梨园话》:"乾坎儿:临时辍演,谓之'乾坎儿'。"

【乾坤】《切口大词典·医药类·道人卖药之切口》:"乾坤:戏药袋也。"

【乾坤袋】《切口大词典·乞丐类·弄蛇求乞之切口》:"乾坤袋:藏蛇之袋也。"

【乾食子】《切口大词典·医药类·摆草药摊之切口》:"乾食子:天门冬也。其功用于麦门冬同。"

【捐棒】《切口大词典·杂流类·卖水果者之切口》:"捐棒:甘蔗也。"

【捐带挡】《切口大词典·娼妓类·长三书寓之切口》:"捐带挡:自开门口之妓女,财力不足,乃其房侍龟奴筹集经费者。"

【捐钢叉】《切口大词典·党会类·小瘪三之切口》:"捐钢叉:身无衣也。"《清门考原·各项切口》:"捐钢叉,吃尽当光。将身上衣衫当质尽净,谓之捐钢叉也。"

【捐活口】《切口大词典·杂流类·卖婆之切口》:"捐活口:卖买人口也。"

【捐客】《切口大词典·杂业类·商人共众之切口》:"捐客:买者与卖者之介绍人也。交易成,则扣其佣,业此者,以熟悉市价,交游广阔之人为多。"

【捐老】《切口大词典·巫卜类·道士之切口》:"捐老:檀板也。"

【捐木梢】《切口大词典·党会类·小瘪三之切口》:"捐木梢:上档之谓也。"

【捐木头】《切口大词典·优伶类·戏园之切口》:"捐木头:蚀本也。"

【捐头面】《切口大词典·杂流类·卖婆之切口》:"捐头面:卖买首饰也。"

【捐戏篷】《切口大词典·武术类·布围卖戏法者之切口》:"捐戏篷:做戏法。用长布围地。中间另有布篷者。"

【捐香头】《切口大词典·杂流类·外执事之切口》:"捐香头:捐花圈者。"

【捐圆头】《切口大词典·杂流类·卖婆之切口》:"捐圆头:卖买珠宝也。"

【捐轧车】《切口大词典·党会类·小瘪三之切口》："捐轧车；附从吃图，以图一饱也。"

【浅】①《新刻江湖切要·人事类》："低曰浅，又曰狭。"《切口大词典·武术类·符箓变戏法者之切口》："浅：低也。"清傅崇矩《成都通览·成都之江湖言词·人事类》："低，浅；狭。"②卫大法师《江湖话·各行业商帮所用数目字隐语·其他·湖北》："文：一。水：二。清：三。且：四。浅：五。行：六。人：七。心：八。志：九。远：十。"

【浅杂】学古堂《江湖行话谱·瞽者行话》："浅杂，七。"

【膁辞】《蹴鞠谱·锦语》："去：膁辞。"《蹴鞠图谱·圆社锦语》："膁辞：去。"

【欠】①清唐再丰《鹅幻汇编·江湖通用切口摘要》："子曰欠。"卫大法师《江湖话·江湖上的隐语·普通隐语》："子：欠。"《切口大词典·星相类·星家之切口》："欠：子也。"金老佛《三教九流江湖秘密规矩·日常用语》："子曰欠。"②清傅崇矩《成都通览·成都之各行人买卖通用言词·丝锦绸缎布帛花行通用言词》："二，欠。"卫大法师《江湖话·各行业商帮所用数目字隐语·重庆通行言词·买猪》："豆：一。背：二。泰：三。长：四。仁：五。条：六。栲：七。黄：八。豆：九。按此为重庆场买卖猪时使用。又名猪肉为'大'，即问'这大多少钱一斤'？则回答；若问'这猪肉多少钱一斤'？则不回答你。高：一。明：二。韩：三。苏：四。大：五。雍：六。草：七。梅：八。湾：九。高：十。许：一。欠：二。川：三。义：四。土：五。告：六。照：七。毛：八。求：九。许：十。"卫大法师《江湖话·各行业商帮所用数目字隐语·重庆通行言词·吉董，旧五金，估衣，改裁，荒担，经纪，过活，旧棉絮（重庆教场口，鼎新街，估衣街，关津巷通用）》："高：一。明：二。韩：三。苏：四。大：五。雍：六。草：七。梅：八。湾：九。高：十。许：一。欠：二。川：三。义：四。土：五。告：六。照：七。毛：八。求：九。许：十。"③《切口大词典·商铺类·豆麦业之切口》："欠：九也。"《切口大词典·手艺类·裱画业之切口》："欠：九也。"《切口大词典·行号类·铜锡行之切口》："欠：九也。"《切口大词典·杂业类·米店之切口》："欠：九也。"清傅崇矩《成都通览·成都之各行人买卖通用言词·院房娼妓言词》："九，欠。"④《切口大词典·行号类·棉花行之切口》："欠：十也。"

【欠才】《新刻江湖切要·亲戚类》："媳妇：欠才。"

【欠丁】《切口大词典·商铺类·金线业之切口》："欠丁：一也。"

【欠宫】《清门考原·各项切口》："欠宫，子也。"

【欠官】《新刻江湖切要·亲戚类》："子：欠官；金星。"

【欠郎】《切口大词典·医药类·参燕业之切口》："欠郎：九也。"

【欠甩】清傅崇矩《成都通览·成都之各行人买卖通用言词·院房娼妓言词》："欠甩，九十五。"

【欠债】卫大法师《江湖话·安庆隐语》："杀人：欠债。"

【嵌角】①《新刻江湖切要·人事类》："结交朋友曰嵌角。"②《蹴鞠谱·锦语》："瞎：嵌角。"《蹴鞠图谱·圆社锦语》："嵌角：瞎。"③《切口大词典·行号类·烟土行之切口》："嵌角：法如前，不过以三角式之刀刮解耳。"

【嵌老】《新刻江湖切要·器用类》："枷：嵌老。"明佚名《行院声嗽·器用》："枷：嵌老。"清傅崇矩《成都通览·成都之江湖言词·器用类》："枷：嵌老。"

【嵌螺】《切口大词典·赌博类·摇宝赌之切口》："嵌螺：其子用螺纹无痕迹之笋槽，欲化为二为三随心欲为。"

【蒨蔓】《切口大词典·杂流类·卖花者之切口》："蒨蔓：诸葛菜也。"

【辁子】《切口大词典·役夫类·马夫之切口》："辁子：柩车也。"

qiang

【羌】清翟灏《通俗编·识余·市语·药行》："药行：一羌，二独，三前，四柴，五梗，六参，七苓，八壳，九草，十芎。"

【枪】 明风月友辑《金陵六院市语》："枪者，脸也。"

【枪儿】《切口大词典·商铺类·陆陈业之切口》："枪儿：大麦也。"

【枪法】《行院声嗽·人事》："手段：枪法。"

【枪杆】《切口大词典·行号类·菜蔬行之切口》："枪杆：苋菜茎也。"

【枪花】《梨园话》："枪花：持大枪而舞其姿势，谓之'枪花'。"

【枪里加鞭】 云游客《江湖丛谈·江湖之春点·江湖中之金、卖两门做变绝生意之内幕》："占卦相面批八字，是他的本等。带着卖药，调侃叫枪里加鞭专打鬼胎的生意。"

【枪子】《切口大词典·杂业类·猪肉业之切口》："枪子：秤也。"

【戗的磨头】 云游客《江湖丛谈·江湖之春点》："管祖母叫戗的磨头。"

【戗的戗儿】 云游客《江湖丛谈·江湖之春点·江湖艺人传：去平留津的大金牙》："焦家姐妹的祖父，调侃儿叫戗的戗儿。"

【戗儿的戗】 云游客《江湖丛谈·江湖之春点》："管祖父叫戗儿的戗。"

【戗金】 云游客《江湖丛谈·江湖之金点·穷家门》："相面的，调侃儿叫戗金，又叫戗盘的。"

【戗科郎的条子】 云游客《江湖丛谈·江湖之春点·江湖中之戳黑的》："给乡下人相面用的词儿就叫戗科郎的条子。"

【戗冷子用的条子】 云游客《江湖丛谈·江湖之春点·江湖中之戳黑的》："给冷子相面用的词儿，调侃就叫戗冷子用的条子。"

【戗贸易点的条子】 云游客《江湖丛谈·江湖之春点·江湖中之戳黑的》："给贸易点相面用的词儿，调侃就叫戗贸易点的条子。"

【戗盘】 云游客《江湖丛谈·江湖之春点·江湖中之戳黑的》："管叫徒弟相面，调侃叫戗盘。"

【腔】 ①《梨园话》："腔：歌喉婉转，谓之'腔'。"②《切口大词典·优伶类·腔调上之切口》："腔：腔即音也。唱戏时，普通之音，谓之音，而特别者则腔也。"

【腔郎】《镖行江湖隐语行话秘典》："见拾大粪，为腔郎。"

【强大】 ①《切口大词典·商铺类·瓷器业之切口》："强大：最大之碗也。"②《切口大词典·杂业类·剪刀店之切口》："强大：大剪刀也。"

【强盗王】《切口大词典·行号类·鲜鱼行之切口》："强盗王：黄鳝鱼也，专食湖鱼。"

【强金】《郎中医话》："强金，是相面。"

【强龙不压地头蛇】 云游客《江湖丛谈·江湖之金点·江湖艺人的规律》："强龙不压地头蛇……即是外乡人难惹本地人。"

【强头生】《新刻江湖切要·人物类》："别处人：强头生；[广]介葛来朝；集桑黄鸟。"《江湖切口要诀》(尺牍增附本)："别处人：强头生。[广]介葛来朝；集桑黄鸟。"《切口大词典·盗贼类·剪绺贼之切口》："强头生：别处人也。"清傅崇矩《成都通览·成都之江湖言词·人物类》："别处人：强头生；介葛来朝；集桑黄鸟。"

【墙头草】《切口大词典·医药类·摆草药摊之切口》："墙头草：紫罗兰也。可治霍乱吐呕不止。"

【抢】《郎中医话》："抢，是父。"

【抢背】《切口大词典·优伶类·武行中之切口》："抢背：以背落地，斜翻筋斗也。"

【抢场】《梨园话》："抢场：临时扮演，谓之'抢场'。"

【抢汗巾】《切口大词典·娼妓类·茶室之切口》："抢汗巾：割靴子也。"

【抢巾】 清唐再丰《鹅幻汇编·江湖通用切口摘要》："立于墙边门首相面曰抢巾。"卫大法师《江湖话·红帮各地通行隐语·各种行业类》："立桥边下相命：抢巾。"卫大法师《江湖话·江湖上的隐语·巾行隐语》："立于墙边门首算命：抢巾。"《切口大词典·星相类·立墙壁相面之切口》："抢巾：立于人家之墙边，或门首，挂布招而相面者。"《清门考原·各项切口》："抢巾，立于墙边门首相面也。"金老佛《三教九流江湖秘密规矩·江湖通用切口》："立于墙边门首相命曰抢巾。"李子峰《海底·各地通行隐语》："立墙边下相命：抢巾。"学古堂《江湖行话谱·江湖行话》："立于墙边门首相面者，曰抢巾。"

【抢上山】《切口大词典·杂流类·堂名之切口》："抢上山：吃饭时所唱之曲也。"

【抢头子】贝思飞《民国时期的土匪隐语》："抢头子：士兵。"

【抢着】《镖行江湖隐语行话秘典》："车前有人拾粪，为抢着。"

qiao

【悄麻雀】清傅崇矩《成都通览·成都之呼物混名》："悄麻雀：贼也。"

【跷】《切口大词典·赌博类·掷骰子之切口》："跷：骰子斜侧不能确定也。"

【跷辫子】《切口大词典·乞丐类·乞丐之切口》："跷辫子：死也。"

【跷角】《切口大词典·杂流类·卖水果者之切口》："跷角：红菱也。"

【跷脚】《切口大词典·党会类·流氓之切口》："跷脚：押当也。"

【跷辙】《梨园话》："跷辙：不合辙，谓之'跷辙'。"

【跷嘴】《切口大词典·杂流类·说大书之切口》："跷嘴：茶壶也。"

【敲】①《行院声嗽·数目》："八：封；敲。"《切口大词典·杂业类·冶坊之切口》："敲：八也。"②贝思飞《民国时期的土匪隐语》："敲：枪毙。"

【敲更】《清门考原·各项切口》："敲更，四人看牌，另一人在旁边传信也。"

【敲家子】云游客《江湖丛谈·江湖之金点·做小帖的生意》："那装听差的人叫敲家子。"

【敲破流】《切口大词典·巫卜类·道士之切口》："敲破流：老妇人也。"

【敲生意】①《切口大词典·党会类·青帮之切口》："敲生意：不正当营业也。"②《清门考原·各项切口》："敲生意，差役向江湖及软硬两相索贿之谓。又曰找开销。"

【敲托的】云游客《江湖丛谈·江湖之春点·黑红宝·花页子》："敲托的，即是贴靴。"云游客《江湖丛谈·江湖之春点·天桥的卦摊》："管贴靴的调侃叫敲托的。"云游客《江湖丛谈·江湖之金点·挑土宝、海宝的生意》："敲托的即是贴靴的。"云游客《江湖丛谈·江湖之金点·小绺门》："江湖人管帮腔骗人贴靴，调侃儿叫敲托的。"云游客《江湖丛谈·江湖之春点·江湖中之大粒生意》："社会里面半开眼的人，管敲托的叫贴靴，他们是装好人闲聊大夫。在无形之中，将人的事先探明白，然后再告诉那个老道去。江湖人管他们这种探讨事的人，调侃叫敲托的。"云游客《江湖丛谈·江湖之春点·三不管的八岔子生意》："江湖人管帖靴的，调侃叫敲托的。"云游客《江湖丛谈·江湖之金点·江湖的海青腿儿》："敲托的，即是贴靴的意思。"

【敲响板】《切口大词典·乞丐类·唱春求乞之切口》："敲响板：小锣板也。"

【敲硬】《切口大词典·商铺类·食盐业之切口》："敲硬：官盐二字之印子也。"

【敲硬牌】《切口大词典·衙卒类·警士之切口》："敲硬牌：向赌台取费也。"

【敲张】《清门考原·各项切口》："敲张，密法插牌。"

【敲竹杠】《切口大词典·杂流类·贩烟土者之切口》："敲竹杠：以烟土藏于抬货之竹杠中。"

【乔】《切口大词典·商铺类·丝经业之切口》："乔：歹也。"

【乔公帐】清傅崇矩《成都通览·成都之江湖言词·店铺类》："布店：稀朝阳；乔公帐。"

【乔公帐生】《新刻江湖切要·店铺类》："布店：稀朝阳；乔公帐生。"

【乔庄子】卫大法师《江湖话·红帮各地通行隐语·偷盗类》："窃本料：乔庄子。"

【桥】①卫大法师《江湖话·各行业商帮所用数目字隐语·成都通行言词·娼妓》："腰：一。坐：二。立：三。杯：四。甩：五。捞：六。桥：七。拉：八。按'甩'读'ㄌㄧㄚˇ'(lia)，以斧砍木，未砍中面所飘了为甩。"卫大法师《江湖话·各行业商帮所用数目字隐语·成都通行言词·收荒》："邀：一。按：二。苏：三。扫：四。跫：五。料：六。桥：七。犇：八。搅：九。"清傅崇矩《成都通览·成都之各行人买卖通用言词·收荒小生意通用言词》："七，桥。"清傅崇矩《成都通览·成都之各行人买卖通用言词·院房娼妓言词》："七，桥。"②《切口大词典·盗贼类·掘壁贼之切口》："桥：筷子也。"③《切口大词典·医药类·卖药人之切口》："桥：看货也。"

【桥板】 ①李子峰《海底·各地通行隐语》："剑：桥板；绉纱。"②施列格《天地会研究·洪家口白要诀》："桥板，双刀。"

【桥梁】 ①清唐再丰《鹅幻汇编·江湖通用切口摘要》："在台上测字曰桥梁。"卫大法师《江湖话·江湖上的隐语·巾行隐语》："在台上测字：桥梁。"《切口大词典·巫卜类·测字者之切口》："桥梁：在台上测字也。"《清门考原·各项切口》："桥梁，在露天设台子测字算命也。"金老佛《三教九流江湖秘密规矩·江湖通用切口》："在台上测字曰桥梁。"学古堂《江湖行话谱·江湖行话》："在台上测字者，曰桥梁。"②《切口大词典·杂业类·面馆之切口》："桥梁：凳子也。"

【桥梁子】 卫大法师《江湖话·安庆隐语》："赌诈条子：桥梁子，五五日。"

【桥甩】 清傅崇矩《成都通览·成都之各行人买卖通用言词·院房娼妓言词》："桥甩，七十五。"

【桥头】《切口大词典·杂业类·面馆之切口》："桥头：台子也。"

【桥下有水】 卫大法师《江湖话·四川灌县轿夫隐语》："桥下有水：前：'人往桥上过'；后：'水向海中流'。"

【樵老】《行院声嗽·器用》："柴：樵老。"

【樵食】《新刻江湖切要·饮馔类》："麻腐：樵食。"清傅崇矩《成都通览·成都之江湖言词·饮馔类》："麻腐：樵食。"

【樵条】《新刻江湖切要·草木百果五谷类》："柴板：云骨；樵条，堆老；乌杖；条官。"

【樵杖】《新刻江湖切要·草木百果五谷类》："柴：樵杖。"

【瞧】 学古堂《江湖行话谱·鲜货行话》："瞧，七。"

【趄】 明风月友辑《金陵六院市语》："好曰现，而走曰趄。"

【巧】《镖行江湖隐语行话秘典》："巧，为七。"

【巧角】《切口大词典·衙卒类·作作之切口》："巧角：阴物也。"

【巧快】 金老佛《三教九流江湖秘密规矩·青帮与红帮·大快与巧快》："至饭馆吃饭，菜碗置何处，即于何处就食，不许移动。以匙进汤，匙底不能搁在碗边上，喝茶时茶壶盖不准揭开放于桌上。皆属于巧快，犯之必致旁生枝节。"

【巧刘】《镖行江湖隐语行话秘典》："巧刘，七十一吊。"

【巧奇念】《切口大词典·盗贼类·偷鸡贼之切口》："巧奇念：足也。"

【巧倩】《新刻江湖切要·人事类》："笑：巧倩；完凯；今交子。"《切口大词典·武术类·搭台变戏法之切口》："巧倩：笑也。"清傅崇矩《成都通览·成都之江湖言词·人事类》："笑：巧倩；完凯；今交子。"

【巧人占生】 清傅崇矩《成都通览·成都之江湖言词·人事类》："聪明：慧老。巧人占生。"

【俏儿】《行院声嗽·衣服》："粉：俏儿。"

【峭削】《切口大词典·星相类·相家之切口》："峭削：相之孤寒者。"

【窍】 云游客《江湖丛谈·江湖之春点》："管走吧叫'窍'。"

【翘饼】《切口大词典·工匠类·泥水匠之切口》："翘饼：瓦爿也。"

【撬死子】 贝思飞《民国时期的土匪隐语》："撬死子：盗窃坟墓，并且勒索赎金。"

qie

【切】《郎中医话》："切，是西。"学古堂《江湖行话谱·行意行话》："切：西。"云游客《江湖丛谈·江湖之春点》："西叫'切'。"

【切黄中】《切口大词典·商铺类·纸业之切口》："切黄中：纸吹纸也。"

【切克子】 卫大法师《江湖话·江湖上的隐语·普通隐语》："扭锁入门行窃：切克子。"

【切口】 ①清唐再丰《鹅幻汇编·江湖通用切口摘要》："解曰：江湖各行各道，纷纷不一。切口即隐语也，名曰春点。"金老佛《三教九流江湖秘密规矩·江湖通用切口》："切口即隐语也，名曰春典，字无音义，姑从吴下俗音译之，阅者原谅焉。"金老佛《三教九流江湖秘密规矩·青帮与红帮·隐语之种种》："江湖上互相交谈皆各有其隐语，此种隐语，俗称为切口，而此中人则称之曰海底。如在同帮不相识之人相遇时，即用隐语相问，以测彼究竟系空子抑门槛中人。如为门槛中人，必亦能用隐语相答，此种问答，则称为盘海底。②《切口大词典·优伶类·腔调上之切口》："切口：念白带有土音者。"

【切末】《梨园话》："切末：戏中之布景，及各种模型，谓之'切末'。"[附记] 花笑楼主云，焦氏循《易余签录》卷十七曰："《辍耕录》有诸杂砌之目，不知取谓。"按：元曲《杀狗劝夫》，只从取"砌末"上，谓所埋之死狗也。《货郎旦》，外旦所"切末"，付净科，谓金银财宝也。《梧桐雨》正末引宫娥挑灯拿"砌末"上，谓七夕乞巧筵，所设物也。《陈搏高卧》，外扮使臣，引卒子捧"砌末"上，谓诏书纁帛也。《冤家债主》，和尚交"砌末"科，谓银也。《误入桃源》，正末扮刘晨，外砌阮肇，代"砌末"上，谓行李包裹或采药器具也。又净扮刘德，引沙三王留等"砌末"上，谓春社中洋酒纸钱之属也。按焦氏以"砌末"强合杂砌，固未确切然谓演剧时所用物，谓之"砌末"，则殊精审。今剧场独有新彩新切之语，新采谓灯彩切，即砌之省文，谓杂物也。今剧界亦有"切末"之言，然鲜知其元剧已然矣。齐如山云，中国剧之规矩，处处都重在抽象，最忌逼真，尤不许真物上台，布景更无论矣。即间有之，亦不过丑脚穿插科诨，至庄重脚，决不许用之。台上所有物件均有特别规定，或将原物变通形式，或将原事设法用一二物件，以代表之。其代表之物品，即名曰"切末"或书"砌末"（中略——原注）。明以来"切末"之制法渐有成规，如以鞭为马，以旗为车，以桨为船，以红门旗包纱帽胎为人头，以彩裤包晶稠入靴中为腿带，杆门旗一卷便为包裹，等等，皆是。百余年"切末"二字，又有广义、狭义之分。广义者，乃包涵古来箱中所备之物件，即如上所述者是。狭义者，乃戏箱中不为预备，所有各件，均各脚自备之物，或临时租借之品。兹略举如下：如向以红毡帽一卷便为肉，如今黄一刀则专有肉形之"切末"矣；向以虎头裹以门旗，置于水桶口便为狮形，如今举鼎则专有纸制狮形矣。再如《挑滑车》之大枪，《八大锤》之八对锤，亦皆系脚色自备，或临时租借之品。至《碰碑》之碑，《御碑亭》之亭，《水帘洞》之洞，《金山寺》之山，等等，亦系临时租借来者，皆本班所未有。以上所举不过数种，但类此者，后台方呼之曰"切末"。管此者另有一行，向不归箱中人员所辖也。但新式布景，又当别论。又从来剧中举动，皆为舞意。骑马有骑马式之舞，乘轿有乘轿式之舞，以及乘车、乘船、登山、涉水等，皆有专式之舞。有以上种种原因，则尤不能用真物上台矣。

【切羊盘】清傅崇矩《成都通览·成都之江湖言词·人事类》："不晓：切羊盘。"

【茄线】《切口大词典·工匠类·理发匠之切口》："茄线：紧辫子之绳也。"

【且】卫大法师《江湖话·各行业商帮所用数目字隐语·其他·湖北》："文：一。水：二。清：三。且：四。浅：五。行：六。人：七。心：八。志：九。远：十。"

【妾】学古堂《江湖行话谱·保镖护院行话概略》："妾，西。"

【怯杓】云游客《江湖丛谈·江湖之春点·江湖中挑沙子杵的生意》："北平的谚语，管乡下人叫怯杓。"

【怯场】《梨园话》："怯场：怕同名角配戏，谓之'怯场'。"

【怯口】《梨园话》："怯口：念白不脱土音，谓之'怯口'。"

qin

【侵川】《新刻江湖切要·生死类》："杀死：侵川；增曰金川。"《切口大词典·星相类·拉和琴算命之切口》："侵川：杀死也。"清傅崇矩《成都通览·成都之江湖言词·生死类》："杀死：侵川；金川。"

【侵粗】《蹴鞠图谱·圆社锦语》："侵粗：床。"

【侵云】《蹴鞠图谱·圆社锦语》："侵云：长高。"

【亲阿叔】《清门考原·各项切口》："亲阿叔，师之弟兄也。"刘联珂《中国帮会三百年革命史·清门切口》："亲阿叔，师之兄弟。"

【亲口】①《切口大词典·商铺类·古董业之

切口》："亲口：碗也。"《切口大词典·杂流类·换碗者之切口》："亲口：碗也。"《切口大词典·杂流类·卖白糖粥者之切口》："亲口：碗也。"②《切口大词典·杂流类·说大书之切口》："亲口：茶杯也。"

【亲手足】《新刻江湖切要·亲戚类》："娘子：占子，今改亲手足，谓娘之子也。"

【亲嘴】《切口大词典·杂流类·卖馄饨者之切口》："亲嘴：碗也。"

【芹宫】 宋陈元靓辑《事林广记·续集·绮谈市语·宫殿门》："州学：郡庠；芹宫。"

【芹片】《切口大词典·星相类·量手算命之切口》："芹片：洋钿也。"

【秦半两】《切口大词典·杂业类·花业之切口》："秦半两：金钱花也。"

【秦吉了】《切口大词典·杂业类·禽鸟业之切口》："秦吉了：白色之鹦鹉也。"

【琴工】 清唐再丰《鹅幻汇编·江湖通用切口摘要》："洋钱曰琴工。"卫大法师《江湖话·红帮各地通行隐语·其他用具对象类》："洋钱：饼子，老方，琴工，瓜子。"卫大法师《江湖话·江湖上的隐语·普通隐语》："洋钱：琴工。"《切口大词典·星相类·星家之切口》："琴工：洋钿也。"《清门考原·各项切口》："琴工，洋钱也。"金老佛《三教九流江湖秘密规矩·日常用语》："洋钱曰琴工。"李子峰《海底·各地通行隐语》："洋钱：饼子；老方；琴工；瓜子。"

【琴公】 清翟灏《通俗编·识余·市语》："江湖人市语尤多，坊间有《江湖切要》一刻，事事物物，悉有隐称。诚所谓惑乱听闻，无足采也。间有通行市井者，如官曰孤司，店曰朝阳，夫曰盖老，妻曰底老，家人曰吊脚，僧曰廿三，道士曰廿四，成衣曰戳短枪，抬轿曰扱楼儿，剃头曰削青，船曰瓢儿，屋曰顶公，银曰琴公，钱曰把儿，米曰软珠，饼曰匾食，盐曰灒老，鱼曰豁水，鸭曰王八，鞋曰踢土，镜曰照儿，抹布曰踢郎，坐曰打墩，拜曰剪拂，揖曰丢圈子，叩头曰丢匾子，写字曰搠黑，说话曰吐刚，被欺曰上当，虚奉承曰王六，大曰太式，多曰满太式，无曰各念，俱由来于此语也。"

【琴家】 明程万里《鼎锲徽池雅调南北官腔乐府点板曲响大明春·六院汇选江湖方语》："但凡在于方情，而在江湖上走动者，称：琴家。"

【琴囊】《新刻江湖切要·器用类》："银包：答心；今更名琴囊。"

【琴片子】《切口大词典·星相类·星家之切口》："琴片子：角子也。"

【琴丘】《切口大词典·医药类·医眼病卖药者之切口》："琴丘：工人也。"

【琴条】①《切口大词典·商铺类·茶食业之切口》："琴条：香糕也。"②《切口大词典·手艺类·装潢业之切口》："琴条：狭长之画也。"

【琴头】①《新刻江湖切要·店铺类》："歇店：琴头；［广］息足朝阳。"清唐再丰《鹅幻汇编·江湖通用切口摘要》："客寓曰琴头。"卫大法师《江湖话·江湖上的隐语·普通隐语》："客寓：琴头。"《切口大词典·医药类·祝由科之切口》："琴头：客寓也。"金老佛《三教九流江湖秘密规矩·日常用语》："凡杜琴头（即住客寓也），另有相夫琴头（专留相夫，满寓皆同类）。"金老佛《三教九流江湖秘密规矩·日常用语》："客寓曰琴头。"清傅崇矩《成都通览·成都之江湖言词·店铺类》："歇店：琴头；息足朝阳。"②《新刻江湖切要·珍宝类》："银：硬底；琴头，又曰皂头。"③《切口大词典·娼妓类·相公堂子之切口》："琴头：有钱而不识世故人之情人也。"④《切口大词典·武术类·傀儡戏之切口》："琴头：戏资也。"

【琴头巴】《切口大词典·医药类·祝由科之切口》："琴头巴：客寓费也。"

【琴翼】《切口大词典·手艺类·装潢业之切口》："琴翼：小对也。"

【禽推】《新刻江湖切要·星相类》："雀算命：枭栊；今更曰禽推。"《切口大词典·星相类·鸟衔算命之切口》："禽推：鸟衔也。"清傅崇矩《成都通览·成都之江湖言词·星相类》："雀算命：枭栊；禽推。"

【勤儿】①明徐渭《南词叙录》："曲中常用方言字义。诸事最为显证，兹摘录若干。如：勤儿言其勤于悦色，不惮烦也。亦曰刷子，言其乱也。入跋，入门也。倡家谓门曰跋限。顶老，伎之诨名。入马进步也。倡家语。"

②《行院声嗽·人物》："子弟：勤儿。"

【擒把】①《切口大词典·党会类·拆白党之切口》："擒把：得着银钱也。"②《清门考原·各项切口》："擒把，拆白党。找钱名曰擒把。寻то钱而分账名曰匹把。"

【寝头行】卫大法师《江湖话·红帮各地通行隐语·各种行业类》："旅馆：来往窑子；寝头行；拖条窑子。"李子峰《海底·各地通行隐语》："旅馆：来往窑子；寝头行。"

【寝衣】宋陈元靓辑《事林广记·续集·绮谈市语·服饰门》："枕被：珊瑚；寝衣。"

qing

【青】①《新刻江湖切要·地理类》："左：青。"《江湖切口要诀》（尺牍增附本）："左：青。"清傅崇矩《成都通览·成都之江湖言词·地理类》："左：青。"②《行院声嗽·鸟兽》："杀：青。"③清唐再丰《鹅幻汇编·江湖通用切口摘要》："茶曰青。"卫大法师《江湖话·江湖上的隐语·普通隐语》："茶：青。"《家里宝鉴·隐语》："茶曰'青莲，青'。"《切口大词典·医药类·祝由科之切口》："青：茶也。"金老佛《三教九流江湖秘密规矩·日常用语》："茶曰青。"金老佛《三教九流江湖秘密规矩·日常用语》："蛇曰柳子（蛇字同音亦忌茶曰青）。"平山周《中国秘密社会史·哥老会隐语》："茶曰青，茶馆曰混堂子。酒曰红花雨。"徐珂《清稗类钞·会党类·哥老会隐语》："茶曰青，茶馆曰混堂子。酒曰红花雨。"④《切口大词典·巫卜类·道士之切口》："青：七也。"《切口人词典·行号类·海鱼行之切口》："青：七也。"《切口大词典·行号类·铜锡行之切口》："青：七也。"《切口大词典·行号类·鲜鱼行之切口》："青：七也。"清翟灏《通俗编·识余·市语·丝行》："丝行：则一岳，二卓，三南，四长，五人，六龙，七青，八豁，九底。"⑤《切口大词典·行号类·茧行之切口》："青：六也。"⑥《切口大词典·杂业类·老虎灶之切口》："青：水缸也。"

【青巴】清唐再丰《鹅幻汇编·江湖通用切口摘要》："茶钱曰青巴。"卫大法师《江湖话·江湖上的隐语·普通隐语》："茶钱：青巴。"《清门考原·各项切口》："青巴，茶钱也。"金老佛《三教九流江湖秘密规矩·日常用语》："茶钱曰青巴。"

【青编】宋陈元靓辑《事林广记·续集·绮谈市语·文房门》："书籍：青编；黄妳。"

【青饽子】《切口大词典·行号类·菜蔬行之切口》："青饽子：拢苦菜也。"

【青插】清唐再丰《鹅幻汇编·江湖通用切口摘要》："做扒手窃物曰青插。"卫大法师《江湖话·江湖上的隐语·其他隐语》："扒手：青插。"《清门考原·各项切口》："青插，做扒手。窃物也。"金老佛《三教九流江湖秘密规矩·江湖通用切口》："做扒手窃物曰青插。"

【青虫】《切口大词典·行号类·菜蔬行之切口》："青虫：毛豆也。"

【青炊撇子】卫大法师《江湖话·红帮各地通行隐语·饮食用品类》："茶杯：青炊撇子，莲蕊，灭清子。"李子峰《海底·各地通行隐语》："茶杯：青炊撇子；莲蕊。"

【青葱】宋陈元靓辑《事林广记·续集·绮谈市语·身体门》："指：青葱；春笋。"

【青底】《郎中医话》："青底，是豆油。"

【青趺土】《切口大词典·杂流类·收旧货之切口》："青趺土：木屐也。"

【青儿】①《新刻江湖切要·人事类》："唤茶曰青儿；又水汉。"清傅崇矩《成都通览·成都之江湖言词·人事类》："唤茶：青儿；水汉。"②《切口大词典·医药类·卖药糖者之切口》："青儿：小孩子之买客也。"

【青方】《切口大词典·行号类·铜锡行之切口》："青方：铜片也。"

【青锋】①《切口大词典·工匠类·竹匠之切口》："青锋：刀也。"②《切口大词典·商铺类·皮裘业之切口》："青锋：青鬃羊皮也。"

【青盖】《新刻江湖切要·娼优类》："龟子：中八生；刮丢；[增]六缩。忘八，客盖；[改]青盖。"清傅崇矩《成都通览·成都之江湖言词·娼优类》："龟子：中八生；刮丢；六缩。忘八，客盖；青盖。"

【青杆】《切口大词典·行号类·粮食行之切

口》:"青杆:糯米名,秬黄以芒赤为熟。"

【青杆子】《切口大词典·商铺类·地货业之切口》:"青杆子:芦荻也。"

【青杠子】《切口大词典·役夫类·庖夫之切口》:"青杠子:葱也。"

【青耕】《切口大词典·杂业类·禽鸟业之切口》:"青耕:喜鹊也。"

【青公】《切口大词典·医药类·卖药糖者之切口》:"青公:男买客也。"

【青果】《切口大词典·行号类·水果行之切口》:"青果:橄榄也。"

【青壶】《切口大词典·盗贼类·铳手之切口》:"青壶:茶壶也。"

【青尖】《切口大词典·商铺类·杂货业之切口》:"青尖:竹箸也。"

【青焦】《新刻江湖切要·草木百果五谷类》:"稻:青焦。"

【青壳子】清唐再丰《鹅幻汇编·江湖通用切口摘要》:"壶曰青壳子。"《清门考原·各项切口》:"青壳子,茶壶也。"金老佛《三教九流江湖秘密规矩·日常用语》:"茶壶曰青壳子。"《切口大词典·医药类·祝由科之切口》:"青壳子:茶碗也。"

【青琅玕】《切口大词典·医药类·药行业之切口》:"青琅玕:鲜石斛也。"

【青老】《新刻江湖切要·饮馔类》:"茶:青老;清喉;水鬼;碧水;牙净;枝叶;木癸;扰楑子。"清傅崇矩《成都通览·成都之江湖言词·饮馔类》:"茶:青老;清喉;木鬼;碧水;牙净;枝叶;木癸;扰楑子。"

【青垒】《新刻江湖切要·草木百果五谷类》:"果:青垒;苗群;希令橘;红光[光乃圆字之误]。"

【青连子】卫大法师《江湖话·红帮各地通行隐语·饮食用品类》:"茶:黄连子,青连子,青子。"卫大法师《江湖话·红帮闽粤及南洋各地通行隐语》:"茶叶:青连子。"

【青莲】①平山周《中国秘密社会史·三合会隐语》:"发曰青丝。豚曰毛瓜,豚肉曰白瓜已燔之豚肉曰金瓜,曰红瓜;牛肉曰大菜,盐牛肉曰一把菜。狗曰蚨。鱼曰穿浪,曰摆尾,盐鱼曰咸筝,曰丫鬟;米曰沙,煮饭曰打沙,吃饭曰耕沙。鸦片曰云游,吃鸦片曰咬云。茶曰青莲。水曰三河。油曰洪顺。茶碗曰莲蕊。酒杯曰莲米。"《切口大词典·党会类·三点会之切口》:"青莲:茶也。"金老佛《三教九流江湖秘密规矩·三合会之隐语》:"茶曰青莲,水曰三河。"②施列格《天地会研究·洪家口白要诀》:"青莲,菜。"

【青莲鼓】施列格《天地会研究·洪家口白要诀》:"青莲鼓,茶瓯。"

【青莲窑子】卫大法师《江湖话·红帮各地通行隐语·各种行业类》:"茶馆:青水窑子,青莲窑子,贡汤窑子。"李子峰《海底·各地通行隐语》:"茶馆:青水窑子;青莲窑子。"

【青莲子】①李子峰《海底·各地通行隐语》:"茶:黄莲子;青莲子;青子。"李子峰《海底·闽粤及南洋各地通行之隐语》:"茶叶:青莲子。"②卫大法师《江湖话·江湖上的隐语·普通隐语》:"茶壶:青莲子。"

【青了】《江湖丛谈·江湖之金点·挂》:"青了,即是别杀了他们。"

【青另】《切口大词典·行号类·咸货行之切口》:"青另:卤虾瓜也。"

【青流利用】《切口大词典·巫卜类·道士之切口》:"青流利用:水烟也。"

【青龙】①《切口大词典·工匠类·竹匠之切口》:"青龙:毛竹也。"《切口大词典·商铺类·山货业之切口》:"青龙:竹杆也。"②《切口大词典·手艺类·秤戥业之切口》:"青龙:秤之总称也。"③《兽医串雅杂钞》:"绳子,叫盘龙。吊嚼,叫青龙。灌嚼,叫顺口龙。"

【青龙口】《切口大词典·工匠类·烧盐匠之切口》:"青龙口:灶门也。"

【青茏】《切口大词典·商铺类·食盐业之切口》:"青茏:秤也。"

【青罗】《切口大词典·武术类·打连箱者之切口》:"青罗:帐子也。"

【青妈】《新刻江湖切要·娼优类》:"老鸨:[增]青妈。"清傅崇矩《成都通览·成都之江湖言词·娼优类》:"老鸨:青妈。"

【青马】《新刻江湖切要·娼优类》:"妓女:青马;青细;客细;众才。私窠子亦称客细。"《切口大词典·娼妓类·粤妓之切口》:

"青马：青年之妓女也。"清傅崇矩《成都通览·成都之江湖言词·娼优类》："妓女：青马；青细；客细；众才。"

【青盲念】《切口大词典·医药类·医眼病卖药者之切口》："青盲念：目与常人无异而无见也。"

【青苗】 卫大法师《江湖话·红帮闽粤及南洋各地通行隐语》："青菜：青苗。"李子峰《海底·闽粤及南洋各地通行之隐语》："青菜：青苗。"

【青苗子】 卫大法师《江湖话·红帮各地通行隐语·饮食用品类》："菜：青苗子。"李子峰《海底·各地通行隐语》："菜：青苗子。"

【青描】《切口大词典·商铺类·古董业之切口》："青描：墨画山水也。"

【青奴】 宋陈元靓辑《事林广记·续集·绮谈市语·器用门》："竹夫人：青奴；竹奴。"

【青蓬】《切口大词典·党会类·哥老会之切口》："青蓬：茶也。"

【青皮】《切口大词典·党会类·拆白党之切口》："青皮：拆白党代名词也。"

【青婆】《切口大词典·医药类·卖药糖者之切口》："青婆：女买客也。"

【青七张】《切口大词典·巫卜类·道士之切口》："青七张：磬子也。"

【青钱】 宋陈元靓辑《事林广记·续集·绮谈市语·玉帛门》："钱：方兄；青钱。"

【青骸】《切口大词典·杂业类·禽鸟业之切口》："青骸：苍鹰也。"

【青绒】《切口大词典·医药类·针灸郎中之切口》："青绒：艾叶绒也。"

【青山】《切口大词典·巫卜类·茶馆测字者之切口》："青山：茶楼也。"

【青石】《切口大词典·商铺类·颜料业之切口》："青石：虾青也。"

【青时】《切口大词典·役夫类·茶担夫之切口》："青时：七也。"

【青手】 朱琳《洪门志·春典子琐记·店铺》："染坊，称青手。"

【青手帮】《切口大词典·商铺类·染色业之切口》："青手帮：染布司务也。"

【青树】《切口大词典·医药类·摆草药摊之切口》："青树：藿香也，治暑月吐泻及霍乱等症。"

【青素】《切口大词典·商铺类·衣折业之切口》："青素：无补服之黑色官衣也。"

【青水窑子】 卫大法师《江湖话·红帮各地通行隐语·各种行业类》："茶馆：青水窑子，青莲窑子，贡汤窑子。"李子峰《海底·各地通行隐语》："茶馆：青水窑子；青莲窑子。"

【青丝】 平山周《中国秘密社会史·三合会隐语》："发曰青丝。豚曰毛瓜，豚肉曰白瓜。已燔之豚肉曰金瓜，曰红瓜；牛肉曰大菜，盐牛肉曰一把菜。狗曰蚊。鱼曰穿浪，曰摆尾；盐鱼曰咸筝，曰丫鬟。米曰沙，煮饭曰打沙，吃饭曰耕沙。鸦片曰云游，吃鸦片曰咬云。茶曰青莲。水曰三河。油曰洪顺。茶碗曰莲蕊。酒杯曰莲米。"卫大法师《江湖话·红帮各地通行隐语·人身各物类》："头发：青丝。"卫大法师《江湖话·红帮闽粤及南洋各地通行隐语》："发：青丝。"徐珂《清稗类钞·会党类·三合会隐语》："发曰青丝。豚曰毛瓜，豚肉曰白瓜。已燔之豚肉曰金瓜，曰红瓜。牛肉曰大菜，盐牛肉曰一把菜。狗曰蚊。鱼曰穿浪，曰摆尾，盐鱼曰咸筝，曰丫鬟。米曰沙，煮饭曰打沙，吃饭曰耕沙。鸦片曰云游，吃鸦片曰咬云。茶曰青莲。水曰三河。油曰洪顺。茶碗曰莲蕊。酒杯曰莲米。"《家里宝鉴·隐语》："发曰'青丝'。"《切口大词典·党会类·三点会之切口》："青丝：头发也。"《切口大词典·医药类·卖膏药者之切口》："青丝：头发也。"金老佛《三教九流江湖秘密规矩·三合会之隐语》："发曰青丝，豚曰毛瓜，豚肉曰白瓜，已燔之豚肉曰金瓜，曰红瓜。"李子峰《海底·各地通行隐语》："头发：青丝。"李子峰《海底·闽粤及南洋各地通行之隐语》："发：青丝。"

【青丝梢】《切口大词典·党会类·红帮之切口》："青丝梢：后边也。"

【青丝子】 卫大法师《江湖话·红帮各地通行隐语·各种行业类》："头发：青丝子。"

【青棠】《切口大词典·杂流类·卖花者之切口》："青棠：素馨花也。"

【青天】《江湖走镖隐语行话谱》："白天：青天。"

【青条】《新刻江湖切要·身体类》："瘦：柴；

青条。"《切口大词典·星相类·相家之切口》:"青条:瘦也。"清傅崇矩《成都通览·成都之江湖言词·身体类》:"并足:瘦柴;青条;肥花草;濯濯。"

【青条苗绪子】 学古堂《江湖行话谱·行话管见》:"西瓜叫青条苗绪子。"

【青铜锤】 《切口大词典·杂流类·卖水果者之切口》:"青铜锤:莲蓬也。"

【青铜子】 《切口大词典·盗贼类·剪绺贼之切口》:"青铜子:刀也,剪绺者之刀,以白铜钱磨之,使薄,快利罕伦,盖用剪刀易为人窥见。"

【青头】 《切口大词典·杂业类·白粥业之切口》:"青头:菜也。"

【青细】 ①《新刻江湖切要·娟优类》:"妓女:青马;青细;客细;众才。私窠子亦称客细。"《切口大词典·娼妓类·粤妓之切口》:"青细:雏鸡也。"清傅崇矩《成都通览·成都之江湖言词·娼优类》:"妓女:青马;青细;客细;众才。"②《切口大词典·商铺类·纸业之切口》:"青细:洒金笺也。"

【青须】 《切口大词典·杂流类·卖草鞋者之切口》:"青须:水草也。"

【青绪】 《切口大词典·手艺类·卖叫虫之切口》:"青绪:金钟也,色青,形似织布之梭,首尾皆尖。"

【青烟】 《新刻江湖切要·文具类》:"墨:赤土;青烟;又黑卿。"

【青腰儿】 明程万里《鼎锲徽池雅调南北官腔乐府点板曲响大明春·六院汇选江湖方语》:"青腰儿,乃皂隶也。"

【青叶子】 《切口大词典·商铺类·山货业之切口》:"青叶子:茶叶也。"

【青衣】 《切口大词典·商铺类·衣折业之切口》:"青衣:旦角所用之对襟素折子也。"

【青蝇子】 《切口大词典·杂流类·吹打者之切口》:"青蝇子:吊客也。"

【青元】 《切口大词典·商铺类·蜜饯业之切口》:"青元:蜜渍青梅也。"

【青枝】 施列格《天地会研究·洪家口白要诀》:"青枝,箸。"

【青子】 ①清末民初佚名《镖行江湖隐语行话秘典》:"戒饬刀,为青子。"清唐再丰《鹅幻汇编·江湖通用切口摘要》:"刀曰青子。"清佚名《郎中医话》:"青子,是刀。"卫大法师《江湖话·红帮各地通行隐语·武器类》:"小刀:青子,狮子。"卫大法师《江湖话·江湖上的隐语·普通隐语》:"刀:青子。"《江湖走镖隐语行话谱》:"刀为青子、片子。"《切口大词典·盗贼类·掘壁贼之切口》:"青子:小刀也。"《切口大词典·工匠类·理发匠之切口》:"青子:剔刀也。"《切口大词典·医药类·卖膏药者之切口》:"青子:刀也。"《清门考原·各项切口》:"青子,小刀也。"《兽医串雅杂钞》:"针扎子,叫灯笼。刀,叫青子。针,叫叉子。火针,叫火托。"金老佛《三教九流江湖秘密规矩·日常用语》:"刀曰青子。"李子峰《海底·各地通行隐语》:"小刀:青子;狮子。"学古堂《江湖行话谱·行意行话》:"戒手刀:为青子。"云游客《江湖丛谈·江湖之春点》:"管刀叫'青子'。"云游客《江湖丛谈·江湖之春点·江湖中之挑青子汗的》:"拿着那春点的侃儿考察,管刀子叫青子。"②卫大法师《江湖话·红帮各地通行隐语·饮食用品类》:"茶:黄连子,青连子,青子。"李子峰《海底·各地通行隐语》:"茶:黄莲子;青莲子;青子。"③《切口大词典·杂业类·茶楼之切口》:"青子:茶杯也。"④《切口大词典·优伶类·戏园之切口》:"青子:戏单也。"

【青子汗】 《郎中医话》:"青子汗,是刀疮药。"

【青子图】 ①清唐再丰《鹅幻汇编·江湖通用切口摘要》:"卖膏药用刀自割臂者曰青子图。"《切口大词典·医药类·卖膏药者之切口》:"青子图:卖膏药时用刀自割其臂者。"《清门考原·各项切口》:"青子图,卖膏药,用刀自割肤者。"金老佛《三教九流江湖秘密规矩·江湖通用切口》:"卖膏药用刀自割臂者曰青子图。"学古堂《江湖行话谱·江湖行话》:"卖膏药用刀自割臂者。"②卫大法师《江湖话·江湖上的隐语·皮行隐语》:"卖膏药用铁锤自打:青子图。"

【轻镜】 宋陈元靓辑《事林广记·续集·绮谈市语·器用门》:"扇:轻镜;便面。"

【轻清】 《新刻江湖切要·天文类》:"天:乾公;[广]一大;轻清;无外;云表;兼容;

并包；司覆公；高明君。"《江湖切口要诀》（尺牍增附本）："天：乾公。[广]一大；轻清；无外。"《江湖切口要诀》（尺牍增附本）："天：乾公。[广]一大；轻清；无外。"《切口大词典·盗贼类·水面贼之切口》："轻清：天也。"清傅崇矩《成都通览·成都之江湖言词·天文类》："天：乾公；一天；轻清；无外；云表；兼容；并包；司覆公；高明君。"

【轻头】《切口大词典·杂流类·换碗者之切口》："轻头：锭灰也。"

【倾解】《切口大词典·娼妓类·粤妓之切口》："倾解：情话也。"

【清】①卫大法师《江湖话·各行业商帮所用数目字隐语·其他·湖北》："文：一。水：二。清：三。且：四。浅：五。行：六。人：七。心：八。志：九。远：十。"《切口大词典·杂流类·卖玉器之切口》："清：三也。"②《切口大词典·星相类·立墙壁相面之切口》："清：相之贞节者。"③《切口大词典·星相类·相家之切口》："清：只做一业者。如相、如星、如卜、如测，认定一桩者。"

【清□】宋陈元靓辑《事林广记·续集·绮谈市语·花木门》："竹：此君；清□。"

【清册】清唐再丰《鹅幻汇编·江湖通用切口摘要》："说大书曰清册。"金老佛《三教九流江湖秘密规矩·日常用语》："说大书曰清册。"

【清册子】《清门考原·各项切口》："清册子，说大书人也。"

【清拆】①《切口大词典·杂流类·唱滩簧之切口》："清拆：座唱者。"②金老佛《三教九流江湖秘密规矩·青帮与红帮·江湖之春典》："唱摊簧者称清拆。"

【清炊子】卫大法师《江湖话·红帮各地通行隐语·饮食用品类》："茶壶：洞庭子，清炊子，动青子（海外则称'本杖'）。"李子峰《海底·各地通行隐语》："茶壶：清炊子，动青子（海外则称'本杖'）。"

【清冻】朱琳《洪门志·春典子项记·人事》："冷水，称清冻。"

【清洞】《切口大词典·医药类·卖疮药者之切口》："清洞：洗疮也。"

【清风】卫大法师《江湖话·红帮闽粤及南洋各地通行隐语》："纸扇：清风，摇风子。"李子峰《海底·闽粤及南洋各地通行之隐语》："纸扇：清风。"

【清风子】卫大法师《江湖话·红帮各地通行隐语·居住用品类》："扇：湾月，扑子，清风子。"李子峰《海底·各地通行隐语》："扇：湾月，扑子；清风子。"

【清福】《切口大词典·商铺类·古董业之切口》："清福：瓦佛也或玉佛也。"

【清勾魂】《切口大词典·衙卒类·厘卡之切口》："清勾魂：领票也。"

【清挂子】云游客《江湖丛谈·江湖之金点·挂》："凡是江湖艺人，在各市场里，各庙会里，拉场子撂地儿，竟指着打把式卖艺挣钱，叫作清挂子。"

【清倌】《切口大词典·娼妓类·八大胡同妓院之切口》："清倌：未破瓜之雏妓也。"

【清鬼客】《切口大词典·役夫类·驴夫之切口》："清鬼客：贩驴子也。"

【清喉】《新刻江湖切要·饮馔类》："茶：青老；清喉；水鬼；碧水；牙净；枝叶；木癸；扰楔子。"清傅崇矩《成都通览·成都之江湖言词·饮馔类》："茶：青老；清喉；木鬼；碧水；牙净；枝叶；木癸；扰楔子。"

【清货】《切口大词典·杂流类·收卖锭灰者之切口》："清货：灰之全锡箔者。"

【清江铺】《切口大词典·党会类·小瘪三之切口》："清江铺：卧于路街之水门汀上也。"

【清洁子】卫大法师《江湖话·红帮各地通行隐语·饮食用品类》："水：三河子，清洁子。"

【清客】宋陈元靓辑《事林广记·续集·绮谈市语·花木门》："梅花：花魁；清客。"

【清客衣】《切口大词典·医药类·药行业之切口》："清客衣：蝉蜕也。"

【清口】《切口大词典·杂业类·酒店之切口》："清口：冰雪烧也。"

【清来朝阳】《新刻江湖切要·店铺类》："扇店：半月朝阳，改为清来朝阳。"清傅崇矩《成都通览·成都之江湖言词·店铺类》："扇店：半月朝阳（今改为清来朝阳）。"

【清老】《切口大词典·杂业类·油坊之切口》："清老：菜油也。"

【清笼头】《切口大词典·工匠类·画船匠之

【清末子】《兽医串雅杂钞》："给人开药方，叫甩叶子。给人家帮忙，叫串忙。好药，叫清末子。"

【清平】《新刻江湖切要·地理类》："河，长流；[广]清平；黄九。"《江湖切口要诀》（尺牍增附本）："河：长流。[广]清平；黄九。"清傅崇矩《成都通览·成都之江湖言词·地理类》："河：长流；清平；黄九。"

【清抢】《切口大词典·杂业类·饭店业之切口》："清抢：生虾用油酱活醉也。"

【清善才】《切口大词典·杂流类·贩烟土者之切口》："清善才：用孩子运私者。"

【清手】《切口大词典·盗贼类·剪绺贼之切口》："清手：单用手指不用器具者。"

【清水】①《切口大词典·商铺类·杂货业之切口》："清水：打面碱也。"②《切口大词典·手艺类·扇子业之切口》："清水：白纸之扇面也。"③《切口大词典·杂流类·虔婆之切口》："清水：闺女也。"

【清水码头】《清门考原·各项切口》："清水码头，地方安逸，盗窃不生，差役廉洁也。"

【清水纸】《切口大词典·工匠类·打锡箔匠之切口》："清水纸：衬锡纸也。"

【清闲】《新刻江湖切要·鸟兽虫鱼类》："龟：冲八；清闲。"

【清一式】《切口大词典·赌博类·麻雀赌之切口》："清一式：七也。"

【清吟小班】《切口大词典·娼妓类·八大胡同妓院之切口》："清吟小班：现在之上等窑子也。"

【清幽】《切口大词典·商铺类·香烛业之切口》："清幽：棒香也。"

【清远朝阳】《新刻江湖切要·店铺类》："香店：纂朝阳；[增]清远朝阳；闻朝阳；韩偷朝阳。"《切口大词典·盗贼类·对买贼之切口》："清远朝阳：香店也。"清傅崇矩《成都通览·成都之江湖言词·店铺类》："香店：纂朝阳；清远朝阳；闻朝阳；韩偷朝阳。"

【清子】①卫大法师《江湖话·红帮各地通行隐语·天文地理类》："河：清子。"②《切口大词典·役夫类·渔夫之切口》："清子：捕虾具也。"

【蜻蜓】《切口大词典·行号类·菜蔬行之切口》："蜻蜓：辣茄也。"

【擎片】《行院声嗽·伎艺》："弄钱：擎片。"

【擎天】《切口大词典·杂流类·卖洋伞者之切口》："擎天：洋伞杆也。"

【黥】宋陈元靓辑《事林广记·续集·绮谈市语·拾遗门》："刺面：黥。"

【请包袱】平山周《中国秘密社会史·哥老会隐语》："集会曰开山，按秘密仪式互相问答曰请包袱。"徐珂《清稗类钞·会党类·哥老会隐语》："集会曰开山，按秘密仪式互相问答曰请包袱。"

【请财神】①《切口大词典·盗贼类·杆匪之切口》："请财神：架去有钱之富翁也。"②《切口大词典·赌博类·做三四之切口》："请财神：抖揽人家赌押者。"

【请大香】《切口大词典·盗贼类·爬儿手之切口》："请大香：偷秋秸也。"

【请风】《切口大词典·医药类·道人卖药之切口》："请风：市招也。"

【请观音】①《切口大词典·盗贼类·杆匪之切口》："请观音：架去青年之妇女也。"②《切口大词典·杂流类·贩烟土者之切口》："请观音：用妇女私运者。"

【请客】《切口大词典·盗贼类·杆匪之切口》："请客：杆匪架人勒赎之总称也。"

【请客票】《切口大词典·娼妓类·长三书寓之切口》："请客票：清客条子也。"

【请空】《新刻江湖切要·人事类》："圆光曰请空。"《切口大词典·武术类·住宅保镖者之切口》："请空：圆光者。"清傅崇矩《成都通览·成都之江湖言词·人事类》："和尚道士：化油；吊漫水；分票儿；飘叶子；圆光；请空；请仙；空老儿；钻黑鬼。"

【请龙女】《切口大词典·盗贼类·杆匪之切口》："请龙女：架去女孩之谓也。"

【请毛】《切口大词典·杂流类·喜婆之切口》："请毛：开脸也。"

【请奶子】《切口大词典·医药类·医小孩痨症者之切口》："请奶子：割奶痨也。"

【请螃蟹】《切口大词典·娼妓类·茶室之切口》："请螃蟹：妓女不愿之客托言有病以拒之也。"

【请肉蛋】《切口大词典·盗贼类·杆匪之切

口》:"请肉蛋:架去婴孩之谓也。"

【请神】《切口大词典·盗贼类·爬儿手之切口》:"请神:偷木棒也。"

【请仙】 清傅崇矩《成都通览·成都之江湖言词·人事类》:"和尚道士:化油;吊漫水;分票儿;飘叶子;圆光;请空;请仙;空老儿;钻黑鬼。"

【请硬牌】《切口大词典·商铺类·食盐业之切口》:"请硬牌:盐商设肆售盐,必须领取牙帖,否则以私售论罚也。"

【请玉蛋】《切口大词典·盗贼类·杆匪之切口》:"请玉蛋:架人勒赎也。"

【请招财】《切口大词典·盗贼类·杆匪之切口》:"请招财:架去童子之谓也。"

【请猪头】 贝思飞《民国时期的土匪隐语》:"请猪头:为了勒索赎金的绑架。"

【庆】 卫大法师《江湖话·各行业商帮所用数目字隐语·成都通行言词·帽行》:"兵。一。文。二。善。三。作。四。成。五。安。六。免。七。可。八。庆。九。"清傅崇矩《成都通览·成都之各行人买卖通用言词·草帽麻行通用言词》:"九,庆。"

【庆来的】 卫大法师《江湖话·红帮各地通行隐语·各种行业类》:"得物:庆来的。"李子峰《海底·各地通行隐语》:"得物:庆来的。"

【罄儿】《切口大词典·杂流类·收旧货之切口》:"罄儿:碗也。"

【罄口】《新刻江湖切要·器用类》:"碟:罄口。"《切口大词典·役夫类·庖夫之切口》:"罄口:碟子也。"清傅崇矩《成都通览·成都之江湖言词·器用类》:"碟:罄口。"

【罄子】《新刻江湖切要·器用类》:"碗:罄子;荷花。"《切口大词典·役夫类·庖夫之切口》:"罄子:碗也。"清傅崇矩《成都通览·成都之江湖言词·器用类》:"碗:罄子;荷花。"

qiong

【穷】 明程万里《鼎锲徽池雅调南北官腔乐府点板曲响大明春·六院汇选江湖方语》:"穷,乃豆腐干也。"

【穷调】《行院声嗽·伎艺》:"不好:穷调。"

【穷小子】《切口大词典·娼妓类·茶室之切口》:"穷小子:骂狭客之无钱者。"

【穷秀才】《切口大词典·商铺类·南货业之切口》:"穷秀才:梅干也。"

【穹子】《江湖走镖隐语行话谱》:"卖水为穹子。"

【蛩浆】《新刻江湖切要·时令类》:"寒露:蛩浆。"《江湖切口要诀》(尺牍增附本):"寒露:蛩浆。"《切口大词典·星相类·弹弦子算命之切口》:"蛩浆:寒露也。"清傅崇矩《成都通览·成都之江湖言词·时令类》:"寒露:蛩浆。"

qiu

【丘】 清傅崇矩《成都通览·成都之各行人买卖通用言词·布匹棉花线子行言词》:"丘(九)。"清傅崇矩《成都通览·成都之各行人买卖通用言词·丝锦绸缎布帛花行通用言词》:"九,丘。"

【丘八】 ①《新刻江湖切要·人物类》:"帮闲:丘八;[广]携手观天;偕消白昼。"清傅崇矩《成都通览·成都之江湖言词·人物类》:"帮闲:丘八;携手观天;偕消白昼。"②《江湖切口要诀》(尺牍增附本):"闲汉:甲七通。[广]高搁班史;帮闻,丘八。[广]携手观天;偕消白昼。"《切口大词典·医药类·着地摊药治病者之切口》:"丘八:帮闲汉也,又兵也。"

【丘山】 ①《江湖丛谈·江湖之金点·评门》:"鱼是混水东西,'于'与'鱼',音同字异也;《三国志》,调侃儿叫汪册子,盖因江湖人管三字之数,调侃儿为汪是也;管《精忠传》,调侃儿叫丘山。"②云游客《江湖丛谈·江湖之春点·天桥的评书场子》:"评书界的人,将岳飞的'岳'字上下分开,叫'丘山'。'丘山'成为《精忠传》的侃语。"③《切口大词典·工匠类·理发匠之切口》:"丘山:剃发也。"

【坵】 卫大法师《江湖话·各行业商帮所用数目字隐语·成都通行言词·布行》:"则。一。乃。二。心。三。梳。四。抹。五。高。

六。纱；七。孬；八。垃；九。"

【秋】 ①《切口大词典·商铺类·衣庄业之切口》："秋：七也。"②《切口大词典·优伶类·伶人之切口》："秋：九也。"

【秋白】 《新刻江湖切要·天文类》："露：[补]甘霖；秋白；未晞；为霜；湛斯；在丰。"《江湖切口要诀》（尺牍增附本）："露：[补]秋白。"《切口大词典·巫卜类·蛤壳测字者之切口》："秋白：露也。"清傅崇矩《成都通览·成都之江湖言词·天文类》："露：甘霖；秋白；未晞；为霜；湛斯；在丰。"

【秋白萼】 《切口大词典·医药类·摆草药摊之切口》："秋白萼：玉簪花也。治乳痈。"

【秋倍明】 《新刻江湖切要·天文类》："月：太阴，[广]阴宗；东升；兔窟；蟾冰轮，离毕；秋倍明。"《江湖切口要诀》（尺牍增附本）："月，太阴。[广]阴宗；东升；兔窟；蟾；冰轮；离毕；秋倍明。"《切口大词典·盗贼类·水面贼之切口》："秋倍明：月也。"清傅崇矩《成都通览·成都之江湖言词·天文类》："月：太阴；阴宗；东升；兔窟；蟾；冰轮，离毕，秋倍明。"

【秋鞭】 云游客《江湖丛谈·江湖之金点·幌晃条的与扫条的》："秋鞭，即是狠狠的揍一顿。"云游客《江湖丛谈·江湖之金点·小绺门》："江湖人管被人大打特打，调侃儿叫秋鞭。"

【秋波】 宋陈元靓辑《事林广记·续集·绮谈市语·身体门》："眼：秋波；六老。"

【秋风】 《切口大词典·行号类·粮食行之切口》："秋风：糯米名，粒圆色白而稃黄，大暑而收，不易于酿酒。"

【秋谷】 《切口大词典·杂业类·花业之切口》："秋谷：罂粟花也。"

【秋淮】 《切口大词典·行号类·咸货行之切口》："秋淮：淮皮也，即极小之虾干也。"

【秋拍】 《镖行江湖隐语行话秘典》："刮风，为秋拍。"

【秋佩】 宋陈元靓辑《事林广记·续集·绮谈市语·花木门》："兰：国香；秋佩。"

【秋意】 ①明风月友辑《金陵六院市语》："以冷淡为秋意，言说谎作空头。"②明田汝成《西湖游览志馀·委巷丛谈》："又有讳本语而巧为俏语者，如诉人嘲我曰淄牙，有谋未成曰扫兴，冷淡曰秋意，无言默坐曰出神，言涉败兴曰杀风景，言胡说曰扯淡，或转曰牵冷，则出自宋时梨园市语之遗，未之改也。"

【楸局】 宋陈元靓辑《事林广记·续集·绮谈市语·文房门》："棋：手谈，楸局。"

【囚】 卫大法师《江湖话·安庆隐语》："看相：囚。"

【囚平】 卫大法师《江湖话·江湖上的隐语·皮行隐语》："台上设药瓶治病：囚平。"

【求】 卫大法师《江湖话·各行业商帮所用数目字隐语·重庆通行言词·买猪》："豆：一。背：二。泰：三。长：四。仁：五。条：六。栲：七。黄：八。豆：九。按此为重庆场买卖猪时使用。又名猪肉为'大'，即问'这大多少钱一斤'？则回答；若问'这猪肉多少钱一斤'？则不回答你。高：一。明：二。韩：三。苏：四。大：五。雍：六。草：七。梅：八。湾：九。高：十。许：一。欠：二。川：三。义：四。土：五。告：六。照：七。毛：八。求：九。许：十。"卫大法师《江湖话·各行业商帮所用数目字隐语·重庆通行言词·古董，旧五金，估衣，改裁，荒担，经纪，过活，旧棉絮（重庆教场口，鼎新街，估衣街，关津巷通用）》："高：一。明：二。韩：三。苏：四。大：五。雍：六。草：七。梅：八。湾：九。高：十。许：一。欠：二。川：三。义：四。土：五。告：六。照：七。毛：八。求：九。许：十。"《切口大词典·商铺类·陆陈业之切口》："求：九也。"《切口大词典·手艺类·髹漆业之切口》："求：九也。"

【求汉】 《切口大词典·役夫类·茶担夫之切口》："求汉：吃饭也。"

【求浆头】 《切口大词典·役夫类·茶担夫之切口》："求浆头：吃酒也。"

【求扇】 《切口大词典·役夫类·茶担夫之切口》："求扇：吃茶也。"

【求子】 ①清唐再丰《鹅幻汇编·江湖通用切口摘要》："乳曰求子。"卫大法师《江湖话·江湖上的隐语·普通隐语》："乳：求子。"《切口大词典·医药类·卖膏药者之切口》："求子：乳也。"金老佛《三教九流江湖秘密规矩·日常用语》："乳曰求子。"

②清唐再丰《鹅幻汇编·江湖通用切口摘要》："眼中星曰求子。"③清唐再丰《鹅幻汇编·江湖通用切口摘要》："圆物总称曰求子。"卫大法师《江湖话·江湖上的隐语·普通隐语》："圆物：求子。"金老佛《三教九流江湖秘密规矩·日常用语》："圆物总称曰求子。"

【虬卵】《切口大词典·行号类·水果行之切口》："虬卵：同上（七绝：柿子也）。"

【虬珠】《切口大词典·行号类·水果行之切口》："虬珠：茄枝也。"

【球】①《新刻江湖切要·草木百果五谷类》："瓜之总名曰球。"②《切口大词典·赌博类·麻雀赌之切口》："球：骰子也。"③《切口大词典·商铺类·另剪业之切口》："球：十也。"④《切口大词典·手艺类·席子业之切口》："球：五也。"

【球粗】《蹴鞠图谱·圆社锦语》："球粗：羊肉。"

【球老】《新刻江湖切要·草木百果五谷类》："蚕豆：球老。"

【球子】①卫大法师《江湖话·红帮各地通行隐语·天文地理类》："日：球子，老爷，大煞。"李子峰《海底·各地通行隐语》："日：球子；老爷；大煞。"②《切口大词典·优伶类·靶子之切口》："球子：铜锤也。"③《切口大词典·杂业类·点心铺之切口》："球子：汤包也。"④《清门考原·各项切口》："球子，妇乳也。"李子峰《海底·各地通行隐语》："乳：球子；高山。"卫大法师《江湖话·红帮各地通行隐语·人身各物类》："乳：球子；高山。"⑤《清门考原·各项切口》："球子，圆物总称也。"

【球子挂】李子峰《海底·各地通行隐语》："日出：球子挂；大煞冒出来了。"卫大法师《江湖话·红帮各地通行隐语·天文地理类》："日出：球子挂，大煞冒出来了。"

【球子啃土】卫大法师《江湖话·红帮各地通行隐语·天文地理类》："晚：楼子上，球子啃土。"李子峰《海底·各地通行隐语》："晚：楼子上；球子啃土。"

【球子上】卫大法师《江湖话·红帮各地通行隐语·天文地理类》："早：球子上。"李子峰《海底·各地通行隐语》："早：球子上。"

qu

【区饼子】《家里宝鉴·隐语》："银元'区饼子，瓜子'。"

【区儿】《切口大词典·医药类·卖吊虫丸者之切口》："区儿：生意虽有而小也。"

【区九】《新刻江湖切要·地理类》："井：地窟；[广] 水窖；中公；列九；凿饮，又曰区九。"《江湖切口要诀》（尺牍增附本）："井：地窟。[广] 水窖；中公；列九；凿饮；又曰区九。"

【曲背】《切口大词典·杂业类·纸扎店之切口》："曲背：纸成之椅子也。"

【曲本】《切口大词典·星相类·星家之切口》："曲本：同业之隐语俗谓切口也。"

【曲房】《新刻江湖切要·鸟兽虫鱼类》："螺蛳：波罗；[增] 曲房。"

【曲勒】云游客《江湖丛谈·江湖之春点·江湖之"撒年子"把戏》："管脚调侃儿叫曲勒。"

【曲六子】《郎中医话》："曲六子，是侄。"

【曲罗】《郎中医话》："曲罗，是脚。"

【曲身】①《新刻江湖切要·器用类》："凳：曲身；又四脚子。"《切口大词典·星相类·不开口相面之切口》："曲身：凳子也。"清傅崇矩《成都通览·成都之江湖言词·器用类》："凳：曲身；四脚子。"②《切口大词典·杂业类·茶楼之切口》："曲身：椅子也。"

【曲土子】《郎中医话》："曲土子，是鞋。"

【驱邪祟】《切口大词典·娼妓类·雏妓之切口》："驱邪祟：生意不佳，令相帮裸体，火甲马绕行该妓房中。"

【屈身】《切口大词典·商铺类·金线业之切口》："屈身：作揖也。"

【趋笑】《新刻江湖切要·人物类》："幕宾：立门头；[广] 生晞；密骗；忽扳；趋笑；管公事人；牵生。"《江湖切口要诀》（尺牍增附本）："蜜骗；忽扳；趋笑。"《切口大词典·医药类·摇虎撑者之切口》："趋笑：密骗也。"《切口大词典·杂流类·蓑骗之切口》："趋笑：箧骗也。"清傅崇矩《成都通览·成都之江湖言词·人物类》："幕宾：立门头；生晞；密骗；忽扳；趋笑；管公事人；牵生。"

【渠】《新刻江湖切要·人事类》："他曰渠。"《切口大词典·星相类·量手算命之切口》："渠：他也。"清傅崇矩《成都通览·成都之江湖言词·人事类》："他：渠。"

【取宝】《切口大词典·乞丐类·捉蛇乞丐之切口》："取宝：破蛇胆也。"

【取本土】《清门考原·各项切口》："取本土，不须另外带牌，只在原有之牌内掉换也。"

【取鳖】《新刻江湖切要·医药类》："卖春方：派燧；取鳖；挂狼。"清傅崇矩《成都通览·成都之江湖言词·医药类》："卖春方：派燧；取鳖；挂狼。"

【取发路】《切口大词典·衙卒类·讼棍之切口》："取发路：讼棍敛财名词之一，即假言以贿赂吏役也，其取在原告。"

【取水】《切口大词典·杂业类·面馆之切口》："取水：鱼头面也。"

【取止差】《切口大词典·衙卒类·讼棍之切口》："取止差：名义同上（取发路），但取在被告。"

【去尘】《切口大词典·医药类·药行业之切口》："去尘：青蒿也。"

【去睇戏】平山周《中国秘密社会史·三合会隐语》："隐语：三合会员与盗贼往来，有怪文以之为暗号，今略揭大要如下。公所曰红花亭，曰松柏林。新入会曰入圈，曰拜正，曰出世。集会曰开台，曰放马。会员曰香，曰洪英，曰豪杰。外人曰风，曰疯子，曰鹩鸪。新会员曰新丁。到会曰去睇戏。会中之秘书曰衫仔。会员之凭票曰腰平，曰八角招牌，曰八卦。"卫大法师《江湖话·红帮各地通行隐语·店钱及其他》："到会：开码头，去睇戏，看戏。"徐珂《清稗类钞·会党类·三合会隐语》："隐语：三合会员与盗贼往来，有怪文以之为暗号，今略揭大要如下。公所曰红花亭，曰松柏林。新入会曰入圈，曰拜正，曰出世。集会曰开台，曰放马。会员曰香，曰洪英，曰豪杰。外人曰风，曰疯子，曰鹩鸪。新会员曰新丁。到会曰去睇戏。会中之秘书曰衫仔。会员之凭票曰腰平，曰八角招牌，曰八卦。"金老佛《三教九流江湖秘密规矩·三合会之隐语》："到会曰睇戏。"李子峰《海底·各地通行隐语》："到会：去睇戏；看戏。"

【去滑】《切口大词典·商铺类·杂货业之切口》："去滑：纯碱也。"

【去迹】《切口大词典·巫卜类·席地测字者之切口》："去迹：揩板字之粗纸也。"

【去家】金老佛《三教九流江湖秘密规矩·青帮与红帮·青帮之副业》："卖猪仔云者，粤语也。此类拐匪，分两派，曰去家，曰来家。去家毒焰极炽，资本尤丰，每个团体，一次之潮满，虽十万八万之巨，亦周转无难色。来家者，经手拐骗人口，或价买而转售于去家者也。凡驻埠或土著之执拐业者属之，而去家则多由南洋群岛、澳大利亚、新大陆等处来。沿彼所由海线诸适要地点，皆有机关暗通消息。兹将该拐匪黑幕之要点，一一揭之。幸世之有子女者留意焉，该帮大都为侨民中之恶劣分子所组织，由来数十年，多闽浙两粤间人，素与国外各该所驻地之下流土著相联络，谙经过之关津隘口规章，及绕越蒙混之法。其资本，系由猪仔馆领来，故去家不必尽属银主。彼辈有口诀曰：'不怕无钱买猪仔，只怕猪仔买不来'，财力之宏，概可见矣。其出入口之诡混，凡购得拐来人口时，即以一种假亲爱面具对之。嗟彼离母之雏，得此蜜制鸩汤，聊慰渴想。不及兼旬之久，已俨然父子母子矣。潮满后，即由上海放洋出口，界彼所欲达之目的地。至其入口无阻之法，尤为出人意表。盖每次之行，勿论所带猪仔若干，出入口纸之数，皆充分无缺。以故关隘舍照验放行外，无他求。考彼辈取得此种口纸之法，极波谲云变之妙。虽临以最严密之推求，亦无从得其真相。缘该匪藉法律之正的，行非法之毒谋。已预余居留外国时，每人每年，必各报生子或女一次，而报时以轮环之法行之。譬如甲产一婴，今日报注产生册，明日即以此婴移诸乙家，重报之。嗣出口时，则将当地男女童及照诣关报验。追下船起椗后，再由贿备之渔渡等舟，将各该孩送掩渡归原址。故其买得猪仔入口也，即利用此种真照，以填其缺耳。猪仔之卖法，欧美文明人口，贩卖早已禁绝。彼等适用契约履行之法，是为不卖之卖，酷矣哉。所谓契约者如下：余家贫，得雇主，预付资助金若干，自愿订立条约，执行佣工义务十五年二十年云云。于是由不幸之猪仔。加指摹，签十字押其上。卖猪仔之能事既毕。而被卖之猪仔，遂沦入不能解脱之苦境矣。泡制猪仔之成法，以一种绝灭人道之秘密发明毒剂。力能制裁人类脑觉之新知发生，旧知汨没者投之。猪仔之灵机，无复有课望进步之发生矣。伤哉。以故该匪有'猪仔一个聪且明，去家受苦难逃生'之口号。猪仔之用途，各视其所陷之阱而定之。总不外垦荒矿种植及入水搜括珍珠海参介类等人所不堪之苦力而已。女猪仔之用途，各视其姿首而定之。（甲）伪为养女，而嫁于富厚子弟，以吸取其资财。（乙）卖于鸨母为娼。（丙）永远女佣。（丁）遣之充女工而收其工值。"

【去顺风】 施列格《天地会研究·洪家口白要诀》："去顺风，割耳。"

【趣鸨子】 明风月友辑《金陵六院市语》："趣鸨子，极妙情怀。"

quan

【圈】《镖行江湖隐语行话秘典》："我说，歹人为雁子，好人为乌鸦，羊为走兽，猪为圈，狗为拌，出恭为白摁，小便为哀条。"

【圈大鬓】《切口大词典·役夫类·茶担夫之切口》："圈大鬓：向账房结账也。"

【圈儿】《行院声嗽·宫室》："勾栏：圈儿。"

【圈公】《切口大词典·行号类·茧行之切口》："圈公：蚕子也。"

【圈吉】《切口大词典·杂流类·红白帖之切口》："圈吉：结算账目也。"

【圈吉儿】《切口大词典·商铺类·丝经业之切口》："圈吉儿：姓周者。"

【圈内人】 卫大法师《江湖话·安庆隐语》："同帮：自己人，自家人，圈内人，内盘。"

【圈判】《新刻江湖切要·鸟兽虫鱼类》："羊：未流；白衣；圈判；膻老；解草；山官。"

【圈起】《切口大词典·巫卜类·道士之切口》："圈起：算账也。"

【圈圈】《清门考原·各项切口》："圈圈，周回之意也。如言一年曰大，名曰打捧，圈圈一月曰小圈圈。"

【圈堂】《切口大词典·杂流类·喜婆之切口》："圈堂：合卺礼也。"

【圈指】《切口大词典·商铺类·押当业之切口》："圈指：手约也。"

【圈子】 ①卫大法师《江湖话·红帮各地通行隐语·店钱及其他》："帮中人：圈子，洪英。"②卫大法师《江湖话·红帮各地通行隐语·店钱及其他》："城：圈子。"③卫大法师《江湖话·红帮各地通行隐语·建筑物类》："土围子：圈子，围子。"李子峰《海底·各地通行隐语》："土围子：圈子；围子。"④《切口大词典·党会类·红帮之切口》："圈子：城头也。"⑤贝思飞《民国时期的土匪隐语》："圈子：县的所在地。"金老佛《三教九流江湖秘密规矩·青帮与红帮·红帮之问答》："日来水蛤蟆（水警之类）狠多，不如到南坎（村）去旰阵（察看道路），看清地图（即出入门径），觅定壮猪（即事主），好在南坎离圈子（县城）恨远，并无风头之患。"金老佛《三教九流江湖秘密规矩·青帮与红帮·江湖之春典》："县城称圈子。"⑥平山周《中国秘密社会史·哥老会隐语》："会员曰圈子，曰在玄，新会员曰新在玄。"徐珂《清稗类钞·会党类·哥老会隐语》："会员曰圈子，曰在玄，新会员曰新在玄。"⑦学古堂《江湖行话谱·行意行话》："骡，为圈子。"学古堂《江湖行话谱·走江湖行话》："骡子：圈子。"⑧《切口大词典·商铺类·竹器业之切口》："圈子：竹筒也。"⑨《切口大词典·杂流类·卖玉器之切口》："圈子：耳环也。"⑩《切口大词典·杂业类·饭店业之切口》："圈子：猪肠也。"

【全场】《蹴鞠谱·锦语》："十：全场。"《蹴鞠图谱·圆社锦语》："全场：十。"

【全斗】《切口大词典·巫卜类·道士之切口》："全斗：鸡也。"

【全肚】《切口大词典·杂业类·面馆之切口》："全肚：青鱼肚肠面也。"

【全副銮驾】《切口大词典·杂业类·纸扎店之切口》："全副銮驾：纸烟具也。"

【全工全】 学古堂《江湖行话谱·行话管见》："匠人叫全工全。"

【全伸子】 卫大法师《江湖话·红帮各地通行

隐语·数目类》："十：足，全伸子。"李子峰《海底·各地通行隐语》："十：足；全伸子。"

【全通】 清唐再丰《鹅幻汇编·江湖通用切口摘要》："凡搭船之例，杭、嘉、湖三府地界，每埠船钱只须十二文，比常人不到十停之一，无论路之远近皆然，名曰全通。"《切口大词典·星相类·星家之切口》："全通：凡业四业之人。如搭船付值，只须十二文，路之远近皆然，名曰全通，行于杭嘉湖三府也。"金老佛《三教九流江湖秘密规矩·日常用语》："凡搭船之例，杭嘉湖三府地界，每埠船钱只须十二文（比常人不到十停之一），无论路之远近皆然，名曰全通。"

【全真党】 《新刻江湖切要·医药类》："道人卖药：火头生；全真党。"《切口大词典·医药类·医生之切口》："全真党：道人卖药也。"清傅崇矩《成都通览·成都之江湖言词·医药类》："道人卖药：火头生；全真党。"

【泉水】 《切口大词典·商铺类·南货业之切口》："泉水：砂糖也，色赤黑流质。"

【铨子马撒着】 《镖行江湖隐语行话秘典》："走十字街，为铨子马撒着。"

【犬错】 学古堂《江湖行话谱·行话管见》："狗肉叫犬错。"

【犬鼎】 《切口大词典·优伶类·武行中之切口》："犬鼎：脚湾连倒竖作鼎式也。"

【犬羊生】 ①《新刻江湖切要·人物类》："鞑子：柳叶儿；柳州通；［增］古月通；犬羊生。"清傅崇矩《成都通览·成都之江湖言词·人物类》："鞑子：柳叶儿；柳州通；古月通；犬羊生。"②《江湖切口要诀》（尺牍增附本）："增：吉水通；犬羊生。"

【券】 学古堂《江湖行话谱·估衣行话》："去曰券。"

【券物】 宋陈元靓辑《事林广记·续集·绮谈市语·玉帛门》："钞：券物；符儿。"

que

【缺】 ①《切口大词典·星相类·星家之切口》："缺：女也。"②将东西弄出来。清末民初佚名《镖行江湖隐语行话秘典》："缺，将东西弄出来。"

【缺把】 《江湖走镖隐语行话谱》："尼姑：缺把。"

【缺丑】 《切口大词典·商铺类·皮袋业之切口》："缺丑：五也。"清翟灏《通俗编·识余·市语·杂货铺》："杂货铺：一平头，二空工，三眠川，四睡目，五缺丑，六断大，七皂底，八分头，九未丸。"

【缺搭】 《切口大词典·杂流类·卖婆之切口》："缺搭：四肢之不全者。"

【缺德】 《切口大词典·娼妓类·八大胡同妓院之切口》："缺德：捉狭也。"

【缺点】 清佚名《郎中医话》："缺点，是有顶戴。"

【却大】 《切口大词典·商铺类·丝经业之切口》："却大：姓金者。"

【雀】 金老佛《三教九流江湖秘密规矩·青帮与红帮·江湖与海湖》："此九流以外又有所谓四大江湖，四大海湖。四大江湖，即风火雀要。四大海湖，即金皮飘择是也。凡花言巧语，骗人做官，而从中攫钱者为风。凡骗人配药炼金，或烧铅炼汞而没其金珠者为火。凡化缘建庙，乘鹤来仪而有邪术者为雀。要挟硬诈者为要。金皮飘择，即算命测字之流。皆以术骗取他人之财物者，此虽同属与江湖，而出于九流之外者也。"

【雀官】 《新刻江湖切要·鸟兽虫鱼类》："鹅：王九；雀官；判头；道十。"

【雀巾】 清唐再丰《鹅幻汇编·江湖通用切口摘要》："衔鸟算命曰追子巾，又名雀巾。"《切口大词典·星相类·鸟衔算命之切口》："雀巾：义同上（追子巾：街牌算命者）。"金老佛《三教九流江湖秘密规矩·江湖通用切口》："衔鸟算命曰追子巾，又名雀巾。"

【雀沙】 《切口大词典·行号类·饴糖行之切口》："雀沙：红糖之统称也。"

【雀舌】 《切口大词典·行号类·茶叶行之切口》："雀舌：茶品与龙团同极言其嫩而尖也。"

【雀尾】 《切口大词典·工匠类·银匠之切口》："雀尾：铁杆也。"

【鹊郎】 明佚名《行院声嗽·鸟兽》："马：鹊郎。"

【鹊中】 《新刻江湖切要·时令类》："七夕鹊中。"

qun

【裙带】①《切口大词典·工匠类·打面匠之切口》:"裙带:阔面也。"②《切口大词典·商铺类·海味业之切口》:"裙带:海带也。"

【裙风延年】《新刻江湖切要·疾病类》:"臁疮:裙风延年。"清傅崇矩《成都通览·成都之江湖言词·疾病类》:"臁疮:裙风延年。"

【群曲子】《梨园话》:"群曲子:大众合唱之曲子,谓之'群曲子'。"

R

ran

【染】①《行院声嗽·声色》:"黄:染。"②宋陈元靓辑《事林广记·续集·绮谈市语·拾遗门》:"写字:染;醮。"

【染肯】《新刻江湖切要·文具类》:"烟筒:薰葱。骰子:撒掷。古董:染肯。"

【染七】宋陈元靓辑《事林广记·续集·绮谈市语·人物门》:"师姑:染七。"

【染孙】明程万里《鼎锲徽池雅调南北官腔乐府点板曲响大明春·六院汇选江湖方语》:"染孙,谓其不晓方情之争。"

rang

【穰本年】《切口大词典·星相类·拉和琴算命之切口》:"穰本年:镇太岁也。"

【穰子】①《郎中医话》:"穰子,是铺。"②《切口大词典·党会类·红帮之切口》:"穰子:火药也。"

【攘抢】明风月友辑《金陵六院市语》:"攘抢者,恼也。"

【让地皮】《切口大词典·衙卒类·兵士之切口》:"让地皮:打败仗也。"

【让盘】《切口大词典·衙卒类·厘卡之切口》:"让盘:减税也。厘税定章,本无折扣,所以减,以广招徕也。"

【让一手】清傅崇矩《成都通览·成都之袍哥话即江湖话也》:"让一手,牵大黄,与拉猪同义。"

rao

【饶记】《切口大词典·工匠类·成衣匠之切口》:"饶记:二也。"

【饶记烧】《切口大词典·工匠类·成衣匠之切口》:"饶记烧:斜条也。"

【扰刲】明程万里《鼎锲徽池雅调南北官腔乐府点板曲响大明春·六院汇选江湖方语》:"扰刲,亦同上(同'咬刘')也。"

【扰汉】《切口大词典·武术类·卖拳头者之切口》:"扰汉:吃饭也。"

【扰𤏰】《新刻江湖切要·人事类》:"吃饭曰扰𤏰;又赏𤏰。"清傅崇矩《成都通览·成都之江湖言词·人事类》:"吃饭:扰𤏰;赏𤏰。"

【扰棍子】清傅崇矩《成都通览·成都之江湖言词·饮馔类》:"茶:青老;清喉;木鬼;碧水;牙净;枝叶;木葵;扰棍子。"《新刻江湖切要·饮馔类》:"茶:青老;清喉;木鬼;碧水;牙净;枝叶;木葵;扰棍子。"

【扰人俨希】明程万里《鼎锲徽池雅调南北官腔乐府点板曲响大明春·六院汇选江湖方语》:"扰人俨希,乃吃粥也。"

【扰山】《新刻江湖切要·人事类》:"吃酒曰扰山;领山;班山。"《切口大词典·武术类·卖拳头者之切口》:"扰山:吃酒也。"明程万里《鼎锲徽池雅调南北官腔乐府点板曲响大明春·六院汇选江湖方语》:"扰山,乃吃酒也。"清傅崇矩《成都通览·成都之江湖言词·人事类》:"吃酒:扰山;领山;班山。"

【绕场】《梨园话》:"绕场:演剧时角色于台

上绕走一周，谓之绕场。"

【绕连】《切口大词典·工匠类·外国成衣匠之切口》："绕连：线也。"

【绕梁】宋陈元靓辑《事林广记·续集·绮谈市语·举动门》："声：遏云；绕梁。"

【绕馒】《行院声嗽·人事》："别人：绕馒。"

【绕指】《切口大词典·商铺类·银楼业之切口》："绕指：指约也。"

re

【热】《新刻江湖切要·人事类》："来曰热。"《切口大词典·武术类·卖拳头者之切口》："热：来也。"清傅崇矩《成都通览·成都之江湖言词·人事类》："来：热。"

【热道】卫大法师《江湖话·红帮各地通行隐语·一般人事类》："要好：热道。"李子峰《海底·各地通行隐语》："要好：热道。"

【热烘烘】《切口大词典·杂流类·卖馄饨者之切口》："热烘烘：生意好也。"

【热客】《切口大词典·娼妓类·八大胡同妓院之切口》："热客：谓妓女所钟情之客也。"

【热人】《切口大词典·娼妓类·茶室之切口》："热人：常往来之客也。"

【热人儿】《切口大词典·娼妓类·八大胡同妓院之切口》："热人儿：谓客所钟情之妓也。"

【热上了】《切口大词典·娼妓类·茶室之切口》："热上了：妓与客恋爱至极度也。"

【热太阳】清唐再丰《鹅幻汇编·江湖通用切口摘要》："昼曰热太阳。"卫大法师《江湖话·江湖上的隐语·普通隐语》："昼：热太阳。"《切口大词典·星相类·星家之切口》："热太阳：白日也。"《清门考原·各项切口》："热太阳，昼也。"金老佛《三教九流江湖秘密规矩·日常用语》："昼曰热太阳。"

【热堂子】清傅崇矩《成都通览·成都之袍哥话即江湖话也》："热堂子，睡房也。"

【热子】《新刻江湖切要·人事类》："有钞曰热子。"《切口大词典·巫卜类·六壬课之切口》："热子：有钱钞也。"《切口大词典·武术类·地吼戏之切口》："热子：有钱也。"清傅崇矩《成都通览·成都之江湖言词·人事类》："有钞：热子。"

ren

【人】①《新刻江湖切要·数目类》："六为人；又人未。"清傅崇矩《成都通览·成都之江湖言词·数目类》："六：人；人未。"清翟灏《通俗编·识余·市语·江湖杂流》："江湖杂流：一留，二月，三汪，四则，五中，六人，七心，八张，九爱，十足。"②卫大法师《江湖话·各行业商帮所用数目字隐语·成都通行言词·古董玉器当铺》："人：三。"《切口大词典·商铺类·古董业之切口》："人：三也。"清傅崇矩《成都通览·成都之各行人买卖通用言词·当铺古董玉器行通用言词》："三，人。"学古堂《江湖行话谱·粮行之行话》："（人）三。"卫大法师《江湖话·各行业商帮所用数目字隐语·其他·北平》："由：一。申：二。人：三。工：四。大：五。天：六。夫：七。井：八。羊：九。非：十。按此数字头，如'由'有一个头为一，'申'为二个头为二，'大'为五等头，'非'为十个头。"③卫大法师《江湖话·各行业商帮所用数目字隐语·其他·湖北》："文：一。水：二。清：三。且：四。浅：五。行：六。人：七。心：八。志：九。远：十。"④《切口大词典·巫卜类·道士之切口》："人：一也。"⑤《切口大词典·杂流类·收旧货之切口》："人：二也。"《清门考原·各项切口》："旧货生意切口数目（一、二、三、四、五、口、人、工、比、才；六、七、八、九、十、伟、寸、根、本、金）。"⑥《切口大词典·杂业类·老虎灶之切口》："人：五也。"清傅崇矩《成都通览·成都之各行人买卖通用言词·六成行通用言词》："五，人。"清翟灏《通俗编·识余·市语·丝行》："丝行：则一岳，二卓，三南，四长，五人，六龙，七青，八豁，九底。"清翟灏《通俗编·识余·市语·铜行》："铜行：一豆，二贝，三某，四长，五人，六土，七木，八令，九王，十合"

【人敌】《镖行江湖隐语行话秘典》："混眼沙，为人敌。"

【人吊】 学古堂《江湖行话谱·粮行之行话》："三吊，则称为人吊。"

【人奉儿】《切口大词典·商铺类·丝经业之切口》："人奉儿：薪水也。"

【人干】《切口大词典·商铺类·绸缎业之切口》："人干：言本钱也。"

【人海】《江湖切口要诀》（尺牍增附本）："上江人：丁老；[广]顺流；人海。"

【人花】《新刻江湖切要·草木百果五谷类》："垒麦：人花。"

【人垒】《新刻江湖切要·草木百果五谷类》："寒豆：人垒。"

【人门】《切口大词典·赌博类·押六门之切口》："人门：四点也。"

【人面】《新刻江湖切要·饮馔类》："猪头：纱帽；人面；流官帽。"清傅崇矩《成都通览·成都之江湖言词·饮馔类》："猪头：纱帽；人面；流官帽。"

【人山洋皮】《切口大词典·商铺类·纸业之切口》："人山洋皮：东洋皮纸也。"

【人氏压点】 云游客《江湖丛谈·江湖之春点·江湖艺人传：去平留津的大金牙》："江湖艺人如若长得有台风，有个气派，调侃都说他人氏压点。"

【人世阿鼻】《新刻江湖切要·宫室类》："监牢：禁圈；士砖城；改曰人世阿鼻。"

【人式】《切口大词典·巫卜类·道士之切口》："人式：十也。"

【人式很旺】 云游客《江湖丛谈·江湖之春点·天桥的大鼓书场》："江湖人管人多，调侃叫人式很旺。"

【人式太减】 云游客《江湖丛谈·江湖之春点·天桥的大鼓书场》："江湖人管欢迎他们的人少，调侃儿说人式太减。"

【人头兜得转】《切口大词典·党会类·青帮之切口》："人头兜得转：流氓认识得多也。"

【人未】《新刻江湖切要·数目类》："六为人，又人未。"《切口大词典·巫卜类·文王课之切口》："人未：六也。"清傅崇矩《成都通览·成都之江湖言词·数目类》："六：人，人未。"

【人牙】《新刻江湖切要·人事类》："人命曰人牙。"清傅崇矩《成都通览·成都之江湖言词·人事类》："人命：人牙。"

【人言儿】《切口大词典·商铺类·丝经业之切口》："人言儿：信也。"

【人至】《新刻江湖切要·亲戚类》："侄儿：至子；人至。"

【人字】 清傅崇矩《成都通览·成都之各行人买卖通用言词·当铺古董玉器行通用言词》："人字，三百。"

【壬癸】《新刻江湖切要·地理类》："水：壬癸；龙转；[广]东归；朝宗。"《江湖切口要诀》（尺牍增附本）："水：壬癸；龙转归；朝宗。"宋陈元靓辑《事林广记·续集·绮谈市语·天地门》："水：壬癸。"

【壬伦】 清傅崇矩《成都通览·成都之江湖言词·工匠类》："泥水匠：壬伦；壬戌通；朽丘。"

【壬通】《新刻江湖切要·时令类》："冬：水季天；壬通。"《江湖切口要诀》（尺牍增附本）："冬：水季（天）；壬通。"《切口大词典·星相类·铁板算命之切口》："壬通：东也。"清傅崇矩《成都通览·成都之江湖言词·时令类》："冬：水季天；壬通。"

【壬戌通】《新刻江湖切要·工匠类》："泥水匠：土偷；[增]壬戌通；又朽丘。"清傅崇矩《成都通览·成都之江湖言词·工匠类》："泥水匠：壬伦；壬戌通；朽丘。"

【仁】①清唐再丰《鹅幻汇编·江湖通用切口摘要》："六曰仁。"卫大法师《江湖话·各行业商帮所用数目字隐语·其他·安徽》："才：一。元：二。汉：三。江：四。水：五。仁：六。义：七。楚：八。云：九。山：十。"卫大法师《江湖话·江湖上的隐语·普通隐语》："六：仁。"《切口大词典·星相类·星家之切口》："仁：六也。"《清门考原·各项切口》："仁，六个。"金老佛《三教九流江湖秘密规矩·日常用语》："六曰仁。"②卫大法师《江湖话·各行业商帮所用数目字隐语·成都通行言词·银钱行》："代：二。貌：三。长：四。仁：五。耳：六。伯：七。令：八。王：九。"卫大法师《江湖话·各行业商帮所用数目字隐语·重庆通行言词·买猪》："豆：一。背：二。泰：三。长：四。仁：五。条：六。栲：七。黄：八。豆：九。按此为重庆场买卖猪时使用。又名猪肉为'大'，即问'这大多少钱一斤'？则回答；若问'这猪肉多少钱一斤'？则不回答你。"清傅崇矩《成都通览·成都之各行人买卖通用言词·银钱行言词》："仁，五。"③清翟灏《通俗编·识余·市语·典当》："典当：一口，二仁，三工，四比，五才，六回，七寸，八本，九巾。"

【仁光子】 卫大法师《江湖话·红帮各地通行隐语·其他用具对象类》："火：老光，仁光子。"

【仁子】《切口大词典·医药类·卖疮药者之切口》："仁子：药线也。"

【稔秌】《切口大词典·行号类·粮食行之切口》："稔秌：糯米也。糯米无芒，粳米有芒。"

【稔籼】《切口大词典·行号类·粮行之切口》："稔籼：早稻米也。"

【刃一】《切口大词典·星相类·铁板算命之切口》："刃一：丑时也。"

【认店】《镖行江湖隐语行话秘典》："穿衣为认店。"

【认交情】 贝思飞《民国时期的土匪隐语》："认交情：土匪和士兵的融洽关系。"

【认叶子】《切口大词典·赌博类·麻雀赌之切口》："认叶子：认牌也。"

【任店】《镖行江湖隐语行话秘典》："脱衣，为退皮，穿衣为任店。"

【任果】《切口大词典·巫卜类·道士之切口》："任果：做法事也。"

【任上失风】《切口大词典·党会类·流氓之切口》："任上失风：谓拆梢或硬爬时，为巡警捉去也。"

【任重】《新刻江湖切要·地理类》："地：坤老；[广]重浊；任重；配天；司载公；博厚君。"《江湖切口要诀》（尺牍增附本）："地：坤老。[广]重浊；任重；配天；司载公；博厚君。"《切口大词典·医药类·自称戏子治病者之切口》："任重：地也。"清傅崇矩《成都通览·成都之江湖言词·地理类》："地：坤老；重浊；任重；配天；司载公；博厚君。"

【韧子】《切口大词典·商铺类·皮箱业之切口》："韧子：牛皮纸也。"

【韧身】《切口大词典·商铺类·杂货业之切口》："韧身：白藤也。"

ri

【日边】 宋陈元靓辑《事林广记·续集·绮谈市语·宫殿门》："行在：都下；日边。"

【日宫】《新刻江湖切要·亲戚类》："父：日宫。"清唐再丰《鹅幻汇编·江湖通用切口摘要》："父曰日宫。"卫大法师《江湖话·红帮各地通行隐语·人类一般》："父：日宫，老根子。"卫大法师《江湖话·江湖上的隐语·普通隐语》："父：日宫。"《切口大词典·星相类·星家之切口》："日宫：父也。"《清门考原·各项切口》："日宫，父也。"金老佛《三教九流江湖秘密规矩·日常用语》："父曰日宫。"李子峰《海底·各地通行隐语》："父：日宫；老根子。"

【日光】《切口大词典·医药类·参燕业之切口》："日光：同上（太极）。"

【日精】《切口大词典·行号类·水果行之切口》："日精：杨梅也。"

【日料】《新刻江湖切要·人事类》："谈往事为日料。"《切口大词典·星相类·鸟衔算命之切口》："日料：谈往事也。"

【日略】《新刻江湖切要·亲戚类》："孝子曰日略，今改为二十四，此孝顺之孝也。又曰允违，取'庶见素冠'章义，此带孝之孝也。"

【日上部】《新刻江湖切要·亲戚类》："伯父：左日；日上部；甲老。"

【日上才】《新刻江湖切要·亲戚类》："伯母：左月；月上部；该称日上才；甲才。"

【日升】《切口大词典·盗贼类·杆匪之切口》："日升：向东方走也，取日出东方之意。"

【日下才】《新刻江湖切要·亲戚类》："婶母：右月；月下部，称日下才；椒才。"

【日血】 卫大法师《江湖话·红帮各地通行隐语·一般人事类》："每天送陋规：日血。"李子峰《海底·各地通行隐语》："每天送陋规：日血。"

【日亚】《新刻江湖切要·亲戚类》："连襟：称日亚，今称弥仲，又曰其服。"

【日者】 宋陈元靓辑《事林广记·续集·绮谈市语·人物门》："卜士：占人；日者。"

【日中】《新刻江湖切要·时令类》："端午：正中；[广]日中；将昃。"

rong

【戎川】《新刻江湖切要·生死类》:"犬死:戎川。"

【戎公】 宋陈元靓辑《事林广记·续集·绮谈市语·君臣门》:"巡检:戎公。"

【戎孤】《新刻江湖切要·官职类》:"凡文官曰士孤,乡官曰孤通,武官曰马孤;将官曰寒孤,今改戎孤。"

【荣扯】 云游客《江湖丛谈·江湖之金点·柳门》:"管师父叫老师,管偷着跑了叫荣扯。"

【荣点】《镖行江湖隐语行话秘典》:"贼,为荣点。"

【荣活】 云游客《江湖丛谈·江湖之金点·柳海轰的生意》:"管偷学曲词调侃叫荣活。"

【荣人家的活儿】 云游客《江湖丛谈·江湖之金点·评门》:"又有没品行的说书的,知道某人说的××书最好,去偷着听书,调侃儿叫荣人家的活儿(荣即是偷的意思)。"

【荣人家的门子】 云游客《江湖丛谈·江湖之春点·江湖人的旧组织(各处长春会)的领袖》:"江湖人管偷人的方法,调侃叫荣人家的门子。"

【绒球子】 卫大法师《江湖话·红帮各地通行隐语·动物类》:"鹅:绒球子,寿头子,阿六。"

【绒坐】 清傅崇矩《成都通览·成都之江湖言词·人事类》:"起身:绒坐。"

【容老】《切口大词典·星相类·相家之切口》:"容老:腹也。"清傅崇矩《成都通览·成都之江湖言词·身体类》:"肚:西方;容老。"

【容天流】《江湖走镖隐语行话谱》:"白钱:容天流。"

【容同】《江湖切口要诀》(尺牍增附本):"客人:盖各;容同。[广]鸡黍相延;天涯逆旅。"

【容偷】《郎中医话》:"容偷、容点,是贼。"

【榕木】《切口大词典·杂流类·收旧货之切口》:"榕木:钥匙也。"

【熔木】 清傅崇矩《成都通览·成都之江湖言词·器用类》:"锁匙:熔木;开关;枕刻天(土量今更名扶头)。"

【镕木】《新刻江湖切要·器用类》:"锁匙:镕木;[增]开关。"

【燥丁】《切口大词典·商铺类·地货业之切口》:"燥丁:三也。"

【燥筘】《切口大词典·商铺类·地货业之切口》:"燥筘:三十六也。"

【燥迁】《切口大词典·商铺类·地货业之切口》:"燥迁:三十九也。"

【燥如】《切口大词典·商铺类·地货业之切口》:"燥如:三十二也。"

【燥扫】《切口大词典·商铺类·地货业之切口》:"燥扫:三十八也。"

【燥色】《切口大词典·商铺类·地货业之切口》:"燥色:三十也。"

【燥苏】《切口大词典·商铺类·地货业之切口》:"燥苏:三十四也。"

【燥仙】《切口大词典·商铺类·地货业之切口》:"燥仙:三十七也。"

【燥折】《切口大词典·商铺类·地货业之切口》:"燥折:三十五也。"

【燥酌】《切口大词典·商铺类·地货业之切口》:"燥酌:三十一也。"

rou

【柔黄】 宋陈元靓辑《事林广记·续集·绮谈市语·身体门》:"手:柔黄。"

【柔鳞】《切口大词典·行号类·海鱼行之切口》:"柔鳞:鲨鱼也。"

【柔毛】 宋陈元靓辑《事林广记·续集·绮谈市语·走兽门》:"羊:柔毛;膻物;肥羚;羔儿。"

【柔苗】《切口大词典·星相类·不开口相面之切口》:"柔苗:心也。"

【柔皮子】《切口大词典·盗贼类·剪绺贼之切口》:"柔皮子:绸缎衣服也,凡衣绸缎之客咸以此呼之。"

【脺胃根】 清傅崇矩《成都通览·成都之呼物混名》:"脺胃根:猪也。"

【肉旦孙】 卫大法师《江湖话·红帮各地通行隐语·人类一般》:"富人:肉旦孙。"李子峰《海底·各地通行隐语》:"富人:肉旦孙。"

【肉蛋】《切口大词典·衙卒类·侦探之切

口》:"肉蛋:出事之小主人也。"

【肉儿】 云游客《江湖丛谈·江湖之金点·皮门》:"管那虫儿(独),调侃儿叫肉儿。"

【肉皮】《切口大词典·衙卒类·侦探之切口》:"肉皮:工役也。"

【肉票】 贝思飞《民国时期的土匪隐语》:"肉票:人质。"

【肉酸】《切口大词典·娼妓类·粤妓之切口》:"肉酸:不忍也,伤心也。"

【肉下面】《切口大词典·衙卒类·狱卒之切口》:"肉下面:褪其衣服,使卧于狭床上也。"

ru

【如】 ①《切口大词典·商铺类·南货业之切口》:"如:二也。"②《切口大词典·行号类·海鱼行之切口》:"如:五也。"《切口大词典·行号类·鲜鱼行之切口》:"如:五也。"

【如厕】 宋陈元靓辑《事林广记·续集·绮谈市语·拾遗门》:"上茅:登溷;如厕。"

【如出门】 清傅崇矩《成都通览·成都之袍哥话即江湖话也》:"如出门,遇有人说此等话,即宜远避,以免中害。"

【如毫】 ①《切口大词典·商铺类·地货业之切口》:"如毫:二十也。"②《切口大词典·商铺类·地货业之切口》:"如毫:二也。"

【如利】《切口大词典·医药类·摆草药摊之切口》:"如利:防风也。专治男子一切劳症补中益气,有偏正头风,可与百花为丸食之即愈。"

【如砺】《新刻江湖切要·地理类》:"山:土高;地高,[广]触土;地出头;巫峰;老峙;登东;艮公;如砺;禹随;一拳石。"《江湖切口要诀》(尺牍增附本):"山:土高。[广]地高,触地;地出头;巫峰;老峙;登东;艮公;如砺;禹随;一拳石。"清傅崇矩《成都通览·成都之江湖言词·地理类》:"山:土高;地高;触土;地出头;巫峰;老峙;登东;艮公;如砺;禹随;一拳石。"

【如射】《新刻江湖切要·身体类》:"矮:脞身;[增]如射。"《切口大词典·星相类·相家之切口》:"如射:矮子也。"清傅崇矩《成都通览·成都之江湖言词·身体类》:"矮:脞身;如射;折足;定半。"

【如桐子】《切口大词典·商铺类·南货业之切口》:"如桐子:花椒也。"

【如烟】《新刻江湖切要·天文类》:"雾:迷津;[广]天;隔面;杏花雨;如烟;疑霖;迷离;[广]起雾为披迷,又曰排烟帐。"《江湖切口要诀》(尺牍增附本):"雾:迷津。[广]天;隔面;杏花雨;如烟;疑霖。[广]迷离。起雾为披迷,又曰排烟帐。"《切口大词典·星相类·鸟衔算命之切口》:"如烟:雾也。"清傅崇矩《成都通览·成都之江湖言词·天文类》:"雾:迷津;隔面;杏花雨;如烟;疑霖;迷离;起雾为披迷,又曰排烟帐。"

【如意肩】《切口大词典·商铺类·衣折业之切口》:"如意肩:为宫女所独用。"

【如在】《切口大词典·巫卜类·道士之切口》:"如在:座台也。"

【茹屑】《切口大词典·工匠类·打面匠之切口》:"茹屑:爽粉也。"

【乳生子】《兽医串雅杂钞》:"不经师(传)的兽医,叫'乳生子',又叫'土把'。"

【入跋】 明徐渭《南词叙录》:"曲中常用方言字义。诸事最为显证,兹摘录若干。如:勤儿言其勤于悦色,不惮烦也。亦曰刷子,言其乱也。入跋,入门也。倡家谓门曰跋限。顶老,伎之诨名。入马进步也。倡家语。"

【入步】《新刻江湖切要·人事类》:"来了曰入步。"《蹴鞠谱·锦语》:"来:入步。"《蹴鞠图谱·圆社锦语》:"入步:来。"《切口大词典·星相类·隔夜算命之切口》:"入步:来了也。譬如狗子入步,即主客来了也。"清傅崇矩《成都通览·成都之江湖言词·人事类》:"来了:入步。"

【入地】《新刻江湖切要·地理类》:"低:入地;[广]俯就。"《江湖切口要诀》(尺牍增附本):"低:入地。[广]俯就。"《切口大词典·医药类·自称戏子治病者之切口》:"入地:低也。"清傅崇矩《成都通览·成都之江湖言词·地理类》:"低:入地;俯就。"

【入调】《梨园话》:"入调:歌唱时与所定调门相同,谓之'入调'。"

【入洞子】《江湖走镖隐语行话谱》:"进城:入洞子。"

【入冈】 清傅崇矩《成都通览·成都之江湖言

词·人事类》："进门：入冈。"

【入港】《切口大词典·衙卒类·厘卡之切口》："入港：进口也。"

【入公门】《新刻江湖切要·身体类》："驼：但结；[增] 入公门。"《切口大词典·星相类·相家之切口》："入公门：驼背也。"清傅崇矩《成都通览·成都之江湖言词·身体类》："驼：但结；入公门。"

【入嘿】 云游客《江湖丛谈·江湖之金点·磨杵的生意》："管大夫得到病人家叫入嘿。"

【入开】 卫大法师《江湖话·各行业商帮所用数目字隐语·成都通行言词·道士端公》："旦底：一。挖工：二。横川：三。不回：四。假丑：五。断大：六。毛根：七。入开：八。像丸：九。"《切口大词典·商铺类·皮裘业之切口》："入开：八也。"清傅崇矩《成都通览·成都之各行人买卖通用言词·道士端公言词》："入开，八。"

【入客】《郎中医话》："入客，是上家去。"

【入扣】 云游客《江湖丛谈·江湖之春点·天桥的评书场子》："江湖人管好习听书的人，如若听书，听的入了瘾，非接联不断往下听不可，说行话叫入扣。"

【入了庙】《切口大词典·盗贼类·杆匪之切口》："入了庙：将尸掩埋之谓也。"

【入令】 宋陈元靓辑《事林广记·续集·绮谈市语·天地门》："风，入令；巽二。"

【入马】 明徐渭《南词叙录》："曲中常用方言字义，诸事最为显证，兹摘录若干。如：勤儿言其勤于悦色，不惮烦也。亦曰刷子，言其乱也。入跛，入门也。倡家谓门曰跛限。顶老，伎之诨名。入马进步也。倡家语。"

【入门】《切口大词典·役夫类·门夫之切口》："入门：女佣也。"

【入木】《切口大词典·杂流类·吹打者之切口》："入木：进棺也。"

【入气】《蹴鞠图谱·圆社锦语》："入气：吃饭。"

【入圈】 平山周《中国秘密社会史·三合会隐语》："隐语：三合会员与盗贼往来，有怪文以之为暗号，今略揭大要如下。公所曰红花亭，曰松柏林。新入会曰入圈，曰拜正，曰出世。集会曰开台，曰放马。会员曰香，曰洪英，曰豪杰。外人曰风，曰疯子，曰鹬鸪。新会员曰新丁。到会曰去睇戏。会中之秘书曰衫仔。会员之凭票曰腰平，曰八角招牌，曰八卦。"徐珂《清稗类钞·会党类·三合会隐语》："隐语：三合会员与盗贼往来，有怪文以之为暗号，今略揭大要如下。公所曰红花亭，曰松柏林。新入会曰入圈，曰拜正，曰出世。集会曰开台，曰放马。会员曰香，曰洪英，曰豪杰。外人曰风，曰疯子，曰鹬鸪。新会员曰新丁。到会曰去睇戏。会中之秘书曰衫仔。会员之凭票曰腰平，曰八角招牌，曰八卦。"《家里宝鉴·隐语》："入会曰'入圈，左立，拜正，出世'。"《家里宝鉴·隐语》："入会曰'入圈，左立，拜正，出世'。"《切口大词典·党会类·三点会之切口》："入圈：入会也。因会堂门首，悬有竹圈。入会者，俱由此圈进，世人故有圈里圈外之称。"金老佛《三教九流江湖秘密规矩·三合会之隐语》："入会曰入圈，或曰拜正，亦曰出世。"李子峰《海底·闽粤及南洋各地通行之隐语》："入会：入圈；拜正；出世。"

【入头】《切口大词典·优伶类·腔调上之切口》："入头：胡琴听板鼓之指使，板鼓打至某节，即令胡琴拉弦，谓之入头。"

【入屯窑】《切口大词典·医药类·撑大伞卖药者之切口》："入屯窑：到人家村落也。"

【入网】 ①《蹴鞠谱·锦语》："进屋：入网。"②《蹴鞠图谱·圆社锦语》："入网：无房。"

【入微】《江湖切口要诀》（尺牍增附本）："风：丢（去）子。[广] 入微；透骨；和熏；骡吼；狂呼；疑；从虎；狂且；偃草；吹枯生；扫云；折朽子。[又广] 起风为摆丢。"《切口大词典·巫卜类·蛤壳测字者之切口》："入微：风也。"清傅崇矩《成都通览·成都之江湖言词·天文类》："风：丢子；入微；透骨；和薰；骡吼；狂呼；疑□；从虎；狂且；偃草；吹枯生；扫云；折朽子（广起风为摆丢）。"

【入围】 卫大法师《江湖话·红帮闽粤及南洋各地通行隐语》："入会：入围，拜正，出世。"

【入窑】 云游客《江湖丛谈·江湖之春点·江湖艺人汤瞎子、田瘸子》："倘若能受他们的敲诈，进一步的办法，就得教病者家中人，请他到家，看病人是什么病。调侃说入窑。"

ruan

【阮】《切口大词典·商铺类·乐器业之切口》:"阮:月琴也。"

【软把】 金老佛《三教九流江湖秘密规矩·青帮与红帮·设局赌软把》:"即各色滑头赌博,谓之软把。如沪上著名牌九郎中,田一亭及童得宝戴某顾某等,均为扬州仙女庙之青帮匪徒,现在终年在沪诱人赌博,动辄万金,得财后携回劈把,除匪首郎中外,同参弟兄,前人辈均得分肥,此为青帮最大之入款。"

【软膀子】《切口大词典·手艺类·卖纸鸢之切口》:"软膀子:两翅系软竹篾制者,大抵皆虫豸类之纸鸢。"

【软边】《切口大词典·杂业类·钱庄之切口》:"软边:钞票也。"

【软尺】《切口大词典·星相类·量手算命之切口》:"软尺:量手之绳也。"

【软刴】 明程万里《鼎锲徽池雅调南北官腔乐府点板曲响大明春·六院汇选江湖方语》:"软刴:猪肉也。"

【软谷】《切口大词典·杂业类·米店之切口》:"软谷:糯米也。"

【软红】《切口大词典·杂业类·冶坊之切口》:"软红:炼熟之铁也。"

【软货】①《切口大词典·杂流类·卖水烟者之切口》:"软货:皮丝烟也。"②《切口大词典·杂业类·酒店之切口》:"软货:老酒也。"

【软货龙】《切口大词典·商铺类·押当业之切口》:"软货龙:银子也。"

【软尖刀】《切口大词典·乞丐类·乞丐之切口》:"软尖刀:言阴恶之人也。"

【软壳子】《切口大词典·手艺类·织补业之切口》:"软壳子:绸纱衣服也。"

【软牌】《切口大词典·衙卒类·厘卡之切口》:"软牌:一票数用也。"

【软披】《切口大词典·商铺类·刷染业之切口》:"软披:绸也。"

【软皮】《新刻江湖切要·衣饰类》:"绸缎衣曰软皮,又曰琉璃皮子。"《切口大词典·盗贼类·铳手之切口》:"软皮:绸缎衣服也。"清傅崇矩《成都通览·成都之江湖言词·衣饰类》:"绸缎衣:软皮;琉璃皮子。"

【软片子】①《切口大词典·医药类·卖膏药者之切口》:"软片子:胸孔也。"②李子峰《海底·各地通行隐语》:"绸缎:软片子;滑溜匹子。"

【软品】《切口大词典·巫卜类·巫婆之切口》:"软品:包账做也。即谓超荐亡人之道场法事,由其包办。"

【软蛇】《切口大词典·商铺类·山货业之切口》:"软蛇:绳索也。"

【软丝鞭】《切口大词典·优伶类·锣鼓之切口》:"软丝鞭:如《失街亭》,孔明白,今日一见令人可敬,令人可服时应打软丝鞭。"

【软塘】《切口大词典·武术类·布围卖戏法者之切口》:"软塘:布围也。"

【软条子】《切口大词典·医药类·卖膏药者之切口》:"软条子:腰也。"

【软尾】《切口大词典·手艺类·卖纸鸢之切口》:"软尾:纸鸢之尾,不用软硬膀惟系以布或绸也。"

【软相】①《清门考原·各项切口》:"软相,和平谦恭之江湖生意。"②《清门考原·各项切口》:"软相,专以术骗人财也。"③刘联珂《中国帮会三百年革命史·清门切口》:"软相:用和平手段诈财。"

【软心】《切口大词典·手艺类·席子业之切口》:"软心:最细席草织成也。"

【软央儿】 学古堂《江湖行话谱·走江湖行话》:"女票儿:软央儿。"

【软腰】①《切口大词典·工匠类·造酒匠之切口》:"软腰:糯米也。"②《切口大词典·手艺类·兜带业之切口》:"软腰:围腰之兜也。"

【软叶生意】《切口大词典·役夫类·航船夫之切口》:"软叶生意:以纸牌骗赌者也。"

【软硬棒子】 卫大法师《江湖话·红帮各地通行隐语·人身各物类》:"男生殖器:软硬棒子;金星子;攀条子。"李子峰《海底·各地通行隐语》:"男阳:软硬棒子;金星子;攀条子。"

【软帐】 清唐再丰《鹅幻汇编·江湖通用切口摘要》:"治毒疮卖春药曰软帐。"卫大法师《江湖话·江湖上的隐语·皮行隐语》:"治毒疮卖春药:软帐。"《清门考原·各项切口》:"软帐,浸毒疮、卖春药也。"《切口大词典·医药类·卖春药治毒疮者之切口》："软账：治毒疮卖春药者。"金老佛《三教九流江湖秘密规矩·江湖通用切口》："治毒疮卖春药曰软账。"

【软珠】　《新刻江湖切要·草木百果五谷类》："米：希老；软珠；擦老；碾希。"清翟灏《通俗编·识余·市语》："江湖人市语尤多，坊间有《江湖切要》一刻，事事物物，悉有隐称。诚所谓惑乱听闻，无足采也。其间有通行市井者，如官曰孤司，店曰朝阳，夫曰盖老，妻曰底老，家人曰吊脚，僧曰廿三，道士曰廿四，成衣曰戳短枪，抬轿曰扱楼儿，剃头曰削青，船曰瓢儿，屋曰顶公，银曰琴公，钱曰把儿，米曰软珠，饼曰匾食，盐曰瀡老，鱼曰豁水，鸭曰王八，鞋曰踢土，镜曰照儿，抹布曰踢郎，坐曰打墩，拜曰剪拂，揖曰丢圈子，叩头曰丢匾子，写字曰搠黑，说话曰吐刚，被欺曰上当，虚奉承曰王六，大曰太式，多曰满太式，无曰各念，俱由来于此语也。"

rui

【瑞】　《切口大词典·赌博类·摇宝赌之切口》："瑞：掌规费者，大凡侦探巡捕之索贿赂皆须其支配。"

【瑞条】　清唐再丰《鹅幻汇编·江湖通用切口摘要》："牙曰瑞条。"《切口大词典·星相类·星家之切口》："瑞条：牙也，八快之五也。"金老佛《三教九流江湖秘密规矩·日常用语》："牙曰瑞条。"

【瑞条吊】　清唐再丰《鹅幻汇编·江湖通用切口摘要》："牙痛曰瑞条吊。"卫人法师《江湖话·江湖上的隐语，普通隐语》："牙痛，瑞条吊。"《清门考原·各项切口》："瑞条吊，牙痛也。"金老佛《三教九流江湖秘密规矩·日常用语》："牙痛曰瑞条吊。"

run

【润笔】　《切口大词典·杂流类·卖花者之切口》："润笔：金钱花也。"

【润肠】　《切口大词典·杂流类·卖烧饼油条者之切口》："润肠：猪油也。"

【润公】　《新刻江湖切要·天文类》："雨：津；［广］沛生；子望；润公；湿杏；天线；灵零；甘露子；苦霆生；落雨为摆津，［广］洒润。"《江湖切口要诀》（尺牍增附本）："雨：津；［广］沛生；子望；润公；湿杏；天线；灵零；甘露子；苦苦生落。［广］雨为摆津、洒润。"清傅崇矩《成都通览·成都之江湖言词·天文类》："雨：津；沛生；子望；润公；湿杏；天线；灵零；甘露子；苦霆生；落雨为摆津、洒润。"

【润喉】　《切口大词典·杂流类·说大书之切口》："润喉：茶也。"

【润厚生】　《江湖切口要诀》（尺牍增附本）："富户：火通；［广］润厚生。"

【润泉】　清张德坚等《贼情汇纂》卷八《伪文告下·隐语·太平天国隐语》："润泉，贼称小便为润泉。"

【润容】　《切口大词典·商铺类·竹器业之切口》："润容：膏油也。"

【润身】　《切口大词典·行号类·海鱼行之切口》："润身：鲇鱼也，体滑无鳞。"

【润生】　《新刻江湖切要·经纪类》："卖油人：滑底；余更之为润生。"清傅崇矩《成都通览·成都之江湖言词·经纪类》："卖油人：滑底；润生。"

【润屋生】　《新刻江湖切要·人物类》："富户：火通；［广］润屋生。"《切口大词典·医药类·摇虎撑者之切口》："润屋生：富户也。"清傅崇矩《成都通览·成都之江湖言词·人物类》："富户：火通；润屋生。"

S

sa

【撒进】《行院声嗽·身体》:"放屁:撒进。"

【撒蹩】《行院声嗽·伎艺》:"赶酒座:撒蹩。"

【撒幅子】云游客《江湖丛谈·江湖之春点·汉门的丁香座子》:"管散传单,调侃儿叫撒幅子。"

【撒幅子的】云游客《江湖丛谈·江湖之金点·做小帖的生意》:"那店门外撒传单的人叫做撒幅子的。"

【撒汗】《新刻江湖切要·人事类》:"哭:拭照;流珠;撒娇;撒汗。"《切口大词典·武术类·打连箱者之切口》:"撒汗:哭也。"清佚名《成都通览·成都之江湖言词·人事类》:"哭:拭照;流珠;撒娇;撒汗。"

【撒花】清佚名《郎中医话》:"撒花,是走了。"

【撒娇】《新刻江湖切要·人事类》:"哭:拭照;流珠;撒娇;撒汗。"清佚名《成都通览·成都之江湖言词·人事类》:"哭:拭照;流珠;撒娇;撒汗。"

【撒金钱】①明田汝成《西湖游览志馀·委巷丛谈》:"复讳鞔为撒金钱,则又义意全无,徒以惑乱观听耳。"②《切口大词典·衙卒类·狱卒之切口》:"撒金钱:以铜丝数十根,各系小钱,炙红之,掷于身上也。"

【撒楼】明风月友辑《金陵六院市语》:"自身而言:撒楼者,头也。"《行院声嗽·身体》:"头:撒楼。"

【撒喷】《行院声嗽·人事》:"埋:撒喷。"

【撒皮子】《切口大词典·党会类·流氓之切口》:"撒皮子:撕衣也。"

【撒嵌嗟霸】《行院声嗽·伎艺》:"说唱诸宫调:撒嵌嗟霸。"

【撒青】《行院声嗽·饮食》:"菜:撒青。"

【撒闪】明程万里《鼎锲徽池雅调南北官腔乐府点板曲响大明春·六院汇选江湖方语》:"撒闪,骂人吃屎。"

【撒手铜】《梨园话》:"撒手铜:谓拿手戏也。"《切口大词典·优伶类·伶人之切口》:"撒手铜:拿手戏也。"

【撒条】明佚名《行院声嗽·身体》:"放屎:撒条。"清傅崇矩《成都通览·成都之江湖言词·身体类》:"大便:撒条。"

【撒线】《切口大词典·手艺类·卖纸鸢之切口》:"撒线:放线也。"

【撒帐】《新刻江湖切要·衣饰类》:"绫缎:撒帐。"《切口大词典·盗贼类·收晒朗贼之切口》:"撒帐:绫缎也。"清傅崇矩《成都通览·成都之江湖言词·衣饰类》:"绫缎:撒帐。"

【撒掷】《新刻江湖切要·文具类》:"骰子:撒掷。"

【洒】①《切口大词典·工匠类·翻砂匠之切口》:"洒:浇铁也。"②《切口大词典·商铺类·另剪业之切口》:"洒:二也。"

【洒点子】卫大法师《江湖话·红帮各地通行隐语·各种行业类》:"搥背:洒点子。"《切口大词典·工匠类·理发匠之切口》:"洒点子:敲背也。"李子峰《海底·各地通行隐语》:"搥背:洒点子。"

【洒狗血】《梨园话》:"洒狗血:特别要好,不顾戏情,谓之'洒狗血'。"

【洒光子】《切口大词典·手艺类·扇子业之切口》:"洒光子:扇上之有金色花纹者。"

【洒吼】《行院声嗽·伎艺》:"水傀儡:洒吼。"

【洒花】《切口大词典·乞丐类·送字求乞之切口》:"洒花:笔也。"

【洒津子】《切口大词典·衙卒类·侦探之切口》:"洒津子:落雨也。"

【洒开】①《切口大词典·商铺类·古董业之切口》:"洒开:盘或盆子。"②《切口大词典·手艺类·髹漆业之切口》:"洒开:漆扇也。"③《切口大词典·手艺类·雨伞业之切口》:"洒开:伞骨也。"《切口大词典·杂流类·卖洋伞者之切口》:"洒开:洋伞骨也。"

【洒青】①《切口大词典·商铺类·瓷器业之切口》:"洒青:荷花缸。"②《切口大词典·杂业类·菸烟店之切口》:"洒青:青条烟也。"③金老佛《三教九流江湖秘密规矩·青帮与红帮·红帮之问答》:"甲匪曰天要洒清（下雨）了,开花子（雨伞）带么。"金老佛《三教九流江湖秘密规矩·青帮与红帮·江湖之春典》:"下雨称洒清。"

【洒润】《新刻江湖切要·天文类》:"雨:津;[广]沛生;子望;润公;湿杏;天线;灵零;甘露子;苦霪生;落雨为摆津;[广]洒润。"《江湖切口要诀》（尺牍增附本）:"雨:津;[广]沛生;子望;润公;湿杏;天线;灵零;甘露子;苦苦生落;[广]雨为摆津;洒润。"《切口大词典·巫卜类·蛤壳测字者之切口》:"洒润:落雨也。"清傅崇矩《成都通览·成都之江湖言词·天文类》:"雨:津;沛生;子望;润公;湿杏;天线;灵零;甘露子;苦霪生;落雨为摆津;洒润。"

【洒水】《切口大词典·星相类·相家之切口》:"洒水:小便也。"

【洒溲】①《行院声嗽·身体》:"撒尿:洒溲。"②《行院声嗽·天文》:"雨:洒溲。"

【洒苏】《新刻江湖切要·地理类》:"大路:洒苏,[广]爱遵;九达;同行。"《切口大词典·星相类·铁板算命之切口》:"洒苏:大路也。"清傅崇矩《成都通览·成都之江湖言词·地理类》:"大路:洒苏,爱遵;九达;周好。羊肠:不由径捷;微行。"

【洒酥】①明风月友辑《金陵六院市语》:"洒酥者,出恭也。"②《江湖切口要诀》（尺牍增附本）:"大路:洒酥,[广]爱遵;九达;周行。"

【洒细条】《切口大词典·役夫类·更夫之切口》:"洒细条:落雨也。"

【洒仙露】《切口大词典·衙卒类·狱卒之切口》:"洒仙露:置沸油于喷水壶中,射注囚之面部也。"

【洒屑】《切口大词典·行号类·茶叶行之切口》:"洒屑:茶末也。"

【洒一洒】《切口大词典·工匠类·木匠之切口》:"洒一洒:锯一锯。"

【洒珠兜】《切口大词典·医药类·药行业之切口》:"洒珠兜:荷叶也。"

【洒子】①《切口大词典·工匠类·木匠之切口》:"洒子:锯也。"②《切口大词典·商铺类·刷染业之切口》:"洒子:刷帚也。"③《切口大词典·手艺类·雨伞业之切口》:"洒子:伞之总称也。"

【靸】明田汝成《西湖游览志馀·委巷丛谈》:"有曰四平市语者,以一为忆多娇,二为耳边风,三为散秋香,四为思乡马,五为误佳期,六为柳摇金,七为砌花台,八为霸陵桥,九为救情郎,十为舍利子,小为消梨花,大为朵朵云,老为落梅风,讳低物为靸,以其足下物也。"

sai

【腮串子】《家里宝鉴·隐语》:"饮酒曰'搬腮醉,腮串子'。"

【塞壤】卫大法师《江湖话·安庆隐语》:"替法的兄弟:塞壤。"

【塞通】《切口大词典·衙卒类·兵士之切口》:"塞通:兵士也。"

【塞通汗八】《新刻江湖切要·人物类》:"兵丁:塞通汗八。"《江湖切口要诀》（尺牍增附本）:"兵丁:塞通汗八。"清傅崇矩《成都通览·成都之江湖言词·人物类》:"兵丁:塞通汗八。"

【塞牙】《新刻江湖切要·饮馔类》:"糖:塞牙;甜公。"清傅崇矩《成都通览·成都之江湖言词·饮馔类》:"糖:塞牙;甜公。"

【塞桌角】《切口大词典·杂流类·蔑骗之切口》:"塞桌角:与奴才仆人讲知己也。"

【赛光】《切口大词典·医药类·参燕业之切口》:"赛光:冲西洋参也。"

【赛式】学古堂《江湖行话谱·瞽者行话》:"赛式,十。"

【赛字】学古堂《江湖行话谱·瞽者行话》:"赛字,四。"

san

【三】《切口大词典·商铺类·衣庄业之切

口》："三：八也。"

【三拜】《切口大词典·商铺类·香烛业之切口》："三拜：最小烛也，意为三拜之后烛焰已烬。"

【三帮九代】金老佛《三教九流江湖秘密规矩·青帮与红帮·拜师之礼节》："由引见师父引领拜师者，向罗祖及翁、潘、钱三主爷之神座前行叩首，然后向老头子亦行三拜礼，以后向六部师父，以及站堂之众前人，亦须一一行礼，参见已毕。投师者排列檐下，司香执事，即将包头香划开，分与众人执之，更以清水一盏，使众各呷一口，名为净口。此时收徒者即询问数语，大概总询自愿入帮，抑他人使尔入帮，入帮之后，并无好处，如犯帮规，须受家法严处等语。投师者必答以自愿入帮，甘受帮规约束等语。至此即由传道师傅，各予一小折，上书三帮九代姓名，及海底之问答。所谓三帮九代者，即自己老头子之三代，与引见传道二师父之三代也。"金老佛《三教九流江湖秘密规矩·青帮与红帮·盘道之对答》："盘道亦称盘海底。盖用隐语相诘难也，但被盘者如能耐气忍性，一味低头伏小，则盘者亦自无可如何，至多不令留居其码头上已耳。凡此道中人，走到外码头，如缺少用度，该处又绝无相识之人，即可用挂招牌之法以求之，必有人加以招待。其法如在茶馆之中，则将茶壶之盖揭下，倚于茶碗之外侧。如在酒肆之中，则将箸横置于酒杯之前面。道中人见之，即来问话矣。其问答亦有一定之次序。如见人挂招牌者，则问曰'老大可有门槛？'挂招牌者见有人问话，宜谨敬起立，躬身答曰'不敢，是占祖爷的灵光？'再问'贵前人是那一位？贵帮是那一帮？'答称'在家子不敢言父，出外徒不敢言师。敝家师姓某上某下某，是江淮四帮。'再问'老大顶那个字？'答语应言头顶何世，身背何世，足踏何世。如系大字辈者，则曰'头顶二十世，身背二十一世，脚踏二十二世。'至此则知系道中人。然后一同入座，有时须将己之前人及引见师傅传道师傅之三代，此所谓三帮九代也。"

【三边】《切口大词典·行号类·饴糖行之切口》："三边：白糖之统称也。"

【三朝齐】《切口大词典·行号类·粮食行之切口》："三朝齐：同上（下马看：其秀最易者）。"

【三尺】①《切口大词典·星相类·量手算命之切口》："三尺：营业之地也。量手算命者，大都立人檐下，或墙角边。"②宋陈元靓辑《事林广记·续集·绮谈市语·文房门》："条令：三尺。"

【三尺六】平山周《中国秘密社会史·三合会隐语》："剑曰橘板，曰绉纱。小刀曰狮子。大炮曰黑狗，火药曰狗粪，大炮声曰狗吠。银圆曰瓜子，铜钱曰芝麻。手曰五爪龙，耳曰顺风。斩首曰洗面。海曰大天。密会所曰三尺六，曰古松。扇曰弯月。木斗曰木杨城。"卫大法师《江湖话·红帮各地通行隐语·建筑物类》："会所：三尺六，古松。"卫大法师《江湖话·红帮闽粤及南洋各地通行隐语》："密会所：三尺六，古松。"《家里宝鉴·隐语》："秘会所曰'三尺六，古松'。"《切口大词典·党会类·三点会之切口》："三尺六：密会所也。"金老佛《三教九流江湖秘密规矩·三合会之隐语》："秘密会所曰三尺六，曰古松。"李子峰《海底·各地通行隐语》："会所：三尺六；古松。"李子峰《海底·闽粤及南洋各地通行之隐语》："密会所：三尺六；古松。"

【三绰】宋陈元靓辑《事林广记·续集·绮谈市语·身体门》："口：三绰。"

【三寸】宋陈元靓辑《事林广记·续集·绮谈市语·身体门》："舌：丁香；三寸。"

【三道头】《切口大词典·乞丐类·乞丐之切口》："三道头：巡捕之服上有三道金边之袖章者。"

【三点】①《切口大词典·党会类·哥老会之切口》："三点：广西广东之称会也。"②《切口大词典·役夫类·挑水夫之切口》："三点：水也。"

【三点头】《切口大词典·工匠类·染布匠之切口》："三点头：水也。"《切口大词典·杂流类·卖馄饨者之切口》："三点头：水也。"《切口大词典·杂业类·豆腐店之切口》："三点头：水也。"

【三鼎甲】《切口大词典·商铺类·菜饭业之切口》："三鼎甲：三鲜也。"

【三反儿】《切口大词典·商铺类·丝经业之

切口》：" 三反儿：姓潘者。"

【三分】《切口大词典·商铺类·古董业之切口》：" 三分：鼎也或爵也。"

【三弗开船】《切口大词典·乞丐类·乞丐之切口》：" 三弗开船：不能出门也。"

【三幅】宋陈元靓辑《事林广记·续集·绮谈市语·服饰门》：" 裙：六幅；三幅。"

【三纲】金老佛《三教九流江湖秘密规矩·青帮与红帮·山岗令语句》：" 君为臣纲，父为子纲，夫为妻纲，是为三纲。"

【三更】清张德坚等《贼情汇纂》卷八《伪文告下·隐语·太平天国隐语》：" 变妖、三更皆指人逃走而言。"

【三股子】云游客《江湖丛谈·江湖之春点·天桥的空竹场子》：" 管叉伺侃叫三股子。"

【三光】《切口大词典·工匠类·理发匠之切口》：" 三光：火也。"《切口大词典·衙卒类·侦探之切口》：" 三光：自来火也。"《切口大词典·杂业类·茶楼之切口》：" 三光：火也。"金老佛《三教九流江湖秘密规矩·青帮与红帮·红帮之问答》：" 追行近目的地，甲曰：快开三光（火把），快上云头（开花脸），快出喷筒踢去扇子（门）。"金老佛《三教九流江湖秘密规矩·日常用语》：" 虎曰巴山子（火字同音亦忌火曰三光）。"

【三光鞭】清唐再丰《鹅幻汇编·江湖通用切口摘要》：" 画符而用火炉烧铁条者曰三光鞭。"卫大法师《江湖话·江湖上的隐语·皮行隐语》：" 画符而用火炉烧铁条：三光鞭。"《切口大词典·医药类·祝由科之切口》：" 三光鞭：画符而用火炉烧铁条者。"《清门考原·各项切口》：" 三光鞭，画符。用火炉烧铁条。"金老佛《三教九流江湖秘密规矩·江湖通用切口》：" 书符而用火炉烧铁条者曰三光鞭。"

【三光炉】《切口大词典·医药类·祝由科之切口》：" 三光炉：火炉也。"

【三光麻子】《切口大词典·党会类·流氓之切口》：" 三光麻子：包探下脚也。俗谓蟹脚。"

【三光码子】①卫大法师《江湖话·安庆隐语》：" 包探：三光码子。"②《切口大词典·党会类·小瘪三之切口》：" 三光码子：谓其吃光用光当光也，是为瘪三之雅号。"

【三光千子】《切口大词典·工匠类·理发匠之切口》：" 三光千子：火筷也。"

【三光条】《切口大词典·党会类·红帮之切口》：" 三光条：火把也。"

【三光窑子】①卫大法师《江湖话·江湖上的隐语·普通隐语》：" 火罐：三光窑子。"②《清门考原·各项切口》：" 三光窑子，自来火厂也。"

【三光摇子】清唐再丰《鹅幻汇编·江湖通用切口摘要》：" 火罐曰三光摇子。"金老佛《三教九流江湖秘密规矩·日常用语》：" 火罐曰三光摇子。"

【三号】《切口大词典·手艺类·灯笼业之切口》：" 三号：大门灯也。"

【三和】《切口大词典·手艺类·骨牌业之切口》：" 三和：碰和牌也。"

【三河】平山周《中国秘密社会史·三合会隐语》：" 发曰青丝。豚曰毛瓜，豚肉曰白瓜，已燔之豚肉曰金瓜，曰红瓜。牛肉曰大菜，盐牛肉曰一把菜。狗曰蚊。鱼曰穿浪，曰摆尾，盐鱼曰咸筝，曰丫鬟。米曰沙，煮饭曰打沙，吃饭曰耕沙。鸦片曰云游，吃鸦片曰咬云。茶曰青莲。水曰三河。油曰洪顺。茶碗曰莲蕊。酒杯曰莲米。"卫大法师《江湖话·红帮闽粤及南洋各地通行隐语》：" 清水：锡，三河。"《家里宝鉴·隐语》：" 水曰'三河'。"《切口大词典·党会类·三点会之切口》：" 三河：水也。"金老佛《三教九流江湖秘密规矩·三合会之隐语》：" 茶曰青莲，水曰三河。"李子峰《海底·闽粤及南洋各地通行之隐语》：" 清水：锡；三河。"

【三河里】《切口大词典·党会类·红帮之切口》：" 三河里：姓秦者。"

【三河子】卫大法师《江湖话·红帮各地通行隐语·饮食用品类》：" 水：三河子，清沽子。"李子峰《海底·各地通行隐语》：" 水：三河子。"

【三壶】《切口大词典·杂业类·商人共众切口》：" 三壶：学生子也，谓其倒夜壶，倒茶壶，捧烟壶也。"

【三壶客人】《切口大词典·党会类·小瘪三之切口》：" 三壶客人：奴仆也。"

【三家】《清门考原·各项切口》：" 三家，翁、钱、潘三家。"

【三尖】《切口大词典·杂业类·冶坊之切口》："三尖：六号空底汤罐也。"

【三见面】《梨园话》："三见面：剧中二人同战一人，谓之'三见面'。"

【三角】《切口大词典·工匠类·刻字匠之切口》："三角：刻字刀之三角式者。"

【三角片】《切口大词典·医药类·摆草药摊之切口》："三角片：凌霄花之叶也。治耳聋。"

【三脚猫】《切口大词典·乞丐类·乞丐之切口》："三脚猫：具小聪明，而对于各种技术，均稍有门径者。"

【三教】金老佛《三教九流江湖秘密规矩·青帮与红帮·九流之区别》："三教九流，统称为江湖。三教为儒释道，九流分上中下三等。"

【三教九流】①《江湖走镖隐语行话谱》："一流皇王二流圣，三流隐逸四仙童，五流文官六流武，七工八商九庄农。四流吹，五流丹青六流相，七僧八道九琴棋。"②金老佛《三教九流江湖秘密规矩·青帮与红帮·三教九流谈》："江湖统称三教九流，三教为儒释道，而九流则分为上中下三类。各流有各流之规矩，绝不相浑，其小节之烦琐，实非笔墨所能形容，亦且记不胜记。故有十年能中一秀才，十年难学一江湖之语也。行旅者对于各流之规矩春点（即各流所用之隐语），虽不可不知，然亦不必细大不捐，一律知晓而谨记。但能于交接时通行者知其十之三四，亦即够用，不致岔事矣。除此之外，对于客店等之秘密，舟车上之防娴，亦当加以注意。总之出门之人，如能谨言慎行，虚心下己，则虽遇江湖道上之人，亦不至多生枝节，自寻烦恼也。"

【三节】《切口大词典·杂业类·商人共众切口》："三节：财神、端午、中秋，谓之三节。伙友之辞雇，账目之结束，咸于此三节中，而商业之盈绌，亦每于此三节而实见也。"

【三结】《切口大词典·商铺类·南货业之切口》："三结：桂圆之无上品也。此桂圆皮肉核三者重量相等，轩轾无几，他之品名从略。"

【三郎叉】《切口大词典·优伶类·戏盔之切口》："三郎叉：金银色，后部月牙形，略似文阳，一切装饰，稍为简单。"

【三连】《切口大词典·商铺类·板木业之切口》："三连：二丈七尺之木也。"

【三柳】《切口大词典·商铺类·乐器业之切口》："三柳：三弦也。"

【三六】①《家里宝鉴·隐语》："天为'三六'，地为'七二'，合数一百八代'会'字，一百八为'大总理'。"②明程万里《鼎锲徽池雅调南北官腔乐府点板曲响大明春·六院汇选江湖方语》："三六，乃劫贼也。"

【三门仔】《切口大词典·娼妓类·粤妓之切口》："三门仔：小孩子也。"

【三皮跳】《新刻江湖切要·医药类》："僧卖药：三皮跳。"《切口大词典·医药类·僧人卖药之切口》："三皮跳：僧人卖药也。"清傅崇矩《成都通览·成都之江湖言词·医药类》："僧卖药：三皮跳。"

【三起】《切口大词典·巫卜类·道士之切口》："三起：南方也。"

【三全】《切口大词典·行号类·桂圆行之切口》："三全：略次于正三。"

【三洒】《切口大词典·杂业类·磨坊之切口》："三洒：三号之白粉也。"

【三十三】《切口大词典·商铺类·丝经业之切口》："三十三：增添也。"

【三事】《切口大词典·工匠类·锡匠之切口》："三事：烛台与香炉也。"

【三丝】《切口大词典·商铺类·菜饭业之切口》："三丝：以火腿丝、肉丝、鸡三种料合也。"

【三素】《切口大词典·杂业类·酱园之切口》："三素：略小于'门顶'。"

【三穗子】《切口大词典·行号类·粮食行之切口》："三穗子：湖州产生，一穗三百余粒。"

【三堂】①《切口大词典·党会类·青帮之切口》："三堂：翁祐堂，钱保堂，潘安堂也。"②《兽医串雅·天官》："三堂：一胸堂，二玉堂，三肾堂。"

【三条腿】①《梨园话》："三条腿：唱时犯'荒腔''一顺边'等疵，谓之'三条腿'。"②《切口大词典·优伶类·腔调上之切口》："三条腿：凡唱戏曲上下句腔必不同重一上句之腔，谓之三条腿。"

【三温】《切口大词典·行号类·饴糖行之切

口》："三温：白糖也，色稍黄黑。"

【三吓头】《切口大词典·党会类·青帮之切口》："三吓头：所谓三吓头。一以大言，二则行里去，三曰打。"

【三向头】《切口大词典·娼妓类·长三书寓之切口》："三向头：碰和吃酒住夜也。"

【三星兄】清张德坚等《贼情汇纂》卷八《伪文告下·隐语·太平天国隐语》："三星兄即洪逆。"

【三行头】《切口大词典·优伶类·角行之切口》："三行头：谓文武场与检场也。"

【三眼】《切口大词典·衙卒类·侦探之切口》："三眼：背心也，俗呼马夹。"

【三酉儿】《切口大词典·杂业类·酒店之切口》："三酉儿：酒之总称也。"卫大法师《江湖话·安庆隐语》："酒：三酉子。"

【三元】《切口大词典·商铺类·账簿业之切口》："三元：略小于市大。"

【三折语】清翟灏《通俗编·识余·市语》："《西京杂记》云，长安市人语，各有不同，有葫芦语、锁子语、钮语、练语、三折语，通谓市语。宋汪云程《蹴鞠谱》有所谓锦语者，亦与市语不殊，盖此风之兴已久，或云卢敖作市语，其信然乎？"

【三竹档】《切口大词典·杂流类·红白帖之切口》："三竹档：谓鸣扇苑三种也。鸣谓鼓手，扇谓茶担，苑谓掌礼也。"

【伞】《江湖走镖隐语行话谱》："树木为伞。"

【伞头子】《切口大词典·党会类·红帮之切口》："伞头子：饭也。"

【伞窑】《切口大词典·党会类·红帮之切口》："伞窑：饭店也。"《清门考原·各项切口》："伞窑，饭店也。又曰粉子窑。"金老佛《三教九流江湖秘密规矩·青帮与红帮·红帮之问答》："翌日，甲曰：'吾们先到伞窑里去（饭店）受了伞，再到罗汉窑（浴堂）内洗了澡，然后大家到洋底子（轮船）上去，开一次文差如何？'"

【伞窑子】金老佛《三教九流江湖秘密规矩·青帮与红帮·江湖之春典》："饭店称伞窑子。"

【散】《江湖走镖隐语行话谱》："饭为散。"

【散兜】《切口大词典·商铺类·帽子业之切口》："散兜：纬帽也。"

【散红毛】《切口大词典·商铺类·海味业之切口》："散红毛：散红旗参也。"

【散花】朱琳《洪门志·春典子琐记·物品》："火柴，称散花。"

【散花子】卫大法师《江湖话·红帮各地通行隐语·其他用具对象类》："洋火：绷星子，散花子。"李子峰《海底·各地通行隐语》："洋火：绷星子；散花子。"

【散甲生】《新刻江湖切要·官职类》："进士：斗士；奎牙；斗孤；斗角；加孤；［广］散甲生。"

【散钱花】清傅崇矩《成都通览·成都之袍哥话即江湖话也》："散钱花，三也。"

【散秋香】明田汝成《西湖游览志馀·委巷丛谈》："有曰四平市语者，以一为忆多娇，二为耳边风，三为散秋香，四为思乡马，五为误佳期，六为柳摇金，七为砌花台，八为霸陵桥，九为救情郎，十为舍利子，小为消梨花，大为朵朵云，老为落梅风，讳低物为鞁，以其足下物也。"

【散头子】卫大法师《江湖话·红帮各地通行隐语·饮食用品类》："饭：粉子，散头子，亮沙子。"《清门考原·各项切口》："散头子，饭也。"李子峰《海底·各地通行隐语》："饭：散头子；亮沙子。"

【散窑子】卫大法师《江湖话·安庆隐语》："茶店：散窑子。"

【散照】《切口大词典·杂业类·菸烟店之切口》："散照：皮丝烟之次也。"

【散子】①《切口大词典·手艺类·捏粉人之切口》："散子：粉也。"②《切口大词典·役夫类·农夫之切口》："散子：下秧也。"

【散子窑】《清门考原·各项切口》："散子窑，饭馆也。"

【糁狂】宋陈元靓辑《事林广记·续集·绮谈市语·饮食门》："鲊：旋热；糁狂。"

sang

【桑榆】宋陈元靓辑《事林广记·续集·绮谈市语·举动门》："老：桑榆；耄：苍。"

【丧门党】《新刻江湖切要·乞丐类》："带孝求乞：丧门党。"《切口大词典·乞丐类·戴孝求乞之切口》："丧门党：假言死父母而求乞者。"清傅崇矩《成都通览·成都之江湖言词·乞丐类》："带孝求乞：丧门党。"

sao

【搔麻子】 清唐再丰《鹅幻汇编·江湖通用切口摘要》："头曰搔麻子。"卫大法师《江湖话·江湖上的隐语·普通隐语》："头：搔麻子。"《切口大词典·医药类·卖膏药者之切口》："搔麻子：头也。"《清门考原·各项切口》："搔麻子，头也。"金老佛《三教九流江湖秘密规矩·日常用语》："头曰搔麻子。"

【搔头】《切口大词典·杂流类·卖玉器之切口》："搔头：玉钗头也。"

【缫丝】《切口大词典·医药类·摆草药摊之切口》："缫丝：刺桐也，治咳。"《切口大词典·杂流类·卖花者之切口》："缫丝：刺桐花也条柔花白。"

【臊】①《切口大词典·娼妓类·八大胡同妓院之切口》："臊：羞也。"②学古堂《江湖行话谱·鲜货行话》："（臊）四。"

【臊老】《新刻江湖切要·饮馔类》："羊肉：细毛流，臊老；山官流。"清傅崇矩《成都通览·成都之江湖言词·饮馔类》："羊肉：细毛流，臊老；山流官（凡肉皆称流）。"

【扫】①卫大法师《江湖话·各行业商帮所用数目字隐语·成都通行言词·收荒》："邀：一。按：二。苏：三。扫：四。踁：五。料：六。桥：七。犇：八。搅：九。"清傅崇矩《成都通览·成都之各行人买卖通用言词·收荒小生意通用言词》："四，扫。"②学古堂《江湖行话谱·鲜货行话》："扫，五。"

【扫奔】清傅崇矩《成都通览·成都之各行人买卖通用言词·收荒小生意通用言词》："扫奔，四百八。"

【扫边】《切口大词典·衙卒类·兵士之切口》："扫边：劫掠也。"

【扫风】《切口大词典·武术类·教武艺者之切口》："扫风：大刀也。"

【扫杆子】《切口大词典·盗贼类·杆匪之切口》："扫杆子：抢劫弯长之街市也。"

【扫根子】《江湖走镖隐语行话谱》："修脚：扫根子；郎毛的。"

【扫浪】《切口大词典·商铺类·地货业之切口》："扫浪：八也。"

【扫梁子】《江湖走镖隐语行话谱》："起身为扫梁子，又为扫堂。"

【扫苗】学古堂《江湖行话谱·行意行话》："剃头叫扫苗。"

【扫苗的】 云游客《江湖丛谈·江湖之春点·三不管的评书场儿》："江湖人管剃头的调侃叫扫苗的。"云游客《江湖丛谈·江湖之金点·评门》："剃头的理发匠，调侃儿叫扫苗的。"

【扫苗子】《江湖走镖隐语行话谱》："剃头：飘行，又为扫苗子。"

【扫青】《新刻江湖切要·人事类》："剃头曰扫青，又削青。"卫大法师《江湖话·红帮各地通行隐语·各种行业类》："剃头：麻纲子，推青子，扫青。"清傅崇矩《成都通览·成都之江湖言词·人事类》："剃头：扫青；削青。"

【扫青草】《切口大词典·乞丐类·乞丐之切口》："扫青草：剃头匠也。"

【扫青生】《切口大词典·党会类·哥老会之切口》："扫青生：剃头者，无入会之资格。"平山周《中国秘密社会史·哥老会隐语》："剃头者曰扫青生，舆夫曰天平生，优伶曰跳板生。"徐珂《清稗类钞·会党类·哥老会隐语》："剃头者曰扫青生，舆夫曰天平生，优伶曰跳板生。"

【扫清】《切口大词典·工匠类·理发匠之切口》："扫清：剃头司务也。"金老佛《三教九流江湖秘密规矩·青帮与红帮·江湖之春典》："剃头称扫清。"

【扫清码子】《切口大词典·党会类·小瘪三之切口》："扫清码子：剃发匠也。"《切口大词典·杂业类·混堂之切口》："扫清码子：剃发匠也。"

【扫堂】《江湖走镖隐语行话谱》："起身为扫梁子，又为扫堂。"

【扫条子的】 云游客《江湖丛谈·江湖之金点·幌晃条的与扫条的》："有一种'吃腥'的人，调侃儿叫扫条子的。"

【扫头】《切口大词典·优伶类·锣鼓之切口》："扫头：如《捉放曹》。陈宫唱一见咽喉哑时，应打扫头。"

【扫兴】 明风月友辑《金陵六院市语》："有望不成，则云扫兴。"明田汝成《西湖游览志馀·委巷丛谈》："又有讳本语而巧为俏语者，如诉人嘲我曰淄牙，有谋未成曰扫兴，冷淡曰秋意，无言默坐曰出神，言涉败兴曰杀风景，言胡说曰扯淡，或转曰牵冷，则出自宋时梨园市语之遗，未之改也。"

【扫窑】《镖行江湖隐语行话秘典》："小，为扫窑。"

【扫云】《新刻江湖切要·天文类》："风：丢子；[入微] 透骨；和薰；骠吼；狂呼；疑虎；从虎；狂且；偃草；吹枯生；扫云；折朽子；[又广] 起风为摆丢。"《江湖切口要诀》（尺牍增附本）："风：丢（去）子。[广] 入微，透骨，和薰，骠吼，狂呼，疑从虎，狂且，偃草，吹枯生，扫云，折朽子。[又广] 起风为摆丢。"清傅崇矩《成都通览·成都之江湖言词·天文类》："风：丢子；入微，透骨，和薰，骠吼，疑□，从虎，狂且，偃草，吹枯生，扫云，折朽子；[又广] 广起风为摆丢。"

se

【色】 ①卫大法师《江湖话·各行业商帮所用数目字隐语·成都通行言词·药材行》："音：一。色：二。春：三。水：四。岸：五。芸：六。里：七。池：八。千：九。"清傅崇矩《成都通览·成都之各行人买卖通用言词·药材行通用言词》："二，色。"②《切口大词典·娼妓类·八大胡同妓院之切口》："色：谓色欲动也。" ③《切口大词典·手艺类·席子业之切口》："色：七也。" ④《切口大词典·行号类·鲜鱼行之切口》："色：十也。"《切口大词典·杂业类·山果业之切口》："色：十也。"

【色岸】 清傅崇矩《成都通览·成都之各行人买卖通用言词·药材行通用言词》："色岸，二十五。"

【色迷】《切口大词典·娼妓类·八大胡同妓院之切口》："色迷：谓色欲甚盛之人也。"

【色唐杵儿】 云游客《江湖丛谈·江湖之春点·江湖艺人快手卢》："管挣洋钱，调侃叫色唐杵儿。"

【色唐钢儿】 云游客《江湖丛谈·江湖之春点·江湖艺人快手卢》："江湖人管说外国话，调侃叫色唐钢儿。"

【色唐码子】 云游客《江湖丛谈·江湖之春点·江湖艺人快手卢》："江湖人管外界人，调侃叫色唐码子。"

【色糖拘迷杵】 云游客《江湖丛谈·江湖之春点·三不管中做大票的生意》："管洋钱叫'色糖拘迷杵'（'色'读'骰'）。"

【色糖汉壶座子】 云游客《江湖丛谈·江湖之金点·皮门》："色糖汉壶座子，洋药房。"

【色糖点】 云游客《江湖丛谈·江湖之春点》："管外国人叫色（念骰）糖点。"

【色糖立子】 云游客《江湖丛谈·江湖之金点·彩门》："色糖立子，变洋戏法的。"

【涩牌】《切口大词典·赌博类·麻雀赌之切口》："涩牌：发风牌也。"

sen

【森朝阳】《切口大词典·盗贼类·对买贼之切口》："森朝阳：木行也。"

【森丘】《新刻江湖切要·工匠类》："木匠：甲乙生；森丘。"

【森丘鲜匠】 清傅崇矩《成都通览·成都之江湖言词·工匠类》："木匠：甲乙生；森丘鲜匠；分水通；羊角通；分森丘。"

seng

【僧寸】《切口大词典·手艺类·扇子业之切口》："僧寸：和尚所用之扇也。"

sha

【杀川】《切口大词典·星相类·拉和琴算命之切口》："杀川：击死也。"②《切口大词典·衙卒类·作作之切口》："杀川：殴毙也。"

【杀风景】 明田汝成《西湖游览志馀·委巷丛谈》："又有讳本语而巧为俏语者，如诉人嘲我曰淄牙，有谋未成曰扫兴，冷淡曰秋意，无言默坐曰出神，言涉败兴曰杀风景，言胡说曰扯淡，或转曰牵冷，则出自宋时梨园市语之遗，未之改也。"

【杀关】《切口大词典·工匠类·竹匠之切口》："杀关：快些做也。"

【杀横】《切口大词典·工匠类·竹匠之切口》："杀横：女主人也。"

【杀黄】《梨园话》："杀黄：忘词时，用之以代戏词者。[附记]梨园术语，均有所本，如临唱一时忘词，不准随意编造，得用杀（音近沙，且色音近筛）。"

【杀西】《切口大词典·商铺类·皮裘业之切口》："杀西：四也。"

【沙】①平山周《中国秘密社会史·三合会隐语》："发曰青丝。豚曰毛瓜，豚肉曰白瓜，已燔之豚肉曰金瓜，曰红瓜。牛肉曰大菜，盐牛肉曰一把菜。狗曰蚁。鱼曰穿浪，曰摆尾，盐鱼曰咸笋，曰丫鬟。米曰沙，煮饭曰打沙，吃饭曰耕沙。鸦片曰云游，吃鸦片曰咬云。茶曰青莲。水曰三河。油曰洪顺。茶碗曰莲蕊。酒杯曰莲米。"金老佛《三教九流江湖秘密规矩·三合会之隐语》："米曰沙，煮饭曰打沙，吃饭曰耕沙。"《切口大词典·党会类·三点会之切口》："沙：白米也。"②清翟灏《通俗编·识余·市语·绸绫行》："绸绫行：则一叉，二计，三沙，四子，五固，六羽，七落，八末，九各，十汤。"《切口大词典·手艺类·席子业之切口》："沙：三也。"③《镖行江湖隐语行话秘典》："沙，是沙下然也。"④《切口大词典·武术类·行程保镖者之切口》："沙：主人也。"

【沙河里】《切口大词典·党会类·红帮之切口》："沙河里：姓周者。"金老佛《三教九流江湖秘密规矩·青帮与红帮·红帮之问答》："周谓'沙河里'。"

【沙伙己】《清门考原·各项切口》："沙伙己，周姓也。"

【沙赖子】《切口大词典·工匠类·理发匠之切口》："沙赖子：修胡须也。"

【沙力】《新刻江湖切要·饮馔类》："盐：信老；沙力；赞郎；五味。"清傅崇矩《成都通览·成都之江湖言词·饮馔类》："盐：信老；沙力；赞郎；五味。"

【沙陶】《切口大词典·杂业类·冶坊之切口》："沙陶：最大之釜也。"

【沙坨子】卫大法师《江湖话·红帮各地通行隐语·天文地理类》："地：沙坨子。"李子峰《海底·各地通行隐语》："地：沙坨子。"

【沙西】《切口大词典·医药类·祝由科之切口》："沙西：老酒也。"

【沙希】《切口大词典·医药类·施药郎中之切口》："沙希：事情也。"

【沙希贵】《切口大词典·医药类·施药郎中之切口》："沙希贵：事急也。"

【沙依勒】《清门考原·各项切口》："沙依勒，乞丐也。"

【沙油】《新刻江湖切要·饮馔类》："酱：沙油；中军；汁老；研哥。醋：盆山；醢老。"清傅崇矩《成都通览·成都之江湖言词·饮馔类》："酱：沙油；中军；汁老；研哥。"

【沙元】《切口大词典·行号类·桂圆行之切口》："沙元：小桂圆也。"

【沙帐】《江湖走镖隐语行话谱》："小衣服：沙帐。"

【沙子】①《新刻江湖切要·草木百果五谷类》："豆：粒儿；圆；沙子；为兵。"②卫大法师《江湖话·红帮各地通行隐语·饮食用品类》："盐：哑门子，海水子，吼子，沙子。"李子峰《海底·各地通行隐语》："盐：海水子；吼子；沙子。"③《家里宝鉴·隐语》："米曰'沙子'。"

【纱】①卫大法师《江湖话·各行业商帮所用数目字隐语·成都通行言词·布行》："则：一。乃：二。心：三。梳：四。抹：五。高：六。纱：七。孬：八。坵：九。"②卫大法师《江湖话·红帮闽粤及南洋各地通行隐语》："大货：纱。"

【纱帽】《新刻江湖切要·饮馔类》："猪头：纱帽；人面；流宫帽。"清傅崇矩《成都通览·成都之江湖言词·饮馔类》："猪头：纱帽；人面；流官帽。"

【纱帽生】《切口大词典·杂业类·旅馆之切口》："纱帽生：服官之住客也。"

【纱囊】《切口大词典·医药类·药行业之切口》："纱囊：砂仁也。"

【纱罩】《切口大词典·杂流类·卖水果者之切口》："纱罩：杨梅也。"

【砂拌朝阳】《切口大词典·盗贼类·对买贼之切口》："砂拌朝阳：盐货店也。"

【砂子】①《切口大词典·党会类·红帮之切口》："砂子：炮子或子弹也。"②《切口大词典·工匠类·烧盐匠之切口》："砂子：烧成之盐也。"

【砂子筒】《切口大词典·役夫类·庖夫之切口》："砂子筒：承盐器也。"

【傻】《切口大词典·娼妓类·八大胡同妓院之切口》："傻：愚蠢也。"

【煞清】《切口大词典·杂流类·卖草鞋者之切口》："煞清：稻草去壳也。"

【煞深】《切口大词典·星相类·立墙壁相面之切口》："煞深：相之克子女者。"

【搬眼敲须】《切口大词典·娼妓类·台基之切口》："搬眼敲须：以眼眉传神，代说话也。"

shai

【筛】朱琳《洪门志·春典子琐记·物品》："锻，称筛。"

【筛筛】李子峰《海底·各地通行隐语》："松散一下：筛筛。"

【筛子】①《新刻江湖切要·乐器类》："锣：筛子；金喝。"②明程万里《鼎锲徽池雅调南北官腔乐府点板曲响大明春·六院汇选江湖方语》："筛子，乃铙钹也。"

【筛子响】清傅崇矩《成都通览·成都之袍哥话即江湖话也》："筛子响，打更也。"

【晒白鲞】《切口大词典·乞丐类·乞丐之切口》："晒白鲞：饿肚皮也。"

【晒至】《切口大词典·盗贼类·杆匪之切口》："晒全：白日行走也。"

shan

【山】①《新刻江湖切要·饮馔类》："酒：山；又山香；又酝绿；山老；喧老。"明程万里《鼎锲徽池雅调南北官腔乐府点板曲响大明春·六院汇选江湖方语》："山，亦酒也。"清傅崇矩《成都通览·成都之江湖言词·饮馔类》："酒：山；山香，又酝绿；山老；喧老。"②《镖行江湖隐语行话秘典》："对排村为山。"③卫大法师《江湖话·各行各业商帮所用数目字隐语·其他·安徽》："才：一。元：二。汉：三。江：四。水：五。仁：六。义：七。楚：八。云：九。山：十。"④宋陈元靓辑《事林广记·续集·绮谈市语·数目门》："四：罪不非；山。"

【山不转路转】卫大法师《江湖话·江湖上的隐语·普通隐语》："恩仇将来要分明；山不转路转，河里不遭沟里遭。"

【山朝阳】《新刻江湖切要·店铺类》："酒店：山朝阳。"《切口大词典·盗贼类·对买贼之切口》："山朝阳：酒店也。"清傅崇矩《成都通览·成都之江湖言词·店铺类》："酒店：山朝阳。"

【山错】学古堂《江湖行话谱·行话管见》："羊肉：山错。"

【山顶】《切口大词典·商铺类·纸业之切口》："山顶：略小于厂斗。"

【山兜】《切口大词典·役夫类·轿夫之切口》："山兜：山舆也。"

【山风延年】《新刻江湖切要·疾病类》："臌胀：胖延年；山风延年；结珠延年。"清傅崇矩《成都通览·成都之江湖言词·疾病类》："臌胀：胖延年；山风延年；结珠延年。"

【山岗令】金老佛《三教九流江湖秘密规矩·青帮与红帮·山岗令语句》："入堂之后，即在神座前默默通诚，龙头又唱山岗镇山开山各令，山岗令云：山岗大令展摇摇，威风凛凛四海飘，位台兄弟来到此，同我兄弟说根苗。君为臣纲，父为子纲，夫为妻纲，是为三纲。西岐出了一贤臣，保定封土锦乾坤，纣王不识贤臣体，保定周朝掌座八百春。这是君为臣纲。临潼斗宝是伍员，平王倒杀他满门，吴国借兵把仇报，后来幼主坐龙庭，这是父为子纲。东吴贤德女裙钗，配合刘备帝王家，孙权空用美人计，夫妻和合一同归，这是夫为妻纲。"

【山高】《郎中医话》："山高，是吃醉。"学古堂《江湖行话谱·行意行话》："醉了：山高。"

【山根】《切口大词典·商铺类·古董业之切口》:"山根:玉器也。"

【山根朝阳】《切口大词典·盗贼类·对买贼之切口》:"山根朝阳:玉器店也。"

【山根生】《清门考原·各项切口》:"山根生,卖玉器者。"

【山根子】①清唐再丰《鹅幻汇编·江湖通用切口摘要》:"卖玉器者曰山根子。"《切口大词典·杂流类·卖玉器之切口》:"山根子:卖玉器也。"金老佛《三教九流江湖秘密规矩·江湖通用切口》:"卖玉器者曰山根子。"②清唐再丰《鹅幻汇编·江湖通用切口摘要》:"石曰山根子。"卫大法师《江湖话·江湖上的隐语·普通隐语》:"石:山根子。"金老佛《三教九流江湖秘密规矩·日常用语》:"石曰山根子。"③清唐再丰《鹅幻汇编·江湖通用切口摘要》:"玉亦曰山根子。"卫大法师《江湖话·红帮各地通行隐语·其他用具对象类》:"玉石:山根子。"卫大法师《江湖话·江湖上的隐语·普通隐语》:"玉:山根子。"金老佛《三教九流江湖秘密规矩·青帮与红帮·江湖之春典》:"玉称山根子。"金老佛《三教九流江湖秘密规矩·日常用语》:"玉亦曰山根子。"李子峰《海底·各地通行隐语》:"玉石:山根子。"④《切口大词典·医药类·摆摊郎中之切口》:"山根子:草药统称山根子,而花名与摆草药者同。"

【山官】《新刻江湖切要·鸟兽虫鱼类》:"羊:未流;白衣;圈判;膻老;解草;山官。"

【山官流】《新刻江湖切要·饮馔类》:"羊肉:细毛流;臊老;山官流。"

【山后】镖行江湖隐语行话秘典:"宅子以前为山前,宅子以后为山后,宅子以东为夜扇,宅子以西为靠扇。"

【山壶】《切口大词典·盗贼类·铳手之切口》:"山壶:酒壶也。"

【山灰】《新刻江湖切要·器用类》:"炭:乌薪;山灰。"清傅崇矩《成都通览·成都之江湖言词·器用类》:"炭:乌薪;山灰。"

【山巾子】卫大法师《江湖话·红帮各地通行隐语·天文地理类》:"雾:挂帐子,山巾子。"李子峰《海底·各地通行隐语》:"雾:挂帐子;山巾子。"

【山老】①《新刻江湖切要·饮馔类》:"酒,山;又山香;又酝绿;山老;喧老。"清傅崇矩《成都通览·成都之江湖言词·饮馔类》:"酒,山;山香;又酝绿;山老;喧老。"②卫大法师《江湖话·安庆隐语》:"母亲:山老。"

【山林】宋陈元靓辑《事林广记·续集·绮谈市语·身体门》:"须:山林。"

【山流官】清傅崇矩《成都通览·成都之江湖言词·饮馔类》:"羊肉:细毛流;臊老;山流官(凡肉皆称流)。"

【山绿】《切口大词典·商铺类·瓷器业之切口》:"山绿:略小于坯绿之碗也。"

【山码子】贝思飞《民国时期的土匪隐语》:"山码子:以山区或平地为基地的匪帮。"

【山蒙】明程万里《鼎锲徽池雅调南北官腔乐府点板曲响大明春·六院汇选江湖方语》:"山蒙,是酒醉子。"

【山前】《镖行江湖隐语行话秘典》:"宅子以前为山前,宅子以后为山后,宅子以东为夜扇,宅子以西为靠扇。"

【山前一候】学古堂《江湖行话谱·行话管见》:"山前一候:候人吃酒。"

【山囷子】《切口大词典·杂业类·禽鸟业之切口》:"山囷子:拍子鸟也。"

【山山】清张德坚等《贼情汇纂》卷八《伪文告下·隐语·太平天国隐语》:"山山即出字。"

【山石榴】《切口大词典·杂业类·花业之切口》:"山石榴:杜鹃花也。"

【山天水地】卫大法师《江湖话·江湖上的隐语·普通隐语》:"极:山天水地。"

【山通】《新刻江湖切要·经纪类》:"扛材人:保重。做酒人:山通。"《切口大词典·工匠类·造酒匠之切口》:"山通:造酒也。"清傅崇矩《成都通览·成都之江湖言词·经纪类》:"做酒人:山通。"

【山头】《切口大词典·役夫类·庖夫之切口》:"山头:饭也。"

【山透】《新刻江湖切要·人事类》:"醉曰山透。"《切口大词典·武术类·行程保镖者之切口》:"山透:酒醉也。"清傅崇矩《成都通览·成都之江湖言词·人事类》:"醉:山透。"

【山香】《新刻江湖切要·饮馔类》:"酒:山;又山香;又酝绿;山老;喧老。"清傅崇矩《成都通览·成都之江湖言词·饮馔类》:"酒:山;山香,又酝绿;山老;喧老。"

【山窖】 学古堂《江湖行话谱·行话管见》:"山窖:酒店。"

【山獐】《行院声嗽·人事》:"村:山獐。"

【山胀】 明程万里《鼎锲徽池雅调南北官腔乐府点板曲响大明春·六院汇选江湖方语》:"山胀,是发酒疯。"

【山招儿】 云游客《江湖丛谈·江湖之春点·江湖中的卖点之内幕》:"管人的粪门,调侃儿叫'山招儿'。"

【山照】《郎中医话》:"山照,是腚眼。"

【山中人真八】《新刻江湖切要·人物类》:"店官:朝阳通;山中人真八;〔广〕以赤松游。"

【山珠子】 学古堂《江湖行话谱·行意行话》:"酒壶:山珠子。"

【山主】《切口大词典·党会类·哥老会之切口》:"山主:开山之主人也。"《切口大词典·武术类·打连箱者之切口》:"山主:主人也。"

【山子】 学古堂《江湖行话谱·行意行话》:"羊:山子。"

【山祖】 贝思飞《民国时期的土匪隐语》:"山祖:匪帮中'年长的发言人'。"

【彡大口】 施列格《天地会研究·洪家口白要诀》:"彡大口,参天堂。"

【衫】 施列格《天地会研究·洪家口白要诀》:"衫,书。"

【衫仔】 平山周《中国秘密社会中·三合会隐语》:"隐语:三合会员与盗贼往来,有怪文以之为暗号,今略揭大要如下。公所曰红花亭,曰松柏林。新入会曰入圈,曰拜正,曰出世。集会曰开台,曰放马。会员曰香,曰洪英,曰豪杰。外人曰风,曰疯子,曰鹧鸪。新会员曰新丁。到会曰去睇戏。会中之秘书曰衫仔。会员之凭票曰腰平,曰八角招牌,曰八卦。"卫大法师《江湖话·红帮闽粤及南洋各地通行隐语》:"会中秘密书:衫仔;海底金不换。"徐珂《清稗类钞·会党类·三合会隐语》:"隐语:三合会员与盗贼往来,有怪文以之为暗号,今略揭大要如下。公所曰红花亭,曰松柏林。新入会曰入圈,曰拜正,曰出世。集会曰开台,曰放马。会员曰香,曰洪英,曰豪杰。外人曰风,曰疯子,曰鹧鸪。新会员曰新丁。到会曰去睇戏。会中之秘书曰衫仔。会员之凭票曰腰平,曰八角招牌,曰八卦。"《切口大词典·党会类·三点会之切口》:"衫仔:会中秘书也。"金老佛《三教九流江湖秘密规矩·三合会之隐语》:"会中秘书曰衫仔,会员之凭票曰腰平,曰八角招牌,曰八卦。"李子峰《海底·闽粤及南洋各地通行之隐语》:"会中秘密书:衫仔;海底;金不换。"施列格《天地会研究·洪家口白要诀》:"衫仔,会中律法。"《家里宝鉴·隐语》:"会中秘书曰'衫仔'。"

【珊瑚】 ①《切口大词典·杂流类·卖花者之切口》:"珊瑚:药如山茶开小白花。"②宋陈元靓辑《事林广记·续集·绮谈市语·服饰门》:"枕被:珊瑚;寝衣。"

【搧戏蓬】 学古堂《江湖行话谱·江湖行话》:"用布围地戏法:搧戏蓬。"

【搧戏篷】 清唐再丰《鹅幻汇编·江湖通用切口摘要》:"做戏法用长布围地中间另有小篷者曰搧戏篷。"《清门考原·各项切口》:"搧戏篷,作戏法。用布围地。中间另有小篷者。"

【膻郎】《行院声嗽·鸟兽》:"羊:膻郎。"

【膻老】《新刻江湖切要·鸟兽虫鱼类》:"羊:未流;白衣;圈判;膻老;解草;山官。"

【膻物】 宋陈元靓辑《事林广记·续集·绮谈市语·走兽门》:"羊:柔毛;膻物;肥羜;羔儿。"

【闪】 ①《兽医串雅杂钞》:"雷,是药碾子。闪,是药缸子。雷闪不动,是缸子、碾子靡响动。"②宋陈元靓辑《事林广记·续集·绮谈市语·拾遗门》:"避:躲;闪。"

【闪锤】《切口大词典·优伶类·锣鼓之切口》:"闪锤:如《斩黄袍》,赵玄郎接高怀德奏本,三看时,应打闪锤。"

【闪光】《切口大词典·商铺类·帽子业之切口》:"闪光:缎子也。"

【闪面】《切口大词典·商铺类·绸缎业之切

【闪披子】《兽医串雅杂钞》:"鼻拧子,叫闪披子。药勺,叫熬海。针锤,叫针棒子。"

【闪特】《切口大词典·娼妓类·茶室之切口》:"闪特:隐语也。"

【闪天眼子】 学古堂《江湖行话谱·保镖护院行话概略》:"出太阳:闪天眼子。"

【闪西风】《切口大词典·行号类·粮食行之切口》:"闪西风:三月下种八月熟者。"

【闪影】《切口大词典·商铺类·纸业之切口》:"闪影:蜡光纸也。"

【闪于】 明程万里《鼎锲徽池雅调南北官腔乐府点板曲响大明春·六院汇选江湖方语》:"闪于,乃人屎也。"

【闪子】《切口大词典·医药类·卖疮药者之切口》:"闪子:药粉也。"

【闪子天眼】《镖行江湖隐语行话秘典》:"露出太阳,为闪子天眼。"

【闪子天眼了】 清末民初佚名《镖行江湖隐语行话秘典》:"露出太阳,为闪子天眼了。"

【陕棒】 清傅崇矩《成都通览·成都之呼物混名》:"陕棒:陕西人也。"

【讪老】《金陵六院市语》:"自饮食言:称讪老知其用茶。"

【赸过】《行院声嗽·人事》:"走:赸过。"

【剡藤】 宋陈元靓辑《事林广记·续集·绮谈市语·文房门》:"纸:方絮;好時侯;剡藤;楮先生。"

【扇】 ①清唐再丰《鹅幻汇编·江湖通用切口摘要》:"门曰扇。"卫大法师《江湖话·江湖上的隐语·普通隐语》:"门:扇。"金老佛《三教九流江湖秘密规矩·青帮与红帮·红帮之问答》:"劈扇(门)而入,除却家藏活龙,如数被劫外,可怜地牌二五等辈,亦皆各被扑风,横拖倒曳而去,或被开条或遭鹅闭(掳人勒数谓之养鹅生蛋)。"金老佛《三教九流江湖秘密规矩·日常用语》:"门曰扇。"朱琳《洪门志·春典子项记·物品》:"门,称扇。"②《切口大词典·役夫类·茶担夫之切口》:"扇:茶也。"

【扇担】《切口大词典·手艺类·赁彩业之切口》:"扇担:茶担也。"《切口大词典·役夫类·茶担夫之切口》:"扇担:茶担也。"《切口大词典·杂流类·红白帖之切口》:"扇担:茶担也。"

【扇红】《切口大词典·工匠类·铁匠之切口》:"扇红:铁匠也。"

【扇壶】《切口大词典·役夫类·茶担夫之切口》:"扇壶:茶壶也。"

【扇面子】 卫大法师《江湖话·红帮各地通行隐语·人身各物类》:"脸:盘儿,扇面子。"《清门考原·各项切口》:"扇面子,人脸也。"

【扇仙】《切口大词典·杂流类·卖花者之切口》:"扇仙:芭蕉也。"

【扇窑炉】《切口大词典·役夫类·茶担夫之切口》:"扇窑炉:茶碗也。"

【扇叶】《切口大词典·役夫类·茶担夫之切口》:"扇叶:茶叶也。"

【扇子】 ①《新刻江湖切要·宫室类》:"门外壁:宋山;扇子。"②《切口大词典·盗贼类·越墙贼之切口》:"扇子:门也。"《清门考原·各项切口》:"扇子,门也。"金老佛《三教九流江湖秘密规矩·青帮与红帮·红帮之问答》:"追行近目的地,甲曰:快开三光(火把),快上云头(开花脸),快出喷筒踢去扇子(门)。"金老佛《三教九流江湖秘密规矩·青帮与红帮·江湖之春典》:"门称扇子。"

【善】 卫大法师《江湖话·各行业商帮所用数目字隐语·成都通行言词·帽行》:"兵:一。文:二。善:三。作:四。成:五。安:六。免:七。可:八。庆:九。"

【善芳】《切口大词典·杂业类·禽鸟业之切口》:"善芳:芙蓉鸟也。"

【善讴】 宋陈元靓辑《事林广记·续集·绮谈市语·举动门》:"唱曲:善讴;谚作。"

【膳凿】《切口大词典·行号类·咸货行之切口》:"膳凿:支鱼干也。"

【鳝子】《切口大词典·工匠类·修缸之切口》:"鳝子:凿子也。"

shang

【伤了攒子】 云游客《江湖丛谈·江湖之春点·三不管的戗巾生意》:"江湖人管做亏心事,调侃叫伤了攒子。"

【伤手】《新刻江湖切要·人事类》:"输:伤手。"清傅崇矩《成都通览·成都之江湖言词·人事类》:"输:伤手。"

【伤窑儿】 学古堂《江湖行话谱·走江湖行话》:"烧房子:伤窑儿或放亮儿。"

【伤攒子】 云游客《江湖丛谈·江湖之春点·江湖中之金、卖两门做变绝生意之内幕》:"江湖人管做缺德的事儿,调侃叫'伤攒子'。做亏心事亦叫伤攒子。"

【伤子】《切口大词典·武术类·跑马卖解之切口》:"伤子:输也。"

【商草】《切口大词典·医药类·摆草药摊之切口》:"商草:贝母也,治目昏等疾。"

【商和】《行院声嗽·人事》:"又瞒:商和。"

【商徒】 宋陈元靓辑《事林广记·续集·绮谈市语·人物门》:"客人:商徒;仙子。"

【响签筒】《切口大词典·杂流类·收旧货之切口》:"响签筒:钉靴也。"

【赏】①《新刻江湖切要·人事类》:"吃曰班;又曰赏。"《切口大词典·武术类·卖拳头者之切口》:"赏:吃也。"清傅崇矩《成都通览·成都之江湖言词·人事类》:"吃:班;赏。"②《切口大词典·武术类·布围卖戏法者之切口》:"赏:看也。"

【赏燋】《新刻江湖切要·人事类》:"吃饭曰扰燋,又赏燋。"《切口大词典·武术类·跑马卖解之切口》:"赏燋:吃饭也。"清傅崇矩《成都通览·成都之江湖言词·人事类》:"吃饭:扰燋;赏燋。"

【赏枪】《切口大词典·党会类·流氓之切口》:"赏枪:吃饭也。"

【赏物】《新刻江湖切要·鸟兽虫鱼类》:"鹰:赏物;白飘雪;[增]子扬。"

【赏西风】《切口大词典·乞丐类·乞丐之切口》:"赏西风:冷天行路也。"

【赏些】《切口大词典·武术类·妇女顶缸走索之切口》:"赏些:乞人与钱也。"

【赏中】《新刻江湖切要·时令类》:"中秋:赏中;[广]分金;重九;金末。又瓜期节,谓二九也。"

【上窑子】 卫大法师《江湖话·红帮各地通行隐语·各种行业类》:"菜饭馆:抬头窑子,上窑子。"

【上】①《新刻江湖切要·人事类》:"高曰崔峻;又曰上。"清傅崇矩《成都通览·成都之江湖言词·人事类》:"高:崔峻;上。"

②清唐再丰《鹅幻汇编·江湖通用切口摘要》:"兄曰上。"卫大法师《江湖话·江湖上的隐语·普通隐语》:"兄:上。"《切口大词典·星相类·星家之切口》:"上:兄也。"金老佛《三教九流江湖秘密规矩·日常用语》:"兄曰上。"③清傅崇矩《成都通览·成都之各行人买卖通用言词·丝锦绸缎布帛花行通用言词》:"五,上。"

【上背手】《切口大词典·武术类·行程保镖者之切口》:"上背手:骑马也。"

【上辈】《切口大词典·杂流类·掌礼者之切口》:"上辈:亲长家属也。"

【上逼落】《切口大词典·工匠类·造酒匠之切口》:"上逼落:榨床也。"

【上部】《新刻江湖切要·亲戚类》:"兄:上部。"

【上部才】《新刻江湖切要·亲戚类》:"嫂:上部才。"

【上苍】 宋陈元靓辑《事林广记·续集·绮谈市语·天地门》:"天:上苍;苍苍。"

【上场】《切口大词典·盗贼类·越墙贼之切口》:"上场:与捕者拒敌也。"

【上场白】《梨园话》:"上场白:剧中人初上台时所念之语,谓之'上场白'。"《切口大词典·优伶类·腔调上之切口》:"上场白:初出台时所说者。"

【上场门】《梨园话》:"上场门:剧中人出台时所走之门,谓之'上场门'。"

【上车】《切口大词典·娼妓类·八大胡同妓院之切口》:"上车:每逢节前数日,妓女各回其家,谓之上车。"

【上衬】《切口大词典·工匠类·皮匠之切口》:"上衬:配底也。"

【上川】 学古堂《江湖行话谱·行意行话》:"心:上川。"

【上大钱粮】《清门考原·各项切口》:"上大钱粮:是正式入帮受戒,又曰上大香。"

【上大香】《清门考原·各项切口》:"上大香,上大钱粮也。"

【上当】 清翟灏《通俗编·识余·市语》:"江湖人市语尤多,坊间有《江湖切要》一刻,事事物物,悉有隐称。诚所谓惑乱听闻,无足采也。其间有通行市井者,如官曰孤司,店曰朝阳,夫曰盖老,妻曰底老,家人曰吊脚，僧曰廿三，道士曰廿四，成衣曰戳短枪，抬轿曰扳楼儿，剃头曰削青，船白瓢儿，屋曰顶公，银曰琴公，钱曰把儿，米曰软珠，饼曰匾食，盐曰瓒老，鱼曰豁水，鸭曰王八，鞋曰踢土，镜曰照儿，抹布曰蹋郎，坐曰打墩，拜曰剪拂，揖曰丢圈子，叩头曰丢匾子，写字曰搠黑，说话曰吐刚，被欺曰上当，虚奉承曰王六，大曰太式，多曰满太式，无曰各念，俱由来于此语也。"

【上档】《切口大词典·杂流类·唱弹词之切口》："上档：唱正角之人也。"

【上道】《切口大词典·医药类·烧香朝山卖药者之切口》："上道：看病资也。"

【上钓】《切口大词典·医药类·做戏法卖药者之切口》："上钓：生意上手也。"

【上方】宋陈元靓辑《事林广记·续集·绮谈市语·宫殿门》："道观：上方；精舍。"

【上风】①《切口大词典·赌博类·摇宝赌之切口》："上风：摇宝之主也。"②《切口大词典·衙卒类·厘卡之切口》："上风：功也。"

【上锋】《切口大词典·娼妓类·花烟间之切口》："上锋：淫业不佳。"

【上伏子】学古堂《江湖行话谱·走江湖行话》："上山：上伏子。"

【上浮】《切口大词典·商铺类·丝经业之切口》："上浮：轻也。"

【上咐】清傅崇矩《成都通览·成都之袍哥话即江湖话也》："上咐，介绍也，招呼过也，报告过也。"

【上盖子】《切口大词典·党会类·红帮之切口》："上盖子：落雨也。"

【上高门】《切口大词典·杂流类·放白鸽者之切口》："上高门：吃官司也。"

【上工】《切口大词典·杂流类·收卖锭灰者之切口》："上工：出门收灰也。"

【上宫】《清门考原·各项切口》："上宫，兄也。"

【上馆子】《梨园话》："上馆子：伶工到戏园演戏谓之'上馆子'。"

【上滚子】卫大法师《江湖话·红帮各地通行隐语·其他用具对象类》："坐车：上滚子。"李子峰《海底·各地通行隐语》："坐车：上滚子。"

【上过道】云游客《江湖丛谈·江湖之春点·挂子行中的支杆挂子》："他们管走过镖，说行话叫上过道。"

【上和酿】《切口大词典·役夫类·茶担夫之切口》："上和酿：上菜也。"

【上滑子】《切口大词典·工匠类·烧窑匠之切口》："上滑子：加油水也。"

【上浆】《切口大词典·医药类·点痣者之切口》："上浆：药点也。"

【上街】《切口大词典·娼妓类·粤妓之切口》："上街：妓女从良也。"

【上劲】①《切口大词典·娼妓类·八大胡同妓院之切口》："上劲：妓女献媚也。"②《切口大词典·娼妓类·茶室之切口》："上劲：妓女献媚也。"

【上劲儿】《切口大词典·娼妓类·八大胡同妓院之切口》："上劲儿：妓女与客，彼此加等亲热，皆谓之上劲儿。"

【上京】《切口大词典·商铺类·纸业之切口》："上京：槟榔笺也。"

【上九流】金老佛《三教九流江湖秘密规矩·青帮与红帮·九流之区别》："三教九流，统称为江湖。三教为儒释道，九流分上中下三等。上九流为官府，即一流宰相二尚书，三流督抚四藩臬，五流提台六镇台，七道八府九知州。此九流皆系官职，不知如何亦以江湖目之，实为奇异。"

【上壳子】卫大法师《江湖话·红帮各地通行隐语·人类一般》："夫：跑外的，天牌，上壳子。"李子峰《海底·各地通行隐语》："夫：跑外的；天牌；上壳子。"

【上垦窑子】李子峰《海底·各地通行隐语》："菜饭馆：抬头窑子；上垦窑子。"

【上哨】卫大法师《江湖话·红帮各地通行隐语·饮食用品类》："吃饭：收粉子，上哨，耕沙。"李子峰《海底·各地通行隐语》："吃饭：收粉子；上哨；耕沙。"

【上空子】卫大法师《江湖话·红帮各地通行隐语·天文地理类》："天：乾宫，上空子。"李子峰《海底·各地通行隐语》："天：乾宫；上空子。"

【上口字】《梨园话》："上口字：如普通所念之某音，一入剧中念之则另为一音节，谓之'上口字'也。[附记]上口字为剧中所必需用者，如丞相之丞字，上口时则念为沉字，大哥之哥，上口时则念为锅字，不如此念则为'白披儿'矣。"

【上帘子】《切口大词典·党会类·红帮之切口》："上帘子：起雾也。"

【上亮】《切口大词典·工匠类·剪刀匠之切口》："上亮：漆红漆于脚藤上也。"

【上马】贝思飞《民国时期的土匪隐语》："上马：成为一名匪徒。"

【上买卖】《切口大词典·娼妓类·八大胡同妓院之切口》："上买卖：妓女应召至饭庄酒馆，或客人之宅门方，谓之上买卖。"

【上幔子】《切口大词典·盗贼类·杆匪之切口》："上幔子：天时不佳也。"

【上庙】《切口大词典·杂流类·喜婆之切口》："上庙：庙见也。"

【上莫闻】《新刻江湖切要·亲戚类》："继兄：奖上，今改上莫闻。"

【上年子】①《兽医串雅杂钞》："牲口有病未瞧，就叫上年子了；瞧完了病，就叫派年，派年子了。"②《兽医串雅杂钞》："有活计，曰'上年子了'。或说，'年子不少'。"《兽医串雅杂钞》："有活计，曰'上年子了'。或说，'年子不少'。"

【上排琴】云游客《江湖丛谈·江湖之春点》："管哥哥叫上排琴。"

【上篷】《切口大词典·役夫类·舟夫之切口》："上篷：扯风帆也。"

【上飘子】卫大法师《江湖话·红帮各地通行隐语·其他用具对象类》："坐船：跟底子，上飘子，塔平。"李子峰《海底·各地通行隐语》："坐船：跟底子；上飘子；搭平。"

【上钱粮】①《切口大词典·党会类·青帮之切口》："上钱粮：开香堂毕，焚化纸钱也。"②《清门考原·各项切口》："上钱粮，正式入帮之谓。"刘联珂《中国帮会三百年革命史·清门考原》："上钱粮，正式入帮也。"

【上腔】《切口大词典·党会类·流氓之切口》："上腔：寻仇也。"

【上抢】《清门考原·各项切口》："上抢，寻仇也。"

【上青】《切口大词典·手艺类·装潢业之切口》："上青：洒金笺对也。"

【上清】《切口大词典·衙卒类·侦探之切口》："上清：领赏也。"

【上泉子】《切口大词典·衙卒类·侦探之切口》："上泉子：吃水也。"

【上缺】《新刻江湖切要·地理类》："西：上缺。"《切口大词典·星相类·铁板算命之切口》："上缺：西边也。"清傅崇矩《成都通览·成都之江湖言词·地理类》："西：上缺。"

【上人】《切口大词典·役夫类·更夫之切口》："上人：鬼也。"

【上洒】《切口大词典·商铺类·丝线业之切口》："上洒：札头线也。"

【上色】①《切口大词典·杂流类·卖糖芋艿者之切口》："上色：红面也。"②《切口大词典·杂业类·米店之切口》："上色：用米壳浸水极透，拌入米中，明日去米壳，则米色必佳，粒头又大，局外人不能识米掺水也。"

【上山】《切口大词典·衙卒类·兵士之切口》："上山：吃饭也。"《切口大词典·衙卒类·侦探之切口》："上山：吃饭也。"

【上哨子】《切口大词典·党会类·红帮之切口》："上哨子：发风也。"

【上升】①《切口大词典·役夫类·舟夫之切口》："上升：被牵也。"②《切口大词典·杂业类·点心铺之切口》："上升：糕也。"

【上石元宝】《切口大词典·商铺类·染色业之切口》："上石元宝：布染好在石上轴光，则滑泽可爱也。"

【上手】①《新刻江湖切要·人事类》："赢曰上手。"《蹴鞠谱·锦语》："得：上手。"《蹴鞠图谱·圆社锦语》："上手：得。"《切口大词典·武术类·跑马卖解之切口》："上手：赢也。"清傅崇矩《成都通览·成都之江湖言词·人事类》："赢：上手。"②《切口大词典·赌博类·摇宝赌之切口》："上手：司宝官，即赌场主席，掌抓摊权者。"

【上手把子】《切口大词典·盗贼类·越墙贼之切口》："上手把子：不用家伙能翻身上墙屋者，犹言大本领也。"

【上闩子】卫大法师《江湖话·江湖上的隐语·普通隐语》："撬窗行窃：上闩子。"卫大法师《江湖话·江湖上的隐语·普通隐语》："撬门行窃：上闩子。"

【上水】《新刻江湖切要·亲戚类》:"姊:上水;水上部;斗上。"

【上汤】《切口大词典·杂业类·饭店业之切口》:"上汤:猪肠烧汤也。"

【上套】《切口大词典·工匠类·剪刀匠之切口》:"上套:上油也。"

【上套子】《切口大词典·杂流类·卖水烟者之切口》:"上套子:接节使长也。"

【上天】①《新刻江湖切要·地理类》:"高:上天;[广]干霄;拂云;仰攀。"《江湖切口要诀》(尺牍增附本):"高:上天。[广]干霄;拂;仰攀。"《切口大词典·医药类·自称戏子治病者之切口》:"上天:高也。"清傅崇矩《成都通览·成都之江湖言词·地理类》:"高:上天,干霄;仰攀。"②《新刻江湖切要·地理类》:"杭州:天堂;上天。"《江湖切口要诀》(尺牍增附本):"杭州:天堂;上天。"清傅崇矩《成都通览·成都之江湖言词·地理类》:"杭州:天堂;上天。"

【上天表】卫大法师《江湖话·江湖上的隐语·普通隐语》:"晒台上行窃:上天表。"

【上条】《切口大词典·工匠类·印刷匠之切口》:"上条:排字也。"

【上托】云游客《江湖丛谈·江湖之金点·皮门》:"上托,即是弄毛病。"

【上网】《蹴鞠谱·锦语》:"上盖:上网。"《蹴鞠图谱·圆社锦语》:"上网:上盖。"

【上下手】《梨园话》:"上下手:武戏中之亲手也。[附记]《戏学汇考》戏学编第六章武行部第一节武行之类别载云:'上下手乃武戏中之亲手,如拿高登之众教师,巴骆和之巴氏弟兄皆是其艺不过须出场之翻跌,帮串之转法,股荡之地位,与连环中之武打而已,其余唱念做等,均非所能且无过问之必要,故伶界称之为'翻筋斗的'。"

【上线】贝思飞《民国时期的土匪隐语》:"上线:前进。"

【上香港】《切口大词典·衙卒类·侦探之切口》:"上香港:吃官司也。"

【上庠】宋陈元靓辑《事林广记·续集·绮谈市语·宫殿门》:"太学:上庠;泮水。"

【上小钱粮】《清门考原·各项切口》:"上小钱粮,是上记名册,又曰上小香。"

【上小香】《清门考原·各项切口》:"上小香,上小钱粮也。"

【上新差】《清门考原·各项切口》:"上新差,拷诈新犯之财。"

【上学】《切口大词典·盗贼类·掘壁贼之切口》:"上学:被拘押看守也。"

【上血】卫大法师《江湖话·红帮各地通行隐语·一般人事类》:"送钱去:上血。"李子峰《海底·各地通行隐语》:"送钱去:上血。"

【上阳】《切口大词典·盗贼类·越墙贼之切口》:"上阳:在屋上探听人家之居动也。"

【上窑】《切口大词典·盗贼类·越墙贼之切口》:"上窑:不及远逃,而遂窜匿之谓也。"

【上油】《切口大词典·杂业类·酱园之切口》:"上油:略次于顶油之酱油也。"

【上元】《新刻江湖切要·身体类》:"手:上元;脱爪。"《切口大词典·星相类·相家之切口》:"上元:手也。"清傅崇矩《成都通览·成都之江湖言词·身体类》:"手:上元;脱爪。"

【上云头】①《切口大词典·党会类·红帮之切口》:"上云头:脸上画墨粉烟煤,肴人视线也。"②《清门考原·各项切口》:"上云头,画花面也。"金老佛《三教九流江湖秘密规矩·青帮与红帮·江湖之春典》:"开花面称上云头。"③《清门考原·各项切口》:"上云头,与根斑同。"④贝思飞《民国时期的土匪隐语》:"上云头:经过伪装的活动。"

【上帐子】《切口大词典·役夫类·更夫之切口》:"上帐子:起雾也。"

【上账】《清门考原·各项切口》:"上账,牌九作上庄也。"

【上找】《切口大词典·杂业类·信局业之切口》:"上找:信资已付者。"

【上装】《切口大词典·杂流类·喜婆之切口》:"上装:为新嫁娘化妆也。"

shao

【捎】卫大法师《江湖话·各行业商帮所用数目字隐语·成都通行言词·烟行》:"思:一。初:二。天:三。长:四。丑:五。夏:六。纔:七。拍:八。捎:九。"

【烧】 宋陈元靓辑《事林广记·续集·绮谈市语·拾遗门》："打：烧；□。"

【烧财香】《切口大词典·娼妓类·雉妓之切口》："烧财香：因淫业衰败，至虹庙或财神堂，烧香焚箔，以求神祐淫业发达者。"

【烧贵柴】《切口大词典·娼妓类·粤妓之切口》："烧贵柴：粤人署外江老之名词也。"

【烧黄七】《新刻江湖切要·星相类》："惯走江湖曰相府。［增］周流（游）列国；关肚仙，亦称剪牙；［增］鬼凭儿。原名又曰关川生；献师；烧黄七。"清傅崇矩《成都通览·成都之江湖言词·星相类》："惯走江湖：相府；周游列国；关肚仙；剪牙；鬼凭儿；关川生；献师；烧黄七。"

【烧灰】①《切口大词典·工匠类·砌街匠之切口》："烧灰：煤屑也。"②《切口大词典·巫卜类·和尚之切口》："烧灰：脚也。"

【烧角】《切口大词典·杂业类·信局业之切口》："烧角：火焦信也。寄信者，遇死亡病革时用之，表示火速之意。"

【烧脚】《切口大词典·党会类·小瘪三之切口》："烧脚：寺院香火也。"

【烧空】 明程万里《鼎锲徽池雅调南北官腔乐府点板曲响大明春·六院汇选江湖方语》："烧空，乃鼠贼也。"

【烧老】《新刻江湖切要·饮馔类》："烟：薰子；冲风；烧老。"清傅崇矩《成都通览·成都之江湖言词·饮馔类》："烟：薰子；卫风；烧老。"

【烧老老】 清傅崇矩《成都通览·成都之呼物混名》："烧老老：烧酒也，又名烧伯。"

【烧冷灶】《切口大词典·娼妓类·长三书寓之切口》："烧冷灶：客人结识不时髦，倌人曰烧冷灶。喻其生涯冷落。"

【烧路头】①《切口大词典·娼妓类·长三书寓之切口》："烧路头：每节中必有一次，无非使客摆酒碰和。"②《切口大词典·娼妓类·雉妓之切口》："烧路头：因生意不佳，藉以欢钱之法也。"③《清门考原·各项切口》："烧路头，事逆手。杀一禁之谓。或用香烛神纸焚化。"

【烧票】 贝思飞《民国时期的土匪隐语》："烧票：炙烤人质或用其他方式折磨致死。"

【烧青烟】《新刻江湖切要·星相类》："灼龟：烧青烟。"清傅崇矩《成都通览·成都之江湖言词·星相类》："龟算命：袱包子；蔡梳；灼龟；烧青烟。"

【烧锡箔】《切口大词典·巫卜类·和尚之切口》："烧锡箔：赌也。"

【烧雪】 宋陈元靓辑《事林广记·续集·绮谈市语·花木门》："山茶：烧雪。"

【烧糟】《切口大词典·工匠类·造酒匠之切口》："烧糟：酒泽也。"

【烧者】《切口大词典·工匠类·成衣匠之切口》："烧者：三也。"

【梢】①清傅崇矩《成都通览·成都之各行人买卖通用言词·六畜行言词》："梢，九。"清傅崇矩《成都通览·成都之各行人买卖通用言词·小菜青果并小生意通用言词》："九，梢。"清傅崇矩《成都通览·成都之各行人买卖通用言词·烟行言词》："梢（九）。"②清傅崇矩《成都通览·成都之各行人买卖通用言词·小菜青果并小生意通用言词》："梢是九百。"

【梢板】《切口大词典·党会类·小瘪三之切口》："梢板：铜钱也。"

【梢拐】《蹴鞠谱·锦语》："后：梢拐。"

【梢亮】《切口大词典·杂流类·卖洋伞者之切口》："梢亮：叫卖也。"

【梢子】 卫大法师《江湖话·红帮各地通行隐语·天文地理类》："树：梢子。"李子峰《海底·各地通行隐语》："树：梢子。"

【稍】 卫大法师《江湖话·各行业商帮所用数目字隐语·成都通行言词·牲畜行》："稍：九。"卫大法师《江湖话·各行业商帮所用数目字隐语·成都通行言词·小菜行》："稍：九。"

【稍百子】 卫大法师《江湖话·各行业商帮所用数目字隐语·成都通行言词·牲畜行》："数目在一百以上为整数时，则中加'百'下加'子'，如'收百子'为'一百元'，'稍百子'为'九百元'，如'猪肉买成捞稍钱一斤'即是'一百九十元一斤'。"

【稍昌】《新刻江湖切要·人物类》："鞑女：柳女；稍昌。"《江湖切口要诀》（尺牍增附本）："鞑女：稍昌。"《切口大词典·医药类·着地摊药治病者之切口》："稍昌：鞑女也。"清傅崇矩《成都通览·成都之江湖言词·人物类》："鞑女：柳女；稍昌。"

【稍拐】《蹴鞠图谱·圆社锦语》："稍拐：后。"

【勺】①《切口大词典·商铺类·豆麦业之切口》："勺：一也。"②学古堂《江湖行话谱·鲜货行话》："十：勺。"

【勺子】卫大法师《江湖话·红帮各地通行隐语·店钱及其他》："汤匙：勺子，刷子。"

【少郎】《切口大词典·医药类·参燕业之切口》："少郎：八也。"

【少丸】《切口大词典·商铺类·金线业之切口》："少丸：九也。"

【少阳】①《新刻江湖切要·天文类》："火：丙丁；少阳；焰老；[广]燎原；分炎。"《江湖切口要诀》（尺牍增附本）："火：丙丁；少阳；焰老。[广]燎原；分炎。"《切口大词典·巫卜类·蛤壳测字者之切口》："少阳：火也。"清傅崇矩《成都通览·成都之江湖言词·天文类》："火：丙丁；少阳；焰老；燎原；分炎。"②《新刻江湖切要·草木百果五谷类》："笋：少阳；竹欠。"

she

【舌苟子】《江湖走镖隐语行话谱》："放辟：舌苟子。"

【蛇】《切口大词典·行号类·猪行之切口》："蛇：七也。"

【蛇粪】《切口大词典·商铺类·颜料业之切口》："蛇粪：藤黄也。"

【蛇干】《切口大词典·商铺类·山货业之切口》："蛇干：笋干也。"

【蛇口】《切口大词典·手艺类·白藤业之切口》："蛇口：枪杆腾也。"

【蛇皮】《切口大词典·杂业类·酒店之切口》："蛇皮：烧酒也，质纯品上。"

【蛇皮抖】《切口大词典·役夫类·舟夫之切口》："蛇皮抖：逆风也。"

【蛇皮送】《切口大词典·役夫类·舟夫之切口》："蛇皮送：顺风也。"

【蛇皮太急】《切口大词典·盗贼类·铳手之切口》："蛇皮太急：语人多不能下手也。"

【舍】《切口大词典·巫卜类·文王课之切口》："舍：不冲克也。"

【舍果】学古堂《江湖行话谱·行意行话》："妓女：舍果。"

【舍利子】明田汝成《西湖游览志馀·委巷丛谈》："有曰四平市语者，以一为忆多娇，二为耳边风，三为散秋香，四为思乡马，五为误佳期，六为柳摇金，七为砌花台，八为霸陵桥，九为救情郎，十为舍利子，小为消梨花，大为朵朵云，老为落梅风，讳低物为鞔，以其足下物也。"

【设】明风月友辑《金陵六院市语》："讨曰设，而唱曰咽。"

【设僻】《新刻江湖切要·医药类》："告示卖药：设僻。"《切口大词典·医药类·医生之切口》："设僻：告示卖药者。"清傅崇矩《成都通览·成都之江湖言词·医药类》："告示卖药：设僻。"

【射干其】《切口大词典·医药类·摆草药摊之切口》："射干其：蛱蝶花也，治咽喉肿痛。"

【射果】《江湖走镖隐语行话谱》："窑姐：射果。"

【摄尖咀子的】卫大法师《江湖话·红帮各地通行隐语·各种行业类》："权鸡：跑乡，摄尖咀子的。"

【摄尖嘴子的】李子峰《海底·各地通行隐语》："权鸡：跑乡；摄尖嘴子的。"

【摄青虫】《切口大词典·盗贼类·爬儿手之切口》："摄青虫：偷鲜豆角也。"

【摄着】《切口大词典·盗贼类·掘壁贼之切口》："摄着：吃东西也。"

【摄子】《切口大词典·赌博类·摇宝赌之切口》："摄子：用充分吸力之瓷铁，利用手术，要子可吸入，取子可吸出。"

shen

【申】卫大法师《江湖话·各行业商帮所用数目字隐语·成都通行言词·古董玉器当铺》："申：二。"卫大法师《江湖话·各行业商帮所用数目字隐语·其他·北平》："由：一。申：二。人：三。工：四。大：五。天：六。夫：七。井：八。羊：九。非：十。按此数字头，如'由'有一个头为一，'申'为二个头为二，'大'为五等头，'非'为十个头。"《切口大词典·商铺类·古董业之切口》："申：二也。"清傅崇矩《成都通览·成都之各行人买卖通用言词·当铺古董玉器行通用言词》："二，申。"

【申官】《新刻江湖切要·鸟兽虫鱼类》："猴：申官。"

【申六】《切口大词典·杂业类·冶坊之切口》："申六：一尺六寸之锅也。"

【申龙】《切口大词典·杂业类·冶坊之切口》："申龙：一尺七寸之锅也。"

【申三】《切口大词典·杂业类·冶坊之切口》："申三：一尺三寸之锅也。"

【申四】《切口大词典·杂业类·冶坊之切口》："申四：一尺四寸之锅也。"

【申五】《切口大词典·杂业类·冶坊之切口》："申五：一尺五寸之锅也。"

【申杨所】《切口大词典·杂流类·贩烟土者之切口》："申杨所：火车也。"

【申月】《新刻江湖切要·时令类》："七（月）：申月。"

【申字】清傅崇矩《成都通览·成都之各行人买卖通用言词·当铺古董玉器行通用言词》："申字，二百。"

【伸头子】《切口大词典·盗贼类·短截贼之切口》："伸头子：鸡也。"

【身】清傅崇矩《成都通览·成都之江湖言词·人物类》："捕快：钩子手；身。"

【身上来】《切口大词典·娼妓类·相公堂子之切口》："身上来：痢疾也。"

【深兜】《切口大词典·役夫类·庖夫之切口》："深兜：锅子也。"

【深坑】《切口大词典·盗贼类·短截贼之切口》："深坑：井也。"

【深蓝】《切口大词典·商铺类·染色业之切口》："深蓝：色稍淡者。"

【深林子】《江湖走镖隐语行话谱》："山树：深林子。"

【神】①《郎中医话》："神：六。"②卫大法师《江湖话·红帮各地通行隐语·数目类》："六：神，撒子。"《江湖走镖隐语行话谱》："六：神。"李子峰《海底·各地通行隐语》："六：神；撒子。"《镖行江湖隐语行话秘典》：

"春点：刘、月、王、在、中，神、星、张、爱、足。"（按：分别为1至10个数字）朱琳《洪门志·春典子琐记·暗数》："一，称流。二，称月。三，称汪。四，称则。五，称中。六，称神。七，称星。八，称张。九，称爱。十，称足。"②《切口大词典·娼妓类·茶室之切口》："神：嫖客与妓女交密也。"

【神鞭】清张德坚等《贼情汇纂》卷五《伪军制下·隐语·太平天国隐语》："连菱棍改称神鞭。"

【神凑】《江湖走镖隐语行话谱》："赶会：神凑。"

【神凑子】云游客《江湖丛谈·江湖之春点·江湖人的旧组织（各处长会）的领袖》："江湖人管香会，调侃叫神凑子。"云游客《江湖丛谈·江湖之春点·天桥的大兵黄》："神凑子，即是赶香会。"

【神敢】《切口大词典·商铺类·绸缎业之切口》："神敢：坏也。"

【神高子】《切口大词典·医药类·卖药人之切口》："神高子：顶高货物也。"

【神稿子】《切口大词典·医药类·祝由科之切口》："神稿子：咒语也。"

【神沟】《江湖走镖隐语行话谱》："湖路沟：神沟。"

【神古】《新刻江湖切要·人事类》："不好曰古；古坚；念坚；又神古。"《切口大词典·巫卜类·六壬课之切口》："神古：不好也。"清傅崇矩《成都通览·成都之江湖言词·人事类》："不好：古；古坚；念坚；神古。"

【神灵马撒】《镖行江湖隐语行话秘典》："庙为神灵马撒。"

【神瓢】《新刻江湖切要·舟具类》："龙舟曰神瓢。"《切口大词典·役夫类·舟夫之切口》："神瓢：龙舟也。"清傅崇矩《成都通览·成都之江湖言词·舟具类》："龙舟：神瓢。"

【神守公】《新刻江湖切要·鸟兽虫鱼类》："鳖：匾戏；神守公；思交子。"

【神堂麻撒】学古堂《江湖行话谱·保镖护院行话概略》："见庙：神堂麻撒。"

【神仙口儿】云游客《江湖丛谈·江湖之春点·江湖中挑遛子汗的》："江湖人管向人说

大话，夸张其词，使人相信了他的话语，调侃叫神仙口儿。"

【神仙种】《切口大词典·行号类·菜蔬行之切口》："神仙种：葫芦也。"

【神窑】《新刻江湖切要·宫室类》："庙宇：神窑；释窑；改为释巢。"《切口大词典·盗贼类·越墙贼之切口》："神窑：庙宇也。"

【审囚】《新刻江湖切要·星相类》："相面：斩盘；又审囚。"《切口大词典·星相类·相家之切口》："审囚：相面也。"清傅崇矩《成都通览·成都之江湖言词·星相类》："相面：斩盘；审囚。"

【哂】宋陈元靓辑《事林广记·续集·绮谈市语·举动门》："笑：哂。"

【渗糟】《切口大词典·杂业类·饭店业之切口》："渗糟：青鱼加糟而烧也。"

sheng

【升点】①云游客《江湖丛谈·江湖之春点·挂子行中的支杆挂子》："像评书小说上说的高来高去的人，每逢到了谁家，都用问路石子，往院一扔，故意的教那石子，吧嗒一声，有了响动，调侃儿叫升点。"②云游客《江湖丛谈·江湖之春点·江湖中的卖点之内幕》："江湖人管大嚷大叫，调侃儿叫升点。"

【升点子】云游客《江湖丛谈·江湖之春点·汉门的丁香座子》："管嚷嚷出声，调侃叫升点子。"

【升高】《切口大词典·工匠类·砌街匠之切口》："升高：阶石也。"

【升降兜】《切口大词典·商铺类·染色业之切口》："升降兜：竹篮也，用于晒台傍，便授取湿布也。"

【升名人】《行院声嗽·人事》："绰号：升名人。"

【升上】《切口大词典·衙卒类·牢监之切口》："升上：囚将取决也。"

【升堂】《切口大词典·党会类·红帮之切口》："升堂：杀脱也。"金老佛《三教九流江湖秘密规矩·青帮与红帮·红帮之问答》："设捕而，入狱者，谓之'跌馋牢'；毙者谓之'劈堂'，又曰升堂'；后出票逮捕同党，

谓之'捉落帽风'；当场捕去谓之'阵上失风'。"金老佛《三教九流江湖秘密规矩·青帮与红帮·江湖之春典》："枪毙称升堂。"

【升天】清张德坚等《贼情汇纂》卷八《伪文告下·隐语·太平天国隐语》："升天贼死曰升天。"卫大法师《江湖话·安庆隐语》："死：过方，升天。"

【升位】《切口大词典·杂流类·吹打者之切口》："升位：入轿也。"

【升仙】《切口大词典·盗贼类·杆匪之切口》："升仙：拒捕遇害之谓也。"

【生】①《切口大词典·商铺类·另剪业之切口》："生：四也。"②金老佛《三教九流江湖秘密规矩·青帮与红帮·九流之区别》："生为剃头者之别名。"

【生凹】《镖行江湖隐语行话秘典》："不好，为生凹。"

【生绢】宋陈元靓辑《事林广记·续集·绮谈市语·玉帛门》："绢：生绸。"

【生煤朝阳】《新刻江湖切要·店铺类》："米店：碾朝阳，木公帐，[改]生煤朝阳。"清傅崇矩《成都通览·成都之江湖言词·店铺类》："米店：碾朝阳；木公帐；生煤朝阳。"

【生活】《切口大词典·工匠类·漆匠之切口》："生活：生意也。"

【生姜】卫大法师《江湖话·红帮闽粤及南洋各地通行隐语》："生烟：生姜。"李子峰《海底·闽粤及南洋各地通行之隐语》："生烟：生姜。"

【生姜子】卫大法师《江湖话·红帮各地通行隐语·饮食用品类》："烟土：熏老子，生姜子，黑泥块子。"李子峰《海底·各地通行隐语》："烟土：生姜子；黑泥块子。"

【生口】《切口大词典·役夫类·茶担夫之切口》："生口：茶炉子也。"

【生亮】《切口大词典·手艺类·髹漆业之切口》："生亮：广扇也。"

【生钱】卫大法师《江湖话·红帮各地通行隐语·偷盗类》："闯门窃物：生钱。"

【生死】清唐再丰《鹅幻汇编·江湖通用切口摘要》："人曰生死。"卫大法师《江湖话·江湖上的隐语·普通隐语》："人：生死。"《切口大词典·医药类·卖药人之切口》："生死：人也。"《切口大词典·医药

类·摇虎撑者之切口》："生死：人也。"金老佛《三教九流江湖秘密规矩·日常用语》："人曰生死。"

【生送圆头】《切口大词典·商铺类·珠宝业之切口》："生送圆头：含口珠也。"

【生晞】《切口大词典·星相类·龟算命之切口》："生晞：幕宾也。"《新刻江湖切要·人物类》："幕宾：立门头；［广］生晞；密骗；忽扳；趋笑；管公事人；牵生。"

【生晞】《江湖切口要诀》（尺牍增附本）："幕宾：立门头。[广] 生晞。"清傅崇矩《成都通览·成都之江湖言词·人物类》："幕宾：立门头；生晞；密骗；忽扳；趋笑；管公事人；牵生。"

【生意】①《江湖走镖隐语行话谱》："金生意为生意。彩为生意。挂子生意。有要钱的为本事。"②《切口大词典·衙卒类·讼棍之切口》："生意：经手之讼事也。"③贝思飞《民国时期的土匪隐语》："生意：盗匪活动。"

【生意下处】云游客《江湖丛谈·江湖之金点·江湖人的规律》："江湖艺人，在早年，每一省市或一商埠码头，皆有生意人之公共住所，名曰生意下处。"云游客《江湖丛谈·江湖之金点·穷家门》："江湖艺人，在早年，每一省市或一商埠码头，皆有生意人之公共住所，名曰生意下处。"

【声音丘】《切口大词典·党会类·流氓之切口》："声音丘：说坏话也。"

【牲口】《切口大词典·党会类·红帮之切口》："牲口：手枪也。"贝思飞《民国时期的土匪隐语》："牲口：手枪。"金老佛《三教九流江湖秘密规矩·青帮与红帮·红帮之问答》："甲曰：牲口（手枪）带在这里。"李子峰《海底·各地通行隐语》："枪：手铳子；牲口；叫驴；喷筒。"卫人法师《江湖话·红帮各地通行隐语·武器类》："枪：手铳子；牲口；叫驴；喷筒。"

【胜春】《切口大词典·杂业类·花业之切口》："胜春：月季花也，俗呼月月红。"

【胜红莲】《切口大词典·行号类·粮行之切口》："胜红莲：粒长而色斑者。"

【圣兵】清张德坚等《贼情汇纂》卷五《伪军制下·隐语·太平天国隐语》："兵称圣兵。"

【圣出】《新刻江湖切要·地理类》："海[补]纳细；阔老；圣出；扬波；无边子；鱼乐图。"《江湖切口要诀》（尺牍增附本）："海[补]：圣出。"清傅崇矩《成都通览·成都之江湖言词·地理类》："海：纳细；阔老；圣出；扬波；无边子；鱼乐国。"

【圣鼓】清张德坚等《贼情汇纂》卷五《伪军制下·隐语·太平天国隐语》："鼓称圣鼓。"

【圣角】清张德坚等《贼情汇纂》卷五《伪军制下·隐语·太平天国隐语》："海螺称圣角。"

【圣库】清张德坚等《贼情汇纂》卷五《伪军制下·隐语·太平天国隐语》："库称圣库。"

【圣粮】清张德坚等《贼情汇纂》卷五《伪军制下·隐语·太平天国隐语》："粮称圣粮。"

【圣帽】清张德坚等《贼情汇纂》卷五《伪军制下·隐语·太平天国隐语》："竹帽称圣帽。"

【圣旗】清张德坚等《贼情汇纂》卷五《伪军制下·隐语·太平天国隐语》："旗称圣旗。"

【圣人】《清门考原·各项切口》："圣人，回教教主也，名穆罕默德。"

【圣善】宋陈元靓辑《事林广记·续集·绮谈市语·亲属门》："母：圣善，尊堂。"

【圣贤】《切口大词典·党会类·哥老会之切口》："圣贤：二爷也。"

【省口】《切口大词典·衙卒类·牢监之切口》："省口：克扣囚粮也。"

【省器】《新刻江湖切要·器用类》："壶瓶：省器；探水。"《切口大词典·役夫类·庖夫之切口》："省器：壶瓶也。"清傅崇矩《成都通览·成都之江湖言词·器用类》："壶瓶：省器；探水。"

【盛浆】《切口大词典·医药类·点痣者之切口》："盛浆：药瓶也。"

【剩撒】明佚名《行院声嗽·衣服》："袄子：剩撒。"

【圣货】《切口大词典·巫卜类·和尚之切口》："圣货：死坏也。"

---

shi

【失】《清门考原·各项切口》："失，小也。"

【失底】《切口大词典·娼妓类·粤妓之切

口》:"失底:吃亏也。"

【失风】①《切口大词典·党会类·红帮之切口》:"失风:被捕也。"《清门考原·各项切口》:"失风,破案被捕。"贝思飞《民国时期的土匪隐语》:"失风:被打败或被捕获。"金老佛《三教九流江湖秘密规矩·青帮与红帮·红帮之问答》:"追至拒捕逃回之后,彼等谓之'得风',设或竟被官兵捕去,谓之'失风'。"金老佛《三教九流江湖秘密规矩·青帮与红帮·江湖之春典》:"被捕称失风。"②《切口大词典·党会类·流氓之切口》:"失风:事体败露也。"《切口大词典·党会类·青帮之切口》:"失风:凡抢劫窃拐,被人窥破,或告发者。"③《切口大词典·衙卒类·侦探之切口》:"失风:被盗击伤者。"

【失锋】《切口大词典·娼妓类·花烟间之切口》:"失锋:淫业不佳也。"

【失魂鱼】《切口大词典·娼妓类·粤妓之切口》:"失魂鱼:犹沪语魂灵不在身上之语也。亦骂人之词。"

【失弄风】《切口大词典·杂流类·贩人口者之切口》:"失弄风:妇女小孩被拐后哀饿而毁形也。"

【失匹】①《切口大词典·党会类·拆白党之切口》:"失匹:反见欺于妇女,曰未拆着也。"②《切口大词典·衙卒类·侦探之切口》:"失匹:被盗击死者。"

【失匹生】《切口大词典·盗贼类·掘壁贼之切口》:"失匹生:被窃之主人也。"

【失欠】《新刻江湖切要·亲戚类》:"继子:奖欠;失欠。今改赢负,谓螟蛉子也。"

【失上】《切口大词典·乞丐类·戴孝求乞之切口》:"失上:谓死父也。"

【失喜】《新刻江湖切要·鸟兽虫鱼类》:"雀:失喜;[增]饲花;衔环。"

【失下】《切口大词典·乞丐类·戴孝求乞之切口》:"失下:谓死母也。"

【失一】《切口大词典·杂业类·旅馆之切口》:"失一:道人也。"②清傅崇矩《成都通览·成都之江湖言词·僧道类》:"和尚廿三;失一。"

【失皂】《新刻江湖切要·人事类》:"破财曰失皂。"《切口大词典·星相类·立墙壁相面之切口》:"失皂:破财也。"清傅崇矩《成都通览·成都之江湖言词·人事类》:"破财:失皂。"

【失主】《切口大词典·衙卒类·衙役之切口》:"失主:被窃或被盗之主人也。"

【师】《切口大词典·娼妓类·茶室之切口》:"师:标致也,美也。"

【师姑】《切口大词典·娼妓类·粤妓之切口》:"师姑:尼僧也。人亦有嫖之者。"

【师姑粳】《切口大词典·行号类·粮食行之切口》:"师姑粳:粒白无芒而杆矮者。"

【师老】《江湖走镖隐语行话谱》:"先生:师老。"

【师娘】①《切口大词典·巫卜类·巫婆之切口》:"师娘:巫婆也。"②《清门考原·各项切口》:"师娘,师之妻也。"

【师日】《新刻江湖切要·亲戚类》:"先生:师日。"

【师太】《清门考原·各项切口》:"师太,师之爷,师之祖,统称师太。"

【师爷】《清门考原·各项切口》:"师爷,师之师、师之父统称师爷。"

【师月】《新刻江湖切要·亲戚类》:"师母:师月。"

【诗】卫大法师《江湖话·各行业商帮所用数目字隐语·重庆通行言词·银楼》:"祥:一。皮:二。昌:三。诗:四。对:五。劳:六。造:七。刀:八。云:九。喜:十。"

【狮子】平山周《中国秘密社会史·三合会隐语》:"剑曰橘板,曰绉纱。小刀曰狮子。大炮曰黑狗,火药曰狗粪,大炮声曰狗吠。银圆曰瓜子,铜钱曰芝麻。手曰五爪龙,耳曰顺风。斩首曰洗面。海曰大天。密会所曰三尺六,曰古松。扇曰弯月。木斗曰木杨城。"卫大法师《江湖话·红帮各地通行隐语·武器类》:"小刀:青子,狮子。"卫大法师《江湖话·红帮闽粤及南洋各地通行隐语》:"小刀:狮子。"《家里宝鉴·隐语》:"小刀曰'狮子'。"金老佛《三教九流江湖秘密规矩·三合会之隐语》:"剑曰橘板,曰绉纱、小刀曰狮子,大炮曰黑狗,火柴曰狗粪,大炮声曰狗吠。"李子峰《海底·各地通行隐语》:"小刀:青子;狮子。"李子峰《海底·闽粤及南洋各地通行之隐语》:"小刀:狮子。"

【狮子头】①《切口大词典·工匠类·锡匠之

切口》："狮子头：火炉也。"②《切口大词典·优伶类·戏盔之切口》："狮子头：后部略似狮子，顶上有硬胎之龙形，前装大额子。"③《切口大词典·杂业类·饭店业之切口》："狮子头：最大之肉团子也，镇江馆最佳。"④清傅崇矩《成都通览·成都之袍哥话即江湖话也》："狮子头，四也。"

【施主】《切口大词典·杂流类·卖白糖粥者之切口》："施主：买客也。"

【湿罗】《江湖走镖隐语行话谱》："碗绝菜锅为湿罗。"

【湿杏】《新刻江湖切要·天文类》："雨：津；[广] 沛生；子望；润公；湿杏；天线；灵零；甘露子；苦霪生；落雨为摆津，[广] 洒润。"《江湖切口要诀》（尺牍增附本）："雨：津。[广] 沛生；子望；润公；湿杏；天线；灵零；甘露子；苦苦生落。[广] 雨为摆津；洒润。"清傅崇矩《成都通览·成都之江湖言词·天文类》："雨：津；沛生；子望；润公；湿杏；天线；灵零；甘露子；苦霪生；落雨为摆津；洒润。"

【十】清傅崇矩《成都通览·成都之袍哥话即江湖话也》："独无老二、老四、老七等目，因忌四字音事字，忌二字为鬼老二，忌十字音同截也。"

【十八儿】《切口大词典·商铺类·丝经业之切口》："十八儿：姓戴者。"

【十八公】宋陈元靓辑《事林广记·续集·绮谈市语·花木门》："松：十八公；霜杰。"

【十八条捆仙绳】卫大法师《江湖话·江湖上的隐语·巾行隐语》："用洛络句借用字：十八条捆仙绳，朴哉。"

【十毒】《兽医串雅·天官》："十毒：肝毒、气毒、肺毒、心毒、肾毒、脾毒、血毒、蹄毒、阳毒、阴毒。"

【十二】《切口大词典·工匠类·石匠之切口》："十二：石栏杆也。"

【十二方鬼】《切口大词典·巫卜类·尼姑之切口》："十二方鬼：指方外人之吃尼姑饭者。"

【十黑】卫大法师《江湖话·红帮各地通行隐语·各种行业类》："测字总则：十黑，黑字。"李Elements峰《海底·各地通行隐语》："测字总名：十黑；黑子。"

【十具】《切口大词典·商铺类·金线业之切口》："十具：真也。"

【十里红】《切口大词典·商铺类·笔墨业之切口》："十里红：毛红之旱笔也。"

【十六】《切口大词典·巫卜类·茶馆测字者之切口》："十六：输也。"

【十六大少】《切口大词典·娼妓类·长三书寓之切口》："十六大少：开果盘元宵过后，可以幸免。精括每过灯节而往，避此损失，故呼之十六大少。盖十五日犹匿不见面也。"

【十五】《切口大词典·巫卜类·茶馆测字者之切口》："十五：赢也。"

【十样景】《切口大词典·杂业类·花业之切口》："十样景：雁来红之一也。"

【十一】《切口大词典·工匠类·泥水匠之切口》："十一：黄泥也。"

【十子妹】《切口大词典·娼妓类·粤妓之切口》："十子妹：女子互相结手帕交，终身相共者。"

【十姊妹】《切口大词典·杂流类·卖花者之切口》："十姊妹：花小而蓓实故名。有红紫白淡紫四色。"

【十字架】《切口大词典·行号类·烟土行之切口》："十字架：以土纵横线，解决四爿，留其外壳，偷其内瓤，即刮碎下窨弥其缺。"

【十字延年】《新刻江湖切要·疾病类》："疥疮：十字延年。"清傅崇矩《成都通览·成都之江湖言词·疾病类》："疥疮：十字延年。"

【石】明程万里《鼎锲徽池雅调南北官腔乐府点板曲响大明春·六院汇选江湖方语》："石，是破坏也。"

【石板桥】石板桥。卫大法师《江湖话·四川灌县轿夫隐语》："石板桥：前；'两边合一缝'；后：'踩内边没踩洞洞'。"

【石敢当搬家】《切口大词典·娼妓类·粤妓之切口》："石敢当搬家：此乃挖墙脚之别名，言其石敢当，在墙角之下，若搬壁先挖墙脚也。"

【石花】《切口大词典·医药类·药业之切口》："石花：云母也。"

【石脚索】《切口大词典·工匠类·打线匠之切口》："石脚索：风帆中所用之绳也。"

【石居子】《切口大词典·医药类·参燕业之

【石蜜】《切口大词典·行号类·水果行之切口》："石蜜：甘蔗也。"

【石浦】《切口大词典·行号类·咸货行之切口》："石浦：白鲞也，即黄鱼干。"

【石狮子】①《切口大词典·杂业类·商人共众切口》："石狮子：伙友依柜时，矗立不动也。"②《清门考原·各项切口》："石狮子，看门巡捕。"

【石田】《新刻江湖切要·文具类》："砚：石田；受黑；[增]受磨涅。"

【石头】《切口大词典·杂流类·贩人口者之切口》："石头：童孩也。"《清门考原·各项切口》："石头，小孩也。"

【石土骨】清傅崇矩《成都通览·成都之江湖言词·地理类》："土，戊转；万生；水，壬癸；龙转；归，朝宗；石土骨；坚垒；分磊；伏虎；踞豹；子践。"

【石橄】《切口大词典·杂业类·禽鸟业之切口》："石橄：野鸭也。"

【石叶】《切口大词典·商铺类·香烛业之切口》："石叶：云香也。"

【石玉明】《切口大词典·行号类·海鱼行之切口》："石玉明：牡蛎也，甬人呼为蛎蝗。"

【石支】《切口大词典·盗贼类·拐匪之切口》："石支：面目之有雀斑者。"

【石竹】《切口大词典·杂业类·花业之切口》："石竹：种自闽粤中来，俗呼兰蕉也。"

【时】①《切口大词典·商铺类·顾绣业之切口》："时：二也。"②《切口大词典·商铺类·陆陈业之切口》："时：四也。"

【时工】清唐再丰《鹅幻汇编·江湖通用切口摘要》："回却他人使去曰时工。"②《清门考原·各项切口》："时工，回却他人也。使去也。"金老佛《三教九流江湖秘密规矩·日常用语》："回却他人使去曰时工。"

【时双】《切口大词典·工匠类·银匠之切口》："时双：剪刀也。"

【时水】《新刻江湖切要·鸟兽虫鱼类》："鲫鱼：时水。"

【识】《行院声嗽·声色》："青：识。"

【识板头】《切口大词典·衙卒类·地保之切口》："识板头：验尸也。"

【识弗煞】《切口大词典·乞丐类·乞丐之切口》："识弗煞：不能下正确之断语也。"

【识相】《切口大词典·党会类·流氓之切口》："识相：知趣也。"《清门考原·各项切口》："识相，知相也。"

【实拆】《切口大词典·工匠类·泥水匠之切口》："实拆：砌墙头也。"

【实刹】《行院声嗽·人事》："说人事实：实刹。"

【实盖】学古堂《江湖行话谱·走江湖行话》："鞍子：实盖。"

【实赞】《新刻江湖切要·人事类》："真货为实赞。"《切口大词典·武术类·住宅保镖者之切口》："实赞：真货也。"清傅崇矩《成都通览·成都之江湖言词·人事类》："真货：实赞。"

【实占】《新刻江湖切要·官职类》："劣秀：水七占；今改实占，谓不通也。"

【拾】①卫大法师《江湖话·各行业商帮所用数目字隐语·成都通行言词·牲畜行》："拾：二。"②贝思飞《民国时期的土匪隐语》："拾：被捕获。"

【拾来】《切口大词典·衙卒类·侦探之切口》："拾来：缉获贼匪之谓也。"

【拾袭】宋陈元靓辑《事林广记·续集·绮谈市语·器用门》："减装：了事；拾袭。"

【拾辗头】《切口大词典·盗贼类·偷鸡贼之切口》："拾辗头：偷鸡贼也。"金老佛《三教九流江湖秘密规矩·青帮与红帮·江湖之春典》："偷鸡称拾辗头。"

【拾着万了】云游客《江湖丛谈·江湖之春点·挂子行中的支杆挂子》："江湖人管听人传说某人的行为如何，做事怎样，调侃儿叫拾着万了。"

【食】宋陈元靓辑《事林广记·续集·绮谈市语·举动门》："吃：食；充口。"

【食浮食】《切口大词典·商铺类·食盐业之切口》："食浮食：巡丁也。"

【食老】《新刻江湖切要·饮馔类》："饭：煤章；食老。"清傅崇矩《成都通览·成都之江湖言词·饮馔类》："饭：煤章；食老。"

【食栗曹交】《江湖切口要诀》(尺牍增附本)："呆人：羊盘；[广]土偶土俑；食栗曹交。"

【食墨】《切口大词典·商铺类·古董业之切口》："食墨：砚也。"

【食木欠】《新刻江湖切要·亲戚类》："义孙曰食木欠，今姑改为奖重欠。"

【食木占】《新刻江湖切要·官职类》："荤饭秀；食木占，今改油占。"

【食如生】 卫大法师《江湖话·红帮闽粤及南洋各地通行隐语》："打明火：食如生，此样如思。"李子峰《海底·闽粤及南洋各地通行之隐语》："打明火；食如生；此样如思。"

【食烧猪】《切口大词典·娼妓类·粤妓之切口》："食烧猪：客人与琵琶仔，初行婚礼也。粤省闺女出阁，却扇之夕。新妇为新郎脱靴，顺递白布，或白绸一方，晚上拂拭新红，以验贞淫。贞者三转回门，男子预备烧猪数十头，以便女家分送亲戚朋友，自豪其女之贞。若男家不备烧猪，则闺女非完璧，为女家最丑之事也。"

【食粟曹交】《新刻江湖切要·人物类》："呆人：羊盘；［广］土偶木俑；食粟曹交。"清傅崇矩《成都通览·成都之江湖言词·人物类》："呆人：羊盘；土偶木俑；食粟曹交。"

【食鸭】 施列格《天地会研究·洪家口白要诀》："食鸭，劫船。"

【矢兜子】《切口大词典·盗贼类·铳手之切口》："矢兜子：痰盂也。"

【矢力八】《新刻江湖切要·人物类》："雇工：廿一；矢力八；帮挨；［广］贾勇。"《江湖切口要诀》（尺牍增附本）："雇工：廿一；矢力八；帮挨；［广］贾勇。"

【豕口口】 施列格《天地会研究·洪家口白要诀》："豕口口，家后堂。"

【豕物】 宋陈元靓辑《事林广记·续集·绮谈市语·走兽门》："猪：獒贺；豕物。"

【使暗钱】《切口大词典·盗贼类·杆匪之切口》："使暗钱：半夜纠伙行劫也。"

【使把】《切口大词典·医药类·施药郎中之切口》："使把：要钱也。"

【使白】《切口大词典·工匠类·泥水匠之切口》："使白：粉墙头也。"

【使扁家伙的】 云游客《江湖丛谈·江湖之春点·天桥的竹板书场》："唱竹板书的叫使扁家伙的。"

【使不下来】《切口大词典·盗贼类·偷鸡贼之切口》："使不下来：言人多不能行窃也。"

【使长家伙的】 云游客《江湖丛谈·江湖之春点·天桥的竹板书场》："管唱大鼓书的，调侃叫使长家伙的。"

【使大瓦刀的】 云游客《江湖丛谈·江湖之春点·评书艺人刘荣安》："评书界的人管说《永庆升平》的，调侃儿叫使大瓦刀的。"

【使短家伙的】 云游客《江湖丛谈·江湖之春点·三不管的评书场儿》："说评书的，调侃又叫使短家伙的。"云游客《江湖丛谈·江湖之春点·天桥的竹板书场》："管说评书的，叫使短家伙的，是指他们使的扇子而言。"

【使钢口】 云游客《江湖丛谈·江湖之金点·江湖之点挂子》："最有能为的人，逼杵的时候，能够说几句话，就有人往下扔钱，调侃儿叫使钢口。"

【使坏】《切口大词典·娼妓类·茶室之切口》："使坏：说人之短也。"

【使尖儿】 云游客《江湖丛谈·江湖之春点·三不管的馇巾生意》："江湖人管使假的调侃叫使腥，管使真的调侃叫使尖儿，江湖人管熟读相书，叫懂得尖册儿。"

【使明钱】《切口大词典·盗贼类·杆匪之切口》："使明钱：白昼纠伙行劫也。"

【使女】 清傅崇矩《成都通览·成都之江湖言词·人物类》："好人：将叉；念将通；使女：缝裳；燕人；拐七；蹑足陈平；闻雷坠筋。"

【使女缝裳】《新刻江湖切要·人物类》："好人：将义；念将通；［广］使女缝裳。"《江湖切口要诀》（尺牍增附本）："好人：将义；念将通；［广］使女缝裳。"

【使钱】《切口大词典·盗贼类·杆匪之切口》："使钱：预约匪党定期抢劫必能得钱也。"

【使腔】《梨园话》："使腔：歌声延长，抑扬可听，谓之'使腔'。"

【使丘山的】 云游客《江湖丛谈·江湖之金点·艺人传：评书门之群福庆》："陈荣启以使丘山见长。管说《精忠传》的调侃儿叫使丘山的。"

【使神仙口儿】 云游客《江湖丛谈·江湖之春点·三不管中挑火粒的生意》："她说，吃好了传名，要不好回来换钱，要不找她退钱算是怕她。那样说，叫做使神仙口儿。"

【使拴马桩儿】云游客《江湖丛谈·江湖之春点·江湖艺人快手卢》："他不过使那个方法把人吸住，行话叫扣腥，调侃叫使拴马桩儿。"

【使挺】《切口大词典·商铺类·染色业之切口》："使挺：染后用熨斗烫平也。"

【使样骰】云游客《江湖丛谈·江湖之春点·江湖中的卖点之内幕》："弄这假药，行话叫'使样骰'。"

【士店生】《清门考原·各项切口》："士店生，死人也。"金老佛《三教九流江湖秘密规矩·日常用语》："死人曰士店生。"

【士孤】《新刻江湖切要·官职类》："凡文官曰士孤，乡官曰孤通，武官曰马孤；将官曰寒孤，今改戎孤。"

【士量】《新刻江湖切要·器用类》："枕：刻天；士量，今更名扶头。"

【士砖城】《新刻江湖切要·宫室类》："监牢：禁圈；士砖城，改曰人世阿鼻。"

【示不小】宋陈元靓辑《事林广记·续集·绮谈市语·数目门》："二：示不小，封。"

【世】学古堂《江湖行话谱·估衣行话》："八：世。"

【市包】《切口大词典·商铺类·封套业之切口》："市包：略小于官也。"

【市扁】《切口大词典·商铺类·皮箱业之切口》："市扁：寻常之牛革扁箱也。"

【市衬】《切口大词典·手艺类·裱画业之切口》："市衬：裱工之佳者。"

【市大】《切口大词典·商铺类·账簿业之切口》："市大：无格线之账簿也。"

【市斗】《切口大词典·商铺类·账簿业之切口》："市斗：无格线之方账簿也。"

【市方】《切口大词典·商铺类·皮箱业之切口》："市方：寻常之牛革箱也。"

【市股】《切口大词典·赌博类·摇宝赌之切口》："市股：每一股十元取十分得利之意。"

【市虎】朱琳《洪门志·春典子琐记·物品》："汽车，称市虎。"

【市柳】《切口大词典·商铺类·板木业之切口》："市柳：五分之厚柳板也。"

【市秒】《切口大词典·巫卜类·席地测字者之切口》："市秒：街头也。"

【市平】《清门考原·各项切口》："市平，台上设药瓶无多者。"

【市头】《切口大词典·娼妓类·粤妓之切口》："市头：店主东也。"

【市头婆】《切口大词典·娼妓类·粤妓之切口》："市头婆：鸨母也。"

【市语】清翟灏《通俗编·识余·市语》："《西京杂记》云，长安市人语，各有不同，有胡芦语、锁子语、钮语、练语、三折语，通谓市语。宋汪云程《蹴鞠谱》有所谓锦语者，亦与市语不殊，盖此风之兴已久，或云卢敖作市语，其信然乎？"清翟灏《通俗编·识余·市语》："江湖人市语尤多，坊间有《江湖切要》一刻，事事物物，悉有隐称。诚所谓惑乱听闻，无足采也。其间有通行市井者，如官曰孤司，店曰朝阳，夫曰盖老，妻曰底老，家人曰吊脚，僧曰廿三，道士曰廿四，成衣曰戳短枪，抬轿曰扱楼儿，剃头曰削青，船曰瓢儿，屋曰顶公，银曰琴公，钱曰把儿，米曰软珠，饼曰匾食，盐曰潢老，鱼曰豁水，鸭曰王八，鞋曰踢土，镜曰照儿，抹布曰蹋郎，坐曰打墩，拜曰剪拂，揖曰丢圈子，叩头曰丢匾子，写字曰搠黑，说话曰吐刚，被欺曰上当，虚奉承曰王六，大曰太式，多曰满太式，无曰各念，俱由来于此语也。"

【市庄】《切口大词典·杂业类·酒店之切口》："市庄：酒之中者。"

【式老夫】《切口大词典·杂业类·商人共众切口》："式老夫：洋行之收账员也。"

【式头】《切口大词典·星相类·量手算命之切口》："式头：招牌也。"

【事不成】清傅崇矩《成都通览·成都之袍哥话即江湖话也》："云南，事不成也。"

【事件】①《切口大词典·工匠类·锡匠之切口》："事件：锡盘也。"②《切口大词典·杂业类·饭店业之切口》："事件：鸡鸭之肾肝也。"

【事主】《切口大词典·衙卒类·写状人之切口》："事主：与讼之主人也。"

【侍平】《新刻江湖切要·人事类》："立：侍平；潘儿树。"《切口大词典·武术类·打连箱者之切口》："侍平：立也。"清傅崇矩《成都通览·成都之江湖言词·人事类》："立：侍平；潘儿树。"

【试短枪】《切口大词典·党会类·小瘪三之

切口》："试短枪：缝工也。"

【柿子圆】 清傅崇矩《成都通览·成都之袍哥话即江湖话也》："柿子圆，十也。"

【拭椿子】《切口大词典·盗贼类·杆匪之切口》："拭椿子：抢劫短小之街市也。"

【拭漂】《切口大词典·工匠类·泥水匠之切口》："拭漂：拭泥帚也。"

【拭照】《新刻江湖切要·人事类》："哭：拭照；流珠；撒娇；撒汗。"《切口大词典·武术类·搭台变戏法之切口》："拭照：哭也。"清傅崇矩《成都通览·成都之江湖言词·人事类》："哭：拭照；流珠；撒娇；撒汗。"

【拭帚】《切口大词典·商铺类·火腿业之切口》："拭帚：脚爪带有二三寸长者。"

【是】《新刻江湖切要·人事类》："在曰是。"《切口大词典·武术类·行程保镖者之切口》："是：在也。"清傅崇矩《成都通览·成都之江湖言词·人事类》："在：是。"

【是非子】 卫大法师《江湖话·红帮各地通行隐语·人身各物类》："口：樱桃，是非子，钳子。"李子峰《海底·各地通行隐语》："口：樱桃；是非子。"

【是分腿儿】 云游客《江湖丛谈·江湖之金点·艺人传·鼓界之白云鹏》："若受艺人敬重的人，调侃儿叫是分腿儿。"

【释巢】《新刻江湖切要·宫室类》："庙宇：神窑；释窑；改为释巢。"

【释窑】《新刻江湖切要·宫室类》："庙宇：神窑；释窑；改为释巢。"

---

shou

【收】①《行院声嗽·数目》："十：收；接。"《蹴鞠图谱·圆社锦语》："收：十。"宋陈元靓辑《事林广记·续集·绮谈市语·数目门》："十：针不金；收。" ②卫大法师《江湖话·各行业商帮所用数目字隐语·成都通行言词·牲畜行》："收：一。"

【收百子】 卫大法师《江湖话·各行业商帮所用数目字隐语·成都通行言词·牲畜行》："数目在一百以上为整数时，则中加'百'下加'子'，如'收百子'为'一百元'，'稍百子'为'九百元'，如'猪肉买成捞稍钱一斤'即是'一百九十元一斤'。"

【收包】 清唐再丰《鹅幻汇编·江湖通用切口摘要》："专走乡间自称戏子而治病者曰收包。"卫大法师《江湖话·江湖上的隐语·皮行隐语》："专走乡间自称戏子而治病；收包。"《切口大词典·医药类·自称戏子治病者之切口》："收包：是辈专走乡间自言戏子，专医跌打损伤，顺收猫胞，为和药之需。"《清门考原·各项切口》："收包，专走乡间自称戏子而治病者。"金老佛《三教九流江湖秘密规矩·江湖通用切口》："专走乡间自称戏子而治病者曰收包。"

【收锤】《切口大词典·优伶类·锣鼓之切口》："收锤：如《李陵碑》，令公舞大刀花进场时应打收锤。"

【收粉子】 卫大法师《江湖话·红帮各地通行隐语·饮食用品类》："吃饭：收粉子，上哨，耕沙。"李子峰《海底·各地通行隐语》："吃饭：收粉子；上哨；耕沙。"

【收盖子】《切口大词典·党会类·红帮之切口》："收盖子：天晴也。"

【收更】《镖行江湖隐语行话秘典》："一更为起更，二更为定更，三更为听更，四更为坐更，五更为收更。"

【收古画】《切口大词典·杂流类·贩烟土者之切口》："收古画：以装潢成轴之字画，轴杆中空入土中便私运也。"

【收规把】《切口大词典·党会类·青帮之切口》："收规把：凡燕子窝，赌台台基等，苟犯法禁均可收取陋规。"

【收礼】《切口大词典·巫卜类·尼姑之切口》："收礼：与和尚定情也。"

【收末曾】《切口大词典·娼妓类·相公堂子之切口》："收末曾：留宿相公处，相公至午夜始来就寝也。因前半夜，方应酬别客。"

【收晒朗】《切口大词典·盗贼类·收晒朗贼之切口》："收晒朗：乘人不备，窃偷所晒之衣服也。"

【收行水】《切口大词典·衙卒类·侦探之切口》："收行水：向贼窟乞丐取钱也。"

【手操】《梨园话》："手操：剧中人以手争斗之姿势也。"

【手撑天】《切口大词典·商铺类·竹器业之切口》："手撑天：洋伞也。"

【手铳子】 李子峰《海底·各地通行隐语》："枪：手铳子；牲口；叫驴；喷筒。"卫大法师《江湖话·红帮各地通行隐语·武器类》："枪：手铳子，牲口，叫驴；喷筒。"

【手斗】《新刻江湖切要·文具类》："棋：斗精；手斗；争锋；短兵。余谓总不若名之曰谈兵。"

【手帆】《新刻江湖切要·文具类》："扇子：招风；摇老；增曰手帆。"

【手箍】《切口大词典·杂流类·卖玉器之切口》："手箍：玉镯也。"

【手汲】《切口大词典·工匠类·箍桶匠之切口》："手汲：水桶也。"

【手令】《切口大词典·赌博类·麻雀赌之切口》："手令：锯板者，以牌拍桌或香烟及火柴之放置以示令子者。"

【手龙】《切口大词典·医药类·做戏法卖药者之切口》："手龙：帕子也。"

【手帕交】《切口大词典·娼妓类·长三书寓之切口》："手帕交：结拜小姊妹也。"

【手沙】《切口大词典·役夫类·茶担夫之切口》："手沙：手巾也。"

【手身】《切口大词典·星相类·龟算命之切口》："手身：捕快也。"

【手谈】 宋陈元靓辑《事林广记·续集·绮谈市语·文房门》："棋：手谈；楸局。"

【手提】《切口大词典·工匠类·藤器匠之切口》："手提：藤筐也。"

【手响】《切口大词典·巫卜类·道士之切口》："手响：提琴也。"

【手削】 宋陈元靓辑《事林广记·续集·绮谈市语·文房门》："简札：手削。"

【手照】①《切口大词典·盗贼类·铳手之切口》："手照：镜子也。"金老佛《三教九流江湖秘密规矩·青帮与红帮·江湖之春典》："镜称手照。"②《切口大词典·工匠类·锡匠之切口》："手照：锡盒镶镜子也。"③《切口大词典·行号类·鲜鱼行之切口》："手照：鳊鱼也。"④《切口大词典·行号类·咸货行之切口》："手照：鲳鱼也。"

【守】《切口大词典·巫卜类·道士之切口》："守：笑也。"

【守笆通】《切口大词典·星相类·弹弦子算命之切口》："守笆通：属狗也。"

【守边】《切口大词典·星相类·铁板算命之切口》："守边：戌时也。"

【守病】《切口大词典·娼妓类·八大胡同妓院之切口》："守病：与守垫子之义相类，惟一则与垫子期间，一则于病中耳。"

【守垫子】《切口大词典·娼妓类·八大胡同妓院之切口》："守垫子：谓于垫子期间留髦也，有留髦之名，无留髦之实，非热客不肯为之。"

【守风】《切口大词典·杂流类·收旧货之切口》："守风：瓶也。"

【守空】《切口大词典·娼妓类·茶室之切口》："守空：妓女月经来时，客仍留髦也，然有名而无实。"

【守土】 清唐再丰《鹅幻汇编·江湖通用切口摘要》："在本处做生意不出码头者，名曰守土。"《切口大词典·星相类·星家之切口》："守土：不出码头，在本处做生意之谓也。"《清门考原·各项切口》："本地做生意也。"金老佛《三教九流江湖秘密规矩·日常用语》："在本处做生意（不出码头者），名曰守土。"

【守阴天】《切口大词典·娼妓类·八大胡同妓院之切口》："守阴天：与前二者义亦相类，惟守阴天者，未必无留髦之实耳。"

【守庄子】《切口大词典·手艺类·卖花样之切口》："守庄子：摆摊卖花样也。"

【首】《切口大词典·杂流类·收旧货之切口》："首：十也。"

【首唱】《新刻江湖切要·官职类》："状元：首唱。"

【首靠】《切口大词典·手艺类·席子业之切口》："首靠：枕头席也。"

【寿】 朱琳《洪门志·春典子琐记·店铺》："棺材店，称寿。"

【寿光】 宋陈元靓辑《事林广记·续集·绮谈市语·器用门》："镜：菱花；寿光。"

【寿客】 宋陈元靓辑《事林广记·续集·绮谈市语·花木门》："菊花：傲霜；寿客。"

【寿头码子】《切口大词典·娼妓类·台基之切口》："寿头码子：状如瘟孙，而聪明不及。"

【寿头子】 卫大法师《江湖话·红帮各地通行隐语·动物类》："鹅：绒球子，寿头子，阿六。"李子峰《海底·各地通行隐语》："鹅：

寿头子；阿六。"

【寿香】《清门考原·各项切口》："寿香，敬亡人也。"

【寿星】 明程万里《鼎鍥徽池雅调南北官腔乐府点板曲响大明春·六院汇选江湖方语》："寿星，其语话皆知，不能瞒也。"

【受】 卫大法师《江湖话·红帮各地通行隐语·店钱及其他》："吃：受。"《切口大词典·党会类·红帮之切口》："受：吃也。"金老佛《三教九流江湖秘密规矩·青帮与红帮·红帮之问答》："甲曰：吾们去受（吃）乌里伞头子（夜饭）去。"

【受点】《江湖切口要诀》（尺牍增附本）："家主：受点。"《切口大词典·医药类·卖春药治毒疮者之切口》："受点：家主也。"清傅崇矩《成都通览·成都之江湖言词·人物类》："家主：受点。"

【受儿】《新刻江湖切要·鸟兽虫鱼类》："虫总名受儿。"

【受风】 卫大法师《江湖话·安庆隐语》："守秘密：受风，打埋伏。"

【受孤才】《新刻江湖切要·人物类》："奶奶：受孤通；[改]受孤才。"《江湖切口要诀》（尺牍增附本）："奶奶：受孤通；改受孤才。"《切口大词典·杂流类·卖婆之切口》："受孤才：奶奶也。"清傅崇矩《成都通览·成都之江湖言词·人物类》："奶奶：受孤通；受孤才。"

【受孤通】《新刻江湖切要·人物类》："奶奶：受孤通；[改]受孤才。"《江湖切口要诀》（尺牍增附本）："奶奶：受孤通；改受孤才。"《切口大词典·医药类·卖春药治毒疮者之切口》："受孤通：奶奶也。"清傅崇矩《成都通览·成都之江湖言词·人物类》："奶奶：受孤通；受孤才。"

【受过夹磨】 云游客《江湖丛谈·江湖之春点·江湖中挑逗子汗的》："我们江湖人，管得过什么传授，调侃叫受过夹磨。"

【受黑】 ①《新刻江湖切要·鸟兽虫鱼类》："蚤：受黑。" ②《新刻江湖切要·文具类》："砚：石田；受黑；[增]受磨涅。"

【受黑朝阳】 ①《新刻江湖切要·店铺类》："砚店：受黑朝阳。" ②《切口大词典·盗贼类·对买贼之切口》："受黑朝阳：铁店也。"

清傅崇矩《成都通览·成都之江湖言词·店铺类》："铁店：受黑朝阳。"

【受黄连子】《切口大词典·党会类·红帮之切口》："受黄连子：吃茶也。"金老佛《三教九流江湖秘密规矩·青帮与红帮·红帮之问答》："甲曰：然则吾们去受黄连子（吃茶）。"金老佛《三教九流江湖秘密规矩·青帮与红帮·江湖之春典》："吃茶称受黄连子。"

【受惶】《切口大词典·巫卜类·和尚之切口》："受惶：上当也。"

【受夹】《清门考原·各项切口》："受夹，受人逼也。"

【受夹磨】 云游客《江湖丛谈·江湖之金点·江湖之点挂子》："受训练，调侃儿叫受夹磨。"

【受啦】 卫大法师《江湖话·红帮各地通行隐语·各种行业类》："失物：受啦。"李子峰《海底·各地通行隐语》："失物：受啦。"

【受了夹磨的】 云游客《江湖丛谈·江湖之金点·江湖之点挂子》："受了夹磨的：受过训练的意思。"

【受了腥了】 云游客《江湖丛谈·江湖之春点·江湖中之挑杯杯的》："江湖人的调侃儿，管上了当叫受了腥了。"

【受笼】《切口大词典·医药类·撑大伞卖药者之切口》："受笼：药箱也。"

【受论】《行院声嗽·人事》："肯：受论。"《蹴鞠图谱·圆社锦语》："受论：肯。"

【受马朗】《切口大词典·党会类·红帮之切口》："受马朗：吃点心也。"

【受磨涅】《新刻江湖切要·文具类》："砚：石田；受黑；[增]受磨涅。"

【受伞】 金老佛《三教九流江湖秘密规矩·青帮与红帮·江湖之春典》："吃饭称受伞。"

【受戌】《新刻江湖切要·数目类》："九为爱，又受戌。"《切口大词典·巫卜类·文王课之切口》："受戌：九也。"清傅崇矩《成都通览·成都之江湖言词·数目类》："九：爱；受戌。"

【受熏】 ①《切口大词典·党会类·红帮之切口》："受熏：吃洋烟也。" ②《清门考原·各项切口》："受熏，吃鸦片烟也。"

【受薰】 金老佛《三教九流江湖秘密规矩·青帮与红帮·江湖之春典》："吃烟称受薰。"

【受熏条】《切口大词典·党会类·红帮之切口》:"受熏条:吃香烟也。"

【受阳】《切口大词典·商铺类·竹器业之切口》:"受阳:晒箕也。"

【受玉伞】《切口大词典·党会类·红帮之切口》:"受玉伞:吃酒饭也。"

【受玉子】金老佛《三教九流江湖秘密规矩·青帮与红帮·江湖之春典》:"饮酒称受玉子。"

【受子】《新刻江湖切要·鸟兽虫鱼类》:"虱:受子;[增]扪谈;又游袢;又半凤君。"

【瘦】①《切口大词典·商铺类·另剪业之切口》:"瘦:小也。"②贝思飞《民国时期的土匪隐语》:"瘦:穷。"

【瘦柴】清傅崇矩《成都通览·成都之江湖言词·身体类》:"并足:瘦柴;青条;肥花草;濯濯。"

【瘦客】《切口大词典·杂流类·卖花者之切口》:"瘦客:月季花也。"

【瘦马】《切口大词典·工匠类·染布匠之切口》:"瘦马:理布凳子也。"

【瘦鸭】贝思飞《民国时期的土匪隐语》:"瘦鸭:家境贫穷的人质。"

shu

【书】清翟灏《通俗编·识余·市语·故衣铺》:"故衣铺:一大,二土,三田,四东,五里,六春,七轩,八书,九籍。"

【书包翻身】《切口大词典·党会类·小瘪三之切口》:"书包翻身:寒士发迹也。"

【书房】卫大法师《江湖话·红帮各地通行隐语·建筑物类》:"牢:书房。"《家里宝鉴·隐语》:"牢狱曰'书房'。"李子峰《海底·各地通行隐语》:"牢:书房。"平山周《中国秘密社会史·哥老会隐语》:"被捕曰被摘,斩曰劈,牢狱曰书房,庙曰哑吧窑子,衙门曰威武窑子。"徐珂《清稗类钞·会党类·哥老会隐语》:"被捕曰被摘,斩曰劈,牢狱曰书房,庙曰哑吧窑子,衙门曰威武窑子。"

【书香】《新刻江湖切要·僧道类》:"仙人称为书香,今增为云游子。"清傅崇矩《成都通览·成都之江湖言词·僧道类》:"仙人

书香;云游子。"

【枢使】宋陈元靓辑《事林广记·续集·绮谈市语·君臣门》:"枢密:枢使;枢相。"

【枢相】宋陈元靓辑《事林广记·续集·绮谈市语·君臣门》:"枢密:枢使;枢相。"

【叔孤】《新刻江湖切要·官职类》:"督察院者孤;督院巡孤;[广]叔孤。"

【叔考】《切口大词典·医药类·参燕业之切口》:"叔考:十八也。"

【叔欠】《切口大词典·医药类·参燕业之切口》:"叔欠:十九也。"

【叔仙】《切口大词典·医药类·参燕业之切口》:"叔仙:十七也。"

【叔项】《切口大词典·医药类·参燕业之切口》:"叔项:十三也。"

【叔晓】《切口大词典·医药类·参燕业之切口》:"叔晓:十四也。"

【叔薰】《切口大词典·医药类·参燕业之切口》:"叔薰:十二也。"

【叔扎】《切口大词典·医药类·参燕业之切口》:"叔扎:十一也。"

【梳】卫大法师《江湖话·各行业商帮所用数目字隐语·成都通行言词·谷米杂粮行》:"梳:四。"卫大法师《江湖话·各行业商帮所用数目字隐语·成都通行言词·鱼贩子》:"条:一。边:二。撑:三。梳:四。妥:五。高:六。黑:七。毛:八。湾:九。"卫大法师《江湖话·各行业商帮所用数目字隐语·成都通行言词·布行》:"则:一。乃:二。心:三。梳:四。抹:五。高:六。纱:七。孬:八。丘:九。"清傅崇矩《成都通览·成都之各行人买卖通用言词·捕鱼及渔帆子言词》:"梳(四)。"清傅崇矩《成都通览·成都之各行人买卖通用言词·布匹棉花线子行言词》:"梳(四)。"清傅崇矩《成都通览·成都之各行人买卖通用言词·谷米杂粮过斗六成行通用言词》:"四,梳。"清傅崇矩《成都通览·成都之各行人买卖通用言词·丝锦绸缎布帛花行通用言词》:"四,梳。"

【梳斗钱】清傅崇矩《成都通览·成都之各行人买卖通用言词·谷米杂粮过斗六成行通用言词》:"梳斗钱是四十个。"

【梳头妈】《切口大词典·娼妓类·粤妓之切口》:"梳头妈:梳头妇人,极爱华丽年在二

十左右，多有爱妍之，以为阔绰也。"

【梳头桌】《梨园话》："梳头桌：旦角梳妆处。"

【梳枭】《切口大词典·星相类·鸟衔算命之切口》："梳枭：衔牌之鸟也。"

【梳牙】《新刻江湖切要·人事类》："凡命为牙，故算命曰梳牙。"《新刻江湖切要·星相类》："算命：梳牙。"《切口大词典·星相类·弹弦子算命之切口》："梳牙：算命也。"清傅崇矩《成都通览·成都之江湖言词·人事类》："算命：梳牙。"

【舒大】《切口大词典·役夫类·茶担夫之切口》："舒大：散席也。"

【舒雁】宋陈元靓辑《事林广记·续集·绮谈市语·飞禽门》："鹅：□物，红掌；羲禽；舒雁；家雁；换□。"

【赎病人】清张德坚等《贼情汇纂》卷八《伪文告下·隐语·太平天国隐语》："赎病人即杨逆。"

【赎价】贝思飞《民国时期的土匪隐语》："赎价：勒索的价钱。"

【赎票】贝思飞《民国时期的土匪隐语》："赎票：支付赎金。"

【赎身】《清门考原·各项切口》："赎身，以售价之款，赎取自由。"

【塾地】《新刻江湖切要·官职类》："经历井五孤；混五；[广] 塾地。"

【熟底】《切口大词典·工匠类·银匠之切口》："熟底：熔银锅也。"

【熟姜】卫大法师《江湖话·红帮闽粤及南洋各地通行隐语》："如思烟：熟姜。"李子峰《海底·闽粤及南洋各地通行之隐语》："熟烟：熟姜。"

【熟麦子】卫大法师《江湖话·红帮各地通行隐语·各种行业类》："自家人：熟麦子。"卫大法师《江湖话·红帮各地通行隐语·人类般》："自己人：熟麦子。"李子峰《海底·各地通行隐语》："自己人：熟麦子。"李子峰《海底·各地通行隐语》："自家人：熟麦子。"

【熟小九归】《切口大词典·乞丐类·乞丐之切口》："熟小九归：俭不中礼之人也。"

【暑縑】宋陈元靓辑《事林广记·续集·绮谈市语·玉帛门》："纱：暑縑。"

【蜀晶】《切口大词典·商铺类·杂货业之切口》："蜀晶：川矾也。"

【蜀占】《切口大词典·杂货业之切口》："蜀占：川产之黄蜡也。"

【鼠尾】①《切口大词典·工匠类·造船匠之切口》："鼠尾：兜风板也。"②《切口大词典·行号类·蛋船行之切口》："鼠尾：船缆也。"

【薯蓣】《切口大词典·行号类·菜蔬行之切口》："薯蓣：山药也。"

【瘪头】《切口大词典·杂流类·卖蔬菜之切口》："瘪头：生姜也。"

【束朝阳】《新刻江湖切要·店铺类》："带店：[增] 束朝阳。"《切口大词典·盗贼类·对买贼之切口》："束朝阳：带店也。"清傅崇矩《成都通览·成都之江湖言词·店铺类》："带店：束朝阳。"

【束素】宋陈元靓辑《事林广记·续集·绮谈市语·身体门》："腰：楚柳；束素。"

【树上】《清门考原·各项切口》："树上，尤言身上。"

【树上火】《清门考原·各项切口》："树上火，身上衣服新鲜阔绰也。"

【树上清秀】《清门考原·各项切口》："树上清秀，身上清洁也。"

【竖点】《切口大词典·商铺类·绸缎业之切口》："竖点：嗪绸也。"

【竖耙头】《切口大词典·役夫类·农夫之切口》："竖耙头：掘田也。"

【数罗汉】《切口大词典·役夫类·农夫之切口》："数罗汉：耘田也。"

【数贫嘴】《切口大词典·乞丐类·顶物求乞之切口》："数贫嘴：所唱之乞儿调也。"

【数石板】清傅崇矩《成都通览·成都之呼物混名》："数石板：言无事游街也。"

【数天】朱琳《洪门志·春典子琐记·店铺》："香铺，称数天。"

【数珠】《蹴鞠图谱·圆社锦语》："数珠：肚。"

【数子】《切口大词典·手艺类·骨牌业之切口》："数子：罄码也。"

【潄老】《行院声嗽·地理》："水：潄老。"

---

shua

【刷锅】《切口大词典·娼妓类·八大胡同妓

院之切口》："刷锅：继寻常靴子之后，而被留髡之谓也，此与挨城门不同，挨城门乃一种特别权利，而刷锅则吃亏之事也。"

【刷青】 宋陈元靓辑《事林广记·续集·绮谈市语·玉帛门》："翠：刷青。"

【刷子】 ①明徐渭《南词叙录》："曲中常用方言字义。诸事最为显证，兹摘录若干。如：勤儿言其勤于悦色，不惮烦也。亦曰刷子，言其乱也。入跋，入门也。倡家谓门曰跋限。顶老，伎之诨名。人马进步也。倡家语。" ②卫大法师《江湖话·红帮各地通行隐语·店钱及其他》："汤匙：勺子，刷子。"

【耍菜】《切口大词典·娼妓类·八大胡同妓院之切口》："耍菜：犹言耍穷脸也。"

【耍叉】《切口大词典·娼妓类·八大胡同妓院之切口》："耍叉：谓以扛叉为业也，其义与扛叉同。"

【耍骨头】《切口大词典·娼妓类·八大胡同妓院之切口》："耍骨头：以隽语轻薄之也。"

【耍猴子】《切口大词典·衙卒类·侦探之切口》："耍猴子：吊赃也。"

【耍老子】《新刻江湖切要·乞丐类》："弄猴：耍老子：[改]伏虎。"《切口大词典·乞丐类·耍猴求乞之切口》："耍老子：耍猴子乞儿也。"清傅崇矩《成都通览·成都之江湖言词·乞丐类》："弄猴：耍老子：伏虎。"

【耍命】《切口大词典·娼妓类·茶室之切口》："耍命：撤妇之词也。"

【耍下场】《梨园话》："耍下场：剧中脚色战胜时，以所持之兵器，做盘旋舞式，谓之'耍下场'。"

【耍阴】《梨园话》："耍阴：奸刁狡猾谓之'耍阴'。"《切口大词典·优伶类·伶人之切口》："耍阴：奸刁狡猾也。"

【耍子】 ①《切口大词典·手艺类·卖纸鸢之切口》："耍子：线也，或名耍线。" ②《切口大词典·医药类·卖药人之切口》："耍子：打绷也。"

---

shuai

【衰鬼】《切口大词典·娼妓类·粤妓之切口》："衰鬼：骂人之倒运者。"

【摔打杂来】《梨园话》："摔打杂来：率打击零碎角色，无不兼全之谓也。"

【摔客】《切口大词典·娼妓类·八大胡同妓院之切口》："摔客：妓女不喜某客，用冰桶之手段，使其意兴索然，不愿再来，谓之摔客。"

【摔瓢子】 学古堂《江湖行话谱·走江湖话》："大便：摔瓢子。"

【摔条子】 学古堂《江湖行话谱·走江湖话》："放枪：摔条子。"

【甩】 卫大法师《江湖话·各行业商帮所用数目字隐语·成都通行言词·娼妓》："腰：一。坐：二。立：三。杯：四。甩：五。捞：六。桥：七。拉：八。按'甩'读'ㄌㄧㄚ'(lia)，以斧砍木，未砍中面所飘了为甩。"清傅崇矩《成都通览·成都之各行人买卖通用言词·院房娼妓言词》："五，甩。"

【甩叉】《切口大词典·优伶类·武行中之切口》："甩叉：由上台甩下，排成一字也。"

【甩货】《切口大词典·杂流类·贩人口者之切口》："甩货：无用之人也。大抵面貌不扬人多不喜也。"

【甩气椅】《切口大词典·优伶类·场子上之切口》："甩气椅：人死以红巾覆面也。"

【甩圈子】《切口大词典·武术类·妇女顶缸走索之切口》："甩圈子：向众人作揖也。"

【甩甩】 清傅崇矩《成都通览·成都之各行人买卖通用言词·院房娼妓言词》："甩甩，五十五。"

【甩条】 卫大法师《江湖话·红帮各地通行隐语·一般人事类》："小便：甩条；丢线。"李子峰《海底·各地通行隐语》："小便：甩条。"

【甩头一子】 云游客《江湖丛谈·江湖之春点·天桥内的把式场》："丈多长的绳儿，一头系个镖，武术家管这宗东西，叫甩头一子。"

【甩星子】《兽医串雅杂钞》："甩星子，是手彩活，假症。"《兽医串雅杂钞》："甩星子，是手彩活，假症。"

【甩阳子】 李子峰《海底·各地通行隐语》："大便：甩阳子；劈山。"

【甩叶子】《兽医串雅杂钞》："给人开药方，叫甩叶子。给人家帮忙，叫串忙。好药，叫清末子。"

【帅】 云游客《江湖丛谈·江湖之春点·天桥的空竹场子》："江湖人管老师调侃叫帅。"

【帅拂子】《清门考原·各项切口》："帅拂子，头也。"

【帅盔】《切口大词典·优伶类·戏盔之切口》："帅盔：全金色，形如覆钟，顶上有尖杆，后有红色披风。"

【帅腔】《切口大词典·优伶类·腔调上之切口》："帅腔：唱时陡使好腔，出人意外，能博得看客满堂彩也。"

【帅手】 清傅崇矩《成都通览·成都之呼物混名》："帅手：五也。"

shuan

【闩】 卫大法师《江湖话·江湖上的隐语·普通隐语》："簪：闩。"

【闩闪头】《切口大词典·赌博类·摇宝赌之切口》："闩闪头：无限制之局。"

【栓雌光】《切口大词典·杂流类·外执事之切口》："栓雌光：尼姑也。"

【栓光】《切口大词典·杂流类·外执事之切口》："栓光：和尚也。"

【拴光】 金老佛《三教九流江湖秘密规矩·青帮与红帮·江湖之春典》："和尚称拴光。"

【栓头】《切口大词典·行号类·猪行之切口》："栓头：猪栅也。"

【栓子】《切口大词典·商铺类·瓷器业之切口》："栓子：圆之盛药具也。"

shuang

【双顶】《切口大词典·杂业类·冶坊之切口》："双顶：二尺五寸之锅也。"

【双飞】①《切口大词典·巫卜类·道士之切口》："双飞：大铜鼓也。"②《切口大词典·巫卜类·道士之切口》："双飞：对子也。"

【双飞燕】《切口大词典·优伶类·武行中之切口》："双飞燕：以两手拍两脚跟也。"

【双锋】《切口大词典·商铺类·珠宝业之切口》："双锋：珠粒之不圆者。"

【双杠子】《切口大词典·杂业类·纸扎店之切口》："双杠子：纸箸也。"

【双根子】《切口大词典·商铺类·鞋子业之切口》："双根子：鞋梁也。"

【双钩】《切口大词典·手艺类·秤戥业之切口》："双钩：十五两三钱秤也。"

【双挂号】《清门考原·各项切口》："双挂号，立等回信也。"

【双合】《切口大词典·商铺类·山货业之切口》："双合：桃子也。"

【双环】《切口大词典·工匠类·锡匠之切口》："双环：茶壶之总称也。"

【双尖】①《切口大词典·工匠类·烧盐匠之切口》："双尖：叉柴之叉也。"②《切口大词典·商铺类·玉器业之切口》："双尖：玉簪也。"

【双铜】 卫大法师《江湖话·红帮各地通行隐语·饮食用品类》："筷：篙子，双铜，碟，莲叶。"李子峰《海底·各地通行隐语》："筷：篙子；双铜。"李子峰《海底·闽粤及南洋各地通行之隐语》："筷：双铜。"

【双交】《切口大词典·杂业类·面馆之切口》："双交：加头之双料者。"

【双角】《切口大词典·武术类·耍猴戏之切口》："双角：羊也。"

【双进门】《梨园话》："双进门：龙套左右并进，谓之'双进门'。"《切口大词典·优伶类·场子上之切口》："双进门：龙套左右门分出，走一圆场，再至主将前站立也。"

【双井】《新刻江湖切要·衣饰类》："裤：叉老；双井；叉儿。"

【双井子】《切口大词典·盗贼类·收晒朗贼之切口》："双井子：套裤也。"

【双口犬】《切口大词典·乞丐类·哭诉求乞之切口》："双口犬：哭也。"

【双口子】 卫大法师《江湖话·红帮各地通行隐语·姓氏类》："吕：双口子。"李子峰《海底·各地通行隐语》："吕：双口子。"

【双老】 清傅崇矩《成都通览·成都之江湖言词·衣饰类》："裤：叉老；双老；叉儿。"

【双连】①《切口大词典·商铺类·板木业之切口》："双连：一丈八尺之木也。"②《切口大词典·手艺类·做袜子之切口》："双连：夹袜也。"

【双脸子】 卫大法师《江湖话·红帮各地通行

隐语·居住用品类》:"镜子:双脸子,菱花,对面子。"李子峰《海底·各地通行隐语》:"镜子:双脸子;菱花;对面子。"

【双龙取水】《切口大词典·优伶类·场子上之切口》:"双龙取水:龙套两队,分头大绕圈子也。"

【双门】《新刻江湖切要·鸟兽虫鱼类》:"象:双门。"

【双蒙子天】卫大法师《江湖话·红帮各地通行隐语·天文地理类》:"阴天:双蒙子天。"李子峰《海底·各地通行隐语》:"阴天:双蒙子天。"

【双念照】《新刻江湖切要·身体类》:"盲:念照;又双念照。"《切口大词典·星相类·相家之切口》:"双念照:双眼盲者。"清傅崇矩《成都通览·成都之江湖言词·身体类》:"盲:念照;双念照。"

【双飘带】清傅崇矩《成都通览·成都之呼物混名》:"双飘带:姓徐者。"

【双票子】《切口大词典·盗贼类·铳手之切口》:"双票子:对子也。"

【双欠】①《新刻江湖切要·生死类》:"双生:双欠。该名对欠。"清傅崇矩《成都通览·成都之江湖言词·生死类》:"双生:双欠;对欠。"②《切口大词典·星相类·拉和琴算命之切口》:"双欠:孖生子也。"

【双全】清翟灏《通俗编·识余·市语·道家星卜》:"道家星卜:一太,二大,三蒙,四全,五假,六真,七秀,八双全,九渊。"

【双筛】《新刻江湖切要·乐器类》:"铙钹:双筛。"

【双扇】①《新刻江湖切要·人物类》:"门子:双扇。"《江湖切口要诀》(尺牍增附本):"门子:双扇。"《切口大词典·医药类·摇虎撑者之切口》:"双扇:门子也。"《切口大词典·役夫类·更夫之切口》:"双扇:门也。"《切口大词典·役夫类·门夫之切口》:"双扇:门子也。"清傅崇矩《成都通览·成都之江湖言词·人物类》:"门子:双扇。"

【双梢子】卫大法师《江湖话·红帮各地通行隐语·姓氏类》:"林:双梢子。"李子峰《海底·各地通行隐语》:"林:双梢子。"

【双身子】卫大法师《江湖话·红帮各地通行隐语·人类一般》:"有孕妇人:双身子。"

李子峰《海底·各地通行隐语》:"有孕妇人:双身子。"

【双甩头】《切口大词典·役夫类·脚夫之切口》:"双甩头:扁担也。"

【双桃】《切口大词典·手艺类·兜带业之切口》:"双桃:兜腹有两囊也。"

【双筒】《切口大词典·杂流类·收旧货之切口》:"双筒:套裤也。"

【双头】《切口大词典·优伶类·靶子之切口》:"双头:两端有枪头之枪也。"

【双王】《新刻江湖切要·乐器类》:"琴瑟:双王。"

【双五百】清傅崇矩《成都通览·成都之江湖言词·人物类》:"小姐:闺琴;双五百(谓千金也)。"《新刻江湖切要·人物类》:"小姐:闺琴;[改]双五百,谓千金也。"《切口大词典·医药类·卖春药治毒疮者之切口》:"双五百:小姐也。"

【双五才】《江湖切口要诀》(尺牍增附本):"小姐:闺琴;改双五才,谓千金也。"

【双线通】①《新刻江湖切要·工匠类》:"缝衣匠:双线通。"清傅崇矩《成都通览·成都之江湖言词·工匠类》:"缝衣匠:双线通。"②《切口大词典·工匠类·皮匠之切口》:"双线通:皮匠也。"

【双向】《切口大词典·杂流类·卖糖果者之切口》:"双向:糖枇杷也。"

【双燕】《切口大词典·工匠类·补镬匠之切口》:"双燕:抽风器也。"

【双影子】卫大法师《江湖话·红帮各地通行隐语·其他用具对象类》:"照片:双影子。"李子峰《海底·各地通行隐语》:"照片:双影子。"

【双圆】《切口大词典·商铺类·古董业之切口》:"双圆:古铜镜也。"

【双足】《新刻江湖切要·人事类》:"名色好曰双足。"清傅崇矩《成都通览·成都之江湖言词·人事类》:"名色好:双足。"

【霜降】《切口大词典·杂业类·酱园之切口》:"霜降:红酱也。"

【霜杰】宋陈元靓辑《事林广记·续集·绮谈市语·花木门》:"松:十八公;霜杰。"

【爽气】《新刻江湖切要·天文类》:"晴:爽气;[广]空青。"《江湖切口要诀》(尺牍增附本）：“晴：爽气。［广］空青。”《切口大词典·盗贼类·水面贼之切口》：“爽气：天晴也。”清傅崇矩《成都通览·成都之江湖言词·天文类》：“晴：爽气；空青。”

shui

【谁看的钱】《切口大词典·党会类·红帮之切口》：“谁看的钱：指谁人领着去抢也。”

【谁簪】 学古堂《江湖行话谱·簪者行话》：“三：谁簪。”

【水】 ①卫大法师《江湖话·安庆隐语》：“钱：血，水。（三分水，即三元钱，一寸水，即十元。五寸水，即五十元）。”《切口大词典·役夫类·航船夫之切口》：“水：银钱也。”②卫大法师《江湖话·各行业商帮所用数目字隐语·成都通行言词·药材行》：“音：一。色：二。春：三。水：四。岸：五。芸：六。里：七。池：八。千：九。”卫大法师《江湖话·各行业商帮所用数目字隐语·重庆通行言词·小菜》：“田：一。衣：二。寸：三。水：四。丁：五。木：六。才：七。共：八。底：九。”清傅崇矩《成都通览·成都之各行人买卖通用言词·药材行通用言词》：“四，水。”清翟灏《通俗编·识余·市语·线行》：“线行：一田，二伊，三寸，四水，五丁，六木，七才，八戈，九成。”③卫大法师《江湖话·各行业商帮所用数目字隐语·其他·安徽》：“才：一。元：二。汉：三。江：四。水：五。仁：六。义：七。楚：八。云：九。山：十。”④卫大法师《江湖话·各行业商帮所用数目字隐语·其他·湖北》：“文：一。水：二。清：三。且：四。浅：五。行：六。人：七。心：八。志：九。远：十。”李子峰《海底·各地通行隐语》：“穷：水；水天水地。”⑤卫大法师《江湖话·红帮各地通行隐语·一般人事类》：“穷：水，水天冰地。”⑥《蹴鞠图谱·圆社锦语》：“水：表。”⑦《切口大词典·商铺类·顾绣业之切口》：“水：八也。”⑧贝思飞《民国时期的土匪隐语》：“水：匪帮的财产。”

【水岸】 清傅崇矩《成都通览·成都之各行人买卖通用言词·药材行通用言词》：“水岸：四十五。”

【水案版】 清傅崇矩《成都通览·成都之呼物混名》：“水案版：鸭子也。”

【水板】《新刻江湖切要·饮馔类》：“豆腐：水板；水判；水林。”清傅崇矩《成都通览·成都之江湖言词·饮馔类》：“豆腐：水板；水判；水林。”

【水逼】 学古堂《江湖行话谱·行意行话》：“穷者：水逼。”

【水表】《蹴鞠图谱·圆社锦语》：“水表：娼妓。”宋陈元靓辑《事林广记·续集·绮谈市语·人物门》：“娼妇：妓者；水表；姐老。”

【水饼一斤】《清门考原·各项切口》：“步步紧，交易成就，不取现款，订明分期缴纳，曰步步紧。长短：市侩之言长短，犹言多少也。如言某物须要水饼长短，不言必要银元多少也。又每银十元，曰水饼一两。每银百元水饼一斤，千元一担也。”

【水饼一两】《清门考原·各项切口》：“步步紧，交易成就，不取现款，订明分期缴纳，曰步步紧。长短：市侩之言长短，犹言多少也。如言某物须要水饼长短，不言必要银元多少也。又每银十元，曰水饼一两。每银百元水饼一斤，千元一担也。”

【水部】《切口大词典·医药类·自称戏子治病者之切口》：“水部：北京也。”

【水叉】《切口大词典·优伶类·场面上之切口》：“水叉：钹也。”

【水词】《梨园话》：“水词：各戏皆能通用之曲词。”

【水剿朝阳】《新刻江湖切要·店铺类》：“腐店：水剿朝阳。”《切口大词典·盗贼类·对买贼之切口》：“水剿朝阳：豆腐店也。”清傅崇矩《成都通览·成都之江湖言词·店铺类》：“腐店：水剿朝阳。”

【水带】 ①《新刻江湖切要·地理类》：“桥：撑江；[广] 水带；继断；接引生。”《江湖切口要诀》（尺牍增附本）：“桥：撑江。[广] 水带；续断；接引生。”清傅崇矩《成都通览·成都之江湖言词·地理类》：“桥：撑江；水带；继断；接引生。”②《切口大词典·盗贼类·水面贼之切口》：“水带：鱼箔也。水贼隐身处之三。"

【水带子】《切口大词典·盗贼类·偷鸡贼之切口》:"水带子:桥梁也。"

【水到】明程万里《鼎锲徽池雅调南北官腔乐府点板曲响大明春·六院汇选江湖方语》:"水到,乃豆腐也。"

【水得很】卫大法师《江湖话·安庆隐语》:"不信实:水得很。"

【水底笋】《切口大词典·医药类·药行业之切口》:"水底笋:芦根也。"

【水点】清佚名《郎中医话》:"水点,是穷汉叫。"学古堂《江湖行话谱·行意行话》:"无钱:水点。"云游客《江湖丛谈·江湖之春点·江湖中之卖点之内幕》:"江湖人管没钱的人,叫水点。"云游客《江湖丛谈·江湖之春点·三不管中做大票的生意》:"比如,病人要是穷,没有钱治病,他们亦敲不出钱来,叫作水点。"

【水电石】《切口大词典·杂业类·燕子窝之切口》:"水电石:已煎之烟膏也。"

【水都】《新刻江湖切要·地理类》:"北京:[补]水都。"《江湖切口要诀》(尺牍增附本):"北京:[补]水都。"清傅崇矩《成都通览·成都之江湖言词·地理类》:"北京:水都。"

【水斗】《新刻江湖切要·鸟兽虫鱼类》:"田鸡:抱头;水斗;奇鸣。"

【水多少高】卫大法师《江湖话·安庆隐语》:"多少钱:水多少高。"

【水干条】清傅崇矩《成都通览·成都之江湖言词·饮馔类》:"条粉:水干条;帝角。"

【水蛤蟆】《清门考原·各项切口》:"水蛤蟆,水巡捕也。"

【水蛤蜢】《切口大词典·党会类·红帮之切口》:"水蛤蜢:水警之类也。"金老佛《三教九流江湖秘密规矩·青帮与红帮·红帮之问答》:"日来水蛤蜢(水警之类)狠多,不如到南坎(村)去盱阵(察看道路),看清地图(即出入门径),觅定壮猪(即事主),好在南坎离圈子(县城)恨远,并无风头之患。"金老佛《三教九流江湖秘密规矩·青帮与红帮·江湖之春典》:"水兵称水蛤蜢。"

【水古】《切口大词典·行号类·耕牛行之切口》:"水古:雄水牛也。"

【水鼓】《切口大词典·箾卒类·忤作之切口》:"水鼓:腹也。"

【水鬼】《新刻江湖切要·饮馔类》:"茶:青老;清喉;水鬼;碧水;牙净;枝叶;木癸;抚棍子。"

【水贵】朱琳《洪门志·春典子琐记·店铺》:"钱店,称水贵。"

【水滚子】学古堂《江湖行话谱·行话管见》:"腿子:水滚子。"

【水果】宋陈元靓辑《事林广记·续集·绮谈市语·果菜门》:"菱角:水果。"

【水海】李子峰《海底·各地通行隐语》:"钱多:水海。"

【水汉】《新刻江湖切要·人事类》:"唤茶曰青儿,又水汉。"清傅崇矩《成都通览·成都之江湖言词·人事类》:"唤茶:青儿;水汉。"

【水燦】《切口大词典·武术类·跑马卖解之切口》:"水燦:茶也。"

【水活鹭】《切口大词典·盗贼类·水面贼之切口》:"水活鹭:专伏水中乘航船经过,浮水面而行窃者。"

【水火簧】云游客《江湖丛谈·江湖之金点·小绺门》:"江湖的金点人,管几句话能套人的穷富来,调侃儿叫水火簧。"

【水火既济】《切口大词典·商铺类·食盐业之切口》:"水火既济:私盐官卖也。"

【水火生】《切口大词典·商铺类·南货业之切口》:"水火生:向日葵子也。"

【水火通】《新刻江湖切要·僧道类》:"阴阳生:水火通。"清傅崇矩《成都通览·成都之江湖言词·僧道类》:"阴阳生:水火通。"

【水火延年】《新刻江湖切要·疾病类》:"疟疾:水火延年。"清傅崇矩《成都通览·成都之江湖言词·疾病类》:"疟疾:水火延年。"

【水季天】《新刻江湖切要·时令类》:"冬:水季天;壬通。"《切口大词典·星相类·弹弦子算命之切口》:"水季天:冬天也。"清傅崇矩《成都通览·成都之江湖言词·时令类》:"冬:水季天;壬通。"《江湖切口要诀》(尺牍增附本):"冬:水季(天);壬通。"

【水家】《江湖走镖隐语行话谱》:"贫人:水家。"

【水窨】《新刻江湖切要·地理类》:"井:地

窟；[广] 水窖；中公；列九；凿饮；又曰区九。"《江湖切口要诀》(尺牍增附本)："井：地窟。[广] 水窖；中公；列九；凿饮；又曰区九。"《切口大词典·医药类·自称戏子治病者之切口》："水窖：井也。"清傅崇矩《成都通览·成都之江湖言词·地理类》："井：地窟；水窖；中公；列九；凿饮；又曰区九。"

【水紧得很】 清傅崇矩《成都通览·成都之袍哥话即江湖话也》："水紧得很，言事急也。"

【水浸花】《切口大词典·商铺类·地货业之切口》："水浸花：芹菜也。"

【水晶】《切口大词典·行号类·砖灰行之切口》："水晶：大号之墙砖也。"

【水蜡】《行院声嗽·衣服》："靴：水蜡。"

【水老薰】 清傅崇矩《成都通览·成都之袍哥话即江湖话也》："水老薰，烧烟也。"

【水栗】《切口大词典·行号类·水果行之切口》："水栗：菱也。"

【水林】《新刻江湖切要·饮馔类》："豆腐：水板；水判；水林。"清傅崇矩《成都通览·成都之江湖言词·饮馔类》："豆腐：水板；水判；水林。"

【水令天】《江湖走镖隐语行话谱》："天凉：水令天。"

【水硫黄】《切口大词典·杂流类·卖水果者之切口》："水硫黄：芡实也。"

【水瘤子】《切口大词典·衙卒类·厘卡之切口》："水瘤子：卡船也。"

【水龙标药方】《兽医串雅杂钞》："生川乌，三分；生草乌，三分；共为细末，抹入水门内一二寸深。能令牲口胀肚，屡起屡卧，水门亦肿。半日不治，即死。绝不可用，绝不可用！"

【水龙标症】《兽医串雅杂钞》："水龙标症。牲口屡次起卧，肚子胀大。但真起卧水门不肿，此症水门先肿，肚子急大。急速用辣椒塞入水门中，或用车上苏油刷子抹油于水门中，或用抹布蘸凉水搽出来，三样均能愈。然后灌药，好多要钱。"

【水马军】《行院声嗽·衣服》："钉靴：水马军。"

【水码】《切口大词典·手艺类·秤戥业之切口》："水码：十五两四钱秤也。"

【水码子】 云游客《江湖丛谈·江湖之春点》："管穷人叫水码子。"云游客《江湖丛谈·江湖之金点·小绺门》："江湖人管没有产业人与贫寒人，调侃儿叫水码子。"

【水脉】《蹴鞠谱·锦语》："酒：水脉。"《蹴鞠图谱·圆社锦语》："水脉：酒。"

【水满】《切口大词典·商铺类·地货业之切口》："水满：十五也。"

【水漫】 金老佛《三教九流江湖秘密规矩·青帮与红帮·江湖之春典》："人家杀来称水漫。"

【水漫金山寺】 云游客《江湖丛谈·江湖之春点·江湖中的光子生意》："有一种洋片箱子，上边有几个洋铁片制造的小人，箱子上边有个水漏子，箱子底下，有个洋煤油桶，桶内盛着凉水。如若做生意的时候，得用水罐子，由煤油桶内，往水漏子里灌水。那水顺着一根绳，流入管内。凭它水的力量，就能催动了那洋铁片制造的人，在上边乱转儿。光子行的人，管这种家具叫做"水箱子"。里边装的不是片子，也是一套套的小人。有人看时，全凭他扯起走线绷簧，教小人来回乱动。他们用那水催人动的玩艺，叫水漫金山寺。"

【水坭】《切口大词典·行号类·砖灰行之切口》："水坭：水门汀也。"

【水廿三】《新刻江湖切要·僧道类》："师姑：水廿三。"《切口大词典·杂业类·旅馆之切口》："水廿三：道姑也。"清傅崇矩《成都通览·成都之江湖言词·僧道类》："师姑：水廿三。"

【水廿四】 ①《新刻江湖切要·僧道类》："道姑：水廿四。"清傅崇矩《成都通览·成都之江湖言词·僧道类》："道姑：水廿四。" ②《切口大词典·杂业类·旅馆之切口》："水廿四：尼姑也。"

【水念三】 清唐再丰《鹅幻汇编·江湖通用切口摘要》："尼姑曰水念三。"卫大法师《江湖话·红帮各地通行隐语·人类一般》："尼姑：女行，者念七，水念三。"卫大法师《江湖话·江湖上的隐语·普通隐语》："尼姑：水念三。"《切口大词典·医药类·卖药人之切口》："水念三：尼姑也。"《清门考原·各项切口》："水念三，尼姑也。"金老佛《三教九流江湖秘密规矩·日常用语》："尼姑曰水念三。"李子峰《海底·各地通行隐语》："尼姑：女行者；念七；水念三。"

【水判】《新刻江湖切要·饮馔类》："豆腐：水板；水判；水林。"清傅崇矩《成都通览·成都之江湖言词·饮馔类》："豆腐：水板；水判；水林。"

【水泡】《新刻江湖切要·饮馔类》："汤圆：稀圆；水泡。"清傅崇矩《成都通览·成都之江湖言词·饮馔类》："汤圆：稀圆；水泡。"

【水皮袄】清傅崇矩《成都通览·成都之呼物混名》："水皮袄：酒也。"

【水飘】《新刻江湖切要·鸟兽虫鱼类》："鱼：水先生；水梭；河公；河戏；水气；希班；柴河；德判；水飘；[增]化龙子。"

【水瓢子】《切口大词典·役夫类·渔夫之切口》："水瓢子：渔船也。"

【水七通】《新刻江湖切要·人物类》："贫人：水七通。"《江湖切口要诀》（尺牍增附本）："贫人：水七通。"清傅崇矩《成都通览·成都之江湖言词·人物类》："贫人：水七通。"

【水七占】《新刻江湖切要·官职类》："劣秀：水七占；今改实占，谓不通也。"

【水气】《新刻江湖切要·鸟兽虫鱼类》："鱼：水先生；水梭；河公；河戏；水气；希班；柴河；德判；水飘；[增]化龙子。"

【水千条】《新刻江湖切要·饮馔类》："索粉：水千条；帝角。"

【水浅】卫大法师《江湖话·红帮各地通行隐语·其他用具对象类》："没钱：念缆，水浅。"李子峰《海底·各地通行隐语》："没钱：念缆；水浅。"

【水切通】《切口大词典·盗贼类·剪绺贼之切口》："水切通：穷人也。"金老佛《三教九流江湖秘密规矩·青帮与红帮·江湖之春典》："穷人称水切通。"

【水丘上朋友】《镖行江湖隐语行话秘典》："见了保官的，为水丘上朋友。"

【水球】《新刻江湖切要·草木百果五谷类》："西瓜：水球。"

【水壬癸】清傅崇矩《成都通览·成都之江湖言词·地理类》："土：戍转；万生；水壬癸；龙转；归；朝宗；石；土骨；坚垒；分磊；伏虎；蹲豹；子践。"

【水日上】《新刻江湖切要·亲戚类》："姑母：父姊曰水日上，父妹曰水日下。"

【水日下】《新刻江湖切要·亲戚类》："姑母：父姊曰水日上，父妹曰水日下。"

【水三栋】《切口大词典·手艺类·白藤业之切口》："水三栋：较四栋略粗。"

【水山】《新刻江湖切要·饮馔类》："白酒曰水山。"清傅崇矩《成都通览·成都之江湖言词·饮馔类》："白酒：水山。"

【水上部】《新刻江湖切要·亲戚类》："姊：上水；水上部；斗上。"

【水上儿】明程万里《鼎锲徽池雅调南北官腔乐府点板曲响大明春·六院汇选江湖方语》："水上儿，乃鱼之活。"

【水上漂】《切口大词典·杂业类·纸扎店之切口》："水上漂：纸成之船也。"

【水深】卫大法师《江湖话·红帮各地通行隐语·其他用具对象类》："钱多：水深。"

【水生】清唐再丰《鹅幻汇编·江湖通用切口摘要》："贫人曰水生。"卫大法师《江湖话·江湖上的隐语·普通隐语》："贫人：水生。"《切口大词典·医药类·卖药人之切口》："水生：贫人也。"《清门考原·各项切口》："水生，穷人也。"金老佛《三教九流江湖秘密规矩·日常用语》："贫人曰水生。"

【水胜水流】《切口大词典·盗贼类·杆匪之切口》："水胜水流：枪炮打仗紧急不能逋逃也。"

【水师佛】《切口大词典·赌博类·牌九赌之切口》："水师佛：二五牌也。"

【水仕】《切口大词典·行号类·耕牛行之切口》："水仕：雌水牛也。"

【水室穿子】卫大法师《江湖话·红帮各地通行隐语·店钱及其他》："钱店：水室穿子。"

【水梳通】《新刻江湖切要·经纪类》："渔户：水梳通。"《切口大词典·役夫类·渔夫之切口》："水梳通：渔人也。"清傅崇矩《成都通览·成都之江湖言词·经纪类》："渔户：水梳通。"

【水丝】朱琳《洪门志·春典子琐记·店铺》："水粉店，称水丝。"

【水梭】《新刻江湖切要·鸟兽虫鱼类》："鱼：水先生；水梭；河公；河戏；水气；希班；柴河；德判；水飘；[增]化龙子。"

【水梭花】《切口大词典·巫卜类·和尚之切口》:"水梭花:鱼也。"

【水天冰地】卫大法师《江湖话·红帮各地通行隐语·一般人事类》:"穷:水,水天冰地。"

【水天水地】清唐再丰《鹅幻汇编·江湖通用切口摘要》:"穷极曰水天水地。"《清门考原·各项切口》:"水天水地,穷极了。"金老佛《三教九流江湖秘密规矩·日常用语》:"穷极曰水天水地。"李子峰《海底·各地通行隐语》:"穷:水;水天水地。"

【水头】①《新刻江湖切要·时令类》:"立冬:水头。"《切口大词典·星相类·弹弦子算命之切口》:"水头:立冬也。"清傅崇矩《成都通览·成都之江湖言词·时令类》:"立冬:水头。"《江湖切口要诀》(尺牍增附本):"立冬:水头。"②《切口大词典·党会类·红帮之切口》:"水头:赃财也。"贝思飞《民国时期的土匪隐语》:"水头:匪帮的财产。"③《切口大词典·行号类·咸货行之切口》:"水头:同上(石浦)。立下起水,水者提黄鱼之湖泛也。七天一水,自一水至七水。鲞味以七水为最美,头水为最劣。黄鱼之味,头水尚好,七水时不堪入口矣。"

【水西栋】《切口大词典·手艺类·白藤业之切口》:"水西栋:木藤之原件也。"

【水戏】《新刻江湖切要·鸟兽虫鱼类》:"蚌:水戏,[增]纯阴。"

【水下部】《新刻江湖切要·亲戚类》:"妹:下水;水下部;斗下。"

【水先生】《新刻江湖切要·鸟兽虫鱼类》:"鱼:水先生;水梭;河公;河戏;水气;希班;柴河;德判;水飘;[增]化龙子。"

【水线通】《新刻江湖切要·工匠类》:"做帽人:水线通。"《切口大词典·工匠类·做帽匠之切口》:"水线通:做帽之工人也。"清傅崇矩《成都通览·成都之江湖言词·工匠类》:"做帽人:水线通。"

【水砎】《切口大词典·商铺类·杂货业之切口》:"水砎:磨刀石也。"

【水乡】宋陈元靓辑《事林广记·续集·绮谈市语·宫殿门》:"庵舍:水乡。"

【水箱】贝思飞《民国时期的土匪隐语》:"水箱:匪帮中的财会。"

【水饷】贝思飞《民国时期的土匪隐语》:"水饷:匪帮安全的监督人,通常是非战斗人员(满洲)。"

【水星】《新刻江湖切要·身体类》:"口:风门;水星;海门。"

【水星海门】清傅崇矩《成都通览·成都之江湖言词·身体类》:"口:风门;水星海门。"

【水牙子】金老佛《三教九流江湖秘密规矩·青帮与红帮·江湖之春典》:"匙称水牙子。"

【水窑】①卫大法师《江湖话·安庆隐语》:"浴堂:水窑。"②学古堂《江湖行话谱·行话管见》:"穷家屋:水窑。"

【水芸】《切口大词典·杂流类·卖花者之切口》:"水芸:莲花也。"

【水占】《新刻江湖切要·官职类》:"贫秀:水占。"

【水涨了】清傅崇矩《成都通览·成都之袍哥话即江湖话也》:"水涨了,言犯事有人捕也。"

【水障】《切口大词典·工匠类·造船匠之切口》:"水障:船舷也。"

【水芝】《切口大词典·杂业类·花业之切口》:"水芝:莲花也。"

【水中】《新刻江湖切要·时令类》:"冬至:水中。"《江湖切口要诀》(尺牍增附本):"冬至:水中。"《切口大词典·星相类·弹弦子算命之切口》:"水中:冬至也。"清傅崇矩《成都通览·成都之江湖言词·时令类》:"冬至:水中。"

【水做】云游客《江湖丛谈·江湖之春点·三不管中做大票的生意》:"江湖人管做穷生意,调侃叫水做。"

【睡】贝思飞《民国时期的土匪隐语》:"睡:死。"

【睡快】卫大法师《江湖话·红帮各地通行隐语·疫病类》:"痰:希,睡快。"

【睡目】清翟灏《通俗编·识余·市语·杂货铺》:"杂货铺:一平头,二空工,三眠川,四睡目,五缺丑,六断大,七皂底,八分头,九未丸。"

【睡腿儿】《切口大词典·娼妓类·八大胡同妓院之切口》:"睡腿儿:嗝边者,于其友被留髡时,从而借干铺之谓也。"

shun

【顺】《切口大词典·手艺类·吹糖人之切口》："顺：生意好也。"

【顺风】①平山周《中国秘密社会史·三合会隐语》："剑曰橘板，曰绚纱。小刀曰狮子。大炮曰黑狗，火药曰狗粪，大炮声曰狗吠。银圆曰瓜子，铜钱曰芝麻。手曰五爪龙，耳曰顺风。斩首曰洗面。海曰大天。密会所三尺六，曰古松。扇曰弯月。木斗曰木杨城。"卫大法师《江湖话·红帮各地通行隐语·人身各物类》："耳：顺风，听罗。"《家里宝鉴·隐语》："耳曰'顺风'。"《切口大词典·党会类·三点会之切口》："顺风：耳也。"金老佛《三教九流江湖秘密规矩·青帮与红帮·江湖之春典》："耳朵称顺风。"金老佛《三教九流江湖秘密规矩·三合会之隐语》："手曰五龙爪，耳曰顺风。"李子峰《海底·各地通行隐语》："耳：顺风；听罗。"②《切口大词典·杂业类·猪肉业之切口》："顺风：猪耳也。"

【顺风梁】《切口大词典·工匠类·造船匠之切口》："顺风梁：船尾撑木也。"

【顺风食】《清门考原·各项切口》："顺风食，奸商。以贱价购得物品，而莫名其货之来源者，名曰顺风食。"

【顺风送】《切口大词典·盗贼类·剪绺贼之切口》："顺风送：追随人后而攫物者次之。"

【顺风子】①卫大法师《江湖话·红帮各地通行隐语·店钱及其他》："凭证，宝，票布，顺风子。"②《清门考原·各项切口》："顺风子，耳也。"

【顺工顺】学古堂《江湖行话谱·行话管见》："工人：顺工顺。"

【顺局】贝思飞《民国时期的土匪隐语》："顺局：停止活动（满洲）。"

【顺口龙】《兽医串雅杂钞》："绳子，叫盘龙。吊嚼，叫青龙。灌嚼，叫顺口龙。"

【顺留入海】《新刻江湖切要·人物类》："上江人：丁老；[广] 顺留入海。"清傅崇矩《成都通览·成都之江湖言词·人物类》："上江人：丁老；顺留入海。"

【顺流】①《新刻江湖切要·地理类》："下：落；[广] 顺流。"《江湖切口要诀》（尺牍增附本）："下：落。[广] 顺流。"清傅崇矩《成都通览·成都之江湖言词·地理类》："下：落；顺流。"②《江湖切口要诀》（尺牍增附本）："上江人：丁老；[广] 顺流，入海。"

【顺流入海】《切口大词典·杂流类·媒婆之切口》："顺流入海：上江人也。"

【顺柳子】《切口大词典·医药类·摇虎撑者之切口》："顺柳子：打光棍也。"

【顺牌】《切口大词典·赌博类·麻雀赌之切口》："顺牌：中风牌也。"

【顺手子】卫大法师《江湖话·红帮各地通行隐语·姓氏类》："刘：顺手子。"

【顺水万】云游客《江湖丛谈·江湖之春点·天桥的卦摊》："管姓刘的，调侃叫顺水万。"

【顺水子】李子峰《海底·各地通行隐语》："刘：顺水子。"

【顺丝】《江湖走镖隐语行话谱》："弦子为顺丝。"

【顺线】学古堂《江湖行话谱·走江湖行话》："梳头：顺线。"

【顺邪子】《切口大词典·杂业类·山果业之切口》："顺邪子：圆买卖也。俗谓成交也。"

【顺行】《蹴鞠谱·锦语》："跟随：顺行。"《蹴鞠图谱·圆社锦语》："顺行：退随。"

【顺行子】《江湖走镖隐语行话谱》："轿夫：顺行子。"

【顺着】《镖行江湖隐语行话秘典》："过小关口，喊：打缆（滥）开关，称顺着。"

【顺子】①《新刻江湖切要·人物类》："光棍：油滑生；[广] 井梧摇落大光棍；顺子；柳生；[广] 杆面杖。"《江湖切口要诀》（尺牍增附本）："大光棍：顺子。[广] 柳生；擀面杖。"清傅崇矩《成都通览·成都之江湖言词·人物类》："大光棍：顺子；柳生；杆面杖。"②清张德坚等《贼情汇纂》卷五《伪军制下·隐语·太平天国隐语》："短刀改称顺子。"③《切口大词典·巫卜类·道士之切口》："顺子：道士也。"金老佛《三教九流江湖秘密规矩·青帮与红帮·江湖之春典》："道士称顺子。"

shuo

【说顶费】 贝思飞《民国时期的土匪隐语》："说顶费：在赎金交易中中间人的费用。"

【说法】 《切口大词典·武术类·教武艺者之切口》："说法：教艺也。"

【说好】 清傅崇矩《成都通览·成都之江湖言词·人事类》："说好：隆。"

【说好刚】 《郎中医话》："说好刚，是说话。"

【说利市】 《切口大词典·乞丐类·托神求乞之切口》："说利市：所唱之歌也。"

【说聊斋】 清傅崇矩《成都通览·成都之袍哥话即江湖话也》："说聊斋，指方向说钱也。"

【说年啃条子】 云游客《江湖丛谈·江湖之春点·江湖艺人马万宝》："管讲说各种的病源，教人听，调侃叫说年啃条子。"

【说票】 贝思飞《民国时期的土匪隐语》："说票：赎金谈判。"

【说票费】 贝思飞《民国时期的土匪隐语》："说票费：在赎金交易中中间人的费用。"

【说清】 《江湖走镖隐语行话谱》："要单：说清。"

【说戏】 《梨园话》："说戏：即教戏也。"[附记] 谚曰：'有状元徒弟，无状元师傅。'此语诚然。师傅若有状元资格，绝无暇教授学生。所以，早年教书之人，多为前清举人或秀才出身。戏班又何尝不然！故教戏者，多为后台之硬里子、戏包袱等。演戏时虽无惊人之处，教戏可称专门。吴凌仙当年在四喜班跑宫丫鬟，如今名伶梅兰芳，亦尝受教于彼也。吴连奎为二路老生，居然有弟子如余叔岩者。即此可见，'师傅领进门，修行在各人'。无论读书唱戏，皆为一理。开蒙时所学，不过普通戏目。能领会各中意义，则不难出人头地。谚曰：'欲学惊人艺，须下苦功夫。'若仅凭师傅指导，自己不加研究，未必能享大名。故教戏之人，始能间接享受利益。如已故之姚增禄、唐玉喜、王福寿、贾丽川、刘景然、朱天祥，及健在之范福泰、鲍吉祥……等，皆为教戏老手，门墙桃李成行，名亦大著矣。"《切口大词典·优伶类·角行之切口》："说戏：教戏者。"

【朔西】 《新刻江湖切要·数目类》："八为张；又朔西。"《切口大词典·巫卜类·文王课之切口》："朔西：八也。"清傅崇矩《成都通览·成都之江湖言词·数目类》："八：张；朔西。"

【搠包儿】 明田汝成《西湖游览志馀·委巷丛谈》："如物不坚致曰憨大，暗换易物曰搠包儿，粗蠢人曰杓子，朴实曰艮头。"

【搠彩】 ①《新刻江湖切要·人物类》："画家：搠管生；搠彩；能事人；龙生。"《江湖切口要诀》（尺牍增附本）："画家：搠管生；搠彩。"《切口大词典·星相类·龟算命之切口》："搠彩：画家也。"清傅崇矩《成都通览·成都之江湖言词·人物类》："画家：搠管生；搠彩；能事人；龙生。" ②《切口大词典·杂流类·画家之切口》："搠彩：画笔也。"

【搠彩生】 《切口大词典·杂流类·画家之切口》："搠彩生：画家也。"

【搠发生】 《切口大词典·医药类·摇虎撑者之切口》："搠发生：画家也。"

【搠管生】 《新刻江湖切要·人物类》："画家：搠管生；搠彩；能事人；龙生。"《江湖切口要诀》（尺牍增附本）："画家：搠管生；搠彩。"清傅崇矩《成都通览·成都之江湖言词·人物类》："画家：搠管生；搠彩；能事人；龙生。"

【搠果生】 《江湖切口要诀》（尺牍增附本）："写字人：搠果生。"

【搠黑】 清翟灏《通俗编·识余·市语》："江湖人市语尤多，坊间有《江湖切要》一刻，事事物物，悉有隐称。诚所谓惑乱听闻，无足采也。其间有通行市井者，如官曰孤司，店曰朝阳，夫曰盖老，妻曰底老，家人曰吊脚，僧曰廿三，道士曰廿四，成衣曰戳短枪，抬轿曰扛楼儿，剃头曰削青，船曰瓢儿，屋曰顶公，银曰琴公，钱曰把儿，米曰软珠，饼口区食，盐曰溃老，鱼曰豁水，鸭曰王八，鞋曰踢土，镜曰照儿，抹布曰蹋郎，坐曰打墩，拜曰剪拂，揖曰丢圈子，叩头曰丢匾子，写字曰搠黑，说话曰吐刚，被欺曰上当，虚奉承曰王六，大曰太式，多曰满太式，无曰各念，俱由来于此语也。"

【搠黑生】 《新刻江湖切要·人物类》："写字人：搠黑生。"《切口大词典·医药类·摇虎撑者之切口》："搠黑生：写字人也。"《切口大词典·杂流类·写字人之切口》："搠黑生：

写字人也。"清傅崇矩《成都通览·成都之江湖言词·人物类》:"写字人:搠黑生。"

【搠撒】《行院声嗽·人事》:"跪:搠撒。"

【搠水】《新刻江湖切要·经纪类》:"摇船:摆瓢。撑舡曰搠水。"

【搠湥】《行院声嗽·人事》:"成事:搠湥。"

【槊吼】《行院声嗽·伎艺》:"杖头:槊吼。"

si

【司晨】宋陈元靓辑《事林广记·续集·绮谈市语·飞禽门》:"鸡:司晨;五德;家鸡;巽羽。"

【司覆公】《新刻江湖切要·天文类》:"天:乾公;[广]一大;轻清;无外;云表;兼容;并包;司覆公;高明君。"《江湖切口要诀》(尺牍增附本):"云表;兼容;并包;司覆公;高明君。"《切口大词典·巫卜类·席地测字者之切口》:"司覆公:天也。"清傅崇矩《成都通览·成都之江湖言词·天文类》:"天:乾公;一天;轻清;无外;云表;兼容;并包;司覆公;高明君。"

【司谏】《新刻江湖切要·身体类》:"喉:素儿;[增]司谏。"《切口大词典·星相类·不开口相面之切口》:"司谏:喉也。"清傅崇矩《成都通览·成都之江湖言词·身体类》:"喉:素儿;司谏。"

【司老】《新刻江湖切要·舟具类》:"掉桨:司老。"《切口大词典·役夫类·舟夫之切口》:"司老:掉桨也。"清傅崇矩《成都通览·成都之江湖言词·舟具类》:"掉桨:司老。"

【司吴老】《新刻江湖切要·娼优类》:"戏师:司吴老;[增]传吼生。"清傅崇矩《成都通览·成都之江湖言词·娼优类》:"戏师:司吴老;传吼生。"

【司载公】《新刻江湖切要·地理类》:"地:坤老;[广]重浊;任重;配天;司载公;博厚君。"《江湖切口要诀》(尺牍增附本):"地:坤老;[广]重浊;任重;配天;司载公;博厚君。"《切口大词典·巫卜类·席地测字者之切口》:"司载公:地也。"清傅崇矩《成都通览·成都之江湖言词·地理类》:"地:坤老;重浊;任重;配天;司载公;博厚君。"

【司征】宋陈元靓辑《事林广记·续集·绮谈市语·君臣门》:"务官:司征。"

【丝鞭】《切口大词典·优伶类·锣鼓之切口》:"丝鞭:鼓槌乱下如雨,名为丝鞭。"

【丝叉子】《江湖走镖隐语行话谱》:"裤子:中沙丈;丝叉子。"

【丝纶】宋陈元靓辑《事林广记·续集·绮谈市语·文房门》:"诏制:宝书;丝纶。"

【丝罗】①卫大法师《江湖话·红帮各地通行隐语·居住用品类》:"抹布:抹托子;丝罗;挎子。"李子峰《海底·各地通行隐语》:"抹布:抹托子;丝罗;挎子。"②卫大法师《江湖话·红帮各地通行隐语·居住用品类》:"手巾:丝罗。"李子峰《海底·各地通行隐语》:"手巾:丝罗。"③学古堂《江湖行话谱·行话管见》:"切面:丝罗。"

【丝桐】宋陈元靓辑《事林广记·续集·绮谈市语·文房门》:"琴:绿绮;丝桐。"

【丝头】《切口大词典·杂业类·油坊之切口》:"丝头:棉花子也。"

【丝一捆买成许梳钱】清傅崇矩《成都通览·成都之各行人买卖通用言词·丝锦绸缎布帛花行通用言词》:"丝一捆买成许梳钱,即是一千四。"

【私差】贝思飞《民国时期的土匪隐语》:"私差:独立行动。"

【私闷肉】《切口大词典·杂流类·虔婆之切口》:"私闷肉:私娼也。"

【私窝儿】《行院声嗽·宫室》:"行院筵席处:私窝儿。"

【私仔】《切口大词典·娼妓类·粤妓之切口》:"私仔:私自出外冶游也。"

【思】卫大法师《江湖话·各行业商帮所用数目字隐语·成都通行言词·烟行》:"思:一。初:二。天:三。长:四。丑:五。夏:六。才:七。拍:八。捎:九。"清傅崇矩《成都通览·成都之各行人买卖通用言词·烟行言词》:"思(一)。"

【思交子】《新刻江湖切要·鸟兽虫鱼类》:"鳖:匾戏;神守公;思交子。"

【思雷】《新刻江湖切要·乐器类》:"鼓:空心;思雷。"

【思切】《新刻江湖切要·工匠类》:"淘砂军:

思切。"《切口大词典·工匠类·淘砂匠之切口》："思切：淘砂者。"清傅崇矩《成都通览·成都之江湖言词·工匠类》："淘砂军：思切。"

【思乡马】 明田汝成《西湖游览志馀·委巷丛谈》："有曰四平市语者，一以为忆多娇，二为耳边风，三为散秋香，四为思乡马，五为误佳期，六为柳摇金，七为砌花台，八为霸陵桥，九为救情郎，十为舍利子，小为消梨花，大为朵朵云，老为落梅风，讳低物为靸，以其足下物也。"

【蛳螺】 《切口大词典·行号类·咸货行之切口》："蛳螺：同上（惠安：顶上品之勒鲞也）。因其肉熟后，能起旋转之螺纹也。"

【厮揣】 明佚名《行院声嗽·人事》："相央：厮揣。"

【撕口】 《切口大词典·杂业类·酱园之切口》："撕口：辣酱也。"

【撕龙】 学古堂《江湖行话谱·保镖护院行话概略》："面：撕龙。"

【撕陇】 《镖行江湖隐语行话秘典》："面，为撕陇。"

【撕票】 贝思飞《民国时期的土匪隐语》："撕票：将人质杀死，并且把他的头颅交给他的家属。"

【撕扇子】 《切口大词典·盗贼类·杆匪之切口》："撕扇子：毁门而入也。"

【嘶午】 《新刻江湖切要·鸟兽虫鱼类》："马：午流；午老；风官；嘶午；午生。"

【死丙】 《行院声嗽·文史》："写字：死丙。"

【死货】 《切口大词典·党会类·红帮之切口》："死货：不动产也。"金老佛《三教九流江湖秘密规矩·青帮与红帮·红帮之问答》："顷据带线人（熟盗）报告，坟西园河里（金妞），家肥水极壮，活龙四丈有余（帮匪切口，书目咸以尺寸计之，譬如百谓尺，十谓寸，千谓丈之类。四丈即四千，现银谓活龙），死货尚不在其内（不动产曰死货），此外尚有狠漂亮的地牌二五（女子已嫁者谓之地牌，未嫁者谓之二五），作条子开出去，每牌至少值价四五尺水头。"

【死门】 云游客《江湖丛谈·江湖之金点·骗术门》："是卖了孩子之后，不准小孩的亲爹亲妈瞧的。私媒在当年亦盛行一时，北平人士管他们当媒人的叫老妈作坊。开老妈作坊亦不容易，吃这碗饭必须能走动才成。至少亦得有几个府门头（北平人管官宦人家叫府门头），还得知道各府里主事的人是谁。本着主事人的所好，给他找人。乡下妇女进京，与本地寒家妇女要当老妈（北平人管女仆叫老妈）。"

【死替】 卫大法师《江湖话·安庆隐语》："贱替：死替。"

【巳川】 《新刻江湖切要·生死类》："蛇死：巳川。"清傅崇矩《成都通览·成都之江湖言词·生死类》："蛇死：巳川。"

【巳月】 《新刻江湖切要·时令类》："四（月）：巳月。"

【四不相】 卫大法师《江湖话·红帮各地通行隐语·衣服类》："马褂子：四脚子，四不相，蝴蝶子。"李子峰《海底·各地通行隐语》："马褂子：四脚子；四不相。"

【四大】 《新刻江湖切要·身体类》："身曰四大。"《切口大词典·星相类·相家之切口》："四大：身也。"清傅崇矩《成都通览·成都之江湖言词·身体类》："身：四大。"

【四大海湖】 金老佛《三教九流江湖秘密规矩·青帮与红帮·江湖与海湖》："此九流以外又有所谓四大江湖，四大海湖。四大江湖，即风火雀要。四大海湖，即金皮飘择是也。凡花言巧语，骗人做官，而从中攫钱者为风。凡骗人配药炼金，或烧铅炼汞而没其金珠者为火。凡化缘建庙，乘鹤来仪而有邪术者为雀。要挟硬诈者为要。金皮飘择，即算命测字之流。皆以术骗取他人之财物者，此虽同属与江湖，而出于九流之外者也。"

【四大江湖】 金老佛《三教九流江湖秘密规矩·青帮与红帮·江湖与海湖》："此九流以外又有所谓四大江湖，四大海湖。四大江湖，即风火雀要。四大海湖，即金皮飘择是也。凡花言巧语，骗人做官，而从中攫钱者为风。凡骗人配药炼金，或烧铅炼汞而没其金珠者为火。凡化缘建庙，乘鹤来仪而有邪术者为雀。要挟硬诈者为要。金皮飘择，即算命测字之流。皆以术骗取他人之财物者，此虽同属与江湖，而出于九流之外者也。"

【四大叩】 《切口大词典·娼妓类·粤妓之切口》："四大叩：乞丐也。"

【四大快】 金老佛《三教九流江湖秘密规矩·青帮与红帮·大快与巧快》："小偷忌四大快,即虎猫帐罩四字也。"

【四大门】 云游客《江湖丛谈·江湖之春点》："著者自幼在外奔走,自谋衣食,对于江湖中的事儿,有个一知半解,所以著述这部《江湖丛谈》。内有风、马、燕、雀四大门;金、皮、彩、挂、平、团、调、柳八小门。内有包括的是:卖梳篦的,卖刀剪的,卖香面的,卖膏药的,卖刀伤药的,卖眼药的,卖虫子药的,卖牙疼药的,卖戏法的,挑汗册子的,变戏法的,打把式卖艺的,跑马戏修脚的,算周易卦的,算奇门卦的,算鸟儿卦的,相面的,哑相的,灯下术的,说相声的,唱大鼓书的,唱竹板书的,说评书的,卖胰子的,卖避瘟散的,拉洋片的,等等,行当不下百数十种。此外,尚有两门:一为骗术门,一为穷家门。并有江湖黑幕,江湖人规律,艺术变迁,艺人小传,艺人传流支派,艺人道义,各省艺人团体的组织,艺人的沿革。仅将内容用概括方式,先向阅者报告明了,由江湖人之春点作为首谈。"

【四方】 ①《切口大词典·赌博类·牌九赌之切口》："四方:长二牌也。"②《切口大词典·工匠类·藤器匠之切口》："四方:橱也。"③《切口大词典·杂业类·纸扎店之切口》："四方:纸成之轿子也。"

【四方子】 卫大法师《江湖话·红帮各地通行隐语·姓氏类》："郑:四方子。"李子峰《海底·各地通行隐语》："郑:四方子。"

【四飞飞】 《切口大词典·杂流类·贩烟土者之切口》："四飞飞:犹言谨慎也。"

【四副头】 《切口大词典·娼妓类·长三书寓之切口》："四副头:客既入局,并无胜负,每副各出一圆,四副毕,则得十二圆矣。"

【四果客人】 《切口大词典·党会类·小癀三之切口》："四果客人:生梅毒疮也。"

【四黑】 明程万里《鼎锲徽池雅调南北官腔乐府点板曲响大明春·六院汇选江湖方语》："四黑,是夜了。"

【四记头】 《切口大词典·优伶类·锣鼓之切口》："四记头:亮相时用之。"

【四将】 《切口大词典·优伶类·锣鼓之切口》："四将:四将起坝之锣鼓,即名四将。"

【四脚】 ①《切口大词典·杂流类·卖水果者之切口》："四脚:黎头也。"②《切口大词典·杂业类·纸扎店之切口》："四脚:纸成之桌子也。"

【四脚撑】《切口大词典·工匠类·木匠之切口》："四脚撑:台子也。"

【四脚子】 ①《新刻江湖切要·器用类》:"凳:曲身;又四脚子。"卫大法师《江湖话·红帮各地通行隐语·居住用品类》:"长凳:四脚子。"李子峰《海底·各地通行隐语》:"长凳:四脚子。"清傅崇矩《成都通览·成都之江湖言词·器用类》:"凳:曲身;四脚子。"②清唐再丰《鹅幻汇编·江湖通用切口摘要》:"马褂曰四脚子。"卫大法师《江湖话·红帮各地通行隐语·衣服类》:"马褂子:四脚子,四不相,蝴蝶子。"卫大法师《江湖话·江湖上的隐语·普通隐语》:"马褂:四脚子。"《切口大词典·盗贼类·收晒朗贼之切口》:"四脚子:马褂也。"金老佛《三教九流江湖秘密规矩·日常用语》:"马褂子曰四脚子。"李子峰《海底·各地通行隐语》:"马褂子:四脚子;四不相。"③《切口大词典·役夫类·马夫之切口》:"四脚子:马也。"《清门考原·各项切口》:"四脚子,马也。又曰兜肚子。"金老佛《三教九流江湖秘密规矩·青帮与红帮·红帮之问答》:"甲曰:吾们骑四脚子(马)去。"④《切口大词典·杂业类·茶楼之切口》:"四脚子:台子也。"

【四君子汤】《切口大词典·赌博类·摇宝赌之切口》:"四君子汤:四只骰子也。"

【四开】 ①《切口大词典·商铺类·绸缎业之切口》:"四开:纺绸也。"②《切口大词典·杂业类·钱庄之切口》:"四开:双毫角子也。"

【四开门】 云游客《江湖丛谈·江湖之春点·江湖中的光子生意》:"拉洋片的家伙,种数太多,像一个洋片箱,上边安块大玻璃,里边有七八张片子,底下有四个玻璃镜的,说行话管这种家具叫四开门。"

【四块瓦】 ①《江湖走镖隐语行话谱》:"褂子:四块瓦。"②《江湖走镖隐语行话谱》:"紧身:四块瓦。"

【四块子】 李子峰《海底·各地通行隐语》:"棺材:四块子;狗铡头。"

【四轮子】《切口大词典·杂流类·红白帖之切口》："四轮子：马车也。"

【四纳】《新刻江湖切要·乐器类》："管：四纳。"

【四平】①清唐再丰《鹅幻汇编·江湖通用切口摘要》："台上设药瓶治病者曰四平。"《切口大词典·医药类·施药郎中之切口》："四平：台上满列药瓶。以治人病者。"金老佛《三教九流江湖秘密规矩·江湖通用切口》："台上设药瓶治病者曰四平。"学古堂《江湖行话谱·江湖行话》："皮行中行动，台上设药治病者：四平。"②《切口大词典·商铺类·嫁妆业之切口》："四平：台子也。"《切口大词典·商铺类·押当业之切口》："四平：台子也。"

【四平年子】云游客《江湖丛谈·江湖之春点·三不管的八岔子生意》："江湖人管出高案卖各药丸散膏丹的，调侃叫四平年子。"

【四平子】卫大法师《江湖话·红帮各地通行隐语·各种行业类》："台上有药瓶治病：四平子。"李子峰《海底·各地通行隐语》："台上有药瓶治病：四平子。"

【四通】《切口大词典·杂业类·铁器店之切口》："四通：铁网也。"

【四围】《切口大词典·杂业类·纸扎店之切口》："四围：纸成之帐子也。"

【四卫】《清门考原·各项切口》："四卫，卫是保护粮船之军卫，言其人在帮很有势力的。"

【四温】《切口大词典·行号类·饴糖之切口》："四温：白糖，色较三温稍白亮。"

【四执交场】《梨园话》："四执交场：乃指后台各箱口，及交作检场者而言也。[附记]'四执交场'之意义，详释于下：四执之意义为何？即大衣、二衣、盔头、旗把等箱之谓也。举其事者，名曰'箱官'，又曰'管箱的'。'交'之意义为何？乃交做伙计也。如彩匣子、水锅、催戏、打台帘、扛"切末"等项（解详后——原注），皆在其内。'场'之意义为何？即检场者也。此皆后台重要人员，缺其一不可也。"

【四柱套】《切口大词典·杂业类·旅馆之切口》："四柱套：帐子也。"

【四子】卫大法师《江湖话·红帮各地通行隐语·建筑物类》："榕树：四子，狗棚头。"

【寺里马撒】《镖行江湖隐语行话秘典》："见庙，寺里马撒。"寺院。清末民初佚名《镖行江湖隐语行话秘典》："寺院，寺里马撒。"

【饲地龙】《切口大词典·商铺类·染色业之切口》："饲地龙：以榾柮熨染缸也。"

【饲花】《新刻江湖切要·鸟兽虫鱼类》："雀：失喜；[增]饲花；衔环。"

【耙头】《切口大词典·役夫类·农夫之切口》："耙头：锄也。"

song

【松】《切口大词典·杂流类·唱弹词之切口》："松：说滑稽能博座客哄堂者。"

【松柏林】平山周《中国秘密社会史·三合会隐语》："隐语：三合会员与盗贼往来，有怪文以之为暗号，今略揭大要如下。公所曰红花亭，曰松柏林。新入会曰入圈，曰拜正，曰出世。集会曰开台，曰放马。会员曰香，曰洪英，曰豪杰。外人曰风，曰疯子，曰鹧鸪。新会员曰新丁。到会曰去睇戏。会中之秘书曰衫仔。会员之凭票曰腰平，曰八角招牌，曰八卦。"卫大法师《江湖话·红帮闽粤及南洋各地通行隐语》："公所：红花亭，松柏林。"徐珂《清稗类钞·会党类·三合会隐语》："隐语：三合会员与盗贼往来，有怪文以之为暗号，今略揭大要如下。公所曰红花亭，曰松柏林。新入会曰入圈，曰拜正，曰出世。集会曰开台，曰放马。会员曰香，曰洪英，曰豪杰。外人曰风，曰疯子，曰鹧鸪。新会员曰新丁。到会曰去睇戏。会中之秘书曰衫仔。会员之凭票曰腰平，曰八角招牌，曰八卦。"金老佛《三教九流江湖秘密规矩·三合会之隐语》："公所曰红花亭，或曰松柏林。"李子峰《海底·闽粤及南洋各地通行之隐语》："公所：红花亭；松柏林。"

【松成】《切口大词典·行号类·砖灰行之切口》："松成：三和土也。"

【松春】《切口大词典·行号类·菜蔬行之切口》："松春：白菜也。"

【松瓜】《切口大词典·行号类·咸货行之切口》："松瓜：黄鱼鲞也。"

【松鬼】《新刻江湖切要·文具类》："手巾：

松鬼；改曰公拭。"

【松黄】《切口大词典·杂业类·点心铺之切口》："松黄：京团也。"

【松块】《切口大词典·杂流类·卖糕者之切口》："松块：黄松糕也。"

【松毛】《切口大词典·商铺类·古董业之切口》："松毛：翎子也。"

【松煤】宋陈元靓辑《事林广记·续集·绮谈市语·文房门》："墨：松滋侯；松煤。"

【松烟】《切口大词典·商铺类·笔墨业之切口》："松烟：墨质之佳者。"

【松英】《切口大词典·医药类·药行业之切口》："松英：茯苓也。"

【松游】《江湖切口要诀》（尺牍增附本）："山中人真八。[广]从赤；松游。"

【松子】①《切口大词典·商铺类·茶食业之切口》："松子：松子糕也。"②《切口大词典·杂流类·卖西洋镜之切口》："松子：锣槌也。"

【松滋侯】宋陈元靓《事林广记·续集·绮谈市语·文房门》："墨：松滋侯；松煤。"

【讼事】宋陈元靓辑《事林广记·续集·绮谈市语·拾遗门》："公事：讼事；公干。"

【宋鹊】宋陈元靓辑《事林广记·续集·绮谈市语·走兽门》："犬：宋鹊；庞獒。"

【宋山】《新刻江湖切要·宫室类》："门外壁：宋山；扇子。"

【宋子】明程万里《鼎锲徽池雅调南北官腔乐府点板曲响大明春·六院汇选江湖方语》："宋子，是书手也。"

【送波罗】《切口大词典·盗贼类·拐匪之切口》："送波罗：向妇女以甘言诱惑而欲拐骗也。"《清门考原·各项切口》："送波罗，将甘言诱惑妇女也。"

【送彩】《切口大词典·工匠类·银匠之切口》："送彩：函药也。"

【送出】《清门考原·各项切口》："送出，卖耳挖者又名色闻。"

【送春】《切口大词典·杂业类·花业之切口》："送春：梨花也。"

【送点】①云游客《江湖丛谈·江湖之春点·江湖中之大粒生意》："来了点头儿，只要将钱弄到手内，立刻几句话，就将上当人说走了，那调侃叫送点。"②云游客《江湖丛谈·江湖之春点·三不管中做大票的生意》："他们教那不能生财的病，不再来麻烦，使病人绝了念头。说行话叫送点。"

【送动】①《切口大词典·工匠类·木匠之切口》："送动：铁锤也。"②《切口大词典·杂流类·二爷之切口》："送动：辞走也。"

【送饭儿】《切口大词典·手艺类·卖纸鸢之切口》："送饭儿：以寻丈之五色纸条，络于线上，迎风而上者，谓之送饭儿。"

【送好处】《切口大词典·衙卒类·讼棍之切口》："送好处：送人财帛也。"

【送红衫】《切口大词典·娼妓类·长三书寓之切口》："送红衫：妓女撒榜，乌师有送红衫之举，亦须二三十元之犒。"

【送黄】学古堂《江湖行话谱·行意行话》："送信：送黄。"

【送客】《切口大词典·工匠类·皮匠之切口》："送客：榔锤也。"

【送木】《切口大词典·赌博类·牌九赌之切口》："送木：么六牌也。"

【送盘子】《切口大词典·杂流类·贩烟土者之切口》："送盘子：以烟土藏于礼物中心者。"

【送三更】《切口大词典·盗贼类·拐匪之切口》："送三更：痞棍之匪拐得妇女前来敲诈也。"《清门考原·各项切口》："送三更，痞棍之匪拐得妇女，来敲诈之名也。"

【送银盆】《切口大词典·娼妓类·长三书寓之切口》："送银盆：客为妓女撒榜，房侍尚其一竹杠要敲，即送银台面银四喜等。客不受，赏四五十元。受则二三百元。不受居多数，故物品多向银楼中租借。"

【送子】《切口大词典·乞丐类·托神求乞之切口》："送子：以纸糊成人模至各家求乞也。"

【送子观音】《切口大词典·乞丐类·妇人求乞之切口》："送子观音：乞妇之有子女者。"

---

sou

【搜马】《行院声嗽·器用》："船：搜马。"

【搜马傄】明佚名《行院声嗽·人物》："梢工：搜马傄。"

【搜苗】学古堂《江湖行话谱·行话管见》："剃头：搜苗。"

【馊饭户头】《切口大词典·杂业类·商人共众切口》："馊饭户头：歹买主也。"

【飕】学古堂《江湖行话谱·鲜货行话》："三：飕。"

【叟风子】卫大法师《江湖话·红帮各地通行隐语·衣服类》："裤子：登空，叟风子。"

【叟氏】宋陈元靓辑《事林广记·续集·绮谈市语·亲属门》："嫂：叟氏。"

su

【苏】①卫大法师《江湖话·各行业商帮所用数目字隐语·成都通行言词·收荒》："邀：一。按：二。苏：三。扫：四。矬：五。料：六。桥：七。犇：八。搅：九。"清傅崇矩《成都通览·成都之各行人买卖通用言词·收荒小生意通用言词》："三，苏。"②卫大法师《江湖话·各行业商帮所用数目字隐语·重庆通行言词·买猪》："豆：一。背：二。泰：三。长：四。仁：五。条：六。栲：七。黄：八。豆：九。按此为重庆场买卖猪时使用。又名猪肉为'大'，即问'这大多少钱一斤'？则回答；若问'这猪肉多少钱一斤'？则不回答你。高：一。明：二。韩：三。苏：四。大：五。雍：六。草：七。梅：八。湾：九。高：十。许：一。欠：二。川：三。义：四。土：五。告：六。照：七。毛：八。求：九。许：十。此二十个字互用，如'许许'为'十一'，'欠欠'为'二十二'，'韩韩'为'三十三'，'苏苏'为'四十四'，'土土'为'五十五'，'雍雍'为'六十六'，'草草'为'七十七'，'毛毛'为'八十八'，'湾湾'为'九十九'。而'十一'不能称'高高'，'八十八'不能称'梅梅'。又如'高明'为'十二'，'高韩'为'十三'，'高苏'为'十四'，'高大'为'十五'，'高雍'为'十六'，'高草'为'十七'，而'高梅'不能为'十八'，要用'许毛'为'十八'，'高湾'为'十九'。又如'欠许'为'二十一'，'韩许'为'三十一'，'入许'为'五十一'，'雍许'为'六十一'，'毛许'为'八十一'，'湾许'为'九十一'。而'明韩'为'二十三'。'韩明'为'三十二'，'土明'为'五十二'，'雍明'为'六十二'等。整数语尾加'老'字，如'高老'为'一百'等。在鼎街古董铺，则用二个字，如'高少'为'一千五百元'，或'一万五千元'，少有用三个字的，如遇三个数目，则尾数用普通数目，如'十五万五千元'，而荒货担子可说三个字，因此数目言词非精通常用不可。"卫大法师《江湖话·各行业商帮所用数目字隐语·重庆通行言词·古董，旧五金，估衣，改裁，荒担，经纪，过活，旧棉絮（重庆教场口，鼎新街，估衣街，关津巷通用）》："高：一。明：二。韩：三。苏：四。大：五。雍：六。草：七。梅：八。湾：九。高：十。许：一。欠：二。川：三。义：四。土：五。告：六。照：七。毛：八。求：九。许：十。《切口大词典·行号类·耕牛行之切口》："苏：四也。"

【苏奔】清傅崇矩《成都通览·成都之各行人买卖通用言词·收荒小生意通用言词》："苏奔：三百八。"

【苏丁】《切口大词典·役夫类·茶担夫之切口》："苏丁：四也。"

【苏镙】《切口大词典·商铺类·地货业之切口》："苏镙：四十三也。"

【苏笛】《切口大词典·商铺类·地货业之切口》："苏笛：四十六也。"

【苏开】《切口大词典·商铺类·海味业之切口》："苏开：苏州太湖所产之开洋也，味淡美，品最小之开洋也。"

【苏利】《切口大词典·商铺类·地货业之切口》："苏利：四十二也。"

【苏了】《切口大词典·商铺类·地货业之切口》："苏了：四十也。"

【苏迁】《切口大词典·商铺类·地货业之切口》："苏迁：四十九也。"

【苏扫】《切口大词典·商铺类·地货业之切口》："苏扫：四十八也。"

【苏色】《切口大词典·商铺类·地货业之切口》："苏色：四十一也。"

【苏仙】《切口大词典·商铺类·地货业之切口》："苏仙：四十七也。"

【苏折】《切口大词典·商铺类·地货业之切口》："苏折：四十五也。"

【苏枝】《切口大词典·医药类·药行业之切

口》："苏枝：紫叶也。"

【苏子】 学古堂《江湖行话谱·行话管见》："谷：苏子。"

【苏子底】《郎中医话》："苏子底，是香油。"

【酥桃子】《切口大词典·娼妓类·相公堂子之切口》："酥桃子：阔公子也。"

【诉哀党】《切口大词典·役夫类·人力车夫之切口》："诉哀党：伪言坐客不付值，号泣以博人之解囊者。"

【诉冤党】《新刻江湖切要·乞丐类》："哭诉求乞：诉冤党。"《切口大词典·乞丐类·哭诉求乞之切口》："诉冤党：哭诉苦情向人求乞也。"清傅崇矩《成都通览·成都之江湖言词·乞丐类》："哭诉求乞：诉冤党。"

【肃】《切口大词典·手艺类·裱画业之切口》："肃：四也。"

【肃风节】《新刻江湖切要·时令类》："立秋：迎金；肃风节。"《切口大词典·星相类·铁板算命之切口》："肃风节：立秋也。"清傅崇矩《成都通览·成都之江湖言词·时令类》："立秋：迎金；肃风节。"

【素儿】《新刻江湖切要·身体类》："喉：素儿；[增]司谏。"《切口大词典·星相类·相家之切口》："素儿：喉也。"清傅崇矩《成都通览·成都之江湖言词·身体类》："喉：素儿；司谏。"

【素果】清傅崇矩《成都通览·成都之江湖言词·饮馔类》："素果：花头。"

【素滑哥】《新刻江湖切要·饮馔类》："油：丙浆；素滑哥；麻郎。"清傅崇矩《成都通览·成都之江湖言词·饮馔类》："油：丙浆；素滑哥；麻郎。"

【素碗】《切口大词典·手艺类·装潢业之切口》："素碗：白纸对也。"

【素折子】《切口大词典·商铺类·衣折业之切口》："素折子：不绣花海青。"

【素之】《切口大词典·工匠类·成衣匠之切口》："素之：四也。"

【宿】① 《切口大词典·杂业类·山果业之切口》："宿：九也。" ② 学古堂《江湖行话谱·行意行话》："东北：宿。"

【宿皮】《新刻江湖切要·兵备类》："甲：宿皮；[增]摧锋。"

【宿气】①《蹴鞠谱·锦语》："中酒：宿气。" ②《蹴鞠图谱·圆社锦语》："宿气：中酒。"

【塑灵生】《切口大词典·工匠类·成佛匠之切口》："塑灵生：成佛匠也。"

suan

【酸丁】《行院声嗽·人物》："秀才：酸丁。"

【酸口】《切口大词典·杂业类·酱园之切口》："酸口：梅酱也。"

【酸口红】《切口大词典·工匠类·染布匠之切口》："酸口红：浸布缸也。"

【酸浏】《切口大词典·杂业类·面馆之切口》："酸浏：醋鱼面也。"

【酸生】《切口大词典·医药类·卖药人之切口》："酸生：秀才也。"

【酸头】①《切口大词典·役夫类·茶担夫之切口》："酸头：醋也。"《切口大词典·役夫类·庖夫之切口》："酸头：醋也。" ②《切口大词典·杂流类·红白帖之切口》："酸头：媒人也。" ③《切口大词典·杂流类·卖水果者之切口》："酸头：梅子也。"

【酸心】《切口大词典·行号类·水果行之切口》："酸心：梨子也。"

【酸子】明程万里《鼎锲徽池雅调南北官腔乐府点板曲响大明春·六院汇选江湖方语》："酸子，乃秀才弄耍老子者。"

【蒜】卫大法师《江湖话·江湖上的隐语·普通隐语》："挖耳：蒜。"

【算柳】《江湖走镖隐语行话谱》："唱戏：算柳。"

【算命】清傅崇矩《成都通览·成都之江湖言词·星相类》："算命：梳牙。"

【随杆首】《切口大词典·盗贼类·杆匪之切口》："随杆首：匪徒也。"

【随手】清傅崇矩《成都通览·成都之呼物混名》："随手：盏布也。"

【岁月方长】《新刻江湖切要·人物类》："后生人：半子；[广]俊俏儿郎；岁月方长；子见犹惊。"《江湖切口要诀》（尺牍增附本）："后生子：半子；广曰：俊俏儿郎；岁月方长；子见犹惊。"《切口大词典·杂流类·卖婆之切口》："岁月方长：貌之俊俏者。"清傅崇矩《成都通览·成都之江湖言

【碎包袱】 云游客《江湖丛谈·江湖之春点·江湖艺人传·去平留津的大金牙》:"逗笑的小玩艺,调侃叫碎包袱。"

【碎老】《新刻江湖切要·鸟兽虫鱼类》:"蚊:[增]虻老;簧鼓生。本名碎老。"

【碎了】 学古堂《江湖行话谱·走江湖行话》:"死了:碎了。"

【碎山】《新刻江湖切要·乞丐类》:"讨饭:挂幌;碎山。"《切口大词典·乞丐类·乞丐之切口》:"碎山:讨饭也。"清傅崇矩《成都通览·成都之江湖言词·乞丐类》:"讨饭:挂幌;碎山。"

【碎鱼儿】《行院声嗽·身体》:"尿:碎鱼儿。"

【穗子】《镖行江湖隐语行话秘典》:"绳鞭,为穗子。"

sun

【孙】 ①卫大法师《江湖话·红帮各地通行隐语·人身各物类》:"人:孙,点,杠。"李子峰《海底·各地通行隐语》:"人:孙,点;杠。"②学古堂《江湖行话谱·行意行话》:"男:孙。"

【孙氏】《江湖走镖隐语行话谱》:"男人:孙氏。"云游客《江湖丛谈·江湖之春点》:"管男子,调侃叫孙氏。"

【飧柴】《行院声嗽·人事》:"吃棒:飧柴。"

【损】《切口大词典·娼妓类·八大胡同妓院之切口》:"损:以言语轻薄之也。"

【笋】 宋陈元靓辑《事林广记·续集·绮谈市语·举动门》:"少:雏,笋,娃。"

【笋丁】《切口大词典·赌博类·牌儿赌之切口》:"笋丁:三五牌也。"

【笋丝炒肉】《切口大词典·衙卒类·狱卒之切口》:"笋丝炒肉:以细竹鞭其背也。"

【笋牙】《新刻江湖切要·亲戚类》:"幼子曰尖欠,幼女曰笋牙。"

【笋芽】 明程万里《鼎锲徽池雅调南北官腔乐府点板曲响大明春·六院汇选江湖方语》:"笋芽,乃幼女也。"

【笋子】 金老佛《三教九流江湖秘密规矩·青帮与红帮·言语之忌讳》:"于大快巧快之外,普通忌讳之语亦多,非此中人实未能尽记,且有随时变更者。如见塔不呼为塔而名为笋子;饭碗不准提碗字而名为莲花子;受伤出血,不作提血字,而称为挂彩;等等不一。其规律之严,较国法为尤甚。若此中人有故犯之者,轻则三刀六洞,即用攮子在大腿或臂膊上连戳三刀,使成三个对穿洞也。重则刖足或处死,俱极残酷。而在门槛中人,则身受之而无怨言。此可见信仰心之坚强,有信仰乃发生力量。宜此辈徒众遍各地,不可以轻侮也。"

suo

【梭】 卫大法师《江湖话·各行业商帮所用数目字隐语·成都通行言词·青果小菜行》:"启:一。拖:二。心:三。叉:四。潘:五。梭:六。才:七。喓:八。卧:九。"清傅崇矩《成都通览·成都之各行人买卖通用言词·青果小菜行一切零碎买卖通用言词》:"六,梭。"学古堂《江湖行话谱·估衣行话》:"六:梭。"

【梭登子】 清傅崇矩《成都通览·成都之呼物混名》:"梭登子:蛇也,又名老梭。"

【梭儿】 宋陈元靓辑《事林广记·续集·绮谈市语·玉帛门》:"钗:梭儿。"

【梭立】《新刻江湖切要·草木百果五谷类》:"赤豆:花垒;轮黄;回花,梭立。"

【梭罗】《郎中医话》:"梭罗,是数。"

【梭衣】 卫大法师《江湖话·红帮各地通行隐语·建筑物类》:"茅屋:梭衣。"

【梭衣子】 卫大法师《江湖话·红帮各地通行隐语·衣服类》:"皮袍:梭衣子。"

【睃照】《行院声嗽·人物》:"相士:睃照。"

【蓑蓬头】《切口大词典·党会类·红帮之切口》:"蓑蓬头:草舍也。"

【襄衣】《切口大词典·商铺类·豆麦业之切口》:"襄衣:大麦也。"

【襄衣长蓬】 金老佛《三教九流江湖秘密规矩·青帮与红帮·红帮之问答》:"此外还有蝴蝶(马褂),大蓬(长衫),襄衣长蓬(皮袍子),襄衣蝴蝶(皮马褂),穿心子(马甲），霍血（短衫），叉儿（裤子），土筒（套裤），八狗子（棉袄），拖风（棉被），踢头子（鞋子），顶贡（帽子）等许多什物，弟兄们大家带着罢。"

【蓑衣穿心】 金老佛《三教九流江湖秘密规矩·青帮与红帮·江湖之春典》："皮马甲称蓑衣穿心。"

【蓑衣大蝴蝶】 《清门考原·各项切口》："蓑衣大蝴蝶，皮马褂。"

【蓑衣大篷】 《清门考原·各项切口》："蓑衣大篷，皮袍子。"金老佛《三教九流江湖秘密规矩·青帮与红帮·江湖之春典》："皮袍称蓑衣大篷。"

【蓑衣大篷子】 《切口大词典·盗贼类·收晒朗贼之切口》："蓑衣大篷子：皮袍子也。"

【蓑衣蝴蝶】 《切口大词典·党会类·红帮之切口》："蓑衣蝴蝶：皮马褂也。"金老佛《三教九流江湖秘密规矩·青帮与红帮·红帮之问答》："此外还有蝴蝶（马褂），大蓬（长衫），蓑衣长蓬（皮袍子），蓑衣蝴蝶（皮马褂），穿心子（马甲），霍血（短衫），叉儿（裤子），土筒（套裤），八狗子（棉袄），拖风（棉被），踢头子（鞋子），顶贡（帽子）等许多什物，弟兄们大家带着罢。"金老佛《三教九流江湖秘密规矩·青帮与红帮·江湖之春典》："皮马褂称蓑衣蝴蝶。"

【蓑衣子】 ①卫大法师《江湖话·红帮各地通行隐语·动物类》："猫：蓑衣子，蹿房子。"李子峰《海底·各地通行隐语》："猫：蓑衣子；窜房子。" ②卫大法师《江湖话·红帮各地通行隐语·衣服类》："皮袍子：蓑衣子。"李子峰《海底·各地通行隐语》："皮袍子：蓑衣子。"

【缩手】 《切口大词典·赌博类·摇宝赌之切口》："缩手：义同上（提子）。"

【缩头】 《切口大词典·行号类·鲜鱼行之切口》："缩头：鲂鱼也。"

【缩头生】 《新刻江湖切要·身体类》："阳：金星；[增] 缩头生。"《切口大词典·星相类·相家之切口》："缩头生：阳物也。"清傅崇矩《成都通览·成都之江湖言词·身体类》："骨：枯枝；阳春金星；缩头生；阴昑公；北风。"

【缩头子】 卫大法师《江湖话·红帮各地通行隐语·动物类》："乌龟：缩头子；中巴。"李子峰《海底·各地通行隐语》："乌龟：缩头子；中巴。"

【所履】 宋陈元靓辑《事林广记·续集·绮谈市语·天地门》："地：方舆；所履。"

【索笇】 《切口大词典·商铺类·地货业之切口》："索笇：十六也。"

【索考】 《切口大词典·商铺类·地货业之切口》："索考：十八也。"

【索南】 《切口大词典·商铺类·地货业之切口》："索南：十三也。"

【索浅】 《切口大词典·商铺类·地货业之切口》："索浅：十九也。"

【索苏】 《切口大词典·商铺类·地货业之切口》："索苏：十四也。"

【索西】 《切口大词典·商铺类·地货业之切口》："索西：十七也。"

【索线】 《切口大词典·巫卜类·道士之切口》："索线：梳头也。"

【索酌】 《切口大词典·商铺类·地货业之切口》："索酌：十一也。"

【索子】 《切口大词典·党会类·红帮之切口》："索子：首饰也。"

【锁】 清傅崇矩《成都通览·成都之江湖言词·医药类》："学医：锁。"

【锁利】 《切口大词典·星相类·星家之切口》："锁利：凡搭船居头舱。如入中舱，亦须□头舱一边。然不得过三块平基地步，过则照常人之价也。"

【锁罗】 学古堂《江湖行话谱·行意行话》："袜子：锁罗。"

【锁母】 《切口大词典·杂流类·收生婆之切口》："锁母：产妇也。"

【锁皮】 《新刻江湖切要·医药类》："卖假药：跳将煤。学医：锁皮。"

【锁腰】 《蹴鞠图谱·圆社锦语》："锁腰：丝环。"

【锁子语】 清翟灏《通俗编·识余·市语》："《西京杂记》云，长安市人语，各有不同，有胡芦语、锁子语、钮语、练语、三折语，通谓市语。宋汪云程《蹴鞠谱》有所谓锦语者，亦与市语不殊，盖此风之兴已久，或云卢敖作市语，其信然乎？"

T

ta

【塌脚】《切口大词典·役夫类·茶担夫之切口》:"塌脚:烛台也。"

【塌笼】 云游客《江湖丛谈·江湖之春点》:"管房叫'塌笼'。"云游客《江湖丛谈·江湖之金点·挂》:"江湖人管房子,调侃儿叫:塌笼。"

【塌罗】《郎中医话》:"塌罗,是屋。"

【塌下】《切口大词典·䘖卒类·侦探之切口》:"塌下:睡觉也。"

【塔灰钱】《梨园话》:"塔灰钱:'堂会钱'之变音也。[附记]往者演堂会戏,蝉联不绝,偶遇名角,必要搭钱,作为单赏,徽班谓之'塔灰钱'。按:'塔灰'二字,乃'堂会'之变音。'塔灰',即'堂会钱'也。其法以长桌一,上放铜钱若干串,置于前台,以二人司其事。有谓'搭钱'者,即自前台往后台搭之。搭钱之多寡,则按角色之优劣为定。后因铜钱体重,改为木质。又因木质粗笨,即改用封。"

【塔平】 卫大法师《江湖话·红帮各地通行隐语·其他用具对象类》:"坐船:跟底子,上飘子,塔平。"

【挞豹】《行院声嗽·身体》:"剃面:挞豹。"

【挞黑通】《新刻江湖切要·工匠类》:"漆匠:挞黑通。"《切口大词典·工匠类·漆匠之切口》:"挞黑通:漆匠也。"清傅崇矩《成都通览·成都之江湖言词·工匠类》:"漆匠:挞黑迪。"

【挞平】 ①《切口大词典·工匠类·漆匠之切口》:"挞平:拭帚也。"②《切口大词典·工匠类·铜匠之切口》:"挞平:锉刀也。"

【搨郎】《切口大词典·杂流类·卖糖芋芳者之切口》:"搨郎:抹碗布也。"

【榻郎】《新刻江湖切要·器用类》:"抹布:油方;榻郎。"

【榻窑子】《切口大词典·盗贼类·短截贼之切口》:"榻窑子:贼之住所下处也。"

【踏白虎】《梨园话》:"踏白虎:走错场门,谓之'踏白虎'。"

【踏瘪】《切口大词典·工匠类·锡匠之切口》:"踏瘪:酒壶也。"

【踏船头】《切口大词典·盗贼类·拐匪之切口》:"踏船头:义同上(送三更:痞棍知拐匪得妇女,前来敲诈也)。但是拐匪已有买主,将行之时而来也。"

【踏道】《切口大词典·工匠类·淘砂匠之切口》:"踏道:河埠也。"《切口大词典·役夫类·挑水夫之切口》:"踏道:河埠也。"

【踏定胜】《切口大词典·乞丐类·瘫叫化子之切口》:"踏定胜:以手代足而行者。"

【踏壳】《切口大词典·党会类·红帮之切口》:"踏壳:鞋子也。"贝思飞《民国时期的土匪隐语》:"踏壳:鞋子。"

【踏落快窑】《切口大词典·党会类·红帮之切口》:"踏落快窑:被捕而入狱也。"

【踏麦儿】《新刻江湖切要·饮馔类》:"面巾[筋]:踏麦儿。"清傅崇矩《成都通览·成都之江湖言词·饮馔类》:"面筋:踏麦儿。"

【踏瓢】《新刻江湖切要·人事类》:"下船曰踏瓢。"《切口大词典·武术类·行程保镖者之切口》:"踏瓢:下船也。"清傅崇矩《成都通览·成都之江湖言词·人事类》:"下船:踏瓢。"

【踏青】 清唐再丰《鹅幻汇编·江湖通用切口摘要》:"走茶馆测字曰踏青。"卫大法师《江湖话·红帮各地通行隐语·各种行业类》:"走茶馆测字:踏青。"卫大法帅《江湖话·江湖上的隐语·巾行隐语》:"走茶馆测字:踏青。"《切口大词典·巫卜类·茶馆测字者之切口》:"踏青:专门捧香烟匣。往来于茶馆者。"《清门考原·各项切口》:"踏青,走茶馆测字也。"金老佛《三教九流江湖秘密规矩·江湖通用切口》:"走茶馆测字曰踏青。"李子峰《海底·各地通行隐语》:"走茶馆测字:踏青。"学古堂《江湖行话谱·江湖行话》:"走茶馆测字者:踏青。"

【踏青草】 卫大法师《江湖话·安庆隐语》："早贼：露水，踏青草。"《切口大词典·党会类·青帮之切口》："踏青草：专于早晨偷物之窃贼也。"

【踏莎】 宋陈元靓辑《事林广记·续集·绮谈市语·举动门》："行：徒口；踏莎。"

【踏脱镤盖】《切口大词典·党会类·流氓之切口》："踏脱镤盖：奸情败露也。"

【踏望儿】《新刻江湖切要·宫室类》："梯：月儿；［增］踏望儿，云老会；步步高。"

【踏线】 ①《切口大词典·盗贼类·短截贼之切口》："踏线：走路也。" ②贝思飞《民国时期的土匪隐语》："踏线：擅长于刺探军事情报的土匪。"

【踏早青】《切口大词典·盗贼类·偷鸡贼之切口》："踏早青：在晨间行窃者。"

【蹋郎】 清翟灝《通俗编·识余·市语》："江湖人市语尤多，坊间有《江湖切要》一刻，事事物物，悉有隐称。诚所谓惑乱听闻，无足采也。其间有通行市井者，如官曰孤司，店曰朝阳，夫曰盖老，妻曰底老，家人曰吊脚，僧曰廿三，道士曰廿四，成衣曰戳短枪，抬轿曰扳楼儿，剃头曰削青，船白瓢儿，屋曰顶公，银曰琴公，钱曰把儿，米曰软珠，饼曰匾食，盐曰澉老，鱼曰豁水，鸭曰王八，鞋曰踢土，镜曰照儿，抹布曰蹋郎，坐曰打墩，拜曰剪拂，揖曰丢圈子，叩头曰丢匾子，写字曰捌黑，说话曰吐刚，被欺曰上当，虚奉承曰王六，大曰太式，多曰满太式，无曰各念，俱由来于此语也。"

【鯺家】《切口大词典·党会类·流氓之切口》："鯺家：一切事物，往来钱财进出，由一人包容，一手收付也。"《切口大词典·党会类·小瘪三之切口》："鯺家：一手包办也。"

tai

【台】 ①卫大法师《江湖话·各行业商帮所用数目字隐语·成都通行言词·谷米杂粮行》："台：十。"《切口大词典·行号类·茧行之切口》："台：十也。" ②《切口大词典·杂业类·老虎灶之切口》："台：三也。"

【台风】《梨园话》："台风：伶工扮演剧中人，俨如当时气象，谓之'有台风'。"

【台口】《梨园话》："台口：戏台之前，谓之'台口'。"

【台漫】《切口大词典·优伶类·武行中之切口》："台漫：翻悬空筋斗也。"

【台炮】 卫大法师《江湖话·红帮各地通行隐语·人类一般》："傻子：钻念子，台炮。"李子峰《海底·各地通行隐语》："傻子：钻念子；台炮。"

【台扑】《切口大词典·优伶类·武行中之切口》："台扑：虎跳而下也。"

【台青】《切口大词典·商铺类·南货业之切口》："台青：赤糖也，以产自台湾，故名台青。"

【台上】《切口大词典·工匠类·竹匠之切口》："台上：斗篮也。"

【台提】《切口大词典·优伶类·武行中之切口》："台提：仰面翻下筋斗也。"

【台子】《切口大词典·娼妓类·茶室之切口》："台子：私妓寮也，上海谓之半开门。"

【台子钱】 卫大法师《江湖话·红帮各地通行隐语·偷盗类》："柜台窃物：台子钱。"

【抬】 清傅崇矩《成都通览·成都之各行人买卖通用言词·六畜行言词》："抬（二）。"

【抬财神】《切口大词典·役夫类·轿夫之切口》："抬财神：抬男子所坐之轿也。"

【抬方】《切口大词典·役夫类·门夫之切口》："抬方：轿子也。"

【抬杠子】 卫大法师《江湖话·红帮各地通行隐语·一般人事类》："吵嘴：打草子，抬杠子。"李子峰《海底·各地通行隐语》："吵嘴：打草子；抬杠子。"

【抬观音】《切口大词典·役夫类·轿夫之切口》："抬观音：抬女人所坐之轿子也。"

【抬糊老】《切口大词典·杂流类·外执事之切口》："抬糊老：扛棺材者。"

【抬花流星】《切口大词典·杂流类·外执事之切口》："抬花流星：扛花轿者。"

【抬轿】《切口大词典·赌博类·麻雀赌之切口》："抬轿：合串同赌也，亦代人打牌之称。"

【抬梁子】 清傅崇矩《成都通览·成都之袍哥话即江湖话也》："抬梁子：为首劫人者也。"

【抬流星】《切口大词典·杂流类·外执事之切口》："抬流星：扛魂轿也。"

【抬票】 贝思飞《民国时期的土匪隐语》："抬票：为了勒索赎金而捕捉人质。"

【抬跷角】《切口大词典·杂流类·外执事之切口》："抬跷角：扛香亭也。"

【抬身】《切口大词典·工匠类·补镬匠之切口》："抬身：小登也。"

【抬石头】《切口大词典·役夫类·轿夫之切口》："抬石头：谓轿中人之硕肥者。"

【抬头】《切口大词典·杂业类·茶楼之切口》："抬头：楼上也。"

【抬头窑子】 卫大法师《江湖话·红帮各地通行隐语·各种行业类》："菜饭馆：抬头窑子，上垦窑子。"李子峰《海底·各地通行隐语》："菜饭馆：抬头窑子；上垦窑子。"

【太】①《切口大词典·商铺类·衣庄业之切口》："太：三也。"②清翟灏《通俗编·识余·市语·道家星卜》："道家星卜：一太，二大，三蒙，四全，五假，六真，七秀，八双全，九渊。"

【太拔】 清傅崇矩《成都通览·成都之江湖言词·地理类》："城：太拔；子金；列齿；筑土。"

【太白】 宋陈元靓辑《事林广记·续集·绮谈市语·器用门》："大杯：巨统；太白。"

【太方】《切口大词典·杂业类·酱园之切口》："太方：最上乘之红色腐乳也。"

【太公】 卫大法师《江湖话·红帮闽粤及南洋各地通行隐语》："灯火：太公。"李子峰《海底·闽粤及南洋各地通行之隐语》："灯火：太公。"

【太和】《新刻江湖切要·时令类》："半夜：太和；[广]孩交。"《江湖切口要诀》（尺牍增附本）："半夜：太和。[广]孩交。"《切口大词典·星相类·铁板算命之切口》："太和：半夜也。"清傅崇矩《成都通览·成都之江湖言词·时令类》："半夜：太和；孩交。"

【太极】《切口大词典·医药类·参燕业之切口》："太极：东洋参也。"

【太摩】《切口大词典·巫卜类·六壬课之切口》："太摩：学生意也。"清傅崇矩《成都通览·成都之江湖言词·人事类》："学生意：太摩。"

【太平底子】《切口大词典·役夫类·航船夫之切口》："太平底子：航船也。业是船者，必入青帮，拜老头子，故船上所用帆篙等杂皿，咸以青帮粮船上之隐语称之，考其来由，谓雍隆间青帮粮船兴盛，船只不敷尝借航船相助也。"

【太平点】 学古堂《江湖行话谱·行话管见》："无事：太平点。"

【太山】 宋陈元靓辑《事林广记·续集·绮谈市语·亲属门》："丈人：太山；岳翁。"

【太识孤】《新刻江湖切要·官职类》："上司：太识孤；大夫。"

【太式】①《新刻江湖切要·人事类》："大亦曰太式。"《切口大词典·武术类·符箓变戏法者之切口》："太式：大也。"清傅崇矩《成都通览·成都之江湖言词·人事类》："大：太式。"清翟灏《通俗编·识余·市语》："江湖人市语尤多，坊间有《江湖切要》一刻，事事物物，悉有隐称。诚所谓惑乱听闻，无足采也。其间有通行市井者，如官曰孤司，店曰朝阳，夫曰盖老，妻曰底老，家人曰吊脚，僧曰廿三，道士曰廿四，成衣曰戳短枪，抬轿曰扱楼儿，剃头曰削青，船白瓢儿，屋曰顶公，银曰琴公，钱曰把儿，米曰软珠，饼曰匾食，盐曰瀽老，鱼曰豁水，鸭曰王八，鞋曰踢土，镜曰照儿，抹布曰踢郎，坐曰打墩，拜曰剪拂，揖曰丢圈子，叩头曰丢匾子，写字曰捌黑，说话曰吐刚，被欺曰上当，虚奉承曰王六，大曰太式，多曰满太式，无曰各念，俱由来于此语也。"②《新刻江湖切要·身体类》："足：下元；踢土。大脚曰太式。"《切口大词典·星相类·相家之切口》："太式：大脚也。"清傅崇矩《成都通览·成都之江湖言词·身体类》："大脚曰太式。"

【太守】 宋陈元靓辑《事林广记·续集·绮谈市语·君臣门》："知州：太守；五马。"

【太数】 卫大法师《江湖话·各行业商帮所用数目字隐语·成都通行言词·六成行（油，盐，柴，米，豆子，菜子）》："太数：二。"

【太数排子】 卫大法师《江湖话·各行业商帮所用数目字隐语·成都通行言词·六成行（油，盐，柴，米，豆子，菜子）》："例如，

【太水】　宋陈元靓辑《事林广记·续集·绮谈市语·亲属门》："丈母：太水；岳母。"

【太水通】《新刻江湖切要·官职类》："尚书：太水通；[广]典谟；叠负。"

【太岁】《切口大词典·巫卜类·茶馆测字者之切口》："太岁：流年也。"

【太岁海】　云游客《江湖丛谈·江湖之春点·江湖艺人传：老云里飞》："管年岁高，调侃叫太岁海了。"云游客《江湖丛谈·江湖之春点·三不管的评书场儿》："江湖人管年岁大了，调侃说太岁海了。"

【太岁减着哪】　云游客《江湖丛谈·江湖之春点·江湖艺人马万宝》："管岁数小，调侃叫太岁减着哪。"

【太岁见海】　云游客《江湖丛谈·江湖之春点·天桥的空竹场子》："管年岁见大，调侃说太岁见海。"

【太太】《清门考原·各项切口》："太太，祖母。"

【太太拔】《切口大词典·医药类·自称戏子治病者之切口》："太太拔：城头也。"

【太显】《新刻江湖切要·时令类》："寅月等称太显，今改太阴。如正月，秋寅太阴，余仿此。一岁曰一尺，十岁曰丈，几十岁曰丈几尺，几十岁曰丈几尺。"

【太阳】①《新刻江湖切要·亲戚类》："阿公：太阳，今改官日。"②《新刻江湖切要·天文类》："日：太阳；[广]旸乌；常圆，长明，恒满，出扶桑，西坠。"清傅崇矩《成都通览·成都之江湖言词·天文类》："日：太阳，阳乌，常圆，长明，恒满，出扶桑，西坠。"

【太阴】①《新刻江湖切要·亲戚类》："阿婆：太阴，改官月。"②《新刻江湖切要·时令类》："寅月等称太显，今改太阴。如正月，秋寅太阴，余仿此。一岁曰一尺，十岁曰丈，十几岁曰丈几尺，几十岁曰丈几尺。"③《新刻江湖切要·天文类》："月：太阴；[广]阴宗；东升；兔窟；蟾；冰轮，离毕，秋倍明。"《江湖切口要诀》（尺牍增附本）："月：太阴。[广]阴宗；东升；兔窟；蟾；冰轮，离毕，秋倍明。"清傅崇矩《成都通览·成都之江湖言词·天文类》：

"月：太阴；阴宗；东升；兔窟；蟾；冰轮，离毕，秋倍明。"

【太援】《新刻江湖切要·地理类》："城：太援；[广]子金；列齿；筑土。"

【太咒】《新刻江湖切要·人事类》："油嘴曰太咒。"《切口大词典·巫卜类·蛤壳测字者之切口》："太咒：油嘴也。"清傅崇矩《成都通览·成都之江湖言词·人事类》："油嘴：太咒。"

【太子】　施列格《天地会研究·洪家口白要诀》："太子，槟榔。"

【太子登】　清傅崇矩《成都通览·成都之呼物混名》："太子登：小儿也。"

【太子盔】《切口大词典·优伶类·戏盔之切口》："太子盔：前部大额子，中部用盔顶。"

【泰】　卫大法师《江湖话·各行业商帮所用数目字隐语·重庆通行言词·买猪》："豆：一。背：二。泰：三。长：四。仁：五。条：六。栲：七。黄：八。豆：九。按此为重庆场买卖猪时使用。"

【泰山】《新刻江湖切要·亲戚类》："外公：从日，今改月日，又曰泰山。"

【泰水】《新刻江湖切要·亲戚类》："外婆：从月，今改重月。月月，母之母也。又曰泰水。"

【泰油】《切口大词典·杂业类·酱园之切口》："泰油：略次于子母之酱油也。"

tan

【坍台】《切口大词典·乞丐类·乞丐之切口》："坍台：贻笑于人也。"

【摊】①卫大法师《江湖话·红帮各地通行隐语·一般人事类》："磕头：摊，福，马楼子。"李子峰《海底·各地通行隐语》："磕头：摊；福；马楼子。"②《切口大词典·党会类·小瘪三之切口》："摊：说出也。"

【摊臭缸】《切口大词典·党会类·小瘪三之切口》："摊臭缸：宣布人之丑史也。"

【摊底】《切口大词典·杂流类·卖草鞋者之切口》："摊底：草鞋也。"

【摊斗】《切口大词典·工匠类·铜匠之切口》："摊斗：熔铜镂也。"

【摊红】①《新刻江湖切要·人事类》："酌献曰摊红；又卷荒。"清傅崇矩《成都通览·成都之江湖言词·人事类》："酌献：摊红；卷荒。"②《切口大词典·武术类·跑马卖解之切口》："摊红：身卧马鞍也。"

【摊露天牌九】《切口大词典·巫卜类·席地测字者之切口》："摊露天牌九：无论街头巷尾，铺一布或衣服于地是也。"

【摊面】《切口大词典·杂流类·写字人之切口》："摊面：纸也。"

【摊平】《切口大词典·工匠类·弹棉匠之切口》："摊平：平花板也。"

【摊条】卫大法师《江湖话·红帮各地通行隐语·一般人事类》："睡：拖条，靠，摊条。"

【摊屋索】《切口大词典·党会类·小瘪三之切口》："摊屋索：投有势者，而冀其保护，得受庇荫也。"

【摊喜】《切口大词典·杂流类·卖饼者之切口》："摊喜：草头饼也。"

【摊延年】《新刻江湖切要·疾病类》："风［疯］子：巽方大［太？］岁；摊延年。"清傅崇矩《成都通览·成都之江湖言词·疾病类》："疯子：巽方太岁；摊延年。"

【摊药】《切口大词典·医药类·做戏法卖药者之切口》："摊药：说药法也。"

【摊樱桃】《切口大词典·党会类·流氓之切口》："摊樱桃：讲理也。"

【滩黄胞】《切口大词典·杂业类·饭店业之切口》："滩黄胞：炒蛋也。"

【滩郎】《切口大词典·役夫类·庖夫之切口》："滩郎：盘子也。"

【滩气】《切口大词典·工匠类·烧窑匠之切口》："滩气：碗也。"

【滩子】《切口大词典·杂流类·唱滩簧之切口》："滩子：滩簧场也。"

【谈兵】《新刻江湖切要·文具类》："棋：斗精；手斗；争锋；短兵。余谓总不若名之曰谈兵。"

【檀樾】《切口大词典·巫卜类·和尚之切口》："檀樾：施主也。"

【坦底】《切口大词典·商铺类·皮裘业之切口》："坦底：一也。"

【坦口】《切口大词典·杂业类·老虎灶之切口》："坦口：大镬也。"

【叹】①清唐再丰《鹅幻汇编·江湖通用切口摘要》："说话曰叹。"卫大法师《江湖话·江湖上的隐语·普通隐语》："说话：叹。"金老佛《三教九流江湖秘密规矩·日常用语》："说话曰叹。"②《切口大词典·娼妓类·粤妓之切口》："叹：快活舒服也。"③《切口大词典·星相类·铁板算命之切口》："叹：遇年老者，则以叹。叹者，叹惜其年老，前运不佳以慰之也。赞攀叹三者。共为巾行中卖艺之要诀。"

【炭头】卫大法师《江湖话·红帮各地通行隐语·其他用具对象类》："墨：炭头。"李子峰《海底·各地通行隐语》："墨：炭头。"

【探】①《新刻江湖切要·人事类》："讨曰探。"《切口大词典·武术类·卖拳头者之切口》："探：讨也。"清傅崇矩《成都通览·成都之江湖言词·人事类》："讨：探。"②《切口大词典·杂流类·收支锭灰者之切口》："探：专事窃偷或以假易真者。"

【探巴子】《切口大词典·武术类·卖拳头者之切口》："探巴子：讨铜钱也。"

【探笆】《切口大词典·盗贼类·越墙贼之切口》："探笆：犬见人必吠，凡窃者须探有无守户犬。以犬能防己，如篱笆也。"

【探底】《切口大词典·衙卒类·警士之切口》："探底：询问也。"

【探底子】①清唐再丰《鹅幻汇编·江湖通用切口摘要》："在船上挖包曰探底子。"卫大法师《江湖话·红帮各地通行隐语·各种行业类》："在船上挖包：探底子。"卫大法师《江湖话·江湖上的隐语·其他隐语》："船上挖包：探底子。"《清门考原·各项切口》："探底子，在船上挖包之窃贼也。"金老佛《三教九流江湖秘密规矩·江湖通用切口》·"在船上挖包曰探底子。"李子峰《海底·各地通行隐语》："在船上挖包：探底子。"②《切口大词典·医药类·医生之切口》："探底子：问病源也。"

【探狗窝】《切口大词典·衙卒类·忤作之切口》："探狗窝：往乡村中验尸也。"

【探孤儿】《切口大词典·盗贼类·拐匪之切口》："探孤儿：法官之审案也。"

【探老】《新刻江湖切要·身体类》："眉：探老；［增］及第；分八。"《切口大词典·星相类·不开口相面之切口》：" 探老：眉也。"清傅崇矩《成都通览·成都之江湖言词·身体类》："眉：探老；及第分八。"

【探求子】 卫大法师《江湖话·江湖上的隐语·普通隐语》："摸乳：探求子。"

【探水】 ①《新刻江湖切要·器用类》："壶瓶：省器；探水。"清傅崇矩《成都通览·成都之江湖言词·器用类》："壶瓶：省器；探水。"②《切口大词典·役夫类·庖夫之切口》："探水：铜杓也。"

【探水路】 《切口大词典·盗贼类·掘壁贼之切口》："探水路：墙头坚固不能着手以水使松也。"

【探线子】 《切口大词典·武术类·搭台变戏法之切口》："探线子：向座中抖钱也。"

【探窑】 《切口大词典·医药类·骑驴卖药之切口》："探窑：问宅中药卖药否。"

【探院】 《切口大词典·盗贼类·掘壁贼之切口》："探院：已由壁洞而入内室之谓也。"

tang

【汤】 ①《切口大词典·行号类·棉花行之切口》："汤：七也。"②《切口大词典·杂业类·冶坊之切口》："汤：六也。"

【汤饼】 宋陈元靓辑《事林广记·续集·绮谈市语·饮食门》："煮面：汤饼。"

【汤钵子】 金老佛《三教九流江湖秘密规矩·青帮与红帮·江湖之春典》："大碗称汤钵子。"

【汤滚】 《切口大词典·优伶类·戏园之切口》："汤滚：顾客盛也。"

【汤酱】 《切口大词典·杂业类·饭店业之切口》："汤酱：以酱肉汤煮也。"

【汤卷】 《切口大词典·杂业类·饭店业之切口》："汤卷：青鱼头尾及肠肺也。"

【汤李子】 卫大法师《江湖话·江湖上的隐语·皮行隐语》："散药入水成丸：汤李子。"《切口大词典·医药类·卖药人之切口》："汤李子：散药入水成丸者。"《清门考原·各项切口》："汤李子，散药入水成丸。"金老佛《三教九流江湖秘密规矩·江湖通用切口》："散药入水成丸曰汤李子。"

【汤料】 《切口大词典·工匠类·烧盐匠之切口》："汤料：盐卤也。"

【汤面】 《切口大词典·党会类·小瘪三之切口》："汤面：面馆中之残汁剩面，售与瘪三，名呼吃汤面，实则面汤也，价极廉。"

【汤水】 《切口大词典·优伶类·戏园之切口》："汤水：顾客也。"

【汤头】 《切口大词典·工匠类·缫丝匠之切口》："汤头：水也。"

【汤注子】 《切口大词典·役夫类·庖夫之切口》："汤注子：汤锅也。"

【蹚马】 《切口大词典·优伶类·锣鼓之切口》："蹚马：如《黄金台》，田单唱水不清，都只为渔家打混时，伊立接上，搜府用之。"

【唐宫】 《切口大词典·杂流类·卖花者之切口》："唐宫：木兰花也。"

【唐刘】 《镖行江湖隐语行话秘典》："唐刘，廿一吊。"

【堂】 《切口大词典·党会类·红帮之切口》："堂：人也。"贝思飞《民国时期的土匪隐语》："堂：人。"金老佛《三教九流江湖秘密规矩·青帮与红帮·红帮之问答》："至晚，甲乙二匪打了亮壳子（灯笼），点了三光条（火把），备齐家伙，带领众堂，（人曰堂，故杀人曰劈堂，几个人谓之几杆堂）。"

【堂比】 《切口大词典·衙卒类·衙役之切口》："堂比：问官勒问，限期破案也。"

【堂唱】 《切口大词典·娼妓类·长三书寓之切口》："堂唱：出局也。出局本以唱为本位，故名曰堂唱。"

【堂棣】 《切口大词典·杂业类·花业之切口》："堂棣：三月开花，如小菊，色深黄，木本丛生。"

【堂箍】 《切口大词典·役夫类·樵夫之切口》："堂箍：硬柴也。"

【堂光】 《切口大词典·手艺类·灯笼业之切口》："堂光：高灯也。"

【堂皇生】 《切口大词典·党会类·青帮之切口》："堂皇生：官员也。"

【堂帽】 《切口大词典·优伶类·戏盔之切口》："堂帽：帽之后形，为元宝式，黑底金龙朝天翅式，两耳挂须。"

【堂钳老】 《切口大词典·优伶类·场面上之切口》："堂钳老：大鼓也。"

【堂扇子】 卫大法师《江湖话·红帮各地通行隐语·店钱及其他》："会中秘密书：堂扇子。"

【堂食】 ①清唐再丰《鹅幻汇编·江湖通用切口摘要》："伙食曰堂食。"《切口大词典·星相类·星家之切口》："堂食：伙食也。"金老佛《三教九流江湖秘密规矩·日常用语》："饮食曰堂食。" ②《清门考原·各项切口》："堂食，相公。屁精也。"

【堂翼】 《切口大词典·手艺类·装潢业之切口》："堂翼：大堂对也。"

【塘棣】 《切口大词典·行号类·鲜鱼行之切口》："塘棣：鲭鱼也，巨口细鳞。"

【塘口】 《切口大词典·工匠类·剪刀匠之切口》："塘口：磨剪刀也。"

【搪拖】 《清门考原·各项切口》："搪拖，佯作不知，故意掩盖。"

【糖壳子】 《切口大词典·赌博类·牌九赌之切口》："糖壳子：二六牌也。"

【倘扳】 《新刻江湖切要·人事类》："买卖曰倘扳。"清傅崇矩《成都通览·成都之江湖言词·人事类》："买卖：倘扳。"

【倘扳转】 《新刻江湖切要·人事类》："做生意还家曰倘扳转。"《切口大词典·巫卜类·六壬课之切口》："倘扳转：做生意归家也。"清傅崇矩《成都通览·成都之江湖言词·人事类》："做生意还家：倘扳转。"

【倘哥儿】 《行院声嗽·人物》："伏侍的：倘哥儿。"

【倘削】 《新刻江湖切要·人事类》："卖曰嫁；耀货；倘削。"清傅崇矩《成都通览·成都之江湖言词·人事类》："卖：嫁；耀货；倘削。"

【淌】 《切口大词典·医药类·妇人卖药者之切口》："淌：看病也。"

【淌晃子】 李子峰《海底·各地通行隐语》："山血，流旺子；淌晃子。"

【躺】 云游客《江湖丛谈·江湖之春点》："管地叫'躺'。"

【躺脚】 《切口大词典·手艺类·做袜子之切口》："躺脚：袜底也。"

tao

【掏灯花】 李子峰《海底·各地通行隐语》："傍晚行窃：掏灯花。"

【掏枯井】 《切口大词典·娼妓类·粤妓之切口》："掏枯井：半老徐娘，夫亡拥巨产，若妍之，谓之掏枯井。"

【滔天孙】 明程万里《鼎锲徽池雅调南北官腔乐府点板曲响大明春·六院汇选江湖方语》："滔天孙，乃乞丐也。"

【逃】 宋陈元靓辑《事林广记·续集·绮谈市语·拾遗门》："走：窜；飘；逃。"

【桃边】 《切口大词典·商铺类·杂货业之切口》："桃边：草纸也。"

【桃河里】 《切口大词典·党会类·红帮之切口》："桃河里：姓张者。"金老佛《三教九流江湖秘密规矩·青帮与红帮·红帮之问答》："张谓'桃河里'。"

【桃花】 ①《切口大词典·赌博类·牌九赌之切口》："桃花：只赔不吃也。" ②宋陈元靓辑《事林广记·续集·绮谈市语·身体门》："脸：桃花。"

【桃花眼】 《切口大词典·娼妓类·茶室之切口》："桃花眼：作媚眼也。"

【桃花源】 《切口大词典·医药类·卖膏药者之切口》："桃花源：肚脐也。"

【桃棚】 《镖行江湖隐语行话秘典》："天代晴不晴，为桃棚。"

【桃乌】 《切口大词典·行号类·煤炭行之切口》："桃乌：白煤也。"

【桃叶】 《切口大词典·手艺类·扇子业之切口》："桃叶：细质之葵扇也。"

【桃玉】 《切口大词典·商铺类·绸缎业之切口》："桃玉：绉纱也。"

【桃园】 ①清唐再丰《鹅幻汇编·江湖通用切口摘要》："洞曰桃园。" ②《切口大词典·党会类·流氓之切口》："桃园：衣破也。"

【桃源】 卫人法师《江湖话·红帮各地通行隐语·疫病类》："洞：桃源。"卫大法师《江湖话·江湖上的隐语·普通隐语》："洞：桃源。"《切口大词典·役夫类·更夫之切口》："桃源：贼洞也。"《清门考原·各项切口》："桃源，洞也。"金老佛《三教九流江湖秘密规矩·青帮与红帮·江湖之春典》："贼洞称桃源。"金老佛《三教九流秘密规矩·日常用语》："洞曰桃源。"李子峰《海底·各地通行隐语》："洞：桃源。"

【陶□】 宋陈元靓辑《事林广记·续集·绮谈市语·文房门》："砚：陶□；墨使。"

【陶箩】 《切口大词典·商铺类·食盐业之切口》："陶箩：盐筐子也。"

【淘河】 《切口大词典·杂业类·禽鸟业之切口》："淘河：翠鸟也。"

【淘米】 《切口大词典·商铺类·海味业之切口》："淘米：最小之开洋也。"

【淘沙】 金老佛《三教九流江湖秘密规矩·青帮与红帮·青帮之副业》："某晨有某乡愚，见某甲手持竹丝畚箕，裸双腿，赤双足，倚立道路短垣之旁，箕内玉有之，翠有之，簪有之，镯亦有之。以外复有带水和泥之大小钱，七零八落之鼻烟壶等物，声言昨在浦滩淘沙，得此诸物。乡愚就而观之，则见中有一镯，外虽黝黑，而一经摩擦，固灿然银质也，问其价，则曰：三元。同时复有某乙突前取而观之，即曰：我愿出价三元有半。乡愚见状，急出大洋三元，授诸某甲，而自乙手中攫镯以去。及归，尚以为大得便宜，夸耀侪辈，众察之，铜也。咸窃笑之，乡愚犹不信。求估于当铺，几被扭送警局，科以伪银冒押之罪，犹幸直言相告，始得无事，否则更将一领狱中况味矣，其名谓之淘沙。"

【淘头】 《切口大词典·工匠类·淘砂匠之切口》："淘头：溪滩也。"

【淘瓦】 《行院声嗽·人事》："相子挑：淘瓦。"

【绚子】 《切口大词典·杂流类·卖草鞋者之切口》："绚子：稻柴绳也。"

【讨慈悲】 《清门考原·各项切口》："讨慈悲，口头训练。即求指导之语。"刘联珂《中国帮会三百年革命史·清门切口》："讨慈悲，求指导。"

【讨人】 《切口大词典·娼妓类·长三书寓之切口》："讨人：鸨母以价买得之妓女也。"

【讨账】 《清门考原·各项切口》："讨账，买来的。"

【套】 ①《切口大词典·盗贼类·短截贼之切口》："套：叫驴也。" ②《切口大词典·商铺类·金线业之切口》："套：束也。"

【套货】 《切口大词典·娼妓类·花烟间之切口》："套货：套人也，即鸨母买进之女子。"

【套壳】 《切口大词典·工匠类·外国成衣匠之切口》："套壳：衣服未成先试长短也。"

【套龙】 《清门考原·各项切口》："套龙，洗浴也。"

【套皮子】 《切口大词典·盗贼类·铳手之切口》："套皮子：衣服也。"

【套人】 《切口大词典·娼妓类·雉妓之切口》："套人：鸨母买进之女子也。"

【套索】 《切口大词典·役夫类·樵夫之切口》："套索：捆柴绳也。"

【套云】 《切口大词典·商铺类·鞋子业之切口》："套云：鞋头上有云痕者。"

【套子】 ①《切口大词典·商铺类·刷染业之切口》："套子：袍子也。" ②《切口大词典·杂流类·卖水烟者之切口》："套子：铜节也。"

ti

【剔】 《切口大词典·医药类·捉牙虫妇人之切口》："剔：捉虫也。"

【剔条】 《切口大词典·医药类·捉牙虫妇人之切口》："剔条：银针也。"

【剔脱】 《行院声嗽·人事》："慷慨：剔脱。"

【踢】 《切口大词典·优伶类·伶人之切口》："踢：七也。"

【踢管】 《新刻江湖切要·衣饰类》："袜：登桶；笔管；踢管；签筒。"清傅崇矩《成都通览·成都之江湖言词·衣饰类》："袜：登桶；笔管；踢管；签筒。"

【踢尖】 《新刻江湖切要·衣饰类》："鞋：立地；踢尖；踢土。"《切口大词典·盗贼类·铳手之切口》："踢尖：鞋子也。"清傅崇矩《成都通览·成都之江湖言词·衣饰类》："鞋：立地；踢尖；踢土。"

【踢脚子】 金老佛《三教九流江湖秘密规矩·青帮与红帮·江湖之春典》："鞋子称踢脚子。"

【踢壳】 朱琳《洪门志·春典子琐记·店铺》："鞋店，称踢壳。"

【踢牛】 《新刻江湖切要·疾病类》："足疾，折牛；踢牛。"清傅崇矩《成都通览·成都之江湖言词·疾病类》："足疾：折牛；踢牛。"

【踢拾子】 卫大法师《江湖话·安庆隐语》："鞋：船；踢拾子。"

【踢头子】《清门考原·各项切口》："踢头子，鞋也。"金老佛《三教九流江湖秘密规矩·青帮与红帮·红帮之问答》："此外还有蝴蝶（马褂），大蓬（长衫），裹衣长蓬（皮袍子），裹衣蝴蝶（皮马褂），穿心子（马甲），霍血（短衫），叉儿（裤子），土筒（套裤），八狗子（棉袄），拖风（棉被），踢头子（鞋子），顶贡（帽子）等许多什物，弟兄们大家带着罢。"

【踢透】《蹴鞠谱·锦语》："死：踢透。"

【踢土】①《新刻江湖切要·身体类》："足下元；踢土。大脚曰太式。"《切口大词典·星相类·不开口相面之切口》："踢土：足也。"清傅崇矩《成都通览·成都之江湖言词·身体类》："脚：下元；踢土。"②《新刻江湖切要·衣饰类》："鞋：立地；踢尖；踢土。"卫大法师《江湖话·红帮各地通行隐语·衣服类》："鞋子：踹殻，踢土，别温子。"《家里宝鉴·隐语》："鞋踢土。"《切口大词典·商铺类·押当业之切口》："踢土：鞋子也。"李子峰《海底·各地通行隐语》："鞋子：踹壳；踢土。"平山周《中国秘密社会史·哥老会隐语》："鞋曰踢土，伞曰开花子。"清傅崇矩《成都通览·成都之江湖言词·衣饰类》："鞋：立地；踢尖；踢土。"清翟灏《通俗编·识余·市语》："江湖人市语尤多，坊间有《江湖切要》一刻，事事物物，悉有隐称。诚所谓惑乱听闻，无足采也。其间有通行市井者，如官曰孤司，店曰朝阳，夫曰盖老，妻曰底老，家人曰吊脚，僧曰廿三，道士曰廿四，成衣曰戳短枪，抬轿曰扳楼儿，剃头曰削青，船白瓢儿，屋曰顶公，银曰琴公，钱曰把儿，米曰软珠，饼曰匾食，盐曰馈老，鱼曰豁水，鸭曰王八，鞋曰踢土，镜曰照儿，抹布曰蹋郎，坐曰打墩，拜曰剪拂，揖曰丢圈子，叩头曰丢匾子，写字曰掷黑，说话曰吐刚，被欺曰上当，虚奉承曰王六，大曰太式，多曰满太式，无曰各念，俱由来于此语也。"徐珂《清稗类钞·会党类·哥老会隐语》："鞋曰踢土，伞曰开花子。"③《切口大词典·商铺类·鞋子业之切口》："踢土：鞋底也。"

【踢土朝阳】《新刻江湖切要·店铺类》："鞋店：踢土朝阳。做鞋为踢土生。"《江湖切口要诀》（尺牍增附本）："鞋店：踢土朝阳。做鞋为踢土生。"《切口大词典·盗贼类·对买贼之切口》："踢土朝阳：鞋子店也。"清傅崇矩《成都通览·成都之江湖言词·店铺类》："鞋店：踢土朝阳（做鞋为踢土生）。"

【踢土儿】 云游客《江湖丛谈·江湖之春点》："管鞋叫'踢土儿'。"

【踢土生】《新刻江湖切要·店铺类》："鞋店：踢土朝阳。做鞋为踢土生。"《江湖切口要诀》（尺牍增附本）："鞋店：踢土朝阳。做鞋为踢土生。"清傅崇矩《成都通览·成都之江湖言词·店铺类》："鞋店：踢土朝阳（做鞋为踢土生）。"

【踢土延年】《新刻江湖切要·疾病类》："烂足曰踢土延年。"清傅崇矩《成都通览·成都之江湖言词·疾病类》："烂足：踢土延年。"

【踢土子】①《切口大词典·工匠类·皮匠之切口》："踢土子：鞋子也。"②《清门考原·各项切口》："踢土子，脚也。"

【踢脱】《蹴鞠图谱·圆社锦语》："踢脱：死。"

【提朝阳】①《新刻江湖切要·店铺类》："篮店：提朝阳。"清傅崇矩《成都通览·成都之江湖言词·店铺类》："篮店：提朝阳。"②《切口大词典·盗贼类·对买贼之切口》："提朝阳：盐店也。"

【提出钱患子】 卫大法师《江湖话·红帮各地通行隐语·一般人事类》："带着家眷：提出钱患子。"[案："患"，当作"串"之误]

【提盒】《切口大词典·工匠类·石匠之切口》："提盒：家伙篮也。"

【提烘笼】 清傅崇矩《成都通览·成都之袍哥话即江湖话也》："提烘笼，言有军师也。"

【提吼】《行院声嗽·伎艺》："傀儡：提吼。"

【提火罐】《新刻江湖切要·僧道类》："炼丹：提火罐。"清傅崇矩《成都通览·成都之江湖言词·僧道类》："炼丹：提火罐。"

【提空】《新刻江湖切要·医药类》："卖方子：提空。"《切口大词典·医药类·医生之切口》："提空：卖方子也。"清傅崇矩《成都通览·成都之江湖言词·医药类》："卖方子；提空。"

【提老】《新刻江湖切要·文具类》："笔：判头；尖头；提老。"

【提亮子】《江湖走镖隐语行话谱》："灯笼：提亮子。"

【提令】①《切口大词典·盗贼类·铳手之切口》："提令：铜壶也。"《切口大词典·杂业类·茶楼之切口》："提令：冲开水之铜壶也。"②《切口大词典·役夫类·马夫之切口》："提令：马缰绳也。"

【提笼】《切口大词典·役夫类·脚夫之切口》："提笼：携篓也。"

【提喽把子】《江湖丛谈·江湖之金点·评门》："管茶馆伙计，调侃儿叫提喽把子。"

【提炉】《切口大词典·工匠类·木匠之切口》："提炉：墨斗也。"

【提鸟笼】《切口大词典·党会类·小瘪三之切口》："提鸟笼：患白浊病也。"

【提盘子】《切口大词典·杂流类·卖买古董者之切口》："提盘子：多讨虚价也。"

【提升】《切口大词典·党会类·哥老会之切口》："提升：晋级之意也。"

【提条】①《切口大词典·商铺类·笔墨业之切口》："提条：四两残块之墨也。"②《切口大词典·行号类·煤炭行之切口》："提条：大条炭也。"

【提条鲋】《切口大词典·行号类·咸货行之切口》："提条鲋：大乌贼干也。"

【提头】《切口大词典·手艺类·秤戥业之切口》："提头：称钮绳也。"

【提头子】清傅崇矩《成都通览·成都之袍哥话即江湖话也》："提头子，鞋也。"

【提土子】学古堂《江湖行话谱·走江湖话》："鞋：提土子。"

【提摇牌】《切口大词典·乞丐类·书情节求乞之切口》："提摇牌：将情节执手中也。"

【提引】《切口大词典·武术类·耍猴戏之切口》："提引：鞭子也。"

【提着钱串子】李子峰《海底·各地通行隐语》："带着家眷：提着钱串子。"

【提子】①《切口大词典·赌博类·摇宝赌之切口》："提子：提子者，于外寨数子之时，利用中指末之柔劲内提随数子倒提掌内绝技也。"②《切口大词典·商铺类·竹器业之切口》："提子：竹篮也。"③《切口大词典·手艺类·卖纸鸢之切口》："提子：同上，或名提线。"④《切口大词典·杂业类·老虎灶之切口》："提子：水桶也。"⑤《切口大词典·杂业类·纸扎店之切口》："提子：纸成之篮也。"

【题纲】《梨园话》："题纲：剧中要目列表写出，挂于后台上场门旁，谓之'题纲'。[附记]凡新编之戏，其中情节必然复杂，虽熟排者，演唱时亦恐有所遗忘。故必须将剧中某场应上某角，某角为何人扮演，以及文武场面所应吹打之排子点子，与武行起打时所打之把子，为何名称，或用某一套子等，均须一一列表写出，挂于后台上场门旁。管事人与演角，俾随时观览，遮不致遗误也。"

【啼明通】《切口大词典·星相类·弹弦子算命之切口》："啼明通：属鸡也。"

【蹄不起线来】《切口大词典·党会类·红帮之切口》："蹄不起线来：迷路是也。"

【蹄土】学古堂《江湖行话谱·行意行话》："鞋：蹄土。"

【蹄子】卫大法师《江湖话·红帮各地通行隐语·武器类》："盒子：牛腿子，蹄子。"李子峰《海底·各地通行隐语》："盒子：牛腿子；蹄子。"

【体美】朱琳《洪门志·春典子琐记·店铺》："镜店，称体美。"

【剃头】《切口大词典·杂业类·米店之切口》："剃头：于购去之米，或五斗，石中，窃取一升，或数升也。"

【剃头生意】《清门考原·各项切口》："剃头生意，营业为数甚微，曰剃头生意也。"

【替舱】清傅崇矩《成都通览·成都之江湖言词·舟具类》："篙：挺；平基；平飘；替舱；同六。"

【替身】《切口大词典·巫卜类·巫婆之切口》："替身：刍灵也。"

【替子】《清门考原·各项切口》："替子，即真实之骰子，名为替子。"

tian

【天】①《新刻江湖切要·天文类》："雾：迷

津；[广] 天；隔面；杏花雨；如烟；疑霖；迷离；[广] 起雾为披迷；又曰排烟帐。"②卫大法师《江湖话·各行业商帮所用数目字隐语·成都通行言词·古董玉器当铺》："天：六。"卫大法师《江湖话·各行业商帮所用数目字隐语·成都通行言词·糖行》："兴：一。么：二。咎：三。非：四。银：五。天：六。线：七。来：八。足：九。"卫大法师《江湖话·各行业商帮所用数目字隐语·其他·北平》："由：一。申：二。人：三。工：四。大：五。天：六。夫：七。井：八。羊：九。非：十。按此数字头，如'由'有一个头为一，'申'为二个头为二，'大'为五等头，'非'为十个头。"清傅崇矩《成都通览·成都之各行人买卖通用言词·当铺古董玉器行通用言词》："六，天。"学古堂《江湖行话谱·粮行之行话》："六，天。"③卫大法师《江湖话·各行业商帮所用数目字隐语·成都通行言词·烟行》："思：一。初：二。天：三。长：四。丑：五。夏：六。才：七。拍：八。捎：九。"清傅崇矩《成都通览·成都之各行人买卖通用言词·烟行言词》："天（三）。"

【天摆】 卫大法师《江湖话·红帮各地通行隐语·天文地理类》："下雨：摆，天摆，摆丁。"李子峰《海底·各地通行隐语》："下雨；摆；天摆。"

【天半红霞】 《切口大词典·医药类·医眼病卖药者之切口》："天半红霞：赤眼也。"

【天表】 ①《新刻江湖切要·天文类》："云：天表，[广] 想裳；瞒天；隔苍；蔽日；从龙；掩太阳；油然子；出岫君。"《江湖切口要诀》（尺牍增附本）："云：天表。[广] 想裳；瞒天；隔仓；蔽日；从龙；掩太阳；油然子；出岫君。"《切口大词典·杂流类·卖西洋镜之切口》："天表：云也。"清傅崇矩《成都通览·成都之江湖言词·天文类》："云：天表；想裳；瞒天；隔苍；蔽日；从龙；掩太阳；油然子；出岫君。"②《切口大词典·盗贼类·收晒朗贼之切口》："天表：高悬晾晒之衣服也。"

【天苍】 《切口大词典·星相类·相家之切口》："天苍：迁移宫，位居眉角。"

【天虫】 《切口大词典·商铺类·豆麦业之切口》："天虫：蚕豆也。"《切口大词典·商铺类·陆陈业之切口》："天虫：蚕豆也。"

【天穿】 《切口大词典·医药类·药行业之切口》："天穿：凌霄花也。"

【天赐】 《切口大词典·乞丐类·托神求乞之切口》："天赐：纸糊人也。"

【天打】 《切口大词典·赌博类·麻雀赌之切口》："天打：他人现成之大牌。"

【天打锤】 《切口大词典·工匠类·打锡箔匠之切口》："天打锤：铁榔也。"

【天打桩】 《切口大词典·工匠类·皮匠之切口》："天打桩：铁衬桩也。"

【天德】 《切口大词典·商铺类·皮裘业之切口》："天德：貂皮也。"

【天地】 《切口大词典·杂业类·冶坊之切口》："天地：熔铁之炉也。"

【天鹅眼】 《切口大词典·医药类·药行业之切口》："天鹅眼：乌豇豆也。"

【天粪】 《切口大词典·医药类·医眼病卖药者之切口》："天粪：眼尿也。"

【天盖】 《切口大词典·乞丐类·乞丐之切口》："天盖：袋皮及海报若辈以为被头者。"

【天孤】 《新刻江湖切要·官职类》："阁老：天孤；孤子；[广] 白头姑。"

【天鼓】 《新刻江湖切要·天文类》："雷：[补] 震公；布鼓；天鼓；闻变；落箸；天威；破不平。"《江湖切口要诀》（尺牍增附本）："雷 [补]；震公；布鼓；天鼓。"《切口大词典·巫卜类·六壬课之切口》："天鼓：雷也。"清傅崇矩《成都通览·成都之江湖言词·天文类》："雷：震公；布鼓；天鼓；闻变；落箸；天威；破不平。"宋陈元靓辑《事林广记·续集·绮谈市语·天地门》："雷：天鼓；灵鼍。"

【天官赐】 《切口大词典·娼妓类·长三书寓之切口》："天官赐：福气也。"

【天红】 《切口大词典·行号类·桂圆行之切口》："天红：次桂圆也，粒大于五元。"

【天花】 《新刻江湖切要·器用类》："灯：天花；[增] 代日月。"清傅崇矩《成都通览·成都之江湖言词·器用类》："灯：天花；代日月。"

【天浆】 宋陈元靓《事林广记·续集·绮谈市语·果菜门》："梨：大谷果；天浆。"宋陈元靓《事林广记·续集·绮谈市语·果菜门》："石榴：天浆；金罂。"

【天井】《切口大词典·工匠类·砌街匠之切口》："天井：流水沟也。"

【天开】卫大法师《江湖话·红帮各地通行隐语·天文地理类》："天晴：摆干，天开，大扇放光。"李子峰《海底·各地通行隐语》："天晴：摆干；天开；大扇放光。"

【天开眼】①《切口大词典·杂流类·卖馄饨者之切口》："天开眼：天晴也。"②《清门考原·各项切口》："天开眼，拍面上以暗包为之，局中人一闪眼已了然。胸中不察者，熟视无恙也，名曰天开眼。"

【天哭】《切口大词典·杂流类·卖馄饨者之切口》："天哭：天雨也。"

【天梁】《切口大词典·星相类·相家之切口》："天梁：官绿宫；位居中正。"

【天漏了】李子峰《海底·各地通行隐语》："雨：天漏了。"卫大法师《江湖话·红帮各地通行隐语·天文地理类》："雨：天漏了。"

【天录子】《切口大词典·役夫类·庖夫之切口》："天录子：庖人也。"

【天络】《切口大词典·医药类·医眼病卖药者之切口》："天络：眼内红线络也。"

【天买】《江湖走镖隐语行话谱》："手巾：天买。"

【天门】《切口大词典·赌博类·押六门之切口》："天门：六点也。"

【天迷】《切口大词典·巫卜类·六壬课之切口》："天迷：雾也。"

【天墨】清傅崇矩《成都通览·成都之袍哥话即江湖话也》："天墨，天黑也。"

【天牌】①卫大法师《江湖话·红帮各地通行隐语·人类一般》："夫：跑外的，天牌，上壳子。"《切口大词典·党会类·红帮之切口》："天牌：男子也。"金老佛《三教九流江湖秘密规矩·青帮与红帮·江湖之春典》："男子称天牌。"金老佛《三教九流江湖秘密规矩·青帮与红帮·女匪之职位》："帮中切口，丈夫谓天牌。"李子峰《海底·各地通行隐语》："夫：跑外的；天牌；上壳子。"李子峰《海底·各地通行隐语》："男人：天牌。"②《切口大词典·杂业类·旅馆之切口》："天牌：棉被也。"

【天牌票】贝思飞《民国时期的土匪隐语》："天牌票：男人质。"

【天皮】清唐再丰《鹅幻汇编·江湖通用切口摘要》："眼中衣曰天皮。"卫大法师《江湖话·江湖上的隐语·普通隐语》："眼中衣：天皮。"《切口大词典·医药类·医眼病卖药者之切口》："天皮：眼中衣也。"金老佛《三教九流江湖秘密规矩·日常用语》："眼中衣曰天皮。"

【天平】①《新刻江湖切要·人事类》："挑孤担；天平。"清傅崇矩《成都通览·成都之江湖言词·人事类》："挑；孤担；天平。"②《切口大词典·手艺类·秤戥业之切口》："天平：十六两秤也。"③《切口大词典·星相类·立墙壁相面之切口》："天平：相之温饱者。"④《切口大词典·行号类·砖灰行之切口》："天平：大号之斗方砖也。"⑤《切口大词典·杂业类·铁器店之切口》："天平：铁板也。"⑥《切口大词典·杂业类·信局业之切口》："天平：四也。"

【天平称】①《切口大词典·工匠类·理发匠之切口》："天平称：扁担也。"②《切口大词典·商铺类·山货业之切口》："天平称：竹杠也。"

【天平党】《新刻江湖切要·医药类》："挑担卖药：天平党。"《切口大词典·医药类·医生之切口》："天平党：挑担卖药者。"清傅崇矩《成都通览·成都之江湖言词·医药类》："挑担卖药：天平党。"

【天平生】①《新刻江湖切要·经纪类》："挑扁担：天平生。"清傅崇矩《成都通览·成都之江湖言词·经纪类》："挑扁担：天平生。"②《切口大词典·党会类·哥老会之切口》："天平生：抬轿者，亦无人会之资格。"平山周《中国秘密社会史·哥老会隐语》："剃头者曰扫青生，舆夫曰天平生，优伶曰跳板生。"徐珂《清稗类钞·会党类·哥老会隐语》："剃头者曰扫青生，舆夫曰天平生，优伶曰跳板生。"③《切口大词典·医药类·医眼病卖药者之切口》："天平生：小贩也。"

【天青】①《切口大词典·手艺类·髹漆业之切口》："天青：绿油也。"②《切口大词典·杂业类·老虎灶之切口》："天青：

水也。"

【天青子】《切口大词典·商铺类·山货业之切口》:"天青子:李子也。"

【天球】 卫大法师《江湖话·江湖上的隐语·普通隐语》:"眼中星:天球。"《切口大词典·医药类·医眼病卖药者之切口》:"天球:眼中起星也。"《清门考原·各项切口》:"天球,眼中星也。"金老佛《三教九流江湖秘密规矩·日常用语》:"眼中星曰天球。"

【天球子】 卫大法师《江湖话·红帮各地通行隐语·人身各物类》:"眼珠:天球子。"李子峰《海底·各地通行隐语》:"眼珠:天球子。"

【天泉】《新刻江湖切要·时令类》:"雨水:天泉。"《江湖切口要诀》(尺牍增附本):"雨水:天泉。"《切口大词典·星相类·弹弦子算命之切口》:"天泉:雨水也。"清傅崇矩《成都通览·成都之江湖言词·时令类》:"雨水:天泉。"

【天瑞】 宋陈元靓《事林广记·续集·绮谈市语·天地门》:"雪:六花;天瑞。"

【天十羊吊】 学古堂《江湖行话谱·粮行之行话》:"五百六十九吊:天十羊吊。"

【天堂】《新刻江湖切要·地理类》:"杭州;天堂;上天。"《江湖切口要诀》(尺牍增附本):"杭州:天堂;上天。"《切口大词典·医药类·自称戏子治病者之切口》:"天堂:杭州也。"清傅崇矩《成都通览·成都之江湖言词·地理类》:"杭州:天堂;上天。"

【天堂地】《切口大词典·杂流类·卖馄饨者之切口》:"天堂地:肉也。"

【天王】 清唐再丰《鹅幻汇编·江湖通用切口摘要》:"戏曰天王。"卫大法师《江湖话·江湖上的隐语·普通隐语》:"戏:大土。"《清门考原·各项切口》:"天王,戏也。"金老佛《三教九流江湖秘密规矩·日常用语》:"戏曰天王。"

【天王子】 卫大法师《江湖话·红帮各地通行隐语·各种行业类》:"戏:天王子。"李子峰《海底·各地通行隐语》:"戏:天王子。"

【天威】《新刻江湖切要·天文类》:"雷:[补] 震公;布鼓;天鼓;闻变;落箸;天威;破不平。"《江湖切口要诀》(尺牍增附本):"雷[补]:震公;布鼓;天鼓;闻变;落箸;天威;破不平。"清傅崇矩《成都通览·成都之江湖言词·天文类》:"雷:震公;布鼓;天鼓;闻变;落箸;天威;破不平。"

【天闻】《新刻江湖切要·鸟兽虫鱼类》:"鹤:[增] 天闻;鸣皋;在阴。"

【天下才】《新刻江湖切要·官职类》:"会元:会首,[广] 天下才;甲乙君。"

【天线】《新刻江湖切要·天文类》:"雨:津;[广] 沛生;子望;润公;湿杏;天线;灵零;甘露子;苦霪生;落雨为摆津;[广] 洒润。"《江湖切口要诀》(尺牍增附本):"雨:津。[广] 沛生;子望;湿杏;天线;灵零;甘露子;苦苦生落。[广] 雨为摆津,洒润。"《切口大词典·星相类·鸟衔算命之切口》:"天线:雨也。"清傅崇矩《成都通览·成都之江湖言词·天文类》:"雨:津;沛生;子望;润公;湿杏;天线;灵零;甘露子;苦霪生;落雨为摆津;洒润。"

【天香】 ①《切口大词典·行号类·烟土行之切口》:"天香:桂皮膏也。此膏为料中无上品,法以桂皮浸水中七日,入锅煎收浆而成也。" ②《切口大词典·杂业类·花业之切口》:"天香:百合花也。" ③宋陈元靓《事林广记·续集·绮谈市语·花木门》:"木犀:天香;仙桂。"

【天涯】《切口大词典·星相类·相家之切口》:"天涯:福德宫,位居天苍,牵连地阁。"

【天涯逆旅】《江湖切口要诀》(尺牍增附本):"客人:盖各;容同;[广] 鸡黍相延;天涯逆旅。"

【天盐】《新刻江湖切要·天文类》:"雪:飞六;[广] 出六;疑絮;天盐。雪珠为集先,落雪为摆飞,又为排六。"《江湖切口要诀》(尺牍增附本):"雪:飞六。[广] 出六;疑絮;天盐;雪珠为集先,落云为摆飞,又为排六。"《切口大词典·巫卜类·席地测字者之切口》:"天盐:雪也。"清傅崇矩《成都通览·成都之江湖言词·天文类》:"雪:飞六;出六;疑絮;天盐。"

【天窑子】 卫大法师《江湖话·红帮各地通行

【天摇】 清傅崇矩《成都通览·成都之呼物混名》："天摇：饭也。"

【天衣】 《清门考原·各项切口》："天衣，眼中衣也。"

【天帐】 《切口大词典·杂流类·红白帖之切口》："天帐：彩棚也。"

【天竹】 《切口大词典·杂流类·卖花者之切口》："天竹：四五月开轻白花，至秋结实成穗，色红如丹砂。"

【天子】 卫大法师《江湖话·红帮各地通行隐语·天文地理类》："云：天子。"

【天子炸】 卫大法师《江湖话·红帮各地通行隐语·一般人事类》："狗叫：皮条子炸，天子炸。"

【天字】 清傅崇矩《成都通览·成都之各行人买卖通用言词·当铺古董玉器行通用言词》："天字，六百。"

【天尊】 《切口大词典·巫卜类·道士之切口》："天尊：人家也。"

【添】 《切口大词典·星相类·铁板算命之切口》："添：生也。"

【添丁】 《切口大词典·赌博类·摇宝赌之切口》："添丁：开为一番以注大故，使变为二，大抵将子寄于宝盖弹簧，一捺子落为二。"

【添浆头】 《切口大词典·役夫类·茶担夫之切口》："添浆头：添酒也。"

【添气】 《蹴鞠谱·锦语》："吃物：添气。"《蹴鞠图谱·圆社锦语》："添气：吃食。"

【添头】 ①《切口大词典·杂流类·收生婆之切口》："添头：女小孩也。"②《切口大词典·杂流类·饭店业之切口》："添头：第二碗饭也。"

【添线】 《切口大词典·星相类·铁板算命之切口》："添线：夏至也。"

【田】 ①卫大法师《江湖话·各行业商帮所用数目字隐语·重庆通行言词·小菜》："田：一。衣：二。寸：三。水：四。丁：五。木：六。才：七。共：八。底：九。"清翟灏《通俗编·识余·市语·线行》："线行：一田，二伊，三寸，四水，五丁，六木，七才，八戈，九成。"②《切口大词典·商铺类·衣庄业之切口》："田：六也。"③《切口大词典·行号类·耕牛行之切口》："田：二也。"④《切口大词典·行号类·铜锡行之切口》："田：十也。"⑤清翟灏《通俗编·识余·市语·故衣铺》："故衣铺：一大，二土，三田，四东，五里，六春，七轩，八书，九籍。"

【田塍花】 《切口大词典·医药类·摆草药摊之切口》："田塍花：蓼花也。治风湿等症。"

【田鸡】 宋陈元靓《事林广记·续集·绮谈市语·水族门（虫附）》："虾蟆：田鸡。"

【田食】 《切口大词典·杂业类·白粥业之切口》："田食：草头也。"

【田汪】 《切口大词典·商铺类·丝经业之切口》："田汪：十一也。"

【田心】 《切口大词典·商铺类·金线业之切口》："田心：十也。"

【甜卜】 《切口大词典·杂业类·酱园之切口》："甜卜：糖酱萝卜也。"

【甜公】 《新刻江湖切要·饮馔类》："糖：塞牙；甜公。"清傅崇矩《成都通览·成都之江湖言词·饮馔类》："糖：塞牙；甜公。"

【甜黄条】 《切口大词典·杂业类·酱园之切口》："甜黄条：糖酱黄瓜也。"

【甜尖】 《切口大词典·杂业类·酱园之切口》："甜尖：糖酱竹笋也。"

【甜浆】 《切口大词典·杂业类·麻油店之切口》："甜浆：饴糖也。"

【甜老】 《行院声嗽·人事》："生老：甜老。"

【甜霜】 《切口大词典·杂流类·卖白糖粥者之切口》："甜霜：白糖也。"

【甜所】 朱琳《洪门志·春典子项记·店铺》："糖行，称甜所。"

【甜条】 《切口大词典·杂业类·酱园之切口》："甜条：糖酱瓜也。"

【甜头】 清唐再丰《鹅幻汇编·江湖通用切口摘要》："卖药糖者总称曰甜头。"《切口大词典·赌博类·抽夜糖之切口》："甜头：糖也。"《切口大词典·医药类·卖药糖者之切口》："甜头：卖药糖之总称也。"《切口大词典·役夫类·庖夫之切口》："甜头：白糖也。"《切口大词典·杂流类·卖糕者之切口》："甜头：糖也。"《清门考原·各项切口》："甜头，卖药糖也。"金老佛《三教九流江湖秘密规矩·江湖通用切口》："卖药糖者总称曰甜头。"

【甜头朝阳】《切口大词典·盗贼类·对买贼之切口》："甜头朝阳：糖行也。"

【甜头子】卫大法师《江湖话·红帮各地通行隐语·姓氏类》："唐：甜头子。"李子峰《海底·各地通行隐语》："唐：甜头子。"

【甜芽】《切口大词典·杂业类·酱园之切口》："甜芽：糖酱生姜也。"

【甜颐】卫大法师《江湖话·江湖上的隐语·皮行隐语》："卖药糖：甜颐。"

【甜兆子】卫大法师《江湖话·红帮各地通行隐语·一般人事类》："梦：黄梁子，甜兆子，黄莺子，闯亮子。"李子峰《海底·各地通行隐语》："梦：黄梁子；甜兆子；黄莺子，闯亮子。"

【甜子】清傅崇矩《成都通览·成都之呼物混名》："甜子：醋也。"

【填榜子】《切口大词典·医药类·僧人卖药之切口》："填榜子：开药方也。"

tiao

【挑】①《江湖走镖隐语行话谱》："卖为挑。"学古堂《江湖行话谱·行意行话》："卖：挑。"②《切口大词典·巫卜类·道士之切口》："挑：香担也。"③贝思飞《民国时期的土匪隐语》："挑：出发进行袭击。"

【挑扁担】《清门考原·各项切口》："挑扁担，商人以商品向人抵押现金，以便周转灵通也。"

【挑菜】《新刻江湖切要·盗贼类》："偷鸡：挑菜；又口残黄欠。"《切口大词典·党会类·小瘪三之切口》："挑菜：偷鸡也。"

【挑柴吊汉的】云游客《江湖丛谈·江湖之金点·皮门》："挑柴吊汉的，卖眼药的。"

【挑出】《切口大词典·商铺类·另剪业之切口》："挑出：卖出也。"

【挑厨供】云游客《江湖丛谈·江湖之春点·江湖艺人孙宝善》："管卖戏法的行当，调侃儿叫挑厨供的。"云游客《江湖丛谈·江湖之春点·天桥市场摆地的人物》：

"挑厨供是卖戏法的。"《江湖丛谈·江湖之金点·彩门》："挑厨供的，即卖戏法儿的。"云游客《江湖丛谈·江湖之春点·三不管的相声场儿》："江湖人管卖戏法的，调侃叫挑厨供的。"

【挑担】清傅崇矩《成都通览·成都之江湖言词·器用类》："针：挑担。"

【挑担子】卫大法师《江湖话·四川灌县轿夫隐语》："挑担子：前：'右手两靠'；后：'老赏号'。"卫大法师《江湖话·四川灌县轿夫隐语》："挑担子多了：前：'右手站一排'；后：'从头一二数起来'。"

【挑顿子汉】①云游客《江湖丛谈·江湖之春点·三不管的八岔子生意》："江湖人管卖咳嗽药，调侃叫挑顿子汉。"云游客《江湖丛谈·江湖之金点·皮门》："挑顿子汉的，卖咳嗽药的。"②云游客《江湖丛谈·江湖之金点·皮门》："挑顿子汉……卖牙疼药的。"

【挑遁子汗的】云游客《江湖丛谈·江湖之春点·江湖中挑遁子汗的》："卖咳嗽药的这行，调侃儿叫挑遁子汗的。"

【挑粉】《切口大词典·工匠类·修缸之切口》："挑粉：铁沙抄也。"

【挑夫】《切口大词典·商铺类·另剪业之切口》："挑夫：主顾也。"

【挑杆】①清末民初佚名《镖行江湖隐语行话秘典》："小便，为挑杆。"学古堂《江湖行话谱·保镖护院行话概略》："小便：挑杆。"②《江湖走镖隐语行话谱》："全都是走宣井子、宣盎、鞭子；挑杆。化圈。"

【挑拱页子】云游客《江湖丛谈·江湖之春点》："管卖当票子叫挑拱页子。"

【挑憨子】云游客《江湖丛谈·江湖之金点·皮门》："挑憨子，卖药糖的。"

【挑罕了】云游客《江湖丛谈·江湖之春点·江湖艺人传：老云里飞》："挑罕子即是卖那沉香佛手饼，江湖人管卖药糖调侃叫挑罕子。"

【挑汉册】云游客《江湖丛谈·江湖之春点·挑汉册子的生意》："敝人曾以卖印偏方本的行当，向江湖人讨论是否生意。江湖人说，这行儿，调侃叫挑汉册的。"

【挑汉儿的】云游客《江湖丛谈·江湖之金点·皮门》："皮行，是卖药的总名。又管卖药的这行叫挑汉儿的。"

【挑黄】《切口大词典·乞丐类·托神求乞之切口》："挑黄：行乞也。"

【挑黄啃】①云游客《江湖丛谈·江湖之春点·江湖中挑黄啃的骗术》："挑黄啃，掌买卖的。"②云游客《江湖丛谈·江湖之春点·江湖中挑黄啃的骗术》："卖假金子的行当，江湖人叫'挑黄啃'。"

【挑火粒】云游客《江湖丛谈·江湖之春点·三不管中挑火粒的生意》："那妇人用药化豆粒儿的生意，调侃叫挑火粒。"

【挑将汉子】云游客《江湖丛谈·江湖之金点·皮门》："挑将汉的，卖大力丸的。"云游客《江湖丛谈·江湖之春点·江湖艺人马万宝》："他是直隶省人，做那卖大力丸的生意，调侃叫挑将汉子。"

【挑将汗】云游客《江湖丛谈·江湖之春点·故都之八大怪》："江湖人管卖壮药的调侃叫挑将汗的。"云游客《江湖丛谈·江湖之春点·三不管中挑将汗的生意》："找那打弹弓的高凤山，买那大力丸。花钱不多，吃了就好。所以一般劳动人，有了病，都找他去治。江湖人管他那生意，调侃叫挑将汗的。"云游客《江湖丛谈·江湖之春点·天桥内的把式场》："卖艺的售药叫挑将汗。"

【挑进】《切口大词典·商铺类·另剪业之切口》："挑进：买进也。"

【挑壳叉】《切口大词典·盗贼类·杆匪之切口》："挑壳叉：出卖女人也。"

【挑啃】云游客《江湖丛谈·江湖之金点·调门》："譬如十人吧，是四个人为挑啃的（管卖东西的调侃叫挑啃）。"

【挑啃子】云游客《江湖丛谈·江湖之春点·三不管的杂技场》："江湖人管卖药糖，调侃叫挑啃子。"

【挑粒粒的】云游客《江湖丛谈·江湖之金点·皮门》："挑粒粒的，卖仁丹的。"

【挑柳驼的】《江湖丛谈·江湖之金点·柳门》："挑柳驼的，就是在各市场庙会，假装唱戏卖膏药。作这种生意必须得懂些梨园行的规律，要不然可吃不开。"

【挑喽】云游客《江湖丛谈·江湖之春点·挂子行中的支杆挂子》："江湖人管卖东西，调侃叫挑喽。"

【挑喽啃什均杵头儿】云游客《江湖丛谈·江湖之金点·小绺门》："若是东西物件往外一卖，将钱分着一花，调侃儿是挑喽啃什均杵头儿。"

【挑炉啃的】云游客《江湖丛谈·江湖之金点·皮门》："挑炉啃的，卖膏药的。"

【挑路】《切口大词典·杂流类·红白帖之切口》："挑路：喜娘也。"

【挑偏子】学古堂《江湖行话谱·走江湖行话》："分钱：挑扁子。"

【挑旗】《切口大词典·党会类·红帮之切口》："挑旗：贼抢劫藏事，造饭是也。"

【挑人】《切口大词典·娼妓类·茶室之切口》："挑人：选妓也。"

【挑人儿】《切口大词典·娼妓类·八大胡同妓院之切口》："挑人儿：游客即升堂入室，则由跑厅或大了，大声呼唤各院妓女来，至客人所坐之处，客乃于诸妓中选择一当意者，谓之挑人儿。"

【挑生啃的】云游客《江湖丛谈·江湖之金点·小绺门》："据那位江湖人说，他们这骗人的买卖，江湖人调侃儿叫做老阘的，又叫挑生啃的。"

【挑疏】《新刻江湖切要·亲戚类》："未嫁女：半儿；今改挑疏。"

【挑水滚子的】云游客《江湖丛谈·江湖之春点·天桥挑水滚子的》："江湖人管卖胰子的，调侃叫挑水滚子的。"

【挑思息】《新刻江湖切要·人事类》："卖东西曰挑思息。"《切口大词典·武术类·卖拳头者之切口》："挑思息：卖东西也。"清傅崇矩《成都通览·成都之江湖言词·人事类》："卖东西：挑思息。"

【挑头】《清门考原·各项切口》："挑头，聚赌抽头也。"刘联珂《中国帮会三百年革命史·清门切口》："挑头：抽头钱。"

【挑头场】《清门考原·各项切口》："挑头场，每年新正一般输了钱的请牌抽头，无一定地方，名曰挑头场。"

【挑头牌九】《清门考原·各项切口》："挑头牌九，邀人聚赌抽头也。"

【挑熏子汉的】云游客《江湖丛谈·江湖之春点·三不管的八岔子生意》："江湖人管卖闻药，卖避瘟散的，调侃叫挑熏子汉的。"云游客《江湖丛谈·江湖之金点·皮门》："卖闻药的，卖避瘟散的，，调侃叫挑熏子汉的。"

【挑眼】《切口大词典·娼妓类·茶室之切口》："挑眼：嫖客向妓家借端寻衅也。"

【挑眼儿】《切口大词典·娼妓类·八大胡同妓院之切口》："挑眼儿：妓女应酬不到，客人挑剔，甚有大发老脾气，皆谓之挑眼儿。窑子最怕客人挑眼儿，此大了之所以不可少也。"

【挑窑的】《江湖走镖隐语行话谱》："挑窑的：全是挖窟窿。"

【挑雨头字】云游客《江湖丛谈·江湖之金点·彩门》："他们卖戏法的，管卖符法，调侃儿叫挑雨头字。"

【挑招汉】云游客《江湖丛谈·江湖之春点·江湖人的旧组织（各处长春会）的领袖》："江湖人管骑驴，调侃叫逼金福柳。管卖眼药的，调侃叫挑招汉。"云游客《江湖丛谈·江湖之春点·江湖中的卖点之内幕》："挑招汗的，即是卖眼药的。"云游客《江湖丛谈·江湖之春点·三不管的八岔子生意》："挑招汉即是卖眼药的。"云游客《江湖丛谈·江湖之金点·挑土宝、海宝的生意》："江湖人管卖眼药的买卖，调侃儿叫挑招汗的。"

【挑照汗】学古堂《江湖行话谱·行话管见》："卖眼药：挑照汗。"

【挑照落】学古堂《江湖行话谱·行话管见》："卖眼镜：挑照落。"

【挑子】①清张德坚等《贼情汇纂》卷五《伪军制下·隐语·太平天国隐语》："矛杆改称挑子。"②《江湖走镖隐语行话谱》："喇叭：挑子。"③《江湖走镖隐语行话谱》："旗子：挑子。"④《江湖走镖隐语行话谱》："钥匙：油子；挑子。"

【条】①卫大法师《江湖话·各行业商帮所用数目字隐语·成都通行言词·牲畜行》："条：七。"卫大法师《江湖话·各行业商帮所用数目字隐语·成都通行言词·小菜行》："条：七。"清傅崇矩《成都通览·成都之各行人买卖通用言词·六畜行言词》："条（七）。"清傅崇矩《成都通览·成都之各行人买卖通用言词·小菜青果并小生意通用言词》："七，条。"②清傅崇矩《成都通览·成都之各行人买卖通用言词·捕鱼及渔帆子言词》："条（一）。"卫大法师《江湖话·各行业商帮所用数目字隐语·成都通行言词·鱼贩子》："条：一。边：二。撑：三。梳：四。妥：五。高：六。黑：七。毛：八。湾：九。"③卫大法师《江湖话·各行业商帮所用数目字隐语·重庆通行言词·买猪》："豆：一。背：二。秦：三。长：四。仁：五。条：六。栲：七。黄：八。豆：九。按此为重庆场买卖猪时使用。④《江湖走镖隐语行话谱》："大袄：条架子；叶子；条。"⑤清傅崇矩《成都通览·成都之各行人买卖通用言词·小菜青果并小生意通用言词》："条是七百。"⑥学古堂《江湖行话谱·估衣行话》："三：条。"

【条川】《切口大词典·衙卒类·仵作之切口》："条川：缢毙也。"

【条达】①《切口大词典·杂流类·收旧货之切口》："条达：筷也。"②清傅崇矩《成都通览·成都之江湖言词·器用类》："箸：一条篙；木棒；迁杖；条达。"

【条达梳子】《新刻江湖切要·器用类》："箸：条篙；木棒；迁杖；条达梳子；把头；杷老。"

【条儿码子】卫大法师《江湖话·安庆隐语》："警察：皮条子；条儿码子；墨狗子。"

【条篙】《新刻江湖切要·器用类》："箸：条篙；木棒；迁杖；条达梳子：把头；杷老。"

【条官】《新刻江湖切要·草木百果五谷类》："柴板：云骨；樵条；堆老；乌杖；条官。"

【条鬼子】《切口大词典·杂业类·麻油店之切口》："条鬼子：驴子也。"

【条架子】《江湖走镖隐语行话谱》："大袄：条架子；叶子；条。"

【条较】《切口大词典·商铺类·丝经业之切口》："条较：知道也。"

【条苗】《新刻江湖切要·草木百果五谷类》："蒜：地拳；条苗。"

【条末】《切口大词典·杂业类·菸烟店之切口》："条末：烟屑也。"

【条枪】《切口大词典·役夫类·渔夫之切口》："条枪：刺鱼之钢叉也。"

【条洒】《切口大词典·商铺类·丝线业之切口》："条洒：最粗之丝线也。"

【条生】《切口大词典·医药类·医生之切

口》：“条生：男子也。”

【条脱】《切口大词典·商铺类·银楼业之切口》：“条脱：手钏也，俗呼镯头。”

【条戏】《新刻江湖切要·鸟兽虫鱼类》：“苍条：条戏。”

【条子】①《新刻江湖切要·兵备类》：“枪：条子；[增]刺坚叉；牛头。"《江湖走镖隐语行话谱》：“枪为条子。”清末民初佚名《镖行江湖隐语行话秘典》：“长枪，为条子。”金老佛《三教九流江湖秘密规矩·青帮与红帮·江湖之春典》：“枪称条子。”金老佛《三教九流江湖秘密规矩·日常用语》："枪曰条子。”学古堂《江湖行话谱·行意行话》：“大枪：条子。”②《新刻江湖切要·衣饰类》：“带：飘叶；条子。”清傅崇矩《成都通览·成都之江湖言词·衣饰类》：“带：飘叶；条子。”③清唐再丰《鹅幻汇编·江湖通用切口摘要》：“辫曰条子。”④卫大法师《江湖话·红帮各地通行隐语·动物类》：“驴：条子。”《切口大词典·衙卒类·侦探之切口》：“条子：驴也。”李子峰《海底·各地通行隐语》：“驴：条子。”⑤《江湖走镖隐语行话谱》：“骡子：条子。”⑥《切口大词典·党会类·哥老会之切口》：“条子：会中规则之隐语也。”⑦《切口大词典·工匠类·打面匠之切口》：“条子：面也。”⑧《切口大词典·杂流类·贩人者之切口》：“条子：妇女也。”⑨《切口大词典·杂流类·卖洋伞者之切口》：“条子：铁丝也。”《清门考原·各项切口》：“条子，妇女也。”⑩贝思飞《民国时期的土匪隐语》：“条子：信件或已婚女子。”

【条子钱】卫大法师《江湖话·红帮各地通行隐语·偷盗类》：“贩卖人口：条子钱。”

【条子生】《清门考原·各项切口》：“条子生，贩卖妇女之人也。”

【调羹】《切口大词典·役夫类·茶担夫之切口》：“调羹：匙也。”

【调侃儿】亦谓"侃儿"，江湖社会各种行当的隐语行话，总谓之"春点"。云游客《江湖丛谈·江湖之春点》："果子行、菜行、油行、肉行、估衣行、糖行，以及拉房纤的，骡马市里纤手，各行都有各行的术语，俗说叫'调侃儿'。到了江湖人，管他们所调的侃儿，总称叫'春点'。"

【调皮】《新刻江湖切要·人事类》："会说曰调皮。"《切口大词典·巫卜类·六壬课之切口》："调皮：说笑话也。"明程万里《鼎鍥徽池雅调南北官腔乐府点板曲响大明春·六院汇选江湖方语》："调皮，会说话者。"清傅崇矩《成都通览·成都之江湖言词·人事类》："会说：调皮。"

【调皮正入】明程万里《鼎鍥徽池雅调南北官腔乐府点板曲响大明春·六院汇选江湖方语》："调皮正入，谓话多怕人晓得。"

【跳】①《新刻江湖切要·人事类》："凡卖物又谓之曰跳。"②卫大法师《江湖话·红帮闽粤及南洋各地通行隐语》："菜刀：跳。"李子峰《海底·闽粤及南洋各地通行之隐语》："菜刀：跳。"③《切口大词典·盗贼类·短截贼之切口》："跳：猫也。"④《切口大词典·武术类·住宅保镖者之切口》："跳：卖物也。"清傅崇矩《成都通览·成都之江湖言词·人事类》："卖物：跳。"

【跳板生】平山周《中国秘密社会史·哥老会隐语》："剃头者曰扫青生，舆夫曰天平生，优伶曰跳板生。"徐珂《清稗类钞·会党类·哥老会隐语》："剃头者曰扫青生，舆夫曰天平生，优伶曰跳板生。"

【跳槽】《切口大词典·娼妓类·八大胡同妓院之切口》："跳槽：谓弃甲妓而别挑乙妓也，犹马之弃其向来就食之槽，而跳就他马之槽也。"

【跳虫】《切口大词典·行号类·鲜鱼行之切口》："跳虫：虾也。"

【跳船头】《切口大词典·商铺类·丝经业之切口》："跳船头：接乡丝也。"

【跳打庄】《清门考原·各项切口》："跳打庄，沪上有一种小钱庄居然代客出票。惟毫无实在资本，全凭客款周转，并不如大同行者，谓之跳打钱庄。"

【跳顶公】《新刻江湖切要·人事类》："卖帽曰跳顶公。"《切口大词典·武术类·住宅保镖者之切口》："跳顶公：卖帽者。"清傅崇矩《成都通览·成都之江湖言词·人事类》："卖帽：跳顶公。"

【跳符恳】《新刻江湖切要·人事类》："卖假货为跳符恳。"《切口大词典·武术类·住宅保镖者之切口》：" 跳符悬：卖假货者。" 清傅崇矩《成都通览·成都之江湖言词·人事类》："卖假货：跳符悬。"

【跳高】《清门考原·各项切口》："跳高，向外交接也。"

【跳酣公】《切口大词典·武术类·住宅保镖者之切口》："跳酣公：卖糖也。"

【跳加官】《清门考原·各项切口》："跳加官，取好于人，俗云拍马屁。"

【跳涧子】卫大法师《江湖话·红帮各地通行隐语·动物类》："虎：跳涧子；扒山子。" 李子峰《海底·各地通行隐语》："虎：跳涧子；扒山子。"

【跳将燃】《新刻江湖切要·医药类》："卖假药：跳将燃。学医：锁皮。"《切口大词典·医药类·医生之切口》："跳将燃：卖假药者。" 清傅崇矩《成都通览·成都之江湖言词·医药类》："卖假药：跳将燃。"

【跳老虫】金老佛《三教九流江湖秘密规矩·青帮与红帮·青帮之吃相》："但有客人未必尽打炮，凡入门而不打炮者。谓之跳老虫，每次大洋二角，为时限十余分钟。打炮者，每次大洋一元十角不等，为时限一句钟，至入院过宿者，代价一二元不等。故凡开花烟间者，虽名为至下贱之业，而其人款，竟有每日数十元之多者。以是一班绑匪，趋之若惊，此为青帮绑匪吃相之一种也。"

【跳粒粒】《新刻江湖切要·医药类》："卖丸药：跳粒粒。"《切口大词典·医药类·卖药糖丸者之切口》："跳粒粒：卖药丸者。" 清傅崇矩《成都通览·成都之江湖言词·医药类》："卖丸药：跳粒粒；虎撑；寸铃。"

【跳龙门】《切口大词典·工匠类·画船匠之切口》："跳龙门：画船梢也。"

【跳龙稍】《切口大词典·赌博类·牌九赌之切口》："跳龙稍：义同上（攉跳：于靠身一幢之牌尾，脱下两只，而以无用之两只补之）。"

【跳码头】《切口大词典·杂流类·收卖锭灰者之切口》："跳码头：往别处收灰也。"

【跳皮】《新刻江湖切要·医药类》："走卖药：跳皮；［改］行燃。" 清傅崇矩《成都通览·成都之江湖言词·医药类》："走卖药：跳皮；行燃。"

【跳身】《新刻江湖切要·娼优类》："小戏：跳身；帝奚。" 清傅崇矩《成都通览·成都之江湖言词·娼优类》："小戏：跳身；帝奚。"

【跳生】《新刻江湖切要·人物类》："赌客：跳生，［广］浑是胆；珠履三千。"《江湖切口要诀》（尺牍增附本）："赌客：跳生。［广］浑是胆；珠履三千。"《切口大词典·医药类·摇虎撑者之切口》："跳生：赌客也。" 清傅崇矩《成都通览·成都之江湖言词·人物类》："赌客：跳生；浑是胆；珠履三千。"

【跳狮子】卫大法师《江湖话·安庆隐语》："鞋破洞：跳狮子。"

【跳十字燃】《新刻江湖切要·医药类》："卖疮药：跳十字燃。"《切口大词典·医药类·卖疮药者之切口》："跳十字燃：卖疮药者。" 清傅崇矩《成都通览·成都之江湖言词·医药类》："卖药：跳十字燃（烧香朝山卖药）；拱党，观音党。"

【跳甜公】《新刻江湖切要·人事类》："卖糖则曰跳甜公。" 清傅崇矩《成都通览·成都之江湖言词·人事类》："卖糖：跳甜公。"

【跳烟头】《新刻江湖切要·人事类》："卖香为跳烟头。"《切口大词典·武术类·住宅保镖者之切口》："跳烟头：卖香者。" 清傅崇矩《成都通览·成都之江湖言词·人事类》："卖香：跳烟头。"

【跳窑】①《切口大词典·党会类·流氓之切口》："跳窑：雉妓也。" ②《清门考原·各项切口》："跳窑，妓院也。" 贝思飞《民国时期的土匪隐语》："跳窑：妓院；窑子。" 金老佛《三教九流江湖秘密规矩·青帮与红帮·红帮之问答》："事讫，甲乃谓乙曰：吾们今夜可到跳窑（妓院）里去快活一夜。" 金老佛《三教九流江湖秘密规矩·青帮与红帮·江湖之春典》："妓院称跳窑。"

【跳影】《镖行江湖隐语行话秘典》："贼人从房上走，为跳影。"

【跳子】贝思飞《民国时期的土匪隐语》："跳子：警察。"

---

tie

【贴杆子】《切口大词典·行号类·粮食行之

切口》：" 贴杆子：以价值关系在秤上，取偿其所失也。"

【贴梗】《切口大词典·杂业类·花业之切口》："贴梗：海棠花也。"

【贴孤通】 ①《新刻江湖切要·人物类》："皂快：白七通；贴孤通。"《切口大词典·医药类·摇虎撑者之切口》："贴孤通：皂快也。"清傅崇矩《成都通览·成都之江湖言词·人物类》："皂快：白七通；贴孤通。" ②《江湖切口要诀》(尺牍增附本)："皂隶：友竹，反竹；结脚；贴孤通。"

【贴管】 学古堂《江湖行话谱·走江湖行话》："打伤手指：贴管。"

【贴金】 贝思飞《民国时期的土匪隐语》："贴金：被子弹击中。"学古堂《江湖行话谱·走江湖行话》："打伤身体：贴金。"

【贴母】《新刻江湖切要·娼优类》："小旦：贴母；[增] 味爽。"《切口大词典·优伶类·角行之切口》："贴母：小旦也。"清傅崇矩《成都通览·成都之江湖言词·娼优类》："小旦：贴母；味爽。"

【贴前头】《切口大词典·优伶类·戏园之切口》："贴前头：名伶戏唱已毕，将离戏园，补唱三天，或五日，七日，而不送包银者，俗谓帮忙。"

【贴身】《切口大词典·商铺类·衣庄业之切口》："贴身：短衫也。"

【贴血】《切口大词典·党会类·流氓之切口》："贴血：短衫也。"

【贴衣子】 卫大法师《江湖话·红帮各地通行隐语·衣服类》："汗衫：贴衣子。"

【铁板】 ①平山周《中国秘密社会史·三合会隐语》："线香曰桂枝，蜡烛曰古树。蚊帐曰灯笼。明代服曰袈裟，套裤曰菱角，靴曰铁板，帽子曰云盖，曰万笠。洋伞曰洪头，曰独脚，曰乌云。道路曰线，旅行曰游线。家曰甲子。祖先公馆曰马桶。船曰平，乘船曰搭平。"卫大法师《江湖话·红帮各地通行隐语·其他用具对象类》："靴：铁板，高脚踏科。"《家里宝鉴·隐语》："靴曰'铁板'。"《切口大词典·党会类·三点会之切口》："铁板：靴子也。"金老佛《三教九流江湖秘密规矩·三合会之隐语》："靴曰铁板，帽子曰云盖，曰万笠。"李子峰《海底·各地通行隐语》："靴：铁板；高脚踏科。" ②卫大法师《江湖话·红帮各地通行隐语·其他用具对象类》："草鞋：铁板，跨工子。"李子峰《海底·各地通行隐语》："草鞋：铁板。"李子峰《海底·闽粤及南洋各地通行之隐语》："草鞋：铁板。"

【铁板板】《切口大词典·娼妓类·长三书寓之切口》："铁板板：不苟言笑之谓也。"

【铁板鞋】 施列格《天地会研究·洪家口白要诀》："铁板鞋：晚兄，鞋草；草鞋。"

【铁馋牢】《切口大词典·党会类·流氓之切口》："铁馋牢：吃官司也。"

【铁粳】《切口大词典·行号类·粮食行之切口》："铁粳：同上（羊脂，糯米名）。杆挺而直者。"

【铁帽】《切口大词典·盗贼类·铳手之切口》："铁帽：镂子也。"

【铁锁】《切口大词典·行号类·鲜鱼行之切口》："铁锁：鲈鱼也。"

【铁头】《切口大词典·党会类·流氓之切口》："铁头：鞋子也。"《切口大词典·衙卒类·侦探之切口》："铁头：鞋子也。"

【铁头子】 清唐再丰《鹅幻汇编·江湖通用口摘要》："鞋曰铁头子。"卫大法师《江湖话·江湖上的隐语·普通隐语》："鞋：铁头子。"金老佛《三教九流江湖秘密规矩·日常用语》："鞋曰铁头子。"

【铁鱼】《切口大词典·杂业类·铁器店之切口》："铁鱼：小铁刀也。"

【帖钿】《切口大词典·工匠类·剪刀匠之切口》："帖钿：以铜片剪成圆式，加于剪刀两边也。"

【帖贱】 学古堂《江湖行话谱·瞽者行话》："天：帖贱。"

【帖了】《切口大词典·盗贼类·杆匪之切口》："帖了：弃邪归正改充兵役之谓也。"

【帖笼】《江湖走镖隐语行话谱》："饺[角]子：帖笼。"

【帖罗】 学古堂《江湖行话谱·行话管见》："烧饼：帖罗。"

【帖子】 平山周《中国秘密社会史·哥老会隐语》："会员证曰宝，曰帖子。"徐珂《清稗类钞·会党类·哥老会隐语》："会员证曰宝，曰帖子。"

ting

【听】 ①《江湖走镖隐语行话谱》："三更为听。"②《切口大词典·杂业类·山果业之切口》："听：三也。"

【听唱】《切口大词典·娼妓类·茶室之切口》："听唱：开市或妓女生日，有打鼓书杂耍等，客人点两出赏以银钱，且有和酒等事。"

【听打鼓】《切口大词典·娼妓类·八大胡同妓院之切口》："听打鼓：开市时窑子中，有打鼓书及各种小曲者客人酌点两齣，与以当钱谓之听打鼓，此开市时。"

【听更】《镖行江湖隐语行话秘典》："一更为起更，二更为定更，三更为听更，四更为坐更，五更为收更。"学古堂《江湖行话谱·行意行话》："三更：听更。"

【听拐】《蹴鞠图谱·圆社锦语》："听拐：耳。"

【听光】 明佚名《行院声嗽·天文》："日：听光。"

【听科】 明佚名《行院声嗽·人事》："精细：听科。"

【听老】《行院声嗽·身体》："耳：听老。"宋陈元靓《事林广记·续集·绮谈市语·身体门》："耳：听老；闻子。"

【听聆】 明风月友辑《金陵六院市语》："听聆者，耳也。"

【听罗】《郎中医话》："听罗，是耳。"卫大法师《江湖话·红帮各地通行隐语·人身各物类》："耳：顺风；听罗。"清末民初佚名《镖行江湖隐语行话秘典》："耳，为听罗。"李子峰《海底·各地通行隐语》："耳：顺风；听罗。"

【听筒】《切口大词典·赌博类·做花会之切口》："听筒：小花会也因自己不作筒子，专听人家之消息，以定输赢也。"

【听张】《切口大词典·赌博类·麻雀赌之切口》："听张：万子也。"

【廷张烧哉】《切口大词典·工匠类·成衣匠之切口》："廷张烧哉：长衫也。"

【亭子】《江湖走镖隐语行话谱》："闷子：亭子。"

【庭玉】 宋陈元靓《事林广记·续集·绮谈市语·花木门》："桧柏：庭玉；苍龙。"

【停阿磨】《切口大词典·杂业类·燕子窝之切口》："停阿磨：瘾发也。"

【停骖】《新刻江湖切要·宫室类》："所在：碾地；乐林；落地。歇家；[增] 埋轮；停骖；投辖。"

【停穿】《切口大词典·工匠类·挽花匠之切口》："停穿：停织也。"

【停脚】《切口大词典·杂流类·小热昏之切口》："停脚：生意不好也。"

【挺】《新刻江湖切要·舟具类》："篙：挺。"《切口大词典·役夫类·舟夫之切口》："挺：篙子也。"清傅崇矩《成都通览·成都之江湖言词·舟具类》："篙：挺；平基；平飘；替舱；同六。"

【挺东】《切口大词典·衙卒类·忤作之切口》："挺东：男尸也。"

【挺老】《新刻江湖切要·兵备类》："棍：要千；[增] 挺老。"

【挺身】《切口大词典·衙卒类·忤作之切口》："挺身：尸也。"

【挺头】《梨园话》："挺头：不应颠（音'忝'）盔而颠之，谓之'挺头'。"

【挺西】《切口大词典·衙卒类·忤作之切口》："挺西：女尸也。"

【挺腰】《切口大词典·手艺类·卖纸鸢之切口》："挺腰：风系线直如矢也。"

【挺撞之语调】 金老佛《三教九流江湖秘密规矩·青帮与红帮·挺撞之语调》："若乙亦不甘屈服，而预备与甲决裂者，则在甲问'贵帮有多少船'时，即径答曰：'一千九百九十支。'甲必连续问下曰'贵帮是甚么旗号，'答称：'进京百脚旗，出京杏黄旗，初一十五龙凤旗，船首四方大纛旗，船尾八面威风旗。'再问：'船有多少板？有多少钉？'答应：'板有七十二，谨按地煞数。钉有三十六，谨按天罡数。'再问：'有钉无眼是什么板？有眼无钉是什么板？'答应：'有钉无眼是跳板，有眼无钉是纤板。'再问：'天上有多少星？'答称：'三万六千星。'再问：'身有几条筋？'答称：'剁开皮肤寻。'又问：'一刀几个洞？'乙闻此语，必勃然大怒曰'一刀两个洞，你有几颗心，借来下酒吞，拳头上来领。'至此则双方冲突，已达极点，不可解劝，而必成打局矣。"

【挺子】《切口大词典·衙卒类·忤作之切口》："挺子：阳物也。"

tong

【通】 宋陈元靓《事林广记·续集·绮谈市语·拾遗门》："少欠：通。"

【通变】《切口大词典·杂业类·米店之切口》："通变：名糯而质秈之米也。"

【通草】《切口大词典·役夫类·航船夫之切口》："通草：帮规也。"

【通大】《切口大词典·商铺类·账簿业之切口》："通大：略大于通天。"

【通大路】《梨园话》："通大路：普通，谓之'通大路'。[附记]钱唐吴洁厂先生曰，英秀的琼林宴，不足会吊毛。完事，即其甩发，亦大不易学。又见煞神时，跷右足后退，叔岩效之。谭云：'我右腿有病，不得已如此，汝奈何效之？我的工夫并不在此，何必向不"通大路"上找。'"

【通动】《切口大词典·工匠类·理发匠之切口》："通动：大梳也。"

【通斗】《切口大词典·商铺类·账簿业之切口》："通斗：有格线之方账簿也。"

【通房间】《切口大词典·娼妓类·长三书寓之切口》："通房间：打茶围之客，盘踞大房间，有做花头者至，礼当相让，谓之通房间。见机游客至此，大都告行矣。"

【通风】①《切口大词典·杂业类·茶楼之切口》："通风：纸吹也。"②《清门考原·各项切口》："通风，送信也。"

【通监】《切口大词典·衙卒类·狱卒之切口》："通监：凡新入狱者，须以番佛为狱卒寿，曰通监，否则畀以种种私刑。"《清门考原·各项切口》："通监，运动狱卒之优待。"

【通节】《新刻江湖切要·亲戚类》："官人：通节；今改加民，谓官乎人也。"

【通局津】《行院声嗽·人事》："通街市：通局津。"

【通皮】 清傅崇矩《成都通览·成都之袍哥话即江湖话也》："通皮：通袍哥也。"

【通情】《切口大词典·医药类·药行业之切口》："通情：藕节也。"

【通神】 朱琳《洪门志·春典子琐记·店铺》："纸马店，称通神。"

【通生】《切口大词典·杂业类·旅馆之切口》："通生：服商之住客也。"

【通试】《新刻江湖切要·官职类》："推官：井四孤；混四，寸四；[广] 通试。"

【通丝】 卫大法师《江湖话·红帮各地通行隐语·各种行业类》："梳头：通丝。"李子峰《海底·各地通行隐语》："梳头：通丝。"

【通丝头】《切口大词典·工匠类·理发匠之切口》："通丝头：梳发也。"

【通天】《切口大词典·商铺类·账簿业之切口》："通天：有格线之账簿也。"

【通天光】《切口大词典·工匠类·泥水匠之切口》："通天光：开天窗也。"

【通天河里】《切口大词典·党会类·红帮之切口》："通天河里：姓赵者。"

【通天洒】 云游客《江湖丛谈·江湖之春点》："管大褂儿叫'通天洒'。"

【通天手】《切口大词典·杂流类·画家之切口》："通天手：专画神像佛像者。"

【通天子】 卫大法师《江湖话·红帮各地通行隐语·店钱及其他》："篙子：通天子。"

【通相】①《切口大词典·星相类·星家之切口》："通相：遇同业，或他三业之寒暄语，曰通相。"金老佛《三教九流江湖秘密规矩·日常用语》："凡遇同类当相夫，而所业不同（假如一是巾行，一是匹行），相逢亦须寒温数语，名曰通相。"②《清门考原·各项切口》："通相，是知各项内容。而不作相夫也。或与相来往。"

【通宵】①《切口大词典·娼妓类·钉碰妓之切口》："通宵：住夜也。"②《切口大词典·商铺类·香烛业之切口》："通宵：二斤重之烛也。"

【通行】《切口大词典·役夫类·人力车夫之切口》："通行：照会也。"

【通中】《切口大词典·商铺类·蜜饯业之切口》："通中：蜜渍藕片也。"

【通竹节】《切口大词典·杂流类·贩烟土者之切口》："通竹节：用机关中人保运者。"

【通子】《江湖走镖隐语行话谱》："葱：通子；苗文。"

【同参】《切口大词典·党会类·青帮之切口》："同参：同一师父，谓之同参弟兄。"

【同参弟兄】《切口大词典·党会类·流氓之切口》："同参弟兄：入帮同师之人也。"

【同参姊妹】《切口大词典·党会类·女拆白党之切口》："同参姊妹：女拆白尽拜老头子。不捧老头子，无能在社会上活动也。"

【同钉】《切口大词典·工匠类·锡匠之切口》："同钉：烛台之总称也。"

【同工】《新刻江湖切要·人事类》："要曰同工。"《切口大词典·武术类·搭台变戏法之切口》："同工：要也。"清傅崇矩《成都通览·成都之江湖言词·人事类》："要：同工。"

【同果】《江湖走镖隐语行话谱》："女老：同果。"

【同六】①《新刻江湖切要·舟具类》："替舱：同六。"《切口大词典·役夫类·舟夫之切口》："同六：替舱也。"②清傅崇矩《成都通览·成都之江湖言词·舟具类》："篙：挺；平基；平飘；替舱；同六。"

【同袂】宋陈元靓《事林广记·续集·绮谈市语·亲属门》："连襟：同袂；连袂。"

【同派】《切口大词典·乞丐类·送字求乞之切口》："同派：送字与识字人也。"

【同山弟兄】《清门考原·各项切口》："同山弟兄，同门也，又曰同参。"

【同山兄弟】刘联珂《中国帮会三百年革命史·清门切口》："同山兄弟，同门一个师父也。"

【同孙】《江湖走镖隐语行话谱》："男老：同孙。"

【同索】《切口大词典·手艺类·骨牌业之切口》："同索：麻雀牌也。"

【同跳个财神】卫大法师《江湖话·安庆隐语》："同找钱：同跳个财神。"

【同行】《新刻江湖切要·地理类》："大路：洒苏；[广]爱遵；九达；同行。"

【同中】《切口大词典·杂流类·西乐队之切口》："同中：革靴也。"

【同子】《切口大词典·医药类·卖膏药者之切口》："同子：铁锤也。"

【茼蒿】《切口大词典·杂流类·卖花者之切口》："茼蒿：蒿菊也。"

【铜箔】《切口大词典·商铺类·颜料业之切口》："铜箔：铜金也。"

【铜锤】《切口大词典·医药类·摆草药摊之切口》："铜锤：莲篷花也。可治天泡疮。"

【铜大】《切口大词典·杂业类·剪刀店之切口》："铜大：铜作所用之剪也。"

【铜匠老板】《清门考原·各项切口》："铜匠老板，上镣也。"

【铜罗】《切口大词典·工匠类·竹匠之切口》："铜罗：筘也。"

【铜爬子】《切口大词典·盗贼类·剪绺贼之切口》："铜爬子：铜元也。"

【童子党】《新刻江湖切要·乞丐类》："托神求乞：童子党。"《切口大词典·乞丐类·托神求乞之切口》："童子党：佯言有神护者，向人乞募也。此种乞儿，盛于江北。"清傅崇矩《成都通览·成都之江湖言词·乞丐类》："托神求乞：童子党。"

【统】清唐再丰《鹅幻汇编·江湖通用切口摘要》："借曰统。"卫大法师《江湖话·红帮各地通行隐语·一般人事类》："借：统。"卫大法师《江湖话·江湖上的隐语·普通隐语》："借：统。"《切口大词典·医药类·祝由科之切口》："统：借也。"《清门考原·各项切口》："统，借也。"金老佛《三教九流江湖秘密规矩·日常用语》："借曰统。"李子峰《海底·各地通行隐语》："借：统。"

【统详子】清唐再丰《鹅幻汇编·江湖通用切口摘要》："凡当相者，大都皆出门之人，一时尴尬，缺少盘费，同道中可以借移钱文一二百之数；不必同是一业，只须同是相夫，或同是巾行，同是皮行，名曰统详子。"清唐再丰《鹅幻汇编·江湖通用切口摘要》："借钱曰统详子。"卫大法师《江湖话·江湖上的隐语·普通隐语》："借钱：统详子。"《切口大词典·医药类·祝由科之切口》："统详子：借铜钱也。"《清门考原·各项切口》："统详子，借洋钱也。"金老佛《三教九流江湖秘密规矩·日常用语》："凡当相夫者，大都皆出门之人，一时尴尬，缺少盘费。向同道中可以借移钱文一二百之数（不必同是一业，只须同是相夫，或是同巾行，或同是皮行），名曰统详子。"金老佛《三教九流江湖秘密规矩·日常用语》："借钱曰统详子。"

【桶里马撒】《镖行江湖隐语行话秘典》："街上有人：桶里马撒。"

【桶木】《切口大词典·商铺类·板木业之切口》："桶木：一丈三尺之木也。"

【筒兜】《切口大词典·杂业类·老虎灶之切口》："筒兜：水杓也。"

【筒头】《切口大词典·工匠类·弹棉匠之切口》:"筒头:棉花卷也。"

【筒子】《切口大词典·衙卒类·侦探之切口》:"筒子:布袋也。"

【恸】宋陈元靓《事林广记·续集·绮谈市语·举动门》:"哭:恸;□作。"

tou

【偷】《切口大词典·商铺类·豆麦业之切口》:"偷:六也。"

【偷空】《切口大词典·工匠类·外国成衣匠之切口》:"偷空:挖花也。"

【偷老】《切口大词典·娼妓类·粤妓之切口》:"偷老:妇女有外遇做不正当之事也。"

【偷毛桃】《切口大词典·衙卒类·侦探之切口》:"偷毛桃:偷鸡贼也。"

【偷牛】《切口大词典·役夫类·更夫之切口》:"偷牛:半夜也。"

【偷圈】《切口大词典·杂流类·放白鸽者之切口》:"偷圈:被获复得脱险者。"

【头】①卫大法师《江湖话·红帮各地通行隐语·其他用具对象类》:"票子:头。"②《切口大词典·商铺类·绸缎业之切口》:"头:六也。"③《切口大词典·行号类·耕牛行之切口》:"头:九也。"

【头把】《切口大词典·商铺类·另剪业之切口》:"头把:衣领料也。"

【头把帐】《切口大词典·党会类·红帮之切口》:"头把帐:贼先欲进宅行劫也。"

【头班】《切口大词典·衙卒类·侦探之切口》:"头班:所获之盗系第一次犯案者。"

【头边】《切口大词典·杂流类·西乐队之切口》:"头边:大鼓也。"

【头衬】《切口大词典·优伶类·戏园之切口》:"头衬:戏券也。"

【头弹】贝思飞《民国时期的土匪隐语》:"头弹:在前线骑马的土匪。"

【头道杵】云游客《江湖丛谈·江湖之春点·天桥的杂技坊场》:"每逢他们说完一段相声,先由听主往场内扔钱,他们说,那是头道杵。"云游客《江湖丛谈·江湖之金点·江湖之点挂子》:"他们管头一回有些看热闹的人给钱,调侃儿叫头道杵。"

【头等人】《镖行江湖隐语行话秘典》:"见了秃子,为头等人。"

【头柜】《切口大词典·杂业类·商人共众切口》:"头柜:柜上做生意者。资格老到买主熟悉,应酬周到,为之者薪俸较诸伙为多。"

【头好】云游客《江湖丛谈·江湖之春点·江湖艺人传:去平留津的大金牙》:"江湖人管好嗓子,调侃叫头好。"

【头花】《清门考原·各项切口》:"头花,竹牌头。用针或他物,作一记认也。"

【头架】《切口大词典·杂业类·旅馆之切口》:"头架:枕头也。"

【头脚一套】《切口大词典·巫卜类·道士之切口》:"头脚一套:法师之靴帽也。"

【头经】《切口大词典·役夫类·马夫之切口》:"头经:马络也。"

【头空子】《切口大词典·手艺类·卖花样之切口》:"头空子:枕头花也。"

【头缆】《切口大词典·工匠类·打线匠之切口》:"头缆:海船上所用之索也。"

【头面】《切口大词典·杂流类·喜婆之切口》:"头面:新嫁娘之饰物也。"

【头目】贝思飞《民国时期的土匪隐语》:"头目:土匪首领(单纯的匪帮)。"

【头前人】贝思飞《民国时期的土匪隐语》:"头前人:小头目,类似于'炮头'。"

【头洒】《切口大词典·杂业类·磨坊之切口》:"头洒:头号之白粉也。"

【头油】《切口大词典·杂业类·酱园之切口》:"头油:略次于上油之酱油也。"

【头子】①《切口大词典·役夫类·人力车夫之切口》:"头子:管领车夫者。"②《切口大词典·杂流类·收生婆之切口》:"头子:小孩也。"

【投访之招接】金老佛《三教九流江湖秘密规矩·青帮与红帮·投访之招接》:"若素不相识之人,闻名而来投访者,在江湖义气上,颇觉光荣。故须以体相待,不可简慢,以贻讥于江湖。相见时则用温和之问答,其词句皆颇奇特。如云:'老大既是自家人,梁山大典诗谅必熟读,襄樊背诵。'则必朗诵曰:'梁山泊上好威风,千军万马逞英雄。宋江仁义高天下,才得招安立大功。'又问:'请问老大从那里而来?'则答以:'从梁山而来。'其人必又问曰：'梁山有好高好宽，周围好多里，设立几堂几门几关几卡几酒店，设于何处，有多少精致，有多少仁义弟兄，如何有这么大的威风？'则应答曰：'若问梁山根本，有三十六丈高，周围八百里，山上有四门四关四卡，山下有四酒店，前有金沙滩，后有鸭嘴滩，左有明月洞，右有沙罗树，聚集一百八位英雄豪杰，所以威风甚大。'则又问'请问四门通那里，关卡酒店，何人镇守？'则答曰：'东通广东福建，南通河南湖北湖南江西，西通云贵四川，北通济南北京。四关八将镇守，头关大刀关胜，双鞭呼延灼；二关豹子头林冲，霹雳火秦明；三关小李广花荣，白面郎君郑天寿；四关金枪手徐宁，铁叫子乐和。又有四卡，头卡杜迁，二卡宋万，三卡杨春，四卡陈达。山下镇守酒店英雄，东方酒店女夜叉孙二娘；南方酒店，一丈青扈三娘；西方酒店，双尾蝎解珍，两头蛇解宝；北方酒店，旱地忽律朱富。小英雄朱贵，山顶有五堂，头堂忠义堂，及时雨宋江，托塔天王晁盖牌位。二堂公义堂，玉麒麟卢俊义。三堂仁义堂，面镇山大旗，两一面替天行道，一面水泊梁山，堂前有点将台，堂后有擂鼓台，左有花木树，右有金鱼缸。所有英雄豪杰，一概归宛城子宋大爷督理，前人兴，后人兴，一直兴得而今。'问答至此，则知系一家人，于是互相为礼，分宾主入座，待以上宾之礼，有所需求，必使如愿而去。力所能及之事，不许少靳，否则非但其人心中不欢，若传扬于外，同道亦必斥为不义，遭人齿冷，而引为奇耻大辱。盖人因目中有我，故来相求，若竟不应，是自贬其声价矣。且人质所求于我者，亦必量我之力，决不至意外苛求，致我无以应付也。若力不能胜，亦宜为之代谋，务使求者满意。江湖之上，所最重者惟一义字，以水浒上所记水泊一百八人为仁义兄弟，故处处皆引用其故事，间亦提瓦岗寨及桃园结义等故事，盖皆取其义同生死也。江湖上之规矩，大概如此，若欲尽其细小者述之，则记不胜记矣。行旅之人，固不必皆入帮中，故对于江湖规矩，但能略知梗概，以备万一，亦已足矣。至帮中之人，对于海底，固须读熟，即对于各种规矩，亦须一一谨记，依法而行，庶言语举止之间，不致发生错误也。"

【投口】《切口大词典·武术类·吞剑吃蛋卖戏法者之切口》："投口：以人入瓮也。"

【投名状】 贝思飞《民国时期的土匪隐语》："投名状：申请加入匪帮。"

【投帖之套话】 金老佛《三教九流江湖秘密规矩·青帮与红帮·投帖之套话》："凡到外码头卖解显技者，必先至当地五大爷处投帖，待彼允准后始可开场，否则必生纠纷。小则不得人资助，若不巧且竟会演出铲场之事，此为江湖上之奇耻大辱，故必先尽礼也。投帖时亦有一套成语，谓'我愚下从某处来，到某处干何事。走这里路过贵金龙码头，备张草纸，亲候贵金龙码头上下几堂，回汉两教，僧道两门，水旱两党，南北英雄。沾实五大爷，替我弟亲安冲虎，望祈打个好字旗号（言至此交片行礼续说下文）。上头走起浪滔滔，萍水相逢称故交，念我弟才学浅未把书抱，未知道周公礼兄爱量高。少时刻进茶馆才把茶泡，少时刻进烟馆才把烟烧。诸凡世事，仰沾五大爷，总总打个好字旗号。'如其答语为'好说了'或'不敢当'者，则已允我帮忙，开场献技，决不致发生意外事故矣。否则彼不应允，必要盘海底。一盘海底，则事极麻烦，或竟演出流血之惨剧矣。"

【投帖子】《切口大词典·乞丐类·书情节求乞之切口》："投帖子：将情节纸递给人家为行乞之径者。"

【投辖】《新刻江湖切要·宫室类》："所在：碾地；乐林；落地；歇家；[增] 埋轮；停骖；投辖。"

【投袖】《梨园话》："投袖：谓拂袖也。"

【透】《切口大词典·医药类·卖疮药者之切口》："透：开疮也。"

【透风】《切口大词典·盗贼类·剪绺贼之切口》："透风：行窃客已觉得也。"

【透骨】《新刻江湖切要·天文类》："风：丢子；[入微] 透骨；和薰；骤吼；狂呼；疑虎；从虎；狂且；偃草；吹枯生；扫云；折朽子；[又广] 起风为摆丢。"《江湖切口要诀》（尺牍增附本）："风：丢（去）子；[广] 入微；透骨；和薰；骤吼；狂呼；疑；从虎；狂且；偃草；吹枯生；扫云；折朽子。[又广] 起风为摆丢。"《切口大词典·巫卜类·席地测字者之切口》》："透骨：风也。"清傅崇矩《成都通览·成都之江湖言词·天文类》："风：丢子；入微；透骨；和薰；骤吼；狂呼；疑口；从虎；狂且；偃草；吹枯生；扫云；折朽子（广起风为摆丢）。"

【透光】《切口大词典·役夫类·轿夫之切口》："透光：轿灯也。"

【透开】《清门考原·各项切口》："透开，展开也。"

【透片子】《切口大词典·医药类·卖疮药者之切口》："透片子：开疮之刀也。"

【透纱子】《切口大词典·盗贼类·越墙贼之切口》："透纱子：窗牖也。"

tu

【秃笔】《切口大词典·杂流类·卖花者之切口》："秃笔：番椒也。丛生，以花如秃笔，头红如血，味辣，可充花椒用。"

【秃棘】宋陈元靓《事林广记·续集·绮谈市语·器用门》："柴：秃棘。"

【秃卷】《切口大词典·杂业类·饭店业之切口》："秃卷：炒鱼肠肺也。"

【突奕】明田汝成《西湖游览志馀·委巷丛谈》："杭人有以二字反切一字以成声者，如以秀为鲫溜，以团为突奕，以精为鲫令，以俏为鲫跳，以孔为窟窿，以盘为勃兰，以铎为突落，以窠为窟陀，以圈为窟奕，以蒲为鹁卢。有以双声而包一字，易方隐语以欺人者，如以好为现萨，以丑为怀五，以马为杂噘，以笑为喜黎，以肉为直线，以鱼为河戏，以茶为油老，以酒为海老，以没有为埋梦，以莫言为稀调。"

【突落】明田汝成《西湖游览志馀·委巷丛谈》："杭人有以二字反切一字以成声者，如以秀为鲫溜，以团为突奕，以精为鲫令，以俏为鲫跳，以孔为窟窿，以盘为勃兰，以铎为突落，以窠为窟陀，以圈为窟奕，以蒲为鹁卢。有以双声而包一字，易方隐语以欺人者，如以好为现萨，以丑为怀五，以马为杂噘，以笑为喜黎，以肉为直线，以鱼为河戏，以茶为油老，以酒为海老，以没有为埋梦，以莫言为稀调。"

【图良】《新刻江湖切要·文具类》："画：的表老；图良。"

【图书】《切口大词典·工匠类·刻字匠之切口》："图书：图章也。"宋陈元靓《事林广记·续集·绮谈市语·器用门》："印：图书；章。"

【徒】卫大法师《江湖话·江湖上的隐语·普通隐语》："徒弟：徒。"

【徒口】宋陈元靓《事林广记·续集·绮谈市语·举动门》："行：徒口；踏莎。"

【徒客】《郎中医话》："徒客，是弟子。"

【徒肯】《切口大词典·党会类·青帮之切口》："徒肯：徒弟也。"《清门考原·各项切口》："徒肯，又曰少爷即是学生之称。"

【徒垦】李子峰《海底·各地通行隐语》："徒弟：徒垦；孝点子。"

【徒恳】清唐再丰《鹅幻汇编·江湖通用切口摘要》："徒弟曰徒恳。"《切口大词典·星相类·星家之切口》："徒恳：徒弟也。"金老佛《三教九流江湖秘密规矩·日常用语》："徒弟曰徒恳。"

【徒染】《新刻江湖切要·人事类》："知我行事曰徒染；又曰元梁。"清傅崇矩《成都通览·成都之江湖言词·人事类》："知我行事；徒染；元梁。"

【涂粉子】《切口大词典·乞丐类·书情节求乞之切口》："涂粉子：将情节书于墙角地上也。"

【涂圆】《新刻江湖切要·医药类》："膏药：圆纸；又改涂圆；煎煤者，煎药之称。"《切口大词典·医药类·卖膏药者之切口》："涂圆：摊膏药也。"《切口大词典·医药类·自称戏子治病者之切口》："涂圆：膏药也。"清傅崇矩《成都通览·成都之江湖言词·医药类》："膏药：圆纸；涂圆；煎煤者（煎药之称）。"

【涂圆纸】《切口大词典·医药类·医生之切口》："涂圆纸：摊膏药也。"

【土】①卫大法师《江湖话·各行业商帮所用数目字隐语·重庆通行言词·买猪》：又名猪肉为'大'，即问'这大多少钱一斤'？则回答；若问'这猪肉多少钱一斤'？则不回答你。高：一。明：二。韩：三。苏：四。大：五。雍：六。草：七。梅：八。湾：九。高：十。许：一。欠：二。川：三。乂：四。土：五。告：六。照：七。毛：八。求：九。许：十。此二十个字互用，如'许许'为'十一'，'欠欠'为'二十二'，'韩韩'为'三十三'，'苏苏'为'四十四'，'土土'为'五十五'，'雍雍'为'六十六'，'草草'为'七十七'，'毛毛'为'八十八'，'湾湾'为'九十九'。卫大法师《江湖话·各行业商帮所用数目字隐语·重庆通行言词·古董，旧五金，估衣，改裁，荒担，经纪，过活，旧棉絮（重庆教场口，鼎新街，估衣街，关津巷通用）》："高：一。明：二。韩：三。苏：四。大：五。雍：六。草：七。梅：八。湾：九。高：十。许：一。欠：二。川：三。义：四。土：五。告：六。照：七。毛：八。求：九。许：十。此二十个字互用，如'许许'为'十一'，'欠欠'为'二十二'，'韩韩'为'三十三'，'苏苏'为'四十四'，'土土'为'五十五'，'雍雍'为'六十六'，'草草'为'七十七'，'毛毛'为'八十八'，'湾湾'为'九十九'。②《切口大词典·商铺类·衣庄业之切口》："土：四也。"③清翟灏《通俗编·识余·市语·故衣铺》："故衣铺：一大，二土，三田，四东，五里，六春，七轩，八书，九籍。"④清翟灏《通俗编·识余·市语·铜行》："铜行：一豆，二贝，三某，四长，五人，六土，七木，八令，九王，十合。"⑤云游客《江湖丛谈·江湖之春点·江湖艺人孙宝善》："土是死了。"

【土扒】《切口大词典·工匠类·理发匠之切口》："土扒：篦子也。"

【土把】《兽医串雅杂钞》："不经师（传）的兽医，叫'乳生子'，又叫'土把'。"

【土车子】《切口大词典·盗贼类·杆匪之切口》："上车子：二人所抬之土枪也。"

【土地】《切口大词典·衙卒类·厘卡之切口》："土地：局长也。"

【土地老相】《切口大词典·杂业类·油坊之切口》："土地老相：熬油之灶也。"

【土地孙】卫大法师《江湖话·红帮各地通行隐语·人类一般》："乡下人：土地孙；千张子。"李子峰《海底·各地通行隐语》："乡下人：土地孙；千张子。"

【土点】《郎中医话》："土点，是死了。"云游客《江湖丛谈·江湖之春点·江湖艺人万人迷》："管死了，调侃叫土点。"

【土店】《切口大词典·党会类·青帮之切口》："土店：专贩本地土产之店也。"

【土店生】清唐再丰《鹅幻汇编·江湖通用切口摘要》："死人曰土店生。"卫大法师《江湖话·江湖上的隐语·普通隐语》："死人：土店生。"

【土垫了】李子峰《海底·各地通行隐语》："死：崩嘴儿；土垫了；返圣；过坊。"卫大法师《江湖话·红帮各地通行隐语·一般人事类》："死：崩嘴儿；土垫了；返圣；过坊。"

【土非子】《江湖走镖隐语行话谱》："鞋为土非子，又踢土。"

【土高】《新刻江湖切要·地理类》："山：土高；地高；[广]触土；地出头；巫峰；老峙；登东；艮公；如砺；禹随；一拳石。"《江湖切口要诀》（尺牍增附本）："山：土高；[广]地高；触土；地出头；巫峰；老峙；登东；艮公；如砺；禹随；一拳石。"《切口大词典·医药类·自称戏子治病者之切口》："土高：山也。"清傅崇矩《成都通览·成都之江湖言词·地理类》："山：土高；地高；触土；地出头；巫峰；老峙；登东；艮公；如砺；禹随；一拳石。"

【土宫】《切口大词典·星相类·相家之切口》："土宫：面之黑者。"

【土狗】《切口大词典·星相类·隔夜算命之切口》："土狗：命客之有乡下土气者。"

【土狗货】《切口大词典·盗贼类·越墙贼之切口》："土狗货：贼扒墙进宅也。"

【土狗窑】《切口大词典·党会类·红帮之切口》："土狗窑：事主家也。"

【土狗子】《切口大词典·盗贼类·杆匪之切口》："土狗子：乡间之财主也。"

【土骨】《新刻江湖切要·地理类》："石：土骨；坚垒；[广]分磊；伏虎；蹓豹；子践。"《江湖切口要诀》（尺牍增附本）："石：土骨；坚垒；[广]分磊；伏虎；蹓豹；子践。"《切口大词典·医药类·自称戏子治病者之切口》："土骨：石头也。"

【土骨子】《切口大词典·盗贼类·偷鸡贼之切口》："土骨子：石头也。"

【土官】《新刻江湖切要·鸟兽虫鱼类》："牛：丑官；吞青；土官；春官。"

【土尖】《切口大词典·行号类·咸货行之切

口》：" 土尖：本地所产之盐蟹也。"

【土啦】 云游客《江湖丛谈·江湖之春点·三不管的评书场儿》："江湖人管死了调侃叫土啦。"

【土老】 ①《切口大词典·赌博类·做三四之切口》："土老：乡下人也。" ②明程万里《鼎锲徽池雅调南北官腔乐府点板曲响大明春·六院汇选江湖方语》："土老：不知方情。"

【土老爷】《切口大词典·衙卒类·侦探之切口》："土老爷：灯也。"

【土了点】 云游客《江湖丛谈·江湖之春点·三不管的戗巾生意》："土了点啦即是死了。" 云游客《江湖丛谈·江湖之春点·天桥的旧人物常傻子》："管死了调侃叫土了点啦。" 云游客《江湖丛谈·江湖之金点·挂》："土了点，即是弄死喽。" 云游客《江湖丛谈·江湖之春点》："管人死了叫'土了点啦'。"

【土喽】 云游客《江湖丛谈·江湖之春点·天桥的戏法场》："管死了调侃叫土喽。"

【土炉燉】《切口大词典·工匠类·烧窑匠之切口》："土炉燉：烧碗钵之窑也。"

【土伦】《切口大词典·工匠类·泥水匠之切口》："土伦：泥水匠也。"

【土偶】 ①《切口大词典·衙卒类·厘卡之切口》："土偶：警长也。" ②《切口大词典·医药类·摇虎撑者之切口》："土偶：呆人也。"

【土偶木俑】《新刻江湖切要·人物类》："呆人：羊盘；[广] 土偶木俑；食粟曹交。"清傅崇矩《成都通览·成都之江湖言词·人物类》："呆人：羊盘；土偶木俑；食粟曹交。"

【土偶土俑】《江湖切口要诀》（尺牍增附本）："呆人：羊盘。[广] 土偶土俑；食粟曹交。"

【土票】 贝思飞《民国时期的土匪隐语》："土票：农民或当地人质。"

【土缺】《江湖切口要诀》（尺牍增附本）："西：土缺。"

【土台掘】《清门考原·各项切口》："土台掘，挖捆人家土台，隐入窃物也。"

【土台子】 卫大法师《江湖话·红帮各地通行隐语·居住用品类》："炕：土台子。"李子峰《海底·各地通行隐语》："炕：土台子。"

【土条子】 云游客《江湖丛谈·江湖之春点》："管蛇叫'土条子'。"云游客《江湖丛谈·江湖之春点·天桥的戏法场》："管长虫调侃叫土条子。"云游客《江湖丛谈·江湖之金点·江湖人的规律》："五是土条子，生意人管蛇，调侃叫土条子。"

【土筒】《切口大词典·党会类·红帮之切口》："土筒：套裤也。"《清门考原·各项切口》："土筒，套裤。"金老佛《三教九流江湖秘密规矩·青帮与红帮·红帮之问答》："此外还有蝴蝶（马褂），大蓬（长衫），蓑衣长蓬（皮袍子），蓑衣蝴蝶（皮马褂），穿心子（马甲），霍血（短衫），叉儿（裤子），土筒（套裤），八狗子（棉袄），拖风（棉被），踢头子（鞋子），顶贡（帽子）等许多什物，弟兄们大家带着罢。"金老佛《三教九流江湖秘密规矩·青帮与红帮·江湖之春典》："套裤称土筒。"

【土偷】《新刻江湖切要·工匠类》："泥水匠：土偷；[增] 壬戌通；又朽丘。"

【土星】《新刻江湖切要·身体类》："鼻：土星；闻官；汲香。"《切口大词典·星相类·不开口相面之切口》："土星：鼻也。"清傅崇矩《成都通览·成都之江湖言词·身体类》："鼻：土星；闻官；汲香。"

【土著】《切口大词典·工匠类·泥水匠之切口》："土著：砖头也。"

【吐】 ①卫大法师《江湖话·红帮各地通行隐语·一般人事类》："讲：吐。"李子峰《海底·各地通行隐语》："讲：吐。" ②《切口大词典·杂流类·换碗者之切口》："吐：蚀本也。"

【吐虫】 清傅崇矩《成都通览·成都之江湖言词·医药类》："换药珠：鼓釜工；吐虫；泼卯水。"

【吐春撩典】 卫大法师《江湖话·红帮各地通行隐语·一般人事类》："说术，卖玄观，吐春撩典。"李子峰《海底·各地通行隐语》："说术语：卖玄观；吐春撩典。"

【吐调】《新刻江湖切要·人事类》："说话曰吐调。"《切口大词典·巫卜类·六壬课之切口》："吐调：说话也。"清傅崇矩《成都通览·成都之江湖言词·人事类》："说话：吐调。"

【吐冈】《切口大词典·巫卜类·蛤壳测字者之切口》："吐冈：说出来之言语也。"《切口大词典·武术类·卖拳头者之切口》："吐冈：说出来也。"《切口大词典·星相类·量手算命之切口》："吐冈：说出来也。"清傅崇矩《成都通览·成都之江湖言词·人事类》："说出来：吐冈。"

【吐刚】 清翟灏《通俗编·识余·市语》："江湖人市语尤多，坊间有《江湖切要》一刻，事事物物，悉有隐称。诚所谓惑乱听闻，无足采也。其间有通行市井者，如官曰孤司，店曰朝阳，夫曰盖老，妻曰底老，家人曰吊脚，僧曰廿三，道士曰廿四，成衣曰戳短枪，抬轿曰扳楼儿，剃头曰削青，船白瓢儿，屋顶公，银曰琴公，钱曰把儿，米曰软珠，饼曰匼食，盐曰瀿老，鱼曰豁水，鸭曰王八，鞋曰踢土，镜曰照儿，抹布曰蹋郎，坐曰打墩，拜曰剪拂，揖曰丢圈子，叩头曰丢匾子，写字曰搠黑，说话曰吐刚，被欺曰上当，虚奉承曰王六，大曰太式，多曰满太式，无曰各念，俱由来于此语也。"

【吐架】 朱琳《洪门志·春典子琐记·物品》："卖屋，称吐架。"

【吐陆陈】 卫大法师《江湖话·红帮各地通行隐语·疫病类》："病：拖罗子，念课，吐陆陈。"李子峰《海底·各地通行隐语》："病：念课；吐陆陈。"

【吐青】 《新刻江湖切要·身体类》："眼：吐青；慕容。"清傅崇矩《成都通览·成都之江湖言词·身体类》："眼：吐青；慕容。"

【吐软冈】 《切口大词典·武术类·妇女顶缸走索之切口》："吐软冈：小唱调也。"

【吐汪子】 卫大法师《江湖话·红帮各地通行隐语·人类一般》："吐血：洽旺子，吐汪子。"李子峰《海底·各地通行隐语》："吐血；洽旺子；吐汪子。"

【兔唇】 《新刻江湖切要·疾病类》："缺嘴：兔唇。"清傅崇矩《成都通览·成都之江湖言词·疾病类》："缺嘴：兔唇。"

【兔儿】 《行院声嗽·人物》："水表：兔儿。"

【兔窟】 《新刻江湖切要·天文类》："月：太阴；[广] 阴宗；东升；兔窟；蟾；冰轮；离毕；秋倍明。"《江湖切口要诀》（尺牍增附本）："月，太阴。[广] 阴宗；东升；兔窟；蟾；冰轮；离毕；秋倍明。"《切口大词典·巫卜类·六壬课之切口》："兔窟：月亮也。"清傅崇矩《成都通览·成都之江湖言词·天文类》："月：太阴；阴宗；东升；兔窟；蟾；冰轮；离毕；秋倍明。"

【兔毛】 宋陈元靓《事林广记·续集·绮谈市语·亲属门》："伯：梁山；兔毛。"

【兔腿】 《切口大词典·盗贼类·拐匪之切口》："兔腿：拐匪之望风报事者。"

【兔屋子】 卫大法师《江湖话·红帮各地通行隐语·天文地理类》："月：娥眉子；玉盘子；兔屋子。"李子峰《海底·各地通行隐语》："月：玉盘子；兔屋子。"

【兔子】 贝思飞《民国时期的土匪隐语》："兔子：士兵或警察。"

tuan

【团】 ①《郎中医话》："团，是说。"②卫大法师《江湖话·红帮各地通行隐语·一般人事类》："骗：搏；团。"李子峰《海底·各地通行隐语》："骗：搏；团。"③《切口大词典·优伶类·腔调之切口》："团：声之团者。例如剑字，是团音也。"

【团柴】 云游客《江湖丛谈·江湖之春点·三不管的八岔子生意》："江湖人管说评书的，调侃叫团柴的。"《江湖丛谈·江湖之金点·评门》："江湖人管说书的这行儿，调侃儿叫团柴的。"云游客《江湖丛谈·江湖之春点·天桥茶馆各有不同》："团柴的是说评书的。牙淋窑儿是茶馆。"云游客《江湖丛谈·江湖之金点·评门》："说书的艺人挣钱挥霍了，调侃儿叫团柴的火喽啦。"

【团春的】 《江湖丛谈·江湖之金点·团门》："江湖艺人管说相声的行当，调侃儿叫团春的（团读入声），又叫臭春。"

【团钢】 云游客《江湖丛谈·江湖之春点·江湖中挑逛子汗的》："江湖人管说话，调侃叫团钢。"

【团狗子】 学古堂《江湖行话谱·走江湖行话》："民团：团狗子。"

【团皇亮子】 云游客《江湖丛谈·江湖之金点·江湖人的规律》："一是团皇亮子，生意人管说梦，调侃儿叫团皇亮子。"

【团黄粱子】 云游客《江湖丛谈·江湖之春点》："管梦叫'团黄粱子'。"

【团里陵末】 《行院声嗽·伎艺》："勾栏看杂剧：团里陵末。"

【团龙】 《切口大词典·工匠类·箍桶匠之切口》："团龙：竹筐也。"

【团圞】《切口大词典·行号类·煤炭行之切口》："团圞：炭团也。"

【团头】《切口大词典·商铺类·地货业之切口》："团头：冬瓜也。"

【团团转】《切口大词典·乞丐类·顶物求乞之切口》："团团转：以碗或盘旋转于棒尖也。"

【团腰】《切口大词典·商铺类·衣庄业之切口》："团腰：裙也。"

【团鱼】宋陈元靓《事林广记·续集·绮谈市语·水族门（虫附）》："鳖：团鱼。"

【疃柴】云游客《江湖丛谈·江湖之春点·三不管的评书场儿》："疃柴是说评书的。"

tui

【推】《切口大词典·商铺类·绸缎业之切口》："推：三也。"

【推包】清唐再丰《鹅幻汇编·江湖通用切口摘要》："手摇虎撑走街用长布招牌者曰推包。"卫大法师《江湖话·江湖上的隐语·皮行隐语》："手摇虎撑走街并用长布招牌：推包。"《切口大词典·医药类·摇虎撑者之切口》："推包：手摇虎撑，踯躅街头，且担长布治病招牌也。"《清门考原·各项切口》："推包，手摇虎撑，走街上用长布招牌。"金老佛《三教九流江湖秘密规矩·江湖通用切口》："手摇虎撑走街用长布招牌者曰推包。"学古堂《江湖行话谱·江湖行话》："手摇虎撑走街用长布招牌者：推包。"

【推波】《切口大词典·役夫类·舟夫之切口》："推波：划船也。"

【推车子】《切口大词典·盗贼类·杆匪之切口》："推车子：开枪放炮拒捕之谓也。"

【推进水】卫大法师《江湖话·安庆隐语》："弄钱：推进水。"

【推恳朝阳】《新刻江湖切要·店铺类》："杂货店：推恳朝阳；今改为垄断朝阳，又为乱朝阳。"《江湖切口要诀》（尺牍增附本）："杂货店：推恳朝阳，今改为垄断朝阳，又为乱朝阳。"《切口大词典·盗贼类·对买贼之切口》："推恳朝阳：杂货店也。"清傅崇矩《成都通览·成都之江湖言词·店铺类》："杂货店：推恳朝阳（今改为垄断朝阳，又为乱朝阳）。"

【推了】《江湖丛谈·江湖之金点·彩门》："教观众散，调侃儿叫作推了。"

【推轮子】①《切口大词典·工匠类·藤器匠之切口》："推轮子：孩子坐车也。"②《切口大词典·医药类·撑大伞卖药者之切口》："推轮子：车子也。"

【推青的】卫大法师《江湖话·红帮各地通行隐语·各种行业类》："剃头匠：砍黑草的；推青的。"李子峰《海底·各地通行隐语》："剃头匠：砍黑草的；推青的。"

【推青子】卫大法师《江湖话·红帮各地通行隐语·各种行业类》："剃头：麻绸子；推青子；扫青。"李子峰《海底·各地通行隐语》："剃头：麻绸子；推青子。"

【推升】《切口大词典·役夫类·舟夫之切口》："推升：摇船也。"

【推石狮】《切口大词典·娼妓类·粤妓之切口》："推石狮：兔子也，亦骂人之词也。"

【推送】清唐再丰《鹅幻汇编·江湖通用切口摘要》："使人无词而去曰推送。"卫大法师《江湖话·江湖上的隐语·普通隐语》："使人无词而去：推送。"《切口大词典·医药类·施药郎中之切口》："推送：使人无言而去也。"《清门考原·各项切口》："推送，使人无词而去也。"金老佛《三教九流江湖秘密规矩·日常用语》："使人无词而去曰推送。"

【推线】《镖行江湖隐语行话秘典》："三位：推线。"

【推羊角】《切口大词典·乞丐类·瘫叫化子之切口》："推羊角：以车挽之而行者。"

【推者】金老佛《三教九流江湖秘密规矩·青帮与红帮·九流之区别》："三教九流，统称为江湖。三教为儒释道，九流分上中下三等。上九流为官府，即一流宰相二尚书，三流督抚四藩臬，五流提台六镇台，七道八府九知州。此九流皆系官职，不知如何亦以江湖目之，实为奇异。中九流即一流医生二流金，三流漂行四流推，五流琴棋六书画，七僧八道九麻衣。其中所谓金者，即算命先生；漂行者即写字之人；推者即测字先生；麻衣即相士。皆江湖隐语也，惟书画琴棋，本清高之品，奈何亦视为江湖，未免不类。而今世固有所谓戳黑者，写几个涂鸦之字，画几笔红绿之画，沿途求卖者，而挟一胡琴，到处拉扯以索钱，设一小摊，摆设棋势以求值者，亦时有所见。所谓书画琴棋者，盖即指此辈而言也。下九流者，即一流忘八二流龟，三流戏子四流吹，五流大财六小财，七生八盗九吹灰。凡开设妓院，或在妓院为佣之男子，统称为忘八。言其忘却孝悌忠信，礼义廉耻八字，或以忘八作乌龟解误矣。凡从妻不贞卖淫以渔利者为之龟，盖龟不能交，赖蛇交焉，因以为喻。所谓吹者，即吹鼓手之别名。大财即要大把戏者，如卖解等是。小财即要小把戏者，如变戏法等是也。生为剃头者之别名。凡贩卖烟土开设烟馆者皆称为吹灰也。"

【推子】 清唐再丰《鹅幻汇编·江湖通用切口摘要》："虎撑曰推子。"卫大法师《江湖话·江湖上的隐语·皮行隐语》："虎撑：推子。"《切口大词典·医药类·摇虎撑者之切口》："推子：虎撑也。虎撑形如手镯大过倍之中虚实铁丸套在手中，摇之琅琅作响。"《清门考原·各项切口》："推子，虎撑也。"金老佛《三教九流江湖秘密规矩·江湖通用切口》："虎撑曰推子。"

【腿长】 云游客《江湖丛谈·江湖之金点·艺人传：鼓界之白云鹏》："白系童子礼儿，自幼入礼门，不动烟酒，人情事态阅历最深，江猢人都说他的腿儿最长，可不是能跑（江湖人管为人，河路码头、省市商埠去的地方最多的人，调侃儿叫腿长。"

【腿子】 《切口大词典·简卒类·兵士之切口》："腿子：洋枪也。"

【退朝】 《切口大词典·乞丐类·戴孝求乞之切口》："退朝：逃走也。"

【退光】 《切口大词典·役夫类·屠夫之切口》："退光：刮毛也。"

【退花儿】 宋陈元靓《事林广记·续集·绮谈市语·果菜门》："杏子：尝新；退花儿。"

【退皮】 《镖行江湖隐语行话秘典》："脱衣，为退皮，穿衣为任店。"学古堂《江湖行话谱·行意行话》："脱衣：退皮。"

【退四】 《切口大词典·杂流类·西乐队之切口》："退四：裤子也。"

【退占】 《新刻江湖切要·官职类》："黜生：退占。"

【蜕壳】 《切口大词典·娼妓类·相公堂子之切口》："蜕壳：改造皮肤也。主其事者，以药使美童服后，遍体生疮，再内服珠粉犀黄等药品，外敷长肌生肉之药品，迨疮结脱痂，则新肤白如雪润如玉矣。"

【褪了】 《蹴鞠谱·锦语》："饥：褪了。"

tun

【吞】 《切口大词典·赌博类·抽签赌之切口》："吞：生意好也。"

【吞口】 《切口大词典·商铺类·古董业之切口》："吞口：茶壶也。"

【吞青】 《新刻江湖切要·鸟兽虫鱼类》："牛：丑官；吞青；土官；春官。"

【吞青子】 《郎中医话》："吞青子，是挨刀。"

【吞土皮】 《切口大词典·党会类·小瘪三之切口》："吞土皮：上不得则求其次，聊胜于无也。"

【吞云】 李子峰《海底·各地通行隐语》："吸鸦片：靠薰；薰；吞云。"

【吞子】 《新刻江湖切要·身体类》："乳：缠手。妇乳曰尖山；吞子。"《切口大词典·星相类·不开口相面之切口》："吞子：乳也。"清傅崇矩《成都通览·成都之江湖言词·身体类》："乳：缠手（妇乳曰尖山，吞子）。"

【哼瓜】 李子峰《海底·各地通行隐语》："猪肉：哼瓜；很子。"

【屯流】 《切口大词典·工匠类·淘砂匠之切口》："屯流：河浜也。"

【屯祁山】 《切口大词典·商铺类·食盐业之切口》："屯祁山：盐仓也。"

tuo

【托半】 清傅崇矩《成都通览·成都之江湖言词·疾病类》："手疾：托半。"

【托边杆】 云游客《江湖丛谈·江湖之春点·三不管的相声场儿》："江湖人管向围着的人去要钱，调侃叫托边杆。"云游客《江湖丛谈·江湖之金点·江湖之点挂子》："要完了头道杆，又叫小孩拿个小筐箩或是拿着小茶碗围着场子向观众要钱，调侃儿叫托边杆。"

【托大】 《切口大词典·役夫类·茶担夫之切口》："托大：八也。"

【托底】①《切口大词典·手艺类·灯笼业之切口》:"托底:蜡烛签盘也。"②《切口大词典·手艺类·木屐业之切口》:"托底:木头底板也。"③《切口大词典·杂业类·猪肉业之切口》:"托底:砧也。"

【托儿】 云游客《江湖丛谈·江湖之金点·调门》:"六个人当托儿(贴靴的人,调侃叫做托儿,又叫敲托的)。"

【托耳桃】 施列格《天地会研究·洪家口白要诀》:"托耳桃:劫当铺。"

【托风】《切口大词典·工匠类·做帽匠之切口》:"托风:藤里子也,用于纱帽,一呼藤衬。"

【托根】①《切口大词典·商铺类·箓笋业之切口》:"托根:较刀口尤老之笋头也。"②《切口大词典·手艺类·雨伞业之切口》:"托根:伞之小骨也。"

【托股子】《切口大词典·医药类·撑大伞卖药者之切口》:"托股子:车垫也。"

【托花】《切口大词典·工匠类·扎花匠之切口》:"托花:叶子也。"

【托几】 朱琳《洪门志·春典子琐记·物品》:"碟,称托几。"

【托脚】《切口大词典·商铺类·鞋子业之切口》:"托脚:衬底也。"

【托老】《切口大词典·工匠类·砌街匠之切口》:"托老:泥土也。"

【托亮】《新刻江湖切要·经纪类》:"摩[磨]镜人:托亮;到光;照子。余更之为还光生;又曰明明。"《切口大词典·工匠类·磨镜匠之切口》:"托亮:磨镜也。"清傅崇矩《成都通览·成都之江湖言词·经纪类》:"摩镜人:托亮;到光;照子;还光生;明明。"

【托门】①云游客《江湖丛谈·江湖之春点·天桥内的把式场》:"管会接骨的妙法,调侃叫托门。"②云游客《江湖丛谈·江湖之金点·幌晃条的与扫条的》:"他们闹鬼儿。管闹鬼儿,调侃儿叫托门。"

【托牛】《新刻江湖切要·疾病类》:"手疾:托牛。"

【托泡】《切口大词典·星相类·星家之切口》:"托泡:拍马屁也。"

【托起】①《新刻江湖切要·身体类》:"拳:托起。"《切口大词典·星相类·相家之切口》:"托起:拳头也。"清傅崇矩《成都通览·成都之江湖言词·身体类》:"拳:托起。"②《切口大词典·商铺类·靴子业之切口》:"托起:靴底也。"

【托清】《切口大词典·商铺类·嫁妆业之切口》:"托清:面盆架也。"

【托身】①《切口大词典·工匠类·成佛匠之切口》:"托身:刻脚也。"②《切口大词典·工匠类·藤器匠之切口》:"托身:榻也。"③《切口大词典·役夫类·人力车夫之切口》:"托身:垫子也。"

【托手】《切口大词典·工匠类·箍桶匠之切口》:"托手:大盘子。"

【托瘦】《切口大词典·杂业类·面馆之切口》:"托瘦:肉面拣瘦也,又名去皮。"

【托天】《切口大词典·医药类·卖膏药者之切口》:"托天:手掌也。"

【托条】 清佚名《郎中医话》:"托条,是睡觉。"

【托头】《切口大词典·手艺类·洋机缝衣业之切口》:"托头:枕头也。"

【托土】《切口大词典·工匠类·皮匠之切口》:"托土:鞋底也。"

【托香头】《切口大词典·商铺类·嫁妆业之切口》:"托香头:花架盆也。"

【托攒】《郎中医话》:"托攒,是心。"

【托照】《切口大词典·商铺类·嫁妆业之切口》:"托照:梳台也。"

【托罩】 清唐再丰《鹅幻汇编·江湖通用切口摘要》:"手曰托罩。"卫大法师《江湖话·江湖上的隐语·普通隐语》:"手:托罩。"《切口大词典·医药类·卖膏药者之切口》:"托罩:手也。"金老佛《三教九流江湖秘密规矩·日常用语》:"手曰托罩。"

【托罩子】 卫大法师《江湖话·红帮各地通行隐语·人身各物类》:"手:爪子;五爪龙;托罩子;金钢子。"李子峰《海底·各地通行隐语》:"手:爪子;五爪龙;托罩子。"

【托爪】《清门考原·各项切口》:"托爪,手也。"

【托子】《切口大词典·工匠类·车搁匠之切口》:"托子:木砧也。"

【拖】①卫大法师《江湖话·各行业商帮所用数目字隐语·成都通行言词·青果小菜行》:"启:一。拖:二。心:三。叉:四。潘:五。梭:六。才:七。嗖:八。卧:九。"清傅崇矩《成都通览·成都之各行人买卖通用言词·青果小菜行一切零碎买卖通用言词》：
"二：拖。"②朱琳《洪门志·春典子琐记·
店铺》："旅馆，称拖。"

【拖巴子】 卫大法师《江湖话·红帮各地通行
隐语·衣服类》："拖鞋：拖巴子。"

【拖肚】《切口大词典·行号类·猪行之切
口》："拖肚：老母猪也。"

【拖二】《切口大词典·工匠类·成衣匠之切
口》："拖二：偷两双鞋面料也，余可类推。"

【拖风】《切口大词典·党会类·红帮之切
口》："拖风：棉被也。"《清门考原·各项切
口》："拖风，棉被头。"金老佛《三教九流
江湖秘密规矩·青帮与红帮·红帮之问
答》："此外还有蝴蝶（马褂），大蓬（长
衫），蓑衣长蓬（皮袍子），蓑衣蝴蝶（皮马
褂），穿心子（马甲），霍血（短衫），叉儿
（裤子），土筒（套裤），八狗子（棉袄），拖
风（棉被），踢头子（鞋子），顶贡（帽子）
等许多什物，弟兄们大家带着罢。"金老佛
《三教九流江湖秘密规矩·青帮与红帮·江
湖之春典》："棉被称拖风。"

【拖工】 清傅崇矩《成都通览·成都之各行人买
卖通用言词·道士端公言词》："拖工（二）"

【拖鬼】《新刻江湖切要·医药类》："骑驴卖
药：拖鬼。"

【拖鬼儿】《切口大词典·医药类·骑驴卖药
之切口》："拖鬼儿：骑驴卖药者。"清傅崇
矩《成都通览·成都之江湖言词·医药类》：
"骑驴卖药：拖鬼儿。"

【拖架】 朱琳《洪门志·春典子琐记·人事》：
"抢劫，称拖架。"

【拖开】《切口大词典·杂业类·信局业之切
口》："拖开：八也。"

【拖客】《切口大词典·商铺类·裁剪业之切
口》："拖客：裁缝也。"

【拖梨归】《切口大词典·行号类·粮食行之
切口》："拖梨归：百日后即熟稔者。"

【拖流】《切口大词典·工匠类·外国成衣匠
之切口》："拖流：浆糊也。"

【拖罗子】 卫大法师《江湖话·红帮各地通行隐
语·疫病类》："病：拖罗子；念课；吐陆陈。"

【拖圾】 ①《切口大词典·行号类·蛋船行之切
口》："拖圾：锚也。"②《切口大词典·杂业
类·面馆之切口》："拖圾：鳝丝肝面也。"

【拖棚子】 卫大法师《江湖话·红帮各地通行
隐语·居住用品类》："被：拖棚子；夜衣；
归帐子；扑风子。"

【拖平】《切口大词典·工匠类·泥水匠之切
口》："拖平：荡泥刀也。"

【拖抢】《切口大词典·商铺类·皮裘业之切
口》："拖抢：狐皮也。"

【拖青】《新刻江湖切要·医药类》："妇人卖
药：拖青；扳柴。"

【拖青扳柴】 清傅崇矩《成都通览·成都之江
湖言词·医药类》："妇人卖药：拖青扳柴。"

【拖青板柴】《切口大词典·医药类·妇人卖
药者之切口》："拖青板柴：妇人之卖药者。"

【拖帅佛】 朱琳《洪门志·春典子琐记·人
事》："痛头，称拖帅佛。"

【拖条】 卫大法师《江湖话·红帮各地通行隐
语·一般人事类》："睡：拖条；靠；摊条。"
金老佛《三教九流江湖秘密规矩·青帮与红
帮·江湖之春典》："睡称拖条。"李子峰
《海底·各地通行隐语》："睡：拖条；靠。"
朱琳《洪门志·春典子琐记·人事》："睡，
称拖条。"

【拖条窑子】 卫大法师《江湖话·红帮各地通
行隐语·各种行业类》："旅馆：来往窑子；
寝头行；拖条窑子。"

【拖相公】《切口大词典·杂流类·蚁煤之切
口》："拖相公：被人告发捉将官里去也。"

【拖一】《切口大词典·工匠类·成衣匠之切
口》："拖一：偷一双鞋面料也。"

【拖银枪】《切口大词典·医药类·卖春药治
毒疮者之切口》："拖银枪：患白浊，及妇人
之流白带者。"

【拖油瓶】《切口大词典·党会类·小瘪二之
切口》："拖油瓶：再醮妇带来前夫子女也。
如追随人后，亦曰拖油瓶。"

【脱臂】《切口大词典·商铺类·刷染业之切
口》："脱臂：马夹也。"

【脱传线】《切口大词典·杂业类·燕子窝之
切口》："脱传线：完净也。"

【脱裆】 ①《切口大词典·商铺类·刷染业之切
口》："脱裆：裤套也。"②《切口大词典·商
铺类·衣庄之切口》："脱裆：套裤也。"

【脱斗】《新刻江湖切要·生死类》："生女：脱
斗。"《切口大词典·星相类·拉和琴算命之切

【脱口】"脱斗:生女也。"清傅崇矩《成都通览·成都之江湖言词·生死类》:"生女:脱斗。"

【脱钩】《切口大词典·医药类·做戏法卖药者之切口》:"脱钩:生意被走也。"

【脱股】《切口大词典·工匠类·剔脚匠之切口》:"脱股:凳子也。"

【脱瓜】《新刻江湖切要·身体类》:"手:上元;脱瓜。"《切口大词典·星相类·不开口相面之切口》:"脱瓜:手也。"

【脱急】《新刻江湖切要·身体类》:"大便曰撒闷;脱急。"

【脱节】①卫大法师《江湖话·安庆隐语》:"得罪人:脱节。"《切口大词典·党会类·青帮之切口》:"脱节:得罪于人也。"②《切口大词典·医药类·卖春药治毒疮者之切口》:"脱节:患梅毒而去阳物也。"③《清门考原·各项切口》:"脱节（做错事也）。"④刘联珂《中国帮会三百年革命史·清门切口》:"脱节,做错事也。"⑤《梨园话》:"'脱节'与'亮台'同。"

【脱龙梢】《清门考原·各项切口》:"脱龙梢,在牌尾偷牌。能还原。"

【脱卯】《行院声嗽·人事》:"败谎:脱卯。"

【脱皮】《镖行江湖隐语行话秘典》:"不说脱衣,要说脱衣为脱皮。"

【脱欠】《新刻江湖切要·生死类》:"生子:脱欠。"《切口大词典·星相类·拉和琴算命之切口》:"脱欠:生子也。"清傅崇矩《成都通览·成都之江湖言词·生死类》:"生子:脱欠。"

【脱枪】《切口大词典·衙卒类·侦探之切口》:"脱枪:半路被盗贼逃逸也。"

【脱梢】①《切口大词典·党会类·流氓之切口》:"脱梢:放走也。"②《清门考原·各项切口》:"脱梢,犯人刑期已满出狱以谓。"

【脱轴头】《切口大词典·乞丐类·哭诉求乞之切口》:"脱轴头:假言访亲不遇也。"

【脱爪】清傅崇矩《成都通览·成都之江湖言词·身体类》:"手:上元;脱爪。"

【驮老】明佚名《行院声嗽·鸟兽》:"牛:驮老;丑牛。"

【陀头】明程万里《鼎锲徽池雅调南北官腔乐府点板曲响大明春·六院汇选江湖方语》:"陀头,乃和尚也。"

【陀子】《郎中医话》:"陀子,是膏药。"

【驼】《镖行江湖隐语行话秘典》:"驼,是悟住帚辋。"

【柁头】清傅崇矩《成都通览·成都之袍哥话即江湖话也》:"柁头,窝户也。"

【橐水】清傅崇矩《成都通览·成都之江湖言词·地理类》:"江;襟三;子长;橐水;无底公。"《新刻江湖切要·地理类》:"江;[补]襟三;子长;橐水;无底公。"《江湖切口要诀》(尺牍增附本):"江[补]:襟三;子长;橐水;无底公。"

【妥】卫大法师《江湖话·各行业商帮所用数目字隐语·成都通行言词·鱼贩子》:"条:一。边:二。撑:三。梳:四。妥:五。高:六。黑:七。毛:八。湾:九。"清傅崇矩《成都通览·成都之各行人买卖通用言词·捕鱼及渔帆子言词》:"妥（五）。"

【拓郎】清傅崇矩《成都通览·成都之江湖言词·器用类》:"抹布:油方;拓郎。"

【唾壶】《切口大词典·商铺类·瓷器业之切口》:"唾壶:痰盂也。"

【唾快】李子峰《海底·各地通行隐语》:"痰:希;唾快。"

【箨龙】宋陈元靓《事林广记·续集·绮谈市语·果菜门》:"笋:箨龙;竹萌。"

W

wa

【挖】《切口大词典·手艺类·卖花样之切口》:"挖:剪花也。"

【挖工】卫大法师《江湖话·各行业商帮所用数目字隐语·成都通行言词·道士端公》:"旦底:一。挖工:二。横川:三。不回:四。假丑:五。断大:六。毛根:七。入开:

八。像丸：九。"《切口大词典·商铺类·金线业之切口》："挖工：二也。"

【挖海棠】《兽医串雅杂钞》："骟牲口，叫摘裆子。劁［原写作'削'，显误，径改］大母猪，叫挖海棠。"

【挖角】《切口大词典·赌博类·牌九赌之切口》："挖角：在别幢牌角，挖下两只而以无用者补之。"

【挖井子】《切口大词典·商铺类·珠宝业之切口》："挖井子：珠挖耳也。"

【挖门】①《梨园话》："挖门：脚色左右调边之走法也。"②《切口大词典·优伶类·场子上之切口》："挖门：龙套之一三五七单数，由上场门出。傍立让二四六八之双数行至台中，俟主将出场，然后再行至下场对立也。"

【挖抛的】清佚名《郎中医话》："挖抛的，是修脚的。"

【挖墙脚】《切口大词典·娼妓类·粤妓之切口》："挖墙脚：暗挑友人所识之妓也。"

【挖瓢】《切口大词典·行号类·烟土行之切口》："挖瓢：土中以刀雕洞，再以匙形之刀入内旋刮后，以下窨等货充其中。原庄土质封其口，虽老于烟霞者亦莫识也。"

【挖四门】《梨园话》："挖四门：脚色随唱随行，谓之'挖四门'。"

【挖桃源】《清门考原·各项切口》："挖桃源，掘壁洞也。"

【挖镶】《切口大词典·商铺类·鞋子业之切口》："挖镶：鞋帮作空痕者。"

【挖血】卫大法师《江湖话·红帮各地通行隐语·一般人事类》："弄钱：挖血。"李子峰《海底·各地通行隐语》："弄钱：挖血。"

【挖腰子】《切口大词典·盗贼类·水面贼之切口》："挖腰子：贼不上船，而以能缩伸之竹竿，仲入船窗钩人衣被者。"

【哇】清傅崇矩《成都通览·成都之呼物混名》："哇：牛也。"

【娃】宋陈元靓《事林广记·续集·绮谈市语·举动门》："少：雏；笋；娃。"

【娃娃儿】清傅崇矩《成都通览·成都之呼物混名》："娃娃儿：小刀也。"

【蛙粪】《切口大词典·商铺类·海味业之切口》："蛙粪：海粉也。"

【瓦】卫大法师《江湖话·各行业商帮所用数目字隐语·成都通行言词·谷米杂粮行》："瓦：五。"清傅崇矩《成都通览·成都之各行人买卖通用言词·谷米杂粮过斗六成行通用言词》："五：瓦。"

【瓦点】云游客《江湖丛谈·江湖之春点·江湖中之大粒生意》："瓦点，即是他能敲诈。"

【瓦斗钱】清傅崇矩《成都通览·成都之各行人买卖通用言词·谷米杂粮过斗六成行通用言词》："瓦斗钱是五十个。"

【瓦花】《切口大词典·杂流类·卖糖果者之切口》："瓦花：百合糖也。"

【瓦老爷】《切口大词典·娼妓类·长三书寓之切口》："瓦老爷：呆人也。与寿头同义。"

【瓦檐头】《切口大词典·杂流类·卖婆之切口》："瓦檐头：中饱人家也。"

【瓦样子】《镖行江湖隐语行话秘典》："拉骆驼的，为瓦样子。"

【瓦着】《行院声嗽·人事》："不采：瓦着。"

【袜心子】《切口大词典·党会类·流氓之切口》："袜心子：脚也。"

wai

【歪】①《蹴鞠谱·锦语》："不好：歪。"《蹴鞠图谱·圆社锦语》："歪：不好。"②清傅崇矩《成都通览·成都之各行人买卖通用言词·收荒小生意通用言词》："五：歪。"③清傅崇矩《成都通览·成都之各行人买卖通用言词·院房娼妓言词》："四：歪。"④学古堂《江湖行话谱·估衣行话》："九：歪。"

【歪巴子】卫大法师《江湖话·红帮各地通行隐语·其他用具对象类》："烟袋：歪巴子。"

【歪奔】清傅崇矩《成都通览·成都之各行人买卖通用言词·收荒小生意通用言词》："歪奔：五百八。"

【歪鼻子】卫大法师《江湖话·红帮各地通行隐语·人类一般》："死人：绷嘴子；歪鼻子。"李子峰《海底·各地通行隐语》："死人：绷嘴子；歪鼻子。"

【歪古】学古堂《江湖行话谱·瞽者行话》："五：歪古。"

【歪浏】《切口大词典·商铺类·布疋业之切口》："歪浏：斜纹布也。"

【歪伦】《切口大词典·役夫类·人力车夫之切口》："歪伦：生意也。"

【歪身】《切口大词典·杂业类·信局业之切口》："歪身：五也。"

【歪甩】《成都通览·成都之各行人买卖通用言词·院房娼妓言词》："歪甩：四十五。"

【歪噘】明佚名《行院声嗽·人事》："妆尊重：歪噘。"

【歪细】《新刻江湖切要·娼优类》："不正女：盼青；[改]歪细。"清傅崇矩《成都通览·成都之江湖言词·娼优类》："不正女：盼青；歪细。"

【歪一下】卫大法师《江湖话·红帮各地通行隐语·其他用具对象类》："靠床：歪一下。"

【歪嘴】《切口大词典·杂流类·卖糖果者之切口》："歪嘴：糖桃子也。"

【䯲】卫大法师《江湖话·各行业商帮所用数目字隐语·成都通行言词·收荒》："邀：一。按：二。苏：三。扫：四。䯲：五。料：六。桥：七。犇：八。搅：九。"

【外】清傅崇矩《成都通览·成都之江湖言词·娼优类》："丑：破田；外；未昊老。"

【外杯】宋陈元靓《事林广记·续集·绮谈市语·器用门》："劝杯：外杯；孔杯。"

【外场】《梨园话》："外场：桌外谓之'外场'。"

【外唱着】《镖行江湖隐语行话秘典》："或怀里拉着，或外唱着。"

【外串】《梨园话》："外串：堂会戏。除原定某班之全体角色外，特约他角串演，谓之'外串'。"

【外点】《切口大词典·杂流类·私塾先生之切口》："外点：男主人也。"

【外兜天】《行院声嗽·通用》："不好：外兜天。"

【外斗】《行院声嗽·宫室》："歹人家：外斗；尺钹。"

【外方】《切口大词典·役夫类·门夫之切口》："外方：客人也。"

【外公】《切口大词典·巫卜类·尼姑之切口》："外公：和尚也。"

【外挂】《镖行江湖隐语行话秘典》："保镖为响挂，护院为内挂，教场子为外挂。"

【外国大蓬】《切口大词典·杂流类·收旧货之切口》："外国大蓬：破大衣也。"

【外国卵子】《切口大词典·党会类·流氓之切口》："外国卵子：租界上巡察之巡棍。"

【外国糖莲子】贝思飞《民国时期的土匪隐语》："外国糖莲子：子弹。"

【外货】《切口大词典·巫卜类·道士之切口》："外货：意外之赠送者。"

【外江老】《切口大词典·娼妓类·粤妓之切口》："外江老：外省人也。"

【外壳子】《切口大词典·杂业类·磨坊之切口》："外壳子：麸皮也。"

【外鲁南】《切口大词典·医药类·参燕业之切口》："外鲁南：同上（阁岩：燕窝名也）。"

【外马子】卫大法师《江湖话·红帮各地通行隐语·人类一般》："他帮土匪：野毛子；外马子。"李子峰《海底·各地通行隐语》："他帮土匪：野毛子；外马子。"

【外圈】《切口大词典·役夫类·人力车夫之切口》："外圈：外象皮胎也。"

【外日】《新刻江湖切要·亲戚类》："丈人：才日；外日；插老。"

【外省】《切口大词典·衙卒类·牢监之切口》："外省：外监也。"

【外嗽弻】《行院声嗽·身体》："戏：外嗽弻。"

【外太阳】《新刻江湖切要·亲戚类》："总称外公婆曰东白，又称外太阳、外太阴。"

【外太阴】《新刻江湖切要·亲戚类》："总称外公婆曰东白，又称外太阳、外太阴。"

【外套】①《切口大词典·工匠类·石匠之切口》："外套：石樽也。"②《切口大词典·商铺类·刷染业之切口》："外套：马褂也。"③《切口大词典·商铺类·衣庄业之切口》："外套：大衣也。"④《切口大词典·手艺类·木屐业之切口》："外套：套于履外之木履也。"

【外跳皮】《切口大词典·医药类·卖药糖丸者之切口》："外跳皮：包药丸之纸也。"

【外月】《新刻江湖切要·亲戚类》："丈母：才月；外月；[补]插姥。"

【外执事】《切口大词典·杂流类·红白帖之切口》："外执事：即掮旗打伞之人也。"

---

wan

【弯】《行院声嗽·数目》："九：远；弯。"清傅崇矩《成都通览·成都之各行人买卖通用言词·捕鱼及渔帆子言词》："弯（九）。"

【弯虫】《新刻江湖切要·鸟兽虫鱼类》："虾：长枪手；弯虫。"

【弯耳朵】《切口大词典·盗贼类·剪绺贼之切口》："弯耳朵：剪绺客之手掌心藏有剃刀备裁断表练之用，名弯耳朵也。"《清门考原·各项切口》："弯耳朵，扒手藏有剃刀。专为截断表练等物用也。"

【弯老】《新刻江湖切要·兵备类》："弓：弯老；先张，又匾弯子。"

【弯手】清傅崇矩《成都通览·成都之呼物混名》："弯手：弓也。"

【弯头】《郎中医话》："弯头，是脚子。"

【弯头滚子】《郎中医话》："弯头滚子，是肌□（鸡巴）蛋。"

【弯月】平山周《中国秘密社会史·三合会隐语》："剑曰橘板，曰绉纱。小刀曰狮子。大炮曰黑狗，火药曰狗粪，大炮声曰狗吠。银圆曰瓜子，铜钱曰芝麻。手曰五爪龙，耳曰顺风。斩首曰洗面。海曰大天。密会所曰三尺六，曰古松。扇曰弯月。木斗曰木杨城。"《家里宝鉴·隐语》："扇子曰'弯月'。"《切口大词典·党会类·三点会之切口》："弯月：扇子也。"金老佛《三教九流江湖秘密规矩·三合会之隐语》："扇曰弯月，木斗曰木阳城。"

【弯子】《新刻江湖切要·医药类》："打弹卖药：弯子。"《切口大词典·医药类·医生之切口》："弯子：打弹卖药者。"清傅崇矩《成都通览·成都之江湖言词·医药类》："打弹卖药：弯子。"

【剜眼】《镖行江湖隐语行话秘典》："从窗里进，为剜眼。"《镖行江湖隐语行话秘典》："贼人撬门，为拨绛的。从窗户进，为剜眼。"

【湾】①卫大法师《江湖话·各行业商帮所用数目字隐语·成都通行言词·鱼贩子》："条：一。边：二。撑：三。梳：四。妥：五。高：六。黑：七。毛：八。湾：九。"卫大法师《江湖话·各行业商帮所用数目字隐语·重庆通行言词·买猪》："又名猪肉为'大'，即问'这大多少钱一斤'？则回答；若问'这猪肉多少钱一斤'？则不回答你。高：一。明：二。韩：三。苏：四。大：五。雍：六。草：七。梅：八。湾：九。高：十。许：一。欠：二。川：三。义：四。土：五。告：六。照：七。毛：八。求：九。许：十。此二十个字互用，如'许许'为'十一'，'欠欠'为'二十二'，'韩韩'为'三十三'，'苏苏'为'四十四'，'土土'为'五十五'，'雍雍'为'六十六'，'草草'为'七十七'，'毛毛'为'八十八'，'湾湾'为'九十九'。而'十一'不能称'高高'，'八十八'不能称'梅梅'。又如'高明'为'十二'，'高韩'为'十三'，'高苏'为'十四'，'高大'为'十五'，'高雍'为'十六'，'高草'为'十七'，而'高梅'不能为'十八'，要用'许毛'为'十八'，'高湾'为'十九'。又如'欠许'为'二十一'，'韩许'为'三十一'，'入许'为'五十一'，'雍许'为'六十一'，'毛许'为'八十一'，'湾许'为'九十一'。而'明韩'为'二十三'。'韩明'为'三十二'，'土明'为'五十二'，'雍明'为'六十二'等。整数语尾加'老'字，如'高老'为'一百'等。在鼎街古董铺，则用二个字，如'高少'为'一千五百元'，或'一万五千元'，少有用三个字的，如遇三个数目，则尾数用普通数目，如'十五万五千元'，而荒货担子可说到三个字，因此数目言词非精通常用不可。"卫大法师《江湖话·各行业商帮所用数目字隐语·重庆通行言词·古董，旧五金，估衣，改裁，荒担，经纪，过活，旧棉絮（重庆教场口，鼎新街，估衣街，关津巷通用）》："高：一。明：二。韩：三。苏：四。大：五。雍：六。草：七。梅：八。湾：九。高：十。许：一。欠：二。川：三。义：四。土：五。告：六。照：七。毛：八。求：九。许：十。《切口大词典·巫卜类·道士之切口》："湾：九也。"《镖行江湖隐语行话秘典》："湾，为九，挂，为十。"②《镖行江湖隐语行话秘典》："（十）至九十八吊，俱是湾。"

【湾船】《清门考原·各项切口》："湾船，是停止不走之谓。"

【湾丁】《切口大词典·役夫类·茶担夫之切口》："湾丁：九也。"

【湾斗】《切口大词典·优伶类·场面上之切

口》：" 湾斗：画角也。"

【湾对腰】《切口大词典·杂流类·掌礼者之切口》："湾对腰：参拜天地也。"

【湾钩】《切口大词典·杂流类·卖京货之切口》："湾钩：耳环也。"

【湾脚】《切口大词典·工匠类·剪刀匠之切口》："湾脚：剪刀脚，以钳造成圆圈也。"

【湾脚码头】《清门考原·各项切口》："湾脚码头，即结异姓弟兄。"

【湾脚馒头】《切口大词典·党会类·女拆白党之切口》："湾脚馒头：同参一老头子外，又各互相结拜，设誓神前，以后对人言，与某姊湾过脚馒头，犹言结拜姊妹也。"

【湾巾】 清唐再丰《鹅幻汇编·江湖通用切口摘要》："敲铁板算命曰湾巾。"卫大法师《江湖话·江湖上的隐语·巾行隐语》："铁板算命：湾巾。"《切口大词典·星相类·铁板算命之切口》："湾巾：敲铁板之算命者。"《清门考原·各项切口》："湾巾，敲铁板算命也。"金老佛《三教九流江湖秘密规矩·江湖通用切口》："敲铁板算命曰湾巾。"学古堂《江湖行话谱·江湖行话》："敲铁板算命：湾巾。"

【湾老】①《切口大词典·商铺类·山货业之切口》："湾老：着钩也。"②《切口大词典·手艺类·雨伞业之切口》："湾老：伞柄钩也。"③明程万里《鼎锲徽池雅调南北官腔乐府点板曲响大明春·六院汇选江湖方语》："湾老，是个臁子。"

【湾刘】《镖行江湖隐语行话秘典》："湾刘：九十一吊。"

【湾箩】《切口大词典·商铺类·竹器业之切口》："湾箩：捕虾之器也。"

【湾奇】《切口大词典·杂业类·菽烟店之切口》："湾奇：略次于号湾。"

【湾身】《切口大词典·武术类·打连箱者之切口》："湾身：坐也。"

【湾头】①《切口大词典·工匠类·砌街匠之切口》："湾头：铁锤也。"②《切口大词典·商铺类·地货业之切口》："湾头：南瓜也。"③学古堂《江湖行话谱·行意话》："阳物：湾头。"

【湾形】《切口大词典·杂流类·写字人之切口》："湾形：篆字也。"

【湾腰】《切口大词典·杂流类·掌礼者之切口》："湾腰：行礼也。"

【湾腰子】 卫大法师《江湖话·红帮各地通行隐语·饮食用品类》："虾：元宝；湾腰子。"《清门考原·各项切口》："湾腰子，虾也。"李子峰《海底·各地通行隐语》："虾：元宝；湾腰子。"

【湾月】①卫大法师《江湖话·红帮各地通行隐语·居住用品类》："扇：湾月；扑子；清风子。"李子峰《海底·各地通行隐语》："扇：湾月；扑子；清风子。"②《切口大词典·手艺类·卖弹弓之切口》："湾月：弹弓也。"

【湾子】①《切口大词典·星相类·铁板算命之切口》："湾子：铁板也。"②《切口大词典·杂流类·卖玉器之切口》："湾子：玉锁也。"

【丸】①《切口大词典·行号类·棉花行之切口》："丸：五也。"②《切口大词典·杂流类·卖玉器之切口》："丸：九也。"

【丸燦】《切口大词典·医药类·医生之切口》："丸燦：丸药也。"

【完凯】《新刻江湖切要·人事类》："笑：巧倩；完凯；今交子。"《切口大词典·武术类·男女共同变戏法者之切口》："完凯：笑也。"清傅崇矩《成都通览·成都之江湖言词·人事类》："笑：巧倩；完凯；今交子。"

【玩】 朱琳《洪门志·春典子琐记·店铺》："戏院，称玩。"

【玩玩儿】 贝思飞《民国时期的土匪隐语》："玩玩儿：盗匪活动。"

【玩窑】 朱琳《洪门志·春典子琐记·人事》："嫖院，称玩窑。"

【顽顽】《切口大词典·医药类·卖药糖者之切口》："顽顽：售罄也。"

【宛宛】①《新刻江湖切要·人事类》："少曰希；古莫；又宛宛。"②《切口大词典·武术类·布围卖戏法者之切口》："宛宛：顾客稀少也。"

【挽】《切口大词典·杂业类·冶坊之切口》："挽：九也。"

【挽兜】《切口大词典·役夫类·脚夫之切口》："挽兜：蓝也。"

【挽老】①《切口大词典·工匠类·铜匠之切

口》:"挽老:函药刀也。"②《切口大词典·杂流类·卖糕者之切口》:"挽老:卖糕篮也。"

【挽桥】《切口大词典·赌博类·抽夜糖之切口》:"挽桥:糖担也。"

【挽山】 学古堂《江湖行话谱·保镖护院行话概略》:"大便:挽山。"

【挽司】《切口大词典·巫卜类·道士之切口》:"挽司:纸模也。"

【晚辈子】 卫大法师《江湖话·红帮各地通行隐语·人类一般》:"子孙:晚辈子;低多万。"卫大法师《江湖话·红帮各地通行隐语·姓氏类》:"孙:晚辈子;根斗子。"李子峰《海底·各地通行隐语》:"孙:晚辈子;根斗子。"李子峰《海底·各地通行隐语》:"子孙:晚辈子;低多万。"

【晚停】《切口大词典·医药类·卖药人之切口》:"晚停:卖完也。"

【晚兄】 施列格《天地会研究·洪家口白要诀》:"铁板鞋:晚兄;鞋草;草鞋。"

【万儿】 云游客《江湖丛谈·江湖之春点·三不管的八岔子生意》:"湖人管名誉好,调侃叫万儿。"

【万花】《新刻江湖切要·鸟兽虫鱼类》:"龙:万丈;万花;辰老。"

【万卷册】《新刻江湖切要·文具类》:"书:万卷册;册儿。"

【万里流】《切口大词典·工匠类·箍桶匠之切口》:"万里流:脚盆也。"

【万笠】 ①平山周《中国秘密社会史·三合会隐语》:"线香曰桂枝,蜡烛曰古树。蚊帐曰灯笼。明代服曰袈裟,套裤曰菱角,靴曰铁板,帽子曰云盖,曰万笠。洋伞曰洪头,口独脚,曰乌云。道路曰线,旅行曰游线。家曰甲子。祖先公馆曰马桶。船日平,乘船曰搭平。"卫大法师《江湖话·红帮各地通行隐语·衣服类》:"帽子:顶殻,万笠。"卫大法师《江湖话·红帮闽粤及南洋各地通行隐语》:"新帽:万笠。"《切口大词典·党会类·三点会之切口》:"万笠:帽子也。"金老佛《三教九流江湖秘密规矩·三合会之隐语》:"靴曰铁板,帽子曰云盖,曰万笠。"李子峰《海底·各地通行隐语》:"帽子:顶壳;万笠。"李子峰《海底·闽粤各

地通行之隐语》:"新帽:万笠。"②《家里宝鉴·隐语》:"帖子曰'南盖,万笠'。"

【万罗】《切口大词典·工匠类·藤器匠之切口》:"万罗:字篓也。"

【万面】《新刻江湖切要·器用类》:"桌子:朝天;万面。"清傅崇矩《成都通览·成都之江湖言词·器用类》:"桌子:朝天;万面。"

【万年红】《切口大词典·商铺类·蜜饯业之切口》:"万年红:红稣(酥)也。"

【万年青】 ①卫大法师《江湖话·红帮各地通行隐语·人类一般》:"子孙后代:万年青。"②《切口大词典·商铺类·蜜饯业之切口》:"万年青:青条也。"③李子峰《海底·各地通行隐语》:"子孙后代:万年青。洪门会员;左玄。"

【万念了】 云游客《江湖丛谈·江湖之春点·挂子行中的支杆挂子》:"江湖人管名声臭了,调侃叫万念了。"

【万腔】《切口大词典·杂流类·红白帖之切口》:"万腔:掌礼者,俗呼傧相。"

【万人迷】《切口大词典·娼妓类·茶室之切口》:"万人迷:言妓之色佳者。"

【万人眼】《切口大词典·工匠类·竹匠之切口》:"万人眼:格簝也。"

【万生】《新刻江湖切要·地理类》:"土:戊转;[广]万生。"《江湖切口要诀》(尺牍增附本):"土:戊转;[广]万生。"《切口大词典·医药类·自称戏子治病者之切口》:"万生:泥土也。"清傅崇矩《成都通览·成都之江湖言词·地理类》:"土:戊转;万生;水壬癸;龙转;归;朝宗。石:土骨;坚垒;分磊;伏虎;踞豹;子跋。"

【万岁藤】《切口大词典·医药类·摆草药摊之切口》:"万岁藤:天棘也,叶如彩丝可治风火牙。"

【万引】《清门考原·各项切口》:"万引,以物藏秘也。"

【万丈】《新刻江湖切要·鸟兽虫鱼类》:"龙:万丈;万花;辰老。"

【万子活】 云游客《江湖丛谈·江湖之春点·江湖艺人传:去平留津的大金牙》:"管不会唱整本大套的书,调侃叫没有什么万子活。"云游客《江湖丛谈·江湖之春

点·天桥的竹板书场》：" 江湖人管能叫座儿小段子曲儿，调侃叫吧嗒棍，管整本大套的书，调侃叫万子活。"

【腕细】《行院声嗽·伎艺》：" 舞：腕细。"

【腕眼】学古堂《江湖行话谱·保镖护院行话概略》：" 从窗户进；腕眼。"

wang

【汪】《新刻江湖切要·数目类》：" 三为汪；又汪辰。"清唐再丰《鹅幻汇编·江湖通用切口摘要》：" 三曰汪。"清佚名《郎中医话》：" 汪：三。"卫大法师《江湖话·各行业商帮所用数目字隐语·成都通行言词·江湖通用》：" 汪：三。"卫大法师《江湖话·红帮各地通行隐语·数目类》：" 三：汪；横川子。"卫大法师《江湖话·江湖上的隐语·普通隐语》：" 三：汪。"《切口大词典·星相类·星家之切口》：" 汪：三也。"《清门考原·各项切口》：" 汪，三个。"金老佛《三教九流江湖秘密规矩·日常用语》：" 三曰汪。"李子峰《海底·各地通行隐语》：" 三；汪；横川子。"清傅崇矩《成都通览·成都之各行人买卖通用言词·江湖八大帮言词》：" 汪（三）。"清傅崇矩《成都通览·成都之江湖言词·数目类》：" 三：汪辰。"清翟灏《通俗编·识余·市语·江湖杂流》：" 江湖杂流：一留，二月，三汪，四则，五中，六人，七心，八张，九爱，十足。"朱琳《洪门志·春典子顼记·暗数》：" 一，称流。二，称月。三，称汪。四，称则。五，称中。六，称神。七，称星。八，称张。九，称爱。十，称足。"

【汪糙】《切口大词典·商铺类·丝经业之切口》：" 汪糙：万也。"

【汪辰】《新刻江湖切要·数目类》：" 三为汪；又汪辰。"《切口大词典·巫卜类·文王课之切口》：" 汪辰：三也。"清傅崇矩《成都通览·成都之江湖言词·数目类》：" 三：汪辰。"

【汪干条】《郎中医话》：" 汪干条，是挂签的。"

【汪罗】《江湖走镖隐语行话谱》：" 果子：汪罗。"

【汪配】李子峰《海底·各地通行隐语》：" 三百：汪配。"

【汪配中】卫大法师《江湖话·红帮各地通行隐语·数目类》：" 三百零五：汪配中。"李子峰《海底·各地通行隐语》：" 三百零五：汪配中。"

【汪配中足】卫大法师《江湖话·红帮各地通行隐语·数目类》：" 三百五十：汪配中足。"李子峰《海底·各地通行隐语》：" 三百五十：汪配中足。"

【汪提】《切口大词典·商铺类·丝经业之切口》：" 汪提：一也。"

【汪疋】《切口大词典·商铺类·丝经业之切口》：" 汪疋：千也。"

【亡人】①《切口大词典·巫卜类·巫婆之切口》：" 亡人：鬼也。"②《清门考原·各项切口》：" 亡人，死人也。"

【王】①卫大法师《江湖话·各行业商帮所用数目字隐语·成都通行言词·银钱行》：" 代：二。貌：三。长：四。仁：五。耳：六。伯：七。令：八。王：九。"《切口大词典·杂业类·老虎灶之切口》：" 王：九也。"清傅崇矩《成都通览·成都之各行人买卖通用言词·六成行通用言词》：" 九，王。"清傅崇矩《成都通览·成都之各行人买卖通用言词·银钱行言词》：" 王（九）。"清翟灏《通俗编·识余·市语·铜行》：" 铜行：一豆，二贝，三某，四长，五人，六土，七木，八令，九王，十合。"②《切口大词典·商铺类·古董业之切口》：" 王：六也。"③《切口大词典·商铺类·南货业之切口》：" 王：十也。"④《切口大词典·杂流类·换碗者之切口》：" 王：赚钱也。"⑤清末民初佚名《镖行江湖隐语行话秘典》：" 春点：刘、月、王、在、中、神、星、张、爱、足（按：分别为1至10个数字）。"

【王八】①《新刻江湖切要·鸟兽虫鱼类》：" 鸭：王八；鸳五；纸判。"清翟灏《通俗编·识余·市语》：" 江湖人市语尤多，坊间有《江湖切要》一刻，事事物物，悉有隐称。诚所谓惑乱听闻，无足采也。其间有通行市井者，如官曰孤司，店曰朝阳，夫曰盖老，妻曰底老，家人曰吊脚，僧曰廿三，道士曰廿四，成衣曰戳短枪，抬轿曰扳楼儿，剃头曰削青，船白瓢儿，屋曰顶公，银曰琴公，钱曰把儿，米曰软珠，饼曰匾食，盐曰瀇老，鱼曰豁水，鸭曰王八，鞋曰踢土，镜曰照儿，抹布曰蹋郎，坐曰打墩，拜曰剪拂，揖曰丢圈子，叩头曰丢匾子，写字曰捌黑，说话曰吐刚，被欺曰上当，虚奉承曰王六，大曰太式，多曰满太式，无曰各念，俱由来于此语也。"②《切口大词典·娼妓类·八大胡同妓院之切口》："王八：用于掌班领家者。"

【王不直】 宋陈元靓《事林广记·续集·绮谈市语·数目门》："三：王不直；春。"

【王道】 《切口大词典·星相类·相家之切口》："王道：相之厚重者。"

【王见之】 《切口大词典·商铺类·绸缎业之切口》："王见之：言现钱也。"

【王九】 《新刻江湖切要·鸟兽虫鱼类》："鹅：王九；雀官；判头；道十。"

【王六】 ①《新刻江湖切要·人事类》："虚说曰王六。"《切口大词典·星相类·隔夜算命之切口》："王六：虚说也。"清傅崇矩《成都通览·成都之江湖言词·人事类》："虚说：王六。"清翟灏《通俗编·识余·市语》："江湖人市语尤多，坊间有《江湖切要》一刻，事事物物，悉有隐称。诚所谓惑乱听闻，无足采也。其间有通行市井者，如官曰孤司，店曰朝阳，夫曰盖老，妻曰底老，家人曰吊脚，僧曰廿三，道士曰廿四，成衣曰戳短枪，抬轿曰扳楼儿，剃头曰削青，船白瓢儿，屋曰顶公，银曰琴公，钱曰把儿，米曰软珠，饼曰匾食，盐曰瀇老，鱼曰豁水，鸭曰王八，鞋曰踢土，镜曰照儿，抹布曰蹋郎，坐曰打墩，拜曰剪拂，揖曰丢圈子，叩头曰丢匾子，写字曰捌黑，说话曰吐刚，被欺曰上当，虚奉承曰王六，大曰太式，多曰满太式，无曰各念，俱由来于此语也。"②明程万里《鼎镌徽池雅调南北官腔乐府点板曲响大明春·六院汇选江湖方语》："王六，乃弄人也。"

【王龙】 《新刻江湖切要·人事类》："假：王龙。"清傅崇矩《成都通览·成都之江湖言词·人事类》："假：王龙。"

【王七】 《新刻江湖切要·鸟兽虫鱼类》："鸡：王七；酉官；鸣老；得晓；斗子；响各。"

【王七欠】 《新刻江湖切要·鸟兽虫鱼类》："鸡蛋：王七欠。鹅鸭仿此推之。"《新刻江湖切要·饮馔类》："鸡蛋：王七欠。"

【王爪龙】 《家里宝鉴·隐语》："手曰'王爪龙'。"

【网儿】 ①《新刻江湖切要·衣饰类》："帐：网儿；慢天；又撑老。"清傅崇矩《成都通览·成都之江湖言词·衣饰类》："帐：网儿；慢天；撑老。"②《蹴鞠谱·锦语》："衣服：网儿。"《蹴鞠图谱·圆社锦语》："网儿：衣。"

【网浆】 《切口大词典·商铺类·杂货业之切口》："网浆：烤皮也。"

【往来】 《切口大词典·杂业类·商人共众切口》："往来：此店与彼店通交易也。有钱银往来与货物往来之别。"

【往窑里跨点儿】 云游客《江湖丛谈·江湖之金点·老月的骗局内幕》："他们往家里带人，调侃儿叫往窑里跨点儿。"

【往哉】 宋陈元靓《事林广记·续集·绮谈市语·拾遗门》："去：往哉。"

【潢堂】 《切口大词典·役夫类·挑水夫之切口》："潢堂：卖水船也。"

【妄货】 《清门考原·各项切口》："妄货，赌徒作弊曰妄货。"

【忘八】 《新刻江湖切要·娼优类》："龟子：中八生；刮丢；[增] 六缩；忘八；客盖；[改] 青盖。"金老佛《三教九流江湖秘密规矩·青帮与红帮·九流之区别》："下九流者，即一流忘八二流龟，三流戏子四流吹，五流大财六小财，七生八盗九吹灰。凡开设妓院，或在妓院为佣之男子，统称为忘八。言其忘却孝悌忠信，礼义廉耻八字也，或以忘八作乌龟解实误。凡从妻不贞卖淫以渔利者为之龟，盖龟不能交，赖蛇交焉，因以为喻。所谓吹者，即吹鼓手之别名。大财即要大把戏者，如卖解等是。小财即要小把戏者，如变戏法等是也。生为剃头者之别名。凡贩卖烟土开设烟馆者皆称为吹灰也。"清傅崇矩《成都通览·成都之江湖言词·娼优类》："龟子：中八生；刮丢；六缩；忘八；客盖；青盖。"

【忘言】 《新刻江湖切要·身体类》："哑：念

呐；［增］口默；忘言。"《切口大词典·星相类·不开口相面之切口》："忘言：哑口者。"清傅崇矩《成都通览·成都之江湖言词·身体类》："哑：念呐；默；忘言。"

【旺种子】《切口大词典·医药类·摆草药摊之切口》："旺种子：五味子也，治阳事不起。"

【旺子】 卫大法师《江湖话·安庆隐语》："血：旺子。"卫大法师《江湖话·红帮各地通行隐语·人身各物类》："血：旺子；幌子。"李子峰《海底·各地通行隐语》："血：旺子；幌子。"

【望】《江湖走镖隐语行话谱》："三：望。"

【望边】 学古堂《江湖行话谱·走江湖话》："回家：望边。"

【望城圈】《切口大词典·党会类·红帮之切口》："望城圈：杀头也。其意以杀下之头，悬诸城门示众也，故云。"贝思飞《民国时期的土匪隐语》："望城圈：被捕或被杀。"金老佛《三教九流江湖秘密规矩·青帮与红帮·红帮之问答》："一旦问实罪名，即请二匪望城圈，看野景矣（杀头谓之望城圈，其意以为杀下之头，装入笼中，悬诸城门口，故曰望城圈）。"

【望椿】《切口大词典·杂流类·放白鸽者之切口》："望椿：偷窃也。"

【望高】《切口大词典·工匠类·造酒匠之切口》："望高：酒好也。"

【望江】 朱琳《洪门志·春典子琐记·物品》："顶棚，称望江。"

【望江南】《切口大词典·医药类·药行业之切口》："望江南：石决明也。"《切口大词典·杂业类·花业之切口》："望江南：决明花也。夏初下种，秋初开黄白花，秋深结荚，当嫩苗、嫩荚、嫩蕊时，摘取可烹食。"

【望了】 清傅崇矩《成都通览·成都之袍哥话》："即江湖话也。""望了，言开起队伍走也。"

【望门儿】《梨园话》："望门儿：面向下场门歌唱者，谓之'望门儿'。"

【望亲】《切口大词典·衙卒类·牢监之切口》："望亲：探监也。"

【望青】《切口大词典·优伶类·戏园之切口》："望青：立在戏院门前，及出入要隘，以观察匪类，与顾客之不名一钱而视戏者。"

【望曲园】《切口大词典·衙卒类·忤作之切口》："望曲园：往城市中验尸也。"

【望圈子】 金老佛《三教九流江湖秘密规矩·青帮与红帮·江湖之春典》："城头号令称望圈子。"

【望上】《切口大词典·行号类·海鱼行之切口》："望上：米鱼也。"

【望仙子】《切口大词典·衙卒类·狱卒之切口》："望仙子：探监也。"

【望乡亲】《切口大词典·杂流类·放白鸽者之切口》："望乡亲：放白鸽也。即以妇女为饵，中途席卷窃逃也。"

【望乡子】《清门考原·各项切口》："望乡子，楼也。"

【望野景】 金老佛《三教九流江湖秘密规矩·青帮与红帮·江湖之春典》："乡村号令称望野景。"

wei

【威风】《切口大词典·商铺类·衣折业之切口》："威风：甲后小旗也。"

【威武窑】《切口大词典·党会类·红帮之切口》："威武窑：衙门也。"《清门考原·各项切口》："威武窑，衙门也。"贝思飞《民国时期的土匪隐语》："威武窑：衙门或警察局。"金老佛《三教九流江湖秘密规矩·青帮与红帮·红帮之问答》："据言长江一路之荒寂庙宇，私通帮匪者居多，是以威武窑（衙门）中之古子（官），对于各哑吧窑，皆非常注意，独惜一般马子，类皆壅于上闻，不令古子得悉，以是破案者鲜耳。"金老佛《三教九流江湖秘密规矩·青帮与红帮·江湖之春典》："衙门称威武窑。"

【威武窑子】 ①卫大法师《江湖话·安庆隐语》："牌九场：武场；威武窑子。" ②卫大法师《江湖话·红帮各地通行隐语·建筑物类》："衙门：威武窑子。"《家里宝鉴·隐语》："衙门曰'威武窑子'。"《切口大词典·党会类·哥老会之切口》："威武窑子：衙门也。"李子峰《海底·各地通行隐语》："衙门：威武窑子。"平山周《中国秘密社会史·哥老会隐语》："被捕曰被摘，斩曰劈，牢狱曰书房，庙曰哑吧窑子，衙门曰威武窑子。"徐珂《清稗类钞·会党类·哥老会隐语》："被捕曰被摘，斩曰劈，牢狱曰书房，庙曰哑吧窑子，衙门曰威武窑子。"

【威勇】《新刻江湖切要·工匠类》："铸铜匠：威勇。"清傅崇矩《成都通览·成都之江湖言词·工匠类》："铸铜匠：威勇。"

【威勇丘】《切口大词典·工匠类·翻砂匠之切口》："威勇丘：翻砂匠也。"

【葳蕤】《切口大词典·医药类·摆草药摊之切口》："葳蕤：偏精也。白叶不相对者，效用不及正精。"

【微行】《新刻江湖切要·地理类》："小路：羊肠；[广]不由；径捷，微行。"《江湖切口要诀》（尺牍增附本）："小路：羊肠；[广]不由；径捷，微行。"《切口大词典·医药类·自称戏子治病者之切口》："微行：小路也。"清傅崇矩《成都通览·成都之江湖言词·地理类》："大路：洒苏，爱遵；九达，周好；羊肠；不由径捷，微行。"

【巍才】《新刻江湖切要·官职类》："皇后：[补]巍才。"

【巍欠】《新刻江湖切要·官职类》："太子：[补]巍欠；将代巍。"

【巍巍太岁】《新刻江湖切要·官职类》："皇帝：巍巍太岁，[广]则天；配天。"

【韦七】《新刻江湖切要·地理类》："徽州：韦七。"《江湖切口要诀》（尺牍增附本）："徽州：韦七。"《切口大词典·医药类·自称戏子治病者之切口》："韦七：徽州也。"清傅崇矩《成都通览·成都之江湖言词·地理类》："徽州：韦七。"

【为】《切口大词典·手艺类·裱画业之切口》："为：五也。"

【为板阁儿】《切口大词典·商铺类·丝经业之切口》："为板阁儿：买主也。"

【为兵】《新刻江湖切要·草木百果五谷类》："豆：粒儿；圆；沙子；为兵。"

【为朝阳】《切口大词典·盗贼类·对买贼之切口》："为朝阳：丝行也。"

【为肥者】《切口大词典·商铺类·丝经业之切口》："为肥者：粗丝也。"

【为傅朝阳】《新刻江湖切要·店铺类》："粉店：[增]为傅朝阳。"

【为森朝阳】《新刻江湖切要·店铺类》："木行：[增]为森朝阳。"清傅崇矩《成都通览·成都之江湖言词·店铺类》："木行：为森朝阳。"

【为上好儿】《切口大词典·商铺类·丝经业之切口》："为上好儿：细丝也。"

【为时】《切口大词典·行号类·粮食行之切口》："为时：五也。"

【为霜】《新刻江湖切要·天文类》："露：[补]甘霖；秋白；未晞；为霜；湛斯；在丰。"《江湖切口要诀》（尺牍增附本）："露：[补]甘霖；秋白；未晞；为霜；湛斯；在丰。"清傅崇矩《成都通览·成都之江湖言词·天文类》："露：甘霖；秋白；未晞；为霜；湛斯；在丰。"

【为为】《切口大词典·商铺类·丝经业之切口》："为为：丝也。"

【为枕】《切口大词典·行号类·鲜鱼行之切口》："为枕：鲭鱼也。"

【违和】宋陈元靓《事林广记·续集·绮谈市语·举动门》："病：违和；便作。"

【围本】《切口大词典·役夫类·茶担夫之切口》："围本：铜元也。"

【围椗热】《切口大词典·衙卒类·侦探之切口》："围椗热：小手枪也。"

【围竿子】明程万里《鼎锲徽池雅调南北官腔乐府点板曲响大明春·六院汇选江湖方语》："围竿子，乃裙子也。"

【围伙己】《清门考原·各项切口》："围伙己，金姓也。"

【围襟】《切口大词典·手艺类·洋机缝衣业之切口》："围襟：小孩所衣之兜衣也。"

【围口】《切口大词典·商铺类·绸缎业之切口》："围口：掉换也。"

【围圈】朱琳《洪门志·春典子琐记·人事》："城，称围圈。"

【围身】《切口大词典·商铺类·衣折业之切口》："围身：腰裙也。"

【围指】《切口大词典·工匠类·琢玉匠之切口》："围指：玉指约也。"

【围子】①卫大法师《江湖话·红帮各地通行隐语·建筑物类》："土围子；圈子；围子。"李子峰《海底·各地通行隐语》："土围子；圈子；围子。"②《切口大词典·党会类·

红帮之切口》：“围子：墙头也。”③《切口大词典·杂流类·小热昏之切口》：“围子：唱演之场所也。”

【维毛子】李子峰《海底·各地通行隐语》："道士：念四；维毛子。"

【卫风】清傅崇矩《成都通览·成都之江湖言词·饮馔类》："烟：薰子；卫风；烧老。"

【卫生丸】《切口大词典·商铺类·蜜饯业之切口》："卫生丸：糖莲子也。"

【未】《切口大词典·杂流类·卖玉器之切口》："未：八也。"

【未昊老】《新刻江湖切要·娼优类》："外：未昊老。"清傅崇矩《成都通览·成都之江湖言词·娼优类》："丑：破田；外：未昊老。"

【未流】《新刻江湖切要·鸟兽虫鱼类》："羊：未流；白衣；圈判；膻老；解草；山官。"

【未撇子】卫大法师《江湖话·红帮各地通行隐语·姓氏类》："朱：未撇子。"李子峰《海底·各地通行隐语》："江：大沟子朱；未撇子；巩咀子。"

【未丸】《切口大词典·商铺类·皮裘业之切口》："未丸：九也。"清翟灏《通俗编·识余·市语·杂货铺》："杂货铺：一平头，二空工，三眠川，四睡目，五缺丑，六断大，七皂底，八分头，九未丸。"

【未未晞】《切口大词典·巫卜类·席地测字者之切口》："未未晞：露也。"

【未晞】《新刻江湖切要·天文类》："露：[补] 甘霖；秋白；未晞；为霜；湛斯；在丰。"《江湖切口要诀》（尺牍增附本）："露：[补]：甘霖；秋白；未晞；为霜；湛斯；在丰。"清傅崇矩《成都通览·成都之江湖言词·天文类》："露：甘霖；秋白；未晞；为霜；湛斯；在丰。"

【未巳】《切口大词典·星相类·铁板算命之切口》："未巳：巳时也。"

【未月】《新刻江湖切要·时令类》："六（月）：未月。"

【未知生】《新刻江湖切要·人物类》："死胚：终八生；[广] 未知生；揭自留真。"《江湖切口要诀》（尺牍增附本）："死胚：终八生；[广] 未知生；揭自留真。"《切口大词典·衙卒类·兵士之切口》："未知生：死胚也。"

清傅崇矩《成都通览·成都之江湖言词·人物类》："死胚：终八生；未知生；揭白留真。"

【伟】《清门考原·各项切口》："旧货生意切口数目（一、二、三、四、五、口、人、工、比、才；六、七、八、九、十、伟、寸、根、本、金）。"

【伪帮】《清门考原·各项切口》："伪帮，冒充在帮。"

【位】《切口大词典·商铺类·金银业之切口》："位：六也。"

【味爽】清傅崇矩《成都通览·成都之江湖言词·娼优类》："小旦：贴母；味爽。"《新刻江湖切要·娼优类》："小旦：贴母；[增] 味爽。"

【喂饿虎】《切口大词典·盗贼类·拐匪之切口》："喂饿虎：行求贿赂也。"

【渭】《切口大词典·杂流类·收旧货之切口》："渭：六也。"

【渭阳】宋陈元靓《事林广记·续集·绮谈市语·亲属门》："舅：渭阳。"

wen

【温包】宋陈元靓《事林广记·续集·绮谈市语·饮食门》："馄饨：温包；弓儿。"

【温津】《切口大词典·工匠类·理发匠之切口》："温津：开水也。"

【温恪子】《切口大词典·盗贼类·爬儿手之切口》："温恪子：偷锅子也。"

【温泉朝阳】《切口大词典·盗贼类·对买贼之切口》："温泉朝阳：混堂子。"清傅崇矩《成都通览·成都之江湖言词·店铺类》："六头君（取谚语走前头，立后头，坐横头，吃骨头，趁戥头，得零头之说也）混堂：卷窑；裸阳朝阳；温泉朝阳；打劫店；采盘子。"

【温塔】《镖行江湖隐语行话秘典》："搞下，为温塔。"

【温头公】《切口大词典·役夫类·渔夫之切口》："温头公：冬日没水捕鱼者。"

【温文】①《新刻江湖切要·人事类》："拿曰肘，又曰温文。"清傅崇矩《成都通览·成都之江湖言词·人事类》："拿：肘；温文。"②《切口大词典·武术类·傀儡戏之切口》："温文：唱戏之人也。"

【温宗朝阳】《新刻江湖切要·店铺类》："混堂：卷窑；[增] 裸阳朝阳，又为温宗朝阳。"

【瘟生】①卫大法师《江湖话·安庆隐语》："不知趣的：腊烛；瘟生。"②《切口大词典·娼妓类·长三书寓之切口》："瘟生：客之嫖学未精，用钱不当者。"

【瘟孙】《切口大词典·娼妓类·台基之切口》："瘟孙：无社会经验，自作聪明，动轧（轧）吃亏，冥然罔觉者。"

【文】①卫大法师《江湖话·各行业商帮所用数目字隐语·成都通行言词·帽行》："兵：一。文：二。善：三。作：四。成：五。安：六。免：七。可：八。庆：九。"清傅崇矩《成都通览·成都之各行人买卖通用言词·草帽麻行通用言词》："二：文。"②卫大法师《江湖话·各行业商帮所用数目字隐语·其他·湖北》："文：一。水：二。清：三。且：四。浅：五。行：六。人：七。心：八。志：九。远：十。"③《切口大词典·商铺类·绸缎业之切口》："文：五也。"④《切口大词典·商铺类·金银业之切口》："文：九也。"⑤《切口大词典·行号类·粮食行之切口》："文：六也。"

【文差使】①卫大法师《江湖话·安庆隐语》："贼：跑底子；文差使；内差使。"②金老佛《三教九流江湖秘密规矩·青帮与红帮·红帮之问答》："骗人财物谓'文差使'。"

【文差事】《清门考原·各项切口》："文差事，串骗也。"金老佛《三教九流江湖秘密规矩·青帮与红帮·江湖之春典》："串骗称文差事。"

【文昌】宋陈元靓《事林广记·续集·绮谈市语·君臣门》："尚书：文昌。"

【文场】①卫大法师《江湖话·安庆隐语》："麻将场：文场。"②《切口大词典·优伶类·角行之切口》："文场：拉胡琴吹唢呐之人也。"

【文场先生】《切口大词典·赌博类·麻雀赌之切口》："文场先生：麻雀郎中也。"

【文关】《切口大词典·商铺类·丝经业之切口》："文关：百也。"

【文滚】《新刻江湖切要·衣饰类》："被：滚服；暮林；文滚；又曰战干。"清傅崇矩《成都通览·成都之江湖言词·衣饰类》："被：滚服；暮林；文滚；战干。"

【文明龙】《切口大词典·商铺类·丝线业之切口》："文明龙：女子缚髻线也，俗呼文明线。此项丝线，杭州以张允升，沪地以昼锦里祥茂为最著。"

【文相夫】《切口大词典·乞丐类·手本讨钱之切口》："文相夫：假言文人也。"

【文镶】《切口大词典·商铺类·靴子业之切口》："文镶：嵌镶之鞋子也。"

【文阳】《切口大词典·优伶类·戏盔之切口》："文阳：金踏蹬上，加装金色横如意翅，俗呼天官帽。"

【文油】卫大法师《江湖话·红帮闽粤及南洋各地通行隐语》："洋烟：云油，文油。"李子峰《海底·闽粤及南洋各地通行之隐语》："洋烟：云油；文油。"

【纹箔】《切口大词典·商铺类·颜料业之切口》："纹箔：绉金也。"

【纹衬】《切口大词典·手艺类·裱画业之切口》："纹衬：绢边裱者。"

【纹花钱】卫大法师《江湖话·红帮各地通行隐语·偷盗类》："收买黑货：架子、纹花钱。"

【纹罗】《切口大词典·杂流类·卖水果者之切口》："纹罗：金柑也。"

【纹楸】宋陈元靓《事林广记·续集·绮谈市语·文房门》："棋盘：纹楸；锦枰。"

【纹银】《切口大词典·商铺类·金银业之切口》："纹银：炼后之银子也。"

【闻变】《新刻江湖切要·天文类》："雷：[补] 震公；布鼓；天鼓；闻变；落箸；天威；破不平。"《江湖切口要诀》（尺牍增附本）："雷 [补]：震公；布鼓；天鼓；闻变；落箸；无威；破不平。"清傅崇矩《成都通览·成都之江湖言词·天文类》："雷：震公；布鼓；天鼓；闻变；落箸；天威；破不平。"

【闻朝阳】《新刻江湖切要·店铺类》："香店：纂朝阳；[增] 清远朝阳；闻朝阳；韩偷朝阳。"清傅崇矩《成都通览·成都之江湖言词·店铺类》："香店：纂朝阳；清远朝阳；闻朝阳；韩偷朝阳。"

【闻官】《新刻江湖切要·身体类》："鼻：土星；闻官；汲香。"《新刻江湖切要·身体类》："鼻：土星；闻官；汲香。"《切口大词典·星相类·相家之切口》："闻官：鼻头也。"清傅崇矩《成都通览·成都之江湖言词·身体类》："鼻：土星，闻官；汲香。"

【闻雷堕筋】《江湖切口要诀》（尺牍增附本）："燕人：拐七；[广] 蹑足陈平；闻雷堕筋。"

【闻雷启蛰】《新刻江湖切要·人物类》："蠢人：右生；[广] 闻雷启蛰，取春虫也。"《江湖切口要诀》（尺牍增附本）："蠢人：右生；[广] 闻雷启蛰，取春虫也。"《切口大词典·医药类·着地摊药治病者之切口》："闻雷启蛰：蠢人也。"清傅崇矩《成都通览·成都之江湖言词·人物类》："蠢人：右生；闻雷启蛰（取春虫也）。"

【闻雷坠筋】《新刻江湖切要·人物类》："乖人：拐七；[广] 蹑足陈平；闻雷坠筋。"清傅崇矩《成都通览·成都之江湖言词·人物类》："好人：将叉；念将通；使女：缝裳；燕人：拐七；蹑足陈平；闻雷坠筋。"

【闻罗】《郎中医话》："闻罗，是鼻。"《镖行江湖隐语行话秘典》："鼻子，为闻罗。李子峰《海底·各地通行隐语》："鼻：闻罗。"

【闻落】卫大法师《江湖话·红帮各地通行隐语·人身各物类》："鼻：闻落，气孔子。"

【闻子】宋陈元靓《事林广记·续集·绮谈市语·身体门》："耳：听老，闻子。"

【蚊】平山周《中国秘密社会史·三合会隐语》："发曰青丝。豚曰毛瓜，豚肉曰白瓜，已燔之豚肉曰金瓜，曰红瓜。牛肉曰大菜，盐牛肉曰一把菜。狗曰蚊。鱼曰穿浪，曰摆尾，盐鱼曰咸筝，曰丫鬟。米曰沙，煮饭曰打沙，吃饭曰耕沙。鸦片曰云游，吃鸦片曰咬云。茶曰青莲。水曰三河。油曰洪顺。茶碗曰莲蕊。酒杯曰莲米。"金老佛《三教九流江湖秘密规矩·三合会之隐语》："狗曰蚊，鱼曰穿浪，曰摆尾。"

【蚊虫】《切口大词典·党会类·三点会之切口》："蚊虫：狗也。"

【蚊帐】卫大法师《江湖话·红帮闽粤及南洋各地通行隐语》："灯笼：鱼煅，蚊帐。"

【蚊子】《家里宝鉴·隐语》："狗曰'蚊子'。"

【稳】朱琳《洪门志·春典子璜记·物品》："物凳，称稳。"

【稳阁子】施列格《天地会研究·洪家口白要诀》："稳阁子，宿店铺。"

【稳牌】《切口大词典·赌博类·麻雀赌之切口》："稳牌：白凤牌也。"

【稳子】《新刻江湖切要·兵备类》："鞍鞯：稳子。"《行院声嗽·器用》："鞍舆：稳子。"

【问摆昏老】《切口大词典·巫卜类·测字者之切口》："问摆昏老：测安床也。"

【问搬手】《切口大词典·巫卜类·测字者之切口》："问搬手：测运货也。"

【问卜】《切口大词典·赌博类·抽签赌之切口》："问卜：抽牌签也。"《切口大词典·赌博类·抽夜糖之切口》："问卜：抽签也。"

【问错片】《切口大词典·巫卜类·测字者之切口》："问错片：测蚕桑也。"

【问放手】《切口大词典·巫卜类·测字者之切口》："问放手：从脱货也。"

【问含欠】《切口大词典·巫卜类·测字者之切口》："问含欠：测六甲也。"

【问汉子】《切口大词典·医药类·自称戏子治病者之切口》："问汉子：吃饭也。"

【问开扇】《切口大词典·巫卜类·测字者之切口》："问开扇：测开门也。"

【问流】《切口大词典·巫卜类·测字者之切口》："问流：测出行也。"

【问路】《切口大词典·星相类·弹弦子算命之切口》："问路：瞎子棒也。"

【问毛生】《切口大词典·巫卜类·测字者之切口》："问毛生：测畜牧也。"

【问坯坼】《切口大词典·巫卜类·测字者之切口》："问坯坼：测栽种也。"

【问漂纸】《切口大词典·巫卜类·测字者之切口》："问漂纸：测寻人也。"

【问求禄】《切口大词典·巫卜类·测字者之切口》："问求禄：测谋官也。"

【问上手】《切口大词典·巫卜类·测字者之切口》："问上手：测进货也。"

【问水】《切口大词典·巫卜类·茶馆测字者之切口》："问水：财气也。"

【问太岁】《切口大词典·巫卜类·测字者之切口》："问太岁：测流年也。"

【问土宄】《切口大词典·巫卜类·测字者之切口》："问土宄：测坟墓也。"

【问托孤】《切口大词典·巫卜类·测字者之切口》："问托孤：测诉讼也。"

【问问】《切口大词典·杂业类·山果业之切口》："问问：过磅也；或过称。"

【问相逢】《切口大词典·巫卜类·测字者之切口》："问相逢：测会合也。"

【问相公】《切口大词典·巫卜类·测字者之切口》："问相公：测筑灶也。"

【问延年】《切口大词典·巫卜类·测字者之切口》："问延年：测疾病也。"

【问窑堂】《切口大词典·巫卜类·测字者之切口》："问窑堂：测家宅也。"

【问造窑】《切口大词典·巫卜类·测字者之切口》："问造窑：测建屋也。"

【问钻曲】《切口大词典·巫卜类·测字者之切口》："问钻曲：测谋职业也。"

weng

【翁大】《切口大词典·巫卜类·道士之切口》："翁大：大钹也。"

wo

【倭饼】《切口大词典·盗贼类·剪绺贼之切口》："倭饼：洋钿也。"

【倭口圆头】《切口大词典·商铺类·珠宝业之切口》："倭口圆头：东汗珠也。"

【倭子】《切口大词典·商铺类·山货业之切口》："倭子：杂木也。"

【窝子】①《切口大词典·乞丐类·耍猴求乞之切口》："窝子：人家也。"②《切口大词典·杂业类·冶坊之切口》："窝了：铁锅子也。"

【我门】《切口大词典·赌博类·押六门之切口》："我门：三点也。"

【我犹未免】《新刻江湖切要·人物类》："乡人：千长通；［广］我犹未免，沉速为身。"《江湖切口要诀》（尺牍增附本）："乡人：千长通；［广］我犹未免，沉迷为身。"《切口大词典·医药类·摇虎撑者之切口》："我犹未免：乡下人也。"清傅崇矩《成都通览·成都之江湖言词·人物类》："乡人：千长通；我犹未免；沉速为身。"

【卧】卫大法师《江湖话·各行业商帮所用数目字隐语·成都通行言词·青果小菜行》："启：一。拖：二。心：三。叉：四。潘：五。梭：六。才：七。喓：八。卧：九。"清傅崇矩《成都通览·成都之各行人买卖通用言词·青果小菜行一切零碎买卖通用言词》："九，卧。"

【卧尺】《新刻江湖切要·器用类》："床：卧尺；昏老；昏乔。"《切口大词典·杂流类·收旧货之切口》："卧尺：床也。"清傅崇矩《成都通览·成都之江湖言词·器用类》："床：卧尺；昏老；昏乔。"

【卧党】《切口大词典·医药类·卖药人之切口》："卧党：非同伴之人也。"

【卧鱼】《切口大词典·优伶类·武行中之切口》："卧鱼：如鱼之跌扑也。"

wu

【乌膏】《切口大词典·商铺类·火腿业之切口》："乌膏：火腿油也。"

【乌骨】《切口大词典·工匠类·铜匠之切口》："乌骨：炭也。"《切口大词典·杂流类·卖眼镜之切口》："乌骨：玳瑁边也。"

【乌供养】清傅崇矩《成都通览·成都之袍哥话即江湖话也》："乌供养，五也。"

【乌鸡】宋陈元靓《事林广记·续集·绮谈市语·飞禽门》："雉：乌鸡。"

【乌金】①《新刻江湖切要·珍宝类》："铁曰乌金。"②《切口大词典·行号类·煤炭行之切口》："乌金：炭也。"

【乌金生】《新刻江湖切要·工匠类》："打铁匠：离丘生；［增］乌金生。"清傅崇矩《成都通览·成都之江湖言词·工匠类》："打铁匠：离丘生；乌金生。"

【乌金子】①《切口大词典·工匠类·理发匠之切口》："乌金子：炭也。"②《切口大词典·杂业类·茶楼之切口》："乌金子：煤也。"

【乌壳】《切口大词典·行号类·海鱼行之切口》："乌壳：汕头蚶也。"

【乌口】《切口大词典·行号类·粮食行之切

口》：“乌口：再莳而晚熟者。”

【乌块】①《切口大词典·行号类·煤炭行之切口》：“乌块：烟煤也。”②《切口大词典·杂流类·卖糖果者之切口》：“乌块：鸭肾肝也。”

【乌拉】《切口大词典·杂流类·卖西洋镜之切口》：“乌拉：击鼓也。”

【乌里】《切口大词典·党会类·红帮之切口》：“乌里：夜也。”

【乌里伞头子】金老佛《三教九流江湖秘密规矩·青帮与红帮·红帮之问答》：“甲曰：吾们去受（吃）乌里伞头子（夜饭）去。"金老佛《三教九流江湖秘密规矩·青帮与红帮·江湖之春典》：“晚饭称乌里伞头子。”

【乌龙摆尾】《蹴鞠图谱·圆社锦语》：“乌龙摆尾：了毕。”

【乌龙绕柱】《切口大词典·优伶类·武行中之切口》：“乌龙绕柱：梆子花旦之跌扑有之。”

【乌木杆子】《清门考原·各项切口》：“乌木杆子，印度巡捕。”

【乌球】《切口大词典·医药类·药行业之切口》：“乌球：陈香橼也。”

【乌沙】《切口大词典·医药类·祝由科之切口》：“乌沙：酱油也。”

【乌纱】宋陈元靓《事林广记·续集·绮谈市语·服饰门》：“头巾：乌纱；泡老。”

【乌砂子】《切口大词典·行号类·煤炭行之切口》：“乌砂子：煤屑也。”

【乌屑】《切口大词典·工匠类·翻砂匠之切口》：“乌屑：砂也。”

【乌心】《切口大词典·工匠类·弹棉匠之切口》：“乌心：棉花也。”

【乌薪】《新刻江湖切要·器用类》：“炭：乌薪；山灰。"清傅崇榘《成都通览·成都之江湖言词·器用类》：“炭：乌薪；山灰。”宋陈元靓《事林广记·续集·绮谈市语·器用门》：“炭：乌薪。”

【乌鸦】《镖行江湖隐语行话秘典》：“好人，为乌鸦。"《镖行江湖隐语行话秘典》：“我说，歹人为雁子，好人为乌鸦，羊为走兽，猪为圈，狗为拌，出恭为白撮，小便为哀条。”

【乌鸭】《镖行江湖隐语行话秘典》：“好人为乌鸭。”

【乌衣】①《切口大词典·杂业类·禽鸟业之切口》：“乌衣：喜鹊也。”②宋陈元靓《事林广记·续集·绮谈市语·飞禽门》：“燕：乌衣。”

【乌员红头棍】施列格《天地会研究·洪家口白要诀》：“乌员红头棍：独角棍；雨伞。"施列格《天地会研究·洪家口白要诀》：“乌员红头棍：独角棍；雨伞。”

【乌猿】宋陈元靓《事林广记·续集·绮谈市语·走兽门》：“猫：蒙贵；乌猿。”

【乌云】①平山周《中国秘密社会史·三合会隐语》：“线香曰桂枝，蜡烛曰古树。蚊帐曰灯笼。明代服曰袈裟，套裤曰菱角，靴曰铁板，帽子曰云盖，曰万笠。洋伞曰洪头，曰独脚，曰乌云。道路曰线，旅行曰游线。家曰甲子。祖先公馆曰马桶。船曰平，乘船曰搭平。"卫大法师《江湖话·红帮闽粤及南洋各地通行隐语》：“洋伞：洪头；独脚，乌云。"金老佛《三教九流江湖秘密规矩·三合会之隐语》：“洋伞曰洪头，曰独脚，曰乌云。"李子峰《海底·闽粤及南洋各地通行之隐语》：“洋伞：洪头；独脚，乌云。”②宋陈元靓《事林广记·续集·绮谈市语·身体门》：“发：绿云，乌云。”

【乌贼】《切口大词典·行号类·烟土行之切口》：“乌贼：土之总称也。”

【乌杖】《新刻江湖切要·草木百果五谷类》：“柴板：云骨；樵条：堆老；乌杖；条官。”

【乌珠】《切口大词典·行号类·粮食行之切口》：“乌珠：羊脂，色乌而香。”

【乌棕】卫大法师《江湖话·各行业商帮所用数目字隐语·成都通行言词·六成行（油，盐，柴，米，豆子，菜子）》：“乌棕：一。”

【污】《切口大词典·盗贼类·水面贼之切口》：“污：笨呆也。”

【污盘】《郎中医话》：“污盘，是模样弱。”

【巫峰】《新刻江湖切要·地理类》：“山：土高；地高；［广］触土；地出头；巫峰；老峙；登东；艮公；如砺；禹随；一拳石。"《江湖切口要诀》（尺牍增附本）：“山：土高；［广］地高；触地；地出头；巫峰；老峙；登东；艮公；如砺；禹随；一拳石。"清傅崇榘《成都通览·成都之江湖言词·地理类》：“山：土高；地高；触土；地出头；巫峰；老峙；登东；艮公；如砺；禹随；一拳石。”

【巫者】 宋陈元靓《事林广记·续集·绮谈市语·人物门》："师人；巫者；岛八。"

【屋】《切口大词典·手艺类·席子业之切口》："屋：六也。"

【屋根】《切口大词典·巫卜类·道士之切口》："屋根：角子也。"

【无】《切口大词典·商铺类·衣庄业之切口》："无：十也。"

【无边】《切口大词典·工匠类·修缸之切口》："无边：钵也。"

【无边子】《新刻江湖切要·地理类》："海：[补] 纳细；阔老；圣出；扬波；无边子；鱼乐图。"《切口大词典·盗贼类·水面贼之切口》："无边子：海也。"清傅崇矩《成都通览·成都之江湖言词·地理类》："海：纳细；阔老；圣出；扬波；无边子；鱼乐国。"

【无编子】《江湖切口要诀》（尺牍增附本）："海：[补] 纳细；阔佬；圣出；杨波；无编子；鱼乐国。"

【无肠子】卫大法师《江湖话·红帮各地通行隐语·饮食用品类》："蟹：横行子；无肠子。"李子峰《海底·各地通行隐语》："蟹：横行子；无肠子。"

【无晨】《新刻江湖切要·时令类》："岁旦：聚众；[广] 无晨。"

【无打磨】《切口大词典·乞丐类·顶物求乞之切口》："无打磨：不予钱之人家也。"

【无底公】 ①《新刻江湖切要·地理类》："江：[补] 襟三；子长；橐水；无底公。"《江湖切口要诀》（尺牍增附本）："江：[补] 襟二；于长；橐水；无底公。"清傅崇矩《成都通览·成都之江湖言词·地理类》："江：襟三；子长；橐水；无底公。" ②《切口大词典·盗贼类·水面贼之切口》："无底公：水深也。"

【无骨】《切口大词典·行号类·鲜鱼行之切口》："无骨：银鱼也，俗呼面条鱼。"

【无故】《切口大词典·衙卒类·作作之切口》："无故：无伤也。"

【无花郎】《切口大词典·杂流类·卖蔬菜之切口》："无花郎：草头也。"

【无聊】《新刻江湖切要·官职类》："太监：寸判通；念二；廿奄；[广] 阴阳生；无聊。"

【无米粥】《切口大词典·娼妓类·粤妓之切口》："无米粥：侥幸也。沪语碰额角头也。"

【无念】《新刻江湖切要·疾病类》："病通称曰延年；眠眠；无念；暗年。"清傅崇矩《成都通览·成都之江湖言词·疾病类》："病：延年；眠眠；无念；暗年。"

【无偏子】《新刻江湖切要·器用类》："天平：担针桥；今更名无偏子；又曰针挑担。"《切口大词典·杂流类·收旧货之切口》："无偏子：天平秤也。"清傅崇矩《成都通览·成都之江湖言词·器用类》："天平：担针桥；无偏子。"

【无声诗】 宋陈元靓《事林广记·续集·绮谈市语·文房门》："画：无声诗；丹青。"

【无事草】《切口大词典·行号类·菜蔬行之切口》："无事草：葱也。"

【无双艳】《切口大词典·杂业类·花业之切口》："无双艳：牡丹花也。"

【无私】《切口大词典·杂业类·米店之切口》："无私：格米杆也。"

【无外】①《新刻江湖切要·天文类》："天：乾公；[广] 一大；轻清；无外；云表；兼容；并包；司覆公；高明君。"《江湖切口要诀》（尺牍增附本）："天：乾公；[广] 一大；轻清；无外。"《江湖切口要诀》（尺牍增附本）："天：乾公；[广] 一大；轻清；无外。"《切口大词典·医药类·自称戏子治病者之切口》："无外：天也。"清傅崇矩《成都通览·成都之江湖言词·天文类》："天：乾公；一天；轻清；无外；云表；兼容；并包；司覆公；高明君。" ②《切口大词典·赌博类·牌九赌之切口》："无外：天牌也。"

【无文】《切口大词典·医药类·药行业之切口》："无文：当归也。"

【无瑕玉】《切口大词典·杂业类·花业之切口》："无瑕玉：银桂花也。"

【无下刚】《蹴鞠图谱·圆社锦语》："无下刚：裹。"

【无响头】《切口大词典·乞丐类·耍猴求乞之切口》："无响头：乞不得也。"

【无心】《切口大词典·杂流类·卖蔬菜之切口》:"无心:蕹菜也。"

【无涯逆旅】《新刻江湖切要·人物类》:"客人:盖各;客同;[广]鸡黍相延;无涯逆旅。"清傅崇矩《成都通览·成都之江湖言词·人物类》:"客人:盖各;客同;鸡黍相延;无涯逆旅。"

【无烟】《切口大词典·星相类·立墙壁相面之切口》:"无烟:相之无后嗣者。"

【无影子】卫大法师《江湖话·红帮各地通行隐语·人身各物类》:"鬼:无影子;哀公子。"李子峰《海底·各地通行隐语》:"鬼:无影子;哀六子。"

【无有元良】清唐再丰《鹅幻汇编·江湖通用切口摘要》:"自谦辄曰无有元良,骗饭而已。"

【无鱼】《切口大词典·盗贼类·短截贼之切口》:"无鱼:无钱之谓也。"

【无状】《新刻江湖切要·官职类》:"榜眼:[增]无状;致曲。"

【无准稿子】《梨园话》:"无准稿子:无一定之词句也。[附记]张谬子云:'戏界各行角色,皆有一定之脚本。如老生、小生、青衣、老旦、铜锤,无有不可靠本子,以为根据。独玩笑旦与小花脸并'无准稿'。盖此两行角色,全用京白,而上场可以随意增减,随意变通。故玩笑旦与小花脸之戏,皆无脚本,单凭口传而已。'"

【无宗】《镖行江湖隐语行话秘典》:"有草,为宗;无草,为无宗。"

【吾不口】宋陈元靓《事林广记·续集·绮谈市语·数目门》:"五:吾不口;马。"

【吾攻】云游客《江湖丛谈·江湖之金点·穷家门》:"江湖人管不愿意,恼恨人,调侃儿叫吾攻。"

【吾支盘】《切口大词典·杂流类·贩人口者之切口》:"吾支盘:貌之中庸者。"

【吴七】《新刻江湖切要·地理类》:"苏州:吴七。"《江湖切口要诀》(尺牍增附本):"苏州:吴七。"《切口大词典·医药类·自称戏子治病者之切口》:"吴七:苏州也。"清傅崇矩《成都通览·成都之江湖言词·地理类》:"苏州:吴七。"

【吴王】《切口大词典·行号类·茧行之切口》:"吴王:连佣金也。"

【五霸手】《新刻江湖切要·经纪类》:"修缸补锅:丙日子;[改]五霸手,谓补塞其罅漏也。"《切口大词典·工匠类·补镬匠之切口》:"五霸手:补镬修罐者。"清傅崇矩《成都通览·成都之江湖言词·经纪类》:"修缸补锅:丙日子;五霸手(谓补塞其罅漏也)。"

【五锤锣】《切口大词典·优伶类·锣鼓之切口》:"五锤锣:如《失街亭》,孔明白,唉,想先帝爷,白帝城托孤之时,应打五锤锣。"

【五德】宋陈元靓《事林广记·续集·绮谈市语·飞禽门》:"鸡:司晨;五德;家鸡;巽羽。"

【五疗】《兽医串雅·天官》:"五疗:水疗,气疗,血疗,黑疗,筋疗。"

【五谷虫】《切口大词典·医药类·药行业之切口》:"五谷虫:粪蛆也。"

【五记头】《切口大词典·优伶类·锣鼓之切口》:"五记头:如《翠屏山》。杨雄白,好呀,交友休交无义郎;石秀内白啊哈之叫板时用之。"

【五加皮】《切口大词典·医药类·摆草药摊之切口》:"五加皮:专治瘦气腹痛及女人阴痒,久服益精轻身。"

【五将军】①《切口大词典·盗贼类·剪绺贼之切口》:"五将军:言五只手指也。如见客以手护囊曰五将军看门,便知照同党也。"②《清门考原·各项切口》:"五将军,手也。言手保护袋也。"

【五角】《蹴鞠谱·锦语》:"村:五角。"《蹴鞠图谱·圆社锦语》:"五角:村。"

【五角表】《蹴鞠图谱·圆社锦语》:"五角表:村妇人。"

【五烂】《切口大词典·巫卜类·道士之切口》:"五烂:蜡烛也。"

【五痨】《兽医串雅·天官》:"五痨:筋劳,骨劳,皮劳,气劳,血劳。"

【五雷】《切口大词典·巫卜类·道士之切口》:"五雷:粥也。"

【五雷诀】《切口大词典·赌博类·麻雀赌之切口》:"五雷诀:即暗藏牌也,非练有真本领不可。"

【五柳子】卫大法师《江湖话·红帮各地通行隐语·人身各物类》:"胡须:巴腮子;五柳子;雁尾子。"李子峰《海底·各地通行隐语》:"胡须:五柳子;雁尾子。"

【五龙爪】金老佛《三教九流江湖秘密规矩·三合会之隐语》:"手曰五龙爪,耳曰顺风。"

【五轮】《兽医串雅·天官》:"五轮:一风轮属肝,二气轮属肺,三血轮属心,四肉轮属脾,五水轮属肾。"

【五马】宋陈元靓《事林广记·续集·绮谈市语·君臣门》:"知州:太守;五马。"

【五梅花】《切口大词典·杂流类·红白帖之切口》:"五梅花:戴红黑帽之皂隶也。"

【五面现麟】《切口大词典·巫卜类·道士之切口》:"五面现麟:鱼也。"

【五内】《切口大词典·武术类·卖拳头者之切口》:"五内:拳头也。"

【五奴】①《行院声嗽·人物》:"□□:五奴。"②《切口大词典·武术类·卖拳头者之切口》:"五奴:手指也。"

【五牌】清傅崇矩《成都通览·成都之袍哥话即江湖话也》:"老五谓之五牌,尚有坐堂大爷及红旗管事、黑旗管事等名目。"

【五起】《切口大词典·巫卜类·道士之切口》:"五起:北方也。"

【五千】《切口大词典·商铺类·纸业之切口》:"五千:切都纸也。"

【五色丝罗】卫大法师《江湖话·红帮闽粤及南洋各地通行隐语》:"手巾:五色丝罗。"李子峰《海底·闽粤及南洋各地通行之隐语》:"手巾:五色丝罗。"

【五事】《切口大词典·工匠类·锡匠之切口》:"五事:烛台香炉及花插也。"

【五味】《新刻江湖切要·饮馔类》:"盐:信老;沙力;赞郎;五味。"清傅崇矩《成都通览·成都之江湖言词·饮馔类》:"盐:信老;沙力;赞郎;五味。"

【五五日】卫人法师《江湖话·安庆隐语》:"赌许条子:桥梁子;五五日。"

【五夜转】《切口大词典·工匠类·补镬匠之切口》:"五夜转:茶壶也。"

【五阴差】《切口大词典·武术类·符箓变戏法者之切口》:"五阴差:五鬼也。"

【五元】《切口大词典·行号类·桂圆行之切口》:"五元:次桂圆也。"

【五月半】《切口大词典·商铺类·绸缎业之切口》:"五月半:言留心也。"

【五运】《兽医串雅·天官》:"五运:甲己土运,乙庚金运,丁壬木运,丙辛水运,戊癸火运。"

【五爪龙】平山周《中国秘密社会史·三合会隐语》:"剑曰橘板,曰绉纱。小刀曰狮子。大炮曰黑狗,火药曰狗粪,大炮声曰狗吠。银圆曰瓜子,铜钱曰芝麻。手曰五爪龙,耳曰顺风。斩首曰洗面。海曰大天。密会所曰三尺六,曰古松。扇曰弯月。木斗曰木杨城。"卫大法师《江湖话·红帮各地通行隐语·人身各物类》:"手:爪子;五爪龙;托罩子;金钢子。"《切口大词典·党会类·三点会之切口》:"五爪龙:手也。"李子峰《海底·各地通行隐语》:"手:爪子;五爪龙;托罩子。"

【午老】《新刻江湖切要·鸟兽虫鱼类》:"马:午流;午老;风官;嘶午;午生。"

【午流】《新刻江湖切要·鸟兽虫鱼类》:"马:午流;午老;风官;嘶午;午生。"

【午生】《新刻江湖切要·鸟兽虫鱼类》:"马:午流;午老;风官;嘶午;午生。"

【午月】《新刻江湖切要·时令类》:"五(月):午月。"

【武差使】①卫大法师《江湖话·安庆隐语》:"强盗:武差使。"卫大法师《江湖话·安庆隐语》:"土匪:武差使;捶案。"②贝思飞《民国时期的土匪隐语》:"武差使:大袭击。"金老佛《三教九流江湖秘密规矩·青帮与红帮·红帮之问答》:"大队行劫谓'武差使'。"金老佛《三教九流江湖秘密规矩·青帮与红帮·红帮之问答》:"甲曰:吾们去开一躺武差使(强抢)如何?"

【武差事】《清门考原·各项切口》:"武差事,抢劫也。"金老佛《三教九流江湖秘密规矩·青帮与红帮·江湖之春典》:"大队行劫称武差事。"

【武场】①卫大法师《江湖话·安庆隐语》:"牌九场:武场;威武窑子。"②《切口大词典·优伶类·角行之切口》:"武场:搞锣鼓响器者。"

【武买卖】云游客《江湖丛谈·江湖之春点·天桥市场摆地的人物》:"江湖人管卖艺的,变戏法的,摔跤的,拉洋片的,等等生意叫做武买卖。"

【武相夫】《切口大词典·乞丐类·手本讨钱

之切口》:"武相夫:假言保镖者。"

【武行头】《梨园话》:"武行头:武行中之首领也。"

【捂杆】 云游客《江湖丛谈·江湖之金点·评门》:"书馆的伙计,若在打书钱的时候,往身藏钱,调侃儿说他捂杆。"

【舞衫】《切口大词典·商铺类·衣折业之切口》:"舞衫:宫装衣服也。"

【舞影】《切口大词典·杂业类·禽鸟业之切口》:"舞影:山鸡也。"

【勿】《郎中医话》:"勿,是儿。"

【勿厌河】《切口大词典·医药类·施药郎中之切口》:"勿厌河:不肯罢休也。"

【戊川】 清傅崇矩《成都通览·成都之江湖言词·生死类》:"犬死:戊川。"

【戊己】《切口大词典·工匠类·烧窑匠之切口》:"戊己:土地,即原料也。"

【戊转】《新刻江湖切要·地理类》:"土:戊转;[广] 万生。"《江湖切口要诀》(尺牍增附本):"土:戊转。[广] 万生。"清傅崇矩《成都通览·成都之江湖言词·地理类》:"土:戊转;万生;水壬癸;龙转;归;朝宗;石:土骨;坚垒;分磊;伏虎;踞豹;子践。"

【务头】《行院声嗽·伎艺》:"喝采:务头。"

【物故】 宋陈元靓《事林广记·续集·绮谈市语·举动门》:"死:物故;怨作。"

【物驼】《切口大词典·医药类·卖药糖者之切口》:"物驼:扁担也。挑糖担所用者。"

【误场】《梨园话》:"误场:应上场而误时之谓也。"

【误佳期】 明田汝成《西湖游览志馀·委巷丛谈》:"有曰四平市语者,以一为忆多娇,二为耳边风,三为散秋香,四为思乡马,五为误佳期,六为柳摇金,七为砌花台,八为霸陵桥,九为救情郎,十为舍利子,小为消梨花,大为朵朵云,老为落梅风,讳低物为鞭,以其足下物也。"

X

xi

【夕阳】《新刻江湖切要·地理类》:"山西:金地;[广] 夕阳。"《江湖切口要诀》(尺牍增附本):"山西:金地;[广] 夕阳。"清傅崇矩《成都通览·成都之江湖言词·地理类》:"山西:金地;夕阳。"

【西】 ①《切口大词典·商铺类·另剪业之切口》:"西:三也。"《切口大词典·巫卜类·道士之切口》:"西:三也。"②《切口大词典·手艺类·席子业之切口》:"西:二也。"③《切口大词典·杂业类·山果业之切口》:"西:四也。"

【西贝】《切口大词典·商铺类·金线业之切口》:"西贝:假也。"

【西布】《切口大词典·商铺类·布疋业之切口》:"西布:呢也。"《切口大词典·手艺类·织补业之切口》:"西布:呢绒衣服也。"

【西川】《新刻江湖切要·生死类》:"婆死:西川。"《切口大词典·星相类·拉和琴算命之切口》:"西川:婆死也。"清傅崇矩《成都通览·成都之江湖言词·生死类》:"婆死:西川。"

【西方】 ①《新刻江湖切要·身体类》:"肚:西方;[增] 客老。"清傅崇矩《成都通览·成都之江湖言词·身体类》:"肚:西方;容老。"②《切口大词典·星相类·不开口相面之切口》:"西方:腹也。"

【西方客】《切口大词典·星相类·相家之切口》:"西方客:奴仆宫,位在地阁间。"

【西方亮】《新刻江湖切要·人事类》:"腹饿曰馁;又西方亮。"《切口大词典·武术类·行程保镖者之切口》:"西方亮:腹饿也。"清傅崇矩《成都通览·成都之江湖言词·人事类》:"腹饿;馁;西方亮。"

【西方路上】《切口大词典·衙卒类·侦探之切口》:"西方路上:击死也。"

【西方皮子】 ①《切口大词典·盗贼类·收晒朗

贼之切口》：“西方皮子：僧衣也。”②清傅崇矩《成都通览·成都之江湖言词·衣饰类》："孝服：顶雪皮子；风雨飘；西方皮子。"

【西瓜】《切口大词典·巫卜类·道士之切口》：“西瓜：云钟也。”

【西国点子】 卫大法师《江湖话·红帮各地通行隐语·人类一般》：“菩萨：尊老；西国点子；哑子。”李子峰《海底·各地通行隐语》：“菩萨：尊老；西国点子；哑子。”

【西柳】《切口大词典·医药类·摆草药摊之切口》：“西柳：柽木也，治腹中积痞。”

【西珊瑚】《切口大词典·商铺类·海味业之切口》：“西珊瑚：麒麟菜也。”

【西石】《切口大词典·商铺类·杂货业之切口》：“西石：火石也。”

【西嗽】《行院声嗽·人事》：“歹言语：西嗽。”

【西行】 朱琳《洪门志·春典子琐记·人事》：“讨饭，称做西行。”

【西营】《切口大词典·星相类·铁板算命之切口》：“西营：酉时也。”

【西园河里】《切口大词典·党会类·红帮之切口》：“西园河里：姓金者。”

【西坠】《新刻江湖切要·天文类》："日：太阳，[广] 旸乌；常圆；长明；恒满；出扶桑；西坠。"《切口大词典·巫卜类·六壬课之切口》："西坠：太阳也。"《江湖切口要诀》（尺牍增附本）："日：大阳，[广] 阳乌；常圆；长明；出扶桑；西坠。"清傅崇矩《成都通览·成都之江湖言词·天文类》："日：太阳；阳乌；常圆；长明；恒满；出扶桑；西坠。"

【吸壁帘】《切口大词典·星相类·立墙壁相面之切口》："吸壁帘：布招牌也。"

【吸笛】《行院声嗽·人事》："喜笑：吸笛。"

【吸公金】《切口大词典·杂流类·贩烟土者之切口》："吸公金：被拘捕之谓也。"

【希】 ①《新刻江湖切要·人事类》："少曰希；古莫；又宛宛。"《切口大词典·武术类·卖拳头者之切口》："希：少也。"②清唐再丰《鹅幻汇编·江湖通用切口摘要》："痰曰希。"卫大法师《江湖话·红帮各地通行隐语·疫病类》："痰：希；睡快。"《清门考原·各项切口》："希，痰也。"金老佛《三教九流江湖秘密规矩·日常用语》："痰曰希。"李子峰《海底·各地通行隐语》："痰：希；唾快。"

【希班】《新刻江湖切要·鸟兽虫鱼类》："鱼：水先生；水梭；河公；河戏；水气；希班；柴河；德判；水飘；[增] 化龙子。"

【希壳】《新刻江湖切要·草木百果五谷类》："糖：希壳。"

【希老】《新刻江湖切要·草木百果五谷类》："米：希老；软珠；擦老；碾希。"

【希令橘】《新刻江湖切要·草木百果五谷类》："果：青垒；苗群；希令橘；红光 [光乃圆字之误]。"

【希流】 明程万里《鼎锲徽池雅调南北官腔乐府点板曲响大明春·六院汇选江湖方语》："希流，是屎也。"

【希同】 卫大法师《江湖话·江湖上的隐语·普通隐语》："牛角筒：希同。"金老佛《三教九流江湖秘密规矩·日常用语》："牛角筒曰希同。"

【希筒】 清唐再丰《鹅幻汇编·江湖通用切口摘要》："牛角筒曰希筒。"《清门考原·各项切口》："希筒，牛角筒也。"

【希子】 宋陈元靓《事林广记·续集·绮谈市语·玉帛门》："布：龙须；希子。"

【昔】 ①《新刻江湖切要·人事类》："借曰昔。"《切口大词典·武术类·卖拳头者之切口》："昔：借也。"清傅崇矩《成都通览·成都之江湖言词·人事类》："借：昔。"②《切口大词典·巫卜类·道士之切口》："昔：拿也人主。"③《切口大词典·行号类·耕牛行之切口》："昔：七也。"

【息脚】《切口大词典·商铺类·嫁妆业之切口》："息脚：椅子也。"

【息足朝阳】《新刻江湖切要·店铺类》："歇店：琴头；[广] 息足朝阳。"《切口大词典·盗贼类·对买贼之切口》："息足朝阳：客旅店也。"清傅崇矩《成都通览·成都之江湖言词·店铺类》："歇店：琴头；息足朝阳。"

【睎生】《切口大词典·衙卒类·幕宾之切口》："睎生：幕客也。"

【悉率】《切口大词典·巫卜类·茶馆测字者之切口》："悉率：财气不旺也。"

【稀朝阳】《新刻江湖切要·店铺类》："布店：稀朝阳；乔公帐生。"《江湖切要诀》（尺牍增附本）："布店：稀朝阳。"《切口大词典·盗贼类·对买贼之切口》："稀朝阳：布店也。"清傅崇矩《成都通览·成都之江湖言词·店铺类》："布店：稀朝阳；乔公帐。"

【稀调】明田汝成《西湖游览志馀·委巷丛谈》："杭人有以二字反切一字以成声者，如以秀为鲫溜，以团为突奕，以精为鲫令，以俏为鲫跳，以孔为窟窿，以盘为勃兰，以铎为突落，以窠为窟陀，以圈为窟栾，以蒲为鹁卢。有以双声而包一字，易方隐语以欺人者，如以好为现萨，以丑为怀五，以马为杂嗽，以笑为喜黎，以肉为直线，以鱼为河戏，以茶为油老，以酒为海老，以没有为埋梦，以莫言为稀调。"

【稀公】《新刻江湖切要·衣饰类》："布：稀公；细梭。"《切口大词典·盗贼类·收晒朗贼之切口》："稀公：布也。"清傅崇矩《成都通览·成都之江湖言词·衣饰类》："布：稀公；细梭。"

【稀汉】《新刻江湖切要·饮馔类》："粥曰稀汉；平头熯；流稀。"清傅崇矩《成都通览·成都之江湖言词·饮馔类》："粥：稀汉；平头熯；流稀。"

【稀尖】《新刻江湖切要·饮馔类》："糕：稀块。粽子；稀尖。"清傅崇矩《成都通览·成都之江湖言词·饮馔类》："粽子：稀尖。"

【稀块】《新刻江湖切要·饮馔类》："糕：稀块；粽子；稀尖。"清傅崇矩《成都通览·成都之江湖言词·饮馔类》："糕：稀块。"

【稀老】《切口大词典·杂业类·白粥业之切口》："稀老：白粥也。"

【稀溜钢儿】云游客《江湖丛谈·江湖之春点·江湖艺人传·去平留津的大金牙》："江湖人管逗笑的话儿，调侃叫稀溜钢儿。"

【稀葩】《行院声嗽·人事》："喜极：稀葩。"

【稀皮子】《新刻江湖切要·衣饰类》："布服：硬皮；稀皮子。"《切口大词典·盗贼类·收晒朗贼之切口》："稀皮子：粗布衣服也。"清傅崇矩《成都通览·成都之江湖言词·衣饰类》："布服：硬皮；稀皮子。"

【稀片】《新刻江湖切要·饮馔类》："饼：稀片；匾食。"清傅崇矩《成都通览·成都之江湖言词·饮馔类》："饼：稀片；扁食。"

【稀头】朱琳《洪门志·春典子琐记·店铺》："粥店，称稀头。"

【稀希】《清门考原·各项切口》："稀希，小儿也。"

【稀稀】《切口大词典·盗贼类·拐匪之切口》："稀稀：称大脚之妇女也。"

【稀苤草】《切口大词典·医药类·摆草药摊之切口》："稀苤草：治久疟痰症，及疮毒等。"

【稀窑】《切口大词典·盗贼类·越墙贼之切口》："稀窑：卧室也。"金老佛《三教九流江湖秘密规矩·青帮与红帮·江湖之春典》："卧室称稀窑。"

【稀圆】《新刻江湖切要·饮馔类》："汤圆：稀圆；水泡。"清傅崇矩《成都通览·成都之江湖言词·饮馔类》："汤圆：稀圆；水泡。"

【稀子】《行院声嗽·衣服》："布：稀子。"

【锡】卫大法师《江湖话·红帮闽粤及南洋各地通行隐语》："清水：锡；三河。"李子峰《海底·闽粤及南洋各地通行之隐语》："清水：锡；三河。"

【锡屑】①《切口大词典·商铺类·颜料业之切口》："锡屑：锡金也。"③《切口大词典·商铺类·颜料业之切口》："锡屑：锡银也。"

【溪】①卫大法师《江湖话·各行业商帮所用数目字隐语·成都通行言词·小菜行》："溪：四。"清傅崇矩《成都通览·成都之各行人买卖通用言词·小菜青果并小生意通用言词》："四，溪。"②清傅崇矩《成都通览·成都之各行人买卖通用言词·小菜青果并小生意通用言词》："溪是四百。"

【溪边】学古堂《江湖行话谱·江湖行话》："卖膏药用铁锤自打者：溪边。"

【嘻溜】明风月友辑《金陵六院市语》："嘻溜者，笑也。"

【羲骏】宋陈元靓《事林广记·续集·绮谈市语·身体门》："乳：羲骏；字雀。"

【羲禽】宋陈元靓《事林广记·续集·绮谈市语·飞禽门》："鹅：□物；红掌；羲禽；舒

雁；家雁；换□。"

【羲驭】 宋陈元靓《事林广记·续集·绮谈市语·天地门》："日：烛龙；羲驭。"

【羲子】 《行院声嗽·鸟兽》："鹅：羲子。"

【醯老】 《新刻江湖切要·饮馔类》："酱：沙油；中军；汁老；研哥。醋：盆山；醯老。"清傅崇矩《成都通览·成都之江湖言词·饮馔类》："醋：盆山；醯老。"

【醯物】 宋陈元靓《事林广记·续集·绮谈市语·饮食门》："醋：醯物；苦□。"宋陈元靓《事林广记·续集·绮谈市语·饮食门》："醋：醯物；苦□。"

【习】 《切口大词典·商铺类·顾绣业之切口》："习：三也。"

【习占】 《新刻江湖切要·官职类》："香烟秀：习占；今改篆通。篆，香烟也。"

【席】 ①《切口大词典·商铺类·豆麦业之切口》："席：十也。"②《切口大词典·行号类·粮食行之切口》："席：一也。"

【席法】 《切口大词典·商铺类·布疋业之切口》："席法：凹凸花纹之布也。"

【檄书】 宋陈元靓《事林广记·续集·绮谈市语·文房门》："公文：檄书。"

【洗】 卫大法师《江湖话·红帮各地通行隐语·各种行业类》："杀：洗。"《清门考原·各项切口》："洗，杀头也。"李子峰《海底·各地通行隐语》："杀：洗。"

【洗耳】 施列格《天地会研究·洪家口白要诀》："洗身：洗耳；杀人。"

【洗滑匙】 《切口大词典·盗贼类·偷鸡贼之切口》："洗滑匙：偷鸭也。"

【洗面】 平山周《中国秘密社会史·三合会隐语》："剑曰橘板，曰绉纱。小刀曰狮子。大炮曰黑狗，火药曰狗粪，大炮声曰狗吠。银圆曰瓜子，铜钱曰芝麻。手曰五爪龙，耳曰顺风。斩首曰洗面。海曰大天，密会所曰三尺六，曰古松。扇曰弯月，木斗曰木杨城。"卫大法师《江湖话·红帮闽粤及南洋各地通行隐语》："斩首：洗面。"《家里宝鉴·隐语》："斩首曰'洗面'。"《切口大词典·党会类·三点会之切口》："洗面：杀头也。"金老佛《三教九流江湖秘密规矩·三合会之隐语》："斩首曰洗面。"李子峰《海底·闽粤及南洋各地通行之隐语》："斩首：洗面。"

【洗票子】 《切口大词典·杂流类·卖买古董者之切口》："洗票子：改窜今画，冒古人手笔也。"

【洗山头】 《切口大词典·衙卒类·侦探之切口》："洗山头：检搜盗贼之身畔赃物也。"

【洗身】 施列格《天地会研究·洪家口白要诀》："洗身：洗耳；杀人。"

【洗手】 贝思飞《民国时期的土匪隐语》："洗手：放弃土匪活动。"

【徙恳】 卫大法师《江湖话·红帮各地通行隐语·人类一般》："徒弟：徙恳；孝点子。"

【喜】 卫大法师《江湖话·各行业商帮所用数目字隐语·重庆通行言词·银楼》："祥：一。皮：二。昌：三。诗：四。对：五。劳：六。造：七。刀：八。云：九。喜：十。"

【喜份】 《梨园话》："喜份：元旦日，戏园中所开之戏分也。［附记］每届古历正月初一日，伶工演戏，照例不开戏份，仅以铜元念枚，用红纸包之，付诸伶工，谓之'喜份'。诸伶工复以红绳裹之，供于佛堂前，以表元旦日所得之钱，藉取吉祥。"

【喜花】 清傅崇矩《成都通览·成都之袍哥话即江湖话也》："喜花，纸煤子也。"

【喜黎】 明田汝成《西湖游览志馀·委巷丛谈》："杭人有以二字反切一字以成声者，如以秀为鲫溜，以团为突栾，以精为鲫令，以俏为鲫跳，以孔为窟窿，以盘为勃兰，以铎为突落，以窠为窟陀，以圈为窟栾，以蒲为鹁卢。有以双声而包一字，易行隐语以欺人者，如以好为现萨，以丑为怀五，以马为杂嗽，以笑为喜黎，以肉为直线，以鱼为河戏，以茶为油老，以酒为海老，以没有为埋梦，以莫言为稀调。"

【喜毛】 清傅崇矩《成都通览·成都之呼物混名》："喜毛，太帽也。"

【喜梅】 《切口大词典·杂业类·花业之切口》："喜梅：郁李花也。"

【喜子】 ①《新刻江湖切要·文具类》："书信：喜子；改曰报君知。"明佚名《行院声嗽·文史》："书信：喜子。"②明佚名《行院声嗽·器用》："刀：喜子。"

【喜字】 《切口大词典·商铺类·花粉业之切口》："喜字：胭脂片也。"

【躧跷】 《新刻江湖切要·经纪类》："卖糕人：

百辰；余更之为蹯跷。"《切口大词典·杂流类·卖糕者之切口》："蹯跷：卖糕者。"清傅崇矩《成都通览·成都之江湖言词·经纪类》："卖糕人：百辰；蹯跷。"

【戏包袱】《梨园话》："戏包袱：配角能戏多者，谓之'戏包袱'。[附记]伶界有所谓'戏包袱'者，言无所不能，若衣包然。生旦净末丑之装，全可收储，故以'包袱'名，言随取皆是也。此等角唱不出色，而伶界亦颇重之。每一班中，必不可少，盖拾遗补缺；若医门败鼓之兼收，文字传声作野寺闲钟之待叩。先辈之仪型在目，虽不能效而能言，戏场之词句填胸；虽不能歌而可凤，大都日为不厌，屡出不羞。其人或本名伶，或原杂外，非废于病，即限于天，穷老可怜，令其饮啜于此，为诸伶作导作配，亦梨园养老之不可无者也（见《梨园佳话》）。"

【戏德】《梨园话》："戏德：演戏时存有道德观念者，谓之有'戏德'。反乎是，则曰'无戏德'。"[附记]已故名净李连仲，为人忠厚，生平最重戏德。杨小楼演《冀州城》时，杨阜一角，原系方洪顺扮演，因其唱作，远不如连仲，管事人乃商之于彼，令其扮演。李答云：'此戏非余本工，未尝学此，实不敢应也。'盖是时方伶所得戏份，不过十六吊，与杨小楼配演《冀州城》之杨阜时，始增至三十二吊。故此连仲不忍多占其戏，恐其戏份减少，盖重戏德也。嵩生云：'剧界人物，无论有多大本领，与高尚的艺术，第一最讲究有戏德。对于同班各角，必要同心协力，屈己从人。后进人才，更应竭诚照拂，热心提掖。上场应演之戏，亦须格外尽职。别人有错，要力为遮掩。一则念在同业，二则演唱齐整，大家乃有光彩。故一般老伶工，受过前辈训诫者，无不本乎此旨。配角从不过于讨好，决不当场抖漏子，予正角以难堪。'已故唱花脸的李永泉（即'溜子'），与老生李顺亭（即'大李五'）在配角中，原是上中人物，惟性情孤僻万分，每以老前辈自居，不把别人放在心上，毫无戏德之可言。畴昔二人同搭某班，被其所扰者甚多。对于"二李"动辄留神，莫不啧有烦言，班主亦甚厌之。适旧历年终，照例封箱后祀神，新正若仍令某角蝉联，必由班主具帖约请与祭。倘不见帖，即与解约无异。是年某班封箱后，未与"二李"下帖，'溜子'找向'大李五'计议，谓非如此这般，不能报复。及届祭神之期，"二李"居然执香前往，先在神座前礼拜，后亦照常入座宴会，谈笑自如，一若被聘请者然。某班主与管事人等，虽知其系厚颜前来，又不便面阻质问，只得照例敷衍道：'请二位正月初一日，早到馆中。'"二李"欣然允诺，宴罢各散。次年元日，"二李"较他角到园甚早，当命"二李"合演《风云会》，戏码排在正第三。'大李五'与'溜子'扮演登场，至赵匡胤与呼延赞对鞭锏时，二人忽作斗鸡式，满台乱跳，神情怪异，合园大哗。管事人立唤之下，班主愤极，质问"二李"是何居心，'溜子'与'大李五'大笑道：'年前祭神，未接贵班之帖，今天白帮半出戏的忙，已是朋友之道，老板何必着急呢？'言罢，得意而去。'溜子'后竟无班可搭，潦倒而死。'李五'幸能改过，尚能自存，十年前死于汉口。"

【戏混混】《梨园话》："戏混混：外行人混入梨园，以谋生活者，谓'戏混混'。"

【戏肩膀儿】《梨园话》："戏肩膀儿：脚色之暗示也。[附记]伶工演戏，对于同场角色，及文武场面，皆须互相协助。遇接笋处，则以肩膀表示。所谓"膀肩"者，即角色之暗示也。如欲起叫头，非投袖即抖髯；如袖瘦而无髯，则须拉云手。如唱完时，必以二指捏之，或将所歌之末句延长。举一反三，皆谓之戏肩膀也。故梨园有内外行之分，内行深知一切肩膀，外行则多不了然。若不了然，则演戏时易感困难矣。"

【戏码儿】《梨园话》："戏码儿：以伶工技艺之优劣，预定演戏时之次序，谓之'戏码儿'。"

【戏蓬】卫大法师《江湖话·江湖上的隐语·李子隐语》："长布外墙中有小布蓬：戏蓬。"

【戏台子】卫大法师《江湖话·红帮各地通行隐语·其他用具对象类》："床铺：戏台子。"

【戏头】云游客《江湖丛谈·江湖之春点·江湖中挑遁子汗的》："管一种稀罕物，样式个别的东西，能够招引人看着可爱，调侃儿就叫戏头。"

【戏头棚】云游客《江湖丛谈·江湖之金点·江湖的海青腿儿》："江湖人管玩猴、大蟒、大象的走兽棚，调侃儿叫戏头棚。"

【戏珠子】卫大法师《江湖话·红帮各地通行隐语·动物类》："龙：溜子；海条子；戏珠子。"李子峰《海底·各地通行隐语》："龙：海条子；戏珠子。"

【饩占】《新刻江湖切要·官职类》："廪生：饩占；米通。"

【系臂】《切口大词典·商铺类·玉器业之切口》："系臂：玉镯也。"

【细】《切口大词典·手艺类·裱画业之切口》："细：七也。"

【细白】《切口大词典·行号类·粮食行之切口》："细白：粒略细者。"

【细摆】《切口大词典·杂流类·荐头婆之切口》："细摆：房中佣妇也。"

【细草帽买成文安钱】清傅崇矩《成都通览·成都之各行人买卖通用言词·草帽麻行通用言词》："细草帽买成文安钱，就是二百六。"

【细差使】卫大法师《江湖话·安庆隐语》："骗子：细差使。"

【细打】《切口大词典·杂流类·堂名之切口》："细打：敲十番锣鼓也。"

【细工】《江湖切口要诀》（尺牍增附本）："妇人：马客；细工。"

【细公】《新刻江湖切要·人物类》："妇人：马客；细公。"《切口大词典·医药类·摇虎撑者之切口》："细公：妇人也。"清傅崇矩《成都通览·成都之江湖言词·人物类》："妇人：马客；细公。"

【细花】《新刻江湖切要·草木百果五谷类》："小麦：细花；地花。"

【细黄米】《切口大词典·杂流类·卖白糖粥者之切口》："细黄米：桂花也。"

【细老哥】《切口大词典·娼妓类·粤妓之切口》："细老哥：稍大之孩子也。"

【细料】《切口大词典·商铺类·豆麦业之切口》："细料：草子也。"

【细鳞】宋陈元靓《事林广记·续集·绮谈市语·水族门（虫附）》："鱼：细鳞。"

【细柳条】《切口大词典·星相类·拉和琴算命之切口》："细柳条：琴线也。"

【细毛流】《新刻江湖切要·饮馔类》："羊肉：细毛流；臊老；山官流。"清傅崇矩《成都通览·成都之江湖言词·饮馔类》："羊肉：细毛流；臊老；山流官（凡肉皆称流）。"

【细鸣】《新刻江湖切要·娼优类》："小唱：细鸣。"清傅崇矩《成都通览·成都之江湖言词·娼优类》："小唱：细鸣；杨花。"

【细食】宋陈元靓《事林广记·续集·绮谈市语·饮食门》："熟食：北谷；细食。"

【细梭】《新刻江湖切要·衣饰类》："布：稀公；细梭。"清傅崇矩《成都通览·成都之江湖言词·衣饰类》："布：稀公；细梭。"

【细条】《切口大词典·工匠类·做帽匠之切口》："细条：线也。"

【细条子】①《切口大词典·商铺类·玉器业之切口》："细条子：玉箸也。"②金老佛《三教九流江湖秘密规矩·青帮与红帮·江湖之春典》："鱼称细条子。"

【细褪】《蹴鞠图谱·圆社锦语》："细褪：饥了。"

【细尾】《切口大词典·医药类·参燕业之切口》："细尾：高丽参须也。"

【细牙】《切口大词典·手艺类·秤戥业之切口》："细牙：戥杆之毛坯也。"

【细纸】《新刻江湖切要·衣饰类》："绵绸：细纸。"《切口大词典·盗贼类·收晒朗贼之切口》："细纸：丝绸也。"清傅崇矩《成都通览·成都之江湖言词·衣饰类》："绵绸：细纸。"

【细珠】《切口大词典·商铺类·豆麦业之切口》："细珠：菜子也。"

【细子】明程万里《鼎锲徽池雅调南北官腔乐府点板曲响大明春·六院汇选江湖方语》："细子，乃妇人也。"

【细作】《切口大词典·杂流类·外执事之切口》："细作：清客串也。"

xia

【虾篱】《切口大词典·役夫类·渔夫之切口》："虾篱：捕虾器也。"

【虾须】《切口大词典·杂业类·磨坊之切口》："虾须：大麦也。"

【瞎三话四】《切口大词典·乞丐类·乞丐之切口》："瞎三话四：妄言也。"

【瞎眼】明风月友《金陵六院市语》："夹为瞎眼。"

【匣】 金老佛《三教九流江湖秘密规矩·青帮与红帮·红帮之问答》："甲曰：匣内（箱曰匣）还有鼠拷多双（镯头谓之拷子），蛤子（珍珠）无数，玲珑子（表曰玲珑子）若干，只吾们两人，且收起来。"

【匣子】 ①《切口大词典·党会类·红帮之切口》："匣子：箱子也。"金老佛《三教九流江湖秘密规矩·青帮与红帮·红帮之问答》："于是两匪又到轮船寻觅（偷）生意，其本领能将底子上客人之匣子（箱子）百结（铺盖）篷锁（衣饰）等，如大魔术家之演戏法，一转瞬间，即入二人掌握。"金老佛《三教九流江湖秘密规矩·青帮与红帮·江湖之春典》："箱笼称匣子。"②《切口大词典·杂业类·纸扎店之切口》："匣子：纸成之箱子也。"

【狭】 《新刻江湖切要·人事类》："低曰浅；又曰狭。"清傅崇矩《成都通览·成都之江湖言词·人事类》："低：浅；狭。"

【狭侧】 《切口大词典·星相类·铁板算命之切口》："狭侧：小弄也。"

【狭片子】 《切口大词典·工匠类·车搠匠之切口》："狭片子：狭长之凿刀也。"

【狭条】 《切口大词典·手艺类·裱画业之切口》："狭条：立轴也。"

【下】 清唐再丰《鹅幻汇编·江湖通用切口摘要》："弟曰下。"卫大法师《江湖话·江湖上的隐语·普通隐语》："弟：下。"《切口大词典·星相类·星家之切口》："下：弟也。"金老佛《三教九流江湖秘密规矩·日常用语》："弟曰下。"

【下粑蛋】 清傅崇矩《成都通览·成都之袍哥话即江湖话也》："下粑蛋：说软话也。"

【下部】 《新刻江湖切要·亲戚类》："弟：下部。"

【下部才】 《新刻江湖切要·亲戚类》："弟妇：下部才。"

【下参】 《清门考原·各项切口》："下参，叩头也。"

【下场白】 《梨园话》："下场白：剧中人临下台所念之语，谓之'下场白'。"《切口大词典·优伶类·腔调上之切口》："下场白：临下台时所说者。"

【下场门】 《梨园话》："下场门：剧中人入台时所走之门也。"

【下车】 《切口大词典·娼妓类·八大胡同妓院之切口》："下车：节后回到班中，谓之下车。"

【下沉】 《切口大词典·商铺类·丝经业之切口》："下沉：重也。"

【下川】 学古堂《江湖行话谱·行意行话》："肚：下川。"

【下档】 《切口大词典·杂流类·唱弹词之切口》："下档：配正角之人也。"

【下放】 《切口大词典·工匠类·挽花匠之切口》："下放：经丝中断也。"

【下风】 ①《切口大词典·赌博类·摇宝赌之切口》："下风：入局之赌客也。"②《切口大词典·衙卒类·厘卡之切口》："下风：过也。"

【下宫】 《清门考原·各项切口》："下宫，弟也。"

【下海】 《切口大词典·优伶类·伶人之切口》："下海：票友鬻艺而为伶者。"

【下会】 《切口大词典·党会类·红帮之切口》："下会：贼劫后要散，对同伙各道此语，冀日后在合伙做生意也。"

【下接】 《切口大词典·杂业类·面馆之切口》："下接：甩水面也。"

【下九流】 金老佛《三教九流江湖秘密规矩·青帮与红帮·九流之区别》："下九流者，即一流忘八二流龟，三流戏子四流吹，五流大财六小财，七生八盗九吹灰。凡开设妓院，或在妓院为佣之男子，统称为忘八。言其忘却孝悌忠信，礼义廉耻八字也，或以忘八作乌龟解实误。凡从妻不贞卖淫以渔利者为之龟，盖龟不能交，赖蛇交焉，因以为喻。所谓吹者，即吹鼓手之别名。大财即要大把戏者，如卖解等是。小财即要小把戏者，如变戏法等是也。生为剃头者之别名。凡贩卖烟土开设烟馆者皆称为吹灰也。"

【下卡】 《清门考原·各项切口》："下卡，派人防守要隘。"

【下啦】 《梨园话》："下啦：角色被班主辞退，谓之'下啦'。"

【下料】 《切口大词典·役夫类·农夫之切口》："下料：壅田也。"

【下马】 《蹴鞠谱·锦语》："与：下马。"

【下马看】《切口大词典·行号类·粮食行之切口》："下马看：其秀最易者。"

【下慢坡】下慢坡。卫大法师《江湖话·四川灌县轿夫隐语》："下慢坡——前：'二流坡'；后：'带到梭'。"

【下莫闻】《新刻江湖切要·亲戚类》："继弟：奖下；今改下莫闻。总取谓他人昆也。"

【下排琴】云游客《江湖丛谈·江湖之春点》："管兄弟叫下排琴。"

【下蚯蚓】《切口大词典·盗贼类·拐匪之切口》："下蚯蚓：行拐骗之手段也。"

【下人】卫大法师《江湖话·安庆隐语》："徒弟：弟老；下人。"

【下三烂】《切口大词典·娼妓类·八大胡同妓院之切口》："下三烂：谓最卑贱之妓女也。"

【下身】《切口大词典·杂流类·虔婆之切口》："下身：佣妇也。"

【下手】《蹴鞠图谱·圆社锦语》："下手：不得。"

【下手把子】《切口大词典·盗贼类·越墙贼之切口》："下手把子：需用竹竿梯子方能上墙屋者。"

【下水】①《新刻江湖切要·亲戚类》："妹：下水；水下部，斗下。"②《切口大词典·娼妓类·茶室之切口》："下水：妓女之新应客也。"

【下土】《清门考原·各项切口》："下土，卖于乡村中也。"

【下网】《蹴鞠谱·锦语》："里衣：下网。"

【下线】《切口大词典·党会类·红帮之切口》："下线：指愈走愈不是正路，恐人追缉之意也。"

【下元】《新刻江湖切要·身体类》："足：下元；踢土。大脚曰太式。"《切口大词典·星相类·相家之切口》："下元：足也。"清傅崇矩《成都通览·成都之江湖言词·身体类》："脚：下元；踢土。"

【下账】《清门考原·各项切口》："下账，在下面拿张。"

【下找】《切口大词典·杂业类·信局业之切口》："下找：信资未付者。"

【下中梁】卫大法师《江湖话·安庆隐语》："割鼻：下中梁。"

【下妆】宋陈元靓《事林广记·续集·绮谈市语·饮食门》："米：下妆；漂老。"

【吓个】《切口大词典·盗贼类·杆匪之切口》："吓个：指身体高大之人也。"

【夏】①卫大法师《江湖话·各行业商帮所用数目字隐语·成都通行言词·烟行》："思：一。初：二。天：三。长：四。丑：五。夏：六。才：七。拍：八。捎：九。"清傅崇矩《成都通览·成都之各行人买卖通用言词·烟行言词》："夏（六）。"②《切口大词典·商铺类·绸缎业之切口》："夏：一也。"

【厦丈】《郎中医话》："厦丈，是衣服。"

xian

【仙】《切口大词典·娼妓类·粤妓之切口》："仙：铜圆也。"

【仙氅】《切口大词典·医药类·祝由科之切口》："仙氅：道袍也。"

【仙桂】宋陈元靓《事林广记·续集·绮谈市语·花木门》："木犀：天香；仙桂。"

【仙果】宋陈元靓《事林广记·续集·绮谈市语·果菜门》："桃子：仙果。"

【仙鹤嘴】《切口大词典·工匠类·锡匠之切口》："仙鹤嘴：剪刀也。"

【仙客】宋陈元靓《事林广记·续集·绮谈市语·飞禽门》："鹤：仙客。"

【仙郎】①《切口大词典·医药类·参燕业之切口》："仙郎：七也。"②《切口大词典·杂业类·米店之切口》："仙郎：买客也。"

【仙浪】《切口大词典·商铺类·地货业之切口》："仙浪：七也。"

【仙乐板】《切口大词典·杂流类·小热昏之切口》："仙乐板：所敲之毛竹爿也。"

【仙茗】宋陈元靓《事林广记·续集·绮谈市语·饮食门》："茶：云腴；仙茗。"

【仙桥】《蹴鞠图谱·圆社锦语》："仙桥：鼻。"

【仙人跳】①《切口大词典·党会类·女拆白党之切口》："仙人跳：以色引诱男人，至其下处，方图好事，忽有男匪排闼而入，倾其所有也。"②《切口大词典·工匠类·织机匠之切口》："仙人跳：踏脚板也。"

【仙食】《切口大词典·商铺类·南货业之切

口》："仙食：松子也。"

【仙食朝阳】《切口大词典·盗贼类·对买贼之切口》："仙食朝阳：水果店也。"

【仙书】 明程万里《鼎锲徽池雅调南北官腔乐府点板曲响大明春·六院汇选江湖方语》："仙书，乃相人者。"

【仙衣】 宋陈元靓《事林广记·续集·绮谈市语·花木门》："荷：香盖；仙衣。"

【仙子】《切口大词典·行号类·粮食行之切口》："仙子：客人也。"宋陈元靓《事林广记·续集·绮谈市语·人物门》："客人：商徒；仙子。"

【先】《切口大词典·手艺类·髹漆业之切口》："先：七也。"

【先春】《切口大词典·行号类·茶叶行之切口》："先春：茶叶之别名也。"

【先锋】《切口大词典·党会类·三点会之切口》："先锋：其职分次于香主，新会员入会，须请其介绍。"

【先锋包】 清张德坚等《贼情汇纂》卷五《伪军制下·隐语·太平天国隐语》："火弹改称先锋包，又名红粉包。"

【先皮】《切口大词典·商铺类·板木业之切口》："先皮：即长梢也木之最长者。"

【先桡】《切口大词典·行号类·菜蔬行之切口》："先桡：香椿芽也。"

【先生】 ①《切口大词典·娼妓类·长三书寓之切口》："先生：乌师也，即教妓女之曲师。"②《切口大词典·赌博类·摇宝赌之切口》："先生：写赌账者。"

【先声】《新刻江湖切要·器用类》："告示：躲子；今更名先声，又名招摇。"清傅崇矩《成都通览·成都之江湖言词·器用类》："告示：躲子；先声；招摇。"

【先拾着】《切口大词典·党会类·小瘪三之切口》："先拾着：识人窃物也。"

【先一】《新刻江湖切要·僧道类》："和尚：廿三；先一。"

【先张】《新刻江湖切要·兵备类》："弓：弯老；先张，又圖弯子。"

【先知君】 宋陈元靓《事林广记·续集·绮谈市语·水族门（虫附）》："龟：先知君；江吏。"

【先知子】 卫大法师《江湖话·红帮各地通行隐语·各种行业类》："文王课：先知子；圆头。"李子峰《海底·各地通行隐语》："文王课：先知子；园头。"

【掀电铃】《切口大词典·杂流类·贩烟土之切口》："掀电铃：私行纳贿冀放行也。"

【掀闷碗】《切口大词典·娼妓类·江山船之切口》："掀闷碗：犹上海之打茶会也。"

【鲜得子】《切口大词典·赌博类·牌九赌之切口》："鲜得子：三四牌也。"

【鲜花】《切口大词典·盗贼类·拐匪之切口》："鲜花：小也。"

【鲜鱼】《切口大词典·杂业类·面馆之切口》："鲜鱼：鸡鱼合成之面也。"

【鲜帐】《新刻江湖切要·店铺类》："肉店：流官朝阳；又曰鲜帐；线铍。"清傅崇矩《成都通览·成都之江湖言词·店铺类》："肉店：流官朝阳（又曰鲜帐；线铍）。"

【暹罗】《切口大词典·医药类·参燕业之切口》："暹罗：燕窝名也。"

【签筒子】 ①卫大法师《江湖话·红帮各地通行隐语·衣服类》："袜子：臭筒；签筒子。"②卫大法师《江湖话·江湖上的隐语·普通隐语》："袜：签（千）筒（统）子。"

【闲家铲】《切口大词典·娼妓类·粤妓之切口》："闲家铲：骂人全家死也。"

【闲客】 宋陈元靓《事林广记·续集·绮谈市语·飞禽门》："白鹇：闲客。"

【闲厮嗓】 明佚名《行院声嗽·人事》："嬉笑：闲厮嗓。"

【闲员】 贝思飞《民国时期的土匪隐语》："闲员：匪帮中的军师。"

【贤良】《切口大词典·盗贼类·掘壁贼之切口》："贤良：师父也。"

【弦子】《切口大词典·工匠类·弹棉匠之切口》："弦子：羊腹线也。"

【弦子套】《切口大词典·娼妓类·八大胡同妓院之切口》："弦子套：妓女与乌师私通，谓之弦子套。"

【咸沟子】 卫大法师《江湖话·红帮各地通行隐语·天文地理类》："海：咸沟子。"李子峰《海底·各地通行隐语》："海：咸沟子。"

【咸肉庄】《切口大词典·娼妓类·台基之切口》："咸肉庄：台基也。"《切口大词典·衙卒类·侦探之切口》："咸肉庄：台基也。"

【咸湿】《切口大词典·娼妓类·粤妓之切口》："咸湿：人之性情、言语、举止、衣服，带有乡下土气而性喜看妇女者。"

【咸水妹】《切口大词典·娼妓类·粤妓之切口》："咸水妹：接待洋人之妓女也。"

【咸头】①《切口大词典·工匠类·修缸之切口》："咸头：卤也咸。"②《切口大词典·商铺类·染色业之切口》："咸头：石灰也。"

【咸筝】平山周《中国秘密社会史·三合会隐语》："发曰青丝。豚曰毛瓜，豚肉曰白瓜，已燔之豚肉曰金瓜，曰红瓜。牛肉曰大菜，盐牛肉曰一把菜。狗曰蚊。鱼曰穿浪，曰摆尾，盐鱼曰咸筝，曰丫鬟。米曰沙，煮饭曰打沙，吃饭曰耕沙。鸦片曰云游，吃鸦片曰咬云。茶曰青莲。水曰三河。油曰洪顺。茶碗曰莲蕊。酒杯曰莲米。"金老佛《三教九流江湖秘密规矩·三合会之隐语》："盐鱼曰咸筝，曰丫鬟。"李子峰《海底·各地通行隐语》："咸鱼：咸筝；丫鬟。"

【衔环】《新刻江湖切要·鸟兽虫鱼类》："雀：失喜；［增］饲花；衔环。"

【显底】《切口大词典·党会类·红帮之切口》："显底：泄漏帮务也。"

【显冈】《切口大词典·武术类·打连箱者之切口》："显冈：叫也。"清傅崇矩《成都通览·成都之江湖言词·人事类》："叫：显冈。"

【显红】《切口大词典·商铺类·杂货业之切口》："显红：苏木也。"

【显山通】《新刻江湖切要·人物类》："乳母：显山通；［改］保赤。"《江湖切口要诀》（尺牍增附本）："乳母：显山通；改保赤。"《切口大词典·杂流类·荐头婆之切口》："显山通，乳母也。"清傅崇矩《成都通览·成都之江湖言词·人物类》："乳母：显山通；保赤。"

【险地】金老佛《三教九流江湖秘密规矩·江湖通用切口》："庙内挂张曰险地。"

【蚬子】《新刻江湖切要·人物类》："小娃：剪角；［改］蚬子；蚌胎。"《江湖切口要诀》（尺牍增附本）："小娃：剪角；改蚬子；蚌胎。"《切口大词典·杂流类·卖婆之切口》："蚬子：小娃娃也。"清傅崇矩《成都通览·成都之江湖言词·人物类》："小娃：剪角；蚬子；蚌胎。"

【县佐】宋陈元靓《事林广记·续集·绮谈市语·君臣门》："县丞：县佐；哦松。"

【现】①明风月友辑《金陵六院市语》："好曰现，而走曰趓。"②学古堂《江湖行话谱·估衣行话》："七：现。"

【现宝】《切口大词典·医药类·卖吊虫丸者之切口》："现宝：有病之小孩也。"

【现萨】明田汝成《西湖游览志馀·委巷丛谈》："杭人有以二字反切一字以成声者，如以秀为鲫溜，以团为突栾，以精为鲫令，以俏为鲫跳，以孔为窟窿，以盘为勃兰，以铎为突落，以窠为窟陀，以圈为窟栾，以蒲为鹘卢。有以双声而包一字，易方隐语以欺人者，如以好为现萨，以丑为怀五，以马为杂嗽，以笑为喜黎，以肉为直线，以鱼为河戏，以茶为油老，以酒为海老，以没有为埋梦，以莫言为稀调。"

【现水子】卫大法师《江湖话·红帮各地通行隐语·其他用具对象类》："钱：现水子；缆头子；悬子；详子。"卫大法师《江湖话·红帮各地通行隐语·姓氏类》："钱：现水子。"李子峰《海底·各地通行隐语》："钱：现水子；缆头子；悬子；详子。"李子峰《海底·各地通行隐语》："钱：现水子。"

【现银买成由王代】清傅崇矩《成都通览·成都之各行人买卖通用言词·六成行通用言词》："现银买成'由王代'就是一两九钱二分，'长白人'就是四两七钱五分。"

【限】《切口大词典·杂业类·山果业之切口》："限：七也。"

【线】①《行院声嗽·鸟兽》："肉：线。"②平山周《中国秘密社会史·三合会隐语》："线香曰柱枝，蜡烛曰吉树。蚊帐曰灯笼。明代服曰袈裟，套裤曰菱角，靴曰铁板，帽子曰云盖，曰万笠。洋伞曰洪头，曰独脚，曰乌云。道路曰线，旅行曰游线。家曰甲子。祖先公馆曰马桶。船曰平，乘船曰搭平。"卫大法师《江湖话·安庆隐语》："路：线。"卫大法师《江湖话·红帮各地通行隐语·建筑物类》："路：线；梁子。"《家里宝鉴·隐语》："道路曰'线'。"《切口大词典·盗贼类·短截贼之切口》："线：道途弯长之谓也。"金老佛《三教九流江湖秘密规矩·三合会之隐语》："道路曰线，旅行曰游线。"李子峰《海底·各地通行隐语》："路：线；梁子。"平山周《中国秘密社会史·哥老会隐语》："道路曰线，走道路曰踹线。"徐珂《清稗类钞·会党类·哥老会隐语》："道路曰线，走道路曰踹线。"③卫大法师《江湖话·各行业商帮所用数目字隐语·成都通行言词·糖行》："兴：一。么：二。咎：三。非：四。银：五。天：六。线：七。来：八。足：九。"④《江湖走镖隐语行话谱》："铁练为线。"《切口大词典·党会类·哥老会之切口》："线：道路也。"⑤清末民初佚名《镖行江湖隐语行话秘典》："火绳，为线。"⑥宋陈元靓《事林广记·续集·绮谈市语·拾遗门》："吊：线。"

【线钣】《新刻江湖切要·店铺类》："肉店：流官朝阳；又曰鲜帐；线钣。"明佚名《行院声嗽·宫室》："肉店：线钣。"清傅崇矩《成都通览·成都之江湖言词·店铺类》："肉店：流官朝阳（又曰鲜帐；线钣）。"

【线川】《新刻江湖切要·生死类》："吊死：线川；挂川。"清傅崇矩《成都通览·成都之江湖言词·生死类》："吊死：线川；捋川。"

【线粗】《蹴鞠图谱·圆社锦语》："线粗：鸡。"

【线道】宋陈元靓《事林广记·续集·绮谈市语·饮食门》："肉：线道；内。"

【线儿】贝思飞《民国时期的土匪隐语》："线儿：向导。"

【线逛子】《切口大词典·手艺类·卖纸鸢之切口》："线逛子：绕线之木辘轳也。"

【线老】①《新刻江湖切要·饮馔类》："挂面：绵盘；线老。"清傅崇矩《成都通览·成都之江湖言词·饮馔类》："挂面：绵盘；线老。"②《行院声嗽·饮食》："肉：线老。"

【线留官】《新刻江湖切要·鸟兽虫鱼类》："猪：亥官；黑官；线留官。"

【线圈】《切口大词典·商铺类·豆麦业之切口》："线圈：连回佣也。"

【线人】金老佛《三教九流江湖秘密规矩·青帮与红帮·红帮之问答》："顷据带线人（熟盗）报告，坟西园河里（金姓），家肥水极壮，活龙四丈有余（帮匪切口，书目咸以尺寸计之，譬如百谓尺，十谓寸，千谓丈之类。四丈即四千，现银谓活龙），死货尚不在其内（不动产曰死货），此外尚有狠漂亮的地牌二五（女子已嫁者谓之地牌，未嫁者谓之二五），作条子开出去，每牌至少值价四五尺水头。"

【线色】《切口大词典·星相类·立墙壁相面之切口》："线色：相之贱者。"

【线上的】《切口大词典·盗贼类·短截贼之切口》："线上的：同伙也或同党也。"

【线上朋友】金老佛《三教九流江湖秘密规矩·青帮与红帮·江湖之春典》："同道称线上朋友。"

【线头】《切口大词典·乞丐类·捉蛇乞丐之切口》："线头：草药也。"

【线头篮】《切口大词典·乞丐类·捉蛇乞丐之切口》："线头篮：草药篮也。"

【线头子】学古堂《江湖行话谱·走江湖行话》："拉线：线头子。"

【线香】《新刻江湖切要·鸟兽虫鱼类》："鳗：线香。"

【线炷】《切口大词典·商铺类·香烛业之切口》："线炷：线香也。"

【线子烂】《切口大词典·盗贼类·杆匪之切口》："线子烂：雨后道路泥泞致碍抢，戒同伙足不出户之谓也。"

【宪】《切口大词典·巫卜类·席地测字者之切口》："宪：胡言乱道也。"

【宪司】宋陈元靓《事林广记·续集·绮谈市语·君臣门》："提刑：宪司；宪台。"

【宪台】宋陈元靓《事林广记·续集·绮谈市语·君臣门》："提刑：宪司；宪台。"

【宪照】《新刻江湖切要·人事类》："有眼力曰宪照。"《切口大词典·星相类·量手算命之切口》："宪照：有眼力之人也。"清傅崇矩《成都通览·成都之江湖言词·人事类》："有眼力人：宪照。"

【献】①《新刻江湖切要·人事类》："有曰献。"《切口大词典·武术类·卖拳头者之切口》："献：有也。"清傅崇矩《成都通览·成都之江湖言词·人事类》："有：献。"②《切口大词典·工匠类·淘砂匠之切口》："献：得物多也。"③《切口大词典·武术类·挂布招牌教戏法者之切口》："献：传授也。"

【献丑】《切口大词典·商铺类·金线业之切口》："献丑：五也。"

【献春桃】《切口大词典·娼妓类·长三书寓之切口》："献春桃：此粗做娘姨及相帮，向客道喜，亦须二三元之犒赏。"

【献地理图】 金老佛《三教九流江湖秘密规矩·青帮与红帮·青帮之女匪》："帮中女匪，更有一特别可恶之点，即带线行劫是也。凡盗匪欲行劫某处，其最初手续必先于数日前侦察虚实，而当侦察之仟者或为婢仆，或为三姑六婆，先将欲劫之家一切内在门户、家人多寡详告盗匪，以便行劫。彼等名之曰：献地理图。凡献地理图者，至得手之后，帮中亦有定例，提成酬谢。此等秘幕，确为帮中信而有徵之事也。"

【献地图】《切口大词典·杂流类·放白鸽者之切口》："献地图：家私之多寡详告盗匪以便行劫也。"

【献高升】《切口大词典·乞丐类·顶物求乞之切口》："献高升：顶竹杆也。"

【献红】《新刻江湖切要·人事类》："火烧曰献红。"《切口大词典·武术类·行程保镖者之切口》："献红：火烧也。"清傅崇矩《成都通览·成都之江湖言词·人事类》："火烧：献红。"

【献鸡腿】《切口大词典·杂流类·卖水烟者之切口》："献鸡腿：卖水烟者。"

【献捷】《新刻江湖切要·官职类》："传胪：献捷；折贓。"

【献苦肉】《切口大词典·乞丐类·改相求乞之切口》："献苦肉：手脚装成浓疮烂毒者。"

【献快利】《切口大词典·乞丐类·顶物求乞之切口》："献快利：顶刀也。"

【献快马】《切口大词典·乞丐类·顶物求乞之切口》："献快马：顶登也。"

【献庆隆】《切口大词典·乞丐类·弄蛇求乞之切口》："献庆隆：弄蛇求乞也。"

【献生】《新刻江湖切要·人物类》："闯将：献生；[广] 牛金星，谓闯之将也，匹马横行。"《江湖切口要诀》（尺牍增附本）："闯将：献生。[广] 牛金星（谓之将闯也）；匹马横行。"清傅崇矩《成都通览·成都之江湖言词·人物类》："闯将：献生；牛金星（谓闯之将也）匹马横行。"

【献师】《新刻江湖切要·星相类》："惯走江湖曰相府；[增] 周流（游）列国；关肚仙；亦称剪牙；[增] 鬼凭儿，原名又曰关川生；献师；烧黄七。"清傅崇矩《成都通览·成都之江湖言词·星相类》："惯走江湖：相府；周游列国；关肚仙；剪牙；鬼凭儿；关川生；献师；烧黄七。"

【献桃子】《切口大词典·乞丐类·耍猴求乞之切口》："献桃子：呼猴叩头也。"

【献天灵】《切口大词典·乞丐类·顶物求乞之切口》："献天灵：顶物之乞丐也。"

xiang

【详子】 清唐再丰《鹅幻汇编·江湖通用切口摘要》："钱曰详子。"卫大法师《江湖话·红帮各地通行隐语·其他用具对象类》："钱：现水子；缆头子；悬子；详子。"卫大法师《江湖话·江湖上的隐语·普通隐语》："钱：详子。"《切口大词典·星相类·星家之切口》："详子：铜钱也。"《清门考原·各项切口》："详子，钱也。"金老佛《三教九流江湖秘密规矩·日常用语》："钱曰详子。"李子峰《海底·各地通行隐语》："钱：现水子；缆头子；悬子；详子。"

【相】《新刻江湖切要·官职类》："赞礼生：唱占；今改相通。相，赞礼者。"

【相板】《切口大词典·乞丐类·手本讨钱之切口》："相板：手本也。"

【相帮】 ①《切口大词典·娼妓类·长三书寓之切口》："相帮：龟奴也。犹北京之呼茶壶捞毛也。" ②《切口大词典·娼妓类·雉妓之切口》："相帮：烧汤也。"

【相貌】《切口大词典·优伶类·戏盔之切口》："相貌：方形之乌纱帽，两边插长翅一根。"

【相夫】 ①清唐再丰《鹅幻汇编·江湖通用切口摘要》："江湖诸技，总分四行，曰：巾、皮、李、瓜。行此者名曰相夫。"《切口大词典·星相类·星家之切口》："相夫：凡业巾皮李瓜之人，概曰相夫。"金老佛《三教九流江湖秘密规矩·江湖通用切口》:"江湖诸计,分四行,曰巾皮李瓜。行此者名曰相夫,凡做相夫者,不曰做,而曰当,故自称当相夫。"②卫大法师《江湖话·红帮各地通行隐语·人类一般》:"行家:老门坎;相夫。"《切口大词典·役夫类·航船夫之切口》:"相夫:老于出门者。"李子峰《海底·各地通行隐语》:"行家:老门坎;相夫。"③《清门考原·各项切口》:"相夫(江湖人也)。"刘联珂《中国帮会三百年革命史·清门切口》:"相夫:江湖人。"

【相夫琴头】《切口大词典·星相类·星家之切口》:"相夫琴头:专留寓巾皮李瓜之客寓也。"金老佛《三教九流江湖秘密规矩·日常用语》:"凡杜琴头(即住客寓也),另有相夫琴头(专留相夫,满寓皆同类)。"

【相府】《新刻江湖切要·星相类》:"惯走江湖曰相府;[增]周流(游)列国;关肚仙,亦称剪牙;[增]鬼凭儿,原名又曰关川生;献师;烧黄七。"《切口大词典·医药类·自称戏子治病者之切口》:"相府:惯走江湖也。"清傅崇矩《成都通览·成都之江湖言词·星相类》:"惯走江湖:相府;周游列国;关肚仙;剪牙;鬼凭儿;关川生;献师;烧黄七。"

【相公】《切口大词典·工匠类·银匠之切口》:"相公:风炉也。"

【相家】①明程万里《鼎镌徽池雅调南北官腔乐府点板曲响大明春·六院汇选江湖方语》:"相家,乃晓得方情者。"②云游客《江湖丛谈·江湖之春点·三不管中挑将汗的生意》:"江湖人管外行人调侃叫控子,管行家叫相家。"

【相见欢】①《切口大词典·医药类·药行业之切口》:"相见欢:夜合花也。"②《切口大词典·杂业类·信局业之切口》:"相见欢:送信之人也。"

【相脚头】《清门考原·各项切口》:"相脚头,盗匪看路道。"

【相老】《切口大词典·役夫类·脚夫之切口》:"相老:老于江湖者。"

【相容】《切口大词典·役夫类·屠夫之切口》:"相容:牛也。"

【相室】宋陈元靓《事林广记·续集·绮谈市语·君臣门》:"宰相:集贤;相室;左摇。"

【相思板】金老佛《三教九流江湖秘密规矩·青帮与红帮·青帮之副业》:"相思板一物,赌法与倒棺材无异。惟赌具之制法,则大不同。其法用竹板二条,厚仅分许,阔约七八分,长计尺余。其板之一端,各有牌色一种,一红一黑,拐匪等手持两板,坐于长凳之上,反复示人。口内红黑红黑之声,不绝于耳。俟有赌者至,则于二者之中,任取其一,或红或黑,任人猜押。而实则其板中空,外皮极薄,另实一竹片于其中,片上染以红黑两牌。而于板之中部,挖一长方孔,其地点适当内片牌色之外。远望之,殊不知其板上之牌色,乃染于板中别一竹片之上也。人方以为一红一黑,刊刻板上,必不能有所遁饰。不知其将板一倒置,板中竹片,本短于板,自能趋向下方,而于是红变黑,黑变红矣。"

【相思子】《切口大词典·医药类·药行业之切口》:"相思子:红豆也。"

【相通】《新刻江湖切要·官职类》:"赞礼生:唱占,今改相通。相,赞礼者。"

【相挖】《切口大词典·盗贼类·掘壁贼之切口》:"相挖:掘遂道而入也。"

【相窑】学古堂《江湖行话谱·行话管见》:"生意屋:相窑。"

【相者】《镖行江湖隐语行话秘典》:"凡做相夫者,不曰做,而曰当做,自称相者。"

【香】①平山周《中国秘密社会史·三合会隐语》:"隐语:三合会员与盗贼往来,有怪文以之为暗号,今略揭大要如下。公所曰红花亭,曰松柏林。新入会曰入圈,曰拜正,曰出世。集会曰开台,曰放马。会员曰香,曰洪英,曰豪杰。外人曰风,曰疯子,曰鹧鸪。新会员曰新丁。到会曰去睇戏。会中之秘书曰衫仔。会员之凭票曰腰平,曰八角招牌,曰八卦。"卫大法师《江湖话·红帮闽粤及南洋各地通行隐语》:"会中兄弟:香,洪英,豪杰。"徐珂《清稗类钞·会党类·三合会隐语》:"隐语:三合会员与盗贼往来,有怪文以之为暗号,今略揭大要如下。公所曰红花亭,曰松柏林。新入会曰入圈,曰拜正,曰出世。集会曰开台,曰放马。会员曰香,曰洪英,曰豪杰。外人曰风,曰疯子,曰鹧鸪。新会员曰新丁。到会曰去睇戏。会中之秘书曰衫仔。会员之凭票曰腰平，曰八角招牌，曰八卦。"金老佛《三教九流江湖秘密规矩·三合会之隐语》："会员曰香，曰洪英，曰豪杰。"李子峰《海底·闽粤及南洋各地通行之隐语》："会中兄弟：香；洪英；豪杰。"②《切口大词典·商铺类·豆麦业之切口》："香：五也。"清翟灏《通俗编·识余·市语·米行》："今松木场香市中，犹习用此语。而其余诸行，正如《志余》所云，各有市语，不相通用。如：米行：则一子，二力，三削，四类，五香，六竹，七才，八发，九丁，十足。"

【香长】《切口大词典·党会类·哥老会之切口》："香长：有声名于会中，一跃而为老大者，为会中第八首领也。以上共称内八堂。"

【香方】《切口大词典·杂业类·豆腐店之切口》："香方：豆腐干也。"

【香盖】宋陈元靓《事林广记·续集·绮谈市语·花木门》："荷：香盖；仙衣。"

【香缸】《切口大词典·工匠类·锡匠之切口》："香缸：拭头碗也。"

【香工】①清唐再丰《鹅幻汇编·江湖通用切口摘要》："卖膏药不取钱但要香曰香工。"卫大法师《江湖话·江湖上的隐语·皮行隐语》："卖膏药不要钱只要香：香工。"《切口大词典·医药类·卖膏药者之切口》："香工：卖膏药小取钱，但取香金者。"《清门考原·各项切口》："香工，卖膏药。不取钱，但要香者。"金老佛《三教九流江湖秘密规矩·江湖通用切口》："卖膏药不取钱但要香曰香工。"学古堂《江湖行话谱·江湖行话》："卖膏药松香不要钱者：香工。"②《切口大词典·医药类·僧人卖药之切口》："香工：卖药之资也。"

【香光】《切口大词典·手艺类·灯笼业之切口》："香光：比中连略小。"

【香火堂子】清傅崇矩《成都通览·成都之袍哥话即江湖话也》："香火堂子，呼人之堂屋也。"

【香粳】《切口大词典·行号类·粮食行之切口》："香粳：七月熟，粒小清柔，有红芒白芒两种。"

【香菊】宋陈元靓《事林广记·续集·绮谈市语·果菜门》："茵□：香菊。"

【香口】《切口大词典·杂业类·酱园之切口》："香口：麻酱也。"

【香榴】《切口大词典·行号类·粮食行之切口》："香榴：粒小色斑，以一撮米炒之，馨香异常。"

【香令】金老佛《三教九流江湖秘密规矩·青帮与红帮·香令之语句》："时龙头握香在手，高声朗诵曰：'头把香在周朝，羊角哀左伯桃，二人结成生死交，角哀受爵于秦国，旌请义丧祭伯桃，塔边葬有恶王墓，哀角自缢报故交，生死之交真难得，名驰天下万古标。二把香，在汉朝，桃园义气高，乌牛白马祭天地，剿灭黄巾功劳标。关公千里保皇嫂，张爷叫断坝陵桥，曹瞒闻声吓破胆，子龙长坂坡前杀得高，后保大哥坐守西川地，卧龙先生平步毛，果是英雄第一高。水泊梁山三把香，有仁有义是宋江，高俅奸贼弄朝纲。因此聚集在山岗，高扯替天行道旗一面，一百八将等招安，乃是天上诸神降，天罡地煞结拜香，此香不是香。兄弟结义上瓦岗，混世魔王三年坐，气数皆终各一方，众位兄弟投唐王，为有雄信保刘王，唐王已把刘王灭，雄信舍死不降唐，七擒七劝心坚硬，又有罗成乱箭亡，只说瓦岗威风大，天下扬名半把香。'宣完香令，即将香插入炉中，率众向祖师神座行三跪九叩首大礼。"

【香炉脚子】卫大法师《江湖话·红帮各地通行隐语·数目类》："老三：香炉脚子。"李子峰《海底·各地通行隐语》："老三：香炉脚子。"

【香苗】《切口大词典·医药类·摆草药摊之切口》："香苗：菖蒲也。治飞丝入目。"《切口大词典·药行业之切口》："香苗：菖蒲也。"

【香平】《切口大词典·杂业类·白粥业之切口》："香平：豆腐干也。"

【香头】①《切口大词典·娼妓类·花烟间之切口》："香头：夜度费也。"②《切口大词典·工匠类·染布匠之切口》："香头：香糟也。"《切口大词典·商铺类·染色业之切口》："香头：糟也。"③《切口大词典·衙卒类·厘卡之切口》："香头：划子钱也。"④《切口大词典·医药类·僧人卖药之切口》:"香头:药也。"⑤《切口大词典·杂流类·卖糕者之切口》:"香头:桂花也。"⑥《切口大词典·杂流类·卖烧饼油条者之切口》:"香头:葱也。"

【香腿】《切口大词典·商铺类·火腿业之切口》:"香腿:狗肉火腿也。"

【香网】《切口大词典·医药类·药行业之切口》:"香网:橘络也。"

【香味】朱琳《洪门志·春典子项记·店铺》:"麻油店,称香味。"

【香元】《切口大词典·手艺类·灯笼业之切口》:"香元:比香光略小。"

【香云】卫大法师《江湖话·红帮各地通行隐语·饮食用品类》:"吸鸦片:靠熏;熏;香云。"

【香主】《切口大词典·党会类·三点会之切口》:"香主:其职分次于大哥。"

【祥】①卫大法师《江湖话·各行业商帮所用数目字隐语·重庆通行言词·银楼》:"祥:一。皮:二。昌:三。诗:四。对:五。劳:六。造:七。刀:八。云:九。喜:十。"②《切口大词典·杂业类·米店之切口》:"祥:二也。"

【箱块】《切口大词典·行号类·饴糖行之切口》:"箱块:箱冰也。"

【箱书老虫】《清门考原·各项切口》:"箱书老虫,鼠在书箱无物可食,只可食书,俗称书一册为一本,商人自喻坐食资本,曰箱书老鼠。"

【襄奉】宋陈元靓《事林广记·续集·绮谈市语·举动门》:"葬:襄事;襄奉。"

【襄事】宋陈元靓《事林广记·续集·绮谈市语·举动门》:"葬:襄事;襄奉。"

【镶边大臣】《切口大词典·娼妓类·长三书寓之切口》:"镶边大臣:随人逛院子,不名一钱之客,北京谓之喝边儿。"

【镶砂】《切口大词典·杂流类·卖糕者之切口》:"镶砂:夹砂猪油糕也。"

【响】①《新刻江湖切要·人事类》:"着曰响;又端。"清傅崇矩《成都通览·成都之江湖言词·人事类》:"着:响;端。"②《切口大词典·手艺类·卖扯铃之切口》:"响:声音之高低也以响之多寡定之。"

【响场】《切口大词典·巫卜类·和尚之切口》:"响场:香担也。"

【响担】《切口大词典·工匠类·铜匠之切口》:"响担:铜匠担也。"

【响党】①《新刻江湖切要·人类类》:"走街者:响党。"《江湖切口要诀》(尺牍增附本):"走街者:响党。"清傅崇矩《成都通览·成都之江湖言词·人物类》:"走街者:响党。"②《切口大词典·医药类·摇虎撑者之切口》:"响党:走乡间行医也。"

【响儿】云游客《江湖丛谈·江湖之春点·江湖中之戳黑的》:"江湖人管相面对了,教人佩服的,调侃叫响儿。"

【响各】《新刻江湖切要·鸟兽虫鱼类》:"鸡:王七;酉官;鸣老;得晓;斗子;响各。"

【响挂】《镖行江湖隐语行话秘典》:"保镖为响挂,护院为内挂,教场子为外挂。"《江湖走镖隐语行话谱》:"响挂:他人为绿〔路〕林中英雄,教厂子、觑杆子为相挂,大街卖艺把势为边挂子。看家的,住他拉杆的,护院的,为靠山的,明挂子,会武艺的,为相人点。"

【响黄丘】①《新刻江湖切要·工匠类》:"打铜匠:响黄丘;金钱通。"清傅崇矩《成都通览·成都之江湖言词·工匠类》:"打铜匠:响黄丘;金钱通。"②《切口大词典·工匠类·铜匠之切口》:"响黄丘:铜匠也。"

【响火】《切口大词典·巫卜类·道士之切口》:"响火:灵牌也。"

【响尖】《切口大词典·优伶类·场面上之切口》:"响尖:小锣也。"

【响坚】《新刻江湖切要·人事类》:"好:坚;响坚;坚通。"《切口大词典·巫卜类·茶馆测字者之切口》:"响坚:好也。"清傅崇矩《成都通览·成都之江湖言词·人事类》:"好:坚;响坚;坚通。"

【响口】《切口大词典·娼妓类·江山船之切口》:"响口:妓女能唱曲者。"

【响拉腕】云游客《江湖丛谈·江湖之金点·评门》:"说书说的能有叫座的魔力,调侃儿叫响拉腕啦。"

【响郎】《切口大词典·武术类·打连箱者之切口》:"响郎:竹板也。"

【响亮】《切口大词典·星相类·鸟衔算命之

切口》:"响亮:生意好也。"

【响了万】 云游客《江湖丛谈·江湖之春点·三不管中挑将汗的生意》:"成了名,江湖人调侃叫响了万。"云游客《江湖丛谈·江湖之春点·天桥内的把式场》:"响了万,即是有了名望。"

【响柳】 清傅崇矩《成都通览·成都之江湖言词·人事类》:"骂:郎千;发千;响柳;江浪。"

【响青把儿】《新刻江湖切要·珍宝类》:"锡曰白描钱;圆把,响青把儿,穿风青儿。"

【响签筒】《新刻江湖切要·器用类》:"钉靴:响签筒。"清傅崇矩《成都通览·成都之江湖言词·器用类》:"钉靴:响签筒。"

【响送】 ①《切口大词典·乞丐类·托神求乞之切口》:"响送:同伴三四人,敲锣打鼓挨户而歌也。"②《切口大词典·巫卜类·巫婆之切口》:"响送:谓须请羽客,或和尚遣送亡人也。"

【响踢土】《新刻江湖切要·器用类》:"木履:响踢土。"清傅崇矩《成都通览·成都之江湖言词·器用类》:"木履:响踢土。"

【响头】《切口大词典·巫卜类·尼姑之切口》:"响头:法事也。"

【响咏】《新刻江湖切要·娼优类》:"杨花:响咏。"

【响盏】《新刻江湖切要·器用类》:"杯:响盏。"《切口大词典·役夫类·庖夫之切口》:"响盏:杯子也。"清傅崇矩《成都通览·成都之江湖言词·器用类》:"杯:响盏。"

【响账】《新刻江湖切要·人事类》:"生意好曰响账。"清傅崇矩《成都通览·成都之江湖言词·人事类》:"生意好:响账。"《切口大词典·星相类·龟算命之切口》:"响账:生意好也。"

【响子】 ①《新刻江湖切要·兵备类》:"爆竹:响子。"②《切口大词典·乞丐类·唱春求乞之切口》:"响子:小锣也。"③《切口大词典·医药类·卖药糖者之切口》:"响子:戏锣也。"

【饷担】《切口大词典·手艺类·吹糖人之切口》:"饷担:糖担也。"

【想裳】《新刻江湖切要·天文类》:"云:天表;[广]想裳;䁀天;隔苍;蔽日;从龙;掩太阳;油然子;出岫君。"《江湖切口要诀》(尺牍增附本):"云:天表,[广]想裳;䁀天;隔仓;蔽日;从龙;掩太阳;油然子;出岫君。"《切口大词典·巫卜类·席地测字者之切口》:"想裳:云也。"清傅崇矩《成都通览·成都之江湖言词·天文类》:"云:天表;想裳;䁀天;隔苍;蔽日;从龙;掩太阳;油然子;出岫君。"

【锏子】 ①《切口大词典·役夫类·更夫之切口》:"锏子:更锣也。"②《切口大词典·优伶类·戏园之切口》:"锏子:包银也。"

【向壁】《切口大词典·巫卜类·席地测字者之切口》:"向壁:墙阴也。"

【向瓜】《切口大词典·武术类·行程保镖者之切口》:"向瓜:行程保镖者。"

【向青儿】《切口大词典·商铺类·丝经业之切口》:"向青儿:姓钱者。"

【向上】《切口大词典·杂业类·米店之切口》:"向上:升斗也。"

【向天子】《切口大词典·商铺类·金线业之切口》:"向天子:作台也。"

【向子】《切口大词典·赌博类·做花会之切口》:"向子:官兵或警士也。"

【项丁】《切口大词典·医药类·参燕业之切口》:"项丁:三也。"

【象板】 宋陈元靓《事林广记·续集·绮谈市语·服饰门》:"牙笏:象板。"

【象鼻】 ①《切口大词典·工匠类·锡匠之切口》:"象鼻:铁架也。"②《切口大词典·工匠类·造船匠之切口》:"象鼻:桅杆巅也。"

【象缠】《新刻江湖切要·鸟兽虫鱼类》:"鳝:象缠。"

【象法】 云游客《江湖丛谈·江湖之春点·江湖艺人传·平阳留津的人金牙》:"江湖人如有真本领,天天能挣大钱,处处受人欢迎,调侃称为象法。"

【象家】《切口大词典·赌博类·摇宝赌之切口》:"象家:负绝技之赌客,与老迁同义。"

【象浆】《切口大词典·行号类·烟土行之切口》:"象浆:产浙之象山,故名。味淡薄,鲜土力。售伪土者,以料子膏,冲为象浆。"

【象角】《切口大词典·行号类·蛋船行之切口》:"象角:柁柄也。"

【象门】《切口大词典·工匠类·造船匠之切口》:"象门:桅杆也。"

【象牙饭桶】《梨园话》:"象牙饭桶:貌美而无本领者,谓之'象牙饭桶'。"

【象牙卷子】卫大法师《江湖话·红帮各地通行隐语·衣服类》:"白包袱:象牙卷子。"

【像姑】《切口大词典·娼妓类·相公堂子之切口》:"像姑:相公也,大约婀娜旖旎,如姑娘也。"

【像丸】卫大法师《江湖话·各行业商帮所用数目字隐语·成都通行言词·道士端公》:"旦底:一。挖工:二。横川:三。不回:四。假丑:五。断大:六。毛根:七。入开:八。像丸:九。"清傅崇矩《成都通览·成都之各行人买卖通用言词·道士端公言词》:"像丸(九)。"

xiao

【枭】《切口大词典·商铺类·豆麦业之切口》:"枭:万也。"

【枭梳】《新刻江湖切要·星相类》:"雀算命:枭梳;今更曰禽推。"清傅崇矩《成都通览·成都之江湖言词·星相类》:"雀算命:枭梳;禽推。"

【枵】《新刻江湖切要·身体类》:"饥曰枵。"《切口大词典·星相类·相家之切口》:"枵:饥也。"清傅崇矩《成都通览·成都之江湖言词·身体类》:"饥:枵。"

【削】①清翟灏《通俗编·识余·市语·米行》:"今松木场香市中,犹习用此语。而其余诸行,正如《志余》所云,各有市语,不相通用。如:米行:则一子,二力,三削,四类,五香,六竹,七才,八发,九丁,十足。"②宋陈元靓《事林广记·续集·绮谈市语·举动门》:"瘦:□;削。"

【削光】①《切口大词典·工匠类·竹匠之切口》:"削光:刨也。"②《切口大词典·杂流类·红白帖之切口》:"削光:和尚也。"

【削交白】《切口大词典·娼妓类·江山船之切口》:"削交白:嫖妓也。"

【削角】《切口大词典·工匠类·木匠之切口》:"削角:起圆线之刨也。"

【削盘】《新刻江湖切要·人事类》:"卖田曰削盘。"清傅崇矩《成都通览·成都之江湖言词·人事类》:"卖田:削盘。"

【削盘子】《切口大词典·杂流类·卖买古董者之切口》:"削盘子:减价也。"

【削青】《新刻江湖切要·人事类》:"剃头曰扫青;又削青。"《切口大词典·武术类·住宅保镖者之切口》:"削青:剃头也。"清傅崇矩《成都通览·成都之江湖言词·人事类》:"剃头:扫青;削青。"清翟灏《通俗编·识余·市语》:"江湖人市语尤多,坊间有《江湖切要》一刻,事事物物,悉有隐称。诚所谓惑乱听闻,无足采也。其间有通行市井者,如官曰孤司,店曰朝阳,夫曰盖老,妻曰底老,家人曰吊脚,僧曰廿三,道士曰廿四,成衣曰戳短枪,抬轿曰扱楼儿,剃头曰削青,船白瓢儿,屋曰顶公,银曰琴公,钱曰把儿,米曰软珠,饼曰匾食,盐曰瀽老,鱼曰豁水,鸭曰王八,鞋曰踢土,镜曰照儿,抹布曰蹋郎,坐曰打墩,拜曰剪拂,揖曰丢圈子,叩头曰丢匾子,写字曰搠黑,说话曰吐刚,被欺曰上当,虚奉承曰王六,大曰太式,多曰满太式,无曰各念,俱由来于此语也。"

【削子】《切口大词典·工匠类·箍桶匠之切口》:"削子:刨也。"

【消梨花】明田汝成《西湖游览志馀·委巷丛谈》:"有曰四平市语者,以一为忆多娇,二为耳边风,三为散秋香,四为思乡马,五为误佳期,六为柳摇金,七为砌花台,八为霸陵桥,九为救情郎,十为舍利子,小为消梨花,大为朵朵云,老为落梅风,讳低物为鞔,以其足下物也。"

【宵烛】宋陈元靓《事林广记·续集·绮谈市语·水族门(虫附)》:"萤:宵烛。"

【销贬】学古堂《江湖行话谱·估衣行话》:"偷钱:销贬。"

【销端详】学古堂《江湖行话谱·估衣行话》:"偷物件:销端详。"

【销号】《清门考原·各项切口》:"销号,凡离码头他去,向差役辞行也。而事办到亦曰销号也。混水码头,地方不清,黑幕盛行,差役与匪通也。"

【销恨】《切口大词典·杂业类·花业之切

口》:"销恨:桃花也。"

【销老】 《切口大词典·医药类·医生之切口》:"销老:学医也。"

【箫字】 《切口大词典·商铺类·丝经业之切口》:"箫字:四也。"

【嚣头】 清唐再丰《鹅幻汇编·江湖通用切口摘要》:"票曰嚣头。"卫大法师《江湖话·江湖上的隐语·普通隐语》:"票:嚣头。"《清门考原·各项切口》:"嚣头,票也。"金老佛《三教九流江湖秘密规矩·日常用语》:"票曰嚣头。"李子峰《海底·各地通行隐语》:"票子:嚣头。"

【嚣占】 《新刻江湖切要·官职类》:"贡生:嚣占。"

【小囗】 宋陈元靓《事林广记·续集·绮谈市语·拾遗门》:"小遗:小解;小囗。"

【小巴戏】 《切口大词典·医药类·卖吊虫丸者之切口》:"小巴戏:小孩子也。"

【小白】 《切口大词典·行号类·粮食行之切口》:"小白:粒略小,而与早白同时稔者。"

【小白脸】 《切口大词典·娼妓类·长三书寓之切口》:"小白脸:客之美貌者。"

【小白脸儿】 《切口大词典·娼妓类·八大胡同妓院之切口》:"小白脸儿:美少年也。"

【小摆】 《切口大词典·行号类·缸坛行之切口》:"小摆:小腐乳坛也。"

【小班】 《切口大词典·手艺类·灯笼业之切口》:"小班:同上(大班)。系小号之灯也。"

【小包】 《切口大词典·盗贼类·越墙贼之切口》:"小包:匕首也。"

【小包甜头】 清唐再丰《鹅幻汇编·江湖通用切口摘要》:"预做糖成长段,而临用锯片者曰小包甜头。"《清门考原·各项切口》:"小包甜头,预作糖成长段。而临用锯片也。"金老佛《三教九流江湖秘密规矩·江湖通用切口》:"预做糖成长段而临时锯片者曰小包甜头。"

【小背】 《切口大词典·优伶类·靶子之切口》:"小背:小刀也。"

【小本家】 《切口大词典·娼妓类·长三书寓之切口》:"小本家:鸨母之女或养女也。"《切口大词典·娼妓类·雉妓之切口》:"小本家:老鸨之女也。"

【小边儿】 《梨园话》:"小边儿:即上场门也。"

【小财】 金老佛《三教九流江湖秘密规矩·青帮与红帮·九流之区别》:"下九流者,即一流忘八二流龟,三流戏子四流吹,五流大财六小财,七生八盗九吹灰。凡开设妓院,或在妓院为佣之男子,统称为忘八。言其忘却孝悌忠信,礼义廉耻八字也,或以忘八作乌龟解实误。凡从妻不贞卖淫以渔利者为之龟,盖龟不能交,赖蛇交焉,因以为喻。所谓吹者,即吹鼓手之别名。大财即耍大把戏者,如卖解等是。小财即耍小把戏者,如变戏法等是也。生为剃头者之别名。凡贩卖烟土开设烟馆者皆称为吹灰也。"

【小差】 《切口大词典·衙卒类·兵士之切口》:"小差:不待长官许粮,私自潜逃也。"

【小差遣】 明田汝成《西湖游览志馀·委巷丛谈》:"《白獭髓》言,杭俗浇薄,语年甲则曰年末,语居止则曰只在前面,语家口则曰一差牙齿,语仕禄则曰小差遣。"

【小出尖】 《蹴鞠图谱·圆社锦语》:"小出尖:五。"

【小串】 学古堂《江湖行话谱·走江湖行话》:"小串:一百块钱。"

【小吹打】 《梨园话》:"小吹打:短段之音乐,谓之'小吹打'。"

【小村】 《切口大词典·杂业类·冶坊之切口》:"小村:五号团底汤罐也。"

【小大姐】 《切口大词典·娼妓类·长三书寓之切口》:"小大姐:院中之幼年仆妇也。"

【小刀码子】 刘联珂《中国帮会三百年革命史·清门切口》:"小刀码子:袖手旁观也。"

【小的】 《清门考原·各项切口》:"小的,指徒儿言。"

【小弟老】 《清门考原·各项切口》:"小弟老,是徒孙之称。"

【小弟兄】 《切口大词典·党会类·流氓之切口》:"小弟兄:流氓之同类也。"

【小点大】 《切口大词典·杂流类·荐头婆之切口》:"小点大:小主人也。"

【小刁】 《切口大词典·党会类·青帮之切口》:"小刁:正事敢许,设有自家人出而干涉,同帮呼小刁,亦犯家法。"

【小刁码子】 《清门考原·各项切口》:"小刁码子,袖手旁观之人。"

【小顶】 《切口大词典·杂业类·冶坊之切

口》:"小顶:二尺三寸之锅也。"

【小顶天】《切口大词典·商铺类·顾绣业之切口》:"小顶天:孩帽也。"

【小兜】《切口大词典·商铺类·山货业之切口》:"小兜:小筩筐也。"

【小兜子】《切口大词典·役夫类·庖夫之切口》:"小兜子:小镬。"

【小笃锤】《切口大词典·工匠类·钉碗匠之切口》:"小笃锤:榔头也。"

【小翻】《切口大词典·优伶类·武行中之切口》:"小翻:翻筋斗之小者。"

【小方】①《切口大词典·杂流类·卖糖果者之切口》:"小方:牛奶糖也。"②《切口大词典·杂业类·豆腐店之切口》:"小方:小油豆腐也。"

【小房子】《切口大词典·党会类·拆白党之切口》:"小房子:男女幽会,所赁之秘密场所也。"

【小斧头】《切口大词典·杂业类·猪肉业之切口》:"小斧头:肝也。"

【小根子】 卫大法师《江湖话·江湖上的隐语·其他隐语》:"卖玉器:小根子。"

【小孤子】《切口大词典·衙卒类·幕宾之切口》:"小孤子:被告也。"

【小光】《切口大词典·手艺类·灯笼业之切口》:"小光:较中光略小,有市行之别。"

【小鬼头】《切口大词典·衙卒类·厘卡之切口》:"小鬼头:局差也。"

【小亥】《切口大词典·行号类·海鱼行之切口》:"小亥:河豚鱼也。"

【小汉】①《切口大词典·工匠类·钉碗匠之切口》:"小汉:小碗也。"②《切口大词典·衙卒类·侦探之切口》:"小汉:贼之总称也。"

【小黑】①清唐再丰《鹅幻汇编·江湖通用切口摘要》:"测字总称曰小黑。"卫大法师《江湖话·江湖上的隐语·巾行隐语》:"测字:小黑。"《切口大词典·巫卜类·测字者之切口》:"小黑:测字者之总称也。"《清门考原·各项切口》:"小黑,测字也。"金老佛《三教九流江湖秘密规矩·江湖通用切口摘要》:"测字总称曰小黑。"金老佛《三教九流江湖秘密规矩·青帮与红帮·江湖之春典》:"测字者称小黑。"②《切口大词典·

杂流类·写字人之切口》:"小黑:小字也。"

【小黑脸】《江湖丛谈·江湖之金点·评门》:"是指包公面黑而言;管《小五义》,调侃儿叫小黑脸,其中的意义与大黑脸大同小异。"

【小黑驴】 学古堂《江湖行话谱·行意行话》:"洋枪:小黑驴。"《镖行江湖隐语行话秘典》:"洋枪,为小黑驴。"

【小黑行】 学古堂《江湖行话谱·江湖行话》:"测字:小黑行。"

【小花】《切口大词典·娼妓类·台基之切口》:"小花:以巧言令色待人也。"

【小花边】《切口大词典·杂业类·米店之切口》:"小花边:角子也。"

【小花腔】 云游客《江湖丛谈·江湖之春点·天桥的卦摊》:"江湖人管八面儿,调侃叫'小花腔'。"

【小化】《切口大词典·手艺类·织补业之切口》:"小化:洞之小者。"

【小伙子】《切口大词典·娼妓类·台基之切口》:"小伙子:年轻人也。"

【小货】①《切口大词典·娼妓类·雉妓之切口》:"小货:嫖客额外赠送之银钱首饰也。"②《切口大词典·手艺类·骨牌业之切口》:"小货:牌九牌也。"

【小加三】《清门考原·各项切口》:"小加三,原烟设法认识。"

【小夹】《切口大词典·杂流类·卖馄饨者之切口》:"小夹:小弄也。"

【小家伙】《切口大词典·衙卒类·侦探之切口》:"小家伙:指所捉之盗贼,身体短小者。"

【小家生】《切口大词典·赌博类·摇宝赌之切口》:"小家生:用白发或茧壳丝隐吸盆底,开盆时,须内移或外推即可变坐骰之单双。"

【小尖子】《切口大词典·盗贼类·短截贼之切口》:"小尖子:小牛或中牛也。"

【小件】《切口大词典·武术类·搭台变戏法之切口》:"小件:变微小之物件也。"

【小脚】《切口大词典·娼妓类·长三书寓之切口》:"小脚:客住夜与妓女销魂,搞犒赏房侍之资也。"

【小脚片子】《切口大词典·工匠类·车棚匠之切口》:"小脚片子:小凿斜刀也。"

【小叫】《切口大词典·杂流类·西乐队之切

口》:"小叫:管也。"

【小叫子】《切口大词典·役夫类·驴夫之切口》:"小叫子:小驴子也。"

【小解】 宋陈元靓《事林广记·续集·绮谈市语·拾遗门》:"小遗:小解;小□。"

【小京】《切口大词典·商铺类·南货业之切口》:"小京:洋长生之小种者。"

【小开】《切口大词典·杂业类·商人共众切口》:"小开:老板之子也。"

【小空子】《切口大词典·手艺类·卖花样之切口》:"小空子:孩鞋花也。"

【小口】 ①《切口大词典·商铺类·蜜饯业之切口》:"小口:蜜渍樱桃也。"②《切口大词典·杂流类·卖水果者之切口》:"小口:樱桃也。"

【小腊灯】《切口大词典·乞丐类·乞丐之切口》:"小腊灯:凡不知好歹,不识抬举之人。"

【小郎】《切口大词典·工匠类·修缸之切口》:"小郎:铁锤也。"

【小老大】《清门考原·各项切口》:"小老大,是称本身前人长子。"

【小老斗】《梨园话》:"小老斗:讥童伶;或甫能登台者之语也。"

【小老鼠】《新刻江湖切要·盗贼类》:"毛贼:小老鼠。"《切口大词典·衙卒类·侦探之切口》:"小老鼠:毛贼也。"《切口大词典·杂业类·旅馆之切口》:"小老鼠:窃贼也。"清傅崇矩《成都通览·成都之江湖言词·盗贼类》:"毛贼:小老鼠。"

【小亮子】 卫大法师《江湖话·红帮各地通行隐语·各种行业类》:"小西洋景:小亮子。"李子峰《海底·各地通行隐语》:"小西洋景:小亮子。"

【小鳞】《切口大词典·行号类·海鱼行之切口》:"小鳞:小黄鱼也。"

【小柳】 学古堂《江湖行话谱·走江湖行话》:"小帮:小柳。"

【小绺门】 云游客《江湖丛谈·江湖之金点·小绺门》:"小绺门:是专在人群里窃取他人财物的,社会的人士叫他们为小绺。"

【小六】《切口大词典·巫卜类·六壬课之切口》:"小六:小六壬课也。"

【小龙】《切口大词典·杂业类·冶坊之切口》:"小龙:一尺九寸之锅也。"

【小锣】《切口大词典·优伶类·锣鼓之切口》:"小锣:以上四种五锤锣、一锣、两锣、三锣,为用甚广,一聆即知,无须加注。"

【小落】《切口大词典·巫卜类·道士之切口》:"小落:敷衍了事也。"

【小马立师】《切口大词典·党会类·流氓之切口》:"小马立师:角子也。"

【小满口】《切口大词典·杂流类·卖烧饼油条者之切口》:"小满口:小烧饼也。"

【小毛】《切口大词典·商铺类·押当业之切口》:"小毛:羊皮之属也。"

【小门口】 卫大法师《江湖话·安庆隐语》:"当铺:小门口。"卫大法师《江湖话·安庆隐语》:"典衣服:摆在娘舅家;小门口。"

【小明】《切口大词典·商铺类·笔墨业之切口》:"小明:胶质也。"

【小明兆】《切口大词典·商铺类·纸业之切口》:"小明兆:小粗草纸也。"

【小磨苦】《切口大词典·乞丐类·哭诉求乞之切口》:"小磨苦:小孩随母侧号泣者。"

【小抹子活】 云游客《江湖丛谈·江湖之春点·三不管的相声场儿》:"管各种小茶碗变的戏法,叫小抹子活。"

【小闹】《切口大词典·巫卜类·道士之切口》:"小闹:中钹也。"

【小年子】 云游客《江湖丛谈·江湖之春点·江湖人的旧组织(各处长春会)的领袖》:"场子围不了多少人,调侃叫小年子。"

【小娘】《切口大词典·行号类·粮食行之切口》:"小娘:同上(羊脂:糯米名)。四月种;八月熟,且不耐风。"

【小盘头】《切口大词典·工匠类·挽花匠之切口》:"小盘头:小花纹也。"

【小炮】 清张德坚等《贼情汇纂》卷五《伪军制下·隐语·太平天国隐语》:"鸟枪改称营枪,又名小炮。"

【小喷筒】《清门考原·各项切口》:"小喷筒,手枪也。"金老佛《三教九流江湖秘密规矩·青帮与红帮·红帮之领人》:"老大奉令后,乃择定一庙宇,中供祖师牌位,堂中又另设大方台一只,右供大片子(大刀)一把,左置小喷筒(手枪)一枝,正中焚起一炉香,一对烛,台口又置有线香一束,然后令各候补匪，鱼贯入内，并请有山上资格较深之各大爷，同时参预盛会，谓之赴蟠桃。"

【小片子】①《切口大词典·党会类·红帮之切口》："小片子：插刺也。"金老佛《三教九流江湖秘密规矩·青帮与红帮·红帮之问答》："甲曰：不用罢，我有小片子（插刺）在此。"②《清门考原·各项切口》："小片子，小刀也。"金老佛《三教九流江湖秘密规矩·青帮与红帮·江湖之春典》："匕首称小片子。"

【小票】《切口大词典·医药类·医生之切口》："小票：小方子也。"

【小撇子】 卫大法师《江湖话·红帮各地通行隐语·饮食用品类》："小碗：小撇子。"李子峰《海底·各地通行隐语》："小碗：小撇子。"

【小钱】《梨园话》："小钱：极少之钱也。"

【小亲口】《切口大词典·杂流类·换碗者之切口》："小亲口：杯也。"

【小青】《切口大词典·行号类·海鱼行之切口》："小青：鲜青川鱼也。"

【小青家伙】《切口大词典·工匠类·理发匠之切口》："小青家伙：扒耳朵家伙。"

【小罄】《切口大词典·杂流类·收旧货之切口》："小罄：杯也。"

【小球子】①《切口大词典·行号类·烟土行之切口》："小球子：小土也。"②《切口大词典·杂流类·卖水果者之切口》："小球子：海棠果也。"

【小人家去】《切口大词典·巫卜类·和尚之切口》："小人家去：吃肉也。"

【小如意】《切口大词典·杂流类·收卖锭灰者之切口》："小如意：具灰之小蒁篓也。"

【小洒子】《切口大词典·商铺类·顾绣业之切口》："小洒子：孩鞋也。"

【小三】《清门考原·各项切口》："小三，是徒孙之称，又曰法师。"

【小三梅】《切口大词典·医药类·药行业之切口》："小三梅：冰片也。"

【小色甜头】《切口大词典·医药类·卖药糖者之切口》："小色甜头：预做糖成长段，临时用锯成片者。"

【小衫】 宋陈元靓《事林广记·续集·绮谈市语·服饰门》："紫衫：小衫。"

【小扇子】《切口大词典·盗贼类·越墙贼之切口》："小扇子：窗门也。"

【小蛇】《切口大词典·衙卒类·缉私盐之切口》："小蛇：小票也。"

【小守子】《切口大词典·杂流类·换碗者之切口》："小守子：小厮也。"

【小水】 贝思飞《民国时期的土匪隐语》："小水：稀少的财物。"

【小水兜】《切口大词典·杂业类·老虎灶之切口》："小水兜：小锅子也。"

【小四支】《切口大词典·商铺类·香烛业之切口》："小四支：略小于大四支。"

【小汤】《切口大词典·杂业类·混堂之切口》："小汤：盆池也。"

【小桃】①《切口大词典·行号类·水果行之切口》："小桃：杏子也。"②《切口大词典·杂业类·花业之切口》："小桃：杏花也。"

【小天】《切口大词典·赌博类·抽夜糖之切口》："小天：买客也。"

【小条】《切口大词典·商铺类·杂货业之切口》："小条：黄明胶也。"

【小条子】《清门考原·各项切口》："小条子，记名牒子。"刘联珂《中国帮会三百年革命史·清门切口》："小条子：记名帖子。"

【小铁丸】《切口大词典·商铺类·南货业之切口》："小铁丸：榛子也。"

【小头】《切口大词典·杂业类·茶楼之切口》："小头：小账也。"

【小头目】 贝思飞《民国时期的土匪隐语》："小头目：副首领。"

【小歪伦】《切口大词典·役夫类·人力车夫之切口》："小歪伦：小生意也。"

【小希】《新刻江湖切要·草木百果五谷类》："粞：小希。"

【小洗】《清门考原·各项切口》："小洗，洗七窍也。"

【小先生】《切口大词典·娼妓类·长三书寓之切口》："小先生：未破瓜之妓也，北京谓之桌面儿。"

【小相公】《切口大词典·商铺类·南货业之切口》："小相公：南瓜子也。"

【小响子】《切口大词典·杂流类·西乐队之切口》："小响子：小号喇叭也。"

【小小】《清门考原·各项切口》："小小，是重孙之称，又曰老法师。"

【小星】《切口大词典·工匠类·琢玉匠之切口》："小星：帽块也。"

【小行】《切口大词典·商铺类·染色业之切口》："小行：专染梭者。"

【小行丘】《切口大词典·工匠类·染布匠之切口》："小行丘：专染小布之工人也。"

【小行司】《切口大词典·行号类·缸坛行之切口》："小行司：略小于中行司。"

【小学堂】卫大法师《江湖话·红帮各地通行隐语·建筑物类》："拘留所：小学堂。"李子峰《海底·各地通行隐语》："拘留所：小学堂。"

【小爷们】《清门考原·各项切口》："小爷们，指晚辈之称。"刘联珂《中国帮会三百年革命史·清门切口》："小爷们，指晚辈之称。"

【小翼】《切口大词典·手艺类·裱画业之切口》："小翼：小对也。"

【小元】《切口大词典·杂业类·麻油店之切口》："小元：盛麻酱之小钵也。"

【小圆】《切口大词典·杂业类·豆腐店之切口》："小圆：黄豆也。"

【小禽蛋】《切口大词典·衙卒类·侦探之切口》："小禽蛋：小人也。"

【小主】《切口大词典·赌博类·做三四之切口》："小主：成年之童子也。"

【晓】《切口大词典·行号类·棉花行之切口》："晓：四也。"

【晓丁】《切口大词典·役夫类·茶担夫之切口》："晓丁：六也。"

【晓扬】《切口大词典·党会类·流氓之切口》："晓扬：做事不成也。"

【晓衣】《切口大词典·医药类·祝由科之切门》："晓衣：神模也。"

【孝点子】卫大法师《江湖话·红帮各地通行隐语·人类一般》："徒弟：徒恩；孝点子。"李子峰《海底·各地通行隐语》："徒弟：徒星；孝点子。"

【孝角子】卫大法师《江湖话·红帮各地通行隐语·动物类》："羊：孝角子；爬山子；啃草子。"

【孝敬】《清门考原·各项切口》："孝敬，押牒之钱，又是供奉财物之谓。"刘联珂《中国帮会三百年革命史·清门切口》："孝敬，押帖钱。"

【孝郎】《切口大词典·医药类·参燕业之切口》："孝郎：四也。"

【孝幔】《切口大词典·手艺类·贯彩业之切口》："孝幔：白布帐也。"

【孝头】《切口大词典·衙卒类·侦探之切口》："孝头：当票也。"

【孝贞】《切口大词典·杂业类·酒店之切口》："孝贞：酒之上者。"

【孝子】《切口大词典·工匠类·烧盐匠之切口》："孝子：贩盐之人也。"

【孝子回心】《切口大词典·盗贼类·拐匪之切口》："孝子回心：释放也。"

【孝祖】《清门考原·各项切口》："孝祖，拜也。"刘联珂《中国帮会三百年革命史·清门切口》："孝祖，拜师也。"

【肖】学古堂《江湖行话谱·估衣行话》："一：肖。"

【肖公】卫大法师《江湖话·各行业商帮所用数目字隐语·成都通行言词·六成行（油，盐，柴，米，豆子，菜子）》："肖公：九。"

【哮老】《行院声嗽·饮食》："醋：哮老。"

【笑场】《梨园话》："笑场：伶工演戏时，与戏中情节不应笑而笑，谓之'笑场'。"

【笑橡】《新刻江湖切要·器用类》："烛：摇红子；亮子；笑橡。"

【笑果儿】李子峰《海底·各地通行隐语》："妓女：笑果儿。"卫大法师《江湖话·红帮各地通行隐语·人类一般》："妓女：笑果子。"

【笑压】《切口大词典·杂流类·卖花者之切口》："笑压：御马鞭也，根旁生花，细如豆，一条千朵，望之如雪。"

【效劳】①《新刻江湖切要·器用类》："纸马：效劳。"②清傅崇矩《成都通览·成都之江湖言词·器用类》："席，卷友；卷血铺，纸马；效劳。"

【啸天子】卫大法师《江湖话·红帮各地通行隐语·动物类》："狗：皮条子；啸天子。"

xie

【歇家】《新刻江湖切要·宫室类》："所在：碾地；乐林；落地；歇家；[增]埋轮；停骖；投辖。"

xie

【歇马】 明程万里《鼎锲徽池雅调南北官腔乐府点板曲响大明春·六院汇选江湖方语》："歇马，是住了。"

【歇子】《行院声嗽·器用》："琵琶：歇子。"

【蝎毒】《切口大词典·娼妓类·粤妓之切口》："蝎毒：骂人存心不良也。"

【蝎子扒】《切口大词典·优伶类·武行中之切口》："蝎子扒：四肢落地而行也。"

【协】《镖行江湖隐语行话秘典》："（协刘）至四十九吊，俱是协。"

【协吊】《切口大词典·商铺类·绸缎业之切口》："协吊：顶好也。"

【协甲】《镖行江湖隐语行话秘典》："协甲，乂刂十吊。"

【协刘】《镖行江湖隐语行话秘典》："协刘，乂丨十吊。"

【协品】《镖行江湖隐语行话秘典》："协品，乂刂十吊。"

【邪气】《切口大词典·乞丐类·乞丐之切口》："邪气：多也；盛也。"

【邪子】《切口大词典·杂业类·山果业之切口》："邪子：客人也。"

【挟纩】《新刻江湖切要·时令类》："小寒：挟纩。"《江湖切口要诀》（尺牍增附本）："小寒：挟纩。"《切口大词典·星相类·弹弦子算命之切口》："挟纩：小寒也。"清傅崇矩《成都通览·成都之江湖言词·时令类》："小寒：挟纩。"

【偕柳】 学古堂《江湖行话谱·瞽者行话》："九：偕柳。"

【偕消白昼】 清傅崇矩《成都通览·成都之江湖言词·人物类》："帮闲：丘八；携手观天；偕消白昼。"《新刻江湖切要·人物类》："帮闲：丘八；[广] 携手观天；偕消白昼。"《切口大词典·星相类·龟算命之切口》："偕消白昼：帮闲汉也。"

【斜】①《切口大词典·娼妓类·八大胡同妓院之切口》："斜：人之性情言语举止衣服之类，带有乡下人土气者。"②清傅崇矩《成都通览·成都之各行人买卖通用言词·六畜行言词》："斜（三）。"

【斜包】《新刻江湖切要·饮馔类》："馄饨：斜包。"清傅崇矩《成都通览·成都之江湖言词·饮馔类》："馄饨：斜包。"

【斜锋】《切口大词典·工匠类·打金箔匠之切口》："斜锋：切金箔之刀也。"

【斜胡同】《梨园话》："斜胡同：龙套及手下等斜排而立，谓之'斜胡同'，又曰'斜一字'。"《切口大词典·优伶类·场子上之切口》："斜胡同：八龙套出场，傍立，让主将出台也。"

【斜片子】《切口大词典·工匠类·车捆匠之切口》："斜片子：斜凿刀也。"

【斜手】①《新刻江湖切要·人事类》："看曰扳识；斜手；班色。"《切口大词典·星相类·量手算命之切口》："斜手：看也。"清傅崇矩《成都通览·成都之江湖言词·人事类》："看：扳识；斜手；班色。"②《切口大词典·衙卒类·地保之切口》："斜手：衙役公差也。"

【斜躺】《切口大词典·商铺类·嫁妆业之切口》："斜躺：坑闺也。"

【斜剔】《切口大词典·工匠类·刻字匠之切口》："斜剔：刻字刀也，刀锋之斜者。"

【携手观天】①《新刻江湖切要·人物类》："帮闲：丘八；[广] 携手观天；偕消白昼。"②《江湖切口要诀》（尺牍增附本）："闲汉：甲七通；[广] 高搁班史；帮闻：丘八。[广] 携手观天；偕消白昼。"③《切口大词典·医药类·摇虎撑者之切口》："携手观天：帮闲汉也。"④清傅崇矩《成都通览·成都之江湖言词·人物类》："帮闲：丘八；携手观天；偕消白昼。"

【鞋】《行院声嗽·数目》："七：星；鞋。"

【鞋草】 施列格《天地会研究·洪家口白要诀》："铁板鞋：晚兄；鞋草；草鞋。"

【写生】《切口大词典·杂流类·画家之切口》："写生：专画花卉禽兽，描写生态也。"

【写台口】 清傅崇矩《成都通览·成都之袍哥话即江湖话也》："写台口，约人谋劫人也。"

【写意】①《切口大词典·乞丐类·乞丐之切口》："写意：快乐也。"②《切口大词典·杂流类·画家之切口》："写意：随意写景物也。"

【写照】 宋陈元靓《事林广记·续集·绮谈市语·文房门》："传神：写照。"

【卸甲】《切口大词典·党会类·小瘪三之切口》："卸甲：脱衣也。"金老佛《三教九流江湖秘密规矩·青帮与红帮·江湖之春典》：

524

"脱衣称卸甲。"

【卸脸】《梨园话》:"卸脸:戏演毕时,将面上彩色洗掉,谓之'卸脸'。"[附记]净角勾脸时,所用颜色,多加桐油,故卸脸时,须用草纸蘸香油往面上擦之,始能擦落。惟擦脸时,须由上往下,若反擦之,颜色必入毛孔内,痛不可忍。

【卸披】《切口大词典·医药类·针灸郎中之切口》:"卸披:脱衣服也。"

【屑子】《切口大词典·商铺类·陆陈业之切口》:"屑子:芝麻也。"

【谢豹花】《切口大词典·杂流类·卖花者之切口》:"谢豹花:杜鹃花也,俗呼映山红。"

【谢公屐】《切口大词典·手艺类·木屐业之切口》:"谢公屐:有钉齿之木履也。"

【谢祖】卫大法师《江湖话·红帮各地通行隐语·一般人事类》:"洗手不开武差:谢祖。"李子峰《海底·各地通行隐语》:"洗手不开武差:谢祖。"

【廨舍】宋陈元靓《事林广记·续集·绮谈市语·宫殿门》:"官屋:廨舍。"

【蟹】卫大法师《江湖话·安庆隐语》:"女人:长如发;蟹。"

【蟹洞】《切口大词典·役夫类·航船夫之切口》:"蟹洞:钱囊也。"

【蟹脚】①卫大法师《江湖话·安庆隐语》:"包探手下伙计:掌手伙计;蟹脚。(侦探亦称蟹脚)。"②《切口大词典·衙卒类·侦探之切口》:"蟹脚:侦探之手下人也。"

【蟹壳花】《切口大词典·杂业类·花业之切口》:"蟹壳花:金线草也。叶圆如蟹壳,节间有红线,长尺许,性寒。"

【蟹壳黄】《切口大词典·杂流类·卖饼者之切口》:"蟹壳黄:圆小饼也。"

【蟹爪】《切口大词典·丁匠类·扎花匠之切口》:"蟹爪:菊花瓣也。"

【血】卫大法师《江湖话·安庆隐语》:"钱:血;水。(三分水,即三元钱,一寸水,即十元。五寸水,即五十元)。"《清门考原·各项切口》:"血,钱也。"《切口大词典·衙卒类·侦探之切口》:"血:铜钱也。"

【血见愁】《切口大词典·医药类·药行业之切口》:"血见愁:刀毛药也。"

【血脚子】卫大法师《江湖话·红帮各地通行隐语·动物类》:"母鸡:血脚子。"

【血旺】《切口大词典·衙卒类·侦探之切口》:"血旺:钱多也。"

xin

【心】①《新刻江湖切要·数目类》:"七为心;又辛申。"清傅崇矩《成都通览·成都之江湖言词·数目类》:"七:心;辛申。"清翟灏《通俗编·识余·市语·江湖杂流》:"江湖杂流:一留,二月,三汪,四则,五中,六人,七心,八张,九爱,十足。"②卫大法师《江湖话·各行业商帮所用数目字隐语·成都通行言词·布行》:"则:一。乃:二。心:三。梳:四。抹:五。高:六。纱:七。夯:八。垆:九。"卫大法师《江湖话·各行业商帮所用数目字隐语·成都通行言词·青果小菜行》:"启:一。拖:二。心:三。叉:四。潘:五。梭:六。才:七。喔:八。卧:九。"清傅崇矩《成都通览·成都之各行人买卖通用言词·布匹棉花线子行言词》:"心(三)。"清傅崇矩《成都通览·成都之各行人买卖通用言词·青果小菜行一切零碎买卖通用言词》:"三:心。"③卫大法师《江湖话·各行业商帮所用数目字隐语·其他·湖北》:"文:一。水:二。清:三。且:四。浅:五。行:六。人:七。心:八。志:九。远:十。"④《切口大词典·商铺类·布疋业之切口》:"心:四也。"⑤贝思飞《民国时期的土匪隐语》:"心:被勒索的受害者(广东)。"

【心腹】《切口大词典·党会类·哥老会之切口》:"心腹:大爷也,即会中之尊称。"

【心苗】《新刻江湖切要·身体类》:"舌:信心;心柔,[增]:心苗。"清傅崇矩《成都通览·成都之江湖言词·身体类》:"舌:信心;心柔;心苗。"

【心柔】《新刻江湖切要·身体类》:"舌:信心;心柔,[增]心苗。"清傅崇矩《成都通览·成都之江湖言词·身体类》:"舌:信心;心柔;心苗。"

【心上人】《切口大词典·娼妓类·茶室之切口》:"心上人:心上所恋爱者。"

【心识】清傅崇矩《成都通览·成都之袍哥话即江湖话也》："心识：言纳为门下也。"

【辛申】《新刻江湖切要·数目类》："七为心；又辛申。"《切口大词典·巫卜类·文王课之切口》："辛申：七也。"清傅崇矩《成都通览·成都之江湖言词·数目类》："七；心；辛申。"

【辛夷】《切口大词典·杂业类·花业之切口》："辛夷：木笔花也。"

【新】《切口大词典·工匠类·钉碗匠之切口》："新：碎纹少也。"

【新布衫子一件当天字钱】清傅崇矩《成都通览·成都之各行人买卖通用言词·当铺古董玉器行通用言词》："新布衫子一件当天字钱，就是六百文。"

【新出手儿】《切口大词典·娼妓类·八大胡同妓院之切口》："新出手儿：谓妓女之新出营业者。"

【新蒭】宋陈元靓《事林广记·续集·绮谈市语·饮食门》："酒：欢伯；酝物；醥酝；绿蚁；海老；新蒭。"

【新弟兄】《清门考原·各项切口》："新弟兄，赌徒引人入博场，谓其同党曰，此是新弟兄，君须善视之，其人不察，以彼等优待，熟知赌徒之谓新弟兄，即不精赌术者。"

【新丁】平山周《中国秘密社会史·三合会隐语》："隐语：三合会员与盗贼往来，有怪文以之为暗号，今略揭大要如下。公所曰红花亭，曰松柏林，新入会曰入圈，曰拜正，曰出世。集会曰开台，曰放马。会员曰香，曰洪英，曰豪杰。外人曰风，曰疯子，曰鹧鸪。新会员曰新丁。到会曰去睇戏。会中之秘书曰衫仔。会员之凭票曰腰平，曰八角招牌，曰八卦。"徐珂《清稗类钞·会党类·三合会隐语》："隐语：三合会员与盗贼往来，有怪文以之为暗号，今略揭大要如下。公所曰红花亭，曰松柏林。新入会曰入圈，曰拜正，曰出世。集会曰开台，曰放马。会员曰香，曰洪英，曰豪杰。外人曰风，曰疯子，曰鹧鸪。新会员曰新丁。到会曰去睇戏。会中之秘书曰衫仔。会员之凭票曰腰平，曰八角招牌，曰八卦。"《切口大词典·党会类·三点会之切口》："新丁：新会员也。"金老佛《三教九流江湖秘密规矩·三合会之隐语》："新会员曰新丁。"

【新丁贵人】卫大法师《江湖话·红帮各地通行隐语·人类一般》："新会员：新丁贵人。"卫大法师《江湖话·红帮闽粤及南洋各地通行隐语》："新入会者：新丁贵人。"李子峰《海底·各地通行隐语》："新会员：新丁贵人。"李子峰《海底·闽粤及南洋各地通行之隐语》："新入会者：新丁贵人。"

【新钉钯买成料扫钱】清傅崇矩《成都通览·成都之各行人买卖通用言词·收荒小生意通用言词》："新钉钯买成料扫钱，就是六十四。"

【新港木】《切口大词典·手艺类·白藤业之切口》："新港木：木藤也，木藤色暗无光，奎藤有霜锋□，□闪烁，物质广藤亦较木藤为优。"

【新光】《切口大词典·商铺类·珠宝业之切口》："新光：新产生之珠子也。"

【新贵人】《切口大词典·杂流类·掌礼者之切口》："新贵人：新郎也。"

【新皮袄一件当元罗钱】清傅崇矩《成都通览·成都之各行人买卖通用言词·成衣收荒通用言词》："新皮袄一件当元罗钱，即是二千四。"

【新人】《切口大词典·杂流类·喜婆之切口》："新人：新嫁娘也。"

【新山】《切口大词典·商铺类·玉器业之切口》："新山：玉之次者。"

【新山货】①《切口大词典·娼妓类·钉碰妓之切口》："新山货：新做妓女也。"②《切口大词典·杂流类·荐头婆之切口》："新山货：新自乡间来为人佣者。"

【新天人】《切口大词典·杂流类·掌礼者之切口》："新天人：新妇也。"

【新下城】《行院声嗽·伎艺》："行院初来：新下城。"

【新香】《切口大词典·杂业类·米店之切口》："新香：香粳米也。"

【新爷】《切口大词典·党会类·哥老会之切口》："新爷：一步登天之会员，即入会即为老大，是会中之异数，必有一长，能屈伏同辈者也。"

【新阴人】《切口大词典·巫卜类·巫婆之切口》："新阴人：事主人家之新亡人也。"

【新在玄】平山周《中国秘密社会史·哥老会隐语》："会员曰圈子，曰在玄，新会员曰新在玄。"徐珂《清稗类钞·会党类·哥老会隐语》："会员曰圈子,曰在玄,新会员曰新在玄。"

【馨】 明风月友辑《金陵六院市语》："称馨知其用饭。"

【信】 清唐再丰《鹅幻汇编·江湖通用切口摘要》："七曰信。"卫大法师《江湖话·江湖上的隐语·普通隐语》："七:信。"《切口大词典·星相类·星家之切口》："信:七也。"《清门考原·各项切口》："信,七个。"金老佛《三教九流江湖秘密规矩·日常用语》："七曰信。"

【信朝阳】 《新刻江湖切要·店铺类》："盐店:信朝阳。"《江湖切口要诀》(尺牍增附本)："盐店:信朝阳。"《切口大词典·盗贼类·对买贼之切口》："信朝阳:盐号也。"清傅崇矩《成都通览·成都之江湖言词·店铺类》："盐店:信朝阳。"

【信川】 《新刻江湖切要·生死类》："卤死:信川。"《切口大词典·星相类·拉和琴算命之切口》："信川:服盐汁而死也。"清傅崇矩《成都通览·成都之江湖言词·生死类》："卤死:信川。"

【信房】 《切口大词典·杂业类·商人共众切口》："信房:司信札之人,此惟规模稍大之商家有之。"

【信老】 ①《新刻江湖切要·饮馔类》："盐:信老;沙力;赞郎;五味。"②清傅崇矩《成都通览·成都之江湖言词·饮馔类》："盐:信老;沙力;赞郎;五味。"

【信流】 《新刻江湖切要·饮馔类》："腌肉曰信流。"清傅崇矩《成都通览·成都之江湖言词·饮馔类》："腌肉:信流。"

【信示】 卫大法师《江湖话·红帮各地通行隐语·一般人事类》："遗嘱,信示。"李子峰《海底·各地通行隐语》："遗嘱:信示。"

【信梭】 《新刻江湖切要·鸟兽虫鱼类》："腌鱼曰信梭。"

【信头】 《切口大词典·杂流类·卖花带者之切口》："信头:男买客也。"

【信心】 《新刻江湖切要·身体类》："舌:信心;心柔;[增]心苗。"《切口大词典·星相类·相家之切口》："信心:舌头也。"清傅崇矩《成都通览·成都之江湖言词·身体类》："舌:信心;心柔;心苗。"

【信圆】 《新刻江湖切要·鸟兽虫鱼类》："腌蛋:信圆。"

xing

【兴】 ①《郎中医话》："兴,是假。"②《郎中医话》："兴:七。"《江湖走镖隐语行话谱》："七:兴。"《切口大词典·商铺类·南货业之切口》："兴:七也。"③卫大法师《江湖话·各行业商帮所用数目字隐语·成都通行言词·糖行》："兴:一。么:二。咎:三。非:四。银:五。天:六。线:七。来:八。足:九。"

【兴朝阳】 《新刻江湖切要·店铺类》："典铺:兴朝阳。"《江湖切口要诀》(尺牍增附本)："典铺:兴朝阳。"《切口大词典·盗贼类·对买贼之切口》："兴朝阳:典当也。"

【兴地】 《新刻江湖切要·地理类》："湖州:兴地。"《江湖切口要诀》(尺牍增附本)："湖州:兴地。"《切口大词典·医药类·自称戏子治病者之切口》："兴地:湖州也。"清傅崇矩《成都通览·成都之江湖言词·地理类》："湖州:兴地。"

【兴地来】 《江湖走镖隐语行话谱》："发财:兴地来。"

【兴蒿子】 《切口大词典·盗贼类·剪绺贼之切口》："兴蒿子:当票也。"金老佛《三教九流江湖秘密规矩·青帮与红帮·江湖之春典》："当票称兴蒿子。"

【兴和】 《行院声嗽·通用》："假:兴和;碑记。"

【兴苏】 《郎中医话》："兴苏,是假色。"

【兴兴子】 清唐再丰《鹅幻汇编·江湖通用切口摘要》："质库中当衣物曰兴兴子。"卫大法师《江湖话·红帮各地通行隐语·各种行业类》："当物:困槽子;寄库;兴兴子。"卫大法师《江湖话·江湖上的隐语·普通隐语》："当物:兴兴子。"《清门考原·各项切口》："兴兴子,当当也。"金老佛《三教九流江湖秘密规矩·日常用语》："赁库中当衣物曰兴兴子。"李子峰《海底·各地通行隐语》："当物:困槽子;寄库;兴兴子。"

【兴洲】《郎中医话》："兴洲，是西洋景。"
【星】《行院声嗽·数目》："七：星；鞋。"卫大法师《江湖话·各行业商帮所用数目字隐语·成都通行言词·江湖通用》："星：七。"《蹴鞠图谱·圆社锦语》："星：七。"李子峰《海底·各地通行隐语》："七：星；捏子。"《镖行江湖隐语行话秘典》："春点：刘、月、王、在、中、神、星、张、爱、足。（按：分别为1至10个数字）"清傅崇矩《成都通览·成都之各行人买卖通用言词·江湖八大帮言词》："星（七）。"宋陈元靓《事林广记·续集·绮谈市语·数目门》："七：皂不白；星。"朱琳《洪门志·春典子琐记·暗数》："一，称流。二，称月。三，称汪。四，称则。五，称中。六，称神。七，称星。八，称张。九，称爱。十，称足。"
【星杜子】《切口大词典·医药类·点痣者之切口》："星杜子：点痣图也。"
【星流月】《镖行江湖隐语行话秘典》："测字算（命）的，为指星流月。"
【星沦】《切口大词典·杂流类·外执事之切口》："星沦：灯也。"
【星满】《切口大词典·医药类·点痣者之切口》："星满：痣多者。"
【星漂】《切口大词典·医药类·点痣者之切口》："星漂：痣少者。"
【星琴】①《新刻江湖切要·器用类》："戥子：星琴；衡子。"《切口大词典·杂流类·收旧货之切口》："星琴：戥子也。"清傅崇矩《成都通览·成都之江湖言词·器用类》："戥子：星琴；衡子。"②《切口大词典·星相类·量手算命之切口》："星琴：量手之尺也。"
【星翁】宋陈元靓《事林广记·续集·绮谈市语·人物门》："算命：星翁；参照。"
【星星乱】学古堂《江湖行话谱·走江湖行话》："小米粥：星星乱。"
【星星散】学古堂《江湖行话谱·走江湖行话》："小米饭：星星散。"
【星圆】《切口大词典·商铺类·玉器业之切口》："星圆：圆玉弁也。"
【星子】①《切口大词典·工匠类·印刷匠之切口》："星子：铅字也。"②《切口大词典·手艺类·秤戥业之切口》："星子：戥锤也。"③《切口大词典·医药类·点痣者之切口》："星子：痣也。"

【腥到底】云游客《江湖丛谈·江湖之金点·江湖彩门之腥棚》："江湖玩艺，有许多的真的，调侃儿叫半腥半尖。惟有净假的没有一点真的，调侃叫腥到底。"
【腥的】云游客《江湖丛谈·江湖之金点·江湖彩门之腥棚》："凡是假的，调侃就叫腥的。"
【腥卦子】云游客《江湖丛谈·江湖之春点·三不管中挑将汗的生意》："江湖人管假把式叫腥卦子。"
【腥挂子】云游客《江湖丛谈·江湖之春点·天桥内的把式场》："假把式调侃儿叫腥挂子。"云游客《江湖丛谈·江湖之金点·江湖之点挂子》："假把式叫腥挂子。"
【腥门】云游客《江湖丛谈·江湖之春点》："腥门，即是前说过的十三道簧。"
【腥棚】云游客《江湖丛谈·江湖之春点·江湖艺人传：去平留津的大金牙》："管弄个布棚圈儿，里边有三条腿的大姑娘、六条腿的牛，调侃叫腥棚。"云游客《江湖丛谈·江湖之金点·彩门》："什么人头蜘蛛啦，人头讲话啦，山精海怪啦，统称为腥棚。"云游客《江湖丛谈·江湖之金点·江湖彩门之腥棚》："江湖上管以上这些玩艺（假的），调侃儿叫腥棚。"云游客《江湖丛谈·江湖之金点·江湖的海青腿儿》："腥棚（江湖人管弄那三条腿的大狼、六条腿的牛，调侃儿叫腥棚）。"
【刑堂】《切口大词典·党会类·哥老会之切口》："刑堂：会员中之第五首领也，称为刑堂西阁大爷。"
【行】①卫大法师《江湖话·各行业商帮所用数目字隐语·其他·湖北》："文：一。水：二。清：三。且：四。浅：五。行：六。人：七。心：八。志：九。远：十。"②《切口大词典·优伶类·角行之切口》："行：习某艺，谓之某行如生旦行武行之类。"
【行包】《切口大词典·商铺类·封套业之切口》："行包：小信封也。"
【行衬】《切口大词典·手艺类·裱画业之切口》："行衬：裱工之次者。"
【行道】①卫大法师《江湖话·安庆隐语》："行路命相：行道。"②《切口大词典·盗贼类·剪绺贼之切口》："行道：彼辈之行窃谓之行道。"③《切口大词典·手艺类·卖弹弓之切口》："行道：生意也。"④《切口大词典·医药类·烧香朝山卖药者之切口》："行道：看病也。"

【行贩】《切口大词典·杂流类·收卖锭灰者之切口》："行贩：寻常之收灰者，或受雇于帮头者。"

【行褂子】《切口大词典·役夫类·人力车夫之切口》："行褂子：号衣也。"

【行光】《切口大词典·手艺类·灯笼业之切口》："行光：比香元略小。"

【行裹去】卫大法师《江湖话·安庆隐语》："巡捕房去：行裹去。"

【行幞】《新刻江湖切要·医药类》："走卖药：跳皮；[改] 行幞。"《切口大词典·医药类·医生之切口》："行幞：走卖药者。"清傅崇矩《成都通览·成都之江湖言词·医药类》："走卖药：跳皮；行幞。"

【行见礼】《切口大词典·衙卒类·侦探之切口》："行见礼：盗拒捕也。"

【行脚】《切口大词典·杂流类·卖白糖粥者之切口》："行脚：卖白糖粥之担也。"

【行捻】《切口大词典·盗贼类·掘壁贼之切口》："行捻：贼在途相遇遂结伙行窃也。"

【行水】贝思飞《民国时期的土匪隐语》："行水：保护金（广东）。"

【行头】《梨园话》："行头：剧中所穿之衣服，谓之'行头'。[附记] 齐如山曰，'中国戏剧之衣服，名曰行头。其规定异常简约，乃斟酌唐宋元明数朝衣服之样式而成者。故剧中无论何等人穿何种衣服，均有特别规定。不分朝代，不分地域，不分时代，均照此穿之。如文官朝会大礼时，则穿蟒，平时治公会客则穿帔，燕居时，则穿褶子，武官点兵阅操则穿靠。有大典礼时，亦加穿蟒。平时治公，则穿开氅。宴私随便之时，亦穿褶子；武士，则穿打衣裤袄。'按：剧中行头名目尚伙。然最要者，大致不外以上数种。惟其颜色则定律颇严，所谓'十蟒十靠''正五色''间五色'。红绿黄白黑，正五色也。紫粉蓝湖绛，间五色也。如正真人穿红色，有德人穿绿色，皇帝穿黄色，粗莽人穿黑色，少年人穿白色。其余间色，则为便服，又有杏黄色香黄二种。则老旧功臣及王公等穿之。女子所穿，除蟒帔褶子外，只多宫衣一件，及下身多系一件裙子耳。故'行头'一项，乍着似种类极多，其实原则上极简约。其余各种虽名目不少，然大致皆有此数种变化而出。虽名目花样稍有不同，实质殊无大分别也。"

【行窝】《切口大词典·娼妓类·茶室之切口》："行窝：旅馆也。"

【行戏】《梨园话》："行戏：约演日戏，谓之'行戏'。[附记] 五行八作于祭神宴会时，欲求热闹，而图省钱，必预先约请科班童伶演唱日戏，此即谓之'行戏'也。"

【行香】①《切口大词典·娼妓类·雉妓之切口》："行香：日落后至热闹马路，兜圈子，得客相随俱归之雉妓也。"②卫大法师《江湖话·红帮各地通行隐语·人类一般》："和尚：行香，花斑子，念三。"李子峰《海底·各地通行隐语》："和尚：行香；花班子；念三。"

【形儿】《梨园话》："形儿：剧中之假禽兽也。[附记] 剧中最忌以真物上台，今虽破例，而飞禽走兽等，仍摹其形以求毕肖。故剧中凡有禽兽者，多扮一形儿上场也。形儿制法，其首多用硬纸，仿诸野兽之首，加以颜色。样式与市井小儿游戏中，所戴之'大秃和尚渡柳翠'等假面具略同。惟其下则连系以布袋，作为下身，四足具备，如剧中需用时，以一人套入其中，爬而行之，与真兽无异。吾每往后台参观，即听有'……扮一形儿去'之语，即此物也。"

【醒酒】《切口大词典·杂流类·卖花者之切口》："醒酒：牡丹花也。"

【醒客梦】《切口大词典·杂业类·铁器店之切口》："醒客梦：钟也。"

【醒攒】云游客《江湖丛谈·江湖之春点·挂子行中的支杆挂子》："江湖人管心里明白了，调侃叫醒攒。"云游客《江湖丛谈·江湖之金点·彩门》："醒悟过来。"云游客《江湖丛谈·江湖之春点·江湖艺人孙宝善》："被骗的人明白了，调侃叫醒攒了。"

【杏脯】《切口大词典·商铺类·蜜饯业之切口》："杏脯：杏子干也。"

【杏花雨】《新刻江湖切要·天文类》："雾：迷津；[广] 天；隔面；杏花雨；如烟；疑

霖；迷离；[广]起雾为披迷；又曰排烟帐。"《江湖切口要诀》(尺牍增附本)："雾：迷津；[广]夭；隔面；杏花雨；如烟；疑霖。[广]迷离。起雾为披迷，又曰排烟帐。"《切口大词典·巫卜类·席地测字者之切口》："杏花雨；雾也。"清傅崇矩《成都通览·成都之江湖言词·天文类》："雾：迷津；隔面；杏花雨；如烟；疑霖；迷离。起雾为披迷，又曰排烟帐。"

【杏树】 明风月友《金陵六院市语》："银子则曰杏树。"

【性急】《切口大词典·杂流类·卖花者之切口》："性急：凤仙花也。"

【性索】《行院声嗽·人事》："知道：性索。"

xiong

【凶风菜】《新刻江湖切要·鸟兽虫鱼类》："狼：凶风菜。"

【凶骨】 明风月友辑《金陵六院市语》："凶骨者，鼻也。"

【凶侎】 明佚名《行院声嗽·人物》："回回：凶侎。"

【凶平】《切口大词典·商铺类·丝经业之切口》："凶平：恶也。"

【兄弟伙】 清傅崇矩《成都通览·成都之袍哥话即江湖话也》："兄弟伙，侄辈伙。"

【莒】 清翟灏《通俗编·识余·市语·药行》："药行：一羌，二独，三前，四柴，五梗，六参，七苓，八壳，九草，十莒。"

【雄西】 明程万里《鼎镌徽池雅调南北官腔乐府点板曲响大明春·六院汇选江湖方语》："雄西，乃表子也。"

【雄哉】 宋陈元靓《事林广记·续集·绮谈市语·拾遗门》："大：雄哉；灰作。"

xiu

【修道运】 ①《切口大词典·党会类·青帮之切口》："修道运：小开既得上言之利，自将家中资财，尽囊而出，谓之修道运。" ②《清门考原·各项切口》："修道运，又曰初出头初出世，作事很好也。"

【修狗洞】《切口大词典·党会类·小瘪三之切口》："修狗洞：结枝杨也。"

【修镴盖】《切口大词典·党会类·流氓之切口》："修镴盖：调和奸情也。"

【修敬】《切口大词典·杂流类·私塾先生之切口》："修敬：学费也。"

【修路的砌墙的朋友】 卫大法师《江湖话·安庆隐语》："麻将师：修路的砌墙的朋友。"

【修踢土】《新刻江湖切要·人事类》："剔脚为裁皮；又曰瓜皮；又为修踢土。"清傅崇矩《成都通览·成都之江湖言词·人事类》："剔脚：裁皮；瓜皮；修踢土。"

【羞线】《切口大词典·盗贼类·越墙贼之切口》："羞线：言被人追捉而仍逃脱也。"

【朽丘】《新刻江湖切要·工匠类》："泥水匠：土伦；[增]壬戌通，又朽丘。"清傅崇矩《成都通览·成都之江湖言词·工匠类》："泥水匠：壬伦；壬戌通；朽丘。"

【秀】 ①《行院声嗽·通用》："细：秀。" ②清翟灏《通俗编·识余·市语·道家星卜》："道家星卜：一太，二大，三蒙，四全，五假，六真，七秀，八双全，九渊。"

【秀才】《切口大词典·商铺类·山货业之切口》："秀才：青梅子也。"

【秀才果】《切口大词典·行号类·炒货行之切口》："秀才果：盐渍豆也。"

【嗅老】 ①《行院声嗽·身体》："鼻：嗅老。" ②宋陈元靓《事林广记·续集·绮谈市语·身体门》："鼻：玉颢；嗅老。"

【岫云】《切口大词典·行号类·咸货行之切口》："岫云：海蜇也。"

【袖箭】《切口大词典·赌博类·牌九赌之切口》："袖箭：预藏一牌于袖中，用时出之，至洗牌仍须掉回原牌。"

【袖里麻撒】 ①学古堂《江湖行话谱·保镖护院行话概略》："袖里麻撒：胡同有人。"《镖行江湖隐语行话秘典》："胡衕有人，袖里麻撒。" ②《镖行江湖隐语行话秘典》："说起五更，出店，见胡衕，为袖里麻撒。"

【袖头笼】《切口大词典·医药类·自称戏子治病者之切口》："袖头笼：猫包也。"

【袖头子】 清唐再丰《鹅幻汇编·江湖通用切口摘要》："猫曰袖头子。"卫大法师《江湖话·江湖上的隐语·普通隐语》："猫：袖头子。"金老佛《三教九流江湖秘密规矩·日常用语》："猫曰袖头子。"

【袖子】《江湖走镖隐语行话谱》："胡同：袖子［之］。"

【绣】《切口大词典·商铺类·另剪业之切口》："绣：九也。"

【绣花枕头】《梨园话》："绣花枕头：与'象牙饭桶'同。"

【绣披】《切口大词典·手艺类·贳彩业之切口》："绣披：新嫁娘所穿之衣也。"

【绣线】《切口大词典·商铺类·丝线业之切口》："龙洒：绣花绒线也。俗呼绣线。"

【绣鞋尖】《切口大词典·商铺类·南货业之切口》："绣鞋尖：乌笋干也。"

【绣子】李子峰《海底·各地通行隐语》："房间：叠窑；绣子。"

xu

【戌川】《切口大词典·星相类·拉和琴算命之切口》："戌川：犬咬而死也。"

【戌儿】《行院声嗽·鸟兽》："狗：戌儿。"

【戌老】《新刻江湖切要·鸟兽虫鱼类》："犬：州官；戌老；巡攘。"

【戌月】《新刻江湖切要·时令类》："九（月）：戌月。"

【盱阵】《切口大词典·党会类·红帮之切口》："盱阵：看脚路也。"金老佛《三教九流江湖秘密规矩·青帮与红帮·红帮之问答》："日来水蛤蟆（水警之类）狠多，不如到南坎（村）去盱阵（察看道路），看清地图（即出入门径），觅定壮猪（即事主），好在南坎离圈子（县城）恨远，并无风头之患。"金老佛《三教九流江湖秘密规矩·青帮与红帮·江湖之春典》："看脚路称盱阵。"

【胥徒】宋陈元靓《事林广记·续集·绮谈市语·人物门》："公人：胥徒；贡八。"

【虚笼子】《江湖走镖隐语行话谱》："衙役：虚笼子。"

【须子症】《兽医串雅杂钞》："须子症，即假鼻湿。但真鼻湿，毛焦。"

【徐】《切口大词典·工匠类·成衣匠之切口》："徐：七也。"

【徐大老爷】《切口大词典·娼妓类·长三书寓之切口》："徐大老爷：骂人之词，即鬼也。"

【许】①卫大法师《江湖话·各行业商帮所用数目字隐语·重庆通行言词·买猪》：又名猪肉为'大'，即问'这大多少钱一斤'？则回答；若问'这猪肉多少钱一斤'？则不回答你。高：一。明：二。韩：三。苏：四。大：五。雍：六。草：七。梅：八。湾：九。高：十。许：一。欠：二。川：三。义：四。土：五。告：六。照：七。毛：八。求：九。许：十。此二十个字互用，如'许许'为'十一'，'欠欠'为'二十二'，'韩韩'为'三十三'，'苏苏'为'四十四'，'土土'为'五十五'，'雍雍'为'六十六'，'草草'为'七十七'，'毛毛'为'八十八'，'湾湾'为'九十九'。而'十一'不能称'高高'，'八十八'不能称'梅梅'。又如'高明'为'十二'，'高韩'为'十三'，'高苏'为'十四'，'高大'为'十五'，'高雍'为'十六'，'高草'为'十七'，而'高梅'不能为'十八'，要用'许毛'为'十八'，'高湾'为'十九'。又如'欠许'为'二十一'，'韩许'为'三十一'，'入许'为'五十一'，'雍许'为'六十一'，'毛许'为'八十一'，'湾许'为'九十一'。而'明韩'为'二十三'。'韩明'为'三十二'，'土明'为'五十二'，'雍明'为'六十二'等。整数语尾加'老'字，如'高老'为'一百'等。在鼎街古董铺，则用二个字，如'高少'为'一千五百元'，或'一万五千元'，少有用三个字的，如遇三个数目，则尾数用普通数目，如'十五万五千元'，而荒货担子可说到三个字。因此，数目言词非精通常用不可。"卫大法师《江湖话·各行业商帮所用数目字隐语·重庆通行言词·古董，旧五金，估衣，改裁，荒担，经纪，过活，旧棉絮（重庆教场口，鼎新街，估衣街，关津巷通用）》："高：一。明：二。韩：三。苏：四。大：五。雍：六。草：七。梅：八。湾：九。高：十。许：一。欠：二。川：三。义：四。土：五。告：六。照：七。毛：八。求：九。许：十。清傅崇矩《成都通览·成都之各行人买卖通用言词·丝锦绸缎布帛花行通用言词》："一，许。"②《切口大词典·商铺类·银楼业之切口》："许：四也。"③《切口大词典·杂业类·米店之切口》："许：七也。"

【旭】《切口大词典·手艺类·席子业之切口》："旭：九也。"《切口大词典·行号类·猪行之切口》："旭：九也。"清傅崇矩《成都通览·成都之各行人买卖通用言词·成衣收荒通用言词》："九：旭。"

【酗头】《切口大词典·杂业类·点心铺之切口》："酗头：酒醢也。"

【绪挡苗绪子】学古堂《江湖行话谱·行话管见》："芫荽叫绪挡苗绪子。"

【续断】《江湖切口要诀》（尺牍增附本）："桥：撑江。[广]水带；续断；接引生。"《切口大词典·医药类·自称戏子治病者之切口》："续断：桥也。"

xuan

【轩】清翟灏《通俗编·识余·市语·故衣铺》："故衣铺：一大，二土，三田，四东，五里，六春，七轩，八书，九籍。"

【宣】《行院声嗽·数目》："四：宣；姐。"《蹴鞠图谱·圆社锦语》："宣：四。"

【宣赁子】《江湖走镖隐语行话谱》："茶壶：宣赁子。"

【宣水子】《切口大词典·盗贼类·短截贼之切口》："宣水子：钱也。"

【宣子症】《兽医串雅杂钞》："宣子症：抹在某处肿，咱要抹牲口，或偏次上，或肚子底下，亦可。但真黄病，皮不破。此症，过一两宿，肉皮皆破。用新汲凉水二担，用针散[音sàn]三五十下，一齐流血，用凉水洗之。或令他家牵入河中洗之。先灌黄芩面，后涂雄黄散。连灌三副，洗五六天，散三四回，即愈。"

【喧老】《新刻江湖切要·饮馔类》："酒：山；又山香；又酝绿；山老；喧老。"清傅崇矩《成都通览·成都之江湖言词·饮馔类》："酒：山；山香，又酝绿；山老；喧老。"

【玄】《新刻江湖切要·地理类》："后：玄。"《江湖切口要诀》（尺牍增附本）："后：玄。"清傅崇矩《成都通览·成都之江湖言词·地理类》："后：玄。"

【玄冰】《切口大词典·盗贼类·杆匪之切口》："玄冰：向北方走也。"

【玄寸】《切口大词典·手艺类·扇子业之切口》："玄寸：乌纸扇也。"

【玄点】《郎中医话》："玄点：是亡八。"学古堂《江湖行话谱·行意行话》："王八，为玄点。"

【玄风子】卫大法师《江湖话·红帮各地通行隐语·其他用具对象类》："荷包：玄风子。"

【玄门】明程万里《鼎锲徽池雅调南北官腔乐府点板曲响大明春·六院汇选江湖方语》："玄门，乃修养人。"

【玄壤朝阳】《新刻江湖切要·店铺类》："墨店：[增]玄壤朝阳，黑土也。"《切口大词典·盗贼类·对买贼之切口》："玄壤朝阳：墨店也。"清傅崇矩《成都通览·成都之江湖言词·店铺类》："墨店：玄壤朝阳。"

【玄武川】《新刻江湖切要·生死类》："水死：龙川；冷川；玄武川。"清傅崇矩《成都通览·成都之江湖言词·生死类》："水死：龙川；冷川；玄武川。"

【玄武麻撒】学古堂《江湖行话谱·保镖护院行话概略》："玄武麻撒：见注。"

【玄武马撒】清末民初佚名《镖行江湖隐语行话秘典》："窑为玄武马撒。"

【玄戊子】《切口大词典·医药类·摆草药摊之切口》："玄戊子：地黄也。治男子五劳七是伤女子伤胞下血去胃中宿食。"

【玄锡】《新刻江湖切要·珍宝类》："铅称为玄锡。"

【玄殃子】学古堂《江湖行话谱·行意行话》："王八旦，为玄殃子。"

【悬梁子】云游客《江湖丛谈·江湖之金点·》："生意人管桥，调侃儿叫悬梁子。"

【悬亮子】①李子峰《海底·各地通行隐语》："星：悬亮子。"②云游客《江湖丛谈·江湖之春点》："管桥叫'悬亮子'。"

【悬胸】《切口大词典·商铺类·古董业之切口》："悬胸：朝珠子。"

【旋道】《蹴鞠图谱·圆社锦语》："旋道：眼。"
【旋罗】《郎中医话》："旋罗，是饼。"
【旋热】宋陈元靓《事林广记·续集·绮谈市语·饮食门》："鲊：旋热；糁狂。"
【旋蒸】宋陈元靓《事林广记·续集·绮谈市语·饮食门》："糕：旋蒸。"
【旋子】①卫大法师《江湖话·安庆隐语》："面巾：旋子。"②《切口大词典·优伶类·武行中之切口》："旋子：横身圆转悬空之筋斗也。"
【旋子儿】《切口大词典·杂流类·卖烧饼油条者之切口》："旋子儿：油三支也。"
【渲老】《行院声嗽·饮食》："茶：渲老。"

xue

【靴包箱】《梨园话》："靴包箱：三衣箱也。[附记]凡剧中所需用之胖袄、水衣垫片、青袍、卒挂、女跷龙套……等，皆属于靴包箱者。"
【靴兄靴弟】《切口大词典·娼妓类·八大胡同妓院之切口》："靴兄靴弟：同靴之人也。"
【靴子】《切口大词典·娼妓类·八大胡同妓院之切口》："靴子：数客同识一妓，或数妓同识一客彼此皆以靴子相称。"
【楦头】《切口大词典·工匠类·做帽匠之切口》："楦头：帽块也。"
【穴川】《新刻江湖切要·生死类》："井死：穴川；窟川。"《切口大词典·星相类·拉和琴算命之切口》："穴川：井溺死也。"清傅崇矩《成都通览·成都之江湖言词·生死类》："井死：穴川；窟川。"
【穴罗】①《镖行江湖隐语行话秘典》："袍子，为穴罗。"②学古堂《江湖行话谱·保镖护院行话概略》："饼为穴罗。"③学古堂《江湖行话谱·行意行话》："角子，为穴罗。"
【穴锣】《镖行江湖隐语行话秘典》："饼，为穴锣。"
【穴上】《切口大词典·衙卒类·缉私盐之切口》："穴上：装好私盐也。"
【学】施列格《天地会研究·洪家口白要诀》："学，衫。"
【学士】清翟灏《通俗编·识余·市语·优伶》："优伶：一江风，二郎神，三学士，四朝元，五供养，六幺令，七娘子，八甘州，九菊花，十段锦。"
【学细】《切口大词典·商铺类·绸缎业之切口》："学细：小也。"
【雪白】《江湖切口要诀》（尺牍增附本）："小雪：雪白。"
【雪里栋】《切口大词典·行号类·粮食行之切口》："雪里栋：粒大，色白，杆软，而有芒者。"
【雪毫子】卫大法师《江湖话·红帮各地通行隐语·人类一般》："白发：雪毫子。"李子峰《海底·各地通行隐语》："白发：雪毫子。"
【雪花汉】《江湖丛谈·江湖之金点·调门》："管白面，调侃叫做雪花汉。"
【雪花苗文】《江湖走镖隐语行话谱》："白菜：雪花苗文。"
【雪梅墩】《切口大词典·医药类·药行业之切口》："雪梅墩：荼蘼花也。"
【雪钳】《切口大词典·工匠类·外国成衣匠之切口》："雪钳：剪刀也。"
【雪团圞】《切口大词典·杂业类·花业之切口》："雪团圞：绣球花也。"
【雪希】《新刻江湖切要·草木百果五谷类》："白米：雪希。"
【雪珠】清傅崇矩《成都通览·成都之江湖言词·天文类》："雪珠为集先，落雪为摆飞。又为排六。"

xun

【勋汉】《清门考原·各项切口》："勋汉，煮饭也。"
【勋桶子】清佚名《郎中医话》："勋桶子，是靴子。"
【勋筒】《清门考原·各项切口》："勋筒，烟枪也。"
【熏】卫大法师《江湖话·红帮各地通行隐语·饮食用品类》："吸鸦片：靠熏；熏；香云。"
【熏答】《行院声嗽·通用》："臭：熏答。"

【熏的】卫大法师《江湖话·红帮各地通行隐语·一般人事类》:"虚假;黄的;熏的。"李子峰《海底·各地通行隐语》:"虚假:黄的;熏的。"

【熏兜子】《切口大词典·盗贼类·铳手之切口》:"熏兜子:香炉也。"

【熏斗子】卫大法师《江湖话·红帮各地通行隐语·居住用品类》:"香:熏斗子。"

【熏杆子】卫大法师《江湖话·红帮各地通行隐语·饮食用品类》:"烟枪:熏筒子;熏杆子。"《切口大词典·党会类·红帮之切口》:"熏杆子:烟枪也。"《清门考原·各项切口》:"熏杆子,烟枪也。"

【熏管子】《家里宝鉴·隐语》:"吃阿片曰'咬云,熏管子'。"平山周《中国秘密社会史·哥老会隐语》:"鸦片曰熏老,吃鸦片曰靠熏,鸦片管曰熏管子。"徐珂《清稗类钞·会党类·哥老会隐语》:"鸦片曰熏老,吃鸦片曰靠熏,鸦片管曰熏管子。"

【熏汉】清唐再丰《鹅幻汇编·江湖通用切口摘要》:"煮饭曰熏汉。"《切口大词典·医药类·祝由科之切口》:"熏汉:煮饭也。"

【熏火腿】《切口大词典·盗贼类·铳手之切口》:"熏火腿:水烟袋也。"

【熏货】《切口大词典·杂流类·卖买古董者之切口》:"熏货:新物改作古物也。"

【熏口子】《切口大词典·杂业类·茶楼之切口》:"熏口子:水烟也。"

【熏老】《家里宝鉴·隐语》:"阿片曰'云游,熏老'。"平山周《中国秘密社会史·哥老会隐语》:"鸦片曰熏老,吃鸦片曰靠熏,鸦片管曰熏管子。"徐珂《清稗类钞·会党类·哥老会隐语》:"鸦片曰熏老,吃鸦片曰靠熏,鸦片管曰熏管子。"

【熏老子】卫大法师《江湖话·红帮各地通行隐语·饮食用品类》:"烟土:熏老子;生姜子;黑泥块子。"

【熏流利用】《切口大词典·巫卜类·道士之切口》:"熏流利用:香烟也。"

【熏天】《切口大词典·巫卜类·道士之切口》:"熏天:香火也。"

【熏条】①《切口大词典·衙卒类·侦探之切口》:"熏条:香烟也。"②《切口大词典·医药类·烧香朝山卖药者之切口》:"熏条:香也。"③《切口大词典·杂流类·卖水烟者之切口》:"熏条:纸吹也。"

【熏条子】《切口大词典·衙卒类·侦探之切口》:"熏条子:吃香烟也。"

【熏筒】《切口大词典·医药类·针灸郎中之切口》:"熏筒:竹筒也。"

【熏筒儿】云游客《江湖丛谈·江湖之春点》:"管袜子叫'熏筒儿'。"

【熏筒子】①清唐再丰《鹅幻汇编·江湖通用切口摘要》:"烟筒曰熏筒子。"②卫大法师《江湖话·红帮各地通行隐语·饮食用品类》:"烟枪:熏筒子;熏杆子。"③卫大法师《江湖话·江湖上的隐语·普通隐语》:"烟袋:熏筒子。"

【熏修】《新刻江湖切要·僧道类》:"香火道士:熏修。"清傅崇矩《成都通览·成都之江湖言词·僧道类》:"香火道士:熏修。"

【熏子】《行院声嗽·衣服》:"胭脂:熏子。"

【薰】①《切口大词典·医药类·参燕业之切口》:"薰:二也。"②李子峰《海底·各地通行隐语》:"吸鸦片:靠薰;薰;吞云。"

【薰虫】《新刻江湖切要·鸟兽虫鱼类》:"蟑螂:薰虫。"

【薰葱】《新刻江湖切要·文具类》:"烟筒:薰葱;骰子:撒掷;古董:染肯。"

【薰道朝阳】《切口大词典·盗贼类·对买贼之切口》:"薰道朝阳:烟店也。"

【薰斗子】李子峰《海底·各地通行隐语》:"香:薰斗子。"

【薰杆】《切口大词典·盗贼类·短截贼之切口》:"薰杆:烟袋也。"

【薰杆子】①金老佛《三教九流江湖秘密规矩·青帮与红帮·江湖之春典》:"吃大烟称薰杆子。"②李子峰《海底·各地通行隐语》:"烟枪:薰筒子;薰杆子。"

【薰条】卫大法师《江湖话·安庆隐语》:"烟:薰条。"

【薰通朝阳】《新刻江湖切要·店铺类》:"烟店:薰通朝阳。"清傅崇矩《成都通览·成都之江湖言词·店铺类》:"烟店:薰通朝阳。"

【薰桶】《江湖走镖隐语行话谱》:"袜子:薰桶;蹬土。"

【薰筒子】李子峰《海底·各地通行隐语》:

"烟枪：薰筒子；薰杆子。"

【薰腿筒】《切口大词典·衙卒类·狱卒之切口》："薰腿筒：炙红铁钳，刺其两股也。"

【薰子】清傅崇矩《成都通览·成都之江湖言词·饮馔类》："烟：薰子；卫风；烧老。"

【燻】金老佛《三教九流江湖秘密规矩·青帮与红帮·红帮之问答》："乙曰：去受燻（洋烟）。"

【燻杆子】金老佛《三教九流江湖秘密规矩·青帮与红帮·红帮之问答》："乙曰：燻杆子（烟枪）适不在家。"

【燻汉】金老佛《三教九流江湖秘密规矩·日常用语》："煮饭曰燻汉。"

【燻同子】金老佛《三教九流江湖秘密规矩·日常用语》："烟筒曰燻同子。"

【寻】《切口大词典·党会类·红帮之切口》："寻：偷也。"贝思飞《民国时期的土匪隐语》："寻：抢劫或盗窃。"金老佛《三教九流江湖秘密规矩·青帮与红帮·江湖之春典》："偷物称寻。"

【寻把】《切口大词典·衙卒类·警士之切口》："寻把：私勒规费也。"

【寻霸】《切口大词典·党会类·流氓之切口》："寻霸：专不取义之财也。"

【寻伴子】《切口大词典·乞丐类·手本讨钱之切口》："寻伴子：假言逃离被灾者。"

【寻春使者】《新刻江湖切要·官职类》："探花：蜂蝶友；寻春使者。"

【寻风】清唐再丰《鹅幻汇编·江湖通用切口摘要》："用副相者曰寻风。"《切口大词典·星相类·相家之切口》："寻风：副相也。副相者，将通而未精，即为人助手。"

【寻风者】卫大法师《江湖话·江湖上的隐语·巾行隐语》："用副相：寻风者。"《清门考原·各项切口》："寻风者，用副相，即另用一人作引诱之谓也。"金老佛《三教九流江湖秘密规矩·江湖通用切口》："用副相曰寻风者。"

【寻口霸】《切口大词典·党会类·青帮之切口》："寻口霸：摸袋贼也。"

【寻觅】金老佛《三教九流江湖秘密规矩·青帮与红帮·红帮之问答》："于是两匪又到轮船寻觅（偷）生意，其本领能将底子上客人之匣子（箱子）百结（铺盖）篷锁（衣饰）等，如大魔术家之演戏法，一转瞬间，即入二人掌握。"

【寻身子】《切口大词典·役夫类·人力车夫之切口》："寻身子：兜生意也。"

【寻生路】《切口大词典·衙卒类·缉私盐之切口》："寻生路：改岸也。"

【寻食吃】《切口大词典·衙卒类·厘卡之切口》："寻食吃：密查也。"

【寻头】《切口大词典·医药类·僧人卖药之切口》："寻头：抖卖买也。"

【巡查】《切口大词典·党会类·哥老会之切口》："巡查：八爷也。"

【巡风】贝思飞《民国时期的土匪隐语》："巡风：密探。"

【巡孤】《新刻江湖切要·官职类》："抚院：巡孤；[广]临孤；古二。"

【巡冷子】贝思飞《民国时期的土匪隐语》："巡冷子：警戒。"

【巡犬】《切口大词典·衙卒类·侦探之切口》："巡犬：军探也。"

【巡攘】《新刻江湖切要·鸟兽虫鱼类》："犬：州官；戌老；巡攘。"

【询家】云游客《江湖丛谈·江湖之春点·三不管的评书场儿》："管听书的人们调侃叫询家。"

【询局】云游客《江湖丛谈·江湖之金点·评门》："江湖人管听玩艺的人们，调侃儿叫询局。"云游客《江湖丛谈·江湖之春点·天桥茶馆各有不同》："听玩艺人的人，江湖调侃儿叫询局的。"云游客《江湖丛谈·江湖之金点·艺人传·鼓界之白云鹏》："听曲的人，调侃儿叫询局的。"

【循罗】学古堂《江湖行话谱·行意行话》："袍子，为循罗。"

【训】清唐再丰《鹅幻汇编·江湖通用切口摘要》："人来责我曰训。"卫大法师《江湖话·江湖上的隐语·普通隐语》："人来责我：训。"《切口大词典·医药类·施药郎中之切口》："训：人来责我也。"《清门考原·各项切口》："训，相责也。"金老佛《三教九流江湖秘密规矩·日常用语》："人来责我曰训。"

【巽二】宋陈元靓《事林广记·续集·绮谈市语·天地门》："风：入令；巽二。"

【巽方太岁】清傅崇矩《成都通览·成都之江

湖言词·疾病类》："疯子：巽方太岁；摊延年。"

【巽羽】 宋陈元靓《事林广记·续集·绮谈市语·飞禽门》："鸡：司晨；五德；家鸡；巽羽。"

Y

ya

【丫鬟】 ①卫大法师《江湖话·红帮闽粤及南洋各地通行隐语》："鱼：丫鬟。"②李子峰《海底·各地通行隐语》："咸鱼：咸筝；丫鬟。"李子峰《海底·闽粤及南洋各地通行之隐语》："咸鱼：丫鬟。"平山周《中国秘密社会史·三合会隐语》："发曰青丝。豚曰毛瓜。豚肉曰白瓜已燔之豚肉曰金瓜，曰红瓜。牛肉曰大菜，盐牛肉曰一把菜。狗曰蚊。鱼曰穿浪，曰摆尾，盐鱼曰咸筝，曰丫鬟。米曰沙，煮饭曰打沙，吃饭曰耕沙。鸦片曰云游，吃鸦片曰咬云。茶曰青莲。水曰三河。油曰洪顺。茶碗曰莲蕊。酒杯曰莲米。"卫大法师《江湖话·红帮各地通行隐语·饮食用品类》："鹾鱼：战争；丫鬟。"金老佛《三教九流江湖秘密规矩·三合会之隐语》："盐鱼曰咸筝，曰丫鬟。"

【丫头巾】 《切口大词典·医药类·祝由科之切口》："丫头巾：道帽也。"

【压寸头】 《切口大词典·乞丐类·捉蛇乞丐之切口》："压寸头：旱烟管也。"

【压黛】 《切口大词典·商铺类·银楼业之切口》："压黛：钗也。"

【压到子】 卫大法师《江湖话·红帮各地通行隐语·人身各物类》："交媾：压到子；跨合子；拿攀。"李子峰《海底·各地通行隐语》："交媾：压到子；跨合子；拿攀。"

【压点】 云游客《江湖丛谈·江湖之春点·汉门的丁香座子》："管势派镇得人，调侃叫压点。"云游客《江湖丛谈·江湖之春点·三不管中挑将汗的生意》："江湖人如若长得相貌好，气度惊人，调侃叫压点。"

【压发】 《切口大词典·商铺类·押当业之切口》："压发：簪也。"

【压风】 《切口大词典·商铺类·衣庄业之切口》："压风：袍子也。"

【压鬼子】 学古堂《江湖行话谱·走江湖行话》："骑驴子：压鬼子。"

【压花窑】 学古堂《江湖行话谱·走江湖行话》："嫖娟：压花窑。"

【压架】 《切口大词典·杂业类·豆腐店之切口》："压架：榨床也。"

【压街】 学古堂《江湖行话谱·走江湖行话》："进村：压街。"

【压九秋】 《切口大词典·医药类·药行业之切口》："压九秋：茉莉花也。"

【压生】 《新刻江湖切要·人事类》："梦秋曰压［疑魇字之误］生。"

【压水】 贝思飞《民国时期的土匪隐语》："压水：中间人；看守（满洲）。"

【压轴子】 《梨园话》："压轴子：末一出戏的前一出，谓之'压轴子'。"

【押城】 贝思飞《民国时期的土匪隐语》："押城：袭击。"

【押林】 《镖行江湖隐语行话秘典》："喝（哈）茶为押林。"学古堂《江湖行话谱·保镖护院行话概略》："喝茶为押林。"

【押淋子】 卫大法师《江湖话·红帮各地通行隐语·饮食用品类》："吃茶：押淋子；敏黄莲子。"李子峰《海底·各地通行隐语》："吃茶：押淋子；敏黄莲子。"

【押票】 《切口大词典·衙卒类·粮柜之切口》："押票：暂不垫写粮票也。"

【押生】 《新刻江湖切要·经纪类》："抬轿：兜力；押生。"《切口大词典·医药类·医眼病卖药者之切口》："押生：跳脚抬轿也。"清傅崇矩《成都通览·成都之江湖言词·经纪类》："抬轿：兜力；押生。"

【押窑】 贝思飞《民国时期的土匪隐语》："押

窑:用武力要求别人友善。"

【押账】《清门考原·各项切口》:"押账,以身押款若干,为娼几年,期满方能自主。"

【押着】《切口大词典·衙卒类·侦探之切口》:"押着:乘骑,无论马驴。"

【押子】《镖行江湖隐语行话秘典》:"睡觉,为押子。"

【鸦嘴】《切口大词典·商铺类·篆笋业之切口》:"鸦嘴:纯是截断之笋尖也。"

【鸭蛋】《切口大词典·商铺类·花粉业之切口》:"鸭蛋:小号之扑粉也。"

【鸭屎臭】《切口大词典·乞丐类·乞丐之切口》:"鸭屎臭:羞恶之名词也。"

【鸭子】贝思飞《民国时期的土匪隐语》:"鸭子:用于索取赎金的人质。"

【牙】①《新刻江湖切要·人事类》:"凡命为牙,故算命曰梳牙。"清傅崇矩《成都通览·成都之江湖言词·人事类》:"凡命为牙。"②《切口大词典·医药类·祝由科之切口》:"牙:妖怪也。"

【牙净】《新刻江湖切要·饮馔类》:"茶:青老;清喉;水鬼;碧水;牙净;枝叶;木癸;扰椟子。"清傅崇矩《成都通览·成都之江湖言词·饮馔类》:"茶:青老;清喉;木鬼;碧水;牙净;枝叶;木癸;扰椟子。"

【牙郎】宋陈元靓《事林广记·续集·绮谈市语·人物门》:"牙人:侩者;牙郎。"

【牙老】明程万里《鼎锲徽池雅调南北官腔乐府点板曲响大明春·六院汇选江湖方语》:"牙老,是讲戏文说唱的。"

【牙淋窑】云游客《江湖丛谈·江湖之春点》:"管茶馆叫牙淋窑。"云游客《江湖丛谈·江湖之春点·天桥茶馆各有不同》:"牙淋窑儿是茶馆。"

【牙赁】《江湖走镖隐语行话谱》:"喝茶:牙赁。"

【牙赁窑】《江湖走镖隐语行话谱》:"茶馆:牙赁窑。"

【牙恰】《行院声嗽·人事》:"利害:牙恰。"

【崖拨】宋陈元靓《事林广记·续集·绮谈市语·天地门》:"雨:崖拨。"

【崖蜜】宋陈元靓《事林广记·续集·绮谈市语·果菜门》:"樱桃:崖蜜;含桃。"

【崖缩】宋陈元靓《事林广记·续集·绮谈市语·天地门》:"晴:开霁;崖缩。"

【涯丹】《切口大词典·医药类·摆草药摊之切口》:"涯丹:百合花也,治阴毒伤寒及天泡疮等症。"

【衙把子】《郎中医话》:"衙把子,是衙役。"

【疋水子】卫大法师《江湖话·红帮各地通行隐语·饮食用品类》:"鱼:活子;顶浪子;摆河子;疋水子;穿浪摆尾。"卫大法师《江湖话·江湖上的隐语·普通隐语》:"鱼:疋水子。"金老佛《三教九流江湖秘密规矩·日常用语》:"鱼曰疋水子。"

【疋头】《切口大词典·商铺类·染色业之切口》:"疋头:布也。"

【哑八窑子】《家里宝鉴·隐语》:"古庙曰'哑八窑子'。"

【哑巴】①卫大法师《江湖话·红帮各地通行隐语·建筑物类》:"庙:古爷;哑巴。"②朱琳《洪门志·春典子琐记·人事》:"神佛,称哑巴。"

【哑巴窑子】金老佛《三教九流江湖秘密规矩·青帮与红帮·江湖之春典》:"庙宇称哑巴窑子。"

【哑吧】《切口大词典·娼妓类·相公堂子之切口》:"哑吧:不能歌唱者。"

【哑吧窑】《切口大词典·党会类·红帮之切口》:"哑吧窑:神宇也。"贝思飞《民国时期的土匪隐语》:"哑吧窑:被遗弃的道观,常用作藏身之处。"金老佛《三教九流江湖秘密规矩·青帮与红帮·红帮之问答》:"但亦未必尽困于槽子之内(典当曰槽子),因恐有马子辈(官差吏役,均为马子),蹑从而至,以是落底之后,亦有暂寓哑吧窑内者(庙宇)。"

【哑吧窑子】《切口大词典·党会类·哥老会之切口》:"哑吧窑子,神庙也。"平山周《中国秘密社会史·哥老会隐语》:"被捕曰被摘,斩曰劈,牢狱曰书房,庙曰哑吧窑子,衙门曰威武窑子。"徐珂《清稗类钞·会党类·哥老会隐语》:"被捕曰被摘,斩曰劈,牢狱曰书房,庙曰哑吧窑子,衙门曰威武窑子。"

【哑锤】《切口大词典·工匠类·银匠之切口》:"哑锤:木头榔头也。"

【哑党】《新刻江湖切要·星相类》:"不语相:

嘿斩；又哑党。"清傅崇矩《成都通览·成都之江湖言词·星相类》："不语相：嘿斩；哑党。"

【哑巾】 清唐再丰《鹅幻汇编·江湖通用切口摘要》："不开口相面曰哑巾。"卫大法师《江湖话·红帮各地通行隐语·各种行业类》："不开口相面：哑巾。"卫大法师《江湖话·江湖上的隐语·巾行隐语》："不开口相面：哑巾。"《切口大词典·星相类·不开口相面之切口》："哑巾：不开口之相面者。"《清门考原·各项切口》："哑巾，不开口相面。"金老佛《三教九流江湖秘密规矩·江湖通用切口》："不开口相面曰哑巾。"李子峰《海底·各地通行隐语》："不开口相面：哑巾。"学古堂《江湖行话谱·江湖行话》："不开口相面者，曰哑巾。"

【哑金】 云游客《江湖丛谈·江湖之金点》："原来看哑相的先生们，使的那小束纸，调侃儿叫'跟头幅子'……作这种'哑金'的生意（又名'念语子金'）必须先把跟头幅子，像变戏法儿似的练好喽，运用自然了，然后才能上地作生意。"

【哑局】 《切口大词典·娼妓类·长三书寓之切口》："哑局：妓女不会歌曲者。"

【哑口子】 卫大法师《江湖话·红帮各地通行隐语·饮食用品类》："盐：哑口子；海水子，吼子；沙子。"

【哑子】 卫大法师《江湖话·红帮各地通行隐语·人类一般》："菩萨：尊老；西国点子；哑子。"李子峰《海底·各地通行隐语》："菩萨：尊老；西国点子；哑子。"

【雅淋窑】 学古堂《江湖行话谱·行话管见》："茶叶铺叫雅淋窑。"

【亚八】 卫大法师《江湖话·红帮闽粤及南洋各地通行隐语》："毛鸭：亚八。"李子峰《海底·闽粤及南洋各地通行之隐语》："毛鸭：亚八。"施列格《天地会研究·洪家口白要诀》："亚八，鸭。"

【亚六】 施列格《天地会研究·洪家口白要诀》："亚六，鹅。"

【亚陆】 卫大法师《江湖话·红帮闽粤及南洋各地通行隐语》："鹅毛：亚陆。"李子峰《海底·闽粤及南洋各地通行之隐语》："鹅毛：亚陆。"

【亚七】 卫大法师《江湖话·红帮各地通行隐语·动物类》："鸡：凤凰子；尖咀子；亚七。"卫大法师《江湖话·红帮闽粤及南洋各地通行隐语》："毛鸡：亚七。"李子峰《海底·各地通行隐语》："鸡：尖嘴子；亚七。"李子峰《海底·闽粤及南洋各地通行之隐语》："毛鸡：亚七。"施列格《天地会研究·洪家口白要诀》："亚七，鸡。"

yan

【咽】 明风月友《金陵六院市语》："讨曰设，而唱曰咽。"

【咽作】 《行院声嗽·伎艺》："唱曲：咽作。"《行院声嗽·人事》："唱：咽作。"

【胭脂】 《切口大词典·行号类·粮食行之切口》："胭脂：同上（羊脂：糯米名）。芒长而壳多白斑。"

【胭脂生】 朱琳《洪门志·春典子琐记·人事》："警察，称胭脂生。"

【烟】 《切口大词典·行号类·茧行之切口》："烟：一也。"

【烟兜】 明程万里《鼎镌徽池雅调南北官腔乐府点板曲响大明春·六院汇选江湖方语》："烟兜，是吃恼。"

【烟河里】 《切口大词典·党会类·红帮之切口》："烟河里：姓陈者。"金老佛《三教九流江湖秘密规矩·青帮与红帮·红帮之问答》："陈谓'烟河里'之类。"

【烟伙己】 《清门考原·各项切口》："烟伙己，陈姓也。"

【烟条】 《新刻江湖切要·文具类》："香：烟头。线香则名之曰烟条。"

【烟头】 《新刻江湖切要·文具类》："香：烟头。线香则名之曰烟条。"

【烟卤】 《切口大词典·工匠类·理发匠之切口》："烟卤：鼻头也。"

【延年】 《新刻江湖切要·疾病类》："病通称曰延年；眠眠；无念；暗年。"清傅崇矩《成都通览·成都之江湖言词·疾病类》："病：延年；眠眠；无念；暗年。"

【言】 ①卫大法师《江湖话·各行业商帮所用数目字隐语·成都通行言词·小菜行》：

"言：三。"清傅崇矩《成都通览·成都之各行人买卖通用言词·小菜青果并小生意通用言词》："三，言。"②《切口大词典·商铺类·顾绣业之切口》："言：四也。"③清傅崇矩《成都通览·成都之各行人买卖通用言词·小菜青果并小生意通用言词》："言是三百。"

【言尖】《切口大词典·行号类·粮食行之切口》："言尖：八也。"

【言是】卫大法师《江湖话·各行业商帮所用数目字隐语·成都通行言词·小菜行》："满十满百整数，语尾加'是'字，如'流是'为'十个'，'言是'为'三百元'。"

【言午儿】《切口大词典·商铺类·丝经业之切口》："言午儿：姓许者。"

【岩梭】《切口大词典·星相类·相家之切口》："岩梭：相之古怪者。"

【炎光】《行院声嗽·时令》："热：炎光。"

【沿】《切口大词典·杂业类·冶坊之切口》："沿：三也。"

【沿岸】《切口大词典·行号类·鲜鱼行之切口》："沿岸：蛳螺也。"

【沿重条】《切口大词典·杂流类·卖京货之切口》："沿重条：镶鞋布也。"

【研哥】《新刻江湖切要·饮馔类》："酱：沙油；中军；汁老；研哥。醋：盆山；醯老。"清傅崇矩《成都通览·成都之江湖言词·饮馔类》："酱：沙油；中军；汁老；研哥。"

【研石通】《新刻江湖切要·工匠类》："石匠：研石通；[改]琢璞通。"清傅崇矩《成都通览·成都之江湖言词·工匠类》："石匠：研石通；琢璞通。"

【研希】《新刻江湖切要·草木百果五谷类》："糙米：研希。"

【盐缸】《切口大词典·商铺类·染色业之切口》："盐缸：因石灰水太多，则缸盐染色不光明，必以糟水和之使淡。"

【盐猢狲】《切口大词典·商铺类·食盐业之切口》："盐猢狲：盐务委员也。"

【盐花乱】学古堂《江湖行话谱·走江湖行话》："盐花乱：大米粥。"

【盐花散】学古堂《江湖行话谱·走江湖行话》："盐花散：大米饭。"

【盐老鼠】《切口大词典·商铺类·食盐业之切口》："盐老鼠：查验员也。"

【盐木头】《切口大词典·商铺类·食盐业之切口》："盐木头：缉私人员也。"

【盐头】《切口大词典·工匠类·造酱匠之切口》："盐头：盐汤也。"

【盐野猫】《切口大词典·商铺类·食盐业之切口》："盐野猫：收盐税人也。"

【阎王古子】卫大法师《江湖话·红帮各地通行隐语·建筑物类》："城隍庙：阎王古子。"李子峰《海底·各地通行隐语》："城隍庙：阎王古子。"

【颜色】卫大法师《江湖话·安庆隐语》："利害：颜色。"

【颜子】《切口大词典·行号类·水果行之切口》："颜子：李子也。"

【檐底】《切口大词典·巫卜类·席地测字者之切口》："檐底：屋角也。"

【奄藏】《切口大词典·杂流类·贩人口者之切口》："奄藏：卖与人做妻也。"

【兖□】宋陈元靓《事林广记·续集·绮谈市语·举动门》："吃：食；兖□。"

【衍党】《新刻江湖切要·人物类》："走乡者：衍党。"《江湖切口要诀》（尺牍增附本）："走乡者：衍党。"清傅崇矩《成都通览·成都之江湖言词·人物类》："走乡者：衍党。"

【衍都】宋陈元靓《事林广记·续集·绮谈市语·人物门》："行者：衍都。"

【衍身】《新刻江湖切要·人物类》："匠工：衍身[等]；斤丘。"《江湖切口要诀》（尺牍增附本）："匠工：衍身；[广]斤丘。"《切口大词典·盗贼类·剪绺贼之切口》："衍身：工人也。"清傅崇矩《成都通览·成都之江湖言词·人物类》："匠工：衍身；斤丘。"

【衍牛】《新刻江湖切要·人事类》。"不在行人曰衍生。"《切口大词典·武术类·行程保镖者之切口》："衍生：不在行之人也。"清傅崇矩《成都通览·成都之江湖言词·人事类》："不在行：衍生。"

【衍嗽】《行院声嗽·人事》："说话：衍嗽。"

【衍孙】明程万里《鼎锲徽池雅调南北官腔乐府点板曲响大明春·六院汇选江湖方语》："衍孙，谓村人也。"

【掩码子】《切口大词典·盗贼类·掘壁贼之

【掩扇子】①卫大法师《江湖话·红帮各地通行隐语·居住用品类》："关门：掩扇子。"②李子峰《海底·各地通行隐语》："关门：掩扇子。"

【掩太阳】①《新刻江湖切要·器用类》："官伞：掩太阳。"《切口大词典·杂流类·收旧货之切口》："掩太阳：官伞也。"清傅崇矩《成都通览·成都之江湖言词·器用类》："官伞：掩太阳。"②《新刻江湖切要·天文类》："云：天表；[广]想裳；瞒天；隔苍蔽日；从龙；掩太阳；油然子；出岫君。"《江湖切口要诀》（尺牍增附本）："云：天表；[广]想裳；瞒天；隔仓；蔽日；从龙；掩太阳；油然子；出岫君。"《切口大词典·盗贼类·水面贼之切口》："掩太阳：云也。"清傅崇矩《成都通览·成都之江湖言词·天文类》："云：天表；想裳；瞒天；隔苍；蔽日；从龙；掩太阳；油然子；出岫君。"

【掩下】宋陈元靓《事林广记·续集·绮谈市语·天地门》："村：掩下；寸。"

【眼】①《镖行江湖隐语行话秘典》："镖旗，为眼。"②《镖行江湖隐语行话秘典》："镖旗，为眼。"

【眼目】《切口大词典·党会类·红帮之切口》："眼目：前边也。"

【眼前亮】《切口大词典·杂流类·卖眼镜之切口》："眼前亮：近视眼镜也。"

【眼上】《切口大词典·行号类·粮食行之切口》："眼上：七也。"

【眼汪】宋陈元靓《事林广记·续集·绮谈市语·举动门》："泪：眴泉；眼汪。"

【眼线】《切口大词典·衙卒类·厘卡之切口》："眼线：侦探也。"

【眼罩】《切口大词典·医药类·卖膏药者之切口》："眼罩：眉也。"

【眼子】《切口大词典·盗贼类·杆匪之切口》："眼子：被劫之主人也。"

【眼子窝】《切口大词典·党会类·红帮之切口》："眼子窝：村庄也。"《切口大词典·盗贼类·越墙贼之切口》："眼子窝：小村落也。"金老佛《三教九流江湖秘密规矩·青帮与红帮·江湖之春典》："小村落称眼子窝。"

【偃草】《新刻江湖切要·天文类》："风：丢子；[入微]透骨；和薰；骤吼；狂呼；疑虎；从虎；狂且；偃草；吹枯生；扫云；折朽子；[又广]起风为摆丢。"《江湖切口要诀》（尺牍增附本）："风：丢（去）子；[广]入微；透骨；和薰；骤吼；狂呼；疑虎；从虎；狂且；偃草；吹枯生；扫云；折朽子。[又广]起风为摆丢。"清傅崇矩《成都通览·成都之江湖言词·天文类》："风：丢子；入微；透骨；和薰；骤吼；狂呼；疑□；从虎；狂且；偃草；吹枯生；扫云；折朽子（广起风为摆丢）。"

【演古窑子】卫大法师《江湖话·红帮各地通行隐语·各种行业类》："戏馆：梨园窑子；演古窑子。"

【演撒】明佚名《行院声嗽·通用》："有：演撒。"

【演戏】卫大法师《江湖话·红帮各地通行隐语·一般人事类》："开香堂：演戏；做喜事。"李子峰《海底·各地通行隐语》："开香堂：演戏；做喜事。"

【演线】《镖行江湖隐语行话秘典》："熄火绳，为演线。"

【厌河】《切口大词典·医药类·施药郎中之切口》："厌河：罢休也。"

【砚地】①卫大法师《江湖话·江湖上的隐语·巾行隐语》："在地上测字：砚地。"②清唐再丰《鹅幻汇编·江湖通用切口摘要》："在地上测字曰砚地。"③《切口大词典·巫卜类·席地测字者之切口》："砚地：铺布于地。跌坐营生者。"④《清门考原·各项切口》："砚地，在地上测字也。"⑤金老佛《三教九流江湖秘密规矩·江湖通用切口》："在地上测字曰砚地。"

【砚巾】学古堂《江湖行话谱·江湖行话》："在地上测字者，叫砚巾。"

【艳秋】《切口大词典·行号类·水果行之切口》："艳秋：海棠果也。"

【艳容】《切口大词典·商铺类·花粉业之切口》："艳容：宫粉也上冠花露木汁以为别。"

【艳容片子】《切口大词典·商铺类·花粉业之切口》："艳容片子：粉纸也。"

【验】《镖行江湖隐语行话秘典》："验：进了

宅子；招东西。"

【谚作】 宋陈元靓《事林广记·续集·绮谈市语·举动门》："唱曲：善讴；谚作。"

【雁班子】 云游客《江湖丛谈·江湖之春点·雁班子之江湖术木》："我老云曾向江湖人探讨，'插天飞'等数十人组织的骗人团体叫'雁班子'，又叫'雁尾子'（'尾'应该'以'声），是江湖上风、马、雁、雀四大生意之一。"

【雁喙】《切口大词典·行号类·水果行之切口》："雁喙：芡实也。"

【雁尾子】 卫大法师《江湖话·红帮各地通行隐语·人身各物类》："胡须：巴腮子；五柳子；雁尾子。"李子峰《海底·各地通行隐语》："胡须：五柳子；雁尾子。"

【雁子】 ①清末民初佚名《镖行江湖隐语行话秘典》："遇见成伙之人，歹人为雁子。"《镖行江湖隐语行话秘典》："歹人，为雁子。" ②《镖行江湖隐语行话秘典》："贼人说语，为雁子。"

【雁作】《行院声嗽·人事》："病：雁作。"

【焰边】《切口大词典·医药类·医眼病卖药者之切口》："焰边：眼皮癣也。"

【焰老】《新刻江湖切要·天文类》："火：丙丁；少阳；焰老；[广]燎原；分炎。"《江湖切口要诀》（尺牍增附本）："火：丙丁；少阳；焰老；[广]燎原；分炎。"《切口大词典·巫卜类·席地测字者之切口》："焰老：火也。"清傅崇矩《成都通览·成都之江湖言词·天文类》："火：丙丁；少阳；焰老；燎原；分炎。"

【餍生】 清傅崇矩《成都通览·成都之江湖言词·人事类》："梦秋：餍生。"

【谳才】《新刻江湖切要·官职类》："通判：井三孤，混三，寸三；[广]谳才。"

【燕】《郎中医话》："燕，是种银子的。"

【燕班子】 云游客《江湖丛谈·江湖之春点·燕班子之内幕》："骗官员的，亦江湖人也，他们这行儿叫'燕班子'。"

【燕人】 清傅崇矩《成都通览·成都之江湖言词·人物类》："好人：将叉；念将通；使女：缝裳；燕人；拐七；蹑足陈平；闻雷坠筋。"

【燕尾】 ①《切口大词典·衙卒类·兵士之切口》："燕尾：刺刀也。" ②《切口大词典·杂流类·卖花者之切口》："燕尾：兰花也。"

【燕子窝】 ①《切口大词典·衙卒类·侦探之切口》："燕子窝：私烟间也。" ②《切口大词典·杂业类·燕子窝之切口》："燕子窝：鸦片烟馆也。"

yang

【央儿】 学古堂《江湖行话谱·走江湖行话》："央儿：男票儿。"

【央觞】《切口大词典·行号类·鲜鱼行之切口》："央觞：鲖鱼也。"

【秧希】 卫大法师《江湖话·江湖上的隐语·普通隐语》："小儿：秧希。"《切口大词典·医药类·卖药人之切口》："秧希：小儿也。"金老佛《三教九流江湖秘密规矩·日常用语》："小儿曰秧希。"

【秧子房】 贝思飞《民国时期的土匪隐语》："秧子房：匪帮中最年轻、最缺乏经验的土匪。"

【扬波】《新刻江湖切要·地理类》："海：[补]纳细；阔老；圣出；扬波；无边子；鱼乐图。"清傅崇矩《成都通览·成都之江湖言词·地理类》："海：纳细；阔老；圣出；扬波；无边子；鱼乐国。"

【扬方】《清门考原·各项切口》："扬方，假骰之一。惟稍扁也须功夫不灵。"

【扬襚】《切口大词典·手艺类·席子业之切口》："扬襚：扬州所产之席也。"

【扬沙子】 卫大法师《江湖话·红帮各地通行隐语·天文地理类》："风：溜子；斗色子；扬沙子。"李子峰《海底·各地通行隐语》："风：溜子；斗色子；扬沙子。"

【扬虚】《新刻江湖切要·人事类》："做戏法曰扬虚。"清傅崇矩《成都通览·成都之江湖言词·人事类》："做戏法：扬虚。"

【羊】 卫大法师《江湖话·各行业商帮所用数目字隐语·成都通行言词·古董玉器当铺》："羊：九。"卫大法师《江湖话·各行业商帮所用数目字隐语·其他·北平》："由：一。申：二。人：三。工：四。大：五。天：六。夫：七。井：八。羊：九。非：十。按此数字头，如'由'有一个头为一，'申'为二个头为二，'大'为五等头，'非'为十个头。"《切口大词典·商铺类·古董业之切口》："羊：九也。"清傅崇矩《成都通览·成都之各行人买卖通用言词·当铺古董玉器行通用言词》："九：羊。"学古堂《江湖行话谱·粮行之行话》："（羊）九。"

【羊肠】①《新刻江湖切要·地理类》："小路：羊肠；[广]不由；径捷；微行。"《江湖切口要诀》（尺牍增附本）："小路：羊肠；[广]不由；径捷；微行。"②明程万里《鼎锲徽池雅调南北官腔乐府点板曲响大明春·六院汇选江湖方语》："羊肠，是大官路。"清傅崇矩《成都通览·成都之江湖言词·地理类》："大路：洒苏；爱遵；九达；周好；羊肠；不由径捷；微行。"

【羊虫】《新刻江湖切要·鸟兽虫鱼类》："蟹：钳工；羊虫。"

【羊方】《切口大词典·赌博类·牌九赌之切口》："羊方：此全真骰子，不过制造时锉成方角状，甚呆笨，掷出点色亦毫不走动也。"

【羊角】①《切口大词典·工匠类·造船匠之切口》："羊角：船缆之木也。"②《切口大词典·商铺类·篆笋业之切口》："羊角：小而嫩尾之篆也。"③《切口大词典·商铺类·南货业之切口》："羊角：水笋也。"

【羊韭叶】《切口大词典·医药类·摆草药摊之切口》："羊韭叶：麦门冬也。治心腹结气，镇定魂魄。"

【羊毛】《梨园话》："羊毛：讥外行之语也。"

【羊盘】①《新刻江湖切要·人事类》："不晓切曰羊盘。"《切口大词典·武术类·行程保镖者之切口》："羊盘：不切晓也。"②《新刻江湖切要·人物类》："呆人：羊盘；[广]土偶木俑；食粟曹交。"清傅崇矩《成都通览·成都之江湖言词·人物类》："呆人：羊盘；土偶木俑；食粟曹交。"

【羊票】贝思飞《民国时期的土匪隐语》："羊票：用于勒索赎金的人质。"

【羊气】《切口大词典·优伶类·腔调上之切口》："羊气：外行唱戏不中绳墨也。"

【羊生】《新刻江湖切要·人事类》："不识物人曰羊生。"清傅崇矩《成都通览·成都之江湖言词·人事类》："不识物：羊生。"

【羊首】《新刻江湖切要·官职类》："解元：羊首。"

【羊蹄孙】《江湖走镖隐语行话谱》："回回：羊蹄孙。"

【羊头】《切口大词典·衙卒类·侦探之切口》："羊头：不识好歹之人也。"

【羊眼】《切口大词典·行号类·菜蔬行之切口》："羊眼：扁豆也。"

【羊油块子】卫大法师《江湖话·红帮各地通行隐语·居住用品类》："肥皂（石碱）：恨脏；羊油块子。"李子峰《海底·各地通行隐语》："肥皂（石碱）：恨脏；羊油块子。"

【羊脂】①《切口大词典·商铺类·玉器业之切口》："羊脂：白玉也。"②《切口大词典·行号类·粮食行之切口》："羊脂：糯米名，白色，而性软。"

【羊字】清傅崇矩《成都通览·成都之各行人买卖通用言词·当铺古董玉器行通用言词》："羊字：九百。"

【阳】①《江湖走镖隐语行话谱》："南：阳。"金老佛《三教九流江湖秘密规矩·青帮与红帮·江湖之春典》："南方称阳。"学古堂《江湖行话谱·保镖护院行话概略》："南：阳。"学古堂《江湖行话谱·行意行话》："南，为阳。"云游客《江湖丛谈·江湖之春点》："南叫'阳'。"②《切口大词典·优伶类·伶人之切口》："阳：三也。"

【阳绨】《切口大词典·星相类·弹弦子算命之切口》："阳绨：白露也。"

【阳春】①《切口大词典·杂业类·饭店业之切口》："阳春：第一碗饭也。"②《切口大词典·杂业类·面馆之切口》："阳春：光面也。"

【阳春金星】清傅崇矩《成都通览·成都之江湖言词·身体类》："骨：枯枝；阳春金星；缩头生；阴盻公；北风。"

【阳地】①清唐再丰《鹅幻汇编·江湖通用切口摘要》："房子曰阳地。"卫大法师《江湖话·江湖上的隐语·普通隐语》："房子：阳地。"金老佛《三教九流江湖秘密规矩·日常用语》："房子曰阳地。"②清唐再丰《鹅幻汇编·江湖通用切口摘要》："租屋挂张曰阳地。"卫大法师《江湖话·江湖上的隐语·巾行隐语》："租屋挂张：阳地。"《切口大词典·巫卜类·文王课之切口》："阳地：租屋挂张之谓也。"《清门考原·各项切口》："阳地，租屋挂张。"金老佛《三教九流江湖秘密规矩·江湖通用切口》："租屋挂张曰阳地。"

【阳孤】《新刻江湖切要·官职类》："布政：左孤，阳孤；古三；[广] 承宣孤。"

【阳光】清唐再丰《鹅幻汇编·江湖通用切口摘要》："日曰阳光。"卫大法师《江湖话·江湖上的隐语·普通隐语》："日：阳光。"《切口大词典·星相类·星家之切口》："阳光：日也。"金老佛《三教九流江湖秘密规矩·日常用语》："日曰阳光。"

【阳门】《切口大词典·工匠类·翻砂匠之切口》："阳门：熔铁之火炉也。"

【阳鸟】《江湖切口要诀》(尺牍增附本)："日：大阳，[广] 阳鸟，常圆；长明；出扶桑；西坠。"

【阳盘孙】《江湖走镖隐语行话谱》："南方人：阳盘孙。"

【阳乌】《切口大词典·星相类·鸟衔算命之切口》："阳乌：日也。"清傅崇矩《成都通览·成都之江湖言词·天文类》："日：太阳；阳乌；常圆；长明；恒满；出扶桑，西坠。"

【阳晞】《新刻江湖切要·时令类》："白露：阳晞。"《江湖切口要诀》(尺牍增附本)："白露：阳晞。"清傅崇矩《成都通览·成都之江湖言词·时令类》："白露：阳晞。"

【阳子】卫大法师《江湖话·红帮各地通行隐语·一般人事类》："大便：丢堆；阳子；劈山。"

【杨波】《江湖切口要诀》(尺牍增附本)："海[补]：杨波。"

【杨官人】明程万里《鼎锲徽池雅调南北官腔乐府点板曲响大明春·六院汇选江湖方语》："杨官人，是牛也。"

【杨花】①明程万里《鼎锲徽池雅调南北官腔乐府点板曲响大明春·六院汇选江湖方语》："杨花，不扬不醒得。"②清傅崇矩《成都通览·成都之江湖言词·娼优类》："小唱：细鸣；杨花。"

【杨花孙】明程万里《鼎锲徽池雅调南北官腔乐府点板曲响大明春·六院汇选江湖方语》："杨花孙，唱曲的人。"

【杨孙】明程万里《鼎锲徽池雅调南北官腔乐府点板曲响大明春·六院汇选江湖方语》："杨孙，乃不识货之好歹。"

【杨蹄】学古堂《江湖行话谱·行意行话》："磕头，为杨蹄。"

【杨枝】《切口大词典·杂业类·燕子窝之切口》："杨枝：龙头水也。"

【旸乌】《新刻江湖切要·天文类》："日：太阳；[广] 旸乌，常圆；长明；恒满；出扶桑；西坠。"

【洋】《郎中医话》："洋，是南。"

【洋标】《切口大词典·商铺类·布定业之切口》："洋标：花洋布也。"

【洋不过手】《切口大词典·杂业类·商人共众切口》："洋不过手：银洋好歹，须当场看过也。"

【洋布裤子一件当由大钱】清傅崇矩《成都通览·成都之各行人买卖通用言词·当铺古董玉器行通用言词》："洋布裤子一件当由大钱，就是一百五。"

【洋底子】贝思飞《民国时期的土匪隐语》："洋底子：轮船或小船。"金老佛《三教九流江湖秘密规矩·青帮与红帮·红帮之问答》："翌日，甲曰：'吾们先到伞窑里去(饭店)受了伞，再到罗汉窑(浴堂)内洗了澡，然后大家到洋底子(轮船)上去，开一次文差如何？'"金老佛《三教九流江湖秘密规矩·青帮与红帮·江湖之春典》："轮船称洋底子。"

【洋点】《郎中医话》："洋点，是小牛。"

【洋兜子】《切口大词典·杂流类·贩烟土者之切口》："洋兜子：轮船也。"

【洋瓜】《切口大词典·行号类·咸货行之切口》："洋瓜：亦黄鱼鲞也。货品略次，以肉头实梗不及松瓜之酥松也。"

【洋猢狲】《切口大词典·役夫类·人力车夫之切口》："洋猢狲：外国巡士也。"

【洋货担子】卫大法师《江湖话·安庆隐语》："洋装派：洋货担子。"

【洋机子】《切口大词典·盗贼类·杆匪之切口》："洋机子：火轮船也。"

【洋毛】《切口大词典·乞丐类·作揖求乞之切口》："洋毛：小妇也。"

【洋鸣大】《切口大词典·杂流类·外执事之切口》："洋鸣大：西乐也。"

【洋盘】①清唐再丰《鹅幻汇编·江湖通用切口摘要》："常人非相夫皆曰洋盘。"《切口大词典·医药类·卖药人之切口》："洋盘：平常人非相夫也。"《清门考原·各项切口》："洋盘，乃常人非相夫也。"金老佛《三教九流江湖秘密规矩·日常用语》："常人非常夫皆曰洋盘。"②卫大法师《江湖话·安庆隐语》："未入帮：空子；洋盘。"③《切口大词典·星相类·立墙壁相面之切口》："洋盘：呆人也。"

【洋票】贝思飞《民国时期的土匪隐语》："洋票：外国人质，尤其指西方人质。"

【洋色丘】《切口大词典·工匠类·染布匠之切口》："洋色丘：专染洋颜料之工人也。"

【洋滩郎】《切口大词典·役夫类·庖夫之切口》："洋滩郎：大餐盘子也。"

【洋汤】《切口大词典·杂业类·冶坊之切口》："洋汤：头号空底汤罐也。"

【洋珠球】《切口大词典·医药类·药行业之切口》："洋珠球：豆蔻也。"

【洋装】清张德坚等《贼情汇纂》卷五《伪军制下·隐语·太平天国隐语》："大炮改称洋装。"

【仰承】①《切口大词典·商铺类·古董业之切口》："仰承：唾壶也。"②《切口大词典·役夫类·挑水夫之切口》："仰承：水缸也。"

【仰高】《切口大词典·商铺类·食盐业之切口》："仰高：高抬盐价也。"

【仰口】①《切口大词典·巫卜类·道士之切口》："仰口：净水钟也。"②《切口大词典·杂流类·卖糖芋芳者之切口》："仰口：盛水之木盆也。"

【仰面】《切口大词典·商铺类·瓷器业之切口》："仰面：面盆也。"

【仰攀】《新刻江湖切要·地理类》："高：上天；[广]干霄；拂云；仰攀。"《江湖切口要诀》(尺牍增附本)："高：上天。[广]干霄；拂；仰攀。"《切口大词典·星相类·铁板算命之切口》："仰攀：高也。"清傅崇矩《成都通览·成都之江湖言词·地理类》："高：上天；干霄；仰攀。"

【仰起来了】《切口大词典·盗贼类·杆匪之切口》："仰起来了：兵士持号吹起者。"

【仰天】①《切口大词典·工匠类·锡匠之切口》："仰天：泡花碗也。"②《切口大词典·工匠类·造酱匠之切口》："仰天：酱缸也。"③《切口大词典·杂业类·豆腐店之切口》："仰天：镬也。"

【仰天罩】《切口大词典·工匠类·造酱匠之切口》："仰天罩：酱缸盖也。"

【仰盂】《新刻江湖切要·地理类》："东：仰盂。"《江湖切口要诀》(尺牍增附本)："东：仰盂。"《切口大词典·星相类·铁板算命之切口》："仰盂：东边也。"清傅崇矩《成都通览·成都之江湖言词·地理类》："东：仰盂。"

【养鹅生蛋】①《切口大词典·党会类·红帮之切口》："养鹅生蛋：掳人勒赎也。"贝思飞《民国时期的土匪隐语》："养鹅生蛋：迫使人质说出他们的财产。"金老佛《三教九流江湖秘密规矩·青帮与红帮·红帮之问答》："劈扇(门)而入，除却家藏活龙，如数被劫外，可怜地牌二五等辈，亦皆各被扑风，横拖倒曳而去，或被开条或遭鹅闭(掳人勒赎谓之养鹅生蛋)。"金老佛《三教九流江湖秘密规矩·青帮与红帮·江湖之春典》："掳人勒赎称养鹅生蛋。"②《清门考原·各项切口》："养鹅生蛋，票匪也。"

【养红料】《切口大词典·工匠类·铁匠之切口》："养红料：煤炭也。"

【养马】①《新刻江湖切要·人事类》："养婆娘为养马。"②《切口大词典·武术类·行程保镖者之切口》："养马：妍识女人也。"

【养马□】清傅崇矩《成都通览·成都之江湖言词·人事类》："养婆娘：养马□；□□；溜海；采线。"

【养瘦马】《切口大词典·杂流类》："抚养小女子，及成人卖与人做妾，或为妓女。"

【养孙】《江湖走镖隐语行话谱》："兔子：养孙。"

【养真】《新刻江湖切要·僧道类》："玄门：养真。"清傅崇矩《成都通览·成都之江湖言词·僧道类》："玄门：养真。"

【养众】《梨园话》："养众：维持配角场面等人之生活，谓之'养众'。"

【养子】贝思飞《民国时期的土匪隐语》："养

子；匪酋的养子。"

【养子房】 贝思飞《民国时期的土匪隐语》："养子房：看管人质的土匪。"

【样点】 学古堂《江湖行话谱·行意行话》："兔子，为样点。"

【样色】 ①云游客《江湖丛谈·江湖之春点·江湖中之挑杯杯的》："江湖人管使了手彩，调侃叫使道样色。" ②云游客《江湖丛谈·江湖之金点·皮门》："卖牙疼药的，能够当时治出虫子来，管那个地方儿，调侃儿叫使样色。"

【样叚】 云游客《江湖丛谈·江湖之春点·江湖中之挑青子汗的》："凡是以假事，教人看着像真的那种方法，就叫样叚。"

【样殃子】 学古堂《江湖行话谱·行意行话》："兔羔子，为样殃子。"

【样纸板】 《切口大词典·工匠类·挽花匠之切口》："样纸板：花样也。"

yao

【幺令】 清翟灏《通俗编·识余·市语·优伶》："优伶：一江风，二郎神，三学士，四朝元，五供养，六幺令，七娘子，八甘州，九菊花，十段锦。"

【幺门】 清傅崇矩《成都通览·成都之呼物混名》："幺门：小旦也。"

【幺牌】 清傅崇矩《成都通览·成都之袍哥话即江湖话也》："老幺谓之幺牌。"

【夭】 《江湖切口要诀》（尺牍增附本）："雾：迷津；[广]夭；隔面；杏花雨；如烟；疑霖；[广]迷离。起雾为披迷；又曰排烟帐。"

【妖】 清张德坚等《贼情汇纂》卷八《伪文告下·隐语·太平天国隐语》："妖，凡称我官民兵役概谓之妖。只凡戕我兵勇几人，称杀妖几只。"

【喓】 卫大法师《江湖话·各行业商帮所用数目字隐语·成都通行言词·青果小菜行》："启：一。拖：二。心：三。叉：四。潘：五。梭：六。才：七。喓：八。卧：九。"

【腰】 卫大法师《江湖话·各行业商帮所用数目字隐语·成都通行言词·娟妓》："腰：一

坐；二立；三杯；四甩；五捞；六桥；七拉；八。按'甩'读'ㄌㄧㄚˇ'（lia），以斧砍木，未砍中面所飘了为甩。"清傅崇矩《成都通览·成都之各行人买卖通用言词·院房娼妓言词》："一：腰。"

【腰逼子】 贝思飞《民国时期的土匪隐语》："腰逼子：手枪。"

【腰搭】 《切口大词典·手艺类·兜带业之切口》："腰搭：藏钱之裲兜也。"

【腰兜】 《切口大词典·工匠类·打眼匠之切口》："腰兜：打眼用之木盆也。"

【腰帆子】 《切口大词典·盗贼类·短截贼之切口》："腰帆子：木棍子也。"

【腰箍】 《切口大词典·商铺类·衣折业之切口》："腰箍：扣带也。"

【腰巾子】 《切口大词典·商铺类·衣折业之切口》："腰巾子：汗巾也。"

【腰片子】 《切口大词典·优伶类·靶子之切口》："腰片子：腰刀也。"

【腰平】 平山周《中国秘密社会史·三合会隐语》："隐语：三合会员与盗贼往来，有怪文以之为暗号，今略揭大要如下。公所曰红花亭，曰松柏林。新入会曰入圈，曰拜正，曰出世。集会曰开台，曰放马。会员曰香，曰洪英，曰豪杰。外人曰风，曰疯子，曰鹧鸪。新会员曰新丁。到会曰去睇戏。会中之秘书曰衫仔。会员之凭票曰腰平，曰八角招牌，曰八卦。"卫大法师《江湖话·红帮闽粤及南洋各地通行隐语》："会员凭票（会证）：腰平；八角招牌；八卦。"徐珂《清稗类钞·会党类·三合会隐语》："隐语：三合会员与盗贼往来，有怪文以之为暗号，今略揭大要如下。公所曰红花亭，曰松柏林。新入会曰入圈，曰拜正，曰出世。集会曰开台，曰放马。会员曰香，曰洪英，曰豪杰。外人曰风，曰疯子，曰鹧鸪。新会员曰新丁。到会曰去睇戏。会中之秘书曰衫仔。会员之凭票曰腰平，曰八角招牌，曰八卦。"《家里宝鉴·隐语》："会员证曰'腰平，八解招牌，八卦'。"《切口大词典·党会类·三点会之切口》："腰平：会证也。"金老佛《三教九流江湖秘密规矩·三合会之隐语》："会中秘书曰衫仔，会员之凭票曰腰平，曰八角招牌，曰八卦。"李子峰《海底·闽粤及南洋各地通行之隐语》：" 会员凭票（会证）：腰平；八角招牌；八卦。"

【腰屏】 施列格《天地会研究·洪家口白要诀》："腰屏，凭证。"

【腰甩】 清傅崇矩《成都通览·成都之各行人买卖通用言词·院房娼妓言词》："腰甩，一百五。"

【腰心】《切口大词典·优伶类·场面上之切口》："腰心：箫也。"

【邀】 卫大法师《江湖话·各行业商帮所用数目字隐语·成都通行言词·收荒》："邀：一。按：二。苏：三。扫：四。駐：五。料：六。桥：七。犇：八。搅：九。"清傅崇矩《成都通览·成都之各行人买卖通用言词·收荒小生意通用言词》："一，邀。"

【邀按】 清傅崇矩《成都通览·成都之各行人买卖通用言词·收荒小生意通用言词》："邀按，一百二。"

【邀高足骡子】 清傅崇矩《成都通览·成都之呼物混名》："邀高足骡子：贩卖妇女也。"

【邀扫】 清傅崇矩《成都通览·成都之各行人买卖通用言词·收荒小生意通用言词》："邀扫，一百四。"

【肴花】 朱琳《洪门志·春典子琐记·物品》："菜碗，称肴花。"

【肴花子】 卫大法师《江湖话·红帮各地通行隐语·店钱及其他》："菜碗：肴花子。"

【姚女】《切口大词典·杂流类·卖花者之切口》："姚女：水仙花也。"

【窑】 ①《江湖走镖隐语行话谱》："房屋为窑。"②《切口大词典·党会类·流氓之切口》："窑：寓处也。"③《切口大词典·盗贼类·杆匪之切口》："窑：所告之处也。"④《镖行江湖隐语行话秘典》："店，为窑，店里喝酒，为窑里搬山。"⑤金老佛《三教九流江湖秘密规矩·青帮与红帮·江湖之春典》："家中称窑。"⑥学古堂《江湖行话谱·鲜货行话》："窑：一。"

【窑巴】 清唐再丰《鹅幻汇编·江湖通用切口摘要》："房钱曰窑巴。"《切口大词典·星相类·星家之切口》："窑巴：房钱也。"

【窑包】 卫大法师《江湖话·江湖上的隐语·普通隐语》："房钱：窑包。"《清门考原·各项切口》："窑包，房钱也。"金老佛《三教九流江湖秘密规矩·日常用语》："房钱曰窑包。"

【窑儿】 云游客《江湖丛谈·江湖之春点》："管店叫'窑儿'。"

【窑花亭】 卫大法师《江湖话·红帮各地通行隐语·建筑物类》："洪帮公所：窑花亭。"

【窑姐儿】《切口大词典·娼妓类·八大胡同妓院之切口》："窑姐儿：妓女之总称也。"

【窑口】《切口大词典·乞丐类·唱春求乞之切口》："窑口：居户也。"

【窑口襄】 卫大法师《江湖话·安庆隐语》："家：窑口襄。"

【窑块】 学古堂《江湖行话谱·鲜货行话》："窑块是一块钱。"

【窑魔】《切口大词典·娼妓类·茶室之切口》："窑魔：嫖窑不名钱也。"

【窑皮】《切口大词典·娼妓类·八大胡同妓院之切口》："窑皮：逛窑子不名一钱之客也。"

【窑痞】《切口大词典·娼妓类·茶室之切口》："窑痞：专事向窑子诈取钱财也。"

【窑塞子】《切口大词典·医药类·骑驴卖药之切口》："窑塞子：人也。"

【窑扇前】《切口大词典·盗贼类·偷鸡贼之切口》："窑扇前：门前也。"

【窑堂】 ①清唐再丰《鹅幻汇编·江湖通用切口摘要》："人家曰窑堂。"卫大法师《江湖话·江湖上的隐语·普通隐语》："人家：窑堂。"《切口大词典·星相类·星家之切口》："窑堂：人家也。"金老佛《三教九流江湖秘密规矩·日常用语》："人家曰窑堂。"②贝思飞《民国时期的土匪隐语》："窑堂：房子。"

【窑挑】《江湖走镖隐语行话谱》："逍道：窑挑。"

【窑屯】《切口大词典·医药类·骑驴卖药之切口》："窑屯：村庄也。"

【窑正】《切口大词典·盗贼类·越墙贼之切口》："窑正：厅堂也。"

【窑子】 ①卫大法师《江湖话·红帮各地通行隐语·建筑物类》："房子：窑子。"《切口大词典·盗贼类·越墙贼之切口》："窑子：屋子也。"李子峰《海底·各地通行隐语》："房子：窑子。"②卫大法师《江湖话·江上的隐语·普通隐语》："罐：窑子。"③《切口大词典·娼妓类·八大胡同妓院之切口》："窑子：北里之总称也，自大地方清吟小班，以至三等下处，无不可以窑子称也。"④朱琳《洪门志·春典子琐记·店铺》："店铺，通称窑子。"

【摇】《切口大词典·工匠类·银匠之切口》："摇：扇子也。"

【摇的】《切口大词典·工匠类·锡匠之切口》："摇的：壶结子也。"

【摇风】《切口大词典·衙卒类·侦探之切口》："摇风：扇子也。"

【摇风子】卫大法师《江湖话·红帮闽粤及南洋各地通行隐语》："纸扇：清风；摇风子。"

【摇个其】云游客《江湖丛谈·江湖之金点·江湖艺人的规律》："故衣行的人，管一元钱调侃儿叫摇个其。"

【摇旱橹】《切口大词典·党会类·小瘪三之切口》："摇旱橹：叫化子也。"

【摇红】①《新刻江湖切要·器用类》："摇红，灯笼之谓，凡灯仿此。"②《切口大词典·杂流类·收旧货之切口》："摇红：明角灯及他种之灯也。"③清傅崇矩《成都通览·成都之江湖言词·器用类》："轿子：壮风生；摇红。"

【摇红子】《新刻江湖切要·器用类》："烛：摇红子；亮子；笑橡。"清傅崇矩《成都通览·成都之江湖言词·器用类》："烛：摇红子；亮子。"

【摇老】①《新刻江湖切要·文具类》："扇子：招风；摇老；增曰手帆。"②《行院声嗽·身体》："舌：摇老。"

【摇铃铃】清傅崇矩《成都通览·成都之袍哥话即江湖话也》："摇铃铃：偷辣子也。"

【摇罗】《郎中医话》："摇罗，是扇子。"

【摇堂】①《切口大词典·赌博类·牌九赌之切口》："摇堂：赌窟也。"②金老佛《三教九流江湖秘密规矩·青帮与红帮·红帮之问答》："乙曰：没有，快回摇堂（屋子）罢。"

【摇头】①《切口大词典·工匠类·箍桶匠之切口》："摇头：粪兜也。"②《切口大词典·役夫类·农夫之切口》："摇头：粪杓也。"③《切口大词典·役夫类·挑水夫之切口》："摇头：担桶也。"

【摇骰】《切口大词典·赌博类·牌九赌之切口》："摇骰：以药骰置盆中而摇之摇后置诸枱角，欲何点即于台底用吸石吸之。"

【摇丸】《行院声嗽·器用》："小球儿：摇丸。"

【摇叶】学古堂《江湖行话谱·行话管见》："扇子叫摇叶。"

【摇子】①清唐再丰《鹅幻汇编·江湖通用切口摘要》："罐曰摇子。"卫大法师《江湖话·红帮各地通行隐语·饮食用品类》："罐子：摇子。"《清门考原·各项切口》："摇子，罐也。"金老佛《三教九流江湖秘密规矩·日常用语》："罐曰摇子。"李子峰《海底·各地通行隐语》："罐子：摇子。"②《江湖走镖隐语行话谱》："扇子为摇子。"贝思飞《民国时期的土匪隐语》："摇子：扇子。"③金老佛《三教九流江湖秘密规矩·青帮与红帮·红帮之问答》："乙曰：然则待吾回摇子（家内）去，拿了大片子（单刀）再走。"

【遥箭道乱】《切口大词典·工匠类·成衣匠之切口》："遥箭道乱：洋线团也。"

【遥叩洪义堂】卫大法师《江湖话·红帮各地通行隐语·一般人事类》："金兰结义：遥叩洪义堂；跪倒爬起。"李子峰《海底·各地通行隐语》："金兰结义：遥叩洪义堂；跪倒爬起。"

【瑶柱】《切口大词典·商铺类·海味业之切口》："瑶柱：干贝也。"

【咬翅】①明风月友《金陵六院市语》："称咬翅知其用鸡。"②《行院声嗽·鸟兽》："鸭：咬翅。"

【咬串子】《江湖走镖隐语行话谱》："狗为皮子、咬串子。"

【咬耳朵】《切口大词典·党会类·小瘪二之切口》："咬耳朵：向人耳边作秘密谈也。"

【咬乖乖】《切口大词典·娼妓类·八大胡同妓院之切口》："咬乖乖：接吻也。"

【咬黄】《新刻江湖切要·人事类》："讲事曰咬黄。"《切口大词典·武术类·挂布招牌教戏法者之切口》："咬黄：讲事也。"清傅崇矩《成都通览·成都之江湖言词·人事类》："讲事：咬黄。"

【咬姜】卫大法师《江湖话·红帮闽粤及南洋

【咬列】 明程万里《鼎锲徽池雅调南北官腔乐府点板曲响大明春·六院汇选江湖方语》:"咬列,乃食肉也。"

【咬刘】 明程万里《鼎锲徽池雅调南北官腔乐府点板曲响大明春·六院汇选江湖方语》:"咬刘:乃食肉也。"

【咬七】《新刻江湖切要·人事类》:"渴曰咬七。"《切口大词典·武术类·行程保镖者之切口》:"咬七:渴也。"清傅崇矩《成都通览·成都之江湖言词·人事类》:"渴:咬七。"

【咬人】 明程万里《鼎锲徽池雅调南北官腔乐府点板曲响大明春·六院汇选江湖方语》:"咬人,乃吃饭也。"

【咬舌头】《切口大词典·盗贼类·拐匪之切口》:"咬舌头:同为拐匪而从中作梗也。"《清门考原·各项切口》:"咬舌头,同为拐匪,从中作梗也。"

【咬手】 ①《新刻江湖切要·人事类》:"是非曰咬手。"《切口大词典·星相类·立墙壁相面之切口》:"咬手:有是非口舌也。"清傅崇矩《成都通览·成都之江湖言词·人事类》:"是非:咬手。"②《切口大词典·衙卒类·幕宾之切口》:"咬手:办公事也。"

【咬雪】 卫大法师《江湖话·红帮闽粤及南洋各地通行隐语》:"老将:咬雪。"李子峰《海底·闽粤及南洋各地通行之隐语》:"老将:咬雪。"

【咬云】 平山周《中国秘密社会史·三合会隐语》:"发曰青丝。豚曰毛瓜,豚肉曰白瓜,已燔之豚肉曰金瓜,曰红瓜。牛肉曰大菜,盐牛肉曰一把菜。狗曰蚊。鱼曰穿浪,曰摆尾,盐鱼曰咸筝,曰丫鬟。米曰沙,煮饭曰打沙,吃饭曰耕沙。鸦片曰云游,吃鸦片曰咬云。茶曰青莲。水曰三河。油曰洪顺。茶碗曰莲蕊。酒杯曰莲米。"《家里宝鉴·隐语》:"吃阿片曰'咬云,熏管子'。"金老佛《三教九流江湖秘密规矩·三合会之隐语》:"阿片曰云游,吃阿片曰咬云。"施列格《天地会研究·洪家口白要诀》:"咬云,食鸦片。"

【咬字】《梨园话》:"咬字:念白清楚谓之'咬字'。"

【窈里】《切口大词典·赌博类·做花会之切口》:"窈里:做花会之处也。"

【药布】《切口大词典·商铺类·布疋业之切口》:"药布:印花布也。"

【药花】《切口大词典·商铺类·地货业之切口》:"药花:十也。"《切口大词典·商铺类·皮裘业之切口》:"药花:十也。"《切口大词典·商铺类·丝经业之切口》:"药花:十也。"《切口大词典·医药类·参燕业之切口》:"药花:十也。"

【要】 ①《清门考原·各项切口》:"要,譬如党与非党赌,党中人,既有大牌,适缺某张,不克成对。成顺者,则施其动作符号,执有此张之党人,即以飞张送之,名曰要。"②金老佛《三教九流江湖秘密规矩·青帮与红帮·江湖与海湖》:"此九流以外又有所谓四大江湖,四大海湖。四大江湖,即风火雀要。四大海湖,即金皮飘择是也。凡花言巧语,骗人做官,而从中攫钱者为风。凡骗人配药炼金,或烧铅炼汞而没其金珠者为火。凡化缘建庙,乘鹤来仪而有邪术者为雀。要挟硬诈者为要。金皮飘择,即算命测字之流。皆以术骗取他人之财物者,此虽同属与江湖,而出于九流之外者也。"③清傅崇矩《成都通览·成都之各行人买卖通用言词·青果小菜行一切零碎买卖通用言词》:"八,要。"

【要菜】《梨园话》:"要菜:不知自量,谓之'要菜'。[附记]吾人在饭馆要菜,为最乐事。今梨园则以'要菜'一语,喻不应为者而为之,谓之'要菜'。如寻常伶人演剧时,效名角所为,令人在场上与彼预备茶水手巾,与各种杂品,或唱时自添花样,皆谓之'要菜'也。"

【要喷了】 云游客《江湖丛谈·江湖之春点·江湖艺人传·去平留津的大金牙》:"江湖人管洋枪调侃叫喷子;要枪毙了,调侃叫要喷了。"

【要千】《新刻江湖切要·兵备类》:"棍:要千;[增]挺老。"

【要水火簧】 云游客《江湖丛谈·江湖之春点·江湖中的卖点之内幕》:"欲知人有钱没钱,由谈话里猜出来,那按行话叫要水火簧。"

【要苏】 明程万里《鼎锲徽池雅调南北官腔乐府点板曲响大明春·六院汇选江湖方语》:

"要苏，乃小便也。"

【鹞子】《新刻江湖切要·鸟兽虫鱼类》："鸽：鹞子。"

【耀壁】《切口大词典·商铺类·古董业之切口》："耀壁：字对也或轴子。"

【耀光】①《行院声嗽·天文》："日月：耀光。"②《切口大词典·商铺类·押当业之切口》："耀光：金钢钻也。"③《切口大词典·手艺类·赏彩业之切口》："耀光：玻璃灯也。"

【耀货】《新刻江湖切要·人事类》："卖曰嫁；耀货；倘削。"

【耀台】《切口大词典·工匠类·锡匠之切口》："耀台：烛台也。"

【耀圆】《切口大词典·工匠类·扎花匠之切口》："耀圆：洋珠也。"

【耀帐】《切口大词典·商铺类·顾绣业之切口》："耀帐：床帏也。"

ye

【爷们】①《清门考原·各项切口》："爷们，上下谈话，彼此之称。"②刘联珂《中国帮会三百年革命史·清门切口》："爷们，上下彼此之称。"

【爷叔】①《切口大词典·党会类·小瘪三之切口》："爷叔：头目也。小瘪三及新人伴者，咸呼之，犹帮中之呼老头子也。"②《切口大词典·乞丐类·乞丐之切口》："爷叔：老乞丐也或所拜之师也。"

【也儿】《切口大词典·医药类·施药郎中之切口》："也儿：忧愁也。"

【野货】《切口大词典·巫卜类·巫婆之切口》："野货：外方之鬼也。"

【野鸡】《切口大词典·娼妓类·雉妓之切口》："野鸡：雉妓也。"

【野鸡生意】《清门考原·各项切口》："野鸡生意，当日不作此项买卖，偶一为之，名曰野鸡生意。"

【野客】《切口大词典·杂业类·花业之切口》："野客：野蔷薇花也。"

【野毛子】卫大法师《江湖话·红帮各地通行隐语·人类一般》："他帮土匪：野毛子，外马子。"李子峰《海底·各地通行隐语》："他帮土匪：野毛子；外马子。"

【野皮子】卫大法师《江湖话·红帮各地通行隐语·各种行业类》："祝由科尽符治病：野皮子，于头子。"

【野支行】李子峰《海底·各地通行隐语》："祝由科书符治病：野支行；于头子。"

【叶瓣】《切口大词典·行号类·砖灰行之切口》："叶瓣：纸筋也。"

【叶锋】《切口大词典·役夫类·屠夫之切口》："叶锋：斧也。"

【叶苗】《新刻江湖切要·草木百果五谷类》："菜：苗稀；破屑，又曰地青；叶苗。"

【叶象】《切口大词典·工匠类·刻字匠之切口》："叶象：招牌也。"

【叶子】①卫大法师《江湖话·安庆隐语》："普通衣：叶子。"卫大法师《江湖话·红帮各地通行隐语·其他用具对象类》："绸缎：片子；滑溜疋子；衣服总称叶子。"李子峰《海底·各地通行隐语》："衣服总称：叶子。"②卫大法师《江湖话·红帮各地通行隐语·店钱及其他》："衣店：叶子。"③卫大法师《江湖话·红帮各地通行隐语·其他用具对象类》："表：叶子。"④《江湖走镖隐语行话谱》："大袄：条架子；叶子；条。"⑤《切口大词典·赌博类·麻雀赌之切口》："叶子：麻雀牌也。"⑥《切口大词典·工匠类·打金箔匠之切口》："叶子：金箔也。"⑦《切口大词典·乞丐类·送字求乞之切口》："叶子：纸头也。"《切口大词典·星相类·鸟衔算命之切口》："叶子：牌纸也。"《切口大词典·衙卒类·侦探之切口》："叶子：牌九或麻雀总称也。"⑧贝思飞《民国时期的土匪隐语》："叶子：人质（河南）；服装及其饰物。"

【叶子朝阳】《切口大词典·盗贼类·对买贼之切口》："叶子朝阳：皮货店也。"

【叶子挂得火】①卫大法师《江湖话·安庆隐语》："衣漂亮：叶子挂得火。"卫大法师《江湖话·安庆隐语》："穿得好：叶子挂得火。"

【页】《切口大词典·商铺类·布疋业之切口》："页：九也。"

【夜捱】《新刻江湖切要·官职类》："照磨：

井六孤；混六；［广］夜捱。"

【夜半光】《切口大词典·商铺类·香烛业之切口》："夜半光：十二两重之烛也。"

【夜叉行】《江湖走镖隐语行话谱》："把式：夜叉〖义〗行。"

【夜合皮】《切口大词典·医药类·摆草药摊之切口》："夜合皮：合欢花皮也，治肺痈吐浊涎。"

【夜明】《新刻江湖切要·鸟兽虫鱼类》："猫：将寅；穿梁；夜明。"

【夜扇】①《镖行江湖隐语行话秘典》："门开一扇，关一扇，为夜扇。"②《镖行江湖隐语行话秘典》："宅子以前为山前，宅子以后为山后，宅子以东为夜扇，宅子以西为靠扇。"③《江湖走镖隐语行话谱》："开门：夜扇。"④《江湖走镖隐语行话谱》："门左：夜扇。"

【夜厢】《切口大词典·娼妓类·雉妓之切口》："夜厢：嫖客之住夜者。"

【夜衣】卫大法师《江湖话·红帮各地通行隐语·居住用品类》："被：拖棚子；夜衣；归帐子；扑风子。"李子峰《海底·各地通行隐语》："被：夜衣；归帐子；扑风子。"

【夜游子】《新刻江湖切要·鸟兽虫鱼类》："鼠：夜游子；老念牙。"

yi

【一把菜】平山周《中国秘密社会史·三合会隐语》："发曰青丝。豚曰毛瓜，豚肉曰白瓜，已燔之豚肉曰金瓜，曰红瓜。牛肉曰大菜，盐牛肉曰一把菜。狗曰蚊。鱼曰穿浪，曰摆尾，盐鱼曰咸筝，曰丫鬟。米曰沙，煮饭曰打沙，吃饭曰耕沙。鸦片曰云游，吃鸦片曰咬云。茶曰青莲。水曰三河。油曰洪顺。茶碗曰莲蕊。酒杯曰莲米。"卫大法师《江湖话·红帮各地通行隐语·饮食用品类》："熏牛肉：一把菜。"《家里宝鉴·隐语》："黑牛肉曰'一把菜'。"金老佛《三教九流江湖秘密规矩·三合会之隐语》："牛肉曰大菜，盐牛肉曰一把菜。"李子峰《海底·各地通行隐语》："盐牛肉：一把菜。"

【一把死唱】《梨园话》："一把死唱：歌腔呆板，毫无韵味，谓之'一把死唱'。"

【一把揸】《新刻江湖切要·乐器类》："笙：一把揸。"

【一把抓】《切口大词典·盗贼类·偷鸡贼之切口》："一把抓：手也。"

【一百八】《家里宝鉴·隐语》："天为'三六'，地为'七二'，合数一百八代'会'字，一百八为'大总理'。"

【一百零八两】清傅崇矩《成都通览·成都之呼物混名》："一百零八两：监生也。"

【一斑】《切口大词典·商铺类·皮裘业之切口》："一斑：虎皮也。"

【一榜】《切口大词典·工匠类·成衣匠之切口》："一榜：偷料一尺也。"

【一步登天】《切口大词典·党会类·红帮之切口》："一步登天：有殊特之势力钱财功勋，而为大爷。"

【一差牙齿】明田汝成《西湖游览志馀·委巷丛谈》："《白獭髓》言，杭俗浇薄，语年甲则曰年末，语居止则曰只在前面，语家口则曰一差牙齿，语仕禄则曰小差遣。"

【一尺】①《新刻江湖切要·时令类》："寅月等称太显，今改太阴。如正月，秋寅太阴，余仿此。一岁曰一尺，十岁曰丈，十几岁曰丈几尺，几十岁曰几丈几尺。"②清傅崇矩《成都通览·成都之袍哥话即江湖话也》："一寸水，百金以上为一寸，千金为一尺，言劫人之银数也。"

【一冲头】《梨园话》："一冲头：戏园中，自开锣至终场，所演皆为文戏，而不演武戏者，谓之'一冲头'。"

【一寸】①《切口大词典·役夫类·航船夫之切口》："一寸：十元也。"②清傅崇矩《成都通览·成都之袍哥话即江湖话也》："一寸水，百金以上为一寸，千金为一尺，言劫人之银数也。"

【一大】《新刻江湖切要·天文类》："天：乾公；[广] 一大；轻清；无外；云表；兼容并包；司覆公；高明君。"《江湖切口要诀》(尺牍增附本)："天：乾公。[广] 一大；轻清；无外。"《切口大词典·杂流类·卖西洋镜之切口》："一大：天也。"

【一担】《清门考原·各项切口》："步步紧，交易成就，不取现款，订明分期缴纳，即步步紧。长短：市侩之言长短，犹言多少也。如言某物须要水饼长短，不言必要银元多少也。又每银十元，曰水饼一两，每银百元水饼一斤；千元一担也。"

【一点不里腥】 云游客《江湖丛谈·江湖之春点·三不管中挑将汗的生意》："一点不里腥，一点不假。"

【一点红】 《切口大词典·商铺类·笔墨业之切口》："一点红：笔尖红一点之水笔也。"

【一翻】 《切口大词典·优伶类·武行中之切口》："一翻：接头时翻一个筋斗也。"

【一分】 《切口大词典·役夫类·航船夫之切口》："一分：一元也。"

【一个包口】 云游客《江湖丛谈·江湖之春点·江湖中挑遁子汗的》："江湖人，对于他们做什么生意，由圆好了年子起，滔滔不断，振振有词，卖弄钢口，一件件，一桩桩，说到了卖钱了，调侃儿叫一个包口。"

【一个二毫】 《切口大词典·娼妓类·粤妓之切口》："一个二毫：一圆二角也。一圆之外，咸以个字代门字。"

【一根堂】 《清门考原·各项切口》："一根堂，一人也。多则以数类推。"朱琳《洪门志·春典子琐记·人事》："一人，称流丁，又称一根堂。"

【一挂】 《镖行江湖隐语行话秘典》："一挂：一百吊。"

【一拐】 《镖行江湖隐语行话秘典》："一拐，五十吊。"

【一棵菜】 《梨园话》："一棵菜：锣鼓把子无丝毫错乱，谓之'一棵菜'。[附记]凡击锣鼓者，其点子须与剧中当时情节及脚色之身段相合，打武把子者本为二人，而极齐整，如一棵菜然，故名曰'一棵菜'。"

【一口吞】 《切口大词典·盗贼类·拐匪之切口》："一口吞：将妇女小孩绝卖于人也。"《清门考原·各项切口》："一口吞，拐匪将妇女卖绝之称。"

【一粒金丹】 贝思飞《民国时期的土匪隐语》："一粒金丹：子弹。"

【一两】 施列格《天地会研究·洪家口白要诀》："一两，十人。"

【一路通】 ①《切口大词典·盗贼类·拐匪之切口》："一路通：拐匪之有本领者。" ②《清门考原·各项切口》："一路通，拐匪之帮忙人也。"

【一轮转】 《行院声嗽·时令》："十二年：一轮转。"

【一门】 《切口大词典·娼妓类·粤妓之切口》："一门：犹言一圆也。"

【一名受廛】 《新刻江湖切要·宫室类》："店：一名受廛。"

【一木】 《新刻江湖切要·娼优类》："末：一木。"清傅崇矩《成都通览·成都之江湖言词·娼优类》："末：一木。"《切口大词典·星相类·铁板算命之切口》："一木：未时也。"

【一姊同】 《江湖走镖隐语行话谱》："袍子：一姊同。"

【一念团】 《江湖走镖隐语行话谱》："不叫说：一念团。"

【一盆花】 《切口大词典·盗贼类·拐匪之切口》："一盆花：拐匪称被拐之妇女也。"《清门考原·各项切口》："一盆花，被拐之女。养在家曰一盆花。"

【一蓬风】 《切口大词典·乞丐类·乞丐之切口》："一蓬风：勇往无前也。"

【一品】 《镖行江湖隐语行话秘典》："一品：卅吊。"

【一平】 《切口大词典·商铺类·金银业之切口》："平：计金子之数也。一平是金子七条，一条计十两。如做标金，必以一平为单位。"

【一平马】 施列格《天地会研究·洪家口白要诀》："一平马，一百人。"

【一齐登高招手】 《镖行江湖隐语行话秘典》："贼人从四面而来，俗说，四面风紧，一齐登高招手。"

【一千头】 《切口大词典·役大类·樵大之切口》："一千头：蛇也。"

【一钱】 施列格《天地会研究·洪家口白要诀》："一钱，一人。"

【一抢药】 《清门考原·各项切口》："一抢药，只有一次本钱也。"

【一巧】 《镖行江湖隐语行话秘典》："一巧，七十吊。"

【一拳石】 《新刻江湖切要·地理类》："山：土高；地高；[广]触土；地出头；巫峰；

老峙；登东；艮公；如砺；禹随；一拳石。"《江湖切口要诀》(尺牍增附本)："山：土高；[广]地高；触地；地出头；巫峰；老峙；登东；艮公；如砺；禹随；一拳石。"清傅崇矩《成都通览·成都之江湖言词·地理类》："山：土高，地高，触土，地出头；巫峰；老峙；登东，艮公；如砺；禹随；一拳石。"

【一声雷】《切口大词典·赌博类·摇宝赌之切口》："一声雷：注着吃重之时，假言捉赌，于是注客惊慌，遂增减子数，反败为胜，老迁不愿为也。"

【一顺边】①《梨园话》："一顺边：唱时不分上下句，所落之腔亦与前同，故名'一顺边'。"②《切口大词典·优伶类·腔调上之切口》："一顺边：重一下句之腔，谓之一顺边。"

【一太阳】《切口大词典·巫卜类·道士之切口》："一太阳：做一日之功德也。"

【一唐】《镖行江湖隐语行话秘典》："一唐，为廿吊。"

【一堂香】卫大法师《江湖话·红帮各地通行隐语·店钱及其他》："一个人：一堂香。"

【一天】清傅崇矩《成都通览·成都之江湖言词·天文类》："天：乾公；一天；轻清；无外；云表；兼容；并包；司覆公；高明君。"

【一条边】《切口大词典·手艺类·兜带业之切口》："一条边：方阔且长之兜也。"

【一条篙】清傅崇矩《成都通览·成都之江湖言词·器用类》："箸：一条篙；木棒；迁杖；条达。"

【一条夯】云游客《江湖丛谈·江湖之春点·评书界艺人曹卓如》："江湖人管一种嗓子，似哑不哑，不能变嗓音说话，调侃叫一条夯。"

【一条龙】《切口大词典·役夫类·樵夫之切口》："一条龙：扁担也。"

【一头热】《切口大词典·娼妓类·茶室之切口》："一头热：客以真情向妓，而妓以假者御之也。"

【一湾】《镖行江湖隐语行话秘典》："一湾，九十吊。"

【一苇】宋陈元靓《事林广记·续集·绮谈市语·器用门》："小舟：舻艋；一苇。"

【一线进】《切口大词典·盗贼类·越墙贼之切口》："一线进：贼众抵事主门口依次从墙上扒至院中也。"

【一心苗子】卫大法师《江湖话·红帮各地通行隐语·饮食用品类》："葡萄：一心苗子；地钉子；得胜哥。"

【一腥到底】云游客《江湖丛谈·江湖之春点·天桥的卦摊》："他们算卦的，若是净会使手段，使腥盘，使簧头，不明白数学的数理，就叫一腥到底。"

【一一】《切口大词典·商铺类·丝经业之切口》："一一：减少也。"

【一丈】《江湖走镖隐语行话谱》："十岁：一丈。"

【一丈红】《切口大词典·杂业类·花业之切口》："一丈红：葵花也。"

【一支枪】《切口大词典·杂流类·堂名之切口》："一支枪：拜客时所吹之腔也。"

【一枝金枪】《切口大词典·医药类·摆草药摊之切口》："一枝金枪：黄精也。补中益气，润心益脾，兼治五劳七伤，山谷土肥之处具有。"

【一只豆】《清门考原·各项切口》："一只豆，小也。"

【一只角】《清门考原·各项切口》："一只角，中也。"

【一只牌】《清门考原·各项切口》："一只牌，大也。"

【一转儿】云游客《江湖丛谈·江湖之春点·天桥的评书场子》："评书界的演员，每至一个书馆，要说一部书，向例是说六十天，两个月才能将书听完。好听评书的人，只要爱听，不论哪套书，也得听两个月。管两个月的书，说行侃叫一转儿。"

【一字】《切口大词典·优伶类·髯口之切口》："一字：剪平之髯也。演《红梅阁》之副净用之。"

【一宗钱】清傅崇矩《成都通览·成都之各行人买卖通用言词·谷米杂粮过斗六成行通用言词》："一宗钱就是一个。"

【伊】①《新刻江湖切要·人事类》："你曰伊。"《切口大词典·星相类·量手算命之切口》："伊：你也。"清傅崇矩《成都通览·成都之江湖言词·人事类》："你：伊。"

②清翟灏《通俗编·识余·市语·线行》："线行：一田，二伊，三寸，四水，五丁，六木，七才，八戈，九成。"

【伊儿】《行院声嗽·人物》："你：伊儿。"

【衣】卫大法师《江湖话·各行业商帮所用数目字隐语·重庆通行言词·小菜》："田：一。衣：二。寸：三。水：四。丁：五。木：六。才：七。共：八。底：九。"《切口大词典·商铺类·银楼业之切口》："衣：二也。"《切口大词典·行号类·铜锡行之切口》："衣：二也。"

【衣公】《切口大词典·行号类·茧行之切口》："衣公：二质蚕也。"

【衣黄】《切口大词典·商铺类·颜料业之切口》："衣黄：赭石也。"

【衣扎】《切口大词典·商铺类·染色业之切口》："衣扎：专染零碎布匹之染坊也。"

【医伤腿】《切口大词典·盗贼类·拐匪之切口》："医伤腿：罚款也。"

【依苗苗草】清傅崇矩《成都通览·成都之袍哥话即江湖话也》："依苗苗草，一也。"

【壹尺水】卫大法师《江湖话·红帮各地通行隐语·店钱及其他》："百元：壹尺水。"

【壹寸水】卫大法师《江湖话·红帮各地通行隐语·店钱及其他》："拾元：壹寸水。"

【壹分水】卫大法师《江湖话·红帮各地通行隐语·店钱及其他》："壹元：壹分水。"

【挹川】①《切口大词典·衙卒类·作作之切口》："挹川：勒毙也。"②清傅崇矩《成都通览·成都之江湖言词·生死类》："吊死：线川；挹川。"

【仪】卫大法师《江湖话·各行业商帮所用数目字隐语·成都通行言词·唱剧道士端公，乐户等通用》："姑：一。仪：二。䏶：三。符：四。瞮：五。傲：六。黑：七。䏶：八。拘：九。按十以上则加'丁'字，加'姑丁仪'为'一百二十元'。'拘丁瞮'为'九千八百元正'。"清傅崇矩《成都通览·成都之各行人买卖通用言词·戏班子道士端公吹手纸火通用言词》："二，仪。"

【饴子】《切口大词典·手艺类·吹糖人之切口》："饴子：糖也。"

【宜男】《切口大词典·医药类·摆草药摊之切口》："宜男：萱草也，能治大便后血。"

【宜霜】宋陈元靓《事林广记·续集·绮谈市语·花木门》："芙蓉：宜霜。"

【胰子】《切口大词典·商铺类·竹器业之切口》："胰子：肥皂也。"

【疑】《江湖切口要诀》(尺牍增附本)："风：丢(去)子；[广]入微；透骨；和熏；骤吼；狂呼；疑；从虎；狂且，偃草；吹枯生；扫云；折朽子。[又广]起风为摆丢。"

【疑□】清傅崇矩《成都通览·成都之江湖言词·天文类》："风：丢子；入微；透骨；和薰；骤吼；狂呼；疑□；从虎；狂且，偃草；吹枯生；扫云；折朽子([广]起风为摆丢)。"

【疑虎】《新刻江湖切要·天文类》："风：丢子；[入微]透骨；和薰；骤吼；狂呼；疑虎；从虎；狂且，偃草；吹枯生；扫云；折朽子；[又广]起风为摆丢。"

【疑霖】《新刻江湖切要·天文类》："雾：迷津；[广]天；隔面；杏花雨；如烟；疑霖；迷离。[广]起雾为披迷，又曰排烟帐。"《江湖切口要诀》(尺牍增附本)："雾：迷津。[广]夭；隔面；杏花雨；如烟；疑霖。[广]迷离。起雾为披迷，又曰排烟帐。"清傅崇矩《成都通览·成都之江湖言词·天文类》："雾：迷津；隔面；杏花雨；如烟；疑霖；迷离。起雾为披迷，又曰排烟帐。"

【疑絮】《新刻江湖切要·天文类》："雪：飞六；[广]出六；疑絮；天盐。雪珠为集先，落雪为摆飞，又为排六。"《江湖切口要诀》(尺牍增附本)："雪：飞六。[广]出六；疑絮；天盐。雪珠为集先，落云为摆飞，又为排六。"《切口大词典·巫卜类·蛤壳测字者之切口》："疑絮：雪也。"清傅崇矩《成都通览·成都之江湖言词·天文类》："雪：飞六；出六；疑絮；天盐。"

【乙通】《新刻江湖切要·官职类》："异䐃：乙通；[广]径通。"

【乙字】《切口大词典·杂业类·铁器店之切口》："乙字：钩子也。"

【已才】《新刻江湖切要·人事类》："配妻曰已才。"清傅崇矩《成都通览·成都之江湖言词·人事类》："配妻：已才。"

【已川】《切口大词典·星相类·拉和琴算命之切口》："已川：蛇咬而死也。"

【已欠】清傅崇矩《成都通览·成都之江湖言

yi

词·生死类》》："生孙：已欠。"

【以巴】 清傅崇矩《成都通览·成都之袍哥话即江湖话也》："以巴：毛也。"

【以赤松游】《新刻江湖切要·人物类》："店官：朝阳通；山中人真八；［广］以赤松游。"

【义】 卫大法师《江湖话·各行业商帮所用数目字隐语·重庆通行言词·买猪》："又名猪肉为'大'，即问'这大多少钱一斤'？则回答；若问'这猪肉多少钱一斤'？则不回答你。高：一。明：二。韩：三。苏：四。大：五。雍：六。草：七。梅：八。湾：九。高十。许：一。欠：二。川：三。义：四。土五。告：六。照：七。毛：八。求：九。许十。卫大法师《江湖话·各行业商帮所用数目字隐语·重庆通行言词·古董，旧五金，估衣，改裁，荒担，经纪，过活，旧棉絮（重庆教场口，鼎新街，估衣街，关津巷通用）》："高：一。明：二。韩：三。苏：四。大。五：雍。六：草。七：梅。八：湾。九。高：十。许：一。欠：二。川：三。义。四。土：五。告：六。照：七。毛：八。求。九。许：十。"

【义罗】《镖行江湖隐语行话秘典》："裤子，为义罗。"

【义子】《兽医串雅杂钞》："针扎子，叫灯笼。刀，叫青子。针，叫义子。火针，叫火托。"

【义字】《兽医串雅杂钞》："骡叫'○字（子）'。牛叫'义字（子）'，驴叫'鬼字（子）'。"

【义】 卫大法师《江湖话·各行业商帮所用数目字隐语·其他·安徽》："才：一。元：二。汉：三。江：四。水：五。仁：六。义：七。楚：八。云：九。山：十。"

【义伯】 施列格《天地会研究·洪家口白要诀》："义伯，老者。"

【义儿】 ①《切口大词典·衙卒类·侦探之切口》："义儿：裤子也。"②《切口大词典·衙卒类·侦探之切口》："义儿：指所捉之盗，系妇女也。"

【义李子】《清门考原·各项切口》："义李子，画符治病，能知病源。"

【义罗】 学古堂《江湖行话谱·行意行话》："裤子，为义罗。"

【义木】 学古堂《江湖行话谱·行意行话》："筷子，为义木。"

【义生】《新刻江湖切要·亲戚类》："朋友曰义生。"

【义兄】 施列格《天地会研究·洪家口白要诀》："义兄，同等者。"

【艺不错转】 云游客《江湖丛谈·江湖之春点·三不管的相声场儿》："江湖人管艺人有特别的本领，调侃儿叫艺不错转。"云游客《江湖丛谈·江湖之春点·天桥的坠子场子》："这个转字，是能挣钱的侃儿。艺不错转，就是艺术定有高超的意思。"

【忆多娇】 明田汝成《西湖游览志馀·委巷丛谈》："有曰四平市语者，以一为忆多娇，二为耳边风，三为散秋香，四为思乡马，五为误佳期，六为柳摇金，七为砌花台，八为霸陵桥，九为救情郎，十为舍利子，小为消梨花，大为朵朵云，老为落梅风，讳低物为鞔，以其足下物也。"

【邑】 宋陈元靓《事林广记·续集·绮谈市语·天地门》："县：邑；郭。"

【邑庠】 宋陈元靓《事林广记·续集·绮谈市语·宫殿门》："县学：邑庠。"

【易矿子】 卫大法师《江湖话·江湖上的隐语·普通隐语》："吐血：易矿子。"

【易丘】《新刻江湖切要·工匠类》："锡匠：蜡丘；易丘。"清傅崇矩《成都通览·成都之江湖言词·工匠类》："锅（锡）匠：蜡丘；易丘。"《切口大词典·工匠类·锡匠之切口》："易丘：锡匠也。"

【益马勒】《清门考原·各项切口》："益马勒，道德也，云人死无益马勒不见圣人。"

【意】 ①《切口大词典·商铺类·另剪业之切口》："意：六也。"②《切口大词典·手艺类·裱画业之切口》："意：一也。"

【意怪】《切口大词典·医药类·施药郎中之切口》："意怪：难堪也，痛不禁也。"

【意挣】《行院声嗽·人事》："吃惊：意挣。"

【鹢头】《切口大词典·役夫类·舟夫之切口》："鹢头：船头也。"

【翼平子】《切口大词典·盗贼类·水面贼之切口》："翼平子：楫也。"

yin

【因哥延年】《新刻江湖切要·疾病类》:"杨梅疮:因哥延年;该名果子延年。"清傅崇矩《成都通览·成都之江湖言词·疾病类》:"杨梅疮:因哥延年;果子延年。"

【阴地】 清唐再丰《鹅幻汇编·江湖通用切口摘要》:"庙内挂张曰阴地。"《切口大词典·巫卜类·文王课之切口》:"阴地:庙宇挂张之谓也。"《清门考原·各项切口》:"阴地,在庙宇内挂张。"清唐再丰《鹅幻汇编·江湖通用切口摘要》:"庙宇曰阴地。"卫大法师《江湖话·江湖上的隐语·普通隐语》:"庙宇:阴地。"金老佛《三教九流江湖秘密规矩·日常用语》:"庙宇曰阴地。"

【阴洞子】《镖行江湖隐语行话秘典》:"井为阴洞子。"学古堂《江湖行话谱·保镖护院行话概略》:"井为阴洞子。"

【阴功】《切口大词典·娼妓类·粤妓之切口》:"阴功:捉狭也。"

【阴孤】《新刻江湖切要·官职类》:"按察:右孤;阴孤。"

【阴光】《切口大词典·星相类·星家之切口》:"阴光:月也。"

【阴花】《切口大词典·杂业类·米店之切口》:"阴花:糯米之又一种也。"

【阴积】《切口大词典·医药类·医小孩痨症者之切口》:"阴积:积食痨也。"

【阴锣】《切口大词典·优伶类·锣鼓之切口》:"阴锣:如《捉放曹》,杀家逃走时用之。"

【阴络】《切口大词典·工匠类·打锡箔匠之切口》:"阴络:浇锡器也。"

【阴码子】 卫大法师《江湖话·红帮各地通行隐语·人类一般》:"女人:才老茂;阴码子。"

【阴皮朝阳】《切口大词典·盗贼类·对买贼之切口》:"阴皮朝阳:纸扎店也。"

【阴人】《切口大词典·巫卜类·巫婆之切口》:"阴人:事主人家已故之人也。"

【阴身】《切口大词典·役夫类·脚夫之切口》:"阴身:女客人也。"

【阴损】《切口大词典·乞丐类·乞丐之切口》:"阴损:在暗中设法损害之也。"

【阴堂】《切口大词典·乞丐类·乞丐之切口》:"阴堂:神庙也。"

【阴套】《切口大词典·商铺类·刷染业之切口》:"阴套:女袄也。"

【阴昑公】 清傅崇矩《成都通览·成都之江湖言词·身体类》:"骨:枯枝;阳春金星;缩头生;阴昑公:北风。"

【阴阳生】《新刻江湖切要·官职类》:"太监:寸判通;念二;廿奄;[广]阴阳生;无聊。"

【阴宗】《新刻江湖切要·天文类》:"月:太阴;[广]阴宗;东升;兔窟;蟾;冰轮;离毕;秋倍明。"《江湖切口要诀》(尺牍增附本):"月,太阴;[广]阴宗;东升;兔窟;蟾;冰轮;离毕;秋倍明。"《切口大词典·星相类·鸟衔算命之切口》:"阴宗:月也。"《切口大词典·杂流类·卖西洋镜之切口》:"阴宗:月亮也。"清傅崇矩《成都通览·成都之江湖言词·天文类》:"月:太阴;阴宗;东升;兔窟;蟾;冰轮;离毕;秋倍明。"

【荫】《镖行江湖隐语行话秘典》:"松林为荫。"

【音】 卫大法师《江湖话·各行业商帮所用数目字隐语·成都通行言词·药材行》:"音:一。色:二。春:三。水:四。岸:五。芸:六。里:七。池:八。千:九。"清傅崇矩《成都通览·成都之各行人买卖通用言词·药材行通用言词》:"一,音。"

【音岸】 清傅崇矩《成都通览·成都之各行人买卖通用言词·药材行通用言词》:"音岸,一十五。"

【姻才】《新刻江湖切要·亲戚类》:"亲母:姻才,又计星。"

【姻臣】 宋陈元靓《事林广记·续集·绮谈市语·君臣门》:"国戚:贵介;姻臣。"

【姻官】《新刻江湖切要·亲戚类》:"亲翁:姻官;又罗星。"

【鉴科子】 云游客《江湖丛谈·江湖之春点·江湖骗术之闯啃法》:"管小孩调侃叫鉴科子。"

【银】 卫大法师《江湖话·各行业商帮所用数目字隐语·成都通行言词·糖行》:"兴:

一。么；二。咎；三。非；四。银；五。天；六。线；七。来；八。足；九。"

【银□】 宋陈元靓《事林广记·续集·绮谈市语·器用门》："灯；银□；烛奴。"

【银箔】 《切口大词典·商铺类·颜料业之切口》："银箔：锡金也。"

【银带】 《切口大词典·行号类·海鱼行之切口》："银带：带鱼也。"

【银方子】 《切口大词典·医药类·卖药糖者之切口》："银方子：银角子也。"

【银锋】 《切口大词典·商铺类·皮裘业之切口》："银锋：银鼠皮也。"

【银钩】 ①《切口大词典·商铺类·皮裘业之切口》："银钩：羊皮毛如之钩者。"②宋陈元靓《事林广记·续集·绮谈市语·文房门》："书；银钩；妙札。"

【银钩毛儿细】 《切口大词典·盗贼类·爬儿手之切口》："银钩毛儿细：菜豆芽也。"

【银花】 《切口大词典·商铺类·爆竹业之切口》："银花：大号花爆竹也,俗呼花筒。"

【银价买谷子】 清傅崇矩《成都通览·成都之各行人买卖通用言词·六成行通用言词》："银价买谷子,'代耳'就是二两六钱,'代令'就是二两八钱,买成'冒代人'即是三两二钱五。"

【银鳞】 《切口大词典·行号类·鲜鱼行之切口》："银鳞：鳞鱼也。"

【银菱子】 《切口大词典·行号类·棉花行之切口》："银菱子：最白之棉花也。"

【银面】 《切口大词典·行号类·咸货行之切口》："银面：带鱼也。"

【银爬子】 《切口大词典·盗贼类·剪绺贼之切口》："银爬子：银元也。"

【银丝】 《切口大词典·工匠类·打面匠之切口》："银丝：细面也。"

【银踏蹬】 《切口大词典·优伶类·戏盔之切口》："银踏蹬：式同金踏蹬,惟金用银花,及白绒球。"

【银台】 《切口大词典·赌博类·摇宝赌之切口》："银台：司检验估值银元、钞票、金珠宝饰之真赝价值者。"

【银屑】 《切口大词典·商铺类·颜料业之切口》："银屑：铅粉也。"

【银杏】 《切口大词典·商铺类·南货业之切口》："银杏：白果也。"

【银牙蓬】 学古堂《江湖行话谱·江湖行话》："傀儡牵丝木人戏法,曰银牙蓬。"

【银针】 ①《切口大词典·行号类·茶叶行之切口》："银针：茶叶细如针也。"②《切口大词典·行号类·鲜鱼行之切口》："银针：白眼鳢也。"

【银纸】 《切口大词典·娼妓类·粤妓之切口》："银纸：钞票也。"

【银主】 《切口大词典·赌博类·摇宝赌之切口》："银主：外人投股之股东也。"

【银子蓬】 卫大法师《江湖话·红帮各地通行隐语·各种行业类》："大木人戏：地吼子；银子蓬。"卫大法师《江湖话·江湖上的隐语·李子隐语》："傀儡戏(牵丝木人)：银子蓬。"李子峰《海底·各地通行隐语》："大木人戏：地吼子；银子蓬。"清唐再丰《鹅幻汇编·江湖通用切口摘要》："傀儡牵丝(线)木人戏(俗名地吼戏)曰银子篷。"《切口大词典·武术类·地吼戏之切口》："银子篷：木人头戏也,与傀儡戏同,但其物陋艺拙耳。"《清门考原·各项切口》："银子篷,傀儡；牵丝；木人戏也。俗名地裏戏。"金老佛《三教九流江湖秘密规矩·江湖通用切口》："傀儡牵丝木人戏俗名地吼戏曰银子篷。"

【寅川】 ①《新刻江湖切要·生死类》："虎死；寅川。"清傅崇矩《成都通览·成都之江湖言词·生死类》："虎死；寅川。"②《切口大词典·星相类·拉和琴算命之切口》："寅川：虎伤也。"

【寅老】 《新刻江湖切要·鸟兽虫鱼类》："虎；喊老；猛子；寅老；班虫。"

【寅月】 《新刻江湖切要·时令类》："正月；寅月。"

【引】 《切口大词典·优伶类·腔调上之切口》："引：引子,即上场白,有腔调规则者也。词句多者谓之大引,或曰双引,词句少者,谓之小引,或谓单引。"

【引把】 《切口大词典·赌博类·抽签赌之切口》："引把：嫁作有钱之呆汉,以博傍人之下注者。"

【引春水】 《清门考原·各项切口》："引春水,卖春药也。"

【引道】《切口大词典·役夫类·门夫之切口》:"引道:门帖也。"

【引风】《新刻江湖切要·乐器类》:"箫:坚龙;火通;增曰引风。"

【引乐】《切口大词典·医药类·卖春药治毒疮者之切口》:"引乐:春药也。"

【引落】《新刻江湖切要·文具类》:"拐杖:引落;改曰持危。"

【引鸟含】《切口大词典·商铺类·山货业之切口》:"引鸟含:樱桃也。"

【引水】①《切口大词典·党会类·女拆白党之切口》:"引水:凡介绍而得搂把者,提起十分之二三为酬劳曰引水。"②《切口大词典·党会类·青帮之切口》:"引水:出首告密,充作线人也。"

【引水带线】 贝思飞《民国时期的土匪隐语》:"引水带线:把士兵带到土匪营地。"

【引条】《切口大词典·手艺类·织补业之切口》:"引条:针也。"

【引线】 朱琳《洪门志·春典子琐记·店铺》:"硫磺店,称引线。"

【引兄】《切口大词典·党会类·哥老会之切口》:"引兄:介绍人也。"

【引雅达】《切口大词典·杂业类·燕子窝之切口》:"引雅达:烟铺也。"

【引针朝阳】《新刻江湖切要·店铺类》:"线店,[增]缝朝阳;引针朝阳。"清傅崇矩《成都通览·成都之江湖言词·店铺类》:"线店:缝朝阳;引针朝阳。"

【引子】①《梨园话》:"引子:初上台所念之韵词,谓之'引子'。"[附记]脚色上场最初开口者为"引子","引子"即引起来之意。念时亦有工尺,惟只干念不用音乐,且不打板。按:'引子'之来源,系囚中国文字,最忌张嘴便说本题,编剧慎词亦用此理,所以戏剧之'引子'或总言全部事迹之大意,或本人身世情性之大概,或本出之大旨,然总是虚空笼罩,赅括言之,最忌着痕迹。'引子'之最普通者,系两句。有四句者名曰'大引子'。但昆曲则不然,各调有各调之'引子';有两句者,有三四句者,有十余句者。于是将'引子'又分了许多名称,不必细论。但无论多少句,果系'引子',则都是散板,乃与现在皮黄'引子'稍同之点。至元人杂剧,则概不用'引子'云。②《切口大词典·工匠类·皮匠之切口》:"引子:猪鬃也。"

【饮场】《梨园话》:"饮场:在台上饮水,谓之'饮场'。[附记]角色在台上喝茶,内行话叫'饮场'。从前'饮场',无论哪一出戏,都有一定的地方,于观客不理会的时候,偷饮一口,所以要用袖遮掩,这是恐怕台下知道的意思。如今好角'饮场',壶杯都是非常之讲究。甚至有买西洋暖壶,使下人挎在身旁,立于台前,以壮声势的。从前绝没有这个规矩。"

【饮得定】《行院声嗽·人事》:"主意不得:饮得定。"

【饮苦水】《切口大词典·衙卒类·侦探之切口》:"饮苦水:吃茶也。"

【隐光】《切口大词典·手艺类·髹漆业之切口》:"隐光:生漆也。"

【隐价】《切口大词典·行号类·粮食行之切口》:"隐价:于成票上,开大价目之为也。"

【隐粮】《切口大词典·衙卒类·粮柜之切口》:"隐粮:以多报少也。"

【隐抛】《清门考原·各项切口》:"隐抛,将窃之物,抛置隐处代防人搜查也。"

【隐切口】 金老佛《三教九流江湖秘密规矩·江湖通用切口》:"今所记皆各道相通用者,至于各行各道,另有隐切口,乃避于同类,而用隐中又隐,愈变愈诡矣。"

【隐生】《切口大词典·武术类·住宅保镖者之切口》:"隐生:放暗器也。"

【隐雾】 宋陈元靓《事林广记·续集·绮谈市语·走兽门》:"豹:隐雾。"

【隐语】 平山周《中国秘密社会史·三合会隐语》:"隐语:三合会员与盗贼往来,有怪文以之为暗号,今略揭大要如下。公所曰红花亭,曰松柏林。新入会曰入圈,曰拜正,曰出世。集会曰开台,曰放马。会员曰香,曰洪英,曰豪杰。外人曰风,曰疯子,曰鹧鸪。新会员曰新丁。到会曰去睇戏。会中之秘书曰衫仔。会员之凭票曰腰平,曰八角招牌,曰八卦。"徐珂《清稗类钞·会党类·三合会隐语》:"隐语:三合会员与盗贼往来,有怪文以之为暗号,今略揭大要如下。公所曰红花亭,曰松柏林。新入会曰入圈,曰拜正,曰出世。集会曰开台,曰放马。会员曰香,曰洪英，曰豪杰。外人曰风，曰疯子，曰鹞鸪。新会员曰新丁。到会曰去睇戏。会中之秘书曰衫仔。会员之凭票曰腰平，曰八角招牌，曰八卦。"

【印度】《切口大词典·娼妓类·八大胡同妓院之切口》："印度：貌丑之客也。"

【印花】《切口大词典·商铺类·染色业之切口》："印花：专染药布者。"

【印色】《切口大词典·工匠类·刻字匠之切口》："印色：印泥也。"

【印子】《切口大词典·杂流类·收卖锭灰者之切口》："印子：印用彩门之铅饼也。"

ying

【应条子】《切口大词典·娼妓类·茶室之切口》："应条子：妓女应客之召也。"

【英老】《行院声嗽·衣服》："花：英老。"

【英爪孙】学古堂《江湖行话谱·行意行话》："衙役，为英爪孙。"

【英子】《江湖走镖隐语行话谱》："差人：英子。"

【罂花子】《清门考原·各项切口》："罂花子，鸦片。取罂花汁，提炼而成。凡贩鸦片土者，统名曰罂花。"

【罂粟子】《切口大词典·医药类·摆草药摊之切口》："罂粟子：专治筋骨发痛饮食不下。"

【缨子】《江湖走镖隐语行话谱》："头发：缨子。"

【樱桃】清唐再丰《鹅幻汇编·江湖通用切口摘要》："口曰樱桃。"卫大法师《江湖话·红帮各地通行隐语·人身各物类》："口：樱桃；是非子；钳子。"卫大法师《江湖话·江湖上的隐语·普通隐语》："口：樱桃。"《切口大词典·衙卒类·作作之切口》："樱桃：口也。"李子峰《海底·各地通行隐语》："口：樱桃；是非子。"金老佛《三教九流江湖秘密规矩·日常用语》："口曰樱桃。"

【樱桃钝】《切口大词典·党会类·流氓之切口》："樱桃钝：不善言也。"

【樱桃割短】《切口大词典·党会类·流氓之切口》："樱桃割短：同上（免摊；不必说也）。"

【樱桃尖】《切口大词典·党会类·流氓之切口》："樱桃尖：口齿尖利善言也。"

【樱桃子】《清门考原·各项切口》："樱桃子，口也。"

【鹦哥卷子】卫大法师《江湖话·红帮各地通行隐语·衣服类》："绿包袱：鹦哥卷子。"

【鹦官】《切口大词典·杂流类·卖蔬菜之切口》："鹦官：菠菜也。"

【鹰翼子】《切口大词典·杂业类·猪肉业之切口》："鹰翼子：斫肉斧也。"

【鹰爪】云游客《江湖丛谈·江湖之春点》："管侦缉探访叫鹰爪。"云游客《江湖丛谈·江湖之春点·挂子行中的支杆挂子》："江湖人管捕盗的官人，调侃叫鹰爪。"

【迎春】①《切口大词典·医药类·摆草药摊之切口》："迎春：金雀草也，治毒肿恶疮。"②《切口大词典·杂业类·花业之切口》："迎春：春初开花，一枝三叶，花色淡黄。"

【迎地藏】《切口大词典·乞丐类·瘫叫化子之切口》："迎地藏：行乞也。"

【迎风】《切口大词典·行号类·蛋船行之切口》："迎风：风帆也。"

【迎贵人】《切口大词典·手艺类·吹糖人之切口》："迎贵人：铜锣也。"

【迎金】《切口大词典·星相类·弹弦子算命之切口》："迎金：立秋也。"清傅崇矩《成都通览·成都之江湖言词·时令类》："立秋：迎金；肃风节。"

【迎金肃】《新刻江湖切要·时令类》："立秋：迎金肃；风节。"《江湖切口要诀》（尺牍增附本）："立秋：迎金肃；风节。"

【迎銮】《切口大词典·巫卜类·道士之切口》："迎銮：接时辰也。"

【迎门杵】①云游客《江湖丛谈·江湖之春点·江湖人的旧组织（各处长春会）的领袖》："买的东西，给多少钱，调侃叫迎门杵。"②云游客《江湖丛谈·江湖之金点·江湖彩门之腥棚》："迎门杵：即是门票钱。"

【迎面】《切口大词典·杂业类·纸扎店之切口》："迎面：纸面盆也。"

【迎仙客】《切口大词典·星相类·隔夜算命之切口》："迎仙客：招牌也。"

【迎阳】《切口大词典·商铺类·染色业之切

口》：“迎阳：曝台也。”

【荧获】《切口大词典·星相类·拉和琴算命之切口》：“荧获：解星宿也。”

【盈地】《新刻江湖切要·地理类》："满洲：[补]盈地。"《江湖切口要诀》(尺牍增附本)："满洲[补]：盈地。"《切口大词典·医药类·自称戏子治病者之切口》："盈地：满洲也。"清傅崇矩《成都通览·成都之江湖言词·地理类》："满洲：盈地。"

【盈腹】《新刻江湖切要·人事类》："饱曰盈腹。"《切口大词典·武术类·行程保镖者之切口》："盈腹：饱也。"清傅崇矩《成都通览·成都之江湖言词·人事类》："饱：盈腹。"

【营挪窑子】卫大法师《江湖话·红帮各地通行隐语·建筑物类》："搬家：折叠窑子，飞窑子，营挪窑子。"李子峰《海底·各地通行隐语》："搬家：巩叠窑子；飞窑子；营挪窑子。"

【营枪】清张德坚等《贼情汇纂》卷五《伪军制下·隐语·太平天国隐语》："乌枪改称营枪，又名小炮。"

【营细】《新刻江湖切要·人物类》："鞑婆：营细。"《切口大词典·杂流类·媒婆之切口》："营细：鞑婆也。"清傅崇矩《成都通览·成都之江湖言词·人物类》："鞑婆：营细。"

【赢负】《新刻江湖切要·亲戚类》："继子：奖欠；失欠；今改赢负，谓螟蛉子也。"

【颖朝阳】《新刻江湖切要·店铺类》："笔店：[增]为毛锥朝阳；又颖朝阳；中书朝阳。"清傅崇矩《成都通览·成都之江湖言词·店铺类》："笔店：毛锥朝阳；颖朝阳；中书朝阳。"

【影靛】《切口大词典·手艺类·髹漆业之切口》："影靛：蓝油也。"

【影客】宋陈元靓《事林广记·续集·绮谈市语·人物门》："画者：画工；影客。"

【影子】《切口大词典·盗贼类·偷鸡贼之切口》："影子：树林也。"《切口大词典·衙卒类·侦探之切口》："影子：树林也。"

【映山红】《切口大词典·医药类·摆草药摊之切口》："映山红：杜鹃花也，能治小儿虚肿。"

【硬】《切口大词典·商铺类·另剪业之切口》："硬：好也。"

【硬膀子】《切口大词典·手艺类·卖纸鸢之切口》："硬膀子：两翅系硬竹者；大抵人物纸鸢。"

【硬衬】《切口大词典·手艺类·木履业之切口》："硬衬：以革为面之木履也。"

【硬底】《新刻江湖切要·珍宝类》："银：硬底；琴头；又曰皂头。"

【硬骨子】《切口大词典·巫卜类·和尚之切口》："硬骨子：行脚担僧也。"

【硬瓜】《切口大词典·手艺类·卖弹弓之切口》："硬瓜：卖弹弓兼教武艺者。"

【硬过门】《清门考原·各项切口》："硬过门，如有某甲索安本分，侦探构成空中楼阁，伪造证凭，栽赃诬陷之意。"

【硬汉】①《切口大词典·工匠类·铁匠之切口》："硬汉：砧头也。"②《切口大词典·手艺类·卖弹弓之切口》："硬汉：卖弹弓兼卖药者。"

【硬黄货】《切口大词典·杂业类·钱庄之切口》："硬黄货：铜洋钿也。"

【硬货】①《切口大词典·商铺类·珠宝业之切口》："硬货：珠之真者。"②《切口大词典·杂流类·卖水烟者之切口》："硬货：青条烟也。"③《切口大词典·杂业类·酒店之切口》："硬货：高粱烧也。"

【硬货龙】《切口大词典·商铺类·押当业之切口》："硬货龙：金子也。"

【硬尖】《切口大词典·工匠类·钉碗匠之切口》："硬尖：钻子也。"

【硬壳】①《切口大词典·商铺类·南货业之切口》："硬壳：胡桃也。"②《切口大词典·衙卒类·作作之切口》："硬壳：胸也。"

【硬面子】《切口大词典·手艺类·木履业之切口》："硬面子：革皮也。"

【硬爬】①《切口大词典·党会类·流氓之切口》："硬爬：身怀手枪入人家抢劫也。"②金老佛《三教九流江湖秘密规矩·青帮与红帮·红帮之问答》："奔至南坟园河里家硬爬。(强抢又号硬爬，强盗又号硬爬弟兄。)"

【硬爬弟兄】《切口大词典·衙卒类·侦探之切口》："硬爬弟兄：拦路强盗也。"《清门考原·各项切口》："硬爬弟兄，侦探称强盗为硬爬弟兄。"金老佛《三教九流江湖秘密规矩·

青帮与红帮·红帮之问答》："奔至南坟园河里家硬爬。（强抢又号硬爬，强盗又号硬爬弟兄。）"

【硬牌】①《切口大词典·衙卒类·厘卡之切口》："硬牌：一票数船。"②《切口大词典·役夫类·人力车夫之切口》："硬牌：瓷牌也。"

【硬披】《切口大词典·商铺类·刷染业之切口》："硬披：布也。"

【硬皮】《新刻江湖切要·衣饰类》："布服：硬皮；稀皮子。"《切口大词典·盗贼类·铳手之切口》："硬皮：布衣服也。"清傅崇矩《成都通览·成都之江湖言词·衣饰类》："布服：硬皮；稀皮子。"

【硬片子】《切口大词典·医药类·卖膏药者之切口》："硬片子：背也。"

【硬品】《切口大词典·巫卜类·巫婆之切口》："硬品：不包账做也，适得软品之反。"

【硬青货】《切口大词典·杂业类·钱庄之切口》："硬青货：船洋钿也。"

【硬圈】《切口大词典·役夫类·人力车夫之切口》："硬圈：轮壳也。"

【硬生意】①《切口大词典·党会类·小瘪三之切口》："硬生意：劫物狂奔逸去也。"②云游客《江湖丛谈·江湖之春点·天桥市场摆地的人物》："江湖人管能挣钱的玩艺，调侃叫硬生意。"

【硬条】《切口大词典·杂业类·纸扎店之切口》："硬条：铁丝也。"

【硬头】《切口大词典·杂流类·卖水果者之切口》："硬头：石榴也。"

【硬托】学古堂《江湖行话谱·行意行话》："椅子，为硬托。"

【硬相】①《切口大词典·杂业类·冶坊之切口》："硬相：生铁也。"②《清门考原·各项切口》："硬相，是公开的江湖生意，看相算命等类。"③《清门考原·各项切口》："硬相，以暴道诈财之道。"刘联珂《中国帮会三百年革命史·清门切口》："硬相，用霸道诈财。"

【硬心肠】《切口大词典·工匠类·石匠之切口》："硬心肠：石翁仲也。"

【硬鸭尾】《切口大词典·优伶类·戏盔之切口》："硬鸭尾：素缎如胎，形如鸭尾，上加绒球。"

【硬叶生意】《切口大词典·役夫类·航船夫之切口》："硬叶生意：以骨牌骗赌者也。"

【硬扎巾】《切口大词典·优伶类·戏盔之切口》："硬扎巾：硬壳前有大火炎，顶于盔上，配以大额子。"

【硬子】《切口大词典·手艺类·卖弹弓之切口》："硬子：专卖弹弓也。"

yong

【拥炉】《新刻江湖切要·时令类》："大寒：拥炉。"《江湖切口要诀》（尺牍增附本）："大寒：拥炉。"《切口大词典·星相类·弹弦子算命之切口》："拥炉：大寒也。"清傅崇矩《成都通览·成都之江湖言词·时令类》："大寒：拥炉。"

【雍】卫大法师《江湖话·各行业商帮所用数目字隐语·成都通行言词·谷米杂粮行》："雍：六。"卫大法师《江湖话·各行业商帮所用数目字隐语·重庆通行言词·买猪》："又名猪肉为'大'，即问'这大多少钱一斤'？则回答；若问'这猪肉多少钱一斤'？则不回答你。高：一。明：二。韩：三。苏：四。大：五。雍：六。草：七。梅：八。湾：九。高：十。许：一。欠：二。川：三。义：四。土：五。告：六。照：七。毛：八。求：九。许：十。此二十个字互用，如'许许'为'十一'，'欠欠'为'二十二'，'韩韩'为'三十三'，'苏苏'为'四十四'，'土土'为'五十五'，'雍雍'为'六十六'，'草草'为'七十七'，'毛毛'为'八十八'，'湾湾'为'九十九'。而'十一'不能称'高高'，'八十八'不能称'梅梅'。又如'高明'为'十二'，'高韩'为'十三'，'高苏'为'十四'，'高大'为'十五'，'高雍'为'十六'，'高草'为'十七'，而'高梅'不能为'十八'，要用'许毛'为'十八'，'高湾'为'十九'。又如'欠许'为'二十一'，'韩许'为'三十一'，'人许'为'五十一'，'雍许'为'六十一'，'毛许'为'八十一'，'湾许'为'九十一'。而'明韩'为'二十三'。'韩明'为'三十二'，'土明'为'五十二'，'雍明'为'六十二'等。整数语尾加'老'字，如'高老'为'一百'等。在鼎新街古董铺，则用二个字，如'高少'为'一千五百元'，或'一万五千元'，少有用三个字的，如遇三个数目，则尾数用普通数目，如'十五万五千元'，而荒货担子可说到三个字，因此数目言词非精通常用不可。"卫大法师《江湖话·各行业商帮所用数目字隐语·重庆通行言词·古董，旧五金，估衣，改裁，荒担，经纪，过活，旧棉絮（重庆教场口，鼎新街，估衣街，关津巷通用）》："高：一。明：二。韩：三。苏：四。大：五。雍：六。草：七。梅：八。湾：九。高：十。许：一。欠：二。川：三。又：四。土：五。告：六。照：七。毛：八。求：九。许：十。清傅崇矩《成都通览·成都之各行人买卖通用言词·谷米杂粮过斗六成行通用言词》："六，雍。"

【雍斗钱】 清傅崇矩《成都通览·成都之各行人买卖通用言词·谷米杂粮过斗六成行通用言词》："雍斗钱是六十个。"

【墉窬】 《新刻江湖切要·宫室类》："墙垣：避火；又遮风；又墉窬。"

【永伴】 《切口大词典·杂业类·禽鸟业之切口》："永伴：鸳鸯也。"

【永了郎太阳】 《切口大词典·巫卜类·道士之切口》："永了郎太阳：做四十九日之功德也。"

【甬道】 《行院声嗽·宫室》："阶级：甬道。"

【勇打】 《新刻江湖切要·盗贼类》："断路：勇打；[增] 留客住。"《切口大词典·衙卒类·侦探之切口》："勇打：断路贼也。"清傅崇矩《成都通览·成都之江湖言词·盗贼类》："断路：勇打；留客住。"

【用表】 《蹴鞠图谱·圆社锦语》："用表：使女。"

【用劲说】 《切口大词典·商铺类·绸缎业之切口》："用劲说：言加也。"

【用脬】 《蹴鞠图谱·圆社锦语》："用脬：如使。"

---

you

【忧服】 宋陈元靓《事林广记·续集·绮谈市语·举动门》："服：忧服；服制。"

【忧养子】 《新刻江湖切要·人物类》："学生：剪披；丁七；[广] 忧养子。"《江湖切口要诀》（尺牍增附本）："学生：剪披；丁七。[广] 忧养子。"清傅崇矩《成都通览·成都之江湖言词·人物类》："学生：剪披；丁七；忧养子。"

【幽地】 《切口大词典·医药类·祝由科之切口》："幽地：庙宇也。"

【幽关】 宋陈元靓《事林广记·续集·绮谈市语·身体门》："肾：幽关。"

【幽流星】 《切口大词典·手艺类·赏彩业之切口》："幽流星：魂轿也。"

【尤】 清傅崇矩《成都通览·成都之各行人买卖通用言词·银钱行言词》："尤（一）。"

【由】 卫大法师《江湖话·各行业商帮所用数目字隐语·成都通行言词·古董玉器当铺》："由：一。"卫大法师《江湖话·各行业商帮所用数目字隐语·其他·北平》："由：一。申：二。人：三。工：四。大：五。天：六。夫：七。井：八。羊：九。非：十。按此数字头，如'由'有一个头为一，'申'为二个头为二，'大'为五等头，'非'为十个头。"《切口大词典·商铺类·古董业之切口》："由：一也。"清傅崇矩《成都通览·成都之各行人买卖通用言词·当铺古董玉器行通用言词》："一，由。"清傅崇矩《成都通览·成都之各行人买卖通用言词·六成行通用言词》："一，由。"学古堂《江湖行话谱·粮行之行话》："（由）一。"

【由百】 学古堂《江湖行话谱·粮行之行话》："由百，一百。"

【由莫】 清傅崇矩《成都通览·成都之江湖言词·人事类》："少：尖；由莫。"

【申头子】 《切口大词典·医药类·祝由科之切口》："由头子：画符也。"

【由字】 清傅崇矩《成都通览·成都之各行人买卖通用言词·当铺古董玉器行通用言词》："由字，是一百。"

【邮亭】 宋陈元靓《事林广记·续集·绮谈市语·宫殿门》："馆驿：邮亭。"

【犹子】 宋陈元靓《事林广记·续集·绮谈市语·亲属门》："侄：犹子。"

【油】 ①《切口大词典·医药类·医眼病卖药

者之切口》："油：眼痒也。"②《切口大词典·杂业类·猪肉业之切口》："油：肥也。"

【油大】清傅崇矩《成都通览·成都之呼物混名》："油大：吃肉也。"

【油兜子】《切口大词典·杂业类·油坊之切口》："油兜子：油枸也。"

【油斗】《新刻江湖切要·亲戚类》："晚女：油斗。凡晚醮挈子女者，余名之倒藤瓜，谓连子去也。"

【油方】《新刻江湖切要·器用类》："抹布：油方；榻郎。"《切口大词典·役夫类·庖夫之切口》："油方：抹布也。"清傅崇矩《成都通览·成都之江湖言词·器用类》："抹布：油方；拓郎。"

【油杆儿】《切口大词典·杂流类·卖烧饼油条者之切口》："油杆儿：油条也，俗呼油炸烩。"

【油杆子】《切口大词典·党会类·小瘪三之切口》："油杆子：油条儿也。"

【油猢狲】《切口大词典·娼妓类·长三书寓之切口》："油猢狲：凡身体瘦小者，以此呼之。"

【油滑生】《新刻江湖切要·人物类》："光棍：油滑生；[广] 井梧摇落大光棍；顺子；柳生；[广] 杆面杖。"

【油老】明田汝成《西湖游览志馀·委巷丛谈》："杭人有以二字反切一字以成声者，如以秀为鲫溜，以团为突栾，以精为鲫令，以俏为鲫跳，以孔为窟窿，以盘为勃兰，以铎为突落，以窠为窟陀，以圈为窟栾，以蒲为鹘卢。有以双声而包一字，易方隐语以欺人者，以好为现萨，以丑为怀五，以马为杂嗽，以笑为喜黎，以肉为直线，以鱼为河戏，以茶为油老，以酒为海老，以没有为埋梦，以莫言为稀调。"

【油欠】《新刻江湖切要·亲戚类》："晚子：油欠；瓶欠。"

【油然子】《新刻江湖切要·天文类》："云：天表；[广] 想裳；瞒天；隔苍；蔽日；从龙；掩太阳；油然子；出岫君。"《江湖切口要诀》（尺ры增附本）："云：天表；[广] 想裳；瞒天；隔仓；蔽日；从龙；掩太阳；油然子；出岫君。"清傅崇矩《成都通览·成都之江湖言词·天文类》："云：天表；想裳；瞒天；隔苍；蔽日；从龙；掩太阳；油然子；出岫君。"

【油生】《切口大词典·医药类·摇虎撑者之切口》："油生：光棍也。"清傅崇矩《成都通览·成都之江湖言词·人物类》："光棍：油生；滑生；井梧摇落。"

【油水】卫大法师《江湖话·安庆隐语》："肥：油水。"

【油丝】《切口大词典·役夫类·渔夫之切口》："油丝：细网也。"

【油王】《切口大词典·商铺类·陆陈业之切口》："油王：菜子也。"

【油香】《清门考原·各项切口》："油香，有两种：一用糯米做，是病人许愿病愈以了愿似庆贺重生之意；一用面粉做，是人死请老师念经，做此油香以庆亡人升天为圣之意。"

【油炸弹】《切口大词典·行号类·炒货行之切口》："油炸弹：油氽果肉也。"

【油占】《新刻江湖切要·官职类》："荤饭秀：食木占，今改油占。"

【游】李子峰《海底·闽粤及南洋各地通行之隐语》："去：游。"

【游墩】①《新刻江湖切要·人事类》："走：游墩；又量。"《切口大词典·巫卜类·茶馆测字者之切口》："游墩：走也。"清傅崇矩《成都通览·成都之江湖言词·人事类》："走：游墩；量。"②《切口大词典·武术类·搭台变戏法之切口》："游墩：看客所坐之处也。"

【游花园】《切口大词典·衙卒类·狱卒之切口》："游花园：牢内散步也。"《清门考原·各项切口》："游花园，牢内散步也。"金老佛《三教九流江湖秘密规矩·青帮与红帮、红帮之问答》："迨二匪恶贯满盈，又去硬爬，忽被众多马子拿获，收入快窑之内（牢监曰快窑，铁链曰困仙绳，手铐曰杓头，脚镣曰步线，挺棍曰旱烟筒，枷曰豆腐干，牢内散步曰游花园，枷号示众曰猴戏，笞臀曰拍豆腐）。"

【游开游关】卫大法师《江湖话·红帮各地通行隐语·建筑物类》："旅行：游开游关。"

【游裨】《新刻江湖切要·鸟兽虫鱼类》："虱：受子；[增] 扪谈；又游裨；又半风君。"

【游龙】《切口大词典·党会类·红帮之切口》:"游龙:棍子也。"金老佛《三教九流江湖秘密规矩·青帮与红帮·江湖之春典》:"棍称游龙。"

【游闻游闻】李子峰《海底·各地通行隐语》:"旅行:游闻游闻。"

【游戏叶】朱琳《洪门志·春典子琐记·人事》:"打牌,称游戏叶。"

【游线】卫大法师《江湖话·红帮闽粤及南洋各地通行隐语》:"旅行:游线。"金老佛《三教九流江湖秘密规矩·三合会之隐语》:"道路曰线,旅行曰游线。"李子峰《海底·闽粤及南洋各地通行之隐语》:"旅行:游线。"

【友竹】《新刻江湖切要·人物类》:"皂隶:友竹;反竹;结脚。"《江湖切口要诀》(尺牍增附本):"皂隶:友竹,反竹;结脚;贴孤通。"《切口大词典·衙卒类·衙役之切口》:"友竹:皂隶也。"《切口大词典·医药类·摇虎撑者之切口》:"友竹:皂录也。"清傅崇矩《成都通览·成都之江湖言词·人物类》:"皂隶:友竹;反竹;结脚。"

【有】①《切口大词典·商铺类·南货业之切口》:"有:九也。"②《切口大词典·巫卜类·道士之切口》:"有:拿也自主。"

【有打磨】《切口大词典·乞丐类·顶物求乞之切口》:"有打磨:予钱之人家也。"

【有风】①卫大法师《江湖话·安庆隐语》:"逃不脱:有风;隔水。"②施列格《天地会研究·洪家口白要诀》:"有风:外人,别人。"

【有风火】《清门考原·各项切口》:"有风火,是有危险之称。"

【有夯儿】云游客《江湖丛谈·江湖之金点·穷家门》:"有夯儿即是有嗓子。"

【有几把尖托】云游客《江湖丛谈·江湖之春点·天桥内的把式场》:"管手到病除叫有几把尖托。"

【有夹磨】云游客《江湖丛谈·江湖之金点·小绺门》:"江湖人管训练,有排练的事儿,调语叫做有夹磨。"

【有交情】《切口大词典·娼妓类·茶室之切口》:"有交情:客与妓女曾作一度之圆梦者。"

【有里花】《切口大词典·医药类·卖药人之切口》:"有里花:有否此问句也。"

【有利】《切口大词典·手艺类·吹糖人之切口》:"有利:火也。"

【有门槛】刘联珂《中国帮会三百年革命史·清门切口》:"沾祖爷灵光:在清帮;又曰有门槛。"

【有那个三】清傅崇矩《成都通览·成都之袍哥话即江湖话也》:"有那个三,言有那个事也。"

【有难过】刘联珂《中国帮会三百年革命史·清门切口》:"有难过,不和睦也。"

【有牛】《新刻江湖切要·疾病类》:"带疾:有牛。"清傅崇矩《成都通览·成都之江湖言词·疾病类》:"带疾:有牛。"

【有情树】《切口大词典·杂业类·花业之切口》:"有情树:合欢花也。"

【有人爱】《切口大词典·盗贼类·拐匪之切口》:"有人爱:美丑互见也。"

【有伞棚天棚】《镖行江湖隐语行话秘典》:"街面,为(芳)有伞棚天棚。"

【有生活】《切口大词典·衙卒类·仵作之切口》:"有生活:案子也。"

【有水】《切口大词典·盗贼类·短截贼之切口》:"有水:有钱之谓也。"

【有向头】《切口大词典·乞丐类·耍猴求乞之切口》:"有向头:乞得也。"

【有挟磨】云游客《江湖丛谈·江湖之金点·穷家门》:"生意人管得过师父真传授,调侃儿叫有挟磨。"

【有皂】《新刻江湖切要·人事类》:"得财曰有皂。"《切口大词典·星相类·立墙壁相面之切口》:"有皂:得财也。"清傅崇矩《成都通览·成都之江湖言词·人事类》:"得财:有皂。"

【有占】卫大法师《江湖话·红帮各地通行隐语·店钱及其他》:"入会:有占。"李子峰《海底·各地通行隐语》:"入会:有占。"

【酉官】《新刻江湖切要·鸟兽虫鱼类》:"鸡:王七;酉官;鸣老;得晓;斗子;响各。"

【酉月】《新刻江湖切要·时令类》:"八(月):酉月。"

【右孤】《新刻江湖切要·官职类》:"按察:右孤;阴孤。"

【右拐】《蹴鞠图谱·圆社锦语》："右拐：右边。"

【右日】《新刻江湖切要·亲戚类》："叔父：右日，日下部；椒老。"

【右生】《新刻江湖切要·人物类》："蠢人：右生；[广] 闻雷启蛰，取春虫也。"清傅崇矩《成都通览·成都之江湖言词·人物类》："蠢人：右生，闻雷启蛰（取春虫也）。"

【右月】《新刻江湖切要·亲戚类》："婶母：右月；月下部，称日下才；椒才。"

【宥】宋陈元靓《事林广记·续集·绮谈市语·拾遗门》："赧恩：大沛；宥。"

yu

【纤头】《切口大词典·工匠类·织机匠之切口》："纤头：横织之丝也。"

【淤】云游客《江湖丛谈·江湖之春点·江湖中的光子生意》："管驱逐出境，调侃叫淤啦。"

【于头子】①清唐再丰《鹅幻汇编·江湖通用切口摘要》："祝由科画符曰于头子。"②卫大法师《江湖话·红帮各地通行隐语·各种行业类》："祝由科画符治病：野皮子；于头子。"卫大法师《江湖话·江湖上的隐语·皮行隐语》："祝由科画符：于头子。"《切口大词典·医药类·祝由科之切口》："于头子：祝由科画符敛钱者。"金老佛《三教九流江湖秘密规矩·江湖通用切口》："祝由科画符曰于头子。"金老佛《三教九流江湖秘密规矩·青帮与红帮·江湖之春典》："祝由科称于头子。"③李子峰《海底·各地通行隐语》："祝由科画符治病：野支行；于头子。"

【鱼】《切口大词典·商铺类·衣庄业之切口》："鱼：九也。"

【鱼肚】《切口大词典·商铺类·染色业之切口》："鱼肚：色较月蓝稍淡者，此色为色中之最浅，骤视之与白无异。"

【鱼煅】卫大法师《江湖话·红帮闽粤及南洋各地通行隐语》："灯笼：鱼煅；蚊帐。"

【鱼乐国】《江湖切口要诀》（尺牍增附本）："海[补]：鱼乐国。"清傅崇矩《成都通览·成都之江湖言词·地理类》："海：纳细；阔老；圣出；扬波；无边子；鱼乐国。"

【鱼乐图】《新刻江湖切要·地理类》："海：[补] 纳细；阔老；圣出；扬波；无边子；鱼乐图。"

【鱼皮朝阳】清傅崇矩《成都通览·成都之江湖言词·店铺类》："靴铺：鱼皮朝阳（取传孙子膑足因鱼而为靴）。"《新刻江湖切要·店铺类》："靴铺：[增] 鱼皮朝阳，取传奇孙子膑足因靴鱼而为靴。"《切口大词典·盗贼类·对买贼之切口》："鱼皮朝阳：靴子店也。"

【鱼虾】李子峰《海底·闽粤及南洋各地通行之隐语》："灯笼：鱼虾；蛟帐。"

【余大】《切口大词典·役夫类·渔夫之切口》："余大：大网也。"

【余甘子】《切口大词典·行号类·水果行之切口》："余甘子：似橄榄略小。"

【瑜场】《切口大词典·优伶类·角行之切口》："瑜场：管领台上零碎事物者。"

【舆朝阳】清傅崇矩《成都通览·成都之江湖言词·店铺类》："舆铺：舆朝阳。"

【屿】宋陈元靓《事林广记·续集·绮谈市语·天地门》："山：岛；屿。"

【宇二】《新刻江湖切要·官职类》："县丞：宇二。"

【宇三】《新刻江湖切要·官职类》："主簿：宇三。"

【宇四】《新刻江湖切要·官职类》："典史：宇四。"

【宇一】《新刻江湖切要·官职类》："知县：宇一。"

【羽】清翟灏《通俗编·识余·市语·绸绫行》："绸绫行：则一叉，二计，三沙，四子，五固，六羽，七落，八末，九各，十汤。"

【羽大】《切口大词典·役夫类·茶担夫之切口》："羽大：桌帏也。"

【羽士】宋陈元靓《事林广记·续集·绮谈市语·人物门》："道士：黄冠；羽士。"

【羽头子】《清门考原·各项切口》："羽头子，祝由科画符治病。"

【雨朝】《新刻江湖切要·时令类》："清明：雨朝；良牧；会朝。"《切口大词典·星相类·弹弦子算命之切口》："雨朝：清明也。"

清傅崇矩《成都通览·成都之江湖言词·时令类》："清明：雨朝；良牧；会朝。"

【雨道子】 李子峰《海底·各地通行隐语》："二：月；雨道子。"

【雨后天】《切口大词典·商铺类·绸缎业之切口》："雨后天：青色也。"

【雨截子】 李子峰《海底·各地通行隐语》："段：雨截子。"

【雨淋子】 卫大法师《江湖话·红帮各地通行隐语·其他用具对象类》："雨伞：开花子；遮漏子；雨淋子。"李子峰《海底·各地通行隐语》："雨伞：开花子；遮漏子；雨淋子。"

【雨前】《切口大词典·行号类·茶叶行之切口》："雨前：谷雨前所采之茶也。"

【雨沙】《新刻江湖切要·身体类》："脉：刊通；[增]雨沙；又曰礼冠。"《切口大词典·星相类·相家之切口》："雨沙：麻面也。"清傅崇矩《成都通览·成都之江湖言词·身体类》："麻：刊通；雨沙；礼冠。"

【禹随】《新刻江湖切要·地理类》："山：土高；地高；[广]触土；地出头；巫峰；老岻；登东；艮公；如砺；禹随；一拳石。"《江湖切口要诀》(尺牍增附本)："山：土高；[广]地高；触地；地出头；巫峰；老岻；登东；艮公；如砺；禹随；一拳石。"清傅崇矩《成都通览·成都之江湖言词·地理类》："山：土高；地高；地出头；巫峰；老岻；登东；艮公；如砺；禹随；一拳石。"

【语】《切口大词典·行号类·猪之切口》："语：五也。"《切口大词典·杂流类·卖玉器之切口》："语：五也。"

【玉颡】 宋陈元靓《事林广记·续集·绮谈市语·身体门》："鼻：玉颡；嗅老。"

【玉斑】①《切口大词典·商铺类·海味业之切口》："玉斑：鲟骨也。"②《切口大词典·商铺类·篆笋业之切口》："玉斑：阔而且大之笋，质较羊角劣。"

【玉宝】 卫大法师《江湖话·红帮各地通行隐语·饮食用品类》："酒壶：火山炊子；玉宝(海外则称'载')。"李子峰《海底·各地通行隐语》："酒壶：火山炊子；玉宝(海外则称'载')。"

【玉匙】《切口大词典·医药类·参燕业之切口》："玉匙：燕窝之总称也。"

【玉簌】《切口大词典·杂流类·卖花者之切口》："玉簌：出闽中花同玉簪。"

【玉带】①《切口大词典·商铺类·茶食业之切口》："玉带：糕名也。"②《切口大词典·行号类·咸货行之切口》："玉带：鳗鱼干也。"

【玉干】《切口大词典·杂业类·花业之切口》："玉干：白菊花也。"

【玉告】《切口大词典·巫卜类·道士之切口》："玉告：榜也。"

【玉海】 卫大法师《江湖话·红帮各地通行隐语·饮食用品类》："酒杯：莲米；玉海。"李子峰《海底·各地通行隐语》："酒杯：莲米；玉海。"

【玉海来满】 卫大法师《江湖话·红帮各地通行隐语·各种行业类》："请人再斟一杯酒：玉海来满。"李子峰《海底·各地通行隐语》："请人再斟一杯酒：玉海来满。"

【玉皇大帝】 卫大法师《江湖话·安庆隐语》："妻子：玉皇大帝。"

【玉鸡苗】《切口大词典·杂流类·卖花者之切口》："玉鸡苗：蔷薇花也。"

【玉吉】《切口大词典·商铺类·海味业之切口》："玉吉：鱼翅也。"

【玉科】 宋陈元靓《事林广记·续集·绮谈市语·文房门》："刑法：金条，玉科。"

【玉栏干】《蹴鞠图谱·圆社锦语》："玉栏干：手。"

【玉立子】 卫大法师《江湖话·红帮各地通行隐语·饮食用品类》："酒：火山子；玉立子。"

【玉粒子】 卫大法师《江湖话·红帮各地通行隐语·饮食用品类》："米：玉粒子；大沙子。"李子峰《海底·各地通行隐语》："米；玉粒子；大沙子。"

【玉玲珑】《切口大词典·杂流类·卖水果者之切口》："玉玲珑：雪藕也。"

【玉楼】 宋陈元靓《事林广记·续集·绮谈市语·身体门》："肩：玉楼。"

【玉美人】 卫大法师《江湖话·红帮各地通行隐语·居住用品类》："烛：亮光子；玉美人；古树。"李子峰《海底·各地通行隐语》："烛：亮光子；玉美人；古树。"

【玉茗】《切口大词典·杂业类·花业之切口》："玉茗：浅色之山茶也。"

【玉盘子】卫大法师《江湖话·红帮各地通行隐语·天文地理类》："月：娥眉子；玉盘子；兔屋子。"李子峰《海底·各地通行隐语》："月：玉盘子；兔屋子。"

【玉蒲团】《切口大词典·巫卜类·尼姑之切口》："玉蒲团：不守清规之尼僧也。"

【玉容□】宋陈元靓《事林广记·续集·绮谈市语·身体门》："面：玉容□。"

【玉乳】宋陈元靓《事林广记·续集·绮谈市语·饮食门》："豆心：玉乳；豆液。"

【玉伞】金老佛《三教九流江湖秘密规矩·青帮与红帮·红帮之问答》："甲曰：受玉子我最喜欢，但吾爱了玉伞（酒饭并语谨须玉伞两字）去做什么？"

【玉锁】《切口大词典·商铺类·海味业之切口》："玉锁：肉参也。"

【玉条子】卫大法师《江湖话·红帮各地通行隐语·其他用具对象类》："腰带：玉条子。"李子峰《海底·各地通行隐语》："腰带：玉条子。"

【玉兔】宋陈元靓《事林广记·续集·绮谈市语·天地门》："月：玉兔；桂魄。"

【玉团儿】《切口大词典·工匠类·补镬匠之切口》："玉团儿：火炉也。"

【玉屑】宋陈元靓《事林广记·续集·绮谈市语·饮食门》："面：玉屑；麦尘。"

【玉蟹】①《切口大词典·党会类·拆白党之切口》："玉蟹：妇女之丑老而家殷富者。"《清门考原·各项切口》："玉蟹，拆白党，见富有之妇女，而足以有术勾引入彀者，谓之玉蟹。其进行勾引之手段，则为吊玉蟹。"②《切口大词典·行号类·咸货行之切口》："玉蟹：盐渍蜻蟹也。"

【玉窑子】卫大法师《江湖话·红帮各地通行隐语·各种行业类》："酒店：玉窑子；火山窑子。"李子峰《海底·各地通行隐语》："酒店：玉窑子；火山窑子。"

【玉易子】《切口大词典·赌博类·牌九赌之切口》："玉易子：么二牌也。"

【玉鱿】《切口大词典·杂流类·卖花者之切口》："玉鱿：白兰花也。"

【玉柱】《梨园话》："玉柱：盔箱架上之木柱也。"

【玉子】①《切口大词典·党会类·红帮之切口》："玉子：酒也。"金老佛《三教九流江湖秘密规矩·青帮与红帮·红帮之问答》："乙曰：好。玉子（酒）要喝么？"李子峰《海底·各地通行隐语》："酒：火山子；玉子。"②《切口大词典·工匠类·扎花匠之切口》："玉子：花瓣也。"

【饫】宋陈元靓《事林广记·续集·绮谈市语·举动门》："饱：饫。"

【郁恐】明佚名《行院声嗽·身体》："抬头不起：郁恐。"

【欲把】施列格《天地会研究·洪家口白要诀》："欲把，无钱。"

【欲记】《切口大词典·工匠类·成衣匠之切口》："欲记：一也。"

【谕之孤】《新刻江湖切要·官职类》："教授：谕之孤。"

【遇见陡坡】卫大法师《江湖话·四川灌县轿夫隐语》："遇见陡（抖）坡，前：'越下越陡（抖）'；后：'下去就好走'。前：'陡（抖）一下'；后：'你去我也来'。"

【御姬罩】《切口大词典·优伶类·戏盔之切口》："御姬罩：海棠式帽圈，中间无顶，四围密装排须，中加大绒球。"

【裕子】《清门考原·各项切口》："裕子，酒也。"

【鬻孙】《江湖走镖隐语行话谱》："忘八：鬻孙。"

---

yuan

【鸢飞】《新刻江湖切要·鸟兽虫鱼类》："鸟总名鸢飞。"

【鸳五】《新刻江湖切要·鸟兽虫鱼类》："鸭：王八；鸳五；纸判。"

【鸳鸯档子】云游客《江湖丛谈·江湖之春点·江湖艺人传：评书界之刘继业》："小书在南方最盛，因小书多是风流韵事，演时有弦相佐，或男女合唱，江湖人侃儿，说他们是鸳鸯档子。"云游客《江湖丛谈·江湖之金点·柳海轰的生意》："男女两个人，唱对口儿大鼓，江湖人调侃儿叫鸳鸯档子。"

【鸳鸯子】卫大法师《江湖话·红帮各地通行隐语·其他用具对象类》："枕头：鸳鸯子。"

【冤桶】《切口大词典·娼妓类·八大胡同妓院之切口》："冤桶：游客之寿头码子也。"

【渊】清翟灏《通俗编·识余·市语·道家星卜》："道家星卜：一太，二大，三蒙，四全，五假，六真，七秀，八双全，九渊。"

【元】卫大法师《江湖话·各行业商帮所用数目字隐语·其他·安徽》："才：一。元：二。汉：三。江：四。水：五。仁：六。义：七。楚：八。云：九。山：十。"清傅崇矩《成都通览·成都之各行人买卖通用言词·成衣收荒通用言词》："二，元。"

【元宝】①卫大法师《江湖话·红帮各地通行隐语·饮食用品类》："虾：元宝，湾腰子。"李子峰《海底·各地通行隐语》："虾：元宝，湾腰子。"②《切口大词典·武术类·跑马卖解之切口》："元宝：鞍也。"③《切口大词典·优伶类·武行中之切口》："元宝：以身作元宝式。"④《切口大词典·杂流类·卖水果者之切口》："元宝：香蕉也。"⑤《切口大词典·杂流类·收卖锭灰者之切口》："元宝：具灰之大竹篮也。"

【元场】①《梨园话》："元场：在台上绕走一圈，谓之'元场'。[附记]元场有大小之别，如发兵时龙套等走一大圈，谓之'大元场'，如'起霸'勒绦子毕，自走一周，谓之'小元场。'"②《切口大词典·优伶类·锣鼓之切口》："元场：下场时用之。"

【元晨】①《江湖切口要诀》（尺牍增附本）："岁旦：聚众；[广] 元晨。"清傅崇矩《成都通览·成都之江湖言词·时令类》："岁旦：聚众，元晨。"②《切口大词典·星相类·铁板算命之切口》："元晨：正月初 也。"

【元红】《切口大词典·行号类·桂圆行之切口》："元红：略小于天红。"

【元老】①《新刻江湖切要·兵备类》："盔：元老。"②《新刻江湖切要·身体类》："面：元老；盘老。"《切口大词典·星相类·不开口相面之切口》："元老：面也。"清傅崇矩《成都通览·成都之江湖言词·身体类》："面：元老；盘老。"③《切口大词典·商铺类·笔墨业之切口》："元老：煤炱也。"④《切口大词典·星相类·不开口相面之切口》："元老：墨也。"

【元老合子】《切口大词典·星相类·不开口相面之切口》："元老合子：墨盒也。"

【元老子】《切口大词典·杂流类·收旧货之切口》："元老子：帽子也。"

【元良】清唐再丰《鹅幻汇编·江湖通用切口摘要》："先生曰元良。"《切口大词典·星相类·星家之切口》："元良：先生也。"《清门考原·各项切口》："元良，先生也。"金老佛《三教九流江湖秘密规矩·日常用语》："先生曰元良。"金老佛《三教九流江湖秘密规矩·日常用语》："自谦辄曰无有元良（先生也），骗饭而已。"

【元梁】《新刻江湖切要·人事类》："知我行事曰徒染，又曰元梁。"《切口大词典·星相类·隔夜算命之切口》："元梁：知我事及识弊者。"清傅崇矩《成都通览·成都之江湖言词·人事类》："知我行事：徒染；元梁。"

【元门】金老佛《三教九流江湖秘密规矩·青帮与红帮·盘道之一班》："该帮切口，红帮自号曰元门。"

【元门弟兄】《切口大词典·党会类·红帮之切口》："元门弟兄：帮匪自号也。"

【元片】①《新刻江湖切要·星相类》："丢铜皮：元片。"清傅崇矩《成都通览·成都之江湖言词·星相类》："起数：晕老；丢铜皮；元片。"②《切口大词典·手艺类·白藤业之切口》："元片：细藤丝也。"

【元奇】《切口大词典·杂业类·菸烟店之切口》："元奇：旱烟之最佳者。"

【元帅】宋陈元靓《事林广记·续集·绮谈市语·君臣门》："经略：元帅。"

【元台】朱琳《洪门志·春典子琐记·人事》："楼上，称元台。"朱琳《洪门志·春典子琐记·人事》："楼上，称元台。"

【元条】《切口大词典·杂业类·菸烟店之切口》："元条：旱烟之平常者。"

【元稀】《新刻江湖切要·草木百果五谷类》："花：元稀。"

【元衣】《切口大词典·手艺类·卖叫虫之切口》："元衣：木钟也，形似螟蛉。"

【元油】《切口大词典·杂业类·酱园之切口》："元油：普通酱油也。"

【元字】《清门考原·各项切口》："元字，

地甲。"

【园河里】 金老佛《三教九流江湖秘密规矩·青帮与红帮·红帮之问答》："项据带线人（熟盗）报告，坟西园河里（金姓），家肥水极壮，活龙四丈有余（帮匪切口，书目咸以尺寸计之，譬如百谓尺，十谓寸，千谓丈之类。四丈即四千，现银谓活龙），死货尚不在其内（不动产曰死货），此外尚有狠漂亮的地牌二五（女子已嫁者谓之地牌，未嫁者谓之二五），作条子开出去，每牌至少值价四五尺水头。"

【园头】 清唐再丰《鹅幻汇编·江湖通用切口摘要》："文王课曰园头。"李子峰《海底·各地通行隐语》："文王课：先知子；园头。"

【园子】 卫大法师《江湖话·红帮各地通行隐语·建筑物类》："城：园子。"李子峰《海底·各地通行隐语》："城：园子。"

【爱遵】《江湖切口要诀》（尺牍增附本）："大路：洒酥；[广] 爱遵；九达；周行。"《切口大词典·医药类·自称戏子治病者之切口》："爱遵：大路也。"

【原告】《切口大词典·衙卒类·写状人之切口》："原告：告发人也。"

【原生货】《切口大词典·娼妓类·长三书寓之切口》："原生货：新押进之妓女也。大抵出自小家，其父母以贫故，出押三年五载，而价极廉，然受虐于鸨母，苦实百倍于包妓也。"

【原头人】《江湖切口要诀》（尺牍增附本）："本处人：原头人，[广] 蒂固根生。"

【原头生】《新刻江湖切要·人物类》："本处人：原头生，[广] 蒂固根深。"《切口大词典·盗贼类·剪绺贼之切口》："原头生：本处人也。"清傅崇矩《成都通览·成都之江湖言词·人物类》："本处人：原头生；蒂固根深。"

【原途】《切口大词典·商铺类·丝经业之切口》："原途：来路货也。"

【原烊迹】《切口大词典·商铺类·染色业之切口》："原烊迹：染衣服自染票上必书此三字，免日后衣服果破之缪葛，用意与当票上所书无异。"

【圆军】《江湖走镖隐语行话谱》："有人围起来为圆[元]军。"

【圆】 ①《新刻江湖切要·草木百果五谷类》："豆：粒儿；圆；沙子；为兵。" ②《蹴鞠谱·锦语》："好：圆。"《蹴鞠图谱·圆社锦语》："圆：好。" ③《切口大词典·巫卜类·道士之切口》："圆：五也。"

【圆把】《新刻江湖切要·珍宝类》："锡曰白描钱；圆把；响青把儿；穿风青儿。"

【圆寸】《切口大词典·商铺类·笔墨业之切口》："圆寸：圆式之墨也。"

【圆光】 ①《新刻江湖切要·饮馔类》："凡蛋总名又曰圆光；又蛋称曰昆仑子。"清傅崇矩《成都通览·成都之江湖言词·饮馔类》："蛋：圆光；昆仑子。" ②《切口大词典·工匠类·磨镜匠之切口》："圆光：圆镜子也。" ③清傅崇矩《成都通览·成都之江湖言词·人事类》："和尚道士：化油；吊漫水；分票儿；飘叶子；圆光；请空；请仙；空老儿；钻黑鬼。"

【圆件】《切口大词典·商铺类·嫁妆业之切口》："圆件：圆凳也。"

【圆件头】《切口大词典·工匠类·箍桶匠之切口》："圆件头：木桶也。"

【圆角】《切口大词典·工匠类·车棚匠之切口》："圆角：窗门角也。"

【圆臼】《切口大词典·工匠类·锡匠之切口》："圆臼：敲圆之模型也。"

【圆老】《新刻江湖切要·器用类》："斗：圆老；应名科老。"《切口大词典·杂流类·收旧货之切口》："圆老：量米之斗也。"清傅崇矩《成都通览·成都之江湖言词·器用类》："斗：圆老。"

【圆粒】《切口大词典·手艺类·骨牌业之切口》："圆粒：棋子也。"

【圆年子】 云游客《江湖丛谈·江湖之春点·江湖中之卖点之内幕》："设法招行人围着观瞧，那叫圆年子。"云游客《江湖丛谈·江湖之春点·江湖中之挑杯杯的》："围上人是圆年子。"

【圆黏儿】 云游客《江湖丛谈·江湖之金点》：（哑金）"使游人围着他观瞧，调侃儿叫作圆黏儿。"

【圆皮子】《切口大词典·商铺类·珠宝业之切口》："圆皮子：藏珠之楼也。"

【圆片子】《切口大词典·工匠类·琢玉匠之切口》："圆片子：圆铁片也。"

【圆纱】《切口大词典·优伶类·戏盔之切

口》："圆纱：式同方纱，惟横翅圆形，小丑扮官之。"

【圆通】《切口大词典·乞丐类·乞丐之切口》："圆通：砂锅也。"

【圆头】 卫大法师《江湖话·红帮各地通行隐语·各种行业类》："文王课：先知子；圆头。"卫大法师《江湖话·江湖上的隐语·巾行隐语》："文王课：圆头。"《切口大词典·商铺类·鞋子业之切口》："圆头：鞋头之圆者。"《切口大词典·巫卜类·文王课之切口》："圆头：文王课也。"《清门考原·各项切口》："圆头，文王课也。"金老佛《三教九流江湖秘密规矩·江湖通用切口》："文王课曰圆头。"金老佛《三教九流江湖秘密规矩·青帮与红帮·江湖之春典》："起课者称圆头。"

【圆头子】《切口大词典·商铺类·珠宝业之切口》："圆头子：珠子也。"

【圆吞】《切口大词典·商铺类·鞋子业之切口》："圆吞：圆口鞋也。"

【圆言】《切口大词典·赌博类·牌九赌之切口》："圆言：么五牌也。"

【圆玉】《切口大词典·行号类·海鱼行之切口》："圆玉：鲍鱼也。"

【圆纸】《新刻江湖切要·医药类》："膏药：圆纸；又改涂圆，煎熯者，煎药之称。"清傅崇矩《成都通览·成都之江湖言词·医药类》："膏药：圆纸；涂圆；煎熯者（煎药之称）。"

【圆指】《切口大词典·商铺类·珠宝业之切口》："圆指：珠指约也。"

【圆子】《切口大词典·商铺类·押当业之切口》："圆子：珠子也。"

【缘衣郎】《切口大词典·行号类·菜蔬行之切口》："缘衣郎：米苋也。"

【缘衣仙】《切口大词典·杂业类·花业之切口》："缘衣仙，纯绿梅花也，俗呼绿萼梅。"

【猿狲戏】 贝思飞《民国时期的土匪隐语》："猿狲戏：戴着枷锁来示众。"

【猿偷】《切口大词典·商铺类·丝经业之切口》："猿偷：姓陶者。"

【远】 明佚名《行院声嗽·数目》："九：远弯。"卫大法师《江湖话·各行业商帮所用数目字隐语·其他·湖北》："文：一。水：二。清：三。且：四。浅：五。行：六。人：七。心：八。志：九。远：十。"《蹴鞠图谱·圆社锦语》："远：九。"宋陈元靓《事林广记·续集·绮谈市语·数目门》："九：尵不首；远。"

【远白滑】《切口大词典·杂业类·燕子窝之切口》："远白滑：勿吸烟者。"

【夗央】 宋陈元靓《事林广记·续集·绮谈市语·服饰门》："女鞋：夗央。"

【怨作】 宋陈元靓《事林广记·续集·绮谈市语·举动门》："死：物故；怨作。"

yue

【曰目】《切口大词典·巫卜类·文王课之切口》："曰目：冲克也。"

【约住】《切口大词典·商铺类·古董业之切口》："约住：笼也。"

【月】《新刻江湖切要·数目类》："二为月；又月卯。"《郎中医话》："月：二。"卫大法师《江湖话·各行业商帮所用数目字隐语·成都通行言词·江湖通用》："月：二。"卫大法师《江湖话·红帮各地通行隐语·数目类》："二：月；两道子。"《江湖走镖隐语行话谱》："二：月。"《切口大词典·商铺类·衣庄业之切口》："月：二也。"《镖行江湖隐语行话秘典》："春点：刘、月、王、在、中、神、星、张、爱、足。（按：分别为1至10个数字）李子峰《海底·各地通行隐语》："二：月；雨道子。"清傅崇矩《成都通览·成都之各行人买卖通用言词·江湖八大帮言词》："月（二）。"清傅崇矩《成都通览·成都之江湖言词·数目类》："二：月；月卯。"清翟灏《通俗编·识余·市语·江湖杂流》："江湖杂流：一留，二月，三汗，四则，五中，六人，七心，八张，九爱，十足。"朱琳《洪门志·春典子琐记·暗数》："一，称流。二，称月。三，称汗。四，称则。五，称中。六，称神。七，称星。八，称张。九，称爱。十，称足。"

【月白桃叶纱】《切口大词典·优伶类·戏盔之切口》："月白桃叶纱：色月白，翅如桃叶，《进蛮诗》之李白用之。"

【月车口】 施列格《天地会研究·洪家口白要诀》："月车口，青莲堂。"

【月胆】《切口大词典·商铺类·玉器业之切口》："月胆：玉瓶也。"

【月点】云淑客《江湖丛谈·江湖之金点·彩门》："盖因耍腥的，都是两个人使对子，在赌场内叫暗令儿。江湖人管俩人调侃儿叫月点，故称他们为月。"

【月丁码姜斗】云游客《江湖丛谈·江湖之春点·江湖艺人传：去平留津的大金牙》："江湖人管两个大姑娘，调侃叫月丁码姜斗。"

【月定】卫大法师《江湖话·红帮各地通行隐语·数目类》："二寸：月定。"

【月儿】①《新刻江湖切要·宫室类》："梯：月儿，[增] 踏望儿；云老会；步步高。"②《切口大词典·手艺类·秤戥业之切口》："月儿：秤锤也。"③明程万里《鼎锲徽池雅调南北官腔乐府点板曲响大明春·六院汇选江湖方语》："月儿，是楼上也。"

【月干张配】李子峰《海底·各地通行隐语》："三千八百：月干张配。"

【月割】《新刻江湖切要·草木百果五谷类》："韭：毛头青；月割。"

【月宫】《新刻江湖切要·亲戚类》："母：月宫。"清唐再丰《鹅幻汇编·江湖通用切口摘要》："母曰月宫。"卫大法师《江湖话·红帮各地通行隐语·人类一般》："母：月宫；老底子。"卫大法师《江湖话·江湖上的隐语·普通隐语》："母：月宫。"《切口大词典·星相类·星家之切口》："月宫：母也。"《清门考原·各项切口》："月宫，母也。"金名佛《三教九流江湖秘密规矩·日常用语》："母曰月宫。"李子峰《海底·各地通行隐语》："母：月宫；老底子。"

【月宫嘴子】云游客《江湖丛谈·江湖之春点》："管兔儿叫月宫嘴子。"云游客《江湖丛谈·江湖之金点·江湖人的规律》："六是月宫嘴子，生意人管兔子，调侃儿叫月宫嘴子。"

【月精】《切口大词典·工匠类·外国成衣匠之切口》："月精：洋针也。"

【月蓝】《切口大词典·商铺类·染色业之切口》："月蓝：色较毛蓝稍淡者。"

【月亮】①《切口大词典·工匠类·理发匠之切口》："月亮：面盆也。"②《切口大词典·工匠类·皮匠之切口》："月亮：切皮砧板也。"③《切口大词典·商铺类·茶食业之切口》："月亮：饼也。"《切口大词典·杂业类·点心铺之切口》："月亮：饼也。"④《切口大词典·商铺类·嫁妆业之切口》："月亮：圆台也。"

【月卯】《新刻江湖切要·数目类》："二为月；又月卯。"《切口大词典·巫卜类·文王课之切口》："月卯：二也。"清傅崇矩《成都通览·成都之江湖言词·数目类》："二：月，月卯。"

【月配鼠】清唐再丰《鹅幻汇编·江湖通用切口摘要》："二百曰月配鼠（亦称为越百鼠，余皆仿此）"

【月七】《新刻江湖切要·地理类》："江西：月七。"《江湖切口要诀》（尺牍增附本）："江西：月七。"《切口大词典·医药类·自称戏子治病者之切口》："月七：江西也。"清傅崇矩《成都通览·成都之江湖言词·地理类》："江西：月七。"

【月千张配】卫大法师《江湖话·红帮各地通行隐语·数目类》："三千八百：月千张配。"

【月日】《新刻江湖切要·亲戚类》："外公：从日；今改月日；又曰泰山。"

【月上】《新刻江湖切要·亲戚类》："大舅妻：月上；今改才上才。"

【月上部】《新刻江湖切要·亲戚类》："伯母：左月；月上部，该称日上才；甲才。"

【月上官】《新刻江湖切要·亲戚类》："母大舅：月上官。"

【月水上】《新刻江湖切要·亲戚类》："大姨：才水上；大姨母缺；今可增为月水上。"

【月水下】《新刻江湖切要·亲戚类》："小姨：才水下。小姨母缺，今可增为月水下。"

【月梭】《切口大词典·工匠类·磨镜匠之切口》："月梭：佣妇也。"

【月下】《新刻江湖切要·亲戚类》："小舅妻：月下，今改才下才。"

【月下部】《新刻江湖切要·亲戚类》："婶母：右月；月下部，称曰下才；椒才。"

【月下官】《新刻江湖切要·亲戚类》："母小舅：月下官。"

【月血】卫大法师《江湖话·红帮各地通行隐语·一般人事类》："每月送陋规：月血。"李子峰《海底·各地通行隐语》："每月送陋规：月血。"

【月月】《新刻江湖切要·亲戚类》:"外婆:从月,今改重月。月月,母之母也。又曰泰水。"

【月柱】《切口大词典·商铺类·豆麦业之切口》:"月柱:佣钱也。"

【月子】《切口大词典·手艺类·扇子业之切口》:"月子:团扇之总称也。"

【月足】李子峰《海底·各地通行隐语》:"二十:月足。"

【岳】①《郎中医话》:"岳,是店。"②清翟灏《通俗编·识余·市语·丝行》:"丝行:则一岳,二卓,三南,四长,五人,六龙,七青,八豁,九底。"

【岳母】宋陈元靓《事林广记·续集·绮谈市语·亲属门》:"丈母:太水;岳母。"

【岳翁】宋陈元靓《事林广记·续集·绮谈市语·亲属门》:"丈人:太山;岳翁。"

【越】①清唐再丰《鹅幻汇编·江湖通用切口摘要》:"二曰越。"卫大法师《江湖话·江湖上的隐语·普通隐语》:"二:越。"《切口大词典·星相类·星家之切口》:"越:二也。"《清门考原·各项切口》:"越,二个。"②《切口大词典·商铺类·顾绣业之切口》:"越:九也。"

【越鞍子】《切口大词典·盗贼类·越墙贼之切口》:"越鞍子:贼得赃物跳墙出院之谓也。"

【越百鼠】清唐再丰《鹅幻汇编·江湖通用切口摘要》:"二百曰月配鼠(亦称为越百鼠,余皆仿此)。"金老佛《三教九流江湖秘密规矩·日常用语》:"二百曰越配鼠,亦称为越百鼠,余皆仿此。"

【越地】《新刻江湖切要·地理类》:"绍兴:越地。"《江湖切口要诀》(尺牍增附本):"绍兴:越地。"《切口大词典·医药类·自称戏子治病者之切口》:"越地:绍兴也。"清傅崇矩《成都通览·成都之江湖言词·地理类》:"绍兴:越地。"

【越粳鼠】卫大法师《江湖话·江湖上的隐语·普通隐语》:"二千:越粳鼠。"

【越配鼠】卫大法师《江湖话·江湖上的隐语·普通隐语》:"二百:越配鼠。"《切口大词典·星相类·星家之切口》:"越配鼠:二百也。"《清门考原·各项切口》:"越配鼠,二百文钱也。"金老佛《三教九流江湖秘密规矩·日常用语》:"二百曰越配鼠,余皆仿此。"

【越肉】《切口大词典·行号类·咸货行之切口》:"越肉:蟹浆也。"

【越桃】《切口大词典·杂流类·卖花者之切口》:"越桃:栀子花也。"

【粤金】《新刻江湖切要·地理类》:"广西:[补]粤金。"《江湖切口要诀》(尺牍增附本):"广西:[补]粤金。"《切口大词典·医药类·自称戏子治病者之切口》:"粤金:广西也。"清傅崇矩《成都通览·成都之江湖言词·地理类》:"广西:粤金。"

【粤木】《新刻江湖切要·地理类》:"广东:粤木。"《江湖切口要诀》(尺牍增附本):"广东:粤木。"《切口大词典·医药类·自称戏子治病者之切口》:"粤木:广东也。"清傅崇矩《成都通览·成都之江湖言词·地理类》:"广东:粤木。"

【龠蚕】《切口大词典·优伶类·场面上之切口》:"龠蚕:月琴也。"

yun

【云】卫大法师《江湖话·各行业商帮所用数目字隐语·其他·安徽》:"才:一。元:二。汉:三。江:四。水:五。仁:六。义:七。楚:八。云:九。山:十。"卫大法师《江湖话·各行业商帮所用数目字隐语·重庆通行言词·银楼》:"祥:一。皮:二。昌:三。诗:四。对:五。劳:六。造:七。刀:八。云:九。喜:十。"

【云表】《新刻江湖切要·天文类》:"天:乾公;[广]一大;轻清;无外;云表;兼容;并包;司覆公;高明君。"《切口大词典·星相类·鸟衔算命之切口》:"云表:天也。"清傅崇矩《成都通览·成都之江湖言词·天文类》:"天:乾公;一天;轻清;无外;云表;兼容;并包;司覆公;高明君。"

【云彩】《郎中医话》:"云彩,是阴凉。"

【云衬】《切口大词典·手艺类·裱画业之切口》:"云衬:绫边裱者。"

【云带】《切口大词典·商铺类·茶食业之切口》:"云带:白粉糕也。"

【云盖】①平山周《中国秘密社会史·三合会

隐语》：" 线香曰桂枝，蜡烛曰古树。蚊帐曰灯笼。明代服曰袈裟，套裤曰菱角，靴曰铁板，帽子曰云盖，曰万笠。洋伞曰洪头，曰独脚，曰乌云。道路曰线，旅行曰游线。家曰甲子。祖先公馆曰马桶。船曰平，乘船曰搭平。" 金老佛《三教九流江湖秘密规矩·三合会之隐语》："靴曰铁板，帽子曰云盖，曰万笠。"②《切口大词典·工匠类·成佛匠之切口》："云盖：神龛也。"

【云根】《切口大词典·商铺类·押当业之切口》："云根：宝石也。"

【云根子】①《切口大词典·商铺类·玉器业之切口》："云根子：璞玉也。"②《切口大词典·医药类·祝由科之切口》："云根子：石头也，术者以短棍缚巨石竖于酒杯之底者。"

【云骨】《新刻江湖切要·草木百果五谷类》："柴板，云骨；樵条；堆老，乌杖；条官。"

【云光】《切口大词典·优伶类·场面上之切口》："云光：小云锣也。"

【云厚】《蹴鞠图谱·圆社锦语》："云厚：多人。"

【云记】《切口大词典·巫卜类·道士之切口》："云记：手提香炉也。"

【云肩】《切口大词典·商铺类·衣折业之切口》："云肩：旦角所用之大披肩也，上绣花纹，周围加须。"

【云柯】《切口大词典·医药类·摆草药摊之切口》："云柯：茉莉花根也。食之使人昏迷，接骨医生用之，则病者不知痛，独西医之克罗芳也。"

【云老会】《新刻江湖切要·宫室类》："梯：月儿；［增］踏望儿；云老会；步步高。"

【云里翻】《切口大词典·优伶类·武行中之切口》："云里翻：人立叠桌上跌扑而下也。"

【云马子】卫大法师《江湖话·红帮各地通行隐语·偷盗类》："抬犯：云马子；吼马子。"

【云棚麻撒】学古堂《江湖行话谱·保镖护院行话概略》："云棚麻撒：房上有人。"

【云棚马撒】清末民初佚名《镖行江湖隐语行话秘典》："房上有人：云棚马撒。"

【云散】《蹴鞠图谱·圆社锦语》："云散：无人。"

【云四维】《切口大词典·巫卜类·道士之切口》："云四维：云锣也。"

【云抬狮】清傅崇矩《成都通览·成都之呼物混名》："云抬狮：轿夫也。"

【云条】《切口大词典·巫卜类·道士之切口》："云条：云磬也。"

【云童】《梨园话》："云童：戏中手持云片之童儿，谓之'云童'。［附记］剧中神仙与上场时，多用龙套扮四云童，手持云片在前引路，即以云片表示仙人行动之云雾也。"

【云头】①《切口大词典·赌博类·牌九赌之切口》："云头：用极细微之污点，染于牌之横头，以为标记。"②《切口大词典·商铺类·南货业之切口》："云头：木耳也。"③金老佛《三教九流江湖秘密规矩·青帮与红帮·红帮之问答》："迨行近目的地，甲曰：快开三光（火把），快上云头（开花脸），快出喷筒踢去扇子（门）。"

【云线】《新刻江湖切要·身体类》："发：皂线；飘光；云线。"《切口大词典·星相类·不开口相面之切口》："云线：发也。"清傅崇矩《成都通览·成都之江湖言词·身体类》："发：皂线；飘光；云线。"

【云衣】《切口大词典·行号类·咸货行之切口》："云衣：罗皮也，即海蜇皮也。"

【云缨络】《切口大词典·杂流类·卖花者之切口》："云缨络：同上（独步春）。"

【云油】卫大法师《江湖话·红帮闽粤及南洋各地通行隐语》："洋烟：云油；文油。"李子峰《海底·闽粤及南洋各地通行之隐语》："洋烟：云油；文油。"

【云游】①平山周《中国秘密社会史·三合会隐语》："发曰青丝。豚曰毛瓜，豚肉曰白瓜，已燔之豚肉曰金瓜，曰红瓜。牛肉曰大菜，盐牛肉曰一把菜。狗曰蚁，鱼曰穿浪，曰摆尾，盐鱼曰咸筝，曰丫鬟。米曰沙，煮饭曰打沙，吃饭曰耕沙。鸦片曰云游，吃鸦片曰咬云。茶曰青莲。水曰三河。油曰洪顺。茶碗曰莲蕊。酒杯曰莲米。"《家里宝鉴·隐语》："阿片曰'云游，熏老'。"金老佛《三教九流江湖秘密规矩·三合会之隐语》："阿片曰云游，吃阿片曰咬云。"②《家里宝鉴·隐语》："旅行曰'云游'。"

【云游子】《新刻江湖切要·僧道类》："仙人称为书香，今增为云游子。"清傅崇矩《成都通览·成都之江湖言词·僧道类》："仙人：书香；云游子。"

【云腴】 宋陈元靓《事林广记·续集·绮谈市语·饮食门》："茶：云腴；仙茗。"

【云遮月】《梨园话》："云遮月：嗓音佳者，谓之'云遮月'。[附记]喉之佳者，名"云遮月"，以月初被云遮则光暗淡，既而云敛，则皓光皎皎。此种嗓音，初唱似甚不佳，声或若裂，喉若有痰，愈唱愈高，声音俱美。"

【云中雪】 清张德坚等《贼情汇纂》卷五《伪军制下·隐语·太平天国隐语》："刀改称云中雪。"

【云子】 ①《江湖走镖隐语行话谱》："房为云子。"②宋陈元靓《事林广记·续集·绮谈市语·饮食门》："饭：云子；胡麻。"

【匀鲜】《切口大词典·杂流类·卖花带者之切口》："匀鲜：略细带也。"

【芸】 卫大法师《江湖话·各行业商帮所用数目字隐语·成都通行言词·药材行》："音：一。色：二。春：三。水：四。岸：五。芸：六。里：七。池：八。千：九。"清傅崇矩《成都通览·成都之各行人买卖通用言词·药材行通用言词》："六，芸。"

【芸青】《新刻江湖切要·草木百果五谷类》："苗：芸青。"

【芸数】 清傅崇矩《成都通览·成都之各行人买卖通用言词·药材行通用言词》："芸数：六百。"

【允违】《新刻江湖切要·亲戚类》："孝子曰日略，今改为二十四，此孝顺之孝也。又曰允违，取'庶见素冠'章义，此带孝之孝也。"

【运化】 清张德坚等《贼情汇纂》卷八《伪文告下·隐语·太平天国隐语》："运化：贼称如厕为运化。"

【运一运】《切口大词典·行号类·烟土行之切口》："运一运：掺假土也。"

【晕场】《梨园话》："晕场：在场上头目发晕，谓之'晕场'。"

【晕老】《新刻江湖切要·星相类》："起数：晕老。"清傅崇矩《成都通览·成都之江湖言词·星相类》："起数：晕老；丢铜皮；元片。"

【晕脸】《切口大词典·商铺类·花粉业之切口》："晕脸：胭脂水也。"

【晕汤窑子】 卫大法师《江湖话·红帮各地通行隐语·各种行业类》："浴堂：粉窑子；罗汉窑子；呜滑窑子；晕汤窑子。"

【晕头】《切口大词典·商铺类·刷染业之切口》："晕头：油渣也。"

【酝酿】《江湖切口要诀》（尺牍增附本）："读书人：灵儿，[广]酝酿。"

【酝绿】《新刻江湖切要·饮馔类》："酒：山；又山香；又酝绿；山老；喧老。"

【酝绿】 清傅崇矩《成都通览·成都之江湖言词·饮馔类》："酒：山；山香；又酝绿；山老；喧老。"

【酝物】 宋陈元靓《事林广记·续集·绮谈市语·饮食门》："酒：欢伯；酝物；酥酝；绿蚁；海老；新蒭。"

Z

za

【杂拌地】 云游客《江湖丛谈·江湖之春点·北平平民化市场、天桥之沿革与变迁》："有各种露天杂耍儿，撂地赌钱的玩艺，江湖人称为杂拌地，又叫杂巴地。"

【杂奴】《切口大词典·医药类·卖药人之切口》："杂奴：起码价钱也。"

【杂嗽】 ①明风月友《金陵六院市语》："杂嗽者，骂也。"明佚名《行院声嗽·人事》："骂：杂嗽。"②明田汝成《西湖游览志馀·委巷丛谈》："杂人有以二字反切一字以成声者，如以秀为鲫溜，以团为突栾，以精为鲫伶，以俏为鲫跳，以孔为窟窿，以盘为勃兰，以铎为突落，以窠为窟陀，以圈为窟栾，以蒲为鹘卢。有以双声而包一字，易方隐语以欺人者，如以好为现萨，以丑为怀五，以马为杂嗽，以笑为喜黎，以肉为直线，以鱼为河戏，以茶为油老，以酒为海老，以没有为埋梦，以莫言为稀调。"

【杂种会】 贝思飞《民国时期的土匪隐语》："杂种会：与匪帮相争的秘密社团。"

【砸】《切口大词典·优伶类·伶人之切口》："砸：演戏疵病百出也。"

【砸点子】《切口大词典·盗贼类·杆匪之切口》："砸点子：欲去架人能得与否，悉凭时运之谓也。"

【砸了】①《梨园话》："砸了：演剧时，或唱白或身段，屡次错误，谓之'砸了'。"②《切口大词典·优伶类·腔调上之切口》："砸了：唱演时疵病百出也。"

zai

【栽翻】卫大法师《江湖话·各行业商帮所用数目字隐语·成都通行言词·六成行（油，盐，柴，米，豆子，菜子）》："栽翻：四。"

【栽跟头】《切口大词典·娼妓类·茶室之切口》："栽跟头：言事之不顺利也。"

【栽李桃树】《清门考原·各项切口》："栽李桃树，洪门中哥老会。收人之称。"

【栽了】云游客《江湖丛谈·江湖之春点·老荣中之高买》："窃贼管被捕犯案，调侃叫栽了。遭过官司，被捕过，即是栽了。"

【栽培】清傅崇矩《成都通览·成都之袍哥话即江湖话也》："栽培，提拔也。"

【栽栽】《切口大词典·盗贼类·杆匪之切口》："栽栽：路上稍歇暂不行也。"

【载】卫大法师《江湖话·红帮闽粤及南洋各地通行隐语》："酒壶：载。"李子峰《海底·各地通行隐语》："酒壶：火山炊子；玉宝（海外则称载）。"李子峰《海底·闽粤及南洋各地通行之隐语》："酒壶：载。"

【崽子】贝思飞《民国时期的土匪隐语》："崽子：普通土匪（满洲）。"

【仔】清傅崇矩《成都通览·成都之各行人买卖通用言词·戏班子道士端公吹手纸火通用言词》："四，仔。"

【再扛】卫大法师《江湖话·江湖上的隐语·普通隐语》："说人好处：再扛。"《清门考原·各项切口》："再扛，假谓好处也。"金老佛《三教九流江湖秘密规矩·日常用语》："说人好处曰再扛。"

【再粒】《切口大词典·医药类·道人卖药之切口》："再粒：药丸也。"

【在】清佚名《郎中医话》："在：四。"《江湖走镖隐语行话谱》："四：在。"清末民初佚名《镖行江湖隐语行话秘典》："春点：刘、月、王、在、中、神、星、张、爱、足。（按：分别为1至10个数字）

【在丙】《行院声嗽·文史》："告状：在丙。"

【在陈】《切口大词典·衙卒类·兵士之切口》："在陈：绝粮也。"

【在东】《新刻江湖切要·天文类》："星：光芒；[广]点辰；列棋；好风；好雨；拱牝；在东。"《江湖切口要诀》（尺牍增附本）："星：光芒；[广]点辰；列碁；好风；好雨；拱北；在东。"《切口大词典·星相类·鸟衔算命之切口》："在东：星也。"清傅崇矩《成都通览·成都之江湖言词·天文类》："星：光芒；点辰；列棋；好风；好雨；拱北；在东。"

【在丰】《新刻江湖切要·天文类》："露：[补]甘霖；秋白；未晞；为霜；湛斯；在丰。"《江湖切口要诀》（尺牍增附本）："露：[补]：在丰。"清傅崇矩《成都通览·成都之江湖言词·天文类》："露：甘霖；秋白；未晞；为霜；湛斯；在丰。"

【在家里】《清门考原·各项切口》："在家里，在帮也。"

【在手】《切口大词典·杂业类·酒店之切口》："在手：酒杯也。"

【在水边】《清门考原·各项切口》："在水边，困乏之中也。"

【在玄】《清门考原·各项切口》："在玄，又曰在圈子，洪门中人云其在会也。"平山周《中国秘密社会史·哥老会隐语》："会员曰圈子，曰在玄，新会员曰新在玄。"徐珂《清稗类钞·会党类·哥老会隐语》："会员曰圈子，曰在玄，新会员曰新在玄。"

【在阴】《新刻江湖切要·鸟兽虫鱼类》："鹤：[增]天闻；鸣皋；在阴。"

【在园】《切口大词典·党会类·哥老会之切口》："在园：会员也。"

zan

【攒布袋】《清门考原·各项切口》："攒布袋，

南方窃贼掘壁洞之切口也。"

【攒彩】《江湖走镖隐语行话谱》："戏法：攒彩。"

【攒儿吊】《郎中医话》："攒儿吊，是心疼。"

【攒儿吊的黏啃】 云游客《江湖丛谈·江湖之春点》："这卖药的先生，原不知病人所患的是何病症。该病人院邻某姓，是个江湖人。他要教卖药的先生挣的下钱来，先向卖药的先生说：果食点是攒儿吊的黏啃。卖药的先生不用给病人诊脉，便能知道这家是有个妇人，得的是心疼之病。原来，这果食点，按着春点中的侃语，便是妇人的；攒儿吊的黏啃，便是心口疼的病症。"

【攒锅】《切口大词典·优伶类·伶人之切口》："攒锅：剽窃他人之戏也。"

【攒红】①《郎中医话》："攒红，是打铁。"②学古堂《江湖行话谱·行话管见》："铁匠：攒红。"

【攒尖儿】 云游客《江湖丛谈·江湖之春点·汉门的丁香座子》："管读熟了各种卜筮书籍、各种的相书，调侃叫攒尖儿。"

【攒脚子】《切口大词典·商铺类·丝经业之切口》："攒脚子：姓丁者。"

【攒老】《蹴鞠图谱·圆社锦语》："攒老：军人。"

【攒冷】 云游客《江湖丛谈·江湖之金点·小绺门》："攒冷，即是自己入伍当兵。"

【攒罗】 学古堂《江湖行话谱·行话管见》："麦子：攒罗。"

【攒散】 学古堂《江湖行话谱·行意行话》："做饭：攒散。"

【攒桶子】《切口大词典·优伶类·腔调上之切口》："攒桶子：剽窃他人之戏中词句也。"

【攒稀】 云游客《江湖丛谈·江湖之春点》："管弦怕叫攒稀。"

【攒子钱】 云游客《江湖丛谈·江湖之金点·小绺门》："就是专在市场、庙会、各玩艺场的人群中偷窃的小绺，江湖人调侃儿叫他们攒子钱。"

【赞】《切口大词典·星相类·铁板算命之切口》："赞：凡遇年幼者以赞，谓是命长大，必得富贵寿考，以引悦其父母期望之心，此巾行中卖术之首要诀也。"

【赞郎】《新刻江湖切要·饮馔类》："盐：信老；沙力；赞郎；五味。"清傅崇矩《成都通览·成都之江湖言词·饮馔类》："盐：信老；沙力；赞郎；五味。"

【赞龙】《镖行江湖隐语行话秘典》："放火，为赞龙。"

【赞曲】《切口大词典·星相类·量手算命之切口》："赞曲：生意也。"清傅崇矩《成都通览·成都之江湖言词·人事类》："生意：赞曲。"

【瓒老】 清翟灏《通俗编·识余·市语》："江湖人市语尤多，坊间有《江湖切要》一刻，事事物物，悉有隐称。诚所谓惑乱听闻，无足采也。其间有通行市井者，如官曰孤司，店曰朝阳，夫曰盖老，妻曰底老，家人曰吊脚，僧曰廿三，道士曰廿四，成衣曰戳短枪，抬轿曰扱楼儿，剃头曰削青，船曰瓢儿，屋曰顶公，银曰琴公，钱曰把儿，米曰软珠，饼曰匾食，盐曰瓒老，鱼曰豁水，鸭曰王八，鞋曰踢土，镜曰照儿，抹布曰蹋郎，坐曰打墩，拜曰剪拂，揖曰丢圈子，叩头曰丢匾子，写字曰捌黑，说话曰吐刚，被欺曰上当，虚奉承曰王六，大曰太式，多曰满太式，无曰各念，俱由来于此语也。"

【饙】 清佚名《郎中医话》："饙[雅俗轩案：饙，以羹浇饭]是骂。"

zang

【脏点子】 卫大法师《江湖话·红帮各地通行隐语·人身各物类》："头：脏点子；棘木子。"李子峰《海底·各地通行隐语》："头：脏点子；枣木子。"

【脏沟子】 李子峰《海底·各地通行隐语》："坑：脏沟子。"

【脏骨子】 卫大法师《江湖话·红帮各地通行隐语·天文地理类》："坑：脏骨子。"

【脏黏啃座子】 云游客《江湖丛谈·江湖之金点·皮门》："治花柳病的药铺。"

【葬】《切口大词典·党会类·红帮之切口》："葬：收藏也。"贝思飞《民国时期的土匪隐语》："葬：埋藏钱财。"金老佛《三教九流江湖秘密规矩·青帮与红帮·红帮之问答》："乙曰：地龙葬在此地（收藏曰葬），大家快起出来。"

zao

【遭事】 卫大法师《江湖话·红帮各地通行隐语·建筑物类》："犯案：落马；遭事。"李子峰《海底·各地通行隐语》："犯案：落马；遭事。"

【遭数】 ①《蹴鞠谱·锦语》："老：遭数。" ②《蹴鞠图谱·圆社锦语》："遭数：或。"

【糟表】《蹴鞠图谱·圆社锦语》："糟表：无用。"

【糟附肉】《切口大词典·乞丐类·乞丐之切口》："糟附肉：卧败絮中也。"

【凿壁】《切口大词典·商铺类·丝经业之切口》："凿壁：姓张者。"

【凿道】《切口大词典·杂业类·燕子窝之切口》："凿道：以签钻烟泡也。"

【凿洞】《切口大词典·工匠类·皮匠之切口》："凿洞：钻子也。"

【凿天】《切口大词典·星相类·相家之切口》："凿天：长子也。"

【凿铜板】《切口大词典·巫卜类·和尚之切口》："凿铜板：敲响板和尚也。"

【凿响子】《切口大词典·杂流类·外执事之切口》："凿响子：敲锣也。"

【凿星子】《切口大词典·手艺类·秤戥业之切口》："凿星子：秤杆或戥杆打洞也。"

【凿饮】《新刻江湖切要·地理类》："井：地窟；[广]水窖；中公；列九；凿饮；又曰区九。"《江湖切要诀》（尺牍增附本）："井：地窟；[广]水窖；中公；列九；凿饮；又曰区九。"清傅崇矩《成都通览·成都之江湖言词·地理类》："井：地窟；水窖；中公；列九；凿饮。人曰区九。"

【早】《切口大词典·行号类·耕牛行之切口》："早：六也。"

【早白】《切口大词典·行号类·粮食行之切口》："早白：八月穗而粒赤者。"

【早拜年】《切口大词典·党会类·小瘪三之切口》："早拜年：向人长揖陪礼也。"

【早轴子】《梨园话》："早轴子：前三出戏，谓之'早轴子'。"

【枣木子】 李子峰《海底·各地通行隐语》："头：脏点子；枣木子。"

【枣汤】《切口大词典·行号类·烟土行之切口》："枣汤：以红枣去皮，留肉剔核，将精煎收成膏也。"

【枣子】 金老佛《三教九流江湖秘密规矩·青帮与红帮·红帮之生财》："欲向老哥借用枣子一双（红帮名眼珠曰枣子），幸自取下，以免弟兄辈动手。"金老佛《三教九流江湖秘密规矩·青帮与红帮·江湖之春典》："眼珠称枣子。"

【皂】《切口大词典·杂流类·卖玉器之切口》："皂：七也。"清傅崇矩《成都通览·成都之各行人买卖通用言词·丝锦绸缎布帛花行通用言词》："七，皂。"

【皂不白】 宋陈元靓《事林广记·续集·绮谈市语·数目门》："七：皂不白；星。"

【皂底】《切口大词典·商铺类·金线业之切口》："皂底：七也。"清翟灏《通俗编·识余·市语·杂货铺》："杂货铺：一平头，二空工，三眠川，四睡目，五缺丑，六断大，七皂底，八分头，九未丸。"

【皂告】《切口大词典·医药类·卖吊虫丸者之切口》："皂告：闲走抖生意也。"

【皂快】《切口大词典·商铺类·靴子业之切口》："皂快：与黑块仿佛。"

【皂飘】《新刻江湖切要·文具类》："红绿纸刽曰皂飘。"

【皂飘线】《切口大词典·星相类·相家之切口》："皂飘线：发也。"

【皂裙】《切口大词典·杂业类·禽鸟业之切口》："皂裙：百官鸟也。"

【皂头】《新刻江湖切要·珍宝类》："银：硬底；琴头；又曰皂头。"

【皂线】《新刻江湖切要·身体类》："发：皂线；飘光；云线。"清傅崇矩《成都通览·成都之江湖言词·身体类》："发：皂线；飘光；云线。"

【灶】 卫大法师《江湖话·各行业商帮所用数目字隐语·成都通行言词·谷米杂粮行》："灶：七。"清傅崇矩《成都通览·成都之各行人买卖通用言词·谷米杂粮过斗六成行通用言词》："七，灶。"

【灶点】 云游客《江湖丛谈·江湖之金点·彩

门》：" 原来他们有一种方法，无论售纸包里包什么东西，教别人当面瞧着是包在里头啦，打开再看是个空包儿。那东西在包的时候就弄在外头，掩藏起来。这种跟头包儿，他们是时有使用的。这种欺骗愚人的法子，调侃儿叫作灶点，又叫安瓜灶点。"

【灶斗钱】 清傅崇矩《成都通览·成都之各行人买卖通用言词·谷米杂粮过斗六成行通用言词》："灶斗钱是七十个。"

【灶君娘】 《切口大词典·盗贼类·拐匪之切口》："灶君娘：貌之丑者。"

【造】 ①卫大法师《江湖话·各行业商帮所用数目字隐语·重庆通行言词·银楼》："祥：一。皮：二。昌：三。诗：四。对：五。劳：六。造：七。刀：八。云：九。喜：十。" ②卫大法师《江湖话·红帮各地通行隐语·建筑物类》："坐牢：进书房；造。"

【造粉子】 清傅崇矩《成都通览·成都之袍哥话即江湖话也》："造粉子，吃饭也。"

【造古】 《切口大词典·医药类·卖吊虫丸者之切口》："造古：有生意也。"

【造花像】 《切口大词典·手艺类·捏粉人之切口》："造花像：捏粉人也。"

【造屈老】 明程万里《鼎锲徽池雅调南北官腔乐府点板曲响大明春·六院汇选江湖方语》："造屈老，是做戏的。"

【造兆法】 《切口大词典·杂业类·燕子窝之切口》："造兆法：煎烟也。"

【燥皮】 明风月友辑《金陵六院市语》："燥皮，相戏之称。"

ze

【则】 ①《新刻江湖切要·数目类》："四为则；又执已。" 清唐再丰《鹅幻汇编·江湖通用切口摘要》："四曰则。" 卫大法师《江湖话·各行业商帮所用数目字隐语·成都通行言词·江湖通用》："则：四。" 卫大法师《江湖话·江湖上的隐语·普通隐语》："四，则。"《切口大词典·星相类·星家之切口》："则：四也。"《清门考原·各项切口》："则，四个。" 金老佛《三教九流江湖秘密规矩·日常用语》："四曰则。" 清傅崇矩《成都通览·成都之各行人买卖通用言词·江湖八大帮言词》："则（四）。" 清傅崇矩《成都通览·成都之江湖言词·数目类》："四：则；执已。" 清翟灏《通俗编·识余·市语·江湖杂流》："江湖杂流：一留，二月，三汪，四则，五中，六人，七心，八张，九爱，十足。" 朱琳《洪门志·春典子琐记·暗数》："一，称流。二，称月。三，称汪。四，称则。五，称中。六，称神。七，称星。八，称张。九，称爱。十，称足。" ②卫大法师《江湖话·各行业商帮所用数目字隐语·成都通行言词·布行》："则：一。乃：二。心：三。梳：四。抹：五。高：六。纱：七。孬：八。坏：九。" 清傅崇矩《成都通览·成都之各行人买卖通用言词·布匹棉花线子行言词》："则（一）。"

【则天】 《新刻江湖切要·官职类》："皇帝：巍巍太岁；[广] 则天；配天。"

【泽管儿】 贝思飞《民国时期的土匪隐语》："泽管儿：停止活动（满洲）。"

【啧啧】 《切口大词典·盗贼类·水面贼之切口》："啧啧：聪明也。"

【喷子】 云游客《江湖丛谈·江湖之春点》："管枪叫'喷子'。"

【喷子升点儿】 云游客《江湖丛谈·江湖之春点》："管放枪叫'喷子升点儿'。"

zen

【怎按捺】 《行院声嗽·人事》："难收撮：怎按捺。"

【怎科子】 云游客《江湖丛谈·江湖之春点》："小男孩叫怎科子。" 云游客《江湖丛谈·江湖之春点·江湖艺人孙宝善》："怎料子是孩子。"

zeng

【赠帖】 《新刻江湖切要·衣饰类》："袱包：赠帖。" 清傅崇矩《成都通览·成都之江湖言词·衣饰类》："袱包：赠帖。"《切口大词典·盗贼类·收晒朗贼之切口》："赠帖：包袱也。"

zha

【喳摆】《切口大词典·商铺类·绸缎业之切口》："喳摆：大也。"

【楂牌】《切口大词典·赌博类·摇宝赌之切口》："楂牌：司场上注客之胜负也。"

【楂棚】《镖行江湖隐语行话秘典》："阴天，楂棚。"

【扎八】《江湖切口要诀》（尺牍增附本）："书手：扎八。"

【扎绷】《切口大词典·党会类·流氓之切口》："扎绷：照应也。"

【扎朵子】卫大法师《江湖话·红帮各地通行隐语·其他用具对象类》："送信：扎朵子。"李子峰《海底·各地通行隐语》："送信：扎朵子。"

【扎估丁】贝思飞《民国时期的土匪隐语》："扎估丁：要求尽快出售的人质。"

【扎脚】《切口大词典·工匠类·剪刀匠之切口》："扎脚：以藤丝绕缚剪刀脚也。"

【扎了自己一枪】卫大法师《江湖话·红帮各地通行隐语·一般人事类》："卖朋友：扎了自己一枪。"李子峰《海底·各地通行隐语》："卖朋友：扎了自己一枪。"

【扎起】清傅崇矩《成都通览·成都之袍哥话即江湖话也》："扎起：言与人帮助也。"

【扎头】《切口大词典·杂流类·卖京货之切口》："扎头：丝线也。"

【扎营】贝思飞《民国时期的土匪隐语》："扎营：停留下来。"

【札八】《新刻江湖切要·人物类》："书手：札八。"清傅崇矩《成都通览·成都之江湖言词·人物类》："书手：札八。"

【轧轮子】《切口大词典·盗贼类·剪绺贼之切口》："轧轮子：在火车或电车上而行窃者。"

【轧姘头】《切口大词典·党会类·拆白党之切口》："轧姘头：男女以非正当之结合，而为夫妇行为者。"

【鲊苍】明佚名《行院声嗽·人物》："年老：鲊苍。"

【乍角子】云游客《江湖丛谈·江湖之金点·穷家门》："管板凳调侃叫乍角子。"

【乍山】《新刻江湖切要·店铺类》："行商：乍山。今增水客为萍儿，山客为鹿儿。"清傅崇矩《成都通览·成都之江湖言词·店铺类》："行商：乍山。"

【乍旋】《切口大词典·赌博类·牌九赌之切口》："乍旋：长三牌也。"

【诈呆】《切口大词典·娼妓类·粤妓之切口》："诈呆：假痴假呆也。"

【诈年子】云游客《江湖丛谈·江湖之金点·江湖之点挂子》："得先大嚷大闹的，招人来看，调侃儿叫诈年子。"

【诈子】卫大法师《江湖话·安庆隐语》："拐子：吃条子饭；诈子。"

【栅】贝思飞《民国时期的土匪隐语》："栅：匪帮。"

【炸】卫大法师《江湖话·红帮各地通行隐语·一般人事类》："叫：炸。"李子峰《海底·各地通行隐语》："叫：炸。"

【炸刺】《切口大词典·娼妓类·茶室之切口》："炸刺：反目也。"《切口大词典·娼妓类·茶室之切口》："炸刺：客与妓女反目也。"

【炸角子】云游客《江湖丛谈·江湖之金点·评门》："管凳子调侃儿叫炸角子，坐着叫迫着。"

【炸罗】学古堂《江湖行话谱·行话管见》："油果子：炸罗。"

【炸年子】云游客《江湖丛谈·江湖之春点·汉门的丁香座子》："管大嚷大闹多招人来看，调侃叫炸年子。"

【蚱蜢】贝思飞《民国时期的土匪隐语》："蚱蜢：警察巡逻队。"

zhai

【斋孤】《新刻江湖切要·官职类》："训导：斋孤。"

【摘】卫大法师《江湖话·各行业商帮所用数目字隐语·成都通行言词·牲畜行》："摘：八。"

【摘档子】《兽医串雅杂钞》："骗牲口，叫摘档子。"

【摘星子】《切口大词典·工匠类·印刷匠之

切口》:"摘星子:撮铅字也。"

【摘油】《切口大词典·商铺类·火腿业之切口》:"摘油:腿尖有一二寸者。"

【宅相】宋陈元靓《事林广记·续集·绮谈市语·亲属门》:"甥:宅相。"

【债主】《切口大词典·巫卜类·尼姑之切口》:"债主:施主也。"

zhan

【沾唇】《切口大词典·杂业类·酒店之切口》:"沾唇:酒碗也。"

【沾咸味】《清门考原·各项切口》:"沾咸味,是表示在帮意思。"

【沾祖灵光】《清门考原·各项切口》:"沾祖灵光,在青帮之谓,又曰油门槛。"

【沾祖爷灵光】《切口大词典·党会类·青帮之切口》:"沾祖爷灵光:如人问在门槛否,对以是言,犹言入帮也。"

【粘弦】云游客《江湖丛谈·江湖之春点·江湖中挑遁子汗的》:"管大夫诊脉,调侃儿叫粘弦。"云游客《江湖丛谈·江湖之金点·磨杵的生意》:"管给病人诊脉,调侃儿叫粘弦。"

【斩】学古堂《江湖行话谱·行意行话》:"借,为斩。"

【斩处】学古堂《江湖行话谱·行意行话》:"借钱,为斩处。"

【斩肥皂】《切口大词典·杂流类·贩烟土者之切口》:"斩肥皂:肥皂使中空实以烟土。"

【斩凤凰】卫大法师《江湖话·红帮各地通行隐语·一般人事类》:"剁鸡头:斩凤凰。"李了峰《海底·各地通行隐语》:"剁鸡头:斩凤凰。"

【斩葫芦】《新刻江湖切要·星相类》:"堪舆人:斩葫芦;〔增〕穿山甲。甲、脚同音。"清傅崇矩《成都通览·成都之江湖言词·星相类》:"堪舆人:斩葫芦;穿山甲(甲、脚同音)。"

【斩劲】《切口大词典·盗贼类·拐匪之切口》:"斩劲:貌之佳者。"

【斩盘】①《新刻江湖切要·星相类》:"相面:斩盘;又审囚。"《新刻江湖切要·星相类》:"相面:斩盘;又审囚。"清唐再丰《鹅幻汇编·江湖通用切口摘要》:"相面总称曰斩盘。"卫大法师《江湖话·江湖上的隐语·巾行隐语》:"相命面总名:斩盘。"《切口大词典·星相类·相家之切口》:"斩盘:相家之总称也。"《清门考原·各项切口》:"斩盘,相面之总称。"金老佛《三教九流江湖秘密规矩·江湖通用切口》:"相命面总称曰斩盘。"金老佛《三教九流江湖秘密规矩·青帮与红帮·江湖之春典》:"相士称斩盘。"清傅崇矩《成都通览·成都之江湖言词·星相类》:"相面:斩盘;审囚。"学古堂《江湖行话谱·江湖行话》:"相面总称曰斩盘。"②《切口大词典·杂流类·贩人口者之切口》:"斩盘:貌之佳者。"

【斩条】《清门考原·各项切口》:"斩条,又曰斩红香;非常严重。洪门中香堂,宣誓用之。"

【斩妖】《切口大词典·巫卜类·道士之切口》:"斩妖:宝剑也。"

【展杵头儿】云游客《江湖丛谈·江湖之春点·三不管的相声场儿》:"江湖人管拉亏空、借钱、使利钱,调侃叫展杵头儿。"

【展点】云游客《江湖丛谈·江湖之春点》:"管男仆叫展点。"云游客《江湖丛谈·江湖之春点·汉门的丁香座子》:"管当听差的调侃叫展点。"云游客《江湖丛谈·江湖之春点·燕班子之内幕》:"江湖人管当仆人的,调侃儿叫展点。"

【展果】云游客《江湖丛谈·江湖之春点》:"管女仆叫展果。"

【崭】清唐再丰《鹅幻汇编·江湖通用切口摘要》:"好曰崭。"卫大法师《江湖话·红帮各地通行隐语·一般人事类》:"好:真;崭。"《清门考原·各项切口》:"崭,真也,好也。"金老佛《三教九流江湖秘密规矩·日常用语》:"好曰崭。"李子峰《海底·各地通行隐语》:"好:真;崭。"

【崭奔】《切口大词典·赌博类·牌九赌之切口》:"崭奔:牌之真无一毫弊端也。"

【崭盘子】《切口大词典·党会类·拆白党之切口》:"崭盘子:妇女之娇艳也。"

【占】①《切口大词典·党会类·哥老会之切口》:"占:在会也。"②《切口大词典·武术类·跑马卖解之切口》："占：有也。"

【占城】《切口大词典·行号类·粮食行之切口》："占城：米粒细者。"

【占东】《切口大词典·党会类·哥老会之切口》："占东：潘家兄弟也。后于洪家兄弟两辈，遇见时须行侄孙叩见叔祖之礼。"

【占谷】清唐再丰《鹅幻汇编·江湖通用切口摘要》："地上设药并无多者曰占谷。"《切口大词典·医药类·着地摊药治病者之切口》："占谷：地上设药二三瓶以治人病者。"《清门考原·各项切口》："占谷，地上设药瓶；无多者。"金老佛《三教九流江湖秘密规矩·江湖通用切口》："地上设药瓶无多者曰占谷。"学古堂《江湖行话谱·江湖行话》："地设药瓶者，曰占谷。"

【占光】卫大法师《江湖话·红帮各地通行隐语·一般人事类》："送殡：占光。"李子峰《海底·各地通行隐语》："送殡：占光。"

【占拢】《清门考原·各项切口》："占拢，叫人集在一处。"

【占码头】金老佛《三教九流江湖秘密规矩·青帮与红帮·红帮之生财》："例如某埠者，素为甲匪所独霸，全埠中一切不正当营业之陋规小费等，皆为甲匪所独揽，其名曰占码头。"

【占门枪】《切口大词典·医药类·医生之切口》："占门枪：看舌胎也。"

【占气】《切口大词典·医药类·医生之切口》："占气：看脸色也。"

【占人】宋陈元靓《事林广记·续集·绮谈市语·人物门》："卜士：占人；日者。"

【占生】《新刻江湖切要·人事类》："巧人曰占生。"《切口大词典·星相类·隔夜算命之切口》："占生：巧人也。"

【占水】《切口大词典·巫卜类·道士之切口》："占水：点心也。"

【占通】《新刻江湖切要·官职类》："秀才：占通；乃通。"

【占头】《切口大词典·杂业类·花业之切口》："占头：梅花也。以百花头上开偏早，故云。"

【占西】《切口大词典·党会类·哥老会之切口》："占西：洪潘兄弟也。"

【占占冈】清傅崇矩《成都通览·成都之江湖言词·人事类》："说歹：签；占占冈；针冈。"

【占子】《新刻江湖切要·亲戚类》："娘子：占子；今改亲手足，谓娘之子也。"

【战干】《新刻江湖切要·衣饰类》："被：滚服；暮林；文滚；又曰战干。"清傅崇矩《成都通览·成都之江湖言词·衣饰类》："被：滚服；暮林；文滚；战干。"

【战争】卫大法师《江湖话·红帮各地通行隐语·饮食用品类》："鹹鱼：战争；丫鬟。"

【站门儿】《梨园话》："站门儿：剧中角色于出场时，分左右侍立，谓之'站门儿'。"

【站桥】《切口大词典·星相类·相家之切口》："站桥：相面之处也。"

【站撒】《行院声嗽·人事》："偷：站撒。"

【站山挂画】《江湖走镖隐语行话谱》："贼在墙上为站山挂画的。"

【站堂】《切口大词典·杂流类·红白帖之切口》："站堂：凡吹手堂名，西乐及他种杂乐，必须站立堂前，叠奏一番，谓之站堂。而主人必予以小费若干。"

【湛斯】《新刻江湖切要·天文类》："露：[补]甘霖；秋白；未晞；为霜；湛斯；在丰。"《江湖切口要诀》（尺牍增附本）："露：[补]甘霖；秋白；未晞；为霜；湛斯；在丰。"《切口大词典·星相类·鸟衔算命之切口》："湛斯：露也。"清傅崇矩《成都通览·成都之江湖言词·天文类》："露：甘霖；秋白；未晞；为霜；湛斯；在丰。"

【蘸笔】《行院声嗽·身体》："阳物：蘸笔。"

【蘸老】《行院声嗽·饮食》："盐：蘸老。"

【蘸闪】《切口大词典·医药类·卖疮药者之切口》："蘸闪：敷药也。"

---

zhang

【张】①《新刻江湖切要·数目类》："八为张；又朔西。"清唐再丰《鹅幻汇编·江湖通用切口摘要》："八曰张。"清佚名《郎中医话》："张：八。"卫大法师《江湖话·红帮各地通行隐语·数目类》："八：张，哈子。"卫大法师《江湖话·江湖上的隐语·普通隐语》："八：张。"《切口大词典·星相类·星家之切口》："张：八也。"《清门考原·各项切口》："张，八个。"清末民初佚名《镖行江湖隐语行话秘典》：“春点：刘、月、王、在、中，神、星、张、爱、足。（按：分别为1至10个数字）。”金老佛《三教九流江湖秘密规矩·日常用语》：“八曰张。”李子峰《海底·各地通行隐语》：“八；张；哈子。”清傅崇矩《成都通览·成都之各行人买卖通用言词·江湖八大帮言词》：“张（八）。”清傅崇矩《成都通览·成都之江湖言词·数目类》：“八：张；朔西。”清翟灏《通俗编·识余·市语·江湖杂流》：“江湖杂流：一留，二月，三汪，四则，五中，六人，七心，八张，九爱，十足。”朱琳《洪门志·春典子琐记·暗数》：“一，称流。二，称月。三，称汪。四，称则。五，称中。六，称神。七，称星。八，称张。九，称爱。十，称足。”②学古堂《江湖行话谱·行意行话》：“张；西北。”

【张本】《行院声嗽·人事》：“穷：张本。”

【张顶】 明风月友辑《金陵六院市语》：“帽子则曰张顶。”

【张飞子】 清唐再丰《鹅幻汇编·江湖通用切口摘要》：“桥曰张飞子。”《切口大词典·星相类·星家之切口》：“张飞子：桥也；八快之六也。”《清门考原·各项切口》：“张飞子，桥也。”金老佛《三教九流江湖秘密规矩·青帮与红帮·江湖之春典》：“桥称张飞子。”金老佛《三教九流江湖秘密规矩·日常用语》：“桥曰张飞子。”

【张口巴】 卫大法师《江湖话·红帮各地通行隐语·姓氏类》：“吴：口天子；张口巴。”李子峰《海底·各地通行隐语》：“吴：口天子；张口巴。”

【张口青子】《郎中医话》：“张口青子，是剪子。”

【张梁子】 卫大法师《江湖话·红帮各地通行隐语·各种行业类》：“拦路抢劫：卡梁子；张梁子；打鹧鸪。”李子峰《海底·各地通行隐语》：“拦路抢劫：卡梁子；张梁子；打鹧鸪。”

【张黏】 云游客《江湖丛谈·江湖之金点·小绺门》：“江湖人管被害了，与要人的性命，调侃儿叫张黏。”

【张迁花】《切口大词典·医药类·摆草药摊之切口》：“张迁花：红花也。五月开花，乘露收之，味辛，专治妇人产后败血兼补血血晕。”

【张哂】《行院声嗽·人事》：“休笑：张哂。”

【张手雷】 云游客《江湖丛谈·江湖之金点·磨杆的生意》：“病人吃的那包面子药，到肚子里咕噜咕噜直响，他们那面子药是×巴子做的，不拘是谁吃下去，肚子里竟响，他们管那法子调侃叫张手雷。”

【张心子】 卫大法师《江湖话·红帮各地通行隐语·建筑物类》：“桥：锅子；空心子；张心子。”李子峰《海底·各地通行隐语》：“桥：锅子；空心子；张心子。”

【涨水】《蹴鞠图谱·圆社锦语》：“涨水：杂。”

【章】 ①《江湖走镖隐语行话谱》：“八：章。”②《切口大词典·杂流类·卖玉器之切口》：“章：十也。”③宋陈元靓《事林广记·续集·绮谈市语·器用门》：“印：图书；章。”

【章年不正】 云游客《江湖丛谈·江湖之春点·江湖艺人传：老云里飞》：“管运气不好，调侃叫章年不正。”

【掌班的】《切口大词典·娼妓类·八大胡同妓院之切口》：“掌班的：开窑子之主人翁也。”

【掌杆】《清门考原·各项切口》：“掌杆，主行其事也。”

【掌柜】 贝思飞《民国时期的土匪隐语》：“掌柜：土匪首领。”

【掌柜的】 卫大法师《江湖话·红帮各地通行隐语·各种行业类》：“老板：掌柜的；朝阳。”李子峰《海底·各地通行隐语》：“老板：掌柜的；朝阳。”

【掌活】 卫大法师《江湖话·红帮各地通行隐语·店钱及其他》：“修脚：掌活。”卫大法师《江湖话·红帮各地通行隐语·各种行业类》：“修脚：扞皮；掌活。”李子峰《海底·各地通行隐语》：“修脚：扞皮；掌活。”李子峰《海底·各地通行隐语》：“修脚：掌活。”

【掌空】《切口大词典·巫卜类·道士之切口》：“掌空：桌帏也。”

【掌买卖的】 云游客《江湖丛谈·江湖之春点·江湖中挑黄唷的骗术》：“他们那装男仆人的，说行话叫掌买卖的。”

【掌么】《切口大词典·杂流类·红白帖之切口》：“掌么：帐房也，专为代人料理婚丧等事。”

【掌倪】《切口大词典·杂流类·换碗者之切口》:"掌倪:女主客也。"

【掌盘】《新刻江湖切要·盗贼类》:"盗首:掌盘。"《切口大词典·衙卒类·侦探之切口》:"掌盘:盗首也。"清傅崇矩《成都通览·成都之江湖言词·盗贼类》:"盗首:掌盘。"

【掌起夹】贝思飞《民国时期的土匪隐语》:"掌起夹:组成一支匪帮(满洲)。"

【掌扇子】李子峰《海底·各地通行隐语》:"会中秘密书:掌扇子。"

【掌上亮子】卫大法师《江湖话·红帮各地通行隐语·其他用具对象类》:"点灯:掌上亮子。"李子峰《海底·各地通行隐语》:"点灯:掌上亮子。"

【掌手伙计】卫大法师《江湖话·安庆隐语》:"包探手下伙计:掌手伙计;蟹脚。(侦探亦称蟹脚)。"

【掌随】《新刻江湖切要·人物类》:"主母:掌随。"《江湖切口要诀》(尺牍增附本):"主母:掌随。"《切口大词典·医药类·卖春药治毒疮者之切口》:"掌随:主妇也。"清傅崇矩《成都通览·成都之江湖言词·人物类》:"主母:掌随。"

【掌头】《切口大词典·杂业类·猪肉业之切口》:"掌头:骨也。"

【掌柁】《切口大词典·党会类·哥老会之切口》:"掌柁:会中之老大也。"

【掌网】《梨园话》:"掌网:演戏时负重责任,谓之'掌网'。"

【掌心雷】《清门考原·各项切口》:"掌心雷,手中藏一张牌也,以备掉换。"

【掌穴的】①云游客《江湖丛谈·江湖之春点·汉门的丁香座子》:"管当医生的,调侃叫掌穴的。"②云游客《江湖丛谈·江湖之春点·燕班子之内幕》:"或三或五,或数十人,组织一种骗人的团体,其中的领袖,调侃叫掌穴的。"云游客《江湖丛谈·江湖之金点·调门》:"管首领,调侃叫掌穴的。"③云游客《江湖丛谈·江湖之金点·小绺门》:"那假装南方人卖紫金果的,调侃说他是掌穴的。"④云游客《江湖丛谈·江湖之金点·做小帖的生意》:"在屋里装治病的先生,叫做掌穴的。"

【掌要】《切口大词典·杂流类·换碗者之切口》:"掌要:男主客也。"

【掌子】《梨园话》:"掌子:配角中之劣者,谓之'掌子'。"

【彰】卫大法师《江湖话·各行业商帮所用数目字隐语·成都通行言词·江湖通用》:"彰:八。"

【彰子】《切口大词典·盗贼类·短截贼之切口》:"彰子:属林也。"

【丈】①《新刻江湖切要·时令类》:"寅月等称太显,今改太阴。如正月,秋寅太阴,余仿此。一岁曰一尺,十岁曰丈,十几岁曰丈几尺,几十岁曰几丈几尺。"②《江湖走镖隐语行话谱》:"小村为丈。"③《切口大词典·党会类·红帮之切口》:"丈:千也。"金老佛《三教九流江湖秘密规矩·青帮与红帮·红帮之问答》:"顷据带线人(熟盗)报告,坎西园河里(金姓),家肥水极壮,活龙四丈有余(帮匪切口,书目咸以尺寸计之,譬如百谓尺,十谓寸,千谓丈之类。四丈即四千,现银谓活龙),死货尚不在其内(不动产曰死货),此外尚有狠漂亮的地牌二五(女子已嫁者谓之地牌,未嫁者谓之二五),作条子开出去,每牌至少值价四五尺水头。"④《切口大词典·商铺类·布定业之切口》:"丈:三也。"

【丈大人】《切口大词典·杂流类·外执事之切口》:"丈大人:开路神也。"

【丈几尺】《新刻江湖切要·时令类》:"寅月等称太显,今改太阴。如正月,秋寅太阴,余仿此。一岁曰一尺,十岁曰丈,十几岁曰丈几尺,几十岁曰几丈几尺。"

【丈水寸】《切口大词典·商铺类·板木业之切口》:"丈水寸:足九尺长之松板也。"

【丈头】《新刻江湖切要·人事类》:"年纪曰丈头。"《切口大词典·星相类·铁板算命之切口》:"丈头:年纪也。"清傅崇矩《成都通览·成都之江湖言词·人事类》:"年纪:丈头。"

【帐生】《江湖切口要诀》(尺牍增附本):"乔公:帐生。"

【帐子】《切口大词典·巫卜类·道士之切口》:"帐子:锣鼓套也。"

【帐子蓬】①卫大法师《江湖话·红帮各地通

行隐语·各种行业类》：“人在围内唱打连箱：帐子篷。"卫大法师《江湖话·江湖上的隐语·李子隐语》："打莲箱人在布内唱：帐子篷。"清唐再丰《鹅幻汇编·江湖通用切口摘要》："打连厢人在布帐内唱曰帐子篷。"《切口大词典·武术类·打连箱者之切口》："帐子篷：打连箱也。人在布帐内，唱做种种声调，俗名唱目壁戏也。"《清门考原·各项切口》："帐子篷，打连箱，人在布帐内唱曲也。"金老佛《三教九流江湖秘密规矩·江湖通用切口》："打连箱人在布帐内唱曰帐子篷。"李子峰《海底·各地通行隐语》："人在围内唱打连箱：帐子篷。"②卫大法师《江湖话·江湖上的隐语·皮行隐语》："走乡送符：帐子篷。"

【账官】《切口大词典·巫卜类·道士之切口》："账官：男主人也。"

【账架】 贝思飞《民国时期的土匪隐语》："账架：掌管财政的土匪。"

【障壁】《切口大词典·商铺类·顾绣业之切口》："障壁：画境也。"

【障子】①《切口大词典·商铺类·顾绣业之切口》："障子：壁衣也。"②《切口大词典·衙卒类·侦探之切口》："障子：雾也。"

zhao

【招包子】卫大法师《江湖话·江湖上的隐语·其他隐语》："卖眼睛：招包子。"

【招宝】《切口大词典·工匠类·淘砂匠之切口》："招宝：铁扒也。"

【招财】《切口大词典·杂流类·收卖锭灰者之切口》："招财：扫灰之棕帚也。"

【招菜】《切口大词典·商铺类·海味业之切口》："招菜：紫菜也，产甬之招宝山下，故名。"

【招儿】《行院声嗽·器用》："扇：招儿。"

【招儿念了】 云游客《江湖丛谈·江湖之春点·天桥的旧人物常傻子》："管眼睛瞎了调侃叫招儿念了。"

【招风】①《新刻江湖切要·身体类》："耳：招风；采官。"卫大法师《江湖话·安庆隐语》："耳：招风。"《切口大词典·星相类·不开口相面之切口》："招风：耳也。"清傅崇矩《成都通览·成都之江湖言词·身体类》："耳：招风；采官。"②《新刻江湖切要·文具类》："扇子：招风；摇老；增曰手帆。"③《切口大词典·工匠类·漆匠之切口》："招风：市招也。"④《切口大词典·商铺类·海味业之切口》："招风：鱿鱼也。"⑤《切口大词典·手艺类·赁彩业之切口》："招风：旗也。"《切口大词典·巫卜类·道士之切口》："招风：旗也。"《切口大词典·武术类·行程保镖者之切口》："招风：镖旗也。"《切口大词典·优伶类·靶子之切口》："招风：旗也。"⑥《切口大词典·杂流类·西乐队之切口》："招风：帽也。"

【招供】《切口大词典·星相类·隔夜算命之切口》："招供：客人自陈之年岁生辰，及年来遇事之顺逆也。"

【招汉】①卫大法师《江湖话·红帮各地通行隐语·各种行业类》："卖眼镜：招汉。"李子峰《海底·各地通行隐语》："卖眼镜：招汉。"②卫大法师《江湖话·江湖上的隐语·皮行隐语》："卖眼药：招汉。"《切口大词典·医药类·医眼病卖药者之切口》："招汉：卖眼药者。"金老佛《三教九流江湖秘密规矩·江湖通用切口》："卖眼药者曰招汉。"

【招魂】《切口大词典·巫卜类·道士之切口》："招魂：幡也。"

【招巾】《切口大词典·医药类·卖药糖丸者之切口》："招巾：布上书明治病之药丸名目也。"

【招壳】《切口大词典·杂流类·卖眼镜之切口》："招壳：眼镜框也。"

【招雷】《行院声嗽·器用》："打鼓：招雷。"

【招亮】《切口大词典·杂流类·卖眼镜之切口》："招亮：眼晶也。"

【招落】卫大法师《江湖话·红帮各地通行隐语·人身各物类》："眼：招落；招子；罩子。"李子峰《海底·各地通行隐语》："眼：招落；招子。"

【招撒】《行院声嗽·人事》："死：招撒。"

【招说】《切口大词典·娼妓类·茶室之切口》："招说：院中所雇之佣妇，顾客发脾气时，前去周旋也。"

【招苏】①《镖行江湖隐语行话秘典》："钱为招苏。"②学古堂《江湖行话谱·保镖护院行话概略》："明亮香甜，为招苏。"

【招提】 宋陈元靓《事林广记·续集·绮谈市语·宫殿门》："寺院：招提；蒲蓝。"

【招线】《镖行江湖隐语行话秘典》："二位：招线。"

【招兄弟】 清张德坚等《贼情汇纂》卷八《伪文告下·隐语·太平天国隐语》："招兄弟即房人别名。"

【招摇】《新刻江湖切要·器用类》："告示：躲子；今更名先声；又名招摇。"清傅崇矩《成都通览·成都之江湖言词·器用类》："告示：躲子；先声；招摇。"

【招衣】 清张德坚等《贼情汇纂》卷五《伪军制下·隐语·太平天国隐语》："号衣称招衣。"

【招子】①卫大法师《江湖话·红帮各地通行隐语·人身各物类》："眼：招落；招子；罩子。"李子峰《海底·各地通行隐语》："眼：招落；招子。"明程万里《鼎锲徽池雅调南北官腔乐府点板曲响大明春·六院汇选江湖方语》："招子，乃眼睛也。"②《清门考原·各项切口》："招子，卖眼药也。"

【招子包】 清唐再丰《鹅幻汇编·江湖通用切口摘要》："卖眼镜者曰招子包。"《切口大词典·杂流类·卖眼镜之切口》："招子包：卖眼镜。"《清门考原·各项切口》："招子包，卖眼镜者。"金老佛《三教九流江湖秘密规矩·江湖通用切口》："卖眼镜者曰招子包。"

【招子枪】《切口大词典·杂流类·卖眼镜之切口》："招子枪：眼镜脚也。"

【昭汗】《郎中医话》："昭汗，是眼药。"

【昭君兜】《切口大词典·盗贼类·收晒朗贼之切口》："昭君兜：妇女之帽子也。"

【窠里炮】《清门考原·各项切口》："窠里炮，同局之中相吵相斗。"

【找财喜】《清门考原·各项切口》："找财喜，是找意外之财也。"

【找户头】《切口大词典·娼妓类·相公堂子之切口》："找户头：寻嫖客也。"

【找家子】《江湖走镖隐语行话谱》："黑钱：找家子。"

【找进账】 卫大法师《江湖话·安庆隐语》："找钱：找进账；找贴进。"

【找皮绊】《清门考原·各项切口》："找皮绊，寻事生非也。"

【找贴进】 卫大法师《江湖话·安庆隐语》："找钱：找进账；找贴进。"

【找眼子】《切口大词典·盗贼类·杆匪之切口》："找眼子：匪聚众行事主也。"

【找阳地】 卫大法师《江湖话·江湖上的隐语·普通隐语》："租房子：找阳地。"

【召伯】 宋陈元靓《事林广记·续集·绮谈市语·果菜门》："藕：召伯；蒙牙。"

【召分】《新刻江湖切要·地理类》："陕西：[广]召分。"《江湖切口要诀》（尺牍增附本）："陕西：[广]召分。"《切口大词典·医药类·自杀戏子治病者之切口》："召分：陕西也。"清傅崇矩《成都通览·成都之江湖言词·地理类》："陕西：召分。"

【召骇】《切口大词典·医药类·施药郎中之切口》："召骇：恐惧也。"

【召平】 宋陈元靓《事林广记·续集·绮谈市语·果菜门》："甜瓜：东陵；召平。"

【兆】《切口大词典·商铺类·豆麦业之切口》："兆：百也。"

【兆量】《新刻江湖切要·人事类》："逃走曰暗量；兆量；又曰滚线。"清傅崇矩《成都通览·成都之江湖言词·人事类》："逃走：暗量；兆量；滚线。"

【赵戈吊方】 学古堂《江湖行话谱·估衣行话》："这个地方曰赵戈吊方。"

【赵戈窑】 学古堂《江湖行话谱·估衣行话》："偷物件曰销端祥，此也人曰赵戈窑。"

【赵窑席】 学古堂《江湖行话谱·估衣行话》："人好看曰赵窑席。"

【照】①卫大法师《江湖话·各行业商帮所用数目字隐语·重庆通行言词·买猪》："豆：一。背：二。泰：三。长：四。仁：五。条：六。栲：七。黄：八。豆：九。按此为重庆场买卖猪时使用。又名猪肉为'大'，即问'这大多少钱一斤'？则回答；若问'这猪肉多少钱一斤'？则不回答你。高：一。明：二。韩：三。苏：四。大：五。雍：六。草：七。梅：八。湾：九。高：十。许：一。欠：二。川：三。义：四。土：五。告：六。照：七。毛：八。求：九。许：十。此二十个字互用，如'许许'为'十一'，'欠欠'为'二十二'，'韩韩'为'三十三'，'苏苏'为'四十四'，'土土'为'五十五'，'雍雍'为'六十六'，'草草'为'七十七'，'毛毛'为'八十八'，'湾湾'为'九十九'。而'十一'不能称'高高'，'八十八'不能称'梅梅'。又如'高明'为'十二'，'高韩'为'十三'，'高苏'为'十四'，'高大'为'十五'，'高雍'为'十六'，'高草'为'十七'，而'高梅'不能为'十八'，要用'许毛'为'十八'，'高湾'为'十九'。又如'欠许'为'二十一'，'韩许'为'三十一'，'入许'为'五十一'，'雍许'为'六十一'，'毛许'为'八十一'，'湾许'为'九十一'。而'明韩'为'二十三'。'韩明'为'三十二'，'土明'为'五十二'，'雍明'为'六十二'等。整数语尾加'老'字，如'高老'为'一百'等。在鼎街古董铺，则用二个字，如'高少'为'一千五百元'，或'一万五千元'，少有用三个字的，如遇三个数目，则尾数用普通数目，如'十五万五千元'，而荒货担子可说到三个字，因此数目言词非精通常用不可。"②卫大法师《江湖话·各行业商帮所用数目字隐语·重庆通行言词·古董、旧五金，估衣，改裁，荒担，经纪，过活，旧棉絮（重庆教场口，鼎新街，估衣街，关津巷通用）》："高：一。明：二。韩：三。苏：四。大：五。雍：六。草：七。梅：八。湾：九。高：十。许：一。欠：二。川：三。义：四。土：五。告：六。照：七。毛：八。求：九。许：十。③《清门考原·各项切口》："照，以平面极小之镜。置诸掌心。执牌时目注掌心牌，即使人不觉也)。"

【照底】《切口大词典·医药类·做戏法卖药者之切口》："照底：看病也。"

【照儿】《新刻江湖切要·文具类》："镜子：照儿；的圆；照子光。"清翟灏《通俗编·识余·市语》："江湖人市语尤多，坊间有《江湖切要》一刻，事事物物，悉有隐称。诚所谓惑乱听闻，无足采也。其间有通行市井者，如官曰孤司，店曰朝阳，夫曰盖老，妻曰底老，家人曰吊脚，僧曰廿三，道士曰廿四，成衣曰戳短枪，抬轿曰扛楼儿，剃头曰削青，船白瓢儿，屋曰顶公，银曰琴公，钱曰把儿，米曰软珠，饼曰匾食，盐曰潢老，鱼曰豁水，鸭曰王八，鞋曰踢土，镜曰照儿，抹布曰踢郎，坐曰打墩，拜曰剪拂，揖曰丢圈子，叩头曰丢匾子，写字曰搠黑，说话曰吐刚，被欺曰上当，虚奉承曰王六，大曰太式，多曰满太式，无曰各念，俱由来于此语也。"

【照勾魂】《切口大词典·衙卒类·厘卡之切口》："照勾魂：验票也。"

【照汗】《郎中医话》："照汗，是眼药。"

【照会】《切口大词典·党会类·流氓之切口》："照会：人之面貌也。"

【照镜】《切口大词典·医药类·摇虎撑者之切口》："照镜：看病也。"

【照镜子】卫大法师《江湖话·红帮各地通行隐语·居住用品类》："帐：照镜子；查飞；灯笼子。"

【照笼子】李子峰《海底·各地通行隐语》："帐：照笼子；查飞；灯笼子。"

【照路】《切口大词典·役夫类·人力车夫之切口》："照路：灯也。"

【照罗】①《郎中医话》："照罗，是眼。"②《镖行江湖隐语行话秘典》："眼，为照罗。"

【照年】《新刻江湖切要·疾病类》："目疾曰照年。"

【照牛】清傅崇矩《成都通览·成都之江湖言词·疾病类》："目疾：照牛。"

【照排头】《切口大词典·党会类·小瘪三之切口》："照排头：预计必得也。"

【照条】《切口大词典·医药类·捉牙虫妇人之切口》："照条：眼虫也。"

【照相】《切口大词典·党会类·流氓之切口》："照相：看人也。"《切口大词典·衙卒类·侦探之切口》："照相：看人也。"

【照妖】《切口大词典·工匠类·磨镜匠之切口》："照妖：镜子也。"

【照一下】卫大法师《江湖话·红帮各地通行隐语·一般人事类》："见面：对麦子；照一下。"李子峰《海底·各地通行隐语》："见面：对麦子；照一下。"

【照珠子】卫大法师《江湖话·红帮各地通行隐语·其他用具对象类》："眼镜：对光子；照珠子。"

【照子】 ①《新刻江湖切要·经纪类》:"摩[磨]镜人:托亮;到光;照子;余更之为还光生;又曰明明。"清傅崇矩《成都通览·成都之江湖言词·经纪类》:"摩镜人:托亮;到光;照子;还光生;明明。" ②《新刻江湖切要·身体类》:"眼:照子。"《切口大词典·星相类·相家之切口》:"照子:眼睛也。"《切口大词典·医药类·卖膏药者之切口》:"照子:眼睛也。"清傅崇矩《成都通览·成都之江湖言词·身体类》:"眼:照子。"③《行院声嗽·器用》:"镜:照子。"④云游客《江湖丛谈·江湖之春点·天桥的戏法场》:"管变罗圈当当的戏法,调侃叫照子。"云游客《江湖丛谈·江湖之金点·彩门》:"管变罗圈当当叫照子。"

【照子光】《新刻江湖切要·文具类》:"镜子:照儿;的圆;照子光。"

【照子延年】《新刻江湖切要·疾病类》:"眼病:照子延年。"清傅崇矩《成都通览·成都之江湖言词·疾病类》:"眼病:照子延年。"

【罩地】《切口大词典·医药类·卖膏药者之切口》:"罩地:脚掌也。"

【罩子】 ①卫大法师《江湖话·安庆隐语》:"眼:罩子;灯笼。"卫大法师《江湖话·红帮各地通行隐语·人身各物类》:"眼:招落;招子;罩子。"②清傅崇矩《成都通览·成都之呼物混名》:"罩子:大雾也。"

zhe

【遮岸】《切口大词典·盗贼类·水面贼之切口》:"遮岸:芦苇也,水贼隐身处之二。"

【遮尘】 ①《切口大词典·商铺类·鞋子业之切口》:"遮尘:鞋帮也。"②《切口大词典·巫卜类·席地测字者之切口》:"遮尘:铺地之布也。"③宋陈元靓《事林广记·续集·绮谈市语·服饰门》:"合袖:遮尘。"

【遮春风】《切口大词典·盗贼类·铳手之切口》:"遮春风:镜屏也。"

【遮得密】《切口大词典·盗贼类·拐匪之切口》:"遮得密:匪与匪评骂妇女之美者。"《清门考原·各项切口》:"遮得密,与同党评判妇女丑美价值也。"

【遮底】《切口大词典·商铺类·皮箱业之切口》:"遮底:箱之底也。"

【遮短毛】《切口大词典·工匠类·理发匠之切口》:"遮短毛:围颈巾也。"

【遮法】《切口大词典·武术类·搭台变戏法之切口》:"遮法:台后之布篷也。"

【遮风】 ①《新刻江湖切要·宫室类》:"墙垣:避火;又遮风;又墉窬。"②《切口大词典·商铺类·衣庄之切口》:"遮风:皮袍子也。"③《切口大词典·手艺类·洋机缝衣业之切口》:"遮风:门帘也。"

【遮黑】《切口大词典·衙卒类·侦探之切口》:"遮黑:冒功也。"

【遮脚】《切口大词典·商铺类·刷染业之切口》:"遮脚:女裙子也。"

【遮漏子】 卫大法师《江湖话·红帮各地通行隐语·其他用具对象类》:"雨伞:开花子;遮漏子;雨淋子。"李子峰《海底·各地通行隐语》:"雨伞:开花子;遮漏子;雨淋子。"

【遮满】《切口大词典·工匠类·烧窑匠之切口》:"遮满:盖头也。"

【遮水】《切口大词典·行号类·蛋船行之切口》:"遮水:船舷也。"《切口大词典·役夫类·舟夫之切口》:"遮水:船栏也。"

【遮水板】《切口大词典·工匠类·造船匠之切口》:"遮水板:船头两傍也。"

【遮天】 ①《江湖走镖隐语行话谱》:"天棚:遮天。"②《切口大词典·杂流类·卖洋伞者之切口》:"遮天:洋伞也。"③朱琳《洪门志·春典子琐记·店铺》:"席店,称遮天。"

【遮头】 ①《切口大词典·商铺类·皮箱业之切口》:"遮头:箱之盖也。"②《切口大词典·商铺类·押当业之切口》:"遮头:帽子也。"

【遮羞】《切口大词典·役夫类·轿夫之切口》:"遮羞:轿帘也。"

【遮阳】 ①《切口大词典·医药类·撑大伞卖药者之切口》:"遮阳:伞也。"②《切口大词典·役夫类·舟夫之切口》:"遮阳:凉篷也。"

【遮寨】《行院声嗽·人事》:"包藏:遮寨。"

【遮子】 ①《切口大词典·盗贼类·偷鸡贼之切口》:"遮子:篱落也。"②《行院声嗽·

器用》:"伞:遮子。"

【折】《切口大词典·优伶类·腔调上之切口》:"折:韵脚也。折名凡十有三,伶界所谓十三大折也。"

【折笆】《切口大词典·盗贼类·越墙贼之切口》:"折笆:被毒死之犬也。"

【折鞭】 云游客《江湖丛谈·江湖之金点·挂》:"管挨凑,调侃儿叫折鞭。"

【折刀子】 贝思飞《民国时期的土匪隐语》:"折刀子:牙齿。"

【折叠窑子】 卫大法师《江湖话·红帮各地通行隐语·建筑物类》:"搬家:折叠窑子;飞窑子;营挪窑子。"

【折跟头】《切口大词典·手艺类·卖纸鸢之切口》:"折跟头:近风飘转也。"

【折馘】《新刻江湖切要·官职类》:"传胪:献捷;折馘。"

【折浪】《切口大词典·商铺类·地货业之切口》:"折浪:五也。"

【折了托儿】 云游客《江湖丛谈·江湖之金点·小绺门》:"东西丢了,调侃儿叫折了托儿。"

【折牛】《新刻江湖切要·疾病类》:"足疾:折牛;踢牛。"清傅崇矩《成都通览·成都之江湖言词·疾病类》:"足疾:折牛;踢牛。"

【折皮】《蹴鞠图谱·圆社锦语》:"折皮:行动。"

【折梯子】《切口大词典·盗贼类·拐匪之切口》:"折梯子:有同党露情及告发者。"

【折朽子】《新刻江湖切要·天文类》:"风:丢子;[入微] 透骨;和薰;骤吼;狂呼;疑虎;从虎;狂且,偃草;吹枯生;扫云;折朽子;[又广] 起风为摆丢。"《江湖切口要诀》(尺牍增附本):"风:丢(去)子;[广] 入微,透骨;和熏;骤吼;狂呼;疑虎;从虎;狂且,偃草;吹枯生;扫云;折朽子。[又广] 起风为摆丢。"清傅崇矩《成都通览·成都之江湖言词·天文类》:"风:丢子;入微;透骨;和薰;骤吼;狂呼;疑□;从虎;狂且,偃草;吹枯生;扫云;折朽子(广起风为摆丢)。"

【折腰】①《梨园话》:"折腰:开口太迟,锣鼓不接,谓之'折腰'。"②《切口大词典·杂业类·米店之切口》:"折腰:斛子也。"

【折足】 清傅崇矩《成都通览·成都之江湖言词·身体类》:"矮:胜身;如射;折足;定半。"

【晢立】《切口大词典·星相类·相家之切口》:"晢立:相貌须;相貌次三停平等;福便相生。"

【辙】《梨园话》:"辙:戏词所押之韵也。[附记] 戏之有辙,犹诗之有韵也,诗无论为律为绝,必范以韵,不可逾越。而平仄声混用,尤为严禁。古体之限稍懈,但平仄不能混用则一。戏则不然,平仄大可混用,韵角者。"

【者】 卫大法师《江湖话·红帮各地通行隐语·数目类》:"四:者。"李子峰《海底·各地通行隐语》:"四:者。"

【者粗】《蹴鞠图谱·圆社锦语》:"者粗:猪肉。"

【者孤】《新刻江湖切要·官职类》:"督察院:者孤;督院巡孤;[广] 叔孤。"

【者念七】 卫大法师《江湖话·红帮各地通行隐语·人类一般》:"尼姑:女行;者念七;水念三。"

【者皂】①《新刻江湖切要·人事类》:"好赌曰者皂;又曰挛把。"②《切口大词典·星相类·立墙壁相面之切口》:"者皂:好赌也。"③清傅崇矩《成都通览·成都之江湖言词·人事类》:"好赌:者皂;挛把。"

【者作】 宋陈元靓《事林广记·续集·绮谈市语·拾遗门》:"赌:者作;惨。"

【赭屑】《切口大词典·商铺类·颜料业之切口》:"赭屑:黄丹也。"

【这块料】《切口大词典·娼妓类·八大胡同妓院之切口》:"这块料:彼此相戏之言,犹这个家伙也。"

【柘枝】 宋陈元靓《事林广记·续集·绮谈市语·举动门》:"舞:回雪;柘枝。"

【浙七】《新刻江湖切要·地理类》:"浙江:浙七;[广] 之水。"《江湖切口要诀》(尺牍增附本):"浙江:浙七;[广] 之水。"《切口大词典·医药类·自称戏子治病者之切口》:"浙七:浙江也。"清傅崇矩《成都通览·成都之江湖言词·地理类》:"浙江:浙七;之水。"

【鹧鸪】 平山周《中国秘密社会史·三合会隐语》："隐语：三合会员与盗贼往来，有怪文以之为暗号，今略揭大要如下。公所曰红花亭，曰松柏林。新入会曰入圈，曰拜正，曰出世。集会曰开台，曰放马。会员曰香，曰洪英，曰豪杰。外人曰风，曰疯子，曰鹧鸪。新会员曰新丁。到会曰去睇戏。会中之秘书曰衫仔。会员之凭票曰腰平，曰八角招牌，曰八卦。"卫大法师《江湖话·红帮闽粤及南洋各地通行隐语》："外人：风，疯子，鹧鸪。"徐珂《清稗类钞·会党类·三合会隐语》："隐语：三合会员与盗贼往来，有怪文以之为暗号，今略揭大要如下。公所曰红花亭，曰松柏林。新入会曰入圈，曰拜正，曰出世。集会曰开台，曰放马。会员曰香，曰洪英，曰豪杰。外人曰风，曰疯子，曰鹧鸪。新会员曰新丁。到会曰去睇戏。会中之秘书曰衫仔。会员之凭票曰腰平，曰八角招牌，曰八卦。"《家里宝鉴·隐语》："外人曰'疯子，空子，马子，牛子，鹧鸪，贵四哥，刁滑马子'。"李子峰《海底·闽粤及南洋各地通行之隐语》："外人：风；疯子；鹧鸪。"金老佛《三教九流江湖秘密规矩·三合会之隐语》："外人曰风，曰疯子，曰鹧鸪。"

zhen

【阵马】《行院声嗽·人物》："男：阵马。"
【阵上失风】《切口大词典·党会类·红帮之切口》："阵上失风：当场被捉也。"贝思飞《民国时期的土匪隐语》："阵上失风：当场被捉或被杀。"金老佛《三教九流江湖秘密规矩·青帮与红帮·红帮之问答》："设捕而入狱者，谓之'跌馋牢'；毙者谓之'劈堂'，又曰升堂'；后出票逮捕同党，谓之'捉落帽风'；当场捕去谓之'阵上失风'。"
【针】 卫大法师《江湖话·各行业商帮所用数目字隐语·成都通行言词·牲畜行》："针：三。"
【针棒子】《兽医串雅杂钞》："鼻拧子，叫闪披子。药勺，叫熬海。针锤，叫针棒子。"
【针不金】 宋陈元靓《事林广记·续集·绮谈市语·数目门》："十：针不金；收。"

【针菜】《切口大词典·杂流类·卖蔬菜之切口》："针菜：苋菜也。"
【针冈】 清傅崇矩《成都通览·成都之江湖言词·人事类》："说歹：签；占占冈；针冈。"
【针挑担】《新刻江湖切要·器用类》："天平：担针桥；今更名无偏子；又曰针挑担。"
【枕耳】《切口大词典·赌博类·牌九赌之切口》："枕耳：二四牌也。"
【枕刻天】 清傅崇矩《成都通览·成都之江湖言词·器用类》："锁匙：熔木；开关；枕刻天（士量今更名扶头）。"
【珍珠】《切口大词典·商铺类·南货业之切口》："珍珠：芡实也。"
【珍珠佩】《切口大词典·杂流类·卖花者之切口》："珍珠佩：珠莲也。"
【真】 ①卫大法师《江湖话·红帮各地通行隐语·一般人事类》："好：真；崭。"李子峰《海底·各地通行隐语》："好：真；崭。"②清翟灏《通俗编·识余·市语·道家星卜》："道家星卜：一太，二大，三蒙，四全，五假，六真，七秀，八双全，九渊。"
【真八】《江湖切口要诀》（尺牍增附本）："山中人：真八，[广]从赤；松游。"《切口大词典·医药类·摇虎撑者之切口》："真八：山中人也。"
【真草】 清张德坚等《贼情汇纂》卷八《伪文告下·隐语·太平天国隐语》："真草即真心。"
【真蜡】《切口大词典·杂业类·花业之切口》："真蜡：黄梅也，俗呼腊梅也。"
【真念作】 云游客《江湖丛谈·江湖之春点·天桥的金点》："算卦的如若竟顾挣钱，不顾羞耻，调侃儿说真念作。"
【真人】 清傅崇矩《成都通览·成都之江湖言词·人物类》："山中人：真人；从赤松游。"
【真是撮哨】 云游客《江湖丛谈·江湖之春点·江湖艺人传·去平留津的大金牙》："管长的美貌，调侃叫真是撮哨。"
【真帅】《梨园话》："真帅：唱作兼佳，谓之'真帅'。"
【真压点】 云游客《江湖丛谈·江湖之金点·挂》："凡是好把式卖药的人，必须长得身躯高大，相貌魁梧，那未武艺不好哪，凭他那个威威武武的人样子，往场内一站，让人瞧着他好像是有点真功夫似的,管他这人样子能镇得住人,调侃说,叫真压点。"

【震川】《新刻江湖切要·生死类》:"雷击死:乾川;[增]震川。"清傅崇矩《成都通览·成都之江湖言词·生死类》:"雷击死:乾川;震川。"

【震耳子】 卫大法师《江湖话·红帮各地通行隐语·姓氏类》:"雷:震耳子。"李子峰《海底·各地通行隐语》:"雷:震耳子。"

【震公】《新刻江湖切要·天文类》:"雷:[补]震公;布鼓;天鼓;闻变;落箸;天威;破不平。"《江湖切口要诀》(尺牍增附本):"雷:[补]震公。"《切口大词典·巫卜类·蛤壳测字者之切口》:"震公:雷也。"《切口大词典·杂流类·卖西洋镜之切口》:"震公:雷也。"清傅崇矩《成都通览·成都之江湖言词·天文类》:"雷:震公;布鼓;天鼓;闻变;落箸;天威;破不平。"

【镇棍】《切口大词典·工匠类·刻字匠之切口》:"镇棍:敲刻字刀之棍也。"

【镇山令】 金老佛《三教九流江湖秘密规矩·青帮与红帮·镇山令语句》:"山岗令唱毕之后,接唱镇山令云:'山遥遥,水遥遥,两座明山搭座桥,位台兄弟来到此,八洞神仙把扇摇,选择黄道吉日,齐进山头点人,人人要到,个个要来。上四排哥子不到,红旗去吊,下四排哥子不到,红旗速吊,吊进山堂,罚银五两做粮台。九满两排不到,黑旗去吊,吊进山堂,四十红棍不饶。'唱至此,则将红旗取过,对众展开,居中显一令字。龙头即可传令开山,炮声响亮处,红旗招展,此时堂上下皆眼观鼻,鼻观心,肃静威严,固无异中军帐上也。"

zheng

【争锋】《新刻江湖切要·文具类》:"棋:斗精;手斗;争锋;短兵。余谓总不若名之曰谈兵。"

【争工】《新刻江湖切要·娼优类》:"净:争工。"《切口大词典·优伶类·角行之切口》:"争工:净角也。"清傅崇矩《成都通览·成都之江湖言词·娼优类》:"净:争工。"

【争胜票】《切口大词典·衙卒类·写状人之切口》:"争胜票:状纸也。"

【挣把子】《切口大词典·乞丐类·手本讨钱之切口》:"挣把子:硬乞钱也。"

【蒸汉】《切口大词典·商铺类·竹器业之切口》:"蒸汉:饭架也。"

【蒸笼】《江湖走镖隐语行话谱》:"包子:蒸笼。"

【蒸罗】 学古堂《江湖行话谱·保镖护院行话概略》:"包子为蒸罗。"

【蒸锣】《镖行江湖隐语行话秘典》:"包子,为蒸锣。"

【蒸万】《切口大词典·工匠类·锡匠之切口》:"蒸万:锅子也。"

【整不住】 清傅崇矩《成都通览·成都之袍哥话即江湖话也》:"整不住,不能办事也。"

【整得住】 清傅崇矩《成都通览·成都之袍哥话即江湖话也》:"某人整得住,言能办事也。"

【正】《切口大词典·商铺类·金银业之切口》:"正:五也。"

【正八】 ①《新刻江湖切要·人事类》:"有人知道曰正八。" ②《行院声嗽·人物》:"道士:正八。"

【正点】 云游客《江湖丛谈·江湖之春点·江湖中做老烤的生意》:"江湖管有钱的人忠厚朴实,调侃叫正点。"

【正二】《切口大词典·行号类·桂圆行之切口》:"正二:上乘之桂圆也。"

【正二全】《切口大词典·商铺类·南货业之切口》:"正二全:桂圆之中品者。"

【正工】《梨园话》:"正工:戏中之主脚也。"

【正母】《新刻江湖切要·娼优类》:"旦:正母;[增]平明。"清傅崇矩《成都通览·成都之江湖言词·娼优类》:"旦:正母;平明。"

【正腔】《切口大词典·杂流类·唱滩簧之切口》:"正腔:打鼓之人也。"

【正全】《切口大词典·行号类·桂圆行之切口》:"正全:略次于正二。"

【正入】 清傅崇矩《成都通览·成都之江湖言词·人事类》:"有人知道:正入。"

【正三】《切口大词典·行号类·桂圆行之切口》:"正三:略次于正二。"

【正太岁】《新刻江湖切要·时令类》："今年：本太岁；正太岁。"《江湖切口要诀》（尺牍增附本）："今年：本太岁；正太岁。"清傅崇矩《成都通览·成都之江湖言词·时令类》："今年：本太岁；正太岁。"

【正账】《切口大词典·娼妓类·雉妓之切口》："正账：夜度资也。"

【正中】《新刻江湖切要·时令类》："端午：正中；[广] 日中；将昃。"

【郑七】宋陈元靓《事林广记·续集·绮谈市语·人物门》："道姑：郑七。"

zhi

【之】《切口大词典·商铺类·顾绣业之切口》："之：七也。"

【之水】《新刻江湖切要·地理类》："浙江：浙七；[广] 之水。"《江湖切口要诀》（尺牍增附本）："浙江：浙七；[广] 之水。"清傅崇矩《成都通览·成都之江湖言词·地理类》："浙江：浙七；之水。"

【之谓】清傅崇矩《成都通览·成都之江湖言词·器用类》："灯笼：之谓。"

【支】《江湖丛谈·江湖之金点·挂》："支，即卖戏法儿的。"

【支干】《清门考原·各项切口》："支干，谢圣人也。人死七天内，将每天供饭，给沙依勒吃，名曰支干。"

【支杆挂子】云游客《江湖丛谈·江湖之春点·挂子行中的支杆挂子》："在早年保镖的人，上过道，把式好，阅历深，不愿意保镖，他们就改为护院。这护院的行当，调侃儿叫支杆挂子。"

【支条】《切口大词典·工匠类·扎花匠之切口》："支条：花枝也。"

【汁】《行院声嗽·饮食》："药：汁。"

【汁钑】明佚名《行院声嗽·宫室》："药店：汁钑。"

【汁老】《新刻江湖切要·饮馔类》："酱：沙油；中军；汁老；研哥。醋：盆山；醯老。"清傅崇矩《成都通览·成都之江湖言词·饮馔类》："酱：沙油；中军；汁老；研哥。"

【芝麻】①平山周《中国秘密社会史·三合会隐语》："剑曰橘板，曰绉纱。小刀曰狮子。大炮曰黑狗，火药曰狗粪，大炮声曰狗吠。银圆曰瓜子，铜钱曰芝麻。手曰五爪龙，耳曰顺风。斩首曰洗面。海曰大天。密会所曰三尺六，曰古松。扇曰弯月。木斗曰木杨城。"《家里宝鉴·隐语》："铜钱曰'芝麻'。"《切口大词典·党会类·三点会之切口》："芝麻：铜钱也。"金老佛《三教九流江湖秘密规矩·三合会之隐语》："银圆曰瓜子，铜钱曰芝麻。"②李子峰《海底·闽粤及南洋各地通行之隐语》："花钱：芝麻。"卫大法师《江湖话·红帮闽粤及南洋各地通行隐语》："花钱：芝麻。"

【枝花】清傅崇矩《成都通览·成都之呼物混名》："枝花：纸捻子也。"

【枝楞】《切口大词典·杂流类·贩人者之切口》："枝楞：面盘及身体之白晰者。"

【枝头】《切口大词典·商铺类·丝经业之切口》："枝头：丝上所缚之线也。"

【枝叶】《新刻江湖切要·饮馔类》："茶：青老；清喉；水鬼；碧水；牙净；枝叶；木癸；扰榎子。"清傅崇矩《成都通览·成都之江湖言词·饮馔类》："茶：青老；清喉；水鬼；碧水；牙净；枝叶；木癸；扰榎子。"

【知了】《切口大词典·手艺类·卖叫虫之切口》："知了：蝉也。"

【知泉】《新刻江湖切要·鸟兽虫鱼类》："蚂蚁：昆虫；[增] 垤居；知泉。"

【知天命】《梨园话》："知天命：知足之谓也。[附记] 方振泉又名'方狮子'，工昆净，隶三庆、四喜等班。能戏甚夥，《牧羊记》《大逼》之'卫律'，《昊天塔》之'杨五郎'，《功臣宴》之'铁勒奴'，《北诈疯》之'敬德'，皆其杰作。如《大逼》自方故后，即无人演唱；《姑苏台》之'吴玉'，《刺虎》之'李虎'，《大小骗》之大骗，同昆丑杨三演，人谓绝戏。后亦饰皮黄花脸，只演配角。如《反五侯》《太平桥》等戏，除昆净外，徽戏之正角，绝不肯动。其'知天命'如此。（见《三十年见闻录》）"

【知院】宋陈元靓《事林广记·续集·绮谈市语·亲属门》："文妾：知院。"

【脂钿】《切口大词典·工匠类·锡匠之切口》："脂钿：胭脂盒也。"

【执柯】 宋陈元靓《事林广记·续集·绮谈市语·人物门》:"媒人:伐者;执柯。"

【执事之旗号】 金老佛《三教九流江湖秘密规矩·青帮与红帮·执事之旗号》:"红帮除誓约以外,人的支配有五执事。即老大专司军机要事,统领全帮,旗号为杏黄色,故称黄旗老大;老二专司仓库钱粮,掌管全山财务,旗号为蓝色,故称蓝旗老二;老三专司出马开差等事,旗用白色,故称白旗老三;老四掌管票布符号,总督上下勤惰,兼管防山放哨等事,旗用黑色,故称黑旗老四;老五专管全帮功过,杀戮行赏,其权皆操于一人,旗用红色,故称红旗老五。五执事中之权力最大者,厥惟黄旗老大与红旗老五二人,盖一则执掌全帮,一则操有生杀之权也。"

【执堂】 《切口大词典·党会类·哥老会之切口》:"执堂:会员中之第七首领也,称为执堂尚书。"

【执已】 《新刻江湖切要·数目类》:"四为则;又执已。"清傅崇矩《成都通览·成都之江湖言词·数目类》:"四:则;执已。"《切口大词典·巫卜类·文王课之切口》:"执已:四也。"

【直把】 《郎中医话》:"直把,是道士。"《江湖走镖隐语行话谱》:"道士:直把;亘把。"

【直达】 《切口大词典·杂业类·老虎灶之切口》:"直达:通火之铁杆也。"

【直儿】 《切口大词典·杂业类·钱庄之切口》:"直儿:铜元也。"

【直叫子】 《切口大词典·杂流类·西乐队之切口》:"直叫子:军箫也。"

【直门儿】 《切口大词典·娼妓类·茶室之切口》:"直门儿:谓熟客也。"

【直抹】 《行院声嗽·衣服》:"裙:直抹。"

【直头】 ①《切口大词典·商铺类·皮裘业之切口》:"直头:羊皮之次者。"②《切口大词典·手艺类·席子业之切口》:"直头:长也。"

【直线】 ①明风月友辑《金陵六院市语》:"称直线知其用肉。"②明田汝成《西湖游览志馀·委巷丛谈》:"杭人有以二字反切一字以成声者,如以秀为鲫溜,以团为突栾,以精为鲫令,以俏为鲫跳,以孔为窟窿,以盘为勃兰,以铎为突落,以窠为窟陀,以圈为窟栾,以蒲为鹘卢。有以双声而包一字,易方隐语以欺人者,如以好为现萨,以丑为怀五,以马为杂嗽,以笑为喜黎,以肉为直线,以鱼为河戏,以茶为油老,以酒为海老,以没有为埋梦,以莫言为稀调。"

【摭张】 《切口大词典·赌博类·麻雀赌之切口》:"摭张:西风牌也。"

【止渴】 宋陈元靓《事林广记·续集·绮谈市语·果菜门》:"梅子:止渴;和羹。"

【只】 《切口大词典·优伶类·伶人之切口》:"只:一也十也。"《切口大词典·杂业类·米店之切口》:"只:一也。"

【只在前面】 明田汝成《西湖游览志馀·委巷丛谈》:"《白獭髓》言,杭俗浇薄,语年甲则曰年末,语居止则曰只在前面,语家口则曰一差牙齿,语仕禄则曰小差遣。"

【纸路】 《切口大词典·杂流类·收卖锭灰者之切口》:"纸路:寺观香炉中所烧之灰也。"

【纸马】 清傅崇矩《成都通览·成都之江湖言词·器用类》:"席:卷友;卷血铺;纸马;效劳。"

【纸判】 《新刻江湖切要·鸟兽虫鱼类》:"鸭:王八,鸳五;纸判。"

【指飞】 卫大法师《江湖话·江湖上的隐语·普通隐语》:"落雪:指飞。"

【指甲花】 《切口大词典·杂流类·卖花者之切口》:"指甲花:花如蜜色而香甚。"

【指节】 《新刻江湖切要·草木百果五谷类》:"茭白:指节。"

【指丘】 《切口大词典·工匠类·烧窑匠之切口》:"指丘:制造人也。"

【指日高】 《切口大词典·盗贼类·铳手之切口》:"指日高:量米之升斗也。"

【至亲好友】 《切口大词典·商铺类·绸缎业之切口》:"至亲好友,言不欠也。"

【至上】 宋陈元靓《事林广记·续集·绮谈市语·君臣门》:"人君:至尊;至上。"

【至子】 《新刻江湖切要·亲戚类》:"侄儿:至子;人至。"

【至尊】 宋陈元靓《事林广记·续集·绮谈市语·君臣门》:"人君:至尊;至上。"

【志】 卫大法师《江湖话·各行业商帮所用数目字隐语·其他·湖北》:"文:一。水:二。清:三。且:四。浅:五。行:六。人:

七。心;八。志;九。远。十。"

【制把】 学古堂《江湖行话谱·行话管见》:"道士叫制把。"

【制班】 学古堂《江湖行话谱·行意行话》:"道士为制班。"

【质票】 贝思飞《民国时期的土匪隐语》:"质票:穷人质(广东)。"

【炙笼】《江湖走镖隐语行话谱》:"烧饼:炙笼。"

【炙罗】《郎中医话》:"炙罗,是烧饼。"

【治把】 云游客《江湖丛谈·江湖之春点》:"管和尚叫治把。"

【治杵】 云游客《江湖丛谈·江湖之金点》:"江湖八卦挣钱,调侃儿叫治杵。"

【治蕾】《切口大词典·杂业类·花业之切口》:"治蕾:菊花也。"

【治事】《切口大词典·优伶类·伶人之切口》:"治事:后台之管事人也。"

【致曲】《新刻江湖切要·官职类》:"榜眼:[增]无状;致曲。"

【掷臭】 清傅崇矩《成都通览·成都之呼物混名》:"掷臭:出丑也。"清傅崇矩《成都通览·成都之袍哥话即江湖话也》:"掷臭:言失面子也。"

【掷红】 清傅崇矩《成都通览·成都之袍哥话即江湖话也》:"掷红,说闲话也。"

【掷上】 明程万里《鼎锲徽池雅调南北官腔乐府点板曲响大明春·六院汇选江湖方语》:"掷上,乃鞋也。"

【掷同】 明程万里《鼎锲徽池雅调南北官腔乐府点板曲响大明春·六院汇选江湖方语》:"掷同,乃袜子也。"

【蛭】《行院声嗽·人事》:"嗅:蛭。"

【置台】《清门考原·各项切口》:"置台,以自己之物,藏盖他人之物,窃取也。"

zhong

【中】 ①《新刻江湖切要·数目类》:"五为中;又中马。"清唐再丰《鹅幻汇编·江湖通用切口摘要》:"五曰中。"清佚名《郎中医话》:"中:五。"卫大法师《江湖话·各行业商帮所用数目字隐语·成都通行言词·江湖通用》:"中:五。"卫大法师《江湖话·红帮各地通行隐语·数目类》:"五中;满把子。"卫大法师《江湖话·江湖上的隐语·普通隐语》:"五:中。"《江湖走镖隐语行话谱》:"五:中。"《切口大词典·星相类·星家之切口》:"中:五也。"《清门考原·各项切口》:"中,五个。"金老佛《三教九流江湖秘密规矩·日常用语》:"五曰中。"李子峰《海底·各地通行隐语》:"五:中;满把子。"清傅崇矩《成都通览·成都之各行人买卖通用言词·江湖八大帮言词》:"中(五)。"清傅崇矩《成都通览·成都之江湖言词·数目类》:"五:中;中马。"清翟灏《通俗编·识余·市语·江湖杂流》:"江湖杂流:一留,二月,三汪,四则,五中,六人,七心,八张,九爱,十足。"清末民初佚名《镖行江湖隐语行话秘典》:"春点:刘、月、王、在、中、神、星、张、爱、足。(按:分别为1至10个数字)。"朱琳《洪门志·春典子琐记·暗数》:"一,称流。二,称月。三,称汪。四,称则。五,称中。六,称神。七,称星。八,称张。九,称爱。十,称足。" ②《切口大词典·巫卜类·尼姑之切口》:"中:受孕也。" ③学古堂《江湖行话谱·粮行之行话》:"(中)二。"

【中八生】《新刻江湖切要·娼优类》:"龟子:中八生;刮丢;[增]六缩;忘八;客盖;[改]青盖。"清傅崇矩《成都通览·成都之江湖言词·娼优类》:"龟子:中八生;刮丢;六缩;忘八;客盖;青盖。"

【中巴】 清唐再丰《鹅幻汇编·江湖通用切口摘要》:"乌龟曰中巴。"卫大法师《江湖话·红帮各地通行隐语·动物类》:"乌龟:缩头子;中巴。"卫大法师《江湖话·江湖上的隐语·普通隐语》:"乌龟:中巴。"《清门考原·各项切口》:"中巴,乌龟也。"金老佛《三教九流江湖秘密规矩·日常用语》:"乌龟曰中巴。"李子峰《海底·各地通行隐语》:"乌龟:缩头子;中巴。"

【中串】 学古堂《江湖行话谱·走江湖行话》:"一千块钱,中串。"

【中单】 宋陈元靓《事林广记·续集·绮谈市语·服饰门》:"汗衫:中单。"

【中地方】《切口大词典·娼妓类·八大胡同妓院之切口》:"中地方:从前二等窑子之称谓也。"

【中峰】《切口大词典·星相类·相家之切口》:"中峰:命宫也,在两眉之间,山根之上。"

【中公】《新刻江湖切要·地理类》:"井:地窟;[广]水窖;中公;列九;凿饮;又曰区九。"《江湖切口要诀》(尺牍增附本):"井:地窟;[广]水窖;中公;列九;凿饮;又曰区九。"清傅崇矩《成都通览·成都之江湖言词·地理类》:"井:地窟;水窖;中公;列九;凿饮。人曰区九。"

【中供】《切口大词典·商铺类·押当业之切口》:"中供:香炉也。"

【中光】《切口大词典·手艺类·灯笼业之切口》:"中光:较放光略小之灯也。"

【中果】①《江湖走镖隐语行话谱》:"二十岁:中果。"②学古堂《江湖行话谱·行意行话》:"中果是中年妇人。"

【中姜】卫大法师《江湖话·红帮闽粤及南洋各地通行隐语》:"熟烟:中姜。"李子峰《海底·闽粤及南洋各地通行之隐语》:"烟:中姜。"

【中九流】金老佛《三教九流江湖秘密规矩·青帮与红帮·九流之区别》:"中九流即一流医生二流金,三流漂行四流推,五流琴棋六书画,七僧八道九麻衣。其中所谓金者,即算命先生;漂行者即写字之人,推者即测字先生;麻衣即相士。皆江湖隐语也,惟书画琴棋,本清高之品,奈何亦视为江湖,未免不类。而今世固有所谓戳黑者,写几个涂鸦之字,画几笔红绿之画,沿途求卖者,而挟一胡琴,到处拉扯以索钱,设一小摊,摆设棋势以求值者,亦时有所见。所谓书画琴棋者,盖即指此辈而言也。"

【中军】《新刻江湖切要·饮馔类》:"酱:沙油;中军;汁老;研哥。醋:盆山;醯老。"《行院声嗽·饮食》:"酱:中军。"清傅崇矩《成都通览·成都之江湖言词·饮馔类》:"酱:沙油;中军;汁老;研哥。"

【中君】宋陈元靓《事林广记·续集·绮谈市语·身体门》:"心:中君;方寸。"

【中康】《新刻江湖切要·时令类》:"小满:中康。"《江湖切口要诀》(尺牍增附本):"小满:中康。"《切口大词典·星相类·弹弦子算命之切口》:"中康:小满也。"清傅崇矩《成都通览·成都之江湖言词·时令类》:"小满:中康。"

【中空】《切口大词典·商铺类·乐器业之切口》:"中空:铜鼓也。"

【中空子】《切口大词典·盗贼类·剪绺贼之切口》:"中空子:铜钱也。"

【中连】《切口大词典·手艺类·灯笼业之切口》:"中连:小灯笼也。"

【中柳】《切口大词典·商铺类·板木业之切口》:"中柳:八分厚之柳板也。"

【中马】①《新刻江湖切要·数目类》:"五为中;又中马。"清傅崇矩《成都通览·成都之江湖言词·数目类》:"五:中;中马。"②《切口大词典·巫卜类·文王课之切口》:"中马:五也。"

【中满】《新刻江湖切要·地理类》:"北:中满。"《江湖切口要诀》(尺牍增附本):"北:中满。"《切口大词典·星相类·铁板算命之切口》:"中满:北边也。"清傅崇矩《成都通览·成都之江湖言词·地理类》:"北:中满。"

【中秋】《切口大词典·行号类·粮食行之切口》:"中秋:四月下种,八月熟者,粒白而大。"

【中沙丈】《江湖走镖隐语行话谱》:"裤子:中沙丈。丝叉子。"

【中山】《切口大词典·商铺类·丝经业之切口》:"中山:说话也。"

【中神】卫大法师《江湖话·红帮各地通行隐语·数目类》:"五十六:中神。"李子峰《海底·各地通行隐语》:"五十六:中神。"

【中十由吊】学古堂《江湖行话谱·粮行之行话》:"三百二十一吊,则为中十由吊。"

【中使】《切口大词典·商铺类·封套业之切口》:"中使:最小之封套也。"

【中书朝阳】《新刻江湖切要·店铺类》:"笔店:[增]为毛锥朝阳;又颖朝阳;中书朝阳。"清傅崇矩《成都通览·成都之江湖言词·店铺类》:"笔店:毛锥朝阳;颖朝阳;中书朝阳。"

【中书君】宋陈元靓《事林广记·续集·绮谈

市语·文房门》："笔：中书君；毛锥子；管城子；毛颖氏。"

【中堂】①《切口大词典·手艺类·装潢业之切口》："中堂：大幅之画也。"②《切口大词典·巫卜类·和尚之切口》："中堂：妇人也。"

【中膛】《切口大词典·医药类·医小孩痨症者之切口》："中膛：小孩之腹胀者。"

【中条】《切口大词典·手艺类·裱画业之切口》："中条：堂幅也。"《切口大词典·手艺类·装潢业之切口》："中条：普通之堂画也。"

【中尾】《切口大词典·医药类·参燕业之切口》："中尾：较大尾稍小而稍细者。"

【中响子】《切口大词典·杂流类·西乐队之切口》："中响子：中号喇叭也。"

【中心子】《切口大词典·商铺类·金线业之切口》："中心子：纱线也。"

【中行司】《切口大词典·行号类·缸坛行之切口》："中行司：略小于大行司。"

【中虚】《新刻江湖切要·地理类》："南：中虚。"《江湖切口要诀》（尺牍增附本）："南：中虚。"《切口大词典·星相类·铁板算命之切口》："中虚：南边也。"清傅崇矩《成都通览·成都之江湖言词·地理类》："南：中虚。"

【中翼】《切口大词典·手艺类·装潢业之切口》："中翼：普通之对也。"

【中轴子】《梨园话》："中轴子：后三出戏之第一出，谓之'中轴子'。"

【中状元】《切口大词典·娼妓类·花烟间之切口》："中状元：生梅毒疮也。"

【忠样点】云游客《江湖丛谈·江湖之春点》："管好人叫忠样点。"

【终八生】《新刻江湖切要·人物类》："死胚：终八生；[广] 未知生；揭白留真。"《江湖切口要诀》（尺牍增附本）："死胚：终八生；[广] 未知生；揭白留真。"《切口大词典·简卒类·侦探之切口》："终八生：死胚也。"清傅崇矩《成都通览·成都之江湖言词·人物类》："死胚：终八生；未知生；揭白留真。"

【终入孙】明程万里《鼎锲徽池雅调南北官腔乐府点板曲响大明春·六院汇选江湖方语》："终入孙，乃忘八也。"

【种荷花】《切口大词典·党会类·红帮之切口》："种荷花：将人用巨石扎住，投诸河中活溺也。"《切口大词典·党会类·红帮之切口》："种荷花：以人缚诸巨石投诸汪洋中溺毙也。"

【种三节竹】《清门考原·各项切口》："种三节竹，洪门三合会收人之谓。"

【种桃】施列格《天地会研究·洪家口白要诀》："种桃：落药。"

【种子】①卫大法师《江湖话·红帮各地通行隐语·武器类》："枪弹：种子；米子。"李子峰《海底·各地通行隐语》："枪弹：种子；米子。"②学古堂《江湖行话谱·行话管见》："高粱叫种子。"

【冢子】《切口大词典·盗贼类·偷鸡贼之切口》："冢子：坟墓也。"

【众才】《新刻江湖切要·娼优类》："妓女：青马；青细；客细；众才。私窠子亦称客细。"清傅崇矩《成都通览·成都之江湖言词·娼优类》："妓女：青马；青细；客细；众才。"

【众儿郎】贝思飞《民国时期的土匪隐语》："众儿郎：普通土匪。"

【众生】《切口大词典·乞丐类·乞丐之切口》："众生：骂人之词也。"

【众尾】《切口大词典·医药类·参燕业之切口》："众尾：较中尾稍小而稍细者。"

【重交】《切口大词典·杂业类·面馆之切口》："重交：加头多面少也。"

【重睛】《切口大词典·杂业类·禽鸟业之切口》："重睛：鹰也。"

【重坯】《切口大词典·杂业类·冶坊之切口》："重坯：大釜也。"

【重欠】《新刻江湖切要·亲戚类》："孙：子户，今改重欠。"

【重裘】《新刻江湖切要·时令类》："大雪：重裘。"《江湖切口要诀》（尺牍增附本）："大雪：重裘。"《切口大词典·星相类·弹弦子算命之切口》："重裘：大雪也。"清傅崇矩《成都通览·成都之江湖言词·时令类》："大雪：重裘。"

【重日】《新刻江湖切要·亲戚类》："祖父：重日；乾宫；东日。"

【重燨】《切口大词典·商铺类·地货业之切口》:"重燨:三十三也。"

【重头】①《切口大词典·杂业类·信局业之切口》:"重头:二也。"②《切口大词典·杂业类·信局业之切口》:"重头:信中有洋银者。"

【重晓】《切口大词典·商铺类·丝经业之切口》:"重晓:四十四也。"

【重阴】《切口大词典·星相类·相家之切口》:"重阴:妻妾宫,位居鱼尾。"

【重月】①《新刻江湖切要·亲戚类》:"外婆:从月,今改重月。月月,母之母也。又曰泰水。"②《新刻江湖切要·亲戚类》:"祖母:坤官;东月,重月,似母之母矣,今改老明。明者,日之月。"

【重浊】①《新刻江湖切要·地理类》:"地:坤老;[广]重浊;任重;配天;司载公;博厚君。"《江湖切口要诀》(尺牍增附本):"地:坤老;[广]重浊;任重;配天;司载公;博厚君。"清傅崇矩《成都通览·成都之江湖言词·地理类》:"地:坤老;重浊;任重;配天;司载公;博厚君。"②《切口大词典·赌博类·牌九赌之切口》:"重浊:地牌也。"

zhou

【州官】《新刻江湖切要·鸟兽虫鱼类》:"犬:州官;戌老;巡攘。"

【周】《切口大词典·手艺类·吹糖人之切口》:"周:生意不好也。"

【周兑】《江湖走镖隐语行话谱》:"周易:周兑。"

【周二】清傅崇矩《成都通览·成都之呼物混名》:"周二:屎也。"

【周官人】明程万里《鼎锲徽池雅调南北官腔乐府点板曲响大明春·六院汇选江湖方语》:"周官人,即死,是狗也。"

【周好】清傅崇矩《成都通览·成都之江湖言词·地理类》:"大路:洒苏;爱遵;九达;周好;羊肠;不由径捷;微行。"

【周行】《江湖切口要诀》(尺牍增附本):"大路:洒酥。[广]爱遵;九达;周行。"

【周游列国】清傅崇矩《成都通览·成都之江湖言词·星相类》:"惯走江湖:相府;周游列国;关肚仙;剪牙;鬼凭儿;关川生;献师;烧黄七。"《新刻江湖切要·星相类》:"惯走江湖曰相府。[增]周流[游]列国;关肚仙,亦称剪牙;[增]鬼凭儿。原名又曰关川生;献师;烧黄七。"

【轴儿】《行院声嗽·人物》:"帮闲的:轴儿。"

【轴金】《切口大词典·手艺类·装潢业之切口》:"轴金:轴字也。"

【轴了式】《切口大词典·巫卜类·道士之切口》:"轴了式:轴子也。"

【肘】①《新刻江湖切要·人事类》:"拿曰肘;又曰温文。"清傅崇矩《成都通览·成都之江湖言词·人事类》:"拿:肘;温文。"②云游客《江湖丛谈·江湖之金点·艺人传:鼓界之白云鹏》:"江湖人管买东西,调侃儿叫肘。"

【肘海草】云游客《江湖丛谈·江湖之春点·三不管的相声场儿》:"江湖人管买鸦片烟,调侃叫肘海草。"

【肘了】清傅崇矩《成都通览·成都之袍哥话即江湖话也》:"肘了,估拿人物也。"

【肘琴】明程万里《鼎锲徽池雅调南北官腔乐府点板曲响大明春·六院汇选江湖方语》:"肘琴,乃谢银也。"

【肘山】云游客《江湖丛谈·江湖之春点》:"管买酒的叫肘山。"

【肘响】《切口大词典·武术类·傀儡戏之切口》:"肘响:敲锣鼓之人也。"

【肘粘汉】云游客《江湖丛谈·江湖之春点·江湖中挑粘汉的》:"管买粘瓷器药,调侃儿叫肘粘汉,那个肘字,在江湖春点还是个买字哩。"

【肘住】清傅崇矩《成都通览·成都之袍哥话即江湖话也》:"肘住,言帮忙擎举也。"

【绉纱】①平山周《中国秘密社会史·三合会隐语》:"剑曰橘板,曰绉纱。小刀曰狮子。大炮曰黑狗,火药曰狗粪,大炮声曰狗吠。银圆曰瓜子,铜钱曰芝麻。手曰五爪龙,耳曰顺风。斩首曰洗面。海曰大天。密会所曰三尺六,曰古松。扇曰弯月。木斗曰木杨城。"卫大法师《江湖话·红帮闽粤及南洋各地通行隐语》："剑：橘板；绐纱。"李子峰《海底·各地通行隐语》："剑：桥板；绐纱。"李子峰《海底·闽粤及南洋各地通行之隐语》："剑：橘板；绐纱。"金老佛《三教九流江湖秘密规矩·三合会之隐语》："剑曰橘板，曰绐纱，小刀曰狮子，大炮曰黑狗，火柴曰狗粪，大炮声曰狗吠。"②李子峰《海底·闽粤及南洋各地通行之隐语》："大货：绐纱。"

【绐沙】《家里宝鉴·隐语》："宝剑曰'橘板，绐沙'。"

【绐头】《切口大词典·杂流类·蚁煤之切口》："绐头：所谋不成也。"

【皱皮】《切口大词典·杂业类·点心铺之切口》："皱皮：馄饨也。"

【骤吼】《新刻江湖切要·天文类》："风：丢子；[入微]透骨；和薰；骤吼；狂呼；疑虎；从虎；狂且；偃草；吹枯生；扫云；折朽子；[又广]起风为摆丢。"《江湖切口要诀》(尺牍增附本)："风：丢（去）子。[广]入微；透骨；和薰；骤吼；狂呼；疑□；从虎；狂且；偃草；吹枯生；扫云；折朽子。[又广]起风为摆丢。"《切口大词典·星相类·鸟衔算命之切口》："骤吼：风也。"清傅崇矩《成都通览·成都之江湖言词·天文类》："风：丢子；入微；透骨；和薰；骤吼；狂呼；疑□；从虎；狂且；偃草；吹枯生；扫云；折朽子（广起风为摆丢）。"

【箍深浅】《切口大词典·衙卒类·厘卡之切口》："箍深浅：查舱也。"

zhu

【朱】《新刻江湖切要·地理类》："前：朱。"《江湖切口要诀》(尺牍增附本)："前：朱。"清傅崇矩《成都通览·成都之江湖言词·地理类》："前：朱。"

【朱□】宋陈元靓《事林广记·续集·绮谈市语·果菜门》："李子：朱□。"

【朱卷子】卫大法师《江湖话·红帮各地通行隐语·衣服类》："红包袱：朱卷子。"

【朱楼】宋陈元靓《事林广记·续集·绮谈市语·身体门》："唇：朱楼；樊素。"

【朱染】《切口大词典·手艺类·髹漆业之切口》："朱染：红漆也。"

【珠儿】明程万里《鼎锲徽池雅调南北官腔乐府点板曲响大明春·六院汇选江湖方语》："珠儿，是戴的钗。"

【珠履三千】①《新刻江湖切要·人物类》："赌客：跳生；[广]浑是胆；珠履三千。"《江湖切口要诀》(尺牍增附本)："赌客：跳生；[广]浑是胆；珠履三千。"②《切口大词典·医药类·着地摊药治病者之切口》："珠履三千：阔客也。"清傅崇矩《成都通览·成都之江湖言词·人物类》："赌客：跳生；浑是胆；珠履三千。"

【珠球】《切口大词典·行号类·茶叶行之切口》："珠球：叶之卷伏如珠也。"

【珠子】①《切口大词典·商铺类·地货业之切口》："珠子：西瓜也。"②宋陈元靓《事林广记·续集·绮谈市语·玉帛门》："珠：蚌胎；珠子。"

【猪当道】卫大法师《江湖话·四川灌县轿夫隐语》："猪当道：前：'前头一个毛攻地'；后：'打起连环高挂起'。"

【猪缸】《切口大词典·商铺类·刷染业之切口》："猪缸：盛颜色之樽也。"

【猪尿泡】《切口大词典·杂流类·外执事之切口》："猪尿泡：戴红黑帽之皂隶也。"

【猪肉买成捞稍钱一斤】卫大法师《江湖话·各行业商帮所用数目字隐语·成都通行言词·牲畜行》："数目在一百以上为整数时，则中加'百'下加'子'，如'收百子'为'一百元'，'稍百子'为'九百元'，如'猪肉买成捞稍钱一斤'即是'一百九十元一斤'。"

【猪头三】《切口大词典·娼妓类·台基之切口》："猪头三：笨憨无用之人也。"

【猪头索】《切口大词典·工匠类·造船匠之切口》："猪头索：船缆也。"

【猪仔】《切口大词典·杂流类·贩人口者之切口》："猪仔：壮年男子也。以招华工为名运往国外，为人奴及为开矿等苦工，终身无回国之望。"

【竹】①《切口大词典·商铺类·布疋业之切口》："竹：六也。"《切口大词典·商铺类·南货业之切口》："竹：六也。"清翟灏《通俗编・识余・市语・米行》："今松木场香市中，犹习用此语。而其余诸行，正如《志余》所云，各有市语，不相通用。如：米行：则一子，二力，三削，四类，五香，六竹，七才，八发，九丁，十足。"②《切口大词典・行号类・猪行之切口》："竹：二也。"

【竹彩】《新刻江湖切要・医药类》："时医：丹青；竹彩。"清傅崇矩《成都通览・成都之江湖言词・医药类》："时医：丹青；竹彩。"

【竹节】《切口大词典・医药类・参燕业之切口》："竹节：十六也。"

【竹帘】《切口大词典・商铺类・纸业之切口》："竹帘：毛太纸也。"

【竹林子】卫大法师《江湖话・红帮各地通行隐语・其他用具对象类》："马将：竹林子，方城子。"李子峰《海底・各地通行隐语》："马将：竹林子；方城子。"

【竹萌】宋陈元靓《事林广记・续集・绮谈市语・果菜门》："笋：箨龙；竹萌。"

【竹奴】宋陈元靓《事林广记・续集・绮谈市语・器用门》："竹夫人：青奴；竹奴。"

【竹欠】《新刻江湖切要・草木百果五谷类》："笋：少竹；竹欠。"

【竹笋附肉】《切口大词典・党会类・小瘪三之切口》："竹笋附肉：代捕役吃敲屁股也。"

【竹筒子】卫大法师《江湖话・红帮各地通行隐语・其他用具对象类》："围腰：竹筒子。"

【竹叶】《切口大词典・商铺类・绸缎业之切口》："竹叶：绿色也。"

【竹叶兰】《切口大词典・医药类・摆草药摊之切口》："竹叶兰：花如铜铃，故名铃儿草，能治伤筋断骨等症。"

【竹叶青】《切口大词典・杂业类・酒店之切口》："竹叶青：质佳，与状元红同，惟色则淡黄，略呈青色。"

【竹叶子】卫大法师《江湖话・红帮各地通行隐语・其他用具对象类》："牌九：竹叶子。"李子峰《海底・各地通行隐语》："牌九：竹叶子。"

【竹鱼】《切口大词典・役夫类・更夫之切口》："竹鱼：更梆也。"

【竺】《切口大词典・杂流类・卖玉器之切口》："竺：二也。"

【烛龙】宋陈元靓《事林广记・续集・绮谈市语・天地门》："日：烛龙；羲驭。"

【烛奴】宋陈元靓《事林广记・续集・绮谈市语・器用门》："灯：银□；烛奴。"

【逐波】《切口大词典・役夫类・舟夫之切口》："逐波：楫也。"

【逐狗锋】《切口大词典・杂业类・花业之切口》："逐狗锋：紫荆花也。"

【钄老】《切口大词典・巫卜类・道士之切口》："钄老：笛子也。"

【主】①卫大法师《江湖话・各行业商帮所用数目字隐语・成都通行言词・古董玉器当铺》："主：七。"《切口大词典・商铺类・古董业之切口》："主：七也。"清傅崇矩《成都通览・成都之各行人买卖通用言词・当铺古董玉器行通用言词》："七，主。"学古堂《江湖行话谱・粮行之行话》："（主）七。"②《切口大词典・商铺类・布疋业之切口》："主：一也。"

【主吊】学古堂《江湖行话谱・粮行之行话》："主吊，十。"

【主洞】《切口大词典・医药类・捉牙虫妇人之切口》："主洞：门牙也。"

【主客】《切口大词典・杂业类・商人共众切口》："主客：顾客也，俗谓买主也。"

【主人】清傅崇矩《成都通览・成都之各行人买卖通用言词・道士端公言词》："主人叫王点。"

【主爷】《切口大词典・党会类・青帮之切口》："主爷：翁钱潘三人也。三人为罗祖之徒弟，而为帮中之祖师也。"

【主字】清傅崇矩《成都通览・成都之各行人买卖通用言词・当铺古董玉器行通用言词》："主字，七丙。"

【煮海丘】①《新刻江湖切要・工匠类》："烧盐军：丙主；[增]煮海丘。"清傅崇矩《成都通览・成都之江湖言词・工匠类》："烧盐军：丙主；煮海丘。"②《切口大词典・工匠类・烧盐匠之切口》："煮海丘：烧盐工人也。"

【助娇】《切口大词典・杂业类・花业之切口》："助娇：千叶桃花也。"

【助力】卫大法师《江湖话・红帮闽粤及南洋

各地通行隐语》：" 借银：法助；助力。" 李子峰《海底·闽粤及南洋各地通行之隐语》："借银：法助；助力。"

【助畏】《切口大词典·行号类·炒货行之切口》："助畏：砂炒豆也。"

【助焰头】《切口大词典·杂流类·卖馄饨者之切口》："助焰头：柴也。"

【住家】《切口大词典·娼妓类·雉妓类切口》："住家：日有熟客多人往来其家，晚间无庸出外接客者。"

【注定】《切口大词典·星相类·量手算命之切口》："注定：命书也。"

【注铨】宋陈元靓《事林广记·续集·绮谈市语·文房门》："律：注铨。"

【驻魂】《切口大词典·巫卜类·道士之切口》："驻魂：神主也。"

【驻云】《切口大词典·医药类·道人卖药之切口》："驻云：屋也。"

【膈】卫大法师《江湖话·各行业商帮所用数目字隐语·成都通行言词·唱剧，道士，端公，乐户等通用》："姑：一。仪：二。膈：三。符：四。蹶：五。傲：六。黑：七。钯：八。拘：九。按十以上则加'丁'字，加'姑丁仪'为'一百二十元'。'拘丁蹶'为'九千八百元正'。"

【筑土】《新刻江湖切要·地理类》："城：太援；[广]子金；列齿；筑土。"《江湖切口要诀》（尺牍增附本）："城：大扳；[广]子金；列齿；筑土。"清傅崇矩《成都通览·成都之江湖言词·地理类》："城：太拔；子金；列齿；筑土。"

zhua

【抓瓜丝】《新刻江湖切要·盗贼类》："剪络：裁皮；抓瓜丝。"清傅崇矩《成都通览·成都之江湖言词·盗贼类》："剪绺：裁皮；抓瓜丝。"

【抓家伙】《梨园话》："抓家伙：散漫无规，谓之'抓家伙'。"

【抓牌】《切口大词典·赌博类·麻雀赌之切口》："抓牌：九也。"

【抓现包袱】云游客《江湖丛谈·江湖之春点·江湖艺人传：老云里飞》："管当场抓哏调侃叫抓现包袱。"

【抓养子】贝思飞《民国时期的土匪隐语》："抓养子：为了勒索赎金的绑架。"

【爪背】《切口大词典·杂流类·卖水果者之切口》："爪背：枇杷也。"

【爪分】《切口大词典·商铺类·板木业之切口》："爪分：四开木也。"

【爪鸡子】《清门考原·各项切口》："爪鸡子，手也。"

【爪家】清傅崇矩《成都通览·成都之呼物混名》："爪家：老娼也。"

【爪老】明风月友《金陵六院市语》："爪老者，手也。"明佚名《行院声嗽·身体》："手：爪老。"

【爪土】学古堂《江湖行话谱·行意行话》："靴子为爪土。"

【爪子】①卫大法师《江湖话·红帮各地通行隐语·人身各物类》："手：爪子；五爪龙；托罩子；金钢子。"李子峰《海底·各地通行隐语》："手：爪子；五爪龙；托罩子。"②《切口大词典·娼妓类·八大胡同妓院之切口》："爪子：掌班领家以下诸职员之总称也。"

zhuai

【拽条】《行院声嗽·人事》："赌：拽条。"

zhuan

【专房】宋陈元靓《事林广记·续集·绮谈市语·亲属门》："宠人：侧室；专房。"

【专弄老样】云游客《江湖丛谈·江湖之春点·天桥的金点》："江湖人管有断袖癖、分桃之爱者，调侃叫'专弄老样'。"

【转槽】卫大法师《江湖话·红帮各地通行隐语·各种行业类》："失物觅回：转槽。"李子峰《海底·各地通行隐语》："失物觅回：转槽。"

【转场】《梨园话》："转场：在台上旋转而下者，谓之'转场'。"

【转当局】《切口大词典·娼妓类·茶室之切口》："转当局：在席间即转局也。"

【转花枝】《蹴鞠谱·锦语》："三：转花枝。"《蹴鞠图谱·圆社锦语》："转花枝：三。"

【转局】《切口大词典·娼妓类·长三书寓之切口》："转局：妓女在席间转至别客处侑酒也。"

【转老】《新刻江湖切要·文具类》："数珠：转老。"

【转了】云游客《江湖丛谈·江湖之金点·江湖人的规律》："管买卖获了厚利，调侃叫转了。"

【转念头】《切口大词典·衙卒类·侦探之切口》："转念头：心欲得人家之财物也。"

【转统】《切口大词典·赌博类·牌九赌之切口》："转统：只吃不赔也。"

【转湾】《切口大词典·杂业类·茶楼之切口》："转湾：冲开水也。"

【转向】《切口大词典·赌博类·做花会之切口》："转向：谓有人来捕捉也。"

【转影壁】《切口大词典·娼妓类·茶室之切口》："转影壁：向壁虚道之嫖客。"

【转在外穴】云游客《江湖丛谈·江湖之春点·三不管的评书场儿》："转在外穴，是在外省发达了。"

【转枝子】云游客《江湖丛谈·江湖之春点》："管表叫'转枝子'。"云游客《江湖丛谈·江湖之金点·小绺门》："管钟表，调侃儿叫转枝子。"

【赚趾】《新刻江湖切要·工匠类》："染匠：查青丘；赚趾。"清傅崇矩《成都通览·成都之江湖言词·工匠类》："染匠：查青丘；赚趾。"

【篆】《新刻江湖切要·官职类》："香烟秀：习占；今改篆通。篆，香烟也。"

【篆通】《新刻江湖切要·官职类》："香烟秀：习占；今改篆通。篆，香烟也。"

zhuang

【庄主】《切口大词典·娼妓类·台基之切口》："庄主：鸨母也。"

【装电】《切口大词典·杂业类·燕子窝之切口》："装电：吸烟也。"

【装干湿】《切口大词典·娼妓类·雏妓之切口》："装干湿：嫖客打茶会，妓家出瓜子水果饷客也。"

【装毂样】清唐再丰《鹅幻汇编·江湖通用切口摘要》："假作痴呆诱人入彀曰装毂样。"

【装潢】《切口大词典·杂流类·画家之切口》："装潢：专画及粗劣之山水人物者。"

【装货】《切口大词典·盗贼类·拐匪之切口》："装货：拐匪将妇女小孩已与买主成交送往也。"

【装木榔】《切口大词典·衙卒类·侦探之切口》："装木榔：侦探也。"

【装木铃】《清门考原·各项切口》："装木铃，侦探自称。如向其同侪曰某界现于木铃多少，即于探伙多少也。"

【装死】《切口大词典·娼妓类·茶室之切口》："装死：隐语也。"

【装筲头】《清门考原·各项切口》："装筲头，侦探诬指人犯罪，捕而打之，硬逼口供。"

【装销】《切口大词典·工匠类·剪刀匠之切口》："装销：剪刀两爿，联合成件也。"

【装洋】卫大法师《江湖话·江湖上的隐语·普通隐语》："假作痴呆诱人入彀：装洋。"金老佛《三教九流江湖秘密规矩·日常用语》："假作痴呆诱人入彀曰装洋。"

【装准头】《切口大词典·党会类·流氓之切口》："装准头：硬诈也。拆梢与装准头有别，拆梢有因原，硬诈则无也。"

【壮】《切口大词典·党会类·红帮之切口》："壮：富有也。"贝思飞《民国时期的土匪隐语》："壮：富裕。"金老佛《三教九流江湖秘密规矩·青帮与红帮·红帮之问答》："家中龙鼠极壮（金谓之地鼠，银谓之地龙，钱谓之地蛇，富有谓之壮）。"

【壮笔头】《切口大词典·衙卒类·写状人之切口》："壮笔头：写状费也。"

【壮风】《切口大词典·杂流类·收旧货之切门》："壮风：轿子也。"

【壮风生】《新刻江湖切要·器用类》："轿子：壮风生。"清傅崇矩《成都通览·成都之江湖言词·器用类》："轿子：壮风生；摇红。"

【壮脑】《切口大词典·杂业类·蒸烟店之切口》："壮脑：鼻烟也。"

【壮阳子】《切口大词典·医药类·摆草药摊之切口》："壮阳子：枸杞也。治五内邪气，寒热头痛，内伤，大劳补精。"

【壮猪】《切口大词典·党会类·红帮之切

口》:"壮猪:事主也。"金老佛《三教九流江湖秘密规矩·青帮与红帮·红帮之问答》:"日来水蛤蟆(水警之类)狠多,不如到南坎(村)去盱阵(察看道路),看清地图(即出入门径),觅定壮猪(即事主),好在南坎离圈子(县城)恨远,并无风头之患。"

【状头】《行院声嗽·人物》:"矮子:状头。"

【状元公】《切口大词典·巫卜类·尼姑之切口》:"状元公:私生子也。"

【状元红】①《切口大词典·商铺类·南货业之切口》:"状元红:荔枝之中品者。"②《切口大词典·商铺类·香烛业之切口》:"状元红:半斤重之矮而且粗之烛也。"③《切口大词典·杂流类·卖花者之切口》:"状元红:紫茉莉。花紫叶繁早开午收三日后收子。"④《切口大词典·杂业类·酒店之切口》:"状元红:酒之佳者。"

【撞烟】《蹴鞠图谱·圆社锦语》:"撞烟:黑。"

【撞辕门】《新刻江湖切要·盗贼类》:"白闯:撞辕门。"《切口大词典·衙卒类·侦探之切口》:"撞辕门:白闯贼也。"清傅崇矩《成都通览·成都之江湖言词·盗贼类》:"白闯:撞辕门。"

zhui

【追过场】《梨园话》:"追过场:脚色战胜时,其手下兵丁追赶敌人,谓之'追过场'。"

【追李子】《切口大词典·医药类·卖药人之切口》:"追李子:卖黄色起楞头浸酒可治病者。"《清门考原·各项切口》:"追李子,卖黄色其楞头浸酒可治病也。"金老佛《三教九流江湖秘密规矩·江湖通用切口》:"卖黄色起楞头浸酒可治病曰追李子。"

【追七节】《切口大词典·医药类·医小孩痨症者之切口》:"追七节:追虫去积食也。"

【追山】《新刻江湖切要·鸟兽虫鱼类》:"鸦:追思;追山;[增]反哺。"

【追思】《新刻江湖切要·鸟兽虫鱼类》:"鸦:追思;追山;[增]反哺。"

【追星】《切口大词典·商铺类·爆竹业之切口》:"追星:燃后出发,如流星移座。"

【追远】《切口大词典·工匠类·石匠之切口》:"追远:碑记也。"

【追账头】《切口大词典·娼妓类·茶室之切口》:"追账头:讨嫖钱也。"

【追子巾】清唐再丰《鹅幻汇编·江湖通用切口摘要》:"衔鸟算命曰追子巾,又名雀巾。"卫大法师《江湖话·红帮各地通行隐语·各种行业类》:"黄雀算命:追子巾。"《切口大词典·星相类·鸟衔算命之切口》:"追子巾:衔牌算命者。"《清门考原·各项切口》:"追子巾,雀鸟衔牌算命,又名雀巾。"金老佛《三教九流江湖秘密规矩·江湖通用切口》:"衔鸟算命曰追子巾,又名雀巾。"李子峰《海底·各地通行隐语》:"黄雀算命:追子巾。"

【锥子】李子峰《海底·各地通行隐语》:"塔:锥子;绝子;钻天子。"

【坠票】云游客《江湖丛谈·江湖之春点·三不管中做大票的生意》:"做大票掌穴的,派个人随着病人回家取钱,调侃儿叫坠票。"

【准纲准词】《梨园话》:"准纲准词:准纲准提纲也;准词:准词句也。"

【准头】《切口大词典·赌博类·牌九赌之切口》:"准头:此乃硬牌边所镶之准头,因竹与牙相合,必有参差。不同之点,为其着眼处也。"

【埻台】明程万里《鼎锲徽池雅调南北官腔乐府点板曲响大明春·六院汇选江湖方语》:"凡言下处主人家:埻台;若言歇也。"

zhuo

【拙相】《切口大词典·盗贼类·掘壁贼之切口》:"拙相:玲珑之谓也。"

【卓】清翟灏《通俗编·识余·市语·丝行》:"丝行:则一岳,二卓,三南,四长,五人,六龙,七青,八豁,九底。"

【捉白虫】《切口大词典·杂流类·唱弹词之切口》:"捉白虫:琵琶也。"

【捉夫不】《切口大词典·盗贼类·偷鸡贼之切口》:"捉夫不:偷鹅也。"

【捉令子】《切口大词典·赌博类·掷骰子之切口》:"捉令子:掷时使其随心所欲也。"

【捉龙头】《切口大词典·商铺类·食盐业之切口》:"捉龙头:秤盐手也。"

【捉罗汉】 贝思飞《民国时期的土匪隐语》："捉罗汉：抓儿童人质。"

【捉落帽风】《切口大词典·党会类·红帮之切口》："捉落帽风：出票逮捕同党也。"金老佛《三教九流江湖秘密规矩·青帮与红帮·红帮之问答》："设捕而，入狱者，谓之'跌馋牢'；毙者谓之'劈堂'，'又曰升堂'；后出票逮捕同党，谓之'捉落帽风'；当场捕去谓之'阵上失风'。"

【捉毛虫】《切口大词典·盗贼类·爬儿手之切口》："捉毛虫：偷谷穗也。"

【捉拍】《切口大词典·工匠类·补镬匠之切口》："捉拍：榔头也。"

【捉青龙】《切口大词典·工匠类·竹匠之切口》："捉青龙：竹匠也。"

【捉球子】《切口大词典·赌博类·麻雀赌之切口》："捉球子：已有大牌，掷下骰子，必使为同作弊者所得。"

【捉土贼】《切口大词典·杂流类·贩烟土者之切口》："捉土贼：贩土也。"

【捉乌龟】 卫大法师《江湖话·江湖上的隐语·普通隐语》："抢帽：捉乌龟；抛顶。"

【捉蟋蟀】《切口大词典·党会类·小瘪三之切口》："捉蟋蟀：拾香烟头也。"

【捉游鱼】《切口大词典·杂流类·贩烟土者之切口》："捉游鱼：以烟土藏于紧口无缺之铁管，系于船尾，掷入水中，随船进行。"

【捉正】《切口大词典·役夫类·人力车夫之切口》："捉正：修车也。"

【桌面儿】《切口大词典·娼妓类·八大胡同妓院之切口》："桌面儿：犹清倌也。"

【灼儿斗】《切口大词典·商铺类·丝经业之切口》："灼儿斗：有也。"

【灼龟】 清傅崇矩《成都通览·成都之江湖言词·星相类》："龟算命；袂包子；蓑梳；灼龟；烧青烟。"

【灼炭】《新刻江湖切要·人事类》："趴灰曰灼炭。"《切口大词典·武术类·行程保镖者之切口》："灼炭：趴灰也。"清傅崇矩《成都通览·成都之江湖言词·人事类》："趴灰：灼炭。"

【斫斧头】《切口大词典·娼妓类·长三书寓之切口》："斫斧头：妓女向嫖客额外索资及首饰也。"

【斫黑草】《切口大词典·党会类·小瘪三之切口》："斫黑草：剃头也。"

【斫老】《切口大词典·优伶类·场面上之切口》："斫老：笛也。"

【斫落踢瓜】《新刻江湖切要·工匠类》："箍桶匠：斫落踢瓜。"

【着大棋】《新刻江湖切要·经纪类》："卖饼人：着大棋。"《切口大词典·杂流类·卖饼者之切口》："着大棋：卖饼者。"清傅崇矩《成都通览·成都之江湖言词·经纪类》："卖饼人：着大棋。"

【着当】《行院声嗽·人事》："等：着当。"

【着数】 明佚名《行院声嗽·人物》："有名字人：着数。"

【着水笑】《切口大词典·商铺类·丝经业之切口》："着水笑：哭也。"

【着套】《行院声嗽·人事》："中计：着套。"

【琢璞通】《新刻江湖切要·工匠类》："石匠：研石通；[改]琢璞通。"《切口大词典·工匠类·石匠之切口》："琢璞通：石匠也。"清傅崇矩《成都通览·成都之江湖言词·工匠类》："石匠：研石通；琢璞通。"

【濯濯】《新刻江湖切要·身体类》："肥花草；[增]濯濯。"《切口大词典·星相类·不开口相面之切口》："濯濯：肥也。"清傅崇矩《成都通览·成都之江湖言词·身体类》："并足：瘦柴；青条；肥花草；濯濯。"

【镯头】《切口大词典·商铺类·银楼业之切口》："条脱：手钏也，俗呼镯头。"

zi

【兹鸟】 清傅崇矩《成都通览·成都之袍哥话即江湖话也》："兹鸟，想方害人。"

【兹鸟骡子】 卫大法师《江湖话·红帮各地通行隐语·动物类》："牛：×角子；老粗；兹鸟骡子。"

【淄牙】 明田汝成《西湖游览志馀·委巷丛谈》："又有讳本语而巧为俏语者，如诉人嘲我曰淄牙，有谋未成曰扫兴，冷淡曰秋意，无言默坐曰出神，言涉败兴曰杀风景，言胡说曰扯淡，或转曰牵冷，则出自宋时梨园市语之遗,未之改也。"

【缁流】 宋陈元靓《事林广记·续集·绮谈市语·人物门》:"和尚:缁流;光老。"

【子】 ①《江湖切口要诀》(尺牍增附本):"靰子:子;柳叶兒;柳州通。"②清翟灏《通俗编·识余·市语·绸绫行》:"绸绫行:则一叉,二计,三沙,四子,五固,六羽,七落,八末,九各,十汤。"清翟灏《通俗编·识余·市语·绸绫行》:"绸绫行:则一叉,二计,三沙,四子,五固,六羽,七落,八末,九各,十汤。"③清翟灏《通俗编·识余·市语·米行》:"今松木场香市中,犹习用此语。而其余诸行,正如《志余》所云,各有市语,不相通用。如:米行:则一子,二力,三削,四类,五香,六竹,七才,八发,九丁,十足。"

【子薄】 《切口大词典·商铺类·杂货业之切口》:"子薄:竹篾也。"

【子长】 《新刻江湖切要·地理类》:"江:[补]襟三;子长;橐水;无底公。"《江湖切口要诀》(尺牍增附本):"江:[补]襟三;子长;橐水;无底公。"《切口大词典·医药类·自称戏子治病者之切口》:"子长:江也。"清傅崇矩《成都通览·成都之江湖言词·地理类》:"江:襟三;子长;橐水;无底公。"

【子缸】 《切口大词典·工匠类·烧窑匠之切口》:"子缸:钵也。"

【子瓜】 《切口大词典·工匠类·弹棉匠之切口》:"子瓜:弹花锤也。"

【子户】 《新刻江湖切要·亲戚类》:"孙:子户;今改重欠。"

【子见犹惊】 《新刻江湖切要·人物类》:"后生人:半子;[广]曰俊俏儿郎;岁月方长;子见犹惊。"《江湖切口要诀》(尺牍增附本):"后生子:半子;广曰:俊俏儿郎;岁月方长;子见犹惊。"《切口大词典·杂流类·媒婆之切口》:"子见犹惊:貌之佳者。"清傅崇矩《成都通览·成都之江湖言词·人物类》:"后生人:半子(曰俊俏儿郎);岁月方长;子见犹惊。"

【子践】 《新刻江湖切要·地理类》:"石:土骨;坚垒;[广]分磊;伏虎;踞豹;子践。"《江湖切口要诀》(尺牍增附本):"石:土骨;坚垒;[广]分磊;伏虎;踞豹;子践。"清傅崇矩《成都通览·成都之江湖言词·地理类》:"土:戊转;万生;水壬癸;龙转;归;朝宗;石:土骨;坚垒;分磊;伏虎;踞豹;子践。"

【子金】 《新刻江湖切要·地理类》:"城:太援;[广]子金;列齿;筑土。"《江湖切口要诀》(尺牍增附本):"城:大扳;[广]子金;列齿;筑土。"清傅崇矩《成都通览·成都之江湖言词·地理类》:"城:太拔;子金;列齿;筑土。"

【子母】 ①《切口大词典·医药类·参燕业之切口》:"子母:十五也。"②《切口大词典·杂业类·酱园之切口》:"子母:最上乘之酱油也。"

【子鸟】 《切口大词典·盗贼类·拐匪之切口》:"子鸟:妇女之有乳婴儿者。"

【子声】 《新刻江湖切要·乐器类》:"钟:金鸣;[增]子声。"

【子丝儿】 《切口大词典·商铺类·丝经业之切口》:"子丝儿:姓孙者。"

【子孙窑儿】 云游客《江湖丛谈·江湖之春点》:"管良家妇女叫子孙窑儿。"

【子堂】 卫大法师《江湖话·红帮各地通行隐语·建筑物类》:"家:子堂;甲子。"李子峰《海底·各地通行隐语》:"家:子堂;甲子。"

【子望】 《新刻江湖切要·天文类》:"雨:津;[广]沛生;子望;润公;湿杏;天线;灵零;甘露子;苦霍生;落雨为摆津;[广]洒润。"《江湖切口要诀》(尺牍增附本):"雨:津;[广]沛生;子望;润公;湿杏;天线;灵零;甘露子;苦苦生落;[广]雨为摆津;洒润。"《切口大词典·巫卜类·六壬课之切口》:"子望:雨也。"清傅崇矩《成都通览·成都之江湖言词·天文类》:"雨:津;沛生;子望;润公;湿杏;天线;灵零;甘露子;苦霍生;落雨为摆津;洒润。"

【子味点心】 清傅崇矩《成都通览·成都之呼物混名》:"子味点心:红苕也。"

【子午】 《切口大词典·杂业类·花业之切口》:"子午:金钱花也。"

【子仙绳】 《清门考原·各项切口》:"子仙绳,

手拷也。"

【子扬】《新刻江湖切要·鸟兽虫鱼类》:"鹰:赏物;白飘雪;[增]子扬。"

【子玉秋】《切口大词典·杂业类·蒸烟店之切口》:"子玉秋:旱烟之下乘者。"

【子曰】《切口大词典·乞丐类·乞丐之切口》:"子曰:先生也。"

【子曰通】《新刻江湖切要·人物类》:"教书生:巾老;子曰通;[广]传册,又传醯。"《江湖切口要诀》(尺牍增附本):"教书生:巾老;子曰通。[广]传册;又传醯。"《切口大词典·星相类·立墙壁相面之切口》:"子曰通:读书人也。"清傅崇矩《成都通览·成都之江湖言词·人物类》:"教书生:巾老;子曰通,传册;传醯。"

【子月】《新刻江湖切要·时令类》:"十一(月):子月。"

【子占】《新刻江湖切要·官职类》:"童生:子占。"

【子张】《切口大词典·赌博类·麻雀赌之切口》:"子张:二也。"

【子振】《新刻江湖切要·乐器类》:"磬:克明;[增]子振。"

【子子药方】《兽医串雅杂钞》:"用人言八分,碎研,极细;用砂锅一个,高粱穗三个,同煮,以水干为度。用香黑豆料面子包上,以喂人家牲口。一个高粱穗喂一个,牲口鼻子见血,头低耳耷。"

【子子症】《兽医串雅杂钞》:"子子症:牲口头撞墙,鼻见血,浑身发烧,喜爱背阴地方。"

【梓生】《新刻江湖切要·工匠类》:"刻字匠:梓生;断轮。"《切口大词典·工匠类·刻字匠之切口》:"梓生:刻字匠也。"清傅崇矩《成都通览·成都之江湖言词·工匠类》:"刻字匠:梓生;断轮。"

【紫】《切口大词典·星相类·不开口相面之切口》:"紫:瘦也。"

【紫薄】《切口大词典·行号类·铜锡行之切口》:"紫薄:铜紫也。"

【紫丁】《切口大词典·商铺类·蜜饯业之切口》:"紫丁:葡萄干也。"

【紫河里】《切口大词典·党会类·红帮之切口》:"紫河里:姓李者。"金老佛《三教九流江湖秘密规矩·青帮与红帮·红帮之问答》:"李谓'紫河里'。"

【紫花】《切口大词典·医药类·摆草药摊之切口》:"紫花:紫荆也。治疯犬咬伤。"

【紫花老斗】《切口大词典·商铺类·衣折业之切口》:"紫花老斗:府绸制成之海青也。"

【紫花石】《切口大词典·杂业类·猪肉业之切口》:"紫花石:腰子也。"

【紫伙己】《清门考原·各项切口》:"紫伙己,李姓也。"

【紫茎竹】《切口大词典·医药类·摆草药摊之切口》:"紫茎竹:淡竹叶也。能去烦热,利小便,清心根及堕胎催生等症。"

【紫鹃】《切口大词典·杂流类·卖花者之切口》:"紫鹃:紫荆花也。"

【紫壳杨梅】《切口大词典·商铺类·杂货业之切口》:"紫壳杨梅:花果也。"

【紫鸾】《切口大词典·杂流类·卖花者之切口》:"紫鸾:青鸾花也。"

【紫芒】《切口大词典·行号类·粮食行之切口》:"紫芒:粒白而壳紫者。"

【紫棉】《切口大词典·杂流类·卖花者之切口》:"紫棉:海棠也。"

【紫目枣】《切口大词典·行号类·烟土行之切口》:"紫目枣:红土也。"

【紫目照】《切口大词典·行号类·咸货行之切口》:"紫目照:咸乌贼也。"

【紫薔】《切口大词典·杂业类·花业之切口》:"紫薔:玫瑰花也。"

【紫纱襄】《切口大词典·医药类·卖春药治毒疮者之切口》:"紫纱襄:患杨梅疯者。"

【紫绶】宋陈元靓《事林广记·续集·绮谈市语·服饰门》:"公裳:朝服;紫绶。"

【紫条】《切口大词典·商铺类·地货业之切口》:"紫条:茄子也。"

【紫微】宋陈元靓《事林广记·续集·绮谈市语·君臣门》:"翰林:紫微。"

【紫樱桃】《切口大词典·杂流类·卖水果者之切口》:"紫樱桃:葡萄也。"

【紫玉簪】宋陈元靓《事林广记·续集·绮谈市语·果菜门》:"蕨:紫玉簪。"

【紫珠】《切口大词典·行号类·水果行之切口》:"紫珠:葡萄也。"

【自己摸弄的】云游客《江湖丛谈·江湖之金

点·挑土宝、海宝的生意》："他那海里的宝贝是瞎话。那宗东西是自攥弄的（自己做的，调侃儿叫自己摸弄的)。"

【自己人】卫大法师《江湖话·安庆隐语》："同帮：自己人；自家人；圈内人；内盘。"

【自家人】卫大法师《江湖话·安庆隐语》："同帮：自己人；自家人；圈内人；内盘。"《切口大词典·党会类·流氓之切口》："自家人：呼同类之人也。"《切口大词典·党会类·青帮之切口》："自家人：同是帮中人也。"

【自家身体】《切口大词典·娼妓类·雉妓之切口》："自家身体：是系假座客串者。其夜度资与鸨母三七或四六拆，极其自由。"

【自开门口】《切口大词典·娼妓类·长三书寓之切口》："自开门口：妓女出资赎身，自张艳帜也。"

【自由女】《切口大词典·娼妓类·粤妓之切口》："自由女：女学生也。"

【字辈】《切口大词典·党会类·青帮之切口》："字辈：辈分也，共计四十字，失传十六，今有二十四。如圆明心理，大通悟觉等。"

【字号】《切口大词典·医药类·参燕业之切口》："字号：二十也。"

【字口】《蹴鞠图谱·圆社锦语》："字口：阴物。"

【渍渍】《切口大词典·盗贼类·水面贼之切口》："渍渍：水浅也。"

zong

【宗】①卫大法师《江湖话·各行业商帮所用数目字隐语·成都通行言词·谷米杂粮行》："宗：一。"清傅崇矩《成都通览·成都之各行人买卖通用言词·谷米杂粮过斗六成行通用言词》："一，宗。"②清末民初佚名《镖行江湖隐语行话秘典》："有草，为宗；无草，为无宗。"

【宗盟】宋陈元靓《事林广记·续集·绮谈市语·亲属门》："同姓：宗盟；族人。"

【宗瓦龙台】卫大法师《江湖话·各行业商帮所用数目字隐语·成都通行言词·谷米杂粮行》："宗瓦龙台为一千五百九十元。"

【宗瓦龙台钱】清傅崇矩《成都通览·成都之各行人买卖通用言词·谷米杂粮过斗六成行通用言词》："宗瓦龙台钱即是一千五百九十文。"

【总管】宋陈元靓《事林广记·续集·绮谈市语·君臣门》："府尹：总管。"

【总柜】贝思飞《民国时期的土匪隐语》："总柜（总揽把)：土匪首领（大股的综合匪帮或兵匪)。"

【总讲】《梨园话》："总讲：又名'总纲'，乃完善之剧本也。"

【总龙头】《切口大词典·杂业类·商人共众切口》："总龙头：总账房也。"

【总小】《清门考原·各项切口》："总小，为赌场帮忙之酬劳费。名总小，即俗挑小头。"

zou

【走】《行院声嗽·人事》："烧火：走。"

【走矮子】《梨园话》："走矮子：矮身以足尖行走，谓之'走矮子'。"

【走白马】《切口大词典·党会类·红帮之切口》："走白马：贩私盐也。"

【走板】《梨园话》："走板：板眼不合，谓之'走板'。"《切口大词典·优伶类·腔调上之切口》："走板：开口落音，不中鼓板绳墨者。"

【走帮运】《清门考原·各项切口》："走帮运，子孙兴旺也。"

【走边】①《梨园话》："走边：剧中脚色于深夜窥探时，所作之种种身段，谓之'走边'。[附记]凡剧中一人或数人，在场上作种种身段，全用钹（乐器）随之，名曰'走边'。按：此皆系夜间之事，或前往窥探，或偷盗，或拿贼，故所作身段，或仰身远望，或弯腰近窥，都是黑夜之情形。可惜如今真正能行走边之身段者，实不多矣。然身段作完，用呀字叫板时，仍尽作仰面远望之势，此犹存旧意也。因夜间不便在大街大路直行，需靠路边疾走，或墙边偷行，故曰走边。（见《中国剧之组织》)"②《切口大词典·优伶类·锣鼓之切口》："走边：如《四杰村》余千探庄时，应打走边。"③《切口大词典·优伶类·武行中之

【走边】：" 走边：以手落地而行也。"

【走潮】《切口大词典·乞丐类·戴孝求乞之切口》："走潮：被人窥破秘密也。"

【走衮】《行院声嗽·人事》："说不定：走衮。"

【走过行】《切口大词典·役夫类·更夫之切口》："走过行：行人也。"

【走脚路】《切口大词典·衙卒类·讼棍之切口》："走脚路：讼棍称倩人关说也。"

【走客】《切口大词典·娼妓类·茶室之切口》："走客：暂时寻春之客也。"

【走浪】《梨园话》："走浪：花旦脚色，由缓行而渐速，走成之波浪脚步，谓之'走浪'。"

【走路】《切口大词典·役夫类·挑水夫之切口》："走路：水桶漏也。"

【走罗】《镖行江湖隐语行话秘典》："鞋，为走罗。"

【走马】《切口大词典·医药类·医小孩痨症者之切口》："走马：牙疳也。"

【走马上任】《切口大词典·娼妓类·八大胡同妓院之切口》："走马上任：谓当日挑上，或布上，即被留髡也。"

【走内线】《切口大词典·杂流类·蔑骗之切口》："走内线：巴结女主人也。"

【走鸟里】卫大法师《江湖话·安庆隐语》："晚贼：蛾灯蛾；走鸟里。"

【走沙】《切口大词典·武术类·住宅保镖者之切口》："走沙：不利于主人也。"

【走沙子】贝思飞《民国时期的土匪隐语》："走沙子：做盐的生意。"金老佛《三教九流江湖秘密规矩·青帮与红帮·红帮之问答》："甲曰：走沙子去（贩盐）。"金老佛《三教九流江湖秘密规矩·青帮与红帮·红帮之问答》："某某适走沙子去了（贩私盐谓之走沙子），某某又去跑底子了（追踪轮船之盗贼）。"

【走砂狼】《清门考原·各项切口》："走砂狼，贩私盐也。"

【走砂子】①《切口大词典·党会类·红帮之切口》："走砂子：贩私盐也。"金老佛《三教九流江湖秘密规矩·青帮与红帮·红帮之问答》："贩私盐谓'走砂子'。"金老佛《三教九流江湖秘密规矩·青帮与红帮·江湖之春典》："贩私盐称走砂子。"②《切口大词典·衙卒类·缉私盐之切口》："走砂子：枭贩也。"

【走水了】清傅崇矩《成都通览·成都之袍哥话即江湖话也》："走水了，露出计策也。"

【走乌里】《切口大词典·党会类·青帮之切口》："走乌里：专于夜里偷物之窃贼也。"

【走线】贝思飞《民国时期的土匪隐语》："走线：擅长于刺探军事情报的土匪。"

【走小儿】《切口大词典·商铺类·丝经业之切口》："走小儿：姓赵者。"

【走雪】《新刻江湖切要·器用类》："磨子：走雪。"清傅崇矩《成都通览·成都之江湖言词·器用类》："磨子：走雪。"

【走阴差】《切口大词典·衙卒类·厘卡之切口》："走阴差：稽查也。"

【走油】《切口大词典·党会类·流氓之切口》："走油：所事不佳也。"《切口大词典·党会类·小瘪三之切口》："走油：所事不佳也。"《切口大词典·乞丐类·乞丐之切口》："走油：所事不佳如乞钱不多，则曰今天走油。"

【奏食】《切口大词典·巫卜类·道士之切口》："奏食：上饭也。"

zu

【足】①《新刻江湖切要·数目类》："十为足；又流执。"清唐再丰《鹅幻汇编·江湖通用切口摘要》："十曰足。"清佚名《郎中医话》："足：十。"卫大法师《江湖话·各行业商帮所用数目字隐语·成都通行言词·江湖通用》："足：十。"卫大法师《江湖话·红帮各地通行隐语·数目类》："十：足；全伸子。"卫大法师《江湖话·江湖上的隐语·普通隐语》："十：足。"《江湖走镖隐语行话谱》："十：足。"《切口大词典·星相类·星家之切口》："足：十也。"《清门考原·各项切口》："足，十个。"金老佛《三教九流江湖秘密规矩·日常用语》："十曰足。"李子峰《海底·各地通行隐语》："十：足；全伸子。"清傅崇矩《成都通览·成都之各行人买卖通用言词·江湖八大帮言词》："足（十）。"清傅崇矩《成都通览·成都之江湖言词·数目类》："十：足；流执。"清翟灏《通俗编·识余·市语·江湖杂流》："江湖杂流：一留，二月，三汪，四则，五中，六人，七心，八张，九爱，十足。"清翟灏《通俗编·识余·市语·米行》："今松木场香市中，犹习用此语。而其余诸行，正如《志余》所云，各有市语，不相通用。如：米行：则一子，二力，三削，四类，五香，六竹，七才，八发，九丁，十足。"清末民初佚名《镖行江湖隐语行话秘典》："春点：刘、月、王、在、中、神、星、张、爱、足。（按：分别为1至10个数字）。"清末民初佚名《镖行江湖隐语行话秘典》："（十）至九十个，皆为足。"朱琳《洪门志·春典子项记·暗数》："一，称流。二，称月。三，称汪。四，称则。五，称中。六，称神。七，称星。八，称张。九，称爱。十，称足。"②卫大法师《江湖话·各行业商帮所用数目字隐语·成都通行言词·糖行》："兴：一。么：二。咎：三。非：四。银：五。天：六。线：七。来：八。足：九。"③《切口大词典·行号类·海鱼行之切口》："足：百也。"④《切口大词典·行号类·海鱼行之切口》："足：二也。"《切口大词典·行号类·茧行之切口》："足：二也。"《切口大词典·行号类·鲜鱼行之切口》："足：二也。"清末民初佚名《镖行江湖隐语行话秘典》："十个，为足。"

【足脉】《蹴鞠图谱·圆社锦语》："足脉：醉了。"

【足米】《郎中医话》："足米，是银子。"

【足目】《蹴鞠谱·锦语》："饱：足目。"

【足衣】宋陈元靓《事林广记·续集·绮谈市语·服饰门》："袜：凌波；足衣。"

【足中】卫大法师《江湖话·红帮各地通行隐语·数目类》："十五：足中。"李子峰《海底·各地通行隐语》："十五：足中。"

【足子】《切口大词典·商铺类·丝经业之切口》："足子：殷实也。"

【族人】宋陈元靓《事林广记·续集·绮谈市语·亲属门》："同姓：宗盟；族人。"

【祖爷】《切口大词典·党会类·青帮之切口》："祖爷：罗祖也，潘帮之开天祖师。"

【祖宗】《切口大词典·商铺类·丝经业之切口》："祖宗：丝包袋也。"

zuan

【蹿钢】云游客《江湖丛谈·江湖之金点·评门》："江湖人管骂，调侃儿叫蹿钢。"云游客《江湖丛谈·江湖之金点·穷家门》："江湖人管骂人，调侃叫蹿钢。"

【蹿钢儿】云游客《江湖丛谈·江湖之春点·天桥的大兵黄》："管骂人调侃叫蹿钢儿。"

【蹿天】云游客《江湖丛谈·江湖之春点·江湖艺人传：老云里飞》："管说《西游记》的，调侃叫蹿天，系指孙猴而言。"

【蹿天儿】《江湖丛谈·江湖之金点·评门》："《精忠传》以岳飞作书胆，将'岳'字拆开了说为'丘山'，其义最为显明；管《西游记》，调侃儿叫'蹿天儿'。"

【纂朝阳】《新刻江湖切要·店铺类》："香店：纂朝阳；[增]清远朝阳；闻朝阳；韩偷朝阳。"清傅崇矩《成都通览·成都之江湖言词·店铺类》："香店：纂朝阳；清远朝阳；闻朝阳；韩偷朝阳。"

【纂垛】《郎中医话》："纂垛，是识字。"

【纂经】明程万里《鼎锲徽池雅调南北官腔乐府点板曲响大明春·六院汇选江湖方语》："纂经，乃算命的。"

【纂子】学古堂《江湖行话谱·行意行话》："雀为纂子。"

【钻】①《新刻江湖切要·人事类》："做曰钻。分曰披。"清傅崇矩《成都通览·成都之江湖言词·人事类》："做：钻。"②《切口大词典·武术类·布围卖戏法者之切口》："钻：做戏法也。"

【钻仓】《新刻江湖切要·宫室类》："入屋曰钻仓。"

【钻创】明程万里《鼎锲徽池雅调南北官腔乐府点板曲响大明春·六院汇选江湖方语》："钻创，是进房屋。"

【钻底子】《切口大词典·盗贼类·水面贼之切口》："钻底子：潜至船舱而行窃者。"

【钻工】《切口大词典·杂流类·红白帖之切口》："钻工：道士也。"

【钻宫】《行院声嗽·伎艺》："撮：钻宫。"

【钻锅】《梨园话》："钻锅：剽窃他人之戏而演唱之，谓之'钻锅'。"

【钻海底】《切口大词典·盗贼类·水面贼之切口》："钻海底：没入水面嘘气也。"

【钻黑鬼】《新刻江湖切要·人事类》："请仙曰空老儿，又曰钻黑鬼。"《切口大词典·武术类·符箓变戏法者之切口》："钻黑鬼：请仙也。"清傅崇矩《成都通览·成都之江湖言词·人事类》："和尚道士：化油；吊漫水；分票儿；飘叶子；圆光；请空；请仙；空老儿；钻黑鬼。"

【钻脚】《切口大词典·手艺类·木屐业之切口》："钻脚：钉子也。"

【钻坎通】《切口大词典·星相类·弹弦子算命之切口》："钻坎通：属兔也。"

【钻坭】《切口大词典·行号类·鲜鱼行之切口》："钻坭：鳅鱼也。"

【钻念子】李子峰《海底·各地通行隐语》："傻子：钻念子；台炮。"卫大法师《江湖话·红帮各地通行隐语·人类一般》："傻子；钻念子；台炮。"

【钻盘】《新刻江湖切要·人事类》："种田曰钻盘。"清傅崇矩《成都通览·成都之江湖言词·人事类》："种田：钻盘。"

【钻皮】明程万里《鼎锲徽池雅调南北官腔乐府点板曲响大明春·六院汇选江湖方语》："钻皮，学行医者。"

【钻曲】《新刻江湖切要·人事类》："生意名为钻曲。"

【钻天】①《切口大词典·商铺类·古董业之切口》："钻天：顶子也。"②《切口大词典·商铺类·皮裘业之切口》："钻天：灰鼠皮也。"③《切口大词典·商铺类·山货业之切口》："钻天：竹笋也。"

【钻天鼠】《切口大词典·商铺类·爆竹业之切口》："钻天鼠：燃着药线，发似疾矢之上天穿。"

【钻天子】卫大法师《江湖话·红帮各地通行隐语·建筑物类》："塔：钱子；绝子；钻天子。"清唐再丰《鹅幻汇编·江湖通用切口摘要》："塔曰钻天子。"《切口大词典·星相类·星家之切口》："钻天子：塔也，八快之八也。"金老佛《三教九流江湖秘密规矩·青帮与红帮·江湖之春典》："塔称钻天子。"金老佛《三教九流江湖秘密规矩·日常用语》："塔曰钻天子。"李子峰《海底·各地通行隐语》："塔：锥子；绝子；钻天子。"

【钻通】《新刻江湖切要·盗贼类》："窃贼：钻通。"《切口大词典·衙卒类·侦探之切口》："钻通：挖墙贼也。"清傅崇矩《成都通览·成都之江湖言词·盗贼类》："窃贼：钻通。"

【钻头】①《切口大词典·商铺类·地货业之切口》："钻头：辣茄也。"②《切口大词典·杂流类·卖水果者之切口》："钻头：橄榄也。"

【钻习尖挂子】云游客《江湖丛谈·江湖之金点·评门》："说书的会武艺，或是懂得些武术，调侃儿叫钻习尖挂子。"

【钻心子】《切口大词典·杂流类·卖蔬菜之切口》："钻心子：茭白也。"

【钻窑】《新刻江湖切要·宫室类》："到家曰钻窑。"《新刻江湖切要·人事类》："到人门为钻窑。"《切口大词典·武术类·行程保镖者之切口》："钻窑：到人家门也。"明程万里《鼎锲徽池雅调南北官腔乐府点板曲响大明春·六院汇选江湖方语》："钻窑，是去人家。"清傅崇矩《成都通览·成都之江湖言词·人事类》："到人门：钻窑。"

【钻子】①《切口大词典·工匠类·木匠之切口》："钻子：洋钉也。"②《切口大词典·衙卒类·厘卡之切口》："钻子：扦手也。"

【攒尖】云游客《江湖丛谈·江湖之金点·穷家门》："这种傻念书的就是攒尖（江湖人管真能熟读相书、巫筮等书，调侃儿说叫攒尖）。"云游客《江湖丛谈·江湖之春点·三不管的戗巾生意》："江湖人管读透了《相管衡真》《大清相法》《麻衣相》《柳庄崔》《三世相》，调侃叫攒尖儿。"

【攒弄活儿】云游客《江湖丛谈·江湖之春点·江湖艺人万人迷》："管自己会编相声，调侃儿叫攒弄活儿。"云游客《江湖丛谈·江湖之春点·天桥的评书场子》："江湖人管编书、编戏、编曲，调侃儿叫攒弄活儿。"云游客《江湖丛谈·江湖之金点·艺人传：鼓界之白云鹏》："江湖人管编纂曲词，调侃儿叫攒弄活儿。"

【攒弄啃】《江湖丛谈·江湖之金点·调门》："江湖人管制造物品，调侃儿叫攒弄啃。"云游客《江湖丛谈·江湖之春点·江湖中挑逗子汗的〉：" 管配制药品，调侃儿叫攥弄唶。"

【攥弄里腥唶】 云游客《江湖丛谈·江湖之春点·江湖中做老烤的生意》："江湖人管自己亲手做假东西，调侃叫攥弄里腥唶。"

zui

【嘴把笼】《江湖走镖隐语行话谱》："烟袋：嘴把笼。"

【嘴金】《江湖走镖隐语行话谱》："黄雀：嘴金。"

【嘴子】 ①《郎中医话》："嘴子，是官名。" ②云游客《江湖丛谈·江湖之春点》："管野妓叫嘴子。"

【嘴子金】《郎中医话》："嘴子金，是黄雀抽帖。"

【最蛇】《江湖走镖隐语行话谱》："一人为最蛇。"

【罪不非】 宋陈元靓《事林广记·续集·绮谈市语·数目门》："四：罪不非；山。"

【醉钓】《切口大词典·行号类·咸货行之切口》："醉钓：勒鲞之中品也。"

【醉后看】《切口大词典·杂流类·卖花者之切口》："醉后看：绣球花也。"

【醉溜】《切口大词典·行号类·咸货行之切口》："醉溜：勒鲞之下品也。"

zun

【尊老】 ①清唐再丰《鹅幻汇编·江湖通用切口摘要》："菩萨曰尊老。"卫大法师《江湖话·红帮各地通行隐语·人类一般》："菩萨：尊老；西国点子；哑子。"卫大法师《江湖话·江湖上的隐语·普通隐语》："菩萨：尊老。"《切口大词典·医药类·祝由科之切口》："尊老：菩萨也。"《清门考原·各项切口》："尊老，菩萨也。"金老佛《三教九流江湖秘密规矩·日常用语》："菩萨曰尊老。"李子峰《海底·各地通行隐语》："菩萨：尊老；西国点子；哑子。" ②《江湖走镖隐语行话谱》："父母：尊老。"

【尊堂】 宋陈元靓《事林广记·续集·绮谈市语·亲属门》："母：圣善；尊堂。"

【尊严】《切口大词典·星相类·相家之切口》："尊严：相之威猛者。"

【尊子】《行院声嗽·人物》："神道：尊子。"

zuo

【左孤】《新刻江湖切要·官职类》："布政：左孤；阳孤；古三；［广］承宣孤。"

【左拐】《蹴鞠图谱·圆社锦语》："左拐：左边。"

【左立】《家里宝鉴·隐语》："入会曰'入圈；左立；拜正；出世'。"

【左日】《新刻江湖切要·亲戚类》："伯父：左日；日上部；甲老。"

【左嗓子】《梨园话》："左嗓子：嗓音不正，谓之'左嗓子'。"

【左玄】 卫大法师《江湖话·红帮各地通行隐语·人类一般》："洪门会员；左玄。"李子峰《海底·各地通行隐语》："子孙后代：万年青。洪门会员：左玄。"

【左摇】 宋陈元靓《事林广记·续集·绮谈市语·君臣门》："宰相：集贤；相室；左摇。"

【左月】《新刻江湖切要·亲戚类》："伯母：左月；月上部；该称日上才；甲才。"

【作】 ①《郎中医话》："作，是好。" ②卫大法师《江湖话·各行业商帮所用数目字隐语·成都通行言词·帽行》："兵：一。文：二。善：三。作：四。成：五。安：六。免：七。可：八。庆：九。"清傅崇矩《成都通览·成都之各行人买卖通用言词·草帽麻行通用言词》："四：作。" ③《切口大词典·巫卜类·道士之切口》："作：吹也，如吹笛吹笙等。"

【作聪】《行院声嗽·人事》："弄精细：作聪。"

【作担子】《清门考原·各项切口》："作担子，做喜庆事也。"

【作凳】《切口大词典·工匠类·琢玉匠之切口》："作凳：琢玉架也。"

【作锦】《切口大词典·工匠类·琢玉匠之切口》："作锦：取坯子也。"

【作肯】《江湖走镖隐语行话谱》："好为作肯。"

【作念】《行院声嗽·人事》："咒骂：作念。"

【作热】《切口大词典·杂业类·豆腐店之切口》："作热：灶也。"

【作外】《行院声嗽·人事》："见了：作外。"

【坐】①卫大法师《江湖话·各行业商帮所用数目字隐语·成都通行言词·娼妓》："腰：一。坐：二。立：三。杯：四。甩：五。捞：六。桥：七。拉：八。按'甩'读'ㄌㄧㄚ'(liǎ)，以斧砍木，未砍中面所飘了为甩。"清傅崇矩《成都通览·成都之各行人买卖通用言词·院房娼妓言词》："二，坐。"②《江湖走镖隐语行话谱》："四更为坐。"

【坐包】《梨园话》："坐包：一日之戏，任于一人谓之'坐包'。[附记]凡遇堂会，脚色不敷支配，须指定数人，担任零碎。遇缺乏时，即行庖代，戏完始可卸责。'坐包'云者，即谓一日之戏，包于一人，且须坐而待之也。（见《菊部丛刊》上编）"《切口大词典·优伶类·伶人之切口》："坐包：凡遇堂会，脚本不敷支配，须指定数人，担任零碎，遇有缺角，即行代庖。迨戏完，始可卸责，其意为一日之戏，包于一人，且须坐而待之也。"

【坐场诗】《梨园话》："坐场诗：引子后所念者，谓之'坐场诗'。"

【坐池子】《切口大词典·武术类·住宅保镖者之切口》："坐池子：住宅保镖也。"

【坐灯】《切口大词典·娼妓类·粤妓之切口》："坐灯：妓女无客，必在堂屋列坐，名曰'坐灯'。任凭客在门外品评，选中何人，即可与鸨母论价。"

【坐底子】《清门考原·各项切口》："坐底子，由水私运曰坐底子。"

【坐坊】《切口大词典·医药类·着地摊药治病者之切口》："坐坊：总甲也。"

【坐房间】《切口大词典·娼妓类·雏妓之切口》："坐房间：打茶会也。"

【坐更】清末民初佚名《镖行江湖隐语行话秘典》："一更为起更，二更为定更，三更为听更，四更为坐更，五更为收更。"学古堂《江湖行话谱·行意行话》："四更：为坐更。"

【坐公堂】《切口大词典·优伶类·伶人之切口》："坐公堂：班中发生要事，由管事者集中开会也。"

【坐馆】《切口大词典·衙卒类·幕宾之切口》："坐馆：游幕之处也。"

【坐轿】《切口大词典·党会类·哥老会之切口》："坐轿：东号也。见占西号者，例应侍立，不敢先问占者。"

【坐轿子】《清门考原·各项切口》："坐轿子，由陆私运曰坐轿子。"

【坐井子】《切口大词典·盗贼类·掘壁贼之切口》："坐井子：贼既入院，拆房屋也。"

【坐科】《切口大词典·优伶类·伶人之切口》："坐科：自幼即入班习戏也。"

【坐马】《切口大词典·工匠类·磨镜匠之切口》："坐马：磨镜所坐之凳也。"

【坐捻】《切口大词典·盗贼类·杆匪之切口》："坐捻：待事主住落旅舍遂亦打尖，以备会合同伙行劫也。"

【坐山】①《切口大词典·娼妓类·雏妓之切口》："坐山：矗立里口，或路隅之雏妓也。"②《切口大词典·工匠类·铜匠之切口》："坐山：坐凳也。"

【坐山虎】《切口大词典·衙卒类·侦探之切口》："坐山虎：兵士也。"

【坐甩】清傅崇矩《成都通览·成都之各行人买卖通用言词·院房娼妓言词》："坐甩，二百五。"

【坐堂】《切口大词典·党会类·哥老会之切口》："坐堂：会员中之第二首领也，称为坐堂左相大爷。"

【坐头】①《切口大词典·工匠类·竹匠之切口》："坐头：箩也。"②《切口大词典·杂业类·酒店之切口》："坐头：买酒之处也。"

【坐鱼】宋陈元靓《事林广记·续集·绮谈市语·水族门（虫附）》："石蜠：坐鱼。"

【坐庄】《切口大词典·娼妓类·台基之切口》："坐庄：鸨母长雇用之妓女也。"

【座子】①《切口大词典·工匠类·成佛匠之切口》："座子：佛身也。"②《切口大词典·工匠类·刻字匠之切口》："座子：泥缸也。"③《切口大词典·工匠类·烧窑匠之切口》："座子：底也。"④云游客《江湖丛谈·江湖之春点·汉门的丁香座子》："座子，即是他那临时诊疗所。"

【做】《切口大词典·衙卒类·兵士之切口》："做：杀人也。"

【做策子】学古堂《江湖行话谱·行话管见》：

"说书的叫做策子。"

【做底】《切口大词典·盗贼类·杆匪之切口》："做底：眼线也。"

【做地龙】《切口大词典·役夫类·农夫之切口》："做地龙：桩田塍地也。"

【做干跺脚的生意】 云游客《江湖丛谈·江湖之春点·三不管的钺巾生意》："江湖人管相面的人，不用桌凳，不使棚帐，只凭他空人一个，往墙根下一站，拿管铅笔，给人相面就挣钱，说行话，叫做干跺脚的生意。"

【做黑手】《切口大词典·党会类·女拆白党之切口》："做黑手：在游戏场或歌台舞榭中引勾青年男子成眷属，保人寿险，半年后淫欲致死，往领保险费也。"

【做花头】《切口大词典·娼妓类·长三书寓之切口》："做花头：吃酒或碰和也。"

【做局】《切口大词典·娼妓类·雉妓之切口》："做局：夜间打炮也。"

【做快口】《切口大词典·工匠类·剪刀匠之切口》："做快口：生铁打成剪刀也。"

【做亮】《切口大词典·工匠类·剪刀匠之切口》："做亮：以锉刀锉锋也。"

【做了】 清傅崇矩《成都通览·成都之袍哥话即江湖话也》："做了：谋他也。"

【做了他】 李子峰《海底·各地通行隐语》："送他的命：做了他；成他的仙。"

【做了他】 卫大法师《江湖话·红帮各地通行隐语·一般人事类》："送他的命：做了他；成他的仙。"

【做了子孙官】 卫大法师《江湖话·红帮各地通行隐语·一般人事类》："热行死刑：做了子孙官。"李子峰《海底·各地通行隐语》："执行死刑：做了子孙官。"

【做龙门】《切口大词典·工匠类·泥水匠之切口》："做龙门：开窗也。"

【做生理】 金老佛《三教九流江湖秘密规矩·日常用语》："在本处做生理（不出码头者），名曰守土。"

【做生意】《切口大词典·娼妓类·花烟间之切口》："做生意：接客也。"《切口大词典·娼妓类·雉妓之切口》："做生意：卖淫也。"

【做筒子】《切口大词典·赌博类·做花会之切口》："做筒子：做花会也。"

【做头本】《切口大词典·娼妓类·江山船之切口》："做头本：碰和也。"

【做土了】 云游客《江湖丛谈·江湖之春点·三不管的杂技场》："江湖人管把买卖做得没人照顾了，调侃叫做土了。如能做的年代多了，总有人照顾，调侃叫不土。"

【做脱】《切口大词典·党会类·红帮之切口》："做脱：杀人也。"

【做喜事】 卫大法师《江湖话·红帮各地通行隐语·一般人事类》："开香堂：演戏；做喜事。"李子峰《海底·各地通行隐语》："开香堂：演戏；做喜事。"

【做戏】 施列格《天地会研究·洪家口白要诀》："做戏：开垆。"

【做庠】 清傅崇矩《成都通览·成都之江湖言词·人事类》："剃头人：飘生；做庠；按摩。"

【做小喉】《切口大词典·杂流类·唱弹词之切口》："做小喉：表演女子者。"

【做小卖】《清门考原·各项切口》："做小卖，挂布招牌，专传授人戏法。"

【做一做】《切口大词典·衙卒类·侦探之切口》："做一做：以极残酷之刑私询赃物及同伙者。"

【做支干】《清门考原·各项切口》："做支干，请老师传念经也。"

【做主张】《切口大词典·乞丐类·乞丐之切口》："做主张：独出意见也。"

其他

【×角片子】 卫大法师《江湖话·红帮各地通行隐语·饮食用品类》："牛肉：×角片子；粗瓜大菜。"

【×角子】 卫大法师《江湖话·红帮各地通行隐语·动物类》："牛：×角子；老粗；兹鸟骡子。"

【粴头】《蹴鞠图谱·圆社锦语》："粴头：米。"

续编

其他形态的隐语行话

---

* 本续编文章，辑自本书编著者的专著《中国民间秘密语》和《汉语民间秘密语(隐语行话)语法概要》《汉语民间秘密语及其语源》(陈崎主编《中国暗语大辞典》的序)两篇论文。有的论述相互略有交叉或重复，为保持有关部分论述的完整，未作删改，谨此说明。

目 录

一 汉语民间秘密语及其语源 …………………………………………… 614
 1. 民间秘密语语词"字无意义"辨正 ………………………………… 614
 2. 考释民间秘密语语源的意义及其类型 …………………………… 615
 3. 汉语民间秘密语语源类型略析 …………………………………… 616

二 汉语民间秘密语（隐语行话）语法概要 …………………………… 619
 1. 汉语民间秘密语总说 ……………………………………………… 619
 2. 汉语民间秘密语研究综述 ………………………………………… 620
 3. 语词形态的汉语民间秘密语造词法分析 ………………………… 625
 4. 语词形态的汉语民间秘密语词类分析 …………………………… 631

三 其他形态的隐语行话 ………………………………………………… 634
 1. 中国民间秘密语的类型 …………………………………………… 634
 2. 话语形态的隐语行话 ……………………………………………… 636
 3. 谣诀形态的隐语行话 ……………………………………………… 639
 4. 反切秘密语及其他语音学构造的秘密语 ………………………… 642
 5. 副语言习俗等形态的秘密语 ……………………………………… 654

一

汉语民间秘密语及其语源

1. 民间秘密语语词"字无意义"辨正

　　清光绪年间，苏州桃花仙馆石印本唐再丰编的《鹅幻汇编》卷一二，录有佚名氏所辑《江湖通用切口摘要》，尽管收在坊间杂著之中（通常大都如此），却是研究汉语民间秘密语的一篇重要语料文献。所谓"切口"，即民间秘密语，或隐语行话。《江湖通用切口摘要》卷首"解语"称："江湖各行各道，纷纷不一。切口，即隐语也，名曰春点。字无意义，姑从吴下俗音而译之，阅者原谅焉。……今所记皆各道相通用者，至于各行各道另有隐切口，乃避同类而用，隐中又隐，愈变愈诡矣。其类既多，其语可知也。"所言多有道理，然而所谓"字无意义，姑从吴下俗音而译之"之说，却未必尽然，需要进一步辨析讨论。

　　具体言之，民间秘密语系有关社会群体口耳相传的社会方言语类，加之受使用者地域方言方音的影响，流传中难免要发生变异，尤其是以文字符号记录跨地域、跨职事行当群体即所谓"各行各道"的"各道相通用"的"江湖通用切口"，必然受到记录者本身语言文化修养和方言方音等条件的限制。因而，《江湖通用切口摘要》的辑录者，在当时条件下"姑从吴下俗音而译之"，是可以理解的，非但无可厚非，尚应铭记这位未留下姓名者的辑录功绩，为后世的隐语行话研究园地留存了一篇珍贵文献。不过，"字无意义"之说，则以偏概全，过于武断。汉语文化的民间秘密语，总分五种形态：一是语词形态；二是话语形态；三是谣诀形态；四是非言语形式的副语言习语形态；五是以反切为主的其他语音学构造的形态。"切口"作为民间秘密语的通泛俗称之一，系就反切式隐语行话而言。反切式隐语行话用汉字符号按语音进行记录，其所用之"切字"为记音字符，当然"字无意义"，是要依切拼的语音译解语义。例如，明田汝成《西湖游览志馀·委巷丛谈》所记，"杭人有以二字反切一字以成声者，如以'秀'为'鲫溜'，以'团'为'突栾'，以'精'为'鲫令'"之类。其"鲫溜"二字相对语义"秀"而言，显然并无意义，仅记音字符而已。又如旧时沪上反切式民间秘密语谓"中"为"糟仲"、"登"为"刀伦"、"台"为"桃来"等，亦然。当然，有些反切式民间秘密语字词的记音组合字符经约定俗成也会成为语词形态民间秘密语的特定语汇，用作隐指特定语义的语词符号，如明风月友辑《金陵六院市语》中谓"头"为"撒楼"、"（老）妈儿"为"波么"、"呆（子）"为"歹该"等，亦属"字无意义"之类。不过，就目前所见语词形态的汉语民间秘密语，总体而言，反切式民间秘密语所占比例较少，只是诸语源类型中比较特别的一种（详后）。况且，《江湖通用切口摘要》所辑，皆属语词形态的民间秘密语。反之，"字有其义"，则使考察众多语词形态的汉语民间秘密语语词的语源，具备了必要的基本条件。

　　罗常培先生在《语言与文化》中曾谈到，"在各国语言里有许多语词现在通行的含义和他们最初的语源迥然不同"，"你若知道他们的历史，那就不单可以发现很有趣的语义演变，而且对于文化进展的阶段也可以反映出一个很清晰的片影来"。语源亦谓词源，是词源学的主要研究对象。词源学研究范围所及当然也应包括社会方言和地域方言语汇的语源。对于作为一种特定社会群体或职事集团的社会方言的隐语行话来讲，以往进入词源学研究视野的大都是被吸收到通用语汇之中的那部分语词，而且通常将其语源探溯到"出自某某群体或职事集团的民间秘密语"这一层面辄止，除非特别需要，通常很少再进一步考溯其原本作为民间秘密语语汇的语源。至于古往今来诸行各业流行的民间秘密语更多的语汇的语源，则极少为语言学家注意和顾及。民间秘密语不是独立的语言，是某些社会群体或职事集团使用的、以回避外部人知晓其交际信息为功利使用的、用以部分替代相应语义符号的特定语汇符号体系，是基于使用者母语共同语创造的部分诡譬指事符号。这一性质，即如陈原先生所言，"特定的社会集团所制定的符号，往往不是语言文字，而是一些记号、信号或者隐语。这些特约符号是为这个集团的成员之间特殊交际活动所使用的，带有一定的秘密性，大都是这个集团以外的人所不能理解的"。

2. 考释民间秘密语语源的意义及其类型

一如对于汉语外来语语汇，不仅可以考知其来自某种语言，还可考溯其在原有语言中的语源本义。尽管民间秘密语不是独立的语言，是母语共同语的替代符号，亦可根据其音形义等要素考溯其语汇相应的语源。考溯一种语言语汇的语源，尽管不是轻易之事，却有着远远超出语言科学领域的重要意义。考察那些往往"隐中又隐，愈变愈诡"的语源，虽然更为困难，但对语言学和相关的许多人文社会科学领域而言，亦具有十分重要的意义。在20世纪出版的数十种汉语民间秘密语辞书中，词目释文注意考溯源者甚少，考释语源条目亦极为有限。在迄今大约70年的汉语隐语行话研究史上，有关研究的几部学术专著和数十篇学术论文中，几乎没有关于汉语民间秘密语语源研究的专论。因而，至少在汉语民间秘密语这一科学研究领域中，其语源研究尚属有待填补的空白。

那么，研究民间秘密语语源的意义何在呢？我认为至少有这么六个方面的科学意义和实际价值。第一，在于考溯其语汇音形义的形成由来和流传变异，辨析确认其实际应用中的语义，进而确定文字记录时所应采用的本字等规范用字。第二，规范汉语民间秘密语专门辞书中的词目设定、准确释义，增强同语源有关的历史文化背景的信息量。第三，面对有些民间秘密语语汇先后被吸收为民族共同语或一些地区的方言语汇而"解密"的语言事实，规范有关汉语语文或专门辞书的词目设定、语义阐释及语源的说明。第四，唐宋以来流传至今的民间秘密语文献较少，而且由于流传变异、方言差别、群体差别以及使用辑录者大都文化程度较低等因素的影响，这些文献的语言文字大都很不规范，方言字、俗体字、别字、错字及语病较多。因而，有关的语源研究则有助于科学地整理、解读和使用这些历史文献，以及正确解读历代含有这种语词的笔记杂著、戏曲、小说等各类文献。明末清初坊间刻本《江湖切要》的序言，夹杂大量民间秘密语语汇，只有逐一译解才能解读通篇内容。第五，古今各地流行的民间秘密语语汇，虽有流变和差异，但基本语汇大致相同，在辨析语义方面有一定规律可循。规范解读其语义、用字，亦有助于根据有关资料通过正确识别、鉴定、破译来防止和惩治社会犯罪活动。清末民初活动于广东、香港地区一个名为"江相派"的迷信诈财集团，其内部口头传授的"师传法术"秘本，同联络用语一样，几乎全由秘密语连缀成篇。当代许多黑社会性质的犯罪集团，亦不例外。依法防止和惩治这些罪犯，准确地破解其当行秘密语，是科学性很强的技术工作。第六，通过考释民间秘密语的语源与流变，可以透视一些相关社会群体或职事集团的当行行事、习俗惯制、社会心理等历史文化背景，为研究社会史和民俗提供一些来自特殊层面的线索、资料或印证。例如，清末的一部传写本《江湖走镖隐语行话谱》，是迄今研究中国传统保安业史颇为稀见的珍贵文献；有幸收录于《永乐大典》得以留存下来的《剃发须知》记述中夹杂有许多当行隐语行话，是研究中国理发业史和发饰民俗不可多得的重要资料。总而言之，研究民间秘密语源的必要性，即在于上述科学意义和应用价值，其根本的基点则在于科学、规范而准确地译解和利用这种特殊民俗语言语类。这一点，也印证了有些语言学者关于词源学研究的评论"词源研究不仅是语言学中一个重要的部门（历史比较词汇学的一部分），它对于许多社会科学和思维科学都具有重大的意义"。

囿于社会变迁等复杂的历史原因，给语源研究造成许多障碍和困难，使众多语汇的语源难以获得可信的阐释甚至失考。因而，岑麒祥先生认为："词源学不仅是词的科学，同时也是词所表现的现实的科学。所以，认真严肃的词源研究者应该具有各种各样有关历史、文化、人种学、民俗学、考古学等知识。"实践证明，对词源学者的这种要求并不为过。至于以母语共同语及其语源作为比较参照系来研究民间秘密语语源，加之由于以口耳相传为主要传承扩布方式，其难度会更大、语源失考率也会更高，这是不可避免的。不过，虽然其"隐中有隐"，终有规律可循。根据汉语民间秘密语生成、发展及流变的历史，通过对唐宋以来10余种语料文本的考察研究分析，发现汉语民间秘密语语源主要由八个方面构成，亦即八种类型，具体就是：历史典故、当行事物、民俗事物、语言文字游戏、民间流行市语、自身衍生拼合、反切语及外来语等。这些语源类型，也正是考溯汉语民间秘密语语源所应把握的基本视点和方法。

3. 汉语民间秘密语语源类型略析

现将汉语民间秘密语语源的八种基本类型简要分析如下：

（1）源于历史典故的民间秘密语

词源学的通常方法是根据文字资料从音形义推究语源，重在以文献佐证其由来所本，因而在探求民间俗语语源时也往往看重从古籍或经典文献中寻求书证。清代训诂学家钱大昭"类次俗语俗事之见于经史子集者，为《迩言》六卷"，推崇的是"务使里巷中只语片解，俱合于古"，"以见一话一言，亦不可无所根据焉"。对于民间秘密语来讲，如此求源则未免近于苛求了。不过，尽管民间秘密语的创制、使用者多属缺少文墨修养的下层社会者流，亦有许多语词的创制是采取用典的结果，即出自历史典故。例如：《绮谈市语·人物门》谓媒人为"伐者"或"执柯"，其典出《诗·豳风·伐柯》："伐柯如何？匪斧不克。取妻如何？匪媒不得。"《新刻江湖切要·人物类》谓歹人为"汉忌韩彭"，此说至民国初仍流行于医药行业，为《全国各界切口大词典》所收录，其语源典出汉高祖刘邦时的人物故事。韩信、彭越二人均系刘邦属下部将，韩因被控谋叛而杀，彭乃叛楚归汉之将，皆为汉高祖心存戒备者，因而借以代指歹人。《江湖通用切口摘要》谓"犯大快"要"开堂食"包赔众人膳食，其"堂食"一语典出唐代政事堂公膳。据唐李肇《国史补》卷下载，每朝会罢，宰相百僚会食都堂，故名之。《新刻江湖切要·天文类》谓日（太阳）为"出扶桑"，典出古代神话。《山海经·海外东经》："汤谷上有扶桑，十日所浴。"在《楚辞·九歌·东君》中即用以代指太阳："暾将出兮东方，照吾槛兮扶桑。"又谓日为"丙丁"，至民国初亦然，典出古代以十干配五行纪日而丙丁属火。《吕氏春秋·孟夏》"其日丙丁"汉高诱注云"丙丁，火日也"，因以丙丁隐指太阳。采用历史典故比较多的是民间流传较广，喜闻乐见、耳熟能详的典故。如星相业谓初出江湖为"隆中"、应聘为"才出茅庐"，皆出典刘玄德三顾茅庐及与诸葛亮隆中对的三国故事。谓舅父为"曹国"，典出《列仙全传》等所载八仙传说之一"曹国舅"的歇后藏词；谓驴为"果老"，典亦出八仙传说，《东游记》描写"张果老常乘一白驴，每倒骑之"。以典故为语源的秘密语别有情趣而又易于记忆，进行文字记录时还便于直接采用正字、本字避免歧义或错误解读；在丰富民间秘密语语汇的同时，也为之注入了主流文化层面的历史文化内涵。

（2）源于有关社会群体当行行事和事物的民间秘密语

群体性、行业性是民间秘密语的一个重要特点，这一特点即出自同其群体的当行行事密切相关的事物和活动。除一般诸行通用者外，许多民间秘密语语汇直接源自当行行事或事物。宋代蹴鞠游艺颇为盛行，据当时辑释该行当隐语行话的《圆社锦语》所载，谓添物为"穿场"、得为"上手"、不得为"下手"、好为"圆"、左边为"左拐"、右边为"右拐"，以及谓1—7数为"解数、勘赚、转花枝、火下、小出尖、大出尖、落花流水"等，大都原本蹴鞠技艺用语。又据清《通俗编·市语》所载，明清时期杭州药业以10种中草药名简称羌（羌活）、独（独活）、前（车前子）、柴（柴胡）、梗（桔梗）、参（人参）、苓（茯苓）、壳（枳壳）、草（甘草）和芎（川芎），作为1—10数的秘密语数码；梨园（戏曲）行业则以10个曲牌名或戏曲掌故作为1—10数的代码，即"一江风、二郎神、三学士、四朝元、五供养、六幺令、七娘子、八甘州、九菊花、十段锦"，构思巧妙，别开生面。清末民初沪上赌博娱乐业，则以牌技牌事用语名之，如项张、子张、吃张、出牌、对煞、成功、清一式、砌牌、抓牌，即依次为1—9数的秘密语数码名称。常言道，"隔行如隔山"。这类民间秘密语语汇显示了较强的群体性和行业性，同时也增强了对外的封闭性和隐秘性。

（3）源于社会民俗事物的民间秘密语

崇雅抑俗意识一向是社会生活中居主导地位的价值取向，身处中下层的非主流社会层面的社会群体的这种意识尤其显然。清末民初，非但以看相、算命、占卜为业的广东"江相派"集团从业者以"将相"之"相"自诩，各地操此业的"巾行"亦自称"相夫""当相者"。然而，仅为求得心理平衡而已，仍然不能免俗。社会民俗作为一种不成文法的社会制度和文化现象，雅士俗人毕生都要自觉或不自觉地受其制约和影响。主流社会的典章制度摆脱不掉民俗影响，非主流社会的民间秘密语更有许多源于民俗，亦即出自民俗语源。从民俗形态、民俗事象或民俗要素考释其语义生衍流变、文化内涵或社会背景的结果，是民俗语言学与词源学相联系的一种探求语源方法。《新刻江湖切要·亲戚类》载，谓继父为"莫顾，取《诗》谓他人父之意"；谓继子（养子）为"赢负，谓螟蛉子也"；谓续娶之妻为"接辫，取续发之意"，源于谓原配夫妻为"结发夫妻"之俗；谓晚子为"油欠、瓶欠"及晚女为"油斗"，注称"凡晚醮挈子女者，余名之倒藤瓜，谓连子去也"；凡此均源自旧时有关再婚民俗。禁忌避讳是社会生活中重要的民俗事象，各类职事群体也多有行业禁忌民俗，因而也自然形成一些源自行业禁忌民俗的秘密语。《江湖通用切口摘要》载："凡当相者，忌字甚多，不能尽载。其中有八款最忌者，名曰八大快，今录于左，快者即忌也。梦曰混老；虎曰巴山子（火字同音，亦忌火，曰三光）；猢狲曰根斗子；蛇曰柳子（茶字同音，亦忌茶，曰青）；龙曰海柳子；牙曰瑞条；桥曰张飞子；伞曰开花子；塔曰钻天子；伙食曰堂食。……同寓诸人，清晨各不搭话，盖恐开大快（开大快者，即犯大忌也）。如犯之，此人是日之用费，皆要赔偿，名曰开堂食（即伙食也）。清晨取火，须自于石中取之，或隔夜留一火种，切不可向人乞取。若犯之，罚同前。到黄昏时，终皆归寓，则尽可纵谈，无所顾忌矣。"类此源于禁忌民俗的秘密语语汇，在各行业中流行甚广且大同小异，是考察社会文化史的特殊语言化石。

（4）源于语言文字游戏的民间秘密语

这里所谓语言文字游戏，主要是指利用汉语字词结构特点加以拆合寓意的方式，修辞学称之为"析字格"，有些民间秘密语语汇即源出于此。例如《新刻江湖切要》所载谓天为"一大"、末为"一木"，《通俗编·市语》载二为"空工"、五为"缺丑"、六为"断大"、七为"皂底"、八为"分头"、九为"末丸"之类；又如《绮谈市语》1—10数为"丁不勾、示不小、王不直、罪不非、吾不口、交不又、皂不白、分不刀、馗不首、针不金"等。有的采用词语首字谐音称之，如《西湖游览志馀》所载"四平市语"，一为"忆多娇"，二为"耳边风"，三为"散秋香"，四为"思乡马"，五为"误佳期"，六为"柳摇金"，七为"砌花台"，八为"霸陵桥"，九为"救情郎"，十为"舍利子"。也有的源于"藏词"式析字法，如《全国各界切口大词典》辑录的清末民初挑夫、轿夫行业隐语行话数码，一为"挖"（字中含"乙"，谐音一），二为"竺"（字中含"二"），三为"春"（字中含"三"），四为"罗"（字中含"四"），五为"悟"（字中含"五"），六为"交"（字中含"六"），等等。这类秘密语语汇的创制，显然不会出自目不识丁者，且一经约定俗成便流行使用开来。这类秘密语直接以母语书写符号为本，化雅为俗，雅为俗用，类似字谜，别有情趣，同时也反映了汉字构造中可资拆合解析的特点。

（5）源于流行市语的民间秘密语

收录丁宋人陈元靓辑《事林广记》续集卷八有《绮谈市语》一卷。所谓"绮谈"，亦即"绮语"，在佛教看来是泛指市井流行的纤婉言情或俚杂俗秽习用言辞，非雅言之属，如《法苑珠林》卷八八引《成实论》云："虽是实语，以非时故，即名绮语。或是时以随顺衰恼无利益故，或虽利益以言无本，义理不次，恼心说故，皆名绮语。"至于"市语"之说，在宋代兼有二义，一指市井俗语俚言，如宋周紫芝《竹坡诗话》卷三引苏轼语道："街谈市语，皆可入诗，但要人熔化耳。"二指隐语行话，如宋陶谷《清异录·百八丸》云："和尚市语以念珠为百八丸（系因念珠通常为108颗而言）。"而用指隐语行话，始自唐代，如宋曾慥《类说》卷四引唐佚名（一说为元澄）《秦京（内外）杂记》云："长安市人语各不同，有葫芦语、锁子语、纽语、练语、三折语，通名市语。"《绮谈市语》所辑19门类360余目"绮谈市语"，大都属隐语行话，亦杂有流行讳佛、俚称之类流行市语，如谓老为"耄"或"桑榆"，入厕为"如厕"、牙人为"牙郎"、饥为"饿"、讼胜为"得理"等。这一事实显示了有些隐语行话源于流行市语。

历来既不乏民间秘密语进入流行市语之例，亦有出自流行市语之例。例如，谓媒人为"撮合山"，本即宋元市井流行市语。《京本通俗小说·西山一窟鬼》："元来那婆子是个撮合山，专靠做媒为生。"又元乔吉《扬州梦》剧第三折："则今日一言定，便休作两家事，将你个撮合山慢慢酬答。"至明清，则成为江湖社会隐语行话语词，如《新刻江湖切要·人物类》载："媒婆：潘细；[改]撮合山。"至民初犹然，如《全国各界切口大词典·媒婆》："撮合山，做媒也。"又例如谓败兴为"杀风景"，《委巷丛谈》载："言涉败兴曰'杀风景'……则出自宋时梨园市语之遗，未之改也。"又《金陵六院市语》亦载："涉败兴者为杀风景。"考之"杀风景"，一作"煞风景"，本为唐代市井流行市语，唐李义山《杂纂·煞风景》辑载"煞风景"诸事有"花间喝道、看花泪下、苔上铺席"等十余事。一般说，流行市语的时代性、地域性较强，当其最终未能被吸收为共同语语汇，便随时间的流逝自然消亡。被用作隐语行话的流行市语，显然大都时过境迁并缩小了使用的范围限定于某一社会群体。

(6) 源于自身衍生拼合的民间秘密语

汉语构词法主要为词根复合和词根加词缀两种方法。汉语民间秘密语语汇的构词法即以此为法则，通过自身已有语汇的衍生拼合创制扩大词汇量以适应特定交际的要求。一是利用已有的两个或两个以上秘密语语汇或单纯词作为词根拼合为新的复合词。例如：《新刻江湖切要·亲戚类》载，谓子为"欠官"，妻为"欠才"；继者为"奖"，父为"日宫"，母为"月宫"，继父母分别谓为"奖日""奖月"；鞋为"踢土"，店铺为"朝阳"，鞋店则为"踢土朝阳"。又如《江湖通用切口摘要》所载数目，一为"留"，二为"越"，百为"配"，千为"粳"，则"一百曰留配鼠，二百曰越配鼠，一千曰留粳鼠"。凡此，可谓"隐加隐"或"暗加暗"式。二是利用已有秘密语词汇作为词根加共通语一般词汇或词缀拼合为新的秘密语复合词。例如：明清江湖社会分钱谓"均杵"，分银谓"劈恳子"，其中"杵"为钱、"恳子"为银子的秘密语。"老"为宋代至明清民间秘密语中常用词缀，配以自身已有的有关词汇作为词根则构成许多用语，如谓夫为"盖老"、妻为"底老"、官员为"孤老"、小孩为"顶老"、儿为"抱老"、茶为"表老"、面为"元老"或"盘老"、教书人为"巾老"，等等。明李开先《词谑》之六所谓"掉侃"（即隐语行话）所录《醉太平》带《莲花落》曲词中，连续有数个这类语词："嗑着齿老（牙），剪着稍老（烟熏子），睁着睐老（眼），侧着听老（耳），耸着训老（鼻），摸着乳老（乳），舒着爪老（手），执着磁老（碗碟），就着盏老（杯），饮着海老（酒），吃着气老（饭）"，皆梨园业隐语行话。这类民间秘密语采用自身语汇材料加以变化衍生而成，隐中生隐，特别强化了其封闭性和防范破解的功能。同时，也从特定的非主流语言文化层面印证了汉语语汇自身较强的生成能力。

(7) 源于反切语的民间秘密语

反切是汉语的一种古老的注音方法，利用反切原理创制的民间秘密语谓反切秘密语或切口。根据古代汉语单音节词汇较多的特点，用某一词（字）的反切注音用字作为该词的秘密语符号形式，一经约定俗成则成为"字无意义""隐中有隐"的语词形态的民间秘密语。例如明田汝成《西湖游览志馀·委巷丛谈》所记杭州梨园市语，"有以二字反切一字以成声者，如以秀为'鲫溜'，以团为'突栾'，以精为'鲫令'，以俏为'鲫跳'"，还有"以双声而包一字，易为隐语以欺人者，如以好为'现萨'，以丑为'怀五'"等，即属此类。清末扬州钱庄业流行的所谓"老鸦语"中，亦可见有此类语汇，如谓手为"寿州"，你为"泥笔"，我为"鹅黄"，要为"腰刀"等。这类民间秘密语语汇源远而未必流长，很可能由于反切式这种语言学构造秘密语流行使用的逐渐稀少而锐减乃至绝迹，既有者，将保存在有关历史文献之中成为"历史上的语汇"并完全"解密"。

(8) 源于外来语的民间秘密语

这种语源类型的汉语民间秘密语，在古代主要是源自北方少数民族语言。例如蒙古语谓头为"撒髅"，也写作"撒娄"或"撒楼"，元杂剧中有之。如元无名氏《闹铜台》剧第四折："虚搠一枪逃命走，留着撒髅戴纱帽。"又如元无名氏《岳飞精忠》剧第三折："大家又去弄虚头，丢了撒娄休后悔。"至后来用作明代行院业隐语行话，音义仍然依旧。《行院声嗽》"头，撒楼"、《金陵六院市语》"撒楼者，头也"可为佐证。至现代，源于外来语的汉语民间秘密语主要来自英语，流行于东南沿海地区的黑社会流氓犯罪团伙。之所以如此，主要在于民族和国际的文化交流等因素使然，是不同时代、不同地区和不同文化交流在民间秘密语语源方面的反映。就总量而言，出于这类语源者比重较小。

综上可见，诸种类型民间秘密语语源各具特点。同时还应注意到，这些语源类型也是产生汉语民间秘密语的历时性、地域性、群体性差异的重要因素和体现。例如，所采用的历史典故、流行市语、社会风俗事象的时代性及其变化与消逝等，均使不同时期流行使用的民间秘密语呈现出相应的历时性差异和时代色彩。出自流行市语、社会风俗和采用外来语的地域性差别，反切语秘密语直接所受到的地域方言语音分歧的制约，以及民间秘密语本身在传承扩布过程中的变异，必然使出自这些类型的汉语民间秘密语形成地域性差异。至于出自当行行事和相关事物的民间秘密语，其行业性"胎记"，便是其与生俱来的社会群体性差异。利用语源类型及其差异考察民间秘密语，既是解析破译其语码的主要方法之一，同时也是借以探析汉语文化和社会非主流文化的有效途径。

民间秘密语的根本特点在于"隐"，即《文心雕龙》卷三所谓"遁辞以隐意，谲譬以指事也"。亦如闻一多先生所言："是借另一事物来把本来可以说得明白的说得不明白点"，乃至外人完全听不懂。基于这么一点，也就需要通过各种语源使之越发诡谲隐秘。上述粗略分析的几种类型，仅为汉语民间秘密语诸语源类型的一部分，尚非全部，抛砖引玉而已，有待进一步探讨。

二

汉语民间秘密语（隐语行话）语法概要

1. 汉语民间秘密语总说

1.1 概念

所谓民间秘密语，又称隐语行话，是某些社会集团或群体出于维护内部利益、协调内部人际关系的需要，而创制的一种用于内部交际的，以遁辞隐义、谲譬指事为特征的封闭性或半封闭性的符号体系，一种特定的民俗语言文化现象。从功能特质和形态特质两种视点分析，即显示出民间秘密语这样总体的、基本的本质性特征。

无论是伦理道德标准所界定的"好人"或"坏人"，还是政治制度所认定的"敌、我、友"，或出自功利性的需要，或民俗伊然（亦当属功利性的需要），几乎皆无例外地存在使用民间秘密语的历史或现实。不同时代、不同群体的民间秘密语，难免印有时代与群体的文化痕迹乃至政治和经济的烙印。然而，却是世界上几乎各种语言、各种社会文化所共有的一种非主流的语言文化现象。

民间秘密语并非严格意义上的"语言"，尽管有的能够大体替代话语，如汉语的反切秘密语，却不能完整而准确地表现被替代话语的全部或完整的语言要素及其丰富的固有内涵。因而，民间秘密语是以自然语言为母体，为适应特定的交际需要而产生的一种人为的语言符号或非言语符号系统，不是独立的语言。它的功利性，即在于完成直接使用自然语言所难以承担的特定交际任务。简言之，民间秘密语是因社会的人为因素而派生的语言的社会变体，是用以部分替代相应概念语义符号的特定符号集合。

所以，在语言学家的理论中，民间秘密语是相对地域方言而言的又一语言变体，即社会方言之一。在人类学家、社会学家看来，它是一种亚文化群体的语言代码，一种非主流文化现象。从民俗语言学视点来考察，民间秘密语则是一种属于非主流语言文化的特定民俗语言现象，一个非常值得探讨而又十分有趣的重要分支领域。

1.2 历史

从既存的有关语料文献考察，中国汉语的民间秘密语滥觞于先秦，发达于唐宋，盛兴于明清，传承流变至今，存在一个源远流长的历史和传承流变的轨迹。其中，唐代是其成熟的时代。

汉语是世界上使用人口最多的一种语言，因而汉语民间秘密语非但历史悠久，也是世界上同类语言现象中最大的一系。

1.3 类型

就社会功能而言，汉语民间秘密语的来源大体有三：一是禁忌、避讳，二是回避人知，三是语言游戏。根据发生学分类法，汉语民间秘密语即可划分为这三种基本类型。

就符号形态而言，汉语民间秘密语可分作五种基本类型。一为语词形态。如唐代崔令钦《教坊记》所述，当时"诸家散乐，呼天子为崖公，以欢喜为蜆斗，以每日长在至尊左右为长久人"，等等。二为话语形态。如《列女仁智传·鲁臧孙母》所记，春秋时，鲁国大夫臧文仲出使齐国，被拘禁后，写回一封隐语信，信中有，"敛小器，投诸台；食猎犬，组羊裘……"等隐语。三为谣诀形态。其源可以追溯至古代隐语民谣，如《后汉书·五行志》所载的一首诅咒董卓的民谣，"千里草，何青青；十日卜，不得生"，以及"风人体"、谶语诗之类。较为典型的，则是后世江湖秘密群体的盘道谣诀。四为反切式，亦即反切秘密语。从汉魏至唐宋以来，这种反切式的民间秘密语历行不衰，至今仍存。所谓"徽宗语""捻语""麻雀语"等，悉属此形态或其变异形式，受方言的语音因素影响较大。五为副语言习俗，亦即各种非言语形态。从古代的烽火报警，到旧时商贩的"袖里吞金"式的"指语"，其中又可细别为身势情态、标志符号和特殊音响三类。凡此五种，是为汉语民间秘密语的形态分类。

2. 汉语民间秘密语研究综述

2.1 汉语民间秘密语研究的70年简要回顾

汉语民间秘密语的研究，类如某些传统学术所显示的轨迹，不外是一个从经验的、实证的走向同思辨性相结合，从而进入现代科学的基本历程。率先将这种语言文化现象纳入科学视野的，是民俗学家容肇祖于1924年发表在《歌谣》周刊第52期的《反切的秘密语》一文，和语言学家赵元任于1931年发表于《史语所集刊》第2本3分册的《反切语八种》一文。这两位民俗学家或语言学家不谋而合地从反切式的秘密语切入，拉开了用现代科学视点研究中国民间秘密语的序幕。于此尚应提及的是，略早于容氏文章发表之前，即同年一月，上海东陆图书公司出版了一部吴汉痴主编的《全国各界切口大词典》，辑释诸行语词形态民间秘密语18大类376子类，凡十余万言。据卷首署称"癸亥初冬缶老人"所撰的序言称："近顷坊间之出版物夥矣，而独未及于切口，何也？岂以事属渺小为无足道耶！果如是，则谬矣。……我知坊间之所以乏此著作者，实以社会之大，事业之夥，切口秘奥，无以侦得之耳。"这样对专门工具书的期求，无疑也透视着必须对这一语言文化现象给予科学阐释和科学梳理的社会要求。民俗学、语言学及现代科学引入本土，为中国民间秘密语研究纳入实证与思辨相结合的轨道提供了历史契机。可见，容、赵这两篇开创这一科学领域研究论文的出现，有其相应的社会背景和历史机遇，并非偶然。

1987年，我曾经在题为《中国民间秘密语漫说》（《中国文化报》1987年12月23日第4版）的文章之末写道："半世纪前容肇祖、赵元任等曾发表一些有关研究成果，而近半世纪却鲜见有人问津此道，中国民间秘密语研究成了科学园中一隅荒芜空白之所。愿与有志于此道的同行，共同拓垦这块荒置已久的科学园地。"事实也的确如此。在此数十年间，除《中国语文》杂志于 1957 年第 4、5 两期，组织了一次涉及民间隐语行话的关于"社会习惯语"和"社会方言"问题的语言学讨论外，零散所见有关这一问题的专门学术文章，不过数十篇，寥若晨星。主要有：许惠芬《名堂语》（北平《晨报》1933 年 12 月 22 日），曾周《词的秘密语》（北平《世界周报·国语周刊》1934 年 12 月 22 日），陈志良《上海的反切语》（《说文月刊》第 1 卷合订本，1939—1940 年），陈叔丰《潮汕的反切语》（《中国语文》第 3 期，1940 年），黄金义《拆字口语》（《语文知识》1953 年第 4 期），陈祺生《旧时代无锡粮食业的常用切口》（《语文知识》1957 年第 12 期），陈振寰、刘村汉《论民间反语》（《广西师范大学学报》1981 年第 1 期），叶骏《简论捻语》（《上海师院学报》1987 年第 2 期），陈振寰、刘村汉《襄阳捻语》（《广西师范大学学报》哲学社会科学版 1984 年第 3 期），高玉堂《浅谈隐语》（《大庆师专学报》1984 年第 2 期），张天堡《切语初探》（《淮北煤师院学报》1985 年第 3 期），潘家懿、赵宏因《一个特殊的隐语区——夏县东浒"延话"（隐语）调查纪实》（《语文研究》1986 年第 3 期），白维国《〈金瓶梅〉和市语》（《明清小说论丛》第 4 期，1986 年），安家驹《盲人秘语》（《汉语学习》1986 年第 6 期），等等。虽然有些语言学著作注意到了这种语言现象，如高名凯的《普通语言学》（增订本，1957 年），张永言的《词汇学简论》（1982 年），武占坤、王勤的《现代汉语词汇概要》（1983 年），陈原的《社会语言学》（1983 年），等等。但是，此间却无一部专门的汉语民间秘密语研究学术专著问世。然而，国外语言学著作对同类现象的注意要早得多，如法国语言学家房德里耶斯（Joseph Vendryes，1875—1960）1921 年出版的《语言论·历史的语言学导论》，即将行业话、宗教语和隐语统称为"特殊语言"加以论述。

这一时期的中国民间秘密语研究，除比较冷寂外，基本上属于单一的语言学视点的研究，并且偏重于反切秘密语形态，缺乏多学科交叉的多维视野的综合性考察研究。这种状况，对于所拥有的源远流长，蕴藏丰富，至今仍在许多社会层面传承乃至生生不息的汉语民间秘密语来说，显然是不相适应的。这是多种因素所造成的遗憾。

然而，冷寂往往是一种积聚和准备的过程，而不是静止。20 世纪 80 年代以来，中国经济的发展，现代科学思想的导入和众多新兴边缘科学大量出现，这种政治、经济和学术的活跃局面，也为中国民间秘密语这一微观而又"多缘性"的领域的科学研究提供了一次新的历史机遇，使之出现了一个在本领域学术史上空前活跃和繁荣的阶段。

相对前一时期而言，这一时期中国民间秘密语研究有着令人瞩目的两大显著特点：一是研究成果的种类、数量均远远超过了前一时期的总和，并且展示了新的研究水平；二是在继承以往成就的基础上，突破了单一的语言学视点，借鉴、导入了许多相关学科的思想、方法和成果，力求开展多维视野的综合性、全方位、立体式的"全息研究"。

据不完全统计，从 1987 年至 1992 年 6 月间，中国大陆学术界大约发表中国民间秘密语专题研究论文 20 余篇。如郭青萍《徽宗语》（《殷都学刊》1987 年第 3 期），侯精一《山西理发社群行话的研究报告》（《中国语文》1988 年第 2 期），潘家懿《山西晋南的秘密语"言子话"》（《运城师专学报》1988 年第 3 期），王希杰《黑话说略》（《汉语学习》1989 年第 1 期），曲彦斌《民间秘密语与民族文化》（《民间文学论坛》1988 年第 5、6 期）、《中国民间秘密语辞书概说》（《辞书研究》1990 年第 6 期）、《隐语行话与民间文化》（《民间文艺季刊》1990 年第 4 期）、《隐语行话的传承与行帮群体》（《百科知识》1991 年第 1 期），余云华《当代地下行业及其隐语》（《民间文艺季刊》1990 年第 1 期），赵丽明《湘西苗语中的隐婉话》（《民族语文》1990 年第 5 期），曹聪孙《汉语隐语说略》（《中国语文》1992 年第 1 期），王军《隐语：形态结构与逻辑转换》（《中国人民警官大学学报》1992 年第 1 期），张天堡《语文学的奇葩——读〈中国民间秘密语〉》（《淮北煤师院学报》1992 年第 2 期），柯小杰《荆楚木瓦工行话浅析》（《民俗研究》1992 年第 4 期），章虹宇《滇西解放前土匪黑话、行规及其禁忌》（《民间文学论坛》1993 年第 2 期），沈明《现代隐语的社会语言学考察》(《民俗研究》1994年第3期)，以及张天堡《淮河流域民间反切语》(《淮北煤师院学报》社科版1996年第3期)，等等。出版专题学术著作3种，即曲彦斌的《中国民间秘密语》(上海三联书店1990年版)、《江湖隐语行话的神秘世界》(《中国民俗语言文化丛书》一种，署名冷学人，河北人民出版社1991年版)、《中国民间隐语行话》(《神州文化丛书》一种，新华出版社1991年出版)；专科辞典《中国秘密语行话词典》(书目文献出版社1992年版)，字数超过百万言，出版前言中称：本书是在吸取前人、近人所撰有关辞书、调查报告等丰富材料的基础上编著而成，所收语词从唐宋到近代约12000条，可称大观。近些年来，这方面成系统的新工具书尚属阙如，此书具有填补空白以应读者急需的性质。此外，上海文艺出版社不仅影印出版了旧籍《切口大词典》，还影印了署名"云游客"的出版于20世纪30年代末的《江湖丛谈》这部主要从江湖秘密语揭示京津地区江湖社会内幕的要籍。中国曲艺出版社和中国民间文艺出版社，亦先后出版了《江湖丛谈》的整理校订新版本，为研究使用该书提供了方便。1994年，上海文艺出版社出版了《语海·秘密语分册》，学林出版社出版了潘庆云《中华隐语大全》。1995年辽宁教育出版社出版的《中国隐语行话大词典》，从古今近200种有关文献、调查资料和研究报告中，选释了唐宋以来至当代市井诸行、江湖秘密社会及各种犯罪团伙的隐语行话约2万条。评论称该词典资料丰富，古今连贯，注释简明、准确，信息含量大，集学术性、知识性、资料性和工具性于一体，具有较强的稳定性。除正编外，续编均为首次公开发表的，《隐语行话研究事典》《中国行话编年纪事简表》和《中国隐语行话简明地图》，以及话语形态、谣诀形态、副语言习俗形态的隐语行话和反切秘密语文献选辑，从而在这部词典中比较全面地综合展示了中国隐语行话的古今概貌。1996年，上海辞书出版社出版的《俚语隐语行话词典》，同1889年西方出版的《俚语行话和切口词典》异曲同工。

此外，多学科视点的中国民间秘密语研究，以基础研究与应用研究并重的势态，显示了学术界和社会有关方面对这一学科领域的关注与需要。除上述理论建设外，基础研究还表现在古今中外民间秘密语文字和口头资料的发掘、采集与整理方面。

继已故钱南扬教授《汉上宧文存》(上海文艺出版社1980年出版)的"市语汇钞"所辑录的11种宋代以来诸行秘密语之后，先后校订标点出《新刻江湖切要》(见拙著《江湖隐语行话的神秘世界》下卷)、《江湖走镖隐语行话谱》(见拙著《中国民间隐语行话》副编)以及《剃发须知》等稀见珍贵文献。语言学、民间文艺学、地方志及公安司法等方面，还结合本领域的研究分别调查采录了一些至今仍在不同社会层面群体中流行的鲜活语料，发表了一些颇具分量的调查报告，有的已经编辑出了专题资料汇集。凡此发掘、积累和抢救性的工作，不仅是学科建设的重要基础工作建设，尚具有明显的历史文化研究价值。此间的基础建设和本领域学术活跃的另一重要标志，即1990年秋，辽宁社会科学院文学研究所主办了"中国民间秘密语行话专题学术研讨会"和专题学术讲座。次年春，在第二届"中国民俗语言学基础理论与应用研究学术讨论会"期间，不仅再次举办了专题讲座，还成立了"中国隐语行话研究会"(中国民俗语言学会的专业委员会之一)。某公安高等专科学校一位教师在讲习班后，根据所学知识为本校学生也开了一次专题课，颇受欢迎。有的院校，还组织学生利用假期做社会调查，直接采集民间秘密语资料。凡此，无疑是不应忽视的基础建设，是这门科学领域进步与发达的征象。

2.2 汉语秘密语研究的近期特点与趋向

多学科视点的导入和研究领域的开拓，尤其有助于中国民间秘密语研究的深化和发展。这是现阶段这一领域的一个突出特点，主要表现在如下几个方面。

2.2.1 语言学的研究

民间秘密语是一种特殊的语言文化现象，这一根本属性决定了无论从语言学还是从文化学视点的研究，都是首要的、基础的本质性研究。它是语言的一种社会变体，因而语言学家首次将其纳入科学视野，是极其自然而又似乎是"责无旁贷"的。这一阶段民间秘密语的语言学研究，从过去偏重于语音学的研究，如大量的反切形态秘密语研究，已逐渐转为比较全面的关注，如词型构造、语义转换、词源、辞书编纂、正字正音及社会文化背景等。尤其是根据其地域性特点运用方言学的方法所进行的调查、分析和描写，使民间秘密语语料的采集整理更趋系统、准确而具有科学性。有些调查报告，就是结合方言调查进行的，或是在方言调查中发现而形成的专项研究，如《藤县倒语三种》《灌阳方言的二字语》《山西理发社群行话的研究报告》《山西晋南的秘密语——"言话"》等。

2.2.2　民间文化学、民俗学的研究

因为民间秘密语主要表现为一种非主流的亚文化现象，因而受到民俗学家的特别关注。当初容肇祖《反切秘密语》已开先河。但直至中国民俗学科近年正式建立以来，才重新将这一视点导入本研究领域，其成果如《隐语行话与民间文化》《隐语与群体文化心理》《隐语行话的传承与行帮群体》和《当今地下行业及其隐语》等。

2.2.3　历史学的研究

历史学的研究主要表现为近代会党史和文化史的专题史学的研究，将民间秘密语作为透视某些社会历史现象的"窗口"和"语言化石"。例如，蔡少卿的《中国近代会党史研究》（中华书局1987年版）、《中国秘密社会》（浙江人民出版社1989年版），即充分注意到对有关民间秘密结社当行秘密语功能的考察，前书并附录了清代刊本《新刻江湖切要》，认为是"当时流传于南方秘密会党的江湖切口行话"。又如笔者的《中国乞丐史》（上海文艺出版社1990年版）、《中国典当史》（上海文艺出版社1992年版），均设有考察当行秘密语并以此揭示有关现象的专章或专节，将其语料视为社会文化史的"语言化石"。

2.2.4　民族学的研究

拙文《民间秘密语与民族文化》虽切入了民族学意识，但所使用的仅是汉语民间秘密语材料。近年来已有人进行中国少数民族的民间秘密语的调查，虽然尚限于个别少数民族语种，却是个可喜的开端。孙宏开《人使用的隐语》（《语言美》1982年第7期）及赵丽明的《湘西苗族隐语的使用情况和社会功能》（载《语言·社会·文化》论文集，语文出版社1991年版），即为其例。多民族的民间秘密语的调查研究，是亟待开发拓展的领域，是中国民间秘密语研究的有机组成部分。

2.2.5　文学的研究

文学的研究，首先，是对文学作品中出现的民间秘密语的研究。除白维国《〈金瓶梅〉和市语》外，尚有傅憎享《〈金瓶梅〉隐语揭秘》（见《社会科学集刊》1990年第5期）。宋元以来，中国戏曲小说中诸行民间秘密语屡见不鲜，元明杂剧、明清时调，以及《水浒传》《金瓶梅》《拍案惊奇》《醒世姻缘传》《说唐》《海上花列传》和现代的《李自成》《林海雪原》《昙花梦》等，都不同程度地运用了民间秘密语作为文学艺术的语言材料。然而，相关的研究却远远不够。其次，是作家对这一现象的关注、研究和利用。近几年，在这方面颇有一些值得瞩目的成果。例如熹葆的长篇作品《江湖黑话》（百花洲文艺出版社1991年版），通过揭示江湖黑话所系结的种种内幕，暴露了现代江湖社会千奇百怪的骗术，赞扬了富有正义感的江湖能人。曾有江湖朋友找上门向作者介绍了许多江湖奇闻轶事，但关照他不可写在江湖属于"秘诀"的民间秘密语，以给众人留碗饭吃，他们还威胁作家说，否则会有可怕的后果（据《卷末语》）。这也从一个侧面反映了民间秘密语同社会生活的密切联系，尤其是同亚文化群体利益的切合与紧要。一部以揭露上海青帮内幕为内容的历史作品《青帮大亨》（傅湘源著，中国文史出版社1987年版）亦曾有通过译解青帮秘密语的写实段落，用以说明史事。20世纪80年代末，贾鲁生的一篇报告文学《黑话》（见《报告文学》1989年第1期），曾在读者中引起很大反响和评论界的注意。这篇作品中的"黑话"，大都不是我们所说的那种民间秘密语，而多数是对某些隐喻不便言明事物的话语的借称，旨在由此透析、抨击时弊。即如蔡毅在题为《黑话不黑》的评论文章中所说的，"他对'黑话'和黑话现象所做的鞭辟入里的分析以及在语义上对'黑话'所做的定义般的界说，使我们感到，即使从社会学、语言学方面去理解认识它，也仍不失作品的光辉"。显然，《黑话》的作者巧妙地利用了"黑话"这个词词义的模糊性，及其作为术语的不规范、不科学的缺陷，从而别出心裁地将真假"黑话"糅合

一体，获得了特别的艺术效果。这样超常的艺术手段，亦正是其艺术效果的一个基础。

2.2.6 公安言语识别的研究

使用秘密语的未必不是"好人"，但各种秘密社会群体或各种犯罪群体，往往都有其当行的秘密语，秘密语不仅是其群体的内部交际工具，也是用以识别身份或保守群体秘密、维护群体利益所必需的手段。掌握这种语料，是为侦破、打击各类犯罪活动提供技术支持的言语识别技术所看重的内容，是识别、揭露、制止有关犯罪活动的手段之一，乃至依法惩治的证据。近年来，有关部门汇编了多种"犯罪隐话"资料，一些研究、教学人员还发表了一些专题论文，如唐松波《汉语隐语及其构造特点》、王亮《三种社会方言词的识别》等。前述两次中国民间秘密语研究的学术活动（会议、讲习班）的与会者或学员中，公安部门即占有约半数之多，有工程师、侦察员，也有公安院校教师。民间秘密语的一系列研究成果，已经并正在为维护法律、制止犯罪发挥直接效用。

2.2.7 以民俗语言学为基点的多方位综合研究

直接由民俗学和语言学孕育而出的民俗语言学，是一门借鉴了多种传统科学和现代科学发展而来的新兴人文科学，其广泛的边缘性和开放性，必然地导致了对作为一种特定的民俗语言现象的民间秘密语研究的多方位、综合性的研究倾向。这种倾向，在首部《中国民间秘密语》论著中已反映得比较明晰。除绪论中运用了符号学理论外，其余各章专题分别是：中国民间秘密语的语言学考察，非言语的及其他形式的民间秘密语，民间秘密语与文学艺术，民间秘密语与科学技术史，民间秘密语与工商业职事集团，民间秘密语与市井变态文化，民间秘密语与民族文化。即如《浙江学刊》1991年第1期上刊发佐夫的评论所指出的，"'隐语行话学'既很有专门性，又颇有外部联系的广泛性，是历史学、语言学、社会学、文学、民间文艺学、民俗学、考据学、文化学以及公安司法的预审学、语言识别、言语鉴定科学乃至自然科学等多种学科科研教学和实际应用部门所共同关注的领域，并且也是海外中国学（汉学）研究关注而不易解决的课题。本书（《中国民间秘密语》）运用民俗语言学的科学方法，将民间秘密语置于民族文化这个基本大背景中加以梳理、探讨，对民间秘密语的性质、源流、类型、构造方式、社会功能与民族文化的关系及其传承、扩布的基本规律诸方面，以历史、语言、民间文化、社会心理等多维视野，进行'立体式'综合研究、透析，运用符号学等现代科学方法进行阐述……使之集中而系统化，从而展示了中国民间秘密语的全景"。

2.2.8 有关秘密语辞书及其研究

20世纪90年代以来，我国先后出版了数部汉语民间秘密语辞书，如刘延武编著的《隐语·黑话集释》（中国人民公安大学出版社1992年版），杨青山主编的《犯罪隐语与方言识别词典》（群众出版社1993年版），孙一冰主编的《隐语行话黑话秘笈释义》（首都师范大学出版社1993年版），郑硕人、陈崎主编的《语海·秘密语分册》（上海文艺出版社1994年版），曲彦斌主编的《中国秘语行话辞典》（书目文献出版社1994年版），潘庆云主编的《中华隐语大全》（学林出版社1995年版），曲彦斌主编的《中国隐语行话大辞典》（辽宁教育出版社1995年版），曲彦斌主编的《俚话隐语行话词典》（上海辞书出版社1996年版），王英著《宋元市语汇释》（贵州人民出版社1997年版），等等。但是，关于秘密语辞书的研究，迄今才刚刚受到有关学者的关注。在出版的一些秘密语的前言或后记中，虽然作了一些探讨，但是尚远远不够。继1989年发表曲彦斌《中国民间秘密语辞书概说》之后，1999年第四期《辞书研究》杂志，集中刊载了有关秘密语辞书研究的四编论文和评论，即：曲彦斌的《隐语行话（秘密语）研究与辞书编纂》、傅憎享的《秘密语辞典先须正字律词》、余云华的《学界之盛事，语典之丰碑——简评〈中国秘语行话词典〉和〈中国隐语行话大辞典〉》、刘瑞明的《评〈中国秘语行话辞典〉》。对于汉语秘密语辞书研究来说，这些论文和评论无疑是个可喜的开端。尽管这是个十分微观的研究领域，但是却不仅关系秘密语辞书的编纂，而且还直接关系着其他辞书的编纂，如汉语语文辞书、文学辞书、百科辞书等，是不应忽略而且亟须加强的一个研究领域。

2.3 汉语秘密语研究小结

纵观汉语民间秘密语研究大约70年的历史轨迹，显示了由浅入深、由表及里、由狭而宽、由单一向"全息"的总体趋向，在继承与创新的过程中不断深化基础理论和拓宽应用研究领域。不过，目前仍存在许多亟待开拓的课题，如少数民族民间秘密语、宗教与民间秘密语、中外民间秘密语比较分析、民间秘密语与现实经济活动、民间秘密语与当代社会犯罪、民间秘密语与语言政策、民间秘密语与语言污染等等。其中，很多课题需要多方协作才能完成，还需要专家学者们付出相当艰苦的努力。我相信，中国民间秘密语研究领域不断为社会奉献出自己特有的新成果，并有所新建树。

3. 语词形态的汉语民间秘密语造词法分析

3.1 汉语秘密语造词法说略

在此，我们讨论的是语词形态的汉语秘密语的造词法。语词形态的汉语秘密语的造词法，亦即其造词的规则，可以说，基本上是遵照汉语的一般造词规则。其原因就在于它不是独立的语言。语词形态的汉语秘密语的造词法，主要有以下五种，即词法学造词法、句法学造词法、修辞学造词法、语音学造词法和综合造词法。

3.2 词法学造词法

语词形态的汉语秘密语的词法学造词法，主要有析字、镶嵌、藏词、倒序四种方法。

3.2.1 析字

古人分析、归纳汉字构造方法为"六书"，即象形、指事、会意、形声、转注、假借，可以说，"六书"基本上反映了汉字的结构特点。汉语修辞学据此将汉字分为音、形、义三个方面，看别的字有一面与之相和相连，随即借来代替或推衍上去，是为"析字"修辞格。以这种方式创制语言游戏式隐语，古已有之。如《后汉书·五行志》："千里草，何青青；十日卜，不得生。"本书的作者南朝宋范晔按云："千里草为董，十日卜为卓。"南朝宋刘义庆《世说新语·捷悟》载："魏武尝过曹娥碑下，杨修从。碑背上见题作'黄绢幼妇外孙齑（䪡）臼'八字。魏武谓修曰：'解不？'答曰：'解。'魏武乃曰：'卿未可言，待我思之。'行三十里，魏武乃曰：'吾已得。'令修别记所知。修曰：'黄绢，色丝也，于字为绝；幼妇，少女也，于字为妙；外孙，女子也，于字为好；齑（䪡）臼，受辛也，于字为辞（辭）。所谓绝妙好辞也。'魏武亦记之，与修同，乃叹曰：'我才不及卿，乃觉三十里。'"是乃先会意而后析字合字为解耳。

民间秘密语以析字创制之例颇有一些，如：

  天——一大（《江湖切要·天文类》）
  末—— 一木（《江湖切要·娼优类》）
  琴瑟——双王（《江湖切要·乐器类》）
  二——空工（《通俗编》卷三十八）
  五——缺丑（《通俗编》卷三十八）
  六——断大（《通俗编》卷三十八）
  七——皂底（《通俗编》卷三十八）
  八——分头（《通俗编》卷三十八）
  九——未丸（《通俗编》卷三十八）
  了一，子时也。（《切口大词典·星相类》）

刃一，丑时也。(《切口大词典·星相类》)
未巳，辰时也。(《切口大词典·星相类》)
千角，午时也。(《切口大词典·星相类》)
点王，主人也，以王字加一点，成主人之主字矣。(《切口大词典·星相类》)

还有一种"藏词"式兼"析字"构造隐语的方式，如旧时当铺流行的秘密语数目字。一为由，二为中，三为人，四为工，五为大，六为王，七为夫，八为并，九为羊，十为非，皆系就其上下左右笔画露头多少为标示。"由"字仅上面露出 1 个头，为一；"中"字上下各露出一个头，为二；"人"字露出三个头，为三；"工"字露出四个头，为四……依次类推，是为笔画露头计数法。又如挑脚夫、轿夫，其秘密语数字亦为一种"藏词"式"析字"构造隐语的方式：

一为挖，"挖"中有"乙"，谐音一；
二为竺，"竺"中含"二"；
三为春，"春"中藏"三"；
四为罗，"罗"中有"四"；
五为悟，"悟"中含"五"；
六为交，"交"中含"六"；
七为化，"化"中含"七"（实为"匕"，此为"象形"类也）；
八为翻，"翻"中含"八"
九为旭，"旭"中含"九"；
十为田，"田"中含"十"。

3.2.2 镶嵌

镶嵌又谓"镶字""嵌字"，是一种以无关紧要用字夹杂入语的一种修辞方式。在修辞学中，可使语流舒缓、郑重等。此式古已有之。如《左传·昭公二十五年》师己引童谣："鸲之鹆之，公出辱之。"《汉书·叙传》："荣如辱如，有机有枢。"民间以此法构造的秘密语，如"五音循环语""八音摄""麻雀语""同音切"之类，多兼用此法。

3.2.3 藏词

藏词又谓"切脚""歇后"等。陈望道先生《修辞学发凡》称："要用的词已见于习熟的成语，便把本词藏了，单将成语的别一部分用在话中来替代本词的，名叫藏词。"其例如，陶渊明《庚子岁从都还》诗："一欣待温颜，再喜见友于。"其以"友于"代"兄弟"出自《尚书·君陈》之"友于兄弟"。《晋书》六十四论赞："惵惵周余，竟沉沦于涂炭。"其"周余"出自《诗·云汉》之"周余黎民"。宋严有翼《艺苑雌黄·用典歇后》云："昔人文章中，多以'兄弟'为'友于'，以'日月'为'居诸'，以'黎民'为'周余'，以'子孙'为'诒厥'，以'新婚'为'燕尔'，类皆不成文理，虽杜子美、韩退之亦有此病，岂非徇俗之过耶！"可知此式古已有之。"少年主人吉日良（时），束修且是爷多娘（少），身材好象夜叉小（鬼），心地犹如短剑长（枪）……"之类，即藏词隐语，却只是语言游戏罢了。

椐陈志良《上海的反切语》一文述及，上海旧时即有以藏词方式构造的民间秘密语流行，且有"缩脚隐""缩头隐""缩中隐"之分别。

"缩脚隐"，是只说出一句成语或俗语的前三字为"能指"成分，藏去其末字为"所指"成分，并可谐音取义。如：

一为"大年初（一）"；
二为"桃园结（义）"，方言中二、义同音；

三为"东化西（散）"，方言中三、散同音；
四为"不三不（四）"；
五为"自念白（唔）"，方言中五、唔同音；
六为"支五缠（六）"；
七为"形式逻（辑）"，方言中七、辑同音；
八为"七勿搭（八）"；
九为"十中八（九）"；
十为"紧牢固（实）"，方言中十、实同音。

缩头隐，系取三字式的成语、俗语，以其末二字为"能指"成分，所藏去的首字为其"所指"成分。例如取"肉陀螺"之"陀螺"表示"肉"；取"皱眉头"之"眉头"表示"酒"（酒、皱于方言中音同）。

至于"缩中隐"，则是取三字式成语或俗语的首尾二字为"能指"成分，藏去的中间字则是其"所指"成分。对此陈氏文中未举上海方言中用例，依其定制推知，大致情形当是这样的：

虎——捋须，出自"捋虎须"；
面——笑虎，出自"笑面虎"；
干——站岸，出自"站干岸"；
马——露脚，出自"露马脚"；
外——门汉，出自"门外汉"；
北——西风，出自"西北风"；
钉——碰子，出自"碰钉子"。

凡此，似其大概。其已比语音构造的民间秘密语更直接与民俗文化联系起来，取之民俗语言，用之于民俗语言，信口而出，随手拈得，返璞归真耳。"藏词"法，或为修辞学范畴，亦不失为一种构词法的艺术规律，故置此。

3.2.4 倒序

倒序又称"逆序"，即以颠倒合成词词素语序的一种构词方式。民间秘密语的"倒序"方式构词，主要表现在两个方面：一是"反切秘密语"的"倒说"，究其实即"倒序"方式；二是直接将通语合成词词素语序颠倒过来作为秘密语。例如旧时上海的道士们所说的反语"道反"，其不以语音构造为主，而主要以"拆字反"（即拆字法）来创制秘密语，如以"田力头"谓"男"，以"安脱帽"谓"女"之类。同时，他们的"道反"还以"倒序"法创制秘密语。例如要说某所"客堂"怎样，实际上则是在评头品足人家"堂客"妍丑。上海方言称妻子为"堂客"，逆序即成了秘密语的"客堂"。而又因"上海家家有客堂的，所以听者就不以为意了"。然而，这种方式构造秘密语能力是有限的，故并不常见。

3.3 句法学造词法

所谓"句法学造词法"，即一种运用句法学原理构造语汇的造词方法。"镶嵌"是典型的句法学方法，尤其"同音切""五音循环语"之类，均属这种构造方式。

3.4 修辞学造词法

汉语修辞学构造法，是以修辞形式构造词汇的一种构造方法。修辞学构词法不仅于一般语汇构词中占有重要位置，而且亦为民间秘密语的一种主要构造方式。语词形态的汉语秘密语的修辞学造词法主要有比喻、摹绘、用典和婉曲等四种方式。

3.4.1 比喻

所谓"比喻",即"打比方",是一种常见修辞方式,于汉语民间秘密语构造中运用颇多。例如:

月——冰轮(《江湖切要·天文类》)
雷——天鼓(《江湖切要·天文类》)
雨——天线(《江湖切要·天文类》)
雾——如烟(《江湖切要·天文类》)
小路——羊肠(《江湖切要·地理类》)
卖饼人——着大棋(《江湖切要·经纪类》)
膏药——圆纸;涂圆(《江湖切要·医药类》)
断路——留客住(《江湖切要·盗贼类》)
毛贼——小老鼠(《江湖切要·盗贼类》)
画符——描黄(《江湖切要·僧道类》)
箭——茅针;流星(《江湖切要·兵备类》)
铙钹——双筛(《江湖切要·乐器类》)
干面——飞尘(《江湖切要·饮馔类》)
蛇——练子(《江湖切要·鸟兽虫鱼类》)
虾——长枪手(《江湖切要·鸟兽虫鱼类》)
蟹——钳公(《江湖切要·鸟兽虫鱼类》)
怕——胆寒(《行院声嗽·人事》)
言语疾——翻饼(《行院声嗽·人事》)
冷笑——冰哂(《行院声嗽·人事》)
口——樱桃(《江湖通用切口摘要》)
剃头——扫苗(《江湖行话谱·行意行话》)
小米饭——星星散(《江湖行话谱·走江湖话》)
大米饭——盐花散(《江湖行话谱·走江湖话》)

3.4.2 摹绘

所谓"摹绘",又谓"摹状",是运用语言手段描摹事物音、形、色、味、景、象、情态的修辞方式。以此方式构造秘密语之例如:

白——粉皮(《圆社锦语》)
丝环——锁腰(《圆社锦语》)
伞——聚网(《圆社锦语》)
炭——乌薪(《绮谈市语·器用门》)
蒲(葡)萄——马乳(《绮谈市语·果菜门》)
蝙蝠——飞鼠(《绮谈市语·水族门(虫附)》)
弄蛇的——扯溜子(《六院汇选江湖方语》)
差人——狗子(《六院汇选江湖方语》)
立——打桩(《行院声嗽·人事》)
筋斗——翻跳(《行院声嗽·伎艺》)
茶壶——青壳子(《江湖通用切口摘要》)
炮——烘天(《江湖通用切口摘要》)

塔——钻天子（《江湖通用切口摘要》）
桌子——平案（《江湖行话谱·行意行话》）
小便——摆柳（《江湖行话谱·行意行话》）
洋火——崩星子（《江湖行话谱·走江湖行话》）
袜——笔管；登桶（《江湖切要·衣饰类》）
孝巾——顶雪（《江湖切要·衣饰类》）
蒜——地拳（《江湖切要·草木百果五谷类》）
蛇——缠老（《江湖切要·鸟兽虫鱼类》）
缺嘴——兔唇（《江湖切要·疾病类》）
鳗——线香（《江湖切要·鸟兽虫鱼类》）
螺蛳——波罗；曲房（《江湖切要·鸟兽虫鱼类》）
饱——盈腹（《江湖切要·人事类》）

3.4.3 用典

"用典"，在修辞学中多以隐喻、暗喻形式寓意其中。以此方式构造民间秘密语者，多以口头常用、人们习见之典为之。例如：

《江湖切要·乞丐类》："带妇人求乞亦称观音党。""观音"，本为梵文 Avalokiteśvara（阿缚卢枳低湿伐逻）的意译，译作"观世音"。因唐人避太宗李世民之讳而略作"观音"，玄奘译《心经》则改为"观自在"，是佛教大乘菩萨之一。《法华经·普门品》云其有三十三身；《楞严经》云其有三十二应（化身）。大约自南北朝起出现有女相观音，至唐则盛。佛经称观音为广化众生之菩萨，通常与"大势至"同为阿弥陀佛的左右胁侍，合称"两方三圣"。由于佛教的流行，观音则成为民间信仰中的一位"以慈悲为怀"的慈善女神。在这一秘密语中，则以观音作为女善人的隐称，暗指随人求乞之妇。

《江湖切要·星相类》："九流三教，通称'江湖友'。初出江湖曰'卯喜'；[增]'隆中'。应聘谓'才出茅庐'也。"其"出茅庐"乃取刘备"三顾茅庐"聘请诸葛亮为军师的历史典故。

《江湖切要·人物类》："媒婆，潘细；[改] 撮合山。""撮合山"，俗语中本指撮合、拉拢男女关系的中间人，亦指媒人。如《扬州梦》剧第三折："将你个撮合山慢慢酬答，成就了燕约莺期。"《百花亭》剧第一折："只索央及你撮合山花博士，休使俺没乱煞做了鬼随邪。"《偷梅香》剧第三折："锦屏前花烛辉煌，那时节，也替我撮合山妆一个谎。"又《京本通俗小说·西山一窟鬼》："原来那婆子是个撮合山，专靠做媒为生。"《水浒传》第二十一回："怎当这婆婆撮合山的嘴，撺掇宋江依允了。"凡此可知，《江湖切要》改用"撮合山"代指媒婆，乃直用俗语的原义。

《江湖切要·亲戚类》："赘婿，合才；八吉才；今改为独占鳌头。""独占鳌头"之"鳌"乃传说中海里的大鳖。清代洪亮吉《北江诗话》卷三："俗语为状元独占鳌头语，非尽无稽。胪传毕，赞礼官引东班状元、西班榜眼二人，前趋至殿陛下，迎殿试榜抵陛，则状元稍前进，立在石上。正中镌升龙及巨鳌，盖禁跸出入所由，即古时所谓螭首矣。俗语本此。"后则用指占据首位或第一名。《元曲选》无名氏《陈州粜米·楔子》："独占鳌头第一名。"卢挚《双调·沉醉东风》："脱布衣，披罗绶，跳龙门，独占鳌头。"

《江湖切要·亲戚类》："大舅，才上。小舅，才下。总称舅曰曹国。""曹国"，即"曹国舅"，因系"总称舅"，防说漏而省"舅"。此系用典兼藏词构造方式。曹国舅，相传名佾，宋人，传说中的八仙之一。《列仙全传》卷七载："曹国舅，宋曹太后之弟也；因其弟每不法杀人，后罔逃国宪，舅深以为耻。遂隐迹山岩，精思慕道，得遇钟离、纯阳……遂引入仙班。"据清代赵翼《陔余丛考》卷之十四考云："按《宋史》慈圣光宪太后弟曹佾，年七十二而卒，未尝有成仙之事。"而民间闲话传说"八仙过海"颇盛一时，至今未已，秘密语取此典乃其自然。

《绮谈市语·人物门》："媒人，伐者；执柯。""伐者"，即"伐柯人"也。典出《诗·豳风·伐柯》："伐柯如何？匪斧不克。取妻如何？匪媒不得。"又《礼记·中庸》："执柯以伐柯。"因称媒人为"伐柯人"，做媒为执柯。宋代吴自牧《梦粱录》卷二十《嫁娶》："其伐柯人两家通报，择日过帖。"明史槃《鹣钗记》剧第三十一折："懊恨杀韦公执柯，却将探花妻子被状元夺。"宋元市语"伐者""执柯"同出是典。

《行院声嗽·鸟兽》："驴，果老。"其以"果老"称"驴"，亦出"八仙"传说。"果老"即"张果老"，传说中的八仙之一。唐代李冗《独异志》卷下："玄宗朝有张果老先生者，不知岁数，出于邢州，帝迎于内，礼敬甚，问无不知者。一旦有道士叶静能，亦多知解。玄宗问果老何人，静能答曰：'臣即知之，然臣言讫即死，臣不敢言，若陛下免冠跣足救臣，臣即能活。'帝许之。静能曰：'此混沌初分白蝙蝠精。'言讫七窍血流，偃仆于地。玄宗遽往。果老徐曰：'此小儿多口过，不谪之，败天地间事耳。'帝哀恳久之，果老以水噀其面，复生。其后，果老辞归邢州所隐之处，俄然不知所往。"此乃有关张果老身世传奇，而以此典为秘密语，又出自其坐骑，即相传的"张果老倒骑驴"。而《四游记·东游记》第二十回《张果老骑驴应召》云："张果老常乘一白驴，每倒骑之。"民间传说以倒骑驴为其佳话，故亦自然用"果老"代"驴"，却又未免戏谑仙家。江湖中人颇迷信，此则行院中语，或是个中之人不以为然，或不敬张果老。

3.4.4 婉曲

即"婉言"，委婉而云，不直说，常用的修辞方式，亦常用于构造秘密语。例如：

墓——佳城（《绮谈市语·举动门》）
输——败（《绮谈市语·拾遗门》）
偷——弄把戏（《金陵六院市语》）
行经——红官人（《金陵六院市语》）
会说话者——调皮（《六院汇选江湖方语》）
阴阳生——水火通（《江湖切要·僧道类》）
笼子深——指广宅深院，或高楼大房子而言也。（《切口大词典·党会类》）
路锁——言有官兵在前途截拿，或已在要隘设防，或有捕役追缉。贼遇此必高呼路锁，同伙闻之俾避匿也。（《切口大词典·党会类》）
金钏——手梏也（《切口大词典·党会类》）
开天窗——在屋上掀去瓦片，抽去椽子，而入屋者。（《切口大词典·盗贼类》）
死——归原（《切口大词典·盗贼类》）

从广义而论，民间秘密语即以"委婉言之"来回避人知。上述"委婉"诸例，多类"比喻""摹状"而不直言其事。又如宋代的《绮谈市语·数目门》："一，丁不勾，孤；二，示不小，封；三，王不直，春；四，罪不非，山；五，吾不口，马；六，交不又，囗；七，皂不白，星；八，分不刀，卦；九，馗不首，远；十，针不金，收。"亦如宋代《圆社锦语》之"小出尖，五；大出尖，六"之类。虽为析字格，亦在"委婉"耳。

3.5 语音学造词法

利用谐音、改变或变化语音的方式构造新词汇，属语音学造词法。反切式秘密语改变了全部话语符号的语音，从而使之成为隐语。除此而外，常见的则是谐音秘密语。以谐音方式构造隐语行话比较常见，但不如"反切语"那样自成系统，往往与其他方式合用，用以创制个别隐语名目。如明季"四平市语"以"一"为"忆多娇"、"二"为"耳边风"、"三"为"散秋香"之类，即以"忆"谐"一"、以"耳"谐"二"、以"散"谐"三"，其他两个字皆无实际语义。又如《金瓶梅》第三十二回"调子曰儿"的"望江南、巴山虎、汗东山、斜纹布"，其前两句首字"望巴"

谐音为"王八",通句的大意是"汗憋的王八",亦然。

3.6 综合造词法

所谓综合造词法,即兼用两种或两种以上造词的一种造词方法。例如,宋代"市语"谓数目"九"为"馗不首",即兼用了"析字"和"藏词"两种构词方法;清代江湖群体谓"手梏"为"金钏",兼用了"比喻"和"婉曲"两种方法。

4. 语词形态的汉语民间秘密语词类分析

汉语语词的词性分类,是根据词汇的意义、词汇的语法功能特点以及两者之间的关系所进行语法分类。通常把汉语分为实词和虚词两大类。其中,实词类包括名词、代词、动词、形容词、量词、数词和副词;虚词包括连词、介词、助词、语气词、叹词和象声词等。在此,我们主要以实例分析语词形态的汉语秘密语的常见语法分类。通常语词形态的汉语秘密语,由于并非独立的语言,只是部分地替代言语交际中的某些语词,而所替代的语词又大多是实词而没有连词、介词、助词、语气词、叹词等虚词。

下面,即进行有关词类的汉语民间秘密语的实例分析。

4.1 语词形态的汉语秘密语的语法分类

4.2 名词

在汉语秘密语的词类中,表示人或事物名称的名词性语词的数量比其他词类语都要多,可谓数量最多的一类。如明代的《金陵六院市语》所载:"自身而言,撒楼者,头也;凶骨者,鼻也;爪老者,手也;齿老者,牙也;听聆者,耳也;撒道者,脚也;枪者,脸也。"又如《新刻江湖切要》所载下面数例:

天——乾公;云表;高明君　　　地——坤老;配天;博厚君
日——常圆;恒满;出扶桑　　　月——太阴;兔窟;秋倍明
医生——济崩公;扶本;苦劝人　和尚——廿三;先一
头——顶元;魁儿　　　　　　　耳朵——招风;采官
桌子——朝天;万面　　　　　　房屋——窨子;鼋公

汉语秘密语的名词中,还存在有许多必要的方位词,例如宋代《圆社锦语》所载,左为"左拐",右为"右拐",后为"稍拐",等等。再如《新刻江湖切要》所载下面数例:

东——仰盂　　　　　　　　　　西——上缺
南——中虚　　　　　　　　　　北——中满
上——溜;逆流;君达　　　　　下——落;顺流
左——青　　　　　　　　　　　右——白
前——朱　　　　　　　　　　　后——玄

4.3 代词

汉语秘密语的代词,少见指示代词和疑问代词,常见者主要是人称代词,如《行院声嗽·人物》所载,你为"伊儿",我为"瞒儿"。又如《新刻江湖切要·人事类》所载:"他曰渠,你曰伊，我曰令儿悉。"

4.4 动词

在汉语秘密语的词类中，表示人或事物的动作、行为或变化的动词，是仅次于名词的一个大的词类。在宋代的《绮谈市语》中，专门辑一个名曰"举动门"的类别。例如，谓行走为"踏莎"，吃为"食"，生病为"违和""便作"，哭为"恸"，笑为"哂"，死为"物故""怨作"，葬为"襄事""襄奉"，唱曲为"善讴"，等等。其中，趋向动词，如宋代《圆社锦语》所载的来为"入步"、去为"赚辞"；又如《江湖切要·人事类》所载的"去曰凉，来曰热"，均属汉语秘密语中的趋向动词。

4.5 形容词

修辞学造词法是汉语秘密语的重要造词方式，汉语秘密语中用来表示人或事物的形状、性质或者动作、行为、变化的状态的形容词也很多。如宋代《绮谈市语·拾遗门》所载，大为"雄哉""灰作"，小为"眇哉"。又如《新刻江湖切要·人事类》和"身体类"所载如下数例：

好——坚；响坚；坚通	不好——古；古坚；念坚；神古
大——太式	小——尖
高——崔峻；上	低——浅；狭
急——弓皮	缓——倦千
生意好——响账	名色好——双足
极好——本六	肥——花草；濯濯
瘦——柴；青条	标致——坚立
丑陋——古寒；配西	矮——尲身；如射
壮大——千叱	怯懦——肥妖

4.6 量词

表示事物或动作的单位的词，即量词；其中表示事物的单位的量词为"物量词"，表示动作的单位的量词为"动量词"。此外，如"人次""吨公里"之类，名为复合量词。汉语秘密语的词类中，相对数词来说，量词往往不独立存在，在运用当中通常是略去不说出来，只道明数目即可，在具体的言语环境中有上下文的限定并不会产生歧义。实际潜着物量词和动量词，但没有复合量词潜含其中。即或运用少量的量词，也是同数词复合在一起"捆绑"着使用。例如《新刻江湖切要·数目类》："一分：流去；一钱：流宝；一两：流西；十两：流千；百两：流千宝；千两：流丈。"显然，其"分、钱、两"，均为物量词，但是一般却不单独使用，而是与数词复合在一起使用，成为数量词。也就是说，在汉语秘密语的词类中，直接存在的是数词与量词组合而成的"数量词"。

4.7 数词

在汉语秘密语的词类中，数量词大量存在，并因行业或群体不同而有所区别。因而其类别也十分丰富，异彩纷呈。且不论以往的文献记载，以及《新刻江湖切要》所记，仅在20世纪初的一部《全国各界切口大词典》中，就记载了大约200个行业的各自的隐语行话数码，亦即汉语秘密语的数词。许多行当的秘密语数词，大都各具本行业的特色。在此，且将清代翟灏在《通俗编》卷三十八所辑明清时代十一个行当使用的隐语行话数词列表于下：

	一	二	三	四	五	六	七	八	九	十
米行	子	力	削	类	香	竹	才	发	丁	足
丝行	岳	卓	南	长	人	龙	青	豁	底	
绸绫行	叉	计	沙	子	固	羽	落	末	各	汤
线行	田	伊	寸	水	丁	木	才	戈	成	
铜行	豆	贝	某	长	人	土	木	令	王	合
药行	羌	独	前	柴	梗	参	苓	壳	草	芎
典当	口	仁	工	比	才	回	寸	本	巾	
故衣行	大	土	田	东	里	春	轩	书	籍	
道家星卜	太	大	蒙	全	假	真	秀	双全	渊	
杂货铺	平头	空工	眠川	睡目	缺丑	断大	皂底	分头	未丸	
优伶	江风	郎神	学士	朝元	供养	幺令	娘子	甘州	菊花	段锦

凡此可见，这些数词颇具行业特色。例如"药行"，皆以中草药名作为数目的代码，即以羌活、独活、车前子、柴胡、桔梗、人参、茯苓、枳壳、甘草和川芎，分别表示一至十数；"优伶"行的一至十数代码，多与当行行事相关，如"江风""郎神""幺令""甘州"，即分别出自《一江风》《二郎神》《六幺令》和《八声甘州》等曲牌名称。

4.8 副词

在汉语中，副词是表示动作、行为、发展变化、性质或状态的程度、范围、时间等状况的词类。语词形态的汉语秘密语很少有替代副词的语汇，所需使用的副词大都利用普通的既有副词，亦即非"隐语"的"明语"（通用语）的副词，如《江湖切要·人事类》中记载的"着曰响"或"端"，"不着曰不响"或"不端"之"不"，即是属于"明暗通用"或说"借明为暗"的习惯用法。这一点，也是其并非独立的语言这一性质所决定了的自身本来的局限。但是，这也并不排除个别具有副词属性的秘密语迂回的存在。例如：明代的《六院汇选江湖方语》所记"古琴是不好"之"古琴"，《江湖切要·人事类》的"不知事曰暗人"或曰"不端亮"，所隐含的"不"这个语素，即属于副词性质。又如《江湖切要·人事类》的"极好曰本六"隐含之"极"这个语素，亦属副词性质。

4.9 兼类词

所谓兼类词，是词的一种兼类现象，亦即一个词汇兼属于两个或两个以上词类的现象，其词即"兼类词"。已故著名语言学家王力先生曾经谈到，"兼类现象是指个别的词兼属于两个词类"，他举证的词例为"科学"和"报告"。"语言科学，科学方法"之"科学"，是名词；"他的研究方法很不科学"之"科学"则属形容词。又如，"报告上级"之"报告"，是动词；"做个报告"之"报告"，就属于名词了（《词类》，上海教育出版社1984年版，第17—18页）。语汇十分丰富的汉语尚且存在词的兼类现象，那么，词汇相对比较贫乏、颇多局限的汉语秘密语以词的兼类方式来扩充词汇量，就是再自然不过的事了。试为举例如下：

【例一】川——①死，动词。《江湖切要·生死类》："凡死皆称曰川。"《切口大词典·巫卜类·文王课之切口》："川：死也。"②三，数词。《切口大词典·商铺类·豆麦业之切口》:"川:三也。"

【例二】柴——①杖打,动词。《绮谈市语·拾遗门》:"遭杖:柴;批衮。"②四,数词。《通俗编·识余·药行》:"四:柴。"③瘦,形容词。《江湖切要·身体类》:"瘦:柴;青条。"

【例三】盖顶——①盖房子,动词词性。《江湖切要·官室类》:"造屋曰盖顶,又曰搭棋盘。"②纸制的冥器帽子,名词。《切口大词典·杂业类·纸扎店之切口》:"盖顶:纸帽子也。"

【例四】滑——①大,形容词。《切口大词典·巫卜类·道士之切口》:"滑:大也。"②生油,名词。《近代秘密社会史料》卷六:"生油叫滑。"

【例五】古——①不好,形容词。《江湖切要·人事类》:"不好曰古。"②五,数词。《切口大词典·商铺类·南货业之切口》:"古:五也。"

【例六】古老——①丑,形容词。《六院汇选江湖方语》:"古老:谓丑而不美,苦而不好。"②骡子,名词。《江湖切要·鸟兽虫鱼类》:"骡:古老。"

汉语秘密语语词的上述诸例兼类现象,主要反映在跨时代、跨群体(行业)的现存语料文献这一总体的宏观大平面之上。在同一时代并且是同一群体范围使用的秘密语语汇之中,也存在有少量的上述那种兼类现象,例如同是一个"裁皮",同在一部辑录明清时期江湖社会群体民间秘密语的《江湖切要》书中,其"盗贼类"的注释是"剪绺"亦即小偷、窃贼,属于名词;在其"人事类"中,则注释为"剔脚为裁皮",属于动词。由此得知,"裁皮"是一个在同一时代、同一群体使用的兼类的秘密语语汇。不过,囿于汉语秘密语语汇的有限,这样的情形也极为稀见。

三

其他形态的隐语行话

1. 中国民间秘密语的类型

分类学,是各种科学的基本课题之一,中国民间秘密语的研究亦不例外。我以为,从中国民间秘密语的历史与现状的事实出发,兼顾研究之便,可以从以下诸视点加以类分。

内容分类法

民国时的《切口大词典》分为18类373子目,是以言语集团或群体为则,这是依内容分类的方法之一。其中,值得明确注意的一点是,民间秘密语虽然具有集体或群体的差别,但亦并存某些符号的共通性,即通用性。如《切口大词典》"杂业类"首列"商人共众切口",其例若:

糯米户头	好买主也。
馊饭户头	歹买主也。
点王	主人也。以王字加一点,成主人之主字矣。
猁猁	伙友也。
丢飞包	伙友遇熟人,或家人,与货而不取钱也。
卖小蛇	伙友或遇认识者,购物格外廉价也。

除帽子　　　　　　　　凡交易进出，硬行除取回扣也。

　　这是于商贩习用切口中选辑的通用秘密语符号，而唐再丰《鹅幻汇编》所载《江湖通用切口摘要》，则着意于"通用"："此乃摘其常用繁者，知之则可与此辈相问答，且道途间亦自防之一补。今所记皆各道相通用者。"《江湖切要》的分类，即以通用的各种秘密语为主线，兼重各言语集团、群体。于此又当顺便说明的是，笔者于本书往往并用"集团"与"群体"两个术语，其用意在于，以"集团"泛指各行各道；而由生物学转化而来的"群体"，既用指某些相近行道的组合总体，亦用指某些秘密语言集团之中另有具体分别的"小集团"，所涉范围层次则视客观情况而定，跨度及伸缩性较大一些。

　　除上述而外，依秘密语符号所指成分的内容分类，也是一种重要分类方法，即常用基本符号（名、动、代等词性等）和专类符号（称谓、亲属等）的分类；如《事林广记续集》所辑《绮谈市语》的分类即属如此：

　　　　天地门：天（上苍，苍苍）；日（烛龙，羲驭）等。
　　　　君臣门：人君（至尊，至上）；皇后（长秋，女君）等。
　　　　亲属门：父（乃尊，府丈）；母（圣善，尊堂）等。
　　　　人物门：道士（黄冠，羽士）；和尚（缁流，光老）等。
　　　　身体门：心（中君，方寸）；肾（幽关）等。
　　　　宫殿门：殿庭（龙墀，帝居）；宫苑（大内，禁内）等。
　　　　文房门：诏制（宝书，丝纶）；条令（三尺）等。
　　　　器用门：香炉（博山，金凤）；竹杖（扶老）等。
　　　　服饰门：草鞋（不借）；女鞋（夗央）等。
　　　　玉帛门：金（黄物，马蹄）；钞（券物，符儿）等。
　　　　饮食门：米（下妆，漂老）；饭（云子，胡麻）等。
　　　　果菜门：甜瓜（东陵，召平）；梅子（止渴，和羹）等。
　　　　花木门：牡丹（花王，贵客）；海棠（妃子）等。
　　　　走兽门：牛（大牢，大武）；马（骏足，代步）等。
　　　　飞禽门：鹤（仙客）；鸽（飞奴）等。
　　　　水族门：蟹（郭索）；虾（长须公）等。
　　　　举动门：唱曲（善讴，谚作）；笑（哂）等。
　　　　拾遗门：遭杖（柴，批衮）；吊（线）等。
　　　　数目门：一（丁不匀）；九（馗不首，远）等。

　　无名氏《墨娥小录》所辑《行院声嗽》亦与此分类相似，凡分天文、地理、时令、花木、鸟兽、宫室、器用、衣服、饮食、人物、人事、身体、伎艺、珍宝、文史、声色、数目等，共计18门类。如此分类，在中国目录学史上，是各类民俗语汇，如俗语等的传统分类法，如明代张存绅《雅俗稽言》、陆嘘云《世事通考》、佚名《目前集》、清代翟灏《通俗编》等；而不标门类者，如明陈士元（环中迁叟）《俚言解》、清顾张思《土风录》等，亦隐以上述内容分类大体编次。凡此，悉《尔雅》《释名》分类体例之遗风也。民间秘密语根植于中华传统文化的深厚土壤，自不越出其影响的规范。

形态学分类法

　　中国民间秘密语依形态学分别类属，可分为言语的、非言语的及文字的三种基本形态。
　　在这三种基本形态中，言语的形态是中国民间秘密语最基本、最常见的主体形态。一般情况所流行、应用的秘密语都是言语的形态。所谓言语形态的秘密语，亦即以言语活动的方式进行秘密语交际。这其中，又有三种基本形式，占主体地位的是在言语中替代相应通语成分的语词式秘密语符号，如《江湖切要》所辑皆是这种形式："天：乾公；一大；轻清；无外；云表；兼容；并包；司覆公；高明君。"次为语句形式的，如"哂哒？哂哒？"（谁引点你到这里来？）"么哈？么哈？"（以前独干吗？）之类。再次为谣谚歌诀形式的，如东北响马的"天王盖地虎，宝塔镇河妖"；"西北玄天一块云，乌鸦落在凤凰群，不知哪是君来哪是臣"。这种形式多系顺口溜式的韵语，易记易诵，张口就来。通常，语词式、语句式和歌谣口诀式的三种言语形态秘密语往往掺杂合用，并以语词式秘密语单独于言语中替代相应成分运用的情况为多。

非言语的秘密语，是民族语言的一种副语言习俗形态。这种形态的民间秘密语多以动态或静态的无声方式进行，如"袖里吞金"式的暗以"捏七""叉八""勾九"之类指语表示数目来防避外人知晓。此外，尚有图画的、实物的、眼语的、表情的等多种形式。

至于文字符号形态的民间秘密语，则主要是以特别创制的文字符号书写普通话语，以防避人知。如旧时典当等行业的变体式记账数字，湖南江永"女书"等。

语言学分类法

所谓"语言学分类法"，在此主要指按照民间秘密语的构造方式、修辞方式之类的分类方法。如反切、析字、谐音、摹状、藏词、借代等，均属此类分类法。

此外，尚有许多不同分类法，如断代分类等方法，多作为考察、研究方法融汇运用于有关论述之中了，于此则不专列为类。

2. 话语形态的隐语行话

语句式的隐语行话，大都以一个短语作为其符号单位，表示出特定的所指意义。这种类型的隐语行话，大都属于民间秘密语社会各种组织的特定语俗，用于识别身份、简述情况。例如旧时东北"胡子"见面时的一些"黑话"：

> 蘑菇，溜那路？什么价？（什么人？到哪去？）
> 想啥来啥，想吃奶就来了妈妈，想娘家的人，小孩他舅舅就来啦。（找同行来了。）
> 紧三天，慢三天，怎么不见天王山？（我走了九天，也没找到哇？）
> 野鸡闷头钻，哪能上天王山？（因为你不是正牌的。）
> 地上有的是米，唔呀有根底。（老子是正牌的，老牌的。）
> 拜见过啊么啦？（你从小拜谁为师？）
> 他房上没有瓦，非否非，否非否。（不到正堂不能说，徒不言师讳。）
> 哂哒？哂哒？（谁引点你到这里来？）
> 一座玲珑塔，面向青带，背靠沙。（是个道人。）
> 么哈？么哈？（以前独干吗？）
> 正晌午时说话，谁也没有家。（许大马棒上山。）
> 天王盖地虎。（你好大的胆！敢来气你祖宗。）
> 宝塔镇河妖。（要是那样，叫我从山上摔死，掉河里淹死。）
> 好叭哒！（内行，是把老手。）
> 天下大大啦。（不吹牛，闯过大队头。）

这种语句式隐语行话，外观上是些符合汉语语法的一般语句，运用于话语之中，但其语义、交际对象、语言环境都是特定的，不是任意的。究其实，是一种话语体秘密语。

话语体的民间秘密语，又往往将某些替代式隐语符号混杂于"明语"中使用，使之构成一个完整的特定语义集合。例如东北"胡子""挂注"时"拜香"盟誓所说的一套惯用套语："我今来入伙，就和弟兄们一条心，如不一条心，宁愿天打五雷轰，叫大当家的插（刺杀）了我。我今入了伙，就和兄弟们一条心。不走露风声，不转，不出卖朋友。如违犯了，千刀万剐，叫大当家的插了我！"显然，其"插了""大当家的"（匪首）、"转"等，都是行中黑话。这些黑话语词掺杂于语句之中，与其他"明语"合而构成特定的语义集合。

清季三合会、哥老会、天地会等民间秘密团体的"口白"一般有谣诀体与语句式话语体两种形式，而二式又往往合用。例如哥老会的《拜码头交结》：

我兄弟来得鲁莽，望你哥哥高抬一膀，恕过兄弟的左右。我闻你哥哥有仁义，有能有志，在此拈旗挂帅，招聚天下英雄豪杰，栽下桃李树，结下万年红，特来与你哥哥随班护卫。初到贵市宝码头，理当先用草字单片，到你哥哥龙虎宝张（案：当为"帐"字），请安投到，禀安挂号。兄弟交结不过，理义不周，子评不熟，钳子不快，衣帽不正，过门不清，长腿不到，短腿不齐，跑腿不称；所有金堂银堂，卫是门堂，上四排哥子，下四排兄弟，上下满园哥弟，兄弟请安不到，拜会不周；今伏称哥子金阶银阶，金副银副，与我兄弟出个满堂上副。

回条（即回答的话）：好说好说。

不知你哥哥到此来，未曾收拾少安排，未曾接驾你见怪，副奈仁兄莫计怪。仁义胜过刘皇叔，威风甚过瓦岗寨。交结甚过及时雨，讲经上过批法台。好比千年开花、万年结果老贤才，满园桃花共树开。早知你哥哥驾到，自当三十里铺毡，四十里结彩；五里排茶亭，十里摆香案，派三十六大满，七十二小满，摆队迎接你哥哥，才是我兄弟的道理。

回条：好说好说。

不知你哥哥旱路来，水路来？

回条：兄弟旱路也来，水路也来。

旱路多少湾？水路多少滩？

回条：雾气腾腾不见湾，大水茫茫不见滩。

请问有何为证？

回条：有凭为证。

拿凭来看！

回条：大哥赐我一凭文，牢牢隐记在心中，普通天下一般同。

（余略）

在民间秘密社会中，如果单纯使用谣诀式秘密语交际，皆以顺口溜对答，是不方便的。就像戏剧亦间插道白之类，在民间秘密语中，还有一种话语体的秘密语。话语体的民间秘密语，虽亦掺杂语词式秘密语作为话语成分，但它的本体是以一般语词即说话形式出现的。尽管如说话一般，非本集团或群体中人却不能明了其义，更不用说与之以相应方式进行言语交际了。在民间秘密社会的内部言语交际活动中，非言语的秘密语与语词式、谣诀式及话语体的秘密语，往往都混杂为一体，交错使用。这是民间秘密社会运用秘密语习俗的一个显著特点，原因在于他们保守内部秘密不仅事关胜负成败，而且关系各个成员的身家性命，关系重大，故而用的地方多，用得频繁，而且形式亦复杂，乃在于时刻用于识别是否同伙和防范外界识解其秘密。

英国伦敦大不列颠博物馆所藏太平天国文献中的《问答书》《禀进辞》《先锋对答》《问来路

所见》《通用问答诗辞》《截路打鹧鸪口白》① 等各种"口白"即非言语的、语词式的、谣诀式的和话语体的秘密语综合运用之例。如《先锋对答》中的一个片断：问："你过了乌龙岗是乜地方？"答："是丁山脚下。"问："丁山脚下乜物在？"答："有一波洪英船。"问："有几人在船内？"答："有三人在船内。"问："谁人在船头？"答："艄公在船头。"问："姓甚名谁？"答："姓姚名德大。"问："生在何时？住址何处？"答："生于正月十五日子时，住在福建厦门大忠堂。"问："船尾何人在？"答："船尾艄婆在。"问："姓甚名谁？"答："姓蒋名柳青。"问："生在何时？住址何处？"答："生于八月十五日午时，住在广东海棠寺。"问："子午相冲，如何行船？"答："行船须用子午。"问："大舱中乜在？"答："洪兄在。"问："船有几多舱？"答："八个舱。"问："几多肚？"答："廿一肚。"问："几多帆？"答："五张帆。"问："几多舱板？"答："廿一舱板。"问："几件木？"答："三件木。"问："甚么木？"答："左桃右李，中心洪木。"问："几条底骨？"答："十二底骨。"问："有何为证？"答："有诗为证。诗曰：顺天行道孝双亲，天意无私本同仁。行到两京十三省，道排兵将两边分。招集四海英雄将，来复明朝杀洱君。有日团圆封爵位，吉星高炬我君臣。游行宇宙任我意，遍立安排众子民。天运复回明帝主，下营兵将定乾坤。"问："船有几条灰路？"答："九条灰路。"问："用得几斤丁？"答："百零八斤丁。"问："用几多灰油？"答："廿一斤灰油。"问："船头安乜神？"答："安五显华光大帝，左有千里眼，右有顺风耳。"问："有联无？"答："有联一对：福建厦门大忠堂；广东惠州海棠寺。又有关圣帝君在，左有关平太子，右有周仓大将。"问："船尾安乜神？"答："安天上圣母，左右有哼哈二位大将。"问："中央安乜菩萨？"答："安观音佛祖，左右有十八罗汉。"问："船用几枝桅？"答："三枝桅。"问："三枝桅乜技高？"答："中心为高。"问："几多张桯？"答："廿一张桯。"问："几条缭绳？"答："三八廿一条。"问："何人掌缆？"答："四大金刚掌缆。"问："何人管缭？"答："十八罗汉管缭。"问："以乜为宝？"答："明珠为宝。"问："以乜为号？"答："大洪旗为号。"问："有何为证？"答："有诗为证。诗曰：大胜洪旗透上苍，胡人一见心胆寒。英雄夺国夺天下，顺天行道讨江山。"问答诸事皆隐含天地会信仰、起事宗旨、领袖人物等，谣诀式、话语体交替穿插而用，环节相连，层层递进。再如《截路打鹧鸪口白》中的一个段落：

"兄弟你真鹧鸪肥，正是好食。"答曰："我不是鹧鸪，本是洪英。"问："洪英亦要打。"答："我头上有三粒金刚沙，背后有廿一条料丝骨，不怕你。"问："你包袱有几多斤重？"答："二斤十三两。"问："内有乜物件？"答："五色什货。"问："是乜货？"答："是结万义兄的骨头。"……倘遇夜间行船，有兄弟船来劫你，可将白扇写一首诗，抛过他船中，他看见是洪门号头，便知是大家兄弟②，保无伤损。诗曰：皎皎凝秋水，浑浑骨神仙。冰清不见色，玉洁又生情。又诗：鸟度枝头白，鱼穿浪底明。团圆意转眼，恐畏听琴声。倘或船中无白扇可写，你可将铜钱百零八文穿好，用洪绸金花包了，合总抛过船去。他见此物件，亦知是洪家兄弟，不敢伤害抢夺。倘若船中百物俱无，可念诗一首，曰：高溪有条洪为头，四海兄弟莫强求。就把缆丝来结据，恃强欺弱有天收。倘他已经过船来抢夺物件，你可挂起便号，披衿合掌盘龙坐，或收付你自己衣箱包袱物件，出三指按于上面。他看见亦知你是洪家兄弟，即如腰屏（腰凭）一样，他自然不敢动手，可保安全无伤也。

---

① 一作《遇劫口白》。
② "便知是大家兄弟"，当系"便知大家是兄弟"之误抄。

3. 谣诀形态的隐语行话

谣诀式的隐语行话，即以完整的歌谣、口诀作为符号单位，其中隐含特定的语义。这种秘密语字面语义显然，仅为"能指"而已，其隐含的特定意义才是"所指"。近代中国秘密语社会组织天地会中颇多这种谣诀式秘密语。如：拜码头交结；梁山高大典交结；始祖洪殷盛交结；赞酒、送宝、出山访友交结；四十八句总诗交结；送行交结；三把半香，出门交结；店主回，洗面交结。还有陪堂传令、五碑高升、山岗令、大小通令、赞刀斩牲、祭旗、洋烟开火、祭红旗、传令开山、相会合同、相会皮盼、红旗安位、镇山令、接客安位、封赠大爷、封赠当家、封赠老五、封赠老六、封赠老九、封赠满爷、封赠少侄、禀见盟证大爷等等，达数十种之多，各有所用，因而名目繁杂。

按照天地会的戒律，举凡日常交往、外出活动、娱乐，各种仪式，无不各有谣诀式秘密语。例如为新入伙者举行仪式，即专有《送宝谣诀》（"送宝"即颁发会员证明，其身份证明隐语谓"宝"）。又如"四十八句总诗交结"：

手提算盘重几斤，推算木阳城内几十宗。高溪庙内三层佛，招军旗下五堆烟。旗杆之上红光现，桃李乾坤一统归。三关六将保九佛，内有洪家兄弟扶圣君。燕盘广积仙人板，白石香炉有缘因。溪汰洪花，白云连天。□赐少林寺，又有万云龙。七星八卦不非轻，四九三台五本同。披发当头座，头戴方巾一点红。身披袈裟铁罗汉，双龙宝剑在其身。始祖本是洪殷盛，祖母金丹有名声。高溪庙内观音佛，外有关公显威灵。花亭之中逢手段，五祖命座当中。复转仁义礼智信，重新日月立乾坤。号江洪内，附塔印信。……韩龙韩虎李昌国，头门披守万云龙。七盏明灯分左右，五阴六阳定分明。江花绵棍量天尺，戬称算盘立青天。梅花镜子金交椅，太平毯子一色新。铜铁桥上兄弟过，抬头一望木阳城。松柏堂前分大小，桃李树下共一宗。千年仇恨虽要报，扭转乾坤归一统。福德寺内把愿许，公义堂上起英雄。兵饷根原真悟事，原来一百另八层。若问木阳城内根原事，四十八句逢对清，可算一位好英雄。

请问那里去？
回条：木阳城内去。
可有公文牌票？
回条：有。
有在那里？
回条：左手为票，右手为牌，合掌为印，心为凭，口为号令。
有何为证？
回条：有诗为证。
何诗？答对！
回条：五祖赐我天下同，文凭藏在我心中。位台若问根原事，三八廿一共一宗。

显然，上述"四十八句诗交接"这段"口白"的前半部分韵语及所谓"有诗为证"之"诗"，都是行中谣诀式秘密语，其余对话则属语句式秘密语。

谣诀式秘密语多整齐押韵，便于记诵，虽是通俗平白语言，却非内部人不能解其中隐含意义。又因略错或遗漏字句，则往往败露，故可保守秘密和识别身份。

所谓"谣诀式"，即歌谣、口诀形式。这种形式的民间秘密语，在本章讨论天地会等近代中国秘密社会组织的"茶阵"中，已经有所记述。其各种"茶阵"，大都伴有相应的谣诀，在以往文献中多称之以"诗"，实则是一些顺口溜式的谣诀，或类似民歌而已。

如果追溯谣诀式民间秘密语源流的话，可以同魏晋六朝以来的"风人体"民歌、歌谣及谚语联系起来。

"风人体"以隐喻其辞为特征，其风至今犹盛。清杜文澜《古谣谚·凡例》云："谣谚二字之本义，各有专属主名。盖谣训徒歌……谚训传言。"而曲譬隐喻谣谚之例，不胜枚举。诀者，秘诀、诀窍。《列子·说符》云："卫人有善数者，临死以诀喻其子。"《魏书·释老志》："药别授方，销炼金丹、云英、八石、玉浆之法，皆有诀要。"《孟子》所载夏末民谣："时日曷丧，予及汝偕亡。"这不是谣诀式民间秘密语，而是隐喻式民谣。谣诀式秘密语的字面，多情理显然，但不取其比喻或隐喻之义，而是将其完整地（或伴随以其他动作形式、标记）作为秘密语符号的"能指"成分，"所指"成分基本都是集团或群体内部约定并流传于内部的，一经形成，即不再具有任意性。尽管其语句中有时亦掺杂秘密语成分，但一般不取那其中某一部分或构成体的语义，而是符号整体所代表的秘密语义。而且，其各个构成部分，一经组合为完整的秘密语符号，即不得随意拆散、变换或改变结构秩序，否则将失去其秘密语功能乃至性质。近代中国秘密社会中，哥老会的谣诀式秘密语谓"海底"，又谓"金不换"，是会中用于仪式与对谈的一种秘密语。其名目可谓繁多。如例：

不知你哥哥，旱路来，水路来？
回条：兄弟旱路也来，水路也来。
旱路多少湾，水路多少滩？
回条：雾气腾腾不见湾，大水茫茫不见滩。
请问有何为证？
回条：有凭为证。
拿凭来看。
回条：大哥赐我一凭文，牢牢隐记在心中。各位哥哥要凭看，普通天下一般同。
别有诗句。
回条：有诗一首。
何诗，对答。领凭领凭。
回条：八月中秋桂花开，会同天下众英才。咱们兄弟蟠桃会，六部议挂金牌。得罪得罪。三天不问名，四天不问姓，请问你哥哥高姓大名？
回条：某某姓名。
请问你哥哥金山银山，哪座名山？金堂银堂，哪座明堂？三十六把金交椅，七十二道挂金牌，你哥哥高升哪一牌？不对式不成内，是你哥哥指式，我兄弟才好你哥哥教弟。
回条：兄弟有义见仁兄恩兄拜兄，喜功提拔，放在八宝会中。多受老大哥栽培，少受老大哥夹磨（即戒摩），某山堂蒙大哥栽培某位。
久闻哥哥大名，未见其人。今日一见，果不虚传。九岭十三坡，久闻老哥站得高，望得远。站得峨眉山，望得洞庭湖。高山打鼓名声大，海内栽花根本深。金盆栽花，有名之家。千层佛，万层佛，好比万层台上一尊佛。我兄弟多在家，少在外，三纲五常前（全）不晓，五岳三山并不知。兄弟不知不识，望你哥哥指式夹磨。特来你哥哥处站班，员（原）为领凭学见，才是我兄弟的道理。
回条：好说好说。
东风西风，难比你哥哥的威风。砍柴过的沉香木，挑水遇的海龙王。官到尚书吏到督，文官拜相武封侯。我兄弟交结不到，你哥哥海涵海涵。
回条：好说好说。
你哥哥上走广东广西，下走三江口码头；飘五湖，游四海，无处不到。哪里不由

（有）兄弟走的路，即（岂）有你哥哥过桥的多。你哥哥威镇中华，名闻各国。兄弟特来与你哥哥处，打起金字旗，银字旗，威武八卦旗，龙凤师字旗，望你哥哥与我兄弟，画个好字旗。

回条：好说好说。

好哥哥金字旗、银字旗、威武八卦旗、龙凤师字旗，兄弟难以打起一个好字旗。逢州打州，逢省打省，逢府打府，逢县打县，省省打到。去去打高，高高举起，轻轻放下。咱们兄弟打红不打黑，一个好字旗，我兄弟可以打得起。

连香凯连香，都是梁山一炷香。不共山来也共娘，有福同享，有祸同当。只有金盆栽花，哪有梁山分家。只有一个梁山，哪有两个水泊。你老哥果有天才地才，文武全才；三十六本天书，本本看到；七十二本地书，页页看清。我兄弟三十六条全不晓，七十二款并不知。你哥威风过界，仁义过天，真正肚大量宽。老哥开龙山，设贵堂，开龙放榜操技，龙兄虎弟再来请安道喜，将我兄弟高高举起，轻轻放下。

这是哥老会"拜码头交结"时所用的谣诀式秘密语主要内容，有问有答，环环相扣，未免啰唆，然而却是其团体的规矩。对答得当，即"拜码头交结"成功，否则，即刻为敌，或招伤害。谣诀中，诸如"钳子""打红""打黑"之类，则是掺杂使用的语词式秘密语成分。一如"茶阵"，谣诀式秘密语多见于民间秘密团体，最基本的功能在于审查、鉴别或说明是否团体中人——同党。"拜码头"，是"拜客"或"拜会"和寻觅同伙的秘密语说法，这是"交结"中常见的第一关卡。此关一过，即可视为"自己人"了，以兄弟乃至贵宾相待。

按照秘密团体的戒规，举凡日常交往、外出活动、娱乐、仪式等，无不备有各种谣诀式秘密语。即或为新入伙者举行仪式，哥老会入会"送宝"（颁发会员证明），也要诵其谣诀："东边一朵祥云起，西边一朵紫云开。祥云起，紫云开，乃是龙山开大会。大哥传令把堂座，特命送弟解宝来。此宝不是非凡宝，众家兄弟众家宝。用不了，吃不了，甚过当年秦叔宝。要学羊角哀左伯桃。义好义气高，桃园与古交。请宝入库，金银满库；发富发贵，禄位高升，高升禄位。" 20世纪初东北土匪流行说："挂注容易，拔香头子难。""挂注"是入伙，"拔香头子"为退伙。不唯"挂注"仪式复杂，"拔香头子"还有其特定诀。"挂注"时若经受了相关考验之后，即举行"拜香"仪式，即插香盟誓。首先插19根香，除一根代表师傅（即大当家的，匪首）外，其余18根代表十八罗汉。19根香按照前3后4、左5右6中1的规矩分插5堆，然后跪下起誓。"拔香子"时亦先如此插好香，然后跪下念谣诀："十八罗汉在四方，大掌柜的在中央。流落山林百余天，多蒙众兄来照看。今日小弟要离去，还望众兄多容宽。小弟回去养老娘，还和众兄命相连。有窑有片弟来报，有兵有警早挂线。下有地来上有天，弟和众兄一线牵。铁马别牙开不口，钢刀剜胆心不变。小弟废话有一句，五雷击顶不久全。大哥吉星永高悬，财源茂盛没个完。众兄弟们保平安。" 19根香，19句谣诀，念诵1句，拔掉1根，念完谣诀亦拔完了香。若把同伙说高兴了，匪首则会说："兄弟走吧，啥时候想家，再回来吃饭！"谢过之后，还赏些钱财为盘缠。但是若说得吞吞吐吐、不利索，人掌柜的则一拍桌子即变了脸说："你个不卜谙的，我插了（杀）你！"可知，谣诀式秘密语在其内部交际中亦事关重要，弄不好亦会危及身家性命。其中，"有窑有片""挂线"之类，显系东北匪语词。

凡此可见，无论语词式、谣诀式、话语体，还是非言语的秘密语，其功能属性均基本一致，即用于回避人知、保守内部秘密的内部交际。如"行船逢劫口白"，以谣诀式秘密语或洪绸金花包百零八文铜钱，乃至挂便号、作出身姿手势，均可免予遭劫。对于民间秘密社会，又尤以审鉴是否内部人为基本功能。一如萧一山所云："天地会本以反清复明为宗旨，实为光明正大之民族革命集团。其后以流品渐杂，不免有杀人越货之举。此种口白，盖为'自家人'之辨计。以后三合、哥老会之所以能发达，恐亦与此种暗号有关。因行旅者往往持此以为安全之护符也。"秘密语以保守内部秘密和审鉴交际双方为保护本集团及集团成员利益的手段，这一点，对于民间秘密社会尤为紧要，故多为采用，成为一种习俗惯制。1914年，重庆坊间曾刻有《江湖紧要》一书流行，内有"汉流急用""红旗传令""安位条规""讲论条要""共庆升平"5类，皆谣诀式秘密语，盖以往三合会、哥老会、天地会之遗制耳。如其"汉流急用""桃园红花满地开，承蒙仁兄赏驾来，杏黄旗上书大字，忠义昭彰千古排……"然其宗旨谣诀式秘密语和话语式秘密语，多用于民间秘密集团或群体，并间或与语词式秘密语综合运用。而语词式秘密语比那3种形式都更为常见于民间社会各种行当，是最基本、最常见亦流行最广的。

4. 反切秘密语及其他语音学构造的秘密语

民间秘密语是民俗语言的一种特殊语言现象，以集团或群体的内部言语交际为基本功能。由于它是一种言语交际中由语言派生的社会变体，是由其所依存的民族语言——"母语"变体而生的社会方言，因而必然带有其所脱胎的"母语"的各种"遗传"特征。其构形、修辞、语音、取义等诸方面，无不以其"本语"（即所依存和赖以衍生的"母语"）的各种传统方式为根本。所以，运用语言学的理论及方法考察民间秘密语，对于深入认识和解剖分析这一特殊语言现象的机制、本质，无疑是一种最基本也是首要的科学方法。

反切是汉语的一种古老的注音方法，利用反切原理创制的民间秘密语谓反切秘密语或切口。根据古近代汉语单音节词汇较多的特点，用某一词（字）的反切注音用字作为该词的秘密语符号形式，一经约定俗成则成为"字无意义""隐中有隐"的语词形态的民间秘密语。例如明田汝成《西湖游览志馀·委巷丛谈》所记杭州梨园市语，"有以二字反切一字以成声者，如以秀为'鲫溜'，以团为'突奕'，以精为'鲫令'，以俏为'鲫跳'"，还有"以双声而包一字，易为隐语以欺人者，如以好为'现萨'，以丑为'怀五'"等，即属此类。清末扬州钱庄业流行的所谓"老鸦语"中，亦可见有此类语汇，如谓手为"寿州"，你为"泥笔"，我为"鹅黄"，要为"腰刀"等。这类民间秘密语语源远而未必流长，很可能由于反切式这种语言学构造秘密语流行使用的逐渐稀少而锐减乃至绝迹。既有者，将保存在有关历史文献之中成为"历史上的语汇"并完全"解密"。

反切语（语音学的考察）

中国民间秘密语之所以具有"切口""反切语"之类别称，是因为民间以"反切"这种语音学方法创制、构造的秘密语历史较长、所用较广，乃至使之成为中国民间秘密语的一个泛用别称或通名了。《江湖切要》《江湖通用切口摘要》《切口大词典》等专书所收秘密语并非都是以"反切"方式构造的，其原因即于此在。

语音是语言的物质外壳。人类之所以从动物群中脱离出来，其中的一个要素就是因为掌握了运用有声语言思维、交际和组织社会的功能。改变一种语言，首先是改变其语音。学习、掌握一种语言，语音亦是主要因素。语音的转变或衍化，往往可以改变词形或词义。汉语训诂学"因声求义"方法，就依据了这个基本的语音学原理。

日语有个行话"トセ"，指旅馆和住宿处，其构造即巧妙地利用了语音学方法，把"セト"（宿）的两个音节顺序倒置而成。丹麦有一种秘密语是在各音节之后加以"-rbe"音，把本字的韵尾吸收进去，也是一种语音学方法。在中国，"最有系统，在音韵上也最有意思的是用反切的秘密语"[①]。

"反切"是汉语中一种起源较早的语音学方法。最常见的说法，认为是三国时魏国人，《尔雅音义》的作者孙炎（字叔然）首创。《颜氏家训·音辞篇》载："孙叔言（然）创《尔雅音义》，是汉末人独知反语。至于魏世，此事大行。"唐陆德明《经典释文·序录》，以及张守节《史记正义·论音例》等，亦持这种观点。而从古至今，对反切法起源一直众说纷纭。但作为一种上字取

[①] 赵元任：《反切语八种》，载《国立中央研究院历史语言研究所集刊》第2本第3分册，1931年版，第313页。

声、下字取韵调拼合注音的传统方式，因其简便易行，在汉语这个非拼音文字的语言文化传承中，一时颇为流行。不但流行于文人学士，应用于经典，而且早就流行于民间。如《三国志·吴志·诸葛恪传》所载："童谣曰：'诸葛恪，芦苇单衣篾钩落（即篾条制钩带），于何求？成子阁（到哪找他？在成子阁）！' '成子阁'者，反语'石子冈'也。"又北魏郦道元《水经注·河水四》载："民有姓刘名堕者，宿擅工酿，采挹河流，酝成芳酎。悬食同枯枝之年，排于桑落之辰，故酒得其名矣。……索郎反语为桑落也。"据考，索、桑同声母（心母），郎、落同声母（来母），郎、桑同韵母（属阳韵），索、落同韵母（属铎韵）①。凡此说明，反切法早已成为民俗语言文化的一种习见形式。如此，反切法业已成为民间秘密语的构造形式的直接民间文化基奠。尤其《三国志》所录童谣的"成子阁"②，似可视为反切秘密语之先声。

反切语的基本切音原理，是将一个"本字"（即通语用词的文字符号）的读音音节结构一拆为二，成为声母、韵母两个部分。然后，于其声母附加以一个韵母，构成切语的上字；于其韵母加以一个声母，构成切语的下字。上字与下字合而组合为一个反切秘密语的完整"能指"成分，其"所指"成分亦即其通语用词的文字符——"本字"。

例如以"他"为"所指"成分本字的反切秘密语符号，其"能指"成分即"tǎi-gā"。其切语上字的"tǎi"，是取本字"tai"（他）音节的声母"t"附加以韵母"ai"构成。其切语下字的"ga"，系取本字音节韵母"a"再附加以声母"g"构成。上字与下字合而组合即成其反切语，"tǎi-gā"。其上字往往是变调，而下字的音调则要取用本字音节上的声调，不是任意的，成为一般的通用规律。切语上字的附加韵，按照本字音节的开口、齐齿、合口和撮口"四呼"即"洪音"与"细音"，共有4个，即：ai、ie、uai、üe。如果本字音节为零声母，则其切语上字亦为零声母，即将其上字的附加韵用作切语上字。切语下字的附加声规律，是以其本字音节的洪、细为分别的，开口、合口二呼（洪音）的附加声为"ag"，齐齿、撮口二呼（细音）的附加声为j"。若其本字音节的韵母为"-i"，其下字附加声则为"zh"或"z"。为防止反切秘密语读音与其本字音节雷同，遇此情况，往往附加一个边音"l"为声，即"防漏附加声"。也就是说，当本字音节声母是g、k、i、q时，即采用这个办法补救。但是，如果本字音节是zhi、zi的话，因难以同附加声的边音相拼读，只好一仍其旧任其雷同，即说漏了。

反切秘密语在实际交际应用中，又有顺说与倒说、硬口儿与软口儿之别。顺说与倒说是就独立结构的具体反切秘密语符号的"能指"成分而言，如"tai-ga"（他-tā），是顺说，而"ga-tai"即为反说，是就反切秘密语上字与下字的音节顺序正反而言。一般顺说比较容易掌握，而倒说则要颇为熟练才行，亦因其使用这种秘密语的集体或群体而有所区别。在切语声调上，顺说而且慢说或顺说而且快说，直接影响其声调。但倒说则无论快慢，切语的上字均读轻声。硬口儿与软口儿，是就反切秘密语在言语中对虚词文字符号的处理而言。无论实词或虚词用字及其声调怎样，一律化为反切秘密语的上、下字组合结构，是为硬口儿；而不将读轻声的虚词用字化这种反切秘密语符号，照用原词用字的，即为软口儿。下面是以汉语拼音描写的北方方言区 mai-ga 式反切秘密语软口儿顺说与软口儿倒说之例③。

软口儿顺说之例：

---

① 林序达：《反切概说》，四川人民出版社 1982 年 11 月第 1 版，第 44 页。
② 林序达《反切概说》："'成阁'，相似是'石'，'阁成'相似是'冈'。"又注云："所引童谣，《晋书》作：'吁汝恪，何若若！芦苇单衣篾钩络，于何求常子阁。'（《五行志》中）在《切韵》音系里，成、常、石声母相同（常母），阁、冈声母相同（见母）；常、冈、成韵近（阳韵、唐韵、清韵），阁、石韵近（铎韵、昔韵）。"
③ 安家驹：《盲人密语——关于 mai-ga 式反切语的调查》，载延边大学《汉语学习》1986 年第 6 期。

sǎi-zì shuǎi-gū jie-liā li zhuǎi-gòng dǎi-gà de shǎi-zhì
四　叔　家里　重　大　的　事
jiě-liàn shǎi-zhì jiě-lì sǎi-zì, xiě-jiáng liě-jín sǎi-gǎo
件　是　祭祀，　祥　林　嫂
xiě-jiān qiě-lián zuǎi-guì miǎ-gáng de shǎi-zhì hái-gòu
先　前　最　忙　的　时　候
jiě-jiù shǎi-zhì jiě-lì sǎi-zì, zhǎi-gei huǎi-guí tǎi-gā
就　是　祭祀，　这　回　她
quě-lüè qiě-līng xiě-jián le. zhuǎi-guō zi fǎi-gàng
却　清　闲　了。桌　子　放
zǎi-gǎi tǎi-gáng zhuǎi-gōng yě-jiāng, jiě-lì shang
在　堂　中　央，　系　上
zhuǎi-guō wǎi-guí, tǎi-gā hǎi-gái jiě-lì dǎi-gé zhǎi-gǎo
桌　帏，　她　还　记　得　照
jiě-liǔ de quě-lü fāi-gēn pǎi-gèi jiě-liǔ bǎi-gēi he kuǎi-luǎi
旧　的　去　分　配　酒　杯　和　筷
zi。
子。

软口儿倒说之例（接上例文章）：

"jiáng-xie jín-lie gǎo-sai, jǐ-nie gǎng-fai zhe ba!
"祥　林　嫂，　你　放　着罢！

guǒ-wai gái-lai gǎi-bai." zì-sai gěn-sai guāng-huai
我　来　摆。"　四　婶　慌
gáng-mai de guō-shuai. gā-tai gǎn-shai gǎn-shai de
忙　的　说。　她　讪　讪　的
guō-suai le gǒu-shai, jiū-ye jù-que jǔ-que gú-zhuai
缩　了　手，　又　去　取　烛
gái-tai。
台。

    以反切方式构造民间秘密语，就所存文献见知，当以明代为流行一时。如明风月友《金陵六院市语》所载之"自身而言：'撒楼'者，头也"；"自称呼言：老妈儿为'波么'。"其"撒楼"与"波么"即以当时当地"头"与"妈儿"的读音音节反切组合而成。田汝成《西湖游览志馀》卷二十五《委巷丛谈》载："杭人有以二字反切一字以成声者，如以'秀'为'鲫溜'，以'团'为'突栾'，以'精'为'鲫令'，以'俏'为'鲫跳'，以'孔'为'窟笼'，以'盘'为'勃兰'，以'铎'为'突落'，以'窠'为'窟陀'，以'圈'为'窟栾'，以'蒲'为'鹁卢'。"又如明代江阴人氏李翊《俗呼小录》中亦记载："'精'谓之'鲫令'，'团'谓之'突栾'，'孔'谓之'窟笼'，'圈'谓之'屈栾'，'蓬'谓之'勃龙'。"两书所载同一，"圈"字，反切语一为"窟栾"，一则为"屈栾"，以今音判断则"屈栾"为是，至于"窟栾"，或为笔误、刻误，或为其时其地方音所致，有待详考。而由此可知明代反切制秘密语，已为常见之事，乃至以收录方言俗语为本的《俗呼小录》亦将之收入，并可为民间秘密语兼为俗语之属的又一分类学佐证。然而，上述已远非明代一代所流行之秘密语,却是唐宋之遗制。据钱南扬先生考察,明徐渭《南词叙录》云:"唧溜,精细也。"字作"唧"。无名氏眉批云:"是便利之意。孟郊有'不唧溜钝汉'之语。"可见是唐人语。宋无名氏《百宝总珍集》卷一"青云"云:"若颜色唧伶。"唧伶,也即是"鲫令",可见是宋人语。又,"杂嗽"为骂,见于《金陵六院市语》及《行院声嗽》,其中的"马"字,当是"骂"字之误①。由是可断。

至近现代,反切秘密语则进一步盛行于民间各种中下层社会群体、集团,而且又因各地方言语音差异,所流行的反切秘密语亦花样颇多,各地多有区别。据容肇祖、赵元任、陈志良等人的调查与研究所见,主要常见有如下诸式。

北京(旧称北平)的反切秘密语

北京的反切秘密语有3种:

一是 mai-ga 式的。此式定则为:声母字、韵母字次序是顺的。声母字附加韵依本字开、齐、合、撮而用 ai、ie、uai、e,唇音声母跟 u 本韵相拼时,声母附加韵用 ai。假如本字是舌尖韵-i 的就用 e 为附加韵。韵母字附加声开、合用 k,而齐、撮用 j。假如本字是舌尖韵-i 的,韵母字附加声就用 zh、z。假如附加声跟本字声母重复,就改用 l。声母字认为上声读,韵母字读本字调。这式反切语无说漏的可能。其例如:

一——野鸡走——宰狗
那儿——乃盖儿在——宰盖
事——色志身——色根
大——歹尬争——窄庚
北——白给这儿——歹告儿
先——写尖就——姐六
穿——揣官商——色刚

二是 mei-ga 式的。此式的定则为:声母字、韵母字的次序是顺的。声母附加韵依本字开、齐、合、撮而用 ei、eí、uei、ü;唇音声母跟 u 本韵相拼时,声母附加韵用 ei。韵母字附加声用 k。假如本字是舌尖韵-i 的,韵母附加声就用 zh、z。韵母字以包括本字韵头为常例,但声母 j、q、x 跟韵母 ia、iao、iang 相拼时,i 可省去,跟 yan 相拼时 y 可作 u。声母字读去声,韵母字读本字调。其例如:

北——背给风——费庚
本——背颐火儿——会鬼儿
算——岁贯那儿——内盖儿
把——背生们——妹哏
说——睡锅脱——退锅

三是 man-ta 式的。其式定则为:声母字、韵母字的次序是顺的。声母附加韵依本字开、齐、合、撮大口韵用 an、in、uan、üan,小口韵用 en、in、uan、n。唇音声母跟 u 本韵相拼时,声母附加韵用 en。韵母字附加声用 t。反切字各用本字调。其例如:

---

① 钱南扬:《汉上宦文存》,上海文艺出版社 1980 年 8 月第 1 版,第 133 页。其中,《金陵六院市语》:"'杂嗽'者,骂也。"《行院声嗽·人事》:"骂,杂嗽。"

那儿——难炭儿大——旦揭
火儿——魂腿儿算——算橼
这儿——旦套儿来——兰台
把——板塔他——贪他
袍——盘桃脱——吞脱
叫——见跳先——先天
商——扇汤好——寒讨
上——善烫穿——穿湍
厚——恨透——因梯
太——叹太风——分鳌

凡此可见，即或同一方言区，其反切秘密语亦存在颇多分别。上述北京的三式反切秘密语，其构造定则中，"声母字、韵母字的次序是顺的"（即"顺说"）这一点相同，而且，除此而外则不尽一致了。

常州的反切秘密语①

常州的反切秘密语，通行多为 meng-la 式的。其式定则为：声母字、韵母字的次序是顺的。声母字附加韵一般声母用 eng，舌面（即颚化）声母用 ing。唇音声母跟舌尖中的声母（d, t, n, l 等）跟 u 本韵相拼时，u 音不归声母。假如本字韵是 eng、ing 的，则附加韵改作 e、ie 或 üe 入声。韵母字附加声用 l，如本字声母是 l 的，附加声改为 d。反切字除入声声母字须用平声，跟 eng、ing（iong）韵字声母字须用入声外，各依本字调读。但声母字重韵母字轻，并照声调相连法发生变化。附加声 l-、d-与本字声母清浊不合就任之他调的阴阳不合。其例如：

东——登龙岛——登老
登——得伦等——得冷
同——滕龙伦——勒登
动——邓弄弄——论冻
邓——夺论达——滕辣
一——因力人——逆林
争——真郎阳——银良
勒——伦德事——甚贰
回——魂来风——分龙
头——腾楼北——奔六
身——色伦袍——盆劳
叫——镜料好——亨老
走——整柳来——伦堆

昆山的反切秘密语

昆山市地处江苏东南部，与上海市相接邻。昆山的反切秘密语多为 mo-ba 式的。其式定则

---

① 注：在常州舌尖前音中是 u 音位的一个附属值。在无准确相应汉语拼音读音时，以国际音标注之，并加 [ ] 标示。下同。余皆用汉语拼音描写记音。

为：声母字、韵母字次序是顺的。声母字附加韵用 o。韵母的附加声的发音部位与本字同系，发音方法通塞互换，即本字塞声的用通声【v】行，本字通声的用塞声 b 行，但音节化的鼻音可不切。反切调与本字分舒促，平、上、去分得不清楚，但大致根据本字调及字调相连的变法变的。其例如：

一——郁结商——沙臧
先——沙尖能——拿灯
争——渣常脱——秃勒
搭——笃辣北——北复
转——榨善特——独勒
着——捉石身——沙真
算——舍钻七——促席
邦——巴房关——瓜还
削——缩爵如——蛇猪
奴——拿都次——岔寺
如——蛇猪专——渣然

此外，昆山尚流行一种三字切口，即三字切的秘密语。其附加韵用 en，附加声同其地两字切的反切秘密语定则相似，即"韵母字附加声的发音部位与本字同系，发音方法通塞互换，即本字塞声的用通声【v】行，本字通声的用塞声 b 行"①。而于其当中增加的一个字亦即附加声与附加韵拼起来的字音。例如：

汤——吞伦郎郎——仑登当
消——生真焦焦——真神樵

苏州的反切秘密语

苏州的反切秘密语一般为 uo-men 式的。此式一般定则为：声母字、韵母字的顺序是颠倒的，即倒说式的。声母附加韵依本字开、齐、合、撮而用 en、in、uen、üen。唇音声母与 u 本韵相拼时，声母附加声用 en。韵母字用秃头韵母。阳调字加一种浊音吐气 [fi]。开口韵母遇唇音声母以合口论，但附加韵仍用 en 而不用 uen。韵母字（第一字、即上字）调认为与本字调相同。声母字（第二字、即下字）如本字是平上认为平声，本字是去、入认为去声。但连起来照先重后轻连字变调法变调。其例如：

一——一即有——有卒
家——挨根头——侯亭
好——拗亭说——厄胜
先——烟心人——形人
脱——厄褪襕——安门
路——贺论来——孩伦
风——翁分搭——鸭凳

---

① 赵元任：《反切语八种》，载《国立中央研究院历史语言研究所集刊》第 2 本第 3 分册，1931 年版。

事——事赠身——恩身
走——酉精
太——挨吞
论——恨论
葛——厄根

广州的反切式秘密语

广州的反切式秘密语一般为 la-mi 式的。其式定则为：声母字与韵母字次序是倒的。声母字附加韵，依本字阴韵，-m 或-n 尾，ng 尾，-b 或-d 尾，-g 尾，用 i、in、ing、[it]、[ik]。但是，如果本字韵母是 i、in、ing、[it]、[ik] 的，附加韵则改为 u、[un]、ong、[ut]、[uk]。韵母字附加韵用 l。假如本字声母是 l，韵母附加声阴调字跟阳去用 g，阳平上入用 k。反呒 m、五 ng 等字没有切。反切字声调每个字各与本字声调相同。"变音字"比较固定者，按照变音拼。其例如：

甜——廉田上——亮盛
长——良情棉——连睛
人——邻延就——漏治
本——卵扁量——强零
匀——邻荣同——龙亭
乱——绢练有——柳以
立——及列林——琴连
十——立舌姓——令宋

像这种三字切的反切秘密语，在容肇祖《反切的秘密语》文中亦曾提到，即以"廉听吞"为"能指"成分二以"无"为其"所指"成分。赵元任先生认为，这是东莞的切法，而不是广州的。若是广州的反切当用阴平的"连"字，而不是"廉"字，是东莞的"廉"字读 hn 音。容文称这种"三字代一字"的三字式反切秘密语为"盲佬话"，当是流行于盲人之中了。然而，其虽亦系采用两字式的反切秘密语定则，却由于切法烦琐，说用与译解均颇费事，因而流行不广。

东莞的反切秘密语

东莞县位于广东珠江三角洲东部、东江下游，距广州较近，而其反切秘密语亦同为 la-mi 式的，其式定则如广州。但实在读音与广州有异，依本地乡音切拼。

福州的反切秘密语

福州的反切秘密语也是 la-mi 式的，与广州定则相似，然而由于两地音系相差较大，故差别亦较大。其式定则为：声母字与韵母字的次序是倒的。声母字附加韵依本字韵母跟声调的性质而用 i、ing、[ik]、ei、[eik] 等。声母照（说话人意识中的）单字音拼，不因平常就连说时的变音而跟着也变。韵母字附加韵用 l。三个纯鼻音字不切（m、n、ng），或把本字音说两次。反切字声调以每字照本字调读法为原则，但韵母字（即第一字，亦即上字）依二字声调相连变化法照例变调。有松紧的韵母字依一定的定则变调。其例如：

美——里美琵——梨琵
酒——柳旨上——亮盛
饮——领饮好——老喜
没——律密月——抨逆

人——林人沙——拉诗
来——来黎是——吏是
掏——罗迟耳——吏耳
零——零零拜——籁秘

上海的反切秘密语①

上海是中国近代最繁盛的都市之一，尤以商业、文化事业较为发达，居民五方杂处，虽以吴语为其基础方言，却杂糅着多种次方言，形成了其特有的民俗语言文化。至于流行的各种秘密语，亦种类颇为丰富。据世居当地的学者调查，仅是反切的秘密语，即有多种。下面则分别做一简要记述。

一是"两字反"，常谓"硬反"，又谓"洞庭反""同里反"，此即以两音切合的常见反切秘密语，与各地定则大同小异（乃方言差别）。其例如：

中——糟仲登——刀伦
翁——麈红台——桃来
哀——麈孩天——叨连

赵元任《反切语八种》提到上海浦东 mo-ba 式反切语，在当地谓洞庭切，其式定则与昆山相同，但附加韵是用舒声的 o，是浦东豪、包、超等字的韵。罗常培先生曾向赵元任先生提供所记余杭、武康所谓的"三反切"秘密语材料。这种切语又叫"洞庭切"或"哼切"。其切拼方法系以一至十的切语为定则去切拼所有用字，这十字的反切为：

一——育结二——虐基
三——沙追四——晒制
五——碗古六——腊笃
七——触席八——百伏
九——掏友十——熟则

对此，赵元任认为亦与浦东、昆山的大致相同，只是附加韵用入声的 o（ə），也是一种 mo-ba 式反切语。陈志良认为，这十个字的反切，非特与上海、昆山相似，其实与嘉定的反切相同。此外，赵元任又提到在苏州曾听到一种与浦东、昆山同一切法的 mo-ba 式反切语，也叫"洞庭切"，将"饭"切拼为"伏扮"。在苏州话中，声母附加韵全用入声的，而不如浦东、昆山舒声字用舒声。这是与苏州常见的 uo-men 式反切语不同，而用者较少的别一种秘密语。

上海还有一种名为"花儿反"的反切秘密语，上、下字颠倒，亦即倒说式反切语，如"中"的切语一般为"镇仲"，而"花儿反"则说成"仲镇"。

二是"三字反"。这种反切秘密语在上海又有些名目，皆依用韵而有区别。一般说"三字反"，系就"三字硬反"而言。如"中——糟曹仲"或"中——捉蜀仲"，是"硬反"；若"中——糟齐仲"，则是"三字软反"了。如果其第一附加韵及第二附加韵均收"阿"韵，如"中——斋柴仲"，则名为"喇叭反"。如果其第一附加韵或第二附加韵均收"恩"韵，如"中——镇神仲"，

---

① 本节所记述的前七种反切秘密语，以赵元任先生所著《反切语八种》为本（出处见前注）；"上海的反切秘密语"，以陈志良著《上海的反切语》为本，载《说文》月刊第 1 卷第 9 期，1939 年出版。

即名为"仑敦反",又称作"鼬鼻头反"。

三是"多字反",即"四字反"至"七字反",这种情况在各地极为少见,亦是徒弄玄虚而已,而一个字音的反切极峰,最多七字。其基本定则是:(1)第一字的发声与所切之字的发声必须相同,而末一字的收韵亦必须与所切之字的收韵相同。(2)第二字的附加声,必须与末一字的附加声相同。(3)末一字以前诸字的附加韵,均可自由应用。以"中"为例,其"四字反",是"糟斋柴仲";其"五字反",是"斋神曹柴仲";其"六字反",是"镇曹斋柴才仲";其"七字反",是"灾斋曹神坐柴仲"。如此而已,实为烦琐、玄虚的语言游戏,故鲜见流行应用。上海反切秘密语一般语音切拼结构情况,如果用一至十这十个数目字为例,大体如下:

	洞庭反	三字软反	喇叭反	仑敦反	花儿反
一	夭结	夭基结	耶皆结	英京结	一起
二	饶基	饶基基	口皆基	迎京基	大儿
三	烧斩	烧姊斩	洒斋斩	圣尊斩	雪宜
四	烧制	烧姊制	洒斋制	圣尊制	蔡时
五	敖根嗯	敖□根嗯①	牙加白根嗯	□根根嗯	潘时
六	落笃	落底笃	拉带笃	仑敦笃	摇令
七	超席	超徐席	差顺席	寸顺席	扒寸
八	包伐	包尾伐	摆淮伐	奔问伐	挖奔
九	交友	交吴友	皆爷友	敬营友	溜敬
十	蜀札	蜀姊札	柴斋札	顺尊札	勒顺

同时,上述又可用于同罗常培提供给赵元任的余杭、武康10个数目字的反切相比较对照(见前述)。

无锡的反切秘密语②

无锡位于江苏南部、太湖北岸,是大运河与锡澄运河的交汇处,境内河流纵横,盛产稻、麦、蚕茧、水果及鱼类,是历史上久负盛名的鱼米之乡,为中国四大米市之一。解放前,运河两岸的粮食商行鳞次栉比,是重要的粮食集散地。作为粮食行业的一种商业语俗,则流行着名为"唐反""燕子反"和"鸭子反"等反切秘密语。其"唐反"定则与旧韵书反切方法相同,也是上字表声、下字表韵,合而结构成切语,却莫如《广韵》等韵书那样复杂。它只是将"所指"成分本字的声韵分开,于声后加韵母 eng 为切语上字,韵前加声母 l 为下字,以此代表本字。如"风头勿好,抛出!"(市价要跌,快卖!);用"唐反"则成为:feng-long deng-leifeng-le heng-lao peng-lao ceng-le!"(这是以汉语拼音对原记音的大致描写,下同)其一般用例如:

矮——eng-la 雅——ing-la
富——feng-u 灯——deng-leng
笼——leng-long 稀——xing-li

至于所谓"燕子反",切语上字取音方法与"唐反"相同,只是将下字声母由"唐反"的 l 改作 z,以其说话唧唧如燕语得名。"鸭子反"上字韵母由"唐反"的 eng 改为 a,下字与"唐反"

---

① 其中"□"处,为无适当记音汉字,故空缺之。
② 此以陈祺生《旧时代无锡粮食业的常用切口》一文所记述为本,载《语文知识》1957 年第 12 期。

或"燕子反"相同，以其说话呷呷若鸭叫而得名。

以上情况，大都是将近半个世纪以前中国一些地方反切秘密语的情况，又多为当时学者的考察所见。至于没有列入的其他各地反切秘密语当然还有许多，如20世纪30年代末曾有人还记述过潮汕地区的反切语①，于此则不尽详述了。上述9种皆为历史上发生的现象，当代是否还有流行呢？于此，且举下述为例。

江宁当代盲人反切秘密语②

据1981年对大连、金县、营口三地的三座工厂、两所学校、一个公安局、一个生产大队（村级建制）的走访调查，先后所访问的23位会说反切语的人中，11位是盲人，加上以后的再次走访，共调查过15位会说反切语的盲人。事实表明，"辽宁地区所使用的反切语基本上是赵元任先生所归纳的mai-ga式反切语"。而且，"在盲人成堆的地方反切语一直流传使用"③。

容肇祖认为："在前清初办学堂的时候（民国纪元前六七十年间）中小学校里很通行。但是这种秘密语用来谈秽亵的事情的人很少。后来懂得的人渐渐多了，到如今大都看作很下流的一种语，也渐渐没多少人敢说了。"④ 赵元任认为："实际用反切语的大多数是小学生、算命瞎子、流氓、做贼等之类的人，他们当然并不知道一共有几条什么规则。他们学的法子往往先学了10个数目字的切法，然后以此类推到别的字上去。因为这个缘故，学的人也有学得好坏之不同。"⑤ 陈志良提出，反切语在上海民间的势力虽是浓厚，然亦并非人人都会说，而使用反切语最普遍的则是：（1）流氓，间用着"硬反""花儿反""切口"等；（2）唱滩簧的，"滩簧"又称"申曲"，俗谓"本滩"，他们以"花儿反"为主体，故亦称此行为"浪花儿"（"浪"为"寸浪"之反）；（3）道士，以"折字反"为主，间用"硬反"；（4）礼人，包括"茶担""乐人"等，以"硬反"为主体，间用"折字反"；（5）裁缝，以"硬反"为主；（6）学生，在1931年前五六年间，于浦东曾风行一时，在乎好玩而已，而后来浦东反切语的流传，却有其作用。⑥

据调查，辽宁当代所流传的反切秘密语，与之关系最密切的是盲人，是世代相袭的，而在明眼人中间的流传则是"时断时续"的。安家驹先生先后调查的15位盲人，大体为3种类型：一是旧社会算命的，4人；二是旧社会盲校出来的，1人；三是新社会盲校的毕业生或在校生，10人。其中除3位年幼的盲童生不会此道外，余下的12人均会说反切秘密语，尤以4位旧社会算过命的盲人说得最为流利熟练，并有2位尚会"倒说"。旧社会上过盲校的那位（现为盲文教师），不只会说反切语，亦懂"盲点"（即盲文）。在调查中发现，旧社会曾以算命为生的盲人，几乎都会讲反切语，他们称之为"会中语"。因为，当时算命的盲人大都是"三皇会"成员，其反切语非会中人不传，是其帮会规矩，故称。而明眼人首先学会"会中语"的，则为算命盲人引路的小孩，一般中学生中流行反切语，即其引路的小孩所传。在"三皇会"已不复存在的今天，盲人中之所以仍流行其"会中语"不绝，仍是因其具有保密功能，而盲人又仍然需要内部交际。这些盲人说，他们互相对话，总有不便于别人听的话，可是又看不见旁边是否有人偷听，又不能使用眼色这种非言语方式，而反切语却可解决这个问题。据说，一次某县盲人福利厂文工团下乡演出，生产队准备的饭少了点，半盲人到厨房看了，回来对大家说："fāi-gān bǎi-gǎi gǎi-lòu, yuē-jūn zhe chuī-zhī." 意思是："饭不够，匀着吃。"被访问的盲人说："要是不瞎，使个眼色就行了，我们这些人，

---

① 陈叔平：《潮汕的反切语》，载《中国语文》1940年第3期。
② 此以安家驹《盲人密语——关于mai-ga式反切语的调查》《再谈盲人密语》两文为本，分别载于延边大学《汉语学习》1986年第6期与1987年第5期。
③ 安家驹：《盲人密语——关于mai-ga式反切语的调查》，载延边大学《汉语学习》1986年第6期。
④ 《反切的秘密语》，载《歌谣周刊》1924年，第52期。
⑤ 《反切语八种》，载《国立中央研究院历史语言研究所集刊》第2本第3册，1931年版，第314页。
⑥ 《上海的反切语》，载《说文》月刊第1卷第9期，1939年版。

把眼珠子翻出来也看不见哪！"

据调查中所仅仅发现的一所在20世纪60年代末70年代初反切语曾风靡一时的农村中学，其反切语是由一位盲人传入而流行的。10年后，这所学校学生已不知反切语为何物。调查者找到了当年言必说反切语的12位中学生，他们仍能以非常流利的反切语对话，讲述当年用反切语嬉戏笑骂的情景。此时，他们已经担任了书记、队长、会计、技术员、司机等。他们说，当时学用反切语是玩，用它骂仗玩。可知其虽然仍具有使外人不懂其义的功能，却与盲人使用的功利性目的不一样，作用自然不同了。成年后，这些当年会说反切语的中学生，认为那种孩提时代的语言游戏已经"没有意思"了，故会说已无兴致使用。

其他语音学构造的民间秘密语考察

赵元任说："全部说话都能改变的，大概都是利用音的变化。一种语言的音素无论怎么繁复，比起词类来总是少好些倍。论语音上辨得出的音素一个语言至多不过有百把来个，论音韵上的音类或音位，至多不过几十个。所以只要对于音上有了一定的改变法，就可以随便什么话机械地一改就全成了秘密语了。"① 当然，最成系统、最为流行的是反切秘密语，而以"反切"之外其他语音学方式构造的秘密语亦颇有一些。于此，则略述几种。

同音切

"同音切"是旧时流行于江浙地区的一种民间秘密语，如"骚三高角傲五"即为"三角五"的同音切。其定则是在各"所指"成分本字前分别各附加一个音节，再与本字音节组合的"能指"成分的读音。其附加的音节多取后一音节的声母加上一个韵母"奥"（ao）来组合而成。

五音循环语

赵元任在《反切语八种》文中谈到："最简单的就是定几个字音，每一个字后加一个，以乱人的听闻。比方北平有一种秘密语就是凡字都加红、黄、蓝、白、黑循环的说。如：咱红们黄不蓝要白跟黑他红'玩儿'黄，就是：咱们不要跟他玩儿。"这种"五音循环语"的确比反切式秘密语或"同音切"要简单易学得多，如例：

我们看电影去——我红们黄看蓝电白影黑去红。
你要注意天气冷热——你红要黄注蓝意白天黑气红冷黄热蓝。

均为5个音节循环插入为之。20世纪50年代，在沈阳市的中小学生中这类秘密语亦尝流行一时，不过不是"五音循环"式，而是"单音循环语"，循环所取音字亦是任意而无定制的，如：

我们看电影去——我的们的看的电的影的去的。
大家都到操场去踢足球——大呢家呢都呢到呢操呢场呢去呢踢呢足呢球呢。

凡此，由于过于简单，稍听两遍即可听出规律而破译之，保密程度极低，一般只是一种"耍贫嘴"式语言游戏罢了，即说着玩的。

八音摄哨语

高名凯《普通语言学》（增订本）和《语言论》，均介绍过"福州八音摄"："福州的'八音

---

① 《反切语八种》，载《国立中央研究院历史语言研究所集刊》第2本第3分册，1931年版，第313页。

摄'就是应用语音改造的方法'创造'出来的一种隐语。重复任何一个音缀都说成两个音缀，其中第一个音缀保持原样，第二个音缀保留韵母，而把任何的声母都换做k，如果第一个音缀的声母就是k的话，就把第二个音缀的声母改为r。同类的隐语创造方法，也存在于我国各地。"① 这种"八音摄"定则近似于反切语，而又有区别，即其第一个音节（上字）与"本字"相同不变，变化的是第二个音节。这种"八音摄"又叫"哨语"。

可可话

"可可话"曾流行于昆明的学生之中，其定则类似于"八音摄"而又有分别。"八音摄"保留第一音节（上字）不变，而"可可话"是保留第二音节（下字）不变，其第一个音节则取本字韵母为韵母，再附上一个k的声母；若恰逢原音节声母是k，则一律重读原音节一次，或将k改变为g。如"我"[k'o-uo，"你"读作[k'i-ni]，"他"读作[k'a-t,a]，"看"却或读为[k'an-k'an]，或读作[k'an-kan]。②

谐音秘密语

汉语言文化中以"谐音"方式构词或作语言游戏的现象颇多。如歇后语"石头蛋子腌咸菜——一言（盐）难尽（进）""火烧城隍殿——妙（庙）哉（灾）""十个铜钱儿丢了一个——久（九）闻（文）"之类，而以此法构造秘密语亦属常制。《金瓶梅》第三十二回载：

> 李桂姐道："香姐，你替我骂这花子。"郑爱香儿道："不要理这望江南巴山虎儿，汗东山斜纹布！"伯爵道："你这小淫妇，道你调子曰儿骂我，我没的说，只是一味白鬼，把你妈那裤带子也扯断了。由他，到明日不与你个功德，你也不怕，不把将军为神道。"

对此段中的"望江南巴山虎儿，汗东山斜纹布"，姚灵犀《金瓶小札》释云：

> 原书谓为"调子曰儿"（竹坡本作"调子之儿；《多妻鉴》作"调子口儿"），竹坡本谓盉夌于竹巾语，望作王，巴作八，汗作汉，斜作邪，合成王八汉邪四字。按：望江南，词牌名也；巴山虎，草名也；汉东山，曲牌名也，斜纹布，布名也。以隐语骂人，取首一字谐音，盖反切语之支流。（《溪蛮丛笑》谓"不阑"者，斑也；"突栾"者，团也；"窟笼"者，孔多也，"不乃"者，摆也。）今扬州犹有此俚语，名曰"老鸦（音蛙）语"，（或作"老哇语"）即"切口"也。传古有考试者，试帖诗有一联苦苦成，遂书"隶碧（叶'你'字）杪椤树（叶'说'字），娥黄（叶'我'字）豆蔻（叶'斗'字）花"，主试不解，以为僻典，遂荐中。士人编为若干语，是为"砌口"（或作"切口"），或谓"徽语"。③

姚氏所释以其为"反切语之支流"，意乃"一种秘密语"也。就其形式而言，乃系谐音、嵌字方式并用。而姚氏随后所记，则确属反切语，亦为反切语考察提供了一点往往不为人所注意的材料。

《西湖游览志馀》卷二十五《委巷丛谈》所载"四平市语"中一至十的10个数目字秘密语，即采用了谐音兼接词式（或说接头式）的构造方式，其例如："一为忆多娇"，以"忆"谐"一"。"忆多娇"，即唐教坊曲牌《长相思》。又"二为耳边风"，以"耳"谐"二"。"耳边风"，俗语。

---

① 高名凯：《普通语言学》（增订本），新知识出版社1957年版，第66页。引文中字母为国际音标注音。
② 《关于"社会习惯语"或"社会方言"的讨论》，载《中国语文》1957年第4期。
③ 《金瓶梅评注·金瓶小札》，漓江出版社1986年8月第1版，第531页。

汉赵晔《吴越春秋》卷二："富贵之于我，如秋风之过耳。"杜荀鹤《题赠兜率寺闲上人院》诗："百岁有涯头上雪，万般无染耳边风。"清唐训方《里语徵实》卷中下引《抱璞简记》称杜荀鹤所用，"未觉为俗耳"。其余名数亦然，多取人所常闻之语首字谐音而成。如："三为散秋香"，以"散"谐"三"也；"四为思乡马"，以"思"谐"四"也；"五为误佳期"，以"误"谐"五"也；"六为柳摇金"，以"柳"谐"六"也；"七为砌花台"，以"砌"谐"七"也；"八为霸陵桥"，以"霸"谐"八"也；"九为救情郎"，以"救"谐"九"也；"十为舍利子"，以"舍"谐"十"也。凡此，若单用不为复数，则又比以单字为"能指"成分便于记忆。如以一为忆、以二为耳、以三为散、以四为思、以五为误、以六为柳、以七为砌、以八为霸、以九为救、以十为舍，非但不如三字熟语，且易"说漏"而失其保密、回避人知之功能。四平市语又有小为"消梨花"，大为"朵朵云"，老为"落梅风"；以之"讳低物为'靸'，以其足下物也，复讳'靸'为'撒金钱'，亦以"撒"谐"靸"。凡此，皆以谐音创造秘密语之制，其"能指"成分并无字面用意，其"义意全无，徒以惑乱观听耳"。①

麻雀语

这是一种以韵字代本字的音韵学创制秘密方式，即将所有本字均换成"箫"韵字代之。容肇祖《反切的秘密语》文中，曾谈及此语。该文举例说："如'食饭读为'siaofiao'；'读书'读为'diaosia'等。只要知道了一个字，就可以完全悟出来。"其定则是取本字（"所指"成分）的声母与"箫"韵拼合而成。如"这小子不地道"，其"麻雀语"读法则是"早肖我跑掉倒"。后来已很少见说。然而，在20世纪的60年代末70年代初，在黑龙江农场的北方下乡知识青年和上海的中学生中间，却见有流传使用，但已非本来的"麻雀语"，而是"改造"式的。如"这小子不地道"，他们说"早这肖小找子跑不掉地倒道"，将本字置于"箫"韵代字之后，掺杂组合。② 这种情况有点类似"五音循环语"，但又有点不一样。这种"宽式麻雀语"的定则是：将本字声母与箫韵母拼合成为"能指"成分的上字，再加上作为下字的本字（"所指"成分）即成为一个完整的"能指"成分，其本字当然是"所指"成分。如果以A代表本字，以B代表本字声母，C为箫韵母，D为完整的"能指"分，那么可以用如下公式表示：

$$D=(B+C)+A \text{ 或 } D=BC+A$$

其所用"箫"韵，是学者们的归纳。在实际生活中，并无那么多人懂得音韵，乃至某些语言科学工作者亦未必懂音韵学这被称为"绝学"的学问。因而并非使用严格的"箫"韵字，而是一种"宽式"用法，大体相似即可。

5. 副语言习俗等形态的秘密语

法国学者列维-布留尔（1857—1939年）在其名著《原始思维》中谈到："在阿比朋人那里，多布里茨霍菲尔见到一个巫师为了不让人听见，用手势跟别人秘密地谈话，在这些手势里，手、胳膊肘、头起了各自的作用。他的同行们也用手势回答，所以他们容易彼此保持接触。"③ 柯南道尔《福尔摩斯探案集》描述的"跳舞的小人"，是当地黑社会中流行的非言语形式的集团秘密语符号。福尔摩斯破译了它的符号逻辑排列规律，从而侦破了与其有关的案件。凡此，都是以保守本集团或群体秘密、进行内部交际的特殊秘密语形式，即非言语交际的和特别符号的（"跳舞的小人"也是

---

① 田汝成：《西湖游览志馀·委巷丛谈》。
② 参自愚：《有趣的秘密语》，载1984年8月31日《新民晚报》。
③ [英]列维-布留尔：《原始思维》，商务印书馆1981年第1版，第153页。

一种非言语交际形式的）秘密语。

陈原先生在其《社会语言学》一书中提出："特定社会集团在一定语境下使用的黑话，虽然是有声语言，但是同这个社会全体成员习惯用的交际工具——全民语言——完全不同。因此，这些黑话虽则是言语，其实却等于非语言符号。"① 这是相对并且就广义而言的。具体说来，中国民间秘密语亦有其言语的、非言语的形式分别，乃至其他特别形式。

在拙著《民俗语言学》中，我有专章讨论副语言习俗问题，并又应邀撰写了一部专著《副语言习俗———一种民俗语言现象》。② 在这两部书中，我提出了一个有别于国际语言学界一般意义的"副语言"的"副语言习俗"和"副语言学"两个概念。一般意义中的"副语言"（paralanguage）或"副语言学"（paralinguistics），是"指表示操某种语言的个别人特点的那些言语形式上的模式，如'假嗓音''吱嘎声''间断''咯咯声'等特点。一些语言学家把这些特征看作是超出语言交际和语言分析范围的特征，另一些语言学家则认为它们属于姿态和手势或音系学特征。在某种程度上，这类个人特征已成为不同语言或一种语言的不同方言中约定俗成的东西"③。所谓"副语言习俗"，是指用全部"非言语"形式的语言习俗。在写这两部专著时，即已计划撰写一部关于民间秘密语的专书，因而，都未展开讨论副语言习俗的秘密语这个课题。于此讨论，从某种意义上说，也是对那二书的呼应。

据文献记载，汉语文化中，远在周秦时代就已经使用烽火报警这种非言语交际方式。《墨子·号令》："与城上烽燧相望。昼则举烽，夜则举火。"《史记》卷一七《司马相如传·喻巴蜀檄》："夫边郡之士闻烽举燧燔，皆摄弓而驰，荷兵而走。"《史记索隐》引韦昭释云："燧，束草置之长木之端，如挈皋，见敌则烧举之。燧者，积薪，有难则焚之。烽主昼，燧主夜。"据此亦可推断，以烽火为报警信号，最初是一地、一族的群体内部约定的暗号，后来传布开来。因其法简便易行，又一定程度地克服了时空障碍，便由独家专用秘号变成了大家公用的"明语"警报。再如中国古代以擂鼓为进军令，以鸣金为收兵号，亦如此。《司马法·严位篇》记有7种鼓令，或指示旌旗之鼓，或调动车兵之鼓，或调动骑兵之鼓，或调动步兵之鼓，或指令交战之鼓，或命令整齐队形阵势之鼓，或指示起坐行动之鼓。击鼓方法又有多种分别，《尉缭子·勒卒令》载：首次击鼓系命令前进，二次击鼓是攻击号令，一步击一鼓是要慢步前进的号令，十步击一鼓，则为快步进兵令，鼓声不绝，是跑步前进的命令。"鼓之则进，金之则止，不从令者诛。"各军有各军的鼓令，则非不能统一，而是在于保密，同时最初的鼓令对于异军即具有回避人知的非言语的秘密语功能。

(1)"茶阵"与"路阵"

中国古代的"阴符""羽檄"，也是用于传达信息的非言语方式。"阴符"，相传为太公望（即《封神演义》中的姜子牙）创制，是古代用于军事通信的一种秘密方式。阴符木片上无文字，却以其长短为事先约定的信息符号。一般分为8种规格，分别表示下列暗语：一曰大胜克敌之符，长1尺；二曰破阵擒将之符，长9寸；三曰降城得邑之符，长8寸；四曰却放极远之符，长7寸；五曰警众坚守之符，长6寸；八曰请粮益兵之符，长5寸；七曰败军亡将之符，长4寸；八曰失利亡士之符，长3寸。

清季民间秘密结社天地会的"茶阵"，则为一种民间集团的非言语交际方式的秘密语。④ 20世

---

① 陈原：《社会语言学》，学林出版社1983年8月第1版，第165—166页。
② 曲彦斌：《民俗语言学》，辽宁教育出版社1989年版；《副语言习俗———一种民俗语言现象》，辽宁大学出版社1989年版。
③ ［英］哈特曼、斯托克：《语言与语言学词典》，上海辞书出版社1981年10月第1版，第246—247页。
④ 萧一山：《近代秘密社会史料》，岳麓书社1986年7月第1版。系据国立北平研究院史学研究会1935年印行的原书改排重刊。

纪30年代初，中国学者萧一山先生至英国伦敦不列颠博物院抄录带回了丰富的有关天地会史料文献，其中，就包括了一般隐语及"茶阵""手语"这种非言语的隐语形制的资料。于此之先，日本学者平山周所撰《中国秘密社会史》一书，亦辑有近代民间秘密社会隐语、"茶碗阵"及"符徵"等的形制定则。① 由这些记载可知，近代民间秘密社会，几乎将民间秘密语的各种形式都充分利用并促其发展。这对于中国民间秘密语研究来说，实可谓弥足珍贵的材料。因而，有必要在此考察一下其基本概况，以便进行讨论。

"茶碗阵者，于饮茶之际，互相斗法。甲乙相对时，甲先布一阵，令乙破之。能破者为好汉，不能破者为怯弱。"这是平山周关于近代民间秘密组织三合会"茶碗阵"的记述。中国传统游艺民俗，素有斗花、斗香、斗草、斗鸭、斗鸡、斗鹌鹑、斗蟋蟀、斗凿、斗巧、斗茶之类方式，史书笔记多见记载。五代后周王仁裕《开元天宝遗事》卷三《斗花》："长安士女，于春时斗花，戴插以奇花多者为胜。皆用千金市名花，植于庭苑中，以备春时之斗也。"是乃赛花之戏。宋陶谷《清异录·薰燎》："中宗朝，宗纪韦武间为雅会，各携名香，比试优劣，名曰斗香。"南朝梁宗懔《荆楚岁时记》："五月五日，四民并踏百草，又有斗百草之戏。"是戏以唐宋以来尤盛。以斗鸭为戏起于汉初，晋葛洪《西京杂记》载："鲁恭王好斗鸡鸭及鹅雁。"又西晋陈寿《三国志·吴志·陆逊传》亦载："时建昌侯虑于堂前作斗鸭栏，颇施小巧。"是此戏已传入当时上层社会以为雅戏。唐陈鸿《东城老父传》："玄宗在藩邸时，乐民间清明斗鸡戏。及即位，治鸡坊于两宫间，索长安雄鸡，金毫铁距，高冠昂尾千数，养于鸡坊。诸王世家、外戚家、公主家、侯家，倾帑破产市鸡，以偿鸡直。"又据《乐府诗集》卷六十四《斗鸡篇》宋郭茂倩《题解》："《邺都故事》曰：'魏明帝大和中筑斗鸡台。赵玉石虎亦以芥羽漆砂斗鸡于此，故曹植诗云斗鸡。'"《清稗类钞·赌博类》："斗鹌鹑之戏，始于唐，西凉厥者进鹑于玄宗，能随金鼓节奏争斗，宫中咸养之……其败者，俗谓之曰桶子。"斗蟋蟀旧又谓"斗蛩"，宋顾文荐《负暄杂录·禽虫善斗》："斗蛩亦始于天宝间。长安富人镂象牙为笼而畜之，以万金之资付之一啄。"清潘荣陛《帝京岁时纪胜》："都人好育蟋蟀，秋日贮以精瓷盆盂，赌斗角胜。有价值数十金者，为市易之。"《南史·齐废帝海陵王纪》："永明世，市里小儿以铁相击于地，谓之斗凿。"明陶宗仪《元氏掖庭记》卷二："至大中，洪妃宠于后宫。七夕，诸嫔妃不得登台，台上结彩为楼，妃独与宫官数人升焉。剪彩散台下，令宫嫔拾之，以色艳淡为胜负。次日设宴大会，谓之斗巧宴。"与茶相关的斗戏是斗茶，又谓斗茗。据宋江休复《嘉祐杂志》云："苏才翁尝与蔡君谟斗茶。蔡茶精，用惠山泉，苏茶小劣，改用竹沥水煎，遂能取胜。"又宋陆游《剑南诗稿》卷五《晨雨》诗有句："青蒻云腴开斗茗，翠罂玉液取寒泉。"那么"茶阵"是什么呢？平山周氏认为是"斗法"："茶碗阵者，于饮茶之际，互相斗法。甲乙相对时，甲先布一阵，令乙破之。能破者为好汉，不能破者为怯弱。"② "斗法"之"法"，俗读 fǎ（发）音，指旧时方士、术士用以惑人之神秘手法，即"方术"。方术于中国传统文化中乃占候、星占、巫医、占卜、相卜、命相、遁甲、堪舆、神仙术之类，后道教承袭了先秦巫祝祭祖鬼神和方士炼丹采药之术，作为一种修炼方法。三合会、哥老会、天地会等近代民间秘密社会组织，无不借助民俗信仰起事、组合，颇具迷信与宗教色彩，其"斗法"亦然。"茶阵斗法"不仅反映了其秘密组织的信仰、本位观念，亦兼具斗智游戏特点。然而，其用以斗法的"茶阵"，则是一种非言语方式的秘密语符号的组合变化，以"茶阵"为其"斗法"过程的内部言语交际的神秘方式，充满了神秘而又庄严的色彩。一如《周易》各种卦形各具不同特定信息意义，其"茶阵"的结构变化，亦是含有特定语义集合的秘密符号。"茶阵"的特定语义，是其秘密结社集团内部特定的秘密语含义，三合会、哥老会、天地会（一般统称"天地会"）"茶阵"虽相类似，但又各有差别，是其流行于该秘密集团的不同群落或时期不同之故。各种名目的"茶阵"，分别有其形制、秘密语义及定则，是集

---

① ［日］平山周：《中国秘密社会史》，商务印书馆1912年5月第1版。
② ［日］平山周：《中国秘密社会史》，商务印书馆1912年5月第1版。

团内部交际思想的一种特定方式。因而，"茶阵"既非纯粹的斗智游戏，亦非占卜之术。对于三合会、哥老会、天地会的"茶阵""路符"①，以及手语，下面将分别加以描述、讨论。

三合会的"茶碗阵"②

图1名曰"单鞭阵"，1倒满的茶碗、1茶壶，排列如图所示，所取意思为向其他同志求救，能救之者即径饮其茶，不能救者则弃碗中之茶再另倒茶而饮。

图2名曰"顺逆阵"，茶壶旁并列满碗茶、半碗茶各1，满者为孙膑，半碗者为庞涓。饮法为：先将2碗内的茶同注入茶壶，再倒而饮之。

图3名曰"双龙争玉阵"，茶壶旁斜列有2碗茶，下边并列2烛。饮法为：先将2烛置于别处，再将2碗茶置放整齐，而后饮之。

"上下阵"类如图3，但无双烛。饮法为：先将下边茶碗移至上边，使之平列，或置之稍远处，而后饮之。

"忠义党阵"，如图4，无茶壶，3碗茶斜行或并列排开均可，取其居中之茶饮之。

"争斗阵"，如图5，1茶壶旁并列3碗茶。若壶口对茶碗，即献茶者请与之争斗之意，对方若不应所请，则可取中央1碗饮之。

"品字阵"，如图6，3碗茶摆若"品"字形，需先将下面2碗茶移之与上面1碗相齐，而后饮之。

"山字阵"，摆法、饮法同"品字阵"。

"关公守荆州阵"，如图7，壶上置1茶碗，壶下两侧各1茶碗。饮法为：先将壶上茶碗取下，与壶下2碗置若"品"字形，然后饮之。

"刘秀过关阵"，壶碗排列如图8。受茶人须饮距离自己身体最近的1碗，并将其余茶碗整齐排为一列，口称：刘关张血誓，不可不作一列。如果原本即为一列置之，是为求援之意。若无意应之而拒绝，即依前式饮尽其茶就可以了。

"四隅阵"，无壶，四茶碗排列如图9。饮法为：先将上下茶碗移置为一列，尔后立而饮之。

"四忠臣阵"，壶侧四茶碗并列横排，如图10。此阵只有于求援时布之，若为寄托妻子而允诺之，即取左边第一只茶碗饮；若为借钱而允其请，则取第二只茶碗饮下；若为援救兄弟生命之故，则取第三只茶碗饮下；若为救免兄弟之危难之故，则取第四只茶碗饮下。假如不能或不欲应其所求，即变更茶碗排列位置，尔后饮之。

"赵云加盟阵"，无壶，4只茶碗排列如图11。将左下方1只茶碗与上面3只茶碗并列，尔后饮之。

"英雄八栅阵"，无壶，四茶碗排列如图12。取近身2茶碗饮下，如果对面有人移取，则己即置之后方；若对面人置之后方，则己即移而饮之。

"关公护送二嫂阵"，1壶，壶上1茶碗，壶下亦置茶碗，排列如图13。饮法为：取下壶上茶碗，放至其余茶碗左边，然后饮下。

"贫困箪篚阵"，1茶壶4茶碗排列如图14。饮法为：若能扶助兄弟使之解脱患难，即移去茶壶，而后任取1茶碗饮下。

"复明阵"，无壶，5只茶碗（1空者）排列如图15。饮法为：取中央1空碗倾入茶，尔后饮下。

"孔明上台令诸将阵"，壶、碗排列如图16，其中1碗置于壶上。饮法为：将壶上茶碗取下，放下与其他茶碗共同排列，然后饮下。

---

① 此系笔者杜撰命名，或可谓"路阵"。
② 图见668—671页。

"反清阵"，无壶，1有茶之碗，4无茶之碗，排列如图17。饮法为：弃之中央有茶碗不顾，而于其余4空碗中任意1只，注茶而饮之。

"赵云救阿斗阵"，1茶盘，1茶壶，5只茶碗，壶置盘上，1茶碗置盘上壶之左侧，余碗置盘外，排列如图18。饮法为：先将盘中茶壶、茶碗取出，然后饮茶5碗。

"患难相扶阵"，1茶壶，1茶盘，5只茶碗；1只碗与壶置盘外收右侧，盘中置4碗，排列如图19。饮法为：将盘外茶碗置于盘上4碗中央，然后饮下。

"五虎将军阵"，1茶壶，5只茶碗并列于左侧，如图20。饮法为：将碗中之茶还入壶中，然后再于中央1只茶碗注茶而饮。

"六子守三关阵"，无壶，6只茶碗分两排斜对平行列之，如图21。饮法为：取上面一列中央的茶碗置于上，再取下面一列的中央茶碗置于下，成斜"中"字形，然后饮之。

"古人阵"，1茶壶，左侧置6只茶碗，排列如图22。饮法为：先取两端茶碗，一置于中央之上，一置于中央之下，成"中"字形，然后饮之。

"七神女降下阵"，无壶，7只茶碗排列如图23。左端的茶碗用以表示利己之意，不可饮，其余各碗可任意取饮。

"苏秦相六国阵"，1茶壶，6只茶碗分列壶之周围，如图24。饮法为：先拿去茶壶，再将两端茶碗移置上下，成"中"字形，然后饮之。

"下字阵"，无壶，共7只茶碗，排列如图25。饮法为：取下边突出的1碗饮下。

"七星剑阵"，有两种阵式，均无壶，共7只茶碗，分别排列如图26与图27。第一阵式（图26），左右两端茶碗不可取用，唯可饮用尖端2碗。第二阵式（图27），左右两端茶碗亦不可动用，宜将尖端1碗置于横列3碗中央直线上，然后取上下两端茶碗饮之。

"太阴阵"，无壶，15只茶碗排列如图28。饮法：圈上之茶不可取用，唯可饮用圈中央之1碗。

哥老会的"茶碗阵"[①]

哥老会的茶碗阵比三合会的茶碗阵稍简略而又不同，如诸阵均无茶壶。

"四平八稳阵"（图29）、"仁义阵"（图30）、"五梅花阵"（图31）、"桃园阵"（图32）、"七星阵"（图33）、"六顺阵"（图34）等诸阵式，均属哥老会的普通吃茶式。

"桃园阵"，3只茶碗，上1下2，排列如图32。谣诀云："三仙原来明望家，英雄到处好逍遥；昔日桃园三结义，乌牛白马祭天地。"

"一龙阵"，孤置茶碗1只，如图35。其义如该阵式语诀所云："一朵莲花在盘中，端记莲花洗牙唇，一口吞下大清国，吐出青烟万丈虹。"

"双龙阵"，2茶碗并列，如图36。谣诀云："双龙戏水喜洋洋，好比韩信访张良，今日兄弟来相会，暂把此茶作商量。"

"龙宫阵"，4只茶碗，上下各并列两只，如图37。谣诀云："四海澄清不扬波，只因中国圣人多；哪吒太子去闹海，戏得龙王受须磨。"

"生克阵"，5只茶碗，上1单只，下4两两并列，如图38。谣诀云："金木水火土五行，法力如来五行真；位台能知天文事，可算湖海一高明。"

"六国阵"，6只茶碗，排列如图39。谣诀云："说合六国是苏秦，六国封相天下闻；位台江湖都游到，尔我洪家会诗文。"

"梅花阵"，8只茶碗，组合若二相接之梅花图形，排列如图40。谣诀云："梅花朵朵重重开，古人传来二度梅；昔日良玉重台别，拜相登台现奇才。"

"宝剑阵"，7只茶碗，5只成一直行列，中腰左右各置1只，排列如图41。谣诀云："七星宝

[①] 图见671—672页。

剑摆当中，铁面无情逞英雄；传斩英雄千千万，不妨洪家半毫分。"

"梁山阵"，24只茶碗，上排3只并列，次5只并列，下"八"字形两边各列8只，排列如图42，总体状似梁山泊之忠义堂前点兵、议事，故名。谣诀云："头顶梁山忠根本，才梱木杨是豪强，三八廿四分得清，可算湖海一能人，脚踏瓦岗充英雄，仁义大哥振威风。"

平山周认为，上述谣诀"多失韵，或系传写之误"①。萧一山亦将"茶阵"谣诀称之为诗（或原传抄本此），其实均非诗，谓以"谣诀"更为确切，多系口头创作。又为口耳相传，偶有失韵，乃其自然耳。

天地会的"茶阵"②

三合会、哥老会，本为"天地会"一系，仅称谓或内部分支有别而已，一般统谓之"天地会"。英国伦敦大不列颠博物馆所藏有关天地会"茶阵"文献，与上记两种相类，但更为丰富详赡，图示、形制定则及谣诀亦俱全。所传有《饮茶总诗》称："清朝天下转明朝，联盟结拜把兵招；心中要把洢③朝灭，查出奸臣定不饶。"是乃"茶阵"所体现的思想主旨，而"茶阵"又系天地会内部秘语秘事，可因之分别忠奸、内外，可为功利之一，亦即"知情任我去饮，相逢不用说因丫"。如例：图43茶阵佚名，此茶1杯斟满，说独脚难行，回落去茶噎④，斟过便饮。谣诀云："单刀（一作鞭）独马走天涯，受尽尘埃到此来（一作扫净烟尘保主来），变化金龙逢大吉，保主登基坐禅台。"

图44茶阵亦佚名，此茶2杯，1杯水，1杯茶，将水泼了，然后斟过茶便饮。谣诀云："泼了清水换洪茶，到处大位是洪家，知情任我来饮，相逢不用说因丫。"

"忠奸"茶，此茶2杯，如图45，茶满为奸，下为忠。若要饮，注回斟过便饮。谣诀云："二人同学（一作学问）一师尊，一个忠时（一作忠来）一个奸。忠者得传师法受（一作忠者书法皆传授），奸心饮过命不留（一作奸者辕门剑下亡）。"

图46茶阵佚名。此茶2杯，上杯有茶，下杯无茶，取来倒开两杯，斟起便饮。谣诀云："上塘有水满如基，下塘无水有人知。待等来年春三月，细雨纷纷落满池。"

"攻破紫金城"茶，如图47。3杯茶，有筷子1对置于茶面上，可用手拈起筷子，说道："提枪夺马"，便饮。谣诀云："手执军器往城边，三人奋力上阵前。杀灭清兵开国转，保主登基万千年。"

"绝清"茶，如图48。此茶2杯，上承烟筒1枝。先将烟筒执起，然后拈茶便是。谣诀云："两塘有水养清龙，手执清龙两头通。清龙无水清龙绝，调转乾坤扶明龙。"或作：茶3杯，茶壶1只，前2杯，摆后1杯在壶嘴，念过谣诀便可饮。谣诀云："徐州失散关云长，左思右想慢商量。未知兄弟生和死，后来叙认立纲常。"

"深州失散"茶，如图49。3杯茶，上1杯有茶，底下2杯无茶，斟过便饮。谣诀云："三条大路通北京，孔明操练五营兵。桃园结义三兄弟，马不离鞍在古城。"

"桃园结义"茶，如图50。将中心1杯拈上，再拈开左右两杯，可饮。谣诀云："桃园结义刘关张，兄忠弟义姓名扬。不信曹公忠义将，万古流传远自吞。"作"此茶三杯，摆成品字样。斟起茶，将茶壶嘴□住，用左手天本拨开茶壶嘴，斟茶便饮。"其谣诀为："桃园结义刘关张，兄弟忠义姓名扬。不服曹公心在汉，流传万古世无双。"

"日月相掩"茶，如图51。但见茶将上1杯倒落入下一杯可饮。谣诀云："上塘有水下塘欹，

---

① 《中国秘密社会史》，商务印书馆1912年5月第1版。
② 图见672—679页。
③ 天地会讳言"清"字，故改作"洢"，下同。
④ 萧一山原按："原钞如此，似有错误。"

下塘无水明人知。但得东云来步起，细雨纷纷落明基。"

"四大忠贤"茶，茶4杯，排列如图52。若饮第一杯是替死，饮第二杯系寄妻，饮第三杯是托子，饮第四杯乃相帮打救出关。谣诀云："韩朋因妻惹祸殃，韩福替死枉忠良，郑田打救英才子，李昌食妻状元郎（一作昌国养育状元郎）。"是阵一名"四贤结拜"，茶四杯……两行摆得正当，将茶移开，题诗可饮。诗曰："四杯青连不相同，木杨城内有关公。桃园结义三兄弟，后入常山赵子龙。"又有谣诀云："寄妻托子理应当，借银替死亦何妨。大事机关跨密讲，义兄何在咁①心亡。"又作茶4杯，分4角摆开，中心摆个茶壶。谣诀云："四人结拜一心同，黄巢兵马各西东。忆恨冤仇何日报，后来叙认保真龙。"案：是阵式与三合会之"四忠臣阵"（图10）相近。

"梅花郎"茶，如图53。茶5杯，中心1杯万不可饮，从外信手拈来诵谣诀即可以饮。谣诀云："梅花吐蕊在棹中，五虎大将会英雄。三姓桃园还有号，要尧常山赵子龙。"一云："十月梅花开，四方兄弟来。复明从此日，请主坐龙台。"

"五祖"茶，茶5杯摆作一列，如图54。切不可即饮，需先注回壶中，重新斟过再饮。谣诀云："五人结拜在高溪，五杯茶来兄弟齐。五人分别开各省，五祖析茶来发誓，五行天下顺明归。"一云："五祖结拜在高溪，普庵居住立洪为。花碗奇杯来发誓，颁行天下保明齐。"

"天日"茶，茶6杯，分行摆齐若"日"字形，如图55。饮法为：先将底下两杯移开，成"天"字形，然用地本拈来饮，故名"天日"。谣诀云："一天生水水朝东，地二生火烧青龙。清池无水清龙绝，洪家兄弟保明龙。"

"五虎下西村"茶，茶5杯置壶左侧，排列如图56。饮法为：拈中心1杯，以手本说道："五虎大将平天下"，尔后便饮。谣诀云："五虎大将平天下，丹心一片保国家。万人同往金兰路，誓共胡人两不都。"一云："五虎下西川，忠臣列两班。左文和右武，保主坐朝堂。"

"陆郎镇守三关"茶，茶6杯，置2壶中间分两横列排开，如图57。饮法为：先抬起左边1杯放于头上，再拈右1杯放在脚底下变成个"忠（中）"字，诵谣诀即可饮之。谣诀云："陆郎镇守在三关，二十四将列两班（一作"雄兵廿万剿夷蛮"）。萧后闻知心胆丧，大破天门（一作"胡人"）得胜还。"

"会仙姬"茶，茶7杯置壶左，排列如图58。饮法为：从上排4杯中的一边拈1杯即可。谣诀云："仙姬七姐渡银河，姊妹下凡会董哥。年年七夕河边会，鹊桥难渡意若何？"

"带嫂入城"茶，茶6杯，4杯在茶盘中，2杯在外，如图59。饮法为：先将茶盘外2杯放入茶盘，说道："带忠心义气入城。"可饮。谣诀云："义气传名刘关张，关羽单刀保娘娘。过了五关诛六将，燊城寄歇再商量。"②

"七星会旗"茶，茶7杯，烟筒1枝，壶2只。两壶中间将烟筒置桌上，烟筒右侧茶1杯，余6杯置左侧，如图60。饮法为：先将烟筒右边1杯茶倒回壶中，重新斟过再饮。谣诀云："一枝大旗七粒星，四九三七正分明。洪字写来无加减，义气兄弟莫绝情。"

"七例分散壶"茶，茶7杯，杯空，左边壶嘴旁置2杯，壶右边将余5杯摆直，如图61。饮法为：将右边5杯移过左边来，斟过可饮。谣诀云："茶名一炷香，兄弟立纲常。大家齐来饮，食绝清蛮王。"

"夜观星象"茶，茶7杯，但至兄弟处摆开，若北斗星座，如图62。饮法为："将底下壶脚一杯移埋，斟过便饮。"谣诀云："洪气冲斗牛，结万在桥头。联盟同结气，灭清为报仇。"

"清转明"茶，将8杯分作两行，置于桌上两壶之间，如图63。若要饮，说道："复明灭清可也。"谣诀云："江山开基本是洪，五湖四海共一宗。杀绝满洲西鞑子，洪家兄弟保真龙。"

"八仙回山"茶，8杯茶摆成"山"字形，如图64，顺手拈过中心1杯即可饮之。谣诀云：

---

① 天地会造"咁"字，音 gàn。
② 萧一山原按："燊字或为樊字之误。"

"钟离宝扇自摇摇，拐李葫芦万里烧，张果老人如古道，采和玉手把篮挑。洞宾背起空中剑，湘子横吹一玉萧。国舅曹公双玉板，仙姑如意定浮桥。"又作："此茶八杯，斟起茶，摆成江字咁样，注还壶中。后摆成山宇，斟起茶可饮。又图，山字形，下5杯并排，上3杯成弧形。"案：一阵两式，或简或繁，未离其本，是乃流传中衍化变异之故耳。

"龙泉宝剑"茶，茶8杯，摆成宝剑样，如图65。若要饮者，将剑头个杯反转，说道："反清复明。"谣诀云："龙泉宝剑插斗中，利害威名扫胡毛。义人争夺含珠宝，做剑二人是姑嫂。"又作茶7杯，乃无剑柄上1杯，谣诀云："七星剑镇木杨城，照尽花亭结义兵。姑嫂生来洪姓管，锦绣乾坤复大明。"

"合兵灭清"茶，如图66。九杯摆不成字，有忠义之心用，顺手拈头一杯，移落底下处，又顺手拈中心个杯便饮。谣诀云："天地合成和四九，改姓埋名尽招兵。杀灭满洲西于汉，共同战剿灭清兵。"

"绝清剑"茶，9杯茶于壶左侧摆成桃李剑样，如图67。饮法为：需先将剑头一杯注回壶中，再重斟过方可饮。谣诀云："联盟兄弟本姓洪，四海和同共一宗。若有奸心无义子，动开宝剑实难容。"

图68茶阵佚名。此茶色有烟筒、脚香二枝，有茶杯二只，将茶杯合埋，盖住壶口上，二枝脚香插住壶嘴，烟筒放在壶耳。念诵过谣诀即可饮用。谣诀云："手抱玉龙归本处，义龙出海为争珠。双凤朝阳兄弟到，玉盏移开定太平。"

"五将会四贤"茶，茶9杯，4杯分两行，置壶左，5杯摆一直列置壶右，是为"四贤""五将"，如图69。饮法为："将后五排拈拈前面"（即将"五将"移至"四贤"一边），说道："五将会四贤"，即可饮之。谣诀云："四人结拜在高溪，五将言明分东西。英雄今日重相会，大鹏展翅恨天低。"

"插草结义"茶，茶10杯，摆着白锭炉样，又有脚香5支，如图70。谣诀云："一插草为香，兄弟忠良将；二插草为香，义气刘关张；三插草为香，三军师马黄；四插草为香，四海扶明皇；五插草为香，五人立誓章。"

图71茶阵佚名，此茶九杯，摆开三行，斟开茶。若要饮，说道："洪家忠心为根本。"用天本拈中心个杯可也。谣诀云："三三连九两三三，九子连环去灭番。忠心杀尽清朝将，血满长江骨满山。"

"忠义团圆"茶，茶12杯摆若"口"字形，中心置1茶壶，如图72，顺手拈下1杯便饮。谣诀云："四海九州二洞天，九牛五马一人连。二郎七子回六国，周围十五月团圆。"

"欺贫重富"茶，此茶11杯，摆成银锭样，上置1茶壶，左右各3杯有茶，底下5杯无茶，如图73。但到兄弟处，有此茶请饮，即念道：贫富不欺。将下边5杯无茶收埋，念诵谣诀即饮之。谣诀云："石崇富贵范丹穷，早逢甘罗晚太公。彭祖寿长颜子短，陆人生在五行中。"

"明主出身"茶，此茶13杯，摆若满月，其中3杯在中，2杯在"月"下，如图74。饮法为：外2杯不可饮，需说道："明主登位，淸朝反灭。"尔后饮其周11杯。谣诀云："主子出头英（案：当作"应"）有日，剩火消朝必在旦。如今除了无仇恨，王子登基继后人。"

上述天地会茶阵均为萧一山于大不列颠博物馆所见。此外，英国的波尔（Ball）夫人于香港、广州购得许多晚清粤人手抄天地会文件，亦有一些茶阵之类非言语的天地会秘密语材料。除上述茶阵中"一作""一云""又作"者外，又有如下图者。

图75，壶口有茶杯2只，合埋盖在壶口，又有两支脚香，插在壶嘴，有洪竹塞住壶耳。谣诀云："手把王龙归本处，二龙出水为争珠。双凤朝阳兄弟到，玉盏移开定太平。"此式与图68佚名茶阵相近。然而由于多有变化，解意亦有分别。以5只手指托住洪竹，如烧枪咁样，用天本打开，谣诀云："五人抬炮打消兵，莫得向前打弟兄。打府打州能打县，不打洪家结义兄。"以2只茶杯伴着洪竹于台上，谣诀云："两池无水困蛟龙，此照分明两边通。池中有水蛟龙现，吐出白云辅太

公。"有烟无火，谣诀云："只有金不见珠，相逢对面意何如。洪门大认无凤入，乃念花亭共读书。"烟筒塞住包烟，谣诀云："我主为粮在库中，外人不敢启原封。专心留与洪家用，现出当年五爪龙。"4只手指握住烟筒，谣诀云："四大忠贤辅一龙，名为洪竹是天聪。高溪叙认君臣众，得遇风云上九重。"烟筒嘴向落地，谣诀云："反向道地不成人，父母恩深在五伦。为子须知当尽孝，臣存忠义辅明君。"烟筒调转头，谣诀云："义兄且我咬云游，何必将枪作对头。母在花亭曾有话，如今不记旧冤仇。"脚踏住洪竹，谣诀云："五娘今晚踏云梯，太子因何踏在泥。快且五人扶上马，保辅真主入宫帏。"双手拑住洪竹，伸开上边4指，此名洪旗，以四九底合掌接洪竹，谣诀云："洪旗飘飘，英雄尽招。洪家兄弟，复转明朝。"称筷子为"箸"，谣诀云："振起云开见青天，八月十五团圆时。同心协力多俱到，手执军器大战时。"

　　以一只筷子架于碗上（如图76右图），谣诀云："人不离甲，马不离鞍。单鞭能救主，独脚马难行。"席上碗、盘、碟、钟（即盅）全盖（如图76中图），可先以五俱顺返，谣诀云："洷不洷来明不明，双鞭打落九州城。五虎大将一齐到，反灭洷朝再复明。"若干席上见有1双筷子首尾相异而置（如图76左图），则可用手顺返，谣诀云："未会双头意若何，乾坤反转太平歌。有缘千里来相会，无缘对面不知哥。"

　　茶2杯，上架1木枝（如图77右图），则可以3指拈开，谣诀云："二龙降世下凡间，中原无主定江山。残唐五代真无主，万载君臣心胆寒。"白扇盖杯，可将白扇持起（如图77左三图），谣诀云："洪扇盖洪茶，相识满天下。忠心共义气，合来共一家。"茶2杯（如图77左二图），同样方可饮；不同，多半不可饮，谣诀云："二人同学一师尊，一个忠来一个奸。患者天书传后代，奸者全家刀下亡。"（案：此与"忠奸"茶相类似。）茶3杯（如图77左一图），念谣诀即可饮，谣诀云："小主在中央，二龙卧两旁。两班文武将，保主定朝纲。"

　　茶3杯，1满，1半，1干（如图78右图），可取半杯者饮，谣诀云："我亦不就干，我亦不就满。我本中心，持起而饮。"茶1杯置盘外（如图78中图），以试探兄弟，要饮，宜移至盘内再捧起相请。谣诀云："木杨城内是乾坤，结义全凭一点洪。今日义见来考问，莫把洪英做外人。"茶4杯摆做四方形（如图78左图），先移开，再移倚方可饮。谣诀云："四人结拜同一心，黄巢作乱分东西。婴儿长成难开口，后来讲道团团圆。"

　　茶5杯（如图79右图），先将中央1杯移至上边再饮，谣诀云："五虎大将平天下，万人传下一枝花。一点丹心同日月，忠心保主坐中华。"茶5杯，排列如图79之左三图，先将左面3杯最下1杯移至右边2杯之上，谣诀云："反斗穷原盖旧时，洷人强占我京畿。复回天下尊师顺，明月中兴起义时。"茶6杯（如图79左二图），可变化，天下太平中五字不能变化，不可乱取饮。茶7杯，排列若七星无头剑（如图79左一图）。将第三杯拈来，"做大可方饮"。

　　图80左图为9杯茶，乃"无头主"字（"无头主子"），"可抽中杯上一位"，谣诀云："明主今年登帝邦，文武百官列两班。洪家百万英雄将，扶持明主定朝纲。"图80中图为"洪字杯"，出二指按于一杯两边，谣诀云："三条大路通长安，廿一年前八月间。盘古天机成卦相，识得机关便收藏。"图80右图7杯茶斜向一字排列，名为"七姊妹"，七夕，牛郎织女渡银河相会。谣诀云："仙姬七夕渡银河，姊妹下凡兄弟多。年年七夕河边待，鹊桥渡过乐如何。"

　　凡此悉数"茶阵"，皆以壶、杯、盘等物组合各种阵形，辅以各种定制，从而构成复杂的非言语形式秘密语。其阵形、定制是其秘密语符号的"能指"成分，而解意及谣诀则为其符号的"所指"成分。在民俗语言学中，全部非言语交际亦即副语言习俗形态，通常分作身势情态语、标志语和特殊音响的副语言习俗，共三大类。三合会、哥老会、天地会"茶阵"，则属于副语言习俗的标志俗语形态，即以其茶阵的变化为"标识"的一种秘密语形态。此外，其"路符"或谓"路阵"者，亦属此类标志语形态的民间密秘语。例如：出门行路，见途中画有1圈（如图81右图），可进入3步，谣诀云："姑嫂相逢在路中，乃是玉莲郭秀英。"出门见路中画1条蛇（如图81中图），可用脚挞去蛇头，谣诀云："天高地厚防相访，太子皆因未出头。今日义兄来劫驾，恃强欺弱有天收。"若出门见路中有人排列5块石头（如图81左图），则可用脚拨开，并念诵谣诀云："打开洴朝兵将绝，为因奸臣所害民。洪英来报冤仇日，诛洴灭满复大明。"

"茶阵""路阵"，皆以人为事物形制及其相关定则构成民间秘密语，是近代民间秘密社会所常用的一种内部交际形式，成为中国民间秘密语史上别具风格的形态之一。至于其所用之以验证身份、执行事务的"腰凭"，一如以往之"虎符""阴符"之类，虽或有文字，却亦属此类（其文字功能已被减弱），但莫如"茶阵""路阵"更具有集团性或群体性，以及标志语的民间秘密语特征，出自民间社会，流行于民间社会，内部特征更加鲜明。

（2）以手势为主体的身势情态秘密语

敦煌壁画中人物的身姿、手姿以及服饰，冷眼看去似乎千篇一律，没有多大差别；而细致观察、比较，不难发现其千姿百态，因性别、信仰和发生时代等社会历史的文化背景而各有不同。以"手势"表达言语意义进行交际活动，是人类的一种本能行为。人类社会的初民，出于谋生行为和初民社会的信息传递所需而提供的生理、心理的基础，不只是产生有声语言的根本条件，同时是形成手势语等副语言习俗的最重要条件，使副语言习俗与言语交际构成人类表情达义的完整基本交际方式。语言学和文化人类学界在探索语言源这个课题中，有一派认为人类的有声语言起源于手势语，就是说，手势语的运用，是"前语言期"的社会产物。对此，学界至今仍争论很大。但有一点几乎是共认的，即手势语是伴随人类言语交际的一种最重要，也是最基本的非言语交际方式，各个民族的手势语几乎都是很发达、很丰富的。

手势，即以手的动作态势示意。美国学者T.丹齐克在考察原始文化与语言中发现，只要有够得上称作计数术存在的地方，一定存在屈指计数方式，或者早一点，或同时并见。在用手指的时候，人类借助于这个工具，就不自觉地从基数转进到序数。人们在表示某一集合包含4件事物的时候，会同时屈回或伸出4个手指。在几乎所有的原始语言中，都可发现这种计数起源的确切遗迹。在大多数这类语言中，"5"这个数，就多用"手"来表示，"10"则用"双手"表示。可以这样说，人类在计算方面之所以成功，首先应当归功于十指分明。① 例如中国汉族常见的手语数字表示方式："以伸出食指为1；食指、中指并伸为2；食指、中指、无名指三指并伸为3；食指、中指、无名指、小指并伸为4；食指、中指、无名指、小指及大拇指五指并伸，为5；伸出拇指、小指，蜷起其余三指，为6；拇指、食指、中指三指指尖捏拢到一起，为7，俗谓"捏七"；伸出拇指、食指并叉开，为8，俗谓"叉八"；伸出食指，指节前屈如钩，为9，俗谓"钩九"；伸出双手或握拳，为10。手势不仅能用以表达基本的简单数字，还可以表达更复杂的语义。而且，因其在近距离、具有可视的交际条件下，是一种无声的交际方式，在一定情况中可以具有保密功能。因而，以手势语为主体的身势情态语方式，亦自然被采用为民间秘密语的主要非言语交际方式，并形成许多这种形式的民间秘密语。旧时中国汉族地区的城市商业、典当诸业，以及乡镇集市贸易中，往往以上述数码指语作为秘密语表示交易中的简略数码，发挥其所兼有的非言语的秘密语功能。旧时聋哑人手语中，亦含有非言语的秘密语成分，不仅一般人不懂，在不同群体的聋哑人之间，亦具有内部交际、保守内部秘密的功能。图82至图84则是专地会用于内部交际的秘密语手势语方式。

由图可见，这种秘密语的手势语，不仅有单纯以手势示意的，有时还辅以身体其他部位或器官的动作行为态势，乃至借助于器物。这是一般手势语与秘密语手势语所共有的一个特点，故谓以手势语为主体的身势情态秘密语。

三合会，不只有有声语言的秘密语，有非言语形式的"茶碗阵"，还有以手势语为主体的身势情态秘密语——"符徵"。符徵是该会会众务必会使用的一种非言语秘密语内部交际形态，是三合会"会俗"之一。例如：遇有紧要情况，则以白扇徐摇三四次，即是招集身旁附近会员的表示；

---

① 详参拙著《副语言习俗——一种民俗语言现象》，辽宁大学出版社1988年版。

举扇过头,轻摇 3 次,意为招集会众参加战事。会员同外人争斗时,在场的其他会员以一手掌向外人示意,以另一手手指甲向会员示意,则是制止不要继续争斗之义。遇两人相殴斗时,会员以两掌向外,连呼不要争斗,则是表示要打其中的不在会者;如果屈其右手拇指,将两掌朝向,连呼不要争斗,即表示不要争斗了,那是会内人。这叫"阴阳法"。争斗时,若以右手拇指及食指、中指一齐伸出,其余两指屈曲于掌,伸臂向前,再以左手照样做出表示,置于右手肘部,是求救的意思。这叫"三角法"。把右手拇指握于其余 4 指之外放在头上,是另一种求助表示。还有一种求助的表示方法,是把右手掌心向外伸出,把左手拇指和食指屈曲,其余各指贴掌,放到胸前。如果两手都做出同样手势并交换位置,乃令使即刻停止争斗。三合会会员于道途遇生人,试探对方是否在会人,即问对方是否瞎子,若对方答道我不是瞎子,而且我的眼睛比你的眼睛还大,这说明他是会员。亦可以手势语方式试之。如要饮茶时,以右手拇指放到茶碗边缘,中指置碗底,如此端起向人献茶;同时,左手拇指与中指屈曲,其余 3 指伸出,放在右手上。如果对方在会,将以同样方式受茶,否则非会友耳。如果伸出右手,使拇指与食指屈曲,其余诸指伸直,左手亦这样伸屈并将伸直的 3 指按胸前,是为"天";如果伸出右手,使拇指与食指、中指伸直,其余两指屈曲,另以左手拇指与食指、中指伸直按于胸上,是为"地";如伸出右手,使拇指与小指伸直,其余 3 指屈曲,左手照样,并放于胸,是为"人",谓之"龙头凤尾"。3 种手势连续做出。可表示为三合会中人。

三合会的"符徵"虽有许多是手势语的,亦有言语的(如途中关于是否瞎子的问答),还有标志语秘密语形式的。例如葡萄牙和马来西亚人当时亦有加入为会员者,即以绢制手帕圈于脖颈作结垂于胸前。又如为保护会众,凡在会人的家门,多贴以方形红巾,外面作洪字,内书英字,室内四隅皆竖立 3.6 尺长的绿竹,作为会员之家的符徵标志。

除约定俗成或以集团戒律方式规定的手势语的民间秘密语之外,一般的手势、身体态势、眼神,还可临时随机作为特定条件、特定语境中的秘密语,以防除交际对象而外的人知其含义,这种情况比较常见,是临时性的秘密语。一如日常言语中以"那个""上次说的那事"隐指不便当众说出的事物一样,都具有随机性,强调语境条件,但不具有集团性。

(3) 类文字符号与具有秘密语功能的特殊文字符号

人的交际有口语的、书面的、非言语的诸形态,民间秘密语亦然,不仅有手势的、言语的、标志语的,亦有类文字的书写形态。这是一种与图画语形态比较相似的秘密交际方式。

汉字起源,至今仍是一个未解之谜。郭沫若同志曾认为,西安半坡文化遗址陶器刻画符号的意义,至今虽尚未阐明,但无疑是具有文字性质的符号,如花押或者族徽之类。随着地下发掘的成就不断出现,或证实这一论断,或将汉字起源年代进一步提前,无论怎样,在汉字发生史前时期和以后的历史时期,都存在着"类文字"现象,这是毋庸置疑的。文字发生史前的"类文字",是作为语言书写记录符号定型之前的萌芽现象;而文字产生之后的"类文字"现象,则是以文字为基础的又一种文化现象,是出于特定交际需要而创制的"类文字符号"。例如历代帝王因避讳改字,也是一种"类文字"文化现象。以空字、不言、缺笔、拆字、取音近音同字代讳字、取义近义同字代讳字等方式,来维系专制礼俗,是对民族语言文字的反动。太平天国及其赖以起事的组织——天地会等原来的民间秘密团体,均有改字、造字之事。如天地会时已将"清"字改写作"洧"(见茶阵谣诀),盖以省笔"主"讳"清",表示其"复明灭清"之志。太平天国时又改字颇多,如将"温"改"吉","心"改"草","龙"改"隆","恃"改"持","鬼"改"魁","赞"改"讚","魂"改"云卜","国"改"囯""亮"改"燒"。"困"改"睏"等,又造"咁"字,"读作斡音,作壮大解"[①] 等。诸此改字、造字不仅用于其书面的正式文件,亦流行于记录、书写

---

① 《贼情汇纂》卷八,载中国史学会主编《中国近代史资料丛刊·太平天国》第 3 册,神州国光社 1952 年版,第 242—243 页。

隐语、谣诀，使之更具神秘化色彩———一种民间宗教色彩。

具有秘密语特征和功能的特殊文字符号，比较典型的是传统的"花押"、典当草书和江永女字。

花押与花押印

"花押"又谓"花书"，是旧时文书、契约末尾署名签字作为信印的一种类文字符号。"花押"符号不在于别人是否确识其字，而在于其所书符号不易为人模仿或伪造，如此即具有了保守署名或签字者信记秘密的性质与功能特征。相传中国"花押"起于唐代。唐李肇《国史补》载："宰相判四方之事有堂案，处分百司有堂帖，下次押名曰花押。"宋黄伯思《东观余论·记与刘无言论书》："文皇（唐太宗）令群臣上奏，任用真草，唯名不得草。后人遂以草名为押，韦陟五朵云是也。"叶梦得《石林燕语》卷四："唐人初未有押字，但草书其名，以为私记，故号花书，韦陟五云体是也。"

"韦陟五云体"是怎样的形制，已难复见。据宋邵博《河南邵氏闻见后录》卷十载："近有自西南夷，得（韦）陟授故君长牒，于'陟'位下，书若'陟'字，复涂以墨，如刻石者，盖'陟'花字也。"可窥其大概，并知"花押"又谓"花字"，乃"花押"之"字"耳。据清梁绍壬《两般秋雨盦随笔》卷四《花押》载："安禄山押山字，以手指三撮，见曾慥《类说》。王荆公押石字，性急潦草，人以为类反字，见《石林燕语》。韦陟五云体亦是花押。陈仲醇云：'锺离权花押，作一剑形。'见《香祖笔记》。是神仙亦有花也。"至于唐韦陟的"五云体"形制，以唐段成式《酉阳杂俎》续集卷三《支话皋》下载：韦陟用五采笺写信，由人代笔，然后只亲自签名，"尝自谓所书陟字，如五朵云，当时人多仿效，谓之郇公五云体"。后来，官府文书或契约中要不识字人签名或由"写字先生"代笔签名，多以画一"十"字代之"花押"，是失其符号的保密功能矣。

以"花押"入印章，谓之"花押印"。据20世纪30年代安阳殷墟出土的三方商玺（钵）可知，中国以印章为信记已有3700多年的历史。而以"花押"为印，据现有文物所见，当是宋代的事。宋代以人名花字或不易模仿的符号入印作为私记，成为一时"花押印"之习，至元代尤盛，故又有"元押"之谓。当时一些少数民族人不识汉字，多以"花押"符号或"花押印"作为借记，是"元押"一时为盛之故。邓散木《篆刻学》云："署押俗称花押，盖古人画诺之遗。六朝人有凤尾书，亦曰花书，后人以之入印，至宋而盛行。周密《癸辛杂识》云：'古人押字，谓之花押印，是用名字稍花之，如韦陟五朵云是也。'元代署押印，多作长方形，有上刻真书姓字，下刻署押者，亦有参以蒙古文（即元代国书），或以蒙古文代押，或上蒙古文，下著署押者，俗统谓之元押。有一印中剖为二，如古代符节者，曰：合同印。亦用蒙古文，大抵为分执示信，以为验合之用。"①然而，《癸辛杂识》将"古人押字，谓之花押印"，不知是否有据，已无从考。今"花押"见于唐，"花押印"见于宋，周密适为宋人，又云"古人花押印"，如非将"花押"与"花押印"相混淆，即别有他故。除此而外，尚未见称"韦陟五朵云"即"花押印"者，是为"花押印"史一桩疑案，有待详考其是非曲直。然非本书所当容纳与细究之事，仅存此质疑耳。常见以往花押印，可知其形制"花"法定则。

典当书体

典当业，又谓"当铺"或"押店"，起源南朝时寺庙所经营的典当，历代又有"质库""质肆""解库""长生库"等称谓，是一种收取衣物等动产为质押而借贷款项的高利贷行业。清光绪间张焘《津门杂记》载："天津县属城乡，典当凡四十余家，每年冬有减利之则，由藩司出示，惠

---

① 邓散木：《篆刻学》，人民美术出版社1979年5月第1版，第41页。

及贫民，平时利息，绸布衣服、金银首饰，每两二分；羽纱绒呢皮货，每两三分，十两以上，则仍二分；若铜锡器皿，无论十两内外，概系三分。年例于仲冬十六日起，至年底为止，原利三分者让作二分，原利二分者让作一分五厘。在典商所损无多，而贫民大为方便。一进腊月，则烂其盈门，柜上伙计已有应接不暇之势，柜外人声鼎沸，乱如纷丝。从日出起直至日昃，迄无宁晷，至岁底数日，人数尤多，事情尤琐。大除夕，城乡当铺一律向不闭关，纷纭一夜，竟有守候终宵者。至元旦日出，人数始稀，其中大都转利者居多。因一逾此日，利息如故矣。"典当业行情多变，又尤以盘利为本，内中诡秘事亦多，故不惟有内部秘密语遮掩行市诸事，而记账用文字符号亦以草变保其秘密。

典当书体与"花押"字相类似，一是均为求速而源自汉字草书，二是均以不易模仿、伪造为本。然而，"花押"字唯用于签字信记，而典当书体在于记载账目事类并兼信记，载之账簿、当票。有人认为："典当书体，另成一格，业外之人，多难辨识。创之何人？始于何时？即业中耆老，亦无有能言之者。尝考其字之形态，似脱胎于草书之《十七帖》，而兼参白字上语。所以求其便捷，其变化大甚者，几与速记之符号相仿。然世运递进，品物更易，有今有而昔无者，有昔多而今不常见者，故典当书体，亦随之变迁。据业中人云，典当所用字数，仅一千余，而日常应用者，仅三四百耳。"① 中国地广，都市林立，典当业遍布大小城镇，所用典当书体亦多有不同；又因城镇大小，所经营什物品类各异，因而所用典当书体字亦有分别。一般典当书体用字的通例是，"票头"与"票尾"均有一定书写定则，若抵押物为金银首饰，金不写"赤"而写作"淡"，银不写"纹"而写作"铜"，铜锡器皿则冠之以"废"；绸缎裘皮，常形容以"破碎""溃烂""虫蛀""光板"等，皆以典当书体字书之，而押者不识，事后则可减轻当铺收存在押为质期间的责任，是以该书体作弊之用。至于以此书记数量、日期，更有文章可做。如此秘密字，是为骗、诈有术，恶劣商俗之一弊。究其实，典当书体，不过是将文字变化而构成的记录语言的秘密符号而已，是文字的社会变体。

江永女字

"江永女字"，又谓"江永女书"，是流行于湖南省江永县及其相邻地区部分乡村妇女当中的一种稀见民间变体字。关于"江永女字"，至今尚未见有史志记载，产生的年代及其源流已无法确考。而且，自民国以来，使用这种文字者渐少，据1987年统计，仅有86岁的高银先、81岁的义年华和78岁的唐宝珍3位高寿妇女能熟练运用或识读这种文字了。并且，由于旧礼俗，当妇女过世时，亲人都须遵其遗嘱将留下的女字书写物焚化，"以便让她在阴间也能读到女书"。据义年华老人讲："很古的时候，我们这地方有个姑娘，生下来就有九斤重，人家都叫她九斤姑娘。九斤姑娘很聪明，又能干，姑娘们都喜欢和她结老庚。② 有的老庚住得很远，九斤姑娘要和她们写信，就造了女书。"也有的老人讲："很久很久以前，荆田村胡家有个姑娘，叫作胡玉秀，人很漂亮，又最聪明、最能干，还写得一手好文章，做得一手好诗。皇帝知道了，就接她进宫当了贵妃。家里人去看她，都以为她得了荣华富贵。胡玉秀见了亲人，又高兴，又难受，又不敢说出自己心里的苦楚，就偷偷地写了封长信，要家里人带回家，斜着看就看得懂了。以后，妇女都争着学，就成了女书。所以现在的女书都是斜写的。"据《永州府志》载："宋胡先和，元符间进士，官文华殿学士，姊玉秀，才学冠世，恩赐御书楼，给大夫禄。"后一传说，或由此附会而来。这些，未免给"江永女字"增添了神秘传奇色彩。据一般考察认为，"江永女字"的产生，有其历史文化渊源。该地处于偏僻山村，以往旧的习俗惯制中，夫权较重，妇女又往往有各种婚姻不幸，出于姊妹间相互倾诉心曲苦衷之故，而创制"女字"流行。或认为出自当地的"姑娘会""七姐妹"等民间女性结会会

---

① 杨肇遇：《中国典当业》，商务印书馆1929年10月第1版，第38页。
② 旧时习惯称同年出生的好友为"老庚"，江永地区则泛指要好的朋友，而不论是否"同庚"。互相要好就叫作"结老庚"。

友之间倾诉苦楚、通报消息的需要，以及互相传递阅读民间流行唱本、交流女工和家务技艺等的方便，最终形成当地女性专用的秘密交际工具。一如义年华老人所说："我10岁起就跟伯娘学女书。那个时候的女人，不学不行。不懂得写，也要读得懂。什么都不懂就结不到'老庚'，要受人讥笑，说是不聪明、不能干。后来的年轻女子就不同了。她们可以进学堂学男书①，说学女书没啥用了。"可知"女书"是由于方便当地旧时女性群体内部交际需要而出现的一种民间秘密文字，运用这种工具进行交际，又是当地的一种女性交际习俗。据从江永县上江圩乡收集的以"女字"记录（包括创作）的2万多字的作品、文献来看，有《儿女歌》《媳妇歌》《卖水记》《王氏女》《义年华自传》《太平天国过永明》《林夫人禁烟》《中日战争记事歌》《梁山伯与祝英台》《肖氏女》《三姑娘》《王五娘》《卖花记》《陈世美不认前妻》等民间文学，以及往还书信。这些文献，或书之于纸，或书之于织物、折扇等女用物品上，故又谓之读纸、读扇，书写工具多以毛笔点墨。

尽管江永县毗邻江华瑶族自治县，而且当地方言情况比较复杂，土语达十几种之多，但江永女字脱胎于汉字结构，流行于汉族妇女之中，是汉语文字的一种特殊变体符号。其基本形制构造，即可为证。一般说，江水女字的形体结构方式，大致可分为借用汉字，象形、会意、形声，以及变体等。其中，有些形体似乎类似金文、甲骨文之类。有人提出，"女书虽然是一种汉文，但它并不是通用字的变体，更不是单由妇女创制、妇女专用的文字，而是直接从汉语古文字发展、演变而形成的，具有独立体系的一种汉字支系的遗留。这种文字仅仅在当地妇女中流传，只是在后来的演变中，由于特殊的历史条件形成的特殊现象"。② 我以为，就其字构造规律来说，脱胎或说源于汉语古文字，这是显然的。从其直接或间接借用汉字（确切点讲，应说源取于汉字）这一点来看，似乎是"具有独立体系的一种汉字文系的遗留"③；但就其交际功能、流行范围以及历史文化背景来看，当具有一种特殊的秘密（群体内部）交际、回避人知的属性，同民间秘密语脱胎于通行母语这一点是相同的，属于汉字的特殊社会变体，而民间秘密语则是语言的特殊社会变体。

---

① 这一点尚有待深入考察、论证。
② 谢志民：《江永"女书"概述》，载《中央民族学院学报》1987年第1期。
③ 即一般所用文字。

茶碗阵图例

图1 单鞭阵

图2 顺逆阵

图3 双龙争玉阵

图4 忠义党阵

图5 争斗阵

图6 品字阵

图7 关公守荆州阵

图8 刘秀过关阵

续编　其他形态的隐语行话

图9　四隅阵

图10　四忠臣阵

图11　赵云加盟阵

图12　英雄八栅阵

图13　关公护送二嫂阵

图14　贫困篦篮阵

图15　复明阵

图16　孔明上台令诸将阵

669

图 17　反清阵

图 18　赵云救阿斗阵

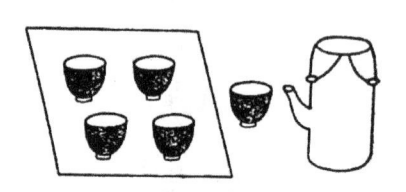

图 19　患难相扶阵

图 20　五虎将军阵

图 21　六子守三关阵

图 22　古人阵

图 23　七神女降下阵

图 24　苏秦相六国阵

图 25　下字阵

图 26　七星剑阵之一

图27 七星剑阵之二

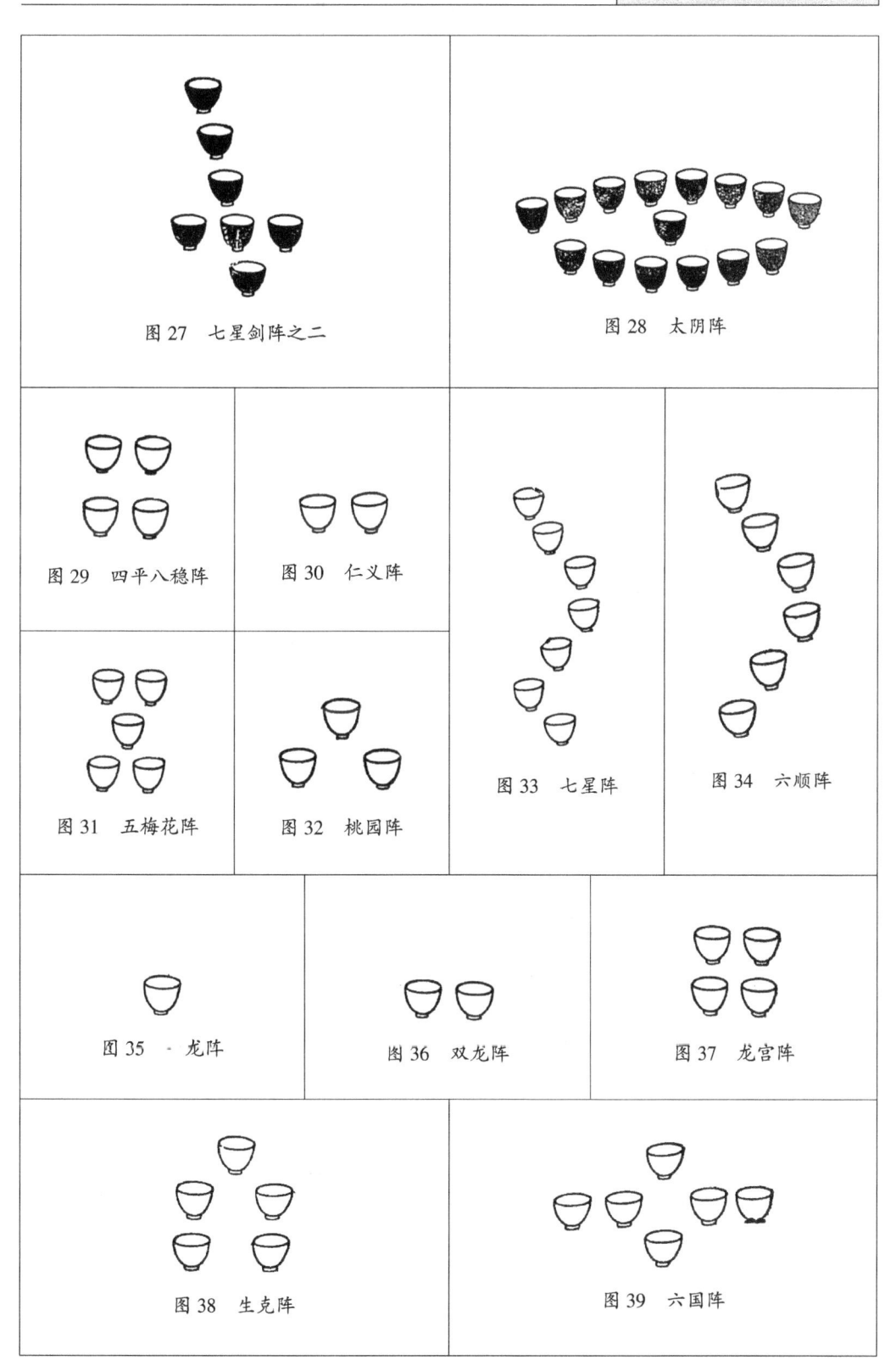

图28 太阴阵

图29 四平八稳阵

图30 仁义阵

图31 五梅花阵

图32 桃园阵

图33 七星阵

图34 六顺阵

图35 一龙阵

图36 双龙阵

图37 龙宫阵

图38 生克阵

图39 六国阵

图 40　梅花阵

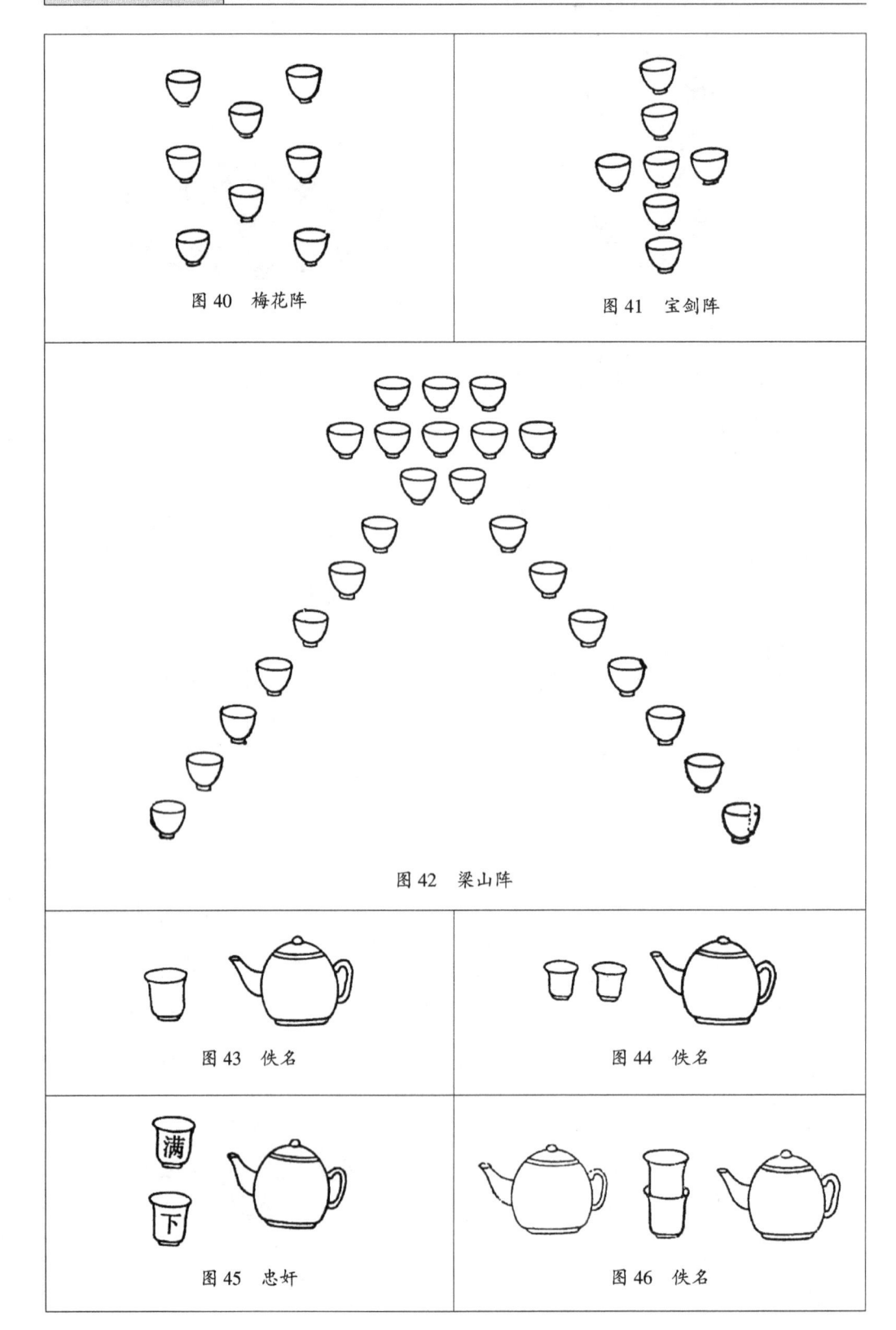

图 41　宝剑阵

图 42　梁山阵

图 43　佚名

图 44　佚名

图 45　忠奸

图 46　佚名

图 47　攻破紫金城

图 48　绝清

图 49　深州失散

图 50　桃园结义

图 51　日月相掩

图 52　四大忠贤

图 53　梅花郎

图 54　五祖

图 55　天日

图 56　五虎下西村

图 57　陆郎镇守三关

图 58　会仙姬

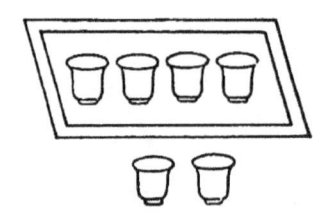

图 59　带嫂入城

图 60　七星会旗

图 61　七例分散壶

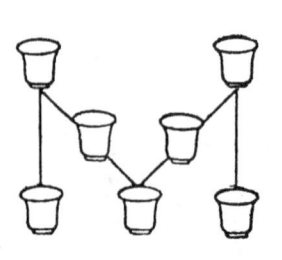

图 62　夜观星象

续编　其他形态的隐语行话

图 63　清转明

图 64　八仙回山

图 65　龙泉宝剑

图 66　合兵灭清

图 67　绝清剑

图 68　佚名

图 69　五将会四贤

图 70　插草结义

图 71　佚名

图 72　忠义团圆

图 73　欺贫重富

图 74　明主出身

图 75　佚名

图 76　佚名

图 77　佚名

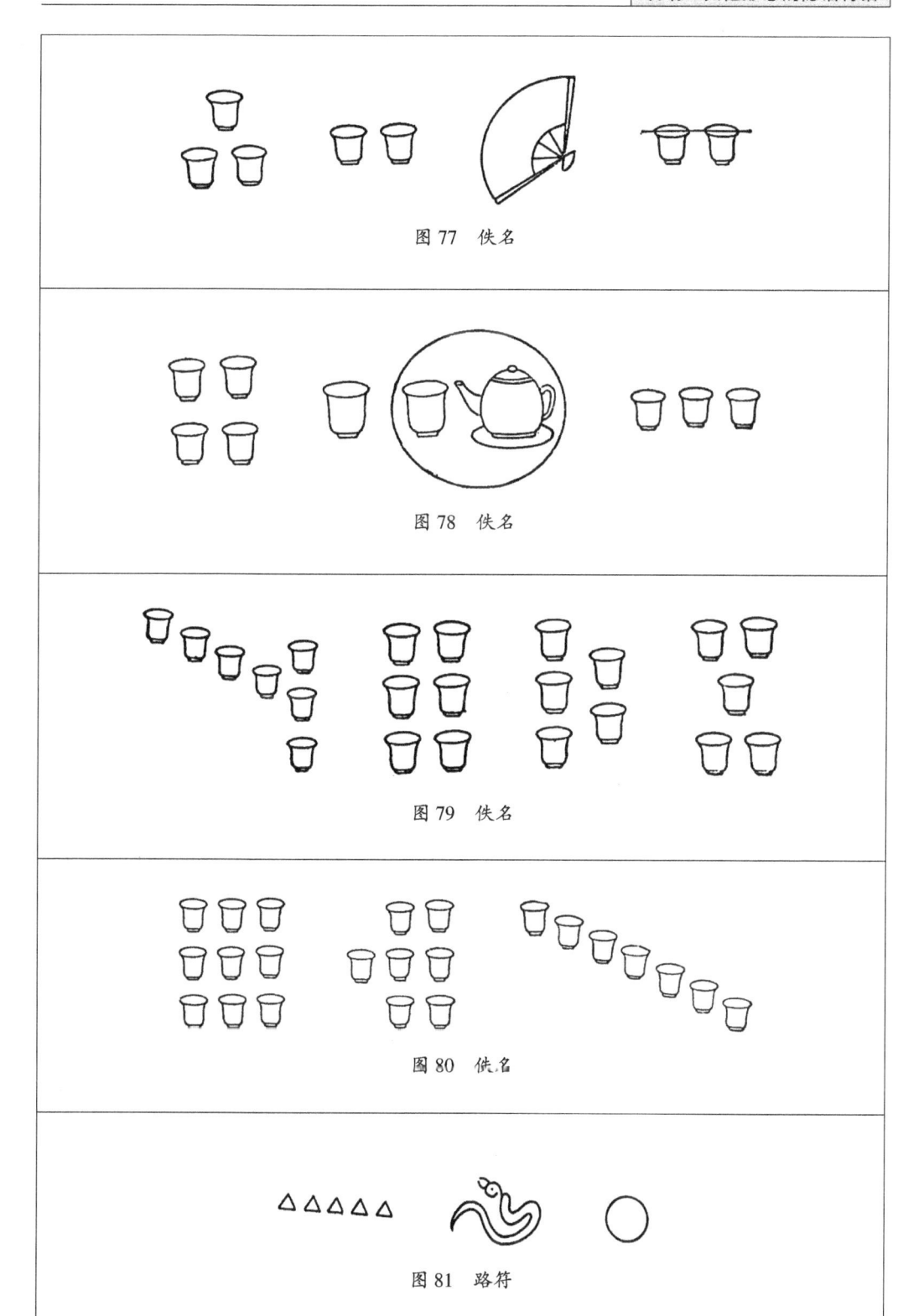

图 78　佚名

图 79　佚名

图 80　佚名

图 81　路符

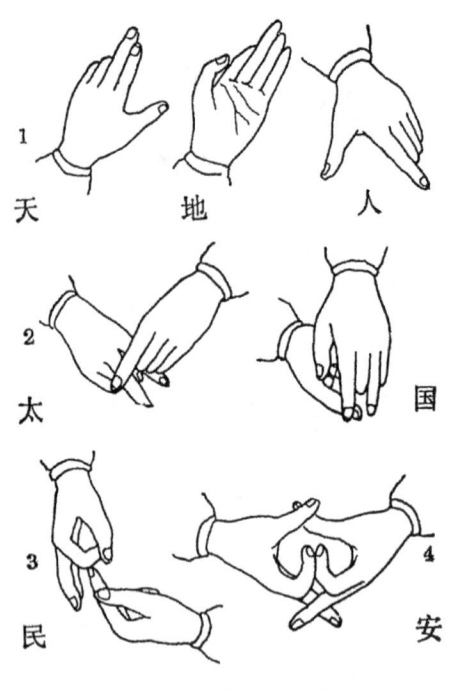

图 82　秘密语中的手势语之一

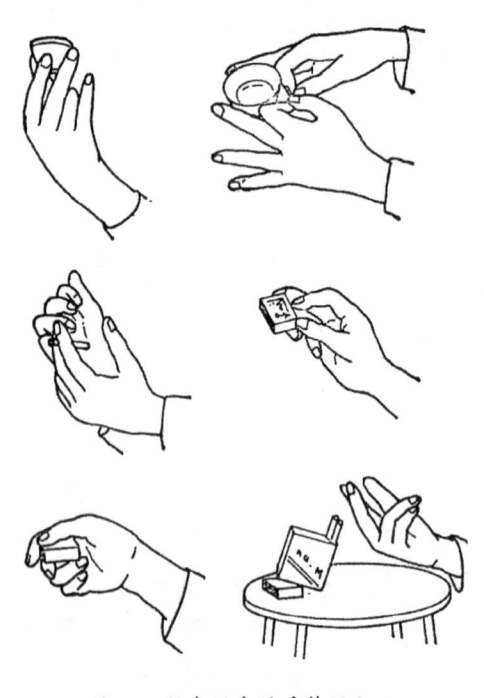

图 83　秘密语中的手势语之二

金　　木　　土　　火　　水

图84　以手势语为主体的身势情态秘密语

附编

历代汉语隐语要籍研究与选辑

目 录

附编 1　本书著者有关汉语历代隐语行话珍稀文献研究文选 ………… 684
　　应予关注的"另类濒危语言"：民间隐语行话 ………………… 684
　　中国民间秘密语辞书概说 ………………………………………… 689
　　皇家百科全书里的理发行业秘籍《净发须知》………………… 692
　　《猥谈》：一代才子祝允明的市井采风札记 …………………… 704
　　《梨园话》及其作者方问溪 ……………………………………… 707
　　《俚语隐语行话词典》前言与凡例 ……………………………… 715
　　《中国隐语行话大辞典》前言、例言及序跋 …………………… 719

附编 2　雅俗轩校注汉语历代隐语行话珍稀文献选辑 ………………… 723
　　宋汪云程《圆社锦语》…………………………………………… 723
　　宋陈元靓《绮谈市语》…………………………………………… 723
　　《永乐大典》本《净发须知》…………………………………… 725
　　明佚名《六院汇选江湖方语》…………………………………… 737
　　明风月友著《金陵六院市语》…………………………………… 738
　　明佚名《行院声嗽》……………………………………………… 738
　　明祝允明《猥谈》………………………………………………… 740
　　清卓亭子删订本《新刻江湖切要》……………………………… 746
　　清佚名《江湖通用切口摘要》…………………………………… 774
　　清佚名《江湖行话谱》…………………………………………… 776
　　方问溪《梨园话》………………………………………………… 779

附编1 本书著者有关汉语历代隐语行话珍稀文献研究文选

应予关注的"另类濒危语言":民间隐语行话[*]

民间隐语行话,亦称"民间秘密语",几乎是各种语言大都存在的一种特殊的民俗语言文化现象。对隐语行话的种种误解,是其濒危的首要因素。隐语行话属于社会文化深层结构之中的一种更为特别的民俗语言文化现象,是考察研究中国社会文化、语言文化别具一格的独特视角。随着汉语"濒危语言"的消亡,依附于这些"濒危语言"的民间隐语行话等民俗语言文化信息,亦必将随其"母体"的消亡而相应地消亡。一种语言的消失,意味着一种文化的消失。少数民族濒危语言的抢救,同样存在对其隐语行话的抢救问题。少数民族语言,由于其使用人口相对较少,有的已经处于濒危态势,关注、抢救作为"另类濒危语言"隐语行话,尤其不要忽略了各民族语言中的这类特别濒危语言现象。

一、处于濒危态势的隐语行话

民间隐语行话,亦称"民间秘密语",几乎是各种语言大都存在的一种民俗语言文化现象。一种语言文化系统内部的民俗语言的濒危,也包括其语言社会变体的民间隐语行话的濒危。

近年来,"濒危语言"现象越来越受到人类学家、语言学家的普遍关注。据报道,全世界大约6800种语言中,有近一半的语言使用者人数低于2500人,而且其使用的人数还在不断地减少。几乎是平均每两个星期,就有一种语言因不再有使用那种语言的人而消亡。语言不仅仅是传输信息的重要工具,而且更是负载社会历史文化信息的重要载体,积淀着历来人们认识、解释、理解世界的方式与所创造的知识。姑且不论这些语言消失的种种前因与后果,但就其所载负的丰富的、独特的社会文化信息来说,转瞬间就成了难以复制的东西,就成了需要重新发掘的、令人瞩目的"历史文物"。语言学家黄长著先生在一次国际学术会议的发言中疾声呼吁,语言与文化多样性的消失对文化生态环境的破坏,与生物多样性的消失对生态环境的破坏一样可怕,应该像保护秃鹫、大熊猫和白鳍豚等珍稀生物物种那样保护那些濒危语言。其道理,正是如此。20世纪前半个世纪"柳田国男时代"的日本民俗学界,在柳田倡导下,通过深入的田野调查和细致的文献梳理,"以民俗语言为索引,整理民俗事实,加以分类解说"出版的多卷本的《综合日本民俗语汇》,可谓当时日本民间文化遗产抢救、发掘的丰碑式的重要成果。

民俗语言是民间文化最重要的信息载体和传播工具。各地方言和普通话中的民俗语汇,是各类民俗等民间文化事象的最主要、最活跃也是最为典型的信息载体和传播工具,是考察、研究传统文化不可多得的、处于历史文化深层结构的语料实证。有许多民俗语会随着那种方言土语或那种民俗事象的消亡而成了语言与民俗的"语言化石",或者正在消亡处于"濒危"状态之中。尤其是那些一向被误解为"黑话"的各行各业隐语行话之类民俗语汇,更因其"低贱"、流行使用的群体比较狭窄和传人的过世而消亡的速度尤快。而这些蕴含着深层民间文化事象的"语言化石"的消失,

---

[*] 原载《文化学刊》2007年第1期。

将会给社会历史留下众多的难解之谜。

不久前，笔者在为郝志伦先生的新著《汉语隐语论纲》①所作序言中，特别谈到了许嘉璐教授在分析语言与文化关系时的见解，语言是一种特殊的文化现象，是文化最重要载体，对文化有着巨大的反作用力。因而，"语言理解包含着文化理解，同时语言理解需要文化理解；语言理解的层次越高，文化理解也就越高，需要的文化理解也越高"。②同时也借此重复强调了一个观点，这就是，隐语行话属于社会文化深层结构之中的一种更为特别的民俗语言文化现象，是考察研究中国社会文化、语言文化别具一格的独特视角。随着这些"濒危语言"的消亡，依附于这些"濒危语言"的民间隐语行话等民俗语言文化信息，亦必将随其"母体"的消亡而相应地消亡。皮之不存，毛将焉附！

二、对隐语行话的种种误解是其濒危的首要因素

上海东陆图书公司1924年出版了一部吴汉痴主编的《全国各界切口大词典》，辑释诸行语词形态民间秘密语18大类376子类，凡10余万言。是书卷首署名"癸亥初冬缶老人"所撰的序言谈到，"近顷坊间之出版物夥矣，而独未及于切口，何也？岂以事属渺小为无足道耶！果如是，则谬矣⋯⋯我知坊间之所以乏此著作者，实以社会之大，事业之夥，切口秘奥，无以侦得之耳"。半个多世纪之后，当全国大规模编辑出版各级地方志时，由于是"官修"的志书，隐语行话当然地属于被忽略的内容或是禁区，仅有极少部分的县、镇志书在"方言"部分述及当地历史上曾经流行过的隐语行话。行业、专业志书中，个别的志书选录了一点儿，如有的商业志、戏曲志等。至于"三套集成"，似乎本应关注到这种民俗语言现象和品类，结果尤其令人感到遗憾。显然，隐语行话这种民俗语言文化现象，成了备受冷遇的"弃儿"。这种曾经连帝王、雅士都很青睐的"受过宠幸"的事物之所以"落难"至此地步，何故？不仅仅在于它属于那种细枝末节性的东西，主要还是人们不正视它"是个东西"，而认为它"不是东西"。"文化大革命"期间，有些人遭难的一个缘由，是会说会用这种"黑话"。理由很简单，"好人谁说黑话"呢？依此荒谬逻辑推衍开来，如此危险而又不登大雅之堂的东西若纳入研究领域，岂不是自找麻烦，没事找事儿吗？

20世纪60年代，著名语言学家高名凯先生在《语言论》这部著名的语言学专著中就曾批驳过认为社会主义国家不可能存在隐语这种被视为"偷儿的语言"的事物的荒谬论调。他认为，隐语之是否存在，要看"秘密行事"是否必要，不是看有没有偷儿存在。这种社团方言是因需要而存在的。更重要的是，并非只有"坏人"在使用这种"黑话"，事实是使用"黑话"的绝大部分人却是实实在在的"大好人"。③这一情况，不仅是历史的本来面目，同样是当今现实生活中不容误解、歪曲的现实，否则，难听点儿比喻，则属"盲人摸象"所讽喻的道理。

且不言唐代宫中伶人隐语称天子为"崖公"，称欢喜为"蚬斗"，民间还相传宋徽宗会说什么"徽宗语"，即或是现今也有相当比例的人群仍然在使用着隐语行话。例如，宋代蹴鞠兴盛，至今留有一部辑录了130多条当时蹴鞠行当的隐语行话的《蹴鞠谱·圆社锦语》。至当代，宋代的这些蹴鞠隐语虽然已不在足球运动员和球迷中继续流行使用，但却生成了别一套隐语行话。当年宋代蹴鞠隐语有"圆"（好）、"盘子"（场地）、"白打"（远夫）、"云厚"（人名）、"搭"（卜前）、"稍拐"（往后）、"左拐"（左边）、"右拐"（右边）之类的说法；当今足球业也形成有众多行话，例如"大"（进攻面宽，可辅以长传）、"紧"（因心理紧张而不能正常发挥球技）、"收"（防守，后退）、"顶"（把进攻的位置往前移）、"靠"（以逼近方式近身防守）、"废"（通过恶意伤人来破坏对方的战斗力）、"兜"（长距离大力度地传球或射门）、"夹"（以二对一）、"背后"（后卫线与守门员之间的空档）等等，大都与球技相关。

---

① 本书是四川省教委1999年度人文、社会科学研究项目，由巴蜀书社2001年出版。
② 许嘉璐：《语言与文化》，载《中国教育报》2000年10月17日。
③ ［美］布龙菲尔德：《语言论》，科学出版社1963年版。

至于有些实实在在属于"黑话"的语汇，也切实已经被现代汉语"光荣吸纳"了。难道能说，"全民都在说贼话、黑话"吗？不信！试问"踩点儿""挂彩""挂花""反水""绑票""出血""撕票""上手""顶风上""跳槽""眼线儿""扯淡""失风""避风头"，这些隐语都是"什么出身"？源自何方？且以"反水"为例。在《现代汉语词典》里，其释文写道："（1）叛变。（2）反悔；变卦。"《现代汉语词典》特别用了个"<方>"符号，注明它是方言。① 其实不然。再看《汉语大词典》的释文：②

（1）叛变。茅盾《动摇》十："县长受有密令，要解散党部，工会和农会；已经派警备队下乡捉农民协会执行委员。又要反水了，正月来的账，要打总的算一算呢！"李六如《六十年的变迁》第二卷第十三章："他们的前任吸毒将军，反水过来当了军长的方本仁，在一起挤过浮桥时，一家伙跌下了水。"（2）反攻倒算。魏巍《东方》第一部第六章："对，我们绝不能让他们反水。"

毛泽东著作中也有一个"反水"的用例，即《井冈山的斗争·第二次国内革命战争时期》："七月赣敌进攻，八月湘赣二敌会攻井冈山，边界各县的县城及平原地区尽为敌据。为虎作伥的保安队、挨户团横行无忌，白色恐怖布满城乡。党的组织和政府的组织大部塌台。富农和党内的投机分子纷纷反水。"对此，《毛泽东选集》（第一卷）的注释（人民出版社1964年第一版，第81页"注4"）为："'反水'意为叛变。"其实，"反水"本是土匪的"黑话"用语，指叛变。曹保明所著的《土匪》（春风文艺出版社1988年8月版，第122页）和《东北土匪考察手记·土匪语言的趣味性》（时代文艺出版社1999年1月版，第355页）辑录的土匪的"黑话"用语中均注明："反水了——叛变了。"又如［美］贝思飞（Phil Billingsley）《民国时期的土匪》（徐有威等译，上海人民出版社1992年11月版）附录《土匪的黑话》："反水，（当兵的）重又参加土匪活动。"（第368页）至于"漏水"，则是"泄露机密"了。（第371页）红军时期吸纳的一些旧时江湖行话，还有"挂花""挂彩"（受伤）等，也从一个特定的方面反映了当年加入革命队伍的人员成分状况。也就是说，其中也包括"反水了"的"土匪"等"江湖中人"。

近年来，更有"大腕（蔓）儿""走穴（宐）""托儿""腥"之类风行各地，几乎成了"雅言"。仅《北京现代流行语》（北京燕山出版社1992年版）、《上海话流行语辞典》（汉语大词典出版社1997年版）两部篇幅并不大的当代流行语专书中，以及著名语言学家徐世荣先生编写的《北京土语词典》（北京出版社1990年版），就各自选录了至少数十条如此"涉黑"语汇。这些著作为何收录"黑话"呢？《上海话流行语辞典》的前言说，"（20世纪）80年代，流行语出现很多，原先的隐语、俚语，在各个社会阶层都使用得很普遍"，如旧时的乞丐切口"孵豆芽"（取暖）等。《北京现代流行语》前言指出，"黑话、行话"之类，"局外人不懂，乍一听到会有陌生感、新鲜感，求知欲促使人们去究其所以然，所以，黑话和行话使用一段时间后会逐渐为外部了解，进而流行开来，成为流行语"。例如，把人民币单位称作"分""张儿""棵""吨""方"等。徐世荣也谈到，《北京土语词典》之所以收录"黑话"，是因为社会土语"主要为行业语，其次是'黑话'——江湖隐秘语，所以"编入少量，聊备一格"。凡此，可谓"黑话"未必就"黑"，"黑话"未必就是"坏人的语言"的一种事实佐证。有些，即或曾经是"黑话"用语，被"通语"吸收之后，也就自然"变白"了。

三、隐语行话是一种特殊的民俗语言文化现象

几年前，我在《中国民间秘密语（隐语行话）研究概说》里分析、讨论"秘密语研究的近期

---

① 《现代汉语词典》，商务印书馆2005年第5版。
② 《汉语大词典》第二卷，汉语大词典出版社1988年版。

特点与趋向"时谈到,多学科视点的导入和研究领域的开拓,尤其有助于中国民间秘密语研究的深化和发展。这是现阶段这一领域的一个突出特点。不过,语言学视点的研究,始终是最基本也是最重要的研究视点。为什么?原因就在于,"民间秘密语是一种特殊的语言文化现象,这一根本属性决定了无论从语言学还是从文化学视点的研究,都是首要的、基础的本体性研究。它是语言的一种社会变体,因而语言学家首先将其纳入科学视野,是极其自然而又似乎是'责无旁贷'的,以往几乎是语言学单一视点'一家言'的局面,是不足为怪的。这一阶段民间秘密语的语言学研究,从过去偏重于语音学的研究,如大量的反切形态秘密语研究,已逐渐转为较全面的关注,如词型构造、语义转换、词源、辞书编纂、正字正音及社会文化背景等。尤其是根据其地域性特点运用方言学的方法所进行的调查和分析描写,使民间秘密语语料的采集整理更趋系统、准确而具有科学性"。①

无论是伦理道德标准所界定的"好人"或"坏人",还是政治制度所认定的"敌、我、友",或出自功利性的需要,或民俗使然(亦当属功利性的需要),几乎皆无例外地存在使用民间秘密语的历史或现实。不同时代、不同群体的民间秘密语,不免打上时代与群体的文化痕迹乃至政治、经济的烙印。然而,民间秘密语却是世界上几乎各种语言、各种社会文化所共有的一种非主流的语言文化现象。各种历史文献证明,中国汉语的民间秘密语滥觞于先秦,发达于唐宋,盛兴于明清,传承流变至今,存在一个源远流长的历史和传承流变的轨迹。唐代,则是其趋于成熟的时代。汉语是世界上使用人口最多的一种语言,因而汉语民间秘密语非但历史悠久,也是世界上诸同类语言现象中最大的一系。然而,尽管时下仍在"生生不息",却也时时在"消亡着"。今可见到的唐宋以来的隐语行话语料文本实在有限。如果没有《圆社锦语》《绮谈市语》《行院声嗽》《金陵六院市语》《新刻江湖切要》等文献流传下来,汉语隐语行话的历史就不能比较清晰地显现在这样的轨迹。尤其是唐代隐语行话的语料,真可谓"凤毛麟角"。众多信息的迹象表明,汉语史上的隐语行话语料十分丰富,远非这一点点。那么,其他那些都哪里去了?消亡了。我通过十数年研究的见解之一是,现代汉语所存在的隐语行话,也就是现今人在一些社会群体言语交际中使用的汉语隐语行话,绝大部分的基本语汇,仍然沿用着已经传承了上千年的语汇体系。甚至,有许多语汇无论在形式或语音方面,同数百年前并无多大实质性变化,甚至完全沿用着未改。这一点,也正从另一视点佐证着汉语史上的隐语行话曾经十分丰富。

在语言学家眼里,民间秘密语是相对地域方言而言的又一语言社会变体。在人类学家、社会学家看来,它是一种亚文化群体的语言代码,一种非主流文化现象。从民俗语言学视点来考察,民间秘密语则是一种属于非主流语言文化的特定民俗语言现象,一个非常值得探讨而又十分有趣的重要分支领域。多学科视点的研究,显示了学术界和社会有关方面对这一微观科学领域的关注与需要。即如佐夫在评论《中国民间秘密语》②一书时所言,"'隐语行话学'既很有专门性,又颇有外部联系的广泛性,是历史学、语言学、社会学、文学、民间文艺学、民俗学、考据学、文化学,以及公安司法的预审学、语言识别和言语鉴定科学及至自然科学等多种学科科研教学和实际应用部门所共同关注的领域,并且也是海外中国学(汉学)研究关注而不易解决的课题。本书运用民俗语言学的科学方法,将民间秘密语置于民族文化这个基本大背景中加以梳理、探讨,对民间秘密语的性质、源流、类型、构造方式、社会功能与民族文化的关系及其传承、扩布的基本规律诸方面,以历史、语言、民间文化、社会心理等多维视野,进行'立体式'综合研究、透析,运用符号学等现代科学方法进行阐述……使之集中而系统化,从而展示了中国民间秘密语的全景"。③ 多学科视点的导入和研究领域的开拓,成为时下这一领域学术研究的一个突出特点。之所以要关注隐语行话,是因为隐语行话兼有交际工具和文化载体的双重特质。作为特定的社团文化和母语文化的特殊载

---

① 曲彦斌:《中国民间秘密语(隐语行话)研究概说》,载《社会科学辑刊》1997年第1期。
② 曲彦斌:《中国民间秘密语》,上海三联书店1990年版。
③ 佐夫:《〈中国民间秘密语〉出版》,载《浙江学刊》1991年第1期。

体,作为一种特殊的民俗语言文化现象,汉语隐语行话所蕴含的文化内容便要复杂丰富得多。可以说,无论在其生成运用时,还是在其发展演变中,汉语隐语行话都在不断吸纳、传承着其所属群体和所属民族的诸如思维观念、价值取向、信仰习俗、生产生活方式以及心理行为模式等文化因素;无论在其表层结构,还是在其深层结构,汉语隐语行话都或多或少地、或隐或显地透析着其所属的特定社团文化和母语文化特征。

四、亟待关注"弱势语言"隐语行话的抢救

诚如郝志伦教授在《汉语隐语论纲》的导论中谈到的:"根据现有资料记载,人类语言中的主要大语种,都明显地存在着他们自己的隐语。如果从人类社会实际的言语交际着眼,可以这样说,任何民族语言中都或多或少地存在具有本民族历史文化特色的隐语,任何社会、任何时代都或多或少地存在着传承、创造、使用隐语的文化现象。"① 在考察隐语的语言形式的"结构论"中,他也清醒地注意到"作为民族共同语的社会变体,作为秘密社群及诸行百业的一种特殊交际工具,从语言与文化的宏观角度鸟瞰,汉语隐语与民族共同语和民族文化有着千丝万缕的血肉联系"。那么,作为关注隐语行话这种特别的语言文化现象的学者们来说,自然是格外增加了一层惋惜和事业的紧迫感。2001 年秋,当笔者赴淮河流域的几个商业古镇进行各行隐语行话实地"采风"的田野作业时,一位渔民老兄不无遗憾地告诉我,本镇有位最擅各行话的老人,只可惜我到达的十多天前刚刚去世,实在令人扼腕叹息。事实上,每天每时都有众多的这类"语言化石"随着深谙其事者的过世而消失,成为永远的遗憾。

还应特别提出的是,古今中外使用隐语行话的社会群体,主要是生存条件比较恶劣或说很困难的群体,是社会的非主流群体、"弱势群体"和所谓的"边缘群体"。正因如此,这种语言现象也是一种"弱势语言现象"。弱势群体的弱势语言,一旦处于濒危的临界点,也就非常容易消亡。

看来,作为已经陷于"濒危"境地的另一种民间文化遗产,这"另类濒危语言"——民间隐语行话,亦亟应引起社会特别是学术界的关注。因而,在呼吁全社会注意保护、抢救濒危语言的同时,亦不要忽略关注另一种十分细微的、一向为世人所误解难以正视的"濒危语言"品类——民间隐语行话!

一种语言的消失,意味着一种文化的消失。少数民族濒危语言的抢救,同样存在对其隐语行话的抢救问题。

中国民族语言学会副会长戴庆厦教授在接受媒体采访时指出,在目前我国使用的总共 80 多种语言中,大约有 10 多种语言面临语言功能衰退的"濒危状态",急需采取保护和抢救措施。他说,"现在,整个土家族只有 3%至 5%的人会说土家语,畲语更少,畲族会说自己本民族语言的只有 1%至 2%,总人数不过一两千人。在大多数土家族的家庭里,年轻人一般说汉语,有时,说汉语的孩子们甚至听不懂自己爷爷的话";"此外,在我国南方,包括仡佬语、毛南语在内的一些语种都存在不同程度的语言功能下降"。② 黑龙江大学满语研究中心主任赵阿平教授每天都在为满语的将来担心。据赵教授介绍,20 年前,满语还是三家子满族村村民语言交流的主要工具,而现在只有 70 岁以上的人能够熟练地用满语交流,30 岁以下的人则完全听不懂。关于满语文化在这里中断传承的解释是,10 年前村里的满语教师调到县里去了,以后村里再没有配备师资,更没有必要的研究经费。③ 在 2002 年 7 月举行的中国民族语言学会第八届研讨会上,保护少数民族的濒危语言抢救文明遗产这个话题,作为与会学者共同关注的热点,曾两次引起热烈讨论。

---

① 郝志伦:《汉语隐语论纲》,巴蜀书社 2001 年版。
② 曾伟:《3000 种语言即将消亡:语言学家说:一种语言的消亡意味着将失去一种美丽的文化》,载《北京青年报》2001 年 10 月 27 日。
③ 周欣宇:《谁能拯救满语——满语消亡,清史研究将面临永久性断流》,载《中国青年报》2002 年 5 月 30 日。

在此，尤其应当特别论及的是，尽管本文主要以汉语民间隐语行话作为讨论"另类濒危语言"隐语行话的文本，而少数民族语言的隐语行话，由于其"母语"本身就往往是使用人口比较少的"弱势语言"，一向更少受到关注，因而，更是其中的"重中之重"，处于"高濒危"的状态。就目前所了解到的有关信息可见，在过去的近一个世纪的中国隐语行话研究史上，仅有与汉语隐语行话研究成果远远不成比例的文献。其中如，《布依语的反语》（曹广衢，《中国语文》1956 年 3 月号）、《燕子口苗语的反切语》（王春德，《民族语文》1979 年第 2 期）、《僜人使用的隐语》（孙宏开，《语言美》1982 年第 7 期）、《佤语的反语》（王敬骝，《民族调查研究》1983 年第 1 期）、《湘西苗族隐语的使用情况及其功能》（赵丽明，《语言·社会·文化》，语文出版社 1991 年版）等，不过寥寥数篇。即或是广义地把有关"江永女书"的研究也包括在内，为数也是很有限的。少数民族语言，由于其使用人口相对较少，有的已经处于濒危态势，更何况其中的一向不为人所注重的隐语行话呢！所以，我呼吁关注、抢救作为"另类濒危语言"隐语行话，尤其不要忽略了各民族语言中的这类特别濒危语言现象。*

中国民间秘密语辞书概说

民间秘密语，又称"春点""切口""市语""隐语行话"等，是中下层社会的一种俗语。它以回避人知为基本功能而用于民间社会集团或群体，维护内部利益，协调和组织内部关系，作为民俗语言的一种，在语言学中属于社会方言，在文化学中属于民间文化范畴。

由于民间秘密语是人们进入某一具体民间社会集团或群体的必修课，使之受到当行的种种内部戒规制约。加之其源自民间而语言形态及内容为粗俗鄙俚，因而历来为正统目录学中并无一隅之地，更极少有专书流传，仅靠口耳相传。至于辑释诸秘密语的工具书，尤为稀见于世。

就我近年从事中国民间秘密语研究中穷搜广觅所见，从唐宋秘密语形成至今，堪称秘密语专门辞书者，不过四五种而已，实弥足珍贵。今分别作一概要性评述。

其一，《绮谈市语》，见于宋人陈元靓所辑《石林光机续集》卷八，今有中华书局影印元刊本。虽非专书，却已初具专门工具书雏形。总共辑释隐语行话 360 多条，按内容分天地门、君臣门、亲属门、人物门、身体门、宫殿门、文房门、器用门、服饰门、玉帛门、饮食门、果菜门、花木门、走兽门、飞禽门、水族门（虫附）、举动门、拾遗门、数目门 19 类。悉以通语为目，注以隐语，近若类以词典。例如：

身体门：心，中君；方寸。肾，幽关。面，玉容□。脸，桃花。腮，朵。发，绿云；乌云。须，山林。乳，羲骏；孛雀。肩，玉楼。鼻，玉□；嗅老。耳，听老；闻子。眉，春山；春峰。眼，秋波；六老。口，三绰。齿，瓠犀。唇，朱楼；樊素。舌，丁香；三寸。手，柔荑。指，青葱；春笋。腰，楚柳；束素。脚，拆道。

所谓"绮谈"，即绮语，纤婉言情词语。如陈廷焯《白雨斋词话》卷五："近人为词，习绮语者，托言温（庭筠）、韦（庄）。"向于佛门，则用指语涉情爱或女人的艳丽辞藻，以及俚杂秽语，是其四口业之一。如《四十二章经·善恶并明》所云："众生以十事为善，亦以十事为恶。何等为十？身三、口四、意三。……口四者，两舌、恶口、妄言、绮语。"又如《法苑珠林》卷一〇五《五戒·戒相》亦称："又《成实论》云：虽是实语，以非时故，即名绮语。或是时以随顺衰恼无利益故，故虽利益以言无本，义理不次，恼心说故，皆名绮语。"可见当时对于隐语行话的正统之见。

尽管《绮谈市语》间杂通语俗语，如以小杖为笞、上茅为如厕、老为耄之类，然体例尚善，亦便查检，首创之功不可没矣。

---

* 原载《辞书研究》1989 年第 6 期。

其二，《行院声嗽》，见于明无名氏辑《墨娥小录》卷十四，今常见为明隆庆五年（1571年）吴氏聚好堂刊本；又见于锄兰忍人编的《新镌绣像评点玄雪谱》，有明崇祯石刻本。

《行院声嗽》规模及体例与《绮谈市语》类似，全部370多个条目，亦按内容分作天文、地理、时令、花木、鸟兽、宫室、器用、衣服、饮食、人物、人事、身体、伎艺、珍宝、文史、声色、数目、通用，计18类。同时，也是首列通语名目，次注以隐语。例如：

身体：头，撒楼。发，飘光。眼，六老；六子。身体，伎儿。鼻，嗅老。口，鲍翁。舌，摇老。阳物，蘸笔。牙，柴老。耳，听老。手，爪老。阴物，才前。足，撒道。腿，超棒。脸，博浪。大脚，拍把。肚，庵老。乳，缠手。臀，驾膊。撒尿，洒溲。血，光子。戏，外嗽弱。拳，扣老。骨，柯枝子。尿，碎鱼儿。痴，大身。呆，耙子。放屎，撒条。疼，吊撒。放屁，撒进。泻，□□。泻肚，拐答。瘦小，京三。剃面，挞豹。咽喉，□□。好打扮，标正。做口，吕儿。无打扮，彪咭。抬不起头，郁恐。花绵身体，蒙头。

所谓"行院"，宋季指行帮，如车若水《脚气集》卷上："刘漫塘（宰）云：向在金陵，亲见有小民行院之说。且有卖炊饼者自别出来，未有其地与资，而一城卖饼诸家便与之护引行院，无一毫忌心。"金元时则谓杂剧或院本艺人及其所居，至明季又多用指妓院或妓女。由此，则知《行院声嗽》所辑释的隐语流行范围之大概。所辑隐语，较《绮谈市语》稍精到又有相同者，可略见隐语行话传承轨迹。

其三，《江湖切要》，一名《江湖切》，不见初刊本，今所见为清康熙末卓亭子增广删定本，题《新刻江湖切要》，光绪十年（1884年）由银杏山馆刊行，小半本。卷首有《江湖切序》，末署康熙五十二年（1713年）"八闽后学东海卓亭子录并订"，序文多以江湖隐语连缀成篇。《江湖切分类目录》按内容分为上下两卷34类，上卷为天文、地理、时令、官职、亲戚、人物、店铺、工匠、经纪、医药、星相、娼优、乞丐、盗贼、僧道、身体、宫室、器用、文具，凡19类；下卷为武备、乐律、舟器、章服、饮馔、珍宝、数记、草木、五谷、百果、鸟兽、虫鱼、疾病、死生、人事，凡15类。下注："后附梳牙法及园光秘诀，内载卓亭新语广类编。"而末言及所附《金陵六院市语》（署明风月友），恐系清末另加的附录。另外，正文有"草木百果五谷类"，实将三类合并为一；又如下卷将"舟器类"刻作"舟具"。凡此，则可见其编刊粗糙。正文中，除有曰、名、谓、又、又曰、总名一类用语，又散见广、补、增（增曰）、改（今改）之类用语，则知是书并非出自一人之手，而经多次删订增补所成，或于卓亭子之后尚有修订。

《新刻江湖切要》全书所辑通语词目1000个左右，收录隐语行话1600多个，悉以隐语注通语，即以通语名目标目为词条。例如：

身体类：头，顶元；魁儿。面，元老；盘老。眼，照子。耳，招风；采官。鼻，土星；闻官。汲香。口，风门。水星；海门。齿，磨子。舌，信心；心柔；[增]心苗。眉，探老；[增]及第。分八。发，皂线；飘光；云线。须，草绿；龙图子；[增]表丈夫。喉，素儿；[增]司谏。身曰四太。肚，西方；[增]客老。手，上元；脱瓜。足，下元；踢土。大脚曰太式。拳，托起。乳，缠手。妇乳曰尖山，吞子。骨，枯枝。阳，金星；[增]缩头生。阴：盼公；北风。男风，卯生。淫阴曰拿蚌。阙曰吐青，又曰慕容。龟头眼曰马口。大便曰撒闷，脱急。小便曰撒柳，闷干。撒屁曰撒条。饥曰桴。困曰昏斗，并足。瘦，柴；青条。肥，花草；[增]濯濯。标致，坚立。丑，古寒；[增]配酉。盲，念照，又，双念照。眇，单念照。脉，刊通；[增]雨沙；又曰礼冠。哑，念呐；[增]口默；忘言。聋，老采；[增]目听；等辰。驼，但结；[增]入公门。跷，[补]地不平。矮，矬身；[增]如射。折足，定半。胡子，老图。白，草飘。黑，草鬼。黄，金草。壮大，干叱。怯懦，肥妖。

凡此，悉为明清时江湖诸行一般隐语行话，而将"壮大""怯懦"之类归入是类，又见其分析不精，归属界限不明。清翟灏《通俗编·识余》称："江湖人市语尤多，坊间有《江湖切要》一刻，事事物物悉有隐称。诚所谓惑乱听闻，无足采也。"又引录书中语例若干，间与今本不同。翟氏生于乾隆元年（1736年），卒于乾隆五十三年（1788年），是清初人，所见之书已经卓亭子删改增订。鉴此，原本或出明人之书，曾于清初流行删订本。

尽管《江湖切要》体例、刻印多有不善之处，却比宋、明两种丰富、细致，已有显著发展，是中国民间秘密语史上首部经多人增补订改的单独刊行的专门辞书。在中国俗语辞书上，明清两季空前繁荣，《江湖切要》亦自然脱颖而出，以其个性卓立其中。

其四，《切口大辞典》，全称《全国各界切口大辞典》，吴汉痴主编，上海东陆图书公司民国十三年（1924年）一月出版。卷首有"癸亥初冬缶老人"序一篇。全书收录隐语近万条，悉清末民初所流行者，按社会三教九流诸行分为商铺、行号、杂业、工匠、手艺、医药、巫卜、星相、衙卒、役夫、武术、优伶、娼妓、党会、赌博、乞丐、盗贼、杂流18大类，又于大类之中按具体流行集团或群体细别为376子类（含目录漏标者三），洋洋达十几万言，四百余页，是迄今收录中国民间隐语行话最为宏富详备的一部专用辞书。

在编写体例上，不仅使用现代标点符号（句读式），又一反上述三种立目习惯，将隐语行话作为词，释文多非仅相应通语词，又较为详细。如《乞丐类·弄蛇求乞之切口》：

扯溜	弄蛇乞儿也。
溜头	蛇也。
当头	租得来之蛇也。有种乞儿已不能捕蛇。乃向捕蛇者租来。日出租费若干。
本当货	自己捕来者。
献庆隆	弄蛇求乞也。
乾坤袋	藏蛇之袋也。
挨朝阳	向店铺求乞也。
挨门槛	向落家求乞也。
倒溜	蛇被弄而死也。
溜走	蛇被逃走也。
炖地鳗	吃蛇肉也。

凡此，可见一斑。考其资料来源，一是取自以往文献，如《江湖切要》等书；再即直接采自当时诸行所口耳相传流行者。尽管是书存在收录不甚严格，又有重复之处等病，但至今仍是一部可资查阅、参考的专门辞书。

除此之外，从宋季至民国还有一些散在的民间秘密语文献。有的是专门辑录，但体例与上述迥异，至多亦只能算是准辞书性质。例如宋人汪云程编的《蹴鞠谱》中有《圆社锦语》，以通语注隐语，辑录了当时"圆社"（蹴鞠社团）行话130余条，不分类，是迄今所存最早的专行民间隐语行话专辑。附刊于《新刻江湖切要》卷末的《金陵六院市语》，及附载于明程万里《鼎锲徽池雅调南北官腔乐府点板曲响大明春》卷一中的《六院汇选江湖方言》，所辑各百条左右，是明季娼家隐语行话专辑。又有《江湖通用切口摘要》一编，载于清光绪年间苏州桃花仙馆石印的唐再丰编《鹅幻汇编》卷十二，漫述成篇，并非辞书性质，所记皆星卜、游艺等隐语行话。其他，明田汝成《西湖游览志馀》卷二十五《委巷丛谈》、清翟灏《通俗编》，亦略有辑述，皆片段而已。

据钱南扬《市语会钞》所载，北京打磨厂学古堂有排印本《江湖行话谱》一书，凡分"行意行话"等9类（条），亦以隐语注隐语，近于辞书而体例尚欠完善，与《江湖切要》《切口大词典》远莫能比。

至于清张德坚《贼情汇纂》所辑太平天国隐语，仅70余条。日本人平山周《中国秘密社会史》、萧一山《近代秘密社会史料》及徐珂《清稗类钞》、刘联珂《中国帮会三百年革命史》等书，所辑亦属片段而已，仅作参考，不如专门辞书便于查检。

当代研究民间秘密语者已为鲜见，更难有专门辞书问世。日本名古屋于1975年出版了一部由池本义男编的《下层社会的隐语集》（京津地方），仅一两个地区所流行的而已。从某种意义上说，一部系统的秘密语词典,就是一种特别的中下层社会历史小百科,生动地印证、考察民间社会生活诸世象,亦别具功能。为此,我寄希望于一部反映新一代学术水平的中国民间秘密语词典的及早问世。

皇家百科全书里的理发行业秘籍《净发须知》*
——最早辑录理发业隐语行话的业内典籍《净发须知》

中国典籍《孝经·开宗明义》即言,"身体发肤,受之父母,不敢毁伤,孝之始也"。须发是人类体质的一大特征。人的前额、双耳和头颈部以上生长的毛,谓之头发,保护头脑是其最基本的生理功能。梳理头发,既是人类从事劳作、卫生与健康的需要,也是身体美学的要求。"韬发者,以缯韬发作髻讫,即横插笄以固髻。总,亦缯为之,以束发之本,而垂余于髻后以为饰也",正是。

发饰习俗是人类文明的一大基本特征,一种原生文化。可以说,世界上各个民族无不有着各自的发饰习俗。不同时代,流行不同的发饰习尚。清末沪上朱文炳《海上竹枝词》所云,"薙头手段不须强,辫子宜教打得光。流海剪齐尤要事,刨花肥皂近通行",当系当时沪上的发饰时尚。亦如其书序所道,"一国有一国之习惯,一方有一方之习惯。善觇人国者,不在政教号令之末具,而在调查社会之习惯。不惟见人事之迁流,即国力之盈虚、民质之高下,胥可于此征之。全球商埠上海居第七,为我国最繁盛之都会,大而工商学校,小而宫室马车,推而至于饮食、服御、声色玩好之微,莫不以上海之风气为风气,如影随形,如响斯应"。

中国理发业形成于何时?迄今鲜见史籍和出土文献实证可作明晰确认。辑存于《永乐大典》中的一部《净发须知》① 与宋元相关文献的相互印证可以推知,中国理发业的行业团体至迟于宋代业已存在。可以说,一部《净发须知》印证了中国理发业之立行。《净发须知》作为迄今存世最早的一部中国理发业典籍,记述了什么,是一部什么性质的文献,价值何在?特别是,作为社会地位一向卑微的行业的民间文献,何以会登上大雅之堂、采辑入皇家百科全书《永乐大典》?等等,此即本文所要钩沉、探析的几个基本问题。

要而言之,本文旨在通过解析疑难问题全面评介解读《永乐大典》采辑本《净发须知》之概要。

一、行业称谓、书名及版本

旧时俗谓剃头匠的理发技艺匠人,古称镊工、待诏、薙工、剃工等。剃工、镊工,均为宋人叫法。宋洪迈《夷坚志·真如院藏神》:"绍兴中,童行金法静,主香火之事甚敬,为寺参头,因令剃工缴鼻。"又宋张端义《贵耳集》卷中:"秦会之呼一镊工栉发,以五千当二钱犒之。"清梁绍壬《两般秋雨盦随笔》说,"博士、待诏,皆翰林院官名也……剃头匠又有待诏之号,积习之沿,不知何昉",实乃谑指诸般手工匠人随时听候人们召唤雇使之意。此外,后世还有"整容匠"之谓,其说可见于明《二刻拍案惊奇》卷二五:"三日之前,蕊珠要整容开面,郑家老儿去唤整容匠。"

"梳剃"当是中国理发业的主要传统称谓。如宋周密的《武林旧事·社会》就记载当时的临安(今杭州)有"净发(梳剃)社",元无名氏《永乐宫壁画题记》:"刀镊上(工)陈七子夫妇,坐茶肆梳剃。一日有道人携百金来剃须发,才剃即生,随生随剃,如是自旦迫暮,夫妇手几脱腕,知其异人也。"明陶宗仪《辍耕录·飞云渡》"主人怒此婢,遣嫁业梳剃者"亦然。再如业内相传的《净发须知》中即有"遍行天下,梳剃为活""到处不将金玉去,只凭梳剃度春秋"和"居在人

---

* 原载《蓺菲菁华录:历代采风问俗典籍钩沉》,大象出版社 2015 年 3 月。

① 除有专门说明外,本文所说《净发须知》均指《永乐大典》辑存本,是本文的基本工作文本。

世，善能梳剃，曾蒙献宗宣诏，整顿龙颜"，三处以"梳剃"称谓本行业，当属业内自谓。除此之外，业内之自称，在《净发须知》中，还可见有"哲匠良工""匠人""妙工""巧匠"等几种。其书例如：

> 说镊子：镊子潇洒，身材玲珑。格范金花镂错别，翻腾时样巧工夫。银叶阑腰，是哲匠良工真手段。双股样银清且洁，一张口是合还开。制自妙工，用由巧匠。
> 问云：刀是甚人置？铁是甚人裁？答云：刀是释迦佛灵山会上剃十代弟子得刀一柄，剃落青丝发，弟子今传在世，万古流传。南山置炉，北山出铁，火炼成钢，匠人把在手中，磨炼如霜。
> 刀诗：一柄宝刀刃如霜，仙人分付与本行。借问造时是宝铁，巧匠锻炼使纯钢。

至于镊工、待诏、薙工、剃工、剃头匠、整容匠等，则是社会上对理发业从业者的他称。

元明以降，诸如"整容""剃发""剃头"之类称谓比较普遍，但与清以降"剃头"的概念有别。清以前，"剃头"主要是特指释子剃度"削发"及其平素理发，亦即如《敕修百丈清规》所规定的，"选日既定，则隔宿剃头，顶心留发"。当时俗家民间则是指特定的发式，如元代时的《朴通事谚解》所记"汉俗凡梳头者，必剃去脑后、顶上、鬓际细毛，故曰剃头"。可以说，"剃头"之谓早于元代即已进入了汉语口语。

清以降的"剃头"，是针对汉族而由朝廷规定的统一改易满族服饰发式，属于一种制度性政治行为。久之，乃泛称理发为"剃头"。清萧遇春《京华百二竹枝词》所咏："牟利各行有秘传，剃头铺子最新鲜。要他不惜工夫好，给了活钱又酒钱。"原注云："俗谓剃头为'做活'，剃头钱因名为'活钱'。如到铺中剃头，必须给'活钱'外，另给酒钱，方不至草草了事。缘'活钱'为铺掌例得，酒钱归剃头匠自有。牟利之法，可谓一举两得。"

以"净发"称谓理发行业，始见于宋元。如《武林旧事·社会》所记南宋临安（今杭州）的"净发社（梳剃）"；其次是据《两浙金石志》卷一五载，孟淳撰、赵孟頫书元代延祐元年（1314年）《长兴州修建东岳行宫记》碑阴揭载的诸行施主姓名得见，所供奉职掌追取罪人的"照证司"神殿，是由当时的"净发行"亦即理发业的"姚珍、桑琇、费荣、钱大亨、俞庆"等所捐。显然，"净发行"是当时对理发业的一种习惯称谓。凡此，当即《净发须知》书名中"净发"一词由来之所据。至于其中"须知"之词，则是声明其性质为其业内从业的规范性常识。

20世纪40年代初，北平理发职业分会常委张善堂曾说道，"在清时，本行皆有《净发须知》一书，为传授衣钵之秘籍，所有罗祖出身及史迹、行规等皆详载之，惜行中人什九目不识丁，失传"①。所谓"失传"，或因业内已流传不广。殊不知这部秘典却有幸十分完整地存录于明代的《永乐大典》之中而未得湮灭。只是，《永乐大典》流传不广，而且随即散佚不全，自然很难在民间流传，更难以向属低贱行业的理发业从业者们所能知见。即或当代，亦非学者们所能常见。

近代学者文廷式（1856~1904）《纯常子枝语》卷三三记述云："临川吴铎有《净发须知》一卷，专言释家剃度规则，与《永乐大典》所载迥异。"著名学者王利器先生曾言，"《永乐大典》卷一万四千一百二十五'剃'字韵下，载元人《净发须知》二卷，即此书也。惜《永乐大典》此卷已亡，未得一见"。其所见则为两种清刊本：②

> 《元史·艺文志》三《释道类》著录《净发须知》二卷，不详撰人。余所见者有二本：一为"咸丰庚申年（十年）重镌，书业德记梓行"本，书名《净发须知》，有《按

---

① 崇璋：《理发业祖师罗祖考》，载《晨报》（北平）1941年10月25日。
② 王利器：《王利器论学杂著》，北京师范学院出版社1990年1月版，第480—482页。

摩修养秘诀》六字副标题。卷上大题为《京本江湖博览按摩修养净发须知》，下署"罗真人活计"（第一行）、"陈七子家风"（第二行）、"临川吴铎订"（第三行）。卷下大题则为《江湖博览按摩修养净发须知》，署名同。一为"光绪乙未年（二十一年）新刻，本堂藏板"本，书名《新刻净发须知按摩修养秘诀》，署名同。两本俱有《穴位图》，以便按摩，盖当时净发人兼业按摩故也。吴铎希振序云："历世以来，继之以罗真人之活计，陈七子之家风。"

文氏、王氏所见即为除《永乐大典》本而外，今可见的两种版本《净发须知》。此外，再有则是民间手抄本矣。

关于《永乐大典》采辑本《净发须知》与清刊本《净发须知》的关系，王利器《水浒全传校注》就《水浒传》第24回潘大嫂说的"三答不回头，四答和身转"一语的注释略有论及。其注云①：

《永乐大典》卷一万四千一百二十五载元人《净发须知》，则《水浒》所言三答四答者，盖就元人发式而言也。往者，予与向达先生同住东四十条胡同北京大学教授宿舍，过从甚密。向先生后收得清刻《净发须知》二本，举以示予，且嘱为之跋。予以清刻《净发须知》，与《永乐大典》所载者同源而异流，盖清刻本率多市语声嗽，实为净发行院地下联络之工具书。当元明之际，反元力量大肆活动于运河上下，以净发职业为掩护，以净发店铺为交通站，故所载大量问答切口，字里行间，充沛着《水浒》气，乃论述其与后来罗教、洪门、三点会之影响，撰为跋文以归之。惟时，予二人以得共读此秘密社会史料，为之高兴不置也。惜于"文革"中，二家藏书，俱被抄没，《须知》原书及予跋尾手稿，未知尚在人间否？时因注此文，而追记其百一焉。

可以说，《永乐大典》本《净发须知》当系文、王两氏所见清刊本《净发须知》之祖本。至于《永乐大典》采辑所本，不得而知，待考。由此，《永乐大典》采辑本《净发须知》益发珍稀矣。

二、《净发须知》的基本内容

元代时的学习汉语读本《朴通事谚解》卷一②所记述当时剃头匠为顾客"剃头"的情景中，展示了剃头匠所用诸般动作和器具：

叫将那剃头的来。（汉俗凡梳头者，必剃去脑后、顶上、鬓际细毛，故曰剃头。）你的刀子快也钝？我剃头的，管甚么来刀子钝？你剃的干净着，不要只管的刮，刮的多头疼。剃了，撒开头发梳。先将那稀箆子箆了，将那挑针挑起来（挑针用牛角作广箆，上一端作刷子者多者，厚难梳，故先梳之，以此箆插置上头更梳下，今俗犹然。）用那密的箆子，好生箆着，将风屑去的爽利着。梳了，绾起头发来。将那镊儿来，摘了那鼻孔的毫毛。将那铰刀、斡［运也。字作"㓞"，是。］耳搊忿来，掏一掏耳朵。（"搊［消］忿"，《翻译朴通事》作"消忿"。以禽鸟毳翎安于竹针头，用以取耳垢者，俗呼为"消息"。旧本作"蒲楼翎儿"。"朵"作"垛"，是，俗去声读。）与你五个铜钱。

一部《净发须知》的基本内容，记述了宋元理发业的基本行事规范，主要为梳剃器具、行业

---

① 王利器：《水浒全传校注》第四册，河北教育出版社2009年5月版，第1168页。
② 基于汪维辉编：《朝鲜时代汉语教科书丛刊》第一册第236页，中华书局2005年1月版。此处引文与汪本标点等略有改订。方括号"［ ］"中的文字，系取自崔世珍《朴通事集览》。

招徕广告习俗、隐语行话，以及行业信仰与禁忌等，可谓传统理发业的百科全书、从业宝典。

关于梳剃用具

《净发须知·排十二件动使诗》历数当行十二种用具①。具体为：

  镊钗第一：镊钗初置自罗真，四海排来第一人。元是轩辕亲妙手，其中浪刻应时辰。
  镜第二：团团似月绝纤尘，士女才拈便现身。问我风光游四海，知人肥瘦白红颜。
  镊子第三：打镊奇巧自丙丁，玲珑巧样合精神。才方打动几般响，到处闻声便识名。
  刀第四：柄按四寸刀三角，利耀风霜色带金。惜岑修眉成耀相，人贪美貌爱相寻。
  水盂第五：水盂当日出波心，贮得沉檀水便香。付与溪人皆得用，乌峰石畔遇龙王。
  梳第六：梳子当初使得他，或使娑婆与象牙。付与世人通理发，流传仙客作生涯。
  篦第七：丝缠竹齿最绸缪，解上娇娥贵士头。理发成丝能去垢，得人清爽爱取留。
  磨石第八：生在岩崖石洞边，得来此片自神仙。可磨宝剑诸般刃，起利明光到处传。
  剪子第九：蜂腰燕尾用时开，弯弯曲曲巧身材。莫言剪断青丝发，红锦绫罗也会裁。——案：此谓理发剪刀。
  镟第十：金眼银身如鹤觜，入耳衔传旋旋归。会使凡人听聪远，更能轻手巧心机。
  撩乱第十一：或使银牙作此般，绸缪巧利十分全。从他乱发都能解，快活人头插两边。
  消息第十二：形如箭撞似鹤毛，细软由能入耳曹。响镊相依似蝉噪，得人清爽意惶惶。

个中所述诸般工具，大多显然易识，如"镜"为照形取影的铜镜，"刀"为修眉刀等。有些器具虽很难从字面直接知其为何物，但从本书的上下文则可推知。例如本书"或使银牙作此般，绸缪巧利十分全。从他乱发都能解，快活人头插两边"之"撩乱"，当即开篇《净发处士大闹城子论》"木梳撩乱爽精神"之理发器具发簪。但有的则很难从字面推知，例如"镊钗"与"镊子"，"镟"，以及"消息"等，需要考据辨析一番方得其解。

梳剃业从业者的职业活动主要是"身着挑包手把镊，口里喃喃叫道哉。也会烧丹并炼药，神仙刀镊去游街"。"刀镊"乃其最基本的职事工具。

《朴通事谚解》说到的"将那镊儿来，摘了那鼻孔的毫毛"之"镊儿"，亦即本书所谓"打镊奇巧自丙丁，玲珑巧样合精神。才方打动几般响，到处闻声便识名"之"镊钗"与"镊子"，同为一种梳剃用具。

何为"镟"？《朴通事谚解》说"将那铰刀、斡耳捎篦来，掏一掏耳朵"，其"铰刀"当即本书所说"金眼银身如鹤觜，入耳衔传旋旋归。会使凡人听聪远，更能轻手巧心机"之"镟"，掏耳朵取耳垢的器具。书中诸例叨让：

  镟子诗：说着镟子甚堪夸，书筒引出小椒花。是人莫道些儿铁，刀镊门中便用他。
  镟刀诗：一把镟刀白如银，铜作眼睛铁作身。他随动口去争战，且归耳内作蝉鸣。

---

① "动使"，即器具、用具。宋吴自牧《梦粱录·正月》："街坊以食物、动使、冠梳、领抹、缎匹、花朵、玩具等物沿门歌叫关扑。"宋孟元老《东京梦华录·会仙酒楼》："常有百十分厅馆动使，各各足备，不尚少阙一件。"《古今小说·宋四公大闹禁魂张》："宋四公取出蹊跷作怪的动使，一挂挂在屋檐上。"亦作"动事"。宋吴自牧《梦粱录·民俗》："或有新搬移来居止之人，则邻人争借动事，遗献汤茶，指引买卖之类。"又《梦粱录·四司六局筵会假赁》："如富豪士庶吉筵凶席，合用椅卓、陈设书画、器皿盘合动事之类，则顾唤局分人员，俱可完备，凡事毋苟。"

镊耳鹧鸪天：一用镊子刃如锋，二用匙头不见踪，第三挑瘼须还笔，四用鹣嘴取教通。观里面，了然空，真珠撞子顿其中。轻轻敲作蝉声响，六般消息耳内攻。

镊刀诗：七子曾将此艺传，白云深处遇神仙。自从镊了淳王耳，留在人间不记年。镊子一把曲如弓，几度将来在耳中。昨夜三更寻不见，元来东海斩蛟龙。

九般镊子①，并号黄龙。木梳撩乱爽精神，宜该第十。凤笼豁惶消息好，排过五双。道自仙传，到处总一般称号。艺从师得，传来有几样安排。髻发绾梳，巧妙敢施真手段；鬓毫镊摘，轻奇果有好工夫。

《净发须知》辑有三首咏"消息"的诗：

消息诗：耳作蝉鸣似有琴，身无气脉不通风。妙手精玄轻一镊，教人快乐自玲珑。

消息第十二：形如箭撞似鹤毛，细软由能入耳曹。响镊相依似蝉噪，得人清爽意惶惶。

消息诗：凤凰落了一枝萦，高士取来在手中。此个神仙藏妙用，为人净耳见闻听。

有人认为，"'消息'当为净发梳剃所用的一种可发出声音的器具"②。但也有人提出异议，认为这是一种"由柔软的细毛做成的，使用时，是捻进捻出，从而带出耳内被镊刀刮下的碎屑，去除耳垢的工具"③。愚意以为，后者的辨析与论断成立。所谓"消息"，是一种由软毛性物质制成的，理发时用以清除耳垢的采耳器具。

至于这种理发清除耳垢的器具何以命名"消息"呢？余之考辨认为，以此器名曰"消息"，或缘三种隐喻而来。

其一，隐喻使用这种耳挖器过程中的毛端之蓬缩形态之"消长"，一如《易·丰》所谓"日中则昃，月盈则食，天地盈虚，与时消息"，又《易·剥》："君子尚消息盈虚，天行也。"即如清黄师琼《题谢梅庄侍御军中学〈易〉图》诗所咏："愿君进退持以正，消息盈虚任卷舒。"系就以此耳挖器掏耳过程的形态变化而言。

其二，始创于柳永的词牌《永遇乐》又谓"消息"，宋晁补之（字无咎，1053—1110年）词《消息·端午》自注云："自过腔，即越调'永遇乐'，端午。"此乃借以隐喻掏耳"教人快乐自玲珑""得人清爽意惶惶"之舒坦快乐——取"永遇乐"之"乐"也，系就掏耳的效果而言。

其三，明清民歌时调的隐喻。明清民歌时调有三首"消息诗"，具体为：

消息子，我的乖。你识人孔窍，捱身进，抽身出。莛上几遭，拈一拈，眼朦胧浑身都麻到。拈重了把眉头皱，拈轻时痒又难熬，拈到那不痒不疼也，你好把涎唾儿收住了。（《挂枝儿》卷八《咏部·消息子》）

消息子，都道你会知人的趣。疼不疼，痒不痒，这是甚的？寻着个孔窍儿你便中了我意。重了绞我又当不起，轻了消我又熬不得。睡梦里低声也，叫道慢慢做到底。（《挂枝儿》卷八《咏部·消息子》）

消息子，我里情哥郎好像消息子能，身才一捻骨头轻，进来出去能即溜，教我小阿奴奴关着子毛头便痒死人。（《山歌》卷六《咏物·消息子》）

显然，以性行为过程中的男根动作与形态以及效果反应隐喻此器。

---

① 镊子，镊刀，去耳毛的工具之一。常见之另种去耳毛的工具为"缴"（生丝线）。如下文《缴线诗》所谓"两指交加拈一线"之"缴"。

② 邓子勉：《〈净发须知〉、净发社及其他》，载《中国典籍与文化》1998年第2期。

③ 邢益火：《说"消息"》，载《中国典籍与文化》2000年第4期。

此外，再如异域之《朴通事谚解》所说"将那铰刀斡耳挡［消］篦来，掏一掏耳朵（以禽鸟毳翎安于竹针头，用以取耳垢者，俗呼为消息）"之"消息"，正是此器。可见，此器名曰"消息"，即源于上述三种隐喻而来，既属于宋元梳剃业行话，亦是宋元以来的市语语汇之一。

梳剃业的行业崇拜、禁忌及其他行规

出于行业生计与秩序的需要，诸行百业皆有其行业崇拜、禁忌及其他多种行规。传统理发业亦然。

清纪昀在《乌鲁木齐杂记》中说："剃工所奉神曰罗祖，每赛会，剃工皆赴祠前。"《净发须知》所记，当时其行业祖师为"罗真人"和"陈七子"。《净发须知》开篇即言："罗真人活计，陈七子家风。"更有书中多处具体所写为证：

> 问云：你祖师陈七子、罗真人当在衢州，亲度得一人姓甚？答云：祖师陈七子、罗真人当在衢州，亲度得一人姓李，名为处士，流传后代，遍行天下，梳剃为活。诗曰："三尺栏盘①搭左肩，天下云游是散仙。"
> 又诗答：茶留三岛客，汤伯五湖宾。都是罗家子，何须问元因。学艺学罗真，从师艺本专。曾师陈七子，今是五千年。饥则食松柏，闲来会八仙。优游三岛客，独棹五湖烟。本艺传来是八仙，通流今古几千年。休道世间无敌手，且容师父问源流。
> 问诗：因甚出来学剃头？刀铞传来得几秋？你拜甚人为师父？甚人与你置行头？答诗：晚进当行不识羞，俺自学知年几秋。曾拜神仙为师父，罗真与我置行头。
> 罗真诗：罗真实字作志全，此是仙踪实可传。人道本师谁得法，吾今学得是因缘。
> 陈七子诗：陈七先生名志坚，受学金刀事大贤。吕公也是神仙客，同行四畔不记年。紫云岩洞事谁言，传下凡间数百年。罗真传与陈七子，凡间教得万万千。

关于业内禁忌等行规，如其《问铞子源流》所言：

> 问：铞子那里响？答云：有名到处响。
> 问云：铞子那里鸣？答云：到州州里鸣，到县县里鸣。
> 问云：铞子几不打？答云：镊子三不打。
> 问云：如何三不打？答云：第一过本行面前不打，第二过神庙前不打，第三过桥不打。
> 问云：如何不打？答云：过本行店前礼数不专不敢打，过神庙前恐惊鬼神不敢打，过桥恐惊吓海龙王不敢打。

旧时，日本学人仁井田陞曾访问北平理发业同业公会会长梁仲三和常务董事刘福海，询问："祭祀罗祖的意义是什么？"答称："祖师如果不发明梳子、剪刀，我们就干不了这个行业。作为祖师的弟子，我们不能忘记祖师的恩德，我们同业之间，都是祖师的弟子。"② 亦即《净发须知》所道，"都是罗家子"也，显系出自宋元遗风。

"盘道"等梳剃业隐语行话

---

① "栏盘"，全书除此处外，均写作"拦盘"。
② ［日］仁井田陞：《北京工商基尔特资料集·整容行会馆》，东京大学东洋文化研究所东洋文献中心刊行委员会版，1975—1983年。

民间隐语行话既是各类社会群体自我保护的言语形式，也是一种各具群体文化特点的言语习俗，亦属行规。王利器先生指出，"自元代起，罗祖教徒即广泛活动于运河流域，北起北通州，南讫南通州，以净发业为掩护，以净发店为据点，以净发切口作行院问答，从而识别其为自家人与否。在旧中国封建社会里，三百六十行，行行俱有切口语，以为联络同行之工具，大抵胥停留于口头上，而净发切口独以书传者，其故盖在于此也"①。《净发须知》所载这类当时梳剃业隐语行话如：

动使把头，都管道篷推第一。工夫结尾，珠声清耳羡无双，皮制镊钗，袋称如意。更连十件，各有异名。照子二尊，闪烁团圆秋月皎。镊儿三位，玲珑清彻晚蛮吟。四加荡石取锋芒，五是帮皮锋粉瓦，六数古须盛水，七添眉子威严。八有蜂腰，更称燕尾。[帮榜] 九般镞子，并号黄龙。木梳撩乱爽精神，宜该第十。（《净发处士大闸城子论》）

刀为小青，镊为书子，手巾为都掴，木梳为缘聚，水盏为珠龙，剪刀为卧虎。滴水为滑龙。竹篦为净耳，为玲珑，又为开。石为双头，又为见降。夹板为玄座。（《动使出处》）

再如《问刀镊》"盘道"问答辞：

问云：你道面有几路刀？答云：剃面有三路刀，由在人能排布。

问云：那为天门？那为地户？剃面那里是面？答云：男女左右鬓，却为开天门。项下却为闭地户。眼下三分是剃面。

问云：仙刀十二般，后来三十六福子。为敢问师父刀从何落？答云：太阳起，太阴落。

问云：你刀有几路上？几路下？几路翻？几路覆？答云：我使刀时有三路上，四路下，两路翻，四路覆。

问云：几路直？几路横？答云：六路直，六路横。

问云：共有几路刀？答云：六六三十六路刀。

问云：几路正？几路快？答云：六路正，四路快。

问云：眼下三分，名做甚么样刀？答云：眼下三分名做三寸刀。

问云：额上八路，名做甚么刀？答云：额上八路，名做八仙聚会刀。

问云：眼下掠刀，名做甚么刀？答云：名做仙人归洞刀。

问云：面上四路上，四路下，名做甚么刀？答云：名做流星刀。

问云：耳珠上名做甚么刀？答云：名做朝天刀。

问云：耳叶上名做甚么刀？答云：名做仙人下山刀。

问云：覆剃名做甚么刀？答云：名做仙人巡山刀。

问云：耳后名做甚么刀？答云：名做关门刀。

问云：耳内名做甚么刀？答云：名做八蜂游岩刀。

问云：刀是甚人置？铁是甚人栽？答云：刀是释迦佛灵山会上剃十代弟子得刀一柄，剃落青丝发，弟子今传在世，万古流传。南山置炉，北山出铁，火炼成钢，匠人把在手中，磨炼如霜。

问云：要知刀镊出处何年起？答云：五伤二年七月十三日，共释迦佛往灵山会上说法之时，因此刺火得刀一柄。在玄宗手内。

问云：镊刀因何有三口刀？因何有两刃？一半在拳，一半在手，分四时有声。

---

① 王利器：《王利器论学杂著》，北京师范学院出版社1990年1月版，第480—482页。

镊子有几名，镊子当来甚人置？甚人收得送玄宗？答云：铁是元阳殿出，无极世尊收，李广元来会，盘古仙人送玄宗。

问云：刀有三角敢出那上？刀镊有三口，那为第一？镜有四面，那为第一？答云：刀有三角。镜为第二。镜有四面，日月第一。

问云：靠甚为师？甚为父？答云：以水为师，石为父。水石相逢，乃为师父。

问云：水从那里来？石从那里得？答云：石是海内将军传出，浮水岩前出，本师罗隐亲收得，奉劝当行休要秘，此是神仙指教得。

梳剃业的招徕广告习俗

《永乐大典》一四一二五卷的《净发须知》，对理发匠招揽生意的家什进行了描写："指弹清镊，响声入耳玉玲珑。""清镊"又称"唤头"或"铁琴"，形制为上下两片，形如镊子，一端有柄，用铁棍从两片尖端划出，可发出嗡嗡的颤声，悠扬远播。

关于梳剃业的招徕广告习俗，笔者在数年前发表的一篇题为《中国传统商业招徕市声》的专文中曾有过记述，不妨抄示如次①：

> 剃头匠的响器"唤头"，顾名思义，就是宣唤人们来理发。旧时北京城剃头行业中传说，清初时剃头匠的工具均为官府发给，不准私制，唤头一响，百姓都要出来请剃，否则视为抗旨之罪。本世纪30年代一本英文版《京都叫卖图》说："唤头起源于何时已无据可考，有人说它曾是剃头匠用的一把刀，也有人说它来源于剃头的拔头发所用的小镊子，看上去它更像后一种。"其实，唤头原型本为理发用以拔除须发的镊子。《谈徵·物部》引《事物原始》所释甚是："（唤头）镊钳也，以铁为之，用以拔须发者，今剃头者手持之作声，名曰唤头。"以镊拔发，古来已然。《古文苑》卷七所录晋左思《白发赋》云："星星白发，生于鬓垂，……将拔将镊，好爵是縻。"《南史·齐郁林王纪》："高帝笑谓左右曰：'岂有为人作曾祖而拔白发乎？'即掷镜、镊。"故理发匠人又称"镊工"。宋张端义《贵耳集》卷中："京下忽阙见钱，市间颇皇皇。忽一日，秦会呼之一镊工栉发，以五千当二钱犒之。"洪迈《夷坚乙志》有篇题《成都镊工》。《永乐大典》所录旧理发业经典《净发须知》三卷所载，至为确切。如卷上载，净发处士（即理发匠）"肩搭红巾，艳色照人金闪烁；指弹清镊，响声入耳玉玲珑"。是卷又载其盘道问及"镊子有几般名"，答云："一名镊子，二名唤头。"可知其"指弹"的"清镊"，亦即"唤头"，至迟于明季已流行其制。《燕市货声·工艺·剃头匠》所说，其"挑担，手执铁唤头，行划之"，一仍明代之行业习俗。

再如《净发须知》所载：

> 须摘一名钗捧唤头儿，行路过桥行院门前终不响。钳子口，手中口，随身口。分明带得走，途中口岸头。市井头，街坊头，真个任从游戏耍，才方敲动，端然做得百般声。手里拈来，真个堪为十样使，或作金鸡报晓，或作龙凤娇声，或作黄莺调舌，或作孔雀弹经，或作蝉声摇曳，或作鹦鹉报鸣。引出佳人美女，整出容貌稀奇。引出僧人落发，剃了恰似菩提。引出小儿来剃，端如弥勒下生。仙贤留下唤头儿，小子把来游戏使。

---

① 原载《寻根》1997年第2期。

可见，对于游走行业的传统理发业来讲，以其主要的代表性工具"唤头"作为广告招徕自宋元以来一脉相承。

综上，可窥《净发须知》基本内容之一斑。

三、《净发须知》的文本性质、价值及其产生背景

被《不列颠百科全书》的"百科全书"条目赞誉为"世界有史以来最大的百科全书"的《永乐大典》，是一部展示中国古代汉族文化光辉成就的集大成者的旷世大典。那么，作为社会地位一向卑微的行业的民间文献《净发须知》，何以会采辑入皇家百科全书《永乐大典》，堂而皇之地登上这个大雅之堂呢？究其实，这主要是由其性质以及提供给采辑编纂者的可能视点所决定的。

《永乐大典》所载书籍文献以宋元时期的著作居多，《净发须知》乃其一种。近代学者文廷式（1856—1904年）《纯常子枝语》卷二十记述《永乐大典》所辑《净发须知》云："《永乐大典》卷一万四千一百二十五'剃'字韵下，有元人《净发须知》二卷，乃薙匠书也。有帝王剃发及各色人剃发祝祠[词]，鄙俚可笑，惟中有《大元新话》云。按：大元体例，世图改变，别有数名。还有一答头，二答头，三答头，一字额，大开门，花钵蕉，大圆额，小圆额；银锭打索，绾角儿打辫；绾角儿三川钵浪，七川钵浪，川著缝儿，云云。盖元时薙发，与今制异。今时幼孩初留发时，亦有各种不同。至成丁后，则皆薙前半发，留后半发。日本人以为，一半类僧，理或然耶。《法苑珠林》卷十剃（鬀）发部引佛本经云，须曼那华化作净发人，是'净发'二字所本。又元至元二年，《敕修百丈清规》卷五云，'选日既定，则隔宿剃头，顶心留发。'注云：'名曰周罗，梵语周罗'，此云小结也。'余谓花钵蕉，盖即'小结'之类。"读文氏此论，可发现两种信息。首先，则是说《净发须知》"乃薙匠书也"，言其性质当是业内用书；其次，认为书里记述了元代梳剃发饰习俗。

事实上，有文献显示，是书记述的是宋元时期的梳剃习俗和发饰习俗。例如，《清语老乞大》六十《我带你买些零碎的货物》记载了当时人们置买的日用杂品种，即包括有黄杨木梳子各一百个、粗篦子、细篦子各一百个，剃头刀一百把，剪子一百把等梳剃用具，直接反映出当时民间理发习俗。《原本老乞大》和《老乞大谚解》有段完全相同的对话文字：

> 我引著你买些零碎的货物。红缨一百斤。烧珠儿五百串。玛瑙珠儿一百串。琥珀珠儿一百串。玉珠儿一百串。香串珠儿一百串。水精珠儿一百串。珊瑚珠儿一百串。大针一百帖。小针一百帖。镊儿一百把。苏木一百斤。毡帽儿一百个。桃尖棕帽儿一百个。琥珀顶子一百副。结棕帽儿一百个。面粉一百匣。绵胭脂一百个。腊胭脂一百斤。牛角盒儿一百个。鹿角盒儿一百个。绣针一百帖。枣木梳子一百个。黄杨木梳子一百个。大篦子一百个。密篦子一百个。斜皮针筒儿一百个。大小刀子共一百副。双鞘刀子一十把。杂使刀子一十把。割纸细刀子一十把。裙刀子一十把。五事儿十副。象棋十副。大棋十副。双六十副。茶褐栾带一百条。紫绦儿一百条。压口荷包一百个。剃头刀子一百把。剪子一百把。锥儿一百个。秤三十连。等子十连。那秤、等子都是官做的。秤竿、秤锤、毫星、秤钩子，都有。

记述所及，包括"镊儿一百把""枣木梳子一百个、黄杨木梳子一百个、大篦子一百个、密篦子一百个"，以及"剃头刀子一百把"等梳剃"动使"（器具）。这一点，恰可与稍晚于此的《遵生八笺》相关所记相互印证：诸般梳剃器具不仅仅是梳剃匠人的"动使"，也是时人日常生活所常备的日用器具；梳剃是时人日常生活所习以为常的卫生与化妆习俗。或言之，"篦头绞面"已经是一种日常生活习见的美容方式。如元话本《金海陵纵欲亡身》所记：

> 贵哥走到厅上，分咐当直的去叫女待诏来，"夫人要篦头绞面"。当直的道："夫人又不出去烧香赴筵席，为何要绞面？"贵哥道："夫人面上的毛可是养得长的？你休管闲

事!"当直的道:"少刻女待诏来,姐姐的毛一发央他绞一绞,省得养长了拖着地。"贵哥啐了一声,进里面去了。不移时,女待诏到了,见过定哥。定哥领他到妆阁上去篦头,只叫贵哥在傍服侍,其余女使一个也不许到阁上来。女待诏到得妆阁上头,便打开家伙包儿,把篦箅一个个摆列在桌子上,恰是一个大梳,一个通梳,一个掠儿,四个篦箅,又有别子、剔帚、一双簪子,共是十一件家伙。又把定哥头发放散了,用手去前前后后,左边右边蒲胶摸索,捏了一遍,才把篦箅篦上两三篦箅。

《金瓶梅词话》第五十二回西门庆理发的场景写道:

西门庆坐在一张京椅儿上,除了巾帻,打开头发。小周儿在后面桌上铺下梳篦家活,与他篦头栉发。观其泥垢,辨其风雪,跪讨赏钱,说:"老爹今岁必有大迁转,发上气色甚旺。"西门庆大喜。篦了头,又交他取耳,掏掏身上。他有滚身上一弄儿家活,到处都与西门庆滚捏过,又行导引之法,把西门庆弄得浑身通泰,赏了他五钱银子,交他吃了饭,伺候与哥儿剃头。

梳剃美容的商业化消费,推动着梳剃业的发达、活跃。明代陈所闻编辑的《北宫词纪》卷三辑有元人汤舜民一首散曲《赠钱塘镊者》,描述当时理发匠的从业活动:

【北南吕一枝花】三万六千日有限期,一百二十行无休息。但识破毫厘千里谬,才知道四十九年非。这归去来兮,明是个安身计,人都道陶潜有见识。谁恋他花扑扑云路功名,他偏爱清淡淡仙家道理。

【梁州】打荡着临闹市数椽屋小,滴溜着皱微波八尺帘低。自古道善其事者先其器。雪锭刀揩磨得铦利,花镔镊抟弄得轻疾,乌犀篦雕镂得纤密,白象梳出落得新奇。虽然道事情修一艺相随,却也曾播芳名四远相知。剃得些小沙弥三花顶翠翠青青,摘得些俊女流两叶眉娇娇媚媚,镊得些恍郎君一字额整整齐齐。近日,有谁?闲遥遥寄傲在红尘内,虽小道莫轻易。也藏着桑拓连村雨一犁,到大便宜。

【尾声】从今后毕罢了半窗夜月樗蒲戏,洗渲了两袖春风蹴鞠泥,兀的般自在生涯煞是伶俐。你觑那蝇头利微,也须是鸡肋味美,不承望陈七子门徒刚刚的快活了你。(原载《北宫词纪》,《全元曲》卷七,页5215)

《净发须知》以其作为伎艺人演出脚本(话本)的文学作品属性被采辑进《永乐大典》,同时还有编纂《永乐大典》当时关于梳剃习俗及相关时尚作为编纂者生活知识和视野所及的社会背景。其中,主要是梳剃已在明代成为一种卫生保健常识,一种生活习俗和时尚。明代高濂的《遵生八笺》,是中国历史上著名的养生学经典著作。《遵生八笺·压尺》既历数了书房客厅常备的文具文玩,还开列出了"内藏抽斗"中的镊刀、指锉、消息、挖耳等日常梳剃器具:

有玉作尺,余见长二尺,厚六分,阔一寸五分者。人云"尺璧为宝"。然玉有径二三尺者一时可见,有二尺长玉如意,三尺六寸长玉剑,皆奇货也。有玉碾双螭尺,有以紫檀乌木为之,上用古做蹲螭玉带、抱月玉兔、走兽为钮者。又见倭人缏金银压尺,古所未有。尺状如常,上以金缏双桃银叶为钮,面以金银缏花,皆缘环细嵌,工致动色。更有一窍透开,内藏抽斗,中有刀锥、镊刀、指锉、刮齿、消息、挖耳、剪子,收则一条,挣开成剪。此制何起?岂人心思可到。谓之"八面埋伏",尽于斗中收藏,非倭其孰能之?余以此式令潘铜仿造,亦妙,潘能得其真传故耳。论尺无过此者。有金银石嵌秘阁、界尺、图匣、文具等物,终是不雅。有竹嵌尺傍四转,内以黄杨、乌木、紫檀、象牙,挽嵌如意，形制虽工，久则必败。

而且，在文人雅士自行设计的用作出游携带的"备具匣"中的"文具"，也包括诸般日常梳剃器具。亦如《遵生八笺》卷八《备具匣》所载：

> 余制。以轻木为之，外加皮包厚漆如拜匣，高七寸，阔八寸，长一尺四寸。中作一替，上浅下深，置小梳匣一，茶盏四，骰盆一，香炉一，香盒一，茶盒一，匙箸瓶一。上替内小砚一，墨一，笔二，小水注一，水洗一，图书小匣一，骨牌匣一，骰子枚马盒一，香炭饼合一，途利文具匣一，内藏裁刀、锥子、挖耳、挑牙、消息、又修指甲刀、锉、发刷等件。酒牌一，诗韵牌一，文诗筒一，内藏红叶或笺以录诗。下藏梳具匣者，以便山宿。外用关锁以启闭。携之山游，似亦甚备。

另有明文震亨《长物志》卷七《梳具》亦可见载："（梳具）以瘿木为之，或日本所制。其缠丝、竹丝、螺钿、雕漆、紫檀等，俱不可用。中置玳瑁梳、玉剔帚、玉缸、玉合之类，即非秦汉间物，亦以稍旧者为佳。若使新俗诸式阑入，便非雅士所宜用矣。"

《永乐大典》辑本《净发须知》采自宋代文本。这一点，在今所见这个文本的本身即留有诸多语料实证。例如，《净发须知》中的宋代市语语汇和见于禅宗语录，是其原本出自宋代的语言痕迹——语证。

"动使"，即器具、用具。宋吴自牧《梦粱录·正月》："街坊以食物、动使、冠梳、领抹、缎匹、花朵、玩具等物沿门歌叫关扑。"宋孟元老《东京梦华录·会仙酒楼》："常有百十分厅馆动使，各各足备，不尚少阙一件。"《古今小说·宋四公大闹禁魂张》："宋四公取出蹊跷作怪的动使，一挂挂在屋檐上。"亦作"动事"。宋吴自牧《梦粱录·民俗》："或有新搬移来居止之人，则邻人争借动事，遗献汤茶，指引买卖之类。"又《梦粱录·四司六局筵会假赁》："如富豪士庶吉筵凶席，合用椅卓，陈设书画，器皿盘合动事之类，则顾唤局分人员，俱可完备，凡事毋苟。"

同时，"动使"和采耳器具"消息"，均为宋代即已使用的市语语汇。宋周密《武林旧事》卷六《诸色伎艺人》，在历数御前应制、御前画院、棋待诏、小说、影戏、唱赚、杂剧、弹唱因缘、唱耍令、踢弄、傀儡、乔相扑、散耍、吟叫、放风筝、烟火、说药、捕蛇、七圣法等五十余种伎艺的代表性艺人之末，则记述了陆眼子和高道两位"消息"伎艺人。

又如宋西湖老人《西湖老人繁胜录·诸行市》"京都有四百四十四行，略而言之：闹慢道业、履历班朝、风筝药线、胶矾斗药、五色箭翎……细扣子、闹城儿、消息子、揪金线、真金条、香饼子、香炉灰、打香印、卖朝报"等等，这说的是作为采耳器具的"消息子"。

对此，王利器先生曾据《纯常子枝语》卷二十所转引的《净发须知》文本，作有仔细的考证论析①：

> 《纯常子枝语》云："惟中有《大元新话》云：'按大元体例，世图故变，别有数名，还有一答头、二答头、三答头、一字颜、大开门、花钵蕉、大圆额、小圆额、银锭打索绾角儿、打辫绾角儿、三川钵浪、七川钵浪，川著练缒儿云云。'"大抵相同，此真元人书也。孟珙《蒙鞑备录》云："上自成吉思汗，下及国人，皆剃婆焦，如中国小儿留三搭头在额门者，稍长则剪之。在两下者，总小角垂于肩上。"所言"婆焦"，即此之"钵椒"

---

① 《晓传书斋读书杂志·净发须知》，载《王利器论学杂著》，北京师范学院出版社1990年版，第480—482页。

也,《永乐大典》又作"钵蕉",皆对音无定字故耳。又余所见明崇祯己卯(十二年)张国维序刻本《郑所南心史》卷下《大义略叙》云:"鞑主剃三搭辫发,顶笠穿靴。……三搭者,环剃去顶上一弯头发,留当前发,剪短散垂,却析两旁发垂绾作两髻,悬加左右肩衣袄上曰不浪儿,言左右垂髻,碍于回视,不能狼顾。或合辫为一,直拖垂发背。"《心史》所言"不浪儿",即此之"钵浪"也。《水浒全传》第二十四回有云:"奴家生平快性,看不得这般'三答不会痛,四答和身转'的人。"明乎此,则知"三答不回头,四答和身转"之语义所在,且得知此种发式为生活中习见事物,故流为俗谚,并于"三答头"之外有"四答头"也。

再如,有的研究注意到:《净发须知》"从内容上看,文中主要叙说梳剃及有关方面事情,并保存了净发伎艺人卖艺时应遵循的一些程式,是带有条规性的文件。考卷下题有'大元新话',其中云:'按大元体例,世图改变,别有数名。'又卷上《大行程诗话》有诗云:'师长到此好行游,不知行到那军州。'军,是宋代设置的地方行政区划单位,则《净发须知》一文当是元时净发伎艺人在宋人编本的基础上重新编定的,其中涉及的风俗、演艺等情况,多能在宋人载籍中得到印证";同时,"还是净发社伎艺人员说话表演时用的脚本"①。由讲唱艺术衍生出来的一种文学体裁,"话本"小说与讲唱艺术一脉相承,自然留有十分清晰的讲唱艺术的语言痕迹。《永乐大典》之所以采辑收录《净发须知》,首先在于其本身作为小说话本这个基本属性。

除《武林旧事·社会》记载当时的临安(杭州)有"净发(梳剃)社"组织外,宋西湖老人《西湖老人繁胜录·诸行市》还特别微地将"促头消息"演出列为众伎艺行当之一种:

十三军大教场、教奕军教场、后军教场、南仓内、前权子里、贡院前、佑圣观前宽阔所在,扑赏并路岐人在内作场,行七圣法,切人头下卖符,少间依元接上。水田食敖饯子,吞剑,取眼睛,大裹捉当三钱。教鱼跳刀门,乌龟踢弄,金翅覆射斗叶,猢狲老鸦下棋,腊觜舞斋郎,鹌鹑弩教能使棒相扑。王宣弄面,打一丈方饼。唱涯词只引子弟听,淘真尽是村人打硬底,擘破铁橄榄。庋家相扑猎户,卖山风药铺虎皮、虎头、虎爪,黄显贵没眼动清乐,林遇仙圣花撮药,天武张石球,花马儿掇石墩,廊介酒李一郎,野呵小说,处处分数别,亦有促头消息。扑弄个爪涨上桃,婺州角儿。孟秋行幸,同前。

有研究注意到,"就连净发社梳剃行,也有专门的话本,如现存于续印《永乐大典》卷一四一二五的《净发须知》,卷下即明标'大元新话'。话本分上、中、下三卷,字数达一万三千四百余言"②。认为《净发须知》是"净发社伎艺人员说话表演时用的脚本",这是书的基本属性之一,也是之所以被采辑进入《永乐大典》的最直接的缘由。但考其文本性质,首先在于它是梳剃业出于行业生计需要,形成了民间传抄的行业行事规范秘本。其次,才是在前两项前提并以其为素材和题材创作出市井演出的脚本,进而成为一种伎艺行当、艺术品类。构成这两者的大前提,则是商业性的梳剃消费需求促生了梳剃业并持续发展。

《永乐大典》的采辑而得以保存流传的《净发须知》,对于后世来说,其意义则要比当初丰富许多,也与其当初得以被辑入《永乐大典》的"身份"重要许多。首先,是社会史的意义,保留了一份历史上迄今最早的、最为丰富的,也是相对最为完整的中国理发业行业行事规范文件;其次,是一份独具行业特点的小说话本文本的文学史;再次,具有当时市井文化娱乐生活形式与情景等社会文化的一份实证文献的文化史价值。

---

① 邓子勉:《〈净发须知〉、净发社及其他》,载《中国典籍与文化》1998年第2期。
② 冯保善:《宋人说话家数考辨》,载《明清小说研究》2002年第4期。

《猥谈》：一代才子祝允明的市井采风札记*

一、一代才子祝允明

祝允明（1460—1527），字希哲，明代长洲（今江苏苏州）人，是与唐寅、文徵明、徐祯卿齐名的"吴中四才子"之一。因其右手六指，故自号"枝指生"和"枝山"，或自署"枝山老樵""枝指山人"等。《明史·祝允明传》载，允明"祖显，正统四年进士。内侍传旨试能文者四人，显与焉，入掖门，知欲令教小内竖也，不试而出。由给事中历山西参政。并有声。允明以弘治五年举于乡，久之不第，授广东兴宁知县。捕戮盗魁三十余，邑以无警。稍迁应天通判，谢病归。嘉靖五年卒。允明生而枝指，故自号枝山，又号枝指生。五岁作径尺字，九岁能诗。稍长，博览群集，文章有奇气，当筵疾书，思若涌泉。尤工书法，名动海内。好酒色六博，善新声，求文及书者踵至，多贿妓掩得之。恶礼法士，亦不问生产，有所入，辄召客豪饮，费尽乃已，或分与持去，不留一钱。晚益困，每出，追呼索逋者相随于后，允明益自喜。所著有诗文集六十卷，他杂著百余卷。子续，正德中进士，仕至广西左布政使"。因其同唐寅（1470—1524）情性相投且遭际与共，民间流传着二人诸多逸闻趣事，书画界亦向有"唐伯虎的画，祝枝山的字"之说。据《明史·唐寅传》所载，唐寅"性颖利，与里狂生张灵纵酒，不事诸生业。祝允明规之，乃闭户浃岁。举弘治十一年乡试第一"。又与一代才子文徵明相友善，《明史·文徵明传》亦载，徵明"幼不慧，稍长，颖异挺发。学文于吴宽，学书于李应祯，学画于沈周，皆父友也。又与祝允明、唐寅、徐祯卿辈相切劘，名日益著……吴中自吴宽、王鏊以文章领袖馆阁，一时名士沈周、祝允明辈与并驰骋，文风极盛"。

祝允明家学渊源甚是深厚，尽管其父祝瓛早卒，但其自幼至青年时代即生活在几位颇富才华的至亲身边，非但耳濡目染，而且获得关爱与亲炙。其祖父祝颢（1405—1483）是明正统己未（1439）进士，官至山西布政司右参政，精于诗文和行草书，交游颇广。其才华绝世的外祖父徐有贞（1407—1472）为明宣德八年（1433）进士，曾任兵部尚书、华盖殿大学士，封武功伯，而且天文、地理、道释、方技皆通，并兼擅行草书法，书名甚盛。岳父李应祯（1431—1493）以字行，号范庵，以南京太仆少卿致仕，也是一代书法名家。加之其天资聪颖而且勤奋，"年七八岁时，其大父参政公一日适为文成请客书之，予时亦在坐，见生侍案旁，嘿然竟日，窃异之。因指文中难字以问，无弗识者，益奇之，且料其他日必能事此也"（《家藏集》卷五一《跋祝生文稿》）。祝允明不仅以传世的诸多书画精品影响巨大，其一生的诗文杂著等著述亦甚为丰厚，除《怀星堂集》外，还有《苏材小纂》《祝子罪知》《浮物》《野记》《前闻记》《志怪录》《读书笔记》等传世，即如《明史》本传所说称"著诗文集六十卷，其他杂著百余卷"，可谓才华横溢也。

二、"笔记小说"性质的《猥谈》

祝允明虽进士出身，也做过小官，但其一生主要活跃于市井文人圈子，比较切近市井生活，因而才能够写出《语怪编》《猥谈》之类"笔记小说"性质的作品。其中，辑存于《烟霞小说》和《说郛续》中略显单薄的一卷《猥谈》，即为一部传统笔记体的市井采风札记。

《四库总目提要》云："《烟霞小说》二十二卷（江苏巡抚采进本），明陆贻孙编。贻孙，苏州人。是书仿曾慥《类说》之例，删取稗官杂记凡十二种。中如杨循吉《吴中故语》、黄晔《篷轩记》、马愈《日抄》、杜琼《纪善录》、王凝斋《名臣录》、陆延枝《说听》六种，逸事琐闻，尚资考论。

---

* 原载《文化学刊》，2007年第1期。

至陆粲《庚巳编》、徐祯卿《异林》、祝允明《语怪编》《猥谈》、杨仪《异纂》、陆灼《艾子后语》六种，则神怪不经之事矣。"然而，《猥谈》却是历代探讨中国戏曲史每每引证的重要文献之一，如"南戏""市语声嗽"诸条。又如多有记述楹联、巧对以及"滑稽语"等，虽有"神怪不经之事"之嫌，尚有不容忽略的文化史文献价值，系应予整理刊布的民俗语言珍惜文献之一。

《猥谈》一卷，凡33则，即如其书名，所辑皆市井鄙俚琐谈杂事。亦如是书三字骈体自叙所道，"纪琐事，订细文，述善戏。忆曩昔，长者次，雄论间，获随侍。追后来，广交契，雕龙宾，不遐弃。高轩过，每移晷，或造请，尸客位。及绷绁，古哲对，所见闻，颇多识，择其善，就编记。论写外，有杂碎，齿颊余，匪厚味，聊解颐，不忍置，因稡斯"云云，内容芜杂，多为市井掌故逸闻，乃至趣事。具体条目如《如厕之对》：

夏忠靖与一黄门，同在吾郡寓馆。黄门晓起如厕，夏呼。谓曰："披衣趿履而行，急事，急事。"黄门且走且应曰："弃甲曳兵而走，常输，常输。"

又如《道号与别号》：

道号，别称，古人闲自寓怀，非为敬名设也。今人不敢名，亦不敢字，必以号称。虽尊行贵位，不以属衔为重，而更重所谓"号"。大可笑事也。士大夫名实副者固多，徐惟农夫不然。自闻市村陇，鬼人琐夫，不识丁者未尝无号。兼之庸鄙狂怪、松阑泉石，一坐百犯。又兄山则弟必水，伯松则仲叔必竹梅。父此物则子孙引此物于不已，愚哉！患哉！予每徇人为记，说多假记以规讽，犹用自愧。近闻妇人亦有之，向见人称冰壶、老拙，乃婺媪也。又传江西一令讯盗，盗忽对曰："守愚不敢。"令不解，问左右，一胥云："守愚者，其号也。"乃知今日贼亦有别号矣。此等风俗，不知何时可变也。

再如《翻覆数叠巧对》一条：

予在金陵，春晚与客步秦淮。客指园林诵曰："红杏枝头春意闹。"予即眺落晖曰："乌衣巷口夕阳斜。"少间，予自书所为文。客戏曰："君之富学善书，应以多指尔。"予猝应曰："诚不以富，亦只以异。"座客皆笑。一客又拱手而称曰："不亦君子乎！"予还拱之曰："展如之人也。"又一客曰："其孰能与于此哉？"予遽云："亦可以为成人矣。"一时翻覆数叠，哄堂大洽。

诸如此类市井杂录比比皆是。

三、珍贵的中国戏曲史料

应予特别关注的是，除一般的市井杂录琐记外，《猥谈》所保存的中国戏曲论述和史料，不仅十分珍稀宝贵，而且其见地至今仍具有很高的学术价值。例如《南戏》一条：

今人间用乐，皆苟简错乱。其初，歌曲丝竹，大率金元之旧，略存十七宫调，亦且不备，只十一调中填凑而已。虽曰不敢以望雅部，然俗部大概高于雅部，不啻数律令之俗部，尤极高而就其律中。又，初无定，一时高下随工任意移易（此病歌与丝音为最），盖视金元制腔之时，又失之矣。

自国初来，公私尚用优伶供事。数十年来，所谓南戏盛行，更为无端，于是声乐大乱。南戏出于宣和之后，南渡之际，谓之温州杂剧。予见旧牒，其时有赵闳夫榜禁，颇述名目，如《赵真女蔡二郎》等，亦不甚多，以后日增。今遍满四方，转转（案：疑为

"辗转"之误）改益，又不如旧，而歌唱愈缪（案："纰缪"之"缪"），极厌观听，盖已略无音律腔调（音者，七音；律者，十二律吕；腔者，章句字数长短、高下，疾徐抑扬之节，各有部位；调者，旧八十四调，后七七宫调，今十一调，正宫不可为中吕之类。此四者，无一不具），愚人蠢工，徇（案：音xùn，依从，对众宣示）意更变，妄名余姚腔、海盐腔、弋阳腔、昆山腔之类，变易喉舌趁逐抑扬，杜撰百端，真胡说耳。若以被之管弦，必至失笑，而昧士顾喜之，互为自谩尔。

关于南戏滥觞与源流的这个论述，至今仍为学者们一再引述。再如其《市语声嗽》条谓：

生、净、旦、末等名，有谓反其事而称，又或托之唐庄宗，皆缪云也。此本金元阛阓谈吐，所谓"鹘伶声嗽"，今所谓"市语"也。生即男子，旦曰妆旦色，净曰净儿，末曰末尼，孤乃官人，即其土音，何义理之有？《太和谱》略言之。词曲中用土语何限，亦有聚为书者，一览可知。

稍晚的徐渭（1521—1593）《南词叙录》中所持相近论断："南戏始于宋光宗朝，永嘉人所作《赵贞女》《王魁》二种实首之。故刘后村有'死后是非谁管得，满村听唱蔡中郎'之句。或云宣和间已滥觞，其盛行则自南渡，号曰'永嘉杂剧'，又曰'鹘伶声嗽'。其曲则宋人词而益以里巷歌谣，不叶宫调，故士大夫罕有留意者。"又明佚名《墨娥小录》卷十四，即为"市语声嗽"专辑，以及明朱有燉《诚斋乐府·乔断魂》"市语声嗽，我也不省得""你的嗽，我鼻涕了"等语料，均可视为本条记述的直接佐证。

时至当今，戏曲史专家们关于"鹘伶声嗽"作为当时"市语"乃至永嘉戏剧代称的考证，最重要的文本仍属本书之本条。凡此，《猥谈》作为中国戏曲珍稀史料特别价值可见一斑。

苏州石刻祝允明像

《梨园话》及其作者方问溪[*]

方问溪所著《梨园话》是一部比著名戏曲学大家的《国剧艺术汇考》早约30年出版的中国第一部戏曲词典,曾赢得"可与齐如山先生之《中国剧之变迁》《中国剧之组织》,鼎足而三"(陈墨香、张次溪评语,详见下文)的盛誉。至今,是书问世已经80多年了,除付梓当时在业内引起一定反响和几部专业辞书设有专书条目大略百十字的简介外,如今,连其作者亦几乎被时间湮没了。然而,这是一部在中国戏剧史和社会文化史上有其独特意义和价值的专门著作,其作者方问溪是一位出身于数代相承的戏曲世家,并将这个艺术世家和业内数代人仅凭口传心授难以获得学术层面解读和传播的艺术之道,推上艺术学术的殿堂,是一位成就卓著、贡献独到、应予彰显的重要学者,在中国近现代戏曲史上应予一席得体之地。以愚下之见,学界重新发掘、认知和评价方氏其人、其书、其事,使之不被湮没,并得以传播与使用,同样具有学术史、文化史的重要意义。

一、《梨园话》的成书、编纂体例和性质

首先,关于《梨园话》的成书问世及其命名。

方问溪著《梨园话》,版权页显示:校订人张次溪,出版人齐家本,北平中华印书局1931年8月出版[②]。全书162页,竖排,每页11行竖格,题词、序跋等26页,正文136页,总计162页,4万余字,辑释京剧名词术语400余条,条目正文以笔画为序排列,虽未以"辞典"名之,却可谓之为最早的一部京剧辞典。《新唐书·礼乐志》载:"玄宗既知音律,又酷爱法曲,选坐部伎子弟三百,教于梨园。声有误者,帝必觉而正之,号皇帝梨园弟子。""梨园"原本是唐代都城长安皇家禁苑中的一处供帝后、皇戚、贵臣宴饮游乐之所,后因唐玄宗经常于此处教演艺人,遂被后世借以用作戏曲界和艺人的代名词,"梨园行""梨园弟子"。此当是本书定名之根本所据。

是书封面书名,由著名京剧老生时慧宝(1881—1943)题写。卷首依次为京剧四大名旦之一的程艳(砚)秋(1904—1958)再题书名,著名戏曲理论家齐如山题写的"皮黄班语"四字,作者方问溪的肖像、自序和钱景周、张绍先、谢苏生、林小琴等25位人士的诗词和序文,卷末则为傅芸子(1902—1948)撰写《梨园话·书后》。

关于本书书名,张次溪序中有较详的披露,且移录如下:

> 方君问溪,近著《梨园话》。稿既脱,欲付梓,商于余,余颇善之,促其速印。方君复请序之。顾书之端,已有林小琴、关卓然、谢素声诸君之序矣。而序中又尽余之于此书之所欲言者,余复何言?顾方君三四请,必欲余言者,余不获辞,挑灯西窗,细读一过,心潮突起不可抑止,草成此篇,不自觉其辞之费也。当方君此编之初成也,原拟名曰《京班术语》,以"京班"二字仅通区人士所知,不能普遍。盖为问世计,非仅迎合平津沪之读者而作也,故不能仅就平津沪所识之京班,而名其书。故虽脱稿,以书名之不惬意,迟迟未付梓。其后方君以之就商于林小琴君,林君为定名《皮黄戏班术语》,而钱唐吴洁厂先生,则以其中所述不仅仅于术语一门,如"八大拿""大衣箱"之类又属于名词者,寓书于不佞。嘱告方君,且曰印书传后世也,不可不慎。方君以吴先生雅谊,遂亦不敢轻于问世。一日过余,曰命名为《梨园话》何如?盖术语也,名词也,统可谓为"梨园话"。余曰,

---

[*] 原载《蓣菲菁华录:历代采风问俗典籍钩沉》,大象出版社2015年版。

[②] 台湾传记文学出版社1974年影印出版的沈苇窗、刘绍唐主编《平剧史料丛刊》所收《梨园话》,以及学苑出版社2012年出版的《民国京昆史料丛书》第12辑所收《梨园话》均据此本影印,本文即以此版本作为研究文本。

可。遂以名其书。书虽成而名不能定,遂至一二年未能问世,一事之成岂易易哉!"

是知本书初拟定名为《京班术语》或《皮黄戏班术语》,齐如山题写"皮黄班语"四字,抑或为初拟书名之一。从钱景周、陈勉安题诗识语"题问溪仁棣二十初度造像集耐辱居士诗韵两则"和"方君问溪以弱冠少年与八旬老朽为兄弟交"可知,撰著、出版本书时,方问溪年仅20岁上下,亦可由此推知其当出生于1911年前后。

其次,关于《梨园话》的编纂体例和内容,在其《例言》中已经讲述清楚。

其所辑条目内容主要为,"戏班中专用名词,苟非内行,颇艰了解,兹仅就京班范围,汇成此篇,聊供嗜剧者之参考耳"。"关于剧中行头、切末、盔髯、把子、武技、脸谱等类名词,因与此篇命旨不同,故不备录,已别选他书述之"。

其辑释条目体例的要点,则是:"为便于阅者浏览计,依字之笔画繁简定前后次序";"本编所收名词及术语等,约四百条,除按条注解外,并加附记以资明释";"凡注解明显者,则不加附记,以免失诸繁琐。"

同时,作者声明,"编者汇述此篇,苦于一人之经历见闻有限,访问又无专述此类书籍可供参考,文中不免有鲁鱼亥豕之误,乞阅者谅察"。

该书从成书后初拟名为《京班术语》《皮黄戏班术语》到定名为《梨园话》正式付梓出版,历时一两年的时间,关键即在于力求更准确地体现本书的性质。关节点便是对所谓"术语"和一些"名词"概念的理解。事实上,本书所谓的"术语"和"名词",尚非现代语言学的标准概念,均指《梨园话》例言所说的书中"苟非内行,颇艰了解"的"戏班中专用名词",以及"其中所述不仅仅于术语一门,如'八大拿''大衣箱'之类又属于名词者"之类,实则均属于相对封闭或半封闭状态的行业隐语性质的"行话"和"行业语"。在编排形式上,并未如传统文人笔记杂著那样随机辑录和杂乱性随机编排,而是采取了近现代辞书常用的"依字之笔画繁简定前后次序",以"便于阅者浏览"。各个条目,"除按条注解外,并加附记以资明释"亦接近现代辞书常用的词条释文形式。故此,尽管本书书名未冠以"词典"或"辞典"之类字样,但就内容和基本体例而言,正是一部以传统戏剧行话为主体内容和提供读者以查阅为主要阅读方式的专业工具书——传统戏剧业行话辞典。

二、《梨园话》的作者及其编纂本书的"世家"家学背景渊源

作者方问溪的生平事迹,缺少相关记载可考,仅能从散在的文献中梳理出一二。

首先要关注的是,齐白石先生的口述自传文字所及。齐白石在忆及门弟子时谈道:"同时,尚有两人拜我为师:一是赵羡渔,名铭箴,山西太谷人,是个诗家,书底子深得很。一是方问溪,名俊章,安徽合肥人,他的祖父方星樵,名秉忠,和我是朋友,是个很著名的昆曲家。问溪家学渊源,也是个戏曲家兼音乐家,年纪不过二十来岁。他的姑丈是京剧名伶杨隆寿之子长喜,梅兰芳的母亲是杨长喜的胞妹,问溪和兰芳是同辈的姻亲,可算得是梨园世家。"[①]

其次是张次溪的记述。除其《梨园话》言及方氏的事迹外,在其《清代燕都梨园史料》自序中再次写道:"余少岁随宦燕京,侨居既久,视此土不啻第二故乡。凡名胜、古迹、人物、遗事,皆似与我以极亲爱之印象,故好从事收集。独此梨园事迹最多,因史料难觅,鲜有能致力此者。故平时喜向冷摊搜觅,凡遇此类书籍发现,虽索多金亦不少靳。共和十七年革命军北伐,个人环境为之一变,不获已谋食津门,乃以此事属诸友人方问溪。而方君收集之勤又过于余,先后寄赠者凡若干种。"[②]

[①] 齐白石口述、张次溪笔录:《白石老人自述》,生活·读书·新知三联书店2010年版,第128页。
[②] 张次溪辑、吴启文等点校:《清代燕都梨园史料》(正续编),中国戏剧出版社1988年版,第19—20页。

著有《清升平署志略》《腔调考源》《清代伶官传》《中国京剧编年史》等的著名戏曲史学者，也是方问溪同道好友的王芷章（1903—1982），在为《清代燕都梨园史料》所作序言中，颇详尽地谈到了方氏，是迄今我们所见记述方氏事迹最详实也最多的文字，对于了解方氏生平和编纂《梨园话》的学术背景，甚显珍贵。不妨摘录一些，以供参考和佐证。他写道①：

> 戏曲是一种文学，又是一种艺术，过去也有数百年的历史，如果我们想要研究它，也非得多看书籍不可。但这类书籍，是极少而又极为难得，所以我们第一步工作，就得先去搜辑采访。次溪因为看到这一点，所以在七八年前，便终日用心去作采访，同时恐怕一人精力有限，又拉上方问溪先生帮他的忙。北平市上各大小书铺，甚而至于街上所摆列的书摊，无一处没他们踪迹，也无一处不认识他们。就按这一层说，也足证明他们用力之勤了。凡人作事，只不辞劳瘁，有坚心毅志的干下去，没有不成功的。就如编中的《燕兰小谱》，在叶德辉先生寻找多少年，仅仅得到一部，后来翻刻之本，且又不甚清楚。而次溪、问溪竟也购到一部原刻本，上边并有吴太初氏的图章。
>
> 到平以后，就住在次溪先生家里，闲居无聊，便取出他所收集的这一部梨园史料，来作解闷之物，随即看出近来谈剧者虽然不少，但实缺乏有系统的整理。又常到问溪先生家里闲谈，问溪是深于戏曲音乐的人，对于音乐，并也有很好的成绩，论他的造诣，就在现在是很不易得的人才，可惜世人对于此道不知注意，所以使他无用武之地，埋没不传。此时问溪常常取其心得，述之于我，用作谈话资料。我因得到这两方面的启发，便对于戏曲也稍有所得，才写成《腔调考原》一书。
>
> 那时我们三人，是每日必定聚晤一次，互相研讨，认为燕都为戏曲发源地，其中文物掌故极富，独叹社会人士，多不去注重，好像矿产一般，在我国本有极好的矿产，但深埋地下，尚无人加以开采，说起来真是汗颜。因为我们自己弃货于地，所以外国人便来越俎代庖。日本青木正儿乃有《中国近代戏曲史》之作，郑震君乃为之翻译刊行于世，在对于我国戏曲没有深刻研究的人，乍一看他那部作品，一定认为不得了的东西，其实要实际考查，里边的错误不知道有多少。我们思着为祖国争点光荣，乃愈努力于搜集史料，以期反驳彼之谬误。先是次溪从北平研究院中抄出几个有梨园史料的碑文。但只碑面正文，无碑阴刻字。我以为既立一碑，当然要把立碑人的姓名凿上。原碑文既缺，我们不妨给它补上，是后遂开始作访碑工作。首先是到崇文门外，找春台义园碑记，因找春台义园，借着又发现了安庆义园的两块碑。精忠庙的碑记，本来只有一块，经我们不但把碑阴补上，又多抄出两块。尔时次溪因公务所迫，无多闲暇，自后此项工作，就让我和问溪办的时候为多。中如陶然亭一碑，又最费周折，因为研究院拓片上写的是右安门内陶然亭，我们在陶然亭里边把碑找遍了，也找不到。第二次又从陶然亭底下，经过荒田野冢间，一直找到右安门内，也是踪迹毫无。第三次偕上次溪，我们三人从龙爪槐找到昆庐庵，又找到黑龙潭，仍旧扑了一个空。直到第四次，我和问溪又到陶然亭，才发现南房檐下，新立的那一块刻着陶然亭三个大字的，就是取雍正十年梨园馆碑记，磨去止曲而改成的。我们二人费尽九牛二虎之力，方始将碑阴字刻，摹写出来。此后又继续到梨园新馆、松柏庵、盆儿胡同、天宁寺等处，经过一年多的工夫，方完成了《梨园金石文字记》一书。
>
> 我现在是整理升平署史料的，一俟稍能告一段落之后，尚拟与次溪合编《清代戏曲史》，同时若再为时间所允许，更拟帮助问溪，把关于戏剧的音乐方面，也加上一番整理工夫，使能归于科学化、普遍化，这样自可促中国戏曲使之有发展的希望。

---

① 张次溪辑、吴启文等点校：《清代燕都梨园史料》（正续编），中国戏剧出版社1988年版，第15—18页。

据时人《撅笛述义》管之枢（运衡）序记述可知："皖肥方君问溪，年幼好古，家学渊源，鉴古乐之沦亡，奋力昌明曲学。盖其先世即以昆笛名家，随扈入都为供奉。至其大父秉忠先生，艺益精进，中外交称。因世罕知音，不妄奏。晚岁多病，乃授不传之秘于文孙问溪。呜呼！今先生之墓木拱矣，老成虽谢，绳武有人。问溪继承先志，能世其家，撅笛度曲，尽得乃祖之秘。顾问溪不愿以技艺见称于世，虽名重当时，久已辍而弗奏，一心讲学读书。记曰：'先祖有美，知而弗传，不仁也。'又曰：'显扬先祖，所以崇孝也。'问溪明乎此，曾追记乃祖之论曲说笛诸说为一书，曰《星樵余韵》，以明著之后世，冀免数典忘祖之诮也。"

关于方问溪出身于"世家"之家世，今所见则以其《撅笛述义》① 自序的记述比较详赡、清晰。方氏云：

清乾隆时，天下承平，物阜民丰。故内廷例于每年元旦日，设筵宴宗族，搬演《膺受多福》一剧，谓之宴戏。特设中和乐太监，声望事于剧前奏《雁儿落》乐曲。然此《雁儿落》与他剧中所吹《雁儿落》谱，完全不同。盖此乐曲，乃凡调之流水板，全谱吹打仅三分钟，且极难拍奏。承应之太监，往往不能协合。乾隆帝南巡过皖，乃召乐师十二人，即撅笛者二人，司鼓者二人，操弦者二人，击大锣者二人，小锣者二人，铙钹者二人，共十二人也，随驾北来（寓内廷银丝沟苏州街，每人颁房四间），用以专承奏此大宴之《雁儿落》乐曲。时吾高祖德荣公，以工昆曲、善撅笛，声播江南，亦蒙召来都，为帝供奉。德荣公殁，吾曾祖国祥公，袭其职，深得帝宠。帝每行园，吾曾祖往往随侍左右，撅笛奏曲，厥职颇重。至先祖秉忠公，艺更精进，年十八，即入内廷承差，垂四十年。凡内廷诸御制腔及诸承应戏，皆赖秉忠公为之撅笛。德宗景皇帝，更召之拍曲，颇邀宸赏，尝以所食之馂余，赐之食。又赏以御书"大利"二字，使镇家宅。清亡后，先祖遂不复弹此调。然知之者，又多来请业质疑。先祖不忍重拂其意，乃尽将所知，授之就学者。如北方昆曲家锺秋岩、赵子衡、庄清逸、刘鲤门、颜慎夫、世哲生、包丹亭诸先生，皆尝从游。梨园中人，更多来求教者，若杨小楼、尚小云等是。至从学撅笛者，亦以梨园人为多，然能传其衣钵者，则寥寥可数。余龆龄时，侍秉忠公，辄教吾习此，谓家学不可绝也。每思录其口诀，公之同志，未果，而秉忠公逝矣。其后，友人多向吾询撅笛法，谓坊间无专书，请撰文述之。故余曾将旧所习闻者，陆续为文，披之报章，惜未详尽。兹于读曲之余，重加整理，复参以他人论笛之说，撰成十二章。一曰笛之孔位。二曰笛之选择。三曰笛之芦膜。四曰笛之吹法。五曰笛之执法。六曰笛之七调。七曰笛之练习。八曰笛之音节。九曰笛之杂记。十曰笛之歌诀。十一曰笛之保护。十二曰笛之乐谱。虽不足当大雅一哂，要亦为初学撅笛者一助。至于笛之源流与夫沿革变迁，坊间已有专书，兹不复赘。民国第一癸酉年孟冬皖肥方问溪识于三拜楼。

可以说，述自方星樵、录于方问溪的《撅笛述义》，以及《梨园话》《胡琴研究》等方氏著作，均可视为方氏艺术世家数代人的艺术结晶。

最后，则当是其师兼友之张次溪为其《撅笛述义》所撰序言的记述②：

合肥方秉忠先生，早岁袭荫为清廷昆曲供奉，任职垂五十年。研习既久，创获殊多，故内翰每制一曲出，辄嘱之制谱，于是声名震当时，清德宗景皇帝待之尤隆。德宗即世，秉忠先生感知己之寥落，遂无意商量管弦。未几清亡，益深感喟。曾一度闭门绝客，不复

---

① 方问溪：《撅笛述义》，中华印书局1933年12月版。
② 此外，张次溪还著有《昆曲名家方星樵先生传》，载《戏剧月刊》1928年第7期。

弹此调矣。然终以一家食指繁多，不得不维持生计，遂复授徒。月得束修，以资糊口。非先生之本意也。时都下名伶震其声名，谓七十以后，天倘假吾以年，学苟有成。或将吾之心得，著之于篇末云云。但至逝世前，终未尝有所撰述，世论惜之。其孙问溪君，年少大志，从余问学有年。

再即王芷章《清代伶官传》中卷《随手·方秉忠》所载①：

> 秉忠号星樵，为国祥长子，咸丰六年十二月初六日生。自为童子时，即嗜好音乐，每游戏，则品箫弄笛，竟无日倦。及稍长，从其父研究曲律，及撇笛之精蕴。某年冬天降大雪，秉忠于屋内试曲有误，其父即罚令跪雪地中重奏，公俟其合拍，方得起。尝为友人约，赴通州奏技，归时携带酱豆腐一罐，冀博亲欢，而备佐食之用，不意反触国祥之怒斥。谓汝尚年稚，艺未精通，遽行远出，不惧增父母之忧耶！且吾月俸足自赡，无需尔力，后宜专心向学，屏绝闲务，若再犯，则决不尔宥矣。未几，即入内庭效力，帮吹下手笛，以资练习，时秉忠年才十六岁耳。
>
> 民国十六年旧历三月十五日，卒于宣外东椿树胡同十八号寓所，年七十二岁。有子二人，长宝奎，习武净，次宝泉，初习老生，今任管事，在梨园中，均极著佳誉，孙二，宝奎所出曰问溪，宝泉所出曰少泉。问溪少喜读书，尝从南皮张厚璜为之学，更复深研曲理，博极群书；撰述已行世者，有《撇笛述义》《梨园话》两种；举当代戏曲名家，均见器赏，英声已著，而仍努力不懈，是知他日成就，正未可加以限量耳。

综上，我们现在可以了解到的方问溪简略生平及其家世概略为：方问溪（1911？—？），名俊章，以字行，安徽合肥人。其家族世系脉络显示，他生长于一个家学渊源颇为深厚的梨园世家。除其高祖方德荣事迹待考外，曾祖方国祥、祖父方秉忠（1856—1927），均为清升平署乐师②。尤其其祖父方秉忠（号星樵），是光绪年以来最享盛名的京剧场面笛师，被业内奉为宗师。据业内老辈艺人记忆，溥仪民国初年新婚时，曾邀戏班进宫庆贺作堂会演出，方星樵与茹莱卿、锡子刚同为场面主师。父辈的方宝泉、方宝奎，以及兄弟方少泉（1925—？），子侄辈的方士良等，均为卓有成就的京剧艺术家。

据上海《十月戏剧》杂志刊载的一篇无署名的售书广告性短文《介绍〈胡琴研究〉》③得知，当时方氏住家地址当为广告是书"函售处"的"北平宣外潘家河沿路西十八号后院方宅"。

再有其姻亲方面，姑丈杨长喜本人、长喜之父亲杨隆寿、长喜之子杨盛春（1913—1958）、长喜之孙杨少春（1940—？），乃至长喜之外甥梅兰芳（1894—1961）、梅兰芳之父梅竹芬（1872—1898），几乎都是著名的京剧艺术家。即如齐白石先生所言，实在"可算得是梨园世家"矣。

就目前所知见，方问溪在其年仅28岁时，就撰写并出版了三部著作，分别是《梨园话》（1931）、《撇笛述义》（1933）和《胡琴研究》（1938）；此外，还在《北平晨报》《东方文化》（月刊）等报刊发表《昆曲与皮簧之板眼》《昆曲宫谱之研究》等戏曲艺术类文章十余篇，这也是我们目前所能见到的他的全部著作和所能了解的全部生平事迹。至于其学业、职业、婚姻等情况，乃至其生父为方宝泉还是方宝奎④，等等，还缺乏必要的信息进行考察和确认，待考。尽管如此，

---

① 王芷章：《清代伶官传》，商务印书馆2014年8月版，第270—273页。
② 亦称南府，始于康熙年间的清代掌管宫廷戏曲演出活动的机构，隶属内务府。道光七年（1827），朝廷将十番学并入中和乐内，增设档案房，改为升平署，直到宣统三年（1911），主持宫内演出事务达162年之久。
③ 载上海《十月戏剧》1939年第2卷第9期。
④ 刘曾复《中国京胡与琴师》载"方问溪的师弟、北京京胡名家王世荣先生（王世荣系方问溪之叔方宝泉的弟子）"，可为备考。

仍不影响我们对其在中国近现代戏曲史上所做的贡献作出基本的评价。

凡此，一代戏曲学家方问溪上承四代家学，其所出身的数代相承的戏曲世家，以及其本人艺术志趣和勤奋好学，再加之由此而联结的几代戏曲界从业者乃至张次溪这般卓有建树的专家学者的互动关系，为其编撰《梨园话》提供了坚实的学术基础和丰厚的专业资源。

三、《梨园话》的戏剧史意义和社会文化史价值

首先，《梨园话》是汉语辞书史上一部开戏曲专题辞书先河的专业工具书。

《梨园话·关上英序》云，"夫戏剧即成为专门之艺术，且有悠久历史，则梨园掌故，菊部专词，自应有详细之记载，乃竟渺不可得，仰又何耶？……内外行人，咸欲将此无美不具之艺术，贡献于世，无如内行人，知之而笔莫能述。文学家笔虽能述，而苦于莫由知。故二十年来，对于戏剧之著述，终鲜获有统系之作品。……近有《梨园话》之作，吾知其必能阐扬风雅、提高艺术也。顾此次所撰者，仅注意于梨园术语，及专用名词。不知者将以为无关轻重，讵庸知此为戏剧首要之学乎！夫各种科学，莫不有其专词。故文科有文科词典，法学有法学词典，动植矿物，声光化电，以及医药生理等科，亦各有其词典。戏剧本为专科之一，宁无须乎词典？盖治学者，以明了其专词与术语，为第一步工夫。词尚不通，如何研究其学术乎？又从何而知其重要乎？此篇不但将梨园专词术语，搜罗无遗，且更详加诠注，堪为有志研究剧学者之助"。这段言论，自是对本书之举的一种首肯和称赞，同时亦肯定了本书的主要价值所在。

作为为开中国戏曲史专题辞书之先河的一部最早的京剧辞典，较之齐如山所著、与之性质相近的可用作专业工具书的专著《国剧艺术汇考》早了约30年。尽管其与现代辞书的规范尚有距离，但其"筚路蓝缕，以启山林"之功不可没也。

故而，张次溪云，"陈墨香先生，谓此书可与齐如山先生之《中国剧之变迁》、《中国剧之组织》，鼎足而三，诚非溢美之辞"（张次溪《梨园话序》）。其所据者，陈墨香的《梨园话题词》，即"吾有齐如山著戏剧书三种，久付梓矣。今方君复著《梨园话》，足以与山并传矣。后之考求戏曲者，合而观之，亦足广见闻也"。张次溪之所以很看重陈氏对《梨园话》的这般评价，在于陈氏乃一代戏剧史大家，评语分量颇重。陈墨香（1884—1943），名辂，字敬余，湖北安陆城关人。早年从父陈学棻在京启蒙读书，后拜其父陈学棻门人、山东滕县（现滕州市）翰林高熙哲为师，攻读经史。读书时就对古典戏曲产生爱好，后在老师的鼓励下，开始试编剧本。

试看如下条目：

> 元场：在台上绕走一圈，谓之"元场"。[附记] 元场有大小之别，如发兵时龙套等走一大圈，谓之"大元场"，如《起霸》勒绦子毕，自走一周，谓之"小元场"。
>
> 六场通透：各种乐器，无所不能，谓之"六场通透"。[附记] "六场通透"，系指场面而言。所谓"六场"者，乃胡琴、南弦、月琴、单皮、大锣、小锣等乐器是也。"通透"者，即无所不能之意。
>
> 反串：反其常态，谓之"反串"。[附记] 反串乃反其常态之意，如令生饰旦，净饰丑，而丑饰净，拿腔作势，实无甚意味，近来社会人心日奇，每多以此为乐，而梨园中人又大张旗鼓，标新立异，演反串戏以资号召观众，若长此以往，绝非吉兆。按反串之举，昔虽有之，多因本工不敷用，或所能之戏太多，偶一为之，藉博观客欢心，非如今日随意反串也。

可见一斑，不复赘引。总体观之，书中大多数条目，均为体例所拟定的"名词及术语等"，实现了本书编纂宗旨和体例的设计要求，体现了作为梨园行业专业工具书的性质。

其次，《梨园话》是一部翔实的重要近现代戏曲史史料专集。

鉴于作者自幼生于梨园世家，几乎整日耳濡目染，深"得乃祖星樵先生之传"①。而且为编写此书，他广为搜求文献资料，比如作者关注并引用了齐如山的《中国剧之组织》《中国剧之变迁》和其他相关著作。同时，作者更多方虚心求教于对同光年间燕京梨园故事知之甚多的京剧泰斗程长庚的高足范福泰，以及李寿山等老前辈诸老伶工，对记忆和文献核证无误之后，方予立条和注释，可谓深得剧艺业内之真切实际。一如张次溪序所述及，"余尝见其访范福泰、李寿山、杨长喜也。范君年逾八旬，李君年近古稀，杨君则始满之岁，范、李两翁，皆病于耳。方君每有所询，则近其身旁大声叩之言之再四，范、李始得而闻，乃徐徐答其所问。盖范、李二翁皆为程长庚高足弟子，于同光间燕京梨园故事，知之最多。方君每与余言，今日之谈梨园故事者，往往獭祭故书，拾人牙慧，无人能虚心探问于二三老宿也。故方君此书之作，得之于老伶工之口传者为多，弥足珍贵也"。张次溪序又云：

> 其实内容不仅仅于解释其话而已。如"大轴子"，"切末"，"打通儿"，"打黄梁子"，科班后台诸条内，凡梨园之变迁与掌故源源本本缕述无遗。虽为《梨园话》，亦可作梨园掌故读矣。安陆陈墨香先生，谓此书可与齐如山先生之《中国剧之变迁》《中国剧之组织》，鼎足而三，诚非溢美之辞。当方君撰此书时，搜集各书所已见他书者，就正于诸老伶工，以为无误，始录存之。复广求遗闻，以扩充其资料。

可见，《梨园话》的戏剧史意义颇为显然。由于作者出身世家，而且广觅文献并与访谈口述相互印证，所以可视为一部言之有征、可资信赖的中国近现代戏曲史料集。

尽管《梨园话》仅仅是一部小型专业工具书，但条目本身，尤其是一些条目的"附记"，均具有十分珍贵的戏剧史史料价值。例如"科班"一条的"附记"，不仅介绍了对科班的由来历史，还记述了"入科""出科"的种种具体行规，甚至还附录有富连成科班的训词等，甚是翔实，尤具史料价值。加之，本书成书、出版时间，切近所辑释条目内容发生和存续的时间，更加重了其信息的客观性和可靠性。再如"叫板"一条：

> 叫板：未唱之先，凡以喜怒哀乐，或惊忧之声，而引起锣鼓点者，皆谓之"叫板"。〔附记〕叫板者，即伶工在未唱之先，或哭或笑，或喜怒忧思悲惊等声，而能引起锣鼓者。例如《女起解》苏三在台内之"苦啊"声，即所谓之"叫板"是也。按：此剧本为青衣正工，又因其身在缧绁中，受不白之冤，其苦可知。故"苦啊"之声，当啧啧如游丝断雨，徐徐发出，其锣鼓自当随"叫板"之高低，而引申之。俾听者将苏三之苦，一一化于脑中。（下略——原注）（节录《顾曲金针》）中国剧于说白完后，未唱之前，须有"叫板"。其"叫板"之法不同，有时将道白之末一字声音拉长，有时用一字（如呀、哎等字），有时一折袖，或一笑，或一种特别举动。音乐组一见一听，便预备奏乐随唱。将唱完时，歌者将末一字音亦拉长。音乐组一听，亦即知将完，便预备停止。按：元朝迄今日，无论何剧，每逢起唱，都有"叫板"。皮黄尤无一定腔谱，故叫随时伸缩、更动。所以于歌唱起落之时，更须有一定之表示，然有时此人"叫板"，彼人唱，乃系特别的办法。（见《中国剧之组织》）

附记往往征引时贤著述并注明出处，必要时另以按语形式作为补充性阐述，合而构成一些条目的释文。再如"封台"一条：

---

① 《梨园话·张次溪序》语。

封台：年终戏园停演，谓之"封台"，又曰"封箱"。[附记] 年终封台时多演本戏，或新排之戏以号召观众。当年四喜班则演八本《铡判官》，即此例也。按：封台剧终，必跳灵官，及燃放鞭炮。俾使观众知已封台，在除夕前不能再演之意。"封箱"系指戏班而言，与戏园无关。如戏班"封箱"后，其所演之戏园尚未封台，他班仍可接续演唱也。

或言之，本书作者的业缘（与业内人士交往甚广）、家缘（生长于梨园世家）、天缘（辑释的内容切近发生和存续的时间），以及作者的学养学识，注定了本书戏剧史的珍稀史料价值及其学术史上所应有的地位。唯惜以往因其流传不广而未获得应有的关注。

再次，《梨园话》是近现代社会文化史应予关注的一个行业文化文本。

非但戏曲是一种人们喜闻乐见的艺术活动，也是社会文化的客观写照，而且其行业文化本身，亦属于一种特定的社会文化形态。行业文化史，亦是构成社会文化史不可或缺的方面。

行业信仰与禁忌，是行业文化中体现行业特点的核心成分之一。例如"打黄梁子"：

打黄梁子：谓做梦也。[附记] 杨掌生《梦华琐簿》云，"余尝见伶人家堂，有书祖师九天翼宿星君神位者，问之不能言其故，小霞为余言，闻诸父老云，老郎神姓耿，名梦，昔诸童子从教师学歌舞，每见一小郎极秀慧，为诸郎导，固非同学中人也，每肄业时，必至，或集诸郎按名索之，则无其人，诸郎既与之习乐与之游，见之则智慧顿生，由是相惊以神，后乃肖像祀之，说颇不精，然无人晨起讳言梦，诸伶尤甚，不解其故，如小霞言是禁言梦者，讳其神明也"。无名氏云，"有位老郎神既唐明皇与楚王朗仲观者，亦可不办，考唐明皇设梨园以教演歌舞，与戏诚不无微功，然于艺术上殊无可称述，即偶有创作，亦李黄辈所为，且系贵族的而非民众的，其资格犹远逊于汉武，若郎中官确为中兴皮黄之元勋，并有所创作非汉武明皇可比，其名予知之，现亦不妨宣布，黄班今有前不言更，后不言梦之说，更梦即其名也，缘伶工有谓老郎神为耿梦者，即由此致误。盖谓前台作戏时，须忘其为更生，而在后台则还我本相，乃艺术上之原则，以此二字为名要不过藉以自励，今汉班，以此示徵，京伶则流于迷信，两俱失之也"。大同云"史称孙叔敖卒，其子困贫负薪，楚国名优，有优孟者，假为叔敖，着其衣冠，做歌以感庄王，叔敖之子乃得封，后世称假装者，为优孟衣冠，即本乎是，今之梨园行人，前台不言更，后台不言梦，而曰打黄梁子，盖重优梦之为人，是同戏剧之鼻祖，请言其名，以尊之也"。

按，无名氏所云，则与《梦华琐簿》载者，各持一说，而大同君之言，又与无名氏不同，虽内行有前不言更，后不言梦之说。据诸《芙蓉曲》《碍谱》则谓，"以更为黑夜定鼓之时，梨园之戏不应作长夜荒乐之举，故避之。以梦是出自幻想，人之娱乐自为赏心之事，非如梦中禾醒也"。此又一说，然欲穷究其故，则皆愕然而莫能对矣。

戏曲题材源于社会生活，通过表演体现社会生活，其所采用的语言和言语习俗，自然相互交融浸染。市井常言俗语进入戏曲语言，戏曲语言亦往往会成为市井流行习语或常言通语。例如"走板""客串""不搭调"等条目：

不搭调：歌腔与调门不合，谓之"不搭调"。【曲案："不搭调"早已成为各地习语】
走板：板眼不合，谓之"走板"。
怯场：怕同名角配戏，谓之"怯场"。
怯口：念白不脱土音，谓之"怯口"。
客串：局外人进戏班演戏谓之"客串"。

中国梨园行业隐语行话语俗源远流长。明田汝成《西湖游览志馀》卷二五的《梨园市语》云：

"又有讳本语而巧为俏语者,如:诉人嘲我曰'淄牙',有谋未成曰'扫兴',冷淡曰'秋意',无言默坐曰'出神',言涉败兴曰'杀风景',言胡说曰'扯淡',或转曰'牵冷',则出自宋时梨园市语之遗,未之改也。"甚至还可以追溯到梨园行业祖师唐明皇。唐代戏曲家崔令钦《教坊记》中所记述的当时伶人行话:"诸家散乐,呼天子为崖公,以欢喜为蚬斗,以每日长在至尊左右为长入。"在历史上,梨园业一向于所谓"三教九流"之中处于"下九流"的卑微地位,出于交际的和自我保护的需要,业内也流行一些江湖隐语行话。迨至清季,亦然。清苕溪艺兰生《侧帽余谭》谓:"若辈自相为语,率多廋辞,非久在罗绮丛中,不能得其隐。大约用本字转音,而字句之间,又间以闲字。口角伶利者,舌战相尚,至有发语至数十字,陆续一串,如莺歌,如燕语,听者懵然。用此语者,非互相嘲笑,即讥讪本主之意。"例如本书中的"小老斗""杵"等条目:

  小老斗:讥童伶,或甫能登台者之语也。【曲案:"老斗"系典型的江湖行话】
  杵:钱之也称,谓之"杵"。
  看场子:台上演戏,管事者在后台指挥之,谓之"看场子"。[附记]凡伶工于初演戏时,恐所习场子不甚纯熟,教师必在场上监视,虽是暗中指导,或排演新戏,恐词句排场,亦有不甚熟悉之处,管事人需在后台指挥之,皆谓之"看场子"也。
  海报子:通衢张贴之戏报子,谓之"海报子"。

"天地间形形色色,万汇纷呈,无不有其隐语,形容于万口。大而至于日月星辰,细而至鸟兽草木虫鱼,或语作双丸,或拟以白榆之历历,或呼天女,或号山君,或被以忘忧之嘉号,锡以交让之美名,或薨薨之取譬,或策策之相称。倘不竭其两竭之叩,则虞初八九。莫悉其寓言,武成二三,终迷其真相,仰观俯察,有类昏衢之人矣。"(《梨园话·谢苏生序》)"粉墨生涯绝妙思,此中隐语几人知;休将玄秘嗤优孟,不此嬴秦善瘦词。"(《梨园话·管运衡题辞》)这些针对本书的言论,亦当是对本书收录这类条目的一种首肯。

  弈棋自古说长安,荆棘铜驼忍再看。我亦灰心袍笏事,朝官不重重伶官。
  个中隐语一齐收,不复当年菊部头。大似官人话天宝,萧萧白发冷于秋。
  天地无非一戏台,朝歌夜舞不胜哀。海青已死龟年老,谁费工夫注疏来。
  笺释精详胜剧评,如斯妙笔最多情。料知几度沧桑后,雏凤清于老凤声。

这是《梨园话·王蟫斋题辞》对方氏《梨园话》的概括性评价,予感甚是,且移录于此,聊充结语兼共赏同品之。

《俚语隐语行话词典》前言与凡例*

前言

美国人类学家兼语言学家爱德华·萨丕尔(1884—1939)的《语言论》中,有个著名的命题:"语言有一个底座。说一种语言的人属于一个(或几个)种族,属于身体上某些特征与别人不同的一个群。语言不脱离文化而存在,不脱离那种代代相传地决定着我们生活面貌的风俗信仰总体。"并且还认为,"语言是我们所知道的最庞大最广博的艺术,是世世代代无意识地创造出来的无名氏

---

* 《俚语隐语行话词典》,上海辞书出版社1996年版。

的作品，像山岳一样伟大"。

语言是积淀于文化底座上最广博、最伟大的结晶之一，是历代社会生活中使用、流传最为广泛的民俗语言，也是最富有群体种族属性特征的语言文化形态。鲁迅《门外文谈》中所言意味深长、趣味津津、比"古典"还要活、使文学更加精彩的"炼话"，即属此类。

然而，由于"习以为常"而"习焉不察"之故，以及"崇雅抑俗""避俗趋雅"传统观念的影响，历代人们所关注的一向是"雅言雅事"，反而忽略了平素流行最广而使用频率最高的"俗言俗语"。

李白、杜甫、白居易等历史上著名诗家的语言艺术的特色之一，则是打破传统，采俗语俗事入诗。欲切入社会生活深远，便难以回避根植于实际生活中的民俗语言现象。尽管其作品中的民俗语言业已加工、"雅化"，却仍然带有其本来的"俗痕"。这一点，恰也是旧日一些诗话所指责的"诗病"。

考察历代俗语辞书或准辞书，从两汉的《方言》《通俗文》，唐宋的《义山杂纂》《释常谈》，明代的《俚言解》《雅俗稽言》《常谈考误》《目前集》，到清代的《通俗编》《土风录》《古谣谚》《里语征实》《越谚》等，有百余种。其著作宗旨，或以窥辨时风民俗，或考典实，或用作谈资俚趣。无论如何，终是积累了弥足珍贵的民俗语言文献。

至于作为民俗语言一大品类的隐语行话，其专辑、专集或辞书也就更为稀见了。宋代，《蹴鞠谱》有《圆社锦语》，《事林广记》续集有《绮谈市语》；明代，《开卷一笑》有《金陵六院市语》，《墨娥小录》有《行院声嗽》，《鼎锲徽池雅调南北官腔乐府点板曲响大明春》有《六院汇选江湖方语》，《西湖游览志馀》有《梨园市语》《四平市语》；清代至民初，《鹅幻汇编》有《江湖通用切口摘要》，《通俗编·识余》有"市语"，《成都通览》有江湖及诸行言辞，学古堂排印《江湖行话谱》，手录传钞《江湖走镖隐语行话谱》《当字谱》等，有十余种，且多为零散辑集。堪谓专门辞书而收录较富者，则为明末清初的《江湖切要》、民初的《全国各界切口大词典》。

随着社会文明的进步和科学的发展，各类民俗语言现象也逐渐进入多种学术领域的视野，受到关注，许多方面的实际应用亦颇需要有这类专门辞书提供资料及查阅索解的便利。

20世纪70年代，日本汲古书院先后出版长泽规矩也解题的《唐话辞书类集》《明清俗语辞书集成》两大编，其中收集的大都是汉语历代民俗语言文献，系多种辑集的汇编。这件事情的本身，既反映了域外对了解中国民俗语言文化的要求，亦是编集专门民俗语言辞书的一种尝试。

汇集古今有关文献及口碑资料，编著一部较详备的、具有相当规模的中国（汉语）民俗语言大辞典，是我与很多民俗语言学者的共同宿愿。然而，工程浩大，绝非一日之功，且缺乏许多必要的条件。于是，在1991年春季于浙江奉化举行的第二届民俗语言学讨论会期间及会后，大家商定且选择几种民俗语言语类，先行编写一部《俚语隐语行话词典》出来，既应社会需要，亦为一次初步实践。这样，即在原设计的数种专门语类的辞典框架基础上，选择了汉语隐语行话、禁忌语、口彩语、粗俗语及流行习语五种语类为词条内容，重新拟定综合体例，从各地数十位民俗语言学者提供的词条初稿中选集编订成书。

关于所收语类的基本概念，我们的界定和认识是这样的：

隐语行话

又称"秘密语""隐语""市语""切口""春点"或"黑话"等，是某些社会集团或群体出于维护内部利益、协调内部人际关系的需要，而创制、使用的一种用于内部言语或非言语交际的，以遁辞隐义或谲譬指事为特征的封闭性、半封闭性符号体系，一种特定的民俗语言现象。汉语隐语行话的源流，主要为三个方面，即：由禁忌、避讳而形成的市井隐语，由回避人知而形成的秘密性隐语和语言游戏类隐语。依形态可分为五种类型，即：语词形态，话语形态，谣诀形态，副语言习俗形态和以反切语为主体的利用语音变化创制的隐语行话。隐语行话不是独立的语言，而是语言的一种社会变体。

禁忌语

由禁忌或避讳民俗所产生的不能直言而用其他语言作为替代的语言现象,被禁言和用以代言者,均属禁忌语。例如明陆容《菽园杂记》卷一所记:"民间俗讳,各处有之,而吴中为甚。如舟行讳'住'、讳'翻',以'箸'为'快儿','幡布'为'抹布'。讳'离散',以'梨'为'圆果','伞'为'竖笠'。讳'狼藉',以'榔槌'为'兴哥'。讳'恼躁',以'谢灶'为'谢欢喜'。……今士大夫亦有犯俗称'快儿'者。"

口彩语

或作"口采",即吉利话。一如清梁绍壬《两般秋雨盦随笔》卷七所云:"口彩,吉语也。"

例如民间婚俗撒帐仪式中,通常由儿女双全或子孙满堂、俗称"全福人"的年长妇女,把红枣、栗子撒向寝帐,口中唱诵《撒帐歌》:"一把栗子一把枣,明年生个大胖小。"或有人指红枣、栗子故意要新婚夫妇回答那是什么,意在讨口彩"早立子",即取"枣栗子"的谐音口彩。有些口彩语出自禁忌,如讳"住"而称"箸"为"快儿",讳"离散"而称"梨"为"圆果"之类。有些口彩语则是刻意创造的,如倒贴"福"字,意在讨"福到"的口彩。

除因示尊缘故而特定的"国讳""家讳"外,大量的禁忌语多缘避凶趋吉、避恶趋善、避俗趋雅或避秽趋洁而生。口彩语中,有些是伴随禁忌而生,大量的则是出自"讨口彩"祈福求吉民俗心理的需要而刻意创造的。

粗俗语

或称"丑语",即粗野不雅的庸俗语词,如猥亵、毁谤及詈骂等语。具体语例,如"混账""王八""蠢驴""龟孙""鸟(屌)"等。

流行习语

或谓"民间流行习语",是人们在日常非正式场合言语交际活动中喜闻乐道的民俗语言现象。所谓"习语",系就其作为俗语形态类型之一而言,是一种基本定型或趋于定型化,时或可拆用的"口头禅"式的俚俗习惯语;"流行",系因其产生于一定时期和一定的社会群体层面并"时兴"一时特点而言,是一时超越言语传统、追求新异刺激的产物;至于"民间",则系就其产生、流行的社会层面,以及通常主要运用于民间的非正式场合的口头言语交际而言。各个时期的流行习语,大都首先形成并流行于青少年群体,然后由此逐渐扩布于其他年龄的各个社会层面。例如北京话的"盖""倍儿盖""份儿""神""绝"等,上海话中的"乓乓响""一级来"等,辽宁沈阳话中的"贼媳""天儿""耍大刀""好使"之类。

地域性和俚俗性,是包括隐语行话、禁忌语、口彩语、粗俗语、流行习语在内的各种品类民俗语言所共有的主要特点。它们多出现于某地方言,有些至今仍流行于当地方言之中。因而,许多词目即采自方言语汇。亦正因此"俚俗性"特点,我们方以非严格的学术概念而泛谓其为"俚语"。鉴于收录隐语行话篇幅比重稍大,故又并列标示出"隐语行话"字样,这样,便题作"俚语隐语行话词典"了。虽然名为"词典",却不能说囊括了全部各类语词。勿论全部各种品类的民俗语言,即或所收这五种语类,其古今所有难以数计,即使再有10部、20部这个规模的"词典"亦难以收录详尽的。

民俗语言分类一向颇难,主要在于其"兼类"问题。本词典收录的词目亦不例外,例如民间流行习语中,有的出自旧时隐语行话,如"大蔓"(通常写成"大腕儿");有的兼为粗俗语,如沈阳流行的"拉硬儿",系"瘦驴拉硬屎"的省略用法。鉴此,则一并标示出来,供读者参考。

无独有偶,英国人类学家德斯蒙德·莫里斯(Desmond Morris)1981年出版的《手势新探》书中谈到,1889年巴罗尔和兰伦特曾出版过一部《俚语、行话和切口词典》。相去100多年之后,位于世界东方的中国,也将出版一部题目、内容相近的词典。尽管,我们构拟这部词典时,莫里斯的有关信息尚未译为中文,但亦说明同处一个地球的东西方科学探索颇有相同之处。诸如此类的民俗语言文化现象,不止存在于某一种语言与文化,都在科学探索的视野之内。我想,这部《俚语隐语行话词典》的出版,除会为中国读者提供一些使用、参考的便利外,对于海外各界了解中国民俗语言文化，也会有一定的帮助。这些，都是我们乐于看到的。

本辞典的策划、组织和编著，融汇了许多学界前辈师长的鼓励、支持与指导，数十位作者和编辑的辛勤劳作。收录书中的词条，是从超此数倍的初稿中选录出来的，甚至有的作者提供了许多词条资料或初稿，结果因内容、体例、篇幅或重复等缘故，连一条也未能选收入书，有的仅能选入寥寥几条。这种热诚支持与合作，令人十分感动。正是我们期冀以此为开端，争取来日编著更为详备的"中国民俗语言大词典"的希望所在。

应该说明的是，限于本人学识水平和种种条件不尽如意，勉力主编这样一部新词典，不免存在舛误或欠妥之处。我感念各位的通力合作，并对可能存在的舛错引以自责，诚望朋友们不吝指正、批评。

《中国民俗语言学》与《俚语隐语行话词典》，以及先此已经出版并正在继续编辑出版中的《中国民俗语言文化丛书》，是近年来中国民俗语言学界通力合作的三大丰硕成果，是这门新兴人文科学对社会的奉献。鉴此，作为一名较早从事民俗语言学探索者之一，我感到欢欣鼓舞。即如我在《民俗语言学新探》（见《语言与文化多学科研究》，北京语言学院出版社1993年版）文末所说，民俗语言学"是需要海内外学者几代人共同努力开创和拓展的事业"。对此，我充满信心和热望。

1994年8月29日

凡例

一、本词典为汇释汉语隐语行话、禁忌语、口彩语、粗俗语及民间流行习语等的大型民俗语言工具书。范围所及，包括诸行百业及各种社会群体（含犯罪团伙），供多层次的广大读者及语言学、民俗学、社会学、公安司法等专业工作者查阅参考。

二、本词典所收词目，为词语及定型化短语（词组）形式，一般不收专名及谚语、格言、歇后语等语句。古今兼收，以今为主。但流行时间短暂或随机所成而未约定俗成者，一般不予立条。

三、本词典词条内容为：词目，主要流行时间、地域、行业，简明释义，语源，以及特殊读音或生僻字读音。

四、立目：凡有关可单独使用而具独立意义的词、定型化短语（词组），方可选作词目。同音、同义而异形词目，选取约定俗成、使用频率较高者立为词目，余则于释文之首用"亦作××"带出。

五、流行时间：清代以前均以简称说明朝代，民国至新中国成立前的标明"旧时"，新中国成立后者不标出时间。时间下延较长者，可用"明清以来""清以来"之类字样说明。

六、流行地域：视其实际流行区域标以省、市或地区名，以省名为基本单位；大于省级地区，如"京津""东北"之类，不出省名；小于省级地区，如"上海嘉定""江苏淮阴"之类，则冠以省名。全国大部分地区通用者，不标流行地域；几个地区通用者，将有关地区并列标出。

七、流行行业：视实际流行的行业或群体标示，跨行业、群体者，并列标出各行业、群体。五个行业、群体（含五个）以上共用者，选主要列名，余皆以"等"略之。

八、释义：力求正确、贴切、简洁、明了。可考明语源者，于行文中注出。一词多义者，分别以①、②、③之类序号行文。除说明语源等特殊需要，一般不举例证。

九、出处：词条除有文献出处者予以标明外，一般不标示出处。

十、注音：除特殊读音、方言用字、生僻字外，一般不注音。注音以汉语拼音和同音字于释文之末以"×，音×（同音词）"形式标示。

十一、语类说明：按隐语行话、禁忌语、口彩语、粗俗语和民间流行习语不同语类，分别于释文前以〈隐〉、〈禁〉、〈彩〉、〈粗〉、〈流〉符号标出，不再于行文中说明语类。

十二、编排：按词目首字的笔画、笔形（一丨丿丶乛）排列；同笔画内偏旁相同的字，照顾排在一起；词目首字相同的，字数少的在前；同字数的，按第二字的笔画笔形分前后；第二字相同的，依第三字，余类推。

《中国隐语行话大辞典》前言、例言及序跋[*]

前言

在拙著《中国民间隐语行话》的英文本序中，笔者阐明了这么一种观点，即：隐语行话，亦即秘密语，是世界上大多数民族共有的一种民俗语言形态。

说到隐语行话，人们往往首先把它同匪、盗、娼、赌、贩毒、走私等反社会的犯罪活动联系起来，这种观点未免失之武断，以偏概全。事实上，除了黑社会群体外，许多社会群体都存在使用隐语行话的习俗惯制。由于宗教、禁忌乃至游艺的需要而使用隐语行话，自古就是许多民族所共有的民俗，只不过其语言及表现的形式各有不同罢了。就中国而言，不仅古代战争中使用隐语行话，就连唐代皇帝身边的优伶、宋代颇盛的蹴鞠（踢球）行当的艺人，亦大量使用这种秘密性的"语言"。至今，在中国的许多地区、许多职业群体，仍然流行着使用隐语行话的风俗习惯。闽、浙山区以种植采集香菇为业的菇民使用着特有的当行隐语行话，其目的是保守谋生技艺秘密，同时也在于山魈迷信中的言语禁忌。至于各地山民、渔民因行业信仰、行业禁忌所产生的一系列隐语行话，仍在世代传承着。

因此，单纯从语言学和犯罪学的观点来认识民间隐语行话现象，未免过于狭隘，难以全面而准确地把握其本质以及生成、流变机制。

那么，如何看待这种隐语行话现象呢？我以为，从文化人类学视点来考察这一语言文化现象，似乎更便于把握其本质、机制。具体的，我则从民俗语言学角度来发掘、研究，将其视为一种民俗语言文化形态。尽管任何一种科学视点都难免存在一定的局限性，亦即侧重点不同，但在民俗语言学这一多缘性人文科学的视野中，隐语行话研究是一个重要的分支学术领域。而且，民俗语言学又是一门具有双向性、多缘性、综合性、应用性及社会性等基本总体特征的学科；其方法论主张田野作业与文献考证并重，定量定性分析与比较研究并重，宏观的总体研究与微观的具体研究并重，精神的与物质的并重，讲求实证与思辨的有机结合。

这些年里，我所进行的关于隐语行话的研究，都是将其作为一种民俗语言文化现象，运用的是民俗语言学的视点和方法。此间，围绕这一研究领域，先后出版了三部理论专著，发表了十几篇专题论文与学术随笔，并且编了一部论文资料专集和一部中型辞书。同时，发掘、整理了数种古代有关文献，主持了一次全国性专题学术研讨会，做了两次专题讲座。在这一过程中，我不仅结识了许多对此道有兴趣的专家学者，还有幸结识了一些对此有兴趣或本身即隐语行话传承者的民间人士。为深入社会调查、切近实际生活带来便利，也拓宽了视野，增长了许多见识，加深了理论思索，理论联系实际。

编一部大型中国隐语行话辞书，是我从事这一科学领域研究之初即产生了的一个宿愿。显然，上述一些工作，无论是理论准备还是资料的整理、积累，都可以说为实现这一宿愿奠定了比较扎实、深厚的基础。然而，采取语文辞书的形式编著隐语行话辞典，只能以辑释语词或短语形态的隐语行话为本。话语、谣诀、反切语及副语言习俗等其他形态者，则难以于正文设立词条。为了尽可能通过一部辞典比较全面地综合展示各种形态隐语行话的概况，不致因多形态综合立条造成混乱、有失习惯的规范，便选辑其他形态的资料作为续编。同时，为了反映这科学领域的研究情况、参考资料，为读者提供一些必要的知识和信息，专门编著了《隐语行话研究事典》，亦作为续编，列于正编之后。

---

[*]《中国隐语行话大辞典》，辽宁教育出版社1995年版。

在指导思想上，我们力求做到内容翔实、资料丰富、古今连贯、注释准确、信息含量大，具有较强的稳定性，集学术性、知识性、资料性及工具性为一体。不仅可供语言学、文学艺术、社会学、文化学、历史学、民俗学、公安司法等专业人员及相关领域科研、教学人员参考，亦向多层面读者的应用需要，成为广大读者在这一领域析疑探秘解难的得力助手。

在学术上，则期望这部辞典成为这一科学领域迈向新一里程的基石。

试图在较短的时间内编出一部具有一定规模、相当质量，既涉及面广、内涵丰富而又比较专门的大型专科辞典，绝非轻易地一蹴就成功的事情，舛误自当难免，尚祈时贤、读者教正，以期修订改正，使之不断完善、如意。

曲彦斌
1993 年仲秋

【附】

例言

一、本汇释系辑释中国汉语古今隐语行话（民间秘密语）的专门工具书，选收唐宋迄今社会诸行群体的语词形态隐语行话 20000 多条。

二、本汇释所辑释的条目，以语词形态为主，兼收经约定俗成而比较稳定的短语，以及少量业已语词化了的反切秘密语语汇。同时，酌收部分虽非秘密性或难以直观界定的"行话"，但具有一定参考价值的条目。对已为方言、通语吸收的隐语行话，或某些一时难以辨识孰源孰流者，则视其参考价值适当选收。本书正文部分，是对隐语语汇的疏证。汉语历代隐语专书和历代史籍、笔记杂著、诗文、戏曲、小说等作品的记载、解释以及用例文献进行训释或印证。由于并非普通语文词典，因而不标注条目的词性，也不出用法举例例句。

三、条目的基本内容，由条目、注音、简明释语、书证、语例、考释等构成。

四、条目注音，采用现代汉语拼音。辞目及释文、书证等中的异读字、方言字、生僻字注音，置条目释文之末。

五、条目释语，悉以现代汉语简括说明大致流行时代、地域、行业群体及基本语义，皆依有关文献或调查材料认定。现当代流行而无以往历史文献作参照考据者，不作标示或说明。其中，无据认定的释语项目暂空。

六、条目的书证和语例。其中，选用民初《切口大词典》书证者，书名省作《切口》，如《切口·乞丐》即其乞丐类。其余均作全名，作者、版本参阅《隐语行话研究事典》。

七、条目本身的考释，主要说明条目所源故实、典故，以及本字、构造方式，或可资考释参考的材料。

八、自成完整系统的隐语行话数目，均将其一至十数之内的基数总列为专条，同时各数分别单列子条与之互见。

九、条目本身及书证、考释等释文所及典章制度、生僻字词，视其内容、行文需要情况酌加注释。

十、条目及释文引录文献中的原缺字、字迹漫漶不清难以确辨者，以"□"代之；错讹、衍误者，于释文中说明。

十一、因所据文献或流行时代、群体、地域关系，记音用字不同而义同或义近的隐语行话，悉分别立条。用字相同而含异义条目，即于释文中设立义项，逐项分别注释。

十二、汇释正文条目，悉依现代汉语拼音音节为序编次。除音序索引外，另设笔画索引以便查检。

附编　历代汉语隐语要籍研究与选辑

编者的话

本辞典系当代著名秘密语专家曲彦斌先生主持编著的我国第一部中国隐语行话大型辞书。辞典从古今近二百种有关文献、调查资料和研究报告中，选择了唐宋以来至当代市井诸行、江湖秘密社会及各种犯罪团伙的隐语行话约两万条。内容翔实、资料丰富，古今连贯，注释简明、准确，信息含量大，集学术性、知识性、资料性和工具性于一体，具有较强的稳定性。

除正编外，续编有《隐语行话研究事典》《中国隐语行话编年纪事简表》《中国隐语行话简明地图》，以及话语形态、谣诀形态、副语言习俗形态的隐语行话和反切秘密语文献选辑，从而在这部辞典中比较全面地综合展示中国隐语行话的古今概貌。既可从中窥探古今下层社会文化秘事，亦是阅读有关历史文献和宋元明清以来通俗文艺作品的重要参考书，具有较高的学术价值和实用性。可为语言学、民俗学、文学艺术、社会学、文化学、历史学及公安司法等相关领域的多层面读者析疑解难提供重要参考。

跋

王之江

曲彦斌先生主持编纂的巨作《中国隐语行话大辞典》即将付梓刊行，这是一个很大的工程，他为此付出了无数的日夜和汗水，更凝结着他的学术意识与追求。我为其多年挚友，觉得此时应该说点什么。因为多年的交往，我对其人品与学品是十分熟悉的。但由于我的懒惰，除了为他的力作《民俗语言学》写了篇不像样的书评而外，再没为他写过什么，心里总觉得欠下些东西，于是主动提出为本书写点文字，以找些心理补偿。然而序是作不成的，自觉功力与名气都不够，只好写段小文章，放在书后，权且算作跋。因为说得深了浅了、对了错了，无碍大局；放在书后，又不惹人注意，指斥的意见少，这样既得到了心理补偿，又不招来麻烦，岂不乐乎？

我与曲彦斌先生的相识，是在1986年，是为了出版他的力作《民俗语言学》，社里要我做这书的责任编辑。那时他还在行政部门做个负责人，这样一部学术专著，完全是他在业余时间写出来的。在与他见面之前，听说他没进过大学校门，是凭对学术的兴趣和热爱，凭刻苦的自学来钻研和写作的。听到这些，我觉得多少有些传奇色彩，对他产生了兴趣。一日，办公室来了一位个子不高、戴副眼镜、一副干部气的人，办公室同人介绍说，这就是曲彦斌，《民俗语言学》的作者。我们握手、寒暄、交谈，初时我实在难以把那样一部艰深冷僻的学术著作，同眼前这位极普通的人联系在一起，然而，这是事实。在与他的交谈中，我知道他对这门学科倾注的心血，无数的酷暑与严寒，他俯首案前，一盏小白炽灯下，查阅古今文献，梳理总结，用秃了几支钢笔。这样一部学术专著，实质上是他的人生追求与奉献。他是一个普普通通的人，但他又是聪明人与大智者。一种敬佩之情油然而生。我们就在这不经意的时刻、平常的空间见面相识了。

《民俗语言学》是一门新的学科，是曲彦斌先生通过一系列理论的、实践的探讨，比较系统地说明了这门科学的客观存在，是他在调查、归纳、整理、总结古今民俗与语言理论、文献的基础上独创的一门新科学理论。瑞士语言学家费尔迪南·德·索绪尔在《普通语言学》中认为：原始人就有一种信念，"认为语言就是一种习惯，一种跟衣着或装备相类似的风尚"。民俗与语言紧密联系的这种现象，在周秦时代设"輶轩使者"采集方言时就已经明确认识到了。语言是人类交际和思维的重要工具，也是人类生活的产物，是人类生活的重要组成部分，它又反映和表现着人类的生活。人类的生活，说到底就是民俗生活，无论哪个阶层、哪个民族都活动在大量的、经常的、琐细的日常生活之中。那些普普通通的亲友之情、邻里关系、衣食住行、生老病死，无不左右着人们的思维方式、认识方式和生存方式。某一语言共同体就是同某一民俗共同体紧密相连。这种现象对于民俗语言学有着特殊的意义。《民俗语言学》分别从文字、语言、语汇、语义、语法、修辞、方言、俗语、语体、副语言习俗、城乡语言习俗、数字习俗、称谓语俗、语讳学、言语风尚15个方面，全面而深入地论述了民俗语言学的基本内容，展示了民俗语言学的科学性与生命力。曲彦斌先生后来的科学研究及其专著，都是以此为理论基础和前提的。

于是，相继出版了《副语言习俗》（辽宁大学出版社1988年版）、《中国民间秘密语》（上海三联书店1990年版）、《江湖隐语行话的神秘世界》、《俗语古今》（河北人民出版社1991年版）、《中国民间隐语行话》（新华出版社1991年版）等一系列专著，在学术界引起了不小的反响。或云填补空白，或云开辟了一条新路，赞美之词、肯定之语，还是很多的。不过我不想重复了，以免给人以吹捧之嫌。因为有书在，想读的人不妨找来读读，结论自然就会有了，如何品评全在于君。曲彦斌先生之于隐语行话的研究，这些书足以证明他是花了许多的心血与时光，绝不是靠玩闹之趣、兴致忽起，偶一为之所凑成的，更不似凭猎奇之心态的故弄玄虚，而是实实在在的科学态度与文化研究的观点。说他是这方面的专家、学者绝不是溢美之词。他运用民俗语言学的科学方法，将隐语行话置于民族文化的大背景中加以梳理、探讨，对隐语行话的性质、源流、类型、构造方式、社会功能，与民族文化的关系及其传承、扩布的基本规律诸方面，从历史、语言、民间文化、社会心理等多维视野，进行立体式的综合研究、透析，运用符号学等现代科学方法进行阐述，开拓了一条比较宽阔的隐语行话研究的途径。即使在《中国乞丐史》（上海文艺出版社1990年版）、《中国典当史》（上海文艺出版社1993年版）这样两部研究下层社会文化的专著中，作者也没忘记对其中的隐语行话事象的探讨，拓宽了认识的视野。这部《中国隐语行话大辞典》，可以说是曲彦斌先生这方面研究的一个总结，是一个里程碑。

中国的语言文化之树，在其漫长的发育成长过程中，出落得茁壮丰满、枝繁叶茂、硕果累累。走进中国的语言文化世界，仿佛是在名山胜水游览，阅不尽的山光水色。然而要耐得住孤寂与困苦，因为有山高水险、风吹雨打，尤其是只身前行，连一个伴侣都找不到，没有倾听与呼应，只有你自己的呼吸与脚步。只有真心向往、持之不懈、勇往直前，才能达到目的、有所收获。隐语行话大多流布于下层文化的五行八作、三教九流之中，难登"大雅之堂"，否则，就不成为隐语行话了。由于其特性，决定了它词义的隐蔽性，流传范围的狭窄性。要想了解它、掌握它、研究它，非得一番寒彻骨的苦功不可。曲彦斌先生于此书的研究做了多年的理论准备，前文已提过了。在具体的编纂中，做了大量细致的收集、整理、归纳和总结的工作。从书中大量的征引和例证中，可以看出作者梳理了大量古今文献，还做了许多实际的调查，也可以看出，无恒志者、无精心者，是绝做不出此种成果，也绝无此种收获的。此书的出版，是曲彦斌先生多年孤寂与困苦后，所获得的喜悦与欢欣。

王国维曾说，"众里寻他千百度，蓦然回首，那人却在、灯火阑珊处"，是"古今之成大事业、大学问者，必经的第三种境界"（见王国维《人间词话》二六）。这几句词本是辛弃疾一首情词《青玉案·元夕》中所描写的情人千百度相寻的情境，王国维用它来形容比拟一种治学境界，实在道出了治学者的执着心境。治学如同恋爱，无真心实意、左顾右盼、三心二意，绝对做不好学问，学问非离你远去不可。痴痴恋恋、缠缠绵绵，晓之以心、动之以情，吃得下长久苦苦追求之艰辛，方能治得学问，方能有所收获。曲彦斌先生编纂这部辞书夜以继日、废寝忘食，以执着和真情，锲而不舍，终于有了这本辞书的问世。这里我只说些皮毛，甚或有人以为是空话。每个人的经验与感受是不同的，我乃旁观者无法入骨入髓、说得透彻，个中酸甜苦辣，如鱼饮水，冷暖自知。这一点，我以为曲彦斌先生及一切走在学问路上的人都会赞同吧。

书是给想读书的人出版的，这样一部专门性的语言辞典也是给那些想用它的人编写的。有的人可能会说这本书没意思，但是对古籍整理和古汉语研究人员是有用的，尤其是对公安司法部门更是有实用价值，在语言识别方面是离不开这本工具书的。

书卖用家，行家一看书名就知道这本书对他是否有用，所以关于本书的那些广告似的语言，我也不想多说了。

拉拉杂杂，写了不少，可能都没说到点子上，但也不好再说下去了。自从写这篇不成样的文字，就仿佛沉入无边的梦海之中，总也写不完，好像写完了就会破坏美丽的梦境。所以写了好长时间，沁着梦的温馨，要不是印刷厂催索稿子，我还写不完，沉在梦海里。不知今后何时还有这样的机会。

1994年12月31日

附编 2 雅俗轩校注汉语历代隐语行话珍稀文献选辑

宋汪云程《圆社锦语》

孤：一。对：二。春：三。宜：四。马：五。蓝：六。星：七。卦：八。远：九。收：十。解数：一。勘赚：二。转花枝：三。火下：四。小出尖：五。大出尖：六。落花流水：七。斗底：八。花心：九。全场：十。

打鞭：添物。添气：吃食。宿气：中酒。夹气：相争。单脬：无钱。听拐：耳。夹脬：有钱。拐搭：靴鞋。葱管：阳物。字口：阴物。入气：吃饭。脬声：言语。达气：声气。膜串：不中。朝天：巾帽。侵云：长高。表：妇人。用脬：如使。喷喋：下雨。喝啰：叫唤。下刚：大名。无下刚：裹。补踢：干事。绵脚：牙齿。顺行：退随。逆了：颠倒。穿场：失礼。水：表。入网：无房。上手：得。下手：不得。大泰：毒行。折皮：行动。细褪：饥了。足脉：醉了。五角：村。入步：来。䐵䏏（辞）：去。水脉：酒。脉透：醉。受论：肯。糟表：无用。光表：和尚。老表：道士。调脬：尿。网儿：衣。涨水：朵。嵌角：瞎。遭数：或。撞烟：黑。粉皮：白。侵粗：床。䐵表：耐。踢脱：死。虎掌：手。旋道：眼。（璃）戏：看。犁脬：坐。脬儿：女。插脚：坐入。刀马：脚。折皮：动行。滚：浴。圆：好。不正：歪。上网：上盖。出恶：性起。用表：使女。攒老：军人。苍老：老妇。锁腰：丝环。打奠：吃茶。水表：娼妓。孤老：老官人。贡八：使人。敦杀：坐地。者粗：猪肉。嗟表：少女。五角表：村妇人。云厚：多人。盘子：场儿。白打：远去。稍拐：后。歪：不好。球粗：羊肉。斗粗：牛肉。浮粗：鹅鸭。江戏：鱼。线粗：鸡。搭：上前。左拐：左边。右拐：右边。打唤：请人。冲撞：骂人。仙桥：鼻。粉合儿：口。玉栏干：手。数珠：肚。胞头：卯。粗头：米。聚网：伞。鸾字：书信。花市：早。夹胞：有钱。奠闲：茶钱。花阴：午。蹴鞠梢：晚。云散：无人。拨云见日：明人。乌龙摆尾：了毕。

宋陈元靓《绮谈市语》

宋代市语集《绮谈市语》，一卷，载宋陈元靓《事林广记·续集》卷八，元建安椿庄书院刊本，中华书局影印本。是卷总辑"绮谈市语"凡360余事，依内容分别为天地门、君臣门、亲属门、人物门、身体门、宫殿门、文房门、器用门、服饰门、玉帛门、饮食门、果菜门、花木门、走兽门、飞禽门、水族门（虫附）、举动门、拾遗门、数目门，计19门类。均以通语为目，注以一至数个同义市语。如数目门："一：丁不勾；孤。二：示不小；封。三：王不直；春。四：罪不非；山。五：吾不口；马。六：交不叉；□。七：皂不白；星。八：分不刀；卦。九：馗不首；远。十：针不金；收。"

天地门

天：上苍；苍苍。日：烛龙；羲驭。月：玉兔；桂魄。星：列宿。风：人令；巽二。雷：天鼓；灵鼍。雨：崖拨。晴：开霁；崖缩。雪：六花；天瑞。地：方舆；所履。山：岛；屿。水：壬癸。田：东皋；膏腴。泉：地脉；瀑布。州：郡；邦。县：邑；郭。村：掩下；寸。市：阛阓；井中。

君臣门

人君：至尊；至上。皇后：长秋；女君。太子：储君；东宫。国戚：贵介。姻臣：宰相：集贤；相室；左摇。参政：大参。枢密：枢使；枢相。尚书：文昌。翰林：紫微。经略：元帅。运使：计台。漕台。提点：大司；臬司。提刑：宪司；宪台。府尹：总管。知州：太守；五马。同知：郡副。府判：郡佐。推官：法司。教授：广文。县尹：百里；令尹。县丞：县佐。哦松：主簿:仇香。县尉:梅仙。巡检:戎公。务官:司征。官人:孤老;士人:摄子。

亲属门

父:乃尊,府丈。母:圣善;尊堂。伯:梁山;兔毛。叔:管蔡。兄:厥□。嫂:叟氏。弟:厥象。侄:犹子。夫:厥良;盖老。妻:内政;底老。舅:渭阳。甥:宅相。丈母:太水;岳母。女婿:东床坐,丈人:太山;岳翁。小儿:凤雏;千里驹。同姓:宗盟;族人;连襟;同袂;连袂。宠人:侧室;专房。文妾:知院。婢:赤脚符。妾:妮子坠。奴:长须藏。仆:朴钻。

人物门

道士:黄冠;羽士。和尚:缁流。光老。道姑:郑七。师姑:染七。行者:衍都。算命:星翁;参照。卜士:占人;日者。医人:方士;脉字。画者:画工;影客。阴阳:地仙;拨准。师人:巫者;岛八。女师:尼者,岛七。媒人:伐者;执柯;佮者;牙郎。客人:商徒;仙子。公人:胥徒;贡八。村人:和老;牛子。娟妇:妓者;水表;妲老。

身体门

心:中君;方寸。肾:幽关。面:玉容□。脸:桃花。腮:朵。发:绿云;乌云。须:山林。乳:羲骏;字雀。肩:玉楼。鼻:玉□;嗅老。耳:听老;闻子。眉:春山;春峰。眼:秋波;六老。口:三绰。齿:瓠犀。唇:朱楼;樊素。舌:丁香;三寸。手:柔荑。指:青葱;春笋。腰:楚柳;束素。脚:拆道。

宫殿门

殿庭:龙墀;帝居。宫苑:大内;禁内。禁门:大闼。行在:都下;日边。相府:府第。官屋:廨舍。太学;上庠。泮水:州学;郡庠;芹宫:县学;邑庠。书院:家塾;别塾。馆驿:邮亭。客店:旅邸。寺院:招提;蒲蓝。道观:上方;精舍;庵舍。水乡:墟市;亥市;闹市。教坊:乐局;乐府。

文房门

诏制:宝书;丝纶。刑法:金条,玉科。律:注铨。条令:三尺。公文:檄书。史书:墨兵。书籍:青编;黄妳。简板:木史。简劄:手削。佛书:贝叶;秘典。经函:琅函。棋盘:□相;锦枰。剑:干将;莫邪。琴:绿绮;丝桐。棋:手谈;楸局。书:银钩;妙札。画:无声诗;丹青;传神;写照。砚:陶□;即墨使。墨:松滋侯;松煤。笔:中书君;毛锥子;管城子;毛颖氏。纸:方絮;好畤侯;剡藤;楮先生。

器用门

香炉:博山;金凤。交椅:胡宋;交床。竹夫人:青奴;竹奴。佩刀:吴钩;顺带。竹杖:扶老。减装:了事;拾袭。劝杯:外杯;孔杯。大杯:巨统;太白。大船:巨□;□□。小舟:□□;□。镜:菱花;寿光。扇:轻镜;便面。轿:篮舆;兜子。印:图书;章。灯:银□,烛奴。烛:蜡炬。柴:秃棘。炭:乌薪。

服饰门

公裳:朝服;紫绶。褙子:粗章;紫衫;小衫;凉衫;□□;背心;半臂;合袖;遮尘。汗衫:中单;围肚;百□桥;幞头;□乌;头巾;乌纱;泡老;道衣;鹤氅;僧衣;方袍;牙笏;象板。衣服:□杖;草鞋;不借;袄;隔汗;暖子。裙:六幅;三幅。靴:朝□;革华。鞋:履舄;女鞋:夗央。袜:凌波;足衣。帐:斗儿。枕被:珊瑚;寝衣。毡:毛席毯。

玉帛门

金:黄物;马蹄。银:白物,艮物。玉:昆山。珠:蚌胎;珠子。钱:方兄;青钱。钞:券物;符儿。翠:刷青。钗:梭儿。绢:生绸。帛:缣物。纱:暑缣。丝:长条。布:龙须;希子。段:带。

饮食门

米:下妆;漂老。饭:云子;胡麻。粽:角黍。粿:米食。糕:旋蒸。蜜:百花酿。麦:芒□;来牟。面:玉屑;麦尘。肉:线道;内。盐:醎物;滥老。醋:醯物。苦□。油:滑老。茶:

云腴；仙茗。鲊：旋热；糁狂。酒：欢伯；酝物；醹酝；绿蚁；海老；新蒭。煮面：汤饼。包子：捻儿；馒头；笼饱。馄饨：温包；弓儿。熟食：北谷；细食。海味：海鳞；海鲜。豆心：玉乳；豆液。药：妙研；汗火。

果菜门

荔子：测生；福果。樱桃：崖蜜；含桃。蒲萄：马乳。枇杷：□□。石榴：天浆；金罂。甜瓜：东陵；召平。菱角：水果。荸荠：地栗。芡：鸡头。梅子：止渴；和羹。桃子：仙果。李子：朱□。梨：大谷果；天浆。橘：洞庭香；木奴。藕：召伯；蒙牙。杏子：尝新；退花儿。笋：篛龙；竹萌。蕨：紫玉簪。茵□：香菊。韭菜：丰禾。葱乳。萝卜：庐服。

花木门

牡丹：花王；贵客。芍药：近侍。梅花：花魁；清客。木犀：天香；仙桂。菊花：傲霜；寿客。海棠：妃子。芙蓉：宜霜。山茶：烧雪。莲花：芙蕖；菡苕。荷：香盖；仙衣。兰：国香；秋佩。竹：此君；清□。松：十八公；霜杰。桧柏：庭玉；苍龙。

走兽门

牛：大牢；大武。马：骏足；代步。猫：蒙贵；乌猿。犬：宋鹊；庞獒。羊：柔毛；膻物；肥羜；羔儿。猪：毊贺；豕物。兔：明视。鼠：家兔。猿：巴西侯。猴：马留。虎：白额苑。豹：隐雾。

飞禽门

鹤：仙客。雁：宾鸿。雉：乌鸡。鸽：飞奴。燕：乌衣。鸠：布谷；捕谷。白鹇：闲客。鹦鹉：陇客。孔雀：南客。鸡：司晨；五德；家鸡；巽羽。鹅：□物；红掌；羲禽；舒雁；家雁；换□。鸭：绿头；家鹜。

水族门（虫附）

鲤：锦鳞。鱼：细鳞。蟹：郭索。鳖：团鱼。龟：先知君；江吏。虾：长须公。蚕：龙精。萤：宵烛。蝉：齐女。石蜦：坐鱼。虾蟆：田鸡。蝙蝠：飞鼠。

举动门

唱曲：善讴；谚作。声：遏云；绕梁。舞：回雪；柘枝。笑：哂。耍：羔□。步：金莲。行：徒□；踏莎。坐：□垛。吃：食；充□。醉：酕醄；酲透。老：桑榆；耄；苍。少：雏；笋；娃。病：违和；便作。泻：河鱼；破腹。瘦：□。削。睡：打□。饥：饿。饱：饫。哭：恸；□作。泪：瞷泉；眼汪。死：物故；怨作。葬：襄事；襄奉。服：忧服；服制。墓：佳城。

拾遗门

赧恩：大沛。宥。公事：讼事。公干：讼胜；得理；凯还。少欠：通。放免：□。言话：□□。刺面：黥。遭杖：柴；批衮；小杖；笞；考讯；棰。上茅：登溷；如厕。小遗：小解；小□。文书：禀道。写字：染。醵：赌；者作。惨：输；败；□。走：窜；飘；逃；避；弹；闪。去：往哉；□□。退：靠后。大：雄哉；灰作。小：眇哉。真：坚；□。假：□；□。吊：线。打：烧；□。

数目门

一：丁不勾；孤。二：示不小；封。三：王不直；春。四：罪不非；山。五：吾不山；马。六：交不叉；□。七：皂不白；星。八：分不刀；卦。九：馗不首；远。十：针不金；收。

《永乐大典》本《净发须知》

《净发须知》雅俗轩点校整理本
《永乐大典》卷之一四一二五 四霁 剃 剃法
【说明：段落为整理后编次，点校之校注随文标示，语词注释置于页下脚注】

《净发须知》上卷

罗真人活计，陈七子家风。

净发处士大阐城子论

梳云为活计，削月作生涯，非夸学识精专，自得神仙快乐。优游闲散，坐间皆明月清风；辣浪疏狂，歌处总阳春白雪。参禅学道，和曲填诗。手艺独擅无双，至当归为第一。瑷梳掠鬓，横新月之弯弯；宝刃整容，讶寒霜而肃肃。会整红颜不老，能梳绿鬓长春。整顿粉容，眉赛三春绿柳；削开粉面，脸如二月红桃。缴龙耳，摘①龙须，曾对君王施妙手；圆僧顶，落僧发，尝经佛子整慈容。这工夫，通圣通凡；问来历，有宗有祖。世尊释氏，度阿难乃摩顶之初；仙圣罗公，传七子乃发端之次。后学者莫不是神仙弟子，做作处果然道行家风。人物不凡，风流俜相，利颊伶牙难比并，锦心绣口不寻常。白曲吟诗，曾在勾栏为活计。追欢买笑，每游烟粉度生涯。攀陪公子王孙，穿无限花衢柳陌；管伴佳人美女，撰几多明月清风。肩搭红巾，艳色照人金闪烁；指弹清镊，响声入耳玉玲珑。道人口授，直从洞里离神仙；七子亲传，常在丛中消日月。生涯安分，不理是和非；光景磋跎，休争人共我。休加妄动，落得清闲。粉面剃时，使娇美更添娇美；木梳掠处，教精神又爽［奕］精神。使钱都使倬家钱，每常撒馒；游者共游浮浪者，总是知音。结托相知，攀陪行院，遇买茶使一片唇枪舌剑。逢知识用满面春风，辨得欺跷，有些能解。参侍得来，总是老郎师父；招邀出去，每同神首排头。深学浅淘，见识到社家行径；逢场作戏，几番去闻道参禅。动使把头，都管道篆推第一。工夫结尾，珠声清耳羡无双。皮制镊钗，袋称如意，更连十件，各有异名。照子二尊，闪烁团圆秋月皎。镊儿三位，玲珑清彻晚蛩吟。四加荡石取锋芒，五是帮皮锋粉瓦，六数古须盛水，七添眉子威严。八有蜂腰，更称燕尾。［帮榜］九般镟子，并号黄龙。木梳撩乱爽精神，宜该第十。凤笙箫惶消息好，排出五双。道自仙传，到处总一般称号；艺从师得，传来有几样安排。鬘发绾梳，巧妙敢施真手段；鬓毫镟摘，轻奇果有好工夫。士贵门应副有功，僧道院供需无失。古人有言达者为先，他时等待金马门，指日降颁丹凤诏。

动使出处

问云：刀是甚人置？答云：释迦如来置。

问云：摘是甚人置？答云：孙膑先生置。

问云：照子甚人置？答云：玄宗皇帝置。

问云：木梳甚人置？答云：月宫嫦娥置。请得鲁班亲手整，留在世间解青丝。

问云：发禄夹排甚人置？答云：判龙将军置。

问云：手巾甚人置？答云：龙女置。把龙须织成。

问云：水盂甚人置？答云：东海龙王置。

问云：剪刀甚人置？答云：须弥王置。

问云：竹篦甚人置？答云：叶靖先生置。

问云：镊子甚人置？答云：劝觅先生置。

问云：耳撞甚人置？答云：珠矶小娘置。

问云：滴水甚人置？答云：判龙将军置。

问云：磨石甚人置？答云：悬壶先生置。

问云：镐是甚人置？答云：陈七子置。

问云：夹板甚人置？答云：胡提先生置。

又问：刀为小青，镊为书子，手巾为都掴，木盏为缘聚，水琖为珠龙，剪刀为卧虎。滴水为滑龙。竹篦为净耳，为玲珑，又为开。石为双头，又为见降。夹板为玄座。

---

① 原作"摘"字形，径改作"摘"。下同。

问刀镊

问云：你道面有几路刀？答云：剃面有三路刀，由在人能排布。

问云：那为天门？那为地户？剃面那里是面？答云：男女左右鬓，却为开天门。项下却为闭地户。眼下三分是剃面。

问云：仙刀十二般，后来三十六福子。为敢问师父刀从何落？答云：太阳起，太阴落。

问云：你刀有几路上？几路下？几路翻？几路覆？答云：我使刀时有三路上，四路下，两路翻，四路覆。

问云：几路直？几路横？答云：六路直，六路横。

问云：共有几路刀？答云：六六三十六路刀。

问云：几路正？几路快？答云：六路正，四路快。

问云：眼下三分，名做甚么刀？答云：眼下三分，名做三寸刀。

问云：额上八路，名做甚么刀？答云：额上八路，名做八仙聚会刀。

问云：眼下掠刀，名做甚么刀？答云：名做仙人归洞刀。

问云：面上四路上，四路下，名做甚么刀？答云：名做流星刀。

问云：耳珠上名做甚么刀？答云：名做朝天刀。

问云：耳叶上名做甚么刀？答云：名做仙人下山刀。

问云：覆剃名做甚么刀？答云：名做仙人巡山刀。

问云：耳后名做甚么刀？答云：名做关门刀。

问云：耳内名做甚么刀？答云：名做八蜂游岩刀。

问云：刀是甚人置？铁是甚人裁？答云：刀是释迦佛灵山会上剃十代弟子得刀一柄，剃落青丝发，弟子今传在世，万古流传。南山置炉，北山出铁，火炼成钢，匠人把在手中，磨炼如霜。

问云：要知刀镊出处何年起？答云：五伤二年七月十三日，共释迦佛往灵山会上说法之时，因此刺火得刀一柄。在玄宗手内。

问云：镊刀因何有三口刀？因何有两刃？答云：一半在拳，一半在手，分四时有声。

问云：镊子有几名，镊子当来甚人置？甚人收得送玄宗？答云：铁是元阳殿出，无极世尊收，李广元来会，盘古仙人送玄宗。

问云：刀有三角敢出那上？刀镊有三口，那为第一？镜有四面，那为第一？答云：刀有三角。镜为第二。镜有四面，日月第一。

问云：靠甚为师？甚为父？答云：以水为师，石为父。水石相逢，乃为师父。

问云：水从那里来？石从那里得？答云：石是海内将军传出，浮水岩前出，本师罗隐亲收得，奉劝当行休要秘，此是神仙指教得。

行院应答

问几时离家？答云：除了当行，都是戾家。

问云：今日要行那里路？答云：卯时出门，酉时相随。日月走东西，三十六行游遍了。将身随我本师归，不觉中途逢着你。言声叫诮我是谁，或则姓罗，或则姓李，来问因由便说向你。诗云：罗真住江东，七岁学艺通。丙戌年中起，刀镊动玄宗。日日好游街市上，朝朝常绕郭城中。今日先辈来问我，此人便是我先翁。

问云：几人同行？答云：有三人同行。

问云：是双行单行？答云：双行。

问云：人口重？答云：只成七八分里。

问云：不成七八分外？又问云：船行步行？答云：船行西半。

问云：门里师门外师？答云：卖子成父争。

问云：拜甚为师？答云：水石为师。

问云：水深几丈？石重几斤？答云：水无丈尺，石无斤两。

问云：刀有几刃？答云：刀有两刃。
问云：何为两刃？答云：阴阳两刃。
问云：刀有几眼？答云：刀有三眼。
问云：何为三眼？答云：一为刀眼，二为凤眼，三为佛眼。
问云：刀有几快？答云：刀有三快。
问云：刀何为三快？答云：刀快，手快，眼快。
问云：刀有几不剃？答云：你醉不剃，我醉不剃，晚了不剃。
问云：开眼磨刀？答云：闭眼磨刀。
问云：师父把刀几年？诗答：若问把刀得几年，磨却江南几片砖，使尽黄河多少水，走尽江湖不记年。
问云：师长那里来？答云：荷花山上来。
问云：何为荷花山上来？诗答：荷花悠悠绕水头，自小为人学剃头；三岁哥哥也剃面，四岁哥哥也剃头。
问云：师长那里去？诗答：白云去了紫云来，方有神仙降下来。身着挑包手把镊，口里喃喃叫道哉。也会烧丹并炼药，神仙刀镊去游街。

问钅耳①子源流

问：钅耳子那里响？答云：有名到处响。
问云：钅耳子那里鸣？答云：到州州里鸣，到县县里鸣。
问云：钅耳子几不打？答云：钅耳子三不打。
问云：如何三不打？答云：第一过本行面前不打，第二过神庙前不打，第三过桥不打。
问云：如何不打？答云：过本行店前礼数不专不敢打，过神庙前恐惊鬼神不敢打，过桥恐惊吓海龙王不敢打。
问云：钅耳子有几般名？答云：镊子有十七名。
问云：如何有十七名？答云：一名钅耳子，二名唤头，三名锡器，四名闹街，五名咀子，六名螺蛳头，七名杖鼓头，八名马鞭节，九名净瓶儿，十名宝座，十一名玉丁，十二名如意头，十三名剑迹，十四名剑尾，十五名孩儿肚。
问云：如何只有十五名？更有二名？答云：师长道时我也道，一名□□[原即空缺无字]，二名元宗，三名忌讳未敢说。
问：钅耳子有几口？答云：钅耳子有三口。
问云：如何有三口？答云：一名皇帝剑口，二名龙口，三名虎口。
人问诗：响镊玲珑百事新，朝朝日日见真情。不知响镊何人置？相烦师长说源因。诗答：响镊声高处处新，行尽诸州见尽人。昔日三皇并五帝，如今传度几千春。

小行程问答

问：十二件本事，那个为上？那个为下？答云：撩箭为上，帮皮为下。
问云：撩箭有诗？答云：有诗四句：半乌半白两头尖，生在深林呈献身。闲时插在青草里，急速拿来顶上分。
问云：帮皮有诗？答云：有诗四句：说道帮皮软如绵，帮起金刀整少年。祖师说下人不识，生在青龙左胁边。
问云：十二件本事，那个打头？那个打尾？答云：磨石打头，镊子打底，水打尾。
问云：开眼磨刀？闭眼磨刀？答云：闭眼磨刀。
问云：拜甚人为师？甚人为父？答云：磨石为师，水为父。

---

① 《净发须知》中之"钅耳"字，疑均系"镊"字之写误。

问云：刀子有几分快？答云：刀子有十二分快。

问云：如何为十二快？答云：人有三分快，口有三分快，手有三分快，刀子有三分快，共十二分快。

问云：你刀子有几角、几层、几眼？答云：刀子三角，两层，两眼两刃。

问云：且问你崖高几丈？地阔几方？答云：崖高无丈数，地阔无有方。

问云：且问你肯隔那里剃面？答云：肯隔须弥山剃面。

问云：剃面有几路刀？答云：剃面有三十六路刀。

问云：快分三十六路刀？答云：六路上，六路下，六路横，六路直，六路翻，六路覆，六六三十六路剃面。

问云：鐅耳有几负？有几泊有几定？答云：鐅耳么还有两负，须用三光两定，耳用两员。一眼光，二外光，三耳光，一脚定，二手定。

问云：你祖师陈七子，罗真人当在衢州，亲度得一人姓甚？答云：祖师陈七子，罗真人当在衢州，亲度得一人姓李，名为处士，流传后代，遍行天下，梳剃为活。诗曰：三尺栏盘①搭左肩，天下云游是散仙。有人问我攻何艺，会整红颜悦少年。又云：一要惺惺伶俐，二要眉目分明，三要口谈舌辩，四要出言尊至，五要经师稍学，六行院皆喜，七识得本事，八明智信行，九手段周圆，十轻梳细剃。

大行程诗话

四海闲游十二春，今朝方可遇行亲。未说本事并手艺，且说行程出入因。住居城郭，长在街坊。不学买卖营生，只靠罗陈手艺。非为夸逞门庭，又学剃面为生计，不是虚言。曾得老都指教，自小伏事家门，士宦通闲。剃面时刀不乱剃，梳头后篦不乱行。真个是篦处无纤毫漏落。拂梳即不虚花，有分数样角，有数名，有二正面角，须要团圆角，娥梨搭角。又名网罗角，名数无尽期。且说剃眉多样，掉刀眉，鲍老眉，柳叶眉，新月眉，八字眉，都分两下。能令玉女添娇，会使苍颜不老。剃刀手中使时，隔拂第耳时，一似风卷露，一条铜筋点眼成凉，解使聪人听事，只凭取出耳中钉，全可篦头头上垢。渍言薄艺随身手，作轻微曾得□[原即空缺无字以示尊敬] 皇玉宣诏。

诗曰：自小经师学剃头，师父今日问踪由。先学磨刀后打镊，十分精细往他州。能剃僧头并罗汉，会剃胎发与胡须。剃眉八字分柳叶，掉刀鲍老最为娇。

诗曰：黑云聚散白云开，一朵仙花空里来。今日得违师长面，请当小弟一杯茶。

又诗答：茶留三岛客，汤待五湖宾。都是罗家子，何须问元因。学艺学罗真，从师艺本专。曾师陈七子，今是五千年。饥则食松柏，闲来会八仙。优游三岛客，独棹五湖烟。本艺传来是八仙，通流今古几千年。休道世间无敌手，且容师父问源流。

问云：茶分几枝？茶分几叶？茶有几名？住在何方？甚人得吃这仙茶？答云：茶分数["数"，原文作"几"，显误，径改]枝，茶分数叶，枝枝生叶，叶叶生花。住在蓬莱，仙人留下。天子接来，行院得吃。

问诗曰：师长到此好行游，不知行到那军州？住在甚州并那县？有甚明师到此来？答诗：南州走遍北州游，三千里外也曾游。七丁草镇留踪迹，无过刀铞最风流。

问诗：因甚出来学剃头？刀铞传来得几秋？你拜甚人为师父？甚人与你置行头？答诗：晚进当行不识羞，俺自学来知几秋。曾拜神仙为师父，罗真与我置行头。

问诗：你今行来到此间，未知高下不盛尊。敢请你归茶座，十二动使把来看。答诗：行尽天涯并海岸，只把行头为侣伴。来到贵州来恭参，动使何须与你看。

又答诗：自小元来学剃头，撞见村人问因由。相你只是卖柴汉，恰似弹琴对水牛。

问动使诗曰：我问处士三五言，十二动使那为尊？照头元是甚人置？拦盘元是甚人安？甚人为

---
① "栏盘"，全书除此处外，均写作"拦盘"。

你揩磨洗？甚人安排在那边？本师元是甚人做？祖师元是甚人传？

答诗：有劳处士三五言，要将本事说根源。照头元是李靖铸，拦盘元是我师安。众人与我揩磨洗，万古流传在世间。

又问诗：处士回头我问你，每日何处作经纪？拜得甚人为师父？四海之中不见你。

问云：头戴甚人天？脚踏甚人地？背靠甚人山？口吃何方水？手持甚物？座下甚底？

答云：头戴阿修罗天，脚踏盘古仙人地。背靠乾巽之山，口吃五方之水。手持蔚云物，座下有五角毒蛇。为你言说，子细断处。

问云：要知刀镊出处，不知何年起艺？答云：五伤二年七月十三日在灵山会上说法，因此置刀一柄。

问云：刀是甚人置？铁是甚人裁？答云：刀是释迦佛在灵山会上说法之时，置下刀一柄，今古流传。南山置炉，北山出铁，火炼成钢，置处士手中，磨炼如霜。

镊钗诗：三尺牛皮作镊钗，仙人留下有名来。都管动使十二件，从头一一与君排。

刀诗：一柄宝刀刃如霜，仙人分付与本行。借问造时是宝铁，巧匠锻炼使纯钢。

手巾诗：四尺龙须作手巾，将来拂掠待贤宾。此布不是非凡布，天真刹女赠罗真。

镞刀诗：镞刀方说刃如霜，转转如风实不常。铁插试将街市去，官人那个不传扬。

消息诗：耳作蝉鸣似有琴，身无气脉不通风。妙手精玄轻一镊，教人快乐自玲珑。

木梳诗：木为梳子世间稀，上界婆婆第一枝，嫦娥却将来整发，五色云光散紫微。

十二件动使总诗：皮总镊钗为第一，摘子玲珑第二般。盘里取刀第三［"三"，原文作"二"，显误，径改］件，镜子名为第四般，堪将粉石为第五，掩水后鬓第六般，第七名为金镞子，把剪交加第八般，牛皮帮皮为第九，解乱木梳第十般，十一名为凤凰尾，耳内将来十二般。

又诗：都总镊钗为第一，弹家水刷第二般，玲珑镊子第三件，背后取刀第四般，第五呼为金镊子，第六住在岩崖山，日月粉瓦为第七，解乱呼为第八般，两刃交加第九件，金镞名为第十般，十一声声凤凰忍，十二蝉鸣耳内安。

排十二件动使诗

镊钗第一：镊钗初置自罗真，四海排来第一人。元是轩辕亲妙手，其中浪刻应时辰。

镜第二：团团似月绝纤尘，士女才拈便现身。问我风光游四海，知人肥瘦白红颜。

镊子第三：打镊奇巧自丙丁，玲珑巧样合精神。才方打动几般响，到处闻声便识名。

刀第四：柄按四寸刀三角，利耀风霜色带金。惜岑修眉成耀相，人贪美貌爱相寻。

水盂第五：水盂当日出波心，贮得沉檀水便香。付与溪人皆得用，鸟峰石畔遇龙王。

梳第六：梳子当初使得他，或使婆婆与象牙。付与世人通理发，流传仙客作生涯。

篦第七：丝缠竹齿最绸缪，解上娇娥贵士头。理发成丝能去垢，得人清爽爱取留。

磨石第八：生在岩崖石洞边，得来此片自神仙。可磨宝剑诸般刃，起利明光到处传。

剪子第九：蜂腰燕尾用时开，弯弯曲曲巧身材。莫言剪断青丝发，红锦绫罗也会裁。

镞第十：金眼银身如鹤觜，入耳衔传旋旋归。会使凡人听聪远，更能轻手巧心机。

撩乱第十一：或使银牙作此般，绸缪巧利十分全。从他乱发都能解，快活人头插两边。

消息第十二：形如箭擅似鹤毛，细软由能入耳曹。响镊相依似蝉噪，得人清爽意惶惶。

问镊钗答诗：四片龙皮作镊钗，十二仙人里面排。道还问我吾宗祖，元是罗真置下来。

鹧鸪天：镊钗起致自罗真，七子初传本姓陈。仙艺不凡奇手段，道签结束把头名。双六伴，若珠珍，个中色色有来因。若能会得真消息，便是江湖物外人。

又：始自罗真所置时，镊钗如意用犀皮。两边搭飒承当得，二六条料任便披。堪造作，妙施为，轻轻拈起百般宜。有人识得机关透，名姓从教四海驰。

问盏子出处诗：略问师长三两句，盏子元来甚么树。那个神仙置下来，里面藏得甚家事。

答诗：盏子元使黄杨树，鲁般仙人亲手做。本是罗真置下来，十二散仙里面住。又诗答：说着盏子是黄杨，鲁般做得两头方。本是罗真亲置下，十二神仙里面藏。

又问诗：拦盘元是甚人置？水刷元是甚人穿？盏子元当有几层？几位神仙里面安？

答诗：拦盘元是罗真置，水刷元是鲁般穿。盏子元当有四层，十二神仙里面安。

问云：按甚经典？答云：却按四时八节，十二时辰。作箱有三名：一名作箱，二名药箱，三名经箱。

诗曰：月里婆娑树，蟾宫第一枝。狂风吹落地，鲁般作箱儿。又诗：作得箱儿四角方，十二神仙里面藏。内中常有拦盘镜，罗汉借与作威光。

说道篮：一名道篮，二名药篮，三名胡礼篮。诗曰：天竺将来作道篮，仙人都来里面藏。曾在云山赴仙会，众人丛里整容光。

又诗：吕公卖墨竺篮儿，陈公处士借几时。留与世人皆得用，不是行院怎敢携？

鹧鸪天：都管道篸篮本道，三千世界总包承。竹丝巧织翔龙凤，刀镊光寒凛雪冰。时样好，古今兴，神仙能解罕人能。持来廛市拘拦①过，处士先生作辈明。

说镜：说此镜，得人怕，闪烁光明照天下。似月团圆不曾昏，十二星辰按背下。或时收，或时挂，照见颜容长不谢。不因洞宾赐我时，怎得在此门前挂？

鹧鸪天：好把青铜铸泻全，团团秋月皎当天。收藏宝匣遮尘俗，每向妆台辨丑妍。曾破后，又重圆，乐昌公主好团圆。佳人拂拭当娇面，巧尽娥眉鬓掠蝉。

问镜诗：三十余年海上游，路逢知己但相求。尊兄闲事休相问，照子元是甚人留？

答诗：一把菱花古镜青，整容相貌一齐新。明师指教非凡有，起取当初吕洞宾。

问诗：此物元来一片铜，锼镕出自巧良工。药来磨出如秋月，照见人颜总一同。

答诗：或有方形或有圆，神仙铸造古今传。光明赛过中秋月，照出蓬莱洞里仙。

刀石诗：住在岩崖碧水波，君王曾把剑来磨。饶君剃落青丝发，无我为头怎奈何？

镞子诗：说着镞子甚堪夸，书简引出小椒花。是人莫道些儿铁，刀镊门中便用他。

镊子诗：山川取土炼炉成，打镊之时按丙丁。金木水时泥用土，五指弹动一枝鸣。

又诗：一把镊子白如银，高士将来手上轮。师长今日来问我，弹动上有凤凰鸣。

说镊子：镊子潇洒，身材玲珑。格范金花镂错别，翻腾时样巧工夫。银叶阔腰，是哲匠良工真手段。双股样银清且洁，一张口是合还开。制自妙工，用由巧匠。手中绕指然，悠扬声绕碧霄空。指上邊弹，滴钉韵和清叮耳。街方过处，把来做响底招牌。鬓须芟时，便是少年容貌。鼻毫轻摘，眼睫相关，这步儿莫道无功有好处，便教曾褥仙家所置。本来推在第三宫，行院得知，直要把为头筭件。

鹧鸪天：镊子当来自攥工，唤头异号玉玲珑。芟须改老重年少，声韵教人豁听聪。推位坐，第三宫，个中别是一家风。每随访道江湖客，响出招牌有大功。铒子元来却有名，有功有角有数声。昔日罗真曾教我，五湖四海尽知名。

问云：敢问先生五湖在那里？四海在何方？

答云：沧沧四海，身挂五湖。刀镊为生，从游天下。上至巴河，下至平海。日守江头，月守江尾。又诗：造化炉中打炼成，敲时便作几般声。是人借问真端的，此镊从来十七名。一名镊子，二名唤头，三名闹街，四名锡器，五名弹子，六名螺蛳旋，七名杖鼓腰，八名马鞭节，九名净瓶，十名玉丁，十一名宝座，十二名如意头，十三名剑脊，十四名剑尾，十五名铁里。问云：道有十七般名，如何只有十五名？答云：师长道时我也道。

又问镊子：问镊子有几般名？答云：有五般名。问云：因何有五般名？答云：一名闹市，二名净街，三名销镊，四名唤头，五名元宗。解一名闹市，为之引倬。二名净街，为之镊子响。三名销镊，为之整容。四名唤头，为之措发。五名元宗，为之开祖。

---

① "拘拦"，当作"勾栏"。如宋周密《武林旧事·瓦子勾栏》："外又有勾栏甚多……或有路歧不入勾栏者，只在耍闹宽阔之处做场者，谓之'打野呵'，此又艺之次者。"又宋章渊《稿简赘笔·河市乐》："河中在处临河者皆曰河市，如今之艺人于市肆作场谓之打野泊，皆谓不著所，今人谓之打野呵。"

问弹镊诗：不觉听闻镊子声，问君镊有几般名？弹时莫向蟾宫路，月里姮嫦娥侧耳听。
粉石诗：两片团团似月圆，仙人留下巧人传。铁中秀气都揩尽，逢刀须还定起先。
又：生在岩崖石洞波，龙王曾把角来磨。饶君会剃青丝发，无我之时怎奈何。
镊刀诗：一把镊刀白如银，铜作眼睛铁作身。他随动口去争战，且归耳内作蝉鸣。
镊耳　鹧鸪天：一用镊子刃如锋。二用匙头不见踪，第三挑瘪须还笔，四用鹦嘴取教通。观里面，了然空，真珠撞子顿其中。轻轻敲作蝉声响，六般消息耳内攻。
镊刀诗：七子曾将此艺传，白云深处遇神仙。自从镊了淳王耳，留在人间不记年。镊子一把曲如弓，几度将来在耳中。昨夜三更寻不见，元来东海斩蛟龙。
耳笔诗：三分兔毫在尾头，入人耳内啁啾啾。至老不长三寸短，皱眉缩眼是风流。
撞子：撞子元来不惹风，归时无迹去无踪。未入耳时休闹事，入耳雷鸣一阵风。
问发刀处：久闻师长高难比，因何得到吾这里。莫怪我门先怪问，剃面发刀何处起。答诗：师长休说高难比，四海云游到这里；呈从盘古分天地，剃面发刀太阳起。
解乱撩箭诗：半乌半白两头尖，生在山中野豕肩。高士拈来为动使，与人撩鬓发平分。
鹦嘴诗：鹦嘴先时铁作身，红炉打出两边平。道还问我吾宗祖，会作蝉声耳内鸣。
消息诗：凤凰落了一枝翚，高士取来在手中。此个神仙藏妙用，为人净耳见闻听。
水刷诗：说此刷时按北方，高士曾把紫毫装。上接五湖并四海，恰似九龙吐珠光。
木梳诗：吾今说此木梳儿，元是婆婆宝木枝。姮娥掠上鬓边发，而今正是妆束时。
缴①线诗：两指交加拈一线，我师将来缴粉面。是人莫道为儿戏，刀镊门中第一件。
粉石诗：粉石团团似月容，将来磨石费良工。试挑手上轻轻用，帮得金刀刀似锋。
收手巾诗：七尺龙须作手巾，是谁叫你去拦人？手巾落地千千眼，有眼何曾识好人？
又诗：一条白龙渡江南，口衔明月照四方。路上逢人皆不识，将来扯破又何妨。
剃和尚头祝香：此一瓣香，价重如山。人多不识，信手拈来。一文不直，今承当某院。某人沙弥剃头受戒，金炉才爇，宝阁俱临。仰答皇恩，上资佛荫。禅院云集，望作证明。诗云：爇起炉中戒定香，消除烦恼得清凉。丛林独有真檀秀，永在空门志法王。
脱帽　鹧鸪天：昔日谁将皂染纱，林宗制造富生涯。谪仙露顶推唐李，菊景登高醉孟嘉。时节至，帽休遮，重新换出戴僧迦。自今脱俗离尘垢，莫问桃花与李花。
又诗：青纱帽子称风流，几度明窗取裹头。从此今朝除去却，一齐分付我门收。昔日毗卢去出家，投师拜佛作生涯。当场剃落青丝发，永镇龙宫念法华。几年冠带俗人身，今日缘何得出尘。顶上放光从此始，去除乌帽礼金身。
剪发　鹧鸪天：剪发须当举话头，受之父母甚人留。归僧脱俗门徒异，敬佛辞亲释教求。分八卦，又依周，结缠小髻有来由。从教坎位金刀剪，次第祥云顶上游。
又诗：金刀剪发手须轻，剪出南山一圣僧。玉印在身无价宝，身边法重鬼神钦。一剪天地和合，二剪父母生天，三剪自家知慧，四剪本师慈贤，五剪断除烦恼，六剪法轮常转，七剪饱学参禅。
水诗：源远流而长，不可得而测。一口吸尽，西江此水从何得。九龙吐出浴金身，留得些到今日。
搭巾洗诗：水母降魔明觉巾，木叉手里借来亲。殷勤搭在田衣上，去尽凡间一点尘。检点都来一丈长，志公尺子莫能量。宽衫窄袖都收了，快使淋头一杓汤。
洗头　鹧鸪天：滟滟金盆细浪花，九龙此日降恩波。八功德水蠲尘垢，大众丛中灌齿牙。除热恼，蜜波罗，昏蒙荡涤萨摩诃。顶头透彻清凉境，洗出圆光在刹那。
再搭巾　鹧鸪天：织女天仙掷世间，龙须造作透机关。金梭掷出花纹巧，玉指裁移剪股攀。遮

---

① 缴：生丝线或生丝绳。如《列仙传·赤将子舆》"时时于市中卖缴，亦谓之缴父云"之"缴"，《孟子·告子上》"思援弓缴而射之"之"缴"。此处所言"缴线"，本此，具体则指"镊耳"所用之"缴线"。

爱欲，隔器顽，披来不染六尘环。管教时节当圆顶，愿师衣紫赴朝班。（衣，去声）。

过刀诗：宝刀一柄按香台，处士将来未敢开。度与本师亲手剃，现出毗卢本相来。

度刀　鹧鸪天：梵字祥烟蔼栋鳌，升堂狮子吼金高。传来袖出维摩手，付度冰清智慧刀。拈起处，任持操，五方谨按此时遭。东西南北无遮障，圆顶光中放玉毫。

使刀诗：一把宝刀挂金台，高士将来便敢开。两畔神人齐拱手，妙法堂前剃如来。一把金刀按香台，未出流传不敢开。大觉世尊留净发，此刀曾剃阿难来。

圈顶　鹧鸪天：抖擞凡尘脱俗居，果然拂拭不留余。佛缘有分趋时节，业障无根悉划锄。牢把捉，莫踌躇，性天澄净妙如如。一轮明月当天皎，脑后圆光烁太虚。

又鹧鸪天：割发辞亲不记年，要明划草大因缘。亲逢卢老机缘熟，米白经筛在眼前。灯续焰，焰相联，顶上圆光烁大千。烦恼根苗俱削尽，一毫孔现一金仙。

剃面诗：几年学道与参禅，今日方登佛海船。父母在堂如玉惜，菩提心印岂能传。宝刀一敛刷寒烟，曾刷明师五祖禅。十指拈来光皎洁，几番成就善人缘。一把宝刀光闪烁，行尽天涯并海角。剃了灵山五百僧，禅机透悟饭正觉。

更衣诗：自从佛地升仙地，脱却凡衣挂圣衣。暧𣇉黑云风扫散，青天皎洁一蟾辉。

祝语：伏愿吾师披剃之后，皇恩新受，谢知三界圆成。衣钵初传，便教一生自在。削发被缁，洗心种行功德，至今日之间觉悟。向此时之内，弃更俗貌而作僧徒，幻化人身以为法体，成诸法事以断禅宗。永除烦恼，丛中不问贪嗔境内。不蚕衣自获无穷之福。行佛法常修有积之功。眼前但执释迦，妄外行归罗汉。祝愿以完，吟仪和毕。赞附一言，请施三拜。初拜谢恩，当今皇帝圣寿万岁。二拜祝文武清和，边尘肃泰。三拜祈祷太平，万民乐业。人兹者伏愿新戒，新恩祝发。事以周员，大众证明，共惟赞叹。

道者剪发诗：焚香秉烛告金仙，天眼遥观天耳闻。要识头陀亲面目，看齐眉处且圆全。

末后祝语：五祖六祖现身人，皆是栽松春米人。个里因缘因不昧，流通宗派永钦承。头陀道者腹心圆，烦恼根苗要出尘。尽情剪断蓬松发，连果圆成福果新。

剃行者诗：自从烦恼和根采，好看新除顶相圆。释迦弟子都成佛，燃灯祝愿早名传。

使刀诗：手把金刀耀日光，净头处士到僧堂。轻轻拂下青丝发，二六神王镇十方。

使水诗：此水元来一点泉，遇为成象又还圆。今朝洗罢新恩顶，浪作波涛入洞天。

使手巾诗：是个龙须不是麻，或青或白一团花。搭在沙弥肩背上，恐怕湿水污装装。

《净发须知》中卷

艺在人头上，名扬众耳中。

剃胎入门诗：殷勤今日到高门，鹊唤庭间分外欢。剃掠人来何以献，先将参榜上尊官。

抱儿出诗：君家积善产英孩，不比寻常小秀才。且请孺人亲抱出，胜如孔释送将来。

又诗：锦帐抱出一婴孩，轻轻移步下阶来。不知是男并是女，将来必是两贤材。是男到大为卿相，是女神通菩萨才。手巾定抱娘孙子，急卒天工降下来。

使手巾：七尺龙须作手巾，今朝搭放小儿身。此布不是非凡布，将来遮却绝埃尘。

水诗：九龙吐出水清冷，曾浴当来释迦身。把向神童头上洗，管教四季永长清。一把金刀未展开，一专等待剃婴孩。传语府堂诸贵眷，请将香水洗头来。一洗朱发不老，二洗绿鬓长春。三洗长大冠带，四洗孝顺双亲。五洗寿如彭祖，六洗福海弥深。七洗为官作相，八洗光显门庭。九洗聪明智慧，十洗掌上珍珠。

祝刀语：一剃东方甲乙木，智慧聪明添福禄。二剃南方丙丁火，多撒犀钱并玉果。三剃西方庚辛金，子孙枝叶转敷荣。四剃北方壬癸水，掌上明珠圆莫比。五剃中央戊己土，广买田庄光父母。

使刀诗：一把金刀按宝台，处士将来手内开。昨日灵山剃弟子，今朝又剃一婴孩。来谒金门柱石人，真珠帘卷玉楼春。好孩儿遇风流子，轻动金刀落发新。胎发落在手中安，双亲收向画堂前。起家贵子由兹得，富贵荣华五福全。一剃聪明智慧，二剃绿发常青，三剃日见长大，四剃孝顺双亲，五剃东斗五宿星君主宰，六剃南斗六宿星君长生，七剃北斗七宿星君注禄，八剃周天二十八宿星君注权，九剃九经诸史精通，十剃他日为官位至公卿宰相。

祝香：未剃先用，时当春景夏景。宝香一炷，祝华堂胎月三旬。今已当某艺拈刀镊，约有钉金手，净瑶盆巾披锦段，宝刀拈来轻削就，按金水木火土之发丝收处好珍藏，镇南北东西中之位，略奉三联之杜句，敢祈他日之荣昌。

又鹧鸪天：岳读钟英席上珍，满堂喜气霭如春。佳祥已协熊黑梦，抱送归从孔释亲。胎月满，展花巾，宝刀轻削发胎新。伏犀贵骨非凡表，长作皇朝宰辅臣。

又诗：焚起金炉百宝香，愿君福禄纳千祥。儿孙此日除胎发，富贵双全寿命长。一捻香，儿童剃后寿延长。二捻香，双亲福寿在高堂。三捻香，聪明智慧习文章。四捻香，从此君家得盛昌。五捻香，满堂金玉富田庄。

剃头毕念诗：剃头喜事已云周，恰似狮儿抱绣球。三月桃花两边长，阳春绿柳拂眉头。

圆胎发诗：胎发轻揉旋结圆，银针采线把来穿。团圆日月形无二，照耀光明福禄全。

抹信门：今朝贵子使朱砂，天下鬼神都怕他。父母亲恩身长大，田庄百万寿荣华。龙王头上一朱砂，今日将来头上搽。一切邪神皆怕惧，恰如锦上再添花。

觅利市：此日儿孙剃胎头，花箱利市不须愁。有人借问何处去，孟良门下剃头来。发落金刀衮一圆，分明认作掌珠看。荣看紫诰金花贵，利市花红乞重颁。

致语：伏愿剃头之后，易为看养，利益爹娘。堂上高明，大作起家之子。多招兄弟，寿命延长。祝愿有三：聪明第一，只此云周，伏惟欢庆。

问行院诗：待诏回头我问你，你在何州作经纪？你拜甚人为师父？四海之中不见你。

答诗：今日无事出街游，偶遇村人问踪由。我有踪由向你说，恰似弹琴对水牛。

问诗：老鼠江边走，虾蟆井里浮。试将明月照，空作剃头人。

答诗：云山过了千千万，踏遍天涯数百州。到处不将金玉去，只凭梳剃度春秋。

志公诗：志公仙子名志真，姓马亦身在体宁。自在仙宫多快乐，刀镊为师事至今。

罗真诗：罗真实字作志全，此是仙踪实可传。人道本师谁得法，吾今学得是因缘。

陈七子诗：陈七先生名志坚，受学金刀事大贤。吕公也是神仙客，同行四畔不记年。紫云岩洞事谁言，传下凡间数百年。罗真传与陈七子，凡间教得万万千。

使钑子诗：说是钑子不堪夸，引动五湖四海家。吾师今日来借问，礼乐为尊且吃茶。

问唤头出处：师长适来借问唤头出处。小生博览，略知钑子根源。钟离造出唤头儿，陈七子得来途路使。

须摘一名钑捧唤头儿，行路过桥行院门前终不响。钑子口，手中口，随身口。分明带得走，途中口岸头。市井头，街坊头，真个任从游戏耍，才方敲动，端然做得百般声。手里拈来，真个堪为十样使，或作金鸡报晓，或作龙凤娇声，或作黄莺调舌，或作孔雀弹经，或作蝉声摇曳，或作鹦鹉报鸣。引出佳人美女，整出容貌稀奇。引出僧人落发，剃了恰似菩提。引出小儿来剃，端如弥勒下生。仙贤留下唤头儿，小子把来游戏使。诸路刀话霸师长须知。更不多言，只此回复。

又问云：刀路唤头，有问有答。事有根原，学父学师。方知出处。答云：昔日罗真使刀前贤度陈七子方传在世上，凡人尽是仙贤事迹。太阳第一，六路朝天。太阴第二，四般落地。金刀上顶，恰如仙子下蓬莱。玉手开唇，相似琼仙归洞府。展开绣模，头角相貌稀奇。倒卷珠帘，真个颜容迥别。分开两路，鼻中使得几般刀，宜看后来，耳内分明刀数。吕公归洞，铁拐寻岩。饿虎奔村，更有黄龙摆尾。凤凰展翼，燕子归巢。眼中刀路是清凉，眉上刀来真可羡。乌鸦落地，剃出绿鬓长青。白鹭泊林，整开朱颜不老。尽是前贤置，后学施呈，诸般刀路尽熟。各照古贤刀数路开端，自古流传至今。师长须知，只此是话。

本行外行

普问三喏：荷师长买茶，若论得来小弟先当买茶之时，须当买与朝山拜岳，背案二十七路，社头卖与小弟，何足之道。十人打底，九人未下。师长是有名底社祖，略买草茶，还唐家礼数，不敢多言，只此回复。

问买茶根源：荷蒙师长买茶，光荫小弟。若论买茶礼数，须知茶钱出处。生在何山？几枝几叶？何人摘得？何人将来？子细说来。

答诗：圣人天子赐此茶，真个蒙山初发芽。如是殿前赐一盏，恰如仙药好丹砂。云题仙女曾置茶，石轮碾出早春芽。瓯中妆出祥云朵，盏里浮开二月花。朵朵元来生七叶，二月春风发此芽。夙世因缘今得遇，尊师略坐领杯茶。

案下茶碗：万万年香火在上，正赛社头。在山未赛神首，正带花神首，副带花神首，社评知客先生案下合干人等，普通三喏，小弟在末之间，浪玷三寸宝铁，擅入先生教门。盖为浪途旅之间，近探恭奉先生恭背香火，抄题利物不与，一时斗胆，不得不来。案下拈一炷草香。次荷诸位朝山拜岳。老人先生带协无不知感，候在赛朝香火。又得早晚二时趋侍，欲待更提两句。有劳倾听，只此是话。

普同三喏参侍本行：上覆师长在上，小弟在末。一双贱足，擅踏部封马足之下，又无人引进。一时胆壮，不及具榜参侍。或有缘法，十朝八日，早晚二时，别当上谢。具参榜。适来仪礼有失，具榜擅造阶墀，万乞台恕。

接案茶：万万年香火在上，万万年贵地在上。前赛神首、带花神首、正赛神首、七首端公、诸位知识、掌教先生、各各在上，南北两山、老爷叔伯、本行外行在上。小学生在末之间，幼年不近父母掌教。浪玷三寸宝铁，擅入先生门庭。在于部封之下，闻及府地神首。满赛清风明月，小弟一双贱足，到于金案之前。各还心愿平安，荷得诸位神首、先生带协，无不知感，适来荷神首，颁赐江杯，难以当礼。何劳消受，又荷先生买其明茶，提得好话，难以当克。下山之时，敬当拜谢。本欲之间，用得两句下来。还唐家礼数，按七子家风。又见先生提破贱言，古人道班门休献斧，老将识兵机，小学生言语浅短，幸乞台恕。

《净发须知》下卷

纵有良田万顷，不如薄艺随身。

走途中：晚生身在他乡，总是途旅之客。艺虽各局，皆为笠上之人。共惟先生久游途旅，惯走江湖。三山两岳占无双，行院丛中推第一。明同日月，高而不危，久愿识荆，无缘得见。兹因天幸得拜台光，承剔耳开聪，便是拨云见日。论着买茶之礼，班门不敢戏斧。略持数句，少报重言。得蒙带挟，晚辈岂不受恩。又承谆挚，他日见行院，把来做夸谈之本。人过留名，雁过留声。把师长台衔，便请师称说。言语不敢夸喋，尚容请教。只此是话。

大元新话：普通一喏。上覆诸位师长在上，小弟在末之间。按唐家礼数，陈七子家风，三岁孩儿，谁不理会得。皆是古言先语，古人言雷声之下。布鼓难鸣，按大元体例，世图改变，别有数名。还有一答头，二答头，三答头，一字额，大开门，花钵蕉，大圆额，小圆额，银锭打索绺角儿，打辫绺角儿。三川钵浪，七川钵浪，川着练槌儿。还那个打头，那个打底？花钵蕉打头，七川钵浪打底。大开门打头，三川钵浪打底。小圆额打头，打索儿绺角儿打底。银锭样儿打头，打辫儿打底，一字额打头，练槌儿打底。

泊墟市：人烟稠密，市井繁华。聚皇都于碧玉盘中，簇市井在画堂帐里。一年四季，动多少客旅经求。十日两墟，百万贯钱买卖。门面铺席，家家务本赛公平。酒肆茶坊，日日招商图旺相。真个众中得数，分明四远传扬。眼前总是富豪家，天下彰名花锦地。

泊州府：萍踪浪迹，况在江湖。披星带月，时人错认。作征夫全靠些儿薄艺，今日幸瞻贵府，胜似小皇都。最好追游处，柳陌共花衢。地繁华，人慷慨，景难图。骈阗鼓乐，四时歌舞，庆欢娱真个地灵人杰。又且酒平肉贱，富贵恤贫徒。端的人间少，分明别地无。对孙吴休讲兵书战策，对孔孟休讲经史文谈。此乃是班门戏斧。浅短之间，尚容请教。

出途茶碗：高名达士，先生在上。小弟在末之间，玷辱"镊青"二字。浪走江湖，擅入师长教门。此日到于座下，甚有冲撞。一来无人引进，二来衣衫蓝缕。一双贱足，擅入贵地，甚有得罪。以望师长看"镊青"二字之面,莫责小人之过。论要买其明茶,伏事师长更提数句,有劳倾听。或有到处不到处,万望师长一条锦被都遮。更不敢多喋,只此是话。

案前茶碗:普同三喏。万万年香火在上,万万年贵府在上。七色端公、前赛神首、正赛神首在上,本行、外行爷父叔伯、高名达士先生在上,案前亲执先生在上。小学生在末之间,近年间参学诸位先生教门,诠则有玷门庭。在于旅,况近年间闻及福地一境,正赛清风明月教门,奈缘浅短,无缘瞻仰。此日贱步到于金案之下,答还一炉平安心愿。一则恭惟神首,前往它方,多多抄题上筹利物,周圆不易。二则来拜见诸位掌教先生,倚赖诸人福力协带,还其心愿,下山敬当拜谢。本合欲待更提两句,恐劳清听,浅短之间,幸乞台恕。

寻常茶碗对主人家:未敢对本行先生提话,少座片时,别有取覆。上覆诸人在上,手作人在末之间。久闻主人开馆不易,小手作人无缘趋侍。今则擅踏贵地马足之下,荷得主人收留,盛馆安下,无不知感。适来荷蒙主人指开眉眼,得见本行先生。如云开见日,本合要买一杯草茶,答还主人礼数。恐劳本行先生久坐不当稳便,少坐片时,略借主人威福,对本行先生乱谈数句,言到语不到,幸乞台恕。

答还茶话:上覆高名达士先生在上,小弟在末。此日到于座下起居,荷蒙尊师赐酒,无不知感,难以当克。别当拜谢,只此是话。

久闻未相见茶话:即日恭惟老先生法候起居动止多福,久闻大名掌教先生,无缘拜见,不及瞻仰。到我乡里则云有失迎迓,尚望台恕。到他乡里则云此日小弟擅到贵地,不及具榜参见,甚得其罪。某晚进或有是不是处,万望山藏海纳,片云望先生都盖。

下程茶碗:启覆师长在上,小弟在末之间。幼年家门有幸,浪沾三寸宝铁,在旅况,旋撰二时衣饭,居常闻先生大誉,无缘瞻仰。比者云开见日,得见台颜,欢喜无限,一时残步到于贵境,不取旨挥。甚得其罪,可望师长看"镊青"二字,小弟在于部封之下,住得三朝两日,十朝半月,自当谨切伏事。目今浅短,切望恕罪。

小行程:夫刀镊者,乃神仙之术,号曰罗真先生。居在人世,善能梳剃,曾蒙献宗宣诏,整顿龙颜。龙颜大悦,赐与金玉真珠,不敢拜受,退辞阶下。再往天宫献宗求教,乞度一人为弟子,罗真答曰:观文武两班,看无人可度,只有我王殿下有一人,呼为陈七子,乃是神仙之骨。诗曰:山藏实宝红鸾聚,水里明珠岸草芳。树下有根枝叶旺,泥中有宝土须黄。

买茶提话:上覆尊师老人在上,常闻尊师大名,无缘请见,今荷蒙尊师云临光访,幸乞台恕。小人在末,难以受此。晚生别无效芹,略有三杯淡酒,非为待贤之礼,聊以准茶,盘前冷落空疏,无物可献。亦望尊师莫为见责,小人适来非是买茶提话,乱谈数句,还我尊师礼数。或有言到语不到,说中话不中,先生休为检点。先生在于小人寒舍,三朝两日,别有明茶伏事,幸望尊师一见如故。只此是话,亦望笑留。

行院到我家相见提话:有劳尊师贵步到来,有失迎接。常闻师父端公老人广游江湖,小人无缘得见。今日天有之幸,得遇师父老人。小人凤世有缘,无不知感。

到不相识行院家相见提话:即日恭惟高士先生,尊候动止多福。揖。久闻名誉,无由瞻仰,此日贱足冲撞云步之前,得睹尊颜,天与之幸。揖。本当致备榜子参拜,念小弟在于旅况,书写不办,敢蒙一见如故。

相识久不相见提话:即日恭惟高士先生,尊候动止多福。揖。自别尊长则云尊颜,平交则云丰姿。倏忽已经数载许久,常切瞻仰。揖。但小末缘分浅薄,区区无由再会,今日得睹尊颜丰姿,实是天幸。是有不是,敢望一条锦彼都遮,特写阔略。揖。

买茶提话:四海驰名高士先生,末艺小人不敢逐一摽名,普同三喏,喏喏喏喏。今来小弟贱足,冲突诸位高士。云步之前,部封之下。参拜不及,甚是得罪。敢蒙尊恕。揖。敬当备榜子前来参见。念小弟在于途旅之间。纸笔不专,想高士先生不以此怪责,重蒙觑当。小弟略有一杯淡酒准茶,有劳诸位高士,云步久驻,得罪至甚。返蒙诸位高士普杯礼数相待,受恩无不知感。本合略持数句还唐家礼数,念是晚进小生,十字九雷,不敢提话。班门不敢弄斧,淡言笑语不按陈七子家风，切恐傍人所哂，污沾人耳。耻辱行情，言多阻步。只此是话，伏望山藏海纳，片云都遮，喏。

下程茶碗：师长先生在上，小弟在末之间。居常在于山市，闻及师长清德，无缘瞻仰。今者一时贱步到于贵市，不取旨挥，甚是得罪。望先生乃看"锒青"二字，携带小人在于贵市，住得十朝半月，周年半载。早晚二时，自当别有听教。欲待更提数句，古人言行河而把水，对夫子难言，施甚礼乐，浅短之间，幸乞台恕。喏。取覆师长先生在上，小弟在末之间。行情买杯淡茶，还唐家礼数，按陈七子家风，恐有提不到处，望赐一手兜笼，只此是话，喏。某自幼年间，有失大人训诲，望赐不外浅陋之恭，敢托四海高人为福，甚是得罪。已自不专，幸望至人不责。行院还礼则云。此来重蒙诸位先生法步到于弊店还礼难以受赐，欲待更提四句，言不按典，非君子之所谈。浅短之间，幸乞台恕。

回茶碗：回茶用。普同三喏。重承贵礼。既不先施，极荷启发愚蒙，不可有来无往。古云谓之俊禽先发鸟，死鸳鹚后飞。兹承教诲，受惠已多。略持数句，拙讷有余假如先生有高谈阔艺，博古闻今，途旅中间。尚容请教，只此是话。

明佚名《六院汇选江湖方语》

明程万里《鼎锲徽池雅调南北官腔乐府点板曲响大明春·六院汇选江湖方语》

但凡在于方情，而在江湖上走动者，称：琴家，凡言下处主人家。埻台，若言歇也。辁孙，巧做吏者。平天孙，乃官员也。姑儿子，亦官宦也。立地子，乃门子也。青腰儿，乃皂隶也。结脚孙，皂隶民快也。方砖儿，是非僧也。陀头，乃和尚也。玄门，乃修养人。纂经，乃算命的。撇过，乃打卦的。皮家，谓人唱曲者。采盘子，乃打劫者。盘上走，乃强盗也。肘琴，乃谢银也。寸节，乃讨银也。调皮，会说话者。斗牙，两人说话。烧空，乃鼠贼也。短路的，乃剪径打劫。钻皮，学行医者。拍掌，染网巾者。飘行，乃蓖头者。坚居，谓好与标致也。古老，谓丑而不美、苦而不好。土老，不知方情。杨孙，乃不识货之好歹。染孙，谓其不晓方情之争。华佗，乃行医的。驴唇，善骂人者。仙书，乃相人者。衍孙，谓村人也。终入孙，乃忘八也。古孙，谓蠢人也。吼孙，子弟们也。杨花孙，唱曲的人。牵孙，说人要理闲争。滔天孙，乃乞丐也。斗好，乃闺女也。细子，乃妇人也。雄西，乃表子也。三六，乃劫贼也。七七，乃小贼也。酸子，乃秀才弄耍老子者。扯溜子，乃弄蛇的。调孔，叫人唱曲。杨花，不扬不醒得。王六，乃弄人也。相家，乃晓得方情者。调皮正入，谓话多怕人晓得。结坐，叫人起身。搁谚，谓物没有了。卯孙，乃小官也。牵孙，谓小官交朋友也。笋芽，乃幼女也。籴米，寻伙伴也。蹁线，乃走路也。滚线，起身行路也。蹁瓢，行船也。牵绊，与女人交媾。柴火，会打内家。招子，乃眼睛也。丢招，乃看人而瞧视者。打贪子，说因果的。袍帐，乃衣服也。海青，乃长衫也。叉子，乃裤也。围竿子，乃裙子也。掷上，乃鞋也。掷同，乃袜子也。控儿，乃鼓也。筛子，乃铙钹也。顶天儿，乃帽子也。干希，乃饭也。扰人俨希，乃吃粥也。咬人，乃吃饭也。水到，乃豆腐也。穷，乃豆腐干也。班，乃买物件。浪同，乃酒也。山，亦酒也。扰山，乃吃酒也。德剉，乃鸡肉也。道，乃生鸡也。低剉，谓鸭肉也。矮婆子，是生鸡也。高头剉，乃鹅肉也。莱，是生鹅也。摇剉，乃鱼脊也。水上儿，乃鱼之活。软剉，猪肉也。咬列，乃食肉也。扰剉，亦同上也。刘官纱帽，乃猪头也。吕公绦，乃猪肠也。闪于，乃人屎也。撒闪，骂人吃屎。湾老，是个膫子。希流，是屎也。要苏，乃小便也。角要，乃是屁眼也。簸角，与人做朋友。榔扁，是被人打。钻创，是进房屋。钻窑，是去人家。月儿，是楼上也。吊扇，是关门也。刘官，是猪也。周官人，即死，是狗也。杨官人，是牛也。狗子，是差人也。宋子，是书手也。碾子，是半化。瓜老，是妇人也。苍孙，老人家也。寿星，其语话皆知，不能瞒也。安安，是老妈子。半仔，是后生家。孤老，是官人也。接引，是拐杖儿。珠儿，是戴的钗。荷花儿，是碗也。荷叶，是盘子。连杖，是筷子。平公，是厘等。造屈老。是做戏的。山蒙，是酒醉了。山胀，是发酒疯。马后，是叫缓些。马前，是叫快些。歇马，是住了。出杀，是出场。梦周，是没有了。四黑，是夜了。大红，是日出了。盖子，是丈夫也。肩上，是哥哥也。肩下，是兄弟也。巨胘，是大酒盅。骟马，是打拐也。溜答孙，是说谎的。回回眼，能识好歹。病琴，是没银子。古琴，是不好。牙老，是讲戏文说唱的。衿老，是读书的。肯斗口，是每喜交朋、喜与人偷情者。烟兜，是吃恼。羊肠，是大官路。臭，是骂人也。卖炭，是看人颜色不好。买大种，喜人奉承。龙，是褒奖也。石，是破坏也。空孙，是有家私。古孙，是贫穷的。

明风月友著《金陵六院市语》

谈笑讪字居先，举动者字为尚。无言静坐，号为出视。有望不成，则云扫兴。扩充知其齐整，稀调欲飞莫言。好曰现，而走曰赿。讨曰设，而唱曰咽。超者打之谓，嗟乃小之辞。燥皮，相戏之称。垂头，歇宿之意。趣鸨子，极妙情怀。麻苍蝇，可憎模样。以冷淡为秋意，言说谎作空头。情不投者，不着人言。涉败兴者，为杀风景。眼里火，见者便爱。尝汤水，到处沾身。闯寡门者，空谈而去。吹木屑者，不请自来。

自身而言：撒楼者，头也。凶骨者，鼻也。泸老者，眼也。爪老者，手也。齿老者，牙也。听聆者，耳也。撒道者，脚也。嘻溜者，笑也。攮抢者，恼也。枪者，脸也。啜者，嘴也。摸枪者，搽粉也。高广者，肉香也。洒酥者，出恭也。杂嗽者，骂也。怀五者，丑也。

自称呼言：老妈儿为波么。粉头为课头。乐人为来果。保儿为抱老。小娃子为顶老。酒客为列丈。老者为采发系。少者为剪列血。夹为瞎眼。骂玉郎为麻面。绳儿为蛮子。歹该为呆子。矮而壮者为门墩。长大者为困水。

自饮食言：称讪老知其用茶。称馨知其用饭。称海知其用酒。称直线知其用肉。称咬翅知其用鸡。称河戏知其用鱼。称碾知其吃食。

自用物而言：衣服则曰袍杖。帽子则曰张顶。簪子则曰插老。银子则曰杏树。铜钱则为匾儿。汗巾则曰模攮。

至若埋梦即没有之意，扯淡则胡说之辞。弄把戏以喻乎偷，郎兜以明乎大。方列趣，与房里去声音粗近。设燕剪，与讨房钱声实相同。哥道是，则曰马回子拜节；问是谁，则曰葛五妈害眼。滥嫖呼为高二，烘人比之刘洪。行经号为红官人，用绢呼作陈妈妈。有客妨占，号曰顶上多。粉头攒龟，名为打弦。赚人以娘称己，自道小名柳青。令客连念三汪，诱此声为犬吠。

千言万语，变态无穷；乍听乍闻，朦脆两耳。致使村夫孺子，张目熟视。不解所言，徒为彼笑。故略序以告同人，须把他这场看破。

明佚名《行院声嗽》

天文

天：苍子。风：飚子。雨：洒溲。日月：耀光。日：听光。月：卯光。冰：冬凌。雪：光花溲。

地理

水：漱老。白地：慢坡。

时令

冷：冰答。热：炎光。晚：昏兜。早：拔白。阴：布暗。暗：卜亮。十二年：一轮转。

花木

枝柯：吃壁。蕊：楁柮。

鸟兽

马：鹊郎。驴：果老。虎：猛子。牛：驮老；丑牛。狗：戌儿。羊：膻郎。鹅：羲子。鸭：咬翅。鸡：鸣老。蛇：缠老。鱼：河戏。猪：亥儿。蟹：钳公。皮：监儿。壳：呵坡儿。骨：柯枝。

血：光子。杀：青。肉：线。骑马：挨梯。

宫室

房屋：方下。勾栏：圈儿。门：钱掩。歹人家：外斗，尺钺。关门：秦拔。卧房：底里。寺：禅里。混堂：流钺。肉店：线钺。药店：汁钺。庙：毁老。阶级：甬道。行院筵席处：私窝儿。

器用

什物：砌末。床：巢儿。船：搜马。枕：刻尺。扇：招儿。镜：照子。伞：遮子。刀：喜子。栁：嵌老。纸：荒。柴：樵老。鞍舆：稳子。筝：板答。笛：叫龙。鼓：忽雷。打鼓：招雷。琵琶：歇子。板：步耽。柏板：捺色。打锣：点爻。剪刀：绞儿。火：亮光。小球儿：摇丸。

衣服

衣：披公，串仗。布衫：麻罩。袄子：剩撒。钉靴：水马军。裙：直抹。帽：标儿。巾：炮儿。手帕：廉子。靴：水蜡。布：稀子。粉：俏儿。胭脂：熏子。花：英老。被：抽仗。

饮食

米：擦老。饭：气老。酒：海花。茶：渲老。盐：蘸老。醋：哰老。油：瞒老。肉：线老。姜：进子。菜：撒青。果：木老。面：鲍老。馒头：□□。酱：中军。吃：撚作。饼：火烧。药：汁。

人物

君：□□。官人：孤老。父：字老。母：保儿。男：阵马。妇：窠子。女：鼎老。达达：赤老徕。夫：灵盖。回回：凶倈。道士：正八。和尚：桀郎。秀才：酸丁。孩儿：妳梢。矮子：状头。乞丐：都倈。贼：邦老。□□：古弄。净：嗟末。□□：五奴。神道：尊子。银匠：草把。命士：□□。小妮子：嗟姑。相士：睒照。风子：杓倈。婆婆：卜儿。花娘：草儿。军：假豹子。伴当：打捉。你：伊儿。梢工：搜马倈。我：瞒儿。牙人：齿子。痴哥：海螺。工作人：打垒土。子弟：勤儿。鬼：毁老。老唱：板子。小女儿：搂儿。水表：兔儿。少年：雏。年老：鲊苍。伏侍的：倘哥儿。淫妇：苦倈。好孩儿：海鹤。帮闲的：轴儿。南妓母：卜儿。北妓母：鹄儿。有名字人：着数。

人事

说话：衍嗽。说作：念合。说谎：扯炮。说合：抹铁。唱：咽作。叫：呼撒。休说：□□。歹言语：西嗽。骂：杂嗽。埋：撒喷。谝：康。休笑：张哂。笑：及子。羞：丑抹。怒：叉。喜笑：吸笛。哭：擦注。看：打睒。拜：剪拂。不采：瓦着。行：掉镰。立：打桩。坐：超垛。手段：枪法。走：赴过。去：赴儿。打：超撒。不认：□□。怕：胆寒。睡：佞作。醉：海透。拿住：虔撒。精细：听科。厥撒。马军：得数。□□。疾忙：擦撒。迟慢：磨石。将就：可捏。不烧：赖子。暗地：瞑子。利害：牙恰。知道：性索。生日：倈贺。装样子：□作。病：雁作。死：招撒。穷：张本。烧火：走。赌：拽条。偷：站撒。佐光：过仙。生老：甜老。饿：孩兜。放火：撑红。跪：掬撒。无得说：口穷。取笑：打弄。相央：厮揣。别人：绕馒。通街市：通局津。了得：干济口。虚谎：查呼。吃棒：飧柴。面目：□□。成事：掬湋。见了：作外。伤人：□□。包藏：遮幕。不作成：怀怪。俐退。俐偃。败谎：脿卯。精细：娄罗。说不定：走衮。使木：揣摩。又瞒：商和。慷慨：剔脱。说人事实：实剌。绰号：升名人。至诚：牢实。错听：背听。言语疾：翻饼。吃惊：意挣。喜极：稀葩。不当：不该。不尊重：不曲。中计：着套。焦燥：鲍老。嗅：蛭。不道德：会胜。教人：破饼。作科：科起。等：着当。难收撮：怎按捺。肯：受论。失忘：昏撒。冷笑：冰哂。咒骂：作念。漏语：掇赚。主意不得：饮得定。特故：急侵。庄家学俏：花刷子。村：山獐。村汉：灰倈。性起：害葬。令人勿动：革抹住。求合：兼撒。嬉笑：闲厮嗓。弄精细：作聪。妆尊重：歪嗽。相子挑：淘瓦。

身体

头：撒楼。发：飘光。眼：六老，六子。身体：伎儿。鼻：嗅老。口：鲍翁。舌：摇老。阳物：蘸笔。牙：柴老。耳：听老。手：爪老。阴物：才前。足：撒道。腿：超棒。脸：博浪。大脚：拍把。肚：庵老。乳：缠手。臀：笃脾。撒尿：洒溲。血：光子。戏：外嗽弼。拳：扣老。骨：柯枝子。尿：碎鱼儿。痴：大身。呆：耙子。放屎：撒条。疼：吊撒。放屁：撒进。泻：□□。泻肚：拐答。瘦小：京三。剃面：挞豹。咽喉：□□。好打扮：标正。做口：吕儿。无打扮：彪咭。抬不起头：郁恐。花绵身体：蒙头。

伎艺

唱曲：咽作。舞：腕细。杂：朗末。院本：嗟末。继：昏子。商谜：道诨。佐惕：么末。调影戏：掉闪。傀儡：提吼。筋斗：翻跳。踢球：见掀。水傀儡：洒吼。诨经：嚼黄。讲史：臣宪。算命：参。妆鬼：扢倒。撮：钻宫。覆射：精盘。杖头：榘吼。弄钱：擎片。喝采：务头。使棒：朗超。杂班：记扮。清乐：静声。打诨：超偈。散场：敌科。不好：穷调。赶酒座：撒氊。无人喝采：宁了。行院初来：新下城。说唱诸宫调：撒嵌嗟霸。勾栏看杂剧：团里陵末。

珍宝

钞：慢地。使钞：辨慢。

文史

告状：在丙。写字：死丙。捻词：合生。书信：喜子。

声色

青：识。黄：染。白：粉。黑：暗。绿：火。

数目

一：孤；寒。二：对；利。三：春；淀。四：宣；殂。五：马；掘。六：篮；猱。七：星；鞋。八：封；敲。九：远；弯。十：收；接。

通用

上：充末。下：马妳子。大：朗兜朗。小：嗟答倈。真：坚科。粗：撮。细：秀。卖：荡。有：演撒。无：梦撒。好：撑四。香：窜道。臭：熏答。多：猛作。不好：外兜天。假：兴和；碑记。

明祝允明《猥谈》

雅俗轩校注

小引：或由于全书文字较短，《猥谈》一向未见整理成专书出版，因而研究查阅不便。为此，且整理出一个提供有关学者参考使用的校点简注本。个中简注，随文于圆括号中以"雅俗轩案"语形式标示。此以《四库存目丛书》采用的明万历十八年（1590年）刻本《烟霞小说》本为底本（简称"万历刻本"），参校以《说郛续》本（简称"《说郛续》本"）和清光绪三十一年（1905年）上海育文书局石印本《烟霞小说》本（简称"石印本"），进行校点。目录中方括号"[ ]"内的标题，系《说郛续》版本所拟，未加方括号所提示《说郛续》版本所拟标题者，该条为该版本所未收录。

目录

1. 自叙
2. 孔子上父书 [上父书]
3. 胡金 [文字]
4. 道号与别号 [别号]
5. 北人语重
6. 及第三品
7. 趣判 [判语]
8. 以文墨事见之疏牒

9. 如厕之对
10. 戚胡陈鉴之对
11. 状元宰相之对
12. 举子巧对
13. 李西涯巧对
14. 翻覆数叠巧对
15. 戏作破题（之一）［破题］
16. 戏作破题（之二）
17. 倒语诗
18. 叹食海蛇
19. 隐喻麸与肥肠
20. 子孙果合与俗俭［俗俭］
21. 头食尾供
22. 南戏［歌曲］
23. 市语声嗽［土语］
24. 春画与男风
25. 潘沧浪滑稽语
26. 《老子》与"老子"［智者］
27. 挨宿
28. 瓦剌国
29. 守尸者之死［无故之死］
30. 过癞［癞虫］
31. 狗奸与驴奸故事［驴奸］
32. 奉化丐户［丐户］
33. 新人少出［新人］

1. 自叙

伊《猥谈》，纪琐事，订细文，述善戏。忆囊昔，长者次，雄论间，获随侍。追后来，广交契，雕龙宾，不遐弃。高轩过，每移晷，或造请，尸客位。及绨绅，古哲对，所见闻，颇多识，择其善，就编记。论写外，有杂碎，齿颊余，匪厚味，聊解颐，不忍置，因粹（雅俗轩案：音 zuì，汇集）斯。祝氏志。

2. 孔子上其父书［上父书］

上大人，丘乙己，化三千，七十士，尔小生，八九子，佳作仁，可知礼。右八句木曳也，字不知何起？今小儿学书必首此，天下同然；书坊有解，胡说耳。《水东日记》言，宋学士晚年写此，必知所自。又《说郛》中曾记之，亦未暇检。向一友谓予："此孔子上其父书也。"上大人（句，上上书大人谓叔梁纥），"丘（句，圣人名）乙己，化三千，七十士，尔（句，乙一通言一身所化士如许），小生，八九子，佳（句，八九七十二也，言弟子三千中七十二人更佳。），作仁（句，作犹为也），可知礼"也（仁礼相为用言，七十子善为仁，其于礼可知）。大概取笔画稀少，开童子稍附会，理也。

3. 胡金［文字］

文字中，称完颜氏为大金，承袭误也。蒙古自称大元，我朝作者何曾予之以"大"，今应云

"胡金"尔。文字门称都御史为中丞，府尹为京兆之属，当视语势如何。若结衔之际，亦欲异众书从别代，或妄更变，非也。如官吏部属书尚书，吏部郎中曾摄使，假一品服，还寻缴纳书赐一品服。宪臣出巡易地名，如巡抚交南巡按贵阳，至如领乡举，书乡进士；赐进士，不书出身。同出身，但书第字为府县学生，书郡庠邑庠，或长庠、吴庠之类，不知可乎？

4. 道号与别号［别号］

道号，别称，古人闲自寓怀，非为敬名设也。今人不敢名，亦不敢字，必以号称。虽尊行贵位，不以属衔为重，而更重所谓"号"。大可笑事也。士大夫名实副者固多，馀惟农夫不然。自间市村陇，鬼人琐夫，不识丁者未尝无号。兼之庸鄙狂怪、松阑泉石，一坐百犯。又兄山则弟必水，伯松则仲叔必竹梅。父此物则子孙引此物于不已，愚哉！愚哉！予每徇人为记，说多假记以规讽，犹用自愧。近闻妇人亦有之，向见人称冰壶、老拙，乃婆媪也。又传江西一令讯盗，盗忽对曰："守愚不敢。"令不解，问左右，一胥云："守愚者，其号也。"乃知今日贼亦有别号矣。此等风俗，不知何时可变也。

5. 北人语重

太宗时，山东都指挥朱迪朝辞。北人语重，奏"迪"音如"地"。王色忽厉。左右莫测，纪纲趋下问："汝名如何写？"迪告之。纲奏曰："告爷爷，此人名是'由'字著'走之儿'。"上乃霁容。上又日持墨帖问解学士："此木刻乎？"解遽操乡音对曰："石碑打底。"天颜不悦，久之始解。

6. 及第三品

廷试后，及第者连骑于途。人目之曰，"铁状元，银榜眼，金探花"，言其色也。士大夫尤以为善品。

7. 趣判［判语］

张忠定判瓦匠乞假云："天晴瓦屋，雨下和泥。"及丁谓判木工状云："不得将皮补节削凸见心。"人称之。郡守邢公，判重造郡门鼓状云："务须紧绷密钉，晴雨同声。"

又一守，禁戴帽，不得露网巾。吏草榜云："前不露边，后不露圈。"守曰："公文贵简，何作对偶语乎？"吏曰："当如何？"守曰："前后不露边圈。"乃不觉一笑。

8. 以文墨事见之疏牒

永乐初，饶人朱季文进所著书。杨文贞辈，请笞其人，火其书。近成化末，司马御史提学南畿，得予妇翁李公琬《琰集》旧刻，命学徒翻誊之。众请即用元本，登之木，司马从之。李故假诸督府经历吴宣，宣大怒。疏于朝，言李某以婿祝允明在学，假书令浸润（雅俗轩案：谗言）司马某事下。所司立案而已。后见周原已院判，笑谓予，翰林旧有一可笑事，今得吴经历本作对矣。

一大将，乞翰林某人诗，专令一吏候之，免其他役。吏始甚德之。既逾改，火吏不胜躁，具牒呈其将，言：蒙委领某翰林文字，为渠展转支延，已及半载，显是本官不能作诗，虚词诳脱，彼此一笑而已。以文墨事见之疏牒，前有此翰林，后有子也。又后数年，无锡有陈公懋者，注书与朱子反，亦上于朝。上命笞而遣之。予谓："又与朱季文为对子也。"

9. 如厕之对

夏忠靖与一黄门，同在吾郡寓馆。黄门晓起如厕，夏呼。谓曰："披衣趿履而行，急事，急事。"黄门且走且应曰："弃甲曳兵而走，常输，常输。"

10. 戚胡陈鉴之对

戚学士澜,美髯,院中呼"戚胡"。与陈司成鉴会宴,投漆木壶。陈顾戚曰:"戚胡投漆壶,真壶也,假壶也?"戚应声曰:"陈鉴看臣鉴,善鉴欤,恶鉴欤?"

11. 状元宰相之对

卞荣,郎中,在某阁老坐。适外报:"某廷试首选矣。"阁老曰:"状元却是瞌睡汉。"卞答曰:"宰相须用读书人。"

12. 举子巧对

一举子谒县令,令颇易[异]之。适投牒者呼云,"小人告大人!"令顾举子:"可对否?"遽答曰:"上士倍中士。"令默然。

13. 李西涯巧对

弘治中,虏使语馆伴。有一偶语无对者,因举曰:"朝无相,边无将,气数相将。"相君李西涯闻之,随口为词令,应之曰:"天难度,地难量,乾坤度量。"

14. 翻覆数叠巧对

予在金陵,春晚与客步秦淮。客指园林诵曰:"红杏枝头春意闹。"予即眺落晖曰:"乌衣巷口夕阳斜。"少间,予自书所为文。客戏曰:"君之富学善书,应以多指尔。"予猝应曰:"诚不以富,亦只以异。"座客皆笑。一客又拱手而称曰:"不亦君子乎!"予还拱之曰:"展如之人也。"又一客曰:"其孰能与于此哉?"予遽云:"亦可以为成人矣。"一时翻覆数叠,哄堂大洽。

15. 戏作破题(之一)[破题]

宋末人戏作破题。古曲题云:"看看月上葡萄架,那人应是不来也,最苦是一双凤枕,闲在绣帏下。"破云:"时至人未至,君子不能无疑心;物偶人未偶,君子不能无惑心。"吴歌题云:"月子弯弯照几州,几家欢乐几家愁,几家夫妇同罗帐,几家漂散在他州。"破云:"运于上者,无远近之殊;形于下者,有悲欢之异。"小曲题云:"妈妈只要光光馒,我苦何曾管?雪下去送官,卖酒轮番,几曾得免,怎容懒,有客教奴伴。"破云:"吾亲徇利而忘义,既不能以忧人之忧;吾身徇公而忘私,又强欲以乐人之乐。"

16. 戏作破题(之二)

王黄门尚文语,予谚语题云:"羊角粽,东家送了西家送。"破云:"取物之名名乎物,因人之惠惠乎人。"

17. 倒语诗

《诗林广记》载倒语诗,所谓"如何作元解归去学潜陶"者,人皆知之。景泰中,吾苏一监郡不学,误呼石人为仲翁,滑稽者作诗云:"翁仲将来作仲翁,只因书读少夫工,马金堂玉如何入,只好州苏作判通。"

18. 叹食海蛇

王敏道食海蛇,曰:"人何苦嗜之哉,一响而已。"

19. 隐喻麸与肥肠

刘金宪廷美先生，称"麸"为"抹布"，言"肥肠"为"揩净"也。

20. 子孙果合与俗匼［俗匼］

江西俗匼，果榼（雅俗轩案：音 kē，泛指盒类容器。《北史》："马脑榼，容三升，玉缝之。"）作数格，唯中一味，或果，或菜，可食，余悉充以雕木，谓之"子孙果合"。又不解镕蔗糖，亦刻木，饰其色，以代匲。一客欲食，取之，方知赝物，便失笑。覆视之底，有字云："大德二年重修。"更胡卢也。

21. 头食尾供

燕席，荞粉在最后，以粉融释诸毒也。宋艺祖入筵，偶思食之，大官即进上，宋世遂因之称"头食"。其后，仍尾供。近时人更徇其名、反其序，以为知，非也。

22. 南戏［歌曲］

今人间用乐，皆苟简错乱。其初，歌曲丝竹，大率金元之旧，略存十七宫调，亦且不备，只十一调中填辏而已。虽曰不敢以望雅部，然俗部大概高于雅部，不奢数律令之俗部，尤极高而就其律中。又，初无定，一时高下随工任意移易（此病败与丝音为最），盖视金元制腔之时，又失之矣。

自国初来，公私尚用优伶供事。数十年来，所谓南戏盛行，更为无端，于是声乐大乱。南戏出于宣和之后，南渡之际，谓之温州杂剧。予见旧牒，其时有赵闳夫榜禁，颇述名目，如《赵真女蔡二郎》等，亦不甚多，以后日增。今遍满四方，转转（案：疑为"辗转"之误）改益，又不如旧，而歌唱愈缪（案："纰缪"之"缪"），极厌观听，盖已略无音律腔调（音者，七音；律者，十二律吕；腔者，章句字数长短、高下，疾徐抑扬之节，各有部位；调者，旧八十四调，后七七宫调，今十一调，正宫不可为中吕之类。此四者，无一不具），愚人蠢工，徇（案：音 xùn，依从，对众宣示）意更变，妄名余姚腔、海盐腔、弋阳腔、昆山腔之类。变易喉舌趁逐抑扬，杜撰百端，真胡说耳。若以被之管弦，必至失笑，而昧士顾喜之，互为自谩尔。

23. 市语声嗽［士语］

生、净、旦、末等名，有谓反其事而称，又或托之唐庄宗，皆缪（雅俗轩案："纰缪"之"缪"）云也。此本金元阛阓（雅俗轩案：音 huánhuì，街市）谈吐，所谓"鹘伶声嗽"，今所谓"市语"也。生即男子，旦曰妆旦色，净曰净儿，末曰末尼。孤乃官人，即其土音，何义理之有？《太和谱》（雅俗轩案：即明朱权《太和正音谱》）略言之。词曲中用土语何限，亦有聚为书者，一览可知。

24. 春画与男风

后世淫巧百状，今所谓"春画"，其来亦久。汉广川王画屋为男女裸交接，置酒，请诸父姊妹饮，令仰视画坐。废齐郁林王于潘妃诸阁壁，皆图男女私亵之状。宋刘瑱画鄱阳王与宠姬照镜欲偶寝状，以寄其妹。此皆信史所书。《迷楼记》云，扬州刺史献炀帝乌铜屏。帝曰："绘者，假也。此得人之真形，胜绘万倍矣。"释氏《十诵律》亦有画女与人女同之说。《癸辛杂识》言，高丽人作不肖之画于扇上。宋元画家往往有之。又有土木之偶，及铸于镜背后（雅俗轩案：万历刻本作"加"，此从《说郛续》及石印本改），复盖以钩铰关之者，皆宋元人制。

《癸辛杂识》载男娼事未尽，暇日阅史，略得数端，漫笔于此。如卫灵公之弥子瑕，楚襄王之龙阳，建信鄢陵寿陵君，汉高帝之闳藉，文帝之邓通，武帝之韩嫣，哀帝之董贤，胶西王常之侯，得梁冀之秦宫，符坚之慕容冲谢，惠连之杜德灵，石虎、石宣之申扁□□□□（雅俗轩案：原即如此空四字位）之垣崇，祖唐太子承乾之乐童，马希萼之谢彦颙，闽王璘之归守，明曦之李仁遇，皆载于信史，明著其事。又魏汝南王悦与崔延夏，以左道同游绝房中，而更好男色。又，晋自咸宁、太康之后，男宠大兴，甚于女色，士大夫莫不尚之，天下皆相仿效。或至有夫妇离绝、怨旷妒忌者。男女气乱而妖形，尤正史所列也。又如荀息引《周书》云，"美女破舌，美男破老"。《战国策》"少男破国，少女破家"，及"男爱不弊轩，女爱不弊席"等语，亦明。若昌邑王贺之驺奴宰人，董卓之吕布，魏齐王芳之郭怀、袁信，宋始兴王浚之杨承先，隋炀帝之王蒙，唐明皇之黄𩪧儿，汉隐帝之嬖宠。以及诸史所列佞幸，及诸传记凡称嬖之臣。其类尤繁，不可殚举，而□□（雅俗轩案：原即如此空两字位）之论悉矣。其见于赋咏若《玉台》（雅俗轩案：即《玉台新咏》）所载，刘李绰之采菱儿，昭明之伍皓娈童，失名氏之少年。又至岑嘉州赵歌儿之属，亦不能悉录。又《僧祇律》言，舍卫城比丘于男女、黄门三处，非道行淫，与诸戒律所具益详备也。或谓书比顽童，盖未必然，而其他尚多可征，亦猥不足陈已。今浙人见于讼牒，谓之弄㚻，音（雅俗轩案：万历刻本及《说郛续》本处作"鸟"字，此从石印本）如少，去声。

25. 潘沧浪滑稽语

潘沧浪者，滑稽之魁。解后，一客扣姓字。客曰："仆氏陆，字伯阳。"潘哂曰："齐景公有马千驷，民无得而称焉，六百羊直甚焉？"

26.《老子》与"老子"[智者]

弘治中，吾郡一豪子，以事官捕之急，窜匿不出。官百计索之不能得。或言，乡耆某多智数。官延访之，耆乞屏左右，乃曰："欲得之，须用《老子》。（雅俗轩案：此当指《老子》第三十六章所云："将欲歙之，必故张之；将欲弱之，必故强之；将欲废之，必故兴之；将欲取之，必故与之。"）官曰："'老子'已在此矣。"耆意盖用欲取先予之术。官所云，谓已执其父也。耆曰："不是者个'老子'。"官曰："正是者个'老子'。"耆又白如前，官终不悟，即叱之退。曰："者蠢物，尚谓一人有两'老子'，何智术之有？"

27. 挨宿

谚语起于今时者。永乐中，取庶吉士，比二十八宿，已具周文襄公乞附列，时称"挨宿"，遂迄今名强附丽者。

28. 瓦剌国

瓦剌房最丑恶，北人诋妇女之不正者，曰"瓦剌国"。

29. 守尸者之死 [无故之死]

人死有轻于鸿毛，又有大无端不若鸿毛者，大抵官府最多。漫记二事。

京师人产儿，一头两身，弃诸野。一丐取示人以乞钱。俄顷，观者墙立，哄传于逻厂中（雅俗轩案：《汉语大词典》："指明代特务机构。"并且，该条引录《猥谈》此段为唯一的书证）。人（雅俗轩案：万历刻本本处作"人"字，此从《说郛续》及石印本）白于内，未报。而街坊火甲不知，更恐其扰攘也，逐之，丐提孩去。明日，内旨取看，火甲觅丐与儿，皆亡矣。惧，即自经。家独一妻，惧追捕，亦缢。一户遂绝。

又二人遇于途，甲沉醉，乙半酣。甲殴乙，仆，视之，死矣，径去。总甲见之，亟白于官。时已暮，姑以苇席四悬障尸，众寝卫于外。夜半，乙稍瘳，已迷前事。思，安得处此，必犯夜禁，故潜起而逸。归家，已大醒。谓其妻，"甲殴我，明当讼之"。及明，守者失尸，惊惧。须臾官来，谓受赇弃尸，棰楚之守者诬服，请取尸来，乃共往伺于郊。一人醉而来，众前扑杀之，舁入苇室。乙诣甲喧，将讼之。甲与饮，纳之贿，乃释。甲复思，昔者所由固知为我杀人，今若此，曷不白之官，因邀乙往首实。官讯守者，所来不能讳，弃市若漕卒、牵夫、公役辈无故之死，又寻常事耳。

30. 过癞 [癞虫]

吾乡都生自外归，装有水银一小簏箱，箱上书一"银"字为识。舟人以为银也，乘其醉缚而沉之。南方过癞，小说多载之。近闻其症，乃有癞虫自男女精液中过丢，故此脱而彼染。如男入女固易，若女染男者，亦自女精中出，随精入男茎中也。若男欲除虫者，以荷叶卷置女阴中，既输泄，即抽出叶，精与虫悉在其中，即弃之。精既不入女阴宫，女亦无害也。此治疗妙术，故不厌猥亵详述之。今南中有癞人处，官置癞坊居之，不以贵贱，知体蕴癞者，家便闻官，隐者有罚焉。

31. 狗奸与驴奸故事 [驴奸]

曩时，妇人与狗奸事，有公牒人皆知之。又，阙媪事，予记在《语怪》。沈休文《宋书》，凡有两事。又，近数年有驴奸事，漫述之。燕京小民，三五家共筑一土室，买一驴，室中置磨，各家有麦共往磨之。一日，三妇磨麦，少休。驴舒息久之，游腾其势。妇下劣戏言："我辈能当之乎！"一往就之，畏即已。一继之，不胜而退。一哂而往，稍纵焉，畜遂讫事。畜去，而妇毙焉。此等事，如济汉北江都王及《僧祇律》猿猴精舍比丘难提死马等，甚多。宇宙之间，何所不有！

32. 奉化丐户 [丐户]

奉化有所谓丐户，俗谓之"大贫"。聚处城外，自为匹偶，良人不与接婚。官给衣粮，而本不甚窭赤。妇女稍妆泽，业枕席。其始，皆宦家，以罪杀其人，而籍其牝，官穀之而征其淫，贿以迄今也。金陵教坊称十八家，亦然，奉鋈赵之祖，齐氏室所生也。

33. 新人少出 [新人]

城中有女，许嫁乡间富室。及期，来迎。其夕，失女所在，盖与私人期而为巫臣之逃矣。诘旦，家人莫为计，姑以女暴疾辞，而来侯固已洞悉之矣。婿家礼筵方启，嘉仪纷沓，翘企以待。比逆者至，寂然。主人扣从者，皆莫能对。侯以袂掩口附耳告曰："新人少出。"不觉一笑而已。

清卓亭子删订本《新刻江湖切要》

雅俗轩点校本

【卷上】

天文类

天：乾公；[广] 一大；轻清；无外；云表；兼容；并包；司覆公；高明君。

日：太阳；[广] 旸乌；常圆；长明；恒满；出扶桑；西坠。

月：太阴；[广] 阴宗；东升；兔窟；蟾冰轮；离毕；秋倍明。

星：光芒；[广] 点辰；列棋；好风；好雨；拱牝；在东。

风：丢子；[入微] 透骨；和薰；骤吼；狂呼；疑虎；从虎；狂且；偃草；吹枯生；扫云；折朽子；[又广] 起风为摆丢。

云：天表；[广] 想裳；瞒天；隔苍；蔽日；从龙；掩太阳；油然子；出岫君。

雷：[补] 震公；布鼓；天鼓；闻变；落箸；天威；破不平。

雨：津；[广] 沛生；子望；润公；湿杏；天线；灵零；甘露子；苦霪生；落雨为摆津；[广] 洒润。

雾：迷津；[广] 天；隔面；杏花雨；如烟；疑霖；迷离；[广] 起雾为披迷；又曰排烟帐。

露：[补] 甘霖；秋白；未晞；为霜；湛斯；在丰。
霜：露销；[广] 葛履；冰端。
雪：飞六；[广] 出六；疑絮；天盐。雪珠为集先，落雪为摆飞，又为排六。
晴：爽气；[广] 空青。
火：丙丁；少阳；焰老；[广] 燎原；分炎。

地理类
地：坤老；[广] 重浊；任重；配天；司载公；博厚君。
山：土高；地高；[广] 触土；地出头；巫峰；老峙；登东；艮公；如砺；禹随；一拳石。
河：长流；[广] 清平；黄九。
江：[补] 襟三；子长；橐水；无底公。
海：[补] 纳细；阔老；圣出；扬波；无边子；鱼乐图。
城：太援；[广] 子金；列齿；筑土。
井：地窟；[广] 水窖；中公；列九；凿饮；又曰区九。
桥：撑江；[广] 水带；继断；接引生。
土：戊转；[广] 万生。
水：壬癸；龙转；[广] 东归；朝宗。
石：土骨；坚垒；[广] 分磊；伏虎；踞豹；子践。
北京：[补] 水都。
山西：金地；[广] 夕阳。
山东：木地；[广] 朝阳。
陕西：[广] 召分。
云南：火七；[广] 滇离。
四川：[广] 达地。
贵州：[补] 寸金地。
辽东：[广] 阔海。
满洲：[补] 盈地。
江南：[补] 长火。
浙江：浙七；[广] 之水。
江西：月七。
福建：闽七；[广] 虿门；又曰鸟都。
广东：粤木。
广西：[补] 粤金。
　　后附府分不全。
苏州：吴七。
杭州：天堂；上天。
湖州：兴地。
绍兴：越地。
宁波：近阔。
徽州：韦七。
东：仰盂。
西：上缺。
南：中虚。
北：中满。
左：青。

右：白。
前：朱。
后：玄。
上：溜；[广]逆流；君达。
下：落；[广]顺流。
高：上天；[广]干霄；拂云；仰攀。
低：入地；[广]俯就。
近：明。
远：暗。
大路：洒苏；[广]爱遵；九达；同行。
小路：羊肠；[广]不由；径捷；微行。

时令类

春：木季天；甲通。
夏：火季天；丙通。
秋：金季天；庚通。
冬：水季天；壬通。
今年：本太岁；正太岁。
去年：旧太阳。
前年：前太岁；过令太阳。
朝晨：拔本。
晚上：兜昏；扯线。
半夜：太和；[广]孩交。
岁旦：聚众；[广]无晨。
立春：[补]回阳；木头。
雨水：天泉。
惊蛰：发蒙；惊愤。
春分：解木。
清明：雨朝；良牧；会朝。
谷雨：济贫。
立夏：火头。
小满：中康。
芒种：勾甲；力田。
夏至：改火。
小暑：避雷。
大暑：乘阴。
立秋：迎金；肃风节。
处暑：绨居。
白露：阳晞。
秋分：剖金。
寒露：蛰浆。
霜降：木落。
立冬：水头。
小雪：露白。
大雪：重裘。

冬至：水中。
小寒：挟纩。
大寒：拥炉。
　　后附逐年一定节。
元宵：初木。
端午：正中；[广] 日中；将昃。
七夕：鹊中。
中秋：赏中；[广] 分金。
重九：金末。又瓜期节，谓二九也。
正月：寅月。
二（月）：卯月。
三（月）：辰月。
四（月）：巳月。
五（月）：午月。
六（月）：未月。
七（月）：申月。
八（月）：酉月。
九（月）：戌月。
十（月）：亥月。
十一（月）：子月。
十二（月）：丑月。
　寅月等称太显，今改太阴。如正月，称寅太阴，余仿此。一岁曰一尺，十岁曰丈，十几岁曰丈几尺，几十岁曰几丈几尺。

官职类
皇帝：巍巍太岁；[广] 则天；配天。
皇后：[补] 巍才。
太子：[补] 巍欠；将代巍。
驸马：[补] 攀龙驹。
宫女：[补] 长门客。
太监：寸判通；念二；廿奄；[广] 阴阳生；无聊。
阁老：天孤；孤子；[广] 白头姑。
尚书：太水通；[广] 典谟；叠负。
督察院：者孤；督院巡孤；[广] 叔孤。
抚院：巡孤；[广] 临孤；古二。
布政：左孤；阳孤；古二；[广] 承宣孤。
按察：右孤；阴孤。
察院：代巍巍；古四；女孤。
军门：井头孤。
太守：井一孤；混一；寸一；[广] 黄老。
同知：井二孤；混二；寸二；[广] 雷鸣。
通判：井三孤；混三；寸三；[广] 谦才。
推官：井四孤；混四；寸四；[广] 通试。
经历：井五孤；混五；[广] 塾地。
照磨：井六孤；混六；[广] 夜捱。

知县：宇一。
县丞：宇二。
主簿：宇三。
典史：宇四。
巡检：古九。
教授：谕之孤。
训导：斋孤。
吏员：丙七。
书办：丙八。
状元：首唱。
斗元：[广] 福星；恩与。
榜眼：[增] 无状；致曲。
探花：蜂蝶友；寻春使者。
传胪：献捷；折瓾。
会元：会首；[广] 天下才；甲乙君。
进士：斗士；奎牙；斗孤；斗角；加孤；[广] 散甲生。
解元：羊首。
举人：斗身。
贡生：器占。
纳贡：米器。
廪生：饩占；米通。
秀才：占通；乃通。买者曰板占。
黜生：退占。
监生：皿占；皿入通。
富秀：火占。
贫秀：水占。
优秀：虎占。
劣秀：水七占；今改实占，谓不通也。
打落秀：狼占；今改狼占，又北占。
荤饭秀：食木占，今改油占。
纳粟秀：米占。
童生：子占。
香烟秀：习占；今改篆通。篆，香烟也。
赞礼生：唱占；今改相通。相，赞礼者。
凡文官曰士孤，乡官曰孤通，武官曰马孤，将官曰寒孤，今改戎孤。
指挥：金孤；今改臂使。
千户：逢孤。
百户：白孤。
武进士：寒孤，又寒士。
武举人：寒斗。
武秀才：寒通，又冷占。
上司：太识孤；大夫。
官员：孤员。
异路：乙通；[广] 径通。

亲戚类

父：日宫。
母：月宫。
祖父：重日；乾宫；东日。
祖母：坤宫；东月；重月，似母之母矣，今改老明。明者，日之月。
伯父：左日；日上部；甲老。
伯母：左月；月上部；该称日上才；甲才。
叔父：右日，日下部；椒老。
婶母：右月；月下部，称日下才；椒才。
兄：上部。
嫂：上部才。
弟：下部。
弟妇：下部才。
夫：官星；官通；盖老。
妻：才老；乐老；底老。
妾：偏才。
通房：半才。
姊：上水；水上部；斗上。
妹：下水；水下部；斗下。
姊夫：斗上官。
妹丈：斗下官。
又，姊妹通称比官。比，水方也。
子：欠官；金星。
女：斗欠；斗宫。
幼子曰尖欠，幼女曰笋牙。
姑母：父姊曰水日上，父妹曰水日下。
侄儿：至子；人至。
女婿曰斗官。
媳妇：欠才。
孙：子户，今改重欠。
未嫁女：半儿，今改挑蔬。
赘婿：合才；八吉才；今改为独占鳌头。
连襟：称曰亚，今称弥仲，又曰其服。
丈人：才口；外日；插老。
丈母：才月；外月；[补] 插姥。
大舅：才上。
小舅：才下。总称舅曰曹国。
大舅妻：月上，今改才上才。
小舅妻：月下，今改才下才。
大姨：才水上。大姨母缺，今可增为月水上。
小姨：才水下。小姨母缺，今可增为月水下。
阿公：太阳，今改官日。
阿婆：太阴，改官月。

外甥：斗欠。
外公：从日，今改月日，又曰泰山。
外婆：从月，今改重月。月月，母之母也。又曰泰水。
总称外公婆曰东白，又称外太阳、外太阴。
母大舅：月上官。
母小舅：月下官。
亲翁：姻官，又罗星。
亲母：姻才，又计星。
继父：奖日；今改莫顾，取《诗》谓他人父之意。
继母：奖月；今改莫有，谓他人母也。
继兄：奖上，今改上莫闻。
继弟：奖下，今改下莫闻。总取谓他人昆也。
继子：奖欠；失欠。今改赢负，谓螟蛉子也。
后妻：迟才，今改接辫，取续发之意。
晚子：油欠；瓶欠。
晚女：油斗。凡晚醮挈子女者，余名之倒藤瓜，谓连子去也。
官人：通节，今改加民，谓官乎人也。
娘子：占子，今改亲手足，谓娘之子也。
做阿婆曰奖挨出，疑为将挨出，今改为代太阴。
义媳曰了角，今姑改奖欠才。
义孙曰食木欠，今姑改为奖重欠。
先生：师日。
师母：师月。
亲眷曰戚六。
朋友曰义生。
孝子曰日略，今改为二十四，此孝顺之孝也。又曰允违，取"庶见素冠"章义，此带孝之孝也。
无妻曰念才；[广] 底落。
无夫曰念官；[广] 盖穿。

人物类
教书生：巾老；子曰通；[广] 传册；又传醯。
读书人：灵儿；[广] 酿醯。
学生：剪披；丁七；[广] 忧养子。
幕宾：立门头；[广] 生晞；密骗；忽扳；趋笑；管公事人；牵生。
写状人：梅花党；抄孤子。
写字人：捌黑生。
送字人：飘叶子。
画家：捌管生；捌彩；能事人；龙生。
光棍：油滑生；[广] 井梧摇落大光棍；顺子；柳生；[广] 杆面杖。下流光棍：谷山；[广] 倒影枯杨。
闲汉：甲七通；[广] 高搁班史。
帮闲：丘八；[广] 携手观天；偕消白昼。
赌客：跳生；[广] 浑是胆；珠履三千。
兵丁：塞通汗八。

衙役：近孤通。
书手：札八。
门子：双扇。
皂隶：友竹；反竹；结脚。
皂快：白七通；贴孤通。
民快：立地。
捕快：钩子手、身。
公差：紧脚，谓健步也。
禁子：禁脚生。
总甲：方坑。
坐坊：狗卒。
斋夫：齐天大圣。
走报：飞信通；［广］风行使者。
百姓：比八。
蠢人：右生；［广］闻雷启蛰，取春虫也。
呆人：羊盘；［广］土偶木俑；食粟曹交。
乡人：千长通；［广］我犹未免；沉速为身。
村人：木寸通；［广］高于岑楼。
死胚：终八生；［广］未知生；揭自留真。
歹人：不将义；［广］汉忌韩彭，取似反也。
好人：将义；念将通；［广］使女缝裳。
乖人：拐七；［广］蹑足陈平；闻雷坠筋。
赖皮：毛油生；［广］伯牛有疾；出水虾蟆。
客人：盖各；客同；［广］鸡黍相延；无涯逆旅。
上江人：丁老；［广］顺留入海。
别处人：强头生；［广］介葛来朝；集桑黄鸟。
本处人：原头生；［广］蒂固根深。
市人：井通。
店官：朝阳通。山中人真八；［广］以赤松游。
种田人：棋盘身；［广］村庄儿女。
成家子：会做的；［广］肯构肯堂；克荷析薪。
后生人：半子；［广］曰俊俏儿郎；岁月方长；子见犹惊。
贩子：不将人。
匠工：衍身［等］；斤丘。
走乡者：衍党。
走街者：响党。
富户：火通；［广］润屋生。
贫人：水七通。
闯将：献生；［广］牛金星，谓闯之将也；匹马横行。
老汉：苍通。
小子：尖通；尖生。
奶奶：受孤通；［改］受孤才。
小姐：闺琴；［改］双五百，谓千金也。
家主：受点。

主母：掌随。
家人：挨通；[改] 旦称，谓奴家也；又曰令公儿，以子仪骂子奴才也。
使女：挨才；[改] 挨斗；[补] 仆妇为挨才。
乳母：显山通；[改] 保赤。
雇工：廿一；矢力八；帮挨；[广] 贾勇。
老妇：花细。
半老妇：苍细；苍马。
妇人：马客；细公。
良妇：广宫。
小娃：剪角；[改] 蚬子；蚌胎。
卖婆：力才。
媒婆：潘细；[改] 撮合山。
寡妇：官川；寡马。
鞑子：柳叶儿；柳州通；[增] 古月通；犬羊生。
鞑婆：营细。
鞑女：柳女；稍昌。
大阿哥：卵上部。
小兄弟：卵下部。

店铺类

凡店谓之朝阳。
典铺：兴朝阳。
盐店：信朝阳。
衣店：皮子朝阳。
布店：稀朝阳；乔公帐生。
药店：熯火朝阳。
医店：计钹；[改] 苦口朝阳。
南货店：回生朝阳。
杂货店：推恳朝阳；今改为垄断朝阳；又为乱朝阳。
烛店：红耀朝阳。
染坊店：[增] 今为浸润朝阳；又为悲丝朝阳。
鞋店：踢土朝阳。做鞋为踢土生。
袜店：签筒朝阳。
靴铺：[增] 鱼皮朝阳，取传奇孙子膑足因靴鱼而为靴。
饭店：熯章朝阳；又熯朝阳。
酒店：山朝阳。
肉店：流官朝阳；又曰鲜帐；线钹。
面店：千条朝阳。
烟店：薰通朝阳。
香店：篆朝阳；[增] 清远朝阳；闻朝阳；韩偷朝阳。
米店：碾朝阳；木公帐；[改] 生熯朝阳。
伞店：隔津朝阳。
腐店：水剉朝阳。
书店：册子朝阳。
扇店：半月朝阳，改为清来朝阳。

纸店：方皮朝阳，改为代策朝阳。
帽店：顶公朝阳。
线店：[增] 缝朝阳；引针朝阳。
木行：[增] 为森朝阳。
砖瓦店：[增] 火土朝阳。
木履店：[增] 衬足朝阳，又为辟水朝阳。
粉店：[增] 为傅朝阳。
点心店：[增] 为充煤朝阳。
篮店：提朝阳。
秤店：[增] 把朝阳。
绸缎店：[增] 光亮朝阳。
皮箱店：[增] 革囊朝阳。
笔店：[增] 为毛锥朝阳；又颖朝阳；中书朝阳。
墨店：[增] 玄壤朝阳，黑土也。
砚店：受黑朝阳。
带店：[增] 束朝阳。
歇店：琴头；[广] 息足朝阳。
行商：乍山。今增水客为萍儿，山客为鹿儿。
开行：立山。今改六头君，取谚语"走前头，立后头，坐横头，吃骨头，趁戤头，得零头"之说也。
混堂：卷窑；[增] 裸阳朝阳；又为温宗朝阳。
打劫店：采盘子。

工匠类

倾银匠：七九通；火琴丘；逼皂。
打银匠：刊琴丘；流琴丘；艮丘通；火身。
打金箔匠：[增] 为扁庚通。
铸铜匠：威勇。
打铜匠：响黄丘；金钱通。
打铁匠：离丘生；[增] 乌金生。
锡匠：蜡丘；易丘。
石匠：研石通；[改] 琢璞通。
木匠：甲乙生；森丘。
漆匠：挞黑通。
杌匠：查线通。
挽花匠：连环通，[增] 扳线丘。
染匠：查青丘；赚趾。
成衣：单线通；甲札。
缝衣匠：双线通。
做帽人：水线通。
琢玉匠：采石通；[增] 雕璞丘。
刻字匠：梓生；断轮。
泥水匠：土偷；[增] 壬戌通；又朽丘。
淘砂军：思切。
箍桶匠：斫落踢瓜。

烧盐军：丙主；[增]煮海丘。
经纪类
挑扁担：天平生。
抬轿：兜力；押生。
修缸补锅：丙日子；[改]五霸手，谓补塞其罅漏也。
脚夫：摩肩。
打线索人：吊工。
摩[磨]镜人：托亮；到光；照子。余更之为还光生，又曰明明。
放马者：边杖。
屠户：留通。
换碗：插把。
渔户：水梳通。
卖古董：抵件头。
厨人：百味通；充火通。
船户：瓢游生。
穿珠者：贯通。
摇船：摆瓢。撑舡曰捌水。
做针者：叉老；扯牵；扯线；[改]横筊通。
做伞者：撑通。
做花人：百瓣生。
打草鞋：栏杆生。
扛材人：保重。
做酒人：山通。
切面人：骑黄骠马。
卖饼人：着大棋。
卖糕人：百辰。余更之为躐跷。
卖油人：滑底。余更之为润生。
医药类
医生：济崩公；扶本；[增]苦劝人。
名医：爜火通。
富医：汗火。
时医：丹青；竹彩。
眼科：皮恳。
针灸：钗烟弯。
诊脉：弹弦子。
撮药：配爜。
末药：暗老，改为暗爜。
膏药：圆纸，又改涂圆。煎爜者，煎药之称。
掺药：飞屑。
锭子药：爜火；[改]爜琴。
走卖药：跳皮；[改]行爜。
小卖药：丢小包。
卖春方：派爜；取鳖；挂狼。
追虫去积：七节通；又曰七节吊。

下针：叉卖；叉党。
丸药：九熯；粒粒。
牛黄：爆工。
换药珠：鼓釜工。
吐虫：泼卯水。
挑担卖药：天平党。
卖丸药：跳粒粒。
虎撑：寸铃。
卖疮药：跳十字熯。
烧香朝山卖药：拱党；观音党。
打弹卖药：弯子。
卖方子：提空。
荡膏药：炊涂儿。
京人卖药：念七皮通。
僧卖药：三皮跳。
道人卖药：火头生；全真党。
取牙虫：柴受。
妇人卖药：拖青；扳柴。
空中取药：采粒。
骑驴卖药：拖鬼。
撑伞卖药：昌皮。
戏法卖药：丁叉党。
排摊卖药：趷党。
打坐卖药：丢墩子。
告示卖药：设僻。
卖假药：跳将熯。
学医：锁皮。

星相类

相面：斩盘；又审囚。
不语相：嘿斩；又哑党。
算命：梳牙。
抄命：剪牙。
雀算命：枭梳；今更曰禽推。
弹琴算命：柳牙。
推流年：挤闪于。
瞎算命：念梳。
龟算命：袄包子；今改为蔡梳。
灼龟：烧青烟。
量手指：骨梳。
看三世图：番梳。
起数：晕老。
丢铜皮：元片。
各色起数：牵丝。
起课：烹玄。

打君知曰闯友。
打筶：丢笋；抛孤。
撇查：落跌。
堪舆人：斩葫芦；[增] 穿山甲。甲、脚同音。
九流三教通称江湖友。
初出江湖曰卯喜；[增] 隆中。应聘谓才出茅庐也。
惯走江湖曰相府；[增] 周流（游）列国；关肚仙，亦称剪牙；[增] 鬼凭儿。原名又曰关川生；献师；烧黄七。

娼优类
戏子：吼生。
小戏：跳身；帝奚。
戏师：司吴老；[增] 传吼生。
生：牛一。
旦：正母；[增] 平明。
小旦：贴母；[增] 昧爽。
净：争工。
丑：破田。
外：未昊老。
末：一木。
乐人：丁八。
鼓手：竭老 [疑羯老之误]。
小唱：细鸣。
杨花：响咏。
唱侉调：马上诉。
妓女：青马；青细；客细；众才。私窠子亦称客细。
老鸨：[增] 青妈。
龟子：中八生；刮丢；[增] 六缩。
忘八，客盖；[改] 青盖。
不正女：盼青；[改] 歪细。

乞丐类
讨饭：挂㺯；碎山。
瘫叫化：披街。
装斯文落难求乞：搭相；[改] 沐猴。
书情节求乞：磨街党。
带妇人求乞，亦称观音党。
手本讨钱：古相。
带孝求乞：丧门党。
作揖求乞：丢圈党。
哭诉求乞：诉冤党。
托神求乞：童子党。
弄蛇：扯溜；[改] 降龙。
弄猴：耍老子；[改] 伏虎。

盗贼类
盗首：掌盘。

大盗：千七。
窃贼：钻通。
挖洞：穿窑。
断路：勇打；［增］留客住。
偷鸡：挑菜；又曰残黄欠。
剪绺：裁皮；抓瓜丝。
白闯：撞辕门。
毛贼：小老鼠。
僧道类
和尚：廿三；先一。
道人：廿一。
道士：廿四；得一。
师姑：水廿三。
道姑：水廿四。
尼姑：斗廿三。
仙人称为书香，今增为云游子。
玄门：养真。
阴阳生：水火通。
炼丹：提火罐。
香火道士：熏修。
化缘：焦行。
送符：出火头。
画符：描黄。
唱道情：倒杠子。
说因果：嚼果。
僧道拜门：扳牙。
酿星：法水。
经事：黄庭。
求签：抽条子。
徒弟：候指。
身体类
头：顶元；魁儿。
面：元老；盘老。
眼：照子。
耳：招风，采官。
鼻：土星；闻官；汲香。
口：风门；水星；海门。
齿：磨子。
舌：信心；心柔；［增］心苗。
眉：探老，［增］及第，分八。
发：皂线；飘光；云线。
须：草绿；龙图子；［增］表丈夫。
喉：素儿；［增］司谏。
身口四大。

肚：西方；［增］客老。
手：上元；脱瓜。
足：下元；踢土。大脚曰太式。
拳：托起。
乳：缠手。妇乳曰尖山；吞子。
骨：枯枝。
阳：金星；［增］缩头生。
阴：盼公；北风。
男风：卯生。
淫阴曰拿蚌。
阙曰吐青；又曰慕容。
龟头眼曰马口。
大便曰撇闷；脱急。
小便曰撇柳；闷干。
撒屁曰撒条。
饥曰枵。
困曰昏斗；并足。
瘦：柴；青条。
肥：花草；［增］濯濯。
标致：坚立。
丑：古寒；［增］配西。
盲：念照；又双念照。
眇：单念照。
脉：刊通；［增］雨沙；又曰礼冠。
哑：念呐，［增］口默；忘言。
聋：老采；［增］目听；等辰。
驼：但结；［增］入公门。
跷：［补］地不平。
矮：矬身；［增］如射。
折足：定半。
胡子：老图。
白：草飘。
黑：草鬼。
黄：金草。
壮大：干叱。
怯懦：肥妖。

宫室类

屋：窑子；龛公。
厅：巨方；坚窑。
楼：登高。
房：底里。
店：一名受廛。
栅：戴毛。
所在：碾地；乐林；落地。歇家；［增］埋轮；停骖；投辖。

出路曰出水。
寺院：兜子；又横高；井公邑。余又增寺院为兜率；梵王宫。
庙宇：神窑；释窑；改为释巢。
教场：遍碾。
监牢：禁圈；士砖城；改曰人世阿鼻。
戏台曰朝天；又高阳子。
造屋曰盖顶；又曰搭棋盘。
入屋曰钻仓。
出门谓之离窑。
开门曰挂扇；又曰拔掩。
关门曰吊扇。
到家曰钻窑。
墙垣：避火；又遮风；又埔嵞。
门外壁：宋山；扇子。
窗：楞扇。
梯：月儿；[增]踏望儿；云老会；步步高。
灶：丙堆。

器用类

桌子：朝天；万面。
凳：曲身；又四脚子。
椅子：东登。
厨：弄申。
床：卧尺；昏老；昏乔。
箱：皮抗。
盒子：肩壮。
茶盘：荷叶。
招牌：或[疑式字之误]头；躲儿。
天平：担针桥；今更名无偏子；又曰针挑担。
算盘：拨公。
夹剪：分艮；又夹青；今更名曰快儿。
戥子：星琴；衡子。
秤：横挑；平老。
银包：答心；今更名琴囊。
尺：寸头。
升：科老。
斗：圆老；应名科老。
斛：方老。
匾担：负龙；量肩。
轿子：壮风生。
摇红，灯笼之谓，凡灯仿此。
雨伞：撑老；遍天遮；又隔津。
官伞：掩太阳。
大伞：大式。
钉靴：响筀筒。

木履：响踢土。
磨子：走雪。
枷：嵌老。
告示：躲子；今更名先声；又名招摇。
砖：丙骨；丁块。
瓦：丙片。
灶：离宫；行灶曰浮丙。
铜杓：角兜。
锡注子：荡儿。
抢锅刀：匾鸟子。
壶瓶：省器；探水。
抹布：油方；榻郎。
火石：丙批。
火石：丙块。
碗：馨子；荷花。
碟：馨口。
杯：响盏。
箸：条篙；木棒；迁杖；
条达梳子：把头；杷老。
篦：[增]比柿。
抿子：金刀。
剪刀：绞儿；[增]裂帛；又断机子。
锁：将军；红尹。
锁匙：镕木；[增]开关。
枕：刻天；土量；今更名扶头。
席：卷友；卷血铺。
纸马：效劳。
烛：摇红子；亮子；笑橡。
炭：乌薪；山灰。
帐：亦名撑老；[改]撑幔。
灯：天花；[增]代日月。
棺材：焦斗。

文具类

书：万卷册；册儿。
画：的表老；图良。
纸：蔡伦。
红绿纸札曰皂飘。
字：睹儿。
墨：赤土；青烟；又黑卿。
笔：判头；尖头；提老。
砚：石田；受黑；[增]受磨涅。
棋：斗精；手斗；争锋；短兵。余谓总不若名之曰谈兵。
双陆：抛；[增]金钗十二。
香：烟头。线香则名之曰烟条。

香袋：串老。
数珠：转老。
拐杖：引落；改曰持危。
扇子：招风；摇老；增曰手帆。
手巾：松鬼；改曰公拭。
拜匣：方行。
镜子：照儿；的圆；照子光。
刷牙、括舌通名洁口。
烟筒：薰葱。
骰子：撒掷。
古董：染肯。
书信：喜子；改曰报君知。

【卷下】

兵备类

盔：元老。
甲：宿皮；[增] 摧锋。
枪：条子；[增] 刺坚叉；牛头。
刀：苗叶；千金；[增] 利口生。
棍：要千；[增] 挺老。
弓：弯老；先张；又匾弯子。
箭：快快；茅针。
挂刀：披子。
爆竹：响子。
流星：落方。
缰绳：缠午老。
鞍韂：稳子。

乐器类

钟：金鸣；[增] 子声。
磬：克明；[增] 子振。
鼓：空心；思雷。
喇叭：摆开。
铙钹：双筛。
锣：筛子；金喝。
琴瑟：双工。
箫：坚龙；火通；增曰引风。
笙：一把揸。
管：四纳。
笛：横闷；叫龙。
筝：板答。
琵琶：柳老。
鼓板：拨凳。
拍板：捺色。
满洲鼓曰凯曲。

舟具类

舟：瓢儿；飘子。

橹：平六。

柁：飘后灵。

樯：顶天快。

篷：卷风。

篙：挺。

平艇：平飘。

替舱：同六。

掉浆：司老。

铁锚：当家。

芦席：顶公。

龙舟曰神瓢。

衣饰类

巾帽：顶天；顶元；顶公。

网巾曰拍首。

衣服：皮子。

好衣服曰皮子坚洁。

海青：长皮；彩林；皮林。

布服：硬皮；稀皮子。

绸缎衣曰软皮；又曰琉璃皮子。

布衫：决林。

裤：叉老；双井；叉儿。

裙：栏杆；八幅。

鞋：立地；踢尖；踢土。

袜：登桶；笔管；踢管；笙筒。

靴：登老。

绸绢：扳细公。

布：稀公；细梭。

绫缎：撒帐。

绵绸：细纸。

丝绵：领毛。

带：飘叶；条子。

包袱：赠帖。

被：滚服；暮林；文滚；又曰战干。

帐：网儿；慢天；又撑老。

孝巾：顶雪。

方巾：侧脑；又顶侧。

饮馔类

茶：青老；清喉；水鬼；碧水；牙净；枝叶；木癸；扰棂子。

酒：山；又山香；又酽绿；山老；喧老。

白酒曰水山。

好酒曰金山。

烧酒曰火山。
粥曰稀汉；平头燹；流稀。
饭：燹章；食老。
面：千条；豁鼻。
饼：稀片；區食。
干面：白茫；飞尘。
挂面：绵盘；线老。
糕：稀块。
粽子：稀尖。
汤圆：稀圆；水泡。
糖：塞牙；甜公。
馒头：气楼；花垒。
馄饨：斜包。
汤：滚沦。
茶果：得占。
素果[疑菜字之误]：花头。
豆腐：水板；水判；水林。
面巾[筋]：踏麦儿。
粉皮：荡食。
麻腐：樵食。
索粉：水千条；帝角。
油：丙浆；素滑哥；麻郎。
盐：信老；沙力；赞郎；五味。
酱：沙油；中军；汁老；研哥。
醋：盆山；醯老。
烟薰子：冲风；烧老。
猪肉：留官。
猪头：纱帽；人面；流宫帽。
火腿：挂判。
杂肠：吕公条。
牛肉：春流。
羊肉：细毛流；臊老；山官流。
凡肉皆称流。
鸡蛋：王七欠。
鸭蛋：洪欠。
凡蛋总名又曰圆光。
鲞：底板。
又，蛋称曰昆仑子。
腌肉曰信流。

珍宝类
金：黄琴。
银：硬底；琴头；又曰皂头。
好银曰坚琴。
低银曰古琴。

铜银曰将琴。
铜曰红曲，角红。
铁曰乌金。
铅称为玄锡。
锡曰白描钱；圆把；响青把儿；穿风青儿。
暴发曰初火。

数目类

一为刘；又流寅。
二为月；又月卯。
三为汪；又汪辰。
四为则；又执巳。
五为中；又中马。
六为人；又人未。
七为心；又辛申。
八为张；又朔酉。
九为爱；又受戌。
十为足；又流执。
一分：流去。
一钱：流宝。
一两：流西。
十两：流千。
百两：流千宝。
千两：流丈。
多曰彭彭太式。

草木百果五谷类

树木总名曰独脚鬼汉。
木又名甲乙生。
柴：樵杖。
柴板：云骨；樵条；堆老；乌杖；条官。
草曰木焦。
根曰焦枝。
花：元稀。
叶：盖露。
果：青垒；苗群；希令橘；红光［光乃圆字之误］。
菱：角儿。
菜：苗稀；破屑；又曰地青；叶苗。
小菜曰苗戏。
萝卜：大苗希；埋头；假参。
笋：少竹；竹欠。
山药：蒙枝。
茭白：指节。
芋艿：滑麻。
茄：垂老；垂子。
姜：甲老。

葱：管希；管苗。
韭：毛头青；月割。
蒜：地拳；条苗。
西瓜：水球。
瓜之总名曰球。
豆：粒儿；圆；沙子；为兵。
晚豆曰结老。
蚕豆：球老。
寒豆：人垒。
绿豆：和垒。
苗：芸青。
稻：青焦。
赤豆：花垒；轮黄；回花；梭立。
大麦：粗花。
垒麦：人花。
小麦：细花；地花。
荞麦：和花。
谷：连壳希。
米：希老；软珠；擦老；碾希。
糙米：研希。
船米：花希。
白米：雪希。
糯米：粉希。
粞：小希。
糠：希壳。

鸟兽虫鱼类

龙：万丈；万花；辰老。
凤：鸣王。
虎：喊老；猛子；寅老；班虫。
狼：凶风菜。
狮：门神。
象：双门。
鹤：顶冠。
鹿：顶竹。
牛：丑官；吞青；土官；春官。
犬：州官；戌老；巡攘。
羊：未流；白衣；圈判；膻老；解草；山官。
马：午流；午老；风官；嘶午；午生。
猪：亥官；黑官；线留官。
鸡：王七；西官；鸣老；得晓；斗子；响各。
鸭：王八；鸳五；纸判。
鹅：王九；雀官；判头；道十。
猴：申官。
兔：卯官。

蛇：溜子；缠老；练子。
鼠：夜游子；老念牙。
骡：古老。
猫：将寅；穿梁；夜明。
驴：[增] 蹇老；钝牙。
鹰：赏物；白飘雪；[增] 子扬。
鹳：苍鸣；[增] 鸣垤。
鹤：[增] 天闻；鸣皋；在阴。
鸦：追思；追山；[增] 反哺。
鹊：报君知；[增] 灵儿。
鸽：鹘子。
雀：失喜；[增] 饲花；衔环。
鸟总名鸢飞。
小鸡：火鸣菜；[增] 德鸡。
腌蛋：信圆。
鸡蛋：王七欠。
鹅鸭仿此推之。
虫总名受儿。
蚂蚁：昆虫；[增] 垤居；知泉。
田鸡：抱头；水斗；奇鸣。
蟑螂：薰虫。
蚊：[增] 虻老；簧鼓生。本名碎老。
虱：受子；[增] 扪谈；又游裈；又半风君。
蚤：受黑。
鱼：水先生；水梭；河公；河戏；水气；希班；柴河；德判；水飘；[增] 化龙子。
腌鱼曰信梭。
鳖：匾戏；神守公；思交子。
龟：冲八；清闲。
虾：长枪手；弯虫。
蟹：钳工；羊虫。
鳝：象缠。
鲜鱼：元水。
鳗：线香。
鲤鱼：逼水。
鲫鱼：时水。
苍条：条戏。
螺狮：波罗；[增] 曲房。
田螺：海波罗。
蚌：水戏；[增] 纯阴。

疾病类

病通称曰延年；眠眠；无念；暗年。
风[疯]子；巽方大[太?]岁；摊延年。
瞎子：念照。
目疾曰照年。

驼子：脊牛。
痨病：火延年；赤太岁；焦根根。
隔症：闭塞延年。
鼓胀：胖延年；山风延年；结珠延年。
疟疾：水火延年。
痢疾：玻璃延年。
手疾：托牛。
足疾：折牛；踢牛。
缺嘴：兔唇。
生疮：闹杨杨；哥太岁。
带疾：有牛。
杨梅疮：因哥延年。该名果子延年。
暴疾：急延年。
老病：常年。
疥疮：十字延年。
眼病：照子延年。
臁疮：裙风延年。
耳疾：井牛。
烂耳曰井延年。
烂足曰踢土延年。

生死类
生子：脱欠。
生女：脱斗。
坐喜：含欠。
生孙：巴欠。
无子：念欠。
子多：兼欠。
遗腹子：飞肉。
双生：双欠。该名对欠。
凡死皆称曰川。
病死：大限川；又年川。
水死：龙川；冷川；玄武川。
井死：穴川；窟川。
火热死：丙丁川。
打死：匾川。
杀死：侵川；增曰金川。
牢死：闷川；增曰禁川。
勒死：抵川。
吊死：线川；挂川。
卤死：信川。
虎死：寅川。
犬死：戌川。
蛇死：巳川。
产死：红川。

瘸病死：火川。
雷击死：乾川；[增] 震川。
夫死：官川。
妻死：才川。
公死：东川。
婆死：西川。

人事类

好：坚；响坚；坚通。
不好曰古；古坚；念坚；又神古。
他曰渠。
你曰伊。
我曰令儿悉。
立：侍平；潘儿树。
走：游墩；又量。
打：匾；郎；匾持；叩。
骂：郎；千发；千冈；柳江；浪。
笑：巧倩；完凯；今交子。
哭：拭照；流珠；撒娇；撒汗。
借曰昔。
讨曰探。
有曰献。
无：念。
气曰闷东。
恼曰古贵。
腹饿曰馁；又曰西方亮。
饱曰盈腹。
在曰是。
看曰扳识；斜手；班色。
骗人曰将康。
吃曰班；又曰赏。
做曰钻；分曰披。
渴曰咬七。
要曰同工。
复要走曰蛋赴。
相打曰闹匾。
叫曰显冈。
坐曰打墩子。
说合曰抹铁。
挑：孤担；天平。
吃饭曰扰熯；又曰赏熯。
吃酒曰扰山；领山；班山。
醉曰山透。
吹打曰捏眼。
献菩萨曰泼水。

酌献曰摊红；又曰卷荒。
有眼力曰宪照。
不知事曰暗人；又曰不端亮。
讲事曰咬黄。
假：王龙。
去曰凉。
来曰热。
多又曰满太式。
少曰希；古莫；又曰宛宛。
快曰马前。
漫［慢］曰马后。
大亦曰太式。
小曰尖。
高曰崔峻；又曰上。
低曰浅；又曰狭。
买曰扳；扳耀；蒲扳。
卖曰嫁；耀货；倘削。
着曰响；又端。
不着曰不响；不端。
说好曰隆。
说歹曰签；古苦冈；又曰针冈。
拿曰肘；又曰温文。
套曰扳。
输：伤手。
赢曰上手。
进门曰入冈。
来了曰入步。
识得曰观亮。
虚说曰王六。
聪明曰慧老。
巧人曰占生。
梦秋曰压［疑魇字之误］生。
没有曰梦。
趁钱曰浪肘。
盛曰大响。
取钱曰奎把。
分银曰劈琴。
讨钱曰挂琴。讨银钱曰呕风。
多要曰不将好。
是非曰咬手。
放对曰查头；又曰犯查头。
说出来曰吐冈。
油嘴曰太咒。
说本事：将气签。

打官司曰匾孤舟。
告状曰控讼；耗孤；顶孤；滚内。
人命曰人牙。
凡命为牙，故算命曰梳牙。
官事曰孤非。
犯徒罪曰奎五。
犯充军曰奎六。
得财曰有皂。
破财曰失皂。
好阔曰花皂。
好赌曰者皂；又曰牵把。
寻闹曰犯搽。
相骂曰目西。
贪吃曰吹毛。
欠债曰抵金。
有钞曰热子。
无产曰流通。
刁而蛮者曰鄙貊。
拐子称为马扁。
假钞曰将肯。
跪曰拂土；丢千。
拜曰剪拂。
拜揖曰丢圈子。
请坐曰登壁；又曰盘俟。
唤茶曰青儿；又曰水汉。
说话曰吐调。
会说曰调皮。
买卖曰倘扳。
做戏法曰扬虚。
逃走曰暗量；兆量；又曰滚线。
八字曰捌黑。
合婚曰合寸。
配妻曰已才。
讨妻曰挂才。
做亲曰披红。
年纪曰丈头。
起身曰结坐。
讨丫头曰挨手。
讨小使曰挨子。
靠人家曰挨通。
说人成亲为炉老好。
谈往事为日料。
好村方曰良棋盘。
卖田曰削盘。

买田曰拨盘。
种田曰钻盘。
离祖曰辨黑。
学生意曰念捌。
能生意曰柳党。
合做生意曰搽才。
合伙曰八米柴。
生意好曰响账。
做生意还家曰倘扳转。
生意名为钻曲。
收摊子曰卷帘。
对门为对枪。
隔壁为隔枪。
邻舍为邻通。
做生意处为碾地所。
好场子亦为碾地。
卖东西曰挑思息。
不识物人曰羊生。
知我行事曰徒染；又曰元梁。
名色好曰双足。
急曰弓皮。
缓曰倦千。
结交朋友曰嵌角。
奉承曰除公。
善逢迎曰买火种。
极好曰本六。
有人知道曰正八。
不识取笑曰破赌。
坐又曰度堂。
火烧曰献红。
下船曰踏瓢。
到人门为钻窑。
不言语为念咀。
趴灰曰灼炭。
拐龙阳为拿卯。
阖曰马牵。
养婆娘为养马。
骂人戾曰溜海；又曰采线。
自卖为挨身。
卖女为挨斗。
不晓切曰羊盘。
晓不全曰半亮。
不在行人曰衍生。
洗浴为潮龙；又诳沦。

洗面曰诳盘。
剃头曰扫青；又曰削青。
剃头人曰飘生。
做序曰按摩。
取耳为扳井。
敲背为拣尸［此语可恶］。
剔脚为裁皮；又曰瓜皮；又为修踢土。
凡卖物又谓之曰跳。
卖糖则曰跳甜公。
卖香为跳烟头。
卖帽曰跳顶公。
卖假货为跳符恳。
真货为实赞。
和尚道士化油曰吊漫水。
分票儿曰飘叶子。
圆光曰请空。
请仙曰空老儿；又曰钻黑鬼。
道士书符又名错大字；错虎头。
唱道情人曰边江子；又曰杠子身。
宋殿道士送符曰漂火头。
【江湖切语三十四卷终】

清佚名《江湖通用切口摘要》

解曰：江湖各行各道，纷纭不一。切口即隐语也，名曰春点。字无意义，姑从吴下俗音而译之，阅者原谅焉。此乃摘其常用繁者，知之则可与此辈相问答，且道途间亦自防之。一补今所记，皆各道相通用者，至于各行各道另有隐切口，乃避同类，而用隐中又隐，愈变愈诡矣。其类既多，其语可知也，故不载。

江湖诸技，总分四行，曰：巾、皮、李、瓜。行此者名曰相夫。凡作相夫者，不曰做而曰当，故自称当相者。

算命、相面、拆字等类，总称曰巾行。医病、卖药、膏药等类，总称曰皮行。戏法四类，总称曰李子。打拳头、跑解马，总称曰瓜子。

文王课曰园头，六壬课曰六黑，披张算命曰八黑，测字总称曰小黑，隔夜算命曰代子巾，衔鸟算命曰追子巾，又名雀巾，量手算命用草量者曰草巾，用绳量者曰量巾，敲铁板算命曰湾巾，弹弦子算命曰柳条巾。相面总称曰斩盘，在庙内或租屋居住者皆曰挂张。庙内挂张曰阴地，租屋挂张曰阳地，不开口相面曰哑巾。立于墙边门首相面曰抢巾，用副相者曰寻风，用活络句，借用字、名十八条捆仙绳曰扑板。在地上测字曰砚地，在台上测字曰桥梁，走茶馆测字曰踏青，写蛤蜊测字曰蝲黑，板上墨画测字曰混板，板上蓝画测字曰蓝板。台上设药瓶治病者曰四平，台上设药瓶而并有锉锉药者曰捻子，地上设药并无多者曰占谷。手摇虎撑走街用长布招牌者曰推包，虎撑曰推子。卖膏药用铁锤自打者曰边汉，卖膏药用刀自割臂者曰青子图，卖象皮夹纸膏曰龙宫图，卖膏药不取钱但要香曰香工。专走乡间自称戏子而治病者曰收包，摆草药摆曰草汉，卖吊虫丸挂无数于竿曰狼包，（卖）吊虫丸不挂虫而于无人之时先将饭粒和虫或钱倒地上以作病人呕出曰倒毛水。卖参三七曰根根子，卖膏药打弹子者曰弹弓图。治毒疮卖春药曰软帐，卖药糖者总称曰甜头，敲戏锣卖糖曰超包，锉药入糖当面煎熬曰锉木甜头，顶做糖成长段而临用锯片者曰小包甜头，空松之药糖曰铺货捻地，先做戏法而后卖药曰聚麻。一应卖药总称曰皮行小包，祝由科画符曰于头子，画符而用火炉烧铁条者曰三光鞭，画符治病能知病缘者曰叉李子，走乡送符取义曰劈斧头。做戏法在茶馆内搭台曰海李子，挂布招牌专传授人戏法曰放小卖，做戏法鸣锣聚众吞剑吃蛋曰对包李子，做戏法有妇女顶缸走索者曰烘当李子，做戏法用长布围地中间另有小布篷者曰搁戏篷，傀儡牵丝（线）木人戏（俗名地吼戏）曰银子篷，傀儡用小台高挂人居台下在布帐内者曰高架子。卖大洋画者曰金门子，打连厢人在布帐内唱曰帐子篷，卖小西洋镜曰割札子，卖拳者曰边爪子，卖玉器者曰山根子，卖眼镜者曰招子包。做扒手窃物曰青插，在船上挖包曰探底子，以空手巾包而换人银钱包者曰对买，白日隐身在人家窃物者曰闯窑堂。

以下日常用语：

天曰乾宫。风曰斗色子。雾曰满天子。父曰日宫，母曰月宫。落雨曰摆干。先生曰元良，徒弟曰徒恳。人曰生死。兄曰上，弟曰下，子曰欠。夫曰官生，妻曰才字头。妇人曰才大兴，少女曰多花子，老妇曰苍才。无曰谷念，有曰海。无兄曰念上，无母曰念月。有子曰海欠（余仿此），小儿曰秧希。乳曰求子，摸乳曰采求子。头曰搔麻子。乡人曰千张生。手曰托罩，脚曰金刚子。兵勇曰柳叶生。女阴曰攀，交媾曰拿攀，男阴曰金星子。贫人曰水生。秀才至官员皆曰葵生。辫曰条子。读书人曰笔管生。赌钱人曰乱巴生。富人曰火生。生意人曰朝阳生。穷极曰水天水地。马挂曰四脚子。讨饭人曰流巴生。马夹曰穿心子。长衫棉袍曰大篷子。帽曰顶工。鞋曰铁头子。布曰板头子。袜曰千统子。裤子曰叉儿。雪落曰摆飞。短衫曰霍血。刀曰青子。烟筒曰熏筒子。米曰念稀子。被曰归帐。圆物总称曰求子。帐曰查飞。灯总称曰亮子。走路曰工。逃走曰亮工。死人曰土店生。和尚曰念三。道士曰念四。尼姑曰水念三。鼠曰穿梁子。乌龟曰中巴。狗曰皮条子。猫曰袖头子。鱼曰匹水子。肉曰留片儿。鸡曰得公子。船曰底子。东曰轮子。客寓曰琴头。住曰杜。住客寓曰杜琴头。人家曰窑堂。菩萨曰尊老。庙宇曰阴地。房子曰阳地。租房子曰拔阳地。房钱曰窑巴。饭曰汉。吃饭曰闵汉。煮饭曰熏汉。茶曰青，吃茶曰闵青。茶壶曰青壳子。茶钱曰青巴。大曰海，多亦曰海。小曰尖。钱曰详子。洋钱曰琴工。银曰白恳子。金曰黄恳子。本钱曰恳子。一曰留。二曰越。衣服总称曰皮子。四曰则。五曰中。三曰汪。七曰信。八曰张。六曰仁。九曰爱。十曰足。百曰配。千曰粳。一百曰留配鼠。二百曰月配鼠（亦称为越百鼠，余皆仿此）。一千曰留粳鼠。一文曰留片许。几千曰几足许。一洋钱曰留片琴。付曰打，买曰班。看亦曰班。打曰边。写曰描。字曰里头。书曰册子。票曰嚣头。水曰龙宫。日曰阳光。昼曰热太阳。夜曰昏太阳。鬼曰哀六子。石曰山根子。玉亦曰山根子。戏曰天王。戏馆曰梨园。看戏曰班天王。打他曰开边。门曰扇。关曰闭。关门曰闭扇。血曰矿子。肚皮曰登子。吐血曰曷矿子。病曰念课。治病曰麻念课。痛曰吊。拳曰瓜子。口曰樱桃。洞曰桃园。线曰苗。药曰汉火。病好曰念课响。牙痛曰瑞条吊。呕曰丁。泻曰参。面曰千条子。罐曰摇子。针曰叉子。膏药曰罗。末药曰末汉。火罐曰三光摇子。痰曰希。牛角筒曰希筒。眼中星曰求子。眼中衣曰天皮。疮曰点子。说话曰叹。借曰统。分曰匹。借钱曰统详子。分银洋曰匹琴。出码头曰过帐。买饭曰班汉。质库中当衣物曰兴兴子。会却他人使去曰时工。使人无词而去曰推送。人来责我曰训。说人好处曰弄缸。三日疟曰鬼头念课。使人不污语曰封缸。假作痴呆诱人入股曰装彀样。说大书曰清册。说人歹处曰千缸。炮船曰烘天底子。这个人曰割顶生死。江湖霸道治病秘方曰九丁十三参。虚而假者曰黄。忘记曰混老脱。说小书曰柳册。生意好曰烘爝。归家曰回窑堂。常人非相夫皆曰洋盘。点心曰春汉。无知人曰空子。炮曰烘天。好曰崭。歹曰大兴。

凡当相者，忌字甚多，不能尽载。其中有八款最忌者，名曰八大快，今录于左（快者，即忌也）。

梦曰混老，虎曰巴山子（原注：火字同音，亦忌火，曰三光），猢狲曰根斗子，蛇曰柳子（原注：茶字同音，亦忌茶，曰青），龙曰海柳子，牙曰瑞条，桥曰张飞子，伞曰开花子，塔曰钻天子，伙食曰堂食。

凡当相者，出门规模略异常人，一切举动言语，摘录于左：

在本处做生意不出码头者，名曰守土。若出门遍游码头，名曰开码头。既至一处，而又更别处，曰过帐。凡搭船之例，杭、嘉、湖三府地界，每埠船钱只须十二文，比常人不到十停之一，无论路之远近皆然，名曰全通。除此三府地界，其余皆给半价，比常人少一半，名曰半通。而饭钱及船友之酒钱，皆照常人一例也。惟苏州至上海，此埠航船一概不通耳。南翔、嘉定、宝山、闵巷（行）、浦东一应皆通矣。

搭船者，下船居头舱。如入中舱，须靠头舱之一边三块平基之地步。若过限，则作常人照算也。

凡杜琴头（原注：即住客寓也），另有相夫琴头，专留相夫，满寓皆同类。同寓诸人，清晨各不搭话，盖恐开大快（原注：开大快者，即犯大忌也）。如犯之，此人是日之用费，皆要赔偿，名曰开堂食（原注：即伙食也）。清晨取火，须自于石中取之，或隔夜留一火种，切不可向人乞取。若犯之，罚同前。到黄昏时，终皆归寓，则尽可纵谈，无所顾忌矣。

称人行业曰贵道；尊人之称曰老元良（先生也），亦曰老夫子。自谦辄曰无有元良，骗饭而已。

凡遇同类当相，而所业不同。假如一是巾行，一是皮行者，相逢亦须寒温数语，名曰通相。假如作二人问答，一人问曰："老夫子贵姓？"一人答曰"姓某。""府上何处？""敝处某某。""什么贵道发财？""骗饭吃！""彼此都是一样。""某行某道。""在何处过帐过来？""在某处过来。""到了几天？""几日了。""现下灶何处？""在琴头或阳地。""名曰恭候你老夫子！""不敢不敢！"

凡当相者，大都皆出门之人。一时尴尬，缺少盘费，同道中可以借移钱文一二百之数；不必同是一业，只须同是相夫，或同是巾行，同是皮行，名曰统详子。然不一定，如彼自顾不暇，焉能相赠？看事行事，大概如此。

凡我先到其地，已开生意。适后来一同行同道者，如若各作各之生意，地小人稀，未免两伤。即赠彼数十文，或一二百文。看事行事，见机而行；彼即立刻动身，往别处去。倘不去亦可，但不准开生意矣。

他人先到，与我同是一道者，已开生意。而我后至，一如前例。若他无钱相赠，则不妨并开生意，各显能为也。彼若惧我，却来相商让他，即相赠盘费，求我别开码头。则肯与不肯，皆由我便。

以上所载，皆相夫要言，知此则尽足够用。适遇此等之人，不受其蒙蔽，彼亦不敢相欺也。

（见于唐再丰《鹅幻汇编》卷十二，清光绪苏州桃花仙关石印本）

清佚名《江湖行话谱》

江湖行话

士、农、工、商，谓之四民。四民外，又有一百两行之说。行行皆有行话，若采集而无遗，颇不容易。今将南北行话通行者，引数类以供参考。江湖行话，大纲分四行：巾，皮，李，瓜。算命相面测字等，总称巾行。治病、卖药、膏药等，总称皮行。戏法等，总称李子行。打拳头、跑马戏等，总称瓜子行。巾行中行动，文王课曰圆头，六壬课曰六黑，批张算命曰八黑，测字曰小黑行，衔鸟算命曰佳巾，用草量手算命曰起巾，用绳量手算命曰量巾。敲铁板算命曰湾巾，弹弦子算命曰柳条巾。相面总称曰斩盘。在庙内或租屋者，曰挂张。不开口相面者，曰哑巾。立于墙边门首相面者，曰抢巾。在地上测字者，曰砚巾。在台上测字者，曰桥梁。走茶馆测字者，曰踏青。写蛤蜊测字者，曰蜊黑。皮行中行动，台上设药治病者，曰四平；台上设药有锉锉药者，曰捻子；地设药瓶者，曰占谷；手摇虎撑走街用长布招牌者，曰推包；卖膏药用铁锤自打者，曰溪边，卖膏药用刀自割臂者，曰青子图；卖象皮夹纸膏者，曰龙宫图；卖膏药松香不要钱者，曰香工。李子行中行话，吞剑戏法，曰对包李子；妇女顶缸走索戏法，曰烘当李子；用布围地戏法，曰搊戏篷。傀儡牵丝木人戏法，曰银子篷。瓜子行中行话，卖拳者曰边瓜子；至于在本处作主理，曰寸土；出门遍游码头，曰开码头；既至一处，又更别处曰过账。

行话管见

杂货店叫碾心子。画画的叫牡丹点。道士叫制把。和尚叫画把。说书的叫作策子。唱戏叫柳点。修脚叫抛粘子。兵叫鲁孙。铁匠叫攒红。工人叫顺工顺。匠人叫全工全。有事叫茶共点。无事叫太平点。腿子叫水滚子。树叫刁枝子。糖叫汗子。羊肉叫山错。牛肉叫春错。猪肉叫德错。马肉叫风子错。驴肉叫鬼子错。狗肉叫犬错。鱼肉叫混水错。鸡肉叫白菜错。鸭子肉叫琵琶错。当铺叫公窑。钱铺叫杵窑。药铺叫火窑。银店叫居米窑。茶叶铺叫雅淋窑。酒店叫山窑。绸缎铺叫花红窑。生意屋叫相窑。庄家屋叫空窑。富家屋叫火窑。穷家屋叫水窑。纸铺花花窑。官家屋叫翅子窑。烧饼叫帖罗。油果子叫炸罗。面卷子叫捕榇子。切面叫丝罗。点心叫铺榇汗子。鸡蛋叫滚子。油叫滴缸。醋叫吉水。香油叫苦水。凉水叫利散。吃酒叫奔山。候人吃酒叫山前一候。吃酒醉叫奔倒山。大道叫裹亮子。小道叫尖亮子。高粱叫种子。米叫捻心子。谷叫苏子。麦子叫攒罗。烟叫草山。大烟叫海草山。候人吃烟叫草山一候。扇子叫摇叶。针叫尖绝。头发叫苗。剃头叫搜苗。葱叫空空苗绪子。白菜叫扒拉苗绪子。韭菜叫扁皮苗绪子。蒜叫哈打苗绪子。茄子叫垂头苗绪子。芫荽叫绪擤苗绪子。西瓜叫青条苗绪子。南瓜叫滚白苗绪子。看叫噔合。卖眼镜叫挑照落。卖眼药叫挑照汗。听叫耳崩。

估衣行话

去曰券。走曰讲。来了曰楞楞。偷钱曰销贬。不去曰抱券。不走曰抱讲。吃饭曰餐服。看人曰迁窑。卖不卖曰闷不闷。不好人曰枹罕窑。好看曰罕牵。吃饱曰肯卜。未吃饱曰抱餐服。未有钱曰妙宜贬。不好看曰抱罕牵。偷物件曰销端详。此也人曰赵戈窑。人好看曰赵窑席。这个地方曰赵戈吊方。一、二、三、四、五、六、七、八、九、十，曰肖、道、条、服、罗、梭、现、世、歪、柯。

鲜货行话

鲜货行的行话是十个字母，代表十个字数。窑、柳、飏、臊、扫、料、瞧、笨、较、勺，就是一、二、三、四、五、六、七、八、九、十。比如，窑块是一块钱，柳块是两块钱，如此推类。

瞽者行话

（天地人，如何说法）答曰：帖贱，气去，喷痕。（春夏秋冬，如何说法）答曰：囫囵，哈嘎，仇周，哼敦。（上下左右，如何说法）答曰：搁杠，阿嘎，阔惰，豆透。（行走，如何说法）答曰：客货，彭更。（一二，如何说法）答曰，埃鸡，阿艮。（三四，如何说法）答曰：谁簪，赛字。（五六，如何说法）答曰：歪古，列舅。（七八，如何说法）答曰：浅杂，北干。（九十，如何说法）答曰：偕柳，赛式。以上之音尚作尖韵。多有直无字者。

粮行之行话

粮行之行话，先定有十字，以代表价目。如"由、中、人、工、大、天、主、井、羊、非"十个字，是"山"。盖此文字之用意，为取其每字之出头处，以定数目。如"由"字上出一头，即代表为"一"之数目。"中"字上下为两头，即代表为"二"之数目。"人"字为三头，即代表为"三"之数目。"工"字左右为四头，即代表为"四"之数目。"大"字上下左右为五头，即代表为"五"之数目。"天"字左右下六头，即代表为"六"之数目。"主"字上下左右为七头，即代表为"七"之数目。"井"字上下左右为八头，即代表为"八"之数目。"羊"字上下左右为九，即代表"九"之数目。"非"字用途稀少，盖以"由"字可以代之也。数目代表文字，既已规定，则其使用法，又不可详说明也。譬如该粮价为"七吊"，则称为"主吊"；"三吊"，则称为"人吊"；"五百"，则称为"大"百；"一百"，则称为"由百"。此为整数之用法也。若遇几百几十几吊，或等之奇零小数，则大数可以省去不提，只云小数则可。如"三百二十一吊"，则云为"中十由吊"。又如"五百六十九吊"，即云为"天十羊吊"。如此云之，则行外人不得而知也。又如行外人来此卖粮，则行内人即以行话互相斟酌；或口说，或指画；卖粮者只见其嘴唇颤动，手指画空而已。其机密之处，完全不得而知。故该项粮食之利益尽为行内人所赚，于行外人实有损无益也。

保镖护院行话概略

保镖为站一线之地，护院为站一塔之地。若有人来问："走的那个字？""走的'喝武'二字。"保镖行遇大盗，说："前边有恶虎拦路，是朋友早早闪路。"若不闪路，上前答〔似当作"搭"〕话："朋友听真，搬按〔似当作"鞍"〕认镫，从念荣华，高台亮走。"贼若不走，再进步："你在林里，我在林外。走镖走高，俱是出家。僧门两道，回汉两教。绿林线上，咱们俱不能分家。要是分家，万万不能。朋友吃遍天下。留下一线之地，让于兄弟吃吧。"见横道有人，喊："大梁麻撒，哈武！"（"麻撒"是小心留神的意思）路沟有人，"润演麻撒，哈武！"见窑，"盆里麻撒。"见窖，"玄武麻撒！"见坟，"孤堆麻撒！"见庙，"神堂麻撒！"进街，为"还桶子"。见街上有人，"哈武！桶子里麻撒。"胡同有人，"袖里麻撒。"胡同口有人，"岫麻撒。"房上有人，为"云棚麻撒"。院里有人，"池里麻撒"。大便为"挽山"。小便为"挑杆"。井为"阴洞子"。出村为"出桶子"。喝酒为"搬山"。喝茶为"押林"。要菜为"盘海子"。吃饭为"饥"。馒头为"气罗"。饼为"穴罗"。包子为"蒸罗"。羊肉，"孤冉模蛇"。鸡为"尖嘴模蛇"。鸭为"扁嘴模蛇"。鱼为"分水模蛇"。面为"撕龙"。南，阳。北，墨。东，倒。西，妾。贼拨门，为"拨锋"。从窗户进，为"腕眼"。下雨，为"罗相员津"。出太阳，为"闪天眼子"。若行路有大贼盘道，贼说"好肥羊"，答"羊肥角觚硬"。贼说"有狗无狗"？答"那里狗咬"。贼说"一群好虎，答"那里猫叫"。如遇贼有问路的，答"前边有路后边有路"。明亮香甜，为"招苏"。金子为"各豆"，银子为"蒙古"。贼自退走。贼说"好肥肉"，答"肉肥尝头多"。贼说"好寺院"，答"有住持"。贼亦不敢进前。

行意行话

东，为倒。西，为切。南，为阳。北，为墨。东南，为列。东北，为宿。西北，为张。一更，为起更。二更，为定更。三更，为听更。四更，为坐更。咀，为喷罗。心，为上川。肚，为下川。胳膊，为凤翅。腿，为金钢。阳物，为湾头。为门，为闪招。吃饭，为安根。喝茶，为闵牙淋。饿了，为穿里子。做饭，为攒散。豆，为滚子。米，为拈心。菜，为苗心。面，为铺陈子。饼，为反罗。包〔饱〕子，为气罗。角〔或为"饺子"之误〕子，为穴罗。柴，为灵芝。火，为串红。水，为龙宫。盐，为海沙。油，为底子。马，为风子。骡，为圈子。驴，为鬼子。牛，为又子。狗，为皮子。猪，为猴子。羊，为山子。鸡，为尖嘴。鸭子，为扁嘴。鱼，为分水。雀，为篡子。肉，为错。买，为抽。卖，为挑。学舌，为过黄。送信，为送黄。醉了，为山高。有病，为念斜。未吃饭，为念啃。喝酒，为搬山。抽烟，为啃草。抽烟卷，为草条。烟荷包，为草山囊子。大便，为堆山。小便，为摆柳。哭，为抛须。走，为滑子。剃头，为扫苗。看着，为滑着。借，为斩。借钱，为斩处。无钱，为今处。花钱，为抛处。磕头，为杨蹄。衙役，为英爪孙。兵，为对孙。关门，为闭扁。被子，为尖帐子。油，为底子。大枪，为条子。大刀，为海青子。花枪，为花条。单刀，为片子。戒手刀，为青子。洋枪，为小黑驴。鸟枪，为喷子。砂子，为狗。镖旗，为眼镜。多，为海。少，为俭。穿，为挂。老者，为仓。少者，为连。男，为孙。女，为果。和尚〔原作"尚和"〕为化班。道士，为制班。和尼姑，为捏班。富者，为大才。穷者，为水逼。外行，为里相孙。掌柜，为门息。手艺，为口息。桌子，为平案。板子，为抵抗。椅子，为硬托。碗，为莲花。盘子，为荷叶。酒壶，为山珠子。酒盅，为坑海。筷子，为义木。茶壶，为闷子。帽子，为顶罗。

袍子，为循罗。马裤，为披罗。裤子，为义罗。鞋，为蹄土。靴子，为爪土。袜子，为锁罗。妓女，为舍果。王八，为玄点。兔子，为样点。兔羔子，为样殃子。王八旦，为玄殃子。穿衣，为披香。脱衣，为退皮。盘亮，为白。盘乌，为黑。盘梅是麻。啃海草是抽大烟。搭条是睡觉。空心合是光棍汗。空心果是闺女。保光子是怀胎。抛合的生男。抛果是生女。仓果是妇人。中果是中年人。暴花果是少年妇人。暴花是闺女。念勾是绝户人。念招是瞎子。念听是聋子。念仓码是没有父母。念码是无有兄弟。冷把是半相人。水点是无钱。合点是带着钱。念音是哑巴。鸾方子是押宝。鸾散条子是抽签子。鸾散张是打天九。

走江湖行话

烟袋，灰搂儿。烟卷，草卷。鸦片，海草。茶盅，紧口。茶水，海儿。洋火，崩星子。被，官草子。枪，蔓子。子弹，非子。洋元，角子。札子，瓢瓢子。小米粥，星星乱。小米饭，星星散。大米粥，盐花乱。大米饭，盐花散。看牌，翻章子。装十枪，搂子。皮包，挎海儿。猪，翻江子。羊，叉子。鞋，提土子。帽，顶章子。裤子，宝仓子。灰褂子，灰叶子。绑票人，滑舌子。剃头，奔又。梳头，顺线。认识，碰。打仗，开克。大帮，大柳。小帮，小柳。买枪，串蔓子。买子弹，串非子。桌子，方章子。吃喝，啃吃饭、啃富儿。睡觉，陈条儿。死了，碎了。磕头，叩飘儿。放枪，摔条子。大便，摔瓢子。上山，上伏子。打伤手指，贴管。打伤身体，贴金。男票儿，央儿。女票儿，软央儿。烧房子，伤窑儿或放亮儿。骡子，圈子。驴，鬼子。骑驴子，厌鬼子。鞍子，实盖。捆上，马上。走着，华着。拉线，线头子。兵，老牌眺子。民团，团狗子。一万块钱，老串。一千块钱，中串。一百块钱，小串。说话，拉管［曲案：方言谓聊天为"拉呱"，与之相似］。回家，望边。先峰，炮头。进村，压街。嫖娼，压花窑。分钱，挑偏子。土匪，马达子。绑过几回票，拉过几回司儿。

方问溪《梨园话》

雅俗轩校点

校点说明

其一，方问溪著《梨园话》，北平中华印书局1931年8月出版。台湾传记文学出版社1974年影印出版的刘绍唐、沈苇窗主编《平剧史料丛刊》所收《梨园话》，以及学苑出版社2012年出版的《民国京昆史料丛书》第12辑所收《梨园话》均据此本影印，本校点本即以此版本亦即原初版本作为底本。

其二，本校点本采用简体横排，只对疑误字词以案语形式随文于方括号"【 】"中标示校注。至于其他内容，如人名、地名、书名、事件、生僻或疑难语词等，暂不做注释。

其三，原著正文和卷首检字均按繁体字笔画编排，今改作简体字本则原检字排序已经无效，因而于此删略。正文以简体字按其条目首字汉语拼音音序重新编排。

卷首题辞
可人如玉，若非雄才。
情性所至，相期与来。

载歌幽人，如见道心。
生气远出，冷然希音。
——题问溪仁棣二十初度造像集耐辱居士诗韵两则。虞西钓叟钱景周敬题

> 方君年正妙，接物便多情，
> 貌洁偏羞玉，心闲托弄筝，
> 识荆从纸上，师李坐书城，
> 他日相逢处，西窗话五更。
> ——题问溪如弟玉照。盐城张绍先敬题

方君问溪以弱冠少年与八旬老朽为兄弟交。展诵来书，甚幸，且愧。率成俚句奉答，借博一笑。

陈勉安

> 衰龄八十雪盈颠，文字论交亦有缘，书到摩挲揩老眼，相称兄弟两忘年。
> 儿将周甲孙都壮，当愧朋侪老辈看，今幸与君联伯仲，还童欲觅驻颜丹。
> 诵到君家述德诗，祖庭寿届古稀时，问年我亦无多让，倍长才云父事之。
> 荆庭阒寂久无人，雁序新排亦可亲，白首红颜昆季合，同胞四海一家春。

各家序

谢序

现今物质文明，戏剧化弥漫于社会。宫商号召，禽羽同声，凡夫屯田杨柳，唱来残月晓风，以暨优孟衣冠之被。座上虎贲，求其形似，无不效苏季子之简练揣摩。薪尽火传，以冀平步羽霓仙众。持玉尺以评量者，无间于汝南月旦。关扬固有之文化，津逮后来之美术，洋洋乎亦盛矣哉！愿当此法曲飘零时代，订坠拾遗，不惮刍荛之采。织鸳锦而金针悉度，而独于其间流行语，历久所传，禅似口头之习，曾无人左右采获，收拾于长吉古锦囊中。视若齐东，只堪覆扬雄之瓿。或且鄙夷而不屑道，谓不足以登大雅之堂，非比余韵流风，可与乔木故家，同其称述。夫肴核百家，经史乃成为笥。豹隐南山，举窥其全，庶云美备，剧坛之振，既有志于仁杰药笼，则凡一名一物之遗，胥当多识以次于知，拈将记事之珠，使人尽殚见洽闻，了如指掌。矧诗三百，无分野田草露，而风有正变，雅有大小，举从此得原原本本之类，更可以增长人之智识。天地间形形色色，万汇纷呈，无不有其隐语，形容于万口。大而至于日月星辰，细而至鸟兽草木虫鱼。或语作双丸，或拟以白榆之历历，或呼天女，或号山君，或被以忘忧之嘉号，或锡以交讠之美名，或蕞蕞之取譬，或策策之相称。倘不竭其两竭之叩，则虞初八九，莫悉其寓言；武成二三，终迷其真相。仰观俯察，有类昏衢之人矣。仅断简残编之搜辑，而葑菲尚遗，是犹挥请谈之尘，而蛮语参军，仍挂漏于茶余饭罢也。老友方问溪，于戏曲一道，枕葄而有心得，尤精于音律，得乃祖星樵先生之传。操觚所及，辄效方言之作，别类分门俾与淮南鸿宝，同为枕秘之宜。搜罗尚未完备，因索观甚夥，先取其随笔者，出而公诸同好，属序于余。窃喜梨园行中，得此借谈之数，已可备异日之辎轩。而国门一布，考异邮通，无待采华之服。爰不辞谫陋，弁言于简端，以为息壤。所谓兼收并蓄，朗若列眉者，问溪其庶几乎！是又不仅于青箱世守，而觇其学识也已。

辛未夏日古姚谢苏生识于宣南海王村

林序

《梨园话》作者问溪君，故名笛家方星樵先生文孙也。家学渊源，颇得昆乱诸秘。而于戏剧之组织沿革规俗等事，尤具精研。曾累于平津沪各报志中有所披见。人皆称其说理叙事，深得剧艺真际。余前亦耳其名，近承以此编见贻，阅后益信众誉之非诬也。术语及名词，不仅梨园一行独有之。中国所谓三百六十行，行行皆自具其特有行话词。仰又不仅中国诸行有此，即最新之各种科学，亦每门各有其专门名词也。然科学名词，皆备有专书可供检阅。而各行术语则除本行人外，他多无从解晓。于是本无奇特之专用词，竟以隔行如隔山故变成蕴有神秘意味之调侃。（平俗语称黑话及隐谜）个中尤以梨园语繁而且晦，聆之使人茫然如坠五里雾中，顾曲者每引以为憾。今得方君此篇，条伸晓畅，罗陈详尽，殊可为具剧癖者增其兴趣也。使科学无专门名词则著之际，必辞费异常而又莫能伸尽己意。梨园语之为用，亦然。盖惟术语，能以少数字句，包括曲折繁碎之意旨与事实而表现之。故行中人互语，必不能舍此，由来如是，固非若江湖黑话之故作隐晦闪烁避人晓觉也。在昔剧优最属猥贱，上流人皆不屑闻问其事。今则戏剧已于艺术范围中，占得重要之地位，欲研此艺者，又乌可不先明其言语之作用？方君此编，于剧艺演进上，裨助实多。诚不应以寻常文字目之也。

中华民国二十年五月闽侯林小琴序与天津商报馆

张序

吾国戏曲，精微博大，而昆曲尤为瑰丽。其在文学与美术上之价值，夙为世人所公认。方星樵先生覃研昆曲，久负重望，抱残守缺，厥功甚巨。其文孙今问溪君，亦以戏剧专家，蜚声日下，著作丰美，大都为扬风抉雅，有关吾国戏曲之佳构。其《梨园语》一种，即将付梓，老友谢苏生，嘱为一言。余自幼即嗜戏曲，近亦颇思一窥昆曲之樊篱，苦无暇晷，且乏师承。问溪君既渊源家学，深望能绳祖武，对于昆曲，竭力提倡。俾不致失坠，则在吾国戏剧界所表见者，必更伟矣。爰书之以为问溪君勉焉。

民国二十年七月张镠子序于沽上

关序

戏剧一道由来尚矣，楚之优孟，秦之优旃，皆为伶工成名最早者。然不过个人苦心孤诣，以独造之技艺，名垂千古。至李唐时，时有团体之结合，作有统系之组织，相沿至今。戏剧成为专门艺术者，已有千余年之历史。夫戏剧即成为专门之艺术，且有悠久历史。则梨园掌故，菊部专词，自应有详细之记载，乃竟渺不可得，仰又何耶？盖戏剧自唐以来，虽有进步，因因演员人格之堕落，一般人乃以贱艺目之。而文人学士，又雅不愿投身作个中人。而伶工辈更多粗伧，视戏剧为私传专艺。内部情况，秘而不宣，以至年湮代远，真意多失。而无美不具之艺术，遂亦未得社会真正之认识，殊为可惜。入民国后，提倡戏剧之声浪，日益增高。内外行人，咸欲将此无美不具之艺术，贡献于世，无如内行人，知之而笔莫能述。文学家笔虽能述，而苦于莫由知。故二十年来，对于戏剧之著述，终鲜获有统系之作品。是必借文学家而兼内行者，肯破费极宝贵光阴与精神，从事于兹，旁搜博采，方足以发奥抉微，表白此无美不具之艺术也。方君问溪，青年饱学，且为昆曲世家。其先世为前清供奉者，将及二百年。至星樵先生，亦有发明。尽以不传之秘以传之诚，有如予前所称心能知、笔能述之文学家而兼内行者。近有《梨园话》之作，吾知其必能阐扬风雅、提高艺术也。顾此次所撰者，仅注意于梨园术语，及专用名词。不知者将以为无关轻重，讵庸知此为戏剧首要之学乎！夫各种科学，莫不有其专词。故文科有文科词典，法学有法学词典，动植矿物，声光化电，以及医药生理等科，亦各有其词典。戏剧本为专科之一，宁中无须乎词典？盖治学者，以明了其专词与术语，为第一步工夫。词尚不通，如何研究其学术乎？又从何而知其重要乎？此篇不但将梨园专词术语，搜罗无遗，且更详加诠注，堪为有志研究剧学者之助。方君对于戏剧素抱有兴革之大志，将来必尚有名著，发表于世，以发挥光大此无美不具之艺术。然则此梨园话者，特其嚆矢焉耳。

中华民国二十年六月卓然关上英拜序

郑序

自词曲兴，而杂剧盛。千百年来期间嬗变之迹与夫梨园老旧之前言往行足资纪述者，何可胜道。方子问溪，绮年美才，传其家学，近著《梨园话》一书，征考文献，衰列掌故，作梨园之考镜，比安石之碎金，苟非覃思研虑，曷克臻此。尝考杂剧之于文学，最能发扬民族之精神而鼓吹文学之优点。当今瀛海交通，中西文化有接近提携之日，而杂剧遂有蒸蒸日上之势。近自梅君游美，彼都人士惊其才艺而祈向亦大侧重于此，问溪此编制出，不仅裨益梨园，行见阐出大秦辉光世界，意中事也。问溪为吾同门次溪之友，因次溪箠逖，且诵其书斐然美备，故乐为之序而归之。

民国二十年郑琬小耘

张序

方君问溪，近著《梨园话》。稿既脱，欲付梓，商于余，余颇善之，促其速印。方君复请序之。顾书之端，已有林小琴、关卓然、谢素声诸君之序矣。而序中又尽余之于此书之所欲言者，余复何言？顾方君三四请，必欲余言者，余不获辞，挑灯西窗，细读一过，心潮突起不可抑止，草成此篇，不自觉其辞之费也。当方君此编之初成也，原拟名曰《京班术语》，以"京班"二字仅通区人士所知，不能普遍。盖为问世计，非仅迎合平津沪之读者而作也，故不能仅就平津沪所识之京班，而名其书。故虽脱稿以书名之不惬意，迟迟未付梓。其后方君以之就商于林小琴君，林君为定名《皮黄戏班术语》。而钱唐吴洁厂先生，则以其中所述不仅仅于术语一门，如"八大拿""大衣箱"之类又属于名词者，寓书于不佞。嘱告方君，且曰印书传后世也，不可不慎。方君以吴先生雅谊，遂亦不敢轻于问世。一日过余，曰命名为《梨园话》何如？盖术语也，名词也，统可谓为"梨园话"。余曰，可。遂以名其书。书虽成而名不能定，遂至一二年未能问世。一事之成岂易易哉！是书虽名为《梨园话》，以书名表面观之，不过仅梨园行中人所常说之话也，其实内容不仅仅于解释其话而已。如"大轴子""切末""打通儿""打黄梁子"，科班后台诸条内，凡梨园之变迁与掌故源源本本缕述无遗。虽为《梨园话》，亦可作梨园掌故读矣。安陆陈墨香先生，谓此书可与齐如山先生之《中国剧之变迁》《中国剧之组织》，鼎足而三，诚非溢美之辞。当方君撰此书时，搜集各书所已见他书者，就正于诸老伶工，以为无误始录存之。复广求遗闻，以扩充其资料。余尝见其访范福泰、李寿山、杨长喜也。范君年逾八旬，李君年近古稀，杨君则始满之岁，范、李两翁，皆病于耳。方君每有所询，则近其身旁大声叩之言之再四，范、李始得而闻，乃徐徐答其所问。盖范、李二翁皆为程长庚高足弟子，于同、光间燕京梨园故事，知之最多。方君每与余言，今日之谈梨园故事者，往往獭祭故书，拾人牙慧，无人能虚心探问于二三老宿也。故方君此书之作，得之于老伶工之口传者为多，弥足珍贵也。有清中叶，燕京歌舞为最盛，盖以天下升平，国家无事。为人君者，倡之于前，王公大臣复和之于后，蔚为大观。虽至末叶，内乱外侮，而慈禧后倡之，尤不少衰。其中之往史，固极有研究之必要，而坊间则鲜有专事记述之书。如《燕兰小谱》《品花宝鉴》《京尘杂录》《菊部群英》等书，则不过片段之记载，风花雪月而已。而艺术组织上则未曾道及，益见方君此书之价值矣。虽然书中所记者，泰半为今人所能知能见者。或有浅视之者，亦如前人之视《燕兰小谱》《品花宝鉴》之无足奇，而今人则珍重之矣。以此比例之，则后来考求梨园事迹者，舍此书则更奚求？亦由今人之重视前书，以为仅存之硕果也。

共和二十年岁辛未浴佛日东莞张次溪序于左安门内双肇楼

自叙

甚矣哉，《梨园话》之不易着笔也。其所难者，伶工多不注重文字，又无人为文以记之。年湮代远，讹以传讹，致有千里之谬。故时至今日，能道之者绝少。余所不忍默尔而息，每欲笔为一书。顾志虽坚，而同侪中又鲜能为助。往昔先大父星樵公，以昆曲名天下，从而问业执弟子礼者以千计。雅集一堂，纵谈今古戏曲历史，皆足为文献之征。余时方髫龄，忽略听之，不知记忆。今者世变日亟，当日旧侣，如晨星之不可久留，安得豆棚菜圃，再聆佳话。兹仅就昔年所闻，尚能回溯一二者，追而记之，与当世共订正焉。

中华民国二十年五月皖肥方问溪叙于三拜楼

《梨园话》题词

常熟宗子威

入都犹及见光宣，闻道歌场极盛年。

傀补艺文经籍阙，从头曲史看君编。
作戏逢场一刹那，打挥道白意云何。
要知都市关兴废，毕竟梨园掌故多。
一赋都京付劫灰，独挥残泪记金台。
瘿公不作樊山逝，鞠部丛谈也费才。
嘹亮风前笛一支，玉峰曲谱后人知。
侯生密友方公子，扇底桃花按拍谁。

宛平王老农
未坠昆徽继二黄，名流咸仰四箴堂。
那知急管繁弦外，重视文场撅笛方。（问溪之祖星樵先生善撅笛，程长庚倚之。）
锦袍玉笛传家乘，音律源源启后昆。
老去星樵垂祖训，琅玕一握有文孙。
果然出色必当行，自古官场若戏场。
我愿方君勤指点，教人优孟醒黄粱。
剧学丛言贻顾曲，戏班术语索云囊。
望溪正学今何在，异采文章拜老郎。

余姚谢苏生
记事珠拈自手中，莫将野语比齐东。
一编试向谢庭展，述德何殊不众同。
霓羽大罗咏众仙，传头采获竞从前。
他年谈助宾筵佐，语录应偕历史传。

武进刘谷僧
弱冠流芳汉杜安，新书纸贵互传看。
黄钟一自伶伦始，从此人间重乐官。
才上春台又下台，英雄沦落剧堪哀。
康梁王赵诸名彦，同是逢场作戏来。（元赵子昂、明康对山、梁少白、王汉坡皆撰有剧学，而自行登场。）
新腔古调不胜收，争向梨园竞出头。
漫道文章近游戏，研几索隐足千秋。
一曲氍毹重考评，远将搜秘顺人情。
梨园索蕴都宣泄，不仅徒听雅颂声。

鲁维王蟫斋
弈棋自古说长安，荆棘铜驼忍再看。
我亦灰心袍笏事，朝官不重重伶官。
个中隐语一齐收，不复当年菊部头。
大似宫人话天宝，萧萧白发冷于秋。
天地无非一戏台，朝歌夜舞不胜哀。
海青已死龟年老，谁费工夫注疏来。
笺释精详胜剧评，如斯妙笔最多情。
料知几度沧桑后，雏凤清于老凤声。

桐城刘豁公
别样花开到管城，歌台鸿秘泄分明。
休将野语齐东视，妙绪试看触处生。
历历珍如数口头，从教语录有俳优。

多君家学青箱继，粮与馈贫一例收。
江宁管运衡
粉墨生涯绝妙思，此中隐语几人知。
休将玄秘嗤优孟，不比嬴秦善庾词。
奥窔谁能尽贯通，梨园佳话不雷同。
个中幸有人诠解，从此昭然若发矇。
寿州蔡天囚
十番九调数源流，宫女何须证白头。
孤负庐陵新史笔，却从菊国记春秋。
傀儡侏儒术语精，尼山注脚自风生。
野狐三影梨园谱，备记莺莺燕燕名。
陆离光怪没来由，有本方知杜默羞。
宣和鞋尖错到底，豆棚瓜架说风流。
野语齐东误众流，商声羽调苦搜求。
于今始定新词价，贵比当年缀白裘。
北平王靖酥
愁唱阳关一曲歌，天涯芳草别情多。
有时赠我梨园集，酒后茶余遣睡魔。
精心搜集费穷研，缕晰条分著此编。
胜地想居春北院，尚期对语话尘缘。
老眼昏花倚枕看，黄钟大吕听犹难。
开篇解释无疑义，说苑休讥出稗官。
宫商协律索平章，作戏偏逢傀儡场。
一事不知都是耻，书传菊部姓名香。
丹徒杨秋心
无惭桐县千秋笔，能著梨园一册书。
白发宫人谈故事，青年票友有令誉。
古时张谢真堪比，近代陈吴也不如。
羡子新编刊枣板，懊侬旧作覆茅庐。（余之骈文稿已刊，而诗词稿未刊也。）
上虞钱梦苓
领异标新极大观，阿谁术语萃伶官。
料知陵谷沧桑后，堪作人间信史看。
解颐鼎话费雕搜，闲访开天菊部头。
拈出樨香无隐谛，歌台佳话播瀛欧。
斯编体大复思精，想见经营惨澹成。
比似燃藜人照读，苦心孤诣为分明。
家声远绍成圆叟，继起争夸有替人。
我愧词题黄绢曰，巴吟也许附阳春。（问溪远祖有韦成圆者，擅长昆曲。清高宗时，曾供奉内廷。赐第在今宣武门外放生园内，并筑有三拜楼，极一时华木亭台之胜。沧桑易代，今已不可踪迹矣。）
常熟曾冠章
曾闻小道亦堪观，词曲原来是一端。
审乐乃能知政治，岂真歌唱博人欢。
选色尤宜再选声，梨园旧谱试重赓。

研求音律承家学，手技先将口技呈。
铜琶铁板共悠扬，一曲羽衣助舞忙。
被召深宫邀圣鉴，高谈遗事等唐皇。
问谁顾曲有周郎，唱采筵间意兴狂。
云遏风生动天上，宫墙深夜月苍凉。
江城五月奏梅腔，粉墨场中气欲降。
积久已成广陵散，凤毛麟角世无双。
繁华首善想京师，无数歌伶集帝墀。
都下教坊尚林立，庶欣神技出桓伊。
愿为菊部作楷模，今日同欣得李谟。
良冶良弓贻世代，滥吹何得涉齐竽。
研求音学示童蒙，教育宜求通俗功。
道与艺同斯合美，试歌一曲大江东。

盐城张进人

一曲霓裳久不听，伶工多少类辰星。
何期又见梨园话，枕石闲看卧小亭。
多君涵养少年心，采访名辞意最深。
从此一编播菊部，钧天曲又奏清音。

永调歌头　古歙吴又园

鲁有太师挚，典乐冠伶伦。自周秦汉而下，唐代至开元，问甚规模师旷，问甚衣冠，优孟古法忽翻新，谁坐九龙口，起点鼓声闻。搜枕秘，谈柄助说铃，闻指南针定，车走途路霎时分，叙得源源本本，办得清清楚楚，信是个中人，不读梨园话，莫漫涉梨园。

浣溪沙　筠连曾小鲁

遗事开天付渺茫，赏音谁是蔡中郎，闲情试为托宫商。旗鼓登场看傀儡，江山过眼话兴亡，好将彩笔写芬芳。

新荷叶　平山王伯生

杜宇声悲，庭前绿树阴阴，日渐天长，烦愁欲拨难禁，歌寮舞馆，欲消遣怎得仙音，旧游长忆，当年燕市清吟。此乐难寻，平除直到如今，远道书来，依然旧雨情深，《梨园话》就，想诵时定豁胸襟，置身何似，月宫佳景重临。

安陆陈墨香

吾有齐如山著戏剧书三种，久付梓矣，今方君复著《梨园话》。足以与如山并传矣，后之考求戏曲者，合而观之，亦足广见闻也。

例言

——戏班中专用名词，苟非内行，颇艰了解，兹仅就京班范围，汇成此篇，聊供嗜剧者之参考耳。

——关于剧中行头、切末、盔髯、把子、武技、脸谱等类名词，因与此篇命旨不同，故不备录，已别选他书述之。

——为便于阅者浏览计，依字之笔画繁简定前后次序。

——本编所收名词及术语等，约四百条，除按条注解外，并加附记以资明释。

——凡注解明显者，则不加附记，以免失注烦琐。

——编者汇述此篇，苦于一人之经历见闻有限，访问又无专述此类书籍可供参考，文中不免有鲁鱼亥豕之误，乞阅者谅察。

检字（略）

梨园话

皖肥方问溪初稿

一冲头：戏园中，自开锣至终场，所演皆为文戏，而不演武戏者，谓之"一冲头"。

一顺边：唱时不分上下句，所落之腔亦与前同，故名"一顺边"。

一棵菜：锣鼓把子无丝毫错乱，谓之"一棵菜"。[附记] 凡击锣鼓者，其点子须与剧中当时情节及脚色之身段相合，打武把子者本为二人，而极齐整，如一棵菜然，故名曰"一棵菜"。

一把死唱：歌腔呆板，毫无韵味，谓之"一把死唱"。

九龙口：戏台上打鼓的座位，谓之"九龙口"。[附记] 相传唐明皇善击鼓，用此名称以表示尊重之意。

九皇斋：每届九月一日至九日，伶工皆素食，谓之"九皇斋"，又谓之"九皇素"。[附记] 每年古历九月初一日至初九日，伶界举行九皇圣会于梨园新馆中，朝夕焚香唪经，伶工多素食。其详情已别为文述之，故不赘。

八大拿：武剧也。[附记] 昔春和部以演"八大拿"见称于世。所谓"八大拿"者，乃《施公案》中，黄天霸拿恶霸之事也。据东亚戏迷云：《招贤镇》拿费德公，《河间府》拿一撮毛、侯七，《东昌府》拿郝文僧，《淮安府》拿蔡天化，《茂州庙》拿谢虎，《落马湖》拿猴儿李佩，《霸王庄》拿黄龙基，《恶虎村》拿濮天棚等剧，为"八大拿"。至于《三河县》拿武文华、《连环套》拿窦尔墩二剧，未审在"八大拿"数中否？如有此二剧，则须由前八出中，提出二剧。愚见则"八大拿"剧中，似有曲牌，其无曲牌者则不能谓之"八大拿"。清逸居士云，昔闻梨园老名宿红眼王四及李连仲所谈之《施公》"八大拿"，因此八出戏皆《黄天霸》拿恶霸事迹，各有小"切末"及起打场子，与其他各戏不同。《河间府》拿一撮毛侯七，有姜成、杨志扮吹糖人挑子"切末"；《独虎营》拿罗四虎，有独虎营庄门"切末"；《里海务》拿狼如豹，有庄门及坛子"切末"；《东昌府》拿郝士洪，有剥皮鬼"切末"；《殷家堡》拿殷洪，有摔跤说亲；《霸王庄》拿黄龙基，有采镰"切末"；《淮安府》拿蔡天化，有北极观"切末"；《蚂蟥庙》拿费德公，有魏猢油篓"切末"，此为施公"八大拿"。如《连环套》《落马湖》等，皆不在内。缘此八出，所拿皆独贼恶霸，起打时情形特别，故称为"八大拿"。《拿谢虎》原系昆腔，与今《茂州庙》不同。现演之日遭三险，系秦腔所翻者，故不例于"八大拿"之内。观二君所云，皆有至理。孰是孰非，尚待诸考证焉。

二衣箱：专置无水袖之戏衣箱也。[附记] 凡剧中所需用之靠铠、箭衣、裤衣、裤袄、马卦、僧衣、茶衣、条带等，皆属于二衣箱者。

入调：歌唱时与所定调门相同，谓之"入调"。

三见面：剧中二人同战一人，谓之"三见面"。

三条腿：唱时犯"荒腔""一顺边"等疵，谓之"三条腿"。

上场白：剧中人初上台时所念之语，谓之"上场白"。

上场门：剧中人出台时所走之门，谓之"上场门"。

上口字：如普通所念之某音，一入剧中念之则另为一音节，谓之"上口字"也。[附记] 上口字为剧中所必需用者，如丞相之丞字，上口时则念为沉字，大哥之哥字，上口时则念为锅字，不如此念则为"白披儿"矣。

上馆子：伶工到戏园演戏谓之"上馆子"。

上下手：武戏中之亲手也。[附记] 《戏学汇考》戏学编第六章武行部第一节武行之类别载云：（上略——原注）"上下手乃武戏中之亲手，如拿高登之众教师，巴骆和之巴氏弟兄皆是其艺不过须出场之翻跌，帮串之转法，股荡之地位，与连环中之武打而已，其余唱念做等，均非所能且无过问之必要，故伶界称之为'翻筋斗的'。"（下略——原注）

下啦：角色被班主辞退，谓之"下啦"。

下场白：剧中人临下台所念之语，谓之"下场白"。

下场门：剧中人入台时所走之门也。

口面：角色所戴之髯口，又名"口面"。

大字：曲词谓之"大字"。

大边儿：即"下场门"也。

大衣箱：专置有水袖之戏衣箱也。[附记] 凡剧中所需用之喜神、方笏、蟒、官衣、裙子、斗篷、女裤裙子、帔、开氅、云肩、汗巾、腰带、绢子、扇子、朝珠等，皆属于"大衣箱"者。

大梨膏：凡伶工自夸其能，俯视一切，谓之"大梨膏"。

大轴子：戏园中最后所演之戏，谓之"大轴子"。[附记] 高阳齐如山先生曰，北京剧园中末一出戏，名曰"大轴子"。按："轴子"二字，始于有清嘉、道时代，盖长本剧之谓也。《都门竹枝词》谓"轴"音"纣"。按：北方读"轴"为"纣"之处甚多，如从前束制钱为一束，以肩荷之名，曰"钱轴"。此"轴"字均读为"纣"，无读本音者。至布帛柴薪等等，凡成一束者，皆可为"轴"。然则整本剧名曰"轴子"者，何也？盖北京历来演戏之情形、时代，各有不同。元、明两朝及清初演戏，多系整本。每日至少演一本戏，少则半本，无零出、正本之分。如《桃花扇》中《侦戏》一折，及"可怜一曲《长生殿》【校案：《长生殿》之"殿"，原作"庶"，显系"殿"字之误，径改】，断送功名到白头"一案，种种情形，难以尽述。要可断定曰，所演皆系整本，此《百种曲》《六十种曲》等书之所以纂辑也。至乾隆、嘉庆时代，则大半各脚自于各传奇中，择一二折演之，如《燕兰小谱》《品花宝鉴》所云，其脚长于某戏，（如袁宝珠以《鹊桥》《密誓》《惊梦》《寻梦》擅长，等等）此《缀白裘》等书之所以纂辑也。道、咸之间，专演零出。台下渐渐生厌，于是又竞排整本之戏。盖整本之戏，多系群戏，而好角有时不与合演，仍单演零出。零出之本子，简单而短，所抄之纸均系单篇故事，名"单出"。整本之戏繁而长，所抄本子，卷为一轴，故班中呼为"轴子戏"，是即"轴子"二字之所由来也。最末所演者，最长，故名曰"大轴子"。中间所演者，次之。又以其在中间所演，故名曰"中轴"。当每日初开演之第一出，因观客大半未到，亦先由次路角色演本戏，取其所长而能耽延时间也，故名曰"早轴"。大致"中轴""早轴"虽非尽属新戏，然皆系群众所演之长戏，其所抄本子皆卷轴而为者也。有人云，"轴子"乃武戏之意义，则误矣。按：轴子戏中虽不能说无武戏组，绝非武戏之谓。如从前四大名班各有所长，三庆曰"轴子"，系以整本戏叫座。四喜曰曲子，系以昆曲歌唱叫座。春台曰"孩子"，系以演旦脚之小孩子，多能叫座。和春曰"把子"，系以武戏叫座。当年以"把子"与"轴子"对列，是足证轴子非武戏也。又如杨掌生《梦华琐簿》云，今梨园登场日，例有"三轴子""早轴子"客皆未集，草草开场，继则三出散套，皆佳伶也。"中轴子"后一出，曰"压轴子"，以最佳者一人当之，后此则"大轴子"矣。"大轴子"皆全本新戏，分日接演，每当"大轴子"将开，豪客多径去。故每至"大轴子"时，则车骑蹴蹋，人语沸腾。所谓"轴子刚开便套车"，车中载的几枝花者是也。常来游者，皆在"中轴"之前听。三出散套戏以"中轴"子片刻，为应酬之候。有相识者，彼此互入座周旋。至"压轴了"毕，鲜有留者。其徘徊不思去者，大半贩夫走卒耳。云云，是更可证"轴子"，乃系与散套对列之名词。咸丰晚季及同治朝，因南方用兵，宫廷意兴萧索，绝少传差，故梨园无大变化。大致皆率由旧章，多演单出戏。其末尾一戏，虽一系单出，然旧习相沿，仍名曰"大轴子"。至此，则末一戏为"大轴子"，便成为一定之名词矣。光绪初叶，南方战事终了，西后几每日传差，梨园又鼓舞精神，竞排新戏。斯时各园中末一出，又多半为长轴子之本戏。光绪甲午以后，西后意兴又不嘉，各园排戏之风，又归沈寂。所谓大轴子者，又一变而为单出戏。民国以来，排戏之风又盛，各园末一戏多半为真正之长轴戏。"轴子"之真义，又实现矣。

大拿：后台老板名曰"大拿"。

小钱：极少之钱也。

小老斗：讥童伶，或甫能登台者之语也。

小边儿：即上场门也。

小吹打：短段之音乐，谓之"小吹打"。

不挡：能戏极多，文武皆所擅长，谓之"不挡"。

不搭调：歌腔与调门不合，谓之"不搭调"。

不清头：不明白也。

中轴子：后三出戏之第一出，谓之"中轴子"。

元场：在台上绕走一圈，谓之"元场"。［附记］元场有大小之别，如发兵时龙套等走一大圈，谓之"大元场"。如《起霸》勒绦子毕，自走一周，谓之"小元场"。

内场：戏场以桌为界限，桌内谓之"内场"。

内哄：谓后台呼喊之声也。

六场通透：各种乐器，无所不能，谓之"六场通透"。［附记］"六场通透"，系指场面而言。所谓"六场"者，乃胡琴、南弦、月琴、单皮、大锣、小锣等乐器是也。"通透"者，即无所不能之意。

切末：戏中之布景，及各种模型，谓之"切末"。［附记］花笑楼主云，焦氏循《易余签录》卷十七曰："《辍耕录》有诸杂砌之目，不知取谓。"按：元曲《杀狗劝夫》，只从取"砌末"上，谓所埋之死狗也。《货郎旦》，外旦所"切末"，付净科，谓金银财宝也。《梧桐雨》正末引宫娥挑灯拿"砌末"上，谓七夕乞巧筵，所设物也。《陈抟高卧》，外扮使臣，引卒子捧"砌末"上，谓诏书缥帛也。《冤家债主》，和尚交"砌末"科，谓银也。《误入桃源》，正末扮刘晨，外砌阮肇，代"砌末"上，谓行李包裹或采药器具也。又净扮刘德，引沙三王留等"砌末"上，谓春社中洋酒纸钱之属也。按焦氏以"砌末"强合杂砌，固未确切然谓演剧时所用物，谓之"砌末"，则殊精审。今剧场独有新彩新切之语，新采谓灯彩切，即砌之省文，谓杂物。今剧界亦有"切末"之言，然鲜知其在元剧已然矣。齐如山云，中国剧之规矩，处处都重在抽象，最忌逼真，尤不许真物上台，布景更无论矣。即间有之，亦不过丑脚穿插科诨，至庄重脚，决不许用之。台上所有物件均有特别规定，或将原物变通形式，或将原事设法用一二物件，以代表之。其代表之物品即名曰"切末"或书"砌末"（中略———原注）。明以来"切末"之制法渐有成规，如以鞭为马，以旗为车，以桨为船，以红门旗包纱帽胎为人头，以彩裤包笤帚插入靴中为腿带，杆门旗一卷便为包裹等，皆是。百余年"切末"二字，又有广义、狭义之分。广义者，乃包涵古来箱中所备之物件，即如上所述者是。狭义者，乃戏箱中不为预备，所有各件，均各脚自备之物，或临时租借之品。兹略举如下：如向以红毡帽一卷便为肉，如今黄一刀则专有肉形之"切末"矣；向以虎头裹以门旗，置于水桶口便为狮形，如今举鼎则专有纸制狮形矣。再如挑滑车之大枪，《八大锤》之八对锤，亦皆系脚色自备，或临时租借之品。至《碰碑》之碑，《御碑亭》之亭，《水帘洞》之洞，《金山寺》之山，等等，亦系临时租借来者，皆本班所未有。以上所举不过数种，但类此者，后台方呼之曰"切末"。管此者另有一行，向不归箱中人员所辖也。但新式布景，又当别论。又从来剧中举动，皆为舞意。骑马有骑马式之舞，乘轿有乘轿式之舞，以及乘车、乘船、登山、涉水，等等，皆有专式之舞。有以上种种原因，则尤不能用真物上台矣。

分包：一班分两处演唱之谓。（如应堂会等是）

勾脸：以粉墨涂面谓之"勾脸"。［附记］净脚勾脸，须从头顶勾起，用鼻尖抵住手腕，手指上扬以中指间所到之处为度，否则脸形扁小，故俗称净角为大花脸。至于小丑勾脸，只用粉墨在眼鼻之间，分类勾抹，故俗称为小花脸。其勾法亦有准绳，如张别古为老，张文远为少，汤表背为奸，朱光祖为智，于眉头眼角，略施粉墨，则老少奸智，判然分明。又花脸上总不能脱去蝙蝠之形。无论净脚之大花脸，或丑脚之小花脸，其于眉头鼻角及颊间，或红或黑，或大或小，多来一蝠形，观者或不注意之，此不过取其多福之兆，别无用意。又净脚之脸谱，虽有成例，各人勾法不同，脸小者多剃一月亮门，以显面大，或与头顶上加白布一方，连同勾之。早年以钱宝丰、黄润甫最善脸谱，今诸伶均已物故而钱金福独成名宿矣。

反串：反其常态，谓之"反串"。［附记］反串乃反其常态之意，如令生饰旦，净饰丑，而丑饰净，拿腔作势，实无甚意味。近来社会人心日奇，每多以此为乐，而梨园中人又大张旗鼓，标新立异，演反串戏以资号召观众，若长此以往，绝非吉兆。按反串之举，昔虽有之，多因本工不敷用，或所能之戏太多，偶一为之，藉博观客欢心，非如今日随意反串也。

引子：初上台所念之韵词，谓之"引子"。[附记]脚色上场最初开口者为"引子"，"引子"即引起来之意。念时亦有工尺，惟只干念不用音乐，且不打板。按："引子"之来源，系因中国文字，最忌张嘴便说本题，编剧填词亦用此理。所以戏剧之"引子"或总言全部事迹之大意，或本人身世情性之大概，或本出之大旨。然总是虚空笼罩，赅括言之，最忌着痕迹。"引子"之最普通者，系两句。有四句者名曰"大引子"。但昆曲则不然，各调有各调之"引子"：有两句者，有三四句者，有十余句者。于是将"引子"又分了许多名称，不必细论。但无论多少句，果系"引子"，则督是散板，乃与现在皮黄"引子"稍同之点。至元人杂剧，则概不用"引子"云。（见《中国剧之组织》）

吊场：主脚化妆未成，使配角先上场敷衍，谓之"吊场"。

吊嗓子：伶工温习唱词，而以胡琴和之，谓之"吊嗓子"。

手操：剧中人以手争斗之姿势也。

水词：各戏皆能通用之曲词，谓之"水词"。

台风：伶工扮演剧中人，严如当时气象，谓之"有台风"。

台口：戏台之前，谓之"台口"。

代份儿：代他人领戏份，谓之"代份儿"。[附记]伶工演戏毕，如欲他往，不能候至拿份儿时，必须托友人于开份儿时代领，即所谓之"代份儿"也。

代一个：名脚除应演之戏外，再演一出，谓之"代一个"。[附记]剧中需用重要脚色时，他伶多不能代替，欲以名脚扮演，而名角已有本工戏演唱，不得已乃乞其再演一出，即谓之"代一个"。

出牙笏：遇有重要之事写于牙笏上，告知同人，谓之"出牙笏"。[附记]后台之出牙笏，与官厅之出布告同。凡遇重要之事，或排演新戏，或应某日之堂会，老板必写牙笏立于账桌，示诸同仁，俾众周知，届时赶往。

左嗓子：嗓音不正，谓之"左嗓子"。

包银：定期之戏份也。[附记]北京戏班，从前也讲包银，个脚包银说定以后，一年不许更改，班主赔赚与脚色无干。这个情形传了多少年，没有更动。到光绪初年，杨月楼由上海回京，搭入三庆班，非常之红，极能叫座。他自己以拿包银不合算，所以与班主商妥，改分成。就是每日卖多少钱，他要几成。从此以后，北京包银的成规，算是给破坏了。上海现时还都是包银班，北京算是没有了。（节录《中国剧之变迁》）

叫板：未唱之先，凡以喜怒哀乐，或惊忧之声，而引起锣鼓点者，皆谓之"叫板"。[附记]叫板者，即伶工在未唱之先，或哭或笑，或喜怒忧思悲惊等声，而能引起锣鼓者。例如《女起解》苏三在台内之"苦啊"声，即所谓之"叫板"是也。按：此剧本为青衣正工，又因其身在缧绁中，受不白之冤，其苦可知。故"苦啊"之声，当嗫嚅如游丝断雨，徐徐发出，其锣鼓自当随"叫板"之高低，而引申之。俾听者将苏三之苦，一一化于脑中。（下略——原注）（节录《顾曲金针》）中国剧于说白完后，未唱之前，须有"叫板"。其"叫板"之法不同，有时将道白之末一字声音拉长，有时用一字（如呀哎等字），有时一折袖，或一笑，或一种特别举动。音乐组一见一听，便预备奏乐随唱。将唱完时，歌者将末一字音亦拉长。音乐组一听，亦即知将完，便预备停止。按：元朝迄今日，无论何剧，每逢起唱，都有"叫板"。皮黄尤无一定腔谱，故可随时伸缩、更动。所以于歌唱起落之时，更须有一定之表示，然有时此人"叫板"，彼人唱，乃系特别的办法。（见《中国剧之组织》）

外场：桌外谓之"外场"。

外串：堂会戏。除原定某班之全体角色外，特约他角串演谓之"外串"。

四执交场：乃指后台各箱口，及交作检场者而言也。[附记]"四执交场"之意义，详释于下：

四执之意义为何？即大衣、二衣、盔头、旗把等箱之谓也。主其事者，名曰"箱官"，又曰"管箱的"。"交"之意义为何？乃交做伙计也。如彩匣子、水锅、催戏、打台帘、扛"切末"等项（解详后——原注），皆在其内。"场"之意义为何？即检场者也。此皆后台重要人员，缺其一不可也。

打卦：偷学他人腔调，谨得其貌，而遗其神之谓也。

打朝：饰朝官者，于参见帝王时，谓之"打朝"。

打泡：初演戏，谓之"打泡"。

打上：以锣鼓引角色出场，谓之"打上"。

打下：以锣鼓送角色下场，谓之"打下"。

打把子：以刀枪试验，谓之"打把子"。

打住啦：戏演毕，谓之"打住啦"。

打补子：主脚未到，临时以他脚代替，谓之"打补子"。

打连环：戏中交战，互相打上打下，谓之"打连环"。〔附记〕打仗时，此方之人将彼方之人打下，彼方一人又将此方之人打下，如此循环不已，名曰"打连环"（下略——原注）。（见《中国剧之组织》）

打通堂：科班全体学生，每受责罚谓之"打通堂"。

打通儿：戏未开演，后台所喧聒之锣鼓声，谓之"打通儿"。〔附记〕凡戏在未开演以前，文武场先集于后台，须喧聒锣鼓三次，谓之"打通儿"。用此以为通知剧员，招揽观客之意。第一、二通，照例须打七棒四翻。（高腔班之锣鼓点子）。打法，第一翻为，仓、冬秋、冬秋、仓、冬秋、冬秋、仓、冬秋、冬秋冬秋冬秋冬秋冬秋。第二翻为，仓、秋冬、秋冬、秋冬、秋冬、秋冬秋冬秋冬。第三翻为，仓、秋秋秋秋秋秋冬秋冬秋冬秋冬秋冬秋冬。第四翻为，仓、秋秋秋秋秋秋秋秋秋仓、冬秋。第三通加吹大唢呐，谓之"吹台"，俗曰"安哨子"。所吹者，大多为《柳摇金》《一枝花》。此外有名《哪吒》者，乃元旦日吹台时所用。至于《将军令》一节，因工谱多，且需翻转吹之，故能之者甚少。按：吹台本为徒弟所为之事，今初学者，即欲操琴，焉能学吹《将军令》？场面能吹者，多做后工不应开场，故《一枝花》亦不见有能吹者矣。先祖每于庭训之余，辄言其少时，常用唢呐吹《将军令》《哪吒令》《一枝花》等，以资练习手指，并翻转吹之。偶有小误，为师者辄加以夏楚。严冬大雪纷飞，则推跪雪地中，使彼自吹，亘吹三小时，使令之起。

打背供：背人之表示，谓之"打背供"。〔附记〕凡剧中人以袖障面，或以手中所持之物，对台下观众作种种表示者，名曰"打背供"，盖剧中之重要关键也，兹将各书所见，关于"打背供"之文字，择要节录之于下：

"背供"者，背人之言语也。戏剧中于二人对立或对坐时，欲避他人而表自己之意旨，或设法以行事时，辄用此法，名曰"打背供"。法以手举起用袖遮掩，以道自己之意思。如《阴阳河》之张茂森，于遇妻魂时以袖遮面，自言自语，"看她好像我妻李桂英模样，他怎样来到此地"，亦打背供之一也。盖张见桂英之魂，疑似其妻。而自思妻方安居家中，绝无独自来此挑水之理，将信将疑，不敢自决，故打背供以表其心事。又如《梅龙镇》之正德，于凤姐将要呼唤时，"打背供"云："阿呀且住，倘这丫头呼唤起来，惊动乡邻，将我拿送在官，君臣相见成何体统？也罢，不免看这丫头，若有福分便封她一宫；若无福分，孤打马就走。"玩其语意，似被凤姐所逼，欲谋抵制之策，以相对待。然二人对立，近在咫尺，一人言语，岂有他人不闻之理？故必遮之以袖，以表所言，非有声之言语，乃其心中之意想。藉此补足剧情表演不到之处，倘不用此法表明，则对于剧情必难彻透。观者将处于闷葫芦中，减其观剧之兴趣矣。大抵以袖遮掩，亦有方法，站立或坐于上场门一方者，"打背供"时，宜遮左手。坐立于下场门一方者，反之。其手举起，与身体成直角。即遮于二人之间，上臂与肩同高，下臂略屈而肘平，面部则向台外云。（见《戏学汇考》）

"背供"者，背人供招也，系背人自道心事之意。而一人或数人说话之时，其中一人心内偶有感触，便用神色表现，以便台下知晓。若感触之情节复杂，全靠神表现，不易充足，则用白或唱，暗行说出。故"打背供"时，须用袖遮隔，或往台旁走几步，都是表示，不便台上他人知道的意思。但有时一人，场上歌唱或说白，亦是自述心事之意，与"背供"意义大致相同。不得目为无故，自言自语也。（见《中国剧之组织》）

《武家坡》《薛平贵坡前戏妻》，须"打背供"，而后念"且住，想我离家一十八载"。若不"打背供"，则此术语是见面所讲之者，非自己思量之语也。王宝钏将回转寒窑之前，亦"打背供"，而思脱其身之计也。不然，则王宝钏之设计筹策，无处可以形容，不将与薛平贵谋耶。综之，戏中欲表暗笑其人之非，或设计害人之谋，必须"打背供"。要知戏剧为描写个人之赋性言语举止，今二者同立于台，不能描写其各人秘密之赋性言语举止，言之则彼方已知其谋，不言则观众未明其意，故作"打背供"介于其间。盖"打背供"乃表明戏中之所言非出声之言，乃其腹中之言也。戏中之所笑，非形色之笑，乃其心中之笑。诸凡剧中人之所言杀害，剧中之所言调笑，莫不为其胸肌间之计划。否则，与他方离不逾咫，其言其语焉有不明之理？（下略——原注）（见《学戏百法》）

"背供"为自述之词，即演来表示自己意思之语，为戏剧中之一重要关键。然演者对于"背供"时，无论说白或唱词，必以手腕高横其前。所以表示其唱白，为心中之意思也。设台上同时之第二者，或第三者，其对答言词，应无设及"背供"时之说白或唱词，方对。盖以其"背供"时之语，对方实无闻听之可能也。但有时"背供"语后，转为对语，而此对语一折，尤为紧要，演者不可随意抹去，否则每至于两不逗笋耳。如《捉放曹》杀奢后，陈公唱（听他言）一大段，完全为"背供"语。系陈宫自怨自嗟，腹诽阿瞒。对立之曹操，并未闻及，仅对白有"明公我有一言商劝"；而曹操接白，乃有"你言多语诈"句。陈宫仅说一句，言不为多，何得谓诈。倘陈宫所说之话，为操所闻，则"义负冤家"四字，早已吃阿瞒宝剑一下；与吕奢同，岂待于"鼓打四更月正中"四句诗，而曹始怨哉！闻老伶工言，"明公我有一言相劝"下，原本有一段劝解之词，由"背供"而转对语，故曹有你"言多语诈"之语，则前后始能贯串。而近来之演者，随便抹删，遂至牛唇不对马嘴矣。（见《一得轩谈戏》）

"打背供"之"背"字讲解，系对同场演者而言。因剧中情节有必须背彼后方述语，而又不能不述于观者。背彼方讲话，向台下道白，或背地自语，即谓之"打背供"。《红鸾禧》莫稽取仲后，（中略——原注）推金玉奴于江中，遣金松归里。当其于舟中设计时，对台下所述者，即"打背供"也。按，"打背供"即对台下讲话。虽切近台口，亦无妨。因观者不明戏中人之心理事，背彼方道明。虽说破其用计，亦绝无妨碍。（下略——原注）（见《侠公戏话》）

打英雄的：武戏中之零碎花脸，谓之打英雄的。［附记］武行中之花面，内行谓之打英雄的。其扮演角色，如《拿高登》之教师，《虮蜡庙》之米龙豆虎。早年规矩，打英雄的，不能专去武戏，尚须兼演文戏中脚色。其应演者，为《战樊城》之武成黑，《庆阳图》之李虎，《南阳关》之五保，《太平桥》之汴义道，《清河桥》之豆凤，《闹府》之煞神，《禅于寺》之汴。此规则久已废矣。

打出手儿：凡剧中人彼此传递武器，并做出种种炫奇斗法姿势，谓之打出手儿。［附记］张篯子云，武戏中常有将各种武器，互相抛掷传递者，梨园中名之曰"打出手"，言其武器之脱手也。据老辈言，此系旧剧形容神仙妖魔，炫奇斗法之意思。善根据《封神演义》，以故旧时舞台规则，仅能演之于神话剧，如《泗州城》《百草山》之类。其后演者，欲格外取悦观客，遂致演《取金陵》等剧，与神仙毫不相干者，亦大打出手，其实非老例所许也。又云，顾时至今日，交战时所用之利器，如枪炮以及手榴弹等，殆无不悬空射击，互相投掷，恰合"打出手"之原义。故《取金陵》等剧之"打出手"，虽云破例，亦可谓为有先见之明矣。

打黄梁子：谓做梦也。［附记］杨掌生《梦华琐簿》云，"余尝见伶人家堂，有书祖师九天翼宿星君神位者，问之不能言其故。小霞为余言闻诸父老云，老郎神姓耿，名梦，昔诸童子从教师学歌舞。每见一小郎极秀慧，为诸郎导，固非同学中人也。每肄业时，必至，或集诸郎按名索之，则无其人，诸郎既与之习乐与之游，见之则智慧顿生，由是相惊以神，后乃肖像祀之，说颇不精。然无人晨起讳言梦，诸伶尤甚，不解其故，如小霞言是禁言梦者，讳其神明也"。无名氏云，"有位老郎神既唐明皇与楚王朗仲观者，亦可不办，考唐明皇设梨园以教演歌舞，与戏诚不无微功。然于艺术上殊无可称述，即偶有创作，亦李黄辈所为，且系贵族的而非民众的，其资格犹远逊于汉武。若郎中官确为中兴皮黄之元勋，并有所创作非汉武明皇可比，其名予知之现亦不妨宣布，黄班今有前不言更，后不言梦之说，更梦即其名也。缘伶工有谓老郎神为耿梦者，即由此致误。盖谓前台作戏时，须忘其为更生。而在后台则还我本相，乃艺术上之原则，以此二字为名要不过借以自励。今汉班，以此示儆，京伶则流于迷信，两俱失之也"。大同云"史称孙叔敖卒，其子困贫负薪，楚国名优，有优孟者，假为叔敖，着其衣冠，做歌以感庄王，叔敖之子乃得封，后世称假装者，为优孟衣冠，即本乎是，今之梨园行人，前台不言更，后台不言梦，而曰打黄梁子，盖重优梦之为人，是同戏剧之鼻祖，请言其名，以尊之也"。

按，无名氏所云，则与《梦华琐簿》载者，各持一说。而大同君之言，又与无名氏不同，虽内行有前不言更，后不言梦之说。据诸《芙蓉曲》《碍谱》则谓，"以更为黑夜定鼓之时，梨园之戏不应作长夜荒乐之举，故避之。以梦是出自幻想，人之娱乐自为赏心之事，非如梦中禾醒也"。此又一说，然欲穷究其故，则皆愕然而莫能对矣。

打台帘的：司掀戏台门帘之人谓之"打台帘"。[附记]"打台帘的"，乃交做伙计之一，每日所得之资甚薄，惟掀上场门帘之人，较掀下场门帘之人，所为之事繁多，因须代理检场之一部分责任。如戏中需用大帐子时，渠必为支搭。需用伞时，渠预先撑起，在交与执伞人上场时执之，故所得报酬亦较重耳。

扒山子：谓虎也。

本戏：首尾毕具之戏，谓之"本戏"。[附记]从首至尾将一段事迹，编成连本戏剧，一日或分数日，始能演完，即谓之"本戏"。非但事实易于明了，且能引起观者兴趣。

本子：抄本之戏词也。

本工：戏中所应饰者，谓之"本工"。

本钱：嗓子谓之"本钱"，又谓之"夯儿"。[附记]唱戏向以嗓子为资本，嗓音哑，则歌之必不动听，故伶人对于嗓子，视为重要之事。然嗓音出于天赋，不能勉强而为之。且嗓音洪亮，尚须婉转自如，疾徐得法。否则，不落平庸，必至迂腐，其难也如此。今日伶人以嗓音见长者，百不得一。往时，四大正班中生旦净丑诸角色，所歌之调门，大略相同。如生就知调门高，亦不能一人独唱。程大老板、王九先生等之嗓音，为最优者，且以养众伙计，歌时尚顾瞻配角。较诸今日伶工，则有上下床之别矣。迨汪桂芬、龙长胜出始，唱至乙字调，而当时多谓其别开生面，无如能者寥寥。如孙菊仙之堂音嗓，可为空前绝技，欲效之者，实非易事。今之不足六字调者，亦称为好角，殊不知唱念作三者，唱为正工，嗓子如不足六字调，即不能谓之好角。今者事变日亟，当日嗓音佳者，相继物化，此道日衰。伶工但知自备私行头，博悦观者。至于嗓音优劣，则不注重，顾曲者亦然。而于伶工演戏，又多以手代板，随声附和，至可哂矣。

本钱足：嗓音好谓之"本钱足"。

正工：戏中之主脚也。

玉柱：盔箱架上之木柱也。

白口：戏中人所言者，谓之"白口"。

丢板：与"走板"同。

交代：身段之暗示，谓之"交代"。

份儿：伶人之工资也。[附记]早年伶工演戏，其所得之资，皆按月计算，故有"包银"之名，无所谓"戏分"也。有之，即自慈安太后断国服始，故江都李毓如先生，有《原班废包银改戏份之原起》一文。其文曰，早年堂会最重昆曲，竟有终日不闻大锣之声者。大栅栏戏园，惟四大徽班轮演（四天一转，戏园予给班中转儿钱）。秦腔只演外城（芳草园等馆），徽班分外城，照戏馆车钱，另给半份。程长庚三庆，不演外城。其时，同人有包银无戏份，每日定有车钱。程长庚每日不过六吊。拿三吊者，即是好角。五百文居其多数。春秋两季说公话，增长车钱，每次亦只五百文，如此便不容易。自慈安太后国服演说白庆昌，乃二路以下角色，彼此凑合。自无包银之规矩，始定为戏份，至大者六吊、八吊。大头叫天，彼时乃二路之铮铮者，声名亦由此而起，遂成名角。国服既满，戏班亦废包银而改戏份。鑫培由八吊至十六吊，其后长至三十吊，则以为空前绝后。桂凤最盛时，戏份不过八吊，希翼长至十六吊，则心满意足。可见长日挣钱之难。

吃戏酸：与外行"吃醋"同。[附记]凡组一班，必须约请伶工担任生旦净丑诸角色。其后又在外约同样角色，来班搭演。其班中原有之角色，必互起猜忌，谓之"吃戏酸"。

吃栗子：与"笨瓜"同。

吃螺蛳：唱作重复，谓之"吃螺蛳"。[附记]唱作重复，为诸伶所不能免。每因犯此疵，满堂倒彩。市肆所售之螺蛳，早年伶工多不敢食，恐食之于演剧时犯吃螺蛳之疵。伶工智识浅陋，多重迷信，往往如此。

合弦：歌声与琴音相合，谓之"合弦"。

回了：停演，谓之"回了"。[附记]戏园中每遇大风大雨时，不能演唱，即演唱，亦无人往观，故必须停演。停演时，须派催戏人，往诸伶工家中报告，"……老板……回了"。此语即谓某园已停演，无须再去之意也。

行头：剧中所穿之衣服，谓之"行头"。[附记]齐如山曰，"中国戏剧之衣服，名曰'行头'。其规定异常简约，乃斟酌唐宋元明数朝衣服之样式而成者。故剧中无论何等人穿何种衣服，均有特别规定。不分朝代，不分地域，不分时李，均照此穿之。如文官朝会大礼时，则穿蟒，平时治公会客则穿帔。燕居时，则穿褶子；武官点兵阅操，则穿靠。有大典礼时，亦加穿蟒。平时治公，则穿开氅。宴私随便之时，亦穿褶子；武士，则穿打衣裤袄。"按：剧中行头名目尚夥。然最要者，大致不外以上数种。唯其颜色则定律颇严，所谓"十蟒十靠""正五色""间五色"。红绿黄白黑，正五色也。紫粉蓝湖绛，间五色也。如正真人穿红色，有德人穿绿色，皇帝穿黄色，粗莽人穿黑色，少年人穿白色。其余间色，则为便服，又有杏黄色香黄二种。则老旧功臣及王公等穿之。女子所穿，除蟒帔褶子外，只多宫衣一件，及下身多系一件裙子耳。故"行头"一项，乍着似种类极多，其实原则上极简约。其余各种虽名目不少，然大致皆有此数种变化而出。虽名目花样稍有不同，实质殊无大分别也。

行戏：约演日戏，谓之"行戏"。[附记]五行八作于祭神宴会时，欲求热闹，而图省钱，必预先约请科班童伶演唱日戏，此即谓之"行戏"也。

羊毛：讥外行之语也。

早轴子：前三出戏，谓之"早轴子"。

串戏：串演也。[附记]童伶或票友在戏班中串戏，向无戏份，且须给串戏钱。串戏钱者，用之酬谢四执交场诸人者。东亚戏迷云："戏班原有一笔串戏钱，不过上场人酬谢各箱口。因为四执交场的挣项苦，藉此可以得几个零钱。老年间又不自带行头，好歹都归箱口预备。譬如挑着好的穿，上去自然显着火炽。没有这笔串戏钱，就许扮的不像样儿。要新的没有，难道不答应谁？至到一个文武场，不应酬好了，都不好办。闹门定的不合适，立刻就不能唱上来。锣鼓点子胡打乱敲，抬千动脚都不得劲。净脚下脸硬没有草纸，又应当去问谁？且行洗脸不给热水，那还怎样擦粉？诸如此类，不过就为得这项钱，并非强制讹人。给与不给，可以随便。因有以上种种困难，谁能诚心找麻烦？好在花有限的钱，为何要招人不愿意，落得叫人欢欢喜喜，自己赚个舒服。究其实，总算是喜欢钱。"（下略——原注）

刨了：甲伶打诨，乙伶先为道破者，谓之"刨了"。[附记]后台之"刨"字，有许多分别，如"刨戏""刨扮相"等是。"刨戏"者何？即此伶欲演之戏，为彼伶所先演。"刨场子"者何？即两剧相同之场子，在一日演唱也。"刨扮相"之意，与"刨场"略同。如《取金陵》凤乡公主，与《虹霓关》东方夫人，其扮相皆为素衣银。如在一戏园中，同一日演之，即谓之"刨扮相"。按：此恶习早年戏班为最忌，且无敢违者，重戏德也。近来此规打破，伶工又多唯利是图，所谓"刨戏"，所谓"刨场子"，所谓"刨扮相"，皆不重矣。

吹挑子：散戏时，后台所吹之喇叭谓之"吹挑子"。[附记]戏园旧例，每于散席时，多以二童子至台前，行鞠躬礼，名之曰"送客"。而《天官赐福》之金榜，则为伶工代替二童子。而持《天官赐福》之金榜者，检场人任之。此早年之规矩也，今以生旦二人代替送客，又名"红人"。迩来此例虽破，散戏时，后台管后场桌人，仅持挑子立于上场门内，吹二三声，不复用红人送客矣。

坐包：一日之戏，任于一人谓之"坐包"。[附记]凡遇堂会，脚色不敷支配，须指定数人，担任零碎。遇缺乏时，即行庖代，戏完始可卸责。"坐包"云者，即谓一日之戏，包于一人，且须坐而待之也。（见《菊部丛刊》上编）

坐场诗：引子后所念者，谓之"坐场诗"。[附记]脚色上场引子念完落座后，所念之四句诗，俗名曰"坐场诗"，亦曰"定场诗"，又名"定场白"。此与引子之组织，大致相同，但其渊源，大致来于说部。按中国小说，鼓词起首，大致定有一二首诗词，概【校案：原作"该"，当系误字，径改】括言之，作为说部的提纲携领，戏剧之在宋元时代，本等于鼓词；其结构与说部鼓词，大致相同，故起首亦用此。但昆曲大致仍用词，皮黄则纯用诗矣。惟脚色念诗，须干念，无工尺，是与引子不同处。再剧中庄重脚色，或重要人物，上场规则，必先念引子后念诗，若上场便念诗者甚少。但若二人或四人同上场时，则往往开口便念诗。每人念两句，或每人念一句，乃系常事。惟四文官，则一定每人一句诗。若四武将，虽亦常念诗若起霸，则恒用《点绛唇》，四人分念矣。（下略——原注）（见《中国剧之组织》）

形儿：剧中之假禽兽也。[附记]剧中最忌以真物上台，今虽破例，而飞禽走兽等，仍摹其形以求毕肖。故剧中凡有禽兽者，多扮一形儿上场。形儿制法，其首多用硬纸，仿诸野兽之首，加以颜色。样式与市井小儿游戏中，所戴之"大秃和尚渡柳翠"等假面具略同。惟其下则连系以布袋，作为下身，四足具备，如剧中需用时，以一人套入其中，爬而行之，与真兽无异。吾每往后台参观，即听有"……扮一形儿去"之语，即此物也。

扮戏：伶工化妆谓之扮戏。[附记]谚云："装狼像狼，装虎像虎。"戏剧中角色，以今人而乔饰古人，唱念做打，皆艺术中之最要者，而装扮尤为之先也。故脚色之扮戏，有关天然者，有关人工者。天然者，如生脚须有工架，气魄大方，态度自然，身材合适。如小生，须面貌平正，精神有翩翩资格，身材利落，不肥不肿。如旦角，须姿首艳丽，最低程度，亦须平正，身材适中，玲珑窈窕。如净脚，须体极魁梧，方面大耳，身材要高。如丑脚，须身体灵活，眉目生动。此为天然者。又有谓人工者，即扮饰悉按规矩，不添不减，不苟且，不敷衍，是为人力所能者。按：扮戏，生脚须勒水纱（旦、净均同），吊起眉目，以显精神；面上涂彩，以显荣光。（中略——原注）束腰时，宜紧。扎靠时，勿松。旦脚须敷粉、贴片子，花旦尚须踩跷。勿论冬夏，不准多衬衣服。因女子以瘦弱窈窕为美观，肿臃无度为丑也。净脚则不然，勿论寒暑，内中必衬胖袄，以示魁梧。（下略，见《翕园戏话》）

把匣子：盛兵器之木箱，谓之"把匣子"。

把子头：魁星笔，谓之"把子头"。

抓家伙：散漫无规，谓之"抓家伙"。

抖漏子：揭穿隐情，谓之"抖漏子"。

折腰：开口太迟，锣鼓不接，谓之"折腰"。

投袖：谓拂袖也。

肚子宽：能戏多，谓之"肚子宽"。[附记]张謬子云，陆金桂睅目皤腹，无论昆乱文武，皆能对付，故有"陆大肚"之称。戏界人谓能戏多者为"肚子宽"，犹言腹笥翩翩耳。"大肚"，亦斯义也。

角儿：角色之简称，乃串演剧中人之人也。[附记]《梨园原》一书，为梨园前辈黄幡绰先生所撰，成书于乾隆嘉庆年间，其中所述以王大梁《详论角色》一文为最佳，兹录之于下。文曰："角色者，言其本角之物色也。生者主也。凡一剧由主而起，一帙之事，在其主终始，故曰'生'。

'旦'者，乃与寅刻之先，以男扮女，是男非男，似女非女。见时不能分，因其扮妆时，在天甫黎明，故曰'旦'。'丑'者，即'醜'字，言其丑陋，匪人所及，插科打诨，丑态百出，故曰'丑'。'净'者，静也，言其闹中取静，静中取闹，故曰'净'。'外'者，以外姓人，有尊崇之色也，故曰'外'。'老旦'，其所司母姑乳婆，亦应于黎明扮装，老少虽不同，其以男扮女，则一，也故曰'老'。'旦末'者，道始末，也先出场，述其家门，言其始末，故曰'末'。小生，或作主之子侄，或作良朋故旧，或作少年英雄，或作浪荡子弟，故曰'小生'。小旦，或侍妾，或养女，成娼妓或不贞之妇，故曰'小旦'。贴旦，即付旦也。凡男女角色，既妆何等人，即当作何等人自居，喜怒哀乐，离合悲欢，皆须出于己衷，则能使看者触目动情，始为现身说法。可以善惩恶，非取其虚戈，作戏为嬉戏也。"

走板：板眼不合，谓之"走板"。

走边：剧中脚色于深夜窥探时，所作之种种身段，谓之"走边"。[附记]凡剧中一人或数人，在场上作种种身段，全用钹（乐器）随之，名曰"走边"。按：此皆系夜间之事，或前往探查，或偷盗，或拿贼，故所作身段，或仰身远望，或弯腰近窥，都是黑夜之情形。可惜如今真正能行走边之身段者，实不多矣。然身段作完，用呀字叫板时，仍尽作仰面远望之势，此犹存旧意也。因夜间不便在大街大路直行，需靠路边疾走，或墙边偷行，故曰走边。（见《中国剧之组织》）

走浪：花旦脚色，由缓行而渐速，走成之波浪脚步，谓之"走浪"。

走矮子：矮身以足尖行走，谓之"走矮子"。

使腔：歌声延长，抑扬可听，谓之"使腔"。

知天命：知足之谓也。[附记]方振泉又名"方狮子"，工昆净，隶三庆、四喜等班。能戏甚夥，《牧羊记》《大逼》之"卫律昊"，《天塔》之"杨五郎"，《功臣宴》之"铁勒奴"，《北诈疯》之"敬德"，皆其杰作。如《大逼》自方故后，即无人演唱。《姑苏台》之"吴玉"，《刺虎》之"李虎"，《大小骗》之大骗，同昆丑杨三演，人谓绝戏。后亦饰皮黄花脸，只演配角。如《反五候》《太平桥》等戏，除昆净外，徽戏之正角，绝不肯动。其"知天命"如此。（下略——原注）（见《三十年见闻录》）

官中：公共所用之物谓之"官中"。

官工：即放假也。[附记]戏界以三月十八为祭神日，这一天无论何班，都不演戏。民国后虽废除迷信，可是仍不演戏。所以，又叫"官工"，言其是放官假的意思。在从前各戏班的组织，都是以每年三月十八日为期，个班中添约新脚，或旧有脚色包银加减以及个班规定戏园子的轮转，都是这天以前说妥。既说妥之后，就是一年。各角如欲另搭别班，非等到下年三月十八日不可。现在各戏班到这天也还有点变动，但是不像从前那样重要了。（节录《中国剧之变迁》）

定板：开戏时所击之第一板，谓之"定板"。

底包：与"班底"同。

念白：述戏中之语。谓之"念白"。

怯场：怕同名角配戏，谓之"怯场"。

怯口：念白不脱土音，谓之"怯口"。

抹彩：以脂粉涂面，谓之"抹彩"。

拆掌子：约他班角色扮演，谓之"拆掌子"。[附记]早年戏界皆有互助精神，如某一剧中缺乏角色，他班即可应征来班扮演，名之曰"拆掌子"。今日戏班人才济济，鲜有缺乏脚色之事矣。

抱牙笏：堂会点戏，管事者照例将戏名写于牙笏上，令人持之上台，俾告观众，谓之"抱牙笏"。

拉矢：筋疲力尽，势难终场，谓之"拉矢"。

放水：忘却原词，以他戏之词句代之，谓之"放水"。

明场：表演于外者，谓之"明场"。

服诒：服人劝解，谓之"服诒"。

杵：钱之也称，谓之"杵"。

武行头：武行中之首领也。

爬字调：歌腔最低，谓之"爬字调"。

门签儿：戏园门前所贴之戏报子，谓之"门签儿"。

科班：童伶习艺所，谓之"科班"。[附记]梨园之设科班，专为教练戏剧人才，故童伶之入科班，亦如学生之入学校也。惟科班中之规矩，则较学校为繁。此又不能相提并论。余喜与伶界往还，故于此中事情，略知一二，今请为我同志陈之。夫科班在清代极多，今则寥如晨星。即以北平一隅而言，如庆升平、庆和成等班，成立最早，皆以昆剧为主。继之者，为双庆、双奎、全福、小福胜、小嵩祝、三庆、四喜等班，约在同光之间。他如小荣椿、福寿、玉成、小和春、得胜奎等班，则较迟矣。小洪奎、长春等班，又其次也。清季则组有喜连成科班，鼎革后，改为富连成。此外，又有正乐社、福清社、斌庆社，多如春笋。至今日，则仅存富连成为硕果矣。按：科班之组织，多由伶工自动发起，招外界股东供给资财。然亦有独自经营，不招外股者，惟甚少耳。在组织之先，须购妥房屋，及一切杂具，再聘请教师，置备戏装。然后，招集幼童而教导之。此不过述其大略。至于幼童入社，谓之"入科"。初时须有人为之介绍，暂留社中数日，审查其才干。如有可学戏之才者，再与其家长订立契约，谓之"写字"。"写字"时须有相当保人，签名画押。所定年限，约七年，其一切衣食，由社中供给。兹将幼童入社时所立之字据格式列下以供参考。其文曰：

关书大发（此四字写于摺面）。立关书人○○○，今将○○○，年岁，志愿投于○○○师名下为徒，习梨园生计。言明七年为满，凡于限期内所得银钱，俱归○○○师享受。无故禁止回家，亦不准中途退学。否则，由中保人承管。倘有天灾病疾，各由天命。如遇私逃等情，须两家寻找。年满谢师，但凭天良。空口无凭，立字为证。立关书人：○○○。画押。中保人：○○○，画押。年月日吉立。

学生既入科班，在此限期之内，名曰"作科"。必须坚守班规，并于此时间择其品貌喉音，以定学习门类。或生，或旦，或净，或丑，或文，武，而教导之。每日喊嗓，吊嗓，翻跌，武打，教歌唱，拉身段，或集众生排演一剧，皆有固定规则，绝无混乱之弊。如学生稍有错误，即加以夏楚，不容分毫也。学生所学之戏，达十余出，即令彼登台演唱。每日给铜元数枚，谓之"点心钱"。同时取社名中之一字，以名诸生。赴戏园时，一律服用社中衣帽，教师领导之，结队而行，途中不许与人谈话，及一切不正当行为。归时亦然。

学生毕业，谓之"出科"。出科时，须焚香谢师，将入科时所立之字据领回。如照旧在该班演唱，老板即与彼开戏份。多者不过二百余枚，少者数十铜元。如不在本班演唱，亦可留于社中教戏，每日给以相当戏份，以为糊口之资。此乃指出科后，尚在社中者而言。其于出科时，即脱离社务。独立以谋生活者，亦不少也。

节录北平富连成社科班训词。

传于我辈门人。诸生须当敬听：自古人生于世，须有一技之能。我辈既务斯业，
便当专心用功。以后名扬四海，根据即在年轻。何况尔诸小子，都非蠢笨愚朦。
并且所授功课，又非勉强而行。此刻不务正业，将来老大无成。如听外人煽惑，
终究荒废一生。尔等父母兄弟，谁不盼尔成名。况值讲求自立，正是环宇竞争。
至于交结朋友，亦在五伦之中。皆因尔等年幼，那知世路难行。交友稍不慎重，
狐群狗党相迎。渐渐吃喝嫖赌，以至无恶不生。文的嗓音一坏，武的功夫一扔。
彼时若呼朋友，一个也不应声。自己名誉失败，方觉惭愧难容。若到那般时候，
后悔也是不成。并有忠言几句，门人务必遵行。说破其中利害，望尔日上蒸蒸。

一要养身体

凡是一个人，乃秉天地之气所生。父母身体所养生下一个人来，就应在世界上做事。何况我们这指身为业的人！什么叫"指身为业"哪？就是自己去谋生计。假如家里有钱，用不着自己。我

们既是个男子汉，本应当自食其力。俗语说，"自己的钱吃的香，嚼的脆"。你想，身子若是不强壮，时常病病歪歪，什么事都不能作，那不如同废物一样吗！拿我们这梨园行吧，唱文戏的，身子要是不强壮，嗓子如何能好的了。武行身子不强壮，还能打的了武戏吗？所以自己必须要把身子看得极贵重。千万自己不可毁坏，并且还有许多的事，全仗着身子哪。养家立己、孝敬父母，这都是一个人应作的事。故此养身体，最是要紧的。

一要尊教训

教训，是师父先生与父母所告诉的话。为教训小孩子，差不多总都是贪玩的心盛。师父先生所说的话，总都是叫你们不可贪玩。趁着现在年轻，脑力正足的时候，多多学点本领要紧。怎么样练的功夫，怎么样可以成名，怎么样可以有饭食，怎么样的交朋友，怎么样是好，怎么样是坏？像这样的话，你们小孩子家一定是不喜欢听喽。可知道古人有两句俗语呀，"良药苦口利于病，忠言逆耳利于行"。这两句话怎么讲呢？比如有一个人罢，得了病啦，自然是得吃药喽。药哪儿有好吃的呀？药虽然是不好吃，吃下就可以治病。有病若是不吃药，如何能好的了呢？这就叫作"良药苦口利于病"。要说"忠言逆耳利于行"这句话呀，可就更说不尽啦。反正我做事要是不对，人家才说我、告诉我，那肯说我、告诉我的，那样的人儿，我就可以拿他当师父看待。可是这样差不多的外人，谁肯说呀？自然是师父、先生与父母。所以师父、先生与父母的话，必须要记在心里，这就叫做遵教训。

一要学技艺

技艺就是自己本领。我的本领好，自然人人说起，都要夸奖某人某人的本领真好。不论是做哪一行儿，人家越夸我好，我是越要比人还得好，这叫作精益求精。千万不可人家夸我好，我自己觉着我的本领是真好，某人某人他不如我。你竟想不如你的那些人啦，你就没想想比你好的人还多的多哪！你们必须明白，学本领没有个学完的时候，要是说到这儿吓，可就是得自己用心研究啦。师傅领进门，修行在各人。师父教导我之后，我自己再去用私功夫，渐渐地就习惯成自然了，那才有长进哪！俗语说，"行行出状元"。你们总晓得吧。你们即是入了这一门，就得研究这一门的学问，还有几句用功夫必须遵守，最忌讳的言语，你们门人等，务必要时时刻刻的记着。

最要十则

要分平上去入。要分五方元音。要分尖圆讹嗽。要分唇齿喉音。
要分曲词昆乱。要分微湖两音。要分阴阳顿挫。丹田须要有根。
唱法须要托气。口白必须要沉。

最忌四则

最忌倒音切韵。最忌喷字不真。
最忌慌腔两调。最忌板眼欠劲。

一要保名誉

一个人的名誉，是最要紧的。名誉好，人人说起来都夸奖他好。名誉不好，人人说起来总都不喜欢他。凡是一个人，为什么叫人家不喜欢呢？这就是不论什么事，自己想着是件好事，然后再作。要不是好事，可就做不得；要是做了，自己的名誉可就坏啦。所以，得保护自己的名誉。

一戒抛弃光阴

光阴，就是一天一天这日子。凡是一个人，也不过活上万数多天。这算是岁数大的。自落生以来，到十岁以内，自然是小孩子家，好歹全不知道喽。这十年的光阴，一经白费啦，若到二十岁就耽误啦。若再到三四十岁以后呢，简直就算是个无用的人啦。所以，不论做什么事，就在十岁至二十岁这几年的时候；记性也好，脑力也足。因为什么小时候记性好、脑力足？就是心里头没有外物所染，学什么都记得住。你们生在十岁里外的时候，要不趁着这年纪练功夫学本领吓，哎呀，恐怕到了明白得要学本领的时候，再学吓，可就全不记得了。所以，这几年的时候，很要紧要紧的，千万不可把它抛弃了。

一戒贪图小利

世界上，贪图小利的人最多。古人有两句俗语，"贪小利受大害"，就是贪小便宜吃大亏。不但银钱叫做"利"，是有便宜的事都叫做"利"。天下的事，那儿有许多的便宜，必有害处，故此便宜不可贪。

一戒烟酒赌博

烟、酒、赌博这三件事，是与人无益的。有志气的男子汉，决不为的，因为它最容易把人染坏了。先拿喝酒说吧，又容易伤身体，又容易耽误事，又容易得罪人，又容易坏自己名誉。再说吃烟，比喝酒的坏处也不小。要是说赌钱哪，哎呀，你想那一家的富贵是赢来的，那一家的子孙是赢来的？所以赌钱这一条道儿，丧德败家极了。

一戒乱交朋友

交朋友，是最要紧的一件事情啦。你们长大成人，还能不交朋友吗？朋友虽然得交，然而千万不可乱交。未从交这个人，先访访这个人的历史，他是哪行人，他所做的都是什么事？是好是歹，名誉如何？他所交的都是哪等人物的朋友？自己酌量酌量再交。所谓"居必择邻""交必良友"，就是住街坊须要搭那正人君子的街坊，"交必良友"就是交那正人君子、有用的好朋友。什么叫作"有用的好朋友"哪？就是我做了什么不对的事，他肯说我，我说了什么不对的话，他肯告诉我，我做功课有什么不好的地方，他肯教导我，那就是与自己贴近的人。像这样有恩于我的朋友，必须要报答他。要糊涂人一想，怎么某人他竟说我呀，我是实在的不愿意听。慢慢地可就拿他当作不知心的外人啦，不免就要疏远他。把这样的人一疏远哪，自然就没人拘管着我啦。日久天长，那奉承我的人可就来了。当时自己那儿知道，他是有心奉承我啦。这一奉承我呵，就不免有心要盘算我，处处的奉承我，处处的捧我，不论做了什么不对的事，他都捧着说我做的对；不论说了什么不对的话，他都说我说的对。应该这么【校案：原作"们"，误】说，所谓【校案：原作"为"，误】甜言蜜语，哄死人不偿命，短刀药，对蜜饯砒霜。要是把这样人当作自己贴近的人，那可就糟啦。所以，交朋友若看不出是好人歹人，有个脑袋就拿他当心腹人，倒把那真正好人扔在一边，将来一定受害不小。假如我若是受过什么样子的害处，千万可别忘了我是怎么受的，以后若要在遇见这样的事，就可以比较出这是件好事是件坏事来啦。所以俗语说，"有恩者需当报，受害者不可交"。交朋友能够不慎重吗！

以上八条，乃为人处世之利害，关系至重。且要知世态炎凉，前四条是要必须学他，后四条是千万不可学他。今时详细列出，望尔诸生等，均各自遵守。（下略——原注）

亮台：此戏演完彼戏尚未上场，谓之"亮台"。

亮像：剧中人交战，忽然停住各向台口作一全神贯注之表情，谓之"亮像"。

前啦：戏虐谓之前啦。[附记] 后台伶人多好诙谐，因诙谐能联合同人感情。如不愿诙谐者，而与之诙谐，即谓之"前啦"。

前顾眼：出言不逊，谓之"前顾眼"。

前台：戏台之前谓之"前台"。[附记] 戏台之前，名曰"前台"，戏台之后名曰"后台"。后台为伶人化妆处，事极繁琐，当别述之。前台系属于营业方面，设有楼台，故地积较后台宽大。凡对戏台正中接近者，谓之"池子"，稍远者谓之"正厅"，两旁者谓之"廊子"。与上下场门相近者，谓之"小池子"。楼上约分楼座、官座、包厢、倒观等名称，皆为观戏座位。不过，有优劣之分。此仅[就]旧式戏园之观剧地位而言，其他附属戏园之房屋，如柜房、票房、茶房、衣包房、戏报房、厨房等。司其事者，皆各有专人。而总理诸事者，名曰"前台老板"。

冒场：不应上场时，而误上之，谓之"冒场"。

冒调：歌声逾原定调门，谓之"冒调"。

冒上："冒"音"卯"，即角色演戏时格外用力之谓。

冒仙鹤：嗓音突高，谓之"冒仙鹤"。

咬字：念白清楚谓之"咬字"。

哈昏：即昏场也。

客串：局外人进戏班演戏谓之"客串"。

洒狗血：特别要好，不顾戏情，谓之"洒狗血"。[附记]作工过火，故意讨好者，谓之"洒狗血"。"洒狗血"三字，对于伶人，虽不好听，但名角藉此博观众欢迎者，不在少数。盖观剧人非尽懂行，若演剧全脱火气，不洒狗血，而一般不懂戏人必谓之"戏温"。演剧之折衷法，最好"羊行两拿"。倘尽拿羊不重行，与"洒狗血"有何分别。如《群英会·借箭》，鲁肃闻船开进曹营，作惊恐状，低可轻描淡写，不得过事哆嗦，致将鲁大夫身份做失。否则特别要好，不顾戏情，即"洒狗血"是也。(见《侠公菊话》)

活头：剧中所饰者，如"这出戏您去哪个活头"，即此之谓也。

封台：年终戏园停演，谓之"封台"，又曰"封箱"。[附记]年终封台时多演本戏，或新排之戏以号召观众。当年四喜班则演八本《铡判官》，即此例也。按：封台剧终，必跳灵官，及燃放鞭炮。俾使观众知已封台，在除夕前不能再演之意。"封箱"系指戏班而言，与戏园无关。如戏班"封箱"后其所演之戏园，尚未封台，他班仍可接续演唱也。

后台：伶工化妆处，谓之"后台"。[附记]后台饰置虽甚繁杂，因有一定规则，故不觉混乱。即以脚色而论，各有各之座位，其他可知矣。兹述之于下。

后台与前台仅为一板之隔，其上下场门内之余地，内行谓之"后场"。其高低则与戏台相平，其他各处则较低矣。中间设有祖师爷（即"老郎神"之神位）。又设桌椅各一（内行谓之"账桌"），为后台老板及诸首事人之座位。座上立有中镶骨条之木牌一座，牌高五六寸，宽约一尺余，为写戏目之用者，名曰"戏规"。戏规之前，放有账簿一册。其中所载者，为每日演唱之戏名，以备将来稽查。他如各箱口，以及水锅、彩匣、梳头等处，皆有一定程序。而旗包、把子，照例归于后场。司其事者，为四执交场。其他跟包、杂役，则有专司。至于角色座位，亦各有定规。如生行坐二衣箱，贴行坐大衣箱，净行坐盔头箱，末行坐靴包箱（即三衣箱），武行坐把子箱等，惟丑行不分。若夫催戏、打台帘等人座位，则在后场门或旗包箱也。

伶人出入后台时，必先向祖师行鞠躬礼。然后向四周拱揖。名之曰"拜前辈"。又谓之"拜四方"。如遇演堂会戏，临时无祖师之神位，必须向大衣箱拱手致敬。因其中设有喜神故也。凡有触犯戏规者，必令鼓吏审讯，伙夫为堂役，而令武行头执刑。各行角色，各推代表，列席参加，以觇其判断是否分允，再定罪律。今此列虽破，然其中规则，仍极严厉，故附述之。

第一条，后台不准跨坐箱口。按：两箱之间名曰"龙口"。伶工以"龙口"之"龙"字，谐为"喉咙"之"咙"字，恐坐龙口而咽喉失润也。

第二条，大衣箱上不准睡觉。

第三条，箱案上不得坐人。(尤以大衣箱为最)

第四条，不准两脚克[磕]箱。

第五条，玉带不得反上。按：若反系玉带则谓为"白虎带"。

第六条，后台不准执旗摇晃。

第七条，韦陀杵不准朝天拿。

第八条，后台各伞不准撑开，亦不准直呼为伞。按："伞"与"散"字同音，若直呼其名恐有"散班"之患，故讳而不言。以"雨盖"，或"开花子"代之。

第九条，加官、财神、喜神诸脸禁止仰面戴，戴时不准照镜说话。

第十条，戴唐帽与草王盔不得同箱并坐。

第十一条，扮关公神佛脚色，须要净身，在后台不得做事。

第十二条，净行不得忝彩条。

第十三条，生行忌落髯口。

第十四条，占行最忌忝头，掉跷，落裤。

第十五条，占行扮戏不得赤背。按：旦角扮戏时，虽在盛夏亦不准赤背，因旦角既上妆后，则属于女性，岂可赤背于广众间耶。

第十六条，扮戏时不得丢头去尾，亦不准吸烟。

第十七条，角色未抹彩前，不准试戴网巾髯口，及一切盔帽。

第十八条，官工日期不得私自彩唱。

第十九条，未开戏前，所有响器一概不准敲打。

第二十条，未开戏前，九龙口（即台上打鼓者座位）不准他人擅坐。

第二十一条，角色演戏不准回视场面中人。按：角色于演戏时，不得回顾场面。盖回顾则必有不满之意。倘不明其中细理，而随意往后张望，双方必起误会，致生恶感。

第二十二条，后台起坐不准抱膝。按："抱膝"与"报息"二字同音，故忌之也。

第二十三条，后台不准弈棋。按：弈棋一事，有"你先走、我先走"之声，故忌之。恐班中同人，先后走散也。

第二十四条，后台刀枪，不准向地乱捣。

第二十五条，前台不准言"更"，后台不准言"梦"。

第二十六条，后台不准拉空弓，亦不准扔彩头。按：后台最忌拉空弓与扔彩头。拉空弓，恐于演剧时有拉矢（解见前）之疵。扔彩头，则更以为不吉利也。

第二十七条，后台不准以口呼哨，亦不准拍掌喝彩。按：北方言语，凡谋事未成，名之曰"吹"。以口呼哨，亦谓之"吹"，故戏班忌之。拍掌喝彩，恐扰乱后台秩序也。

第二十八条，禁止妇女进入后台。

第二十九条，未开戏前，不准上台；开戏后，不准掀帘私窥。

第三十条，凡青龙刀、白虎鞭、火髯、魁星脸、神鬼脸，及一切大式刀枪斧戟，牛金镗、盘龙棍、大小槊、降魔杵、大纛旗、灵官鞭、鬼头刀、雷公锤、雷公钻、彩匣朱笔等件，不得乱动，违者责罚。

第三十一条，如有告假等事，须于未开锣前通知首事人，否则作误场论。

第三十二条，后台诸事，均须以和平去作，一概不准野蛮。

此后台之规则也，其外尚有最犯忌讳者，约二十二条，及后台角色应尽之责任。择要录下：

一、临场推诿。（革除）

二、临时告假。（革除或缓留）

三、在班思班。（永不叙用）（按：在班思班者，乃在本班演戏，而思搭演他班之意）

四、在班结党。（责罚不贷）

五、临时误场。（同上）

六、背班逃走。（追回从重惩罚不留）（按：背班逃走，乃当年恶习。因彼时多为包银班，伶工得薪金后，即杳如黄鹤矣，故立此条以惩之）

七、偷窃物件。（重罚不留）

八、设局赌钱（责罚）

九、口角斗殴。（责罚）

十、以强压弱。（责罚）

十一、克扣公款。（责罚不叙用）

十二、无事串班。（责罚）

十三、歇哑叭工。（责罚）（按："歇哑叭工"者，乃谓告假而歇工之谓也）

十四、扮戏耍笑。（责罚）

十五、扮戏懈怠。（责罚）

十六、当场开搅。（同上）

十七、错报家门。（同上）（按："错报家门"者，乃演戏时误报姓名之谓。例如，饰刘璋者而误报之曰刘备，饰赵云者而误报之曰马岱……是也）

十八、台上翻场。（责罚）

十九、当场阴人。（同上）
二十、混乱冒场。（同上）
二十一、登台卸场。（同上）（按："登台卸场"者，即已登台，而卸却戏装之谓也）
二十二、台上笑场。（同上）
又，凡撞闯祖师龛銮驾、供器桌，斗殴拉账（按：拉账者，拉账桌也），摔牙笏，砸戏圭，捅人名牌，抢箱板等情。查照除责跪外，罚办不贷。

后台角色之责任
生末行扮加官，净丑行扮财神魁星，武行扮雷公，上下手穿形儿。（按：上手穿龙形、鹤形、猫形、驴形等一切大形，下手穿虎形、狗形、狐形、鼠形等一切小形）九龙口言公，（按：九龙口乃指打鼓者而言，言公，言论公事也）生净行言公。领班人调查，丑行调查。武形头掌刑，管伙食人掌刑。丑行开笔勾脸，（按：未开戏前，须以丑行一人，于鼻上涂少许白粉，净行中人，始能陆续勾脸，相传唐明皇当年曾扮演丑剧，故净行勾脸，必须丑角勾第一笔也）生净行上香开戏。（按：戏场旧例，每于开戏前，必以生行或净行中人，向祖师爷神位，焚香叩首，始能开戏）

后场桌：管理小把子、小彩切等物之桌子，谓之"后场桌"。[附记]后场桌向归于旗包箱掌管，凡旗纛伞扇，以及小把子等，无一不备。如令旗、令箭、印匣、元宝、魁星斗、雷公锤、马鞭子、红门旗、灯笼、木枷、手镯、锁链、灵幡儿、哭丧棒、大小板子等等，亦归后场桌经营。在未开戏时，须将各物一一陈列之。陈列次序：左为元宝，右为印匣，中设魁星斗及令旗、令箭。其余如手镯、锁链、木枷、灵幡儿、哭丧棒等等，一切刑具、丧具，均挂于两旁，或分藏桌下。惟剧中所用之彩头（即斩人之头），多以太监帽或无翅纱帽，用红旗包好，置于桌上，以布垫盖之，迨剧中用毕即拆散之不使留存也。

挖门：脚色左右调边之走法也。
挖四门：脚色随唱随行，谓之"挖四门"。
看场子：台上演戏，管事者在后台指挥之，谓之"看场子"。[附记]凡伶工于初演戏时，恐所习场子不甚纯熟，教师必在场上监视，随时暗中指导，或排演新戏，恐词句排场，亦有不甚熟悉之处，管事人需在后台指挥之，皆谓之"看场子"也。

耍阴：奸刁狡猾谓之"耍阴"。
耍下场：剧中脚色战胜时，以所持之兵器，做盘旋舞式，谓之"耍下场"。
要菜：不知自量，谓之"要菜"。[附记]吾人在饭馆要菜，为最乐事。今梨园则以"要菜"一语，喻不应为者而为之，谓之"要菜"。如寻常伶人演剧时，效名角所为，令人在场上与彼预备茶水手巾，与各种杂品，或唱时自添花样，皆谓之"要菜"也。

韭菜：演戏时错乱谓之"韭菜"。
倒仓：嗓音哑谓之"倒仓"。
倒仓鬼：指嗓音哑暗者而言也。
倒粪：戏中词句屡述不已，令人生怃谓之"倒粪"。
倒字：字音念错，谓之"倒字"。
倒堂：《回朝》《长亭》等剧中，除正角外，全班脚色多扮为龙套，谓之"倒堂"。
倒脱靴：剧中主帅引领众将卒而行，谓之"倒脱靴"。
卸脸：戏演毕时，将面上彩色洗掉，谓之"卸脸"。[附记]净角勾脸时，所用颜色，多加桐油，故卸脸时，须用草纸蘸香油往面上擦之，始能擦落。惟擦脸时，须由上往下，若反擦之，颜色必入毛孔内，痛不可忍。
挺头：不应颠（音"丕"）盔而颠之，谓之"挺头"。
拿桥：自高身价，临时与人为难，谓之"拿桥"。
杀黄：忘词时，用之以代戏词者。[附记]梨园术语，均有所本，如临唱一时忘词，不准随意编造，得用杀（音近沙，且色音近筛——原注）黄代之。"杀"，即京语"拾没"也。（字典不知而问曰"拾没"，俗做"什么"，又做"甚么"。"拾没"亦作"某"字解，如有确定之"某某"曰，"拾没拾没"。）平东人不知而问曰，"杀"（阳平——原注）？"杀"，即"拾没"转意也。鄂人亦曰"杀"，音与平东相近。豫人则曰"杀"（音近"萨"——原注）。"黄"，（轻读语助词——原注），苏人曰"啥"。按：字书无"啥"字，疑即《孟子·许行》章之"舍"字意，意义可通。皮黄白依中州韵，故习用河南土语。又"某"古作〇（原文如此），临文偶忘暂以〇〇代，亦犹临场偶忘得用〇〇代，故为规律所准许也。（"杀黄"有音无字，因有"杀青"成语，故以此代之——原注，又，金属乐器，低弱者曰"杀音"。"杀"音"哂"，本声非韵。《礼·乐记》注：减而不隆也。与"杀伐"之"杀"，音义迥别。今误读本意，更讹作"沙"音。（见《洁厂戏话》）

海报子：通衢张贴之戏报子，谓之"海报子"。

班底：除主角与旁角人外，其余之角色统名之曰"班底"。盖以班中若无配角，则班无以立，故曰"班底"。

真帅：唱作兼佳，谓之"真帅"。

破台：戏台初建设时，于开锣之第一日，须跳神跳鬼，谓之"破台"。［附记］梨园旧例，凡新建设之戏台，于初次演戏时，须请高腔班伶工"破台"，然后始能演戏，否则日后必出凶险之事。据家父云，前清时有名伶胜三者，乃高腔班之多才多艺人。凡内廷有"破台"事，辄以白银六十两，招渠承应，其名益大著。梨园中人，多尊称"胜三爷"。按："破台"时，多在夜午，女加官先上台跳舞，状极凄惨。令人观之，毛发竦立。女加官跳毕，上跳五鬼，衣黑衣，戴黑帽，须发双垂，面涂黑黄色，右手持杈，加以唐鼓微击，小锣数点。较女加官跳时，愈为凄惨，观者无不凛然。五鬼跳完，口念破台咒，杀雄鸡数头，使鲜血滴【校案：原作"摘"，显误，径改】于台上。复择一鸡，以手断其首，与"破台"符箓，合钉于台之正中。钉裹以五彩绸条，遮蔽鸡首，亦能使外人不易见为妙。余鸡则放一罐内，并用苹果一枚，塞于罐口，用红布蒙其上，藏在天井上。此时五鬼各燃鞭炮，并撒五谷杂粮，遂下。此破台之典礼也。又云，当鸡入罐时，如将人之八字，同放其中，其人三日内必死。亦姑妄言之，姑妄信之而已。

笑场：伶工演戏时，与戏中情节不应笑而笑，谓之"笑场"。

站门儿：剧中角色于出场时，分左右侍立，谓之"站门儿"。

荒腔：歌腔与调门不合，谓之"荒腔"。

财神座儿：元旦日，戏园中所卖之第一座位，谓之"财神座儿"。［附记］戏园旧例，每届元旦日，设有一"财神座"。"财神座"者，即所卖之首席。不拘同来多少人，坐于何处，不许索要戏价，仅收小费。若索戏资，恐其他去。今戏园虽仍旧其例，然卖座人则多暗中向顾客索价。故"财神座"之名虽存，而失其意矣。

赶包：于此处演完，即往他处演唱，谓之"赶包"。

赶场：急急上场，谓之"赶场"。

起堂：大轴尚未演完，而观剧者相继散去，谓之"起堂"。

起打：戏中初交战时，谓之"起打"。

起锣鼓：剧中锣鼓齐鸣，谓之"起锣鼓"。

起霸：剧中主帅未上，而众将陆续上场，并做各种姿势，谓之"起霸"。又曰"起梗"。

起翻儿：未起抢背或吊毛……以前，做脚跟着劲，纵身曲项之姿势，谓之"起翻儿"。（"翻"字读去声）

追过场：脚色战胜时，其手下兵丁，追赶敌人，谓之"追过场"。

马前：时间局促，而将剧目剪短，谓之"马前"。［附记］"马前"，即提前之意也。如一戏尚有数场未演，因时匆促，或减词，或减场，均谓之"马前"。又，场上所演之角已将下场，而应上场之角尚未扮齐，催其快扮，亦可告其曰"马前"。

马后：时间太早，而将剧目延长，谓之"马后"。［附记］与"马前"适成一反比例，即延长与不忙之意。如应上场之角尚未扮好，授意场上之角，使之延长，即可告其"马后"。又，某角正扮戏，而场上所演之戏，时间尚长，告其无须赶扮，亦可告其曰"马后"。

马词：原词多，而剪断唱之，谓之"马词"。

马场：场子多，而剪断之，谓之"马场"。

马去了：取消当场所唱之词、所做之事，谓之"马去了"。

马趟子：骑马时做出各种身段，统名之曰"马趟子"。

砸了：演剧时，或唱白或身段，屡次错误，谓之"砸了"。

哨台栏杆：极力要好，与正角相抗，谓之"哨台栏杆"。

乾坎儿：临时辍演，谓之"乾坎儿"。

彩匣子：后台盛笔墨颜料之箱子，谓之"彩匣子"。

彩钱：扮演剧中不吉祥之角色，除戏份外，需另加钱，即谓之"彩钱"。[附记]戏班规则，无论大小角色，凡扮演犯忌讳之戏，如《虹霓关》东方氏着孝服，《斩窦娥·法场》背插招子、身服罪衣等，皆须另加彩钱。多者铜元六十枚，或八十枚，少者四吊两吊。名角则不要此钱，多归诸跟包人享受之。

接笋：衔接不使间断之谓也。

挂座儿：观客众多，谓之"挂座儿"。

排戏：试演新排之戏，谓之"排戏"。[附记]《齐东野语》："一时伶官乐师，皆梨园国工也。吹弹舞拍，各有纵之者，号为'部头'。每与节序生辰，则旬日外依月律按试，名曰'小排当'。"观此，乃知戏剧中之"排"字，由来久矣。

斜胡同：龙套及手下等斜排而立，谓之"斜胡同"，又曰"斜一字"。

望门儿：面向下场门歌唱者，谓之"望门儿"。

梳头桌：旦角梳妆处。

盔头箱：盛盔帽之木箱也。[附记]凡剧中所需用之盔巾冠帽、玉带、翎尾、羽扇、蓬头、鬃发、髯口、增容网子、水纱、牛角钻、懒梳妆等等，皆属于盔头箱者。

笨瓜：念错剧词谓之"笨瓜"。

脱节：与"亮台"同。

通大路：普通，谓之"通大路"。[附记]钱唐吴洁厂先生曰，英秀的琼林宴，不足会吊毛。完事，即其甩发，亦大不易学。又，见煞神时，跷右足后退，叔岩效之。谭云："我右腿有病，不得已如此，汝奈何效之？我的工夫并不在此，何必向不'通大路'上找。"

顶场：甫下场而又上之，谓之"顶场"。

贫腔：任意使腔，不守成规，谓之"贫腔"。

傍角儿：与名角配演者，谓之"傍角儿"。

单挑儿：一人率领众人演戏，谓之"单挑儿"。[附记]凡一人组班，率领大众演戏，谓之"单挑"一个班子。如饰一剧中主角，众人相配，亦可谓"单挑"一出戏。

喊嗓子：喊开喉膜，谓之"喊嗓子"。[附记]嗓子既为唱戏之本钱，则其重要可知。除加以保护外，每日清晨须指旷野之地，张口高呼；或对城墙林木，放声大喊，吐纳唇咙，收发清油，以[校案：原文至此，疑此后缺字]

喝油儿：教戏时，学者不刻意研究，随教者之声，而附和之，谓之"喝油儿"。

喝皮：敝笑也。

喝了：甲角胜于乙角也。[附记]文马评《樊城长亭》有言曰："伍尚虽为伍员之配，然系硬里角色。倘伍员无惊人之处，即为伍尚所喝矣。"

喜份：元旦日，戏园中所开之戏份也。[附记]每届古历正月初一日，伶工演戏，照例不开戏份，仅以铜圆念枚，用红纸包之，付诸伶工，谓之"喜份"。诸伶工复以红绳裹之，供于佛堂前，以表元旦日所得之钱，藉取吉祥。

报子：剧中探报军情者，谓之"报子"。

掌子：配角中之劣者，谓之"掌子"。
掌网：演戏时负重责任，谓之"掌网"。
无准稿子：无一定之词句也。[附记] 张謇子云："戏界各行角色，皆有一定之脚本。如老生、小生、青衣、老旦、铜锤，无有不可靠本子，以为根据。独玩笑旦与小花脸并'无准稿'。盖此两行角色，全用京白，而上场可以随意增减，随意变通。故玩笑旦与小花脸之戏，皆无脚本，单凭口传而已。"
结攒：戏中交战，一人抵挡数人，谓之"结攒"。
腔：歌喉婉转，谓之"腔"。
词：剧中所念者，皆谓之"词"。
象牙饭桶：貌美而无本领者，谓之"象牙饭桶"。
跑手下的：即龙套也。[附记] 龙套即剧中之兵卒侍卫，因手执镖旗，又谓之"打旗儿的"。向无专工，多为诸伶工轮流扮演。如甲伶演正工剧时，乙伶等则饰其中龙套，以为之配。乙伶演唱时，亦然，且头家（即龙套居首者）多为老旦脚扮演。因关于老旦之戏甚少，休息时多，遂令彼居首位，导领大众。其意谓无戏可唱，扮龙套须重要也。规矩之严，可想见矣。今则反乎此。设令叔岩将演毕《定军山》之黄忠，即命渠饰其他剧中之龙套，叔岩必不愿为。他人亦莫不如是也。因种种碍难关系，遂设龙套一行。一戏班中约用八人（外江则有用十六人者），名之曰"流行"，盖本诸当年轮流扮演之遗意也。
开搅：演剧时起哄，谓之"开搅"。
开锣：开始演戏，谓之"开锣"。
开闸：剧未终场，而坐客分散，谓之"开闸"。"闸"，亦作"栅"。
开场戏：简曰"开场"，即所演之前三出戏也。
开份儿：发给伶人工资，谓之"开份儿"。
云童：戏中手持云片之童儿，谓之"云童"。[附记] 剧中神仙欲上场时，多用龙套扮四云童，手持云片在前引路，即以云片表示仙人行动之云雾也。
云遮月：嗓音佳者，谓之"云遮月"。[附记] 喉之佳者，名"云遮月"，以月初被云遮则光暗淡，既而云敛，则皎光皎皎。此种嗓音，初唱似甚不佳，声或若裂，喉若有痰，愈唱愈高，声音俱美。（节录《学戏百法》）【校案：取"闭月羞花"之意也】
黑场子：不明戏中场子之真象，谓之"黑场子"。
催戏的：将本日应演之戏，预先使人通知伶工，此人名曰"催戏的"。[附记] 演戏之先，管事人必令催戏者，于是日清晨持黄纸所写（元旦则多以红纸书写）之戏单，到名伶家中，预为报告本日所应演之戏目，并请早至。如是日催戏人不来，伶工即不赴戏园演唱。或双方发生意见，即催戏人至，亦不往也。
喷白：念白时用力所发出之字音，不飘不倒，谓之"喷白"。
场中：伶工倒仓以后，嗓音不能复振，谓之"场中"。
塔灰钱："堂会钱"之变音也。[附记] 往者演堂会戏，蝉联不绝。偶遇名角，必要搭钱，作为单赏，徽班谓之"塔灰钱"。按："塔灰"二字，乃"堂会"之变音。"塔灰"，即"堂会钱"也。其法以长桌一，上放铜钱若干串，置于前台，以二人司其事。有谓"搭钱"者，即自前台往后台搭之。搭钱之多寡，则按角色之优劣为定。后因铜钱体重，改为木质。又因木质粗笨，即改用封【校案：原作"对"，显误，径改】条（即一纸条上写款项数目，放于红色封内，用一铜盘承之），由茶役在前台唤红人（身服红衣，头戴青软罗帽，为后台领赏者），至前台取之。红人领封后，即向台下叩头而下。戏止后，由后台首事人，将封内之对条取出，照上所写之款【校案：原作"欸"，疑为"款"字之误】数，持往账房索取，然后表分同业耳。
抢场：临时扮演，谓之"抢场"。
搭班儿：在戏园唱戏，谓之"搭班儿"。

搭架子：后台答白，谓之"搭架子"。[附记]后台人众，恐"搭架子"时，易于混乱，故派专人以司其事。如樊城《金殿奏本》，应归伍尚答白；《打严嵩》，则以丑角严霞代之；《武家坡》之传话，则多归于旦行中人答白。因他行不能应工，与《钓金龟》之用伯，必须老生答白，同为一理。惟《女起解》之问路，则无专人答之，多由管事人代替。又据诸老伶工云，早年规矩，后台答白之人，不准素身，须着青衣、戴网巾，非如今日可以随便也。

晕场：在场上头目发晕，谓之"晕场"。

暗场：暗而不明者，谓之"暗场"。

暗上暗下：非正式之上下。[附记]剧中各角上下场，皆有一定之姿势，一定之音乐。而"暗上暗下"，则皆不必有姿势，更无音乐，以其非正式之舞式上下也，故名"暗上暗下"。如员外在场上说白时，家院与【校案：原作"于"，疑为"与"字之误】其正说话之时，随便上下等情形皆是。（见《中国剧之组织》）

滚口：念白颠倒，谓之"滚口"。

会阵：两国或两派相争，彼此初见面，时谓之"会阵"。

溜嗓子：未唱以前，喊"咿""哑""呜"等声，谓之"溜嗓子"。

准纲准词：准纲，准提纲也。准词，准词句也。

碰了：唱念做打，偶有冲突处，皆谓之"碰了"。

碰头好：伶工于初上台时，所得之欢迎声，谓之"碰头好"。

碰头报：预告戏目之报单，谓之"碰头报"。

绣花枕头：与"象牙饭桶"同。

群曲子：大众合唱之曲子，谓之"群曲子"。

脑门儿钱：傍角人所得工资，名曰"脑门儿钱"。[附记]"脑门钱"者，即名角之管事、场面、跟包、梳头等人之工资也。故名角在未演戏之先，须与彼等预备，且不许欠。亦不可打厘。按："脑门儿"者，早年无此名称，缘名角多不带管事场面……人等，大都用官中者。而跟包一项，为例已久。故于开份之时，另出一项跟包钱，多不过四百文。因此款【校案：原作"欸"，疑为"款"字之误】无处可记，只好写于角色名上，谓之"脑门儿"。闻庚子后玉成班，尚无此名称，如今则视为定例矣。且随名角之戏份而增减，自数元至数十元不等。是可为组班者一层障碍也。

脑后音：丹田音兼鼻音，谓之"脑后音"。

里子：配角之优秀者，谓之"里子"。

跟包的：为伶工服役之人，谓之"跟包的"。

过合：角色彼此往返，谓之"过合"。

过道：于剧中饰家院者，谓之"过道"。

过场：在场上一现昙花者，谓之"过场"。

过门儿：唱词间断时，以胡琴做间隔，谓之"过门儿"。[附记]徐凌霄云，在许多戏的唱词里，可以看出"过门"之需要来。例如《卖马》八句，每句中间，夹入店主东之白口，而胡琴勿需间断，实有不板不乱之佳处。其《玉堂春》，一大半是问答体。问的是"白"，答的是"唱"。在这些地方，如无"过门"，则必句句停弦，亦且至于重复沉滞矣。故因为要留出对手方插话的时间，不能因为独唱的时候过门太长，就说"过门"可废。昆曲之不用"过门"，固然也有组织上之要素。惟遇有插问的白话，容易和答的唱混在一处，为弹词，则"过门"也是皮黄的一种特色。不过每一转慢板之前，几个"过门"，每觉费时太久。若为独唱则唱者，亦有不便耳。

靴包箱：即三衣箱也。[附记]凡剧中所用之胖袄、水衣垫片、青袍、卒挂、女跷龙套等，皆属于靴包箱者。

饮场：在台上饮水，谓之"饮场"。[附记]角色在台上喝茶，内行话叫"饮场"。从前"饮场"，无论哪一出戏，都有一定地方，于观客不理会的时候，偷饮一口，所以要用袖遮掩，这是恐怕台下知道的意思。如今好角"饮场",壶杯都是非常之讲究。甚至有买西洋暖壶,使下人挎【校案:原作"跨",显误,径改】在身旁,立于台前,以壮声势的。从前绝没有这个规矩。(节录《中国剧之变迁》)

场子:排场之简称也。

场面:为伶工司乐者,谓之"场面"。[附记]梨园固以伶工为重,而司乐者,亦于演戏有重大关系焉。盖伶工度曲时,须授乐师之指教,如腔调之高低刚柔,莫不由司乐者操纵焉,故伶工实与乐师相依为命者也。考乐师之初,多为伶工改习者。其原因,则一为音暗不能歌,而改习此也;或则年龄老大,气力日衰,改习此途以为生计问题也。今则有专习此门,而非改业者矣。然以艺术而论,其先为伶工而后改习者,及其司乐也,则与歌者有互相之精神,不至有腔调不合之处。所谓相得益彰者是。且渠前亦曾习歌,而歌中之韵调,已深得三昧,故一奏乐,其声必与歌者之音相吻合也。凡初习"场面"者,无论其学文场或武场,皆须有人为之介绍。双方各定合同,复以厚礼以代入学之资,献之于乐师,乐师始传诸艺焉。至于学习之法,文场须初读工谱,次学普通昆剧,再次即学撩笛,及唢呐吹法矣。如是者一年,乐师当为介绍于各戏园,以月琴弹开场戏,谓之效力。每日所得不过二十枚,此钱谓之点心钱。自此以后,学者渐谙诸乐奏法,或另搭班,或傍伶工,始开戏份。戏份多寡,需给乐师一半。俟出师后(即合同满后),此层供奉,方可取消。至于学武场者,亦然。初习用鼓箠【校案:"箠":竹。同"篗"】(即击鼓之锤)。二、每日鸡鸣时,在毛竹底,或其他处划一极小之圆击之,藉此以练手腕之灵活也。其次则习罗经,学成后,亦到戏园中效力。初击小锣,继续大锣、单皮等乐器。凡园中"场面"老辈,若使役之,则惟命是从。甚至赴外购物,以及童仆之役,亦无不惟命是从也。

早年之"场面",无所谓傍角,仅分为前后工。工力精者,次者作前后工,再次者即作开场戏也。惟"场面"第一注重昆腔,其次则为胡琴。胡琴拉之优劣,并无关紧要。不工昆腔者,即不能充为"场面"也。清光季年,因能吹昆腔戏者甚多,唱者极少,置昆腔于度外,胡琴乃渐渐时兴,场面亦随改拉胡琴。自此以后,伶工演皮黄戏者,日见其多,场面乃将昆腔置之脑后,不甚注意。如昆腔中《回营》《姑苏》二折,今之"场面"多不能吹,其他昆戏,则更所不能矣。

文场向以横竖为正工,胡琴则其余事。今虽有傍角一说,亦不能认为"场面"之正业。然官中"场面",虽无傍角,然必认其为正业。何也?盖官中"场面",文者能吹拉弹打,武者能锣鼓铙【校案:原作"饶",显误,径改】钹,傍角"场面"则反乎此。司琴弦者,仅能司琴弦。击锣鼓者,只能击锣鼓。其余乐器,则非所能矣。按:此等"场面",充任一生,亦是掣肘,故内行多呼其为"半边人"。或谓傍角进款多,能拉不会吹,并无关紧要。恰巧戏中有段小吹操琴者不会,另请吹者,未免不值。若约别位"场面"代吹,则要此傍角何用?即此一端,则知能拉不会吹者,或不为"场面"之正业也欤。

武场最重者,为单皮,各种场子、曲牌、入头,皆须深知。但打鼓之好手日见零落,若已故之沈宝钧、侯双印、白如意、郝春年、刘家福、李玉衡等人,对于昆乱诸戏,皆有根底。且闭目击之,亦不能混乱应击何种点子。则新手如一。非今之初学者,未明鼓板之击法,即敢高座司鼓。应打三腔,即打半截《水底鱼》。不应起叫头,而强起之。或遇老牌子、老点子,不甚熟悉【校案:"悉",原作"习"】,贸然以他种牌子点子代之。诸如此类,蒙混外行,日后老牌子、老点子失传,端由此辈作俑矣。

文武场面,皆得有互助之道。亦有定规,即以水钹堂鼓而言,本应归武场击之。而水钹,则归弹月琴者击之。堂鼓,则归司三弦者击之。至于齐钹,而无专人司之,或云操琴司弦者,亦兼击之也。

垫:临时加演,谓之"垫"。

垫字:戏词原无之字,而伶工任意增添,谓之"垫字"。

对:伶工互相研究,剧学知识谓之"对"。[附记]凡演一剧,如配角生疏,必须于未演之前,在后台与正角研究,或对词句,或对场子,故谓之"对"也。

对垒：器械相打，谓之"对垒"。

对口：角色出入场时，所念之对联，名曰"对口"。[附记] 戏中角色出场及入场之时，必念"对口"。"对口"者，对联也。五言、七言均可。惟入场时念者，则须于对联上加"正是"二字，否则稍欠圆满，即无精彩可言。如"为人不把良心丧，枉吃白菜豆腐汤"一联，其言若不加以"正是"二字，能振起精神乎？此其例也。又，"对口"非仅一人所念者，两人合念一联（甲念上联，乙念下联）或场上四人，以二联，每人各念一句。即最普通之《审刺客》一剧，亦有专词。如"如今的事儿颠倒颠，当朝宰相何道安，诸君不信抬头看，谁是忠来谁是奸"等是也。盖"对口"关于剧中最为重要。所念词句，须与当时情节相吻合。故此"对口"中，有何道安句也。又如《岳家庄》剧中，牛皋所念之"对口"，各有不同。有念"柳营春试马，虎帐夜谈兵"；亦有念"辕门鼓打三更尽，夜统貔貅百万兵"者，皆不切当时情景。应改念"踏破金邦地，昼夜奔汤阴"联，乃为合法也。

摔打杂来：率打击零碎角色，无不兼全之谓也。

枪花：持大枪而舞其姿势，谓之"枪花"。

漫头：打两个回合也。

盖口：剧中问答之词句，谓之"盖口"。

盖头：遮头之布，谓之"盖头"。

满堂：戏园座位卖满，谓之"满堂"。

管事的：后台执事人，名曰"管事的"。[附记] 语云："一只大船必有个掌舵的，一家度日必有个当家人。"戏班亦何尝不然！惟后台执事人，谓之"管事的"，凡对于后台一切事项，均负完全责任，且须有戏剧的经验。故除原有戏份以外，另加一项管事钱，多不过数十枚。盖管事者虽不必上场出演，惟遇角色缺乏时，亦得装扮。俗说"卖艺的应行"，何况"救场如救火"。至于派戏，支配角色，某戏演唱之时间长短，某戏出于何朝何代，均须了然于胸。譬如演唱时间不均，散戏时过晚，则必受警区罚办。朝代分别不清，观众必报以倒彩。故早年规矩，开场时所演之戏，其朝代多在唐宋以上，其余诸戏，或在唐宋之间，或在唐宋之下，则无妨矣。支配角色，须知演角性格，应如何对待。是谁"活头"，须交谁扮。遇有"临场推诿"者，无论多狡猾，设法使其心服口服。某戏须某人、某脚与某脚配演，方能相称；某脚戏码在前或在后，方为适宜。且与分配时，尤须公道，否则势难终场。是以膺此选者，不但要有经验，且须有人缘。平时对于班中演角，更须联络，临事时不能撑起架子，必宜面兼冷暖，语杂装谐。甚至出一办法，即能令人钦佩。所谓"不干也得干"，始可称起支配角色之能手。又如开销戏份，班底应发多少，各脚应开多少，均须与老板商量。未开锣以前，管事人须先至后台，发令开戏演方能开演。命催某角，催戏人既往催某脚，此其权柄也。【校案：此乃"导演"是也】

管箱的：管理剧装之人，谓之"管的"。[附记] 剧中应用物品，如衣饰旗把等件，种类至夥。而某戏应着何衣、应用何物，均有定则，不能错误。故必分门别类，分派多人执管，俾演者所用何处，即向何处携取。否则人多物众，不特一时找寻不易，管理者一人亦难料理也。至责任分担之后，执管衣服者，即按本日戏码，须将顶用物品，安次取齐，以免临时慌忙，而有疏失。大抵衣服分大衣箱、二衣箱两种。蟒袍、官衣、裙子、披等，归大衣箱。靠、龙套、青袍等，归二衣箱。余如盔帽巾冠、须髯、角带等，则归盔头箱。刀枪旗伞，归旗把箱。零用物件（如令箭等），归奇宝箱。大衣、二衣、盔头、旗把等箱，均置于后台。奇宝箱则在台上，由检场者管之。（见《戏学汇考》）

说戏：即教戏也。[附记] 谚曰："有状元徒弟，无状元师傅。"此语诚然。师傅若有状元资格，绝无暇教授学生。所以，早年教书之人，多为前清举人或秀才出身。戏班又何尝不然！故教戏者，多为后台之硬里子、戏包袱等。演戏时虽无惊人之处，教戏可称专门。吴凌仙当年在四喜班跑宫丫鬟，如今名伶梅兰芳，亦尝受教于彼也。吴连奎为二路老生，居然有弟子如余叔岩者。即此可见，"师傅领进门，修行在各人"。无论读书唱戏，皆为一理。开蒙时所学，不过普通戏耳。能领会个中意义，则不难出人头地。谚曰："欲学惊人艺，须下苦功夫。"若仅凭师傅指导，自己不加研究，未必能享大名。故教戏之人，始能间接享受利益。如已故之姚增禄、唐玉喜、王福寿、贾丽川、刘景然、朱天祥，及健在之范福泰、鲍吉祥等，皆为教戏老手，门墙桃李成行，名亦大著矣。

误场：应上场而误时之谓也。

魂子：于剧中饰鬼者，谓之"魂子"。

撒手锏：谓拿手戏也。

调门儿：管色之高低，谓之"调门儿"。［附记］调门约有七，如小工调、凡字调、六字调、正工调、乙字调、尺字调、上字调是也。

调底：歌声音小且低，谓之"调底"。

养众：维持配角场面等人之生活，谓之"养众"。［附记］戏班每日所进之款【校案：原作"欵"，疑为"款"字之误】，除零碎开销外，即须开发配角及文武场众人之戏份。至于名角戏份，则俟众人戏份开销后，再就余款多少，为之分发。此即"养众"之意也。

踏白虎：走错场门，谓之"踏白虎"。

谙了：过失被揭穿也。［附记］有违反规则者，被老板闻知，谓之"谙了"。又，恐为老板闻知，亦曰"谙了"，乃自警之意也。

绕场：演剧时角色于台上绕走一周，谓之绕场。

压轴子：末一出戏的前一出，谓之"压轴子"。

戏码儿：以伶工技艺之优劣，预定演戏时之次序，谓之"戏码儿"。

戏混混：外行人混入梨园，以谋生活者，谓"戏混混"。

戏德：演戏时存有道德观念者，谓之有"戏德"。反乎是，则曰"无戏德"。［附记］已故名净李连仲，为人忠厚，生平最重戏德。杨小楼演《冀州城》时，杨阜一角，原系方洪顺扮演，因其唱作，远不如连仲，管事人乃商之于彼，令其扮演。李答云："此戏非余本工，未尝学此，实不敢应也。"盖是时方伶所得戏份，不过十六吊，与杨小楼配演《冀州城》之杨阜时，始增至三十二吊。故此连仲不忍多占其戏，恐其戏份减少，盖重戏德也。

嵩生云："剧界人物，无论有多大本领，与高尚的艺术，第一最讲究有戏德。对于同班各角，必要同心协力，屈己从人。后进人才，更应竭诚照拂，热心提携。上场应演之戏，亦须格外尽职。别人有错，要力为遮掩。一则念在同业，二则演唱齐整，大家乃有光彩。故一般老伶工，受过前辈训诫者，无不本乎此旨。配角从不过于讨好，决不当场抖漏子，予正角以难堪。"已故唱花脸的李永泉（即"溜子"），与老生李顺亭（即"大李五"）在配角中，原是上中人物，惟性情孤僻万分，每以老前辈自居，不把别人放在心上，毫无戏德之可言。畴昔二人同搭某班，被其所扰者甚多。对于"二李"动辄留神，莫不喷有烦言，班主亦甚厌之。适旧历年终，照例封箱后祀神，新正若仍令某角蝉联，必由班主具帖，约请与祭。倘不见帖，即与解约无异。是年某班封台后，未与"二李"下帖，"溜子"找向"大李五"计议，谓非如此这般，不能报复。及届祭神之期，"二李"居然执香前往，先在神座前礼拜后，亦照常入座宴会，谈笑自如，一若被聘请者然。某班主与管事人等，虽知其系厚颜前来，又不便面阻质问，只得照例敷衍道："请二位正月初一日，早到馆子。""二李"欣然允诺，宴罢各散。次年元日，"二李"较他角到园甚早，当命"二李"合演《风云会》，戏码排在正第三。"大李五"与"溜子"扮演登场，至赵匡胤与呼延赞对鞭锏时，二人忽作斗鸡式，满台乱跳，神情怪异，合园大哗。管事人立唤之下。班主愤极，质问"二李"是何居心，"溜子"与"大李五"大笑道："年前祭神，未接贵班之帖，今天白帮半出戏的忙，已是朋友之道，老板何必着急呢？"言罢，得意而去。"溜子"后竟无班可搭，潦倒而死。"李五"幸能改过，尚能自存，十年前死于汉口。

戏包袱：配角能戏多者，谓之"戏包袱"。［附记］伶界有所谓"戏包袱"者，言无所不能，若衣包然。生旦净末丑之装，全可收储，故以"包袱"名，言随取皆是也。此等角唱不出色，而伶界亦颇重之。每一班中，必不可少，盖拾遗补阙。若医门败鼓之兼收，文字传声作野寺闲钟之待叩。先辈之仪型在目，虽不能效而能言，戏场之词句填胸。虽不能歌而可风，大都日为不厌，屡出不羞。其人或本名伶，或原杂外，非废于病，即限于天，穷老可怜，令其饮啜于此，为诸伶作导作配，亦梨园养老之不可无者也。（见《梨园佳话》）

戏肩膀儿：脚色之暗示也。[附记] 伶工演戏，对于同场角色，及文武场面，皆须互相协助。遇接笋处，则以肩膀表示。所谓"膀肩"者，即角色之暗示也。如欲起叫头，非投袖即抖髯；如袖瘦而无髯，则须拉云手。如唱完时，必以二指捏之，或将所歌之末句延长。举一反三，皆谓之戏肩膀也。故梨园有内外行之分，内行深知一切肩膀，外行则多不了然。若不了然，则演戏时易感困难矣。

检场的：管理戏台上一切杂物者，谓之检场的。[附记] 检场之难甚于演戏，非断轮老手，不能担任。第一须知剧中之场面及节调。第二须手急眼快，临事周章，不至混乱。否则，必要受角色呵叱。其最难者即为散火彩。以局外人观之，似属易事，然实难于他技也。其法以火纸叠成摺形，夹于中指食指之间，复加一小碗，内盛松香末，冲火而出，能随角色前后上下左右绕场连炽。最难莫属于过梁。过梁乃隔城而撒之者。若用力过大，其燃成之松香末，必落于台下。用力太小，则焰火落于演员身上，皆甚危险。又如松香末撒时过多，其火落而不息。过少，则火小而成烟。其难可想见矣。辛未三月初九日，余与老友谢素生、张次溪二君，往访阎君寿春。寿春，内廷老供奉，现为杨伶小楼检场。见吾辈来谈，极所欢迎，乃将撒火彩之法，及经历各事，详为口述。谢君曾濡笔记之，文曰，火彩为检场人职务上之一。"检场"本名"走场"，系清代升平署所定之名称，外间不敢沿用，改曰"检场"，居场上最重要之部分。凡场面之种种，无一不当明了熟悉于胸中，不致临场无所措其手足。梨园公益曾是以列之剧通科，火彩为所必要，全凭手术。非练习于平素，得心应手，断不能雷雨烈风之历试不迷。脱腕如天花之雨，遍地氤氲，为剧目增加精彩。原其所以发明，盖用以表现各种幻象，作实地之描写，使剧中情况一一明显于当场，又借以助威。又，今演者于光明放出之际，施其逐样身段，不啻有所凭仗，得尽力于欧阳描画，加倍生色。其间亦自具有理由，等于绘水绘声，无处不令人注意，无处不示人用意。可从迹象之中，想象以得其真相。有如神仙鬼怪剧，或变化于顷刻，苍狗白云之幻；或声散步虚，天风吹下；或列御寇之御行，隐现于愁云惨雾中，恍首尾神龙，获从而一见；或雾作蚩尤，迷方待指；或垢吹风伯，朕兆预形；或南山之豹，可窥于一斑【校案：原作"班"，显误，径改】；或道子之变相图成，千奇百怪，纵叶将蝉翳之持，亦烛比群然之朗。凡此非先有以表示，不特生气蓬蓬，蒸来釜上，观者容易忽略过去，而象外环中，莫名其妙，不足以令人拍案惊奇。且于戏中情状，举末田推测而知。又如《艳阳楼》《百凉楼》《博望坡》《火云洞》《赤壁鏖兵》《绝虎岭》《连营寨》《葫芦峪》等，须将火烈具举，表出于狩于田，蛇掣紫金，共苍兕之乎以俱起。始觉兰陵破阵，敕勒【校案：原作"勤"，显误，径改】同歌，超海挟山之势，闾阖欲排。而演角之身手做派得神处与不得神，尽力处否，可就中以作玉尺之评量。演者亦得于此等地方，研究其做工，写出黄庭，求到恰好处。更若焚绵山，闻妖鸟之恭呼，而窃负而逃入。山惟恐不深，入林惟恐不密。宁冥鸿之追逐，不计池鱼之及，百般姿势。与夫神情状态，举可于熊熊环绕间，抽象而得。一门忠烈，遇吉上马出门以后，回首家园，顿成火窖。而念及高堂，将身碧葬，有难反顾，押泪而袁尨东之辛，效命于疆场。等猎火狼山之照眼，一腔忠愤，愈以激发。打棍出箱之煞神，与范仲禹惊心于阴风惨惨，左右谛视，狰狞卓立。于其前，倘不加以装照，则煞神登场，第效作公孙跃马，了无蛱蝶膝王生动之致。一木鸡之养出，饰角亦无凭以显其技，而范仲禹之瞻顾彷徨，纵作势于空中，倍加烘托。究添豪于颊上，未免差池。诸如此类，不胜枚举。足见火彩之与戏剧，相辅而行，隐有其连带之关系。盖演戏所崇尚者声色，而火彩亦色中之一份子也。综厥名词，其刚要如达到之只有其五。如月之晕，环绕成一大圈者，谓之"月亮门"。累如贯珠，接连不绝者，谓【校案：原作"设"，显误，径改】之连珠炮。自下而上，若霞起赤城，散而为绮，仍珠露之下垂者，谓之"倒簪"。自上而下，又向上行，俨麻姑之米掷，大珠小珠之落。又珠帘卷起，共游丝以萦曳者，谓之"托塔"。重城间隔，势蓄建瓴，作杨公之铁星，劈空飞出者，谓之"过梁"。而由此五者，遂形形色色之产生，鱼龙变化，曰"吊云"。状奇峰之拥，重叠手攀，曰"反吊云"。翻身作势，焰断层层，恍笃舞于回翔。若龙腾于飞跃，曰"火塔"。浮屠七级，有似气结楼台，海旁蜃象，曰"抱龙柱"。猿同树绕，犊比耕催，曰"盘香道"。飘烟堕月，圆晕螺旋，曰"抛火球"。焰飞脱手，僚丸投掷与团团，曰"满堂红"。繁星朗彻，开来四照之花，列炬堆成，煽类千花之篆，曰"仙人道桥"。凌波若步，流耀含英，珑珑雁齿之拖，拂拂虹腰之越，曰"回头望月"。趁低首而导如泉注，乘转月而带作烟笼，名虽不一，道则一贯。犹琴师之操缦按弦，随手翻弄其花腔，根本仍不能脱霓裳之谱叠。又，吞刀吐火，变幻莫测之黄公，同此万变而不离其宗。抑非仅范围曲成之不遗不过，又有其一定之尺寸。神则烟云之高送，鬼则随其矮足、着地放光，妖则半载。盖神人日月齐辉，芒生卓卓，故冲霄烛汉以象之。鬼为阴气，青磷烟烁等爝火之微明，故低起以形容其出现怪居于神鬼之间，只能作为一半，乃不高不低。为之神传阿堵，其法创始于高腔，递衍于皮黄，和鲁公之衣钵传来，代有名手。年湮代远，已莫共藉谈之数。就所见闻，其佼佼铮铮者，只阎寿春一人。王夷甫海内龙门，群相景仰。阎为四川籍，其先世移京，住齐化门外之八里庄。开设阎家店，为往来行旅之休息所。至其祖名德奎者，乃改入戏行，充后台衣箱箱头。父玉山，始任"检场"之职。寿春幼秉趋庭之训，心领神会。当"四喜""春台"二班鼎鼎之时，均参加其盛。嗣转搭"小丹桂"，又入"喜庆和"。足迹所至，到处欢迎。清西后最喜观火彩。南府中人闻名，招之加入，与小楼同供奉内廷。小楼尤倚之为左右手，有如蛩駏之相依。是时小楼最邀宸眷，深恐扶持之不得其人，必使随同为助。小楼外演，辄携带所信任之人，以免贻误。盔头箱杜青，大衣箱靳荣轩，皆为小楼身畔所至必带之人，阎亦与焉。第一舞台小楼演唱时代，一日排演其拿手戏《安天会》。是戏非有火彩，无以使旌旆飞扬。该园自开幕日被火，禁如寒食。小楼力排众议，破除其例。命寿春至，给洋二元。为之先时预备松香，至昏夜叩人之门户，同水火之求。其事至今犹啧啧于人口。门墙桃李之盛，几多濂洛颉颃，以樊德昌、李子俊为最。子汉卿，改习"场面"。先师事蔡占奎，继私淑于音律家方星樵之门下。荀慧生成班，邀为随手，至今相随不离。"检场"中之以技成名者，当月寿春为一指之可屈。现虽老去，已作退院之僧。然鲁殿之巍存，同辈咸说士之甘也。今津沪等处，已将此项取消。惟平市尚属后星明，告朔饩羊之存在，为数二十四番信风吹到，歌板酒旗，犹有人于鞭丝帽影中，墨洒金壶，效者旧襄阳之录。独此鸿雪之痕，无复有记事珠拈付，与春灯燕子，共屯田杨柳以俱传。举目河山，曷禁沧桑之感。而琵琶亭畔，听到月明，又不觉检点锦囊。而司马青衫之欲湿，如新亭之坐对也。

总讲：又名"总纲"，乃完善之剧本也。

脸子：剧中所戴之假面具，统谓之"脸子"。

摆台：未开戏前，台上所设之旗伞台帐，谓之"摆台"。

摆门子：以各种模型，陈列于戏园门前，谓之"摆门子"。［附记］旧式戏园，多于门前陈列本日所演剧中各种"切末"模型（如楼台、山石、树木、酒瓮形儿等），藉此以资号召。如是日所演无用"切末"之剧，则多设龙虎形及云牌（即《风云会》剧中所用者），以为壮瞻焉。

翻场：脚色笑柄百出，谓之"翻场"。［附记］梨园行的规矩，不许"翻场"。什么叫翻场呢？就是几个角同在场上，倘有一人说错或唱错，别的角不但不许"笑场"，并且还得替他遮盖。因为别的角不笑，台下或者可以不理会。若别的角一笑，则台下便知，该角或因此得倒好。所以各角以同行道德关系，不会给别人翻场。（节录《中国剧之变迁》）

双进门：龙套左右并进，谓之"双进门"。

题纲：剧中要目列表写出，挂于后台上场门旁，谓之"题纲"。［附记］凡新编之戏，其中情节必然复杂，虽熟排者，演唱时亦恐有所遗忘。故必须将剧中某场应上某角，某角为何人扮演，以及文武场面所应吹打之排子点子，与武行起打时所打之把子，为何名称，或用某一套子等，均须一一列表写出，挂于后台上场门旁。管事人与演角，俾随时观览，遮不致遗误也。

转场：在台上旋转而下者，谓之"转场"。

辙：戏词所押之韵也。［附记］戏之有辙，犹诗之有韵也。诗无论为律为绝，必范以韵，不可愈越。而平仄声混用，尤为严禁。古体之限稍懈，但平仄不能混用则一。戏则不然，平仄大可混用，韵角【校案：当指"韵脚"】亦可通融。（此指乱弹而言，昆则限韵之严一如诗律）惟唱词押韵，以平声为主；虽有时用仄声字，亦当唱作平声，俾勿逾辙。所谓辙者如下：一中东辙，二人臣辙，三江阳辙，四发花辙，五梭波辙，六衣齐辙，七怀来辙，八灰堆辙，九苗条辙，十由来辙，十一言前辙，十二姑苏辙，十三叠斜辙。戏词中无论何句何调，均不能离此辙格。戏之合辙，以每句之末一字为标准。（中略）总之，唱词第一句之末字，属于何辙，则其下无论若干词句，必始终归于一辙。苟非一段唱完，决不得转入他辙也。（见《戏学汇考》）

辙者，戏词所押之韵脚也。其韵系就各音（指宫商角徵羽而言）所合之性质，发与种种之声。且以平声为主脑，附仄声于平声中。故戏词皆押平韵，间或用仄声韵，亦必唱为平声，此定例也。宫音属春，其声和平，故包括中东、人辰、衣齐、言前四辙。商音属秋，其声凄厉，故包括怀来、江阳、梭波、苗条四辙。角音属夏，其声高亢，故包括发花、尤求二辙。徵音属闰，其声沉细，故包括姑办、灰堆二辙。羽音属冬，其声低暗，故但有邪乜一辙。邪乜，仄声也。然唱时必与平声出之，方为合法，缘度曲用声不用韵也。（见《戏学大全》）

跷辙：不合辙，谓之"跷辙"。

边挂子：与"走边"同。

颠了："颠"音"乑"，乃脱落盔帽之意。

嚼字：念白时字音不清，谓之"嚼字"。

飘字：咬字不准，谓之"飘（辟、雅切）字"。

钻锅：剽窃他人之戏而演唱之，谓之"钻锅"。

梨园画卷终

《梨园话》书后

旧都梨园，有清中叶为最盛，迄今百余年矣。有百余年之沿革，故日臻于大成之境。且其组织及为精密，事物极为繁夥，一举止也，一微气也，往往别有名称，遂成术语，非受业内行，得有传授，莫能洞悉其奥秘。年来研究戏剧者，视昔为盛其涉足歌场，或与梨园子弟游者，非谙若辈术语，则莫明意义。而外行入内行，曩演者，尤习闻之，而未悉其所指，故举止动作，深受拘束，乃感无穷痛苦，此皆不明内行术语所由致也。方君问溪，为昆曲家星樵先生文孙，星樵先生精音律，擅度曲，工整娴熟，论者咸称其艺术为清代第一人。星樵先生老去，而问溪能继其学，有雏凤之誉。近著《梨园话》一书，共收术语名词三百余则。逐条诠释，颇中肯綮，复分笔画，犹便检阅，盖一完善之梨园词汇也。书成见示，嘱为一言。窃以时代变迁，一日千里，梨园组织亦与时擅易。吾人执此一编，则可略见梨园旧日规制，与夫术语之因革，不徒有功于外行，而于研究近代戏剧史者有所取材也。

满洲傅芸子识于北京画报社

小跋兼封面故事

许多年来，特别是最近几年，笔者对于民间隐语行话的正名、辩诬以及发掘抢救这种珍稀的民俗语言文化资源，发表了许多言论，策划组织了多次学术会议并深入市井、村野采风，躬身进行田野作业。与此同时，一直通过各种方式和渠道，发掘抢救各类历史文献。

之所以说其"珍稀"，亟须抢救与保护，主要在于，一是一向被统称为"黑话"的民间隐语行话遭受"贬损"，被严重地"污名化"了；二是使用这种言语形式的社会群体的逐渐减少；三乃其所依附的地域方言亦处于濒危状态。

一部晚清坊间印行的《新刻江湖切要》，就连几十年前的蓝晒本，在一些著名图书馆亦早即列入了特藏。为什么？存世甚少。更重要的是，此书是一部中国历史上稀见的、堪称汉语隐语行话典籍的著作。至于陆续发现发掘的一些传统行业群体口耳相传的传抄本，更是命运多舛，因不识、误读等随时都在消亡于世。

或问，这类东西任其消亡就是了，无甚可惜的，还能影响社会的文明进程吗？当然不会。然而，忽略这类作为出于历史文化深层结构的"言语化石"，探析、认知以往社会文化历程轨迹则缺少了理应在位见证，显然是一种不应有的缺失。

本书由于是初编，加之篇幅所限，只是从历年所收集的迄今为止百余种汉语隐语行话文献中选辑出的三十余种，只是一部初编，还有诸如《江湖丛谈》等一些重要典籍由于种种缘故本次未能选辑入编。个中，不乏笔者自行校订的数种珍稀文献，十分遗憾，留待后续即是。期望连同其他几十种，乃至还将陆续发现发掘的有关文献，有待新的机缘再继继奉献于世。

梳理、校订和选辑这些专题文献的过程，实际上还是一个深入研究的过程。比如，在此过程中，越发感到，在以往为隐语行话"正名"的基础上，还很有必要进一步为之冠以一个富有文化内涵的"雅名""别号"，那就是酝酿许久了的"锦语"。即将另外成文，另行发表，提请讨论，向世人请教。这个，也可以算是编纂本书过程中的一得之见，一点额外收获。

在此，还需要附带说明一点。这部书，名曰《汉语历代隐语汇释》，但限于篇幅等原故，仅仅从已知见的历代百余种汉语隐语行话文献中选辑约三十种，分列两万余个条目，作为初编就是。同时，考虑到汇释的隐语主体主要为"语汇"形态，为方便读者，本书编辑了《续编 其他形态的隐语行话》和《附编 历代汉语隐语要籍研究与选辑》，供参考。

关于本书的性质与功能立意，即如本书卷首的《例言与说明》所述，本书是按条目汇辑中国汉语古代和近现代隐语行话（民间秘密语）文献记述的文献类编，同时兼具类义性专门学术研究工具书功能，纯为一部供作汉语隐语行话学术研究参考的文献资料专题选集，一部仅供学术研究参考的比较冷僻的专题学术文献类编，一次对历史上有关文献的初步集中梳理与保存，一个特别言语形态的语料数据库，亦即本书之初衷与旨趣也。或简言之，这是一部仅供专业学者作为学术研究参考使用的，以"小众"学者为读者对象的学术著作。

至此，似乎可以说说本书的封面故事，亦即"锦语"故事了。

封面又谓"书衣"。常言道，"人是衣裳马是鞍"。封面之所以谓之"书衣"，则在于它是一部书的外观仪表。虽说"包子好吃不在褶上"，却也是构成一部书不可忽略的有机部分。《汉语历代隐语汇释》的封面设计，因其书内容的独特性，笔者做了一点创意，提供给设计师去作艺术参考，于是就成了现在大家看到的样子。不妨就创意给各位做一点解读，或也是件有趣的事情。

这是一部以古文献为文本的学术专著，那么，就以线装书古籍封面常见的蓝色，加上仿线装书传统的书名题笺形式，以及封面若隐若现的古籍书影，三种主要元素合而构成封面的基调和风格。

这里需要特别提出的是，采用的书影和刻意突出的书影页面本身的"圆社锦语"四个字，以及稍大一些凸出书影之上的瘦金体"锦语"两个字，有些寓意在里面。

瘦金体是宋徽宗赵佶所创的一种与晋唐等传统书体区别较大、笔迹瘦劲风格独特的书体。黄淮流域民间流行的反切秘密语，被称作"徽宗语"，显富附会色彩。多才多艺的宋徽宗还是蹴鞠的爱好者，一位历史上最高级的"球迷"。因而，蹴鞠成了宋代风行一时的一种体育娱乐活动，几成国球运动。其间，非但涌现出许多为"圆社"的蹴鞠结社组织名，还形成了自成系统的当行隐语行话"圆社锦语"。清人翟灏《通俗编·识余》所说，"所谓锦语者，亦与市语不殊，盖此风之兴已久"，指名其性质即属于民间隐语行话。"圆社锦语"语汇内容所及，十分丰富，举凡蹴鞠阵法、踢法、球员之间的交流，乃至日常生活等，各有特定名目。宋人汪云程撰《蹴鞠谱》所载"圆社锦语"，是世界足球运动史上的一种十分珍稀的足球运动专业技术性语料实证，也是佐证中国是世界上足球运动发源地的"语言化石"。

有鉴于汉语隐语行话的称谓用语芜杂不雅，需要进一步为之祛污正名，摆脱污名化的阴影，还其作为不可多得的民俗语言珍稀文化遗产的本原品性，扫清障碍，尽快祛魅。通过系统的研究，建议使用"锦语"作为"隐语行话"的别号雅称，在不同的话语环境下灵活替代，或与之并行，以期有益于这种珍稀语言文化遗产的发掘、保护乃至科学开发利用其历史文化资源。在此寓意背景下，突出的"锦语"二字与题笺"汉语历代隐语汇释"相互关联映衬，启发着读者对此富有诡谲神秘色彩的语言文化化石的探秘情趣。

末了，还想说的是，本书乃仓促撰就，虽已尽力，仍难免舛误之失，诚请教正，以期进一步删改修订。

作　者

2018 年 5 月 8 日于邺雅堂

《汉语历代隐语汇释》主要征引文献

1. 宋汪云程《蹴鞠谱》，有《玄览堂丛书》影印本，明陶宗仪《说郛》节录本题为《蹴鞠图谱》。是卷辑录当行隐语行话凡130余事，皆以通语为注释之。如："听拐：耳。夹脬：有钱。拐搭：靴鞋。葱管：阳物。"是卷系迄今所见最早的一种蹴鞠行隐语行话专集。清翟灏《通俗编·识余》云："宋汪云程《蹴鞠谱》有所谓锦语者，亦与市语不殊，盖此风之兴已久。"关于作者汪云程生平，历代鲜见记载，此从清初人翟灏《通俗编·识余》之说。

2. 《绮谈市语》一卷，载宋陈元靓辑《事林广记续集》卷八，元建安椿庄书院刊本，中华书局影印。

3. 《净发须知》三卷，《永乐大典》卷卷一四一二十五四"剃"字头下。

4. 明徐渭《南词叙录》一卷，中国戏曲研究院辑校《中国古典戏曲论著集成》第三集，中国戏剧出版社 1959 年出版。

5. 明田汝成《西湖游览志馀》有明刊本、清刊本多种，以上海古籍出版社 1980 年出版的校点本为善。卷二五辑录《梨园市语》《四平市语》。

6. 明陶宗仪《辍耕录》辑录有一些市语。

7. 明程万里《鼎锲徽池雅调南北官腔乐府点板曲响大明春》卷一辑录《六院汇选江湖方语》。

8. 明无名氏《墨娥小录》，明隆庆五年（1571）吴氏聚好堂刊本，卷一四辑有《行院声嗽》一卷。《行院声嗽》又有明崇祯时锄兰忍人编《新镌绣像评点玄雪谱》刊本。

9. 明李贽（卓吾）编《开卷一笑》卷二辑《金陵六院市语》。

10. 明朱有燉《诚斋乐府　乔断鬼·褾褙匠市语》，载《诚斋乐府》，《奢摩他室曲丛》本第二集。

11. 清翟灏《通俗编》卷三八《识余·市语》，述及《委巷丛谈》、《江湖切要》等书内容，并记当时米行常用数目隐语行话十余种百余事。

12. 清赵学敏《串雅全书》四卷，《中医经典文库》一种，中国中医药出版社 2008 年出版。为赵氏记录整理著名"铃医"（走方医）宗柏云的学术经验，并为之增删而成。

13. 清卓亭子《新刻江湖切要》二卷，清光绪十年（1884）银杏山馆刊行康熙五十二年（1713）"八闽后学东海卓亭子录并订"之。

14. 清佚名《郎中医话》，传抄本，梁嵘、秋晨点校，载沈洪瑞、梁秀清主编《中国历代名医医话大观》下册，山西科技 1996 年出版。

15. 清咸丰三年（1853）张德坚《贼情汇纂》，辑有太平天国隐语若干。

16. 清佚名《江湖通用切口摘要》，载清唐再丰《鹅幻汇编》卷一二。

17. 清末民初抄本《江湖黑话谱》，吴晓玲藏中国社会科学院文学研究所编印《双椿书屋考藏珍本丛书》初集影印本）。

18. 清末民初《江湖行话谱》，北京打磨厂学古堂排印本；吴汉痴主编《全国各界切口大词典》（雅俗轩点校）。

19. 清末民初佚名《镖行江湖隐语行话秘典》，手抄本，雅俗轩点校。

20. 清佚名氏《江湖走镖隐语行话谱》，原题《江湖黑话谱》，写本，曲彦斌据吴晓铃《双椿书屋考藏珍本丛书》初集影印本校点，附载于《中国民间隐语行话》一书卷末，新华出版社 1991 年 12 月出版。

21. 清末傅崇矩编《成都通览》，一作《说成都》，辑录有当时成都诸行隐语行话数十种，成都通俗报社于清宣统元年（1909）九月至次年六月出版，都八册；巴蜀书社1987年4月出版了由四川大学古籍整理研究所缪文远等校点、整理的新本，分为上下两册。

22. 清末佚名《镖行江湖秘典》，清末手抄本。

23. 徐珂《清稗类钞》，民国六年（1917）商务印书馆初版，中华书局1984年竖排版。

24. 清末佚名《兽医串雅杂钞》，手抄本，郴雅堂收藏并点校。

25. 《音义注解商务普通白话尺牍》增附《江湖切口要诀》，上洋海左书局1913年石印本，雅俗轩点校。

26. 清佚名《江湖切口要诀》，载上洋海左书局1913年出版的《音义注解商务普通白话尺牍》下卷上栏增附。

27. 吴汉痴主编《全国各界切口大词典》，上海东陆图书公司1924年出版。

28. 方问溪著《梨园话》，北平中华印书局1931年出版。

29. ［日］平山周《中国秘密社会史》，商务印书馆1912年出版。是书系作者深入帮会调查研究的结果，其中辑录了天地会、三合会及哥老会部分隐语。

30. 陈国屏（一帆）《清门考源》辑有《各项切口》，1933年出版，上海联谊出版社1946年出版第三版修订本；1990撺月上海文艺出版社据第三版影印出版，收入《民俗民间文学影印资料丛书》第二辑为第47种。出版自序称，本书系其"奔走二十五年，略知帮中大概，以及各埠实在情形，搜集秘本不下百种"编纂而成。例言亦云，"本书以帮中今昔各家通抄为根据，就其所记事实加以考正"，"历代各家通抄，均出互相口传，难免错讹，今均加考正，俾免错无止境，非敢欺师灭祖，擅改通抄"。是书第十六篇为《各项切口》，分作清门、洪门、江湖、市侩、私贩拆白、赌博、盗贼、穷家行、回教九类，辑录江湖隐语行话约400余事。

31. 生可《青红帮之黑幕》，河北人民出版社1990年影印版，辑有《红帮隐语对白》等（雅俗轩点校）。

32. 《临江县志　匪语》，1935年临江艺文斋出版。

33. 朱琳《洪门志》，民国36年（1947）中华书局初版，江西教育出版社2010年出版。

34. 云游客（连阔如）《江湖丛谈》三集，北平时言报社1936年10月出版。

35. 李子峰《海底》，1936年10月初版，上海文艺出版社收入《民俗民间文学影印资料丛书》第二缉为第46种1990年10月影印。是书都分六编，第四编规律，记述誓词、罚则、茶阵、隐语、传帖、隐字、手势、符箓等项。金老佛《九流三教江湖秘密规矩》，1937年大通图书社出版，辑录江湖隐语若干（雅俗轩点校）。

36. 施列格［荷］《天地会研究》，薛澄清译，河北人民出版社1975年影印本，辑录有《洪家口白要诀》。

37. 刘联珂《中国帮会三百年革命史》，河北人民出版社1990年据1940年版影印；第二十章《洪门切口》第二十八章《清门切口》。

38. 孙悦民《家理宝鉴》，民国三十五年（1946）沈阳中国三理书社排印本，河北人民出版社1990年影印出版。

39. 卫大法师（卫聚贤）《江湖话》，说文社（重庆）1948年出版。

条目音序索引

A

a	3
ai	3
an	5
ang	7
ao	7

B

ba	7
bai	12
ban	19
bang	23
bao	24
bei	27
ben	28
beng	29
bi	30
bian	32
biao	34
bie	35
bin	35
bing	35
bo	37
bu	38

C

ca	41
cai	41
can	44
cang	45
cao	46
ce	48
ceng	48
cha	48
chai	51
chan	52
chang	52
chao	56
che	59
chen	60
cheng	61
chi	62
chong	66
chou	67
chu	68
chuai	72
chuan	72
chuang	75
chui	75
chun	76
chuo	78
ci	78
cong	79
cou	79
cu	79
cuan	80
cui	80
cun	80
cuo	81

D

da	82
dai	98
dan	100
dang	102
dao	103
de	105
deng	106
di	108
dian	112
diao	114
die	115
ding	116
diu	120
dong	122
dou	123
du	126
duan	127
dui	129
dun	131
duo	131

E

e	132
en	133
er	133

F

fa	135
fan	136
fang	138
fei	141
fen	142
feng	144
fo	147
fu	147

G

gai	150
gan	151
gang	154
gao	155
ge	158
gen	161
geng	162
gong	163
gou	165
gu	167
gua	170
guai	173
guan	173
guang	176
gui	177
gun	179
guo	180

H

ha	182
hai	183
han	186
hang	189
hao	190
he	191
hei	193
hen	195
heng	196
hong	197
hou	202
hu	203
hua	205
huai	209
huan	209
huang	210
hui	213
hun	215
huo	216

J

ji	220

jia	223	li	281	nei	334	qiang	373
jian	226	lian	284	nen	334	qiao	375
jiang	230	liang	286	neng	334	qie	376
jiao	233	liao	289	ni	334	qin	377
jie	236	lie	290	nian	335	qing	379
jin	238	lin	291	niang	339	qiong	385
jing	244	ling	291	niao	339	qiu	385
jiu	246	liu	293	nie	340	qu	387
ju	248	long	300	ning	340	quan	389
juan	250	lou	302	nong	341	que	390
jue	250	lu	302	nu	341	qun	391
jun	251	lü	304	nü	341		
		luan	305	nuan	342		
		lüe	306	nuo	342		
		lun	306				

K

		luo	306				

O

ka	252			o	342	ran	391
kai	252					rang	391
kan	257					rao	391

M

kang	258					re	392
kao	259	ma	308			ren	392

P

ke	260	mai	312			ri	394
ken	262	man	314	pa	343	rong	395
keng	262	mang	316	pai	343	rou	395
kong	262	mao	316	pan	345	ru	396
kou	264	me	319	pang	348	ruan	398
ku	265	mei	319	pao	348	rui	399
kua	266	men	320	pei	351	run	399
kuai	267	meng	321	pen	351		

S

kuan	267	mi	322	peng	352		
kuang	267	mian	323	pi	353	sa	400
kui	268	miao	324	pian	357	sai	401
kun	268	mie	325	piao	358	san	401
kuo	270	min	325	pie	360	sang	405
		ming	326	pin	361	sao	406
		mo	327	ping	361	se	407

L

		mou	329	po	362	sen	407
la	270	mu	329	pou	363	seng	407
lai	272			pu	364	sha	407
lan	272					shai	409

N

lang	274					shan	409

Q

lao	275	na	331			shang	412
le	280	nai	332	qi	365	shao	416
lei	280	nan	332	qia	368	she	418
leng	281	nao	333	qian	368	shen	418

sheng	420	tou	474	xuan	532	zhai	578
shi	421	tu	476	xue	533	zhan	579
shou	427	tuan	479	xun	533	zhang	580
shu	430	tui	480			zhao	583
shua	431	tun	481	**Y**		zhe	586
shuai	432	tuo	481			zhen	588
shuan	433			ya	536	zheng	589
shuang	433	**W**		yan	538	zhi	590
shui	435			yang	541	zhong	592
shun	440	wa	484	yao	545	zhou	595
shuo	441	wai	485	ye	549	zhu	596
si	442	wan	486	yi	550	zhua	598
song	445	wang	490	yin	555	zhuai	598
sou	446	wei	492	ying	558	zhuan	598
su	447	wen	494	yong	560	zhuang	599
suan	448	weng	497	you	561	zhui	600
sun	449	wo	497	yu	564	zhuo	600
suo	449	wu	497	yuan	566	zi	601
				yue	569	zong	604
T		**X**		yun	571	zou	604
						zu	605
ta	451	xi	502	**Z**		zuan	606
tai	452	xia	507			zui	608
tan	454	xian	509	za	573	zun	608
tang	456	xiang	513	zai	574	zuo	608
tao	457	xiao	518	zan	574		
ti	458	xie	523	zang	575	其他	
tian	460	xin	525	zao	576		
tiao	465	xing	527	ze	577	×角片子	610
tie	469	xiong	530	zen	577	×角子	610
ting	471	xiu	530	zeng	577	楦头	610
tong	472	xu	531	zha	578		

条目笔画索引

一画

一一	552
一大	550
一丈	552
一丈红	552
一寸	550
一口吞	551
一千头	551
一个二毫	551
一个包口	551
一门	551
一天	552
一木	551
一支枪	552
一太阳	552
一分	551
一心苗子	552
一尺	550
一巧	551
一平	551
一平马	551
一只豆	552
一只角	552
一只牌	552
一头热	552
一百八	550
一百零八两	550
一名受塵	551
一齐登高招手	551
一冲头	550
一字	552
一声雷	552
一苇	552
一两	551
一抢药	551
一把死唱	550
一把抓	550
一把菜	550
一把揸	550
一步登天	550
一条夯	552
一条龙	552
一条边	552
一条篙	552
一枝金枪	552
一担	550
一拐	551
一转儿	552
一轮转	551
一念团	551
一宗钱	552
一妳同	551
一线进	552
一挂	551
一点不里腥	551
一点红	551
一品	551
一顺边	552
一盆花	551
一差牙齿	550
一根堂	551
一钱	551
一唐	552
一拳石	551
一堂香	552
一粒金丹	551
一斑	550
一棵菜	551
一湾	552
一蓬凤	551
一路通	551
一腥到底	552
一榜	550
一翻	551
乙字	553
乙通	553

二画

×角子	610
×角片子	610
二	133
二十四	134
二九	134
二千八	134
二元	134
二五	134
二毛子	134
二气	134
二百五	133
二成	134
二至花	134
二尖	134
二当家	134
二爷	134
二衣箱	134
二杆旗	134
二杆旗子	134
二把帐	133
二条龙	134
二点儿	134
二点头	134
二洒	134
二起楼	134
二海	134
二家子	134
二婚头	134
二掌柜	134
二道杵	134
二缆	134
二榜	134
二翻	134
十	423
十一	423
十二	423
十二方鬼	423
十八儿	423
十八公	423
十八条捆仙绳	423
十子妹	423
十五	423
十六	423
十六大少	423
十字延年	423
十字架	423
十里红	423
十姊妹	423
十具	423
十毒	423
十样景	423
十黑	423
厂下	55
厂斗	55
丁	116
丁丁	116
丁七	117
丁八	116
丁叉党	116
丁马	117
丁子	117
丁不勾	116
丁火子	116
丁老	116
丁老骨儿	117
丁问	116
丁块	116
丁的儿	116
丁括	116
丁香	117
丁狼	116
丁娘子	117
七二	365
七七	365
七九通	365

七节吊	365	人世阿鼻	393	几丈	222	乃能	332
七节通	365	人头兜得转	393	几丈几尺	222	乃尊	332
七伤	365	人式	393	几个太岁	221	了	289
七里香	365	人式太减	393	几扦堂	221	了一	289
七姊妹	365	人式很旺	393	几杆堂	221	了鸟	289
七姑娘	365	人至	393	几足许	222	了场头	289
七星额子	365	人吊	393	几足详	222	了机	289
七绝	365	人字	393	几足详子	222	了角	289
七起	365	人花	393	几条	221	了事	289
卜儿	38	人言儿	393	几根塘	220	了账	289
卜条	38	人奉儿	393	几钱的码	221	了结	289
卜亮	38	人面	393	九二马子	247	了冤	289
八大快	7	人垒	393	九丁十三参	246	了意	289
八大拿	8	人敌	392	九子	247		
八寸	7	人海	393	九水寸	247	**三画**	
八山子	9	入了庙	397	九龙	247		
八小门	9	入门	397	九龙口	247	三	401
八叉	7	入马	397	九龙治水	247	三十三	404
八开	9	入开	397	九龙冠	247	三寸	402
八开门	9	入木	397	九另	247	三门仔	404
八木	9	入屯窑	397	九达	246	三元	405
八方	8	入冈	396	九皇斋	247	三见面	404
八水排	9	入气	397	九炼头	247	三反儿	402
八丘	9	入公门	397	九宫	247	三分	403
八吉才	8	入令	397	九宫格	247	三六	404
八百亩	7	入头	397	九起	247	三尺	402
八米柴	9	入地	396	九流	247	三尺六	402
八字	9	入扣	397	九锤半	246	三节	404
八岔	7	入网	397	九熯	247	三号	403
八岔子	7	入步	396	刁枝子	114	三弗开船	403
八岔子的金点	7	入围	397	刁滑马子	114	三皮跳	404
八角招牌	8	入洞子	396	刀	103	三边	402
八卦	8	入客	397	刀口	103	三丝	404
八狗子	8	入调	396	刀马	103	三尖	404
八宝	7	入圈	397	刀斗钱	103	三光	403
八面子	9	入窑	397	刀把朝后	103	三光千子	403
八音	9	入跋	396	刀把朝前	103	三光条	403
八幅	8	入港	397	刀乱烧哉	103	三光码子	403
八黑	8	入微	397	刀背片	103	三光炉	403
八廊	9	入嘿	397	力	283	三光麻子	403
人	392	乂	554	力八	283	三光窑子	403
人干	393	乂子	554	力才	283	三光摇子	403
人山洋皮	393	乂字	554	力田	283	三光鞭	403
人门	393	乂罗	554	乃	332	三吓头	405
人牙	393	儿女花	133	乃合	332	三竹档	405
人氏压点	393	儿转	133	乃胡	332	三向头	405
人未	393	几	221	乃通	332	三行头	405

三全	404	干叱	151	土条子	478	下妆	509	
三更	403	干吃	151	土非子	477	下找	509	
三酉儿	405	干血	151	土狗	477	下身	509	
三连	404	干把	151	土狗子	477	下沉	508	
三折语	405	干希	151	土狗货	477	下账	509	
三角	404	干角	151	土狗窖	477	下放	508	
三角片	404	干树在头上	151	土店	477	下参	508	
三条腿	404	干将	151	土店生	477	下线	509	
三纲	403	干济口	151	土炉燉	478	下宫	508	
三事	404	干宫	151	土官	477	下莫闻	509	
三和	403	干荷盖	151	土垫了	477	下档	508	
三股子	403	干浆	151	土点	477	下部	508	
三河	403	干宵	151	土星	478	下部才	508	
三河子	403	干黄鳝	151	土骨	477	下料	508	
三河里	403	干踩脚	151	土骨子	477	下粑蛋	508	
三郎叉	404	干霄	151	土宫	477	下海	508	
三帮九代	402	于头子	564	土缺	478	下排琴	509	
三柳	404	工	163	土高	477	下接	508	
三点	402	工上缺	163	土著	478	下啦	508	
三点头	402	工口	163	土票	478	下蚯蚓	509	
三星兄	405	工中虚	163	土啦	478	下慢坡	509	
三拜	402	工中满	163	土偶	478	大	90	
三洒	404	工白	163	土偶土俑	478	大卜	91	
三结	404	工玄	163	土偶木俑	478	大八块	91	
三素	404	工朱	163	土偷	478	大人参	95	
三起	404	工仰盂	163	土嗫	478	大人掌买卖	95	
三壶	403	工字	163	土筒	478	大了	94	
三壶客人	403	工青	163	下	508	大土	96	
三家	403	工笔	163	下人	509	大才	91	
三教	404	士店生	426	下九流	508	大口	93	
三教九流	404	士孤	426	下三烂	509	大广	93	
三堂	404	士砖城	426	下土	509	大门	94	
三眼	405	士量	426	下川	508	大小月底	97	
三脚猫	404	土	476	下马	508	大王	96	
三绰	402	土了点	478	下马看	509	大开口	93	
三朝齐	402	土车子	477	下元	509	大夫	92	
三鼎甲	402	土扒	477	下车	508	大天	96	
三幅	403	土台了	478	下中梁	508	大元	97	
三道头	402	土台掘	478	下手	509	大元子	97	
三温	404	土老	478	下手把子	509	大瓦刀	96	
三穗子	404	土老爷	478	下风	508	大瓦特瓦	96	
干蒜	151	土地	477	下水	509	大日本	95	
干	151	土地老相	477	下卡	508	大内	94	
干切	151	土地孙	477	下场门	508	大毛	94	
干长通	151	土尖	477	下场白	508	大片子	95	
干扒虎	151	土伦	478	下网	509	大化	93	
干电	151	土把	477	下会	508	大风	92	

大六	94	大好老	93	大亮子	94	大滑子	93
大方	92	大红	93	大炮	94	大滑头	93
大办	91	大巡游	97	大将	93	大蓬	94
大水	96	大村	92	大洗	96	大蓬子	95
大水贼	96	大扳	91	大洋	97	大蓬皮子	95
大水兜	96	大把	91	大院子	97	大摸子	94
大龙	94	大财	91	大架子	93	大摆	91
大只华	97	大身	96	大泰	96	大腰	97
大四支	96	大佛	92	大班	91	大腥	97
大生活	96	大谷果	93	大莲	94	大鹏子	95
大生意	96	大岔子	92	大莲花	94	大煞	95
大头	96	大肚	92	大根子	92	大煞冒出来了	95
大头目	96	大肚子	92	大哥	92	大煞落	95
大汉	93	大条	96	大套	96	大满	94
大司	96	大沙子	95	大哦	94	大满口	94
大出尖	92	大沟	92	大拿	94	大撇子	95
大加三	93	大沟子	92	大海	93	大鲜	96
大边儿	91	大沟子朱	92	大家子	93	大敲棚	95
大发家	92	大牢	94	大家胖	93	大蓄暮	92
大式	96	大尾	96	大扇	95	大额子	92
大吉利市	93	大尾犛	96	大扇放光	95	大憨	93
大老尖	94	大阿福	91	大球子	95	大篷	95
大老黑	94	大姈	93	大菜	91	大篷子	95
大地方	92	大武	96	大菜红布	92	大翼	97
大地白	92	大青	95	大匿	94	大翻	92
大耳子	92	大苗希	94	大票	95	丈	582
大耳头	92	大枣木	97	大瓠子	93	丈几尺	582
大耳朵	92	大轮子	94	大银	97	丈大人	582
大共和	92	大明	94	大银方子	97	丈水寸	582
大夹	93	大明兆	94	大梨膏	94	丈头	582
大师兄	96	大货	93	大笠帽	94	才	41
大师妹	96	大伴装	97	大兜	92	才儿	42
大尖	93	大兔羔子	96	大盘头	94	才下	42
大当铺	92	大限川	96	大脚	93	才下才	42
大先生	96	大参	92	大阁	93	才大兴	42
大件	93	大线	97	大梁麻撒	94	才上	42
大行	97	大孤子	92	大提子	96	才上才	42
大行丘	97	大茶壶	92	大掌柜	97	才川	42
大行司	97	大柳	94	大量	94	才日	42
大爷	97	大柁子	96	大喷子	94	才月	42
大衣箱	97	大砂	95	大黑	93	才水下	42
大兴	97	大轴子	97	大黑响	93	才水上	42
大汤	96	大背	91	大黑脸	93	才老	42
大守子	96	大览把	94	大黑脸儿	93	才老茂	42
大字	98	大响	97	大锅饭	93	才老举	42
大阳	97	大响子	97	大傫生	93	才字头	42
大如意	95	大胎子	96	大番饼	92	才条子	42

才前	42	上山	415	上学	416	口子	264
才喜	42	上川	413	上油	416	口天	264
才湾	42	上小香	416	上空子	414	口天子	264
万人迷	489	上小钱粮	416	上帘子	415	口动	264
万人眼	489	上马	415	上衬	413	口条子	264
万儿	489	上天	416	上线	416	口快儿	264
万丈	489	上天表	416	上背手	413	口穷	264
万子活	489	上元	416	上香港	416	口面	264
万引	489	上云头	416	上泉子	415	口珠	264
万生	489	上车	413	上亮	415	口唤	264
万岁藤	489	上手	415	上库	416	口息	264
万年红	489	上手把子	415	上洒	415	口盘	264
万年青	489	上升	415	上宫	414	口锋子	264
万花	489	上风	414	上垦窑子	414	口默	264
万里流	489	上方	414	上莫闻	415	巾	238
万罗	489	上闩子	415	上档	414	巾子	239
万念了	489	上水	416	上套	416	巾子行	239
万卷册	489	上石元宝	415	上套子	416	巾皮李瓜	239
万面	489	上场	413	上哨子	415	巾老	238
万笠	489	上场门	413	上钱粮	415	巾行	239
万腔	489	上场白	413	上缺	415	巾点	238
寸	81	上托	416	上高门	414	巾帽	239
寸一	81	上过道	414	上部	413	山	409
寸二	81	上当	413	上部才	413	山巾子	410
寸三	81	上网	416	上浆	414	山山	410
寸土	81	上年子	415	上浮	414	山子	411
寸子	81	上伏子	414	上排琴	415	山天水地	410
寸节	81	上血	416	上啃	414	山不转路转	409
寸四	81	上色	415	上馆子	414	山中人真八	411
寸头	81	上汤	416	上盖子	414	山凤延年	409
寸块	81	上阳	416	上清	415	山石榴	410
寸判通	81	上买卖	415	上窑	416	山主	411
寸金	81	上壳子	414	上窑子	413	山头	410
寸金地	81	上苍	413	上逼落	413	山老	410
寸柳	81	上找	416	上辈	413	山灰	410
寸姜	81	上抢	415	上锋	414	山后	410
寸铃	81	上帐子	416	上街	414	山岗令	409
寸辫	81	上条	416	上腔	415	山林	410
寸疆	81	上劲	414	上装	416	山码子	410
上	413	上劲儿	414	上道	414	山顶	409
上人	415	上青	415	上滑子	414	山招儿	411
上九流	414	上咐	414	上新差	416	山围子	410
上工	414	上账	416	上滚子	414	山胀	411
上下手	416	上钓	414	上幔子	415	山官	410
上大香	413	上和酿	414	上飘子	415	山官流	410
上大钱粮	413	上京	414	上篷	415	山香	411
上口字	414	上庙	415	口	264	山前	410

山前一候	410	千挝	370	广宫	177	女点大	341
山祖	411	千响	370	广潮	177	飞个黄莺子	141
山珠子	411	千缸	369	广薄	177	飞子	142
山壶	410	千统子	370	广襆	177	飞六	141
山根	410	千根	369	亡人	490	飞奴	141
山根子	410	千绪	370	门子	321	飞过海	141
山根生	410	千绳	369	门头	321	飞尘	141
山根朝阳	410	千筒子	370	门里大	321	飞肉	141
山透	410	千数	369	门枪	321	飞花	141
山高	409	川	72	门顶	320	飞杜子	141
山流官	410	川欠	73	门招	321	飞张	141
山通	410	川布	73	门星	321	飞轮	141
山兜	409	川占	73	门神	321	飞空	141
山窑	411	川庄	73	门息	321	飞空窑	141
山绿	410	川红	73	门落踢瓜	321	飞砂子	141
山朝阳	409	川条	73	门签儿	321	飞信通	141
山蒙	410	川披	73	门槛	320	飞屑	141
山照	411	川浪	73	门墩	320	飞窑子	141
山错	409	乡大口	411	丫头巾	536	飞禽	141
山獐	411	个	161	丫鬟	536	飞鼹	141
千	368	个钱	161	之	590	飞鼠	141
千七	369	义	554	之水	590	飞粮	141
千人眼	369	义儿	554	之谓	590	飞漂	141
千丈	370	义木	554	弓	163	刃一	394
千子	370	义兄	554	弓儿	163	小口	519
千长通	369	义生	554	弓子	163	小人家去	522
千斤	369	义李子	554	弓龙	163	小刁	519
千叶	370	义伯	554	弓皮	163	小刁码子	519
千叱	369	义罗	554	已才	222	小刀码子	519
千发	369	及子	221	巳川	443	小三	522
千老	369	及第	221	巳月	443	小三梅	522
千扛	369	及第分八	221	巳才	553	小大姐	519
千年菭	369	久慕	247	巳川	553	小口	521
千里灯	369	么	319	巳欠	553	小门口	521
千里驹	369	么二三	319	卫风	494	小小	522
千条	369	么儿	319	卫生丸	494	小马立师	521
千条子	369	么末	319	中条	46	小开	521
千条窑子	369	么满	319	也儿	549	小天	522
千条朝阳	369	勺	418	女史	342	小元	523
千层	369	勺子	418	女行者	342	小毛	521
千张	370	丸	488	女妆	342	小片子	522
千张子	370	丸煤	488	女红手	341	小化	520
千张生	370	夕阳	502	女君	341	小六	521
千些	370	广片	177	女拆	341	小方	520
千金	369	广文	177	女郎	341	小巴戏	519
千金子	369	广块	177	女郎中	342	小水	522
千河里	369	广连	177	女孤	341	小水兜	522

小本家	519	小弟老	519	小蛇	522	马马太数花马	310
小龙	521	小青	522	小兜	520	马子	311
小叫	520	小青家伙	522	小兜子	520	马去了	311
小叫子	521	小抹子活	521	小盘头	521	马生	311
小四支	522	小顶	519	小脚	520	马场	310
小白	519	小顶天	520	小脚片子	520	马达子	310
小白脸	519	小明	521	小绺门	521	马当道	310
小白脸儿	519	小明兆	521	小落	521	马回	310
小包	519	小货	520	小喷筒	521	马刚	310
小包甜头	519	小的	519	小黑	520	马后	310
小主	523	小斧头	520	小黑行	520	马军	310
小头	522	小京	521	小黑驴	520	马克	310
小头目	522	小闹	521	小黑脸	520	马来	310
小汉	520	小学堂	523	小腊灯	521	马里	310
小出尖	519	小空子	521	小摆	519	马词	310
小加三	520	小郎	521	小锣	521	马齿	310
小边儿	519	小房子	520	小解	521	马贩子	310
小老大	521	小衫	522	小满口	521	马乳	311
小老斗	521	小孤子	520	小撇子	522	马妳子	311
小老鼠	521	小相公	522	小磨苦	521	马孤	310
小夹	520	小柳	521	小馨	522	马带铃	310
小尖子	520	小歪伦	522	小龠蛋	523	马面	311
小光	520	小背	519	小翼	523	马牵	311
小年子	521	小点大	519	小翻	520	马星子	311
小先生	522	小星	523	小鳞	521	马前	311
小件	520	小响子	522	叉	48	马客	310
小伙子	520	小笃锤	520	叉儿	49	马扁	310
小行	523	小鬼头	520	叉子	49	马途	311
小行丘	523	小亮子	521	叉开	49	马留	310
小行司	523	小亲口	522	叉心	49	马桶	311
小爷们	523	小差	519	叉边铛	49	马隆	310
小色甜头	522	小差遣	519	叉老	49	马搭	310
小亥	520	小炮	521	叉进去	49	马粪	310
小汤	522	小洒子	522	叉李子	49	马楼子	310
小守子	522	小洗	522	叉卖	49	马辣	310
小如意	522	小班	519	叉起	49	马趟子	311
小花	520	小桃	522	叉党	49	马撒	311
小花边	520	小根子	520	叉烟鸾	49	马撒犟子	311
小花腔	520	小圆	523	叉嘴	49	马蹄	311
小村	519	小钱	522	习	505	子	602
小串	519	小铁丸	522	习占	505	子子药方	603
小吹打	519	小家生	520	马	309	子子症	603
小财	519	小家伙	520	马儿	310	子曰	603
小希	522	小扇子	522	马上	311	子曰通	603
小条	522	小娘	521	马上诉	311	子见犹惊	602
小条子	522	小球子	522	马口	310	子午	602
小弟兄	519	小票	522	马马	310	子长	602

词条	页码	词条	页码	词条	页码	词条	页码
子月	603	井公邑	245	开光	253	开窑口	257
子户	602	井六孤	245	开曲本	255	开搅	254
子玉秋	603	井四孤	245	开同眼	256	开铺	255
子占	603	井头孤	245	开色糖轮子的	255	开销	257
子仙绳	602	井延年	245	开关	253	开腔	255
子瓜	602	井字	245	开汤	256	开锣	254
子鸟	602	井通	245	开讲	254	开霁	254
子母	602	井梧摇落	245	开导子	253	开撑	252
子丝儿	602	井圈	245	开花	253	开鞭	252
子扬	603	开	252	开花子	253	夫	147
子孙窑儿	602	开了花	254	开克	254	夫子盔	147
子声	602	开了花了	254	开抢	255	夫为妻纲	147
子张	603	开了顶了	254	开条子	256	天	460
子味点心	602	开了闸	254	开条斧	256	天十羊吊	463
子金	602	开大快	252	开条赋	256	天下才	463
子缸	602	开口	254	开饭	253	天门	462
子振	603	开口白	254	开武相	257	天子	464
子堂	602	开山	255	开武差事	257	天子炸	464
子望	602	开山门	255	开武差使	256	天王	463
子践	602	开山门徒弟	255	开码头	254	天王子	463
子薄	602	开山令	255	开码城	254	天井	462
幺门	545	开门	254	开抬	256	天开	462
幺令	545	开门口	255	开果盘	253	天开眼	462
幺牌	545	开门山	255	开味	256	天平	462
		开门见山	254	开呵	253	天平生	462
四画		开天门	256	开畅	252	天平党	462
		开天庭	256	开明	255	天平称	462
闩头	62	开天眼	256	开金口	254	天打	461
丰禾	144	开天窗	256	开金声	254	天打桩	461
王	490	开天聪	256	开肤	253	天打锤	461
王七	491	开厅	256	开闸	257	天半红霞	461
王七欠	491	开瓦	256	开始	255	天皮	462
王八	490	开风洞	253	开荒人	253	天地	461
王九	491	开乌贼行	256	开相堂	257	天虫	461
王不直	491	开文相	256	开挡	253	天竹	464
王见之	491	开文差使	256	开香堂	257	天衣	464
王爪龙	491	开方子	253	开差	252	天字	464
王六	491	开火	253	开洋	257	天买	462
王龙	491	开龙会	254	开绞	254	天红	461
王道	491	开生	255	开耙	255	天花	461
井	245	开市	255	开桃源	256	天苍	461
井一孤	245	开汉葫酿子	253	开黄毛	253	天帐	464
井二孤	245	开穴	257	开票	255	天青	462
井三孤	245	开边	252	开堂	256	天青子	463
井五孤	245	开台	255	开堂食	256	天表	461
井中	245	开台酒	256	开眼界	257	天官赐	461
井牛	245	开场戏	252	开盘子	255	天录子	462

天线	463	无私	499	云头	572	木老	330
天孤	461	无肠子	499	云记	572	木地	329
天威	463	无状	500	云老会	572	木阳城	330
天香	463	无事草	499	云光	572	木花子	330
天泉	463	无念	499	云衣	572	木杨城	330
天闻	463	无鱼	500	云里翻	572	木易儿	330
天迷	462	无底公	499	云条	572	木季天	330
天穿	461	无宗	500	云表	571	木细面	330
天络	462	无故	499	云抬狮	572	木鬼	330
天盐	463	无响头	499	云油	572	木俑	330
天哭	462	无骨	499	云肩	572	木癸	330
天浆	461	无烟	500	云衬	571	木壶	330
天球	463	无准稿子	500	云线	572	木根朝阳	329
天球子	463	无聊	499	云带	571	木笔	329
天堂	463	无晨	499	云柯	572	木倭	330
天堂地	463	无偏子	499	云厚	572	木粗	329
天盖	461	无涯逆旅	500	云骨	572	木落	330
天涯	463	无编子	499	云根	572	木棒	329
天涯逆旅	463	无瑕玉	499	云根子	572	木棍桥	330
天梁	462	无影子	500	云彩	571	木焦	330
天窑子	463	元	567	云盖	571	木湖面	330
天赐	461	元门	567	云散	572	木裙	330
天鹅眼	461	元门弟兄	567	云棚马撒	572	五千	501
天牌	462	元片	567	云棚麻撒	572	五马	501
天牌票	462	元帅	567	云脾	573	五元	501
天粪	461	元台	567	云童	572	五五日	501
天尊	464	元老	567	云游	572	五内	501
天瑞	463	元老子	567	云游子	572	五爪龙	501
天鼓	461	元老合子	567	云遮月	573	五月半	501
天摆	461	元场	567	云缨络	572	五龙爪	500
天摇	464	元衣	567	专弄老样	598	五记头	500
天漏了	462	元字	567	专房	598	五奴	501
天墨	462	元红	567	廿一	336	五加皮	500
天德	461	元条	567	廿一矢	336	五色丝罗	501
无	499	元良	567	廿三	336	五阴差	501
无下刚	499	元奇	567	廿四	336	五运	501
无文	499	元油	567	廿奄	336	五谷虫	500
无心	500	元宝	567	艺不错转	554	五角	500
无双艳	499	元晨	567	木	329	五角表	500
无打磨	499	元梁	567	木人头	330	五疗	500
无外	499	元稀	567	木儿	329	五事	501
无边	499	韦七	493	木寸通	329	五轮	501
无边子	499	云	571	木中面	330	五味	501
无有元良	500	云马子	572	木公帐	329	五夜转	501
无米粥	499	云子	573	木史	330	五柳子	500
无声诗	499	云中雪	573	木头	330	五面现麟	501
无花郎	499	云四维	572	木奴	330	五烂	500

五将军	500	不素	40	太识孤	453	比目	30
五起	501	不档	39	太拔	453	比目鱼	30
五梅花	501	不借	39	太咒	454	比官	30
五牌	501	不离	39	太和	453	比栱	30
五痨	500	不够味	39	太显	454	比基	30
五雷	500	不断	39	太援	454	切	376
五雷诀	500	不清头	40	太数	453	切口	376
五锤锣	500	不搭调	39	太数排子	453	切末	377
五德	500	不晴天	40	太摩	453	切羊盘	377
五霸手	500	不睬	39	区儿	387	切克子	376
支	590	不稳	40	区九	387	切黄中	376
支干	590	不算数	40	区饼子	387	牙	537
支杆挂子	590	不端	39	尤	561	牙老	537
支条	590	不端亮	39	友竹	563	牙净	537
不了	40	不醒攒儿	40	匹	356	牙郎	537
不正	40	不瞭	40	匹大割	357	牙恰	537
不平	40	不攒习	40	匹马横行	357	牙赁	537
不打不响	39	不露	40	匹水子	357	牙赁窑	537
不由	40	不攥尖儿	40	匹苏	357	牙淋窑	537
不由径	40	冇子	318	匹琴	357	瓦	485
不由径捷	40	冇支	318	车儿	59	瓦斗钱	485
不对码	39	犬羊生	390	车子	59	瓦老爷	485
不动	39	犬鼎	390	车元	59	瓦花	485
不过	39	犬错	390	车心子	59	瓦点	485
不曲	40	太	453	车白	59	瓦样子	485
不回	39	太山	453	车把老	59	瓦着	485
不苏气	40	太子	454	车轮	59	瓦檐头	485
不里腥	39	太子盔	454	车梨	59	止渴	591
不作肯	40	太子登	454	巨口	249	少丸	418
不忘	40	太太	454	巨方	249	少阳	418
不卖账	40	太太拔	454	巨肱	249	少郎	418
不押着	40	太公	453	巨统	249	日下才	394
不拉稀	39	太方	453	扎八	578	日上才	394
不爬萨	40	太水	454	扎了自己一炮	578	日上部	394
不夜	40	太水通	454	扎头	578	日中	394
不该	39	太平底子	453	扎朵子	578	日升	394
不相架	40	太平点	453	扎估丁	578	日边	394
不挡	39	太白	453	扎起	578	日亚	394
不点鼓点	39	太式	453	扎营	578	日光	394
不响	40	太岁	454	扎脚	578	日血	394
不将	39	太岁见海	454	扎绷	578	日者	394
不将人	39	太岁海	454	屯祁山	481	日宫	394
不将义	39	太岁减着哪	454	屯流	481	日料	394
不将叉	39	太守	453	戈	158	日略	394
不将好	39	太阳	454	比	30	日精	394
不客气	39	太阴	454	比八	30	日目	569
不说不明	40	太极	453	比儿	30	中	592

中十由吊	593	内空	334	毛伦子	317	升上	420
中八生	592	内政	334	毛色	318	升天	420
中九流	593	内挂	334	毛冷	317	升仙	420
中山	593	内点	334	毛尾	318	升名人	420
中马	593	内哄	334	毛坯	317	升位	420
中公	593	内差使	334	毛刺	317	升降兜	420
中心子	594	内家	334	毛油生	318	升点	420
中巴	592	内盘	334	毛树	318	升点子	420
中书君	593	见	230	毛桃	318	升高	420
中书朝阳	593	见山	230	毛根	317	升堂	420
中地方	593	见玉	230	毛捕头	317	夭	545
中光	593	见世面	230	毛席毯	318	长	53
中行司	594	见母舅	230	毛蓝	317	长三	54
中军	593	见红	230	毛锥子	318	长大人	53
中连	593	见作	230	毛锥朝阳	318	长口	53
中串	592	见掀	230	毛颖氏	318	长门	54
中条	594	见尊亲	230	气	367	长门客	54
中状元	594	见藻	230	气孔子	367	长火	53
中沙丈	593	牛	340	气去	367	长龙	54
中君	593	牛一	341	气老	367	长甲	53
中尾	594	牛子	341	气罗	367	长叶子	55
中果	593	牛毛	341	气眼钱	367	长生库	54
中供	593	牛头	341	气袋宝	367	长白	53
中使	593	牛当道	340	气筒子	367	长头	54
中单	592	牛吼	340	气楼	367	长头发	54
中空	593	牛囤	340	气锣	367	长皮	54
中空子	593	牛肚	340	手斗	428	长丝头	54
中柳	593	牛顶	340	手龙	428	长耳公	53
中轴子	594	牛金星	340	手令	428	长江弟兄	53
中响子	594	牛亮	341	手帆	428	长如发	54
中秋	593	牛棘	340	手汲	428	长条	54
中姜	593	牛粪	340	手身	428	长条子	54
中神	593	牛蒙	341	手沙	428	长沙	54
中峰	593	牛腿子	341	手帕交	428	长枪手	54
中虚	594	牛鼻子	340	手削	428	长明	54
中堂	594	午月	501	手响	428	长命	54
中康	593	午生	501	手谈	428	长命索	54
中满	593	午老	501	手铳子	428	长衬	53
中腔	594	午流	501	手提	428	长春	53
中翼	594	毛	316	手照	428	长草皮七	53
贝	27	毛了	317	手镞	428	长荫	55
贝叶	27	毛石子	318	手撑天	427	长挑	54
冈砂	154	毛布头	317	手操	427	长秋	54
冈亮	154	毛瓜	317	壬戌通	393	长须公	55
内	334	毛头青	318	壬伦	393	长须藏	55
内方	334	毛扫子	317	壬癸	393	长狭通	54
内场	334	毛虫	317	壬通	393	长恒满	53

长冠	53	爪子	598	分头	143	月点	570
长扁子	53	爪分	598	分艮	142	月胆	570
长眉	54	爪老	598	分明	143	月亮	570
长桃	54	爪鸡子	598	分金	142	月宫	570
长流	54	爪背	598	分炎	143	月宫嘴子	570
长脚膀	53	爪家	598	分票儿	143	月配鼠	570
长脖	53	反牛口	137	分路	143	月梭	570
长颈	53	反水	137	分磊	143	月割	570
长链条	53	反功	137	公	163	月蓝	570
长短	53	反竹	137	公干	163	月精	570
长路	54	反串	137	公大	163	勿	502
长锤	53	反罗	137	公仔	164	勿厌河	502
长腰	55	反草	137	公主	164	风	144
长箫	54	反背	137	公爷	164	风大	144
长髻	54	反哺	137	公拭	164	风大了	144
长髻公	54	反笼	137	公钱	163	风门	145
长髻通	54	介	238	公窑	164	风子	145
长飘	54	介扇子	238	公德	163	风子上的朋友	145
长鳞	53	介葛来朝	238	仓	45	风子错	145
仁	393	从才	79	仓才	45	风艺	145
仁子	394	从日	79	仓斗钱	45	风不正	144
仁光子	394	从月	79	仓同	45	风不顺	144
片上	357	从龙	79	仓果	45	风化	144
片马	357	从协	79	月	569	风爪	145
片子	357	从赤	79	月丁码姜斗	570	风火雀要	144
片子儿	357	从赤松游	79	月七	570	风节	144
片子房	357	从拐	79	月儿	570	风仔	145
片毛色	357	从虎	79	月干张配	570	风头	145
片帆	357	从挠	79	月下	570	风头紧	145
片芙子	357	从品	79	月下官	570	风团	145
片花	357	从湾	79	月下部	570	风行使者	145
片票子	357	父为子纲	149	月上	570	风齐	145
片麻撒	357	今太岁	239	月上官	570	风字	145
仇周	67	今处	239	月上部	570	风雨飘	145
仇香	67	今交子	239	月千张配	570	风征	145
化	208	凶风菜	530	月子	571	风胖	145
化巴	208	凶平	530	月车口	569	风紧	144
化龙	208	凶骨	530	月日	570	风紧拉花	144
化龙子	208	凶俫	530	月月	571	风凉	144
化把	208	分	142	月水下	570	风凉窑子	144
化油	208	分八	142	月水上	570	风流	145
化班	208	分土	143	月白桃叶纱	569	风盘	145
化锅	208	分不刀	142	月卯	570	风琴	145
斤丘	239	分手	143	月血	570	欠	373
斤头	239	分水	143	月足	571	欠丁	373
斤通	239	分水模蛇	143	月定	570	欠才	373
爪土	598	分包	142	月柱	571	欠甩	373

欠官	373	凤凰	146	文相夫	495	火七	218
欠郎	373	凤凰子	146	文差事	495	火人	218
欠宫	373	凤凰衣	146	文差使	495	火土朝阳	219
欠债	373	凤凰蛋	146	文滚	495	火下	219
丹青	100	凤雏	146	文镶	495	火山	218
丹若	100	勾	165	亢子	259	火山子	218
丹砂	100	勾公	165	方	138	火山子高	218
丹桂	100	勾火子	165	方干	138	火山炊子	218
勾辫	573	勾甲	165	方士	138	火山窑子	218
乌口	497	勾四维	165	方下	138	火川	218
乌云	498	勾老	165	方寸	138	火车	218
乌木杆子	498	勾花	165	方子	139	火中	219
乌心	498	勾响火	165	方云	139	火龙	218
乌龙绕柱	498	勾翁铍	165	方心	138	火占	219
乌龙摆尾	498	勾脂粉	165	方巧	138	火生	219
乌衣	498	勾脸	165	方兄	138	火头	219
乌壳	497	六八子	299	方印	139	火头云	219
乌块	498	六千	299	方头	138	火头生	219
乌杖	498	六子	300	方皮朝阳	138	火头军	219
乌里	498	六气	299	方台子	138	火头纱	219
乌里伞头子	498	六月雪	300	方老	138	火穴大转	219
乌员红头棍	498	六六	299	方耳朵	138	火托	219
乌沙	498	六印	300	方件	138	火延年	219
乌鸡	497	六头子	299	方行	138	火身	219
乌纱	498	六头君	299	方池	138	火码子	218
乌拉	498	六出	299	方字	139	火鸣菜	218
乌供养	497	六老	299	方字头	139	火季天	218
乌金	497	六场通透	299	方坑	138	火炎	219
乌金子	497	六曲	299	方纱	138	火奏	219
乌金生	497	六旬天	299	方城子	138	火点	218
乌砂子	498	六花	299	方砖儿	139	火骨	218
乌鸦	498	六花子摆	299	方砖子	139	火食	219
乌骨	497	六脉	299	方面	138	火食天	219
乌珠	498	六部	299	方面大耳	138	火食堂子	219
乌鸭	498	六朝阳	299	方胜	138	火食瘤	219
乌贼	408	六棱	299	方起	138	火柴	218
乌屑	498	六幅	299	方袍	138	火烧	219
乌球	498	六黑	299	方绣	138	火烧中堂	219
乌棕	498	六缩	299	方笔	138	火烧宝塔	219
乌猿	498	文	495	方盒子	138	火家	218
乌膏	497	文场	495	方章子	139	火通	219
乌薪	498	文场先生	495	方絮	138	火球	218
凤	146	文关	495	方舆	139	火笼子	218
凤尾	146	文阳	495	忆多娇	554	火做	219
凤尾尖	147	文昌	495	闩	433	火窑	219
凤点头	146	文明龙	495	闩闪头	433	火琴丘	218
凤翅	146	文油	495	火	217	火散	218

火腿绳	219	计钹	222	巴欠	9	双桃	434
火瘤	218	计钹朝阳	222	巴地虎	9	双根子	433
为	493	户头	205	巴西侯	10	双圆	434
为上好儿	493	认叶子	394	巴菱子	9	双扇	434
为为	493	认交情	394	巴腮子	9	双梢子	434
为时	493	认店	394	办地界	21	双票子	434
为兵	493	心	525	办交卸	22	双脸子	433
为板阁儿	493	心上人	525	办明	22	双锋	433
为枕	493	心识	526	办指职	22	双铜	433
为肥者	493	心苗	525	办租界	22	双筛	434
为朝阳	493	心柔	525	办黑	22	双筒	434
为森朝阳	493	心腹	525	以巴	554	双蒙子天	434
为傅朝阳	493	丬毛色	345	以赤松游	554	双飘带	434
为霜	493	丬芙子	345	允违	573	双影子	434
斗儿	124	尺	65	邓生	108	双燕	434
斗士	124	尺八	65	双口子	433	孔子	263
斗下	124	尺寸簖	65	双口犬	433	孔孙子	263
斗下官	124	尺郎	65	双门	434	孔杯	263
斗上	124	尺钹	65	双飞	433	书	430
斗上官	124	引	556	双飞燕	433	书包翻身	430
斗川	124	引子	557	双王	434	书房	430
斗女	124	引风	557	双井	433	书香	430
斗子	124	引水	557	双井子	433	水	435
斗廿三	124	引水带线	557	双五才	434	水七占	438
斗牙	124	引兄	557	双五百	434	水七通	438
斗欠	124	引鸟含	557	双欠	434	水三栋	438
斗闪	124	引乐	557	双龙取水	434	水干条	436
斗光	124	引把	556	双甩头	434	水下部	439
斗舌	124	引针朝阳	557	双头	434	水上儿	438
斗行	124	引条	557	双老	433	水上部	438
斗色子	124	引线	557	双尖	433	水上漂	438
斗好	124	引春水	556	双向	434	水山	438
斗身	124	引落	557	双全	434	水千条	438
斗角	124	引雅达	557	双合	433	水叉	435
斗底	124	引道	557	双交	433	水马军	437
斗官	124	丑	67	双进门	433	水乡	439
斗孤	124	丑牛	68	双杠子	433	水天水地	439
斗宫	124	丑月	68	双连	433	水天冰地	439
斗粗	124	丑丑	67	双足	434	水廿三	437
斗落踢瓜	124	丑抹	68	双身子	434	水廿四	437
斗精	124	丑官	67	双角	433	水切通	438
斗樱桃	124	丑相	68	双环	433	水牙子	439
斗篷	124	丑相公	68	双顶	433	水日下	438
斗霸	124	巴山	9	双念照	434	水日上	438
计	222	巴山子	9	双线通	434	水中	439
计台	222	巴山朝阳	9	双挂号	433	水气	438
计星	222	巴子	10	双钩	433	水壬癸	438

水火生	436	水星	439	水瓢子	438	末老	328
水火延年	436	水星海门	439			末时	328
水火既济	436	水贵	436	**五画**		末弟老	328
水火通	436	水鬼	436			未	494
水火簋	436	水剉朝阳	435	伛㿬	311	未丸	494
水斗	436	水胜水流	438	式扯	134	未已	494
水古	436	水脉	437	玉颡	565	未月	494
水龙标药方	437	水饷	439	玉干	565	未未晞	494
水龙标症	437	水饼一斤	435	玉子	566	未昊老	494
水占	439	水饼一两	435	玉立子	565	未知生	494
水电石	436	水活鹭	436	玉吉	565	未流	494
水生	438	水室穿子	438	玉团儿	566	未晞	494
水丘上朋友	438	水都	436	玉伞	566	未撒子	494
水仕	438	水栗	437	玉告	565	击棋盘	220
水令天	437	水紧得很	437	玉条子	566	示不小	426
水头	439	水部	435	玉鸡苗	565	巧	376
水汉	436	水海	436	玉易子	566	巧人占生	376
水皮袄	438	水浸花	437	玉乳	566	巧刘	376
水丝	438	水涨了	439	玉兔	566	巧角	376
水老薰	437	水家	436	玉宝	565	巧快	376
水芝	439	水案版	435	玉玲珑	565	巧奇念	376
水西栋	439	水球	438	玉带	565	巧倩	376
水师佛	438	水梳通	438	玉茗	566	正	589
水先生	439	水梭	438	玉柱	566	正二	589
水多少高	436	水梭花	439	玉栏干	565	正二全	589
水戏	439	水硙	439	玉科	565	正八	589
水芸	439	水做	439	玉皇大帝	565	正人	589
水判	438	水得很	436	玉美人	565	正三	589
水词	435	水深	438	玉海	565	正工	589
水表	435	水窑	439	玉海来满	565	正太岁	590
水圫	437	水逼	435	玉容□	566	正中	590
水林	437	水硫黄	437	玉屑	566	正母	589
水板	435	水晶	437	玉匙	565	正全	589
水码	437	水蛤蜢	436	玉盘子	566	正账	590
水码子	437	水蛤蟆	436	玉粒子	565	正点	589
水到	436	水窖	436	玉窑子	566	正腔	589
水果	436	水鼓	436	玉斑	565	去尘	388
水岸	435	水满	437	玉锁	566	去顺风	389
水季天	436	水滚子	436	玉鱿	566	去迹	388
水念三	437	水障	439	玉蒲团	566	去家	388
水底笋	436	水蜡	437	玉楼	565	去睇戏	388
水浅	438	水漫	437	玉簇	565	去滑	388
水泡	438	水漫金山寺	437	玉蟹	566	甘	151
水线通	439	水飘	438	刊通	257	甘州	152
水带	435	水箱	439	刊琴丘	257	甘州杞	152
水带子	436	水瘤子	437	末	328	甘霖	151
水点	436	水煤	436	末汉	328	甘露	152

甘露子	152	本间	28	石浦	424	龙宫子	300
世	426	本事	29	石脚索	423	龙宫足斗	300
艾	4	本府	28	石敢当搬家	423	龙宫图	300
古	168	本衬	28	石蜜	424	龙宫草	300
古二	168	本屋子	29	石橄	424	龙宫宣子	300
古儿	168	本钱	29	右日	564	龙宫窑	300
古九	168	本钱足	29	右月	564	龙套	301
古三	168	本家	28	右生	564	龙脑	300
古上	168	本票	29	右拐	564	龙眼	301
古子	169	札八	578	右孤	563	龙眼珠	301
古月子	169	可	261	布人儿	40	龙盘子	300
古月通	169	可捏	261	布谷	40	龙睛	300
古四	169	可靠着	261	布客	40	龙精	300
古生	168	丙丁	36	布袋	40	龙犀	300
古老	168	丙丁川	36	布鼓	40	龙箭	300
古孙	169	丙七	36	布暗	40	戊川	502
古坚	168	丙八	36	夯头	189	戊己	502
古谷	168	丙刀	36	夯头子正	189	戊转	502
古苦冈	168	丙日子	36	夯头亦好	189	平	361
古松	169	丙片	36	龙	300	平了	362
古相	169	丙主	36	龙山大会	301	平大	361
古树	168	丙块	36	龙川	300	平小	362
古树叶	168	丙批	36	龙门	300	平子	362
古贵	168	丙骨	36	龙门子	300	平天	362
古莫	168	丙浆	36	龙牙	301	平天孙	362
古根	168	丙通	36	龙爪	301	平天架	362
古烘当	168	丙堆	36	龙凤	300	平中	362
古琴	168	左日	608	龙生	301	平公	361
古董	168	左月	608	龙头	301	平六	362
古寒	168	左立	608	龙头撑身	301	平方	361
节节	237	左玄	608	龙台	301	平巴	361
节节高	237	左拐	608	龙台子	301	平布	361
节筒	237	左孤	608	龙台钱	301	平半	361
本	28	左摇	608	龙团	301	平头	362
本工	28	左嗓子	608	龙庄	301	平头爝	362
本山	29	石	423	龙衣	301	平老	362
本子	29	石土骨	424	龙身	301	平托子	362
本犬	29	石支	424	龙尾	301	平汤	362
本太岁	29	石玉明	424	龙转	301	平明	362
本六	29	石叶	424	龙转归	301	平金	362
本当货	28	石田	424	龙图子	301	平肩	362
本色	29	石头	424	龙背	300	平点儿	361
本色菜	29	石竹	424	龙骨	300	平亮	362
本戏	29	石花	423	龙须	301	平桥	362
本杖	29	石板桥	423	龙须凳儿	301	平案	361
本连	29	石居子	423	龙洒	300	平基	361
本身	29	石狮子	424	龙宫	300	平接	362

平铺	362	打把	84	打浪	87	扑风子	364
平锅	361	打把子	84	打通儿	89	扑灯蛾	364
平飘	362	打住啦	90	打通场	88	扑板	364
平瓢	362	打皂	90	打通关	89	扑虎	364
灭清	325	打垄土	85	打通堂	89	扑哉	364
灭清子	325	打免带	87	打黄子	87	扑背	364
打	83	打闷棍	87	打黄莺	87	扑钻	364
打口	84	打沙	88	打黄梁子	86	扑粉食	364
打二客	86	打沙子	88	打票	88	扑扇	364
打二梢	86	打补子	85	打捧	88	扑蛤蟆	364
打下	89	打张	90	打眼钱	89	扒	10
打大车	85	打卦	86	打眼膛	89	扒土	10
打大圈	85	打英雄	89	打啃子	87	扒山	10
打上	88	打英雄的	89	打圈子	88	扒山子	10
打个全家福	86	打抽丰	85	打笞	88	扒水	10
打小车	89	打招呼	90	打脱梢	89	扒包的	10
打小样	89	打拗菱	84	打麻姑油	87	扒老	10
打手巾	88	打乖儿	86	打康灯	87	扒地瓜	10
打斗子	85	打乖囮	86	打清挂子	88	扒灰	10
打尺六	85	打使丐	88	打朝	85	扒坭	10
打孔	87	打贪子	88	打棚	88	扒拉苗绪子	10
打水仗	88	打底	85	打揎	89	扒披子	10
打水围	88	打单	85	打脧	88	扒虎	10
打水鸡	88	打单子	85	打黑骡子	86	扒楼子	10
打水战	88	打油箭的	90	打短壁	85	轧轮子	578
打巧	88	打泡	88	打焦	87	轧妍头	578
打龙身	87	打衬子	85	打腕儿	89	东	122
打瓜筋	86	打弦	89	打戛	85	东川	122
打包底	84	打线升点	89	打滑达	86	东日	122
打头盆	89	打线逛子	89	打椿	85	东升	122
打头客	89	打草子	85	打槐荫	86	东月	123
打头校	89	打茶围	85	打楦	89	东风	122
打出手儿	85	打歪了	89	打照呼	90	东方路上	122
打皮码子	88	打歪子	89	打路头	87	东归	122
打边鼓	85	打砂	88	打腰子	89	东白	122
打台帘的	88	打背供	84	打粮	87	东瓜	122
打尖山	87	打响	89	打滚	86	东边亮子	122
打光子	86	打盆	88	打滚龙	86	东西便门	122
打先锋	89	打哀声	84	打墩	85	东坟	122
打灯花	85	打炮	87	打墩子	86	东床坐	122
打弄	87	打退鼓	89	打横	86	东宛	122
打走马穴	90	打起发	88	打横管	86	东洋	122
打劫店	87	打埋伏	87	打擂台	87	东宫	122
打杆子	86	打样局	89	打鸱鸪	90	东圆头	122
打连片	87	打捉	90	打鸱鸪子	90	东皋	122
打连台	87	打唤	86	扑子	364	东皋公	122
打连环	87	打流水	87	扑风	364	东流水	122

东陵	122	旦称	101	田	464	另	292
东登	122	旦家妓	101	田心	464	另件	292
卡	252	目西	330	田汪	464	另就	292
卡那里	252	目听	330	田鸡	464	叨	103
卡所	252	目料	330	田食	464	叹	455
卡梁子	252	且	377	田塍花	464	皿入通	325
北干	27	甲	224	由	561	皿占	325
北风	27	甲乙子	225	由头子	561	囚	386
北占	27	甲乙生	225	由百	561	囚平	386
北谷	27	甲乙君	225	由字	561	四大	443
北班	27	甲七通	225	由莫	561	四大门	444
占	579	甲才	225	叭子	10	四大叭	443
占人	580	甲子	225	叭哒	10	四大江湖	443
占门枪	580	甲札	225	央儿	541	四大快	444
占子	580	甲老	225	央觔	541	四大海湖	443
占气	580	甲虎	225	只	591	四卫	445
占水	580	甲鱼	225	只在前面	591	四飞飞	444
占东	580	甲底	225	兄弟伙	530	四子	445
占占冈	580	甲品	225	叫	235	四开	444
占生	580	甲通	225	叫子	236	四开门	444
占头	580	申	418	叫开	235	四不相	443
占西	580	申三	419	叫中点	236	四方	444
占光	580	申五	419	叫龙	236	四方子	444
占谷	580	申月	419	叫头	236	四平	445
占码头	580	申六	419	叫红	235	四平子	445
占拢	580	申龙	419	叫严口	236	四平年子	445
占城	580	申四	419	叫犹子	236	四记头	444
占通	580	申字	419	叫局	235	四执交场	445
卢橘	302	申杨所	419	叫张	236	四块子	444
旧太岁	248	申官	419	叫驴	236	四块瓦	444
旧太阳	248	叶子	549	叫苦子	235	四围	445
旧汗衫子	248	叶子挂得火	549	叫板	235	四君子汤	444
旧货生意切口数目	248	叶子朝阳	549	叫点	235	四纳	445
旧锄头	248	叶苗	549	叫亮子	235	四轮子	445
旧滚身	248	叶象	549	叫哥哥	235	四果客人	444
帅	433	叶锋	549	叫座	236	四柱套	445
帅手	433	叶瓣	549	叫粉子	235	四将	444
帅拂子	433	电子	113	叫票	236	四通	445
帅盔	433	电杆子	113	叫堂子	236	四副头	444
帅腔	433	叮了	117	叫盘子	236	四脚	444
归	177	叮当	117	叫梁子	235	四脚子	444
归帐	178	号上	191	叫楪子	235	四脚撑	444
归帐子	178	号水	191	叩	264	四黑	444
归标	177	号令	191	叩了飘儿	264	四温	445
归槽	177	号盆	191	叩瓜	264	生	420
旦	101	号喝	191	叩飘儿	265	生口	420
旦底	101	号湾	191	叩瓢	264	生凹	420

生死	420	代份儿	99	白石	15	白柳	14
生亮	420	代步	98	白打	13	白砂	15
生姜	420	代条	99	白瓜	13	白砂朝阳	15
生姜子	420	代言	99	白瓜窑子	13	白蚂蚁	14
生送圆头	421	代账	99	白头	15	白骨	13
生活	420	代重头	99	白头姑	15	白香	15
生唏	421	代轿	99	白疕子	16	白秋	15
生钱	420	代掖龙	99	白皮	14	白帝城	13
生睎	421	代眼	99	白皮子	14	白染	15
生绸	420	代策朝阳	99	白丝鱼	15	白津	13
生意	421	代藏	98	白老	14	白宫	13
生意下处	421	代巍巍	99	白老腻口	14	白盐	16
生煤朝阳	420	付	149	白厌	16	白索	15
失	421	仙	509	白灰	13	白钱	15
失一	422	仙人跳	509	白尘	12	白扇	15
失下	422	仙子	510	白虫	12	白悬子	13
失上	422	仙书	510	白衣	16	白屑	15
失匹	422	仙乐板	509	白衣部	16	白球	15
失匹生	422	仙衣	510	白关	13	白菱	14
失风	422	仙果	509	白米	14	白菜错	12
失欠	422	仙郎	509	白字田	16	白梅	14
失主	422	仙茗	509	白壳	13	白票	14
失弄风	422	仙食	509	白花	13	白票子	14
失皂	422	仙食朝阳	510	白里	14	白描钱	14
失底	421	仙客	509	白条	15	白野	16
失喜	422	仙桂	509	白条子	15	白蛇	15
失锋	422	仙桥	509	白饭	13	白得公子	13
失魂鱼	422	仙浪	509	白沙	15	白尊	13
矢力八	425	仙鹤嘴	509	白沙子	15	白筋	13
矢兜子	425	仙鳖	509	白事	15	白渡	13
乍山	578	仪	553	白矾	13	白瑞	15
乍角子	578	白	12	白奇	14	白摆伦	12
乍旋	578	白七通	14	白拉	14	白满	14
禾	191	白三	15	白披	14	白蔓君	14
禾王	191	白土扛	15	白斩	16	白鼻哥	12
斤	385	白口	14	白虎门	13	白膏	13
丘八	385	白巾党	13	白果	13	白旗老三	14
丘山	385	白及尔	13	白物	15	白髯	15
代	98	白刃	15	白货	13	白飘雪	14
代一个	99	白匹子	14	白货老	13	白额菟	13
代口	99	白切	15	白朋	14	白篮	14
代子巾	99	白日闯	15	白卷	13	白瓢尖	15
代子申	99	白日鼠	15	白虱	15	白癯	15
代子金	99	白公	13	白孤	13	仔	574
代太阴	99	白方	13	白经	13	瓜	170
代日月	99	白水	15	白草	12	瓜子	170
代四脚	99	白玉杯	16	白茫	14	瓜子行	171

瓜头啦	170	犯查头	137	包节头	25	立山	284
瓜皮	170	犯迷瞪	137	包生意	25	立门头	284
瓜老	170	犯搽	137	包皮	25	立马	284
瓜行	170	犯僵	137	包米包	25	立打靶	283
瓜期节	170	处尖	71	包字头	25	立汉	284
令	293	外	486	包身	25	立地	283
令儿悉	293	外马子	486	包身体	25	立地子	283
令子	293	外太阳	486	包局	25	立坐	284
令公儿	293	外太阴	486	包账	25	立定子	284
令尹	293	外日	486	包封	24	立轴	284
用劲说	561	外公	486	包砟	25	玄	532
用表	561	外月	486	包银	25	玄寸	532
用脬	561	外方	486	包做	25	玄门	532
甩	432	外斗	486	包做人	25	玄风子	532
甩叉	432	外场	486	包袱	24	玄戊子	532
甩气椅	432	外执事	486	包袱抖喽闷了	24	玄冰	532
甩叶子	432	外江老	486	乐	280	玄武川	532
甩甩	432	外壳子	486	乐水	280	玄武马撒	532
甩头一子	432	外串	486	乐老	280	玄武麻撒	532
甩阳子	432	外杯	486	乐交	280	玄殃子	532
甩条	432	外国大蓬	486	乐局	280	玄点	532
甩货	432	外国卵子	486	乐林	280	玄锡	532
甩星子	432	外国糖莲子	486	乐府	280	玄壤朝阳	532
甩圈子	432	外货	486	饥	220	闪	411
印子	558	外挂	486	主	597	闪于	412
印色	558	外点	486	主人	597	闪子	412
印花	558	外省	486	主吊	597	闪子天眼	412
印度	558	外套	486	主爷	597	闪子天眼了	412
册儿	48	外唱着	486	主字	597	闪天眼子	412
册子	48	外圈	486	主洞	597	闪西风	412
册子朝阳	48	外兜天	486	主客	597	闪光	411
册头子	48	外鲁南	486	市大	426	闪披子	412
卯下部	318	外跳皮	486	市方	426	闪面	411
卯上	318	外嗷弼	486	市斗	426	闪特	412
卯上部	318	冬凌	123	市平	426	闪锤	411
卯子	318	鸟	339	市包	426	闪影	412
卯月	318	鸟只	339	市头	426	兰风	273
卯生	318	鸟头喷	339	市头婆	426	兰花	273
卯光	318	鸟都	339	市庄	426	兰把点	272
卯孙	318	鸟衔残	339	市杪	426	半儿	22
卯抛	318	鸟宿	339	市虎	426	半大	22
卯官	318	务头	502	市股	426	半才	22
卯啦	318	夗央	569	市衬	426	半小	22
卯喜	318	刍	70	市柳	426	半子	23
卯嗒	318	包口	25	市语	426	半开眼	22
犯	137	包子	25	市扁	426	半天冠	22
犯快之语	137	包开销	25	立	283	半月	22

半月朝阳	23	汉三分	188	司征	442	出卑	68
半风君	22	汉门	188	司载公	442	出店	68
半仔	23	汉子	188	司晨	442	出视	69
半吊子	22	汉火	188	司谏	442	出差	68
半苍	22	汉生意	188	司覆公	442	出洞子	68
半苍生	22	汉忌韩彭	188	尼者	334	出客	69
半枝莲	23	汉苗	188	民山	325	出神	69
半周	23	汉沽阳子活	188	民快	325	出恶	68
半空子	22	汉帝	188	民战	325	出样色	70
半春半柳	22	汉宫秋	188	弗识头	147	出桶子	70
半亮	22	汉壶座子	188	疋水子	537	出堂差	70
半壶水	22	汉壶瓢子	188	疋头	537	出牌	69
半通	22	汉屑	188	出了鼓儿	69	出煤子	69
半控不撮	22	汉窑子	188	出了鼓啦	69	出簪头	69
半塘皇帝	22	汉葫	188	出口	69	阡子	370
半腥半尖	22	汉韩忌彭	188	出山	69	奴才	341
半截登空	22	宁了	340	出门	69	奴家	341
半蹰躅	23	宁大	340	出马	69	加	223
半臂	22	宁升	340	出云	70	加大	223
头	474	宁码	340	出车	68	加白	223
头子	474	宁襻	340	出牙笏	70	加民	223
头目	474	穴上	533	出手	69	加顶	223
头边	474	穴川	533	出公	68	加孤	223
头好	474	穴罗	533	出风头	68	加料	223
头花	474	穴锣	533	出六	69	加酒花	223
头把	474	写生	524	出火头	68	召分	584
头把帐	474	写台口	524	出水	69	召平	584
头柜	474	写照	524	出水虾蟆	69	召伯	584
头油	474	写意	524	出世	69	召骇	584
头空子	474	讨人	458	出白	68	皮	355
头衬	474	讨账	458	出凸	68	皮子	356
头经	474	讨慈悲	458	出头	70	皮子污糟	356
头面	474	让一手	391	出托	70	皮子坚洁	356
头前人	474	让地皮	391	出过血	68	皮子炸了	356
头洒	474	让盘	391	出过热	68	皮子朝阳	356
头架	474	礼	282	出尖	68	皮牛意	355
头班	474	礼冠	282	出当子	68	皮行	356
头脚一套	474	讪老	412	出杀	69	皮行小包	356
头弹	474	训	535	出关	68	皮抗	355
头等人	474	必大	31	出壳	69	皮抗盒子	355
头道杵	474	必正	31	出芽	70	皮里	355
头缆	474	记名香	222	出扶桑	68	皮条子	355
汁	590	记扮	222	出折	70	皮条子炸	356
汁老	590	永了郎太阳	561	出角	68	皮条炸了	355
汁钹	590	永伴	561	出松	69	皮林	355
汉	188	司老	442	出岫君	70	皮厚	355
汉儿	188	司吴老	442	出货	68	皮娃子	356

皮娃子爆豆子	356	发癫	135	对筋子	130	吉玉	221
皮破	355	圣人	421	对颖	131	吉如	221
皮料敲背	355	圣出	421	对煞	130	吉买	221
皮家	355	圣兵	421	对耦	130	吉祥草	221
皮恳	355	圣角	421	对襟	130	考考	259
皮椰头	355	圣库	421	台	452	考相公	259
皮腿子	356	圣贤	421	台上	452	老一	279
边	32	圣货	421	台口	452	老二	276
边个	32	圣帽	421	台子	452	老七	278
边升	33	圣善	421	台子钱	452	老人	278
边爪子	33	圣鼓	421	台风	452	老儿	276
边风子	32	圣粮	421	台扑	452	老乃	278
边风头	32	圣旗	421	台青	452	老三老四	278
边叶	33	对	129	台炮	452	老大	276
边瓜子	32	对口	130	台提	452	老山	279
边汉	32	对口子	130	台漫	452	老山货	279
边皮	33	对马	130	矛工	318	老门坎	278
边托	33	对手	131	母	329	老门槛	278
边年子不动	33	对欠	130	母舅反脸	329	老飞	276
边江	32	对火	129	母舅板脸	329	老子	280
边江子	32	对认	130	丝一捆买成许梳钱	442	老夫子	277
边花	32	对节东	129	丝叉子	442	老天	279
边杖	33	对石牛	131	丝头	442	老元良	280
边条	33	对付	129	丝纶	442	老太伯	279
边青	33	对包李子	129	丝罗	442	老少年	279
边挂	32	对头	131	丝桐	442	老毛	278
边挂子	32	对对麦子	129	丝鞭	442	老月	280
边唱	32	对光	129			老乌	279
发	135	对光子	129	**六画**		老方	276
发千	135	对合	129			老平	278
发斗	135	对交	129	匡巴	267	老帅	279
发水	135	对买	130	匡吉子	267	老旦折子	276
发地雷	135	对孙	131	邦	23	老四	279
发托卖像	135	对麦子	130	邦老	23	老瓜	277
发血	135	对条子	131	式头	426	老瓜子	277
发利市	135	对识	131	式老夫	426	老头子	279
发拖	135	对枪	130	刑堂	528	老加	277
发性	135	对卖	130	戎川	395	老百脚	275
发录	135	对码	130	戎公	395	老师太	279
发威	135	对织	131	戎孤	395	老光	277
发点	135	对面	130	动青子	123	老迁	278
发扇子	135	对面子	130	动笼子	123	老传	276
发滑	135	对洒	130	圭空	178	老合	277
发蒙	135	对垒	130	寺里马撒	445	老爷	279
发豪	135	对球	130	吉	221	老交	277
发潮头	135	对盘子	130	吉个	221	老江湖	277
发磨特	135	对筋	130	吉水	221	老汤	279

老妈	278	老响	279	巩叠窑子	164	耳朵	133
老戏头	279	老峙	280	地门	111	耳崩	133
老苍	276	老鬼	277	地不平	110	耳蒙	133
老苏菜	279	老鸹	275	地毛簟	111	共	164
老杆子	277	老鸹子	276	地龙	110	共甩星子药方	164
老抗	278	老弯	279	地平	111	芒口	316
老里	278	老差	276	地仙	111	亚七	538
老串	276	老举	278	地出头	110	亚八	538
老希儿	279	老举三	278	地皮衣	111	亚六	538
老汪家	279	老举寨	278	地花	110	亚陆	538
老沙	278	老班	275	地吼子	110	芝麻	590
老良	278	老班头	275	地钉子	110	芎	530
老表	276	老赶	277	地牢	110	朽丘	530
老板	275	老桓	277	地青	111	机香	220
老枪	278	老根子	277	地码子	111	亘把	162
老肯	278	老柴	276	地图	111	再扛	574
老虎	277	老逛客	277	地界拘得到	110	再粒	574
老虎爪	277	老粉	276	地脉	111	协	524
老虎头	277	老烤	278	地根	110	协甲	524
老虎皮	277	老宽	278	地栗	110	协吊	524
老虎汤	277	老娘	278	地铃	110	协刘	524
老虎垛	277	老教子	277	地高	110	协品	524
老虎架	277	老梭	279	地拳	111	西	502
老虎掌	277	老採	276	地黄牛	110	西川	502
老明	278	老粗	276	地蛇	111	西贝	502
老典	276	老掌局	280	地裂	110	西方	502
老图	279	老跑	278	地牌	111	西方皮子	502
老和尚敲	277	老牌眺子	278	地牌票	111	西方亮	502
老和尚撞	277	老牌跳子	278	地鼠	111	西方客	502
老的	276	老焦	277	地窟	110	西方路上	502
老金	278	老傢	277	地精	110	西石	503
老采	276	老渣	280	地壁虫	110	西布	502
老念牙	278	老楦	279	地藏王菩萨	110	西瓜	503
老饿儿	278	老摆	275	地蹦子	110	西行	503
老底子	276	老搬	275	场子	56	西园河里	503
老疙疸	277	老跳	279	场中	56	西坠	503
老官	277	老锤	276	场头	56	西国点子	503
老郎	278	老鼠尾	279	场地	55	西咖唧	503
老契	278	老鲍	276	场面	55	西柳	503
老帮	275	老嫁	277	场扇不扇	56	西营	503
老帮四卫	275	老酸	279	耳	133	西噘	503
老荣	278	老镇	280	耳子草	133	压九秋	536
老相	279	老磨苦	278	耳毛子	133	压寸头	536
老相公	279	老鹰	280	耳目耳目	133	压风	536
老相好	279	老蟹	279	耳目海轰儿	133	压水	536
老勃	276	老蘸	280	耳边	133	压生	536
老拱	277	巩咀子	164	耳边风	133	压发	536

压花窑	536	有牛	563	列台子	290	扦子	370
压到子	536	有风	563	列齿	290	扦皮	370
压轴子	536	有风火	563	列宿	290	圪倒	169
压点	536	有水	563	列棋	290	托儿	482
压鬼子	536	有夯儿	563	列暑	290	托几	482
压架	536	有打磨	563	列舅	290	托土	482
压街	536	有占	563	列飘	290	托大	481
压黛	536	有生活	563	死门	443	托门	482
厌河	540	有夹磨	563	死丙	443	托子	482
戍儿	531	有向头	563	死货	443	托天	482
戍川	531	有伞棚天棚	563	死替	443	托牛	482
戍月	531	有交情	563	成	62	托手	482
戍老	531	有那个三	563	成儿	62	托爪	482
在	574	有里花	563	成功	62	托风	482
在丰	574	有利	563	成他的仙	62	托半	481
在手	574	有皂	563	成头	62	托头	482
在水边	574	有挟磨	563	成地仙	62	托边杵	481
在丙	574	有难过	563	成色	62	托老	482
在东	574	有情树	563	成果	62	托耳桃	482
在玄	574	而眉钱	133	夹口子	223	托花	482
在阴	574	页	549	夹气	223	托身	482
在园	574	夺炉子	131	夹丝巾	223	托条	482
在陈	574	夺着	131	夹当子	223	托股子	482
在家里	574	灰	213	夹竹桃	224	托底	482
百	16	灰马	213	夹杂	224	托泡	482
百口桥	16	灰叶子	214	夹条	223	托香头	482
百人敌	16	灰穴	214	夹尾	224	托亮	482
百口	16	灰皮条子	214	夹青	223	托起	482
百子	16	灰作	214	夹胞	223	托根	482
百日红	16	灰的瓢巴	213	夹脬	223	托脚	482
百仙	16	灰狗子	213	夹磨	223	托清	482
百花酿	16	灰妹	213	夹磨子	223	托照	482
百辰	16	灰点马子	213	扦	188	托罩	482
百里	16	灰俅雏	213	扦皮	188	托罩子	482
百味通	16	灰家	213	扛二炮的	258	托瘦	482
百宝	16	灰绪	214	扛叉的	258	托攒	482
百宝斤头	16	灰搂儿	213	扛扇	259	执巳	591
百结	16	灰铿	213	扛散枪的	259	执事之旗号	591
百根	16	灰窝子	214	扣子	265	执柯	591
百倍	16	灰锥子	214	扣瓜	265	执堂	591
百曼	16	达气	83	扣老	265	扣谈	321
百脚	16	达地	83	扣线	265	扫	406
百瓣生	16	达来	83	扣点	265	扫云	407
有	563	达鹡鸰	83	扣响	265	扫风	406
有人爱	563	列	290	扣腥儿	265	扫头	406
有几把尖托	563	列九	290	扣腿	265	扫边	406
有门槛	563	列丈	290	扦	370	扫兴	407

扫杆子	406	过托	182	尖子	227	光面	177	
扫条子的	406	过托儿	182	尖欠	227	光亮	176	
扫青	406	过过手	181	尖生	227	光亮朝阳	176	
扫青生	406	过合	181	尖册	226	光堂	177	
扫青草	406	过坊	181	尖头	227	光铜	177	
扫苗	406	过里	181	尖先生	227	光盘子	177	
扫苗子	406	过沟	181	尖吞	227	光盘汤	177	
扫苗的	406	过枪	182	尖帐子	227	光脸子	176	
扫奔	406	过账	182	尖条	227	光棍	176	
扫根子	406	过念	182	尖条子	227	光椰	176	
扫浪	406	过念作	182	尖局的	227	光滑	176	
扫堂	406	过河	181	尖纱	227	光嘴	177	
扫清	406	过宠	181	尖果	227	光嘴通	177	
扫清码子	406	过相	182	尖咀子	227	当人子	102	
扫梁子	406	过昭关	182	尖的	226	当子	102	
扫窑	407	过班	181	尖奎	227	当乡约	102	
扬方	541	过班儿	181	尖挂子	226	当手	102	
扬沙子	541	过桥	182	尖亮子	227	当头	102	
扬波	541	过桃	182	尖音	227	当阳	102	
扬虚	541	过海	181	尖绝	227	当坊古子	102	
扬襆	541	过黄	181	尖钻	227	当相	102	
扳楼儿	50	过眼	182	尖通	227	当相夫	102	
划	208	过得着	181	尖锋	226	当相者	102	
划十子	208	过清	182	尖锋子	226	当家	102	
划车	208	过搭	181	尖椿子	226	当家的	102	
划水	208	过锋	181	尖溜子	227	当票	102	
划龙船	208	过锋照子	181	尖嘴	227	当堂	102	
划四维	208	过腔照子	182	尖嘴子	227	当做	102	
划汉	208	过道	181	尖嘴模蛇	227	当避年子的	102	
划消青	208	过酱	181	尖篙子	226	早	576	
划圈子	208	邪子	524	光飞子	176	早白	576	
毕方	31	邪气	524	光子	177	早轴子	576	
毕薄眼	31	此君	79	光六	176	早拜年	576	
至上	591	此样如思	79	光节	176	吐	478	
至子	591	师	422	光头	177	吐冈	478	
至亲好友	591	师太	422	光丝	177	叶虫	478	
至尊	591	师日	422	光老	176	吐刚	479	
过口	181	师月	422	光芒	176	吐汪子	479	
过山礼	182	师老	422	光伦子	176	吐陆陈	479	
过山笼	182	师爷	422	光壳朝阳	176	吐青	479	
过门	181	师姑	422	光花溅	176	吐软冈	479	
过门儿	182	师姑梗	422	光杆	176	吐春撩典	478	
过比	182	师娘	422	光身	177	吐架	479	
过方	181	尖	226	光身子	177	吐调	478	
过仙	182	尖寸	226	光条	177	吓个	509	
过令太阳	181	尖口	227	光条子	177	虫屑	66	
过场	181	尖山	227	光表	176	虫囊子	66	

曲土子	387	吊膀	114	吃恰子	64	回生朝阳	214
曲六子	387	吊膀子	114	吃栗子	63	回头穴	214
曲本	387	吊漫水	114	吃热	64	回头点	214
曲身	387	吊撒	114	吃胶	63	回头客	214
曲罗	387	吃	62	吃烧饼	64	回老家	214
曲房	387	吃二馍的	63	吃球子	64	回回眼	214
曲背	387	吃大杀蟹	63	吃黄连	63	回阳	214
曲勒	387	吃飞轮的	63	吃排头	64	回花	214
吕儿	304	吃小	64	吃圈子饭	64	回条	214
吕公条	304	吃小鸟	64	吃鸽屎	63	回炉	214
吕公绦	304	吃小虫	64	吃馄饨	63	回客	214
吕青	304	吃天王饭的	64	吃鸾	63	回雪	214
同工	473	吃天王饭的黎子	64	吃惊草酒	63	回窑堂	214
同山兄弟	473	吃风	63	吃硬	64	回巢堂	214
同山弟兄	473	吃火腿	63	吃搁念的	63	回厥	214
同子	473	吃斗	63	吃黑	63	回衙	214
同中	473	吃引水	64	吃黑的	63	凼	367
同六	473	吃生活	64	吃渣子饭	64	刚	154
同行	473	吃仙丹	64	吃跲党	63	刚子	154
同孙	473	吃印	64	吃膘杆	62	刚骨	154
同钉	473	吃司菜	64	吃膘杆儿	62	则	577
同果	473	吃皮子的	64	吃墼	64	则天	577
同参	472	吃老	63	吃螺蛳	63	肉儿	396
同参弟兄	472	吃老西	63	因哥延年	555	肉下面	396
同参姊妹	473	吃西皮	64	吸公金	503	肉旦孙	395
同派	473	吃夹档	63	吸笛	503	肉皮	396
同袂	473	吃价	63	吸壁帘	503	肉票	396
同索	473	吃齐草酒	64	团圆	480	肉蛋	395
同跳个财神	473	吃讲茶	63	团	479	肉酸	396
吊	114	吃戏酸	64	团龙	479	网儿	491
吊工	114	吃红线	63	团头	480	网浆	491
吊上	114	吃豆腐	63	团团转	480	年川	335
吊不着	114	吃抖	63	团里陵末	479	年子	335
吊毛	114	吃条子	64	团鱼	480	年子不少	335
吊白鱼	114	吃条子饭	63	团狗子	479	年子火炽	335
吊场	114	吃张	64	团春的	479	年末	335
吊色	114	吃青锋	64	团钢	479	年伯	335
吊羊	115	吃松毛	64	团皇亮子	479	年晴	335
吊信子	114	吃拦干饭的朋友	63	团柴	479	年晴押头	335
吊眉	114	吃果儿	63	团黄梁子	479	年薄	335
吊浸水	114	吃昏	63	团腰	480	朱	596
吊扇	114	吃夜茶	64	吗儿	312	朱口	596
吊梭	114	吃河豚	63	吗滑窑子	312	朱卷子	596
吊得狠	114	吃官司	63	屿	564	朱染	596
吊脚	114	吃草疙瘩	63	岁月方长	448	朱楼	596
吊搭	114	吃相	64	回	214	先	510
吊嗓子	114	吃星子	64	回了	214	先一	510

先生	510	竹帘	597	华道子	206	行戏	529
先皮	510	竹笋附肉	597	仰口	544	行贩	529
先声	510	竹萌	597	仰天	544	行衬	528
先张	510	竹彩	597	仰天罩	544	行话	189
先知子	510	竹筒子	597	仰孟	544	行香	529
先知君	510	迁杖	370	仰承	544	行捻	529
先春	510	迁浪	370	仰面	544	行脚	529
先拾着	510	迁窑	370	仰起来了	544	行道	528
先桄	510	迁燧朝阳	370	仰高	544	行窝	529
先锋	510	乔	375	仰攀	544	行裻子	529
先锋包	510	乔公帐	375	伙计	220	行裹去	529
丢（去）子	120	乔公帐生	375	伪帮	494	行燥	529
丢千	121	乔庄子	375	自己人	604	全工全	389
丢飞包	121	伟	494	自己摸弄的	603	全斗	389
丢小包	121	传子孙	74	自开门口	604	全场	389
丢子	122	传代子	74	自由女	604	全伸子	389
丢子点	122	传册	74	自家人	604	全肚	389
丢当头	121	传伐子	74	自家身体	604	全真党	390
丢亥市	121	传后	74	伊	552	全通	390
丢板	120	传吼生	74	伊儿	553	全副銮驾	389
丢拖	121	传醮	74	血	525	会	214
丢招	121	传醮	74	血见愁	525	会下	215
丢驾	121	传醮	74	血旺	525	会会	215
丢线	121	伎儿	222	血脚子	525	会阵	215
丢笋	121	伏	147	向上	517	会胜	215
丢通	121	伏软	147	向子	517	会首	215
丢堆	121	伏虎	147	向天子	517	会做的	215
丢匾子	120	伏笆	147	向瓜	517	会馆	215
丢圈	121	曰子	248	向青儿	517	会朝	214
丢圈子	121	伐者	135	向壁	517	会靴子	215
丢圈党	121	延年	538	后门头	203	会攥弄活儿	215
丢铜皮	121	件半	230	后头	203	合	191
丢湾子	121	件头	230	后台	203	合才	192
丢窘尸	121	任上失风	394	后台老班	203	合寸	192
丢墩子	121	任果	394	后场桌	202	合子	192
延张烧哉	471	任店	394	后未子	203	合子皮	192
舌苟子	418	任重	394	后庭	203	合生	192
竹	596	伤了攒了	412	后庭窑	203	合白鸰	192
竹欠	597	伤子	413	后棚	203	合瓜瓣	192
竹节	597	伤手	412	后棚的能为	203	合串戏	192
竹叶	597	伤窑儿	413	后翘	203	合局	192
竹叶子	597	伤攒子	413	行	528	合码	192
竹叶兰	597	价值	225	行见礼	529	合码子	192
竹叶青	597	份儿	143	行水	529	合念	192
竹奴	597	华佗	207	行包	528	合弦	192
竹林子	597	华堂	206	行头	529	合点	192
竹鱼	597	华着	207	行光	529	合掌	192

杀川	407	多齿	131	齐笃落	366	问上手	496
杀风景	407	多柱	131	齐眉	366	问开扇	496
杀西	408	多嘴	131	齐根起	366	问太岁	496
杀关	408	多攀	131	齐索	366	问毛生	496
杀黄	408	争工	589	齐酱	366	问水	496
杀横	408	争胜票	589	齐摩	366	问汉子	496
企	367	争锋	589	齐嘴摸蛇	366	问托孤	497
众儿郎	594	色	407	交	233	问延年	497
众才	594	色岸	407	交儿	233	问问	497
众生	594	色迷	407	交口利	233	问求禄	496
众尾	594	色唐杵儿	407	交叉	233	问含欠	496
爷们	549	色唐码子	407	交子	233	问圻坼	496
爷叔	549	色唐钢儿	407	交木	233	问放手	496
伞	405	色糖立子	407	交不又	233	问相公	497
伞头子	405	色糖汉壶座子	407	交壬	233	问相逢	497
伞窑	405	色糖拘迷杆	407	交代	233	问钻曲	497
伞窑子	405	色糖点	407	交白船	233	问造窑	497
兆	584	庄主	599	交欢	233	问流	496
兆量	584	庆	385	交条子	233	问窑堂	497
佘来板	80	庆来的	385	交床	233	问摆昏老	496
佘条	80	刘	294	交背衣	233	问搬手	496
朵	131	刘天子	294	交亮	233	问路	496
朵子	131	刘巧	294	交脐	233	问错片	496
朵子金	131	刘当	294	衣	553	问漂纸	496
朵老篾	131	刘杆	294	衣扎	553	闯友	75
朵朵云	131	刘杆杆	294	衣公	553	闯北	75
朵呢	131	刘足	294	衣黄	553	闯亮子	75
杂奴	573	刘奇	294	亥儿	186	闯堂	75
杂拌地	573	刘拐	294	亥月	186	闯啃的	75
杂种会	573	刘虎	294	亥市	186	闯窑堂	75
杂嗽	573	刘官	294	亥官	186	羊	541
旭	532	刘官纱帽	294	亥相	186	羊毛	542
负龙	149	刘挠	294	充火通	66	羊气	542
负酹	149	刘品	294	充末	66	羊方	542
负累万年青	149	刘洪	294	充头子	66	羊生	542
负赖	149	刘排	294	充煤	66	羊头	542
各	161	刘排杆	294	充煤朝阳	66	羊虫	542
各豆	161	刘湾	294	妄货	491	羊字	542
各念	161	齐	365	闭	31	羊肠	542
各崩	161	齐女	366	闭山门	31	羊角	542
名件	326	齐天	366	闭青	31	羊油块子	542
多子	131	齐天大圣	366	闭扁	31	羊韭叶	542
多子头	131	齐主	366	闭扇	31	羊首	542
多头	131	齐头	366	闭塞延年	31	羊脂	542
多司弟	131	齐这把草	366	闭翼	31	羊票	542
多多	131	齐苊	366	问卜	496	羊眼	542
多花子	131	齐昌	365	问土凫	496	羊盘	542

羊蹄孙	542	冲斗	66	池里麻撒	65	安徽	5
并手	37	冲头	66	池数	65	冰天子	36
并包	37	冲撞	66	汤	456	冰轮	35
并头	37	兴	527	汤水	456	冰哂	35
并头夹	37	兴地	527	汤头	456	冰屑	36
并足	37	兴地来	527	汤李子	456	冰勒	35
并肩子	37	兴兴子	527	汤卷	456	冰桶	36
关大	173	兴苏	527	汤注子	456	冰清	35
关山门徒弟	174	兴和	527	汤面	456	冰瑞	35
关川生	173	兴洲	528	汤饼	456	冰端	35
关门	174	兴朝阳	527	汤钵子	456	冰墨	35
关中	174	兴蒿子	527	汤料	456	冰藕	35
关公挑	174	汗八	188	汤酱	456	字口	604
关斗	173	汗儿	188	汤滚	456	字号	604
关肚仙	173	汗子	189	汉儿	51	字辈	604
关岭	174	汗火	188	汉子	51	讲	232
关房门	174	汗水	188	宇一	564	讲斤头	232
米子	323	汗货	188	宇二	564	讲鬼	232
米方	322	汗货穰	188	宇三	564	讳法	215
米占	323	汗胡	188	宇四	564	军师	251
米生意	323	汗胡酿子	188	决林	250	军需	251
米汤	323	汗瘤子	188	决窝	250	军器	251
米取孙	322	汗鳖	188	守	428	许	531
米食	323	污	498	守土	428	讼事	446
米炷虫	323	污盘	498	守风	428	设	418
米通	323	江	230	守边	428	设僻	418
米器	323	江片	231	守庄子	428	寻	535
米囊花	322	江片子	231	守阴天	428	寻口霸	535
灯不亮	106	江风	231	守空	428	寻风	535
灯花	107	江司	231	守垫子	428	寻风者	535
灯花正开	107	江吏	231	守笆通	428	寻生路	535
灯花拍遇	107	江西	231	守病	428	寻头	535
灯草	106	江西老	231	宅相	579	寻把	535
灯笼	107	江州	231	安	5	寻伴子	535
灯笼子	107	江戏	231	安丁香座子	5	寻身子	535
灯笼把	107	江南花	231	安石	5	寻觅	535
州官	595	江浪	231	安瓜瓦点	5	寻春使者	535
壮	599	江扇子	231	安安	5	寻宣吃	535
壮风	599	江湖	231	安身	5	寻霸	535
壮风生	599	江湖友	231	安坐子	5	艮	162
壮阳子	599	江湖话	231	安床	5	艮公	162
壮笔头	599	洲口	75	安根	5	艮丘通	162
壮脑	599	汛地	137	安座子	5	艮头	162
壮猪	599	汲香	221	安清	5	艮物	162
冲八	66	池	65	安跳子	5	艮河里	162
冲天	66	池子	65	安腿子	5	导子	103
冲风	66	池里马撒	65	安檐	5	阮	398

阵上失风	588	阴锣	555	观顶生死	174	红花亭	199
阵马	588	防风	139	观亮	174	红尾	200
阳绨	542	那拈	331	观音	174	红坏	200
阳	542	那悉茗	332	观音枝	174	红埒	200
阳门	543	如	396	观音柳	174	红茄	200
阳子	543	如出门	396	观音莲	174	红事	200
阳鸟	543	如在	396	观音党	174	红枣朱	201
阳鸟	543	如利	396	观音落坐	174	红披	200
阳地	542	如厕	396	欢门	209	红股	199
阳光	543	如桐子	396	欢仙客	209	红鱼	201
阳孤	543	如砺	396	欢欢	209	红底子	199
阳春	542	如射	396	欢伯	209	红油	201
阳春金星	542	如烟	396	欢喜	209	红宝珠	198
阳晞	543	如毫	396	买下来了	312	红官人	199
阳盘孙	543	如意肩	396	买火种	312	红衬	198
收	427	妇原	149	买卖成快	312	红帮	198
收末曾	427	妃子	142	买票子	312	红帮之问答	198
收古画	427	好人	190	买路	312	红帮之票布	198
收包	427	好儿青	190	羽	564	红柞	201
收礼	427	好风	190	羽士	564	红信石	200
收百子	427	好宄	190	羽大	564	红珠	201
收行水	427	好户头	190	羽头子	564	红根子	199
收更	427	好心老太	190	纡头	564	红笋	200
收规把	427	好心老爷	190	红	198	红倌人	199
收晒朗	427	好字旗号	191	红八哥	201	红粉	199
收粉子	427	好好	190	红川	199	红粉包	199
收盖子	427	好村方	190	红云	201	红烧	200
收锤	427	好雨	190	红牙	200	红流	200
阶前草	236	好看钱	190	红片	200	红娘	200
阴人	555	好時侯	191	红方	199	红脸	200
阴功	555	好彩	190	红火球	200	红脸老	200
阴皮朝阳	555	好脸子	190	红心	200	红粒	200
阴地	555	好深的水	190	红尹	201	红棍	199
阴光	555	妈	308	红水	200	红掌	201
阴阳生	555	妈妳	308	红仙	200	红焦兰	200
阴花	555	戏包袱	506	红白	198	红皴皮	199
阴身	555	戏头	506	红瓜	199	红摆	198
阴码子	555	戏头棚	506	红头独	200	红摆伦	198
阴宗	555	戏台子	506	红老	200	红蝇子	201
阴孤	555	戏码儿	506	红光	199	红旗令	200
阴眵公	555	戏肩膀儿	506	红曲	200	红旗老五	200
阴洞子	555	戏珠子	507	红衣	201	红蕉	200
阴络	555	戏混混	506	红汤	200	红蹄蹰	201
阴套	555	戏蓬	506	红红面孔	199	红滕焰	200
阴损	555	戏德	506	红花衣子	199	红耀朝阳	200
阴积	555	观册	174	红花雨	199	驮老	484
阴堂	555	观枚	174	红花底子	199	约住	569

纪㺯	222	吞土皮	481	贡川	164	芙同	147
孙	449	吞口	481	贡汤窑子	165	芙蓉根	147
孙氏	449	吞子	481	贡贵头儿大海	164	芙蕖	147
巡犬	535	吞云	481	坂里	21	芸	573
巡风	535	吞青	481	赤土	66	芸青	573
巡冷子	535	吞青子	481	赤马洁	65	芸数	573
巡孤	535	远	569	赤太岁	66	芘苶	356
巡查	535	远白滑	569	赤老	65	花	205
巡攘	535	违和	493	赤老俫	65	花马	206
		韧子	394	赤老稀	65	花王	206
七画		运一运	573	赤老腻口	65	花方正	205
		运化	573	赤松游子	66	花心	206
虿门	66	坏	209	赤骨	65	花叶子	206
寿	428	坏了	209	赤根子	65	花市	206
寿头子	428	走	604	赤脚	65	花头	206
寿头码子	428	走小儿	605	赤脚符	65	花边	205
寿光	428	走马	605	赤壁	65	花尖	205
寿星	429	走马上任	605	坎子	257	花虫	205
寿香	429	走内线	605	坎气子	257	花阴	206
寿客	428	走乌里	605	坎肩	257	花红	205
弄风	341	走水了	605	坍台	454	花花	205
弄甲	341	走白马	604	均处	251	花花子	205
弄申	341	走鸟里	605	均杵	251	花花窑	205
弄把戏	341	走边	604	均薄	251	花折子	206
弄缸	341	走过行	605	孝子	523	花身	206
弄塘	341	走阴差	605	孝子回心	523	花皂	206
麦	312	走沙	605	孝头	523	花希	206
麦边	312	走沙子	605	孝贞	523	花条	206
麦尘	312	走板	604	孝角子	523	花条儿	206
麦争场	312	走罗	605	孝郎	523	花青帽	206
形儿	529	走油	605	孝点子	523	花码	206
进门	244	走线	605	孝祖	523	花招	206
进门坎	244	走帮运	604	孝敬	523	花果窑子	205
进门槛	244	走砂子	605	孝幔	523	花命妇	206
进介门	244	走砂狼	605	坟	143	花肴	206
进书房	244	走客	605	坟子	143	花宝窑子	205
进水旺	244	走窑	605	坑子	262	花房子	205
进兴	244	走浪	605	坑凤	262	花刷士	206
进里门	244	走雪	605	坑海	262	花细	206
进利	244	走脚路	605	坑嘴	262	花草	205
进宝	243	走路	605	壳	261	花相	206
进城	243	走矮子	604	壳子	261	花垒	206
进香	244	走潮	605	志	591	花班子	205
进洞子	244	坝手	12	块方	267	花起来	206
进高门	244	坝的	12	声音丘	421	花粉窑子	205
戒摩	238	贡卜	164	却大	390	花流星	206
吞	481	贡八	164	汞末	164	花球子	206

花票	206	苏仙	447	杨官人	543	辰老	60
花脸子	206	苏扫	447	杨蹄	543	还小帖	209
花斑子	205	苏迁	447	李	282	还未省	209
花筒	206	苏色	447	李大兴	282	还头	209
花路	206	苏折	447	李子	282	还光生	209
花魁	206	苏利	447	李子行	282	还汤	209
花腰子	206	苏枝	447	李行	282	还找钱	209
花满	206	苏奔	447	李老	37	还规矩	209
花箔	205	苏笊	447	李雀	37	还洞府	209
花旗	206	杆	152	匣	508	还席	209
花箭	206	杆上的	154	匣子	508	还桶子	209
花鹞子	206	杆子	152	更王	162	还魂	209
花篮	206	杆进院	152	更头子	162	还槽	209
花瓣	205	杆面杖	152	更番	162	豕口口	425
花露	206	杜	127	束素	431	豕物	425
芹片	378	杜子	127	束朝阳	431	来	272
芹宫	378	杜虫	127	吾支盘	500	来人	272
苍	45	杜江州	127	吾不口	500	来子	272
苍才	45	杜攻	127	吾攻	500	来手人	272
苍马	45	杜松	127	豆	125	来归洪	272
苍子	46	杜枪	127	豆子	126	来牟	272
苍龙	45	杜籼	127	豆花	126	来果	272
苍生	45	杜琴头	127	豆透	126	来往窑子	272
苍老	45	杜道人	127	豆液	126	来河子	272
苍孙	45	杜薄	127	豆腐干	126	来垫子	272
苍苍	45	杠	154	豆腐板子	126	来家	272
苍利	45	杠子身	155	两开	287	来滚	272
苍果	45	杠风	154	两开交	287	扶本	147
苍鸣	45	杠柴头	154	两由钱	287	扶头	147
苍狗虱	45	材头	42	两头大	287	扶老	147
苍细	46	材幔	42	两头甩	287	扶琴	147
苍通	46	村庄儿女	80	两头光	287	抠鼻挖相	263
芦花白	302	杏花雨	529	两边快	287	扰人俨希	391
芦黄	302	杏树	530	两条子	287	扰山	391
劳	275	杏脯	529	两面有石挡路	287	扰汉	391
克明	261	巫者	499	两按	287	扰剉	391
克荷析薪	261	巫峰	498	两便	287	扰椑子	391
克蛇	261	极生	221	两屋坐	287	扰爍	391
克笼	261	杓子	35	两唐	287	拒捕	249
芭掌	10	杓头	34	两朝	287	拒霜	249
苏铼	447	杓俫	34	两道子	287	找户头	584
苏	447	杞机子	367	两截子	287	找皮绊	584
苏丁	447	杨孙	543	酉月	563	找阳地	584
苏了	447	杨花	543	酉官	563	找进账	584
苏子	448	杨花孙	543	丽春	284	找财喜	584
苏子底	448	杨枝	543	医伤腿	553	找贴进	584
苏开	447	杨波	543	辰月	60	找家子	584

找眼子	584	连连	285	扳牙	20	抛锚	348
扯	353	连把行	284	扳手	20	投口	475
扯子	353	连环	285	扳扳	19	投名状	475
扯芪	353	连环通	285	扳位	20	投访之招接	474
扯衮	353	连抉	285	扳识	19	投帖之套话	475
扯	59	连理	285	扳线丘	20	投帖子	475
扯一个混	60	连毫	285	扳细公	20	投袖	475
扯了	59	连翘	285	扳面孔	19	投辖	475
扯手	60	抄	56	扳套子	20	抗风	259
扯丹	59	抄山	56	扳柴	19	抖	125
扯去子	60	抄小货	57	扳盘	19	抖毛	125
扯平	59	抄天	57	扳脚	19	抖风路	125
扯奴	59	抄手	56	扳耀	20	抖风篷	125
扯皮	59	抄手子	56	抢绞	306	抖水	125
扯老	59	抄巴	56	扮戏	23	抖包袱	125
扯丢	59	抄把子	56	抢	374	抖安式	125
扯华梁子	59	抄条	57	抢上山	374	抖花子	125
扯红旗	59	抄命	56	抢巾	374	抖青龙	125
扯走	60	抄股子	56	抢头子	375	抖海式	125
扯抬子	60	抄狗庄	56	抢场	374	抖喽包袱	125
扯轮子	59	抄孤子	56	抢汗巾	374	抖漏子	125
扯软把	60	抄背	56	抢背	374	抖漏包袱	125
扯线	60	抄须	57	抢着	375	抖漏样骰	125
扯牵	59	抄棋盘	56	抅	248	抖擞样色	125
扯炮	59	折	587	抅迷杵	248	护心	205
扯活	59	折刀子	587	抛	348	护水	205
扯活了吧	59	折了托儿	587	抛了	348	护托	205
扯铃	59	折牛	587	抛下青龙子	349	护身	205
扯谈	60	折皮	587	抛山	348	护法韦	205
扯断藕	59	折朽子	587	抛山儿	348	护背胸	205
扯淡	59	折足	587	抛风	348	扭	341
扯硬把	60	折笆	587	抛处	348	扭丝	341
扯滑	59	折浪	587	抛灰	348	扭条子	341
扯蓬	59	折梯子	587	抛合	348	扭胸	341
扯签经	60	折跟头	587	抛苏	348	把	11
扯溜	59	折腰	587	抛苏儿	349	把二门子的	11
扯溜子	59	折叠窑子	587	抛顶	348	把儿	11
连	284	折贼	587	抛贝宫	348	把子	12
连毛僧	285	折鞭	587	抛果	348	把子头	12
连手	285	抓瓜丝	598	抛空杵儿	348	把子朝阳	12
连市	285	抓现包袱	598	抛孤	348	把不出腥来	11
连半	284	抓养子	598	抛钩	348	把手	11
连米	285	抓家伙	598	抛须	349	把风	11
连红毛	285	抓牌	598	抛臭子	348	把电儿	11
连壳希	285	扳	19	抛盘	348	把头	11
连杖	285	扳弓子	19	抛盘数	348	把老	11
连抠带挖	285	扳井	19	抛粘子	349	把匣子	11

把沟	11	旱莲	189	围口	493	串头	74
把现簧	12	旱桥	189	围子	493	串老	74
把现簧儿	12	旱烟袋	189	围本	493	串忙	74
把直头	12	旱烟筒	189	围伙己	493	串戏	75
把杵头儿挂起来	11	旱烟管	189	围身	493	串红	74
把线	12	旱瘤子	189	围指	493	串花	74
把柄	11	里	282	围竿子	493	串板	74
把柳	11	里入落	282	围圈	493	串非子	74
把点	11	里入落调巡	282	围椗热	493	串圆头	75
把钢	11	里子	283	围襟	493	串蔓子	74
把贺口	11	里心圈	282	旸乌	543	听	471
把套	11	里头	282	足	605	听打鼓	471
把船上硬着点	11	里虫	282	足子	606	听老	471
把朝阳	11	里兴啃儿	282	足中	606	听光	471
报子	26	里相孙	282	足目	606	听更	471
报赤壁	26	里党	282	足衣	606	听张	471
报君知	26	里腥化把	283	足米	606	听拐	471
报春	26	里腥托	283	足脉	606	听罗	471
报喜	26	里腥的	282	虬卵	387	听科	471
轩	532	里腥治巴	283	虬珠	387	听聆	471
轫身	394	里腥挂子	283	邮亭	561	听唱	471
求	386	里腥海冷翅子	283	男人	332	听筒	471
求子	386	里腥啃	283	男女锁	332	吹毛	76
求汉	386	里数	282	男老举	332	吹风子	75
求浆头	386	吴七	500	男红手	332	吹灰	75
求扇	386	吴王	500	男拆	332	吹灯	75
步云	41	呒该	148	困风	269	吹沙	76
步尘	41	助力	597	困水	269	吹者	76
步步紧	41	助畏	598	困仙绳	269	吹枯生	75
步步高	40	助娇	597	困老	269	吹挑子	76
步线	41	助焰头	598	困条子	269	吹响	76
步耽	41	时	424	困青	269	吹窑鸡	76
步捻	41	时工	424	困曹子	269	吹喽	76
卤瓢	303	时双	424	困盘	269	吹横箫	75
坚	227	时水	424	困着	269	吹螺	76
坚龙	228	县佐	511	困腰	269	吧老	10
坚立	228	呆	98	困槽	269	吧嗒棍儿	10
坚老	228	呆人	98	困槽子	269	邑	554
坚居	228	呆子	98	吵子	58	邑庠	554
坚科	228	呆货	98	吵呐	58	别上断弦	35
坚垒	228	呕风	343	串	74	别头子	35
坚烘当	228	呕血	343	串山	74	别直	35
坚通	228	呕把	343	串子	75	别河里	35
坚窑	228	呕露水	343	串子药方	75	别温子	35
坚琴	228	园子	568	串子症	75	别墊	35
肖	523	园头	568	串心	75	别鞭土喽	35
肖公	523	园河里	568	串仗	75	吼马子	202

吼子	202	乱锤	306	你要不扯	335	坐甩	609
吼生	202	乱箸	306	你难了	335	坐包	609
吼孙	202	乱戳	306	住家	598	坐头	609
岗位	154	利	284	位	494	坐场诗	609
岗窑子	154	利丁	284	伴王母	23	坐庄	609
帐子	582	利大兴	284	伴客	23	坐灯	609
帐子蓬	582	利口生	284	身	419	坐池子	609
帐生	582	利子	284	身上来	419	坐坊	609
囮囮	132	利手	284	皂	576	坐更	609
财生	42	利市	284	皂不白	576	坐鱼	609
财头	42	利庆过宪	284	皂头	576	坐底子	609
财地	42	利股	284	皂告	576	坐房间	609
财字	43	利琴丘	284	皂快	576	坐科	609
财帛	42	利散	284	皂底	576	坐轿	609
财神	42	秃卷	476	皂线	576	坐轿子	609
财神座儿	42	秃笔	476	皂裙	576	坐捻	609
囫囵	203	秃棘	476	皂飘	576	坐堂	609
针	588	秀	530	皂飘线	576	坐馆	609
针不金	588	秀才	530	佛头青	147	谷山	169
针冈	588	秀才果	530	佛头金	147	谷念	169
针挑担	588	私仔	442	佛寿	147	妥	484
针菜	588	私闷肉	442	佛面	147	含口	186
针棒子	588	私差	442	佛桑	147	含欠	187
钉子	117	私窝儿	442	佛窟	147	含桃	187
钉把	117	我门	497	近却	244	含笑	187
钉孤	117	我犹未免	497	近侍	244	含清	187
钉星子	117	伾作	340	近孤通	244	邻通	291
钉梢	117	兵	36	近阔	244	岔子	51
钉桩	117	兵兰	36	彻骨	60	岔枝	51
钉碰	117	体美	460	返圣	137	肚子	127
牡丹卷子	329	何时漏	192	余大	564	肚子大	127
牡丹点	329	但结	101	余甘子	564	肚子宽	127
告	158	伸头子	419	希	503	肚肠	127
告一状	158	作	608	希子	503	肚棓	127
告示	158	作外	609	希令橘	503	肘	595
告地藏	158	作担子	608	希老	503	肘了	595
告潮	158	作肯	608	希同	503	肘山	595
乱人	306	作念	600	希壳	503	肘任	595
乱巴生	305	作热	609	希班	503	肘响	595
乱头	306	作锦	608	希流	503	肘海草	595
乱团春	305	作凳	608	希筒	503	肘粘汉	595
乱把	305	作聪	608	坐	609	肘琴	595
乱把行	305	伯	37	坐山	609	兔	323
乱点子	306	伯牛有疾	38	坐山虎	609	兔摊	323
乱朝阳	306	低多万	108	坐马	609	狂且	267
乱筋	306	低身	108	坐井子	609	狂呼	267
乱道江湖	306	低锉	108	坐公堂	609	犹子	561

卵下部	305	迎金肃	558	快窑	267	冷子马撒	281
卵上部	305	迎春	558	快窑子	267	冷子点	281
卵生	305	迎面	558	快溜	267	冷子攥儿亮	281
角	234	迎贵人	558	快嫖	267	冷水结	281
角儿	234	迎銮	558	快踩希	267	冷水摸蛇	281
角马	234	饪占	507	快镶	267	冷占	281
角子	234	铁	566	闲员	510	冷头	281
角老	234	饭虾	137	闲客	510	冷灰窑	281
角红	234	饭桶	137	闲家铲	510	冷汤	281
角要	234	饭窑炉	137	闲厮嗓	510	冷把	281
角兜	234	饮场	557	闵	325	冷灶	281
角盒	234	饮苦水	557	闵几	325	冷顺	281
角楷	234	饮得定	557	闵牙淋	325	冷送	281
角黍	234	系臂	507	闵汉	325	冷堆	281
条	467	言	538	闵青	325	冷脚客人	281
条儿码子	467	言午儿	539	闵青茶	325	冷窑	281
条川	467	言尖	539	闵青朝阳	325	冷锤	281
条子	468	言是	539	闵散头	325	冷赞曲	281
条子生	468	床围	75	闷了	321	冷露	281
条子钱	468	床额	75	闷干	321	汪	490
条末	467	库果	266	闷川	321	汪干条	490
条生	467	库果窑儿	266	闷子	321	汪疋	490
条达	467	应条子	558	闷不闷	321	汪辰	490
条达梳子	467	这块料	587	闷东	321	汪罗	490
条戏	468	疗愁	289	闷肉	321	汪配	490
条苗	467	庐服	302	闷线	321	汪配中	490
条枪	467	辛申	526	闷密	321	汪配中足	490
条官	467	辛夷	526	闷然	321	汪提	490
条鬼子	467	弃票	367	羌	373	汪糙	490
条洒	467	忘八	491	判头	348	沐浴	331
条架子	467	忘言	491	判簧	348	沐猴	330
条较	467	怀儿怎啦	209	判簧果	348	沛生	351
条脱	468	怀五	209	灶	576	沥金水	284
条篙	467	怀里代着	209	灶斗钱	577	沙	408
岛	103	怀怪	209	灶君娘	577	沙力	408
岛七	103	忧服	561	灶点	576	沙子	408
岛八	103	忧养子	561	灼儿斗	601	沙元	408
岛干	103	快	267	灼龟	601	沙西	408
刨了	349	快儿	267	灼炭	601	沙伙己	408
刨活	349	快上快	267	弟兄	111	沙帐	408
刨黄瓜	349	快口	267	弟兄家	111	沙希	408
迎门杵	558	快飞漂	267	弟老	111	沙希贵	408
迎风	558	快车子	267	状元公	600	沙坨子	408
迎仙客	558	快手	267	状元红	600	沙依勒	408
迎地藏	558	快龙	267	状头	600	沙河里	408
迎阳	558	快快	267	冷川	281	沙油	408
迎金	558	快票	267	冷子	281	沙陶	408

沙赖子	408	诈年子	578	阿八	3	纯阴	78
汽大	367	诈呆	578	阿大	3	纱	408
汽块	367	诉哀党	448	阿木林	3	纱帽	408
汽眼儿	367	诉冤党	448	阿六	3	纱帽生	408
沟儿	165	罕牵	187	阿龙	3	纱罩	408
沟下	165	词	78	阿艮	3	纱囊	408
沟马撒	165	词章	78	阿快	3	纲儿	154
沟子	165	君子	251	阿和酿	3	纳儿	332
沟册	165	君子套	251	阿肥	3	纳细	332
没开赚	319	君为臣纲	251	阿官仔	3	纳保	332
没水头	319	君达	251	阿朗	3	驳口	38
没过票子	319	灵	291	阿嘎	3	驳张子	38
沉水	60	灵儿	291	阿瘠	3	纸马	591
沉明	60	灵子	291	陇客	302	纸判	591
沉迷为身	60	灵风	291	陈旧朝阳	60	纸路	591
沉速为身	60	灵芝	291	陈皮	60	纹花钱	495
完凯	488	灵成儿	291	陈妈妈	60	纹罗	495
宋山	446	灵盖	291	陈条儿	60	纹衬	495
宋子	446	灵零	291	陈奇	60	纹银	495
宋鹊	446	灵鼍	291	附水龙	149	纹楸	495
宏福	201	即	221	坠票	600	纹箔	495
牢实	275	迟才	65	陀子	484	纺棉花	139
牢结	275	局子	248	陀头	484	驴子	304
穷	385	局郎	248	妓者	222	驴唇	304
穷小子	385	局票	248	妙札	325	纽头	341
穷秀才	385	局锅	248	妙货	325		
穷调	385	改门子	150	妙宜贬	325	**八画**	
良牧	286	改火	150	妙研	325		
良厚	286	改羊哥	150	妖	545	玩	488
良棋局	287	改江山	150	劲儿	244	玩玩儿	488
良棋盘	287	改透了	150	劲河子	244	玩窑	488
启	367	张	580	甬道	561	武场	501
评台	362	张口巴	581	鸡子	220	武行头	502
补条子	38	张口青子	581	鸡木	220	武买卖	501
补照子	38	张飞子	581	鸡毛子	220	武相夫	501
补踢	38	张手雷	581	鸡爪黄连	220	武差事	501
初	70	张心子	581	鸡头	220	武差使	501
初木	70	张本	581	鸡头子	220	青	379
初火	70	张迁花	581	鸡舌	220	青七张	381
初在园	70	张顶	581	鸡骨	220	青儿	379
初差	70	张哂	581	鸡胎	220	青了	380
祸	312	张梁子	581	鸡冠	220	青山	381
识	424	张黏	581	鸡啼	220	青马	380
识弗煞	424	忌	222	鸡黍相延	220	青子	382
识板头	424	陆五边	303	鸡腿	220	青子汗	382
识相	424	阿	3	鸡翼子	220	青子图	382
诈子	578	阿二	3	驱邪祟	387	青天	381

词条	页码	词条	页码	词条	页码	词条	页码
青元	382	青壶	380	者念七	587	苦馨子	266
青手	381	青莲	380	者孤	587	苦霪生	266
青手帮	381	青莲子	380	者粗	587	昔	503
青公	380	青莲窑子	380	垃圾马车	270	苤蓝一个买成启潘钱	361
青方	379	青莲鼓	380	坭丸	334	苗	324
青巴	379	青钱	381	坭尖	334	苗子	324
青水窑子	381	青铧子	379	坭块	334	苗文	324
青石	381	青烟	382	坭卵子	334	苗心	324
青龙	380	青流利用	380	坭涎	334	苗叶	324
青龙口	380	青琅玕	380	坭绿	334	苗头	324
青叶子	382	青描	381	坭晶	334	苗西子	324
青另	380	青铜子	382	坭椿	334	苗戏	324
青头	382	青铜锤	382	坭障子	334	苗须	324
青奴	381	青盖	379	坭蟹	334	苗稀	324
青皮	381	青婆	381	其服	366	苗群	324
青丝	381	青绪	382	其牌干	366	英子	558
青丝子	381	青葱	379	取止差	388	英爪孙	558
青丝梢	381	青插	379	取水	388	英老	558
青老	380	青棠	381	取本土	388	苓	291
青尖	380	青跌土	379	取发路	388	苟西	165
青虫	379	青锋	379	取宝	388	直儿	591
青衣	382	青焦	380	取鳖	388	直门儿	591
青妈	380	青编	379	苦	265	直叫子	591
青壳子	380	青蓬	381	苦口	265	直头	591
青杆	379	青腰儿	382	苦口	266	直达	591
青杆子	380	青蝇子	382	苦口子	266	直把	591
青杠子	380	青鲛	381	苦口朝阳	266	直抹	591
青连子	380	现	511	苦子	266	直线	591
青时	381	现水子	511	苦冈	265	茄线	377
青条	381	现宝	511	苦劝人	266	茅针	318
青条苗绪子	382	现萨	511	苦水	266	茅蓬	318
青苊	380	现银买成由王代	511	苦水子	266	林	291
青苗	381	表	35	苦水窑子	266	林子	291
青苗子	381	表大夫	35	苦生	266	林木	291
青枝	382	表丈夫	35	苦册	265	林码子	291
青果	380	规矩春点	178	苦主	266	林窑	291
青罗	380	卦	171	苦苡	266	林擒	291
青底	379	卦子行	171	苦来的	266	枝叶	590
青盲念	381	坏子	353	苦身	266	枝头	590
青炊撒子	379	坦口	455	苦身子	266	枝花	590
青细	382	坦底	455	苦佛公	265	枝楞	590
青树	381	坤老	269	苦苦生落	266	杯	27
青须	382	坤宫	268	苦果	265	枢使	430
青垒	380	垆	385	苦姑	265	枢相	430
青绒	381	者	587	苦俫	266	柜上人	178
青耕	380	者作	587	苦修	266	柜头狮子	179
青素	381	者皂	587	苦兜子	265	杵	70

杵儿	70	构丁黑	166	卖玄观	313	抹充	328
杵门	70	构丁傲	166	卖汉火	313	抹咳	328
杵门子	71	构丁蹶	166	卖羊	313	抹铁	328
杵门子软	71	杭大	190	卖关节	313	抹海	328
杵门子清楚	71	杭连	190	卖字	314	抹彩	328
杵门子最硬	71	杭青	190	卖弄	313	抹嘴	328
杵门硬	71	枕耳	588	卖弄钢口	313	柯地龙	191
杵头儿	71	枕刻天	588	卖屁股	313	柯黄鱼	191
杵窑	71	杷老	343	卖鸡肫肝	313	拓郎	484
枚提子	319	丧门党	405	卖茄南肉	313	拔	10
板弓子	21	或头	220	卖法	313	拔人	10
板子	21	画工	208	卖春	313	拔本	10
板占	21	画山水	209	卖挂虫	313	拔龙筋	10
板头子	21	画五圣	209	卖炭	313	拔白	10
板头行	21	画卯	208	卖疯女	313	拔出来	10
板台子	21	画皮	209	卖野人头	313	拔地	10
板识	21	画花	208	卖野药的	313	拔阳地	11
板定	21	画把	208	卖脚	313	拔条	11
板细公	21	画指	209	卖猪仔	313	拔青码子	10
板客	21	画骨	208	卖照	313	拔苗头	11
板眼	21	画圈	209	卖路	313	拔掩	11
板答	21	卧	497	卖漂子	313	拔眼	11
松	445	卧尺	497	郁恐	566	拔盘	10
松子	446	卧鱼	497	矿子	268	拔短梯	10
松毛	446	卧党	497	码子	312	拣尸	228
松瓜	445	事不成	426	码头	312	拈心	335
松成	445	事主	426	码楼子	311	拈线	335
松块	446	事件	426	奔	28	担子	100
松英	446	刺虫	79	奔又	28	担针桥	100
松春	445	刺坚叉	79	奔山	28	押子	537
松柏林	445	枣子	576	奔犬	28	押生	536
松鬼	445	枣木子	576	奔火山子	28	押林	536
松烟	446	枣汤	576	奔丧	28	押账	537
松黄	446	雨后天	565	奔倒山	28	押城	536
松游	446	雨沙	565	奔凑子	28	押票	536
松滋侯	446	雨前	565	奇	366	押着	537
松煤	446	雨淋子	565	奇鸣	366	押淋子	536
枪	374	雨朝	564	奇河里	366	押笆	536
枪儿	374	雨道子	565	奇点年	366	抽	67
枪子	374	雨截子	565	奄藏	539	抽工	67
枪花	374	卖	313	瓯开	342	抽手	67
枪杆	374	卖万子	313	瓯襟	342	抽风	67
枪里加鞭	374	卖小蛇	313	垄断朝阳	302	抽仗	67
枪法	374	卖木人	313	抹	328	抽头	67
枫江	145	卖冈	313	抹子活	328	抽头子	67
枫蟹	145	卖风	313	抹月	328	抽时风	67
构	166	卖勾魂	313	抹托子	328	抽条子	67

抽筒	67	拖梨归	483	顶油	120	抵脚摸蛇	109		
抽跳师	67	拖棚子	483	顶官	118	抱	26		
抽签者	67	拍	343	顶穿子	119	抱牙笏	27		
抽撒	67	拍手掌	344	顶孤	118	抱火	26		
抽撒口	67	拍灰尘	344	顶草	117	抱水	26		
抽撒口儿	67	拍豆腐	343	顶点数	117	抱头	26		
抽撒盘簧	67	拍把	343	顶香炉	120	抱老	26		
拐	173	拍张	344	顶宫	118	抱讲	26		
拐七	173	拍首	344	顶宫儿	118	抱如意	26		
拐子	173	拍胸膛	344	顶宫子	118	抱批子	26		
拐甲	173	拍准	344	顶客	119	抱罕牵	26		
拐仙	173	拍掌	344	顶冠	118	抱券	26		
拐协	173	顶	117	顶神凑	119	抱盐	27		
拐刘	173	顶了瓜	119	顶神凑子	119	抱拳鞠躬	26		
拐品	173	顶工	118	顶浪子	119	抱童子	26		
拐搭	173	顶上多粉头攒龟	119	顶雪	120	抱腰	27		
拐答	173	顶门挂	119	顶雪皮子	120	抱餐服	26		
拐慢	173	顶天	119	顶笼	119	拉	270		
轰天	197	顶天儿	119	顶脚	118	拉门面	271		
轰天子	197	顶天快	119	顶章子	120	拉不伸	270		
轰隆	197	顶元	120	顶凑	117	拉手	271		
拖	482	顶公	118	顶凑子	117	拉心	271		
拖一	483	顶公子	118	顶清窑子	119	拉生	271		
拖二	483	顶公圆头	118	顶戳头	117	拉矢	271		
拖工	483	顶公朝阳	118	拆	51	拉甩	271		
拖开	483	顶功	118	拆朵儿	51	拉皮条	271		
拖风	483	顶龙	119	拆庄	51	拉台子	271		
拖巴子	483	顶瓜	118	拆红	51	拉过几回司儿	271		
拖平	483	顶头子	119	拆芽	51	拉网	271		
拖帅佛	483	顶老	119	拆账	51	拉年子	271		
拖抢	483	顶场	117	拆供寿星	51	拉杆子	270		
拖肚	483	顶尖	118	拆炖	51	拉纲	270		
拖条	483	顶竹	120	拆栏干	51	拉拐子	270		
拖条窑子	483	顶交	118	拆姘头	51	拉拉山	271		
拖青	483	顶贡	118	拆浪	51	拉轮子	271		
拖青扒柴	483	顶壳	119	拆梢	51	拉账	271		
拖青板柴	483	顶块	119	拆梢女友	51	拉肥猪	270		
拖坭	483	顶苏气	119	拆掌子	51	拉线	271		
拖罗子	483	顶饭盘	118	拆道	51	拉钩	270		
拖油瓶	483	顶尾	119	拆管	51	拉顺	271		
拖相公	483	顶张	120	拆壁脚	51	拉顺儿	271		
拖鬼	483	顶青	119	拆鞠	51	拉顺着	271		
拖鬼儿	483	顶板	117	拥炉	560	拉洋片	271		
拖客	483	顶顶光	117	抵川	108	拉票	271		
拖架	483	顶呱呱	118	抵件头	108	拉排头	271		
拖流	483	顶罗	119	抵抗	109	拉铺	271		
拖银枪	483	顶侧	117	抵金	109	拉稀	271		

拉牌头	271	披	353	转场	598	软珠	399
拉腿	271	披子	354	转在外穴	599	软蛇	398
拦	273	披公	353	转当局	598	软硬棒子	398
拦巴	273	披司	354	转向	599	软牌	398
拦草	273	披老	353	转花枝	599	软塘	398
拦面行	273	披红	353	转局	599	软腰	398
拦路虎	273	披纸捐	354	转枝子	599	软膀子	398
拌山头	23	披匠	353	转念头	599	到手凶	105
拌井	23	披招汉的	354	转统	599	到光	105
拌色	23	披罗	353	转湾	599	到色唐穴眼里,	
拌樱桃	23	披香	354	转槽	598	立了万儿	105
拧了湾	340	披迷	353	转影壁	599	到香港	105
拧万	340	披架	353	斩	579	到班儿	105
抿子	325	披街	353	斩凤凰	579	鸢飞	566
抿青子	325	披蓑衣	354	斩处	579	非	142
抿草山钩	325	披雷子	353	斩条	579	非子	142
抿秋波	325	披氅	353	斩妖	579	非由钱	142
拂	147	拨	37	斩劲	579	非非子	142
拂土	147	拨云见日	37	斩肥皂	579	叔扎	430
拂云	147	拨公	37	斩盘	579	叔欠	430
抽相	600	拨本	37	斩葫芦	579	叔仙	430
招儿	583	拨波	37	轮子	306	叔考	430
招儿念了	583	拨准	37	轮皮	306	叔孤	430
招巾	583	拨扇子	37	轮黄	306	叔项	430
招子	584	拨盘	37	轮盘子	306	叔晓	430
招子包	584	拨锋	37	软片子	398	叔薰	430
招子枪	584	拨焰	37	软心	398	肯卜	262
招风	583	拨缝	37	软尺	398	肯斗口	262
招兄弟	584	拨凳	37	软叶生意	398	肯构肯堂	262
招包子	583	抬	452	软央儿	398	肯海江子	262
招汉	583	抬方	452	软皮	398	肯盘子	262
招衣	584	抬石头	453	软边	398	齿	65
招壳	583	抬头	453	软丝鞭	398	齿子	65
招苏	584	抬头窑子	453	软尖刀	398	齿老	65
招财	583	抬观音	452	软红	398	卓	600
招供	583	抬花流星	452	软壳子	398	虎口	204
招宝	583	抬杠子	452	软把	398	虎爪	205
招线	584	抬财神	452	软帐	398	虎占	204
招亮	583	抬身	453	软谷	398	虎瓜	204
招说	583	抬轿	452	软条子	398	虎头	204
招菜	583	抬流星	453	软尾	398	虎头子	204
招落	583	抬票	453	软披	398	虎头勾	204
招提	584	抬梁子	452	软货	398	虎头牌	204
招魂	583	抬跷角	453	软货龙	398	虎皮	204
招雷	583	抬糊老	452	软相	398	虎协	204
招摇	584	转了	599	软品	398	虎须	204
招撒	583	转老	599	软刬	398	虎啸	204

虎掌	204	典谟	112	凯曲	257	岳母	571
虎撑	204	固	170	凯还	257	岳翁	571
贤良	510	固嵌角	170	败	19	供香	164
盱阵	531	忠样点	594	账官	583	供养	164
旺子	492	咀	249	账架	583	使大瓦刀的	425
旺种子	492	呼芦窑子	203	贩条	138	使女	425
果	180	呼灵子	203	贩货式	138	使女缝裳	425
果子延年	181	呼孩童	203	图书	476	使不下来	425
果氏	181	呼撒	203	图良	476	使长家伙的	425
果老	180	鸣大	327	钓金鳌	115	使丘山的	425
果食	180	鸣小	327	钓鱼	115	使白	425
果食码子	180	鸣王	327	钗烟弯	51	使尖儿	425
果食点	180	鸣凤	327	垂子	76	使坏	425
味爽	494	鸣老	327	垂头	76	使把	425
昆	269	鸣佗	327	垂头苗绪子	76	使明钱	425
昆山	269	鸣垤	327	垂丝	76	使挺	426
昆仑	269	鸣亮	327	垂老	76	使拴马桩儿	426
昆仑子	269	鸣皋	327	垂耳	76	使钢口	426
昆虫	269	鸣湾	327	垂耳通	76	使扁家伙的	425
昆仲	269	鸣雏	327	制把	592	使神仙口儿	425
国子摸蛇	180	沸布	148	制班	592	使样骰	426
国香	180	岸	5	知了	590	使钱	425
昌	52	岩梭	539	知天命	590	使短家伙的	425
昌皮	53	帖了	470	知泉	590	使腔	425
昌河里	52	帖子	470	知院	590	使暗钱	425
呵子	191	帖罗	470	迭	115	侃儿	257
呵坡儿	191	帖贱	470	牧	331	侧	48
明	326	帖细	470	物驼	502	侧目	48
明门	327	帖笼	470	物故	502	侧肩	48
明月	327	罗	306	刮皮	171	侧室	48
明石	327	罗车	306	刮丢	171	侧脑	48
明地	326	罗斗	306	刮碑	171	侩者	267
明场	326	罗汉	307	刮精码子	171	佹石狮子	178
明明	327	罗汉子	307	和老	192	货	220
明金	326	罗汉窑	307	和花	192	依苗苗草	553
明视	327	罗汉窑子	307	和张	192	帛子	38
明线	327	罗扣冒津	307	和垒	192	的子	106
明查	326	罗把	306	和傩	192	的表老	106
明挂子	326	罗相员津	307	和熏	192	的的	106
明星	327	罗星	307	和薰	192	的圆	106
明麻	326	罗候	307	和粪	192	迫下	363
明清	327	罗郭	306	季女	222	迫轮子	363
明巢	326	罗梭	307	竺	597	质票	592
明辅	326	罗钢腰子	306	佳人	224	往来	491
易丘	554	罗腔	307	佳城	224	往哉	491
易矿子	554	罗囊	307	侍平	426	往窑里跨点儿	491
昂勾	7	岫云	530	岳	571	爬	343

爬山子	343	金咒子	242	金镶玉	242	受熏	429
爬山通	343	金针	243	肴花	546	受熏条	430
爬风	343	金佛条	240	肴花子	546	受磨涅	429
爬字调	343	金条	242	斧头	148	受薰	429
爬竿子	343	金者	242	爸爸	12	乳生子	396
爬萨	343	金鸣	241	采石通	43	念	336
径通	246	金钏	239	采发系	43	念二	337
径捷	246	金钗	239	采灯花	43	念七	338
所履	450	金钗十二	239	采花	43	念七皮通	338
舍	418	金季天	241	采求子	43	念儿悉	337
舍利子	418	金驾	241	采命	43	念了啃了	338
舍果	418	金孤	240	采官	43	念三	338
金	239	金城	239	采线	43	念下	339
金八	239	金草	239	采珠子	43	念才	337
金人	241	金点	240	采荷	43	念才字	337
金刀	240	金点坐子	240	采球子	43	念上	338
金山	241	金星	242	采盘子	43	念子	339
金川	239	金星子	242	采粒	43	念五两	339
金门	241	金钟	243	采窑子	43	念日	338
金门子	241	金钢	240	采露水花	43	念仓码	337
金子马撒	243	金钢子	240	籴米	108	念月	339
金不换	239	金钢箍	240	觅起棚儿	323	念欠	338
金气草	241	金钩	240	受	429	念勾	337
金风柳	240	金钩毛儿细	240	受儿	429	念火山	337
金凤	240	金饼	239	受了夹磨的	429	念斗	337
金六	241	金盏	242	受了腥了	429	念水孙	338
金斗	240	金盏子	242	受马朗	429	念旦	337
金心子	242	金盏银台	242	受子	430	念四	338
金末	241	金起	241	受风	429	念白	337
金龙	241	金莲	241	受玉子	430	念西孙	339
金生	242	金钱	241	受玉伞	430	念团	338
金生意	242	金钱豹	241	受戌	429	念团过黄	338
金瓜	240	金钱通	241	受夹	429	念合	337
金头箱	242	金钻子	243	受夹磨	429	念诀	337
金皮飘择	241	金球	241	受过夹磨	429	念把	337
金丝	242	金梅	241	受伞	429	念坚	337
金丝托黑	242	金银蹄	242	受论	429	念呐	338
金丝荷叶	242	金盘子	241	受阴	430	念听	338
金丝桃	242	金盘取月	241	受孤才	429	念希子	339
金地	240	金剪痕	241	受孤通	429	念沙子	338
金光	241	金粟	242	受点	429	念苗文	338
金刚	240	金喝	241	受黄连子	429	念杵	337
金刚子	240	金锭子	240	受啦	429	念杵头儿	337
金刚吊	240	金罌	242	受笼	429	念码	338
金交椅	241	金樱子	242	受黑	429	念招	339
金戒子	241	金踏蹬	242	受黑朝阳	429	念招点	339
金扶柳	240	金橘脯	241	受惶	429	念肯	337

念果	337	肥鸭	142	狗肾	166	底板子	109
念刻病砸子	337	肥狞	142	狗卒	166	底枕头	109
念单招	337	周	595	狗咬	166	底轮	109
念官	337	周二	595	狗棚头	166	底线	109
念官生	337	周行	595	狗粪	166	底勃	109
念音	339	周好	595	狗窝子	166	底哨	109
念将通	337	周兑	595	狗硼头	166	底睛	109
念缺	338	周官人	595	狗朋头	166	底落	109
念朔	338	周游列国	595	咎	248	疙疸杵	159
念课	337	昏子	215	炙罗	592	疙疸杵儿	159
念课子	337	昏太阳	215	炙笼	592	疙瘩年子	159
念课乡	337	昏斗	215	枭	518	疙瘩所年子	159
念课向	337	昏头	215	枭梳	518	兖口	539
念课响	337	昏台	215	饲地龙	445	庚通	162
念梳	338	昏老	215	饲花	445	放	139
念排琴	338	昏乔	215	饴子	553	放人	140
念啃	337	昏兜	215	变口	34	放三光	140
念斜	339	昏撒	215	变令	34	放大	139
念湾	339	鱼	564	变妖	34	放大口	139
念缆	337	鱼乐国	564	变绝点	34	放小	140
念捌	338	鱼乐图	564	京三	244	放小卖	140
念照	339	鱼皮朝阳	564	京庄	244	放马	139
念攒	339	鱼肚	564	京蓼	244	放中	141
念攒子	339	鱼虾	564	庞獒	348	放牛娃	140
贫	361	鱼煅	564	店窑	113	放手段	140
贫腔	361	兔儿	479	夜叉行	550	放风	139
戗儿的戗	374	兔子	479	夜半光	550	放水	140
戗冷子用的条子	374	兔毛	479	夜合皮	550	放水灯	140
戗的戗儿	374	兔屋子	479	夜衣	550	放布	139
戗的磨头	374	兔唇	479	夜明	550	放生意	140
戗金	374	兔腿	479	夜扇	550	放白鸽	139
戗科郎的条子	374	兔窟	479	夜厢	550	放头	140
戗贸易点的条子	374	狐堆马撒	203	夜捱	549	放台子	140
戗盘	374	狐堆里马撒	203	夜游子	550	放光	139
服	148	忽地笑	203	庙头	325	放色	140
服伯	148	忽扳	203	府丈	149	放汤	140
服制	148	忽客	203	府门头	148	放红牛	139
朋友钱	352	忽雷	203	府第	148	放花	139
股东	169	狗	165	底	109	放条子	140
肥山	142	狗子	166	底门槛	109	放鸡子	139
肥田	142	狗牙齿	166	底子	109	放顶	139
肥母鸡	142	狗叫青	166	底片	109	放闸	141
肥肉	142	狗叫漂子	166	底龙	109	放钩	139
肥花草	142	狗当道	166	底包	109	放食	140
肥条	142	狗色	166	底老	109	放炮	140
肥妖	142	狗庄	166	底过	109	放洋	141
肥胖	142	狗吠	166	底里	109	放样	141
						底板	109

放倒	139	卷帘	250	净堂子	246	沿岸	539
放扇子	140	卷荒	250	净街奎	246	沿重条	539
放甜头	140	卷窑	250	浅	373	泡了活儿	350
放笼	139	卷旗	250	浅杂	373	泡元	350
放鸽子	139	单飞	100	法	135	泡老	350
放脱	140	单叉	100	法水	135	泡珠	350
放衙	141	单头	101	法兰绒	135	泡球子	350
放鹞子	141	单老	101	法司	135	泡锚	350
放翻	139	单扯旗	100	法台	136	注定	598
妾	377	单条	101	法行	136	注铨	598
盲妹	316	单念照	101	法关	135	泮水	348
刻天	261	单线	101	法助	136	泮头	348
刻尺	261	单线通	101	法冠	135	泮色	348
刻孔	261	单孤客	100	法蠹	135	泥	335
刻照	261	单面照会	101	沾火山子	167	泥巴子	335
怯口	377	单挑儿	101	沾辫	167	泥垯	335
怯场	377	单家堡子	101	河公	192	泥蓝	335
怯杓	377	单脬	101	河戏	192	波么	37
性急	530	单提	101	河里不遭沟里遭	192	波罗	37
性索	530	单照	101	河坭	192	波罗奢	37
怕风火	343	单锤	100	河鱼	193	波斯菊	37
怕痒	343	单滚	100	河塘	192	泼水	363
怜旧通	285	炖地鳗	131	沾咸味	579	泼卯水	362
闹	333	炒青苗的玄子	59	沾祖爷灵光	579	泽管儿	577
闹正	334	炒湾老	59	沾祖灵光	579	治把	592
闹市	333	炒螺蛳	58	沾唇	579	治杵	592
闹阳花	333	炊涂儿	76	油	561	治事	592
闹杨杨	333	炊散头子	76	油大	562	治蓄	592
闹标劲	333	炕面儿	259	油王	562	宝	25
闹响	333	炕料	259	油欠	562	宝儿	25
闹响子	333	炎光	539	油方	562	宝女	25
闹扁	333	炉	302	油斗	562	宝扎	25
闹海	333	炉印	303	油水	562	宝仓子	25
闹圄	333	炉老好	302	油占	562	宝书	25
闹禁肚	333	炉灶上	303	油生	562	宝光	25
闹醋	333	炉食	303	油丝	562	宝相	25
郑七	590	炉饷	303	油老	562	宝香	25
券	390	学	533	油杆儿	562	宝莲	25
券物	390	学士	533	油杆子	562	宝莲子	25
卷子	250	学细	533	油香	562	宝鸭	25
卷友	250	净	246	油炸弹	562	宝笼	25
卷风	250	净口	246	油兜子	562	宝塔	25
卷心	250	净白衣	246	油狲狲	562	宗	604
卷场	250	净白条	246	油然子	562	宗瓦龙台	604
卷耳	250	净身	246	油滑生	562	宗瓦龙台钱	604
卷血朝阳	250	净肚	246	弧话响	167	宗盟	604
卷血铺	250	净面	246	沿	539	定	120

定支	120	帘子	285	肃风节	448	承香	62
定心	120	穹子	385	录珠	303	承前	62
定水头	120	宛宛	488	录嘴	303	承宣孤	62
定半	120	实占	424	居米	248	承盘	62
定更	120	实拆	424	居米啃	248	承黑	62
定板	120	实剁	424	居米窖	248	线	511
定货	120	实盖	424	刷子	432	线人	512
定胜	120	实赞	424	刷青	432	线儿	512
定客	120	试短枪	426	刷锅	431	线上的	512
定盘	120	郎	274	屈身	387	线上朋友	512
定盘子	120	郎千	274	弥仲	322	线川	512
宜男	553	郎千发	274	弥勒看门	322	线子烂	512
宜霜	553	郎子	274	弦子	510	线头	512
审囚	420	郎中	274	弦子套	510	线头子	512
官工	174	郎毛的	274	陕棒	412	线头篮	512
官丈子	175	郎头	274	降龙	233	线老	512
官川	174	郎郎	274	降神	233	线色	512
官日	175	郎扁	274	限	511	线香	512
官中	175	郎神	274	妹仔	320	线炷	512
官月	175	郎兜	274	姑	167	线铍	512
官方	174	郎德山	274	姑丁仪	167	线逛子	512
官生	175	诗	422	姑丁仔	167	线留官	512
官鸟儿	175	肩下	228	姑丁刍	167	线圈	512
官包	174	肩上	228	姑丁爬	167	线粗	512
官衣	175	肩壮	228	姑丁黑	167	线道	512
官帐	175	房子角	139	姑丁傲	167	练子	286
官条子	175	房条	139	姑儿子	167	练功夫	286
官码子	175	房顶	139	姑娘	167	练语	286
官草子	174	衬手布	60	姐老	83	细	507
官星	175	衬片	60	妳梢	332	细工	507
官扁	174	衬方	60	妮子坠	334	细子	507
官通	175	衬头	60	驾木划子	225	细牙	507
空工	262	衬池头	60	驾势	225	细毛流	507
空子	263	衬足朝阳	61	驾梢叶	225	细公	507
空心	263	衬住	60	参	44	细打	507
空心子	263	衬底	60	参了	44	细白	507
空心合	263	衬骨朝阳	60	参三	45	细老哥	507
空心汤团	263	衫	411	参白髯	44	细花	507
空心果	263	衫仔	411	参关帝	44	细作	507
空头	263	话	209	参参木	44	细条	507
空老儿	263	询局	535	参差籁	44	细条子	507
空孙	263	询家	535	参祖	45	细尾	507
空青	263	详子	513	参照	45	细纸	507
空金点	263	建小水	230	承丙	62	细鸣	507
空空苗绪子	263	建庄	230	承兄	62	细草帽买成文安钱	507
空窑	263	建绒	230	承泪	62	细柳条	507
空装	263	肃	448	承相	62	细食	507

细差使	507	春义子	78	封台	146	带髻口	100
细珠	507	春子	78	封扛	146	草	46
细料	507	春牛	78	封江	146	草儿	47
细黄米	507	春风	77	封封子	145	草干	47
细梭	507	春占	78	封缸	145	草巾	47
细摆	507	春汉	77	封扇子	146	草山	47
细褪	507	春页子	78	项丁	517	草山一候	47
细鳞	507	春先	78	城隍	62	草山中央	47
孟婆	322	春色	78	城隍老	62	草山片	47
孟婆汤	322	春典	77	垤居	115	草山钩	47
驸马套	149	春岸	77	赴台堂	149	草山窑	47
孤	167	春官	77	赴蟠桃	149	草山囊	47
孤子	168	春点	77	赵戈吊方	584	草山囊子	47
孤冉模蛇	167	春峰	77	赵戈窑	584	草王盔	48
孤司	167	春笋	78	赵窑席	584	草古子	47
孤老	167	春流	78	赳儿	246	草石	48
孤员	168	春错	77	贲瓢	28	草头	48
孤担	167	帮土	24	垛	132	草头子	48
孤非	167	帮寸	23	垛儿	132	草汉	47
孤通	168	帮兄	24	垛坯	132	草坏	47
孤堆麻撒	167	帮头	24	垛岳	132	草花穿浪	47
孤蒲团	167	帮庄	24	垛鼎	132	草连	47
终八生	594	帮忙人	23	某	329	草把	47
终入孙	594	帮讳	23	荆荆	245	草条	48
绐头	596	帮床	23	革华	159	草枕头	48
绐沙	596	帮规	23	革抹住	159	草卷	47
绐纱	595	帮闹	23	革单	159	草卷子	47
驻云	598	帮亮子	23	革囊朝阳	159	草种	48
驻魂	598	帮闻	24	带	99	草鬼	47
驼	484	帮挨	23	带马	100	草桥关	47
经手人	244	帮脚	23	带毛	100	草圆	48
经头	245	帮腔	24	带手镯	100	草绿	47
经盖	244	帮橹	23	带耳坠子的朋友	99	草筋	47
贯块头	176	珑璁	301	带过	99	草魂	47
贯串	176	珍珠	588	带过客	99	草鞋	48
贯圆头	176	珍珠佩	588	带壳杨梅	100	草鞍子	47
贯通	176	玲珑马子	291	带花	100	草飘	47
		玲珑子	291	带杆	99	茼蒿	4/3
		玲珑心子	291	带肚子	99	荅底	83
九画		玲珑码子	291	带角	100	茶共点	50
怄得	297	玲珰子	291	带钏边	99	茶果	50
契弟	367	珊瑚	411	带线	100	茶室	50
契家老	367	玻璃皮子	37	带线人	100	茶壶套	50
契家婆	367	玻璃延年	37	带挡娘姨	99	茶盘	50
奏食	605	封	145	带档	99	茶棚	50
春	76	封口	146	带彩	99	茶靠把	50
春山	78	封包李子	145	带脚镯	100	茶瓢	50

荒	210	柯	260	柳它	298	威武窑	492
荒花	210	柯地龙	260	柳老	298	威武窑子	492
荒货	210	柯枝	260	柳州通	298	威勇	493
荒荒	210	柯枝子	260	柳江浪	298	威勇丘	493
荒荣	210	柄刀	36	柳块	298	歪	485
荒资	210	柘枝	587	柳里加春	298	歪一下	486
荒冢	210	枢凶	248	柳条	298	歪巴子	485
荒腔	210	查飞	50	柳条儿	298	歪古	485
荡	102	查头	51	柳条巾	298	歪甩	486
荡儿	102	查青丘	50	柳的念作	297	歪伦	486
荡食	103	查呼	50	柳点	297	歪身	486
荡流星	103	查线通	51	柳香	298	歪奔	485
荣人家的门子	395	查棚	50	柳穿鱼	297	歪细	486
荣人家的活儿	395	相	513	柳党	297	歪浏	485
荣扯	395	相夫	513	柳海轰	297	歪噘	486
荣点	395	相夫琴头	514	柳海轰儿	297	歪鼻子	485
荣活	395	相见欢	514	柳海轰的	297	歪嘴	486
荧获	559	相公	514	柳海拘迷杵儿	297	研石通	539
胡老	203	相老	514	柳敬	298	研希	539
胡芦语	203	相者	514	柳摇金	298	研哥	539
胡床	203	相板	513	柳照	298	砌末	367
胡胡	203	相府	514	炮罕窑	148	砌阶沿	367
胡捣子	203	相帮	513	柿子圆	427	砌花台	367
胡麻	203	相挖	514	栏干	273	砌牌	367
荫	555	相思子	514	栏干生	273	砂子	409
茹屑	396	相思板	514	栏杆	273	砂子筒	409
南	332	相室	514	栏杆生	273	砂拌朝阳	408
南无	333	相家	514	柁头	484	砚巾	540
南北开巴	332	相容	514	树上	431	砚地	540
南坎	332	相通	514	树上火	431	斫老	601
南底	332	相脚头	514	树上清秀	431	斫斧头	601
南客	333	相窑	514	勃兰	38	斫落踢瓜	601
南班	332	相貌	513	勃头	38	斫黑草	601
南海	333	枰	518	勃来	38	砍斧头	257
南盖	333	枸橼	166	要	548	砍浪	258
药布	548	栅	578	要千	548	砍黑草的	258
药花	548	柳	297	要水火簧	548	面子	324
标儿	35	柳丁中拘迷把	297	要苏	548	面天	324
标正	35	柳女	298	要菜	548	面布	323
标金	35	柳子	298	要喷了	548	面衣	324
奈亨	332	柳子通	299	咸水妹	511	面带	323
奈奈花	332	柳牙	298	咸头	511	面梁	323
枯枝	265	柳叶儿	298	咸肉庄	510	面牌	323
枯罗	265	柳叶生	298	咸沟子	510	面熟蟹	324
枯骨	265	柳生	298	咸筝	511	要下场	432
枯洒	265	柳册	297	咸湿	510	要叉	432
枯兜	265	柳册子	297	威风	492	要子	432

耍老子	432	挂白	171	挞豹	451	挑汉册	465
耍阴	432	挂汉	172	挞黑通	451	挑出	465
耍命	432	挂托	172	挟犷	524	挑进	466
耍骨头	432	挂刘	172	挠	333	挑壳叉	466
耍菜	432	挂红	172	挠山	333	挑杆	465
耍猴子	432	挂帐子	173	挠巧	333	挑罕子	465
奎五	268	挂判	172	挡	102	挑雨头字	467
奎牙	268	挂张	172	挡风	102	挑担	465
奎中面	268	挂画	172	挡白板	102	挑担子	465
奎六	268	挂招牌	173	挡身	102	挑招汉	467
奎老	268	挂金灯	172	挡直	102	挑炉啃的	466
奎把	268	挂注	173	挡直头	102	挑柳驼的	466
奎粗	268	挂皇榜	172	挡拖	102	挑拱页子	465
奎湖面	268	挂狠	172	挡驾	102	挑思息	466
牵生	370	挂洒	172	拽条	598	挑将汉子	466
牵头	371	挂洒火	172	挺	471	挑将汗	466
牵丝	370	挂洒水	172	挺子	471	挑扁担	465
牵肉	370	挂活	172	挺东	471	挑顿子汉	465
牵孙	371	挂客	172	挺头	471	挑柴吊汉的	465
牵肠挂肚	370	挂桩	173	挺老	471	挑粉	465
牵绊	370	挂狼	172	挺西	471	挑黄	466
牵牵看	370	挂座	173	挺身	471	挑黄啃	466
牵黄狗	370	挂座儿	173	挺腰	471	挑菜	465
牵猢狲	370	挂扇	172	挺撞之语调	471	挑眼	467
牵瓢	370	挂彩	171	括刀	270	挑眼儿	467
残叶	45	挂脚	172	括光	270	挑啃	466
残黄欠	45	挂琴	172	括劳	270	挑啃子	466
残黄尺	45	挂喜	172	括洋水	270	挑偏子	466
妞	80	挂牌儿	172	括精码子	270	挑粒粒的	466
拭帚	427	挂煤	172	拴光	433	挑窑的	467
拭椿子	427	挂额	172	拾	424	挑厨供	465
拭照	427	持叩	65	拾来	424	挑喽	466
拭漂	427	持危	65	拾袭	424	挑喽啃什均杵头儿	466
挂	171	挎下风	259	拾着万了	424	挑遁子汗的	465
挂刀	171	挎子	259	拾辗头	424	挑照汗	467
挂了彩	172	拱工	164	挑	465	挑照落	407
挂工火衫	172	拱北	164	挑人	466	挑路	466
垄才	171	拱头子	164	挑人儿	466	挑熏子汉的	466
挂上	172	拱页子	164	挑子	467	挑旗	466
挂川	171	拱页酿子	164	挑夫	465	挑蔬	466
挂子生意	173	拱牝	164	挑火粒	466	挑憨子	465
挂子它	173	拱伙己	164	挑水滚子的	466	指飞	591
挂子行	173	拱表	164	挑生啃的	466	指日高	591
挂不住	171	拱河里	164	挑头	466	指节	591
挂龙	172	拱党	164	挑头场	466	指甲花	591
挂甲	172	挎海儿	266	挑头牌九	466	指丘	591
挂号	172	挞平	451	挑汉儿的	465	垫	113

垫门槛	113	韭菜圆	247	削子	518	星杜子	528		
垫子	113	背	27	削光	518	星沦	528		
垫头	113	背门风	27	削交白	518	星星乱	528		
垫台脚	113	背井	27	削角	518	星星散	528		
垫字	113	背公事	27	削青	518	星圆	528		
垫身	113	背公事下山	27	削盘	518	星翁	528		
垫板	113	背方向	27	削盘子	518	星流月	528		
垫底	113	背叶子	28	尝孟婆	55	星琴	528		
垫漏	113	背皮榔头	28	尝新	55	星满	528		
垫踹	113	背听	28	是	427	星漂	528		
挣把子	589	背身	28	是分腿儿	427	曷矿子	193		
挤	222	背阿大	27	是非子	427	咧了飘	290		
挤丙子	222	背神咒	28	眇哉	325	咧了瓢儿	290		
挖	484	背娘舅	28	盼公	348	咧瓢	290		
挖工	484	战干	580	盼青	348	昭汗	584		
挖门	485	战争	580	哇	485	昭君兜	584		
挖井子	485	觋佛骨	52	哄子	197	贵	179		
挖四门	485	点	112	显山通	511	贵人	179		
挖血	485	点儿	112	显冈	511	贵介	179		
挖抛的	485	点大	112	显红	511	贵四哥	179		
挖角	485	点大蜡烛	112	显底	511	贵客	179		
挖桃源	485	点子	113	哑八窑子	537	贵道	179		
挖海棠	485	点子不正	113	哑口子	538	虾须	507		
挖腰子	485	点王	113	哑巾	538	虾篱	507		
挖墙脚	485	点王儿	113	哑子	538	虻老	321		
挖镶	485	点元宝	113	哑巴	537	思	442		
挖瓢	485	点斤	113	哑巴窑子	537	思乡马	443		
按	5	点叉	113	哑吧	537	思切	442		
按扫	6	点巧	113	哑吧窑	537	思交子	442		
按奔	6	点穴	113	哑吧窑子	537	思雷	442		
按歪	6	点灯笼	112	哑局	538	蚂蚁王	312		
按桥	6	点字头	113	哑金	538	品	361		
按料	6	点辰	112	哑党	537	品玉	361		
按搅	6	点张子	113	哑锤	537	品甲	361		
按摩	6	点金	113	冒	318	品刘	361		
挥卷	214	点香	113	冒上	319	品虎	361		
挪地方	342	点唇	112	冒公司	319	咽	538		
挪拿弦	342	点铜	113	冒电	319	咽作	538		
搮	132	点销	113	冒仙鹤	319	勋汉	533		
轴儿	595	点腊烛	113	冒头丝	319	勋桶子	533		
轴了式	595	点睛	113	冒场	318	勋筒	533		
轴金	595	临孤	291	冒亲	319	响	516		
轻头	383	竖点	431	冒调	319	响儿	516		
轻清	382	竖耜头	431	映山红	559	响了万	517		
轻镜	382	省口	421	哂	420	响口	516		
鸦嘴	537	省器	421	星	528	响子	517		
韭菜	247	削	518	星子	528	响火	516		

响头	517	咪咪万	322	看手	258	秋白	386
响场	516	炭头	455	看风	258	秋白尊	386
响尖	516	贱戏	230	看书	258	秋谷	386
响各	516	贱狭	230	看生配	258	秋拍	386
响坚	516	贴母	470	看场子	258	秋佩	386
响青把儿	517	贴血	470	看戏	258	秋波	386
响担	516	贴衣子	470	看金鱼	258	秋倍明	386
响拉腕	516	贴杆子	469	看金鲫鱼	258	秋淮	386
响咏	517	贴身	470	看相	258	秋意	386
响账	517	贴金	470	看屋子	258	秋鞭	386
响郎	516	贴孤通	470	看野景	258	科老	260
响柳	517	贴前头	470	看清	258	科怔	260
响挂	516	贴梗	470	看清地图	258	科郎码	260
响亮	516	贴管	470	看街	258	科郎点	260
响送	517	骨氏	169	看操	258	科炭	260
响盏	517	骨外	169	怎按捺	577	科班	260
响党	516	骨皮	169	怎科子	577	科起	260
响黄丘	516	骨沙	169	牲口	421	科靠着	260
响签筒	517	骨梳	169	香	514	重	66
响踢土	517	幽地	561	香工	515	重丁	66
哈	182	幽关	561	香口	515	重九	66
哈子	183	幽流星	561	香元	516	重才	66
哈风	183	钝牙	131	香云	516	重木	66
哈打苗绪子	183	钞粉子	57	香长	515	重日	594
哈号	183	钢大	154	香方	515	重月	595
哈武	183	钢口	154	香火堂子	515	重欠	594
哈武！桶子里麻撒	183	钩子	165	香平	515	重尺	66
哈青莲	183	钩子手	165	香令	515	重古	66
哈昏	183	钩子手身	165	香主	516	重头	595
哈郎子	183	钩子身	165	香头	515	重成	66
哈搭	183	钩吻	165	香光	515	重交	594
哈嘎	183	钩盘儿	165	香网	516	重阳柳	67
咬七	548	钩锋	165	香苗	515	重阴	595
咬人	548	钮语	341	香味	516	重如	67
咬云	548	卸甲	524	香炉脚子	515	重苏	67
咬手	548	卸披	525	香缸	515	重求	66
咬耳朵	547	卸脸	525	香菊	515	重坯	594
咬列	540	庠山	19	香盖	515	重帆	66
咬舌头	548	拜正	19	香腿	516	重度	66
咬刘	548	拜老	19	香梗	515	重浊	595
咬字	548	拜师之礼节	19	香榴	515	重晓	595
咬串子	547	拜观音	19	种三节竹	594	重圆	67
咬乖乖	547	拜码头	19	种子	594	重裘	594
咬姜	547	拜单	19	种荷花	594	重睛	594
咬翅	547	拜客	19	种桃	594	重燦	595
咬黄	547	拜椿	19	秋	386	笃	127
咬雪	548	看厅	258	秋风	386	笃边	127

笃锤	127	保肉	26	侯潮	202	狭条	508
笃膊	127	保赤	26	追七节	600	狭侧	508
段	128	保重	26	追山	600	狮子	422
段锦	128	保险	26	追子巾	600	狮子头	422
便作	34	保险行	26	追过场	600	独	126
便面	34	保险费	26	追远	600	独门	126
俅贺	272	保恳	26	追李子	600	独木桥	126
叟氏	447	保椿	26	追账头	600	独见	126
叟风子	447	俄	132	追星	600	独龙	126
顺	440	俄饿盘	132	追思	600	独占鳌头	126
顺工顺	440	俭	228	俊俏儿郎	251	独立	126
顺口龙	440	俭地来	228	待帮	100	独立旗杆	126
顺子	440	俭梁子	228	衍生	539	独行虎	126
顺手子	440	信	527	衍孙	539	独步春	126
顺风	440	信川	527	衍身	539	独角	126
顺风子	440	信心	527	衍都	539	独角棍	126
顺风食	440	信示	527	衍党	539	独夜	126
顺风送	440	信头	527	衍噘	539	独春	126
顺风梁	440	信老	527	很子	195	独脚	126
顺水万	440	信房	527	须子症	531	独脚鬼汉	126
顺水子	440	信圆	527	爱遵	568	独断	126
顺丝	440	信流	527	食	424	狡猾码子	234
顺邪子	440	信梭	527	食木欠	425	狠占	195
顺行	440	信朝阳	527	食木占	425	贸儿	319
顺行子	440	皇帝脑壳	210	食老	424	贸易孙	319
顺局	440	皇窑	210	食如生	425	怨作	569
顺线	440	鬼儿	178	食粟曹交	424	急延年	221
顺柳子	440	鬼门关	178	食鸭	425	急性子	221
顺留入海	440	鬼子	178	食烧猪	425	急侵	221
顺流	440	鬼子错	178	食浮食	424	急眼神	221
顺流入海	440	鬼王	178	食粟曹交	425	急啦	221
顺着	440	鬼斗儿	178	食墨	424	急解索	221
顺牌	440	鬼打棚	178	逃	457	饶记	391
修狗洞	530	鬼叫儿	178	盆山	352	饶记烧	391
修敬	530	鬼叫子	178	盆礼马撒	352	饷担	517
修道运	530	鬼头念课	178	盆里麻撒	352	饼子	36
修路的砌墙的朋友	530	鬼字	178	胆寒	101	弯	486
修踢土	530	鬼凭儿	178	胜红莲	421	弯子	487
修镆盖	530	鬼插腿儿	178	胜春	421	弯手	487
俏儿	376	鬼摇头	178	胞了活儿	25	弯月	487
保儿	26	侵川	377	胞头	25	弯头	487
保不住啃了	26	侵云	377	胖延年	348	弯头滚子	487
保牛子	26	侵粗	377	脉字	314	弯老	487
保牛子过关	26	泉水	390	脉透	314	弯耳朵	487
保兄	26	禹随	565	鸨儿	26	弯虫	487
保外水	26	侯桃	202	狭	508	变场	286
保光子	26	侯帽	202	狭片子	508	哀公子	3

哀六子	3	帝角	111	进子	30	兹鸟骡子	601
哀六子念课	3	帝居	112	送三更	446	总小	604
哀条	3	帝奚	112	送子	446	总龙头	604
哀怜口儿	3	恸	474	送子观音	446	总讲	604
亭子	471	恒子	196	送木	446	总柜	604
亮	288	恒满	196	送出	446	总管	604
亮工	288	恰子	368	送动	446	炼手劲	286
亮子	288	恰光子	368	送好处	446	炼筋	286
亮子高	289	恰线	368	送红衫	446	炽烘	66
亮子朝阳	289	恼客草	333	送饭儿	446	炸	578
亮片	288	恨脏	196	送波罗	446	炸年子	578
亮片子	288	恨斑	195	送春	446	炸角子	578
亮公	288	闺琴	178	送点	446	炸刺	578
亮方	288	闻子	496	送客	446	炸罗	578
亮皮子	288	闻罗	496	送黄	446	炮儿	349
亮台	288	闻变	495	送银盆	446	炮头	349
亮托	288	闻官	496	送盘子	446	炮台城	349
亮光	288	闻落	496	送彩	446	烂	273
亮光子	288	闻朝阳	495	类	280	烂仔	274
亮壳	288	闻雷启蛰	496	迷	322	烂汉	273
亮壳子	288	闻雷坠筋	496	迷花	322	烂色	274
亮条	288	闻雷堕筋	496	迷津	322	烂污	274
亮沙子	288	闽七	325	迷离	322	烂饭	273
亮果	288	闽琴	325	迷麻	322	烂绵胎换烂布	274
亮的	288	阁庄	160	娄州	302	烂牌	274
亮相	288	阁岩	160	娄罗	302	烂糊	274
亮亮子	288	阁康	160	前	371	剃头	460
亮架子	288	差	51	前人	371	剃头生意	460
亮哭	288	差把	51	前人班子	371	奖下	233
亮扇子	288	差肩	51	前刀落	371	奖上	233
亮堂子	288	差掷摸蛇	51	前太岁	371	奖日	233
亮盘	288	养马	544	前头	371	奖月	233
亮脸	288	养马□	544	前台	371	奖欠	233
亮嗓	288	养子	544	前卡子	371	奖欠才	233
亮像	288	养子房	545	前饶	371	奖重欠	233
度堂	127	养众	544	前顾眼	371	奖挨出	233
庭玉	471	养红料	544	前啦	371	将入	232
疯十	146	养扑	544	前翘	371	将义	232
施主	423	养真	544	前辈	371	将了	232
亲口	377	养鹅生蛋	544	前程	371	将上坡	232
亲手足	378	养瘦马	544	前颡方	371	将叉	232
亲阿叔	377	美脸	320	首	428	将子	232
亲嘴	378	美颜	320	首唱	428	将气签	232
音	555	姜	231	首靠	428	将手环	232
音岸	555	姜片	231	逆了	335	将代魏	232
帝女	112	姜过	231	逆流	335	将军	232
帝子相	112	姜客	231	兹鸟	601	将军令	232

将抖	232	洞庭	123	洋标	543	穿心	74
将肯	232	洞庭子	123	洋点	543	穿心子	74
将戾	232	洞庭香	123	洋珠球	544	穿头	73
将离	232	测生	48	洋票	544	穿场	73
将康	232	测规	48	洋兜子	543	穿问子	73
将寅	232	洗	505	洋盘	544	穿里子	73
将琴	232	洗山头	505	洋猢狲	543	穿响子	73
将插	232	洗手	505	洋装	544	穿浆子	73
觉尤	250	洗耳	505	洋滩郎	544	穿浪	73
洁口	237	洗身	505	浑	215	穿浪子	73
洁钩	237	洗面	505	浑天	216	穿浪朝阳	73
洪欠	201	洗票子	505	浑手	216	穿浪摆尾	73
洪头	201	洗滑匙	505	浑水	216	穿通子	73
洪江	201	活门	217	浑末子	216	穿猫	73
洪沙	201	活子	217	浑老	215	穿梁	73
洪青	201	活无常	217	浑条	216	穿梁子	73
洪英	202	活手	217	浑削子	216	穿窑	74
洪炉朝阳	201	活龙	217	浑是胆	216	穿靴	74
洪帮	201	活头儿宽	217	浑倌	215	穿腰	74
洪顺	201	活穴大转	217	浑叠子	215	穿墙	73
洪顺天	201	活血	217	浑碟子	215	穿篱菜	73
洪柴	201	活库房	217	津	243	客老	261
洪家弟兄	201	活种	217	津子	243	客同	261
洪量	201	活提	217	津元	243	客串	261
洪强云游	201	活路	217	津吊	243	客货	261
洒	400	派年	345	津兜子	243	客细	261
洒一洒	401	派煤	345	宣	532	客盖	261
洒子	401	洽旺子	368	宣子症	532	客窑	261
洒开	400	染	391	宣水子	532	客窑子	261
洒水	401	染七	391	宣赁子	532	冠木	175
洒仙露	401	染孙	391	宥	564	语	565
洒光子	400	染肯	391	宫厦丈	164	扁	33
洒花	400	洌	294	宫穰子	164	扁人担	33
洒苏	401	济贫	222	宪	512	扁口	33
洒吼	400	济崩公	222	宪司	512	扁川	33
洒青	401	洋	543	宪台	512	扁皮苗绪子	33
洒狗血	400	洋不过手	543	宪照	512	扁豆	33
洒细条	401	洋毛	543	突栾	476	扁库子	33
洒点子	400	洋布裤子一件当由大钱		突落	476	扁庚通	33
洒津子	400		543	穿	73	扁孤舟	33
洒珠兜	401	洋瓜	543	穿山	73	扁面孔	33
洒润	401	洋机子	543	穿山甲	73	扁食	33
洒屑	401	洋色丘	544	穿子马撒	74	扁据子酸	33
洒酥	401	洋汤	544	穿天	73	扁脸汉	33
洒溲	401	洋鸣大	544	穿太阳	73	扁锯子	33
洞凶	123	洋货担子	543	穿风青儿	73	扁锯子酸	33
洞青子	123	洋底子	543	穿火龙	73	扁嘴	33

扁嘴子	34	既	222	结脚	237	班山	20
扁嘴模蛇	34	屋	499	结脚孙	237	班天王	20
衿老	243	屋根	499	结缘	237	班长	20
祖爷	606	眉	319	结攒	237	班火三子	20
祖宗	606	胥徒	531	绕场	391	班史	20
神	419	除公	70	绕连	392	班汉	20
神古	419	除泽焦	70	绕指	392	班虫	20
神仙口儿	419	除圈	70	绕梁	392	班色	20
神仙种	420	除帽子	70	绕馒	392	班底	20
神守公	419	除牌子	70	给了杵	161	班费	20
神沟	419	险地	511	缂丝	233	班纂了	20
神灵马撒	419	娃	485	缂纱丸	233	素儿	448
神高子	419	娃娃儿	485	缂珠	233	素之	448
神堂麻撒	419	姻才	555	骆侯	307	素折子	448
神凑	419	姻臣	555	络底	307	素果	448
神凑子	419	姻官	555	绝子	251	素滑哥	448
神窑	420	娇桃	233	绝户杵	250	素碗	448
神敢	419	姚女	546	绝后杵	250	蚕粪朝阳	45
神稿子	419	架	225	绝色	251	顽顽	488
神瓢	419	架上摘	225	绝好	250	栽了	574
神鞭	419	架子	226	绝症	251	栽李桃树	574
误场	502	架子楼	226	绞儿	234	栽栽	574
误佳期	502	架青	225	绞儿朝阳	234	栽培	574
诓沦	268	架枪	225	孩交	183	栽跟头	574
诓盘	268	架相	225	孩兜	183	栽翻	574
说年唶条子	441	架柳条	225	统	473	载	574
说好	441	架票	225	统详子	473	赶	152
说好刚	441	贺路	193	耕沙	162	赶月	153
说戏	441	贺路仙子	193	耗子	191	赶水鸭	152
说利市	441	盈地	559	耗老	191	赶四脚	153
说顶费	441	盈腹	559	耗孤	191	赶白集	152
说法	441	勇打	561	耙	343	赶包	152
说聊斋	441	急意	100	耙穄稻	343	赶头钱	153
说票	441	柔毛	395	艳秋	540	赶场	152
说票费	441	柔皮子	395	艳容	540	赶早儿	153
说清	441	柔苗	395	艳容片子	540	赶孙	153
郡	252	柔黄	395	秦半两	378	赶条子	153
郡佐	252	柔鳞	395	秦古丁	378	赶陈	152
郡庠	252	绒坐	395	泰	454	赶狗阵	152
郡副	252	绒球子	395	泰山	454	赶狗走	152
垦草子	262	结龙	237	泰水	454	赶城门	152
退占	481	结老	237	泰油	454	赶香堂	153
退四	481	结戒	237	珠儿	596	赶热被池	152
退皮	481	结坐	238	珠子	596	赶黄昏	152
退光	481	结弟	237	珠球	596	赶猪仔	153
退花儿	481	结统	237	珠履三千	596	赿过	412
退朝	481	结珠延年	238	班	20	起	367

起巾	368	埋街	312	真念作	588	根斗通	161		
起手	368	都下	123	真草	588	根青	161		
起心	368	都头	123	真是撮啃	588	根根子	161		
起水	368	都抹盘	123	真蜡	588	根深通	161		
起龙位	368	都俫	123	框子	268	索子	450		
起打	368	都胜	123	框框	268	索考	450		
起头	368	都盛	123	框榔	268	索西	450		
起发	368	耄	319	桂儿	179	索苏	450		
起机	368	萱对	60	桂花	179	索浅	450		
起讲	368	莽草	316	桂枝	179	索线	450		
起坝	367	莲叶	286	桂魄	179	索南	450		
起更	368	莲米	286	栲	259	索酌	450		
起步	368	莲花	285	档风	103	索筶	450		
起快	368	莲花义子	285	桥	375	哥	159		
起纹	368	莲花叉	285	桥下有水	376	哥子	159		
起势	368	莲花子	285	桥甩	376	哥太岁	159		
起泡	368	莲花斗	285	桥头	376	哥兄	159		
起骨	368	莲花册子	285	桥板	376	哥老	159		
起臭子	368	莲花缸	285	桥梁	376	哥弟	159		
起课脑	368	莲棒	285	桥梁子	376	哥嘴	159		
起堂	368	莲蓬	286	柏枝	248	贾勇	225		
起锋	368	莲蕊	286	栓子	433	配	351		
起焰头	368	莲蔬	286	栓头	433	配天	351		
起锣鼓	368	莲瓣	285	栓光	433	配酉	351		
起腻	368	莫有	328	栓雌光	433	配汪	351		
起墙子	368	莫邪	328	桃乌	457	配亲	351		
起霉张	368	莫顾	328	桃玉	457	配獛	351		
起翻儿	368	荷叶	193	桃叶	457	翅子	66		
起霸	368	荷叶盏	193	桃边	457	翅子逗得咧了瓢儿	66		
		荷包	193	桃花	457	翅子窑	66		
十画		荷花	193	桃花眼	457	奀	333		
		荷花儿	193	桃花源	457	夏	509		
胪老	303	荷花大少	193	桃园	457	砸	574		
绨居	65	荷花苞	193	桃河里	457	砸了	574		
盐木头	539	荷苞	193	桃棚	457	砸点子	574		
盐头	539	荷荷子	193	桃源	457	破郁	363		
盐老鼠	539	荷苟	193	格	160	破	363		
盐花乱	539	恶心	133	格档码子	160	破不平	363		
盐花散	539	恶处	133	格骶子	160	破田	363		
盐缸	539	恶血	133	样色	545	破皮箱	363		
盐野猫	539	恶虎拦路	133	样纸板	545	破台	363		
盐猁狲	539	恶根	133	样殃子	545	破狗阵	363		
埋头	312	真	588	样点	545	破荧	363		
埋伏	312	真八	588	样假	545	破相	363		
埋轮	312	真人	588	根	161	破律箱	363		
埋贼	312	真帅	588	根子	162	破饼	363		
埋梦	312	真压点	588	根斗子	161	破屑	363		

破盘	363	捉土贼	601	热人儿	392	紧腰儿	243
破棋盘	363	捉夫不	600	热上了	392	晒白鲞	409
破雁肚	363	捉毛虫	601	热子	392	晒至	409
破赌	363	捉乌龟	601	热太阳	392	眠川	323
破襄衣	363	捉正	601	热客	392	眠眠	323
破碎	363	捉龙头	600	热烘烘	392	晓	523
破腹	363	捉白虫	600	热堂子	392	晓丁	523
破缥帽	363	捉令子	600	热道	392	晓扬	523
原生货	568	捉青龙	601	挨才	3	晓衣	523
原头人	568	捉拍	601	挨门槛	4	哮老	523
原头生	568	捉罗汉	601	挨子	4	鸭子	537
原告	568	捉球子	601	挨瓦檐	4	鸭屎臭	537
原途	568	捉落帽风	601	挨手	4	鸭蛋	537
原烊迹	568	捉游鱼	601	挨月	4	晃条的	213
套	458	捉蟋蟀	601	挨斗	4	閆头	321
套人	458	捆龙	269	挨老	4	哺豆牙	39
套子	458	捆仙条子	269	挨身	4	响签筒	413
套云	458	捆仙绳	269	挨鸡	4	剔	458
套龙	458	捆牢	269	挨城门	3	剔条	458
套皮子	458	捆局	269	挨亲家	4	剔脱	458
套壳	458	捆账	269	挨诸葛	4	晕头	573
套货	458	捆翻	269	挨通	4	晕老	573
套索	458	损	449	挨朝阳	3	晕场	573
逐狗锋	597	捌黑	10	挨摸老	4	晕汤窑子	573
逐波	597	捡作	228	挨霸	3	晕脸	573
顾风	170	挫子	82	轿饭票	236	跕党	261
顾那海	170	挫开	82	较	236	跕瘩党	261
捞	275	将火杆	306	较龙头	236	蚌胎	24
捞毛的	275	将苗	306	较量	236	蚬子	511
捞甩	275	换	210	顿哈	131	蚊	496
捞死尸	275	换□	210	致曲	592	蚊子	496
捞根	275	换子孙	210	柴	52	蚊虫	496
捞海底	275	换水	210	柴火	52	蚊帐	496
捞浮尸	275	换托	210	柴老	52	哩塞	283
捞横塘	275	换财神	210	柴吊	52	哭	265
捕子	39	换季	210	柴吊子	52	哭大哥	265
捕谷	38	换袍	210	柴条子吊	52	哦松	342
捕䎃	38	挽	488	柴觉	52	恩与	133
捕㮳子	38	挽山	489	柴河	52	恩兄	133
捂杵	502	挽司	489	柴座子	52	恩相好	133
捎	416	挽老	488	桌面儿	601	恩客	133
捍饼	189	挽桥	489	虔撒	371	唤客	210
捏子	340	挽兜	488	监儿	228	唤娇娘	210
捏面包	340	捣米子	103	紧口	243	唤薛荔	210
捏班	340	捣痛疮	103	紧急风	243	哼子	196
捏黄口	340	热	392	紧脚	243	哼瓜	196
捏眼	340	热人	392	紧滑	243	哼敦	196

罡	12	钻天鼠	607	乘阴	62	倒年	104
罡势	12	钻仓	606	敌人	108	倒字	105
峭削	376	钻心子	607	敌科	108	倒杠子	104
峰底	146	钻头	607	秧子房	541	倒作	105
峰腰	146	钻皮	607	秧希	541	倒杵	103
圆	568	钻曲	607	秘典	323	倒杵儿	103
圆寸	568	钻创	606	透	475	倒垂莲蓬	103
圆子	569	钻坎通	607	透开	476	倒油	104
圆片子	568	钻坯	607	透片子	476	倒柄铜锤	103
圆玉	569	钻念子	607	透风	475	倒钮头	104
圆头	569	钻底子	606	透光	476	倒屎婆	104
圆头子	569	钻宫	606	透纱子	476	倒赶城	104
圆皮子	568	钻海底	607	透骨	475	倒堂	104
圆老	568	钻通	607	笔尖上的朋友	30	倒悬	104
圆光	568	钻盘	607	笔管	30	倒偃	104
圆年子	568	钻脚	607	笔管子	30	倒盘子	104
圆白	568	钻窑	607	笔管生	30	倒脱靴	104
圆件	568	钻黑鬼	607	笔管踢	30	倒插幅子	103
圆件头	568	钻锅	606	笑场	523	倒筒	104
圆军	568	铁头	470	笑压	523	倒粪	103
圆吞	569	铁头子	470	笑果儿	523	倒嗓	104
圆把	568	铁板	470	笑橡	523	倒溜	104
圆角	568	铁板板	470	笋	449	倒缨	104
圆言	569	铁板鞋	470	笋丁	449	倒影	104
圆纱	568	铁鱼	470	笋子	449	倒影枯杨	104
圆纸	569	铁帽	470	笋牙	449	倒藤瓜	104
圆指	569	铁锁	470	笋丝炒肉	449	倘扳	457
圆通	569	铁馋牢	470	笋芽	449	倘扳转	457
圆粒	568	铁梗	470	债主	579	倘削	457
圆黏儿	568	铃儿草	292	借干铺	238	倘哥儿	457
钱	371	铃铛	292	借小房子	238	倡夫子	56
钱子	372	铃铛子	292	借光	238	候	203
钱掩	372	铅码	371	借道走	238	候指	203
钳	372	缺	390	借照子	238	倭口圆头	497
钳工	372	缺丑	390	借粮	238	倭子	497
钳子	372	缺把	390	倾解	383	倭饼	497
钳公	372	缺点	390	倒	103	俯就	149
钳老	372	缺搭	390	倒了杵	104	倍枕	28
钳老朝阳	372	缺德	390	倒大	103	倦千	250
钳红	372	造	577	倒开牡丹	104	臬司	340
钳条子老	372	造古	577	倒扎虎	104	健色	230
钻	606	造兆法	577	倒毛水	104	臭	68
钻工	606	造花像	577	倒仓	103	臭子	68
钻习尖挂子	607	造屈老	577	倒仓鬼	103	臭子头	68
钻子	607	造粉子	577	倒扛子	104	臭子点	68
钻天	607	乘	62	倒执锤	105	臭方	68
钻天子	607	乘风	62	倒回	104	臭叶子	68

臭包袱	68	狼牙锏	274	高升令	157	病	37
臭春	68	狼占	274	高风子	156	病琴	37
臭盘	68	狼包	274	高兄	157	疲羊	356
臭筒	68	狼色	274	高叫	156	离丘生	281
射干其	418	狼家	274	高头	157	离毕	281
射果	418	逢孤	146	高头大	157	离宫	281
息足朝阳	503	桀郎	238	高头子	157	离娘草	281
息脚	503	留	294	高头剑	157	离娘焦	281
徒	476	留干儿	294	高台	157	离窑	282
徒□	476	留干子	294	高老	156	唐刘	456
徒肯	476	留千儿	295	高阳子	157	唐宫	456
徒染	476	留千子	295	高买	156	站山挂画	580
徒客	476	留支皮	295	高丽	156	站门儿	580
徒星	476	留片许	295	高身	157	站桥	580
徒悬	476	留片详	295	高良姜	156	站堂	580
徐	531	留片琴	295	高坯墩	157	站撒	580
徐大老爷	531	留片琴工	295	高柜子	156	剖肚	363
航船	190	留足详	295	高枕头	157	剖金	364
拿开销	331	留足详子	295	高码子	156	旅邸	304
拿卯	331	留足琴	295	高明	157	悄麻雀	375
拿把子	331	留官	294	高明君	157	羞线	530
拿张	331	留栅栏	295	高狗窑	156	粑子	10
拿纸片	331	留客住	294	高客	156	羔口	158
拿桥	331	留配详	295	高架子	156	羔儿	158
拿蚌	331	留配琴	294	高架手	156	瓶欠	362
拿落帽风	331	留配鼠	294	高资谷	157	粉	143
拿翘	331	留通	295	高圈	157	粉叉	143
拿糖	331	留梗鼠	294	高脚架	156	粉子	143
拿攀	331	留梗鼠	294	高脚照	156	粉皮	143
拿攀法	331	鸳五	566	高脚腿	156	粉合儿	143
爱	4	鸳鸯子	567	高脚踏科	156	粉希	143
爱司靠背	5	鸳鸯档子	566	高梁子	156	粉条子	143
爱字	5	皱皮	596	高搁	156	粉沙	143
爱遵	5	饿	133	高搁班史	156	粉窑子	143
翁大	497	馊	334	高铺子	157	料	289
胰子	553	挛把	305	高照	157	料丁	290
胭脂	538	衰鬼	432	高跷	157	料子	290
胭脂生	538	高	155	高腿了	157	料水	290
脂钿	590	高二	156	高影架	157	料扫	290
胳膊	159	高于岑楼	157	郭	180	料抢	290
脏沟子	575	高山	157	郭子	180	料足	290
脏点子	575	高广	156	郭索	180	料奔	290
脏骨子	575	高门槛	157	席	505	料点	290
脏黏啃座子	575	高飞	156	席法	505	料高	290
脑门儿钱	333	高木裙	157	座子	609	益马勒	554
脑后音	333	高瓦檐	157	斋孤	578	兼欠	228
涟窑子	177	高升	157	效劳	523	兼容	228
						朔西	441

烤火山子	259	递苦册	112	海仙	186	海鳞	185
烤龙头	259	凌波	292	海外	186	海蠚	184
烤沙子	259	凄凉子	365	海老	185	浜洒	24
烤笼	259	凄凉冈	365	海老子	185	涂圆	476
烘	197	浆	232	海年子	185	涂圆纸	476
烘子	198	浆巾	232	海红	184	涂粉子	476
烘天	198	浆子	232	海花	184	浮水子	148
烘天底子	198	浆斗	232	海李子	185	浮丙	148
烘火底子	198	浆水	232	海报	183	浮图	148
烘头	198	浆头	232	海报子	183	浮圆	148
烘当	197	浆挑	232	海条子	186	浮粗	148
烘当李子	197	浆壶	232	海条通	186	流	295
烘拢	198	准头	600	海冷	185	流丁	296
烘档码子	198	准纲准词	600	海沙	186	流丈	297
烘隆	198	脊牛	222	海沙子	186	流千	296
烘锋	198	瓷盘儿	78	海青	185	流千宝	296
烘赞曲	198	凉	287	海青子	185	流子	297
烘爖	198	凉工	287	海轰儿	184	流文	296
烧	417	凉风	287	海扡瓦	186	流巴生	295
烧老	417	凉架	287	海底	184	流水	296
烧老老	417	凉索	287	海底书	184	流去	296
烧灰	417	凉兜	287	海底金不换	184	流西	296
烧财香	417	凉帽	287	海卷子	184	流执	297
烧角	417	酒开	247	海波罗	183	流走	297
烧冷灶	417	酒码	247	海宝	183	流花	296
烧青烟	417	酒赞之语句	247	海官生	184	流青	296
烧者	417	浙七	587	海草	184	流旺子	296
烧空	417	消梨花	518	海草山	184	流宝	295
烧贵柴	417	海	183	海柳子	185	流官	296
烧黄七	417	海儿	184	海亮子	185	流官朝阳	296
烧票	417	海下	186	海姜	184	流官帽	296
烧雪	417	海才字	183	海浑	184	流是	296
烧脚	417	海上	186	海翅子	184	流星	296
烧路头	417	海千丈	185	海缺	186	流星入户	296
烧锡箔	417	海门	185	海透	186	流胆	296
烧糟	417	海子	186	海蛆	186	流宫	296
烛龙	597	海开减价	184	海梁子	185	流宫帽	296
烛奴	597	海开减买	184	海喷子	185	流珠	297
烟	538	海开减卖	185	海锉	184	流晃子	296
烟头	538	海瓦	186	海楚	184	流铍	296
烟伙己	538	海日	186	海鲜	186	流通	296
烟卤	538	海月	186	海漂蛸	185	流通生	296
烟条	538	海欠	185	海鹤	184	流寅	297
烟河里	538	海斗	184	海瓢	185	流琴丘	296
烟兜	538	海巴生	183	海踹	184	流稀	296
烙铁	280	海水子	186	海嘴子	186	流牌	296
剜藤	412	海叶子	186	海螺	185	流寓	297

润公	399	案目	6	袍哥	349	通大	472
润生	399	案伴	6	被告	28	通大路	472
润身	399	请大香	384	被家伙	28	通子	472
润肠	399	请毛	384	被短	28	通天	472
润厚生	399	请风	384	被携	28	通天子	472
润泉	399	请玉蛋	385	被摘	28	通天手	472
润屋生	399	请龙女	384	祥	516	通天光	472
润笔	399	请仙	385	课头	261	通天河里	472
润容	399	请包袱	384	谁看的钱	435	通天洒	472
润喉	399	请奶子	384	谁簪	435	通中	472
润演麻撒	230	请肉蛋	384	调	115	通风	472
浪同	275	请观音	384	调门	115	通斗	472
浪声	275	请财神	384	调门儿	115	通节	472
浪作	275	请招财	385	调孔	115	通生	472
浪作盘	275	请空	384	调皮	468	通皮	472
浪肘	275	请客	384	调皮正入	468	通丝	472
浸润	244	请客票	384	调巡	115	通丝头	472
浸润朝阳	244	请神	385	调扰买卖	115	通动	472
涨水	581	请猪头	385	调角码子	115	通竹节	472
涩牌	407	请硬牌	385	调侃儿	468	通行	472
害莽	186	请螃蟹	384	调底	115	通局津	472
宽	267	朗不正	274	调将	115	通变	472
家门	224	朗末	275	调屋子	115	通试	472
家外	224	朗兜朗	274	调脖	115	通房间	472
家场	224	朗超	274	调羹	468	通草	472
家伙	224	朗筋骨	274	冤桶	567	通相	472
家里	224	读书	126	谈兵	455	通神	472
家里爷们	224	冢子	594	恳	262	通监	472
家鸡	224	扇	412	恳子	262	通宵	472
家码	224	扇子	412	恳草子	262	通情	472
家和兴	224	扇叶	412	剥羊枣	37	能事人	334
家兔	224	扇仙	412	剥猪猡	37	能催啃	334
家法	224	扇红	412	展杵头儿	579	难过	333
家乘	224	扇担	412	展果	579	难吃	333
家雁	224	扇面子	412	展点	579	桑榆	405
家塾	224	扇帚	412	屑子	525	绣	531
家鹜	224	扇窑炉	412	陶口	457	绣子	531
家磨	224	林心子	485	陶笋	468	绣花枕头	531
宵烛	518	袖子	531	陪柜	351	绣披	531
宾鸿	35	袖头子	530	陪夜	351	绣线	531
窍	376	袖头笼	530	陪堂	351	绣鞋尖	531
容天流	395	袖里麻撒	530	娥眉子	132	验	540
容老	395	袖箭	530	娘子	339	继后	222
容同	395	袍下来	349	娘家	339	继断	222
容偷	395	袍子	349	娘娘	339	骏足	252
窈里	548	袍杖	349	畚	29		
剜眼	487	袍帐	349	通	472	**十一画**	
						捞把	307

粗头	445	黄皮	212	黄馨	213	检场的	228
球	387	黄皮子	212	萝菔丝	307	检到小旦	229
球子	387	黄皮条子	212	菜	44	检到花脸	229
球子上	387	黄老	212	菜单子	44	检荣钱	229
球子挂	387	黄尖	211	菊花	249	检臭鱼	229
球子哨土	387	黄花	211	菊花草	249	梓生	603
球老	387	黄花子	211	菊花盘儿	249	梳	430
球粗	387	黄连	212	菊轮	249	梳牙	431
理瓦头	283	黄连子	212	菩	364	梳斗钱	430
理堂	283	黄连汤	212	菩提子	365	梳头妈	430
理腥海冷	283	黄条子	212	萍儿	362	梳头桌	431
琉璃	297	黄忘	213	营枪	559	梳枭	431
琉璃生	297	黄陈蜜	211	营细	559	桶木	473
琉璃皮子	297	黄表	211	营挪窑子	559	桶里马撒	473
琅函	274	黄松	212	乾	372	梭	449
琅琅调	274	黄物	213	乾川	372	梭儿	449
堵口	127	黄和	211	乾公	372	梭立	449
堵口子	127	黄货	211	乾坎儿	372	梭衣	449
堆	129	黄的	211	乾坤	372	梭衣子	449
堆头	129	黄狗子	211	乾坤袋	372	梭罗	449
堆老	129	黄妳	212	乾食子	372	梭登子	449
堆货	129	黄草	211	乾宫	372	曹国	46
堆香	129	黄骨	211	梦	322	曹语	46
堆燎	129	黄香	213	梦周	322	副客	149
教眉言	236	黄亮	212	梦撒	322	副糟	149
埻台	600	黄庭	212	梵王宫	138	票	360
培	351	黄冠	211	梦尾春	273	票丁香	360
埭一埭	100	黄莺子	213	梗	163	票了式	360
勘赚	257	黄根子	211	梢	417	票子	360
菱花	292	黄烟	213	梢子	417	票友	360
菱角	292	黄浆	211	梢板	417	票布	360
勒子	280	黄凉	212	梢拐	417	票房	360
黄	210	黄涂	212	梢亮	417	票房子头	360
黄九	211	黄袍加身	212	梧子	170	酝物	573
黄口	212	黄恩	211	梅	319	酝绿	573
黄亡	212	黄恩子	211	梅中	320	酝醋	573
黄毛	212	黄球	212	梅仙	320	酛酮	318
黄毛丫头	212	黄脸儿	212	梅百	320	酗头	532
黄片子	212	黄梁子	212	梅百全	320	戚六	365
黄引子	213	黄琴	212	梅花	320	瓠犀	205
黄孔	211	黄铜	211	梅花党	320	鲍子	349
黄玉	213	黄腔	212	梅花盘	320	鲍老	349
黄古	211	黄渡	211	梅花盘的	320	盔处	268
黄占	213	黄梁	212	梅弟	320	盔头箱	268
黄仕	212	黄梁子	212	梅官	320	爽气	434
黄卯生	212	黄旗老大	212	梅官全	320	聋子玩鸟	302
黄头钱	212	黄骠	211	梅椿	320	盛浆	421

匾	34	排八字	344	捻子	335	探水	456
匾儿	34	排子	344	捻心子	335	探水路	456
匾川	34	排子金	345	捻挪	335	探老	455
匾子	34	排片子	344	掏灯花	457	探求子	456
匾鸟子	34	排六	344	掏枯井	457	探狗窝	455
匾戏	34	排戏	344	掐灯花	368	探底	455
匾官舟	34	排杆	344	掠波	306	探底子	455
匾郎	34	排局	344	接	236	探线子	456
匾孤	34	排亲	344	接口	237	探孤儿	455
匾孤舟	34	排炮	344	接引	237	探院	456
匾持	34	排烟帐	344	接引子	237	探芭	455
匾食	34	排扇子	344	接引生	237	探窖	456
匾弯子	34	排琴	344	接头	237	掘	251
雪白	533	排塞板	344	接灯	236	掇赚	131
雪团圆	533	掉元宝	115	接观音	236	掼杀	176
雪花汉	533	掉包	115	接财神	236	辅货捻地	149
雪花苗文	533	掉闪	115	接岭子马撒	237	救命圈	248
雪里栋	533	掉角	115	接客令语句	236	救情郎	248
雪希	533	掉杵	115	接笋	237	甃	193
雪珠	533	掉枪花	115	接辫	236	虚笼子	531
雪钳	533	掉赚	115	掷上	592	雀	390
雪梅墩	533	掳子	303	掷同	592	雀巾	390
雪毫子	533	掳票	303	掷红	592	雀舌	390
捧人	353	捶皮的	76	掷臭	592	雀沙	390
捧下车	353	捶案	76	控儿	264	雀尾	390
措老	82	推	480	控门	264	雀官	390
描	324	推了	480	控子	264	堂	456
描子	325	推子	481	控讼	264	堂比	456
描平头	325	推车子	480	控买卖	264	堂光	456
描朵子	324	推升	480	控角	264	堂皇生	456
描欧景	324	推石狮	480	控点	263	堂食	457
描砂飞	325	推包	480	控海	264	堂钳老	456
描钿庄	324	推羊角	480	捐木头	372	堂扇子	457
描容	325	推进水	480	捐木梢	372	堂唱	456
描黄	324	推青子	480	捐轧车	372	堂棣	456
描景	324	推青的	480	捐头面	372	堂帽	456
描锦手	324	推者	480	捐老	372	堂箍	456
描漂子	324	推轮子	480	捐戏篷	372	空冀	457
描踏脚	325	推波	480	捐带挡	372	常	55
掭色	332	推线	480	捐钢叉	372	常年	55
掭瑟	332	推送	480	捐香头	372	常青	55
掩下	540	推恩朝阳	480	捐活口	372	常圆	55
掩太阳	540	晢立	587	捐客	372	常圆明	55
掩码子	539	掀电铃	510	捐圆头	372	常湖春	55
掩扇子	540	掀闷碗	510	捐棒	372	常褟	55
捯开莲蓬	103	捻儿	335	探	455	喷子	577
排	344	捻上	335	探巴子	455	喷子升点儿	577

词条	页码	词条	页码	词条	页码	词条	页码
啧啧	577	蛇皮太急	418	铜罗	473	梨	282
野支行	549	蛇皮抖	418	铜爬子	473	梨园	282
野毛子	549	蛇皮送	418	铜锤	473	梨园子	282
野皮子	549	蛇粪	418	铜箔	473	梨园窑子	282
野鸡	549	累圆	281	铧锹	207	笨	29
野鸡生意	549	累盘儿	280	铨子马撒着	390	笨斥	29
野货	549	唱占	56	铳铳	66	笨瓜	29
野客	549	唱侉调	56	银	555	笨头	29
眼	540	唱响	56	银口	556	笼口	302
眼上	540	唱响子	56	银子蓬	556	笼子	302
眼子	540	唱砸了	56	银牙蓬	556	笼子深	302
眼子窝	540	唱难黄	56	银方子	556	笼尘	302
眼目	540	唱篇子	56	银主	556	笼饱	302
眼汪	540	患子	210	银台	556	笛子	108
眼线	540	唾快	484	银丝	556	符	148
眼前亮	540	唾壶	484	银价买谷子	556	符儿	148
眼罩	540	唸旦	113	银花	556	符号及茶碗阵	148
悬亮子	532	啰瓜	481	银杏	556	笠帽	284
悬胸	532	啸天子	523	银针	556	笠蓬	284
悬梁子	532	啜	72	银纸	556	筘浪	224
曼灰子	315	崖拨	537	银爬子	556	敏山	326
晞生	503	崖蜜	537	银带	556	敏指子	326
晚兄	489	崖缩	537	银面	556	敏黄莲子	326
晚停	489	崭	579	银钩	556	做	609
晚辈子	489	崭奔	579	银钩毛儿细	556	做一做	610
啃山	262	崭盘子	579	银屑	556	做了	610
啃个牙淋呢	262	崔峻	80	银菱子	556	做了子孙官	610
啃子	262	崟科子	555	银锋	556	做了他	610
啃牙净	262	崩头	29	银箔	556	做干跺脚的生意	610
啃龙宫	262	崩星子	29	银踏蹬	556	做土了	610
啃包	262	崩嘴儿	29	银鳞	556	做小卖	610
啃台栏杆	262	圈	389	甜卜	464	做小喉	610
啃吃饭啃富儿	262	圈儿	389	甜子	465	做支干	610
啃草	262	圈大凳	389	甜公	464	做龙门	610
啃草子	262	圈子	389	甜头	464	做生理	610
啃洋边	262	圈内人	389	甜头子	465	做生意	610
啃海草	262	圈公	389	甜头朝阳	465	做主张	610
啃海草儿	262	圈吉	389	甜老	464	做头本	610
啃散	262	圈吉儿	389	甜尖	464	做地龙	610
啃熏	262	圈判	389	甜兆子	465	做戏	610
鈀	12	圈指	389	甜芽	465	做花头	610
蚱蜢	578	圈起	389	甜条	464	做快口	610
蛉蜢	292	圈堂	389	甜所	464	做局	610
蛇	418	圈圈	389	甜浆	464	做底	610
蛇干	418	铐子	259	甜黄条	464	做亮	610
蛇口	418	铜大	473	甜颐	465	做庠	610
蛇皮	418	铜匠老板	473	甜霜	464	做脱	610

十一画

做喜事	610	徙恳	505	盘海子	347	翎子	292
做黑手	610	得	105	盘海底	346	脚	235
做策子	609	得一	106	盘梅	347	脚儿	235
做筒子	610	得力子	106	盘麻子	347	脚下	235
偃草	540	得了	106	盘颈	347	脚子	235
偕柳	524	得公子	106	盘道	346	脚包	235
偕消白昼	524	得风	106	盘道之一班	346	脚须	235
袋子巾	100	得水	106	盘藏客窑	345	脚高	235
袋鼠	100	得石头	106	船	74	脸子	286
偷	474	得占	106	舵头	132	脸幌	286
偷牛	474	得丢	106	舵把子	132	胵身	82
偷毛桃	474	得来发票	106	斜	524	脖儿	349
偷老	474	得胜哥	106	斜手	524	脖声	349
偷空	474	得晓	106	斜片子	524	脱爪	484
偷圈	474	得理	106	斜包	524	脱欠	484
停阿磨	471	得黄路	106	斜胡同	524	脱斗	483
停穿	471	得措	106	斜剐	524	脱节	484
停脚	471	得啦	106	斜锋	524	脱龙梢	484
停骖	471	衔环	511	斜躺	524	脱瓜	484
偏	357	舻艋	302	凫公	257	脱卯	484
偏才	357	盘	345	盒子	193	脱皮	484
偏马	357	盘儿	346	悉率	503	脱传线	483
偏提	357	盘儿尖	346	欲记	566	脱枪	484
兜	123	盘儿足	346	欲把	566	脱股	484
兜力	123	盘儿念	346	彩门	44	脱轴头	484
兜子	123	盘儿念作	346	彩门子	44	脱钩	484
兜风	123	盘儿念嘬	346	彩立子	43	脱急	484
兜风风	123	盘儿嘬	346	彩头	44	脱梢	484
兜水头	123	盘上走	347	彩行	44	脱裆	483
兜汁	123	盘山	347	彩匣子	44	脱臂	483
兜罗	123	盘子	347	彩利	44	象门	518
兜昏	123	盘乌	347	彩林	44	象牙饭桶	518
兜食子	123	盘龙	347	彩拆	43	象牙卷子	518
兜圈子	123	盘头	347	彩缸	43	象角	517
兜得转	123	盘老	347	彩钱	44	象板	517
兜率	123	盘屿	347	彩票	44	象法	517
兜清早	123	盘花杆子	347	彩描	44	象浆	517
兜帽	123	盘里乌	347	彩盘	44	象家	517
兜薰风	123	盘里亮	347	彩牌子	44	象缠	517
假	226	盘肠	345	领人	292	象鼻	517
假子伊	226	盘角	347	领山	292	够味	167
假王龙	226	盘货	347	领毛	292	猪仔	596
假丑	226	盘带	346	领公事	292	猪头三	596
假招子	226	盘香	347	领杆的	292	猪头索	596
假参	226	盘侯	347	领招儿	292	猪当道	596
假哥	226	盘亮	347	领家的	292	猪肉买成捞稍钱一斤	596
假豹子	226	盘桃子	347	领扇	292	猪尿泡	596

883

猪缸	596	族人	606	盖头	150	凑才	79
猛子	322	旋子	533	盖对	150	凑子	79
猛风	322	旋子儿	533	盖老	150	凑巧	79
猛作	322	旋罗	533	盖各	150	减	230
馗不首	268	旋热	533	盖各儿	150	减额子	230
祭孔子	222	旋道	532	盖各子	150	盗令	105
祭旗之令语	222	旋蒸	533	盖身	150	清	383
馆地	175	章	581	盖青天	150	清口	383
鸢街头	305	章年不正	581	盖顶	150	清一式	384
鸢方子	305	商和	413	盖挑	150	清口	383
鸢字	305	商草	413	盖穿	150	清子	384
鸢窑	305	商徒	413	盖露	150	清手	384
鸢散条子	305	望	492	粘弦	579	清风	383
鸢散张	305	望了	492	粗	79	清风子	383
毫子	190	望上	492	粗瓜	79	清勾魂	383
毫品	190	望门儿	492	粗瓜大菜	80	清水	384
烹玄	352	望乡子	492	粗壳子	80	清水纸	384
麻	308	望乡亲	492	粗花	80	清水码头	384
麻水	309	望仙子	492	粗杆子	79	清末子	384
麻划子	309	望边	492	粗草帽买成可成钱	79	清平	384
麻衣	309	望曲园	492	粗章	80	清册	383
麻壳	309	望江	492	粗摆	79	清册子	383
麻花子	309	望江南	492	粒儿	284	清老	383
麻花盘	309	望青	492	粒子	284	清江铺	383
麻苍蝇	308	望城圈	492	粒珠	284	清远朝阳	384
麻条	309	望亲	492	粒粒	284	清来朝阳	383
麻纲子	309	望高	492	断	128	清抢	384
麻果子	309	望野景	492	断大	128	清吟小班	384
麻图	309	望圈子	492	断子	129	清闲	384
麻念课	309	望椿	492	断机子	128	清冻	383
麻郎	309	率罗	305	断条	128	清拆	383
麻面	309	惊愤	245	断轮	128	清货	383
麻牵	309	惊睡客	245	断账	129	清炊子	383
麻雀脚	309	惊醒木	245	断香	128	清挂子	383
麻绸子	308	惨	45	断麻绳	128	清幽	384
麻蜂窝	309	阎王古子	539	断藕	128	清鬼客	383
麻罩	309	着大棋	601	剪口	229	清洁子	383
庵老	5	着水笑	601	剪牙	230	清洞	383
廊檐五圣	274	着当	601	剪边	229	清客	383
康	258	着套	601	剪列血	229	清客衣	383
康白大	258	着数	601	剪红罗	229	清倌	383
康边	258	盖	150	剪角	229	清笼头	383
康熙皇	258	盖人	150	剪拂	229	清喉	383
康衢	258	盖口	150	剪披	229	清善才	384
鹿儿	303	盖子	150	剪春罗	229	清福	383
鹿节	303	盖子板	151	剪票	230	渍渍	604
鹿耳	303	盖日	150	剪骗	230	添	464

添丁	464	梁子	287	随杆首	448	绿绮	305
添气	464	梁子马撒	287	蛋	102	绿颖	305
添头	464	梁头	287	蛋皮	102		
添线	464	梁条	287	蛋泡	102	**十二画**	
添浆头	464	渗槽	420	蛋赶	102		
涯丹	537	淄牙	601	蛋赸	102	晿泉	230
渠	388	寅川	556	隆	302	辝子	373
淌	457	寅月	556	隆中	302	缩流	602
淌晃子	457	寅老	556	隆冈	302	绚子	458
混	216	寄申报	223	隐切口	557	巢儿	57
混一	216	寄库	223	隐生	557	巢河里	57
混二	216	寄春	223	隐光	557	琵琶	356
混三	216	宿	448	隐价	557	琵琶子	356
混子	216	宿气	448	隐抛	557	琵琶仔	356
混五	216	宿皮	448	隐语	557	琵琶套	356
混六	216	窑	546	隐雾	557	琵琶朝阳	356
混水子	216	窑儿	546	隐粮	557	琵琶错	356
混水去	216	窑口	546	架裟	224	琴工	378
混水错	216	窑口裹	546	架裟皮子	224	琴片子	378
混四	216	窑子	546	绪挡苗绪子	532	琴公	378
混老	216	窑屯	546	续断	532	琴丘	378
混老脱	216	窑巴	546	骑口	366	琴头	378
混板	216	窑正	546	骑门	366	琴头巴	378
混码头	216	窑包	546	骑马	366	琴条	378
混堂	216	窑皮	546	骑凤凰	366	琴家	378
混堂子	216	窑块	546	骑四脚子	366	琴翼	378
混混	216	窑花亭	546	骑青牛	366	琴囊	378
渊	567	窑姐儿	546	骑轮	366	琢璞通	601
淘瓦	458	窑挑	546	骑黄骠	366	琥珀	205
淘头	458	窑扇前	546	骑黄骠马	366	靓仔	246
淘米	458	窑堂	546	维毛子	494	葎	335
淘沙	458	窑痞	546	绵川	323	替子	460
淘河	458	窑塞子	546	绵盘	323	替身	460
滗浴	203	窑魔	546	绵脚	323	替舱	460
淤	564	密里	323	绷星子	29	塔平	451
淡尾	101	密骗	323	绷圈	29	塔灰钱	451
淡缸	101	袱包子	148	绷嘴子	30	越	571
淡撂	101	谕之孤	566	绿刀	305	越地	571
淀	113	谐了	5	绿云	305	越百鼠	571
深坑	419	谐作	541	绿片	305	越肉	571
深林子	419	弹弓图	101	绿头	305	越桃	571
深兜	419	弹子	102	绿丝	305	越配鼠	571
深蓝	419	弹正方	102	绿老稀	305	越粳鼠	571
婆子	363	弹尽众散	101	绿衣郎	305	越鞍子	571
婆妈	363	弹弦子	101	绿条	305	趁圆子	61
梁上去找金福柳	287	堕落鸡	132	绿蚁	305	趁笑	387
梁山	287	随手	448	绿珠	305	超	57

超包	57	散窑子	405	落箸	308	棉花包	323
超色	57	散照	405	韩	187	棉花团	323
超垛	57	葳蕤	493	韩终	187	棚	352
超偈	57	葬	575	韩偷朝阳	187	棚天子	352
超棒	57	葛巾	160	朝□	57	棚里马撒	352
超棍	57	葛子	160	朝了翅子	57	棚纱	352
超撒	57	葛达	160	朝天	57	椁	181
博人怜	38	葛保	160	朝天子	57	棺材钉	175
博山	38	葛笼	160	朝元	58	榔扁	274
博氏	38	葛履	160	朝古	57	惠安	215
博厚君	38	敬馆	246	朝东白龙	57	惠尾	215
博浪	38	葱乳	79	朝阳	57	逼水	30
喜	505	葱管	79	朝阳子	58	逼头	30
喜子	505	蒂固生	112	朝阳生	58	逼皂	30
喜毛	505	蒂固根生	112	朝阳码子	58	逼杵	30
喜份	505	蒂固根深	112	朝阳通	58	逼杵儿	30
喜字	505	落	307	朝表	57	逼柳齐的	30
喜花	505	落山	308	朝板	57	逼柳琴	30
喜梅	505	落马	308	朝服	57	逼照	30
喜黎	505	落风蓬	308	朝庙	57	棘木子	221
彭更	352	落方	307	朝宗	58	酥桃子	448
彭彭太式	352	落水	308	朝奏	58	厦丈	509
煮海丘	597	落龙口	308	朝翅子	57	硬	559
瑜场	564	落礼	308	朝盘	57	硬子	560
蛮浆	385	落地	307	朝番子	57	硬扎巾	560
裁了	43	落地十三响	307	朝登	57	硬片子	560
裁皮	43	落红	308	葵生	268	硬心肠	560
壹寸水	553	落花	308	棒儿香	24	硬叶生意	560
壹分水	553	落花流水	308	棒客	24	硬生意	560
壹尺水	553	落苏	308	棒锤	24	硬瓜	559
联穴	286	落里	308	楮子	71	硬头	560
联当	286	落牢	308	楮先生	71	硬汉	559
联络	286	落账房	308	棋	366	硬皮	560
葫芦	204	落底	307	棋盘	366	硬托	560
葫椒	204	落草	307	棋盘子	367	硬过门	559
鞠	401	落点	307	棋盘生	366	硬尖	559
散	405	落钩	308	棋盘身	366	硬壳	559
散子	405	落笃	307	森丘	407	硬条	560
散子窑	405	落活	308	森丘鲜匠	407	硬青货	560
散甲生	405	落珠	308	森朝阳	407	硬披	560
散头子	405	落扇	308	椒才	233	硬货	559
散红毛	405	落著	308	椒老	233	硬货龙	559
散花	405	落梅风	308	椒盐含口	234	硬爬	559
散花子	405	落雪	308	棵子	261	硬爬弟兄	559
散秋香	405	落圈	308	棍头	180	硬底	559
散钱花	405	落盘	308	棍蓝板	180	硬衬	559
散兜	405	落跌	307	棰	76	硬相	560

硬面子	559	搽才	51	插姥	50	紫壳杨梅	603
硬品	560	搽相	51	插脚	50	紫花	603
硬骨子	559	揺板缝	357	插棚儿	50	紫花石	603
硬鸭尾	560	揩白	257	插幅子	50	紫花老斗	603
硬黄货	559	揩油	257	插销	50	紫条	603
硬圈	560	揽把	273	插牌	50	紫纱裹	603
硬牌	560	提土子	460	插签	50	紫茎竹	603
硬膀子	559	提子	460	插旗	50	紫河里	603
硫磺	297	提升	460	插蜜圈	50	紫珠	603
雁子	541	提火罐	459	揪子	246	紫鸾	603
雁作	541	提引	460	搜马	446	紫绶	603
雁尾子	541	提令	460	搜马侠	446	紫棉	603
雁班子	541	提鸟笼	460	搜苗	446	紫鹃	603
雁喙	541	提头	460	搁老	159	紫微	603
厥口	251	提头子	460	搁机	159	紫蔷	603
厥良	251	提出钱患子	459	搁杠	159	紫樱桃	603
厥象	251	提老	460	搁身	159	紫薄	603
裂帛	290	提吼	459	搁身子	159	凿天	576
裂票	291	提条	460	搁顶公	159	凿饮	576
裂锅	290	提条蒲	460	搁明地	159	凿星子	576
裂嘴子	291	提炉	460	搁念	159	凿响子	576
雄西	530	提空	459	搁念的	159	凿洞	576
雄哉	530	提亮子	460	搁浅	159	凿铜板	576
搭	82	提烘笼	459	搁谚	159	凿道	576
搭山头	83	提笼	460	搓手	81	凿壁	576
搭子	83	提盘子	460	搂儿	302	赏	413
搭手	83	提盒	459	搂了	302	赏中	413
搭月官桥	83	提着钱串子	460	搂子	302	赏西风	413
搭平	83	提朝阳	459	搂软把	302	赏枪	413
搭白	82	提喽把子	460	搂霸	302	赏些	413
搭台	83	提摇牌	460	搅	235	赏物	413
搭场头	82	揣川	553	搅扫	235	赏燠	413
搭连	83	揭白留真	237	搔头	406	掌上亮子	582
搭条	83	揭地	237	搔麻子	406	掌么	581
搭青	83	揭自留真	237	翘饼	376	掌子	582
搭肩	83	揣摩	72	雅淋窑	538	掌手伙计	582
搭药	83	插	49	悲丝朝阳	27	掌心雷	582
搭架子	82	插子	50	悲枣	27	掌头	582
搭班儿	82	插手	50	悲绿朝阳	27	掌穴的	582
搭贼船	83	插末	50	悲墨	27	掌网	582
搭浆	83	插末汉	50	紫	603	掌买卖的	581
搭凉棚	83	插老	50	紫丁	603	掌杆	581
搭脚	83	插花	50	紫玉簪	603	掌柜	581
搭棋盘	83	插把	49	紫目枣	603	掌柜的	581
搭摸	83	插角	50	紫目照	603	掌空	581
搭锤	82	插抹	50	紫芒	603	掌柁	582
搭摘	83	插香	50	紫伙己	603	掌要	582

掌活	581	跑马招汉	350	喂饿虎	494	黑快	194
掌班的	581	跑马招汗	350	喉巴	202	黑沙	195
掌起夹	582	跑乡	350	喉吧	202	黑驴	194
掌倪	582	跑厅的	350	唴子	289	黑板	194
掌扇子	582	跑车板	349	唴喉	289	黑虎遁	194
掌盘	582	跑日光	350	啼明通	460	黑的	194
掌随	582	跑手下的	350	嗟	237	黑金子	194
暑缭	431	跑风	349	嗟末	237	黑狗	194
最蛇	608	跑外的	350	嗟表	237	黑底子	194
量	289	跑老虎	350	嗟姑	237	黑泥块子	194
量巾	289	跑灰堆	349	嗟答俫	237	黑官	194
量天尺	289	跑早花	350	喧老	532	黑茶	194
量肩	289	跑伙已	349	嵌老	373	黑柞	195
睇野	112	跑庄	350	嵌角	373	黑砂子	195
睇碟	112	跑衣子的	350	嵌螺	373	黑省器	195
鼎老	120	跑灯花	349	幅子	148	黑响子	195
鼎足	120	跑红光	349	帽儿头	319	黑炭	195
鼎登	120	跑青花	350	帽子头	319	黑钱	195
睃照	449	跑底子	349	帽顶	319	黑钻头	195
喷子	352	跑河里	349	崽子	574	黑卿	195
喷气洞	351	跑荒车	349	赌软把	127	黑粉	194
喷白	351	跑差使	349	赌象	127	黑脊梁沟子	194
喷罗	351	跑船舷	349	赎价	431	黑流老	194
喷钩	351	跑混子	349	赎身	431	黑案	194
喷痕	351	跑街	350	赎病人	431	黑袜子	195
喷筒	351	跑腿的	350	赎票	431	黑屑子	195
喷筒子	352	跑滚子	349	赐粮	79	黑筒	195
喷焰	352	跑滩	350	赔输	351	黑皴皮	194
喷管	351	跑横汤	349	黑	193	黑满	194
喷喋	352	跑蹄子	350	黑儿	194	黑旗老四	194
喳摆	578	蛙粪	485	黑三	195	黑髯	195
晶丸	245	蛱蝶	224	黑子	195	黑鬆	195
晶石	245	蛭	592	黑云蔽日	195	黑鞭	194
晶薄	245	蛳螺	443	黑升天子	195	铺头子	364
喇叭	271	蛤子	160	黑心的皮子	195	铺地汉	364
喓	545	蛤蚂	160	黑水	195	铺局	364
遇见陡坡	566	蛤蟆来	160	黑水朝阳	195	铺陈子	364
喊老	187	蛟帐	234	黑末	194	铺货捻地	364
喊钱眼	187	喝了	191	黑头	195	铺房间	364
喊嗓子	187	喝皮	191	黑头子	195	铺衬汗子	364
遏云	133	喝边	191	黑尻	194	铺贷捻地	364
跌了	115	喝边儿	191	黑老	194	铺监	364
跌古	115	喝西皮	191	黑场子	194	铺堂	364
跌馋牢	115	喝血	191	黑团老	195	铺塘	364
跑土子	350	喝油儿	191	黑字	195	销号	518
跑大割	349	喝患子	191	黑花子	194	销老	519
跑马	350	喝啰	191	黑条	195	销贬	518

销恨	518	稀窑	504	焦斗	234	装木铃	599
销端详	518	稀苴	504	焦行	234	装木榔	599
锁	450	稀朝阳	504	焦青	234	装电	599
锁子语	450	稀稀	504	焦枝	234	装死	599
锁皮	450	稀溜钢儿	504	焦桃	234	装货	599
锁母	450	等水头	108	焦根根	234	装洋	599
锁利	450	等外套	108	傍儿	24	装准头	599
锁罗	450	等包身	108	傍角儿	24	装销	599
锁腰	450	等辰	108	粤木	571	装筒头	599
锅子	180	等张	108	粤金	571	装觳样	599
锅金叶	180	筑土	598	奥羹	7	装潢	599
锉木甜头	82	策分一	48	街上小孩当路	237	蛮子	314
犁脖	60	筛	409	街狗	237	蛮牛	314
掰大卦	12	筛子	409	御姬罩	566	就地拿	248
短可接	128	筛子响	409	循罗	535	敦杀	131
短打	128	筛筛	409	舒大	431	痨	275
短甲	128	筒子	474	舒雁	431	童子党	473
短丛	128	筒头	474	番头	136	惰窑	132
短兵	128	筒兜	473	番头婆	136	阑干	273
短枪	128	答	83	番虫	136	阔大少	270
短参	128	答心	83	番鬼狗	136	阔大爷	270
短轴头	128	答钢	83	番骈朝阳	136	阔口	270
短便子	128	筋皮酒	243	番莲	136	阔片子	270
短路	128	笺客	235	番梳	136	阔老	270
短路的	128	鹅毛	132	释窑	427	阔克雷	270
短榻	128	鹅毛子	132	释巢	427	阔佬	270
短撮	128	鹅场	132	禽推	378	阔海	270
犊孙	127	鹅闭	132	腊条	271	阔棺	270
鹄觳	169	鹅眉子	133	腊狗利	271	阔惰	270
剩撒	421	鹅黄	132	腊烛	271	善	412
稍	417	鹅黄屑	132	腔	374	善讴	412
稍百子	417	鹅黄箔	132	腔郎	374	善芳	412
稍拐	418	鹅眼	133	腕细	490	奠闲	113
稍昌	417	鹅蛋	132	腕眼	490	尊子	608
稀子	504	傲	7	鲁孙	303	尊老	608
稀片	504	傲客	7	猁狮	204	尊严	608
稀公	504	傲霜	7	彪子	122	尊堂	608
稀头	504	傅子孙	149	彪咋	122	道	105
稀汉	504	傅册	149	猴子	202	道十	105
稀皮子	504	傅朝阳	149	猴子戏	202	道九代	105
稀老	504	牌太阳	345	猴头	202	道马撒着冷子	105
稀尖	504	牌头	345	猴爷	202	道子	105
稀块	504	牌池	345	猴戏	202	道长	105
稀希	504	集	221	猱	333	道远	105
稀苍草	504	集先	221	飧柴	449	道运低	105
稀圆	504	集贤	221	馊饭户头	446	道运高	105
稀调	504	集桑黄鸟	221	装干湿	599	道低	105

道规	105	滑底	207	割腰	159	隔帮不叙	160
道诨	105	滑油生	208	寒	187	隔面	160
道衲	105	滑线	207	寒士	187	隔津	160
道高	105	滑省器	207	寒斗	187	隔津朝阳	160
道情	105	滑香朝阳	208	寒孤	187	隔窗	160
道登	105	滑竿子	207	寒通	187	媒子	320
焰边	541	滑倒了	207	寒端	187	登了	107
焰老	541	滑麻	207	富贵衣	149	登大	107
湛斯	580	滑着	208	富贵窑子	149	登山	107
港下	154	滑梁子	207	窜	80	登子	108
港师	154	滑溜匹子	207	窜轰子	80	登天	107
湖水	204	滑溜疋子	207	窜房子	80	登云	108
湖码子	204	湾	487	窜道	80	登龙门	107
湖细奎	204	湾丁	487	窝子	497	登东	107
湿杏	423	湾巾	488	遍天遮	34	登老	107
湿罗	423	湾子	488	遍碾	34	登舟	108
温文	494	湾月	488	裕子	566	登步	107
温包	494	湾斗	487	裙风延年	391	登空	107
温头公	494	湾头	488	裙带	391	登空子	107
温宗朝阳	495	湾对腰	488	禅里	52	登桩	108
温泉朝阳	494	湾老	488	谢公屐	525	登高	107
温恪子	494	湾刘	488	谢祖	525	登桶	107
温津	494	湾形	488	谢豹花	525	登笼子	107
温塔	494	湾身	488	谦	371	登溷	107
渭	494	湾奇	488	屡年啃子条子	305	登瓢	107
渭阳	494	湾钩	488	屡年啃条子	304	登壁	107
滑	207	湾船	487	强大	374	皴皮	80
滑一趟	208	湾脚	488	强龙不压地头蛇	374	缆子	273
滑儿	207	湾脚码头	488	强头生	374	缆头子	273
滑儿朝阳	207	湾脚馒头	488	强金	374	缆足	273
滑下去	207	湾腰	488	强盗王	374	缓托	210
滑子	208	湾腰子	488	巽二	535	缓把	210
滑水	207	湾笋	488	巽方太岁	535	骗马	358
滑水子	207	游	562	巽羽	536	骗子	358
滑石	207	游开游关	562	隔开	160	骗弗醒	358
滑生	207	游龙	563	隔仓	160	缘衣仙	569
滑头	207	游戏叶	563	隔水	161	缘衣郎	569
滑头水	207	游花园	562	隔汗	160		
滑皮子	207	游线	563	隔江明	160	**十三画**	
滑老	207	游闻游闻	563	隔阳	161		
滑舌子	207	游裈	562	隔戏篷	161	趄	376
滑来	207	游墩	562	隔苍	160	煻丁	395
滑钉	207	宣老	533	隔里	160	煻仙	395
滑肠	207	割札子	159	隔帐	161	煻扫	395
滑条	207	割创子	159	隔青	161	煻迁	395
滑条子	207	割顶生死	159	隔枪	161	煻色	395
滑板	207	割靴子	159	隔春	160	煻如	395

煠苏	395	蓬索	352	蒸汉	589	碰花子	353
煠折	395	蓬棵	352	蒸罗	589	碰到丁子	353
煠酌	395	蓬蓬	352	蒸笼	589	碰和	353
煠筲	395	蓑衣	449	蒸锣	589	碰和台子	353
瑞	399	蓑衣大蝴蝶	450	椿	78	碰衬	353
瑞条	399	蓑衣大篷	450	椿子	78	碰响子	353
瑞条吊	399	蓑衣大篷子	450	椿头	78	尴尬	152
魂子	216	蓑衣子	450	禁川	244	雷	280
填榜子	465	蓑衣长蓬	449	禁内	244	雷闪不动	280
塌下	451	蓑衣穿心	450	禁圈	244	雷鸣	280
塌罗	451	蓑衣蝴蝶	450	禁脚生	244	雷堆	280
塌笼	451	蓑蓬头	449	楂棚	578	零毛碎琴	292
塌脚	451	蒿子	190	楂牌	578	零玉	292
鼓儿	170	蒲卢	365	楚	71	零件	292
鼓了夯啦	170	蒲头扛	365	楚头念	71	零售	292
鼓了盘儿	170	蒲扳	365	楚柳	71	零露	292
鼓子	170	蒲牢	365	想裳	517	摄子	418
鼓子花	170	蒲蓝	365	楞扇	281	摄尖咀子的	418
鼓动	170	蒲错	365	楞楞	281	摄尖嘴子的	418
鼓点	169	蒙	322	榍柤	170	摄青虫	418
鼓釜工	170	蒙牙	322	楸局	386	摄着	418
鼓盘	170	蒙古	322	槌着	76	摸	327
塘口	457	蒙头	322	楼子上	302	摸尔把	327
塘棣	457	蒙灰	322	楦头	533	摸地王	327
蒜	448	蒙花	322	赖八	272	摸庄	327
勤儿	378	蒙花子	322	赖子	272	摸弄汗胡	327
靴子	533	蒙枝	322	赖办	272	摸张	327
靴兄靴弟	533	蒙贵	322	赖札	272	摸枪	327
靴包箱	533	蒙馆	322	赖考	272	摸洞	327
靴儿	12	献	512	赖迁	272	摸海底	327
鹊中	390	献天灵	513	赖孝	272	摸摸看	327
鹊郎	390	献丑	513	赖苏	272	搏	38
蓝	273	献生	513	赖拆	272	搏头	38
蓝元	273	献地图	513	赖线	272	揭郎	451
蓝杜子	273	献地理图	513	赖项	272	摆	16
蓝板	273	献师	513	赖南	272	摆丁	17
蓝旗老二	273	献庆隆	513	赖筲	272	摆了	18
䓕	331	献红	513	碎记	27	摆干	17
幕光	331	献快马	513	碎了	449	摆门子	18
幕串	331	献快利	513	碎山	449	摆飞	17
蒳蔓	373	献鸡腿	513	碎包袱	449	摆子	18
蓬	352	献苦肉	513	碎老	449	摆子通	18
蓬大海	352	献春桃	513	碎鱼儿	449	摆开	18
蓬山	352	献桃子	513	碰	353	摆不平	17
蓬仙	352	献高升	513	碰了	353	摆风	17
蓬头	352	献捷	513	碰头好	353	摆丹老	17
蓬空子	352	蒸万	589	碰头报	353	摆龙	18

摆叶子	18	搬柴	21	摊面	455	照牛	585
摆头子	18	搬海子	21	摊屋索	455	照勾魂	585
摆头庄	18	搬黑	21	摊臭缸	454	照年	585
摆对老	17	搬黑老	21	摊喜	455	照会	585
摆台	18	搬渣	21	摊樱桃	455	照汗	585
摆式	18	搬腮醉	21	摊露天牌九	455	照条	585
摆老	18	搬眼敲须	409	督洞	126	照妖	585
摆地坝	17	摇	547	督院巡孤	126	照罗	585
摆在娘舅家	18	摇个其	547	粲了龙了	45	照底	585
摆丢	17	摇丸	547	粲头	45	照相	585
摆丢子	17	摇子	547	鉴容	230	照珠子	585
摆华容道	17	摇风	547	睹儿	127	照排头	585
摆伙己	17	摇风子	547	睡	439	照笼子	585
摆阵头	18	摇叶	547	睡目	439	照路	585
摆花酒	17	摇头	547	睡快	439	照镜	585
摆身子	18	摇老	547	睡腿儿	439	照镜子	585
摆饭局	17	摇红	547	鄙貂	30	跨工子	266
摆尾	18	摇红子	547	暖子	342	跨合子	266
摆尾子	18	摇旱橹	547	暖手	342	跨点	266
摆抬子	18	摇罗	547	暖身	342	跨着风子	267
摆轮	18	摇的	547	暖底	342	跷	375
摆金	17	摇铃铃	547	暖罐	342	跷角	375
摆底	17	摇堂	547	盟证	322	跷脚	375
摆河子	17	摇骰	547	歇马	523	跷撤	375
摆泊	16	搞	158	歇子	524	跷嘴	375
摆柳	18	搪拖	457	歇家	523	跷辫子	375
摆香	18	搠水	442	暗	6	跳	468
摆刽	17	搠包儿	441	暗人	6	跳十字煤	469
摆浏子	18	搠发生	441	暗上暗下	7	跳子	469
摆津	17	搠果生	441	暗号	6	跳龙门	469
摆银	18	搠彩	441	暗由	7	跳龙稍	469
摆清	18	搠彩生	441	暗玄	7	跳打庄	468
摆渡	17	搠黑	441	暗老	6	跳生	469
摆路头	18	搠黑生	441	暗场	6	跳加官	469
摆瓢	18	搠涂	442	暗年	6	跳皮	469
携手观天	524	搠管生	441	暗挂子	6	跳老虫	469
搬	20	搠撒	442	暗费	6	跳虫	468
搬了	21	搐戏蓬	411	暗哭	6	跳身	469
搬山	21	搐戏篷	411	暗流	6	跳板生	468
搬山押吝	21	摊	454	暗量	6	跳码头	469
搬山驾岭	21	摊斗	454	暗煤	6	跳顶公	468
搬乌金	21	摊平	455	照	584	跳狮子	469
搬石子	21	摊延年	455	照一下	585	跳将煤	469
搬石头	21	摊红	455	照儿	585	跳高	469
搬皮儿	21	摊条	455	照子	586	跳烟头	469
搬色儿	21	摊底	454	照子光	586	跳涧子	469
搬乱说	21	摊药	455	照子延年	586	跳甜公	469

跳符悬	468	幌天子	213	催戏的	80	触电	71
跳船头	468	幌着	213	催响儿	80	触头	71
跳粒粒	469	幌幌	213	催耕	80	触地	71
跳窑	469	幌幌山	213	催啃	80	触机	71
跳酬公	469	错	82	傻	409	触角	71
跳槽	468	错八	82	像丸	518	触哇	71
跳影	469	错大	82	像姑	518	触簧	71
跺头	132	错大字	82	躲儿	132	解尸	238
跺齿窑儿支	132	错齿子	82	躲子	132	解木	238
跪倒爬起	179	错虎头	82	躲雨	132	解宝	238
路上有水	303	错食	82	魁儿	268	解草	238
路上有茨	303	错食气罗	82	衙把子	537	解缘	238
路上有树枝	303	错落	82	微行	493	解数	238
路上有横水流	303	锡	504	遥叩洪义堂	547	遛卷子	297
路头	303	锡屑	504	遥箭道乱	547	煞清	409
路有沟缺	303	锥子	600	腻口	335	煞深	409
路江相	303	锦马褂子	243	腰	545	雏	70
路旁有一大石	303	锦条	243	腰巾子	545	戥吃讲茶	151
路销	303	锦带	243	腰片子	545	戥身	151
路滑	303	锦荔枝	243	腰心	546	戥牌头	151
路照	303	锦枰	243	腰平	545	禀道	36
路路通	303	锦语	243	腰甩	546	廉子	286
跟	162	锦窠	243	腰帆子	545	痴子	65
跟斗子	162	锦鳞	243	腰屏	546	新	526
跟包	162	锭子	120	腰兜	545	新丁	526
跟包的	162	键老	230	腰逼子	545	新丁贵人	526
跟头幅子	162	锯子	249	腰搭	545	新人	526
跟局	162	锯板	249	腰箍	545	新下城	526
跟底子	162	矮人	4	腥门	528	新山	526
跟活	162	矮下去	4	腥卦子	528	新山货	526
跟捻	162	矮瓦檐	4	腥到底	528	新天人	526
跟嫖	162	矮株	4	腥的	528	新布衫子一件当天字钱	
蜮星	282	矮婆子	4	腥挂子	528		526
蜮黑	282	矮尊	4	腥棚	528	新出手儿	526
蛾灯蛾	133	稔籼	394	腮串子	401	新皮袄一件当元罗钱	526
蜂仔	146	稔秋	394	腿子	481	新存亥	526
蜂蝶友	146	愁白眼	67	腿长	481	新光	526
幌壳	481	签	371	膝胃根	395	新爷	526
嗅老	530	签子	371	鲊苍	578	新阴人	526
嗨玩	183	签筒	371	鲍老	27	新钉钯买成料扫钱	526
置台	592	签筒子	510	鲍翁	27	新弟兄	526
罪不非	608	签筒朝阳	371	猿狲戏	569	新贵人	526
罩子	586	简料	230	猿偷	569	新香	526
罩地	586	毁老	215	颖朝阳	559	新港木	526
蜀占	431	舅普子	248	飔	447	新蓊	526
蜀晶	431	鼠尾	431	触	71	意	554
幌子	213	催生符	80	触土	71	意怪	554

意挣	554	满脸	315	滚菜	179	叠金砖	115
雍	560	满窑	315	滚堂子	180	叠窑	115
雍斗钱	561	满摊	315	滚盘	180	缚带	149
慔慔	213	滇庄	112	滚盘子	180	缚柳枝	149
梗	245	滇离	112	滩子	455	缝朝阳	146
粮台	287	滥老	274	滩气	455	缝裳	146
粮草	287	滔天孙	457	滩郎	455	缠午老	52
数子	431	溪	504	滩黄胞	455	缠手	52
数天	431	溪边	504	塞牙	401	缠龙	52
数石板	431	溜	293	塞桌角	401	缠丝	52
数罗汉	431	溜了缰	293	塞通	401	缠老	52
数贫嘴	431	溜子	293	塞通汗八	401	缣物	228
数珠	431	溜子海	293	塞壤	401		
煎煤	228	溜水	293	槖子	261	**十四画**	
煎煤者	228	溜头	293	窟川	265		
煎糟	228	溜达	293	窟陀	265	腘	598
塑灵生	448	溜走	294	窟栾	265	静声	246
慈悲	78	溜条	293	窟窿	265	静堂瑶	246
煤条	320	溜奔	293	寝头行	379	碧水	31
煜热	31	溜海	293	寝衣	379	碧波	31
煨房间	342	溜浪	293	窨条	340	碧螺	31
酱水	233	溜球	293	褂上	173	瑶柱	547
酱老	233	溜唱	293	褂子行	173	赘贺	7
酱滑老	233	溜答孙	293	褂朵子	173	熬海	7
酱瓣草	233	溜嗓子	293	褂帐子	173	熬盘	7
满	314	溜溜去	293	裸阳朝阳	307	墙头草	374
满口	315	滚	179	福	148	截牙	238
满山红	315	滚口	179	福八字	148	埠窑	561
满天	315	滚子	180	福三全	148	槖水	484
满天子	315	滚子生意	180	福果	148	聚	249
满天星	315	滚内	180	福星	148	聚人法	249
满天星斗	315	滚水	180	福洞	148	聚仙	249
满太式	315	滚仗口	180	福根道来	148	聚头	249
满月	315	滚白苗绪子	179	福禄	148	聚网	249
满头	315	滚头	180	群曲子	391	聚众	249
满汉	315	滚台	180	辟水朝阳	31	聚米厂	249
满地	314	滚老	179	辟邪	31	聚金尖	249
满地白	314	滚汤	180	障子	583	聚宝	249
满地红	315	滚汤圆	180	障壁	583	聚宝盆	249
满块	315	滚吧	179	嫁	226	聚蚖膏	249
满把子	314	滚钉板	179	嫁耀货	226	聚麻	249
满园春	315	滚条	180	叠子	115	蔽人眼	31
满底	314	滚沦	179	叠子不正	116	蔽日	31
满院春	315	滚服	179	叠子正	116	蔽风	31
满屑	315	滚浅	180	叠负	115	蔽尘	31
满堂	315	滚线	180	叠宅士绣子	115	蔽影	31
满堂红	315	滚钢儿	179	叠杆	115	暮林	331

暮登	331	撇点	360	熏斗子	534	疑虎	553	
慕容	331	撇捺子	360	熏汉	534	疑絮	553	
蔓子	315	撇道	360	熏老	534	疑霖	553	
蔓灰子	315	撇嘴	361	熏老子	534	孵豆芽	147	
蔡生	44	摧条	80	熏杆子	534	孵鸡	147	
蔡伦	44	摧锋	80	熏条	534	馒头	314	
蔡阳	44	摭张	591	熏条子	534	銮把	305	
蔡梳	44	摘	578	熏货	534	銮把点	305	
模	327	摘油	579	熏的	534	裹子	181	
模攦	327	摘星子	578	熏修	534	裹心	181	
榻郎	451	摘挡子	578	熏流利用	534	裹芯子	181	
榻窑子	451	摔打杂来	432	熏兜子	534	裹亮子	181	
榜	24	摔条子	432	熏筒	534	裹莲瓣	181	
榜文之格式	24	摔客	432	熏筒儿	534	敲	375	
榕木	395	摔瓢子	432	熏筒子	534	敲生意	375	
遭事	576	裳身	351	熏答	533	敲托的	375	
遭数	576	雌老举	78	熏管子	534	敲竹杠	375	
醒透	62	雌吧老	78	箺龙	484	敲更	375	
酿醯	339	暝子	327	算命	448	敲张	375	
酿醣	339	蜻蜓	384	算柳	448	敲响板	375	
酸丁	448	蜞蚂	367	管木人	175	敲破流	375	
酸口	448	蜡兄	271	管公事	175	敲家子	375	
酸口红	448	蜡丘	271	管公事人	175	敲硬	375	
酸子	448	蜡条	271	管希	176	敲硬牌	375	
酸心	448	蜡炬	271	管苗	175	豪杰	190	
酸生	448	蜡榻	271	管事	175	膏老	158	
酸头	448	嘣	30	管事的	175	膏筋	158	
酸浏	448	嫚上来	315	管城子	175	膏胰	158	
厮揣	443	嫚天	315	管缸	175	墊地	431	
碟	116	嫚头	315	管蔡	175	遮子	586	
碟子	116	罂花子	558	管箱的	176	遮天	586	
碟子不正	116	罂粟子	558	箫字	519	遮风	586	
碟子正	116	赚趾	599	舆朝阳	564	遮水	586	
碟子亦正	116	鹘卢	170	僧寸	407	遮水板	586	
碱楚	230	舞衫	502	鼻	30	遮头	586	
磋头子	81	舞影	502	鼻尖	30	遮尘	586	
扫把子	112	鞞牙	161	銱子	517	遮阳	586	
撇子	361	胖响子	161	貌	319	遮岸	500	
撇叶子	361	稳	496	膜串	327	遮底	586	
撇过	360	稳子	496	膀	24	遮法	586	
撇年子	360	稳阁子	496	膁辞	373	遮春风	586	
撇条	361	稳牌	496	鲜花	510	遮盖	586	
撇条子	361	熏	533	鲜帐	510	遮得密	586	
撇闷	360	熏口子	534	鲜鱼	510	遮脚	586	
撇狗子	360	熏子	534	鲜得子	510	遮黑	586	
撇查	360	熏天	534	疑	553	遮短毛	586	
撇柳	360	熏火腿	534	疑口	553	遮满	586	

遮漏子	586	漂记认	358	嫩珠	334	横挑	197
遮寨	586	漂老	358	嫖舍	359	横笏通	196
瘟生	495	漂行者	358	凳子	108	横胸	197
瘟孙	495	漂汤	358	翠云	80	横高	196
瘦	430	漂条	358	翠石	80	横梁	196
瘦马	430	漂尾子	358	翠带	80	横梁子	196
瘦客	430	漂些	358	缥华	316	横搁	196
瘦柴	430	漂账	358	骠	307	横量子	196
瘦鸭子	430	漂货	358	缥子	558	横腔	196
旗子	367	漂匪	358	缩手	450	横塘	197
旗方	367	漂流	358	缩头	450	横塞子	197
旗块	367	漂梁	358	缩头子	450	横箫	197
旗杆头	367	漫	316	缩头生	450	横靠	196
旗青	367	漫失	316	缫丝	406	横嘴	197
旗枪	367	漫头	316			横篱	196
旗胜	367	漫荒	316	**十五画以上**		横籁	196
辣头	272	漉齿	303			槽儿	46
辣灰	272	漉浆	303	糙头	610	槽子	46
辣货	272	滴缸	108	慧老	215	槽子窑	46
辣粉	272	滴落散	108	趣鸭子	389	樱桃	558
彰	582	滴滴金	108	褚屑	587	樱桃子	558
彰子	582	演古窑子	540	鞋	524	樱桃尖	558
竭老	238	演戏	540	鞋草	524	樱桃钝	558
端	127	演线	540	横一横	197	樱桃割短	558
端瓜子	128	演撒	540	横儿	196	樊素	137
端灯	128	漏	302	横山	197	飘	358
端严	128	漏子	302	横川	196	飘儿	358
端毫	128	漏水	302	横川子	196	飘子	359
端锅	128	漏盖	302	横小	197	飘风	359
慢山	316	漏瓢子	302	横子	197	飘风子	359
慢天	316	漏瓢底	302	横云	197	飘龙门	359
慢天子	316	赛式	401	横叫子	196	飘叶	359
慢地	316	赛光	401	横鸟	196	飘叶子	359
慢坡	316	赛字	401	横头	197	飘生	359
慢坡遇凹	316	寡马	171	横头钱	197	飘仙芝	359
精舍	245	寡老	171	横伙己	196	飘光	359
精盘	245	蜜	323	横行子	197	飘后灵	359
糁狂	405	蜜口	323	横行通	197	飘行	359
槊吼	442	蜜牛心	323	横交	196	飘字	359
熔木	395	蜜鸡心	323	横杠	196	飘花	359
漕台	46	蜜金丸	323	横连	196	飘把	358
漱老	431	蜜浮儿	323	横困	196	飘把子	358
漂	358	褐酸	193	横身	197	飘宜青	359
漂子	358	褪了	481	横身架	197	飘飘子	359
漂火头	358	嫩尖	334	横冈	196	醅坛子	80
漂占	358	嫩汤	334	横坡	196	醉后看	608
漂头	358	嫩面	334	横河里	196	醉钓	608

醉溜	608	撑四	61	踢土子	459	墨使	329
醻酕	303	撑白云	61	踢土生	459	墨鱼蛋	329
靥生	541	撑白满	61	踢土延年	459	墨狗子	329
磕头	261	撑头	61	踢土朝阳	459	墨刻儿	329
碾	335	撑老	61	踢牛	458	墨悲	329
碾子	336	撑江	61	踢头子	459	墨牌子	329
碾心子	336	撑红	61	踢尖	458	镊子	340
碾地	336	撑花	61	踢壳	458	镊子对到	340
碾地所	336	撑肚子	61	踢拾子	459	镇山令	589
碾江子	336	撑轮子	61	踢透	459	镇棍	589
碾希	336	撑背	61	踢脚子	458	镑	24
碾朝阳	336	撑骨	61	踢脱	459	镕木	395
震川	589	撑鬼	61	踢管	458	靠	259
震公	589	撑亮	61	踩子	44	靠大	259
震耳子	589	撑亮子	61	踩希	44	靠山子	259
霉方	320	撑通	61	踩线	44	靠子	260
霉血	320	撑圈	61	踺子	230	靠手	260
撕口	443	撑得起	61	踞豹	250	靠托子	260
撕龙	443	撑腰	62	踏白虎	451	靠后	259
撕陇	443	撑幔	61	踏早青	452	靠把	259
撕扇子	443	撮	81	踏麦儿	451	靠身	260
撕票	443	撮子	82	踏壳	451	靠身子	260
撒手铜	400	撮合山	81	踏青	451	靠衫	259
撒闪	400	撮活	82	踏青草	452	靠衫儿	259
撒皮子	400	撬死子	376	踏定胜	451	靠背	259
撒汗	400	擒把	379	踏线	452	靠背子	259
撒花	400	撚作	336	踏莎	452	靠祖宗	260
撒帐	400	撞烟	600	踏船头	451	靠扇	259
撒条	400	撞辕门	600	踏脱镬盖	452	靠扇的	259
撒青	400	瞒儿	314	踏望儿	452	靠窑子	259
撒金钱	400	瞒天	314	踏落快窑	451	靠雅子	260
撒线	400	瞒老	314	踏道	451	靠牌头	259
撒进	400	瞒宫	314	踏瘵	451	靠熏	260
撒娇	400	题纲	460	踏瓢	451	靠薰窑子	260
撒掤	400	暴花	27	晶珠	280	稽查	220
撒喷	400	暴花果	27	蝴蝶	204	稿子	158
撒嵌嗟霸	400	瞎三话四	507	蝴蝶子	204	箱书老虫	516
撒幅了	400	瞎眼	507	蝴蝶头	204	梢块	516
撒幅子的	400	嘻溜	504	蝴蝶板	204	篑	268
撒楼	400	嘶午	443	蝎子扒	524	箭子	230
撒蹩	400	暹罗	510	蝎毒	524	箭头草	230
撩西子	289	影子	559	嘿斩	195	箭杆苗文	230
撑	61	影客	559	噎合	108	篆	599
撑口棒	61	影靛	559	墨	328	篆通	599
撑门口	61	踢	458	墨水	329	僵尸倒	232
撑子	62	踢土	459	墨兵	329	躺	457
撑天	61	踢土儿	459	墨板	329	躺脚	457

德判	106	潘	345	擀面杖	154	醒攒	529		
德鸡	106	潘儿树	345	操股子	46	霍血	220		
德锉	106	潘细	345	燕	541	辙	587		
德错	106	澜尸	273	燕人	541	蹉物	82		
鹞子	549	额子	133	燕子窝	541	餐服	45		
膘杵儿海海的	35	谳才	541	燕尾	541	膘上首	360		
鲤鱼埂	283	翱天印	357	燕班子	541	膘啦	360		
鲫令	223	鹤顶	193	䞍	486	踹	72		
鲫跳	223	鹤根	193	薯蓣	431	踹一趟	72		
鲫溜	223	鹤鹜	193	薰条	534	踹壳	72		
熟小九归	431	鹤翼	193	擎天	384	踹线	72		
熟麦子	431	憨大	186	擎片	384	踹瓢	72		
熟底	431	憨东	186	薄片子	38	嘴子	608		
熟姜	431	憨皮	186	薄板	38	嘴子金	608		
摩刀石	327	憨皮垫子	186	薄罗	38	嘴把笼	608		
摩杆	327	憨波	186	薄浆	38	嘴金	608		
摩肩	327	劈	354	薄眼	38	蹄土	460		
瘪	35	劈了穴	354	薄兜子	38	蹄子	460		
瘪三	35	劈大	354	颠	112	蹄不起线来	460		
瘪公子	35	劈山	354	颠了	112	蟒	316		
瘤头	297	劈开	354	橛子	251	蟒子	316		
颜子	539	劈巴	354	樵老	376	蜈蚣子	327		
颜色	539	劈水	354	樵杖	376	默	329		
懂得现簧	123	劈水子	355	樵条	376	鹦官	558		
懊票	7	劈水朝阳	355	樵食	376	鹦哥卷子	558		
阛阓	210	劈头	355	橹罗	303	赠帖	577		
糊头	204	劈地龙	354	橹柠头	303	镖旗	35		
糊老	204	劈邪子	355	橘板	249	镜心	246		
糊面子	204	劈血	355	橘柑一斤买成心拖钱	249	镜碎	246		
糊窗户药方	204	劈苏	355	整不住	589	赞	575		
翦拂	230	劈青	354	整得住	589	赞龙	575		
鹞头	554	劈斧头	354	瓢儿	359	赞曲	575		
熯工	189	劈面见	354	瓢子	360	赞老	575		
熯火	189	劈扇子	354	瓢巴子	359	馈	575		
熯火通	189	劈排叉	354	瓢平子	360	赞郎	575		
熯火朝阳	189	劈堂	355	瓢头	360	篮	273		
熯包子	189	劈琴	354	瓢后灵	360	篮舆	273		
熯章	189	劈琴片	354	瓢把子	359	笸子	31		
熯章朝阳	189	劈靶	354	瓢点	359	篷子	352		
熯琴	189	劈雷子	354	瓢笼	360	篷头	352		
熯朝阳	189	劈髯	354	瓢游生	360	篷索	352		
潮水	58	劈霸	354	瓢楞	360	篷锁	352		
潮甘	58	履乌	305	瓢撑	359	篙子	158		
潮龙	58	戮子汉儿	304	瓢羹	360	篙竿	158		
潮洞	58	戮天表	304	瓢瓢子	360	邀	546		
潮蓝	58	戮朵儿	303	醒客梦	529	邀扫	546		
潮潮	58	戮的朵儿真撮	303	醒酒	529	邀按	546		

邀高足骡子	546	避雷	32	簌	80	翻身	136
衡子	197	避豪	32	繁火	137	翻张	137
膆表	272	戴	100	繁蔟	137	翻钢	136
膳凿	412	戴毛	100	徽尖	214	翻钢叠杵	136
雕胡	114	戴帽	100	龠蚕	571	翻缸	136
雕璞丘	114	罄儿	385	臊	406	翻饼	136
鲻片子	53	罄口	385	臊老	406	翻宫	136
凝脂	340	罄子	385	膻老	411	翻高头	136
觯	132	藏子	46	膻物	411	翻烧饼	136
觯面	132	薰	534	膻郎	411	翻堂的包袱	136
觯髻	132	薰子	535	襄奉	516	翻章子	137
觯嘴	132	薰斗子	534	襄事	516	翻跳	137
鹞鸰	587	薰虫	534	赢负	559	鹰爪	558
磨	328	薰杆	534	糟附肉	576	鹰翼子	558
磨口	328	薰杆子	534	糟表	576	癞	272
磨子	328	薰通朝阳	534	燥皮	577	瘿头	431
磨石	328	薰桶	534	潢堂	491	燻	535
磨头	328	薰葱	534	濯濯	601	燻汉	535
磨芯	328	薰筒子	534	豁	216	燻同子	535
磨足	328	薰道朝阳	534	豁水	217	燻杆子	535
磨杵	328	薰腿筒	535	豁鼻	217	瀑布	365
磨街石	328	檄书	505	寒老	230	襟三	243
磨街党	328	檐底	539	臂使	32	戳	78
癖舍	525	檀槭	455	翼平子	554	戳子	78
廪子马撒	291	霜杰	434	骡吼	596	戳长	78
辨交卸	34	霜降	434	鳌头	7	戳血	78
辨黑	34	擦子	41	鞭	33	戳皂	78
辨慢	34	擦白	41	鞭子好	33	戳浪	78
懒梳妆	273	擦老	41	鞭地	33	戳棘	78
懆面	48	擦注	41	鞭托	33	戳黑的	78
羲子	505	擦撒	41	鞭轰儿	33	戳黑带搬柴	78
羲驭	505	瞭	290	覆口	149	戳短枪	78
羲骏	504	瞭分	290	瞿麦	250	警杆	246
羲禽	504	瞧	376	蹚马	456	警愤	246
糙皮子	46	蹝足陈平	340	蟠龙	348	警慎	246
糙米	46	蹋郎	452	蟠桃	348	攀	345
糖壳子	457	瞳柴	480	嚣占	519	攀子	345
燎原	280	螺尖	307	嚣头	519	攀龙驹	345
窦里炮	584	螺筒	307	镯头	601	攀条子	345
壁山高台亮走	31	嚎天子	190	翻口	136	攀冷头	345
壁立	31	嚎天子炸	190	翻山	136	攀相好	345
避风	31	穗子	449	翻门槛	136	攀客	345
避风火	31	黏拨	335	翻天印	136	醮	236
避风头	32	赡家	452	翻头	137	醮老	505
避火	32	簧点不清	213	翻边	136	醮物	505
避津子	32	簧点清	213	翻场	136	攉跳	217
避株	32	簧鼓生	213	翻江子	136	攒儿吊	575

攒儿吊的黏啃	575	簐角	38	籍	221	露筋子	304
攒子钱	575	籀深浅	596	纂子	606	蘸闪	580
攒布袋	574	蟹	525	纂经	606	蘸老	580
攒老	575	蟹爪	525	纂垛	606	蘸笔	580
攒尖儿	575	蟹壳花	525	纂朝阳	606	镶边大臣	516
攒红	575	蟹壳黄	525	腥血	220	镶砂	516
攒冷	575	蟹洞	525	鳜鱼	179	穰子	391
攒罗	575	蟹脚	525	鳝子	412	穰本年	391
攒桶子	575	爆工	27	糯米	342	霭孙	566
攒彩	575	疆	232	糯米户头	342	攥尖	607
攒脚子	575	馨	527	臀细	357	攥弄里腥啃	608
攒散	575	攘抢	391	霸王	12	攥弄活儿	607
攒锅	575	耀台	549	霸陵桥	12	攥弄啃	607
攒稀	575	耀光	549	露	304	躜天	606
蹶	251	耀帐	549	露马脚	304	躜天儿	606
蹴鞠梢	80	耀货	549	露天	304	躜钢	606
蹲鸥	131	耀圆	549	露天通事	304	躜钢儿	606
蹭毛桃	48	耀壁	549	露天牌九	304	蠲忿	250
蹲房子	80	嚼叶子	251	露风	304	蠹天表	72
蹬土	108	嚼字	251	露水	304	蠹风	71
蹬大	108	嚼果	251	露水闯	304	蠹老	71
蹬台子	108	嚼黄	251	露水揩干	304	戆皮	155
蹬罗	108	巍才	493	露白	304	躐跷	505
蹬空	108	巍欠	493	露顶	304	钃老	597
蹬踢土	108	巍巍太岁	493	露屑	304	纛邪子	80
蟾	52	鼷	384	露销	304		
蟾冰轮	52						